J. von Staudingers
Kommentar zum Bürgerlichen Gesetzbuch
mit Einführungsgesetz und Nebengesetzen
Buch 1 · Allgemeiner Teil
§§ 164–240
(Allgemeiner Teil 5)

Kommentatorinnen und Kommentatoren

Dr. Karl-Dieter Albrecht
Vorsitzender Richter am Bayerischen Verwaltungsgerichtshof a. D., München

Dr. Christoph Althammer
Professor an der Universität Freiburg i. Br.

Dr. Georg Annuß
Rechtsanwalt in München, Außerplanmäßiger Professor an der Universität Regensburg

Dr. Christian Armbrüster
Professor an der Freien Universität Berlin, Richter am Kammergericht a. D.

Dr. Arnd Arnold
Professor an der Universität Trier

Dr. Martin Avenarius
Professor an der Universität zu Köln

Dr. Christian Baldus
Professor an der Universität Heidelberg

Dr. Wolfgang Baumann
Notar in Wuppertal, Professor an der Bergischen Universität Wuppertal

Dr. Winfried Bausback
Professor a. D. an der Bergischen Universität Wuppertal, bayerischer Staatsminister der Justiz, Mitglied des Bayerischen Landtags

Dr. Roland Michael Beckmann
Professor an der Universität des Saarlandes, Saarbrücken

Dr. Dr. h. c. Detlev W. Belling, M.C.L.
Professor an der Universität Potsdam

Dr. Andreas Bergmann
Professor an der Fernuniversität Hagen

Dr. Falk Bernau
Richter am OLG Celle

Dr. Werner Bienwald
Professor an der Evangelischen Fachhochschule Hannover, Rechtsanwalt in Oldenburg

Dr. Claudia Bittner, LL.M.
Außerplanmäßige Professorin an der Universität Freiburg i. Br., Richterin am Sozialgericht Frankfurt a. M.

Dr. Reinhard Bork
Professor an der Universität Hamburg

Dr. Jan Busche
Professor an der Universität Düsseldorf

Dr. Georg Caspers
Professor an der Universität Erlangen-Nürnberg

Dr. Tiziana Chiusi
Professorin an der Universität des Saarlandes, Saarbrücken

Dr. Michael Coester, LL.M.
Professor an der Universität München

Dr. Dagmar Coester-Waltjen, LL.M.
Professorin an der Universität Göttingen

Dr. Thomas Diehn
Notar a. D. in Hamburg

Dr. Katrin Dobler
Referentin am Justizministerium Baden-Württemberg

Dr. Heinrich Dörner
Professor an der Universität Münster

Dr. Anatol Dutta
Professor an der Universität Regensburg

Dr. Christina Eberl-Borges
Professorin an der Universität Mainz

Dr. Dres. h. c. Werner F. Ebke, LL.M.
Professor an der Universität Heidelberg

Dr. Jan Eickelberg
Professor an der Hochschule für Wirtschaft und Recht, Berlin

Dr. Volker Emmerich
Professor an der Universität Bayreuth, Richter am Oberlandesgericht Nürnberg a. D.

Dipl.-Kfm. Dr. Norbert Engel
Ministerialdirigent im Thüringer Landtag, Erfurt

Dr. Helmut Engler
Professor an der Universität Freiburg i. Br., Minister in Baden-Württemberg a. D.

Dr. Cornelia Feldmann
Rechtsanwältin in Freiburg i. Br.

Dr. Karl-Heinz Fezer
Professor an der Universität Konstanz, Honorarprofessor an der Universität Leipzig, Richter am Oberlandesgericht Stuttgart

Dr. Philipp S. Fischinger, LL.M.
Akad. Rat a. Z. an der Universität Regensburg

Dr. Johann Frank
Notar in Amberg

Dr. Rainer Frank
Professor an der Universität Freiburg i. Br.

Dr. Robert Freitag, Maître en droit
Professor an der Universität Erlangen-Nürnberg

Dr. Jörg Fritzsche
Professor an der Universität Regensburg

Dr. Bernhard Großfeld, LL.M.
Professor an der Universität Münster

Dr. Beate Gsell, Maître en droit
Richterin am Oberlandesgericht München, Professorin an der Universität München

Dr. Karl-Heinz Gursky
Professor an der Universität Osnabrück

Dr. Martin Gutzeit
Professor an der Universität Gießen

Dr. Stefan Habermeier
Professor an der Universität Greifswald

Dr. Martin Häublein
Professor an der Universität Innsbruck

Dr. Johannes Hager
Professor an der Universität München

Dr. Rainer Hausmann
Professor an der Universität Konstanz

Dr. Stefan Heilmann
Richter am OLG Frankfurt, Honorarprofessor an der Fachhochschule Frankfurt a. M.

Dr. Jan von Hein
Professor an der Universität Freiburg i. Br.

Dr. Tobias Helms
Professor an der Universität Marburg

Dr. Dr. h. c. mult. Dieter Henrich
Professor an der Universität Regensburg

Dr. Reinhard Hepting †
Professor an der Universität Mainz

Dr. Carsten Herresthal, LL.M.
Professor an der Universität Regensburg

Christian Hertel, LL.M.
Notar in Weilheim i. OB.

Dr. Stephanie Herzog
Rechtsanwältin in Würselen

Dr. Katharina Hilbig-Lugani
Privatdozentin an der Universität Bayreuth

Joseph Hönle
Notar in München

Dr. Ulrich Hönle
Notarassessor in Amberg

Dr. Bernd von Hoffmann †
Professor an der Universität Trier

Dr. Heinrich Honsell
Professor an der Universität Zürich, Honorarprofessor an der Universität Salzburg

Dr. Norbert Horn
Professor an der Universität zu Köln, Vorstand des Arbitration Documentation and Information Center e.V., Köln

Dr. Peter Huber, LL.M.
Professor an der Universität Mainz

Dr. Rainer Hüttemann
Professor an der Universität Bonn

Dr. Florian Jacoby
Professor an der Universität Bielefeld

Dr. Rainer Jagmann
Vorsitzender Richter am Oberlandesgericht Karlsruhe

Dr. Ulrich von Jeinsen
Rechtsanwalt und Notar in Hannover, Honorarprofessor an der Universität Hannover

Dr. Joachim Jickeli
Professor an der Universität zu Kiel

Dr. Dagmar Kaiser
Professorin an der Universität Mainz

Dr. Bernd Kannowski
Professor an der Universität Bayreuth

Dr. Rainer Kanzleiter
Notar a. D. in Ulm, Honorarprofessor an der Universität Augsburg

Dr. Sibylle Kessal-Wulf
Richterin des Bundesverfassungsgerichts, Karlsruhe

Dr. Fabian Klinck
Professor an der Universität Bochum

Dr. Frank Klinkhammer
Richter am Bundesgerichtshof, Karlsruhe

Dr. Steffen Klumpp
Professor an der Universität Erlangen-Nürnberg

Dr. Hans-Georg Knothe
Professor an der Universität Greifswald

Dr. Jürgen Kohler
Professor an der Universität Greifswald

Dr. Stefan Koos
Professor an der Universität der Bundeswehr München

Dr. Rüdiger Krause
Professor an der Universität Göttingen

Dr. Heinrich Kreuzer
Notar in München

Dr. Hans-Dieter Kutter
Notar in Nürnberg

Dr. Gerd-Hinrich Langhein
Notar in Hamburg

Dr. Arnold Lehmann-Richter
Professor an der Hochschule für Wirtschaft und Recht Berlin

Stefan Leupertz
Richter a. D. am Bundesgerichtshof, Honorarprofessor an der TU Dortmund

Dr. Martin Löhnig
Professor an der Universität Regensburg

Dr. Dr. h. c. Manfred Löwisch
Professor an der Universität Freiburg i. Br., Rechtsanwalt in Lahr (Schw.), vorm. Richter am Oberlandesgericht Karlsruhe

Dr. Dirk Looschelders
Professor an der Universität Düsseldorf

Dr. Stephan Lorenz
Professor an der Universität München

Dr. Ulrich Magnus
Professor an der Universität Hamburg, Richter am Hanseatischen Oberlandesgericht zu Hamburg a. D.

Dr. Peter Mankowski
Professor an der Universität Hamburg

Dr. Heinz-Peter Mansel
Professor an der Universität zu Köln

Dr. Peter Marburger
Professor an der Universität Trier

Dr. Wolfgang Marotzke
Professor an der Universität Tübingen

Dr. Dr. Dr. h. c. mult. Michael Martinek, M.C.J.
Professor an der Universität des Saarlandes, Saarbrücken, Honorarprofessor an der Universität Johannesburg, Südafrika

Dr. Annemarie Matusche-Beckmann
Professorin an der Universität des Saarlandes, Saarbrücken

Dr. Jörg Mayer
Notar in Simbach am Inn

Dr. Dr. Detlef Merten
Professor an der Deutschen Universität für Verwaltungswissenschaften Speyer

Dr. Tanja Mešina
Richterin, Baden-Baden

Dr. Rudolf Meyer-Pritzl
Professor an der Universität zu Kiel, Richter am Schleswig-Holsteinischen Oberlandesgericht in Schleswig

Dr. Peter O. Mülbert
Professor an der Universität Mainz

Dr. Dirk Neumann
Vizepräsident des Bundesarbeitsgerichts a. D., Kassel, Präsident des Landesarbeitsgerichts Chemnitz a. D.

Dr. Hans-Heinrich Nöll
Rechtsanwalt in Hamburg

Dr. Jürgen Oechsler
Professor an der Universität Mainz

Dr. Hartmut Oetker
Professor an der Universität zu Kiel, Richter am Thüringer Oberlandesgericht in Jena

Wolfgang Olshausen
Notar in Rain am Lech

Dr. Dirk Olzen
Professor an der Universität Düsseldorf

Dr. Sebastian Omlor, LL.M., LL.M.
Privatdozent an der Universität Heidelberg

Dr. Gerhard Otte
Professor an der Universität Bielefeld

Dr. Hansjörg Otto
Professor an der Universität Göttingen

Dr. Lore Maria Peschel-Gutzeit
Rechtsanwältin in Berlin, Senatorin für Justiz a. D. in Hamburg und Berlin, Vorsitzende Richterin am Hanseatischen Oberlandesgericht zu Hamburg i. R.

Dr. Frank Peters
Professor an der Universität Hamburg, Richter am Hanseatischen Oberlandesgericht zu Hamburg a. D.

Dr. Axel Pfeifer
Notar in Hamburg

Dr. Jörg Pirrung
Richter am Gericht erster Instanz der Europäischen Gemeinschaften i. R., Professor an der Universität Trier

Dr. Ulrich Preis
Professor an der Universität zu Köln

Dr. Manfred Rapp
Notar in Landsberg am Lech a. D.

Dr. Thomas Rauscher
Professor an der Universität Leipzig, Dipl. Math.

Dr. Peter Rawert, LL.M.
Notar in Hamburg, Honorarprofessor an der Universität Kiel

Eckhard Rehme
Vorsitzender Richter am Oberlandesgericht Oldenburg i. R.

Dr. Wolfgang Reimann
Notar a. D., Honorarprofessor an der Universität Regensburg

Dr. Tilman Repgen
Professor an der Universität Hamburg

Dr. Dieter Reuter
Professor an der Universität zu Kiel, Richter am Schleswig-Holsteinischen Oberlandesgericht in Schleswig a. D.

Dr. Reinhard Richardi
Professor an der Universität Regensburg, Präsident des Kirchlichen Arbeitsgerichtshofs der Deutschen Bischofskonferenz, Bonn

Dr. Volker Rieble
Professor an der Universität München, Direktor des Zentrums für Arbeitsbeziehungen und Arbeitsrecht

Dr. Anne Röthel
Professorin an der Bucerius Law School, Hamburg

Dr. Christian Rolfs
Professor an der Universität zu Köln

Dr. Herbert Roth
Professor an der Universität Regensburg

Dr. Ludwig Salgo
Apl. Professor an der Universität Frankfurt a. M.

Dr. Renate Schaub, LL.M.
Professorin an der Universität Bochum

Dr. Martin Josef Schermaier
Professor an der Universität Bonn

Dr. Gottfried Schiemann
Professor an der Universität Tübingen

Dr. Eberhard Schilken
Professor an der Universität Bonn

Dr. Peter Schlosser
Professor an der Universität München

Dr. Martin Schmidt-Kessel
Professor an der Universität Bayreuth

Dr. Günther Schotten
Notar in Köln, Professor an der Universität Bielefeld

Dr. Robert Schumacher, LL.M.
Notar in Köln

Dr. Roland Schwarze
Professor an der Universität Hannover

Dr. Andreas Schwennicke
Notar und Rechtsanwalt in Berlin

Dr. Maximilian Seibl
Wiss. Mitarbeiter an der Universität Göttingen

Dr. Hans Hermann Seiler
Professor an der Universität Hamburg, Richter am Hanseatischen Oberlandesgericht a. D.

Dr. Stephan Serr
Notarassessor in Würzburg

Dr. Reinhard Singer
Professor an der Humboldt-Universität Berlin, vorm. Richter am Oberlandesgericht Rostock

Dr. Dr. h. c. Ulrich Spellenberg
Professor an der Universität Bayreuth

Dr. Sebastian Spiegelberger
Notar in Rosenheim

Dr. Ansgar Staudinger
Professor an der Universität Bielefeld

Dr. Malte Stieper
Professor an der Universität Halle-Wittenberg

Dr. Markus Stoffels
Professor an der Universität Heidelberg

Dr. Dr. h. c. Fritz Sturm
Professor an der Universität Lausanne

Dr. Gudrun Sturm
Assessorin, Wiss. Mitarbeiterin

Burkhard Thiele
Präsident des Oberlandesgerichts Rostock

Dr. Karsten Thorn
Professor an der Bucerius Law School, Hamburg

Dr. Gregor Thüsing, LL.M.
Professor an der Universität Bonn

Dr. Barbara Veit
Professorin an der Universität Göttingen

Dr. Bea Verschraegen, LL.M., M.E.M.
Professorin an der Universität Wien, adjunct professor an der Universität Macao

Dr. Klaus Vieweg
Professor an der Universität Erlangen-Nürnberg

Dr. Markus Voltz
Notar in Offenburg

Dr. Reinhard Voppel
Rechtsanwalt in Köln

Dr. Günter Weick
Professor an der Universität Gießen

Gerd Weinreich
Vorsitzender Richter am Oberlandesgericht Oldenburg

Dr. Birgit Weitemeyer
Professorin an der Bucerius Law School, Hamburg

Dr. Olaf Werner
Professor an der Universität Jena, Richter am Thüringer Oberlandesgericht Jena a. D.

Dr. Daniel Wiegand, LL.M.
Rechtsanwalt in München

Dr. Wolfgang Wiegand
Professor an der Universität Bern

Dr. Peter Winkler von Mohrenfels
Professor an der Universität Rostock, Richter am Oberlandesgericht Rostock a. D., Rechtsanwalt in Rostock

Dr. Hans Wolfsteiner
Notar a. D., Rechtsanwalt in München

Heinz Wöstmann
Richter am Bundesgerichtshof, Karlsruhe

Redaktorinnen und Redaktoren

Dr. Christian Baldus

Dr. Dr. h. c. mult. Christian von Bar, FBA

Dr. Michael Coester, LL.M.

Dr. Heinrich Dörner

Dr. Hans Christoph Grigoleit

Dr. Karl-Heinz Gursky

Dr. Johannes Hager

Dr. Dr. h. c. mult. Dieter Henrich

Sebastian Herrler

Dr. Dagmar Kaiser

Dr. Dr. h. c. mult. Manfred Löwisch

Dr. Ulrich Magnus

Dr. Peter Mankowski

Dr. Heinz-Peter Mansel

Dr. Peter Marburger

Dr. Jörg Mayer

Dr. Gerhard Otte

Dr. Lore Maria Peschel-Gutzeit

Dr. Manfred Rapp

Dr. Peter Rawert, LL.M.

Dr. Volker Rieble

Dr. Herbert Roth

Dr. Wolfgang Wiegand

J. von Staudingers
Kommentar zum Bürgerlichen Gesetzbuch
mit Einführungsgesetz und Nebengesetzen

Buch 1
Allgemeiner Teil
§§ 164–240
(Allgemeiner Teil 5)

Neubearbeitung 2014
von
Karl-Heinz Gursky
Florian Jacoby
Frank Peters
Tilman Repgen
Eberhard Schilken

Redaktor
Sebastian Herrler

Sellier – de Gruyter · Berlin

Die Kommentatorinnen und Kommentatoren

Neubearbeitung 2014
§§ 164–181: Eberhard Schilken
§§ 182–185: Karl-Heinz Gursky
§§ 186–193: Tilman Repgen
§§ 194–225: Frank Peters/Florian Jacoby
§§ 226–240: Tilman Repgen

Neubearbeitung 2009
§§ 164–181: Eberhard Schilken
§§ 182–185: Karl-Heinz Gursky
§§ 186–193: Tilman Repgen
§§ 194–225: Frank Peters/Florian Jacoby
§§ 226–240: Tilman Repgen

Neubearbeitung 2004
§§ 164–181: Eberhard Schilken
§§ 182–185: Karl-Heinz Gursky
§§ 186–193: Tilman Repgen
§§ 194–225: Frank Peters
§§ 226–240: Tilman Repgen

Neubearbeitung 2001
§§ 164–181: Eberhard Schilken
§§ 182–185: Karl-Heinz Gursky
§§ 186–193: Olaf Werner
§§ 194–225: Frank Peters
§§ 226–240: Olaf Werner

Sachregister
Rechtsanwältin Dr. Martina Schulz, Pohlheim

Zitierweise
Staudinger/Schilken (2014) Vorbem 1 zu §§ 164 ff
Staudinger/Gursky (2014) § 182 Rn 1

Zitiert wird nach Paragraph bzw Artikel und Randnummer.

Hinweise
Das Abkürzungsverzeichnis befindet sich auf www.staudingerbgb.de.

Der Stand der Bearbeitung ist jeweils mit Monat und Jahr auf den linken Seiten unten angegeben.

Am Ende eines jeden Bandes befindet sich eine Übersicht über den aktuellen Stand des Gesamtwerks Staudinger.

Die Deutsche Nationalbibliothek verzeichnet diese Publikation in der Deutschen Nationalbibliografie; detaillierte bibliografische Daten sind im Internet über http://dnb.dnb.de abrufbar.

ISBN 978-3-8059-1175-7

© Copyright 2014 by oHG Dr. Arthur L. Sellier & Co. – Walter de Gruyter GmbH, Berlin. – Printed in Germany.

Dieses Werk einschließlich aller seiner Teile ist urheberrechtlich geschützt. Jede Verwertung außerhalb der engen Grenzen des Urheberrechtsgesetzes ist ohne Zustimmung des Verlages unzulässig und strafbar. Das gilt insbesondere für Vervielfältigungen, Übersetzungen, Mikroverfilmungen und die Einspeicherung und Verarbeitung in elektronischen Systemen.

Satz: fidus Publikations-Service, Nördlingen.

Druck und Bindearbeiten: Hubert & Co., Göttingen.

Umschlaggestaltung: Bib Wies, München.

♾ Gedruckt auf säurefreiem Papier, das die DIN ISO 9706 über Haltbarkeit erfüllt.

Inhaltsübersicht

                                                                                          Seite[*]

Allgemeines Schrifttum	IX
Buch 1 · Allgemeiner Teil	
Abschnitt 3 · Rechtsgeschäfte	
Titel 5 · Vertretung und Vollmacht	1
Titel 6 · Einwilligung und Genehmigung	307
Abschnitt 4 · Fristen, Termine	469
Abschnitt 5 · Verjährung	533
Titel 1 · Gegenstand und Dauer der Verjährung	567
Titel 2 · Hemmung, Ablaufhemmung und Neubeginn der Verjährung	709
Titel 3 · Rechtsfolgen der Verjährung	879
Abschnitt 6 · Ausübung der Rechte, Selbstverteidigung, Selbsthilfe	931
Abschnitt 7 · Sicherheitsleistung	1027
Sachregister	1049

---

[*] Zitiert wird nicht nach Seiten, sondern nach Paragraph bzw Artikel und Randnummer; siehe dazu auch „Zitierweise".

Allgemeines Schrifttum

Das Sonderschrifttum ist zu Beginn der einzelnen Kommentierungen bzw in Fußnoten innerhalb der Kommentierung aufgeführt.

ACHILLES/GREIFF, Bürgerliches Gesetzbuch nebst Einführungsgesetz, Allgemeiner Teil, bearb v GREIFF (21. Aufl 1958; Nachtrag 1963)
Alternativkommentar, Kommentar zum Bürgerlichen Gesetzbuch, hrsg v WASSERMANN, Bd 1, Allgemeiner Teil, bearb v DAMM ua (1987)
BÄHR, Grundzüge des Bürgerlichen Rechts (12. Aufl 2013)
BAMBERGER/ROTH, Kommentar zum Bürgerlichen Gesetzbuch, Bd 1 (3. Aufl 2012) §§ 164–240 bearb v VALENTHIN, BUB, HENRICH, DENNHARDT (= Beck'scher Online-Kommentar, Stand 1. 5. 2014)
BAUMGÄRTEL/LAUMEN/PRÜTTING, Handbuch der Beweislast Bd 1 (3. Aufl 2007) Allgemeiner Teil §§ 1-241, bearb v KESSEN, LAUMEN
BGB-RGRK s Reichsgerichtsräte-Kommentar
BIERMANN, Bürgerliches Recht, Bd I, Allgemeine Lehren und Personenrecht (1908)
BITTER, BGB Allgemeiner Teil (2. Aufl 2013)
BOECKEN, BGB – Allgemeiner Teil (2. Aufl 2012)
BOEHMER, Einführung in das Bürgerliche Recht (2. Aufl 1965)
BOEHMER, Grundlagen der Bürgerlichen Rechtsordnung, Bd I (1950), Bd II 1 (1951), Bd III (1952)
BOEMKE/ULRICI, BGB Allgemeiner Teil (2. Aufl 2014)
DE BOOR, Bürgerliches Recht, Bd I, Allgemeiner Teil, Recht der Schuldverhältnisse, Sachenrecht (2. Aufl 1954)
BORK, Allgemeiner Teil des Bürgerlichen Gesetzbuchs (3. Aufl 2011)
BREHM, Allgemeiner Teil des Bürgerlichen Gesetzbuchs (6. Aufl 2008)
BROX/WALKER, Allgemeiner Teil des Bürgerlichen Gesetzbuchs (38. Aufl 2014)
COSACK/MITTEIS, Lehrbuch des Bürgerlichen Rechts, Bd 1 (8. Aufl 1927)
CROME, System des Deutschen Bürgerlichen Rechts, 1. Bd Allgemeiner Teil (1900)
DERNBURG, Das Bürgerliche Recht des Deutschen Reichs und Preußens, 1. Bd, Die allgemeinen Lehren (3. Aufl 1906)
DIEDERICHSEN, Der Allgemeine Teil des Bürgerlichen Gesetzbuchs für Studienanfänger (5. Aufl 1984)
ECK, Vorträge über das BGB (2. Aufl 1903)
EISENHARDT, Allgemeiner Teil des BGB (5. Aufl 2004)
ELTZBACHER, Einführung in das Bürgerliche Recht (1920)
ENDEMANN, Lehrbuch des Bürgerlichen Rechts, Bd I (8./9. Aufl 1903)
ENNECCERUS/NIPPERDEY, Allgemeiner Teil des Bürgerlichen Rechts (15. Bearb), 1. Halbbd (1959), 2. Halbbd (1960)
ERMAN, Kommentar zum Bürgerlichen Gesetzbuch (13. Aufl 2011), Allgemeiner Teil §§ 164–240 bearb v MAIER-REIMER, SCHMIDT-RÄNTSCH, WAGNER
FAUST, Bürgerliches Gesetzbuch Allgemeiner Teil (4. Aufl 2014)
FELDMANN, Bürgerliches Recht, Allgemeiner Teil des BGB (4. Aufl 1951)
FISCHER/HENLE/TITZE, Bürgerliches Gesetzbuch für das Deutsche Reich, Allgemeiner Teil, bearb v FISCHER (14. Aufl 1932)
FLUME, Allgemeiner Teil des Bürgerlichen Rechts, Bd I, Teilbd 1, Die Personengesellschaft (1977), Teilbd 2, Die juristische Person (1983), Bd II, Das Rechtsgeschäft (4. Aufl 1992)
GAREIS, Der allgemeine Teil des BGB (1900)
GIESEN, BGB Allgemeiner Teil, Rechtsgeschäftslehre (2. Aufl 1995)
GOLDMANN/LILIENTHAL, Das Bürgerliche Gesetzbuch, Bd 1 (3. Aufl 1921)
GRIGOLEIT/HERRESTHAL, BGB Allgemeiner Teil (2. Aufl 2010)

Allgemeines Schrifttum

Grundlagen des Vertrags- und Schuldrechts, mit Beiträgen v Emmerich, Gerhardt, Grunsky, Huhn, Schmid, Tempel, Wolf (1972)
Grunewald, Bürgerliches Recht (8. Aufl 2009)
Hachenburg, Das BGB für das Deutsche Reich, Vorträge (2. Aufl 1900)
Handkommentar zum BGB, bearb v Dörner ua (8. Aufl 2014)
Hattenhauer, Grundbegriffe des Bürgerlichen Rechts (2. Aufl 2000)
Heigl, Bürgerliches Recht, Allgemeiner Teil (2. Aufl 1975)
Hellmer, Systematik des Bürgerlichen Rechts und angrenzender Gebiete (2. Aufl 1961)
Henle, Lehrbuch des Bürgerlichen Rechts, Allgemeiner Teil (1926)
Historisch-kritischer Kommentar zum BGB (hrsg v Schmoeckel, Rückert u Zimmermann), Bd I, Allgemeiner Teil (2003)
Hirsch, Der Allgemeine Teil des BGB (7. Aufl 2012)
Hoelder, Kommentar zum Allgemeinen Teil des BGB (1900)
Hübner, Allgemeiner Teil des Bürgerlichen Gesetzbuchs (2. Aufl 1996)
Jakobs/Schubert (Hrsg), Die Beratung des Bürgerlichen Gesetzbuchs in systematischer Zusammenstellung der unveröffentlichten Quellen, 13 Bde (1978 ff), Allgemeiner Teil (1985)
Jauernig (Hrsg), BGB, Kommentar (15. Aufl 2014), Allgemeiner Teil, bearb v Mansel
Jung, Bürgerliches Recht, in: Stammler, Das gesamte Recht, Bd 1 (1931) 447
Klussmann, Grundzüge des BGB. Ein Leitfaden durch den Allgemeinen Teil (1954)
Köhler, BGB, Allgemeiner Teil (37. Aufl 2013)
Kötz/Eith/Müller-Gindullis, BGB mit Leitsätzen aus der höchstrichterlichen Rechtsprechung (3. Aufl 1985)
Kohler, Lehrbuch des Bürgerlichen Rechts, Bd 1 (1906)
Kropholler, Studienkommentar BGB, bearb v Jacoby/vHinden (14. Aufl 2013)
Krückmann, Institutionen des BGB (5. Aufl 1929)
Krüger, Ergänzungen zum BGB, 1. Bd (1925)
Kuhlenbeck, Das BGB für das Deutsche Reich, Bd 1 (2. Aufl 1903)
Kummerow, BGB, Allgemeiner Teil (1949)
Kussmann, Lexikon des BGB (1950)
Landsberg, Das Recht des BGB, ein dogmatisches Lehrbuch (1904)
Leenen, BGB Allgemeiner Teil: Rechtsgeschäftslehre (2011)
Lehmann/Hübner, Allgemeiner Teil des Bürgerlichen Gesetzbuchs (15. Aufl 1966)
Leipold, BGB I – Einführung und Allgemeiner Teil (7. Aufl 2013)
Leonhard, Der Allgemeine Teil des BGB (1900)
Loening/Basch/Strassmann, Bürgerliches Gesetzbuch, Taschenkommentar (1931)
Löwe/Graf vWestphalen/Trinkner, Kommentar zum AGBG (2. Aufl 1983 ff)
Loewenwarter, Lehrkommentar zum BGB, Bd 1, Allgemeiner Teil (3. Aufl 1931)
Loewenwarter/Bohnenberg, Wegweiser durch das BGB (18. Aufl 1952)
Löwisch/Neumann, Allgemeiner Teil des BGB. Einführung und Rechtsgeschäftslehre (7. Aufl 2004)
Matthiass, Lehrbuch des Bürgerlichen Rechts (6. Aufl 1914)
Medicus, Allgemeiner Teil des BGB (10. Aufl 2010)
Medicus, Bürgerliches Recht (24. Aufl 2013)
Müller/Meikel, Das Bürgerliche Recht des Deutschen Reichs, Bd 1 (2. Aufl 1904)
Münchener Kommentar zum Bürgerlichen Gesetzbuch (hrsg v Säcker u Rixecker), Allgemeiner Teil (6. Aufl 2012), §§ 164–240 bearb v Schramm, Bayreuther, Grothe
Mugdan, Die gesammten Materialien zum Bürgerlichen Gesetzbuch für das Deutsche Reich, 5 Bde (1899)
Musielak/Hau, Grundkurs BGB (13. Aufl 2013)
Neumann, Handausgabe des BGB für das Deutsche Reich, Bd 1 (6. Aufl 1912)
Nottarp, BGB, Allgemeiner Teil (1948)
NomosKommentar, BGB, Bd 1 – AT mit EGBGB, hrsg v Heidel/Hüsstege/Mansel/ Noack (2. Aufl 2012), zitiert NK-BGB/Bearbeiter
Oertmann, Bürgerliches Gesetzbuch, Allgemeiner Teil (3. Aufl 1927)

PALANDT, Bürgerliches Gesetzbuch, Kommentar, Allgemeiner Teil bearb v ELLENBERGER (73. Aufl 2014)
PAWLOWSKI, Allgemeiner Teil des BGB (7. Aufl 2003)
PLANCK, Kommentar zum Bürgerlichen Gesetzbuch nebst Einführungsgesetz, Bd I Allgemeiner Teil, bearb v KNOKE ua (4. Aufl 1913)
RAMM, Einführung in das Privatrecht, Allgemeiner Teil des BGB, Bde 1, 2 (2. Aufl 1974), Bd 3 (2. Aufl 1975)
REHBEIN, Das BGB mit Erläuterungen für das Studium und die Praxis, Bd I, Allgemeiner Teil (1899)
Reichsgerichtsräte-Kommentar zum BGB, Bd 1, §§ 1–240, bearb v JOHANNSEN (12. Aufl 1982)
ROSENTHAL, Bürgerliches Gesetzbuch, Handkommentar, bearb v KAMNITZER, BOHNENBERG (15. Aufl l965; Nachträge 1966, 1968, 1970)
ROTHER, Grundsatzkommentar zum Bürgerlichen Gesetzbuch, Allgemeiner Teil (1973)
RÜTHERS/STADLER, Allgemeiner Teil des BGB (17. Aufl 2011)
SCHACK, BGB-Allgemeiner Teil (14. Aufl 2013)
SCHERNER, BGB Allgemeiner Teil (1995)
SCHLEGELBERGER/VOGELS, Erläuterungswerk zum Bürgerlichen Gesetzbuch, Allgemeiner Teil, bearb v VOGELS ua (1939 ff)
SCHMELZEISEN/THÜMMEL, Bürgerliches Recht (BGB I–III) (7. Aufl 1994)
E SCHMIDT/BRÜGGEMEIER, Grundkurs Zivilrecht (7. Aufl 2006)
ROLF SCHMIDT, BGB Allgemeiner Teil (10. Aufl 2014)
RUDOLF SCHMIDT, Bürgerliches Recht, Bd 1, Die allgemeinen Lehren des Bürgerlichen Rechts (2. Aufl 1952)
SCHUBERT (Hrsg), Die Vorlagen der Redaktoren für die erste Kommission zur Ausarbeitung des Entwurfs eines Bürgerlichen Gesetzbuchs, Allgemeiner Teil 1876–1887 (1981)
SCHUBERT/GLÖCKNER, Nachschlagewerk des Reichsgerichts – Bürgerliches Recht, Bd 3 (§§ 158–240) (1995)

SCHWAB/LÖHNIG, Einführung in das Zivilrecht (19. Aufl 2012)
SIMEON/DAVID, Lehrbuch des Bürgerlichen Rechts, 1. Hälfte, Allgemeiner Teil, Schuldverhältnisse (15. Aufl 1928)
SOERGEL, Bürgerliches Gesetzbuch mit Einführungsgesetz und Nebengesetzen, Kommentar, Bd II, Allgemeiner Teil 2, §§ 164–240 bearb v LEPTIEN, NIEDENFÜHR, FAHSE (13. Aufl 1999), Bd IIa, Allgemeiner Teil 3, §§ 13, 14, 126a-127, 194-218, bearb v PFEIFFER, MARLY, NIEDENFÜHR (13. Aufl 2002)
STAMPE, Einführung in das Bürgerliche Recht (1920)
STAUDINGER/KEIDEL, Bürgerliches Gesetzbuch, Handausgabe (3. Aufl 1931)
Studienkommentar zum BGB, Erstes bis Drittes Buch, Allgemeiner Teil, bearb v HADDING (2. Aufl 1979)
THOMA, Bürgerliches Recht, Allgemeiner Teil (1982)
vTUHR, Der Allgemeine Teil des Deutschen Bürgerlichen Rechts, Bd I (1910), Bd II 1 (1914), Bd II 2 (1918) (Neudruck 2013)
ULMER/BRANDNER/HENSEN, AGB-Recht, Kommentar zu den §§ 305-310 und dem UKlaG (11. Aufl 2011)
WARNEYER/BOHNENBERG, Kommentar zum BGB, Bd 1 (12. Aufl 1951)
WEDEMEYER, Allgemeiner Teil des BGB (1933)
WERTENBRUCH, Allgemeiner Teil des bürgerlichen Rechts (2. Aufl 2012)
WINDSCHEID/KIPP, Lehrbuch des Pandektenrechts, Bd 1 (9. Aufl 1906)
E WOLF, Allgemeiner Teil des Bürgerlichen Rechts (3. Aufl 1982)
WOLF/HORN/PFEIFFER, AGB-Recht (6. Aufl 2013)
WOLF/NEUNER, Allgemeiner Teil des deutschen Bürgerlichen Rechts (10. Aufl 2012)
ZITELMANN, Das Recht des BGB, I. Teil, Einleitung und Allgemeiner Teil des BGB (1900, Neudruck 2013).

Titel 5
Vertretung und Vollmacht

Vorbemerkungen zu §§ 164 ff

Schrifttum

Vgl auch die besonderen Hinw zur geschichtlichen Entwicklung (bei Rn 3), zur mittelbaren Stellvertretung und Treuhand (bei Rn 42), zum Handeln für den, den es angeht (bei Rn 51), zur Ermächtigung (bei Rn 62), zur Botenschaft (bei Rn 73) und zum Handeln unter fremdem Namen (bei Rn 88) sowie bei den §§ 166, 167, 168, 170, 177, 181.
ADOMEIT, Heteronome Gestaltungen im Zivilrecht?, in: FS Kelsen (1971) 9
ALBRECHT, Vollmacht und Auftrag (Diss Kiel 1970)
AUMÜLLNER, Das Recht der Stellvertretung in den Principles of European Contract Law (PECL), ZfRV 2007, 209
BALLERSTEDT, Zur Haftung für culpa in contrahendo bei Geschäftsabschluß durch Stellvertreter, AcP 151 (1950/51) 501
BEUTHIEN, Zur Theorie der Stellvertretung im Gesellschaftsrecht, in: FS Zöllner (1998) 87
ders, Gibt es im Gesellschaftsrecht eine gesetzliche Stellvertretung?, in: FS Canaris (2007) Bd 2, 41
ders, Zur Theorie der Stellvertretung im Bürgerlichen Recht, in: FS Medicus (1999) 1
ders, Gibt es eine organschaftliche Stellvertretung?, NJW 1999, 1142
ders, Gilt im Stellvertretungsrecht ein Abstraktionsprinzip?, in: 50 Jahre Bundesgerichtshof – Festgabe der Wissenschaft (2000) 81
BETTERMANN, Vom stellvertretenden Handeln (Diss Gießen 1937, Neudruck 1964)
BLUMENTHAL, Die Theorie der Erteilungs- und Widerrufserklärung bei den Vollmachten des Zivil- und Prozeßrechts (Diss Freiburg 1906)
BÖRNER, Offene und verdeckte Stellvertretung und Verfügung, in: FS Hübner (1984) 409
BRUNS, Voraussetzungen und Auswirkungen der Zurechnung von Wissen und Wissenserklärungen im Allgemeinen Privatrecht und im Privatversicherungsrecht (2007)
CAHN, Die Vertretung der Aktiengesellschaft durch den Aufsichtsrat, in: FS Hoffmann-Becking (2013) 247
CLARUS, Vollmacht und Geschäftsführung ohne Vertretungsmacht, SeuffBl 64, 161
COING, Die Treuhand kraft privaten Rechtsgeschäfts (1973)
DICKERSBACH, Rechtsfragen bei der Bevollmächtigung zur Abgabe einer Unterwerfungserklärung (2006)
DREXL/MENTZEL, Handelsrechtliche Besonderheiten der Stellvertretung, Jura 2002, 289 und 375
DÖLLE, Neutrales Handeln im Privatrecht, in: FS F Schulz II (1951) 268
EINSELE, Inhalt, Schranken und Bedeutung des Offenkundigkeitsprinzips, JZ 1990, 1005
FESTNER, Interessenkonflikte im deutschen und englischen Vertretungsrecht (2006)
FIKENTSCHER, Scheinvollmacht und Vertreterbegriff, AcP 154 (1954) 1
FISCHER, Die postmortale Vollmacht (Diss Hamburg 1949)
FRESE, Zur gemeinrechtlichen Lehre von der beauftragten Vermögensverwaltung und Willensvertretung (1889)
FROTZ, Verkehrsschutz im Vertretungsrecht (1972)
GEHRLEIN, Wirksame Vertretung trotz Unkenntnis über die Person des Vertretenen, VersR 1995, 268
GERKE, Vertretungsmacht und Vertretungsberechtigung (1981)
GIESEN/HEGERMANN, Die Stellvertretung, Jura 1991, 357

Vorbem zu §§ 164 ff

Habscheid, Zur Problematik der „gesetzlichen Vertretung", FamRZ 1957, 109
Haegele, Möglichkeit und Grenzen der postmortalen Vollmacht, Rpfleger 1968, 345
Haertlein, Rechtsfragen der Kontovollmacht, Leipziger Juristisches Jahrbuch 2012, 15
Heinrich, Rechtsgeschäftliche Vertretung – Representación voluntaria. Vergleichender Überblick zum deutschen und spanischen Recht, in: FS Peter Ulmer (2003) 1109
Heinz, Die Vollmacht auf den Todesfall (Diss München 1964)
Hellmann, Die Stellvertretung in Rechtsgeschäften (1882)
Hitzemann, Stellvertretung beim sozialtypischen Verhalten (1966)
J Hoffmann, Verbraucherwiderruf bei Stellvertretung, JZ 2012, 1156
R Hoffmann, Grundfälle zum Recht der Stellvertretung, JuS 1970, 179, 234, 286, 451
Holländer, Die gewillkürte Stellvertretung (Diss Leipzig 1910)
Honsell, Die Besonderheiten der handelsrechtlichen Stellvertretung, JA 1984, 17
U Hübner, Interessenkonflikt und Vertretungsmacht (1977)
G Hueck, Bote – Stellvertreter im Willen – Stellvertreter in der Erklärung, AcP 152 (1952/53) 432
Hufeld, Die Vertretung der Behörde (2003)
Hupka, Die Vollmacht (1900)
Isay, Die Geschäftsführung nach dem Bürgerlichen Gesetzbuche für das Deutsche Reich (1900)
ders, Vollmacht und Verfügung, AcP 122 (1924) 195
Jahr, Fremdzurechnung bei Verwaltergeschäften, in: FS Weber (1975) 275
Jhering, Mitwirkung für fremde Rechtsgeschäfte, JherJb 1, 273; 2, 67
Joussen, Abgabe und Zugang von Willenserklärungen unter Einschaltung einer Hilfsperson, Jura 2003, 577
E Jung, Anweisung und Vollmacht, JherJb 69, 82
Kandler, Die Formbedürftigkeit der Vollmacht bei formgebundenen Geschäften (2004)
Klein, Vollmacht bei Vermögenszuwendungen, SeuffBl 73, 173

Klinck, Stellvertretung im Besitzerwerb, AcP 205 (2005) 487
Körnig, Tatsächliche Vertretung (Diss Münster 1937)
Kunstreich, Gesamtvertretung (1992)
Laband, Die Stellvertretung bei dem Abschluß von Rechtsgeschäften nach dem ADHGB, ZHR 10 (1866) 183
Leenen, Willenserklärung und Rechtsgeschäft in der Regelungstechnik des BGB, in: FS Canaris (2007) 699
Lenel, Stellvertretung und Vollmacht, JherJb 36, 1
Leo, Schriftformwahrung bei Stellvertretung in der Gewerberaummiete, NJW 2013, 2393
Leonhard, Vertretung und Fremdwirkung, JherJb 86, 1
Lessmann, Die Vertretung bei den sog Vorgesellschaften, Jura 2004, 367
Lieder, Trennung und Abstraktion im Recht der Stellvertretung, JuS 2014, 393
Lobinger, Rechtsgeschäftliche Verpflichtung und autonome Bindung (1999)
Lorenz, Grundwissen – Zivilrecht: Stellvertretung, JuS 2010, 382
Lüderitz, Prinzipien des Vertretungsrechts, JuS 1976, 765
ders, Prinzipien im internationalen Vertretungsrecht, in: FS Coing II (1982) 305
Luth, Die Vertretungsbefugnis des Vorstandes in rechtsfähigen Stiftungen des Privatrechts (2005)
Masuch, Stellvertretung beim Abschluss von Verbraucherverträgen, Teil I, BB 2003, Beilage 6, 16
Melchior, Vollmachten zur Handelsregister-Anmeldung bei Personenhandelsgesellschaften, NotBZ 2007, 350
Merle, Zur Vertretung beim gemeinschaftlichen Stimmrecht, in: FS Seuß (2007) 193
Merz, Vertretungsmacht und ihre Beschränkungen im Recht der juristischen Person, in: FS Westermann (1974) 399
A Meyer, Vollmacht mit Wirkung über den Tod des Machtgebers hinaus (Diss Jena 1935)
Mielke, Die Voraussetzungen der Haftung des rechtsgeschäftlich bestellten Stellvertreters für culpa in contrahendo (Diss Köln 1963)

MITTEIS, Die Lehre von der Stellvertretung (1885)
MOCK, Grundfälle zum Stellvertretungsrecht, JuS 2008, 309, 391, 486
MOSER, Die Offenkundigkeit der Stellvertretung (2010)
MÜLLER-FREIENFELS, Die Vertretung beim Rechtsgeschäft (1955)
ders, Stellvertretungsregelungen in Einheit und Vielfalt (1982)
NEUBAU, Vollmacht und Rechtsschein beim Versicherungsvertreter (Diss Hamburg 1942)
NEUHAUSEN, Rechtsgeschäfte mit Betreuten, RNotZ 2003, 157
OSTHEIM, Probleme bei Vertretung durch Geschäftsunfähige, AcP 169 (1969) 193
PAPENMEIER, Transmortale und postmortale Vollmachten als Gestaltungsmittel (Diss Leipzig 2013)
PAWLOWSKI, Die gewillkürte Stellvertretung, JZ 1996, 125
PETERS, Überschreiten der Vertretungsmacht und Haftung des Vertretenen für culpa in contrahendo, in: FS Reinhardt (1972) 127
PETERSEN, Bestand und Umfang der Vertretungsmacht, Jura 2003, 310
ders, Unmittelbare und mittelbare Stellvertretung, Jura 2003, 744
ders, Die Abstraktheit der Vollmacht, Jura 2004, 829
ders, Das Offenkundigkeitsprinzip bei der Stellvertretung, Jura 2010, 187
PFEIFER, Probleme aus dem Recht der Stellvertretung und der Rechtsgeschäftslehre, JuS 2004, 694
PIKART, Die Rechtsprechung des Bundesgerichtshofes zur rechtsgeschäftlichen Stellvertretung, WM 1959, 338
PLEWNIA, Die Bevollmächtigung juristischer Personen des Privatrechts (Diss Frankfurt 1964)
POHLENZ, Gesetzliche Vertretungsmacht für nahe Angehörige (2007)
POISCHEN, Auftrag und Vollmacht auf den Todesfall (Diss Köln 1938)
RAWERT, Der Nachweis organschaftlicher Vertretung im Stiftungsrecht: Zu den Rechtswirkungen von Stiftungsverzeichnissen und aufsichtsbehördlichen Vertretungsbescheinigungen, in: FS Kreutz (2010) 825

RICHARDI, Die Wissensvertretung, AcP 169 (1969) 385
ROSENBERG, Stellvertretung im Prozess (1908)
ROSSE, Umfang und Grenzen der Vertretungsmacht des Gesellschafters einer Personalhandelsgesellschaft nach § 126 HGB (2005)
G ROTH, Vertretungsbescheinigungen für Stiftungsorgane und Verkehrsschutz, in: Non Profit Law Yearbook 2009, 65 ff
RÜMELIN, Das Handeln in fremdem Namen im BGB, AcP 93 (1902) 131
SALLER, Botenmacht, Vertretungsmacht und Zeichnungsbefugnis in Steuerberaterkanzleien, Stbg 1994, 108
J SCHÄFER, Teilweiser Vertretungsmangel. Haftung des Vertretenen und des Vertreters unter Einschluß der Missbrauchsfälle (1997)
SCHILKEN, Wissenszurechnung im Zivilrecht (1983)
ders, Die Vollmacht in der Insolvenz, KTS 2007, 1
SCHLOSSMANN, Die Lehre von der Stellvertretung, insbesondere bei obligatorischen Verträgen, 2 Bde (1900 und 1902, Neudruck 1970)
ders, Organ und Stellvertreter, JherJb 44, 289
SCHMATZ, Besitzerwerb durch Stellvertreter (Diss Erlangen 1949)
SCHMIEDER, Die Vertretung des Fiskus, ZZP 126 (2013) 359
K SCHMIDT, Offene Stellvertretung. Der „Offenkundigkeitsgrundsatz" als Teil der allgemeinen Rechtsgeschäftslehre, JuS 1987, 425
ders, Geschäftsführungsbefugnis und Vertretungsmacht in der Gesellschaft bürgerlichen Rechts, Jura 2001, 346
SCHMIEDER, Die Vertretung des Fiskus, ZZP 126 (2013) 359
SCHRAMM/DAUBER, Vertretungs- und Verfügungsmacht über das Konto, in: Bankrechts-Handbuch (4. Aufl 2011) § 32
SCHREIBER, Vertretungsrecht: Offenkundigkeit und Vertretungsmacht, Jura 1998, 606
SCHREINDORFER, Verbraucherschutz und Stellvertretung (2012)
SCHUCHT, Rechtsgeschäftlich begründete Verfügungsmacht im Bankverkehr (Diss Jena 1938)
SCHWARZ, Das Internationale Stellvertretungsrecht im Spiegel nationaler und supranationaler Kodifikationen, RabelsZ 2007, 729

Vorbem zu §§ 164 ff

SCHWERDTNER, Rechtsgeschäftliches Handeln in Vertretung eines anderen, Jura 1979, 51, 107, 163, 219
vSEELER, Vollmacht und Scheinvollmacht, ArchBürgR 28, 1
SPELLENBERG, Stellvertretung und Vertragsauslegung im englischen Recht, in: FS Kramer (2004) 311
SPITZBARTH, Vollmachten im modernen Management (1970)
SÜSS, Nachlassabwicklung im Ausland mittels postmortaler Vollmachten, ZEV 2008, 69
TEMPEL, Die Stellvertretung, in: EMMERICH ua, Grundlagen des Vertrags- und Schuldrechts I (1972) 217
TIMM, Mehrfachvertretung im Konzern, AcP 193 (1993) 392
VAHLE, Die rechtsgeschäftliche Vertretung im privaten und öffentlichen Recht, DVP 2005, 189

VYTLACIL, Die Willensbetätigung, das andere Rechtsgeschäft (2009)
WALTERMANN, Zur Wissenszurechnung am Beispiel der juristischen Personen des privaten und öffentlichen Rechts, AcP 192 (1992) 181
WERTENBRUCH, Die Vertretung von OHG/KG, in: WESTERMANN, Handbuch Personengesellschaften (2013) § 16
H J WOLFF, Organschaft und juristische Person II, Theorie der Vertretung (Stellvertretung, Organschaft und Repräsentation als soziale und juristische Vertretungsformen) (1934, Neudruck 1968)
ZIMMER, Rechtsgeschäftliche Vertretung und Zwangsvollstreckungsunterwerfung, NotBZ 2006, 302.

Systematische Übersicht

I. Problemstellung und geschichtliche Entwicklung
1. Die Fälle zurechenbaren Dritthandelns 1
   a) Die Stellvertretung im Recht 1
   b) Andere Zurechnungsprinzipien 2
2. Die geschichtliche Entwicklung bis zum 19. Jahrhundert 3
   a) Römisches Recht 3
   b) Älteres deutsches Recht 5
   c) Die Glossatoren 6
   d) Kanonisches Recht und Statutarrecht 7
   e) Naturrechtliche Auffassungen 8
   f) Elegante Jurisprudenz und Usus modernus 9
3. Das 19. Jahrhundert 10
   a) Die Abkehr vom Vertretungsverbot 10
   b) Geschäftsherren- und Repräsentationstheorie 11
   c) Abstraktions- und Offenheitsgrundsatz 12
   d) Das ADHGB 14
   e) Auffassungen der BGB-Verfasser 15

II. Die Grundprinzipien des BGB
1. Grundbegriffe des Vertretungsrechts 16
   a) Die Vertretungsmacht als Legitimation 16
   b) Das Handeln ohne Vertretungsmacht 18
   c) Aktive und passive Stellvertretung 19
   d) Gesamtvertretung 20
2. Die Grundlagen der Vertretungsmacht 21
   a) Die Einheitlichkeit des Begriffes 21
   b) Rechtsgeschäftlich begründete Vertretungsmacht 22
   c) Besonderheiten der gesetzlichen Vertretung 23
   d) Die Organe der juristischen Personen 25
   e) Organe der juristischen Personen des öffentlichen Rechts 27
3. Die Ordnungsgesichtspunkte des Stellvertretungsrechts 32
   a) Das Repräsentationsprinzip 32
   b) Das Abstraktions- und Trennungsprinzip 33
   c) Das Offenheitsprinzip 35
   d) Das Vertrauensschutzprinzip 37
4. Die Unanwendbarkeit der Stellvertretungsvorschriften 38

a)	Geschäftsähnliche Handlungen und Realakte	38	c)	Das berechtigende Innenverhältnis	76
			d)	Einzelne Innenverhältnisse	77
b)	Vertragsverhandlungen und unerlaubte Handlungen	39	e)	Nicht voll geschäftsfähige Boten	78
			f)	Ausschluss der Botenschaft	79
c)	Gesetzliche Vertretungsverbote	40	g)	Fehler des Boten	81
d)	Andere Ausschlussgründe	41	6.	Der Vertreter in der Erklärung	82
			a)	Der Begriff und seine Entstehung	82
III.	Die Abgrenzung der Stellvertretung von ähnlichen Rechtsinstituten		b)	Die früheren Adoptionsverträge	83
			c)	Die heutige Ablehnung des Instituts	84
1.	Der mittelbare Stellvertreter, der Treuhänder und der Strohmann	42	d)	Einzelfälle der Anerkennung	85
			7.	Der Wissensvertreter und der Wissenserklärungsvertreter	86
a)	Definition und Regelung der mittelbaren Stellvertretung	42	a)	Die Definition	86
			b)	Die rechtliche Beurteilung	87
b)	Wirkungen bei Verfügungen, Erwerbsgeschäften und Verpflichtungsgeschäften	44	8.	Das Handeln unter fremdem Namen	88
			a)	Die Tatbestände	88
			b)	Gewollte Fremdwirkung	90
c)	Schadensliquidation im Drittinteresse	47	c)	Fremdwirkung bei Identitätstäuschung	91
d)	Der Treuhänder	48	d)	Die Eigenwirkung	92
e)	Der Strohmann	49	9.	Gehilfenschaft, Vertrag zugunsten Dritter und Surrogation	93
2.	Das Handeln für den, den es angeht	51	a)	Verhandlungsgehilfen und Makler	93
a)	Das offene Handeln	51	b)	Vertrag zugunsten Dritter	94
b)	Das verdeckte Handeln	52	c)	Surrogation	95
c)	Die anerkannten Fälle	54			
d)	Die Kritik	56	IV.	Stellvertretung im öffentlichen Recht	
3.	Die auferlegte Verwaltung („Parteien kraft Amtes")	57	1.	Vertretung bei Verfahrenshandlungen	96
a)	Die Tatbestände	57	a)	Prozessvollmacht und Vertretungsverbote	96
b)	Die geschichtliche Entwicklung	59	b)	Gerichtsvollzieher und Versteigerer	97
c)	Vertreter- und Amtstheorie	60	2.	Vertretung im Verwaltungsrecht	98
4.	Die Ermächtigung	62	a)	Verwaltungsverfahren	98
a)	Der Begriff und die Verfügungsermächtigung	62	b)	Steuerrecht	99
b)	Unterschiede zur Stellvertretung	64	V.	Ausländisches Recht	
c)	Die Einziehungsermächtigung	66	1.	Österreichisches Recht	100
d)	Gewillkürte Prozessstandschaft	68	2.	Schweizerisches Recht	101
e)	Die Erwerbsermächtigung	69	3.	Französisches Recht	102
f)	Die Verpflichtungsermächtigung	70	4.	Italienisches Recht	103
g)	Ermächtigung zur Stimmrechtsausübung	72	5.	Englisches Recht	104
h)	Die Ausfüllungsermächtigung	72a	6.	Spanisches Recht	105
5.	Die Botenschaft	73	7.	Priciples of European Contract Law	106
a)	Der Begriff des Boten	73			
b)	Das äußere Auftreten	74			

Vorbem zu §§ 164 ff

Alphabetische Übersicht

Abstraktionsprinzip	12, 22, 33 f, 76
Adoption	83
Ausländisches Recht	100 ff
Betriebsratsvorsitzender	85
Blankett	72
Botenschaft	73 ff
Dolmetscher	75
Eid und eidesstattliche Versicherung	96
Ermächtigung	62 ff
Gerichtsvollzieher	97
Gesamttatbestand, einheitlicher	22, 32
Gesamtvertretung	20
Geschäftsähnliche Handlungen	38
Geschäftsherrentheorie	11
Geschäftsunfähige als Boten	78
Geschichtliche Entwicklung	3 ff, 59, 82
Gesetzliche Vertretung	1, 20, 23 ff, 58, 61
Gewillkürte Prozessstandschaft	68
Handeln für den, den es angeht	45, 51 ff
Handeln unter fremdem Namen	88 ff
Missbrauch der Vertretungsmacht	16
Mittelbare Stellvertretung	42 ff, 53, 65
Neutrales Handeln	58
Offenheitsprinzip	13 f, 35 f, 65, 69 f
Organhandeln	1, 25 ff
Organschaftliche Vertretung	25 f

Partei kraft Amtes	61
Principles of European Contract Law	106
Prozessvollmacht	96
Realakte	38
Repräsentationsprinzip	11, 15, 32, 73
Schadensliquidation im Drittinteresse	47
Steuerrecht	99
Strohmann	49 f
Surrogation	95
Testamentsvollstrecker	5, 57 f
Trennungsprinzip	33
Treuhänder	48, 66
Unmittelbarkeit	32
Verfahrenshandlungen	96 ff
Verhandlungsgehilfe	39, 93
Vertrag zugunsten Dritter	8, 94
Vertrauensschutzprinzip	37
Vertreter in der Erklärung	82 ff
Vertretung des Fiskus	27 ff
Vertretungsmacht, Begriff der	16 ff, 21 ff
Vertretungsverbote	40 f
Vertretungswille	36
Verwalter als Amtsinhaber	61
Verwaltung, auferlegte	57 ff
Wissensvertreter	86 f
Wissenserklärungsvertreter	86

I. Problemstellung und geschichtliche Entwicklung

1. Die Fälle zurechenbaren Dritthandelns

1 a) Im Privatrecht besteht *gesetzliche Vertretung*, wenn für Personen gehandelt werden muss, die infolge ihres Alters oder wegen geistiger bzw körperlicher Gebrechen nicht in der Lage sind, ihre Rechte wahrzunehmen. Sodann ist Stellvertretung überall dort erforderlich, wo im staatlichen oder privaten Bereich juristische Personen als selbständige Organisationen bestehen. Sie bedürfen der *Organe,* die für sie handeln. Schließlich begegnet die Stellvertretung als ein Mittel des Einzelnen, durch andere Personen am rechtsgeschäftlichen Verkehr teilnehmen zu können und damit den eigenen *Wirkungsbereich zu erweitern.* Die in jeder fortgeschrittenen Rechtskultur vorgesehene rechtsgeschäftliche („gewillkürte") Stellvertretung dient in erster Linie dem Ziel, eine „Arbeitsteilung im Prozess der Rechtsentstehung und Rechtsausübung" zu ermöglichen (MÜLLER-FREIENFELS 53). Stets muss es sich allerdings um die Abgabe oder den Empfang von *Willenserklärungen* oä (rechtsgeschäftsähnliche Handlungen) handeln (vgl noch Rn 38 ff).

b) Der Rechtsordnung stehen jedoch außer dem Institut der Stellvertretung noch andere Regeln zur Verfügung, die es ermöglichen, jemandem ein *Drittverhalten zuzurechnen.* Dies gilt einmal für das Institut der *Gehilfenschaft,* also für Erfüllungsgehilfen, Verrichtungsgehilfen und Besitzdiener. Für ihre Handlungen außerhalb des Bereichs der Abgabe oder der Empfangnahme von Willenserklärungen ist von Gesetzes wegen ebenfalls die Fremdzurechnung vorgesehen. Zur Botenschaft s Rn 73 ff. **2**

Ebenso bewirkt das *Surrogationsprinzip,* dass jemandem die Wirkungen eines Dritthandelns zugutekommen (vgl PALANDT/BASSENGE Einl vor § 854 Rn 16; EINSELE JZ 1990, 1005, 1007 f).

2. Die geschichtliche Entwicklung bis zum 19. Jahrhundert*

a) Auf älteren Kulturstufen war der *Status eines Menschen* wichtiger als vertraglich hergestellte Rechtsbeziehungen. Daher wurden die im Zusammenhang mit einem Dritthandeln entstehenden Fragen weitgehend dadurch gelöst, dass man die Handlungen der Mitglieder bestimmter Personenkreise kraft ihres personenrechtlichen Status anderen Personen zurechnete (vgl KRÜGER, Erwerbszurechnung kraft Status [1979] 21 ff). **3**

Dementsprechend kannte das antike *römische Recht* kein Institut der rechtsgeschäftlichen Stellvertretung (vgl FLUME § 43, 2; KASER, Das Römische Privatrecht I [2. Aufl 1971] §§ 62 und 141; II [2. Aufl 1975] § 204; Ausgewählte Schriften II [1976] 245 ff; KASER/KNÜTEL, Römisches Privatrecht [19. Aufl 2008] § 11 I; HKK/SCHMOECKEL §§ 164–181 Rn 3). Die durch

---

* **Schrifttum:** H BAUER, Die Entwicklung des Rechtsinstituts der freien gewillkürten Stellvertretung seit dem Abschluß der Rezeption in Deutschland bis zur Kodifikation des BGB (Diss Erlangen 1963); BUCHKA, Die Lehre von der Stellvertretung bei Eingehung von Verträgen (1852); COING, Europäisches Privatrecht, I (1985), II (1989); EVERDING, Die dogmengeschichtliche Entwicklung der Stellvertretung im 19. Jahrhundert (Diss Münster 1951); FRÄNKEL, Die Grundsätze der Stellvertretung bei den Scholastikern, ZVglRW 27, 289; HÖLZL, Savignys Lehre von der unmittelbaren rechtsgeschäftlichen Stellvertretung, in: Kontinuitäten und Zäsuren in der europäischen Rechtsgeschichte (1999) 211; ders, Friedrich Carl von Savignys Lehre von der unmittelbaren rechtsgeschäftlichen Stellvertretung (2002); LAMMEL, Die Haftung des Treuhänders aus Verwaltungsgeschäften (1972) 56 ff; MITTEIS, Die Lehre von der Stellvertretung (1885); MOSER Die Offenkundigkeit der Stellvertretung (2010) 7 ff; U MÜLLER, Die Entwicklung der direkten Stellvertretung und des Vertrages zugunsten Dritter (1969); SCHMOECKEL, Von der Vertragsfreiheit zu typisierten Verkehrspflichten. Zur Entwicklung des Vertretungsrechts, in: Das Bürgerliche Gesetzbuch und seine Richter (2000) 77 ff; ders, im HKK §§ 164–181 Rn 2 ff; WESENBERG, Zur Behandlung des Satzes alteri stipulari nemo potest durch die Glossatoren, in: FS F Schulz II (1951) 259.

die patriarchalischen Familienstrukturen und die Sklaverei eröffneten Möglichkeiten ließen kein praktisches Bedürfnis nach gewillkürter Stellvertretung hervortreten. Hinzu kam, dass dem damaligen Recht privatrechtliche juristische Personen unbekannt waren (Kaser I § 72; II § 214). Hauskinder und Sklaven erwarben Rechte kraft ihrer Statussituation für den Hausvater bzw für den Herrn (Kaser/Knütel § 11 II 1 a). Außerdem konnten sie mittels der vom prätorischen Recht zugelassenen adjektizischen Klagen auch Verpflichtungen für die genannten Personen begründen (Flume § 43 2; Kaser/Knütel § 11 II 2, § 49; Lammel 57 ff).

4 Dogmatisch stand der Entwicklung einer rechtsgeschäftlichen Stellvertretung zudem der für Formalgeschäfte bestimmte Satz „alteri stipulari nemo potest" entgegen (D 45, 1, 38, 17). Dieselbe Wirkung hatte die Regel „per liberam personam ... nihil adquiri posse indubii iuris est" in C 4, 27, 1 pr (Müller 14 ff). Anerkannt waren nur im gewissen Umfang Rechtsbeziehungen, die heute als mittelbare Stellvertretung (vgl Rn 42 ff) oder als Ermächtigung (vgl Rn 62 ff) bezeichnet würden (Kaser/Knütel § 11 I Rn 2).

5 b) Auch dem *älteren deutschen Recht* war die gewillkürte Stellvertretung grundsätzlich nicht bekannt (vgl Schmoeckel 81 f; HKK/Schmoeckel §§ 164–181 Rn 3; Soergel/ Leptien Vorbem 7 zu § 164). Neben den kraft Status eintretenden Drittwirkungen eines Handelns war es vor allem die germanische Treuhand, welche gewisse, dem stellvertretenden Handeln ähnliche Wirkungen hervorbrachte, die in heutiger Terminologie als Fälle mittelbarer Stellvertretung anzusehen wären (vgl Rn 48; Mitteis/Lieberich, Deutsches Privatrecht [9. Aufl 1981] 29 ff). Als Rechtsinstitut aus dieser Zeit ist auch die Testamentsvollstreckung zu nennen.

6 c) Im *Zeitalter der Glossatoren* stellte zwar Martinus Gosia den Satz auf, dass nach Billigkeit ein Handeln für andere erlaubt sei. Er fand jedoch damit wegen des Widerspruchs zu den römischen Quellen keine Anerkennung (Müller 44 ff). Wohl aber wurden von den Glossatoren weitere Fälle einer Stellvertretung beim Erwerb anerkannt, so, wenn ein Notar als „servus publicus" für seinen Auftraggeber handelte. Ebenso konnte ein procurator aufgrund seines Mandates obligatorische Rechte für und gegen den Geschäftsherrn begründen (Müller 33 ff).

7 d) Weitergehend als das Zivilrecht ließ das *kanonische Recht* Fälle direkter Stellvertretung zu, allerdings nur mit der Folge, dass eine Naturalobligation begründet wurde. Diese war jedoch vor den kirchlichen Gerichten durchsetzbar; sie konnte auch durch das Hinzufügen eines Eides zur zivilrechtlich klagbaren Verpflichtung erhoben werden (HKK/Schmoeckel §§ 164–181 Rn 3; Müller 64 ff; Bauer 36 ff; H Dilcher SZRA 77, 281 ff).

Das *Statutarrecht* der oberitalienischen Städte und Korporationen ließ in beträchtlichem Umfang die rechtsgeschäftliche Stellvertretung zu (HKK/Schmoeckel §§ 164–181 Rn 3; Fränkel ZVR 27 [1912], 289, 296 ff; Müller 55 ff). Insofern wurde schon die später im deutschen Handelsrecht (vgl Rn 14) hervortretende Wegbereiterfunktion des Handelsrechts für das allgemeine Zivilrecht sichtbar.

8 e) Obwohl schon im 16. Jh eine starke Lehre, insbesondere spanischer Juristen, das Verbot des „alteri stipulari" als überholt ansah (HKK/Schmoeckel §§ 164–181 Rn 3;

COING I 425 f), kam es doch erst mit dem Naturrecht zu einer grundlegenden Veränderung der dogmatischen Auffassungen. GROTIUS vertrat in De jure belli ac pacis II 11 § 18 die Ansicht, dass die römische Unterscheidung zwischen Sklaven und Hauskindern einerseits, freien Personen andererseits aufzugeben sei. Damit wurde zumindest bei den Erwerbstatbeständen eine gewillkürte Stellvertretung zugelassen (vgl HKK/SCHMOECKEL §§ 164–181 Rn 3; MÜLLER 127 ff; BAUER 49 ff). Allerdings fand keine Trennung zwischen dem Innenverhältnis und dem Außenverhältnis, zwischen Mandat und Vertretungsmacht, statt (vgl HKK/SCHMOECKEL §§§ 164–181 Rn 3). Wohl aber wurde erstmals durch GROTIUS eine dogmatische Trennungslinie zwischen der Stellvertretung und dem Vertrag zugunsten Dritter gezogen (MÜLLER 132).

In denselben Bahnen bewegten sich die Lehren von PUFENDORF, THOMASIUS und CHRISTIAN WOLFF (MÜLLER 134 ff). Letzterer verlangte für die Stellvertretung, dass aufgrund und im Rahmen einer erteilten Ermächtigung gehandelt und die Drittwirkung des Handelns dem Geschäftspartner erkennbar gemacht wurde (BAUER 61).

Ihren Niederschlag fanden diese Auffassungen in den *Kodifikationen* zu Ende der Naturrechtsepoche, so in den §§ 1 ff I 13 ALR und in den §§ 1002 ff ABGB (MÜLLER 152; BAUER 70 ff; EVERDING 30), ebenso in den Art 1984 ff cc fr (vgl Rn 100 und 102).

f) Neben den Anhängern des Naturrechts wandten sich im 17. Jahrhundert auch **9** die den römischen Quellen folgenden Juristen vom Stellvertretungsverbot ab. So wurde vor allem von den Vertretern der *Eleganten Jurisprudenz* die Stellvertretung kraft eines zwischenzeitlich verfestigten Gewohnheitsrechts zugelassen (vgl MÜLLER 100 ff). Die Vertreter des *Usus modernus pandectarum* bejahten in weitem Umfang die Drittwirkung aufgrund Genehmigung einer Geschäftsführung ohne Auftrag des Handelnden (BAUER 26 ff), sodass sich am Ende des 18. Jahrhunderts ein gewisser Konsens in der Zulassung der rechtsgeschäftlich begründeten Stellvertretung herausgebildet hatte.

3. Das 19. Jahrhundert

a) Mit SAVIGNY vollzog die romanistische Dogmatik den Übergang zur Anerken- **10** nung der gewillkürten Stellvertretung. Allerdings waren auch jetzt noch zB PUCHTA und MÜHLENBRUCH scharfe Gegner dieser Auffassung (FLUME § 43 2; EVERDING 38). SAVIGNY stützte sich für seine Auffassung ua auf den *Wegfall* der Sklaverei, vor allem aber auf die Formulierung in D 41, 1, 53 „... quod naturaliter adquiritur, sicuti est possessio, per quemlibet volentibus nobis possidere adquirimus"; dabei steht allerdings sein Verständnis der Quellenaussage nicht in Übereinstimmung mit ihrem ursprünglichen Sinn. Zur Unterstützung seiner Ansicht griff SAVIGNY auf die römischen Regeln über den Boten zurück, den er mit dem Stellvertreter gleichsetzte (MOHNHAUPT, Savignys Lehre von der Stellvertretung, Jus Commune VII [1979] 60 ff; MÜLLER 156; BAUER 97 ff; COING II 456 f; EVERDING 51; SCHMOECKEL 81 und HKK/SCHMOECKEL §§ 164–181 Rn 3).

b) SAVIGNY (System III § 113; Obligationenrecht II §§ 54 ff) begründete für die Beur- **11** teilung des Verhältnisses zwischen dem Vertretenen und dem Vertreter die sog *Geschäftsherrentheorie,* die den Stellvertreter als ein „juristisches Organ", als Träger des Willens des Vertretenen versteht, durch welches dieser handelt. Dementsprechend ist nicht nur für die Wirkungen, sondern auch für die Voraussetzungen des vom Stellvertreter vorgenommenen Geschäfts auf die Person des Vertretenen abzustellen (s dazu SOERGEL/LEPTIEN Vorbem 9 zu § 164; LEHMANN/HÜBNER § 36 I 1 c; FLUME § 43 2; BEUTHIEN, in: FS Medicus 2 f; PAWLOWSKI JZ 1996, 125 f; PETERSEN Jura 2003, 744 f; vgl auch H J WOLFF 148 ff; ausführlich HÖLZL passim).

Demgegenüber vertrat die von BRINZ begründete und insbesondere von WINDSCHEID (Pandektenrecht § 73 N 16 b) vertretene hM die als *Repräsentationstheorie* bezeichnete Auffassung, wonach der rechtsgeschäftliche Wille beim Vertretergeschäft vom Stellvertreter gebildet wird, und nur die Wirkungen in der Person des Vertretenen eintreten. Vertretungsmacht ist demnach Voraussetzung für die Fremdwirkung des Willens, während die Voraussetzungen des Vertretergeschäfts nach der Person des Stellvertreters zu beurteilen sind (s dazu BAMBERGER/ROTH/VALENTHIN § 164 Rn 16; MünchKomm/SCHRAMM Vor § 164 Rn 67; NK-BGB/STOFFELS § 164 Rn 6; SOERGEL/LEPTIEN Vorbem 9 zu § 164; FLUME § 43 2; [krit] BEUTHIEN, in: FS Medicus 2 f; PAWLOWSKI JZ 1996, 125 f; PETERSEN Jura 2003, 745; zu beiden Theorien auch MOSER 20 ff; SCHREINDORFER 127 ff).

Nach der sog *Vermittlungstheorie* begründeten Vertreter und Vertretener die Rechtswirkungen zusammen durch Abschluss des Vertretergeschäfts und Bevollmächtigung (MITTEIS §§ 13, 14; COING II 457; LENEL JherJb 36, 1; vgl FLUME § 43, 2).

12 c) Weiterhin wurde in der Rechtsdogmatik des 19. Jahrhunderts, abweichend von den Auffassungen des Naturrechts und der von ihm beeinflussten Kodifikationen, die Vertretungsmacht von den im *Innenverhältnis zwischen* dem Vertreter und dem Vertretenen bestehenden Rechtsbeziehungen abgegrenzt. Grundlegend hierfür war der Aufsatz von LABAND (ZHR 10, 1 S 3 ff), in welchem aufgrund des ADHGB die Unterscheidung zwischen der Vertretungsmacht als der Befugnis, in der Person eines anderen rechtliche Wirkungen erzeugen zu können, und den hierfür berechtigenden und verpflichtenden Vertragsbeziehungen herausgearbeitet ist (ausf hierzu MÜLLER-FREIENFELS, Die Abstraktion der Vollmachtserteilung im 19. Jahrhundert, in: COING/WILHELM, Wissenschaft und Kodifikation des Privatrechts im 19. Jahrhundert II [1977] 164 ff; ferner BEUTHIEN, in: FG Bundesgerichtshof 82 ff; PAWLOWSKI JZ 1996, 125, 126; HKK/SCHMOECKEL §§ 164–181 Rn 3 und 6). Das Mandat kann ohne Vollmacht, die Vollmacht ohne Mandat bestehen (MÜLLER 157; BAUER 123 ff; COING II 457 f; SCHMOECKEL 85 und HKK §§ 164–181 Rn 3).

13 Von ebenso großer Bedeutung war das im 19. Jahrhundert herausgearbeitete Erfordernis, wonach das Vertreterhandeln *nach außen erkennbar* werden, also offenkundig sein muss. Damit wurde es nötig, zwischen unmittelbarer und mittelbarer Stellvertretung zu unterscheiden (vgl MÜLLER-FREIENFELS, Die Vertretung beim Rechtsgeschäft 15 ff; SCHMOECKEL 86 f und HKK §§ 164–181 Rn 9 ff; MOSER 28 ff).

14 d) Einen deutlichen Einschnitt in der deutschen Gesetzgebung bedeutete das *ADHGB* von 1861, weil es in seinen Art 52 und 298 den Grundsatz der direkten Stellvertretung und der Offenkundigkeit des Vertreterhandelns erstmals niederlegte (s HKK/SCHMOECKEL §§ 164–181 Rn 4). Dabei wurde in Art 52 Abs 2 ADHGB bereits ausgesprochen, dass es rechtlich keinen Unterschied macht, ob der Vertreter ausdrücklich im Namen eines anderen handelt oder ob sich dies aus den Umständen ergibt. Die Trennung von Grundverhältnis und Vollmacht war freilich noch nicht so deutlich herausgestellt (vgl heute noch §§ 49 Abs 1, 54 Abs 1 und 2, 55 Abs 4, 56, 58 HGB).

e) Auch die *Verfasser des BGB* folgten der Repräsentationstheorie, wenngleich in **15** Mot I 223 auf dem Boden der Willenslehre des 19. Jahrhunderts noch unzutreffend von einer „Vertretung im Willen" statt bei Vollzug des Rechtsgeschäfts gesprochen wird (vgl FLUME § 43, 3; SCHMOECKEL 81 ff). Ebenso unterschieden sie zwischen Vollmacht und Auftrag, die beide zueinander im Verhältnis von Mittel und Zweck gesehen werden (BAUER 152). Insgesamt hat sich die Regelung des Stellvertretungsrechts im BGB gerade wegen seiner klaren dogmatischen Entscheidungen trotz vielfacher (oft zweifelhafter) Durchbrechungs- und Einschränkungsversuche in Rechtsprechung und Schrifttum bewährt (so zutr HKK/SCHMOECKEL §§ 164–181 Rn 33 ff, 38; PETERSEN Jura 2003, 745; ausf dazu auch MOSER 26 ff; krit BEUTHIEN, in: FS Medicus 1 ff).

II. Die Grundprinzipien des BGB

1. Grundbegriffe des Vertretungsrechts

a) Das stellvertretende Handeln verlangt die Abgabe oder den Empfang einer **16** Willenserklärung im Namen des Vertretenen (s Rn 13, 35 f, § 164 Rn 1 ff) und *Bestehen von Vertretungsmacht*. Als Vertretungsmacht bezeichnet man die Rechtsmacht, mit Wirkung für einen anderen Willenserklärungen abgeben oder entgegennehmen zu können.

Umstritten ist, inwieweit die **Vertretungsmacht** begrifflich den vorhandenen Rechtskategorien zugeordnet werden kann. Teilweise wird angenommen, dass es sich bei der Vertretungsmacht um ein *Gestaltungsrecht* handele, da sie die Möglichkeit zur Begründung oder Veränderung fremder Rechtsverhältnisse eröffnet (BGB-RGRK/STEFFEN § 167 Rn 1; ENNECCERUS/NIPPERDEY § 184 I; DORIS 175 ff). Dabei wird jedoch nicht berücksichtigt, dass die Vertretungsmacht nicht deshalb besteht, um ihrem Inhaber unabhängig vom Willen eines Dritten Befugnisse zu verleihen; außerdem kann die Vornahme eines Vertretergeschäftes nicht als „Ausübung" der Vertretungsmacht aufgefasst werden (MÜLLER-FREIENFELS 44). Mit der Verneinung einer Qualität der Vertretungsmacht als Gestaltungsrecht wird zugleich ihre Einordnung in den Kreis der *subjektiven Rechte* verneint (BayObLG NJW-RR 2001, 297; Rpfleger 2004, 702, 703; MünchKomm/SCHRAMM § 164 Rn 69; NK-BGB/STOFFELS § 164 Rn 77; PALANDT/ELLENBERGER Einf v § 164 Rn 5; PWW/FRENSCH § 164 Rn 49; SOERGEL/LEPTIEN Vorbem 15 zu § 164; BORK Rn 1426; LEENEN § 9 Rn 73; MÜLLER-FREIENFELS 40 ff; DUX WM 1994, 1145, 150; krit für die Vollmacht PAPENMEIER 4 ff; s noch Rn 17). – Vertretungsmacht ist auch keine von den subjektiven Rechten zu unterscheidende *Fähigkeit*, welche auf gleicher Ebene mit der Rechtsfähigkeit und der Handlungsfähigkeit einer Person besteht (MÜLLER-FREIENFELS 35 ff; FLUME § 45 II 1; MÜLLER-FREIENFELS 35 ff). Durch das Bestehen einer Vertretungsmacht wird die Fähigkeit des Vertretenen zum Eigenhandeln grundsätzlich nicht vermindert (s zur verdrängend-unwiderruflichen Vollmacht § 168 Rn 15). Demnach ist die Möglichkeit kollidierender Rechtsgeschäfte eröffnet (s § 164 Rn 10).

Vertretungsmacht ist vielmehr lediglich die *Legitimation,* für einen anderen durch **17** Handeln in seinem Namen für ihn gültige rechtsgeschäftliche Regelungen zu treffen (MünchKomm/SCHRAMM § 164 Rn 68; NK-BGB/STOFFELS § 164 Rn 77; SOERGEL/LEPTIEN Vorbem

15 zu § 164; BORK Rn 1426; FLUME § 45 II 1; LEENEN § 9 Rn 73; vgl LABAND ZHR 10, 240). In diesem Sinne wird für den Vertreter dadurch allerdings eine eigenständige Rechtsmacht (MünchKomm/SCHRAMM § 164 Rn 68; NK-BGB/STOFFELS § 164 Rn 77 mwNw; PALANDT/ELLENBERGER Einf v § 164 Rn 5; WOLF/NEUNER § 49 Rn 33), eine „sekundäre Zuständigkeit" (MÜLLER-FREIENFELS 65 ff; THIELE 61 f) begründet, mit der man auch eine Einordnung als *subjektives Recht* begründen kann (PAPENMEIER 4 ff mwNw). Zur Übertragbarkeit rechtsgeschäftlich begründeter Vertretungsmacht s § 167 Rn 4.

18 **b)** Umstritten ist, ob durch die *Genehmigung* eines Handelns ohne Vertretungsmacht, sei es, dass sie nicht bestand oder dass von ihr kein Gebrauch gemacht wurde (s § 177 Rn 5 ff), Vertretungsmacht begründet werden kann. Bejaht wird dies vor allem von ENNECCERUS/NIPPERDEY (§ 178 IV). Indessen ist die Vertretung ohne Vertretungsmacht eine eigene Rechtsfigur (FLUME § 44 I; vgl auch MÜLLER-FREIENFELS 18 Fn 19), bei der durch Genehmigung nicht nachträglich Vertretungsmacht erzeugt, sondern nur einem Handeln als Stellvertreter Fremdwirkung beigelegt wird (ebenso LEHMANN/HÜBNER § 36 VI 2 a). Auch THIELE (Die Zustimmungen in der Lehre vom Rechtsgeschäft [1966] 258) sieht in der Genehmigung nur eine Anerkennungsvoraussetzung für die Fremdwirkung des Handelns ohne Vertretungsmacht. Die Willenserklärung wird auch ohne Vertretungsmacht wirksam, durch die Genehmigung des Vertretenen erhält lediglich das abgeschlossene Rechtsgeschäft Geltung für und gegen seine Person (LEENEN 711 f).

19 **c)** **Aktive Stellvertretung** liegt vor, wenn der Vertreter eine Willenserklärung für den Vertretenen abgibt; um **passive Stellvertretung** handelt es sich gem § 164 Abs 3, wenn der Vertreter die Willenserklärung im Namen des Vertretenen entgegennimmt (SCHILKEN 79 ff). Trotz gewisser Schwierigkeiten, passives Verhalten in den Denkzusammenhang des Vertreterhandelns als Erweiterung der rechtlichen Möglichkeiten einer Person einzuordnen, stellt die passive Stellvertretung eine notwendige Ergänzung der Anerkennung aktiver Stellvertretung dar (BGB-RGRK/STEFFEN Vorbem 20 zu § 164; RICHARDI AcP 169, 400 ff; SCHILKEN 79; vgl auch § 164 Rn 20). Beide Arten der Stellvertretung sind auch bei der Abgabe *elektronisch übermittelter Willenserklärungen* zulässig (BGHZ 149, 129, 134 zur Empfangsvertretung bei Internetauktionen; CZEGUHN JA 2001, 708, 712 f; ULTSCH DZWir 1997, 466, 470). Hier wird aber nicht selten auch ein Handeln unter fremdem Namen (s Rn 88 ff) in Betracht kommen (vgl CZEGUHN JA 2001, 708, 712; FRITZSCHE/MAHLER DNotZ 1995, 3, 15; ULTSCH DZWir 1997, 466, 470); mit der Einführung der elektronischen Signatur eröffnen sich auch neue Anwendungsbereiche für die Rechtsprechung zur Duldungs- und Anscheinsvollmacht (s § 167 Rn 28 ff; vgl auch CZEGUHN JA 2003, 708, 712 f; FRITZSCHE/MAHLER DNotZ 1995, 3, 15 f).

Stets ist das Handeln als Stellvertreter von einem entsprechenden Handeln als Erklärungsbote oder als Empfangsbote zu unterscheiden (SCHILKEN 85 ff, 217 ff; s Rn 73).

20 **d)** Um **Gesamtvertretung** (zur historischen Entwicklung KUNSTREICH, passim) handelt es sich, wenn die Vertretungsmacht mehreren Personen zur gemeinsamen Ausübung zusteht (SCHILKEN 100 ff, 119 ff). Eine derartige persönlich beschränkte Vertretungsmacht kann *rechtsgeschäftlich* begründet werden, zB in Form der Gesamtprokura nach § 48 Abs 2 HGB (s dazu ausführlich MünchKommHGB/KREBS § 48 Rn 68 ff; zu gemischter Gesamtvertretung BEUTHIEN/MÜLLER Betrieb 1995, 461). Ausdrücklich zugelassen ist die

Gesamtvertretung auf rechtsgeschäftlicher Grundlage für die OHG in § 125 Abs 2 HGB; sie ist ebenso bei der bürgerlichrechtlichen Gesellschaft in §§ 709, 714 vorgesehen (s näher SCHREIBER Jura 2001, 346). Gesamtvertretung entsteht nach § 28 sowie §§ 78 Abs 2 AktG, 35 Abs 2 GmbHG und 25 GenG aber auch *kraft Verfassung* für die mehrgliedrigen Organe juristischer Personen (vgl OLG Dresden NJW-RR 1995, 803; OLG Frankfurt BB 1995, 2440, 2441, zugleich zur Genehmigungsfähigkeit der Handlung eines alleinhandelnden Mitglieds eines mehrköpfigen Organs; BGB-RGRK/STEFFEN Vorbem 21 zu § 164; MünchKomm/SCHRAMM § 164 Rn 82 ff; SCHWARZ NZG 2001, 529); auch für juristische Personen des öffentlichen Rechts gilt vielfach Gesamtvertretung (vgl BGHZ 32, 375; BGB-RGRK/STEFFEN § 167 Rn 20; MünchKomm/SCHRAMM § 164 Rn 95; NK-BGB/ACKERMANN § 167 Rn 55). Gesamtvertretung ist ferner die *gesetzliche Vertretung* des Kindes durch die Eltern gem § 1629 (WOLF/NEUNER § 49 Rn 39; zum Ausschluss der Vertretung durch den nicht sorgeberechtigten Elternteil s OLG Bremen FamRZ 1995, 1515). Zur *Gesamtvollmacht* und den Einzelheiten des Handelns von Gesamtvertretern s § 167 Rn 51 ff.

2. Die Grundlagen der Vertretungsmacht

a) Die Vertretungsmacht kann auf verschiedenen Grundlagen beruhen: Es ist **21** rechtsgeschäftlich, gesetzlich und kraft Organschaft begründete Vertretungsmacht zu unterscheiden (PAWLOWSKI JZ 1996, 125, 130 f; PETERSEN Jura 2003, 310, 311 f; übersichtl SCHMIDT Rn 686 ff). Die Inhaber auferlegter Verwaltung hingegen (s Rn 57 ff) handeln nicht aufgrund Vertretungsmacht, sondern als Inhaber eines privaten Amtes. Für die einzelnen Fälle der Vertretungsmacht ist umstritten, ob das BGB von einem *einheitlichen Begriff* ausgeht: Im Ergebnis ist dies zu bejahen, weil die unterschiedlichen Begründungsakte der Legitimation nicht zu einem grundsätzlich unterschiedlichen Inhalt der Fremdwirkung führen (Mot I 223; SOERGEL/LEPTIEN Vorbem 20 zu § 164; FLUME § 45 II 4 und Bd I 2 377 ff; BORK Rn 1428; MÜLLER AcP 168, 114). Für die Verfechter der Vertretertheorie (maßgeblich FLUME Bd I 2 § 11 I), nach der die Organe für die juristische Person handeln, wie dies die rechtsgeschäftlichen und gesetzlichen Vertreter (abweichend zur gesetzlichen Vertretung demgegenüber MÜLLER-FREIENFELS 342 f; s dazu FLUME § 45 II 4) für den Vertretenen tun, ist das selbstverständlich. Auch die Vertreter der heute herrschenden Organtheorie (grundlegend vGIERKE, Deutsches Privatrecht I [1895] 472 ff; s aus neuerer Zeit nur MünchKomm/REUTER § 26 Rn 11 mwNw; HÜBNER Rn 1176; PAWLOWSKI Rn 670; vgl auch H J WOLFF 94 ff, 224 ff), die von einem Eigenhandeln der juristischen Person durch ihre Organe ausgehen, sehen darin aber doch, vor allem im Hinblick auf die Anordnung der „Stellung eines gesetzlichen Vertreters" in § 26 Abs 2 S 1 HS 2, zugleich eine Stellvertretung seitens der Organe (s zB ERMAN/MAIER-REIMER vor § 164 Rn 14; GroßKomm-HGB/HABERSACK § 125 Rn 4; MünchKomm/SCHRAMM Vor § 164 Rn 7 ff; NK-BGB/STOFFELS § 164 Rn 81; SOERGEL/LEPTIEN Vorbem 20 zu § 164; vgl dazu krit BEUTHIEN NJW 1999, 1142 ff; ders, in: FS Zöllner 99 ff und FS Canaris 41 ff, der § 26 Abs 2 S 1 HS 2 lediglich als ergänzende Anordnung entsprechender Geltung des Stellvertretungsrechts versteht; übersichtlich zur gesetzlichen Vertretung bei juristischen Personen PELTZER JuS 2003, 348); auch § 26 Abs 2 HS 1 spricht nicht von einem Handeln für den Verein, sondern von der Vertretung des Vereins. Eine bloß ergänzende Anordnung der Anwendbarkeit des Stellvertretungsrechts kann auch unter Berücksichtigung dieser Ausformung der Rechtsmacht des Vorstandes dem 2. HS des § 26 Abs 1 nicht entnommen werden.

b) *Rechtsgeschäftlich begründete Vertretungsmacht,* die in § 166 Abs 2 als „Voll- **22** macht" definiert ist, entsteht durch **Bevollmächtigung**. Umstritten ist das Verhältnis der Vollmachtserteilung zu dem aufgrund der Vollmacht *ausgeführten Vertretergeschäft:* Nach überwiegender Ansicht gilt insoweit das auf dem Repräsentationsprinzip basierende *Trennungsprinzip,* das die Bevollmächtigung als ein selbständiges einseitiges Rechtsgeschäft bewertet. Den Gegensatz dazu bildet die *Lehre vom einheitlichen Gesamttatbestand,* der die Bevollmächtigung und das aufgrund der Vollmacht vorgenommene Rechtsgeschäft umfasst (s Rn 32 und § 167 Rn 10). Getrennt zu beurteilen ist nach dem im BGB befolgten *Abstraktionsprinzip* (s Rn 33) die Vollmacht auch im Hinblick auf das der Bevollmächtigung zugrunde liegende Rechtsverhältnis.

23 **c)** Eine Besonderheit der **gesetzlichen Vertretung** besteht darin, dass es sich bei ihr nicht um eine Institution des AT, sondern vor allem um eine des Familienrechts (HABSCHEID FamRZ 1957, 110) handelt, auf deren Einzelheiten hier nicht näher eingegangen werden kann. Dies bedeutet jedoch nur, dass die allgemeinen Regeln über die Vertretungsmacht unter Beachtung der Besonderheiten des familienrechtlichen Zusammenhangs angewendet werden müssen (MÜLLER AcP 168, 115). So kann zB nicht die Verletzung von vorvertraglichen Schutzpflichten durch einen gesetzlichen Vertreter dem Vertretenen angelastet werden (vgl BALLERSTEDT AcP 151, 527; CANARIS VersR 1965, 115; GERNHUBER/COESTER-WALTJEN, Familienrecht [6. Aufl 2010] § 60 IV Rn 66; FROTZ 90 ff). Demgegenüber bewertet vor allem MÜLLER-FREIENFELS (155 ff und 335 ff) die gesetzliche Vertretung als eine selbständige Rechtskategorie. Er begründet dies in erster Linie damit, dass bei gesetzlicher Vertretung das konkurrierende Eigenhandeln des Vertretenen ausgeschlossen ist, und in gesetzlicher Vertretungsmacht nicht der Wille des Vertretenen Ausdruck findet, sie vielmehr nur die Folge gesetzlicher Regeln ist, denen er im Ergebnis den Privatrechtscharakter abspricht. Ähnlich sieht THIELE (64 ff) die gesetzliche Vertretung nicht als Ausdruck von Selbstbestimmung, sondern von Fremdbestimmung an. Indessen ist Stellvertretung in allen Fällen verselbständigtes Handeln in Verantwortung für den Vertretenen; ein Unterschied besteht nach der Konzeption des BGB nur in der Begründung der Vertretungsmacht (FLUME § 45 II 4).

24 Dies gilt auch dann, wenn die Begründung der gesetzlichen Vertreterstellung nicht unmittelbar durch das Gesetz erfolgt, wie bei den Eltern, sondern zusätzlich eines *Staatsaktes* bedarf, wie bei der Bestellung eines Vormundes, Betreuers (zur Vertretungsmacht des Betreuers s näher NEUHAUSEN RNotZ 2003, 157, 165 ff; JANDA FamRZ 2013, 16; vgl auch Rn 41) oder Pflegers. – Hingegen muss die sog „*Schlüsselgewalt*" des § 1357 betr Geschäfte zur Deckung des Lebensbedarfs der Familie, die zT als Fall gesetzlicher Vertretung (so BGB-RGRK/STEFFEN Vorbem 10 zu § 164), allerdings erweitert um familienrechtliche Besonderheiten (so etwa PALANDT/BRUDERMÜLLER § 1357 Rn 3; KÄPPLER AcP 179, 274; MÜLLER JZ 1982, 779; s auch MEDICUS/PETERSEN Rn 88 f), bewertet wird, zT zumindest einer analogen Anwendung einzelner Vertretungsregeln – insbes der §§ 165, 166 – unterworfen wird (Hk-BGB/DÖRNER § 164 Vorbem 6 zu §§ 164–181; SOERGEL/LEPTIEN Vorbem 17 zu § 164), wegen ihrer familienrechtlich begründeten dogmatischen Besonderheiten hier als Rechtsmacht sui generis außer Betracht bleiben (s auch Hk-BGB/ DÖRNER Vor §§ 164–181 Rn 6; MünchKomm/WACKE § 1357 Rn 10; NK-BGB/STOFFELS § 164 Rn 33; BORK Rn 1414; FLUME § 44 I; KRÜGER, Erwerbszurechnung kraft Status [1979] 161 ff; MIKAT, in: FS Beitzke [1979] 293 ff; K SCHMIDT JuS 1987, 425, 430): Es handelt sich um einen Fall gesetzlicher Rechtsfolgenerstreckung. Die geplante Regelung einer gesetzlichen Vertretungsmacht für nahe Angehörige (s dazu POHLENZ passim) ist bisher nicht realisiert worden. – Auch der Auffassung, in den Fällen der Notgeschäftsführung entstehe für den Geschäftsführer eine gesetzliche Vertretungsmacht, kann nicht gefolgt werden (s § 177 Rn 17). Hingegen kann sich bei der Bruchteilsgemeinschaft gem § 745 eine gesetzliche Vertretungsmacht zur Ausübung des Stimmrechts § 745 kraft Mehrheitsbeschlusses ergeben (s dazu näher MERLE, in: FS Seuß [2007] 193, 197 ff).

d) Eine **organschaftliche Vertretung** sieht das BGB bei den juristischen Personen 25 vor. § 26 Abs 2 S 1 bestimmt, dass der **Vereinsvorstand als Organ** die Stellung eines gesetzlichen Vertreters der juristischen Person hat. § 30 sieht als Organe auch „besondere Vertreter" vor und § 86 überträgt diese Regeln auf die Stiftung (zur Vertretungsbefugnis des Vorstandes von Stiftungen s LUTH 42 ff, 72 ff). Organ ist nach § 78 Abs 1 AktG der Vorstand der Aktiengesellschaft und nach § 24 Abs 1 GenG der Vorstand der Genossenschaft, ferner gem § 35 Abs 1 GmbHG der Geschäftsführer einer GmbH; bedeutsam ist auch die Vertretung der Aktiengesellschaft gegenüber Vorstandsmitgliedern durch den Aufsichtsrat gem § 112 AktG (dazu ausf CAHN, in: FS Hoffmann Becking [2013] 247 ff, namentlich auch zur Frage der Bedeutung der Auswirkungen von Beschlussmängeln auf zu deren Umsetzung abgegebene Willenserklärungen). Weitere Vertretungsregelungen enthalten zB § 269 Abs 1 AktG und §§ 44, 68, 70 S 1 GmbHG.

Mit der Formulierung des § 26 wird der Tatsache Rechnung getragen, dass sich das Organ einer juristischen Person vom normalen gesetzlichen Vertreter dadurch unterscheidet, dass ihm die Vertretungsmacht als Folge der Berufung in die Organstellung zusteht. Außerdem unterscheidet sich die Organschaft von der Stellvertretung dadurch, dass der juristischen Person nicht nur die Willenserklärung ihrer Organe zugerechnet werden, sondern ebenso andere Handlungen (BGB-RGRK/STEFFEN Vorbem 9 zu § 164; MEDICUS/PETERSEN Rn 84), wie insbesondere § 31 verdeutlicht. Daher wurde früher, insbesondere durch vGIERKE, und wird neuerdings durch BEUTHIEN die Auffassung vertreten, es bestehe ein grundsätzlicher Unterschied zwischen dem Organschaftlichenhandeln und der Stellvertretung. Für das geltende Recht jedoch führt § 26 Abs 2 S 1 zu einer grundsätzlich einheitlichen Betrachtung (s oben Rn 21). Immerhin bestehen Unterschiede gegenüber der nahe stehenden gesetzlichen Vertretung, etwa im Hinblick auf die Beschränkbarkeit der Vertretungsmacht durch Satzung gem § 26 Abs 2 S 2, insbesondere aber dann, wenn man das Handeln der Organe mit der herrschenden Organtheorie zugleich als Handeln der juristischen Person ansieht (s oben Rn 21). Im Vergleich zur Vollmacht ist vor allem bedeutsam, dass der Umfang der Vertretungsmacht organschaftlicher Vertreter der Disposition in vielen Bereichen entzogen ist (vgl etwa §§ 82 Abs 1, 269 Abs 5 AktG, § 27 Abs 2 GenG, § 37 Abs 2 S 1 GmbHG). Strukturell ist die Vollmacht im Unterschied zur organschaftlichen Vertretungsmacht abgeleiteter Natur (GroßKomm-HGB/HABERSACK § 125 Rn 7).

Eine organschaftliche Vertretung besteht darüber hinaus auch bei den Personenhandelsgesellschaften der OHG und KG, deren vertretungsberechtigte Gesellschaftern nach heute hM Organqualität zukommt, soweit sie für die – wenn nicht als juristische Person – als eigenständiges Zuordnungssubjekt anzuerkennende Gesellschaft handeln (s nur GroßKomm-HGB/HABERSACK § 125 Rn 4; MünchKomm/SCHRAMM Vor § 164 Rn 8 f; MünchKomm/ULMER § 714 Rn 16 mwNw; NK-BGB/STOFFELS § 164 Rn 81; SOERGEL/LEPTIEN Vorbem 18 zu § 164; ausf zu OHG und KG auch WERTENBRUCH Rn I 318 ff, 327 ff und 330 ff). Entsprechendes gilt für die Außengesellschaft bürgerlichen Rechts, wobei mit

Vorbem zu §§ 164 ff

Buch 1
Abschnitt 3 · Rechtsgeschäfte

der nunmehr vollzogenen Neuorientierung hin zu einer Anerkennung ihrer Rechtsfähigkeit (s BGH NJW 2001, 1056; K SCHMIDT NJW 2001, 993 ff; ULMER ZIP 2001, 585; grundlegend WERTENBRUCH, Die Haftung von Gesellschaften und Gesellschaftsanteilen in der Zwangsvollstreckung [2000]) nicht mehr die Gesamtheit der Gesellschafter (so zB noch SOERGEL/LEPTIEN Vorbem 18 zu § 164), sondern die Gesellschaft als Zurechnungssubjekt anzusehen ist (s nur MünchKomm/ULMER § 714 Rn 14 ff). Der Umfang solcher Vertretungsmacht bestimmt sich bei OHG und KG nach den §§ 125 ff HGB iVm dem Gesellschaftsvertrag (zu § 126 HGB ausf ROSSE 19 ff, 55 ff, 115 ff), bei der Gesellschaft bürgerlichen Rechts nach dem Gesellschaftsvertrag unter Berücksichtigung der Auslegungsregel des § 714. Der Unterschied solcher organschaftlicher Vertretung zur Vollmacht wird an der eingeschränkten Widerruflichkeit gemäß § 127 HGB, §§ 712, 715 deutlich; demgegenüber unterliegt eine Vollmacht der Disposition der sie mit Wirkung für die Gesellschaft erteilenden Gesellschafter (GroßKomm-HGB/HABERSACK § 125 Rn 7; zur rechtsgeschäftlichen Vertretung von OHG und KG s ausf WERTENBRUCH Rn I 314 ff).

26 Wer als Organ einer juristischen Person zum Handeln, insbes zur Vertretung berechtigt ist, ergibt sich für die juristischen Personen des Privatrechts aus den grundlegenden Organisationsbestimmungen. Deren Inhalt ist Dritten bekannt zu machen. So ist es für den Vereinsvorstand in den §§ 68 und 70 vorgesehen; Entsprechendes gilt für die Aktiengesellschaft nach § 81 AktG, für die GmbH nach § 39 GmbHG und für die Genossenschaft nach § 28 GenG (zur Einschränkung der unbeschränkten Vertretungsmacht des Vorstands eines Vereins s BGH NJW-RR 1996, 866; für die Genossenschaft LG Kassel NJW-RR 1995, 1063; vgl auch BEUTHIEN NJW 1997, 565 ff zu den Grenzen und dem Umfang der Vertretungsmacht bei der Vor-GmbH; s dazu ferner LESSMANN Jura 2004, 367).

27 e) Für die Organe der **juristischen Personen des öffentlichen Rechts** fehlt es an Regeln, nach denen die öffentlichrechtlichen Organisationsnormen dieser Personen bekannt gemacht werden müssen. Wegen der Unübersichtlichkeit der Vertretungsberechtigten kommt der Rechtsscheinsvollmacht (s § 167 Rn 46 ff) hier besondere Bedeutung zu. Der Katalog der einzelnen Vertretungsvorschriften ist umfangreich und hier nicht darstellbar (s dazu ausführlich STEIN/JONAS/ROTH [22. Aufl 2003] § 18 ZPO Rn 10 ff; zur Vertretung von Behörden s ferner ausf HUFELD passim, insbes 30 ff, 98 ff, 160 ff; ausf jetzt auch SCHMIEDER ZZP 126 [2013] 359 ff, auch zur Struktur der Vertretung und zu Fehlerfolgen). Hervorzuheben sind folgende Vertretungsregeln (s auch noch Rn 98 f zu VwVfG und AO):

28 Der **Bundesfiskus** wird auf der Grundlage des Art 65 S 2 GG jeweils durch den zuständigen Fachminister vertreten, bei Maßnahmen außerhalb eines Ressorts durch den Bundesminister der Finanzen, der für die Bereitstellung der Mittel zur Befriedigung des geltend gemachten Anspruchs verantwortlich ist (BGHZ 8, 197; BGH NJW 1967, 1755; STEIN/JONAS/ROTH § 18 ZPO Rn 10; LEISS, Die Vertretung des Reichs, des Bundes und der Länder vor den ordentlichen Gerichten [1957] 25; SCHMIEDER ZZP 126 [2013] 359, 365).

Grundsätzlich kann jeder Bundesminister seine Vertretungsbefugnis auf *nachgeordnete Behörden übertragen*. Solche Anordnungen sind in großem Umfang erfolgt (s SCHMIEDER ZZP 126 [2013] 359, 366 f). Ohne ausdrückliche Übertragung ist dies anzunehmen, wenn einer höheren Bundesbehörde Aufgaben allgemein zur selbständigen Erledigung zugewiesen worden sind (STEIN/JONAS/ROTH § 18 ZPO Rn 11). Dies gilt auch für Einstellungsbehörden hinsichtlich der Prozesse über das Bestehen von Arbeitsverhältnissen.

In den Ländern gelten selbstverständlich jeweils eigene Regelungen über die Vertretung des dortigen Fiskus. Sie sind im Einzelnen ganz unterschiedlich ausgestaltet (s näher die Übersicht bei STEIN/JONAS/ROTH § 18 ZPO Rn 15 ff). **29**

Die **Vertretung der Kreise** ist gesetzlich geregelt (zu Einzelheiten vgl SCHMIDT/EICHSTÄDT/ HAUS, Die Kreisordnungen in der Bundesrepublik Deutschland [1975]). **30**

Die Regelung ist in den einzelnen Bundesländern sehr unterschiedlich; als Vertreter kommen je nach Gesetzeslage insbesondere der Landrat, der Oberkreisdirektor (BAG NJW 1996, 2594, 2595) oder der Kreisausschuss in Betracht. Im Falle eines Vertretungsmangels sind auch hier jedenfalls die §§ 177 ff anwendbar (s zur NdsKreisO BAG NZA 1996, 756, 757 f). Hierbei erlangt die höchstrichterliche Rechtsprechung Bedeutung, nach der einschlägige Formvorschriften nicht als solche iSd § 125, sondern als Begrenzungen der Vertretungsmacht des handelnden Organs angesehen werden (BGHZ 32, 375, 379 ff; 147, 381, 383 ff; s auch § 167 Rn 46 ff; § 177 Rn 3).

Die **Gemeinden** haben ebenfalls gesetzlich bestimmte Organe. Die Vertretung ist auch insoweit in den einzelnen Bundesländern – und zwar in den jeweiligen Gemeindeordnungen – unterschiedlich geregelt (vgl STELKENS VerwArch 2003, 48). Als Vertretung der Gemeinden kommen danach je nach Landesrecht namentlich in Betracht der (Ober-)Bürgermeister (zur Frage der Außenvertretungsmacht des Bürgermeisters allgemein REUTER DtZ 1997, 15 ff), der (Ober-)Gemeindedirektor, der Rat und der Magistrat (zur Vertretung der Behörde bei Vollstreckungsunterwerfungserklärungen BVerwG NJW 1996, 608). Bei Bevollmächtigungen sind die gemeinderechtlichen Einschränkungen, etwa im Hinblick auf eine Gesamtvertretung, bedeutsam (s etwa BGH NJW 2009, 289, 291 f mAnm KIENINGER zu § 64 GO NW; dazu LEITZEN WM 2010, 637). **31**

Zu Vertretungsregelungen im kirchlichen Bereich s SCHEFFLER NJW 1977, 740; PEGLAU NVwZ 1996, 767.

3. Die Ordnungsgesichtspunkte des Stellvertretungsrechts

a) Ein zentraler Grundsatz, der in den §§ 164 und 166 Abs 1 Ausdruck gefunden hat, ist das auf die Repräsentationstheorie (s oben Rn 11; SCHREINDORFER 130 f; SCHILKEN 9 ff) zurückzuführende **Repräsentationsprinzip**, wonach es für das vom Stellvertreter abgeschlossene Geschäft grundsätzlich auf dessen Person ankommt, und nur die Wirkungen seines Handelns unmittelbar auf den Vertretenen bezogen werden (s schon oben Rn 11; SCHILKEN 9 ff): Prinzip der **Unmittelbarkeit der Stellvertretung** (s § 164 Rn 9). Allerdings wird diese Regelung insbesondere in § 166 Abs 2 eingeschränkt (SCHILKEN 10 ff; BGB-RGRK/STEFFEN Vorbem 4 zu § 164). **32**

MÜLLER-FREIENFELS (13) wendet sich gegen das Repräsentationsprinzip, weil nach seiner Ansicht das Problem der Stellvertretung nicht darin besteht, die Wirkungen des Vertretergeschäfts auf den Vertretenen überzuleiten, sondern zu klären, wie es mit dem privatautonomen Grundsatz der Eigengestaltung der Lebensverhältnisse vereinbar sein kann, dass eine Fremdgestaltung durch Vertretererklärung anerkannt wird. Im Anschluss an die schon früher vor allem von MITTEIS vertretene *Vermittlungstheorie* über die Zusammengehörigkeit des Handelns von Vertreter und Vertretenem (vgl SOERGEL/LEPTIEN Vorbem 9 zu § 164; FLUME § 43 2 d, § 52 1; MÜLLER-FREIENFELS 14) will MÜLLER-FREIENFELS (202 ff) die Trennung zwischen dem Bevollmächtigungsgeschäft und dem aufgrund erteilter Vollmacht abgeschlossenen Vertretergeschäft überwinden und beide als *Elemente eines einheitlichen Gesamttatbestandes* verstehen (s oben Rn 22). Hierin folgen ihm mit gewissen Modifikationen SIEBENHAAR (AcP 162, 354 ff) und THIELE (56 ff und 246 ff). Die Konsequenz eines derartigen Gesamttatbestandes würde ua bei der Formbedürftigkeit der Bevollmächtigung hervortreten. Auch die Besonderheiten des Verbraucherwiderrufsrechts (s dazu § 166 Rn 9) geben keinen Anlass, insoweit auf die Geschäftsherrntheorie zurückzugreifen (so aber MÖLLER ZIP 2002, 333, 337 ff; dagegen zutr HOFFMANN JZ 2012, 1156 ff; ausf SCHREINDORFER 127 ff).

Die ganz hM hält demgegenüber am **Repräsentationsprinzip** fest (BAMBERGER/ROTH/ VALENTHIN § 164 Rn 16; ERMAN/MAIER-REIMER Vorbem 7 zu § 164; MünchKomm/SCHRAMM Vor § 164 Rn 67 ff; NK-BGB/STOFFELS § 164 Rn 6; PALANDT/ELLENBERGER Einf v § 164 Rn 2; PWW/ FRENSCH § 164 Rn 1, § 167 Rn 5; SOERGEL/LEPTIEN Vorbem 10 ff zu § 164; FLUME § 43 2c, 3, § 52 1; ENNECCERUS/NIPPERDEY § 182 II; SCHILKEN 23 f; BORK Rn 1294 ff; BREHM Rn 431 ff; LEIPOLD § 22 Rn 3; WERTENBRUCH § 28 Rn 1; WOLF/NEUNER § 49 Rn 2; LEENEN § 4 Rn 79; KANDLER 57 ff; SCHREINDORFER 130 ff, 140 ff; STÜSSER 34 ff; HOFFMANN JZ 2012, 1156 ff; HOHLOCH JuS 1978, 39 f; MOCK JuS 2008, 309, 310 f; PETERSEN Jura 2003, 744 f; SCHILKEN 23 f; krit aber PAWLOWSKI Rn 776 ff und JZ 1996, 125, 130; s auch MEDICUS Rn 899). Einen Verstoß gegen den Grundsatz der Privatautonomie stellt das Repräsentationsprinzip nicht dar, weil die Privatautonomie nur einer ungerechtfertigten Fremdbestimmung entgegenstehen würde; die rechtsgeschäftliche Stellvertretung wird aber durch die Selbstbestimmung des Vertretenen bei Erteilung der Vertretungsmacht, die gesetzliche Stellvertretung durch die fehlende Fähigkeit zur Selbstbestimmung autorisiert (SOERGEL/LEPTIEN Vorbem 12 zu § 164; FLUME § 43 3; SCHILKEN 22 f).

BEUTHIEN (namentlich in: FS Medicus 4 f) hält die Repräsentationstheorie für überholt, weil nach Erledigung des personalen Willensdogmas Raum für den Denkansatz der Geschäftsherrntheorie sei, der Stellvertreter äußere keine eigene, sondern eine fremde Willenserklärung, Erklärender sei also der Vertretene mittels Erklärungshilfe des Vertretenen. Indessen ist die gesetzliche Regelung des § 164 Abs 1 insoweit nicht zweifelhaft (so aber BEUTHIEN 4), sondern besagt völlig eindeutig iS des Repräsentationsprinzips das Gegenteil: Jemand, nämlich der Vertreter, gibt eine Willenserklärung ab, die unmittelbar für und gegen den Vertretenen „wirkt", nicht eine solche des Vertretenen „ist". Nicht anders ist es bei § 166 Abs 1 (vgl § 166 Rn 1), wenn man unter der dort erwähnten „Willenserklärung" diejenige des § 164 Abs 1 versteht, was anders kaum vorstellbar ist: Dann ist in der Tat das Abstellen auf die Person des Vertreters, namentlich hinsichtlich der Willensmängel, Konsequenz des Repräsentationsprinzips, nach dem der Stellvertreter als Handelnder eine eigene Erklärung abgibt (s etwa ENNECCERUS/NIPPERDEY § 182 II 1; FLUME § 46 3; LEHMANN/HÜBNER § 36 I 1; auch insoweit anders BEUTHIEN 12). Nur die von FLUME (s FLUME § 43 3) entwickelte Unterscheidung zwischen der Willenserklärung als Handlung des Vertreters und dem dadurch bewirkten Rechtsgeschäft als Regelung des Vertretenen liefert zu dieser gesetzlichen Regelung eine stimmige Erklärung. § 164 Abs 1 spricht auch nicht von einer Zuordnung der Willenserklärung (so wiederum BEUTHIEN 8), sondern sehr wohl (nur) der Wirkungen („wirkt unmittelbar für und gegen den Vertretenen"). Eine „Vertretung im Willen" liegt nicht vor, sondern die Erklärung eines eigenen Willens des Vertreters, deren Ergebnis kraft Vertretungsmacht den Vertretenen trifft (auch insoweit nicht überzeugend die Kritik von BEUTHIEN 8).

b) Dem BGB liegt ferner das im ADHGB und von LABAND formulierte (s oben Rn 12 und 14) **Abstraktionsprinzip** und das damit einhergehende **Trennungsprinzip** zugrunde, wonach das Rechtsverhältnis, kraft dessen jemand als Vertreter für einen anderen handeln darf und soll, das Innenverhältnis, zu unterscheiden ist vom rechtlichen Können im Außenverhältnis, durch welches unmittelbare Rechtswirkungen für und gegen den Geschäftsherrn erzeugt werden (s etwa BAMBERGER/ROTH/VALENTHIN § 164 Rn 19; ERMAN/MAIER-REIMER Vorbem 2 und 6 zu § 164; Hk-BGB/DÖRNER § 164 Rn 12; JAUERNIG § 167 Rn 1; MünchKomm/SCHRAMM § 164 Rn 97 ff; NK-BGB/STOFFELS § 164 Rn 10 ff; PALANDT/ELLENBERGER Einf v § 164 Rn 2; PWW/FRENSCH § 164 Rn 49, § 167 Rn 4; SOERGEL/LEPTIEN Vorbem 39 zu § 164; StudKomm § 167 Rn 6; BORK Rn 1487; BOEMKE/ULRICI § 13 Rn 50; BROX/WALKER Rn 551; BREHM Rn 451 ff; ENNECERUS/NIPPERDEY § 184 III 2; FAUST § 26 Rn 15; FLUME § 45 II 2; HÜBNER Rn 1238; KÖHLER § 11 Rn 25; LEIPOLD § 24 Rn 16; MEDICUS Rn 949; PAWLOWSKI Rn 675; RÜTHERS/STADLER § 30 Rn 16; WERTENBRUCH § 28 Rn 1, § 29 Rn 13 ff; WOLF/NEUNER § 49 Rn 100, § 50 Rn 7 ff; CANARIS, in: FG Bundesgerichtshof [2000] 129, 160 f; LEKAUS, Vollmacht von Todes wegen [2000] 13 ff; MÜLLER-FREIENFELS, in: COING/WILHELM S 164 ff; PAPENMEIER 3 f; SCHILKEN 24; SCHMOECKEL 85 f und HKK §§ 164–181 Rn 6 und 17 ff; SCHREINDORFER 140 ff; HELLGARDT/MAJER WM 2004, 2380, 2383; LIEDER JuS 2014, 393 ff; LORENZ JuS 2010, 771, 772; PAWLOWSKI JZ 1996, 125, 126 f; PETERSEN Jura 2004, 829, 831 f; SCHREIBER Jura 1998, 606, 608). *Innenverhältnis und Außenverhältnis* können sich in ihrem Umfang decken, sie müssen es aber nicht; außerdem kann das Innenverhältnis zwischen dem Vertreter und dem Vertretenen von ganz unterschiedlicher Beschaffenheit sein (H J WOLFF 181). Es gibt sogar die isolierte Vollmacht ohne Grundverhältnis (SOERGEL/LEPTIEN Vorbem 39 zu § 164 und § 167 Rn 1; s auch § 167 Rn 2 und § 168 Rn 16 ff). Das Abstraktions- und Trennungsprinzip steht der Möglichkeit entgegen, das für das Innenverhältnis maßgebende Rechtsgeschäft zusammen mit der Bevollmächtigung als einheitliches Rechtsgeschäft iS des § 139 aufzufassen; lediglich ausnahmsweise kann – nur bei der Innenvollmacht – ein solcher Fall vorliegen (s BGH WM 1964, 182, 183; NJW 1988, 697, 698; NJW 1992, 3237, 3238; Hk-BGB/DÖRNER § 167 Rn 8; JAUERNIG § 167 Rn 1; MünchKomm/SCHRAMM § 164 Rn 97; NK-BGB/STOFFELS § 164 Rn 11; PALANDT/ELLENBERGER § 167 Rn 4; SOERGEL/HEFERMEHL § 139 Rn 20; STAUDINGER/ROTH [2010] § 139 Rn 56 mwNw; BORK Rn 1491; FAUST § 26 Rn 16; FLUME § 32 2 a, § 50 2; KÖHLER § 11 Rn 26; LEENEN § 13 Rn 21; RÜTHERS/STADLER § 30 Rn 16; SCHACK Rn 467; SCHMIDT Rn 717 f; WERTENBRUCH 29 Rn 15; WOLF/NEUNER § 50 Rn 9; LIEDER JuS 2014, 393, 397; **krit** CANARIS aaO; PETERSEN Jura 2004, 829, 830; ganz abl zB JAUERNIG § 167 Rn 1; SOERGEL/HEFERMEHL § 139 Rn 20; weitergehend andererseits MEDICUS Rn 949; BEUTHIEN, in: FG Bundesgerichtshof 93 ff; FROTZ 334 ff; s ferner zur Nichtigkeit nach dem RBerG aF § 167 Rn 75 aE). Auch hinsichtlich des Beendigungszeitpunktes der Vollmacht ist gem § 168 S 1 nur auslegungsweise auf das Grundverhältnis zurückzugreifen (s § 168 Rn 2 f).

Gegen das Abstraktionsprinzip wird der Vorwurf unnötiger Zerreißung einheitlicher Lebensverhältnisse erhoben, zumal auch frühere und ausländische Rechte ohne das Abstraktionsprinzip funktionsfähig seien. Der demgegenüber geltend gemachte Gesichtspunkt, das Abstraktionsprinzip diene der Sicherheit des Rechtsverkehrs und dem Schutz des Kontrahenten (vgl SOERGEL/LEPTIEN Vorbem 40 zu § 164), erscheint heute nicht mehr zwingend (vgl BEUTHIEN, in: FG Bundesgerichtshof 9 f; FROTZ 328 ff zur Innenvollmacht; SCHOTT AcP 171, 387). Im Ergebnis fordert also die Regelung der Vertretungsmacht nicht zwingend die Einhaltung des Abstraktionsprinzips; seine Übernahme in das BGB bringt aber auch nicht so viele Nachteile mit sich, dass man davon abrücken müsste, wenn man bei der Lösung von Einzelfragen die Verknüpfung über § 168 berücksichtigt (vgl FLUME § 45 II 2 aE). Demgegenüber macht neuerdings BEUTHIEN (in: FG Bundesgerichtshof 84 ff) geltend, die Vollmacht erreiche nicht einen solchen Grad der Abstraktheit, dass sie von dem Grundgeschäft völlig unabhängig sei, sondern bilde mit ihm in aller Regel eine Geschäftseinheit. Diese Konzeption entspricht indessen nicht der gesetzlichen Regelung namentlich der §§ 167, 168. Insbesondere § 167 lässt ohne jegliche Bezugnahme auf ein Grundgeschäft für Innen- und Außenvollmacht die einseitige Erklärung des Vollmachtgebers genügen; dass die Parteien dies anders, nämlich durch Vertrag regeln können und dies tatsächlich oft im Zusammenhang mit dem Grundgeschäft tun, ändert nichts am klaren gesetzlichen Konzept (anders BEUTHIEN, in: FG Bundesgerichtshof 88 ff), sondern gibt allenfalls in besonderen Fällen Anlass zu ausgleichenden Lösungen über § 139 oder das Institut des Missbrauchs der Vertretungsmacht (s § 167 Rn 91 ff; FLUME § 45 II 2 und 3). Auch § 168 knüpft zwar in S 1 das Erlöschen der Vollmacht an das ihrer Erteilung zugrunde liegende Innenverhältnis, verdeutlicht aber schon dadurch die Selbständigkeit der Erteilung und bestätigt diese Trennung in S 2 durch die Unterscheidung zwischen Widerruflichkeit der Vollmacht und Fortbestehen des Grundrechtsverhältnisses (aA auch insoweit BEUTHIEN, in: FG Bundesgerichtshof 84 ff). Erst recht liegt es so bei den generellen Vollmachten insbesondere des Handelsrechts, also Prokura und Handlungsvollmacht, wo der Handelsverkehr sogar in besonderem Maße eine Lösung der Vertretungsmacht vom Pflichtverhältnis des Vertreters erfordert (FLUME § 45 II 2; zur Haftung im Innenverhältnis s nur KOLLER/ROTH/MORCK, HGB [7. Aufl 2011] § 50 Rn 4; aA auch insoweit BEUTHIEN, in: FG Bundesgerichtshof 102 f), die nur teilweise durch registerlichen Publizitätsschutz erreicht werden kann. Bei organschaftlicher Vertretung (s Rn 25 f) ergibt sich die Abstraktheit gegenüber der Anstellung bereits aus der originären Rechtsnatur der Vertretungsmacht, die bei juristischen Personen an die Bestellung, bei Personengesellschaften an die Mitgliedschaft anknüpft (vgl BEUTHIEN, in: FG Bundesgerichtshof 104 ff). Soweit die Vertretungsmacht schließlich auf Gesetz oder Amtsstellung beruht (s Rn 23 f, Rn 57 ff), können allerdings die spezifischen Probleme der Trennung von Vollmacht und Grundrechtsgeschäft nicht auftreten, doch ist auch hier die Vertretungsmacht gegenüber der Pflichtbindung des Vertreters verselbständigt (FLUME § 45 II 4; aA wiederum BEUTHIEN, in: FG Bundesgerichtshof 100 f), wie zB §§ 1626, 1629 verdeutlichen, die zwischen der Pflicht (und dem Recht) zur elterlichen Sorge einerseits und der daraus resultierenden Vertretungsmacht andererseits unterscheiden (s auch §§ 1901, 1903 für den Betreuer, weniger klare Trennung allerdings in § 1793 Abs 1 S 1 für den Vormund).

35 c)   Ein weiterer Grundsatz der Vertretungsvorschriften des BGB ist das **Offenheitsprinzip** (Offenkundigkeitsprinzip, Offenlegungsgrundsatz), wonach stellvertretendes Handeln nur unter der Voraussetzung möglich ist, dass der Vertreter sein Handeln in fremdem Namen erkennbar macht (s oben Rn 13; BAMBERGER/ROTH/VALENTHIN § 164 Rn 17 f; ERMAN/MAIER-REIMER Vorbem 2 und 5 zu § 164; Hk-BGB/DÖRNER § 164 Rn 5; JAUERNIG § 164 Rn 3; MünchKomm/SCHRAMM § 164 Rn 14 f; NK-BGB/STOFFELS § 164 Rn 9; PALANDT/ELLENBERGER Einf v § 164 Rn 2; PWW/FRENSCH § 164 Rn 30; SOERGEL/LEPTIEN Vorbem 22 zu § 164; StudKomm § 164 Rn 9; BOEMKE/ULRICI § 13 Rn 8 f; BORK Rn 1377 ff; BREHM Rn 440 ff;

Brox/Walker Rn 524; Faust § 25 Rn 1; Köhler § 11 Rn 18; Leenen § 4 Rn 88 ff; Medicus Rn 905, Rn 915 ff; Wertenbruch § 28 Rn 8; Pawlowski Rn 702 ff; Schmidt Rn 665 ff; Wolf/Neuner § 49 Rn 44 ff; ausf Moser 63 ff; Schreindorfer 143 ff; Börner, in FS Hübner [1984] 409 ff; Einsele JZ 1990, 1005; Lorenz JuS 2010, 382 f; Mock JuS 2008, 309, 312 ff; Petersen Jura 2010, 187; K Schmidt JuS 1987, 425; Schmoeckel 86 f; Schreiber Jura 1998, 606 f). Die Einschränkung der Vertretungsregeln auf die direkte Stellvertretung wurde in Mot I 223 damit gerechtfertigt, dass es für eine mittelbare Stellvertretung „an zureichenden Gründen" fehle. Dieser Gesichtspunkt hat sich als nicht zutreffend erwiesen, weshalb mehrfach Durchbrechungen des Offenheitsprinzips erfolgt sind (vgl Rn 14, 52 ff; zur Durchbrechung beim Handeln für den Arbeitgeber vgl Bettermann 51 ff; zu Verfügungen Börner, in: FS Hübner [1984] 409). Freilich spricht für das Prinzip nicht nur der Aspekt des Schutzes des Vertragsgegners, sondern es handelt sich auch um eine Einrichtung zum Schutz des gesamten Rechtsverkehrs (MünchKomm/Schramm § 164 Rn 14; NK-BGB/Stoffels § 164 Rn 9, Rn 54 ff; PWW/Frensch § 164 Rn 30; Soergel/Leptien Vorbem 22 zu § 164; Flume § 44 I; Canaris, in: FS Flume [1978] 371, 407; K Schmidt JuS 1987, 425, 426; aA Bork Rn 1378; Einsele JZ 1990, 1005, 1006 mwNw; Hager AcP 180, 239, 248; Müller JZ 1982, 779).

Zur Wahrung des Offenheitsprinzips ist es nicht erforderlich, dass der Vertreter den von ihm Vertretenen *benennt* (RGZ 140, 335, 338; BGH WM 1957, 710; NJW-RR 1988, 475, 476; MDR 1993, 852; BAG Nr 1 zu § 34 SeemannsG; OLG Celle WM 1959, 921; OLG Köln NJW-RR 1991, 918; LAG Baden-Württemberg Betrieb 1967, 1462; BGB-RGRK/Steffen Vorbem 2 zu § 164; Hk-BGB/Dörner § 164 Rn 6; MünchKomm/Schramm § 164 Rn 18, 20; MünchKommHGB/Krebs Vorbem 44 f zu § 48; NK-BGB/Stoffels § 164 Rn 55; Palandt/Ellenberger § 164 Rn 1; PWW/Frensch § 164 Rn 31; Soergel/Leptien § 164 Rn 12; Brehm Rn 441 f; Brox/Walker Rn 524; Faust § 25 Rn 4; Hübner Rn 1219; Medicus Rn 916; Wolf/Neuner § 49 Rn 45; Moser 71 ff, 96 ff; Mock JuS 2008, 309, 310; K Schmidt JuS 1987, 425, 431; s auch § 164 Rn 1 f, insbes zu sog *unternehmensbezogenen Geschäften*). Sogar die Tatsache, dass zweifelhaft ist, für welche von mehreren vertretenen Gesellschaften jemand auftritt, steht einem Vertreterhandeln nicht entgegen, wenn dies letztlich durch Auslegung (vgl § 164 Abs 1 S 2) zu ermitteln ist (BGH WM 1978, 1151). Überhaupt muss der Vertretene zur Zeit der Vornahme des Vertretergeschäfts noch nicht bestimmt (benannt oder bekannt) sein, sondern kann auch erst später individualisiert werden (BGH NJW 1989, 164, 166; MünchKomm/Schramm § 164 Rn 20 mwNw; Moser 77 ff; vgl Flume § 44 II 1 a; K Schmidt JuS 1987, 425, 431; Gehrlein VersR 1995, 268; s auch unten Rn 51). Andererseits genügt das Auftreten unter der Berufsbezeichnung „Generalvertreter" noch nicht, um für eine abgegebene Erklärung das Offenheitsprinzip als gewahrt anzusehen (OLG Celle NJW 1956, 383; aM OLG Köln JW 1934, 920).

Hat jemand erkennbar gemacht, dass er als Stellvertreter handelt, besteht weiter die **36** Frage, ob bei ihm ein entsprechender **Vertretungswille** vorhanden sein muss. Die frühere Rspr hat dies für den Erklärungsvertreter bejaht, beim Empfangsvertreter davon abgesehen (RGZ 58, 273, 277; RG JR 1926 Nr 1601). In der Literatur wird ganz überwiegend der Vertretungswille gefordert (Bamberger/Roth/Valenthin § 164 Rn 44; NK-BGB/Stoffels § 164 Rn 54; PWW/Frensch § 164 Rn 31; Soergel/Leptien § 164 Rn 12 f; Bork Rn 1383; Enneccerus/Nipperdey § 178 II 2; Flume § 44 III und JZ 1962, 282; Hübner Rn 1221; vgl auch Hoffmann JuS 1970, 235 Fn 4; Lieb JuS 1967, 111 f; MünchKomm/Schramm § 164 Rn 59; aA Erman/Maier-Reimer § 164 Rn 19; Palandt/Ellenberger § 164 Rn 1; Wolf/Neuner § 49 Rn 16). Diese Auffassung, die zur Anfechtbarkeit wegen Irrtums führt (s § 164 Rn 21), erscheint im Hinblick auf die Regelung des § 164 Abs 2 zutreffend (vgl

Vorbem zu §§ 164 ff

§ 164 Rn 3); anders ist es bei der Rechtsscheinsvollmacht (vgl § 167 Rn 39). Der BGH hingegen lässt es (im Anschluss an FIKENTSCHER AcP 154, 16 ff; s auch LEENEN § 4 Rn 92) genügen, dass jemand bei bestehender Vertretungsmacht erkennbar als Vertreter gehandelt hat, ohne dass es auf den inneren Vertretungswillen des Handelnden ankommt (BGHZ 36, 30, 33; BGH WM 1970, 816; anders wohl OLG Düsseldorf NJW-RR 1996, 1141). Beachtlich wird aber nach der Auffassung des BGH der Vertreterwille, wenn jemand als vollmachtloser Vertreter handeln und die Genehmigung vorbehalten will (BGH DNotZ 1968, 407). Ebenso ist es erforderlich, aber ausnahmsweise auch ausreichend, wenn es sich wie zB bei §§ 144, 151, 159 um Sonderfälle bloßer Willensbetätigung handelt (VYTLACIL 219 ff).

37 d) Ferner liegt dem BGB das **Prinzip des Vertrauensschutzes** zugrunde, das dem Geschäftspartner zugute kommen soll, der mit einem Stellvertreter kontrahiert. FROTZ (265 ff; für dieses Prinzip zB auch ERMAN/MAIER-REIMER Vor § 164 Rn 8; NK-BGB/STOFFELS § 164 Rn 14; SCHREINDORFER 145 f) sieht den aus diesem Prinzip hergeleiteten „vorbeugenden Verkehrsschutz" vor allem durch das verkehrsbezogene Verständnis der Vollmachtserteilung und ihre Auslegung aus der Sicht des Adressaten verwirklicht. Auch sind die §§ 168 Abs 2, 171 ff und 177 ff Ausdruck des Vertrauensschutzprinzips. Freilich darf das nicht die Sicht darauf verstellen, dass die Folgen der Stellvertretung nicht durch Vertrauen, sondern durch rechtsgeschäftliches Verhalten ausgelöst werden. Soweit im Rahmen der sog Wissenszurechnung (s noch § 166 Rn 3 ff) Kenntnis oder Kennenmüssen bedeutsam sind, geht es um die Grenzen des *Vorteilsschutzes* bei demjenigen, der als Vertreter an sich bestimmte Vorteile eines Rechtsgeschäfts in Anspruch nehmen kann (SCHILKEN 51 ff, 59 ff).

4. Die Unanwendbarkeit der Stellvertretungsvorschriften

38 a) Grundsätzlich ist jede Willenserklärung einer Stellvertretung zugänglich, es kann sich namentlich und Verpflichtungs- und Verfügungsgeschäfte handeln (BÖRNER, in: FS Hübner [1984] 409 ff). Außerhalb der rechtsgeschäftlichen Sphäre ist hingegen grundsätzlich kein Raum für die Anwendung der Stellvertretungsvorschriften. Jedoch können sie für **geschäftsähnliche Handlungen**, welche adressatengerichtete Willensäußerungen oder Vorstellungsäußerungen darstellen, analoge Anwendung finden (BGH NJW 1983, 1542; 2006, 687, 688; OLG München NJW 2002, 305 zu § 22 S 2 KUG; LG Kleve NJW-RR 1995, 316 f; BAMBERGER/ROTH/VALENTHIN § 164 Rn 3; ERMAN/MAIER-REIMER vor § 164 Rn 9, § 164 Rn 2; Hk-BGB/DÖRNER § 164 Rn 2; JAUERNIG § 164 Rn 2; MünchKomm/SCHRAMM § 164 Rn 5; NK-BGB/STOFFELS § 164 Rn 36; PALANDT/ELLENBERGER Einf v § 164 Rn 3; PWW/FRENSCH § 164 Rn 28; SOERGEL/LEPTIEN § 164 Rn 4; BITTER § 10 Rn 10; BORK Rn 1334; BROX/WALKER Rn 513; FLUME § 43 1; GRIGOLEIT/HERRESTHAL Rn 403; HÜBNER Rn 1212; SCHMIDT Rn 624; WOLF/NEUNER § 28 Rn 11; HOFFMANN JuS 1970, 180; ULRICI NJW 2003, 2053, 2055 f und BB 2003, 52 zur abw Entscheidung des BAG NJW 2003, 236; SCHILKEN 154 ff, 233). Darunter fallen entgegen hM (BGHZ 29, 33, 36; NK-BGB/STOFFELS § 164 Rn 37; SOERGEL/LEPTIEN § 164 Rn 4; STAUDINGER/GURSKY Vorbem zu §§ 182 ff Rn 10; MEDICUS Rn 200) auch Einwilligungen in Rechtsverletzungen, wobei allerdings nur im Vermögensbereich die Stellvertretungsregeln ohne weiteres entsprechend anwendbar sind (so iE auch MünchKomm/SCHRAMM § 164 Rn 9; NK-BGB/STOFFELS § 164 Rn 37; BORK Rn 1338), während sonst – zB bei ärztlichen Heileingriffen – allerdings dem höchstpersönlichen Selbstbestimmungsrecht der Betroffenen Rechnung zu tragen ist (NK-BGB/STOFFELS § 164 Rn 37; SOERGEL/LEPTIEN § 164 Rn 4; s dazu näher KERN NJW 1994, 753 ff).

Unanwendbar sind die Stellvertretungsregeln hingegen auf **Realakte**. Zwar kann auch in diesen Fällen die Fremdwirkung menschlichen Handelns eintreten, so beim Besitzerwerb infolge Begründung tatsächlicher Gewalt durch den Besitzdiener oder bei fremd wirkender Verarbeitung. Diese Fremdwirkung ist jedoch nicht die Folge einer Vertretungsmacht, sondern beruht auf der Beziehung des Handelnden zur Betriebssphäre seines Weisungsgebers (RGZ 137, 23, 25; BGHZ 8, 130, 132; 16, 259, 263; 32, 53, 56; Bamberger/Roth/Valenthin § 164 Rn 3; BGB-RGRK/Steffen Vorbem 24 zu § 164; Erman/Maier-Reimer Vor § 164 Rn 10; Hk-BGB/Dörner § 164 Rn 2; Jauernig § 164 Rn 2; MünchKomm/Schramm § 164 Rn 6 f; NK-BGB/Stoffels § 164 Rn 38; Palandt/Ellenberger Einf v § 164 Rn 3; PWW/Frensch § 164 Rn 28; Soergel/Leptien § 164 Rn 9; Bitter § 10 Rn 11; Brox/Walker Rn 513; Flume § 43 1; Grigoleit/Herresthal Rn 403; Hübner Rn 1212; Schmidt Rn 627; Mock JuS 2008, 309). Soweit demgegenüber neuerdings Klinck (AcP 205 [2005] 487) den Besitzerwerb als rechtsgeschäftsähnlich einordnet, ist dem nicht zuzustimmen. Zwar werden auch mit der Besitzverschaffung in der Tat regelmäßig rechtliche Ziele verfolgt, doch verwirklichen sich diese – abgesehen von den Fällen des § 854 Abs 2 – anders als bei Abgabe einer ihrer Natur nach auf eine Rechtsfolge gerichteten Willenserklärung nicht in dem auf die Einnahme einer rein tatsächlichen Position gerichteten Besitzerwerb selbst; die Stellvertretung durch Abgabe einer Willenserklärung erfasst also Tatbestand und Rechtsfolge, während die Besitzverschaffung ohne rechtsgeschäftsähnliche Willensäußerung nur die Änderung der tatsächlichen Sachherrschaft als Tatbestand betrifft.

Auch die Fälle des *sozialtypischen Verhaltens*, dessen dogmatische Notwendigkeit im Übrigen zu verneinen ist, erlauben keinen Rückgriff auf die Stellvertretungsregeln, auch nicht im Wege der Analogie (vgl Hitzemann 48 ff; aber auch Soergel/Leptien § 164 Rn 10).

b) Die **Aufnahme von Vertragsverhandlungen**, bei denen die Vertragswirkungen einen anderen treffen sollen, lässt die Stellvertretungsregeln nicht eingreifen (vgl auch Rn 93). Vielmehr findet von Anfang an wegen des Eintritts in ein gesetzliches Schuldverhältnis *§ 278* Anwendung (Bamberger/Roth/Valenthin § 164 Rn 5; MünchKomm/Schramm § 164 Rn 10; NK-BGB/Stoffels § 164 Rn 35; PWW/Frensch § 164 Rn 28; Flume § 46 6; Hübner Rn 1212; Ballerstedt AcP 151, 510 und 518; Müller NJW 1969, 2169). Anders ist es, wenn Vertragsverhandlungen für einen Dritten von jemand aufgenommen werden, dessen Handeln dem „Vertretenen" nicht zugerechnet werden kann, wenn also der Handelnde „ohne Vertretungsmacht" auftritt. Hier kann § 278 erst eingreifen, wenn der „Vertretene" einen Zurechnungsgrund, etwa Duldung des Drittverhaltens nach Kenntnisnahme, gesetzt hat. Im Übrigen kommt nur die *Eigenhaftung des Handelnden* in Betracht (vgl § 164 Rn 9 ff; Bamberger/Roth/Valenthin § 164 Rn 39; Soergel/Leptien § 164 Rn 5 ff; Ballerstedt AcP 151, 501 ff; Hoffmann JuS 1970, 180). **39**

Ebenso wenig gelten die Stellvertretungsregeln im Bereich der **unerlaubten Handlungen** (Müller-Freienfels 57 mit Hinw auf abw Regeln in ausländischen und früheren Rechten). Dort greifen die §§ 31, 89 und 831 ein (Bamberger/Roth/Valenthin § 164 Rn 5; MünchKomm/Schramm § 164 Rn 8; NK-BGB/Stoffels § 164 Rn 35; PWW/Frensch § 164 Rn 28; Soergel/Leptien § 164 Rn 8; Lehmann/Hübner § 36 III a).

c) Stellvertretung kommt grundsätzlich in allen Bereichen rechtsgeschäftlichen Handelns in Betracht (s etwa BAG MDR 1995, 489 für Tarifverträge), sie kann aber durch **40**

Vorbem zu §§ 164 ff

gesetzliche Vertretungsverbote ausgeschlossen sein (s dazu im Überblick auch Münch-Komm/Schramm Vor § 164 Rn 71; NK-BGB/§ 164 Rn 43; Mock JuS 2008, 309). Derartige Verbote bestehen vor allem bei familien- und erbrechtlichen Rechtsgeschäften, bei denen die *persönliche Erklärungsabgabe* verlangt wird, so bei der Eheschließung nach § 1311 S 1 und bei der Begründung einer Lebenspartnerschaft (§ 1 LPartG); ferner gilt dies bei letztwilligen Verfügungen gem §§ 2064, 2274 und 2284 sowie beim Erbverzicht gem §§ 2347 Abs 2 S 1, 2351. Dagegen steht das Erfordernis gleichzeitiger Anwesenheit der Erklärenden vor dem Notar gem § 925 oder § 1410 einer Stellvertretung nicht entgegen. Ebenso wenig wird nach ganz hM die Stellvertretung durch das Formerfordernis der eigenhändigen Unterschrift ausgeschlossen. Darüber hinaus ist aber in diversen Einzelfällen die Stellvertretung ausdrücklich eingeschränkt oder untersagt. Derartige Regelungen enthält das BGB zB weiter für Zustimmungen bei Verfügungen im Rahmen der fortgesetzten Gütergemeinschaft in § 1516 Abs 2 S 1, für die Anerkennung der Vaterschaft und deren Widerruf sowie die notwendigen Zustimmungen gemäß §§ 1595, 1596, 1597 Abs 3, für die Vaterschaftsanfechtung in § 1600a, für Sorgeerklärungen nach § 1626c Abs 1, für die Einwilligungen zur Adoption in § 1750 Abs 3 S 1, für den Antrag auf Adoption in § 1752 Abs 2 S 1 und auf Aufhebung der Adoption in §§ 1760 Abs 5 S 2, 1762 Abs 1 S 3, für den Widerruf eines Testaments durch Rücknahme aus der Verwahrung (§ 2256 Abs 2 S 2) oder wechselbezüglicher Verfügungen in § 2271 Abs 1, für die Anfechtung eines gemeinschaftlichen Testaments in § 2282 Abs 1 S 1, für die Bestätigung eines anfechtbaren Erbvertrags in § 2284 S 1, für dessen Aufhebung in § 2290 Abs 2 S 1 und für den Rücktritt in § 2296 Abs 1 S 2 (zum Versuch einer Abmilderung solcher Vertretungsverbote durch die Anerkennung eines Stellvertreters in der Erklärung vgl Rn 82 ff). Die Prokura kann gemäß § 48 Abs 1 HGB nur vom Inhaber des Handelsgeschäfts oder seinem gesetzlichen Vertreter persönlich erteilt werden (s dazu näher MünchKommHGB/Krebs § 48 Rn 15 ff).

41 d) Ferner kann Stellvertretung **rechtsgeschäftlich** wirksam ausgeschlossen oder beschränkt werden („gewillkürte Höchstpersönlichkeit": BGHZ 99, 90, 94; Bamberger/Roth/Valentin § 164 Rn 4; Erman/Maier-Reimer Vor § 164 Rn 33; Jauernig § 164 Rn 9; MünchKomm/Schramm Vor § 164 Rn 70 ff; NK-BGB/Stoffels § 164 Rn 45; Palandt/Ellenberger Einf v § 164 Rn 4; PWW/Frensch § 164 Rn 26; Soergel/Leptien Vorbem 84 zu § 164; Bitter § 10 Rn 19; Flume § 43 7; Reichel, Höchstpersönliche Rechtsgeschäfte [1931] 77 ff).

Schließlich kann die *„Natur des Rechtsgeschäfts"* der Zulässigkeit einer Stellvertretung entgegenstehen. Eine solche Regel war noch in § 115 E I ausdrücklich vorgesehen; der ihr entsprechende Satz gilt jedoch auch ohne Aufnahme in das BGB weiter, weil insoweit eine verdeckte Gesetzeslücke entstanden ist (Reichel 15). Allerdings sind derartige Fälle selten; es ist nicht möglich, für familienrechtliche Erklärungen allgemein ein auf ihre Rechtsnatur gestütztes Vertretungsverbot zu bejahen (RGZ 63, 113, 114; Soergel/Leptien Vorbem 84 zu § 164; einschränkend auch BGB-RGRK/Steffen Vorbem 23 zu § 164; NK-BGB/Stoffels § 164 Rn 44; Bork Rn 1337). Anzuerkennen ist von den zahlreichen seinerzeit bei Reichel angeführten Fällen eines Vertretungsverbotes nur noch die Zustimmungserklärung des anderen Ehegatten (Reichel 49), die nach den §§ 1365 Abs 1, 1366 Abs 1 und 1369 erforderlich wird (zust NK-BGB/Stoffels § 164 Rn 44; s auch Soergel/Leptien Vorbem 84 zu § 164) sowie der Abschluss eines Verlöbnisses nach § 1297 (NK-BGB/Stoffels § 164 Rn 44 mwNw; Bork Rn 1337). Einschränkungen gelten des Weiteren für die Einwilligung eines Vertreters, namentlich Betreuers, in ärztliche Eingriffe und Zwangsbehandlungen (s dazu HONDS, Die Zwangsbehandlung im Betreuungsrecht [2008] 60 ff; KNAUF, Mutmaßliche Einwilligung und Stellvertretung bei ärztlichen Eingriffen an Einwilligungsunfähigen [2005] 114 ff; s ferner die Nachw § 167 Rn 86a zur Vorsorgevollmacht). Bedeutsam ist in diesem Zusammenhang auch das Erfordernis ausdrücklicher und schriftlicher Anordnung bei der Vollmacht (§§ 1904 Abs 5 S 1, 1906 Abs 5 S 1) sowie das Genehmigungserfordernis nach Maßgabe der §§ 1904, 1906.

III. Die Abgrenzung der Stellvertretung von ähnlichen Rechtsinstituten

1. Der mittelbare Stellvertreter, der Treuhänder und der Strohmann*

a) **Mittelbare (verdeckte, indirekte oder stille) Stellvertretung** liegt vor, wenn jemand ein Rechtsgeschäft im eigenen Namen, aber im Interesse und für Rechnung eines anderen, des Geschäftsherrn, vornimmt. Bei mittelbarer Stellvertretung fehlt

42

---

* **Schrifttum**: BEUTHIEN, Treuhand an Gesellschaftsanteilen, ZGR 1974, 26; BITTER, Rechtsträgerschaft für fremde Rechnung (2006); BLAUROCK, Unterbeteiligung und Treuhand an Gesellschaftsanteilen (1981); BRUNS, Besitzerwerb durch Interessenvertreter (1910); COING, Die Treuhand kraft privaten Rechtsgeschäfts (1973); EDEN, Treuhandschaft an Unternehmen und Unternehmensanteilen (1981); FEHRENBACH, Die Haftung bei Vertretung einer nicht existierenden Person, NJW 2009, 2173; FLECKNER, Schadensausgleich beim Handeln in eigenem Namen für fremde Rechnung, in: FS Hopt (2008) 3; GAUL, Neuere „Verdinglichungs"-Tendenzen zur Rechtsstellung des Sicherungsgebers bei der Sicherungsübereignung, in: FS Serick (1993) 105 ff; GERHARDT, Von Strohfrauen und Strohmännern, in: FS Lüke (1997) 121; GERNHUBER, Die fiduziarische Treuhand, JuS 1988, 355; GIESEKE, Besondere Probleme bei der „mittelbaren Beteiligung" an einer Publikums-KG durch einen Treuhand-Kommanditisten, Betrieb 1984, 970; GREMMELS, Treuhand und mittelbare Stellvertretung (Diss Göttingen 1936); GRUNDMANN, Der Treuhandvertrag (1997); GRZIBEK, Direkte Rechtsbeziehungen bei der verdeckten Stellvertretung (2004); G HAGER, Die Prinzipien der mittelbaren Stellvertretung, AcP 180, 239; HARTISCH, Vertretung und Treuhand im Steuerrecht (Diss Münster 1962); HEDEMANN, Bereicherung durch Strohmänner (1911); HENSSLER, Treuhandgeschäft – Dogmatik und Wirklichkeit, AcP 196 (1996) 37; LAMMEL, Die Haftung des Treuhänders aus Verwaltungsgeschäften (1972); LANTWIN, Die Treuhand über den Tod hinaus (Diss Bonn 2007); LIEBICH, Treuhand und Treuhänder in Recht und Wirtschaft (2. Aufl 1983); MARTINEK, Das allgemeine Geschäftsbesorgungsrecht und die analoge Anwendung des § 392 Abs 2 HGB, in: FS Musielak (2004) 355; MÜLLER, Zur Reform der herrschenden Lehre von der mittelbaren Stellvertretung, DJZ 1906, 164; MÜLLER-ERZBACH, Die Grundsätze der mittelbaren Stellvertretung aus der Interessenlage entwickelt (1905); ders, Der Durchbruch des Interessenrechts durch allgemeine Rechtsprinzipien, JherJb 53, 331, 358 ff; NEUBECKER, Beiträge zur Lehre von der mittelbaren Stellvertretung, GrünhutsZ 36, 31; OHR, Zur Anerkennung der verdeckten Stellvertretung in der Rechtsprechung des Reichsgerichts, AcP 150 (1949) 525; PETERSEN, Unmittelbare und mittelbare Stellvertretung, Jura 2003, 744; REINHARDT, Der Ersatz des Drittschadens (1933); REINHARDT/ERLINGHAGEN, Die rechtsgeschäftliche Treuhand – ein Problem der Rechtsfortbildung, JuS 1962, 41, 43 ff; SCHLESS, Mittelbare Stellvertretung und Treuhand (1931); SCHLOSSER, Außenwirkungen verfügungsbindender Abreden bei der rechtsgeschäftlichen Treuhand, NJW 1970, 681; SCHWARK, Rechtsprobleme bei der mittelbaren Stellvertretung, JuS 1980, 777; SERICK, Eigentumsvorbehalt und Sicherungsübertragung, Bd I bis VI (1963–1986); ders, Eigentumsvorbehalt und Siche-

Vorbem zu §§ 164 ff

es an der Offenheit des Handelns für einen anderen; rechtlich ist der Geschäftsherr an dem zwischen dem mittelbaren Stellvertreter und dem Dritten abgeschlossenen Geschäft nicht beteiligt (vgl LEIPOLD § 22 Rn 7 f; HAGER AcP 180, 239 ff; MOCK JuS 2008, 309, 310; PETERSEN Jura 2003, 744, 746 ff; krit SCHWARK JuS 1980, 777 ff; ausf zur Verdrängung der indirekten Stellvertretung HKK/SCHMOECKEL §§ 164–181 Rn 9 ff; s ferner diff GRZIBEK 32 ff). Die Verfasser des BGB hielten gesetzliche Regeln über die mittelbare Stellvertretung nicht für erforderlich (s oben Rn 35). Nur im Handelsrecht ist die mittelbare Stellvertretung gesetzlich anerkannt. Sie ist dort das Kennzeichen des Kommissionsgeschäfts und des Speditionsgeschäfts nach den §§ 383 ff und 407 ff HGB (ENNECCERUS/NIPPERDEY § 179 I; PAWLOWSKI Rn 642). In jedem Fall setzt sie das Vorhandensein eines außerhalb des abgeschlossenen Rechtsgeschäfts stehenden Dritten voraus; kein Fall mittelbarer Stellvertretung liegt also vor, wenn ein dritter Geschäftsherr überhaupt nicht existiert (so aber FEHRENBACH NJW 2009, 2173, 2175).

43 Mangels gesetzlicher Regelung im BGB fehlt es an Vorschriften für den Übergang der vom Mittler erworbenen Gegenstände auf den Geschäftsherrn. Dieser Übergang muss daher nach den allgemeinen Regeln vollzogen werden, sodass die vom Dritten erworbenen Gegenstände zunächst dem Zugriff seiner Gläubiger unterliegen (RG JW 1914, 866; BGH NJW 1992, 2023, 2024; BGB-RGRK/STEFFEN Vorbem 3 zu § 164; MünchKomm/SCHRAMM Vor § 164 Rn 14; NK-BGB/STOFFELS § 164 Rn 19; PALANDT/ELLENBERGER Einf v § 164 Rn 6; SOERGEL/LEPTIEN Vorbem 35 zu § 164; WOLF/NEUNER § 49 Rn 61; K SCHMIDT JuS 1987, 425, 426; SCHWARK JuS 1980, 777, 781 f; s auch MOSER 120 ff). Zwar hatte MÜLLER-ERZBACH in seiner Schrift über die mittelbare Stellvertretung einen unmittelbaren Rechtserwerb des Geschäftsherrn und dessen kumulative Haftung aus dem Mittlergeschäft vertreten, seine Auffassung konnte sich jedoch nicht durchsetzen (für eine Anwendung der Stellvertretungsregeln in bestimmten Fällen auch GRZIBEK 47 ff).

44 b) Der mittelbare Stellvertreter handelt bei *Verfügungen* über Gegenstände des Geschäftsherrn auf der Grundlage des § 185 (LEHMANN/HÜBNER § 36 I 4 c; ENNECCERUS/NIPPERDEY § 179 III 1; MünchKomm/SCHRAMM Vor § 164 Rn 13; NK-BGB/STOFFELS § 164 Rn 19; ausführlich BÖRNER, in: FS Hübner [1984] 409). Für *Erwerbsgeschäfte* des mittelbaren Stellvertreters enthält § 392 Abs 2 HGB die Sondervorschrift, wonach Forderungen, die der Kommissionär als mittelbarer Stellvertreter erwirbt, im Verhältnis zu seinen Gläubigern bereits als Forderungen des Kommittenten gelten. Diese Regel ist jedoch nach überwiegender Auffassung nicht analogiefähig (RGZ 58, 273, 276; BGB-RGRK/STEFFEN Vorbem 3 zu § 164; ENNECCERUS/NIPPERDEY § 179 III 2; MünchKomm/SCHRAMM Vor § 164 Rn 16; NK-BGB/STOFFELS § 164 Rn 19; SOERGEL/LEPTIEN Vorbem 35 zu § 164; **aA** namentlich BITTER WuB VI C. § 47 InsO 1. 03 mwNw und ders, Rechtsträgerschaft für fremde Rechnung 189 ff; MOSER 126 ff, 149 ff; HAGER AcP 180, 239, 250; MARTINEK, in: FS Musielak [2004] 355, 366 ff; SCHWARK JuS 1980, 777, 780). An Wertpapieren vollzieht sich der Eigentumsübergang vom Einkaufskommissionär auf den Geschäftsherrn nach den Spezial-

rungsübereignung (2. Aufl 1993); SIEBERT, Das rechtsgeschäftliche Treuhandverhältnis (1933); THOMAS, Die rechtsgeschäftliche Begründung von Treuhandverhältnissen, NJW 1968, 1705; WÄSCHER, Die verdeckte Stellvertretung mit unmittelbarer Fremdwirkung (Diss Köln 1956); WALTER, Das Unmittelbarkeitsprinzip bei der fiduziarischen Treuhand (1974); ders, Trau, schau wem – Bemerkungen zur Entwicklung des Treuhandrechts in der Schweiz und in Deutschland, in: FS Coing II (1982) 564 ff; M WOLF, Der mittelbare Stellvertreter als nichtberechtigt Verfügender, JZ 1968, 414.

regeln der §§ 18 ff DepotG bereits mit der Absendung des Stückeverzeichnisses (SOERGEL/LEPTIEN Vorbem 35 zu § 164; LEHMANN/HÜBNER § 46 I 4 c). Hier wie in allen übrigen Fällen des bürgerlichrechtlich begründeten Erwerbs bleibt jedoch eine „Risikofrist" (SOERGEL/LEPTIEN Vorbem 35 zu § 164) zwischen dem Erwerb des Gegenstandes durch den mittelbaren Stellvertreter und der Weiterübertragung auf den Geschäftsherrn bestehen.

Als Abhilfe gegenüber diesem Risiko kommt beim Erwerb von Forderungen die **45** *Vorausabtretung* in Betracht, weil dann bei Erfüllung aller Voraussetzungen ein unmittelbarer Rechtsübergang vom Dritten auf den Geschäftsherrn stattfindet, nicht aber für eine „logische Sekunde" ein Durchgangserwerb durch das Vermögen des mittelbaren Stellvertreters, was die Zugriffsmöglichkeiten für dessen Gläubiger bestehen ließe (ESSER/SCHMIDT, Schuldrecht AT [8. Aufl 2000] § 37 I 3 a mwNw; ausführlich LEMPENAU, Direkterwerb oder Durchgangserwerb bei Übertragung künftiger Rechte [1968]; sehr str; ausf dazu auch MOSER 128 ff mwNw). Für den Erwerb beweglicher Sachen kann eine *vorweggenommene Einigung,* verbunden mit einem antizipierten Besitzkonstitut, den Übergang der Sache auf den Geschäftsherrn allerdings nur über einen Durchgangserwerb bewirken (SOERGEL/LEPTIEN Vorbem 36 zu § 164; ENNECCERUS/NIPPERDEY § 179 III 3 b; FLUME § 44 II 2 c; HÜBNER Rn 1181; MOSER 133 ff). Ebenso kann im Wege des *gestatteten Selbstkontrahierens* ein rascher Übergang erworbener Gegenstände auf den Geschäftsherrn erreicht werden. Bei der Übertragung beweglicher Sachen allerdings wird für den Abschluss des Besitzkonstituts im Wege des Selbstkontrahierens die Beachtung der Publizität des Übertragungsvorgangs verlangt, zB durch eine Ausführungshandlung wie die gesonderte Lagerung (RGZ 140, 222, 229; LEHMANN/HÜBNER § 36 I 4 c; ENNECCERUS/NIPPERDEY § 179 III 3 a; vgl § 181 Rn 64; HÜBNER Rn 1182; K SCHMIDT JuS 1987, 426, 427). Das Institut des *Handelns für den, den es angeht,* bietet hinsichtlich des Rechtserwerbs durch den Geschäftsherrn keine so günstige Lösung, sondern kann die Übertragungsaufgabe im Zusammenhang mit der mittelbaren Stellvertretung nur in den wenigen Fällen erfüllen, in denen eine der mittelbaren Stellvertretung vergleichbare Situation besteht (s noch Rn 53).

Aus *Verpflichtungsgeschäften* des mittelbaren Stellvertreters wird nur dieser ver- **46** pflichtet (s nur BGH DB 1958, 1359; MünchKomm/SCHRAMM Vor § 164 Rn 14; NK-BGB/STOFFELS § 164 Rn 16; OHR AcP 150, 526). Allerdings kann zwischen dem Geschäftsherrn und dem mittelbaren Stellvertreter eine Erfüllungsübernahme vereinbart sein (vgl OLG Celle NJW 1963, 1253).

c) Eine weitere Besonderheit der mittelbaren Stellvertretung besteht darin, dass **47** ein vom Kontrahenten zu ersetzender Schaden nach der Vermögenslage des mittelbaren Stellvertreters beurteilt wird, sodass der Mittler, der für fremde Rechnung handelt, häufig keinen eigenen Schaden erleidet. Deshalb wird hier ein Fall der *Schadensliquidation im Drittinteresse* anerkannt, sodass der mittelbare Stellvertreter den Schaden des Geschäftsherrn liquidieren kann, sofern die übrigen Voraussetzungen für die Anwendung der Schadensliquidation bestehen (BGHZ 25, 250, 258; 40, 91, 100; 51, 91, 95; BGH NJW-RR 1987, 881; NJW 1989, 3099; BGB-RGRK/STEFFEN Vorbem 3 zu § 164 mwNw; MünchKomm/SCHRAMM Vor § 164 Rn 14 Fn 26; NK-BGB/STOFFELS § 164 Rn 19; SOERGEL/ LEPTIEN Vorbem 34 zu § 164; HÜBNER Rn 1187; FLECKNER, in: FS Hopt 3 ff [Drittschadensliquidation unter Berücksichtigung der Wertungen des Stellvertretungsrechts]; SCHWARK JuS 1980, 777 f; vgl HAGEN, Die Drittschadensliquidation im Wandel der Rechtsdogmatik [1971] 253). Eine dafür notwendige Schadensverlagerung liegt aber nicht vor, wenn der mittelbare Stellvertreter eine Auskunft für einen Dritten einholt und der Dritte dann im Vertrauen auf die (unrichtige) Auskunft Vermögensverfügungen trifft (BGH NJW 1996, 2734, 2735).

Bereicherungsrechtlich liegt ein *Wegfall der Bereicherung* vor, wenn der mittelbare Stellvertreter den erzielten Erlös an den Geschäftsherrn herausgegeben hat (BGHZ 47, 128; s dazu M WOLF JZ 1968, 414 ff).

48 **d)** Der **Begriff des Treuhänders** ist gesetzlich nicht festgelegt. Gemeinsame Voraussetzung aller Arten von bürgerlichrechtlicher Treuhandschaft, deren Grundlagen und Einzelheiten hier nicht näher behandelt werden können (s dazu aus neuerer Zeit BITTER, passim, für eine auf § 392 Abs 2 HGB gegründete Gefahrtragungsthese; für eine analoge Anwendung des § 392 Abs 2 HGB auch MARTINEK, in: FS Musielak [2004] 355 ff; ferner GRUNDMANN, passim, der die Treuhand in Abweichung von der bisher überwiegenden Sichtweise vom Innenverhältnis her zu erfassen sucht; übersichtlich PAWLOWSKI Rn 646 ff; PWW/FRENSCH § 164 Rn 5 ff) ist es jedoch, dass dem Treuhänder vom Treugeber eine Rechtsposition eingeräumt wurde, die jener im eigenen Namen ausübt; dabei hat er, eventuell neben der Verfolgung eigener Interessen, das Interesse des Treugebers zu wahren. Übereinstimmung zwischen Treuhänder und mittelbarem Stellvertreter besteht insoweit, als beide im eigenen Namen und auch im fremden Interesse handeln (NK-BGB/STOFFELS § 164 Rn 20; PWW/FRENSCH § 164 Rn 6; ENNECCERUS/NIPPERDEY § 179 IV 1; WOLF/NEUNER § 49 Rn 62; vgl auch HKK/SCHMOECKEL §§ 164–181 Rn 10; BayObLG DNotZ 1980, 751), sofern es sich nicht um eine reine *Vollmachtstreuhand* handelt (ERMAN/MAIER-REIMER Vor § 164 Rn 17; MünchKomm/SCHRAMM Vor § 164 Rn 37; NK-BGB/STOFFELS § 164 Rn 21;), die lediglich einen Anwendungsfall der unmittelbaren Stellvertretung darstellt. Jedoch unterscheidet sich die Treuhand als *Vollrechtstreuhand* von der mittelbaren Stellvertretung dadurch, dass der Treuhänder nicht notwendig in Rechtsbeziehungen zu Dritten treten und dass ein Treugut vorhanden sein muss (SOERGEL/LEPTIEN Vorbem 53 zu § 164). Dieses Treugut muss dem Treuhänder nach wohl noch überwiegender, aber sehr umstrittener Auffassung (s dazu mwNw etwa GAUL/SCHILKEN/BECKER-EBERHARD § 41 VI 4; GRUNDMANN 312 ff, 415 f; krit BITTER 51 ff und passim; zum Offenheitsprinzip bei der Treuhand krit auch EINSELE JZ 1990, 1005, 1010 ff) vom Treugeber übertragen worden sein, während der mittelbare Stellvertreter im Rahmen seines Handelns Gegenstände von Dritten erwirbt (BGB-RGRK/STEFFEN Vorbem 26 zu § 164; LEHMANN/HÜBNER § 36 I 4 d; HÜBNER Rn 1189; offen gelassen von BGH NJW 2003, 3415 mwNw; krit BITTER WuB VI C. § 47 InsO 1. 03 uö, insbes in: Rechtsträgerschaft für fremde Rechnung, passim). Ein Treuhandverhältnis kann aber auch als reine *Verwaltungstreuhand* ohne Verfügungsbefugnis oder als dann allerdings zu mittelbarer Stellvertretung führende bloße *Ermächtigungstreuhand* ausgestaltet sein (s übersichtlich NK-BGB/STOFFELS § 164 Rn 21 mwNw). Durch das bloße Handeln als mittelbarer Stellvertreter entsteht jedenfalls noch kein Treuhandverhältnis.

49 **e)** Der **Strohmann** tritt im eigenen Namen auf, er handelt jedoch für einen Hintermann (ENNECCERUS/NIPPERDEY § 179 IV 2; ausf GERHARDT, in: FS Lüke 121 ff). Dabei kann eine geheime Treuhandschaft vorliegen (ERMAN/MAIER-REIMER Vor § 164 Rn 22; MünchKomm/SCHRAMM Vor § 164 Rn 26; NK-BGB/STOFFELS Vor § 164 Rn 23; GERHARDT, in: FS Lüke 129, 133 ff), wenn deren Voraussetzungen, insbesondere hinsichtlich des Treugutes, erfüllt sind. Um mittelbare Stellvertretung handelt es sich (MünchKomm/SCHRAMM Vor § 164 Rn 24; NK-BGB/STOFFELS § 164 Rn 23; SCHMIDT Rn 621; MOCK JuS 2008, 309, 310), wenn der Strohmann mit dem Erwerb oder der Veräußerung von Gegenständen des Hintermannes betraut ist. Hierüber hinausgehend wird der Strohmann allgemein zur Erreichung von Zielen verwendet, die der Hintermann nicht selbst verwirklichen will oder kann (BGH NJW 1959, 332; WM 1966, 925; BGH NJW 1995, 727, 728; ERMAN/MAIER-REIMER Vor § 164 Rn 22; MünchKomm/SCHRAMM Vor § 164 Rn 24; NK-BGB/§ 164 Rn 23; PALANDT/ELLENBERGER Einf v § 164 Rn 8; PWW/FRENSCH § 164 Rn 12; SOERGEL/LEPTIEN Vorbem 37 zu § 164; HÜBNER Rn 1204; MEDICUS Rn 603). Dabei trifft der Vorwurf des Scheingeschäfts iSd § 117 grundsätzlich nicht zu (BGHZ 21, 378, 382; BGH NJW 1982, 569; 1997, 727; OLG Köln NJW 1993, 2623; BAMBERGER/ROTH/VALENTHIN § 164 Rn 8; MünchKomm/SCHRAMM Vor § 164 Rn 25; NK-BGB/STOFFELS § 164 Rn 23; PWW/FRENSCH § 164 Rn 13; SOERGEL/LEPTIEN Vor § 164 Rn 38; GERHARDT 126), jedoch kann unter dem Gesichtspunkt des Umgehungsgeschäfts die Nichtigkeitsfolge eintreten (ERMAN/MAIER-REIMER Vor § 164 Rn 22; MünchKomm/SCHRAMM Vor § 164 Rn 26; NK-BGB/STOFFELS § 164 Rn 23; PALANDT/ELLENBERGER Einf § 164 Rn 8, § 134 Rn 28 f; PWW/FRENSCH § 164 Rn 13; vgl BGH NJW-RR 1997, 238). Auch können dem Strohmann uU Einwendungen aus dem Rechtsverhältnis mit dem eigentlichen Rechtsträger entgegengehalten werden (s BGH NJW-RR 2002, 1461 zur GbR).

Letztlich ist der Strohmann damit aber keine eigenständige besondere Rechtsform **50** der Beteiligung Dritter (PAWLOWSKI Rn 660 ff). Aus den abgeschlossenen Geschäften *haftet der Strohmann* persönlich (BGH WM 1964, 179; NJW 1982, 569, 570; BAMBERGER/ROTH/VALENTHIN § 164 Rn 8; ERMAN/MAIER-REIMER Vor § 164 Rn 22; MünchKomm/SCHRAMM Vor § 164 Rn 25; NK-BGB/STOFFELS § 164 Rn 23; SOERGEL/LEPTIEN Vorbem 38 zu § 164; zu Besonderheiten bei der Strohmanngründung von juristischen Personen vgl BGHZ 31, 258, 267; BGH NJW 1992, 2033); dies gilt auch, wenn der Geschäftspartner von der Strohmanneigenschaft Kenntnis hatte (BGH NJW 1982, 569, 570; OLG Hamburg MDR 1972, 237; OLG Koblenz VersR 1998, 200; BGB-RGRK/STEFFEN Vorbem 2 zu § 164; NK-BGB/STOFFELS § 164 Rn 23; PALANDT/ELLENBERGER Einf v § 164 Rn 8). Gegen den Hintermann können die Gläubiger des Strohmannes erst nach Pfändung seines Befreiungs- oder Erstattungsanspruchs vorgehen (NK-BGB/STOFFELS § 164 Rn 23; PALANDT/ELLENBERGER Einf v § 164 Rn 8; PWW/FRENSCH § 164 Rn 13; SOERGEL/LEPTIEN Vorbem 38 zu § 164; vgl BGH NJW 1992, 2023, 2024). Andererseits vollzieht sich auch der Erwerb aus Strohmanngeschäften allein in der Person des Strohmannes (RGZ 66, 415, 418; 84, 304, 305). In der *Insolvenz des Strohmannes* steht dem Hintermann grundsätzlich kein Aussonderungsrecht, in der *Zwangsvollstreckung* in das Vermögen des Strohmannes kein Widerspruchsrecht nach § 771 ZPO zu (BGH WM 1964, 179; ERMAN/MAIER-REIMER Vor § 164 Rn 22; MünchKomm/SCHRAMM Vor § 164 Rn 27 mwNw; PWW/FRENSCH § 164 Rn 13; SOERGEL/LEPTIEN Vorbem 37 zu § 164). Soweit es sich lediglich um ein (verdecktes) Treuhandgeschäft handelt, kann dem aber nicht gefolgt werden, sondern es ist dem Hintermann das Aussonderungs- und Drittwiderspruchsrecht zuzubilligen (GERHARDT 127 ff; zust auch NK-BGB/STOFFELS § 164 Rn 23). Gläubiger des Hintermannes können auf das rechtlich, aber nicht haftungsrechtlich dem Strohmann zugeordnete Vermögen dann auch im Wege der Klage auf Duldung der Zwangsvollstreckung und Vollstreckung des Duldungstitels zugreifen (GERHARDT 130 ff; zur Anfechtbarkeit nach §§ 1, 7 AnfG s BGHZ 124, 298, 300 ff).

2. Das Handeln für den, den es angeht*

51 a) Das Institut des rechtsgeschäftlichen Handelns für den, den es angeht, hat sich aus unterschiedlichen Ansatzpunkten entwickelt: Einmal knüpfte man an die im Börsenverkehr übliche Fallgestaltung an, bei welcher jemand, der für einen anderen auftritt, diesen dem *Kontrahenten nicht benennt;* dasselbe kann zB für den auf einer Auktion erwerbenden Händler oder auch für den Auktionator gelten (WOLF/NEUNER § 49 Rn 49) oder beim Chartervertrag (OLG Hamburg VersR 1976, 165; SOERGEL/LEPTIEN Vorbem 26 zu § 164). Hierzu hat COHN (13) herausgearbeitet, dass ein „Handeln unter Offenhaltung der Person des an dem Rechtsgeschäft beteiligten Subjekts" vorliegt (vgl auch BGH JZ 1957, 441). Derartige Rechtsgeschäfte sind aufgrund der Vertragsfreiheit möglich, sofern nicht der Geschäftstyp eine Offenlegung erfordert. Den als Mittler Auftretenden trifft die Pflicht, später das Subjekt des Vertrages zu bestimmen; er kann diese Pflicht auch im Wege des *Selbsteintritts* erfüllen (COHN 66; vgl auch K SCHMIDT JuS 1987, 425, 428 ff). Voraussetzung ist jedoch immer, dass der Geschäftspartner mit einer derartigen Vertragsgestaltung einverstanden ist; sonst gilt § 179 (PALANDT/ELLENBERGER § 164 Rn 9); ebenso ist es, wenn die Person des Geschäftsherrn im Bedarfsfall nicht namhaft gemacht wird (BGH NJW 1995, 1739, 1742 mAnm ALTMEPPEN; OLG Frankfurt NJW-RR 1987, 914, 915 [Vollmachtstreuhänder einer Bauherrengemeinschaft]; OLG Köln NJW-RR 1991, 918, 919 [Sammelbesteller]; LAG Berlin MDR 1999, 946; BAMBERGER/ROTH/VALENTHIN § 164 Rn 31, § 177 Rn 13; MünchKomm/SCHRAMM § 179 Rn 12; PALANDT/ELLENBERGER § 164 Rn 9; PWW/FRENSCH § 164 Rn 41; SOERGEL/LEPTIEN Vorbem 29 vor § 164; BORK Rn 1404; EISENHARDT Rn 455; FLUME § 44 II 1 a; MOSER 111 ff; GRIGOLEIT/HERRESTHAL Rn 406; RÜTHERS/STADLER § 30 Rn 8; SCHMIDT Rn 672 f; WOLF/NEUNER § 49 Rn 48; COHN 34 ff).

Bei einem solchem Auftreten des Mittlers (etwas missverständlich: sog **offenes oder unechtes Geschäft für den, den es angeht**) handelt es sich, abgesehen vom Fall des Selbsteintritts, um eine offen gelegte *unmittelbare Stellvertretung* für einen noch nicht benannten Hintermann (BAMBERGER/ROTH/VALENTHIN § 164 Rn 31 mwNw; ERMAN/MAIER-REIMER § 164 Rn 4; Hk-BGB/DÖRNER § 164 Rn 8; NK-BGB/STOFFELS § 164 Rn 56; PALANDT/ELLENBERGER § 164 Rn 9; PWW/FRENSCH § 164 Rn 42 f; BITTER § 10 Rn 49; BORK Rn 1397; WOLF/NEUNER § 49 Rn 48; EISENHARDT Rn 408; FLUME § 44 II 1 a; RÜTHERS/STADLER § 30 Rn 8; SCHMIDT Rn 671 ff; MOSER 76 ff; diff GRZIBEK 32 ff, 126 ff, 163 ff; vgl K SCHMIDT JuS 1987, 425, 429 f; auch EINSELE JZ 1990, 1005, 1008; s oben Rn 35). Rechte und Pflichten erwirbt dieser

---

* **Schrifttum:** E COHN, Das rechtsgeschäftliche Handeln für denjenigen, den es angeht (1931); EICHLER, Vertretung für denjenigen, den es angeht (Diss Marburg 1931); EINSELE, Inhalt, Schranken und Bedeutung des Offenkundigkeitsprinzips, JZ 1990, 1005; GLITZA, Die Versicherung für Rechnung „wen es angeht" (Diss Hamburg 1964); GRONAU, Das Geschäft wen es angeht, das antizipierte Besitzkonstitut und das Insichkonstitut (Diss Köln 1936); GRZIBEK, Direkte Rechtsbeziehungen bei der verdeckten Stellvertretung (2004); INGELMANN, Importsicherung und das Geschäft für den, den es angeht, WM 1997, 745; vLÜBTOW, Das Geschäft „für den es angeht" und sog „antizipiertes Besitzkonstitut", ZHR 112, 227; MÜLLER, Das Geschäft für den, den es angeht, JZ 1982, 777; OHR, Zum Handeln für den, den es angeht als Vertreter und als Bote und zum Handeln unter fremdem Namen (Diss Breslau 1938); ders, Das Handeln unter fremdem Namen für den, den es angeht, MDR 1959, 89; K SCHMIDT, Offene Stellvertretung – Der „Offenkundigkeitsgrundsatz" als Teil der allgemeinen Rechtsgeschäftslehre, JuS 1987, 425; WOLTER, Effektenkommission und Eigentumserwerb. Zugleich ein Beitrag zur Lehre vom Geschäft für denjenigen, den es angeht (1979).

allerdings erst mit dem Benennungszeitpunkt; es tritt keine Rückwirkung ein (JAU-ERNIG § 164 Rn 4; PWW/FRENSCH § 164 Rn 44; FLUME § 44 II 2 a; aA SOERGEL/LEPTIEN Vorbem 26 zu § 164).

b) Im Unterschied hierzu gibt es eine andere Fallgruppe des Handelns für den, **52** den es angeht, bei welcher der Handelnde nicht klarstellt, dass er eventuell für einen Hintermann auftritt, das sog **verdeckte oder echte Geschäft für den, den es angeht** (s etwa ERMAN/MAIER-REIMER § 164 Rn 14 ff; MünchKomm/SCHRAMM § 164 Rn 47 ff; NK-BGB/STOFFELS § 164 Rn 65 ff; PALANDT/ELLENBERGER § 164 Rn 8; SOERGEL/LEPTIEN Vorbem 29 zu § 164; WOLF/NEUNER § 49 Rn 50 f; EINSELE JZ 1990, 1005, 1008 ff; MOCK JuS 2008, 309, 312; K SCHMIDT JuS 1987, 425, 428 f; s ferner zur Ausnahme vom Offenkundigkeitsprinzip ausf HKK/SCHMOECKEL §§ 164–181 Rn 12 ff).

Dabei kann die Situation derart sein, dass man bereits aus den Umständen entnehmen muss, der Handelnde, der sein Vertreterhandeln nicht offen legt, trete für einen Hintermann auf. Dies ist der Fall, wenn Angestellte im Rahmen des normalen Betriebes Geschäfte abschließen; bei einem solchen **unternehmensbezogenen Geschäft** wird der wirkliche *Geschäftsinhaber* zum Vertragspartner des Dritten (BGH NJW 1990, 2678; 1995, 43, 44; für Rechtsmitteleinlegung BGH NJW-RR 1995, 950; BGH BB 1957, 1014; OLG Celle NJW 1963, 1253; BGB-RGRK/STEFFEN § 164 Rn 8; NK-BGB/STOFFELS § 164 Rn 57 ff; PALANDT/ELLENBERGER § 164 Rn 8; SOERGEL/LEPTIEN Vorbem 27 zu § 164; BITTER § 10 Rn 51 ff; BUCK-HEEB/DIECKMANN JuS 2008, 583, 585 f und BB 2008, 855 [Franchise]; MOCK JuS 2008, 309, 311 f; VAHLE DVP 2005, 189; s näher § 164 Rn 1). Ebenso wird die Kraftfahrzeug-Haftpflichtversicherung stets für den jeweiligen Halter des Wagens abgeschlossen (BGHZ 13, 351, 358; 28, 137, 141). Diese Fälle können letztlich ebenfalls über § 164 Abs 1 S 2 gelöst werden (s näher dort Rn 1 ff mwNw).

Für die übrigen Geschäfte mit dem, den es angeht, bilden *Bargeschäfte des Alltags,* **53** welche durch Haus- oder Geschäftsangestellte vorgenommen werden, den Ausgangspunkt: In der dogmatischen Konstruktion wird dabei entweder ein Fall der *mittelbaren Stellvertretung* (s oben Rn 45) angenommen, weil der Offenheitsgrundsatz der unmittelbaren Stellvertretung nicht gewahrt ist (TEMPEL 226); jedoch wird dieser mittelbaren Stellvertretung aufgrund einer teleologischen Auslegung des § 164 ausnahmsweise dieselbe Wirkung wie der unmittelbaren Stellvertretung zugeschrieben (vLÜBTOW ZHR 112, 227 ff; WOLTER 167 ff; K SCHMIDT JuS 1987, 425, 429). Oder aber es wird aus der konkreten Fallgestaltung heraus ein Schutz durch das Offenheitsprinzip als entbehrlich bezeichnet und demnach das *Vorliegen unmittelbarer Stellvertretung* bejaht (BGH NJW 1955, 590; BGB-RGRK/STEFFEN § 164 Rn 7; ERMAN/MAIER-REIMER § 164 Rn 14; MünchKomm/SCHRAMM § 164 Rn 47 ff; NK-BGB/STOFFELS § 164 Rn 67; PALANDT/ELLENBERGER § 164 Rn 8; PWW/FRENSCH § 164 Rn 35; SOERGEL/LEPTIEN Vorbem 29 zu § 164; StudKomm § 164 Rn 11; BITTER § 10 Rn 39 ff; BOECKEN Rn 617; BORK Rn 1400; ENNECCERUS/NIPPERDEY § 179 III 3 c; HÜBNER Rn 1183 und 1219; KÖHLER § 11 Rn 21; LEENEN § 4 Rn 94; WERTENBRUCH § 28 Rn 11 f; WOLF/NEUNER § 4 Rn 50; EINSELE JZ 1990, 1005, 1009 f; MOCK JuS 2008, 309, 312; vgl auch WOLTER 126 ff; INGELMANN WM 1997, 745, 746 ff). Eine weitere, noch am ehesten überzeugende Erklärung geht dahin, dass man im Wege ergänzender Vertragsauslegung eine Abrede annimmt, der verdeckt handelnde Vertreter dürfe einseitig den Vertragspartner bestimmen (BREHM Rn 446 im Anschluss an MÜLLER JZ 1982, 777).

Voraussetzung hierfür ist jedenfalls, dass der Veräußerer an der Kundgabe des Ver-

Vorbem zu §§ 164 ff

tretungsverhältnisses kein Interesse hat, weil ihm die Person des Erwerbers gleichgültig ist (vgl WOLTER 179 ff). Es müssen dennoch im Interesse einer eindeutigen Fixierung der Rechtsbeziehungen wenigstens für einen mit den Verhältnissen Vertrauten objektive Anhaltspunkte für einen Fremdwirkungswillen vorhanden sein (MünchKomm/SCHRAMM § 164 Rn 51; NK-BGB/STOFFELS § 164 Rn 66; PWW/FRENSCH § 164 Rn 39; EISENHARDT Rn 409; GRIGOLEIT/HERRESTHAL Rn 410; WOLF/NEUNER § 49 Rn 50; K SCHMIDT JuS 1987, 425, 429; wohl auch ERMAN/MAIER-REIMER § 164 Rn 14; **abl** BAMBERGER/ROTH/VALENTHIN § 164 Rn 27; SOERGEL/LEPTIEN Vorbem 29 zu § 164; BORK Rn 1399; FAUST § 25 Rn 12). Ferner hat die Rspr daran festgehalten, dass der nicht offenbarte Vertretungswille des Handelnden im *Zeitpunkt des Geschäftsabschlusses* bestehen muss; es wird nicht zugelassen, ein Eigengeschäft nachträglich in ein Geschäft für den, den es angeht, umzuwandeln, selbst wenn dem Geschäftspartner die Person seines Kontrahenten gleichgültig sein sollte (BGH NJW 1955, 590; MünchKomm/SCHRAMM § 164 Rn 55 f; NK-BGB/STOFFELS § 164 Rn 66; anders wohl SOERGEL/LEPTIEN Vorbem 31 zu § 164). Auch unter diesen Beschränkungen bestehen freilich erhebliche Bedenken gegen die Zulassung von Geschäften für den, den es angeht, im Hinblick auf § 164 Abs 2 (BGB-AK/OTT Vorbem 60 zu §§ 164 ff, § 164 Rn 23; JAUERNIG § 164 Rn 5; BREHM Rn 446; s dazu krit K SCHMIDT JuS 1987, 425, 429) und die Maßgeblichkeit des Geschäftsabschlusses für die Person des Vertragspartners (FLUME § 44 II; MEDICUS Rn 921; SCHWARK JuS 1980, 778) sowie den Schutz des Rechtsverkehrs (LEIPOLD § 22 Rn 26; K SCHMIDT JuS 1987, 425, 429; insoweit krit EINSELE JZ 1990, 1005, 1009 f; vgl oben Rn 35. Dem Institut grundsätzlich zustimmend, aber doch zurückhaltend SOERGEL/LEPTIEN Vorbem 30 f zu § 164. Zur historischen Entwicklung s SCHMOECKEL 91 ff).

54 c) Praktisch bleibt jedenfalls das verdeckte Geschäft für den, den es angeht, im Wesentlichen auf den *dinglichen Rechtserwerb bei Bargeschäften* des täglichen Lebens beschränkt (BGB-RGRK/STEFFEN § 164 Rn 7; ERMAN/MAIER-REIMER § 164 Rn 14; JAUERNIG § 164 Rn 5; MünchKomm/SCHRAMM § 164 Rn 58; NK-BGB/STOFFELS § 164 Rn 68; PWW/FRENSCH § 164 Rn 38; BOEMKE/ULRICI § 13 Rn 11; ENNECCERUS/NIPPERDEY § 179 III 3 c; KÖHLER § 11 Rn 21; LÖWISCH/NEUMANN Rn 206; SCHMIDT Rn 678 f; LORENZ JuS 2010, 382, 383; PETERSEN Jura 2003, 744, 747; krit FLUME § 44 II 1 c, 2 c; GRIGOLEIT/HERRESTHAL Rn 410). Für größere Leistungsgegenstände und für Kreditgeschäfte wird die Anwendbarkeit grundsätzlich ausgeschlossen (OLG Stuttgart NJW 1951, 447; BAMBERGER/ROTH/VALENTHIN § 164 Rn 30; MünchKomm/SCHRAMM § 164 Rn 53; BORK Rn 1399; BITTER § 10 Rn 44; diff SOERGEL/LEPTIEN Vorbem 31 f zu § 164). Ebenso ist dies für die überwiegende Zahl der Verpflichtungsgeschäfte anzunehmen, da dem Vertragspartner die Person seines Kontrahenten idR nicht gleichgültig ist (BGH NJW-RR 2003, 921, 922; OLG Celle MDR 2007, 832; ERMAN/MAIER-REIMER § 164 Rn 14; JAUERNIG § 164 Rn 5; PWW/FRENSCH § 164 Rn 38; ENNECCERUS/NIPPERDEY § 179 III 4; FLUME § 44 II 2 a; HÜBNER Rn 1183; SCHACK Rn 475; OHR AcP 150, 529; **großzügiger** Hk-BGB/DÖRNER § 164 Rn 7; MünchKomm/SCHRAMM § 164 Rn 54; NK-BGB/STOFFELS § 164 Rn 69; SOERGEL/LEPTIEN Vorbem 31 zu § 164; BOECKEN Rn 617; BOEMKE/ULRICI § 13 Rn 12; BORK Rn 1404; BROX/WALKER Rn 526; FAUST § 25 Rn 10; GRIGOLEIT/HERRESTHAL Rn 410; MEDICUS Rn 920; vLÜBTOW 249; BUCK-HEEB/DIECKMANN JuS 2008, 583, 585; MOCK JuS 2008, 309, 312; **ganz abl** BAUR/STÜRNER Sachenrecht Rn 43; PAWLOWSKI Rn 643; PRÜTTING, Sachenrecht Rn 386; BÖRNER, in: FS Hübner [1984] 409, 416 ff; EINSELE JZ 1990, 1005), doch kann dies – zB bei den Bargeschäften – auch anders sein (K SCHMIDT JuS 1987, 425, 429). Eine Ausnahme wird ferner bei der Eröffnung und Einzahlung auf Sparkonten hinsichtlich der Person des Forderungsberechtigten zugelassen (RGZ 73, 220; BGHZ 46, 198; FLUME 44 II 1 b, 2 b;

SOERGEL/LEPTIEN Vorbem 32 zu § 164). Zu Importgeschäften s INGELMANN WM 1997, 745 ff, zur Begründung von Internet-Domains RÖSSEL CR 2004, 754, 757.

Beim *Eigentumserwerb an Mobilien* stellt sich die Frage des unmittelbaren Über- 55
gangs oder des Durchgangserwerbs: Bei Bejahung der Vertretungswirkung im Rahmen der Einigung (zu Recht krit FLUME § 44 II 2 c; vgl auch K SCHMIDT JuS 1987, 425, 429) ist ein unmittelbarer Rechtsübergang auf den Hintermann möglich (vgl RGZ 140, 223, 229; OLG Stuttgart NJW 1951, 445), übrigens sogar ein maßgebliches Motiv für die Lehre von diesem Geschäft. Erforderlich ist hierfür allerdings dann zusätzlich entweder ein Besitzdienerverhältnis zwischen dem Handelnden und dem Hintermann oder ein Besitzmittlungsverhältnis, das auch nach § 181 begründet werden kann (BAMBERGER/ROTH/VALENTHIN § 164 Rn 30; BGB-RGRK/STEFFEN § 164 Rn 7; MünchKomm/SCHRAMM § 164 Rn 58; NK-BGB/STOFFELS § 164 Rn 68; LEHMANN/HÜBNER § 36 IV 2 c; MEDICUS/PETERSEN Rn 90 mwNw; WOLTER 298 ff; PETERSEN Jura 2010, 187, 188).

d) Die Anerkennung unmittelbarer Stellvertretungswirkungen beim Handeln für 56
den, den es angeht, hat bis in die Gegenwart scharfe *Kritik* in der Literatur erfahren. So sieht TEMPEL (226) kein Bedürfnis für dieses Institut, da zur Erreichung der erstrebten Ziele genügend gesetzlich vorgesehene Möglichkeiten bestünden. Am schärfsten hat sich FLUME (§ 44 II 2) gegen die Anerkennung des Geschäfts für den, den es angeht, ausgesprochen, weil die Grenze zwischen unmittelbarer und mittelbarer Stellvertretung verwischt wird, und das geltende Recht für eine unmittelbare Stellvertretung die Beachtung des Offenheitsgrundsatzes verlangt (ähnlich KRÜGER, Erwerbszurechnung kraft Status [1979] 145; zurückhaltend auch MEDICUS Rn 921 und BR Rn 90; K SCHMIDT JuS 1987, 425, 429).

3. Die auferlegte Verwaltung („Parteien kraft Amtes")*

a) Ein Vermögen kann ganz oder teilweise der Verwaltung seines Inhabers ent- 57
zogen und derjenigen eines besonderen Verwalters unterstellt werden. Dieser ist befähigt, über die Vermögensgegenstände zu verfügen, für das Vermögen Erwerbsakte vorzunehmen und Verbindlichkeiten zu begründen (vgl JAHR 296 ff) sowie die zum Vermögen gehörenden Rechte gerichtlich geltend zu machen. Hierher gehören

---

* **Schrifttum:** BÖTTICHER, Die Konkursmasse als Rechtsträger und der Konkursverwalter als ihr Organ, ZZP 77 (1964) 55; COING, Die Treuhand kraft privaten Rechtsgeschäfts (1973); DERPA, Die Zurechnung nichtrechtsgeschäftlichen Handelns bei Vertretung kraft Amtes (1973); DÖLLE, Neutrales Handeln im Privatrecht, in: FS F Schulz II (1951) 268; JAHR, Fremdzurechnung bei Verwaltergeschäften, in: FS Weber (1975) 275; JAUERNIG, Ist die Rechtsmacht des Konkursverwalters durch den Konkurszweck begrenzt?, in: FS Weber (1975) 307; LAMMEL, Die Haftung des Treuhänders aus Verwaltungsgeschäften (1972); LENT, Zur Lehre der Partei kraft Amtes, ZZP 62 (1941) 123; K SCHMIDT, Der Konkursverwalter als Gesellschaftsorgan und als Repräsentant des Gemeinschuldners – Versuch einer Konkursverwaltertheorie für heute und morgen, KTS 1984, 345; ders, Anwendung von Handelsrecht auf Rechtshandlungen des Konkursverwalters, NJW 1987, 1905; ders, Der Konkursverwalter: Streitgenosse seiner selbst?, KTS 1991, 211; STÜRNER, Aktuelle Probleme des Konkursrechts, ZZP 94 (1981) 263, 286 ff; F WEBER, Zur Problematik der Prozeßführung des Konkursverwalters, KTS 1955, 102. S iÜ die einschlägigen Kommentare und Lehrbücher.

der *Insolvenzverwalter,* der *Zwangsverwalter,* der *Nachlassverwalter* und der *Testamentsvollstrecker.*

58 Charakteristisch für die Stellung des Verwalters ist es, dass dem Vermögensinhaber die Verwaltung im öffentlichen Interesse durch *Staatsakt* oder im privaten Interesse durch *Verfügung* des Erblassers auferlegt wird. Sie findet zu einem Zweck statt, der nicht notwendig mit seinen Interessen übereinstimmt, manchmal sogar im Interesse anderer Beteiligter in einen Gegensatz tritt (NK-BGB/STOFFELS § 164 Rn 25; PWW/FRENSCH § 164 Rn 14; FLUME § 45 I 2). Infolgedessen ist der Verwalter gegenüber dem Vermögensinhaber unabhängig. Er kann von diesem nicht abberufen werden, ist auch an dessen Weisungen nicht gebunden. Nachlassverwaltung, Zwangsverwaltung und Insolvenzverfahren dienen dem Zweck der Gläubigerbefriedigung, die Testamentsvollstreckung der Erreichung vom Erblasser gesetzter Ziele (SOERGEL/LEPTIEN Vorbem 74 zu § 164). Durch diese Besonderheiten unterscheiden sich die genannten Verwalter vom *rechtsgeschäftlich bestellten Vertreter,* der in seiner Vertretungsmacht vom Vertretenen abhängig ist, meist dessen Weisungen unterliegt und häufig auch in dessen Interesse handelt. Ebenso sind jedoch die Verwalter von den *gesetzlichen Vertretern* unterschieden, da diese in erster Linie fürsorgliche Aufgaben für den Vertretenen erfüllen sollen.

Deshalb hat DÖLLE für das Verwalterhandeln die Bezeichnung *„neutrales Handeln im Privatrecht"* geprägt; kennzeichnend hierfür ist, dass der Handelnde weder für sich noch für ein bestimmtes anderes Subjekt handelt, sondern mit seiner Einwirkung auf das ihm anvertraute Objekt kollidierende Interessen auszugleichen hat, in diesem Sinne also neutral tätig wird (DÖLLE 272 ff). Dementsprechend können die Rechtswirkungen des Verwalterhandelns nicht nach den Grundsätzen der Stellvertretung bzw dem Gegensatz zwischen Handeln im eigenen oder im fremden Namen beurteilt werden; vielmehr sind die maßgebenden Kriterien aus der Verwaltungsbefugnis selbst zu entwickeln (COING 53). Freilich muss ein solches neutrales Handeln dann doch dem Vermögensinhaber zugerechnet werden.

59 b) In seiner geschichtlichen Entwicklung geht die Anerkennung des *Verwalterhandelns als eigener Rechtskategorie* auf die Lehren der Glossatoren zurück, welche für den Institor, der einen Gewerbebetrieb oder ein Schiff selbständig leitete, auf dessen officium abstellten und ihn bei einer Kreditaufnahme „nomine officii" als Handelnden in einem Amtsbereich bewerteten (LAMMEL 76; s auch KASER/KNÜTEL, Römisches Privatrecht [19. Aufl 2008] § 49 II 4). Auch bei den Juristen des Naturrechts bestand die Auffassung, dass jemand, der institorio nomine gehandelt habe, dies weder proprio nomine noch nomine domini getan habe (LAMMEL 91). Dagegen wurde nach den Auffassungen des usus modernus das Handeln des Institors als Fall der Stellvertretung bewertet (LAMMEL 95); das ADHGB schloss sich dieser Auffassung an (LAMMEL 109).

60 c) Der Zwiespältigkeit seiner früheren Beurteilung entspricht die unterschiedliche dogmatische Einordnung des Verwalters bis zur Gegenwart: Nach einer vor allem in der Literatur vertretenen Auffassung – heute als sog neuere Vertretungs- oder Repräsentationstheorie – bilden die Verwalter eine *besondere Gruppe der gesetzlichen Vertreter* (NK-BGB/STOFFELS § 164 Rn 26; FLUME § 45 I 2; MEDICUS/PETERSEN Rn 85; PAWLOWSKI Rn 688; ROSENBERG/SCHWAB/GOTTWALD § 40 II; ENNECCERUS/NIPPERDEY

§ 180 I 1 e; Lent ZZP 62, 129 ff; K Schmidt KTS 1984, 345 ff; NJW 1987, 1905; KTS 1991, 211 ff uö). Begründet wird diese Auffassung vor allem damit, dass der Verwalter mit dem Willen handele, Rechtswirkungen in der Person eines anderen hervorzurufen.

Nach anderer, heute im Anschluss an die Rspr wohl überwiegender Auffassung ist der Verwalter als **Inhaber eines privaten Amtes** zu bewerten, das ihm im Sprachgebrauch des § 114 Abs 3 ZPO erlaubt, im Prozess als *Partei kraft Amtes* aufzutreten (Bamberger/Roth/Valenthin § 164 Rn 9; BGB-RGRK/Steffen Vorbem 11 zu § 164; Hk-BGB/Dörner Vorbem 11 zu § 164; Jauernig § 164 Rn 13; Palandt/Ellenberger Einf v § 164 Rn 9; PWW/Frensch § 164 Rn 15; Soergel/Leptien Vorbem 76 zu § 164; Wolf/Neuner § 49 Rn 31 f; eingehend Jaeger/Windel, InsO § 80 Rn 11 ff, Rn 19 mwNw, auch zur **Organtheorie**, die vor allem von Bötticher ZZP 77, 55 vertreten wird, für eine selbständige Rechtsträgerschaft des verwalteten Vermögens aber keine gesetzliche Grundlage findet; Schilken, Zivilprozessrecht Rn 274; ausf auch Stein/Jonas/Bork, ZPO [22. Aufl 2004] Vorben 27 ff zu § 50). Die Amtstheorie wird von der höchstrichterlichen Rspr seit langem zugrunde gelegt (so etwa RGZ 120, 189, 192; 150, 189, 190; BVerfGE 65, 182, 190; BGHZ 13, 203; 88, 331, 334 mwNw; BGH NJW-RR 1987, 1090, 1091; 1993, 442, stRspr). Für diese Auffassung sprechen die angeführten Besonderheiten (Rn 58) und der Umstand, dass der Verwalter nicht im Namen eines Vertretenen auftritt. Dies schließt es allerdings nicht aus, ihn zB im Zusammenhang des § 278 als „gesetzlichen Vertreter im weiteren Sinne" zu qualifizieren (RGZ 144, 399, 402; BGH WM 1957, 515; BGB-RGRK/Steffen Vorbem 11 zu § 164). **61**

In den Ergebnissen bestehen zwischen der neueren Vertretertheorie und der Amtstheorie allerdings keine praktisch besonders bedeutsamen Unterschiede (vgl Erman/Maier-Reimer Vor § 164 Rn 29; MünchKomm/Schramm Vor § 164 Rn 12; NK-BGB/Stoffels § 164 Rn 26; Flume § 44 IV 2; Henckel, Parteilehre und Streitgegenstand im Zivilprozess[1961] 118 ff und aaO; Jauernig/Berger, Zwangsvollstreckungs- und Insolvenzrecht [23. Aufl 2010] § 43 VIII Rn 36 ff; Stein/Jonas/Bork [22. Aufl 2004] Vorbem 33 f zu § 50). Von jedem Standpunkt aus muss vielmehr den Besonderheiten Rechnung getragen werden, die sich aus den Aufgaben mehrseitiger Interessenwahrung ergeben. – Zu den Problemen im Falle des Todes eines Amtsinhabers vgl Jahr 282 ff. Zu Einzelheiten über die Zurechnung zum Schadensersatz verpflichtender Handlungen vgl Derpa 36 ff, zur Zurechnung der einen Abwehranspruch begründenden Handlungen dort 164 ff.

4. Die Ermächtigung*

a) Der *Begriff der Ermächtigung* ist zuerst von Jhering (JherJb 2, 131 ff) heraus- **62**

---

* **Schrifttum**: Bettermann, Verpflichtungsermächtigung und Vertrag zu Lasten Dritter, JZ 1951, 321; Dölle, Neutrales Handeln im Privatrecht, in: FS Schulz II (1951) 268; Doris, Die rechtsgeschäftliche Ermächtigung bei Vornahme von Verfügungs-, Verpflichtungs- und Erwerbsgeschäften (1974); Hadding, Zur zivilrechtlichen Beurteilung des Lastschriftverfahrens, in: FS Bärmann (1975) 375; Henckel, Einziehungsermächtigung und Inkassozession, in: FS Larenz (1973) 643; Jahr, Romanistische Beiträge zur modernen Zivilrechtswissenschaft, AcP 168 (1968) 9; Köhler, Findet die Lehre von der Einziehungsermächtigung im geltenden bürgerlichen Recht eine Grundlage? (1953); Krückmann, Die Ermächtigung und der Rechtsbesitz nach dem Bürgerlichen Gesetzbuche, ReichsgerichtsFS III (1929) 79; Löbl, Geltendmachung fremder Forderungsrechte im eigenen Namen, AcP 129 (1928) 257; Ludewig, Die Ermächtigung nach bürgerlichem Recht (1922); Peters, Zur Rechtsfigur der Verpflich-

gearbeitet worden. Das BGB verwendet jedoch die Bezeichnung in den §§ 37, 112, 113, 370, 385, 457, 714, 715, 783, 805, 1221, 1825, 2199 und 2209 in ganz unterschiedlichem Zusammenhang (vgl Doris 3 ff).

Die Dogmatik der Ermächtigung ist vor allem im Rahmen des § 185 Abs 1 weiterentwickelt worden (s Staudinger/Gursky § 185 Rn 30; Erman/Maier-Reimer Vor § 164 Rn 23; MünchKomm/Schramm Vor § 164 Rn 38 ff; NK-BGB/Stoffels § 164 Rn 28 f; PWW/Frensch § 164 Rn 4; Soergel/Leptien § 185 Rn 32 ff; Flume § 57, 1 a; Hübner Rn 1358 ff und 1354 ff; Wolf/Neuner § 49 Rn 65 und § 54 Rn 24 ff). Danach kann der Inhaber eines Rechts Verfügungen, die ein anderer im eigenen Namen über dieses Recht vornimmt, durch seine Einwilligung wirksam werden lassen. Obwohl der Verfügende im eigenen Namen handelt, tritt die Rechtswirkung beim Rechtsinhaber ein. Demnach versteht man unter einer Ermächtigung die Erteilung der Macht, im eigenen Namen ein fremdes Recht auszuüben oder geltend zu machen (Flume § 57, 1 b); die Macht, auf einen fremden Rechtskreis durch Rechtsgeschäft einzuwirken (Hübner Rn 1358; Doris 35; Ludewig 2), ist nur das Ergebnis der so verstandenen Ermächtigung.

63 Die **Verfügungsermächtigung** ist nicht teilweise Weitergabe eigener Verfügungsmacht (Verleihung einer Berechtigung) an den Ermächtigten (so noch Larenz, AT [7. Aufl 1988] § 18 II c [S 323 f]; vgl auch Siebert 275), sondern Legitimation zur Ausübung und Geltendmachung des fremden Rechts in eigenem Namen (MünchKomm/Schramm Vor § 164 Rn 38; Soergel/Leptien § 185 Rn 32; Flume § 57, 1 c; Pawlowski Rn 653; Wolf/Neuner § 54 Rn 25 f). Die etwaige interne Rechtfertigung ergibt sich nicht aus der Ermächtigung selbst, sondern wie bei der Vollmacht aus dem zugrunde liegenden Innenverhältnis (Flume § 57 1 c; Pawlowski Rn 655; aA auch Enneccerus/Nipperdey § 204 I 3). Die Ermächtigung ist grundsätzlich widerruflich und schränkt die Verfügungsbefugnis des Rechtsinhabers nicht mit dinglicher Wirkung ein; er kann daher trotz erteilter Ermächtigung über das betroffene Recht auch selbst Verfügungen treffen. Diese sind wirksam, wenn sie vor einer kollidierenden Verfügung des Ermächtigten erfolgt sind.

64 b) Der Unterschied zwischen der Ermächtigung und der *unmittelbaren Stellvertretung* besteht zunächst darin, dass der Ermächtigte im eigenen Namen auftritt (s nur Ludewig 55). Außerdem ist die Vollmacht personenbezogen, die Ermächtigung gegenstandsbezogen (Flume § 57 1 b; Doris 27; Siebert 254; Raape AcP 121, 257, 260; Thiele 146; BGB-RGRK/Steffen Vorbem 14 zu § 164; MünchKomm/Schramm Vor § 164 Rn 36; NK-BGB/Stoffels § 164 Rn 29; PWW/Frensch § 164 Rn 4). Ansonsten besteht eine deutliche Ähnlichkeit zwischen Ermächtigung und Vertretungsmacht, da beide es ermöglichen, dass jemand durch rechtsgeschäftliches Handeln unmittelbar auf den Rechtskreis eines anderen einwirkt. Die These, dass zwischen beiden Instituten nur ein gradu-

tungsermächtigung, AcP 171 (1971) 234; Raich, Die dogmatische Stellung der Ermächtigung (Diss Tübingen 1962); Rüssmann, Einziehungsermächtigung und Klagebefugnis, AcP 172 (1972) 520; ders, Die Einziehungsermächtigung im bürgerlichen Recht, ein Institut richterlicher Rechtsschöpfung, JuS 1972, 169; Schöninger, Forderungsabtretung zum Zweck des Einzugs,

AcP 96 (1905) 163, 184 ff; Siebert, Das rechtsgeschäftliche Treuhandverhältnis (1933) 253 ff; Stathopoulos, Die Einziehungsermächtigung (1968); Thiele, Die Zustimmungen in der Lehre vom Rechtsgeschäft (1966) 146 ff; Thiell, Ermächtigung unter Gesamtvertretern (Diss Frankfurt 1994); Wunderlich, Die Einziehungsermächtigung (Diss Köln 1937).

eller Unterschied bestehe (MÜLLER-FREIENFELS 100), ist jedoch überspitzt (vgl DORIS 28 ff; THIELE, Die Zustimmung in der Lehre vom Rechtsgeschäft [1966] 147), da das vom Vertreter vorgenommene Rechtsgeschäft ein solches des Vertretenen, das vom Ermächtigten vorgenommene hingegen ein eigenes Rechtsgeschäft ist. Wohl aber kann der Fall eintreten, dass im Wege der Auslegung bestimmt werden muss, ob eine Bevollmächtigung oder eine Ermächtigung stattgefunden hat (BGB-RGRK/STEFFEN Vorbem 14 zu § 164; MünchKomm/SCHRAMM Vor § 164 Rn 40 f; NK-BGB/STOFFELS § 164 Rn 29; PWW/FRENSCH § 164 Rn 4; SOERGEL/LEPTIEN Vorbem 79 zu § 164), zumal auch die gesetzlichen Formulierungen nicht immer eindeutig sind (vgl § 49 HGB zur Prokura, § 81 ZPO zur Prozessvollmacht).

Ein weiterer Unterschied zwischen Ermächtigung und Stellvertretung besteht darin, **65** dass die Stellvertretung grundsätzlich allgemein zulässig ist, während die Ermächtigung als Sondertatbestand der in den §§ 182 ff geregelten Zustimmung, nämlich der Einwilligung (FLUME § 57 1 b), nur für Verfügungsgeschäfte in § 185 Abs 1 eine gesetzliche Grundlage findet. Sofern darüber hinaus im Wege privatautonomer Gestaltung der Rechtsverhältnisse weitere Arten der Ermächtigung geschaffen werden sollen, kann diesen das für die Stellvertretung festgelegte *Offenheitsprinzip* (s oben Rn 35) entgegenstehen. Insoweit sind die Institute der Einziehungsermächtigung (s Rn 66), der Erwerbsermächtigung (s Rn 69) und der Verpflichtungsermächtigung (s Rn 70) umstritten.

Andererseits unterscheidet sich die Ermächtigung von der *mittelbaren Stellvertretung* dadurch, dass der mittelbare Stellvertreter keine unmittelbaren Rechtswirkungen im Rechtskreis des Vertretenen herbeiführen kann, während der Ermächtigung ein „Außenwirkungsmoment" zukommt (DORIS 30; s aber auch BÖRNER, in: FS Hübner [1984] 409 ff).

c) Die **Einziehungsermächtigung** gibt dem Ermächtigten die Befugnis, eine For- **66** derung des Ermächtigenden gegen den Schuldner im eigenen Namen geltend zu machen (BGHZ 4, 153, 164 ff; 82, 283, 288; BAMBERGER/ROTH/VALENTHIN § 164 Rn 12; BGB-RGRK/STEFFEN Vorbem 15 zu § 164; HÜBNER Rn 1361; WOLF/NEUNER § 54 Rn 29), auch im Rahmen des Lastschriftverfahrens (vgl HADDING, in: FS Bärmann 384 ff sowie BGH JR 1978, 326 mit Anm OLZEN); auch die Abtretung an einen Factor kann dem Ermächtigten gestattet sein (BGH NJW 1978, 1972; SOERGEL/LEPTIEN, § 185 Rn 33; aM FALLSCHEER-SCHLEGEL, Das Lastschriftverfahren [1977] 11 ff). Im Unterschied zur *Inkassozession* gibt jedoch der Rechtsinhaber seine materielle Befugnis nicht auf (HENCKEL 652; HÜBNER Rn 1361). In der Sache handelt es sich bei der Einziehungsermächtigung um einen Fall dinglich beschränkter *Treuhand* (vgl STATHOPOULOS 65).

Zur *dogmatischen Begründung* der Einziehungsermächtigung wird durchweg auf § 185, eventuell in Verbindung mit § 362 Abs 2, zurückgegriffen. Dabei wird zwar anerkannt, dass die Verfügung erst in der Tilgung der Forderung besteht, es werden jedoch die darauf abzielenden Vorbereitungshandlungen als von den genannten Vorschriften mit umfasst angesehen (s BAMBERGER/ROTH/VALENTHIN § 164 Rn 12; BORK Rn 1732; ENNECCERUS/NIPFERDEY § 204 I 3 a; HÜBNER Rn 1362; auch BGHZ 4, 153, 164 verweist auf § 185; s. ferner BGHZ 70, 389, 393). Abgelehnt wird diese Begründung vor allem von ESSER/SCHMIDT (Schuldrecht AT [8. Aufl 2000] § 37 I 5 c) und LARENZ (Schuldrecht I [14. Aufl 1987] § 34 V c), die in Übereinstimmung mit bereits früher in der Literatur vertretenen Ansichten (vgl ERMAN/WESTERMANN § 398 Rn 38; RÜSSMANN JuS 1972, 169 ff) betonen, dass das in den genannten Vorschriften niedergelegte Einwilligungsprinzip die Verpflichtung des Schuldners zur Leistung an den Ermächtigten nicht zu erklären vermag. Hieran ändert auch die Tatsache nichts, dass ohne Mitwirkung des Schuldners statt der Ermächtigung eine Vollabtretung hätte vorgenommen werden können (RÜSSMANN JuS 1972, 169, 170). Andererseits setzt die Anerkennung der Einziehungsermächtigung nicht die Annahme einer Rechtsabspaltung voraus (s Rn 63).

67 Erklärbar ist die Einziehungsermächtigung unter dem Gesichtspunkt einer „*Überlassung zur Ausübung*" (STATHOPOULOS 77). Dieses Rechtsinstitut ist zwar im BGB nur hinsichtlich beschränkt dinglicher Rechte in den §§ 1059 S 2 und 1092 Abs 1 S 2 vorgesehen, es tritt aber auch bei der Verpachtung von Rechten hervor. Einer Übertragung dieses Rechtsgedankens allgemein auf Forderungen mit der Folge, dass der Schuldner aufgrund entsprechender Autorisation des Rechtsinhabers (vgl FLUME § 57 1 c) zur Leistung an den Ermächtigten verpflichtet wird, stehen keine grundsätzlichen Bedenken entgegen (vgl SOERGEL/LEPTIEN § 185 Rn 33; LARENZ, Schuldrecht I § 34 V c). Ein eigenes Interesse des Ermächtigten an der Einziehung darf für das materielle Recht (s aber noch Rn 68) nicht zur Voraussetzung gemacht werden (HENCKEL 656). Allerdings bleibt auch in diesem Fall der Ermächtigende zur eigenen Einziehung der Forderung befugt, selbst wenn er eine unwiderrufliche Ermächtigung erteilt hat (LUDEWIG 93). Ein Schutz des Schuldners, der nach ihm unbekannt gebliebenem Widerruf der Ermächtigung an den vorher Ermächtigten leistet, kann in analoger Anwendung der §§ 171 und 409 gewährt werden (vgl MünchKomm/SCHRAMM § 185 Rn 43 mwNw; SOERGEL/LEPTIEN § 185 Rn 33). Damit kann auch dem Gegenargument der Verdoppelung der Gläubigerstellung (MEDICUS Rn 1008) Rechnung getragen werden.

Letztlich ist die Anerkennung der Einziehungsermächtigung auf Richterrecht zurückzuführen (HÜBNER Rn 1362; RÜSSMANN JuS 1972, 172 ff), weil sie von der Rspr gegen den abnehmenden Widerstand in der Literatur durchgesetzt wurde (s im Anschluss an die reichsgerichtliche Rspr zB BGHZ 4, 153, 164; 19, 69, 71; 26, 185, 191; 32, 357, 360; 68, 118, 125; 82, 283, 290; BGH NJW 1987, 2121 sowie HENCKEL 644 mwNw). Es handelt sich um ein zum Gewohnheitsrecht gewordenes Produkt richterlicher Rechtsschöpfung (ESSER/ SCHMIDT, Schuldrecht AT § 37 I 5 c).

68 d) Mit der Einziehungsermächtigung ist die Problematik der **gewillkürten Prozessstandschaft** eng verbunden. Eine gewillkürte Prozessstandschaft versetzt den Ermächtigten in die Lage, die im Zusammenhang mit einer gerichtlichen Geltendmachung der von der Ermächtigung erfassten Forderung notwendigen Prozesshandlungen als Prozesspartei vorzunehmen; sie eröffnet damit auch die Möglichkeit, den Gläubiger der Forderung als Zeugen auftreten zu lassen (vgl dazu sowie zur Problematik der Prozesskostenhilfe und der Kostenerstattung ROSENBERG/SCHWAB/GOTTWALD § 46 III 1; RÜSSMANN AcP 172, 545 ff; zum Erlöschen einer gewillkürten Prozessstandschaft bei Insolvenzeröffnung s BGH NJW 2000, 738 ff). Die Meinungen über die Zulässigkeit einer gewillkürten Prozessstandschaft sind ebenso geteilt wie die zur Einziehungsermächtigung. Sie reichen von genereller Ablehnung (zB NIKISCH, Zivilprozeßrecht [2. Aufl 1952] § 31 III 5) bis zur uneingeschränkten Zulassung (zB ROSENBERG JZ 1952, 137; weitere Nachw bei STATHOPOULOS 125 ff). Der Meinungsstreit ist heute im Wesentlichen dadurch gekennzeichnet, dass die Rspr für die gewillkürte Prozessstandschaft über die Voraussetzungen einer wirksamen bürgerlichrechtlichen Einziehungsermächtigung hinaus (vgl HENCKEL 656 ff) verlangt, dass der Prozessstandschafter an der gerichtlichen Geltendmachung ein besonderes *eigenes Interesse* dartut (RGZ 91, 390, 397; 166, 218, 238; 170, 191; BGHZ 4, 153, 164; 19, 69, 71; 48, 12, 15; 92, 347, 349; 96, 151, 153; BGH NJW 1989, 1933 f; ebenso zB BGB-RGRK/STEFFEN Vorbem 15 zu § 164; MünchKomm/SCHRAMM § 185 Rn 45; ROSENBERG/SCHWAB/GOTTWALD § 46 III 1; SCHILKEN, Zivilprozessrecht Rn 275). Ein Teil der Literatur hingegen hält dieses zusätzliche Erfordernis für nicht begründbar; sie begnügt sich bei Wahrung des *allgemeinen Rechtsschutzinteresses* mit einer gültigen bürgerlichrechtlichen Einziehungsermächtigung als Grundlage der gewillkürten Prozessstandschaft (zB SOERGEL/LEPTIEN § 185 Rn 34; GRUNSKY, Grundlagen des Verfahrensrechts [2. Aufl 1974] 262; ENNECCERUS/NIPPERDEY § 204 I 3 a; RÜSSMANN AcP 172, 554; ESSER/SCHMIDT, Schuldrecht AT § 37 I 5 c; STATHOPOULOS 141; LÜKE ZZP 76, 1 ff). Zur Verhinderung von Missbrauch (Zeugenposition, Prozesskostenhilfe) ist der einschränkenden Auffassung der Vorzug zu geben.

e) Eine **Erwerbsermächtigung**, aufgrund deren der Ermächtigte durch Handeln im eigenen Namen für den Ermächtigenden erwerben würde, hatte vTUHR (AT II 2, 350) in analoger Anwendung des § 185 für zulässig gehalten (ähnlich DÖLLE, in: FS Schulz II 276); er wollte damit die Fälle des Erwerbs für den, den es angeht (s oben Rn 51 ff), lösen. Seine Auffassung hat sich jedoch nicht durchgesetzt (DORIS 152 und 154 Fn 15 mwNw; FLUME § 57 1 d; MEDICUS Rn 1007; SIEBERT 259 ff; SCHWARK JuS 1980, 777, 778). Sie kollidiert mit dem Offenheitsgrundsatz und ist auch im Hinblick auf § 328 entbehrlich (FLUME aaO; MünchKomm/SCHRAMM § 185 Rn 51; SOERGEL/LEPTIEN § 185 Rn 40; Rn 1007). **69**

f) Die **Verpflichtungsermächtigung** ist die Ermächtigung, durch rechtsgeschäftliches Handeln im eigenen Namen einen anderen allein oder neben dem Handelnden zu verpflichten (LUDEWIG 72 ff). Sie gehört zu den besonders umstrittenen Instituten des bürgerlichen Rechts. Abgelehnt wird sie vor allem wegen des mit ihr verbundenen *Verstoßes gegen den Offenheitsgrundsatz* und dem mit diesem gewährten Gläubigerschutz. Dogmatisch ist sie dem deutschen Recht fremd, und zur Herbeiführung der vorgenannten Rechtswirkungen werden die Schuldübernahme bzw der Schuldbeitritt als hinreichend angesehen (vgl BGHZ 34, 122, 125; BAMBERGER/ROTH/VALENTHIN § 164 Rn 12; BGB-RGRK/STEFFEN Vorbem 16 zu § 164; MünchKomm/SCHRAMM § 185 Rn 46 ff; NK-BGB/STOFFELS § 164 Rn 29; STAUDINGER/GURSKY § 185 Rn 108 ff; BOEMKE/ULRICI § 13 Rn 33; BORK Rn 1737; FLUME § 57 1 d; ENNECCERUS/NIPPERDEY § 204 I 3 b; HÜBNER Rn 1359 f; KÖHLER § 14 Rn 15; MEDICUS Rn 1006; WOLF/NEUNER § 54 Rn 31; SCHWARK JuS 1980, 777, 778; ferner DORIS 81 ff mwNw). **70**

Die Begründungsversuche für die Verpflichtungsermächtigung gehen einmal von der *Besitzüberlassung* als zusätzlicher Grundlage aus; so hatte RGZ 80, 395, 399, die §§ 182 ff analog angewendet, als ein Hausverwalter mit Einwilligung des Hauseigentümers einen Mietvertrag abgeschlossen hatte (s näher STAUDINGER/GURSKY § 185 Rn 108 ff). Hier lag freilich in der Sachüberlassung schon ein verfügungsähnlicher Tatbestand (FLUME § 57 I d; MEDICUS Rn 1006; vgl auch RGZ 124, 28 ff). DORIS (112 ff) führt diesen Gedankengang fort und sieht nach ausführlicher Abwägung der möglichen Fallgestaltungen kein grundsätzliches Hindernis gegenüber der Verpflichtungsermächtigung, schränkt jedoch ihre Anerkennung auf Verpflichtungsgeschäfte über *Gegenstände des Ermächtigenden* ein (133). Daher steht für ihn die Verpflichtungs- **71**

Vorbem zu §§ 164 ff

ermächtigung in Parallele zur Verfügungsermächtigung und kann auf eine analoge Anwendung des § 185 gestützt werden (136). Andere Begründungsversuche führen weitere Einzelvorschriften als Grundlage einer Analogie an, so BETTERMANN (JZ 1951, 321 ff) vor allem § 556 Abs 3 aF und güterrechtliche Vorschriften oder DÖLLE (in: FS Schulz II 278) auch den § 2206. Vom grundsätzlichen Ansatz her sieht THIELE (203 ff) die Verpflichtungsermächtigung als den *Ausdruck privatautonomer Gestaltung* an; sie könne daher anerkannt werden, sofern das Interesse des Gläubigers, die Person seines Schuldners zu kennen, nicht verletzt werde. Daher will er bei Nichtoffenlegung des Ermächtigungsverhältnisses eine Mitverpflichtung des Ermächtigten neben dem Handelnden billigen (aaO 211; ferner MünchKomm/SCHRAMM § 185 Rn 46; MARTENS AcP 177, 150; ähnlich SOERGEL/LEPTIEN § 185 Rn 35 ff).

Bei Abwägung der genannten Argumente behalten im Ergebnis die ablehnenden Ansichten vor allem wegen der Scheidung zwischen unmittelbarer und mittelbarer Stellvertretung im geltenden Recht (vgl FLUME § 57 1 d) das Übergewicht (zusammenfassend PETERS AcP 171, 238 ff), zumal sich aus der Anerkennung einer Verpflichtungsermächtigung nur ein rein konstruktiver Vorteil ergeben würde; praktische Bedürfnisse können auf diesem Wege nicht besser befriedigt werden als mit den bereits vorhandenen Rechtsinstituten. Auch § 783 ergibt nichts anderes, da die Verpflichtung des Anweisenden dort nur aufgrund seiner ermächtigenden Erklärung gegenüber dem Angewiesenen in Verbindung mit dessen anweisungsgemäßer Leistung entsteht.

72 g) Die *Ermächtigung zur Stimmrechtsausübung* war ursprünglich unter dem Begriff der Legitimationszession entwickelt worden, um das Stimmrecht der Banken für die bei ihnen im Depot befindlichen Aktien zu rechtfertigen (s RGZ 60, 172; 105, 289; 111, 405; 117, 69, 72; 118, 330; 133, 234, 241; LUDEWIG JW 1922, 1501). Die spätere gesetzliche Anerkennung der Ermächtigung zur Ausübung des Depotstimmrechts im AktG von 1937 ließ die Notwendigkeit einer besonderen Begründung für diese Art der Ermächtigung entfallen (ENNECCERUS/NIPPERDEY § 204 I 3 a); Rechtsgrundlage ist heute § 129 Abs 3 AktG. – Eine analoge Anwendung dieser Regel auf Stimmrechtsausübungen ohne wertpapiermäßige Grundlage dürfte nicht in Betracht kommen. Dies zeigt schon § 108 Abs 3 AktG, wonach die Ausübung des Stimmrechts von Aufsichtsratsmitgliedern nur durch schriftliche Stimmabgabe, hingegen nicht aufgrund einer Ermächtigung erfolgen kann (vgl LUTTER, in: FS Duden [1977] 272). Im Wohnungseigentum setzt die Vertretung beim gemeinschaftlichen Stimmrecht eine entsprechende *Bevollmächtigung* (s dazu BGH NJW 2012, 2512) oder gesetzliche Vertretungsmacht aufgrund Mehrheitsbeschlusses (s oben Rn 24) voraus (ausf MERLE, in: FS Seuß [2007] 193 ff; zu Rechtsfragen bei der Vertretung durch den Verwalter SCHMID NJW 2012, 2545 ff).

72a h) Keine Ermächtigung im hier behandelten Sinne ist die sog *Ausfüllungsermächtigung* für Blanketturkunden, weil es sich beim Ausfüllen selbst nicht um ein Rechtsgeschäft des Ermächtigten handelt, sondern damit allenfalls ein Rechtsgeschäft des Ermächtigenden entsteht (MünchKomm/SCHRAMM § 185 Rn 54; SOERGEL/LEPTIEN § 185 Rn 42; s iü noch § 167 Rn 20). Es handelt sich dabei allerdings um eine arbeitsteilige Herstellung seiner Willenserklärung (BORK Rn 1641 ff, 1647; KÖHLER § 7 Rn 28; MEDICUS Rn 910), auf den die Stellvertretungsregeln entsprechend anzuwenden sind (BORK Rn 1647; s etwa BGH NJW 1996, 1467 mwNw zur Blankobürgschaft).

5. Die Botenschaft*

a) Der *Begriff des Boten* wird im BGB als solcher nicht verwendet. Dies geht ua 73 darauf zurück, dass früher, insbesondere von Savigny, nicht zwischen Stellvertretern und Boten unterschieden wurde (vgl oben Rn 10; Flume § 43 4). Auf die Botenschaft geht das BGB nur in § 120 für einen Spezialfall (s Rn 81) ein. Daher musste die Dogmatik des Botenrechts von Rspr und Lehre innerhalb des mit den Stellvertretungsvorschriften einerseits und dem § 130 andererseits gezogenen Regelungsrahmens entwickelt werden.

Nach der vom BGB übernommenen *Repräsentationstheorie* (s oben Rn 32) ist der Stellvertreter dadurch vom Boten abzugrenzen, dass er eine eigene Willenserklärung mit Fremdwirkung abgibt oder die Erklärung als an ihn gerichtet mit Fremdwirkung entgegennimmt, während der Bote auf den Transport der bereits abgegebenen Erklärung oder auf die technische Weiterleitung einer empfangenen, aber nicht an ihn gerichteten Willenserklärung beschränkt ist (Mot I 223); die Annahme, das Handeln des Boten sei gleichfalls eine eigenständige, im Gegensatz zur Stellvertretung aber durch eine kausale Vollmacht (s dazu § 167 Rn 2 ff) beschränkte Willensäußerung (Pawlowski Rn 690 ff; dagegen zutr Brehm Rn 439), findet im Hinblick auf das insoweit maßgebliche Abstraktionsprinzip (s oben Rn 33 f) im Gesetz keine Grundlage. Eine Parallele der Botenschaft zur Stellvertretung wird jedoch insoweit gezogen, als zwischen *Erklärungsboten* und *Empfangsboten* (s dazu noch ausf § 164 Rn 25) unterschieden wird.

b) Das für die Botenschaft maßgebende Kriterium wird nach ganz hM zu Recht 74 mit Hilfe des für die Stellvertretung geltenden Offenheitsprinzips (s oben Rn 35) bestimmt. Entscheidend für einen Boten ist sein **äußeres Auftreten als Übermittler**. Bote ist somit derjenige, von dem der Kontrahent den Eindruck haben muss, dass er für die abgegebene oder zu empfangende Willenserklärung nur die Funktion des Übermittlers einer fremden Willenserklärung wahrnehme (BGHZ 12, 327, 334; BAG NJW 2008, 1243; Bamberger/Roth/Valenthin § 164 Rn 11; BGB-AK/Ott Vorbem 53 zu §§ 164 ff;

---

* **Schrifttum:** S auch die Hinw zu § 120 und zu § 130. – Assmann, Die Rechtsstellung des Boten (1906); Barcaba, Der Empfangsbote (2002); E Cohn, Der Empfangsbote (1927); Falkmann, Die Rechtsstellung des Boten (1908); Fleck, Der Bote, ArchBürgR 15, 337; Franzke, Die Rechtsstellung des Boten, insbesondere die unrichtige Übermittlung von Botenerklärungen (Diss Breslau 1912); Fromm, Der Bote (Diss Erlangen 1908); Hanloser, Stellvertretung und Botenschaft (2004); Hepner, Der Bote ohne Ermächtigung (Diss Erlangen 1908); G Hueck, Bote – Stellvertreter im Willen – Stellvertreter in der Erklärung, AcP 152 (1952/53) 432; Joussen, Abgabe und Zugang von Willenserklärungen unter Einschaltung einer Hilfsperson, Jura 2003, 577; Jüngling, Zur Lehre vom Boten und vom Stellvertreter (Diss Greifswald 1906); Kiehnle, Der Bereicherungsausgleich nach Zuvielüberweisung – Überlegungen zur Überschreitung der Boten- und der Vertretungsmacht, VersR 2008, 1606; Lutter, Der Stimmbote, in: FS Duden (1977) 269; Marcus, Zur Kasuistik des Botenrechts, Recht 1907, 44; Petersen, Stellvertretung und Botenschaft, Jura 2009, 904; Plettenberg, Vertreter und Bote bei Empfangnahme von Willenserklärungen (Diss Erlangen 1916); Sandmann, Empfangsbotenstellung und Verkehrsanschauung, AcP 199 (1999) 455; H Schneider, Stellvertretung im Willen, Stellvertretung in der Erklärung und Bote (Diss Köln 1959); Smid, Botenschaft und Stellvertretung, JuS 1986, L 9 ff.

Vorbem zu §§ 164 ff

BGB-RGRK/Steffen Vorbem 32 zu § 164; Erman/Maier-Reimer Vor § 164 Rn 24; Hk-BGB/Dörner § 164 Rn 4; MünchKomm/Schramm Vor § 164 Rn 43 f; NK-BGB/Stoffels § 164 Rn 47 ff; Palandt/Ellenberger Einf v § 164 Rn 11; PWW/Frensch § 164 Rn 18; Soergel/Leptien Vorbem 44 zu § 164; Bitter § 10 Rn 21; Boecken Rn 609; Boemke/Ulrici § 13 Rn 27, Rn 30; Bork Rn 1345 f; Brehm Rn 439; Brox/Walker Rn 518; Enneccerus/Nipperdey § 178 II 1 c; Faust § 29 Rn 3; Flume § 43 4; Grigoleit/Herresthal Rn 405; Hirsch Rn 840; Hübner Rn 1170; Köhler § 11 Rn 16; Wolf/Neuner § 49 Rn 16 f; Leipold § 22 Rn 11; Löwisch/Neumann Rn 200; Medicus Rn 886; Schmidt Rn 631 f; Hanloser 70 ff; Schreindorfer 152 f; Joussen Jura 2003, 577 f; Klein NZA 2004, 1198, 1200; Lange JA 2007, 766, 767; Mock JuS 2008, 309; Petersen Jura 2009, 904; Schilken 85 f; vgl auch HKK/Schmoeckel §§ 164–181 Rn 16). Maßgeblich ist die Beurteilung vom Empfängerhorizont, freilich unter Berücksichtigung aller erkennbaren Umstände wie zB der sozialen Stellung der Mittelsperson zum Geschäftsherrn; wer behauptet, als Bote gehandelt zu haben, muss dies beweisen (OLG Schleswig MDR 1977, 841; vgl auch § 164 Rn 16).

75 Die zusätzlich verwendete Formel, der Bote habe *keinerlei Entscheidungsmacht* (s zB Hoffmann JuS 1970, 181) und dürfe daher in seinem äußeren Auftreten solche nicht in Anspruch nehmen, gilt nur für das „Ob" des Geschäfts (BGB-RGRK/Steffen Vorbem 32 zu § 164; NK-BGB/Stoffels § 164 Rn 49 f; Wolf/Neuner § 49 Rn 13 f; Lehmann/Hübner § 36 I 1 a; Müller-Freienfels 72; Mock JuS 2008, 309). In anderen Fragen hingegen darf auch ein Bote nach seinem Ermessen entscheiden, etwa über die Art des Erklärungstransportes bei verkörperten Willenserklärungen und über deren stilistische Gestaltung. Ebenso können dem Stimmboten (vgl dazu DNotI-Report 2007, 115 f) gewisse Entscheidungsfreiheiten zustehen (s Lutter, in: FS Duden 275 ff), und nicht zuletzt verbleibt dem Boten bei der Übermittlung nicht verkörperter Willenserklärungen, sofern dies nicht ausdrücklich untersagt wurde, die Freiheit der Stilistik. – Dementsprechend werden *Dolmetscher* bei ihrer Übertragung des Erklärungstextes von einer Sprache in eine andere nach hM zu Recht als Boten bewertet (BGH WM 1963, 165; BGB-RGRK/Steffen Vorbem 33 zu § 164; Soergel/Leptien Vorbem 45 zu § 164; MünchKomm/Schramm Vor § 164 Rn 46).

76 c) Mit dem Kriterium des äußeren Auftretens als Bote wird entscheidend auf das Verhältnis des Boten zum Kontrahenten Rücksicht genommen. Da die Botentätigkeit auch dem Hintermann, dh dem Erklärenden oder dem Erklärungsadressaten, zugerechnet wird, soll nach aA für den Tatbestand der Botenschaft das *Innenverhältnis* zwischen der Mittelsperson und dem Hintermann als Tatbestandselement der Botenschaft maßgeblich sein (G Hueck AcP 152, 436 ff; Petzold MDR 1961, 461; Müller-Freienfels 72; ähnlich Pawlowski Rn 690 ff: „gewissermaßen kausale Vollmacht"). Da aber Stellvertretung nicht Vertretung im Willen, sondern nur Vertretung beim Vollzug des Rechtsgeschäfts durch eigene Erklärung ist (s Rn 15, 32), kann für die Beurteilung des Handelns als Vertreter oder Bote nur das (ausgelegte) äußere Verhalten maßgeblich sein (Flume § 43 4; Thiele 57 ff, 145 ff). Ob ein entsprechender (Vertretungs- oder Boten-)Macht begründender Akt vorliegt, erlangt erst bei der Beurteilung der Wirksamkeit des Handelns für den Geschäftsherrn Bedeutung, wie auch die §§ 177 ff verdeutlichen (MünchKomm/Schramm Vor § 164 Rn 44; Soergel/Leptien Vorbem 44 zu § 164). Eine solche Botenmacht als Voraussetzung für eine Zurechnung der übermittelten Erklärung zum Geschäftsherrn wird sich freilich häufig aus dem Innenverhältnis ergeben (s Rn 77), sie kann aber als im Prinzip abstrakte Befugnis auch isoliert erteilt werden (vgl Soergel/Leptien Vorbem 43 zu § 164).

d) Das **Innenverhältnis** zwischen Boten und Hintermann wurde von COHN (32) als **77** „Ermächtigung zur Botentätigkeit" bezeichnet. Es kann von ganz unterschiedlicher Art sein: Vielfach handelt es sich um einen *Auftrag* oder einen *Geschäftsbesorgungsvertrag*. Ein solcher kann auch stillschweigend geschlossen werden, insbesondere im Zusammenhang mit einer Empfangsbotentätigkeit. Will der Bote gegenüber dem Hintermann keine rechtsgeschäftliche Bindung eingehen, so kann das Innenverhältnis sich als eine *Gefälligkeit* darstellen. Schließlich kann sich das Innenverhältnis zwischen dem Boten und seinem Hintermann aus den Regeln über die *Geschäftsführung ohne Auftrag* ergeben, wobei allerdings eine Ermächtigungswirkung für die Botentätigkeit nur der berechtigten Geschäftsführung zukommt.

Neben den privatrechtlichen Grundlagen für die Botentätigkeit steht eine Berechtigung aufgrund *hoheitlichen Handelns* in Betracht, wenn der Gerichtsvollzieher bei der Entgegennahme freiwilliger Leistungen des Schuldners (s § 754 ZPO) oder durch Angebot der Gegenleistung bei der Zug-um-Zug-Vollstreckung (§ 756 ZPO) für den Gläubiger tätig wird (s FAHLAND ZZP 92, 432 ff; GAUL/SCHILKEN/BECKER-EBERHARD § 16 Rn 44, § 25 Rn 66; SCHILKEN 191 ff, str). Schließlich gibt es *gesetzliche Ermächtigungen* zur Botentätigkeit; dies gilt zB für den Ehegatten gem § 1353, für Kinder gem § 1619.

e) Deutlich wird die Unterscheidung zwischen Bote und Stellvertreter auch bei **78** der **Geschäftsfähigkeit**. Da der Bote nur die fremde Willenserklärung übermittelt, ist Geschäftsfähigkeit nicht erforderlich, sondern es genügt die natürliche Fähigkeit zur Übermittlung (BAMBERGER/ROTH/VALENTHIN § 164 Rn 11; ERMAN/MAIER-REIMER Vor § 164 Rn 26; MünchKomm/SCHRAMM Vor § 164 Rn 46; NK-BGB/STOFFELS § 164 Rn 51; PWW/FRENSCH § 164 Rn 20; ENNECERUS/NIPPERDEY § 178 II 1 c; HÜBNER Rn 1173; WOLF/NEUNER § 49 Rn 15; SCHMIDT Rn 636 f); das Innenverhältnis spielt auch hier keine Rolle. Handelt es sich um eine beschränkt geschäftsfähige Person, so gelten entsprechende Regeln, deren Relevanz dann freilich durch die Zulässigkeit einer Stellvertretung mittels solcher Personen nach § 165 entschärft wird; auch diese Vorschrift verdeutlicht die Maßgeblichkeit der Willenserklärung, da dem Geschäftsunfähigen keine Willensbildung (als Vertreter) überlassen werden soll (MEDICUS Rn 886; vgl OSTHEIM AcP 169, 193 ff). Tritt eine geschäftsunfähige Person dennoch als Vertreter auf, so kann deshalb das unwirksame Vertretergeschäft auch dann nicht als wirksames Botengeschäft behandelt werden, wenn es inhaltlich der Weisung des Geschäftsherrn entspricht (MünchKomm/SCHRAMM Vor § 164 Rn 48; SOERGEL/LEPTIEN Vorbem 45 zu § 164; aA FLUME § 43 4; krit zur strikten Unterscheidung zwischen Boten und Vertreter in dioesem Zusammenhang KIEHNLE AcP 212 [2012] 905 ff). Das gilt ohnehin, wenn für die Abgabe der Erklärung eine **Form** vorgeschrieben ist, die im Gegensatz zur Stellvertretung bei Einsatz eines Boten vom Geschäftsherrn erfüllt werden muss (RGZ 79, 212, 213; BAMBERGER/ROTH/VALENTHIN § 164 Rn 11; ERMAN/MAIER-REIMER Vor § 164 Rn 26; MünchKomm/SCHRAMM Vor § 164 Rn 48; NK-BGB/STOFFELS § 164 Rn 51; PALANDT/ELLENBERGER Einf v § 164 Rn 11; SOERGEL/LEPTIEN Vorbem 43 zu § 164; BOECKEN Rn 613; BROX/WALKER Rn 519; FLUME § 43 4; KÖHLER § 11 Rn 17; WOLF/NEUNER § 49 Rn 15; HANLOSER 65 ff; PETERSEN Jura 2009, 904 f).

f) Ausgeschlossen ist eine Botenschaft bei **höchstpersönlichen Erklärungen** nicht **79** schlechthin, wohl aber zB bei § 1311 oder bei § 2284 S 1; dasselbe gilt beim Erfordernis gleichzeitiger Anwesenheit gem § 925 (NK-BGB/STOFFELS § 164 Rn 51; SOERGEL/LEPTIEN Vorbem 43 zu § 164; WOLF/NEUNER §b 49 Rn 15; vgl auch DNotI-Report 2007, 116).

Vorbem zu §§ 164 ff

Ein gesetzliches oder rechtsgeschäftliches Vertretungsverbot (s oben Rn 40 f) steht hingegen einer Botenschaft nicht entgegen (FLUME § 43 5; MünchKomm/SCHRAMM Vor § 164 Rn 46; NK-BGB/STOFFELS § 164 Rn 51; SOERGEL/LEPTIEN Vorbem 43 zu § 164), da die Erklärung eine solche des Geschäftsherrn ist. Ebenso wie die Stellvertretung (s oben Rn 41) kann eine Botenschaft aber *rechtsgeschäftlich ausgeschlossen* werden.

80 Der Wirksamkeit einer Erklärung ist es dagegen nicht abträglich, dass jemand, der mit *Vertretungsmacht ausgestattet* ist, nur als Bote handelt (FLUME § 43 4; WOLF/NEUNER § 49 Rn 17; ERMAN/MAIER-REIMER Vorbem 24 zu § 164; MünchKomm/SCHRAMM Vor § 164 Rn 54; SOERGEL/LEPTIEN Vorbem 45 zu § 164; KLEIN NZA 2004, 1198, 1199; PETERSEN Jura 2009, 904). Allerdings fehlt es an der Abgabe einer Willenserklärung, doch kann die dem Willen der Geschäftsherrn entsprechende Übermittlung – auch im Hinblick auf die in § 120 zum Ausdruck kommende Wertung (s Rn 81) – einer Willenserklärung durch ihn gleichgestellt werden (MünchKomm/SCHRAMM Vor § 164 Rn 49). Oft wird es dem Geschäftsherrn ohnehin gleich sein, wie der Mittelsmann auftritt (FLUME § 43 4). Ist die Erklärung allerdings formbedürftig, so kann eine Bindung nur eintreten, wenn die Erklärung des Geschäftsherrn dem Formerfordernis entspricht (ERMAN/MAIER-REIMER Vor § 164 Rn 26; MünchKomm/SCHRAMM Vor § 164 Rn 53; NK-BGB/STOFFELS § 164 Rn 51; PWW/ FRENSCH § 164 Rn 20; KLEIN NZA 1198, 1199), während es bei der Stellvertretung auf die Einhaltung der Form durch den Vertreter ankommt. Entsprechendes gilt, wenn eine zur Übermittlung bestimmte, nicht geschäftsunfähige Person statt als Bote als Vertreter handelt, sofern sich die Erklärung innerhalb der Botenmacht hält, die dann auch eine Vertretungsmacht abdeckt (FLUME § 43 4; MünchKomm/SCHRAMM Vor § 164 Rn 52; WOLF/NEUNER § 49 Rn 17, hM; **aA** G HUECK AcP 152, 437).

81 g) Ein **Fehler des Erklärungsboten** bei der Ausführung seines Botenauftrags steht, wie § 120 zeigt, der Botenschaft nicht entgegen. Erst wenn der Bote sich bewusst von seiner Berechtigung löst und vorsätzlich eine andere Erklärung abgibt, als ihm aufgetragen war, oder wenn er statt als Bote als Vertreter (unbewusst oder bewusst) abweichend handelt, scheidet § 120 aus. In diesen Fällen greifen nach zutreffender hM die §§ 177 ff analog ein (s etwa OLG Oldenburg NJW 1978, 951; JAUERNIG § 120 Rn 4; MünchKomm/SCHRAMM Vor § 164 Rn 55; SOERGEL/LEPTIEN Vorbem 45 zu § 164; StudKomm § 177 Rn 1; BROX/WALKER Rn 415; FLUME § 43 4; HÜBNER Rn 800; SCHMIDT Rn 651a; WERTENBRUCH § 14 Rn 5 f; HOFFMANN JuS 1970, 181; G HUECK AcP 152, 443; KIEHNLE VersR 2008, 1606, 1613 ff mwNw; vgl auch § 177 Rn 21; s ferner RG HRR 1940 Nr 1278; BGH WM 1963, 165, 166). Genehmigt der Hintermann nicht, so entsteht für den „Boten" eine Eigenhaftung analog § 179 (BAMBERGER/ROTH/VALENTHIN § 164 Rn 11; ERMAN/ARNOLD § 120 Rn 5; Münch-Komm/SCHRAMM Vor § 164 Rn 56; PALANDT/ELLENBERGER § 120 Rn 4; PWW/AHRENS § 120 Rn 4; ENNECERUS/NIPPERDEY § 167 III 2, § 178 Fn 7; FLUME § 43 4; HÜBNER Rn 1171 f; KIEHNLE VersR 2008, 106, 1615; **aM** [für Anwendbarkeit des § 120 auch bei bewusster Falschübermittlung] zB BGB-RGRK/STEFFEN Vorbem 32 zu § 164; NK-BGB/FEUERBORN § 120 Rn 5 f mwNw; STAUDINGER/SINGER [2011] § 120 Rn 2 f mwNw; BORK Rn 1361; FAUST § 29 Rn 16; MEDICUS Rn 748; PAWLOWSKI Rn 695 ff; WOLF/NEUNER § 33 Rn 43, § 41 Rn 40, § 49 Rn 15; LOBINGER 232 ff; MARBURGER AcP 173, 1243 ff; wohl auch PETERSEN Jura 2009, 904, 905). Zum *Empfangsboten* s § 164 Rn 22.

6. Der Vertreter in der Erklärung*

a) Ein Stellvertreter kann hinsichtlich des Erklärungsinhalts und der Modalitäten 82
der Erklärungsabgabe durch *Weisungen des Vollmachtgebers* in so starkem Maße
gebunden sein, dass er zwar den Vollmachtgeber bei der Erklärungsabgabe noch
repräsentiert, im Übrigen jedoch wie ein Erklärungsbote wirkt. Man spricht dann
vom „Vertreter mit gebundener Marschroute" (ULMER SJZ 1948, 140; FLUME § 43 4; vgl
PAWLOWSKI Rn 694) oder vom „Vertreter in der Erklärung" (MATTHIESSEN JW 1924, 659;
vgl PAWLOWSKI Rn 694). Wichtig wird ein solcher Vertreter in der Erklärung, wenn
sowohl die normale Stellvertretung als auch Botenschaft ausgeschlossen wären
(s oben Rn 40 und Rn 79). Hier könnte ein Vertreter in der Erklärung anerkannt
werden, wenn es sich bei ihm um eine *dritte Kategorie* neben dem Stellvertreter
und dem Boten handeln würde. Die These einer dritten Kategorie des fremd wirkenden Handelns geht auf die von WINDSCHEID/KIPP (Pandekten [9. Aufl 1906] I § 73
Anm 2) vertretene Auffassung zurück, es gebe einen Vertreter in der Erklärung,
welcher der Willensbindung unterworfen sein könne (vgl ROSENBERG 197 ff; FLUME § 43
5). Historisch stammt dieses Institut bereits aus dem kanonischen Recht des Mittelalters, wo es im Zusammenhang mit der dort zugelassenen Eheschließung durch
Stellvertreter entwickelt wurde (vgl FREISEN, Geschichte des kanonischen Eherechts [2. Aufl
1893] 303).

b) Praktisch wurde das Problem des Vertreters in der Erklärung früher für 83
Adoptionsverträge, weil bei diesen bis zum Jahre 1961 nach § 1750 aF Stellvertretung und Botenschaft ausgeschlossen waren. Aufgrund der schwierigen Verkehrsverhältnisse gegen Kriegsende hatte schon das RG (DR 1945, 76) einen Vertreter in
der Erklärung anerkannt. Später wurde diese dogmatische Konstruktion vor allem
vom OLG Celle (NJW 1950, 430) und dem BGH (BGHZ 5, 344, 350; 30, 306, 311; s auch
BGH AG 2005, 475) angewendet (weitere Nachw zur unmittelbaren Nachkriegszeit bei SCHNEIDER 52). In der Literatur waren diese Entscheidungen sehr umstritten (vgl ua LENT
DNotZ 1951, 151; BOSCH DNotZ 1951, 166; WEBER DNotZ 1951, 316; G HUECK AcP 152, 432;
BUCHER JZ 1954, 22; BOEHMER JZ 1960, 4; PETZOLD MDR 1961, 459) und wurden ganz
überwiegend abgelehnt. Durch eine Gesetzesänderung wurde im Jahre 1961 für
den damaligen Adoptionsvertrag die Stellvertretung zugelassen. Nach der heute
gültigen Regelung des § 1750 Abs 3 S 1 ist dort für eine Stellvertretung, auch eine
solche „in der Erklärung", kein Raum mehr (MünchKomm/SCHRAMM Vor § 164 Rn 62).

c) Aus heutiger Sicht wird ein Vertreter in der Erklärung als eigene Kategorie 84
überwiegend abgelehnt; das Handeln desjenigen, dem die – wenngleich weisungsgebundene – Erklärungsabgabe mit Drittwirkung verblieben ist, wird als Fall normaler Stellvertretung bewertet (BGB-RGRK/STEFFEN Vorbem 18 zu § 164; MünchKomm/
SCHRAMM Vor § 164 Rn 63; NK-BGB/STOFFELS § 164 Rn 52 f; PWW/FRENSCH § 164 Rn 22; SOERGEL/LEPTIEN Vorbem 47 zu § 164; FLUME § 43 5; ENNECCERUS/NIPPERDEY § 178 II 1 c; HÜBNER

---

* **Schrifttum**: BUCHER, Wiederbelebung der Stellvertretung in der Erklärung?, JZ 1954, 22; G HUECK, Bote – Stellvertreter im Willen – Stellvertreter in der Erklärung, AcP 152 (1952/53) 432; MATTHIESEN, Stellvertretung in der Erklärung, JW 1924, 659; PETZOLD, Der Vertreter in der Erklärung, MDR 1961, 459; H SCHNEIDER, Stellvertretung im Willen, Stellvertretung in der Erklärung und Bote (1959); ULMER, Adoptionsvertrag und Stellvertretung, SJZ 1948, 137.

Vorbem zu §§ 164 ff

Rn 1174; WOLF/NEUNER § 49 Rn 19; HANLOSER 76 ff; KIEHNLE AcP 212 [2012] 911 ff; LIPP JuS 2000, 267, 268), anderenfalls liegt bloße Botenschaft vor. Demgegenüber bejaht SCHNEIDER (24 ff) die Möglichkeit einer dritten Kategorie, wobei er das Kennzeichen des Vertreters in der Erklärung darin sieht, dass, abweichend von § 167 Abs 2, die Form des Hauptgeschäftes auch für die Vollmachtserteilung erforderlich ist (69), und dass eine Vertretung ohne Vertretungsmacht ausscheidet (71). Da Stellvertretung stets, auch bei „gebundener Marschroute", Vertretung in der Erklärung darstellt und bei Ausschluss der Vertretung durch die betreffende Person selbst abgegeben werden muss, ist ein selbständiges Institut des Vertreters in der Erklärung jedoch abzulehnen. Bedarf die Erklärung keiner Form, so kann sie durch einen Boten überbracht werden (vgl Mot IV 27), im Prozess mit Anwaltszwang (§ 78 ZPO) in der Person des Rechtsanwaltes (MünchKomm/SCHRAMM Vor § 164 Rn 63; SOERGEL/SCHULTZE-vLASAULX[11] Vorbem 63 zu § 164; FLUME § 43 5 Fn 36; **aA** in der Begründung SOERGEL/LEPTIEN Vorbem 48 zu § 164, der die Tätigkeit des Anwalts dem Stellvertretungsverbot entzieht).

85 d) Allerdings wird in der Rechtsprechung bei Einzelfällen auch heute noch auf den Vertreter in der Erklärung zurückgegriffen. Zwar ist ein Bedürfnis hierfür im Zusammenhang mit dem neuen Adoptionsrecht, etwa bei § 1750 Abs 3 S 1, nicht hervorgetreten und auch für den Fall der Kirchenaustrittserklärung hat das KG den Vertreter in der Erklärung verworfen (OLGZ 1966, 81); hingegen wurde er bei der Einigung über die Regelung der elterlichen Gewalt (Sorge) nach der Ehescheidung anerkannt (KG FamRZ 1966, 153). Außerdem wird die Auffassung vertreten, dass der *Betriebsratsvorsitzende* bei seiner Vertretung für den Betriebsrat gem § 26 Abs 3 BetrVerfG als ein Vertreter in der Erklärung zu bewerten sei (BAG AP Nr 11 zu § 112 BetrVG 1972; NK-BGB/STOFFELS § 164 Rn 52; RICHARDI, Kommentar zum BetrVG [14. Aufl 2014] § 26 BetrVG Rn 46 mwNw; HANAU/ADOMEIT, Arbeitsrecht [14. Aufl 2006] Rn 386; HUECK/NIPPERDEY, Lehrbuch des Arbeitsrechts [7. Aufl 1970] II § 59 B II 1; DIETZ RdA 1968, 439; UELHOFF, Die Vertretungsmacht des Betriebsratsvorsitzenden [1963] 56 ff; PAWLOWSKI Rn 694 Fn 108), ohne dass dem jedoch angesichts der abschließend festgelegten Rechtsstellung praktische Bedeutung zukommt.

7. Der Wissensvertreter und der Wissenserklärungsvertreter

86 a) Als **Wissensvertreter** bezeichnet man im **Versicherungsrecht** in erster Linie vom Versicherten eingesetzte Personen, die in Erfüllung einer Obliegenheit des Versicherten an dessen Stelle dem Versicherer von bestimmten Tatsachen, welche für dessen Leistungspflicht erheblich sind, Mitteilung machen oder machen müssen (s etwa RGZ 101, 402; BGHZ 117, 104; BGH NJW 1968, 988; VersR 1970, 614; 2000, 1133; allgemein zu den Voraussetzungen: BGH NJW 1996, 1205, 1206; OLG Düsseldorf NJW-RR 1999, 756, 757; WANDT, Versicherungsrecht [5. Aufl 2010] Rn 632, Rn 640; RICHARDI AcP 169, 385 ff; SCHILKEN 259 f; s näher § 166 Rn 7). Es handelt sich dabei namentlich um Mitteilungen über den Eintritt des Versicherungsfalles gem § 30 VVG oder über risikoerhöhende Umstände vor und nach Vertragsabschluss gem §§ 19, 23 VVG (vgl §§ 2 Abs 3, 20 VVG). Die hM (vgl RICHARDI AcP 169, 386) geht dort für das VVG, losgelöst von § 166 BGB oder jedenfalls darüber hinaus, von einem Institut der Wissensvertretung aus, das die Zurechnung von Wissen (müssen) in den einschlägigen Fällen rechtfertige (s dazu SCHILKEN 259 f mwNw; MünchKomm/SCHRAMM Vor § 164 Rn 64). Eine entsprechend weite Wissensvertretung durch Hilfspersonen analog § 166 BGB kommt aber auch auf der Seite des Versicherers in Betracht (s etwa BGHZ 102, 194; 117, 104; OLG Hamm NJW-RR

1997, 220; OLG Dresden NZV 1997, 521, 522; SOERGEL/LEPTIEN § 166 Rn 8 mwNw; WANDT Rn 403; REIFF r + s 1998, 133, 137; s noch unten § 166 Rn 7).

Vom Wissensvertreter – und vom sog Vertreter in der Erklärung (s Rn 82 ff) – zu trennen ist der **Wissenserklärungsvertreter**, der zwar nicht als echter Stellvertreter anzusehen ist (vgl BGH VersR 1967, 343; 1993, 960; 1995, 281; NJW 1968, 447, 448; OLG Hamm NJW-RR 1996, 96; OLG Dresden NZV 1997, 521, 522), auf den aber §§ 164, 166 entsprechend anzuwenden sind (WANDT Rn 632; SCHILKEN 154 ff; BRUNS 33 ff [Zurechnungsgrundlage: § 164 Abs 1]; KNAPPMANN NJW 1994, 3147, 3148; ders VersR 2005, 199; RICHARDI AcP 169, 385, 387; TIETGENS r + s 2005, 489, 493). Seine (meist versicherungsrechtlich bei der Erfüllung von Anzeige- und Auskunftspflichten relevanten) Mitteilungen stellen als Vorstellungsäußerungen geschäftsähnliche Handlungen dar und rechtfertigen eine analoge Heranziehung insbes des § 166 Abs 1 und 2 (vgl etwa RGZ 58, 342 bei unrichtigen Angaben der Ehefrau des Versicherungsnehmers in einem Schadensverzeichnis; für die unrichtigen Angaben des Sohnes des Versicherungsnehmers OLG Hamm NJW-RR 1995, 482, 483; verneinend bei bloßer Vorbereitung einer Schadensanzeige durch einen Dritten BGH NJW 1995, 662, 663; ausf insbes zum Versicherungsrecht BRUNS 29 ff, 33 ff, 125 ff, 221 ff, 254 ff, m umfang Nachw; s auch § 166 Rn 7).

b) Auch außerhalb des Versicherungsrechts wird die Problematik der Zurechnung von Wissen(müssen) teilweise über den Aspekt einer selbständigen Institution der Wissensvertretung behandelt (BGB-RGRK/STEFFEN Vorbem 19 zu § 164; RICHARDI AcP 169, 387 ff; vgl auch BGHZ 117, 104, 106 f; SCHULTZ NJW 1990, 477). Diese Frage ist sowohl bei einem gewillkürten Einsatz des „Wissensvertreters" als auch bei gesetzlicher Grundlage für sein Handeln, insbesondere als gesetzlicher Vertreter nicht geschäftsfähiger Personen oder als Organ einer juristischen Person von Bedeutung; sie spielt im Bereich rechtsgeschäftlichen Handelns ebenso eine Rolle wie etwa im Eigentümer-Besitzer-Verhältnis (vgl § 990), im Deliktsrecht (vgl § 199 Abs 2 für die Verjährung) oder Bereicherungsrecht (vgl § 819 Abs 1). Vorzugswürdig (s näher SCHILKEN 237 f, 253, 270 und passim; MünchKomm/SCHRAMM Vor § 164 Rn 64; NK-BGB/STOFFELS § 164 Rn 30; PWW/FRENSCH § 164 Rn 24; SOERGEL/LEPTIEN Vorbem 82 zu § 164; WOLF/NEUNER § 49 Rn 79 f) ist jedoch je nach Konstellation eine unmittelbare oder entsprechende Anwendung des § 166 Abs 1 (s dort Rn 3 ff). **87**

8. Das Handeln unter fremdem Namen*

a) Ein Handeln unter fremdem Namen ist in unterschiedlichen Erscheinungs- **88**

* **Schrifttum**: GEUSEN, Das Handeln unter fremdem Namen im Zivilrecht (Diss Köln 1966); HANAU Handeln unter fremder Nummer, VersR 2005, 1215; HANSEN, Handeln unter fremdem Namen (Diss Köln 1948); HAUCK, Handeln unter fremdem Namen, JuS 2011, 967; HEYERS, Zurück aus der Zukunft – von Internet-Marktplätzen zu Gebrauchtwagenmärkten, Jura 2013, 1038; HINKE, Wirkung des Handelns unter falschem Namen unter Berücksichtigung des Grundbuch- und Wechselverkehrs (1929); KRONENBERG, Handeln unter falschem Namen (Diss Erlangen 1936); LARENZ, Verpflichtungsgeschäfte „unter" fremdem Namen, in: FS H Lehmann (1956) I 234; LETZGUS, Die Pseudopartei im rechtsgeschäftlichen Verkehre, AcP 126 (1926) 27; ders, Zum Handeln unter falschem Namen, AcP 137 (1933) 327; LIEB, Zum Handeln unter fremdem Namen, JuS 1967, 106; LINARDATOS, Handeln unter fremdem Namen und Rechtsscheinhaftung bei Nutzung eines fremden ebay-Accouts, Jura 2012, 53; MAKKUS,

formen möglich, die auch für die möglichen Rechtsfolgen zu trennen sind. Zum Problemkreis der Stellvertretung gehören diejenigen Fälle, in denen jemand sich *als eine andere Person bezeichnet* als er ist und diese (existente) Person die Rechtswirkungen seines Geschäfts treffen sollen; dies kann zB im Gespräch oder bei einer Unterschrift geschehen (vgl die Fälle in RGZ 95, 188; 106, 198; 145, 87). Voraussetzung ist dafür also, dass jemand die Identität mit einer bestimmten Person vortäuscht. Kein Handeln unter fremdem Namen in diesem engeren Sinne, sondern stets ein Eigengeschäft liegt vor, wenn jemand unter einem **frei erfundenen Namen** auftritt oder unter einem besonders häufig vorkommenden Namen, mit welchem keine Identitätsvorstellungen erweckt werden (MünchKomm/Schramm § 164 Rn 42; Palandt/Ellenberger § 164 Rn 12; PWW/Frensch § 164 Rn 46; Soergel/Leptien § 164 Rn 24; Bork Rn 1407; Flume § 44 IV; Köhler § 11 Rn 23; Wolf/Neuner § 49 Rn 56; Tempel 227; Lieb JuS 1967, 108; Weber JA 1996, 426 ff; s auch noch Rn 92).

89 Früher wurde beim Handeln unter fremdem Namen zT wegen innerer Widersprüchlichkeit der abgegebenen Erklärung deren *Nichtigkeit* angenommen (vgl Flume § 44 IV; Geusen 27 ff; Lieb JuS 1967, 108 f; s jetzt auch Soergel/Link/Löffler NJOZ 2013, 1321, 1324 f). Nach heute ganz herrschender Auffassung sind derartige Erklärungen grundsätzlich gültig. Unwirksamkeit tritt allerdings bei *höchstpersönlichen Rechtsgeschäften* ein (NK-BGB/Stoffels § 164 Rn 74 Fn 243; Geusen 71 ff; zur Eheschließung s Beitzke, in: FS Dölle I [1963] 229 ff). Ferner ist eine *Auflassungserklärung* nach hM nichtig, weil nicht nur der Geschäftsgegner, sondern darüber hinaus eine Amtsperson getäuscht wird (so schon RGZ 106, 198, 200; NK-BGB/Stoffels § 164 Rn 76; vgl Geusen 118 ff). Während die Unterschrift mit fremdem Namen einem etwaigen Schriftformerfordernis genügt (RGZ 74, 69, 72; Erman/Maier-Reimer § 164 Rn 13; NK-BGB/Stoffels § 164 Rn 76 mwNw; Wolf/Neuner § 44 Rn 29 mwNw, § 49 Rn 56, str; **aA** zB Köhler, in: FS Schippel [1996] 209, 212), ist bei *notarieller Beurkundung* einer Erklärung gem § 9 Abs 1 S 1 Nr 1 Var 2 BeurKG bei Nichtangabe eines formell Beteiligten die Nichtigkeit unter dem Gesichtspunkt der unrichtigen Beurkundung des Erklärten anzunehmen (Erman/Maier-Reimer § 164 Rn 13; MünchKomm/Schramm § 164 Rn 46; NK-BGB/Stoffels § 164 Rn 76; Soergel/Leptien § 164 Rn 25; Flume § 44 IV; Tempel 228; Weber JA 1996, 426, 431; ausf Staudinger/Hertel [2012] Vorbem 331 ff zu §§ 127a, 128).

90 b) Abgesehen von den in Rn 88 beschriebenen Fällen ist bei der Erklärung desjenigen, der unter fremdem Namen gehandelt hat, zwischen der Eigenwirkung und der Fremdwirkung solcher Erklärungen zu unterscheiden. Stets ist anhand des Auftretens des Handelnden im Wege der Auslegung zu prüfen, ob ein Handeln „in" fremdem Namen iSd § 164 angenommen werden kann. Eine **Fremdwirkung** nach Maßgabe der §§ 164 ff (Flume § 44 IV), zumindest aber in Analogie (hM) ist anzunehmen, wenn der Handelnde als der wirkliche Namensträger aufgetreten ist und das **Rechtsgeschäft** aus der insoweit maßgeblichen Sicht des Geschäftsgegners als ein

---

Das Handeln unter fremdem Namen bei formgebundenen Rechtsgeschäften (Diss Königsberg 1936); Meisel, Handeln unter falschem Namen (Diss Rostock 1939); Ohr, Zur Dogmatik des Handelns unter fremdem Namen, AcP 152 (1952/53) 216; Schwab, Handeln unter fremdem Namen bei Internetauktion, JuS 2013, 453;

Soergel/Link/Löffler, Die Maßgeblichkeit des Namens beim Abschluss eines Rechtsgeschäfts, NJOZ 2013, 1321; Verse/Gaschler, „Download to own" – Online-Geschäfte unter fremdem Namen, Jura 2009, 213; Weber, Das Handeln unter fremdem Namen, JA 1996, 426.

solches *des Namensträgers* gelten soll (BGHZ 45, 193, 195; 111, 334, 338; BGH NJW-RR 1988, 814, 815; BGH NJW 2011, 2421 [Erklärung unter fremdem Nutzerkonto im Internet; s dazu Rn 91]; OLG München NJW 2004, 1328; BAMBERGER/ROTH/VALENTHIN § 164 Rn 34; ERMAN/MAIER-REIMER § 164 Rn 12; Hk-BGB/DÖRNER § 164 Rn 9; JAUERNIG § 177 Rn 8; MünchKomm/SCHRAMM § 164 Rn 36 ff, 41 ff; NK-BGB/STOFFELS § 164 Rn 73, Rn 75; PALANDT/ELLENBERGER § 164 Rn 10 f; PWW/FRENSCH § 164 Rn 31; SOERGEL/LEPTIEN § 164 Rn 23, 26; StudKomm § 164 Rn 6; BITTER § 10 Rn 61 ff; BORK Rn 1410; BREHM Rn 448; BROX/WALKER Rn 530; FAUST § 25 Rn 7 f; GRIGOLEIT/HERRESTHAL Rn 411; HÜBNER Rn 1223; KÖHLER § 11 Rn 23; LEIPOLD § 22 Rn 16; MEDICUS Rn 908; MUSIELAK/HAU Rn 1263; PAWLOWSKI Rn 708 f; SCHMIDT Rn 684 f; WERTENBRUCH § 28 Rn 14 f; WOLF/NEUNER § 49 Rn 55 f; TEMPEL 227; BUCK-HEEB/DIECKMANN JuS 2008, 583, 584 f; HEYERS, Jura 2013, 1038 ff; LIEB JuS 1967, 106; MOCK JuS 2008, 309, 312 f; OHR AcP 152, 216 ff; SOERGEL/LINK/LÖFFLER NJOZ 2013, 1321, 1322; VAHLE DVP 2005, 189; VERSE/GASCHLER Jura 2009, 213, 214; krit KÖHLER, in: FS Schippel [1996] 209, 212); dafür spricht das Schutzbedürfnis des Vertragspartners und ebenso des potenziell Vertretenen, dem die Entscheidung über die Genehmigung verbleibt. Wollte der Geschäftspartner mit dem Namensträger abschließen, so kommt das Geschäft mit ihm zustande, mag die fehlende Identität offen oder verdeckt gewesen sein. Im Sonderfall der Perplexität der Identität allerdings – der Partner will das Geschäft mit dem unter fremdem Namen Handelnden und zugleich dem Namensträger abschließen – scheitert ein Vertragsschluss, doch haftet der Handelnde nach § 179 (MünchKomm/SCHRAMM § 164 Rn 46; FAUST § 25 Rn 9; FLUME § 44 IV). Ein Fall der beiderseitig gewollten Fremdwirkung beim Handeln unter fremdem Namen liegt auch bei erkennbarem Unterschreiben mit fremdem Namen (BGHZ 111, 334, 338; BGH NJW 1966, 1069; ERMAN/MAIER-REIMER § 164 Rn 13 mwNw; MünchKomm/SCHRAMM § 164 Rn 38; NK-BGB/STOFFELS § 164 Rn 75; PALANDT/ELLENBERGER § 164 Rn 11; PWW/FRENSCH § 164 Rn 47; FLUME § 44 IV; einschr KÖHLER, in: FS Schippel [1996] 209, 212 f) und bei einem rechtsgeschäftlichen Handeln unter fremder Nummer (zB PIN) vor (s dazu näher HANAU VersR 2005, 125 ff). Lässt sich sich die Zielrichtung der jeweiligen Vorstellung nach objektiven Gesichtspunkten (Bedeutung des Namens und der Person für das Rechtsgeschäft) nicht eindeutig klären, so ist die Verwendung des fremden Namens im Zweifel als Handeln in diesem fremden Namen zu verstehen (ausf PAWLOWSKI Rn 712), doch kann auch ein Dissens vorliegen (FLUME § 44 IV).

Bei *einseitigen Rechtsgeschäften* kann allerdings im Hinblick auf den Schutzzweck des § 174 S 1 (s § 174 Rn 1) ein Handeln unter fremdem Namen nicht zugelassen werden (KÖHLER, in: FS Schippel [1996] 209, 212 f).

c) Fremdwirkung des Handelns iS einer **Vertretung ohne Vertretungsmacht** nach §§ 177 ff kann beim Handeln unter fremdem Namen eintreten, wenn der Namensträger mit der Handlung nicht einverstanden war (vgl § 177 Rn 5). Dies gilt, wenn der Handelnde beim Adressaten der Willenserklärung durch seine – nicht notwendig beabsichtigte – Täuschung einen *Identitätsirrtum* hervorgerufen hat und dem Kontrahenten – zB auch bei einem über das *Internet* abgeschlossenen Kaufgeschäft – daran gelegen war, gerade mit dem wahren Namensträger abzuschließen (BGH NJW-RR 2006, 701, 702; BGH NJW 2011, 2421 [ebay-Auktion; s dazu BORGES NJW 2011, 2400; FAUST JuS 2011, 1027; HAUCK JuS 2011, 967; HÄRTING/STRUBEL BB 2011, 2188; HERRESTHAL JZ 2011, 1171; KLEES/KEISENBERG MDR 2011, 1214; OECHSLER MMR 2011, 631; SCHINKELS LMK 2011, 320461; MünchKomm/SCHRAMM § 164 Rn 45a; zur *Rechtsscheinshaftung* s § 167 Rn 35, § 172 Rn 8]; OLG München NJW 2004, 1328; OLG Köln NJW 2006, 1676 mAnm BORGES/MEYER EWiR 2006,

419; OLG Hamm NJW 2007, 611; Bamberger/Roth/Valenthin § 164 Rn 34; Erman/Maier-Reimer § 164 Rn 12; Hk-BGB/Dörner § 164 Rn 9; Jauernig § 177 Rn 8; MünchKomm/Schramm § 164 Rn 40 ff; NK-BGB/Stoffels § 164 Rn 74; Palandt/Ellenberger § 164 Rn 11; PWW/Frensch § 164 Rn 47; Soergel/Leptien § 164 Rn 25; StudKomm § 164 Rn 6; Bitter § 10 Rn 62; Boecken Rn 619; Bork Rn 1410; Brox/Walker Rn 530; Eisenhardt Rn 412; Flume § 44 IV; Grigoleit/Herresthal Rn 411; Hübner Rn 1223; Löwisch/Neumann Rn 197; Medicus Rn 908, Rn 997; Pawlowski Rn 711; Schmidt Rn 684 f; Wertenbruch § 28 Rn 14, ausf § 31 Rn 21; Wolf/Neuner § 49 Rn 55; Buck-Heeb/Dieckmann JuS 2008, 583, 585; Fritzsche/Malzer DNotZ 1995, 3, 15: Heyers, Jura 2013, 1038, 1039; Linardatos Jura 2012, 53; Mock JuS 2008, 309, 312 f; Petersen Jura 2010, 187, 189; Schwab JuS 2013, 453, 454 f; s auch § 179 Rn 25). Entsprechendes kann bei einem Missbrauch von Legitimationsdaten beim Online-Banking in Betracht kommen (s Erfurth WM 2006, 2198, 2200 f; vgl auch § 177 Rn 21). Wie §§ 164 ff sind §§ 177 ff auch im Falle einer *Fälschung der Unterschrift* (entsprechend) anwendbar (Erman/Maier-Reimer § 164 Rn 8; MünchKomm/Schramm § 164 Rn 39; Soergel/Leptien § 164 Rn 25; Klimke NZG 2012, 1366, 1368;). Stets ist, auch bei unterschriftlichen Erklärungen, zu prüfen, ob es dem Adressaten gerade um den Abschluss mit dem Namensträger ging (zutr Soergel/Leptien § 164 Rn 25 mwNw; enger OLG Oldenburg NJW 1993, 1400).

Einer (analogen) Anwendung der Stellvertretungsregeln steht der Wille des Handelnden, für sich abzuschließen, nach § 164 Abs 2 nicht entgegen (BGHZ 45, 193, 195 mit Anm Lieb JuS 1967, 106 ff; BGH NJW-RR 2006, 701, 702; Erman/Maier-Reimer § 164 Rn 12; MünchKomm/Schramm § 164 Rn 41; NK-BGB/Stoffels § 164 Rn 73; PWW/Frensch § 164 Rn 47; Soergel/Leptien § 164 Rn 25; Enneccerus/Nipperdey § 183 III 2; Hoffmann JuS 1970, 236; Mock JuS 2008, 309, 312; Ohr AcP 152, 229 ff; Weber JA 1996, 426, 428). Zu Spezialproblemen der Wechselfälschung vgl Geusen 93 ff und Zeiss JZ 1963, 742 ff; Baumbach/Hefermehl/Casper, Wechselgesetz, Scheckgesetz, Recht der kartengestützten Zahlungen (23. Aufl 2008) Art 7 WG Rn 2 ff.

Die Stellvertretungsregeln werden nicht nur in den Fällen der Abgabe von Willenserklärungen angewendet, sondern auch bei deren *Entgegennahme unter fremdem Namen,* sodass auch hier der wahre Namensträger die Möglichkeit hat, durch Genehmigung die Zugangswirkungen für sich eintreten zu lassen (Geusen 77 ff).

92 **d)** Greift dagegen keine der vorgenannten Fallgestaltungen ein, weil es dem Kontrahenten gleichgültig war, mit welchem Namensträger er kontrahierte, so liegt ein **Handeln unter falscher Namensangabe** vor (Medicus Rn 907). Hier bleibt es bei der *Eigenwirkung* des Rechtsgeschäfts für den Handelnden (RGZ 95, 188, 190; BGH NJW-RR 1988, 814, 815; 2006, 701; NJW 2011, 2421; 2013, 1946; OLG Düsseldorf NJW 1989, 906, aber anders NJW 1985, 2484; Bamberger/Roth/Valenthin § 164 Rn 33; Erman/Maier-Reimer § 164 Rn 11; Hk-BGB/Dörner § 164 Rn 9; MünchKomm/Schramm § 164 Rn 42; NK-BGB/Stoffels § 164 Rn 72; Palandt/Ellenberger § 164 Rn 12; PWW/Frensch § 164 Rn 46; Soergel/Leptien § 164 Rn 24; StudKomm § 164 Rn 7; Bitter § 10 Rn 59; Boecken Rn 618; Bork Rn 1407; Brehm Rn 448; Brox/Walker Rn 528; Eisenhardt Rn 411; Enneccerus/Nipperdey § 183 III 1; Faust § 25 Rn 7; Flume § 44 IV; Grigoleit/Herresthal Rn 411; Hübner Rn 1222; Löwisch/Neumann Rn 203; Medicus Rn 907; Musielak/Hau Rn 1262a; Schmidt Rn 682 f; Wertenbruch § 28 Rn 13; Wolf/Neuner § 49 Rn 53; Geusen 48 ff; Giegerich NJW 1986, 1975; Heyers Jura 2013, 1038 f; Mittenzwei NJW 1986, 2473; Mock JuS 2008, 309, 312; Petersen Jura 2010, 187, 189; K Schmidt JuS 1985, 810; Soergel/Link/Löffler NJOZ 2013, 1321, 1322 f; Vahle DVP 2005, 189). Das kommt vor allem bei der Verwendung von nicht individualisierten Namen (Allerwelts-, Phantasienamen) und bei sogleich vollzogenen Umsatzgeschäften (Barverkauf, Hotelübernachtung) in Betracht. Ebenso ist zu entscheiden, wenn der Geschäftsgegner den Vertrag gerade mit dem Handelnden abschließen will, selbst wenn dieser als Vertreter handeln wollte (Pawlowski Rn 711). Eine Anfechtung ist im Hinblick auf § 164 Abs 2 ausgeschlossen (s § 164 Rn 16 f) und der etwaige wirkliche Namensträger kann das Geschäft dann nicht an sich ziehen (Bamberger/Roth/Valenthin § 164 Rn 33; MünchKomm/Schramm § 164 Rn 42; NK-BGB/Stoffels § 164 Rn 72; Medicus Rn 907; Schmidt Rn 683; Wolf/Neuner § 49 Rn 53; aA Lieb JuS 1967, 106, 110). § 9 Abs 1 S 1 Var 2 BeurKG ist auch hier anwendbar (s Rn 89).

Beim Ausfüllen eines Lottoscheins unter falschem Namen wird zwar der Gewinn nach den Spielbedingungen an den Namensträger ausgezahlt, der Handelnde hat jedoch gegen diesen einen Herausgabeanspruch (vgl OLG Koblenz MDR 1958, 687; dazu Ohr MDR 1959, 89; Bamberger/Roth/Valenthin § 164 Rn 33; NK-BGB/Stoffels § 164 Rn 72; Soergel/Leptien § 164 Rn 24; Berg JuS 1963, 61; Hoffmann JuS 1970, 236). Entsprechendes gilt für eine Teilnahme an Preisausschreiben unter fremdem Namen (Bamberger/Roth/Valenthin § 164 Rn 33; NK-BGB/Stoffels § 164 Rn 72; Palandt/Ellenberger § 164 Rn 12; Soergel/Leptien § 164 Rn 24). Wird ein unterschlagenes Fahrzeug unter dem Namen des Eigentümers bar verkauft und übereignet, so wird idR nicht der wirkliche Eigentümer, sondern die unter fremdem Namen handelnde Person Vertragspartner und auf der dinglichen Seite ist ein gutgläubiger Erwerb nach §§ 929, 932 Abs 1 möglich (BGH NJW 2013, 1946 mwNw; OLG Düsseldorf NJW 1989; 906; Bamberger/Roth/Valenthin § 164 Rn 33; Jauernig § 177 Rn 8; MünchKomm/Schramm § 164 Rn 43; NK-BGB/Stoffels § 164 Rn 72; Soergel/Leptien § 164 Rn 25; Giegerich NJW 1986, 1975; Holzhauer JuS 1997, 43, 48; Mittenzwei NJW 1986, 2472; Vogel Jura 2014, 419. – AA OLG Düsseldorf NJW 1985, 2484; OLG Koblenz NJW-RR 2011, 555; Palandt/Ellenberger § 164 Rn 11; Soergel/Link/Löffler NJOZ 2013, 1321: idR Perplexität, s Rn 89; krit auch Heyers Jura 2013, 1038, 1040 ff).

9. Gehilfenschaft, Vertrag zugunsten Dritter und Surrogation

a) Kein Stellvertreter ist der **Verhandlungsgehilfe** einer Partei (s oben Rn 39), insbes der bloße **Vermittlungsvertreter** (vgl Schilken 97 f, 215 f; Erman/Maier-Reimer Vor § 164 Rn 27; MünchKomm/Schramm Vor § 164 Rn 65 f; NK-BGB/Stoffels § 164 Rn 31; PWW/Frensch § 164 Rn 23; Soergel/Leptien Vorbem 78 zu § 164; Wolf/Neuner § 49 Rn 21). Allerdings kann auch ein solcher Gehilfe mit Vertretungsmacht ausgestattet sein (BGB-RGRK/Steffen Vorbem 31 zu § 164), zB zum Abschluss eines Beratungsvertrages (s BGHZ 140, 111, 117; BGH NJW 2003, 1811, 1812; WM 2007, 174, 176; Reinelt jurisPR-BGHZivR 38/2007 Anm 1). Eine Vertretungsmacht besteht vor allem für die kaufmännischen Handlungsgehilfen, Handelsvertreter und Versicherungsvertreter gem §§ 55 Abs 1, 84 und 92 Abs 1 HGB (s näher MünchKommHGB/Krebs § 55 Rn 4 ff). Ferner besteht eine kraft Gesetzes normierte Vertretungsmacht nach § 55 Abs 4 HGB für Handelsvertreter und Handlungsgehilfen, nach § 56 HGB für Ladenangestellte und gem § 91 Abs 2 HGB für Handelsvertreter. Entscheidend ist stets, ob eine solche Person von der Vertretungsmacht durch Abgabe/Empfang einer Willenserklärung Gebrauch macht (s Schilken 214 ff zu § 166; MünchKomm/Schramm Vor § 164 Rn 66; PWW/Frensch § 164 Rn 23; vgl BGH NJW 1995, 1281). 93

Auch der **Makler** ist als solcher nicht Stellvertreter einer der Vertragsparteien (Er-

Man/Maier-Reimer Vor § 164 Rn 27; NK-BGB/Stoffels § 164 Rn 31; PWW/Frensch § 164 Rn 23; Wolf/Neuner § 49 Rn 21). Soweit eine Person nur Verhandlungsvollmacht hat, kommt aber immerhin eine Wissenszurechnung entsprechend § 166 (s dort Rn 4) sowie eine analoge Anwendung der §§ 167 I, 168 für den Widerruf der „Vollmacht" in Betracht (BGH NJW-RR 1991, 439, 441; Erman/Maier-Reimer Vor § 164 Rn 27; Münch-Komm/Schramm Vor § 164 Rn 65; NK-BGB/Stoffels § 164 Rn 31; PWW/Frensch § 164 Rn 23).

94 **b)** Der Unterschied zwischen der Stellvertretung und dem *Vertrag zugunsten Dritter* besteht darin, dass bei ersterer der Geschäftsabschluss durch den Stellvertreter mit Wirkung für und gegen den Vertretenen erfolgt, während beim Vertrag zugunsten Dritter als Sonderkategorie des Vertragsverhältnisses der Dritte nur von den Rechtsfolgen betroffen wird, ohne Partner des Rechtsgeschäftes zu werden (NK-BGB/Stoffels § 164 Rn 32; PWW/Frensch § 164 Rn 16; Soergel/Leptien Vorbem 83 zu § 164; Flume § 43 6; Müller-Freienfels 26). Der Zusammenhang von Stellvertretung und Vertrag zugunsten Dritter findet seine historische Wurzel darin, dass zunächst beide Institute dem römischen Satz „alteri stipulari nemo potest" unterfielen (s oben Rn 4; s Kaser/Knütel, Römisches Privatrecht [19. Aufl 2008] § 34 I 1 e). Wie beim Stellvertretungsverbot, so wurde dieser römische Verbotssatz auch für den Vertrag zugunsten Dritter erst im 17. Jahrhundert mit dem Hinweis auf ein zwischenzeitlich entstandenes vorrangiges Gewohnheitsrecht überwunden. Grotius verhalf dem Vertrag zugunsten Dritter dogmatisch zum Durchbruch (Müller 103 ff); allerdings war nach seiner Auffassung für den Rechtserwerb des Dritten dessen Zustimmung erforderlich (vgl Wesenberg, Verträge zugunsten Dritter [1949] 116). Zur modernen Dogmatik des Vertrags zugunsten Dritter vgl MünchKomm/Gottwald § 328 Rn 1 ff, 15 ff; Staudinger/Jagmann (2009) Vorbem 2 ff zu § 328, § 328 Rn 1 ff.

95 **c)** Auch die *dingliche Surrogation* ist von der Stellvertretung abzugrenzen, da der Rechtsinhaber in den einschlägigen Fällen (s etwa §§ 718 Abs 2, 947 Abs 1, 948, 949 S 2 und 3, 1418 Abs 2 Nr 3, 1473 Abs 1, 1638 Abs 2, 2019, 2041, 2111) den Ersatzgegenstand ohne Rücksicht auf den Willen des Handelnden kraft Gesetzes erwirbt (NK-BGB/Stoffels § 164 Rn 34; Bork Rn 1414; Einsele JZ 1990, 1005, 1007; M Wolf JuS 1975, 643, 644). Eine Ausnahme vom stellvertretungsrechtlichen Offenheitsprinzip (s oben Rn 35) liegt freilich nicht in sämtlichen Surrogationsfällen vor (vgl allerdings Medicus/Petersen Rn 91; M Wolf JuS 1975, 643, 644), nämlich dann nicht, wenn die Surrogation (wie zB nach §§ 947 Abs 1, 948, 949 S 2 und 3) kein rechtsgeschäftliches Handeln erfordert (s ausf Einsele JZ 1990, 1005, 1007 f). Zur sog „Schlüsselgewalt" s oben Rn 24.

IV. Stellvertretung im öffentlichen Recht

1. Vertretung bei Verfahrenshandlungen

96 **a)** Die Gründe für ein fremdbezogenes Handeln iSd Stellvertretung bestehen auch im Prozess, dh für Prozesshandlungen der Parteien im gerichtlichen Verfahren. Diese Stellvertretung im Prozess entspricht strukturell derjenigen des materiellen Rechts, unterliegt aber prozessualen Besonderheiten, da sie sich nicht auf Willenserklärungen, sondern auf Prozesshandlungen bezieht (s ausführlich Schilken, Zivilprozessrecht Rn 84 ff). Im Kern wird sie jedoch ebenfalls gekennzeichnet durch das Handeln im (fremden) Namen der vertretenen Partei und das Bestehen entsprechender Vertretungsmacht (Rosenberg/Schwab/Gottwald § 53 I 1, 3). Dabei kennt das Prozessrecht Fälle der gesetzlichen und der gewillkürten Stellvertretung, ferner im Zivilprozess bei Anwaltszwang die sog notwendige Stellvertretung (zu Einzelheiten s SCHILKEN, Zivilprozessrecht Rn 85 ff). In den beiden letzteren Fällen wird der Prozessvertreter nach den §§ 78 ff ZPO aufgrund **Prozessvollmacht** tätig, welche alle Prozesshandlungen und die zum Zwecke der Prozessführung erforderlichen Rechtsgeschäfte umfasst. Nach zutreffender hM ist die Erteilung der Prozessvollmacht als Prozesshandlung zu bewerten (BGH MDR 1958, 320; 164, 410; 1964, 410; BAMBERGER/ROTH/VALENTHIN § 164 Rn 15; MünchKomm/SCHRAMM Vor § 164 Rn 77; NK-BGB/STOFFELS § 164 Rn 39; STEIN/JONAS/BORK [22. Aufl 2004] § 80 ZPO Rn 4 mwNw; ROSENBERG/SCHWAB/GOTTWALD § 55 II 1; SCHILKEN, Zivilprozessrecht Rn 89; DICKERSBACH 10 ff mwNw; für eine materiellrechtliche Einordnung aber zB A BLOMEYER, Zivilprozeßrecht [2. Aufl 1985] § 9 III 1), weil ihre wesentlichen Wirkungen die Prozessführung betreffen. Für die Verfahrensvollmacht in der freiwilligen Gerichtsbarkeit gem § 11 FamFG gilt Entsprechendes; für Eintragungen in das Handelsregister gelten Besonderheiten, namentlich Formzwang nach § 12 Abs 1 S 2 HGB (s dazu RUDOLPH/MELCHIOR NotBZ 2007, 350), für Registersachen ist die Vollmacht des Notars nach § 378 Abs 2 FamFG und für Grundbucheintragungen namentlich das Antragsrecht des Notars nach der „Vollmachtsvermutung" des § 15 GBO, aber auch das Formerfordernis nach § 29 GBO bedeutsam. Die Vollmacht zur Unterwerfung unter die sofortige Zwangsvollstreckung gem § 794 I Nr 5 ZPO untersteht gleichfalls den Vorschriften der §§ 78 ff ZPO und nicht bzw nur subsidiär der §§ 164 ff (RGZ 146, 308, 312; BGHZ 154, 283, 286, 288; STÖBER, NotBZ 2008, 209; DICKERSBACH 10 ff, 60 ff, 135 ff mwNw, ganz hM). Für das Insolvenzverfahren enthält § 117 InsO nähere Bestimmungen über das Erlöschen von Vollmachten durch Eröffnung des Insolvenzverfahrens und daraus resultierende Rechtsfolgen (s dazu ausf SCHILKEN KTS 2007, 1). Die Regelung der §§ 78 ff ZPO gilt ferner gem §§ 67 und 173 VwGO im verwaltungsgerichtlichen Verfahren; auch hier wird die Vollmachtserteilung als Prozesshandlung aufgefasst (vgl EYERMANN, VwGO [13. Aufl 2010] § 67 VwGO Rn 17). Anwaltszwang besteht dort vor dem Bundesverwaltungsgericht und überwiegend vor den Oberverwaltungsgerichten (s näher VAHLE DVP 2005, 189, 194; ders NWB 2005, 2571, 2581 f). – Soweit die einschlägigen Verfahrensvorschriften keine speziellen Regelungen enthalten, können aber in allen Bereichen die §§ 164 ff entsprechend herangezogen werden (BGH WM 2004, 27; MünchKomm/SCHRAMM Vor § 164 Rn 83; NK-BGB/STOFFELS § 164 Rn 40; PWW/FRENSCH § 164 Rn 25; DICKERSBACH 38 ff, 187 ff).

Ausgeschlossen ist eine Vertretung gem § 478 ZPO bei der *Eidesleistung*. Dasselbe gilt hinsichtlich *gewillkürter* Stellvertretung bei der Abgabe eidesstattlicher Versicherungen, zB nach § 2356 Abs 2 im Erbscheinsverfahren (KG JR 1953, 307; OLGZ 1967, 247; vgl STAUDINGER/HERZOG [2010] § 2356 Rn 56) oder im Offenbarungsverfahren nach §§ 807, 899 ff ZPO, während bei gesetzlicher Vertretung von natürlichen und juristischen Personen sowie rechtsfähigen Personenvereinigungen die jeweiligen gesetzlichen Vertreter offenbarungspflichtig sind (s näher MünchKommZPO/EICKMANN § 807 Rn 29 ff mwNw).

b) Dass der **Gerichtsvollzieher**, der allerdings ursprünglich als Stellvertreter des Gläubigers angesehen worden war, insbesondere im Rahmen der Zwangsvollstreckung in aller Regel *Amtshandlungen* vollzieht, ist seit RGZ 82, 85 anerkannt (BGB-RGRK/STEFFEN Vorbem 12 zu § 164; MünchKomm/SCHRAMM Vor § 164 Rn 79; NK-BGB/STOFFELS § 164 Rn 41; PALANDT/ELLENBERGER Einf v § 164 Rn 10; PWW/FRENSCH § 164 Rn 25; ausf GAUL/SCHILKEN/BECKER-EBERHARD § 25 IV Rn 44 ff; ROSENBERG/SCHWAB/GOTTWALD § 26 II 3). Der **97**

Vollstreckungs„auftrag" (§ 754 ZPO) begründet zwischen ihm und dem Vollstreckungsgläubiger ein öffentlichrechtliches Verhältnis. – In bestimmten Situationen allerdings, zB bei der Empfangnahme der Leistung gem § 754 ZPO, beim Anbieten der Gegenleistung gem § 756 ZPO und auch nach § 897 Abs 1 ZPO (RGZ 77, 24), erzeugt der Gerichtsvollzieher eine dem Handeln in Vertretungsmacht vergleichbare Fremdwirkung. Die dogmatische Begründung hierfür ist unterschiedlich (ausf dazu ROSENBERG/GAUL/SCHILKEN § 25 IV 1 d). Die bisher hM (RG aaO; OLG Frankfurt NJW 1963, 773, 774; PALANDT/ELLENBERGER Einf v § 164 Rn 10; SOERGEL/LEPTIEN Vorbem 81 zu § 164; A BLOMEYER, Zwangsvollstreckungsverfahren [1975] § 47 II; BRUNS/PETERS, Zwangsvollstreckungsrecht [3. Aufl 1987] § 23 III 2) nimmt gesetzliche Vertretungsmacht an, die sog Amtstheorie hingegen hoheitliche Tätigkeit kraft Amtsstellung (LG Kiel Rpfleger 1970, 71, 72; FAHLAND ZZP 92, 432 ff, 437 ff; MünchKomm/SCHRAMM Vor § 164 Rn 79; NK-BGB/STOFFELS § 164 Rn 41; PWW/FRENSCH § 164 Rn 25; ROSENBERG/GAUL/SCHILKEN § 25 IV 1 d mwNw). Die vorzugswürdige Einordnung als Amtsstellung schließt eine Mitwirkung des Gerichtsvollziehers bei der Vornahme eines Rechtsgeschäfts der zuvor beschriebenen Art – und zwar nicht als Vertreter, sondern als Bote (s schon oben Rn 77) – nicht aus (GAUL/SCHILKEN/BECKER-EBERHARD aaO mwNw; zust BAMBERGER/ROTH/VALENTHIN § 164 Rn 10; NK-BGB/STOFFELS § 164 Rn 41). Darüber hinaus schließt der Gerichtsvollzieher zur Durchführung seiner hoheitlichen Aufgaben zahlreiche privatrechtliche Verträge (zB Werk- oder Verwahrungsverträge) mit Dritten ab. Hier kommt es auf die Umstände an, ob er dabei im eigenen Namen oder als Vertreter des Bundeslandes (Justizfiskus) handelt (s dazu ausführlich GILLESSEN/POLZIUS DGVZ 2001, 5; für regelmäßiges Handeln im Namen des Justizfiskus bei Abschluss von Verwahrungsverträgen in den Fällen der §§ 885 Abs 3, 808 Abs 2 ZPO BGH NJW 1999, 2597, 98 m zust Anm BERGER JZ 2000, 359, 361; MünchKomm/SCHRAMM Vor § 164 Rn 79 – insoweit allerdings zweifelhaft, s GAUL/SCHILKEN/BECKER-EBERHARD § 25 Rn 51 ff mwNw).

2. Vertretung im Verwaltungsrecht

98 a) Im Verkehr mit **Verwaltungsbehörden** ist gem §§ 14 ff VwVfG Stellvertretung zugelassen (zur Vertretungsmacht s Rn 27 ff, zur Wissenszurechnung s § 166 Rn 31, 39); im Falle von mehr als fünfzig gleichförmigen Eingaben kann gemäß §§ 17 ff VwVfG von den Beteiligten oder für die Beteiligten ein Vertreter bestimmt werden. Soweit keine speziellen Regelungen eingreifen, ermöglicht aber § 62 S 1 VwVfG einen ergänzenden Rückgriff auf die Stellvertretungsvorschriften des BGB (NK-BGB/STOFFELS § 164 Rn 40; VAHLE DVP 2005, 189). Grundsätzlich ist auch ein Handeln als Vertreter ohne Vertretungsmacht unter entsprechender Anwendung der §§ 177 ff möglich (MünchKomm/SCHRAMM Vor § 164 Rn 80, Rn 83). Ist ein Vertreter nicht vorhanden, so kann ein solcher in bestimmten Fällen nach näherer Maßgabe der § 16 VwVfG auf Ersuchen der Behörde durch das Vormundschaftsgericht bestellt werden. Die Regelung der gewillkürten Vertretung in § 14 VwVfG ist an sich auf ein Verwaltungsverfahren iSd § 9 VwVfG zugeschnitten, wird aber als allgemeiner Rechtsgrundsatz verstanden, gilt jedoch nicht für Tätigkeiten der Behörden bei Prüfungen, § 2 Abs 3 Nr 2 VwVfG (s näher, auch zu Einzelheiten der Vertretung in Verwaltungsverfahren, VAHLE DVP 2005, 189, 193 f und NWB 2005, 2571, 2580 f).

Besteht für den an einem Verwaltungsverfahren Beteiligten kein Wohnsitz oder Aufenthalt im Inland, so ist nach § 15 VwVfG ein *Empfangsbevollmächtigter* zu bestellen.

b) Für das **Steuerrecht** enthält § 80 AO hinsichtlich der Vertretung des Steuerpflichtigen eine dem § 14 VwVfG entsprechende Regelung; ein Empfangsbevollmächtigter ist nach § 123 AO zu bestellen. Gesetzliche Vertreter natürlicher Personen und Organe juristischer Personen haben nach § 34 AO gegenüber der Steuerbehörde die Rechte und Pflichten des Steuerpflichtigen wahrzunehmen (s auch HARTISCH, Vertretung und Treuhand im Steuerrecht [Diss Münster 1962] 12 ff). Die *Bevollmächtigung eines Ehegatten* zur Einlegung eines Rechtsbehelfs gegen einen an den anderen Ehegatten gerichteten Steuerbescheid ist nicht schon darin zu sehen, dass dieser mit dem Entnehmen seiner Postsachen aus dem gemeinschaftlichen Briefkasten einverstanden ist (BFH FamRZ 1975, 579). – Eine weitere Vertretungsregelung enthält § 13 SGB X.

V. Ausländisches Recht*

1. Das **österreichische ABGB** enthält entsprechend der Entwicklung des Stellvertretungsrechts zZ seiner Abfassung noch keine Regeln über die abstrakte Vollmacht. Vielmehr sind in den §§ 1002 ff ABGB Vertretungsmacht und Mandat zum „Bevollmächtigungsvertrag" miteinander verbunden (RUMMEL/STRASSER, ABGB [3. Aufl 2000] § 1002 ABGB Rn 1 ff). Abweichend hiervon haben jedoch Rspr und Rechtslehre die im 19. Jahrhundert entstandene Stellvertretungstheorie übernommen; dementsprechend wird heute zwischen unmittelbarer und mittelbarer Stellvertretung unterschieden, ebenso werden Treuhand und Botenschaft als besondere Formen des Handelns für Dritte anerkannt (RUMMEL/STRASSER § 1002 Rn 8 ff, 42 ff, 53).

Die Vollmachtserteilung ist grundsätzlich formfrei. Ebenso ist die Vollmacht nach § 1021 ABGB „aufkündbar"; ein vertraglicher Widerrufsverzicht ist jedoch zulässig (RUMMEL/STRASSER §§ 1020–1026 Rn 4). Das Selbstkontrahieren ist nach hM grundsätzlich verboten, sofern es nicht gestattet ist oder den Interessen des Vertretenen kein Schaden entstehen kann (RUMMEL/STRASSER § 1009 Rn 21; vgl HÜBNER 43 ff; zum Vollmachtsmissbrauch SCHOTT AcP 171, 399).

Für den Vertreter ohne Vertretungsmacht gibt es nur die Regelung in § 1016 ABGB; sie betrifft die Vollmachtsüberschreitung. Grundsätzlich haftet der falsus procurator auf Schadensersatz aus cic bzw nach Deliktsrecht (RUMMEL/STRASSER §§ 1016, 1017 Rn 18). Der Vertretene kann jedoch das Geschäft genehmigen und damit für sich wirksam werden lassen (RUMMEL/STRASSER §§ 1016, 1017 Rn 12).

2. Das **schweizerische Recht** kennt in den Art 32 ff SchwOR die Trennung von Außen- und Innenverhältnis (KOLLER, Schweizerisches Obligationenrecht [3. Aufl 2009] §§ 15 ff). Die Erteilung der Vertretungsmacht, in Art 32 Abs 1 SchwOR als „Ermächtigung" bezeichnet, stellt ein besonderes Rechtsgeschäft dar. Die Vollmacht ist gem

---

* **Schrifttum**: Vgl zur Bedeutung des Verhältnisses der deutschen zu ausländischen Prinzipien des Stellvertretungsrechts MÜLLER-FREIENFELS RabelsZ 43 (1979) 80; zu Prinzipien im internationalen Vertretungsrecht bereits LÜDERITZ, in: FS Coing (1981) Bd II S 305; zu § 181 rechtsvergleichend HÜBNER, Interessenkonflikt und Vertretungsmacht (1977); zur Nachlassabwicklung im Ausland mittels postmortaler Vollmachten SÜSS ZEV 2008, 69. Zu Bemühungen um ein gemeineuropäisches Stellvertretungsrecht sowie zum internationalen Stellvertretungsrecht s AUMÜLLNER ZfRV 2007, 209; SCHWARZ RabelsZ 71 (2007) 729.

Vorbem zu §§ 164 ff

Buch 1
Abschnitt 3 · Rechtsgeschäfte

Art 34 SchwOR stets widerruflich, selbst wenn sich aus dem Innenverhältnis etwas anderes ergibt (Koller § 18 Rn 18; s auch Merz, in: FS Westermann [1974] 399). Eine Vorschrift über das Selbstkontrahieren („Selbsteintritt") fehlt. Dementsprechend wird es grundsätzlich als unzulässig angesehen, sofern nicht eine Erfüllungshandlung vorliegt (Koller § 21 Rn 20 ff; Honsell/Vogt/Wiegand, Kommentar zum Schweizerischen Privatrecht, Obligationenrecht I [2. Aufl 1996] Art 33 Rn 19; Hübner 40 ff; zum Vollmachtsmissbrauch vgl Schott AcP 171, 398). Bei einer Vertretung ohne Vertretungsmacht ist nach Art 38 SchwOR die Genehmigung möglich; anderenfalls trifft gem Art 39 SchwOR den Handelnden eine Schadensersatzpflicht.

102 3. Das **französische Recht** kennt entsprechend den allgemeinen Auffassungen zZ seiner Entstehung keine gegenüber dem Auftrag abstrakte Vertretungsmacht. Vielmehr wird die représentation in den Art 1984 ff cc fr im Rahmen des Auftragsvertrages geregelt. Allerdings wird von der Lehre in starkem Maße der Abstraktionsgrundsatz vertreten (Ferid/Sonnenberger, Das französische Zivilrecht [2. Aufl 1994] Rn 1 F 1001 ff; Gotthardt, Der Vertrauensschutz bei der Anscheinsvollmacht im deutschen und französischen Recht [1970] 25 mwNw). Die Vollmacht (procuration) unterscheidet den Stellvertreter vom Boten (messager). Wegen ihrer Integration in den Auftragsvertrag gelten für die Vollmachtserteilung grundsätzlich dieselben Formerfordernisse wie für das abzuschließende Rechtsgeschäft (Ferid/Sonnenberger Rn 1 F 1055 ff). Bei unmittelbarer Stellvertretung wird Offenheit verlangt; anderenfalls liegt eine mittelbare Stellvertretung vor, die ähnlich wie nach deutschem Recht beurteilt wird (Ferid/Sonnenberger Rn 1 F 1023 ff). Selbstkontrahieren ist mit gewissen Schranken erlaubt (Ferid/Sonnenberger Rn 1 F 1037 ff; vgl Hübner 45 ff). Die Rechtsscheinsvollmacht wird aus den Art 2005 und 2009 cc fr hergeleitet (Ferid/Sonnenberger Rn 1 F 1068 ff; vgl auch Gotthardt 64 ff und Schott AcP 171, 400). Durch ein Handeln ohne Vertretungsmacht wird der Vertretene gem Art 1998 Abs 2 cc fr nicht gebunden, sofern er nicht das Handeln genehmigt (Ferid/Sonnenberger Rn 1 F 1029 ff). Der falsus procurator haftet dem Dritten grundsätzlich nur deliktisch (Ferid/Sonnenberger Rn 1 F 1033 ff). Eine vertragliche Haftung trifft ihn, wenn er sich verpflichtet hatte, für die Genehmigung durch den Vertretenen zu sorgen.

103 4. Das **italienische Recht** regelt die rappresentanza in den Art 1387 ff Codice civile nach den gleichen Grundsätzen wie das deutsche Recht. Es gelten die Repräsentationstheorie, der Abstraktionsgrundsatz und das Offenheitsprinzip (Galgano, Diritto privato [6. Aufl 1990] 15.1–15.3). Durch seine Vertretungsmacht unterscheidet sich der Stellvertreter vom Boten (nuncio) (Messineo, Manuale di diritto civile e commerciale [1957] § 41 1). Die Erteilung der Vertretungsmacht erfolgt durch besonderes Rechtsgeschäft, das gem Art 1392 Codice civile der Form des vorzunehmenden Geschäfts bedarf; außerdem wird eine stillschweigende Bevollmächtigung anerkannt (Messineo § 41 9). Ein Insichgeschäft, das nicht ausdrücklich gestattet war, kann vom Vertretenen gem Art 1395 Codice civile angefochten werden (vgl Hübner 52 ff). Für den falsus procurator gelten gem Art 1398 und 1399 Codice civile ähnliche Regeln wie nach deutschem Recht (Messineo § 41 16). Bestimmungen über die mittelbare Stellvertretung enthalten die Art 1705 ff Codice civile über das Mandat (Messineo § 41 1 ter et quater).

104 5. Dem **englischen Recht** ist zwar eine Institution der Stellvertretung iS des deutschen Rechts unbekannt; es gibt auch keine gesetzliche Stellvertretung für

Unmündige (FESTNER 70 ff; MÜLLER-FREIENFELS 166 ff), die verbleibende Lücke wird überwiegend durch die Anwendung von trust-Regeln geschlossen. Die Aufgaben der rechtsgeschäftlichen Vertretung erfüllen aber die Vorschriften über die agency, die auf alle Personen Anwendung findet, die Rechtsmacht im Fremdinteresse ausüben (s FESTNER 4 ff; ausf MOSER 35 ff [zur Rechtsentwicklung] und 159 ff [zur Offenkundigkeit]). Dabei handelt es sich um einen Geschäftsbesorgungsvertrag, der ohne systemprägende Abstraktion das Innenverhältnis und das Außenverhältnis umfasst. Außer durch einen derartigen Vertrag kann die agency auch durch Genehmigung vollmachtlosen Handelns oder durch stillschweigende Bevollmächtigung begründet werden, ebenso durch das Eingreifen von Rechtsscheinstatbeständen (ANSON's Law of contract [29. Aufl 2010] 687, 701 ff; zu Stellvertretung und Vertragsauslegung ausf SPELLENBERG, in: FS Kramer [2004] 311; zum Vollmachtsmissbrauch vgl SCHOTT AcP 171, 401, zum Selbstkontrahieren HÜBNER 57 ff; zu beidem rechtsvergleichend FESTNER 69 ff).

Die Rechtsakte, die der agent im Rahmen seiner authority vornimmt, wirken für und gegen den Geschäftsherrn. Dabei gilt kein Offenheitsprinzip, sodass auch bei mittelbarer (verdeckter) Stellvertretung (undisclosed agency) unmittelbare Wirkungen für und gegen den Geschäftsherrn eintreten (s dazu ausf SPELLENBERG, in: FS Kramer [2004] 311; FESTNER 81 ff; MOSER 45 ff, 159 ff; MÜLLER-FREIENFELS RabelsZ 17, 578 ff; 18, 12 ff). Die authority kann vom Geschäftsherrn durch formlose Mitteilung widerrufen werden, solange das Hauptgeschäft noch nicht abgewickelt ist (ANSON's 717 ff). Unwiderruflich ist die Vollmacht, wenn sie zugleich im Interesse des Vertreters erteilt wurde, insbesondere seiner Sicherung dienen soll (ANSON's 720 ff). Zur Zulässigkeit von Insichgeschäften gibt es sehr spezielle, vom deutschen Recht abweichende Regelungen (s WACHTER ZNotP 2005, 122, 132 f und NZG 2005, 338, 339 f; ANSON's 703 f).

6. Das **spanische Recht** kennt wie das deutsche Recht die gewillkürte Stellvertretung, hat diese aber nicht gesondert geregelt, sondern enthält lediglich verstreut einzelne Regelungen. Der Grundsatz, dass wirksames Handeln in fremdem Namen Vertretungsmacht voraussetzt, findet sich in Art 1259 Código Civil; Art 1280 Código Civil behandelt die Formbedürftigkeit der Vollmacht. Hinzu treten einzelne Bestimmungen über Prozessvertreter und -vollmachten, Hypothekenvollmachten und Generalvollmachten im kaufmännischen Bereich. Im Übrigen lassen sich die Fragen zur rechtsgeschäftlichen Stellvertretung nach spanischem Recht (Representación voluntaria) nur aus allgemeinen Rechtsgrundsätzen lösen (s ausf HEINRICH, in: FS Ulmer [2003] 1109 ff). Insichgeschäfte werden mit gesetzlich normierten Ausnahmen unter bestimmten Voraussetzungen für zulässig gehalten (HEINRICH 1132 f). **105**

7. Die **Principles of European Contract Law** enthalten in Ihrem zweiten Teil (1999) Grundregeln über die rechtsgeschäftliche Stellvertretung für ein künftiges Europäisches Vertragsrecht. Sie unterscheiden zwischen unmittelbarer und mittelbarer Stellvertretung und erkennen dabei die Offenkundigkeit des Handelns in fremdem Namen als maßgebliches Kriterium an (s dazu ausf MOSER 275 ff mwNw; dort 487 ff auch zum Draft Common Frame of Reference [2008]). **106**

§ 164
Wirkung der Erklärung des Vertreters

(1) Eine Willenserklärung, die jemand innerhalb der ihm zustehenden Vertretungsmacht im Namen des Vertretenen abgibt, wirkt unmittelbar für und gegen den Vertretenen. Es macht keinen Unterschied, ob die Erklärung ausdrücklich im Namen des Vertretenen erfolgt oder ob die Umstände ergeben, dass sie in dessen Namen erfolgen soll.

(2) Tritt der Wille, in fremdem Namen zu handeln, nicht erkennbar hervor, so kommt der Mangel des Willens, im eigenen Namen zu handeln, nicht in Betracht.

(3) Die Vorschriften des Absatzes 1 finden entsprechende Anwendung, wenn eine gegenüber einem anderen abzugebende Willenserklärung dessen Vertreter gegenüber erfolgt.

Materialien: E I § 116; II § 134; III § 160; Mot I 225; Prot I 221; II 1 136; Jakobs/Schubert, AT II 873 ff; Schubert, AT II 174 ff (Vorentwurf).

Systematische Übersicht

I. Die Regelung des § 164 Abs 1
1. Das Handeln in fremdem Namen — 1
   a) Offenheitsprinzip — 1
   b) Vertretungswille — 4
   c) Erkennbarkeit — 5
   d) Innenverhältnis — 6
2. Abgabe einer Willenserklärung — 7
3. Rahmen der Vertretungsmacht — 8
4. Die Wirkungen des stellvertretenden Handelns — 9
   a) Rechtswirkungen beim Vertretenen — 9
   b) Verhältnis zum Handeln des Vertretenen — 10
   c) Wirkungen außerhalb des § 164 — 11
5. Die Eigenhaftung des Vertreters — 12
   a) Verpflichtung neben dem Vertretenen — 12
   b) Unerlaubte Handlung des Vertreters — 13
   c) Handeln ohne Vertretungsmacht — 14
   d) Haftung aus cic — 15

II. Die Regelung des § 164 Abs 2
1. Die Bedeutung der Vorschrift im Normalfall — 16
   a) Fehlende Erkennbarkeit des Handelns in fremdem Namen — 16
   b) Ausschluss der Irrtumsanfechtung — 17
   c) Beweisregel — 18
2. Die Ausnahmefälle — 19
   a) Handeln für den, den es angeht — 19
   b) Sonderfälle — 20
   c) Fälle eines Eigenhandlungswillens — 21

III. Die Regelung des § 164 Abs 3
1. Der Empfangsvertreter (Passivvertreter) — 22
   a) Inhalt der Empfangsvertretung — 22
   b) Unabwendbarkeit des § 164 Abs 2 — 24
2. Die Empfangsbotenschaft — 25

IV. Beweislast — 26

Alphabetische Übersicht

s Sachregister.

I. Die Regelung des § 164 Abs 1

1. Das Handeln im fremden Namen

a) § 164 Abs 1 normiert das **Offenheitsprinzip**, wonach der Stellvertreter als solcher auftreten, also in fremdem Namen handeln muss (vgl näher Vorbem 13 f und 35 zu §§ 164 ff). Dieses Handeln in fremdem Namen kann ausdrücklich, zB durch Unterschreiben mit dem Namen des Vertretenen (RGZ 74, 69, 72; 81, 1; vgl Vorbem 90 zu §§ 164 ff) geschehen; es genügen aber auch Anhaltspunkte in der Erklärung, welche nach den allgemeinen Auslegungsregeln (§§ 133, 157) den Schluss zulassen, dass mit Rechtswirkung für einen anderen gehandelt werden soll. Es kommt darauf an, wie sich die Erklärung nach Treu und Glauben für den Empfänger erkennbar darstellt (BGHZ 36, 30, 33; BGH WM 1970, 816; BB 1976, 154; NJW 1980, 2192; 1994, 1649 mwNw; 1994, 1649, 1650; 2000, 3344, 3345 mwNw; 2008, 1214; Bamberger/Roth/Valentin § 164 Rn 21; Erman/Maier-Reimer § 164 Rn 6; Hk-BGB/Dörner § 164 Rn 5; MünchKomm/Schramm § 164 Rn 21; NK-BGB/Stoffels § 164 Rn 57 ff; PWW/Frensch § 164 Rn 31; Soergel/Leptien § 164 Rn 12; Boemke/Ulrici Rn 8 f; Bork Rn 1382 ff; Brehm Rn 443; Brox/Walker Rn 524; Eisenhardt Rn 406; Köhler § 11 Rn 18 f; Leipold § 22 Rn 22 f; Medicus Rn 915; Pawlowski Rn 702 ff; Schmidt Rn 667; Wolf/Neuner § 49 Rn 45; Moser 88 ff; Mock JuS 2008, 309, 311; Gehrlein VersR 1995, 268). 1

Gem § 164 Abs 1 S 2 können auch die **Umstände** ergeben, dass jemand im fremden Namen handelt. Maßgebend hierfür kann insbesondere die soziale Stellung der Handelnden sein (s nur Bamberger/Roth/Valentin § 164 Rn 24; BGB-RGRK/Steffen § 164 Rn 6; Flume § 44 I; MünchKomm/Schramm § 164 Rn 22 f; PWW/Frensch § 164 Rn 31; zur Vertretung von Konzernunternehmen bei Tarifvertragsabschlüssen s Kilg/Muschal BB 2007, 1670). Ferner ergeben die Umstände ein Handeln im fremden Namen, wenn bereits frühere Erklärungen im Namen eines anderen abgegeben wurden, sodass bei späteren Erklärungen derselben Art angenommen werden kann, es gelte das Gleiche (Mot I 225). Insbesondere bei *Ehegatten* kann sich ein solches Handeln in (auch) fremdem Namen aus den Umständen ergeben (s BGH NJW-RR 2014, 326; OLG Schleswig NJW-RR 1993, 274 f mwNw; OLG Dresden NJW-RR 1999, 897: Anscheinsvollmacht; OLG Düsseldorf ZMR 2000, 210; PWW/Frensch § 164 Rn 32; Soergel/Leptien § 164 Rn 18 mwNw; s aber auch OLG Düsseldorf NJW-RR 1996, 1524, 1525; OLG Koblenz ZIP 2007, 2021; zum Handeln eines Kindes im Namen der Mutter s OLG Koblenz NJW-RR 2013, 454).

Bedeutsam ist im Rahmen der Auslegung von Erklärungen im Wirtschaftsleben auch der Geschäftsbereich, dem der Gegenstand der Willenserklärung angehört, insbes bei **unternehmensbezogenen Geschäften** (s schon Vorbem 52 zu §§ 164 ff). Es handelt sich dabei um Rechtsgeschäfte, die für den Inhaber getätigt werden, wenn der Unternehmensbezug des Rechtsgeschäfts bei interessengeleiteter Auslegung hinreichend deutlich wird (s BGHZ 62, 216, 220; 64, 11, 15; 91, 148, 152; 92, 259, 268; BGH NJW 1983, 1844; 1984, 1347, 1348; 1986, 1675; 1990, 2678; 1992, 1380, 1382; 1995, 43; 1998, 2897; 2000, 2984; BGH NJW-RR 1997, 527, 528; OLG Düsseldorf NJW-RR 1995, 867; ZMR 2003, 568; OLGR 2003, 21; ZMR 2003, 252; MDR 2011, 995; 2012, 835; OLG Hamm NJW-RR 1998, 1253; VersR 2001, 978; OLG Dresden NJW-RR 2001, 944; OLG Koblenz NJW-RR 2002, 845; WoM 2004, 44; OLG Rostock NJW 2003, 1676; KGR 2005, 47; Bamberger/Roth/Valentin § 164 Rn 25; Erman/Maier-Reimer § 164 Rn 7; Jauernig § 164 Rn 3; MünchKomm/Schramm § 164 Rn 23 ff; NK-BGB/Stoffels § 164 Rn 60; Palandt/Ellenberger § 164 Rn 2; PWW/Frensch § 164 Rn 33 f; Soergel/

§ 164
Buch 1
Abschnitt 3 · Rechtsgeschäfte

Leptien § 164 Rn 14; MünchKommHGB/Krebs Vorbem 45 zu § 48; Boecken Rn 615; Bork Rn 1390 ff; Brehm Rn 444; Faust § 25 Rn 3; Flume, § 44 I; Grigoleit/Herresthal Rn 407; Hirsch Rn 834; Hübner Rn 1220; Köhler § 11 Rn 20; Medicus Rn 917; Pawlowski Rn 704, Rn 709; Rüthers/Stadler § 30 Rn 5; Schack Rn 472; Schmidt Rn 669; Wertenbruch § 28 Rn 9 f; Wolf/Neuner § 49 Rn 45; Moser 80 ff; Ahrens JA 1997, 895 ff; Derleder, in: FS Raisch [1995] 25 ff; Mock JuS 2008, 309, 311 f; Petersen Jura 2010, 187, 188; K Schmidt JuS 1987, 425, 427 f; zu OHG und KG ausf Wertenbruch, Handbuch Rn 316 ff mwNw). Besteht das zu vertretende Unternehmen jedoch nicht oder hat der Handelnde keine entsprechende Vollmacht, so gelten auch hier die Grundsätze des § 179 Abs 1 (BGHZ 91, 148, 152; BGH NJW 1998, 2897; 2009, 215, 216; OLG Köln NJW-RR 1997, 670, 671; iE auch Fehrenbach NJW 2009, 2173, 2175 ff [jedoch Eigenhaftung über angebliche mittelbare Stellvertretung, s dazu Vorbem 42 zu §§ 164 ff]; s § 179 Rn 22 f); auch bei Zweifeln an der Unternehmensbezogenheit ist aus Gründen der Verkehrssicherheit der für die Unternehmensbezogenheit behauptungs- und beweisbelastete Handelnde selbst verpflichtet (BGHZ 64, 11, 15; BGH NJW 1995, 43, 44; 2000, 2984, 2985; NJW-RR 1995, 991; vgl ferner OLG Hamm NJW-RR 1995, 802; OLG Köln WM 2003, 1714; LAG Köln NZA-RR 2007, 570). Im Übrigen kann den Vertreter, der den Unternehmensbezug nicht unzweideutig verdeutlicht hat, eine sog „Rechtsscheinhaftung" entsprechend § 179 treffen, nach hM namentlich auch bei Auftreten für eine GmbH unter Weglassung des Rechtsformzusatzes (s § 179 Rn 23); es soll dann zu einer gesamtschuldnerischen Verpflichtung mit dem Unternehmen kommen können (BGHZ 62, 216, 220; 64, 11, 17; BGH NJW 1991, 2627, 2628; 2012, 2871; OLG Düsseldorf Betrieb 1992, 570; Bamberger/Roth/Valenthin § 164 Rn 25; MünchKomm/Schramm § 164 Rn 24; NK-BGB/Stoffels § 164 Rn 61; Palandt/Ellenberger § 164 Rn 3; PWW/Frensch § 164 Rn 35; Soergel/Leptien § 164 Rn 14; Derleder, in: FS Raisch [1995] 36 ff, 44 ff; s dazu noch § 179 Rn 23). Es kommt ferner bei unklarem Handeln eines „Doppelvertreters" auch eine Doppelverpflichtung oder eine Verpflichtung der objektiv richtigen Partei nebst einer Vertrauenshaftung der anderen in Frage (s BGH NJW-RR 1986, 456, 457; 1990, 701, 702; NJW 2000, 2344, 2345; K Schmidt JuS 1987, 425, 431 ff; Ulmer ZIP 1999, 509, 513 f mwNw; Bamberger/Roth/Valenthin § 164 Rn 21; MünchKomm/Schramm § 164 Rn 25; NK-BGB/Stoffels § 164 Rn 62; krit Blenske NJW 2000, 3170, 3171 f mwNw; s auch Rn 3 und Rn 9).

2 *Im Einzelnen* kommt bei vielfältigen Verhaltensweisen ein schlüssiges Handeln in fremdem Namen in Betracht. Rechtsgeschäfte eines *Architekten* mit Handwerkern, Bauunternehmern und Lieferanten werden idR für den Bauherrn vorgenommen (BGH NJW-RR 2004, 1017; OLG Köln BauR 1986, 177; NJW-RR 1996, 212; 2002, 1099; OLG Düsseldorf NJW-RR 1995, 592; OLG Frankfurt NJW-RR 2011, 1655; übers Neuhaus BrBp 2004, 54 und zum *Bauleiter* ders BrBp 2004, 188). Wer bei Unfällen die Beiziehung eines *Arztes* oder Aufnahme in ein Krankenhaus veranlasst, handelt regelmäßig für den Patienten (Bamberger/Roth/Valenthin § 164 Rn 26; Erman/Maier-Reimer § 164 Rn 8; MünchKomm/Schramm § 164 Rn 27; NK-BGB/Stoffels § 164 Rn 59; Soergel/Leptien § 164 Rn 18; vgl auch OLG Koblenz NJW-RR 1997, 1183; LG Wiesbaden VersR 1970, 69; anders bei Eltern, s LG Berlin FamRZ 1955, 267, und evtl auch – unbeschadet des § 1357, vgl allgemein BGHZ 94, 1, 5; 114, 74, 79; Derleder NJW 1993, 2401; M Schmidt FamRZ 1991, 634 – bei Ehegatten, s BGH NJW 1991, 2958; OLG Köln NJW 1981, 637; anders BGHZ 47, 81); das soll auch für den Arzt gelten, der ohne Information des Patienten eine Laboruntersuchung in Auftrag gibt (LG Dortmund NJW-RR 2007, 269; zu Recht krit Klöhn VersR 2007, 1054 f). Die kassenärztliche Überweisung an einen anderen Kassenarzt begründet aber jedenfalls keine eigene Verpflichtung des überweisenden Arztes (BGH NJW-RR 2004, 140, 141). Beim *Anlagengeschäft,* insbes bei der Anlegung eines Sparkontos, aber auch bei *Anlagen-*

vermittlung aller Art entscheiden die Umstände über die Person des Vertragspartners (BGH WM 1965, 897, 900; 1966, 1246, 1248; für das Treuhandkonto BGH NJW 1996, 840, 841; für Kapitalanlagevermittlungsverträge BGH NJW-RR 2006, 109; OLG Koblenz BB 2002, 696; OLG Celle OLGR 2002, 277; 2006, 517; OLG Köln VersR 2004, 111, 112; OLG Schleswig OLGR 2005, 757; BAMBERGER/ROTH/VALENTHIN § 164 Rn 26; MünchKomm/SCHRAMM § 164 Rn 31 f; NK-BGB/ STOFFELS § 164 Rn 59; SOERGEL/LEPTIEN § 164 Rn 20 mwNw), doch kann hier auch ein Geschäft für den, den es angeht, vorliegen (s Vorbem 51 ff zu §§ 164 ff; BGHZ 21, 148; BGH WM 1970, 712; 1972, 383; FLUME § 44 II 1 b); unabhängig davon kann aber auch zwischen Vermittler und Anlageinteressenten ein Auskunftsvertrag mit Haftungsfolgen zustande kommen (BGH NJW 2007, 1362; sehr weitgehend BGH NJW 2013, 1873: Beratungsvertrag mit Anlageinstitut *und* Vermittler). *Bauträger* – nicht aber *Baubetreuer* (BGH NJW 1977, 294; 1981, 757; **aA** MünchKomm/SCHRAMM § 164 Rn 26) – handeln iZw im eigenen Namen (BGH NJW 1959, 2161; 1977, 294; 1981, 757; OLG Düsseldorf BauR 1996, 740; OLG München NJUW-RR 2010, 443; vgl PFEIFFER NJW 1974, 1449; CREZELIUS NJW 1978, 2158). Für den *Beigeordneten eines Landkreises* kann sich aus seinem Geschäftsbereich die Vollmacht zur Erteilung von Bauaufträgen ergeben (OLG Koblenz NJW-RR 2013, 138). Der *Franchisenehmer* handelt regelmäßig im Namen des Gebers (BUCK-HEEB/DIECKMANN JuS 2008, 583, 585 f und DB 2008, 855; s zum Handeln unter fremdem Namen Rn 52, 54, zum Geschäft für den, den es angeht Rn 90 f), sodass bei idR fehlender Vertretungsmacht nur eine Rechtsscheinsvollmacht (s § 167 Rn 28 ff) und iÜ ein Handeln in eigenem Namen in Betracht kommt (BGH NJW 2008, 1214 mAnm WITT; BUCK-HEEB/DIECKMANN JuS 2008, 583, 586 und DB 2008, 855, 858; WOLF/UNGEHEUER BB 1994, 1027; SOERGEL/LEPTIEN § 164 Rn 15). Bei Vertragsschluss durch einen *Gesellschafter* kann ebenfalls die Auslegungsregel des § 164 Abs 1 S 2 BGB eingreifen (BGH NJW-RR 1988, 475; 1997, 669; BGH NJW 2013, 1082; vgl auch BGH BB 1976, 154; NJW 1981, 2569; 2011, 1666; ausf WEITEMEYER NZG 2006, 10 ff, namentlich zur Wahrung von Formerfordernissen; s dazu auch LEO NJW 2013, 2393), ohne dass im Hinblick auf § 164 Abs 2 jedoch eine Vermutung für ein Vertreterhandeln besteht (RGZ 119, 64, 67; OLG Bremen OLGR 2005, 261, 262; MünchKomm/SCHRAMM § 164 Rn 30; NK-BGB/STOFFELS § 164 Rn 59; SOERGEL/LEPTIEN § 164 Rn 15, jew mwNw). *Hausverwalter* handeln bei Vermietungen nicht schlechthin, wohl aber bei Erkennbarkeit der Verwaltertätigkeit idR namens des Hauseigentümers (BGH NJW 2014, 1803; KG WM 1984, 254, 255; aber auch OLG Düsseldorf NJW-RR 1993, 885 und MDR 2003, 385). Ebenso handelt der Hausverwalter im Namen der Hauseigentümer, wenn er einen Anspruch der Eigentümergemeinschaft gegen einzelne Hauseigentümer geltend macht; ausgenommen von der Vertretung sind dann nur die Anspruchsgegner (BGH NJW 1998, 3279 f). Auch bei Bestellungen und bei Auftragsvergaben durch den Hausverwalter, die Bau- oder Instandsetzungsarbeiten betreffen, ist idR von einem Handeln im Namen der Hauseigentümer auszugehen (BGH NJW-RR 2004, 1017 mwNw; KG WM 1984, 254; BauR 1997, 174: stets; KGR 2004, 569; KG MDR 2004, 988; OLGR 2005, 218), nicht hingegen beim Abschluss von Gebäudeversicherungsverträgen (BGH NJW-RR 2009, 1038; s auch BerlVerfGH NJW-RR 2007, 159; anders OLG Düsseldorf VersR 2007, 521). Bei Begründung einer *Internetdomain* ist Vertragspartner der Registrierungsstelle derjenige, der sich als Domaininhaber hat eintragen lassen (s dazu näher RÖSSEL CR 2004, 75; zum administrativen Ansprechpartner als Stellvertreter WIMMERS/SCHULZ CR 2006, 754). Ob ein *Kraftfahrzeughändler* einen fremden Gebrauchtwagen in eigenem oder fremdem Namen verkauft, unterliegt der Auslegung im Einzelfall (LEHMANN-RICHTER VersR 2004, 1367, 1368 f). Ein *Lehrer* handelt bei Buchung einer Reise („Klassenfahrt") iZw für die Teilnehmer (OLG Frankfurt NJW 1986, 1941, 1942; vgl auch OLG Hamm NJW 1986, 1943; OLG Düsseldorf VersR 1987, 508). Bei Abschluss eines *Maklervertrages* in den

Räumen einer Sparkasse muss deutlich werden, dass der Vertrag mit einer mit der Sparkasse kooperierenden Bausparkasse abgeschlossen werden soll (OLG Düsseldorf NJW-RR 2001, 562). Durch einen *Mietvertrag* zugunsten eines Unternehmens wird grundsätzlich dessen Inhaber und nicht der Handelnde Vertragspartei (KGR 2004, 237), bei Handeln für eine im Rubrum aufgeführte Personenmehrheit iZw diese (s, auch zu der damit verknüpften Formfrage, BGH NJW 2007, 3346 mAnm ua v LEHMANN/RICHTER ZMR 2007, 940 mwNw; s auch DRASDO NJW-Spezial 2008, 321). *Reiseunternehmen* und *-büros* können als Veranstalter oder als bloße Vermittler tätig werden (BGHZ 61, 275, 287; 77, 310; BGH NJW 1981, 2192); § 651a Abs 2 ist dabei zu beachten. Ein *Reisender* verpflichtet bei Buchung für mehrere selbständige Personen (auch) diese (s BGH LM § 164 Nr 43; OLG Frankfurt NJW-RR 2004, 1285; LG Frankfurt NJW 1987, 784; NJW-RR 1988, 247; MDR 2000, 576). Ein *Sammelbesteller* bei einem Versandhaus handelt idR (auch) im Namen der Mitbesteller (OLG Köln NJW-RR 1991, 918; 1996, 43). Wer einen *Scheck* oder *Wechsel* ohne besonderen Vertretungshinweis zB auf eine Firma zeichnet, haftet regelmäßig persönlich (BGHZ 65, 218; BGH NJW 1979, 2141; WM 1981, 375; OLG Frankfurt WM 1981, 567; s aber auch HAERTLEIN EWiR 2002, 141; KUHN NJW 1976, 896; LÜDERITZ JuS 1976, 765, 769; WACKERNAGEL ZGR 1999, 365 ff); anders bei Kenntnis des Vertretungsverhältnisses durch den Empfänger (OLG Hamm WM 1990, 219) oder Zeichnung unter einem Firmenstempel (BGHZ 64, 11, 15; BGH NJW 1974, 1191). Der Stationsleiter einer Tankstelle kann für den Inhaber ein Schuldanerkenntnis zur Regelung von Schadensersatzansprüchen eines Kunden wegen Falschbetankung abgeben (OLG Hamm NJW-RR 2011, 532). Bei privatrechtlichen öffentlichen *Versteigerungen* kann unmittelbare, ohne konkreten Hinweis auf den Hintermann aber auch lediglich mittelbare Stellvertretung als Kommissionsgeschäft (s Vorbem 42 ff zu §§ 164 ff) vorliegen (MünchKomm/ SCHRAMM § 164 Rn 33; SOERGEL/LEPTIEN § 164 Rn 15; vHOYNINGEN-HUENE NJW 1973, 1473; s etwa KG MDR 2004, 1402). Bei Abschluss eines *formbedürftigen Vertrages* muss das Vertretungsverhältnis durch einen Zusatz zum Ausdruck kommen, zB wenn ein GbR-Gesellschafter für die GbR unterschreibt (BGHZ 125, 175; BGH NJW 2002, 3389, 3390; 2003, 1043 und dazu ECKERT EWiR 2002, 951 sowie 2003, 357).

Die Einholung eines rechtlichen Gutachtens durch einen *Rechtsanwalt* für seinen Mandanten erfolgt regelmäßig in eigenem Namen und nicht stillschweigend in Vertretung für den Mandanten, sofern der Rechtsanwalt hierauf nicht ausdrücklich hinweist (AG Charlottenburg NJW-RR 1995, 57, 58). Handelt ein Rechtsanwalt unter einer Sozietätsbezeichnung, so erfolgt die Willenserklärung iZw im Namen der *Sozietät* (BGH NJW 1994, 257; 1995, 1841; NJW 2011, 2301, 2303; OLG Frankfurt NJW-RR 2001, 1004). Entsprechendes gilt für eine *ärztliche Gemeinschaftspraxis* (BGHZ 142, 126, 137; BGH VersR 2006, 361, 362 mAnm ACKERMANN jurisPR-BGHZivilR 9/2006 Anm 2); hat ein Anwalt hingegen zunächst allein gehandelt, so kommt auch ein Folgeauftrag nur mit ihm zustande, sofern er nicht ein Handeln namens der Sozietät zum Ausdruck bringt (BGH NJW 2009, 1597). Wird in einem *Verlagsvertrag* eine Verlagsgruppe, bestehend aus Einzelverlagen und anderen Unternehmen mit derselben gesetzlichen Vertretung, als Vertragspartner des Autors bezeichnet, so wird iZw nicht eine Holdinggesellschaft, die lediglich Beteiligungen an den Verlagen hält, sondern der sachnahe Verlag Vertragspartner (OLG München NJW 1998, 1406, 1407). Eine *Werbeagentur* schließt Anzeigenverträge grundsätzlich in eigenem Namen ab (OLG Saarbrücken OLGR 2004, 359). Das Auftreten eines *Wohnungseigentumsverwalters* ohne Offenlegung begründet für sich genommen noch kein Handeln im Namen der Eigentümergemeinschaft (OLG Saarbrücken NJW-RR 2007, 521; zur konkludenten Bevollmächtigung s

OLG Düsseldorf NZM 2006, 182). Die Stimmabgabe eines *Wohnungsmiteigentümers* wirkt auch für und gegen die anderen Berechtigten (Merle, in: FS Seuß [2007] 193, 206).

Die Tatsache allein, dass *jemand Vertretungsmacht hat,* genügt noch nicht für die Annahme, er sei als Vertreter aufgetreten (MünchKomm/Schramm § 164 Rn 22). So erstreckt sich zB der Verzicht einer Witwe auf Ansprüche aus einem Unfall des Ehemannes nicht auf die von der Witwe vertretenen Kinder (RGZ 96, 91; Soergel/ Leptien § 164 Rn 21). Außerdem ist zu berücksichtigen, dass jemand, der Vertretungsmacht hat, durchaus nur als Bote auftreten kann (s Vorbem 80 zu §§ 164 ff). 3

Andererseits steht der Umstand, dass jemand *auch im eigenen Interesse* handelt, der Erfüllung des Offenheitserfordernisses nicht entgegen, weil im Begriff der Vertretung keine Begrenzung auf eine ausschließliche Interessenwahrung zugunsten des Vertretenen enthalten ist (RGZ 71, 219, 221; 75, 1, 3; Bamberger/Roth/Valenthin § 164 Rn 23). Daher kann eine Erklärung durchaus zugleich im eigenen und im fremden Namen abgegeben werden (s Rn 9). Die Tatsache, dass jemand nur erkennbar macht, er handele *im Interesse* oder *für die Rechnung eines anderen,* genügt aber dem Offenheitsprinzip nicht (RG SeuffA 82 Nr 20; Bamberger/Roth/Valenthin § 164 Rn 24; Erman/Maier-Reimer § 164 Rn 9; MünchKomm/Schramm § 164 Rn 17, Rn 22 Fn 62; NK-BGB/ Stoffels § 164 Rn 58; Soergel/Leptien § 164 Rn 13; krit NJW 1982, 305, 308; **aA** Moser 142 ff), weil dies gerade auch die nur mittelbare Stellvertretung auszeichnet.

b) Die Frage, ob das Vertreterhandeln von einem **Vertretungswillen** getragen sein muss, wird unterschiedlich beantwortet (s Vorbem 36 zu §§ 164 ff); sie ist mit der hM zu bejahen. Allerdings braucht der Vertretungswille nicht ausdrücklich bekannt gegeben zu werden; er kann sich, ebenso wie die Fremdwirkung des Handelns, aus den Umständen ergeben. 4

Im Falle der Gesamtvertretung (s Vorbem 20 zu §§ 164 ff) muss zZ der letzten Erklärungsabgabe bei allen Gesamtvertretern der Wille bestehen, die Summe der abgegebenen Erklärungen als Wahrnehmung der Gesamtvertretung gelten zu lassen (BGH Betrieb 1959, 540).

c) Nicht erforderlich ist es, dass der *Erklärungsempfänger erkannt* hat, dass ihm ein Stellvertreter gegenübersteht (s RGZ 103, 303; OLG Celle NJW 1963, 1253 sowie Vorbem 35 zu §§ 164 ff). Die Vertretungsmacht (s Rn 8) ist Wirksamkeitsvoraussetzung für das Vertretergeschäft, aber nicht Teil des Offenheitsprinzips (MünchKomm/Schramm § 164 Rn 35; Witt NJW 2008, 1215, 1216). Freilich verdeutlicht die Bezugnahme auf Vertretungsmacht ein Handeln in fremdem Namen. Bei einseitigen Rechtsgeschäften ist § 174 zu beachten. 5

Auch der Name des Vertretenen muss bei Vornahme des Vertretergeschäfts nicht benannt werden (s Vorbem 35 zu §§ 164 ff), selbst dem Vertreter nicht unbedingt bekannt sein (RGZ 140, 335, 338; Bamberger/Roth/Valenthin § 164 Rn 22; MünchKomm/ Schramm § 164 Rn 18 mwNw; Soergel/Leptien § 164 Rn 12; Flume § 44 II 1 a; Medicus Rn 916; Schmidt Rn 673; Gehrlein VersR 1995, 268).

Ebenso wenig kommt es für die Fremdwirkung des Vertreterhandelns auf die *Kennt-*

nis des Vertretenen von diesem Handeln an (OLG Braunschweig SeuffA 61 Nr 128; Bamberger/Roth/Valenthin § 164 Rn 22). Daher kann auch für einen zZ der Geschäftsvornahme bereits Verstorbenen gehandelt werden, und dies selbst dann, wenn der Handelnde den Verstorbenen beerbt hat, sofern der Vertreter für den jeweils zu Vertretenden handeln wollte (BGB-RGRK/Steffen § 164 Rn 5; MünchKomm/Schramm § 164 Rn 34; Flume § 51 5; **aM** OLG Stuttgart SJZ 1948, 455 m abl Anm Hueck). Ähnlich wurde das Handeln ohne Vertretungsmacht für einen Vermissten beurteilt, der sich später als bereits verstorben herausstellte (BGH NJW 1954, 145).

6 d) Keine Voraussetzung für die Fremdwirkung eines stellvertretenden Handelns ist das Bestehen oder die Beachtung der Regeln eines *Innenverhältnisses* zwischen dem Vertreter und dem Vertretenen; insoweit gilt der Abstraktionsgrundsatz (s Vorbem 33 zu §§ 164 ff; zum Missbrauch der Vertretungsmacht s § 167 Rn 91 ff). Daher ist ein Irrtum über die Einhaltung von Innenverhältnisvorschriften als ein unbeachtlicher Motivirrtum des Vertreters zu bewerten.

2. Abgabe einer Willenserklärung

7 Das Handeln iSd § 164 Abs 1 muss in der Abgabe einer **Willenserklärung** iSd § 116 ff bestehen, da Stellvertretung nur solche bei Vornahme eines Rechtsgeschäftes ist (s Vorbem 19 zu §§ 164 ff). Bei geschäftsähnlichen Rechtshandlungen können die §§ 164 ff jedoch entsprechend angewendet werden, hingegen nicht bei der Vornahme von Realakten (Vorbem 38 zu §§ 164 ff).

3. Rahmen der Vertretungsmacht

8 Der Stellvertreter muss die Willenserklärung innerhalb der ihm zustehenden **Vertretungsmacht** (Vorbem 16 ff zu §§ 164 ff) abgeben, die auf rechtsgeschäftlicher, organschaftlicher oder gesetzlicher Grundlage beruhen kann (s näher Vorbem 21 ff, 96 ff zu §§ 164 ff; zum Missbrauch der Vertretungsmacht § 167 Rn 91 ff; zum maßgeblichen Zeitpunkt § 177 Rn 5).

4. Die Wirkungen des stellvertretenden Handelns

9 a) Während es in § 116 E I noch hieß, der Vertretene werde „unmittelbar berechtigt und verpflichtet", wurde diese Fassung später aufgegeben, weil unmittelbare Wirkungen des Vertreterhandelns für den Vertretenen auch dann stattfinden, wenn es sich um das Freiwerden von Verpflichtungen oder um die Aufgabe von Rechten handelt. Demgemäß ist es nach der Repräsentationstheorie (s Vorbem 11, 15 und 32 zu §§ 164 ff) für das stellvertretende Handeln kennzeichnend, dass die **Rechtswirkungen** des Vertreterhandelns **unmittelbar** in der Person des Vertretenen eintreten (Erman/Maier-Reimer § 164 Rn 20; MünchKomm/Schramm § 164 Rn 129; NK-BGB/Stoffels § 164 Rn 96; Palandt/Ellenberger § 164 Rn 15; PWW/Frensch § 164 Rn 74; Enneccerus/Nipperdey § 182 II; Leenen § 4 Rn 77; allgM). Das Rechtsgeschäft des Vertreters bewirkt eine rechtliche Regelung des Vertretenen (Flume § 46 1). Der Stellvertreter, der (nur) in fremdem Namen mit Vertretungsmacht gehandelt hat, hat mit den äußeren Rechtsfolgen des Rechtsgeschäfts nichts zu tun, namentlich findet kein Durchgangserwerb statt.

Freilich kann der Vertreter *zugleich im eigenen Namen* gehandelt haben (s oben Rn 3). Dann treten die von der Willenserklärung ausgelösten Rechtswirkungen sowohl in seiner eigenen Person als auch in der des Vertretenen ein (RGZ 127, 103, 105; BGH MDR 1966, 213; NJW 1988, 1908, 1909; WM 1997, 1431; BAMBERGER/ROTH/VALENTHIN § 164 Rn 23, Rn 38; BGB-RGRK/STEFFEN § 164 Rn 5; ERMAN/MAIER-REIMER § 164 Rn 10; Hk-BGB/DÖRNER § 164 Rn 5; MünchKomm/SCHRAMM § 164 Rn 131; NK-BGB/STOFFELS § 164 Rn 99; PALANDT/ELLENBERGER § 164 Rn 1; PWW/FRENSCH § 164 Rn 79; SOERGEL/LEPTIEN § 164 Rn 32; WOLF/NEUNER § 49 Rn 95; vgl auch vCRAUSHAAR, in: FS vCaemmerer [1978] 87 ff). Das kann eine normale Mitverpflichtung, aber auch die Begründung einer besonderen (zB auch weitergehenden) Einstandspflicht sein. Intensiv diskutiert wird die Annahme einer Doppelverpflichtung bei Handeln eines Vertreters für eine Gesellschaft (s Rn 1 aE; ausführlich BLENSKE NJW 2000, 3170, 3171 f mwNw). Unwirksam ist gem § 309 Nr 11 in AGB eine Klausel, durch die der Verwender einem Vertreter, der den Vertrag für den anderen Vertragsteil abschließt, eine eigene Haftung oder Einstandspflicht ohne hierauf gerichtete ausdrückliche und gesonderte Erklärung auferlegt (s dazu BGHZ 104, 95 und 232; BGH NJW 2002, 3464, 3465; OLG Frankfurt NJW 1986, 1943; OLG Karlsruhe OLGZ 1969, 146), während sonst auch eine stillschweigende Erklärung genügen kann (s noch Rn 12). – Eine gesetzliche Mitberechtigung und -verpflichtung ergibt sich aus § 1357 Abs 1 S 2.

b) Die Vertretungsmacht gewährt dem Vertretenen die *Fähigkeit zum rechts-* **10** *geschäftlichen Handeln,* ohne dass dadurch die Macht des Vertretenen zu eigenen Rechtsgeschäften in derselben Sache ausgeschlossen würde (s Vorbem 16 zu §§ 164 ff). Eine Verpflichtung des Vollmachtgebers, im von der Vollmacht erfassten Bereich eigene Geschäfte zu unterlassen, schränkt die Rechtsmacht des Vertretenen nicht ein. Daher besteht die Möglichkeit, dass in derselben Angelegenheit der Vertreter und der Vertretene *kollidierend handeln.* Zur Lösung dieses Widerspruchs kann die Vertretungsmacht nicht unter den stillschweigenden Vorbehalt einer Nichtausübung der konkurrierend dem Vertretenen verbliebenen Rechtsmacht gestellt werden (**aM** SCHOLZ JR 1958, 17). Vielmehr gilt bei Verfügungsgeschäften *Priorität,* während bei Verpflichtungen grundsätzlich *beide Geschäfte* wirksam sind (MünchKomm/SCHRAMM § 164 Rn 137 f; SOERGEL/LEPTIEN § 164 Rn 33; FLUME § 45 5; TEMPEL 245; RIEZLER AcP 98, 372 ff; DE BOOR, Die Kollision von Forderungsrechten [1928] 82 ff). Eine besondere Bedeutung kommt dieser Konkurrenz der Rechtsmacht im Bereich des Betreuungsrechts zu, wenn die betreute Person geschäftsfähig ist und in einem Aufgabenbereich handelt, für den gemäß § 1896 ein Betreuer mit der Folge der Vertretungsmacht nach § 1902 bestellt worden ist.

Kommt es allerdings zum doppelten Vertragsschluss zwischen denselben Vertragsparteien, so ist eine Berufung auf den späteren Vertragsschluss bei Kenntnis des früheren Vertrages unzulässig (§ 242). Anderenfalls kann bei abweichenden Bedingungen jeder Vertragsteil die für sich günstigeren in Anspruch nehmen (FLUME § 45 5); ist keine Partei dazu bereit, so sind beide Verträge wegen Perplexität als unwirksam zu behandeln (MünchKomm/SCHRAMM § 164 Rn 116).

c) Wirkung gegenüber dem Vertretenen äußern außerhalb des § 164 auch solche **11** Handlungen des Vertreters, die nicht in der Abgabe oder Empfangnahme von Willenserklärungen bestehen, mit denen aber der Vertreter eine dem Vertretenen *gem § 278 zurechenbare cic* (§§ 280 Abs 1, 311 Abs 2 und 3) oder Nebenpflichtverletzung (§§ 241, 280 Abs 1) begeht (s auch Vorbem 39 zu §§ 164 ff). Die Haftung für Erfüllungsgehilfen kann nicht deshalb ausgeschlossen sein, weil der Gehilfe zum Vertreter bestellt worden ist (MünchKomm/Schramm § 164 Rn 12; Bork Rn 1678; Wolf/Neuner § 49 Rn 96; Flume § 46 6). Ein den Vertretenen verpflichtendes Vertrauensverhältnis entsteht mit der Einleitung von Vertragsverhandlungen selbst dann, wenn der die Verhandlungen einleitende Vertreter nur eine Verhandlungsvollmacht und keine Abschlussvollmacht hat. Hierfür ist allerdings zunächst eine (entsprechende) Anwendung des § 164 erforderlich, um das durch den „Vertreter" mit Wirkung für den „Vertretenen" begründete Vertrauensverhältnis gegenüber dem Verhandlungspartner aus der Verhandlungsvollmacht zu rechtfertigen; das rein tatsächliche Tätigwerden mit Willen des Vertretenen allein genügt nicht (Erman/Maier-Reimer § 164 Rn 23; NK-BGB/Stoffels § 164 Rn 101; aA MünchKomm/Schramm § 164 Rn 10; Soergel/Leptien § 164 Rn 5 mwNw; Ballerstedt AcP 151, 501; Frotz 50 ff, 75 ff, 84 ff; vgl auch Flume § 46 6, § 47 3 d). Diese rechtliche Beurteilung wird insbesondere beim Auftreten von Behördenbediensteten wichtig (s RGZ 162, 129, 156; BGHZ 6, 330, 334; Soergel/Schultze-vLasaulx[11] § 164 Rn 14) und gilt auch bei gesetzlicher Vertretung (Flume § 46 5 und 6; aA Ballerstedt AcP 151, 525 ff).

5. Die Eigenhaftung des Vertreters

12 a) Eine Haftung des Vertreters kann – abgesehen von den Fällen des § 164 Abs 2 (s dazu unten Rn 16 ff) – einmal dadurch begründet werden, dass er sich *neben dem Vertretenen verpflichtet* (s oben Rn 9; Müller NJW 1969, 2169). Dies wird idR eine eindeutige Erklärung voraussetzen, kann aber ausnahmsweise auch durch schlüssiges Verhalten geschehen (Bamberger/Roth/Valentin § 164 Rn 39; Erman/Maier-Reimer § 164 Rn 10; MünchKomm/Schramm § 164 Rn 131; NK-BGB/Stoffels § 164 Rn 99; Soergel/Leptien § 164 Rn 32; Tempel 249).

13 b) Ferner kann der Vertreter beim Handeln in Vertretungsmacht eine *unerlaubte Handlung* begangen haben und aus dieser verpflichtet werden (s Vorbem 39 zu §§ 164 ff; Bamberger/Roth/Valentin § 164 Rn 39; Bork Rn 1680), zB bei unrichtigen tatsächlichen Angaben, die nicht Bestandteil der Willenserklärung geworden sind, welche der Vertreter für den Vertretenen abgegeben hat.

Eine Haftung des Vertretenen würde sich hier nicht über eine Zurechnung gemäß § 166 ergeben, sondern nur nach den deliktischen Zurechnungsregeln der §§ 31, 89 und 831 (RGZ 61, 207, 209; 96, 178; Bamberger/Roth/Valentin § 164 Rn 37; Erman/Maier-Reimer § 164 Rn 20; Palandt/Grüneberg § 311 Rn 60; PWW/Frensch § 164 Rn 79). Soweit hingegen eine Falschangabe Bestandteil der vom Vertreter abgegebenen Willenserklärung geworden ist, zB im Zusammenhang mit einer Garantie (vgl § 276 Abs 1), wirkt dies nach Stellvertretungsrecht – nämlich über § 166 (s dort Rn 20 ff) – gegenüber dem Vertretenen.

14 c) Weiterhin entsteht eine Eigenhaftung des Vertreters, wenn er *ohne Vertretungsmacht in fremdwirkende Verhandlungen* eintritt und dabei gegen Pflichten verstößt, die bei Zurechenbarkeit seines Verhaltens gegenüber dem Vertretenen zu dessen Haftung über § 278 geführt haben würden (s Vorbem 39 zu §§ 164 ff und § 179 Rn 20).

d) Schließlich wird eine **Haftung des Vertreters aus cic** (§§ 280, 311 Abs 3 S 1, 241 **15** Abs 2) auch in solchen Fällen bejaht, in denen der Vertretene über § 278 für die Vertreterhandlung einstehen muss: Dies gilt nach einer vor allem von der Rspr vertretenen – heute freilich eingeschränkten – Auffassung, wenn der *Vertreter einen besonderen Nutzen* aus dem geplanten oder abgeschlossenen Geschäft ziehen wollte, er also wirtschaftlich gesehen der eigentlich Beteiligte war (RGZ 120, 249, 252; 159, 54 f; BGHZ 14, 313, 318; 56, 81, 83; 129, 136, 170; BGH NJW 1984, 2284, 2286; 1986, 586, 587; 1988, 2234; 1990, 506 und 1907; 1997, 1233; 2007, 1362, 1363; BGH NJW-RR 1991, 1241, 1242; 1992, 605; 1998, 1342, 1343; 2005, 1137; 2006, 109, 110 und 944; BGH ZIP 2002, 1771, 1772; BAG ZIP 2006, 1213, 1214; OLG Koblenz ZIP 2003, 571, 573 mwNw; s auch BAMBERGER/ROTH/VALENTHIN § 164 Rn 40; BGB-RGRK/STEFFEN § 164 Rn 4; ERMAN/MAIER-REIMER § 164 Rn 23; JAUERNIG § 164 Rn 10; MünchKomm/SCHRAMM § 164 Rn 11; NK-BGB/STOFFELS § 164 Rn 101; PWW/FRENSCH § 164 Rn 79; SOERGEL/LEPTIEN § 164 Rn 6 mwNw; BORK Rn 1685; PAWLOWSKI Rn 785; WOLF/NEUNER § 36 Rn 32 ff, § 49 Rn 96; MÜLLER NJW 1969, 2169 Fn 8 mwNw; WELLKAMP Betrieb 1994, 869 ff mwNw; ausf jetzt bei den Kommentierungen zu § 311 Abs 3, s nur PALANDT/GRÜNEBERG § 311 Rn 61 f; STAUDINGER/LÖWISCH/FELDMANN [2013] § 311 Rn 195 ff). Allerdings kann nach gefestigter Auffassung des Bundesgerichtshofes (s etwa BGH NJW 1994, 2220; BGH NJW-RR 1995, 289; 2001, 1611; PALANDT/GRÜNEBERG § 311 Rn 65 mwNw; zust zB SOERGEL/LEPTIEN § 164 Rn 6 mwNw; s auch GEISSLER ZIP 1997, 2186; ULMER NJW 1983, 1577, 1579) nicht ohne weiteres aus dem Umstand der Interessenidentität bei einem Mehrheitsgesellschafter, der zugleich Geschäftsführer ist, oder in den Fällen des Gesellschafter-Geschäftsführers einer Ein-Mann-GmbH zugleich auf eine private Eigenhaftung des Vertreters geschlossen werden.

In der Literatur wurde diese Begründung über das Eigeninteresse zT kritisiert (vgl TEMPEL 249). Stattdessen oder auch zusätzlich wird die kumulative Haftung des Vertreters aus cic bejaht, wenn er während der Verhandlungen das **Vertrauen des Verhandlungspartners in besonderem Maße in Anspruch genommen** hat (BAMBERGER/ROTH/VALENTHIN § 164 Rn 40; ERMAN/MAIER-REIMER § 164 Rn 23; Hk-BGB/DÖRNER § 164 Rn 12; JAUERNIG § 164 Rn 10; MünchKomm/SCHRAMM § 164 Rn 11; NK-BGB/STOFFELS § 164 Rn 101; PWW/FRENSCH § 164 Rn 79; SOERGEL/LEPTIEN § 164 Rn 6; BORK Rn 1682; LARENZ, Schuldrecht I § 9 I 4; FLUME § 46 5; WOLF/NEUNER § 36 Rn 32 ff, § 49 Rn 96; MÜLLER NJW 1969, 2169 und 2171; BALLERSTEDT AcP 151, 521 ff; E SCHMIDT AcP 173, 502, 517 f; einschränkend NIRK, Vertrauenshaftung Dritter bei Vertragsdurchführung, in: FS Hauß [1978] 285; STICHT, Zur Haftung des Vertretenen und Vertreters aus Verschulden bei Vertragsschluss sowie des Erfüllungsgehilfen aus positiver Vertragsverletzung [Diss München 1966] 86 ff; ausf jetzt bei den Kommentierungen zu § 311 Abs 3, s nur PALANDT/GRÜNEBERG § 311 Rn 63 ff; STAUDINGER/LÖWISCH/FELDMANN [2013] § 311 Rn 173 ff). Von der neueren Rspr wird dieser an sich vorzugswürdige Gesichtspunkt der Inanspruchnahme von Vertrauen in einer Art *Sachwalterhaftung* des Vertreters als weiterer Tatbestand anerkannt (s BGHZ 56, 81, 83; 63, 382, 384; 87, 27, 33; 88, 67, 69; 129, 136, 170; BGH NJW 1987, 2511; 1990, 506; 1997, 1233; 2007, 1362, 1363; WM 1992, 699, 701; NJW-RR 2005, 1137; NJW-RR 2006, 110 und 944); er hat jetzt in § 311 Abs 3 S 2 ausdrückliche Anerkennung gefunden. Derartige Fälle liegen zB vor, wenn der Vertreter dem Käufer als ein „Quasiverkäufer" erscheint (s etwa BGH NJW 1975, 642; 1977, 1914; OLG Koblenz NJW-RR 1988, 1137; OLG Köln NJW-RR 1990, 1144; LG Oldenburg DAR 1987, 122), ein Architekt als Vertreter des Bauherrn mit den ihm bekannten Bauhandwerkern abschließt (vgl BGH LM § 278 Nr 37) oder ein Unternehmensberater als Sanierer auf seine früheren Erfolge ein Kreditbegehren stützt (s ferner zB BGH NJW 1985, 2595; OLG Düsseldorf NJW-RR 1998, 395: Versicherungsmakler; BGH NJW 1997, 1233 mwNw: Kfz-Händler;

BGH NJW-RR 2006, 109, 110: Anlagevermittler; OLG Düsseldorf OLGZ 1978, 317: Kunstauktionator). Häufig wird es sich demnach um Vertreter handeln, die ihre Tätigkeit aufgrund entsprechender Fachkenntnisse *berufsmäßig* entfalten (MünchKomm/Schramm § 164 Rn 11; Enneccerus/Nipperdey § 182 II 3 a); unbedingt notwendig ist dies aber nicht. – In den vorgenannten Fällen kann im Übrigen auch eine *Haftung unmittelbar aus § 280 Abs 1* in Betracht kommen, wenn der Vertreter im Rahmen der Vertragsabwicklung eine schuldhafte (Neben-)Pflichtverletzung begangen hat (BGH NJW 1978, 1374, 1375; NJW-RR 1990, 459, 460 f; OLG Dresden NJW-RR 200, 307; Bamberger/Roth/Valenthin § 164 Rn 41 mwNw; Erman/Maier-Reimer § 164 Rn 20; MünchKomm/Schramm § 164 Rn 12; PWW/Frensch § 164 Rn 79; Soergel/Leptien § 164 Rn 7). – Die Sachwalterhaftung wurde auch anerkannt in den sog „Time-Sharing-Fällen". Dort wurde durch die beteiligten Unternehmen versucht, über undurchsichtige Vertragskonstruktionen im Stellvertretungsrecht das Vertragsverhältnis zu verschleiern, um damit die Ausübung des Rücktrittsrechts durch den Betroffenen zu erschweren. Ausgangspunkt der Vertragsverhandlungen mit dem Erwerber des „Wohnrechts" war dabei häufig eine im Inland gelegene deutsche Gesellschaft. Diese trat dann als Vertreterin verschiedener ausländischer Unternehmen auf, wobei unklar blieb, wer der eigentliche Vertragspartner sein sollte. Die Rechtsprechung (s hierzu nur OLG Köln NJW-RR 1997, 308 mwNw) ließ in diesen Fällen, deren Brisanz durch das Teilzeit-Wohnrechtegesetz (vom 20. 12. 1996, BGBl I 2154) entschärft wurde, die Rückabwicklung gegenüber dem inländischen Unternehmen zu und bejahte dessen Sachwalterhaftung, da diese Unternehmen regelmäßig erhebliches Vertrauen in Anspruch nahmen und damit als die eigentlichen Verkäufer erschienen.

II. Die Regelung des § 164 Abs 2

1. Die Bedeutung der Vorschrift im Normalfall

16 a) Wollte jemand zwar als Vertreter handeln, hat dies jedoch dem Kontrahenten in der nach § 164 Abs 1 erforderlichen Weise (Rn 1 ff) *nicht erkennbar gemacht,* so ist nach den allgemeinen Auslegungsgrundsätzen seine Erklärung in dem Sinne wirksam geworden, in welchem der Kontrahent sie verstehen konnte und durfte. Demnach wird der Vertreter im Zweifel selbst zur Geschäftspartei; Unklarheiten gehen zu seinen Lasten. Er muss nach dem Offenheitsgrundsatz dafür sorgen, dass sein Handeln im fremden Namen erkennbar wird. Auch ohne die insoweit nur deklaratorische Anordnung des § 164 Abs 2 kann seine Willenserklärung anderenfalls lediglich als **Eigengeschäft** wirksam werden (Bamberger/Roth/Valenthin § 164 Rn 42; Erman/Maier-Reimer § 164 Rn 25; MünchKomm/Schramm § 164 Rn 62; NK-BGB/Stoffels § 164 Rn 63; Palandt/Ellenberger § 164 Rn 16; PWW/Frensch § 164 Rn 80; Bork Rn 1416; Flume § 44 III; Moser 64 ff; K Schmidt JuS 1987, 425, 426 f; s etwa BGH NJW 2005, 2620, 2621 zum Eintritt eines Ehegatten in einen Mietvertrag; OLG Düsseldorf NJW-RR 2005, 852). Der Vertreter, der sich auf diese Weise *selbst zur Vertragspartei* gemacht hat, kann alle Rechte aus dem Geschäft für sich in Anspruch nehmen. Auch ein dinglicher Rechtserwerb tritt in seiner Person ein (RGZ 140, 223, 229; Soergel/Leptien § 164 Rn 34 mwNw). Sein Geschäftsgegner kann keinen Einwand daraus herleiten, dass der Vertretene eigentlich für einen anderen hatte handeln wollen.

17 b) Allerdings hätte der Vertreter gem § 119 Abs 1 Fall 2 die Möglichkeit, seine *Erklärung anzufechten,* weil sie mit einem anderen Inhalt wirksam geworden ist, als es seinem Willen entsprach. Im Hinblick darauf greift § 164 Abs 2 *zugunsten des Geschäftsgegners* ein und **schneidet dem Vertreter die Möglichkeit einer Irrtumsanfechtung ab** (BGH LM Nr 5 zu § 164; NJW-RR 1992, 1010, 1011; BAMBERGER/ROTH/VALENTHIN § 164 Rn 43; ERMAN/MAIER-REIMER § 164 Rn 25; Hk-BGB/DÖRNER § 164 Rn 5; MünchKomm/SCHRAMM § 164 Rn 62; NK-BGB/STOFFELS § 164 Rn 63; PALANDT/ELLENBERGER § 164 Rn 16; PWW/FRENSCH § 164 Rn 80; SOERGEL/LEPTIEN § 164 Rn 34; BITTER § 10 Rn 32; BOECKEN Rn 615; BORK Rn 1417; BROX/WALKER Rn 525; FLUME § 44 III; GRIGOLEIT/HERRESTHAL Rn 415; HIRSCH Rn 879; HÜBNER Rn 1220; KÖHLER § 11 Rn 19; MEDICUS Rn 919; PAWLOWSKI Rn 702; RÜTHERS/STADLER § 30 Rn 6; SCHMIDT Rn 674; WOLF/NEUNER § 49 Rn 66; MOCK JuS 2008, 309, 313; PETERSEN Jura 2010, 187, 188; PIKART WM 1959, 339; K SCHMIDT JuS 1987, 425, 427; ZUNFT NJW 1959, 277; s dazu auch SCHMOECKEL 92; krit NEUNER AcP 193 [1993] 1, 15 und FAUST § 25 Rn 12). Damit wird dem Gesichtspunkt des Vertrauensschutzes zugunsten des Geschäftsgegners Rechnung getragen. Der Vertreter ist als Geschäftspartei gebunden, der „Vertretene" bleibt außerhalb des Geschäfts und kann es auch nicht gem § 177 an sich ziehen.

c) Wer in Anspruch genommen wird und behauptet, als Stellvertreter gehandelt zu haben, muss die für seine Entlastung erforderlichen Tatsachen *beweisen*. § 164 Abs 2 begründet mithin durch seine Formulierung auch eine Beweislastregelung, die durch § 179 Abs 1 bestätigt wird (s unten Rn 26). **18**

2. Die Ausnahmefälle

a) Durchbrochen wird im Wege teleologischer Auslegung die Eigenwirkungsregel des § 164 Abs 2 in den Fällen des *verdeckten Handelns* für den, den es angeht (s SCHMOECKEL 92 f). Hier treten, wenn man die Rechtsfigur dieses Handelns anerkennt, unmittelbar die Rechtswirkungen beim Hintermann ein (s Vorbem 53 zu §§ 164 ff). Ebenso ist es beim *offenen Handeln* für den, den es angeht (s Vorbem 51 zu §§ 164 ff). So wird die Anwendung des § 164 Abs 2 ausgeschlossen, wenn nur unerklärt geblieben ist, ob der Vertreter selbst oder der dem Geschäftspartner bekannte Hintermann das Geschäft abschließt (BGHZ 64, 11, 15), oder wenn nur der Name des Hintermannes verschwiegen wird. Auch in den Fällen des Handelns unter fremdem Namen greift § 164 Abs 2 nicht, wenn mit dem Namensträger abgeschlossen werden sollte (s Vorbem 90 zu § 164; SOERGEL/LEPTIEN § 164 Rn 36 mit Rn 26). **19**

b) Ferner greift die Regelung des § 164 Abs 2 nicht ein, wenn jemand mit dem Geschäftsinhaber abschließen will, in Wirklichkeit aber ihm ein *bevollmächtigter Angestellter* gegenübersteht, der seine Vertreterstellung nicht erkennbar macht. Auch hier wird das Geschäft als mit Wirkung für den Hintermann abgeschlossen bewertet (s Vorbem 52 zu §§ 164 ff; RGZ 67, 148 f; BGHZ 62, 216, 220 f; OLG Köln BB 1977, 467; SOERGEL/LEPTIEN § 164 Rn 36; HÜBNER Rn 1220; SCHMIDT JR 1975, 461). Ebenso ist die Rechtslage, wenn jemand mit einem vertretungsberechtigten *Gesellschafter* kontrahiert, den er für den Alleininhaber hält (RGZ 30, 77 ff). Hingegen greift § 164 Abs 2 ein, wenn der Wille, im Namen der Gesellschaft handeln zu wollen, nicht erkennbar gemacht wurde (RGZ 119, 64, 66). **20**

c) Kein Fall des § 164 Abs 2 liegt vor, wenn jemand objektiv ein Handeln im *fremden Namen erkennbar* gemacht hat, in Wirklichkeit aber in eigenem Namen handeln wollte. Da § 164 Abs 2 die Berufung auf den Willen, in eigenem Namen zu **21** handeln, nicht ausschließen will, ist in diesem Fall die Anfechtung nach § 119 Abs 1 zulässig (Bamberger/Roth/Valenthin § 164 Rn 44; BGB-RGRK/Steffen § 164 Rn 5; Erman/ Maier-Reimer § 164 Rn 26; Hk-BGB/Dörner § 164 Rn 5; Jauernig § 164 Rn 3; MünchKomm/ Schramm § 164 Rn 65; NK-BGB/Stoffels § 164 Rn 64; PWW/Frensch § 164 Rn 81; Soergel/ Leptien § 164 Rn 12 und Rn 35; Bitter § 10 Rn 35; Bork Rn 1420; Enneccerus/Nipperdey § 178 II 2; Faust § 25 Rn 13; Flume § 44 III; Grigoleit/Herresthal Rn 406; Hübner Rn 1221; Wolf/ Neuner § 49 Rn 67; Brox JA 1980, 449, 454; Lieb JuS 1967, 106, 112; Mock JuS 2008, 309, 313; Tempel 223; aM BGHZ 36, 30, 33; Palandt/Ellenberger § 164 Rn 16; Schmidt Rn 676; Wertenbruch § 28 Rn 17; Fikentscher AcP 154, 16 ff). Entsprechendes gilt, wenn der Vertreter eine andere Person vertreten wollte (MünchKomm/Schramm § 164 Rn 65; Faust § 25 Rn 13; Bork Rn 1420; Wolf/Neuner § 49 Rn 68). Wegen der Besonderheit des in der Person des Vertreters vorhandenen Willensmangels steht das Anfechtungsrecht – jedenfalls bei fehlender oder überschrittener Vertretungsmacht – nicht dem Vertretenen (so aber Soergel/Leptien § 164 Rn 12; Mock JuS 2008, 309, 313), sondern dem Vertreter zu (Erman/ Maier-Reimer § 164 Rn 26; MünchKomm/Schramm § 164 Rn 66; NK-BGB/Stoffels § 164 Rn 64; Flume § 44 III, Hübner Rn 1221; Brox JA 1980, 449, 454; vgl Vorbem 36 zu §§ 164 ff), dem Vertretenen allerdings dann, wenn der Vertreter innerhalb ihm zustehender Vertretungsmacht handelte (Bamberger/Roth/Valenthin § 164 Rn 44; Erman/Maier-Reimer § 164 Rn 26; PWW/Frensch § 164 Rn 82; Bork Rn 1420; Brox JA 1980, 449, 454; aA Flume § 44 III).

III. Die Regelung des § 164 Abs 3

1. Der Empfangsvertreter (Passivvertreter)

22 a) Durch § 164 Abs 3 werden das Repräsentationsprinzip und das Offenheitsprinzip des § 164 Abs 1 ausdrücklich auf die sog **Empfangsvertretung oder Passivvertretung** (s Vorbem 19 zu §§ 164 ff) übertragen. Bei ihr geht es um die Entgegennahme einer einem anderen gegenüber abzugebenden Willenserklärung durch einen Stellvertreter. Für die durch § 164 Abs 3 normierte Fremdwirkung des Vertreterhandelns kommt es allerdings, da beim Zugang verkörperter und bei der Vernehmung nicht verkörperter Willenserklärungen keine rechtsgeschäftliche Willens*erklärung* erforderlich ist (Erman/Maier-Reimer § 164 Rn 24; Schilken 79; Häublein Jura 2007, 728, 729; Richardi AcP 169, 398; weitergehend [keine Willens*bildung* nötig] Bamberger/Roth/Valenthin § 164 Rn 45; MünchKomm/Schramm § 164 Rn 133; Soergel/Leptien § 164 Rn 37), darauf an, dass das vom Vertreter an den Tag gelegte Empfangsverhalten erkennbar für den Vertretenen wirken soll. Dieses dem auch hier maßgeblichen Offenheitsgrundsatz (s Vorbem 35 zu §§ 164 ff) zu entnehmende Erfordernis der Erkennbarkeit kann einer ausdrücklichen Bekundung oder aus den Umständen zu entnehmen sein (BGH NJW 2002, 1041; BGHZ 149, 129, 134 zu Kaufverträgen bei Internetauktionen; MünchKomm/Schramm § 164 Rn 133; NK-BGB/Stoffels § 164 Rn 102; Soergel/Leptien § 164 Rn 37; Faust § 24 Rn 5; Häublein Jura 2007, 728, 729). Zusätzlich wird zT verlangt (Enneccerus/Nipperdey § 178 III), dass die Erklärung gerade gegenüber dem Empfangsvertreter *abgegeben*, also mit Richtung auf diesen in Bewegung gesetzt sein müsse. Dies erscheint jedoch unzutreffend. Vielmehr genügt die Abgabe der Erklärung gegenüber dem Vertreter *oder* Vertretenen, um bei Eintritt in den Empfangsbereich des Passivvertreters Rechtswirkungen für und gegen den Vertretenen herbeizuführen (zust Soergel/Leptien § 164 Rn 37; Faust § 29 Rn 8). Erforderlich ist dabei allerdings auch auf Seiten des Erklärenden eine Offenlegung dahin, dass der Vertretene der Geschäftspartner sein

soll, die sich jedenfalls aus den Umständen ergeben muss (RG Recht 1926 Nr 1926; BGH NJW 2002, 1041; ERMAN/MAIER-REIMER § 164 Rn 27; MünchKomm/SCHRAMM § 164 Rn 133, § 167 Rn 39 f; NK-BGB/STOFFELS § 164 Rn 102; PWW/FRENSCH § 164 Rn 83; SOERGEL/LEPTIEN § 164 Rn 37; RICHARDI AcP 169, 398; insoweit allgM). Mit dem Empfang durch den Vertreter wirkt die Willenserklärung gem § 164 Abs 3 iVm Abs 1 unmittelbar gegenüber dem Vertretenen (BGH NJW 2002, 1041, 1042; 2003, 3270 f; OLG Bamberg WM 2007, 1211 mAnm EINSELE WuB I E 1 Kreditvertrag 8. 07; BGB-RGRK/STEFFEN § 164 Rn 18; ERMAN/MAIER-REIMER § 164 Rn 24; BOECKEN Rn 654; BORK Rn 1654; BROX/WALKER Rn 523; BREHM Rn 169; EISENHARDT Rn 89; HIRSCH Rn 120; HÜBNER Rn 732; PAWLOWSKI Rn 753; RÜTHERS/STADLER § 17 Rn 53; SCHMIDT Rn 655; WOLF/NEUNER § 49 Rn 20; EISFELD JA 2006, 851, 853 f; RICHARDI AcP 169, 398; SCHILKEN 79). Wenn allerdings der Empfangsvertreter die Entgegennahme der Willenserklärung ausdrücklich ablehnt, so kann diese Wirkung nicht eintreten (so wohl auch PALANDT/ELLENBERGER § 164 Rn 17; aA die ganz hM, s BGB-RGRK/STEFFEN § 164 Rn 11; BAMBERGER/ROTH/VALENTHIN § 164 Rn 45; ERMAN/MAIER-REIMER § 164 Rn 27; MünchKomm/ SCHRAMM § 164 Rn 133; NK-BGB/STOFFELS § 164 Rn 102; PWW/FRENSCH § 164 Rn 83; SOERGEL/ LEPTIEN § 164 Rn 37), weil dem Stellvertreter insoweit – im Gegensatz zum Empfangsboten (s Rn 24) – Entscheidungsmacht zusteht, anderenfalls die Verweisung auf Abs 1 sich auf die Rechtsfolge beschränken würde; auch eine Empfangsbotenschaft (s Rn 25) scheidet dann aus. Ist hingegen die Erklärung eindeutig an den Mittelsmann gerichtet und hat dieser keine Vertretungsmacht, so ist es doch sachgerecht, zugleich eine Adressierung an den Geschäftsherrn anzunehmen, sodass der Zugang über eine Empfangsbotenstellung des Empfängers angenommen werden kann (FAUST § 29 Rn 7).

Eine aktive Vertretungsmacht umfasst idR auch die Macht zur Passivvertretung im entsprechenden Geschäftsbereich (BGH NJW 2002, 1041, 1042; MünchKomm/SCHRAMM § 164 Rn 133; NK-BGB/STOFFELS § 164 Rn 102; PWW/FRENSCH § 164 Rn 84; SOERGEL/LEPTIEN § 164 Rn 38; EISFELD JA 2006, 851, 853; JOUSSEN Jura 2003, 577, 578; RICHARDI AcP 1690, 385, 400; STOLL AcP 131, 228, 230). Die formularmäßige Einräumung gegenseitiger Empfangsvollmacht ist idR zulässig (s BGH NJW 1997, 3437 für Mitmieter und dazu krit SCHWAB JuS 2001, 951; SOERGEL/LEPTIEN § 164 Rn 38 mwNw). Eine Empfangsvollmacht kann aber auch isoliert bestehen (JOUSSEN Jura 2003, 577, 578; RICHARDI AcP 169, 400; MünchKomm/ SCHRAMM § 164 Rn 133; vgl OLG Karlsruhe ZIP 2006, 1718 mAnm KNÖFLER EWiR 2006, 711; aA STOLL AcP 131, 228, 231), wie zB in §§ 55 Abs 4, 75g, 91 Abs 1 HGB deutlich wird. Ist die aktive Vertretungsmacht beschränkt, so gilt das nicht ohne weiteres auch für die Empfangsvertretung (OLG Oldenburg NJW-RR 1991, 857; MünchKomm/SCHRAMM § 164 Rn 133; PWW/FRENSCH § 164 Rn 84; vgl auch BGH LM § 346 HGB [Ea] Nr 8/9). **23**

b) In § 164 Abs 3 wird § 164 Abs 2 nicht angeführt, da es hinsichtlich des Empfangsvorgangs *keiner Anfechtungssperre* bedarf (s oben Rn 15; FAUST § 25 Rn 15); eine Eigenwirkung beim Vertreter scheidet ohnehin aus, weil an den falschen Adressaten gelangende Willenserklärungen für diesen grundsätzlich keine Rechtswirkungen erzeugen. Lediglich *Aufklärungspflichten* im Rahmen einer cic oder eines Vertrages können entstehen. Die Beachtlichkeit des Willens des Stellvertreters bleibt mithin anders als bei der aktiven Vertretung (s Rn 4; Vorbem 36 zu §§ 164 ff) auf die ausdrückliche Ablehnung (Rn 22) beschränkt, weil es nicht um Willensentfaltung iS eines Rechtsgeschäfts geht. **24**

2. Die Empfangsbotenschaft

25 Vom Passivvertreter ist der **Empfangsbote** zu unterscheiden (s Vorbem 73 zu §§ 164 f; ausführlich SANDMANN AcP 199, 455 ff und BARCABA passim; EISFELD JA 2006, 851, 852; JOUSSEN Jura 2003, 577, 578 f; LANGE JA 2007, 766, 767 f; übersichtlich SCHMIDT Rn 361 ff). Der Empfangsbote tritt nicht eigenverantwortlich in rechtsgeschäftlicher Weise für den Geschäftsherrn auf, sondern wird lediglich als unselbstständige Empfangseinrichtung im Geschäftsbereich des Prinzipals tätig (SCHILKEN 85 ff; FAUST § 29 Rn 10), an den er die empfangene Willenserklärung weiterleitet. Obwohl die Abgrenzung schwieriger ist als auf der Aktivseite (s dazu Vorbem 73 ff zu §§ 164 ff; vgl auch PALANDT/ELLENBERGER Einf v § 164 Rn 11: „geringe praktische Bedeutung"), ist ebenfalls nach den gesamten äußeren Umständen zu entscheiden, ob die Mittelsperson als mit eigener Empfangszuständigkeit ausgestattete Repräsentantin des Geschäftsherrn auftritt oder nicht (SCHILKEN 86 ff; BAMBERGER/ROTH/VALENTHIN § 164 Rn 46; NK-BGB/STOFFELS § 164 Rn 103; BOEMKE/ULRICI § 13 Rn 30; FAUST § 29 Rn 6; SCHMIDT Rn 362, Rn 641; s auch MünchKomm/SCHRAMM Vor § 164 Rn 59 und § 164 Rn 134; JOUSSEN Jura 2003, 577, 578 f; LANGE JA 2007, 766, 767; SANDMANN aaO; anders RICHARDI AcP 169, 385, 399). Das Eintreffen einer Willenserklärung beim bloßen Empfangsboten lässt diese ebenfalls für und gegen seinen Auftraggeber, allerdings nach näherer Maßgabe des § 130 erst mit Zugang bei diesem, wirksam werden (s näher, auch zur verbreiteten Unterscheidung zwischen Empfangsboten kraft Ermächtigung und solchen kraft Verkehrsanschauung, mwNw SANDMANN aaO; ferner MUSIELAK/HAU Rn 112, 1255; EISFELD JA 2006, 851, 852; JOUSSEN Jura 2003, 577, 579 f; LANGE JA 2007, 766, 767 f; PETERSEN Jura 2009, 904, 905; krit BARCABA 125 ff; aus der Rechtsprechung BGH NJW 1994, 2613, 2614; BAG NJW 1993, 1093, 1094; NJW 2011, 2604 ff [Ehegatten]; abw MEDICUS Rn 285: sofortiger Zugang); Grundlage hierfür ist jedoch nicht das Repräsentationsprinzip. Die beim Empfangsboten zu beachtenden Voraussetzungen eines fremd wirkenden Erklärungsempfangs können nur innerhalb seines Botenrahmens beurteilt werden und deshalb von denjenigen eines Empfangsvertreters abweichen. Dies gilt zB hinsichtlich der Frage, wann ein in den Briefkasten des Empfangsboten eingeworfenes Schreiben nach § 130 Zugangswirkung für und gegen den Adressaten entfaltet (vgl BGH NJW-RR 1989, 757, 758; NJW 2002, 1565, 1567; ERMAN/MAIER-REIMER § 164 Rn 26; MünchKomm/SCHRAMM Vor § 164 Rn 60; NK-BGB/STOFFELS § 164 Rn 103; SOERGEL/LEPTIEN Vorbem 45 zu § 164; BOEMKE/ULRICI § 13 Rn 30; BROX/WALKER Rn 523; BREHM Rn 169; KÖHLER § 6 Rn 16; WOLF/NEUNER § 33 Rn 46, § 49 Rn 20), für die Bedeutungslosigkeit einer Geschäftsunfähigkeit (vgl § 165) und für eine Wissenszurechnung nach § 166 (s dort Rn 4, 39). Die Botenmacht kann sich wie beim Erklärungsboten (s Vorbem 76 ff zu §§ 164 ff) aus gewillkürter oder gesetzlicher – nicht bloß tatsächlicher (so aber zB SANDMANN AcP 199, 455, 467; s dazu 17 f und krit 146 f) – Ermächtigung, nicht aber aus reiner Verkehrsanschauung (str, s die Nachw bei BARCABA 14 ff, krit dazu 147 ff; vgl auch BREHM Rn 170; LANGE JA 2007, 766, 767 mwNw; JOHN AcP 184, 385, 407; s ferner BAG NJW 2011, 2604 f mwNw) ergeben, die freilich ein Auslegungskriterium für eine konkludent erteilte Botenmacht sein kann; eine Zurechnung aufgrund bloßer Risikoübernahme (so ausführlich BARCABA 205 ff mit allerdings sehr verdienstvoller Diskussion von Einzelfragen 272 ff) lässt sich hingegen nicht in die Rechtsgeschäftslehre einordnen. Fehlt es an einer solchen Empfangsbotenmacht, so kann die Mittelsperson immerhin noch Bote des Erklärenden (Erklärungsbote) sein, sodass die Willenserklärung allerdings erst mit Mitteilung an den Empfänger nach den bekannten Zugangskriterien zugeht (s dazu MünchKomm/SCHRAMM Vor § 164 Rn 58; PWW/FRENSCH § 164 Rn 19; SOERGEL/LEPTIEN § 164

Rn 37; Bork Rn 1350; Brehm Rn 171; Faust § 29 Rn 10 f; Eisfeld JA 2006, 851, 852; Lange JA 2007, 766, 767 f).

Von der Empfangsvertretung zu unterscheiden sind auch die Fälle bloßer *Empfangszuständigkeit einer Behörde* (vgl § 130 Abs 3), der gegenüber eine Willenserklärung abzugeben ist (s zB die in § 180 Rn 11 erwähnten Fälle). So ist das Gericht im Fall des § 278 Abs 6 S 1 ZPO nicht Empfangsvertreter beider Parteien, sondern lediglich für den Empfang der beiderseitigen Erklärungen – materiellrechtlicher und prozessualer Rechtsnatur – zuständig, der dann den Vergleichsschluss bewirkt (so zutr Siemon NJW 2011, 426 ff mwNw, str.).

IV. Beweislast

Die tatsächlichen Voraussetzungen einer Stellvertretung muss derjenige beweisen, **26** der daraus Rechtswirkungen für sich herleitet (s etwa BGH NJW 1986, 1675; 1991, 2958; 1992, 1380, 1381; NJW-RR 1992, 1010; ausf MünchKomm/Schramm § 164 Rn 139 f; NK-BGB/Stoffels § 164 Rn 104 ff, jew mwNw); das gilt gleichermaßen für den Vertretenen wie für den Geschäftsgegner. Anerkannte Auslegungsregeln wie die Grundsätze über unternehmensbezogene Geschäfte (BGH NJW 1983, 1844 f; 1984, 1347, 1348; 1986, 1675; 1992, 1380, 1381; OLG Koblenz NZG 2004, 373; NK-BGB/Stoffels § 164 Rn 105 mwNw; vgl oben Rn 1 f) können diesen Beweis allerdings erleichtern. Wird der Vertreter aus dem von ihm getätigten Geschäft in Anspruch genommen, so muss er das Handeln in fremdem Namen (vgl Rn 18) und – wie sich aus § 179 Abs 1 S 1 ergibt (s dort Rn 7, Rn 26) – das Bestehen von Vertretungsmacht nachweisen (BGHZ 85, 252, 258; BGH BB 1953, 369; NJW 1975, 775; 1992, 1380; 1995, 43, 44 mwNw; RGZ 95, 188, 190; OLG Düsseldorf NJW-RR 2005, 852, 853; Bamberger/Roth/Valenthin § 164 Rn 47 mwNw; BGB-RGRK/Steffen § 164 Rn 12; Erman/Maier-Reimer § 164 Rn 29; MünchKomm/Schramm § 164 Rn 139 f; NK-BGB/Stoffels § 164 Rn 104; Palandt/Ellenberger § 164 Rn 18; Soergel/Leptien § 164 Rn 39; Bork Rn 1419; Flume § 44 III; Schilken, Zivilprozessrecht Rn 501). Die Beweislast kehrt sich auch dann nicht um, wenn gewisse Umstände darauf hingewiesen haben, dass als Geschäftspartei möglicher Weise eine andere in Betracht kam (BGH WM 1961, 1381; LG Karlsruhe NJW-RR 2003, 1495 mwNw; BGB-RGRK/Steffen § 164 Rn 12).

§ 165
Beschränkt geschäftsfähiger Vertreter

Die Wirksamkeit einer von oder gegenüber einem Vertreter abgegebenen Willenserklärung wird nicht dadurch beeinträchtigt, dass der Vertreter in der Geschäftsfähigkeit beschränkt ist.

Materialien: E II § 135; III § 161; Prot II 1 138; Jakobs/Schubert, AT II 873 ff; Schubert, AT II 174 ff (Vorentwurf).

1. Die Aufgabenstellung der Vorschrift

1 a) § 165 legt die *Repräsentationstheorie* und den *Abstraktionsgrundsatz* (s Vorbem 32 ff zu §§ 164 ff; krit BEUTHIEN 17 f) zugrunde, wonach ein Stellvertreter von den Wirkungen seines stellvertretenden Handelns nicht betroffen wird und die Vertretungsmacht unabhängig vom Innenverhältnis bestehen kann. Weil die Regeln über den **beschränkt Geschäftsfähigen**, einschließlich des § 131 Abs 2, nur seinem Schutz in eigenen Angelegenheiten dienen sollen, brauchen sie beim neutralen stellvertretenden Handeln nicht beachtet zu werden (Mot I 227; FLUME § 46 2; WOLF/NEUNER § 49 Rn 10). Daher kann die in § 165 enthaltene Regelung als selbstverständlich und lediglich klarstellend bezeichnet werden (vgl MÜLLER-FREIENFELS, Die Vertretung beim Rechtsgeschäft [1955] 30; MünchKomm/SCHRAMM § 165 Rn 1; NK-BGB/STOFFELS § 165 Rn 1; PWW/FRENSCH § 165 Rn 1; SOERGEL/LEPTIEN § 165 Rn 2). Das Vertretergeschäft ist für den beschränkt Geschäftsfähigen ein (neutrales) Geschäft, das ihm jedenfalls keinen rechtlichen Nachteil bringt (vgl § 107) und auch keine Haftung begründet (s Rn 2).

2 b) Die *Interessen des Vertretenen* bei einer Vertretung durch beschränkt Geschäftsfähige wurden vom Gesetzgeber nicht als schutzwürdig erachtet; ihre Wahrung ist ihm selbst überlassen (einschränkend hierzu MÜLLER-FREIENFELS 33). In der Tat ist er – vorbehaltlich der Möglichkeit einer Anfechtbarkeit der Vollmacht bei Unkenntnis der beschränkten Geschäftsfähigkeit (s Rn 5) – nicht schutzwürdig, wenn er durch Vollmacht an den beschränkt Geschäftsfähigen ein Risiko gesetzt hat; als gesetzlicher Vertreter wird der beschränkt Geschäftsfähige praktisch in den meisten Fällen ausscheiden (s noch Rn 6 f). Zum Testamentsvollstrecker kann ein beschränkt Geschäftsfähiger nicht ernannt werden (§ 2201); diese Vorschrift ist auf andere Verwalter kraft Amtes (s Vorbem 57 zu §§ 164 ff) entsprechend anzuwenden (MünchKomm/SCHRAMM § 165 Rn 6; NK-BGB/STOFFELS § 165 Rn 8).

Allerdings kann beim Handeln eines beschränkt geschäftsfähigen Vertreters dem *Interesse des Kontrahenten,* auch den Vertreter in die für den Vertretenen eingegangene Verpflichtung einzubeziehen (vgl § 164 Rn 9), nicht ohne weiteres Rechnung getragen werden. Dasselbe gilt hinsichtlich einer Eigenhaftung des Stellvertreters im Zusammenhang der cic gem §§ 280 Abs 1, 311 Abs 2, 241 Abs 2 (s § 164 Rn 12 f), weil eine solche Haftung unter dem Gesichtspunkt des Schutzes beschränkt Geschäftsfähiger nicht ohne die Zustimmung des gesetzlichen Vertreters zur Kontaktaufnahme entstehen kann (BAMBERGER/ROTH/VALENTHIN § 165 Rn 3; MünchKomm/SCHRAMM § 165 Rn 2). Ebenso wenig trifft nach § 179 Abs 3 S 2 den beschränkt Geschäftsfähigen, dem Vorrang seines Schutzes entsprechend, eine Haftung als Vertreter ohne Vertretungsmacht (s § 179 Rn 19).

3 c) **Geschäftsunfähige** sind im Unterschied zu den beschränkt Geschäftsfähigen vom Handeln als Stellvertreter ausgeschlossen (RG HRR 1936 Nr 183; BGHZ 53, 210, 215; OLG München JZ 1990, 1029; BAMBERGER/ROTH/VALENTHIN § 165 Rn 11; BGB-RGRK/STEFFEN § 165 Rn 2; ERMAN/MAIER-REIMER § 165 Rn 5; MünchKomm/SCHRAMM § 165 Rn 12; NK-BGB/STOFFELS § 165 Rn 5; PALANDT/ELLENBERGER § 165 Rn 1; SOERGEL/LEPTIEN § 165 Rn 1; WERTENBRUCH § 28 Rn 4; zur Botenschaft vgl Vorbem 78 zu §§ 164 ff; zur Frage, inwieweit Erklärungen wirksam sind, die von geschäftsfähigen Vertretern gemeinsam mit geschäftsunfähigen abgegeben wurden, vgl § 167 Rn 58; s auch OSTHEIM AcP 169, 193 ff). Rechtsgeschäfte eines geschäftsunfähigen Vertreters sind somit gem § 105 nichtig und werden dem Vertretenen nicht zugerechnet (BGHZ 53, 210, 215; ERMAN/MAIER-REIMER § 165 Rn 5; MünchKomm/ SCHRAMM § 165 Rn 12; NK-BGB/STOFFELS § 165 Rn 5; PWW/FRENSCH § 165 Rn 3; SOERGEL/LEPTIEN § 165 Rn 1; WOLF/NEUNER § 46 Rn 26; krit CANARIS JZ 1987, 993, 998; ROTH JZ 1990, 1030; s auch CHIUSI Jura 2005, 532 ff; KIEHNLE AcP 212 [2012] 906 ff; WEDEMANN AcP 209 [2009] 668, 699). Ein guter Glaube des Geschäftspartners wird wie auch sonst nicht geschützt (ERMAN/MAIER-REIMER § 165 Rn 5; SOERGEL/LEPTIEN § 165 Rn 1). Ebenso ist eine Haftung entsprechend § 122 (dafür insbes OSTHEIM AcP 169, 193, 221 ff; BGB-RGRK/STEFFEN § 165 Rn 2; CANARIS, in: FG Bundesgerichtshof [2000] 129, 162; abl auch MünchKomm/SCHRAMM § 165 Rn 12; NK-BGB/STOFFELS § 165 Rn 5; PALANDT/ELLENBERGER § 165 Rn 1; SOERGEL/LEPTIEN § 165 Rn 1 mwNw) oder allgemein nach Rechtsscheinsgrundsätzen (s § 167 Rn 34 ff; Nachw wie zuvor) abzulehnen. Im Falle eines Verschuldens kann den Vertretenen aber eine Haftung aus cic treffen (MünchKomm/SCHRAMM § 165 Rn 12; NK-BGB/STOFFELS § 165 Rn 5; PALANDT/ELLENBERGER § 165 Rn 1; SOERGEL/LEPTIEN § 165 Rn 1; OSTHEIM AcP 169, 193, 223), darüber hinaus bei organschaftlichen Stellvertretern ausnahmsweise auch eine Rechtsscheinshaftung (BGHZ 115, 78, 81 ff; BAMBERGER/ROTH/VALENTHIN § 165 Rn 11; ERMAN/MAIER-REIMER § 165 Rn 5; MünchKomm/SCHRAMM § 165 Rn 13; NK-BGB/§ 165 Rn 5 Fn 7; SOERGEL/LEPTIEN § 165 Rn 1; s auch CANARIS 161 f; K SCHMIDT JuS 1991, 1002, 1004 f). Eine Ausnahme von der Beschränkung des § 165 erscheint zur Erhaltung interessengerechter Handlungsfähigkeit gerechtfertigt, wenn bei einer teilrechtsfähigen GbR ein Gesellschafter geschäftsunfähig ist.

2. Die Wirkungen des § 165 bei rechtsgeschäftlicher Vertretung

a) Im Falle der aktiven oder passiven Stellvertretung durch einen beschränkt **4** Geschäftsfähigen treten zugunsten und zulasten des Vertretenen die **Wirkungen des § 164 Abs 1 und 3** ein. § 165 schließt aus, dass der Vertretene die beschränkte Geschäftsfähigkeit seines Vertreters gegenüber dem Kontrahenten des vom Vertreter vorgenommenen Rechtsgeschäftes geltend macht. Nicht ausgeschlossen wird hingegen, dass die beschränkte Geschäftsfähigkeit im *Innenverhältnis zwischen* dem Vertretenen und dem Vertreter rechtserheblich wird: Fehlt es für das stellvertretende Handeln des beschränkt Geschäftsfähigen an einem wirksamen Innenverhältnis, weil die Genehmigung des gesetzlichen Vertreters noch aussteht oder verweigert wurde, haftet der beschränkt geschäftsfähige Vertreter dem Vertretenen nur unter dem Gesichtspunkt der *unerlaubten Handlung* (MünchKomm/SCHRAMM § 165 Rn 11; NK-BGB/STOFFELS § 165 Rn 6). Umgekehrt allerdings kann er auch keine vertraglichen Ansprüche, zB auf Entgelt oder Auslagenersatz, gegenüber dem Vertretenen erheben. Im Falle einer Vertretung ohne Vertretungsmacht, auf den § 165 gleichfalls Anwendung findet (SOERGEL/LEPTIEN § 165 Rn 3), gelten die §§ 177 ff, ggf mit der Haftungsbeschränkung des § 179 Abs 3 S 2 (WEDEMANN AcP 209 [2009] 668, 699).

b) Darüber hinaus kann die beschränkte Geschäftsfähigkeit des Vertreters inso- **5** weit von Bedeutung sein, als die Vollmachtserteilung an ihn wegen *Irrtums über eine verkehrswesentliche Eigenschaft* in der Person des Vertreters gem § 119 Abs 2 anfechtbar ist, wenn der Vollmachtgeber die beschränkte Geschäftsfähigkeit nicht kannte (BAMBERGER/ROTH/VALENTHIN § 165 Rn 7; NK-BGB/STOFFELS § 165 Rn 7; PWW/ FRENSCH § 165 Rn 2; SOERGEL/LEPTIEN § 165 Rn 5; s auch HOFFMANN JZ 2012, 1156, 1157 f; zu den Besonderheiten der Anfechtung einer Vollmachtserteilung vgl § 167 Rn 77 ff). Wird die Anfechtung wirksam erklärt, so hat der Vertreter ohne Vertretungsmacht gehandelt. Seine Eigenhaftung als vollmachtloser Vertreter wird allerdings durch § 179 Abs 3

S 2 ausgeschlossen. Hingegen haftet der Vertretene dann dem Kontrahenten nach § 122 auf Schadensersatz.

3. Die Wirkungen des § 165 bei gesetzlicher Vertretung

6 a) § 165 gilt auch für den **gesetzlichen Vertreter**, trotz der Bedenken, welche in der zweiten Kommission hiergegen geltend gemacht wurden (vgl Prot I 138). Demnach kann ein beschränkt Geschäftsfähiger Vorstandsmitglied nach den §§ 26, 86 sein, zB bei einem Sportverein (Erman/Maier-Reimer § 165 Rn 4; NK-BGB/Stoffels § 165 Rn 9; Bork Rn 1368; Kunz ZblJugR 1978, 460). Ist er persönlich haftender Gesellschafter einer Personengesellschaft, so ist hingegen wegen der drohenden rechtlichen Nachteile § 107 zu beachten (Bamberger/Roth/Valentin § 165 Rn 9; MünchKomm/Schramm § 165 Rn 4; NK-BGB/Stoffels § 165 Rn 9).

7 b) In vielen Fällen ist allerdings die gesetzliche Vertretung durch beschränkt Geschäftsfähige *ausgeschlossen*. So soll gem § 1781 Nr 1 ein aus Gründen der Minderjährigkeit beschränkt Geschäftsfähiger nicht zum Vormund und nach § 1915 nicht zum Pfleger bestellt bzw gemäß § 1886 aus dem Amt entlassen werden. Auch als Betreuer ist er im Hinblick auf §§ 1897 Abs 1, 1902 ausgeschlossen. Elterliche Sorge kann der beschränkt Geschäftsfähige nach § 1673 Abs 2 nicht bzw nur beschränkt auf die Personensorge neben dem gesetzlichen Vertreter ausüben.

Ebenso ist die Vorstandsbestellung eines Minderjährigen für eine Aktiengesellschaft nach § 76 Abs 3 S 1 AktG ausgeschlossen (s auch § 100 Abs 1 S 1 AktG für den Aufsichtsrat). Entsprechendes gilt gemäß § 6 Abs 2 GmbHG für die Geschäftsführung einer GmbH. Zur auferlegten Verwaltung kraft Amtes s Rn 2.

4. Die von § 165 nicht erfassten Tatbestände

8 a) § 165 gilt nicht in den Fällen der **mittelbaren Stellvertretung** (s dazu Vorbem 42 ff zu §§ 164 ff; Bamberger/Roth/Valentin § 164 Rn 6; MünchKomm/Schramm § 165 Rn 16; NK-BGB/Stoffels § 165 Rn 3), da der mittelbare Vertreter in eigenem Namen handelt und ggf verpflichtet wird; die Wirksamkeit seiner Rechtsgeschäfte richtet sich nach §§ 107 ff. Soweit allerdings das offene Handeln für den, den es angeht, einen Fall der unmittelbaren Stellvertretung für einen noch nicht benannten Vertragspartner darstellt (s Vorbem 51 zu §§ 164 ff), greift auch § 165 ein.

Auf den **Boten** kann § 165 wegen des grundsätzlichen Unterschiedes von Botenschaft und Stellvertretung keine Anwendung finden (s Vorbem 78 zu §§ 164 ff und § 164 Rn 25; NK-BGB/Stoffels § 165 Rn 4; Medicus Rn 886).

9 b) Entsprechend anwendbar ist § 165 jedoch auf diejenigen **geschäftsähnlichen Handlungen**, die, jedenfalls im Zusammenhang mit den Stellvertretungsregeln, den Willenserklärungen gleichbehandelt werden (s Vorbem 38 zu §§ 164 ff).

10 c) Für das **Prozessrecht** ergibt sich aus § 79 Abs 2 S 2 Nr 2, dass beschränkt Geschäftsfähige als Prozessvertreter ausgeschlossen sind (vgl Erman/Maier-Reimer § 165 Rn 6; NK-BGB/Stoffels § 165 Rn 10; Soergel/Leptien § 165 Rn 4; Rosenberg/Schwab/Gottwald § 55 II 5 a; Schilken, Zivilprozessrecht Rn 89; Stein/Jonas/Bork § 79 ZPO Rn 1).

Hingegen wurde in **Verfahren der freiwilligen Gerichtsbarkeit** der beschränkt Geschäftsfähige von der hM als Vertreter eines Beteiligten zugelassen (KG KGJ 35 A 223; LG Lübeck SchlHA 1964, 219; PWW/Frensch § 165 Rn 2; Soergel/Leptien § 165 Rn 4). Dem war jedoch nicht zu folgen, sondern statt § 165 die auf das gerichtliche Verfahren zugeschnittene Vorschrift des § 79 ZPO analog anzuwenden (Brehm, Freiwillige Gerichtsbarkeit [3. Aufl 2002] Rn 232; Lukes ZZP 69, 141 ff). Nunmehr enthält § 10 Abs 2 Nr 2 FamFG eine dem § 79 ZPO entsprechende Regelung (s aber auch Bumiller/Harders, FamFG [10. Aufl 2011] § 10 Rn 11: § 165 anwendbar).

§ 166
Willensmängel; Wissenszurechnung

(1) Soweit die rechtlichen Folgen einer Willenserklärung durch Willensmängel oder durch die Kenntnis oder das Kennenmüssen gewisser Umstände beeinflusst werden, kommt nicht die Person des Vertretenen, sondern die des Vertreters in Betracht.

(2) Hat im Falle einer durch Rechtsgeschäft erteilten Vertretungsmacht (Vollmacht) der Vertreter nach bestimmten Weisungen des Vollmachtgebers gehandelt, so kann sich dieser in Ansehung solcher Umstände, die er selbst kannte, nicht auf die Unkenntnis des Vertreters berufen. Dasselbe gilt von Umständen, die der Vollmachtgeber kennen musste, sofern das Kennenmüssen der Kenntnis gleichsteht.

Materialien: E I §§ 117 und 118; II § 136; III § 162; Mot I 226; Prot I 223, II 1 139; Jakobs/Schubert, AT II 873 ff; Schubert, AT II 174 ff (Vorentwurf).

Schrifttum

Aden, Wissenszurechnung in der Körperschaft, NJW 1999, 3098
Adler, Wissen und Wissenszurechnung, insbesondere bei arbeitsteilig aufgebauten Organisationen (1997)
Altmeppen, Verbandshaftung kraft Wissenszurechnung am Beispiel des Unternehmenskaufs, BB 1999, 749
Ambs, Bestreiten mit Nichtwissen (1997)
Baum, Die Wissenszurechnung (1999)
Baumann, Die Kenntnis juristischer Personen des Privatrechts von rechtserheblichen Umständen, ZGR 1973, 284
Bayreuther, § 166 I BGB als zivilrechtliche Einstandspflicht für fremdes Handeln, JA 1998, 459
Birk, Bösgläubiger Besitzdiener – gutgläubiger Besitzherr?, JZ 1963, 354

Bork, Zurechnung im Konzern, ZGR 1994, 237
Bott, Wissenszurechnung bei Organisationen (2000)
Bruns, Voraussetzungen und Auswirkungen der Zurechnung von Wissen und Wissenserklärungen im allgemeinen Privatrecht und im Privatversicherungsrecht (2007)
Buck, Wissen und juristische Person (2001)
Buck-Heeb, Private Kenntnis in Banken und Unternehmen, WM 2008, 281
dies, Wissenszurechnung und Informationsmanagement, in: Corporate Compliance – Handbuch der Haftungsvermeidung im Unternehmen (2010) § 2
Dauner-Lieb, Wissenszurechnung im Gewährleistungsrecht. Ethische Neutralisierung der Arglist?, in: FS Kraft (1998) 43
Donle, Zur Frage der rechtserheblichen

Kenntnis im Unternehmen, in: FS Klaka (1987) 6
DREXL, Wissenszurechnung im Konzern, ZHR 161, 491
ders, Wissenszurechnung im unabhängigen Konzernunternehmen, in: Bankrechtstag 2002 (2003) 85
EISELE, Wissenszurechnung im Strafrecht – dargestellt am Straftatbestand des Betruges, ZStW 116 (2004) 15
ELLERS, Die Zurechnung von Gesellschafterwissen an die GmbH – insbesondere beim gutgläubigen Erwerb eines Sacheinlagegegenstands, GmbHR 2004, 934
ERTEL, Die Wissenszurechnung im deutschen und anglo-amerikanischen Zivilrecht (1999)
FASSBENDER, Innerbetriebliches Wissen und bankrechtliche Aufklärungspflichten (1998)
FASSBENDER/NEUHAUS, Zum aktuellen Stand der Diskussion in der Frage der Wissenszurechnung, WM 2002, 1253
FATEMI, Der Begriff der Kenntnis im Bürgerlichen Recht, NJOZ 2010, 2637
FLECKNER, Schadensausgleich beim Handeln in eigenem Namen für fremde Rechte, in: FS Hopt (2008) 3
FLUME, Die Haftung für Fehler kraft Wissenszurechnung bei Kauf und Werkvertrag, AcP 197 (1997) 441
GOLDSCHMIDT, Die Wissenszurechnung (2001)
ders, Wissenszurechnung beim Unternehmenskauf, ZIP 2005, 1305
GROSS, Zur Anwendung des § 166 Abs 2 BGB im Rahmen des § 2041 Satz 1 BGB, MDR 1965, 443
GRUNEWALD, Wissenszurechnung bei juristischen Personen, in: FS Beusch (1993) 301
HADDING/HOPT/SCHIMANSKY (Hrsg), Neues Schuldrecht und Bankgeschäfte – Wissenszurechnung bei Kreditinstituten, Bankrechtstag 2002 (2003) 85 ff
HAGEN, Wissenszurechnung bei Körperschaften und Personengesellschaften als Beispiel richterlicher Rechtsfortbildung, DRiZ 1997, 157
HARTUNG, Wissenszurechnung beim Unternehmenskauf, NZG 1999, 524
HEIDRICH, Das Wissen der Bank (2001)
vHEIN, Der Abschluss eines Scheingeschäfts durch einen Gesamtvertreter: Zurechnungsprobleme zwischen Corporate Governance und allgemeiner Rechtsgeschäftslehre, ZIP 2005, 191
HELLMANN/THOMAS, Neues Schuldrecht und Bankgeschäfte – Wissenszurechnung bei Kreditinstituten, WM 2002, 1665, 1670
HELMING, Der Erfüllungsgehilfe und der Wissensvertreter beim Leasinggeschäft, FLF 2005, 229
HOCHE, Besitzerwerb und Besitzverlust durch Besitzdiener, JuS 1961, 73
HOENIG/KLINGEN, Grenzen der Wissenszurechnung beim Unternehmenskauf, NZG 2013, 1046
H-J HOFFMANN, Arglist des Unternehmers aus der Sicht für ihn tätiger Personen, JR 1969, 372
J HOFFMANN, Verbraucherwiderruf bei Stellvertretung, JR 2012, 1156
JEHLE, Die Vollmacht und die Willensmängel des Vollmachtgebers (Diss Tübingen 1908)
KEISER, Zur Haftung der Konkursmasse aus einem Vertrage, den ein Bevollmächtigter des Gemeinschuldners mit einem Dritten in beiderseitiger Unkenntnis der inzwischen erfolgten Konkurseröffnung abgeschlossen hat (Diss Leipzig 1908)
KNOPS, Die rechtliche Bindung des Leasinggebers an Zusagen des Lieferanten, BB 1994, 947
KOHLER-GEHRIG, Wissensvertretung und Wissensorganisationspflicht der Gemeinden im Privatrechtsverkehr, VBlBW 1998, 212
KOLLER, Wissenszurechnung, Kosten und Risiken, JZ 1998, 75
LESCHKE, Vertretungsmacht von Versicherungsvertretern und Wissenszurechnung (1998)
LORENZ, Mala fides superveniens im Eigentümer-Besitzer-Verhältnis und Wissenszurechnung von Hilfspersonen, JZ 1994, 549
MAIER-REIMER, Umgehungsbekämpfung durch Wissenszurechnung – ohne Grenzen und um jeden Preis?, NJW 2013, 2405
MASUCH, Stellvertretung beim Abschluss von Verbraucherverträgen, Teil I, BB 2003, Beilage 6, 16
MEDICUS, Probleme der Wissenszurechnung, in: Karlsruher Forum 1994 (1995) 4
MEYER-REIM/TESTORF, Wissenszurechnung bei Versicherungsunternehmen, VersR 1994, 1137
NEUHAUS, Zum aktuellen Stand der Diskussion

in der Frage der Wissenszurechnung, WM 2002, 1253
NEUMANN-DUESBERG, § 166 II BGB bei der gesetzlichen Stellvertretung und Handeln nach bestimmten Weisungen, JR 1950, 332
NOBBE, Die Wissenszurechnung in der Rechtsprechung des Bundesgerichtshofs, in: Bankrechtstag 2002 (2003) 121
ODERSKY, „Aktenwissen" – Kenntnis – Arglist – Analogie, in: FS Geiß (2000) 135
OERTMANN, Scheingeschäft und Kollusion, Recht 1923, 74
OLDENBOURG, Die Wissenszurechnung (Diss Leipzig 1934)
PAULUS, Zur Zurechnung arglistigen Vertreterhandelns, in: FS Michaelis (1972) 215
PETERSEN, Die Wissenszurechnung, Jura 2008, 914
REINHARDT, Wissen und Wissenszurechnung im öffentlichen Recht (2010)
REISCHL, Wissenszusammenrechnung auch bei Personengesellschaften?, JuS 1997, 783
RICHARDI, Die Wissensvertretung, AcP 169 (1969) 385
RODEWALD/UNGER, Kommunikation und Krisenmanagement im Gefüge der Corporate Compliance-Organisation, BB 2007, 1629
RÖMMER-COLLMANN, Wissenszurechnung innerhalb juristischer Personen (1998)
ROHDE, Die Wissenszurechnung bei rechtsgeschäftlicher Tätigkeit einer juristischen Person (Diss Bielefeld 1999)
ROTH, Irrtumszurechnung, in: FS Gaul (1997) 585
SCHERZBERG, Wissen, Nichtwissen und Ungewissheit im Recht, in: Wissen-Nichtwissen-Unsicheres Wissen (2002) 113
SCHEUCH, Die Zurechnung des Wissens ausgeschiedener Gesellschafter von Personen-Handelsgesellschaften, in: FS Brandner (1996) 121
dies, „Wissenszurechnung" bei GmbH und GmbH & Co, GmbH-Rdsch 1996, 828
SCHILKEN, Wissenszurechnung im Zivilrecht (1983)
SCHREINDORFER, Verbraucherschutz und Stellvertretung (2012)
SCHRÖTER, Wissenszurechnung aus der Sicht der kreditwirtschaftlichen Praxis, in: Bankrechtstag 2002 (2003) 163
SCHÜLER, Die Wissenszurechnung im Konzern (2000)
SCHULENBURG, Bankenhaftung bei geschlossenen Immobilienfonds, zugleich eine Untersuchung der Wissenszurechnung im Konzern (2002)
M SCHULTZ, Zur Vertretung im Wissen, NJW 1990, 477
W SCHULTZ, Die Bedeutung der Kenntnis des Vertretenen beim Vertreterhandeln für juristische Personen und Gesellschaften, NJW 1996, 1392 und NJW 1997, 2093
TAUPITZ, Wissenszurechnung nach englischem und deutschem Recht, in: Karlsruher Forum 1994 (1995) 16
TINTELNOT, Gläubigeranfechtung kraft Wissenszurechnung – insbesondere zu Lasten Minderjähriger, JZ 1987, 795
THIESSEN, Scheingeschäft, Formzwang und Wissenszurechnung, NJW 2001, 3025
TREBING, Die Behandlung von Willensmängeln bei direkter Stellvertretung nach § 166 BGB (Diss Jena 1904)
VOGEL, Arglistiges Verschweigen des Bauunternehmers aufgrund Organisationsverschuldens: eine Untersuchung zum Begriff des arglistigen Verschweigens bei § 638 Abs 1 Satz 1 BGB und zur unterorganschaftlichen Wissenszurechnung (1998)
WAAS, Ausschluss der Wissenszurechnung gem § 166 I BGB bei Bevollmächtigung einer Person aus dem „Lager" des Vertragspartners?, JA 2002, 511
WALTERMANN, Zur Wissenszurechnung – am Beispiel der juristischen Person des privaten und des öffentlichen Rechts, AcP 192 (1992) 180
ders, Arglistiges Verschweigen eines Fehlers bei der Einschaltung von Hilfskräften, NJW 1993, 889
WEBER, Die juristischen Handlungen des Vollmachtgebers und seine Willensmängel (Diss Jena 1936)
WEISSHAUPT, Haftung und Wissen beim Unternehmenskauf, WM 2013, 782
WESTERHOFF, Organ und (gesetzlicher) Vertreter – Eine vergleichende Darstellung anhand der Wissens-, Besitz- und Haftungszurechnung (Diss München 1993)

Wetzel, Die Zurechnung des Verhaltens Dritter bei Eigentumsstörungstatbeständen (unter besonderer Berücksichtigung der Wissenszurechnung) (1971)

Wilhelm, Kenntniszurechnung kraft Kontovollmacht?, AcP 193 (1993) 1.
Vgl auch das Schrifttum bei Vorbem zu §§ 164 ff.

Systematische Übersicht

I.	**Die Bedeutung der Vorschrift**	1
II.	**Die Regelung des § 166 Abs 1**	
1.	Der persönliche Anwendungsbereich der Vorschrift	3
a)	Der Vertreterkreis	3
b)	Gehilfen, Mitarbeiter, Boten	4
c)	Prinzip der erweiterten persönlichen Anwendung	5
d)	Besonderheiten des Versicherungsrechts	7
2.	Der sachliche Anwendungsbereich der Vorschrift	8
a)	Auslegung und persönliche Verhältnisse	8
b)	Rechtsgeschäftliche Handlungen	10
c)	Realakte	11
3.	Die von § 166 erfassten Willensmängel und ihre Folgen	12
a)	§§ 116 bis 118	12
b)	Irrtum und Dissens	13
c)	Arglistige Täuschung	15
d)	Gesamtvertretung und gesetzliche Vertretung	16
e)	Willensmängel des Vertretenen	17
f)	Die Anfechtung der Vertretererklärung	19
4.	Kennen und Kennenmüssen gem § 166 Abs 1	21
a)	Die Tatbestände	21
b)	Sittenwidrigkeitsfälle	23
c)	Gesamtvertretung	24
5.	Die arglistige Täuschung des Geschäftsgegners	25
a)	Durch Dritte oder den Vertretenen	25
b)	Durch den Vertreter	26
III.	**Die Regelung des § 166 Abs 2**	
1.	Der Geltungsbereich der Vorschrift	27
a)	Die Tatbestände	27
b)	Rechtsgeschäftlich erteilte Vertretungsmacht	29
c)	Anwendung auf die Prozessvollmacht	30
d)	Anwendung bei gesetzlicher Vertretung	31
e)	Anwendung bei Organen juristischer Personen	32
2.	Die Weisungsabhängigkeit des Vertreters	33
a)	Weite Auslegung des Erfordernisses	33
b)	Einzelfälle	34
c)	Zweifelsfälle	35
3.	Die Rechtswirkungen des § 166 Abs 2	36
a)	Das Wissen des Vertretenen	36
b)	Das Wissen des Vertreters	37
IV.	**§ 166 und Empfangsvertretung**	38
V.	**Öffentlich-rechtliche Vertreter**	40

Alphabetische Übersicht

Anfechtbarkeit der Bevollmächtigung	18
– der Vertretererklärung	19 f
Auslegung	7, 33
Besitzdiener	10
Boten	4a
Dissens	14
Eigentumserwerb	9
Eigentümer-Besitzer-Verhältnis	11
Empfangsvertretung	38
Ermächtigung	31
Formbedürftige Rechtsgeschäfte	9
Generalvollmacht	35

Titel 5
Vertretung und Vollmacht § 166

Gesamtvertretung	24	Täuschung des Geschäftsgegners	25 f
Gesetzliche Vertretung	2 f, 16, 31		
Gewillkürte Vertretung	3, 29, 35	Überbau	22
		Untervollmacht	29, 35
Kennen und Kennenmüssen	21 ff, 27 ff, 36 f		
		Verhandlungsgehilfe	4
Mittelbare Stellvertretung	3	Verjährung	22
		Versicherungsrecht	7
Öffentlich-rechtliche Vertreter	40	Vertreter in der Erklärung	5
Organe	3, 32	– ohne Vertretungsmacht	3, 29
Persönliche Verhältnisse	9	Weisungsgebundenheit	33 ff
Prokura	35	Willensmängel	1, 12 ff, 17, 28
Prozessbevollmächtigter	30	Wissenserklärungsvertreter	7, 10
		Wissensvertreter	4, 7
Realakte	11	Wissenszurechnung	5 ff, 27 ff
Rechtsgeschäftsähnliche Handlungen	10		
Repräsentationstheorie	1, 12	Zustimmung	32
Sittenwidrigkeit	23		

I. Die Bedeutung der Vorschrift

§ 166 wurde von den Verfassern des BGB als logische Folgerung aus der für die **1** Stellvertretung zugrunde gelegten *Repräsentationstheorie* verstanden (Mot I 226; s SCHILKEN 8 ff; HKK/SCHMOECKEL §§ 164–181 Rn 28; MünchKomm/SCHRAMM § 166 Rn 1; NK-BGB/STOFFELS § 166 Rn 1; PWW/FRENSCH § 166 Rn 1; SOERGEL/LEPTIEN Vorbem 10 zu § 154; BREHM Rn 435; PAWLOWSKI Rn 776; MÜLLER-FREIENFELS 390 Fn 9; ROTH 585; SCHREINDORFER 132 ff; BAYREUTHER JA 1998, 459, 460; Vorbem 32 zu §§ 164 ff gegen BEUTHIEN 11 ff; s dazu auch BUCK 119 ff. Krit und für eine Gesamtbetrachtung MÖLLER ZIP 2002, 333, 336; s auch MEDICUS Rn 899). Dementsprechend formuliert § 166 Abs 1 als Grundsatz, dass es für die Beurteilung des Einflusses von *Willensmängeln* nicht auf die Person des Vertretenen, sondern auf die des Vertreters ankommt. Dasselbe gilt nach dieser Vorschrift für den *Einfluss der Kenntnis oder des Kennenmüssens* gewisser Umstände auf die Willenserklärung. Allerdings sieht hierzu § 166 Abs 2 eine nicht unbeträchtliche Ausnahme für den Fall des Handelns nach bestimmten Weisungen vor, die zudem in ihrem Anwendungsbereich durch die Rechtsentwicklung deutlich erweitert worden ist.

Ihre *rechtspolitische Rechtfertigung* erfahren die Regeln des § 166 zunächst durch die **2** Überlegung, dass es Sache des Vertretenen ist, sich einen zuverlässigen Vertreter auszusuchen, ihn richtig einzuweisen und zu kontrollieren. In den Fällen der gesetzlichen Vertretung begründet die mangelnde Fähigkeit zur rechtsgeschäftlichen Selbstbestimmung die Maßgeblichkeit der Person des Vertreters (s noch Rn 15; krit MÜLLER-FREIENFELS 392 ff). Bei Willensmängeln ist zu berücksichtigen, dass nur der Vertreter die „Willens"erklärung abgibt (oder empfängt). Bei Wissen(müssen) rechtfertigt freilich nicht schon der Repräsentationsgedanke, sondern die Möglichkeit der Überprüfung relevanter Tatsachen durch den handelnden Stellvertreter die Zurechnung. Liegen diese Voraussetzungen beim anweisenden Geschäftsherrn vor, soll er sich andererseits zum Schutz des Rechtsverkehrs nicht hinter dem Vertreter verbergen können. Die Vorschrift ist eine vernünftige Konsequenz der richtigen Einordnung des Vertreterhandelns (s Vorbem 32 zu §§ 164 ff; anders BEUTHIEN NJW 1999, 3585 ff), freilich im Hinblick auf die Wissenszurechnung der modernen Entwicklung anzupassen (s Rn 4 ff, 32). Nach LEENEN (§ 4 Rn 84 ff) handelt es sich allerdings nicht um eine Zurechnung von Wissen des Vertreters an den Vertretenen, weil dieser keine Willenserklärung abgibt. Das ist aber auch nicht erforderlich, weil nach dem Konzept des BGB die Willenserklärung des Vertreters das Rechtsgeschäft des Vertretenen bewirkt (s Vorbem zu §§ 164 ff Rn 32), für dessen Beurteilung es in einschlägigen Fällen dann auch auf das Wissen(müssen) des Stellvertreters ankommt; die ihm zustehende Vertretungsmacht stellt den Zurechnungsgrund dar (NK-BGB/STOFFELS § 164 Rn 77).

II. Die Regelung des § 166 Abs 1

1. Der persönliche Anwendungsbereich der Vorschrift

3 **a)** § 166 Abs 1 erfasst sowohl die Fälle der **gewillkürten** (ausführlich BUCK 119 ff) als auch der **gesetzlichen Stellvertretung** (BGHZ 38, 65, 69; BAMBERGER/ROTH/VALENTHIN § 166 Rn 4; BGB-RGRK/STEFFEN § 166 Rn 2; ERMAN/MAIER-REIMER § 166 Rn 2; MünchKomm/SCHRAMM § 166 Rn 17; NK-BGB/STOFFELS § 164 Rn 3; PALANDT/ELLENBERGER § 166 Rn 2; PWW/FRENSCH § 166 Rn 2; SOERGEL/LEPTIEN § 166 Rn 4; SCHILKEN 18 ff, 159 ff), auch bei **Unterbevollmächtigten** (BGH NJW 1984, 1953, 1945; BAMBERGER/ROTH/VALENTHIN § 166 Rn 4; ERMAN/MAIER-REIMER § 166 Rn 2; NK-BGB/STOFFELS § 164 Rn 3; SOERGEL/LEPTIEN § 164 Rn 4). Ebenso gilt die Vorschrift für die Vertretung von **Gesamthandsgemeinschaften** (s BGH NJW 1995, 2159; NJW 1996, 1205; OLG Schleswig MDR 2005, 1062; NK-BGB/STOFFELS § 166 Rn 3; SCHILKEN 104 ff; GRUNEWALD 313 ff; HAGEN DRiZ 1997, 157; REISCHL JuS 1997, 783; zum Verwalter der Wohnungseigentümergemeinschaft OLG München NJW-RR 2007, 1097, 1098), für die **Organe juristischer Personen** (BGH WM 1959, 81; BGHZ 109, 327 mAnm FLUME JZ 1990, 550; BGH NJW 1996, 1139, 1140 f; 1996, 2508; 2001, 359, stRspr; BAMBERGER/ROTH/VALENTHIN § 166 Rn 4; ERMAN/MAIER-REIMER § 166 Rn 2; MünchKomm/SCHRAMM § 164 Rn 17, 20 f; NK-BGB/STOFFELS § 166 Rn 3; PALANDT/ELLENBERGER § 166 Rn 2; PWW/FRENSCH § 166 Rn 22 f; SOERGEL/LEPTIEN § 166 Rn 4; RÖMMER-COLLMANN 119 ff; SCHILKEN 127 ff; GRUNEWALD 313 ff; HAGEN DRiZ 1997, 157; TINTELNOT JZ 1985, 795, 799), sofern man nicht schon aus der Organstellung (§ 31) eine Zurechnung oder Gleichstellung herleitet (so zB HARTUNG NZG 1999, 524, 526 und die Vertreter der Organtheorie; s WERTENBRUCH, Handbuch Rn I 311 mwNw) oder ein allgemeines Prinzip der Verantwortung für verfügbares Wissen anerkennt (s dazu noch ausführlich Rn 6, 27 ff), des weiteren auch für **gesetzliche Amtsverwalter** (RG WarnR 1918 Nr 224; NK-BGB/STOFFELS § 166 Rn 3), die freilich nach der Amtstheorie (Vorbem 57 ff zu §§ 164 ff) ohnehin selbst handelnde Personen sind (vgl BGH BB 1984, 564, 565; PALANDT/ELLENBERGER § 166 Rn 2; SOERGEL/LEPTIEN § 166 Rn 4). Ferner greift § 166 in den Fällen einer **Vertretung ohne Vertretungsmacht** bei Genehmigung durch den Vertretenen ein, weil das BGB mit dem Ausdruck „Vertreter" auch den ohne Vertretungsmacht Handelnden erfasst (RGZ 68, 376; 128, 121; 131, 357; 135, 219; 161, 161 f; BGH NJW-RR 1989, 650, 651; 1991, 104; NJW 1992, 899, 900; 2000, 2272, 2273; 2007, 1584, 1587; 2010, 861, 862; BAG Betrieb 1961, 310; BAMBERGER/ROTH/VALENTHIN § 166 Rn 4; BGB-RGRK/STEFFEN § 166 Rn 3; ERMAN/MAIER-REIMER § 166 Rn 2; Hk-BGB/DÖRNER § 166 Rn 2; JAUERNIG § 166 Rn 3; MünchKomm/SCHRAMM § 166 Rn 13, Rn 39; NK-BGB/STOFFELS § 166 Rn 3; PALANDT/ELLENBERGER § 164 Rn 2; PWW/FRENSCH § 166 Rn 2; SOERGEL/LEPTIEN § 166

Rn 4; Buck 146 f; vgl Vorbem 18 zu §§ 164 ff). § 166 Abs 1 meint dabei den Abschlussvertreter, also denjenigen, der die Willenserklärung nach § 164 für den Vertretenen abgibt (oder empfängt). Dessen Kenntnis ist auch dann beachtlich, wenn er zuvor als Verhandlungsführer der anderen Seite aufgetreten ist, soweit deren Berufung auf die Zurechnung der Kenntnis nicht treuwidrig ist (BGH NJW 2000, 1405; krit dazu und für eine Anwendung der Grundsätze über den Missbrauch der Vertretungsmacht [s § 167 Rn 91 ff] mit beachtlichen Gründen Waas JA 2002, 511).

b) Einbezogen in den Regelungsbereich des § 166 Abs 1 hat die Rspr mit weitgehender Zustimmung des Schrifttums hinsichtlich der Zurechnung von Kenntnis und Kennenmüssen („Wissenszurechnung") solche Personen, welche unter Zustimmung des Geschäftsherrn eigenverantwortlich mit der **Vorbereitung eines Geschäfts** befasst oder bei den Vorverhandlungen – zB auch beratend wie bei institutionalisiertem Zusammenwirken in Anlagefällen – in Erscheinung getreten sind, ohne bevollmächtigte Abschlussvertreter zu sein (RG SeuffA 83 Nr 153; RGZ 131, 343, 355; BGHZ 83, 293, 296; 106, 163, 167; 131, 200, 204; BGH WM 1955, 1125; 1974, 312; BB 1957, 729; MDR 1964, 130; NJW 1965, 1174; 1989, 1792 und 2879; 1992, 899 und 1099; 2004, 2156, 2157; 2006, 2099, 2104; 2013, 2015, 2017; NJW-RR 2004, 1196, 1197 f; 2005, 634, 635 mAnm Buck-Heeb WuB 2005, 342, Kulke EWiR 2005, 459; OLG Frankfurt NJW 1976, 1355; OLG Koblenz NJW-RR 1993, 180 und WM 2003, 1228, 1234; OLG Köln MDR 1993, 953; DNotZ 1994, 481; NJW-RR 2007, 821; OLG Hamm NJW-RR 2003, 486; OLG Karlsruhe BeckRS 2013, 17174; zum Schrifttum s Bamberger/Roth/Valenthin § 166 Rn 17 mit Beispielen Rn 18; BGB-RGRK/Steffen § 166 Rn 4; Erman/Maier-Reimer § 166 Rn 8, Rn 16; Hk-BGB/Dörner Rn 7; MünchKomm/Schramm § 166 Rn 40 f; NK-BGB/Stoffels § 166 Rn 11 ff; Palandt/Ellenberger § 164 Rn 6 f; PWW/Frensch § 166 Rn 13 ff; Soergel/Leptien § 166 Rn 6; StudKomm § 166 Rn 1; Bitter § 10 Rn 179 ff; Bork Rn 1663; Brehm Rn 435; Brox/Walker Rn 538; Eisenhardt Rn 417; Hirsch Rn 975 ff; Köhler § 11 Rn 53; Medicus Rn 904d; Wolf/Neuner § 49 Rn 79; ausf Buck-Heeb § 32 Rn 10 ff; Bayreuther JA 1998, 459, 462 ff; Buck 151 ff; Dauner-Lieb 5; Schilken 213 ff; Rohde 106 ff; Hoffmann JR 1969, 373; Oechsler NJW 2006, 2451, 2453; Petersen Jura 2008, 914, 915 f; Schultz NJW 1990, 477; Stroemer/Grootz K & R 2006, 553, 554 f; Tintelnot JZ 1987, 795; Waltermann AcP 192, 181 und NJW 1993, 889; abl aber Baum 92 ff; zum Unternehmenskauf krit Goldschmidt ZIP 2005, 1305 ff); eine konkrete Bestellung zum sog **Wissensvertreter** (so die gängige Bezeichnung; s zu diesem an sich versicherungsrechtlichen Institut Rn 7 sowie Vorbem 86) ist dafür jedenfalls nicht erforderlich (BGHZ 117, 104, 107; Bamberger/Roth/Valenthin § 166 Rn 17; NK-BGB/Stoffels § 166 Rn 11; Palandt/Ellenberger § 166 Rn 6 f; Richardi AcP 169, 385, 398; Schultz NJW 1990, 477, 479). Für *rein intern wirkende Berater oder selbständige Dritte* – zB auch Treuhänder des Schuldners (BGHZ 55, 307, 311 f; NK-BGB/Stoffels § 166 Rn 11, Rn 16; Palandt/Ellenberger § 166 Rn 2), einen reinen Grundstücksmakler (OLG Stuttgart NJW-RR 2011, 918) oder den Lieferanten eines Leasinggebers ohne Einbindung in die Verhandlungen (BGH NJW-RR 2005, 1421; BGH NJW 2005, 365, 367 mAnm Jendrek WuB 2005, 438, Moseschus EWiR 2005, 109 und Baukelmann juris PR-BGHZivilR 48/2004 Anm 2; ausf Helming FLF 2005, 229; BGH NJW 2011, 2874, 2876) – gilt diese Zurechnung hingegen nicht (BGH WM 1974, 312; NJW 1992, 1099, 1100; NJW 2003, 589, 590; OLG Hamm NJW-RR 1995, 941, 942; Bamberger/Roth/Valenthin § 166 Rn 19; Erman/Maier-Reimer § 166 Rn 16; MünchKomm/Schramm § 166 Rn 40; NK-BGB/Stoffels § 166 Rn 11; Palandt/Ellenberger § 166 Rn 7; Soergel/Leptien § 166 Rn 6; Dauner-Lieb 5 f; Schilken 223 ff; Waltermann AcP 192, 210 ff). Ebenso wenig kommt eine Wissenszurechnung in Betracht, wenn eine Person als Vertreter einer Privatperson in anderen Angelegenheiten bestimmte Kenntnisse erlangt hat, bei dem maßgeblichen Geschäft aber nicht eingeschaltet ist (OLG Köln NJW-RR 1997, 718; OLG Brandenburg NJW-RR 2011, 1470 für internen Berater; zur besonderen Situation bei Organen juristischer Personen und bei Personengesellschaften s noch unten Rn 32). Stets muss vielmehr eine Einbindung der Person in das betreffende Geschäft auf Seiten des Zurechnungsempfängers vorliegen (zutr MAIER-REIMER NJW 2013, 2405, 2406). Auch gesetzliche Verschwiegenheitspflichten können zudem einer Wissenszurechnung entgegen stehen (ERMAN/MAIER-REIMER § 166 Rn 20; MünchKomm/ SCHRAMM § 166 Rn 29; MAIER-REIMER NJW 2013, 2405, 2407). Schließlich kann eine an sich gerechtfertigte Zurechnung von Wissen nach Treu und Glauben (§ 242) unbeachtlich sein, wenn die andere Partei wusste oder wissen musste, dass der Vertreter/Gehilfe sein Wissen dem Geschäftsherrn vorenthalten werde (BGH NJW 2013, 2015 für Kreditvermittler).

Die Grundsätze des § 166 Abs 1 werden im Rahmen der Wissenszurechnung auch auf Personen angewendet, die in anderer Eigenschaft, dh nicht als Gehilfen, in Erscheinung getreten sind, so zB auf den *Ehepartner* einer Vertragspartei (BGH NJW 1965, 1174; BGHZ 83, 293 betraf einen Ehepartner mit Kontovollmacht, dazu krit WILHELM AcP 183, 1; zur Kenntniszurechnung und Bösgläubigkeit im Rahmen eines Girokontenvertrages bei Kontovollmacht eines Dritten OLG Köln NJW 1998, 2909 f). Dasselbe gilt hinsichtlich des Wissens eines in die Geschäftsleitung des Partnerunternehmens entsandten „Beobachters" (BGHZ 22, 128, 134) oder eines Rechtsanwaltes, der wegen desselben Wettbewerbsverstoßes Abmahnungsfällen für verschiedene Mandanten tätig wird (OLG Hamm NJW-RR 2011, 1261).

4a Nicht anwendbar ist § 166 hingegen auf den **Boten**, der keine eigene Willenserklärung abgibt (BAMBERGER/ROTH/VALENTHIN § 166 Rn 6; ERMAN/MAIER-REIMER Vorbem 25 zu § 164; MünchKomm/SCHRAMM § 166 Rn 40; NK-BGB/STOFFELS § 166 Rn 16; PALANDT/ELLENBERGER § 166 Rn 2; PWW/FRENSCH § 166 Rn 2; SOERGEL/LEPTIEN § 166 Rn 10; FLUME § 43, 4; WOLF/ NEUNER § 49 Rn 80; SCHILKEN 79 ff, 217 ff; SCHREINDORFER 153 f; HOFFMANN JR 1969, 372, 373; krit KIEHNLE AcP 212 [2012] 910). Der Gesetzgeber hat sich in § 120 darauf beschränkt, dem Auftraggeber das Transportrisiko anzulasten (HOFFMANN JR 1969, 373), sodass die in § 166 genannten Umstände aus der Person des Auftraggebers zu beurteilen sind (BROX/WALKER Rn 522), es sei denn, es handelte sich um einen als Boten auftretenden Stellvertreter (SCHILKEN 218 ff; s Vorbem 80 zu §§ 164 ff). § 166 gilt auch nicht in den Fällen der **mittelbaren Stellvertretung** (s Vorbem 42 ff zu §§ 164 ff), weil es dort ohnehin in jeder Beziehung allein auf den Handelnden ankommt (ERMAN/MAIER-REIMER § 166 Rn 2; NK-BGB/STOFFELS § 166 Rn 16; PALANDT/ELLENBERGER § 166 Rn 2; PWW/FRENSCH § 166 Rn 2; SOERGEL/LEPTIEN § 166 Rn 10; SCHILKEN 153 f; einschränkend bei Weisungen FLECKNER, in: FS Hopt 30 f mwNw; krit auch SCHWARK JuS 1980, 777, 778 ff); eine entsprechende Anwendung des § 166 Abs 2 erscheint allerdings im Hinblick auf den dort intendierten Schutz des Geschäftsverkehrs (s Rn 27) gut vertretbar.

5 c) Es kann danach ein **Prinzip der erweiterten persönlichen Anwendung** des § 166 Abs 1 auf bei Rechtsgeschäften beteiligte Hilfspersonen konstatiert werden: Da die vielfältigen Vorschriften über Wissen und Wissenmüssen den Wegfall bestimmter sonst eintretender Rechtsvorteile anordnen (s SCHILKEN 47 ff), ist § 166 Abs 1 dann entsprechend anwendbar, wenn der Geschäftsherr weder selbst handelt noch einem Stellvertreter die Prüfung der Verlässlichkeit der maßgeblichen Umstände überträgt (§ 166 Abs 1), wohl aber eine andere Person mit eigenverantwortlicher Prüfungs- und Entscheidungskompetenz (insoweit abl BUCK 162 ff) im Bereich dieses rechtsgeschäftlichen Vorteilsschutzes einsetzt (SCHILKEN 213 ff; ebenso SCHÜLER 41 ff; JAUERNIG § 166 Rn 2: „allgemeiner Rechtsgedanke"; BORK, Rn 1662; BREHM Rn 436: „Ausdruck eines allgemeinen Zurechnungsprinzips"; s auch FATEMI NJOZ 2012, 2637, 2642; ferner SCHERZBERG 113 ff; WEISSHAUPT WM 2013, 782, 787). Die aus § 166 Abs 1 herzuleitende Zurechnung ist Konsequenz der Einschaltung eines Zuordnungsmittlers und Ausgleich der aus diesem arbeitsteiligen Einsatz gewonnenen Erleichterung, das Rechtsgeschäft nicht selbst vornehmen zu müssen (bei Einsatz eines Vertreters) oder aber (bei Einsatz sonstiger Hilfspersonen) vorbereiten, begleiten oder abwickeln zu müssen (zust BFH DStRE 2003, 1244, 1245). Bei den Hilfspersonen muss für eine Zurechnung verlangt werden, dass der Geschäftsherr ihnen die jeweils maßgebliche Verlässlichkeitsprüfung (dh die Prüfung wissenserheblicher Umstände) intern oder extern mit insoweit selbständiger Entscheidungsgewalt übertragen hat. Das daraus sich ergebende Risiko weist § 166 Abs 1 dem Geschäftsherrn zu (vgl auch WALTERMANN AcP 192, 181, 191 ff; MünchKomm/SCHRAMM § 166 Rn 40 f; zur Bindung des Leasinggebers an Zusagen des Lieferanten OLG Köln NJW-RR 1996, 411 ff; KNOPS BB 1994, 947); *Besonderheiten* kommen *bei juristischen Personen und anderen Organisationen (Unternehmen)* in Betracht (s noch Rn 32). Angesichts der aktuellen Entwicklung in den beiden letzten Jahrzehnten mag man freilich zweifeln, ob die Wissenszurechnung auf ein der Regelung des § 166 Abs 1 und Abs 2 (s noch unten Rn 27 ff) zu entnehmendes Zurechnungsprinzip zurückzuführen oder ohne konkrete Anbindung an diese Regelung als allgemeines Zurechnungsproblem zu begreifen ist (so die Tendenz im neueren Schrifttum, s etwa ERMAN/ MAIER-REIMER § 166 Rn 21 f: Ergebnis richterlicher Rechtsfortbildung; BAYREUTHER JA 1998, 459, 464 ff [für juristische Personen]; BOHRER DNotZ 1991, 124, 131; GRUNEWALD 301, 304; MEDICUS 4, 9 ff; ROTH 585 f; TAUPITZ 16 ff, 24 ff; ferner die neueren Monographien von BAUM [mit einem zT auf §§ 164, 166, zT auf einen angeblichen, de lege lata jedoch nicht begründbaren Zurechnungsgrund der Risikoschaffung zurückgeführten Zurechnungsmodell; zu Recht krit DAUNER-LIEB 57] und SCHÜLER [für juristische Personen, insbes im Konzern, Zurechnung aufgrund allgemein wertender Betrachtung], vgl aber auch bereits SCHILKEN 302; für eine – angesichts der Spezialregelung des § 166 jedoch unnötige – Heranziehung des § 164 Abs 3 als Grundlage für eine Wissensvertretung BRUNS 160 ff; weitgehend für eine Heranziehung des § 166 hingegen BUCK passim, außer bei Wissensaufspaltung in juristischen Personen, 393 ff [§ 242]; ausf auch dies, BUCK-HEEB § 32 Rn 1 ff; offen HKK/SCHMOECKEL §§ 164–181 Rn 29).

Die Übertragung der Verlässlichkeitsprüfung auf eigenverantwortlich tätige Hilfspersonen kann insbesondere in größeren Betrieben auch auf mehrere Personen verteilt sein. In solchen Fällen, die in jüngerer Zeit verstärkt – oft in Gewährleistungsfällen – in Erscheinung getreten sind (vgl HAGEN DRiZ 1997, 157), stellt sich die Frage nach der Wissenszurechnung in Form einer **Wissenszusammenrechnung** (s dazu insbes BORK Rn 1665 ff; BUCK 326 ff; REISCHL JuS 1997, 783; BAMBERGER/ROTH/VALENTHIN § 166 Rn 22; ERMAN/MAIER-REIMER § 166 Rn 17 ff, Rn 36; MünchKomm/SCHRAMM § 166 Rn 24 ff; NK-BGB/STOFFELS § 166 Rn 6, Rn 9 f; PALANDT/ELLENBERGER § 166 Rn 8; PWW/FRENSCH § 166 Rn 2, Rn 18 ff; SOERGEL/LEPTIEN § 166 Rn 9 mwNw; Leipold § 25 Rn 7 f; WERTENBRUCH § 32 Rn 6; WOLF/ NEUNER § 49 Rn 81 ff; ausf BUCK-HEEB § 32 Rn 15 ff; zur OHG und KG WERTENBRUCH, Handbuch Rn I 312). Von dem Ausgangspunkt her, dass der Geschäftsherr (natürliche Person, Personengesellschaft oder juristische Person) sich die Folgen der arbeitsteiligen Übertragung der Verlässlichkeitsprüfung auf solche Hilfspersonen zurechnen lassen muss, ist auch die „Zusammenrechnung" des aufgespaltenen Wissen(müssen)s mehrerer Gehilfen (krit WALTERMANN AcP 192, 182, 214, 226; STAUDINGER/GURSKY [2013] § 990 Rn 37 f; FASSBENDER/NEUHAUS WM 2002, 1253, 1256; s auch DAUNER-LIEB 5 mwNw; FATEMI NJOZ

2010, 2637, 2640 ff) grundsätzlich zu bejahen. Sie darf aber nicht etwa dahin (miss-)verstanden werden, dass bei verschiedenen in ein Unternehmen eingegliederten Personen vorhandene „Wissensbausteine" ohne weiteres zu einem einheitlichen Wissen komponiert werden dürften (zutr Dauner-Lieb aaO). Vielmehr kann eine solche Zusammenrechnung nur zulässig sein, wenn sämtliche Teilwissensträger Verantwortung für das konkrete Geschäft tragen. Bei größeren Organisationen ist dabei nach inzwischen gefestigter Ansicht abzustellen auf eine ordnungsgemäße Organisation **(Wissensorganisationspflicht)** des Informationsaustausches im Unternehmen (jeder Art), soweit für das (aktenmäßige oder datenmäßige) Verfügbarhalten und Verfügbarmachen ein hinreichender Anlass besteht, wobei Billigkeit und Zumutbarkeit als zwar unbestimmte, aber zur Eingrenzung unverzichtbare Kriterien zu berücksichtigen sind (s etwa BGHZ 109, 327, 332 f; 117, 104, 109; 132, 30; 135, 202, 205; BGH NJW 1989, 2879, 2881; 1996, 1205, 1206; 1997, 1917; 1999, 284, 286; 2001, 359, 360; 2001, 2535, 2536; 2010, 1806 f; 2011, 2791, 2792 mwNw; BGH NJW-RR 2006, 771; BGH JZ 1996, 731 mAnm Taupitz; BGH VersR 2004, 850, 851; OLG Frankfurt NJW-RR 2002, 778; WM 2012, 1120; OLG Schleswig NJW-RR 2005, 1579; MDR 2010, 705; OLG Karlsruhe ZIP 2006, 1576, 1577 mAnm Haertlein/Müller EWiR 2007, 9; OLG Nürnberg OLGR 2006, 85; OLG Hamm NJW-RR 2011, 1146; Bamberger/Roth/Valenthin § 166 Rn 22; Erman/Maier-Reimer § 166 Rn 17 ff; MünchKomm/Schramm § 166 Rn 20, Rn 24 ff; NK-BGB/Stoffels § 164 Rn 6, Rn 9 f; Soergel/Leptien § 166 Rn 9 mwNw; Bitter § 10 Rn 181; Bork Rn 1671 f; Wertenbruch § 32 Rn 6 ff und Handbuch, Rn I 312a; Wolf/Neuner § 49 Rn 83; ausf und sehr instruktiv Buck-Heeb § 32 Rn 15 ff; dies, WM 2008, 281; Bohrer DNotZ 1991, 124, 130; Drexl Bankrechtstag 2002, 85 ff; Grunewald 301 ff; Hagen DRiZ 1997, 157, 163; Medicus 10 ff; Buck-Heeb WM 2008, 281, 282 ff; Nobbe Bankrechtstag 2002, 121 ff; Odersky, in: FS Geiß [2000] 135; Petersen Jura 2008, 914, 916; Reischl JuS 1997, 783; vReinersdorff WiB 1996, 495 f; Rodewald/Unger BB 2007, 1629; Scheuch GmbH-Rdsch 1996, 828, 831 f; Taupitz 25 ff; Weisshaupt WM 2012, 782, 786; ausführlich zum ganzen auch Fatemi NJOZ 2010, 2637, 2640 ff; Staudinger/Gursky [2013] § 990 Rn 37 f; s auch, wenngleich im Rahmen seines abweichenden Zurechnungskonzepts über einen Herstellungsanspruch krit, Baum 225 ff, 308 ff [dazu krit Reinhardt 78 ff]; ähnlich [Naturalrestitution] Römmer-Collmann 172 ff [dazu krit Reinhardt 77 f]; abl Buck 393 ff, die stattdessen [447] auf Treu und Glauben zurückgreifen will, dazu krit Schilken 56 f; s auch Reinhardt 81 ff; weitergehend für Wissenszurechnung im Verband schon bei Kenntnis eines beteiligten Vertreters Altmeppen BB 1999, 749 ff). Zu Recht weist Dauner-Lieb (48 f, 53; s immerhin Medicus 5 ff; dazu krit Baum 29, 194 ff; Römmer-Collmann 22 ff; nur knapp Schilken 6 f) in diesem Zusammenhang auf den bisher noch unzureichend geklärten Inhalt des Wissensbegriffes (dazu näher Buck 31 ff, 47 ff; Fatemi NJOZ 2010, 2637 ff: Wissen = Kenntnis = Vorhandensein einer bestimmten zutreffenden Information im menschlichen Gedächtnis mit innerer Überzeugung der Richtigkeit, auch bei fehlender Erinnerung; Reinhardt 23 ff, 163 ff) und die gleichfalls noch offene Bedeutung des Inhalts künstlicher Wissensspeicher hin, deren allgemeine Verbreitung aber auch eine Zusammenführung der Problematik für Einzelpersonen und Organisationen ermöglicht: Eine Berücksichtigung der gespeicherten Daten sollte nur dann rechtserheblich sein, wenn – für die Einzelperson, das beteiligte Organ oder den beteiligten Vertreter, endlich für eigenverantwortlich eingeschaltete Hilfspersonen, also durchaus in einer Gleichstellung (vgl auch Dauner-Lieb 5 f) – bei sachgerechter Vorgehensweise Anlass zur Abrufung des Wissens bestand (s auch Medicus 15; Taupitz 29; krit zu einer verhaltensunabhängigen Wissenszurechnung ferner zu Recht Fassbender/Neuhaus WM 2002, 1253, 1255 ff). Bei entsprechender Organisationspflicht kann durchaus auch die Berücksichtigung nur privaten Wissens des Mitarbeiters (oder Organs, s Rn 32) in Betracht kommen (s dazu ausf Buck-Heeb WM 2008, 281, 282 ff; Fleischer NJW 2006, 3239, 3241 f, jew mwNw; abl zB MünchKomm/Reuter

§ 29 Rn 9; MEDICUS Rn 904d; vgl auch OLG Koblenz VersR 2001, 45). Im Übrigen sind in diesem Zusammenhang die Grenzen zwischen Wissen und Wissenmüssen stets zu beachten; wo nur Kenntnis schadet, darf unterlassene (akten- oder datenmäßige) Speicherung nicht als Wissen und schon gar nicht als Arglist gewertet werden (s dazu grundlegend FLUME AcP 197, 441 ff; DAUNER-LIEB 43 ff, 53 ff; FATEMI NJOZ 2010, 2637, 2640 f; HOENIG/KLINGEN NZG 2013, 1046, 1050). Gerade bei Organisationen besteht die Gefahr einer diesbezüglichen Vermengung. Für das **Öffentliche Recht** (s noch Rn 40) vertritt REINHARDT (163 ff) in Anknüpfung an den Untersuchungsgrundsatz einen objektiven Wissensbegriff auf subjektiver Grundlage, der zunächst eine Zurechnung relevanter Bewusstseinsinhalte natürlicher Personen ermöglichen, anderenfalls aber auch eine Beachtlichkeit von im Organisationsbereich verkörperten Informationen rechtfertigen soll, sofern insoweit Anlass und Möglichkeit zum Zugriff auf die Information bestand.

d) Spezielle Regeln der Wissenszurechnung haben sich im **Versicherungsvertrags- 7 recht** entwickelt (s ausführlich zum VVG aF BRUNS 56 ff, 155 ff, 206 ff; LESCHKE aaO; BAUMANN NVersZ 2000, 116; BECKMANN NJW 1996, 1378; KALB ZfS 1998, 42; KNAPPMANN NJW 1994, 3147 und VersR 1997, 261 ff; MEYER-REIM/TESTORF VersR 1994, 1137; MÜLLER-FRANK NVersZ 2001, 447; PRÖLSS, in: FG 50 Jahre Bundesgerichtshof [2000] Bd II 551, 620 ff; REIFF r + s 1998, 89 ff, 133 ff; REUSCH NVersZ 2000, 120 und 419; SCHWENKER NJW 1992, 343; Sieg VersR 1998, 162; WEIGEL MDR 1992, 728), das freilich durch das VVG 2007 neu geregelt worden ist (s dazu im Hinblick auf die Wissenszurechnung BGH VersR 2008, 765, 766; WANDT, Versicherungsrecht [5. Aufl 2010] Rn 400 ff, Rn 640; FRICKE VersR 2007, 1614, 1615; NEUHAUS r + s 2008, 45, 48; WINTERLING/HARZENETTER VW 2007, 1792 ff). Dort hat sich das Institut des sog **Wissensvertreters** – sowie des *Wissenserklärungsvertreters* (s dazu Vorbem 86 zu §§ 164 ff) – herausgebildet, dessen Wissen bei eigenverantwortlicher Betrauung mit einschlägigen Aufgaben dem vertretenen Versicherungsnehmer zugerechnet wird; seine Kenntnis steht derjenigen des Versicherungsnehmers gleich (s Vorbem 86 zu §§ 164 ff; BGHZ 102, 194, 197 f; 107, 322, 323; 117, 104; BGH VersR 1971, 538; 2000, 1133, st Rspr; BAMBERGER/ROTH/VALENTHIN § 166 Rn 16 f; BGB-RGRK/STEFFEN § 166 Rn 9, Rn 19; ERMAN/MAIER-REIMER § 166 Rn 9a; MünchKomm/SCHRAMM § 166 Rn 18; SOERGEL/LEPTIEN § 166 Rn 11; WANDT Rn 640; SCHILKEN 97 f; RICHARDI AcP 169, 385, 392 ff sowie die oa Autoren). Im Fall der Rückwärtsversicherung ist ferner nach § 2 Abs 3 VVG, wenn der Vertrag durch einen Vertreter geschlossen worden ist, nicht nur die leistungsausschließende Kenntnis des Vertreters vom schon erfolgten Eintritt des Versicherungsfalles (§ 2 Abs 2 S 2 VVG), sondern auch die des vertretenen Versicherungsnehmers zu berücksichtigen (PRÖLSS/MARTIN, Versicherungsvertragsgesetz [28. Aufl 2010] § 2 VVG Rn 14; BAMBERGER/ROTH/VALENTHIN § 166 Rn 16; ERMAN/MAIER-REIMER § 166 Rn 9a; MünchKomm/SCHRAMM § 166 Rn 18; SOERGEL/LEPTIEN § 166 Rn 8; WANDT Rn 640; MEDICUS 9); die besonderen Voraussetzungen des § 166 Abs 2 (s unten Rn 27 ff) müssen dafür nicht vorliegen. Entsprechendes regeln §§ 20, 23 Abs 2 VVG im Hinblick auf ein Rücktritts- bzw Kündigungsrecht – oder auch eine Anfechtung wegen arglistiger Täuschung – für die Kenntnis von Gefahrumständen (s WANDT aaO); freilich kann insoweit umgekehrt auch eine Kenntnis der Versicherung von diesen Umständen über eine Wissenszurechnung in Frage kommen (s zum vom Versicherer eingeschalteten Arzt BGH NJW 1990, 767 mwNw; OLG Hamm NJW-RR 2006, 106; OLG Celle NJOZ 2008, 3099, 3101 f; WENDT/JULARIC VersR 2008, 41 ff, auch zur Einschaltung durch den Versicherungsnehmer). Zur Versicherung für fremde Rechnung (§§ 43 ff VVG) sieht § 45 Abs 1 VVG (mit Einschränkungen in Abs 2) vor, dass auch die Kenntnis des Versicherten zu berücksichtigen ist, soweit eine solche des Versicherungsnehmers bedeutsam ist. Umgekehrt bestimmt in Umsetzung ständiger Rechtsprechung (BGHZ 102, 194, 197 f; BGH VersR 1989, 398 uö, s jetzt BGH VersR 2008, 977, 978: sog „Auge-und Ohr-Rechtsprechung") § 70 S 1 VVG entsprechend § 166 Abs 1 (s PALANDT/ELLENBERGER § 166 Rn 6a; WANDT Rn 401 f mwNw) für den Versicherungsvertreter (§ 59 Abs 2 VVG), dass dessen Kenntnis derjenigen des Versicherers gleich steht, soweit diese nach dem VVG erheblich ist; das gilt allerdings nicht (S 2) für die Kenntnis eines Versicherungsvertreters, die er außerhalb seiner Tätigkeit als Vertreter und ohne Zusammenhang mit dem betreffenden Versicherungsvertrag erlangt hat. Auf Angestellte eines Versicherers, die mit der Vermittlung oder dem Abschluss von Versicherungsverträgen betraut sind, und auf Personen, die als Vertreter selbständig Versicherungsverträge vermitteln oder abschließen, ohne gewerbsmäßig tätig zu sein, ist § 70 VVG entsprechend anzuwenden (§ 73 VVG). Eine Wissenszurechnung analog § 166 Abs 1 BGB kann darüber hinaus zB in Betracht kommen, wenn der Versicherungsvertreter ausnahmsweise keine Vertretungsmacht hat (vgl §§ 69, 71, 72 VVG), aber als Wissensvertreter zu qualifizieren ist (WANDT Rn 403 mwNw). Nicht zugerechnet wird dem Versicherer hingegen die Kenntnis eines Versicherungsmaklers (§ 59 Abs 3 VVG) oder eines Versicherungsberaters (§ 59 Abs 4 VVG), sofern nicht die allgemeinen Voraussetzungen für eine (entsprechende) Anwendung des § 166 Abs 1 vorliegen (s zum Versicherungsmakler BGH NJW-RR 2000, 316; 2001, 593; VersR 1999, 1481; 2008, 809; ERMAN/MAIER-REIMER § 166 Rn 9a; PRÖLSS/MARTIN §§ 16, 17 VVG Rn 27). Im Gegenteil kann das Wissen eines Versicherungsmaklers uU gemäß § 166 Abs 1 dem Versicherungsnehmer zurechenbar sein (vgl BGH NJW 2014, 1452, 1453; NJW-RR 2008, 343, 344 und 1649, 1650 mwNw; WANDT Rn 414), ebenso uU die Kenntnis eines Rechtsanwaltes bei Versäumung einer Meldefrist (s [im Fall abl] OLG Köln NJW-RR 2013, 867). Wegen der Einzelheiten wird auf die spezielle Literatur zum VVG verwiesen.

2. Der sachliche Anwendungsbereich der Vorschrift

8 **a)** § 166 Abs 1 stellt neben den Willensmängeln (s dazu Rn 12 ff) auf Kenntnis und Kennenmüssen ab, soweit die **rechtlichen Folgen einer Willenserklärung** dadurch beeinflusst werden; die Art der Kenntniserlangung spielt jedenfalls im Rahmen des § 166 Abs 1 keine Rolle (GRUNEWALD 306; TAUPITZ 24 f; BUCK 166 ff; RÖMMER-COLLMANN 190 ff). Es fallen darunter sämtliche Vorschriften, die im rechtsgeschäftlichen Bereich an eine solche Kenntnis oder das Kennenmüssen (= fahrlässige oder grob fahrlässige Unkenntnis, vgl § 122 Abs 2) idR ungünstige Rechtsfolgen knüpfen. Die vielfältigen einschlägigen Bestimmungen lassen sich hier nicht abschließend aufführen (s aber auch noch Rn 21 ff; dazu auch BAMBERGER/ROTH/VALENTHIN § 166 Rn 14, Rn 21; ERMAN/MAIER-REIMER § 166 Rn 26 ff; MünchKomm/SCHRAMM § 164 Rn 44 ff; NK-BGB/STOFFELS § 166 Rn 17 ff; PWW/FRENSCH § 166 Rn 5; BORK Rn 1655 ff; WOLF/NEUNER § 49 Rn 77; SCHILKEN 51 ff). Zu nennen sind etwa § 116 S 2 betr die Kenntnis des Vorbehalts (s nur vHEIN ZIP 2005, 191 mwNw) – zum Scheingeschäft (§ 117 S 1) s unten Rn 12 –, §§ 119 Abs 1, 121 Abs 1 S 1, 122 Abs 2, 123, 124 Abs 2 S 1, 142 Abs 2, 169, 173, 199, 307, 405 bis 408 aus dem Allgemeinen Teil und dem Allgemeinen Schuldrecht sowie grundsätzlich auch die diversen Vorschriften über einen Gutglaubenserwerb; zahlreiche weitere Bestimmungen aus dem Besonderen Schuldrecht (zB § 442 Abs 1), dem Familien- und Erbrecht und weiteren privatrechtlichen Gesetzen (zB § 15 Abs 1 und 3 HGB; §§ 129 ff InsO) kommen hinzu (s näher Rn 9 ff und Rn 21 ff). Zu § 116 S 2 ist anzumerken, dass dort nach dem Zweck der Vorschrift allerdings auch die Kenntnis des

vertretenen Geschäftsgegners, stets aber gemäß § 166 S 1 diejenige seines Vertreters beachtlich ist (BAMBERGER/ROTH/VALENTHIN § 166 Rn 11; MünchKomm/SCHRAMM § 166 Rn 4; NK-BGB/STOFFELS § 164 Rn 20; PWW/FRENSCH § 166 Rn 4; SOERGEL/LEPTIEN § 166 Rn 19; zu Letzterem **aA** FLUME § 20 1). Aus dem Gesamtzusammenhang des § 166 ist, obwohl es im Gesetz nicht besonders angesprochen wird, darüber hinaus zu entnehmen, dass auch für die Frage der **Auslegung einer Willenserklärung** auf die Person des Vertreters abzustellen ist (Mot I 227; BGH NJW 2000, 2272 für beurkundungsbedürftiges Rechtsgeschäft = JR 2001, 284 mAnm THIESSEN und GRUNEWALD EWiR 2001, 55; BB 1984, 564, 565; BAG NJW 1961, 2085; Hk-BGB/DÖRNER § 166 Rn 3; NK-BGB/STOFFELS § 164 Rn 17; PALANDT/ELLENBERGER § 166 Rn 5; SOERGEL/LEPTIEN § 166 Rn 3; BORK Rn 1366, 1655; BREHM Rn 435; FLUME § 46 3). Auch in Fällen eines rechtsgeschäftlich vermittelten Surrogationserwerbes (s Vorbem 95 zu §§ 164 ff) kann § 166 herangezogen werden (EINSELE JZ 1990, 1005, 1008). – Sofern man das Rechtsinstitut der *Rechtsscheinsvollmacht* als Fall der sog Vertrauenshaftung anerkennt (s § 167 Rn 28 ff), bei der der Dritte von den Umständen der scheinbaren Vollmacht Kenntnis haben muss, kann auch dort die Kenntnis eines Vertreters dem Begünstigten, nunmehr zu seinem Vorteil, zugerechnet werden; demgegenüber kommt es bei den gesetzlichen Tatbeständen etwa der §§ 892 Abs 1 S 1, 2366 oder § 15 Abs 3 HGB nur auf die Verlautbarung (im Grundbuch, Register oder Erbschein), nicht aber auf Kenntnis davon an (unzutr deshalb BOHRER DNotZ 1991, 124, 125 f).

Zu berücksichtigen ist ferner, dass insbesondere eine **Kenntnis Bestandteil anderer Tatbestandsmerkmale** und damit ebenfalls § 166 Abs 1 anwendbar sein kann. Zu nennen ist vor allem das Tatbestandsmerkmal der Arglist auf der Seite des Handelnden, zB in § 123 (BGHZ 168, 64, 68; Hk-BGB/DÖRNER § 166 Rn 3; SCHILKEN 52; anders in der Begründung [arg § 123 Abs 2] die hM, s etwa BAMBERGER/ROTH/VALENTHIN § 166 Rn 10; MünchKomm/SCHRAMM § 166 Rn 11; NK-BGB/STOFFELS § 166 Rn 23; SOERGEL/LEPTIEN § 166 Rn 25) in §§ 438 Abs 3, 442, 444, 445 (zu § 463 aF s BGHZ 117, 104, 106; OLG Köln DNotZ 1994, 481; ERMAN/MAIER-REIMER § 166 Rn 12; Hk-BGB/DÖRNER § 166 Rn 3; NK-BGB/STOFFELS § 166 Rn 25; PWW/FRENSCH § 166 Rn 5; zu § 444 beim Unternehmenskauf HOEMIG/KLINGEN NZG 2013, 1046) oder in § 536d, selbstverständlich nur im Falle der Beteiligung des Vertreters am betreffenden Rechtsgeschäft; keineswegs kann eine Arglist durch bloße Zurechnung des Wissens einer nicht beteiligten Person begründet werden (so aber BGHZ 109, 327 = JZ 1990, 548 mAnm FLUME; im Ansatz auch BGHZ 117, 104 und BGHZ 132, 30; zu Recht **krit** FLUME AcP 197, 441 ff; ebenso DAUNER-LIEB 55 f; s aber auch BOHRER DNotZ 1991, 124 ff; HARTUNG NZG 1999, 524). Eine solche – Kenntnis iSd § 166 voraussetzende – arglistige Täuschung *durch* den Vertreter darf nicht mit der Täuschung *des* Stellvertreters durch den anderen Teil verwechselt werden; freilich schließt auch dort die Kenntnis des Vertreters den Willensmangel – auch Irrtum iSd § 119 – aus (s Rn 12 ff). Zu trennen von § 166 ist hingegen die Haftung für den Erfüllungsgehilfen nach § 278, wo es um eine Verschuldenszurechnung geht, die freilich ein Wissenselement enthalten kann (vgl etwa den Fall OLG Koblenz ZIP 2002, 702, 709, wo es um eine Verschuldenszurechnung ging).

Besondere Bedeutung kommt der Anwendbarkeit des § 166 Abs 1 (und Abs 2) auch beim **Gutglaubenserwerb** im Rahmen des Mobiliarsachenrechts, vor allem beim Eigentumserwerb nach §§ 932 ff zu (s ausführlich SCHILKEN 235 ff). Eine spezielle Problematik ergibt sich in den Fällen, in denen der gutgläubige Erwerb an die Besitzerlangung anknüpft, weil hier *Willenserklärung und Realakt kombiniert* auftreten. **9**

Soweit allerdings der Erwerb rein rechtsgeschäftlich vollzogen wird, wie in den Fällen der §§ 929 S 2, 932 Abs 1 S 2 und §§ 931, 934 1. Alt, ist § 166 insgesamt unmittelbar anwendbar (Bamberger/Roth/Valenthin § 166 Rn 14; Erman/Maier-Reimer § 166 Rn 12; Jauernig § 164 Rn 2; MünchKomm/Schramm § 166 Rn 40; NK-BGB/Stoffels § 166 Rn 26; PWW/Frensch § 166 Rn 5; Soergel/Leptien § 166 Rn 12; Wolf/Neuner § 49 Rn 77; Schilken 237). Auch in den anderen Erwerbsfällen ist im Falle der Einschaltung des Stellvertreters auch bei der Übergabe § 166 anzuwenden (MünchKomm/Schramm § 164 Rn 46; NK-BGB/Stoffels § 166 Rn 26; Schilken 240 ff mwNw), bei nachfolgender Einigung sogar unmittelbar (Schilken 242). Auch eine Bösgläubigkeit des Vertretenen selbst ist im Rahmen des § 166 Abs 2 (s Rn 26 ff) beachtlich (Schilken 240 ff; zur Anwendbarkeit des § 166 s ferner RG WarnR 1934 Nr 157; BGHZ 32, 53, 59; Erman/Maier-Reimer § 166 Rn 12; MünchKomm/Schramm § 166 Rn 46; NK-BGB/Stoffels § 166 Rn 26; Soergel/Leptien § 166 Rn 12). Bei Einschaltung sonstiger Besitzgehilfen (Besitzmittler oder -diener) im Rahmen der Übergabe kann auch deren Bösgläubigkeit in entsprechender Anwendung des § 166 Abs 1 entgegen hM (RGZ 137, 23, 28; Erman/Maier-Reimer § 166 Rn 12; MünchKomm/Schramm § 166 Rn 46; NK-BGB/Stoffels § 166 Rn 26; Wolf/Neuner § 49 Rn 77 Fn 130; Richardi AcP 169, 392; Westermann JuS 1961, 82) schaden, allerdings nur, wenn dem Gehilfen hinsichtlich der Eigentumslage eine eigenverantwortliche Prüfungskompetenz übertragen worden ist (Staudinger/Gursky [2013] § 990 Rn 46, Rn 48 f mwNw; ausf Schilken 251 ff mwNw; vgl Rn 5).

Entsprechend § 166 Abs 1 kommt es auch für die *situationsgebundenen Voraussetzungen des Widerrufsrechts* nach § 312 auf die Person des Vertreters bei Abschluss des Haustürgeschäftes und nicht auf die Person des Vertretenen bei der Vollmachtserteilung an (BGH NJW-RR 1991, 1074; BGH NJW 2000, 2268 mAnm Büchler EWiR 2000, 1097 und Pfeiffer LM § 166 Nr 41; NJW 2000, 2270 mAnm Klaas EWiR 2000, 871; 2001, 1931; 2003, 2319; 2004, 154 mAnm Lange, EWiR 2004, 133; 2006, 497, 1340 und 2118, st Rspr; Erman/Maier-Reimer § 166 Rn 5; MünchKomm/Schramm § 166 Rn 48; Staudinger/Thüsing [2013] § 312 Rn 42 f, jew mwNw; Bork Rn 1367; Wolf/Neuner § 49 Rn 75; Schreindorfer 264 ff; Herresthal JuS 2002, 844, 846; Martis MDR 2003, 961, 962; grds auch Hoffmann JZ 2012, 1156, 1157 mwNw [anders, wenn der Geschäftsherr als Unternehmer die Verbrauchereigenschaft des Vertreters kenne oder wenn er diesem umfassende Weisungen erteile]. – **Krit** und für eine Gesamtbetrachtung von Bevollmächtigung und Vertretergeschäft Möller ZIP 2002, 333, 337 ff mwNw; diff Masuch BB 2003, Beilage 6, 16 ff und bereits ZIP 2001, 143, 144 f; iE über eine entsprechende Anwendung des § 166 Abs 2 auch Kulke ZBB 2000, 407, 413 ff; ZfIR 2004, 138, 139). Es besteht kein Anlass, in solchen Fällen aus Gründen des Verbraucherschutzes zulasten des Verkehrsschutzes vom Repräsentationsgedanken des § 166 Abs 1 abzuweichen. Wenn der Gesetzgeber den Verbraucherschutz noch weiter hätte fassen wollen, hätte er dies im Anschluss an die BGH-Rechtsprechung in § 312 ebenso regeln können, wie er es für die Vollmacht zum Abschluss eines Verbraucherkreditvertrages in § 492 Abs 4 S 1 getan hat. Für die *personenbezogene Voraussetzung* der Verbrauchereigenschaft ist nach der hM (Nachw s oben) hingegen nur die Person des Vertretenen maßgeblich (**aA** insoweit aber zB Staudinger/Thüsing [2012] § 312 Rn 43; Hoffmann JZ 2012, 1156, 1157 f [auch insoweit grds – Ausnahmen s oben – Vertreter maßgeblich]; für Verbrauchereigenschaft beider Personen Schreindorfer 253 ff). – Auch bei *formbedürftigen Rechtsgeschäften* findet eine Zurechnung des Vertreterwissens statt, nicht allerdings des Wissens bloßer Verhandlungsgehilfen, weil sonst die vorgeschriebene Form ihre Warn- und Schutzfunktion nicht erfüllen könnte (BGH NJW 1965, 1174; 2000, 2272, 2273 mAnm Grunewald EWiR 2001, 55; NJW-RR 1986, 1019, 1020 mAnm Reithmann EWiR 1986, 555; Bamberger/Roth/Valenthin

§ 166 Rn 20 mwNw; MünchKomm/Schramm § 166 Rn 42; NK-BGB/Stoffels § 166 Rn 13; Palandt/Ellenberger § 166 Rn 7; Soergel/Leptien § 166 Rn 6; krit ZIP 2005, 1305, 1312 f [zum Unternehmenskauf]).

Hingegen kann dort keine Zurechnung aus der Person des Vertreters stattfinden, wo es auf die *persönlichen Verhältnisse* des Vertretenen ankommt, wie zB auf die Verbraucher- oder Kaufmannseigenschaft oder die Verwandtschaft (NK-BGB/Stoffels § 166 Rn 19; Soergel/Leptien § 166 Rn 27; Bork Rn 1366; Flume § 46 4; Berger Jura 2001, 289, 290 f), oder beim kenntnisgebundenen Fristlauf für höchstpersönliche Entscheidungen, so zB gemäß §§ 2082, 2283 für die Testaments- oder Erbvertragsanfechtung (Soergel/Leptien § 166 Rn 27).

b) Bei **rechtsgeschäftsähnlichen Handlungen** (s Vorbem 38 zu §§ 164 ff) findet § 166 Abs 1 – ebenso wie Abs 2 – entsprechende Anwendung (Erman/Maier-Reimer § 166 Rn 13; MünchKomm/Schramm § 166 Rn 48; NK-BGB/Stoffels § 166 Rn 17; Soergel/Leptien § 166 Rn 15; Flume § 43 I; Römmer-Collmann 100 ff; Schilken 233). Das gilt namentlich für die Vertretung bei Wissenserklärungen – insbes im Versicherungsrecht (s dazu oben Rn 7; Bruns 71 ff, 125 ff, 221 ff, 254 ff) – für sog *Wissenserklärungsvertreter* (s Vorbem 86 zu §§ 164 ff und Rn 7). **10**

c) Auf **Realakte**, wie die Übergabe, ist § 166 nicht unmittelbar anwendbar (RGZ 137, 22, 28; BGHZ 16, 259, 264). Wie schon im Falle der §§ 932 ff (Rn 9) entsteht die Frage, unter welchen Voraussetzungen bei Begründung der tatsächlichen Sachherrschaft durch einen **Besitzdiener** dessen Wissen im Zusammenhang des § 990 dem Besitzer zuzurechnen ist. Hierzu hatte der BGH die Auffassung vertreten, dass sich der Besitzer das Wissen des Besitzdieners dann nach Maßgabe des § 166 zurechnen lassen müsse, wenn er deliktisch gem § 831 für ihn einzustehen habe (BGHZ 16, 259, 264). In den späteren Entscheidungen BGHZ 32, 53, 56 und 41, 17, 21 wurde dagegen nur noch auf § 166 abgestellt. Diese Auffassung wird im Schrifttum überwiegend befürwortet (s BGB-RGRK/Steffen § 164 Rn 8; Hk-BGB/Dörner § 166 Rn 7; MünchKomm/Schramm § 166 Rn 51; NK-BGB/Stoffels § 166 Rn 18; Palandt/Ellenberger § 164 Rn 9; StudKomm § 166 Rn 2; Flume § 52 6 Fn 42; Westermann/Gursky, Sachenrecht [7. Aufl 1998] § 14, 3 f; Wolff/Raiser § 13 II; Bayreuther JA 1998, 459, 463 f; Lorenz JZ 1994, 549; Richardi AcP 169, 392 ff, 402; Buck 183 ff; Römmer-Collmann 105 ff; E Schmidt AcP 175, 168 ff; ausführlich Schilken 269 ff mwNw sowie insbes Staudinger/Gursky [2013] § 990 Rn 43 ff mwNw). Verbreitet wird demgegenüber die Gegenansicht vertreten, dass die Anrechnung des Besitzdienerwissens nur nach § 831 erfolgen könne (Soergel/Leptien § 166 Rn 17; Baur/Stürner, Sachenrecht [18. Aufl 2009] § 5 Rn 13 ff; Medicus Karlsruher Forum 1994, 4, 9 und AT, Rn 903; MünchKomm/Medicus § 990 Rn 11 f; Westermann JuS 1961, 79, 81 ff; Wilhelm AcP 183, 1, 24 ff; wohl auch Bamberger/Roth/Valenthin § 166 Rn 21). Bei selbstständigem, eigenverantwortlichem Einsatz des Besitzgehilfen (s Rn 8) ist indessen auch hier die entsprechende Anwendung des § 166 Abs 1 geboten (s näher, auch zu unterschiedlichen Einzelkonstellationen, Staudinger/Gursky aaO; Schilken aaO, jew m umfangr Nachw). Abzulehnen ist eine Anwendung des § 278 (Buck 172 ff; **aA** zB Hübner Rn 1230 f und 1213). In keinem Fall vermag guter Glaube eines Besitzdieners den bösen Glauben des Besitzers auszuräumen (BGH WM 1955, 1095), und zwar auch nicht bei nachträglichem Gutgläubigwerden (MünchKomm/Schramm § 166 Rn 51; NK-BGB/Stoffels § 166 Rn 18; Soergel/Leptien § 166 Rn 17; Staudinger/Gursky [2013] § 990 Rn 33 ff mwNw; Gursky JR 1986, 225, 226 f; Schilken 283, jeweils mwNw, sehr str). Zu weiteren Fällen s unten Rn 21 ff. **11**

3. Die von § 166 erfassten Willensmängel und ihre Folgen

12 a) Die nach der Repräsentationstheorie allein von der Person des Vertreters her zu beurteilenden **Willensmängel** umfassen die *Mentalreservation* (§ 116) bei Abgabe der Erklärung durch den Stellvertreter (Bamberger/Roth/Valenthin § 166 Rn 11; Erman/Maier-Reimer § 166 Rn 6; MünchKomm/Schramm § 166 Rn 4; NK-BGB/Stoffels § 166 Rn 20; PWW/Frensch § 166 Rn 20; Soergel/Leptien § 166 Rn 19; vHein ZIP 2005, 191 f; zur für die Nichtigkeitsfolge nach S 2 erforderlichen Kenntnis des Geschäftsgegners s Rn 8) und den *Mangel der Ernstlichkeit* gemäß § 118 (Erman/Maier-Reimer § 166 Rn 6; MünchKomm/Schramm § 166 Rn 5; NK-BGB/Stoffels § 166 Rn 21; Soergel/Leptien § 166 Rn 19, Rn 21; Enneccerus/Nipperdey § 182 II 1 a; vHein ZIP 2005, 191 f). Entsprechendes soll für die *Simulation* (§ 117) gelten, mit Ausnahme von Kollusionsfällen zu Lasten des Vertretenen (RGZ 168, 204 zu § 118; RGZ 134, 33, 37 zu § 117; Bamberger/Roth/Valenthin § 166 Rn 12; Erman/Maier-Reimer § 166 Rn 6; MünchKomm/Schramm § 166 Rn 5; NK-BGB/Stoffels § 166 Rn 21; Palandt/Ellenberger § 166 Rn 3; PWW/Frensch § 166 Rn 4; Soergel/Leptien § 166 Rn 19; Grigoleit/Herresthal Rn 465 ff; Wolf/Neuner § 49 Rn 73; vHein ZIP 2005, 191 f; Schöpflin JA 2001, 1, 3). Hat allerdings der Geschäftsherr den Vertrag selbst abgeschlossen, ohne die Abrede eines bloßen Verhandlungsbevollmächtigten zum Abschluss eines Scheingeschäfts zu kennen, so greift § 117 nicht ein, da § 166 Abs 1 hinsichtlich Willensmängeln (anders bei Kenntnis und Kennenmüssen, s Rn 4 f) weder unmittelbar noch analog auf am Abschluss des Rechtsgeschäfts nicht beteiligte Gehilfen anwendbar ist (s die Nachw Rn 8; BGH NJW 2000, 3127, 3128; NK-BGB/Feuerborn § 117 Rn 11 mwNw; aA Schöpflin JA 2001, 1, 3). Im Übrigen ist für die *Simulationsabrede* allerdings schon zweifelhaft, ob sie überhaupt einen rechtsgeschäftlichen Willensmangel iSd § 166 Abs 1 1. Alt begründet; ganz überwiegend wird sie nämlich als bloßes einverständliches Bewusstsein der Nichtgeltung des Rechtsgeschäfts verstanden (s nur Staudinger/Singer [2011] § 117 Rn 7 mwNw; RGZ 134, 33, 37; BGH NJW 1999, 2882; krit vHein ZIP 2005, 191, 192 ff m umfangr Nachw), was dann eher eine Wissenszurechnung iSd § 166 Abs 1 2. Alt jedenfalls bei abschlussbevollmächtigen Vertretern rechtfertigt (s etwa RGZ 134, 33, 37; BGH NJW 1996, 663, 664; NJW 2000, 3127 und dazu Thiessen NJW 2001, 3025; BGH NJW 2001, 1062; s dazu ausf vHein ZIP 2005, 191 ff mwNw). Auch für den Fall der Gesamtvertretung (s Rn 24) soll danach bei § 117 Abs 1 die Kenntnis nur eines Vertreters genügen (BGH NJW 1996, 663, 664; 1999, 2882; Staudinger/Singer [2011] § 117 Rn 8; Wolf/Neuner § 49 Rn 73 Fn 125, ganz hM; aA mit beachtlichen Gründen für eine Einordnung der Simulationsabrede als zumindest rechtsgeschäftsähnliche Willensübereinstimmung vHein ZIP 2005, 191, 192 ff m umfangr Nachw).

13 b) Ebenso bestimmen sich die **Irrtumstatbestände des § 119** nach den Vorstellungen des Vertreters (RGZ 58, 342, 346; 78, 351, 353; 82, 193, 196; 106, 200, 204, st Rspr; Bamberger/Roth/Valenthin § 166 Rn 8; BGB-RGRK/Steffen § 166 Rn 13; Erman/Maier-Reimer § 166 Rn 6; MünchKomm/Schramm § 166 Rn 6; NK-BGB/Stoffels § 166 Rn 22; Palandt/Ellenberger § 166 Rn 3; PWW/Frensch § 166 Rn 4; Soergel/Leptien § 164 Rn 21; Bork Rn 1655; Flume § 46 3; Köhler § 11 Rn 48; Wolf/Neuner § 49 Rn 73; ausf Schilken 25 ff; vgl auch BGHZ 51, 141, 145; OLG Hamburg ZMR 2003, 525, 526). Dasselbe gilt, wenn dieser sich eines Übermittlers bedient hat und dem Übermittler ein Fehler iS des § 120 unterlaufen ist (MünchKomm/Schramm § 166 Rn 9; NK-BGB/Stoffels § 166 Rn 22). Auch die Beurteilung der Frage, ob das Geschäft bei verständiger Würdigung des Falles nicht gewollt gewesen sein würde, muss von der Person des Vertreters ausgehen, allerdings unter Berücksichtigung des Umstandes, dass dieser die Interessen des Vertretenen wahrzunehmen hat (RGZ aaO; Bamberger/Roth/Valenthin § 166 Rn 8; Erman/Maier-Reimer § 166 Rn 6; MünchKomm/Schramm § 166 Rn 6; NK-BGB/Stoffels § 166 Rn 22; Soergel/Leptien § 166 Rn 21). Ein Irrtum des Vertreters über den Umfang des ihm erteilten Auftrags ist ein unbeachtlicher Motivirrtum (vgl § 164 Rn 5; RGZ 82, 193, 195; RG Gruchot 49, 1049, 1052; Bamberger/Roth/Valenthin § 166 Rn 9; BGB-RGRK/Steffen § 166 Rn 15; MünchKomm/Schramm § 166 Rn 7; NK-BGB/Stoffels § 166 Rn 22). Eine Zurechnung des Irrtums bloßer Hilfspersonen – aber auch analog § 166 Abs 2 des Vertretenen (s Rn 17) – ist mangels Willenserklärung dieser Personen nicht anzuerkennen (Schilken 25 ff, 213; **aA** Roth 587 ff), solange nicht auch der Stellvertreter bei Abgabe der Willenserklärung einem entsprechenden Irrtum unterliegt; Abs 2 verdeutlicht dies mit seiner völlig eindeutigen Beschränkung auf eine (begrenzte) Zurechnung des Wissens und Wissenmüssens, aber gerade nicht von „Willensmängeln" des Vertretenen (s Rn 17, 27 ff) und erst recht nicht irgendwelcher Hilfspersonen. Das entspricht auch den Anforderungen des Verkehrsschutzes, den gerade die aus § 166 Abs 1 und Abs 2 sich ergebende Irrelevanz eines Willensmangels des Vertretenen bestätigt (ebenso insoweit Roth 590 f): Der Geschäftsgegner soll nicht durch interne Mängel im Vorstadium der Willensbildung belastet werden. Eine Weisung des Vertretenen oder auch das Versehen einer Hilfsperson sind gerade nicht inhaltliche Ausformung der Willenserklärung des Vertreters (so aber Roth 591 mit der Konsequenz einer freilich nur für Willenserklärungen des Geschäftsherrn selbst behandelten Zurechnung von Gehilfenirrtümern 592 f), sondern bloßes unbeachtliches Motiv für die eigene Erklärung des Vertreters; eine Beachtlichkeit des in Wirklichkeit vorliegenden Motivirrtums in Fällen der „Ausgrenzung eines eigenständigen Verantwortungsbereichs" bei der Vorbereitung von Willenserklärungen sehen weder § 166 noch § 119 vor (s aber noch Rn 17).

Nach der ratio legis gilt § 166 Abs 1 auch für die *Auslegung* einer gegenüber dem *Empfangsvertreter* abgegebenen Willenserklärung und für den Fall eines (offenen oder versteckten) *Dissenses*, die dementsprechend nach Maßgabe der Vertretervorstellungen zu bestimmen sind (BGHZ 82, 219, 222; MünchKomm/Schramm § 166 Rn 9; NK-BGB/Stoffels § 166 Rn 22; Palandt/Ellenberger § 166 Rn 5; Soergel/Leptien § 166 Rn 3; Ennecerus/Nipperdey § 182 II 1 a). **14**

c) Für die **Anfechtung nach § 123** kommt es darauf an, ob der Vertreter bei der Abgabe seiner Erklärung getäuscht oder bedroht wurde (BGHZ 51, 141, 145; Bamberger/Roth/Valenthin § 166 Rn 10; Erman/Maier-Reimer § 166 Rn 6; MünchKomm/Schramm § 166 Rn 10; NK-BGB/§ 166 Rn 23; Palandt/Ellenberger § 166 Rn 3; PWW/Frensch § 166 Rn 4; Soergel/Leptien § 166 Rn 25; Flume § 46 3; Wolf/Neuner § 49 Rn 73; Schilken 30; s iÜ noch Rn 17; zur arglistigen Täuschung des Erklärungsempfängers *durch* den Vertreter s Rn 8 und 26). **15**

d) Die vorgenannten Regeln des § 166 Abs 1 bedeuten bei der **gesetzlichen Vertretung** aus Gründen eingeschränkter oder fehlender Geschäftsfähigkeit das Einstehenmüssen für die Fehler von Personen, die sich der Vertretene nicht als Vertreter ausgesucht hat (vgl oben Rn 2). Einen gewissen Ausgleich hierfür vermag noch das Erfordernis zu bieten, dass für die Zurechnung der Willensmängel ein wirksames Vertreterhandeln vorliegen muss. Hieran fehlt es zB, wenn das vom gesetzlichen Vertreter vorgenommene Rechtsgeschäft der gerichtlichen Genehmigung bedarf und diese nicht erteilt ist (RGZ 61, 207, 209; 132, 76, 78). **16**

e) **„Willensmängel" des Vertretenen** hinsichtlich der vom Vertreter abgegebenen **17**

Erklärung scheiden aus, weil der Vertretene keine Willenserklärung abgibt (unmissverständlich schon Vorentwurf 162 f). Die Regelung des § 166 Abs 2 ist auf Willensmängel entgegen ganz hM (grundlegend MÜLLER-FREIENFELS 402 ff; BEUTHIEN 16 f, vgl Vorbem 32 zu §§ 164 ff) – wie anderwärts ausführlich begründet (SCHILKEN 25 ff mwNw) – nicht (entsprechend) anwendbar, mag ein solcher Willensmangel des Geschäftsherrn auch bei Erteilung der Vollmacht vorgelegen haben (s auch § 167 Rn 82a). Das gilt grundsätzlich auch für die Fälle, in denen der Geschäftsherr bei der Erteilung von Weisungen iSd § 166 Abs 2 einer Täuschung oder Drohung durch den Geschäftsgegner oder einem Irrtum unterlegen ist (BORK Rn 1655 f; FLUME § 52 5; ausführlich SCHILKEN 25 ff, 44 ff; HKK/SCHMOECKEL §§ 164–181 Rn 28; PWW/FRENSCH § 166 Rn 4, Rn 11; SCHREINDORFER 134 ff; PFEIFER JuS 2004, 694, 696. – **Anders** BGHZ 51, 141, 147; BVerwG NJW 2010, 3048; OLG Braunschweig OLGZ 1975, 441; BAMBERGER/ROTH/VALENTHIN § 166 Rn 26; BGB-AK/OTT § 166 Rn 7; BGB-RGRK/STEFFEN § 166 Rn 22; ERMAN/MAIER-REIMER § 166 Rn 40; JAUERNIG § 166 Rn 6; MünchKomm/SCHRAMM § 166 Rn 59; NK-BGB/STOFFELS § 166 Rn 23; PALANDT/ELLENBERGER § 166 Rn 12; SOERGEL/LEPTIEN § 166 Rn 33; StudKomm § 166 Rn 4; BOEMKE/ULRICI § 13 Rn 77; BREHM Rn 438; ausf FAUST § 28 Rn 20 f; HÜBNER Rn 1232; KÖHLER § 11 Rn 51; MEDICUS Rn 902; PAWLOWSKI Rn 779; SCHMIDT Rn 647; WOLF/NEUNER § 49 Rn 91; ROTH 591; PETERSEN Jura 2008, 914, 915; SPICKHOFF/PETERSHAGEN BB 1999, 165, 171; offen für sonstige Fälle außer arglistiger Täuschung BGH NJW 2000, 2268, 2269). Dafür sprechen der eindeutige Wortlaut und die Entstehungsgeschichte, die für die Stellvertretung maßgeblichen Prinzipien der Repräsentation und Trennung (s Vorbem 32 zu §§ 164 ff), des Weiteren der systematische Zusammenhang, da Abs 2 im Gegensatz zu Abs 1 Willensmängel nicht erwähnt; das beruht darauf, dass § 166 Abs 2 das Repräsentationsprinzip nur im Hinblick auf Treu und Glauben für Fälle der Kenntnis oder des Kennenmüssens des Geschäftsherrn zugunsten des Geschäftsgegners zurückdrängt (SOERGEL/LEPTIEN § 166 Rn 28; ausf SCHREINDORFER 134 ff; insoweit zutr auch HÜBNER Rn 1232; OLG Celle MDR 2009, 1186: keine Norm zugunsten des Vertretenen). Eine praktisch bedeutsame Einschränkung ergibt sich insoweit indessen gerade für die Fälle, in denen der Geschäftspartner nicht als schutzwürdig erscheint (so zutr SOERGEL/LEPTIEN § 166 Rn 33), weil er den Vertretenen – sei es zu einer Weisungserteilung oder auch zu einer speziellen Bevollmächtigung zur Vornahme gerade dieses Rechtsgeschäfts – durch arglistige Täuschung oder durch widerrechtliche Drohung iSd § 123 Abs 1 bestimmt hat. In solchen Fällen ist nämlich zu beachten, dass eine Anfechtung nach dieser Vorschrift mit der „Bestimmung" zur Abgabe der Willenserklärung lediglich einen ursächlichen Zusammenhang zwischen arglistiger Täuschung bzw widerrechtlicher Drohung und Abgabe der Willenserklärung voraussetzt, sodass auch eine mittelbare Verursachung ausreicht; maßgeblich ist allein, ob der Betroffene – in den Fällen der Stellvertretung der Vertreter – die Willenserklärung ohne die Täuschung/Drohung nicht abgegeben haben würde (s nur SOERGEL/HEFERMEHL § 123 Rn 20; allgM). Davon ist aber auszugehen, wenn der Vertretene den Stellvertreter täuschungsbedingt bzw drohungsbedingt angewiesen oder zur Vornahme des Rechtsgeschäfts bevollmächtigt hat. Für diese Lösung bedarf es keiner entsprechenden Anwendung des § 166 Abs 2. – In den Irrtumsfällen des § 119, wo auf die Fehlvorstellung des Erklärenden, nicht aber auf die Ursache für den Irrtum abgehoben wird, kann sich gleichfalls eine Anfechtbarkeit der allein maßgeblichen Vertretererklärung ergeben, freilich nur dann, wenn der Stellvertreter dabei dem gleichen Irrtum unterliegt wie der Vertretene bei Erteilung seiner Weisung oder Vollmacht (SCHILKEN 47; insoweit zust ROTH 586 Fn 10; ganz ähnlich SOERGEL/LEPTIEN § 166 Rn 33; s auch BOEMKE/ULRICI § 13 Rn 76;). Das kann vor allem bei Willenserklärungen im Unternehmensbereich in Betracht kommen, wenn die – auf einem Irrtum beruhende – Entscheidung für ein Rechtsgeschäft zuvor intern getroffen und die Abgabe der betreffenden Erklärung dann einem Vertreter überlassen worden ist. In allen anderen Fällen hingegen führt die konsequente Durchführung des Trennungsprinzips (Vorbem 32 f zu §§ 164 ff) zu angemessenen Lösungen (s auch Rn 18) und schließt eine entsprechende Anwendung des § 166 Abs 2 auf Willensmängel aus.

Eine interessengerechte Lösung kann insbes über die Anfechtung der Bevollmächtigung wegen dort vorliegenden Willensmangels des Geschäftsherrn erfolgen (vgl § 167 Rn 77 ff). Ist eine solche Anfechtung wirksam erklärt, so wird das Vertreterhandeln zum Handeln eines vollmachtlosen Vertreters; dies hat zur Folge, dass Ansprüche aus § 179 ihm gegenüber entstehen. Außerdem können Ansprüche nach § 122 begründet werden (s § 167 Rn 82). 18

f) Die **Anfechtung der Vertretererklärung** wegen eines Willensmangels beim Vertreter steht dem Vertretenen zu (s auch § 179 Rn 10). Allerdings kann der Vertretene die Anfechtung auch durch den Vertreter erklären lassen, wenn dieser wie idR entsprechend bevollmächtigt ist (Erman/Maier-Reimer § 166 Rn 6; MünchKomm/Schramm § 166 Rn 7; NK-BGB/Stoffels § 166 Rn 22); bei gesetzlicher Vertretung gilt dies, solange die Vertretungsmacht besteht. 19

Ausgeschlossen ist die Geltendmachung eines Willensmangels wegen *unzulässiger Rechtsausübung,* wenn dem Vertretenen selbst ein arglistiges Verhalten hinsichtlich des Willensmangels vorzuwerfen ist, zB durch Verschweigen von Tatsachen gegenüber dem gutgläubigen Vertreter und dessen Geschäftspartner (NK-BGB/Stoffels § 166 Rn 22). Umgekehrt kann dem Geschäftsgegner die Geltendmachung von Willensmängeln wegen unzulässiger Rechtsausübung verwehrt sein, zB wenn ihm bei einem Scheingeschäft Kollusion mit dem Vertreter zur Last fällt (RG Gruchot 52, 933, 936; RGZ 134, 33, 37; BGH NJW 2000, 1405, 1406; MünchKomm/Schramm § 166 Rn 5; NK-BGB/Stoffels § 166 Rn 21; Palandt/Ellenberger § 166 Rn 4; Soergel/Leptien § 166 Rn 19; vgl auch Flume § 20 3 zu § 118; s ferner § 167 Rn 93 und 100). 20

4. Kennen und Kennenmüssen gem § 166 Abs 1

a) Soweit es für bestimmte Tatbestände auf ein Kennen oder auf das in § 122 Abs 2 definierte Kennenmüssen ankommt, entscheidet gem § 166 Abs 1 ebenfalls die Person des Vertreters. Das gilt für Willenserklärungen unmittelbar, für rechtsgeschäftliche Handlungen und evtl auch Realakte analog (s auch schon Rn 8 ff m zahlr Beispielen). 21

Wichtige Anwendungsfälle sind die Vorschriften über den *gutgläubigen Erwerb* (vgl schon Rn 8 f), so nach den §§ 892 ff, 932 ff, 1032, 1138, 1155, 1207 ff, 1244 und 366 HGB oder Art 21 ScheckG (vgl BGH NJW 1993, 1066; OLG Karlsruhe NJW-RR 1995, 177) und jetzt § 16 Abs 3 GmbHG. Eine Wissenszurechnung nach § 166 Abs 1 erfolgt ferner auch im *Gewährleistungszusammenhang,* zB nach den §§ 438 Abs 3, 442, 444, 445 (zu §§ 460, 463, 464 aF s RGZ 101, 64, 73; 131, 343, 357; BGH NJW 2000, 1405, 1406; OLG Brandenburg NJW-RR 2013, 858; Bamberger/Roth/Valentin § 166 Rn 14; Erman/Maier-Reimer § 166 Rn 12; Hk-BGB/Dörner § 166 Rn 3; MünchKomm/Schramm § 166 Rn 47; NK-BGB/Stoffels § 166 Rn 25; PWW/Frensch § 166 Rn 5; Soergel/Huber[12] § 460 Rn 8 f; Soergel/Lep-

TIEN § 164 Rn 13, Rn 16; BORK Rn 1662; WOLF/NEUNER § 49 Rn 77; BUCK 176 ff; SCHILKEN 93 ff. – Zur Wissenszurechnung im Gewährleistungszusammenhang im Unternehmensverband ALTMEPPEN BB 1999, 749 ff; HOENIG/KLINGEN NZG 2013, 1046; WEISSHAUPT WM 2013, 782). Hier greift die Anrechnung der Vertreterkenntnis zu Lasten des Vertretenen auch dann ein, wenn ein Notar als Vertreter gehandelt hat (BGH DNotZ 1969, 284). Auch für die Kenntnis des *Mangels des rechtlichen Grundes* gem § 819 ist § 166 Abs 1 je nach Sachlage unmittelbar oder analog heranzuziehen (RGZ 79, 285, 287; BGHZ 82, 293; BGH WM 1962, 610; MDR 1977, 388; NJW 1981, 993; NJW 1982, 1584, 1585; NJW-RR 2001, 127; NJW 2014, 1294; OLG Hamm WM 1985, 1290; VersR 2009, 1416, 1417; OLG Karlsruhe ZIP 1995, 1748 und 2008, 1373, 1375 mAnm WERNER WuB 2008, 484; OLG Köln NJW 1998, 2909; 2000, 1045, 1046; OLG Schleswig FamRZ 2008, 512; BAMBERGER/ROTH/VALENTHIN § 166 Rn 21; ERMAN/MAIER-REIMER § 166 Rn 13; Hk-BGB/DÖRNER § 166 Rn 8; MünchKomm/LIEB § 819 Rn 6; MünchKomm/SCHRAMM § 166 Rn 45; NK-BGB/STOFFELS § 166 Rn 27; PALANDT/SPRAU § 819 Rn 3; PWW/FRENSCH § 166 Rn 5; SOERGEL/LEPTIEN § 166 Rn 15 mwNw; BORK Rn 1662; WOLF/NEUNER § 49 Rn 77; BUCK 188 f; RÖMMER-COLLMANN 111 f; SCHILKEN 292 ff mwNw; krit WILHELM AcP 183, 1, 28 ff); hierbei kann nach § 142 Abs 2 bereits die Kenntnis des Anfechtungsgrundes, welcher zum Wegfall des Kausalgeschäfts führt, ausreichen. Auch die *Kenntnis im Rahmen des § 814 und des § 817* gehört hierher (BGHZ 73, 202, 205; BGH NJW 1999, 1024; OLG Hamm NJW-RR 1996, 1312; OLG Stuttgart ZMR 2006, 933; ERMAN/MAIER-REIMER § 166 Rn 13; NK-BGB/STOFFELS § 166 Rn 27; PWW/FRENSCH § 166 Rn 5; SOERGEL/LEPTIEN § 166 Rn 15; SCHILKEN 299), sofern nicht ein Fall des Missbrauchs der Vertretungsmacht wegen Kollusion (s § 167 Rn 93) vorliegt (s zu § 817 ACKER/FROESCH/KAPPEL BB 2007, 1509, 1511; vgl oben Rn 10).

22 Auch hinsichtlich des *Mitverschuldens* nach § 254 ist auf die Person des Vertreters und gleich gestellter Hilfspersonen abzustellen, zB für das Wissen von einer ungewöhnlichen Schadensgefahr (OLG Karlsruhe ZIP 2006, 933 mAnm HAERTLEIN/MÜLLER EWiR 2007, 9; BGB-RGRK/STEFFEN § 166 Rn 16; ERMAN/MAIER-REIMER § 166 Rn 13; MünchKomm/SCHRAMM § 166 Rn 54; NK-BGB/STOFFELS § 166 Rn 27; SOERGEL/LEPTIEN § 166 Rn 14). Ebenso ist im Rahmen der *Verjährung* im Falle des § 199 Abs 2 (vgl § 852 aF) dem Vertretenen die Kenntnis solcher Hilfspersonen zuzurechnen, die mit der Aufklärung der Sachlage betraut sind (SCHILKEN 299 mwNw; SCHULTZ NJW 1990, 477 ff. – Im Ergebnis ähnlich, aber anders als hier einschränkend gegen eine Heranziehung des § 166 die Rechtsprechung, s zu § 852 aF s etwa RG LZ 1921, 686; BGH VersR 1955, 234 und st Rspr, zuletzt BGH NJW 2007, 834, 835 mwNw; zu § 199 nF s BGH NJW 2007, 1584, 1587 [abl wegen Nichtigkeit der Vollmacht]; 2011, 1799, 1800; 2012, 447, 449 und 1789, 1790; MDR 2014, 330; zu 548 BGH NJW 2014, 684; ebenso die hM im Schrifttum, zB MünchKomm/SCHRAMM § 166 Rn 55; NK-BGB/STOFFELS § 166 Rn 28; PALANDT/ELLENBERGER § 199 Rn 24; SOERGEL/LEPTIEN § 166 Rn 15; ENNECCERUS/ NIPPERDEY § 182 II 1 b; BUCK 190 f; RÖMMER-COLLMANN 112 ff; SCHMIDT NJW 2007, 2447, 2449); auch eine Wissenszusammenrechnung (s oben Rn 6) kommt hier in Betracht (NK-BGB/ STOFFELS § 166 Rn 28; PALANDT/ELLENBERGER § 199 Rn 25; **abl** jedoch BGHZ 133, 129, 139). Ebenso ist im Rahmen von Vorsatz und grober Fahrlässigkeit beim *Überbau* (§ 912 Abs 1) § 166 Abs 1 – zB auf den bauleitenden Architekten, nicht aber auf einen Handwerker – entsprechend anzuwenden (BGHZ 42, 63, 68; BGH NJW 1977, 375; WM 1979, 644, 645; OLG Köln NJW-RR 2003, 376; Hk-BGB/DÖRNER § 166 Rn 8; BUCK 189 f; SCHILKEN 299 f. – **AA** die wohl hL, vgl BAMBERGER/ROTH/VALENTHIN § 166 Rn 21; MünchKomm/SCHRAMM § 166 Rn 52; SOERGEL/LEPTIEN § 164 Rn 16 mwNw: § 278; für Anwendbarkeit des § 831 zB MEDICUS 4, 9 und AT Rn 904 mwNw; offen NK-BGB/STOFFELS § 166 Rn 27).

b) Über den unmittelbaren Gesetzeswortlaut hinaus findet § 166 Abs 1 nicht nur **23** beim Merkmal der Arglist (s Rn 8), sondern auch insoweit entsprechende Anwendung, als der Tatbestand der *Sittenwidrigkeit* von der Kenntnis abhängt. Sie wird dem Vertretenen durch den Vertreter oder eine eigenverantwortlich handelnde Hilfsperson vermittelt (RGZ 100, 246, 249; RG HRR 1928 Nr 589; BGH LM Nr 8 zu § 166; NJW 1992, 899, 900; BGB-RGRK/STEFFEN § 166 Rn 16; ERMAN/MAIER-REIMER § 166 Rn 12; Hk-BGB/DÖRNER § 166 Rn 3; NK-BGB/STOFFELS § 166 Rn 25; PWW/FRENSCH § 166 Rn 5; SOERGEL/LEPTIEN § 166 Rn 12; WOLF/NEUNER § 49 Rn 77). Das Wissen einer nur beratend mitwirkenden Person reicht jedoch nicht aus (BGH BB 1963, 1353; vgl auch oben Rn 4). Entsprechendes gilt für subjektive Voraussetzungen von Verbotsgesetzen iSd § 134 (ERMAN/MAIER-REIMER § 166 Rn 12; Hk-BGB/DÖRNER § 166 Rn 3; NK-BGB/STOFFELS § 166 Rn 25; vgl BayObLG NJW 1993, 1143, 1144). – Analog wird § 166 Abs 1 auch hinsichtlich der *Benachteiligungsabsicht* und *Kenntnis* im Zusammenhang mit der Anfechtung außerhalb und innerhalb des Insolvenzverfahrens angewendet (s BGHZ 22, 128, 134; 38, 65, 66; 41, 17, 22; 55, 307, 311; BGH NJW 1984, 1953, 1954; 2013, 611, 614 [Rechtsanwalt als „Wissensvertreter"]; BGH WPM 1991, 152, 153; OLG Köln ZIP 2004, 919, 921; BAMBERGER/ROTH/VALENTHIN § 166 Rn 21; ERMAN/MAIER-REIMER § 166 Rn 12; JAEGER/HENCKEL/GERHARDT Insolvenzordnung [2008] § 130 Rn 123; MünchKomm/SCHRAMM § 166 Rn 50; NK-BGB/STOFFELS § 166 Rn 25; PWW/FRENSCH § 166 Rn 5; SOERGEL/LEPTIEN § 166 Rn 15; sehr weitgehend allerdings OLG Celle NJW 1978, 2159), ebenso bei § 82 InsO (BGH NJW 1999, 284, 286 zu § 8 Abs 3 KO; NK-BGB/STOFFELS § 166 Rn 25; s auch BGH NJW 2010, 1806; 2011, 2791 [zu §§ 96 Abs 1 Nr 3, 133 InsO; dazu ferner BGH NJW-RR 2006, 771]).

c) Im Falle der **Gesamtvertretung** (s § 167 Rn 51 ff) genügt es, wenn für einen der **24** handelnden Gesamtvertreter die Voraussetzungen des § 166 Abs 1 erfüllt sind (RGZ 78, 347, 354; 134, 33, 36; BGHZ 20, 149, 153; 53, 210, 214; 62, 166, 173; 109, 327, 330; 140, 54, 61; BAMBERGER/ROTH/VALENTHIN § 166 Rn 13; BGB-RGRK/STEFFEN § 166 Rn 6; ERMAN/MAIER-REIMER § 167 Rn 59; MünchKomm/SCHRAMM § 166 Rn 14, 21; NK-BGB/STOFFELS § 166 Rn 4; PALANDT/ELLENBERGER § 166 Rn 2; SOERGEL/LEPTIEN § 166 Rn 5; WERTENBRUCH § 32 Rn 3; ausf BUCK 376 ff; SCHILKEN 100 ff, 119 ff mwNw; zur Simulation s oben Rn 12; s ferner BGH NJW 2010, 861, 862: keine Zurechnung des Wissens eines entgegen § 181 handelnden Gesamtverters zulasten des durch das Verbot geschützten anderen Gesamtvertreters). So ist auch die Arglist eines Gesamtvertreters dem Vertretenen selbst dann zuzurechnen, wenn der arglistige Vertreter beim Geschäftsabschluss nicht hervorgetreten ist, jedoch trotz entsprechender Möglichkeit die handelnden Gesamtvertreter über die Sachlage nicht aufgeklärt hat (RGZ 81, 433, 436; SCHILKEN 103 mwNw). Sofern jedoch kein Fall der Gesamtvertretung vorliegt, muss sich der handelnde Vertreter – und damit der Vertretene – den bösen Glauben eines anderen Vertreters nicht anrechnen lassen (BGH WM 1958, 1105), sofern dieser nicht als eigenverantwortliche Hilfsperson (s oben Rn 4 f) zu berücksichtigen ist (s ferner noch Rn 32).

5. Die arglistige Täuschung des Geschäftsgegners

a) Die arglistige Täuschung des Geschäftsgegners kann *durch einen Dritten* er- **25** folgt sein, dh weder durch den Vertreter noch durch den Vertretenen. Dazu enthält § 123 Abs 2 eine Spezialregelung (BGB-RGRK/STEFFEN § 166 Rn 14). Der Kontrahent kann nach § 123 Abs 2 S 1 anfechten, sofern entweder der Vertreter nach § 166 Abs 1 oder der Vertretene nach Maßgabe des § 166 Abs 2 (s Rn 27 ff) die Täuschung kannte oder kennen musste (BAMBERGER/ROTH/VALENTHIN § 166 Rn 10; ERMAN/ARNOLD

§ 123 Rn 32 ff; MünchKomm/Schramm § 164 Rn 11; NK-BGB/Stoffels § 166 Rn 23; PWW/Frensch § 166 Rn 4; Soergel/Leptien § 166 Rn 25; Flume § 46 3, § 52 5 d). Zur Anfechtung berechtigt den Kontrahenten ferner auch das arglistige *Verhalten des Vertretenen,* da dieser nicht Dritter iS des § 123 Abs 2 ist und zudem für § 123 bloße Kausalität genügt (Bamberger/Roth/Valenthin § 166 Rn 10; MünchKomm/Schramm § 166 Rn 11; NK-BGB/Stoffels § 166 Rn 23; Soergel/Leptien § 166 Rn 25 mwNw; Flume § 46 3, § 52 5 d; Pawlowski Rn 782).

26 b) Dasselbe gilt bei arglistigem *Verhalten des Vertreters* (RGZ 76, 107; BGH NJW-RR 1987, 59; Bamberger/Roth/Valenthin § 166 Rn 10; BGB-RGRK/Steffen § 166 Rn 14; MünchKomm/Schramm § 166 Rn 11; NK-BGB/Stoffels § 166 Rn 23; PWW/Frensch § 164 Rn 77; Soergel/Leptien § 166 Rn 25 mwNw; Pawlowski Rn 782; vgl oben Rn 8) unabhängig davon, ob man dazu § 166 Abs 1 bemüht (abl NK-BGB/Stoffels § 166 Rn 23 mwNw), der aber jedenfalls die für die Arglist erforderliche Kenntnis mit umfasst. Eine interne Weisung an den Vertreter zu lauterem Verhalten entfaltet keine Außenwirkung (Hoffmann JR 1969, 372). Zu Unrecht nimmt Enneccerus/Nipperdey (§ 182 Fn 12) an, dass in diesem Falle nur die Regeln der cic (vgl § 164 Rn 11) eingreifen können, weil arglistiges Vertreterhandeln von § 166 Abs 1 nicht erfasst werde.

III. Die Regelung des § 166 Abs 2

1. Der Geltungsbereich der Vorschrift

27 a) § 166 Abs 2 bestimmt, dass in den einschlägigen Fällen (s oben Rn 8 ff, 21 ff) neben dem Vertreterwissen das **Wissen oder Wissenmüssen des Vertretenen** berücksichtigt wird, wenn der Stellvertreter „nach bestimmten Weisungen des Vollmachtgebers" handelt. Da es hier aber um den letztlich nach Treu und Glauben gebotenen (Hübner Rn 1232; Schreindorfer 134 ff) Schutz des Rechtsverkehrs bei vom Vertretenen autorisierten Fremdhandeln geht, das nicht zu Manipulationen durch einen arglosen Stellvertreter genutzt werden darf (s Rn 2), muss bereits die *tatsächliche Hinderungsmöglichkeit* durch den Vertretenen – in den Grenzen der Zumutbarkeit – ausreichen (s noch unten Rn 27). Keineswegs kann nach § 166 Abs 2 aber bereits die bloße Unredlichkeit (Kenntnis oder Kennenmüssen) des Vertretenen an sich schaden (aA Beuthien 13 ff, 15 und NJW 1999, 3585, 3586 von seiner abweichenden Sicht der Stellvertretung her, vgl Vorbem 32 zu § 164; wohl auch Pawlowski Rn 777).

28 § 166 Abs 2 gilt *nicht* (entsprechend) *für* die in § 166 Abs 1 neben dem Kennen bzw dem Kennenmüssen geregelten *Willensmängel.* Für diese bleibt es vielmehr bei der Grundregel des Abs 1, nach dem allein auf die Person des Vertreters abzustellen ist, unbeschadet der Möglichkeit, dass Willensmängel – insbes in Fällen arglistiger Täuschung und widerrechtlicher Bedrohung des Vertretenen bei der Weisungserteilung – auf das Vertreterhandeln durchschlagen können (ausführlich oben Rn 17).

29 b) Die Regelung des § 166 Abs 2 gilt nach ihrem ausdrücklichen Wortlaut in den Fällen der **rechtsgeschäftlich erteilten Vertretungsmacht** (Vollmacht). Daher greift § 166 Abs 2 auch im Verhältnis zwischen Vertreter und *Untervertreter* (s § 167 Rn 72) ein (s noch Rn 35). Dem „Handeln nach bestimmten Weisungen" ist ferner ein **Handeln ohne Vertretungsmacht** im Falle der Genehmigung gleichzustellen, weil der Geschäftsherr, der bestimmte Umstände kennt oder kennen muss, das Geschäft

Titel 5
Vertretung und Vollmacht § 166

damit durch unmittelbare Beteiligung am Abschlusstatbestand billigt (BAMBERGER/ ROTH/VALENTHIN § 166 Rn 23; ERMAN/MAIER-REIMER § 166 Rn 37; MünchKomm/SCHRAMM § 166 Rn 51; NK-BGB/STOFFELS § 166 Rn 36; PALANDT/ELLENBERGER § 166 Rn 10; PWW/FRENSCH § 166 Rn 10; SOERGEL/LEPTIEN § 166 Rn 30; FAUST § 28 Rn 19). Genehmigt also der Vertretene, so kommt es hinsichtlich seiner Kenntnis oder seines Kennenmüssens auf den Zeitpunkt der Genehmigung an (RGZ 68, 374, 377; 128, 116; 120; 161, 153, 161; BGH BB 1965, 435; SCHILKEN 78 f).

c) Eine entsprechende Anwendung des § 166 Abs 2 findet im Falle des Widerrufs **30** eines gerichtlichen Geständnisses wegen Irrtums nach § 290 ZPO statt, wenn der **Prozessbevollmächtigte** das gerichtliche Geständnis nach bestimmten Weisungen abgegeben hat. Hier schließt die Kenntnis der Partei analog § 166 Abs 2 einen iSd § 290 ZPO erheblichen Irrtum aus, während im Übrigen die Unkenntnis (Irrtum) des Prozessbevollmächtigten entsprechend § 166 Abs 1 einen Widerruf zulässt (RGZ 146, 348, 353; ausf SCHILKEN 205 f mwNw). Auch für die Beurteilung der Zulässigkeit eines Bestreitens mit Nichtwissen gem § 138 Abs 4 ZPO kommt eine Wissenszurechnung in Betracht (s ausführlich AMBS 123 ff).

d) Die Frage, ob § 166 Abs 2 über seinen Wortlaut hinaus auf die Fälle der **31** **gesetzlichen Vertretung** Anwendung finden kann, ist wegen des gebotenen Schutzes des gesetzlich Vertretenen grundsätzlich zu verneinen (BGHZ 38, 65, 67; BAMBERGER/ ROTH/VALENTHIN § 166 Rn 24; ERMAN/MAIER-REIMER § 166 Rn 37; MünchKomm/SCHRAMM § 166 Rn 56 f; NK-BGB/STOFFELS § 166 Rn 29; PALANDT/ELLENBERGER § 166 Rn 10; PWW/FRENSCH § 166 Rn 10; SOERGEL/LEPTIEN § 166 Rn 32; BORK Rn 1656; ENNECERUS/NIPPERDEY § 182 II 2; WOLF/NEUNER § 46 Rn 109; eingehend SCHILKEN 159 ff). Allerdings kann doch *im Einzelfall* die Stellung eines gesetzlichen Vertreters der eines weisungsgebundenen Bevollmächtigten durchaus gleich geachtet werden, sodass dann eine analoge Anwendung des § 166 Abs 2 gerechtfertigt erscheint (BAMBERGER/ROTH/VALENTHIN § 166 Rn 24; ERMAN/MAIER-REIMER § 166 Rn 39; JAUERNIG § 166 Rn 2; MünchKomm/SCHRAMM § 166 Rn 52; NK-BGB/STOFFELS § 166 Rn 30 f; PALANDT/ELLENBERGER § 166 Rn 10; PWW/FRENSCH § 166 Rn 10; SOERGEL/LEPTIEN § 166 Rn 32; FLUME § 52 6; PAWLOWSKI Rn 781; WOLF/NEUNER § 49 Rn 89; ausf SCHILKEN 158 ff, 166 ff, zu Personengesellschaften 104 ff, 116 ff; vgl BGH NJW 1995, 2159). Das ist zB für den Fall des nach Weisung iSd § 166 Abs 2 handelnden Betreuers zu bejahen, sofern der Betreute voll geschäftsfähig ist, ebenso bei Veranlassung zu einem Geschäft des § 1357 BGB durch den bösgläubigen Ehepartner (BGB-RGRK/STEFFEN § 166 Rn 23; NK-BGB/STOFFELS § 166 Rn 30 f; PALANDT/ELLENBERGER § 166 Rn 10; SOERGEL/LEPTIEN § 166 Rn 32; WOLF/NEUNER § 49 Rn 90; WEIMAR JR 1976, 318, 320). Es soll auch gelten beim Handeln eines Ergänzungspflegers mit Wirkungskreis für ein einzelnes Geschäft, wenn der Pfleger auf Betreiben des Vaters für dieses Geschäft des Kindes bestellt wurde und es in Unkenntnis der Gläubigerbenachteiligungsabsicht des Vaters mit diesem abschloss (BGHZ 38, 65, 70; BAMBERGER/ROTH/VALENTHIN § 166 Rn 24; ERMAN/MAIER-REIMER § 166 Rn 39; MünchKomm/SCHRAMM § 166 Rn 57; NK-BGB/STOFFELS § 166 Rn 30; PALANDT/ELLENBERGER § 166 Rn 10; PWW/FRENSCH § 166 Rn 10; SOERGEL/LEPTIEN § 166 Rn 32; WOLF/NEUNER § 49 Rn 89; **abl** hierzu BGB-RGRK/STEFFEN § 166 Rn 23; PAULUS, in: FS Michaelis [1972] 223 ff; MÜLLER-FREIENFELS 392 ff; SCHILKEN 159 ff, 177 ff; vgl auch oben Rn 23).

Darüber hinaus ist eine **Analogie zu § 166 Abs 2** für solche Geschäfte in Betracht zu ziehen, die ein bösgläubiger Vertretener veranlasst hat, zB ein Minderjähriger, der seinen unwissenden gesetzlichen Vertreter zu einem Rechtsgeschäft bestimmt (SOERgel/Leptien § 166 Rn 32; Müller-Freienfels 392 ff; Schilken 166 ff. – **Abl** die hM, vgl BGH NJW 1971, 609, 611; BGB-RGRK/Steffen § 166 Rn 23; Erman/Maier-Reimer § 166 Rn 39; MünchKomm/Schramm § 166 Rn 57; NK-BGB/Stoffels § 166 Rn 32). Vorrang hat allerdings der Schutz des nicht (voll) Geschäftsfähigen, sodass eine entsprechende Anwendung des § 166 Abs 2 nur für beschränkt geschäftsfähige Personen und bei rechtlich nicht nachteiligen Geschäften (zB gutgläubigem Eigentumserwerb) zu befürworten ist; Voraussetzung ist dazu weiter die Fähigkeit der Person, den gebotenen Selbstschutz zu erkennen und zu verwirklichen, eine „Bösglaubensfähigkeit" (vgl MünchKomm/Schramm § 166 Rn 57; Müller-Freienfels 395 f; Schilken 166 ff, 249 ff; ähnlich [unter den Voraussetzungen des § 828 Abs 3] NK-BGB/Stoffels 166 Rn 32; Soergel/Leptien § 166 Rn 32). Unter diesen Voraussetzungen kommt dann auch eine Anwendung des Rechtsgedankens des § 166 Abs 2 im außerrechtsgeschäftlichen Bereich, zB bei § 990 (s Staudinger/Gursky [2013] § 990 Rn 39 mwNw; Schilken 287 ff) und § 819 (BGH aaO [Flugreisefall] unter Berufung auf § 828 Abs 2; dazu zuletzt Hombrecher Jura 2004, 250; Schilken 295 ff, sehr str) in Betracht. Handelt umgekehrt der beschränkt Geschäftsfähige im Rahmen des § 107, so schadet sein Wissen(müssen) wegen des vorrangigen Schutzes des Minderjährigen bei nachteiligen Geschäften nicht (BGHZ 94, 232, 234; Bamberger/Roth/Valenthin § 166 Rn 24; Erman/Maier-Reimer § 166 Rn 39; NK-BGB/Stoffels § 166 Rn 32; Soergel/Leptien § 166 Rn 32; Wolf/Neuner § 49 Rn 89; Schilken 173), wohl aber analog § 166 Abs 1 (Schilken 173) – nicht § 166 Abs 2 (so Tintelnot JZ 1987, 795, 798 f) – dasjenige seiner gesetzlichen Vertreter.

Unanwendbar ist § 166 Abs 2 hingegen im Falle der *Ermächtigung* (s Vorbem 62 ff zu §§ 164 ff), weil der Ermächtigte im eigenen Namen handelt. Dasselbe gilt für die *Zustimmung* zum rechtsgeschäftlichen Handeln eines Dritten, da auch dieser im eigenem Namen auftritt (RGZ 53, 274; 105, 289, 291). Es kommt hier nur auf das Kennen und Kennenmüssen (sowie etwaige Willensmängel) des Handelnden an (Thiele, Die Zustimmungen in der Lehre vom Rechtsgeschäft [1966] 160). Entsprechendes gilt grundsätzlich für die *mittelbare Stellvertretung* (Schilken 153 f; s aber zu Fällen rechtsmissbräuchlichen Vorgehens Staudinger/Wiegand [2011] § 932 Rn 97; Faust § 28 Rn 17)

32 **e)** Von Bedeutung ist die Regelung oder jedenfalls der Rechtsgedanke des § 166 Abs 2 aber für die **Organe juristischer Personen** – insbesondere Banken und Unternehmen – (s dazu ausf Buck-Heeb § 32 Rn 6 ff; s auch noch Rn 40 für juristische Personen des Öffentlichen Rechts), soweit diese nicht ohnehin unmittelbar handelnd beteiligt sind (s Rn 3). Nach früher stRspr (RG JW 1935, 2044 uö; BGHZ 20, 149, 153; 41, 282, 287; 109, 327, 331 mwNw; iE zust auch Bohrer DNotZ 1991, 124 ff) und hL (s etwa BGB-RGRK/Steffen § 166 Rn 16; Hk-BGB/Dörner § 166 Rn 7; Soergel/Leptien § 166 Rn 5, Rn 32; Wertenbruch, Handbuch Rn I 311 mwNw; Bork Rn 1668; Aden NJW 1999, 3098 f) war das Wissen(müssen) solcher Organe allerdings ohne weiteres – dh ohne Anwendung des § 166 – als dasjenige der juristischen Person selbst anzusehen (krit zu dieser Begründung Flume, AT I 2. Teil [1983] § 11 IV und JZ 1990, 548 zu BGHZ 109, 327; ferner ausführlich Buck 208 ff). Im Schrifttum wird heute teils eine gesetzliche Regelung dieser Zurechnung verlangt (Waltermann AcP 192, 181, 216 ff), teilweise wird auch eine Wissenszurechnung lediglich nach Maßgabe des § 166 vertreten, sodass insbes bei am Geschäftsabschluss unbeteiligten Organmitgliedern eine Relevanz nur entsprechend § 166 Abs 2 anzunehmen wäre (vgl Baumann ZGR 1973, 284 ff; Tintelnot JZ 1987, 795, 799 f; Schüler 57 ff: „allgemein wertende Betrachtung" unter Einbeziehung des Rechtsgedankens des § 166; einschränkend auch Grunewald, in: FS Beusch [1993] 301, auf für handelnde Personen verfügbares Wissen;

weitergehend andererseits ALTMEPPEN BB 1999, 749 ff schon bei Kenntnis eines unbeteiligten, mit der Unkenntnis des beteiligten Vertreters rechnenden Vertreters; für eine differenzierte Zurechnung nach § 31 oder § 166 ROHDE 33 ff, 65 ff; eine Heranziehung des § 166 Abs 2 abl hingegen BUCK 275 ff). Nunmehr geht der BGH (BGHZ 117, 104, BGHZ 132, 30 und insbes BGHZ 142, 30, 34 ff; BGH NJW 2001, 359, 360; 2010, 1806 f; 2011, 2791, 2792 mwNw; ausführlich zur Rechtsprechung des BGH NOBBE, in: Bankrechtstag 2002, 121 ff) im Anschluss an MEDICUS (4 ff, 11 ff) und TAUPITZ (16 ff, 25 ff; s auch ders JZ 1996, 734 ff) davon aus, dass die Wissenszurechnung eine von der Rechtsform unabhängige Problematik der ordnungsgemäßen Organisation der Kommunikation im Unternehmen darstelle; sie gründe nicht in der Organstellung des Wissensvermittlers (Organtheorie), sondern im Gedanken des Verkehrsschutzes (insoweit zust FLUME AcP 197, 441, 444 f), der insbes zur Notwendigkeit aktenmäßigen Festhaltens, Weiterleitens und Abfragens des Wissens, einer **Wissensorganisationspflicht** führen könne (s schon Rn 6; dazu ausf und sehr instruktiv BUCK-HEEB § 32 Rn 15 ff, Rn 29 ff). Dem Ansatz – mag man dafür auf § 166 zurückgreifen (so mE zu Recht ausf auch ALTMEPPEN BB 1999, 749 ff; FASSBENDER/NEUHAUS WM 2002, 1253, 1258) oder nicht (vgl oben Rn 5) – ist für Organe und auch für andere Mitarbeiter arbeitsteilig organisierter Unternehmen und Körperschaften durchaus zu folgen (nach dem hier vertretenen Ansatz insoweit entsprechend § 166 Abs 1, s oben Rn 4 f; iE zust auch BAMBERGER/ROTH/VALENTHIN § 166 Rn 15; ERMAN/MAIER-REIMER § 166 Rn 17 ff; JAUERNIG § 166 Rn 2; MünchKomm/SCHRAMM § 166 Rn 20 ff; NK-BGB/STOFFELS § 166 Rn 6, Rn 9 ff; PALANDT/ELLENBERGER § 166 Rn 8; PWW/FRENSCH § 166 Rn 22 f; WERTENBRUCH, Handbuch Rn I 312a; HIRSCH Rn 977 ff; KÖHLER § 11 Rn 54; MEDICUS Rn 904c; PAWLOWSKI Rn 781; WOLF/NEUNER § 49 Rn 83; ausf BUCK-HEEB § 32 Rn 6 ff, Rn 10 ff; AMBS 134 ff; RÖMMER-COLLMANN 164 ff; NOBBE, in: Bankrechtstag 2002, 121, 148 ff; zur eingeschränkten Berücksichtigung privaten Wissens [s Rn 8] in solchen Fällen zutr TAUPITZ 25 mwNw; krit aber BUCK 393 ff, 447 ff bei Wissensaufspaltung; ferner KOLLER JZ 1998, 75, 80 f; krit auch BREHM Rn 435 Fn 12; s ferner aus Sicht der kreditwirtschaftlichen Praxis SCHRÖTER, in: Bankrechtstag 2002, 163 ff), daneben an der Berücksichtigung des Wissen(müssen)s von Organen juristischer Personen (nur) im Umfang des § 166 Abs 2 in seiner weiten Auslegung (oben Rn 27) jedoch festzuhalten (so zB auch W SCHULTZ NJW 1996, 1392, 1393 f und NJW 1997, 2093 f; RÖMMER-COLLMANN 123 ff, 158 ff). Bei diesen ist zwar nicht „kraft Natur der Sache" in Anwendung der Organtheorie, wohl aber im wertenden Vergleich der vertretungsberechtigten Organmitglieder einer juristischen Person mit dem „Vollmachtgeber" iSd § 166 Abs 2 anders als in den Fällen der gesetzlichen Vertretung (s Rn 31) die Annahme gerechtfertigt, das Wissen(müssen) solcher Organe schon bei Möglichkeit einer Einflussnahme auf das Geschäft – also andererseits nicht mehr nach ihrem Ausscheiden, sofern sie nicht vorher das Geschäft beeinflusst haben (RÖMMER-COLLMANN 185 ff; SCHILKEN 138 f; vgl auch BORK Rn 1669) und auch nicht schon bei bloßer Kenntnis (insoweit zu weitgehend früher SCHILKEN 138 f; auch ALTMEPPEN BB 1999, 749 ff für Vertreter von Verbänden, die mit der Unkenntnis des kontrahierenden Vertreters rechnen; dagegen DAUNER-LIEB 52; s auch BUCK-HEEB § 32 Rn 6 ff) – demjenigen der juristischen Person gleichzusetzen. Diese Lösung entspricht immerhin auch dem (angesichts der Unterschiede auf Seiten der Zurechnungssubjekte wie auch der Erwartungen der Geschäftspartner *allein* nicht tragfähigen) „Gleichstellungsargument" der inzwischen hM (BGHZ 132, 30, 36 f mwNw; BGH NJW 1997, 1917; 2001, 359, 360; OLG Frankfurt NJW-RR 2002, 778; MünchKomm/SCHRAMM § 166 Rn 27 ff; DAUNER-LIEB 45 f, 52 f; MEDICUS 4, 11 f, 15 f; HAGEN DRiZ 1997, 157, 161; SCHEUCH GmbH-Rdsch 1996, 828, 833; WALTERMANN AcP 192, 181, 207; vgl BORK Rn 1670. – Krit dazu BAUM 176 ff aufgrund abweichender Bewertung der Leistungserbringung von juristischen und natürlichen Personen; KOLLER JZ 1998, 75, 77 ff; REISCHL JuS 1997, 783, 787), wonach der Vertragspartner einer juristischen Person – bei der als solcher kein Wissen(müssen) vorliegen kann – nicht anders gestellt sein soll als derjenige einer natürlichen Person. Bei entsprechender Organisationspflicht kann danach aber auch privates Wissen des Organs beachtlich sein (s dazu ausf Buck-Heeb WM 2008, 281, 282 ff; Fleischer NJW 2006, 3239, 3241 f, jew mwNw, str, s oben Rn 6). Nichts anderes kann bei diesem Ansatz für **Gesamthandsgesellschaften** gelten (ebenso inzwischen der BGH, s etwa BGHZ 132, 30; BGH NJW 2001, 359, 360 mwNw; BGH NJW-RR 2003, 170 m zust Anm Wolf LMK 2003, 8; Erman/Maier-Reimer § 166 Rn 17 ff, Rn 20; MünchKomm/Schramm § 166 Rn 21; Wertenbruch, Handbuch Rn I 312a; Medicus und Taupitz aaO; Bork Rn 1670; Bayreuther JA 1998, 459, 465; Dauner-Lieb 53; Grunewald 318 f; Odersky, in: FS Geiß [2000] 144; W Schultz NJW 1996, 1392; Wolf LM § 166 BGB Nr 34; **aA** aber Reischl JuS 1997, 783, 787; Soergel/Leptien § 166 Rn 5; einschr auch Bamberger/Roth/Valenthin § 166 Rn 15; NK-BGB/Stoffels § 166 Rn 7). Anderseits kann selbst im **Konzern** jedenfalls nicht schon aufgrund der konzernrechtlichen Verbundenheit eine Wissenszurechnung erfolgen, sondern allenfalls aufgrund besonderer Ausübung von Leitungsmacht (MünchKomm/Schramm § 166 Rn 22; NK-BGB/Stoffels § 166 Rn 8; PWW/Frensch § 166 Rn 23; s dazu ausführlich, aber doch sehr weitgehend Schüler passim, insbes 97 ff und 101 ff; Römmer-Collmann 201 ff; Drexl ZHR 161, 491 ff; ders, in: Bankrechtstag 2002, 85 ff; s ferner ausführlich Bott passim; Rohde passim; Hoenig/Klingen NZG 2013, 1046, 1049; Weisshaupt WM 2013, 782; weitergehend aber zB OLG München BB 2007, 14, 15); ohne gesetzliche Regelung erscheint gegenüber einer entsprechenden Erweiterung der Wissenszurechnung (dafür bereits Bork ZGR 1994, 237, 255 f) Zurückhaltung geboten (zutr Dauner-Lieb 57). Man kann sie aber zB in Erwägung ziehen, wenn die Wahrnehmung der wissenserheblichen Umstände so organisiert ist, dass dafür ein anderes Unternehmen des Konzerns in eigener Verantwortung zuständig ist (vgl BGH NJW 2001, 359, 360 aE); ansonsten bleibt zu beachten, dass die Zurechnung zu Lasten der juristischen Person, nicht aber ihrer Organe oder vertretungsberechtigten Mitglieder stattfindet, sodass bei Personenidentität nicht automatisch eine Zurechnung außerhalb der „Struktureinheit" stattfindet (BGH aaO). Insgesamt können sich allerdings Einschränkungen der Wissensberücksichtigung aus besonderen Aspekten (zB aufgrund Datenschutzes oder Geheimhaltungspflichten) ergeben (Buck 464 ff; s ferner – auch zu weiteren Fragen der Wissenszurechnung bei Kreditinstituten – Hellmann/Thomas WM 2002, 1665, 1670 ff; dazu ferner Heidrich passim; Fassbender/Neuhaus WM 2002, 1253). IÜ kommt eine Wissenszurechnung in solchen Fällen nur zu Lasten der Organisation, nicht aber ihrer Organe oder Mitglieder in Betracht (BGHZ 109, 327, 332; 132, 30, 37; BGH NJW 2001, 359, 360; MünchKomm/Schramm § 166 Rn 22). – Abgesehen von den Organen kann darüber hinaus in entsprechender Anwendung des § 166 Abs 2 die Zurechnung der *Kenntnis eines Gesellschafters* in Betracht kommen, wenn dieser den Geschäftsführer zu einer bestimmten, zB die Gläubiger benachteiligenden Maßnahme anweist (BGH ZIP 2004, 957, 959 mAnm Bernsau NZI 2004, 379, Fridgen ZInsO 2004, 1341, Huber EWiR 2004, 933 und Kummer jurisPR-BGHZivilR 21/2004 Anm 1; Palandt/Ellenberger § 166 Rn 10; PWW/Frensch § 166 Rn 10; vgl auch OLG Hamm NZG 2006, 827, 828); Entsprechendes ist bei Anweisungen der Gesellschafterversammlung zur Vornahme eines bestimmten Rechtsgeschäfts diskutabel (dafür Ellers GmbHR 2004, 934). – Zur Zurechnung des Wissens sonstiger eigenverantwortlich tätiger Hilfspersonen nach § 166 Abs 1 s iÜ schon oben Rn 6.

2. Die Weisungsabhängigkeit des Vertreters

33 a) § 166 Abs 2 verlangt, dass der Bevollmächtigte **nach bestimmten Weisungen** des

Vollmachtgebers gehandelt hat. Jedoch wird heute allgemein eine **weite Auslegung** des Begriffs der „bestimmten Weisungen" als geboten angesehen (RGZ 131, 343, 356; 161, 153, 161; BGHZ 38, 65, 68; 50, 364, 368; Bamberger/Roth/Valenthin § 166 Rn 25; BGB-RGRK/Steffen § 166 Rn 24; Erman/Maier-Reimer § 166 Rn 38; MünchKomm/Schramm § 166 Rn 58; NK-BGB/Stoffels § 166 Rn 34; Palandt/Ellenberger § 166 Rn 11; PWW/Frensch § 166 Rn 8; Soergel/Leptien § 166 Rn 29; Bork Rn 1656; Eisenhardt Rn 416; Enneccerus/Nipperdey § 182 Fn 18; Faust § 28 Rn 19; Flume § 52 6; Hirsch Rn 972; Köhler § 11 Rn 50; Wertenbruch § 32 Rn 4; Wolf/Neuner § 49 Rn 88; Buck 134 ff; Schilken 60 ff). Es genügt auch, wenn der Vertretene die in Betracht stehende Kenntnis bzw fahrlässige Unkenntnis zwar nicht schon bei Erteilung der Vollmacht, sondern erst danach hatte oder hätte haben müssen, aber zu diesem Zeitpunkt noch durch zumutbare Maßnahmen Einfluss auf den handelnden Stellvertreter hätte nehmen können (BGHZ 38, 65, 67; 40, 42, 46; 50, 364, 368; 51, 141, 145, st Rspr; Bamberger/Roth/Valenthin § 166 Rn 25; BGB-RGRK/Steffen § 166 Rn 25; Erman/Maier-Reimer § 166 Rn 38; Jauernig, § 166 Rn 4; MünchKomm/Schramm § 166 Rn 58; NK-BGB/Stoffels § 166 Rn 35; PWW/Frensch § 166 Rn 9; Soergel/Leptien § 166 Rn 31; Boecken Rn 612; Flume § 52 6; Pawlowski Rn 777; Wolf/Neuner § 49 Rn 88; ausf Schilken 62 ff; W Schultz NJW 1996, 1392, 1393 f und NJW 1997, 2093 f – Einschränkend hingegen noch Ennecerus/Nipperdey § 182 II 2; Neumann-Duesberg JR 1950, 333; weitergehend Müller-Freienfels 389 ff, 413 ff). Bereits dann greift nämlich der Zweck der Vorschrift (s oben Rn 2, Rn 27), dass gebotene Maßnahmen des Selbstschutzes nicht durch den Einsatz eines Stellvertreters unterlaufen werden dürfen.

b) Die Voraussetzungen des § 166 Abs 2 liegen vor allem vor, wenn die Bevollmächtigung sich auf ein *genau bestimmtes Rechtsgeschäft* bezieht (vgl BGHZ 50, 364, 368; BGB-RGRK/Steffen § 166 Rn 24; Soergel/Leptien § 166 Rn 29). Es genügt aber auch den Erfordernissen des § 166 Abs 2, wenn die Weisungen nicht als Beschränkung der Vertretungsmacht hervortreten, sondern sich aus dem *Innenverhältnis zwischen* dem Vertreter und dem Vertretenen in Form von Ausführungsanordnungen ergeben (Schilken 61). **34**

Andererseits ist es nicht nötig, dass sie sich auf den vollen Inhalt des vorzunehmenden Rechtsgeschäfts erstrecken; es reicht vielmehr aus, wenn Weisungen *für einzelne Arten* von Rechtsgeschäften erteilt worden sind (BGH BB 1965, 435), die zB dahin gehen, bestimmte Sachen nach Katalog zu erwerben (RG SeuffA 76 Nr 175). Ferner müssen sich die Weisungen nicht gerade auf den Umstand beziehen, dessen Kenntnis oder Kennenmüssen in Frage steht (Schilken 61; **aA** Müller-Freienfels 396). Die Weisung muss sich auch nicht auf ein bestimmtes Geschäft beziehen (RG Recht 1921, 2251; Erman/Maier-Reimer § 166 Rn 38; MünchKomm/Schramm § 166 Rn 58 mwNw; NK-BGB/Stoffels § 166 Rn 34; Soergel/Leptien § 166 Rn 29). Es genügt auch, wenn der Vertretene den Stellvertreter zur Vornahme eines Rechtsgeschäfts im Rahmen der Vollmacht lenkend veranlasst (RG JW 1916, 317; BGHZ 38, 65, 68; Schilken 64 ff mwNw; Bamberger/Roth/Valenthin § 166 Rn 25). Eine analoge Anwendung ist geboten, wenn der Vertretene von dem bevorstehenden Vertretergeschäft weiß, es aber bei Kenntnis/Kennenmüssen des erheblichen Umstandes trotz zumutbarer Möglichkeit nicht verhindert, zB wenn der Vertreter das Geschäft in Anwesenheit des Vertretenen abschließt und dieser *nicht widerspricht* (BGHZ 51, 141, 145; Bamberger/Roth/Valenthin § 166 Rn 25; Erman/Maier-Reimer § 166 Rn 38; MünchKomm/Schramm § 166 Rn 58; NK-BGB/Stoffels § 166 Rn 35; PWW/Frensch § 166 Rn 8; Soergel/Leptien § 166 Rn 29; Boecken Rn 612; Pawlowski Rn 777; Wolf/Neuner § 49 Rn 88; Neumann-Duesberg JR 1950, 333; Schilken 66 ff) oder wenn sich der Abschluss des Geschäftes durch den Stellvertreter konkret abzeichnet (Soergel/Leptien § 166 Rn 29). Hingegen findet Abs 2 keine Anwendung, wenn der Vertretene den künftigen Abschluss eines einschlägigen Geschäftes durch den Stellvertreter lediglich für möglich hält (Erman/Maier-Reimer § 166 Rn 38; Münch-Komm/Schramm § 166 Rn 58; NK-BGB/§ 166 Rn 35; Soergel/Leptien § 166 Rn 29; str, vgl oben Rn 27).

35 c) An bestimmten Weisungen für den Vertreter fehlt es häufig im Falle einer *externen Vollmachtserteilung* (s dazu § 167 Rn 12). Auch eine *Generalvollmacht* (s § 167 Rn 83) oder eine Prokura ist durchweg nicht von bestimmten Weisungen iS des § 166 Abs 2 begleitet (MünchKomm/Schramm § 166 Rn 58; NK-BGB/Stoffels § 166 Rn 35; Soergel/Leptien § 166 Rn 29); so kann zB ein gutgläubiger Generalbevollmächtigter für einen bösgläubigen Vollmachtgeber Eigentum erwerben (vgl BGHZ 40, 42, 46). Erteilt ein Hauptbevollmächtigter einem Unterbevollmächtigten bestimmte Weisungen, so kommt es auch auf das Wissen des Hauptbevollmächtigten an (RG Gruchot 58, 907, 909; RG WarnR 1932 Nr 135; Bamberger/Roth/Valenthin § 166 Rn 23; Erman/Maier-Reimer § 166 Rn 37; MünchKomm/Schramm § 166 Rn 58; NK-BGB/Stoffels § 166 Rn 29; Palandt/Ellenberger § 166 Rn 10; PWW/Frensch § 166 Rn 10; Soergel/Leptien § 166 Rn 29; Schilken 77 f mwNw).

3. Die Rechtswirkungen des § 166 Abs 2

36 a) Liegen die Voraussetzungen des § 166 Abs 2 vor, so kann sich der Vollmachtgeber bezüglich solcher Umstände, die er selbst kannte oder kennen musste, nicht auf die Unkenntnis des Vertreters berufen. Dem Vertretenen schadet also eigene Kenntnis bzw beim Kennenmüssen eigene auf Fahrlässigkeit beruhende Unkenntnis, ggf wie etwa im Falle des § 932 Abs 2 seine auf grober Fahrlässigkeit beruhende Unkenntnis. Auch soweit es zur Beurteilung anderer Tatbestandsmerkmale wie der Arglist oder Sittenwidrigkeit (s oben Rn 22) auf die Kenntnis bestimmter Umstände ankommt, ist dann die Person des Vertretenen zu berücksichtigen (s etwa RGZ 161, 153, 161).

37 b) Damit ist jedoch nicht gesagt, dass dem Vertretenen Kenntnis bzw Kennenmüssen des Vertreters nicht gleichfalls schadet. § 166 Abs 1 wird durch § 166 Abs 2 nicht verdrängt (MünchKomm/Schramm § 166 Rn 2; NK-BGB/Stoffels § 166 Rn 2; Schilken 60). Vielmehr kommt es in den Fällen des § 166 Abs 2 weiterhin auch auf die Person des Vertreters an.

IV. § 166 und Empfangsvertretung

38 Die Regeln des § 166 sind im Hinblick auf § 164 Abs 3 auf die **Empfangsvertretung** (s § 164 Rn 20) entsprechend anzuwenden (NK-BGB/Stoffels § 166 Rn 17; Soergel/Leptien § 166 Rn 3; Buck 148 f; Schilken 89 ff). Dabei kann die Kenntnis des Empfangsvertreters vor allem im Rahmen der §§ 116 S 2, 117 Abs 1 BGB in Betracht kommen (Schilken 90 ff), des Weiteren im Rahmen der Auslegung von Willenserklärungen vom Empfängerhorizont her (BGH NJW 2000, 2272, 2273; Erman/Maier-Reimer § 166 Rn 9; NK-BGB/Stoffels § 166 Rn 17; Soergel/Leptien § 166 Rn 3; Richardi AcP 169, 401; Schilken 89 f). Auch soweit Gewährleistungsausschlüsse an Kenntnis oder Kennenmüssen anknüpfen, wie zB in §§ 442, 536b, 539, 640 Abs 2, ist § 166 Abs 1 entsprechend

anzuwenden (s oben Rn 21; ausführlich SCHILKEN 93 ff). Andererseits gilt stets auch § 166 Abs 2 im beschriebenen Rahmen (Rn 27 ff).

Beim **Empfangsboten** kommt hingegen eine analoge Anwendung des § 166 wie beim aktiven Boten (s Rn 4) nur ausnahmsweise in Frage, wenn nämlich der als Stellvertreter mit Prüfungskompetenz bestellte Gehilfe lediglich als Bote auftritt (vgl SCHILKEN 218). **39**

V. Öffentlich-rechtliche Vertreter

Bei privatrechtlichem Handeln von **Organen oder Bediensteten juristischer Personen des öffentlichen Rechts** findet § 166 grundsätzlich Anwendung (MünchKomm/SCHRAMM § 166 Rn 35 mwNw; NK-BGB/STOFFELS § 166 Rn 6; krit zum Ganzen REINHARDT 23 ff mit eigener Lösung 163 ff [s oben Rn 6]). Das gilt namentlich für die Heranziehung der Regeln der **Wissenszurechnung** bei juristischen Personen des Privatrechts (s oben Rn 32), die entsprechend den dazu entwickelten Kriterien heranzuziehen sind. Nach der hier vertretenen Auffassung erfolgt die Zurechnung aufgrund der Organstellung, soweit die wissen(müssen)de Person Organ oder Teil eines vertretungsberechtigten Organs der zuständigen öffentlich-rechtlichen Person nach den einschlägigen Organisationsnormen ist – auch unabhängig davon, ob sie im konkreten Fall gehandelt hat –, sofern sie das Zustandekommen des Geschäfts beeinflusst hat oder mit ihrem Wissen hätte beeinflussen können; das Wissen(müssen) ausgeschiedener Organvertreter ist hingegen grundsätzlich nicht, sondern nur bei einer solchen Einflussnahme oder bei Verstoß gegen Organisationspflichten (zB aktenmäßiges Festhalten) zurechenbar (BGHZ 109, 327, 332 mAnm FLUME JZ 1990, 550; iE zust auch MEDICUS Rn 904c). Bei sonstigen Bediensteten ist zu prüfen, ob auf sie die Voraussetzungen der erweiterten Anwendung des § 166 Abs 1 (oben Rn 4 ff) zutreffen, dass die betreffende Person mit eigenverantwortlicher Prüfungs- und Entscheidungskompetenz im Rechtsverkehr eingesetzt worden ist oder die Voraussetzungen einer fehlerhaften Organisation der Kommunikation (s oben Rn 32) vorliegen (s etwa BGHZ 117, 104, 107 zu § 463 aF verneinend für Sachbearbeiter im Bauordnungsamt; BGH NJW 1994, 1150, 1151 und NJW 2007, 834, 835 mwNw bejahend für den mit der Verfolgung eines Ersatzanspruches betrauten Bediensteten zu § 852 aF; BGH NJW 2011, 1799, 1800 verneinend für nicht mit der Abwicklung betraute Mitarbeiterin einer Pflegekasse; BGH NJW 2011, 2791, 2792 [bejahend bei Zusammenarbeit mehrerer Behörden]; MEDICUS, AT Rn 904d; Überblick bei KOHLER-GEHRIG VBlBW 1998, 212). Ein Wissen anderer Behörden(abteilungen) ist hingegen wegen der gesetzlichen Trennung der Verwaltungsorganisation ohne konkrete Beteiligung nicht zuzurechnen (BGH NJW 1992, 1755, 1756 für den Bediensteten einer anderen Abteilung; BGHZ 134, 343, 347 f für eine andere Behörde; OLG Saarbrücken OLGR 2006, 944; MünchKomm/SCHRAMM § 166 Rn 35 mwNw). **40**

§ 167
Erteilung der Vollmacht

(1) Die Erteilung der Vollmacht erfolgt durch Erklärung gegenüber dem zu Bevollmächtigenden oder dem Dritten, dem gegenüber die Vertretung stattfinden soll.

(2) Die Erklärung bedarf nicht der Form, welche für das Rechtsgeschäft bestimmt ist, auf das sich die Vollmacht bezieht.

Materialien: E II § 137; III § 163; Mot I 228; Prot II 1 143; VI 124 und 134; JAKOBS/SCHUBERT, AT II 873 ff; SCHUBERT, AT II 186 ff (Vorentwurf).

Schrifttum

S auch das Schrifttum bei Vorbem zu §§ 164 ff sowie zur Rechtsscheinsvollmacht bei Rn 28, zur Untervollmacht bei Rn 60 und zum Missbrauch der Vertretungsmacht bei Rn 91.
BAUER-MENGELBERG, Generalvollmacht (1932)
BECKER/SCHÄFER, Die Anfechtung von Vollmachten, JA 2006, 597
BEUTHIEN, Gilt im Stellvertretungsrecht das Abstraktionsprinzip?, in: 50 Jahre Bundesgerichtshof – FG aus der Wissenschaft (2000) 81
BEUTHIEN/MÜLLER, Gemischte Gesamtvertretung und unechte Gesamtprokura, Betrieb 1995, 461
BINDER, Gesetzliche Form, Formnichtigkeit und Blankett im Bürgerlichen Recht, AcP 207 (2007) 155
BROX, Die Anfechtung bei der Stellvertretung, JA 1980, 449
CONRAD, Die Vollmacht als Willenserklärung (2012)
DEMELIUS, M Wellspachers Vollmachtslehre, AcP 153 (1953/54) 1
DICKERSBACH, Rechtsfragen bei der Bevollmächtigung zur Abgabe einer Unterwerfungserklärung – insbesondere zur Anwendung der §§ 171 ff BGB auf die Bevollmächtigung (2006)
DREXL/MENTZEL, Handelsrechtliche Besonderheiten der Stellvertretung, Jura 2002, 289 und 375
EINSELE, Formerfordernisse bei mehraktigen Rechtsgeschäften, DNotZ 1996, 835
dies, Formbedürftigkeit des Auftrags/der Vollmacht zum Abschluß eines Ehevertrags, NJW 1998, 1206
EUJEN/FRANK, Anfechtung der Bevollmächtigung nach Abschluß des Vertretergeschäfts?, JZ 1973, 232
FREY, Rechtsnachfolge in Vollmachtnehmer- und Vollmachtgeberstellungen (1997)
GECKLE, Die Vollmacht in der Betriebspraxis und im Rechtsleben (1982)
GEIGER, Die Vollmachterteilung durch schlüssige Handlung (Diss Erlangen 1936)
GEITZHAUS, Die Generalbevollmächtigung – ein empfehlenswertes Instrument der Unternehmensführung?, GmbH-Rdsch 1989, 229, 278
GOTTSCHALK, Die Vollmacht zum Grundstückskauf und zu anderen formbedürftigen Rechtsgeschäften (1932)
GRAU, Zum Problem der Bevollmächtigung (Diss Berlin 1917)
GRÖNING, Zur Empfangsvollmacht des Vermittlers für mündliche Erklärungen des Antragstellers, VersR 1990, 710
GROHER, Die Beurkundungsbedürftigkeit der Vollmacht zur Veräußerung und zum Erwerb von Grundstücken (Diss Bonn 1987)
HAERTLEIN, Rechtsfragen der Kontovollmacht, in: Leipziger Juristisches Jahrbuch 2012, S 15
HERRESTHAL, Formbedürftigkeit der Vollmacht zum Abschluss eines Verbraucherdarlehens, JuS 2002, 844
HUPKA, Die Vollmacht (1900)
JAGENBURG, Die Vollmacht des Architekten, BauR 1978, 180
JOUSSEN, Die Generalvollmacht im Handels- und Gesellschaftsrecht, WM 1994, 273
JUNG, Gesamtvertretung, Gesamtvollmacht (Diss Gießen 1909)
KANDLER, Die Formbedürftigkeit von Vollmachten bei formgebundenen Geschäften (2004)
KANZLEITER, Formfreiheit der Vollmacht zum Abschluß eines Ehevertrags?, NJW 1999, 1612
KNOCHE, Die Vollmacht und ihr Verhältnis zu den Rechtsbeziehungen zwischen Vollmachtgeber und Vertreter, JA 1991, 281
KÖHL, Der Prokurist in der unechten Gesamtvertretung, NZG 2005, 197
KORTE, Zum Beurkundungsumfang des Grundstücksvertrages und damit zusammenhängender Rechtsgeschäfte, DNotZ 1984, 82
KUNSTREICH, Gesamtvertretung: eine histo-

risch-systematische Darstellung (Diss Frankfurt 1992)
LANGE/DREHER, Der Führende in der Mitversicherung, VersR 2008, 289
LEITZEN, Grenzen der Bevollmächtigung Dritter durch organschaftliche Gesamtvertreter im Lichte des „Trabrennbahn"-Urteils, WM 2010, 637
LENEL, Stellvertretung und Vollmacht, JherJb 36 (1895) 1
LORENZ, Grundwissen – Zivilrecht: Die Vollmacht, JuS 2010, 771
LOOS, Betriebsführungsverträge und damit verbundene Generalvollmacht bei Handelsgesellschaften, BB 1963, 615
MANIGK, Stillschweigend bewirkte Vollmachten im Handelsrecht, Beiträge zum Wirtschaftsrecht II (1931) 590
MELCHIOR, Vollmachten bei Umwandlungsvorgängen – Vertretungshindernisse und Interessenkollisionen, GmbH-Rdsch 1999, 520
MÜLLER-FREIENFELS, Die Altersvorsorge-Vollmacht. Studie zur Vollmachtserteilung über Minderungen der Geschäftsfähigkeit hinaus, in: FS Coing (1982) Bd II 395
NEUSCHÄFER, Blankobürgschaft und Formnichtigkeit (2004)
NITZSCHE, Die Überschreitung der Vertretungsmacht des Bevollmächtigten und die Abgrenzung der Überschreitung vom Missbrauch (Diss Jena 1939)
PETERSEN, Die Anfechtung der ausgeübten Innenvollmacht, AcP 201 (2001) 375
ders, Bestand und Umfang der Vertretungsmacht, Jura 2003, 310
ders, Die Abstraktheit der Vollmacht, Jura 2004, 829
PFEIFFER, Vertretungsprobleme bei Verträgen mit Bauträgern, NJW 1974, 1449
REINSHAGEN, Die Vollmacht über den Tod hinaus (Diss Erlangen 1937)
RIEZLER, Konkurrierendes und kollidierendes Verhalten des Vertreters und des Vertretenen, AcP 98 (1906) 372
RINCK, Pflichtwidrige Vertretung (Diss Halle 1936)
RÖSLER, Formbedürftigkeit der Vollmacht, NJW 1999, 1150
ROQUETTE, Rechtsfragen zur unechten Gesamtvertretung im Rahmen der gesetzlichen Vertretung von Kapitalgesellschaften, in: FS Oppenhoff (1985) 335
ROTT, Duldungsvollmacht bei Verstoß gegen das Rechtsberatungsgesetz?, NJW 2004, 2794
SCHÄFER, Teilweiser Vertretungsmangel. Haftung des Vertretenen und des Vertreters unter Einschluß der Missbrauchsfälle (1997)
SCHERER, Die Inkassovollmacht des Gläubigeranwalts, DGVZ 1994, 104
SCHMALZL, Zur Vollmacht des Architekten, MDR 1977, 622
SCHRAMM/DAUBER, Vertretungs- und Verfügungsmacht über das Konto, in: Bankrechts-Handbuch (4. Aufl 2011) § 32
SCHWARZ, Die Gesamtvertreterermächtigung. Ein zivil- und gesellschaftsrechtliches Rechtsinstitut, NZG 2001, 529
SCHWOERER, Die Ausübung der Gesamtvertretung (Diss Heidelberg 1931)
SEIF, Die postmortale Vollmacht, AcP 200 (2000) 192
SIEBENHAAR, Vertreter des Vertreters, AcP 162 (1963) 354
SIEGEL, Die Kollision von Rechtsgeschäften des Vertreters und des Vertretenen (Diss Erlangen 1936)
SPITZBARTH, Die rechtliche Stellung des Generalbevollmächtigten, BB 1962, 851
ders, Vollmachten im modernen Management (1970)
STÜSSER, Die Anfechtung der Vollmacht nach bürgerlichem Recht und Handelsrecht (1986)
TIMMANN, Formerfordernisse und Informationspflichten bei Erteilung der Vollmacht, BB 2003 Beilage 6, 23
TRAUMANN, Probleme der Vollmacht zum Abschluß von Geschäftsanteils-Veräußerungsverträgen, GmbH-Rdsch 1985, 78
TSCHAUNER, Die postmortale Vollmacht (2000)
VTUHR, Die unwiderrufliche Vollmacht, in: FG Laband (1908) 43
UHLENBRUCK, Die Stellvertretung in Gesundheitsangelegenheiten, in: FS Deutsch (1999) 849
VAHLE, Die Vollmacht – Grundfragen des rechtsgeschäftlichen Vertreterhandelns, NWB 2005, 2571
WELLSPACHER, Das Vertrauen auf äußere Tatbestände im bürgerlichen Rechte (1906)

WERNECKE, Schranken der Generalvollmacht (Diss Göttingen 1937)
WÜLFING, Formfreie Vollmacht bei formgebundenen Vertretergeschäften, insbesondere bei Grundstücksveräußerungsgeschäften (Diss Münster 1962)

ZIMMERMANN, Zur Formbedürftigkeit der Vollmacht und zu den Informationspflichten bei Finanzierung eines Erwerbs im Immobilienmodell (2002).

Systematische Übersicht

I. Die Vollmachtserteilung
1. Die Vollmacht ... 1
   a) Der Begriff ... 1
   b) Die isolierte Vollmacht ... 2
   c) Vollmacht und Innenverhältnis ... 3
   d) Vollmacht und Rechtsgrund ... 4
2. Der Bevollmächtigte ... 5
   a) Die natürlichen Personen ... 5
   b) Juristische Personen und Gesellschaften ... 6
3. Die Vollmachtserteilung als Rechtsgeschäft ... 8
   a) Die Begründung einer Fähigkeit des Bevollmächtigten ... 8
   b) Das einseitige Rechtsgeschäft ... 10
   c) Die einzelnen Erklärungsarten ... 12
   d) Das Wirksamwerden ... 15
   e) Mehrere Bevollmächtigungen ... 16
   f) Die Beweislast ... 17
4. Die Form der Vollmacht ... 18
   a) Die Formfreiheit und ihre Ausnahmen ... 18
   b) Formzwang wegen Umgehungsverboten ... 20
   c) Die Formnichtigkeit bei § 313 ... 21
   d) Folgen der Formnichtigkeit ... 23
   e) Andere Fälle des Formzwangs ... 25
   f) Verneinung des Formzwangs ... 27

II. Die Duldungs- und Anscheinsvollmacht (Rechtsscheinsvollmacht)
1. Geschichtliche Entwicklung und Terminologie ... 28
   a) Das ROHG ... 28
   b) Die schlüssige Erklärungsabgabe (Duldungsvollmacht ieS) ... 29
   c) Duldungs- und Anscheinsvollmacht ... 30
   d) Allgemeines Institut einer Rechtsscheinsvollmacht ... 32
2. Tatbestandselemente und Rechtswirkungen der Rechtsscheinsvollmacht ... 34
   a) Der Vertrauenstatbestand ... 34
   b) Der Vertretungswille ... 39
   c) Die Zurechenbarkeit des Handelns ... 40
   d) Die Schutzwürdigkeit des Gegners ... 43
   e) Wirkungen der Rechtsscheinsvollmacht ... 44
3. Die Rechtsscheinsvollmacht bei juristischen Personen des öffentlichen Rechts ... 46
   a) Die Anwendung der allgemeinen Begriffe ... 46
   b) Die Ausnahme bei Zuständigkeitsregeln ... 48
   c) Die Formwahrung ... 49
   d) Die Schutzbedürftigkeit des Kontrahenten ... 50

III. Die Gesamtvertretung
1. Die Bedeutung des Begriffs ... 51
   a) Die einzelnen Formen ... 51
   b) Die Auslegung der Vollmacht ... 52
2. Die Ausübung der Gesamtvertretung ... 53
   a) Das gemeinsame Handeln ... 53
   b) Die Spezialvollmacht an Einzelne ... 55
   c) Die Entgegennahme von Erklärungen ... 56
3. Willensmängel und Wissenszurechnung bei Gesamtvertretung ... 58
   a) Der Wille der Gesamtvertreter ... 58
   b) Kennen und Kennenmüssen ... 59

IV. Die Untervollmacht
1. Die rechtliche Problemstellung ... 60
   a) Die einzelnen Formen ... 60
   b) Die Repräsentation des Vertretenen ... 61
   c) Die Bestellung durch den Hauptvertreter ... 62

Titel 5
Vertretung und Vollmacht § 167

2. Die Wirksamkeit der Unterbevollmächtigung 63
a) Die Auslegung der Hauptvollmacht ... 63
b) Gesetzliche Verbote 64
3. Umfang und Dauer der Untervollmacht 67
a) Der Umfang 67
b) Das Erlöschen 68
4. Die Rechtsstellung des Untervertreters 70
a) Das Innenverhältnis 70
b) Die Haftung des Hauptvertreters ... 71
c) Willensmängel des Untervertreters ... 72
d) Mängel in der Vertretungsmacht ... 73

V. **Nichtigkeit und Anfechtbarkeit der Bevollmächtigung**
1. Die Nichtigkeit 75
a) Die Tatbestände 75
b) Die Rechtsfolgen 76
2. Die Anfechtung 77
a) Einschränkungen der Anfechtbarkeit 77
b) Ausschluss rückwirkender Anfechtung 78
c) Erweiterung der Anfechtungsgegner ... 79
d) Fälle arglistiger Täuschung 80
e) Folgen der Anfechtung 81

VI. **Umfang und Überschreitung der Vollmacht**
1. Die Bestimmung des Vollmachtsumfangs 83

a) Arten der Vollmacht 83
b) Auslegung der Vollmacht 84
c) Einzelheiten der Auslegung 85
d) Beachtung der Verkehrssitte 86
e) Wahrung von Treu und Glauben ... 87
f) Ergänzende Auslegung 88
2. Die Vollmachtsüberschreitung 89
a) Teilbare und unteilbare Geschäfte ... 89
b) Die Anscheinsvollmacht 90

VII. **Der Missbrauch der Vertretungsmacht**
1. Das Fehlen der gesetzlichen Regelung 91
a) Die Möglichkeit des Missbrauchs ... 91
b) Die Vorarbeiten zum BGB 92
2. Der Tatbestand des Missbrauchs der Vertretungsmacht 93
a) Die Kollusion 93
b) Der Rechtsmissbrauch 94
c) Das Verhalten des Kontrahenten ... 96
d) Gesetzliche Vertretung und Treuhand 99
3. Die Rechtsfolgen des Missbrauchs der Vertretungsmacht 100
a) Nichtigkeit bei Kollusion 100
b) Unverbindlichkeit bei unzulässiger Rechtsausübung 101
c) Schadensersatz aus cic 102
d) Handeln ohne Vertretungsmacht ... 103
e) Anwendbarkeit des § 254 104
f) Folgen im Innenverhältnis 105

Alphabetische Übersicht

Abstraktionsprinzip .... 2 f
Anfechtbarkeit .... 45, 77 ff
Anscheinsvollmacht .... 28 ff, 47, 90
Arglistige Täuschung 80
Auflassungsvollmacht 25
Auslegung der Vollmacht .... 52, 63, 84 ff
Außenvollmacht .... 12, 14, 16, 77 ff

Bankvollmacht .... 3 f, 85
Beweislast 17

Duldungsvollmacht .... 28 ff, 47

Ersatzbevollmächtigung 60
Evidenz des Missbrauchs .... 97 ff
Externe Vollmacht .... 12, 14, 16, 77 ff

Form der Vollmacht .... 18 ff, 49

Gattungsvollmacht 83
Generalvollmacht 83
Geschäftsfähigkeit 5, 11, 39, 75
Gesamtvertretung .... 51 ff, 65
Gesamtvertreterermächtigung 55
Gesetzliche Vertretung 1, 66, 99
Grundstücksverträge .... 21 ff

Handlungsvollmacht _____ 83

Innenverhältnis __ 3, 9, 45, 63, 70, 85, 94, 105
Innenvollmacht _____ 12, 77 ff
Interne Vollmacht _____ 12, 77 ff
Isolierte Vollmacht _____ 2

Juristische Personen als Vertreter _____ 6
– des öffentlichen Rechts _____ 46 ff

Kausale Vollmacht _____ 4
Kollektivvertretung _____ 51
Kollusion _____ 93, 96, 100, 105
Kontovollmacht _____ 3 f, 85

Missbrauch _____ 91 ff
Mitverschulden beim Vollmachtsmissbrauch _____ 104

Nichtigkeit _____ 75 f, 100

Öffentliche Bekanntmachung _____ 12
Organhandeln _____ 1

Prokura _____ 51 f, 83
Prozessvollmacht _____ 19, 52

Rechtsscheinsvollmacht _____ 14, 28 ff

Simulation _____ 10, 75
Sittenwidrigkeit _____ 92
Solidarvollmacht _____ 51
Spezialvollmacht _____ 55, 83
Stillschweigende Bevollmächtigung _____
 _____ 13, 28, 46, 84 ff

Übertragbarkeit _____ 4
Umfang der Vollmacht _____ 83 ff
Umgehungsgeschäfte _____ 20 ff, 64 f
Untervollmacht _____ 60 ff
Unzulässige Rechtsausübung _____ 94 ff, 101

Verkehrssitte _____ 86
Vermögenswert der Vollmacht _____ 4
Verschulden Dritter _____ 41 f
Vertrauenshaftung _____ 32 ff
Vertretung ohne Vertretungsmacht _____
 _____ 23, 55, 81, 103
Vertretungswille _____ 39
Vollmachtserteilung _____ 1, 8 ff, 29
Vollmachtsmissbrauch _____ 29, 91 ff
Vollmachtsüberschreitung _____ 89 f
Vorsorgevollmacht _____ 86

Wirksamwerden der Bevollmächtigung _____ 15

I. Die Vollmachtserteilung

1. Die Vollmacht

1 a) Als Vollmacht definiert § 166 Abs 2 S 1 die **durch Rechtsgeschäft erteilte Vertretungsmacht** (s Vorbem 22 zu §§ 164 ff). Dadurch unterscheidet sich die Vollmacht von der Vertretungsmacht, die den Organen juristischer Personen kraft ihrer *Organstellung* zusteht, sowie von der *gesetzlichen Vertretungsmacht,* die *bestimmten* Personen kraft Gesetzes oder durch Staatsakt verliehen ist. Die Vollmacht ist eine Wirksamkeitsvoraussetzung für das vom Bevollmächtigten vorgenommene Rechtsgeschäft im Hinblick auf den Rechtskreis des Vertretenen (s § 164 Rn 16 ff, 22).

2 b) Aufgrund des vom BGB übernommenen **Abstraktionsprinzips** (s Vorbem 33 f zu §§ 164 ff) ist die Vollmacht von dem zwischen dem Vollmachtgeber und Bevollmächtigten bestehenden Innenverhältnis getrennt (FLUME § 50 1). Ob jemand Vollmacht erlangt und hat, bestimmt sich nach davon grundsätzlich unabhängigen, eigenständigen Kriterien. § 168 S 1 zeigt zwar einen Rest kausaler Verbindung von Vollmacht und Grundgeschäft (HKK/SCHMOECKEL §§ 164–181 Rn 19), ist aber nicht als Grundregel für das Entstehen und Bestehen einer Vollmacht anwendbar (ganz hM, s etwa NK-BGB/

ACKERMANN § 167 Rn 4; SOERGEL/LEPTIEN Vorbem 40 zu § 164; FAUST § 26 Rn 16; FLUME § 50 2; PETERSEN Jura 2004, 829, 831; aA EINSELE DNotZ 1996, 835, 847 mwNw; s auch MEDICUS Rn 949); allerdings kann gem § 168 das Erlöschen der Vollmacht mit der Beendigung des Innenverhältnisses verknüpft werden (s § 168 Rn 3) und bei einer Innenvollmacht ausnahmsweise auch § 139 eingreifen (s Vorbem 33 zu §§ 164 ff und die speziellen Nachw unten Rn 75 aE).

Das Abstraktionsprinzip ermöglicht demnach eine Vollmacht ohne Innenverhältnis, die sog **isolierte Vollmacht** (BAMBERGER/ROTH/VALENTHIN § 167 Rn 2; ERMAN/MAIER-REIMER Vor § 164 Rn 6; Hk-BGB/DÖRNER § 167 Rn 7; JAUERNIG § 167 Rn 1; MünchKomm/SCHRAMM § 168 Rn 2; NK-BGB/ACKERMANN § 167 Rn 4; PWW/FRENSCH § 167 Rn 4; SOERGEL/LEPTIEN § 167 Rn 1; BITTER § 10 Rn 94; BOECKEN Rn 645; BORK Rn 1488 ff; BROX/WALKER Rn 551; ENNECERUS/NIPPERDEY § 184 III 2; FLUME § 50 1; HÜBNER Rn 1238 f; KÖHLER § 11 Rn 26; LEENEN § 13 Rn 2; LEIPOLD § 24 Rn 16; SCHACK Rn 466, Rn 506; WOLF/NEUNER § 50 Rn 7; LEKAUS, Vollmacht von Todes wegen [2000] 11 ff; PAPENMEIER 3; HELDRICH JherJb 79, 315 ff, 323; HOFFMANN JuS 1970, 453; MOCK JuS 2008, 391, 392; ZIMMERMANN BWNotZ 1993, 35 ff; s auch RGZ 69, 243; BGH NJW 1988, 2603; 1990, 1721, 1722 mwNw; OLG Zweibrücken OLGZ 1985, 45, 46; s auch noch § 168 Rn 16 f; aA MünchKommHGB/KREBS Vor § 48 Rn 40 f mwNw; krit auch MEDICUS Rn 949). Diese ist allerdings als Ausnahmefall zu bezeichnen (vgl FROTZ, Der Verkehrsschutz im Vertretungsrecht [1972] 328 ff; BGH DNotZ 2003, 836; LG Düsseldorf Rpfleger 1985, 358), zumal Bedenken im Hinblick auf die Innenhaftung des Vertreters und die Regeln über den Missbrauch der Vertretungsmacht (Rn 91 ff) bestehen; die Begründung isolierter Vollmachten ist nicht üblich (FLUME § 50 1). Gewollt sein kann sie aber uU bei einer Generalvollmacht (ENNECERUS/NIPPERDEY § 186 III; HELDRICH JherJb 79, 323; zust BAMBERGER/ROTH/VALENTHIN § 167 Rn 2; einschränkend FLUME § 50 1). Vor allem jedoch können ein bloßes Gefälligkeitsverhältnis oder Mängel des Innenverhältnisses – zB bei beschränkter Geschäftsfähigkeit des Vollmachtgebers – zu einer isolierten Vollmacht führen (dazu BAMBERGER/ROTH/VALENTHIN § 167 Rn 2; SOERGEL/LEPTIEN § 167 Rn 1; dazu krit MEDICUS Rn 949).

c) Normalerweise besteht neben der Vollmacht ein **Innenverhältnis**, welches 3 Rechte und Pflichten des Bevollmächtigten regelt. Hier kommen vor allem Aufträge, Dienst- und Werkverträge – auch als Geschäftsbesorgungsverträge (§ 675) – in Betracht, aber auch allgemeine Rechtsverhältnisse wie ein Gesellschaftsverhältnis oder die Ehe (FLUME § 50 1). Bei der sog Vollmachtstreuhand bildet eine Treuhandabrede das Innenverhältnis. Ebenso kann sich zB das Innenverhältnis als Nebenabrede zu einem Kaufvertrag darstellen, wenn die Auflassungsvollmacht dem Käufer eines Grundstücks erteilt ist, damit er die Auflassung an sich selbst vornehmen kann (KG DNotZ 1937, 687; vgl auch OLG Köln NJW-RR 1995, 590 zur Vollmacht eines Notars für die Durchführung eines Grundstückskaufvertrags). Ferner kann sich das Innenverhältnis etwa aus der Nebenabrede zu einem Schenkungsversprechen ergeben, wenn die Vollmacht dem zu Beschenkenden zwecks Durchführung der Schenkung erteilt wird. – Eine unmittelbar wirkende Beachtlichkeit von Regeln des Innenverhältnisses kann über § 158 durch die *bedingungsweise Verknüpfung* der Nichtbeachtung mit der Bevollmächtigung erreicht werden (RGZ 81, 49; BGH WM 1964, 182; SOERGEL/LEPTIEN Vorbem 40 zu § 164; HÜBNER Rn 1240; FLUME § 52 3 Fn 22; LIEDER JuS 2014, 393, 397; einschr MÜLLER-FREIENFELS 249; s ferner § 168 Rn 2).

Große praktische Bedeutung hat die *Bank*- oder (enger) *Kontovollmacht,* die ein

Bankkunde einem Dritten einräumt, damit dieser gegenüber dem Kreditinstitut Willenserklärungen mit Wirkungen für und gegen den Kunden abgeben und entgegennehmen kann. Eine solche Vollmacht ist formlos wirksam, wird aber üblicherweise formularmäßig als Außen- oder Innenvollmacht erteilt und kann auch in einer umfassenden Vollmacht enthalten sein (ausf zu auftretenden Rechtsfragen der Kontovollmacht HAERTLEIN 16 ff; SCHRAMM/DAUBER § 32). Zum Umfang einer solchen Vollmacht s noch Rn 85.

4 d) Wird die Vollmacht mit Rücksicht auf ein Innenverhältnis erteilt, so spricht man (missverständlich) von einer **kausalen Vollmacht** (s namentlich PAWLOWSKI Rn 690 ff; zu Recht abl zB BREHM Rn 439); für den Tatbestand der Vollmacht bleibt jedoch der Abstraktionsgrundsatz maßgebend. Das Innenverhältnis ist auch nicht als *Rechtsgrund* der Vollmacht iS des Bereicherungsrechts zu verstehen (FLUME § 50 1; MÜLLER-FREIENFELS 155; LIEDER JuS 2014, 393, 395). Insoweit besteht ein Unterschied zwischen der abstrakten Vollmacht und anderen abstrakten Rechtsgeschäften, welche eine Vermögensverschiebung zur Folge haben.

Sofern eine Vollmacht beseitigt werden soll, greifen die Regeln über den Widerruf ein (s § 168 Rn 4 und 16), grundsätzlich nicht die Vorschriften des Bereicherungsrechts. Allerdings wird zT auch § 812 mit dem Ziel eines Verzichts auf die Vollmacht (vgl § 168 Rn 18) für anwendbar gehalten, wenn es sich um eine ausschließlich im Interesse des Bevollmächtigten erteilte Vollmacht handelt (vTuHR, AT II 2 410 Fn 220; HÜBNER Rn 1238). Eine solche Vollmacht wird als eine „vermögensrechtliche Stellung" bewertet (s auch Vorbem 16 zu §§ 164 ff), die kondizierbar und – namentlich als Kontovollmacht – auch pfändbar sowie vererblich sein soll (BayObLG DB 1978, 1929; SOERGEL/LEPTIEN § 167 Rn 2 mwNw; KÖHLER § 11 Rn 34; WOLF/NEUNER § 50 Rn 59). Dem ist nicht zu folgen. Die Vollmacht ist keine aufgrund eines (vermeintlichen) Innenverhältnisses erbrachte vermögenswerte Zuwendung (NK-BGB/ACKERMANN § 167 Rn 6; PWW/FRENSCH § 167 Rn 3; GAUL/SCHILKEN/BECKER-EBERHARD, Zwangsvollstreckungsrecht [12. Aufl 2010] § 54 Rn 46; VORTMANN NJW 1991, 1038).

Eine rechtsgeschäftliche **Übertragbarkeit** der Vollmachtnehmerstellung, die § 52 Abs 2 HGB jedenfalls für die Prokura ausschließt, durch Vertrag zwischen dem bisherigen und dem neuen Bevollmächtigten unter Zustimmung des Vertretenen befürwortet FREY (6 ff; s dazu und zum Folgenden SCHILKEN ZHR 1999, 104 ff) mit beachtlicher Begründung (zust PALANDT/ELLENBERGER § 167 Rn 1; abl MünchKomm/SCHRAMM § 167 Rn 93; PWW/FRENSCH § 167 Rn 3). Allerdings fehlt es nach derzeitigem Stand, abgesehen vielleicht von der Rechtsfigur der Ersatzbevollmächtigung (s dazu § 167 Rn 60), an einem wirklichen praktischen Bedürfnis (ebenso NK-BGB/ACKERMANN § 167 Rn 6; SOERGEL/LEPTIEN § 167 Rn 2). Entsprechendes gilt für die von FREY (110 ff) vertretene rechtsgeschäftliche Übertragbarkeit der Vollmachtgeberstellung durch Vertrag mit dem Erwerber nach dem Vorbild des § 398 mit zudem nicht unproblematischer Ausschaltung des (jedoch analog § 407 zu schützenden) Vertreters aus dem Übertragungsvorgang; hier erschiene jedenfalls eine Fortbestehensfiktion analog § 674 vorzugswürdig. Zur Gesamtrechtsnachfolge s § 168 Rn 19, Rn 26 f

2. Der Bevollmächtigte

5 a) Die Vollmacht kann nach § 165 auch an **beschränkt geschäftsfähige Personen**

erteilt werden. Dies erfordert gem § 131 Abs 2 S 2 nur eine Erklärung ihnen gegenüber. Einer **geschäftsunfähigen Person** könnte zwar durch Erklärung gegenüber ihrem gesetzlichen Vertreter oder dem dritten Geschäftsgegner Vollmacht erteilt werden. Da jedoch der Geschäftsunfähige nicht in der Lage ist, wirksame Vertretergeschäfte vorzunehmen (s § 165 Rn 3), ist dieser Personenkreis schon von einer Bevollmächtigung ausgeschlossen; die theoretische Möglichkeit späteren Wegfalls der Geschäftsunfähigkeit rechtfertigt keine andere Beurteilung zum Erteilungszeitpunkt (aA NK-BGB/Ackermann § 167 Rn 13; Koller/Roth/Morck HGB [7. Aufl 2011] § 48 Rn 5).

b) Auch **juristische Personen** können bevollmächtigt werden (Erman/Maier-Reimer **6** § 168 Rn 13; NK-BGB/Ackermann § 167 Rn 13; Soergel/Leptien § 168 Rn 14; Müller-Freienfels 63; ausf Frey 52 ff). Zur Ausübung der Vollmacht sind dann die jeweiligen Organe befugt (BayObLGZ 1975, 40; LG Nürnberg DB 1977, 252), sodass die Vollmacht evtl in Gesamtvertretung (s Vorbem 20 zu §§ 164 ff und Rn 51 ff) ausgeübt werden muss. Zwar entsteht durch die Austauschbarkeit der Organwalter eine gewisse Unsicherheit darüber, wer jeweils zum Auftreten als Bevollmächtigter berufen ist; dieser Gesichtspunkt spricht jedoch nicht entscheidend gegen die Möglichkeit, eine juristische Person zu bevollmächtigen (Plewnia 62 ff; anders aber bei Prokura, s NK-BGB/Ackermann § 167 Rn 13; Koller/Roth/Morck HGB [7. Aufl 2011] § 48 Rn 4 mwNw, str). Zur Beendigung einer solchen Vollmacht s § 168 Rn 20.

Ob auch eine nicht rechtsfähige, partiell aber für die Teilnahme am Rechtsverkehr **7** anerkannte Gesellschaft wie die **OHG, KG oder Außen-GbR** bevollmächtigt werden kann, ist umstritten (vgl Müller-Freienfels 64 Fn 62). Anzuerkennen ist jedenfalls eine Bevollmächtigung, die dahin verstanden wird, dass die jeweiligen Vertreter der OHG (Müller-Freienfels 64) oder alle Gesellschafter (Plewnia 17 Fn 1) bevollmächtigt sein sollen; im Hinblick auf die Anerkennung der Teilrechtsfähigkeit im Rechtsverkehr wird man aber heute auch eine Bevollmächtigung der Personengesellschaft selbst für möglich halten müssen (NK-BGB/Ackermann § 167 Rn 13). Soll einer *Behörde*, wie zB dem Jugendamt, Vollmacht erteilt werden, so ist als bevollmächtigt die juristische Person anzusehen, der die Behörde angehört (KG JW 1931, 661).

3. Die Vollmachtserteilung als Rechtsgeschäft

a) Die Vollmachtserteilung hat zum Gegenstand, Vertretungsmacht zu begrün- **8** den. Diese kann enger oder weiter ausgestaltet sein; eine *Verpflichtung* des Bevollmächtigten zur Ausnutzung oder Einhaltung der Vollmachtsgrenzen wird hierdurch nicht begründet. Derartige Verpflichtungen können sich aber aus dem Innenverhältnis ergeben (s oben Rn 3).

Die Vollmachtserteilung begründet eine von den subjektiven Rechten zu unterschei- **9** dende **Fähigkeit des Bevollmächtigten** (s Vorbem 16 f zu §§ 164 ff; zum Vermögenswert s oben Rn 4). Sie stellt keine Rechtsübertragung auf den Bevollmächtigten in dem Sinne dar, dass er Inhaber der Rechte würde, hinsichtlich deren er für den Vertretenen wirksame Erklärungen abgeben oder empfangen kann; eine Änderung der betroffenen Rechtsposition iS einer Verfügung führt sie (noch) nicht herbei (Flume § 52 4). Eine Zusammenschau von Verfügungsvollmacht und verfügendem Vertretergeschäft zur Begründung schon des Verfügungscharakters der Vollmacht (vgl Müller-

Freienfels 253 ff; Thiele 290 ff) ist verfehlt. Dies gilt, wenngleich keineswegs unbestritten, auch für die Verfügungsvollmacht, die von einem Nichtberechtigten erteilt wird. Sie ist ohne Rücksicht auf § 185 wirksam und stellt keine Verfügung dar (so aber RGZ 90, 395, 398 ff); vielmehr erfasst § 185 nur das vom Vertreter vorgenommene Verfügungsgeschäft (MünchKomm/Schramm § 167 Rn 10; Staudinger/Gursky [2013] § 893 Rn 28 mwNw; Bork Rn 1462; Flume § 52 4). Eine die Rechtsmacht des Vollmachtgebers verdrängende Vollmacht ist unzulässig (s § 168 Rn 15); allerdings kann im *Innenverhältnis* vereinbart werden, dass der Bevollmächtigte sich wie ein Rechtsinhaber verhalten darf und der Vollmachtgeber sich jeder Ausübung des betroffenen Rechts enthalten wird. Derartige Vereinbarungen haben jedoch nur obligatorischen Charakter und sind wegen der damit begründeten Umgehungsgefahr dort ausgeschlossen, wo die Übertragung des betroffenen Rechts nicht zulässig wäre (BGHZ 3, 354, 357; 20, 363, 365 f; BGH WM 1971, 956; DB 1976, 2295, 2297; NK-BGB/Ackermann § 167 Rn 7; MünchKomm/Schramm § 167 Rn 114 mwNw; Soergel/Leptien § 168 Rn 28; Bork Rn 1454; ausführlich Flume § 56 6; Thiele 188 ff, 195 ff. Für eine verdrängende Wirkung der unwiderruflichen Vollmacht Müller-Freienfels 124 ff; s dazu iÜ § 168 Rn 15).

10 b) Die Vollmachtserteilung als solche stellt nach hM und der von ihr vertretenen Trennungstheorie (s Vorbem 22 und 33 f zu §§ 164 ff) ein **einseitiges Rechtsgeschäft** dar, sodass es für die Wirksamkeit der Bevollmächtigung keiner Annahmeerklärung bedarf (Bamberger/Roth/Valenthin § 167 Rn 4; BGB-RGRK/Steffen § 167 Rn 1 und 3; Erman/Maier-Reimer § 167 Rn 2; MünchKomm/Schramm § 167 Rn 4; NK-BGB/Ackermann § 167 Rn 10; Palandt/Ellenberger § 167 Rn 1; PWW/Frensch § 167 Rn 6; Soergel/Leptien § 167 Rn 4; Bitter § 10 Rn 72; Flume § 52 3; Enneccerus/Nipperdey § 184 II; Faust § 26 Rn 6; Wertenbruch § 29 Rn 2; Wolf/Neuner § 50 Rn 11; Thiele 276 ff; Paal/Leyendecker JuS 2006, 25, 29 mwNw; **aA** namentlich Hübner Rn 1244; Müller-Freienfels 243 ff, s noch näher Rn 11). Die Einseitigkeit der Vollmachtserteilung wird weder durch die Art des angestrebten Vertretergeschäfts noch dadurch in Frage gestellt, dass sie mit einem Vertrag über das Innenverhältnis zwischen den Beteiligten zusammentrifft. Allerdings ist es aufgrund der Privatautonomie auch nicht ausgeschlossen, die Vollmachtserteilung vertraglich vorzunehmen (Erman/Maier-Reimer § 167 Rn 2; NK-BGB/Ackermann § 167 Rn 10; Palandt/Ellenberger § 167 Rn 1; PWW/Frensch § 167 Rn 6; Bork Rn 1460; Flume § 49 1; Köhler § 11 Rn 24; Wolf/Neuner § 50 Rn 11; Bandehzadeh DB 2003, 1663, 1665). Auch kann der Bevollmächtigte eine ihm einseitig erteilte Vollmacht entsprechend § 333 zurückweisen (Erman/Maier-Reimer § 167 Rn 2; MünchKomm/Schramm § 167 Rn 4; NK-BGB/Ackermann § 167 Rn 10; PWW/Frensch § 167 Rn 6; Bitter § 10 Rn 72; Flume § 51 3; Wolf/Neuner § 50 Rn 11; Petersen Jura 2003, 310, 311). Zur Frage der Anwendbarkeit des § 312 Edelmann/Mackenroth DB 2007, 730 mwNw.

11 Die Rechtsnatur der Vollmachtserteilung als einseitiges Rechtsgeschäft wird von denjenigen bestritten, welche sie als Tatbestandselement des Vertretergeschäftes verstehen (s Vorbem 22 und 32 zu §§ 164 ff). Nach dieser jedoch unzutreffenden Auffassung ist die Vollmachtserteilung nur dann ein einseitiges Rechtsgeschäft, wenn auf ihrer Grundlage ein einseitiges Rechtsgeschäft vorgenommen werden soll (Müller-Freienfels 243 ff). – Einige Autoren (Köhler § 11 Rn 24; Wolf/Neuner § 50 Rn 18, im Anschluss an Müller-Freienfels 246; vgl auch Frotz 34 Fn 79) wollen wenigstens die Vollmacht, die ein Minderjähriger für den Abschluss eines Vertrages erteilt, nicht nach § 111 behandeln, sondern analog § 108 die Genehmigung zulassen. Das ist jedoch abzulehnen, da § 111 das Gewissheitsinteresse des Erklärungsempfängers schützt

(Bork Rn 1461; s noch Rn 75). Für die Bevollmächtigung durch einen Vertreter ohne Vertretungsmacht ist allerdings zu beachten, dass sie gemäß § 180 genehmigungsfähig sein kann.

c) Die Bevollmächtigung erfolgt grundsätzlich durch **empfangsbedürftige Willenserklärung**. Sie kann gem § 167 Abs 1 HS 1 an den zu Bevollmächtigenden gerichtet werden, was als **interne Vollmacht** oder **Innenvollmacht** bezeichnet wird. Obwohl hier die Verbindung zum Innen*verhältnis* (s Rn 3) besonders nahe ist, müssen beide auseinander gehalten werden (s noch Rn 13). – Ebenso kann die Bevollmächtigung gem § 167 Abs 1 HS 2 durch Erklärung gegenüber demjenigen erfolgen, dem gegenüber die Vertretungsmacht bestehen soll; dann handelt es sich um eine **externe Vollmacht** oder **Außenvollmacht**. Nach Lobinger (237 ff, 245 ff) handelt es sich insoweit im Hinblick auf die nach seiner Ansicht maßgeblichen Tatbestände der §§ 170 ff um den Fall einer zusicherungsgleichen rechtsgeschäftlichen Risikoübernahme. Indessen regelt § 167 Abs 1 HS 2 in Umsetzung des Abstraktionsprinzips (s Vorbem 33 f zu § 164) keine bloße Verpflichtung zur Gleichstellung mit Vertretungsmacht, sondern unmittelbar deren Begründung, ohne dass die Vorschrift angesichts dieser rechtstechnischen Verselbstständigung einer weiteren Auslegung bedürfte; die angeblich darin liegende bloße Verlautbarung der Verpflichtung zu rechtsgeschäftlicher Risikoübernahme, die sich nach Maßgabe der §§ 170 ff selbst erfülle – und nicht die Außenvollmacht als vielmehr sinnvolle Variante rechtsgeschäftlicher Legitimation des fremdbezogenen Vertreterhandelns (so aber Lobinger 251; zutr dagegen NK-BGB/Ackermann § 170 Fn 5) – ist ein reines Konstrukt. – Außerdem gibt es die nach ganz hM in Anlehnung an § 171 anerkannte **Bevollmächtigung durch öffentliche Bekanntmachung** (Bamberger/Roth/Valenthin § 167 Rn 6; Erman/Maier-Reimer § 167 Rn 2; Hk-BGB/Dörner § 167 Rn 2; MünchKomm/Schramm § 167 Rn 11, Rn 81; NK-BGB/Ackermann § 167 Rn 16; PWW/Frensch § 167 Rn 7; Soergel/Leptien § 167 Rn 5; Bork Rn 1459; Brox/Walker Rn 542; Wolf/Neuner § 50 Rn 15; Enneccerus/Nipperdey § 184 II 2; Frotz 269 f; Tempel 229; Becker/Schäfer JA 2006, 597, 598; Petersen Jura 2003, 310, 311). Bei dieser handelt es sich dann ausnahmsweise um eine Bevollmächtigung durch eine nichtempfangsbedürftige Willenserklärung. – Die Unterscheidung zwischen Innen- und Außenvollmacht ist noch für die Fragen der Anfechtbarkeit (Rn 77) und des Erlöschens (s §§ 168 ff) bedeutsam.

Die Bevollmächtigung durch empfangsbedürftige Willenserklärung kann sowohl ausdrücklich als auch durch **schlüssige Erklärungsverlautbarung** erfolgen (Bamberger/Roth/Valenthin § 167 Rn 7; BGB-RGRK/Steffen § 167 Rn 8; Erman/Maier-Reimer § 167 Rn 6; MünchKomm/Schramm § 167 Rn 37 ff; NK-BGB/Ackermann § 167 Rn 14; Palandt/Ellenberger § 167 Rn 1; PWW/Frensch § 167 Rn 8; Soergel/Leptien § 167 Rn 15; Pikart WM 1959, 340; allgM); eine Ausnahme gilt gem § 48 Abs 1 HGB für die Prokura. Konkludente Vollmachtserteilung ist vor allem als Innenvollmacht bedeutsam und im Übrigen unter dem Aspekt der sog Duldungsvollmacht zu prüfen (s noch näher Rn 29 ff). Hierbei kann auch der Rückschluss aus dem Innenverhältnis, aus dem die Vollmacht erst ihren Sinn erhält (Flume § 50 1), zur Annahme einer stillschweigenden Innenbevollmächtigung führen. Auch eine Bevollmächtigung in AGB ist grundsätzlich möglich (s BGH ZIP 2003, 247, 249 mwNw; MünchKomm/Schramm § 167 Rn 11), unterliegt freilich der Überraschungs- und Inhaltskontrolle (s zu Mietverträgen etwa OLG Celle WuM 1990, 103, 112; OLG Düsseldorf ZMR 2003, 96, 97 mwNw; vgl auch BayObLG RNotZ 2003, 183, 185 f zum

Grundbuchrecht), zB auch bei einer Vollmacht im Bauträgervertrag zur Änderung einer Teilungserklärung.

Bei Überlassung der Geschäftsführung mit notwendiger Außenberührung (s RG SeuffA 40 Nr 53; BGH LM § 164 Nr 9) oder von Legitimationsmitteln (s RGZ 81, 257, 260; 100, 48; 106, 200; 117, 164; BGH NJW 1965, 985), ferner bei der Übertragung von üblicherweise mit Vertretungsmacht verbundenen Aufgaben (SOERGEL/LEPTIEN Rn 18; MEDICUS Rn 928) ist idR eine solche Innenvollmacht anzunehmen, uU auch bei zur Verkaufsberatung eingeschalteten Maklern (s BGHZ 140, 111, 117; BGH WM 2003, 1686). Ausnahmsweise kann auch schlüssige Erteilung einer Außenvollmacht in Betracht kommen (vgl OLG Köln NJW-RR 1994, 1501), etwa aufgrund Ausführung vom unbefugten Vertreter abgeschlossener Geschäfte (MünchKomm/SCHRAMM § 167 Rn 41 f).

14 Von der Bevollmächtigungserklärung ist nach ganz hM die *Mitteilung* zu unterscheiden, dass eine Bevollmächtigung erfolgt sei, durch die als *geschäftsähnliche Handlung* (s § 171 Rn 2) allerdings gem § 171 der *Rechtsschein* einer Vollmacht erweckt werden kann (s § 171 Rn 2 f; stets für Annahme einer konkludenten Außenbevollmächtigung FLUME § 49 2 a, c). Jedenfalls kann die Mitteilung an einen Dritten, eine interne Bevollmächtigung sei erfolgt, den Voraussetzungen einer Willenserklärung und damit einer externen Vollmacht genügen. Dasselbe gilt hinsichtlich der öffentlichen Bekanntmachung einer erteilten Bevollmächtigung, zB durch Aushang im Geschäftslokal (WOLF/NEUNER § 50 Rn 15 mwNw).

15 d) Das **Wirksamwerden** der für die Bevollmächtigung erforderlichen empfangsbedürftigen Willenserklärung durch Zugang oder Vernehmung geschieht nach den allgemeinen Regeln. Gegenüber einem beschränkt Geschäftsfähigen kann die Vollmachtserteilung gem § 131 Abs 2 S 2 ohne Einschaltung des gesetzlichen Vertreters wirksam erfolgen (s Rn 5). Die Vollmacht kann auch unter einer Bedingung erteilt werden (s auch Rn 3 und § 168 Rn 2; ERMAN/MAIER-REIMER § 167 Rn 2; MünchKomm/SCHRAMM § 167 Rn 6; NK-BGB/ACKERMANN § 167 Rn 11; SOERGEL/LEPTIEN Rn 4; BORK Rn 1461; FLUME § 52 3; WOLF/NEUNER § 50 Rn 11; PETERSEN Jura 2003, 310 f. – AA MÜLLER-FREIENFELS 249), wie uU die sog Vorsorgevollmacht (s Rn 86; vgl OLG Koblenz ZEV 2007, 595 mAnm MÜLLER und MEDER/FLICK WuB VI B 1.-1. 08), wo in der Praxis jedoch bloße Beschränkungen im Innenverhältnis üblich sind.

Dem Erfordernis der Empfangsbedürftigkeit einer Bevollmächtigungserklärung kann auch Rechnung getragen werden, wenn die Erklärung in einem *Testament* enthalten ist. Es muss dann jedoch für die Erklärungsabgabe gesichert sein, dass die Voraussetzungen einer Vernehmung bzw des Zugangs erfüllt werden können, etwa im Rahmen der Testamentseröffnung (RGZ 170, 380, 382; OLG Köln und NJW-RR 1992, 1357; LG Berlin FamRZ 1957, 56; BGB-RGRK/STEFFEN § 167 Rn 3; SOERGEL/LEPTIEN § 167 Rn 6). Eine derartige Ausrichtung auf das Wirksamwerden ist vor allem bei Erklärungen in einem öffentlichen Testament zu bejahen (OLG Köln NJW 1950, 702; LG Siegen NJW 1950, 226). Darüber hinaus kann auch bei einer Erklärung in einem privatschriftlichen Testament angenommen werden, dass sie auf ein gesichertes Wirksamwerden gerichtet ist, wenn das Testament einer zuverlässigen Person zur Aufbewahrung übergeben wurde (vgl LG Berlin aaO; SOERGEL/LEPTIEN § 167 Rn 6; GRUSSENDORF DNotZ 1950, 165). Zu einzelnen Fragen der postmortalen Vollmacht s § 168 Rn 28 ff.

e) Erfolgen *mehrere Bevollmächtigungen* derselben Person nacheinander, so gilt **16** bei Abweichungen grundsätzlich die letzte Vollmacht, da sich diese entweder als Erweiterung der früheren Vollmacht darstellt bzw als deren Erneuerung, oder als eine Einschränkung, die insoweit als *teilweiser Widerruf* (s § 168 Rn 7) der früheren Vollmacht zu qualifizieren ist (s auch OLG Düsseldorf NJW-RR 1996, 558 zur Zulässigkeit einer Mehrfachbevollmächtigung für verschiedene Personen). Aufgrund der Verweisung in § 168 S 3 kann die erteilte Vollmacht auf jedem der drei Bevollmächtigungswege (s oben Rn 12) widerrufen werden; zB ist es möglich, eine externe Vollmacht durch neue, inhaltlich eingeschränkte interne Vollmacht teilweise zu widerrufen. Die teilweise (Tempel 229) im Interesse des Verkehrsschutzes vertretene Ansicht, es müsse stets der weiteste Vollmachtsumfang gelten, ist nicht zutreffend, da dem Interesse des Verkehrsschutzes bereits durch die §§ 170 ff Rechnung getragen wird. Jedoch findet die Möglichkeit des teilweisen Widerrufs durch spätere einschränkende Vollmacht ihre Grenze an der unwiderruflichen Vollmacht (s dazu § 168 Rn 8 ff).

f) Für das Bestehen einer Vollmacht spricht keine Vermutung. Die *Beweislast* für **17** eine wirksame Vollmachtserteilung trägt wie für die sonstigen Voraussetzungen wirksamer Stellvertretung derjenige, der daraus Rechte herleiten will (s § 164 Rn 26). Das gilt auch für die tatsächlichen Voraussetzungen einer *Duldungs- oder Anscheinsvollmacht* (ausf NK-BGB/Ackermann § 167 Rn 90, Rn 98). Macht allerdings der Gläubiger eines Bereicherungsanspruchs geltend, es habe für den Rechtsgrund an einer Vertretungsmacht, namentlich auch einer Rechtsscheinsvollmacht gefehlt, so trägt er dafür die Beweislast (BGH ZIP 2008, 2164, 2166 mAnm Deblitz EWiR 2009, 71; 2008, 2255, 2259 mAnm Schmidt EWiR 2009, 103).

4. Die Form der Vollmacht

a) Die Erteilung der Vollmacht ist **grundsätzlich formfrei** (BGB-RGRK/Steffen **18** § 167 Rn 4; Erman/Maier-Reimer § 167 Rn 3; MünchKomm/Schramm § 167 Rn 15 f; NK-BGB/ Ackermann § 167 Rn 34; Soergel/Leptien § 167 Rn 8, allgM). In § 167 Abs 2 wird dies im Hinblick auf die Vollmacht zur Vornahme formbedürftiger Rechtsgeschäfte ausdrücklich bestimmt. Die Regelung ist Ausdruck des Abstraktionsgrundsatzes (Flume § 52 2 a). Eine Parallele besteht gem § 182 Abs 2 für die Zustimmung.

Abweichend von § 167 Abs 2 kann jedoch die Formbedürftigkeit der Vollmacht *rechtsgeschäftlich bestimmt* werden, und zwar durch Vereinbarung des Vollmachtgebers mit dem Vertreter oder mit dem Geschäftspartner (Bamberger/Roth/Valenthin § 167 Rn 12; NK-BGB/Ackermann § 167 Rn 35; Soergel/Leptien § 167 Rn 10; Rösler NJW 1999, 1150). Ebenso kann sich die Formbedürftigkeit aus der *Satzung* juristischer Personen ergeben (Bamberger/Roth/Valenthin § 167 Rn 12; NK-BGB/Ackermann § 167 Rn 35; Rösler NJW 1999, 1150); ist dort für bestimmte Geschäfte eine Form vorgeschrieben, so gilt sie idR auch für diesbezügliche Vollmachten (RGZ 116, 247; 122, 351; 146, 42 zu Sparkassen; zur Formproblematik bei Vollmachten von juristischen Personen des öffentlichen Rechts vgl Rn 48 f).

Gesetzliche Ausnahmen, nach welchen für die Vollmacht eine Form vorgesehen ist, **19** enthalten zB die §§ 1904 Abs 5 S 2, 1906 Abs 5 S 1 (jeweils Schriftform) sowie die 1945 Abs 3 S 1, 1955 S 2 sowie § 12 Abs 1 S 2 HGB (jeweils öffentliche Beglaubigung). In § 2 Abs 2 GmbHG ist notarielle Beurkundung oder öffentliche Beglaubigung vorgesehen, in § 47 Abs 3 GmbHG und §§ 134 Abs 3 S 3, 135 AktG die Textform iSd § 126b (s zu § 135 SCHMIDT WM 2009, 2350, 2356; zur Vollmacht bei Umwandlungsvorgängen MELCHIOR GmbH-Rdsch 1999, 520 ff), in § 43 Abs 5 S 2 GenG die Schriftform iSd § 126. Nach § 492 Abs 4 S 1 bedarf auch die Vollmacht zum Abschluss eines Verbraucherdarlehensvertrages – mit Ausnahme der Prozessvollmacht und einer notariell beurkundeten Vollmacht – der Schriftform (s noch Rn 26). Dagegen betrifft die in § 80 Abs 1 ZPO für die Prozessvollmacht vorgesehene Schriftform nur den Nachweis der Vollmacht, nicht auch die Gültigkeit ihrer Erteilung, die vielmehr formfrei möglich ist (SCHILKEN, Zivilprozessrecht Rn 89; zum Nachweis der Prozessvollmacht durch Telefax vgl BGHZ 129, 266 ff). Dasselbe gilt für die Formvorschriften in § 11 S 1 FamFG und in §§ 71 Abs 2 und 81 Abs 3 ZVG. Auch die gem § 29 Abs 1 S 1 GBO erforderliche öffentliche Beglaubigung der Vollmacht ist kein materiellrechtliches Gültigkeitserfordernis (ERMAN/MAIER-REIMER § 167 Rn 4; NK-BGB/ACKERMANN § 167 Rn 37; SOERGEL/LEPTIEN § 167 Rn 8; HAEGELE BlGBW 1960, 241 ff; vgl OLG München NJW-RR 2010, 747). Ebenso wenig bedarf grundsätzlich die prozessuale Vollmacht zur Unterwerfung unter die sofortige Zwangsvollstreckung (§§ 80 ff, 794 Abs 1 Nr 5 ZPO) einer Form, namentlich nicht notarieller Beurkundung (BGHZ 40, 197, 203; BGH NJW 2004, 844 mwNw; ZIP 2005, 1357 uö; ZIMMER ZflR 2008, 487, hM; aA zB DUX WM 1994, 1145, 1147 f; zum Nachweis s BGH NJW 2008, 2266 mAnm ZIMMER und ders aaO; ausf MünchKommZPO/WOLFSTEINER [4. Aufl 2012] § 794 Rn 151 mwNw).

20 **b)** Es besteht heute im Grundsatz Einigkeit darüber, dass die in § 167 Abs 2 getroffene Regelung der Bedeutung zahlreicher *Formvorschriften* des Bürgerlichen Rechts nicht entspricht und in ihrem Anwendungsbereich einzuschränken ist. Umstritten ist jedoch in Rechtsprechung und Schrifttum der hierfür geeignete Weg und das Ausmaß gebotener Einschränkung (s nur die unterschiedlichen Darstellungen bei BAMBERGER/ROTH/VALENTHIN § 167 Rn 8 ff; ERMAN/MAIER-REIMER § 167 Rn 5; MünchKomm/SCHRAMM § 167 Rn 15 ff; NK-BGB/ACKERMANN § 167 Rn 38 ff; SOERGEL/LEPTIEN § 167 Rn 11 ff; MUSIELAK/HAU Rn 1265 f; WOLF/NEUNER § 50 Rn 19 ff; ausf KANDLER 23 ff, 50 ff; ferner [krit zur Formbedürftigkeit der Vollmacht] EINSELE DNotZ 1996, 835, 843 ff; RÖSLER NJW 1999, 1150 ff; s ferner HKK/SCHMOECKEL §§ 164–181 Rn 17; zu Blanketterklärungen s ausf BINDER AcP 207, 155 ff). Es ist zu Recht darauf hingewiesen worden, dass die starre, pauschale Regelung des § 167 Abs 2 doktrinär an die Trennung von Vollmacht und Vertretungsgeschäft anknüpft, ohne zu berücksichtigen, dass die Vollmacht erst durch das in ihrer Ausübung realisierte Vertretergeschäft ihren Sinn gewinnt (FLUME § 52 2). Deshalb erscheint es konsequent, entgegen der hM (Unwiderruflichkeit oder vergleichbare Bindung als weitere Voraussetzungen, s dazu unten) **in Reduktion des § 167 Abs 2 eine Formbedürftigkeit der Vollmacht** überall dort zu verlangen, wo für das angestrebte Rechtsgeschäft Formvorschriften bestehen, die nicht lediglich Beratungs- oder Beweiszwecken dienen (so zB § 550), sondern gewichtigere Aufgaben, idR eine Warnfunktion erfüllen. In solchen Fällen, die sich durch ein besonderes Schutzbedürfnis des Vertretenen auszeichnen (KANDLER 93 ff) – wie namentlich denjenigen der §§ 311b, 518, 766, 780, 781 – begründet bereits die Vollmachtserteilung, mag sie widerruflich oder unwiderruflich erfolgt sein, die Möglichkeit des Eintritts desjenigen Nachteils, vor dem die Formvorschriften warnend schützen sollen. Der Einwand fehlender Unmittelbarkeit der Beeinträchtigung (vgl MünchKomm/SCHRAMM § 167 Rn 16) erscheint zu formal, und auch derjenige einer verbleibenden Steuerungsmöglichkeit des Vollmachtgebers (SOERGEL/LEPTIEN § 167 Rn 11; BORK Rn 1467) berücksichtigt nicht hinreichend die Interessen, deren Schutz die vor Übereilung warnenden Vorschriften bezwecken; die Ansicht, es sei für die Formbedürftigkeit nicht auf die Vollmacht, sondern auf das ihr idR zugrunde liegende Rechtsgeschäft abzustellen (Einsele DNotZ 1996, 835, 846 ff; Wufka DNotZ 1990, 339 ff), missachtet das Abstraktionsprinzip (s Vorbem 33 f zu §§ 164 ff). Vorzugswürdig ist somit das Plädoyer für eine Formpflicht der Vollmacht in den einschlägigen Fällen (Flume § 52 2; Köhler § 11 Rn 27; 93 ff; Müller-Freienfels 264 ff; Thiele 135 ff; Zimmermann 13 ff). Der methodisch gebotene Weg ist nicht die Heranziehung des Verbotes einer Gesetzesumgehung (s aber BGB-RGRK/Steffen § 167 Rn 5; Zimmermann 41 ff; Haegele BlGBW 1960, 241; Herresthal JuS 2002, 844, 848; vgl auch Gottschalk JherJb 79, 212 ff; Hoffmann JuS 1970, 452) oder eine Lösung über das Innenverhältnis (Staudinger/Schumacher [2012] § 311b Abs 1 Rn 132 ff, Rn 140 ff m umfangr Nachw; Einsele DNotZ 1996, 835, 843 ff; Mertens JZ 2004, 431, 434 f; zur Möglichkeit der Erstreckung der Formpflicht auf das Innenverhältnis Kandler 100 ff, 231 ff), sondern eine teleologische Reduktion des § 167 Abs 2 anhand der Formvorschriften für die vollmachtsbezogenen Rechtsgeschäfte (Bamberger/Roth/Valenthin § 167 Rn 8; NK-BGB/Ackermann § 167 Rn 34; PWW/Frensch § 167 Rn 11; Soergel/Leptien § 167 Rn 11; wohl auch MünchKomm/Schramm § 167 Rn 17 f unter Hinweis auf die einschlägige Rechtsprechung; Faust § 26 Rn 8; Grigoleit/Herresthal Rn 414; Wolf/Neuner § 50 Rn 21; ausf Kandler 23 ff, 50 ff, 133 ff; Neuschäfer 48 ff; krit im Hinblick auf den eindeutigen Wortlaut des § 167 Abs 2 zB Schmidt Rn 653, Rn 713; Papenmeier 149); bei Blanketterklärungen lässt sich dieses Ergebnis freilich überzeugender aus §§ 126, 125 und dem Schutzzweck der einzelnen Formvorschriften begründen (ausf Binder AcP 207, 155 ff). Die mit der Einschränkung des § 167 Abs 2 verbundene Folge der Haftung des Vertreters nach § 179 steht einer solchen teleologischen Reduktion nicht entgegen (s Rn 23).

Die *Rechtsprechung* hat eine solche generelle Anwendung der Formvorschriften mit mehr als bloßer Beweisfunktion, insbes Warnfunktion lange Zeit abgelehnt und stattdessen vorrangig auf die mit der Vollmachtserteilung etwa bereits erzeugte rechtliche oder auch – bei ausschließlichem Interesse des Bevollmächtigten an dem Rechtsgeschäft – tatsächliche Bindungswirkung abgestellt, die nach der Intention des Gesetzes erst dem formgebundenen Vertretergeschäft zukommen solle (s etwa BGH NJW 1952, 1210, 1211; BGH WM 1965, 1006, 1007; WM 1966, 761; BGH NJW 1979, 2306; abl zur Bürgschaft noch RG JW 1927, 363; RG SeuffA 81 Nr 126 und 86 Nr 197). Eine Wende bedeutete insoweit aber die Entscheidung des damals noch zuständigen IX. Zivilsenates des BGH zur Blankobürgschaft (BGH NJW 1996, 1467; WPM 1997, 909, 910; s dazu Bayer DZWir 1996, 506; Benedict Jura 1999, 78; Bülow ZIP 1996, 1694; Fischer JuS 1998, 205; Graf von Westphalen LM § 765 Nr 107; Hadding EWiR 1996, 785; Keim NJW 1996, 2774; G Lüke NJW 1997, 109; Medicus JuS 1999, 833, 834; Pawlowski JZ 1997, 309; Riehm JuS 2000, 343, 348; NJW 1999, 1150, 1151 f; Tiedtke WiB 1996, 811). Ausgehend vom Schutzzweck der Vorschrift des § 766 hat der Senat zu Recht angenommen, dass bei formbedürftigen Bürgschaften die **Vollmacht zur Abgabe der Bürgschaftserklärung** – oder die Ermächtigung zur Ergänzung eines Blanketts, auf die er die §§ 164 ff entsprechend anwendet (BGH aaO; NK-BGB/Ackermann § 167 Rn 40; Palandt/Ellenberger Einf § 164 Rn 13; Bork Rn 1648 f; Neuschäfer 127 ff, 178 ff; Keim NJW 1996, 2774, 2775 f; dazu freilich zu Recht krit Binder AcP 207, 155 ff) – in einschränkender Auslegung des § 167 Abs 2 der Schriftform bedarf (Bamberger/Roth/Valenthin § 167 Rn 10; Erman/Maier-Reimer § 167 Rn 6; Hk-BGB/Dörner § 167 Rn 5; NK-BGB/Ackermann § 167 Rn 40; Palandt/Ellenberger § 167 Rn 2; PWW/Frensch § 167 Rn 13; Bitter § 10 Rn 87; Brehm Rn 453; Brox/Walker Rn 544; Flume § 52 2 b; Hirsch Rn 860; Köhler § 11 Rn 27; Löwisch/Neumann Rn 215; Pawlowski Rn 736a; Rüthers/Stadler § 30 Rn 13; Wolf/Neuner § 50 Rn 21; Müller-Freienfels 290;

20a

KANDLER 283 ff [bei Vorliegen eines Interessenkonfliktes]; NEUSCHÄFER 48 ff; TEMPEL 230; BÜCHLER JuS 2008, 804, 807; BÜLOW aaO; KEIM aaO; MEDICUS aaO; RIEHM aaO; nur iE [über §§ 125, 126] für das Blankett auch BINDER AcP 207, 155 ff, 182 f; für unwiderrufliche Vollmacht auch LEENEN § 13 Rn 19. – **Krit** bzw zT einschränkend [namentlich keine Formbedürftigkeit für eine Vollmacht zur Unterzeichnung der gesamten Bürgschaftserklärung] zB MünchKomm/SCHRAMM § 167 Rn 27 f; SOERGEL/LEPTIEN § 167 Rn 13; GRIGOLEIT/HERRESTHAL Rn 414 ff; SCHMIDT Rn 713; BAYER aaO; BENEDICT aaO; FISCHER aaO; G LÜKE aaO; PAWLOWSKI aaO; RÖSLER aaO; MERTENS JZ 2004, 431, 434 f mwNw; zu weitgehend andererseits OLG Düsseldorf DNotZ 2004, 313 m abl Anm KEIM: Schriftform selbst bei notariell beurkundeter Generalvollmacht, s aber § § 126 Abs 4). Auch im Hinblick auf die immerhin unterschiedliche Sicht der damals zuständigen Senate (vgl KEIM NJW 1996, 2774, 2776; s auch in Rn 26 die Rechtsprechung zur Verbraucherkreditvollmacht) ist freilich eine für sämtliche Anwendungsfälle klare Linie der Rechtsprechung noch nicht festzustellen; die nachfolgende Darstellung trägt dem – unter Aufrechterhaltung des hier vertretenen weitergehenden Standpunktes einer generellen Formpflichtigkeit bei Schutzformvorschriften (s oben) – Rechnung.

21 c) Den neben der Bürgschaft sicher wichtigsten weiteren Fall einer teleologischen Reduktion des § 167 Abs 2 – nach **aA** einer Gesetzesumgehung (s Rn 20) – bilden **Vollmachten zum Abschluss der nach § 311b Abs 1 S 1 formbedürftigen Verträge**. Nach Rechtsprechung und hL schon zu § 313 aF (ausführlich KORTE DNotZ 1984, 82 ff; s auch KEIM NJW 1996, 274; RÖSLER NJW 1999, 1150, 1151) besteht freilich bei ihnen eine Formpflicht nicht grundsätzlich (so indes zutr FLUME § 52 2 b mwNw), sondern nur bei bestimmten Ausgestaltungen der Vollmacht. Diese sind dadurch gekennzeichnet, dass mit der Vollmachtserteilung seitens des Verkäufers schon alles getan ist, was zur Begründung der Verpflichtung erforderlich war (RGZ 108, 125, 127). Durch dieses differenzierende Kriterium entsteht freilich eine unerfreuliche Rechtsunsicherheit (MünchKomm/SCHRAMM § 167 Rn 20; WÜLFING 15).

22 Im Einzelnen wird als formbedürftig die (auch zeitlich begrenzt) *unwiderrufliche Vollmacht* zum Abschluss eines nach § 311b Abs 1 S 1 formbedürftigen Vertrages bewertet (zu § 313 aF s RGZ 76, 182, 184; 81, 49, 51; 110, 319; BGH NJW 1952, 1210; MDR 1965, 282; WM 1966, 761; 1967, 1039; 1971, 957; 1974, 1230; 1979, 2306; BayObLG DNotZ 1981, 567; NJW-RR 1996, 848; OLG Celle MDR 1962, 900; OLG Köln BB 1985, 825; OLG Karlsruhe NJW-RR 1986, 100, 101; OLG München NJW-RR 1989, 663; OLG Celle FGPrax 2005, 240, 242; BAMBERGER/ROTH/VALENTHIN § 167 Rn 9; BGB-RGRK/STEFFEN § 167 Rn 5; ERMAN/MAIER-REIMER § 167 Rn 5; Hk-BGB/DÖRNER § 167 Rn 5; JAUERNIG § 167 Rn 10; NK-BGB/ACKERMANN § 167 Rn 38 f; PALANDT/ELLENBERGER § 167 Rn 2; MünchKomm/SCHRAMM § 167 Rn 19; PWW/FRENSCH § 167 Rn 12; SOERGEL/LEPTIEN § 167 Rn 12; BITTER § 10 Rn 87; BOECKEN Rn 631; BORK Rn 1467; BREHM, Rn 453; BROX/WALKER Rn 544; FLUME § 52 2 b; LEENEN § 13 Rn 19; MEDICUS Rn 929; WERTENBRUCH § 29 Rn 5; WOLF/NEUNER § 50 Rn 21 und die gesamte Lehrbuchliteratur; KANDLER 234 f; WÜLFING 25 ff; EDENFELD JuS 2005, 42, 43; HAGEN, in: FS Schippel [1996] 173, 176; MOCK JuS 2008, 391, 393; RÖSLER NJW 1999, 1150, 1151; VAHLE DVP 2005, 189, 190 und NWB 2005, 2571, 2573; **aA** MERTENS JZ 2004, 431, 434 f mwNw; ausf dazu auch KANDLER 207 ff). Hingegen soll es nicht genügen, dass der Vollmachtgeber nur entschlossen ist, die Vollmacht nicht zu widerrufen (BGH NJW 1979, 2306, 2307).

Formbedürftig ist ferner eine entsprechende Vollmacht, welche unter *Befreiung von der Einschränkung des § 181* BGB erteilt wird (RGZ 104, 237; 108, 125; KG HRR 1933 Nr 1485; OLG München DNotZ 1938, 165; FLUME § 52, 2 b; MEDICUS Rn 929; WOLF/NEUNER § 50

Rn 21; für [idR zudem unwiderruflich erteilte] Vollmachten für Unterwerfungserklärungen nach § 794 Abs 1 Nr 5 ZPO Bamberger/Roth/Valenthin § 167 Rn 9; Dux WM 1994, 1145, 1147 f; Edenfeld JuS 2005, 42, 43; Kannowski, in: FS Leipold 1087 f; Rösler NJW 1999, 1150, 1151; s dazu auch NK-BGB/Ackermann § 167 Rn 39; offen gelassen von BGH NJW 2004, 844 f). Ganz überwiegend wird allerdings die bloße Befreiung von § 181 noch nicht als ausreichend zur Bejahung einer Formbedürftigkeit anerkannt; vielmehr wird zusätzlich verlangt, dass nach den Umständen des Einzelfalles bereits eine rechtliche oder zumindest faktische Bindung des Vollmachtgebers eintritt (BGH NJW 1952, 1210; WM 1965, 107 und 1006; 1979, 579 und 2306; OLG Stuttgart DNotZ 1950, 166; OLG Schleswig NJW-RR 2001, 733; OLG Frankfurt NJW-RR 2013, 722; BGB-RGRK/Steffen § 167 Rn 5, § 181 Rn 16; MünchKomm/Schramm § 167 Rn 19; NK-BGB/Ackermann § 167 Rn 39; PWW/Frensch § 167 Rn 12; Soergel/Leptien § 167 Rn 12; Haegele BlGBW 1960, 241 f).

Hingegen bejaht die Rechtsprechung die Formbedürftigkeit der Vollmacht, wenn der Bevollmächtigte den Weisungen des Erwerbers unterliegt (RGZ 97, 334; 104, 236; 108, 126) oder bei Nichtvornahme des Vertretergeschäfts erhebliche Nachteile drohen (RGZ 108, 126 und JW 1930, 1301; BGH NJW 1971, 93 und 557), aber auch, wenn sich der Vollmachtgeber in starker Abhängigkeit vom Bevollmächtigten befindet (BGH aaO und DNotZ 1966, 92) oder sonst durch die Vollmacht tatsächlich die gleiche Bindung bewirkt wird wie durch den Abschluss des formbedürftigen Hauptvertrages (BGH DNotZ 1965, 549; NJW 1975, 39; 1979, 2306; 1985, 730; OLG Schleswig NJW-RR 2001, 733; OLG Celle FGPrax 2005, 240, 242; Bamberger/Roth/Valenthin § 167 Rn 9; Erman/Maier-Reimer § 167 Rn 5; MünchKomm/Schramm § 167 Rn 20 ff mwNw; NK-BGB/Ackermann § 167 Rn 39; Palandt/Ellenberger § 167 Rn 2; PWW/Frensch § 167 Rn 12; Wolf/Neuner § 50 Rn 21; Edenfeld JuS 2005, 42, 43; Hagen, in: FS Schippel [1996] 173, 176; aA Mertens JZ 2004, 431, 434 f mwNw). – Die zu § 311b Abs 1 entwickelten Grundsätze gelten auch für Vollmachten zum **Abschluss von Verträgen über das gegenwärtige Vermögen** (§ 311b Abs 3) sowie zu **Verträgen unter künftigen gesetzlichen Erben über den gesetzlichen Erbteil oder den Pflichtteil** nach § 311 Abs 5 (Erman/Maier-Reimer § 167 Rn 5; MünchKomm/Schramm § 167 Rn 24; NK-BGB/Ackermann § 167 Rn 41; s auch BGB-RGRK/Steffen § 167 Rn 5; Soergel/Leptien § 167 Rn 13; Müller-Freienfels 290; vgl Zimmermann 203).

d) Die Formnichtigkeit der Vollmacht hat zur **Folge**, dass der Vertreter als **falsus procurator** gehandelt hat; es greifen demnach die §§ 177 ff ein (Binder AcPm 207, 155, 189; Haegele BlGBW 1960, 242). Dies bedeutet nach der – allerdings zweifelhaften (s dazu § 177 Rn 10) – hM zu § 182 Abs 2, dass das Vertreterhandeln durch *formfreie Genehmigung* (vgl dazu Staudinger/Gursky § 182 Rn 23 ff m umfangr Nachw; s etwa BGH JZ 1995, 101 m zust Anm v Dilcher) mit Wirkungen für und gegen den Vertretenen ausgestattet werden kann (NK-BGB/Ackermann § 167 Rn 43; Jauernig § 167 Rn 10; MünchKomm/Schramm § 167 Rn 35 mwNw; PWW/Frensch § 167 Rn 14; Soergel/Leptien § 167 Rn 14). Ohne Genehmigung haftet der Vertreter nach Maßgabe des § 179 (RGZ 108, 125, 129; 110, 319, 321), wobei sich seine Haftung bei Unkenntnis von der Formpflichtigkeit der Vollmacht nach Abs 2 auf das negative Interesse beschränkt; wusste er andererseits um die Formpflicht, so besteht wie in sonstigen Fällen des Abs 1 kein Grund, seine Haftung dennoch deshalb auf das negative Interesse zu beschränken (so aber Kandler 166 ff). Zu beachten ist allerdings, dass eine im Hinblick auf § 311b Abs 1 (§ 313 aF) unwirksame Vollmacht in Anwendung des *§ 139* für andere Grundstücksgeschäfte wirksam bleiben (KG HRR 1940 Nr 1291) oder dass eine formunwirksame Vollmachtserteilung nach hM eine *Rechtsscheinshaftung* auslösen kann, wenn ein Dritter auf die

23

Wirksamkeit der Vollmachtserteilung vertraut (BGHZ 102, 60 mAnm Bohrer DNotZ 1988, 554; BGH NJW 1996, 1467, 1469; NJW 1997, 312 ff; MünchKomm/Habersack § 766 Rn 23; NK-BGB/Ackermann § 167 Rn 43, Rn 84; Palandt/Ellenberger § 167 Rn 2; PWW/Frensch § 167 Rn 14; Canaris 28 ff, 54 ff und in: FG Bundesgerichtshof 129, 159 ff; zu Recht **krit** NK-BGB/Ackermann § 167 Rn 43, Rn 84; Neuschäfer 181 ff, 193 ff [207 ff: Haftung aus cic]; Binder AcP 207, 155, 191 ff; Bülow ZIP 1996, 1694 ff; Keim NJW 1996, 2774, 2775 f; s auch unten Rn 35 und zum Blankett § 172 Rn 8).

24 Der Formverstoß bei der Vollmachtserteilung zu Verpflichtungsgeschäften iS des § 311b Abs 1 (§ 313 aF) kann durch Auflassung und Eintragung *geheilt* werden, wenn der Vollzug durch den Vertretenen selbst erfolgt oder von ihm genehmigt wird (BayObLG DNotZ 1981, 561; MünchKomm/Schramm § 167 Rn 36; NK-BGB/Ackermann § 167 Rn 43; **aA** PWW/Frensch § 167 Rn 14; Soergel/Leptien § 167 Rn 14 mwNw); ohnehin wird darin idR aber zugleich die Genehmigung des Vertretergeschäfts iS d § 177 liegen (insoweit zutr Soergel/Leptien § 167 Rn 14). Hingegen heilt ein Vollzug allein durch den Vertreter nicht, weil der Grund für den Formzwang der Vollmacht zwar auf § 311b Abs 1 (§ 313 aF) zurückzuführen ist, aber gerade auf der mit der Vollmachtserteilung verbundenen Gefährdung beruht (RGZ 110, 319, 321 f; BGH DNotZ 1966, 92, 96; KG DNotZ 1933, 181, 183; Bamberger/Roth/Valenthin § 167 Rn 9; Erman/Maier-Reimer § 167 Rn 7; MünchKomm/Schramm § 167 Rn 36; NK-BGB/Ackermann § 167 Rn 43; PWW/Frensch § 167 Rn 14; Soergel/Leptien § 167 Rn 14. – **AA** Tempel 230; Müller-Freienfels 275. Nach Einsele DNotZ 1996, 835, 848 ff heilt umgekehrt eine förmlich erteilte Vollmacht einen Mangel des nach ihrer Ansicht [s Rn 20] formbedürftigen Vollmachtsgrundgeschäftes).

25 e) Unter dem Gesichtspunkt der Gesetzesumgehung wird auch die Erteilung einer **Auflassungsvollmacht** als formbedürftig bewertet, sofern sie dem Käufer erteilt ist (BGH DNotZ 1963, 672; WPM 1974, 1229, 1231; KG DNotZ 1937, 687; OLGZ 1985, 184, 187; OLG Frankfurt Rpfleger 1979, 133; OLG München NJW-RR 1989, 663, 665; OLG Schleswig MDR 2000, 1125 f; Erman/Maier-Reimer § 167 Rn 5; MünchKomm/Schramm § 167 Rn 25; NK-BGB/Ackermann § 167 Rn 39; Soergel/Leptien § 167 Rn 12). Maßgebend ist hier die Umgehung der Warnfunktion des § 925 (Müller-Freienfels 274; vgl Staudinger/Pfeifer [2011] § 925 Rn 71 mwNw; **abl** Einsele DNotZ 1996, 835, 852; s auch Edenfeld JuS 2005, 42, 43: bloße Klarstellungsfunktion). Die Formbedürftigkeit wird auch bejaht, wenn derjenige, dem die Auflassungsvollmacht erteilt wird, nur als ein *Werkzeug des Käufers* handelt, sodass die Vollmachtserteilung an ihn einer Übertragung an den Erwerber gleichkommt (RGZ 108, 125; Tempel 230; Wülfing 44). Eine solche Werkzeugqualität des Bevollmächtigten wurde vom KG (DRW 1940, 1947; s aber zu Recht abl Grussendorf NJW 1952, 1210; Soergel/Leptien § 167 Rn 12) für einen Generalbevollmächtigten verneint.

26 Dieselben Grundsätze sind im Falle der **Übertragung eines Miterbenanteils** gem § 2033 anzuwenden (KG DNotZ 1937, 687; BayObLGZ 1954, 225, 234; SchlHOLG SchlHA 1962, 173; LG Erfurt MDR 1994, 174; BGB-RGRK/Steffen § 167 Rn 5; MünchKomm/Schramm § 167 Rn 26; NK-BGB/Ackermann § 67 Rn 41; PWW/Frensch § 167 Rn 13; Soergel/Leptien § 167 Rn 13; Müller-Freienfels 289; Rösler NJW 1999, 1150, 1152), ebenso im Falle des § 2037. In gleicher Weise ist jedenfalls nach hier vertretener Ansicht (s Rn 20) die formfreie Vollmachtserteilung bei einem **Schenkungsversprechen** gem § 518 ohne weitere Einschränkung (also nicht nur bei Unwiderruflichkeit oder tatsächlicher Bindung) unwirksam (RG SeuffA 75 Nr 218; Erman/Maier-Reimer § 167 Rn 5; NK-BGB/Ackermann § 167 Rn 41; Flume § 52 2 b; Tempel 230; beschränkt auf die Fälle endgültiger Bindung auch BGB-AK/Ott § 167 Rn 8; Erman/Maier-Reimer § 167 Rn 4; MünchKomm/Schramm § 167 Rn 34; Soergel/Leptien § 167 Rn 13; Kandler 235 ff; Zimmermann 203; aA Müller-Freienfels 289). Für die **Vollmacht zum Abschluss eines Verbraucherdarlehens** verlangt § 492 Abs 4 (zu § 4 Abs 1 S 1 VerbrKrG bejahend OLG Karlsruhe WM 2001, 356) seit 2002 – außer bei notariell beurkundeten Vollmachten und Prozessvollmachten (§ 494 Abs 4 S 2) – ausdrücklich die Einhaltung der in § 492 Abs 1 vorgesehenen Formen (s Bamberger/Roth/Valenthin § 167 Rn 11; MünchKomm/Schramm § 167 Rn 30 f; NK-BGB/Ackermann § 167 Rn 36; Wolf/Neuner § 50 Rn 21; Kandler 237 ff; Herresthal JuS 2002, 844; Möller ZIP 2002, 333; Timmann BB 2003, Beilage 6, 23, 29 f; Zimmermann, in: FS Schütze [2002] 1569; ausf Zimmermann 63 ff; für Blanketterklärungen Binder AcP 207, 155, 187 f), nachdem der BGH für die Angaben des § 4 Abs 1 S 4 VerbrKrG noch anders entschieden hatte (s BGHZ 147, 262, 265 ff mwNw; BGH NJW 2001, 2963; ZIP 2003, 2149 f; Löhnig VuR 1999, 147 und VIZ 2000, 645; Peters WM 2000, 554; Rösler NJW 1999, 1150, 1152; Peters/Gröpper WM 2001, 2199; Ulmer BB 2001, 1365; St Zimmermann, in: FS Geimer [2002] 1569; ausf Ch Zimmermann 83 ff, 107 ff; **aA** schon damals OLG München NJW 1999, 2196; OLG Karlsruhe WM 2000, 1996; Derleder NJW 1993, 2401, 2404 und JZ 2001, 829; Heyers Jura 2001, 760; Riehm JuS 2000, 343, 348; diff Masuch ZIP 2001, 143), was für Altvollmachten bedeutsam bleibt (MünchKomm/Schramm § 167 Rn 31 mwNw; NK-BGB/Ackermann § 167 Rn 36). Selbst bei bindenden notariellen Vollmachten wird man in teleologischer Reduktion des § 494 Abs 4 S 2 verlangen müssen, dass darin die zentralen Pflichtenangaben, nicht unbedingt aber sämtliche Mindestangaben des § 494 Abs 1 S 5 enthalten sind (Herresthal JuS 2002, 844, 848 ff mwNw, ie str; s MünchKomm/Schramm § 167 Rn 33; Möller ZIP 2002, 333, 340; Timmann BB 2003, Beilage 6, 23, 25 f). Auf die **Vollmacht zum Abschluss eines Darlehensvermittlungsvertrages** ist § 492 Abs 4 entsprechend anzuwenden, sodass die Form des § 655b Abs 1 S 1 einzuhalten ist (MünchKomm/Schramm § 167 Rn 34; NK-BGB/Ackermann § 167 Rn 36; Habersack/Schürnbrand WM 2003, 261, 262 f mwNw; Timmann BB 2003, Beilage 6, 23, 27 f; **aA** Palandt/Sprau § 655b Rn 2). Anzuwenden sind die Grundsätze ferner in den Fällen des **Erbverzichtsvertrages** nach den §§ 2348, 2351 und 2352 sowie des **Erbschaftskaufes** nach den §§ 2371 und 2385 (BGB-RGRK/Steffen § 167 Rn 5; Erman/Maier-Reimer § 167 Rn 5; MünchKomm/Schramm § 167 Rn 24; NK-BGB/Ackermann § 167 Rn 41; Soergel/Leptien § 167 Rn 13) sowie im Hinblick auf § 1410 beim Abschluss eines **Ehevertrages** (NK-BGB/Ackermann § 167 Rn 41; Einsele DNotZ 1996, 835, 852 und NJW 1998, 1206; Vollkommer JZ 1999, 239; **aA** BGH NJW 1998, 1857; Kanzleiter NJW 1999, 1612, jew mwNw; Rösler NJW 1999, 1150, 1152; Bamberger/Roth/Valenthin § 167 Rn 10; MünchKomm/Schramm § 167 Rn 29; Palandt/Ellenberger § 167 Rn 2; PWW/Frensch § 167 Rn 13; Soergel/Leptien § 167 Rn 8). Auch in den Fällen von **Schuldversprechen und Schuldanerkenntnis** nach §§ 780, 781 wird man nicht lediglich eine Beweis-, sondern auch eine Warnfunktion der Formregelung annehmen und deshalb eine Formdürftigkeit der Vollmacht annehmen müssen (Einsele DNotZ 1996, 835, 851 f mwNw; Zimmermann 203; s auch Binder AcP 207, 155, 183 [für Blanketterkärungen]; **aA** namentlich BGH NJW 1993, 584 f mwNw [zum Formzweck]; NK-BGB/Ackermann § 167 Rn 42; MünchKomm/Schramm § 167 Rn 34; s aber auch BGH NJW 2004, 1159 sub I [Vorinstanzen]).

f) Keine Formbedürftigkeit der Vollmacht besteht – außer bei Blankovollmachten – im Falle des § 15 GmbHG, weil der Formzwang bei der **Übertragung eines GmbH-Anteils** nicht dem Schutz des Vertragspartners dienen soll, sondern das Ziel verfolgt, die Umlauffähigkeit von GmbH-Anteilen zu beschränken (RGZ 135, 70, 71 f; BGHZ 13, 49, 53; 19, 69, 72; MünchKomm/Schramm § 167 Rn 34; NK-BGB/Ackermann § 167 Rn 42; Palandt/Ellenberger § 167 Rn 2; Soergel/Leptien § 167 Rn 13; Leenen § 13 Rn 19; 27

TEMPEL 230; MÜLLER-FREIENFELS 288; ZIMMERMANN 204; RÖSLER NJW 1999, 1150, 1153 mwNw; s auch EINSELE DNotZ 1996, 835, 853 mwNw, str, **aA** FLUME § 52 2b; zur Vollmacht für einen GmbH-Vorvertrag s BGH NJW 1969, 1856; D REINICKE NJW 1969, 1830). Auch eine Ermächtigung zur Ausfüllung eines Wechsels ist wegen der abweichenden Bedeutung des dortigen Schriftformerfordernisses nicht formpflichtig (OLG Hamburg NJW-RR 1998, 407; NK-BGB/ACKERMANN § 167 Rn 42; FLUME § 52 2a), ebenso wenig die Vollmacht zur *Auflösung eines Arbeitsvertrages* gem § 623 (BAG NZA 2008, 348).

II. Die Duldungs- und Anscheinsvollmacht (Rechtsscheinsvollmacht)*

1. Geschichtliche Entwicklung und Terminologie

28 a) Seit ROHGE 1, 149, 152 wurde eine *stillschweigende Bevollmächtigung* an-

---

* **Schrifttum:** ALBRECHT, Voraussetzungen und Grenzen der Haftung des angeblich Vertretenen aus der sogenannten Anscheinsvollmacht (Diss Mainz 1959); ALTMEPPEN, Disponibilität des Rechtsscheins (1993); BADER, Duldungs- und Anscheinsvollmacht (1978); BIENERT, „Anscheinsvollmacht" und „Duldungsvollmacht"; Kritik der Rechtsprechung und ihrer Grundlagen (1975); BÖRNER, Untervollmacht und Rechtsscheinsvollmacht – Grundlagen und Anwendbarkeit der Rechtsscheinsgrundsätze auf die Untervollmacht (Diss Bonn 2008); BORGES, Rechtsscheinhaftung im Internet, NJW 2001, 2400; BORNEMANN, Rechtsscheinsvollmachten in ein- und mehrstufigen Innenverhältnissen, AcP 207 (2007) 102; BOUS, Fortbestand und Rechtsschein der Untervollmacht trotz Wegfalls der Hauptvollmacht, RNotZ 2004, 483; BÜRGER, Die Tatbestandsvoraussetzungen der Anscheins- und Duldungsvollmacht, insbesondere zur „Häufigkeit des Auftretens" (Diss Bielefeld 1992); CANARIS, Die Vertrauenshaftung im deutschen Privatrecht (1971); ders, Die Vertrauenshaftung im Lichte der Rechtsprechung des Bundesgerichtshofs, in: 50 Jahre Bundesgerichtshof – Festgabe der Wissenschaft (2000) 129; CHIUSI, Zur Verzichtbarkeit von Rechtsscheinswirkungen, AcP 202 (2002) 494; CONRAD, Die Vollmacht als Willenserklärung – Rechtsschein und Verkehrsschutz im Recht der gewillkürten Stellvertretung, 2012; vCRAUSHAAR, Der Einfluß des Vertrauens auf die Privatrechtsbildung (1969); ders, Die Bedeutung der Rechtsgeschäftslehre für die Problematik der Scheinvollmacht, AcP 174 (1974) 2; CRE-ZELIUS, Zu den Rechtswirkungen der Anscheinsvollmacht, ZIP 1984, 791; DICKERSBACH, Rechtsfragen bei der Bevollmächtigung zur Abgabe einer Unterwerfungserklärung – insbesondere zur Anwendung der §§ 171 ff. BGB auf die Bevollmächtigung (Diss Bonn 2006); EICHLER, Die Rechtslehre vom Vertrauen (1950); ERBACH, Die stillschweigende Vollmachterteilung in der neueren Rechtsprechung (Diss Marburg 1930); FABRICIUS, Stillschweigen als Willenserklärung, JuS 1966, 1 und 50; FIKENTSCHER, Scheinvollmacht und Vertreterbegriff, AcP 154 (1955) 1; FROTZ, Verkehrsschutz im Vertretungsrecht (1972); GOTTHARDT, Der Vertrauensschutz bei der Anscheinsvollmacht im deutschen und französischen Recht (1970); GOTTSMANN, Die Anscheinsvollmacht, ein Unterfall der culpa in contrahendo (Diss Köln 1964); GRIMME, Duldungs- und Anscheinsvollmacht, JuS 1989, 319; GRÜTER, Stillschweigende Bevollmächtigung und Scheinvollmacht im Rechtsverkehr der Sparkassen (Diss Kiel 1936); HEIL, Das Grundeigentum der Gesellschaft bürgerlichen Rechts – res extra commercium?, NJW 2002, 2158; HOFFMANN, Rechtsscheinhaftung beim Widerruf notarieller Vollmachten, NJW 2001, 421; HÜBNER, Zurechnung statt Fiktion einer Willenserklärung, in: FS Nipperdey II (1965) 373; JOUSSEN, Die Generalvollmacht im Handels- und Gesellschaftsrecht, WM 1994, 273; KINDL, Rechtsscheintatbestände und ihre rückwirkende Beseitigung (1999); KOTHE, Scheinvollmacht (Diss Erlangen 1937); KRAUSE, Schweigen im Rechtsverkehr (1933); LIEB, Aufgedrängter Vertrauensschutz? – Überlegun-

genommen, wenn jemand, dem nicht ausdrücklich Vollmacht erteilt worden war, über einen gewissen Zeitraum hinweg für außen stehende Dritte den Anschein erwecken konnte, er handele als Vertreter. Diese Rspr hat das ROHG beibehalten (vgl HKK/Schmoeckel §§ 164–181 Rn 21; Krause 23 Fn 76; Kritik bei Bienert 14 ff). Sie wurde auch vom RG zunächst fortgesetzt (s nur RGZ 1, 8 ff; HKK/Schmoeckel §§ 164–181 Rn 21 ff; Flume § 49 3; Krause 23 mwNw; Schmoeckel 95 ff mwNw; Fikentscher AcP 154, 2 ff).

In der weiteren Entwicklung (ausf HKK/Schmoeckel §§ 164–181 Rn 21 ff; Selter 17 ff) jedoch begann man im Stellvertretungsrecht zu unterscheiden zwischen Sachverhalten, bei welchen der Vertretene vom Auftreten des nicht ausdrücklich Bevollmächtigten Kenntnis hatte, und solchen, in denen er diese Kenntnis nur hätte haben können. Im ersteren Falle ergab sich dann die Notwendigkeit zu der weiteren Unterscheidung, ob aufgrund der Kenntnis ein rechtsgeschäftlicher Wille des Vertretenen zur Erteilung von Vertretungsmacht hervorgetreten war oder nicht.

---

gen zur Möglichkeit des Verzichts auf den Rechtsscheinsschutz, insbesondere bei der Anscheinsvollmacht, in: FS H Hübner (1984) 575; Litterer, Vertragsfolgen ohne Vertrag (1979); Lobinger, Rechtsgeschäftliche Verpflichtung und autonome Bindung (1999); Macris, Die stillschweigende Vollmachtserteilung (Diss Berlin 1941); Nitschke, Die Wirkung von Rechtsscheinstatbeständen zu Lasten Geschäftsunfähiger und beschränkt Geschäftsfähiger, JuS 1968, 541; Nittel, Nichtigkeit von Geschäftsbesorgungsverträgen und ihre Auswirkungen auf Kreditverträge, NJW 2002, 2599; Oechsler, Die Bedeutung des § 172 Abs 1 BGB beim Handeln unter fremdem Namen im Internet, AcP 208 (2008) 565; Oswald, Duldungs- und Anscheinsvollmacht im Steuerrecht, NJW 1971, 1350; Paulus/Henkel, Rechtsschein der Prozessvollmacht, NJW 2003, 1692; Pawlowski, Anscheinsvollmachten der Erziehungsberechtigten?, MDR 1989, 775; Pecher, Über Erscheinungsweisen von Rechtsschein, in: FS Hadding (2004) 221; F Peters, Zur Geltungsgrundlage der Anscheinsvollmacht, AcP 179 (1979) 214; Reymann, Der BGH-Beschluss zur Grundbuchfähigkeit der GbR. Ist dies das Ende des Erwerberschutzes?, ZfIR 2009, 81; Rieder, Die Rechtsscheinhaftung im elektronischen Rechtsverkehr (2004); K Schmidt, Falsus-procurator-Haftung und Anscheinsvollmacht, in: FS Gernhuber (1993) 435; Schnell, Signaturmissbrauch und Rechtsscheinhaftung (2007); Schubert, Anscheinsvollmacht und Privatautonomie, ein Beitrag zur Zurechnungslehre im rechtsgeschäftlichen Bereich unter besonderer Berücksichtigung der Lehre von der Scheinvollmacht (Diss Hamburg 1970); Selter, Die Entstehung und Entwicklung des Rechtsscheinsprinzips im deutschen Zivilrecht (2006); Simon, Duldungsvollmacht und Konkludenzirrtum, in: FS Leser (1998) 133; Spiegelhader, Rechtsscheinhaftung im Stellvertretungsrecht bei der Verwendung elektronischer Signaturen (Diss Hamburg 2007); Stöhr, Rechtsscheinhaftung nach § 172 I BGB, JuS 2009, 106; ders, Zeitpunkt des Darlehensvertragsschlusses vor dem Hintergrund des § 172 Abs 1 BGB, WM 2009, 928; Tengelmann, Die Vertretungsmacht kraft Rechtsscheins (Diss Münster 1935); Veldung, Vertrauensschutz redlicher Dritter beim Vorliegen einer Scheinvollmacht (Diss Frankfurt 1941); Verse/Gaschler, „Download to own" – Online-Geschäfte unter fremdem Namen, Jura 2009, 213; Voss, Die Haftung des Vertretenen kraft Rechtsschein, VersR 1962, 1121; Wackerbarth, Zur Rechtsscheinhaftung der Gesellschafter bürgerlichen Rechts am Beispiel einer Wechselverpflichtung, ZGR 1999, 365; Waldeyer, Vertrauenshaftung kraft Anscheinsvollmacht bei anfechtbarer und nichtiger Bevollmächtigung (Diss Münster 1969); Wieling, Duldungs- und Anscheinsvollmacht, JA 1991, 222; Wurm, Blanketterklärung und Rechtsscheinhaftung, JA 1986, 577; Zimmer, § 15 Abs 2 HGB und die allgemeine Rechtsscheinhaftung (1998).

29 b) Ist dem Vertretenen das Auftreten des nicht ausdrücklich Bevollmächtigten zur Kenntnis gekommen und *billigt* er dieses Auftreten *mit rechtsgeschäftlichem Willen,* handelt es sich um eine **Bevollmächtigung durch schlüssiges Verhalten** (Bamberger/Roth/Valenthin § 167 Rn 15a; BGB-RGRK/Steffen § 167 Rn 6; Erman/Maier-Reimer § 167 Rn 11; HKK/Schmoeckel §§ 3 164–181 Rn 23; Jauernig § 167 Rn 8; MünchKomm/Schramm § 167 Rn 37 ff; NK-BGB/Ackermann § 167 Rn 78 iVm Rn 44 ff; Palandt/Ellenberger § 172 Rn 8; PWW/Frensch § 167 Rn 36; Soergel/Leptien § 167 Rn 15; Bork Rn 1556; Flume § 49 3; Hübner Rn 1283; Medicus Rn 928; Enneccerus/Nipperdey § 184 II 2; Heidland BauR 2009, 159, 160). Diese Möglichkeit einer stillschweigenden Bevollmächtigung (s oben Rn 13) durch Duldung stellvertretenden Handelns ist auch in der Rechtsprechung anerkannt (s etwa BGH LM § 167 Nr 10, 13, 15, 32, 33; NJW 1973, 1789). Die erforderliche Willenserklärung ist im Wege der Auslegung vom Empfängerhorizont her zu ermitteln, dh bei der (praktisch besonders bedeutsamen) konkludenten Innenbevollmächtigung aus der Sicht des Vertreters, bei der Außenvollmacht aus derjenigen des Geschäftsgegners. Vorauszusetzen ist allerdings, dass die konkludente Bevollmächtigung als Willenserklärung wirksam geworden ist. Danach ist eine solche Bevollmächtigung überall dort möglich, wo keine Form gefordert wird (s oben Rn 18 ff). Eine Bevollmächtigung durch schlüssiges Verhalten kann auch vorliegen, wenn eine vorhandene *Vollmacht überschritten* wird, dies dem Vertretenen bekannt ist und von ihm mit wirksamem rechtsgeschäftlichen Willen gebilligt wird.

29a Es besteht Einigkeit darüber, dass in solchen Fällen schlüssiger Vollmachtserteilung für die Annahme einer Rechtsscheinsvollmacht kein Raum besteht. Freilich wird dabei die Diskussion durch das Hineinspielen der umstrittenen – nach hiesiger Ansicht zu verneinenden – Frage verdunkelt, ob zu einer (wirksamen) Willenserklärung ein Erklärungsbewusstsein gehört (s BGHZ 91, 324, 329; Flume § 4 2 b, 3, § 23 1; NK-BGB/Ackermann § 167 Rn 77; im Zusammenhang mit der Rechtsscheinsvollmacht namentlich Soergel/Leptien § 167 Rn 15 ff; s ferner eindringlich Pecher, in: FS Hadding 221 ff). Da aber jedenfalls das Dulden stellvertretenden Handelns die Voraussetzungen einer Bevollmächtigung durch schlüssiges Verhalten erfüllen kann, wird hierfür zT die Bezeichnung als **Duldungsvollmacht** (in engerem Sinne) verwendet (Flume § 49 3). Das ist zutreffend und erschwert auch nicht die rechtsgeschäftliche Einordnung dieser Bevollmächtigung, wenn man nur berücksichtigt, dass von der vorherrschenden Literatur und vor allem von der Rechtsprechung die Bezeichnung als Duldungsvollmacht für einen Tatbestand verwendet wird, dem überwiegend der rechtsgeschäftliche Charakter abgesprochen wird (s etwa Bamberger/Roth/Valenthin § 167 Rn 15 f; BGB-AK/Ott §§ 170–173 Rn 15 ff; BGB-RGRK/Steffen § 167 Rn 7, 11; MünchKomm/Schramm § 167 Rn 46 ff; PWW/Frensch § 167 Rn 34, 36; Bork Rn 1556; MünchKommHGB/Krebs, Vorbem 46 ff, 49 zu § 48; Bitter § 10 Rn 154 ff; Boecken Rn 650; Brox/Walker Rn 565; Hübner Rn 1283, 1285; Köhler § 11 Rn 36 ff, 43; Leipold § 24 Rn 34; Medicus Rn 930; Rüthers/Stadler, § 30 Rn 43; Schmidt Rn 826 ff; Wolf/Neuner § 50 Rn 62, Rn 84 ff; Canaris 39 ff und in: FG Bundesgerichtshof 154 ff mit umfangr Übersicht und Würdigung der Rspr des BGH; Kindl 83 ff; Simon 133 ff; Drexl/Mentzel Jura 2002, 375, 376; Fabricius JuS 1966, 56; Hoffmann JuS 1970, 451; Lorenz JuS 2010, 771, 774; Lwowski/Wunderlich ZInsO 2005, 5, 8; Mock JuS 2008, 391, 394 f; aus der Rspr s insbes BGH LM § 164 Nr 34 und § 167 Nr 15; OLG Frankfurt WM 2207; diff Erman/Maier-Reimer § 167 Rn 8 ff, 11; im Grundsatz wie hier hingegen NK-BGB/Ackermann § 167 Rn 74 ff; Palandt/Ellenberger § 172 Rn 8; wohl auch Erman/Maier-Reimer § 167 Rn 11; zu Recht krit zur Kategorisierung auch Faust § 26 Rn 40 f); stattdessen wird die allerdings rechtsgeschäftliche Wirkung an den bloßen Rechtsschein einer Bevollmächtigung angeknüpft (grundsätzlich abl BIENERT 64 ff; LOBINGER 256 ff, der zu Recht an die Tatbestände der §§ 170 ff anknüpft, die er als Tatbestände einer zusicherungsgleichen rechtsgeschäftlichen Risikoübernahme einordnet, vgl § 171 Rn 2 f). Es ist allerdings zweifelhaft, ob nicht derjenige, der bewusst einen anderen für sich handeln lässt – das ist nach übereinstimmender Ansicht eine Grundvoraussetzung für die Annahme einer Duldungsvollmacht –, nicht damit bereits in einem rechtsgeschäftlichen Sinne kundtut, dass diese Person Vertretungsmacht hat (zutr FLUME § 49 2; s ferner NK-BGB/ACKERMANN § 167 Rn 77; PALANDT/ELLENBERGER § 173 Rn 8; BREHM Rn 466; HOPT AcP 183, 608, 619 f); diese Einordnung des Duldens als schlüssige Vollmachtserteilung liegt insbesondere dann nahe, wenn man zu Recht nicht auf das Vorliegen eines Erklärungsbewusstseins als Wirksamkeitsmerkmal einer Willenserklärung abstellt (vgl NK-BGB/ACKERMANN § 167 Rn 77; SOERGEL/LEPTIEN § 167 Rn 16; allgemein FLUME § 4 2 b und 3; zust auch JAUERNIG § 167 Rn 8; PALANDT/ELLENBERGER § 172 Rn 8; BREHM Rn 466; EISENHARDT Rn 438; LEENEN § 9 Rn 92, § 13 Rn 7; LÖWISCH/NEUMANN Rn 227; PAWLOWSKI Rn 716a, Rn 727; WERTENBRUCH § 29 Rn 18 f; SIMON 135; iE auch LOBINGER 256 ff; ders JZ 2006, 1076 ff; BECKER/SCHÄFER JA 2007, 597, 598; BORNEMANN AcP 207, 102, 126; ausf MERKT AcP 204, 638 ff, 653 ff; PAWLOWSKI JZ 1996, 125, 127 ff; s ferner krit zur Rechtsscheinstheorie PECHER, in: FS Hadding 221 ff). Sieht man die Rechtsgestaltung in Selbstbestimmung als wesentliches Merkmal jeder Willenserklärung an, so kann das bewusste Dulden des Vertreterhandelns als Akt rechtsgeschäftlicher Legitimation angesehen werden. Die Situation ist vergleichbar derjenigen bei Kundgabe einer Bevollmächtigung oder Aushändigung einer Vollmachtsurkunde nach §§ 171, 172, die freilich teilweise ebenfalls von der Vollmachtserteilung selbst getrennt werden (s noch § 171 Rn 2, § 172 Rn 2). Eine Trennung des (konkludenten) Erklärungsinhalts danach, ob Vollmacht (konstitutiv) erteilt wird oder (deklaratorisch) erteilt worden ist (MEDICUS Rn 930), erscheint jedoch konstruiert und lebensfremd (zust NK-BGB/ACKERMANN § 167 Rn 77; s auch FLUME § 49 2; MERKT AcP 204 [2004] 638, 656; aA SIMON 134), da beide Erklärungen den Willen erkennen lassen, die Vollmacht als solche gelten zu lassen.

Problematisch kann die Annahme einer Bevollmächtigung durch duldendes Verhalten freilich im Hinblick auf den *Adressaten der stillschweigenden Erklärung* sein (vgl MünchKomm/SCHRAMM § 167 Rn 39 ff; FABRICIUS JuS 1966, 56; GRIMME JuS 1989, 56). Ist dem handelnden Vertreter das Dulden seiner Tätigkeit bekannt, so bestehen keine Bedenken gegen die Annahme einer konkludenten Innenbevollmächtigung (ERMAN/MAIER-REIMER aaO; MünchKomm/SCHRAMM § 167 Rn 39 f), ansonsten aber jedenfalls einer entsprechenden Außenbevollmächtigung (MünchKomm/SCHRAMM § 167 Rn 41), da die Kenntnis des Geschäftspartners von der Duldung und die zulässige Würdigung des Vertreterhandelns als Bevollmächtigtenhandelns allgemein als Voraussetzung für eine Duldungsvollmacht verlangt wird; die Unterscheidung zwischen Außenbevollmächtigung und bloßem Schluss auf eine (nicht bestehende) Innenvollmacht erscheint wie in den Fällen der §§ 171, 172 gekünstelt (iE wie hier BGH LM § 167 Nr 4; FLUME § 49 3 und 4; DIEDERICHSEN Jura 1969, 83; MERKT AcP 204, 638, 658; WESTERMANN JuS 1963, 5; s auch BORNEMANN AcP 207, 102, 128 f), zumal auch die Möglichkeit einer Bevollmächtigung durch öffentliche Bekanntmachung anerkannt ist (oben Rn 12; vgl auch SOERGEL/LEPTIEN § 167 Rn 18). **29b**

Die Einordnung der Duldungsvollmacht als rechtsgeschäftliche Vollmachtserteilung oder als Rechtsscheinstatbestand ist angesichts weitgehend identischer Wirkungen nicht von besonderer praktischer Bedeutung, jedenfalls dann nicht, wenn man auch

§ 167

bei Annahme einer Rechtsscheinsvollmacht eine Anfechtung nach §§ 119 ff zulässt (s Rn 45). **Die anschließende Darstellung baut deshalb im Interesse der Transparenz auf der Qualifizierung der Duldungsvollmacht als Rechtsscheinsvollmacht auf, wie sie vor allem in der Rechtsprechung vertreten wird** (ausführlich CANARIS, in: FG Bundesgerichtshof 154 ff). Die gleichfalls in ihrer dogmatischen Einordnung umstrittenen Fallgruppen der §§ 171, 172 werden dort behandelt (s § 171 Rn 1 ff, § 172 Rn 2).

30 c) Nicht mehr um eine rechtsgeschäftliche Bevollmächtigung soll es sich danach in den Fällen handeln, in denen das als konkludente Bevollmächtigung zu qualifizierende Verhalten als empfangsbedürftige *Willenserklärung nicht wirksam* wird, insbesondere weil es dem Handelnden bzw dem Geschäftspartner nicht zur Kenntnis kommt. Ferner führt ein *Fehlen des rechtsgeschäftlichen Willens* beim Vertretenen aus dem Bereich der rechtsgeschäftlichen Vollmacht hinaus. Anders sieht das mit entsprechenden Konsequenzen namentlich für die Rechtsscheinsfragen CONRAD (passim, insbes 17 ff, 57 ff), der eine wirksame Vollmachtserklärung schon dann annehmen will, wenn der Vertreter bei der Innenvollmacht oder der Dritte bei der Außenvollmacht vom Vorliegen einer (zumindest konkludent) erteilten Vollmacht ausgehen durfte. Damit werden jedoch die Anforderungen an eine wirksame Willenserklärung, speziell Vollmachtserklärung auch unter Berücksichtigung der §§ 133, 157 zu niedrig angesetzt.

Zur Bezeichnung des damit geschaffenen Tatbestandes dient nach der Terminologie des BGH und der hL (krit zur Unterscheidung und für eine einheitliche „Rechtsscheinsvollmacht" ERMAN/MAIER-REIMER § 167 Rn 12; SOERGEL/LEPTIEN § 167 Rn 17; wohl auch MünchKomm/SCHRAMM § 167 Rn 46; s noch Rn 32) einmal der Begriff der **Duldungsvollmacht**, bei welcher der Vertretene zwar vom Auftreten des nicht Bevollmächtigten Kenntnis hat, aufgrund dieser Kenntnis jedoch keine wirksame Willenserklärung abgebe (BGH NJW 1955, 985; DB 1958, 275; 1971, 1664; MDR 1964, 913; VersR 1971, 766; NJW 1988, 1199, 1200; 1997, 312, 314). Zur Verbindlichkeit für den Vertretenen wird verlangt, dass jemand ohne (wenigstens stillschweigend erteilte, s aber Rn 29a und 29b) Vertretungsmacht – idR wiederholt oder während einer gewissen Dauer – rechtsgeschäftlich im Namen eines anderen gehandelt hat (s BGH LM § 164 Nr 9; VersR 1971, 766), der Geschäftsherr in Kenntnis dieses Verhaltens nichts dagegen unternommen (es „geduldet") hat, obwohl ein Einschreiten möglich war (s etwa BGH LM § 164 Nr 4 und Nr 24; NJW 1955, 985; 1956, 460 und 1674, 1988, 1199) und der Geschäftsgegner diese Umstände gekannt und gutgläubig darauf vertraut hat, dass der Handelnde bevollmächtigt sei (s BGH LM § 164 Nr 34; VersR 1971, 766; 1973, 612; NJW 1997, 312, 314; zuletzt NJW 2002, 2325, 2327; 2003, 2091, 2092; BGH NZM 2003, 868 f; wNachw bei MünchKomm/SCHRAMM § 167 Rn 47 ff). Zu Einzelheiten s Rn 32 ff.

31 Neben dieser Duldungsvollmacht anerkennen die Rechtsprechung und ein Teil der Lehre die **Anscheinsvollmacht**, bei welcher dem Vertretenen bereits die Kenntnis vom Auftreten des nicht Bevollmächtigten fehlt, Dritte jedoch den Eindruck haben durften, der „Vertretene" billige dieses Auftreten, weil er es bei gehöriger Sorgfalt hätte erkennen können (s etwa BGHZ 5, 111, 116; 65, 13; 153, BGH DB 1973, 1451; MDR 1976, 752; NJW 1981, 1727; 1990, 827; 1991, 1225; 1998, 1854; NJW-RR 1988, 1299; 1996, 673; NZM 2003, 868 f; BVerwG NJW-RR 1995, 74, 75 für die Zustellung und Empfangnahme eines Gebührenbescheids an einen Hausverwalter; OLG Köln JR 1965, 388; OLG Oldenburg BB 1995, 2342; OLG Dresden NJW-RR 1999, 897; OLG Frankfurt NJW-RR 2001, 1004 für Scheinsozietät von Rechtsanwälten, zust KLEINE-COSACK EWiR 2001, 513; BAMBERGER/ROTH/VALENTHIN § 167 Rn 16; BGB-AK/OTT §§ 170–173 Rn 19 ff; BGB-RGRK/STEFFEN § 167 Rn 12; ERMAN/MAIER-REIMER § 167 Rn 9 ff; HKK/SCHMOECKEL §§ 164–181 Rn 23; MünchKomm/SCHRAMM § 167 Rn 54 ff; MünchKommHGB/KREBS Vor § 48 Rn 52 ff; PALANDT/ELLENBERGER § 172 Rn 11 ff; PWW/FRENSCH § 167 Rn 34, Rn 36 ff; SOERGEL/LEPTIEN § 167 Rn 15 ff; BITTER § 10 Rn 162 ff; BOECKEN Rn 651; BOEMKE/ULRICI § 13 Rn 67; BORK Rn 1560 ff; BROX/WALKER Rn 566; EISENHARDT Rn 439 ff; HÜBNER Rn 1284 ff, Rn 1289: im Bürgerlichen Recht nur bei grober Fahrlässigkeit; KÖHLER § 11 Rn 35; LÖWISCH/NEUMANN Rn 230; MUSIELAK/HAU Rn 1279 ff; RÜTHERS/STADLER § 30 Rn 46; SCHMIDT Rn 837 ff; WERTENBRUCH § 31 Rn 17 f; DICKERSBACH 56 ff; GOTTHARDT 113 ff; STÜSSER 154 ff; BECKER/SCHÄFER JA 2007, 597, 599; DREXL/MENTZEL Jura 2002, 375, 377; LORENZ JuS 2010, 771, 774; LWOWSKI/WUNDERLICH ZInsO 2005, 5, 8; MOCK JuS 2008, 391, 395; PFEIFER JuS 2004, 694, 697; PIKART WM 1959, 341; WACKERBARTH ZGR 1999, 365, 389 ff; für eine Einordnung als rechtsgeschäftlich erteilte Vollmacht LEENEN § 9 Rn 96; PAWLOWSKI Rn 728 mit Rn 727; s auch ders JZ 1996, 125, 127 ff); teilweise wird dabei auch eine bloße Veranlassung durch vermeidbare Untätigkeit (ohne Verschuldenserfordernis) abgestellt (so namentlich BORK Rn 1560, Rn 1564 mwNw; zust PWW/FRENSCH § 167 Rn 34). Nach verbreiteter Auffassung im Schrifttum ist aber die Anscheinsvollmacht als allgemeines Rechtsinstitut mit den Geltungsfolgen einer rechtsgeschäftlichen Regelung – außerhalb des kaufmännischen Rechtsverkehrs (s dazu nur KOLLER/ROTH/MORCK, HGB [7. Aufl 2011] § 15 Rn 36 ff mwNw; zur Bedeutung des § 15 Abs 2 HGB für die Rechtsscheinhaftung s KOLLER/ROTH/MORCK HGB [7. Aufl 2011] § 15 Rn 24; ausf ZIMMER passim) – nicht anzuerkennen (JAUERNIG § 167 Rn 9; MünchKommHGB/KREBS Vorbem 52 ff zu § 48; NK-BGB/ACKERMANN § 167 Rn 74 ff; BREHM Rn 467 f; FLUME § 49 4; MEDICUS Rn 970 ff; PAWLOWSKI Rn 716b ff, Rn 727a ff; WOLF/NEUNER § 50 Rn 98; BIENERT 42 ff; CANARIS 48 ff, 191 ff, JZ 1976, 132, 133 und in: FG Bundesgerichtshof 156 ff; ERFURTH WM 2006, 2198, 2200; FROTZ 299 ff; GRIMME JuS 1989, 57 mwNw; PETERSEN Jura 2003, 310, 313; PICKER NJW 1973, 1800 f; KINDL 101 ff, 246 ff; LITTERER 142 ff; LOBINGER 265 ff; ders JZ 2006, 1076, 1077 ff; krit zur Rechtsscheintheorie auch PECHER, in: FS Hadding 221 ff; zurückhaltend ferner LEIPOLD § 24 Rn 36; vermittelnd PETERS AcP 179, 214, 238 ff). Dem ist zu folgen, weil es anders als bei der Duldungsvollmacht ieS (vgl Rn 29 a und b) an einem rechtsgestaltenden, selbst bestimmten Akt rechtsgeschäftlicher Legitimation fehlt, der allein die Anwendung der Regeln für Rechtsgeschäfte – hier des bevollmächtigten Vertreterhandelns – rechtfertigen kann. Die fahrlässige Nichtbeachtung von Sorgfaltspflichten – hier zudem eigentlich nur Obliegenheiten –, an die die Geltungsfolgen der Anscheinsvollmacht anknüpfen sollen, kann (nur) Schadensersatzansprüche, gerichtet auf das negative Interesse, mangels privatautonomer rechtsgeschäftlicher Willensbetätigung aber keine Erfüllungsansprüche zur Folge haben. Diese Wertung kann auch dem Stellvertretungsrecht unmittelbar entnommen werden, wie § 179 Abs 1 und 2 verdeutlichen: Der Vertreter ohne Vertretungsmacht haftet nur bei Kenntnis des Mangels, also bei bewusstem Handeln auf Erfüllung oder positives Interesse, während die Haftung sonst auf das Vertrauensinteresse beschränkt ist (vgl FLUME § 49 4). Eine Analogie zu § 56 HGB greift allenfalls für den handelsrechtlichen Bereich (MEDICUS Rn 972; WOLF/NEUNER § 50 Rn 99 mwNw; CANARIS 52) und übersieht zudem, dass dort in Wirklichkeit von rechtsgeschäftlich erteilter Vertretungsmacht auszugehen ist (FLUME § 49 3; PAWLOWSKI Rn 729). Entsprechendes gilt für die §§ 171, 172 (FLUME § 49 2 und 3) je nach Auslegung der Vorschriften ebenfalls. Jedenfalls aber liegt in beiden Fallgruppen ein bewusstes Handeln des Geschäftsherrn vor, das bei der Anscheinsvollmacht gerade fehlt (CANARIS 49 f; FROTZ 265 ff, 345 ff); es ist insbesondere bei §§ 171, 172 gerade nicht ein sorgfaltswidrig unterlassenes Intervenieren, an das die rechtsgeschäftlichen Folgen anknüpfen (so aber namentlich SOERGEL/LEPTIEN § 167

Rn 17), sondern der vorangehende privatautonome Kundgebungs- oder Beurkundungsakt. Soweit F PETERS (AcP 179, 214, 238 ff) in bestimmten Fällen schuldhafter Begründung eines Vollmachtsrechtsscheins über § 826 zu einer Genehmigungspflicht und bei Verweigerung zum Erfüllungsinteresse gelangen will, scheitert dieser Weg jedenfalls daran, dass die Verweigerung der nach § 177 freigestellten Genehmigung kein deliktisches Handeln darstellen kann (MEDICUS Rn 971; KINDL 16). Bloße vermeidbare Veranlassung des Rechtsscheins einer Bevollmächtigung als Zurechnung eines Risikos schließlich könnte nach den Grundstrukturen unseres Rechtssystems ebenfalls nur zu Ersatzansprüchen führen und bedürfte selbst dann wie sonstige Fälle der Risikohaftung (z. B § 833 S 1, § 7 Abs 1 StVG, § 717 Abs 2 ZPO) einer gesetzlichen Regelung, wobei zusätzlich sehr zweifelhaft erscheint, ob die Intensität des hier gesetzten Risikos mit den bisher gesetzlich geregelten Situationen vergleichbar ist.

Es kann freilich nicht übersehen werden, dass die Rechtsprechung zur Anscheinsvollmacht zwar noch kein Gewohnheitsrecht sein dürfte (s dazu MünchKomm/SCHRAMM § 167 Rn 56; MünchKommHGB/KREBS Vorbem 53 zu § 48; PALANDT/ELLENBERGER § 172 Rn 7; FAUST § 26 Rn 33; FLUME § 49 4; LEIPOLD § 24 Rn 36), sich aber trotz der fortdauernden Kritik als Richterrecht zunehmend verfestigt hat. **Die Kommentierung trägt diesem Umstand durch Darstellung der insoweit nach der Rechtsprechung maßgeblichen Grundsätze im Folgenden Rechnung** (Rn 34 ff).

32 d) Die Unterscheidung zwischen Duldungsvollmacht (s Rn 30) und Anscheinsvollmacht (Rn 31) beruht bei sonst deckungsgleichen Voraussetzungen darauf, dass der Vertretene das Verhalten des Vertreters zwar nicht kannte, aber bei Anwendung gebotener Sorgfalt hätte erkennen und verhindern können; hierauf wird dann auch das Verhalten des Geschäftsgegners (gutgläubiges Vertrauen auf den bestehenden Rechtsschein) bezogen (vgl nur MünchKomm/SCHRAMM § 167 Rn 43, 46 ff mwNw). Es ist daher zulässig, zur Bezeichnung der nicht rechtsgeschäftlich begründeten Vertretungsmacht außerhalb der §§ 170 ff – also für Duldungs- und Anscheinsvollmacht – den Begriff der **Rechtsscheinsvollmacht** zu verwenden (ERMAN/MAIER-REIMER § 167 Rn 12 ff; SOERGEL/LEPTIEN § 167 Rn 17, 19 ff; s auch MünchKomm/SCHRAMM § 167 Rn 46).

Die Rechtsscheinsvollmacht bedarf bei Einordnung als nichtrechtsgeschäftlicher Tatbestand der Grundlegung in § 242; es handelt sich bei ihr um einen Fall der *Vertrauenshaftung* (vgl BAMBERGER/ROTH/VALENTHIN § 167 Rn 14; ERMAN/MAIER-REIMER § 167 Rn 23 f; PWW/FRENSCH § 167 Rn 34; BORK Rn 1549; HÜBNER Rn 1285; wohl auch WOLF/NEUNER § 50 Rn 84, Rn 92; CANARIS, 39 ff; ders, in: FG Bundesgerichtshof 132 f, 154 ff). Dies bedeutet, dass die einzelnen Voraussetzungen zur Begründung einer Vertrauenshaftung erfüllt sein müssen (s Rn 34 ff).

Andere Ansätze zu einer dogmatischen Begründung der Rechtsscheinsvollmacht gehen von der *Analogie zu den §§ 171 und 172* sowie zu § 56 HGB aus (vgl SOERGEL/LEPTIEN § 167 Rn 17; PALANDT/ELLENBERGER § 172 Rn 6; vCRAUSHAAR AcP 174, 3 und 17 ff; BADER 168; KRAUSE 155; LITTERER 141 ff) oder kombinieren diese Aspekte und denjenigen des Vertrauensschutzes (so zB MünchKomm/SCHRAMM § 167 Rn 56). Zum *Blankett* s § 172 Rn 8.

33 e) Ursprünglich wurden die Regeln über die Anscheinsvollmacht (zu Recht) nur für den *Verkehr unter Kaufleuten* angewendet (vgl RGZ 162, 129, 148; s Rn 31). Die Rspr und die in der ihr folgenden Literatur überwiegende Meinung haben diese Einschränkung jedoch aufgegeben (zu Recht krit CANARIS 156 ff mwNw). Nach heute hM ist somit der Vertrauenstatbestand der Rechtsscheinsvollmacht, wie es dem Gedanken des § 242 entspricht, als ein *allgemeines Rechtsinstitut* anzuerkennen, sodass er – wie die Anwendungsfälle in der Rechtsprechung heute unausgesprochen voraussetzen – keiner nach der Berufstätigkeit des Vertretenen ausgerichteten Beschränkung unterliegt (NK-BGB/ACKERMANN § 167 Rn 79; PALANDT/ELLENBERGER § 172 Rn 7; PWW/FRENSCH § 167 Rn 35; SOERGEL/LEPTIEN § 167 Rn 17, 26; vCRAUSHAAR AcP 174, 22; PIKART WM 1959, 341; FIKENTSCHER AcP 154, 5; s andererseits BGH NJW-RR 1995, 80, 81 zur Möglichkeit eines Ausschlusses der Anscheins- und Duldungsvollmacht in AGB). Im Handelsrecht begründet jedenfalls § 56 HGB für Angestellte im Laden oder Warenlager bei fehlender Vertretungsmacht eine Rechtsscheinshaftung (s näher DREXL/MENTZEL Jura 2002, 375 f mwNw, dogmatische Grundlegung freilich str, s nur KOLLER/ROTH/MORCK, HGB [7. Aufl 2011] § 56 Rn 2 mwNw).

Die Rechtsprechung insbesondere des BGH lehnt hingegen eine Anwendung der Rechtsscheinsgrundsätze auf **Prozessvollmachten** einschließlich *Unterwerfungsvollmachten* ab, gelangt freilich über § 242 im Einzelfall zu vergleichbaren Ergebnissen (s etwa BGH WM 1987, 307; NJW 2003, 1594; NJW 2004, 59, 61, 62, 63 und stRspr, s auch die Nachw Rn 35; ebenso PWW/FRENSCH § 167 Rn 35; CLEMENTE ZfIR 2004, 497, 501; JOSWIG ZfIR 2003, 533, 537; 2004, 45, 52; LORENZ JuS 2004, 468 f sowie zahlr Besprechungen; krit aus gesellschaftsrechtlicher Sicht ULMER ZIP 2005, 1341, 1344 ff). Erkennt man das Institut der Anscheinsvollmacht mit der hM grundsätzlich an, so besteht aber kein Grund, eine Erstreckung der hierzu entwickelten Regeln auf Prozessvollmachten – zB auf eine Unterwerfung unter die Zwangsvollstreckung – anstelle der von der Rechtsprechung favorisierten Lösung über § 242 grundsätzlich zu versagen (zutr LWOWSKI/WUNDERLICH ZInsO 2005, 5, 8; MUES EWiR 2004, 421, 422; PAULUS/HENKEL NJW 2003, 1692, 1693 f mwNw; STIMMEL ZfIR 2003, 577, 580 f; STÖHR JuS 2009, 106, 107 f; zust BAMBERGER/ROTH/VALENTHIN § 167 Rn 14; NK-BGB/ACKERMANN § 167 Rn 80; ebenso STEIN/JONAS/BORK, ZPO [22. Aufl 2004] § 80 Rn 14 f mwNw; ausf DICKERSBACH 38 ff [zur Prozessvollmacht], 187 ff [zur Unterwerfungsvollmacht] mwNw; s auch schon BGH NJW 1981, 1727, 1728 f; OLG Hamm NJW-RR 1990, 767; OLG Frankfurt NJW-RR 2001, 1004; allg zur Unterwerfungsvollmacht ausf bereits DUX WM 1994, 1145).

2. Tatbestandselemente und Rechtswirkungen der Rechtsscheinsvollmacht

a) *Objektiv* verlangt – weiter unter Zugrundelegung der Rechtsprechung und hL – die Vertrauenshaftung einen **Vertrauenstatbestand**. Demnach muss der Rechtsschein einer Bevollmächtigung erweckt worden sein, aufgrund dessen Dritte nach Lage der Dinge und nach Treu und Glauben annehmen durften, das Verhalten des für den Geschäftsherrn auftretenden Vertreters könne diesem auf der Grundlage einer Bevollmächtigung *zugerechnet* werden (sr Rspr seit BGHZ 5, 111, 116; s zuletzt BGH NZG 2012, 916 mwNw, st Rspr, w Nachw auch oben Rn 29 a ff; BAMBERGER/ROTH/VALENTHIN § 167 Rn 17; ERMAN/MAIER-REIMER § 167 Rn 13 ff; MünchKomm/SCHRAMM § 167 Rn 46 ff, 57 ff; NK-BGB/ACKERMANN § 167 Rn 83 ff; PALANDT/ELLENBERGER § 172 Rn 6. Rn 10, Rn 15; PWW/FRENSCH § 167 Rn 37 ff; BORK Rn 1539, 1550; BROX/WALKER Rn 564; HIRSCH Rn 1015 ff, Rn 1019 ff; HÜBNER Rn 1285; KÖHLER § 11 Rn 44; WOLF/NEUNER § 50 Rn 86, Rn 96; LÖWISCH/NEUMANN Rn 230; SCHMIDT Rn 831 ff, Rn 837 ff; GRIMME JuS 1989, 319 ff; MUSIELAK JuS 2004, 1081, 1083 f). Im Falle einer *Gesamtvertretung* (s unten Rn 51 ff) muss der Vertrauenstatbestand grundsätzlich von allen Gesamtvertretern geschaffen worden sein (BGH NJW 1988, 1199, 1200; ERMAN/MAIER-REIMER § 167 Rn 21; NK-BGB/ACKERMANN § 167 Rn 85; MünchKomm/SCHRAMM § 167 Rn 48; PWW/FRENSCH § 167 Rn 39); etwas Anderes soll (nur) gelten, wenn der Anschein einer Ermächtigung zur Alleinvertretung besteht (BGH WM 1976, 503, 504; PWW/FRENSCH § 167 Rn 39; zu Recht krit SOERGEL/LEPTIEN § 167 Rn 29 mwNw). Ein solcher Vertrauenstatbestand zulasten des Geschäftsherrn kann auch bei einer Untervollmacht bei deren Unwirksamkeit oder bei Wegfall der Hauptvollmacht in Betracht kommen (s dazu BÖRNER 151 ff; BOUS RNotZ 2004, 483, 489 ff). Hingegen scheidet eine Anwendbarkeit der Regeln über die Rechtsscheinsvollmacht in Innenverhältnissen zugunsten des Vertreters über den Sonderfall des § 169 hinaus aus (s § 169 Rn 7 f; **aA** BORNEMANN AcP 207, 102 ff, 131 ff).

35 Als hinreichende Grundlage für die Rechtsscheinsvollmacht wird es anerkannt, wenn sich das Vertrauen des Kontrahenten aus der *Ausstattung* des als Vertreter Handelnden herleitet; dies gilt zB, wenn sich der Vertreter im Besitz von Stempeln des Vertretenen befindet (BGHZ 5, 111, 116; s aber auch OLG Hamburg BB 1964, 576: Die Möglichkeit anderweitiger Beschaffung steht der Schaffung eines Rechtsscheins entgegen). Der Besitz von Briefpapier mit Firmenbriefköpfen reicht noch nicht aus (OLG Düsseldorf BB 1950, 490). Jedoch genügt die Abwicklung der Korrespondenz auf Firmenbögen, so zB gegenüber einer Haftpflichtversicherung (BGH NJW 1956, 1674; GOTTHARDT 110), ebenso bei der Deckungszusage durch den Angestellten einer Haftpflichtversicherung (OLG Köln VersR 1965, 54; anders bei Vermittlungsagent BGH NJW 1983, 631) oder bei Rechtsanwälten in Bürogemeinschaft (BGH WM 1978, 411) oder bei Benutzung eines Briefkopfs, der hinsichtlich der Rechtsformangaben den Anforderungen des § 35a GmbHG nicht genügt (LG Heidelberg NJW-RR 1997, 355). Die Grundsätze der Rechtsscheinsvollmacht gelten auch im *Bankverkehr* (dazu ausf SCHRAMM/DAUBER § 32 Rn 42 ff mwNw). Im *digitalen Rechtsverkehr* (zB Bestellungen per Telefon, Telefax, Internet, namentlich auch bei Signaturmissbrauch) können die Regeln der Rechtsscheinsvollmacht ebenfalls Anwendung finden (s dazu etwa BGH NJW 2006, 1971 [auch zur Frage einer Haftung für entstehende Telefonkosten, dazu LOBINGER JZ 2006, 1076; SCHLEGEL MDR 2006, 1021; SCHMIDT Jura 2007, 205] mAnm KLEES CR 2006, 458; NJW 2009, 1960, 1961 mwNw; OLG Oldenburg NJW 1993, 1400; OLG Köln NJW-RR 1994, 177; NJW 2006, 1676, 1677 mAnm BORGES/MEYER EWiR 2006, 419; OLG Hamm NJW 2007, 611 mAnm BIALLASS ZUM 2007, 397; ERMAN/MAIER-REIMER § 167 Rn 23 mwNw; PALANDT/ELLENBERGER § 172 Rn 18 mwNw; FRITZSCHE/MALZER DNotZ 1995, 3, 15 f; VERSE/GASCHLER Jura 2009, 213, 215 ff; für eine entsprechende Anwendung des § 172 Abs 1 OECHSLER AcP 208, 565, s § 172 Rn 8; gegen eine Anscheinsvollmacht bei Missbrauch von Legitimationsdaten ERFURTH WM 2006, 2198, 220. Ausf zur Rechtsscheinhaftung im elektronischen Rechtsverkehr RIEDER 111 ff, 252 ff, 358 ff [rechtsvergleichend]; SCHNELL 122 ff, 220 ff). Die bloße *unbefugte Nutzung eines Internetanschlusses,* die sich als Handeln unter fremdem Namen darstellt (s Vorbem 91 zu §§ 164 ff) darstellt, kann dafür aber allein – dh ohne bewusste oder (insoweit zweifelhaft) zumindest fahrlässige Veranlassung – nicht ausreichen (BGH NJW 2011, 2421; MünchKomm/SCHRAMM § 164 Rn 45a; WERTENBRUCH § 31 Rn 21; w Nachw dazu Vorbem 91 zu §§ 164 ff, s ferner noch § 172 Rn 8; krit namentlich HERRESTHAL JZ 2011, 1171 ff). Ein Hinweis auf den bauleitenden *Architekten,* der sich auf dem Bauschild befindet, wird als Grundlage der Vertrauenshaftung anerkannt (LG Göttingen BB 1952, 240; SEESEMANN BlGBW 1962, 229); dies gilt zumindest bei kleineren Bauvorhaben, bei denen alle Rechtsgeschäfte üblicherweise mündlich vorgenommen werden (OLG Stuttgart NJW 1966, 1461; OLG Köln NJW 1973, 1798 m krit Anm v PICKER; OLG Hamburg BauR 1996, 256; LG Köln MDR 1973, 847; SOERGEL/LEPTIEN § 167

Rn 35, 45, 47; abl SCHMALZL MDR 1977, 624; JAGENBURG BauR 1978, 182; s allg BGH NJW-RR 1997, 1276 sowie MEISSNER BauR 1987, 497, 508). Eine entsprechende Anscheinsvollmacht des Architekten kann sich auch auf die Rechnungsprüfung und Nachtragsaufträge erstrecken (KG BauR 2008, 97). Hingegen genügt die Übernahme der schlüsselfertigen Erstellung eines Normhauses zu einem Pauschalpreis nicht als objektive Grundlage einer Rechtsscheinsvollmacht (OLG Karlsruhe JR 1961, 459), vielmehr darf der beauftragte Architekt bei einer Pauschalpreisvereinbarung keinerlei Rechtsgeschäfte tätigen, die über den im Leistungsverzeichnis oder Bauvertrag beschriebenen Umfang hinausgehen (OLG Saarbrücken NJW-RR 1999, 668, 669; s auch OLG Düsseldorf NJW-RR 2001, 14, 15), ebenso wenig (Zusatz-)Aufträge bei einer Bevollmächtigung nur in technischer Hinsicht erteilen (OLG Düsseldorf NJW-RR 2001, 14, 15); auch die Betrauung eines Angestellten mit der Reparatur eines Kraftfahrzeugs genügt nicht für eine Verkaufsvollmacht (OLG Hamm NJW-RR 1994, 439). Als hinreichend wird es bewertet, wenn der Vertreter eine typischerweise mit bestimmter Vollmacht verbundene Stellung hat (vgl OLG Koblenz MDR 1994, 1110, 1111; NJW-RR 2010, 235, 236: Bauleiter) oder gegenüber dem Kontrahenten früher bereits *wiederholt als wirklicher Bevollmächtigter* auftreten durfte (RGZ 76, 202; BGH WM 1978, 1046; vgl auch OLG Frankfurt BauR 2006, 419). Die Anscheinsvollmacht ist dann auch im Falle von Vollmachtsüberschreitungen begründet (RGZ 117, 164, 167; BGH NJW 1956, 460; WM 1963, 165; 1969, 43; 1974, 407; BB 1986, 1735). Beim *Franchising* können nur unter besonderen Umständen Rechtsscheinswirkungen zu Lasten des Franchisegebers eintreten (BGH NJW 2008, 1214 mAnm WITT; ULLMANN NJW 1994, 1255, 1256; weitergehend WOLF/UNGEHEUER BB 1994, 1027), sofern nicht ohnehin ein unternehmensbezogenes Geschäft vorliegt (s Vorbem 52 zu §§ 164 ff, § 164 Rn 1 f; vgl BUCK-HEEB/DIECKMANN DB 2008, 855 und JuS 2008, 583). Eine Haftung in Bezug auf eine *Scheingesellschaft* – auch *Scheinsozietät* – kommt in Betracht, wenn der Handelnde in zurechenbarer Weise den Rechtsschein einer existierenden Gesellschaft gesetzt hat oder dagegen nicht vorgegangen ist (BGH NJW 2011, 66, 68 f mwNw; zur Scheinsozietät s BGH NJW 2007, 2490, 2492; 2008, 2330 [einschränkend für nicht anwaltstypische Tätigkeiten]; OLG Frankfurt NJW 2012, 1739, 1740). Bei einem unternehmensbezogenen Rechtsgeschäft kann ein Dritter als Scheininhaber aufgrund eines von ihm erzeugten Rechtsscheins, er sei Mitinhaber des Unternehmens, für die Erfüllung des darauf beruhenden Vertrags haften (BGH NJW 2012, 3368). Bei Abstimmungen einer *Wohnungseigentümergemeinschaft* kann ein zurechenbarer Rechtsschein der Bevollmächtigung zur Stimmabgabe in Betracht kommen und bei Schutzwürdigkeit des Geschäftsgegners Bindungswirkungen auslösen (s dazu ausf MERLE, in: FS Seuß 193, 201 ff). Auch aus einer *unwirksamen Vollmacht* kann nach der Rechtsprechung ein schutzwürdiges Vertrauen eines Dritten auf eine Duldungsvollmacht begründet werden, welches aus veranlasstem Rechtsschein zur Haftung führen kann (s oben Rn 23 und § 172 Rn 8).

War eine Vollmacht *wegen Verstoßes gegen § 134 iVm Art 1 § 1 RBerG aF – nun § 3 RDG – nichtig* (s unten Rn 75a), so soll sie nach der ganz überwiegenden (wegen Konterkarierung der Verbotsnorm eigentlich jedoch abzulehnenden) Rechtsprechung insbesondere des BGH immerhin doch noch Rechtsscheinswirkungen zumindest gem §§ 171, 172 auslösen können (s BGH NJW 2001, 3774 und danach st Rspr, namentlich BGH NJW 2005, 664; s zuletzt BGH NJW 2012, 3424, 2425 mAnm SCHILKEN LMK 2013, 342329; dazu ausf und zust MünchKomm/SCHRAMM § 167 Rn 52a ff; ebenso PWW/FRENSCH § 167 Rn 35, Rn 40; s auch ERMAN/MAIER-REIMER § 167 Rn 34; PALANDT/ELLENBERGER § 172 Rn 6; WERTENBRUCH § 31 Rn 11; WOLF/NEUNER § 50 Rn 80; ARMBRÜSTER NJW 2009, 2167, 2168; BARN-

35a

ert WM 2004, 2002, 2012 f; Derleder ZfIR 2006, 489, 495 ff; Edelmann DB 2001, 687, 688 f; Förster JuS 2010, 351, 355 f; Ganter WM 2001, 195, 196; Lechner NZM 2007, 145, 147 f; Lobinger JZ 2006, 1076, 1077; Löhnig JA 2002, 913; Lwowski/Wunderlich ZInsO 2005, 5, 7 ff; Mülbert/Hogel WM 2004, 2281, 2283 f [bei Richtigkeit der jedoch abgelehnten Nichtigkeitsrechtsprechung]; Oechsler NJW 2006, 2451, 2453; Paal JuS 2006, 775, 776 f; Petersen Jura 2004, 829, 832 [bei grundsätzlicher Kritik an der Nichtigkeitsrechtsprechung]; Reiter/Methner BKR 2002, 588; Schmidt-Räntsch MDR 2005, 6, 7; Schoppmeyer WM 2009, 10, 12 f; Schwintowski ZfIR 2002, 532; Seidel WM 2006, 1614; Stimmel ZfIR 2003, 577, 579 f; Stöhr JuS 2009, 106 und WM 2009, 928 – zu Recht **krit** demgegenüber NK-BGB/Ackermann § 167 Rn 84; Arnold/Gehrenbeck VuR 2004, 41; Fischer VuR 2005, 241, 246 f; DB 2006, 1415, 1418; Gerneth VuR 2004, 125; Hellgardt/Majer WM 2004, 2380, 2382 ff; Hoffmann NJW 2001, 421; Nittel NJW 2002, 2599, 2601 f; VuR 2003, 87 und 184; NJW 2004, 2712, 2713 f; Reiter/Methner VuR 2002, 57, 59 ff; Rott NJW 2004, 2794 ff; Weisemann DZWiR 2007, 183, 184, 187; s ferner BayObLGZ 2003, 181, 185; OLG Karlsruhe NJW 2003, 2690, 2691; OLG Celle VuR 2003, 181 mAnm Nittel; die zeitweise gegenteilige Rspr des II. Zivilsenats [BGH NJW 2004, 2736; WM 2004, 1536, 1538 uam ist leider aufgegeben, s auch dazu MünchKomm/Schramm § 167 Rn 52a ff). In Konsequenz des Kenntnis- bzw Verschuldenserfordernisses wird das hingegen dann doch wieder abgelehnt, wenn der Vollmachtgeber (Anleger) die Nichtigkeit der Vollmacht – wie wohl in aller Regel – nicht kannte oder kennen musste (s etwa BGH NJW 2005, 2985, 2987 m zust Anm Frisch EWiR 2006, 39 und krit Münscher BKR 2005, 501, st Rspr; krit – weil das Verschuldenserfordernis abl [s Rn 31] – PWW/Frensch § 167 Rn 35, Rn 40; Lechner NZM 2007, 145, 148; Münscher WM 2006, 1614, 1620 f; Seidel WM 2006, 1614, 1620; anders auch OLG München NJW 2006, 1811, 1813). Selbst wenn man aber der kritisierten Rechtsprechung grundsätzlich folgt, ist der hinreichende Anknüpfungspunkt für die Vertrauenshaftung (Vollmachtsurkunde, Treuhandvertrag in Original oder notarieller Ausfertigung, sonstige bei Vertragsschluss vorliegende Umstände) im Einzelnen sehr zweifelhaft (s dazu MünchKomm/Schramm § 167 Rn 52a ff; PWW/Frensch § 167 Rn 37, jew mwNw). Soweit man bei nichtiger Vollmachtserteilung die Annahme einer Rechtsscheinsvollmacht für möglich hält (s schon oben Rn 23 zur formnichtigen Vollmacht), kann das jedenfalls nur in Betracht kommen, wenn das Vertrauen des Dritten an andere Umstände als an die nichtige Bevollmächtigung anknüpft (so wohl auch BGH NJW 2003, 2091, 2092; 2006, 2118, 2119 uö; Cahn, in: FS Hoffmann-Becking [2013] 247, 265).

36 Nicht ausreichend sind die *eigenen Aussagen* des Vertreters oder von ihm vorgelegte vorbereitende Unterlagen (NK-BGB/Ackermann § 167 Rn 83; Palandt/Ellenberger § 172 Rn 9 mwNw; Bork Rn 1550; Gotthardt 112; vgl BGH 2004, 2736 und 2745; 2005, 1488; OLG Nürnberg NJW 2004, 2838 und dazu Rott NJW 2004, 2794 ff). Auch *verwandtschaftliche oder eheliche Beziehungen* zwischen dem Vertreter und dem Vertretenen genügen als solche grundsätzlich nicht (BGH NJW 1951, 309; auch BGHZ 105, 48; LG Tübingen FamRZ 1984, 50; LG Mannheim NJW-RR 1994, 274; NK-BGB/Ackermann § 167 Rn 83; Soergel/Leptien § 167 Rn 37 mwNw; Pauly/Legleiter Jura 1995, 193). Die Regeln der Rechtsscheinsvollmacht finden zwar auch im Arbeitsrecht Anwendung (s Soergel/Leptien § 167 Rn 33 und zB BAG ZTR 2005, 141, 143 [Vertretungsbefugnis eines Arbeitgeberverbandes zum Abschluss von Tarifverträgen aufgrund Duldungsvollmacht seiner Mitglieder]), doch können *innerbetriebliche Vorgänge* nicht hinreichen (LAG Düsseldorf BB 1961, 132; Soergel/Leptien § 167 Rn 33), so zB, wenn ein nicht vom Arbeitgeber bevollmächtigter Vorgesetzter einem Untergebenen Schadensfreistellung zusichert.

37 Stets ist zu fordern, dass die *Art des abgeschlossenen Geschäfts* nicht völlig aus dem

Rahmen dessen fällt, was bei gegebenen Umständen ein Bevollmächtigter hätte tun dürfen (BGH MDR 1953, 345; WM 1955, 232; ERMAN/MAIER-REIMER § 167 Rn 18; MünchKomm/ SCHRAMM § 167 Rn 69; NK-BGB/ACKERMANN § 167 Rn 83). Auch ist bei wichtigen, aber nicht besonders eilbedürftigen Geschäften Zurückhaltung hinsichtlich der Bejahung einer Rechtsscheinsvollmacht geboten (BGH NJW 1958, 2061; WM 1962, 609; MünchKomm/ SCHRAMM § 167 Rn 69; NK-BGB/ACKERMANN § 167 Rn 83; SOERGEL/LEPTIEN § 167 Rn 21; krit ERMAN/MAIER-REIMER § 167 Rn 16). Ferner ist es grundsätzlich erforderlich, dass der als Vertreter Handelnde nicht nur einmalig aufgetreten ist, sondern dass sich sein Verhalten über eine *gewisse Zeitspanne* erstreckt hat (BGH NJW 1956, 460 und 1673; 1998, 1854, 1855; WM 1963, 165; 1969, 43; VersR 1965, 133; DB 1971, 1664; BB 1986, 1735; NJW-RR 1986, 1169; 1990, 404; OLG Dresden NJW-RR 1995, 803, 804; OLG München BB 1997, 649 f; BAMBERGER/ROTH/VALENTHIN § 167 Rn 17; ERMAN/MAIER-REIMER § 167 Rn 13; MünchKomm/ SCHRAMM Rn 58, Rn 68; NK-BGB/ACKERMANN § 167 Rn 81, Rn 83; PALANDT/ELLENBERGER § 172 Rn 12; PWW/FRENSCH § 167 Rn 37; SOERGEL/LEPTIEN § 167 Rn 21; weiter ERMAN/MAIER-REIMER § 167 Rn 15; PALANDT/ELLENBERGER § 172 Rn 9; BORK Rn 1550). Nur ausnahmsweise genügt auch ein einmaliges Handeln des Vertreters (LG Oldenburg MDR 1959, 37; vgl auch BGH MDR 1975, 838; BORK Rn 1550).

Maßgebender Zeitpunkt für die Beurteilung einer Rechtsscheinsvollmacht ist der **38** Zeitpunkt der Geschäftsvornahme (RGZ 136, 207, 209; BGH LM § 167 Nr 8, 10 und 11; BGH NJW 2004, 2745, 2746; MünchKomm/SCHRAMM § 167 Rn 72; NK-BGB/ACKERMANN § 167 Rn 90; PALANDT/ELLENBERGER § 172 Rn 9; SOERGEL/LEPTIEN § 167 Rn 21; ROTT NJW 2004, 2794, 2795). Spätere Vorgänge können nur unter dem Gesichtspunkt einer Genehmigung des vorgenommenen Rechtsgeschäfts von Bedeutung sein (BGH MDR 1958, 83 m zust Anm POHLE); sie sind aber nicht mehr geeignet, die Vertrauensgrundlage der Anscheinsvollmacht darzustellen (OLG Köln VersR 1974, 1185). Anders kann es freilich sein, wenn der Geschäftsherr bei nachträglicher Kenntnisnahme den Geschäftspartner vor größerem Schaden hätte bewahren können (BGH LM § 167 Nr 13; VersR 1965, 133, 135).

b) Ob auch für den Vertrauenstatbestand der Rechtsscheinsvollmacht zu fordern **39** ist, dass der Handelnde mit **Vertretungswillen** auftrat (vgl Vorbem 36 zu §§ 164 ff), ist zweifelhaft. Der BGH lehnt im Anschluss an FIKENTSCHER (AcP 154, 13 ff) das Erfordernis des Vertretungswillens bei der Rechtsscheinsvollmacht ab (BGH NJW 1962, 2196; 1964, 1951); ihm folgt darin die ganz überwiegende Meinung in der Literatur (BAMBERGER/ROTH/VALENTHIN § 167 Rn 17; BGB-RGRK/STEFFEN § 167 Rn 13; MünchKomm/ SCHRAMM § 167 Rn 57; SOERGEL/LEPTIEN § 167 Rn 19; HÜBNER Rn 1285). Dieser Ansicht ist zuzustimmen, weil die sonstigen Erfordernisse wirksamer Stellvertretung für die Rechtsscheinsvollmacht nicht gelten (BORK Rn 1549 Fn 189.

Geschäftsunfähige und *beschränkt Geschäftsfähige* können zu ihren Lasten die Vertrauensgrundlage einer Rechtsscheinsvollmacht nicht begründen; insoweit geht ihr Schutz im Rahmen der §§ 104 ff dem Vertrauensschutz des Rechtsverkehrs vor (BGHZ 153, 210, 215; BGH WM 1957, 926; BayObLG AnwBl 1992, 234; OLG Stuttgart MDR 1956, 673; BAMBERGER/ROTH/VALENTHIN § 167 Rn 17; BGB-RGRK/STEFFEN § 167 Rn 19; ERMAN/ MAIER-REIMER § 167 Rn 20; JAUERNIG § 167 Rn 9; MünchKomm/SCHRAMM § 167 Rn 65; NK-BGB/ ACKERMANN § 167 Rn 85; PALANDT/ELLENBERGER § 172 Rn 9; PWW/FRENSCH § 167 Rn 39; SOERGEL/LEPTIEN § 167 Rn 22; CANARIS 452 f; TEMPEL 231; LEHMANN/HÜBNER § 36 V 2 b; GOTTHARDT 113; WALDEYER 111 ff; NITSCHKE JuS 1968, 542). Wohl kommt nach der Rspr eine Haftung des von einem beschränkt Geschäftsfähigen Vertretenen in Betracht (s § 165 Rn 3).

40 c) Weitere Voraussetzung der Rechtsscheinsvollmacht ist die **Zurechenbarkeit des Vertreterhandelns** gegenüber dem Geschäftsherrn. Dies verlangt, dass der Vertretene es *unterlassen* hat, gegen das Auftreten des für ihn Handelnden einzuschreiten, er also in der Lage gewesen wäre, dieses Auftreten zu verhindern bzw die Rechtsscheinswirkungen zu zerstören (RG HRR 1931 Nr 529; BGHZ 5, 111, 116; BGH NJW 1981, 1727, 1728; 1988, 1199, 1200; 1991, 1225; 1998, 1854; 2005, 2985, 2987 mwNw, stRspr; Bamberger/Roth/Valenthin § 167 Rn 16; Erman/Maier-Reimer § 167 Rn 19; MünchKomm/Schramm § 167 Rn 59 ff; NK-BGB/Ackermann § 167 Rn 85; Palandt/Ellenberger § 172 Rn 11, Rn 13; PWW/Frensch § 167 Rn 39; Soergel/Leptien § 167 Rn 22; Bork Rn 1541 f, 1554, 1560; Eisenhardt Rn 440; Hübner Rn 1286; Köhler § 11 Rn 44; Schmidt Rn 832, Rn 844; Wolf/Neuner § 50 Rn 88 ff, Rn 95; Grimme JuS 1989, 319, 320 und 321). Bei der *Duldungsvollmacht* setzt dies Kenntnis, bei der Anscheinsvollmacht Kennenmüssen, dh mindestens fahrlässige Unkenntnis (einschränkend Hübner Rn 1289: im Bürgerlichen Recht grobe Fahrlässigkeit) des Verhaltens des Vertreters voraus (s schon Rn 30 ff). Unter diesen Voraussetzungen liegt der Zurechnungsgrund eben nicht schon in der bloßen Veranlassung des vertrauensbegründenden Rechtsscheins (s Rn 31). Vielmehr muss der Vertretene iS einer Verletzung der Sorgfalt in eigenen Angelegenheiten schuldhaft, idR fahrlässig gehandelt haben (BGHZ 5, 111, 116; 65, 13; BGH NJW 1956, 1673; 1975, 2201; 2003, 2091, 2092; 2005, 2985, 2987 mwNw; WM 1962, 609; 1971, 1500; NJW-RR 1986, 1169; 1996, 673; OLG Köln NJW 1973, 1798; Bamberger/Roth/Valenthin § 167 Rn 16; Erman/Maier-Reimer § 167 Rn 19; MünchKomm/Schramm § 167 Rn 59 ff; MünchKommHGB/Krebs Vorbem 53 vor § 48; NK-BGB/Ackermann § 167 Rn 85; Palandt/Ellenberger § 172 Rn 11, Rn 13; Soergel/Leptien § 167 Rn 22; Hübner Rn 1286; Gotthardt 131; Fabricius JuS 1966, 57. – AA zB BGB-RGRK/Steffen § 167 Rn 12; PWW/Frensch § 167 Rn 34, Rn 40; Bork Rn 1555, 1564; Canaris 194 f, 476 ff; vCraushaar AcP 174, 1 ff; vgl auch Bornemann AcP 207, 102, 122; Fikentscher AcP 154, 7 f; Seidel WM 2006, 1614, 1617, 1621; s auch die Nachw Rn 35). Dieses für eine tragfähige Begründung der Zurechnung erforderliche Verschulden liegt bei der Duldungsvollmacht in der Nichthinderung des Vertreterverhaltens trotz Kenntnis, bei der Anscheinsvollmacht in der Nichtkenntnisnahme und -hinderung trotz entsprechender Möglichkeit; selbst wenn der Rechtsscheinstatbestand durch positives Handeln gesetzt worden ist, kann auf das Erfordernis des Kennenmüssens nicht verzichtet werden (Erman/Maier-Reimer § 167 Rn 19; MünchKomm/Schramm § 167 Rn 62; aA NK-BGB/Ackermann § 167 Rn 85; Soergel/Leptien § 167 Rn 30; s auch OLG Köln NJW-RR 1994, 1501; OLG Düsseldorf NJW-RR 1995, 592).

41 Im Zusammenhang der Zurechenbarkeit des objektiven Vertrauenstatbestandes erfolgt auch die *Anrechnung eines Verschuldens Dritter.* Maßgebend hierfür ist § 31, sofern das Vertreterhandeln einer juristischen Person zugerechnet werden soll. Für die übrigen Fälle befürwortet Fabricius (JuS 1966, 55 ff) die Anwendung des § 831. Bei Vertragsanbahnungen durch einen Rechtsscheinsvertreter will Gotthardt (128; ebenso Hübner Rn 1286) die Bestimmung des § 278 anwenden, ähnlich wie bei der cic. Im Rahmen der Vertrauenshaftung muss jedoch die Zurechnung des Verhaltens vom Geschäftsherr zur Überwachung eingeschalteter Dritter nach den *objektiven Gesichtspunkten von Treu und Glauben,* wenn auch unter zusätzlicher Berücksichtigung der Verschuldensvoraussetzung (s Rn 40) erfolgen. Zu Recht stellt daher vCraushaar (AcP 174, 20 ff) auf die *Gefährdung Dritter* durch erwecktes Vertrauen und auf die dem Geschäftsherrn hierfür *zumutbare Risikotragung* für von ihm eingeschaltete Personen ab (Erman/Maier-Reimer § 167 Rn 19; PWW/Frensch § 167 Rn 39; vgl auch MünchKomm/Schramm § 167 Rn 59; Soergel/Leptien § 167 Rn 22). Die §§ 278 oder 831 können in

Titel 5
Vertretung und Vollmacht § 167

diesem Zusammenhang nur eine Argumentationshilfe bieten. Rechtsprechung zu dieser Frage ist bisher nicht bekannt geworden.

Um sich von der Zurechnung des Vertreterhandelns zu befreien, hat der Vertretene **42** den *erweckten Schein zu zerstören* (WALDEYER 120). Das setzt die Möglichkeit voraus, den Fortbestand zu verhindern; Entsprechendes gilt selbstverständlich für die Entstehung des Rechtsscheinstatbestandes (s BGH LM § 164 Nr 13 und 17; NJW 1952, 657; 1956, 1673; VersR 1965, 133, 134; MünchKomm/SCHRAMM § 167 Rn 63). Normalerweise genügen keine internen Maßnahmen gegenüber dem Vertreter, sondern der Vertretene muss die Verhinderung/Zerstörung durch Maßnahmen bewirken, welche dem Vertrauenden zur Kenntnis kommen (BGH NJW 1991, 1225; 1998, 1854, 1855 f; MünchKomm/ SCHRAMM § 167 Rn 63; NK-BGB/ACKERMANN § 167 Rn 86; SOERGEL/LEPTIEN § 167 Rn 22); auch eine entsprechende AGB-Klausel ist aber grundsätzlich zulässig (BGH NJW-RR 1995, 80; vgl auch OLG Düsseldorf NJW-RR 2001, 14, 15). Nur ausnahmsweise kann nach Lage der Dinge auch ein ernsthaftes Untersagen des Auftretens als Vertreter bereits genügen, die Zurechnung des Vertrauenstatbestandes auszuschließen (vgl BGH Betrieb 1961, 1453).

d) Schließlich erfordert die Rechtsscheinsvollmacht, dass der **Geschäftsgegner** – **43** nicht: der Vertretene (so zutr BAG NJW 2013, 2219, 2221) – **schutzwürdig** ist. Hierzu gehört zunächst, dass der dem Vertretenen zugerechnete Anschein für den Entschluss zur Vornahme des Rechtsgeschäfts beim Kontrahenten *ursächlich* war, der Kontrahent also das Vertreterhandeln wahrgenommen und mit Rücksicht darauf gehandelt hat (vgl BGHZ 22, 234, 238; BGH WM 1957, 926; 1960, 1329; 1963, 58; NJW 1962, 1003; 1983, 1308, 1309; 2012, 3368, 3370; NJW-RR 1986, 1476, 1477; OLG Köln JR 1965, 388; BGB-RGRK/STEFFEN § 167 Rn 7; ERMAN/MAIER-REIMER § 167 Rn 23; MünchKomm/SCHRAMM § 167 Rn 66 ff, 71; NK-BGB/ACKERMANN § 167 Rn 87 ff; PALANDT/ELLENBERGER § 172 Rn 14; PWW/ FRENSCH § 167 Rn 42; SOERGEL/LEPTIEN § 167 Rn 23; BORK Rn 1545, 1558, 1565; WOLF/NEUNER § 50 Rn 92, Rn 96; CANARIS 507 ff; GRIMME JuS 1989, 319, 320 und 321). Ein Verhalten des Vertretenen selbst muss der Kontrahent aber nicht unbedingt bemerkt haben (BGH LM § 164 Nr 11 und 24; NJW-RR 1986, 1476; BGB-RGRK/STEFFEN § 167 Rn 15). Keine Anwendung finden die Regeln, wenn die Anscheinsvollmacht nicht den Schutz des Geschäftsgegners, sondern des Geschäftsherrn bewirken würden (BAG NJW 2013, 2219, 2221 zu § 4 KSchG [Kündigung eines Arbeitsverhältnisses durch einen vollmachtlosen Vertreter]).

Ferner muss der Kontrahent **gutgläubig** der Rechtsscheinsvollmacht vertraut haben. Daran fehlt es, wenn er den wahren Sachverhalt kannte (BGH WM 1956, 1028; NJW 1982, 1513; BAG JZ 1961, 456; PIKART WM 1959, 341). Auch *fahrlässige Unkenntnis* schadet dem Geschäftsgegner (BGH WM 1976, 74; BAMBERGER/ROTH/VALENTHIN § 167 Rn 17; BGB-RGRK/STEFFEN § 167 Rn 15; ERMAN/MAIER-REIMER § 167 Rn 24; MünchKomm/SCHRAMM § 167 Rn 70; NK-BGB/ACKERMANN § 167 Rn 88; PALANDT/ELLENBERGER § 172 Rn 15; PWW/FRENSCH § 167 Rn 41; SOERGEL/LEPTIEN § 167 Rn 23; BORK Rn 1543, 1558, 1565; WOLF/NEUNER § 50 Rn 92, Rn 96); insbes bei aufwendigen, ungewöhnlichen oder nicht eilbedürftigen Rechtsgeschäften kann auch eine Rückfrage geboten sein (zutr OLG Köln NJW-RR 1992, 915, 916). Fahrlässig handelt zB ein Gläubiger, der eine Bürgschaftsurkunde entgegennimmt, in welcher sein Name nicht enthalten ist (OLG Celle WM 1960, 1072). Nicht gutgläubig ist ferner ein Arbeitnehmer, der sich über die Befugnisse seines Vorgesetzten, ihm Zusagen zu machen, nicht genau unterrichtet (vgl LAG Düsseldorf BB

1961, 132). Bei eiligen Geschäften kann ein geringerer Sorgfaltsmaßstab angelegt werden als normalerweise (BGH NJW 1958, 2061; GOTTHARDT 137). Soweit ein Vertreter für den Kontrahenten handelt, findet § 166 Anwendung (vgl § 166 Rn 7; NK-BGB/STOFFELS § 167 Rn 88).

44 e) Im *Außenverhältnis* gegenüber dem Kontrahenten sind die **Wirkungen der Rechtsscheinsvollmacht** – folgt man der Rechtsprechung und hL (s Rn 31) – grundsätzlich dieselben wie die einer rechtsgeschäftlichen Vollmacht (RGZ 145, 155, 158; 170, 281, 284; BGHZ 12, 105, 109; 17, 13, 17; 86, 173; BGH NJW 1983, 1308, 1309; OLG Düsseldorf WM 1973, 473; ERMAN/MAIER-REIMER § 167 Rn 26; JAUERNIG § 167 Rn 9; MünchKomm/SCHRAMM § 167 Rn 74; NK-BGB/ACKERMANN § 167 Rn 91 f; PALANDT/ELLENBERGER § 172 Rn 17; PWW/FRENSCH § 167 Rn 44; SOERGEL/LEPTIEN § 167 Rn 24; BORK Rn 1546, 1558, 1565; EISENHARDT Rn 441; WOLF/NEUNER § 50 Rn 93). Der Vertretene haftet dem Kontrahenten demnach auf Erfüllung bzw auf Schadensersatz wegen Nichterfüllung; lehnt man mit der hier vertretenen Position die Rechtsfigur der Rechtsscheinsvollmacht, insbes der Anscheinsvollmacht ab, so kommt nur eine Haftung aus cic in Betracht (FLUME § 49 4). Im Übrigen können aus der Anscheinsvollmacht *keine weitergehenden Ansprüche* hergeleitet werden, als sie bei einer rechtsgeschäftlichen Vollmacht bestanden hätten (BGHZ 12, 105, 109; 17, 13, 17; BAMBERGER/ROTHVALENTHIN § 167 Rn 17; SOERGEL/LEPTIEN § 167 Rn 24). Umstritten ist allerdings, ob der Gläubiger nach seiner Wahl statt des Vertretenen den Dritten gemäß § 179 in Anspruch nehmen, sich also gegen die Vertretungswirkung der Rechtsscheinsvollmacht entscheiden kann; der BGH und die hL verneinen eine solche **Disponibilität des Rechtsscheins**, doch sprechen die besseren Argumente für eine entsprechende Dispositionsbefugnis (s näher § 177 Rn 26). Ausgeschlossen ist jedenfalls de lege lata eine kumulative Haftung des Vertretenen und des Vertreters (K SCHMIDT 435 ff, 443 ff).

45 Die Frage einer **Anfechtbarkeit der Rechtsscheinsvollmacht** ist sehr umstritten (bejahend BGB-RGRK/STEFFEN § 167 Rn 19; NK-BGB/ACKERMANN § 167 Rn 94; PALANDT/ELLENBERGER § 172 Rn 8; PWW/FRENSCH § 167 Rn 45; StudKomm § 167 Rn 4; KOLLER/ROTH/MORCK, HGB [6. Aufl 2007] § 15 Rn 37, Rn 61; BITTER § 10 Rn 169; BORK Rn 1559; FAUST § 26 Rn 38; WOLF/NEUNER § 50 Rn 90 f, Rn 98; CANARIS 43, 196; KINDL 98 ff; STÜSSER 124 ff, 149 ff; 168 ff; BECKER/SCHÄFER JA 2006, 597, 600 f; SCHWARZE JZ 2004, 588, 591; wohl auch BGB-RGRK/STEFFEN § 167 Rn 19; differenzierend MünchKomm/SCHRAMM § 167 Rn 52; MünchKommHGB/KREBS Vorbem 64 ff zu § 48; **abl** die heute hM, s BAMBERGER/ROTH/VALENTHIN § 167 Rn 19; ERMAN/MAIER-REIMER § 167 Rn 27; JAUERNIG § 167 Rn 9; KOLLER/ROTH/MORCK HGB [7. Aufl 2011] § 15 Rn 61 für das Handelsrecht; SOERGEL/LEPTIEN § 167 Rn 22; HÜBNER Rn 592; LEIPOLD § 24 Rn 40 f; RÜTHERS/STADLER § 30 Rn 43, Rn 46; SCHMIDT Rn 835, Rn 842; BADER 177 ff; SIMON 136 ff zur Duldungsvollmacht; WACKERBARTH ZGR 1999, 365, 392 f; vgl auch BGHZ 11, 1, 5 [zum Schweigen auf Bestätigungsschreiben]). Soweit man richtigerweise (s Rn 29 a) in der Duldungsvollmacht (ieS) eine konkludente Willenserklärung sieht, unterliegt sie auch grundsätzlich den Anfechtungsregeln der §§ 119, 123 (vgl FLUME § 49 2 und dazu zutr SIMON 136; KINDL 117 f; BECKER/SCHÄFER JA 2006, 597, 600; mit freilich anderem Ansatz iE auch CANARIS aaO; ERMAN/MAIER-REIMER § 167 Rn 27; MünchKomm/SCHRAMM aaO; MünchKommHGB/KREBS aaO; insoweit eindeutig auch BGB-RGRK/STEFFEN § 167 Rn 19). Ansonsten jedoch ist die Anfechtbarkeit zu verneinen, weil die von Rspr und hL anerkannte Rechtsscheinsvollmacht zwar – freilich zu Unrecht – innerhalb der Rechtsgeschäftslehre entwickelt worden ist, aber keine rechtsgeschäftliche Handlung darstellt; insofern ist sie mit der anfechtbaren ohne Erklärungsbewusstsein abgegebenen Willenserklärung nicht vergleichbar (so aber NK-BGB/Ackermann § 167 Rn 94). Das bloß tatsächliche Setzen eines rechtsscheinsbegründenden Vertrauenstatbestandes, dessen rechtsgeschäftliche Folgen auf schuldhafter Veranlassung beruhen sollen, kann keinem Willensmangel unterliegen und ist auch kein vergleichbarer Vorgang (ebenso Erman/Maier-Reimer § 167 Rn 20; dezidiert anders zB Faust § 26 Rn 38). Fehlt es an dem geforderten Duldungs- und Konkludenzbewusstsein, so entsteht von vornherein keine Duldungsvollmacht; für eine – auch nur wahlweise – Anfechtung ist kein Raum (Simon 136 ff). Bejaht man allerdings eine Anfechtbarkeit der Duldungsvollmacht, so stellt eine andere Lösung bei der Anscheinsvollmacht einen Wertungswiderspruch dar (was die Bedenken gegen dieses Konstrukt unterstreicht).

Im *Innenverhältnis* zwischen dem Vertretenen und dem für ihn Aufgetretenen kann **45a** eine Haftung des Handelnden wegen Vertragsverletzung in Betracht stehen. Außerdem können die Vorschriften über die *Geschäftsführung* ohne Auftrag, unter Beachtung des § 678 (Soergel/Leptien § 167 Rn 25), und über die unerlaubte Handlung eingreifen. Ein Mitverschulden des Vertretenen ist dabei gemäß § 254 zu berücksichtigen (Soergel/Leptien aaO).

3. Die Rechtsscheinsvollmacht bei juristischen Personen des öffentlichen Rechts

a) Gegenüber den juristischen Personen des öffentlichen Rechts wurden zunächst **46** die Regeln über die *stillschweigende Bevollmächtigung* (s oben Rn 28) angewendet. Jedoch war dies ausgeschlossen, wenn die Satzung eine ausdrückliche Bevollmächtigung vorsah (RGZ 122, 351, 353).

Auch die Regeln über die *Duldungs- und Anscheinsvollmacht wurden* anfänglich **47** gegenüber juristischen Personen des öffentlichen Rechts uneingeschränkt angewendet, sofern die Behörde das Auftreten eines Handelnden als Vertreter geduldet hatte (RGZ 162, 129, 150; BGH NJW 1955, 985; OLG Neustadt MDR 1958, 602; Soergel/Leptien § 167 Rn 27).

b) Allerdings wurde die *Anwendbarkeit* der Rechtsscheinsgrundsätze gegenüber **48** juristischen Personen des öffentlichen Rechts in der Rechtsprechung später insoweit *beschränkt,* als die **Verletzung öffentlichrechtlicher Zuständigkeitsregeln** (Vertretungsregeln) nicht zu einer Verpflichtung führen könne, und zwar selbst dann nicht, wenn das Vertreterverhalten bei einer Privatperson solche Wirkungen gehabt hätte (s RGZ 116, 247, 122, 351; 157, 207; 162, 129, stRspr; BGHZ 5, 205, 213; 6, 330; 47, 30; BGH NJW 1955, 985; 1972, 940; 1984, 606; 1985, 1778; 1994, 1528; 1995, 3389, 3390 mwNw; WM 1996, 2230, 2232). Gegen diese einschränkende Auffassung der Rspr werden vor allem die Verletzung des Gleichheitsgrundsatzes und die Unteilbarkeit von Treu und Glauben angeführt (Soergel/Leptien § 167 Rn 28; Enneccerus/Nipperdey § 184 II 3 c; Scholz NJW 1950, 81; 1953, 961; Nipperdey JZ 1952, 577; Wild NJW 1955, 693; Leiss NJW 1955, 1008). Zustimmung findet die Rspr ua bei Beitzke (MDR 1953, 1 ff) und Flume (§ 49 3; ebenso NK-BGB/Ackermann § 167 Rn 79; Erman/Maier-Reimer § 167 Rn 38; MünchKomm/Schramm § 167 Rn 73; Hübner Rn 1291).

c) In der Tat ist jedenfalls der *Gesichtspunkt der Formwahrung* zu berücksichti- **49** gen (NK-BGB/Ackermann § 167 Rn 79; Capeller MDR 1956, 7 ff; ausführlich Flume § 49 3;

insoweit zust auch Soergel/Leptien § 167 Rn 28 mwNw), sodass es darauf ankommt, ob eine für die Vertretung bestehende und durch den Handelnden nicht beachtete Formvorschrift Wirksamkeitsvoraussetzung für die betreffende Rechtshandlung der juristischen Person des öffentlichen Rechts ist. Ist das der Fall, so scheidet eine Anwendung der Grundsätze über die Rechtsscheinsvollmacht von vornherein aus (Flume aaO). Kann aber ansonsten nach den zu § 125 entwickelten Grundsätzen die Wahrung von Treu und Glauben den Vorrang beanspruchen, so erzeugt das Handeln des nicht Bevollmächtigten Wirkungen gegenüber der juristischen Person des öffentlichen Rechts. Im Ergebnis kommt es also für die Vertrauenshaftung einer juristischen Person des öffentlichen Rechts nach den Regeln über die Anscheinsvollmacht darauf an, dass das Handeln des nicht Bevollmächtigten der zuständigen Behörde zuzurechnen ist (vgl auch BAG Betrieb 1994, 2502) und nicht mehr als reine Formvorschriften über die Vollmachtserteilung – nicht etwa solche über die gesetzliche oder satzungsmäßige Organisations- und Zuständigkeitsregelung – verletzt wurden (BGHZ 32, 375, 379 ff; 40, 197, 203 ff; 147, 381, 383 ff; BGH NJW 1955, 985; 1972, 940; 1973, 1494; 1994, 1528 und dazu ausführlich Vogel JuS 1996, 964 ff; 1995, 3389, 3390; noch weitergehend zB BGHZ 21, 59, 65; s auch Bamberger/Roth/Valenthin § 167 Rn 18 mwNw; NK-BGB/Ackermann § 167 Rn 79).

Scheitert die Begründung von Vertretungswirkungen an den vorgenannten Einschränkungen, so kann eine Schadensersatzpflicht der juristischen Person aus cic in Betracht stehen, die sich aber nur auf das Vertrauensinteresse richtet (vgl BGHZ 6, 330, 333; BGH NJW 1995, 3389, 3390 mwNw; NK-BGB/Ackermann § 167 Rn 79; Soergel/Leptien § 167 Rn 28; Flume § 49 3). Zur evtl Haftung des Handelnden selbst s § 177 Rn 3.

50 d) Sofern die Voraussetzungen der Rechtsscheinsvollmacht auf der Seite der juristischen Person des öffentlichen Rechts erfüllt sind, bedarf es weiter einer *Schutzbedürftigkeit des Kontrahenten*. Daran fehlt es, wie auch sonst (oben Rn 43), wenn die Überschreitung der Vertretungsmacht durch den Handelnden erkennbar war. Grundsätzlich ist jemand, der mit einer juristischen Person des öffentlichen Rechts in Beziehungen tritt, hierbei verpflichtet, sich über deren Vertretungsregeln zu informieren (BGH NJW 1972, 940), doch dürfen die Anforderungen hier angesichts der unterschiedlichen Regelungen nicht überspannt werden (vgl BGH WM 1960, 660).

III. Die Gesamtvertretung

1. Die Bedeutung des Begriffs

51 a) Wenn die Vertretungsmacht mehreren Personen zustehen soll, kann deren Vertreterstellung unterschiedlich geregelt sein. Entweder ist jeder einzelne allein vertretungsberechtigt; dann handelt es sich um eine sog **Solidarvertretung** *(Einzelvertretung,* auch: *Alleinvertretung* [s dazu BGH BB 2007, 1410]). Sind dagegen nur alle Vertreter zusammen oder jeweils mehrere Vertreter gemeinsam vertretungsberechtigt, so liegt **Gesamtvertretung** vor, die auch *Kollektivvertretung* genannt wird (s Flume § 45 I 3 und iÜ Vorbem 20 zu §§ 164 ff; zur historischen Entwicklung ausführlich Kunstreich, passim). Sie ist die gesetzliche Regel bei der organschaftlichen Vertretung juristischer Personen (vgl § 78 Abs 2 AktG, § 35 Abs 2 S 2 GmbHG, § 25 Abs 1 S 1 GenG) und bei der Gesellschaft bürgerlichen Rechts gemäß §§ 709, 714, ferner im Familienrecht gem §§ 1629 Abs 1 S 2, 1797 Abs 1 S 1, 1908i Abs 1 S 1, 1915 Abs 1. Von gemischter

Titel 5
Vertretung und Vollmacht § 167

oder *unechter Gesamtvertretung* spricht man, wenn die Vertretungsmacht einer Person auf einer anderen Rechtsgrundlage beruht, wie namentlich bei der unechten Gesamtprokura, wenn ein Vorstandsmitglied gemeinsam mit einem Prokuristen vertretungsberechtigt ist (s dazu ausf MünchKommHGB/Krebs § 48 Rn 76 ff; Koller/Roth/Morck, HGB [7. Aufl 2011] § 48 Rn 18 ff; Wertenbruch Rn I 326 ff; Beuthien/Müller Betrieb 1995, 461; Köhl NZG 2005, 197; Roquette 335 ff). Möglich ist auch eine sog *halbseitige Gesamtvertretung,* bei der nur der eine Vertreter an die Mitwirkung des anderen gebunden, dieser aber auch alleinvertretungsberechtigt ist (vgl BGHZ 62, 166, 170; BGH NJW 1987, 841; NK-BGB/Ackermann § 167 Rn 54; Soergel/Leptien § 164 Rn 28 mwNw; krit MünchKommHGB/Krebs § 48 Rn 83 ff mwNw). Besteht bei einer Gesellschaft hingegen Einzelvertretungsbefugnis der Gesellschafter, so beschränkt der Widerspruch eines Gesellschafters gegen die Willenserklärung eines anderen dessen Vertretungsmacht im Außenverhältnis nicht, sofern nicht im Einzelfall der Vertrag auch für den Gegner erkennbar von allen Gesellschaftern abgeschlossen werden sollte (BGH ZIP 2008, 1582 mwNw; s grundlegend BGHZ 16, 394, 398 f; vgl ferner BGH NJW 1997, 2678).

b) Bei rechtsgeschäftlich erteilter Vertretungsmacht gibt es keine gesetzliche **52** Regelung der Frage, ob Solidar- oder Gesamtvollmacht erteilt worden ist. Hierfür kommt es auf die *Auslegung der Bevollmächtigung* an (RG SeuffA 46 Nr 184; BGH NZG 2005, 345; Bamberger/Roth/Valenthin § 167 Rn 38; PWW/Frensch § 164 Rn 62; Soergel/Leptien § 164 Rn 28); nicht selten ist bei Prokura und Handlungsvollmacht oder auch für die Vertretung der Personenhandelsgesellschaften (dazu ausf Wertenbruch, Handbuch Rn I 322 ff) Gesamtvertretung angeordnet (vgl aber §§ 48 Abs 2, 125 Abs 2 S 1 HGB). Für die *Prozessvollmacht* ist in § 84 ZPO bestimmt, dass mehrere Prozessvertreter sowohl gemeinsam als auch einzeln handeln können; eine abweichende Bestimmung des Vollmachtgebers bleibt im Verhältnis zum Prozessgegner wirkungslos.

2. Die Ausübung der Gesamtvertretung

a) Zweck der Gesamtvertretung ist neben der Nutzung der versammelten Kom- **53** petenz der Vertreter vor allem die Sicherung des Vertretenen gegen eine treuwidrige Ausübung der Vertretungsmacht; diese Sicherung geschieht durch gegenseitige Kontrolle der Vertreter. Hieraus hatte man ursprünglich gefolgert, dass bei Gesamtvertretung sämtliche Vertreter *nach außen nur gemeinsam* tätig werden können, dh dass auch die eventuelle Zustimmung zum Handeln eines anderen Gesamtvertreters gegenüber dem Kontrahenten erklärt werden müsse. Anerkannt war allerdings von Anfang an, dass die Gesamtvertreter dabei weder gemeinschaftlich noch gleichzeitig handeln müssen, sondern ihre übereinstimmenden Erklärungen dem Empfänger gegenüber – ggf in der gebotenen Form (Flume § 45 I 3) – auch nacheinander getrennt abgeben können (RGZ 81, 325; BGH LM § 164 Nr 15; WM 1976, 1053; Erman/Maier-Reimer § 167 Rn 58; MünchKomm/Schramm § 167 Rn 86; NK-BGB/Ackermann § 167 Rn 57; PWW/Frensch § 164 Rn 63; Soergel/Leptien § 164 Rn 29; ausf zur Gesamtvertretung bei OHG und KG Wertenbruch, Rn I 322 ff). In diesem Fall wird das Rechtsgeschäft erst mit der letzten Erklärung ex nunc wirksam (s nur Flume aaO); auf einen Fortbestand des Willens der anderen, an der (gemeinsamen) Erklärung festzuhalten, kann es freilich richtiger Ansicht nach nicht ankommen (s noch Rn 54). Es müssen aber bei jedem Gesamtvertreter die Wirksamkeitsvoraussetzungen der Willenserklärung gegeben sein (PWW/Frensch § 164 Rn 63; s Zimmer/Unland BB 2003, 1445, 1449 für den Abschluss von

Termingeschäften). Fehlt es an der notwendigen Mitwirkung eines Gesamtvertreters, so finden die §§ 177 ff Anwendung (MünchKomm/Schramm § 164 Rn 92; Soergel/Leptien § 164 Rn 29; PWW/Frensch § 164 Rn 63; Bork Rn 1442).

54 Seit RGZ 81, 325 wird das praktisch oft hinderliche Erfordernis gemeinsamen Handelns im Interesse einer Geschäftserleichterung weiter gemildert. Danach genügt es, dass nach außen ein Gesamtvertreter handelt und die übrigen dem Geschäftsgegner oder auch ihm gegenüber, also **intern ihre Zustimmung erklären**, sei es im Wege der Einwilligung oder der Genehmigung (s RGZ 101, 343; 112, 215, 220; 118, 168, 170; BGH NJW 1968, 692; 1982, 1036, 1037; 1986, 315; 1996, 2594, 2595; 2001, 3183; 2004, 2382, 2384; NJW-RR 2003, 303, 304; OLG München BB 1972, 114; Bamberger/Roth/Valenthin § 167 Rn 40; Erman/Maier-Reimer § 167 Rn 58; MünchKomm/Schramm § 164 Rn 85 ff; NK-BGB/Ackermann § 167 Rn 57; PWW/Frensch § 164 Rn 64; Soergel/Leptien § 164 Rn 29; Bork Rn 1442; Flume § 45 I 3; Lehmann/Hübner § 36 V 4; Pawlowski Rn 807; Schmidt Rn 745; Wolf/Neuner § 49 Rn 41). Zur Wahrung der Schriftform genügt in diesem Falle die Unterschrift eines Gesamtvertreters (s RGZ 118, 168, 170; BGH NJW 2004, 2382, 2384). Die interne Zustimmung kann auch durch *schlüssiges Verhalten* erklärt werden, und es ist dafür nicht nötig, dass der Zustimmende alle Einzelheiten des betroffenen Geschäftes kennt (RGZ 101, 343; Flume § 45 I 3). Zu berücksichtigen ist, dass der als Einzelvertreter Handelnde bei fehlender Einwilligung zunächst als Vertreter ohne Vertretungsmacht gehandelt hat. Daraus folgert die hM, dass der Geschäftswille aller und insbesondere desjenigen Gesamtvertreters, der das Geschäft abgeschlossen hat, noch in dem Zeitpunkt fortbestehen müsse, in welchem die Zustimmung des letzten anderen Gesamtvertreters erfolgt (RGZ 81, 325, 329; 101, 343; RG DRW 1942, 1159; BGH WM 1976, 1054; BGB-RGRK/Steffen Rn 21 zu § 164; Erman/Maier-Reimer § 167 Rn 58; Soergel/Leptien § 164 Rn 29; wohl auch Bamberger/Roth/Valenthin § 167 Rn 40; vgl schon Rn 53). Da aber die zustimmenden und insbesondere der handelnde Vertreter ihre Erklärungen bereits in zulässiger Weise erteilt haben, ist wie auch beim nachgeschalteten Gesamthandeln (Rn 53) kein Grund ersichtlich, dass er diese Erklärung durch Widerruf wirksam sollte beseitigen können; zusätzlich mag hierfür auf den Gesichtspunkt von Treu und Glauben verwiesen werden (MünchKomm/Schramm § 164 Rn 92 mwNw zum handelsrechtl Schrifttum; NK-BGB/Ackermann § 167 Rn 57; PWW/Frensch § 164 Rn 64; Flume § 45 I 3; Prölss JuS 1985, 577, 584). Nicht gerechtfertigt erscheint allerdings im Vergleich zum Fall zeitlich nacheinander abgegebener Erklärungen aller Gesamtvertreter die Annahme einer Rückwirkung der Genehmigung nach § 184 (dafür aber die hM, s MünchKomm/Schramm § 164 Rn 92; NK-BGB/Ackermann § 167 Rn 57; PWW/Frensch § 164 Rn 64; Soergel/Leptien § 164 Rn 29).

55 b) Anerkannt ist auch, dass die Gesamtvertreter einem oder mehreren von ihnen *Spezialvollmacht* erteilen können (RGZ 81, 325, 328; BGB-RGRK/Steffen Vorbem 21 zu § 164; Flume § 45 I 3; Larenz, AT [7. Aufl 1988] § 30 II a [S 600]). Geschieht dies, so liegt darin ein *Selbstkontrahieren* iS des § 181, das entsprechend § 181 HS 2 gestattet ist (RGZ 80, 180, 182; BGB-RGRK/Steffen § 167 Rn 20; MünchKomm/Schramm § 164 Rn 88; Flume § 45 I 3; vgl auch § 181 Rn 17).

Spezielle Bestimmungen wie §§ 125 Abs 2 S 2, 150 Abs 2 S 1 HGB, §§ 78 Abs 4, 269 Abs 4 AktG, § 25 Abs 3 GenG gestatten es den Gesamtvertretern, Einzelnen von ihnen eine **Ermächtigung** zur Vornahme bestimmter Geschäfte zu erteilen. In Anknüpfung an die Zulassung einer Bevollmächtigung hat sich die Überzeugung herausgebildet, dass eine solche *Gesamtvertreterermächtigung* in allen Fällen der Gesamtvertretung zulässig ist (ausführlich Schwarz NZG 2001, 529); sie hat die Bevollmächtigung iw abgelöst und erweitert die Gesamtvertretung punktuell zu einer Einzelvertretungsmacht (BGHZ 64, 72, 75; BGH NJW-RR 1986, 778; BGH ZIP 2005, 524; BAG NJW 1981, 2374; Bamberger/Roth/Valenthin § 167 Rn 41; Erman/Maier-Reimer § 167 Rn 58; MünchKomm/Schramm § 164 Rn 88 ff; NK-BGB/Ackermann § 167 Rn 58; Palandt/Ellenberger § 167 Rn 13; PWW/Frensch § 164 Rn 65; Soergel/Leptien § 164 Rn 29; Bork Rn 1442; zu OHG und KG ausf Wertenbruch, Rn I 324 ff; s auch Maier-Reimer, in: FS Hellwig 209 ff; **aA** Schwarz NZG 2001, 529 mwNw: bloße Ausübungsermächtigung). Eine generelle Ermächtigung muss aber wegen der Vereitelung des Zwecks der Gesamtvertretung als unzulässig angesehen werden (BGH NJW-RR 1986, 778; vgl auch BGHZ 13, 65; 34, 27; 64, 76; BGH NJW 1977, 199; Bamberger/Roth/Valenthin § 167 Rn 41; Erman/Maier-Reimer § 167 Rn 56; MünchKomm/Schramm § 164 Rn 88; NK-BGB/Ackermann § 167 Rn 58; PWW/Frensch § 164 Rn 65; Soergel/Leptien § 164 Rn 29; Bork Rn 1442; Leitzen WM 2010, 637, 638). Die Ermächtigung bedarf der Mitwirkung aller Gesamtvertreter. Für die Vornahme des Geschäfts genügt dann das Auftreten als Einzelvertreter (vgl aber BGH NJW 1992, 618 zu § 181), ggf in der Form des Vertretergeschäfts (MünchKomm/Schramm § 164 Rn 91). Nach hier vertretener Auffassung (s Rn 20) muss freilich entgegen hM uU schon die Ermächtigung wie die Vollmacht dieser Form entsprechen. Im Übrigen ist neben §§ 182 ff auf die Ermächtigung § 174 entsprechend anwendbar (BAG NJW 1981, 2374; 1999, 444, 445; MünchKomm/Schramm § 164 Rn 91; NK-BGB/Ackermann § 167 Rn 58; PWW/Frensch § 164 Rn 65; Soergel/Leptien § 164 Rn 29).

c) Zur **Entgegennahme von Willenserklärungen** Dritter, zB von Kündigungen oder Anfechtungserklärungen, ist im Falle der Gesamtvertretung jeder einzelne Vertreter legitimiert. Diese *Passivvertretung* ist in § 28 Abs 2 und § 1629 Abs 1 S 2, in § 125 Abs 2 S 3, Abs 3 S 2 HGB sowie in den §§ 78 Abs 2 S 2 AktG, 35 Abs 2 S 3 GmbHG und 25 Abs 1 S 3 GenG ausdrücklich vorgesehen, gilt aber darüber hinaus als allgemeiner Rechtssatz (RGZ 53, 227, 231; BGHZ 62, 166, 173; 149, 28, 31 mAnm Lange LM § 46 GmbHG Nr 39 und Mätzig JR 2002, 375; BGH WM 1977, 786; Erman/Maier-Reimer § 167 Rn 60; MünchKomm/Schramm § 164 Rn 94; NK-BGB/Ackermann § 167 Rn 60; PWW/Frensch § 164 Rn 66; Soergel/Leptien § 164 Rn 28; Boemke/Ulrici § 13 Rn 40; Flume § 45 I 3; Wertenbruch Rn I 325). Maßgebend hierfür ist, dass bei passiver Vertretung die Gefahr eines ungetreuen Handelns des einzelnen Vertreters nicht besteht. Die Willenserklärung des Dritten wird daher mit der Entgegennahme durch einen Gesamtvertreter wirksam. **56**

Im *Wertpapierrecht* wird es zugelassen, dass die Erhebung des Wechselprotestes gegenüber einem von mehreren Gesamtvertretern erfolgt (RGZ 53, 227, 231; Erman/Maier-Reimer § 167 Rn 60). Ebenso kann die Vorlegung eines Schecks bei einem von mehreren Gesamtvertretern erfolgen. **57**

3. Willensmängel und Wissenszurechnung bei Gesamtvertretung

a) Bei Gesamtvertretung muss der rechtsgeschäftliche *Wille aller Vertreter* mangelfrei sein; anderenfalls gelten die Regeln über Willensmängel für das abgeschlossene Geschäft (s § 166 Rn 24 m umfangr Nachw). § 139 ist nicht anwendbar (BGHZ 53, 210, 214; BGB-RGRK/Steffen § 167 Rn 20). Hat ein *geschäftsunfähiger Gesamtvertreter* mitgewirkt, so sollen für das Geschäft die Regeln über Vertretung ohne Vertretungs- **58**

macht gelten (wenn auch mit Einschränkungen, vgl OSTHEIM AcP 169, 201 ff; SOERGEL/LEPTIEN Rn 29; s auch BGHZ 53, 210, 214. – AA wegen Fehlens des vollständigen Erklärungstatbestandes zu Recht BORK Rn 1443; zust PWW/FRENSCH § 164 Rn 63).

59 b) Ebenso genügt die Tatbestandserfüllung bei einem handelnden Gesamtvertreter, wenn das *Kennen oder Kennenmüssen* des Vertreters für den Vertretenen nachteilig ist; es gelten die zu § 166 entwickelten Grundsätze (s § 166 Rn 24; ausführlich SCHILKEN 100 ff, 119 ff mwNw).

IV. Die Untervollmacht*

1. Die rechtliche Problemstellung

60 a) Über die Substitutionsbefugnis eines Vertreters enthält das BGB keine allgemeinen Vorschriften. Strukturell kann eine Unterbevollmächtigung in der Art beschaffen sein, dass der Hauptvertreter durch den Untervertreter repräsentiert wird; ferner besteht die Möglichkeit, dass der Hauptvertreter die Untervollmacht namens des Vertretenen erteilt, sodass der Untervertreter diesen repräsentiert (vgl RGZ 108, 405, 407; BGHZ 32, 250, 253). Die Weitergabe der Vertretungsmacht kann auch so ausgestaltet sein, dass bei fortbestehender Hauptvollmacht der Untervertreter anstelle des Hauptvertreters handeln soll; dann spricht man von einer *Ersatzbevollmächtigung* (BGB-RGRK/STEFFEN § 167 Rn 21; MünchKomm/SCHRAMM § 167 Rn 93; NK-BGB/ACKERMANN § 167 Rn 61; SOERGEL/LEPTIEN § 167 Rn 63). Sie ist freilich trotz Erwähnung in den §§ 52 Abs 2, 58 HGB iS einer Vollmachtsübertragung nach ganz hM nicht möglich (s aber oben Rn 4), sondern ebenfalls Untervollmacht (BAMBERGER/ROTH/VALENTHIN § 167 Rn 31; NK-BGB/ACKERMANN § 167 Rn 61; MünchKomm/SCHRAMM § 167 Rn 93). Zuzulassen ist aber jedenfalls ein Verzicht des Hauptbevollmächtigten auf seine Vollmacht neben der dann ersetzenden Unterbevollmächtigung (BAMBERGER/ROTH/VALENTHIN § 167 Rn 31; ERMAN/MAIER-REIMER § 168 Rn 3; MünchKomm/SCHRAMM § 167 Rn 93; NK-BGB/ACKERMANN § 167 Rn 61; SOERGEL/LEPTIEN § 167 Rn 63; FLUME § 51 3; FREY 14. – AA BGB-AK/OTT § 167 Rn 17; BGB-RGRK/STEFFEN § 168 Rn 1; MÜLLER-FREIENFELS 46). Kein Fall dieser Art ist die in § 81 ZPO vorgesehene Bestellung eines Instanzbevoll-

---

* **Schrifttum**: BÖRNER, Untervollmacht und Rechtsscheinsvollmacht – Grundlagen und Anwendbarkeit der Rechtsscheinsgrundsätze auf die Untervollmacht (Diss Bonn 2008); BOUS, Fortbestand und Rechtsschein der Untervollmacht trotz Wegfalls der Hauptvollmacht, RNotZ 2004, 483; DITTMAR, Untervollmacht, BayNotZ 1931, 200; FÜLSTER, Die rechtliche Natur der Untervollmacht (Diss Hamburg 1928); GERLACH, Die Untervollmacht (Diss Berlin 1966); GÖTZ, Die Substitution im bürgerlichen Recht und im Prozeß (Diss Erlangen 1923); HAAS, Die Untervollmacht im Privat- und Zivilprozeßrecht (Diss Erlangen 1925); KILLY, Substitution beim Auftrag (Diss Heidelberg 1914); LEHNERDT, Substitution und Generalsubstitution im Prozeß (Diss Breslau 1918); MAIER-REIMER, Mehrstufige Vertretung, in: FS Hellwig (2010), 205; MERTENS, Die Haftung der Untervertreter nach § 179 Abs 2 – BGHZ 32, 250, in: JuS 1961, 315; PETERSEN, Die Haftung bei der Untervollmacht, Jura 1999, 401; PIKALO, Die Untervollmacht und ihre Bedeutung für die notarische Praxis, DNotZ 1943, 165; RENNER, Vollmacht und Untervollmacht bei der Vorsorgevollmacht, NotBZ 2009, 207; SCHÜLE, Probleme der Untervollmacht insbesondere beim Nachweis im Grundbuchverfahren, BWNotZ 1984, 156; SIEBENHAAR, Vertreter des Vertreters?, AcP 162 (1963) 354; WILDEN, Die Untervollmacht bei gesetzlicher Vertretung (Diss Köln 1956).

mächtigten, weil dort die Erstvollmacht bestehen bleibt (BGH NJW 1981, 1727; SOERGEL/ LEPTIEN § 167 Rn 63; STEIN/JONAS/BORK, ZPO [22. Aufl 2004] § 81 ZPO Rn 15 ff, 19 ff).

In jedem Fall muss dem Untervertreter das für eine Vertretungsmacht kennzeichnende Recht zur Abgabe oder Entgegennahme der Willenserklärung zustehen; anderenfalls liegt *Botenschaft* vor (s Vorbem 73 zu §§ 164 ff; LG Berlin JR 1961, 266).

b) Eine Untervollmacht bzw Ersatzvollmacht, aufgrund deren ein **Untervertreter den Vertretenen repräsentiert**, ist zweifelsfrei zulässig (ERMAN/MAIER-REIMER § 167 Rn 62; MünchKomm/SCHRAMM § 167 Rn 94; NK-BGB/ACKERMANN § 167 Rn 62 f; SOERGEL/LEPTIEN § 167 Rn 58; BOUS RNotZ 2004, 483 f, allgM). Sie muss vom Hauptvertreter im Namen des Vertretenen erteilt werden; anderenfalls fehlt es an der Identität zwischen dem Vollmachtgeber und dem Vertretenen, die in § 164 vorausgesetzt wird (GERLACH 25 ff). Für die Vertretungswirkung des Handelns aufgrund ordnungsgemäß erteilter Untervollmacht ist es erforderlich, dass der Untervertreter sein Handeln für den Vertretenen offen legt (WOLF/NEUNER § 50 Rn 36; GERLACH 55 ff), nicht hingegen seine Stellung als Unterbevollmächtigter (MünchKomm/SCHRAMM § 167 Rn 94; WOLF/NEUNER § 50 Rn 36). Ein Verstoß gegen das Verbot des *§ 181* bei Rechtsgeschäften zwischen dem Unterbevollmächtigten, der den Vertretenen repräsentiert, und dem Hauptvertreter wird von der Rspr verneint (RGZ 108, 405, 407); die überwiegende Meinung in der Literatur vertritt demgegenüber eine analoge Anwendung der Vorschrift (s § 181 Rn 35 ff).

61

c) Umstritten ist hingegen, ob der Hauptvertreter sich durch einen Untervertreter mit der Folge repräsentieren lassen kann, dass die *Rechtswirkungen des Handelns beim Vertretenen eintreten* (auch „Nachvollmacht" oder mittelbare Untervertretung genannt), der Untervertreter also als **„Vertreter des Vertreters"** handelt. Von der Rspr wird diese Möglichkeit anerkannt (RGZ 108, 405, 407; BGHZ 32, 250, 253; 68; 391; BGH BB 1963, 1193; NJW 1977, 1535; ENNECCERUS/NIPPERDEY § 185 II 2; BORK Rn 1447; WERTENBRUCH § 28 Rn 12; HUPKA 356 ff; MÜLLER-FREIENFELS 28 f; PAPENMEIER 68 ff; s auch BOUS RNotZ 2004, 483, 484). Die ganz überwiegende Literatur hat sich gegen die Zulässigkeit dieser Art von Untervollmacht ausgesprochen (BAMBERGER/ROTH/VALENTHIN § 167 Rn 28 f; BGB-AK/OTT § 179 Rn 8; BGB-RGRK/STEFFEN § 167 Rn 21; ERMAN/MAIER-REIMER § 167 Rn 63; Hk-BGB/DÖRNER § 167 Rn 6; JAUERNIG § 167 Rn 4; MünchKomm/SCHRAMM § 167 Rn 95 ff; NK-BGB/ACKERMANN § 167 Rn 63; PALANDT/ELLENBERGER § 167 Rn 12; PWW/FRENSCH § 167 Rn 49; SOERGEL/LEPTIEN § 167 Rn 60; BOECKEN Rn 637; BROX/WALKER Rn 548; FLUME § 49 5; MEDICUS Rn 951; PAWLOWSKI Rn 749; RÜTHERS/STADLER § 30 Rn 26; vTUHR § 85 ANM 231; WOLF/NEUNER § 50 Rn 37 f; BÖRNER 5 ff, 11 ff; GERLACH 57 ff; TEMPEL 272; BORNEMANN AcP 207, 102, 144 ff; BAUR JZ 1961, 159; GERNHUBER JZ 1960, 605; HARDER AcP 170, 295; MAIER-REIMER, in: FS Hellwig 205 ff; MERTENS JuS 1961, 315; MUSCHELER ZEV 2008, 213, 214; PETERSEN Jura 1999, 401 f; SIEBENHAAR AcP 162, 354 ff; SCHÜLE BWNotZ 1984, 156; s auch OLG Düsseldorf ZEV 2001, 281, 283). Ihrer Auffassung ist zuzustimmen, denn nach Meinung der Rspr sollen die Rechtswirkungen des Untervertreterhandelns den Vertretenen treffen, weil sie durch den Hauptvertreter „weitergeleitet" würden, während nach der Struktur der Stellvertretung aber der Vertreter an dem Rechtsgeschäft nicht beteiligt ist und das Geschäft des Untervertreters als Fremdgeschäft nur ein solches des Geschäftsherrn sein kann (FLUME § 49 5; SIEBENHAAR AcP 162, 361). Die Konstruktion über eine Vertretung des Vertreters ist aber auch mit dem Offenheitsgrundsatz des Stellvertretungsrechts nicht wirklich vereinbar: Ein Handeln namens des Hauptvertreters kann keine

62

Rechtswirkungen beim Geschäftsherrn begründen (Soergel/Leptien § 167 Rn 60; Tempel 272; Siebenhaar AcP 162, 358 f; vgl auch Medicus Rn 951; zu diesem Argument allerdings krit MünchKomm/Schramm § 167 Rn 96; NK-BGB/Ackermann § 167 Rn 63). Freilich kann darin je nach Sachlage ein konkludentes Handeln im Namen des Geschäftsherrn mit den entsprechenden Folgen des § 164 liegen (s zutr MünchKomm/Schramm § 167 Rn 99; s auch Bamberger/Roth/Valenthin § 167 Rn 28). Allenfalls für Organvertreter kann man eine solche Durchgangsvertretung zulassen (Erman/Maier-Reimer § 167 Rn 63; Maier-Reimer FS Hellwig [2010] 205, 208 f: auch für Prokuristen und Handlungsbevollmächtigte).

2. Die Wirksamkeit der Unterbevollmächtigung

63 a) Die **Zulässigkeit einer Untervertretung** bestimmt sich nach Maßgabe der dem Vertreter zustehenden Vertretungsmacht (Bamberger/Roth/Valenthin § 167 Rn 32; Erman/Maier-Reimer § 167 Rn 64; MünchKomm/Schramm § 167 Rn 101; NK-BGB/Ackermann § 167 Rn 64; PWW/Frensch § 167 Rn 52; Soergel/Leptien § 167 Rn 58; Flume § 49 5; Wolf/Neuner § 50 Rn 34), weil die Befugnis des Untervertreters zum fremd wirkenden Handeln bereits in der entsprechenden Befugnis des Hauptvertreters enthalten sein muss.

Besteht kein gesetzliches Verbot der Unterbevollmächtigung (s Rn 64) und ist auch in der Bevollmächtigung keine Einschränkung enthalten, so muss eine *Auslegung* der für die Begründung der Vertretungsmacht maßgebenden Erklärung, also der Hauptbevollmächtigung erfolgen (BayObLG ZMR 2003, 283, 284; Bamberger/Roth/Valenthin § 167 Rn 32; Erman/Maier-Reimer § 167 Rn 64; MünchKomm/Schramm § 167 Rn 102; NK-BGB/Ackermann § 167 Rn 64; PWW/Frensch § 167 Rn 52; Soergel/Leptien § 167 Rn 58; Bork Rn 1451; Schmidt Rn 731; Wolf/Neuner § 50 Rn 34; Papenmeier 71 ff; Bous RNotZ 2004, 483, 484 f; zur Vorsorgevollmacht Renner NotBZ 2009, 207). Bei dieser Auslegung ist darauf abzustellen, ob der Vollmachtgeber ein schutzwürdiges *Interesse an der persönlichen Wahrnehmung* der Vertretungsmacht durch den Hauptvertreter hat oder nicht. Bei einem weiten Umfang der Vollmacht, namentlich bei einer Generalvollmacht wird das eher zu verneinen sein, während in spezielleren Vollmachtsfällen Zurückhaltung geboten ist (s nur Soergel/Leptien § 167 Rn 58; Flume § 49 5). Insbesondere bei Vertrauensverhältnissen und erkennbarem Interesse an persönlicher Wahrnehmung ist eine Substitutionsbefugnis im Zweifel abzulehnen (RG LZ 1928, 1065; BGH WM 1959, 377; KG Recht 1920 Nr 859; OLG Frankfurt VersR 1976, 172; OLG Nürnberg MDR 1978, 490; OLG München WM 1984, 834; Bamberger/Roth/Valenthin § 167 Rn 32; BGB-RGRK/Steffen § 166 Rn 21; Erman/Maier-Reimer § 167 Rn 64; MünchKomm/Schramm § 167 Rn 102; NK-BGB/Ackermann § 167 Rn 64; PWW/Frensch § 167 Rn 52; Soergel/Leptien § 167 Rn 58; Wolf/Neuner § 50 Rn 34; Gerlach 87 ff). In den Fällen der missverständlich (s oben Rn 3) so bezeichneten kausalen Vollmacht sind darüber hinaus auch einschlägige Regeln über das *Innenverhältnis* in den Auslegungszusammenhang einzubeziehen, so etwa die §§ 613, 664 oder 713 (Tempel 273; vgl OLG Nürnberg MDR 1978, 490).

64 b) Ein **gesetzliches Verbot** der Unterbevollmächtigung besteht zB nach § 52 Abs 2 HGB für die Prokura (s nur Koller/Roth/Morck, HGB [7. Aufl 2011] § 52 Rn 5); eingeschränkte Verbote enthalten ua die §§ 58 HGB, 135 Abs 3 AktG sowie 53 Abs 2 BRAO. Ein Verbot der Unterbevollmächtigung kann sich aus § 181 ergeben, wenn die Untervollmacht zum Zwecke der Vornahme eines anderenfalls nach § 181 unwirksamen Geschäfts erteilt wird (RGZ 108, 405; MünchKomm/Schramm § 167 Rn 102; NK-BGB/Ackermann § 167 Rn 64; Kiehl LZ 1925, 807; vgl auch oben Rn 61).

Der Gesichtspunkt eines *Umgehungsverbotes* greift ferner ein, wenn bei Gesamt- **65** vollmacht (s oben Rn 51 ff) die Untervollmacht an einen *einzelnen Gesamtvertreter* in der Form einer Generalvollmacht erteilt werden soll, da auf diesem Wege der mit der Gesamtvollmacht bezweckte Schutz des Vertretenen vereitelt würde (vTuhr, AT II 2 415; ferner zB Scholz/Schneider, Kommentar zum GmbH-Gesetz [10. Aufl 2009] § 35 GmbHG Rn 57; vgl auch BGH NJW-RR 1986, 778). Abweichend hiervon wird zT bei der Aktiengesellschaft eine Generaluntervollmacht für den Fall zugelassen, dass sämtliche Gesellschaftsorgane zustimmen (s Heim NJW 1961, 1515; 1962, 1333; Werthauer NJW 1961, 2005; 1962, 1334). Bei der GmbH ist es unzulässig, dass der Geschäftsführer eine Untervollmacht erteilt, wonach der Unterbevollmächtigte an die Stelle des Geschäftsführers tritt (BGH WM 1976, 1246; 1978, 1048), überhaupt die Erteilung einer Generalvollmacht bei organschaftlicher Vertretung an ein Nichtorgan (BGHZ 34, 27, 31; BGH WM 1975, 790; NJW 1977, 199; MünchKomm/Schramm § 167 Rn 101; NK-BGB/Ackermann § 167 Rn 64; PWW/Frensch § 167 Rn 32; zum eingetragenen Verein vgl OLG Hamm MDR 1978, 224). Spezielle Unterbevollmächtigungen sind jedoch grundsätzlich möglich (Soergel/Leptien § 167 Rn 58).

Ebenso würde es dem Zweck der *gesetzlichen Vertretung* widersprechen, wenn der **66** gesetzliche Vertreter dem von ihm Vertretenen Untervollmacht erteilen würde (NK-BGB/Ackermann § 167 Rn 64; Gerlach 93; Tempel 273). Im Übrigen ist die Zulässigkeit der Unterbevollmächtigung Dritter bei gesetzlicher Vertretungsmacht nach der Aufgabenstellung des Vertreters zu beurteilen (Wilden 35); wenn nicht gesetzliche Bestimmungen entgegenstehen (vgl §§ 1595 Abs 2, 1600a Abs 1), ist aber eine Untervollmacht zulässig (MünchKomm/Schramm § 164 Rn 101; NK-BGB/Ackermann § 167 Rn 64; PWW/Frensch § 167 Rn 52; Soergel/Leptien § 167 Rn 58; Flume § 49 5). – Sofern ein *Vermögensverwalter* dem Vermögensinhaber Vollmacht erteilt, handelt es sich nicht um einen Tatbestand der Untervollmacht, da der Vermögensverwalter nach hier vertretener hM nicht gesetzlicher Vertreter des Vermögensinhabers ist (s Vorbem 60 f zu §§ 164 ff; Tempel 273; Gerlach 102). Die Zulässigkeit der Erteilung einer solchen Vollmacht bestimmt sich nach den Notwendigkeiten, welche sich aus den zugewiesenen Aufgaben ergeben (Wilden 67 ff); eine vollständige Übertragung aller Aufgaben an eine andere Person ist nicht zulässig (vgl RGZ 81, 166, 170).

3. Umfang und Dauer der Untervollmacht

a) Die Untervollmacht kann als abgeleitete Fähigkeit in ihrem Umfang **nicht** **67** **weitergehen als die Hauptvollmacht** (Bamberger/Roth/Valenthin § 167 Rn 35; Erman/Maier-Reimer § 167 Rn 64; PWW/Frensch § 167 Rn 53; Soergel/Leptien § 167 Rn 61; Bork Rn 1451; Wolf/Neuner § 50 Rn 35; Börner 34 f), sofern sich nicht gerade aus der Hauptbevollmächtigung selbst – sei es auch im Wege der Auslegung – etwas anderes ergibt (MünchKomm/Schramm § 167 Rn 103; NK-BGB/Ackermann § 167 Rn 68; Bous RNotZ 2004, 483, 487). Daher kann ein Hauptvertreter, der vom Vertretenen nicht von den Beschränkungen des § 181 befreit ist, den Untervertreter grundsätzlich hiervon nicht freistellen (KG DR 1941, 997; BayObLG BB 1993, 746; Bamberger/Roth/Valenthin § 181 Rn 34; BGB-RGRK/Steffen § 167 Rn 21; Erman/Maier-Reimer § 181 Rn 11; Hk-BGB/Dörner § 181 Rn 9; Jauernig § 181 Rn 9; MünchKomm/Schramm § 181 Rn 54; Palandt/Ellenberger

§ 181 Rn 18; PWW/Frensch § 167 Rn 53, § 181 Rn 14; Soergel/Leptien § 167 Rn 61, § 181 Rn 36; Baetzgen RNotZ 2005, 193, 200 f mwNw; Börner 35 f; AcP 170, 295, 302; Leitzen WM 2010, 637, 639; Robles Y Zepf BB 2012, 1876, 1881 f mwNw; Tebben DNotZ 2005, 173, 177 f; **aA** OLG Düsseldorf DNotZ 2005, 232; für organschaftliche Vertreter Schmidt-Ott ZIP 2007, 943, doch entscheidet auch hier allein die von der vertretenen juristischen Person erteilte – eingeschränkte – Rechtsmacht), sofern nicht die Auslegung der Hauptvollmacht Gegenteiliges ergibt (NK-BGB/Ackermann § 167 Rn 68; Bous RNotZ 2004, 483, 487 Fn 21; Maier-Reimer, in: FS Hellwig 215 f; Schmidt-Ott ZIP 2007, 943, 946) oder die Gefahr einer Interessenkollision (s § 181 Rn 6) erst gar nicht besteht, weil der Hauptvertreter das Geschäft selbst ohne Verstoß gegen § 181 vornehmen könnte (Ising NZG 2011, 841, 843 f). Der Hauptvertreter mit zeitlich begrenzter Hauptvollmacht kann grundsätzlich auch keine *zeitlich unbegrenzte Untervollmacht* erteilen (KG KGJ 37 A 239; Bamberger/Roth/Valenthin § 167 Rn 35; Soergel/Leptien § 164 Rn 61; zweifelnd Tempel 273; eine andere Auslegung der Hauptvollmacht ist aber auch insoweit möglich, s NK-BGB/Ackermann § 167 Rn 68; Bous RNotZ 2004, 483, 487). Ebenso ist bei einer widerruflichen Hauptvollmacht im Zweifel die Erteilung einer *unwiderruflichen Untervollmacht* ausgeschlossen (KG Recht 1923, 352; Bamberger/Roth/Valenthin § 167 Rn 35; Soergel/Leptien aaO).

Kommt es zu *Kollisionen* zwischen dem Handeln des Hauptvertreters und des Untervertreters, so gelten dieselben Regeln wie zwischen dem Vertretenen und dem Hauptvertreter (s § 164 Rn 10).

68 b) Bei Erlöschen der Hauptvollmacht kann die Untervollmacht mit Vertretungsbefugnis für den Geschäftsherrn fortbestehen, da sie sich nicht aus der Person des Hauptbevollmächtigten, sondern vom Vertretenen ableitet; sie ist zwar an das Bestehen, nicht aber an den Fortbestand der Hauptvollmacht gebunden (KG KGJ 37 A 239; Bamberger/Roth/Valenthin § 167 Rn 36; MünchKomm/Schramm § 167 Rn 103; NK-BGB/Ackermann § 167 Rn 69; PWW/Frensch § 167 Rn 53; Soergel/Leptien § 167 Rn 61; Bous RNotZ 2004, 483, 485 f mit Beispielen; Maier-Reimer, in: FS Hellwig 217 f; **aA** noch Gerlach 56, 76 und älteres Schrifttum). Eine entsprechende Beschränkung ist aber selbstverständlich möglich und durch Auslegung zu ermitteln (s BGH WM 1959, 377; NK-BGB/Ackermann § 167 Rn 69; Wolf/Neuner § 50 Rn 35; Bous RNotZ 2004, 483, 485). In diesem Fall handelt der Untervertreter im Verhältnis zum Vertretenen ohne Vertretungsmacht. Macht sich der Vertretene das Handeln des Untervertreters nunmehr rechtsgeschäftlich zu eigen, so liegt darin eine Genehmigung des vollmachtlosen Handelns.

69 Zum **Widerruf der Untervollmacht** ist einmal der Hauptvertreter berechtigt, weil er die Untervollmacht erteilt hat; er handelt insoweit dann für den Vertretenen (Wolf/Neuner § 50 Rn 35). Außerdem muss aber nach der hier vertretenen Auffassung von der Wirkung des Untervertreterhandelns gegenüber dem Vertretenen (s oben Rn 61) auch diesem das Widerrufsrecht zustehen (Bamberger/Roth/Valenthin § 167 Rn 36; NK-BGB/Ackermann § 167 Rn 69; PWW/Frensch § 167 Rn 53; Soergel/Leptien § 167 Rn 61; Flume § 49 5; Wolf/Neuner § 50 Rn 35; Gerlach 71; Maier-Reimer, in: FS Hellwig 218). Wird es ausgeübt, so ist dies zugleich als teilweiser Widerruf der Hauptvollmacht zu bewerten (s § 168 Rn 7).

4. Die Rechtsstellung des Untervertreters

a) Ein *rechtsgeschäftliches Innenverhältnis* besteht für den Untervertreter norma- 70
lerweise nur mit dem Hauptvertreter. Allerdings kann ein Innenverhältnis aus *Geschäftsführung ohne Auftrag* zum Vertretenen hinzutreten (NK-BGB/ACKERMANN § 167 Rn 66; ENNECCERUS/NIPPERDEY § 185 Fn 15). Ferner kann ein rechtsgeschäftliches Innenverhältnis zwischen dem Untervertreter und dem Vertretenen begründet werden, wenn der Hauptvertreter auch insoweit als Stellvertreter für den Vertretenen gehandelt hat (vgl PIKALO DNotZ 1943, 165). Bestehen für den Untervertreter Innenverhältnisse sowohl gegenüber dem Hauptvertreter als auch gegenüber dem Vertretenen, so wirken sich deren Anforderungen kumulativ aus.

b) Ob der *Hauptvertreter* dem Vertretenen für die Handlungen des Untervertreters 71
haftet, bestimmt sich nach dem Innenverhältnis zwischen dem Hauptvertreter und dem Vertretenen. Nach der Regelung in § 664 Abs 1 hat der Beauftragte bei erlaubter Substitution nur für das Auswahlverschulden zu haften, nicht auch für das Verschulden des Substituten; anders ist es gem § 664 Abs 2 bei unbefugter Substitution. § 664 wird zwar in § 675 nicht angeführt, das schließt aber die entsprechende Anwendung der Vorschrift auf Geschäftsbesorgungsverträge bei einem besonderem persönlichen Vertrauensverhältnis nicht aus (vgl RGZ 78, 310, 312; BGH NJW 1952, 257; STAUDINGER/MARTINEK [2006] § 664 Rn 21 mwNw, str, s auch NK-BGB/ACKERMANN § 167 Rn 66).

c) Im Rahmen des § 166 Abs 1 kommt es auf die **Willensmängel** sowie auf die 72
Kenntnis und das Kennenmüssen des Untervertreters an (ERMAN/MAIER-REIMER § 166 Rn 2; MünchKomm/SCHRAMM § 167 Rn 100; NK-BGB/ACKERMANN § 167 Rn 65; SCHILKEN 77 f; TEMPEL 274; GERLACH 64). Bindende Weisungen des Hauptvertreters an den Untervertreter lösen jedoch für den Vertretenen die Folgen des § 166 Abs 2 aus (RG Gruchot 58, 907; WarnR 1932 Nr 135; NK-BGB/ACKERMANN § 167 Rn 65; MünchKomm/SCHRAMM § 167 Rn 100; SCHILKEN 77 f mwNw; GERLACH 66; PIKALO DNotZ 1943, 170, 175).

d) Bei Mängeln in den Grundlagen der Untervertretung entsteht die mit den 73
beiden angeblichen Arten der Untervertretung (s Rn 61 f) verknüpfte Frage, ob der **Untervertreter als vollmachtloser Vertreter** gegenüber dem Dritten nach § 179 haftet, sofern nicht eine Genehmigung nach § 177 erfolgt; diese kann bei Mängeln der Hauptvollmacht nur vom Vertretenen, bei Mängeln der Untervollmacht auch vom insoweit bevollmächtigten Hauptvertreter erklärt werden (s Rn 74). Zur Haftungsfrage nimmt insbesondere der BGH von seinem Ansatzpunkt her (s oben Rn 62) konsequent an, dass im Falle *mangelnder Hauptvertretungsmacht*, aber *offen gelegter* und wirksamer *Untervertretung* der Untervertreter dem Dritten nicht nach § 179 haftet, sondern dass diese Haftung nur den Hauptvertreter trifft (BGHZ 32, 250, 254; 68, 391, 396; OLG Köln NJW-RR 1996, 212; ENNECCERUS/NIPPERDEY § 185 II 2 a). Mit zT anderer Begründung, welche die Haftung nach § 179 aus einem Einstehenmüssen für eine zu Unrecht behauptete Vertretungsmacht ableitet, die sich beim Untervertreter nur auf das Bestehen der Untervollmacht beziehe, wird diese Ansicht von der hL geteilt (BAMBERGER/ROTH/VALENTHIN § 179 Rn 34; ERMAN/MAIER-REIMER § 167 Rn 65; JAUERNIG § 179 Rn 3; MünchKomm/SCHRAMM § 167 Rn 99; NK-BGB/ACKERMANN § 167 Rn 73; PALANDT/ELLENBERGER § 167 Rn 12 und § 179 Rn 3; BITTER § 10 Rn 197; BOECKEN Rn 678; BORK Rn 1452; BREHM Rn 493; FLUME § 49 5; GRIGOLEIT/HERRESTHAL Rn 426; HÜBNER Rn 1252 f; KÖHLER § 11 Rn 73;

Leenen § 16 Rn 27; Medicus Rn 996; Pawlowski Rn 749; Rüthers/Stadler § 32 Rn 10; Wolf/Neuner § 50 Rn 38, § 51 Rn 35; Maier-Reimer, in: FS Hellwig 219 f; Mertens JuS 1961, 315 ff; Petersen Jura 1999, 401, 402 f; wohl auch PWW/Frensch § 179 Rn 22; Brehm Rn 493). Andere (BGB-RGRK/Steffen § 167 Rn 21; Soergel/Leptien § 167 Rn 62; Brox/Walker Rn 548; Faust § 28 Rn 4; Leipold §§ 26 Rn 27; Gerlach 81; Tempel 274) wollen hingegen den Untervertreter nach § 179 haften lassen, sofern seine Haftung nicht – zulässigerweise – (Soergel/Leptien § 167 Rn 62) – abbedungen worden sei. Zusätzlich hafte dann jedenfalls der Hauptvertreter nach § 179, wenn der Untervertreter auf ihn als Grundlage seines Vertreterhandelns hingewiesen hat (Soergel/Leptien § 167 Rn 62; Tempel 274; Gerlach 82; vgl auch RG SeuffA 87 Nr 105).

Zu folgen ist der hM, da der Untervertreter zwar Rechtswirkungen in der Person des Geschäftsherrn herbeiführen will, dafür aber bei Offenlegung der Untervertretung nur das Vertrauen des Geschäftsgegners in den Bestand dieser Vollmacht in Anspruch nimmt; ein weiteres Vertrauen des Gegners auf das Bestehen der Hauptvollmacht knüpft demgegenüber an die Person des Hauptvertreters an (zust zB Bamberger/Roth/Valentin § 179 Rn 34; Erman/Maier-Reimer § 167 Rn 65; MünchKomm/Schramm § 167 Rn 99; NK-BGB/Ackermann § 167 Rn 73; PWW/Frensch § 179 Rn 22). Das Argument, § 179 stelle nicht auf den Grund für das Fehlen der Vollmacht ab, kann nicht überzeugen, weil es hier nicht um einen im Verhältnis des Handelnden zum Geschäftsherrn begründeten Mangel geht. Diese Lösung, die keines Rückgriffs auf die Ansicht von der Vertretung des Vertreters bedarf, erscheint auch interessengerecht (anders aber zB Soergel/Leptien § 167 Rn 62), da der Untervertreter die Vertretungsmacht des Hauptvertreters idR nicht leichter nachprüfen kann als der Geschäftspartner (BGHZ 32, 254; Flume § 49 5). Die zur Vermeidung der Haftung notwendige Offenlegung der Untervertretung führt auch zu einer angemessenen Verlagerung des Insolvenzrisikos vom Untervertreter auf den Hauptvertreter, der dem Dritten gemäß oder analog § 179 haftet (s dazu Bork Rn 1452 f; Leenen § 16 Rn 27; Petersen Jura 1999, 401, 402 f).

Hat hingegen der Untervertreter bei fehlender Hauptvertretungsmacht seine bestehende Untervertretungsmacht *nicht offen gelegt,* so besteht kein Grund, ihn von der Haftung nach § 179 zu verschonen (BGHZ 68, 391, 395; BGH NJW 1977, 1535, 1536; Bamberger/Roth/Valentin § 179 Rn 3; Erman/Maier-REimer § 167 Rn 65; MünchKomm/Schramm § 167 Rn 99; NK-BGB/Ackermann § 167 Rn 73; PWW/Frensch § 167 Rn 50, § 179 Rn 22; Eisenhardt Rn 454; Flume § 49 5; Grigoleit/Herresthal Rn 420; Wolf/Neuner § 50 Rn 38, § 51 Rn 36; Maier-Reimer, Fs Hellwig 219; Petersen Jura 1999, 401, 403).

74 Fehlt es bei *gültiger Hauptvollmacht* an der Untervollmacht, so haftet der Untervertreter nach allen Auffassungen aus § 179 (BGHZ 68, 391, 397; Bamberger/Roth/Valentin § 179 Rn 33; Erman/Maier-Reimer § 167 Rn 65; MünchKomm/Schramm § 167 Rn 99; NK-BGB/Ackermann § 167 Rn 72; PWW/Frensch § 179 Rn 21; Soergel/Leptien § 167 Rn 62; Boecken Rn 678; Bork Rn 1451; Eisenhardt Rn 454; Flume § 49 5; Hübner Rn 1252; Köhler § 11 Rn 73; Medicus Rn 950, 996; Rüthers/Stadler § 32 Rn 10; Schmidt Rn 741; Wolf/Neuner § 51 Rn 34). Beim Handeln aufgrund gültiger Hauptvollmacht und fehlender Untervollmacht können sowohl der Vertretene als auch der Hauptvertreter genehmigen (MünchKomm/Schramm § 167 Rn 98; NK-BGB/Ackermann § 167 Rn 71; PWW/Frensch § 179 Rn 21; Soergel/Leptien § 167 Rn 62; Flume § 49 5; Tempel 274; Gerlach 77). Genehmigt der Hauptvertreter, so entfällt nach der Auffassung des BGH die Haftung des Untervertreters aus § 179 auch dann, wenn die Hauptvollmacht mangelhaft war (BGH BB

1963, 1193; ebenso OLG Köln NJW-RR 1996, 212; iE unstr, s etwa MünchKomm/Schramm § 167 Rn 99; NK-BGB/Ackermann § 167 Rn 72).

V. Nichtigkeit und Anfechtbarkeit der Bevollmächtigung

1. Die Nichtigkeit

a) Für die Bevollmächtigung gelten dieselben **Nichtigkeitsgründe** wie für andere Willenserklärungen. Was die Kenntnis eines geheimen Vorbehalts (§ 116 S 2) oder das Einverständnis mit einer Scheinerklärung (§ 117 Abs 1) angeht, so kommt es grundsätzlich bei der Innenvollmacht auf den Bevollmächtigten, bei der Außenvollmacht auf den Dritten an (Flume § 52 5 b; Wolf/Neuner § 50 Rn 30, allgM). Dennoch sind einige Konstellationen zweifelhaft und umstritten. Vor allem bei interner Bevollmächtigung in *Mentalreservation* ergeben sich Zweifel an der Wirksamkeit im Hinblick auf § 116 S 2, wenn der Geschäftsgegner – nicht aber der Vertreter – den Vorbehalt kennt. Aus § 166 Abs 2 lässt sich gegen die der Abstraktheit der Vollmacht entsprechende Nichtberücksichtigung dieser Kenntnis nichts herleiten (anders Müller-Freienfels 406), da es um die Zurechnung des Wissens des Dritten geht (Schilken 42 f). Eine generelle Berücksichtigung seiner Kenntnis (s etwa BGB-RGRK/Steffen § 167 Rn 26; MünchKomm/Schramm § 167 Rn 105) ist zum Schutz des Vertreters, der zudem ein Eigeninteresse an der Vornahme des Rechtsgeschäfts haben kann, abzulehnen; nur wenn die Vollmacht nicht in seinem Interesse erteilt ist, kann die Trennung zwischen Vollmacht und Vertretergeschäft über eine Analogie zu § 116 S 2 überwunden werden (Flume § 52 5 b; Schilken 42 f; ganz abl NK-BGB/Ackermann § 167 Rn 19; Soergel/Leptien § 166 Rn 20). – Keineswegs kann die Zielrichtung der Bevollmächtigung auf den Abschluss von Vertretergeschäften so weit führen, dass umgekehrt die interne Vollmacht bei Kenntnis des Vertreters und Unkenntnis des Geschäftspartners wirksam bleibt (BGB-RGRK/Steffen § 167 Rn 26; NK-BGB/Ackermann § 167 Rn 19; Flume § 52 5 b; Schilken 43; aA BGH NJW 1966, 1915, 1916; Soergel/Leptien § 166 Rn 20). – Entsprechendes gilt für den Fall des *Scheingeschäfts* gem § 117 Abs 1 (Flume § 52 5 b; Schilken 43, ebenfalls str, s MünchKomm/Schramm § 167 Rn 105; NK-BGB/Ackermann § 167 Rn 19; Soergel/Leptien § 166 Rn 20). – Die *Scherzvollmacht* (§ 118) ist in jedem Fall nichtig, ohne dass subjektive Anforderungen erfüllt sein müssen (MünchKomm/Schramm § 167 Rn 106; NK-BGB/Ackermann § 167 Rn 20); für den Anspruch nach § 122 (s Schilken 43 f) gelten die für die Anfechtung maßgeblichen Grundsätze (Rn 77 ff; zust NK-BGB/Ackermann § 167 Rn 20). Eine Nichtigkeit kann sich (wegen des Abstraktionsprinzips nur) ausnahmsweise gemäß § 139 bei der Innenvollmacht auch wegen Unwirksamkeit des Grundgeschäfts ergeben (s Vorbem 33 zu §§ 164 ff). Zur AGB-Kontrolle bei formularmäßig erteilten Vollmachten s Rn 13.

75

Nichtig ist die Vollmachtserteilung ferner, wenn sie von oder gegenüber einem *Geschäftsunfähigen* vorgenommen wurde, bzw von oder gegenüber einer Person, die sich im Zustand der vorübergehenden Störung der Geistestätigkeit befand (BGB-RGRK/Steffen § 167 Rn 25). Die Vollmacht eines beschränkt Geschäftsfähigen ist weder generell lediglich rechtlich vorteilhaft iSd § 107 noch stets nachteilig; vielmehr ist für die Beurteilung nach § 107 auf das vorgesehene Vertretergeschäft abzustellen; bei Nachteiligkeit bedarf sie der Einwilligung des gesetzlichen Vertreters, ansonsten greift § 111 S 1 ein (Erman/Müller § 111 Rn 2 mwNw; MünchKomm/Schramm § 167 Rn 5, Rn 9; NK-BGB/Ackermann § 167 Rn 10; Palandt/Ellenberger § 111 Rn 1; PWW/Frensch

§ 167 Rn 19; Soergel/Leptien § 167 Rn 4; Bork Rn 1461; Flume § 52 3; Grigoleit/Herresthal Rn 414; Paal/Leyendecker JuS 2006, 25, 29; **aA** [§ 108 anwendbar] Köhler § 11 Rn 24; Wolf/Neuner § 50 Rn 18; Müller-Freienfels 243 ff; s schon oben Rn 11).

75a Eine Nichtigkeit der Bevollmächtigung ist nach der gefestigten Rechtsprechung auch in solchen Fällen anzunehmen, in denen ein Geschäftsbesorgungsvertrag (zB zur Abwicklung eines Grundstückserwerbs im Bauträgermodell) wegen *Verstoßes gegen Art 1 § 1 RBerG aF – jetzt § 3 RDG –* nichtig und dem rechtsbesorgenden Treuhänder hierzu eine Ausführungsvollmacht erteilt worden war (st Rspr seit BGHZ 145, 265 = NJW 2001, 70, zuletzt BGH NJW 2012, 2434 [m Anm Schilken LMK 342329]; w Nachw oben Rn 35a; ausf Staudinger/Sack/Seibl [2011] § 134 Rn 272 f m umfangr Nachw; s auch Münch-Komm/Schramm § 167 Rn 52a ff, Rn 106a; NK-BGB/Ackermann § 167 Rn 32, jew mwNw; Wertenbruch § 29 Rn 16; Armbrüster NJW 2009, 2167, 2168; Joswig ZfIR 2003, 533 und 2004, 45; Wertenbruch DStR 2004, 917; zu Recht **krit** zB Edelmann DB 2001, 687; Ganter WM 2001, 195; Hellgardt/Majer WM 2004, 2380 ff; Herrmanns DNotZ 2001, 6, 8 f; Kleine-Cosack BB 2003, 1737 mwNw; Mülbert/Hogel WM 2004, 2281; Petersen Jura 2004, 829; ZfIR 2003, 577, 578 f; zur Abgrenzung bei überwiegend wirtschaftlicher Geschäftsbesorgung s BGH NJW-RR 2012, 35 mwNw). Die Nichtigkeitswirkung, deren Umfang sich nicht (allein) nach § 139 (vgl BGH NJW 2001, 3774, 3775; 2002, 66, 67; 2007, 1131, 1133; WM 2004, 21, 23; NJW-RR 2007, 395, 396 mwNw und Anm Weber EWiR 2007, 451; s auch OLG Frankfurt NJW-RR 2005, 1514, 1515; OLG München WM 2005, 1986, 1987; OLG Dresden OLGR 2007, 717; Hellgardt/Majer WM 2004, 2380, 2383; Petersen Jura 2004, 829, 830), sondern auch nach dem Zweck des RBerG aF (bzw § 3 RDG) bestimmt, erstreckt sich dabei nach der Rechtsprechung insbes des BGH ggf auch auf die vom Bevollmächtigten erklärte Unterwerfung unter die sofortige Zwangsvollstreckung gem § 794 Abs 1 Nr 5 ZPO (s etwa BGH NJW 2003, 1594, 1595; 2004, 59, 60 und 62, 63; 2004, 839, 840, 841, 843 und 844, 845; 2005, 1576, 1577; 2007, 1813, 1816; BGHR BGB § 167 Vollmacht 1; NK-BGB/Ackermann § 167 Rn 32; w Nachw s oben Rn 33, Rn 35a; **aA** OLG Karlsruhe WM 2003, 1223, 1225 f). Zu daran anknüpfenden Rechtsscheinswirkungen s Rn 35. Im Übrigen kann sich die Berufung auf die Nichtigkeit in Ausnahmefällen als eine unzulässige Rechtsausübung (§ 242) darstellen (BGH NJW 2007, 1130, 1131; 2012, 3424, 3425 f mwNw und Anm Schilken LMK 2013, 342329).

76 b) Ist die nach § 167 erfolgte *Bevollmächtigung nichtig,* so kann je nach Nichtigkeitsgrund uU dennoch auf der Grundlage der §§ 170 ff Vertretungsmacht bestehen (s Rn 35 zur Nichtigkeit gem § 134 iVm Art 1 § 1 RBerG aF). Dies gilt allerdings nicht, wenn sich die Nichtigkeit der Vollmacht aus der vorgelegten Urkunde entnehmen lässt (RGZ 108, 125, 128). Liegen die §§ 170 ff nicht vor, so ist das auf der Grundlage einer nichtigen Vollmacht vorgenommene Rechtsgeschäft ohne Vertretungsmacht getätigt worden; es finden die Regeln der §§ 177 ff Anwendung (RGZ 69, 263, 267; BGB-RGRK/Steffen § 167 Rn 25; MünchKomm/Schramm § 167 Rn 105; Soergel/Leptien § 166 Rn 20). Der Vertreter haftet also nach Maßgabe des § 179, bei Kenntnis oder Kennenmüssen des Dritten greift freilich der Haftungsausschluss des § 179 Abs 3 S 1 (Soergel/Leptien § 166 Rn 20).

2. Die Anfechtung

77 a) Grundsätzlich gelten für eine **Anfechtung der Bevollmächtigung** die allgemeinen Anfechtungsregeln der §§ 119, 123 (Bamberger/Roth/Valenthin § 167 Rn 54; Erman/Maier-Reimer § 167 Rn 44 ff; Hk-BGB/Dörner § 167 Rn 3; Jauernig § 167 Rn 11; MünchKomm/

Schramm § 167 Rn 107 ff; NK-BGB/Ackermann § 167 Rn 21; Palandt/Ellenberger § 167 Rn 3; PWW/Frensch § 167 Rn 15; Soergel/Leptien § 167 Rn 7; Bork Rn 1472; Flume § 52 5 a; Pawlowski Rn 734 ff; Schmidt Rn 793; Wolf/Neuner § 50 Rn 22 ff; Schilken 25 ff mwNw; ausführlich auch Stüsser 32 ff; Becker/Schäfer JA 2006, 597, 599 ff; Petersen AcP 201, 3785 ff; Schwarze JZ 2004, 588 ff; s auch HKK/Schmoeckel §§ 164–181 Rn 19). Sie haben zwar bei einer widerruflichen Vollmacht wegen der freien Widerrufsmöglichkeit (s § 168 Rn 4) kaum praktische Bedeutung; jedoch ist der Widerruf kein die Anfechtung verdrängendes spezielles Rechtsinstitut (vgl Erman/Maier-Reimer § 167 Rn 26; NK-BGB/Ackermann § 167 Rn 21; Brox JA 1980, 449, 450) und zur Beseitigung einer unwiderruflichen Vollmacht bedarf es ohnehin ggf der Anfechtung. Anfechtungsgegner ist nach der allein maßgeblichen Norm des § 143 Abs 3 S 1 jedenfalls vor Vornahme eines Vertretergeschäfts bei einer Innenvollmacht der Vertreter, bei einer Außenvollmacht der Dritte (BGB-RGRK/Steffen § 167 Rn 27; Erman/Maier-Reimer § 143 Rn 7, § 167 Rn 26; MünchKomm/Schramm § 167 Rn 109; NK-BGB/Feuerborn § 143 Rn 20; Palandt/Ellenberger § 143 Rn 6, § 167 Rn 3; PWW/Ahrens § 143 Rn 8; Soergel/Leptien § 166 Rn 22; Staudinger/Roth [2010] § 143 Rn 34 f; Boecken Rn 628; Flume § 31 5 b; Hübner Rn 1248; Köhler § 11 Rn 28; Medicus Rn 721; Wolf/Neuner § 41 Rn 20; Schilken 36 ff; Becker/Schäfer JA 2006, 597, 599; aA und für ein Wahlrecht Jauernig § 167 Rn 11; Soergel/Hefermehl § 143 Rn 10; Enneccerus/Nipperdey § 203 III 8 a; Schmidt Rn 803). – Das sehr umstrittene Problem einer evtl **Einschränkung der Anfechtbarkeit** entsteht aber bei der Bevollmächtigung, wenn der Bevollmächtigte aufgrund der Vollmacht bereits Rechtsgeschäfte für den Vertretenen vorgenommen hat. *Nach betätigter Vollmacht* kann sich nämlich die Trennung der Bevollmächtigung vom Vertretergeschäft (s Vorbem 22 zu §§ 164 ff und oben Rn 10) zumindest *bei der Innenvollmacht* nachteilig für den Kontrahenten auswirken. Der in der zweiten Kommission gestellte Antrag, Willensmängeln der Bevollmächtigung Wirkung auch für das Vertretergeschäft beizumessen, wurde abgelehnt (vgl Flume § 52 5 a). Deshalb gibt es Bestrebungen, den Kontrahenten in solchen Fällen zu schützen.

b) Am weitesten geht die Auffassung, eine *rückwirkende Anfechtung* der betätig- **78** ten Innenvollmacht sei überhaupt *ausgeschlossen* (BGB-AK/Ott § 167 Rn 9 f, 15; Brox/Walker Rn 571 ff, 574; Schack Rn 517 ff; Brox JA 1980, 449, 450 ff; Eujen/Frank JZ 1973, 237; Prölss JuS 1985, 577, 582; vgl auch Müller-Freienfels 404). Nach einer insbesondere von Müller-Freienfels (404) im Zusammenhang mit seiner Lehre vom einheitlichen Gesamttatbestand der Bevollmächtigung und des Vertretergeschäfts (s Vorbem 32 zu §§ 164 ff) vertretenen Ansicht soll die Anfechtbarkeit einer betätigten Vollmacht auf diejenigen Fälle beschränkt bleiben, in denen der Willensmangel des Vertretenen für das Vertretergeschäft relevant geworden ist (s auch Brox/Walker Rn 574; Eujen/Frank JZ 1973, 235: „Durchschlagen"; Brox JA 1980, 449, 451 ff; ähnlich Petersen AcP 201, 375, 379 ff: bei Fehleridentität; Stüsser 85 ff; Waldeyer 11 ff).

Eine solche die Anfechtung einschränkende Auffassung steht jedoch mit der ganz überwiegenden Einordnung der Bevollmächtigung als einseitigem und vom Vertretergeschäft getrenntem Rechtsgeschäft (s oben Rn 10) nicht im Einklang (Bamberger/Roth/Valenthin § 167 Rn 55; BGB-RGRK/Steffen § 167 Rn 27; Erman/Maier-Reimer § 167 Rn 46; Jauernig § 167 Rn 11; MünchKomm/Schramm § 167 Rn 108 ff; NK-BGB/Ackermann § 167 Rn 24; Palandt/Ellenberger § 167 Rn 3; PWW/Frensch § 167 Rn 15; Soergel/Leptien § 166 Rn 22; StudKomm § 167 Rn 2; Bitter § 10 Rn 124; Boemke/Ulrici § 13 Rn 74; Bork, Rn 1474; Faust § 28 Rn 9; Flume § 52 5; Grigoleit/Herresthal Rn 444; Hübner Rn 1228, 1246 ff; Köh-

§ 167

LER § 11 Rn 28; LEIPOLD § 24 Rn 38; MEDICUS Rn 945; WERTENBRUCH § 30 Rn 2, Rn 5; WOLF/NEUNER § 50 Rn 25; BECKER/SCHÄFER JA 2006, 597, 599 f; BEUTHIEN, in: FG Bundesgerichtshof 97 f Fn 72; EDENFELD JuS 2005, 42, 45; ausführlich SCHILKEN 25 ff mwNw; LIPP JuS 2000, 267, 270 f; KELLERMANN JA 2004, 405 f; MOCK JuS 2008, 391, 393; PFEIFER JuS 2004, 694, 696; SCHWARZE JZ 2004, 588, 590 ff). Diese führt zu sachgerechten Ergebnissen (s noch Rn 81 f), ist systemgerecht und kann mit Parallelen zu den Regeln der Anscheinsvollmacht (BROX/WALKER Rn 574; s dazu auch SCHWARZE JZ 2004, 588, 591) nach der dazu hier vertretenen Auffassung (s Rn 28 ff) nicht widerlegt werden.

79 c) Nach anderer Auffassung soll dem Interesse des Kontrahenten dadurch Rechnung getragen werden, dass er, entgegen dem eindeutigen Wortlaut des § 143 Abs 3, auch bei der ausgeübten internen Vollmacht als (zT: zusätzlicher) **Anfechtungsgegner** anerkannt wird, wenn der Anfechtungsgrund ihm gegenüber besteht (ERMAN/MAIER-REIMER § 167 Rn 46; Hk-BGB/DÖRNER § 167 Rn 4; HKK/SCHERMAIER §§ 142–144 Rn 17; MünchKomm/BUSCHE § 143 Rn 13; NK-BGB/ACKERMANN § 167 Rn 25; NK-BGB/FEUERBORN § 143 Rn 20; PWW/AHRENS § 143 Rn 8; SOERGEL/HEFERMEHL § 143 Rn 10; STAUDINGER/ROTH [2010] § 143 Rn 35; StudKomm § 167 Rn 2; BITTER § 10 Rn 126 f; BOECKEN Rn 629; BOEMKE/ULRICI § 13 Rn 74; FLUME § 31 5 b, § 52 5 c; KÖHLER § 11 Rn 28; LEIPOLD § 24 Rn 39; MEDICUS Rn 945; RÜTHERS/STADLER, § 30 Rn 31; SCHMIDT Rn 800 ff; WERTENBRUCH § 30 Rn 4; NEUNER/WOLF § 41 Rn 20; MÜLLER-FREIENFELS 403 ff; BECKER/SCHÄFER JA 2006, 597, 600; BEUTHIEN, in: FG Bundesgerichtshof 97 f Fn 72; EDENFELD JuS 2005, 42, 46; KELLERMANN JA 2005, 405 f; PETERSEN AcP 2001, 375, 385 f; PFEIFER JuS 2004, 694, 696); bei der externen Vollmacht muss die Anfechtung ohnehin gegenüber dem Erklärungsempfänger erfolgen (BAMBERGER/ROTH/VALENTHIN § 167 Rn 57) und bei der mitgeteilten Vollmacht diesem jedenfalls kund gegeben werden (BAMBERGER/ROTH/VALENTHIN § 167 Rn 57; MünchKomm/SCHRAMM § 167 Rn 110). Dieser Auffassung ist jedoch gleichfalls nicht zu folgen. Der Relativsatz des § 143 Abs 3 S 1 deckt sie nicht, sondern umschreibt nur den wirklichen Empfänger der Willenserklärung (so auch nachdrücklich FLUME § 52 5 c; SCHILKEN 32, 37). Selbst wenn es – eher bei Spezialvollmacht als bei Generalvollmacht – bei der Anfechtung letztlich nur um die Beseitigung des Vertretergeschäftes geht, ist zu bedenken, dass der Dritte lediglich auf die Vollmachtsbehauptung des Vertreters vertrauen durfte, sodass die am Trennungsprinzip orientierte Bestimmung des *Vertreters als Anfechtungsgegners* keine sachwidrige Lösung des durch § 179 geschützten Dritten erbringt (BAMBERGER/ROTH/VALENTHIN § 167 Rn 55, Rn 57; HKK/SCHMOECKEL §§ 164–181 Rn 19; JAUERNIG § 167 Rn 11; MünchKomm/SCHRAMM § 167 Rn 109, 111; PALANDT/ELLENBERGER § 167 Rn 3; PWW/FRENSCH § 167 Rn 18; BORK Rn 1475; FAUST § 28 Rn 11; GRIGOLEIT/HERRESTHEL Rn 446; KINDL 59; ausf SCHILKEN 37 f; STÜSSER 43 f; MOCK JuS 2008, 391, 393); insofern ist auch eine durch analoge Anwendung der Widerrufsregelung (§§ 168 S 3, 167 Abs 1) zu füllende Gesetzeslücke nicht vorhanden. Für die durch Mitteilung oder Urkunde besonders kundgemachte interne Vollmacht (§§ 171 Abs 1, 172 Abs 1) gilt nichts Besonderes, sie kann und muss wie eine Außenvollmacht gegenüber dem Dritten angefochten werden (ERMAN/MAIER-REIMER § 171 Rn 7; MünchKomm/SCHRAMM § 167 Rn 112; FLUME § 49 2 c; MEDICUS Rn 947; SCHILKEN 29 f, 36 ff mwNw).

80 d) Als **Gründe für eine Anfechtung nach § 119** kommen grundsätzlich sämtliche Irrtumsfälle in Betracht, auch derjenige über persönliche Eigenschaften des Vertreters (ERMAN/MAIER-REIMER § 167 Rn 44; MünchKomm/SCHRAMM § 167 Rn 108; SCHILKEN 26 ff; STÜSSER 53 ff, 82 ff; **aA** WOLF/NEUNER § 50 Rn 25, Rn 28; FLUME § 52 5 c nach Abschluss des Vertretergeschäfts). Allerdings kann hier die Einschränkung der Anfechtbarkeit im

Hinblick auf § 119 Abs 1, letzter HS besondere Bedeutung erlangen (vgl SCHILKEN 26).

Im Falle einer für die Bevollmächtigung kausalen **arglistigen Täuschung** des Vertretenen durch den Kontrahenten wird nach hM dem Vertreter der Schutz des § 123 Abs 2 zugebilligt, wenn die Vollmacht in seinem Interesse erteilt war (BGB-RGRK/ STEFFEN § 167 Rn 27; MünchKomm/SCHRAMM § 167 Rn 113; NK-BGB/ACKERMANN § 167 Rn 30; PWW/FRENSCH § 167 Rn 16; SOERGEL/LEPTIEN § 166 Rn 26; FLUME § 52 5 d; MÜLLER-FREIENFELS 407; SCHILKEN 30 ff mwNw; aA ENNECCERUS/NIPPERDEY § 204 III 8; LEHMANN/HÜBNER § 36 V 2 a). Ansonsten gelten die Regeln des § 123 Abs 1 und 2, sodass die interne Bevollmächtigung bei Täuschung durch den Vertreter und im Übrigen (analog § 123 Abs 2 S 2) wie die externe Bevollmächtigung bei Täuschung durch den Dritten (§ 123 Abs 1) sowie bei dessen Kenntnis oder Kennenmüssen (§ 123 Abs 2 S 1) anfechtbar ist (MünchKomm/SCHRAMM § 167 Rn 113; NK-BGB/ACKERMANN § 167 Rn 30; PWW/FRENSCH § 167 Rn 16; SOERGEL/LEPTIEN § 166 Rn 26 mwNw; FLUME § 52 5 d; WOLF/NEUNER § 50 Rn 27). – Bei einer *widerrechtlichen Drohung* ist der Vertretene in jedem Fall zur Anfechtung der Vollmacht berechtigt (NK-BGB/ACKERMANN 3 167 Rn 29; FLUME § 52 5 d), bei entsprechender Kausalität der Drohung auch des vorgenommenen Vertretergeschäftes (s § 166 Rn 17; ebenso NK-BGB/ACKERMANN § 167 Rn 29).

e) Aufgrund der durch wirksame Anfechtung *ex tunc beseitigten Vollmacht* hat **81** der Vertreter als **falsus procurator** gehandelt, sodass er dem Kontrahenten grundsätzlich nach § 179 – mangels Kenntnis idR nach Abs 2 auf das negative Interesse – haftet (BAMBERGER/ROTH/VALENTHIN § 167 Rn 55; JAUERNIG § 167 Rn 11; NK-BGB/ACKERMANN § 167 Rn 27; PWW/FRENSCH § 167 Rn 17; SOERGEL/LEPTIEN § 166 Rn 22; BORK Rn 1479, 1621; ENNECCERUS/NIPPERDEY § 203 III 8; FAUST § 28 Rn 12; FROTZ 325 f; MOCK JuS 2008, 391, 393; vgl auch § 166 Rn 17. – **AA** bei Anfechtung einer *Außenvollmacht* wegen Vorrangs des § 122 MünchKomm/SCHRAMM § 167 Rn 110; einschränkend auch STÜSSER 44 ff mwNw; SCHWARZE JZ 2004, 588 f, 595; zum evtl Vorrang eines Anspruchs gegen den Vertretenen aus § 122 bei Anfechtung der *Innenvollmacht* s noch Rn 82). Allerdings greift diese Haftung gem § 179 Abs 3 S 2 nicht ein, wenn der Vertreter beschränkt geschäftsfähig war und ohne Zustimmung seines gesetzlichen Vertreters gehandelt hat (SOERGEL/LEPTIEN § 166 Rn 23). FLUME (§ 52 5 e; zust PAWLOWSKI Rn 738) sieht allerdings durch die Haftung nach § 179 den Vertreter überfordert, weil man ihn für Willensfehler des Vertretenen einstehen lässt. Er wendet sich daher grundsätzlich gegen eine Haftung des wegen Vollmachtsanfechtung nunmehr vollmachtlosen Vertreters, sofern dieser nicht die Anfechtbarkeit kannte oder kennen musste (§ 142). Die Haftungsfolge rechtfertigt sich aber doch aus der Tatsache, dass der Vertreter dem von ihm mit dem Dritten geschlossenen Geschäft die Behauptung einer Vollmacht zugrunde legt, auf die der Dritte vertrauen kann; im Verhältnis zum Dritten sollte er das Risiko für deren Bestehen schlechthin tragen, nicht anders als etwa im Falle einer wegen Geschäftsunfähigkeit des Vollmachtgebers unwirksamen Vollmacht (vgl SCHILKEN 41; STÜSSER 47 ff; zust auch NK-BGB/ACKERMANN § 167 Rn 27; PWW/FRENSCH § 167 Rn 17).

Nach wirksamer Anfechtung der Vollmacht entsteht die Frage, wem **Ansprüche nach** **82** **§ 122 Abs 1** zustehen. Im Falle der Anfechtung einer externen Vollmacht ist dies – vorbehaltlich des Ausschlusses nach Abs 2 – sicher der Kontrahent des Vertretenen (ERMAN/MAIER-REIMER § 167 Rn 46; MünchKomm/SCHRAMM § 167 Rn 110; NK-BGB/ACKERMANN § 167 Rn 26; PWW/FRENSCH § 167 Rn 17; SOERGEL/LEPTIEN § 166 Rn 23; BORK Rn 1473; FLUME

§ 52 5 c; PAWLOWSKI Rn 738; SCHILKEN 38; STÜSSER 44; MOCK JuS 2008, 391, 393). Analog § 122 kann aber auch ein Ersatzanspruch des gutgläubigen Vertreters wegen seiner Haftung aus § 179 Abs 2 in Betracht stehen (BAMBERGER/ROTH/VALENTHIN § 167 Rn 56; BGB-RGRK/STEFFEN § 167 Rn 26; NK-BGB/ACKERMANN § 167 Rn 26; PALANDT/ELLENBERGER § 167 Rn 3; PWW/FRENSCH § 167 Rn 17; SOERGEL/LEPTIEN § 166 Rn 23; ähnlich BORK Rn 1473: eher über § 426; dem zust FAUST § 28 Rn 12), der ihm ohnehin bei Anfechtung einer Innenvollmacht zusteht (s nur BAMBERGER/ROTH/VALENTHIN § 167 Rn 56). – Umgekehrt wird nach der wirksamen Anfechtung einer internen Vollmacht auch dem Kontrahenten von der ganz hL ein Ersatzanspruch nach § 122 gegen den Vertretenen – überwiegend bei gleichzeitigem Ausschluss der Haftung des Vertreters in teleologischer Reduktion des § 179 Abs 2 – zugebilligt (BAMBERGER/ROTH/VALENTHIN § 167 Rn 55; BGB-RGRK/STEFFEN § 167 Rn 26; ERMAN/MAIER-REIMER § 167 Rn 46; MünchKomm/SCHRAMM § 167 Rn 111; NK-BGB/ACKERMANN § 167 Rn 26; PALANDT/ELLENBERGER § 167 Rn 3; PWW/FRENSCH § 167 Rn 18; SOERGEL/LEPTIEN § 166 Rn 23; BOECKEN Rn 629; FLUME § 52 5 c; GRIGOLEIT/HERRESTHAL Rn 456, Rn 402; HÜBNER Rn 1248; MEDICUS Rn 945; SCHMIDT Rn 805; WERTENBRUCH § 30 Rn 5; WOLF/NEUNER § 50 Rn 26; BECKER/SCHÄFER JA 2006, 597, 600, 601; KELLERMANN JA 2005, 406, 407; MOCK JuS 2008, 391, 393; PFEIFER JuS 2004, 694, 696 f; SCHWARZE JZ 2004, 588, 594 f; vgl auch PETERSEN AcP 201, 375, 385 ff. – **Abl** BORK Rn 1473, Rn 1479; ENNECCERUS/NIPPERDEY § 203 III 8 b; FAUST § 28 Rn 12; CANARIS 546; SCHILKEN 39 ff mwNw; STÜSSER 49 ff; LÜDERITZ JuS 1976, 765, 770).

Es ist aber zu bedenken, dass ein unmittelbarer Kontakt des Vertretenen zum Dritten in diesem Fall fehlt und dieser nur auf die Vollmachtsbehauptung des Vertreters vertrauen kann. Deshalb erscheint es sachgemäß, den Dritten mit dem Bonitätsrisiko seines Anspruchs gegen den Vertreter gem § 179 (s Rn 81) zu belasten, falls er nicht ohnehin dessen Anspruch aus § 122 gegen den Geschäftsherrn verwerten kann (vgl dazu FLUME § 52 5 e). IÜ kann durchaus auch der Stellvertreter der vermögendere Schuldner sein. Die zT vertretene kumulative Gewährung eines Anspruchs aus § 179 gegen den Vertreter und analog § 122 gegen den Vertretenen (BAMBERGER/ROTH/VALENTHIN § 167 Rn 55; JAUERNIG § 167 Rn 11; MünchKomm/SCHRAMM § 167 Rn 111; NK-BGB/ACKERMANN § 167 Rn 28; PWW/FRENSCH § 167 Rn 18; SOERGEL/LEPTIEN § 166 Rn 23; HOFFMANN JuS 1970, 571; **abl** HÜBNER Rn 1248 f; WOLF/NEUNER § 50 Rn 32; SCHILKEN 39 f) unterstellt eine nicht bestehende Gesetzeslücke und stellt – auch im Vergleich zur Außenbevollmächtigung – eine ungerechtfertigte Bevorzugung dar. Haftet der Stellvertreter wegen beschränkter Geschäftsfähigkeit nach § 179 Abs 3 S 2 nicht (vgl FLUME § 52 5 e), so erscheint die Gleichstellung mit Fällen des Fehlens der Vertretungsmacht aus sonstigen Gründen weniger überzeugend und die Gewährung eines Anspruchs analog § 122 erwägenswert (s BAMBERGER/ROTH/VALENTHIN § 167 Rn 55), doch kann hier mit Anwendung der Regeln über die Drittschadensliquidation geholfen werden (vgl SCHILKEN 40 f; BORK Rn 1479).

82a In keinem Fall können entgegen einer verbreitet vertretenen Auffassung (NK-BGB/ACKERMANN § 167 Rn 23; ERMAN/MAIER-REIMER § 166 Rn 40 [nur bei § 123, s dazu aber noch unten]; MünchKomm/SCHRAMM § 166 Rn 54; NK-BGB/ACKERMANN § 167 Rn 23; BROX/WALKER Rn 574; MEDICUS Rn 899, 902; WOLF/NEUNER § 49 Rn 91; MÜLLER-FREIENFELS 402 ff; BROX JA 1989, 449, 451 f; ROTH, in: FS Gaul [1997] 585, 591; vgl auch BGHZ 51, 141; KG FamRZ 1966, 153. – Abl BGB-RGRK/STEFFEN § 166 Rn 22; HKK/SCHMOECKEL §§ 164–181 Rn 28; PWW/FRENSCH § 166 Rn 11; SOERGEL/LEPTIEN § 166 Rn 33; BORK Rn 1474, Rn 1655 f; FLUME § 52 5 f; PFEIFER JuS 2004, 694, 695 f; SCHILKEN 44 ff mwNw) **Willensmängel des Geschäftsherrn** bei der

Vollmachtserteilung über eine Analogie zu § 166 Abs 2 zu einer unmittelbaren Anfechtbarkeit des Vertretergeschäfts führen, und zwar auch nicht im Falle der konkreten Anweisung zur Vornahme des Rechtsgeschäfts (s näher § 166 Rn 17, Rn 28 mwNw). Diese Lösung verkehrt den gegen den Vertretenen gerichteten und zudem auf Wissen(müssen) beschränkten Zweck des § 166 Abs 2 in sein Gegenteil, verstößt gegen den unmissverständlichen Wortlaut der Vorschrift, höhlt das Abstraktionsprinzip mit seiner Verkehrsschutzfunktion aus und berücksichtigt im Übrigen nicht, dass auch der Stellvertreter ein schützenswertes Interesse gerade am Bestand des betreffenden Rechtsgeschäfts haben kann. In den Fällen arglistiger Täuschung des Vertretenen durch den Geschäftspartner bei der Vollmachtserteilung – und ebenso bei widerrechtlicher Drohung – ist allerdings bei für § 123 ausreichender Kausalität für den Abschluss des Geschäfts dieses ohnehin unmittelbar anfechtbar (ähnlich ERMAN/MAIER-REIMER § 166 Rn 40); auch in den Irrtumsfällen kann es aber so liegen, dass der Vertreter bei der Abgabe seiner Erklärung zB aufgrund bestimmter Weisungen dem gleichen Irrtum unterliegt wie der Geschäftsherr bei der Vollmachterteilung (s § 166 Rn 17; SCHILKEN 47; vgl auch BGHZ 51, 141; SOERGEL/LEPTIEN § 166 Rn 33).

VI. Umfang und Überschreitung der Vollmacht

1. Die Bestimmung des Vollmachtsumfangs

a) Während frühere Rechte grundsätzlich nur die Spezialvollmacht zugelassen **83** hatten und dies heute noch für viele ausländische Rechte gilt (vgl MÜLLER-FREIENFELS 73 Fn 36), enthält das BGB keine Vorschriften über den Umfang der Vollmacht (ENNECCERUS/NIPPERDEY § 185 I; HKK/SCHMOECKEL §§ 164–181 Rn 18). Ohne Legaldefinition kann man daher begrifflich die *Generalvollmacht* von der *Spezialvollmacht* unterscheiden. Erstere berechtigt zur Vornahme aller Rechtsgeschäfte oder doch zur Vornahme aller Rechtsgeschäfte einer bestimmten Art; dann wird sie *Art-* oder *Gattungsvollmacht* genannt. Kaufmännische Generalvollmacht ist die *Prokura* gem § 49 HGB, während die *Handlungsvollmacht* iS des § 54 Abs 1 HGB demgegenüber geringeren Umfang hat. Beide können hier nicht näher behandelt werden (s ausführlich zB MünchKommHGB/KREBS zu §§ 48 ff; DREXL/MENTZEL Jura 2002, 289 und 375; MÜLLER JuS 1998, 1000 ff), ebenso wenig die besondere Problematik der Generalvollmacht im Rahmen der handelsrechtlichen Vollmachten (s näher MünchKommHGB/KREBS Vorbem 74 ff vor § 48). Während die Spezialvollmacht grundsätzlich nur zu bestimmten Rechtsgeschäften berechtigt, ist die *Generalvollmacht* grundsätzlich eine umfassende Vollmacht. Dennoch können sich aber Grenzen ergeben aus dem erkennbaren Willen des Vertretenen (vgl etwa RGZ 52, 96, 100; LAG Düsseldorf DB 1975, 688), bei Rechtsgeschäften mit besonderem persönlichen Bezug (s etwa OLG Düsseldorf NJW-RR 1997, 903), uU auch bei außergewöhnlichen Geschäften (vgl RGZ aaO; BGH NJW 1988, 3012; OLG Frankfurt NJW-RR 1987, 482). Insgesamt ist jedenfalls eine sorgfältige, im Zweifel einschränkende Auslegung geboten (RGZ 143, 196, 199; RG JW 1913, 1034; BGH NJW 1978, 995; NJW-RR 2009, 254, 257; OLG Köln NJW-RR 2001, 652; OLG München NJOZ 2014, 405 für den Grundbuchverkehr; BAMBERGER/ROTH/VALENTHIN § 167 Rn 25; ERMAN/MAIER-REIMER § 167 Rn 49 ff; MünchKomm/SCHRAMM § 167 Rn 79 ff; NK-BGB/ACKERMANN § 167 Rn 45; PALANDT/ELLENBERGER § 167 Rn 5; PWW/FRENSCH § 167 Rn 24; SOERGEL/LEPTIEN § 167 Rn 39, Rn 41). Besondere Grenzen können sich bei Personengesellschaften (s dazu unter dem Aspekt des Verbots der Fremdorganschaft BGHZ 36, 292, 295; NK-BGB/ACKERMANN § 167 Rn 46; SOERGEL/LEPTIEN § 167 Rn 41 mwNw) und bei der GmbH (zur Unzulässigkeit einer Geschäfts-

§ 167
Buch 1
Abschnitt 3 · Rechtsgeschäfte

führungs-Generalvollmacht BGH NJW 1977, 199; NJW-RR 2002, 1325; OLG Naumburg MDR 1994, 1197; SOERGEL/LEPTIEN § 167 Rn 41 mwNw) ergeben. Zur *postmortalen Vollmacht* s § 168 Rn 28 ff.

84 b) Für die Bestimmung des Vollmachtsumfangs ist der geäußerte **Wille des Vertretenen** maßgebend. Ist dieser Wille zweifelsfrei, so ist er keiner Auslegung fähig. Anderenfalls findet die **Auslegung** nach den allgemeinen Regeln der §§ 133, 157 statt (BAMBERGER/ROTH/VALENTHIN § 167 Rn 22; ERMAN/MAIER-REIMER § 167 Rn 49; Hk-BGB/DÖRNER § 167 Rn 10; JAUERNIG § 167 Rn 2; MünchKomm/SCHRAMM § 167 Rn 79; NK-BGB/ACKERMANN § 167 Rn 44; PALANDT/ELLENBERGER § 167 Rn 5; PWW/FRENSCH § 167 Rn 24; SOERGEL/LEPTIEN § 167 Rn 39; ausf zB auch HIRSCH Rn 885 ff; SCHMIDT Rn 724 ff; PAPENMEIER 9 ff; MOCK JuS 2008, 391, 394). Diese kann beim Verbot der Buchstabenauslegung zur Ermittlung des wirklichen Willens führen, sodass zB trotz Gebrauchs des Wortes „Generalvollmacht" nach dem Willen des Vollmachtgebers eine beschränkte Vertretungsmacht entstehen kann (BGB-RGRK/STEFFEN § 167 Rn 23; MünchKomm/SCHRAMM § 167 Rn 83 f; NK-BGB/ACKERMANN § 167 Rn 45 f mwNw; SOERGEL/LEPTIEN § 167 Rn 41; s auch Rn 83). Bei Auslegung einer Vollmacht zur Auflassung oder zur Bestellung beschränkt dinglicher Rechte durch das Grundbuchamt ist allerdings der das *Grundbuchverfahren* beherrschende Bestimmtheitsgrundsatz zu beachten (BayObLG Rpfleger 1996, 332; 2005, 186; OLG Schleswig Rpfleger 1996, 402; OLG Hamm FGPrax 2005, 240; OLG München NJW-RR 2013, 389). Führt die Auslegung hierbei zu keinem eindeutigen Ergebnis hinsichtlich des Umfangs der Vollmacht, so ist der geringere Umfang anzunehmen (BayObLG aaO; OLG München NJW-RR 2011, 524; 2012, 392; FamRZ 2013, 909). Entsprechendes gilt für eine Vollmacht zur Anmeldung zum *Handelsregister* (OLG Düsseldorf NJW-RR 2013, 746, 747 mwNw).

Da es bei der Auslegung letztlich auf den verständigen Empfängerhorizont ankommt, ist nach allgM (exemplarisch BAMBERGER/ROTH/VALENTHIN § 167 Rn 23 f; ERMAN/MAIER-REIMER § 167 Rn 40 ff; MünchKomm/SCHRAMM § 167 Rn 80 f; NK-BGB/ACKERMANN § 167 Rn 44) auch die *Art der Vollmachtserteilung* (Innenvollmacht, Außenvollmacht, kundgegebene Vollmacht, s Rn 12) zu berücksichtigen; bei der reinen Innenvollmacht ist auf das Verständnis des Vertreters (s etwa BGH NJW 1991, 3141; NJW 2010, 1200, 1202 und 1203, 1204), iÜ auf das des Geschäftsgegners (s zB RGZ 143, 196, 199; BGH DB 1970, 1034) abzustellen. Die Beschränkung der Vertretungsbefugnis für Verfügungen in einem Gesellschaftsvertrag erfasst bei interessengerechter Auslegung auch Verpflichtungsgeschäfte (BGH NJW-RR 2004, 1265 mAnm NARASCHEWSKI EWiR 2004, 1013).

85 c) Nach den allgemeinen Auslegungsregeln ist im Sinne einer *historischen Auslegung* auch das frühere Verhalten des Vertretenen zu berücksichtigen. Weiterhin führt die *Beachtung der Interessenlage* zu dem für die Vollmacht allgemein anerkannten Satz, dass im Zweifel einschränkend der geringere Umfang gewollt ist (s Rn 83). So berechtigt zB die *Bankvollmacht* (enger: *Kontovollmacht*) – die im Formularfalle zudem der AGB-Kontrolle nach §§ 305c Abs 1, 307 unterliegt (vgl PWW/FRENSCH § 167 Rn 25 mwNw) – nicht zu anderen Erklärungen im Geschäftsbetrieb des Vollmachtgebers (OLG Celle JW 1934, 992); grundsätzlich ist auch keine Berechtigung zur Kreditaufnahme – sei es auch in Form einer Kontoüberziehung – eingeschlossen (BGH MDR 1953, 346; OLG Hamm NJW 1992, 378; OLG Köln ZIP 2001, 1709, 1710 f mwNw; zust FISCHER EWiR 2002, 187; OLG Oldenburg MDR 2007, 1207, 1208; s aber auch OLG Oldenburg WM 1996, 997, 999; OLG Köln WM 1999, 1003), ebenso wenig zur Zeichnung von

Titel 5
Vertretung und Vollmacht § 167

Wechseln, zur Verpfändung von Wertpapieren (BGH WM 1969, 112) oder zur Umwandlung des Kontos (s dazu BGH NJW-RR 2009, 979, 980 [betr Ehegatten] mwNw, str, s HAERTLEIN 27 f). Sie umfasst hingegen das Recht, über das Konto auch mittels Schecks zu verfügen (BGH WM 1986, 901; vgl auch KG JW 1923, 237). Eine Kontokorrentvollmacht berechtigt nicht zur Darlehensaufnahme (BGH NJW 1991, 923, 924; OLG Düsseldorf DRW 1939, 239), die Inkassovollmacht für eine Zahlstelle gilt nicht für andere Zahlstellen (RGZ 73, 347, 350). Eine Verhandlungsvollmacht ist keine Abschlussvollmacht (RGZ 162, 129, 156; BGH NJW-RR 1991, 439, 441; SOERGEL/LEPTIEN § 167 Rn 42). Die im Kundendienst tätigen Bankangestellten sind bevollmächtigt, den Kunden einschlägige Auskünfte zu erteilen und übliche Geschäfte abzuschließen (RGZ 86, 86; 118, 234, 240; BGH WM 1973, 635; OLG Düsseldorf ZIP 1989, 493, 495; OLG Koblenz MDR 1994, 1110; s auch SOERGEL/LEPTIEN § 167 Rn 43). Die Beantragung einer Zusatzkreditkarte kann eine konkludente Bevollmächtigung zum Einsatz der Karte darstellen (LANGENBUCHER NJW 2004, 3522 f). Zu weiteren Einzelheiten s CANARIS, Bankvertragsrecht 1. Teil (3. Aufl 1988) Rn 164 ff; SCHRAMM/DAUBER § 36 Rn 5 ff.

Soweit ein *Innenverhältnis* besteht, kann auch dieses für die Auslegung der Vollmacht erheblich werden (BGH NJW 1991, 3141; BAMBERGER/ROTH/VALENTHIN § 167 Rn 23; BGB-RGRK/STEFFEN § 167 Rn 22; ERMAN/MAIER-REIMER § 167 Rn 50; MünchKomm/SCHRAMM § 167 Rn 82; NK-BGB/ACKERMANN § 167 Rn 45; PALANDT/ELLENBERGER § 167 Rn 5; PWW/FRENSCH § 167 Rn 24; SOERGEL/LEPTIEN § 167 Rn 39; TEMPEL 236; LEHMANN/HÜBNER § 36 V 4; GEHRLEIN VersR 1995, 268, 269 f), idR allerdings nur bei Innenvollmacht. Zwingend ist die Übertragung von Schranken des Innenverhältnisses auf die Vollmacht wegen des Abstraktionsgrundsatzes keineswegs (RG Gruchot 52, 953, 957). Ohnehin können nach allgemeinen Auslegungsgrundsätzen nur solche Umstände herangezogen werden, die demjenigen bekannt waren, gegenüber dem von der Vollmacht Gebrauch gemacht wurde (RGZ 143, 196, 199; BGH NJW 1983, 1905, 1906; TEMPEL 235). Für den Umfang einer Außenvollmacht kommt es deshalb darauf an, wie der Erklärungsgegner das Verhalten des Vollmachtgebers verstehen durfte und musste (BGH NJW-RR 2000, 745, 746; s auch die Nachw Rn 84). Im Hinblick darauf können sich allerdings uU auch bei bloßer Verhandlungsvollmacht Rechtsfolgen bis hin zu einer Rechtsscheinsvollmacht ergeben (vgl BGH WM 1971, 1500; OLG Oldenburg WM 1995, 1403; SOERGEL/LEPTIEN § 167 Rn 42).

d) Bei der auslegenden Bestimmung des für den Vollmachtsumfang erheblichen **86** Willens ist die *Verkehrssitte* zu berücksichtigen (BGH DB 1970, 1126; BAMBERGER/ROTH/VALENTHIN § 167 Rn 24; BGB-RGRK/STEFFEN § 167 Rn 22; ERMAN/MAIER-REIMER § 167 Rn 51; MünchKomm/SCHRAMM § 167 Rn 81; NK-BGB/ACKERMANN § 167 Rn 45; PALANDT/ELLENBERGER § 167 Rn 5; PWW/FRENSCH § 167 Rn 24). Sie wird vor allem insoweit wichtig, als der Vollmachtsumfang nach den üblicherweise an bestimmte *Berufsgruppen* erteilten Vollmachten bemessen wird (eingehende Übersicht mit Beispielen und Nachw auch bei ERMAN/MAIER-REIMER § 167 Rn 52 ff; MünchKomm/SCHRAMM § 167 Rn 86 ff; NK-BGB/ACKERMANN § 167 Rn 47 ff; PWW/FRENSCH § 167 Rn 25 ff; SOERGEL/LEPTIEN § 167 Rn 43 ff).

So umfasst die Vollmacht eines *Hausverwalters* zwar das Betreten von Mietwohnungen anstelle des Eigentümers (LG Köln MDR 1957, 41), auch die Anerkennung von Erstattungsforderungen des Mieters wegen einer Wohnungsinstandsetzung, nicht aber die Umwandlung einer solchen Forderung in eine andere Verpflichtung des Vermieters (LG Berlin HuW 1956, 210). Die Vollmacht eines *Gutsverwalters* schließt

Geschäfte über die Ernte ein (OLG München HRR 1940 Nr 69), nicht aber die Eingehung von Wechselverbindlichkeiten (RG LZ 1931, 566). Die einer *Anwaltssozietät* erteilte Vollmacht umfasst iZw alle Anwälte (BGH NJW-RR 1988, 1299; vgl zur Haftung eines Angehörigen einer so genannten gemischten Sozietät, der nicht selbst Anwalt ist, OLG Köln NJW-RR 1997, 438; zur Haftung in einer Scheinsozietät BGH NJW 1999, 3040 ff), auch diejenigen, die nach bisherigem Zulassungsrecht nicht beim Prozessgericht, sondern nur beim Berufungsgericht zugelassen waren (OLG Düsseldorf AnwBl 1995, 193, 194); entsprechendes gilt für *Steuerberater* (vgl BGH NJW 1990, 827) und *Ärzte* (vgl BGHZ 97, 277). Für den Umfang einer *Prozessvollmacht* einschliesslich materiellrechtlicher Erklärungen sind die §§ 80 ff ZPO – namentlich § 81 ZPO – maßgeblich (s etwa BGH NJW 1992, 1963, 1964; 2003, 963, 964 [Empfangsvollmacht für Mieterhöhungsverlangen]; NJW-RR 2000, 745 [Empfangsvollmacht für Kündigung]; SCHILKEN, Zivilprozessrecht [7. Aufl 2014] Rn 89 ff). Die Bevollmächtigung eines *Notars* mit dem Vollzug eines notariellen Vertrages nebst Einholung erforderlicher Genehmigungen umfasst die Befugnis, einen vollmachtlos vertretenen Beteiligten zur Erklärung über die Genehmigung aufzufordern und diese entgegenzunehmen (BGH Rpfleger 1959, 219, 220; OLG Köln NJW 1995, 1499; krit dazu NK-BGB/ACKERMANN § 167 Rn 51). Die Vollmacht beschränkt sich aber idR auf die üblichen Erklärungen zur Vertragsdurchführung zwischen den Vertragsparteien – insoweit dann auch Belastungsgeschäfte und Löschungsbewilligungen (s BayObLG NJW-RR 1995, 1167, 1168; OLG Düsseldorf WM 1998, 1922, 1924; FGPrax 2000, 55, 56; OLG München Rpfleger 2006, 392) –, umfasst aber nicht inhaltlich abweichende Rechtsgeschäfte (BGH NJW 2002, 2863) oder die Auflassung an einen Dritten (OLG Hamm NJW-RR 2001, 376).

86a Die Vollmacht des *Architekten* ist im Zweifel iS einer sog Mindestvollmacht auf üblicherweise vom Architekten für den Bauherrn getätigte Geschäfte beschränkt (BGH NJW 1960, 859; 1978, 995; OLG Köln MDR 1962, 214; OLG Stuttgart MDR 1965, 573; LG Stade MDR 1967, 211; ERMAN/MAIER-REIMER § 167 Rn 53; MünchKomm/SCHRAMM § 167 Rn 87; NK-BGB/ACKERMANN § 167 Rn 49; PWW/FRENSCH § 167 Rn 26; SOERGEL/LEPTIEN § 167 Rn 45 ff; s auch JAGENBURG BauR 1978, 180 und NJW 1997, 2277, 2280 f; MEISSNER BauR 1987, 497; QUACK BauR 1995, 441; PAULY BauR 1998, 1143; SCHMALZL MDR 1977, 622; zur Rechtsscheinsvollmacht in solchen Fällen s oben Rn 35). Die Erteilung neuer Aufträge ist grundsätzlich nicht darin eingeschlossen (BGH MDR 1975, 834; OLG Hamm MDR 1975, 488; OLG Stuttgart BauR 1994, 789; OLG Celle BauR 1997, 174; zu kleineren Aufträgen s aber OLG Stuttgart NJW 1966, 1461 und MDR 1982, 1016; vCRAUSHAAR BauR 1982, 421; JAGENBURG BauR 1978, 183; anders bei „umfänglicher Bevollmächtigung", OLG Köln NJW-RR 2013, 265), ebenso wenig ohne besondere Umstände ein Anerkenntnis, Verzicht oder Vergleich bezüglich Schlussrechnungen (BGH NJW 1960, 859; OLG Stuttgart MDR 1965, 573; OLG Düsseldorf BauR 1996, 740; zum Vollmachtsumfang bei Beauftragung mit einer Schlussrechnungsprüfung s OLG Schleswig BauR 2006, 155) oder die Abnahme der Bauleistungen (BRANDT BauR 1972, 69 ff; JAGENBURG BauR 1978, 185; OLG Düsseldorf NJW-RR 2001, 14, 15; **aA** LG Essen NJW 1978, 108), wohl aber das Aussprechen von Mängelrügen und Vorbehalten (BGH NJW 1977, 1634; 1978, 1631) oder die Entgegennahme von Erläuterungen zu Rechnungen (BGH NJW 1978, 994). Insgesamt lässt sich ein fest umrissener, allgemein verlässlicher Inhalt der Architektenvollmacht auch angesichts differierender Instanzrechtsprechung jedenfalls über die erwähnte Mindestvollmacht hinaus nicht feststellen (BGH BB 1963, 111; vgl NK-BGB/ACKERMANN § 167 Rn 49; ERMAN/MAIER-REIMER § 167 Rn 53; SOERGEL/LEPTIEN § 167 Rn 45, 47 mwNw). Freilich können in diesem Zusammenhang auch die in der Rechtsprechung anerkannten Regeln der Rechtsscheinsvollmacht (s oben Rn 34 ff) Bedeutung erlangen (vgl vCRAUSHAAR BauR 1982, 423; SOERGEL/LEPTIEN § 167 Rn 46). Zur *Bankvollmacht* s Rn 85.

Ein *Baubetreuer* kann bei Bauaufträgen in Vollmacht des Bauherrn handeln (BGHZ 67, 334; 76, 86, 90); die Auslegung der „Bevollmächtigung" kann aber auch eine mittelbare Stellvertretung (s dazu Vorbem 42 ff zu §§ 164 ff) ergeben (OLG Düsseldorf Betrieb 1978, 583; vgl auch PFEIFFER NJW 1974, 1449). Parallelen zur Architektenvollmacht erscheinen im Übrigen gerechtfertigt (zutr SOERGEL/LEPTIEN § 167 Rn 48). Eine Schiedsvereinbarung kann der Baubetreuer zu Lasten des Bauherrn nicht treffen (BGHZ 76, 86, 90), wohl uU Grundpfandrechte zur Baufinanzierung bestellen (vgl BGH WM 1977, 78). Auch ein *Bauträger* kann zur Bestellung beschränkt dinglicher Rechte bevollmächtigt sein, wobei freilich auch hier der grundbuchrechtliche Bestimmtheitsgrundsatz (s Rn 84) zu beachten ist (BayObLG Rpfleger 2005, 186; OLG München MittBayNot 2009, 296). Zur *Bankvollmacht* s Rn 85.

Ein *Versicherungsmakler* ist normalerweise nicht zur Annahme von Prämienzahlungen bevollmächtigt (OLG Hamburg HansRGZ 1928 B 294; zu einer Vollmacht zur Kündigung von Versicherungsverträgen vgl OLG Hamm NJW 1991, 1185). Den gesetzlichen Umfang der Vertretungsmacht eines *Versicherungsvertreters* regeln nunmehr die §§ 69 ff VVG; ist der Versicherungsvertreter zum Abschluss von Versicherungsverträgen bevollmächtigt, so ist er gemäß § 71 VVG auch befugt, die Änderung oder Verlängerung solcher Verträge zu vereinbaren sowie Kündigungs- und Rücktrittserklärungen abzugeben. In Fällen einer *Mitversicherung* wird idR ein Führender bestimmt und diesem entsprechende Vollmacht durch Aufnahme einer Führungsklausel in die geschlossenen Verträge erteilt (s dazu ausf LANGE/DREHER VersR 2008, 289). Im *Handelsverkehr* ist der Filialleiter eines Supermarktes neben den Kassierern zur Entgegennahme von Zahlungen (OLG Karlsruhe MDR 1980, 849), ein angestellter Kraftfahrer uU zur Vereinbarung von Reparaturbedingungen (BGH BB 1953, 956) bevollmächtigt, ein Fernlastfahrer aber nicht zum Abschluss von Beförderungsverträgen (OLG Bamberg NJW 1949, 506) und der Nachtportier eines Hotels nicht zur Entgegennahme von Wertsachen für den Safe (RGZ 99, 70). Ein *Anlageberater* kann vom Verkäufer stillschweigend zum Abschluss eines Beratungsvertrages mit dem Käufer bevollmächtigt sein (BGHZ 140, 111, 116 f; BGH NJW 2001, 2021; 2003, 1811, 1812 f; 2013, 1873).

Das Bestehen der ehelichen Lebensgemeinschaft begründet keine Grundlage – auch keinen Rechtsschein – für die Bevollmächtigung eines *Ehegatten* durch den anderen (BGH NJW 1994, 1649; BSG NVwZ 1983, 767, 768; BFH FamRZ 1975, 579; OLG Hamm NJW-RR 1997, 263, 264; LG Mannheim NJW-RR 1994, 274; PAULY/LEGLEITER Jura 1995, 193; zur nichtehelichen Lebensgemeinschaft s MESSERLE JuS 2001, 28, 29). Freilich wird in der Praxis doch häufig – zB beim Abschluss von Mietverträgen (s etwa OLG Düsseldorf WuM 1989, 362; OLG Oldenburg ZMR 1991, 268; OLG Schleswig WuM 1992, 674; krit PASCHKE WuM 2008, 59) – mit der tatsächlichen Vermutung einer Vollmacht gearbeitet (vgl GEHRLEIN VersR 1995, 268 ff); § 1357 bleibt ohnehin unberührt. Zunehmende Bedeutung kommt im Hinblick auf die Subsidiarität der Betreuung (§§ 1896 ff) auch der Erteilung einer *(Alters-)Vorsorgevollmacht* zu, die sich nicht lediglich auf die Vermögenssorge, sondern auch auf die Personensorge sowie die Prozessführung erstrecken und gem § 1896 Abs 2 S 2 die Bestellung eines Betreuers erübrigen kann (s dazu ausf STAUDINGER/BIENWALD [2013] § 1896 Rn 263 ff mwNw; zur Unterbevollmächtigung RENNER NotBZ 2009, 207; zu Konsequenzen eines Vollmachtsmissbrauchs HORN/SCHABEL NJW 2012, 3473; zu Vorsorgevollmachten bei Gesellschaften s RAUB, Vorsorgevollmachten im Personengesellschaftsrecht [2012]; SCHÄFER ZHR 175 [2011] 557; WEDEMANN ZIP 2013, 1508).

87 e) Bei der Bestimmung des Umfangs einer Vollmacht ist schließlich der *Maßstab von Treu und Glauben* zu beachten (BGH NJW 1960, 859; Betrieb 1970, 1126; BAMBERGER/ ROTH/VALENTHIN § 167 Rn 25; MünchKomm/SCHRAMM § 167 Rn 80; NK-BGB/ACKERMANN § 167 Rn 45; PWW/FRENSCH § 167 Rn 24;). Dieser wirkt vor allem einschränkend *gegenüber außergewöhnlichen Geschäften* (RGZ 52, 96, 100; BGH BB 1953, 956). So ist zB der Angestellte eines Händlers nicht zum Verkauf des ganzen Geschäfts bevollmächtigt (OLG München HRR 1940 Nr 488).

Die Einschränkung der Vollmacht nach Maßgabe von Treu und Glauben gilt auch in den Fällen der Generalvollmacht (s oben Rn 83; ferner RGZ 52, 96, 99; 71, 219, 222; OLG Zweibrücken NJW-RR 1990, 931). So umfasst zB eine Generalvollmacht nicht die Befugnis, für den Vertretenen einen Lebensversicherungsvertrag abzuschließen (LG Köln VersR 1957, 242). Ebenso wenig ist anzunehmen, dass ein Generalbevollmächtigter berechtigt sein soll, Erklärungen des Vertretenen unmittelbar nach deren Abgabe wieder zu beseitigen (LAG Düsseldorf Betrieb 1957, 688).

88 f) Wie bei allen Willenserklärungen, so kann auch bei der Bevollmächtigung eine *ergänzende Auslegung* stattfinden (BAMBERGER/ROTH/VALENTHIN § 167 Rn 25; NK-BGB/ ACKERMANN § 167 Rn 44). Dies gilt zB, wenn eine Vollmacht zu einem bestimmten Zweck erteilt wurde und zur Erreichung dieses Zweckes Erklärungen erforderlich werden, die nicht vorhergesehen waren. Sie sind dann nach dem Gesamtbild der verfolgten Interessen und dem daraus geschlossenen hypothetischen Parteiwillen von der Vollmacht gedeckt.

2. Die Vollmachtsüberschreitung

89 a) Nimmt der Vertreter mit Wirkung für und gegen den Vertretenen ein Rechtsgeschäft vor, das außerhalb der mit seiner Vollmacht begründeten Befugnis liegt, so handelt es sich um eine **Vollmachtsüberschreitung**. Ist das vorgenommene *Rechtsgeschäft unteilbar,* so unterfällt es insgesamt den Regeln der §§ 177 ff (RG JW 1937, 2036; BAMBERGER/ROTH/VALENTHIN § 167 Rn 44; BGB-RGRK/STEFFEN § 177 Rn 2); eine analoge Anwendung des § 120 scheidet angesichts der abweichenden Rechtsstellung des Boten (s Vorbem 73 ff zu §§ 164 ff) und insbes im Hinblick auf § 166 Abs 1 aus (STAUDINGER/SINGER [2011] § 120 Rn 7; BOECKEN Rn 518 mwNw, ganz hM; krit KIEHNLE VersR 2008, 1606, 1610 im Anschluss an ROSENBERG 292 ff, mwNw zur hM). Ist dagegen das vorgenommene *Rechtsgeschäft teilbar,* so ist der innerhalb der Vertretungsmacht verbleibende Teil mit Fremdwirkung vorgenommen (BAMBERGER/ROTH/VALENTHIN § 167 Rn 44; ENNECCERUS/NIPPERDEY § 183 I 4), und nur für den überschießenden Teil liegt ein Handeln als Vertreter ohne Vertretungsmacht vor. Wird dieses Handeln vom Vertretenen nicht genehmigt, auch nicht durch schlüssiges Verhalten (s oben Rn 29), so entsteht für den in Wahrung der Vertretungsmacht vorgenommenen Teil des Geschäfts nach Maßgabe des *§ 139* die Frage seiner Fortgeltung (BGH NJW 1970, 240; BAMBERGER/ROTH/ VALENTHIN § 167 Rn 44, § 177 Rn 6; ERMAN/MAIER-REIMER § 177 Rn 4; MünchKomm/SCHRAMM § 177 Rn 10; NK-BGB/ACKERMANN § 177 Rn 12; PALANDT/ELLENBERGER § 167 Rn 10; SOERGEL/ LEPTIEN § 177 Rn 7; KÖHLER § 11 Rn 73; ausführlich SCHÄFER 41 ff; GERHARDT JuS 1970, 326). Nichtigkeit des Gesamtgeschäfts tritt zB ein, wenn ein Vertreter bei einem Kauf vereinbart, dass zum Zwecke der Steuerhinterziehung der Geschäftsvorgang nicht verbucht werden solle (BGH NJW 1958, 57; PIKART WM 1959, 342). In diesem Fall haftet der Vertreter wegen des gesamten Geschäfts nach § 179, anderenfalls nur hinsichtlich des von der Vollmacht nicht gedeckten Teiles (SCHÄFER 42; s auch § 177 Rn 5 f, § 179 Rn 8).

b) Allerdings kann trotz einer Vollmachtsüberschreitung auch sogleich eine für den Vertretenen wirksame Rechtsfolge ausgelöst werden, wenn die Grundsätze der *Rechtsscheinsvollmacht* zur Anwendung gelangen (s oben Rn 34 ff). Dies gilt zB, wenn ein Prozessvertreter ohne Geldempfangsvollmacht Zahlungen der Gläubiger annimmt (BayObLGZ 1957, 298) oder wenn der Regulierungsbearbeiter einer Haftpflichtversicherung ihm nicht zustehende Reparaturaufträge erteilt (BGH VersR 1965, 133). **90**

VII. Der Missbrauch der Vertretungsmacht*

1. Das Fehlen einer gesetzlichen Regelung

a) Die Verselbständigung der Vertretungsmacht gegenüber dem zugrunde liegenden Innenverhältnis (s Vorbem 33 zu §§ 164 ff) birgt die Gefahr eines Missbrauchs der Vertretungsmacht in sich. Dennoch wird unter dem Gesichtspunkt, dass der Abs- **91**

---

* **Schrifttum**: BÄUMER, Der Vollmachtsmißbrauch und das Problem der abstrakten Vollmacht (Diss Köln 1939); BERGER, Zur Frage des Mißbrauchs der Vertretungsmacht (Diss Köln 1936); CHELIDONIS, Haftungsgrundlagen bei hinweiswidrig ausgefüllten Blankobürgschaften (1998); ECKNER, Der Mißbrauch der Stellvertretung (Diss Rostock 1937); EGGER, Mißbrauch der Vertretungsmacht, in: Baseler Festgabe für Wieland (1934) 47; FESTNER, Interessenkonflikte im deutschen und englischen Vertretungsrecht (2006) 210 ff; FISCHER, Der Mißbrauch der Vertretungsmacht, auch unter Berücksichtigung der Handelsgesellschaften, in: FS Schilling (1973) 3; FLECK, Mißbrauch der Vertretungsmacht oder Treuebruch des mit Einverständnis aller Gesellschafter handelnden GmbH-Geschäftsführers aus zivilrechtlicher Sicht, ZGR 1990, 31; FRIELING, Mißbrauch der Vertretungsmacht, insbesondere im Gesellschaftsrecht (Diss Münster 1961); GASSNER, Der Mißbrauch der Vertretungsmacht (Diss Erlangen 1941); GESSLER, Zum Mißbrauch organschaftlicher Vertretungsmacht, in: FS vCaemmerer (1978) 531; HECKELMANN, Mitverschulden des Vertretenen beim Mißbrauch der Vertretungsmacht, JZ 1970, 62; HEZEL, Der Mißbrauch der Vertretungsmacht (Diss Tübingen 1937); HÜBNER, Die Prokura als formalisierter Vertrauensschutz, in: FS Klingmüller (1974) 173; H H JAKOBS, Verfügung eines Nichtberechtigten durch Verfügungsmachtmißbrauch, JZ 2000, 28; JÖCKEL, Die Rechtsfolgen bei Missbrauch und Überschreitung der Vertretungsmacht (1975); JOHN, Der Mißbrauch organschaftlicher Vertretungsmacht, in: FS Mühl (1981) 349; JÜNGST, Der Mißbrauch organschaftlicher Vertretungsmacht (1981); MEINERS, Der Mißbrauch der Vollmacht (Diss Göttingen 1956); MERTENS, Die Schranken gesetzlicher Vertretungsmacht im Gesellschaftsrecht, JurA 1970, 466; MICHALSKI, Mißbrauch der Vertretungsmacht bei Überschreiten der Geschäftsführungsbefugnis, GmbH-Rdsch 1991, 349; OERTMANN, Scheingeschäft und Kollusion, Recht 1923, 74; PAULUS, Zur Zurechnung arglistigen Vertreterhandelns, in: FS Michaelis (1972) 215; PRÖLLS, Vertretung ohne Vertretungsmacht, JuS 1985, 577; 1986, 169; ROERKOHL, Inwieweit kann sich bei der Stellvertretung der Vertretene einem Dritten gegenüber darauf berufen, daß der Vertreter die ihm aus dem Innenverhältnis obliegenden Verpflichtungen verletzt habe? (Diss Erlangen 1937); ROITZSCH, Der Mißbrauch der Vertretungsmacht insbesondere bei Drittverhältnissen zwi-

traktheitsgrundsatz der Verkehrssicherheit dienen soll, grundsätzlich auch ein Verstoß gegen die Regeln des Innenverhältnisses bei Ausübung der Vertretungsmacht in Kauf genommen. Das Risiko des Missbrauchs hat also in aller Regel der Vertretene zu tragen (BGH NJW 1999, 2883; BAMBERGER/ROTH/VALENTHIN § 167 Rn 46; ERMAN/MAIER-REIMER § 167 Rn 70; Hk-BGB/DÖRNER § 167 Rn 9; JAUERNIG § 164 Rn 8; MünchKomm/SCHRAMM § 164 Rn 106; NK-BGB/STOFFELS § 164 Rn 84; PALANDT/ELLENBERGER § 164 Rn 13; PWW/FRENSCH § 164 Rn 67; WOLF/NEUNER § 49 Rn 100; LIEDER JuS 2014, 393, 395 f; MICHALSKI/ARENDS NZG 1999, 1011; MOCK JuS 2008, 486; VAHLE DVP 2005, 189, 191). Erst wenn hierbei oder bei einer isolierten Vollmacht die Grenzen des rechtlich Tragbaren überschritten werden, spricht man von einem Vollmachtsmissbrauch. Die Problematik besteht aber grundsätzlich in gleicher Weise – freilich ohne die Bindung an den Willen des Vertretenen – bei der gesetzlichen/organschaftlichen Vertretungsmacht (s Rn 99).

92 b) Im Zusammenhang mit den Vorarbeiten zum BGB wurde dem Problem nur geringe Aufmerksamkeit geschenkt. Lediglich der *Missbrauch gesetzlicher Vertretungsmacht* durch den Vormund wurde besprochen, aber als nicht besonders regelungsbedürftig bewertet (FLUME § 45 II 3; SCHOTT AcP 171, 386). Somit fehlen im BGB Regeln über den Missbrauch der Vertretungsmacht. Ihre rechtliche Einordnung als Problematik des Stellvertretungsrechts oder aber als Tatbestand unzulässiger Rechtsausübung ist ebenso umstritten wie die Behandlung zahlreicher dabei auftretender Einzelfragen (s zur Entwicklung des Missbrauchseinwandes ausf VEDDER 35 ff).

2. Der Tatbestand des Missbrauchs der Vertretungsmacht

93 a) Einmal kann sich der Missbrauch der Vertretungsmacht als *Sonderfall der Sittenwidrigkeit darstellen;* er wird dann als **Kollusion** bezeichnet. Eine solche liegt nach ganz hM vor, wenn der Vertreter mit dem Kontrahenten arglistig zum Nachteil des Vertretenen zusammengewirkt hat (BAMBERGER/ROTH/VALENTHIN § 167 Rn 47; ERMAN/MAIER-REIMER § 167 Rn 71; Hk-BGB/DÖRNER § 167 Rn 9; HKK/SCHMOECKEL §§ 164–181 Rn 25; JAUERNIG § 164 Rn 8; MünchKommHGB/KREBS Vorbem 68 zu § 48; MünchKomm/SCHRAMM § 167 Rn 107; NK-BGB/STOFFELS § 164 Rn 85; PALANDT/ELLENBERGER § 164 Rn 13; SOERGEL/LEPTIEN § 177 Rn 21; StudKomm § 167 Rn 7; BITTER § 10 Rn 226 ff; BOECKEN Rn 635; BOEMKE/ULRICI § 13 Rn 93; BREHM Rn 476; BROX/WALKER Rn 580; ENNECERUS/NIPPERDEY § 183 I 5; FAUST § 28 Rn 24; FLUME § 45 II 3; GRIGOLEIT/HERRESTHAL Rn 510; HÜBNER Rn 1297; KÖHLER § 11 Rn 63; RÜTHERS/STADLER § 30 Rn 63; SCHACK Rn 497; SCHMIDT Rn 878; WERTENBRUCH § 28 Rn 32; SCHÄFER 90, 94;

---

schen einer oHG und ihren Teilhabern (Diss Heidelberg 1949); G ROTH, Mißbrauch der Vertretungsmacht durch den GmbH-Geschäftsführer, ZGR 1985, 265; RÜDY, Der Rechtsmißbrauch (Diss München 1934); SCHÄFER, Teilweiser Vertretungsmangel. Haftung des Vertretenen und des Vertreters unter Einschluß der Mißbrauchsfälle (1997); SCHOTT, Der Mißbrauch der Vertretungsmacht, AcP 171 (1971) 385; SIEBERT, Zur Lehre vom Mißbrauch der Vertretungsmacht, ZStW 1935, 629; STEINBECK, Besicherung von Gesellschafterverbindlichkeiten durch die GmbH – Mißbrauch der Vertre-

tungsmacht durch den Geschäftsführer?, WM 1999, 885; STOLL, Der Mißbrauch der Vertretungsmacht, in: FS H Lehmann (1937) 115; TANK, Der Mißbrauch von Vertretungsmacht und Verfügungsbefugnis, NJW 1969, 6; VEDDER, Missbrauch der Vertretungsmacht (2007); ders, Neues zum Missbrauch der Vertretungsmacht – Vorsatzerfordernis, Anfechtbarkeit, negatives Interesse, JZ 2008, 1077; WANK, Mißbrauch der Treuhandstellung und der Vertretungsmacht, JuS 1979, 402; H P WESTERMANN, Mißbrauch der Vertretungsmacht, JA 1981, 251.

TEMPEL 236; TANK NJW 1969, 6, 8; VAHLE DVP 2005, 189, 191 und NWB 2005, 2571, 2576. – Enger aber mit beachtlichen Gründen BORK Rn 1575: keine Sittenwidrigkeit, sondern bloß Handeln ohne Vertretungsmacht mit Genehmigungsfähigkeit; zust PWW/FRENSCH § 164 Rn 69; WOLF/NEUNER § 49 Rn 107 mwNw; LEENEN § 9 Rn 18; MOCK JuS 2008, 486 f – S auch WAAS JA 2002, 511, 513 ff, der die Regeln entsprechend auf die Wissenszurechnung anwenden will, wenn Vertreter und Geschäftsgegner insoweit kolludieren oder jedenfalls die entsprechenden Voraussetzungen des Wissens bzw Wissenmüssens bei beiden, nicht aber beim Vertretenen vorliegen, während der BGH § 242 heranzieht, s § 166 Rn 3). Zu derartigen Fällen ergingen schon Entscheidungen des ROHG (vgl FRIELING 5), die von der folgenden Rechtsprechung fortgeführt wurden (s etwa RGZ 130, 142; 136, 356, 359; BGH NJW 1954, 1159; 1966, 1911; 1989, 26; 2000, 2896, 2897; NJW-RR 1989, 642; 2004, 247 mAnm VOGEL/BIERBACH EWiR 2005, 77; BAG NJW 1997, 1940 ff). Auch eine Vereinbarung, die auf Grund einer von den Beschränkungen des § 181 befreienden Vollmacht zum Nachteil des Vertretenen durch Insichgeschäft getroffen wird, ist wegen Missbrauchs der Vertretungsmacht gem § 138 nichtig (BGH NJW 2002, 1488; zust KORT EWiR 2002, 795; BGH NZG 2014, 389).

b) Im Übrigen kann sich der Missbrauch der Vertretungsmacht nach der überwiegenden **Rspr** (zB RGZ 134, 67, 71 f; 145, 311, 315 und stRspr; BGHZ 50, 112; BGH WM 1966, 491; 1976, 658, 659 f; 1981, 66, 67; NJW 1984, 1461; 1988, 3012; 1990, 384; 1991, 1812; 1994, 2082; 1999, 2266; 1994, 2082; WM 1999, 1617; NJW-RR 2004, 247 mAnm VOGEL/BIERBACH EWiR 2005, 77; VersR 2008, 765) und wohl **hL** als Fall des **Rechtsmissbrauchs** iS des § 242 darstellen (ebenso zB BGB-RGRK/STEFFEN § 167 Rn 24; MünchKomm/SCHRAMM § 164 Rn 108 ff, Rn 111 mwNw; MünchKommHGB/KREBS Vorbem 71 zu § 48 mwNw; PALANDT/ELLENBERGER § 164 Rn 14; PWW/FRENSCH § 164 Rn 70; SOERGEL/LEPTIEN § 177 Rn 15; KÖHLER § 11 Rn 63; SCHACK Rn 497; SCHMIDT Rn 877; WOLF/NEUNER § 49 Rn 103; JÜNGST 138 ff; MEINERS 68 ff; SCHÄFER 90 ff, 94 f; SIEBERT 646 ff; TEMPEL 236; **aA** und für eine Anfechtung nach § 123 Abs 1 8 ff und JZ 2008, 1077, 1078 ff. S auch die Nachw im Folgenden; zur Entwicklung HKK/SCHMOECKEL §§ 164–181 Rn 26 f). Ein solcher soll vorliegen, wenn mit der durch die Vertretungsmacht gewährten Befugnis in treuwidriger Weise verfahren wird, insbesondere weil den dem Vertreter bekannten objektiven Interessen des Vertretenen ein *Nachteil zugefügt wurde*. Ohne Nachteil für den Vertretenen liegt danach kein Missbrauch der Vertretungsmacht vor (s etwa BGH NJW 1962, 1718; 1990, 384, 385; so bereits STOLL 115 ff; s auch STEINBECK WM 1999, 885, 890); auch wenn der Interessenverstoß oder die Willensmissachtung normalerweise an den durch das *Innenverhältnis* begründeten Regeln über die Handhabung der Vertretungsmacht (s oben Rn 3) zu messen sind, soll keineswegs jede Pflichtwidrigkeit (**aM** aber zB BGH NJW 1984, 1461, 1462; WM 1988, 704, 706; s noch unten) den Anforderungen des § 242 genügen. Zur Erfüllung des durch § 242 bestimmten Tatbestandes muss nach der wohl hM innerhalb dieser Auffassung das Verhalten des Vertreters bewusst, dh *vorsätzlich* erfolgt sein (s aus der Rechtsprechung etwa BGHZ 50, 112, 114; BGH WM 1976, 658, 659; NJW 1984, 2241, 2243; 1990, 384, 385; BGB-RGRK/STEFFEN § 167 Rn 24; MünchKommHGB/KREBS Vorbem 72 zu § 48 mwNw; SOERGEL/LEPTIEN § 177 Rn 17; CANARIS [Rn 85] Rn 170; LARENZ, AT [4. Aufl 1977] § 30 II a [S 522]; LEHMANN/HÜBNER § 36 VI 4; FISCHER 15 f, 20 f; FRIELING 10; HONSELL JA 1984, 17, 20; HÜBNER 181 f; VEDDER 35 ff, 98 ff, 103 ff, 120 ff und JZ 2008, 1077, 1078 ff), während andere (grobe) Fahrlässigkeit (s etwa BGH NJW 1984, 1461, 1462; ZIP 1996, 68, 69; MICHALSKI GmbH-Rdsch 1991, 349, 354; ZACHER GmbH-Rdsch 1994, 842, 845; vgl auch BGH ZIP 2002, 1093, 1095 mAnm TINTELNOT EWiR 2003, 125 [Insolvenzverwalter]; zur Beschränkung der Rechtsmacht des Insolvenzverwalters s ferner AHRENS JR 2007, 175, 176 mwNw; SPICKHOFF KTS 2000, 15, 22 ff) oder sogar bloße objektive Pflichtwidrigkeit (so ausdrücklich BGH NJW 2006, 2776; MünchKomm/SCHRAMM § 164 Rn 113; PWW/FRENSCH

§ 164 Rn 71; Köhler § 11 Rn 63; Leenen § 9 Rn 96; Wolf/Neuner § 49 Rn 105 f) ausreichen lassen und/oder im Übrigen auf ein schuldhaftes Verhalten des Geschäftsgegners abstellen (s im Überblick MünchKommHGB/Krebs Vorbem 68 f zu § 48 sowie näher unten Rn 96 ff).

95 Im Gegensatz zur Einordnung als Tatbestand der unzulässigen Rechtsausübung gemäß § 242 sieht eine **aA** in der Lehre die **Problematik** des Missbrauchs der Vertretungsmacht als solche **des Vertretungsrechts** (Bamberger/Roth/Valenthin § 167 Rn 51; Erman/Maier-Reimer § 167 Rn 73; NK-BGB/Stoffels § 164 Rn 88; Bork Rn 1578; Brox/Walker Rn 581; Enneccerus/Nipperdey § 185 I 5; Flume § 45 II 3; Grigoleit/Herresthal Rn 510 ff; Hübner Rn 1296; Lehmann/Hübner § 36 IV 4; Medicus Rn 967; Pawlowski Rn 678 f; Ahrens JR 2007, 175, 176; Drexl/Mentzel Jura 2002, 289, 292 ff, 298; H H Jakobs JZ 2000, 28, 30; Pawlowski JZ 1996, 125, 129; Petersen Jura 2003, 310, 314 f; Prölss JuS 1985, 577; K Schmidt AcP 174, 55, 58 ff mwNw). In der Tat liegt der richtige Ansatzpunkt in der teleologischen Beschränkung des durch das Abstraktionsprinzip bezweckten Verkehrsschutzes bei fehlender Schutzbedürftigkeit des Geschäftsgegners. Die Verselbstständigung der Vertretungsmacht gegenüber der Pflichtbindung im Innenverhältnis in unserem Rechtssystem (s Vorbem 33 f zu §§ 164 ff) bezweckt die Herbeiführung von Verlässlichkeit für den Rechtsverkehr, die wiederum Evidenz der Vertretungsmacht erfordert (vgl Flume § 45 II 2). Wo aber auf der Seite des Kontrahenten kein Anlass für Verlässlichkeit besteht, weil umgekehrt der Verstoß gegen die Innenbindung evident ist, entfällt der Grund für die weitere Anwendung der abstrahierenden Regelung der §§ 164 ff. Ein dem entgegen stehendes Gebot der Gewährung gleicher Geschäftschancen wie gegenüber unvertretenen Personen (mit dieser Begründung für eine Beschränkung der Anwendungsfälle auf vorsätzliches Handeln des Vertreters Vedder 35 ff, 98 ff, 103 ff, 120 ff; ders JZ 2008, 1077, 1078 f) lässt sich dem Gesetz nicht entnehmen, denn der Geschäftsgegner hat es in der Hand, ggf an den Vertretenen heranzutreten; zudem sind Pflichtwidrigkeit von Vertreterhandeln und interessenwidriges Eigenhandeln nicht deckungsgleich.

Damit steht zugleich – entgegen der allerdings insoweit nicht immer eindeutigen Rechtsprechung und einem Teil der hL (s Rn 94) – fest, dass es beim Vertreter auf das Zuwiderhandeln gegen die Pflichtenbindung im Innenverhältnis, auf einen **objektiven Missbrauch der Vertretungsmacht** ankommt (BGH NJW 2006, 2276; Bamberger/Roth/Valenthin § 167 Rn 50; Erman/Maier-Reimer § 167 Rn 74; NK-BGB/Stoffels § 164 Rn 90; Bitter § 10 Rn 229 ff; Bork Rn 1582; Brehm Rn 476; Brox/Walker Rn 583; Faust § 28 Rn 25; Pawlowski Rn 678 f; Wertenbruch § 28 Rn 33; K Schmidt, Gesellschaftsrecht [4. Aufl 2002], § 10 II S 259; Mock JuS 2008, 486, 487; Steinbeck WM 1999, 885, 890 ff sowie die oben Rn 94 dazu zur hL Genannten). Vorsatz bzw Kenntnis oder fahrlässige Unkenntnis des Vertreters spielen keine Rolle, im Prinzip auch nicht unbedingt nachteiliges Handeln, um das es freilich in aller Regel geht (anders neben der Rspr insoweit die oben Rn 94 dazu Genannten; s ferner Grigoleit/Herresthal Rn 511: bewusstes Handeln zum Nachteil des Geschäftsherrn erforderlich; wie hier aber auch Faust § 28 Rn 27). Auch auf eine Unterscheidung zwischen zweckwidrigem, pflichtwidrigem und treuwidrigem Handeln des Vertreters (Stoll 115, 134 ff) kommt es danach nicht an (vgl Flume § 45 II 3; Frotz 558 ff). Eine teilweise Überschreitung der Vertretungsmacht (s § 167 Rn 89, § 177 Rn 5) stellt unbeschadet der Anwendbarkeit des § 139 nicht ohne weiteres einen Missbrauch der bestehenden Teilvertretungsmacht dar (s dazu Schäfer 98 ff).

c) Der Missbrauch der Vertretungsmacht setzt nicht nur Tatbestandselemente in der Person des Vertreters voraus, sondern auch solche auf der Seite des Kontrahenten. Danach ist der Missbrauchstatbestand sicher erfüllt, wenn der **Kontrahent vom Vollmachtsmissbrauch des Vertreters wusste**, ohne sogar im Wege der Kollusion mit ihm zusammenzuwirken (BGH NJW 1991, 1812; BAMBERGER/ROTH/VALENTHIN § 167 Rn 48; BGB-RGRK/STEFFEN § 167 Rn 24; ERMAN/MAIER-REIMER § 167 Rn 75; MünchKomm/SCHRAMM § 164 Rn 114; NK-BGB/STOFFELS § 164 Rn 91; SOERGEL/LEPTIEN § 177 Rn 18, jew mwNw). **96**

Ist dies nicht der Fall, so ist umstritten, welche Erfordernisse aufgestellt werden müssen. Nach teilweise heftigen Kontroversen hat sich heute als hM herausgebildet, dass der Vertreter ohne Rücksicht auf einen bestimmten Verschuldensgrad „ersichtlich" missbräuchlich gehandelt haben muss, was als **Evidenz des Vollmachtsmissbrauchs** bezeichnet wird (vgl RGZ 71, 219, 222; 143, 196, 201; BGHZ 50, 112, 114; BGH LM § 164 Nr 75 mAnm LEPTIEN und Nr 78 mAnm LANGENFELD; BGH NJW 1966, 1911; WM 1976, 632; 1981, 66; 1989, 1068; 1992, 1362; NJW 1988, 3012; 1994, 2082; 1995, 250; 1999, 2883; NJW-RR 1987, 307; 1992, 1135; NJW 2002, 1497 mAnm PRÖLSS VersR 2002, 961 und REIFF VersR 2002, 597; OLG München DNotZ 2007, 41 mAnm MUNZIG und WILSCH NZM 2007, 909; BAMBERGER/ROTH/VALENTHIN § 167 Rn 49; Hk-BGB/DÖRNER Rn 9; ERMAN/MAIER-REIMER § 167 Rn 75; JAUERNIG § 164 Rn 8; MünchKomm/SCHRAMM § 164 Rn 114 ff mwNw; NK-BGB/STOFFELS § 164 Rn 93; PALANDT/ELLENBERGER § 164 Rn 14; PWW/FRENSCH § 164 Rn 70; StudKomm § 167 Rn 7; BITTER § 10 Rn 23 f; BOECKEN Rn 635; BOEMKE/ULRICI § 13 Rn 94; BORK Rn 1579; BREHM Rn 476; FAUST § 28 Rn 26; GRIGOLEIT/HERRESTHAL Rn 510; HIRSCH Rn 1067 ff; LEIPOLD § 24 Rn 21; SCHMIDT Rn 876; WOLF/NEUNER § 49 Rn 105; FISCHER 9; MOCK JuS 2008, 486, 487; STEINBECK WM 1999, 885, 890 f; VAHLE DVP 2005, 189, 191 und NWB 2005, 2571, 2576). Nach der vor allem von FLUME (§ 45 II 3) hierzu entwickelten, vorzugswürdigen Auffassung sind schon mit der *Nichtberücksichtigung* eines evidenten Missbrauchsverhaltens die Voraussetzungen der Anwendbarkeit der Missbrauchsregeln auf der *Seite des Kontrahenten* erfüllt; sein Reagieren auf die Evidenz des Missbrauchs bildet kein Tatbestandselement der Treuwidrigkeit (ebenso NK-BGB/STOFFELS § 164 Rn 93; PALANDT/ELLENBERGER § 164 Rn 14; PWW/FRENSCH § 164 Rn 70; MEDICUS Rn 967; K SCHMIDT, Handelsrecht § 16 III 4 b bb und Gesellschaftsrecht § 10 II S 259; H H JAKOBS JZ 2000, 28, 30; SCHOTT AcP 171, 397; ähnlich BREHM Rn 476; BROX/WALKER Rn 581 ff; HÜBNER Rn 1300; wohl auch WOLF/NEUNER § 49 Rn 105; s auch BGH NJW 1994, 2082, 2083; 1999, 2883). Solche Evidenz – nicht iS einer Verantwortlichkeit, sondern einer widerleglichen Vermutung für den Wegfall der Verlässlichkeit (s Rn 95) – wird zwar in aller Regel mit Kenntnis oder Kennenmüssen des Geschäftspartners und übrigens auch des Vertreters einhergehen, muss es aber nicht (vgl ERMAN/MAIER-REIMER § 167 Rn 75; MünchKomm/SCHRAMM § 164 Rn 117; NK-BGB/STOFFELS § 164 Rn 93 mwNw; GESSLER 531 ff; JOHN 349 ff; PRÖLSS JuS 1985, 577, 579). **97**

Nach der Gegenauffassung hingegen wird durch die Evidenz für den Kontrahenten eine *Informationspflicht* ausgelöst, deren *Verletzung* erst den Tatbestand des Missbrauchs erfüllt, wobei teilweise (nur) *Fahrlässigkeit* verlangt wird (RGZ 83, 348, 353; 145, 311, 314; 159, 363, 367; BGHZ 50, 112, 114; BGH MDR 1964, 592; WM 1966, 491; 1989, 1068; BAG BB 1978, 964; BGB-RGRK/STEFFEN § 167 Rn 24; TEMPEL 237). Enger und der objektiven Evidenz (Rn 97) sehr nahe kommend wird aber zunehmend in der Literatur die Meinung vertreten, dass eine Evidenz des Missbrauchs nur bei *grober Fahrlässigkeit* des Kontrahenten den Tatbestand des Vollmachtsmissbrauchs begründen könne (SOERGEL/LEPTIEN § 177 Rn 18; MünchKomm/SCHRAMM § 167 Rn 114 ff, Rn 117 f; ENNECCERUS/ **98**

NIPPERDEY § 183 Fn 25; MOCK JuS 2008, 486, 487; TANK NJW 1969, 8; so auch OLG Dresden NJW-RR 1995, 803).

99 **d)** Missbrauch kann auch **bei gesetzlicher/organschaftlicher Vertretung** vorliegen, sei es, dass diese für natürliche Personen ausgeübt wird, sei es, dass sie durch einen – ohnehin als Amtsperson handelnden – Organwalter erfolgt (s etwa RGZ 58, 356; 145, 311, 314; BGH MDR 1964, 592; NJW-RR 1989, 642; ZIP 2002, 1093 mAnm TINTELNOT EWiR 2003, 125; MittBayNot 2008, 67; OLG Köln OLGR 2005, 130; OLG Düsseldorf BauR 2006, 1905; OLG Hamm NZG 2006, 827; OLG Karlsruhe WM 2008, 1685; BAMBERGER/ROTH/VALENTHIN § 167 Rn 53; BGB-RGRK/STEFFEN § 167 Rn 24; MünchKomm/SCHRAMM § 164 Rn 113; NK-BGB/STOFFELS § 164 Rn 95; PALANDT/ELLENBERGER § 164 Rn 13 f; PWW/FRENSCH § 164 Rn 68; SOERGEL/LEPTIEN § 177 Rn 20; FLUME § 45 II 3; PAWLOWSKI Rn 685 f; JOHN 349 ff, 356 ff; VEDDER 103 ff, 120 ff). Es entfällt freilich die Tatbestandsvariante eines Verstoßes des Vertreters gegen den Willen des Vertretenen (FLUME § 45 II 3; vgl oben Rn 91, auch Rn 94). Jedoch bestehen für die Fälle *unbeschränkbarer Vertretungsmacht* (vgl §§ 50 Abs 1, 126 Abs 2, 161 Abs 2, § 37 Abs 2 GmbHG, § 82 Abs 1 AktG, § 27 Abs 2 GenG), insbesondere kraft Organwaltung oder Prokura, zusätzliche Bedenken gegen die Anerkennung eines über die Kollusion oder Kenntnis hinausreichenden Missbrauchs (vgl MünchKomm/SCHRAMM § 164 Rn 113 aE; SOERGEL/LEPTIEN § 177 Rn 17 aE mwNw; HÜBNER Rn 1301; GESSLER 533 ff; zur Begrenzung des Anwendungsbereichs des § 37 Abs 2 GmbHG bei Wegfall notwendigen Verkehrsschutzes s BGH NJW 1997, 2678, 2679; zur Kündigung durch den vorläufigen Insolvenzverwalter s KOLBE ZIP 2009, 450, 453 gegen AHRENS JR 2007, 175, 176). Anwendung finden die Grundsätze aber auch bei der missbräuchlichen Vornahme von **Prozesshandlungen** durch einen Prozessvertreter gegenüber der anderen Partei wie zB der Vereinbarung einer Rechtsmittelrücknahme (s BGH LM § 515 ZPO Nr 13, § 565 III ZPO Nr 10; BGH NJW-RR 1987, 307; NK-BGB/STOFFELS § 164 Rn 95; PALANDT/ELLENBERGER § 164 Rn 14; PWW/FRENSCH § 164 Rn 68; SOERGEL/LEPTIEN § 177 Rn 20; zur umstr Einordnung als Prozesshandlung s SCHILKEN, Zivilprozessrecht [7. Aufl 2014] Rn 169) – hingegen nicht bei prozessualen Erwirkungshandlungen gegenüber dem Gericht (**aA** MÜLLER Betrieb 2014, 41, 44) – sowie in den Fällen der **Rechtsscheinsvollmacht** (VEDDER 23 ff, 98 ff), sofern man deren Existenz anerkennt (s Rn 28 ff). Auch bei Bankvollmachten haben die Regeln über den Missbrauch der Vertretungsmacht wegen der Möglichkeit einer Verfügung über fremdes Vermögen und der weitgehenden Unanwendbarkeit des § 181 (s § 181 Rn 44) erhebliche praktische Bedeutung (s dazu HAERTLEIN 23 ff; ausf SCHRAMM/DAUBER § 32 Rn 30 ff mwNw).

Auf *Treuhandverhältnisse* hingegen sind die Regeln über den Vollmachtsmissbrauch nicht übertragbar, weil der Treuhänder im eigenen Namen handelt (BGH JZ 1968, 428 m zust Anm HUBER 791 = NJW 1968, 1471 m krit Anm KÖTZ; BAMBERGER/ROTH/VALENTHIN § 167 Rn 53; NK-BGB/STOFFELS § 164 Rn 95; PWW/FRENSCH § 164 Rn 68; SOERGEL/LEPTIEN § 177 Rn 20; s aber auch COING 161 ff; TIMM JZ 1989, 22).

3. Die Rechtsfolgen des Missbrauchs der Vertretungsmacht

100 **a)** Soweit durch eine **Kollusion** der Tatbestand des § 138 verwirklicht ist, tritt die **Nichtigkeit** der missbräuchlich abgegebenen Willenserklärung ein (RGZ 130, 131, 142; BGH NJW 2000, 2896, 2897; BAMBERGER/ROTH/VALENTHIN § 167 Rn 47; ERMAN/MAIER-REIMER § 167 Rn 71; MünchKomm/SCHRAMM § 164 Rn 107; NK-BGB/STOFFELS § 164 Rn 85; SOERGEL/LEPTIEN § 177 Rn 21; FLUME § 45 II 3; s iü die w Nachw in Rn 93, auch zur abw Ansicht von BORK; krit [für

Titel 5
Vertretung und Vollmacht § 167

Anfechtbarkeit] auch VEDDER 131 ff, 138 ff und JZ 2008, 1077, 1081 f, s dazu noch Rn 102). Dasselbe gilt, soweit die Kollusion wegen des Verstoßes gegen Strafvorschriften nach § 134 zu beurteilen ist (WANK JuS 1979, 402, 405; zust BAMBERGER/ROTH/VALENTHIN § 167 Rn 47). Wurde jedoch dem Vertretenen im Wege der Kollusion nur der *Scheincharakter* des abgeschlossenen Geschäfts verheimlicht, so kann sich der Vertragspartner gegenüber einem Erfüllungsverlangen des Vertretenen nicht auf die Scheinnatur berufen (s § 166 Rn 19; RGZ 134, 33, 37; RG WarnR 1908 Nr 601; SOERGEL/LEPTIEN § 166 Rn 19).

Unwirksamkeit tritt auch bei *Prozesshandlungen* ein, welche in offensichtlichem Missbrauch der Vertretungsmacht vorgenommen wurden (BGH WM 1962, 415).

b) Sofern dagegen ein sonstiger Missbrauchsfall vorliegt, sind die Rechtsfolgen **101** des missbräuchlichen Vertreterhandelns umstritten und hängen von der rechtsdogmatischen Einordnung der Lösung (Rn 94 f) ab. Ursprünglich wurde dem Vertretenen gegenüber Ansprüchen des Kontrahenten die *Einrede der Arglist* zugestanden (RGZ 71, 219, 222; 101, 64, 73; 159, 363, 367). Hieraus hat sich nach der heutigen Einordnung der Konstellation unter § 242 der **Einwand der unzulässigen Rechtsausübung** ergeben (s die Nachw oben Rn 94)). Damit hätte der Vollmachtsmissbrauch die *Unverbindlichkeit* der betroffenen Willenserklärung zur Folge (s etwa BGH WM 1976, 632; NJW 1990, 384, 385; 1999, 2883, 2884; MünchKomm/SCHRAMM § 164 Rn 121; FISCHER 14; MUNZIG DNotZ 2007, 41, 45; krit VEDDER 134 ff); dies führt ggf zB zur Anwendbarkeit des § 816 Abs 1 BGB (H H JAKOBS JZ 2000, 28 ff). Allerdings wird von dieser Ansicht dennoch überwiegend die analoge Anwendbarkeit der §§ 177 ff befürwortet (s etwa BGH NJW 1999, 2266, 2268; BAMBERGER/ROTH/VALENTHIN § 167 Rn 51; BGB-RGRK/STEFFEN § 177 Rn 2; MünchKomm/SCHRAMM § 164 Rn 121; MünchKommHGB/KREBS Vorbem 73 zu § 48; PALANDT/ELLENBERGER § 164 Rn 14b; PWW/FRENSCH § 164 Rn 72; SOERGEL/LEPTIEN § 177 Rn 15; FAUST § 28 Rn 28; KÖHLER § 11 Rn 63; WOLF/NEUNER § 49 Rn 104). In der Tat ist auch die Frage der Rechtsfolgen des Missbrauchs nach der hier vertretenen Auffassung dem Stellvertretungsrecht zuzuordnen (s Rn 103).

c) Einen weiteren Lösungsweg hatten LEHMANN (JW 1934, 683) und daran an- **102** schließend STOLL (in: FS Lehmann [1937] 115 ff; s ferner HECKELMANN JZ 1970, 62, 65; HOFFMANN JuS 1970, 286, 288) vorgeschlagen. Sie wollen auf die *Regeln über die cic* zurückgreifen und dem Kontrahenten, der seine Informationspflichten aus dem vorvertraglichen Schuldverhältnis durch mangelnde Aufklärung verletzt hat, als Schadensersatz auferlegen, keine Rechte aus dem Vertretergeschäft herzuleiten (vgl FRIELING 25 ff). Auch dieser Weg würde jedoch die vorzugswürdige Einordnung in das Stellvertretungsrecht (Rn 103) ohne zwingenden Grund verlassen (abl aus anderen Gründen auch RG JW 1935, 1084; ferner FISCHER 18 f), und es würde auf ein Verschulden des Geschäftsgegners abgestellt werden müssen (dem zust NK-BGB/STOFFELS § 164 Fn 277). VEDDER (138 ff) befürwortet eine Anfechtungslösung analog § 123, die jedoch auf dem Vorsatzpostulat (s dazu Rn 94 ff) gründet und zudem den Anfechtungstatbestand entgegen § 166 Abs 1 auf den Vertretenen bezieht.

d) Vorzugswürdig ist vielmehr eine Rechtsfolgenbestimmung des Missbrauchs **103** der Vertretungsmacht, die den Rahmen des Stellvertretungsrechts wahrt und sich den Gedankengängen von KIPP anschließt (in: Reichsgerichts FS II [1929] 273 ff; vgl dazu FLUME § 45 II 3; FISCHER 8; FRIELING 11 ff). Die Lösung des Problems ist darin zu sehen, ein **Handeln ohne Vertretungsmacht** des missbräuchlich wirkenden Vertreters anzunehmen. Verbunden damit eröffnet sich die Möglichkeit, schwebend unwirksame Verträge bei einem Wahlrecht des Vertretenen und unter zeitlicher Präklusion auf dem Wege des § 177 Abs 2 durch Genehmigung wirksam werden zu lassen (Bamberger/Roth/Valenthin § 167 Rn 51; Erman/Maier-Reimer § 167 Rn 73; Hk-BGB/Dörner § 167 Rn 9; Jauernig § 164 Rn 8; NK-BGB/Stoffels § 164 Rn 88 mwNw; Bork Rn 1578; Brox/Walker Rn 581; Enneccerus/Nipperdey § 183 I 5; Flume § 45 II 3; Wolf/Neuner § 49 Rn 104; s ferner die Nachw oben Rn 101 sowie Chelidonis 99 ff; Tempel 237; Mock JuS 2008, 486, 487; K Schmidt AcP 174, 55, 58 uö, z B Gesellschaftsrecht [4. Aufl 2002] § 16 III S 474; offen Hübner Rn 1302). Diese Lösung trägt zutreffend der Einschränkung des Abstraktionsprinzips zu Lasten des nicht schutzwürdigen Dritten und zugunsten des schutzwürdigen Vertretenen Rechnung. Gerade wegen des Verhaltens des Geschäftsgegners ist es gerechtfertigt, dass nicht den Vertretenen das Risiko des Vertreterverhaltens trifft, sondern den Kontrahenten (unzutreffend also Fischer 11 ff; anders für die Blankobürgschaft auch Chelidonis 104 ff, der über § 278 auch den Bürgen mithaften lassen will). Dass die Eigenhaftung des Vertreters idR an § 179 Abs 3 S 1 scheitert (MünchKomm/Schramm § 164 Rn 121; NK-BGB/Stoffels § 164 Rn 88; PWW/Frensch § 164 Rn 72; Bork Rn 1582; Hübner Rn 1302; Tempel 237; K Schmidt AcP 174, 55, 58 ff; Schott AcP 171, 394), ist bei (sonstigem) Handeln ohne Vertretungsmacht nicht anders und gerechtfertigt, weil der Dritte bei Kenntnis oder Evidenz keinen Schutz verdient.

Nicht zu folgen ist im Hinblick darauf dem Vorschlag, die Folgen des Vollmachtsmissbrauchs anhand einer *analogen Anwendung des § 181* zu bestimmen (vgl dazu Meiners 48 ff).

104 e) Beizustimmen ist entgegen der Rspr der Auffassung, dass es für die Rechtsfolgenbestimmung des Missbrauchs nicht auf die Regelung in § 254 ankommen kann. Der BGH hat in Weiterentwicklung des Gedankens, dass § 242 die Berücksichtigung aller Umstände des Einzelfalles erfordere, den Satz aufgestellt, ein Schutz des Vertretenen müsse entfallen, wenn es nur aufgrund seines Unterlassens der gebotenen Kontrolle des Vertreters zu dessen missbräuchlichem Verhalten habe kommen können; in Anwendung des Rechtsgedankens des § 254 seien daher die nachteiligen Folgen des Geschäfts nach Maßgabe des auf jeder Seite obwaltenden Verschuldens zu verteilen (BGHZ 50, 112, 114; zust BGB-RGRK/Steffen § 167 Rn 24; Palandt/Ellenberger § 164 Rn 14 b; Fischer 17 f; Mertens JurA 1970, 475 f; Tank NJW 1969, 6, 10; offen BGH NJW 1999, 2883, 2884). Nach der hier vertretenen Lösung passt schon der Verschuldensgedanke nicht. Unabhängig davon kann aber der Verteilungsgedanke des § 254 nur für die aus einem Missbrauch der Vollmacht entstehenden *Schadensersatzansprüche* gelten, nicht aber für den Erfüllungsanspruch, der als solcher unteilbar ist und daher gem § 242 insgesamt undurchsetzbar bleiben muss (Bamberger/Roth/Valenthin § 167 Rn 52; Erman/Maier-Reimer § 167 Rn 76; MünchKomm/Schramm § 164 Rn 122; MünchKommHGB/Krebs Vorbem 73 zu § 48 mwNw; NK-BGB/Stoffels § 164 Rn 94; PWW/Frensch § 164 Rn 72; Soergel/Leptien § 177 Rn 19; Canaris Handelsrecht [24. Aufl 2006] § 14 Rn 42; Faust § 28 Rn 28; Grigoleit/Herresthal Rn 515; Hübner 182 und AT Rn 1302; Medicus Rn 967; Wolf/Neuner § 49 Rn 104; Tempel 237; Heckelmann JZ 1970, 64; H P Westermann JA 1981, 521, 526). Dem Gegenargument (zB BGHZ 50, 112, 115), auch § 254 stelle nur eine besondere Ausprägung des Gedankens von Treu und Glauben dar, kann angesichts dieser Bedenken nicht gefolgt werden (vgl auch Larenz AT [7. Aufl 1988] § 30 II a [S 600, Fn 53]). Wenn sich allerdings aus dem Verhalten des Vertreters oder des Vertretenen Schadensersatzansprüche aus cic (§§ 280, 311 Abs 2 iVm § 278) ergeben, so kommt insoweit auch eine Anwendung des § 254 in Betracht (BGHZ 50, 112, 114; BAMBERGER/ ROTH/VALENTHIN § 167 Rn 52; MünchKomm/SCHRAMM § 164 Rn 123; NK-BGB/STOFFELS § 164 Rn 94; PWW/FRENSCH § 1674 Rn 72; SOERGEL/LEPTIEN § 177 Rn 19; abl zu § 278 allerdings CANARIS, Handelsrecht § 14 Rn 43; GRIGOLEIT/HERRESTHAL Rn 460; WOLF/NEUNER § 49 Rn 104).

f) Für das Verhältnis zwischen dem Vertretenen und dem Vertreter bestimmen **105** sich auch im Falle des Vollmachtsmissbrauchs die Rechtsfolgen nach der *Verletzung der Innenverhältnisregeln* (s oben Rn 3; BGB-RGRK/STEFFEN § 167 Rn 24; MünchKomm/ SCHRAMM § 167 Rn 120; NK-BGB/STOFFELS § 164 Rn 85), namentlich nach § 280 Abs 1. Ferner liegt zumindest im Falle der Kollusion – aber auch andere Fälle sittenwidriger Schädigung sind möglich (s BGH MDR 2011, 1305) – auch eine *unerlaubte Handlung* des Vertreters gem § 826 vor; Vertreter und Kontrahent haften dann als Gesamtschuldner (MünchKomm/SCHRAMM § 164 Rn 107; NK-BGB/STOFFELS § 164 Rn 85; FLUME § 45 II 3; ENNECCERUS/NIPPERDEY § 183 I 5). Möglich ist auch ein Anspruch gegen den Geschäftsgegner aus cic oder im Rahmen eines schon bestehenden Schuldverhältnisses aus Verletzung einer Nebenpflicht (vgl OLG München NJW-RR 1986, 1374; MünchKomm/ SCHRAMM § 164 Rn 123 mwNw; SOERGEL/LEPTIEN § 177 Rn 19).

§ 168
Erlöschen der Vollmacht

Das Erlöschen der Vollmacht bestimmt sich nach dem ihrer Erteilung zugrunde liegenden Rechtsverhältnis. Die Vollmacht ist auch bei dem Fortbestehen des Rechtsverhältnisses widerruflich, sofern sich nicht aus diesem ein anderes ergibt. Auf die Erklärung des Widerrufs findet die Vorschrift des § 167 Abs. 1 entsprechende Anwendung.

Materialien: E I § 119; II § 138 Abs 1; III § 164; Mot I 233; Prot I 228, 249; II 1 143; JAKOBS/ SCHUBERT, AT II 873 ff; SCHUBERT, AT II 186 ff (Vorentwurf).

Schrifttum

Zur postmortalen Vollmacht s Schrifttum bei Rn 28; s ferner das Schrifttum bei § 167.
BÖTTCHER, Zur Lehre vom Erlöschen der Vollmacht nach dem Rechte des BGB (Diss Leipzig 1908)
DÜLL, Zur Lehre vom Widerruf (1934)
DUX, Die unwiderrufliche Vollmacht zur Unterwerfung unter die sofortige Zwangsvollstreckung bei Grundschulden, WM 1994, 1145
FISCHER, Unwiderrufliche Stimmrechtsvollmacht in der GmbH, GmbHR 1952, 113
FOLLER, Das Erlöschen der Vollmacht nach dem Rechte des BGB (Diss Jena 1903)

FREY, Rechtsnachfolge in Vollmachtnehmer- und Vollmachtgeberstellungen (1997)
FUCHS, Zur Disponibilität gesetzlicher Widerrufsrechte im Privatrecht, AcP 196 (1996) 313
GERNHUBER, Die verdrängende Vollmacht, JZ 1995, 381
GOTTSCHALK, Die Vollmacht zur Vornahme formbedürftiger Rechtsgeschäfte, JherJb 79, 212
HEIDLAND, Die Vollmacht der Architekten, Ingenieure und Sonderfachleute in der Insolvenz des Bauherrn, BauR 2009, 159
JUNG, Anweisung und Vollmacht, JherJb 69, 82
KIEHL, Bedarf der Verzicht auf die Widerruf-

barkeit einer Vollmacht zu seiner Verbindlichkeit einer Vereinbarung?, LZ 1925, 1020
Lehmberg, Die Erlöschungsgründe der Vollmacht nach heutigem Recht (Diss Rostock 1905)
Muscheler, Die vom Testamentsvollstrecker erteilte Vollmacht, ZEV 2008, 213
Papenmeier, Transmortale und postmortale Vollmachten als Gestaltungsmittel (Diss Leipzig 2013)
Plattner, Die Dauer, das Erlöschen der Vollmacht, MittWürttNotV 1932, 103

Rabel, Unwiderruflichkeit der Vollmacht, ZAuslIntPR 7, 797
Schilken, Die Vollmacht in der Insolvenz, KTS 2007, 1
vTuhr, Die unwiderrufliche Vollmacht, in: Straßburger Festgabe Laband (1908) 43
Woeste, Sicherungseigentum im Konkurs des Sicherungsgebers. Fortbestand der Vollmacht zur Verwertung des Sicherungsgutes im Namen des Sicherungsgebers, BB 1955, 182.

Systematische Übersicht

I. **Die Bedeutung des Grundverhältnisses für das Erlöschen der Vollmacht**
1. Allgemeine Auswirkungen des Abstraktionsgrundsatzes _____ 1
   a) Die Vorgeschichte des § 168 _____ 1
   b) Erlöschensbestimmungen in der Vollmacht _____ 2
   c) Auslegung nach dem Grundverhältnis _____ 3
2. Der Widerruf der Vollmacht _____ 4
   a) Die freie Widerruflichkeit _____ 4
   b) Die Widerrufserklärung _____ 5
   c) Die Folge des Widerrufs _____ 6
   d) Der teilweise Widerruf _____ 7
3. Die unwiderrufliche Vollmacht _____ 8
   a) Die Voraussetzungen _____ 8
   b) Die Begründung der Unwiderruflichkeit _____ 11
   c) Die Folgen der Unwiderruflichkeit _____ 13
   d) Der Widerruf aus wichtigem Grund _____ 14
   e) Die verdrängend-unwiderrufliche Vollmacht _____ 15
4. Das Erlöschen der isolierten Vollmacht _____ 16
   a) Die Tatbestände _____ 16
   b) Der Widerrufsausschluss _____ 17
5. Der Verzicht auf die Vollmacht _____ 18

II. **Tod, Geschäftsunfähigkeit und Verlust der Verfügungsbefugnis**
1. Tatbestände in der Person des Bevollmächtigten _____ 19
   a) Tod und Erlöschen einer juristischen Person _____ 19
   b) Verlust der Geschäftsfähigkeit _____ 21
   c) Insolvenz des Bevollmächtigten _____ 22
2. Tatbestände in der Person des Vollmachtgebers _____ 23
   a) Verlust der Geschäftsfähigkeit _____ 23
   b) Ende gesetzlicher Vertretungsmacht _____ 24
   c) Insolvenz des Vollmachtgebers _____ 25
   d) Tod und Erlöschen einer juristischen Person _____ 26
3. Die Vollmacht auf den Todesfall (postmortale Vollmacht) _____ 28
   a) Die Fortdauer über den Tod hinaus _____ 28
   b) Postmortale Vollmacht und § 2301 _____ 30
   c) Die Wirkungen nach dem Tode _____ 31
   d) Das Widerrufsrecht des Erben _____ 34
4. Beweislast _____ 36

Alphabetische Übersicht

Abstraktionsgrundsatz _____ 1, 3, 6, 12
Auslegung der Vollmacht _____ 2 f
Ausschluss des Widerrufs _____ 8 ff, 17

Bedingung und Befristung _____ 2, 16
Beweislast _____ 36

Erlöschen der juristischen Person _____ 20, 27
– der Vollmacht _____ 2, 16

Generalvollmacht _____ 9, 14, 17
Geschäftsfähigkeit des Bevollmächtigten _____ 21
– des Vollmachtgebers _____ 23

Titel 5
Vertretung und Vollmacht § 168

Gesetzliche Vertretungsmacht — 24	Tod des Bevollmächtigten — 19
Grundverhältnis — 1, 3, 12, 16	– des Vollmachtgebers — 26 ff
	Transmortale Vollmacht — 26 f
Insolvenz des Bevollmächtigten — 22	
– des Vollmachtgebers — 25	Unwiderrufliche Vollmacht — 8 ff, 17
Isolierte Vollmacht — 16 f, 27	
	Verzicht des Bevollmächtigten — 18
Organe einer juristischen Person — 9	Vollmacht auf den Todesfall — 28 ff
	Vollmacht über den Tod hinaus — 26 f
Postmortale Vollmacht — 28 ff	
	Widerruf der Vollmacht — 4 ff, 14, 17, 34 f
Teilweiser Widerruf — 7	

I. Die Bedeutung des Grundverhältnisses für das Erlöschen der Vollmacht

1. Allgemeine Auswirkungen des Abstraktionsgrundsatzes

a) Zunächst hatte § 119 E I vorgesehen, dass für das Erlöschen der Vollmacht die **1** Vorschriften über das *Erlöschen des Auftrags* gelten sollten. In § 168 S 1 ist diese Verweisung durch eine allgemeine Bezugnahme auf das der Vollmacht *zugrunde liegende Rechtsverhältnis* ersetzt worden. Darin kommt aber noch immer eine Abhängigkeit der Vollmacht vom Grundverhältnis zum Ausdruck. Insoweit ist ein Rest der in früheren Rechten vorgesehenen Verbindung von Auftrag und Vollmacht (s Vorbem 8 zu §§ 164 ff; HKK/SCHMOECKEL §§ 164–181 Rn 19) bewahrt worden; auch § 169 bringt das durch die Bezugnahme auf §§ 674, 729 zum Ausdruck (FLUME § 51 4). Da jedoch für das BGB die *Abstraktheit der Vollmacht* (s Vorbem 33 zu §§ 164 ff) gilt, darf die Verbindung zwischen Grundverhältnis und dem Erlöschen der Vollmacht nur einschränkend, dh unter Berücksichtigung des abstrakten Charakters der Vollmacht, verstanden werden.

b) Deshalb kann der Vollmachtgeber unabhängig von § 168 und vorrangig **über 2 das Erlöschen der Vollmacht Bestimmungen treffen**, welche vom Grundverhältnis unabhängig sind; insbesondere kommen die *Befristung* und die *auflösende Bedingung* in Betracht (BAMBERGER/ROTH/VALENTHIN § 168 Rn 2; ERMAN/MAIER-REIMER § 168 Rn 2; Hk-BGB/DÖRNER § 168 Rn 2; MünchKomm/SCHRAMM § 168 Rn 3; NK-BGB/ACKERMANN § 168 Rn 3; PALANDT/ELLENBERGER § 168 Rn 1; PWW/FRENSCH § 168 Rn 2; SOERGEL/LEPTIEN § 168 Rn 2, Rn 18; BOECKEN Rn 638; BROX/WALKER Rn 555; FLUME § 51 1; HÜBNER Rn 1261; PAWLOWSKI Rn 768; SCHMIDT Rn 778 f; BORNEMANN AcP 207, 102, 137; heute allgM, s auch § 167 Rn 15). Zur Frage, ob aus der zeitlichen Begrenzung einer Vollmacht deren Unwiderruflichkeit folgt, s Rn 11.

Enthält die Bevollmächtigung keine ausdrückliche Bestimmung über das Erlöschen der Vollmacht, so kommt es für deren **Auslegung** (s auch § 167 Rn 84 ff) auf die Umstände an, welche für den Willen des Vollmachtgebers maßgebend waren; dabei kann das etwa angestrebte Rechtsgeschäft Bedeutung erlangen und daraus dem zweckbestimmten Inhalt der Vollmacht bereits deren Ablauf zu entnehmen sein (BAMBERGER/ROTH/VALENTHIN § 168 Rn 1; ERMAN/MAIER-REIMER § 168 Rn 2; MünchKomm/ SCHRAMM § 168 Rn 4 mwNw; NK-BGB/ACKERMANN § 168 Rn 3; SCHMIDT Rn 780). So bewirkt zB die *Unmöglichkeit* des Rechtsgeschäfts, zu dem eine Spezialvollmacht erteilt wurde, deren Erlöschen (Erman/Maier-Reimer § 168 Rn 2; Nk-BGB/Ackermann § 168 Rn 3; Soergel/Leptien § 168 Rn 3); entsprechendes gilt bei Wegfall der Geschäftsgrundlage für die vorgesehenen Vertretergeschäfte (KG KGBl 1927, 19; Bamberger/Roth/Valenthin § 168 Rn 2; MünchKomm/Schramm § 168 Rn 4; NK-BGB/Ackermann § 168 Rn 3; Palandt/Ellenberger § 168 Rn 1; PWW/Frensch § 168 Rn 2; Soergel/Leptien § 168 Rn 3). Ebenso kann eine der Ehefrau erteilte Vollmacht mit der Ehescheidung erlöschen (KG DR 1944, 71). Prokura, Handlungsvollmacht und sonstige Vollmachten enden bei Aufgabe oder Veräußerung des Unternehmens (NK-BGB/Ackermann § 167 Rn 3; ausf MünchKommHGB/Krebs § 52 Rn 25 ff mwNw; Koller/Roth/Morck, HGB [7. Aufl 2011] § 52 Rn 9, § 54 Rn 18; PWW/Frensch § 168 Rn 9; Soergel/Leptien § 168 Rn 3; Köhler § 11 Rn 30; Wolf/Neuner § 50 Rn 56; Köhler BB 1979, 912; s auch MünchKomm/Schramm § 168 Rn 5).

3 c) Fehlt es an einer Erlöschensbestimmung in der Vollmacht, so ist gem § 168 S 1 **im Wege der Auslegung auf das Grundverhältnis zurückzugreifen.** Danach ist ein Erlöschen der Vollmacht anzunehmen, wenn das Grundverhältnis sein Ende findet (Bamberger/Roth/Valenthin § 168 Rn 3; Erman/Maier-Reimer § 168 Rn 4; Hk-BGB/Dörner § 168 Rn 3; MünchKomm/Schramm § 168 Rn 10 f; NK-BGB/Ackermann § 168 Rn 4; Palandt/Ellenberger § 168 Rn 2; PWW/Frensch § 168 Rn 3, Rn 11; Soergel/Leptien § 168 Rn 4, Rn 11; Boecken Rn 639; Bork Rn 1499; Brehm Rn 458 ff; Brox/Walker Rn 552; Ennecerus/Nipperdey § 186 II; Faust § 26 Rn 10; Hübner Rn 1262; Köhler § 11 Rn 30; Medicus Rn 937; Schmidt Rn 782 f; Wolf/Neuner § 50 Rn 54; Mock JuS 2008, 391, 393), sei es durch dessen Bedingung, Befristung, Erfüllung, Widerruf, Rücktritt, fristlose Kündigung oder auch durch bei Dauerschuldverhältnissen ausnahmsweise nur ex nunc wirkende Anfechtung (zu den Auswirkungen von Tod, Geschäftsunfähigkeit und Verlust der Verfügungsbefugnis sowie zur rechtsgeschäftlichen Übertragbarkeit s Rn 19 ff). Auch die wirksame ordentliche Kündigung des Grundverhältnisses, zB eines Auftragsvertrages (§ 671), bewirkt zwar nicht als solche, wohl aber durch die nachfolgende Beendigung des Grundverhältnisses das Erlöschen der Vollmacht. Für etwaige Abwicklungstätigkeiten kann im Übrigen die Vollmacht trotz Beendigung des Grundverhältnisses noch fortbestehen (BGH NJW 1981, 282, 284). In Ausnahmefällen kann auch eine Verwirkung der Vollmacht in Betracht kommen (Soergel/Leptien § 168 Rn 5). Keineswegs aber führt ein Mangel des Grundverhältnisses stets zur Unwirksamkeit der (Innen-)Vollmacht (s Vorbem 33 zu §§ 164 ff).

2. Der Widerruf der Vollmacht

4 a) Gem § 168 S 2 ist die Vollmacht unabhängig vom Grundverhältnis idR frei *widerruflich* (RGZ 109, 331), sofern dieses nichts anderes ergibt (s Rn 12). Auch die Untervollmacht kann vom Vertretenen widerrufen werden (s § 167 Rn 69). Die Widerrufsmöglichkeit steht einer *Anfechtung* der Vollmacht nicht entgegen (s § 167 Rn 77), enthebt sie aber vor Ausführung eines Vertretergeschäfts ihrer praktischen Bedeutung.

5 b) Für die Erklärung des Widerrufs gelten gem § 168 S 3 die Regeln des § 167 Abs 1 entsprechend. Dies bedeutet, dass der Widerruf durch **einseitige Willenserklärung** erfolgen muss (s § 167 Rn 10). Die Erklärung kann ausdrücklich oder durch schlüssiges Verhalten abgegeben werden, zB bei entsprechender Auslegung durch Bestellung eines neuen Bevollmächtigten (s OLG Düsseldorf NJW-RR 2003, 1312; OLG

Hamburg ZMR 2005, 395, aber auch BVerwG NJW 2005, 1962) oder auch durch (auszulegende) Rückforderung der Vollmachtsurkunde (RG JW 1933, 1202; BAMBERGER/ROTH/ VALENTHIN § 168 Rn 19; ERMAN/MAIER-REIMER § 168 Rn 14; NK-BGB/ACKERMANN § 168 Rn 5 Fn 8; SOERGEL/LEPTIEN § 168 Rn 20; BORK Rn 1513; ENNECERUS/NIPPERDEY § 186 I 1). Die Widerrufserklärung ist entweder an den Bevollmächtigten zu richten oder an denjenigen Dritten, gegenüber dem die Vertretungsmacht besteht; ferner ist analog § 171 Abs 2 ein Widerruf durch öffentliche Bekanntmachung möglich (s § 167 Rn 12). Die dort vorgesehene Regel über den Widerruf der Kundgebung bestehender Vertretungsmacht ist auf die Beseitigung der Vertretungsmacht auszudehnen (BAMBERGER/ROTH/VALENTHIN § 168 Rn 19; MünchKomm/SCHRAMM § 168 Rn 30; NK-BGB/ACKERMANN § 168 Rn 5; PALANDT/ELLENBERGER § 168 Rn 5; PWW/FRENSCH § 168 Rn 15; SOERGEL/LEPTIEN § 168 Rn 19; BOECKEN Rn 642; BORK Rn 1513; PAWLOWSKI Rn 766). Der Widerruf ist grundsätzlich unabhängig von der Art der Erteilung (Innen- oder Außenvollmacht) möglich (BAMBERGER/ROTH/VALENTHIN § 168 Rn 19; ERMAN/MAIER-REIMER § 168 Rn 14; Hk-BGB/ DÖRNER § 168 Rn 6; JAUERNIG § 168 Rn 5; MünchKomm/SCHRAMM § 168 Rn 19; NK-BGB/ACKERMANN § 168 Rn 5; PALANDT/ELLENBERGER § 168 Rn 5; PWW/FRENSCH § 168 Rn 15; SOERGEL/LEPTIEN § 168 Rn 19; BOECKEN Rn 642; BORK Rn 1513; BOEMKE/ULRICI § 13 Rn 53; BROX/WALKER Rn 554; KÖHLER § 11 Rn 32; MEDICUS Rn 940; SCHMIDT Rn 789; **aA** noch LEHMANN/HÜBNER § 36 V 5 c; für die Außenvollmacht im Hinblick auf § 170 einschränkend auch NK-BGB/ACKERMANN § 168 Rn 5 mit § 170 Rn 2 im Anschluss an FLUME § 51 9, s dazu § 170 Rn 3; ausf auch PAWLOWSKI Rn 766 ff), wirkt freilich nur nach Maßgabe der §§ 170, 173, sodass es bei mehreren Dritten uU auch zu einer bloß teilweisen Wirkung des Widerrufs kommen kann (MünchKomm/SCHRAMM § 168 Rn 19; SOERGEL/LEPTIEN § 168 Rn 19; vgl auch BORK Rn 1513, Rn 1519; s auch noch Rn 7). Darüber hinaus sind selbstverständlich die Sonderregeln der §§ 171, 172 zu beachten. Auch die Verbraucherwiderrufsrechte (§ 355 iVm § 312, § 495 uam) sind bei Vorliegen der entsprechenden Voraussetzungen auf die Vollmacht anwendbar (STAUDINGER/THÜSING [2012] § 312 Rn 47; HOFFMANN JZ 2012, 1156, 1161 ff mwNw; SCHREINDORFER 350 ff; **aA** MÖLLER ZIP 2002, 333, 336 f).

c) Folge des Widerrufs der Vollmacht ist das Erlöschen der Vertretungsmacht, 6 nicht nur ihr Ruhen. Dem Schutz gutgläubiger Dritter dienen die §§ 170 ff. Zusätzlich kann ein Vollmachtswiderruf auch das *Grundverhältnis zwischen* dem Vollmachtgeber und dem Bevollmächtigten beenden, sofern dies durch einseitige Erklärung möglich ist und die Auslegung der Erklärung des Vollmachtgebers einen hierauf gerichteten Willen ergibt.

d) Der Widerruf muss die Vollmacht nicht insgesamt beseitigen; auch ein *teil-* 7 *weiser Widerruf* ist zulässig, zB durch Beschränkung einer fortbestehenden Vollmacht (BAMBERGER/ROTH/VALENTHIN § 168 Rn 19; MünchKomm/SCHRAMM § 168 Rn 19; NK-BGB/ACKERMANN § 168 Rn 5; SOERGEL/LEPTIEN § 168 Rn 19; vgl § 167 Rn 16). Voraussetzung hierfür ist nicht, dass die konkrete Vollmacht sich als teilbares Rechtsgeschäft iS des § 139 darstellt. Es handelt sich auch nicht um einen vollständigen Widerruf, verbunden mit der Neuerteilung einer beschränkten Vollmacht. Zwar kann auch dies gewollt sein; normalerweise besteht jedoch das ursprüngliche Bevollmächtigungsgeschäft fort, was zB hinsichtlich der Formwahrung bedeutsam wird. Dies gilt selbst dann, wenn die Vollmacht nach dem Grundverhältnis nicht teilweise widerrufen werden durfte.

3. Die unwiderrufliche Vollmacht

8 a) Abweichend von der hM im gemeinen Recht und der noch in § 119 E I vorgesehenen Regelung kann die Vollmacht als unwiderrufliche erteilt werden (s ausf Müller-Freienfels 109 ff). Das ergibt sich aus § 168 S 2 und ist heute grundsätzlich anerkannt. Allerdings kann die Unwiderruflichkeit im Hinblick auf § 138 nicht uneingeschränkt zugelassen werden, da der Vollmachtgeber sich durch ihre Erteilung endgültig der Fremdbestimmung unterwirft (vgl Flume § 53 1, 3). Sie ist deshalb ausgeschlossen, wenn der zugrunde liegende Auftrag allein den Interessen des Auftraggebers dienen soll (BGHZ 3, 354, 358; BGH WM 1971, 956; NJW 1998, 2603; NJW-RR 1991, 4349, 442; Bamberger/Roth/Valenthin § 168 Rn 21; Hk-BGB/Dörner § 168 Rn 5; MünchKomm/Schramm § 168 Rn 21; NK-BGB/Ackermann § 168 Rn 9; Palandt/Ellenberger § 168 Rn 6; PWW/Frensch § 168 Rn 13; Soergel/Leptien § 168 Rn 22; Boecken Rn 645; Boemke/Ulrici § 13 Rn 55; Faust § 26 Rn 14; Flume § 53, 3; Schmidt Rn 791; Wolf/Neuner § 50 Rn 43; **krit** Papenmeier 113 f). Ganz überwiegend wird verlangt, dass der Unwiderruflichkeit einer Vollmacht ein dem Interesse des Vollmachtgebers am Vertretergeschäft mindestens gleichwertiges *Interesse des Bevollmächtigten oder eines Dritten* zugrunde liegen muss (RGZ 52, 99; 76, 182; 109, 331; RG JW 1927, 1139; BGH WM 1965, 107, 1006; 1971, 956; 1985, 647; NJW-RR 1991, 439, 441; 1996, 848, 849; BayObLG NJW-RR 2002, 443, 444; Bamberger/Roth/Valenthin § 168 Rn 21; BGB-RGRK/Steffen § 168 Rn 3; Erman/Maier-Reimer § 168 Rn 16; Jauernig § 168 Rn 6; MünchKomm/Schramm § 168 Rn 21 ff; NK-BGB/Ackermann § 168 Rn 8, zu Recht krit im Hinblick auf die Bestimmtheit dort Rn 11; Palandt/Ellenberger § 168 Rn 6; PWW/Frensch § 168 Rn 13; Soergel/Leptien § 168 Rn 22; Bitter § 10 Rn 107; Boecken Rn 643; Boemke/Ulrici § 13 Rn 54; Brehm Rn 455; Brox/Walker Rn 553; Enneccerus/Nipperdey § 186 IV 2 c; Faust § 26 Rn 14; Hübner Rn 1273; Köhler § 11 Rn 32; Medicus Rn 942; Schack Rn 509; Fuchs AcP 196, 313, 361 ff; Mock JuS 2008, 391, 393; **abl** aber Bork Rn 1509; strikt gegen eine Interessenabwägung Papenmeier 113 f). Weitergehend wird teilweise gefordert (BGB-AK/Ott § 168 Rn 9; Flume § 53 3; ausf Pawlowski, AT Rn 762 ff), dass der Bevollmächtigte oder ein Dritter einen *Anspruch auf die Vornahme* des Vertretergeschäftes hat oder die Unwiderruflichkeit im zugrunde liegenden Rechtsverhältnis einen berechtigten Grund finden muss (MünchKomm/Schramm § 168 Rn 21; dagegen Wolf/Neuner § 50 Rn 43 Fn 79; Fuchs AcP 196, 313, 361 ff), doch erscheint diese Einschränkung privatautonomer Unterwerfung unter eine Fremdbestimmung nicht geboten. Jedenfalls ist aber eine zu Erfüllungszwecken erteilte unwiderrufliche Spezialvollmacht – namentlich eine Auflassungsvollmacht – sicher zulässig (NK-BGB/Ackermann § 168 Rn 10 mit weiteren Beispielen).

9 Wegen Verstoßes gegen das Prinzip der Privatautonomie ist die **Generalvollmacht** – sei sie isoliert oder „kausal" erteilt worden – nicht als unwiderrufliche Vollmacht zulässig (BGH NJW 1988, 2603; NJW 2011, 66, 67; KG DNotZ 1980, 166; OLG Hamburg OLGE 24, 267; OLG Zweibrücken OLGZ 1985, 45; Bamberger/Roth/Valenthin § 168 Rn 25; Erman/Maier-Reimer § 168 Rn 16; Hk-BGB/Dörner § 168 Rn 5; Jauernig § 168 Rn 6; MünchKomm/Schramm § 168 Rn 26; NK-BGB/Ackermann § 168 Rn 9; Palandt/Ellenberger § 168 Rn 6; PWW/Frensch § 168 Rn 13; Soergel/Leptien § 168 Rn 25; Staudinger/Reimann [2012] Vorbem 74 f zu §§ 2197–2228; Bitter § 10 Rn 105; Boecken Rn 645; Boemke/Ulrici § 13 Rn 55; Bork Rn 1509; Brehm Rn 455; Brox/Walker Rn 553; Eisenhardt Rn 433; Faust § 26 Rn 14; Flume § 53 3; Hübner Rn 1270, Rn 1274; Schack Rn 509; Schmidt Rn 791; Wolf/Neuner § 10 Rn 57, § 50 Rn 40; Papenmeier 111 f; Fuchs AcP 196, 313, 361 ff; anders BGB-RGRK/Steffen § 168 Rn 3 für zeitlich beschränkte Generalvollmachten). Entsprechendes gilt für eine *isolierte Voll-*

Titel 5
Vertretung und Vollmacht § 168

macht (s unten Rn 17). Ob die *Organe einer juristischen Person* im Hinblick auf die in § 27 vorgesehene Widerruflichkeit der Organbestellung eine unwiderrufliche Vollmacht erteilen können, ist umstritten (vgl OLG München OLGZ 1995, 1; TEMPEL 239). Richtigerweise gelten auch hier wegen des allein maßgeblichen Umfangs ihrer Vertretungsmacht die allgemeinen Maßstäbe für die Zulässigkeit einer unwiderruflichen Vollmacht (MünchKomm/SCHRAMM § 168 Rn 26; NK-BGB/ACKERMANN § 168 Rn 10; SOERGEL/LEPTIEN § 168 Rn 24; FLUME § 53 Fn 32); maßgeblich ist nicht die Widerruflichkeit der Organstellung, sondern der Umfang der Vertretungsmacht.

Liegen die genannten Zulässigkeitsvoraussetzungen einer unwiderruflichen Vollmacht nicht vor, so ist jedenfalls die *Unwiderruflichkeitsklausel nichtig*. Hingegen muss deswegen nicht nach § 139 die gesamte Vollmachtserteilung unwirksam sein (BGH WM 1969, 1009; KG JFG 1, 318, 321; JAUERNIG § 168 Rn 6; MünchKomm/SCHRAMM § 168 Rn 27; NK-BGB/ACKERMANN § 168 Rn 12; PALANDT/ELLENBERGER § 168 Rn 6; PWW/FRENSCH § 168 Rn 13; SOERGEL/LEPTIEN § 168 Rn 27; BORK Rn 1509; ENNECCERUS/NIPPERDEY § 186 IV 2 b; PAPENMEIER 113; SIEGHÖRTNER ZEV 1999, 461; für Gesamtnichtigkeit bei Verstoß gegen § 138 FLUME § 53 3 und STAUDINGER/SCHILKEN [2009]). In den Fällen eines Verstoßes gegen §§ 126, 313 und in anderen Fällen, in denen die Vollmachtserteilung entgegen § 167 Abs 2 (s näher § 167 Rn 18 ff) und deshalb auch der Ausschluss des Widerrufes einer Form bedarf (BAMBERGER/ROTH/VALENTHIN § 168 Rn 22; MünchKomm/SCHRAMM § 168 Rn 27; NK-BGB/ACKERMANN § 168 Rn 12; vgl BayObLG NJW-RR 1996, 848, 849; KORTE DNotZ 1984, 82, 88 f), ist allerdings Gesamtnichtigkeit anzunehmen. 10

b) Rechtstechnisch muss die Begründung der Unwiderruflichkeit nach verbreiteter Meinung *durch einen Vertrag* erfolgen, was praktisch auch sicher die Regel sein wird; dementsprechend wird der *einseitige Verzicht* des Vollmachtgebers auf die Widerruflichkeit als wirkungslos behandelt (RGZ 62, 335, 337; 109, 331, 333; BGH NJW-RR 1996, 848, 849; SchlHOLG MDR 1963, 675; BayObLG NJW-RR 1996, 848; BAMBERGER/ROTH/VALENTHIN § 168 Rn 20 und 23; BGB-RGRK/STEFFEN § 168 Rn 3; PALANDT/ELLENBERGER § 168 Rn 6; PWW/FRENSCH § 168 Rn 13; SCHRAMM/DAUBER § 32 Rn 52; BORK Rn 1508; PAPENMEIER 120 f; HOPT ZHR 133, 317; wohl auch SCHMIDT Rn 790). MÜLLER-FREIENFELS (110) führt das Vertragserfordernis darauf zurück, dass die Rechtsfolge der Unwiderruflichkeit durch den Bevollmächtigten „zugleich mitgetragen" werde. Diese Begründung ist wenig überzeugend, da nur der Vollmachtgeber eine Rechtsbeeinträchtigung erleidet. Richtig erscheint es vielmehr, zur Begründung der Unwiderruflichkeit – unbeschadet der Lösung bei einer isolierten Vollmacht (s Rn 17; beide Fragen vermengt BGH NJW-RR 1996, 848, 849) – wie allgemein bei der Vollmachtserteilung (vgl § 167 Abs 1) auch die einseitige Erklärung des Vollmachtgebers, den Verzicht auf den Widerruf, anzuerkennen (ERMAN/MAIER-REIMER § 168 Rn 17; Hk-BGB/DÖRNER § 168 Rn 5; MünchKomm/SCHRAMM § 168 Rn 20; NK-BGB/ACKERMANN § 168 Rn 7; SOERGEL/LEPTIEN § 168 Rn 23; BOECKEN Rn 643; BOEMKE/ULRICI § 13 Rn 54; ENNECCERUS/NIPPERDEY § 186 IV 2 b; FAUST § 26 Rn 14; FLUME § 53 5; HÜBNER Rn 1273; FUCHS AcP 196, 313, 363; vgl SAAR/POSSELT JuS 2000, 778, 779). Der Wortlaut des § 168 S 2 steht dem nicht entgegen (so aber BAMBERGER/ROTH/VALENTHIN § 168 Rn 23), weil er das Verhältnis des Fortbestehens von zugrunde liegendem Rechtsverhältnis und Vollmacht regelt, aber nichts über sonstige Widerrufsmöglichkeiten aussagt. – Die Auslegung der Vollmacht kann ergeben, dass in der zeitlichen Beschränkung ihrer Geltung (vgl oben Rn 2) oder im erklärten Zweck (zB „erfüllungshalber") ein Widerrufsverzicht zum Ausdruck gebracht wurde (ERMAN/MAIER-REIMER § 168 Rn 16; MünchKomm/SCHRAMM § 168 Rn 22; NK-BGB/ACKERMANN § 168 11

Rn 10; SOERGEL/LEPTIEN § 168 Rn 24; FLUME § 53 5; PAPENMEIER 121 f; s auch Rn 12), wie überhaupt bei allerdings gebotener zurückhaltender Auslegung eine *konkludente* Erteilung unwiderruflicher Vollmacht in Betracht kommt (BAMBERGER/ROTH/VALENTHIN § 168 Rn 21; MünchKomm/SCHRAMM § 168 Rn 25; NK-BGB/ACKERMANN § 168 Rn 8; zur Rechtsprechung s die Nachw Rn 8). Möglich ist auch die unwiderrufliche Vollmacht zur Unterwerfung unter die sofortige Zwangsvollstreckung, die den Regeln der ZPO unterliegt (DUX WM 1994, 1145; s § 167 Rn 33 aE).

12 Neben der Unwiderruflichkeit infolge eines entsprechenden Vertrages bzw des einseitigen Verzichtes gibt es gem § 168 S 2 die Unwiderruflichkeit nach *Maßgabe des Grundverhältnisses.* Dieser Gesichtspunkt greift insbesondere ein, wenn die Vollmacht im Interesse des Bevollmächtigten erteilt wurde (BGH WM 1965, 107 und 1006; 1985, 646; BayObLG NJW-RR 196, 848; 2002, 443, 444; TEMPEL 238), zB wenn die Vollmacht dem Bevollmächtigten eine Sicherheit gewähren soll (RGZ 52, 96, 99; 53, 416, 419; RG HRR 1934 Nr 2; MünchKomm/SCHRAMM § 168 Rn 22; SOERGEL/LEPTIEN § 168 Rn 24; FLUME § 53 5). Auch die dem Käufer unter Befreiung vom Verbot des § 181 erteilte Auflassungsvollmacht kann hierher gerechnet werden (vgl SchlHOLG MDR 1963, 675), ebenso eine gleichfalls erfüllungshalber (s schon Rn 11 mwNw) erteilte Vollmacht zur Einziehung einer Forderung oder auch zur Bestellung von Sicherheiten (vgl MÜLLER-FREIENFELS 117 f mw Beispielen), nicht aber allein die Vollmachtserteilung mit Befreiung von § 181 schlechthin (BGH WM 1965, 1006, 1008).

13 c) Sofern eine Vollmacht unwiderruflich ist, begründet dies nicht nur die Verpflichtung des Vollmachtgebers, den Widerruf zu unterlassen, sondern *wirkt unmittelbar als Widerrufssperre;* MÜLLER-FREIENFELS (109) hat dies (etwas irreführend, vgl BGH WM 1971, 956) als „dingliche" Wirkung bezeichnet; die unwiderrufliche Vollmacht wird zwar meist zu Verfügungszwecken erteilt werden, kommt aber auch für schuldrechtliche Verträge in Betracht (vgl FLUME § 53 2). Trotz eines unwirksamen Widerrufs besteht also jedenfalls wegen der unmittelbaren Wirkung der Unwiderruflichkeit die Vertretungsmacht des Bevollmächtigten fort. Allerdings werden *konkurrierende Rechtsakte* des Vollmachtgebers nicht ausgeschlossen (s § 164 Rn 10; NK-BGB/ACKERMANN § 168 Rn 13; SOERGEL/LEPTIEN § 168 Rn 22; SCHOLZ JR 1958, 17; zur Unzulässigkeit einer verdrängend-unwiderruflichen Vollmacht s Rn 15).

14 d) Außerdem bleibt selbst bei einem wirksamen Ausschluss des Widerrufsrechts nach jedenfalls im Ergebnis praktisch allgemeiner Auffassung der **Widerruf aus wichtigem Grund** zulässig (BGH WM 1969, 1006, 1009; 1985, 646, 647; NJW 1997, 3437, 3440; OGH MDR 1949, 81; OLG Celle MDR 1961, 936; OLG Hamburg MDR 1962, 217; BAMBERGER/ROTH/VALENTHIN § 167 Rn 26; BGB-RGRK/STEFFEN § 168 Rn 3; ERMAN/MAIER-REIMER § 168 Rn 18; Hk-BGB/DÖRNER § 168 Rn 5; JAUERNIG § 168 Rn 6; MünchKomm/SCHRAMM § 168 Rn 28; NK-BGB/ACKERMANN § 168 Rn 13; PALANDT/ELLENBERGER § 168 Rn 6; PWW/FRENSCH § 168 Rn 14; SOERGEL/LEPTIEN § 168 Rn 26; BITTER § 10 Rn 109; BORK Rn 1510; BREHM Rn 456; BROX/WALKER Rn 553; FAUST § 26 Rn 14; HÜBNER Rn 1275; KÖHLER § 11 Rn 32; MEDICUS Rn 942; SCHACK Rn 509; SCHMIDT Rn 792; WOLF/NEUNER § 50 Rn 43; PAPENMEIER 122 f; TEMPEL 239; FUCHS AcP 196, 313, 364 f). Soweit die unwiderrufliche Vollmacht nur anerkannt wird, wenn der Bevollmächtigte oder ein begünstigter Dritter gegen den Vollmachtgeber einen Anspruch auf Vornahme des Rechtsgeschäfts hat (s Rn 8), kann es hingegen für den Widerruf nur darauf ankommen, ob der Anspruch weggefallen oder einredebehaftet geworden ist (FLUME § 53 6); bei Wegfall kann die Vollmacht ohnehin sogar über § 168 S 1 enden (MEDICUS Rn 942). Da aber in diesen Fällen stets auch ein wichtiger Grund iSd hM vorliegen dürfte, hat die unterschiedliche Einordnung der Frage kaum praktische Bedeutung. Auf der Grundlage der hM bedeutet der Ausschluss der Widerruflichkeit eine Beschränkung auf den Widerruf aus wichtigem Grund (MünchKomm/SCHRAMM § 169 Rn 28; SOERGEL/LEPTIEN § 168 Rn 26; vgl auch BGH WM 1969, 1009; krit FLUME § 53 6; MEDICUS Rn 942).

e) Soll eine unwiderrufliche Vollmacht mit dem Verzicht des Vollmachtgebers **15** verbunden sein, gegenläufige Rechtsgeschäfte vorzunehmen, insbesondere über das betroffene Recht selbst zu verfügen, so handelt es sich um eine **verdrängend-unwiderrufliche Vollmacht**. Eine derartige Vollmacht, die auch bei Widerruflichkeit denkbar ist, ist im Bereich des Verfügungsgeschäfts als Verstoß gegen § 137 zu bewerten und auch iÜ mit unserer privatautonomen Rechtsordnung nicht vereinbar (BGHZ 3, 354; 20, 363; BGH WM 1971, 956, 957, ganz hM; s ERMAN/MAIER-REIMER § 167 Rn 1; MünchKomm/SCHRAMM § 167 Rn 114, § 168 Rn 29; NK-BGB/ACKERMANN § 167 Rn 7, § 168 Rn 13; PALANDT/ELLENBERGER § 167 Rn 15; PWW/FRENSCH § 167 Rn 2; SOERGEL/LEPTIEN § 168 Rn 28; STAUDINGER/KOHLER [2011] § 137 Rn 34 mwNw; ausführlich FLUME § 53 6 gegen MÜLLER-FREIENFELS 124 ff; MEDICUS Rn 936; PAWLOWSKI Rn 765; SCHACK Rn 510; aA GERNHUBER JZ 1995, 381; ULMER ZHR 146, 555, 571 ff [jedoch für Testamentsvollstreckung]). Demnach kann nur eine *Verpflichtung* zur Unterlassung eigener Handlungen anerkannt werden, sodass auch trotz Erteilung einer verdrängend-unwiderruflichen Vollmacht vom Vertretenen vorgenommene Geschäfte über das betroffene Recht wirksam sind (vgl RG LZ 1917, 389). – Unwirksam sind namentlich auch verdrängende unwiderrufliche Stimmrechtsvollmachten (BGH DB 1976, 2295; NJW 1987, 780, 781; KG NJW-RR 1989, 230; s auch MünchKomm/SCHRAMM § 168 Rn 114; SOERGEL/LEPTIEN § 168 Rn 28; BREHM Rn 451). Ein Verstoß gegen § 138 kann, muss aber nicht notwendig mit der verdrängend-unwiderruflichen Vollmacht verbunden sein (vgl GERNHUBER JZ 1995, 381; dort 385 ff auch zu Sonderfällen; für generelle Anwendbarkeit des § 138 Abs 1 SCHACK Rn 510). Für den Fall eines Umgehungsgeschäftes, zB zur Umgehung eines Abtretungsverbotes, gelten die allgemeinen Regeln (BGHZ 3, 354, 359).

4. Das Erlöschen der isolierten Vollmacht

a) § 168 kann nicht eingreifen, wenn zwischen dem Vollmachtgeber und dem **16** Bevollmächtigten kein Grundverhältnis besteht bzw wenn von einer Verbindung der Vollmacht mit dem Grundverhältnis abgesehen wurde, also eine **isolierte Vollmacht** (s § 167 Rn 2) vorliegt. Damit entfallen die aus dem Grundverhältnis hergeleiteten Beendigungsgründe (BAMBERGER/ROTH/VALENTHIN § 168 Rn 4; MünchKomm/SCHRAMM § 168 Rn 2, NK-BGB/ACKERMANN § 168 Rn 29; SOERGEL/LEPTIEN § 168 Rn 18; aA [stets Zweckvereinbarung] PAWLOWSKI Rn 771 Fn 260). Allenfalls kann man erwägen, den Widerruf eines in Wirklichkeit unwirksamen Auftrages entsprechend § 168 S 1 zum Erlöschen der Vollmacht führen zu lassen (SOERGEL/LEPTIEN § 168 Rn 18; für eine weiter gehende Anwendbarkeit des § 168 S 1 MünchKomm/SCHRAMM § 168 Rn 2; aA und für eine Lösung über § 812 HÜBNER Rn 1238; dagegen oben § 167 Rn 4), wenn darin nicht ohnehin zugleich der Widerruf der Vollmacht gesehen werden kann.

Alle anderen Beendigungsgründe ergreifen jedoch die isolierte Vollmacht in gleicher Weise. Sie erlischt demnach wegen *Befristung* oder *Eintritts einer auflösenden Bedingung* (s oben Rn 2). Ebenso kann die isolierte Vollmacht widerrufen werden

§ 168

(RGZ 62, 334, 337; BGH NJW 1988, 2603 mwNw; NJW-RR 1996, 848, 849; MünchKomm/Schramm § 168 Rn 2; NK-BGB/Ackermann § 168 Rn 29; Soergel/Leptien § 168 Rn 18, heute allgM, s auch Rn 17; aA noch Ennecerus/Nipperdey § 186 IV 2 b).

17 b) Auch bei der isolierten Vollmacht ist ein **Ausschluss des Widerrufs** aufgrund Vereinbarung oder einseitiger Bestimmung immerhin denkbar (s dazu oben Rn 11). Jedoch kann sich ein Widerrufsausschluss im Unterschied zur sog kausalen Vollmacht nicht aus Regeln des Grundverhältnisses herleiten. Das führt allerdings zu der zu verneinenden Frage, ob die isolierte Vollmacht überhaupt einen Ausschluss der Widerruflichkeit duldet (zu Recht abl RGZ 62, 335, 337; BGH NJW 1988, 2603; 1990, 1721, 1722; NJW-RR 1996, 848, 849; Bamberger/Roth/Valenthin § 168 Rn 24; Erman/Maier-Reimer § 168 Rn 17; Hk-BGB/Dörner § 168 Rn 5; MünchKomm/Schramm § 168 Rn 2, 21; NK-BGB/Ackermann § 168 Rn 9; Palandt/Ellenberger § 168 Rn 6; PWW/Frensch § 168 Rn 13; Soergel/Leptien § 168 Rn 25; Boecken Rn 645; Boemke/Ulrici § 13 Rn 54; Bork Rn 1508; Eisenhardt Rn 432; Faust § 26 Rn 14; Flume § 53 4 im Hinblick auf die Notwendigkeit des Bestehens eines Anspruchs, vgl Rn 8; Leenen § 13 Rn 35; Medicus Rn 942; Rüthers/Stadler § 30 Rn 30; Schmidt Rn 791; Wolf/Neuner § 50 Rn 42; Mock JuS 2008, 391, 393; aA BGB-RGRK/Steffen § 168 Rn 3; Ennecerus/Nipperdey § 186 IV 2 b). In jedem Fall ist eine *isolierte Generalvollmacht* wegen der anderenfalls eintretenden sittenwidrigen Knebelung stets als widerruflich zu bewerten (RG WarnR 1912 Nr 369; OLG Hamburg OLGE 24, 267; s aber weiter gehend Rn 9). Die Übertragung unwiderruflicher Vertretungsmacht ohne wirksames Grundverhältnis läuft aber der nach §§ 168, 169 im Gesetz verbliebenen Abhängigkeit von Dauer der Vollmacht und Grundverhältnis zuwider, wie auch die historische Interpretation ergibt (vgl Prot I 145) und ist deshalb auch als unwiderrufliche isolierte Spezialvollmacht nicht möglich.

5. Der Verzicht auf die Vollmacht

18 Der Bevollmächtigte kann auch seinerseits die Vollmacht durch einseitigen Akt zum Erlöschen bringen; ein **Verzicht auf die Vollmacht** ist als Erlöschensgrund anerkannt (OGHZ 1, 209, 211; OVG Hamburg NVwZ 1985, 350; MünchKomm/Schramm § 168 Rn 8; PWW/Frensch § 168 Rn 16; Soergel/Leptien § 168 Rn 5; Boecken, Rn 638; Bork Rn 1498; Brehm Rn 457; Köhler § 11 Rn 31; Medicus Rn 943; Schmidt Rn 781; Wertenbruch § 29 Rn 24; Wolf/Neuner § 50 Rn 50 f; Papenmeier 105 ff mwNw). Dies gilt sowohl für die isolierte Vollmacht als auch für die sog kausale, für diese sogar dann, wenn mit dem Verzicht gegen Verpflichtungen aus dem Grundverhältnis verstoßen wird (ausf Larenz, AT [7. Aufl 1988] § 31 III a [S 623]; Flume § 51 3). Entgegen einer zT vertretenen Auffassung (zB Hupka 390 ff; Müller-Freienfels 46 f; krit auch Erman/Maier-Reimer § 168 Rn 1) ist nicht zu erkennen, weshalb der Vertreter sich die Vollmacht ohne einseitige Lösungsmöglichkeit sollte aufdrängen lassen müssen (MünchKomm/Schramm § 168 Rn 8; Flume § 51 3). Ein Widerruf der Vollmacht durch den Bevollmächtigten ist hingegen nicht möglich, da die Vollmacht für ihn nur eine Fähigkeit begründet (s § 167 Rn 9; BGB-RGRK/Steffen § 168 Rn 4), wohl aber ein Nichtgebrauchmachen (s § 177 Rn 6).

II. Tod, Geschäftsunfähigkeit und Verlust der Verfügungsbefugnis

1. Tatbestände in der Person des Bevollmächtigten

19 a) Der **Tod des Bevollmächtigten** wirkt mangels ausdrücklicher Bestimmung, die auch mittels Bedingung (§ 158) oder Befristung (§ 163) erfolgen kann, bei der sog kausalen Vollmacht aufgrund des § 168 S 1 in direkter oder analoger Anwendung der §§ 673 S 1, 675 regelmäßig als Erlöschensgrund (BAMBERGER/ROTH/VALENTHIN § 168 Rn 5; ERMAN/MAIER-REIMER § 168 Rn 10; Hk-BGB/DÖRNER § 168 Rn 4; MünchKomm/SCHRAMM § 168 Rn 6; NK-BGB/ACKERMANN § 168 Rn 25; PALANDT/ELLENBERGER § 168 Rn 3; PWW/ FRENSCH § 168 Rn 4; SOERGEL/LEPTIEN § 168 Rn 13; FLUME § 51 8; MEDICUS Rn 943; WOLF/NEU- NER § 50 Rn 59; PAPENMEIER 28 f). Entsprechendes muss nach dem personenbezogenen Inhalt des Vollmachtsrechtsgeschäfts aber iZw auch bei der isolierten Vollmacht gelten (NK-BGB/ACKERMANN § 168 Rn 29; PWW/FRENSCH § 168 Rn 4; **aA** ENNECCERUS/NIPPER- DEY § 186 III). Sofern allerdings die Vollmacht im Interesse des Bevollmächtigten erteilt wurde, zB eine Auflassungsvollmacht für den Käufer, besteht sie auch nach seinem Tode fort und wirkt nunmehr für die Erben (RGZ 114, 354; RG JW 1929, 1674; KG JW 1939, 482; OLG Schleswig MDR 1963, 675; OLG Köln OLGZ 1969, 304; OLG Naumburg FGPrax 2002, 241; BAMBERGER/ROTH/VALENTHIN § 168 Rn 5; BGB-RGRK/STEFFEN § 168 Rn 6; ERMAN/MAIER-REIMER § 168 Rn 10; MünchKomm/SCHRAMM § 168 Rn 6; NK-BGB/ACKERMANN § 168 Rn 25; PALANDT/ELLENBERGER § 168 Rn 3; PWW/FRENSCH § 168 Rn 4; SOERGEL/LEPTIEN § 168 Rn 13; BOECKEN Rn 641; MEDICUS Rn 943; SCHMIDT Rn 785; WOLF/NEUNER § 50 Rn 59; PAPENMEIER 28 f), sei es als vererbliche Rechtsstellung nach § 1922 (dafür PAPENMEIER 21 ff; eingeschränkt BGB-RGRK/STEFFEN § 168 Rn 7; MünchKomm/SCHRAMM § 168 Rn 6; s dazu Vorbem 16 f zu §§ 164 ff, § 167 Rn 4), oder deshalb, weil die Erben als für den Todesfall bevollmächtigt anzusehen sind (BAMBERGER/ROTH/VALENTHIN § 168 Rn 5; ERMAN/MAIER- REIMER § 168 Rn 10; NK-BGB/ACKERMANN § 168 Rn 25). Im Hinblick darauf bedarf es bei entsprechender Auslegung nicht zusätzlich einer Zustimmung des Vollmachtgebers entsprechend §§ 415 Abs 2, 185, 182 ff (dafür ausführlich FREY 49 ff mit umfangreichen Überlegungen zu Folgefragen namentlich im Zusammenhang mit den modernen Formen der Ab- spaltung und Ausgliederung von Gesellschaften; s dazu SCHILKEN ZHR 163, 104, 105).

20 Wurde eine *juristische Person* bevollmächtigt (s § 167 Rn 6), so endet die Vollmacht nicht bereits mit dem Eintritt in die Liquidation, sondern erst mit dem völligen Erlöschen (BAMBERGER/ROTH/VALENTHIN § 168 Rn 7; ERMAN/MAIER-REIMER § 168 Rn 13; MünchKomm/SCHRAMM § 168 Rn 6a; NK-BGB/ACKERMANN § 168 Rn 26; PALANDT/ELLENBERGER § 168 Rn 3; SOERGEL/LEPTIEN § 168 Rn 14). Vom RG wurde die *Verschmelzung* einer juristischen Person mit einer anderen im Zusammenhang des § 1189 nicht als Er- löschensgrund für die erteilte Vollmacht bewertet (RGZ 150, 289, 291; LG Koblenz NJW- RR 1998, 38, 39); dies ist jedoch nicht schlechthin auf andere Fälle übertragbar, sondern im Einzelfall nach dem Willen und Interesse der Beteiligten zu prüfen (ERMAN/MAIER-REIMER § 168 Rn 13; NK-BGB/ACKERMANN § 168 Rn 26; SOERGEL/LEPTIEN § 168 Rn 14; allgemeiner MünchKomm/SCHRAMM § 168 Rn 6a; vgl im Übrigen ausf FREY 69 ff). Bei einer *Umwandlung* besteht die Vollmacht i Zw fort (ERMAN/MAIER-REIMER § 168 Rn 14; MünchKomm/SCHRAMM § 168 Rn 6a; K SCHMIDT DB 2001, 1019).

21 **b)** Eine Minderung der Geschäftsfähigkeit des Bevollmächtigten zur *beschränk- ten Geschäftsfähigkeit* ist mangels abweichender Bestimmung gem § 165 für das Fortbestehen der Vollmacht ohne Einfluss.

Der dauerhafte **Eintritt der Geschäftsunfähigkeit** nach § 104 Nr 2 beim Bevollmäch- tigten führt zum Erlöschen der Vollmacht (arg § 165; **aA** PAPENMEIER 101), im Gegensatz zur nur vorübergehenden Geschäftsunfähigkeit iSd § 105 Abs 2 (BAMBERGER/ROTH/ VALENTHIN § 168 Rn 6; BGB-RGRK/STEFFEN § 168 Rn 8; ERMAN/MAIER-REIMER § 168 Rn 11;

MünchKomm/Schramm § 168 Rn 7; NK-BGB/Ackermann § 168 Rn 27; Palandt/Ellenberger § 168 Rn 3; PWW/Frensch § 168 Rn 6; Soergel/Leptien § 168 Rn 12; Bork Rn 1504; Enneccerus/Nipperdey § 186 Fn 3; Flume § 51 8; Wolf/Neuner § 50 Rn 59; Hupka 383 ff; Tempel 241). Durch Letztere wird nur die Befugnis des Bevollmächtigten zur Vollmachtsausübung suspendiert (und die Wirksamkeit eines etwa doch vorgenommenen Vertretergeschäfts beseitigt), sodass die Vollmacht jedenfalls fortbesteht und beim Wiedereintritt der Geschäftsfähigkeit ohne weiteres ausgeübt werden kann. Welche dieser Alternativen eingreift, ist eine Tatfrage, die hierzu bestehende Meinungsverschiedenheit (s nur NK-BGB/Ackermann § 168 Rn 27) ein Scheinproblem.

22 c) Fällt der **Bevollmächtigte in Insolvenz**, so besteht die Vollmacht grundsätzlich fort (Erman/Maier-Reimer § 168 Rn 12; MünchKomm/Schramm § 168 Rn 16; NK-BGB/Ackermann § 168 Rn 28; Palandt/Ellenberger § 168 Rn 3; PWW/Frensch § 168 Rn 5; Soergel/Leptien § 168 Rn 9; Bork Rn 1506; krit Flume § 51 8), kann aber bei der sog kausalen Vollmacht Grund für eine das Erlöschen der Vollmacht bewirkende Kündigung des Grundverhältnisses sein (s die zitierten Kommentierungen). Zum Erlöschen kann es ferner kommen (s §§ 728 Abs 2, 729), wenn die Vollmacht auf einem Gesellschaftsvertrag beruht (PWW/Frensch § 168 Rn 5; Soergel/Leptien § 168 Rn 9).

2. Tatbestände in der Person des Vollmachtgebers

23 a) Verliert der Vollmachtgeber seine **Geschäftsfähigkeit**, so bewirkt dies gem §§ 168 S 1, 672 S 1 im Zweifel nicht das Erlöschen der sog kausalen Vollmacht (KG Recht 1939 Nr 2956; Bamberger/Roth/Valenthin § 168 Rn 14; Erman/Maier-Reimer § 168 Rn 6; MünchKomm/Schramm § 168 Rn 12 f; NK-BGB/Ackermann § 168 Rn 22; Palandt/Ellenberger § 168 Rn 4; PWW/Frensch § 168 Rn 8; Soergel/Leptien § 168 Rn 12; Bork Rn 1504; Wolf/Neuner § 50 Rn 60; einschränkend Flume § 51 6; vgl auch Müller-Freienfels 297 ff). Die Verweisung auf § 672 S 1 ist eindeutig und – wie beim Tod – auch durchaus sinnvoll, da in beiden Fällen der Fortbestand der internen (Auftrags-) und externen (Vollmachts-)Befugnisse iZw gleichermaßen dem Interesse des Auftrag-/Vollmachtgebers entspricht und von dem Erben bzw gesetzlichen Vertreter getragen wird, dem freilich das Widerrufsrecht zusteht. Auch können die Beteiligten im Einzelfall – mag das auch praktisch wenig relevant werden – etwas anderes vereinbaren; Anordnungen für den Fall des Eintritts der Geschäftsunfähigkeit sind jedenfalls nicht unüblich (krit Flume § 51 6), freilich idR als Altersvorsorgevollmachten gerade mit positiver Geltungsanordnung (vgl Müller-Freienfels, in: FS Coing 395 ff; s dazu § 167 Rn 86). Eine entsprechende Regelung ist im Übrigen in § 86 ZPO für die Prozessvollmacht vorgesehen. Bei der isolierten Vollmacht kann nur durch Auslegung ermittelt werden, welche Bedeutung dem Verlust der Geschäftsfähigkeit des Vollmachtgebers zukommen soll (Bamberger/Roth/Valenthin § 168 Rn 15; NK-BGB/Ackermann § 168 Rn 29). Eine andere Frage ist es, ob der wirksam Bevollmächtigte nach Eintritt der Geschäftsunfähigkeit nicht an die Schranken der §§ 1641, 1643, 1821, 1822 ua gebunden ist (dafür zu Recht OLG Köln NJW-RR 2001, 652, 653; NK-BGB/Ackermann § 168 Rn 22; Palandt/Ellenberger § 168 Rn 4; Flume § 51 6; Pawlowski Rn 772; Müller-Freienfels, in: FS Coing 395, 403 ff; **aA** RGZ 88, 345; 106, 185; Bamberger/Roth/Valenthin § 168 Rn 14; MünchKomm/Schramm § 168 Rn 12; PWW/Frensch § 168 Rn 8; Soergel/Leptien § 168 Rn 12). Die Bestellung eines Vertreters kann diese zum Schutz des Geschäftsunfähigen errichteten Schranken auch sonst nicht überwinden; in diesem Zusammenhang können freilich Vereinbarungen über eine Vorsorgevollmacht Bedeutung erlangen.

Im Übrigen kann eine Anwendung der Grundsätze über den Missbrauch der Vertretungsmacht in Betracht kommen, wenn sein Handeln dem bekannten oder evidenten Willen des gesetzlichen Vertreters zuwiderläuft (MünchKomm/Schramm § 168 Rn 13; weitergehend für eine Erkundigungspflicht Flume § 51 6; zust NK-BGB/Ackermann § 168 Rn 22; dagegen Bamberger/Roth/Valenthin § 168 Rn 14).

b) Die von einem gesetzlichen Vertreter erteilte Vollmacht erlischt nicht mit dem **24** **Ende der gesetzlichen Vertretungsmacht** (RGZ 107, 161, 166; KG Recht 1924 Nr 157; BayObLG NJW 1959, 2119 und DB 1974, 1521; Bamberger/Roth/Valenthin § 168 Rn 16; Erman/Maier-Reimer § 168 Rn 8; MünchKomm/Schramm § 168 Rn 40; NK-BGB/Ackermann § 168 Rn 24; Palandt/Ellenberger § 168 Rn 4; Soergel/Leptien § 168 Rn 15); der zuvor gesetzlich Vertretene kann aber die Vollmacht widerrufen (BayObLG NJW 1959, 2119; BGB-RGRK/Steffen § 168 Rn 10). Die Vollmacht endet auch nicht bei einem bloßem Wechsel in der Person des *Testamentsvollstreckers,* weil dessen Vollmachtserteilung wie bei der Untervollmacht (s § 167 Rn 62) eine Vertreterstellung zugunsten des Rechtsinhabers und nicht des Verwalters begründet (MünchKomm/Schramm § 168 Rn 27; NK-BGB/Ackermann § 168 Rn 24; Palandt/Ellenberger § 168 Rn 4; Muscheler ZEV 2008, 213 ff; Winkler ZEV 2001, 282 ff; **aA** OLG Düsseldorf ZEV 2001, 281 f mwNw). Aus diesem Grund kann selbst bei Beendigung der Testamentsvollstreckung die Auslegung ergeben, dass die Vollmacht zur Vertretung der Erben fort besteht (zutr Muscheler ZEV 2008, 213 ff mwNw; **aA** die hM, s OLG Düsseldorf ZEV 2001, 281 m zust Anm Winkler; MünchKomm/Schramm § 168 Rn 40; NK-BGB/Ackermann § 168 Rn 24; Palandt/Ellenberger § 168 Rn 4).

c) Fällt der **Vollmachtgeber in Insolvenz**, so folgt aus der ausdrücklichen Anord- **25** nung des § 117 Abs 1 InsO, dass eine auf das zur Insolvenzmasse gehörende Vermögen bezogene Vollmacht im Hinblick auf § 80 InsO mit der Eröffnung des Insolvenzverfahrens erlischt (vgl BGH NZI 2003, 491, 492 [zur GesO]; VersR 2001, 1130, 1131; ausf Schilken KTS 2007, 1 ff mwNw; zu Vollmachten des Bauherrn Heidland BauR 2009, 159, 161 ff; zur Nachlassinsolvenz Papenmeier 103 f); sie kann auch bei einer Freigabe durch den Insolvenzverwalter nicht wiederaufleben. Diese Rechtsfolge ergibt sich eigentlich bereits aus dem Übergang der Verwaltungs- und Verfügungsbefugnis auf den Insolvenzverwalter gem § 80 Abs 1 InsO, doch hat § 117 Abs 1 InsO jedenfalls konstitutive Bedeutung für den Fall der Eigenverwaltung nach § 270 InsO (s ausf zur umstr Bedeutung des § 117 Abs 1 InsO Schilken KTS 2007, 1, 3 ff mwNw; vgl auch MünchKomm/Schramm § 168 Rn 14). § 117 Abs 1 gilt auch für isolierte bzw nicht im Rahmen eines Auftrages oder Geschäftsbesorgungsvertrages begründete Vollmachten (MünchKomm/Schramm § 168 Rn 14; PWW/Frensch § 168 Rn 10; Soergel/Leptien § 168 Rn 18; Schilken KTS 2007, 1, 5, 7), für vom Bevollmächtigten erteilte Untervollmachten (Schilken KTS 2007, 1, 8 mwNw), für Prokura und Handlungsvollmacht (Schilken KTS 2007, 1, 8 ff mwNw) sowie für Prozessvollmachten (vgl RGZ 118, 158, 161; BGH NJW 2000, 738, 739 zu § 23 KO; zur InsO OLG Brandenburg NJW-RR 2002, 265; OLG Köln NJW-RR 2003, 264; OLG Karlsruhe NZI 2005, 39; NK-BGB/Ackermann § 168 Rn 23; Erman/Maier-Reimer § 168 Rn 7; PWW/Frensch § 168 Rn 10; Soergel/Leptien § 168 Rn 8; Schilken KTS 2007, 1, 10 ff mwNw). Von § 177 Abs 1 unberührt bleiben allerdings Vollmachten des Schuldners, die sich auf persönlichkeitsbezogene Rechtshandlungen des Familien- und Erbrechts oder auf das insolvenzfreie Vermögen beziehen (MünchKomm/Schramm § 168 Rn 14; Schilken KTS 2007, 1, 6 f mwNw). In Fällen der Notgeschäftsführung gem §§ 115 Abs 2, 116 S 1 InsO gilt der Auftrag bzw Geschäftsbesorgungsvertrag und damit auch die Vollmacht nach § 117 Abs 2 als fortbestehend, bis der Insolvenzverwalter anderweit Fürsorge treffen kann (s dazu SCHILKEN KTS 2007, 1, 15 ff mwNw). Einen Schutz des nach § 117 Abs 1 vollmachtlosen Vertreters regelt schließlich § 117 Abs 3 InsO: Solange er die Eröffnung des Verfahrens ohne Verschulden nicht kennt, soll er nicht nach § 179 haften (s auch § 169 Rn 2). Allerdings scheidet eine solche Haftung ohnehin aus, weil die Masse auch bei einem Handeln des Schuldners im Hinblick auf §§ 80, 81 InsO nicht haften würde und somit kein schutzwürdiges Vertrauen des Dritten besteht (MünchKomm/SCHRAMM § 168 Rn 15; ausf SCHILKEN KTS 2007, 1, 17 ff mwNw). Allenfalls kommt dann noch eine Haftung des vollmachtlosen Vertreters aus cic in Betracht (MünchKomm/SCHRAMM § 168 Rn 15; ausf SCHILKEN KTS 2007, 1, 18 f mwNw; s noch § 179 Rn 20).

26 **d)** Ob der **Tod des Vollmachtgebers** das Erlöschen der sog *kausalen Vollmacht* zur Folge hat, oder ob ein Fortbestehen als sog **transmortale Vollmacht** (Vollmacht über den Tod hinaus) bestimmt wurde, ist durch Auslegung zu ermitteln; im Zweifel besteht nach den §§ 168 S 1, 672 S 1 die Vollmacht fort (RGZ 14, 351, 354; BGH NJW 1969, 1245, 1246; KG JW 1939, 482; OLG Hamm NJW-RR 1995, 564 für Kontovollmacht des Ehegatten; BGB-RGRK/STEFFEN § 168 Rn 6; BAMBERGER/ROTH/VALENTHIN § 168 Rn 8; ERMAN/MAIER-REIMER § 168 Rn 5; Hk-BGB/DÖRNER § 168 Rn 4; MünchKomm/SCHRAMM § 168 Rn 17, Rn 30 f; NK-BGB/ACKERMANN § 168 Rn 19; PALANDT/ELLENBERGER § 168 Rn 4; PWW/ FRENSCH § 168 Rn 7; SCHRAMM/DAUBER § 32 Rn 46 ff mwNw; SOERGEL/LEPTIEN § 168 Rn 29; BOECKEN Rn 640; BORK Rn 1501 f; ENNECERUS/BIPPERDEY § 186 II 1; HÜBNER Rn 1266; MEDICUS Rn 943; RÜTHERS/STADLER § 30 Rn 29; SCHMIDT Rn 787; LEKAUS 7 ff; PAPENMEIER 31 ff, 37 ff; TEMPEL 241; TSCHAUNER 16 ff mwNw; BORK JZ 1988, 1059; KEIM DNotZ 2008, 175, 176; SEIF AcP 200, 192, 193 f; TRAPP ZEV 1995, 314; krit FLUME § 51 5 a; vgl auch MÜLLER-FREIENFELS 318 ff; mit ganz anderem Ansatz zur Gesamtrechtsnachfolge in Vollmachtgeberstellungen FREY 162 ff und dazu SCHILKEN ZHR 163, 104, 106, s dazu auch noch Rn 31. Zu Problemen bei der Verwendung transmortaler Vollmachten bei Grundstücksgeschäften s MILZER DNotZ 2009, 325 und NotBZ 2009, 482); ihr Umfang ist ggf durch Auslegung zu ermitteln (s BGH NJW-RR 2009, 979: transmortale Kontovollmacht eines Ehepartners berechtigt grundsätzlich nicht zur Umschreibung des Kontos, vgl § 167 Rn 85, str). Ein Erlöschen der Vollmacht ist jedoch anzunehmen, wenn sie nur auf die Person des Vollmachtgebers zugeschnittene Rechtsgeschäfte erfassen sollte (OLG Hamm NJW-RR 2003, 800, 801 zur Vorsorgevollmacht; NK-BGB/ACKERMANN § 168 Rn 19; SOERGEL/BEUTHIEN § 672 Rn 5), oder durch Konfusion, wenn der Bevollmächtigte den Erblasser allein beerbt (OLG Hamm ZEV 2013, 341 mwNw; PAPENMEIER 47 f mwNw; GÜNTHER NJW 2013, 3681, str; **aA** etwa PALANDT/ELLENBERGER § 168 Rn 4; HERRLER NotBZ 2013, 45 mit Hinweis auf gegenläufige praktische Interessen). Ausdrücklich ist das Fortbestehen einer Prokura in § 52 Abs 3 HGB und der Prozessvollmacht in § 86 ZPO bestimmt. Der Bevollmächtigte vertritt dann den oder die Erben des ursprünglichen Vollmachtgebers (s zu Rechtsfolgen und Widerrufsrecht näher Rn 31 ff).

27 Auch die Auswirkungen, welche der Tod des Vollmachtgebers auf eine *isolierte Vollmacht* hat, sind durch Auslegung zu ermitteln. Nach überwiegender Ansicht ist aber hier (nur) im Zweifel ein Erlöschen der Vollmacht anzunehmen (BAMBERGER/ROTH/VALENTHIN § 168 Rn 8; MünchKomm/SCHRAMM § 168 Rn 9, Rn 17; NK-BGB/ACKERMANN § 168 Rn 29; PWW/FRENSCH § 168 Rn 7; SOERGEL/LEPTIEN § 168 Rn 18; ENNECCERUS/NIPPERDEY § 186 V 1; TSCHAUNER 20 ff; **aM** aus seiner Sicht der isolierten Vollmacht FLUME § 51 5 a; PAPENMEIER 36 mwNw), uU auch unter entsprechender Anwendung des § 168 S 1 im Blick auf eine festzustellende Zweckbestimmung (vgl LEKAUS 11 ff). Für die Fortdauer einer isolierten Generalvollmacht hat das RG zu Recht eine ausdrückliche Anordnung gefordert (RG JW 1929, 1648 mAnm LEHMANN; s auch BAMBERGER/ROTH/VALENTHIN § 168 Rn 8; BGB-RGRK/STEFFEN § 168 Rn 6; MünchKomm/SCHRAMM § 168 Rn 31; NK-BGB/ACKERMANN § 168 Rn 29; SOERGEL/LEPTIEN § 168 Rn 18).

Das *Erlöschen einer juristischen Person* beendet die von ihr erteilten Vollmachten. Hingegen hat der Eintritt in die Liquidation diese Folge noch nicht; die Vollmachten werden vielmehr auf den Liquidationszweck beschränkt (OLG Dresden DNotZ 2009, 305; BAMBERGER/ROTH/VALENTHIN § 168 Rn 18; ERMAN/MAIER-REIMER § 168 Rn 9; MünchKomm/SCHRAMM § 168 Rn 39; NK-BGB/ACKERMANN § 168 Rn 21; PWW/FRENSCH § 168 Rn 7; SOERGEL/LEPTIEN § 168 Rn 14, str für die Prokura, s KOLLER/ROTH/MORCK HGB [7. Aufl 2011] § 48 Rn 2, § 52 Rn 9, wie hier K SCHMIDT BB 1989, 229 mwNw).

3. Die Vollmacht auf den Todesfall (postmortale Vollmacht)*

a) Häufig besteht ein Interesse daran, dass unmittelbar nach dem Tod des Vollmachtgebers jemand für die Erben handeln kann. Diesem Interesse dient die Vollmacht über den Tod hinaus. **28**

---

* **Schrifttum:** BORK, Schenkungsvollzug mit Hilfe einer Vollmacht, JZ 1988, 1059; ERLANGER, Die Abhebung von Bankguthaben nach dem Tode des Kunden, BankArch 1905/6, 131; EULE, Die über den Tod des Machtgebers erteilte Vollmacht (Diss Breslau 1933); HAEGELE, Möglichkeiten und Grenzen der postmortalen Vollmacht, Rpfleger 1968, 345; HEINZ, Die Vollmacht auf den Todesfall (Diss München 1964); HELDRICH, Die Geltung der Vollmacht nach dem Tode des Vollmachtgebers, JherJb 79, 315; HOPT, Die Auswirkungen des Todes des Vollmachtgebers auf die Vollmacht und das zugrundeliegende Rechtsverhältnis, ZHR 133 (1970) 305; KEIM, Die Vollmacht über den Tod hinaus bei Vor- und Nacherbschaften, DNotZ 2008, 175; KLEINSCHMIDT, Die über den Tod hinaus erteilte Vollmacht (Diss Frankfurt 1928); KUCHINKE, Das versprochene Bankguthaben auf den Todesfall und die zur Erfüllung des Versprechens erteilte Verfügungsvollmacht über den Tod hinaus, FamRZ 1984, 109; LEKAUS, Vollmacht von Todes wegen (2000); LUKOWSKY, Die Vollmacht über den Tod hinaus, Mitt-RheinNotK 1963, 115; MADAUS, Der Widerruf trans- oder postmortaler Vollmachten durch einzelne Miterben, ZEV 2004, 448; MERKEL, Die Anordnung der Testamentsvollstreckung – Auswirkungen auf eine postmortale Bankvollmacht?, WM 1987, 1001; OERTMANN, Die über den Tod hinaus erteilte Vollmacht im Bankverkehr, BankArch 1913/4, 5; PAPENMEIER, Transmortale und postmortale Vollmachten als Gestaltungsmittel (Diss Leipzig 2013); REHMANN, Zur Beschränkung der postmortalen Vollmacht durch eine angeordnete Testamentsvollstreckung am Beispiel der Bankvollmacht, BB 1987, 213; REITHMANN, Testamentsvollstreckung und postmortale Vollmacht als Instrumente der Kautelarjurisprudenz, BB 1984, 1394; RIEDEL, Tod des Vollmachtgebers, Postmortale Vollmacht, JurBüro 1973, 1041; RÖHM, Rechtsfragen zu der vom Erblasser erteilten Vollmacht, Betrieb 1969, 1973; SAFFERLING, Antragstellung des bevollmächtigten Notars nach dem Tod eines Beteiligten, Rpfleger 1971, 294; W SCHULTZ, Widerruf und Mißbrauch der postmortalen Vollmacht bei der Schenkung unter Lebenden, NJW 1995, 3345; SEIF, Die postmortale Vollmacht, AcP 200 (2000) 192; SPIELMANS, Zum mandatum post mortem, Recht 1924, 401; TRAPP, Die post- und transmortale Vollmacht zum Vollzug lebzeitiger Zuwendungen, ZEV 1995, 314; TSCHAUNER, Die postmortale Vollmacht (2000); WIEACKER, Zur lebzeitigen Zuwendung auf den Todesfall, in: FS Lehmann I (1956) 271; TH WOLFF, Die Vererblichkeit der Generalvollmacht, Recht 1922, 70.

§ 168

Eine solche kann einmal dadurch entstehen, dass eine *unter Lebenden* unbefristet und unbedingt erteilte Vollmacht als sog *transmortale Vollmacht* den Tod des Vollmachtgebers überdauert (s Rn 26 f). Vom Umfang her kann es sich dabei sowohl um eine Spezialvollmacht als auch um eine Generalvollmacht handeln (vgl MÜLLER-FREIENFELS 318 f). In solchen Fällen einer Vollmacht stellen sich nicht die für die sog postmortale Vollmacht diskutierten erbrechtlichen Formfragen (SEIF AcP 200, 193, 194; s dazu Rn 30).

29 Die Vollmacht kann ferner als **postmortale Vollmacht** (Vollmacht auf den Todesfall) in der Weise als Rechtsgeschäft unter Lebenden erteilt werden, dass sie ihre *Wirkung erst vom Todeszeitpunkt* des Vollmachtgebers an entfaltet (RGZ 114, 351, 354; BGH NJW 1962, 1718; 1969, 1245; 1987, 840; 1988, 2731, stRspr und im Grundsatz ganz hM; BAMBERGER/ROTH/VALENTHIN § 168 Rn 9; ERMAN/MAIER-REIMER § 167 Rn 66 f; MünchKomm/SCHRAMM § 168 Rn 30, Rn 32; NK-BGB/ACKERMANN § 168 Rn 20; PALANDT/ELLENBERGER § 168 Rn 4; PWW/FRENSCH § 168 Rn 7; SCHRAMM/DAUBER § 32 Rn 46 ff; SOERGEL/LEPTIEN § 168 Rn 30; STAUDINGER/REIMANN [2012] Vorbem 53 ff zu §§ 2197–2228; WOLF/NEUNER § 50 Rn 46; LEKAUS 22 ff; PAPENMEIER 38 ff mwNw; TSCHAUNER 27 ff mwNw; KEIM DNotZ 2008, 175, 176; anders zB HELDRICH JherJb 79, 315 ff). Sie bedarf in diesem Falle nicht der – freilich alternativ möglichen (s unten) – Form einer letztwilligen Verfügung (RG aaO; MünchKomm/SCHRAMM § 168 Rn 32 mwNw; NK-BGB/ACKERMANN § 168 Rn 20; SOERGEL/LEPTIEN § 168 Rn 30; BORK Rn 1502 f; WOLF/NEUNER § 50 Rn 46; HOPT ZHR 133, 319; **aM** MÜLLER-FREIENFELS 322; vgl auch RÖHM Betrieb 1969, 1976); nur die im Einzelfall für die Vollmacht erforderliche Form (s § 167 Rn 20 ff) muss gewahrt sein (HAEGELE Rpfleger 1968, 345). Auch formularmäßige Ermächtigungen können eine solche Wirkung haben (s zum Bankverkehr SCHRAMM/DAUBER § 32 Rn 52a mwNw). Erst wenn eine Umgehung der Testamentsvollstreckungsvorschriften beabsichtigt ist, greift der *Gesichtspunkt des Umgehungsgeschäftes* ein (ENNECCERUS/NIPPERDEY § 186 V 5; TSCHAUNER 33 ff mwNw; vgl auch KIPP/COING, Erbrecht [14. Bearb 1990] § 91 IV 11). Zu *unentgeltlichen Geschäften* s noch Rn 30.

Schließlich kann eine mit dem Tod des Vollmachtgebers wirksam werdende Vollmacht in einer *letztwilligen Verfügung* erteilt werden (s OLG Köln NJW 1950, 702; NK-BGB/ACKERMANN § 168 Rn 20; SOERGEL/LEPTIEN § 168 Rn 30; STAUDINGER/REIMANN [2012] Vorbem 56 ff zu §§ 2197–2228 mwNw; WOLF/NEUNER § 50 Rn 46; MÜLLER-FREIENFELS 320 und 324; PAPENMEIER 149 ff). Allerdings muss dabei das Wirksamwerden der Bevollmächtigungserklärung sichergestellt sein (s § 167 Rn 15; OLG Köln Rpfleger 1992, 299; PALANDT/EDENHOFER Einf vor § 2197 Rn 9; STAUDINGER/REIMANN [2012] Vorbem 58 zu §§ 2197–2228; HAEGELE Rpfleger 1968, 345). Die Vollmachtserteilung schließt die Einsetzung eines Testamentsvollstreckers nicht aus, die aber die postmortale Vollmacht grundsätzlich nicht beeinträchtigt (s noch Rn 32 und Rn 34). Dies kann zB hinsichtlich unentgeltlicher Verfügungen wichtig werden, die dem Testamentsvollstrecker nicht gestattet werden können (TSCHAUNER 33, 165; HAEGELE Rpfleger 1968, 347).

30 **b)** Ein **erbrechtlicher Formzwang** wird zT entsprechend § 2301 Abs 1 für Vollmachten verlangt, welche in ihrer Wirkung einer Schenkung von Todes wegen gleich zu achten sind (MEDICUS/PETERSEN Rn 399; FINGER NJW 1969, 1624, HOFFMANN JuS 1970, 454; RÖHM DB 1969, 1977; ausführlich für eigennützige Zuwendungsvollmachten zugunsten des Dritten SEIF AcP 200, 192, 196 ff; insoweit zust NK-BGB/ACKERMANN § 168 Rn 20 [der allerdings die Vollmachtsausübung allein an den Interessen des Erben ausrichten will, was dann eine analoge Anwendung des § 2301 entbehrlich mache, s dazu aber Rn 32]; iE bei gezielter Zuwendung auch

Brox/Walker, Erbrecht [25. Aufl 2012] Rn 751; s ferner Tschauner 54 ff). Dem ist aber mit einer Einordnung der postmortalen Vollmacht als Geschäft unter Lebenden nicht zu folgen (BGH NJW 1962, 1718; 1969, 1245; 1983, 1487; 1987, 840; MünchKomm/Schramm § 168 Rn 32; Schramm/Dauber § 32 Rn 64 ff mwNw; Palandt/Edenhofer Einf § 2197 Rn 9 ff; Soergel/Leptien § 168 Rn 30; Hübner Rn 1268; Papenmeier 90; Haegele Rpfleger 1968, 345; Wieacker 271 ff; eingehend und differenzierend Seif AcP 200, 193 ff, wie hier 230 ff für fremdnützige Verwaltungsvollmachten und Legitimationsvollmachten auf den Todesfall, für Formpflicht hingegen bei eigennütziger – namentlich unter Befreiung von § 181 erteilter – Vollmacht, 230 ff; für den Fall des Fehlens eines Schenkungsversprechens zu Lebzeiten Tschauner 54 ff, 69 ff; gegen eine Anwendung der erbrechtlichen Formvorschriften, wohl aber der Regeln des Missbrauchs der Vertretungsmacht [s auch Rn 32] Lekaus 81 ff, 111 ff; vgl auch W Schultz NJW 1995, 3345 ff). Maßgeblich ist vielmehr eine Beurteilung der Zuwendung selbst nach §§ 331, 518 oder – bei Ermittlung einer Überlebensbedingung – gemäß § 2301 (vgl etwa BGH LM § 164 Nr 78 mAnm Langenfeld; BGH NJW 1987, 840 = JZ 1987, 361 mAnm Leipold; BGH NJW 1988, 2731 = JZ 1988, 1059 mAnm Bork; MünchKomm/Schramm § 168 Rn 32; Schramm/Dauber § 32 Rn 65; Brox/Walker, Erbrecht Rn 743 ff; Bork JZ 1988, 1059 ff). Auch die Erfüllung einer unter Lebenden begründeten Verpflichtung bedeutet keine Umgehung der erbrechtlichen Vorschriften (RGZ 114, 351, 354; KG HRR 1939 Nr 300; Soergel/Leptien § 168 Rn 30; Lehmann/Hübner § 36 V 7 d). Andererseits ist die Vollmachtserteilung als solche selbst bei Unwiderruflichkeit noch nicht als Vollziehung eines Schenkungsversprechens von Todes wegen iS des § 2301 Abs 2 anzusehen (RGZ 83, 223, 231; BGH NJW 1987, 1487 = JZ 1987, 361 m zust Anm Leipold; MünchKomm/Schramm § 168 Rn 32; Schramm/Dauber § 32 Rn 67; Brox/Walker, Erbrecht Rn 746; Enneccerus/Nipperdey § 186 V 5; Kipp/Coing § 81 III 1 c; Papenmeier 89 mwNw; vgl auch BGH NJW 1974, 2319 mAnm Finger NJW 1975, 535). Ebenso wenig kann eine nicht vollzogene Schenkung von Todes wegen nach dem Erbfall durch Handlungen eines vom Erblasser Bevollmächtigten in Kraft gesetzt werden (BGH NJW 1988, 2731 = JZ 1988, 1059 m krit Anm Bork; MünchKomm/Schramm § 168 Rn 32; Papenmeier 89 mwNw), wohl aber eine – auch im Rahmen des gegenüber § 2301 vorrangigen § 331 erfolgte – Schenkung unter Lebenden; bei Formungültigkeit des Schenkungsversprechens tritt dann aufgrund Vollzugshandlung des Vertreters – sei es auch über § 181 im zulässigen Falle der Befreiung (s BGHZ 99, 97, 100; 1986, 2107, 2108; 1988, 2731 f; 1995, 250 f; Jauernig/Stürner Vorbem 2 zu § 2197; MünchKomm/Schramm § 168 Rn 32; Soergel/Leptien § 168 Rn 30) – eine Heilung nach § 518 Abs 2 ein, sofern die Vollmacht nicht vorher widerrufen worden ist (s Rn 34 f); der damit verbundene potenzielle „Wettlauf" ist hinzunehmen (s die oa Rspr sowie zB BGH NJW 1969, 1245; 1995, 1059; MünchKomm/Schramm § 168 Rn 32; Schramm/Dauber § 32 Rn 66; Soergel/Leptien § 168 Rn 30 mwNw; aA Brox/Walker, Erbrecht Rn 751 bei gezielter Zuwendung wegen Umgehung der Erbrechtsformen; zu Lösungsvorschlägen der Rechtspraxis s Gubitz ZEV 2006, 333 mwNw).

c) **Rechtsfolge der Vollmacht über den Tod hinaus** ist es, dass der Bevollmächtigte 31 nach dem Tode des Vollmachtgebers *dessen Erben vertritt* (BGHZ 87, 20, 25; BGH FamRZ 1983, 476, 477; OLG Hamburg DNotZ 1967, 31; Bamberger/Roth/Valenthin § 168 Rn 10; Erman/Maier-Reimer § 168 Rn 5; Hk-BGB/Dörner § 168 Rn 4; MünchKomm/Schramm § 168 Rn 30, Rn 33; NK-BGB/Ackermann § 168 Rn 15; PWW/Frensch § 168 Rn 7; Schramm/Dauber § 32 Rn 46; Soergel/Leptien § 168 Rn 31; Staudinger/Reimann [2012] Vorbem 62 ff zu §§ 2197–2228; Boecken Rn 640; Enneccerus/Nipperdey § 186 V 3; Flume § 51 5 a; Hübner Rn 1269; Schack Rn 41; Wolf/Neuner § 50 Rn 46; Lekaus 29 ff; Finger NJW 1969, 1624; Keim DNotZ 2008, 175, 176; Petersen Jura 2003, 310, 311; Saar/Posselt JuS 2002, 78, 779 mwNw). Die

§ 168

Vertretungsmacht des Bevollmächtigten bezieht sich dabei nur auf den *Nachlass* und nicht auf das persönliche Vermögen des Erben (RGZ 106, 185, 187; BGH FamRZ 1983, 477; BAMBERGER/ROTH/VALENTHIN § 168 Rn 10; MünchKomm/SCHRAMM § 168 Rn 33; NK-BGB/ ACKERMANN § 168 Rn 15; PWW/FRENSCH § 168 Rn 7; SCHRAMM/DAUBER § 32 Rn 46 [namentlich zur Bankvollmacht]; SOERGEL/LEPTIEN § 168 Rn 32; ENNECCERUS/NIPPERDEY § 186 V 3; WOLF/ NEUNER § 50 Rn 46; TSCHAUNER 78 ff; krit PAPENMEIER 54 f, s auch 80 ff). Das muss der Vertreter im Falle eines Handelns im Namen der Erben in Hinblick auf §§ 177 ff klarstellen (MünchKomm/SCHRAMM § 168 Rn 33). Ergänzend zu diesem von der ganz hM vertretenen Schutz des Erben vertritt FREY (163 ff; s dazu SCHILKEN ZHR 163, 104, 106) die Auffassung, die vom Vertreter verursachten Verbindlichkeiten seien als Nachlassverbindlichkeiten einzuordnen; diese von der Interessenlage her durchaus angemessene Lösung lässt sich indessen de lege lata kaum begründen (s auch LEKAUS 48 ff).

32 Bei seiner Vertretung des Erben handelt der Bevollmächtigte aufgrund einer *Machterteilung durch den Erblasser* und nicht der Erben. Er braucht demnach für Geschäfte innerhalb der Vertretungsmacht grundsätzlich nicht das Einverständnis des Erben (BGH LM § 164 Nr 78 mAnm LANGENFELD; BGH NJW 1969, 1245 mAnm FINGER 1624; BGH NJW 1995, 250, 251; 1995, 953 ff; BAMBERGER/ROTH/VALENTHIN § 168 Rn 13; BGB-RGRK/ STEFFEN § 168 Rn 6; SCHRAMM/DAUBER § 32 Rn 60; SOERGEL/LEPTIEN § 168 Rn 31; HÜBNER Rn 1269; MADAUS ZEV 2004, 448; RÖHM Betrieb 1969, 1976; TRAPP ZEV 1995, 314, 316; **krit** FLUME § 51 5 a und b und im Anschluss daran NK-BGB/ACKERMANN § 168 Rn 18; MEDICUS/PETERSEN Rn 399 mwNw; PAWLOWSKI Rn 772; FINGER NJW 1969, 1624; SCHULTZ NJW 1995, 3345), solange dieser nicht von der Möglichkeit des Widerrufs Gebrauch gemacht hat (s dazu Rn 34 f). Durch diese Befugnisse werden seine Interessen ausreichend geschützt. Die Wahl der besonderen Formen des Erbrechts oder des allgemeinen rechtlichen Instrumentariums (Bevollmächtigung) im Hinblick auf das ihm gehörende Vermögen steht hingegen dem Erblasser frei.

32a Der glatte *Vollmachtsmissbrauch gegenüber dem Erben* bildet danach jedenfalls die Grenze für das Handeln des Bevollmächtigten (insoweit unstr, s BGH NJW 1969, 1245, 1247; 1995, 250, 251; BAMBERGER/ROTH/VALENTHIN § 168 Rn 13; MünchKomm/SCHRAMM § 168 Rn 34 f, Rn 45 ff; NK-BGB/ACKERMANN § 168 Rn 17; SCHRAMM/DAUBER § 32 Rn 61; SOERGEL/ LEPTIEN § 168 Rn 33; FLUME § 51 5 b; MEDICUS/PETERSEN Rn 399; PAPENMEIER 85 f; TSCHAUNER 100 ff; HOPT ZHR 133, 305, 322 f; KUCHINKE FamRZ 1984, 109, 112; W SCHULTZ NJW 1995, 3345, 3346 f). Wenn der Erbe in das mit dem Erblasser begründete *Innenverhältnis* eingetreten und zu dessen *Änderung berechtigt* ist, kann der Bevollmächtigte zu stärkerer Rücksichtnahme auf die Interessen des Erben veranlasst werden, die aber gegenüber einschlägigen Anordnungen des Erblassers grundsätzlich zurück stehen müssen (MünchKomm/SCHRAMM § 168 Rn 34; SCHRAMM/DAUBER § 32 Rn 61 ff; s auch BAMBERGER/ ROTH/VALENTHIN § 168 Rn 12; ERMAN/MAIER-REIMER § 168 Rn 5). Im Übrigen muss allerdings unter dem Aspekt des Missbrauchs der Vertretungsmacht geprüft werden, ob entsprechend der hM die reguläre vorrangige Pflichtbindung an die Interessen des Erblassers oder an diejenigen des Erben besteht. Da der Erblasser die Vertretungsmacht erteilt hat, andererseits der Erbe in seine Position eingetreten ist, erscheint eine differenzierende Lösung geboten. Ergibt die Auslegung eine bewusste Willensentscheidung des Erblassers über den Tod hinaus – zB für die Durchführung einer Schenkung (s oben Rn 30) –, so ist diese Bindung maßgeblich und liegt kein Missbrauch der Vollmacht vor (insoweit anders FLUME § 51 5 b; NK-BGB/ACKERMANN § 168

Rn 18, Rn 20; Finger NJW 1969, 1624; Harder, in: FG vLübtow [1971] 515, 517 f; Lekaus 111 ff); lässt sich ein solcher Wille nicht feststellen, so muss der Vertreter sich allerdings des Einverständnisses der Erben versichern (s MünchKomm/Schramm § 168 Rn 34 f, Rn 47 ff, allerdings gegen eine generelle Verpflichtung; Schramm/Dauber § 32 Rn 61 ff; vgl auch Erman/ Maier-Reimer § 167 Rn 67;). Anderenfalls ist das Vertretergeschäft bei Kenntnis des Geschäftsgegners oder Evidenz als unwirksam anzusehen. – Durch die Anordnung von *Testamentsvollstreckung* wird eine postmortale Vollmacht nicht beeinträchtigt, weil beide Rechtsstellungen vom Erblasser abgeleitet sind und die Möglichkeit des Widerrufs (s Rn 34) ausreichenden Schutz bietet (BGH NJW 1962, 1718; KGJ 37 A 231; KG DJ 1934, 940; OLG München DNotZ 2012, 303; FamRZ 2013, 402; MünchKomm/Schramm § 168 Rn 42 f mwNw; Schramm/Dauber § 32 Rn 53 ff mwNw; Soergel/Leptien § 168 Rn 34; Papenmeier 58 ff, 62; Merkel WM 1987, 1001; Reithmann BB 1984, 1394, 1397; **aA** Staudinger/Reimann [2012] Vorbem 68 zu §§ 2197–2228 mwNw; Rehmann BB 1987, 213). Ist ein Testamentsvollstrecker zugleich als Generalbevollmächtigter bestellt worden, so unterliegt er als solcher wegen der vom Erblasser erteilten vorrangigen Rechtsmacht nicht den Beschränkungen des Testamentsvollstreckungsrechts (BGH NJW 1962, 1718; MünchKomm/ Schramm § 168 Rn 33 mwNw; Soergel/Leptien § 168 Rn 34; Staudinger/Reimann [2012] Vorbem 76 zu §§ 2197–2228; Merkel WM 1987, 1001; s aber auch Rehmann BB 1987, 213). Entsprechendes gilt aus demselben Grund für eine postmortale Vollmacht bei Anordnung einer Nacherbfolge: Der Bevollmächtigte vertritt Vor- und Nacherben und ist nicht an die Verfügungsbeschränkungen der §§ 2113, 2114 gebunden (KGJ 36 A 166; 43 A 157; MünchKomm/Schramm § 168 Rn 33; Papenmeier 61 f; ausf Keim DNotZ 2008, 175 ff mwNw; **aA** die überw Erbrechtsliteratur, s zB AnwK-BGB/Gierl § 2112 Rn 20 mwNw; Palandt/ Edenhofer § 2112 Rn 4; Staudinger/Avenarius [2012] § 2112 Rn 33 f; Staudinger/Reimann [2012] Vorbem 78 zu §§ 2197–2228).

Da der Bevollmächtigte seine Befugnis vom Erblasser herleitet, kann er alle Rechts- **33** geschäfte so vornehmen, wie dieser es hätte tun können (OLG Hamburg DNotZ 1967, 31). Dies bedeutet zB, dass er für Rechtsgeschäfte keiner *gerichtlichen Genehmigung* bedarf, selbst wenn der Erbe als Minderjähriger diese benötigen würde (RGZ 106, 185, 186; anders bei mangelnder Geschäftsfähigkeit des Bevollmächtigenden selbst, s Rn 23). Ebenso kann der Bevollmächtigte Umschreibungen im *Grundbuch* und Anmeldungen zum *Handelsregister* veranlassen, ohne den Erben namhaft zu machen (OLG Hamburg DNotZ 1967, 31). Allerdings muss die Form des § 29 GBO gewahrt sein, also die Unterschrift des Vollmachtgebers mindestens öffentlich beglaubigt sein (RGZ 88, 345; KG JFG 1, 318; Haegele Rpfleger 1968, 345; s auch MünchKomm/Schramm § 168 Rn 33; Soergel/Leptien § 168 Rn 31, jew mwNw; s iÜ zu grundbuchrechtlichen Fragen übers Böttcher NJW 2013, 2805, 2806 f mwNw).

d) Aus der Tatsache, dass der Bevollmächtigte den Erben vertritt, ergibt sich, dass **34** dem **Erben das Widerrufsrecht** zusteht (BGH NJW 1975, 382, st Rspr, s auch die Nachw Rn 30 aE; BayObLG OLGE 40, 129; OLG Hamburg DNotZ 1967, 31; Bamberger/Roth/Valenthin § 168 Rn 11; Erman/Maier-Reimer § 167 Rn 66; Hk-BGB/Dörner § 168 Rn 4; MünchKomm/ Schramm § 168 Rn 36 ff; NK-BGB/Ackermann § 168 Rn 16; PWW/Frensch § 168 Rn 7; Schramm/Dauber § 32 Rn 51; Soergel/Leptien § 168 Rn 35; Staudinger/Reimann [2012] Vorbem 71 ff zu §§ 2197–2228; Papenmeier 125 ff; Tschauner 104 ff; Madaus ZEV 2004, 448). Hierdurch unterscheidet sich die Vollmacht über den Tod hinaus von der Testamentsvollstreckung (vgl Kipp/Coing § 91 IV 11). Bei Miterben steht das Widerrufsrecht nach hM jedem Einzelnen mit Wirkung nur für ihn zu; im Verhältnis zu den übrigen

Miterben, nicht aber zur gesamten Miterbengemeinschaft bleibt die Vollmacht bestehen (RG SeuffA 79 Nr 221; JW 1938, 1892; BAMBERGER/ROTH/VALENTHIN § 168 Rn 11; ERMAN/MAIER-REIMER § 167 Rn 66; MünchKomm/SCHRAMM § 168 Rn 37; NK-BGB/ACKERMANN § 168 Rn 16; SCHRAMM/DAUBER § 32 Rn 51; SOERGEL/LEPTIEN § 168 Rn 35; ENNECCERUS/NIPPERDEY § 186 V 4; SAAR/POSSELT JuS 2002, 778, 779; aA KURZE ZErb 2008, 399, 407). Da sich die Vollmacht aber auf den Nachlass bezieht und beschränkt, betrifft sie alle Miterben und ihr Widerruf erscheint als Verwaltungsmaßnahme iSd § 2038, die grundsätzlich eine gemeinsame Vornahme erfordert (PAPENMEIER 128 ff, auch zu Sonderfällen; MADAUS ZEV 2004, 448), wenn nicht – wie idR bei Bankvollmachten – etwas Anderes bestimmt ist Das Widerrufsrecht steht statt der Erben (PAPENMEIER 142 mwNw, str) dem *Testamentsvollstrecker* im Hinblick auf von ihm verwaltete Gegenstände und dem *Nachlassverwalter* zu (RG HansRGZ 1933 B 325; KG MDR 1971, 222; MünchKomm/SCHRAMM § 168 Rn 37; NK-BGB/ACKERMANN § 168 Rn 16; SCHRAMM/DAUBER § 32 Rn 51; SOERGEL/LEPTIEN § 168 Rn 35; PAPENMEIER 139 ff mwNw; TEMPEL 242; TSCHAUNER 125 ff; einschränkend HAEGELE Rpfleger 1968, 346). Die Anordnung einer Testamentsvollstreckung kann uU den (teilweisen) Widerruf einer früher erteilten postmortalen Vollmacht beinhalten (vgl MERKEL WM 1987, 1001; ganz abl SOERGEL/LEPTIEN § 168 Rn 34), umgekehrt aber auch die Erteilung der Vollmacht eine Beschränkung iSd § 2208 Abs 1 bedeuten (MünchKomm/SCHRAMM § 168 Rn 37 Fn 109).

35 Die allgemeinen Gründe für den **Ausschluss des Widerrufs** (s oben Rn 8 ff), namentlich zur evtl Sittenwidrigkeit, gelten hier ebenfalls (RGZ 52, 399; 114, 351, 354; OLG Köln NJW-RR 1992, 1357; MünchKomm/SCHRAMM § 168 Rn 38; NK-BGB/ACKERMANN § 168 Rn 16; SCHRAMM/DAUBER § 32 Rn 52; HÜBNER Rn 1270 mwNw; ausf PAPENMEIER 115 ff; HOPT ZHR 133, 317). Die gegenteilige Auffassung (SOERGEL/LEPTIEN § 168 Rn 34 mwNw [für Generalvollmacht, s dazu aber oben Rn 9]; PAWLOWSKI Rn 763; HEINZ 57 ff; RÖHM DB 1969, 1977), jede unwiderrufliche Vollmacht auf den Todesfall stelle eine unwirksame Umgehung der Vorschriften über die Testamentsvollstreckung dar, ist unzutreffend (NK-BGB/ACKERMANN § 168 Rn 16; PAPENMEIER 115 ff mwNw; TSCHAUNER 33 ff). Ein Widerruf der Vollmacht über den Tod hinaus ist insbesondere ausgeschlossen, wenn sie zur Erfüllung einer gegenüber dem Bevollmächtigten bestehenden Verpflichtung erteilt wurde (MÜLLER-FREIENFELS 31 1). Allerdings bleibt auch dann der *Widerruf aus wichtigem Grund* zulässig (s oben Rn 14; JAUERNIG/STÜRNER Vorbem 2 zu § 2197; MünchKomm/SCHRAMM § 168 Rn 38; SCHRAMM/DAUBER § 32 Rn 51 f; ENNECCERUS/NIPPERDEY § 186 V 4; s zum Ganzen SAAR/POSSELT JuS 2000, 78, 79 f), ebenso ohnehin bei einer Generalvollmacht (s Rn 9).

4. Beweislast

36 Der Vertretene hat die tatsächlichen Voraussetzungen des Erlöschens der einmal wirksam erteilten Vollmacht zu beweisen (BAMBERGER/ROTH/VALENTHIN § 164 Rn 49, § 168 Rn 27; ERMAN/MAIER-REIMER § 168 Rn 12; MünchKomm/SCHRAMM § 164 Rn 141; NK-BGB/ACKERMANN § 168 Rn 31; PWW/FRENSCH § 168 Rn 17). Ist streitig, ob ein Rechtsgeschäft vor oder nach Erlöschen einer Vollmacht getätigt worden ist, so trifft die Beweislast denjenigen, der sich auf den wirksamen Abschluss beruft (BGH NJW 1974, 748; WM 1984, 603, 604; NK-BGB/ACKERMANN § 168 Rn 31 mwNw).

§ 169
Vollmacht des Beauftragten und des geschäftsführenden Gesellschafters

Soweit nach den §§ 674, 729 die erloschene Vollmacht eines Beauftragten oder eines geschäftsführenden Gesellschafters als fortbestehend gilt, wirkt sie nicht zugunsten eines Dritten, der bei der Vornahme eines Rechtsgeschäfts das Erlöschen kennt oder kennen muss.

Materialien: E I § 119 Abs 3; II § 138 Abs 2;
III § 165; Mot I 234; Prot I 228, 249; II 2 518;
Jakobs/Schubert, AT II 873 ff; Schubert,
AT II 186 ff (Vorentwurf).

1. Das Fortbestehen der kausalen Vollmacht

a) § 169 schließt sich an die Regelung des § 168 S 1 an, wonach mangels Bestimmung der für das Erlöschen einer sog kausalen Vollmacht maßgebende Zeitpunkt unter *Berücksichtigung des Grundverhältnisses* ermittelt werden muss (s § 168 Rn 3). – Ist das Grundverhältnis ein *Auftragsvertrag,* so gilt er nach § 674 – sofern er nicht durch Widerruf beendigt wurde –, so lange als fortbestehend, bis der Beauftragte von dem *Beendigungsgrund Kenntnis* erlangt hat oder haben musste; Entsprechendes bestimmt § 729 bei jeglicher Auflösung eines Gesellschaftsvertrages (s dazu Bamberger/Roth/Valenthin § 169 Rn 6).   **1**

Die genannten Regeln sind auf *Geschäftsbesorgungsverträge* nach § 675 übertragbar (NK-BGB/Ackermann § 169 Rn 3; PWW/Frensch § 169 Rn 1; Soergel/Leptien § 169 Rn 3; s iü Rn 8). Bei der *Eröffnung des Insolvenzverfahrens* über das Vermögen des Auftraggebers und dem damit verbundenen Erlöschen eines massebezogenen Auftrags nach § 115 Abs 1 InsO gilt gem § 115 Abs 3 S 1 der Auftrag zwar zugunsten des Beauftragten als fortbestehend, solange er die Eröffnung des Verfahrens ohne Verschulden nicht kennt; da § 674 anders als in § 23 Abs 1 S 2 KO nicht mehr ausdrücklich erwähnt wird und § 117 Abs 2 InsO nur für den Fall des § 115 Abs 2 InsO den Fortbestand der Vollmacht fingiert (s § 168 Rn 25; ausf Schilken KTS 2007, 1 ff), wird dieser Fall aber nicht mehr von § 169 erfasst, sondern der Beauftragte ist lediglich von der Haftung aus § 179 befreit, was § 117 Abs 3 InsO klarstellt (Bamberger/Roth/Valenthin § 169 Rn 7; NK-BGB/Ackermann § 169 Rn 4; Schilken KTS 2007, 1, 17 ff).   **2**

Der Wortlaut des § 169 lässt nicht ganz deutlich werden, dass sich das Wissen(müssen) des Dritten auf das Erlöschen des Grundverhältnisses (und damit der Vollmacht) bezieht, doch ist die Vorschrift so zu verstehen (Bamberger/Roth/Valenthin § 169 Rn 4 und 10; Erman/Maier-Reimer § 169 Rn 1; MünchKomm/Schramm § 169 Rn 4; NK-BGB/Ackermann § 169 Fn 9; Soergel/Leptien § 169 Rn 3; aA BGB-RGRK/Steffen § 169 Rn 1). Sie greift nicht ein, wenn die Vollmacht aus für sie unmittelbar geltenden Gründen nicht fortbestehen kann.   **3**

b) Nach § 168 S 1 würde in den genannten Fällen die Vollmacht mit ihrem ursprünglichen Inhalt fortbestehen. Mit Rücksicht darauf, dass ein **bösgläubiger**   **4**

Dritter nicht schutzwürdig ist (MünchKomm/Schramm § 169 Rn 1; PWW/§ 169 Rn 1; Soergel/Leptien § 169 Rn 1; Bork Rn 1517), kann sie jedoch gem § 169 *nicht zugunsten* eines solchen Dritten wirken, mit dem der gutgläubige Bevollmächtigte kontrahiert. Bei einem Vertragsabschluss muss die Gutgläubigkeit des Dritten (und auch des Bevollmächtigten) bis zum Wirksamwerden der Annahmeerklärung bestehen (zust Bork Rn 1517; Bamberger/Roth/Valenthin § 169 Rn 10). Die Gutglaubensregelung des § 169 steht in Parallele zu der insoweit vorrangigen Bestimmung des § 173, die im Hinblick auf die §§ 170 ff für alle Fälle der Außenvollmacht gilt, sodass § 169 nur bei reiner Innenvollmacht anwendbar ist (Bamberger/Roth/Valenthin § 169 Rn 8; Erman/Maier-Reimer § 169 Rn 2; MünchKomm/Schramm § 169 Rn 4; NK-BGB/Ackermann § 169 Rn 2; PWW/Frensch § 169 Rn 1; Soergel/Leptien § 169 Rn 3; Bork Rn 1517 Fn 135; Frotz 333). § 169 schützt damit den Vertretenen (Bamberger/Roth/Valenthin § 169 Rn 3; MünchKomm/Schramm § 169 Rn 1; NK-BGB/Ackermann § 169 Rn 1; PWW/Frensch § 169 Rn 1; Soergel/Leptien § 169 Rn 1 mwNw; Wolf/Neuner § 50 Rn 55; **aA** BGB-RGRK/Steffen § 169 Rn 1: Vertreter) vor einer Bindung, die §§ 674, 729 wiederum zum Schutz des Vertreters – nicht des Geschäftsgegners – statuieren (MünchKomm/Schramm § 169 Rn 5; Bork Rn 1517; NK-BGB/Ackermann § 169 Rn 3; Hübner Rn 1264; Medicus Rn 939; Frotz 332); im Falle des § 169 ist der Vertreter schon gem § 179 Abs 3 S 1 gegenüber dem bösgläubigen Dritten ausreichend geschützt (Bamberger/Roth/Valenthin § 169 Rn 3 und 10; Erman/Maier-Reimer § 169 Rn 1; NK-BGB/Ackermann § 169 Rn 1, Rn 6; PWW/Frensch § 169 Rn 1; Bork Rn 1517; Hübner Rn 1264; Medicus, AT Rn 939; Wolf/Neuner § 50 Rn 55).

5 § 169 ist hingegen unanwendbar und die Vollmacht gilt als fort bestehend, wenn ihre Ausübung zu Lasten des Dritten geht (NK-BGB/Ackermann § 169 Rn 6; Soergel/Leptien § 169 Rn 2). Wenn ansonsten gem § 169 wegen Bösgläubigkeit des Dritten die *Vertretungsmacht* des gutgläubigen Bevollmächtigten *entfällt,* so kann er doch aus dem nach §§ 674, 675 oder § 729 fortbestehenden *Grundverhältnis Ersatzansprüche* gegen den Vollmachtgeber haben, zB weil ihm bei der Vornahme des unwirksamen Rechtsgeschäfts Aufwendungen entstanden sind (NK-BGB/Ackermann § 169 Rn 6; Soergel/Leptien § 169 Rn 3).

2. Nicht von § 169 erfasste Tatbestände

6 **a)** Bei einer *isolierten Vollmacht* (s § 167 Rn 2) kann § 169 mangels eines Grundverhältnisses keine Anwendung finden (Bamberger/Roth/Valenthin § 169 Rn 9; MünchKomm/Schramm § 169 Rn 6; PWW/Frensch § 169 Rn 1; Soergel/Leptien § 169 Rn 3; Enneccerus/Nipperdey § 188 Fn 14). Hier kommt es nach dem Erlöschen der Vollmacht auf die Kenntnis oder fahrlässige Unkenntnis des Dritten jedoch insoweit an, als es sich um Fälle der §§ 170 ff handelt, bzw gem § 179 Abs 3 S 1 die Haftung des Vertreters ohne Vertretungsmacht entfällt.

7 **b)** Dasselbe (keine – analoge – Anwendbarkeit) muss nach dem Wortlaut des § 169, der Abstraktion der Vollmacht und der Ausrichtung der Norm auf den besonderen Schutz des Vertretenen bei Geschäftsbesorgungen (s Rn 4) für solche sog kausalen Vollmachten gelten, denen *kein nach den §§ 674, 675 oder 729 zu beurteilendes oder ein unwirksames Grundverhältnis* zugrunde liegt (Bamberger/Roth/Valenthin § 169 Rn 9; NK-BGB/Ackermann § 169 Rn 3; PWW/Frensch § 169 Rn 1; Soergel/Leptien § 169 Rn 3; Enneccerus/Nipperdey § 188 Fn 14; **aA** für die Fälle nichtiger Grundverhältnisse Erman/Maier-Reimer § 169 Rn 2; MünchKomm/Schramm § 169 Rn 6). Dies würde

zB gelten, wenn das Innenverhältnis sich als Nebenabrede zu einem Kaufvertrag darstellt (s § 167 Rn 3). Der Vertretene ist dann durch Anwendbarkeit der Regeln über den Missbrauch der Vertretungsmacht (s § 167 Rn 91 ff) bei Kenntnis oder Evidenz ausreichend geschützt. § 169 knüpft also zum einen ganz unmissverständlich an die Besonderheiten der in den §§ 674 (675), 729 vorausgesetzten Rechtsverhältnisse an und enthält zum anderen keine Rechtsscheinsregelung; die Vorschrift kann somit auch keine Basis für den Schutz des Vertrauens in die eigene Vertretungsmacht und damit die Geltung für die Annahme von Rechtsscheinsvollmachten im Innenverhältnis bilden (s auch § 167 Rn 34; aA BORNEMANN AcP 207, 102, 135 ff). Aus der Entstehungsgeschichte ergibt sich trotz der von der 2. Kommission veranlassten Änderungen des 1. Entwurfes nichts Anderes, weil schon im 1. Entwurf im Kontext der (heutigen) §§ 168, 169 (§ 119 des 1. Entwurfes) nicht der Schutz des Vertreters, sondern allein die Gültigkeit des Vertretergeschäftes in Rede stand (Mot I 236) und mit dem heutigen § 169 das allein auf diesen Schutz des Dritten zielende Fortbestehen der Vollmacht eingeschränkt werden sollte, indem ihm dieses Fortbestehen bei Kenntnis oder Kennenmüssen des Erlöschens „nicht zu Statten kommen" sollte, wenn und „weil sein unredliches oder doch fahrlässiges Verhalten einen solchen Schutz nicht verdient" (Denkschrift S 30).

3. Beweislast

Die Beweislast für das Fortbestehen der Vollmacht trifft nicht den Dritten, sondern umgekehrt die Beweislast für das Erlöschen denjenigen, der als Vertretener aus dem Geschäft in Anspruch genommen wird. Die tatsächlichen Voraussetzungen einer Bösgläubigkeit des Geschäftsgegners iS des § 169 letzter HS muss der Vertretene beweisen (NK-BGB/ACKERMANN § 168 Rn 7 mwNw).

8

§ 170
Wirkungsdauer der Vollmacht

Wird die Vollmacht durch Erklärung gegenüber einem Dritten erteilt, so bleibt sie diesem gegenüber in Kraft, bis ihm das Erlöschen von dem Vollmachtgeber angezeigt wird.

Materialien: E II § 139; III § 166; Prot II 1 147; JAKOBS/SCHUBERT, AT II 873 ff; SCHUBERT, AT II 186 ff (Vorentwurf).

Schrifttum

ALTMEPPEN, Disponibilität des Rechtsschutzes (1993)
BRÜLLE, Der Rechtsschein bei gesetzlichen Vollmachten des Privatrechts (Diss Breslau 1916)
CANARIS, Die Vertrauenshaftung im deutschen Privatrecht (1971)

vCRAUSHAAR, Die Bedeutung der Rechtsgeschäftslehre für die Problematik der Scheinvollmacht, AcP 174 (1974) 2
FROTZ, Verkehrsschutz im Vertretungsrecht (1972)
GOLDBERGER, Der Schutz gutgläubiger Dritter im Verkehr mit Nichtbevollmächtigten nach

dem Bürgerlichen Gesetzbuch (Diss Heidelberg 1908)
GÜNTHER, Legitimationsprüfungen bei Erben, Betreuern und Bevollmächtigten, NJW 2013, 3681
KINDL, Rechtsscheintatbestände und ihre rückwirkende Beseitigung (1999)
LOBINGER, Rechtsgeschäftliche Verpflichtung und autonome Bindung (1999)

vSEELER, Vollmacht und Scheinvollmacht, ArchBürgR 28, 1
STIEGLER, Vollmachtsnachweis gegenüber dem Grundbuchamt, BWNotZ 1985, 130.
S auch das Schrifttum vor § 167 und zur Rechtsscheinsvollmacht § 167 Rn 28.

1. Der Geltungsbereich des § 170

1 a) Die §§ 170–173 regeln nach der hM (Rechtsscheinstheorie) Fälle, in denen jemand als Bevollmächtigter gehandelt hat, der *in Wirklichkeit keine Vollmacht* mehr besaß, jedoch den vom Vollmachtgeber veranlassten Schein einer Vollmacht für sich hatte, sodass der Dritte an das Fortbestehen der Vollmacht glauben konnte. Man spricht in diesem Zusammenhang meist von einer **Rechtsscheinsvollmacht** (s § 167 Rn 28 ff). Nach anderer Auffassung (Rechtsgeschäftstheorie) handelt es sich in allen Fällen um rechtsgeschäftlich begründete Vollmachten, die nur durch entsprechende externe Maßnahmen beseitigt werden könnten. Obwohl der letzteren Auffassung nach hier vertretener Ansicht – auch für die Fälle der §§ 171, 172 – der Vorzug zu geben ist (s § 171 Rn 2 f, § 172 Rn 2 und bereits § 167 Rn 29 a; zur Einordnung als zusicherungsgleiche rechtsgeschäftliche Risikoübernahme durch LOBINGER 245 ff s abl § 167 Rn 12), so erscheint doch eine differenzierte Betrachtung der Problematik anhand der einzelnen Vorschriften geboten, wie ohnehin die Lösung der Sachfragen nicht allein aufgrund der Entscheidung für die eine oder andere Auffassung erfolgen kann. Im Falle des § 170 geht es jedenfalls im Ausgangspunkt sicher um einen rechtsgeschäftlichen Tatbestand, da die Vorschrift an die Erteilung einer Außenvollmacht iSd § 167 Abs 2 2. Alt anknüpft. Ob es sich dennoch um eine Rechtsscheinsregelung handelt, hängt davon ab, welche Beseitigungsakte man zulässt und wie man die in § 170 geregelte Rechtsfolge deutet (s Rn 3 und 9).

2 b) § 170 gilt nach seinem eindeutigen Wortlaut, aber auch nach historischer Interpretation für die **externe Vollmachtserteilung** (BAMBERGER/ROTH/VALENTHIN § 170 Rn 3; ERMAN/MAIER-REIMER § 170 Rn 1; JAUERNIG §§ 170–173 Rn 2; MünchKomm/SCHRAMM § 170 Rn 5; NK-BGB/ACKERMANN § 170 Rn 3; PALANDT/ELLENBERGER § 170 Rn 1; PWW/FRENSCH § 170 Rn 2; SOERGEL/LEPTIEN § 170 Rn 4; BORK Rn 1519; FAUST § 26 Rn 21; WOLF/NEUNER § 50 Rn 63). Im Falle der *internen Vollmacht* kann sich ein Schutz des Dritten aus § 169 ergeben oder aufgrund einer Kundgabe der internen Vollmachtserteilung nach den §§ 171 ff. Ein Bedürfnis nach weitergehendem Schutz besteht in diesen Fällen nicht.

Die Anwendung des § 170 setzt voraus, dass die Außenvollmacht wirksam erteilt und namentlich auch vom Dritten zur Kenntnis genommen worden ist (BAMBERGER/ROTH/VALENTHIN § 170 Rn 3; MünchKomm/SCHRAMM § 170 Rn 5; NK-BGB/ACKERMANN § 170 Rn 3; PWW/FRENSCH § 170 Rn 2; SOERGEL/LEPTIEN § 170 Rn 4; BORK Rn 1520; FAUST § 26 Rn 22; WOLF/NEUNER § 50 Rn 67). An einer wirksamen Erteilung fehlt es auch bei einer Beseitigung ex tunc durch Anfechtung. Auf solche Fälle ursprünglich fehlender Vollmacht ist § 170 richtiger Ansicht nach anders als die §§ 171 ff nicht – auch nicht analog – anwendbar; § 170 erfasst nur den Fortbestand der Vollmacht (Bamberger/ Roth/Valenthin § 170 Rn 3; BGB-RGRK/Steffen § 170 Rn 1; Hk-BGB/Dörner § 170 Rn 2; Jauernig §§ 170–173 Rn 2; MünchKomm/Schramm § 170 Rn 6; NK-BGB/Ackermann § 170 Rn 3; Palandt/Ellenberger § 170 Rn 1; PWW/Frensch § 170 Rn 2; Soergel/Leptien § 170 Rn 4; Bork Rn 1519; Wertenbruch § 31 Rn 2; aA RGZ 104, 358, 360; für Fälle eines zurechenbaren Rechtsscheins: Erman/Maier-Reimer § 170 Rn 2; Rüthers/Stadler § 30 Rn 39). Insoweit bestimmen vielmehr die allgemeinen Rechtsgeschäftsregeln der §§ 104 ff, inwieweit ein Vertrauensschutz in Betracht kommt (nämlich im Falle der Irrtumsanfechtung über § 122); iÜ können allerdings noch die allgemeinen Regeln über eine Rechtsscheinsvollmacht (s § 167 Rn 28 ff) eingreifen.

Zweifelhaft ist, ob § 170 dahin zu verstehen ist, dass eine Außenvollmacht überhaupt **3** nur durch entsprechende externe Erklärung, eben die „Anzeige" des Erlöschens beendet werden kann (Flume § 51 9; ihm folgend NK-BGB/Ackermann § 170 Rn 2, Rn 4; Pawlowski Rn 767 und JZ 1996, 125, 127; wohl auch Frotz 276 f, 307 f), sodass entgegen der ganz hM (BGB-AK/Ott §§ 170–173 Rn 2 ff, 5; Bamberger/Roth/Valenthin § 170 Rn 1 f, Rn 7; BGB-RGRK/Steffen § 170 Rn 1; Erman/Maier-Reimer § 170 Rn 2; Hk-BGB/Dörner §§ 170– 173 Rn 1; MünchKomm/Schramm § 170 Rn 1 ff; Palandt/Ellenberger § 170 Rn 1; PWW/ Frensch § 170 Rn 1; Soergel/Leptien § 170 Rn 2; Boecken Rn 647; Bork Rn 1522; Hirsch Rn 929; Hübner Rn 1278; Köhler § 11 Rn 37; Schack Rn 511; Wolf/Neuner § 50 Rn 63 ff; Altmeppen 150 ff; Canaris 32 f, 134 f; Kindl 7 ff mwNw; Petersen Jura 2004, 306, 309; s auch § 168 Rn 5) ohnehin kein Fall des Rechtsscheins auftreten könnte. Der Wortlaut des § 170 spricht für, derjenige des § 173 gegen diese Auffassung. Indessen verdeutlichen § 168 S 1 und S 3 (s dort Rn 5), dass die Beseitigung der Vollmacht auch durch interne Vorgänge erfolgen kann (zust auch Bamberger/Roth/Valenthin § 170 Rn 2; zu den Rechtsfolgen s noch Rn 9). Ob § 170 *auch* den Fall des Widerrufs gegenüber dem Dritten erfasst (dagegen MünchKomm/Schramm § 170 Rn 4; Soergel/Leptien § 170 Rn 2: nur §§ 168 S 3, 167 Abs 1), ist praktisch bedeutungslos, aber zu bejahen. Im Übrigen gilt § 170 unstreitig auch (entsprechend), wenn eine fortbestehende *externe Vollmacht eingeschränkt* werden soll (RG JW 1915, 998; Bamberger/Roth/Valenthin § 170 Rn 3; BGB-RGRK/Steffen § 170 Rn 3; MünchKomm/Schramm § 170 Rn 4; Palandt/Ellenberger § 170 Rn 2; PWW/Frensch § 170 Rn 2; Soergel/Leptien § 170 Rn 4) oder die durch öffentliche Bekanntmachung erfolgte Vollmacht anders als durch Bekanntmachung oder Erklärung gegenüber dem Dritten widerrufen wird (s § 168 Rn 5; Soergel/Leptien § 170 Rn 4). Zum Vorrang des § 15 HGB s Bork Rn 1533 ff.

2. Der Schutz des Dritten

a) Voraussetzung für den Schutz des Dritten ist es, dass sich sein **Vertrauen auf** **4** **eine Äußerung des Vollmachtgebers** gründet, und zwar aufgrund einer Erklärung der Außenvollmacht ihm gegenüber (Bamberger/Roth/Valenthin § 170 Rn 5; Erman/Maier-Reimer § 170 Rn 3; Faust § 26 Rn 23; Wolf/Neuner § 50 Rn 63 f). An diesem Vertrauen fehlt es einmal im Falle des *externen Widerrufs* (s § 168 Rn 5), der, wenn er durch verkörperte Willenserklärung erfolgt, die Vollmacht mit seinem Zugehen ohne Rücksicht auf die Kenntnisnahme des Dritten vom Erklärungsinhalt zum Erlöschen bringt (Flume § 51 9; s auch Bamberger/Roth/Valenthin § 170 Rn 5). Ferner entfällt nach dem Wortlaut des § 170 dessen Schutz, wenn das Vertrauen in die ursprüngliche Äußerung des Vollmachtgebers durch eine dem Dritten zugegangene *Erlöschensanzeige* (s Rn 7) entkräftet worden ist. Auf den Grund für das Erlöschen der Vollmacht kommt es dabei nicht an; es kann sich um einen internen Widerruf oder um einen anderen Erlöschensgrund handeln. Kein Bedürfnis für einen Schutz des Dritten besteht ferner, wenn und solange er noch keine Dispositionen aufgrund der ihm bekannten Vollmacht getroffen hat (Faust § 26 Rn 24; Wolf/Neuner § 50 Rn 67: fehlender Kausalzusammenhang). Ordnet man den Fall des § 170 mit der hM als Rechtsscheinsvollmacht ein, so sollte auch bei §§ 170 ff hinsichtlich der Inanspruchnahme des Vertretenen oder des Vertreters (s allgemein zur Rechtsscheinsvollmacht § 177 Rn 26) ein Wahlrecht des Dritten bejaht werden (Altmeppen 151 f; Bork Rn 1547; Faust § 26 Rn 39; Wolf/Neuner § 50 Rn 68).

5 b) Der durch § 170 gewährte Schutz ist **nach § 173 ausgeschlossen**, wenn der Dritte das Erlöschen der Vertretungsmacht kennt oder kennen muss (s dazu näher § 173 Rn 2), zB weil ihm mitgeteilt worden ist, unter welchen Bedingungen die Vollmacht endet und er wissen müsste, dass diese Bedingungen eingetreten sind. Wurde die Vollmacht angefochten (s oben Rn 2), so entfällt der Schutz des Dritten nach Maßgabe der §§ 173, 142 Abs 2, wenn er die Anfechtbarkeit kannte oder kennen musste. Auch im Falle eines In-Sich-Geschäfts des Bevollmächtigten scheidet eine Anwendung des § 170 aus (BGH NJW 1999, 486, 487; NK-BGB/Ackermann § 170 Rn 5).

6 c) Erlischt die Vollmacht wegen **Eröffnung des Insolvenzverfahrens** über das Vermögen des Vollmachtgebers (vgl § 168 Rn 25), so steht § 117 InsO dem in § 170 vorgesehenen Schutz des Dritten entgegen (Bamberger/Roth/Valenthin § 170 Rn 6; Erman/Maier-Reimer § 170 Rn 5; NK-BGB/Ackermann § 170 Rn 5; Soergel/Leptien § 170 Rn 4; s auch § 168 Rn 25). Die vom früheren Bevollmächtigten nach der Eröffnung vorgenommenen Rechtsgeschäfte mit Bezug auf die Masse sind trotz Erfüllung der Voraussetzungen nach den §§ 170 und 173 unwirksam, da die Verfügungsmacht des Bevollmächtigten nicht weiterreichen kann als die des Vollmachtgebers (s dazu Schilken KTS 2007, 1 ff).

3. Die Erlöschensanzeige

7 a) Die **Erlöschensanzeige** gegenüber dem Dritten ist Willenserklärung, wenn erst sie – mangels entsprechenden internen Vorganges (s Rn 3 mwNw) – den Widerruf der Außenvollmacht darstellt (zust Bamberger/Roth/Valenthin § 170 Rn 8; s auch NK-BGB/Ackermann § 170 Rn 4; Palandt/Ellenberger § 170 Rn 2; Boecken Rn 647; vgl Rn 3). Ist die Vollmacht hingegen schon intern beseitigt, so ist die Anzeige nach § 170 keine Willenserklärung, sondern eine *geschäftsähnliche Handlung* (Bamberger/Roth/Valenthin § 170 Rn 8; Erman/Maier-Reimer § 170 Rn 3; MünchKomm/Schramm § 170 Rn 7; Palandt/Ellenberger § 170 Rn 2; PWW/Frensch § 170 Rn 4; Soergel/Leptien § 170 Rn 3; Wolf/Neuner § 50 Rn 64 – anders Flume § 51 9). Dies bedeutet aber letztlich nur, dass die allgemeinen Erfordernisse für Willenserklärungen hier entsprechende Anwendung finden, insbesondere bedarf es der *Geschäftsfähigkeit* des Anzeigenden; abweichend von der sonstigen überwiegenden Auffassung zu den geschäftsähnlichen Handlungen, welche als adressatengerichtete Willensäußerungen hervortreten, wird bei der Anzeige gem § 170 auch eine entsprechende Anwendbarkeit der Vorschriften über Willensmängel bejaht (Bamberger/Roth/Valenthin § 170 Rn 9; MünchKomm/Schramm § 170 Rn 7; Soergel/Leptien § 170 Rn 3; Schmidt Rn 810; Wolf/Neuner § 50 Rn 64; iE auch NK-BGB/Ackermann § 170 Rn 4). Die Anzeige wird bereits mit dem Zugang wirksam; auf tatsächliche Kenntnisnahme kommt es nicht an (Bamberger/Roth/Valenthin § 170

Rn 10; MünchKomm/Schramm § 170 Rn 7; NK-BGB/Ackermann § 170 Rn 4; PWW/Frensch § 170 Rn 4; Soergel/Leptien § 170 Rn 2 und 3).

b) Eine *Verpflichtung zur Abgabe* der Erlöschensanzeige wird durch § 170 dem Dritten gegenüber nicht begründet (Bamberger/Roth/Valenthin § 170 Rn 9; MünchKomm/Schramm § 170 Rn 7; NK-BGB/Ackermann § 170 Rn 6; Soergel/Leptien § 170 Rn 3). Vielmehr besteht insoweit lediglich eine Obliegenheit für den Vollmachtgeber, sodass die Nichtanzeige grundsätzlich keine Schadensersatzpflicht auslöst (OLG Düsseldorf BankArch 1925/6, 507), sondern andere Nachteile, nämlich das Fortbestehen der Vertretungsmacht, zur Folge hat (Frotz 279 ff). Allenfalls kann unter besonderen Voraussetzungen aus cic oder aus § 826 eine Schadensersatzpflicht begründet werden (MünchKomm/Schramm § 170 Rn 7; NK-BGB/Ackermann § 170 Rn 6; Soergel/Leptien § 170 Rn 3). **8**

4. Die fortbestehende Vertretungsmacht

Die nach Maßgabe des § 170 bestehende Vollmacht ist entsprechend dem Wortlaut der Vorschrift, die vom „Inkraftbleiben" spricht, eine echte Vollmacht. Das ist selbstverständlich für den Fall, dass erst die Erlöschensanzeige den Widerruf der Vollmacht darstellt (s Rn 7). Aber auch im Falle internen Erlöschens der Vollmacht besteht kein Anlass zu der Annahme, es trete auf Grund Rechtsscheins lediglich eine der Vollmacht entsprechende gesetzliche Vertretungsmacht ein (so aber die ganz **hM**, s dazu die Nachw in Rn 3 und noch ausf § 171 Rn 3) oder es sei keine echte Vertretungsmacht, sondern nur eine Reflexwirkung des Vertrauensschutzes gegeben (vgl Wellspacher, Das Vertrauen auf äußere Tatbestände [1906] 87; Lehmann/Hübner § 36 V 6). Vielmehr besteht die intern beendete Vollmacht – mit der Konsequenz, dass der Vertreter zB vollmachtslos gegenüber solchen Dritten handelt, denen gegenüber bereits Mitteilung nach § 170 erfolgt ist – nur gegenüber dem betroffenen Dritten bis zur Anzeige fort (so iE schlechthin Flume § 51 9; NK-BGB/Ackermann § 170 Rn 1 f; ähnlich – „Aufrechterhaltung der Vollmacht" – MünchKomm/Schramm § 170 Rn 2, allerdings in Verfolgung der Rechtsscheinstheorie; für eine rechtsgeschäftliche Einordnung iS einer zusicherungsgleichen Risikoübernahme Lobinger 245 ff, s dazu § 171 Rn 3, § 179 Rn 2; abl auch NK-BGB/Ackermann § 170 Fn 5). **9**

Ob die Ausübung der Vollmacht im *Innenverhältnis* als eine Vertragsverletzung des handelnden Vertreters bewertet werden kann, ist nach deren Tatbestandsvoraussetzungen – idR kommt eine Nebenpflichtverletzung in Betracht – zu bestimmen. Im Übrigen können auch die Vorschriften über die GoA und die unerlaubten Handlungen eingreifen.

5. Beweislast

Wer aus einer Außenvollmacht Ansprüche gegen den Vertretenen herleiten will, muss deren wirksame Erteilung beweisen; die Beweislast für das Erlöschen durch entsprechende Anzeige sowie für die Bösgläubigkeit des Gegners trägt der Vertretene (s NK-BGB/Ackermann § 170 Rn 8 mwNw). **10**

§ 171
Wirkungsdauer bei Kundgebung

(1) Hat jemand durch besondere Mitteilung an einen Dritten oder durch öffentliche Bekanntmachung kundgegeben, dass er einen anderen bevollmächtigt habe, so ist dieser auf Grund der Kundgebung im ersteren Falle dem Dritten gegenüber, im letzteren Falle jedem Dritten gegenüber zur Vertretung befugt.

(2) Die Vertretungsmacht bleibt bestehen, bis die Kundgebung in derselben Weise, wie sie erfolgt ist, widerrufen wird.

Materialien: E I § 120; II § 140; III § 167; Mot I 237; Prot I 230, 236; II 1 145; Jakobs/Schubert, AT II 873 ff; Schubert, AT II 186 ff (Vorentwurf).

Schrifttum

s bei § 170.

1. Bedeutung und Rechtscharakter des § 171

1 a) § 171 begründet den **Schutz eines gutgläubigen Dritten**, der bei der Vornahme des Rechtsgeschäfts vom Fehlen bzw vom Wegfall der Vertretungsmacht des ihm gegenüber handelnden Bevollmächtigten keine Kenntnis hatte oder haben musste. Während § 170 an den konstitutiven Akt der externen Vollmachtserteilung anknüpft, bilden in § 171 die speziellen *Akte* einer besonderen Mitteilung oder einer öffentlichen Bekanntmachung über die Bevollmächtigung die Tatbestandselemente (Bamberger/Roth/Valenthin § 171 Rn 3; s aber auch Rn 7). Dabei findet § 171 auch Anwendung, wenn der Umfang der Vollmachtskundgabe über den Umfang einer tatsächlich erteilten Vollmacht hinausgeht (BGH WM 1958, 871; Bamberger/Roth/Valenthin § 171 Rn 3; Erman/Maier-Reimer § 171 Rn 2; MünchKomm/Schramm § 171 Rn 13; NK-BGB/Ackermann § 171 Rn 5; PWW/Frensch § 171 Rn 1; Soergel/Leptien § 171 Rn 1).

2 b) Die Mitteilung bzw die Bekanntmachung stellen sich nach hM als bloß **deklaratorische geschäftsähnliche Handlungen** dar (Bamberger/Roth/Valenthin § 171 Rn 6; Erman/Maier-Reimer § 171 Rn 1, Rn 3; Jauernig §§ 170–173 Rn 4; MünchKomm/Schramm § 171 Rn 3a; Palandt/Ellenberger § 171 Rn 1; PWW/Frensch § 171 Rn 2; Soergel/Leptien § 171 Rn 4; Bork Rn 1524; Köhler § 11 Rn 38; Medicus Rn 947; Rüthers/Stadler § 30 Rn 38; Schmidt Rn 813; Wertenbruch § 31 Rn 3; Wolf/Neuner § 50 Rn 70; Merkt AcP 204, 638, 657; für echte Bevollmächtigung aber NK-BGB/Ackermann § 171 Rn 1 f; Pawlowski JZ 1996, 125, 126 f mit Fn 24), die zum Zwecke des Vertrauensschutzes eine **Rechtsscheinsvollmacht** begründen (Bamberger/Roth/Valenthin § 170 Rn 2, § 171 Rn 2 und 10; BGB-RGRK/Steffen § 171 Rn 1; § 171 Rn 1; Erman/Maier-Reimer § 171 Rn 1; Hk-BGB/Dörner §§ 170–173 Rn 1; Jauernig §§ 170–173 Rn 5; MünchKomm/Schramm § 171 Rn 1 f; PWW/Frensch § 171 Rn 1; Soergel/Leptien § 171 Rn 1; StudKomm § 167 Rn 3; § Bitter 10 Rn 131 ff, Rn 153; Boecken Rn 648; Bork Rn 1523; Brehm Rn 463; Brox/Walker Rn 559; Enneccerus/Nipperdey § 184 II 3; Faust

§ 26 Rn 20; Grigoleit/Herresthal Rn 427; Hirsch Rn 1028; Köhler § 11 Rn 38; Leipold § 24 Rn 29; Schmidt Rn 809, Rn 812; Wertenbruch § 31 Rn 3; Wolf/Neuner § 50 Rn 69; Altmeppen 150 ff; Canaris 32 f, 134 f; Kindl 7 ff; Tempel 243; Beuthien, in: FG Bundesgerichtshof 99 Fn 77; vCraushaar AcP 174, 14; Lorenz JuS 2010, 771, 774; Merkt AcP 204, 638, 657; Petersen Jura 2004, 306, 309; Simon, in: FS Leser [1998] 133 f), welche *kraft Gesetzes* eine vollmachtsgleiche Vertretungsmacht verschafft (Wolf/Neuner § 50 Rn 70; Lehmann/Hübner § 36 V 2 b; für gesetzliche Vertretungsmacht BGB-RGRK/Steffen § 171 Rn 1 mwNw). – Wegen der Ähnlichkeit der Situationen wird § 171 zT im Wege analoger Anwendung zur Begründung der Rechtsscheinsvollmacht (s § 167 Rn 32) – insbes auch in den Fällen der Unwirksamkeit einer Vollmacht wegen Verstoßes gegen das RBerG aF – jetzt § 3 RDG – (s dazu ausf § 167 Rn 35, Rn 75) – herangezogen.

c) Es ist freilich umstritten, ob die dogmatische Unterscheidung gerechtfertigt ist, **3** welche die Fortwirkung einer durch Willenserklärung erteilten externen Vollmacht gem § 170 von der in § 171 geregelten Vollmachtswirkung einer durch geschäftsähnliche Handlung oder sogar Rechtsgeschäft erfolgten Kundgabe von der internen Vollmacht abgrenzt: Flume (§ 49 2 a und c sowie § 51 9; zust NK-BGB/Ackermann § 171 Rn 1; ebenso Pawlowski Rn 716 ff; wohl auch Hübner Rn 1278; für eine rechtsgeschäftliche Einordnung ferner Leenen § 9 Rn 83; s auch Lobinger 237 ff, der die § 170 ff zwar nicht als Vollmachtserteilung, aber doch als rechtsgeschäftliche Tatbestände einer zusicherungsgleichen Risikoübernahme einordnet, vgl auch § 170 Rn 9; s dazu ausf § 179 Rn 2) leugnet den Unterschied zwischen beiden Verlautbarungsarten; er sieht sowohl den Widerruf nach § 170 als auch die Anzeige nach § 171 als Willenserklärungen an. Es kann zunächst kein Zweifel daran bestehen, dass die Kundgabe interner Vollmachtserteilung bei Feststellung eines entsprechenden rechtsgeschäftlichen Willens durchaus als externe Bevollmächtigung bewertet werden kann (Wolf/Neuner § 50 Rn 69). Würdigt man die Erklärung eines Geschäftsherrn, der durch besondere Mitteilung an einen Dritten oder öffentliche Bekanntmachung kundtut, dass er einen anderen bevollmächtigt habe, so wird der verständige Empfänger darin idR mehr als nur eine tatsächliche Nachricht über die Erteilung von (Innen-)Vollmacht sehen: Es handelt sich dann um externe Vollmachtserteilung durch konkludente Erklärung (zutr also Flume § 49 2 c). Der Wortlaut des § 171 zielt zwar auf die Kundgabe erteilter Vollmacht, schließt aber die konkludente Vollmachtserteilung selbstverständlich nicht aus, wie auch die Mot (I 237) davon ausgehen, dass nach Lebensauffassung und Absicht des Vollmachtgebers in dieser Kundgebung nicht bloß ein Hinweis auf die Tatsache der Bevollmächtigung liege. Freilich kann es auch so liegen, dass die Kundgabe als reine Mitteilung gedacht war und vom Empfänger (Dritter oder Allgemeinheit) auch nur so verstanden werden konnte. Für diesen Fall bleibt es allerdings bei der Einordnung der Kundgabe als bloß rechtsgeschäftsähnlicher Handlung (vgl vCraushaar AcP 174, 14; s auch Medicus Rn 927, 947; Lobinger 241 ff). Das nötigt aber keineswegs zu der Annahme, § 171 knüpfe dann die Vertretungsmacht an den Rechtsschein ihres Bestehens. Selbstverständlich konnte der Gesetzgeber die Vertretungsbefugnis auch an eine vom Geschäftsherrn ausgehende rechtsgeschäftsähnliche Handlung knüpfen, und eben dies ist in § 171 geschehen (vgl auch Prot I 301 f). Darin fügt sich die Widerrufsregelung des § 171 Abs 2 (s unten Rn 10) ebenso wie die Vorschrift des § 173, die lediglich einen Erlöschenstatbestand für die sonst bestehende Vollmacht regelt (vgl Flume § 51 9; unzutr daher der Einwand von Faust § 26 Rn 20 Fn 16). Soweit man hingegen zu einer Einordnung als Rechtsscheinsvollmacht gelangt, gelten die dazu vertretenen Regeln (s § 167 Rn 28 ff), namentlich auch zum Wahlrecht des Dritten zwischen Inanspruchnahme des Vertretenen oder des Vertreters (s § 167 Rn 26; § 170 Rn 4).

2. Die besondere Mitteilung

4 a) Die **besondere Mitteilung an den Dritten** iSd § 171 erfordert als Willenserklärung oder adressatengerichtete geschäftsähnliche Handlung (s Rn 3) ein *Wirksamwerden* gemäß oder entsprechend den Regeln für Willenserklärungen, also die Vernehmung bei mündlicher oder das Zugehen bei schriftlicher Mitteilung. Eine *Form* für die Mitteilung ist nicht vorgeschrieben; demnach kann auch ein adressatengerichtetes *schlüssiges Verhalten* die Voraussetzungen des § 171 erfüllen (RGZ 81, 257, 260; Bamberger/Roth/Valentin § 171 Rn 6 und 7; Erman/Maier-Reimer § 171 Rn 3; MünchKomm/Schramm § 171 Rn 4; NK-BGB/Ackermann § 171 Rn 3; Palandt/Ellenberger § 171 Rn 2; PWW/Frensch § 171 Rn 3; Soergel/Leptien § 171 Rn 3; Canaris 112 f; Frotz 297; Kindl 19 ff; Gergaut NotBZ 2008, 124 f; **aA** noch Gotthardt 38; Wellspacher 100). Ein solches kann zB in der konkreten Ankündigung eines Vertreterbesuchs gesehen werden (OLG Dresden OLGE 35, 314; LG Kassel NJW-RR 1993, 1494) oder in einer notariellen Urkunde enthalten sein (OLG Köln DNotZ 1984, 570; Böttcher NJW 2010, 1647, 1654 mwNw). Bei schriftlichen Mitteilungen muss iÜ die Kenntnisnahme hinzukommen, um die Wirkungen des § 171 auszulösen (s Rn 12). Die Mitteilung kann auch durch einen (anderen) Vertreter oder Boten des Vertretenen erfolgen (Bamberger/Roth/Valentin § 171 Rn 7; Erman/Maier-Reimer § 171 Rn 3; ebenso, aber für zulässige Botenschaft des Bevollmächtigten selbst MünchKomm/Schramm § 171 Rn 6 [nur schriftlich]; NK-BGB/Ackermann § 171 Rn 3; Soergel/Leptien § 171 Rn 3).

Nicht ausreichend ist es, wenn der Dritte unbeabsichtigt von einer Vollmachtserteilung Kenntnis nimmt, zB weil er die entsprechenden Worte mithört. Ebenso wenig genügt es für eine Mitteilung iS des § 171, wenn Worte, die gegenüber dem „Bevollmächtigten" nicht als eine Vollmachtserteilung aufgefasst werden können, in der Mitteilung an den Dritten verwendet sind (BGHZ 20, 239, 248; Soergel/Leptien § 171 Rn 3).

5 Der Absender der Mitteilung muss voll **geschäftsfähig** sein (BGHZ 65, 13; BGH NJW 1977, 622, 623; BB 2004, 683, 685 mAnm Haertlein; OLG Stuttgart MDR 1956, 673; Bamberger/Roth/Valentin § 171 Rn 6; Erman/Maier-Reimer § 171 Rn 3; MünchKomm/Schramm § 171 Rn 5; NK-BGB/Ackermann § 171 Rn 2; Palandt/Ellenberger § 171 Rn 1; PWW/Frensch § 171 Rn 2; Soergel/Leptien § 171 Rn 4; Bork Rn 1524; Köhler § 11 Rn 38; Wolf/Neuner § 50 Rn 71; Frotz 288; Kindl 21 f). Ein beschränkt Geschäftsfähiger bedarf für die Mitteilung der Einwilligung seines gesetzlichen Vertreters, sofern nicht das in Betracht stehende Rechtsgeschäft auch ohne diese vorgenommen werden könnte (Bamberger/Roth/Valentin § 171 Rn 6; BGB-RGRK/Steffen § 171 Rn 2; Erman/Maier-Reimer § 171 Rn 3; MünchKomm/Schramm § 171 Rn 5; NK-BGB/Ackermann § 171 Rn 2; PWW/Frensch § 171 Rn 2; Soergel/Leptien § 171 Rn 4).

6 b) Ferner ist es erforderlich, dass in der Mitteilung die **Bevollmächtigung eines anderen** als des Mitteilungsadressaten **kundgegeben** wird (RGZ 104, 358, 360). Der *Name des Bevollmächtigten* nebst Umfang seiner Vertretungsmacht muss in der Mitteilung idR genannt sein (RGZ 124, 383, 386; RG JW 1929, 576; BGHZ 20, 239, 248; OLG Frankfurt NotBZ 2008, 123; Bamberger/Roth/Valentin § 171 Rn 7; BGB-RGRK/Steffen

§ 171 Rn 4; Erman/Maier-Reimer § 171 Rn 3; MünchKomm/Schramm § 171 Rn 7; NK-BGB/Ackermann § 171 Rn 3; Palandt/Ellenberger § 171 Rn 2; PWW/Frensch § 171 Rn 3; Soergel/Leptien § 171 Rn 3), jedenfalls muss eine eindeutige Identifizierung möglich sein, die namentlich bei einer Notariatsangestelltenvollmacht auch ohne Namensnennung in Betracht kommt (OLG Brandenburg MDR 2013, 563 mwNw, str). Außerdem muss die Kundgabe an den Dritten der *Vornahme des Rechtsgeschäfts vorangehen,* für welches Vertretungsmacht nach Maßgabe des § 171 bestehen soll (RGZ 104, 358, 360; Bamberger/Roth/Valentin § 171 Rn 5; MünchKomm/Schramm § 171 Rn 14; NK-BGB/Ackermann § 171 Rn 3; Soergel/Leptien § 167 Rn 2); anderenfalls kommt noch eine Genehmigung nach § 177 durch die Kundgabe in Betracht.

c) In der Rspr wird weiter verlangt, dass der Mitteilung eine **Bevollmächtigung** **7** **vorangegangen** ist bzw eine solche an Nichtigkeits- oder Anfechtungsgründen scheiterte (RGZ 108, 127; RG HRR 1937 Nr 548; OLG München HRR 1936 Nr 865; vgl auch BGH MDR 1965, 282; zu den Anwendungsfällen bei Nichtigkeit nach Art 1 § 1 Abs 1 RBerG s die Nachw § 167 Rn 35). Ebenso genügt es aber, dass eine erteilte Vollmacht bereits erloschen ist oder beschränkt wird (Erman/Maier-Reimer § 167 Rn 2; MünchKomm/Schramm § 171 Rn 14; NK-BGB/Ackermann § 171 Rn 5; Soergel/Leptien § 171 Rn 1; Tempel 243). Darüber hinaus entfaltet die besondere Mitteilung die in § 171 genannten Wirkungen auch dann, wenn sie abgegeben wurde, bevor eine Bevollmächtigung versucht oder vorgenommen worden ist (MünchKomm/Schramm § 171 Rn 14; Soergel/Leptien § 171 Rn 1). Weder nach dem Wortlaut noch nach dem Schutzzweck der Bestimmung kann es – anders als im Falle des § 170 (s dort Rn 2, str) – für die Vertretungsmacht auf die vorherige (wirksame) Vornahme einer Bevollmächtigung, sondern allein auf die Mitteilung über eine solche (angebliche) Vollmachtserteilung ankommen (insoweit unstr, s etwa BGHZ 40, 297, 304; BGH NJW 1985, 730; 2000, 2270, 2271; Bamberger/Roth/Valentin § 171 Rn 3; Erman/Maier-Reimer § 171 Rn 2; MünchKomm/Schramm § 171 Rn 14; NK-BGB/Ackermann § 171 Rn 5; PWW/Frensch § 171 Rn 1; Soergel/Leptien äs1 § 171 Rn 1).

3. Die öffentliche Bekanntmachung

Neben der besonderen Mitteilung an den Dritten nennt § 171 Abs 1 als Grundlage **8** der Vollmachtswirkungen die **öffentliche Bekanntmachung einer erfolgten Bevollmächtigung.** Öffentlich ist eine Bekanntmachung, die an einen *nicht begrenzten Personenkreis* gerichtet ist (Bamberger/Roth/Valentin § 171 Rn 8; Erman/Maier-Reimer § 171 Rn 4; Hk-BGB/Dörner §§ 170–173 Rn 3; MünchKomm/Schramm § 171 Rn 10; NK-BGB/Ackermann § 171 Rn 4; Palandt/Ellenberger § 171 Rn 2; PWW/Frensch § 171 Rn 4). Sie unterliegt gleichfalls (s Rn 5) den §§ 104 ff (analog), bedarf keiner bestimmten Form und muss auch *nicht* unbedingt ausdrücklich (**anders** Kindl 19; Stüsser 118; wie hier RG Recht 1923 Nr 1026; MünchKomm/Schramm § 171 Rn 10; NK-BGB/Ackermann § 171 Rn 4; Soergel/Leptien § 171 Rn 3), aber so *eindeutig vorgenommen* werden, dass die Person des Bevollmächtigten ohne Hinzuziehung weiterer Umstände aus ihr entnommen werden kann (RG HRR 1929 Nr 797). In erster Linie kommen Zeitungsveröffentlichungen, Postwurfsendungen, Handzettel und Anschläge in Geschäftslokalen in Betracht. Auch die Eintragung im Handelsregister ist als eine derartige Bekanntmachung zu bewerten (RGZ 133, 229, 233; MünchKomm/Schramm § 171 Rn 10; NK-BGB/Ackermann § 171 Rn 4; Soergel/Leptien § 171 Rn 3), doch ist dabei die spezielle Regelung des § 15 HGB, namentlich des dortigen Abs 3 zu beachten (Erman/Maier-Reimer § 171 Rn 4; zum Verhältnis des § 15 HGB zur allgemeinen Rechtsscheinshaftung s Koller/Roth/Morck, HGB

[7. Aufl 2011] § 15 Rn 3; s auch BORK Rn 1533 ff). Die Eintragung der Vertretungsberechtigung in die landesrechtlichen Stiftungsverzeichnisse kann hingegen nicht als öffentliche Bekanntmachung iSd § 171 Abs 1 angesehen werden (a dazu überzeugend G ROTH, in: Non Profit Law Yearbokk 2009, 65, 78 ff; aA RAWERT, in: FS Kreutz [2010] 825, 831 f mwNw; STAUDINGER/HÜTTEMANN/RAWERT [2011] Vorbem 110 f zu §§ 80 ff; zur Bedeutung von stiftungsrechtlichen Vertretungsbescheinigungen s § 172 Rn 1); dasselbe gilt auch für eine Eintragung in das Gewerberegister (OLG Hamm NJW 1985, 1846, 1847; RAWERT aaO S 831).

4. Die Beseitigung der Vollmacht

9 a)   Eine **Anfechtung der Vollmachtserteilung** nach § 171 ist selbstverständlich im Falle einer konkludenten Bevollmächtigung, aber auch dann zulässig, wenn es sich nur um eine rechtsgeschäftsähnliche Handlung (s oben Rn 3) handelt. Ein Grund für eine abweichende Lösung über die formale Unterscheidung nach dem Charakter der Erklärungen ist nicht ersichtlich, folgt weder aus dem Wortlaut noch der Entstehungsgeschichte; Mot I 237 f und Prot I 301 gehen von Anwendbarkeit der Vorschriften über Willensmängel aus. Auch der Zweck der Regelung steht nicht entgegen, da die Wirkungen einer Mitteilung über Innenbevollmächtigung nicht weiter greifen können als diejenigen einer (anfechtbaren) Außenbevollmächtigung (BAMBERGER/ROTH/VALENTHIN § 171 Rn 11; BGB-RGRK/STEFFEN § 171 Rn 3; ERMAN/MAIER-REIMER § 167 Rn 7; Hk-BGB/DÖRNER §§ 170–173 Rn 6; MünchKomm/SCHRAMM § 171 Rn 8, Rn 11; NK-BGB/ACKERMANN § 171 Rn 2; PALANDT/ELLENBERGER § 171 Rn 1; PWW/FRENSCH § 171 Rn 2; SOERGEL/LEPTIEN § 171 Rn 4; BORK Rn 1524; HÜBNER Rn 1278; FLUME § 49 2 c; LEHMANN/HÜBNER § 26 V 2 b; MEDICUS, Rn 947; MEDICUS/PETERSEN Rn 97; WOLF/NEUNER § 50 Rn 74; CANARIS 35 ff; FROTZ 310 ff; KINDL 21 ff, 33 ff; BECKER/SCHÄFER JA 2006, 597, 600; EUJEN/FRANK JZ 1973, 234. – AA JAUERNIG §§ 170–173 Rn 7; ENNECCERUS/NIPPERDEY § 184 II 4; GIESEN/HEGERMANN Jura 1991, 357, 368). Das gilt angesichts des gleichwertigen Vertrauensschutzes sowohl für die Mitteilung als auch für die öffentliche Bekanntmachung (insoweit abl KÖHLER § 11 Rn 38; WOLF/NEUNER § 50 Rn 74; CANARIS 36 f), wo freilich die Anfechtung entsprechend §§ 143 Abs 4 S 1, 171 Abs 2 zu erfolgen hat (MünchKomm/SCHRAMM § 171 Rn 11; SOERGEL/LEPTIEN § 171 Rn 4; FLUME § 31 5c). Die Kundgabe selbst muss dem Willensmangel unterliegen, wobei ein Irrtum über das Bestehen der kundgegebenen Vollmacht unbeachtlicher Motivirrtum ist (BAMBERGER/ROTH/VALENTHIN § 171 Rn 11; ERMAN/MAIER-REIMER § 167 Rn 7; MünchKomm/SCHRAMM § 171 Rn 9; NK-BGB/ACKERMANN § 171 Rn 2; PWW/FRENSCH § 171 Rn 2; SOERGEL/LEPTIEN § 171 Rn 4; BORK Rn 1524; FLUME § 49 2). Auch ein bloßer Irrtum über die Rechtsfolge der Kundgebung berechtigt nicht zur Anfechtung (ERMAN/MAIER-REIMER § 171 Rn 7; MünchKomm/SCHRAMM § 171 Rn 9; SOERGEL/LEPTIEN § 171 Rn 4; BORK Rn 1524; WOLF/NEUNER § 50 Rn 74). Soweit die Anfechtung durchgreift, haftet der Vertreter nach § 179 und der Vertretene ggf nach § 122 (BAMBERGER/ROTH/VALENTHIN § 171 Rn 11; PWW/FRENSCH § 171 Rn 2).

10 b)   Zur Beseitigung der Vollmacht steht nach § 171 Abs 2 außerdem der contrarius actus zur Verfügung, der als **Widerruf** bezeichnet wird. Dieser Widerruf muss möglichst in derselben Weise erfolgen wie der Kundgebungsakt, also durch entsprechende besondere Mitteilung oder öffentliche Bekanntmachung, welche denselben Personenkreis erreicht. Jedoch wird durch § 171 Abs 2 nicht das Erfordernis absoluter Gleichartigkeit des Gegenaktes aufgestellt. Daher kann bei schriftlicher Kundgabe mündlich widerrufen werden (BAMBERGER/ROTH/VALENTHIN § 171 Rn 12; ERMAN/MAIER-REIMER § 171 Rn 8; MünchKomm/SCHRAMM § 171 Rn 15; NK-BGB/ACKERMANN § 171

Rn 6; PWW/Frensch § 171 Rn 6; Soergel/Leptien § 171 Rn 5). Ebenso ist bei der Kundgebung durch öffentliche Bekanntmachung eine Beseitigung der Vollmacht gegenüber einzelnen Dritten durch besondere Mitteilung anzuerkennen (Bamberger/Roth/Valenthin § 171 Rn 12; Erman/Maier-Reimer § 171 Rn 8; MünchKomm/Schramm § 171 Rn 17 mwNw; NK-BGB/Ackermann § 171 Rn 6; PWW/Frensch § 171 Rn 6; Soergel/Leptien § 171 Rn 5; Flume § 51 9 will in solchen Fällen nur eine Zerstörung des guten Glaubens iSd § 173 annehmen). Die Wirksamkeit des Widerrufs tritt bei schriftlicher Mitteilung bereits mit Zugang, nicht erst mit Kenntnisnahme ein (Bamberger/Roth/Valenthin § 171 Rn 12; Erman/Maier-Reimer § 171 Rn 8; MünchKomm/Schramm § 171 Rn 15; NK-BGB/Ackermann § 171 Rn 6; PWW/Frensch § 171 Rn 6; Soergel/Leptien § 171 Rn 5).

c) Soweit es einem Dritten gem § 173 am *guten Glauben* fehlt, bedarf es zur Beseitigung der Vollmacht des Widerrufs nicht; dies ergibt sich aus dem Zusammenhang des § 171 Abs 2 mit § 173, der über seinen Wortlaut hinaus nicht nur beim Erlöschen der Vollmacht, sondern in allen Fällen der Vollmacht nach § 171 gilt (s § 173 Rn 6 f; Bamberger/Roth/Valenthin § 171 Rn 9; BGB-RGRK/Steffen § 171 Rn 6; MünchKomm/Schramm § 173 Rn 9; NK-BGB/Ackermann § 171 Rn 5; Soergel/Leptien § 171 Rn 2; Bork Rn 1523; Köhler § 11 Rn 38; Medicus Rn 946; Wolf/Neuner § 50 Rn 75; aA Wertenbruch § 31 Rn 7). Auf einen guten Glauben des Bevollmächtigten kommt es in diesem Zusammenhang nicht an. **11**

5. Die Rechtswirkungen der Kundgabe

Die Kundgabe bewirkt nicht schon mit dem Zugang der Mitteilung (s Rn 4; BGB-RGRK/Steffen § 171 Rn 1) oder mit Bekanntmachung, sondern erst mit Kenntnisnahme (RGZ 104, 358, 360; Bamberger/Roth/Valenthin § 171 Rn 5; MünchKomm/Schramm § 171 Rn 12; NK-BGB/Ackermann § 171 Rn 3; Palandt/Ellenberger § 171 Rn 2; Soergel/Leptien § 171 Rn 2; Bork Rn 1523 mwNw) Vertretungsmacht – bzw den entsprechenden Rechtsschein (Bork Rn 1525; zur Frage des Wahlrechts des Dritten in diesem Fall s § 170 Rn 4) – des Bevollmächtigten dem Dritten oder bei öffentlicher Bekanntmachung jedem Dritten gegenüber. Liegt der Kundgabe eine wirksame Vollmacht zugrunde, so kann diese Wirkung in Bezug auf abweichende Erweiterungen eintreten (s Rn 1). **12**

6. Beweislast

Nimmt ein Dritter den Schutz des § 171 gegen den Vertretenen für sich in Anspruch, so hat er dessen Voraussetzungen zu beweisen, wobei die notwendige Kenntnis der erfolgten Kundgabe (s Rn 12) vermutet wird (s NK-BGB/Ackermann § 171 Rn 7 mwNw). Der Nachweis, dass die Vertretungsmacht nach § 171 infolge der Vornahme entsprechender Gegenakte weggefallen ist, trifft hingegen den Vertretenen. Zur Beweislast bei der Rechtsscheinsvollmacht s § 167 Rn 17. **13**

§ 172
Vollmachtsurkunde

(1) Der besonderen Mitteilung einer Bevollmächtigung durch den Vollmachtgeber steht es gleich, wenn dieser dem Vertreter eine Vollmachtsurkunde ausgehändigt hat und der Vertreter sie dem Dritten vorlegt.

(2) Die Vertretungsmacht bleibt bestehen, bis die Vollmachtsurkunde dem Vollmachtgeber zurückgegeben oder für kraftlos erklärt wird.

Materialien: E I § 121 Abs 1 und 4; II § 141;
III § 168; Mot I 238; Prot I 230; II 1 147; Jakobs/
Schubert, AT II 873 ff; Schubert, AT II 186 ff
(Vorentwurf).

Schrifttum

s bei § 170.

1. Die Aushändigung der Vollmachtsurkunde

1 a) Die von § 172 vorausgesetzte **Vollmachtsurkunde** ist ein gem § 126 mit der *Namensunterschrift* bzw dem notariell beglaubigten *Handzeichen* des Vollmachtgebers versehenes Schriftstück, welches den Bevollmächtigten und den Umfang seiner Vertretungsmacht bezeichnet (RGZ 124, 383, 386; RG JW 1934, 2394; BGH NJW 1988, 697, 698; 2004, 2736, 2738 uö; Bamberger/Roth/Valenthin § 172 Rn 4; BGB-RGRK/Steffen § 172 Rn 2; Erman/Maier-Reimer § 172 Rn 4; Hk-BGB/Dörner §§ 170–173 Rn 4; MünchKomm/Schramm § 172 Rn 2; NK-BGB/Ackermann § 172 Rn 2; Palandt/Ellenberger § 172 Rn 2; PWW/Frensch § 172 Rn 2; Soergel/Leptien § 172 Rn 2; zu den Pflichtangaben in einer Vollmachtsurkunde bei Berücksichtigung des § 492 Abs 1 s § 167 Rn 26; zur Vollmachtsurkunde zu Gunsten eines Wohnungseigentumsverwalters Schmid NJW 2012, 2545, 2547). Im Hinblick auf die bedeutsamen Folgen für den Vollmachtgeber darf eine hinter dem Erfordernis des § 126 zurückbleibende Urkunde – zB in Kopie oder in elektronischer Form (§§ 126 Ab 3, 126 a) – nicht ausreichen. Auch eine nur aus den Umständen zu entnehmende Erklärung über die Bevollmächtigung genügt für § 172 nicht (OLG Celle WM 1960, 1072; Kindl 16, 19), ebenso wenig die Bestallungsurkunde eines gesetzlichen Vertreters oder Verwalters (s § 174 Rn 6 mNw) oder ein die Vertretung regelnder Gesellschaftsvertrag (MünchKomm/Schramm § 172 Rn 3; PWW/Frensch § 172 Rn 1; Heil NJW 2002, 2158 mwNw; Hertel DNotZ 2009, 121, 129; Reymann ZfIR 2009, 81, 85 f [anders evtl bei Grundbucheintragung eines Vertreters]; Ruhwinkel MittBayNot 2007, 92, str, **aA** zB NK-BGB/Ackermann § 172 Rn 2; Böttcher NJW 2012, 2769, 2770 mwNw; Lautner MittBayNot 2005, 93, 96 uö; Wertenbruch DB 2003, 1099, 1101 f uö; wohl auch BGH NJW 2002, 1194, 1195; s auch noch § 174 Rn 6); auch auf Organe juristischer Personen finden die Vorschriften keine Anwendung, weil ein abstrakter Vertrauensschutz dort an die Registereintragung geknüpft ist (s auch § 174 Rn 6). Bei **rechtskräftigen Stiftungen** und konzessionierten Vereinen kann der Vertretungsnachweis aber auch durch eine behördliche Vertretungsbescheinigung (dazu ausf G Roth 71 ff) erfolgen; auf eine solche von diesen Rechtsträgern beantragte und in den Verkehr gebrachte Bescheinigung können die §§ 172 ff analog angewandt werden (PWW/Schöpflin § 86 Rn 2; Rawert, in: FS Kreutz [2010] 825, 832 f; G Roth 80 ff mwNw; ausf Staudinger/Hüttemann/Rawert [2011] Vorbem 114 ff zu §§ 80 ff mwNw; **aA** Dörnbrack/Fiala DStR 2009, 2490, 2491; zur Eintragung der Vertretungsberechtigung in die landesrechtlichen Stiftungsverzeichnisse s § 171 Rn 8). – Die Auslegung eines Schriftstücks iS einer Vollmachtsurkunde ist aber immerhin möglich (Soergel/Leptien § 172 Rn 2; s § 171 Rn 4, aber auch BGH NJW 1999, 486). Auch ersetzen eine *notarielle Beurkundung* oder ein *gerichtlicher Vergleich* gem §§ 126 Abs 4, 127a die Schriftform.

Die Vollmachtsurkunde muss **echt** sein, dh von der mit der Unterschrift als Aussteller ausgewiesenen Person stammen; dass die Urkunde nur zum Schein ausgestellt wurde, steht den Wirkungen des § 172 nicht entgegen (RGZ 90, 273, 279; MünchKomm/ Schramm § 172 Rn 3; NK-BGB/Ackermann § 172 Rn 2; Soergel/Leptien § 172 Rn 3; Enneccerus/Nipperdey § 188 Fn 3).

b) Die Aushändigung der Urkunde an den Bevollmächtigten stellt wie die Kundgabe in § 171 entgegen hM keinen Tatbestand einer Rechtsscheinsvollmacht, sondern meist eine konkludente Bevollmächtigung (Flume § 49 2 c; zust NK-BGB/Ackermann § 172 Rn 1, Rn 3), sonst eine *geschäftsähnliche Handlung* dar (s zum Meinungsstreit § 171 Rn 2 f mwNw), die nach den allgemeinen Grundsätzen Geschäftsfähigkeit des Vollmachtgebers erfordert (Erman/Maier-Reimer § 172 Rn 5; MünchKomm/Schramm § 172 Rn 4, 6; NK-BGB/Ackermann § 172 Rn 4; PWW/Frensch § 172 Rn 3; Soergel/Leptien § 172 Rn 3; Wolf/Neuner § 50 Rn 79). Sie kann mit der Vollmachtserteilung zusammentreffen oder später stattfinden (RGZ 104, 358, 360). Als Aushändigung ist nur die **willentliche Übergabe zum Zwecke des Gebrauchmachens** – dh mit Handlungswillen – zu bezeichnen (BGH NJW 1975, 2101; OLG Karlsruhe ZIP 2005, 1633, 1634; Bamberger/Roth/ Valenthin § 172 Rn 5; Erman/Maier-Reimer § 172 Rn 5; Hk-BGB/Dörner §§ 170–173 Rn 4; Jauernig §§ 170–173 Rn 8; MünchKomm/Schramm § 172 Rn 4; NK-BGB/Ackermann § 172 Rn 3; Palandt/Ellenberger § 172 Rn 2; PWW/Frensch § 172 Rn 3; Soergel/Leptien § 172 Rn 3; Faust § 26 Rn 31; Grigoleit/Herresthal Rn 427; Köhler § 11 Rn 39; Wolf/Neuner § 50 Rn 78; Heil NJW 2002, 2158; Verse/Gaschler Jura 2009, 213, 215; Waldner Rpfleger 2002, 198; vgl auch Rn 7); das folgt aus der Gleichstellung mit der besonderen Mitteilung iSd § 171 Abs 1, die erst durch Ausstellung *und* in Verkehr bringen sowie Vorlegung erreicht wird. Allerdings erscheint die „Genehmigung" einer unbefugten Aneignung der Urkunde zulässig (MünchKomm/Schramm § 172 Rn 5; Soergel/Leptien § 172 Rn 3). Eine *Anfechtung* der Urkundenaushändigung ist wie in den Fällen des § 171 (s dort Rn 9, str) zuzulassen (Bamberger/Roth/Valenthin § 172 Rn 13; MünchKomm/Schramm § 172 Rn 6; NK-BGB/Ackermann § 172 Rn 4; Palandt/Ellenberger § 172 Rn 1; Soergel/Leptien § 172 Rn 3; Flume § 49 2 c; Hübner Rn 1278; Medicus Rn 947; Wolf/Neuner § 50 Rn 79). Für eine evtl Nichtigkeit nach §§ 117 Abs 1, 118 kommt es auf die Person des jeweiligen Dritten an (MünchKomm/Schramm § 172 Rn 6; NK-BGB/Ackermann § 172 Rn 4).

2. Das Vorlegen der Vollmachtsurkunde

a) § 172 verlangt, dass die Urkunde vom Vertreter **dem Dritten vorgelegt** wurde; hierdurch wird erst die durch die Gleichstellung mit der besonderen Mitteilung (§ 171 Abs 1) angeordnete Vertretungsmacht erzeugt. Vorlegen der Urkunde bedeutet, dass sie dem Dritten so vor Augen geführt wird, dass er durch eigene Wahrnehmung vom Inhalt Kenntnis nehmen kann (RGZ 97, 273, 275; BGHZ 76, 76, 78 f; 102, 60, 63; BGH NJW 2004, 2378, 2379; 2006, 1947, 1959; Bamberger/Roth/Valenthin § 172 Rn 7; Erman/Maier-Reimer § 172 Rn 6 f; MünchKomm/Schramm § 172 Rn 8; NK-BGB/Ackermann § 172 Rn 6; Palandt/Ellenberger § 172 Rn 3; PWW/Frensch § 172 Rn 4; Soergel/Leptien § 172 Rn 4); nicht erforderlich ist, dass der Dritte die Urkunde liest (RGZ 88, 432; 97, 273; BGH aaO; OLG Frankfurt aaO; BGB-RGRK/Steffen § 172 Rn 5; Hk-BGB/Dörner §§ 170–173 Rn 4; Erman/Maier-Reimer § 172 Rn 6; MünchKomm/Schramm § 172 Rn 8; NK-

BGB/Ackermann § 172 Rn 6; Palandt/Ellenberger § 172 Rn 3; PWW/Frensch § 172 Rn 4; Soergel/Leptien § 172 Rn 4; Boecken Rn 649; Faust § 26 Rn 31; Schmidt Rn 815; Wolf/Neuner § 50 Rn 81; **aA** Frotz 301; Kindl 18 f). Andererseits genügt die bloße Erwähnung der Urkunde nicht, ebenso wenig die Bezugnahme auf eine bei den Akten befindliche Vollmacht (RG JW 1928, 884; Bamberger/Roth/Valenthin § 172 Rn 8; MünchKomm/Schramm § 172 Rn 8; NK-BGB/Ackermann § 172 Rn 6; Palandt/Ellenberger § 172 Rn 3; PWW/Frensch § 172 Rn 4; Soergel/Leptien § 172 Rn 4; Köhler § 11 Rn 40; s noch Rn 5). Jedoch wird die aufgrund Ermächtigung erfolgte Einsichtnahme in eine beim Grundbuchamt befindliche Vollmachtsurkunde als ausreichend anerkannt (KG OLGE 28, 37; MünchKomm/Schramm § 172 Rn 8; PWW/Frensch § 172 Rn 4; Soergel/Leptien § 172 Rn 4; zweifelnd Erman/Maier-Reimer § 172 Rn 6). Zur Vorlegung genügt es auch, wenn auf eine vom beurkundenden Notar aufgenommene Vollmacht Bezug genommen wird und diese beim Notar jederzeit zur Einsicht zugänglich ist (BGHZ 76, 76, 79 f; 102, 60, 65; OLG Frankfurt NotBZ 2008, 237; Bous RNotZ 2004, 483, 490). Ferner kann die Vorlegung auf Veranlassung des Vertreters auch durch einen Boten oder weiteren Vertreter erfolgen (OLG Karlsruhe NJW-RR 2003, 185, 188 mwNw). – Zum maßgeblichen Zeitpunkt der Vorlegung s § 173 Rn 8.

4 Die Urkunde muss in der **Urschrift oder** in einer **Ausfertigung** vorgelegt werden (s schon Rn 1; ferner etwa BGH NJW 1988, 697, 698; 2002, 2325, 2326; 2003, 2088, 2089 und 2091, 2092; 2004, 2376, 2738, st Rspr; Erman/Maier-Reimer § 172 Rn 6; Hk-BGB/Dörner §§ 170–173 Rn 4; Jauernig §§ 170–173 Rn 8; MünchKomm/Schramm § 172 Rn 8; NK-BGB/Ackermann § 172 Rn 7; Palandt/Ellenberger § 171 Rn 3; PWW/Frensch § 172 Rn 4; Soergel/Leptien § 172 Rn 4; zum Adressaten der Ausfertigung bei Bevollmächtigung mehrerer Personen s OLG Köln Rpfleger 2002, 197; OLG München NotBZ 2008, 397, 398 mwNw; zur Vorsorgevollmacht Diehn/Rebhahn NJW 2010, 326, 329); eine beglaubigte Abschrift, Photokopie oder Telefaxkopie genügt den Erfordernissen des § 172 nicht (RGZ 88, 430; RG JW 1934, 2394; BGHZ 102, 60; BGH NJW 2002, 2325, 2326; 2006, 1956, 1958; WM 2004, 1536, 1539 uö; Erman/Maier-Reimer § 172 Rn 6 mwNw; Hk-BGB/Dörner §§ 170–173 Rn 4; MünchKomm/Schramm § 172 Rn 8; NK-BGB/Ackermann § 172 Rn 7; Palandt/Ellenberger § 172 Rn 3; PWW/Frensch § 172 Rn 4; Soergel/Leptien § 172 Rn 4; Boecken Rn 649; Bork Rn 1526; Brehm Rn 464; Brox/Walker Rn 560; Eisenhardt Rn 434; Enneccerus/Nipperdey § 184 Fn 23; Faust § 26 Rn 29; Hirsch Rn 943; Köhler § 11 Rn 40; Schmidt Rn 815; Wertenbruch § 31 Rn 10; Wolf/Neuner § 50 Rn 77; Kindl 17 f; vgl auch Kiehnle VersR 2008, 1606, 1609 Fn 36; **aA** Canaris 509; zu einschlägigen Rspr im Zusammenhang mit wegen Verstoßes gegen das RBerG aF unwirksamen Vollmachten s auch die Nachw § 167 Rn 35). Soweit eine *Untervollmacht* erteilt ist (s § 167 Rn 60 ff), müssen grundsätzlich sowohl die Urkunde über die Untervollmacht als auch diejenige über die Hauptvollmacht vorgelegt werden (MünchKomm/Schramm § 172 Rn 9; NK-BGB/Ackermann § 172 Rn 8; Soergel/Leptien § 172 Rn 4). Hängt allerdings die Wirksamkeit der Untervollmacht nicht vom Fortbestand der Hauptvollmacht ab (s dazu § 167 Rn 60 ff, Rn 68) und ergibt sich aus der Untervollmacht, dass der Hauptbevollmächtigte bei deren Erteilung eine ihn legitimierende Vollmachtsurkunde vorlegen konnte, so kann bereits die Vorlage der Untervollmacht die Wirkungen des § 172 Abs 1 auslösen (ausf Bous RNotZ 2004, 483, 489 ff; zust NK-BGB/Ackermann § 172 Rn 8; vgl auch BGH DNotZ 1988, 551, 553); umgekehrt kann die Vorlage der Hauptvollmacht genügen, sofern die Untervollmacht nicht an einem eigenen Mangel leidet (Stöhr JuS 2009, 106, 108).

5 b) Zu der Frage, ob die Urkunde dem Dritten irgendwann einmal vorgelegt worden sein muss oder ob dies *bei jedem Vertretergeschäft erneut* zu geschehen hat, vertrat Hupka (171 ff) die letztere Ansicht. Nach Mot I 239 genügt es jedoch, wenn die Urkunde, welche das abgeschlossene Rechtsgeschäft umfasst, dem Dritten bei früherer Gelegenheit vorgelegt wurde und darauf Bezug genommen wird (OLG Braunschweig OLGE 24, 279; Bamberger/Roth/Valenthin § 172 Rn 8; Erman/Maier-Reimer § 172 Rn 7; Jauernig §§ 170–173 Rn 8; MünchKomm/Schramm § 172 Rn 8; NK-BGB/Ackermann § 172 Rn 6; PWW/Frensch § 172 Rn 4; Soergel/Leptien § 172 Rn 4 verlangt keine Bezugnahme; s dazu auch Rn 3). Hierfür spricht auch die Gleichstellung der Urkundenvorlage mit der besonderen Mitteilung an den Dritten nach § 171, die ebenfalls nur einmalig erfolgen muss. Allerdings trägt dieser das Risiko des zwischenzeitlichen Erlöschens der Vertretungsmacht nach Abs 2 (MünchKomm/Schramm § 172 Rn 8; Günther NJW 2013, 3681, 3684).

c) Gem § 172 Abs 1 werden hinsichtlich der **Rechtswirkungen** die Aushändigung **6** einer Vollmachtsurkunde und ihre Vorlage durch den Vertreter beim Dritten der besonderen Mitteilung über die erteilte Vollmacht nach § 171 Abs 1 gleichgestellt. Dies gilt nicht nur, wenn die in der vorgelegten Urkunde ausgewiesene Bevollmächtigung erloschen ist, sondern auch dann, wenn sie nicht wirksam entstanden ist oder durch Anfechtung beseitigt wurde (s zB BGH NJW 1985, 730; 2000, 2270, 2271; BGH NJW 2003, 2091, 2092 und dazu Allmendinger EWiR 2003, 1103; Wolf LMK 2003, 138; BGH NJW-RR 2003, 1203 f; ZIP 2003, 2149, 2155; OLG Karlsruhe NJW 2003, 2690, 2691; OLG Dresden WM 2003, 1802; Martis MDR 2003, 961 f; vgl auch § 171 Rn 7 und zu wegen Verstoßes gegen das RBerG aF bzw nun das RDG unwirksamen Vollmachten § 167 Rn 35), ebenso für die Beschränkungen der Vollmacht. Auch im Falle eines Verbraucherwiderrufs der Vollmacht (s § 168 Rn 5) ist § 172 anwendbar (BGH NJW 2000, 2268, 2269 und 2270, 2271; Staudinger/Thüsing [2012] § 312 Rn 47; Scheindorfer 359 f mwNw; aA Hoffmann JZ 2012, 1156, 1162 f mit Hinweis auf die Anfechtbarkeit einer Vollmachtskundgabe [s Rn 2], doch bezieht sich der Widerruf nicht auf die Kundgabe). Ein etwaiger Formmangel oder sonstiger Unwirksamkeitsgrund der Vollmacht wird überwunden, wenn er sich nicht aus der vorgelegten Urkunde ergibt (RGZ 108, 125; RG JW 1929, 1968; 1931, 522; OLG Karlsruhe NJW 2003, 2690, 2691; Bamberger/Roth/Valenthin § 172 Rn 9; Erman/Maier-Reimer § 172 Rn 9; MünchKomm/Schramm § 172 Rn 11; NK-BGB/Ackermann § 172 Rn 9; Palandt/Ellenberger § 172 Rn 1; Boecken Rn 649; Brox/Walker Rn 560; Hirsch Rn 944; Rüthers/Stadler § 30 Rn 39; Schmidt Rn 818; Canaris 118 f). Freilich schadet Kenntnis oder Kennenmüssen nach § 173. Ansonsten aber ist der Vertreter nach Maßgabe der Vollmachtsurkunde zur Vertretung befugt (zur Beschränkung der Vollmachtswirkungen auf das Außenverhältnis vgl BGH WM 1978, 756, zum Innenverhältnis s § 170 Rn 9). Auch hier ist freilich erforderlich, dass der Dritte aufgrund der vorgelegten Vollmachtsurkunde eine rechtsgeschäftliche Disposition trifft (Faust § 26 Rn 31; anders offenbar BGH NJW 2006, 1957). Zur Frage eines Wahlrechts des Dritten bei Einordnung als Rechtsscheinstatbestand s § 170 Rn 4.

3. Der Geltungsbereich des § 172

a) § 172 Abs 1 gilt für vertragliche, aber auch (arg § 174) für einseitige Willens- **7** erklärungen (BGB-RGRK/Steffen § 174 Rn 1; Bous Rpfleger 2006, 357, 362). Auf *Eintragungsbewilligungen* iSd §§ 19, 20 GBO findet die Vorschrift entsprechende Anwendung (Bous Rpfleger 2006, 357, 362 f). Eine **analoge Anwendung des § 172** wird ferner in Betracht gezogen, wenn der Aussteller der Urkunde **wegen ungenügender Verwah-**

rung dafür verantwortlich war, dass ein Pseudovertreter in deren Besitz kam (vgl OLG Stuttgart MDR 1956, 673; NK-BGB/ACKERMANN § 172 Rn 5 mwNw; ENNECCERUS/NIPPERDEY § 188 I 1 c; WEINSCHENK LZ 1931, 1310). Jedoch hat sich der BGH gegen eine solche Analogie gewandt, deren Grundlage allein in der nachlässigen Verwahrung der Urkunde gesehen wird (BGHZ 65, 13 ff mit Anm CANARIS JZ 1976, 132; ebenso BAMBERGER/ROTH/VALENTHIN § 172 Rn 6; ERMAN/MAIER-REIMER § 172 Rn 5; MünchKomm/SCHRAMM § 172 Rn 5; PALANDT/ELLENBERGER § 172 Rn 2; PWW/FRENSCH § 172 Rn 3; SOERGEL/LEPTIEN § 172 Rn 3; BOECKEN Rn 649; FLUME § 49 2 c; GRIGOLEIT/HERRESTHAL Rn 427; KÖHLER § 11 Rn 39; RÜTHERS/STADLER § 30 Rn 37; SCHMIDT Rn 816; WOLF/NEUNER § 50 Rn 78; FROTZ 299; KINDL 16 f; BOUS Rpfleger 2006, 357, 360; MUSIELAK JuS 2004, 1081, 1082 f; NEUNER JuS 2007, 401, 410; VERSE/GASCHLER Jura 2009, 213, 215). Dem ist zuzustimmen, weil rechtsgeschäftliche Folgen nur an rechtsgeschäft(sähn)liches Handeln anknüpfen können (vgl FLUME § 49 2 c) und außerdem sonst das Aushändigungserfordernis (s oben Rn 2) seine Bedeutung verlieren würde; auch § 122 ist nicht analog anwendbar (BORK Rn 1527; **aA** NK-BGB/ACKERMANN § 172 Rn 5; WOLF/NEUNER § 48 Rn 11 mwNw; CANARIS aaO und 487, 548). Allenfalls kommt noch eine Duldungsvollmacht, sonst uU eine Haftung aus cic in Betracht (BORK Rn 615; KÖHLER § 6 Rn 12, jew mwNw).

8 b) Zu bejahen ist jedoch grundsätzlich eine **analoge Anwendung des § 172**, wenn vom Geschäftsherrn zur Ausfüllung/Vervollständigung überlassene **Blanketturkunden** vorgelegt werden, auch und gerade dann, wenn sie entgegen dem Willen des Ausstellers ausgefüllt worden sind (RGZ 138, 265, 269; BGHZ 40, 65, 68 und 297, 304; 113, 48, 53; WM 1965, 578; BGH NJW 1996, 1467, 1469; OLG Hamm NJW-RR 1995, 47; BAMBERGER/ROTH/VALENTHIN § 172 Rn 3; BGB-RGRK/STEFFEN § 172 Rn 3; ERMAN/MAIER-REIMER § 172 Rn 16; Hk-BGB/DÖRNER §§ 170–173 Rn 4; MünchKomm/SCHRAMM § 172 Rn 14 ff, Rn 17; NK-BGB/ACKERMANN § 172 Rn 13; PALANDT/ELLENBERGER § 172 Rn 5; PWW/FRENSCH § 172 Rn 8; SOERGEL/LEPTIEN § 172 Rn 6; BORK Rn 1528 und 1650; BROX/WALKER Rn 422; MEDICUS Rn 913; WERTENBRUCH § 31 Rn 13 ff; ausf WOLF/NEUNER § 50 Rn 103 ff; CANARIS 54 ff mwNw und in: FG Bundesgerichtshof [2000] 129, 159; BINDER AcP 207, 155, 195 f; BÜCHLER JuS 2008, 804, 808; FISCHER JuS 1998, 205; einschr MÜLLER AcP 181, 515 ff; **abl** REINICKE/TIEDTKE JZ 1984, 550; zu *formunwirksamen* Blanketten wie der Blankobürgschaft wegen des vorrangigen Schutzzweckes der Formvorschrift hingegen zu Recht **krit** NK-BGB/ACKERMANN § 167 Rn 84; NEUSCHÄFER, Blankobürgschaft und Formnichtigkeit [2004] 181 ff; BINDER AcP 207, 155, 194 ff; BÜLOW ZIP 1996, 1694; KEIM NJW 1996, 2774, 2775 f; PAWLOWSKI JZ 1997, 309, 312 und AT Rn 736b; s auch § 167 Rn 23 mwNw). Voraussetzung ist, dass der Geschäftsherr ein Blankett mit seiner Unterschrift willentlich zur weiteren Ausfüllung aus der Hand gibt; die Ähnlichkeit mit einer Vollmachtsurkunde rechtfertigt dann die Analogie. Eine „Oberschrift", also eine an den Anfang des Schriftstücks blanko gesetzte Namenszeichnung, genügt hingegen wie auch im unmittelbaren Anwendungsbereich des § 172 (s oben Rn 1) nicht (BGHZ 113, 48, 51; ERMAN/MAIER-REIMER § 172 Rn 16; MünchKomm/SCHRAMM § 168 Rn 14; NK-BGB/ACKERMANN § 172 Rn 13). Entgegen früher vertretener Ansicht (RGZ 105, 183, 185; ENNECCERUS/NIPPERDEY § 167 II 1) kommt eine Anfechtung der so wirksam zustande gekommenen „Blanketterklärung" nach § 119 durch den Blankettgeber nicht in Betracht (BAMBERGER/ROTH/VALENTHIN § 172 Rn 3; MünchKomm/SCHRAMM § 172 Rn 17; NK-BGB/ACKERMANN § 172 Rn 13; PALANDT/ELLENBERGER § 172 Rn 5; PWW/FRENSCH § 172 Rn 8; SOERGEL/LEPTIEN § 172 Rn 6; BORK Rn 1650; MEDICUS Rn 914; WERTENBRUCH § 31 Rn 16; WOLF/NEUNER § 50 Rn 103 ff).

Gute Gründe sprechen auch für eine entsprechende Anwendung des § 172 auf einen

Vertragsschluss im Internet unter *Verwendung eines freiwillig überlassenen personengebundenen Identifizierungszeichens* – qualifizierte elektronische Signatur, Passwort, Geheimzahl – (NK-BGB/Ackermann § 167 Rn 84, § 172 Rn 13; ausf Oechsler AcP 208, 565 ff und MMR 2011, 631; s § 167 Rn 91 mwNw) oder sonst für die Annahme einer von der hM befürworteten allgemeinen Rechtsscheinsvollmacht (s § 167 Rn 28 ff, Rn 35).

4. Der Wegfall der Vollmacht

a) Gem § 172 Abs 2 entfallen die Wirkungen des § 172 Abs 1, sobald die **Vollmachtsurkunde** dem Vollmachtgeber **zurückgegeben** worden ist; einen nicht durch Zurückbehaltungsrechte hemmbaren Anspruch auf Urkundenrückgabe sieht § 175 vor. Die Rückgabe muss vom Willen des Urkundenbesitzers getragen sein (OLG Oldenburg NdsRpfl 1957, 26; Bamberger/Roth/Valenthin § 172 Rn 11; Erman/Maier-Reimer § 172 Rn 13; MünchKomm/Schramm § 172 Rn 12; NK-BGB/Ackermann § 172 Rn 10; PWW/Frensch § 172 Rn 6; Soergel/Leptien § 172 Rn 5). Eine Rückgabe an einen Dritten reicht aus, wenn dieser Besitzdiener/-mittler des Vollmachtgebers oder ihm allein zur Herausgabe berechtigt und verpflichtet ist (MünchKomm/Schramm § 172 Rn 12; NK-BGB/Ackermann § 172 Rn 10; Soergel/Leptien § 172 Rn 5). In diesem Sinne stellt die Übermittlung der Urkunde an einen Notar oder das Grundbuchamt keine Rückgabe dar (KG OLGE 28, 37). Sind dem Vertreter mehrere Vollmachtsurkunden ausgehändigt worden, so kann jede die Wirkungen des § 172 Abs 1 herbeiführen; ein Dritter bleibt bis zur Rückgabe gerade derjenigen Urkunde geschützt, die ihm bei Vornahme des Vertretergeschäfts vorgelegt worden ist (OLG Oldenburg aaO).

Ebenso entfallen die Wirkungen des § 172 Abs 1, wenn die Vollmachtsurkunde für *kraftlos erklärt* wird. Hierfür gilt § 176.

b) Ferner ist wie im Falle der Vollmachtskundgabe durch öffentliche Bekanntmachung nach § 171 Abs 1 (s dort Rn 10) eine Beseitigung der Wirkungen des § 172 Abs 1 anzunehmen, wenn gegenüber dem Dritten ein **Widerruf** des Vollmachtgebers nach § 171 Abs 2 wirksam geworden ist. Hierfür spricht die Gleichstellung der Urkundenvorlegung mit der besonderen Mitteilung iS des § 171 (KG OLGE 12, 162; OLG Stuttgart DNotZ 1952, 183; Bamberger/Roth/Valenthin § 172 Rn 12; Erman/Maier-Reimer § 172 Rn 15; Hk-BGB/Dörner §§ 171–173 Rn 4; MünchKomm/Schramm § 172 Rn 13a; NK-BGB/Ackermann § 172 Rn 12; Palandt/Ellenberger § 172 Rn 4; Soergel/Leptien § 172 Rn 5; Wolf/Neuner § 50 Rn 83; Canaris 137; Frotz 236; Tempel 243; Müller AcP 181, 515. – **AA** Boemke/Ulrici § 13 Rn 62; Bork Rn 1529; Flume § 51 9; ferner BGB-RGRK/Steffen § 172 Rn 7). Freilich kann die Widerrufswirkung nur gegenüber dem einzelnen Erklärungsempfänger eintreten.

c) In allen Fällen wird gem § 173 **nur der gutgläubige Dritte geschützt**. Dies gilt analog § 142 Abs 2 auch hinsichtlich *anderer als Willensmängel* bei der Bevollmächtigung, sodass die Wirkungen des § 172 entfallen, wenn der Dritte die Umstände, die das Fehlen oder die Einschränkung der Vollmacht ergeben, kannte oder hätte kennen müssen (RGZ 97, 273, 276; 108, 125, 127; RG JW 1929, 1968; 1931, 522; BGB-RGRK/Steffen § 172 Rn 6; Erman/Maier-Reimer § 172 Rn 1; Hk-BGB/Dörner §§ 170–173 Rn 5; Jauernig §§ 170–173 Rn 9; MünchKomm/Schramm § 172 Rn 11; NK-BGB/Ackermann § 172 Rn 9; Palandt/Ellenberger § 173 Rn 1; PWW/Frensch § 172 Rn 5; Soergel/Leptien § 173 Rn 2; Medicus Rn 946; Wolf/Neuner § 50 Rn 81; s auch oben Rn 6). Das kommt zB im Falle einer Widerruflichkeit der Vollmacht nach § 312 (s Rn 6) in Betracht, doch kann der Dritte bei Vorlage einer notariell beurkundeten Vollmacht auf das Fehlen eines Widerrufsrechts (vgl § 312 Abs 3 Nr 3) vertrauen (BGH NJW 2000, 2268 und 2270; s dazu krit HOFFMANN NJW 2001, 421).

12 d) Die **Beweislast** für die Vorlegung, nicht aber die Aushändigung der Vollmachtsurkunde trägt der Dritte, die Voraussetzungen des Erlöschens nach Abs 2 bzw des Widerrufs hat der Vertretene zu beweisen (NK-BGB/ACKERMANN § 172 Rn 14 mwNw). Im Grundbuchverfahren hat das Gericht bei Vorliegen der Voraussetzungen des § 172 Abs 1 grundsätzlich vom Bestehen der Vollmacht auszugehen (BOUS Rpfleger 2006, 357, 363 f; OLG Frankfurt Rpfleger 2013, 322 mwNw; einschr OLG Hamm FGPrax 2004, 266; s auch OLG München DNotZ 2013, 373 mwNw).

§ 173
Wirkungsdauer bei Kenntnis und fahrlässiger Unkenntnis

Die Vorschriften des § 170, des § 171 Abs. 2 und des § 172 Abs. 2 finden keine Anwendung, wenn der Dritte das Erlöschen der Vertretungsmacht bei der Vornahme des Rechtsgeschäfts kennt oder kennen muss.

Materialien: E I §§ 120 Abs 2, 121 Abs 4; II
§ 142; III § 169; Mot I 239; Prot I 230; II 1 147;
IV 225; VI 134; JAKOBS/SCHUBERT, AT II 873 ff;
SCHUBERT, AT II 186 ff (Vorentwurf).

Schrifttum

s bei § 170.

1. Die Tatbestandselemente des § 173

1 a) § 173 versagt den nach den §§ 170 ff zugebilligten Vollmachtsschutz, wenn der Dritte das Erlöschen der Vollmacht kannte oder kennen musste. Allerdings kann der Vertretene das Geschäft gemäß § 177 genehmigen.

2 b) **Kenntnis** verlangt positives Wissen um das Nichtbestehen der Vollmacht. Wusste der Dritte darum, so ist andererseits § 173 unabhängig davon anwendbar, ob der Mangel aus der vorgelegten Vollmachtsurkunde zu entnehmen war oder nicht (BGH NJW-RR 1988, 1320).

Kennenmüssen wird überwiegend in Anknüpfung an § 122 Abs 2 als fahrlässige Unkenntnis verstanden, sodass insoweit die Außerachtlassung der im Verkehr erforderlichen Sorgfalt (§ 276 Abs 1 S 2) maßgeblich ist (BAMBERGER/ROTH/VALENTHIN § 173 Rn 3; BGB-RGRK/STEFFEN § 173 Rn 2; ERMAN/MAIER-REIMER § 173 Rn 4, Rn 6; Hk-BGB/DÖRNER §§ 170–173 Rn 5; PALANDT/ELLENBERGER § 173 Rn 2; PWW/FRENSCH § 173 Rn 3; SOERGEL/LEPTIEN § 173 Rn 1). Anerkannt ist allerdings auch bei diesem Ausgangspunkt, dass die vom Dritten anzuwendende Sorgfalt nicht so weit zu gehen braucht, dass er ohne besondere Veranlassung Nachforschungen nach dem (Fort-)Bestand der Vollmacht anstellt. Vielmehr wird verlangt, dass besondere, dem Dritten erkennbare Umstände vorliegen, die Anlass zu Zweifeln am Bestehen der Vollmacht geben (BGH NJW 1985, 730; 2000, 2270, 2271; 2001, 3774, 3775; Bamberger/Roth/Valenthin § 173 Rn 3; Erman/Maier-Reimer § 173 Rn 4; Palandt/Ellenberger § 173 Rn 2; PWW/Frensch § 173 Rn 3; Soergel/Leptien § 173 Rn 3). Das ist zB zu bejahen, wenn der Dritte Umstände außer Acht lässt, die nach vernünftigem Urteil auf ein Erlöschen der Vollmacht hinweisen (OLG München HRR 1940 Nr 213); auch eine lange Zeitspanne zwischen der Begründung des Vollmachtstatbestandes iSd §§ 170 ff und Vornahme des Vertretergeschäftes kann Anlass zu Zweifeln geben (Canaris 506; Soergel/Leptien § 173 Rn 3). Demgegenüber wird das „Kennenmüssen" in Abhebung von einem Verschulden teilweise dahin verstanden, dass der Mangel der Vollmacht oder jedenfalls die Zweifel an ihrem Bestehen *evident* sein müssten (grundlegend Flume § 50 3; MünchKomm/Schramm § 173 Rn 3; NK-BGB/Ackermann § 173 Rn 4; Pawlowski Rn 679; Wolf/Neuner § 50 Rn 65; Frotz 283; vgl auch Canaris 505). Für diese Auffassung spricht – wie bei den zum Missbrauch der Vertretungsmacht entwickelten Regeln (s § 167 Rn 93 ff, 97) –, dass es nicht um eine Sanktion für Verschulden, sondern um die Geltungskraft der Vertretungsmacht bei Zweifeln am Bestand der rechtsgeschäftlichen Legitimation geht. Da auch die Übertragung der Legaldefinition des § 122 Abs 2 auf § 173 nicht zwingend geboten ist, erscheint der Evidenzmaßstab vorzugswürdig, wenn man nicht den Mangel, sondern den Zweifel am Mangel der Vollmacht als Bezugspunkt anerkennt. Die praktischen Unterschiede zum Fahrlässigkeitsmaßstab des § 276 dürften freilich nicht nennenswert sein (vgl MünchKomm/Schramm § 173 Rn 3; Soergel/Leptien § 173 Rn 3).

Die Sorgfaltspflicht oder Evidenz – ebenso natürlich die Kenntnis – bezieht sich grundsätzlich nur auf das Erlöschen der Vertretungsmacht durch Vollmacht selbst, nicht auf die sie begründenden Umstände (BGH NJW 2008, 1585, 1588 mwNw, st Rspr; Erman/Maier-Reimer § 173 Rn 4; Hk-BGB/Dörner §§ 170–173 Rn 5; Jauernig §§ 170–173 Rn 9; NK-BGB/Ackermann § 173 Rn 5; Palandt/Ellenberger § 173 Rn 2; PWW/Frensch § 173 Rn 3) und namentlich nicht auf das *Grundverhältnis* (BGH NJW 1985, 730; Bamberger/Roth/Valenthin § 173 Rn 5; MünchKomm/Schramm § 173 Rn 2; NK-BGB/§ 173 Rn 5; Frotz 333). Sofern allerdings der Dritte weiß, dass die Vollmacht untrennbar mit dem Grundverhältnis verknüpft (§ 139) und dieses unwirksam ist, tritt auch hinsichtlich der Vollmacht Bösgläubigkeit ein (BGH NJW 1985, 730; Bamberger/Roth/Valenthin § 173 Rn 5; MünchKomm/Schramm § 173 Rn 3; NK-BGB/Ackermann § 173 Rn 5; Frotz 336). Diesbezügliche Umstände, die sich nicht aus der Urkunde ergeben (s Rn 4), braucht der Dritte aber nicht gegen sich gelten zu lassen (OLG München HRR 1936 Nr 865; Soergel/Leptien § 173 Rn 3). **3**

c) Die nach § 173 beachtliche Wissenslage des Dritten erstreckt sich weiterhin auf die **Vollmachtsurkunde**, soweit diese erkennbare Mängel aufweist (RGZ 108, 125, 127; RG JW 1929, 1968; RG HRR 1930 Nr 964; MünchKomm/Schramm § 173 Rn 3; Soergel/Leptien § 173 Rn 3; Enneccerus/Nipperdey § 184 II 3 b). Hat die Vollmachtsurkunde dem Dritten bei einem früheren Geschäft vorgelegen und wirkt sie fort (s § 172 Rn 5), so entfällt der Schutz des Dritten auch dann, wenn er von der zwischenzeitlichen *Urkundenrückgabe* als Beendigungsgrund für die Vertretungsmacht iS des § 172 Abs 2 wusste oder wissen musste (Flume § 51 9). **4**

5 d) Beruht der Wegfall der Vollmacht auf ihrer *wirksamen Anfechtung* (s § 167 Rn 77 ff), so wird der gute Glaube des Dritten gem § 142 Abs 2 bereits dadurch zerstört, dass er die Anfechtbarkeit der Vollmacht kannte oder kennen musste (RG HRR 1937 Nr 548; MünchKomm/Schramm § 173 Rn 10; Soergel/Leptien § 173 Rn 3). Soweit man bei *Unwirksamkeit einer Vollmacht gem § 134* iVm dem RBerG aF bzw § 3 RDG eine Rechtsscheinshaftung für möglich hält, wird dem Begünstigten (zB einer Bank) für die Zeit vor Bekanntwerden der einschlägigen Rechtsprechung idR keine Fahrlässigkeit vorgeworfen (s dazu § 167 Rn 35; Palandt/Ellenberger § 173 Rn 2; PWW/Frensch § 173 Rn 3, jew mwNw). – Zu *anderen Mängeln* der Bevollmächtigung s § 172 Rn 11.

2. Der Geltungsbereich des § 173

6 a) Der Wortlaut des § 173 bezieht sich nur auf das **Erlöschen der Vollmacht**. Nach ihrem Sinn muss die Vorschrift jedoch ebenso für inhaltliche Abänderungen, insbesondere für **Beschränkungen** der Vertretungsmacht (s § 170 Rn 3, § 171 Rn 7; § 172 Rn 11) gelten (RG HRR 1932 Nr 703; MünchKomm/Schramm § 173 Rn 9; NK-BGB/Ackermann § 173 Rn 2; PWW/Frensch § 173 Rn 1; Soergel/Leptien § 173 Rn 2; Bork Rn 1523; Köhler § 11 Rn 38; Medicus Rn 946).

7 b) Ebenso ist § 173 – wie §§ 170 bis 172 – anzuwenden, wenn eine Vollmacht überhaupt **nicht bestanden** hat, und der Dritte begründeten Zweifeln an ihrer Entstehung nicht nachgeht (RGZ 108, 125, 127; BGH DNotZ 1965, 608; NJW 1985, 730; WM 1987, 307; NJW 2000, 2270, 2271; 2001, 3774, 3775; Bamberger/Roth/Valenthin § 173 Rn 2; BGB-RGRK/Steffen § 173 Rn 2; Erman/Maier-Reimer § 173 Rn 2, Rn 5 mwNw [zum RBerG]; Hk-BGB/Dörner §§ 170–173 Rn 1; Jauernig §§ 170–173 Rn 9; MünchKomm/Schramm § 173 Rn 9; NK-BGB/Ackermann § 173 Rn 2; Palandt/Ellenberger § 173 Rn 1; PWW/Frensch § 173 Rn 1; Soergel/Leptien § 173 Rn 2; Bork Rn 1523; Flume § 50 3; Wolf/Neuner § 50 Rn 75; Canaris 504; Frotz 302 f; Hoffmann NJW 2001, 421 f; Waldner Rpfleger 2002, 198; s auch zu Art 1 § 1 RBerG aF bzw § 3 RDG § 167 Rn 35 aE). Das entspricht auch der Auffassung des Gesetzgebers (Prot I 304) und der Intention des § 173, bei Kenntnis oder Kennenmüssen des Dritten den auf Nichtgeltung gerichteten Willen des Vertretenen maßgeblich sein zu lassen (vgl BGH NJW-RR 1988, 1320). Nach **aA** kommt hier jedenfalls eine analoge Anwendung des § 173 in Betracht (Enneccerus/Nipperdey § 188 I 2; ganz abl Leenen § 9 Rn 87).

3. Der für den guten Glauben maßgebende Zeitpunkt

8 Der gute Glaube des Dritten muss „**bei der Vornahme des Rechtsgeschäftes**" bestehen. Dies bedeutet nach einer Meinung, dass er – außer bei bedingten Geschäften sowie analog §§ 878, 892 Abs 2 – bis zur Erfüllung des gesamten Geschäftstatbestandes andauern müsse, bei einem Vertragsabschluss also bis zum *Wirksamwerden der Annahmeerklärung* (BGB-RGRK/Steffen § 173 Rn 2; PWW/Frensch § 173 Rn 4; Soergel/Leptien § 173 Rn 3; Wolf/Neuner § 50 Rn 6). Das ist jedoch unzutreffend, da das in § 173 genannte vorzunehmende Rechtsgeschäft das Vertretergeschäft, dh aber die Abgabe oder Entgegennahme der Willenserklärung für den Vertretenen iSd § 164 Abs 1 und 3 ist; nichts spricht dafür, dass § 173 einen weiteren Begriff des „Rechtsgeschäfts" meint, wie auch ein Vergleich mit dem entsprechenden Wortlaut des § 174 verdeutlicht (anders Bous Rpfleger 2006, 357, 360 f). Nur auf das Vertretergeschäft bezieht sich auch die Vertretungsmacht, um deren Geltung es in § 173 geht; mit Regeln zur Verfügungsmacht (vgl § 892 Abs 2) hat das nichts zu tun. Somit entscheidet allein die **Gutgläubigkeit zur Zeit des Vertretergeschäfts**, nicht bei Vollendung des Gesamtrechtsgeschäftes (Erman/Maier-Reimer § 173 Rn 7; MünchKomm/Schramm § 173 Rn 4 ff; NK-BGB/Ackermann § 173 Rn 6 f; Saar/Posselt JuS 2000, 778, 780; wohl auch Bamberger/Roth/Valenthin § 173 Rn 6). Dabei ist allerdings der Rechtsgedanke des § 130 Abs 1 S 2 zu beachten, sodass die Gutgläubigkeit des Dritten im Falle der Aktivvertretung bis zum Zugang eines Vertragsangebotes bei ihm andauern muss (Bamberger/Roth/Valenthin § 173 Rn 7; MünchKomm/Schramm § 173 Rn 5; NK-BGB/Ackermann § 173 Rn 6; Palandt/Ellenberger § 173 Rn 2; Flume § 47 1 Fn 1; **aA** [bis zur Abgabe der Annahmeerklärung] Bous Rpfleger 2006, 357, 361 f); ggf muss dann freilich die Annahme gegenüber dem Vertretenen selbst erfolgen (s dazu NK-BGB/Ackermann § 173 Rn 7; zust Bous Rpfleger 2006, 357, 361 f). Bei einer Empfangsvertretung fällt die Vollendung des in § 173 gemeinten Vertretergeschäfts allerdings mit dem Gesamtgeschäft zusammen (zutr Bous Rpfleger 2006, 357, 362). – Verpflichtungsgeschäft und der Erfüllung dienendes Verfügungsgeschäft bilden ohnehin selbständige Tatbestände, sodass eine nach Abschluss des Verpflichtungsgeschäftes eintretende Beseitigung des guten Glaubens nur dem nachfolgenden *Verfügungsgeschäft* entgegensteht (Bamberger/Roth/Valenthin § 173 Rn 7; Erman/Maier-Reimer § 173 Rn 7; MünchKomm/Schramm § 173 Rn 7; NK-BGB/Ackermann § 173 Rn 6; Soergel/Leptien § 173 Rn 3). Bei einem zusammengesetzten Verfügungsgeschäft (zB Übereignung) entscheidet der Zeitpunkt der rechtsgeschäftlichen Einigung (Erman/Maier-Reimer § 173 Rn 7; MünchKomm/Schramm § 173 Rn 4; NK-BGB/Ackermann § 173 Rn 8; Palandt/Ellenberger § 173 Rn 2; Bous Rpfleger 2006, 357, 361; **aA** Bamberger/Roth/Valenthin § 173 Rn 7; BGB-RGRK/Steffen § 173 Rn 2; Soergel/Leptien § 173 Rn 3). Die *Beweislast* für den bösen Glauben des Dritten trifft im Falle des § 173 den Vertretenen (NK-BGB/Ackermann § 173 Rn 10).

§ 174
Einseitiges Rechtsgeschäft eines Bevollmächtigten

Ein einseitiges Rechtsgeschäft, das ein Bevollmächtigter einem anderen gegenüber vornimmt, ist unwirksam, wenn der Bevollmächtigte eine Vollmachtsurkunde nicht vorlegt und der andere das Rechtsgeschäft aus diesem Grunde unverzüglich zurückweist. Die Zurückweisung ist ausgeschlossen, wenn der Vollmachtgeber den anderen von der Bevollmächtigung in Kenntnis gesetzt hatte.

Materialien: E I § 122; II § 143; III § 170; Mot I 240; Prot I 239; II 1 152; Jakobs/Schubert, AT II 875 ff; Schubert, AT II 186 ff (Vorentwurf).

1. Die Vorlegung der Vollmachtsurkunde

a) § 174 gilt für **einseitige empfangsbedürftige Willenserklärungen**, wie zB die Kündigung, die Anfechtungserklärung oder den Rücktritt durch einen Bevollmächtigten. Die mit § 111 vergleichbare Regelung (s Löwisch/Neumann Rn 402) steht im 1

§ 174

inneren Zusammenhang mit dem Verbot vollmachtlosen Handelns bei einseitigen Rechtsgeschäften gem § 180 S 1. Der am einseitigen Rechtsgeschäft nicht willentlich Beteiligte hat ein schützenswertes Interesse an Sicherheit darüber, ob der handelnde Vertreter bevollmächtigt war und das Rechtsgeschäft Wirksamkeit erlangt hat (NK-BGB/Ackermann § 174 Rn 1; Bork Rn 1530; Faust § 26 Rn 17; Bous Rpfleger 2006, 357, 362; Brehsan/Gohrke/Opolony ZIP 2001, 773, 774, 777; Sauer FamRZ 2010, 617, 618). Bei einem einseitigen Handeln unter fremdem Namen ist § 174 nicht anwendbar, sondern die Erklärung unwirksam, da eine Zurückweisungsmöglichkeit iS des § 174 nicht besteht (NK-BGB/Ackermann § 174 Rn 2; Köhler, in: FS Schippel [1996] 209, 212 f).

2 Auf einseitige **geschäftsähnliche Handlungen** wie die Mahnung (BGH NJW 1983, 1542; NJW 2011, 2120, 2121; Vogel/Schmitz NJW 2011, 2096, 2097), die wettbewerbsrechtliche Abmahnung (vgl OLG Celle MDR 1982, 410; OLG Nürnberg NJW-RR 1991, 1393; OLG Düsseldorf ZUM-RD 2007, 579; Lohr MDR 2000, 620; Ohrt WRP 2002, 1035, jew mwNw. – **Anders** aber, wenn sie mit einem Angebot auf Abschluss eines Unterwerfungsvertrages verbunden ist: BGH NJW-RR 2011, 335; OLG Köln WRP 1985, 360; OLG Karlsruhe NJW-RR 1990, 1323; OLG Hamburg OLGR 2008, 751; OLG Frankfurt GRUR-RR 2010, 221, 222 [Realakt]; Busch GRUR 2006, 477 mwNw; Pfister WRP 2002, 799; Spätgens, in: FS Loschelder [2010] 355, 363 ff), die Ausübung des Bezugsrechts nach § 186 AktG (KG AG 2006, 201), die Anmeldeerklärung nach § 16 GmbHG (Langner/Gotham GmbHR 2004, 891), Fristsetzungen (Deggau JZ 1982, 796) und Mieterhöhungsverlangen (OLG Hamm NJW 1982, 2076; LG München NJW-RR 1987, 1164; Börstinghaus NJW 2012, 2328, 2329; Tempel NJW 2001, 1905 mwNw; offen BGH NJW 2003, 963, 964) kann § 174 entsprechend angewendet werden (Bamberger/Roth/Valenthin § 174 Rn 2; Erman/Maier-Reimer § 174 Rn 2; Hk-BGB/Dörner § 174 Rn 4; Jauernig § 174 Rn 1; MünchKomm/Schramm § 174 Rn 3; NK-BGB/Ackermann § 174 Rn 3; Palandt/Ellenberger § 174 Rn 2; PWW/Frensch § 174 Rn 2; Soergel/Leptien § 174 Rn 7; Deggau JZ 1982, 796), ebenso auf die Zurückweisung nach § 174 selbst (Bork Rn 1530; ausf Brehsan/Gohrke/Opolony ZIP 2001, 773, 776 ff; Tempel NJW 2001, 1905, 1908 mwNw). Dasselbe gilt zwar nicht für die Abgabe, wohl aber die **Annahme eines Vertragsangebotes**, die zwar Teil eines zweiseitigen Rechtsgeschäftes ist, jedoch wegen Gleichheit der Interessenlage nach hM zu Recht analog § 174 beurteilt wird, sofern nicht schon das Angebot dem Vertreter gegenüber erklärt worden ist (Bamberger/Roth/Valenthin § 174 Rn 4; Erman/Maier-Reimer § 174 Rn 2; Hk-BGB/Dörner § 174 Rn 4; Jauernig § 174 Rn 1; MünchKomm/Schramm § 174 Rn 2; NK-BGB/Ackermann § 174 Rn 3; Palandt/Ellenberger § 174 Rn 2; PWW/Frensch § 174 Rn 2; Soergel/Leptien § 174 Rn 7; Brehm Rn 485; Ennecerus/Nipperdey § 185 Fn 17; Faust § 26 Rn 17; Flume § 49 2 b; Wolf/Neuner § 50 Rn 17; Brehsan/Gohrke/Opolony ZIP 2001, 773, 777; Deggau JZ 1982, 796; Wertenbruch DB 2003, 1099, 110; **aA** Bork Rn 1532), ebenso für die Stimmabgabe eines Vertreters (s auch § 180 Rn 11), zB in der Wohnungseigentümerversammlung (Lehmann-Richter ZMR 2007, 741; Merle, in: FS Seuß [2007] 193, 206 ff mwNw; s auch OLG München NJW-RR 2008, 245 mwNw). Bei Gesamtvertretung ist § 174 anwendbar (LAG Berlin NZA-RR 2007, 15, 16 mAnm Wolff/Lahr DB 2007, 470; LAG Köln BB 2007, 51; Erman/Maier-Reimer § 174 Rn 2), auch wenn ein Gesamtvertreter den anderen zur Alleinvornahme eines Rechtsgeschäftes ermächtigt (s § 167 Rn 51 ff) und dieser in solcher Funktion dem Dritten gegenüber allein handelt (BGH NJW 2002, 1194, 1195; BAG NJW 1981, 2374; Bamberger/Roth/Valenthin § 174 Rn 3; Erman/Maier-Reimer § 174 Rn 3; Hk-BGB/Dörner § 174 Rn 4; Jauernig § 174 Rn 1; MünchKomm/Schramm § 174 Rn 2; NK-BGB/Ackermann § 174 Rn 3; Palandt/Ellenberger § 174 Rn 4; Soergel/Leptien § 174 Rn 7; Bork Rn 1530; Brehsan/Gohrke/Opolony ZIP 2003, 773, 775; s aber auch LAG Köln MDR 2003, 95; zur Anwendbarkeit bei Kündigung eines vom

Aufsichtsrat ermächtigten Mitglieds gegenüber einem Vorstandsmitglied s OLG Düsseldorf NZG 2004, 141; dazu iE zust Leuering NZG 2004, 120; abl Bauer/Krieger ZIP 2004, 1247, 1249; Bednarz NZG 2005, 418). Keine entsprechende Anwendung findet § 174 auf die Geltendmachung von Auskunftsansprüchen (anders für Auskunftsverlangen nach § 1613 Abs 1 betr Unterhalt Sauer FamRZ 2010, 617) oder von Ansprüchen zur Wahrung einer tariflichen Ausschlussfrist, die nicht auf die Herbeiführung einer rechtsgeschäftlichen, sondern einer gesetzlichen bzw tarifvertraglich angeordneten Rechtsfolge gerichtet sind (BAG NJW 2003, 236; zust Schumann EWiR 2003, 145; s ferner BAG ZIP 2013, 1366: keine analoge Anwendung auf Betriebsratsanhörung), ebenso wenig auf eine von einem Rechtsanwalt im Rahmen des gesetzlichen Umfangs einer Prozessvollmacht abgegebene Erklärung (BGH NJW 2003, 963, 964 f mwNw; Erman/Maier-Reimer § 174 Rn 2; Hk-BGB/Dörner § 174 Rn 1; Jauernig § 174 Rn 1; MünchKomm/Schramm § 174 Rn 3a; NK-BGB/Ackermann § 174 Rn 4: Palandt/Ellenberger § 174 Rn 3; PWW/Frensch § 174 Rn 2; Soergel/Leptien § 174 Rn 4; Brehsan/Gohrke/Opolony ZIP 2001, 773, 776; **aA** LG Dortmund AnwBl 1984, 222; LG Karlsruhe WuM 1985, 320; Paulus/Henkel NJW 2003, 1692, 1693 f). Ausdrücklich ausgeschlossen ist die Anwendung des § 174 gemäß § 651g Abs 1 S 2 für die Geltendmachung von Gewährleistungsansprüchen im Reisevertragsrecht.

b) Als **Vollmachtsurkunde iS des § 174** ist wie bei § 172 (s dort Rn 1 und Rn 4) nur die **3** Urschrift oder Ausfertigung zu verstehen (BGH NJW 2001, 289, 291; Bamberger/Roth/Valenthin § 174 Rn 6; Erman/Maier-Reimer § 174 Rn 5; Jauernig § 174 Rn 1; MünchKomm/Schramm § 174 Rn 4; NK-BGB/Ackermann § 174 Rn 6; Palandt/Ellenberger § 174 Rn 5; PWW/Frensch § 174 Rn 3; Soergel/Leptien § 174 Rn 2; Flume § 49 2 b; Medicus Rn 980; Wolf/Neuner § 50 Rn 16; Brehsan/Gohrke/Opolony ZIP 2001, 773, 779; Deggau JZ 1982, 796; Lohr MDR 2000, 620, 621 f mwNw). Eine beglaubigte Abschrift genügt nicht, weil gerade die Echtheitsprüfung ermöglicht werden soll (BGH NJW 1981, 1210; 1994, 1472), ebenso wenig eine Photokopie oder eine Telefaxkopie (OLG Hamm NJW 1991, 1185; krit Tempel NJW 2001, 1905, 1907) oder E-Mail und auch nicht die Vorlage einer unvollständigen/ unklaren Vollmachtsurkunde (vgl BAG AP Nr 3 zu § 174 bei Unklarheit; BGB-RGRK/Steffen § 174 Rn 1; MünchKomm/Schramm § 174 Rn 4; NK-BGB/Ackermann § 174 Rn 6; Soergel/Leptien § 174 Rn 2). Der Unterbevollmächtigte muss auch die Hauptvollmachtsurkunde vorlegen (BGH NJW 2013, 297, 298; Bamberger/Roth/Valenthin § 174 Rn 6; Erman/Maier-Reimer § 174 Rn 5; MünchKomm/Schramm § 174 Rn 4; PWW/Frensch § 174 Rn 3; Soergel/Leptien § 174 Rn 2). Das *Vorlegen* der Urkunde wird nach denselben Maßstäben beurteilt wie im Zusammenhang des § 172 (s § 172 Rn 3), dh es muss eine wirkliche Vorlegung und nicht nur ein entsprechendes Angebot erfolgen.

c) Die **entsprechende Anwendung des § 174** im Falle der Übermittlung einer **4** einseitigen empfangsbedürftigen Willenserklärung durch einen **Erklärungsboten** wird von der heute wohl allgM (BGH WM 2007, 313; Bamberger/Roth/Valenthin § 174 Rn 3; Erman/Maier-Reimer § 174 Rn 2; MünchKomm/Schramm § 174 Rn 2; NK-BGB/Ackermann § 174 Rn 3; Palandt/Ellenberger § 174 Rn 3; PWW/Frensch § 174 Rn 2; Soergel/Leptien § 174 Rn 7; Flume § 49 Fn 5; Brehsan/Gohrke/Opolony ZIP 2001, 773, 775; Deggau JZ 1982, 796; Kiehnle VersR 2008, 1606, 1611) zu Recht befürwortet. Es bestehen auch im Hinblick auf die Begründung der Botenmacht keine Bedenken dazu, dass ein Erklärungsbote die Grundlage seiner Botentätigkeit, sein Berechtigungsverhältnis zum Erklärenden, durch eine Originalurkunde dartun muss; die vorrangig maßgebliche Interessenlage des Empfängers entspricht vielmehr derjenigen des § 174.

5 Sofern der **Gerichtsvollzieher** gem § 132 bei der Zustellung einer Willenserklärung tätig wird, handelt er nicht als Bote, sondern als Staatsorgan, sodass hinsichtlich des Zustellungsantrages keine analoge Anwendung des § 174 in Betracht steht; wohl aber muss die Bevollmächtigung derjenigen Person nach § 174 belegt werden, die dem Gerichtsvollzieher den Zustellungsauftrag erteilt hat (BGH NJW 1981, 1210; Bamberger/Roth/Valenthin § 174 Rn 3; MünchKomm/Schramm § 174 Rn 4; NK-BGB/Ackermann § 174 Rn 4; Soergel/Leptien § 174 Rn 7).

6 Ebenso wenig kann § 174 auf die Vorlage der **Bestallungsurkunden** von Vormund, Betreuer oder Pfleger als gesetzlichen Vertretern oder von gerichtlich bestellten Verwaltern (zB Insolvenzverwalter) angewendet werden, weil diese Urkunden nicht die Funktion einer Vollmachtsurkunde iSd § 172 haben (RGZ 74, 263, 265; BGH NJW 2002, 1194, 1195; BAG ZTR 2005, 658, 659 mwNw; OLG Düsseldorf NJW-RR 1993, 470; LAG Hessen NZA-RR 2007, 195, 196; LG Leipzig NJW 2001, 80, 81; Bamberger/Roth/Valenthin § 174 Rn 5; Erman/Maier-Reimer § 174 Rn 3; Hk-BGB/Dörner § 174 Rn 1; Jauernig § 174 Rn 1; MünchKomm/Schramm § 174 Rn 10; NK-BGB/Ackermann § 174 Rn 4; Palandt/Ellenberger § 174 Rn 4; PWW/Frensch § 174 Rn 2; Soergel/Leptien § 174 Rn 8; Bork Rn 1530 f; Brehm Rn 485; Brox/Walker Rn 545; Faust § 26 Rn 17; Brehsan/Gohrke/Opolony ZIP 2001, 773, 774 f; Lohr MDR 200, 620, 621; zur Unanwendbarkeit des § 174 beim Verwalter der Wohnungseigentümergemeinschaft s OLG Düsseldorf NJW-RR 1993, 470; krit Tempel NJW 2001, 1905, 1908). Das gilt auch für **Organe juristischer Personen** und vergleichbare vertretungsbefugte Personen, für deren Handeln speziell geregelter abstrakter Vertrauensschutz (s etwa zu § 15 HGB Koller/Roth/Morck, HGB [7. Aufl 2011] § 15 Rn 3) an eine Registereintragung geknüpft ist (BGH NJW 2002, 1194, 1195; BAG ZTR 2005, 658, 659 mwNw; NZA 2007, 377, 379; Bamberger/Roth/Valenthin § 174 Rn 5; Erman/Maier-Reimer § 167 Rn 3; MünchKomm/Schramm § 174 Rn 10; NK-BGB/Ackermann § 174 Rn 4; Soergel/Leptien § 174 Rn 8; Bork Rn 1530 f; Brehm Rn 485; Brox/Walker Rn 545; Faust § 26 Rn 17; Brehsan/Gohrke/Opolony ZIP 2001, 773, 775; Wertenbruch DB 2003, 1099, 1100 f; Wolff/Lahr DB 2007, 470; anders bei Ermächtigung durch ein Organ LG Kleve EWiR 2003, 679 [Leuering]), nicht aber für „typische Vertreter" in Institutionen aller Art, wo vielmehr § 174 S 2 reguliert (Soergel/Leptien § 174 Rn 8; Flume § 49 2 b; zur Vertretungsbescheinigung bei Stiftungen s § 172 Rn 1). Bei der **Gesellschaft bürgerlichen Rechts** findet § 174 auch nach Anerkennung ihrer Rechtsfähigkeit (BGH NJW 2001, 1056) Anwendung, weil die Vertretungsmacht dort nicht durch ein Register, sondern durch Vollmachtsurkunde oder evtl (str) auch den Gesellschaftsvertrag nachzuweisen ist (BGH NJW 2002, 1194, 1195; Hk-BGB/Dörner § 174 Rn 1; Jauernig § 174 Rn 1; MünchKomm/Schramm § 174 Rn 10; NK-BGB/Ackermann § 174 Rn 5; Palandt/Ellenberger § 174 Rn 4; PWW/Frensch § 174 Rn 2; Häublein NJW 2002, 1398; Stützel NJW 2013, 3543, 3546; Wertenbruch DB 2003, 1099; s auch § 172 Rn 1). Entsprechendes gilt für die Abgabe einer einseitigen Willenserklärung des Verwalters in Namen der Gemeinschaft der Wohnungseigentümer auf der Grundlage einer Vereinbarung oder eines Beschlusses der Wohnungseigentümer nach § 27 Abs 3 S 1 Nr 7 WEG (BGH NJW 2014, 1587).

2. Die Zurückweisung des Rechtsgeschäfts

7 a) Die in § 174 S 1 dem Adressaten zugebilligte **Zurückweisung des Rechtsgeschäfts** hat dieselbe Rechtsnatur wie die Zurückweisung gem § 111 (Palandt/Ellenberger § 174 Rn 6; Ennecerus/Nipperdey § 185 Fn 17). Sie muss demnach durch **empfangsbedürftige Willenserklärung** erfolgen, die sowohl gegenüber dem als Vollmachtgeber Benannten als auch gegenüber dem Handelnden abgegeben werden kann (Bamberger/Roth/Valenthin § 174 Rn 7; MünchKomm/Schramm § 174 Rn 5; NK-BGB/ Ackermann § 174 Rn 8; PWW/Frensch § 174 Rn 4; Soergel/Leptien § 174 Rn 3, allgM). Das Gebot unverzüglicher Zurückweisung (Rn 8) kann aber hier zu tatsächlichen Einschränkungen im Hinblick auf den Adressaten führen (vgl MünchKomm/Schramm § 174 Rn 5).

b) Die Zurückweisung muss „**aus diesem Grunde**", dh wegen fehlenden Vollmachtsnachweises erklärt werden. Ein *konkludenter Hinweis* auf diesen Grund genügt, doch muss die Zurückweisung insoweit eindeutig sein (BAG NJW 1981, 2374; ZIP 2003, 1161, 163; NZA-RR 2007, 571, 575; NJW 2012, 1677, 1679; LG München NJW-RR 1987, 1164; Bamberger/Roth/Valenthin § 174 Rn 8; Erman/Maier-Reimer § 174 Rn 10; MünchKomm/Schramm § 174 Rn 5; NK-BGB/Ackermann § 174 Rn 8; Palandt/Ellenberger § 174 Rn 6; PWW/Frensch § 174 Rn 4; Soergel/Leptien § 174 Rn 2; Brehsan/Gohrke/Opolony ZIP 2001, 773, 779 f; Deggau JZ 1982, 796, 797; Lohr MDR 2000, 620, 624). In einer Beanstandung nach § 180 S 2 (s dort Rn 7) kann zugleich eine Zurückweisung gem § 174 liegen, wenn sowohl das Bestehen von Vertretungsmacht als auch die fehlende Vorlage der Vollmachtsurkunde gerügt wird (BGH NJW 2013, 297, 298). Das Rechtsgeschäft kann nicht aus anderen Gründen fehlender Vertretungsmacht – etwa weil sich aus der Urkunde die *Anfechtbarkeit der Vollmacht* ergebe oder weil der Anfechtungsgrund dem Adressaten in anderer Weise bekannt geworden sei – zurückgewiesen werden (KG WuM 2008, 153155 mwNw; Bamberger/Roth/Valenthin § 174 Rn 13; MünchKomm/Schramm § 174 Rn 4 f; NK-BGB/Ackermann § 174 Rn 6; Soergel/Leptien § 174 Rn 2; Clarus SeuffBl 64, 177; **aM** BGB-RGRK/Steffen § 174 Rn 1; Erman/Maier-Reimer § 174 Rn 6; Brehsan/Gohrke/Opolony ZIP 2001, 773, 776; Deggau JZ 1982, 796, 797). Vor der Unsicherheit wegen Anfechtbarkeit ist der Empfänger einer einseitigen Willenserklärung auch sonst nicht geschützt; allerdings können ihm dann die Schranken der §§ 122 Abs 2, 179 Abs 3 S 1 nicht entgegengehalten werden (MünchKomm/Schramm § 174 Rn 4; NK-BGB/Ackermann § 174 Rn 6). **8**

Die Zurückweisung des Rechtsgeschäfts muss **unverzüglich**, dh ohne schuldhaftes Zögern (vgl § 121) erfolgen. Jedoch kann zB bei einer mündlichen Kündigung mit dem Zusatz, es werde eine schriftliche Bestätigung folgen, diese abgewartet werden (LAG Hamburg Recht 1939 Nr 2187), ebenso die angekündigte Frist zur Vorlage einer Vollmacht (NK-BGB/Ackermann § 174 Rn 8 mwNw). Auch das Einholen von Rechtsrat ist zulässig (BAG Betrieb 1978, 2082), doch darf der Zeitrahmen für eine zügige Erledigung nicht überschritten werden (BGH NJW 2001, 220, 221; BAG ZIP 1992, 497, 499; 2003, 1161, 1163; NZA 1999, 818; 2012, 495; BPatG GRUR 1989, 340; OLG Hamm NJW-RR 1988, 282; NJW 1991, 1185, 1186; OLG München NJW-RR 1997, 904; LAG Düsseldorf BB 1995, 2535; Bamberger/Roth/Valenthin § 174 Rn 9; Erman/Maier-Reimer § 174 Rn 10 mwNw; MünchKomm/ Schramm § 174 Rn 6; NK-BGB/Ackermann § 174 Rn 8; Palandt/Ellenberger § 174 Rn 6; PWW/Frensch § 174 Rn 4; Soergel/Leptien § 174 Rn 3; Lohr MDR 2000, 620, 624 f mwNw). **9**

c) **Rechtsfolge der Zurückweisung** ist unabhängig vom Bestehen der Vollmacht die *Unwirksamkeit* des Rechtsgeschäfts, nicht nur schwebende Unwirksamkeit (BAG NZA 2005, 1207; 2007, 377; NZA-RR 2007, 571, 575; LG Mannheim MDR 1974, 584; Bamberger/ Roth/Valenthin § 174 Rn 10; Erman/Maier-Reimer § 174 Rn 12; Hk-BGB/Dörner § 174 Rn 3; Jauernig § 174 Rn 2; MünchKomm/Schramm § 174 Rn 11; NK-BGB/Ackermann § 174 Rn 9; PWW/Frensch § 174 Rn 6; Soergel/Leptien § 174 Rn 3). Eine Heilung oder Genehmigung **10**

nach § 177 scheidet ebenso aus wie eine Haftung des Vertreters gemäß § 179 (Bamberger/Roth/Valenthin § 174 Rn 10; Erman/Maier-Reimer § 174 Rn 12; Jauernig § 174 Rn 2; MünchKomm/Schramm § 174 Rn 11; NK-BGB/Ackermann § 174 Rn 9; PWW/Frensch § 174 Rn 6; Soergel/Leptien § 174 Rn 6; Deggau JZ 1982, 796, 797; Lohr MDR 2000, 620, 625), sondern es ist eine Neuvornahme erforderlich (s auch Brehsan/Gohrke/Opolony ZIP 2001, 773, 781). Ist eine wirksame Zurückweisung nicht erfolgt, so ist das Rechtsgeschäft bei Bestehen der Vollmacht wirksam; sonst gilt § 180 (Bamberger/Roth/Valenthin § 174 Rn 10; MünchKomm/Schramm § 174 Rn 12; NK-BGB/Ackermann § 174 Rn 9; Soergel/Leptien § 174 Rn 6).

3. Der Ausschluss der Zurückweisung

11 a) Gem § 174 S 2 ist eine **Zurückweisung** des Rechtsgeschäfts mangels Vorlage der Vollmachtsurkunde **ausgeschlossen**, wenn der Vollmachtgeber **den Adressaten von der Bevollmächtigung in Kenntnis gesetzt** hat, insbesondere durch Mitteilung über eine interne Bevollmächtigung, was der Mitteilung nach § 171 Abs 1 entspricht (so zutr Erman/Maier-Reimer § 174 Rn 7 gegen MünchKomm/Schramm § 174 Rn 7). Hierfür ist *keine Form* vorgeschrieben, sodass zB auch die Aufnahme in einen (Arbeits-)Vertrag ausreichen kann, allerdings nur, wenn die Person des kündigungsberechtigten Stelleninhabers erkennbar ist (vgl BAG NZA 2011, 683 und dazu Boemke JuS 2011, 1030;; s auch LAG Berlin ZTR 2003, 41); eine zufällige Erlangung der Kenntnis genügt aber nicht (BAG NZA 2006, 980, 982; Bamberger/Roth/Valenthin § 174 Rn 12; Erman/Maier-Reimer § 174 Rn 8 f; MünchKomm/Schramm § 174 Rn 7; NK-BGB/Ackermann § 174 Rn 10; Palandt/Ellenberger § 174 Rn 7; PWW/Frensch § 174 Rn 5; Soergel/Leptien § 174 Rn 4; Brehsan/Gohrke/Opolony ZIP 2001, 773, 780; Deggau JZ 1982, 796, 797), ebenso wenig ein bloßer Aushang am „schwarzen Brett" (LAG Köln MDR 2003, 95, 96). Für die Kündigung eines Arbeits-/Dienstvertrages reicht es zB, dass üblicherweise der Personalabteilungsleiter oder Amtsleiter zur Abgabe von Kündigungserklärungen bevollmächtigt ist (BAGE 24, 273, 277; BAG Betrieb 1994, 1984; NZA 1997, 1343, 1345; 1998, 699; 2007, 377, 380 f; 2011, 683; NJW 2001, 1229, 1230; ZTR 2003, 304; BGH NJW 2009, 293, 294; Bamberger/Roth/Valenthin § 174 Rn 11; Erman/Maier-Reimer § 174 Rn 8; MünchKomm/Schramm § 174 Rn 8; NK-BGB/Ackermann § 174 Rn 10; Palandt/Ellenberger § 174 Rn 7; PWW/Frensch § 174 Rn 5; Soergel/Leptien § 174 Rn 4 mwNw; Bork Rn 1531; Brox/Walker Rn 545; Wolf/Neuner § 51 Rn 16; vgl aber auch Bickel SAE 73, 118; ausf zur Kündigung von Arbeitsverträgen Lohr MDR 2000, 620, 622 ff; Meyer DZWIR 2004, 58; Schräder ArbB 2007, 151; Ulrici DB 2004, 250, jew mwNw); auf einen Sachbearbeiter in der Personalabteilung kann dies nicht ausgedehnt werden (BAG Betrieb 1978, 2082; BB 1998, 539, 540; s auch BAG NZA 2006, 980, 082; LAG Berlin NZA-RR 2007, 15 mAnm Wolff/Lahr DB 2007, 470 und Gravenhorst jurisPR-ArbR 41/2006 Anm 4: Niederlassungsleiter), ebenso wenig auf den Referatsleiter innerhalb der Personalabteilung einer Behörde (BAG NZA 1997, 1343, 1345). Darüber hinaus wird auch sonst zu Recht angenommen, dass es wie eine Kundgabe wirkt, wenn der Bevollmächtigte – zB als Prokurist, Handlungsbevollmächtigter oder Generalbevollmächtigter – Tätigkeiten ausübt, die üblicherweise mit entsprechender Vertretungsmacht ausgestattet sind (BGH ZIP 2008, 2260, 2261; NJW 2009, 293, 294; BAG NZA 1992, 449, 451; Bamberger/Roth/Valenthin § 174 Rn 11; Erman/Maier-Reimer § 174 Rn 9 [zweifelnd wegen der Funktion des § 15 Abs 2 HGB]; MünchKomm/Schramm § 174 Rn 8; NK-BGB/Ackermann § 174 Rn 10; Palandt/Ellenberger § 174 Rn 4; PWW/Frensch § 174 Rn 5; Soergel/Leptien § 174 Rn 4; Brox/Walker Rn 545; Flume § 49 2 b; Brehsan/Gohrke/Opolony ZIP 2001, 773, 780; vgl auch oben Rn 6; zur Kündigung eines Mietvertrages durch einen Hausverwalter s OLG Frankfurt NJW-RR 1996, 10; MünchKomm/Schramm § 174 Rn 8 mwNw; zur Bedeutung der Eintragung des Prokuristen im Handelsregister **krit** Lux NZA-RR 2008, 393). Nicht ausreichend soll es hingegen sein, wenn ein Insolvenzverwalter einem soziierten Rechtsanwalt im Einzelfall die Befugnis zum Ausspruch einer Kündigung erteilt (BAG KTS 2003, 159, 164; LAG Köln ZIP 2001, 433; zu Recht krit Westphal EWiR 2001, 707). Umgekehrt kann auch eine Kundgabe seitens eines Arbeitnehmers in Betracht kommen, zB der Bevollmächtigung seiner Gewerkschaft mit der Geltendmachung von Lohnansprüchen (LAG Brandenburg MDR 2001, 160).

b) Ferner kann eine **Zurückweisung gem § 242 ausgeschlossen** sein, wenn der Adressat schon mehrfach Erklärungen des Vollmachtgebers durch denselben Bevollmächtigten *ohne Vorlage* einer Vollmachtsurkunde *anerkannt* hat (LG Aachen NJW 1978, 1387; Bamberger/Roth/Valenthin § 174 Rn 14; MünchKomm/Schramm § 174 Rn 9; NK-BGB/Ackermann § 174 Rn 10 mwNw; Palandt/Ellenberger § 174 Rn 7; PWW/Frensch § 174 Rn 5; Soergel/Leptien § 174 Rn 5; Bork Rn 1531; Flume § 49 2 b; Brehsan/Gohrke/Opolony ZIP 2001, 773, 780; s aber einschr Deggau JZ 1982, 796, 797 f; ebenso zurückhaltend Erman/Maier-Reimer § 174 Rn 11). Dies gilt zB für die Kündigungserklärung durch einen Hausverwalter, der vorher ohne Vorlage einer Urkunde als Bevollmächtigter anerkannt worden war, allerdings nicht ohne weiteres schon deshalb, weil er den Vermieter bei Vertragsschluss vertreten hat (OLG Frankfurt NJW-RR 1996, 10; LG Berlin ZMR 1986, 439; MünchKomm/Schramm § 174 Rn 8; Soergel/Leptien § 174 Rn 4; vgl auch OLG München NJW-RR 1997, 904; großzügiger OLG Frankfurt NJW-RR 1996, 10). Auch bei Betrauung des Vertreters mit der gesamten Vertragsabwicklung greift § 242 ein (KG BB 1998, 607; Bamberger/Roth/Valenthin § 174 Rn 14; MünchKomm/Schramm § 174 Rn 9; NK-BGB/Ackermann § 174 Rn 10; Palandt/Ellenberger § 174 Rn 7). **12**

4. Beweislast

Der Vertretene trägt im Falle der Zurückweisung die Beweislast für die Vorlage der Vollmachtsurkunde oder die Kundgabe der Bevollmächtigung. Die unverzügliche Zurückweisung hat der Adressat des einseitigen Rechtsgeschäfts zu beweisen (BGH NJW 2001, 220, 221; NK-BGB/Ackermann § 174 Rn 11 mwNw). **13**

§ 175
Rückgabe der Vollmachtsurkunde

Nach dem Erlöschen der Vollmacht hat der Bevollmächtigte die Vollmachtsurkunde dem Vollmachtgeber zurückzugeben; ein Zurückbehaltungsrecht steht ihm nicht zu.

Materialien: E I § 121 Abs 2; II § 144 Abs 1;
III § 171; Mot I 239; Prot I 233; II 1 147, 149;
Jakobs/Schubert, AT II 873 ff; Schubert,
AT II 186 ff (Vorentwurf).

1. Der Rückgabeanspruch

1 a) Um den Vollmachtgeber gegen einen nach § 172 Abs 1 möglichen Missbrauch der Vollmachtsurkunde zu schützen, begründet § 175 die **Verpflichtung zur Rückgabe** der Vollmachtsurkunde, sobald die Vollmacht erloschen ist. Entsprechende Anwendung findet die Vorschrift, wenn die Vollmacht – ohne Rücksicht auf den Grund des Nichtentstehens oder Erlöschens – nicht (mehr) existiert (Bamberger/Roth/Valenthin § 175 Rn 2; Erman/Maier-Reimer § 175 Rn 1; Hk-BGB/Dörner §§ 175, 176 Rn 3; MünchKomm/Schramm § 175 Rn 1; NK-BGB/Ackermann § 175 Rn 2; Palandt/Ellenberger § 175 Rn 1; PWW/Frensch § 175 Rn 1, Soergel/Leptien § 175 Rn 2; Enneccerus/Nipperdey § 188 I 3). Gem § 172 Abs 2 stellt außerdem die Rückgabe der Urkunde einen selbstständigen Grund für die Beendigung der Vertretungsmacht dar (s § 172 Rn 9).

2 Die Rückgabeverpflichtung kann in erster Linie durch Rückgabe an den Vollmachtgeber, aber auch durch *Hinterlegung* der Vollmachtsurkunde erfüllt werden, wenn sich der Bevollmächtigte in Ungewissheit über den Widerrufsberechtigten befindet (KG NJW 1957, 754, 755); diese Auffassung ist freilich dahin einzuschränken, dass es sich um eine Hinterlegung mit Ausschluss des Rücknahmerechts iSd § 376 handeln muss (Bamberger/Roth/Valenthin § 175 Rn 3; MünchKomm/Schramm § 175 Rn 4; NK-BGB/Ackermann § 175 Rn 5; Soergel/Leptien § 175 Rn 2; anders wohl Erman/Maier-Reimer § 175 Rn 3). Behauptet der Bevollmächtigte, zur Rückgabe der Urkunde nicht imstande zu sein (s aber noch Rn 5) oder verweigert er die Rückgabe, so kann der Vollmachtgeber nach § 176 die *Kraftloserklärung* der Vollmachtsurkunde herbeiführen.

3 b) Die Rückgabepflicht nach § 175 ist unabhängig von der Frage, wem das **Eigentum an der Vollmachtsurkunde** zusteht (Bamberger/Roth/Valenthin § 175 Rn 2; BGB-RGRK/Steffen § 175 Rn 1; Erman/Maier-Reimer § 175 Rn 2; Hk-BGB/Dörner §§ 175, 176 Rn 2; NK-BGB/Ackermann § 175 Rn 2; Palandt/Ellenberger § 175 Rn 1; Soergel/Leptien § 175 Rn 2). Voraussetzung ist allein das Erlöschen oder Nichtbestehen (s Rn 1) der Vollmacht und der Urkundenbesitz auf Seiten des Bevollmächtigten. Ist nur eine von mehreren in der Urkunde erteilten Vollmachten – zB bei mehreren Vollmachtgebern – erloschen, so kann nur Vorlage der Urkunde zur Anbringung eines entsprechenden Vermerks, nicht aber Herausgabe verlangt werden (BGH NJW 1990, 507; vgl auch RG JW 1938, 1892; KG NJW 1957, 754; Bamberger/Roth/Valenthin § 175 Rn 5; Erman/Maier-Reimer § 175 Rn 2; MünchKomm/Schramm § 175 Rn 2 f; NK-BGB/Ackermann § 175 Rn 2; PWW/Frensch § 175 Rn 1; Brehm Rn 464).

4 Das Recht, von der zurückzugebenden Vollmachtsurkunde eine *Abschrift zu nehmen* und zu behalten, kann sich aus dem Innenverhältnis zwischen dem Vollmachtgeber und dem Bevollmächtigten ergeben, insbesondere wenn die Urkunde noch weiteren, für den Bevollmächtigten rechtserheblichen Inhalt hat (vgl OLG Hamburg OLGE 20, 67). Die Urschrift der Vollmachtsurkunde ist auch in diesem Falle grundsätzlich zurückzugeben. Nach Maßgabe des § 242 kann aber an die Stelle der Rückgabe eine *Entwertung der Bevollmächtigungsklausel* oder die *Erstellung einer neuen Urkunde über den weiteren Inhalt* treten (Bamberger/Roth/Valenthin § 175 Rn 4; BGB-RGRK/Steffen § 175 Rn 1; Erman/Maier-Reimer § 175 Rn 2; MünchKomm/Schramm § 175 Rn 3; NK-BGB/Ackermann § 175 Rn 4; PWW/Frensch § 175 Rn 1; Soergel/Leptien § 175 Rn 2).

Zurückzugeben sind nach § 175 das *Original und Ausfertigungen* der Vollmachtsurkunde (ERMAN/MAIER-REIMER § 175 Rn 3), nicht hingegen *Abschriften und Fotokopien* (BGH NJW 1988, 697, 698; ERMAN/MAIER-REIMER § 175 Rn 3; NK-BGB/ACKERMANN § 175 Rn 3; aA BAMBERGER/ROTH/VALENTIN § 175 Rn 3; PALANDT/ELLENBERGER § 175 Rn 1; PWW/FRENSCH § 175 Rn 1; SOERGEL/LEPTIEN § 175 Rn 3 und Voraufl), weil diese keine Vertretungsmacht nach § 172 Abs 1 begründen können (s § 172 Rn 4).

c)   Der Rückgabeanspruch aus § 175 richtet sich gegen den Bevollmächtigten. **5** Eine entsprechende Anwendung der Vorschrift **gegenüber einem Dritten**, bei dem sich die Vollmachtsurkunde befindet, wird ganz überwiegend bejaht (BAMBERGER/ROTH/VALENTHIN § 175 Rn 6; ERMAN/MAIER-REIMER § 175 Rn 2; MünchKomm/SCHRAMM § 175 Rn 7; NK-BGB/ACKERMANN § 175 Rn 6; PALANDT/ELLENBERGER § 175 Rn 1; PWW/FRENSCH § 175 Rn 1; einschränkend BGB-RGRK/STEFFEN § 175 Rn 3; SOERGEL/LEPTIEN § 175 Rn 4). Richtig ist es aber, Ansprüche gegen einen Dritten nicht aus § 175 herzuleiten (zust BORK Rn 1515). Hinsichtlich einer Vollmachtsurkunde, in welcher der Dritte nicht als Bevollmächtigter genannt ist, besteht keine Legitimationswirkung und erhöhte Missbrauchsgefahr, der die besondere Anspruchsgrundlage des § 175 im Verhältnis Vollmachtgeber-Bevollmächtigter entgegenwirken soll; allgemeine Täuschungsgefahren wie ein Handeln des Dritten unter fremdem Namen oder als angeblicher Unterbevollmächtigter des Vertreters erfasst § 175 nicht. Daher bleibt der Vollmachtgeber auf Ansprüche aus Eigentum, früherem Besitz oder anderen Rechtsgrundlagen angewiesen; gelangt die Urkunde zum Bevollmächtigten zurück, so entsteht diesem gegenüber der Rückgabeanspruch aus § 175. Vorbeugend kann er iÜ nach § 176 die Kraftloserklärung der Urkunde betreiben, wenn er die Herausgabe der Urkunde an den Bevollmächtigten befürchtet, und ist damit ausreichend geschützt.

d)   Eine Pflicht des Vollmachtgebers, Personen, denen der Bevollmächtigte die **6** Urkunde vorgewiesen hatte, von der *Urkundenrückgabe zu benachrichtigen,* besteht nicht. Ein entsprechender Vorschlag wurde in der zweiten Kommission abgelehnt (Prot I 148).

e)   Auf **Ermächtigungsurkunden**, auch solche zur Einholung von Auskünften oder **7** andere geschäftsähnliche Handlungen (OLG Köln VersR 1994, 191), findet § 175 nach Widerruf entsprechende Anwendung (ERMAN/MAIER-REIMER § 175 Rn 1; NK-BGB/ACKERMANN § 175 Rn 3; PALANDT/ELLENBERGER § 175 Rn 1; SOERGEL/LEPTIEN § 175 Rn 4). Hingegen gilt die Vorschrift nicht für die nach § 80 Abs 1 ZPO zu den Gerichtsakten gereichte *Prozessvollmacht,* die vielmehr dort verbleibt (BAMBERGER/ROTH/VALENTHIN § 175 Rn 5; MünchKomm/SCHRAMM § 175 Rn 5; NK-BGB/ACKERMANN § 175 Rn 5; BORK Rn 1515).

2.   Der Ausschluss des Zurückbehaltungsrechts

a)   § 175 HS 2 verbietet wegen der Legitimationswirkung der Vollmachtsurkunde **8** jedes Zurückbehaltungsrecht gegenüber dem Anspruch auf Rückgabe der Vollmachtsurkunde, gleichgültig, wie das Zurückbehaltungsrecht begründet werden könnte (vgl OLG Köln MDR 1993, 512). Dies gilt auch hinsichtlich des Zurückbehaltungsrechts eines Rechtsanwaltes an den Handakten gem § 50 BRAO (BAMBERGER/ROTH/VALENTHIN § 175 Rn 7; ERMAN/MAIER-REIMER § 175 Rn 3; MünchKomm/SCHRAMM § 175

Rn 5; NK-BGB/Ackermann § 175 Rn 7; Soergel/Leptien § 175 Rn 2); demnach erstreckt sich dieses Zurückbehaltungsrecht nur auf die Handakten im Übrigen.

9 b) Wird hinsichtlich der Urkundenrückgabe ein *anderer Anspruch* als der aus § 175 (zB § 985) erhoben, so gilt mit Rücksicht auf das Schutzbedürfnis des Vollmachtgebers gleichfalls ein Ausschluss des Zurückbehaltungsrechts entsprechend § 175 (Bamberger/Roth/Valenthin § 175 Rn 7; Erman/Maier-Reimer § 175 Rn 3; MünchKomm/Schramm § 175 Rn 5; NK-BGB/Ackermann § 175 Rn 7; PWW/Frensch § 175 Rn 1; Soergel/Leptien § 175 Rn 2). Im Übrigen kann sich auch aus dem Innenverhältnis der Beteiligten ein Ausschluss des Zurückbehaltungsrechts ergeben.

§ 176
Kraftloserklärung der Vollmachtsurkunde

(1) Der Vollmachtgeber kann die Vollmachtsurkunde durch eine öffentliche Bekanntmachung für kraftlos erklären; die Kraftloserklärung muss nach den für die öffentliche Zustellung einer Ladung geltenden Vorschriften der Zivilprozessordnung veröffentlicht werden. Mit dem Ablauf eines Monats nach der letzten Einrückung in die öffentlichen Blätter wird die Kraftloserklärung wirksam.

(2) Zuständig für die Bewilligung der Veröffentlichung ist sowohl das Amtsgericht, in dessen Bezirk der Vollmachtgeber seinen allgemeinen Gerichtsstand hat, als das Amtsgericht, welches für die Klage auf Rückgabe der Urkunde, abgesehen von dem Wert des Streitgegenstands, zuständig sein würde.

(3) Die Kraftloserklärung ist unwirksam, wenn der Vollmachtgeber die Vollmacht nicht widerrufen kann.

Materialien: E I § 121 Abs 3; II § 144 Abs 2 und 3; III § 172; Mot I 239; Prot I 233; II 1 149; VI 135; Jakobs/Schubert, AT II 873 ff; Schubert, AT II 186 ff (Vorentwurf).

1. Die Kraftloserklärung

1 a) Der gem § 175 dem Vollmachtgeber zustehende Anspruch auf Rückgabe der Vollmachtsurkunde nach dem Erlöschen der Vollmacht muss nicht zum Ziel führen, etwa weil der Bevollmächtigte zur Herausgabe nicht in der Lage oder bereit oder nicht erreichbar ist. Deshalb stellt § 176 dem Vollmachtgeber das Mittel der Kraftloserklärung zur Verfügung, um einem Missbrauch der Vollmachtsurkunde entgegenzuwirken (BGB-RGRK/Steffen § 176 Rn 1). Jedoch ist die Kraftloserklärung keineswegs an die Nichtrückgabe der Urkunde gebunden; sie steht *nach freiem Belieben* des Vollmachtgebers gleichwertig neben der Möglichkeit, die Vollmachtsurkunde zurückzufordern (Bamberger/Roth/Valenthin § 176 Rn 1; NK-BGB/Ackermann § 176 Rn 1; Soergel/Leptien § 176 Rn 1; Flume § 51 9; vKujawa Gruchot 45, 497).

b) Ursprünglich sollte die Kraftloserklärung, ähnlich dem Aufgebotsverfahren 2 nach den §§ 946 ff ZPO aF (nun §§ 433 ff FamFG), durch Gerichtsentscheidung erfolgen. Jedoch wurde dieses Erfordernis als zu zeitraubend fallengelassen und das jetzt vorgesehene Verfahren eingeführt (Prot VI 135). Danach ist die Kraftloserklärung ein **privates Gestaltungsgeschäft** des Vollmachtgebers (BAMBERGER/ROTH/ VALENTHIN § 176 Rn 2; MünchKomm/SCHRAMM § 176 Rn 2; NK-BGB/ACKERMANN § 176 Rn 2; PWW/FRENSCH § 176 Rn 1; SOERGEL/LEPTIEN § 176 Rn 2), welches insoweit formalisiert ist, als die Erklärung der *öffentlichen Bekanntmachung* nach den Vorschriften der §§ 186 ff ZPO über die öffentliche Zustellung einer Ladung bedarf. Da die öffentliche Zustellung nach § 132 die Fiktion des Zugangs der Erklärung einschließt, ist die Kraftloserklärung als eine *empfangsbedürftige Willenserklärung* zu bewerten.

c) Der Vollmachtgeber gibt diese Willenserklärung dadurch ab, dass er beim 3 zuständigen Gericht den *Antrag auf Bewilligung* der öffentlichen Zustellung der formuliert vorliegenden Erklärung einbringt, weil er sich damit seiner Erklärung in zielgerichteter Weise entäußert (zum Verfahren s Rn 6 ff).

d) Die Wirkung einer Kraftloserklärung geht dahin, dass die Vollmachtsurkunde 4 nach vorangegangenem Widerruf der Vollmacht ihre in § 172 Abs 1 vorgesehene *Vollmachtswirkung verliert;* die Vertretungsmacht ist damit erloschen. Das Vertrauen eines Dritten auf die ihm nach Kraftloserklärung vorgelegte Vollmachtsurkunde wird nicht mehr geschützt, ohne dass es auf seine Kenntnis oder sein Kennenmüssen ankommt (BAMBERGER/ROTH/VALENTHIN § 176 Rn 5; MünchKomm/SCHRAMM § 176 Rn 6; SOERGEL/LEPTIEN § 176 Rn 3; vgl auch ECCIUS Gruchot 45, 498 und vKUJAWA Gruchot 45, 495).

Darüber hinaus ist die Herbeiführung der Kraftloserklärung im Falle einer noch nicht widerrufenen Vollmacht als **Widerrufserklärung** (s auch Mot I 121) aufzufassen (BAMBERGER/ROTH/VALENTHIN § 176 Rn 6; BGB-RGRK/STEFFEN § 176 Rn 3; Hk-BGB/DÖRNER §§ 175, 176 Rn 4; MünchKomm/SCHRAMM § 176 Rn 6; NK-BGB/ACKERMANN § 176 Rn 3; PALANDT/ ELLENBERGER § 176 Rn 1; PWW/FRENSCH § 176 Rn 1; SOERGEL/LEPTIEN § 176 Rn 3; BORK Rn 1515). Als solche wird sie spätestens mit dem Abschluss des Zustellungsverfahrens wirksam; sie kann aber auch schon vorher nach den allgemeinen Regeln für Willenserklärungen wirksam werden (s § 168 Rn 5), da insoweit keine Formalisierung vorgeschrieben ist.

e) Wegen der Widerrufswirkung einer Kraftloserklärung ist sie gem § 176 Abs 3 5 im Falle einer **unwiderruflichen Vollmacht** unwirksam; das gilt gleichermaßen für die Vollmacht wie für die Vollmachtsurkunde. In diesem Fall können bei späterem Erlöschen der Vollmacht die Rechtswirkungen des § 172 Abs 1 eingreifen (Münch-Komm/SCHRAMM § 176 Rn 7). Soweit jedoch eine unwiderrufliche Vollmacht doch aus wichtigem Grund widerrufen werden kann (vgl § 168 Rn 14 und 17), ist die Kraftloserklärung als ein solcher Widerruf aufzufassen und damit trotz § 176 Abs 3 wirksam (BAMBERGER/ROTH/VALENTHIN § 176 Rn 6; BGB-RGRK/STEFFEN § 176 Rn 3; MünchKomm/ SCHRAMM § 176 Rn 8; NK-BGB/ACKERMANN § 176 Rn 3; SOERGEL/LEPTIEN § 176 Rn 3 mwNw).

2. Das Verfahren der Kraftloserklärung

a) Der Antrag des Vollmachtgebers leitet ein **Verfahren der freiwilligen Gerichts-** 6 **barkeit** ein (BAMBERGER/ROTH/VALENTHIN § 176 Rn 3; MünchKomm/SCHRAMM § 176 Rn 3; NK-

BGB/Ackermann § 176 Rn 4; Palandt/Ellenberger § 176 Rn 1; PWW/Frensch § 176 Rn 1; Soergel/Leptien § 176 Rn 2, allgM). – Da der Antrag bei noch unwiderrufener Vollmacht die Widerrufserklärung mit enthält (s oben Rn 4), muss er nicht besonders begründet und das Erlöschen der Vollmacht nicht glaubhaft gemacht werden.

7 Auch im Übrigen hat sich das Gericht einer **Nachprüfung materieller Voraussetzungen** der Kraftloserklärung zu enthalten (RG HRR 1934 Nr 2; Bamberger/Roth/Valenthin § 175 Rn 3; BGB-RGRK/Steffen § 176 Rn 2; Erman/Maier-Reimer § 176 Rn 2; Hk-BGB/Dörner §§ 175, 176 Rn 4; Jauernig § 176 Rn 1; MünchKomm/Schramm § 176 Rn 3; NK-BGB/Ackermann § 176 Rn 4; Palandt/Ellenberger § 176 Rn 1; PWW/Frensch § 176 Rn 1; Soergel/Leptien § 176 Rn 2). Dabei ist das Gericht sogar an einer Beachtung der Unwiderruflichkeitsklausel in der Vollmacht gehindert (KG JW 1933, 2153, heute allgM): Zwar führt grundsätzlich diese Klausel nach § 176 Abs 3 zur Unwirksamkeit der Kraftloserklärung, doch kann eine Widerruflichkeit aus wichtigem Grund vorliegen (s oben Rn 5), sodass ein Rechtsschutzbedürfnis für den Antrag nicht verneint werden kann. Die Prüfung der materiellen Voraussetzungen einer Widerruflichkeit ist aber nicht Aufgabe des Verfahrens zur Kraftloserklärung.

8 b) **Zuständig** für das Verfahren ist gem § 176 Abs 2 wahlweise das Amtsgericht am nach §§ 12 ff ZPO zu bestimmenden allgemeinen Gerichtsstand des Vollmachtgebers oder (unter Absehung vom Streitwert) das Amtsgericht, das für den Rückgabeanspruch gem § 175 zuständig sein würde.

Die **Entscheidung** über den Antrag ergeht gem § 38 FamFG als Beschluss der freiwilligen Gerichtsbarkeit. Die stattgebende Entscheidung ordnet die **Veröffentlichung der Kraftloserklärung** nach Maßgabe der §§ 185 ff ZPO an. Dies bedeutet gem § 186 Abs 2 ZPO den Aushang an der Gerichtstafel, nach Ermessen des Gerichts gem § 187 ZPO zusätzlich die Veröffentlichung im Bundesanzeiger; auch eine Veröffentlichung in anderen Blättern und zu wiederholten Malen kann gemäß § 187 ZPO vorgesehen werden. Als *Rechtsmittel* findet gem §§ 58 ff FamFG die Beschwerde statt.

9 c) **Wirksam** wird die Kraftloserklärung gem § 176 Abs 1 S 2 mit dem Ablauf eines Monats nach der letzten Einrückung in die öffentlichen Blätter; dieser Zeitpunkt bestimmt sich nach den §§ 187 f ZPO. Sofern nach der Neuordnung der öffentlichen Zustellung keine Veröffentlichung in einschlägigen Blättern, sondern lediglich der Aushang nach § 186 Abs 2 ZPO erfolgt (s Rn 8), ist dessen Zeitpunkt für den Fristbeginn maßgeblich.

10 d) Die **Kosten** des Verfahrens betragen eine halbe Gebühr gem Nr 15212 der Anlage 1 zum GNotKG; Kostenschuldner ist nach § 22 Abs 1 GNotKG der Antragsteller.

11 e) Sofern die Kraftloserklärung auf Verzug des Bevollmächtigten oder auf eine von ihm zu vertretende Unmöglichkeit bei der Erfüllung des Rückgabeanspruchs nach § 175 zurückzuführen ist, kann der Vollmachtgeber hinsichtlich der Verfahrenskosten vom Bevollmächtigten nach materiellem Recht **Ersatz** verlangen (s allgemein grundlegend Becker-Eberhard, Grundlagen der Kostenerstattung bei der Verfolgung zivilrechtlicher Ansprüche [1985]; NK-BGB/Ackermann § 176 Rn 5). Dasselbe gilt, wenn die Kraft-

loserklärung wegen Verstoßes des Bevollmächtigten gegen Verpflichtungen aus dem Grundverhältnis erforderlich wurde. Eine verfahrensrechtlich normierte Kostenerstattungspflicht ist nicht vorgesehen. Allerdings könnte eine *Kostenerstattungsentscheidung* nach § 81 FamFG ergehen, da der Antragsgegner formell Beteiligter auch dann ist, wenn er sich auf das Verfahren nicht einlässt (vgl JANSEN, FGG I [2. Aufl 1969] § 13a FGG Anm 4).

§ 177
Vertragsschluss durch Vertreter ohne Vertretungsmacht

(1) Schließt jemand ohne Vertretungsmacht im Namen eines anderen einen Vertrag, so hängt die Wirksamkeit des Vertrags für und gegen den Vertretenen von dessen Genehmigung ab.

(2) Fordert der andere Teil den Vertretenen zur Erklärung über die Genehmigung auf, so kann die Erklärung nur ihm gegenüber erfolgen; eine vor der Aufforderung dem Vertreter gegenüber erklärte Genehmigung oder Verweigerung der Genehmigung wird unwirksam. Die Genehmigung kann nur bis zum Ablauf von zwei Wochen nach dem Empfang der Aufforderung erklärt werden; wird sie nicht erklärt, so gilt sie als verweigert.

Materialien: E I § 123; II § 145 Abs 1; III § 173; Mot I 240; Prot I 242, 258; II 1 154; VI 124 und 276; JAKOBS/SCHUBERT, AT II 873 ff; SCHUBERT, AT II 198 ff (Vorentwurf).

Schrifttum

BALLERSTEDT, Zur Haftung für culpa in contrahendo bei Geschäftsabschluß durch Stellvertreter, AcP 151 (1950/51) 501
BEIGEL, Ersatzansprüche des vollmachtlos handelnden Architekten gegen den Bauherrn, BauR 1985, 40
BERTZEL, Der Notgeschäftsführer als Repräsentant des Geschäftsherrn, AcP 158 (1958/59) 107
BÜHLER, Grundsätze und ausgewählte Probleme der Haftung des ohne Vertretungsmacht Handelnden, MDR 1987, 985
CANARIS, Schadensersatz- und Bereicherungshaftung des Vertretenen bei Vertretung ohne Vertretungsmacht, JuS 1980, 332
CREZELIUS, Culpa in contrahendo des Vertreters ohne Vertretungsmacht, JuS 1977, 796
DIEKMANN, Die Haftung des Vertreters ohne Vollmacht (Diss Rostock 1904)

FEHRENBACH, Die Haftung bei Vertretung einer nicht existierenden Person, NJW 2009, 2173
FINKENAUER, Rückwirkung der Genehmigung, Verfügungsmacht und Gutglaubensschutz, AcP 203 (2003) 282
E FLUHME, Stellvertretung ohne Vertretungsmacht in rechtsvergleichender Darstellung (Diss Würzburg 1919)
GERHARDT, Teilweise Unwirksamkeit beim Vertragsschluß durch falsus procurator, JuS 1970, 326
HARTMANN, Vollmachtlose Vertretung in der Hauptversammlung?, DNotZ 2002, 253
HILGER, Zur Haftung des falsus procurator, NJW 1986, 2237
HOLTHAUSEN-DUX, Auslösung der Rechtswirkungen des § 177 II BGB durch den mit dem Vollzug des Vertrages beauftragten Notar?, NJW 1995, 1470

Hupka, Die Haftung des Vertreters ohne Vertretungsmacht (1903)
Jauernig, Zeitliche Grenzen für die Genehmigung von Rechtsgeschäften eines falsus procurators?, in: FS Niederländer (1991) 285
Kipp, Zur Lehre von der Vertretung ohne Vertretungsmacht, in: ReichsgerichtsFS II (1929) 273
Klimke, Fehlerhafte Gesellschaft und Vertretung ohne Vertretungsmacht, NZG 2012, 1366
M Lange, Kündigung durch Vertreter ohne Vertretungsmacht, in: FG Sandrock (1995) 243
Litterer, Vertragsfolgen ohne Vertrag (1979)
Lobinger, Rechtsgeschäftliche Verpflichtung und autonome Bindung (1999)
Lutter, Die Zulässigkeit vollmachtlosen Handelns für Gemeinden und dessen Genehmigung, MDR 1961, 361
Martinek, Der Vertreter ohne Vertretungsmacht (falsus procurator) beim Vertragsschluß, JuS 1988, 17
H Meyer, Zu § 179 BGB, Recht 1910, 695
Müller, Gesetzliche Vertretung ohne Vertretungsmacht, AcP 168 (1968) 113
Ostheim, Probleme bei Vertretung durch Geschäftsunfähige, AcP 169 (1969) 193
Peters, Überschreiten der Vertretungsmacht und Haftung des Vertretenen für culpa in contrahendo, in: FS Reinhardt (1972) 127
Petersen, Vertretung ohne Vertretungsmacht, Jura 2010, 904
Prahl, Nochmals: Auslösung der Rechtswirkungen des § 177 II BGB durch den mit dem Vollzug des Vertrags beauftragten Notar?, NJW 1995, 2968
Prölss, Vertretung ohne Vertretungsmacht, JuS 1985, 577
ders, Haftung bei der Vertretung ohne Vertretungsmacht, JuS 1986, 169
Reinicke/Tiedtke, Die Haftung des Vertreters ohne Vertretungsmacht bei Widerruf des Rechtsgeschäftes, Betrieb 1988, 1203
Schäfer, Teilweiser Vertretungsmangel. Haftung des Vertretenen unter Einschluß der Missbrauchsfälle (1997)
Schimikowski, Eigenhaftung des Stellvertreters und des Verhandlungsgehilfen, JA 1986, 345
Schippers, Vollmachtlose Vollmachtserteilung, DNotZ 1997, 683
K Schmidt, Falsus-procurator-Haftung und Anscheinsvollmacht, in: FS Gernhuber (1993) 435
Schnorbus, Die Haftung für den Vertreter ohne Vertretungsmacht in der Kreditwirtschaft, WM 1999, 197
Starck, Soll durch die Worte „nach dessen Wahl" in § 179 Abs 1 BGB das Schuldverhältnis als ein alternatives bezeichnet werden?, LZ 1918, 365
Steines, Die Haftung des Vertreters ohne Vertretungsmacht (Diss Heidelberg 1908)
Sticht, Zur Haftung des Vertretenen und des Vertreters aus Verschulden bei Vertragsschluß (Diss München 1966)
Stumpf, Kommunalrechtliche Form- und Vertretungsregeln im Privatrechtsverkehr, BayVBl 2006, 103
Van Venrooy, Zur Dogmatik von § 179 Abs 3 Satz 2 BGB, AcP 181 (1981) 220
Walter, Der falsus procurator im Wechselrecht (Diss Köln 1935)
Welser, Vertretung ohne Vollmacht (1970).

Systematische Übersicht

I.	**Der Anwendungsbereich der Vorschrift**	
1.	Sachlicher Anwendungsbereich	1
a)	Handeln und Vertretungsmacht	1
b)	Einschlägige Rechtsgeschäfte	2
2.	Persönlicher Anwendungsbereich	3
a)	Gewillkürter Stellvertreter; Organe	3
b)	Gesetzliche Vertreter	4
II.	**Das Handeln ohne Vertretungsmacht**	
1.	Voraussetzungen	5
a)	Fehlen und Überschreitung der Vertretungsmacht	5
b)	Sonstige Fälle	6
c)	Bewusstseinslage des Vertreters; Ausschluss	7
2.	Folgen des Handelns ohne Vertretungsmacht	8

III. Die Genehmigung
1. Erteilung der Genehmigung — 9
a) Wirksamkeitsvoraussetzungen und -folgen — 9
b) Genehmigung iSd § 182 — 10
2. Verweigerung der Genehmigung; Aufforderung zur Genehmigung — 12
3. Sonderprobleme der Genehmigung — 14
a) Gesamtvertretung — 14
b) Genehmigung unter Einschränkungen — 15
c) Zustimmungsbedürftige Genehmigung — 16
d) Anspruch auf Genehmigung — 17

IV. Die analoge Anwendung der §§ 177 ff
1. Unanwendbarkeit bei mittelbarer Stellvertretung — 18
2. Anwendbarkeitsfälle — 19
a) Handeln als Amtsinhaber — 19
b) Handeln für eine zu gründende juristische Person oder Personengesellschaft — 20
c) Handeln unter fremdem Namen — 21
d) Handeln eines Pseudoboten, Verschaffung eines Blanketts — 22

V. Die Rechtsstellung des Vertretenen
1. Haftung aus cic und Deliktsrecht — 23
2. Rechtsscheinsvollmacht — 26
3. Ungerechtfertigte Bereicherung und Geschäftsführung ohne Auftrag — 27

VI. Beweislast — 28

Alphabetische Übersicht

Amtsinhaber — 19
Aufforderung zur Genehmigung — 13

Beweislast — 28
Blankett — 22

cic — 23 ff

Erfüllungsgehilfen — 24

Fristgebundene Rechtsgeschäfte — 9

Genehmigung — 9 ff
– Anspruch auf Genehmigung — 17
– Aufforderung zur Genehmigung — 13
– durch schlüssiges Verhalten — 11
– Form — 10
– teilweise Genehmigung — 15
– Verweigerung der Genehmigung — 12 ff
– zustimmungsbedürftige Genehmigung — 16
Gesamtvertretung — 14
Geschäft für den, den es angeht — 18
Geschäftsführung ohne Auftrag — 27
Gesetzliche Vertreter — 4, 20, 25

Handeln unter fremdem Namen — 21

Irrtum — 7

Juristische Person — 3, 20, 25

Missbrauch der Vertretungsmacht — 5
Mittelbare Stellvertretung — 18

Organe — 3, 20, 25

Personengesellschaft — 20
Prozessvertretung — 2
Pseudobote — 22

Rechtsscheinsvollmacht — 26

Schwebende Unwirksamkeit — 8

Unerlaubte Handlung — 23, 25
Ungerechtfertigte Bereicherung — 27

I. Der Anwendungsbereich der Vorschrift

1. Sachlicher Anwendungsbereich

1 a) Die Wirkungen der Stellvertretung treten nur ein, wenn jemand innerhalb der ihm zustehenden Vertretungsmacht gehandelt hat (vgl Vorbem 16 zu §§ 164 ff). Wird ein Rechtsgeschäft im Namen eines anderen ohne entsprechende Vertretungsmacht vorgenommen, so gelten für Verträge die §§ 177–179, für einseitige Rechtsgeschäfte gilt § 180 (zur historischen Entwicklung s HKK/Schmoeckel §§ 164–181 Rn 30 f).

2 b) Die Regeln über die Vertretung ohne Vertretungsmacht sind auf **alle Arten von Verträgen** anwendbar, auch auf dingliche Verträge (RGZ 69, 263, 266; 103, 295, 303; RG WarnR 1930 Nr 92; BGH WM 1959, 63; OLG Braunschweig OLGZ 1965, 351; Bamberger/Roth/Valenthin § 177 Rn 3; BGB-RGRK/Steffen § 177 Rn 4; Erman/Maier-Reimer § 177 Rn 2; NK-BGB/Ackermann § 177 Rn 1; Soergel/Leptien § 177 Rn 13). Auch eine Auflassung durch einen Vertreter ohne Vertretungsmacht ist nicht wegen der Bedingungsfeindlichkeit der Auflassung ausgeschlossen (KGJ 22, A 146, 147; 36, A 195, 198; OLG Hamburg Recht 1938 Nr 7907; KG ZfIR 2013, 527); die Erteilung der Genehmigung einer vollmachtlosen Auflassung kann nur gegenüber dem Vertreter oder dem Gegner erfolgen, nicht gegenüber dem Grundbuchamt (BGH WM 1959, 63). Praktische Bedeutung erlangen die §§ 177 ff auch zunehmend als alternativer Gestaltungsweg zur Durchsetzung AGB-rechtlich unzulässiger Bindungsfristen (s etwa BGH NJW 2014, 854, 857 mwNw). Weil damit nur von einem gesetzlichen Gestaltungsinstrumentarium Gebrauch gemacht wird, dürfte dabei eine unzulässige Umgehung (§ 306a) zu verneinen sein. Für die *Prozessvertretung* gelten die §§ 88 und 89 ZPO (s § 180 Rn 13).

2. Persönlicher Anwendungsbereich

3 a) Neben **gewillkürten Stellvertretern** können auch **Organe juristischer Personen** ohne Vertretungsmacht handeln, sei es, dass ein vermeintlicher oder fehlerhaft bestellter Organwalter auftritt, dass ein Organwalter seine Vertretungsmacht überschreitet oder noch nach dem Erlöschen seiner Vertretungsmacht handelt (Bamberger/Roth/Valenthin § 177 Rn 9; Erman/Maier-Reimer § 177 Rn 6; MünchKomm/Schramm § 177 Rn 4; NK-BGB/Ackermann § 177 Rn 3; Palandt/Ellenberger § 177 Rn 1; PWW/Frensch § 177 Rn 3; Soergel/Leptien § 177 Rn 9; Wolf/Neuner § 51 Rn 20; Köhler NZG 2008, 161, 162 ff mwNw; Müller AcP 168, 113, 124 f; s etwa BGH FamRZ 1973, 370; OLG Nürnberg BayJMBl 1955, 65; OLG Hamm FamRZ 1972, 270; OLG Celle BB 2002, 1438). Dies gilt auch für die Organe juristischer Personen des öffentlichen Rechts – wie etwa der Gemeinden – (RGZ 104, 191, 192 f; BGHZ 6, 333; 32, 375, 381; BGH NJW 1972, 940; BayObLG Rpfleger 1969, 48; BayObLGZ 1971, 299; OLG Braunschweig OLGZ 1965, 351; OLG Frankfurt Rpfleger 1975, 177; OLG München MDR 2009, 275; Bamberger/Roth/Valenthin § 17 Rn 9; MünchKomm/Schramm § 177 Rn 4; NK-BGB/Ackermann § 177 Rn 5; Palandt/Ellenberger § 177 Rn 1; PWW/Frensch § 177 Rn 4; Soergel/Leptien § 177 Rn 10; Lutter MDR 1961, 361), wo sich ein Handeln ohne Vertretungsmacht infolge der strengen Rechtsprechung sogar verstärkt bei Missachtung landesrechtlich vorgeschriebener besonderer Förmlichkeiten (s Vorbem 27 ff zu §§ 164 ff; § 167 Rn 46 ff) ergeben kann (s etwa BGHZ 32, 375, 380 f; 147, 381, 383 ff; BGH NJW 1966, 2402, 2403; 1994, 1528; BAG NJW 1987, 1038; Bamberger/Roth/Valenthin § 177 Rn 9; NK-BGB/Ackermann § 177 Rn 5; Palandt/Ellenberger § 177 Rn 1; PWW/Frensch § 177 Rn 4; Soergel/Leptien § 177 Rn 10 mwNw). Die höchstrichterliche Rechtsprechung versagt hier freilich trotz Fehlens der Vertretungsmacht einen Anspruch aus bzw entsprechend § 179 Abs 1, der nicht anwendbar sei, wenn eine ohne entsprechende Landesgesetzgebungskompetenz (vgl Art 55 EGBGB) eingeführte öffentlich-rechtliche Formvorschrift durch ein Organ nicht beachtet werde (BGHZ 147, 381, 387 ff; vgl auch BGHZ 157, 168, 177 f; zust NK-BGB/ACKERMANN § 177 Rn 5; PALANDT/ELLENBERGER § 177 Rn 1; PWW/FRENSCH § 177 Rn 4; zu Recht krit OEBBECKE JR 2002, 282; PÜTTNER JZ 2002, 197 f und ausf STUMPF BayVBl 2006, 103).

b) Schließlich können **gesetzliche Vertreter** (s auch Vorbem 23 zu §§ 164 ff) ohne **4** Vertretungsmacht handeln (BGH FamRZ 1973, 370; BAG BB 2008, 671; OLG Hamm OLGZ 1972, 99; MÜLLER AcP 168, 113, 128 f; s iÜ die Nachw zur organschaftlichen Vertretungsmacht Rn 3), zB wenn die Inhaber der elterlichen Sorge oder Vormünder nach §§ 1795, 1629 Abs 2 im Einzelfall von der gesetzlichen Vertretung ausgeschlossen sind. Dass derartige Verträge durch Genehmigung nach § 177 wirksam werden können, bedeutet nicht, dass die gesetzliche Vertretung damit zum Gegenstand rechtsgeschäftlicher Verfügungen würde. Vielmehr kann die Genehmigung des Handelns ohne Vertretungsmacht nur durch denjenigen erfolgen, der für das fragliche Rechtsgeschäft zur gesetzlichen Vertretung berechtigt ist, also zB durch den anderen Elternteil oder durch einen Pfleger (vgl MÜLLER AcP 168, 113, 116 ff, der allerdings im Falle der Vertretung durch einen vermeintlichen Inhaber der elterlichen Sorge auch dessen Zustimmung verlangt). Das kann allerdings der Handelnde selbst sein, wenn er zwischenzeitlich gesetzlicher Vertreter geworden ist (OLG Hamm aaO; MünchKomm/SCHRAMM § 177 Rn 4; NK-BGB/ACKERMANN § 177 Rn 4).

II. Das Handeln ohne Vertretungsmacht

1. Voraussetzungen

a) Der Vertreter muss **ohne Vertretungsmacht** handeln; unerheblich ist, worauf **5** deren Fehlen beruht, ebenso für den Ausschluss der §§ 177 ff, ob sich die Vertretungsmacht aus Rechtsgeschäft, Gesetz oder anerkanntem Rechtsschein (s dazu noch Rn 26) herleitet (BGHZ 61, 59, 68 f; 86, 273, 275; BAMBERGER/ROTH/VALENTHIN § 177 Rn 4; BGB-RGRK/STEFFEN § 177 Rn 2; ERMAN/MAIER-REIMER § 177 Rn 3; Hk-BGB/DÖRNER § 177 Rn 3; JAUERNIG § 177 Rn 3–5; MünchKomm/SCHRAMM § 177 Rn 2; NK-BGB/ACKERMANN § 177 Rn 11; PALANDT/ELLENBERGER § 177 Rn 1; SOERGEL/LEPTIEN § 177 Rn 2 ff). Handeln ohne Vertretungsmacht liegt danach nicht nur vor, wenn sie von Anfang an fehlt, zB eine Bevollmächtigung *nichtig* ist, sondern auch, wenn die Vollmacht *bereits erloschen* ist. Maßgeblich hierfür ist bei der Aktivvertretung der Zeitpunkt der Abgabe, bei der Passivvertretung der Empfang der Willenserklärung, nicht des Wirksamwerdens durch die Annahme (OLG Frankfurt OLGZ 1984, 11, 12; OLG Naumburg FGPrax 1998, 1; BAMBERGER/ROTH/VALENTHIN § 177 Rn 10; ERMAN/MAIER-REIMER § 177 Rn 5; Hk-BGB/DÖRNER § 177 Rn 3; JAUERNIG § 177 Rn 1; MünchKomm/SCHRAMM § 177 Rn 11; NK-BGB/ACKERMANN § 177 Rn 11; PALANDT/ELLENBERGER § 177 Rn 1; PWW/FRENSCH § 164 Rn 48, § 177 Rn 4; SOERGEL/LEPTIEN § 177 Rn 2 und Rn 6, s aber auch Rn 5 [evtl erst Zugang]; BORK Rn 1603; FLUME § 47 Fn 1; WOLF/NEUNER § 49 Rn 38; MÜLLER-FREIENFELS 109; BOUS RNotZ 2004, 483, 491; ders Rpfleger 2006, 357 f; **aM** TEMPEL 251; STIEGELER BWNotZ 1985, 129, 134) trotz des in Abgrenzung zu § 180 auf den Vertragsschluss abstellenden Wortlautes des § 177 Abs 1. Die Grundregelung des § 164 Abs 1 hebt aber auf die Vertretungsmacht bei Abgabe der Willenserklärung ab; das entspricht auch dem Sinn der Vertretungsregelung, ferner den Regelungen der §§ 130 Abs 2, 153 und dem gebotenen Schutz des Vertreters. Erlischt die Vertretungsmacht zwischen Abgabe und Zugang an den Dritten, so ist allerdings eine entsprechende Anwendung des § 130 Abs 1 S 2 geboten, falls ein Widerruf der Vollmacht ihm gegenüber erfolgt oder nach § 173 beachtlich ist (BAMBERGER/ROTH/VALENTHIN § 177 Rn 10; MünchKomm/SCHRAMM § 177 Rn 11; NK-BGB/ACKERMANN § 177 Rn 11). – Auch das Handeln nur eines von mehreren *Gesamtvertretern* (BAMBERGER/ROTH/VALENTHIN § 177 Rn 7; ERMAN/MAIER-REIMER § 177 Rn 6 mwNw; MünchKomm/SCHRAMM § 177 Rn 9; NK-BGB/ACKERMANN § 177 Rn 12; PWW/FRENSCH § 177 Rn 4; SOERGEL/LEPTIEN § 177 Rn 7; s etwa BGH NJW 2001, 3183 mwNw; NJW 2010, 861, 862; NJW-RR 2003, 303, 304; OLG Düsseldorf NZM 2005, 909 und noch unten Rn 14) oder das *Handeln unter fremdem Namen* kann sich als Handeln ohne Vertretungsmacht darstellen (s Vorbem 21 und 91 zu §§ 164 ff sowie unten Rn 21; BGH NJW-RR 2006, 701, 702; NK-BGB/ACKERMANN § 177 Rn 6).

Ebenso kann beim **Überschreiten der Vertretungsmacht** ein Handeln ohne Vertretungsmacht gegeben sein (s § 167 Rn 89), zB wenn nur ein Teil des Rechtsgeschäfts oder nur das Handeln für einen von mehreren Vertretenen von der Vollmacht gedeckt ist. § 177 gilt dann für den nicht von Vertretungsmacht gedeckten Teil des Rechtsgeschäfts, dessen Gesamtwirksamkeit bei Verweigerung der Genehmigung nach § 139 zu beurteilen ist (BGH NJW 1970, 240; 2013, 464, 468; BAMBERGER/ROTH/VALENTHIN § 177 Rn 6; ERMAN/MAIER-REIMER § 177 Rn 3 f; MünchKomm/SCHRAMM § 177 Rn 10; NK-BGB/ACKERMANN § 177 Rn 12; SOERGEL/LEPTIEN § 177 Rn 7; KÖHLER § 11 Rn 73; ausführlich SCHÄFER 21 ff, 41 ff; GERHARDT JuS 1970, 326). – Des weiteren findet nach hier vertretener Ansicht auch im Falle des *Missbrauchs der Vertretungsmacht* ein Handeln ohne Vertretungsmacht statt (s § 167 Rn 103 mwNw, § 179 Rn 6; BAMBERGER/ROTH/VALENTHIN § 177 Rn 15; anders auf der abweichenden Grundlage des Missbrauchs namentlich SCHÄFER 79 ff, 89 ff; zur [entsprechenden] Anwendbarkeit bei auf Schmiergeld beruhenden Hauptverträgen s BGH NJW 1999, 2266, 2268; 2000, 511, 512 mwNw; PALANDT/ELLENBERGER § 177 Rn 2; krit SCHLÜTER/NELL NJW 2008, 895 und ausf NJOZ 2008, 228).

6 b) Ferner kann Handeln ohne Vertretungsmacht vorliegen, wenn jemand eine Erklärung **zugleich im eigenen und im fremden Namen** abgibt (s § 164 Rn 2) und dabei als falsus procurator für den anderen handelt. Auch dann ist § 139 einschlägig (vgl BGH NJW 1970, 240; MünchKomm/SCHRAMM § 177 Rn 10; NK-BGB/ACKERMANN § 177 Rn 12; SOERGEL/LEPTIEN § 177 Rn 7; GERHARDT JuS 1970, 326; SCHÄFER 43 ff).

Schließlich kann ein Handeln ohne Vertretungsmacht selbst durch einen Vertreter mit Vertretungsmacht erfolgen, wenn dieser von seiner Vertretungsmacht – sei es aus Unkenntnis oder bewusst – **keinen Gebrauch macht** (BGH BB 1967, 1394; BGH NJW 2009, 3792, 3793; OGHZ 1, 209; BAMBERGER/ROTH/VALENTHIN § 177 Rn 8; ERMAN/MAIER-REIMER § 167 Rn 6; Hk-BGB/DÖRNER § 177 Rn 3; JAUERNIG § 177 Rn 5; MünchKomm/SCHRAMM § 177 Rn 12; NK-BGB/ACKERMANN § 177 Rn 13; PALANDT/ELLENBERGER § 177 Rn 1; PWW/FRENSCH § 177 Rn 4; SOERGEL/LEPTIEN § 177 Rn 8; FLUME § 47 Fn 6). Entscheidend ist insoweit die Auslegung seiner Willenserklärung, die auch lediglich die Vereinbarung einer aufschiebenden Bedingung (§ 158 Abs 1) der Genehmigung durch den Vertretenen trotz an sich bestehender Vertretungsmacht ergeben kann (vgl RG JW 1937, 2036; BGH NJW 2009, 3792, 3793; BAMBERGER/ROTH/VALENTHIN § 177 Rn 8; BGB-RGRK/STEFFEN § 177 Rn 3; ERMAN/MAIER-REIMER § 177 Rn 6; MünchKomm/SCHRAMM § 177 Rn 12 f; NK-BGB/ACKERMANN § 177 Rn 13; SOERGEL/LEPTIEN § 177 Rn 8).

c) Nicht erforderlich ist es, dass der als Vertreter Auftretende oder der Dritte 7
über das Fehlen der Vertretungsmacht im *Irrtum* waren (MünchKomm/Schramm § 177
Rn 14; NK-BGB/Ackermann § 177 Rn 14;). Auf das Kennen oder Kennenmüssen des
Dritten kommt es jedoch im Zusammenhang der §§ 178 und 179 an.

Ausgeschlossen ist ein Handeln ohne Vertretungsmacht bei Rechtsgeschäften, die
keine Stellvertretung zulassen, sei es kraft Gesetzes oder aus anderen Gründen, zB
bei höchstpersönlichen Rechtsgeschäften (s Vorbem 40 f zu §§ 164 f; Bamberger/Roth/
Valenthin § 177 Rn 3; Erman/Maier-Reimer § 177 Rn 2; MünchKomm/Schramm § 177 Rn 3;
NK-BGB/Ackermann § 177 Rn 3; Soergel/Leptien § 177 Rn 14. – BGB-RGRK/Steffen § 177
Rn 2 will dies zu Unrecht nur bei gesetzlichen Vertretungsverboten annehmen).

2. Folgen des Handelns ohne Vertretungsmacht

Ein in Vertretung ohne Vertretungsmacht in fremdem Namen geschlossener *Vertrag* 8
kommt zwar durchaus zustande (Leenen, in: FS Canaris [2007] 699, 711 f), ist aber nach
§ 177 Abs 1 in seiner Verbindlichkeit für den Vertretenen **schwebend unwirksam**.
Der Schwebezustand kann durch die Genehmigung oder deren Verweigerung enden, ferner durch Zeitablauf, sei er aus einer Vereinbarung oder aus § 177 Abs 2 S 2
bzw anderen Vorschriften zu entnehmen (BGB-RGRK/Steffen § 177 Rn 10), ebenso
durch Widerruf nach § 178. Eine Bindung des Vertretenen, eine Pflicht zur Genehmigung oder klagbare Ansprüche bestehen während der Schwebezeit nicht (RGZ 98,
244; RG DR 1942, 213; BGHZ 65, 123, 126; Bamberger/Roth/Valenthin § 177 Rn 18; Erman/
Maier-Reimer § 177 Rn 11, § 184 Rn 9; Jauernig § 177 Rn 6; MünchKomm/Schramm § 177 Rn 16;
NK-BGB/Ackermann § 177 Rn 15; Bork Rn 1610; s noch Rn 17), sofern sich nicht aus einem
anderen Rechtsverhältnis zwischen den Parteien – zB einem Vorvertrag – etwas
Anderes ergibt (s Rn 17). Genehmigt der Geschäftsherr den Vertrag, so können im
auch Ansprüche gegen den Vertretenen aus dem Innenverhältnis (§ 280 Abs 1), aus
unberechtigter Geschäftsführung ohne Auftrag (§ 678) oder aus unerlaubter Handlung (§§ 823 ff) zustehen. Im Falle der Verweigerung können umgekehrt dem nach
§ 179 dem Dritten haftenden Vertreter Ansprüche gegen den Geschäftsherrn zB aus
berechtigter Geschäftsführung ohne Auftrag (§§ 683 S 1, 670) – ggf auch auf Freistellung von der Haftung nach § 179 (s Rn 17) – oder auch gem § 122 (s § 167 Rn 82)
zustehen.

III. Die Genehmigung

1. Erteilung der Genehmigung

a) Die Genehmigung des Vertretenen lässt den Vertrag gemäß § 184 Abs 1 **von** 9
Anfang an wirksam werden (OLG Stuttgart NJW 1973, 629); die §§ 164 ff werden in
vollem Umfang anwendbar, als habe der Vertreter bei Vertragsschluss Vertretungsmacht gehabt. Damit können insbesondere auch die Regeln des § 166 eingreifen
(s § 166 Rn 3; RGZ 68, 376; 161, 161; RG JW 1937, 2515; BGH NJW 1982, 1585, 1586; 1992, 899, 900;
2000, 2272, 2273 mwNw; Bamberger/Roth/Valenthin § 177 Rn 30; BGB-RGRK/Steffen § 177
Rn 11; Erman/Maier-Reimer § 177 Rn 20 f; MünchKomm/Schramm § 177 Rn 43; NK-BGB/
Ackermann § 177 Rn 17; Palandt/Ellenberger § 177 Rn 8; Soergel/Leptien § 177 Rn 28;
Schilken 78 f; diff Prölss JuS 1985, 577, 584); insoweit gilt § 166 Abs 1 unmittelbar, § 166
Abs 2 analog (Bamberger/Roth/Valenthin § 177 Rn 30; MünchKomm/Schramm § 177 Rn 43;

NK-BGB/Ackermann § 177 Rn 17; Soergel/Leptien § 177 Rn 28; Wolf/Neuner § 51 Rn 3; Schilken 78 f mwNw). Für den Vertreter bleibt dabei der Zeitpunkt des Vertragsschlusses maßgeblich, während es für das Wissen(müssen) des Vertretenen iS des § 166 Abs 2 auf den Zeitpunkt der Genehmigung ankommt (MünchKomm/Schramm § 177 Rn 43; NK-BGB/Ackermann § 177 Rn 17 Fn 47; Soergel/Leptien § 177 Rn 28; Schilken 78 f). – Voraussetzung ist allerdings, dass **keine anderen Wirksamkeitshindernisse** (etwa Geschäftsunfähigkeit, Formnichtigkeit, Gesetzes- oder Sittenwidrigkeit) bestanden (RGZ 121, 14, 18); die heilende Kraft bezieht sich nur auf das Fehlen der Vertretungsmacht (RGZ 150, 385, 387; KG OLGE 43, 210; Bamberger/Roth/Valenthin § 177 Rn 31; Erman/Maier-Reimer § 177 Rn 19; MünchKomm/Schramm § 177 Rn 43; NK-BGB/Ackermann § 177 Rn 16; PWW/Frensch § 177 Rn 7; Soergel/Leptien § 177 Rn 29; Brox/Walker Rn 595). Keinen Einfluss hat die Rückwirkung auf den Beginn der Verjährungsfrist, für die der Zeitpunkt der Genehmigung maßgeblich ist (RGZ 65, 245; 75, 114; Bamberger/Roth/Valenthin § 177 Rn 32; Erman/Maier-Reimer § 177 Rn 21; MünchKomm/Schramm § 177 Rn 46; NK-BGB/Ackermann § 177 Rn 18), sowie den Eintritt des Verzuges (Bamberger/Roth/Valenthin § 177 Rn 32; Erman/Maier-Reimer § 177 Rn 21; MünchKomm/Schramm § 177 Rn 46; NK-BGB/Ackermann § 177 Rn 18;). Die Auswirkungen während der Schwebezeit eingetretener *öffentlich-rechtlicher Beschränkungen* ist nach deren Bedeutung zu entscheiden (Erman/Maier-Reimer § 177 Rn 21; MünchKomm/Schramm § 177 Rn 44; NK-BGB/Ackermann § 177 Rn 18; Soergel/Leptien § 177 Rn 29; vgl KG DR 1941, 1902).

Bei **fristgebundenen Rechtsgeschäften** muss nach dem Zweck der Befristung durch Auslegung ermittelt werden, ob die Genehmigung innerhalb der Frist erteilt werden muss (Erman/Maier-Reimer § 177 Rn 21; MünchKomm/Schramm § 177 Rn 45; NK-BGB/Ackermann § 177 Rn 19). Das gilt insbes für Ausschlussfristen (BGHZ 32, 375, 383; zu Nachfristsetzungen s BGHZ 114, 360, 366; 143, 41, 46; BGH NJW 1998, 3058, 3059 f; NJW-RR 2003, 303, 304). Umstritten ist, ob bei befristeten Vertragsangeboten die Genehmigung der Annahmeerklärung des Vertreters ohne Vertretungsmacht innerhalb der Frist erfolgen muss (so die hM, s BGH JR 1974, 18 m zust Anm Berg; Bamberger/Roth/Valenthin § 177 Rn 25; BGB-RGRK/Steffen § 177 Rn 10; MünchKomm/Schramm § 177 Rn 45; NK-BGB/Ackermann § 177 Rn 19; Palandt/Ellenberger § 177 Rn 6; PWW/Frensch § 177 Rn 6). Abgesehen von den Möglichkeiten des Geschäftsgegners aus §§ 177 Abs 2, 178, mit denen er die mit der Fristsetzung bezweckte Klarheit erreichen kann, spricht auch gerade dessen Interesse für die Möglichkeit einer Genehmigung nach Fristablauf; war ihm der Mangel bekannt, so kann er noch gemäß § 177 Abs 2 vorgehen und ist iÜ nicht schützenswert. Wenn hinsichtlich der Genehmigungsfrist nichts anderes bestimmt ist, ist deshalb die Genehmigung nach Fristablauf zulässig (Erman/Maier-Reimer § 177 Rn 21; ausf Staudinger/Gursky § 184 Rn 21 mwNw; Jauernig 285 ff; Schubert JR 1974, 415 f).

10 b) Die **Genehmigung** unterliegt den Regeln der §§ 182 ff; sie kann ausdrücklich oder stillschweigend (s noch Rn 11) erteilt werden. Anders als bei ausdrücklicher Genehmigung (BGHZ 47, 341, 351 f; BGH WM 1967, 1164, 1165; NJW 1998, 1857, 1859; KGR 2006, 245, 246) muss sie bei schlüssigem Verhalten freilich auch aus Sicht des Adressaten im Bewusstsein möglicher schwebender Unwirksamkeit des Geschäfts erfolgen (RGZ 118, 335; BGHZ 47, 341, 351; BGH NJW 1988, 1199, 1200; 1989, 1928, 1929; NJW 2002, 2863, 2864; 2003, 2325, 2327; 2005, 1488, 1490; DB 2005, 490, 491, st Rspr; Bamberger/Roth/Valenthin 177 Rn 21; MünchKomm/Schramm § 177 Rn 26; Palandt/Ellenberger § 177 Rn 6; PWW/Frensch § 177 Rn 6; Eisenhardt Rn 449; Pikart WM 1959, 343) und auch mit dem rechtsgeschäftlichen Willen, den Vertrag zur Geltung zu bringen (BAMBERGER/ROTH/ VALENTHIN § 177 Rn 21; BGB-RGRK/STEFFEN § 177 Rn 8; ERMAN/MAIER-REIMER § 177 Rn 14; PWW/FRENSCH § 177 Rn 6; ausf STAUDINGER/GURSKY § 182 Rn 17 ff mwNw; EISENHARDT Rn 449; HIRSCH Rn 1063; SCHMIDT Rn 883; WOLF/NEUNER § 51 Rn 4; **abl** im Hinblick auf die Rechtsprechung zum schlüssigen Verhalten ohne Erklärungsbewusstsein [vgl BGHZ 109, 171, 177 uö] Münch-Komm/SCHRAMM § 177 Rn 26; NK-BGB/ACKERMANN § 177 Rn 22; PALANDT/ELLENBERGER § 177 Rn 6; SOERGEL/LEPTIEN § 177 Rn 24; iE auch MEDICUS Rn 977); insofern geht es nicht um das allgemeine Erfordernis eines Erklärungsbewusstseins, sondern um eine auf das schwebend unwirksame Geschäft bezogene Willensäußerung. Rechtstechnische Einzelheiten braucht sich der Genehmigende aber nicht vorgestellt zu haben. Soll ein Verfügungsgeschäft genehmigt werden, so bedarf es für die Wirksamkeit der Verfügung des falsus procurator einer Verfügungsmacht des Vertretenen, die wegen der Rückwirkung der Genehmigung nach Maßgabe des § 184 entgegen hM aber nicht unbedingt noch bei Genehmigungserteilung bestehen muss, sofern sie nämlich zur Zeit des zu genehmigenden Geschäfts vorgelegen hat (s näher STAUDINGER/GURSKY § 185 Rn 20 mwNw; ausführlich FINKENAUER AcP 203 [2003] 282 ff mwNw).

Hinsichtlich der zwar grundsätzlich nicht gebotenen **Form** (vgl § 167 Rn 23) sind auch für § 182 Abs 2 aufgrund teleologischer Reduktion im Rahmen des § 177 diejenigen Einschränkungen zu beachten, die entgegen § 167 Abs 2 (s dort Rn 18 ff) ausnahmsweise zur Formbedürftigkeit der Vollmacht führen (OLG München DNotZ 1951, 31; OLG Saarbrücken OLGZ 1968, 3, 6; AK-BGB/OTT § 182 Rn 4; BGB-RGRK/STEFFEN § 177 Rn 6; NK-BGB/ACKERMANN § 177 Rn 24; BREHM Rn 481; FLUME § 54 6 b; HÜBNER Rn 1305; KÖHLER § 11 Rn 66; MEDICUS Rn 976 [„eher noch stärker"]; SCHMIDT Rn 882; MÜLLER-FREIENFELS 281; THIELE 136; EINSELE DNotZ 1996, 835; GÖHLER BWNotZ 1985, 61; HÄNLEIN JuS 1990, 737, 738; KANNOWSKI, in: FS Leipold [2009] 1083, 1087 f; PETERSEN Jura 2010, 904, 905). Die Genehmigung führt im Gegensatz zur Vollmacht sogar zur unmittelbaren Bindung des Vertretenen, sodass ggf der Schutzzweck der Formvorschrift (zB § 311b [§ 313 aF]) unmittelbar eingreift; darauf, ob im Einzelfall der Vertrag dem Vertretenen vorliegt und sich dann die Warn- und Schutzfunktion „über den Vertreter zugunsten des Vertretenen auswirkt", kann es nicht ankommen, weil damit nicht die Genehmigung selbst von der schützenden Form erfasst wird (**aA** die hM, BGH NJW 1994, 1344 mwNw = JZ 1995, 97 mAnm DILCHER und Anm WIELING LM § 183 Nr 5; BGH NJW 1998, 1482, 1484; 1998, 1857, 1858; BAMBERGER/ROTH/VALENTHIN § 177 Rn 20; ERMAN/MAIER-REIMER § 177 Rn 13, § 182 Rn 4 ff; Hk-BGB/DÖRNER § 177 Rn 5; JAUERNIG § 177 Rn 6; MünchKomm/SCHRAMM § 177 Rn 38, § 182 Rn 15 ff; PALANDT/ELLENBERGER § 177 Rn 7; SOERGEL/LEPTIEN § 177 Rn 23, § 182 Rn 5; ausf STAUDINGER/GURSKY § 182 Rn 27 mwNw; BITTER § 10 Rn 90 f; BOECKEN Rn 668; GRIGOLEIT/HERRESTHAL Rn 422; HIRSCH Rn 1062; RÜTHERS/STADLER § 32 Rn 3; WOLF/NEUNER § 51 Rn 6 f; HAGEN, in: FS Schippel [1996] 173, 181 ff; HOFFMANN DNotZ 1983, 709 f; PRÖLSS JuS 1985, 577, 585; WUFKA DNotZ 1990, 339, 343 f; einschränkend PWW/FRENSCH § 182 Rn 6).

Erklärt werden kann die Genehmigung, sofern keine Aufforderung erfolgt ist **10a** (s Rn 13), gemäß § 182 Abs 1 sowohl gegenüber dem Vertreter als auch gegenüber dem Dritten (BGH WM 1959, 63; OLG Düsseldorf BB 2006, 1246, 1247) oder einer von ihm entsprechend bevollmächtigten Person. Zuständig für die Genehmigung ist der vertretene Geschäftsherr (NK-BGB/ACKERMANN § 177 Rn 20; SOERGEL/LEPTIEN § 177 Rn 23; zur Zuständigkeit bei der AG [nach § 78 Abs 1 AktG der Vorstand, im Falle des § 112 AktG der Aufsichtsrat; s dazu CAHN, in FS Hoffmann-Becking, 2013, 247 ff] s BGH WM 1971, 1502; KG NZG 2007, 312; SOERGEL/LEPTIEN § 177 Rn 23; NÄGELE/BÖHM BB 2005, 2197 mwNw; zur KGaA s

BGH DB 2005, 490, 491 mwNw, zur GbR BGH NJW 2009, 861, 862). Die Genehmigungserklärung kann aber auch durch einen Stellvertreter, sogar durch einen Vertreter ohne Vertretungsmacht abgegeben werden (BGB-RGRK/Steffen § 177 Rn 9), auch durch den vorher handelnden Vertreter selbst nach Erlangung von Vertretungsmacht (BGH WM 1960, 611, 612; NJW 1981, 1213 f; NJW-RR 1994, 291, 293; OLG Hamm FamRZ 1972, 270; OLG Frankfurt BB 1980, 10; Bamberger/Roth/Valenthin § 177 Rn 26; BGB-RGRK/Steffen § 177 Rn 9; Erman/Maier-Reimer § 177 Rn 18; MünchKomm/Schramm § 177 Rn 24; NK-BGB/Ackermann § 177 Rn 20; Palandt/Ellenberger § 177 Rn 6; PWW/Frensch § 177 Rn 6; Mock JuS 2008, 486, 488 f; aA Müller AcP 168, 113, 128 ff für Fälle gesetzlicher Vertretung im Hinblick auf § 181), obwohl es an einer dem § 108 Abs 3 entsprechenden Regelung fehlt; der Rechtsgedanke passt aber auch hier (vgl auch § 185 Abs 2) und Interessen der Vertretenen stehen nicht entgegen. Nach dem Tod des Vertretenen geht das Genehmigungsrecht auf seine Erben über (OLG Hamm Rpfleger 1979, 17; Bamberger/Roth/Valenthin § 177 Rn 26; Erman/Maier-Reimer § 177 Rn 18; MünchKomm/Schramm § 177 Rn 24; NK-BGB/Ackermann § 177 Rn 20; Palandt/Ellenberger § 177 Rn 6; Soergel/Leptien § 177 Rn 23). Die einmal erteilte Genehmigung unterliegt nicht dem Widerruf, kann aber nach §§ 119 ff anfechtbar sein (MünchKomm/Schramm § 177 Rn 35, § 182 Rn 32; NK-BGB/Staffhorst § 182 Rn 40 f; Staudinger/Gursky § 184 Rn 14, jew mwNw, allgM).

11 Grundsätzlich (s schon Rn 10) genügt eine Erklärungsabgabe durch **schlüssiges Verhalten** (BGH NJW 1951, 795; 1967, 1711, 1714; 1988, 1199, 1200; BauR 2005, 1628, 1630, stRpr; Bamberger/Roth/Valenthin § 177 Rn 21; Erman/Maier-Reimer § 177 Rn 14, § 182 Rn 8 f; Hk-BGB/Dörner § 177 Rn 5; MünchKomm/Schramm § 177 Rn 24 ff mwNw; NK-BGB/Ackermann § 177 Rn 22 f; Palandt/Ellenberger § 177 Rn 6; PWW/Frensch § 177 Rn 6; Soergel/Leptien § 177 Rn 24 mwNw; Tempel 252; Prölss JuS 1985, 577, 585). Sie muss sich auf das gewollte Rechtsgeschäft beziehen, bei Kenntnis irrtümlicher Falschbezeichnung auf den wirklichen Vertragsgegenstand (OLG Düsseldorf NJW-RR 1995, 784). Die Tatsache, dass der Vertretene dem vollmachtlosen Vertreter die nach dem Rechtsgeschäft zu liefernde Ware zur Verfügung stellt, bedeutet jedoch noch keine Genehmigung (BGH NJW 1961, 1763). Auch die Genehmigung des Innenverhältnisses gem § 684 S 2 schließt nicht notwendig die des Außenverhältnisses nach § 177 ein (RG HRR 1935 Nr 103; Bamberger/Roth/Valenthin § 177 Rn 21; BGB-RGRK/Steffen § 177 Rn 7; MünchKomm/Schramm § 177 Rn 33), wohl idR die bejahende Antwort auf die Frage des Geschäftsgegners, ob das Geschäft in Ordnung gehe (RGZ 145, 87, 93; Bamberger/Roth/Valenthin § 177 Rn 21; etwas enger MünchKomm/Schramm § 177 Rn 31 mwNw; krit auch Soergel/Leptien § 177 Rn 24); auch bei Handeln eines Ehegatten als vollmachtlosen Vertreters des anderen sind an eine stillschweigende Genehmigung keine strengen Anforderungen zu stellen (vgl OLG Karlsruhe VersR 1992, 1363 f). Einfaches *Stillschweigen* des Vertretenen ist jedenfalls grundsätzlich nicht als Genehmigung zu bewerten (BGH NJW 1951, 398; 1967, 1039, 1040; WM 1957, 1030; 1960, 611; 1963, 457; Betrieb 1963, 896; 1976, 1573; Bamberger/Roth/Valenthin § 177 Rn 22; Erman/Maier-Reimer § 182 Rn 12; MünchKomm/Schramm § 177 Rn 29; NK-BGB/Ackermann § 177 Rn 23; Soergel/Leptien § 177 Rn 24); jedoch kann auch Schweigen, namentlich im Bereich des Handelsrechts zB gem §§ 75h, 91a HGB (s etwa BGH BB 2006, 405 mwNw), als *beredtes Schweigen* Erklärungswert haben (BGH NJW 1990, 386 und 1601; OLG Hamburg OLGR 2008, 5; Bamberger/Roth/Valenthin § 177 Rn 22; BGB-RGRK/Steffen § 177 Rn 7; Erman/Maier-Reimer § 182 Rn 12; MünchKomm/Schramm § 177 Rn 28 ff; NK-BGB/Ackermann § 177 Rn 23; Palandt/Ellenberger § 177 Rn 6; Soergel/Leptien § 177 Rn 24; ausf Staudinger/Gursky § 182 Rn 9 ff mwNw; Prölss JuS 1985, 577, 583).

2. Verweigerung der Genehmigung; Aufforderung zur Genehmigung

Die **Verweigerung der Genehmigung** führt zur Unwirksamkeit des Rechtsgeschäfts **12** von Anfang an (BayObLG NJW 1962, 2253, 2256). Eine solche Verweigerung ist als Erklärung mit Gestaltungswirkung unwiderruflich (RAG SeuffA 89 Nr 139; BGHZ 13, 179, 187; BGB-RGRK/Steffen § 177 Rn 12; Erman/Maier-Reimer § 177 Rn 22; MünchKomm/Schramm § 177 Rn 47; NK-BGB/Ackermann § 177 Rn 26; Palandt/Ellenberger § 177 Rn 5, § 182 Rn 4 mwNw; PWW/Frensch § 177 Rn 8; **aA** Prahl NJW 1995, 2968 f); sie kann allerdings als Willenserklärung *anfechtbar* sein (Bamberger/Roth/Valenthin § 177 Rn 33; Erman/Maier-Reimer § 177 Rn 22; MünchKomm/Schramm § 177 Rn 47; Soergel/Leptien § 177 Rn 31; Staudinger/Gursky § 182 Rn 45). Das Recht zur Verweigerung besteht auch dann noch, wenn bereits Erfüllungshandlungen vorgenommen worden sind (BGH NJW 1961, 1763). Jedoch kann eine *Verwirkung* ausnahmsweise nach Treu und Glauben der Verweigerung entgegenstehen, ebenso umgekehrt uU das Genehmigungsrecht verwirkt sein (Bamberger/Roth/Valenthin § 177 Rn 24; NK-BGB/Ackermann § 177 Rn 26).

Hat der andere Teil den Vertretenen **aufgefordert**, sich über die Genehmigung zu **13** erklären, so bewirkt dies gem § 177 Abs 2 S 1 einmal, dass die Erklärung über das schwebend unwirksame Rechtsgeschäft nur noch ihm gegenüber erfolgen kann und frühere, gegenüber dem Vertreter abgegebene Erklärungen – sei es eine Genehmigung oder deren Verweigerung – hierzu unwirksam werden. Außerdem wird für die sonst unbefristete Genehmigung gem § 177 Abs 2 S 2 eine Erklärungsfrist von zwei Wochen ab Empfang, dh Zugang in Gang gesetzt, deren ungenutztes Verstreichen als fiktive Ablehnung wirkt. Die Frist kann im beiderseitigen Einverständnis von Vertretenem und Drittem verändert werden (RG HRR 1937 Nr 786; OLG Zweibrücken Rpfleger 2002, 261; BGB-RGRK/Steffen § 177 Rn 15; MünchKomm-BGB/Schramm § 177 Rn 21; NK-BGB/Ackermann § 177 Rn 31; Palandt/Ellenberger § 177 Rn 5; Soergel/Leptien § 17 Rn 32). Auch kann der Dritte, dessen Schutz die gesetzliche Regelung dient, einseitig eine längere Frist setzen (Bamberger/Roth/Valenthin § 177 Rn 35; Erman/Maier-Reimer § 177 Rn 24; MünchKomm/Schramm § 177 Rn 21; NK-BGB/Ackermann § 177 Rn 31; Soergel/Leptien § 177 Rn 32). Eine *Aufforderung zur Genehmigung,* auf die als rechtsgeschäftsähnliche Handlung die Regeln über empfangsbedürftige Willenserklärungen entsprechend anzuwenden sind (Bamberger/Roth/Valenthin § 177 Rn 34; MünchKomm/Schramm § 177 Rn 19; NK-BGB/Ackermann § 177 Rn 26; PWW/Frensch § 177 Rn 11; Schramm WuB 2005, 215; Boecken Rn 670; Bork Rn 1611; Köhler § 11 Rn 66b; Schmidt Rn 887), muss eindeutig erfolgen, kann aber ergebnisoffen dahin gehen, sich über die Genehmigung des Vertrages zu erklären (BGHZ 145, 44, 47 ff; OLG Zweibrücken Rpfleger 2002, 261; Schramm WuB 2005, 215). Sie liegt jedenfalls nicht ohne weiteres bereits in der Mitteilung des Vertragspartners über den Abschluss des Vertrages mit dem vollmachtlosen Vertreter (MünchKomm/Schramm § 177 Rn 19; NK-BGB/Ackermann § 177 Rn 30; Soergel/Leptien § 177 Rn 32; vgl BGH BB 1967, 902 f: evtl aber kaufmännisches Bestätigungsschreiben) und idR auch nicht in der Übersendung einer vorgefertigten Genehmigungserklärung durch den mit dem Vollzug des Vertrages beauftragten Notar, zumal auch dessen Vollmacht zur Genehmigungsaufforderung zweifelhaft erscheint (BGH EWiR 2001, 361 [Heckschen]; OLG Naumburg MittRhNotK 1994, 315 m zust Anm Baumann; OLG Frankfurt MDR 2000, 444 mwNw; Erman/Maier-Reimer § 177 Rn 23; MünchKomm/Schramm § 177 Rn 21; NK-BGB/Ackermann § 177 Rn 30; Palandt/Ellenberger § 177 Rn 5; Holthausen/Dux NJW 1995, 470; **aA** aber OLG Köln NJW 1995, 1499; Brehm Rn 483; Soergel/Leptien Rn 32; Prahl NJW 1995, 2968). Erfolgt der Abschluss des Vertretergeschäftes mit mehreren Personen, so müssen diese im Zweifel alle an der Aufforderung mitwirken (BGH NJW 2004, 2382, 2383 mAnm RIMMELSPACHER/BOLKART LMK 2004, 170 und SCHRAMM WuB 2005, 215; ERMAN/ MAIER-REIMER § 177 Rn 23; MünchKomm/SCHRAMM § 177 Rn 19 mwNw; PWW/FRENSCH § 177 Rn 11). Eine Aufforderung zur Genehmigung ist ausgeschlossen, wenn sich (s § 167 Rn 35) der Vertragspartner nach Treu und Glauben nicht auf eine Unwirksamkeit der Vollmacht berufen kann (BGH NJW 2012, 3424, 3426 mAnm SCHILKEN LMK 2013, 342329).

3. Sonderprobleme der Genehmigung

14 a) Im Falle einer **Gesamtvertretung** (s § 167 Rn 51 ff und oben Rn 5) wurde ursprünglich verlangt, dass die Genehmigung derjenigen Gesamtvertreter, die bei dem Rechtsgeschäft des vollmachtlos handelnden Vertreters nicht mitgewirkt hatten, gegenüber dem Vertragsgegner erklärt werden müsse. Später wurde jedoch zu Recht zugelassen, dass die Genehmigungen der nicht beteiligten Gesamtvertreter *intern*, und sei es durch schlüssiges Verhalten, gegenüber dem handelnden Gesamtvertreter erklärt werden können (s ausführlich § 167 Rn 54; BAMBERGER/ROTH/VALENTHIN § 177 Rn 27; ERMAN/MAIER-REIMER § 177 Rn 19; NK-BGB/ACKERMANN § 177 Rn 25; SOERGEL/LEPTIEN § 177 Rn 27; SCHÄFER 50; s aber auch BGH NJW 2010, 861, 862). § 177 greift auch ein, wenn einer der am Rechtsgeschäft mitwirkenden Gesamtvertreter geschäftsunfähig war (OLG Hamm NJW 1967, 1041; OSTHEIM AcP 169, 201 ff).

15 b) Die Genehmigung darf den Inhalt des Rechtsgeschäfts nicht verändern; eine **Teilgenehmigung** ist idR ausgeschlossen (RG WarnR 1916 Nr 218; OLG Hamburg OLGR 2008, 597, 598; STAUDINGER/GURSKY § 184 Rn 12 mwNw; s auch BGH NJW 1987, 130 für Verfahrenshandlungen; dazu krit FENGER NJW 1987, 1183). Erfolgt aber eine nur teilweise Genehmigung des schwebend unwirksamen Rechtsgeschäfts, so ist deren Wirkung auf das Gesamtrechtsgeschäft bei Teilbarkeit nach § 139 zu beurteilen (OLG Hamm DNotZ 2002, 266, 268; OLG Hamburg aaO; BAMBERGER/ROTH/VALENTHIN § 177 Rn 23; ERMAN/ MAIER-REIMER § 177 Rn 16; MünchKomm/SCHRAMM § 177 Rn 40; NK-BGB/ACKERMANN § 177 Rn 25; PALANDT/ELLENBERGER § 177 Rn 6; PWW/FRENSCH § 177 Rn 7; SOERGEL/LEPTIEN § 177 Rn 26; STAUDINGER/GURSKY § 184 Rn 12 mwNw; BORK Rn 1607; EISENHARDT Rn 451; ENNECCERUS/NIPPERDEY § 183 Fn 7; SCHÄFER 30). Eine Genehmigung unter *Einschränkungen* ist wie eine teilweise Genehmigung zu bewerten, wenn sie einen Teil des abgeschlossenen Rechtsgeschäfts erfasst, also nach § 139 zu beurteilen; freilich ist auch zu prüfen, ob die Frage der Genehmigung damit bereits endgültig entschieden werden sollte (vgl RG HRR 1926 Nr 138; BAMBERGER/ROTH/VALENTHIN § 177 Rn 23). Eine über das abgeschlossene Rechtsgeschäft hinausreichende Genehmigung führt im Zweifel zur Wirksamkeit des zu genehmigenden Vertrages, es sei denn, sie bedeutet iSd § 150 Abs 2 eine Erweiterung des Inhalts der eigentlichen Vertragserklärung (vgl MünchKomm/SCHRAMM § 177 Rn 41 mwNw).

16 c) Bedarf die Genehmigung als einseitiges Rechtsgeschäft der **Zustimmung** eines Dritten, zB eines Gerichts, so gelten die Vorschriften der §§ 111, 180, 1367, 1643 Abs 3, 1831 (BAMBERGER/ROTH/VALENTHIN § 177 Rn 29; MünchKomm/SCHRAMM § 177 Rn 34; NK-BGB/ACKERMANN § 177 Rn 25).

Ist der Genehmigende beschränkt geschäftsfähig, so richtet sich die Wirksamkeit nach den §§ 107, 111 S 1; die Genehmigung ist wirksam, wenn das Vertretergeschäft rechtlich vorteilhaft oder neutral ist.

d) Sofern ein vollmachtloser Vertreter im Innenverhältnis als **Geschäftsführer** **17** **ohne Auftrag** gehandelt hat, ersetzt das auch bei berechtigter GoA nicht die fehlende Vertretungsmacht (Bamberger/Roth/Valenthin § 177 Rn 11; Soergel/Leptien § 177 Rn 3). Der BGH (NJW 1951, 398) gewährt ihm auch einen Anspruch auf Genehmigung der Geschäftsführung nur in den Fällen der §§ 679 und 680. Im Übrigen ist der Geschäftsherr nicht schon deswegen zur Genehmigung verpflichtet, weil in seinem Interesse gehandelt wurde (Bamberger/Roth/Valenthin § 177 Rn 11; BGB-RGRK/Steffen § 177 Rn 13; MünchKomm/Schramm § 177 Rn 33; NK-BGB/Ackermann § 177 Rn 16; Palandt/Ellenberger § 177 Rn 4; PWW/Frensch § 177 Rn 9; Soergel/Leptien § 177 Rn 9; Bork Rn 1637; Hübner Rn 1319). Unberührt bleibt ein Aufwendungsersatzanspruch gem § 683, der auch den aus § 179 resultierenden Schaden umfassen und damit zu einer Freistellung im Innenverhältnis führen kann (BGH JR 1953, 422; BGB-RGRK/Steffen § 177 Rn 4; Soergel/Leptien § 17 Rn 9), ebenso ein evtl Anspruch aus Nebenpflichtverletzung.

Allerdings wird im Falle einer Genehmigung des Vertreterhandelns nach § 177 im Zweifel auch eine Genehmigung der Geschäftsführung ohne Auftrag gem § 684 S 2 anzunehmen sein (BGH ZIP 1985, 529, 536; MünchKomm/Schramm § 177 Rn 33; Rn 43; NK-BGB/Ackermann § 177 Rn 16; Soergel/Leptien § 177 Rn 31; Bork Rn 1638; Enneccerus/Nipperdey § 183 I 1; Tebben DNotZ 2005, 173 176).

Die vor allem von Bertzel (AcP 158, 148 und NJW 1962, 2282; ausführlich ders, Der Notgeschäftsführer als Repräsentant des Geschäftsherrn [Diss 1958, 2. Aufl 2000]) vertretene These, im Falle der *Notgeschäftsführung* müsse dem Geschäftsführer gesetzliche Vertretungsmacht (vgl Vorbem 24 zu §§ 164 ff) zugebilligt werden, ist abzulehnen. Aus dem Innenverhältnis können keine so weit reichenden Schlüsse auf das Außenverhältnis gezogen werden (NK-BGB/Ackermann § 177 Rn 16; PWW/Frensch § 177 Rn 9; Bork Rn 1637; Olschewski NJW 1972, 346; Berg NJW 1972, 1118; Petersen Jura 2003, 310, 312; **aM** LG Saarbrücken NJW 1971, 1894; Bamberger/Roth/Valenthin § 177 Rn 11; Palandt/Ellenberger § 177 Rn 4; Soergel/Leptien § 177 Rn 9; StudKomm § 177 Rn 2; vgl auch BGH NJW 1951, 398).

Wohl kann sich aus anderen, zB vorvertraglichen Beziehungen eine Verpflichtung des Vertretenen gegenüber dem Dritten zur Genehmigung des Vertretergeschäftes ergeben (vgl schon Rn 8), sodass eine Verweigerung der Genehmigung gegen Treu und Glauben verstößt und bei deshalb fortbestehender Genehmigungspflicht der Schwebezustand andauert (BGH NJW 1990, 508, 509; Bamberger/Roth/Valenthin § 177 Rn 29; MünchKomm/Schramm § 177 Rn 43, Rn 48; NK-BGB/Ackermann § 177 Rn 15; PWW/Frensch § 177 Rn 10; Bork Rn 1610 Fn 277, Rn 1637; Schmidt DNotZ 1990, 708, 709). Insbesondere in den Fällen der wegen Verstoßes gegen das RBerG aF sogar gem § 134 unwirksamen Vollmacht spielt dieser Gesichtspunkt nach der Lösung des BGH eine wichtige Rolle (s dazu § 167 Rn 33 mwNw; ausf PWW/Frensch § 177 Rn 10 mwNw).

IV. Die analoge Anwendung der §§ 177 ff

1. Unanwendbarkeit bei mittelbarer Stellvertretung

In den Fällen **mittelbarer Stellvertretung** (s Vorbem 42 ff zu §§ 164 ff) können die Regeln **18** der §§ 177 ff keine Anwendung finden (NK-BGB/Ackermann § 177 Rn 3; PWW/Frensch

§ 177 Rn 3). Als mittelbare Stellvertretung kann auch das *Geschäft für den, den es angeht* aufgefasst werden, wenn der Vertreter sein Vertreterhandeln nicht offen gelegt hat. Sofern das Geschäft für den, den es angeht, als Fall der unmittelbaren Stellvertretung bewertet wird (s Vorbem 53 zu §§ 164 ff), können die §§ 177 ff eingreifen (PWW/Frensch § 177 Rn 3).

2. Anwendbarkeitsfälle

19 a) Eine **analoge Anwendung der §§ 177 ff** kann stattfinden, wenn jemand als **Amtsinhaber** (s Vorbem 57 ff zu §§ 164 ff) gehandelt hat, ohne dass ihm – wissentlich oder unwissentlich – das ausgeübte Amt zustand (RGZ 80, 416; Bamberger/Roth/Valenthin § 177 Rn 17; BGB-RGRK/Steffen § 177 Rn 3; Erman/Maier-Reimer § 177 Rn 8; MünchKomm/Schramm § 177 Rn 5; NK-BGB/Ackermann § 177 Rn 10; Palandt/Ellenberger § 177 Rn 2; PWW/Frensch § 177 Rn 5; Soergel/Leptien § 177 Rn 11; Müller JZ 1981, 370, 371 f). Entsprechendes gilt auch, wenn der nicht berechtigte Inhaber des verwalteten Vermögens einen hierauf bezogenen Vertrag schließt (MünchKomm/Schramm § 177 Rn 5; NK-BGB/Ackermann § 177 Rn 10).

20 b) Auch das **Handeln für eine (noch) nicht existierende juristische Person oder Personengesellschaft** – namentlich im Gründungsstadium – und ebenso dasjenige für eine bereits durch Abschluss des Gesellschaftsvertrages gegründete, aber noch nicht entstandene juristische Person oder Personengesellschaft (Vorgesellschaft) kann iSd § 177 in Vertretung ohne Vertretungsmacht erfolgen und insbesondere die Haftung entsprechend § 179 Abs 1 nach sich ziehen (BGHZ 63, 45, 48; 69, 95, 100; 91, 148, 152; BGH WM 1968, 891; NJW 1973, 798 mAnm K Schmidt NJW 1973, 1595; OLG Hamm NJW-RR 1987, 1109, 1110; Bamberger/Roth/Valenthin § 177 Rn 16; Erman/Maier-Reimer § 177 Rn 9, § 179 Rn 23 MünchKomm/Schramm § 177 Rn 7; NK-BGB/Ackermann § 177 Rn 9; Palandt/Ellenberger § 177 Rn 3; PWW/Frensch § 177 Rn 5; Soergel/Leptien § 177 Rn 12; Flume § 47 1 und FS Geßler [1971] 3, 20 f; s iÜ § 179 Rn 22 f mwNw). Bei der Vorgesellschaft ist die Rechtsprechung zu berücksichtigen (BGHZ 80, 129 und 182; BGH NJW 1982, 932, 933 uö; s Bamberger/Roth/Valenthin § 177 Rn 16; NK-BGB/Ackermann § 177 Rn 9, jew mwNw), nach der die Verpflichtungen der Vorgesellschaft unter bestimmten Voraussetzungen mit Erlangung der Rechtsfähigkeit automatisch auf die juristische Person übergehen, während die persönliche Haftung des Handelnden nach § 11 Abs 2 GmbHG bzw § 41 Abs 1 S 2 AktG erlischt; hat ein Vertreter der Vorgesellschaft für die künftige juristische Person gehandelt, so bedarf es danach keiner Genehmigung dieser für die juristische Person wirksam werdenden Geschäfte. Ist im Namen der noch nicht entstandenen Gesellschaft gehandelt worden, so gelten – sofern nicht ein durch spätere Genehmigung aufschiebend bedingtes Rechtsgeschäft vereinbart worden ist – die §§ 177 ff (BGHZ 63, 45, 48; 69, 96, 100 uö), ebenso bei Handeln für eine Vorgründungsgesellschaft (BGHZ 91, 148, 152). Freilich sind die gesellschaftlichen Haftungsfragen sämtlich umstritten, zumal es auch darauf ankommt, in wessen Namen der Geschäftsabschluss vorgenommen wird (vgl MünchKomm/Schramm § 177 Rn 7; Soergel/Leptien § 177 Rn 12; zu Fragen der Gründerhaftung s aus neuerer Zeit, jew m umfang w Nachw, Beuthien NJW 1997, 565 und GmbH-Rdsch 1996, 309; Brandes WM 1998, 1 ff [zur Rechtsprechung des BGH]; Flume Betrieb 1998, 45; Gummert DStR 1997, 1007 und 1612; Kleindiek ZGR 1997, 427; K Schmidt ZIP 1996, 353 und 1997, 671; Thalmair DStR 1997, 1611; Wiegand BB 1998, 1065; ausf K Schmidt, Gesellschaftsrecht [4. Aufl 2002] § 34 III 3 und 4). Wurde eindeutig nur für die zunächst bestehende Verbindung, zB eine GbR, gehandelt, so wird auch nur diese – bei Bestehen von Vertretungsmacht – Vertragspartner und §§ 177 ff greifen nicht ein (vgl BGH NJW 1977, 1683, 1685; MünchKomm/ SCHRAMM § 177 Rn 7; PWW/FRENSCH § 177 Rn 5; SOERGEL/LEPTIEN § 177 Rn 12, jew mwNw).

c) Beim Hervorrufen eines Identitätsirrtums durch **Handeln unter fremdem Namen** (s näher Vorbem 91 zu §§ 164 ff) liegt, da der Handelnde für sich selbst abschließen will, keine Stellvertretungssituation vor. Dennoch ist in diesen Fällen wegen der Vergleichbarkeit des Auftretens § 177 analog anwendbar, wenn der Geschäftspartner mit dem wahren Namensträger abschließen will, sodass die Genehmigung – zB auch einer gefälschten Wechselunterschrift – durch den Berechtigten und eine Haftung nach § 179 möglich wird (RGZ 145, 87; BGH NJW 1952, 64; 1963, 148; NJW-RR 2006, 701, 702; vgl auch BGHZ 45, 193, 196; BAMBERGER/ROTH/VALENTHIN § 177 Rn 14; BGB-RGRK/STEFFEN § 177 Rn 3; ERMAN/MAIER-REIMER § 177 Rn 7; Hk-BGB/DÖRNER § 177 Rn 7; JAUERNIG § 177 Rn 8; MünchKomm/SCHRAMM § 177 Rn 6; NK-BGB/ACKERMANN § 177 Rn 6; PALANDT/ELLENBERGER § 177 Rn 2; PWW/FRENSCH § 177 Rn 5; SOERGEL/LEPTIEN § 177 Rn 11 und 13; BOECKEN Rn 679; BROX/WALKER Rn 607; BREHM Rn 490; HÜBNER Rn 1223; MEDICUS Rn 908, Rn 997; WOLF/NEUNER § 49 Rn 55 f, § 51 Rn 20; krit ZEISS JZ 1963, 742; bei Missbrauch von Legitimationsdaten bejahend ERFURTH WM 2008, 2198, 2200 f; w Nachw s Vorbem 91 zu §§ 164 ff). Eine Genehmigung kann auch durch schlüssiges Verhalten erfolgen, wobei aber das Schweigen auf die Anfrage des Inhabers des gefälschten Wechsels, ob er in Ordnung gehe, grundsätzlich nicht ausreicht (BGHZ 47, 110, 113; BGH Betrieb 1963, 896; BGH JZ 1967, 495 und dazu SCHLECHTRIEM JZ 1967, 479, 481; MünchKomm/SCHRAMM § 177 Rn 28 f; NK-BGB/ACKERMANN § 177 Rn 6; SOERGEL/LEPTIEN § 17 Rn 13, Rn 24; vgl aber auch BGH LM Nr 2 zu Art 7 WG; s ferner oben Rn 11 aE mwNw).

d) Weiter kann das **Handeln eines Pseudoboten**, also von jemandem, der, ohne Bote zu sein, als solcher auftritt, oder der vorsätzlich einen falschen Erklärungsinhalt übermittelt, nach hM analog § 177 genehmigt werden (s Vorbem 81 zu §§ 164 ff). Das Fehlen der Botenmacht kann von den Interessen des Geschäftsherrn wie des Geschäftsgegners her in solchen Fällen der Lage bei der Vertretung ohne Vertretungsmacht gleichgestellt werden, sodass §§ 177, 178 passen. Das gilt auch für die Eigenhaftung des Boten entsprechend § 179, der sich insoweit nur durch die äußere Art des Auftretens vom Stellvertreter unterscheidet (s Vorbem 76 zu §§ 164 ff), sodass es nicht um eine Genehmigung der Geschäftsführung nach § 684 S 2 geht. Die entsprechende Anwendung der §§ 177 bis 179 ist somit insgesamt gerechtfertigt (OLG Oldenburg NJW 1978, 951; BAMBERGER/ROTH/VALENTHIN § 177 Rn 12; ERMAN/MAIER-REIMER § 177 Rn 8; Hk-BGB/§ 177 Rn 7; JAUERNIG § 177 Rn 9; MünchKomm/SCHRAMM § 177 Rn 8; NK-BGB/ACKERMANN § 177 Rn 7; PALANDT/ELLENBERGER § 177 Rn 2; PWW/FRENSCH § 177 Rn 5; SOERGEL/LEPTIEN 177 Rn 11; BOECKEN Rn 679; BORK Rn 1361; BROX/WALKER Rn 607; BREHM Rn 490; EISENHARDT Rn 452; ENNECCERUS/NIPPERDEY § 178 II 1; FLUME § 43 4; HÜBNER Rn 1171 f; KÖHLER § 11 Rn 73; MEDICUS Rn 747, 997; § 41 Rn 40, § 51 Rn 20: G HUECK AcP 152, 442; KIEHNLE VersR 2008, 1606, 1609 ff; offen BGH NJW 2008, 2702, 2704 f – **AA** zu § 179 BGB-RGRK/STEFFEN § 177 Rn 3). Allerdings trägt dabei, anders als im Falle der Vertretung ohne Vertretungsmacht, der Geschäftsgegner die Beweislast für das Fehlen der (Boten-)Rechtsmacht (MünchKomm/SCHRAMM § 177 Rn 8; NK-BGB/§ 177 Rn 7; SOERGEL/ LEPTIEN § 177 Rn 11; FLUME § 43 4).

Auch bei bewusst falscher Übersetzung durch einen *Dolmetscher* (BGH BB 1963, 204; BAMBERGER/ROTH/VALENTHIN § 177 Rn 12; ERMAN/MAIER-REIMER § 17 Rn 8; MünchKomm/

SCHRAMM § 177 Rn 8; NK-BGB/ACKERMANN § 177 Rn 7; SOERGEL/LEPTIEN § 177 Rn 11) und bei Ausfüllung eines entwendeten *Blanketts* können die §§ 177, 179 zur Anwendung kommen (FLUME § 15 II 1 d; BORK Rn 1651). Das gilt schließlich auch bei Handeln für einen unbekannten und trotz Aufforderung nicht benannten Hintermann (BGH NJW 1995, 1739; BAMBERGER/ROTH/VALENTHIN § 177 Rn 13; MünchKomm/SCHRAMM § 164 Rn 20, 179 Rn 15; PALANDT/ELLENBERGER § 177 Rn 2; s auch unten § 179 Rn 22 mwNw).

V. Die Rechtsstellung des Vertretenen

1. Haftung aus cic und Deliktsrecht

23 Während die Eigenhaftung des vollmachtlosen Vertreters in § 179 geregelt ist (s aber auch § 179 Rn 20), fehlt es in den §§ 177 ff an einer Vorschrift über die Frage, ob den wegen verweigerter Genehmigung vollmachtlos Vertretenen eine Verantwortung für das Handeln des vollmachtlosen Vertreters trifft. Maßgebend hierfür sind zunächst die **Regeln über die cic**, jetzt §§ 280, 241 Abs 2, 311 Abs 2 (BAMBERGER/ROTH/VALENTHIN § 177 Rn 37 f; BGB-RGRK/STEFFEN § 177 Rn 16; ERMAN/MAIER-REIMER § 177 Rn 26; Münch-Komm/SCHRAMM § 177 Rn 49; NK-BGB/ACKERMANN § 177 Rn 28; PALANDT/ELLENBERGER § 179 Rn 9; PWW/FRENSCH § 177 Rn 15; SOERGEL/LEPTIEN § 177 Rn 34; FAUST § 27 Rn 11; FLUME § 47 3 d; GRIGOLEIT/HERRESTHAL Rn 422 f; HÜBNER Rn 1309; KÖHLER § 11 Rn 75; PAWLOWSKI Rn 784; SCHMIDT Rn 914; WOLF/NEUNER § 51 Rn 41; SCHÄFER 63 ff, 68 ff; WELSER 103 ff; ausführlich auch SCHNORBUS WM 1999, 197 ff), die bei Ablehnung der sog Anscheinsvollmacht (s § 167 Rn 28 ff) besondere Bedeutung erlangen. Danach kann eine Ersatzpflicht des Vertretenen entstehen, wenn er durch eigenes Handeln, zB durch ungenaue Ausdrucksweise bei der Erteilung einer bloßen Verhandlungsvollmacht (vgl, auch zum Folgenden, BAMBERGER/ROTH/VALENTHIN § 177 Rn 38; MünchKomm/SCHRAMM § 177 Rn 49; NK-BGB/ACKERMANN § 177 Rn 28; PALANDT/ELLENBERGER § 179 Rn 9; PWW/FRENSCH § 177 Rn 15; SOERGEL/LEPTIEN § 177 Rn 35; FROTZ 36), das vollmachtlose Handeln verschuldet oder mitverschuldet hat; dasselbe gilt hinsichtlich eines Verschuldens bei der Auswahl oder Überwachung des Verhandlungsgehilfen. Auch eine unzureichende Aufklärung des Gegners über den (beschränkten) Umfang einer erteilten Vollmacht kann die Haftung aus vorvertraglichem Schuldverhältnis auslösen (BGH NJW 1980, 2410, 2411; w Nachw wie vor 35).

24 Auch soweit es an einem derartigen Verschulden des Vertretenen fehlt, wird dem Vertretenen aber nach zutreffender hM gem **§ 278** das Verschulden des vollmachtlosen Vertreters als seines Verhandlungsgehilfen zugerechnet (RGZ 120, 126, 130; BGH BB 1955, 429; OLG Celle MDR 1994, 348; OLG Köln VersR 1994, 437, 438; LAG Düsseldorf Betrieb 1961, 1263; BAMBERGER/ROTH/VALENTHIN § 177 Rn 39; ERMAN/MAIER-REIMER § 177 Rn 26; MünchKomm/SCHRAMM § 177 Rn 50 f; NK-BGB/ACKERMANN § 177 Rn 28; PALANDT/ELLENBERGER § 179 Rn 9; PWW/FRENSCH § 177 Rn 16; SOERGEL/LEPTIEN § 177 Rn 36; BORK Rn 1618; ENNECERUS/NIPPERDEY § 183 I 1; FLUME § 47 3 d; MEDICUS Rn 973 f; SCHMIDT Rn 914; ausführlich SCHNORBUS WM 1999, 197 ff mwNw. – Einschr [keine Haftung im Falle des § 179 Abs 3 S 1] HÜBNER Rn 1309; CANARIS JuS 1980, 332 ff, 334; FROTZ S 116 ff; PETERS 128 ff; s auch BGB-RGRK/STEFFEN § 177 Rn 17. – **Abl** PRÖLSS JuS 1986, 169, 173 f). Die gesetzliche Regelung der §§ 177 ff besagt nichts darüber, inwieweit bei Vollmachtsanmaßung, aber auch bei Vollmachtsüberschreitung eine schuldhafte Sorgfaltspflichtverletzung im Rahmen der Vertragsanbahnung nicht dem Geschäftsherrn zur Last fallen soll. Insoweit trifft ihn eine eigene Verantwortung, die bei Delegation der Vertragsverhandlungen auf Hilfspersonen – und ebenso auf Organe oder verfassungsmäßig berufene Vertreter (s Rn 25) – deren Verhalten gemäß § 278 mit umfasst. Ohnehin geht es nach zutreffender Ansicht nur um den Ersatz des Vertrauensschadens (OLG Köln VersR 1994, 437, 438; Erman/Maier-Reimer § 177 Rn 26; MünchKomm/Schramm § 177 Rn 51; NK-BGB/Ackermann § 177 Rn 28; PWW/Frensch § 177 Rn 17; Bork Rn 1618 mwNw; vgl Canaris JuS 1980, 332, 334; Schnorbus WM 1999, 197, 200, 201 f mwNw, str), sodass eine Konkurrenz zu §§ 177 ff im Hinblick auf das Erfüllungsinteresse nicht besteht. Andererseits ist es bei Vorliegen einer solchen cic nicht unangemessen, dass der Geschäftsherr selbst dann haftet, wenn der Vertreter nach § 179 Abs 3 S 1 frei ist, wobei dann freilich – wie auch sonst in diesem Haftungszusammenhang (vgl Schnorbus WM 1999, 197, 208 f) – § 254 heranzuziehen ist (Bamberger/Roth/Valenthin § 177 Rn 40; Erman/Maier-Reimer § 177 Rn 26; MünchKomm/Schramm § 177 Rn 51; NK-BGB/Ackermann § 177 Rn 28; PWW/Frensch § 177 Rn 17; Soergel/Leptien § 177 Rn 36. – **AA** BGB-RGRK/Steffen § 177 Rn 17; Frotz S 115 f). Hatte allerdings der Vertretene keinerlei potenziellen Einfluss auf den Vertreter und der Geschäftsgegner ihm somit auch kein entsprechendes Vertrauen entgegengebracht, so scheidet eine Haftung aus cic aus (so überzeugend Schnorbus WM 1999, 197, 202 f). Daneben kommt, freilich mit Exculpationsmöglichkeit, eine Haftung für das Handeln des Gehilfen gemäß § 831 in Betracht (Bamberger/Roth/Valenthin § 177 Rn 42; MünchKomm/Schramm § 177 Rn 51; Schnorbus WM 1999, 197, 205); auch können bei Leistungsvorgängen Bereicherungsansprüche gem § 812 Abs 1 S 1 entstehen (s Rn 27). Zur möglichen Folge einer gesamtschuldnerischen Haftung auf das negative Interesse s § 179 Rn 4.

Sofern das **Organ einer juristischen Person** mit der Vollmachtsüberschreitung vorvertragliche Schutzpflichten verletzt oder zugleich eine unerlaubte Handlung begangen hat, zB einen Betrug gegenüber dem Vertragspartner, haftet die juristische Person aus cic oder auch gem §§ 823 ff über §§ 31, 86, 89 (KG JW 1938, 1253; BGHZ 6, 330, 332; BGH MDR 1959, 202; NJW 1972, 940, 941; 1980, 115, 116 m krit Anm Canaris JuS 1980, 332; 1986, 2939, 2941; NJW-RR 1992, 1435; 2001, 1524 f; Bamberger/Roth/Valenthin § 177 Rn 39; MünchKomm/Schramm § 177 Rn 53; NK-BGB/Ackermann § 177 Rn 29; Palandt/Ellenberger § 179 Rn 9; PWW/Frensch § 177 Rn 16; Soergel/Leptien § 177 Rn 37; Cahn, in: FS Hoffmann-Becking [2013] 247, 265 f; Jäckle NJW 1990, 2520, 2524; ausführlich Schnorbus WM 1999, 197 ff, 205 ff. – ZT **abw**, zB bei Gesamtvertretung noch BGH BB 1967, 856; BGB-RGRK/Steffen § 177 Rn 17; Coing, in: FS R Fischer [1979] 72 ff; Peters 129 ff); zu Haftungsumfang und -reduktion gilt das zuvor Gesagte (Rn 24). **25**

Bei **gesetzlicher Vertretung** schließt der gebotene Schutz des Vertretenen einen Anspruch aus cic aus, wenn der Vertreter die Grenzen der gesetzlichen Vertretungsmacht überschreitet (RGZ 132, 76, 78 f; Bamberger/Roth/Valenthin § 177 Rn 41; Erman/Maier-Reimer § 177 Rn 26; MünchKomm/Schramm § 177 Rn 52; NK-BGB/Ackermann § 177 Rn 29; PWW/Frensch § 177 Rn 16; Soergel/Leptien § 177 Rn 34; Bork Rn 1618; Frotz 91 ff; Ballerstedt AcP 151, 501, 525 ff; Canaris VersR 1965, 114, 115; Peters 127 ff; Schmidt AcP 170, 502, 517 ff; **aA** Prölss JuS 1986, 169, 175). Zwar haftet der nicht (voll) Geschäftsfähige grundsätzlich für (auch vorvertragliche) Pflichtverletzungen seines Vertreters über § 278. Im Falle der §§ 177 ff fehlt es aber, anders als beim Einsatz eines gewillkürten Vertreters, an einem dem Vertretenen zurechenbaren Tatbestand.

2. Rechtsscheinsvollmacht

26 Eine unmittelbare Vertragsbindung des Vertretenen kann aufgrund einer **Rechtsscheinsvollmacht** eintreten, wenn man der dahingehenden Rechtsprechung und hL folgt (s dazu aber krit § 167 Rn 32 ff). Nach der Rspr (BGHZ 86, 273 ff) führt sie zur Haftung des Vertretenen unter Ausschluss des Vertreters (s auch BGHZ 61, 59, 68; OLG Hamm JuS 1971, 655; OLG Karlsruhe WM 1985, 1321; zust die hL, vgl BGB-AK/Ott § 179 Rn 3 a; Bamberger/Roth/Valenthin § 179 Rn 6; BGB-RGRK/Steffen § 167 Rn 19; Erman/Maier-Reimer § 167 Rn 28, § 179 Rn 4; MünchKomm/Schramm § 167 Rn 75 f; Palandt/Ellenberger § 172 Rn 17; Soergel/Leptien § 167 Rn 24; Boemke/Ulrici § 13 Rn 98; Brehm Rn 491; Brox/Walker Rn 601; Eisenhardt Rn 460; Grigoleit/Herresthal Rn 425 ff; Hübner, Rn 1290, Rn 1310; Köhler § 11 Rn 72; Leenen § 16 Rn 13 Fn 9; Schmidt Rn 893; Fischer NJW 1973, 2190; Schimikowski JA 1986, 345, 349; ausf K Schmidt 435 ff; wohl auch vOlshausen ZHR 158, 518, 522; vgl schon § 167 Rn 44). In der Literatur wird demgegenüber für die Anscheinsvollmacht verbreitet eine **Wahlmöglichkeit** („Wahlrecht") des Geschäftsgegners auf Inanspruchnahme des Vertretenen oder des Vertreters (nach § 179 Abs 1) angenommen (Altmeppen 131 ff; Canaris 518 ff, NJW 1974, 456 und 1991, 2628; Lieb 575 ff; Chiusi AcP 202 [2002] 494, 509 ff; Crezelius ZIP 1984, 791; Drexl/Mentzel Jura 2002, 375, 378; Herrmann NJW 1984, 471 f; Pawlowski JZ 1996, 125, 131 f; Prölss JuS 1985, 577, 579 f; MünchKommHGB/Krebs Vorbem 56 zu § 48; NK-BGB/Ackermann § 167 Rn 93; PWW/Frensch § 167 Rn 46; Bork Rn 1547; Faust § 26 Rn 39; Pawlowski Rn 800; Wolf/Neuner § 51 Rn 68, Rn 112; zur Lösung von F Peters AcP 179, 214, 238 s § 167 Rn 31). Im handelsrechtlichen Bereich, namentlich bei § 15 HGB, ist eine solche Wahlmöglichkeit anerkannt (s näher Altmeppen 153 ff, 174 ff mwNw; Chiusi AcP 202 [2002] 494, 507 ff; PWW/Frensch § 167 Rn 46; Wolf/Neuner § 51 Rn 112; aus der Rspr etwa BGHZ 65, 309; BGH NJW 1991, 2627 mAnm Canaris). Als dem geltenden Recht fremd ist jedenfalls eine kumulative Haftung von Vertretenem und Vertreter abzulehnen (K Schmidt 443 ff). Der eine Wahl ablehnenden Auffassung ist zuzugeben, dass die Anscheinsvollmacht in ihren Wirkungen einer echten Vollmacht gleichgestellt werden und zum Vorliegen von Vertretungsmacht führen soll; Rechtsgeschäfte des Vertreters im Rahmen solcher Vertretungsmacht wirken aber ohne „Wahlrecht" des Geschäftsgegners gemäß § 164 nur für und gegen den Vertretenen. Akzeptiert man aber die Anscheinsvollmacht als Institut der Rechtsfortbildung, so können auch ihre Wirkungen rechtsfortbildend abweichend vom Stellvertretungsrecht konzipiert werden (vgl, freilich iE abl, K Schmidt 450). Für eine Wahlmöglichkeit spricht dann maßgeblich der Umstand, dass die Anscheinsvollmacht allein im Interesse des Schutzes des redlichen Dritten entwickelt worden ist, der deshalb Entscheidungsfreiheit dahin haben sollte, ob er trotz dieser „Wohltat" den vollmachtlosen Vertreter gemäß § 179 in Anspruch nimmt (ausführlich Altmeppen 131 ff). Diese Lösung trägt auch rechtspraktischen Bedenken hinsichtlich des Prozessrisikos des Gläubigers Rechnung, mangels Beweisbarkeit der Voraussetzungen der Anscheinsvollmacht oder umgekehrt wegen des vom Vertreter dahin geführten Beweises mit einer Klage gegen den Vertretenen oder Vertreter abgewiesen zu werden (**abw** K Schmidt 451 ff mit einem gangbaren, freilich recht kompliziertem Ausweg über Streitverkündung, Streitgenossenschaft und materiellen Kostenerstattungsanspruch). Einzuschränken ist die Wahlmöglichkeit des Dritten freilich analog § 178 insoweit, als der Dritte sich unter Einbeziehung des Insolvenzrisikos – bis zur Einverständniserklärung des Gegners oder bis zum rechtskräftigen Erlass eines Urteils – entscheiden muss, ob er sich auf die Unwirksamkeit des Geschäftes kraft Rechtsscheins berufen will (Altmeppen 141 ff; Chiusi AcP 202 [2002] 494, 514; zust auch NK-BGB/Ackermann § 167 Rn 93); diese Begrenzung der Dispositionsbefugnis entkräftet den Vorwurf unangemessener Doppelbegünstigung und der Einführung eines dem BGB fremden echten Wahlrechts. Für die Erklärung analog § 178, das Geschäft mit dem Vertretenen als unwirksam anzusehen, müssen die zum Widerruf gem § 178 maßgeblichen Kriterien gelten (s § 178 Rn 2; **krit** K Schmidt 451 f). Nimmt der Dritte zunächst kraft angeblicher Anscheinsvollmacht den Vertretenen in Anspruch, so trägt er freilich das Prozessrisiko hinsichtlich des Nachweises ihrer Voraussetzungen nicht anders als nach der hM, kann aber bei Unterliegen noch den dann vollmachtlosen Vertreter in Anspruch nehmen; die taktischen prozessualen Mittel der Streitverkündung oder auch der Inanspruchnahme beider potenziellen Schuldner als Streitgenossen können immerhin auch hier genutzt werden.

3. Ungerechtfertigte Bereicherung und Geschäftsführung ohne Auftrag

Auch ein **Bereicherungsanspruch** kann gegen den Vertretenen entstehen; er wird **27** durch Ansprüche des Dritten gegen den Vertreter (s § 179 Rn 12 ff) nicht ausgeschlossen (BGHZ 36, 30, 35; 40, 272, 276; 65, 123, 126; OLG Hamm MDR 1975, 488; Bamberger/Roth/Valenthin § 177 Rn 42; BGB-RGRK/Steffen § 177 Rn 20; Soergel/Leptien § 179 Rn 25; Enneccerus/Nipperdey § 183 I 1; Köhler § 11 Rn 75; Schmidt Rn 914). Vor allem kommt ein Anspruch auf Rückforderung von Leistungen in Betracht, die in Unkenntnis schwebender – und später endgültiger – Unwirksamkeit des Geschäfts bereits erbracht worden sind (Bamberger/Roth/Valenthin § 177 Rn 42; BGB-RGRK/Steffen § 177 Rn 20; MünchKomm/Schramm § 177 Rn 15; NK-BGB/Ackermann § 177 Rn 15; Palandt/Ellenberger § 177 Rn 9; Soergel/Leptien § 179 Rn 25; Flume § 47 3 a; ausführlich Schnorbus WM 1999, 197, 203 ff mwNw). Allerdings verneint der BGH das Vorliegen einer Bereicherung, wenn der Vertretene aufgrund eines wirksamen Innenverhältnisses gegenüber dem Vertreter berechtigt ist und von dem Handeln des Vertreters nichts weiß (BGHZ 36, 30, 35; 40, 272, 276 ff; **aM** Flume JZ 1962, 281; Berg NJW 1962, 101; ausführlich MünchKomm/Lieb § 812 Rn 90 ff zu dem Problem der Bereicherung bei irrtümlicher Zahlung fremder Schulden). – Endlich sind aber auch Ansprüche aus **Geschäftsführung ohne Auftrag** neben § 179 nicht ausgeschlossen (BGH NJW-RR 1989, 970; 2004, 81 mAnm Oechsler LMK 2004, 19; s dazu auch Wendlandt NJW 2004, 985; Erman/Maier-Reimer § 179 Rn 22; Palandt/Ellenberger § 179 Rn 9).

VI. Beweislast

Wer die Wirksamkeit des Vertrages mit dem Vertretenen behauptet, muss beweisen, **28** dass der Vertreter in Vertretungsmacht gehandelt hat oder die Genehmigung erteilt worden ist. Wird aus der Aufforderung des Vertretenen zur Genehmigung die Unwirksamkeit des Vertrages hergeleitet, so hat den Zeitpunkt der Aufforderung derjenige zu beweisen, der die Unwirksamkeit behauptet, den rechtzeitigen Zugang der Genehmigung dann der Vertretene. Die Verweigerung der Genehmigung hat der Gegner zu beweisen, wenn er vom Vertretenen auf Erfüllung in Anspruch genommen wird (s zu diesen Regeln der Beweislast nur MünchKomm/Schramm § 177 Rn 60; NK-BGB/Ackermann § 177 Rn 32, jew mwNw).

§ 178
Widerrufsrecht des anderen Teils

Bis zur Genehmigung des Vertrags ist der andere Teil zum Widerruf berechtigt, es sei denn, dass er den Mangel der Vertretungsmacht bei dem Abschluss des Vertrags gekannt hat. Der Widerruf kann auch dem Vertreter gegenüber erklärt werden.

Materialien: E I §§ 123 Abs 2 und 124; II § 145 Abs 2; III § 174; Mot I 243; Prot I 242, 253, 258; II 1 154; Jakobs/Schubert, AT II 873 ff; Schubert, AT II 198 ff (Vorentwurf).

1. Der Widerruf

1 a) Bis zur Genehmigung des Vertrages durch den Vertretenen ist der andere Teil grundsätzlich einseitig zum **Widerruf seiner Vertragserklärung** berechtigt. Mit dem Widerruf tritt die Unwirksamkeit des Vertrages ein; eine Genehmigung ist danach nicht mehr möglich (Bamberger/Roth/Valenthin § 178 Rn 3; Erman/Maier-Reimer § 178 Rn 5; Hk-BGB/Dörner § 178 Rn 1; Jauernig § 178 Rn 1; MünchKomm/Schramm § 178 Rn 11; PWW/Frensch § 178 Rn 4; Soergel/Leptien § 178 Rn 3; Boecken, Rn 671); auch eine Haftung des Vertreters nach § 179 entfällt (s § 179 Rn 6).

2 Der Widerruf erfolgt, wie nach § 109, durch **einseitige empfangsbedürftige Willenserklärung**. Sie bedarf keiner Form und keiner Begründung, kann also auch konkludent erfolgen, muss aber den Willen erkennen lassen, wegen des Vertretungsmangels die Unwirksamkeit des mit einem vollmachtlosen Vertreter abgeschlossenen Vertrages zur Geltung zu bringen (RGZ 102, 24; BGH NJW 1965, 1714; WM 1973, 460; NJW 1988, 1199, 1200, dazu krit Reinicke/Tiedtke Betrieb 1988, 1203, 1204; BAG NJW 1996, 2594, 2595; OLG Frankfurt BB 1995, 2440, 2441; Bamberger/Roth/Valenthin § 178 Rn 2; BGB-RGRK/Steffen § 178 Rn 3; Erman/Maier-Reimer § 178 Rn 3; Hk-BGB/Dörner § 178 Rn 1; MünchKomm/Schramm § 178 Rn 8; NK-BGB/Ackermann § 178 Rn 4; Palandt/Ellenberger § 178 Rn 1; PWW/Frensch § 178 Rn 1; Soergel/Leptien § 178 Rn 3; Bork Rn 1612; Hirsch Rn 1065; Köhler § 11 Rn 66a; Schmidt Rn 889; Wolf/Neuner § 51 Rn 10). Ein Änderungsvorschlag ist kein Widerruf; dasselbe gilt für eine Rücktrittserklärung aus anderen Gründen (RGZ 102, 24; BGH LM Nr 1 zu § 178; zum Schrifttum wie vor). Die *Widerrufserklärung* kann gem § 178 S 2 sowohl an den Vertretenen als auch an den Vertreter gerichtet werden.

3 b) Der Umstand, dass der Vertragspartner den Vertretenen bereits nach § 177 Abs 2 zur *Genehmigung aufgefordert* hat, schließt sein Widerrufsrecht nicht aus. Es entfällt erst mit der Genehmigung durch den Vertretenen (Bamberger/Roth/Valenthin § 178 Rn 3; MünchKomm/Schramm § 178 Rn 2; NK-BGB/Ackermann § 178 Rn 2; PWW/Frensch § 178 Rn 2; Soergel/Leptien § 178 Rn 1; Boecken Rn 672; vgl auch OLG Frankfurt BB 1995, 2440, 2441, wo es freilich am Widerruf fehlte).

4 Dagegen steht dem Vertragspartner gem § 178 S 1 kein Widerrufsrecht zu, wenn er den **Mangel der Vertretungsmacht kannte**, weil er dann das Risiko einer Verweigerung der Genehmigung bewusst in Kauf genommen hat; der Grund für den Mangel ist unerheblich (zutr FEHRENBACH NJW 2009, 2173, 2175). Maßgebend ist der Zeitpunkt des Vertragsabschlusses, also das Wirksamwerden der Annahmeerklärung. Das Kennenmüssen ist in § 178, ebenso wie in § 109, dem Kennen nicht gleichgestellt; auch grob fahrlässige Unkenntnis schadet nicht (BAMBERGER/ROTH/HABERRMEIER § 178 Rn 4; ERMAN/MAIER-REIMER § 178 Rn 2; MünchKomm/SCHRAMM § 178 Rn 2; NK-BGB/ACKERMANN § 178 Rn 3; PWW/FRENSCH § 178 Rn 3; SOERGEL/LEPTIEN § 178 Rn 1; SCHMIDT Rn 889; MOCK JuS 2008, 486, 489). Maßgeblich ist der Zeitpunkt des Vertragsschlusses. Anders als im Falle des § 173 (s dort Rn 8) geht es hier um die Frage, ob der Dritte diesen Vertragsschluss aufgrund seiner Kenntnis vom Mangel der Vertretungsmacht noch verhindern konnte. Deshalb entscheidet die Abgabe seiner Vertragserklärung (BAMBERGER/ROTH/VALENTHIN § 178 Rn Rn 5; MünchKomm/SCHRAMM § 178 Rn 3; NK-BGB/ACKERMANN § 178 Rn 3; SOERGEL/LEPTIEN § 178 Rn 1), bei Verfügungen der insoweit maßgebliche Zeitpunkt, bis zu dem der Vollzug – zB im Rahmen von §§ 929 ff oder § 873 mangels Bindung – noch verhindert werden konnte (BAMBERGER/ROTH/VALENTHIN § 178 Rn 5; ERMAN/MAIER-REIMER § 178 Rn 2; MünchKomm/SCHRAMM § 178 Rn 3; NK-BGB/ACKERMANN § 178 Rn 3; PWW/FRENSCH § 178 Rn 3; SOERGEL/LEPTIEN § 178 Rn 1). Mangels eines Widerrufsrechts bleibt der Vertragspartner unter der Bedingung der zu erteilenden Genehmigung an den geschlossenen Vertrag gebunden.

2. Der Geltungsbereich des § 178

a) Dass dem Vertragspartner neben dem Widerrufsrecht auch ein **Anfechtungsrecht** wegen Irrtums zustehe, wurde früher mit der Begründung bejaht, der Vertragspartner befinde sich infolge des Auftretens eines vollmachtlosen Vertreters im Irrtum über die Wirksamkeit der abgegebenen oder empfangenen Willenserklärung. Dieser Auffassung kann jedoch bei einem Irrtum über die Vertretungsmacht nicht gefolgt werden, weil § 178 als Spezialregelung für die Lösung von einem wegen vollmachtlosem Vertreterhandeln schwebend unwirksamen Vertrag zu bewerten ist (BAMBERGER/ROTH/VALENTHIN § 178 Rn 9; BGB-RGRK/STEFFEN § 178 Rn 1; ERMAN/MAIER-REIMER § 178 Rn 5; MünchKomm/SCHRAMM § 178 Rn 5; NK-BGB/ACKERMANN § 178 Rn 5; PWW/FRENSCH § 178 Rn 4; SOERGEL/LEPTIEN § 178 Rn 2). Eine Anfechtung gem § 119 Abs 1 oder Abs 2 ist insoweit ebenso ausgeschlossen wie eine Anfechtung nach § 123 wegen arglistiger Täuschung über die Vertretungsmacht (ERMAN/MAIER-REIMER § 178 Rn 5; NK-BGB/ACKERMANN § 178 Rn 5; SOERGEL/LEPTIEN § 178 Rn 2). Wegen sonstiger Willensmängel kann hingegen unter den Voraussetzungen der §§ 119, 123 angefochten werden, in Irrtumsfällen freilich mit den Folgen des § 122, die den Widerruf als vorzugswürdig erscheinen lassen; dies ist bei der Auslegung der Erklärung, nicht aber im Rahmen des § 122 (insoweit **aA** ERMAN/MAIER-REIMER § 178 Rn 5: Anspruch ausgeschlossen; wie hier BAMBERGER/ROTH/VALENTHIN § 178 Rn 8; SOERGEL/LEPTIEN § 178 Rn 2: großzügige Auslegung; ähnlich auch MünchKomm/SCHRAMM § 178 Rn 5: Widerruf noch möglich) zu berücksichtigen.

b) Eine **analoge Anwendung des § 178** auf einseitige Rechtsgeschäfte ist gerechtfertigt, wenn der Erklärungsempfänger gem § 180 S 2 die vom Vertreter behauptete Vertretungsmacht nicht beanstandet hat (s dort Rn 6); ihm steht dann entsprechend § 178 das Widerrufsrecht zu (BAMBERGER/ROTH/VALENTHIN § 178 Rn 6; ERMAN/MAIER-REIMER § 178 Rn 6; MünchKomm/SCHRAMM § 178 Rn 9; NK-BGB/ACKERMANN § 178 Rn 6; SOERGEL/LEPTIEN § 178 Rn 4; ENNECERUS/NIPPERDEY § 183 Fn 31; **aA** BORK Rn 1615 Fn 293). Das gilt hingegen nicht im Falle des Einverständnisses des Dritten mit einem Handeln ohne Vertretungsmacht gem § 180 S 2 2. Alt (s dort Rn 4 f), weil in diesem Fall Kenntnis dieses Mangels iSd § 178 S 1 vorliegt (BAMBERGER/ROTH/VALENTHIN § 178 Rn 6; Münch-Komm/SCHRAMM § 178 Rn 9; NK-BGB/ACKERMANN § 178 Rn 6; SOERGEL/LEPTIEN § 178 Rn 4).

7 c)   Auf die Verträge einer **Vor-Kapitalgesellschaft** ist zwar § 178 grundsätzlich anwendbar (BAMBERGER/ROTH/VALENTHIN § 178 Rn 7; MünchKomm/SCHRAMM § 178 Rn 10; PALANDT/ELLENBERGER § 178 Rn 1; s auch § 177 Rn 19); praktisch jedoch ist dem Vertragspartner der Mangel meist bekannt und damit ein Widerruf ausgeschlossen (vgl BGH WM 1968, 891; NJW 1973, 798; BGB-RGRK/STEFFEN § 177 Rn 3; MünchKomm/SCHRAMM § 178 Rn 10; NK-BGB/ACKERMANN § 178 Rn 7; s aber auch K SCHMIDT NJW 1973, 1595 ff). Entsprechendes gilt für die Anwendbarkeit des § 178 auf das Handeln für eine **Vor-Personengesellschaft** (vgl BGHZ 63, 45, 48 f; 91, 148, 152; BGH BB 1977, 1065, 1067; BAMBERGER/ROTH/VALENTHIN § 178 Rn 7; MünchKomm/SCHRAMM § 178 Rn 10; NK-BGB/ACKERMANN § 178 Rn 7; PALANDT/ELLENBERGER § 178 Rn 1).

3.   Beweislast

8 Da § 178 vom Bestehen des Widerrufsrechts des Geschäftsgegners als Grundtatbestand ausgeht, muss dessen Ausschluss wegen erteilter Genehmigung oder wegen Kenntnis vom Mangel der Vertretungsmacht vom Vertretenen bewiesen werden. Der Geschäftsgegner hat hingegen im Streitfalle zu beweisen, dass der Widerruf in der Schwebezeit erfolgt ist (s NK-BGB/ACKERMANN § 178 Rn 8).

§ 179
Haftung des Vertreters ohne Vertretungsmacht

(1) Wer als Vertreter einen Vertrag geschlossen hat, ist, sofern er nicht seine Vertretungsmacht nachweist, dem anderen Teil nach dessen Wahl zur Erfüllung oder zum Schadensersatz verpflichtet, wenn der Vertretene die Genehmigung des Vertrags verweigert.

(2) Hat der Vertreter den Mangel der Vertretungsmacht nicht gekannt, so ist er nur zum Ersatz desjenigen Schadens verpflichtet, welchen der andere Teil dadurch erleidet, dass er auf die Vertretungsmacht vertraut, jedoch nicht über den Betrag des Interesses hinaus, welches der andere Teil an der Wirksamkeit des Vertrags hat.

(3) Der Vertreter haftet nicht, wenn der andere Teil den Mangel der Vertretungsmacht kannte oder kennen musste. Der Vertreter haftet auch dann nicht, wenn er in der Geschäftsfähigkeit beschränkt war, es sei denn, dass er mit Zustimmung seines gesetzlichen Vertreters gehandelt hat.

Materialien: E I § 125; II § 146; III § 175; Mot I 243; Prot I 243, 254; II 1 156; JAKOBS/SCHUBERT, AT II 873 ff; SCHUBERT, AT II 198 ff (Vorentwurf).

1. Vorgeschichte und Aufgabe des § 179

a) Im *gemeinen Recht* war die Haftung des Vertreters ohne Vertretungsmacht 1 gegenüber dem Vertragsgegner umstritten. Entweder wurde eine Haftung aus *Garantieübernahme* für das Vorhandensein der Vollmacht bzw für die Erteilung der Genehmigung angenommen (vgl RGZ 35, 145) oder die Haftung des Vertreters wurde auf cic gestützt, woraus sich eine Beschränkung auf das negative Interesse ergab und ein Wegfall der Ersatzpflicht, wenn sich der Vertreter über den Inhalt seiner Vertretungsbefugnis in einem entschuldbaren Irrtum befand. – Vorläufer des § 179 war Art 55 ADHGB (vgl Litterer 34 ff).

b) § 179 bestimmt, dass der Vertreter für die Wahrheit seiner Behauptung, Ver- 2 tretungsmacht zu haben, **wegen des** damit **erweckten Vertrauens einzustehen** hat (BGHZ 32, 250, 254; 39, 45, 51; 68, 391, 395; 105, 283, 285; BGH WM 1977, 478; NJW 1995, 1739, 1742; 2000, 1407, 1408; 2009, 215, 216; NJW-RR 2005, 268; OLG Düsseldorf NJW-RR 1995, 113; Bamberger/Roth/Valenthin § 179 Rn 1; BGB-RGRK/Steffen § 179 Rn 1; Erman/Maier-Reimer § 179 Rn 1; Hk-BGB/Dörner § 179 Rn 1; Jauernig § 179 Rn 4; MünchKomm/Schramm § 179 Rn 2; NK-BGB/Ackermann § 179 Rn 2; Palandt/Ellenberger § 179 Rn 1; PWW/Frensch § 179 Rn 1; Soergel/Leptien § 179 Rn 1; Bitter § 10 Rn 250; Boecken Rn 674; Bork Rn 1619; Brox/Walker Rn 601; Flume § 47 3 a; Hübner Rn 1310; Eisenhardt Rn 453; Hirsch Rn 1068; Köhler § 11 Rn 68; Medicus Rn 985; Rüthers/Stadler, § 32 Rn 7; Schmidt Rn 891; Wertenbruch § 34 Rn 2; Schäfer 29; Tempel 253; Altmeppen NJW 1995, 1749; Binder AcP 207, 155, 188; Kellermann JA 2004, 405, 406; Mock JuS 2008, 486, 489; Petersen Jura 2010, 904, 905 f; Schimikowski JA 1986, 345, 348; vgl Prölss JuS 1986, 169; **krit** Leenen § 16 Rn 4; Litterer 48 ff; Fehrenbach NJW 2009, 2173, 2175 f: Übernahme der Wertungen der mittelbaren Stellvertretung, mit der § 179 indessen nichts zu tun hat, vgl schon Vorbem 42 zu §§ 164 ff). Die Annahme eines stillschweigenden Garantie*versprechens* (vgl Mot I 244, aber auch Prot I 323) wäre hingegen verfehlt (Flume § 47 3 a; Lobinger 279; s allerdings auch Ackermann, Der Schutz des negativen Interesses [2007] 461 f). Demgegenüber sieht Lobinger (273 ff, 281 ff; s dazu auch § 167 Rn 12, § 170 Rn 1, § 177 Rn 5) den Grund für die Haftung gem § 179 Abs 1 BGB in der Nichterfüllung einer eigenen rechtsgeschäftlichen Leistungspflicht des Vertreters, wobei auch die Variante der Wahl der Erfüllung lediglich einen Fall surrogativer Naturalrestitution darstelle. Indessen kann der Vorschrift eine in der Behauptung von Vertretungsmacht liegende Verpflichtung des Vertreters nicht entnommen werden, dem Geschäftspartner das versprochene Recht zu verschaffen (vgl Flume § 47 3a); auch die Wahlmöglichkeit zwischen Erfüllung und Schadensersatz spricht doch deutlich gegen eine reine Nichterfüllungshaftung. Jedenfalls bedarf es eines solchen Umweges nicht, wenn man der Behauptung des Vertreters, Vertretungsmacht zu haben, zwar keine rechtsgeschäftliche Garantie, wohl aber dem § 179 Abs 1 eine daran angeschlossene verschuldensunabhängige gesetzliche Einstandspflicht entnimmt (Flume § 47 3a; ähnlich Ackermann aaO 460 ff [gesetzlich normierter Inhalt einer Geltungserklärung]; Leenen § 16 Rn 4 [Risikoverursachung durch Auftreten als Vertreter]; Pohlmann, Die Haftung wegen Verletzung von Aufklärungspflichten [2002] 46 ff), die unser Recht auch anderweit kennt (s etwa §§ 717 Abs 2, 945 ZPO und dazu Gaul/Schilken/Becker-Eberhard, Zwangsvollstreckungsrecht § 15 III 1, § 80 I; Gaul ZZP 110, 3, 8 ff; Schilken, in: FG Bundesgerichtshof [2000] 593, 596 ff; nach zutreffender hM auch § 122 Abs 1, abw allerdings Lobinger 207 ff).

In § 309 Nr 11 wird verboten, dass durch AGB einem Kontrahenten, der als Ver- 3 treter auftritt, im Falle der Vertretung ohne Vertretungsmacht eine *über § 179 hinausgehende Haftung* auferlegt wird. Derartige Klauseln sind demnach nur bei speziell hierfür abgegebener Erklärung gültig; da § 179 Abs 2 dispositiv ist (BAMBERGER/ROTH/VALENTHIN § 179 Rn 27; ERMAN/MAIER-REIMER § 179 Rn 17; MünchKomm/SCHRAMM § 179 Rn 40; NK-BGB/ACKERMANN § 179 Rn 29; SOERGEL/LEPTIEN § 179 Rn 18; s auch BGH NJW-RR 2005, 1585), ist eine erweiternde Vereinbarung einer Haftung nach § 179 Abs 1 unabhängig vom Kenntnisstand des Vertreters individualvertraglich möglich, ebenso eine einschränkende Abrede.

4 c) Neben dem Vertreter, der nach § 179 haftet, kann auch der *Vertretene* in Anspruch genommen werden (s § 177 Rn 23 ff). Dies führt, zumindest wenn der Vertreter auf das negative Interesse haftet (s Rn 17), zu einer gesamtschuldnerischen Haftung des Vertreters und des Vertretenen (BAMBERGER/ROTH/VALENTHIN § 179 Rn 32; BGB-RGRK/STEFFEN § 177 Rn 16; PWW/FRENSCH § 177 Rn 17, § 179 Rn 20; BORK Rn 1618, Rn 1638).

2. Die Voraussetzungen der Eigenhaftung des Vertreters

5 a) Voraussetzung für die in § 179 bestimmten Rechtsfolgen ist, dass jemand als Vertreter einen Vertrag geschlossen hat. Der Handelnde muss also **unter Wahrung des Offenheitsprinzips** (s Vorbem 35 zu §§ 164 ff) aufgetreten sein. Dies bedeutet, dass er auf eine bestehende Vertretungsmacht zumindest konkludent hingewiesen haben muss. Das Anführen von Tatsachen allein, aus denen auf das Bestehen einer Vertretungsmacht geschlossen werden konnte, genügt nicht (BAMBERGER/ROTH/VALENTHIN § 179 Rn 2; BGB-RGRK/STEFFEN § 179 Rn 7; NK-BGB/ACKERMANN § 179 Rn 2; SOERGEL/LEPTIEN § 179 Rn 2; LEHMANN/HÜBNER § 36 VI 2 b; ENNECCERUS/NIPPERDEY § 183 Fn 22; HUPKA 186 ff; MÜLLER AcP 168, 113, 140; vgl auch BGHZ 39, 45, 51 ff; weitergehend MünchKomm/SCHRAMM § 179 Rn 6; PALANDT/ELLENBERGER § 179 Rn 2). Ebenso handelt jemand als Vertreter iS des § 179, wenn er die Fremdwirkung seines ohne Vertretungsmacht erfolgenden Handelns aufgrund Genehmigung in Aussicht stellt (s Vorbem 18 zu §§ 164 ff und § 177 Rn 5 ff; zust BAMBERGER/ROTH/VALENTHIN § 179 Rn 2).

6 Ein **Handeln ohne Vertretungsmacht** liegt nicht nur vor, wenn diese beim Vertragsschluss ganz oder teilweise fehlte bzw kraft Fiktion nach § 177 Abs 2 S 2 nicht nachträglich geschaffen wurde, sondern auch dann, wenn der Handelnde zwar Vertretungsmacht hatte, diese aber leugnet oder den Vertragsabschluss als vollmachtloser Vertreter tätigen wollte (s § 177 Rn 6; NK-BGB/ACKERMANN § 179 Rn 8). Das Gleiche gilt, wenn der Vertreter den Vertrag zugleich für sich und im fremden Namen ohne Vertretungsmacht für einen anderen abschließen wollte (s § 177 Rn 6; BGB-RGRK/STEFFEN § 179 Rn 2; SCHÄFER 43 ff). Außerdem kann § 179 nach der hier vertretenen Auffassung in den Fällen des *Missbrauchs der Vertretungsmacht* eingreifen (s § 167 Rn 103; skeptisch zur praktischen Bedeutung BAMBERGER/ROTH/VALENTHIN § 179 Rn 7). Abgesehen von der Vollmacht kann es für § 179 auch an der Vertretungsmacht eines organschaftlichen oder gesetzlichen Vertreters fehlen (RGZ 104, 191, 193; BGHZ 39, 45, 50; 63, 45, 48; BGH WM 1973, 869, 870; BAMBERGER/ROTH/VALENTHIN § 179 Rn 16; BGB-RGRK/STEFFEN § 179 Rn 1; ERMAN/MAIER-REIMER § 179 Rn 3; MünchKomm/SCHRAMM § 179 Rn 9; PALANDT/ELLENBERGER § 179 Rn 1; SOERGEL/LEPTIEN § 179 Rn 8; WOLF/NEUNER § 51 Rn 20; LOCHER FamRB 2005, 339 [Betreuer]; MÜLLER AcP 168, 139 ff, allg M, s § 177 Rn 5 f), ebenso zB dem Wohnungseigentumsverwalter bei Unwirksamkeit seiner Bestellung (s dazu ausf

SCHMID NJW 2012, 2545 ff). Zur (Un-)Anwendbarkeit bei Handeln eines öffentlich-rechtlichen Organs unter Verstoß gegen landesrechtliche Formvorschriften s § 177 Rn 3.

Anders ist es hingegen, wenn der Vertreter die Wirksamkeit des Vertrages ausdrücklich von der Genehmigung des Vertretenen *abhängig gemacht* hat (BAMBERGER/ROTH/VALENTHIN § 179 Rn 8; BGB-RGRK/STEFFEN § 179 Rn 3) oder wenn der Vertragspartner nach § 178 *widerruft*. Im letzteren Falle kann der Vertretene das Vertretungsgeschäft weder genehmigen noch die Genehmigung verweigern; das ist aber eine wesentliche Haftungsvoraussetzung nach Wortlaut und Zweck des § 179 Abs 1 und damit auch des Abs 2, die nicht erkennen lassen, dass die Garantiehaftung für erwecktes Vertrauen noch weiter reichen sollte. Mag auch der Dritte bis zum Widerruf auf die Wirksamkeit des Geschäftes vertraut haben, so entfallen mit dem Widerruf die Voraussetzungen für eine Schutzwürdigkeit und eine Haftung des Vertreters nach § 179 unabhängig davon, ob der Vertretene (fiktiv) die Genehmigung erteilt hätte oder nicht (KG JW 1930, 3488; BAMBERGER/ROTH/VALENTHIN § 179 Rn 9; ERMAN/MAIER-REIMER § 179 Rn 5; JAUERNIG § 179 Rn 4; Hk-BGB/DÖRNER § 179 Rn 4; MünchKomm/SCHRAMM § 179 Rn 21, § 178 Rn 11; NK-BGB/ACKERMANN § 179 Rn 11; SOERGEL/LEPTIEN § 179 Rn 5; BOECKEN Rn 675; BORK Rn 1625; BROX/WALKER Rn 605; FLUME § 47 3 a; HÜBNER Rn 1316; RÜTHERS/STADLER § 32 Rn 9; SCHMIDT Rn 893; WERTENBRUCH § 34 Rn 3; WOLF/NEUNER § 51 Rn 21; MOCK JuS 2008, 486, 489; REINICKE/TIEDTKE Betrieb 1988, 1203, 1204; **aA** KÖHLER § 11 Rn 69; s auch BGH NJW 1988, 1199, 1200).

Ein **Unterbevollmächtigter** handelt zwar auch dann ohne Vertretungsmacht, wenn die Untervollmacht wirksam ist, es aber an der Hauptvollmacht fehlt (s § 167 Rn 68), haftet aber dennoch nicht nach § 179, sofern er die Untervertretungsmacht offen gelegt hat; vielmehr haftet dann der Hauptvertreter gemäß (oder zumindest analog) § 179 (str, s näher § 167 Rn 73 f).

Soweit das Rechtsinstitut der **Rechtsscheinsvollmacht** anerkannt wird (s § 167 Rn 28 ff), führt diese nach allerdings umstrittener Ansicht zwar zu einer Verpflichtung des Vertretenen, nach Wahl des Geschäftsgegners (s dazu § 177 Rn 26) aber auch zur Möglichkeit einer Inanspruchnahme des Vertreters gemäß § 179 (s näher § 177 Rn 26, str).

Trotz des Wortlauts in § 179 Abs 1, der auf den *Nachweis* der Vertretungsmacht abstellt, kommt es auf deren materiellrechtliches Vorhandensein und nicht auf ihre Beweisbarkeit an. Der Gesetzeswortlaut ist insoweit als Beweislastregelung, nicht als Rechtspflicht zur Beweisführung zu verstehen (vgl Rn 26; BAMBERGER/ROTH/VALENTHIN § 179 Rn 3; BGB-RGRK/STEFFEN § 179 Rn 2; MünchKomm/SCHRAMM § 179 Rn 20; NK-BGB/ACKERMANN § 179 Rn 8; SOERGEL/LEPTIEN § 179 Rn 4; MÜLLER AcP 168, 139). 7

b) Voraussetzung für die Haftung des Vertreters ist eine **Verweigerung der Genehmigung** des Vertrages (s schon Rn 6). Unerheblich ist, ob die Verweigerung vom Vertretenen erklärt oder infolge Schweigens nach Aufforderung zur Genehmigung gem § 177 Abs 2 S 2 fingiert wird. Bei Teilunwirksamkeit oder Teilverweigerung und Teilbarkeit (s § 177 Rn 5 f, Rn 15) gilt § 179 für den nicht wirksamen Teil des Rechtsgeschäftes (BGH NJW 1988, 1378; BAMBERGER/ROTH/VALENTHIN § 179 Rn 4; BGB-RGRK/STEFFEN § 179 Rn 2; ERMAN/MAIER-REIMER § 179 Rn 4; Hk-BGB/DÖRNER § 179 Rn 2; MünchKomm/ 8

§ 179
Buch 1
Abschnitt 3 · Rechtsgeschäfte

SCHRAMM § 179 Rn 19, 35; NK-BGB/ACKERMANN § 179 Rn 9; PALANDT/ELLENBERGER § 179 Rn 1; PWW/FRENSCH § 179 Rn 13; SOERGEL/LEPTIEN § 179 Rn 3; ENNECERUS/NIPPERDEY § 183 I 4; KÖHLER § 11 Rn 73; PAWLOWSKI Rn 801; SCHÄFER 42). – Fraglich ist, ob zur Auslösung der Haftung nach § 179 bereits eine schadensverursachende *Verzögerung der Genehmigung* ausreicht. Indessen ist die Anwendung des § 179 für diesen Fall abzulehnen, weil der Wortlaut ihn nicht erfasst und für eine Analogie kein Bedürfnis besteht; Schadensverursachungen im Zusammenhang mit Vertragsabschlüssen müssen nach den Regeln über die cic beurteilt werden (OLG Hamm NJW 1994, 666; BAMBERGER/ROTH/VALENTHIN § 179 Rn 14; BGB-RGRK/STEFFEN § 179 Rn 3; ERMAN/MAIER-REIMER § 179 Rn 5; MünchKomm/SCHRAMM § 177 Rn 59; NK-BGB/ACKERMANN § 179 Rn 11; PALANDT/ELLENBERGER § 179 Rn 2; SOERGEL/LEPTIEN § 179 Rn 5).

9 c) Voraussetzung einer Haftung des Vertreters ist es, dass der Vertrag gerade an der fehlenden Vertretungsmacht scheitert und **nicht** bereits **aus anderen Gründen unwirksam** ist (RGZ 106, 68, 71; 145, 40, 43; RG WarnR 1926 Nr 152; BGB-RGRK/STEFFEN § 179 Rn 4; BAMBERGER/ROTH/VALENTHIN § 179 Rn 10 mwNw; ERMAN/MAIER-REIMER § 179 Rn 6; JAUERNIG § 179 Rn 5; MünchKomm/SCHRAMM § 179 Rn 22; NK-BGB/ACKERMANN § 179 Rn 12; PALANDT/ELLENBERGER § 179 Rn 2; PWW/FRENSCH § 179 Rn 8; SOERGEL/LEPTIEN § 179 Rn 6; BORK Rn 1622; BREHM Rn 487; FLUME § 47 3 a; KÖHLER § 11 Rn 69; SCHMIDT Rn 896; WOLF/NEUNER § 51 Rn 21). So greift § 179 nicht ein, wenn der Vertreter geschäftsunfähig ist oder als beschränkt Geschäftsfähiger ohne Zustimmung seines gesetzlichen Vertreters iSd § 179 Abs 3 S 2 (s Rn 19) gehandelt hat (BAMBERGER/ROTH/VALENTHIN § 179 Rn 30; MünchKomm/SCHRAMM § 179 Rn 28; NK-BGB/ACKERMANN § 179 Rn 12; PWW/FRENSCH § 179 Rn 5; SOERGEL/LEPTIEN § 179 Rn 6). § 179 ist auch nicht anwendbar, wenn der Vertreter mit Vertretungsmacht gehandelt hat und ein Verfügungsgeschäft wegen mangelnder Verfügungsmacht des Vertretenen unwirksam ist (BGH JZ 1957, 441; MünchKomm/SCHRAMM § 179 Rn 16; NK-BGB/ACKERMANN § 179 Rn 7; PALANDT/ELLENBERGER § 179 Rn 2; PWW/FRENSCH § 179 Rn 8; SOERGEL/LEPTIEN § 179 Rn 13). Dasselbe gilt, wenn der Vertrag gegen die §§ 134 oder 138 verstoßen würde oder wegen eines Formmangels nichtig wäre (RGZ 106, 68, 71; RG WarnR 1926 Nr 152; BGB-RGRK/STEFFEN § 179 Rn 4; ERMAN/MAIER-REIMER § 179 Rn 6; JAUERNIG § 179 Rn 4; MünchKomm/SCHRAMM § 179 Rn 27; NK-BGB/ACKERMANN § 179 Rn 12; SOERGEL/LEPTIEN § 179 Rn 6; SCHMIDT Rn 896; WOLF/NEUNER § 51 Rn 21; zum formnichtigen Blankett und Blankettmissbrauch ausf BINDER AcP 207, 155, 188 ff); zur evtl analogen Anwendung des § 179 in solchen Fällen s Rn 24. Auch im Falle der Insolvenz des Vertretenen, mit der die Vollmacht gem § 179 Abs 1 InsO erlischt, scheidet eine Haftung des Vertreters nach § 179 nicht nur unter den Voraussetzungen des § 179 Abs 3 InsO aus (s § 168 Rn 25; zur cic s noch Rn 20). Hingegen besteht eine Haftung nach § 179, wenn der Vertreter ohne Vertretungsmacht für einen nicht geschäftsfähigen Vertretenen handelt (s Rn 21).

10 Die bloße **Anfechtbarkeit** des geschlossenen Vertrages wegen eines Willensmangels steht der Haftung aus § 179 nicht entgegen (RGZ 104, 191, 193; BAMBERGER/ROTH/VALENTHIN § 179 Rn 13; ERMAN/MAIER-REIMER § 179 Rn 6; MünchKomm/SCHRAMM § 179 Rn 26; NK-BGB/ACKERMANN § 179 Rn 13; PALANDT/ELLENBERGER § 179 Rn 2; PWW/FRENSCH § 179 Rn 8; SOERGEL/LEPTIEN § 179 Rn 6). Jedoch steht dann dem Vertreter das Anfechtungsrecht anstelle des Vertretenen zu, um der Haftung nach § 179 zu entgehen (BGH NJW-RR 1991, 1074, 1075; NJW 2002, 1867, 1868; BAMBERGER/ROTH/VALENTHIN § 179 Rn 13; BGB-RGRK/STEFFEN § 179 Rn 4; ERMAN/MAIER-REIMER § 179 Rn 6; MünchKomm/SCHRAMM § 179 Rn 26, 35; NK-BGB/ACKERMANN § 179 Rn 13; PALANDT/ELLENBERGER § 179 Rn 2; PWW/FRENSCH § 179

Rn 8; Soergel/Leptien § 179 Rn 6; Brox/Walker Rn 605; Flume § 47 3 a; Köhler § 11 Rn 69; Schmidt Rn 897; Wolf/Neuner § 51 Rn 21; Brox JA 1980, 449, 454; Kellermann JA 2004, 405, 406; vgl auch § 166 Rn 18), freilich ggf mit der Haftungsfolge des § 122. Entsprechendes gilt für den Fall eines Widerrufsrechts des Vertretenen nach §§ 312, 355, 495 (s § 168 Rn 5), das der Vertreter ggf bei Inanspruchnahme aus § 179 ausüben kann (BGH NJW-RR 1991, 1074; Bamberger/Roth/Valenthin § 179 Rn 13; Erman/Maier-Reimer § 179 Rn 6; MünchKomm/Schramm § 179 Rn 12; NK-BGB/Ackermann § 179 Rn 13; Palandt/Ellenberger § 179 Rn 2; PWW/Frensch § 179 Rn 8; Staudinger/Thüsing [2012] § 312 Rn 48 ff; Soergel/Leptien § 179 Rn 6; Brox/Walker Rn 605; ausf zu den unterschiedlichen Konstellationen Hoffmann JZ 2012, 1156, 1163 f; Schreindorfer 374 ff). – Die wirksame Anfechtung der Bevollmächtigung führt hingegen grundsätzlich zum Handeln als vollmachtloser Vertreter (s § 167 Rn 81).

d) Ein **Verschulden** des vollmachtlosen Vertreters hinsichtlich der fehlenden Vertretungsmacht ist für die Haftung nach § 179 nicht erforderlich (RG JW 1933, 2641; BGHZ 105, 283, 285; BGH NJW-RR 2005, 215; MünchKomm/Schramm § 179 Rn 1 mwNw; Bork Rn 1619; Wolf/Neuner § 51 Rn 21; s auch die Nachw Rn 2; vgl Prölss JuS 1986, 169 f). Daher nützt es dem Vertreter nichts, dass er mit der Genehmigung des Vertrages durch den Vertretenen fest gerechnet hat (BGB-RGRK/Steffen § 179 Rn 1). Jedoch muss der Vertreter, wie § 179 Abs 2 zeigt, im Falle des § 179 Abs 1 den **Mangel der Vertretungsmacht gekannt** haben (Bamberger/Roth/Valenthin § 179 Rn 19; MünchKomm/Schramm § 179 Rn 30, vgl Rn 17), wobei dem eine willkürliche Unterstellung der Vertretungsmacht gleich steht (OLG Saarbrücken OLGZ 1989, 235; Palandt/Ellenberger § 179 Rn 7); gem § 142 Abs 2 wird zudem schon durch die Kenntnis eines Anfechtungsgrundes das Haftungsprivileg des § 179 Abs 2 beseitigt. **11**

3. Die Rechtsfolgen des § 179

a) Gem § 179 Abs 1 hat der andere Teil, dh der Vertragspartner (BAG NZA-RR 2008, 298, 300: bei einer Betriebsvereinbarung nicht die Arbeitnehmer) die **Wahl** zwischen dem Anspruch auf Erfüllung oder auf Schadensersatz. Auf den Nachweis der Vertretungsmacht kann der als Vertreter Aufgetretene nicht verklagt werden (KG OLGE 5, 52; Soergel/Leptien § 179 Rn 4). Die Haftung nach § 179 macht das Geschäft nicht zu einem solchen des Vertreters, der also nicht Vertragspartei wird (BGH NJW 1971, 429, 430; RGZ 120, 1266, 129; Bamberger/Roth/Valenthin § 179 Rn 20; BGB-RGRK/Steffen § 179 Rn 9; Hk-BGB/Dörner § 179 Rn 6; Jauernig § 179 Rn 7; MünchKomm/Schramm § 179 Rn 32; NK-BGB/Ackermann § 179 Rn 14; Palandt/Ellenberger § 179 Rn 5; PWW/Frensch § 179 Rn 15; Soergel/Leptien § 179 Rn 16; Schäfer 29, 31, allgM), sondern ist *gesetzliche Garantenhaftung* (s oben Rn 2). Eine Nachforschungspflicht des auf die Erklärung des Vertreters vertrauenden Dritten hinsichtlich des Bestehens der Vertretungsmacht besteht nicht (OLG Düsseldorf NJW-RR 1995, 113). **12**

In diesem Rahmen wird jedoch ein **Wahlschuldverhältnis** (Anspruch mit alternativem Inhalt) begründet, auf welches die §§ 262 ff Anwendung finden (RGZ 154, 58, 60; Bamberger/Roth/Valenthin § 179 Rn 19; BGB-RGRK/Steffen § 179 Rn 10; Erman/Maier-Reimer § 179 Rn 8; Jauernig § 179 Rn 6; MünchKomm/Schramm § 179 Rn 31; NK-BGB/Ackermann § 179 Rn 19; PWW/Frensch § 179 Rn 14; Soergel/Leptien § 179 Rn 15; Bork Rn 1630; Enneccerus/Nipperdey § 183 I 3; Flume § 47 3 b; Eisenhardt Rn 457; Hübner Rn 1313; Leipold § 26 Rn 10; Pawlowski Rn 802; Rüthers/Stadler § 32 Rn 7; Wolf/Neuner § 51 Rn 28; **13**

§ 179

SCHÄFER 30; TEMPEL 254; für elektive Konkurrenz hingegen PALANDT/ELLENBERGER § 179 Rn 5; WERTENBRUCH § 34 Rn 4; HILGER NJW 1986, 2237). Der Wahlberechtigte verliert das Wahlrecht nicht dadurch, dass der Vertreter ihm Erfüllung anbietet (OLG Hamburg HRR 1932 Nr 2237; BAMBERGER/ROTH/VALENTHIN § 179 Rn 19; BGB-RGRK/STEFFEN § 179 Rn 10; MünchKomm/SCHRAMM § 179 Rn 31; SOERGEL/LEPTIEN § 179 Rn 15), wohl aber gemäß § 263 durch die einmal erfolgte Wahl. Das erscheint auch sachgerecht, da der von der schwerwiegenden Garantenhaftung betroffene Vertreter nach Entscheidung des Gläubigers in seiner Disposition geschützt werden sollte (ganz hM, s oben; aA HILGER aaO). Ist die Erfüllung durch den Vertreter – wie häufig, insbes bei individuellen Geschäften und Stückschulden – von Anfang an unmöglich oder wird sie es später, so *beschränkt sich das Schuldverhältnis* gem § 265 S 1 auf die Schadensersatzpflicht (BAMBERGER/ROTH/VALENTHIN § 179 Rn 19; ERMAN/MAIER-REIMER § 179 Rn 8; MünchKomm/ SCHRAMM § 179 Rn 31; NK-BGB/ACKERMANN § 179 Rn 16, Rn 19; PWW/FRENSCH § 179 Rn 14; SOERGEL/LEPTIEN § 179 Rn 15, allgM, s auch OLG Saarbrücken NJW-RR 2009, 1488, 1490). Dies gilt uneingeschränkt beim Abschluss dinglicher Verträge, auf den § 179 aber grundsätzlich Anwendung findet (OLG Kiel OLGE 35, 164; BAMBERGER/ROTH/VALENTHIN § 179 Rn 21; ERMAN/MAIER-REIMER § 179 Rn 8; MünchKomm/SCHRAMM § 179 Rn 16, Rn 31; NK-BGB/ ACKERMANN § 179 Rn 7; PWW/FRENSCH § 179 Rn 14; SOERGEL/LEPTIEN § 179 Rn 13; PAWLOWSKI Rn 893; WOLF/NEUNER § 51 Rn 24; **krit** zur Anwendbarkeit auf Verfügungen BREHM Rn 487) und bei Vertragspflichten mit höchstpersönlichem Charakter (BAMBERGER/ROTH/VALENTHIN § 179 Rn 21; ERMAN/MAIER-REIMER § 179 Rn 8; PWW/FRENSCH § 179 Rn 14; SOERGEL/LEPTIEN § 179 Rn 15; WOLF/NEUNER § 51 Rn 24).

14 b) Der **Erfüllungsanspruch** richtet sich nicht auf den Eintritt der Vertragswirkungen in der Person des vollmachtlosen Vertreters, sondern darauf, dass dem Vertragspartner – im Falle eines Vertrages zugunsten Dritter nach § 328 dem Dritten (OLG Hamm NJW-RR 1987, 1109, 1110; BAMBERGER/ROTH/VALENTHIN § 179 Rn 20; PALANDT/ELLENBERGER § 179 Rn 5) – vom Vertreter diejenige Rechtsposition verschafft wird, die er bei einem Vertragsabschluss mit dem Vertretenen gehabt hätte (BGH NJW 1971, 429, 430). Ziel ist ein vertragsgemäßer Interessenausgleich, obwohl der vollmachtlose *Vertreter nicht zur Vertragspartei* wird (s Rn 12), weil hierauf der Vertragswille des Partners nicht gerichtet war (FLUME § 47 3 a; s iü die Nachw in Rn 12). Der Vertragsgegner hat alle Ansprüche, die er vertraglich gegen den Vertretenen hätte geltend machen können; es gelten die allgemeinen Regeln, sodass sich auch wieder Sekundäransprüche auf Schadensersatz ergeben können (RGZ 120, 126, 129; OLG Köln NJW-RR 1990, 760; BAMBERGER/ROTH/VALENTHIN § 179 Rn 20; ERMAN/MAIER-REIMER § 179 Rn 9; MünchKomm/SCHRAMM § 179 Rn 32; NK-BGB/ACKERMANN § 179 Rn 16; PALANDT/ELLENBERGER § 179 Rn 5; PWW/ FRENSCH § 179 Rn 15; SOERGEL/LEPTIEN § 179 Rn 16; FLUME § 47 3 b; PAWLOWSKI Rn 802). Die Klage gegen den Vertreter kann auch am Erfüllungsort (OLG München OLGZ 1966, 424) oder vereinbarten Gerichtsstand (OLG Hamburg MDR 1975, 227) erhoben werden, nicht aber aufgrund einer Schiedsklausel vor dem Schiedsgericht (BGH NJW 1977, 1398).

15 Da der Vertragspartner bei der Wahl des Erfüllungsanspruchs nicht mehr erlangen soll, als er bei einem Vertragsabschluss mit dem Vertretenen gehabt hätte, **entfällt sein Anspruch** gegen den Vertreter nach hM, **wenn der Vertretene**, zB wegen Vermögenslosigkeit, den Anspruch **nicht hätte erfüllen können**. Dies wird unmittelbar aus der Aufgabe des § 179 hergeleitet, dem Vertragspartner die Rechtsposition zu verschaffen, die er bei einem Vertragsabschluss mit dem Vertretenen gehabt hätte

(OLG Hamm MDR 1993, 515; Bamberger/Roth/Valenthin § 179 Rn 15; Erman/Maier-Reimer § 179 Rn 11; MünchKomm/Schramm § 179 Rn 30; NK-BGB/Ackermann § 179 Rn 15; Palandt/Ellenberger § 179 Rn 2; Soergel/Leptien § 179 Rn 16; Bitter § 10 Rn 255; Bork Rn 1627; Faust § 27 Rn 10; Flume § 47 3 b; Hübner Rn 1313; Rüthers/Stadler § 32 Rn 7; Schmidt Rn 907 f; Tempel 254; Bornemann AcP 207, 102, 110 f). An diesem Maßstab der „Vertrauensentsprechung" muss sich der Anspruch auf Erfüllung und Erfüllungsinteresse orientieren (grundlegend Flume § 47 3 b; MünchKomm/Schramm § 179 Rn 32; NK-BGB/Ackermann § 179 Rn 15; Soergel/Leptien § 179 Rn 16 und hM; aA Brehm Rn 487; Köhler § 11 Rn 69; Medicus Rn 987; Pawlowski Rn 802; Wertenbruch § 34 Rn 6; Hilger NJW 1986, 2237, 2238 f). Eine unzulässige Verdoppelung des Insolvenzrisikos liegt darin nicht, weil der Vertragspartner das Risiko der Zahlungsunfähigkeit des Vertretenen in jedem Falle tragen müsste und lediglich über § 179 einen anderen Schuldner erhält (Prölss JuS 1976, 169, 171). Ist der Vertretene in Insolvenz gefallen, so kann der Dritte im Falle fiktiver Erfüllungswahl nach § 103 InsO auch vom Vertreter Erfüllung, sonst nur Schadensersatz in Höhe der fiktiven Insolvenzquote verlangen; Nachforderungsansprüche bleiben freilich unberührt (MünchKomm/Schramm § 179 Rn 34; NK-BGB/Ackermann § 179 Rn 15; Soergel/Leptien § 179 Rn 16). Prozessuale Probleme können sich zwar ergeben (vgl Hilger aaO), sind aber lösbar.

Da der Vertreter nicht Vertragspartner ist und § 179 Abs 1 auch keine entsprechende Rechtsfolge vorsieht, steht ihm gegen den Dritten nach ganz hM **kein eigener Erfüllungsanspruch** zu (aA Boemke/Ulrici § 13 Rn 106); er hat jedoch, wenn der Dritte den Erfüllungsanspruch wählt, zu seinem Schutz nach Treu und Glauben die Rechte aus den §§ 320 ff, 326 (RGZ 120, 126, 129; BGH NJW 1971, 429, 430; 2001, 3184, 3185; Bamberger/Roth/Valenthin § 179 Rn 22; BGB-RGRK/Steffen § 179 Rn 11; Erman/Maier-Reimer § 179 Rn 10; Hk-BGB/Dörner § 179 Rn 6; Jauernig § 179 Rn 7; MünchKomm/Schramm § 179 Rn 32; NK-BGB/Ackermann § 179 Rn 16; Palandt/Ellenberger § 179 Rn 5; PWW/Frensch § 179 Rn 15; Soergel/Leptien § 179 Rn 16; Flume § 47 3 b; Petersen Jura 2010, 904, 906) und es steht ihm auch die Einwendung von Gewährleistungsansprüchen (OLG Hamburg SeuffA 62 Nr 201; OLG Köln NJW-RR 1990, 760) oder zB diejenige der vorbehaltlosen Annahme der Schlusszahlung (OLG Düsseldorf BauR 1985, 339) zu. Hat der Vertreter die Erfüllungsleistung erbracht, so ist ihm aber gleichfalls nach Treu und Glauben auch der Anspruch auf die Gegenleistung zuzubilligen (OLG Koblenz OLGR 2005, 39; Bamberger/Roth/Valenthin § 179 Rn 22; Erman/Maier-Reimer § 179 Rn 10; MünchKomm/Schramm § 179 Rn 32; NK-BGB/Ackermann § 179 Rn 16; PWW/Frensch § 179 Rn 15; Soergel/Leptien § 179 Rn 16; Bork Rn 1627; Köhler § 11 Rn 69; Leenen § 16 Rn 19; Medicus Rn 986; Pawlowski Rn 802; Schmidt Rn 905; Wolf/Neuner § 51 Rn 25). – Die *Verjährung* bestimmt sich für sämtliche Ansprüche aus § 179 nach der Rechtsnatur des Anspruchs, wie sie sich bei einem Anspruch des Vertretenen dargestellt haben würde (BGHZ 73, 266, 269 f; BGH NJW 2004, 774; OLG Hamburg MDR 1976, 141, 142; Bamberger/Roth/Valenthin § 179 Rn 24; BGB-RGRK/Steffen § 179 Rn 12; Erman/Maier-Reimer § 179 Rn 13; Hk-BGB/Dörner § 179 Rn 11; Jauernig § 179 Rn 12; MünchKomm/Schramm § 179 Rn 37; NK-BGB/Ackermann § 179 Rn 20; Palandt/Ellenberger § 179 Rn 8; PWW/Frensch § 179 Rn 15; Soergel/Leptien § 179 Rn 21). Maßgeblich für den Beginn der Verjährung ist der Zeitpunkt der Verweigerung der Genehmigung bzw ihrer Fiktion nach § 177 Abs 2 S 2 (BGHZ 73, 266, 269 f; dazu ausf Medicus Rn 990). Etwaige *Ausschlussfristen* gelten auch für den Anspruch gegen den Vertreter (vgl BAG NJW 2007, 1378, 1379; Palandt/Ellenberger § 179 Rn 8).

16 c) Der **Schadensersatzanspruch** nach § 179 Abs 1 richtet sich auf das **Erfüllungsinteresse** ohne Naturalrestitution. Der Schadensersatzanspruch ist also *nur auf Geld gerichtet;* anderenfalls würde er keine Alternative zum Erfüllungsanspruch darstellen (BAMBERGER/ROTH/VALENTHIN § 179 Rn 23; BGB-RGRK/STEFFEN § 179 Rn 12; ERMAN/MAIER-REIMER § 164 Rn 12; JAUERNIG § 179 Rn 8; MünchKomm/SCHRAMM § 179 Rn 36; NK-BGB/ACKERMANN § 179 Rn 18; PALANDT/ELLENBERGER § 179 Rn 6; PWW/FRENSCH § 179 Rn 16; SOERGEL/LEPTIEN § 179 Rn 17, allgM). Die Berechnung des Schadens richtet sich ansonsten aber nach den allgemeinen Grundsätzen (Nachw wie vor); bei gegenseitigen Verträgen ist demnach grundsätzlich eine Differenzberechnung anzustellen. Auch eine abstrakte Schadensberechnung ist möglich (RGZ 58, 326, 327 [zu § 179 Abs 2]; BAMBERGER/ROTH/VALENTHIN § 179 Rn 23; BGB-RGRK/STEFFEN § 179 Rn 12; ERMAN/MAIER-REIMER § 179 Rn 12; MünchKomm/SCHRAMM § 179 Rn 36; PWW/FRENSCH § 179 Rn 16; SOERGEL/LEPTIEN § 179 Rn 17). Im Rahmen der Schadensersatzverpflichtung haftet zB jemand, der vollmachtlos eine Deckungszusage erteilt hat, auf die Leistungen, die bei ordnungsgemäßer Versicherung erbracht worden wären (BGH VersR 1963, 554). Zum Schaden gehören als Schadensersatz statt der Leistung (§§ 280 Abs 3, 281 ff, 284) auch (allein) durch das Fehlen der Vertretungsmacht verursachte vergebliche Aufwendungen des Geschäftsgegners (ERMAN/MAIER-REIMER § 179 Rn 12; NK-BGB/ACKERMANN § 179 Rn 18), zB dann – dh nur bei sonstigem Bestehen eines Erfüllungsanspruchs – die *Kosten eines erfolglosen Vorprozesses* gegen den Vertretenen (OLG Stuttgart Recht 1937 Nr 5233; OLG Düsseldorf NJW 1992, 1176, 1177; OLG Karlsruhe NJW-RR 2010, 675, 676 f; TEMPEL 254). Der Ersatzanspruch verjährt nach den allgemeinen Grundsätzen in derselben Frist, die für den nicht entstandenen Erfüllungsanspruch gegolten hätte (BGHZ 73, 266, 269 f, vgl die Nachw in Rn 15; aA noch RGZ 145, 40).

17 d) Eine Einschränkung des Ersatzanspruchs auf das **negative Interesse** sieht **§ 179 Abs 2** vor, wenn dem Vertreter der Mangel seiner Vertretungsmacht unbekannt war, ohne dass es insoweit auf ein Verschulden (Fahrlässigkeit oder grobe Fahrlässigkeit) ankommt (RG JW 1933, 2641; BGH WM 1977, 479, ganz hM, s nur CANARIS, in: FG Bundesgerichtshof [2000] 129, 171 f mwNw; BAMBERGER/ROTH/VALENTHIN § 179 Rn 25; BGB-RGRK/STEFFEN § 179 Rn 6; ERMAN/MAIER-REIMER § 179 Rn 14; MünchKomm/SCHRAMM § 179 Rn 38; NK-BGB/ACKERMANN § 179 Rn 21; PALANDT/ELLENBERGER § 179 Rn 7; PWW/FRENSCH § 179 Rn 17; SOERGEL/LEPTIEN § 179 Rn 18; BORK Rn 1632; EISENHARDT Rn 458; KÖHLER § 11 Rn 70; MEDICUS Rn 994; SCHMIDT Rn 909; WOLF/NEUNER § 51 Rn 29; aA HÜBNER Rn 1315; LOBINGER 293 f; HOFFMANN JZ 2012, 1156, 1164). Insoweit geht die Haftung des Vertreters, weil sie über die Unkenntnis hinaus kein Verschulden voraussetzt, über Verpflichtungen aus einer cic hinaus (BGB-RGRK/STEFFEN § 179 Rn 13). Nach der ausgesprochenen Absicht der Verfasser des BGB (Prot I 327) und dem unmissverständlichen Wortlaut des § 179 Abs 2 ist diese Garantenhaftung ohne Rücksicht auf jedes Verschulden nach dem Modell des § 122 bei der Irrtumsanfechtung geschaffen worden, die gleichfalls kein Verschulden voraussetzt (ganz hM, nur SOERGEL/HEFERMEHL § 122 Rn 1; FLUME § 21 7; CANARIS aaO, jew mwNw; HARKE JR 2003, 1, 2; aA LOBINGER 207 ff; s dazu schon Rn 2 mwNw). Entgegen teilweise vertretener Ansicht besteht auch kein unabweisbarer Grund zu einer Einschränkung für solche Fälle, in denen der Mangel der Vertretungsmacht außerhalb jeder Erkenntnis- und Beurteilungsmöglichkeit des Vertreters lag (dafür SOERGEL/LEPTIEN § 177 Rn 18; FLUME § 47 3 c; HÜBNER Rn 1315; CANARIS 535; DORKA/LOSERT DStR 2005, 1145 [für Treuhänder bei Unwirksamkeit der Vollmacht wegen Verstoßes gegen das RBerG aF]; OSTHEIM AcP 169, 203 f; ähnlich PRÖLSS JuS 1986, 169, 170). Die strikte Haftung des Vertreters mag in solchen Fällen rechtspolitisch problematisch sein, kann aber durchaus für sich in Anspruch nehmen, dass die Belastung des Vertreters mit dem Geschäftsrisiko näher liegt als die Schadensabwälzung auf den Dritten. Selbst wenn der Mangel der Vertretungsmacht zB erst durch Anfechtung der Vollmacht aus nicht in der Person des Vertreters liegenden Umständen erfolgt ist, fällt der Mangel eher in seinen Risikobereich als in denjenigen des Kontrahenten. Insofern steht die irrtümliche Annahme bestehender Vertretungsmacht – darum handelt es sich letztlich auch im Falle der Anfechtung – den Irrtumsfällen des § 119 auch nicht so fern, dass man die vom Gesetzgeber getroffene Wertung als fehlerhaft und unbedingt korrekturbedürftig bezeichnen könnte (wie hier die ganz hM, s etwa BAMBERGER/ROTH/VALENTHIN § 179 Rn 26; BGB-RGRK/STEFFEN § 179 Rn 13; ERMAN/MAIER-REIMER § 179 Rn 14; MünchKomm/SCHRAMM § 179 Rn 4; NK-BGB/ACKERMANN § 179 Rn 21; PWW/FRENSCH § 179 Rn 12, Rn 16; BORK Rn 1632; KÖHLER § 11 Rn 70; MEDICUS Rn 994; WOLF/NEUNER § 51 Rn 33; BORNEMANN AcP 207, 102, 112 ff; BÜHLER MDR 1987, 985, 988; PETERSEN Jura 2010, 904, 906; s auch CANARIS aaO 171 f).

In Ausnahmefällen wird ein Ausschluss der Haftung des Vertreters nach § 179 – soweit dann nicht ohnehin Abs 3 S 1 eingreift (s dazu Rn 19) – ferner für solche Fälle angenommen, in denen der Geschäftsgegner im Einzelfall **nicht schutzwürdig** ist, insbesondere auf das Bestehen der Vertretungsmacht nicht vertrauen konnte. Das kommt vor allem in Betracht, wenn der Vertreter selbst auf den möglichen Mangel der Vertretungsmacht hingewiesen hat (BAMBERGER/ROTH/VALENTHIN § 179 Rn 29; ERMAN/MAIER-REIMER § 179 Rn 14; MünchKomm/SCHRAMM § 179 Rn 5 f mwNw; NK-BGB/ACKERMANN § 179 Rn 24 [nach Abs 3 S 1]), oder wenn er dem Geschäftsgegner die zur Feststellung der Vertretungssituation erforderlichen Tatsachen umfassend mitgeteilt und sie seiner rechtlichen Bewertung überlassen hat (BAMBERGER/ROTH/VALENTHIN § 179 Rn 29; ERMAN/MAIER-REIMER § 179 Rn 18; MünchKomm/SCHRAMM § 179 Rn 5 ff mit Einschränkungen; SOERGEL/LEPTIEN § 179 Rn 2; MÜLLER AcP 168, 113, 140; PRÖLSS JuS 1986, 169, 170; vgl auch BGHZ 39, 45, 51; eine solche Haftungsbeschränkung **abl** ERMAN/MAIER-REIMER § 179 Rn 21; PALANDT/ELLENBERGER § 179 Rn 2; PWW/FRENSCH § 179 Rn 9; BORK Rn 1634; MEDICUS Rn 995). Auch bei Rückführung der Vertretungsmacht auf ein verfassungswidriges Gesetz scheidet § 179 aus, weil die Ursache für das enttäuschte Vertrauen dann nicht beim Vertreter gelegen hat (BGHZ 39, 45, 51; ERMAN/MAIER-REIMER § 179 Rn 21; MünchKomm/SCHRAMM § 179 Rn 7; PWW/FRENSCH § 179 Rn 10; SOERGEL/LEPTIEN § 179 Rn 2). Ebenso scheitert eine Inanspruchnahme des Vertreters aus § 179, wenn der vollmachtlos Vertretene faktisch den Rechtszustand herbeiführt, der bei einer wirksamen Verpflichtung eingetreten wäre (OLG Hamm BauR 2004, 1472, 1473). – Zum (abzulehnenden) *Ausschluss des Anspruchs aus § 179 Abs 2 wegen Vorrangs des Anspruchs nach § 122 bei Anfechtung der ausgeübten Innenvollmacht* s § 167 Rn 81 f.

Soweit die Haftung nach § 179 Abs 2 eingreift, muss der Vertragspartner in die Lage versetzt werden, in der er sich befinden würde, wenn er den Vertrag nicht abgeschlossen hätte (RG SeuffA 62 Nr 131; SeuffBl 72, 644). Das Vertrauensinteresse nach § 179 Abs 2 ist, wie das nach § 122, durch das Erfüllungsinteresse begrenzt (dazu ausf ACKERMANN [Rn 2] 252 ff), sodass auch hier die Vermögenslage des Vertretenen Bedeutung erlangen kann (FLUME § 47 3 c; BORNEMANN AcP 207, 102, 111; s oben Rn 15). Zur Abdingbarkeit s oben Rn 3. Eine abstrakte Schadensberechnung ist auch im Zusammenhang des § 179 Abs 2 zulässig (RGZ 58, 326; ERMAN/MAIER-REIMER § 179 Rn 15; MünchKomm/SCHRAMM § 179 Rn 39; SOERGEL/LEPTIEN § 179 Rn 18; HARKE JR 2003, 1 ff); sie kann durchaus dazu führen, dass das negative Interesse dem positiven Interesse an

§ 179

Buch 1
Abschnitt 3 · Rechtsgeschäfte

der Durchführung des gescheiterten Geschäftes entspricht (vgl HARKE aaO: Vermutung für Identität des Interesses).

19 e) Gem § 179 Abs 3 S 1 sind die **Ansprüche gegen den Vertreter ausgeschlossen**, wenn der Vertragspartner den **Mangel der Vertretungsmacht kannte oder kennen musste**. Das gilt auch, wenn der Vertreter den Mangel seiner Vertretungsmacht kannte, also nicht nur für den Fall des § 179 Abs 2, sondern auch des Abs 1 (BAMBERGER/ROTH/VALENTHIN § 179 Rn 28; MünchKomm/SCHRAMM § 179 Rn 41; NK-BGB/ACKERMANN § 179 Rn 23; PALANDT/ELLENBERGER § 179 Rn 4; WOLF/NEUNER § 51 Rn 30; PRÖLSS JuS 1986, 169, 171 f). In jedem Fall beseitigt allein schon die Kenntnis des Vertragspartners vom Fehlen der Vertretungsmacht – aus welchem Grunde auch immer – den Anspruch (BGH NJW 2009, 215, 216 bei Handeln für einen nicht existierenden Rechtsträger [s unten Rn 22]; s dazu FEHRENBACH NJW 2009, 2173). Andererseits sind an die Anforderungen des Haftungsausschlusses wegen – allerdings nicht nur grober (so aber PWW/FRENSCH § 179 Rn 4) – Fahrlässigkeit des Gegners nicht zu geringe Anforderungen zu stellen; regelmäßig besteht keine Nachforschungspflicht (BGHZ 147, 381, 385; BGH NJW 2000, 1407, 1408; 2001, 2626, 2627; NJW-RR 2005, 268, 269; OLG Düsseldorf NJW-RR 1994, 113; BAMBERGER/ROTH/VALENTHIN § 179 Rn 28; ERMAN/MAIER-REIMER § 179 Rn 18; Hk-BGB/DÖRNER § 179 Rn 9; JAUERNIG § 179 Rn 5; MünchKomm/SCHRAMM § 179 Rn 41; NK-BGB/ACKERMANN § 179 Rn 23; PALANDT/ELLENBERGER § 179 Rn 4; PWW/FRENSCH § 179 Rn 4; SOERGEL/LEPTIEN § 179 Rn 19, allgM). Fahrlässige Unkenntnis liegt vor, wenn wegen besonderer Umstände nach der Verkehrsauffassung Veranlassung bestand, die Vertretungsmacht zu überprüfen (RGZ 104, 191, 194; BGHZ 105, 283, 285 f; 147, 381, 385; BGH NJW 1990, 387, 388 uö [s oben]; OLG Celle OLGZ 1976, 442; OLG Saarbrücken NJW-RR 2001, 453, 454; NJW-RR 2009, 1488; 1489; BAMBERGER/ROTH/VALENTHIN § 179 Rn 28; BGB-RGRK/STEFFEN § 179 Rn 8; MünchKomm/SCHRAMM § 179 Rn 41; NK-BGB/ACKERMANN § 179 Rn 23; PALANDT/ELLENBERGER § 179 Rn 4; SOERGEL/LEPTIEN § 179 Rn 19; BOECKEN Rn 677; EISENHARDT Rn 459; HÜBNER Rn 1316; MEDICUS Rn 992; SCHMIDT Rn 899; TEMPEL 255; HAASE GmbHR 2000, 382, 383; vgl auch § 173 Rn 2). Die Zusage des Vertreters, die Vollmacht nachzureichen, begründet idR noch keine Zweifel am Bestand der Vollmacht (vgl BGH NJW 2000, 1407; OLG Celle aaO). Auch eine Kenntnis oder Überprüfung einschlägiger Rechtsvorschriften über das Ausmaß gesetzlicher Vertretungsmacht kann vom Geschäftspartner nicht ohne weiteres verlangt werden (RGZ 104, 191, 193 f betr Gemeinde; BGH NJW 1990, 387, 388 betr GmbH; BGH NJW 2000, 1407, 1408 betr Verwaltungsdirektor eines Krankenhauses; MünchKomm/SCHRAMM § 179 Rn 41; SOERGEL/LEPTIEN § 179 Rn 19; MÜLLER AcP 168, 113, 148). Bei Bestellung eines Liquidators kann uU noch gutgläubig mit dem früheren Geschäftsführer kontrahiert werden (BGH NJW-RR 2005, 268, 269). Keine gesetzliche Grundlage bietet § 179 Abs 3 S 1 für eine zwar de lege ferenda vorzugswürdige Abwägung der Möglichkeiten der Kenntnisverschaffung des Vertreters einerseits und des Geschäftsgegners andererseits in relativer Bestimmung des Fahrlässigkeitsmaßstabes (so aber NK-BGB/ACKERMANN § 179 Rn 24; ders [s oben Rn 2] 333 f). Für das somit für den Haftungsausschluss allein maßgebliche Kennen oder Kennenmüssen des Geschäftsgegners kommt es auf den Zeitpunkt der Vornahme des Vertretergeschäftes an; späteres Wissen (müssen) kann nur für die Bemessung des Schadensersatzanspruchs nach § 254 bedeutsam werden (MünchKomm/SCHRAMM § 179 Rn 43; SOERGEL/LEPTIEN § 179 Rn 19; SCHMIDT Rn 901). S iÜ zum Haftungsausschluss Rn 18.

Sofern die Haftung des Vertreters nach § 179 Abs 3 1 ausgeschlossen ist, wirkt dieser Ausschluss im Rahmen der Ansprüche aus § 179 vollständig. Eine andere Frage ist es, ob dem Geschäftsgegner in diesem Fall gegen den Vertreter ein – evtl gemäß § 254 gekürzter – Schadensersatzanspruch aus cic zugesprochen werden kann (s dazu Rn 20).

Ferner wird nach § 179 Abs 3 S 2 die **Haftung eines beschränkt geschäftsfähigen Vertreters ausgeschlossen**, wenn er nicht mit Zustimmung seines gesetzlichen Vertreters gehandelt hat. Im letzteren Fall hingegen trifft auch den Minderjährigen die Haftung nach § 179 Abs 1 und 2. Für die Zustimmung sind die §§ 182 ff anwendbar, sodass sie auch nach Vornahme des Vertretergeschäftes als rückwirkende (§ 184 Abs 1) Genehmigung mit der Haftungsfolge erteilt werden kann (BAMBERGER/ROTH/VALENTHIN § 179 Rn 30; MünchKomm/SCHRAMM § 179 Rn 44; NK-BGB/ACKERMANN § 179 Rn 25; PWW/ FRENSCH § 179 Rn 5; SOERGEL/LEPTIEN § 179 Rn 20; **aA** PRÖLSS JuS 1986, 169, 172), freilich nur während der Schwebezeit des ohne Vertretungsmacht geschlossenen Geschäftes. Solange die Zustimmung des gesetzlichen Vertreters dem beschränkt Geschäftsfähigen rechtliches Handeln – sei es auch mit dem Haftungsrisiko des § 179 – ermöglicht, ist dagegen und somit gegen die Bestimmung des § 179 Abs 3 S 2 nichts einzuwenden; die Zustimmung muss sich nicht speziell auf das Fehlen der Vertretungsmacht beziehen, von der der gesetzliche Vertreter also nichts gewusst haben muss (BAMBERGER/ROTH/VALENTHIN § 179 Rn 30; NK-BGB/ACKERMANN § 179 Rn 25; PALANDT/ELLENBERGER § 179 Rn 4; SOERGEL/LEPTIEN § 179 Rn 20; KÖHLER § 11 Rn 71; **aA** VAN VENROOY AcP 181, 220, 227 ff; offen WOLF/NEUNER § 51 Rn 31). Sie präjudiziert iÜ nicht die erforderliche Genehmigung des vollmachtlosen Vertretergeschäfts nach § 177 Abs 1 (MünchKomm/SCHRAMM § 179 Rn 44; NK-BGB/ACKERMANN § 179 Rn 25). Eine deliktische Haftung des beschränkt geschäftsfähigen Vertreters bleibt von § 179 Abs 3 S 2 unberührt, eine solche aus cic (s Rn 20) scheidet hingegen aus (BAMBERGER/ROTH/VALENTHIN § 179 Rn 30; ERMAN/MAIER-REIMER § 179 Rn 19; MünchKomm/SCHRAMM § 179 Rn 44; SOERGEL/ LEPTIEN § 179 Rn 20; SCHMIDT Rn 903; MEDICUS JuS 1965, 209, 215).

f) Unabhängig von den Ansprüchen aus § 179 können sich gegen den geschäftsfähigen Vertreter ohne Vertretungsmacht (zum Vertreter *mit* Vertretungsmacht s § 164 Rn 15) **Ansprüche aus cic** (§§ 280 Abs 1, 311 Abs 2 und 3, 241 Abs 2) ergeben (BAMBERGER/ROTH/VALENTHIN § 179 Rn 31; BGB-RGRK/STEFFEN § 179 Rn 18; ERMAN/MAIER-REIMER § 179 Rn 25; MünchKomm/SCHRAMM § 177 Rn 56; NK-BGB/ACKERMANN § 179 Rn 26; PWW/ FRENSCH § 179 Rn 19; SOERGEL/LEPTIEN § 179 Rn 23; StudKomm § 179 Rn 6; BORK Rn 1636; BREHM Rn 487; FLUME § 46 5, § 47 3 a; GRIGOLEIT/HERRESTHAL Rn 458 ff; HÜBNER Rn 1317; PAWLOWSKI Rn 784; SCHMIDT Rn 913; WOLF/NEUNER § 51 Rn 40; BALLERSTEDT AcP 151, 521 ff; CANARIS, in: FG Bundesgerichtshof [2000] 129, 173, 183 ff mwNw; SCHÄFER 55 ff; TEMPEL 254; PRÖLSS JuS 1986, 169, 172; SCHIMIKOWSKI JA 1986, 345, 350 ff). Dies beruht darauf, dass § 179 keine Spezialregelung für einen Fall der cic darstellt (OLG Köln JMBl NRW 1971, 270; CREZELIUS JuS 1977, 798 f). Der Umfang des Anwendungsbereiches der cic neben § 179 ist jedoch umstritten. Eine cic des vollmachtlosen Vertreters liegt nach iw anerkannter Ansicht vor, wenn er gegen die Verpflichtungen aus dem vorvertraglichen Schuldverhältnis verstoßen und ein eigenes wirtschaftliches Interesse am Zustandekommen des Vertrages oder ein besonderes persönliches Vertrauen in Anspruch genommen hat (vgl § 311 Abs 3; s etwa BGHZ 70, 373; BGH NJW 1990, 389 und 1907; NJW 1994, 2220; NJW-RR 1988, 615, 616; 1989, 110, 111; 1991, 289; 1993, 342; 2006, 993, 994; WM 1995, 108; OLG Celle DNotZ 2004, 716; OLG Koblenz NJW-RR 2003, 1198, 1199; zum Schrifttum s oben). Überwiegend abgelehnt wird die Anwendbarkeit der cic hingegen, soweit es um einen Verstoß des Vertreters im Zusammenhang mit dem Mangel der Vertretungsmacht und den Ersatz daraus entstandener Schäden geht (OLG Hamm MDR 1993, 515; BGB-RGRK/STEFFEN § 179 Rn 18; ERMAN/MAIER-REIMER § 179 Rn 25; MünchKomm/ SCHRAMM § 177 Rn 56, § 179 Rn 45; NK-BGB/ACKERMANN § 179 Rn 27 mwNw; PWW/FRENSCH § 179 Rn 19; SOERGEL/LEPTIEN § 179 Rn 23; BORK Rn 1636; EISENHARDT Rn 460; WOLF/NEUNER § 51 Rn 40; FROTZ 55 ff; CREZELIUS JuS 1977, 796, 799; PETERS 131 ff; PETERSEN Jura 1999, 401, 404 für den Hauptvertreter bei der Untervertretung; aA OLG Köln JMBl NRW 1971, 270; BAMBERGER/ ROTH/VALENTHIN § 179 Rn 31; FLUME § 47 3a, S 805; PRÖLSS JuS 1986, 169, 172 f). Allerdings wird in den Fällen des § 179 Abs 1 und Abs 2 die cic wegen des zusätzlich erforderlichen Verschuldens praktisch bedeutungslos sein, doch ist ein Ausschluss der Verschuldenshaftung durch die Garantenhaftung nicht ersichtlich. Gerade in den Fällen des § 179 Abs 3 S 1 wird der unterschiedliche Haftungsansatz und die Bedeutung der cic deutlich, weil dann bei Kennenmüssen des Geschäftspartners die Risikohaftung entfällt, während sich bei cic nur die Mitverschuldensfrage stellt. Da § 179 Abs 3 S 1 die gesetzliche Garantenhaftung beschränken will, ist daraus ein Ausschluss verschuldensabhängiger Haftungstatbestände – und damit eine Umgehung durch Anerkennung der cic – nicht zu entnehmen (s iÜ auch Rn 8 aE). Die somit grundsätzlich bei einem Verschulden zu bejahende Haftung des Vertreters kann freilich gem § 254 durch ein Mitverschulden des Gegners beschränkt sein (BAMBERGER/ROTH/VALENTHIN § 179 Rn 31; PRÖLSS JuS 1986, 169, 172 f). Für den Fall der *Insolvenz des Vertretenen*, mit der die Vollmacht erlischt (§ 117 Abs 1 InsO), scheidet zwar eine Haftung des Vertreters nach § 179 aus (s Rn 9); es kann aber auch dann eine Haftung aus cic entstehen, wenn er um die Eröffnung des Insolvenzverfahrens wusste oder hätte wissen müssen und dennoch im Namen des Schuldners tätig geworden ist (SCHILKEN KTS 2007, 1, 17 ff mwNw). – Außerdem können *Ansprüche* aus cic *gegen den Vertretenen* bestehen (s § 177 Rn 23 ff), ebenso aus Bereicherung oder aus Geschäftsführung ohne Auftrag (s § 177 Rn 27).

4. Die analoge Anwendung des § 179

21 a) Nach heute wohl allgemeiner Ansicht kann § 179 analog angewendet werden, wenn die Genehmigung des abgeschlossenen Vertrages daran scheitert, dass der **Vertretene nicht geschäftsfähig** ist und der Vertreter dies verschwiegen hat (RGZ 106, 68, 73; BAMBERGER/ROTH/VALENTHIN § 179 Rn 11; BGB-RGRK/STEFFEN § 179 Rn 4; NK-BGB/ ACKERMANN § 179 Rn 4; PWW/FRENSCH § 179 Rn 1; SOERGEL/LEPTIEN § 179 Rn 6; FLUME § 47 3 a; HÜBNER, Rn 1311; LEENEN § 16 Rn 26; s aber auch MÜLLER-FREIENFELS 402 ff; OSTHEIM AcP 169, 204).

22 b) Dasselbe gilt, wenn der Vertrag **für eine (noch) nicht existierende (nicht rechtsfähige) Person** abgeschlossen wurde (BGHZ 63, 45, 48 f für GmbH & Co KG; 91, 148, 152 für Vorgründungsgesellschaft; 105, 283, 285 für Bauherrengemeinschaft; vgl auch BGH NJW 1998, 62 ff zum Maklerprovisionsanspruch eines noch nicht gegründeten Maklerunternehmens; BGH NJW-RR 2005, 1585 bei unklarer Personengruppe; BGH NJW 2009, 215 für GbR; BGH NJW 2013, 464, 468 für Vertragsschluss im Namen des Betriebsrats über einen außerhalb seiner Rechtsfähigkeit liegenden Gegenstand [s dazu DZIDA NJW 2013, 433]; BAG NJW 2006, 3230 für noch nicht entstandene AG; s auch OLG Köln NJW-RR 1995, 1503; OLG Köln NJW-RR 1997, 670 für ein rein fiktives Unternehmen; OLG Braunschweig OLGE 42, 268 für eine Gewerkschaft ohne Rechtspersönlichkeit; OLG Stuttgart HRR 1932 Nr 751 für eine angebliche OHG statt Einzelfirma; OLG München OLGR 2003, 48; KG GmbHR 2004, 1017 für nicht existierende GmbH; OLG Stuttgart ZIP 2013, 2154 für nicht existente AG; BAMBERGER/ROTH/VALENTHIN § 179 Rn 17; BGB-RGRK/STEFFEN

§ 179 Rn 15; Erman/Maier-Reimer § 179 Rn 23; Jauernig § 179 Rn 11; MünchKomm/Schramm § 179 Rn 11; NK-BGB/Ackermann § 179 Rn 4; Palandt/Ellenberger § 164 Rn 3, § 177 Rn 3; PWW/Frensch § 179 Rn 1; Soergel/Leptien § 179 Rn 9; StudKomm § 177 Rn 1; Bork Rn 1623; Brehm Rn 490; Brox/Walker Rn 607; Faust § 27 Rn 7; Flume § 47 3 a; Eisenhardt Rn 456; Hübner Rn 1311; Leenen § 16 Rn 26; Wolf/Neuner § 51 Rn 20; Mülsch/Nohlen ZIP 2008, 1358, 1369; Petersen Jura 2010, 904, 905; Pfeiffer EWiR 2003, 13, 14; krit Fehrenbach NJW 2009, 2173: typischerweise Fall mittelbarer Stellvertretung) oder wenn diese – auch bei einem *Geschäft für den, den es angeht* (s Vorbem 51 ff zu §§ 164 ff) – **nicht namhaft gemacht** wird (BGH NJW 1995, 1739, 1742 mwNw u insow zust Anm Altmeppen; NJW-RR 2005, 1585; OLG Frankfurt NJW-RR 1987, 914; OLG Köln NJW-RR 1991, 918; Erman/Maier-Reimer § 179 Rn 23; MünchKomm/Schramm § 179 Rn 15; Palandt/Ellenberger § 177 Rn 2; PWW/Frensch § 179 Rn 1; Soergel/Leptien § 179 Rn 8; Bork Rn 1404; Brox/Walker Rn 607; Eisenhardt Rn 455; Flume § 44 II 1 a; Medicus Rn 997; Moser 111 ff). Entsprechendes gilt für eine nicht mehr existierende oder sonst weggefallene Person (BGH NJW 1954, 145; WM 1973, 869; NJW-RR 1996, 1060). Nicht vorhanden ist auch die in Art 7 WG und in Art 10 ScheckG genannte „erdichtete Person".

Nicht existierende Person iSd BGB ist auch die noch **nicht zur Rechtsfähigkeit ge-** **23** **langte juristische Person oder Personengesellschaft**, auf die §§ 177 ff, insbes also auch § 179, entsprechende Anwendung finden (s näher § 177 Rn 20). Die besonderen Vorschriften über die Handelndenhaftung (§ 11 Abs 2 GmbHG, § 41 Abs 1 S 2 AktG, ferner § 54 S 2) sind als Spezialregelungen zu beachten (s zu § 11 Abs 2 GmbHG BGH NZG 2003, 972; Ghassemi-Tabar/Eckner NJW 2012, 806, 810 mwNw, str), namentlich insoweit, als bei Handeln für eine Vorgesellschaft die Haftung mit Eintragung nach der Rechtsprechung erlischt. Eine Spezialregelung gegenüber § 179 Abs 2 – nicht aber Abs 3 – enthält auch Art 8 S 1 WG (BGH WM 1972, 904, 906; Bamberger/Roth/Valenthin § 179 Rn 18 mwNw; MünchKomm/Schramm § 179 Rn 10; PWW/Frensch § 179 Rn 1; Soergel/Leptien § 179 Rn 8).

Entsprechend anwendbar sind die §§ 179 ff nach ganz hM auch über eine **„Rechtsscheinshaftung" analog § 179** bei Auftreten für eine GmbH oder UG unter Fortlassung des Formzusatzes (BGH NJW 1974, 1191; 1991, 2627 mAnm Canaris; s auch BGH NJW 1996, 2645; 2007, 1529; 2012, 2833, st Rspr; OLG Köln NJW-RR 1993, 1445; OLG Zweibrücken NZG 1998, 939; OLG Celle NJW-RR 2000, 39; OLG Saarbrücken NJW-RR 2009, 179, 180; MünchKomm/Schramm § 179 Rn 13; NK-BGB/Ackermann § 179 Rn 5; Palandt/Ellenberger § 178 Rn 3; StudKomm § 177 Rn 1; Medicus Rn 918; Moser 118 f; **krit** Haas NJW 1997, 2854 mwNw: vorzugswürdig sei eine Haftung nach § 823 Abs 2 iVm §§ 35 III, 4 II, 35a IV GmbHG; ausf jetzt Altmeppen NJW 2012, 2833 mwNw: cic). Tatsächlich passt jedoch die auf Erfüllung gerichtete Garantiehaftung des § 179 Abs 1 für solche Fälle vor allem angesichts bestehender Vertretungsmacht nicht und es kommt allenfalls eine auf das negative Interesse gerichtete Haftung aus cic in Betracht (so überzeugend Altmeppen NJW 2012, 2833 ff). Nach der Rechtsprechung und hM hingegen kann den Vertreter gerade bei sog unternehmensbezogenen Geschäften (s § 164 Rn 1) auch eine gesamtschuldnerische Mitverpflichtung entsprechend § 179 treffen, wenn er beim Geschäftspartner den Eindruck erweckt hat, diesem hafte eine Person unbeschränkt mit ihrem Privatvermögen (s weiter zB BGHZ 64, 11; 71, 354; BGH NJW 1981, 2569; 1990, 2678; 2007, 1529; 2012, 3368; OLG Oldenburg OLGZ 1979, 60; OLG Düsseldorf Betrieb 1992, 570; MDR 2011, 995, 996; OLG Naumburg NJW-RR 1997, 1324; OLG Karlsruhe MDR 2004, 1106; MünchKomm/Schramm § 179 Rn 11; NK-BGB/Ackermann § 179 Rn 5; PWW/Frensch § 164 Rn 35; Soergel/

LEPTIEN § 164 Rn 14 mwNw; DERLEDER, in: FS Raisch [1995] 25 ff m umfangr Nachw; vgl auch WELLKAMP Betrieb 1994, 869; krit hingegen auch SCHANZE NZG 2007, 533).

24 c) Weiterhin wird eine analoge Anwendbarkeit des § 179 in bestimmten Fällen dann bejaht, wenn der ohne Vertretungsmacht geschlossene **Vertrag aus anderen Gründen** als der fehlenden Vertretungsmacht **nichtig** gewesen wäre (s oben Rn 9). Voraussetzung für die Haftung des Vertreters entsprechend § 179 Abs 1, die über die Haftung aus cic hinausgeht (vgl oben Rn 20), ist dabei jedenfalls, dass der andere Teil auf die Gültigkeit des Vertrages *vertrauen durfte* (RGZ 106, 68, 73; 145, 40, 44; Münch-Komm/SCHRAMM § 179 Rn 22; NK-BGB/ACKERMANN § 179 Rn 6, Rn 12; HÜBNER Rn 1311; SOERGEL/LEPTIEN § 179 Rn 12 [idR aber nur cic]). Ferner muss aber auch festgestellt werden, dass die Behauptung der Vertretungsmacht durch den Vertreter für den entstandenen Schaden ursächlich war (ERMAN/MAIER-REIMER § 179 Rn 6; MünchKomm/SCHRAMM § 179 Rn 22; NK-BGB/ACKERMANN § 179 Rn 6; vgl auch ERMAN/MAIER-REIMER § 179 Rn 5). Das kommt in Betracht, wenn bei einer wirksamen Vertretung das weitere Wirksamkeitshindernis beseitigt worden wäre, sodass die Verweigerung der Genehmigung letztlich der Grund für das Nichtzustandekommen des Geschäfts war, wie etwa bei einer noch ausstehenden, aber zu erwartenden behördlichen oder sonstigen Genehmigung (BAMBERGER/ROTH/VALENTHIN § 179 Rn 12; BGB-RGRK/STEFFEN § 179 Rn 4; ERMAN/MAIER-REIMER § 179 Rn 6; MünchKomm/SCHRAMM § 179 Rn 12, 24; PWW/FRENSCH § 179 Rn 8; SOERGEL/LEPTIEN § 179 Rn 12; FLUME § 47 3 a; HÜBNER Rn 1311; vgl auch OLG Darmstadt OLGE 44, 134). Bei potenzieller Nichtigkeit des Vertretergeschäftes nach § 118 hätte der Vertreter nach § 122 auf das negative Interesse gehaftet; das rechtfertigt bei Verweigerung der Genehmigung nach § 177 jedenfalls eine analoge Anwendung des § 179 Abs 2 (BAMBERGER/ROTH/VALENTHIN § 179 Rn 17; MünchKomm/SCHRAMM § 179 Rn 26; NK-BGB/ACKERMANN § 179 Rn 13 [für unmittelbare Anwendung]; PWW/FRENSCH § 179 Rn 8).

Soweit danach wegen des weiteren Unwirksamkeitsgrundes eine Haftung analog § 179 ausscheidet, kommt noch eine Haftung des Vertreters aus cic (s Rn 20; Münch-Komm/SCHRAMM § 179 Rn 27; SOERGEL/LEPTIEN § 179 Rn 12; BORK Rn 1622) oder unerlaubter Handlung in Betracht (ERMAN/MAIER-REIMER § 179 Rn 7; MünchKomm/SCHRAMM § 179 Rn 27), nicht aber analog § 122 (BGB-RGRK/STEFFEN § 179 Rn 17).

25 d) Die Eigenhaftung analog § 179 trifft auch **vermeintliche Amtsinhaber**, wie Insolvenzverwalter oder Testamentsvollstrecker, zB nach Beendigung des Amtes (RG SeuffA 87 Nr 105; ERMAN/MAIER-REIMER § 179 Rn 24; MünchKomm/SCHRAMM § 179 Rn 18; NK-BGB/ACKERMANN § 179 Rn 4; SOERGEL/LEPTIEN § 179 Rn 8; HÜBNER Rn 1311; vgl auch § 177 Rn 19). Ein solche Haftung kommt auch für eine vom Testamentsvollstrecker bevollmächtigte Person (s dazu § 168 Rn 24) in Betracht (MUSCHELER ZEV 2008, 213, 215).

Beim Auftreten eines **Pseudoboten** gilt für die Anwendbarkeit der §§ 177 ff nach der hier vertretenen Ansicht Entsprechendes (s § 177 Rn 22), dh es entsteht auch eine Eigenhaftung analog § 179.

Beim **Handeln unter fremdem Namen** kommt eine analoge Anwendung des § 179 in Betracht, wenn der Handelnde einen Identitätsirrtum hervorgerufen hat und dem Vertragspartner daran gelegen war, gerade mit dem Namensträger abzuschließen (s Vorbem 91 zu §§ 164 ff und § 177 Rn 21), dieser dann aber den Vertrag nicht genehmigt (s nur ERMAN/MAIER-REIMER § 179 Rn 24; MünchKomm/SCHRAMM § 179 Rn 10; NK-BGB/ACKER-

MANN § 179 Rn 4; PALANDT/ELLENBERGER § 177 Rn 2; SOERGEL/LEPTIEN § 179 Rn 8; w Nachw aaO). – Zu *Untervollmacht* und *Rechtsscheinsvollmacht* s Rn 6 aE, zum *Geschäft für den, den es angeht,* s Rn 22.

5. Die Beweislast

a) Der Vertragsgegner, der den vollmachtlosen Vertreter in Anspruch nimmt, **26** muss beweisen, dass ein Handeln des Vertreters in fremdem Namen vorlag und der Vertretene die Genehmigung verweigert hat bzw die Voraussetzungen des § 177 Abs 2 S 2 vorliegen. Das *Fehlen der Vertretungsmacht* hat der Vertragsgegner nicht zu beweisen. Vielmehr trifft umgekehrt der Beweis bestehender Vertretungsmacht denjenigen, der als vollmachtloser Vertreter in Anspruch genommen wird; dies ergibt sich aus dem Wortlaut des § 179 Abs 1 (BGHZ 99, 50, 52; OLG Düsseldorf NJW 1992, 1176; BAMBERGER/ROTH/VALENTHIN § 179 Rn 36; ERMAN/MAIER-REIMER § 179 Rn 28; MünchKomm/SCHRAMM § 179 Rn 44; NK-BGB/ACKERMANN § 179 Rn 30; PALANDT/ELLENBERGER § 179 Rn 10; PWW/FRENSCH § 179 Rn 18 mwNw; SOERGEL/LEPTIEN § 179 Rn 26; SCHILKEN, Zivilprozessrecht [7. Aufl 2014] Rn 501, 505; ausf LEENEN § 16 Rn 6). Auch muss der Vertreter, der die Haftungsminderung nach § 179 Abs 2 in Anspruch nimmt, beweisen, dass er den Mangel der Vertretungsmacht nicht gekannt hat (Nachw wie vor).

b) Lehnt der Vertreter nach § 179 Abs 3 S 1 seine Haftung ab, so muss er die **27** *Kenntnis bzw schuldhafte Unkenntnis* des anderen Teils beweisen (LAG Düsseldorf Betrieb 1961, 1263; BAMBERGER/ROTH/VALENTHIN § 179 Rn 36; ERMAN/MAIER-REIMER § 179 Rn 29; NK-BGB/ACKERMANN § 179 Rn 30; PALANDT/ELLENBERGER § 179 Rn 10; PWW/FRENSCH § 179 Rn 18; SOERGEL/LEPTIEN § 179 Rn 26). Ebenso hat im Falle des § 179 Abs 3 S 2 der beschränkt geschäftsfähige Vertreter das Tatbestandsmerkmal der beschränkten Geschäftsfähigkeit zu beweisen; der Vertragsgegner, der ihn in Anspruch nehmen will, muss dann die Zustimmung des gesetzlichen Vertreters nachweisen (BAMBERGER/ROTH/VALENTHIN § 179 Rn 37; ERMAN/MAIER-REIMER § 179 Rn 29; MünchKomm/SCHRAMM § 179 Rn 44; NK-BGB/ACKERMANN § 179 Rn 30; SOERGEL/LEPTIEN § 179 Rn 26).

§ 180
Einseitiges Rechtsgeschäft

Bei einem einseitigen Rechtsgeschäft ist Vertretung ohne Vertretungsmacht unzulässig. Hat jedoch derjenige, welchem gegenüber ein solches Rechtsgeschäft vorzunehmen war, die von dem Vertreter behauptete Vertretungsmacht bei der Vornahme des Rechtsgeschäfts nicht beanstandet oder ist er damit einverstanden gewesen, dass der Vertreter ohne Vertretungsmacht handele, so finden die Vorschriften über Verträge entsprechende Anwendung. Das Gleiche gilt, wenn ein einseitiges Rechtsgeschäft gegenüber einem Vertreter ohne Vertretungsmacht mit dessen Einverständnis vorgenommen wird.

Materialien: E I § 126; II § 148; III § 176; Mot I 244; Prot I 245; II 1 167; JAKOBS/SCHUBERT, AT II 873 ff; SCHUBERT, AT II 198 ff (Vorentwurf).

1. Die Regelung des § 180 S 1

1 a) § 180 S 1 stellt den Grundsatz auf, dass einseitige Rechtsgeschäfte weder von einem Vertreter ohne Vertretungsmacht noch gegenüber einem solchen wirksam vorgenommen werden können. Den Grund für diese Regelung bildet die notwendige Rücksichtnahme auf den Erklärungsempfänger (Mot I 245), der wie im Falle des § 174 nicht der Ungewissheit schwebender Unwirksamkeit ausgesetzt sein soll (NK-BGB/Ackermann § 180 Rn 1; Mock JuS 2008, 486, 489 f mwNw; s auch § 174 Rn 1). § 180 S 1 gilt nicht nur für *empfangsbedürftige Willenserklärungen,* wie die Kündigung oder Anfechtungs-, Aufrechnungs- und Rücktrittserklärungen, sondern auch und gerade für **nichtempfangsbedürftige einseitige Willenserklärungen**, zB für die Auslobung, die Eigentumsaufgabe oder die Erbschaftsannahme und -ausschlagung (Bamberger/Roth/Valenthin § 180 Rn 2; Erman/Maier-Reimer § 180 Rn 2; Hk-BGB/Dörner § 180 Rn 2; Jauernig § 180 Rn 1; MünchKomm/Schramm § 180 Rn 3; NK-BGB/Ackermann § 180 Rn 2; Palandt/Ellenberger § 180 Rn 1; PWW/Frensch § 180 Rn 1; Soergel/Leptien § 180 Rn 2; zu einseitigen Erklärungen nach dem UmwG s Melchior GmbH-Rdsch 1999, 520, 522 f; s ferner Rn 11), sowie für rechtsgeschäftsähnliche Handlungen (s Rn 12). Für empfangsbedürftige Willenserklärungen gelten zusätzlich die Sonderregeln in § 180 S 2 und 3, die Ausnahmen von der strikten Anordnung der Unwirksamkeit vorsehen (zu amtsempfangsbedürftigen Willenserklärungen s Rn 11); das gilt durchaus auch für gestaltende Willenserklärungen wie zB Kündigungen, soweit keine Fristaspekte entgegenstehen (s noch Rn 6; Mock JuS 2008, 486, 490; ausf Zimmermann ZTR 2007, 119, 122 ff mwNw; s auch Stiebert NZA 2013, 657, 658 f). Unter § 180 S 1 fällt als einseitiges Rechtsgeschäft (s § 167 Rn 10) auch die vollmachtlose Vollmachtserteilung; für eine teleologische Reduktion des § 180 besteht im Sicherheitsinteresse des Empfängers einer solchen Vollmachtserklärung kein Anlass (NK-BGB/Ackermann § 180 Rn 2; Soergel/Leptien § 180 Rn 6 mwNw; **aA** Schippers DNotZ 1997, 683, 685 ff), selbst wenn die Vollmachtserteilung für ihn an sich vorteilhaft oder jedenfalls rechtlich neutral sein sollte, zumal § 180 S 2 dann ausreichende Abhilfe ermöglicht (s auch Schippers DNotZ 1997, 683, 687 ff). Auf Fälle bloßer Willensbetätigung, zB nach §§ 144, 151, 959 findet hingegen nicht § 180, sondern § 177 Anwendung (Vytlacil 221).

2 b) Ein vom vollmachtlosen Vertreter vorgenommenes **einseitiges nicht empfangsbedürftiges Rechtsgeschäft** ist aufgrund des Verbots in § 180 S 1 unheilbar **nichtig** (BGH NJW 2009, 215, 216; Bamberger/Roth/Valenthin § 180 Rn 3 und 5; BGB-RGRK/Steffen § 180 Rn 1; Erman/Maier-Reimer § 180 Rn 3; MünchKomm/Schramm § 180 Rn 3; NK-BGB/Ackermann § 180 Rn 4; Palandt/Ellenberger § 180 Rn 1; PWW/Frensch § 180 Rn 1; Soergel/Leptien § 179 Rn 2, allgM). Eine eventuelle „Genehmigung" des Vertretenen ist allenfalls als *erneute Vornahme* des Rechtsgeschäfts zu beurteilen (Bamberger/Roth/Valenthin § 180 Rn 3; MünchKomm/Schramm § 180 Rn 3 mwNw; NK-BGB/§ 180 Rn 4); sie muss dann allen materiellen und formellen Erfordernissen des Geschäfts entsprechen. Für *empfangsbedürftige einseitige Rechtsgeschäfte* gilt dieselbe Rechtsfolge nur vorbehaltlich der bedeutsamen Sonderregelungen in S 2 und 3.

3 c) Den vollmachtlosen Vertreter trifft aufgrund der nichtigen Willenserklärung vor allem die **Haftung** *wegen unerlaubter Handlung;* daneben kann sich eine *Haftung aus cic* ergeben (s § 179 Rn 20), nicht jedoch gemäß oder entsprechend § 179 (Bamberger/Roth/Valenthin § 180 Rn 4; Erman/Maier-Reimer § 180 Rn 3; MünchKomm/Schramm

§ 180 Rn 1; NK-BGB/Ackermann § 180 Rn 4; Soergel/Leptien § 180 Rn 1; Schmidt Rn 890). Auch eine Haftung des Vertretenen aus cic kann in Betracht stehen (s § 177 Rn 22 f).

2. Die Regelung des § 180 S 2

a) Für **empfangsbedürftige einseitige Willenserklärungen** im Rahmen der **aktiven Stellvertretung** bestimmt § 180 S 2 die entsprechende Anwendbarkeit der §§ 177 ff, wenn der Adressat in Kenntnis der fehlenden Vertretungsmacht **einverstanden** war, dass das Geschäft durch den vollmachtlosen Vertreter vorgenommen wurde. Dies bedeutet, dass die Willenserklärung bis zur Entscheidung über die Genehmigung *schwebend unwirksam* bleibt (zur Rückwirkung der Genehmigung s Lange, in: FG Sandrock [1995] 243 ff). Das in § 180 S 2 geforderte Einverständnis kann durch schlüssige Handlung erfolgen (OLG Köln NJW-RR 1995, 1463, 1464); bloßes Schweigen genügt jedoch nicht (Bamberger/Roth/Valenthin § 180 Rn 8; Erman/Maier-Reimer § 180 Rn 7; Hk-BGB/Dörner § 180 Rn 4; MünchKomm/Schramm § 180 Rn 10; NK-BGB/Ackermann § 180 Rn 7; Palandt/Ellenberger § 180 Rn 1; PWW/Frensch § 180 Rn 2; Soergel/Leptien § 180 Rn 10; Schippers DNotZ 1997, 683, 688 f). Voraussetzung ist, dass der Erklärungsempfänger das Fehlen der Vertretungsmacht kennt oder zumindest für möglich hält; fahrlässige Unkenntnis reicht nicht aus (Bamberger/Roth/Valenthin § 180 Rn 8; Erman/Maier-Reimer § 180 Rn 7; Hk-BGB/Dörner § 180 Rn 4; MünchKomm/Schramm § 180 Rn 10; NK-BGB/Ackermann § 180 Rn 7; Palandt/Ellenberger § 180 Rn 1; PWW/Frensch § 180 Rn 2; Soergel/Leptien § 180 Rn 11). Das Einverständnis, auf das es vor allem bei Offenlegung der fehlenden Vertretungsmacht ankommt, muss vor oder beim Empfang der Vertretererklärung, bei einer Erklärung unter Abwesenden ohne schuldhaftes Zögern (§ 121 Abs 1) nach Zugang geäußert werden (Bamberger/Roth/Valenthin § 180 Rn 8; NK-BGB/Ackermann § 180 Rn 7; PWW/Frensch § 180 Rn 2; MünchKomm/Schramm § 180 Rn 10; aA Soergel/Leptien § 180 Rn 10: Unverzüglichkeit genügt immer; zust Erman/Maier-Reimer § 180 Rn 7). Zweifelhaft ist, ob sich das Einverständnis auf eine bestimmte Grundlage der Vertretungsmacht beziehen muss oder pauschal geäußert werden kann; die gleiche Frage wird bei der Nichtbeanstandung (s Rn 6 f) diskutiert (vgl RG JW 1904, 574; RAG SeuffA 88 Nr 67; BGH BB 1969, 293; BGB-RGRK/Steffen § 180 Rn 2; MünchKomm/Schramm § 180 Rn 11; NK-BGB/Ackermann § 180 Rn 6; Soergel/Leptien § 180 Rn 9). Maßgeblich muss die Behauptung des Vertreters sein: Ist diese pauschal, so können auch Einverständnis und Nichtbeanstandung pauschal sein; anderenfalls sind sie entsprechend der behaupteten Grundlage der Vertretungsmacht (gewillkürte, gesetzliche, organschaftliche Vertretung) zu konkretisieren.

Während der schwebenden Unwirksamkeit besteht in dieser Alternative **kein Zurückweisungsrecht** des Adressaten analog § 178 (s dort Rn 6), wenn er mit dem Handeln des vollmachtlosen Vertreters einverstanden war (Bamberger/Roth/Valenthin § 180 Rn 10; Erman/Maier-Reimer § 180 Rn 10; MünchKomm/Schramm § 180 Rn 13; NK-BGB/Ackermann § 180 Rn 8; Soergel/Leptien § 180 Rn 12; Wolf/Neuner § 51 Rn 14). Aus demselben Grund scheidet nach § 179 Abs 3 S 1 eine auf § 179 gestützte Vertreterhaftung aus (Bamberger/Roth/Valenthin § 180 Rn 11; Erman/Maier-Reimer § 180 Rn 11; PWW/Frensch § 180 Rn 4; s noch Rn 6).

b) Hat bei Abgabe einer empfangsbedürftigen einseitigen Willenserklärung der vollmachtlose Vertreter seine **Vertretungsmacht behauptet** und wurde dies vom Adressaten **nicht beanstandet**, so gelten ebenfalls die §§ 177 ff entsprechend. Die

§ 180

Behauptung der Vertretungsmacht kann ausdrücklich oder konkludent erfolgen; idR liegt sie bereits in dem Auftreten „als Stellvertreter" eines anderen (BGH NJW 2010, 2950, 2951 f mAnm Tonner; Bamberger/Roth/Valenthin § 180 Rn 6; Erman/Maier-Reimer § 180 Rn 6; MünchKomm/Schramm § 180 Rn 7; NK-BGB/Ackermann § 180 Rn 6; Palandt/Ellenberger § 180 Rn 1; PWW/Frensch § 180 Rn 2; Soergel/Leptien § 180 Rn 9; Bork Rn 1615 Fn 292; zum vorläufigen Insolvenzverwalter s vGleichenstein/Sailer EWiR 2004, 1137, 1138 zu LAG Hamm ZIP 2004, 727). Auf Seiten des Empfängers ist Unkenntnis vom Fehlen der Vertretungsmacht erforderlich, anderenfalls nur die Alternative des Einverständnisses (s Rn 4) in Betracht kommt. Mangels Beanstandung des Handelns als vollmachtloser Vertreter bleibt dessen Erklärung bis zur Entscheidung über die Genehmigung *schwebend unwirksam* (BGH BB 1969, 293; BAG AP 1 zu § 180; vgl auch RGZ 66, 430, 432) und kann durch – auch konkludente – Genehmigung des Vertretenen rückwirkend (§ 184 Abs 1) in Kraft treten (Bamberger/Roth/Valenthin § 180 Rn 9; Erman/Maier-Reimer § 180 Rn 8; MünchKomm/Schramm § 180 Rn 12; NK-BGB/Ackermann § 180 Rn 8; Palandt/Ellenberger § 180 Rn 1, § 184 Rn 2; PWW/Frensch § 180 Rn 4; Soergel/Leptien § 180 Rn 12; Staudinger/Gursky § 184 Rn 38a; Schippers DNotZ 1997, 683, 690 ff für vollmachtlose Vollmachtserteilung; zur mietvertraglichen Kündigung s OLG Düsseldorf ZMR 2006, 927, abl hingegen OLG Celle ZMR 1999, 237; offen gelassen von BGH MDR 2013, 209, 210; ausf zur Anwendbarkeit bei Kündigungen va im Arbeitsrecht Zimmermann ZTR 2007, 119 mwNw; s auch Stiebert NZA 2013, 657, 659 f mwNw); namentlich die Rückwirkung ist freilich bei Gestaltungsrechten umstritten (für ex-nunc-Wirkung zB BGHZ 114, 360, 366; Hirsch Rn 1084; anders BGH NJW 2010, 2950, 2951 f; OLG Brandenburg OLG-NL 2006, 121, 124). Handelt es sich um ein fristgebundenes Rechtsgeschäft, so muss die Genehmigung innerhalb der Frist erfolgen (BGHZ 32, 375, 383 [betr dingliches Vorkaufsrecht]; Bamberger/Roth/Valenthin § 180 Rn 9; MünchKomm/Schramm § 180 Rn 12; NK-BGB/Ackermann § 180 Rn 8; Palandt/Ellenberger § 180 Rn 1; Soergel/Leptien § 180 Rn 12. Auf den Zweck der Frist abstellend BGH NJW 2010, 2950, 2952; Erman/Maier-Reimer § 180 Rn 9; ausf Zimmermann ZTR 2007, 119, 124 ff). Das gilt zB für die außerordentliche Kündigung eines Arbeitsverhältnisses im Hinblick auf § 626 Abs 2 (BAG NJW 1987, 1037, 1038; LAG Köln PflR 2007, 169; zur ordentlichen Kündigung einschr Erman/Maier-Reimer § 180 n 9; s. ferner MünchKomm/Schramm § 180 Rn 12: vor Beginn der Kündigungsfrist; dagegen Zimmermann ZTR 2007, 119, 124) oder eine befristete Mängelrüge (RG SeuffA 58, 239). Während der Schwebezeit hat der Adressat allerdings in dieser Alternative (vgl aber Rn 5) analog § 178 das Recht zur *Zurückweisung* (Bamberger/Roth/Valenthin § 180 Rn 10; Erman/Maier-Reimer § 180 Rn 10; MünchKomm/Schramm § 180 Rn 9, Rn 13; NK-BGB/Ackermann § 180 Rn 8; Enneccerus/Nipperdey § 183 Fn 31; w Nachw s Rn 5; vgl auch § 178 Rn 6; aA PWW/Frensch § 180 Rn 4; Bork Rn 1615 Fn 294). Wird die Genehmigung verweigert oder gilt sie als verweigert, so haftet der vollmachtlose Vertreter nach Maßgabe des § 179 (vgl aber auch § 179 Rn 20). Der Natur des einseitigen Rechtsgeschäfts nach kommen allerdings keine Erfüllungsansprüche, sondern nur Schadensersatzansprüche in Frage (Bamberger/Roth/Valenthin § 180 Rn 11; Hk-BGB/Dörner § 180 Rn 5; Soergel/Leptien § 180 Rn 12; Flume § 47 3 a; Mock JuS 2008, 486, 490).

7 Die **Beanstandung** ist, wie nach den §§ 111 und 174 (s dort Rn 7 ff), iS einer Zurückweisung zu verstehen, hier im Hinblick auf die Vertretungsmacht (BGH NJW 2013, 297, 298; OLG Koblenz NJW-RR 1992, 1093; Bamberger/Roth/Valenthin § 180 Rn 7; BGB-RGRK/Steffen § 180 Rn 2; Hk-BGB/Dörner § 180 Rn 3; Palandt/Ellenberger § 180 Rn 1; MünchKomm/Schramm § 180 Rn 8; Soergel/Leptien § 180 Rn 9; Boecken Rn 680; Bork Rn 1615; Brox/Walker Rn 597). Diese muss mithin gerade auf die fehlende Vertretungsmacht

Titel 5
Vertretung und Vollmacht § 180

gestützt werden und zum Ausdruck bringen, dass der Dritte das Geschäft aus eben diesem Grund nicht gelten lassen will (zur Benennung der Grundlage der Vertretungsmacht s Rn 4); andere Begründungen, wie das Bestreiten der materiellen Berechtigung für die abgegebene Erklärung, genügen nicht (BGH BB 1969, 293). Die Beanstandung muss im Falle einer Erklärung unter Anwesenden *„bei der Vornahme des Rechtsgeschäfts"*, dh sofort – und nicht wie in § 174 S 1 bestimmt „unverzüglich" – erfolgen (BAG DB 1978, 2082; BAMBERGER/ROTH/VALENTHIN § 180 Rn 7; Hk-BGB/DÖRNER § 180 Rn 3; MünchKomm/SCHRAMM § 180 Rn 9; NK-BGB/ACKERMANN § 180 Rn 6; PWW/FRENSCH § 180 Rn 2; BORK Rn 1615; HÜBNER Rn 1308; **aA** ERMAN/MAIER-REIMER § 180 Rn 6; PALANDT/ELLENBERGER § 180 Rn 1; SOERGEL/LEPTIEN § 180 Rn 9). Da die Zurückweisung bei Erklärung unter Abwesenden hingegen, entgegen dem Wortlaut des § 180 S 2, nicht bereits „bei der Vornahme" des Rechtsgeschäfts erfolgen kann, ist die gesetzliche Regelung dahin auszulegen, dass die Zurückweisung hier *unverzüglich* erfolgen muss (BAMBERGER/ROTH/VALENTHIN § 180 Rn 7; BGB-RGRK/STEFFEN § 180 Rn 2; Hk-BGB/DÖRNER § 180 Rn 3; MünchKomm/SCHRAMM § 180 Rn 9; NK-BGB/ACKERMANN § 180 Rn 6; PWW/FRENSCH § 180 Rn 2 sowie die zuvor zu **aA** Genannten; ENNECCERUS/NIPPERDEY § 183 Fn 27; STIEBERT NZA 2013, 657, 659). Die Berechtigung zur Beanstandung besteht für jedes betroffene Rechtsgeschäft selbständig.

3. Die Regelung des § 180 S 3

a) Für die **passive Stellvertretung** (s § 164 Rn 20 ff) bestimmt § 180 S 3, dass eine 8 Genehmigung des Erklärungsempfangs möglich ist, wenn der vollmachtlose Empfangsvertreter mit der Erklärungsabgabe ihm gegenüber *einverstanden* war. Dieses Einverständnis kann auch konkludent erklärt werden (BAMBERGER/ROTH/VALENTHIN § 180 Rn 12; BGB-RGRK/STEFFEN § 180 Rn 4; ERMAN/MAIER-REIMER § 180 Rn 9; MünchKomm/SCHRAMM § 180 Rn 14; NK-BGB/ACKERMANN § 180 Rn 9; PALANDT/ELLENBERGER § 180 Rn 1; SOERGEL/LEPTIEN § 180 Rn 11); auf Seiten des Erklärenden ist Kenntnisnahme hiervon notwendig. Kenntnis des Empfangsvertreters vom Fehlen der Vertretungsmacht ist hier nicht erforderlich (BAMBERGER/ROTH/VALENTHIN § 180 Rn 12; ERMAN/MAIER-REIMER § 180 Rn 9; MünchKomm/SCHRAMM § 180 Rn 14; PWW/FRENSCH § 180 Rn 3; SOERGEL/LEPTIEN § 180 Rn 11). Der Erklärende kann den Empfänger zur Genehmigung auffordern und, wenn er den Mangel der Vertretungsmacht nicht kannte, nach § 178 widerrufen (BAMBERGER/ROTH/VALENTHIN § 180 Rn 13; ERMAN/MAIER-REIMER § 180 Rn 9; NK-BGB/ACKERMANN § 180 Rn 9; SOERGEL/LEPTIEN § 180 Rn 13; ENNECCERUS/NIPPERDEY § 183 II 2).

Bei Erklärungen gegenüber einem **nicht einverstandenen** vollmachtlosen Empfangs- 9 vertreter ist gem § 180 S 1 die Vertretungswirkung ausgeschlossen. Hieraus folgt jedoch nicht unbedingt, dass es auch an der wirksamen Abgabe der empfangsbedürftigen Willenserklärung fehlen müsste. Vielmehr kann dies, da im hier behandelten Zusammenhang wegen des Auftretens als (vollmachtloser) Empfangsvertreter keine Empfangsbotenschaft anzunehmen ist (s § 164 Rn 22), nur bei nichtverkörperten empfangsbedürftigen Willenserklärungen bejaht werden. Solche Erklärungen sind nicht abgegeben, wenn sie gegenüber einem nicht zum Empfang bereiten vollmachtlosen Empfangsvertreter verlautbart werden. Bei verkörperten Willenserklärungen dagegen kann die Abgabe für den Fall angenommen werden, dass bei normalem Verlauf der Dinge die Erklärung doch an den Adressaten weitergeleitet wird; der vollmachtlose Empfangsvertreter ist dann als *Erklärungsbote des Absenders* zu beurteilen (MünchKomm/Schramm § 180 Rn 14; Soergel/Leptien § 180 Rn 11; Wolf/Neuner § 51 Rn 15). Fehlt es an den Voraussetzungen hierfür, so fehlt es auch an der Erklärungsabgabe (s etwa LG Hamburg MDR 1972, 242 für eine gegenüber dem Rechtsanwalt des Mieters abgegebene Kündigungserklärung des Vermieters).

10 b) Die **Genehmigung** des Erklärungsempfangs richtet sich nach § 177 Abs 2. Bei verweigerter Genehmigung können sich gegen den vollmachtlosen Vertreter auch hier (s oben Rn 6) nur *Schadensersatzansprüche* und keine Erfüllungsansprüche richten (MünchKomm/Schramm § 180 Rn 14; Soergel/Leptien § 180 Rn 12; Enneccerus/Nipperdey § 183 Fn 33; Flume § 47 3 a). Voraussetzung dafür ist selbstverständlich das Auftreten der Empfangsperson als passiver Stellvertreter iSd §§ 164 Abs 3, 180 S 3.

4. Anwendungsbereich und Grenzen des § 180

11 a) Sofern eine Willenserklärung *gegenüber einer Behörde* abzugeben, also **amtsempfangsbedürftig** ist (zB nach §§ 376 Abs 2 Nr 1, 928, 976, 1196 Abs 2), scheidet eine Anwendung von § 180 S 2 – S 3 passt ohnehin nicht – aus, weil solche Rechtsgeschäfte als nicht empfangsbedürftige zu bewerten sind, auf die lediglich § 180 S 1 anzuwenden ist (BPatG NJW 1964, 615; Bamberger/Roth/Valenthin § 180 Rn 2 und 5; BGB-RGRK/Steffen § 180 Rn 1; NK-BGB/Ackermann § 180 Rn 5; Palandt/Ellenberger § 180 Rn 1; PWW/Frensch § 180 Rn 1; Soergel/Leptien § 180 Rn 3; Enneccerus/Nipperdey § 183 II 1; **aA** [S 2 anwendbar bei Abgabemöglichkeit nur gegenüber der Behörde] MünchKomm/Schramm § 180 Rn 4; zust Erman/Maier-Reimer § 180 Rn 4; s ferner Ebel VIZ 1996, 555 und Wilhelm VIZ 1999, 11 für die Anmeldung nach dem VermG). Soweit vereinzelt auch die Anwendbarkeit des § 180 S 1 bestritten und angenommen wurde, amtsempfangsbedürftige Erklärungen seien stets nach den allgemeinen Regeln genehmigungsfähig (Tempel 253; Sachs NJW 1950, 73; vgl auch KG JW 1936, 2745; LG Frankfurt Rpfleger 1958, 126), ist dem nicht zu folgen. Diese Ansicht läuft dem auch bei solchen Erklärungen einschlägigen Zweck des § 180 entgegen, sogleich Gewissheit über das Schicksal der einseitigen Willenserklärung zu schaffen (Soergel/Leptien § 180 Rn 3 f mit zusätzlichen Überlegungen; insoweit auch MünchKomm/Schramm § 180 Rn 4; vgl ferner OLG Celle NdsRpfl 1964, 91, 92; LG Limburg NJW 1949, 787). Ausreichend für die Wirksamkeit der Erklärung ist freilich auch der spätestens gleichzeitige Eingang der Zustimmung des Vertretenen bei der Behörde (LG Limburg NJW 1949, 787; Soergel/Leptien § 180 Rn 3).

Soweit bei solchen amtsempfangsbedürftigen Erklärungen teilweise auch eine Anwendung des § 180 S 2 befürwortet wird, ist der Zweck der Vermeidung von Rechtsunsicherheit auch dort vorrangig. Dass hier auch den Behörden die Möglichkeit einer Klärung der Ungewissheit zur Verfügung stünde, erscheint demgegenüber als zu theoretisches Argument. § 180 Abs 2 gilt deshalb nicht (LG Limburg aaO; Soergel/ Leptien § 180 Rn 3; w Nachw s oben).

Soweit eine Erklärung **wahlweise** gegenüber einer Privatperson oder einer Behörde abgegeben werden kann (zB gemäß §§ 376 Abs 2 Nr 1, 928, 976), kommt es für die Anwendbarkeit des § 180 darauf an, wem gegenüber im konkreten Fall die Erklärung abgegeben wurde, wobei § 180 S 1 für beide Fälle gilt. Bei der Abgabe gegenüber einer Privatperson kann aber § 180 S 3 Anwendung finden. Wird das Rechtsgeschäft hingegen der Behörde gegenüber vorgenommen, so gilt im Hinblick auf das betroffene Gewissheitsinteresse der beteiligten Privatperson § 180 S 2 nicht (ebenso auch MünchKomm/Schramm § 180 Rn 4 und die oa hM).

Auf das **Handeln von juristischen Personen des öffentlichen Rechts** ist § 180 in vollem Umfang anwendbar. So kann zB die Kündigung durch den vollmachtlos handelnden Vertreter einer Gemeinde kraft Genehmigung wirksam werden, wenn sie wegen des Mangels der Vertretungsmacht nicht beanstandet wurde.

Die **Abstimmung** in einer Gesellschafterversammlung, Hauptversammlung oder Wohnungseigentümerversammlung stellt eine empfangsbedürftige Willenserklärung dar (BGH NJW 1952, 98, 99; BayObLG DB 1989, 374; OLG Frankfurt DNotZ 2003, 458, 460 mwNw), die gleichfalls § 180 S 2 unterfällt (Bamberger/Roth/Valenthin § 180 Rn 5; Erman/Maier-Reimer § 180 Rn 3; MünchKomm/Schramm § 180 Rn 2 mwNw; NK-BGB/Ackermann § 180 Rn 5; Palandt/Ellenberger § 180 Rn 1; Merle, in: FS Seuß [2007] 193, 207). Insoweit steht einer entsprechenden Anwendung der §§ 177 ff und damit auch einer rückwirkenden Genehmigung nach § 184 Abs 1 weder das GmbH-Recht (OLG Frankfurt DNotZ 2003, 458) noch das Aktienrecht (Hartmann DNotZ 2002, 253 mwNw, str) entgegen. Hingegen ist die *Gründung einer Ein-Mann-GmbH* iSd § 180 S 1 ein einseitiges Rechtsgeschäft und damit bei Vornahme durch einen vollmachtlosen Vertreter unwirksam (LG Berlin GmbHR 1996, 123; Erman/Maier-Reimer § 177 Rn 3; Soergel/Leptien § 180 Rn 2; Hirsch Rn 1088; Grooterhorst NZG 2007, 605, 610; Wachter GmbHR 2003, 660, 661, ganz hM. – **AA** Dürr GmbHR 2008, 408 mwNw).

b) Auf **rechtsgeschäftsähnliche Handlungen** findet § 180 entsprechende Anwendung (BGH NJW 2006, 687, 688; OLG Koblenz NJW-RR 1992, 1093, 1094; OLG Bremen FamRZ 1995, 1515; Bamberger/Roth/Valenthin § 180 Rn 2 und 5; Erman/Maier-Reimer § 180 Rn 2; Hk-BGB/Dörner § 180 Rn 2; MünchKomm/Schramm § 180 Rn 1; NK-BGB/Ackermann § 180 Rn 2; Palandt/Ellenberger § 180 Rn 1; Soergel/Leptien § 180 Rn 5; vgl auch OLG Hamm NJW-RR 1995, 482, 483 zur Wissenserklärungsvertretung), sodass etwa eine Mahnung durch einen ohne Vertretungsmacht handelnden Stellvertreter unwirksam ist, wenn nicht § 180 S 2 eingreift; auch § 180 S 3 kann in Empfangsfällen analog anwendbar sein (vgl OLG Frankfurt FamRZ 1986, 592; Soergel/Leptien § 180 Rn 5). **12**

c) Auf **Prozesshandlungen** ist § 180 nicht anwendbar (s auch § 177 Rn 2; RGZ 64, 217; Stein/Jonas/Bork, ZPO [21. Aufl 1993] § 89 Rn 13; **aA** MünchKommZPO/Toussaint [4. Aufl 2013] § 89 Rn 17); dies gilt auch für die Unterwerfung unter die sofortige Zwangsvollstreckung. Prozesshandlungen eines Vertreters ohne Vertretungsmacht sind vielmehr gem § 89 ZPO grundsätzlich genehmigungsfähig (RGZ 146, 308; Bamberger/Roth/Valenthin § 180 Rn 2; BGB-RGRK/Steffen § 180 Rn 6; § 180 Rn 2; Erman/Maier-Reimer § 180 Rn 2; MünchKomm/Schramm § 180 Rn 5; NK-BGB/Ackermann § 180 Rn 3; Palandt/Ellenberger § 180 Rn 1; PWW/Frensch § 180 Rn 1; Soergel/Leptien § 180 Rn 7; Tempel 253; ausführlich Stein/Jonas/Bork § 89 Rn 13 ff). Ebenso liegt es grundsätzlich bei Verfahrenshandlungen der Freiwilligen Gerichtsbarkeit, etwa in Verfahren nach der GBO (Soergel/Leptien § 180 Rn 7 mwNw). **13**

5. Beweislast

Wer sich auf die tatsächlichen Voraussetzungen der Ausnahmeregelungen des § 180 S 2 oder S 3 beruft, trägt hierfür die Beweislast (Bamberger/Roth/Valenthin § 180 **14**

Rn 14; ERMAN/MAIER-REIMER § 180 Rn 13; MünchKomm/SCHRAMM § 180 Rn 16; NK-BGB/ACKERMANN § 180 Rn 10; PWW/FRENSCH § 180 Rn 5; SOERGEL/LEPTIEN § 180 Rn 14; **aA** BGB-RGRK/STEFFEN § 180 Rn 7).

§ 181
Insichgeschäft

Ein Vertreter kann, soweit nicht ein anderes ihm gestattet ist, im Namen des Vertretenen mit sich im eigenen Namen oder als Vertreter eines Dritten ein Rechtsgeschäft nicht vornehmen, es sei denn, dass das Rechtsgeschäft ausschließlich in der Erfüllung einer Verbindlichkeit besteht.

Materialien: E II § 149; III § 177; Mot I 224; Prot I 261; II 1 274, 517; II 2 73; JAKOBS/SCHUBERT, AT II 873 ff.

Schrifttum

AIGNER, Die Selbstermächtigungserklärung des Gesellschafter-Geschäftsführers einer Einmann-GmbH (Diss München 1965)
ALLMENDINGER, Vertretungsverbot bei Insichgeschäften, Ergänzungspflegschaft und gerichtliche Genehmigung: rechtsgeschäftlicher Minderjährigenschutz bei Eltern-Kind-Schenkungen (2009)
ALTMEPPEN, Gestattung zum Selbstkontrahieren in der GmbH, NJW 1995, 1182
ders, In-sich-Geschäfte der Geschäftsführer in der GmbH, NZG 2013, 401
BACHMANN, Zum Verbot von Insichgeschäften im GmbH-Konzern, ZIP 1999, 85
BÄRWALDT, Befreiung vom Verbot des Selbstkontrahierens, Rpfleger 1990, 102
BAETZGEN, Insichgeschäfte im Gesellschaftsrecht, RNotZ 2005, 193
BENECKE/EHINGER, Vollmachtlose Mehrvertretung. Die Anwendung des § 181 BGB, MDR 2005, 1265
BERNS, Die Einmann-Gesellschaft mit beschränkter Haftung und das Selbstkontrahieren ihres geschäftsführenden Alleingesellschafters (Diss Marburg 1964)
BERNSTEIN/A SCHULTZE-vLASAULX, Gilt für Änderungen des Gesellschaftsvertrages einer GmbH & Co KG das Verbot des Selbstkontrahierens?, ZGR 1976, 33

W BLOMEYER, Zur Problematik des § 181 für die Einmann-GmbH, NJW 1969, 127
ders, Die teleologische Korrektur des § 181 BGB, AcP 172 (1972) 1
BOEHM, Das sogenannte Selbstkontrahieren des Vertreters (Diss Greifswald 1903)
BOESEBECK, Insichgeschäfte des Gesellschafter-Geschäftsführers einer Einmann-GmbH, NJW 1961, 481
BOETTGER, Das Selbstkontrahieren des Vertreters (Diss Marburg 1931)
BORK, Zur Anwendung des § 181 BGB bei der Einrichtung eines Doppeltreuhandkontos, NZI 2006, 530
BOURIER, Zur Auslegung des § 181 BGB, DNotZ 1913, 553
ders, Zur Frage der Teilungspfleger, DNotZ 1918, 369
BRODMANN, GmbH und § 181 BGB, JW 1925, 596
BUCHHOLZ, Insichgeschäft und Erbschaftsausschlagung, NJW 1993, 1161
BÜHLER, Die Befreiung des Geschäftsführers der GmbH von § 181 BGB, DNotZ 1983, 588
CLAUSSEN, Grenzen der Insichgeschäfte im Gesellschaftsrecht (Diss Kiel 2000)
COING, Die gesetzliche Vertretungsmacht der Eltern bei der Ausschlagung einer Erbschaft, NJW 1985, 6

DITTMANN, Selbstkontrahieren im Wechselrecht, NJW 1959, 1957
FELLER, Teleologische Reduktion des § 181 letzter Halbsatz BGB bei nicht lediglich rechtlich vorteilhaften Erfüllungsgeschäften, DNotZ 1989, 66
FESTNER, Interessenkonflikte im deutschen und englischen Vertretungsrecht (2006) 105 ff (Selbstkontrahieren), 249 ff (Mehrvertretung)
FISCHER, Zur Anwendung von § 181 BGB im Bereich des Gesellschaftsrechts, in: FS Hauß (1978) 61
FRANK, Selbstkontrahieren bei der GmbH & Co KG, NJW 1974, 1073
GÖGGERLE, Die teleologische Reduktion des § 181 BGB unter besonderer Berücksichtigung der Einmann-GmbH mit identischem Gesellschafter-Geschäftsführer (Diss Tübingen 1974)
GÖTZE, „Selbstkontrahieren" bei der Geschäftsführerbestellung in der GmbH, GmbHR 2001, 217
GUSTAVUS, Insichgeschäfte bei Amtsverwaltern (Diss Heidelberg 1963)
HADDING, Insichgeschäfte bei Personalgesellschaften, in: FS Merle [2010] 143
HAEGELE, Der Testamentsvollstrecker und das Selbstkontrahierungsverbot des § 181 BGB, Rpfleger 1958, 370
HÄSEMEYER, Selbstkontrahieren des gesetzlichen Vertreters bei zusammengesetzten Rechtsgeschäften, FamRZ 1968, 502
HARDER, Das Selbstkontrahieren mit Hilfe eines Untervertreters, AcP 170 (1970) 295
HARDER/WELTER, Drittbegünstigung im Todesfall durch Insich-Geschäft?, NJW 1977, 1139
HELDRICH, Schranken der elterlichen Vertretungsmacht bei der Ausschlagung einer Erbschaft, in: FS Lorenz (1991) 97
HERZFELDER, Stimmrecht und Interessenkollision bei den Personenverbänden des deutschen Reichsprivatrechts (Diss Erlangen 1926)
H HONSELL, Das Insichgeschäft nach § 181 BGB: Grundfragen und Anwendungsbereich, JA 1977, 55
U HÜBNER, Interessenkonflikt und Vertretungsmacht (1977)
ders, Grenzen der Zulässigkeit von Insichgeschäften, Jura 1981, 288
ISING, Befreiung von § 181 BGB durch ihrerseits nicht selbst befreite Organe, NZG 2011, 841
JACOBY, Die Einschaltung der eigenen Sozietät durch den Insolvenzverwalter, ZIP 2005, 1060
JÄGER, Teleologische Reduktion des § 181 BGB (1999)
JÄNICKE/BRAUN, Vertretungsausschluss bei rechtlich nachteiligen Verfügungen zu Gunsten Minderjähriger, NJW 2013, 2474
KANNOWSKI, Insichgeschäft und vollmachtloser Vertreter, in: FS Leipold (2009) 1083
KELLER, Grundstücksschenkung an Minderjährige, JA 2009, 561
KERN, Wesen und Anwendungsbereich des § 181 BGB, JA 1990, 281
KIEHNLE, Das Selbsteintrittsrecht des Kommissionärs (§ 400 HGB) und das Verbot des Selbstkontrahierens (§ 181 BGB), AcP 212 (2012) 875
KIRSTGEN, Zur Anwendbarkeit des § 181 BGB auf Gesellschafterbeschlüsse in der GmbH, GmbHR 1989, 406
KLAMROTH, Selbstkontrahierungsverbot bei Abstimmung über laufende Angelegenheiten in Familiengesellschaften?, BB 1974, 160
KNÖCHLEIN, Stellvertretung und Insichgeschäft (1994)
KÖGEL/LOOSE, Die Befreiung des Insolvenzverwalter von § 181 BGB, ZInsO 2006, 17
vKOERBER, Das Rechtsgeschäft des Stellvertreters mit sich selbst nach dem Bürgerlichen Gesetzbuche (Diss Heidelberg 1907)
KREUTZ, § 181 BGB im Lichte des § 35 Abs 4 GmbHG, in: FS Mühl (1981) 409
KREUZER, § 181 in seiner Anwendung auf die vom Vertreter sich selbst erteilte Zustimmung und die Berechtigung seiner Anwendung im Familienrecht (Diss Münster 1937)
KRÜGER, Grundstücksschenkungen an Minderjährige, ZNotP 2006, 202
LANGE, Schenkungen an beschränkt Geschäftsfähige und § 107 BGB, NJW 1955, 1339
LESSMANN, Teleologische Reduktion des § 181 BGB beim Handeln des Gesellschafter-Geschäftsführers der Einmann-GmbH, BB 1976, 1377
LOBINGER, Insichgeschäft und Erfüllung einer Verbindlichkeit, AcP 213 (2013) 366
vLÜBTOW, Schenkungen der Eltern an ihre

minderjährigen Kinder und der Vorbehalt dinglicher Rechte (1949)
ders, Insichgeschäfte des Testamentsvollstreckers, JZ 1960, 151
MAIER-REIMER, Mehrstufige Vertretung, in: FS Hellwig (2010) 205
MAIER-REIMER/MARX, Die Vertretung Minderjähriger beim Erwerb von Gesellschaftsbeteiligungen, NJW 2005, 3025
MELCHIOR, Vollmachten bei Umwandlungsvorgängen – Vertretungshindernisse und Interessenkollisionen, GmbHR 1999, 520
MEILICKE, Selbstkontrahieren nach europäischem Gemeinschaftsrecht, RIW 1996, 713
MENZEL/FÜHR, Die Grundstücksschenkung an Minderjährige, JA 2005, 859
MEYER-ARNDT, Die Anwendbarkeit des § 181 BGB auf Gesellschaftsverträge und Gesellschaftsbeschlüsse der Handelsgesellschaften (Diss Göttingen 1959)
MÜLLER, Die Bedeutung des § 181 im Familienrecht, MDR 1952, 209
MUSKAT, Der Vertrag des Stellvertreters mit sich selbst, ZHR 33, 507
NIPPERDEY, Die Gestattung der Mehrvertretung durch das Vormundschaftsgericht, in: FS Raape (1948) 305
PETERS, Das Vertretungsverbot nach § 181 BGB bei der Beschlussfassung der GmbH, ZNotP 2006, 89
PETERSEN, Insichgeschäfte, Jura 2007, 418
PLANDER, Die Geschäfte des Gesellschafter-Geschäftsführers der Einmann-GmbH mit sich selbst (1969)
ders, Rechtsgeschäfte zwischen Gesamtvertretern, Betrieb 1975, 1493
PREDARI, Zwei Fragen aus dem Gebiete des Geschäftsabschlusses in sich selbst, Gruchot 63, 675
PREUSS, Das für den Minderjährigen lediglich rechtlich vorteilhafte Geschäft, JuS 2006, 305
RAAPE, § 181 und Unterhaltspflicht, AcP 140 (1935) 352
REIN/PFEIFFER, Eltern-Kind-Geschäfte durch Banküberweisung – Ein Beitrag zur Dogmatik des § 181 BGB, BKR 2005, 142
REINHARDT, Gedanken zum Identitätsproblem bei der Einmanngesellschaft, in: FS Lehmann (1956) 576

REINICKE, Gesamtvertretung und Insichgeschäft, NJW 1975, 1185
REINICKE/TIEDTKE, Das Erlöschen der Befreiung von dem Verbot der Vornahme von Insichgeschäften, WM 1988, 441
REYMANN, Die Vertretungsbefugnis der Liquidatoren bei der GmbH, GmbHR 2009, 176
RIEDEL, Die Bedeutung des § 181 im Familien- und Erbrecht, JR 1950, 40
ROBLES Y ZEPF, Praxisrelevante Probleme der Mehrvertretung bei der GmbH und der Aktiengesellschaft gem. § 181 2. Alt. BGB, BB 2012, 1876
RÖLL, Selbstkontrahieren und Gesellschafterbeschlüsse, NJW 1973, 627
RÖMER, Rechtsgeschäft des Stellvertreters mit sich selbst, ZHR 19, 67
RÖTHEL/KRACKHARDT, Lediglich rechtlicher Vorteil und Grunderwerb, Jura 2006, 161
RÜMELIN, Das Selbstkontrahieren des Stellvertreters nach gemeinem Recht (1888)
SÄCKER/KLINKHAMMER, Verbot des Selbstkontrahierens auch bei ausschließlich rechtlichem Vorteil des Vertretenen?, JuS 1975, 626
SCHILLING, Gesellschaftsbeschluß und Insichgeschäft, in: FS Ballerstedt (1975) 257
SCHLÜTER, Das Selbstkontrahieren (Insichgeschäft nach § 181 BGB) bei der Umschreibung von Schutzrechten, GRUR 1953, 470
TH SCHMIDT, Das Selbstkontrahieren des Stellvertreters nach gemeinem Recht und dem Recht des BGB (Diss Greifswald 1904)
W SCHMIDT, Die Bedeutung des § 181 BGB für das Handelsgesellschaftsrecht (Diss Köln 1935)
SCHMITT, Praktische Probleme der Mehrfachvertretung, § 181 2. Alt. BGB, in Unternehmen, WM 2009, 1784
SCHNEIDER, Selbstkontrahieren beim Abschluß eines Gesellschaftsvertrages mit minderjährigen Kindern?, BB 1954, 705
SCHOTT, Das Insichgeschäft des Stellvertreters im gemeinen Recht, in: FS Coing (1982) Bd I 307
SCHUBERT, Die Einschränkung des Anwendungsbereichs des § 181 BGB bei Insichgeschäften, WM 1978, 290
SIEMES, Das Verbot der Insichgeschäfte im heutigen deutschen Recht (Diss Köln 1964)

SOHN, Die Befreiung des Verwalters vom Verbot des Selbstkontrahierens, NJW 1985, 3060
SONNENFELD, Das Zusammenspiel von „rechtlichem Vorteil" und „Erfüllung einer Verbindlichkeit" als Ausnahme vom Vertretungsausschluss, Rpfleger 2011, 475
SPRINZ, Das Selbstkontrahieren des Vertreters (Diss Erlangen 1907)
STÜRNER, Der lediglich rechtliche Vorteil, AcP 173 (1973) 402
TEBBEN, Das schwebend unwirksame Insichgeschäft und seine Genehmigung, DNotZ 2005, 173
K TIEDTKE, Fortbestand der Befreiung vom Verbot des Selbstkontrahierens bei der Umwandlung einer mehrgliedrigen in eine Einmann-GmbH, ZIP 1991, 355
ders, Zur Form der Gestattung von Insichgeschäften des geschäftsführenden Mitgesellschafters einer GmbH, GmbHR 1993, 385
S TIEDTKE, Teleologische Reduktion und analoge Anwendung des § 181 BGB (Diss Münster 2002)
TIMM, Mehrfachvertretung im Konzern, AcP 193 (1993) 423
URBAN, Das Selbstkontrahieren des Stellvertreters im BGB (Diss Straßburg 1907)
WACKE, Selbstkontrahieren im römischen Vertretungsrecht, in: FG Kaser (1986) 289
ders, Tilgungsakte durch Insichgeschäfte, SZRA 103, 223
WÄLZHOLZ, Die Vertretung der GmbH im Liquidationsstadium – Insbesondere zur Befreiung vom Verbot des Selbstkontrahierens gem § 181 BGB, GmbHR 2002, 305
WAHNSCHAFF, Der Selbstabschluß und die Doppelvertretung im heutigen Recht (Diss Jena 1907)
WILHELM, Stimmrechtsausschluß und Verbot des Insichgeschäfts, JZ 1976, 674
ders, Das Merkmal „lediglich rechtlich vorteilhaft" bei Verfügungen über Grundstücksrechte, NJW 2006, 2353
WINKLER, Insichgeschäfte des Gesellschafter-Geschäftsführers einer Einmann-GmbH, DNotZ 1970, 476
WÜNSCH, Zur Lehre vom Selbstkontrahieren im Gesellschaftsrecht, in: FS Hämmerle (1972) 451
ZICHE, Die Verweisung des § 35 Absatz 4 GmbHG auf das Verbot der Vornahme von Insichgeschäften (1991)
ZORN, Erfüllung einer Verbindlichkeit oder lediglich rechtlicher Vorteil, FamRZ 2011, 776.

Systematische Übersicht

I.	**Geschichte und Aufgaben der Vorschrift**	
1.	Die Begriffe Insichgeschäft, Selbstkontrahieren und Mehrvertretung	1
2.	Die geschichtliche Entwicklung	2
a)	Das gemeine Recht	2
b)	Die Vorarbeiten zum BGB	3
3.	Die Aufgaben des § 181	4
a)	Die Wahrung der Verkehrssicherheit	5
b)	Der Schutz bei Interessenkonflikten	6
c)	Personenidentität als Voraussetzung für die Anwendbarkeit des § 181	8
II.	**Anwendungsbereich des § 181**	
1.	Unmittelbare Anwendung bei Insichgeschäften	9
a)	Selbstkontrahieren	10
b)	Einseitige empfangsbedürftige Rechtsgeschäfte	13
c)	Mehrvertretung	15
d)	Anwendbarkeit des § 181 bei Gesamtvertretung	16
e)	Anwendbarkeit des § 181 bei gesetzlicher Vertretung	18
f)	Anwendbarkeit des § 181 bei organschaftlicher Vertretung	19
g)	Gesellschaftsverträge	22
h)	Beschlüsse in juristischen Personen und Personengesellschaften	23
i)	Prozesshandlungen	27
k)	Öffentlich-rechtliche Verträge	29
2.	Einschränkungen der Anwendung des § 181	30
a)	Ein-Mann-GmbH	31
b)	Lediglich rechtlich vorteilhafte Geschäfte	32
c)	Weitere Fälle	33

3.	Erweiterungen des Anwendungsbereichs des § 181		34
a)	Handeln durch Untervertreter		35
b)	Handeln in auferlegter Verwaltung		38
c)	Amtsempfangsbedürftige Erklärungen		40
d)	Wahlweise zu adressierende Erklärungen		41
e)	Weitere Fälle		42

III. Die Folgen eines Verstoßes gegen § 181

1.	Die schwebende Unwirksamkeit		45
a)	Schwebende Unwirksamkeit und Genehmigung		45
b)	Genehmigung bei gesetzlicher Vertretung		47
2.	Die Pflicht zur Genehmigung		48

IV. Erlaubte Insichgeschäfte

1.	Die Gestattung durch den Vollmachtgeber (Befreiung)		49
a)	Inhalt und Form der Erklärung		49
b)	Ausdrückliche Gestattung		50
c)	Konkludente Gestattung und Verkehrsübung		51
2.	Die Gestattung bei Organhandeln		53
3.	Die Gestattung bei gesetzlicher Vertretung		55
a)	Gestattung durch Pfleger oder Verkehrsübung		55
b)	Gestattung durch das Vormundschaftsgericht		57
4.	Die Gestattung bei Amtswaltern		58
a)	Der Testamentsvollstrecker		58
b)	Der Insolvenzverwalter und andere Verwalter		59
5.	Die gesetzliche Gestattung		60
a)	Unmittelbare Gesetzesregeln		60
b)	Erfüllungsgeschäfte		61
c)	Die Fälle teleologischer Reduktion		63

V. Die Publizität der zulässigen Insichgeschäfte

1.	Die Bedeutung der Publizität		64
2.	Die Publizitätserfordernisse		65
a)	Verfügungsgeschäfte		65
b)	Verpflichtungsgeschäfte		67

VI. Beweislast 68

Alphabetische Übersicht

Analoge Anwendung des § 181	34 ff
Anwendungsbereich des § 181	9 ff
Auslegung zur Ermittlung der Gestattung	51
Beschlüsse	23 ff
Beweislast	68
Bürgschaftsübernahme	42
Einmann-GmbH	6, 20, 31, 53
Erbauseinandersetzung	18
Erfüllung einer Verbindlichkeit	61
Form der Gestattung	49
Genehmigung	45 ff
Gesamtvertretung	16
Geschäftsähnliche Handlungen	14
Geschichtliche Entwicklung	2 f
Gesellschaftsrecht	22 ff
Gesellschaftsverträge	22
Gesetzliche Vertretung	18, 32, 55 ff
Gestattung	49 ff
Insichgeschäft	1, 9 ff
Insolvenzverwalter	39, 59
Konzernrecht	21, 33
Mehrvertretung	1, 15, 46, 57
Nachlassverwalter	39, 59
Öffentlichrechtliche Verträge	29
Ordnungscharakter des § 181	4 ff
Organe	19 ff, 53
Prozesshandlungen	27 f
Publizitätserfordernisse	64 ff

Rechtsgeschäfte, amtsempfangsbedürftige	40	Stimmabgabe	24
– einseitige	13	Teleologische Reduktion	6 f, 30 ff, 63
– formbedürftige	66 f	Testamentsvollstrecker	38, 58
– lediglich rechtlich vorteilhafte	6, 32		
– wechselrechtliche	11	Untervertreter	35 ff
– zusammengesetzte	12	Unterwerfungserklärung	27
Schuldübernahme	42		
Schutz der Verkehrssicherheit	5	Verkehrssicherheit	5
Schutz vor Interessenkonflikten	6 f	Verkehrsübung	52, 56
Schwebende Unwirksamkeit	4	Verwaltungsakte	29
Selbstkontrahieren	1, 10		
Sozialakte	24	Wohnungseigentumsverwalter	25, 39

I. Geschichte und Aufgaben der Vorschrift

1. Die Begriffe Insichgeschäft, Selbstkontrahieren und Mehrvertretung

Die Vorschrift des § 181 befasst sich mit der Problematik der Zulässigkeit von **1** **Insichgeschäften** im Rahmen der Stellvertretung. Es handelt sich dabei um Fälle, in denen jemand als Stellvertreter mit sich selbst in eigenem Namen **(Selbstkontrahieren)** oder mit sich als Vertreter eines Dritten **(Mehrvertretung)** Rechtsgeschäfte vornimmt; dabei kann es sich um Verträge, aber auch um einseitige empfangsbedürftige Willenserklärungen handeln, und der Vertreter kann als aktiver oder/und passiver Stellvertreter handeln. Ein solches Insichgeschäft liegt auch dann vor, wenn ein Kollektivvertreter in der beschriebenen Weise tätig wird, nicht hingegen, wenn jemand auf derselben Seite des Rechtsgeschäfts sowohl für sich selbst als auch für einen von ihm Vertretenen handelt (s Rn 8 f).

Im juristischen Schrifttum werden die genannten Begriffe allerdings mit unterschiedlicher Bedeutung verwendet. Oft wird das Selbstkontrahieren als Oberbegriff für sämtliche Formen der von § 181 erfassten Insichgeschäfte, von anderen aber auch als Teiloberbegriff – im Gegensatz zur Mehrvertretung – für diejenigen Fälle verwandt, in denen der Vertreter ein Rechtsgeschäft mit sich selbst vornimmt. Allerdings fallen unter diese Möglichkeit des Handelns iSd § 181 nicht nur Vertragsschlüsse, sondern auch die Abgabe und Entgegennahme einseitiger Erklärungen. Im Folgenden wird deshalb das *Insichgeschäft als Oberbegriff* verwendet, unter den das Selbstkontrahieren und die Vornahme einseitiger empfangsbedürftiger Rechtsgeschäfte mit sich selbst einerseits und die Mehrvertretung andererseits fallen.

§ 181 ist nur anwendbar, wenn sich die Vertretungsmacht nach deutschem Recht richtet (s zu ausländischen Rechten Vorbem 100 ff zu §§ 164 ff und unten Rn 19; ERMAN/MAIER-REIMER § 181 Rn 4).

2. Die geschichtliche Entwicklung

a) In der *gemeinrechtlichen Doktrin* hatte sich zunächst die Ansicht herausgebil- **2** det, dass Rechtsgeschäfte mit sich selbst begrifflich ausgeschlossen seien, da eine

Person nicht zwei sich gegenüberstehende Willenserklärungen abgeben könne. Diese Auffassung wurde jedoch dann aufgegeben (s RGZ 6, 11; 7, 119; RÖMER ZHR 19, 67 ff; MUSKAT ZHR 33, 507 ff; HÜBNER 28 ff; HUPKA 258 ff; grundlegend RÜMELIN, Das Selbstkontrahieren des Stellvertreters nach gemeinem Recht [1888]; s zur Entwicklung auch KIEHNLE AcP 212 [2012], 890 ff; zum Selbstkontrahieren im römischen Vertretungsrecht s WACKE, in: FS Kaser 289 ff sowie SZRA 103, 223 ff zu Tilgungsakten durch Insichgeschäfte; KASER/KNÜTEL, Römisches Privatrecht [18. Aufl 2005] § 11 III 3).

3 b) Von grundsätzlicher Zulässigkeit des Selbstkontrahierens ging auch die *erste Kommission* aus, die nur für bestimmte Fälle ein Verbot vorgesehen hatte (FLUME § 48 3). Die *zweite Kommission* hingegen formulierte auf der Grundlage eines Beschlusses der Vorkommission des Reichsjustizamtes den jetzigen § 181. Sie entschied sich damit für ein *grundsätzliches Verbot* mit zwei generell gefassten Ausnahmen (vgl SCHUBERT WM 1978, 297; zur Entstehungsgeschichte s auch JÄGER 5 ff; KIEHNLE AcP 212 [2012] 893 f; LOBINGER AcP 213 [2013] 367 f). Das Problem der Kundgabe des im Wege eines erlaubten Insichgeschäfts betätigten Willens hat die zweite Kommission nicht beschäftigt (s dazu noch unten Rn 64 ff).

3. Die Aufgaben des § 181

4 Die zentrale sachliche Problematik des Insichgeschäfts besteht zweifellos in der **Gefahr der Interessenkollision** (vgl Prot I 353; FLUME § 48 1), nämlich der Überschneidung der Interessen von Vertreter und Vertretenem bei Selbstkontrahieren und einseitigem Insichgeschäft und derjenigen der beiden Vertretenen bei der Mehrvertretung. Allerdings stellt der Tatbestand des § 181 – sieht man von den Ausnahmen der Gestattung und der Erfüllung einer Verbindlichkeit ab – eindeutig nicht auf das Vorliegen einer konkreten Interessenkollision ab, sondern trifft eine generelle Verbotsregelung, die sich allein am Tatbestand des Vorliegens eines Insichgeschäfts im beschriebenen Sinne (oben Rn 1) ausrichtet. Damit wird § 181 jedenfalls auch zu einer rigorosen Ordnungsvorschrift im Interesse der Verkehrssicherheit (s zu den beiden Zwecken des Schutzes des Vertretenen und der Rechtssicherheit JÄGER 3 ff, 21 ff; zum daraus resultierenden Aspekt des Gläubigerschutzes CLAUSSEN 30 ff). Heftig umstritten ist bei diesem Ausgangspunkt, ob es bei einem solchen strengen Verständnis der Vorschrift zu bewenden hat oder ob ihr Anwendungsbereich in (typischen) Fällen fehlender Interessenkollision einzuschränken, andererseits vielleicht auf vergleichbare Kollisionsfälle zu erweitern ist.

5 a) Soweit § 181 der **Wahrung der Verkehrssicherheit** dient, stellt sich diese Aufgabe unabhängig von der Frage, ob durch das konkrete Geschäft Interessen des Vertretenen gefährdet werden oder nicht. Demnach könnte § 181 selbst dann eingreifen, wenn das Insichgeschäft für den Vertretenen rechtlich lediglich vorteilhaft ist (vgl SCHUBERT WM 1978, 290).

Unter vorrangiger Betonung dieser Zielsetzung wurde § 181 von der Rechtsprechung des RG als formale **„Ordnungsvorschrift"** (dazu krit ERMAN/MAIER-REIMER § 181 Rn 2) verstanden, welche bestimmte Arten des Geschäftsabschlusses verbiete, ohne dass es auf konkrete Interessenverletzungen ankomme (RGZ 68, 172, 176; 103, 417; 157, 24, 31; s dazu und zur weiteren Entwicklung SCHMOECKEL 93 ff; s auch HKK/SCHMOECKEL §§ 164– 181 Rn 32 ff). Auch der BGH folgte zunächst dieser Ansicht (BGHZ 21, 229, 231; 33, 189;

50, 8, 11; auch BAG Betrieb 1969, 1704), ebenso (bis heute) Teile des Schrifttums (Ennec-cerus/Nipperdey § 181 III; Flume § 48 1; Pawlowski Rn 794 ff; Wertenbruch § 33 Rn 2; Boehmer Grundlagen II 2 44 ff; ausführlich dazu Allmendiger 65 ff; Jäger 33 ff mwNw). Vor dem Zweck einer Wahrung der Sicherheit des Rechtsverkehrs, der gegenüber die „lästigen Folgen" des generellen Verbots ein geringeres Übel seien, kann sich diese Auffassung auf den eindeutigen Wortlaut des § 181 berufen („tatbestandsgetreue Auslegung").

b) Im Schrifttum (ausf dazu Allmendiger 68 ff) ist aber überwiegend schon gegen- 6 über der älteren Rechtsprechung eine weniger formale Auslegung des § 181 vertreten worden, die vor allem eine einschränkende Anwendung der Vorschrift zum Ziel hat. Im Vordergrund der Argumentation steht dann der Gesichtspunkt, § 181 diene vorrangig dem Zweck, die **Gefahren eines Interessenkonfliktes** abzuwenden, sodass bei Geschäften ohne solche Gefahr eine teleologische Reduktion des § 181 erfolgen könne (s bereits Hoeniger DJZ 1910, 1348).

Das Ausmaß der Abwendung vom Wortlaut des § 181 ist in der Literatur allerdings sehr unterschiedlich. Heute nur noch vereinzelt wird darauf abgestellt, ob im Einzelfall ein **konkreter Interessenkonflikt** besteht, vor dem der Vertretene – bei der Mehrvertretung die Vertretenen – zu schützen sei; das führe zur Nichtanwendung des § 181 bei Insichgeschäften ohne Interessenkonflikt, andererseits zur Unwirksamkeit vergleichbarer Rechtsgeschäfte auch über den eigentlichen Anwendungsbereich des § 181 hinaus (Brox/Walker Rn 592 f; Lehmann/Hübner § 36 IV 4 c; Lehmann SJZ 1948, 313; dazu ausf Allmendiger 69 ff). Der überwiegende Teil des Schrifttums will bei Anerkennung der Sicherungsfunktion der Vorschrift dem Aspekt der (fehlenden) Interessenkollision nur dann den Vorzug geben, wenn **nach typischen, formalisierten Merkmalen** – „generell-abstrakt" – eine **Interessenkollision ausgeschlossen** ist. Die dahingehenden Äußerungen im Schrifttum stammen teils aus älterer Zeit, teilweise knüpfen sie an die neuere, geänderte Rechtsprechung zu § 181 an, nachdem auch der BGH seine frühere Auffassung (s Rn 5) aufgegeben hat (BGHZ 56, 97, 102 f; 59, 236, 239 f; 64, 72, 75; 75, 358, 359 ff; 77, 7, 9, stRpr; aus dem Schrifttum unter Außerachtlassung engerer Differenzierungen Bamberger/Roth/Valentin § 181 Rn 2; BGB-AK/Ott § 181 Rn 5; BGB-RGRK/Steffen § 181 Rn 2; Erman/Maier-Reimer § 181 Rn 2; Hk-BGB/Dörner § 181 Rn 1, Rn 18; Jauernig § 181 Rn 6 f; MünchKomm/Schramm § 181 Rn 9 f; NK-BGB/Stoffels § 181 Rn 6 ff; Palandt/Ellenberger § 181 Rn 9 ff, Rn 12 ff; PWW/Frensch § 181 Rn 1; Soergel/Leptien § 181 Rn 6; StudKomm § 181 Rn 1; Bitter § 10 Rn 210; Bork Rn 1587, Rn 1592 f; Brehm Rn 479; Eisenhardt Rn 443; Faust § 28 Rn 36; Grigoleit/Herresthal Rn 506 ff; Hübner Rn 1322 ff, insbesondere Rn 1324; Köhler § 11 Rn 64; Leenen § 9 Rn 117 ff; Medicus Rn 961 ff; Rüthers/Stadler § 30 Rn 60; Schack Rn 502 f; Wolf/Neuner § 49 Rn 111; Frotz 536; Tiedtke 32 ff; Baetzgen RNotZ 2005, 193, 195; Herrler ZNotP 2007, 448, 449; Kiehnle AcP 212 [2012] 895 ff; Mock JuS 2008, 486, 488; Tebben DNotZ 2005, 173174; wNachw unten Rn 30 ff). Neuerdings befürwortet Jäger (passim, insbes 79 ff und zu einzelnen Anwendungsfällen 125 ff, 227 ff; dagegen ausf Tiedtke 75 ff) die hM mit gewissen Modifikationen, namentlich mit der Zulassung der Reduktion schon bei relativ, dh jedenfalls im Verhältnis von Vertretenem und In-Sich-Geschäftspartner rechtlich vorteilhaften Geschäften einerseits, und mit ihrem Ausschluss bei Möglichkeit der Gestattung durch den Vertretenen andererseits. Die letztere Schranke erscheint aber als Überbetonung des Aspekts der privatautonomen Gestaltung bei fehlender Interessenkollision, während das den Anwendungsbereich des Selbstkontrahierens erweiternde Kriterium bloß relativer

Neutralität den jedenfalls aus heutiger Normsicht gebotenen umfassenden Schutz des Vertretenen auch vor zugunsten Dritter eintretender Schäden missachtet; zudem wird die Erkennbarkeit eines typischen lediglich rechtlichen Vorteils durch die Relativität erschwert.

Nach der überwiegenden Auffassung waren zumindest zwei (von der hM) anerkannte Fallgruppen einer teleologischen Reduktion des § 181 entwickelt worden, nämlich für Geschäfte, die dem Vertretenen lediglich rechtlichen Vorteil bringen (BGHZ 59, 236; 94, 332; s unten Rn 32) sowie für Geschäfte des Alleingesellschafters und Geschäftsführers einer GmbH mit der GmbH (BGHZ 56, 97; s unten Rn 20, 31). § 35 GmbHG bestimmt jetzt aber ausdrücklich in Abs 3 die Anwendbarkeit des § 181 (zur Bedeutung und zum Anwendungsbereich des § 35 Abs 3 GmbHG s ALTMEPPEN NZG 2013, 401; ROBLES Y ZEPF BB 2012, 1876, 1878 f; zu weiteren Fällen und zur analogen Anwendung s unten Rn 34 ff). Damit hat auch der mit der Wahrung der Verkehrssicherheit verbundene Aspekt des **Gläubigerschutzes** Anerkennung gefunden (CLAUSSEN 30 ff mwNw).

7 Der vermittelnden Auffassung der hM ist grundsätzlich zu folgen. Wortlaut und formale Auslegung verdienen aus Gründen der Rechtssicherheit und auch des Gläubigerschutzes den Vorzug vor einer Auflösung in unbestimmte Interessenbewertungen. Allein das Vorliegen einer Interessenkollision genügt nicht. Andererseits ist der Zweck der Sicherung des Rechtsverkehrs vor den Gefahren von Interessenkollisionen nur Hilfsmittel zur Verwirklichung dieses materiellen Ziels. Wenn aufgrund abstrakter Merkmale typische Konstellationen ermittelt werden können, in denen eine Interessenkollision – und damit eine Rechtsunsicherheit – ausscheidet, so muss nach den Grundsätzen teleologischer Auslegung der formale Ordnungszweck gegenüber der Interessenwahrung zurücktreten. Immerhin kommt diese Sicht auch in den beiden schon in § 181 unmittelbar geregelten Ausnahmen zum Ausdruck. Mittel dieser Auslegung ist eine Einschränkung des Anwendungsbereichs, doch kommt auch seine Erweiterung durch entsprechende Anwendung der Vorschrift in Betracht (s näher Rn 30 ff, 34 ff und zusammenfassend Rn 44).

8 c) **Keine Anwendung** findet § 181, wenn jemand auf derselben Seite des Rechtsgeschäfts sowohl für sich als auch für einen von ihm Vertretenen oder als Vertreter für mehrere Vertretene handelt (s schon oben Rn 1; RGZ 127, 103, 105; RG WarnR 1912 Nr 399; BGHZ 50, 8, 10; BayObLG NJW-RR 1986, 1077, 1078; KG SeuffBl 73, 805, 807; OLG Düsseldorf NJW 1985, 390; OLG Jena NJW 1995, 3126; BAMBERGER/ROTH/VALENTHIN § 181 Rn 8; BGB-RGRK/STEFFEN § 181 Rn 6; ERMAN/MAIER-REIMER § 181 Rn 9; MünchKomm/SCHRAMM § 181 Rn 12; NK-BGB/STOFFELS § 181 Rn 19; PALANDT/ELLENBERGER § 181 Rn 7; PWW/FRENSCH § 181 Rn 5; SOERGEL/LEPTIEN § 181 Rn 2 und 12; BORK Rn 1587; HÜBNER Rn 1324; AUKTOR NZG 2006, 334, 335; ROBLES Y ZEPF BB 2012, 1876, 1879 f; SCHMITT WM 2009, 1784; krit SOHN NJW 1985, 3060). Auch ein Interessenwiderstreit vermag hier die Anwendung des § 181 nicht zu begründen, weil es an einer durch abstrakte Merkmale geprägten typischen Interessenkollision (s Rn 6 f) fehlt (RG JW 1931, 2229; BGB-RGRK/STEFFEN § 181 Rn 10; MünchKomm/SCHRAMM § 181 Rn 12; vgl BGHZ 94, 132 [Verrechnungsvereinbarung unter mehreren Beteiligten]; OLG Jena NJW 1995, 3126, 3127). Ebenso wenig werden gegenseitige Forderungsabtretungen unter Gesellschaftern, die nicht gesamtvertretungsberechtigt sind, von § 181 erfasst (OLG Hamburg BB 1959, 173). Man bezeichnet diese Voraussetzung des Insichgeschäfts auch als *Personenidentität* (SOERGEL/LEPTIEN § 181 Rn 12; BAETZGEN RNotZ 2005, 193, 194, 197).

II. Anwendungsbereich des § 181

1. Unmittelbare Anwendung bei Insichgeschäften

Insichgeschäfte kommen als Selbstkontrahieren, als einseitige empfangsbedürftige **9** Geschäfte und als Mehrvertretung in Betracht (s oben Rn 1). Dabei stehen Besonderheiten vor allem bei gesellschafts- und vereinsrechtlichen Beschlüssen sowie bei der gesetzlichen Vertretung und Organvertretung in Frage. **Streng einseitige Rechtsgeschäfte** (s iÜ noch Rn 13) – nichtempfangsbedürftige Willenserklärungen – fallen heraus, weil es an einer Gegenseite fehlt, mit deren Interessen das Handeln des Vertreters kollidieren könnte (BayObLGZ 1953, 261, 266 f; Bamberger/Roth/Valentin § 181 Rn 9; BGB-RGRK/Steffen § 181 Rn 5; Erman/Maier-Reimer § 181 Rn 7; NK-BGB/Stoffels § 181 Rn 17; Palandt/Ellenberger § 181 Rn 6; PWW/Frensch § 181 Rn 4; Soergel/Leptien § 181 Rn 17, allgM); Entsprechendes gilt für reine Realakte (BGH NJW 1976, 49; BayObLGZ 1958, 370 f; Bamberger/Roth/Valentin § 181 Rn 9; PWW/Frensch § 181 Rn 4; Soergel/Leptien § 181 Rn 17; s auch Vytlacil 222 zu Fällen bloßer Willensbetätigung, zB nach §§ 144, 155, 959). Mit diesen Grenzen gilt § 181 grundsätzlich für alle von Vertretern – auch solchen ohne Vertretungsmacht (NK-BGB/Stoffels § 181 Rn 9; Palandt/Ellenberger § 181 Rn 3; Kannowski, in: FS Leipold [2009] 1085 mwNw; anders Lichtenberger MittBayNot 1999, 470, 471; Schneeweiss MittBayNot 2001, 341, 342) – vorgenommenen privaten Rechtsgeschäfte. Darüber hinaus ist die entsprechende Anwendbarkeit bei Prozesshandlungen und im sonstigen Öffentlichen Recht zu diskutieren (s Rn 19, Rn 27 ff). Voraussetzung für die Anwendbarkeit des § 181 ist jedenfalls stets, dass der Vertreter auch auf der anderen Seite des Rechtsgeschäfts auftritt, dass also sog Personenidentität (s Rn 8) vorliegt.

a) **Selbstkontrahieren** im engeren Sinne (s Rn 1) betrifft den Abschluss von Ver- **10** trägen aller Art, die der Vertreter mit sich selbst als anderer Partei tätigt. Derartige Rechtsgeschäfte stehen bei der Anwendung des § 181 im Vordergrund. Die Vorschrift gilt dabei für sämtliche Verträge, seien sie obligatorischer oder dinglicher Natur. Da zum Vertrag der auf eine rechtsgeschäftliche Regelung bezogene übereinstimmende Wille von mindestens zwei Partnern gehört, ergibt sich der Vertragstatbestand beim erlaubten Selbstkontrahieren freilich letztlich erst aus der gesetzlichen Zulassung in § 181 (vgl Flume § 48 3).

Neben *schuldrechtlichen* zwei- und mehrseitigen *Rechtsgeschäften* unterliegen da- **11** nach insbes auch *familienrechtliche* (RGZ 79, 282) und *erbrechtliche Verträge* (BGHZ 50, 8, 10; Zimmer ZEV 2007, 159, auch zum Widerruf wechselbezüglicher Verfügungen) der Anwendung des § 181. Namentlich greift § 181 ferner bei der *dinglichen Einigung* im Rahmen von Verfügungstatbeständen ein (s etwa RGZ 73, 415; 89, 367; RG DJZ 1931, 303; LG Kassel DNotZ 1958, 429, 431; Bamberger/Roth/Valentin § 181 Rn 6; BGB-RGRK/Steffen § 181 Rn 5; Erman/Maier-Reimer § 181 Rn 7; NK-BGB/Stoffels § 181 Rn 15; Palandt/Ellenberger § 181 Rn 6; Soergel/Leptien § 181 Rn 15). Auf *wechselrechtliche Geschäfte* ist § 181 ebenfalls anzuwenden (Bamberger/Roth/Valentin § 181 Rn 7; BGB-RGRK/Steffen § 181 Rn 5; Erman/Maier-Reimer § 181 Rn 7; MünchKomm/Schramm § 181 Rn 34; NK-BGB/Stoffels § 181 Rn 15; Palandt/Ellenberger § 181 Rn 7; Soergel/Leptien § 181 Rn 15; K Tiedtke BB 1976, 1536 ff; S Tiedtke 165 ff; vgl aber auch Dittmann NJW 1959, 1957), so bei Ausstellung des Wechsels im eigenen Namen und Annahme als Vertreter des Bezogenen (Tiedtke BB 1976, 1535 ff), es sei denn, der Begebungsvertrag würde mit einem Dritten abgeschlossen (vgl BGH WM 1968, 651, 655; BGH WM 1978, 1002; ie str, ausf Dittmann und Tiedtke aaO). Auch bei der Einlösung von Wertpapieren durch dasselbe Kreditinstitut liegt idR ein Insichgeschäft iSd § 181 vor (RGZ 111, 345, 349; BGHZ 26, 167, 171 f; Erman/Maier-Reimer § 181 Rn 7; NK-BGB/Stoffels § 181 Rn 15; Palandt/Ellenberger § 181 Rn 7; Soergel/Leptien § 181 Rn 15), mangels Personenidentität hingegen nicht bei Überweisungen des Vertreters des Kontoinhabers auf ein Konto des Vertreters (s Rn 44).

12 Bei einem **zusammengesetzten Rechtsgeschäft**, wie zB einer Erbauseinandersetzung mit unterschiedlichen Beteiligten, gilt § 181 grundsätzlich nur für das jeweilige *Teilgeschäft*. Jedoch kann der Parteiwille im Falle einer Einheit der Rechtsgeschäftsteile (§ 139) dahin gehen, dass jemand, der bei einem Teilgeschäft nach § 181 von der Vertretung ausgeschlossen ist, bei den übrigen Teilgeschäften ebenfalls ausgeschlossen sein soll (BGHZ 50, 8, 12; BGB-RGRK/Steffen § 181 Rn 9, Erman/Maier-Reimer § 181 Rn 18; MünchKomm/Schramm § 181 Rn 33; NK-BGB/Stoffels § 181 Rn 16; Soergel/Leptien § 181 Rn 14; **krit** zur Übernahme der zu § 139 entwickelten Grundsätze Häsemeyer FamRZ 1968, 503).

13 b) Auch **einseitige empfangsbedürftige Rechtsgeschäfte**, wie Kündigung, Anfechtung, Vollmachtserteilung, Löschungsbewilligung oder Zustimmung, unterfallen dem Anwendungsbereich des § 181 (BGHZ 77, 7, 9; BGH NJW-RR 1991, 1441; grunds auch BayObLG FGPrax 1996, 19, 20 m zust Anm Bestelmeyer; Bamberger/Roth/Valenthin § 181 Rn 6; BGB-RGRK/Steffen § 181 Rn 6; Erman/Maier-Reimer § 181 Rn 7; MünchKomm/ Schramm § 181 Rn 13; NK-BGB/Stoffels § 181 Rn 17; Palandt/Ellenberger § 181 Rn 6; PWW/Frensch § 181 Rn 7; Soergel/Leptien § 181 Rn 16; Flume § 48 2; Hübner 94 ff und AT Rn 1330; Allmendinger 73 f; allgM). So kann jemand, der als Vertreter ohne Vertretungsmacht gehandelt hat und dann gesetzlicher Vertreter geworden ist, das Rechtsgeschäft mit sich selbst nicht genehmigen, wohl aber dem Dritten gegenüber (BGHZ 41, 104, 107; OLG Hamm Rpfleger 1971, 432). Ein als Alleinerbe eingesetzter gesetzlicher Vertreter kann nicht wirksam die Anfechtung des Testaments gemäß § 2079 im Namen seines nach Testamentserrichtung geborenen Kindes erklären (RGZ 143, 150; s noch unten Rn 40 zu amtsempfangsbedürftigen Willenserklärungen). Auch auf die Gestattung zum Selbstkontrahieren ist § 181 anwendbar (BGHZ 33, 189, 191; 58, 115, 118; Bamberger/ Roth/Valenthin § 181 Rn 6; MünchKomm/Schramm § 181 Rn 13; NK-BGB/Stoffels § 181 Rn 17; Soergel/Leptien § 181 Rn 16; Tebben DNotZ 2005, 173, 178). Die Anwendbarkeit bei einseitigen Rechtsgeschäften ist auch zu bejahen, wenn der Vertreter am Insichgeschäft nur als Empfangsvertreter iSd § 164 Abs 3 beteiligt ist (MünchKomm/Schramm § 181 Rn 13; Soergel/Leptien § 181 Rn 16; Hübner Rn 1330).

14 Auf empfangsbedürftige **geschäftsähnliche Handlungen** wie Mahnungen, Fristsetzungen, Ablehnungsandrohungen uam findet § 181 ebenfalls (entsprechende) Anwendung (BGHZ 47, 353, 357; Bamberger/Roth/Valenthin § 181 Rn 6; Erman/Maier-Reimer § 181 Rn 7; Hk-BGB/Dörner § 181 Rn 4; MünchKomm/Schramm § 181 Rn 13; NK-BGB/Stoffels § 181 Rn 18; Palandt/Ellenberger § 181 Rn 8; PWW/Frensch § 181 Rn 7; Soergel/Leptien § 181 Rn 16; Hübner 99 ff, allgM).

15 c) Des Weiteren versagt § 181 der **Mehrvertretung** (s Rn 1) durch einen Stellvertreter die Wirksamkeit. Voraussetzung ist das doppelte Auftreten derselben Person als Stellvertreter von zwei anderen Personen, zwischen denen das Rechtsgeschäft wirken soll. Dieses Verbot der Mehrvertretung soll auch gelten, wenn der Stellvertreter auf einer Seite – wie in der notariellen Praxis nicht selten – als **Vertreter ohne Vertretungsmacht** handelt (BayObLG Rpfleger 1988, 61; OLG Düsseldorf DB 1999, 578; OLG München NJOZ 2014, 405, 406; BAMBERGER/ROTH/VALENTHIN § 181 Rn 29; MünchKomm/SCHRAMM § 181 Rn 14; NK-BGB/STOFFELS § 181 Rn 9; PALANDT/ELLENBERGER § 181 Rn 3, Rn 15; BAETZGEN RNotZ 2005, 193, 197 f mwNw; BENECKE/EHINGER MDR 2005, 1265 f; ROBLES Y ZEPF BB 2012, 1876, 1879; ausf TEBBEN DNotZ 2005, 173 ff mwNw, str, **aA** zB LICHTENBERGER MittBayNot 1999, 470 f; SCHNEEWEISS MittBayNotK 2001, 341, 342), obwohl ein zusätzliches Schutzinteresse für den ohnehin über die Genehmigung entscheidenden Geschäftsherrn nicht wirklich erkennbar ist. Jedenfalls kommt hier ggf eine (doppelte) Genehmigung (s dazu Rn 51) und bei allseits vollmachtloser Vertretung eine teleologische Reduktion des § 181 (s Rn 30 ff) in Betracht, wenn man darin einen generell-abstrakten Ausschluss von Interessenkollision (s Rn 6) erblickt (dafür im Konzern BENECKE/EHINGER MDR 2005, 1265, 1266; ROBLES Y ZEPF BB 2012, 1876, 1879). Unzulässige Mehrvertretung liegt iÜ wie beim Selbstkontrahieren nicht vor, wenn der Stellvertreter die beiden Vertretenen lediglich gemeinsam gegenüber einem Dritten vertritt (s oben Rn 8).

d) Die für die Anwendbarkeit des § 181 erforderliche Personenidentität der sich gegenüberstehenden Parteien (s oben Rn 8) kommt grundsätzlich nicht nur bei Einzelvertretung, sondern auch in Fällen der **Gesamtvertretung** (s Vorbem 20 zu §§ 164 ff) in Betracht (zu Besonderheiten im Gesellschaftsrecht s noch Rn 22 ff). Die Voraussetzungen des § 181 sind dort erfüllt, wenn jemand auf einer Seite des Geschäfts als Gesamtvertreter, auf der anderen für sich oder – iS einer Mehrvertretung – als Einzelvertreter tätig wird (RGZ 89, 367, 373; KG JW 1930, 1419; ERMAN/MAIER-REIMER § 181 Rn 12; MünchKomm/SCHRAMM § 181 Rn 22 f; NK-BGB/STOFFELS § 181 Rn 20; PWW/FRENSCH § 181 Rn 6; SOERGEL/LEPTIEN § 181 Rn 12; zur Wissenszurechnung in solchen Fällen s BGH NJW 2010, 861, 862 [GbR]). Daran ändert es nichts, dass neben dem betreffenden Gesamtvertreter noch andere Gesamtvertreter an dem Geschäft mitwirken (RGZ aaO; vgl auch OLG Celle SJZ 1948, 311; BAMBERGER/ROTH/VALENTHIN § 181 Rn 11; SOERGEL/LEPTIEN § 181 Rn 12; PLANDER Betrieb 1975, 1493, 1494). Das gilt grundsätzlich auch für die Gesamtvertretung bei OHG und KG sowie bei den juristischen Personen (s auch Rn 23 ff). **16**

Hingegen wird es von der Rechtsprechung (BGHZ 64, 72, 74 ff = LM § 181 Nr 18 m zust Anm FLECK; 91, 334, 336; BGH NJW-RR 1986, 778; BAG NJW 1981, 2374; OLG Celle SJZ 1948, 311, 313 m abl Anm LEHMANN) und einem Teil des Schrifttums (zB BAMBERGER/ROTH/VALENTHIN § 181 Rn 15; MünchKomm/SCHRAMM § 181 Rn 22 mwNw zum handelsrechtlichen Schrifttum; NK-BGB/STOFFELS § 181 Rn 20; PALANDT/ELLENBERGER § 181 Rn 12; PWW/FRENSCH § 181 Rn 6, Rn 10; SOERGEL/LEPTIEN § 181 Rn 13; FAUST § 28 Rn 32; BAETZGEN RNotZ 2005, 193, 201 ff mwNw; HADDING, in: FS Merle [2012] 152; ROBLES Y ZEPF BB 2012, 1876, 1877 f;) als zulässig angesehen, dass von zwei *Gesamtvertretern* (idR Geschäftsführer oder Gesellschafter) der eine den anderen bevollmächtigt oder *ermächtigt* (s § 167 Rn 51 ff), in Alleinvertretung ein Rechtsgeschäft zwischen ihm und der vertretenen Person/Gesellschaft vorzunehmen; das soll auch gelten, wenn zwei miteinander kontrahierende Gesellschaften dieselben Organmitglieder haben und diese sich gegenseitig zur Alleinvertretung ermächtigen (ROBLES Y ZEPF BB 2012, 1876, 1877 f). Die gegenteilige Ansicht (zB ERMAN/MAIER-REIMER § 181 Rn 12; JAUERNIG § 181 Rn 18; CLAUSSEN 49 ff; HÜBNER 237 ff; KLAMROTH BB 1975, 851; PLANDER Betrieb 1975, 1493; REINICKE NJW 1975, 1185; ausf TIEDTKE 177 ff mwNw) gelangt hingegen zu einer (analogen) Anwendung des § 181 im **17**

Hinblick darauf, dass ein Verstoß gegen die Zielsetzung des § 181 iS eines Interessenkonfliktes vorliege, den Vertretenen – insbesondere nichtvertretungsberechtigte Gesellschafter – vor Nachteilen zu bewahren. Die für § 181 erforderliche Personenidentität ist indessen nicht gegeben und die Ermächtigung ist als Übertragung selbständiger, alleiniger und – im Gegensatz zur Untervollmacht – weisungsfreier Verantwortung zur Wahrung der Interessen des Vertretenen (idR der Gesellschaft) auch gegenüber dem anderen Gesamtvertreter anzusehen (Fleck LM § 181 Nr 18). Zu Recht wird auf die Parallele zu der allgemein zugelassenen Möglichkeit hingewiesen, dass ein Einzelvertreter mit einem anderen Einzelvertreter (in eigenem oder fremdem Namen) ein Rechtsgeschäft abschließt (Soergel/Leptien § 181 Rn 13; Ennecerus/Nipperdey § 181 III 2; vgl auch MünchKomm/Schramm § 181 Rn 22). Die Umdeutung einer gegen § 181 verstoßenden Mitwirkung eines Gesamtvertreters in eine solche Ermächtigung ist hingegen unzulässig (BGH NJW 1992, 618; BayObLGZ 1979, 187, 192; MünchKomm/Schramm § 181 Rn 22 mwNw, auch zur Gegenansicht; NK-BGB/Stoffels § 181 Rn 20; Robles Y Zepf BB 2012, 1876, 1877).

18 **e)** § 181 gilt auch in Fällen der **gesetzlichen Vertretung** (RGZ 71, 162; RG JW 1924, 2862; BGHZ 33, 189; 50, 8, 10 f; KG OLGE 43, 358; OLG Hamm OLGZ 1965, 82; Bamberger/Roth/Valenthin § 181 Rn 5; BGB-RGRK/Steffen § 181 Rn 6; Erman/Maier-Reimer § 181 Rn 8; MünchKomm/Schramm § 181 Rn 36; NK-BGB/Stoffels § 181 Rn 9; Palandt/Ellenberger § 181 Rn 3; PWW/Frensch § 181 Rn 2; Soergel/Leptien § 181 Rn 18, allgM; zum Betreuer s Zimmer ZEV 2007, 159, 161 mwNw), s etwa §§ 1629 Abs 2 S 1, 1795 Abs 2, 1908i Abs 1. Ist für ein Elternteil die Vertretung des Kindes gem § 181 unzulässig, so gilt das wegen des Gesamtvertretungsprinzips auch für den anderen Elternteil (BGH NJW 1972, 1708). Das Verbot erlangt vor allem im Rahmen der Auseinandersetzung einer Erbengemeinschaft mit Beteiligung Minderjähriger und ihrer gesetzlichen Vertreter Bedeutung (vgl RGZ 67, 61; BGHZ 21, 229; 50, 8; OLG Stuttgart Rpfleger 1959, 158 mAnm Haegele; s auch OLG Jena NJW 1995, 3126) mit der Folge, dass eine Pflegerbestellung erforderlich wird (zur Möglichkeit vormundschaftsgerichtlicher Gestattung s noch unten Rn 57). Andere Anwendungsfälle betreffen etwa den Abschluss eines Gesellschaftsvertrages zwischen Eltern und minderjährigen Kindern (s dazu ausf Rust DStR 2005, 1942 und 1992 mwNw) oder für mehrere Mündel oder die Genehmigung eines vom gesetzlichen Vertreter im eigenen Namen vorgenommenen Rechtsgeschäfts namens des Vertretenen (RG SeuffA 77 Nr 62), aber auch das Vaterschaftsanfechtungsverfahren (BGH MDR 2012, 713). – Spezialregeln für das Vertretungsverbot in solchen Fällen sind für den Lebensversicherungsvertrag in § 150 Abs 2 S 2 VVG, für den Unfallversicherungsvertrag in § 179 Abs 2 S 2 VVG vorgesehen. – Im Übrigen allerdings kann gerade bei gesetzlicher Vertretung uU über eine teleologische Reduktion die Einschränkung des § 181 eingreifen, nach welcher die Anwendung der Vorschrift bei für den Vertretenen lediglich rechtlich vorteilhaften Geschäften ausscheidet (s oben Rn 6 f, unten Rn 32; ausführlich Jäger 185 ff). – Ebenso ist § 181 auf *Verwalter fremder Vermögen* (analog) anzuwenden, wenn diese im Namen des Rechtsträgers ein Rechtsgeschäft mit sich selbst abschließen (s näher Rn 38 f).

19 **f)** Auch bei **organschaftlicher Vertretung juristischer Personen** – und ebenso bei den **Personengesellschaften** – findet § 181 unabhängig davon Anwendung, ob man die Organe als gesetzliche Vertreter ansieht oder nicht (BGHZ 33, 189; 56, 97, 101; 59, 236, 239 f; 77, 7, 9; BGH WM 1967, 1164; Bamberger/Roth/Valenthin § 181 Rn 12; BGB-RGRK/Steffen § 181 Rn 7; Erman/Maier-Reimer § 181 Rn 8; MünchKomm/Schramm § 181 Rn 37; NK-

BGB/STOFFELS § 181 Rn 10; PALANDT/ELLENBERGER § 181 Rn 3; PWW/FRENSCH § 181 Rn 2; SOERGEL/LEPTIEN § 181 Rn 18; CLAUSSEN 39 ff, dort 136 ff ausf zur Anwendung des § 181 in den einzelnen Gesellschaftsformen; BAETZGEN RNotZ 2005, 193, 201; HELLER ZVglRWiss 107 [2008] 293, 294 ff, jew mwNw, allgM); im letzteren Fall läge eine analoge Anwendung vor (so der BGH, vgl BGHZ 33, 189). Es kann demnach etwa ein Vorstandsmitglied einer AG nicht namens der AG einen Vertrag mit sich selbst abschließen (BGH BB 1960, 754; WM 1990, 803; für die GmbH BGH WM 1975, 157, 158) oder in Mehrvertretung als Organ verschiedener juristischer Personen handeln. Dasselbe gilt für die Geschäfte, welche bei der GmbH & Co KG der geschäftsführende Gesellschafter der Komplementär-GmbH in Vertretung der KG mit sich selbst abschließt (BGHZ 58, 115, 117; vgl dazu CLAUSSEN 204 ff; FRANK NJW 1974, 1073). In seiner Reichweite noch über § 181 hinaus geht § 112 AktG, der die Vertretung der AG gegenüber Vorstandsmitgliedern schlechthin dem Aufsichtsrat zuweist (dazu ausf CAHN, in: FS Hoffmann-Becking [2013] 247, 249 ff).– Ebenso gilt § 181 für die **Organe juristischer Personen des öffentlichen Rechts** bei der Vornahme privatrechtlicher Rechtsgeschäfte (BayObLG DJZ 1922, 699 und DNotZ 1974, 226; OLG Hamm Rpfleger 1974, 310; LG Lüneburg NdsRpfl 1963, 17; LG Arnsberg Rpfleger 1983, 63; BAMBERGER/ROTH/VALENTHIN § 181 Rn 17; ERMAN/MAIER-REIMER § 181 Rn 6; MünchKomm/SCHRAMM § 181 Rn 37; NK-BGB/STOFFELS § 181 Rn 10; PALANDT/ELLENBERGER § 181 Rn 3; SOERGEL/LEPTIEN § 181 Rn 24; ALSCHER NJW 1972, 800, 803; zu öffentlich-rechtlichen Verträgen s noch Rn 29). Wegen der abweichenden Behandlung von Insichgeschäften im englischen Recht (s Vorbem 104 zu §§ 164 ff) wird die Eintragungsfähigkeit einer Befreiung nach § 181 bei der englischen **Private Limited Company** (s etwa OLG München NJW-RR 2005, 1486 mAnm JUST EWiR 2005, 765; 2006, 1042 mAnm WACHTER EWiR 2006, 401 und WILLER/KRAFKA MittBayNot 2006, 434; OLG Celle NJW-RR 2006, 324; OLG Hamm ZIP 2006, 1947, 1950 mAnm WERNER GmbHR 2006, 1202; OLG Frankfurt FGPrax 2008, 165; SCHMIDT WM 2007, 20932097 mwNw; WACHTER NZG 2005, 338 mwNw; ERMAN/MAIER-REIMER § 181 Rn 4; s ferner WILLER/KRAFKA NZG 2006, 495, aber auch SCHALL NZG 2006, 54) ganz überwiegend abgelehnt.

Besondere Bedeutung hatte die Frage der Anwendbarkeit des § 181 auf das Organhandeln des geschäftsführenden **Alleingesellschafters einer GmbH**. Nachdem früher die Anwendbarkeit der Vorschrift bejaht wurde, hatte sich im Anschluss an BGHZ 56, 97, 101 diese Konstellation als eine der von der hM anerkannten Fallgruppen teleologischer Reduktion des § 181 (s oben Rn 6 und noch unten Rn 31) herausgebildet (s dazu ausf JÄGER 125 ff; TIEDTKE 48 ff). Seit 1981 bestimmt jedoch § 35 Abs 3 (bis 2008 Abs 4) GmbHG ausdrücklich, dass auf die Rechtsgeschäfte des geschäftsführenden Alleingesellschafters mit der GmbH § 181 anzuwenden ist (dazu ausf BAETZGEN RNotZ 2005, 193, 208 ff; krit JÄGER 134 ff). Entsprechendes gilt für die dort nicht ausdrücklich angeführte Mehrvertretung (BAMBERGER/ROTH/VALENTHIN § 181 Rn 20; MünchKomm/SCHRAMM § 181 Rn 16; NK-BGB/STOFFELS § 181 Rn 25; PWW/FRENSCH § 181 Rn 9; SOERGEL/LEPTIEN § 181 Rn 26; iE auch CLAUSSEN 150 ff; **aA** BAETZGEN RNotZ 2005, 193, 210 f mwNw). Ebenso ist § 181 aber anwendbar, wenn es neben dem Alleingesellschafter noch einen zweiten Geschäftsführer gibt und In-Sich-Geschäfte getätigt werden (MünchKomm/SCHRAMM § 181 Rn 16; NK-BGB/STOFFELS § 181 Rn 25, jew mwNw, zT str). Zur Befreiung vom Verbot des § 181 (vgl zur Einmann-GmbH BGHZ 87, 59; OLG Hamm BB 1998, 1328, 1329) s noch unten Rn 53. **20**

Auch im **Konzernrecht** hat § 181 Bedeutung, da die rechtlich selbständigen Gesellschaften idR mit personenidentischen Leitungsorganen besetzt sind, sodass bei Bin- **21** nengeschäften eine Mehrvertretung vorliegt, wenn dieselben Vertreter zweier verbundener Gesellschaften bei einem Vertragsschluss zwischen diesen für beide Vertragsseiten tätig werden (s Auktor NZG 2006, 334, 335; Schneider BB 1986, 201, 205; ausführlich Timm AcP 193, 423 ff; Jäger 181 ff; s auch Erman/Maier-Reimer § 181 Rn 25;). Timm hat hierzu herausgearbeitet, dass § 181 BGB auf Binnengeschäfte im faktischen GmbH-Verbund uneingeschränkte Anwendung findet, während bei Ausübung einer Mehrvertretung im Vertragskonzern sowie im Aktienkonzern eine Herausnahme aus dem Anwendungsbereich des § 181 durch teleologische Reduktion geboten ist (iE zust, wegen der immerhin vorhandenen Interessenkollision aber zur Begründung im Wege teleologischer Reduktion krit Jäger 183 f; Claussen 58 ff; **aA** und großzügiger Bachmann ZIP 1999, 85 ff; gegen die Ansicht von Timm auch Tiedtke 85 ff; s ferner zur vollmachtlosen Mehrvertretung zust Benecke/Ehinger MDR 2005, 1265; Pluskat/Bassler Konzern 2006, 403).

22 g) Im **Gesellschaftsrecht** (s bereits Rn 16, 20 f; ausf Baetzgen RNotZ 2005, 193 ff) erlangt § 181 unter verschiedenen Aspekten besondere Bedeutung. Unter das Verbot des Selbstkontrahierens fällt grundsätzlich auch der *Abschluss eines Gesellschaftsvertrages* als schuldrechtlichen mehrseitigen Rechtsgeschäftes (s oben Rn 10 f). Ein Gesellschaftsvertrag zur Begründung einer bürgerlich-rechtlichen Gesellschaft oder zur Errichtung einer handelsrechtlichen Personalgesellschaft kann also – insbesondere bei Beteiligung von Minderjährigen und Eltern – nur unter Beachtung des § 181 wirksam geschlossen werden (BGB-RGRK/Steffen § 181 Rn 5; Erman/Maier-Reimer § 181 Rn 6; PWW/Frensch § 181 Rn 8; Soergel/Leptien § 181 Rn 19; Meyer-Arndt 54; Baetzgen RNotZ 2005, 193, 221; Hadding, in: FS Merle [2010] 146 f; vgl etwa OLG Zweibrücken OLGZ 1980, 213). Gleiches gilt für die Abänderung eines Gesellschaftsvertrages bzw der Satzung, wobei der ursprüngliche Vertrag bereits eine Gestattung enthalten kann (BGH NJW 1961, 724; 1976, 1538, 1539; 1989, 168, 169; BayObLGZ 1977, 76, 80; Erman/Maier-Reimer § 181 Rn 19; MünchKomm/Schramm § 181 Rn 21; NK-BGB/Stoffels § 181 Rn 29; PWW/Frensch § 181 Rn 8; Soergel/Leptien § 181 Rn 20; Flume AT I § 14 IX; Baetzgen RNotZ 2005, 193, 223; Hadding, in: FS Merle [2010] 147) und den Beitritt eines neuen Gesellschafters, zB eines gesetzlich vertretenen Minderjährigen, in die bestehende Gesellschaft (BayObLG FamRZ 1959, 125; LG Aachen Rpfleger 1994, 104; PWW/Frensch § 181 Rn 8; Soergel/Leptien § 181 Rn 19 mwNw; Hadding in: FS Merle [2010] 147). Bei Übertragung von Gesellschaftsanteilen eines Elternteils an mehrere minderjährige Kinder können diese allerdings von einem gemeinsamen Ergänzungspfleger vertreten werden, weil kein Rechtsgeschäft zwischen den Kindern vorliegt (OLG München MDR 2011, 49). Vertritt jemand, der selbst am Abschluss des Gesellschaftsvertrags beteiligt ist, zugleich eine andere Person, die gleichfalls Gesellschafter werden soll, so muss ihm die Vertretung von allen am Vertragsschluss Beteiligten gestattet werden (Hadding, in: FS Merle [2010] 146 f). Entsprechendes ist anzunehmen für den Abschluss eines Gesellschaftsvertrages über eine Kapitalgesellschaft und den Eintritt in eine solche Gesellschaft (Soergel/Leptien § 181 Rn 19).

23 h) Heftig umstritten ist die Behandlung von **Beschlüssen**, die der Willensbildung innerhalb *einer juristischen Person oder einer Personengesellschaft* dienen, im Hinblick auf § 181 (dazu ausführlich Jäger 143 ff). Vor allem bei den juristischen Personen soll nach teilweise vertretener Meinung § 181 nicht eingreifen (Rn 24 f), aber auch für Personengesellschaften kommt dies in Betracht (Rn 26).

24 aa) Bei den **Kapitalgesellschaften** werden die in Ausübung des Stimmrechts in der

Gesellschafterversammlung gefassten Beschlüsse teilweise nicht als Rechtsgeschäfte der Gesellschafter untereinander angesehen, sondern als sog *Sozialakte* (gegen diesen Begriff zB FLUME, AT I § 14 IX; HÜBNER 271 ff; WIEDEMANN JZ 1970, 292) der Anwendung des § 181 entzogen; maßgebend hierfür sei vor allem der Gesichtspunkt, dass es an einer „Gegenseite" fehle, wenn zB über Satzungsänderungen bei der juristischen Person beschlossen werde (s noch BGHZ 33, 189, 191; 51, 209, 217; 52, 316, 318; BGB-RGRK/STEFFEN § 181 Rn 5 und 10; Hk-BGB/DÖRNER § 181 Rn 14; FISCHER 75 ff mit differenzierter Begründung; BOESEBECK NJW 1961, 482; RÖLL NJW 1976, 627; vgl auch BFH NJW 1976, 1287). Freigestellt von einer Anwendung des § 181 werden danach alle Arten von Beschlüssen, und zwar sowohl unter dem Gesichtspunkt des Selbstkontrahierens mit der Gesellschaft als auch der Mehrvertretung bei der Stimmabgabe; in Betracht kommen neben Satzungsänderungen zB auch eine Organbestellung und selbst die Auflösung der Gesellschaft (BGHZ 52, 316). Diese Begründung einer von § 181 abweichenden Rechtsfolge bietet jedoch keine sachgerechte Problemlösung und ist abzulehnen (s dazu etwa ERMAN/MAIER-REIMER § 181 Rn 19; MünchKomm/SCHRAMM § 181 Rn 19; NK-BGB/STOFFELS § 181 Rn 28; PWW/FRENSCH § 181 Rn 8; SOERGEL/LEPTIEN § 181 Rn 21; CLAUSSEN 92 ff; HÜBNER 271 ff; SCHÄFER 143 ff mwNw; SCHILLING 257 ff; auch FISCHER 75 ff; JÄGER 145 f; W BLOMEYER NJW 1969, 127; KLAMROTH BB 1974, 160; PETERS ZNotP 2006, 89, 90; WIEDEMANN JZ 1970, 291; WINKLER DNotZ 1970, 476, 484). Die Stimmabgabe im Rahmen der Beschlussfassung ist eine Willenserklärung (SCHILLING 261), wenn auch als solche kein Handeln in Vertretung der Gesellschaft (FLUME, AT I § 14 IX; **aM** MEYER-ARNDT 41). Damit kann aber der durch die einzelnen Erklärungen zustande kommende Beschluss der Gesellschafter als mehrseitiges Rechtsgeschäft verstanden werden, sodass es auch nicht an der „Gegenseite" fehlt (NK-BGB/STOFFELS § 181 Rn 28; SOERGEL/ LEPTIEN § 181 Rn 21 mwNw).

Auf dieser Basis ist von einer grundsätzlichen Anwendbarkeit des § 181 auszugehen. **25** Jedenfalls bei Satzungsänderungen und Auflösungsbeschlüssen der GmbH ist daran festzuhalten, weil das mehrseitige Auftreten Interessenkollisionen bewirken kann, die durch das Verbot des Insichgeschäfts gerade vermieden werden sollen; jeder Gesellschafter soll selbständig und eigenverantwortlich nach seinen Interessen über die anstehende Änderung entscheiden. Demnach gilt § 181 in diesem Bereich – zB für Stimmabgabe durch den bevollmächtigten Gesellschafter bei seiner Bestellung zum Geschäftsführer (BGH JZ 1991, 877 mAnm HÜBNER; BayObLG NJW-RR 2001, 469 mwNw; OLG Düsseldorf RNotZ 2006, 68, 69; BAMBERGER/ROTH/VALENTHIN § 181 Rn 13; ERMAN/MAIER-REIMER § 181 Rn 19; MünchKomm/SCHRAMM § 181 Rn 19; NK-BGB/STOFFELS § 181 Rn 29; PALANDT/ELLENBERGER § 181 Rn 11a; PWW/FRENSCH § 181 Rn 8; SOERGEL/LEPTIEN § 181 Rn 21; ausf zur Beschlussfassung in der GmbH PETERS ZNotP 2006, 89; zur Beteiligung minderjähriger Gesellschafter BÜRGER RNotZ 2006, 156; CZEGUHN/DICKMANN FamRZ 2004, 1534; IVO ZNotP 2007, 210; MAIER-REIMER/MARX NJW 2005, 3025; PLUSKAT FamRZ 2004, 677; WERNER GmbHR 2006, 737. – S aber auch [krit] BGB-RGRK/STEFFEN § 181 Rn 10; SCHEMMANN NZG 2008, 89 mwNw; zur stellvertretenden Stimmabgabe durch den Verwalter einer Wohnungseigentümergemeinschaft bei dessen Wahl OLG Hamburg ZMR 2001, 997; OLG Hamm NJW-RR 2007, 161) und erst recht bei einer Satzungsänderung (BGH NJW 1989, 168, 169; 1991, 691, 692; ERMAN/MAIER-REIMER § 181 Rn 19; MünchKomm/SCHRAMM § 181 Rn 19; NK-BGB/STOFFELS § 181 Rn 29; PALANDT/ELLENBERGER § 181 Rn 11a; PWW/FRENSCH § 181 Rn 8; CLAUSSEN 199 mwNw) oder Auflösung (NK-BGB/STOFFELS § 181 Rn 29; SOERGEL/LEPTIEN § 181 Rn 21 entgegen BGHZ 52, 316, 318) – für die GmbH (s auch BGHZ 51, 209, 214 ff; BGH GmbHR 1988, 337, 338), und entsprechendes ist für den *rechtsfähigen Verein* anzunehmen; auch eine teleologische Reduktion des § 181 ist insoweit abzulehnen (zutr MünchKomm/Schramm § 181 Rn 19; ausf Claussen 90 ff; weitere Beispiele bei Jäger 160 ff; zur Bedeutung des § 181 bei Umwandlungen Melchior GmbH-Rdsch 1999, 520, 524 ff). Zutreffend wird allerdings darauf hingewiesen (Bamberger/Roth/Valenthin § 181 Rn 13; Erman/Maier-Reimer § 181 Rn 19; MünchKomm/Schramm § 181 Rn 19; NK-BGB/Stoffels § 181 Rn 31; Baetzgen RNotZ 2005, 193, 222; aA aber Soergel/Leptien § 181 Rn 21), dass § 181 dennoch bei der *Aktiengesellschaft* im Hinblick auf eine gebotene erweiternde Auslegung des § 135 AktG für Beschlüsse der Hauptversammlung ausgeschlossen ist.

Anderes kann – dann freilich in teleologischer Reduktion des § 181 (s auch Rn 30 ff, 33) – für solche Gesellschafter- und Mitgliederbeschlüsse angenommen werden, bei denen es lediglich um Maßnahmen der laufenden Geschäfts- bzw Vereinsführung geht. Hier kommt der Schutzzweck des § 181, Interessenkollisionen auszuschließen, nicht zum Zuge, sondern es steht dann die Verfolgung des gemeinsamen (Gesellschafts- oder Vereins-)Zwecks im Vordergrund, sodass § 181 nicht anwendbar ist (s bereits BGHZ 65, 93, 97 für Personengesellschaft; BGH NJW 1976, 958, 959 und 1538, 1539; 1989, 168; Bamberger/Roth/Valenthin § 181 Rn 13 f; Erman/Maier-Reimer § 181 Rn 19; MünchKomm/Schramm § 181 Rn 19; NK-BGB/Stoffels § 181 Rn 30; Palandt/Ellenberger § 181 Rn 11; PWW/Frensch § 181 Rn 8; Soergel/Leptien § 181 Rn 20; Flume, AT I § 7 V 8; Claussen 199 f; Tiedtke 44 ff; Klamroth BB 1976, 1453; Kuntze JR 1975, 45, 46; Rust DStR 2005, 1992, 1993; krit Jäger 156 ff mwNw, der 227 ff aufgrund des Kriteriums der relativen Neutralität – s dazu oben Rn 6 – zu teilweise abweichenden Ergebnissen gelangt).

Soweit der Gegenstand einer Stimmabgabe durch Stimmrechtsverbote in § 34 oder in §§ 136 Abs 1 AktG, 47 Abs 4 GmbHG, 43 Abs 5 und 6 GenG erfasst wird, verdrängen diese Spezialvorschriften ohnehin die Anwendung des § 181 (NK-BGB/Stoffels § 181 Rn 31; Soergel/Leptien § 181 Rn 22; Fischer 72 ff; Peters ZNotP 2006, 89, 90 f mwNw; Wilhelm JZ 1976, 678; einschr Hübner 282 ff).

26 bb) Bei den **Personalgesellschaften** wird die vorgeschriebene Diskussion nicht mit gleicher Intensität geführt, die Tendenz zu einer Nichtanwendung des § 181 ist weniger stark. Auch dort müssen aber jedenfalls Beschlüsse der Gesellschafter über den Gesellschaftsvertrag (s Rn 22), über den Übergang – nicht aber die bloße Belastung – oder die Kündigung der Mitgliedschaft (ausf Hadding, in: FS Merle [2010] 147 ff), ferner über wichtige Grundlagengeschäfte wie die Bestellung eines Gesellschafters zum Geschäftsführer, Gewinnverteilung und Beitragserhöhung und selbstverständlich über die Auflösung der Gesellschaft richtiger Ansicht nach wegen Interessenkollision bei Vornahme eines mehrseitigen Rechtsgeschäfts (s Rn 24 f) das Verbot des § 181 respektieren (so neben den in Rn 25 Genannten auch BGHZ 112, 339, 341 f; BGH NJW 1961, 724; 1976, 49 uö; ausf in: FS Merle [2012] 149 f; Röll NJW 1979, 627, 630; Rust DStR 2005, 1992, 1993; s aber auch Jaeger 143 ff und krit 167 ff). Soweit es hingegen nur um Maßnahmen der Geschäftsführung oder sonstige gemeinsame Gesellschaftsangelegenheiten geht, kann das mehrseitige Auftreten in teleologischer Reduktion des § 181 auch hier (vgl Rn 25) zugelassen werden (ebenso insbes BGHZ 65, 93 = BB 1976, 1453 m zust Anm Klamroth; 112, 339, 341; BGH NJW 1976, 49; 1991, 691, 692 sowie die in Rn 25 aufgeführten Autoren, zB Bamberger/Roth/Valenthin § 181 Rn 14; MünchKomm/Schramm § 181 Rn 20; NK-BGB/Stoffels § 181 Rn 29; Soergel/Leptien § 181 Rn 20; Hadding, in: FS Merle [2012] 150 f; Rust DStR 2005, 1992, 1993; differenzierend auch hier Jäger 227 ff). Aber auch bei Rechtsgeschäften namens der Gesellschaft kann § 181 einschlägig sein, wenn ein

Titel 5
Vertretung und Vollmacht § 181

Gesellschafter Partner des mit der Gesellschaft zu schließenden Rechtsgeschäfts oder Vertreter eines daran beteiligten Dritten ist (dazu ausf Hadding, in: FS Merle [2012] 151 f).

i) Auf **Prozesshandlungen** ist § 181 nicht unmittelbar anzuwenden, da es sich 27 nicht um bürgerlich-rechtliche Rechtsgeschäfte handelt und die Bestimmungen und Grundsätze des Verfahrensrechts vorgehen (BGHZ 41, 104, 107; BGH ZZP 71, 473; Bamberger/Roth/Valenthin § 181 Rn 16; BGB-RGRK/Steffen § 181 Rn 5; Erman/Maier-Reimer § 181 Rn 5; MünchKomm/Schramm § 181 Rn 40; NK-BGB/Stoffels § 181 Rn 12; PWW/Frensch § 181 Rn 3; Soergel/Leptien § 181 Rn 23; Jacoby ZIP 2005, 1060, 1063). Der Grundgedanke, dass niemand als Vertreter eines anderen mit sich selbst prozessieren oder beide Prozessparteien zugleich vertreten kann, ist aber als Verfahrensgrundsatz – etwa für eine Unterwerfungserklärung nach § 794 Abs 1 Nr 5 ZPO – anerkannt, ohne dass es insoweit einer entsprechenden Anwendung des § 181 bedürfte (s etwa RGZ 66, 240; BGHZ 41, 104, 107; BGH NJW 1996, 658; BayObLGZ 1962, 1, 2; OLG Koblenz NJW 2006, 3649; Bamberger/Roth/Valenthin § 181 Rn 16; Erman/Maier-Reimer § 181 Rn 5; NK-BGB/Stoffels § 181 Rn 12; Palandt/Ellenberger § 181 Rn 5; PWW/Frensch § 181 Rn 3; Rosenberg/Gaul/Schilken, Zwangsvollstreckungsrecht § 13 IV 7 mwNw; Jacoby ZIP 2005, 1060, 1063. – **Anders** in der Begründung MünchKomm/Schramm § 181 Rn 40; Soergel/Leptien § 181 Rn 23; Hübner Rn 1328: entsprechende Anwendung des § 181; s auch BGB-RGRK/Steffen § 181 Rn 5). Er folgt aus der Prozesshandlungsvoraussetzung der ordnungsgemäßen Vertretung der Parteien, nicht hingegen aus dem Zweiparteienprinzip (Rosenberg/Schwab/Gottwald, Zivilprozessrecht, § 40 III 1, § 53 I 4).

Entsprechendes gilt für **Verfahrenshandlungen** im Rahmen **der freiwilligen Gerichts-** 28 **barkeit**, soweit es sich um echte Streitsachen handelt; auch dort kann niemand zugleich Beteiligter oder Vertreter eines Beteiligten und zugleich Vertreter eines anderen Beteiligten sein (RGZ 66, 240; BayObLGZ 1962, 1, 2; Bamberger/Roth/Valenthin § 181 Rn 16; Erman/Maier-Reimer § 181 Rn 5; MünchKomm/Schramm § 181 Rn 40; NK-BGB/Stoffels § 181 Rn 12; Palandt/Ellenberger § 181 Rn 5; PWW/Frensch § 181 Rn 3; Soergel/Leptien § 181 Rn 23). In den nichtstreitigen Angelegenheiten der freiwilligen Gerichtsbarkeit, etwa in Verfahren vor dem Grundbuchamt (LG Ansbach DNotZ 1969, 547) oder dem Registergericht (BayObLG Rpfleger 1970, 288; Palandt/Ellenberger § 181 Rn 5), kommt hingegen eine Anwendung dieser dem § 181 gleichenden Regeln nicht in Betracht, weil und soweit die Beteiligten dort nicht in einem Gegnerverhältnis stehen, wie es freilich evtl doch etwa in Erbscheinsverfahren der Fall sein kann.

k) Auf **öffentlich-rechtliche Verträge** findet § 181 als Rechtsgrundsatz ebenfalls 29 (entsprechende) Anwendung (Bamberger/Roth/Valenthin § 181 Rn 17; Erman/Maier-Reimer § 181 Rn 6; NK-BGB/Stoffels § 181 Rn 13; Soergel/Leptien § 181 Rn 24; Alscher NJW 1972, 800, 803; vgl LG Arnsberg Rpfleger 1983, 63). Dies gilt für sämtliche Arten des in §§ 54 ff VwVfG geregelten öffentlich-rechtlichen Vertrages (s § 62 S 2 VwVfG). Hingegen gilt § 181 nicht für Rechtsgeschäfte zwischen Verwaltungsstellen derselben juristischen Person des öffentlichen Rechts, weil es dann mangels Interessenkollision am Tatbestand des § 181 mangelt (RG JW 1927, 2848; Bamberger/Roth/Valenthin § 181 Rn 17). Im Bereich der Verwaltungsakte ist § 181 ohnehin unanwendbar (vgl BGH VwRspr 6 Nr 153). Zu privatrechtlichen Rechtsgeschäften juristischer Personen des öffentlichen Rechts s oben Rn 19.

2. Einschränkungen der Anwendung des § 181

30 In Verfolgung der zutreffenden Auffassung, die eine **teleologische Reduktion** des Anwendungsbereichs des § 181 (nur) in bestimmten Fallgruppen mangelnder Interessenkollision vertritt (s oben Rn 7 m Nachw), haben sich einige Konstellationen herausgebildet, bei denen das Verbot des Insichgeschäfts ausgeschlossen sein kann (s dazu analysierend HKK/SCHMOECKEL §§ 164–181 Rn 32; ausf CLAUSSEN 56 ff; BAETZGEN RNotZ 2005, 193, 195 ff mwNw, namentlich zum Fall des Abschlusses von Übernahmeverträgen).

31 a) Die Diskussion um die Zulässigkeit von Geschäften des Alleingesellschafters und Geschäftsführers der GmbH (**Ein-Mann-GmbH**) für die GmbH mit sich selbst hat sich durch die gesetzliche Regelung des § 35 Abs 3 GmbHG (bis 2008 Abs 4) erledigt (s oben Rn 20). Hinzuweisen ist aber darauf, dass von dem Verbot des Insichgeschäfts, das sich auch auf die Mehrvertretung erstreckt, jedenfalls durch die Satzung oder aufgrund der Satzung durch Gesellschafterbeschluss Befreiung erteilt werden kann (vgl BGHZ 33, 189; 87, 59; BGH VersR 2001, 193, 194; BayObLG BB 1981, 869; WM 1984, 1570; 1987, 982; BayObLGZ 1989, 375; OLG Hamm BB 1998, 1328; OLG Celle NJW-RR 2001, 175; NK-BGB/STOFFELS § 181 Rn 26; ausführlich BACHMANN ZIP 1999, 85, der jedoch entgegen hM im Einzelfall eine Befreiung durch einfachen Beschluss genügen lassen will; CLAUSSEN 162 ff; gegen die Notwendigkeit einer Satzungsermächtigung auch ALTMEPPEN NJW 1995, 1182, 1185 f und ausf NZG 2013, 401; s ferner zur Befreiung bei späterer Entstehung der Ein-Mann-GmbH BGH DNotZ 1991, 614 und NK-BGB/STOFFELS § 181 Rn 27 [erteilte Befreiung wirkt fort]; vgl iÜ zur Befreiung bei juristischen Personen noch Rn 53). Eine nachträgliche Genehmigung unzulässigen Selbstkontrahierens setzt zunächst dessen Gestattung durch Satzungsänderung voraus (BFH NJW 1997, 1031; SOERGEL/LEPTIEN § 181 Rn 26 mwNw).

32 b) Eine praktisch besonders bedeutsame Einschränkung betrifft Insichgeschäfte, durch die der Vertretene **lediglich einen rechtlichen Vorteil** erlangt oder die für ihn **neutral** sind (s schon oben Rn 5 ff). Nach Rechtsprechung und ganz hM sind solche Geschäfte mangels Interessenkollision und Schutzbedürftigkeit des Vertretenen aus dem Anwendungsbereich des § 181 herauszunehmen, da auch eine Gefahr für die Sicherheit des Rechtsverkehrs nicht besteht; es handelt sich danach um eine objektiv und abstrakt zu bestimmende, typische Fallgruppe fehlender Kollision (BGHZ 59, 236, 240; 94, 232, 235; BGH NJW 1975, 1885; 1985, 2407; 1989, 2542, 2543; BFH NJW 1981, 141; BayObLGZ 198, 139, 142, st Rspr; BAMBERGER/ROTH/VALENTHIN § 181 Rn 19; ERMAN/MAIER-REIMER § 181 Rn 23; Hk-BGB/DÖRNER § 181 Rn 13; MünchKomm/SCHRAMM § 181 Rn 15; NK-BGB/STOFFELS § 181 Rn 22; PALANDT/ELLENBERGER § 181 Rn 9; PWW/FRENSCH § 181 Rn 9; SOERGEL/LEPTIEN § 181 Rn 27 mwNw; STAUDINGER/ENGLER [2004] § 1795 Rn 11 f; StudKomm § 181 Rn 2; BITTER § 10 Rn 219; BOECKEN Rn 664; BOEMKE/ULRICI § 13 Rn 89; BORK Rn 1593 f; BREHM Rn 479; FAUST § 28 Rn 37; GRIGOLEIT/HERRESTHAL Rn 506 ff; HIRSCH Rn 995; HÜBNER Rn 1325; KÖHLER § 11 Rn 64; LEENEN § 9 Rn 119; LEIPOLD § 27 Rn 9; MEDICUS Rn 961; MUSIELAK/HAU Rn 1292 ff; RÜTHERS/STADLER § 30 Rn 59; SCHACK Rn 501; SCHMIDT Rn 867; WERTENBRUCH § 33 Rn 3; WOLF/NEUNER § 49 Rn 117; TIEDTKE 41 ff; BAETZGEN RNotZ 2005, 193, 195; W BLOMEYER AcP 172, 1, 11 ff; GIESEN JR 1973, 62; PETERSEN JA 2007, 418, 419; REUTER JuS 1973, 184; STÜRNER JZ 1973, 286 und AcP 173, 402, 446; SÄCKER/KLINKHAMMER JuS 1975, 626; ausf JÄGER 185 ff, freilich mit den von ihm entwickelten Einschränkungen, s oben Rn 6; krit ALLMENDINGER 94 ff, 128 ff [Beschränkung der Reduktion auf reine Schenkungen]; aA JAUERNIG § 181 Rn 7; PAWLOWSKI Rn 794 f). Die nicht immer ganz einfache Beurteilung der rechtlichen Vorteilhaftigkeit oder der Neutralität des Rechtsgeschäfts – was für die Unanwendbarkeit des

§ 181 in Anknüpfung an die entsprechende Reduktion des § 107 ebenfalls ausreichen soll (BGH NJW 1975, 1885, 1886; OLG Hamm DNotZ 1978, 434; Bamberger/Roth/Valenthin § 181 Rn 19; Soergel/Leptien § 181 Rn 27; Faust § 28 Rn 37; Heller ZVglRWiss 107 [2008] 293, 295; vgl auch Jäger 227 ff, freilich schon für relative Neutralität, s oben Rn 6) – nimmt die hM dabei in Kauf (krit deshalb Klamroth BB 1973, 398 und BB 1975, 525, 526; Jäger 205 ff). In der Praxis fallen darunter vor allem die Fälle von Schenkungen seitens der Eltern an ihre nicht geschäftsfähigen Kinder, bei denen die Eltern zugleich für ihre Kinder die Annahme des Schenkungsangebotes – und ggf der dinglichen Rechtsänderung – erklären (insoweit iE übereinstimmend auch Allmendinger 128 ff; Jäger 211 ff; s dazu ausf Keller JA 2009, 561). Diese Tatsache verstellt freilich allzu sehr den Blick darauf, dass es bei § 181 nicht um Minderjährigenschutz, sondern allein um Schutz vor Interessenkollisionen geht. Die teleologische Reduktion muss sich deshalb auf das Merkmal der rechtlichen Vorteilhaftigkeit (oder mindestens Neutralität) des Insichgeschäfts beschränken: Solche Vertretergeschäfte sind ein typischer Fall fehlender Interessenkollision, ohne dass es dabei auf – aus § 107 hergeleitete – Wertungen des Minderjährigenschutzes ankommt (insoweit zu Recht krit Lobinger AcP 213 [2013] 366, 376 ff). Deshalb besteht auch kein Anlass, die teleologische Reduktion des § 181 auf reine Eltern-Kind-Schenkungen zu beziehen (dafür Allmendinger 128 ff).

Im konkreten Fall ist freilich trotz der Typisierung der Fallgruppe im Hinblick auf die Erfüllungshandlung eine Prüfung der Nachteilsfrage unerlässlich (s dazu noch Rn 62). – Auch zur Entschärfung des Wettlaufs zwischen Erben und Begünstigtem beim Vertrag zugunsten Dritter auf den Todesfall (s § 168 Rn 30) wird ein Selbstkontrahieren des Versprechensempfängers mit sich selbst als (vollmachtlosem) Vertreter des Begünstigten vorgeschlagen, das wegen des lediglich rechtlichen Vorteils nicht zur Anwendung des § 181 führt (Gubitz ZEV 2006, 333, 336 ff mwNw).

c) Eine weitere Fallgruppe kann bei der Ausübung von Mehrvertretung im *Konzern* anerkannt werden (s oben Rn 21). Auch die Zulassung des mehrseitigen Auftretens bei Gesellschafter- und Mitgliederbeschlüssen verwaltender Art (s oben Rn 25 und 26) nach der hier vertretenen Auffassung beruht auf einer teleologischen Reduktion des § 181 (s ferner Jäger 227 ff zu weiteren Fällen relativ neutraler Geschäfte, vgl Rn 6). Entsprechendes kann für eine allseits vollmachtlose Mehrvertretung angenommen werden (s Rn 15). Eine konkrete Determinierung des Geschäftsinhaltes durch die Vollmacht oder durch Weisungen im Innenverhältnis reicht hingegen für die rechtssichere Fixierung einer typischen Konstellation fehlender Interessenkollision (s oben Rn 7) nicht aus (aA Kiehnle AcP 212 [2012] 900 ff). 33

3. Erweiterungen des Anwendungsbereichs des § 181

Für einige Fallgruppen wird andererseits in Anknüpfung an den vorrangigen Schutzzweck des § 181 eine **analoge Anwendung** der Vorschrift vertreten, wenn ein Interessenkonflikt drohe und die in § 181 vorausgesetzte Personenidentität nur formal nicht gegeben sei. Hinzu kommen weitere Sonderfälle, in denen eine solche Erweiterung des aus sonstigen Gründen unmittelbar nicht passenden § 181 in Betracht kommt. Da im Rahmen des Anwendungsbereichs des § 181 idR auch die Interessen Dritter betroffen sind, die nur bei einer Bevorteilung gerade zulasten des Vertretenen zurückstehen müssen (generell abl Jäger 79 ff, s oben Rn 6), kann eine derartige Erweiterung nur ausnahmsweise in Betracht kommen (s Bamberger/Roth/Valenthin § 181 34

§ 181

Rn 21; ERMAN/MAIER-REIMER § 181 Rn 2; NK-BGB/STOFFELS § 181 Rn 32; PWW/FRENSCH § 181 Rn 12; SOERGEL/LEPTIEN § 181 Rn 28; BOEMKE/ULRICI § 13 Rn 90; FLUME § 48 4 und 5; HIRSCH Rn 990; MEDICUS Rn 962 f; RÜTHERS/STADLER § 30 Rn 61; TIEDTKE 122 ff; BAETZGEN RNotZ 2005, 193, 203 f: „extensive Auslegung" [zu den methodischen Begrifflichkeiten krit KIEHNLE AcP 212, 903 f]; PETERSEN JA 2007, 418, 420; großzügiger MünchKomm/SCHRAMM § 181 Rn 24 ff; HÜBNER Rn 1328 ff; KÖHLER § 11 Rn 64).

35 **a)** Die (analoge) Anwendung des § 181 wird vor allem für bestimmte Fallkonstellationen diskutiert, in denen der Vertreter einen **Untervertreter** bestellt (s dazu § 167 Rn 61) und diesem gegenüber ein Rechtsgeschäft für sich mit dem Vertretenen vornimmt (Selbstkontrahieren) oder als Vertreter zweier Parteien für eine Partei einen Untervertreter bestellt und mit diesem das Geschäft zwischen den Parteien tätigt (Mehrvertretung); im ersten Fall handelt es sich genau genommen nicht um eine Untervertretung, sondern um eine Eigenvertretung, da der bestellte „Untervertreter" den Stellvertreter als Partei vertritt. Die Rechtsprechung des RG hat solche Einschaltungen von Untervertretern stets für zulässig gehalten, weil nach dem Wortlaut des § 181 – was wohl zutrifft (s allerdings FLUME § 48 4) – keiner der dort geregelten Fälle des Insichgeschäfts vorliege (RGZ 56, 104; 103, 417; 108, 405; 157, 24, 31; s zur früheren Rspr JÄGER 36 ff; HARDER AcP 170, 295 ff;). Der BGH hat sich demgegenüber für eine Anwendung des § 181 entschieden (BGH NJW 1991, 691, 692; vorbereitend schon BGHZ 64, 72, 74; ebenso bereits OLG Frankfurt OLGZ 1974, 347, 349; OLG Hamm NJW 1982, 1105; BayObLG NJW-RR 1993, 441; KG NJW-RR 1999, 168), weil die Gefahr eigennütziger Bewertung der kollidierenden Interessen des am Insichgeschäft gehinderten Vertreters nicht auf dem Umweg über die Bestellung eines Untervertreters (bzw Eigenvertreters) beseitigt werden könne. Eine vergleichbare Problematik kann je nach Fallkonstellation auch entstehen, falls der Vertreter ein Rechtsgeschäft, das der Untervertreter als nicht gestattetes Insichgeschäft vorgenommen hat, genehmigt (s dazu noch Rn 46), wenn ein von der Beschränkung des § 181 nicht befreiter Vertreter auch keine von den Beschränkungen des § 181 freigestellte Untervollmacht hätte erteilen können (s § 167 Rn 67).

36 Das neuere Schrifttum nimmt fast einhellig an, dass derartige Geschäfte, bei denen der Vertreter die für § 181 kennzeichnende **Personenidentität** (s oben Rn 8) durch einen Kunstgriff ausschaltet, dem Verbot des § 181 zu unterstellen sind (grundlegend FLUME § 48 4; **abl** PAWLOWSKI Rn 794 ff). Zur Begründung wird überwiegend auf die Ähnlichkeit der Sachlage hinsichtlich der von § 181 erfassten Interessenkollision verwiesen (so etwa BAMBERGER/ROTH/VALENTHIN § 181 Rn 22; BGB-RGRK/STEFFEN § 181 Rn 12; Hk-BGB/DÖRNER § 181 Rn 15; JAUERNIG § 181 Rn 8; MünchKomm/SCHRAMM § 181 Rn 24 ff; PALANDT/ELLENBERGER § 181 Rn 12; SOERGEL/LEPTIEN § 181 Rn 29; StudKomm § 181 Rn 3; BITTER § 10 Rn 211 f; BOECKEN Rn 665; BREHM Rn 480; ENNECCERUS/NIPPERDEY § 181 III 2; FAUST § 28 Rn 38; GRIGOLEIT/HERRESTHAL Rn 506 ff; KÖHLER § 11 Rn 64; LEENEN § 9 Rn 120 ff; LEIPOLD § 27 Rn 11; MEDICUS Rn 962; MUSIELAK/HAU Rn 1295 f; SCHMIDT Rn 868; WERTENBRUCH § 33 Rn 6; WOLF/NEUNER § 49 Rn 123; CLAUSSEN 43 ff; TEMPEL 258; TIEDTKE 158 ff; AUKTOR NZG 2006, 334; BAETZGEN RNotZ 2005, 193, 202 mwNw; W BLOMEYER AcP 172, 1, 15 ff; HARDER AcP 170, 295, 300 ff; ISING NZG 2011, 841, 843; MAIER-REIMER, in: FS Hellwig 215; REIN/PFEIFFER BKR 2005, 142, 143; REINICKE NJW 1975, 1185; ROBLES Y ZEPF BB 2012, 1876, 1878; SCHMITT WM 2009, 1784, 1786 ff; WÜRDINGER/BERGMEISTER Jura 2007, 15, 20 f; dazu krit und zurückhaltend ERMAN/MAIER-REIMER § 181 Rn 2; ebenso NK-BGB/STOFFELS § 181 Rn 32), teils auch der Gesichtspunkt der Gesetzesumgehung in den Vordergrund gestellt (NK-BGB/STOFFELS § 181 Rn 33;

PWW/Frensch § 181 Rn 10; Brehm Rn 480; Brox/Walker Rn 593; Hübner Rn 1328, der iÜ 186 ff kaum praktikabel auf den konkreten Nachweis der Interessenwahrung abstellen will; Rüthers/Stadler § 30 Rn 61). Bei einem für den Vertretenen lediglich rechtlich vorteilhaften Geschäft ist der Vorrang der teleologischen Reduktion (s oben Rn 32) zu beachten.

Der hL ist für die angeführten Fallgruppen der Vorzug zu geben und eine zumindest entsprechende Anwendung des § 181 zu bejahen. Entscheidend sollte die Überlegung sein, dass der Vertreter auch als Vollmachtgeber der Untervollmacht am Rechtsgeschäft beteiligt bleibt und zudem auf die Entscheidung des Untervertreters einwirken kann, sodass die Interessenkollision auf der Hand liegt und Rechtssicherheitsinteressen zurücktreten müssen. Beim Selbstkontrahieren des Vertreters, der für seine eigene Person einen Vertreter bestellt und mit diesem als Vertreter des Geschäftsherrn abschließt (für eine analoge Anwendung des § 181 hier MünchKomm/Schramm § 181 Rn 10, Rn 26; NK-BGB/Stoffels § 181 Rn 33; Harder AcP 170, 295, 301), liegt im Grunde genommen sogar ein unmittelbarer Anwendungsfall des § 181 vor (Erman/Maier-Reimer § 181 Rn 11; Soergel/Leptien § 181 Rn 29).

Des Weiteren kann auch beim Verwalter einer Wohnungseigentümergemeinschaft, der zugleich Mitglied der Gemeinschaft ist, eine entsprechende Anwendung des § 181 geboten sein (Sohn NJW 1985, 3060; **aA** BayObLG NJW-RR 1986, 1077; OLG Düsseldorf NJW 1985, 390; PWW/Frensch § 181 Rn 2; Soergel/Leptien § 181 Rn 31).

Hingegen scheidet eine (analoge) Anwendung des § 181 aus, wenn ein Bevollmächtigter, dem das *Selbstkontrahieren gestattet* ist, zur Ausführung eines derartigen Geschäfts einen Untervertreter bestellt (BGH WM 1960, 420; Erman/Maier-Reimer § 181 Rn 11; MünchKomm/Schramm § 181 Rn 24). Missbraucht ein solcher befreiter Vertreter unter Einschaltung eines arglosen Untervertreters seine Vollmacht, um mit sich als Geschäftsgegner ein Geschäft zum Nachteil des Vertretenen abzuschließen, so ist der Vertrag allerdings wegen sittenwidriger Kollusion nichtig (BGH NZG 2014, 389; s § 167 Rn 93). – Ebenso wenig ist § 181 einschlägig, wenn *Prokuristen* oder *Handlungsbevollmächtigte* einer GmbH für diese mit einem alleinvertretungsberechtigten Vorstand eines Vereins abschließen, selbst wenn dieser zugleich alleiniger Geschäftsführer und Gesellschafter der GmbH ist (BGHZ 91, 334; Erman/Maier-Reimer § 181 Rn 11; MünchKomm/Schramm § 181 Rn 25 mwNw; NK-BGB/Stoffels § 181 Rn 33; PWW/Frensch § 181 Rn 10; Grigoleit/Herresthal Rn 506 ff; Wolf/Neuner § 49 Rn 125; Baetzgen RNotZ 2005, 193, 203 ff; Robles Y Zepf BB 2012, 1876, 1878; einschränkend Claussen 43 ff mwNw; **aA** Ziche 371). Auch auf den Abschluss eines Mandatsvertrages zwischen einem Insolvenzverwalter und der eigenen Sozietät, der kein Selbstkontrahieren und idR auch keine Mehrvertretung beinhaltet, ist § 181 nicht (entsprechend) anwendbar (zutr Jacoby ZIP 2005, 1060 mwNw). 37

b) Das Tätigwerden im Rahmen **auferlegter Verwaltung** (s Vorbem 57 ff zu §§ 164 ff) ist kein Handeln in Vertretungsmacht, sondern Ausübung eines privaten Amtes. Eine unmittelbare Anwendung des § 181 auf Verwalter kraft Amtes scheidet daher aus (vgl RGZ 61, 139; BGH LM § 2203 Nr 1). 38

Namentlich für den *Testamentsvollstrecker* wird aber eine (analoge) Anwendung des § 181 auch auf dem Boden der Amtstheorie diskutiert. Die Rechtsprechung hat allerdings zunächst eine entsprechende Anwendung des § 181 durchweg abgelehnt, solange sich seine Insichgeschäfte im Rahmen einer ordnungsgemäßen Verwaltung des Nachlasses hielten (s etwa RGZ 58, 299; 61, 139; BGH NJW 1954, 1036; KG JFG 12, 202; JW 1937, 2100; OLG München JFG 21, 240). Der BGH hat sich dann aber zu einer analogen Anwendung des § 181 auf Insichgeschäfte des Testamentsvollstreckers entschlossen (BGHZ 30, 67, 69; 51, 209, 214; 108, 21, 24; 113, 262, 270; BGH WM 1960, 1419; s auch BayObLG DNotZ 1983, 176; OLG Frankfurt NJW-RR 1998, 795; OLG Düsseldorf NJW 2014, 322) und zu Recht zusätzlich darauf abgestellt, dass sich das Insichgeschäft im Falle der Gestattung (s noch unten Rn 49 ff, 58) im Rahmen ordnungsgemäßer Verwaltung des Nachlasses iSd § 2216 halten müsse (BGHZ 30, 67, 71; vgl auch COING NJW 1977, 1793, 1796); die Gestattung durch den Erblasser wird in diesem Rahmen nach der neueren Rechtsprechung vermutet. Im Ergebnis ist mit der heute ganz hL (BAMBERGER/ROTH/VALENTHIN § 181 Rn 10; BGB-RGRK/STEFFEN § 181 Rn 8; ERMAN/MAIER-REIMER § 181 Rn 8; Hk-BGB/DÖRNER § 181 Rn 3; JAUERNIG § 181 Rn 2; MünchKomm/SCHRAMM § 181 Rn 38; NK-BGB/STOFFELS § 181 Rn 11; PALANDT/ELLENBERGER § 181 Rn 3; PWW/FRENSCH § 181 Rn 2; SOERGEL/LEPTIEN § 181 Rn 32; STAUDINGER/REIMANN [2012] § 2205 Rn 59 ff; WERTENBRUCH § 33 Rn 5; CLAUSSEN 225 f; HÜBNER 80 ff; GUSTAVUS 49 ff; GRUNSKY/THEISS WM 2006, 1561, 1563; vLÜBTOW JZ 1960, 154) von einer (entsprechenden) Anwendbarkeit des § 181 auszugehen. Hierfür kann es nicht auf die Einordnung nach den Theorien, sondern nur auf die Vergleichbarkeit der Konfliktslage ankommen. Diese ist typischerweise und generell zu bejahen, wenn der Testamentsvollstrecker Geschäfte zu Lasten des Nachlasses mit sich selbst abschließt, weil dann treuhänderisches Interesse und Eigeninteresse kollidieren. Das Verbot des § 181 ist daher zu beachten, wenn ein Testamentsvollstrecker, der kraft seines Amtes Anteilsrechte an einer GmbH verwaltet, über seine Bestellung und Anstellung als Geschäftsführer mit entscheidet (BGHZ 51, 209), ebenso in dem Fall, dass der Testamentsvollstrecker den an ihn ausgezahlten Betrag aus einer Lebensversicherung anlegt und sich dadurch selbst ein Darlehen gewährt (OLG Frankfurt NJW-RR 1998, 795, 796).

39 Auch auf die Insichgeschäfte eines *Nachlassverwalters* ist § 181 (analog) anzuwenden (BGB-RGRK/STEFFEN § 181 Rn 8; Hk-BGB/DÖRNER § 181 Rn 3; JAUERNIG § 181 Rn 2; MünchKomm/SCHRAMM § 181 Rn 38; PALANDT/ELLENBERGER § 181 Rn 3; SOERGEL/LEPTIEN § 181 Rn 33; BORK Rn 1587; WERTENBRUCH § 33 Rn 5; vgl auch BGHZ 30, 67, 69), ebenso auf den *Insolvenzverwalter* (BGHZ 113, 262, 270 mwNw; OLG Frankfurt BB 1976, 570, 571; Schrifttum wie vor, ferner CLAUSSEN 224 f; HÜBNER 82 ff; BORK NZI 2006, 530; FALK/SCHÄFER 2004, 1337, 1338; GRAEBER/PAPE ZIP 2007, 991, 993 mwNw; JACOBY ZIP 2005, 1060, 1061; KÖGEL/LOOSE ZInsO 2006, 17, 18 f) und den *Zwangsverwalter* (Kommentare wie vor) sowie den *Wohnungseigentumsverwalter,* auch soweit er nicht als Vertreter, sondern kraft des ihm übertragenen Amtes als Treuhänder der Eigentümer auftritt (KG NJW-RR 2004, 1161, 1162 mwNw [dort aber kein Insichgeschäft]; PALANDT/ELLENBERGER § 181 Rn 3; PWW/FRENSCH § 181 Rn 2; CLAUSSEN 226 mwNw; HERRLER ZNotP 2007, 448; **aA** BayObLG Rpfleger 1983, 350; OLG Düsseldorf NJW 1985, 390. Zur „Selbstwahl" des Verwalters s Rn 25).

40 c) Bei **amtsempfangsbedürftigen Willenserklärungen** scheidet eine unmittelbare Anwendung des § 181 aus, weil sie iS des BGB eine nichtempfangsbedürftige Willenserklärung beinhalten. Handelt es sich um ein einseitiges Rechtsgeschäft, das der Vertreter wahlweise auch gegenüber sich selbst hätte vornehmen können (vgl etwa §§ 875 Abs 1 S 2, 876 S 3, 880 Abs 3, 1168 Abs 2, 1183 S 2), so wäre allerdings in diesem Fall ohnehin § 181 einschlägig; da er materiell auch bei Erklärung gegenüber der staatlichen Stelle der eigentlich betroffene Empfänger ist, liegt aber auch dann die von § 181 geregelte Kollisionslage vor und ist die Vorschrift deshalb entsprechend anzuwenden (BGH JR 1980, 413 m zust Anm KUNTZE; BAMBERGER/ROTH/VALENTHIN § 181 Rn 23; BGB-RGRK/STEFFEN § 181 Rn 5; ERMAN/MAIER-REIMER § 181 Rn 14; Hk-BGB/ DÖRNER § 181 Rn 16; JAUERNIG § 181 Rn 8; MünchKomm/SCHRAMM § 181 Rn 28; NK-BGB/STOFFELS § 181 Rn 34; PALANDT/ELLENBERGER § 181 Rn 13; SOERGEL/LEPTIEN § 181 Rn 30; FLUME § 48, 2; GRIGOLEIT/HERRESTHAL Rn 508; WOLF/NEUNER § 46 Rn 132; CLAUSSEN 42 f; TIEDTKE 67 ff – Zum Rangtausch s hingegen ERMAN/MAIER-REIMER § 181 Rn 14). Entsprechendes muss gelten, wenn eine solche Erklärung nur gegenüber einer staatlichen Stelle abgegeben werden kann, der Sache nach aber an eine Privatperson gerichtet ist (zB gemäß §§ 376 Abs 2, 2079 ff), da auch in diesen Fällen der Schutzzweck des § 181 eingreift (RGZ 143, 350; BAMBERGER/ROTH/VALENTHIN § 181 Rn 24; ERMAN/MAIER-REIMER § 181 Rn 14; MünchKomm/SCHRAMM § 181 Rn 28; NK-BGB/STOFFELS § 181 Rn 34; PALANDT/ELLENBERGER § 181 Rn 13; SOERGEL/LEPTIEN § 181 Rn 30; FLUME § 48 2; CLAUSSEN 42 f). So kann ein gesetzlicher Vertreter nicht namens des vertretenen Kindes ein Testament anfechten, in dem er selbst der Begünstigte ist; selbst bei Unterlassung der Anfechtung kann im Hinblick darauf die Anfechtungsfrist noch nicht abgelaufen sein (RGZ 143, 350; ERMAN/MAIER-REIMER § 181 Rn 14; NK-BGB/STOFFELS § 181 Rn 34; SOERGEL/LEPTIEN § 181 Rn 30; s auch oben Rn 13). Auch kann sich ein Vertreter die Eintragung der Abtretung einer Hypothek des Vertretenen an ihn selbst nicht gegenüber dem Grundbuchamt bewilligen (KG KGJ 41, 168; abl zu einem vergleichbaren Fall aus dem Patentrecht allerdings SCHLÜTER GRUR 1953, 470; vgl auch BayObLGZ 1951, 456). Hingegen steht § 181 nicht entgegen, wenn die staatliche Stelle auch materielle Erklärungsempfängerin ist, sodass die als Vorerbin eingesetzte Mutter nicht gehindert ist, für ihr als Nacherbe eingesetztes, von ihr gesetzlich vertretenes Kind die Nacherbschaft auszuschlagen, selbst wenn sie dadurch Erbin wird (BayObLGZ 1983, 213, 220 f; OLG Frankfurt FamRZ 1964, 154; BAMBERGER/ROTH/VALENTHIN § 181 Rn 25; ERMAN/MAIER-REIMER § 181 Rn 14; MünchKomm/SCHRAMM § 181 Rn 28; NK-BGB/STOFFELS § 181 Rn 34; PALANDT/ELLENBERGER § 181 Rn 13 mwNw; SOERGEL/LEPTIEN § 181 Rn 30; CLAUSSEN 43; COING NJW 1985, 6 , 9; aA BUCHHOLZ NJW 1993, 1161).

d) Kann eine einseitige Erklärung **wahlweise an mehrere private Adressaten** gerichtet werden (so zB nach §§ 182 Abs 1, 1064, 1255 Abs 1) und wäre sie gegenüber einer der Personen ein Insichgeschäft, so ist die (entsprechende) Anwendbarkeit des § 181 zweifelhaft, weil der gewählte Adressat auch materiell betroffener Erklärungsempfänger ist. So liegt es zB bei der Zustimmung des Nacherben zu einer Verfügung des Vorerben über den Nachlass, die sowohl gegenüber dem Vorerben als auch gegenüber dem Erwerber erklärt werden kann, wenn der Vorerbe als gesetzlicher Vertreter des Nacherben die Zustimmungserklärung nicht gegenüber sich selbst (dann Fall des § 181), sondern gegenüber dem Erwerber abgibt; auch die Zustimmung des Betreuers eines geschäftsunfähigen Ehegatten zu Gesamtvermögensgeschäften nach §§ 1365, 1366 fällt in diesen Bereich, da er sie sowohl gegenüber sich selbst als auch dem Vertragspartner erklären kann. Die Rspr (RGZ 76, 89, 92; OLG Hamm NJW 1965, 1489 f und DNotZ 2003, 635; KG NJW-RR 2004, 1161; s auch BayObLGZ 1977, 81 zur Zustimmung bei Abtretung eines Gesellschaftsanteils; vgl ferner BGH JZ 1985, 745 m krit Anm HÜBNER zur Konzernverrechnungsabrede; BayObLG NJW-RR 1986, 1077, 1078; OLG Düsseldorf NJW 1985, 390) und ein Teil des Schrifttums (BAMBERGER/ROTH/VALENTHIN § 181 Rn 26; ERMAN/MAIER-REIMER § 181 Rn 15; NK-BGB/STOFFELS § 181 Rn 35; PALANDT/ELLENBERGER § 181 Rn 8; SOERGEL/LEPTIEN § 181 Rn 31; HAERTLEIN 26 f; TIEDTKE 160 ff mwNw; zum Doppeltreuhandmodell im Insolvenzeröffnungsverfahren: BORK NZI 2005, 530, 531 ff mwNw; MA-

ROTZKE ZInsO 2004, 721 ff uö; WERRES ZInsO 2006, 918, 921 f uö) sehen in solchen Fällen keinen Anknüpfungspunkt für eine (entsprechende) Anwendung des § 181. Demgegenüber wird zwar darauf hingewiesen (grundlegend FLUME § 48 2; MünchKomm/SCHRAMM § 181 Rn 28; CLAUSSEN 41 f; COING NJW 1985, 6, 8; FRIND ZInsO 2005, 1296, 1301 uö zum Doppeltreuhandmodell; HÜBNER aaO; MÜLLER ZNotP 2005, 419, 420 f;), es sei ein eindeutiger Fall einer Interessenkollision gegeben, weil der Stellvertreter die Anwendung des § 181 dadurch verhindern könne, dass er sich unter mehreren ohne Berücksichtigung der Problematik des Insichgeschäfts vorgesehenen Empfängern denjenigen aussuchen könne, bei dem die in § 181 formal vorausgesetzte Personenidentität nicht vorliege. Indessen erscheint diese Konstellation angesichts der materiell-rechtlich vorgegebenen Wahlmöglichkeit *nicht* als typisierter generell-abstrakter Fall einer Interessenkollision, bei dem auf die Personenidentität verzichtet und § 181 entsprechend angewendet werden könnte.

42 e) Darüber hinaus kommen weitere Sonderfälle einer (entsprechenden) Anwendung des § 181 in Betracht (allgemein krit zu einer erweiterten Anwendung auf Fälle eines Interessenkonflikts ohne Personenidentität MEDICUS Rn 963). Das RG (JW 1928, 215 mAnm HOMBURGER) hat § 181 sogar unmittelbar angewendet, wenn jemand ein Vertragsangebot, das er als Vertreter eines Dritten an sich selbst abgegeben hat, nach dem *Erlöschen der Vertretungsmacht* annimmt. Da beim Vertragsschluss nicht auf den Teilakt des Angebots abgestellt werden kann und bei Vollendung des Vertragstatbestandes durch die Annahme keine Vertretungsmacht mehr gegeben war, ist in dieser besonderen Konstellation eine analoge Anwendung des § 181 gerechtfertigt.

43 Auch in Fällen der **Interzession**, des Eintretens für eine fremde Schuld (Schuldübernahme, Bürgschaftsübernahme) wird im Schrifttum teilweise eine entsprechende Anwendung des § 181 befürwortet (BOEHMER, Grundlagen II 2 67; LEHMANN/HÜBNER § 36 IV 4 c; HÜBNER 195 ff, 205 ff und AT Rn 1328). Soweit es sich um eine *Schuldübernahme nach § 415* handelt, bei der der Vertreter mit Zustimmung seines Gläubigers den Übernahmevertrag zwischen sich als Schuldner und dem Vertreter als Übernehmer abschließt, greift § 181 ohnehin unmittelbar ein (RGZ 51, 422; vgl auch RG JW 1931, 2229; ERMAN/MAIER-REIMER § 181 Rn 16; SOERGEL/LEPTIEN § 181 Rn 34; CLAUSSEN 54). Schließt er aber *im Falle des § 414* den Übernahmevertrag als Vertreter des Übernehmers mit dem Gläubiger, so ist mit der ganz hM (BAMBERGER/ROTH/VALENTHIN § 181 Rn 27; BGB-RGRK/STEFFEN § 181 Rn 11; ERMAN/MAIER-REIMER § 181 Rn 16; JAUERNIG § 181 Rn 8; MünchKomm/SCHRAMM § 181 Rn 35; NK-BGB/STOFFELS § 181 Rn 32; PALANDT/ELLENBERGER § 181 Rn 14; PWW/FRENSCH § 181 Rn 12; SOERGEL/LEPTIEN § 181 Rn 34; ENNECERUS/NIPPERDEY § 181 III 1; FLUME § 48 5; GRIGOLEIT/HERRESTHAL Rn 509; CLAUSSEN 54 f; TIEDTKE 152 ff mwNw; PETERSEN JA 2007, 418, 420; vgl BGHZ 91, 334, 337) eine entsprechende Anwendung des § 181 abzulehnen. Die fehlende Personenidentität kann nicht mit dem Hinweis auf die Interessenkollision und die Möglichkeit des Vertreters zur Wahl zwischen § 414 und § 415 überwunden werden, da das Gesetz für die Schuldübernahme zwei – keineswegs nur rein formal unterschiedliche – Wege zur Verfügung stellt, über deren Auswahl nicht der Schuldner, sondern letztlich der Gläubiger entscheidet, indem er nämlich durch Verweigerung der Genehmigung nach § 415 nur die ihn besser schützende Alternative des § 414 offen lässt. Dieser Drittschutz darf nicht über eine analoge Anwendung des § 181 entwertet werden. – Auch im Falle der *Bürgschaft* (RGZ 71, 219) und der *Übernahme sonstiger Sicherheiten* (zB Pfandrechte, Garantie, Schuldbeitritt) ist § 181 nach zutreffender hM (s oben) nicht entsprechend anzuwenden, zumal der Vertreter an dem jeweiligen Sicherungsgeschäft dort zwar interessiert, aber nicht mit einer eigenen Willenserklärung beteiligt ist. Vorrang hat der Schutz des Dritten, soweit nicht die Grundsätze über den Missbrauch der Vertretungsmacht (s § 167 Rn 91 ff) eingreifen (BAMBERGER/ROTH/VALENTHIN § 181 Rn 28; BGB-RGRK/STEFFEN § 181 Rn 11; ERMAN/MAIER-REIMER § 181 Rn 16; MünchKomm/SCHRAMM § 181 Rn 35; NK-BGB/STOFFELS § 181 Rn 32; PALANDT/ELLENBERGER § 181 Rn 14; PWW/FRENSCH § 181 Rn 12; SOERGEL/LEPTIEN § 181 Rn 34; StudKomm § 181 Rn 3; ENNECCERUS/NIPPERDEY § 181 III 3; FLUME § 48 5; GRIGOLEIT/HERRESTHAL Rn 509; PAWLOWSKI Rn 796; WOLF/NEUNER § 49 Rn 124; CLAUSSEN 55; PETERSEN JA 2007, 418, 420; vgl auch OLG Düsseldorf ZIP 1992, 1488, 1491).

Insgesamt entspricht es der vermittelnden Grundauffassung zum Anwendungsbereich des § 181 (s oben Rn 7), nicht schon die bloße Tatsache einer Interessenkollision für eine analoge Anwendung ausreichen zu lassen (vgl auch BGHZ 91, 334, 337; BGH NJW 1991, 982, 983; s ferner ERMAN/MAIER-REIMER § 181 Rn 2; Hk-BGB/DÖRNER Rn 18; NK-BGB/STOFFELS § 181 Rn 6, Rn 32; PWW/FRENSCH § 181 Rn 12; BORK Rn 1587). So ist etwa auf eine Anweisung des Stellvertreters an ein Kreditinstitut, Geld vom Konto des Vertretenen auf das Vertreterkonto zu übertragen, oder auf (sonstige) Überweisungsaufträge zu seinen Gunsten § 181 nicht anwendbar (BGH WM 1958, 552, 553; WM 1982, 548; NJW 2004, 2517, 2518 mAnm MADAUS EWiR 2004, 1023, MEDER LMK 2004, 206 und SPIEKER FamRZ 2004, 1350; STREISSLE EWiR 2002, 891; ERMAN/MAIER-REIMER § 181 Rn 17; HAERTLEIN 21 ff; SCHRAMM/DAUBER § 32 Rn 20 f; **krit** HÜBNER 213 f; REIN/PFEIFFER BKR 2005, 142; WILHELM JuS 1983, 752); anders als bei Einschaltung eines Untervertreters (s Rn 35 f) fehlt es hier an der für § 181 erforderlichen Personenidentität nicht durch bloßen Kunstgriff, sondern aufgrund der Rechtsnatur des Überweisungsgeschäftes. Entsprechendes gilt bei Abhebung von Geldbeträgen vom Konto des Vertretenen (SOERGEL/LEPTIEN § 181 Rn 34). Eine Anwendbarkeit der Regeln über den Missbrauch der Vertretungsmacht bleibt iÜ auch in diesen Fällen unberührt. Nicht anwendbar ist § 181 ferner auf Verträge, die der Vertreter im Namen des Vertretenen zu seinen (des Vertreters) Gunsten abschließt, wie etwa im Falle eines Versicherungsvertrages (OLG Hamm BB 1956, 900). Unbedenklich ist es auch, wenn ein Gläubiger als Vertreter des bisherigen Schuldners mit dem Dritten eine Schuldübernahme vereinbart und als Gläubiger diesem gegenüber der Schuldübernahme zustimmt (RGZ 127, 103). Schließlich ist auch im Rahmen einer Ermächtigung nach § 113 keine analoge Anwendung des § 181 zu befürworten (ausf TIEDTKE 122 ff mwNw, str).

III. Die Folgen eines Verstoßes gegen § 181

1. Die schwebende Unwirksamkeit

a) Da nach dem Wortlaut des § 181 der Vertretene nicht mit sich selbst kontrahieren kann, und diese Ausdrucksweise grundsätzlich die Nichtigkeit eines hiergegen verstoßenden Rechtsgeschäfts zum Ausdruck bringen soll, hat man ursprünglich beim Verstoß gegen § 181 die *Nichtigkeitsfolge* bejaht (RGZ 51, 422, 426). Später entwickelte sich jedoch die heute allgemeine Ansicht, dass, ebenso wie bei vollmachtloser Vertretung, **schwebende Unwirksamkeit** und damit Genehmigungsfähigkeit hinsichtlich des gegen § 181 verstoßenden Rechtsgeschäfts eintreten solle (RGZ 56, 104, 107; 119, 114, 116; BGHZ 21, 229; 30, 67, 71; 65, 123, 125; BGH NJW-RR 1994, 291, 292; BAMBERGER/ROTH/VALENTHIN § 181 Rn 29 mwNw; BGB-RGRK/STEFFEN § 181 Rn 15; ERMAN/MAIER-REIMER § 181 Rn 32; MünchKomm/SCHRAMM § 181 Rn 41; NK-BGB/STOFFELS § 181 Rn 50;

PALANDT/ELLENBERGER § 181 Rn 15; PWW/FRENSCH § 181 Rn 19; SOERGEL/LEPTIEN § 181 Rn 45; LOBINGER AcP 213 [2013] 366, 399, allgM; zusätzlich für relative Unwirksamkeit U HÜBNER 104 ff). Bei einseitigen Rechtsgeschäften ist allerdings § 180 mit Nichtigkeitsfolge anzuwenden (BayObLG NJW-RR 2003, 663; BAMBERGER/ROTH/VALENTHIN § 181 Rn 29; ERMAN/MAIER-REIMER § 181 Rn 32; MünchKomm/SCHRAMM § 181 Rn 41; NK-BGB/STOFFELS § 181 Rn 50; PALANDT/ELLENBERGER § 181 Rn 15; PWW/FRENSCH § 181 Rn 19; SOERGEL/LEPTIEN § 181 Rn 45). Die Vertretungsbefugnis des Organs einer juristischen Person wird durch § 181 mit Wirkung im Außenverhältnis beschränkt (BGHZ 33, 189, 192; BGH WM 1960, 803).

46 Die **Genehmigung** kann durch schlüssiges Verhalten erklärt werden (BGH BB 1971, 12122, 1213; BAG AP § 242 Nr 1; BAMBERGER/ROTH/VALENTHIN § 181 Rn 29; ERMAN/MAIER-REIMER § 181 Rn 33; NK-BGB/STOFFELS § 181 Rn 52), auch durch einen Vertreter (BGH WM 1960, 611, 612; NJW-RR 1994, 291, 293; SOERGEL/LEPTIEN § 181 Rn 45; CLAUSSEN 134; ausf BAETZGEN RNotZ 2005, 193, 198 f mwNw), der jedoch ggf selbst von § 181 BGB befreit sein muss (OLG Düsseldorf DB 1999, 578; OLG München NJOZ 2014, 405, 406; BAMBERGER/ROTH/VALENTHIN § 181 Rn 29; JAUERNIG § 181 Rn 9; PALANDT/ELLENBERGER § 181 Rn 15; HARDER AcP 170, 295, 302 ff), sofern für ihn ein Insichgeschäft vorliegt (so zu Recht einschränkend KG DNotZ 1941, 164; ERMAN/MAIER-REIMER § 181 Rn 34; SOERGEL/LEPTIEN § 181 Rn 36; AUKTOR NZG 2006, 334, 336 mwNw; BAETZGEN RNotZ 2005, 193, 198; BENECKE/EHINGER MDR 2005, 1265, 1266 f und LEITZEN WM 2010, 637, 39[für vollmachtlose Mehrvertretung]; LICHTENBERGER MittBayNot 1999, 470, 472 und 2000, 434, 435; ROBLES Y ZEPF BB 2012, 1876, 1882 f; TEBBEN DNotZ 2005, 173, 177 ff mwNw; zu weit gehend [Befreiung generell unerheblich] hingegen LG Saarbrücken MittBayNot 2000, 433; NEUMEYER RNotZ 2001, 249, 256; s ferner ISING NZG 2011, 841, 844). Im Falle der Mehrvertretung ist eine Genehmigung – des Insichgeschäfts bzw des vollmachtlosen Handelns – durch alle Vertretenen erforderlich (BAMBERGER/ROTH/VALENTHIN § 181 Rn 29; ERMAN/MAIER-REIMER § 181 Rn 33; MünchKomm/SCHRAMM § 181 Rn 41; NK-BGB/STOFFELS § 181 Rn 52; PALANDT/ELLENBERGER § 181 Rn 15; SOERGEL/LEPTIEN § 181 Rn 45; vgl OLG Düsseldorf DB 1999, 578: ggf zusätzlich zu einer Genehmigung vollmachtlosen Handelns; BayObLGZ 2000, 433; krit AUKTOR NZG 2006, 334, 335 f; BENECKE/EHINGER MDR 2005, 1266 f; LICHTENBERGER MittBayNot 1999, 470, 471; ROBLES Y ZEPF BB 2012, 1876, 1882 mwNw), nach dem Tod des Vertretenen durch den Erben (OLG Hamm OLGZ 1979, 44, 45). Bloßer Zeitablauf rechtfertigt nicht die Annahme konkludenter Genehmigung, führt aber ohne weitere Umstände andererseits nicht zur Verwirkung der Geltendmachung der schwebenden Unwirksamkeit (OLG München NJW 1968, 2109). Ist aufgrund des schwebend unwirksamen Rechtsgeschäftes in Unkenntnis eine Leistung erbracht worden, so kann diese nach § 812 schon vor Verweigerung der Genehmigung zurückverlangt werden (BGHZ 65, 123, 126; BAMBERGER/ROTH/VALENTHIN § 181 Rn 29; MünchKomm/SCHRAMM § 181 Rn 41; NK-BGB/STOFFELS § 181 Rn 51; SOERGEL/LEPTIEN § 181 Rn 45).

47 b) Dieselbe Rechtslage schwebender Unwirksamkeit besteht im Falle **gesetzlicher Vertretung** (RG JW 1924, 1862) und bei organschaftlicher Vertretung. Der Vertretene kann nur bei voller Geschäftsfähigkeit selbst genehmigen. Ansonsten ist nicht das Familiengericht zur Genehmigung befugt, weil es den Mündel nicht vertreten kann; vielmehr muss zur Genehmigung ein besonderer Vertreter, nämlich ein Ergänzungspfleger (§ 1909) bestellt werden (RGZ 71, 162, 165; BGHZ 21, 229, 234; OLG Hamm OLGZ 1975, 173; BAMBERGER/ROTH/VALENTHIN § 181 Rn 30; BGB-RGRK/STEFFEN § 181 Rn 16; ERMAN/MAIER-REIMER § 181 Rn 34; MünchKomm/SCHRAMM § 181 Rn 42, 55; NK-BGB/STOFFELS § 181 Rn 53; PWW/FRENSCH § 181 Rn 19; BORK Rn 1600; FLUME § 48 6; MEDICUS Rn 957; PAWLOWSKI

Rn 791a; WERTENBRUCH § 33 Rn 11; SCHILLING 269 mwNw; vLÜBTOW, Schenkungen 21; PETERSEN JA 2007, 418, 419). Auch § 1795 würde im Falle des Selbstkontrahierens einer Genehmigung durch das Gericht entgegenstehen (NIPPERDEY, in: FS Raape 305 ff). Für den Fall der Mehrvertretung ist das – wie bei der Gestattung (s unten Rn 57) – sehr umstritten (aA zB SOERGEL/LEPTIEN § 181 Rn 42, 45; ENNECCERUS/NIPPERDEY § 181 II 1; HÜBNER 125 ff [auch für Selbstkontrahieren]; NIPPERDEY 308; SCHILLING 269). Das Gericht ist aber kein allgemeiner gesetzlicher Ersatzvertreter, sondern nur im Rahmen des § 1846 zu unmittelbaren Maßnahmen, sonst lediglich zur Bestellung eines (hier) Pflegers berechtigt (Nachw s oben; ferner BOEHMER, Grundlagen II 2 56).

2. Die Pflicht zur Genehmigung

Eine Verpflichtung zur Genehmigung des gegen § 181 verstoßenden Rechtsgeschäfts **48** wird von der hM grundsätzlich abgelehnt, aber für den Fall angenommen, dass sich die Verweigerung der Genehmigung als *Verstoß gegen Treu und Glauben* darstellen würde (RGZ 64, 366, 373; 110, 214; BAMBERGER/ROTH/VALENTHIN § 181 Rn 29; ERMAN/MAIER-REIMER § 181 Rn 35; MünchKomm/SCHRAMM § 181 Rn 41; NK-BGB/STOFFELS § 181 Rn 54; PALANDT/ELLENBERGER § 181 Rn 15; SOERGEL/LEPTIEN § 181 Rn 45; ENNECCERUS/NIPPERDEY § 181 Fn 26; FLUME § 48 1 Fn 11 mwNw; BAETZGEN RNotZ 2005, 193, 198). Indessen ist die Erteilung oder Verweigerung der Genehmigung der privatautonomen Entscheidung des Vertretenen hier ebenso überlassen wie im Falle des § 177 (FLUME § 48 1 Fn 11; vgl auch § 177 Rn 17). Allerdings kann sich aus dem Innenverhältnis zwischen dem Vertreter und dem Vertretenen ein Anspruch auf Genehmigung ergeben.

IV. Erlaubte Insichgeschäfte

1. Die Gestattung durch den Vollmachtgeber (Befreiung)

a) Bei rechtsgeschäftlicher Vertretung wird das Selbstkontrahieren vom Vertre- **49** tenen durch eine einseitige empfangsbedürftige Willenserklärung gestattet, mit welcher er **auf den Schutz des § 181 verzichtet** und damit die Vertretungsmacht erweitert. Grundsätzlich ist nur der Vertretene zur Abgabe der Gestattungserklärung fähig. Im Falle der Mehrvertretung liegt die Zuständigkeit bei den Vertretenen (BAMBERGER/ROTH/VALENTHIN § 181 Rn 34; MünchKomm/SCHRAMM § 181 Rn 50; NK-BGB/STOFFELS § 181 Rn 40; PWW/FRENSCH § 181 Rn 14; SOERGEL/LEPTIEN § 181 Rn 36; HÜBNER 109; aA LG Bayreuth Rpfleger 1982, 17). Bei einer GmbH & Co KG muss das Insichgeschäft dem Geschäftsführer der Komplementär-GmbH von der KG gestattet werden (BGHZ 58, 115, 117; BAMBERGER/ROTH/VALENTHIN § 181 Rn 36; ERMAN/MAIER-REIMER § 181 Rn 29; MünchKomm/SCHRAMM § 181 Rn 50; SOERGEL/LEPTIEN § 181 Rn 36 mwNw; HÜBNER 246; zur Eintragung in das Handelsregister s BayObLG NJW-RR 2000, 1421, 1422; ausf zur Gestattung bei Gesellschaften BAETZGEN RNotZ 2005, 193, 199 ff mwNw; PETERS ZNotP 2006, 89, 93); zur Gestattung bei Abschluss eines Gesellschaftsvertrags einer Personalgesellschaft s Rn 26. Einem Untervertreter kann das Insichgeschäft nur gestatten, wer selbst vom Verbot des § 181 befreit ist (s § 167 Rn 67; vgl auch oben Rn 35). Bei mehreren Stellvertretern kann nicht der eine den anderen von den Beschränkungen des § 181 befreien (BGHZ 33, 189, 192; zur Ermächtigung bei Gesamtvertretung s oben Rn 16). Selbstverständlich kann der Vertreter die Gestattung auch nicht sich selbst gegenüber erklären (BGHZ 58, 115, 118; BAMBERGER/ROTH/VALENTHIN § 181 Rn 34 mwNw). Erfolgt die Gestattung durch Formularvertrag, so unterliegt sie der AGB-Kontrolle (OLG Düsseldorf NJW 2006, 3645, 3646

§ 181

mwNw [Wohnungseigentümer-Verwaltervertrag]; Erman/Maier-Reimer § 181 Rn 27; s auch Vogel ZMR 2008, 270).

Die Gestattung bedarf regelmäßig keiner **Form**, nach (jedoch abzulehnender) ganz hM (s nur BGH NJW 1979, 2306, 2307; Bamberger/Roth/Valenthin § 181 Rn 32; Erman/Maier-Reimer § 181 Rn 27; Hk-BGB/Dörner § 181 Rn 7; MünchKomm/Schramm § 181 Rn 46; NK-BGB/Stoffels § 181 Rn 38; Palandt/Ellenberger § 181 Rn 17; Soergel/Leptien § 181 Rn 37) auch nicht, wenn sich die Gestattung auf ein Insichgeschäft bezieht, welches zB nach § 311b dem Formzwang unterliegt (s § 167 Rn 22 mwNw, auch zur hier vertretenen abw Ansicht; s auch Baetzgen RNotZ 2005, 193, 201). Anders soll es nach der hM nur ausnahmsweise dann sein, wenn bereits mit der Vollmachtserteilung eine Bindung des Vollmachtgebers eintritt. Soweit eine Gestattung vorliegt, kommt das erlaubte Geschäft auch bei irrtümlicher Falschbezeichnung mit dem gewollten Inhalt zustande (BGH NJW 1991, 1730; OLG Düsseldorf NJW-RR 1995, 784).

50 b) Die Gestattung kann vorher erfolgen. Sie ist aber wegen der schwebenden Unwirksamkeit des Rechtsgeschäfts bei einem Verstoß gegen den § 181 (s oben Rn 30) ebenso als Genehmigung möglich. Häufig ist bereits in der Vollmachtsurkunde – zB auch in einer Vorsorgevollmacht –, in Gesellschaftsverträgen und Satzungen eine Befreiungsklausel enthalten. Die Worte, dass der Vertreter zur Vertretung berechtigt sein soll, „soweit die Gesetze eine Vertretung zulassen", enthalten allerdings keine Befreiung, sondern beziehen sich nur auf den objektiven Kreis der Geschäfte, bei denen eine Stellvertretung zulässig ist (KG HRR 1937 Nr 231; JR 1952, 438; MünchKomm/Schramm § 181 Rn 48 mwNw); ebenso ist in eine Generalvollmacht nicht ohne weiteres die Befreiung vom Verbot des § 181 eingeschlossen (KG DR 1943, 802; Erman/Maier-Reimer § 181 Rn 27; MünchKomm/Schramm § 181 Rn 48 mwNw; NK-BGB/Stoffels § 181 Rn 39; PWW/Frensch § 181 Rn 14), ebenso wenig in einer Prokura (vgl RG Recht 1921 Nr 1829 und die Nachw zuvor). Im Falle der *Unwirksamkeit* der einer Vollmacht beigefügten Gestattungserklärung gilt § 139 (KG HRR 1933 Nr 988).

51 c) Wie jede Willenserklärung kann die Gestattung grundsätzlich durch **konkludentes Handeln** erfolgen (RGZ 68, 172, 177; 99, 208, 210; BGH BB 1971, 1212, 1213; NJW 1983, 1186, 1187; OLG Hamm NJW-RR 2011, 541, 542; Bamberger/Roth/Valenthin § 181 Rn 33; BGB-RGRK/Steffen § 181 Rn 16; Erman/Maier-Reimer § 181 Rn 27; Hk-BGB/Dörner § 181 Rn 7; Jauernig § 181 Rn 9; MünchKomm/Schramm § 181 Rn 48 f; NK-BGB/Stoffels § 181 Rn 39; Palandt/Ellenberger § 181 Rn 17; PWW/Frensch § 181 Rn 14; Soergel/Leptien § 181 Rn 38; Flume § 48 6; Enneccerus/Nipperdey § 181 II 1; Jäger 49; Baetzgen RNotZ 2005, 193, 201; Mock JuS 2008, 486, 488; Robles Y Zepf BB 2012, 1876, 1880). Das bloße Dulden des Selbstkontrahierens stellt allerdings keine Gestattung dar, die sich vielmehr unzweifelhaft aus den Umständen ergeben muss (RGZ 51, 422, 427; Flume aaO; s schon Rn 49, dort auch zur evtl Formpflicht). Bei einem *Zusammentreffen von Insichgeschäft und vollmachtloser Vertretung* (s Rn 9) liegt in der Genehmigung der Vertretung – zumal bei angenommener Formbedürftigkeit (s Rn 49) – angesichts der unterschiedlichen Schutzziele nicht ohne weiteres zugleich eine Gestattung nach § 181 (zutr Kannowski, in: FS Leipold [2009] 1083 ff mwNw; s auch Palandt/Ellenberger § 181 Rn 15: iE anders namentlich Lichtenberger MittBayNot 1999, 470; Schneeweiss MittBayNot 2001, 341, 344). Sofern sich die Gestattung auf ein *grundbuchrechtlich* erhebliches Rechtsgeschäft bezieht, bedarf sie des Nachweises nach Maßgabe des § 29 GBO. Dabei kann jedoch auf den Gesamtzusammenhang der vorgelegten Urkunden zurückgegriffen werden (KG HRR

1937 Nr 927; LG Berlin WM 1959, 128; SOERGEL/LEPTIEN § 181 Rn 38; einschränkend OLG Köln OLGZ 1966, 577).

Mangels unmittelbarer Verlautbarung in der Bevollmächtigungserklärung kann eine **52** konkludente Gestattung *durch Auslegung gewonnen* und dabei auch auf das Grundverhältnis zwischen Vertreter und Vertretenem zurückgegriffen werden (s auch § 167 Rn 85). So wird vor allem ein auf Befreiung vom Verbot des § 181 gerichteter Wille angenommen, wenn Verkäufer und Käufer derselben Person Auflassungsvollmacht erteilen (KG KGJ 21 A 292; JW 1937, 471; LG Kassel DNotZ 1958, 429), oder wenn der (künftige) Hypothekengläubiger den Grundstückseigentümer zur Empfangnahme des Briefes (vgl RGZ 73, 415, 418) oder Erteilung der Löschungsbewilligung (KG HRR 1937 Nr 927) bevollmächtigt, aber auch, wenn der Grundpfandrechtsgläubiger den Eigentümer zur Eintragung eines betragsmäßig nicht näher bestimmten Grundpfandrechts ermächtigt (BayObLG NJW-RR 1995, 1167, 1168). Eine konkludente Gestattung ist anzunehmen, wenn dem Versteigerer ein Ersteigerungsauftrag erteilt (BGH NJW 1983, 1186, 1187) oder ein Ehegatte bevollmächtigt wird, den anderen in allen Angelegenheiten zu vertreten (vgl RG Recht 1929 Nr 1826; KG Recht 1919 Nr 262). Ebenso ist eine Gestattung zu bejahen, wenn in einer Bankvollmacht dem Vertreter erlaubt wird, über das Guthaben „auch zu eigenen Gunsten" zu verfügen (OLG München WM 1973, 1252), wenn die beiden Gesellschafter einer GmbH einen Vertrag mit einem von ihnen als dem geschäftsführenden Gesellschafter abschließen (BGH Betrieb 1971, 1761), wenn dieselbe Person zum Vorstand/Geschäftsführer zweier Gesellschaften mit enger Geschäftsbeziehung bestellt ist (OLG Celle NJW 1947/48, 300; BAETZGEN RNotZ 2005, 193, 201; SCHMITT WM 2009, 1784, 1785; s auch Rn 53 aE – **aA** SOERGEL/LEPTIEN § 181 Rn 45) oder wenn ein weiterer Geschäftsführer einem anderen – von den Beschränkungen des § 181 befreiten – „mit allen Rechten und Befugnissen gleich gestellt" wird (OLG Hamm NJW-RR 2011, 541).

Ebenso dient, wie bei jeder Auslegung, die *Verkehrssitte* der Willensbestimmung. So ist zB eine Gestattung anzunehmen, wenn sich ein Angestellter zum Geldwechseln eigenen Geldes bedient. Eine vom Willen unabhängige, selbstständige Grundlage für die Befreiung vom Verbot des § 181 ist jedoch die Verkehrssitte entgegen früher sogar hM (s JAUERNIG § 181 Rn 9; SOERGEL/LEPTIEN § 181 Rn 41; FLUME § 48 6; JÄGER 186 mwNw) nicht (BAMBERGER/ROTH/VALENTHIN § 181 Rn 33; BGB-RGRK/STEFFEN § 181 Rn 16; ERMAN/MAIER-REIMER § 181 Rn 27; PWW/FRENSCH § 181 Rn 16; SOERGEL/LEPTIEN § 181 Rn 41; BREHM Rn 478. Zur Gestattung durch Verkehrsübung bei gesetzlicher Vertretung s Rn 56).

2. Die Gestattung bei Organhandeln

Die Organe juristischer Personen können schon **durch die Satzung** vom Verbot des **53** § 181 befreit werden (RGZ 80, 180, 183; 103, 418; BGHZ 87, 59; BGH VersR 2001, 193, 194; BAMBERGER/ROTH/VALENTHIN § 181 Rn 36; ERMAN/MAIER-REIMER § 181 Rn 29; MünchKomm/ SCHRAMM § 181 Rn 50; NK-BGB/STOFFELS § 181 Rn 41; PALANDT/ELLENBERGER § 181 Rn 19; PWW/FRENSCH § 181 Rn 15; SOERGEL/LEPTIEN § 181 Rn 36, allgM, ausf zur Gestattung bei Gesellschaften BAETZGEN RNotZ 2005, 204 ff mwNw; vgl auch zur ausreichenden Befreiungsermächtigung in der Satzung BayObLG GmbH-Rdsch 1982, 257; OLG Zweibrücken OLGZ 1983, 36; OLG Stuttgart Rpfleger 1985, 116; OLG Celle NJW-RR 2001, 175. – Nach BGH GmbHR 2009, 212 erstreckt sich die Ermächtigung zur Befreiung des Geschäftsführers in der Satzung der GmbH nicht ohne weiteres auf den Liquidator; zust REYMANN GmbHR 2009, 176, **aA** zT die bisherige OLG-

Rechtsprechung und zB Wälzholz GmbHR 2002, 305; zur Befreiung eines Notgeschäftsführers s OLG Düsseldorf ZIP 2002, 481). Soweit dies nicht geschehen ist, muss die Gestattung bei der Aktiengesellschaft durch den *Aufsichtsrat* (MünchKomm/Schramm § 181 Rn 50 mwNw; ausf Robles Y Zepf BB 2012, 1876, 1881), bei der GmbH durch die *Gesellschafterversammlung* (BGHZ 87, 59; BGH NJW-RR 1994, 291, 293; Jäger 214 mwNw; Altmeppen NJW 1995, 1182; Schmitt WM 2009, 1784, 1785, 1786 mwNw; ausf Robles Y Zepf BB 2012, 1876, 1880 f), beim Verein gem § 32 durch die *Mitgliederversammlung* erfolgen (BGH WM 1960, 803; 1971, 1048; 1975, 157; Jäger 214 mwNw). Die generelle Befreiung des Geschäftsführers einer GmbH, die auch bei der *Ein-Mann-GmbH* gemäß § 35 Abs 3 GmbHG zulässig ist (s oben Rn 31, ausführlich Jäger 125 ff), bedarf gem § 10 Abs 1 S 2 GmbH nach der Rspr und ganz hM der – nur bei späteren Satzungsänderungen gemäß § 54 Abs 3 GmbHG konstitutiven – Eintragung in das Handelsregister (BGHZ 87, 59, 61; BGH NJW 2000, 664, 665; NJW-RR 2004, 120; BayObLG Rpfleger 1979, 310; BB 1980, 597; 1989, 2426 und allg OLG-Rechtsprechung, s etwa OLG Nürnberg MDR 2010, 822 mwNw; Bamberger/Roth/Valenthin § 181 Rn 36; Erman/Maier-Reimer § 181 Rn 29; Jauernig § 181 Rn 7; MünchKomm/Schramm § 181 Rn 50; NK-BGB/Stoffels § 181 Rn 41; Palandt/Ellenberger § 181 Rn 21; PWW/Frensch § 181 Rn 15; Soergel/Leptien § 181 Rn 39; ausf Bärwaldt Rpfleger 1990, 102; Bühler DNotZ 1983, 588; Schmitt WM 2009, 1784, 1785; ausf zum Ganzen Baetzgen RNotZ 2005, 193, 204 ff mwNw; s auch Mayer NZG 2007, 448; **aA** Altmeppen NJW 1995, 1182 mwNw; DNotZ 2008, 305; NZG 2013, 401; Theusinger/Liese EWiR 2006, 683); ein einfacher Gesellschafterbeschluss genügt nicht, sofern nicht eine Ermächtigung der Gesellschafterversammlung zur Befreiung in der Satzung enthalten ist (BayObLG GmbHR 1982, 257; KG ZIP 2006, 2085, 2086; NK-BGB/Stoffels § 181 Rn 41; Schmitt WM 2009, 1784, 1785; s aber auch OLG Frankfurt NJW-RR 1994, 165; OLG Hamm NJW-RR 1997, 415 mwNw). – Eine konkludente Befreiung von § 181 kann auch darin liegen, dass dieselbe Person bewusst zum Vorstandsmitglied zweier Gesellschaften bestellt wird, die in enger Geschäftsbeziehung zueinander stehen (s Rn 52; vgl ferner zu stillschweigender Gestattung gegenüber einem Geschäftsführer BGHZ 52, 316; BGH Betrieb 1971, 1761; NJW 1976, 1538). Wird eine mehrgliedrige GmbH in eine Ein-Mann-GmbH umgewandelt, so bleibt die dem Geschäftsführer zuvor erteilte Befreiung wirksam (BGHZ 114, 167, 170 ff; BFHE 164, 255; PWW/Frensch § 181 Rn 15; ausf Tiedtke 92 ff mwNw; **aA** BayObLGZ 1987, 153; 1989, 375).

54 Entsprechendes gilt für die *Personenhandelsgesellschaften,* wo grundsätzlich also ein Gesellschafterbeschluss erforderlich, aber auch eine Eintragung der Befreiung in das Handelsregister zuzulassen ist (BGH MDR 1970, 398; NJW-RR 2004, 120; BayObLG Betrieb 1980, 2235; NJW-RR 2000, 1421, 1422; OLG Hamm Betrieb 1983, 982; OLG Hamburg ZIP 1986, 1186; MünchKomm/Schramm § 181 Rn 50, Rn 52; NK-BGB/Stoffels § 181 Rn 42; Palandt/Ellenberger § 181 Rn 20; PWW/Frensch § 181 Rn 15; Soergel/Leptien § 181 Rn 36 und 39; Jäger 214 mwNw; Baetzgen RNotZ 2005, 193, 200, allgM). Ist die persönlich haftende Gesellschafterin zweier GmbH & Co identisch, muss der einzige Geschäftsführer der GmbH bei einem Rechtsgeschäft zwischen beiden Gesellschaften durch diese nicht von den Beschränkungen des § 181 befreit werden, wenn die Gesellschaften bereits jeweils der GmbH die Mehrvertretung gestattet haben (KG ZIP 2013, 162).

3. Die Gestattung bei gesetzlicher Vertretung

55 a) Dem gesetzlichen Vertreter muss das Selbstkontrahieren durch einen hierfür besonders bestellten **Pfleger** gestattet werden (s Rn 47); außerdem kann der vorher Vertretene nach dem Ende der gesetzlichen Vertretung das Geschäft genehmigen

(BGB-RGRK/Steffen § 181 Rn 16). Der gesetzliche Vertreter seinerseits kann Dritte vom Verbot der Mehrvertretung befreien, zB wenn ein Notar im Zusammenhang des § 1829 vom Vormund zur Mitteilung der Genehmigung an den Vertragsgegner und von diesem zum Empfang der Mitteilung ermächtigt wird (RGZ 121, 30, 32; BayObLG JW 1923, 758; OGHBrZ NJW 1949, 64).

Eine Gestattung des Selbstkontrahierens *aufgrund Verkehrsübung* (s Rn 52) wird zT **56** für Geschäfte des gesetzlichen Vertreters bejaht, welche im Rahmen des Üblichen liegen, wie Einzahlungen auf ein für das Kind angelegtes Sparkonto (KG OLGE 22, 158; OLG München Recht 1936 Nr 2361; Flume § 48 6; **aM** OLG Köln MDR 1947, 197; BGB-RGRK/Steffen § 181 Rn 16; Soergel/Leptien § 181 Rn 41). Die Bedeutung der Problematik ist zurückgegangen, seit für dem Vertretenen rechtlich lediglich vorteilhafte Geschäfte eine Anwendung des § 181 im Wege der teleologischen Reduktion ausgeschlossen wird (s oben Rn 32; Schubert WM 1978, 293). Jedenfalls aber ist die Verkehrsübung nicht als selbstständiger Gestattungsgrund anzuerkennen (Nachw s Rn 52).

b) Nach ganz hM kann dem gesetzlichen Vertreter – ebenso wie bei der Geneh- **57** migung (s oben Rn 47) – das Selbstkontrahieren vom **Gericht** nicht gestattet werden, weil das Gericht nicht zur Vertretung des gesetzlich Vertretenen befugt ist, sondern fürsorgliche Aufgaben wahrzunehmen hat (RGZ 71, 162, 165; BGHZ 21, 229, 234; BayObLG NJW 1959, 989; OLG Hamm OLGZ 1975, 173; Erman/Maier-Reimer § 181 Rn 28, 25; MünchKomm/Schramm § 181 Rn 55; NK-BGB/Stoffels § 181 Rn 43; Soergel/Leptien § 181 Rn 42; Medicus Rn 957; Pawlowski Rn 791a; Wolf/Neuner § 49 Rn 116; **aM** Hübner 125 ff; für eine gerichtliche Gestattung de lege ferenda mit guten Gründen Allmendinger 84 ff).

Das muss auch in den Fällen der *Mehrvertretung* gelten, sodass für ein Rechtsgeschäft unter mehreren vom selben Vertreter gesetzlich Vertretenen für jeden von ihnen ein besonderer Vertreter bestellt werden muss (RGZ 93, 334, 336; KG Recht 1924 Nr 945; Bamberger/Roth/Valenthin § 181 Rn 35; MünchKomm/Schramm § 181 Rn 55; NK-BGB/Stoffels § 181 Rn 43 Fn 107; PWW/Frensch § 181 Rn 16; Wolf/Neuner § 49 Rn 116; w Nachw, auch zur Gegenmeinung, oben Rn 47). Danach ist besonders für die *Erbauseinandersetzung* unter mehreren Miterben, die denselben gesetzlichen Vertreter haben, die Bestellung von gesonderten Pflegern erforderlich, sofern der Vertreter Miterbe ist oder die Voraussetzungen der §§ 1629, 1795 Abs 1 Nr 1 (vgl auch Abs 2) vorliegen (s BGHZ 21, 229, 231; 50, 8, 10; OLG Stuttgart Rpfleger 1959, 158; Bamberger/Roth/Valenthin § 181 Rn 35; MünchKomm/Schramm § 181 Rn 55; PWW/Frensch § 181 Rn 16; Flume § 48 6). Zulässig ist hingegen eine Vertretung der Miterben bei einem (zB Verwaltungs- oder Folge-)Geschäft gegenüber einem Dritten (s oben Rn 8).

4. Die Gestattung bei Amtswaltern

a) Sofern man den § 181 auf das Handeln privater **Amtswalter** unmittelbar oder **58** analog anwendet (s oben Rn 38 f), wird die Frage nach der Gestattung des Selbstkontrahierens bedeutsam. Für den **Testamentsvollstrecker** muss sie durch den Erblasser erfolgen (BGHZ 30, 67, 69; BGH BB 1961, 583; OLG Düsseldorf NJW 2014, 322; Erman/Maier-Reimer § 181 Rn 30; MünchKomm/Schramm § 181 Rn 53; NK-BGB/Stoffels § 181 Rn 44; PWW/Frensch § 181 Rn 16; Soergel/Leptien § 181 Rn 32; Staudinger/Reimann [2012] § 2205 Rn 62; Grunsky/Theiss WM 2006, 1561, 1563). Die Bestellung zum Testamentsvollstrecker als solche enthält zwar noch keine Gestattung von Insichgeschäften, doch ist eine konkludente Befreiung vom Verbot des § 181 anzunehmen, wenn ein als Testamentsvollstrecker eingesetzter Miterbe im Rahmen ordnungsgemäßer Verwaltung ein Insichgeschäft vornimmt (BGHZ 30, 67, 70; BGH WM 1960, 1420; BAMBERGER/ROTH/ VALENTHIN § 181 Rn 10; BGB-RGRK/STEFFEN § 181 Rn 8; ERMAN/MAIER-REIMER § 181 Rn 30; MünchKomm/SCHRAMM § 181 Rn 41, 53; PALANDT/ELLENBERGER § 181 Rn 18; SOERGEL/LEPTIEN § 181 Rn 32; STAUDINGER/REIMANN [2012] § 2205 Rn 62; GRUNSKY/THEISS WM 2006, 1561, 1563, 1564), insbesondere, wenn er Anordnungen und Weisungen des Erblassers ausführt. Entsprechendes kann bei Ernennung eines Testamentsvollstreckers für Erben und Vermächtnisnehmer angenommen werden (BGH NJW 1954, 1036).

Dem Erben oder dem Nachlassgericht steht eine Gestattung grundsätzlich nicht zu. Allerdings wird teilweise bei fehlender Befreiung vom Verbot des § 181 durch den Erblasser die Bestellung eines Pflegers zur Gestattung im Einzelfall für möglich gehalten (GUSTAVUS 110). Indessen ist eine Gestattung durch Zustimmung aller Erben zuzulassen und vorzugswürdig, wenn dies dem Willen des Erblassers nicht widerspricht (BAMBERGER/ROTH/VALENTHIN § 181 Rn 10; ERMAN/MAIER-REIMER § 181 Rn 30; Münch-Komm/SCHRAMM § 181 Rn 38; PALANDT/ELLENBERGER § 181 Rn 18; PWW/FRENSCH § 181 Rn 16; HÜBNER 113; vLÜBTOW JZ 1960, 157; **krit** SOERGEL/LEPTIEN § 181 Rn 36; **aA** auch NK-BGB/STOFFELS § 181 Rn 43; STAUDINGER/REIMANN [2012] § 2205 Rn 62 mwNw).

59 b) Beim **Insolvenzverwalter** scheitert eine Gestattung durch den Schuldner an dessen fehlender Verfügungsbefugnis. Auch den Gläubigern kann die Gestattungsbefugnis nicht zustehen (**aM** ERMAN/MAIER-REIMER § 181 Rn 30; HÜBNER 115), doch kann man jedenfalls im eröffneten Verfahren bei Einigkeit von Gläubigern und Schuldner deren Gestattung genügen lassen (BAMBERGER/ROTH/VALENTHIN § 181 Rn 34; NK-BGB STOFFELS § 181 Rn 44; PWW/FRENSCH § 181 Rn 16; SOERGEL/LEPTIEN § 181 Rn 36; KÖGEL/LOOSE ZInsO 2006, 17, 20). Auch eine Zuständigkeit des Gläubigerausschusses, der Gläubigerversammlung und notfalls des Insolvenzgerichts wird neuerdings mit beachtlichen Gründen vertreten (KÖGEL/LOOSE ZInsO 2006, 17, 20 ff). Ansonsten ist allerdings für die Genehmigung eines unter Verstoß gegen § 181 vorgenommenen Rechtsgeschäfts (s aber auch Rn 41) ggf gemäß § 56 InsO ein Sonderverwalter als Unterpfleger zu bestellen (BAMBERGER/ROTH/VALENTHIN § 181 Rn 34; NK-BGB/STOFFELS § 181 Rn 44; PWW/ FRENSCH § 181 Rn 16; SOERGEL/LEPTIEN § 181 Rn 33; JAEGER/HENCKEL/GERHARDT, Insolvenzordnung [2007] § 56 Rn 76 f; BORK NZI 2005, 530; MAROTZKE ZInsO 2004, 721, 723; ausf KÖGEL/LOOSE ZInsO 2006, 17; vgl zur KO GUSTAVUS 137 [Sonderpfleger]). Entsprechendes gilt auch für den **Zwangsverwalter** und den **Nachlassverwalter** (vgl BGHZ 30, 69; BGB-RGRK/STEFFEN § 181 Rn 8; ERMAN/MAIER-REIMER § 181 Rn 30; PWW/FRENSCH § 181 Rn 16; SOERGEL/LEPTIEN § 181 Rn 33; s auch oben Rn 39).

5. Die gesetzliche Gestattung

60 a) Die Gestattung von Insichgeschäften kann sich **unmittelbar aus dem Gesetz** ergeben. Nach hM enthält § 1009 eine gesetzliche Gestattung dieser Art (BGB-RGRK/STEFFEN § 181 Rn 16; NK-BGB/STOFFELS § 181 Rn 45; PALANDT/ELLENBERGER § 181 Rn 16; PWW/FRENSCH § 181 Rn 13; SOERGEL/LEPTIEN § 181 Rn 40; ENNECCERUS/NIPPERDEY § 181 Fn 7; vgl auch RGZ 47, 209); indessen handelt der Miteigentümer dort nicht als Vertreter, sondern jeweils in eigenem Namen (BAMBERGER/ROTH/VALENTHIN § 181 Rn 37; ERMAN/MAIER-REIMER § 181 Rn 26; MünchKomm/SCHRAMM § 181 Rn 44; FLUME § 48 6 Fn 45).

Hingegen sind die §§ 125 Abs 2 S 2 HGB und 78 Abs 4 AktG iS einer gesetzlichen Gestattung zu verstehen (BAMBERGER/ROTH/VALENTHIN § 181 Rn 37; MünchKomm/SCHRAMM § 181 Rn 44; NK-BGB/STOFFELS § 181 Rn 45; PALANDT/ELLENBERGER § 181 Rn 16; PWW/FRENSCH § 181 Rn 13; SOERGEL/LEPTIEN § 181 Rn 40; FLUME § 48 6), sofern man die Fälle nicht ohnehin als von § 181 nicht erfasst ansieht (s oben Rn 17; vgl auch ERMAN/MAIER-REIMER § 181 Rn 26), ebenso § 10 Abs 3 BBiG (BAMBERGER/ROTH/VALENTHIN § 181 Rn 37; ERMAN/ MAIER-REIMER § 181 Rn 26; PALANDT/ELLENBERGER § 181 Rn 16; PWW/FRENSCH § 181 Rn 13; SOERGEL/LEPTIEN § 181 Rn 40). Beim Selbsteintrittsrecht des Kommissionärs (§ 400 HGB) liegt kein Fall gesetzlicher Gestattung vor; handelt der Kommissionär beim Vertragsschluss zugleich für den Kommittenden, so bedarf es vielmehr einer Befreiung nach § 181. Demgegenüber will KIEHNLE (AcP 212 [2012], 886 ff, 900 ff, 918 f). die Anwendbarkeit des § 181 auf das Selbsteintrittsrecht (nur) für solche Fälle teleologisch reduzieren, in denen der Geschäftsinhalt unabhängig vom Willen des als Vertreter handelnden Kommissionärs feststeht (s dazu aber Rn 33). – Auch aus dem Kirchenrecht ergeben sich Befreiungen (vgl BayObLGZ 1973, 328; OLG Hamm Rpfleger 1974, 310; MünchKomm/SCHRAMM § 181 Rn 37).

b) Das Selbstkontrahieren ist gem § 181 gesetzlich gestattet, wenn das Rechtsgeschäft ausschließlich in der **Erfüllung einer Verbindlichkeit** besteht (dazu ausf LOBINGER AcP 213 [2013] 366 ff; zum Vormund s STAUDINGER/ENGLER [2004] § 1795 Rn 10). Dies gilt angesichts des eindeutigen Wortlautes und der Entstehungsgeschichte (s dazu ausf LOBINGER AcP 213 [2013] 366, 381 ff) sowohl für die Erfüllung von Verbindlichkeiten des Vertreters gegenüber dem Vertretenen als auch umgekehrt (BAMBERGER/ROTH/VALENTHIN § 181 Rn 38; ERMAN/MAIER-REIMER § 181 Rn 31; Hk-BGB/DÖRNER § 181 Rn 10; JAUERNIG § 181 Rn 10; MünchKomm/SCHRAMM § 181 Rn 56; NK-BGB/STOFFELS § 181 Rn 46; PALANDT/ELLENBERGER § 181 Rn 22; PWW/FRENSCH § 181 Rn 17; FAUST § 28 Rn 41; WOLF/NEUNER § 49 R 114; LOBINGER aaO; WACKE SZRA 103, 223, 224; **aA** KRÜGER ZNotP 2006, 202, 203 f: nur Verbindlichkeiten des Vertretenen). Es gilt ferner bei Doppelvertretung, wenn jemand namens eines von ihm Vertretenen dessen Verbindlichkeit gegenüber einem anderen von ihm Vertretenen erfüllt (PALANDT/ELLENBERGER § 181 Rn 22; JÄGER 13). Ob die Verbindlichkeit auf Gesetz oder Rechtsgeschäft beruht, ist unerheblich (KG JR 1950, 690; vgl BayObLG DNotZ 1983, 176, 177; OLG Düsseldorf NJW 2014, 322 zur Erfüllung einer wirksamen Nachlassverbindlichkeit durch den Testamentsvollstrecker; BAMBERGER/ROTH/VALENTHIN § 181 Rn 38; NK-BGB/STOFFELS § 181 Rn 46; PWW/FRENSCH § 181 Rn 17;), ebenso, ob sie unstreitig ist (HÜBNER 133 f; WACKE aaO Fn 2; anders wohl BGB-RGRK/STEFFEN § 181 Rn 17), wenn sie nur tatsächlich besteht, was derjenige zu beweisen hat, der sich auf die Wirksamkeit des Insichgeschäftes beruft (zutr SOERGEL/LEPTIEN § 181 Rn 43). Um die Erfüllung einer Verbindlichkeit handelt es sich zB auch beim Abschluss eines dinglich wirkenden Einbringungsvertrages anlässlich der Gründung oder Kapitalerhöhung einer GmbH (BAETZGEN RNotZ 2005, 193, 195 mwNw). Dass aufgrund der Erfüllung kraft Gesetzes neue Verbindlichkeiten entstehen können, zB aus Gewährleistung, steht der gesetzlichen Gestattung des Rechtsgeschäfts nicht entgegen (NK-BGB/STOFFELS § 181 Rn 45). Unberührt bleibt auch die Möglichkeit, dass die auch im Rahmen des Insichgeschäfts anwendbaren Regeln über den Missbrauch der Vertretungsmacht eingreifen (s § 167 Rn 93 ff; SOERGEL/LEPTIEN § 181 Rn 43; FLUME § 48 6; s auch Rn 43 f und zu einem Sonderfall s BGH NJW 2008, 1225). Der vom Vertreter erfüllten Verbindlichkeit darf keine Einrede entgegenstehen, die – wie zB bei der Verjährung, uU auch bei der Fälligkeit (vgl SOERGEL/LEPTIEN § 181 Rn 43) – durch die Erfüllung zum Nachteil des Vertretenen entfallen würde (BAMBERGER/ROTH/VALENTHIN § 181 Rn 39; ERMAN/MAIER-

REIMER § 181 Rn 31; Hk-BGB/DÖRNER § 181 Rn 10; JAUERNIG § 181 Rn 10; MünchKomm/ SCHRAMM § 181 Rn 59; NK-BGB/STOFFELS § 181 Rn 46; PALANDT/ELLENBERGER § 181 Rn 22; PWW/FRENSCH § 181 Rn 17; SOERGEL/LEPTIEN aaO; JÄGER 14; ENNECCERUS/NIPPERDEY § 181 II 2; WACKE aaO; MOCK JuS 2008, 486, 488). Der erfüllungsbedingte Verlust einer Einrede des Vertreters gegen einen Anspruch des Vertretenen ist hingegen unbeachtlich (SOERGEL/LEPTIEN § 181 Rn 43; JÄGER 14).

62 Die **Erfüllungssurrogate** sind der Erfüllung nicht ohne weiteres gleichzustellen (s dazu JÄGER 13 f). So ist zwar die *Hinterlegung* mit Erfüllungswirkung durch § 181 gedeckt, nicht aber ein *Erlassvertrag*. Ebenso wenig wird die Hingabe an *Erfüllungs Statt* oder *erfüllungshalber* durch die Gestattung nach § 181 erfasst (KG OLGE 8, 32; BAMBERGER/ ROTH/VALENTHIN § 181 Rn 39; ERMAN/MAIER-REIMER § 181 Rn 31; MünchKomm/SCHRAMM § 181 Rn 59; NK-BGB/STOFFELS § 181 Rn 46; PALANDT/ELLENBERGER § 181 Rn 22; PWW/FRENSCH § 181 Rn 17; SOERGEL/LEPTIEN § 181 Rn 43; FLUME § 48 6; JÄGER 13 mwNw; WACKE SZRA 103, 223, 224, allgM). Im Falle der *Aufrechnung* greift die Gestattung des § 181 nicht nur ein, wenn eine beiderseitige Aufrechnungslage bestand oder nur der Vertreter aufrechnen konnte (ERMAN/MAIER-REIMER § 181 Rn 31; JAUERNIG § 181 Rn 10; NK-BGB/STOFFELS § 181 Rn 46; PALANDT/ELLENBERGER § 181 Rn 22; SOERGEL/LEPTIEN § 181 Rn 43; BORK Rn 1598; ENNECCERUS/NIPPERDEY § 181 Fn 16), sondern auch bei alleiniger Aufrechnungsbefugnis des Vertretenen (MünchKomm/SCHRAMM § 181 Rn 57; PWW/FRENSCH § 181 Rn 17; BORK Rn 1598; FLUME § 48 6 Fn 39): Da der Stellvertreter das vom Vertretenen Geschuldete wirksam an sich selbst leisten könnte, ohne seine eigene Schuld zu erfüllen, muss auch die Aufrechnung möglich sein; die Herrschaft über die Rückwirkung der Aufrechnung (§ 389) würde ihm auch dadurch genommen und steht deshalb nicht entgegen (entgegen SOERGEL/LEPTIEN § 181 Rn 43; einschränkend auf die zuvor genannten Konstellationen ERMAN/MAIER-REIMER § 181 Rn 31, auf beiderseitige Aufrechenbarkeit PALANDT/ ELLENBERGER § 181 Rn 22). Die Erfüllung einer *einredebehafteten Forderung* – auch im Wege der Aufrechnung – wird durch § 181 hingegen nicht gestattet, sofern dadurch eine Einrede des Vertretenen preisgegeben wird (BAMBERGER/ROTH/VALENTHIN § 181 Rn 39; ERMAN/MAIER-REIMER § 181 Rn 31; MünchKomm/SCHRAMM § 181 Rn 57, Rn 59; NK-BGB/ACKERMANN § 181 Rn 46; PALANDT/ELLENBERGER § 181 Rn 22; SOERGEL/LEPTIEN § 181 Rn 43; ENNECCERUS/NIPPERDEY § 181 II 2; JÄGER 14, allgM; s auch Rn 61 aE).

Erfüllung einer Verbindlichkeit liegt auch dann nicht vor, wenn die erfüllte Verbindlichkeit erst durch die Erfüllungshandlung begründet wurde, zB bei der Auflassung aufgrund eines nichtigen Grundstückskaufvertrages (RGZ 94, 147, 150) oder bei dem Vollzug eines formungültigen Schenkungsversprechens (BAMBERGER/ROTH/ VALENTHIN § 181 Rn 39; ERMAN/MAIER-REIMER § 181 Rn 31; MünchKomm/SCHRAMM § 181 Rn 59; NK-BGB/STOFFELS § 181 Rn 46; PALANDT/ELLENBERGER § 181 Rn 22; PWW/FRENSCH § 181 Rn 17; SOERGEL/LEPTIEN § 181 Rn 43; WACKE SZRA 103, 223, 224, allgM). Ebenso wenig stellt die Überführung von Gesamthandseigentum der Erbengemeinschaft in Bruchteilseigentum eines Miterben eine Erfüllung der Erbauseinandersetzungsverpflichtung dar (RGZ 93, 334, 336; BGHZ 21, 229, 231; BGH LM § 181 Nr 6 mAnm HÜCKINGHAUS). Andererseits liegt ein Fall der Erfüllung vor, wenn ein minderjähriger Nacherbe mit seinem gesetzlichen Vertreter und Vorerben zugleich Miterbe ist, durch seinen gesetzlichen Vertreter (mit gerichtlicher Genehmigung) ein zur Erbschaft gehörendes Grundstück veräußert und nunmehr der gesetzliche Vertreter die Zustimmung des Nacherben zu der Veräußerung und die Bewilligung zur Löschung des Nacherbenvermerks erklärt (BayObLG FGPrax 1995, 19 m zust Anm BESTELMEYER).

Ist ein **Minderjähriger** (beschränkt Geschäftsfähiger) Gläubiger der zu erfüllenden **62a** Verbindlichkeit – namentlich einer Schenkung des gesetzlichen Vertreters –, so ist die gesetzliche Gestattung des § 181 letzter HS für erfüllende Rechtsgeschäfte seiner gesetzlichen Vertreter (s §§ 1629 Abs 2 S 1 iVm 1795 Abs 2) zu seinem Schutz dahin einzuschränken, dass ihm aus der Erfüllung der Verbindlichkeit **kein rechtlicher Nachteil** entsteht. Das lässt sich allerdings nicht mit einer – dem Abstraktionsprinzip widersprechenden und die Besonderheit der Ausnahme des § 181 letzter HS missachtenden – Gesamtbetrachtung des schuldrechtlichen und dinglichen Geschäfts begründen (so noch BGHZ 78, 28, 34 f bei Erwerb von Wohnungseigentum; s auch BayObLG NJW 1998, 3574, 3575 f; 2003, 1129; OLG Köln ZMR 2004, 189, 190; Bamberger/Roth/Valenthin § 181 Rn 40; Hk-BGB/Dörner § 181 Rn 12; NK-BGB/Stoffels § 181 Rn 23; Palandt/Ellenberger § 181 Rn 22; PWW/Frensch § 181 Rn 17; Boecken Rn 346, Rn 663; Hübner Rn 708; Medicus Rn 565; Tiedtke 52 ff; Gitter/Schmitt JuS 1982, 253; Keller JA 2009, 561, 564; Kulke JuS 2000, L 84 f; Menzel/Führ JA 2005, 859, FamRZ 2005, 1729 und JR 2005, 418; Preuss JuS 2006, 305; Schmitt NJW 2005, 1090 [offen]; Wojcik DNotZ 2005, 655; ausf dazu Lobinger AcP 213 [2013] 366, 373 ff). Die neuere Rechtsprechung und die hM befürworten aber heute bei wertender Betrachtung des Erwerbs eine **teleologische Einschränkung** der Ausnahme des § 181 letzter Halbs, wenn der Erwerb mit einem über eine rein dingliche Minderung des Eigentumserwerbes (Belastung) hinausgehenden Nachteil (persönliche Haftung für Belastungen, Eintritt in Miet- oder Pachtverträge oder in eine Wohnungseigentümergemeinschaft) verbunden ist (s dazu unter Ablehnung einer Gesamtbetrachtung, die Berechtigung einer teleologischen Reduktion allerdings offen lassend BGH NJW 2005, 415, 416 f [m Anm Everts ZEV 2005, 69; Führ/Menzel JR 2005, 418; Joswig ZfIR 2005, 292; Lorenz LMK 2005, 25; Reiss RNotZ 2005, 224]; BGH NJW 2005, 1430 zu § 1795 Abs 1 Nr 1 [m Anm Berger LMK 2005, 89; Everts ZEV 2005, 211; Fembacher DNotZ 2005, 627]; s auch BGH NJW 2010, 3643; Erman/Müller § 107 Rn 5; Erman/Maier-Reimer § 181 Rn 31; Jauernig § 181 Rn 10 und JuS 1982, 576; MünchKomm/Schramm § 181 Rn 56; Soergel/Leptien § 107 Rn 5, § 181 Rn 44; Bitter § 10 Rn 217 f; Bork Rn 1002, Rn 1599; Brehm Rn 289 f; Faust § 28 Rn 42; Grigoleit/Herresthal Rn 494 ff; Köhler § 10 Rn 16 f; Wertenbruch § 33 Rn 9 f; Wolf/Neuner § 49 Rn 120; Böttcher Rpfleger 2006, 293 und NJW 2012, 822, 828; Everts ZEV 2004, 231; Feller DNotZ 1989, 66, 75 f; Jauernig JuS 1982, 576, 577; Keller JA 2009, 561, 565 f; Kern JA 1990, 281, 284; Krüger ZNotP 2006, 202 ff [mit einschränkender Interpretation des § 181 2. HS, s Rn 61]; Petersen JA 2007, 418, 419 f; Röthel/Krackhardt Jura 2006, 161; Ultsch Jura 1998, 524, 527 f; Wilhelm NJW 2006, 2353). Dieser Begründung wird entgegengehalten, dass danach als rechtlich nachteilig eigentlich auch Rechtsgeschäfte ausgeschlossen sein müssten, die der Erfüllung von Verbindlichkeiten des Minderjährigen selbst dienen (Lobinger AcP 213 [2013] 366, 376 ff). Dieses Bedenken lässt sich aber mit der Überlegung überwinden, dass der Minderjährige nur im umgekehrten Fall mit Verpflichtungen belastet wird, für die er künftig persönlich mit seinem Vermögen haftet (vgl BGH NJW 2005, 415, 417). Einer stringenteren Begründung anhand der familienrechtlichen Beschränkungen (dafür mit beachtlichen Überlegungen Lobinger AcP 213 [2013] 366, 387 ff) steht die Lückenhaftigkeit dieser Regelungen entgegen. Im Ergebnis korrespondiert diese Einschränkung von § 181 letzter HS mit der teleologischen Reduktion des § 181 bei lediglich rechtlich vorteilhaften Insichgeschäften (s oben Rn 32): Ist (auch) das dingliche Erfüllungsgeschäft vorteilhaft, so bedarf es nicht einmal der Zugriffs auf § 181 letzter HS (vgl Rn 63); ist es aber mit den angeführten Nachteilen verbunden, so kann diese Regelung aufgrund teleologischer Einschränkung das Insichgeschäft nicht wirksam machen. Demgegenüber wird freilich neuerdings mit beachtlichen Gründen geltend gemacht, im Falle einer bloßen Zustimmung der

Eltern zu einem vom Minderjährigen selbst nach Maßgabe des § 107 vorgenommenen erfüllenden Rechtsgeschäft – also nicht einer Vertretung durch die Eltern zB bei Annahme einer Auflassung – sei § 181 von vornherein unanwendbar, weil es sich bei der Zustimmung nicht um ein Vertretergeschäft, sondern um ein eigenes Rechtsgeschäft der Eltern handele (Heuser JR 2013, 125 ff).

Eine teleologische Reduktion des § 181 letzter HS ist wegen des gleich gelagerten Schutzinteresses entgegen wohl hM jedenfalls auch unabhängig davon geboten, ob es sich um die Erfüllung einer vertraglichen Verpflichtung (zB Schenkung) oder einer gesetzlichen Verbindlichkeit (zB Vermächtnis zugunsten des Minderjährigen) handelt (Jänicke/Braun NJW 2013, 2474 mwNw; ebenso noch OLG München MDR 2011, 49. – **AA** zur Erfüllung eines Vermächtnisses dann jedoch OLG München NJW-RR 2012, 137; Sonnenfeld Rpfleger 2011, 475; Zorn FamRZ 2011, 776; s auch Böttcher NJW 2013, 2805, 2807 f mwNw; Röhl MittBayNot 2012, 111 und 189). Die teilweise vertretene Erstreckung dieser allerdings durchweg speziell mit dem Minderjährigenschutz begründeten Einschränkung auf weitere Fallgruppen gesetzlicher Vertretung oder Verwaltung fremden Vermögens, bei denen sich die Wirkung der Verfügung nicht in der Erfüllung erschöpft, sondern weitere Rechtswirkungen zulasten des Vertretenen mit sich bringt (Feller DNotZ 1989, 66, 75 ff; zust Jänicke/Braun NJW 2013, 2474, 2476 f; Lobinger AcP 213 [2013] 366, 378 mwNw), hat sich hingegen bisher nicht durchsetzen können, obwohl dafür nicht zuletzt die Konkordanz mit der teleologischen Reduktion des § 181 bei lediglich vorteilhaften Geschäften (s Rn 32; insoweit hier **aA** Staudinger/Schilken [2009]) spricht.

63 c) Auch die *Fälle teleologischer Reduktion* des § 181 erster HS (s oben Rn 30 ff) stellen der Sache nach eine gesetzliche Gestattung von Insichgeschäften dar.

V. Die Publizität der zulässigen Insichgeschäfte

1. Die Bedeutung der Publizität

64 Die Frage, inwieweit einer *Gefährdung Dritter* durch unerkennbar stattfindende Insichgeschäfte vorgebeugt werden müsse, wurde bei der Abfassung des § 181 nicht aufgeworfen (s oben Rn 3). Sie besteht jedoch bei den infolge teleologischer Reduktion vom Verbot des § 181 freigestellten Rechtsgeschäften (s oben Rn 30 ff) ebenso wie bei den erlaubten (s oben Rn 44 ff) Insichgeschäften. Da ein Rechtsgeschäft stets als Regelungsakt erkennbar werden muss, ist auch beim zulässigen Insichgeschäft die äußere Erkennbarkeit erforderlich (s etwa RGZ 140, 223, 230; BGH NJW 1962, 587, 589; 1991, 1730; Betrieb 1976, 2238; OLG Nürnberg NJW-RR 1990, 675, 677; OLG Düsseldorf NJW-RR 2000, 851; Bamberger/Roth/Valenthin § 181 Rn 41; BGB-RGRK/Steffen § 181 Rn 4; Erman/Maier-Reimer § 181 Rn 3; MünchKomm/Schramm § 181 Rn 60 ff; NK-BGB/Stoffels § 181 Rn 47; Palandt/Ellenberger § 181 Rn 23; PWW/Frensch § 181 Rn 18; Soergel/Leptien § 181 Rn 8; Bork Rn 1586; Flume § 48 1; Pawlowski Rn 790; Baetzgen RNotZ 2005, 193, 199; s zur Erkennbarkeit auch Jäger 28 ff, 58 f, 122; s auch die Nachw in Rn 65).

2. Die Publizitätserfordernisse

65 a) Bei **Verfügungsgeschäften** müssen die Willenserklärungen, auch sofern kein Formerfordernis besteht, äußerlich und *für Dritte wahrnehmbar* in Erscheinung

Titel 5
Vertretung und Vollmacht § 181

treten; anderenfalls sind sie nicht wirksam (so im Zusammenhang des § 181 RGZ 63, 403, 405; 73, 415, 418; 76, 133, 138; 99, 208, 210; 121, 30, 33; 139, 114, 117; BFH WM 1968, 341, 342; OLG Hamburg MDR 1956, 416; Bamberger/Roth/Valenthin § 181 Rn 43; Erman/Maier-Reimer § 181 Rn 3; MünchKomm/Schramm § 181 Rn 62; NK-BGB/Stoffels § 181 Rn 48; Palandt/Ellenberger § 181 Rn 23; PWW/Frensch § 181 Rn 18; Soergel/Leptien § 181 Rn 10). Es genügt „jede Art der Manifestation" (Flume §§ 48 1). So ist das Erfordernis der Publizität zB gewahrt, wenn eine Nachricht über das Geschäft Dritten zur Kenntnis gebracht wird. Ebenso reicht im Normalfall das Eintragen in Geschäftsbücher oder die Einzahlung von Geld bei einer öffentlichen Kasse aus (vgl Hübner 162 ff mwNw).

Zusätzlich bedarf die *Sachübergabe als Realakt* der Publizität aufgrund des sachenrechtlichen Bestimmtheitsgrundsatzes in ganz besonderer Weise. Das RG hat zB das Einlegen von Geld in einen mit besonderer Aufschrift versehenen Umschlag für ausreichend erklärt (RGZ 63, 16, 17; vgl auch RGZ 116, 198, 202). Soll die Übergabe durch ein *Besitzmittlungsverhältnis* ersetzt werden, das als Insichgeschäft begründet wird, so muss wegen der fehlenden Beteiligung eines Einigungspartners trotz der Auflockerung der Publizität in § 930 die Änderung vom Eigenbesitzer zum Fremdbesitzer nach außen hervortreten (vgl Vorbem 45 zu §§ 164 ff; RGZ 99, 208, 210; 140, 223, 229 f; Bamberger/Roth/Valenthin § 181 Rn 44; BGB-RGRK/Steffen § 181 Rn 4; MünchKomm/Schramm § 181 Rn 62; NK-BGB/Stoffels § 181 Rn 48; Palandt/Ellenberger § 181 Rn 23; PWW/Frensch § 181 Rn 18; Soergel/Leptien § 181 Rn 10; anders Flume § 48 1). **66**

Als Manifestation kommen je nach Art der Verfügung auch Aussonderung, besondere Kennzeichnung, Anzeigen und Vermerke in Betracht. Eine tatsächliche Kenntnisnahme durch Dritte oder den Vertreter ist nicht erforderlich (Bamberger/Roth/Valenthin § 181 Rn 44; MünchKomm/Schramm § 181 Rn 60; Flume § 48 1; Jäger 29). Bei formbedürftigen Rechtsgeschäften ist die Publizität schon durch die Wahrung der Form des beurkundeten Insichgeschäfts gewährleistet (OLG Düsseldorf MDR 1977, 1018; Bamberger/Roth/Valenthin § 181 Rn 44; Erman/Maier-Reimer § 181 Rn 3; NK-BGB/Ackermann § 181 Rn 47; PWW/Frensch § 181 Rn 16; Soergel/Leptien § 181 Rn 9; Flume § 48 1). Auch eine irrtümliche Falschbezeichnung schadet nicht, wenn das übereinstimmend Gewollte klar ist (BGH NJW 1991, 1730; OLG Düsseldorf NJW-RR 1995, 784; Bamberger/Roth/Valenthin § 181 Rn 45; Erman/Maier-Reimer § 181 Rn 3, MünchKomm/Schramm § 181 Rn 60; Palandt/Ellenberger § 181 Rn 23).

b) **Verpflichtungsgeschäfte** unterliegen hinsichtlich ihrer Wirksamkeit geringeren Publizitätserfordernissen. Es genügt bei derartigen Insichgeschäften, wenn ihre Vornahme aus späteren Maßnahmen, insbesondere aus ihrer Erfüllung, gefolgert werden kann (RG JW 1912, 237; 1926, 2572; Bamberger/Roth/Valenthin § 181 Rn 42; BGB-RGRK/Steffen § 181 Rn 4; Erman/Maier-Reimer § 181 Rn 3; MünchKomm/Schramm § 181 Rn 60; NK-BGB/Stoffels § 181 Rn 49; Palandt/Ellenberger § 181 Rn 23; PWW/Frensch § 181 Rn 18; Soergel/Leptien § 181 Rn 11; Palandt/Ellenberger § 181 Rn 23). Jedoch muss bei allen *formbedürftigen Rechtsgeschäften* (s Rn 66) das Insichhandeln aus der Urkunde zu entnehmen sein (OLG Düsseldorf MDR 1977, 1018; Bamberger/Roth/Valenthin § 181 Rn 42; Erman/Maier-Reimer § 181 Rn 3; MünchKomm/Schramm § 181 Rn 60; Palandt/Ellenberger § 181 Rn 23; PWW/Frensch § 181 Rn 18; Soergel/Leptien § 181 Rn 9). **67**

VI. Beweislast

68 Da § 181 als Regel die Unwirksamkeit von Insichgeschäften statuiert, sind die tatsächlichen Voraussetzungen der Ausnahmen von demjenigen zu beweisen, der sich auf die Wirksamkeit des Geschäftes beruft (NK-BGB/STOFFELS § 181 Rn 55; s aber auch BGH ZIP 2004, 1285, 1286: tatsächliche Vermutung der Befreiung bei der Einmann-GmbH). Entsprechendes gilt für die Voraussetzungen einer Einschränkung des Anwendungsbereiches der Vorschrift (s oben Rn 30 ff). Umgekehrt sind die eine Erweiterung des Anwendungsbereichs begründenden Umstände (s oben Rn 34 ff) von demjenigen zu beweisen, der sich auf die Unwirksamkeit des Geschäftes beruft.

Titel 6
Einwilligung und Genehmigung

Vorbemerkungen zu §§ 182–185

Schrifttum

ANTON, Die Genehmigung von Rechtsgeschäften und Prozeßhandlungen (Diss Bonn 1969) 4
CHR BERGER, Rechtsgeschäftliche Verfügungsbeschränkungen (1998)
vBLUME, Zustimmung kraft Rechtsbeteiligung und Zustimmung kraft Aufsichtsrechts, JherJb 48 (1904) 417
EINSELE, Formerfordernisse bei mehraktigen Rechtsgeschäften, DNotZ 1996, 835
FINKENAUER, Rückwirkung der Genehmigung, Verfügungsmacht und Gutglaubensschutz, AcP 203 (2003) 282
ders, Konvaleszenz und Erbhaftung in § 185 Abs 2 S 1 BGB, in: FS E Picker (2010) 201
FROTZ, Verkehrsschutz im Vertretungsrecht (1972) (insbes S 488 ff: Der nachgeschaltete genehmigungsrechtliche Verkehrsschutz)
GRABA, Bestätigung und Genehmigung von Rechtsgeschäften (Diss München 1967)
HILLEBRENNER, Die private Zustimmung zu Rechtsgeschäften Dritter im englischen, dänischen und deutschen Recht (2004)
HOFFMANN, Die Genehmigung im bürgerlichen Gesetzbuch (Diss Greifswald 1903)
JACOBI, Über Rückwirkungsanordnungen im Bürgerlichen Gesetzbuch (Diss Hamburg 1966)
JAUERNIG, Zeitliche Grenzen für die Genehmigung von Rechtsgeschäften eines falsus procurator, in: FS Niederländer (1991) 285
KNOPF, Die Genehmigung im BGB unter dem Gesichtspunkt der §§ 182 ff und ihre rechtliche Bedeutung (Diss Berlin 1912)
KRANTZ, Zur Auslegung des § 184 BGB (Diss Breslau 1934)
KUHN, Vollmacht und Genehmigung beim Grundstückskaufvertrag, RNotZ 2001, 305
KÜHNE, Tatbestandsteilung (1936)
M LANGE, Kündigungen durch einen Vertreter ohne Vertretungsmacht – Bedeutung der Rückwirkung der Genehmigung gemäß § 184 BGB, in: FS Sandrock (1999) 243
LERCH, Beurkundung und formfreie Genehmigung, ZRP 1998, 347
B LORENZ, Die Rückwirkung der Genehmigung von schwebend unwirksamen Verträgen (§ 184 BGB), ZRP 2009, 214
MERTEN, Einwilligung bei unwirksamem Rechtsgeschäft (Diss Jena 1913)
MÜNZEL, Nachträgliche Erteilung einer verweigerten Genehmigung?, NJW 1959, 601
ders, Die Rückwirkung der privatrechtlichen und öffentlich-rechtlichen Genehmigung unter Einschluß des Kartellrechts, NJW 1959, 1657
NÖRR/SCHEYHING/PÖGGELER, Sukzessionen: Forderungszession, Vertragsübernahme, Schuldübernahme (2. Aufl 1999)
PALM, Die nachträgliche Erteilung der verweigerten Genehmigung (1964)
PEUTSCH, Die Genehmigung nach dem BGB (Diss Heidelberg 1911)
PHILIPOWSKI, Schweigen als Genehmigung, BB 1964, 1069
PLETSCHER, Genehmigung und Konvaleszenz des Rechtsgeschäfts (Diss Mannheim 2000)
PÖGGELER, Vertragsübernahme und Privatautonomie, in: Jahrbuch junger Zivilrechtswissenschaftler (1996) 81
POTJEWIJD, Beschikkingsbevoegdheid, bekrachtiging en convalescentie: een romanistische studie (1998)
RAAPE, Zustimmung und Verfügung, AcP 121 (1923) 257
ROSENZWEIG, Ist die dingliche Einigung des § 873 BGB als Verfügung im Sinne des § 184 Abs 2 BGB anzusehen?, JherJb 58 (1911) 403
K ROTHKUGEL, Die Rückwirkung der Geneh-

Vorbem zu §§ 182–185

migung nach dem Bürgerlichen Gesetzbuche (Diss Jena 1911)
SALOMON, Die Genehmigung im ersten Buch des BGB in ihrer Beziehung zur Einigung des dritten Buches (Diss Marburg 1903)
SCHIPPERS, Vollmachtlose Vollmachterteilung, DNotZ 1997, 683
K SCHMIDT, Zur Durchsetzung vorvertraglicher Pflichten, DNotZ 1990, 708
ders, Beseitigung der schwebenden Unwirksamkeit durch Verweigerung einer Genehmigung, AcP 189 (1989) 1
ders, Vertragsnichtigkeit durch Genehmigungsverweigerung, JuS 1995, 102
SCHUBERT, Zur Rückwirkung der Genehmigung fristgebundener Geschäfte, JR 1974, 415
D V SIMON, Vermieterpfandrecht und Sicherungsübereignung, in: FS JG Wolf (2000) 221
SINGER, Selbstbestimmung und Verkehrsschutz im Recht der Willenserklärungen (1995)
THIELE, Die Zustimmungen in der Lehre vom Rechtsgeschäft (1966)
N P VOGT, Die Zustimmung des Dritten zum Rechtsgeschäft (1982; zum schweizerischen Recht)
WACHTER, Die Rückwirkung von Genehmigungen im Steuerrecht, ZErb 2002, 334
E WAGNER, Vertragliche Abtretungsverbote im System zivilrechtlicher Verfügungshindernisse (1994)
WEYL, „Einwilligung", „Genehmigung" und „Zustimmung" im Bürgerlichen Gesetzbuche und im Handelsgesetzbuche, BayZ 1908, 53
M WOLFF, Genehmigung und Zwischenverfügung, Archeion idiotikou dikaiou 1 (1934) 14
WUFKA, Formfreiheit oder Formbedürftigkeit der Genehmigung von Grundstücksverträgen, DNotZ 1990, 339
WUSSOW, Genehmigungsfähigkeit von Handlungen, die der Wahrung gesetzlicher Fristen dienen, NJW 1963, 1756.
S im Übrigen auch die Schrifttumsnachweise bei § 185 und bei Vorbem zu §§ 164 ff. Zur gerichtlichen und behördlichen Genehmigung vgl Schrifttum unten in Fußnote zu Rn 54.

Systematische Übersicht

I.	Allgemeines	1
II.	Der Sprachgebrauch des BGB	3
III.	Abgrenzungsfragen	
1.	Unechte Zustimmungen	6
2.	Abgrenzung von ähnlichen Rechtsfiguren	11
IV.	Anwendungsbereich der Zustimmungsregeln	16
V.	Die Grundlagen für die Zustimmungsbedürftigkeit von Rechtsgeschäften	
1.	Die unterschiedlichen Funktionen der Zustimmungen	20
2.	Zustimmungserfordernisse nur kraft Gesetzes	27
3.	Vereinbarte Zustimmungen als Bedingung oder Unterlassungspflicht	29
VI.	Mitwirkung durch Zustimmung oder als Vertragspartei	31
1.	Vertragsübernahme	32
2.	Abtretungsverbot	33
VII.	Die Rechtsnatur der Zustimmung	
1.	Hilfsrechtsgeschäft	37
2.	Abstraktheit	38
3.	Empfangsbedürftigkeit	41
4.	Willensmängel	45
5.	Zustimmung als Verfügung	48
6.	Entgeltlichkeit	51
7.	Bedingungsfeindlichkeit	52
8.	Zustimmungspflicht	53
VIII.	Behördliche Zustimmungen	
1.	Allgemeines	54
2.	Erscheinungsformen	57
3.	Beurteilung allein nach öffentlichem Recht	60
a)	Erteilung	61
b)	Rückbeziehung	62
c)	Bestandskraft	63

Titel 6
Einwilligung und Genehmigung
Vorbem zu §§ 182–185

d) Genehmigungsversagung _____ 64

IX. **Gerichtliche Genehmigung** _____ 66

X. **Zustimmung Privater zu öffentlich-rechtlichen Verträgen bzw in Planfeststellungs- und Baugenehmigungsverfahren** _____ 68

XI. **IPR** _____ 69

Alphabetische Übersicht

Abstraktheit der Zustimmung _____ 38
Abtretungsverbot _____ 33
Ärztlicher Heileingriff, Einwilligung in _____ 10
Aktiengesellschaft _____ 8, 28
Anfechtung _____ 45
Anfechtungsgegner _____ 45
Anspruchskonkurrenz _____ 35
Anteilsübertragung _____ 27
Arglistige Täuschung _____ 46
Auflösende Bedingung _____ 24
Aufsichtsbehördliche Genehmigungen _____ 58
Aufsichtsrecht _____ 22
Auslegung der Zustimmungserklärung _____ 43

Bedingung, auflösende _____ 24, 29
Bedingungsfeindlichkeit _____ 52
Behördliche Zustimmungen _____ 53 ff
Beschluss _____ 7
Bestätigung _____ 15

Ehelichkeitserklärung _____ 13
Einwilligung, kraft Gesetzes unwiderrufliche _____ 50
Einwilligung zu Verfügungen _____ 60
Empfangsbedürftigkeit _____ 41 ff
Entgeltlichkeit _____ 51
Erlaubnis _____ 11, 54

falsa demonstratio _____ 43, 45
falsus procurator _____ 21
Familiengerichtliche Genehmigung _____ 5

Gegenvormund _____ 6
Genehmigung, behördliche _____ 2, 53 ff
Genehmigung, gerichtliche _____ 2, 66
Gesamtvertreter _____ 9
GmbH-Geschäftsanteil _____ 28

Hoheitsakte _____ 2

IPR _____ 69
Kondiktion einer Zustimmung _____ 40
Missbrauch der Einwilligung _____ 39
Mittelbare Rechts- oder Interessenbeteiligung _____ 20

Namensaktien _____ 28
Negativattest _____ 59
Nicht empfangsbedürftige Willenserklärungen _____ 17

Öffentlich-rechtliche Verträge _____ 68

Pfändung _____ 34
Prozesshandlungen _____ 19

Rechtsnatur der Zustimmung _____ 37
Rechtsgeschäftliche Schaffung von Zustimmungserfordernissen _____ 28 f
Rechtsgutverletzung, Einwilligung in _____ 10

Schwebende Unwirksamkeit _____ 15, 52, 54, 64
Schuldübernahme _____ 18
Spezialregelungen _____ 15
Sprachgebrauch des BGB _____ 3

Unbedenklichkeitsbescheinigung _____ 59
Unechte Zustimmungen _____ 6 ff
Unterlassungspflicht _____ 30

Vertragsübernahme _____ 6, 31 f, 45
Vertretung ohne Vertretungsmacht _____ 21
Verfügung eines Nichtberechtigten _____ 23
Verfügung eines auflösend bedingt Berechtigten _____ 24
Verfügung, Zustimmung als _____ 48
Verwaltungsakt, privatrechtsgestaltender _____ 60
Vormerkung _____ 26

Karl-Heinz Gursky

Wandlung, Einverständnis mit	14	Zustimmungsbedürftige Zustimmung	44
Willensmängel	45 ff	Zustimmungserfordernisse, gesetzliche	27
Wirtschaftsrechtliche Genehmigungserfordernisse	57	Zustimmungserfordernisse, rechtsgeschäftlich geschaffene	27 f
Wohnungseigentum	28	Zustimmung kraft Aufsichtsrechts	22
		Zustimmungspflicht	53

I. Allgemeines

1 Wie schon die vorangegangenen partikularrechtlichen Kodifikationen enthält auch das BGB zahlreiche Vorschriften, die die Wirksamkeit eines Rechtsgeschäftes von einer Zustimmung abhängig machen. In aller Regel handelt es sich dabei um die Zustimmung eines Dritten; nur diese Konstellation ist denn auch in den §§ 182–185 explizit angesprochen. Im Sonderfall des § 108 Abs 3 ist es allerdings die beim Vertragsschluss noch minderjährig gewesene, mittlerweile aber volljährig gewordene Vertragspartei selbst, die durch ihre nachträgliche Zustimmung den zunächst schwebend unwirksamen Vertrag in einen voll wirksamen verwandelt. Klammert man diesen atypischen Fall einmal aus, so kann man die Zustimmung definieren als die vom Gesetz verlangte Einverständniserklärung zu einem fremden Rechtsgeschäft. Nur um diese Art von Zustimmung geht es in den §§ 182–185. Diese Vorschriften regeln als Hilfsnormen zu den Vorschriften, die Zustimmungserfordernisse aufstellen, die mehr rechtstechnischen Fragen, wie und wem gegenüber die Zustimmung zu erteilen ist und welche Wirkungen die Zustimmung im Einzelnen entfaltet. Eine gewisse Sonderstellung nimmt dabei § 185 ein, der von der Wirksamkeit der Verfügung eines Nichtberechtigten infolge Zustimmung des Berechtigten handelt: Abs 2 der Norm greift nämlich über den Bereich der Zustimmung hinaus, indem er neben dem Wirksamwerden einer solchen Verfügung durch die nachträgliche Zustimmung des Berechtigten noch weitere Konvaleszenzfälle behandelt. Die Anordnung des Stoffes in den übrigen Vorschriften des Titels ist übersichtlich: § 182 bringt die für alle Zustimmungen geltenden Regeln, § 183 die Besonderheiten bei der schon vor dem Hauptgeschäft erteilten Zustimmung, § 184 die Besonderheiten bei der nachträglichen Zustimmung zu einem bereits vorgenommenen Rechtsgeschäft.

2 In den §§ 182–185 geht es ausschließlich um solche Zustimmungen, die privatrechtliche Willenserklärungen darstellen. Soweit privatrechtliche Rechtsgeschäfte einer behördlichen oder gerichtlichen Einverständniserklärung bedürfen, ist diese ein Hoheitsakt (SOERGEL/LEPTIEN Vorbem 8; MünchKomm/SCHRAMM[5] Vorbem 25; MünchKomm/BAYREUTHER[6] Vorbem 17; ganz hM; **aA** E WOLF, AT § 7 C III b 1). Auf solche behördlichen oder gerichtlichen Zustimmungen können die §§ 182–185 damit allenfalls entsprechend anwendbar sein. Dabei kann die Entscheidung für oder gegen die Analogie zweifellos nicht für alle Fälle einer vorgeschriebenen Zustimmung staatlicher Stellen einheitlich ausfallen und regelmäßig auch nicht für den ganzen Titel en bloc erfolgen. Es sind vielmehr differenzierende Lösungen geboten (s Rn 54 ff).

II. Der Sprachgebrauch des BGB

3 Die *Zustimmung* kann dem Hauptgeschäft, zu dem sie erteilt wird, vorangehen oder

Titel 6
Einwilligung und Genehmigung   **Vorbem zu §§ 182–185**

ihm nachfolgen. Im ersteren Falle heißt sie nach dem freilich nicht konsequent durchgehaltenen (s WEYL BayZ 1908, 53, 58 f) Sprachgebrauch des BGB *„Einwilligung"* (§ 183), im letzteren *„Genehmigung"* (§ 184). Das BGB verwendet also die in der Umgangssprache als gleichbedeutend gebrauchten Ausdrücke „Zustimmung", „Einwilligung" und „Genehmigung" als drei unterschiedliche Fachtermini, nämlich den ersten als Oberbegriff, die anderen beiden zur Bezeichnung von zwei Unterarten der Zustimmungserklärungen, die sich im Hinblick auf die zeitliche Stellung zum Hauptgeschäft unterscheiden. Nicht ausdrücklich erfasst ist damit der seltene Fall einer Zustimmung, die gleichzeitig mit der Vornahme des zustimmungsbedürftigen Rechtsgeschäfts erfolgt; da hier im Gegensatz zur Situation bei der Genehmigung kein Schwebezustand entsteht, ist eine solche Zustimmung als Einwilligung zu behandeln (vTUHR, AT II 1 § 43 Fn 55; II 2 § 78 III vor 1; OERTMANN Vorbem 2 a; **aA** PLANCK/FLAD Vorbem 1: Je nach Lage der Sache als Einwilligung oder Genehmigung zu beurteilen). Das BGB selbst weicht von den in §§ 183, 184 gegebenen Legaldefinitionen jedenfalls in §§ 1812 ff ab, da hier auch die dem Rechtsgeschäft vorangehende Zustimmungserklärung des Gegenvormundes als „Genehmigung" bezeichnet wird. Auch die in § 1618 S 3 für die Einbenennung verlangte Einwilligung des anderen Elternteils bzw des Kindes ist richtiger Ansicht nach nicht im technischen Sinne des § 183 zu verstehen, kann also der Einbenennungserklärung auch nachfolgen (vgl STAUDINGER/COESTER [2007] § 1618 Rn 25). Entsprechendes gilt für die Einwilligung gemäß § 1617a Abs 2 S 2 (STAUDINGER/COESTER [2007] § 1617a Rn 39). Andere Gesetze halten sich erst recht häufig nicht an die Begrifflichkeit des vorliegenden Titels. So ist beispielsweise in §§ 133, 134 der (nur noch für Altfälle weitergeltenden) KO mit der Genehmigung des Gläubigerausschusses nur die vor dem Hauptgeschäft erteilte Zustimmung gemeint (BGB-RGRK/STEFFEN § 182 Rn 7; SOERGEL/LEPTIEN Vorbem 2). § 160 Abs 1 S 2 der am 1. 1. 1999 in Kraft getretenen InsO formuliert insoweit korrekter („Zustimmung"). In § 26 Abs 2 MarkenG ist mit dem Begriff „Zustimmung" ebenfalls nur die Einwilligung im Sinne des BGB gemeint. In § 15 Abs 5 GmbHG wird der Begriff „Genehmigung" dagegen (ebenso wie im früheren § 17 GmbHG) gleichbedeutend mit dem der Zustimmung im Sinne von § 182 verwendet (RGZ 64, 149, 151; 85, 46, 47).

Ob eine gesetzliche Vorschrift innerhalb oder außerhalb des BGB die Begriffe **4** „Zustimmung" oder „Einwilligung" oder „Genehmigung" wirklich in dem im vorliegenden Titel definierten Sinne einsetzt, muss deshalb jeweils im Wege der Auslegung geprüft werden (vorbildlich BAG NJW 2004, 2612, 2613; s dazu auch ILBERTZ ZBVR 2004, 180 f). Wenn die üblichen Interpretationsmittel dabei kein klares Bild ergeben, ist jedenfalls bei BGB-Vorschriften davon auszugehen, dass die maßgebliche Legaldefinition bei der Fassung der Norm beachtet worden ist. In kommunalverfassungsrechtlichen Genehmigungsvorbehalten ist mit dem Begriff „Genehmigung" regelmäßig auch die vorherige Zustimmung gemeint (vgl OLGR Rostock 2002, 252, 256; HUMPERT, Die Genehmigungsvorbehalte im Kommunalverfassungsrecht [1990] 7 mwNw).

Bei der erforderlichen Mitwirkung des Familien- oder Betreuungsgerichts (bis 31. 8. **5** 2009: Vormundschaftsgerichts) hält sich das BGB nicht an die Unterscheidung von Einwilligung und Genehmigung, sondern spricht schlechthin nur von der erforderlichen „Genehmigung" durch das Gericht; der Begriff der Genehmigung umfasst hier also wiederum auch die dem Hauptgeschäft vorangegangene Einverständniserklärung mit. Diese terminologische Abweichung ist allerdings nicht weiter ver-

Karl-Heinz Gursky

wunderlich, da die §§ 182 ff ja die vorgeschriebene Zustimmung eines Gerichtes oder einer Behörde ohnehin nicht meinen (s oben Rn 2 und unten Rn 54 ff, 66 f).

In § 112 und § 113 verwendet das BGB statt des Begriffes „Einwilligung" den der „Ermächtigung". Letzterer wird ansonsten meist als Synonym für die Einwilligung zu einer Verfügung benutzt. Gleichzeitig wird dieser Begriff aber auch zur Kennzeichnung der Rechtsmacht verwendet, die durch die Einwilligung zu einer Verfügung verliehen worden ist. Missverständnisse können sich hieraus nicht ergeben.

Nach BGH WM 2003, 597, 598 f = NJ 2003, 90 mAnm VIERHUUS soll die Genehmigung iS von § 1001, 1002 auch vor der Durchführung der Verwendungen des nicht berechtigten Besitzers erklärt werden können, also nicht nur als nachträgliche Zustimmung, sondern auch als Einwilligung iS von § 183 erteilt werden können (bedenklich, vgl GURSKY JZ 2005, 385, 394; STAUDINGER/Gursky [2012] § 1001 Rn 7).

III. Abgrenzungsfragen

1. Unechte Zustimmungen

6 a) In § 1810 und § 1823 wird der Begriff der „Genehmigung" in einem besonderen Sinne gebraucht. Da der Vormund zu den Geschäften der §§ 1806, 1807 die **Genehmigung des Gegenvormundes** nur einholen „soll", ist diese Genehmigung hier keine Wirksamkeitsvoraussetzung der fraglichen Geschäfte (vTUHR II 2, 215 Fn 35; FLUME, AT II § 54, 5; SOERGEL/LEPTIEN Vorbem 2; BAMBERGER/ROTH/BUB[3] § 182 Rn 7). Entsprechendes gilt für die §§ 160–164 InsO (bzw die früheren §§ 133–136 KO; vgl PALM 11).

7 b) Mit Zustimmung bezeichnet das Gesetz vielfach die Abgabe der Ja-Stimme bei einem **Beschluss** (§§ 32 Abs 2, 709 Abs 1, 744 Abs 2 BGB, 115 Abs 2, 119 Abs 1 HGB). Für derartige uneigentliche Zustimmungen passen die §§ 182 ff naturgemäß nicht (MEDICUS, AT[10] Rn 1013; PAWLOWSKI AT Rn 659; THIELE 178; SOERGEL/LEPTIEN Vorbem 16; jurisPK-BGB/TRAUTWEIN[6] § 182 Rn 15; BAMBERGER/ROTH/BUB[3] § 182 Rn 6; PWW/FRENSCH[8] § 182 Rn 1). Dagegen lässt sich die nach § 35 BGB oder § 53 Abs 3 GmbHG erforderliche Zustimmung des betroffenen Vereinsmitglieds oder Gesellschafters von der Beschlussfassung trennen; jedenfalls wenn das betroffene Mitglied an der Beschlussfassung nicht mitgewirkt hat, kann die Zustimmung noch nachträglich erfolgen (RGZ 68, 263, 266; STAUDINGER/WEICK [2005] § 35 Rn 21) und unterliegt dann den §§ 182, 184 (THIELE 178 f); nach THIELE darüber hinaus auch, wenn der Betreffende beim Beschluss mitgewirkt hat, aber mit Nein gestimmt hat (179 f zu § 53 GmbHG).

8 c) Wenn im Gesetz (wie in § 111 Abs 4 S 2 AktG) bzw in einem Gesellschaftsvertrag oder in der Satzung einer AG davon die Rede ist, dass bestimmte Geschäftsführungsmaßnahmen eines Gesellschaftsorgans nur mit Zustimmung eines anderen Organs vorgenommen werden dürfen, so wird damit eine **Einschränkung der Geschäftsführungsbefugnis** zum Ausdruck gebracht, die lediglich das Innenverhältnis betrifft, die Wirksamkeit eines etwa ohne diese Zustimmung für die Gesellschaft abgeschlossenen Rechtsgeschäfts aber nicht beeinflusst.

9 d) Wenn ein **Gesamtvertreter** einen Vertrag schließt und die übrigen Gesamtvertreter anschließend diesem Vertrag „zustimmen", sind die §§ 182 ff jedenfalls nicht unmittelbar einschlägig. Die Zustimmung ist hier nur eine besondere Form des Auftretens als Stellvertreter, nicht Billigung eines fremden Geschäfts (SOERGEL/ LEPTIEN Vorbem 16). Zur Frage der analogen Anwendung der §§ 182 ff vgl STAUDINGER/SCHILKEN (2014) § 167 Rn 54; ferner zu § 182 Abs 2 auch OLG Düsseldorf ZMR 2006, 35 und OLG Rostock Beschl v 24. 7. 2007 – 17 Verg 6/07 (juris, Rn 45).

e) Nicht hierher gehören auch die **Einwilligungen** in einen ärztlichen Heileingriff **10** (vgl BGHZ 29, 33, 36; 105, 45, 47 f) oder zu **Rechts- bzw Rechtsgutsverletzungen** (vgl BGH VersR 1961, 632). Sie beziehen sich ja nicht auf Rechtsgeschäfte, sondern betreffen nur die Frage, ob das erklärte Einverständnis des Betroffenen den objektiven Tatbestand eines sonst gegebenen Delikts oder doch jedenfalls die Rechtswidrigkeit des Eingriffs ausschließt (vgl dazu STAUDINGER/SCHÄFER[12] § 823 Rn 21, 455 ff; STAUDINGER/HAGER [2009] § 823 Rn I 76 und [1999] Rn C 176 ff; GEILEN, Einwilligung und ärztliche Aufklärungspflicht [1963]; THIELE 162; DASCH, Die Einwilligung zum Eingriff in das Recht am eigenen Bilde [1990]; RESCH, Die Einwilligung des Geschädigten [1997]; ZEDER, Haftungsbefreiung durch Einwilligung des Geschädigten [1999]; OHLY, „Volenti non fit iniuria". Die Einwilligung im Privatrecht [2002]. Wegen sog Patientenverfügungen vgl BERGER JuS 2000, 797, 801. Wegen der Einwilligung in Grundstücksbeeinträchtigungen vgl OLGR Koblenz 1999, 507 und STAUDINGER/GURSKY [2013] § 1004 Rn 194 ff). Ähnlich ist die Situation bei der nach § 22 WEG erforderlichen Zustimmung der Wohnungseigentümer zu baulichen Veränderungen (vgl STAUDINGER/BUB [2005] § 22 WEG Rn 48 ff; **aA** MünchKomm/ENGELHARDT[6] § 22 WEG Rn 6 [Ähnlichkeit mit der Zustimmung des Berechtigten zur Verfügung eines Nichtberechtigten, § 185]). Ferner bei der Einwilligung eines Vertragspartners zu einem an sich vertragwidrigen Verhalten des anderen. So etwa, wenn ein durch eine Konkurrenzschutzklausel geschützter Gewerberaummieter die Einwilligung zur Vermietung anderer Räume des gleichen Gebäudes an einen Wettbewerber erklärt. Dass eine solche Einwilligung formlos erfolgen kann, auch wenn der Mietvertrag die Schriftform für aller den Vertrag betreffenden Erklärungen verlangt, lässt sich schon deshalb nicht mit § 183 begründen (vgl OLG Brandenburg BeckRS 2008, 09587 unter II [Schriftformklausel als gegenüber § 182 Abs 2 vorrangige Regelung]).

2. Abgrenzung von ähnlichen Rechtsfiguren

a) Keine Zustimmung im technischen Sinne der §§ 182 ff ist die nach den §§ 540 **11** (vgl dazu RGZ 81, 59 ff; BGHZ 59, 3, 7), 589 Abs 1, 590, 603 erforderliche **„Erlaubnis"**. In allen diesen Fällen geht es allein um die Frage, ob eine bestimmte Verhaltensweise vom Vertragspartner hingenommen werden muss oder ob sie eine Vertragsverletzung darstellt. Das Fehlen der vorgeschriebenen Erlaubnis macht den abgeschlossenen Untermiet-, Unterpacht- oder Unterleihvertrag nicht unwirksam. Schon deshalb können die §§ 182 ff hier nicht herangezogen werden (zu § 540 vgl STAUDINGER/ EMMERICH [2014] § 540 Rn 9; zu § 603 vgl STAUDINGER/REUTER [2013] § 603 Rn 2; vgl ferner STAUDINGER/SONNENSCHEIN[12] § 583 aF Rn 15). Im Übrigen geht es bei der Erlaubnis genaugenommen auch gar nicht um den – nach allgemeinen Grundsätzen zustimmungsfreien – obligatorischen Vertrag, sondern um den hinzukommenden tatsächlichen Vorgang der Besitz- und Gebrauchsüberlassung (THIELE 185). Unter diesen Umständen empfiehlt es sich auch nicht, mit Hilfe einer analogen Anwendung von § 182 Abs 1 zu begründen, dass auch eine atypischerweise gegenüber dem künftigen Untermieter oder Unterpächter erteilte Erlaubnis ohne weiteres die in § 540 vor-

Vorbem zu §§ 182–185

gesehene Wirkung entfaltet (offen gelassen in BGH Beschl v 25. 4. 2008 – LwZR 10/07 [juris, Rn 18]). Zur stillschweigend gegenüber dem Mieter oder Pächter erklärten Erlaubnis einer Untervermietung oder -verpachtung vgl OLGR Hamburg 1999, 362, 364 und OLG Düsseldorf NJOZ 2009, 2040, 2043. In §§ 1784, 1888 geht es um eine öffentlich-rechtliche Erlaubnis, von der weitere hoheitliche Akte, nämlich die Ernennung zum Vormund bzw die Entlassung aus diesem privaten Amt, abhängen.

12 b) Die Zustimmung des Mieters zu einer Mieterhöhung (§ 558b) ist kein Anwendungsfall der §§ 182 ff, sondern die Akzeptation einer vom Vermieter angetragenen Vertragsänderung.

13 c) Die im früheren § 1726 verlangte Einwilligung des nichtehelichen Kindes (und evtl der Kindesmutter bzw der Ehefrau des Kindes) in die Ehelichkeitserklärung war ebenfalls keine Einwilligung im Sinne von § 183. Sie bezog sich nicht auf ein fremdes Rechtsgeschäft, sondern auf die begehrte gerichtliche Entscheidung (s STAUDINGER/ GÖPPINGER[12] § 1726 Rn 3; PLANCK/FLAD Vorbem 2). Sie war damit nicht Wirksamkeitsvoraussetzung eines Rechtsgeschäfts, sondern Voraussetzung für den Erlass dieser Entscheidung. Entsprechendes gilt weiterhin für die in §§ 1746, 1747, 1749 vorgeschriebene **Einwilligung zur Adoption** (vgl BGH NJW 1980, 1746, 1747: Verfahrenshandlung; kritisch STAUDINGER/FRANK [2007] § 1750 Rn 3) und die Zustimmung zur Scheidung (§ 1566 Abs 1; vgl STAUDINGER/RAUSCHER [2010] § 1566 Rn 31 ff).

14 d) Die **Billigung** iS von § 454 (= § 495 aF) ist keine Zustimmung iS der §§ 182 ff, sondern eine Erklärung, die die beim Kauf auf Probe dem Kaufvertrag hinzugefügte Potestativbedingung eintreten lässt (RGZ 137, 297, 299; THIELE 183). – Die Einverständniserklärung des Verkäufers mit der Wandlung (§ 465 aF) war schlicht die Akzeptation der vom Käufer abgegebenen Offerte zum Abschluss des Wandlungsvertrages. Die hypothetische Billigung in §§ 665, 692 bezieht sich auf faktische Verhaltensweisen, nicht auf Rechtsgeschäfte und betrifft wiederum nur das Urteil über die Rechtmäßigkeit bzw Vertragswidrigkeit. – Das in § 180 S 2 und früher in § 639 Abs 2 aF verlangte Einverständnis ist kein Rechtsgeschäft, sondern eine rechtlich relevante Verhaltensweise (THIELE 184). Auch die Genehmigung iS von § 684 S 2 und § 1001 bezieht sich nicht auf ein Rechtsgeschäft, sondern auf tatsächliche Verhaltensweisen, nämlich die ungerufene Geschäftsführung für den Genehmigenden bzw die Verwendungsvornahme. Die Genehmigung iS von § 1001 entfaltet keine Rückwirkung. Dagegen wird für die Genehmigung iS von § 684 S 2 die Rückwirkung analog § 184 Abs 1 von der ganz hM anerkannt (vgl BGH NJW 1989, 1672, 1673; STAUDINGER/WITTMANN [1995] § 684 Rn 10; jurisPK-BGB/LANGE[6] § 684 Rn 15, 19; NK-BGB/SCHWAB § 684 Rn 14; BAMBERGER/ROTH/GEHRLEIN[3] § 684 Rn 2; ERMAN/DORNIS[13] § 684 Rn 4; wohl auch STAUDINGER/BERGMANN [2006] 684 Rn 22 [§§ 182 ff analog anwendbar]; krit MünchKomm/SEILER[6] § 684 Rn 13 [Wirkungen der Genehmigung durch § 684 S 2 selbst festgelegt]). Der Aufwendungsersatzanspruch des Geschäftsführers ohne Auftrag ist also nach § 256 S 1 vom Zeitpunkt der Aufwendungen an zu verzinsen, nicht erst vom Zeitpunkt der Genehmigung. Der BGH will die Grundsätze der §§ 182 ff auch insoweit auf die Genehmigung nach § 684 S 2 übertragen, als die Genehmigung und ihre Verweigerung unwiderruflich sind (aaO). Das würde sich allerdings auch anders begründen lassen (s MünchKomm/SEILER aaO). Die Genehmigung iS von § 1001 ist richtiger Auffassung nach kein Rechtsgeschäft, sondern eine geschäftsähnliche Handlung (s STAUDINGER/GURSKY [2012] § 1001 Rn 6).

e) Die **Bestätigung** iS von § 144 unterscheidet sich vom Normalfall der Zustimmung im Sinne der §§ 182 ff dadurch, dass sie sich nicht auf ein fremdes, sondern auf ein eigenes Rechtsgeschäft bezieht (BGB-RGRK/STEFFEN § 182 Rn 5). Sie ist nicht wie die Zustimmung ein technisch verselbstständigter Mitwirkungsakt bei einem fremden Rechtsgeschäft, der von der Rechtsordnung zur Wirksamkeitsvoraussetzung für dieses Rechtsgeschäft erhoben worden ist, sondern die Heilung des bisher vernichtbaren Rechtsgeschäfts durch Verzicht auf die Geltendmachung des bei seinem Abschluss gegebenen Willensmangels (vgl THIELE 182). – Der Fall des § 108 Abs 3 – also die Beseitigung der schwebenden Unwirksamkeit des Vertrages durch die Genehmigung des inzwischen volljährig gewordenen Vertragspartners – steht der Bestätigung im Sinne von § 141 dagegen doch recht nahe. – Wenn der Aufsichtsrat einer AG oder Genossenschaft einen vom Aufsichtsratsvorsitzenden allein abgeschlossenen und deshalb schwebend unwirksamen Vertrag ausdrücklich „bestätigt", liegt darin weder eine Genehmigung, noch eine Bestätigung, wenn alle Aufsichtsratsmitglieder von einer ohnehin gegebenen Wirksamkeit des Vertrages ausgingen (BGH NZG 2008, 471, 472 Rn 13 ff). 15

IV. Anwendungsbereich der Zustimmungsregeln

Der Anwendungsbereich der Normen des vorliegenden Titels wird in § 182 Abs 1 umrissen. Die §§ 182 ff greifen danach ein, wenn die Wirkung eines Vertrages oder eines einseitigen empfangsbedürftigen Rechtsgeschäfts von der Zustimmung eines Dritten abhängt. Denkbar ist allerdings, dass die §§ 182 ff durch Spezialregeln ganz oder teilweise verdrängt werden. So ist die vorgeschriebene Zustimmung des Betriebsrats zu einer außerordentlichen Kündigung eines Betriebsratsmitglieds nach der neueren Rechtsprechung des BAG in § 103 BetrVG abschließend geregelt und deshalb bei fehlender Vorlage der Zustimmung kein Zurückweisungsrecht nach § 182 Abs 3 iVm § 111 S 2, 3 BGB gegeben (BAG NJW 2004, 2612, 2613; **aA** LAG Hamm NZA 1999, 242, 243). 16

Die **nichtempfangsbedürftigen** einseitigen Rechtsgeschäfte werden in § 182 Abs 1 nicht erwähnt. Die hM schließt daraus, dass bei derartigen Geschäften eine Zustimmung nicht in Betracht kommt (vgl etwa BGB-RGRK/STEFFEN § 182 Rn 5; PLANCK/FLAD Vorbem 2; FISCHER/HENLE/TITZE § 182 Rn 5; WARNEYER Anm 2; MANIGK, Das rechtswirksame Verhalten [1939] 316; **aA** ENNECCERUS/NIPPERDEY, AT § 204 II 1; BORK Rn 1699; NK-BGB/STAFFHORST[2] § 182 Rn 3; PWW/FRENSCH[8] § 182 Rn 5; zweifelnd SOERGEL/LEPTIEN Vorbem 7). Die Nichterwähnung der nichtempfangsbedürftigen einseitigen Rechtsgeschäfte in § 182 erklärt sich jedoch – wie OERTMANN (§ 182 Anm 2a) zu Recht betont – ganz einfach daraus, dass das dort eingeräumte Wahlrecht bezüglich der Person des Adressaten nicht passt: Bei nichtempfangsbedürftigen Willenserklärungen und Willensbetätigungen kommt als Empfänger einer etwa erforderlichen Zustimmungserklärung nach der Natur der Sache nur der rechtsgeschäftlich Handelnde selbst in Betracht. Unter diesen Umständen sollte nicht so sehr der Wortlaut des § 182 als die Prüfung, ob der restliche Inhalt des Titels bei nichtempfangsbedürftigen Erklärungen zu sinnvollen Ergebnissen führt, den Ausschlag geben. Im Wesentlichen geht es ohnehin nur um den Fall der Dereliktion (§ 959). Und hier ist nun überhaupt nicht ersichtlich, dass irgendwelche schützenswerten Interessen beeinträchtigt würden, wenn man bei einer von einem Nichtberechtigten vorgenommenen Dereliktion dem Berechtigten die Möglichkeit einer rückwirkenden Genehmigung gem §§ 185 17

Vorbem zu §§ 182–185

Abs 2 S 1 Fall 1, 184 Abs 1 einräumt. Soweit eine letztwillige Verfügung kraft Gesetzes der Zustimmung eines Dritten bedarf (vgl §§ 1516, 2291) befürwortet die hM ohnehin die entsprechende Anwendung der §§ 182–184 (für § 1516 vgl Staudinger/ Thiele [2007] § 1516 Rn 3; MünchKomm/Kanzleiter[6] § 1516 Rn 2; Erman/Heinemann[13] § 1516 Rn 1; für § 2291 vgl Staudinger/Kanzleiter [2013] § 2291 Rn 4; MünchKomm/Musielak[6] § 2291 Rn 4; BGB-RGRK/Kregel § 2291 Rn 2; Bamberger/Roth/Bub[3] § 182 Rn 3; vLübtow, ErbR I 456; Ebenroth, ErbR Rn 261; Planck/Greiff § 2291 Anm 2a; anders Planck/Flad Vorbem 2 für § 1516). Dass dabei explizit getroffene Sonderregelungen (s § 1516 Abs 2) oder aus der ratio legis der betreffenden Bestimmungen ableitbare Besonderheiten den §§ 182 ff vorgehen, versteht sich von selbst.

18 Der vorliegende Titel meint nur solche Zustimmungen (Einwilligungen, Genehmigungen), von deren Vorliegen die **Wirksamkeit eines Rechtsgeschäfts abhängt**. Das ist nicht der Fall bei der in § 418 Abs 1 S 3 verlangten Zustimmung des Bürgen oder Pfandeigentümers zur Schuldübernahme (vTuhr II 2, 221). Das Fehlen der Zustimmung macht ja nicht die Schuldübernahme unwirksam, sondern lässt lediglich die Sicherheit erlöschen. An der Zugangsbedürftigkeit fehlt es natürlich auch, wenn das betreffende Rechtsgeschäft schlechthin nichtig ist und deshalb selbst im Falle einer Zustimmung unwirksam bliebe. Ob Nichtigkeit oder nur schwebende Unwirksamkeit (und damit die Möglichkeit einer Heilung durch Genehmigung) gegeben ist, kann allerdings im Einzelfall schwer zu entscheiden sein. So ist es zB streitig, ob ein Dienstvertrag oder Änderungs- bzw Aufhebungsvertrag, den der Aufsichtsratsvorsitzende ohne Mitwirkung der übrigen Aufsichtsratmitglieder mit dem Vorstand abschließt, durch eine nachträgliche Genehmigung der übrigen Aufsichtsratsmitglieder geheilt werden kann (offengelassen in BGH NZG 2008, 471, 472; für Genehmigungsfähigkeit Köhler NZG 2008, 161, 163; jurisPK-BGB/Trautwein[6] § 182 Rn 9; OLG Karlsruhe AG 1996, 224, 225; OLG München AG 1966, 234; implizit wohl auch BGHZ 47, 341, 345; für Nichtigkeit OLG Stuttgart AG 1993, 85, 86; Stein AG 1999, 19, 37; MünchKomm-AktG/Semler[2] § 112 Rn 80 f).

19 **Prozesshandlungen** können zwar genehmigt werden, insbesondere nach §§ 89 Abs 2, 547 Nr 4, 579 Abs 1 Nr 4 ZPO bei Unwirksamkeit wegen fehlender Prozessvollmacht (Rosenberg/Schwab/Gottwald, ZPR[17] § 56 Rn 1 ff; Soergel/Leptien § 184 Rn 8); dies gilt allerdings nicht, wenn das vollmachtlos eingelegte Rechtsmittel bereits durch Prozessurteil verworfen ist (GemS OBG NJW 1984, 2149) bzw wenn der vollmachtlos gegen einen Vollstreckungsbescheid eingelegte Einspruch bereits als unzulässig verworfen ist (OLG Hamburg NJW-RR 1988, 1182, 1183). Die Genehmigung ist in diesen Fällen im Übrigen keine materiellrechtliche Zustimmungserklärung im Sinne der §§ 182 ff, sondern wiederum eine Prozesshandlung (Stein/Jonas/Bork[22] § 89 Rn 13 f; Anton 106 ff). Entsprechendes gilt für die Einwilligung zur Klageänderung (§§ 263, 267 ZPO) oder Klagerücknahme (§ 269 ZPO), zur Zurücknahme der Berufung nach altem Recht (§ 515 ZPO aF) und zur Sprungrevision (§ 566 Abs 1 ZPO) sowie die Zustimmung des Prozessgegners zur Übernahme des Prozesses durch den Rechtsnachfolger (§ 265 Abs 2 S 2 ZPO). Zur Lückenergänzung kann jedoch auch insoweit eine entsprechende Anwendung einzelner Rechtssätze aus den §§ 182 ff erforderlich sein (Soergel/Leptien Vorbem 15; NK-BGB/Staffhorst[2] § 182 Rn 47; vgl auch RGZ 164, 240, 242). So führt die Einwilligung des Beklagten zur Klagerücknahme im verwaltungsgerichtlichen Verfahren analog § 184 Abs 1 dazu, dass die Rechtshängigkeit mit Rückwirkung auf den Zeitpunkt der Erklärung der Klagerücknahme entfällt (OVG

Münster NWVBl 2008, 75, 76). Bei fristgebundenen Prozesshandlungen muss auch die Genehmigung vor Fristablauf erklärt werden (BGHZ 111, 339, 343 f).

V. Die Grundlagen für die Zustimmungsbedürftigkeit von Rechtsgeschäften

1. Die unterschiedlichen Funktionen der Zustimmungen

Die Zustimmungsbedürftigkeit von Rechtsgeschäften beruht auf ganz unterschiedlichen Gründen (vgl THIELE 143 ff; MünchKomm/SCHRAMM[5] Vorbem 4 ff; MünchKomm/BAYREUTHER[6] Vorbem 4 ff; LARENZ/WOLF, Allgemeiner Teil des BGB [9. Aufl] § 51 Rn 1 ff). **20**

a) Die große Mehrheit der Normen, die die Wirksamkeit eines Rechtsgeschäfts von der Zustimmung eines Dritten abhängig machen, reagieren auf eine **mittelbare Rechts- oder Interessenbeeinträchtigung** (vgl THIELE 143 ff; vTUHR, AT II 2, 217 ff; MünchKomm/BAYREUTHER[6] Vorbem 4): Um eine mit dem Rechtsgeschäft notwendigerweise verbundene reflexweise Beeinträchtigung der Rechtssphäre des Dritten geht es in den §§ 35, 415, 876, 877, 880 Abs 2 und 3, 1071, 1178 Abs 2, 1183, 1245 Abs 1 S 2, 1255 Abs 2, 1276, 1283, 1423 ff, 1516, 1517, 1595, 1746, 1747, 2113, 2120, 2291 Abs 1 S 2 BGB; 503 Abs 2 HGB, 15 GmbHG. Eine Beeinträchtigung rechtlich geschützter Interessen droht in den Fällen der §§ 450 f (s vTUHR, AT II 2, 219 zu § 458 aF), 1365, 1369 BGB, 12 Abs 1 WEG.

b) Die §§ 182–184 finden ferner Anwendung im Falle einer **Vertretung ohne Vertretungsmacht** (RG Recht 1937 Nr 5234). Die §§ 177–180 enthalten allerdings auch Sonderregelungen, die insoweit die Bestimmungen des vorliegenden Titels verdrängen. **21**

c) Die größte praktische Bedeutung unter den gesetzlich geregelten Zustimmungsfällen hat die Gruppe der **Zustimmung kraft Aufsichtsrechts**. Hierher gehören die Normen, die für gewisse Rechtsgeschäfte eines beschränkt Geschäftsfähigen die Zustimmung des gesetzlichen Vertreters verlangen (zB §§ 107–113, 131 Abs 2, 1411 Abs 1, 2275 Abs 2 BGB). Zur erforderlichen Zustimmung des gesetzlichen Vertreters muss hier häufig noch die Zustimmung des Familiengerichtes oder des Gegenvormundes (§§ 1809, 1812, 1813 Abs 2, jeweils iVm § 1832) hinzukommen. Entsprechende Anwendung finden die §§ 108–113, 131 Abs 2, wenn das Betreuungsgericht Rechtsgeschäfte einer betreuungsbedürftigen Person an die Einwilligung des Betreuers gebunden hat (§ 1903 Abs 1). Die §§ 182 ff werden jedoch durch die Sonderregelungen, die in den genannten Vorschriften enthalten sind, weitgehend verdrängt; nur soweit solche Spezialregelungen fehlen, kommen die in den §§ 182 ff enthaltenen allgemeinen Grundsätze über gesetzliche Zustimmungserfordernisse zur Anwendung (MünchKomm/BAYREUTHER[6] Vorbem 6 zu § 182). **22**

d) Ausschließlich oder doch primär die Rechtsposition eines anderen wird tangiert, wenn jemand im eigenen Namen über **ein fremdes Recht verfügt**. Das fast selbstverständliche Zustimmungserfordernis des § 185 lässt sich gleichsam als eine Steigerung des Prinzips der ersten Fallgruppe begreifen. Zugleich besteht aber auch eine deutliche Nähe zur Fallgruppe 3 und zum Handeln eines Vertreters mit Vertretungsmacht: Man kann diese Fälle unter dem Gesichtspunkt der „Vornahme von Rechtsgeschäften in Arbeitsteilung" zusammenstellen (so THIELE 145 ff; MünchKomm/ **23**

Schramm[5] Vorbem 5 f). Dieser zutreffende Aspekt kann aber natürlich nichts an dem ganz elementaren Unterschied ändern, dass die Wirkungen des vorgenommenen Rechtsgeschäfts in den Vertretungsfällen auf den Vertretenen bezogen sind, dieser also Partei des Rechtsgeschäftes ist oder doch werden soll, während bei der Konstellation des § 185 der wirkliche Rechtsinhaber an der Verfügung des Nichtberechtigten nicht als Geschäftspartei beteiligt ist (vgl Flume, AT II § 57, 1 b).

24 e) Im Grenzbereich der Fallgruppen 1 und 4 liegt die Konstellation der **Verfügung eines nur auflösend bedingt Berechtigten**. Dass die Zustimmung des aufschiebend bedingt Berechtigten die Unwirksamkeitsfolge verhindert oder rückwirkend ausräumt, ist unstreitig (vgl Staudinger/Bork [2010] § 161 Rn 13). Es handelt sich hierbei einfach um die notwendige Konsequenz des Umstandes, dass die Sanktion der Unwirksamkeit ausschließlich Interessen des Anwartschaftsberechtigten wahren soll. Ob konstruktiv die Analogie zu § 185 oder zu den §§ 876, 877 besser passt, ist streitig (vgl Thiele 144 Fn 18), aber im praktischen Ergebnis belanglos. Im Übrigen könnte § 161 Abs 3 ohne weiteres auch so verstanden werden, dass hier neben den Gutglaubensschutzvorschriften auch § 185 in Bezug genommen werden soll. Vgl auch § 185 Rn 5.

25 f) § 185 ist analog anzuwenden in den Fällen, in denen ein **Vormerkungsschuldner** mit Zustimmung des Vormerkungsgläubigers eine vormerkungswidrige Verfügung vornimmt (s Staudinger/Gursky [2013] § 883 Rn 248; OLG Saarbrücken FGPrax 1995, 135, 136), ferner auch, wenn der Verbotsgeschützte einem Verstoß gegen ein relatives gesetzliches oder behördliches Veräußerungsverbot zustimmt (s unten § 185 Rn 96; ferner Staudinger/Gursky [2013] § 888 Rn 99).

26 g) In der Mehrzahl der Fälle beruht das Zustimmungserfordernis auf einem „Zuständigkeitsmangel" auf Seiten des Erklärenden. Die §§ 182 ff sind aber nach §§ 180 S 3, 177 auch bei an einen **Passivvertreter ohne Vertretungsmacht** gerichteten Willenserklärungen anwendbar (vgl vTuhr II 2, 215 Fn 30). Hier wird durch die Genehmigung also ein „Zuständigkeitsmangel" auf der Empfängerseite geheilt. Ähnlich ist die Situation im Falle des § 362 Abs 2, der bei der Leistung an einen Nichtgläubiger § 185 für entsprechend anwendbar erklärt. Gegenstand der Zustimmung ist hier damit nicht notwendigerweise ein Rechtsgeschäft; die Leistung kann ja auch rein faktischer Art sein. In beiden Fällen wären die §§ 182 ff ohne die explizite Verweisung nicht anwendbar. Das Gleiche gilt für die Zustimmung zur Rücknahme einer Zessionsanzeige, § 409 Abs 2 (vTuhr II 2, 219 f).

2. Zustimmungserfordernisse nur kraft Gesetzes

27 Die Zustimmungsbedürftigkeit von Rechtsgeschäften kann nur **gesetzlich vorgeschrieben** werden (Flume, AT II § 54, 2; Staudinger/Dilcher[12] § 182 Rn 7; Soergel/Leptien Vorbem 4; MünchKomm/Schramm[5] Vorbem 12; MünchKomm/Bayreuther[6] Vorbem 21; NK-BGB/Staffhorst[2] § 182 Rn 1; Palandt/Ellenberger[73] Vorbem 5; Thiele 186 ff). Dies ergibt sich für Verfügungsgeschäfte über veräußerliche Rechte schon aus § 137 S 1 (Thiele 197 ff). Die Rechtsordnung hat aber auch keinen Anlass, eine Art partieller Selbstentmündigung durch einen (wenn auch umfangmäßig beschränkten) Verzicht auf die Verpflichtungsfähigkeit oder die Möglichkeit der Ausübung von Gestaltungsrechten zuzulassen (vgl Thiele 191 ff). Niemand kann deshalb durch Rechtsgeschäft die Wirksamkeit eines von ihm erst künftig abzuschließenden Rechtsgeschäftes von der Zustimmung eines Dritten abhängig machen (FLUME, AT II § 54, 4). So kann die Wirksamkeit der vom Arbeitgeber ausgesprochenen Kündigung eines Arbeitsvertrages über eine Tätigkeit im Ausland nicht von der Zustimmung des jeweiligen Deutschen Generalkonsuls abhängig gemacht werden (vgl BAG NJW 1995, 1581 f [dort letztlich offengelassen]). Es gibt damit grundsätzlich einen numerus clausus der Zustimmungstatbestände (MünchKomm/SCHRAMM[5] Vorbem 13). Andererseits ist dieser Kanon nicht so rigide, dass seine Erweiterung im Wege der Rechtsfortbildung vollständig ausgeschlossen wäre (THIELE 202 ff). Denkbar ist beispielsweise, dass die Bedürfnisse des Lebens unabweislich auf die Anerkennung eines neuen Geschäftstyps drängen, der aber etwa wegen der damit verbundenen mittelbaren Berührung der Rechte oder Interessen eines Dritten nur bei der Annahme eines Zustimmungserfordernisses zu rechtfertigen wäre. So war die Situation beispielsweise bei der Anerkennung einer echten Übertragung der Mitgliedschaft in einer Personengesellschaft. Während die ältere Lehre und Praxis die Zulässigkeit einer Anteilsübertragung im Hinblick auf § 719 Abs 1 verneinte (vgl DÜRINGER/HACHENBURG/FLECHTHEIM, HGB[3], Allg Einl Rn 6), entscheidet man heute entgegengesetzt. Aber es versteht sich von selbst, dass die Schutzbelange der anderen Gesellschafter gewahrt werden müssen und dass diese deshalb der Anteilsübertragung zustimmen müssen, wenn der Gesellschaftsvertrag nicht auf eine solche Zustimmung verzichtet (vgl K SCHMIDT, GesR[4] § 45 III 2 b; MünchKomm/SCHÄFER[6] § 719 Rn 21, 27).

Gelegentlich lässt das Gesetz die rechtsgeschäftliche Schaffung von Zustimmungsnotwendigkeiten für bestimmte Rechtsakte zu. So kann beispielsweise eine Wohnungseigentümergemeinschaft nach § 12 WEG vereinbaren, dass ein Wohnungseigentümer zur Veräußerung seines Raumeigentums der Zustimmung anderer Wohnungseigentümer oder eines Dritten bedarf. Die Übertragung von Namensaktien kann an die Zustimmung der Gesellschaft (§ 68 Abs 2 AktG), die Übertragung eines GmbH-Geschäftsanteils an die Zustimmung der übrigen Gesellschafter gebunden werden (§ 15 Abs 5 GmbHG). Ähnlich ist die Situation bei denjenigen Verfügungen, die kraft einer § 137 S 1 vorgehenden gesetzlichen Spezialregelung durch Rechtsgeschäft ganz ausgeschlossen werden können: nämlich bei der Forderungsabtretung (§ 399 2. Alt) und bei der Aufrechnung (vgl § 391 Abs 2). In derartigen Fällen muss es auch möglich sein, die Verfügung von einer Zustimmung abhängig zu machen (FLUME, AT II § 54 III; SOERGEL/LEPTIEN Vorbem 5 vor § 182; STAUDINGER/BUSCHE [2012] § 399 Rn 62 f). Die Zulässigkeit einer Kündigung durch den Arbeitgeber kann durch Tarifvertrag oder Betriebsvereinbarung von der Zustimmung des Betriebsrates abhängig gemacht werden (vgl BAG AP § 184 BGB Nr 1–3; THIELE 266 f; RICHARDI/THÜSING, BetrVG[13], § 102 Rn 296 ff). Ein Arbeitsvertrag mit einer GmbH oder KG kann nach der Rspr vorsehen, dass die vom generell vertretungsberechtigten Organ ausgesprochene Kündigung der Zustimmung eines anderen Gesellschaftsorgans bedarf (BAGE 10, 122 = NJW 1961, 527 [Kündigung des Ehemanns der Kommanditistin nur mit deren Zustimmung]; NJW 1994, 3117, 3119). Soweit das Gesetz explizit oder implizit die rechtsgeschäftliche Schaffung von Zustimmungserfordernissen zulässt, unterliegen auch diese Zustimmungen grundsätzlich wieder den §§ 182–185 (s BAMBERGER/ROTH/BUB[3] § 182 Rn 4 m Nachw in Fn 10). Zulässig ist es auch, wenn ein Tarifvertrag die Kündigung eines Arbeitsvertrages durch den Arbeitgeber an die Zustimmung der Tarifvertragsparteien bindet (LAG Brandenburg Urt v 31.12.2005 – 3 Sa 161/05 [juris, 28

Rn 34]). Das liegt daran, dass der Tarifvertrag für die Tarifgebundenen gesetzesgleiche Wirkung entfaltet (aaO).

3. Vereinbarte Zustimmungen als Bedingung oder Unterlassungspflicht

29 Grundsätzlich unzulässig ist aber nur die rechtsgeschäftliche Schaffung von Zustimmungserfordernissen für *künftige* Rechtsgeschäfte. Beim Abschluss eines Rechtsgeschäfts haben dessen Parteien natürlich die Möglichkeit, seine Geltung von der Zustimmung eines Dritten abhängig zu machen, vorausgesetzt nur, dass es seiner Art nach nicht zu den bedingungsfeindlichen Rechtsgeschäften gehört (OVG Münster NWVBl 2003, 466, 467; FLUME, AT II § 54, 4; BORK Rn 1694; BGB-RGRK/STEFFEN § 182 Rn 3; SOERGEL/LEPTIEN Vorbem 4; MünchKomm/BAYREUTHER[6] Vorbem 22 zu § 182; jurisPK-BGB/TRAUTWEIN[6] § 182 Rn 5; BAMBERGER/ROTH/BUB[3] § 182 Rn 4; PALANDT/ELLENBERGER[73] Vorbem 5). Die „Zustimmung" ist dann zur *Bedingung* des Rechtsgeschäfts erhoben, und es gelten damit nicht die §§ 182 ff, sondern die §§ 158 ff (FLUME aaO). Wird die Zustimmung zwischen dem Zugang der die Klausel enthaltenden Offerte und deren Annahme erteilt, kann sie anschließend wohl schon im Hinblick auf den Zweck der Bedingung nicht mehr widerrufen werden; der Heranziehung von § 183 bedarf es (entgegen OVG Münster aaO) nicht. Eine Widerrufsmöglichkeit müsste schon besonders vereinbart sein (MünchKomm/SCHRAMM[5] Vorbem 14). Für die Erteilung der Zustimmung wird man allerdings – wenn keine Anhaltspunkte für einen gegenteiligen Parteiwillen bestehen – auf § 182 zurückgreifen können (MünchKomm/SCHRAMM[5] aaO). Eine absolute (auch im Verhältnis zu Dritten beachtliche) Rückwirkung der Zustimmung können die Parteien dagegen wegen § 159 gar nicht vereinbaren (so auch BAMBERGER/ROTH/BUB[3] § 182 Rn 4). – Denkbar ist auch, dass die Parteien eines Rechtsgeschäfts bei dessen Abschluss ein für dieses bestehendes gesetzliches Zustimmungserfordernis verschärfen, also für die Zustimmung beispielsweise eine bestimmte Form oder einen Zeitraum festlegen (FLUME, AT II § 54, 4). Das ist dann eine auflösende Bedingung: Das Geschäft soll nicht gelten, wenn die gesetzlich vorgeschriebene Zustimmung nicht in der betreffenden Form oder Frist erklärt wird. Für die Zustimmung selbst gelten dann aber im Übrigen die §§ 182 ff (FLUME aaO; BGB-RGRK/STEFFEN § 182 Rn 3). – Eine bloße Rechtsbedingung (oder genauer: ein bloßer Hinweis auf die ohnehin bestehende Rechtslage) ist gegeben, wenn die Gültigkeit eines von einem falsus procurator abgeschlossenen Vertrages in einer Vertragsklausel von der Zustimmung des Vertretenen abhängig gemacht wird; damit kommt hier § 182 (über § 177 Abs 1) zur Anwendung, nicht dagegen die §§ 158 ff (BGH NJW 2000, 2272, 2273).

30 Von der rechtsgeschäftlichen Begründung eines Zustimmungserfordernisses für ein Rechtsgeschäft ist die Begründung einer *Verpflichtung,* ein bestimmtes Rechtsgeschäft nicht ohne Zustimmung einer anderen Person vorzunehmen, zu unterscheiden. Eine derartige Unterlassungspflicht kann durch Vertrag (§ 305) bis zur Grenze des § 138 (vgl dazu FLUME, AT II § 54, 4) ohne weiteres begründet werden (vgl § 137 S 2).

VI. Mitwirkung durch Zustimmung oder als Vertragspartei

31 In manchen Fällen liegt es auf der Hand, dass die Wirksamkeit eines Rechtsgeschäfts von der Mitwirkung eines Mitbetroffenen abhängen muss, ist es aber sehr viel

schwieriger zu entscheiden, ob diese Mitwirkung auf das verselbständigte Hilfsgeschäft der Zustimmung beschränkt bleiben kann oder ob der Betreffende nicht sogar Partei des fraglichen Rechtsgeschäfts sein muss (dazu THIELE 214 ff). Dies gilt beispielsweise für die Konstellationen der Vertragsübernahme und der Abtretung einer Forderung, für die ein Abtretungsausschluss (§ 399 2. Alt) wirksam (vgl § 354a HGB) vereinbart war, aber auch für die privative Schuldübernahme (vgl STAUDINGER/RIEBLE [2012] § 415 Rn 5 ff).

1. Vertragsübernahme

Die Vertragsübernahme kann nach hM auf beiden Wegen, also durch dreiseitigen Vertrag, aber auch durch Vertrag zwischen dem Ausscheidenden und dem Eintretenden unter Zustimmung des verbleibenden Vertragspartners erfolgen (vgl BGHZ 72, 394, 396; 95, 88, 93 f mwNw; 96, 302, 308; 137, 255, 259; 142, 23, 30; BGH DNotZ 1996, 56, 57; MDR 2005, 920; OLG Düsseldorf ZMR 2008, 122; ZMR 2011, 715, 716 f; STAUDINGER/BUSCHE [2012] Einl 201 ff zu §§ 398 ff; STAUDINGER/RIEBLE [2012] § 414 Rn 108 ff; MünchKomm/H ROTH[6] § 398 Rn 4, 190 ff; MünchKomm/BYDLINSKI[6] Vorbem 7 f zu § 414; ERMAN/RÖTHEL[13] Vorbem 4, 7 zu § 414 [mit Präferenz für das Modell des dreiseitigen Vertrages]; PALANDT/GRÜNEBERG[73] § 398 Rn 41 f; NÖRR/SCHEYHING/PÖGGELER, Sukzessionen [1999] § 18 I 1; PIEPER, Vertragsübernahme und Vertragsbeitritt [1963] 194; BETTERMANN MDR 1958, 90 f; LARENZ, SchR I § 35 III; FIKENTSCHER, SchR[10] Rn 759; im Grundsatz auch THIELE 299 ff [nach dem aber die Zustimmungskonstruktion nur in Betracht kommt, wenn die Verkehrsauffassung den Abtretungsvorgang in den Vordergrund stellt]). Im letzteren Falle gelten für die Zustimmung die §§ 182 ff (BGHZ 137, 2555, 259 f; OLGR Karlsruhe 2007, 879 f; jurisPK-BGB/TRAUTWEIN[6] § 182 Rn 12). Für alleinige Zulässigkeit der Vertragsübernahme durch zweiseitigen Vertrag nebst Zustimmung DÖRNER (Dynamische Relativität [1985] 135 ff und NJW 1986, 2916, 2917 f) sowie die Anhänger der überholten Zerlegungstheorie (ENNECCERUS/LEHMANN, SchR[15] § 87 I 2 S 350 f; BÖTTGER ZVerglRW 73 [1973] 1, 12 ff). Zulässig ist im Übrigen auch die Vertragsübernahme durch Vertrag zwischen dem eintretenden und dem verbleibenden Vertragspartner unter Zustimmung des Ausscheidenden (MARTINEK JZ 2000, 551, 557 mwNw). Demgegenüber will PIEPER (Vertragsübernahme und Vertragsbeitritt [1963] 200 und passim) nur die Rechtsfigur des dreiseitigen Vertrages eigener Art zulassen (ebenso iE BAMBERGER/ROTH/BUB[3] § 182 Rn 8; gegen einen solchen konstruktiven Zwang MARTINEK aaO 558 f; STAUDINGER/BUSCHE [2012] Einl 196 ff, 201 ff zu §§ 398 ff; NÖRR/SCHEYHING/PÖGGELER, aaO; PÖGGELER, in: Handbuch Junger Zivilrechtswissenschaftler [1996] 81, 109). S aber auch unten Rn 45 aE.

2. Abtretungsverbot

a) Bei der Zession einer wirksam nach § 399 2. Alt vinkulierten Forderung reicht nach einer im neueren Schrifttum verbreiteten Auffassung die einseitige Zustimmung des Schuldners nicht aus. Durch das vereinbarte (und nicht nach § 354a HGB wirkungslose) Abtretungsverbot ist nach dieser Ansicht der Forderung die Eigenschaft der Veräußerungsfähigkeit nämlich genommen (so schon RGZ 97, 76, 78; RAAPE, Das gesetzliche Veräußerungsverbot des BGB [1908] 172; PLANCK/SIBER § 399 Anm 2). Konsequenterweise nimmt sie an, dass diese Eigenschaft der Forderung auch nur durch einen **inhaltsändernden Vertrag** zwischen Gläubiger und Schuldner (bzw im Falle der Zusammenfassung mit der Abtretung durch dreiseitigen Vertrag zwischen Gläubiger, Schuldner und Zessionar) wiederhergestellt werden kann (LARENZ, SchR I[14] § 34 II 1; FIKENTSCHER, SchR[10] Rn 725; A BLOMEYER, Allg SchR § 43 III 4 b; STAUDINGER/KADUK[12] § 399

Vorbem zu §§ 182–185

Rn 109; STAUDINGER/BUSCHE [2012] § 399 Rn 63; SOERGEL/R SCHMIDT[11] § 399 Rn 7; SOERGEL/ZEISS[12] § 399 Rn 9; PALANDT/GRÜNEBERG[73] § 399 Rn 12; BÜLOW, Recht der Kreditsicherheiten [7. Aufl 2007] Rn 1411 ff; BLAUM, Das Abtretungsverbot nach § 399 2. Alt BGB und seine Auswirkungen auf den Rechtsverkehr [1983] S 138 ff mwNw S 138 Fn 37; WAGNER, Vertragliche Abtretungsverbote [1994] 502 [für uneingeschränkte Abtretungsverbote]). Dieser Auffassung steht auch die Rechtsprechung nahe, die eine vertragliche Aufhebung des Abtretungsverbotes oder einen (offenbar auch vertraglichen) Verzicht des Schuldners auf die Einrede (?) aus § 399 verlangt (BGHZ 70, 299, 303; 108, 172, 176 f [betr Zustimmungsvorbehalt]; BGH NJW-RR 1992, 866, 867 [Zustimmung als Aufhebung des vertraglichen Abtretungsverbotes zu werten]; OLG Hamm Beschluss vom 13. 10. 2009 – I-15 Wx 43/09; zust MünchKomm/SCHRAMM[5] Vorbem 15 zu §§ 182 ff und § 185 Rn 14 a; MünchKomm/BAYREUTHER[6] § 185 Rn 12; wohl auch NK-BGB/STAFFHORST[2] § 182 Rn 5; abw aber BGH NJW-RR 1991, 763, 764). Zumeist wird von diesen Positionen aus eine Heilung der zunächst unwirksamen Abtretung durch die nachfolgende Aufhebung des Abtretungsverbotes durch den neuen Vertrag zwischen Gläubiger und Schuldner angenommen (aA nur FIKENTSCHER SchR[10] Rn 725; W LÜKE JuS 1992, 114, 116 und WAGNER aaO für das uneingeschränkte Abtretungsverbot; wohl auch BÜLOW, aaO), die allerdings nur ex nunc erfolgen soll. Vielfach wird dies mit einer analogen Anwendung von § 185 Abs 2 S 1, 2. Fall begründet (THIELE 234; DÖRNER, Dynamische Relativität [1985] 143; BLAUM, Das Abtretungsverbot nach § 399, 2. Alt BGB [Diss Freiburg 1983] 132; s auch CHR BERGER 300 f).

34 b) Andere Autoren lassen auch hier die **einseitige Zustimmung** (des Schuldners) genügen (BGB-RGRK/WEBER § 399 Rn 14; MünchKomm/H ROTH[6] § 399 Rn 37; [bei Zustimmungsvorbehalt] ERMAN/H P WESTERMANN[12] § 399 Rn 3; StudK/LÜDERITZ Anm 2b; SOERGEL/LEPTIEN § 184 Rn 11; ACHILLES/GREIFF/KIECKEBUSCH Anm 2; MEDICUS/LORENZ, SchR I[19] Rn 761; BROX/WALKER, SchR I[36] § 34 Rn 12; A BLOMEYER, Allg SchR § 43 III 4 b; THIELE 239 ff, 298; BREHM Rn 494; G LÜKE JuS 1995, 90, 93; LÜKE/DORNDORF JuS 1961, 262; HECK, SchR 197; SERICK, Eigentumsvorbehalt und Sicherungsübereignung II § 24 III 2 S 291, IV § 51 I 1 S 492; DÖRNER, Dynamische Relativität [1985]143 f; CHR BERGER 246 ff, 297 ff; WAGNER, Vertragliche Abtretungsverbote [1994] 200 ff, 313 ff, 393 ff), was impliziert, dass der Schuldner bei mehreren abredewidrigen Abtretungen frei entscheiden kann, welcher Abtretung er Wirksamkeit verschaffen will (DÖRNER 206; CHR BERGER 308). Für die letztere Auffassung spricht der Umstand, dass die „Zustimmung" des Schuldners die „Unabtretbarkeit" der Forderung ja gar nicht schlechthin aufheben, sondern lediglich der konkreten Zession Wirksamkeit verschaffen soll (THIELE 239 f). Die Konstellation entspricht damit typologisch den Fällen, in denen das Gesetz ein Zustimmungserfordernis wegen mittelbarer Rechts- oder Interessenbeeinträchtigung aufstellt (THIELE 239). Damit stellt sich die Frage, ob auf diese Zustimmung § 185 und damit mittelbar auch die §§ 182–184 anwendbar sind. Eine unmittelbare Anwendung scheitert schon daran, dass der die Zession genehmigende Schuldner nicht über die Forderung verfügen kann und damit nicht der Berechtigte iS von § 185 ist (BGHZ 108, 172, 177; STAUDINGER/BUSCHE [2012] § 399 Rn 63; MünchKomm/SCHRAMM[5] § 185 Rn 14 a; CHR BERGER 247). Was die entsprechende Anwendung der allgemeinen Zustimmungsregeln betrifft, so bereitet insbesondere die **Rückwirkung** Probleme. Dies gilt allerdings weniger für die Anwendung des § 184, die sich nur vom Boden der Vertragstheorie verbieten würde (gegen jede Rückwirkung konsequent RGZ 136, 395, 399; OLG Köln ZIP 2000, 742, 743; STAUDINGER/BUSCHE [2012] § 399 Rn 63; BGHZ 70, 299, 303; 108, 172, 176; BGB-RGRK/STEFFEN § 182 Rn 3; LARENZ, SchR I § 34 II 1 aE; MünchKomm/SCHRAMM[5] Vorbem 15 zu § 182 und § 185 Rn 14 a; PALANDT/GRÜNEBERG § 399 Rn 12; JAUERNIG/STÜRNER §§ 399, 400 Rn 8; CHR BER-

GER 301 [weil die Aufhebung des Abtretungsverbotes § 185 Abs 2 S 1, 2. Fall gleichgestellt wird]; DÖRNER, Dynamische Relativität [1985] 143; W LÜKE JuS 1992, 114, 116 [für das uneingeschränkte Abtretungsverbot]; iE auch AHCIN/ARMBRÜSTER JuS 2000, 549, 550 f); es besteht vom Boden der Zustimmungskonstruktion kein Anlass, dem Zessionar nicht auch die Zinsen zukommen zu lassen, die zwischen Abtretung und Zustimmung des Schuldners angefallen sind. Außerdem würde die Ablehnung jeder Rückwirkung die befremdliche Konsequenz haben, dass sogar die bereits erfolgte Abtretung, der zugestimmt werden soll, noch einmal wiederholt werden muss (so in der Tat FIKENTSCHER aaO; HENCKEL/WINDEL, InsO § 91 Rn 112). Problematischer ist die Frage, ob die Genehmigung sich auch gegenüber einer zwischenzeitlich gegen den Zedenten gerichteten **Pfändung** der abgetretenen Forderung durchsetzt. Die meisten Anhänger der Zustimmungslösung nehmen an, dass eine solche Pfändung in analoger Anwendung von § 184 Abs 2 wirksam bleibt (BGB-RGRK/LÖSCHER[11] § 399 Anm 5aE; BGB-RGRK/WEBER[12] § 399 Rn 15; SERICK IV § 51 I 2, V § 66 V 2; CHR BERGER 311 ff; G LÜKE JuS 1995, 90, 93; iE auch SCHLECHTRIEM/SCHMIDT-KESSEL SchR AT[6] Rn 782; ferner auch die Rechtsprechung, wenn sie sich bei Hilfsüberlegungen auf den Boden der Zustimmungstheorie stellt: BGHZ 70, 299, 303; 102, 293, 302; 108, 172, 177 im Anschluss an Anm von MERZ in LM § 399 BGB Nr 17; für das eingeschränkte Abtretungsverbot [= Zustimmungsvorbehalt] auch W LÜKE JuS 1992, 114, 116). Die Heranziehung des § 184 Abs 2 verbietet sich aber schon deshalb, weil diese Norm ganz bewusst nur von Vollstreckungsmaßnahmen gegen den Verfügenden handelt. Sie will verhindern, dass der Genehmigende eine von ihm bereits wirksam weggegebene oder ihm durch Vollstreckungsakt bereits wirksam entzogene Rechtsposition deren nunmehrigem Inhaber noch durch die Genehmigung einer vorangegangenen, aber schwebend unwirksamen Verfügung oder Zwangsverfügung entzieht (THIELE 241). Es muss also dabei bleiben, dass die während der Schwebezeit der verbotswidrigen Zession gegen den Zedenten ergangene Pfändung durch die Rückwirkung der Genehmigung ihr Objekt verliert und damit unwirksam wird (THIELE 241; W LÜKE JuS 1992, 114, 116 [für das beschränkte Abtretungsverbot, also die Zustimmungsbindung]; DÖRNER 208; dezidiert dagegen [im Ergebnis untragbar] aber BERGER 306, 311 f). Dass der Schuldner bei mehreren verbotswidrigen Abtretungen die bereits ausgesprochene Genehmigung der zweiten nicht durch nachträgliche Genehmigung der ersten Abtretung konterkarieren kann, versteht sich auch ohne Heranziehung von § 184 Abs 2 von selbst (vgl W LÜKE aaO; DÖRNER 206). Für die Anhänger der Vertragstheorie bleibt die Pfändung natürlich wirksam (BGHZ 70, 299, 303; 102, 293, 301; STAUDINGER/BUSCHE [2012] § 399 Rn 63 mwNw).

Eine ähnliche Situation ergibt sich, wenn bei einer **Anspruchskonkurrenz** nur eine **35** der parallelen Forderungen abgetreten werden soll. Das ist nach heute wohl hM nur mit Zustimmung des Schuldners möglich (BGHZ 140, 175, 179 mwNw; STAUDINGER/LOOSCHELDERS [2012] § 428 Rn 51 f). Dessen Rechtsposition würde nämlich durch die aus einer solchen Abtretung resultierende Entstehung einer Gesamtgläubigerschaft verschlechtert, da er dann Gefahr liefe, von mehreren Gläubigern verklagt zu werden. Aus diesem Grunde ist auch die Begründung der Mitgläubigerstellung eines Dritten bei einer einzelnen Forderung nur mit Zustimmung des Schuldners möglich (BGHZ 64, 67; BGH aaO; STAUDINGER/LOOSCHELDERS [2012] § 428 Rn 45 ff). Bei einer Gesamtschuld ist die Einzelabtretung des Forderungsrechtes nur gegen einen der Gesamtschuldner nur mit Zustimmung der übrigen Gesamtschuldner möglich (OLG Hamm MDR 1998, 205 = OLGR 1997, 337; OLG Nürnberg NGZ 2002, 874, 876; PALANDT/GRÜNEBERG § 425 Rn 9; **aA** STAUDINGER/LOOSCHELDERS [2012] § 425 Rn 95).

36 Ganz überwiegend wird angenommen, dass bei mehreren verbotswidrigen Abtretungen der Schuldner frei darüber entscheiden kann, welche dieser Zessionen er durch seine Genehmigung wirksam machen will (BGH WM 1992, 73, 74; Dörner, Dynamische Relativität [1985] 206; Chr Berger, Rechtsgeschäftliche Verfügungsbeschränkungen, 308 ff; Staudinger/Busche [2012] § 399 Rn 62; MünchKomm/Roth[6] § 399 Rn 46; NK-BGB/Eckardt[2] § 399 Rn 13; Palandt/Grüneberg § 399 Rn 12; aA E Wagner, Vertragliche Abtretungsverbote [1994] 227; Häsemeyer, Insolvenzrecht[4] [2007] Rn 18. 60 m Fn 245; Canaris in: FS Serick [1992] 9, 27 f).

VII. Die Rechtsnatur der Zustimmung

1. Hilfsrechtsgeschäft

37 Die Zustimmung stellt sich als ein ergänzendes Rechtsgeschäft oder Hilfsrechtsgeschäft dar, da sie für sich allein genommen noch keine rechtlichen Wirkungen hervorbringt, ihren Sinn vielmehr nur im Zusammenspiel mit dem Hauptrechtsgeschäft erlangt (Staudinger/Coing[11] § 182 Rn 1; Schlegelberger/Vogels/Pfeifle § 182 Rn 3; Soergel/Leptien Vorbem 3; vTuhr II 2, 214; Cosack/Mitteis § 80 II 2 b; Bork Rn 1695; Flume, AT II § 54, 6 a). Sie bringt zum Ausdruck, dass exakt die Regelung, die das zustimmungsbedürftige Rechtsgeschäft in Geltung zu setzen versucht, in der Tat gelten soll. Die Zustimmung ist aber (entgegen Siber, Buchrechtsgeschäft [1909] 123, 133 ff) kein Teil des Hauptrechtsgeschäftes, sondern diesem gegenüber verselbständigt; sie ist mit anderen Worten ein eigenes, zu dem Hauptrechtsgeschäft hinzutretendes Rechtsgeschäft, das darauf abzielt, eine Rechtsbedingung dieses Hauptrechtsgeschäftes (eben das gesetzliche bzw zulässigerweise vertraglich geschaffene Zustimmungserfordernis) zu erfüllen (vgl Oertmann, Rechtsbedingung 31 ff; vTuhr, AT II 2, 214). Diese konstruktive Verselbständigung kann den inneren Zusammenhang zwischen Hauptrechtsgeschäft und Zustimmung natürlich nicht in Frage stellen. Sie wird aber doch wohl nicht genügend beachtet, wenn Thiele (243 ff) Hauptrechtsgeschäft und Zustimmung als integrierende Bestandteile eines Gesamttatbestandes privater Rechtsgestaltung bezeichnet, der zumindest in einem überpositiven Sinne und unter Inkaufnahme möglicher Missverständnisse als einheitliches Rechtsgeschäft verstanden werden könnte. Die funktionale Verselbständigung gegenüber dem genehmigten Geschäft schließt es aus, dass etwa auf die nach § 415 erforderliche Genehmigung einer Schuldübernahme durch den Gläubiger die Grundsätze über das kaufmännische Bestätigungsschreiben angewandt werden (OLGR Köln 2000, 267, 269).

Gerade weil die erforderliche Zustimmung sich auf das Hauptgeschäft bezieht und dieses in Geltung setzen will, muss sie inhaltlich dem letzteren völlig entsprechen. Es besteht also insoweit das Erfordernis der Korrespondenz (NK-BGB/Staffhorst[2] § 182 Rn 11). S dazu unten § 182 Rn 2a und § 184 Rn 12.

2. Abstraktheit

38 Die Zustimmung ist ein abstraktes Rechtsgeschäft (vTuhr, AT II 2 § 78 IV S 231; Enneccerus/Nipperdey, AT § 204 II 3; MünchKomm/Schramm[5] § 182 Rn 25; MünchKomm/Bayreuther[6] § 182 Rn 1; Soergel/Leptien Vorbem 3; NK-BGB/Staffhorst[2] § 182 Rn 8). Sie ist demnach von dem Grund, aus welchem sie erteilt wird, tatbestandlich losgelöst. Etwaige

Mängel eines Vertragsverhältnisses, bei dessen Durchführung die Zustimmung erteilt wird, wirken sich mithin nicht automatisch auf die Zustimmung aus; es ist vielmehr jeweils zu prüfen, ob der gleiche Mangel auch dem selbständigen Rechtsgeschäft der Zustimmung anhaftet. Wird beispielsweise ein Minderjähriger beauftragt, im eigenen Namen Sachen des Geschäftsherrn zu veräußern, ist der Auftrag nach §§ 107, 108 unwirksam, die Zustimmung als solche aber als ein für den Adressaten nur vorteilhaftes Rechtsgeschäft wirksam (ENNECCERUS/NIPPERDEY aaO). Damit ist aber noch nicht gesagt, dass sich das Grundverhältnis nicht doch in bestimmter Hinsicht auf den Bestand der Zustimmung auswirken kann. Bei der Vollmacht sorgt § 168 S 1 dafür, dass die durch Rechtsgeschäft verliehene Autorisation auf die Dauer des Grundverhältnisses beschränkt bleibt. Diese Begrenzung passt auch für die (noch nicht verbrauchte bzw für eine Vielzahl von Rechtsgeschäften erteilte) Einwilligung. Man wird die Vorschrift deshalb hier analog anwenden müssen (s § 183 Rn 20).

Darüber hinaus ist auch ein relevanter **Missbrauch der Einwilligung** (oder genauer: **39** der durch die Einwilligung verliehenen Rechtsmacht) denkbar (TANK NJW 1969, 7 ff; SOERGEL/LEPTIEN Vorbem 4). Wenn jemand einen anderen im Rahmen eines Auftrags oder Geschäftsbesorgungsvertrages dazu ermächtigt hat, im eigenen Namen über bestimmte Gegenstände des Geschäftsherrn zu verfügen, der Ermächtigte aber von der verliehenen Befugnis einen evidentermaßen pflichtwidrigen Gebrauch macht, ist die vorgenommene Verfügung trotz des weitergehenden Wortlautes der Einwilligungserklärung nicht mehr von der Einwilligung gedeckt. Die Grundsätze über den Missbrauch der Vertretungsmacht (s STAUDINGER/SCHILKEN [2014] § 167 Rn 91 ff) gelten entsprechend (SOERGEL/LEPTIEN Vorbem 3).

Die Abstraktheit der Zustimmung bedeutet im Übrigen nicht, dass die erteilte **40** Zustimmung **kondizierbar** wäre, wenn sie nur aufgrund der irrtümlichen Annahme einer Verpflichtung zur Zustimmung erteilt worden ist (aA MünchKomm/SCHRAMM[5] § 182 Rn 26). Sie gehört zu den rechtsgestaltenden Erklärungen, die ihren Rechtsgrund in sich selbst tragen. Die unzutreffende Annahme einer Verpflichtung zur Abgabe der Zustimmungserklärung bedeutet nur einen Motivirrtum, der als solcher auch nicht zur Anfechtung berechtigt. Ist von der irrtümlich erteilten Einwilligung noch kein Gebrauch gemacht worden, kann sie ohnehin nach § 183 durch Widerruf beseitigt werden, sodass es einer Kondiktion gar nicht bedarf (vTUHR, AT II 2, 231 Fn 138). Aber auch, wenn die Einwilligung als unwiderrufliche erteilt worden ist, besteht (entgegen vTUHR, AT II 2, 232; SIBER, Buchrechtsgeschäft 96) kein Bedürfnis für die Zulassung einer Kondiktion; es genügt hier die Annahme, dass der vereinbarte Widerrufsausschluss die Möglichkeit eines Widerrufs aus wichtigem Grund nicht beseitigen sollte (vgl dazu SOERGEL/LEPTIEN § 183 Rn 4; MünchKomm/SCHRAMM[5] § 183 Rn 15; MünchKomm/BAYREUTHER[6] § 183 Rn 16).

3. Empfangsbedürftigkeit

Die Zustimmung ist ein einseitiges empfangsbedürftiges Rechtsgeschäft. Damit sind **41** auf die Zustimmung die §§ 111, 180, 182 Abs 3, 1367, 1831 anzuwenden (MünchKomm/SCHRAMM[5] Vorbem 36; MünchKomm/BAYREUTHER[6] § 182 Rn 2). Als empfangsbedürftiges Rechtsgeschäft wird die Zustimmung erst mit dem Zugang wirksam (§ 130). Die Person des Adressaten wird für zustimmungsbedürftige Verträge und empfangsbedürftige einseitige Rechtsgeschäfte in § 182 festgelegt (s dort Rn 4). Für einseitige, nicht empfangsbedürftige Rechtsgeschäfte ergibt sie sich aus der Natur der Sache: als Empfänger kommt hier nur derjenige in Betracht, der das fragliche, streng einseitige Rechtsgeschäft vorgenommen hat.

42 Von der Adressatenregel des § 182 Abs 1 gibt es zahlreiche **gesetzliche Ausnahmen**: So kann gem § 108 Abs 2 S 1 die Genehmigung des gesetzlichen Vertreters nach erfolgter Aufforderung nur noch gegenüber dem Vertragspartner des beschränkt Geschäftsfähigen erklärt werden; dasselbe gilt gemäß § 177 Abs 2 S 1 bei vollmachtloser Vertretung und gemäß § 1366 Abs 3 S 1 bei Verfügungen eines im gesetzlichen Güterstand lebenden Ehegatten über das Vermögen im ganzen bzw über Haushaltsgegenstände (§§ 1365, 1369); vgl ferner § 1427 Abs 1 und § 1453 Abs 1 für die Gütergemeinschaft. Besondere Vorschriften, die den Kreis der Erklärungsempfänger einengen, hat das Gesetz für die Zustimmung zur Aufhebung von beschränkten dinglichen Rechten getroffen (§§ 876 S 3, 1071 Abs 1 S 2 und 3, 1178 Abs 2 S 3, 1245 Abs 1 S 3, 1255 Abs 2 S 2, 1276 Abs 1 S 2). Die Genehmigung des Familiengerichtes (§ 1828) und des Gegenvormundes (§ 1832) kann nur dem Vormund gegenüber erklärt werden; die nachträgliche Genehmigung durch das Familiengericht wird dem anderen Teil gegenüber gem § 1829 Abs 1 S 2 aber erst wirksam, wenn sie ihm durch den Vormund mitgeteilt wird.

43 Wenn mehrere Personen als Empfänger der Zustimmungserklärung in Betracht kommen, dann kann die *Auslegung* je nach dem Verständnishorizont des konkreten Empfängers unterschiedlich ausfallen. Dies ist beispielsweise der Fall, wenn dem Zustimmenden eine falsa demonstratio unterläuft, die für den einen der beiden potenziellen Zustimmungsadressaten erkennbar ist, für den anderen dagegen nicht. In einem solchen Falle ist der wirkliche Wille des Zustimmenden maßgeblich, wenn der Adressat diesen erkennt oder zumindest erkennen kann (vgl BGH MittRhNotK 2000, 286, 287). War die falsa demonstratio für den konkreten Adressaten nicht erkennbar, ist der objektive Erklärungswert maßgebend; der Zustimmende hat aber natürlich die Möglichkeit der Anfechtung wegen Inhaltsirrtums (wohl übersehen vom BGH aaO).

44 Denkbar ist, dass die gesetzlich vorgeschriebene **Zustimmungserklärung ihrerseits** wieder **der Zustimmung eines Dritten bedarf** (vTuhr, AT II 2 § 78 Fn 75; MünchKomm/ Schramm[5] Vorbem 36 zu § 182 und § 177 Rn 34). Dann findet auf die zustimmungsbedürftige Zustimmung § 182 Abs 3 Anwendung. Wenn etwa der minderjährige Berechtigte mit Einwilligung seines gesetzlichen Vertreters die Genehmigung der Verfügung eines Nichtberechtigten erklärt, kann der Adressat der Genehmigungserklärung diese also grundsätzlich zurückweisen; anders nur, wenn ihm die Zustimmung des gesetzlichen Vertreters in schriftlicher Form vorgelegt worden war oder wenn er in sonstiger Weise davon Kenntnis erlangt hatte. Die erforderliche Zustimmung eines Minderjährigen kann allerdings auch nach § 107 ohne zusätzliche Zustimmung des gesetzlichen Vertreters wirksam sein, nämlich wenn die Zustimmung für den Minderjährigen ein rechtlich nur vorteilhaftes Geschäft darstellt. Dies gilt zB, wenn der beschränkt Geschäftsfähige seine Zustimmung zur Annahme einer Schenkungsofferte erklärt, die ein vollmachtloser Vertreter für ihn erklärt hat (Thiele 287 ff).

4. Willensmängel

Die Zustimmung kann wie jedes andere Rechtsgeschäft nichtig sein; ebenso kann sie **45** aufgrund von Willensmängeln des Zustimmenden angefochten werden (BGHZ 137, 255, 260; BGB-RGRK/Steffen § 182 Rn 6; Soergel/Leptien Vorbem 5; jurisPK-BGB/Trautwein[6] § 182 Rn 58; PWW/Frensch[8] § 182 Rn 7; Flume, AT § 54, 6 e; Merten 58 ff; Bork AT[3] Rn 1697). Dass dabei nur solche Willensmängel in Betracht kommen, die dem Zustimmungsgeschäft selbst anhaften und nicht bloß das zustimmungspflichtige Hauptgeschäft betreffen (so BGHZ 111, 339, 347; 137, 255, 260; Larenz/Wolf AT[9] § 51 Rn 12), versteht sich von selbst; im Übrigen kommt dieser Satz zum Tragen ohnehin nur, wenn der Zustimmende wie im Falle des § 108 Abs 3 sein eigenes Rechtsgeschäft genehmigt. Die Zustimmung ist beispielsweise nichtig, wenn sie das gemeinte Geschäft nicht benennt und dieses für den Erklärungsempfänger auch nicht aus den Umständen ersichtlich ist (Jauernig/Mansel[15] § 182 Rn 3). Ebenso ist die Zustimmung nichtig, wenn bei einem zustimmungspflichtigen Geschäft eine irrtümliche Falschbezeichnung des Geschäftsgegenstandes erfolgte, der Zustimmungsberechtigte aber trotz Kenntnis der falsa demonstratio dieses nicht mit dem von den Vertragsparteien übereinstimmend gemeinten Inhalt, sondern stattdessen explizit nur das objektiv Erklärte genehmigt (OLG Düsseldorf NJW-RR 1995, 784); hier geht die Zustimmung einfach an dem zustimmungspflichtigen Rechtsgeschäft vorbei. Sie ist dagegen nicht schon deshalb nichtig, weil der Zustimmende sich bei eindeutiger Bezugnahme auf ein bestimmtes Rechtsgeschäft falsche Vorstellungen über den wesentlichen Inhalt und die Art des Rechtsgeschäftes macht (Jauernig/Mansel[15] aaO; missverständlich BGH NJW 1982, 1099, 1100 [zur Verweigerung der Zustimmung]). Das rechtfertigt vielmehr nur eine Anfechtung wegen Inhaltsirrtums. Diese ist möglich, weil sich der eigentliche Inhalt der Zustimmung erst aus dem Inhalt des Rechtsgeschäftes ergibt, auf das sich die Zustimmung bezieht (Bamberger/Roth/Bub[3] § 182 Rn 23; PWW/Frensch[8] § 182 Rn 7). Genauso wie eine Akzeptation bei Irrtum über den Inhalt der angenommenen Offerte nach § 119 Abs 1 angefochten werden kann, bedeutet auch die Fehlvorstellung über den wesentlichen Inhalt des Rechtsgeschäfts, auf das sich die Zustimmung bezieht, einen Irrtum über den Inhalt der Zustimmungserklärung, nicht nur einen Motivirrtum. All dies gilt auch dann, wenn beim Vertragsschluss durch einen falsus procurator eine irrtümliche Falschbezeichnung erfolgt ist, die der genehmigende Geschäftsherr nicht erkannt hat. Die irrige Annahme einer Zustimmungspflicht begründet – jedenfalls wenn diese Annahme nicht auf arglistiger Täuschung beruht – allerdings keinen Anfechtungsgrund. Sie eröffnet richtiger Ansicht nach auch nicht die Möglichkeit, die Zustimmung zu kondizieren (s Vorbem 40). Anfechtungsberechtigt ist bei der von einem gesetzlichen Vertreter erklärten Einwilligung der *jeweilige* gesetzliche Vertreter (vTuhr, AT II 2, 233 Fn 151) bzw der inzwischen volljährig Gewordene selbst. **Anfechtungsgegner** ist gem § 143 Abs 3 S 1 der Erklärungsadressat. Streitig ist insoweit, ob bei der Zustimmung zu einem Vertrag nur der tatsächliche Empfänger der Zustimmungserklärung als Anfechtungsgegner in Betracht kommt (so vTuhr, AT II 2, 233; Staudinger/Coing[11] § 143 Rn 10; BGB-RGRK/Krüger-Nieland[11] § 143 Rn 11; MünchKomm/Schramm[5] § 182 Rn 5; MünchKomm/Bayreuther[6] § 182 Rn 19; Soergel/Leptien § 182 Rn 2; NK-BGB/Staffhorst[2] § 182 Rn 42; Bamberger/Roth/Bub[3] § 182 Rn 8; Erman/Maier-Reimer[13] Rn 13; Palandt/Ellenberger[73] § 182 Rn 1) oder ob die Anfechtungserklärung auch an die andere Vertragspartei als potenziell geeigneten Adressaten der Zustimmungserklärung gerichtet werden kann (so Staudinger/Dilcher[12] § 143 Rn 10; BGB-RGRK/Steffen[12] § 182 Rn 6; jurisPK/Trautwein[6] § 182 Rn 21; Erman/Palm[12] Vorbem 6; ENNECCERUS/NIPPERDEY § 203 III 8 a). Noch anders FLUME (AT II § 31, 5 b), nach dem die Einwilligung zu einem noch nicht abgeschlossenen Geschäft nur gegenüber dem wirklichen Adressaten der Zustimmungserklärung angefochten werden kann, nach Abschluss des Hauptgeschäftes die Anfechtung der Einwilligung oder Genehmigung aber nur noch dem dritten Geschäftspartner erklärt werden kann (zust MEDICUS, AT[10] Rn 721). Der Streit ist schwer zu entscheiden, da es sich hier um eine sehr technische Frage handelt, die der Gesetzgeber ohne Gefahr von Wertungswidersprüchen in dem einen oder anderen Sinne hätte lösen können. Dass der Anfechtungsempfänger nicht zwingend mit dem realen Empfänger der angefochtenen Erklärung identisch sein muss, zeigt § 143 Abs 3 S 2. Für die Lösung von FLUME könnte sprechen, dass sich die Anfechtung der Genehmigung primär als Angriff auf das bereits abgeschlossene Hauptgeschäft auswirkt, der Partner dieses Hauptgeschäftes also der eigentlich von der Anfechtung Betroffene ist. Es stört aber, dass FLUME (AT II § 54, 6 e S 894) wieder anders entscheiden will, wenn die intern erteilte Zustimmung dem Partner des Hauptgeschäftes noch gar nicht offengelegt ist: Der Zustimmende müsste dann – da er die Interna zwischen den Parteien des Hauptgeschäftes nicht kennt – aus Sicherheitsgründen gleich beiden Parteien des Hauptgeschäftes gegenüber anfechten. Außerdem wird der Urheber einer anfechtbaren internen Einwilligung möglicherweise noch gar nicht wissen, ob der Erklärungsempfänger von dieser bereits Gebrauch gemacht hat und wer gegebenenfalls der Partner des Hauptgeschäftes ist. Man kommt deshalb wohl nicht daran vorbei, jedenfalls auch die Anfechtung gegenüber dem realen Adressaten der Zustimmungserklärung zuzulassen. Da ein wirkliches Bedürfnis für einen zusätzlichen Anfechtungsgegner nicht ersichtlich ist, sollte man es dabei belassen (so auch STAUDINGER/RIEBLE [2012] § 415 Rn 73). Wiederum anders will die Rechtsprechung bei der Anfechtung der Zustimmung des Übernehmers zu der zwischen dem ausscheidenden und dem eintretenden Vertragspartner vereinbarten Vertragsübernahme entscheiden. Unter Berufung darauf, dass die Vertragsübernahme durch zweiseitigen Vertrag mit Zustimmung des dritten Beteiligten einem dreiseitigen Vertrag gleichwertig ist, nimmt die Rechtsprechung an, dass die Anfechtung sowohl dem verbleibenden, wie auch dem ausscheidenden Vertragspartner gegenüber erklärt werden muss (BGHZ 96, 302, 309 ff; aA DÖRNER NJW 1986, 2916 ff [nur Vertragszedent als Anfechtungsgegner]; STAUDINGER/RIEBLE [2012] § 415 Rn 31 mwNw). Wird die Vertragsübernahme zwischen dem Vertragszedenten und dem eintretenden mit Zustimmung des verbleibenden Vertragspartners geschlossen, muss dieser nach der Rechtsprechung konsequenterweise ebenfalls die Anfechtung gegenüber beiden anderen Beteiligten erklären (BGHZ 137, 255, 260; verhalten zust EMMERICH JuS 1958, 495, 497 [„vertretbar"]).

46 Im Falle der **von einem Dritten begangenen arglistigen Täuschung** führt eine wortgetreue Anwendung von § 123 Abs 2 S 1 zu dem befremdlichen Ergebnis, dass die Zulässigkeit der Anfechtung davon abhängen kann, ob die Zustimmung zufällig intern oder extern erklärt worden ist (vgl vTUHR, AT II 2, 233): Zwar würde sich bei der intern erklärten Zustimmung über eine analoge Anwendung von § 123 Abs 2 S 2 die Relevanz der Kenntnis oder Kenntnismöglichkeit des Vertragspartners des Hauptgeschäftes begründen lassen (dafür STAUDINGER/DILCHER[12] § 182 Rn 20; PLANCK[3] § 182 Anm 3; SOERGEL/LEPTIEN[12] Vorbem 6; ERMAN/PALM[12] Vorbem 6; BAMBERGER/ROTH/BUB[3] § 182 Rn 23; vTUHR, AT II 2, 233 m Fn 155), aber die Anfechtbarkeit der externen Zustimmung müsste trotz Kenntnis oder Kenntnismöglichkeit des durch die Einwilligung Ermächtigten an § 123 Abs 2 S 1 scheitern. Zwei Auswege bieten sich an, um solche

Zufallsergebnisse zu vermeiden: Man könnte in § 123 Abs 2 S 1 auch die Kenntnis des nur potenziellen Zustimmungsadressaten ausreichen lassen (so Staudinger/Coing[11] § 182 Rn 10; Soergel/Leptien[13] Vorbem 5) oder stattdessen umgekehrt mit Flume auch die Anfechtung einer internen Zustimmungserklärung von der Kenntnis oder Kenntnismöglichkeit des Partners des Hauptgeschäftes abhängig machen (Flume, AT II § 29, 3 S 546; ebenso MünchKomm/Kramer[5] § 123 Rn 26). Da die Anfechtung natürlich weniger darauf abzielt, das bloße Hilfsgeschäft der Zustimmung zu vernichten, ihr primäres Ziel vielmehr die Beseitigung des Hauptgeschäftes ist, dürfte die letztere Lösung angebracht sein. Die Zustimmung des Vermieters zum Mieterwechsel durch Vertrag zwischen Alt- und Neumieter kann nach BGHZ 137, 255, 262 f (= LM BGB § 123 BGB Nr 79 m abl Anm Kramer) nur dann wegen arglistiger Täuschung durch den neuen Mieter angefochten werden, wenn der Altmieter die Täuschung kannte oder zumindest kennen musste (zust Staudinger/Singer/vFinkenstein [2011] § 123 Rn 62; Palandt/Grüneberg Rn 42; PWW/Frensch[8] § 182 Rn 7; abl MünchKomm/Roth[6] § 398 Rn 194; Nörr/Scheyhing/Pöggeler § 19 IV). Die vom BGH hierzu herangezogene Wertung des § 123 Abs 2 S 2 trägt dieses Ergebnis nicht, da diese Vorschrift nicht zur Einschränkung, sondern zur Ausdehnung der Anfechtungsmöglichkeit (bei Verträgen zugunsten Dritter reicht im Falle einer von einem Vierten begangenen Täuschung statt der Kenntnis des Vertragspartners auch die des Dritten) geschaffen wurde. Zur Anfechtung des zustimmenden Gläubigers wegen arglistiger Täuschung bei der *Schuldübernahme nach § 415* vgl Staudinger/Singer/vFinkenstein (2011) § 123 Rn 62 und Staudinger/Rieble (2011) § 415 Rn 29 f. – Problematisch ist auch, wem gegenüber bei der Anfechtung einer Zustimmung nach §§ 119, 120 die **Schadensersatzpflicht** aus § 122 besteht. Berücksichtigt man wieder, dass sich die Anfechtung der Zustimmung materiell gegen das Hauptgeschäft richtet, so wird man den Schadenersatzanspruch auch ganz unabhängig von der Person des konkreten Zustimmungs- bzw Anfechtungsadressaten dem externen Geschäftspartner, im Falle der Anfechtung der Zustimmung des gesetzlichen Vertreters zum Vertrag eines Minderjährigen also dem Vertragspartner des Minderjährigen geben müssen (so in der Tat Flume, AT II § 54, 6 e; vgl auch NK-BGB/Staffhorst[2] § 182 Rn 42; Bamberger/Roth/Bub[3] § 182 Rn 23; PWW/Frensch[8] § 182 Rn 7 aE).

Die Anfechtung einer Einwilligung oder die Berufung auf die Nichtigkeit der Einwilligung nach § 118 kann eine Schadensersatzpflicht aus § 122 jedenfalls dann nicht auslösen, wenn der Zustimmende die Einwilligung stattdessen noch nach § 183 hätte widerrufen können. 47

5. Zustimmung als Verfügung

Sehr streitig ist, ob die Zustimmung zu einer Verfügung ihrerseits als Verfügung einzuordnen ist. Die Frage wird teilweise generell bejaht (RGZ 137, 356, 357; 152, 380, 383; Staudinger/Dilcher[12] Rn 10; Staudinger/Coing[11] Einl 68 zu §§ 106 ff; Enneccerus/Nipperdey § 143 II Fn 11, § 204 II 4; Lehmann/Hübner, AT § 37 III 4; Henle BR I, 201; Raape AcP 121 [1923] 257 ff, 294 f; 123 [1925] 194 ff; Isay AcP 122 [1924] 195 ff; Kluckhohn, Die Verfügungen zugunsten Dritter [1914] 15 ff; ferner RGZ 90, 395, 399 [Einwilligung und Genehmigung zur Verfügung eines Nichtberechtigten selbst Verfügung]), von anderen dagegen generell verneint (Soergel/Leptien Vorbem 3; Larenz, AT[6] § 24 S 488; M Wolff, Genehmigung 14 f). Eine dritte Ansicht will zwar die Genehmigung einer schwebend unwirksamen Verfügung selbst als Verfügung behandeln, leugnet aber den Verfügungscharakter der Einwilligung zu 48

Vorbem zu §§ 182–185

einer Verfügung (MünchKomm/Schramm⁵ Vorbem 40 ff zu § 182; Palandt/Ellenberger⁷³ Überbl 16 vor § 104; Erman/Palm¹² Einl 19 zu §§ 104 ff; vTuhr, AT II 2, 229, 239, 245; ders AcP 117 [1919] 193 ff; Staudinger/Riezler⁹ Vorbem VIII 5 vor §§ 104 ff; Dölling 53). Vorzugswürdig ist die zweitgenannte Ansicht. Die Zustimmung zu einer fremden Verfügung (etwa die Zustimmung des Berechtigten zur Verfügung eines Nichtberechtigten oder des Insolvenzverwalters zur Verfügung des Gemeinschuldners oder des gesetzlichen Vertreters zur Verfügung eines Minderjährigen) ist immer nur ein Hilfsgeschäft dieser Verfügung. Verfügungswirkungen entfaltet erst der „gestreckte rechtsgeschäftliche Gesamttatbestand" iS von Thiele, der aus dem Hauptgeschäft und dem zugehörigen Hilfsgeschäft der Zustimmung gebildet wird (Flume, AT II § 11, 5 d; § 54, 6 f). Das schließt allerdings nicht aus, dass bestimmte Regeln über Verfügungen auch auf das verselbständigte Hilfsgeschäft der Zustimmung übertragen werden können. Mindestvoraussetzung ist dabei allerdings, dass die Zustimmung zu einem Rechtsverlust beim Zustimmenden führt (bzw jedenfalls führen würde, wenn der Zustimmende der Inhaber des betreffenden Rechtes bzw nicht in seiner Verfügungsbefugnis beschränkt wäre) (MünchKomm/Schramm⁵ Vorbem 42; PWW/Frensch⁸ § 182 Rn 3). Dies gilt beispielsweise für das Erfordernis der **Verfügungsmacht** (Flume, AT II § 11, 5 d; Egert 72). Die Zustimmung des Betroffenen zu der fremden Verfügung muss überall dort wirkungslos bleiben, wo diesem eine eigene Verfügung des fraglichen Inhaltes versagt wäre (Oertmann Anm 3c). Die Genehmigung der Verfügung eines Nichtberechtigten durch den Berechtigten kann grundsätzlich nur dann die Wirkung des § 185 Abs 2 entfalten, wenn der Berechtigte nicht nur bei der Abgabe, sondern auch noch im Zeitpunkt des Zugangs der Zustimmungserklärung verfügungsbefugt ist. Wichtig ist im vorliegenden Zusammenhang insbesondere, dass auch die von einem zweiten Nichtberechtigten erteilte Genehmigung der Verfügung eines Nichtberechtigten als genehmigungsfähige Verfügung iS von § 185 Abs 2 qualifiziert (oder besser: einer solchen im Analogiewege gleichgestellt werden) kann (Thiele 296; MünchKomm/Schramm⁵ Vorbem 42 zu § 182 m Fn 91; Soergel/Leptien Vorbem 3; **aA** RGZ 137, 356, 357 f; MünchKomm/Schwab⁶ § 816 Rn 10 mwNw; iE auch Enneccerus/Nipperdey, AT § 204 II 4 Fn 35, nach denen die Zustimmung des Nichtberechtigten analog §§ 111, 180 endgültig unwirksam und deshalb nicht genehmigungsfähig sein soll [s dazu auch § 185 Rn 7]). Das ist für den Berechtigten insbesondere dann von Vorteil, wenn das Hauptgeschäft unentgeltlicher Natur, die Genehmigungserklärung des zweiten Nichtberechtigten aber gegen Entgelt erteilt worden ist. Dann kann sich der Berechtigte nach hM durch die Genehmigung der unwirksamen Zustimmungserklärung des zweiten Nichtberechtigten den Erlösherausgabeanspruch aus §§ 816 Abs 1 S 1, 185 Abs 2 gegen diesen verschaffen (Thiele aaO).

49 Etwas anders stellt sich die Situation bei der **Einwilligung** zu einer Verfügung dar. Hier ist zu berücksichtigen, dass die Einwilligung für sich allein genommen die Rechtslage des Objektes des erst noch vorzunehmenden Hauptgeschäftes noch gar nicht beeinflusst. Die Verfügungsmacht des Einwilligenden muss deshalb noch bei der Vornahme des Verfügungsgeschäftes durch den Ermächtigten gegeben sein (Flume, AT § 57, 2). Solange das Hauptgeschäft noch nicht vorgenommen ist, besteht für die Annahme der Genehmigungsfähigkeit der Einwilligung des Nichtberechtigten kein Bedürfnis. Der Zustimmungsberechtigte kann den beabsichtigten Effekt problemlos durch eine Einwilligung in das zu erwartende Hauptgeschäft erreichen. Dagegen wird man annehmen müssen, dass die Einwilligung eines Nichtberechtigten nach der Wertung des § 185 Abs 2 S 1 Fall 2 wirksam wird, wenn der Einwilligende das Verfügungsobjekt noch vor der Vornahme des Hauptgeschäftes erwirbt und damit zum Berechtigten wird (Flume, AT § 57, 3 a S 909 Fn 14 a; Pfister JZ 1969, 623, 624 Fn 29 [bei unzutr Ausgangspunkt]).

Die Erteilung einer wegen mittelbarer Rechtsbeteiligung erforderlichen und kraft Gesetzes **unwiderruflichen Einwilligung** (vgl §§ 876 S 3 HS 2, 880 Abs 2, 3, 1071, 1178 Abs 2 S 2, 1183, 1245 Abs 1 S 2, 1255 Abs 2, 1276 Abs 1, 1516, 1517) wird allerdings von der hM als Verminderung der Rechtsposition des Einwilligenden und damit als selbständige Verfügung beurteilt (RGZ 52, 411, 416; Flume, AT § 55; Rosenberg § 876 Anm II 1 c; Staudinger/Ertl[12] § 876 Rn 14; Soergel/Stürner § 876 Rn 7; MünchKomm/Schramm[5] Vorbem 41 [m Einschr]; NK-BGB/Staffhorst[2] § 183 Rn 14; PWW/Frensch[8] § 182 Rn 3; Siber, Das Buchrechtsgeschäft [1909] 134 Fn 1; Hübner Rn 1347; **aM** Thiele 300 ff). Das ist alles andere als selbstverständlich. Auch in diesen Fällen tritt ja die mit der Einwilligung in Kauf genommene Verminderung der Rechtsposition des Zustimmenden erst durch die Vornahme des Hauptgeschäftes ein. Andererseits wollte der Gesetzgeber hier offenbar dem durch die Einwilligung Begünstigten durch die Anordnung der Unwiderruflichkeit eine gesicherte Rechtsposition verschaffen, die von der weiteren Entwicklung in der Sphäre des Zustimmungsberechtigten unabhängig sein sollte. Dieser Effekt ergibt sich aber nur dann, wenn insbesondere auch ein nachträglicher Verlust der Verfügungsmacht beim Einwilligenden oder der nachträgliche Verlust der Rechtszuständigkeit für die Einwilligung durch Weiterübertragung der Rechtsposition, die durch das Zustimmungsbefugnis geschützt werden soll, die Wirksamkeit der unwiderruflichen Einwilligung nicht beeinflusst. Aus diesem Grunde wird man der hM doch wohl folgen und diese Art von Einwilligung als selbständige und abgeschlossene Verfügung werten müssen. Die daraus resultierende Bindung des Rechtsnachfolgers an die Zustimmung kann uU durch den liegenschaftsrechtlichen Verkehrsschutz ausgeschaltet werden (vgl Staudinger/Gursky [2012] § 876 Rn 34 f; NK-BGB/Staffhorst[2] § 183 Rn 14). 50

6. Entgeltlichkeit

Ob mit einer Zustimmung, die zu einem Rechtsverlust beim Erklärenden führt, eine entgeltliche Zuwendung verbunden ist, muss danach beurteilt werden, ob der Zustimmende eine Gegenleistung erhält oder nicht. 51

7. Bedingungsfeindlichkeit

Die Zustimmung ist zwar kein eigentliches Gestaltungsgeschäft (vgl Staudinger/Dilcher[12] Einl 48 zu §§ 104 ff) und demnach nicht schon aus diesem Grunde (vgl Staudinger/Bork [2010] Vorbem 38 ff zu §§ 158 ff) bedingungsfeindlich. Bei der Einwilligung ist die Zufügung einer Bedingung oder Befristung denn auch völlig unbedenklich (s § 183 Rn 5). Die Genehmigung dagegen hat die Funktion, die bisherige schwebende Unwirksamkeit zu beseitigen und die Rechtslage damit zu klären. Sie verträgt schon deshalb jedenfalls im Grundsatz keine Bedingungen (Staudinger/Dilcher[12] Vorbem 10; Staudinger/Rieble [2012] § 415 Rn 73; Soergel/Leptien Vorbem 5; MünchKomm/H P Westermann[6] § 158 Rn 28; HKK/Finkenauer §§ 158–163 Rn 38; Larenz, AT[6] § 25 II; Larenz/Wolf AT[9] § 50 Rn 25; **aM** RG HRR 1928 Nr 1559; Schubert/Glöckner § 184 Nr 22; HRR 1933 Nr 1415; [implizit] BGH WM 1959, 1195 f [jeweils zu § 415]; Enneccerus/Nipperdey, AT § 195 Fn 7; BGB-RGRK/Steffen Vorbem 18 zu §§ 182 ff; mit Einschränkungen auch vTuhr, AT II 2 238 f; NK- 52

BGB/Staffhorst² § 182 Rn 35 f, 39; offen gelassen in BGH WM 1959, 1195, 1196). Eine nur bedingte Genehmigung sollte man aufgrund vorrangiger Interessen des Genehmigenden aber jedenfalls bei der Verfügung eines Nichtberechtigten zulassen (s unten § 185 Rn 54).

8. Zustimmungspflicht

53 Der Zustimmungsberechtigte kann kraft Rechtsgeschäfts oder auch kraft Gesetzes (vgl etwa § 2120 S 1 BGB, § 12 Abs 2 WEG) anderen Personen gegenüber zur Erteilung der Zustimmung verpflichtet sein. Dieser Umstand macht die Erteilung grundsätzlich nicht entbehrlich, auch nicht unter dem Gesichtspunkt des Rechtsmissbrauchs. Vielmehr muss die Erteilung der Zustimmung dann im Klagewege erzwungen werden (NK-BGB/Staffhorst² § 182 Rn 12). Im Verhältnis zum Gläubiger des Zustimmungsanspruchs würde allerdings der Zustimmungspflichtige regelmäßig gegen Treu und Glauben verstoßen, wenn er geltend machen wollte, der zustimmungsbedürftige Vertrag sei infolge Fehlens der Zustimmungserklärung unwirksam (vgl BGHZ 108, 380, 384; Staudinger/Schilken [2014] § 177 Rn 17; MünchKomm/Schramm⁶ § 177 Rn 47 f). Die Zustimmungspflicht impliziert im Übrigen die Unwiderruflichkeit einer erteilten Einwilligung (s unten § 183 Rn 16).

VIII. Behördliche Zustimmungen*

1. Allgemeines

54 Viele private Rechtsgeschäfte bedürfen kraft besonderer gesetzlicher Bestimmung einer behördlichen Zustimmung (bzw Genehmigung oder Erlaubnis oder Zulässigkeitserklärung). Die vorgeschriebene behördliche Zustimmung ist dann Wirksamkeitsvoraussetzung des fraglichen Rechtsgeschäfts. Vom Abschluss des Geschäfts bis

---

* **Schrifttum**: Armbrüster, Zum Zahlungsverzug bei ausstehender behördlicher Genehmigung des Grundstückskaufvertrags, NJW 1999, 1306; Bolien, Die staatliche Genehmigung im Grundstücksverkehr in ihren zivilrechtlichen Auswirkungen unter Berücksichtigung der gesetzlichen Vorkaufs-, Wiederkaufs- und Ankaufsrechte (Diss Hamburg 1967); Böttger/Spanl, Vormundschaftsgerichtliche Genehmigungen im Grundstücksverkehr, RechtspflegerJb 1990, 193; Bullinger, Die behördliche Genehmigung privater Rechtsgeschäfte und ihre Versagung, DÖV 1957, 762; Clasen, Das der behördlichen Genehmigung unterliegende private Rechtsgeschäft, BlGBW 1964, 180; Janicki, Die Erteilung privatrechtsgestaltender behördlicher Genehmigungen nach unanfechtbarer Versagung, NJW 1963, 838; Kieckebusch, Die öffentlich-rechtliche Genehmigung privater Rechtsgeschäfte, VerwA 57, 17 und 162; Kroeber, Das Problem des privatrechtsgestaltenden Staatsaktes (1931); Labuhn, Vormundschaftsgerichtliche Genehmigung (1991); O Lange, Die behördliche Genehmigung und ihre zivilrechtlichen Auswirkungen, AcP 152 (1952/53) 241; Manssen, Privatrechtsgestaltung durch Hoheitsakt (1994); Münzel, Nachträgliche Erteilung einer verweigerten Genehmigung?, NJW 1959, 601; ders, Zur Rückwirkung der privatrechtlichen und öffentlich-rechtlichen Genehmigung unter Einschluß des Kartellrechts, NJW 1959, 1657; Schulze, Liegenschaftserwerb vom Nichtberechtigten und Genehmigung (Diss Berlin 1962); Schumacher, Die Erteilung der vormundschaftsgerichtlichen Genehmigung und das Wirksamwerden des genehmigungsbedürftigen Rechtsgeschäfts (Diss Köln 1973); Steiner, Bindungswirkung und Bestandskraft der fingierten Bodenverkehrsgenehmigung, DVBl 1970, 34.

zur endgültigen Entscheidung über die Genehmigung besteht in diesen Fällen ebenso *schwebende Unwirksamkeit* wie bei dem Erfordernis einer rechtsgeschäftlichen Zustimmung (BGHZ 14, 1, 2; 23, 342, 344; 37, 233, 235; 142, 51, 59; BGH JZ 1972, 368 f; NJW 1993, 648, 653; BVerwG NJW 1978, 338; OLG Koblenz NJW 1988, 3099; BGB-RGRK/Steffen § 182 Rn 12; Soergel/Leptien Vorbem 12; MünchKomm/Bayreuther[6] Vorbem 17; Bolien 72; Manssen 287 ff). Vor der Genehmigungserteilung ergeben sich aus dem zustimmungsbedürftigen Verpflichtungsgeschäft grundsätzlich keine Erfüllungsansprüche und kann demgemäß die Nichterbringung der versprochenen Leistung keine Verzugsfolgen auslösen (BGH NJW 1993, 648, 651; s auch Schubert/Glöckner § 182 Nr 14). Auch auf Leistung nach Genehmigung kann während des Schwebezustandes keine Partei erfolgreich klagen (RG Schubert/Glöckner Nr 1 vor §§ 182–185). Andererseits ist aber doch jede Partei, die das Genehmigungserfordernis kannte, an das Rechtsgeschäft *gebunden* (Kieckebusch 36). Die Parteien sind insbesondere gehalten, alles in ihren Kräften stehende zu tun, um die Genehmigung herbeizuführen und ebenso alles zu unterlassen, was die Genehmigungserteilung in Frage stellen könnte (RGZ 115, 35, 38; 119, 332, 334; 129, 357, 376; OGHZ 2, 318; BGH LM § 986 BGB Nr 1 Bl 1 R; BGHZ 14, 1, 2 f; 67, 34, 35; BGH BB 1956, 869; BVerwG NJW-RR 1986, 756, 758; KG VIZ 1997, 602, 603; OLG Stuttgart NJW 1953, 670; BGB-RGRK/Steffen § 182 Rn 14; Soergel/Leptien Vorbem 10 und § 184 Rn 4; Palandt/Grüneberg[73] § 242 Rn 33; Kieckebusch 36; krit Kroppenberg WM 2001, 844, 846 ff). Diese Bindungswirkung entfällt auch nicht allein wegen außergewöhnlich langer Dauer des Genehmigungsverfahrens; wohl aber, wenn weitere Umstände hinzukommen, die die Erreichung des Vertragszweckes gefährden (BGH NJW 1993, 648, 651). Der durch die Genehmigungsbedürftigkeit eingetretene Schwebezustand ist aber jedenfalls dann beendet, wenn den Parteien nach Treu und Glauben nicht mehr zugemutet werden kann, um die Genehmigung nachzusuchen (BGHZ 76, 242, 248; BGH DtZ 1994, 247). In einem (nach dem GrdstVG oder nach der GVO) genehmigungsbedürftigen Vertrag können die Parteien uU gewisse Pflichten schon für die Dauer des Schwebezustandes eingehen. So lässt die Rechtsprechung es zu, dass in einem solchen Vertrag die sofortige Hinterlegung des Kaufpreises vereinbart wird; dann kann der Käufer trotz des Ausstehens der Genehmigung in Verzug geraten (BGH WM 1979, 74; ZIP 1986, 37, 38; NJW 1999, 1329 mwNw; 1999, 3040; zust Fassbender VIZ 1993, 527, 530 f; Armbrüster NJW 1999, 1306; Erman/Palm[12] § 184 Rn 4; Jauernig/Mansel[15] § 182 Rn 2). Das Gleiche gilt für städtebau- und kommunalrechtliche Genehmigungserfordernisse, aber auch für familiengerichtliche Genehmigungen (Armbrüster ZfIR 1998, 569, 573 f).

Fällt das Erfordernis einer behördlichen Genehmigung vor deren endgültigen Versagung durch eine Gesetzesänderung *weg*, so wird das Geschäft voll wirksam (OGHZ 3, 393, 399; BGHZ 37, 233, 236; 127, 368, 375; BGH MDR 1951, 153; BB 1953, 543; MDR 1962, 727; NJW 1965, 41; LM § 134 BGB Nr 15; VIZ 2001, 108; OLG Zweibrücken OLGZ 1985, 360, 362; Soergel/Leptien Vorbem 10). Die Situation ist dann genau die gleiche, als wenn das Rechtsgeschäft nunmehr genehmigt worden wäre (BGH NJW 1965, 41; Kieckebusch 53). Und zwar ist das Rechtsgeschäft als von Anfang an wirksam anzusehen (BGH NJW 1965, 41; Soergel/Leptien aaO; **aA** [nur Heilung ex nunc] Palandt/Grüneberg[73] § 275 Rn 38 [anders aber § 275 Rn 41 für Erfüllungsgeschäfte]; Palandt/Bassenge Überbl 17 vor § 873). 55

Wird die behördliche Genehmigung unter der *Bedingung der Vertragsänderung* erteilt, so ist in Wirklichkeit eine Versagung der Genehmigung für den geschlossenen Vertrag und die Vorabgenehmigung eines noch zu schließenden Vertrages gegeben 56

Vorbem zu §§ 182–185

(OLG Schleswig SchlHA 1960, 114; KIECKEBUSCH 31 f mwNw; vgl auch STAUDINGER/DILCHER[12] Vorbem 62 zu §§ 158 ff).

2. Erscheinungsformen

57 Behördlichen Genehmigungen kommt im *Wirtschaftsrecht* besondere Bedeutung zu (KIECKEBUSCH 18). Die früheren Genehmigungserfordernisse nach § 2 Preisangaben- und PreisklauselG (PaPkG) sind allerdings durch das neue PrKlG v 7. 9. 2007 (BGBl I 2248) beseitigt worden. Im Grundstücksrecht bestehen zahlreiche unterschiedlichen Zielen dienende Genehmigungserfordernisse (vgl STAUDINGER/GURSKY [2012] Vorbem 48 ff zu §§ 873 ff; PALANDT/BASSENGE Überbl 17 vor § 873; LAMBERT-LANG/TROPF/FRENZ, Handbuch der Grundstückspraxis[2] S 541 ff; DEMHARTER, GBO[29] § 19 Rn 123 ff), beispielsweise nach dem GrdstVG und nach § 2 der GrundstVerkO der neuen Bundesländer (s BÖHRINGER DtZ 1993, 141; OLG Rostock FamRZ 1995, 1583, 1584), ferner nach §§ 22, 51, 144, 169 BauGB. Im Arbeitsrecht ist zB die Kündigung des Arbeitsvertrages durch den Arbeitgeber in bestimmten Fällen an eine behördliche Zustimmung gebunden (zB §§ 9 Abs 3 MuSchG, §§ 85, 88 SGB IX, 4 S 4, 18 KSchG, 18 BEEG). Das arbeitsrechtliche Kündigungsschutzrecht verwendet dabei den Begriff der Zustimmung grundsätzlich im gleichen Sinne wie § 182 (BAG NJW 2004, 244, 245; CONRADI SAE 2005, 20 ff; jurisPK-BGB/TRAUTWEIN[6] § 182 Rn 9). Für die in § 103 BetrVG iVm § 15 KSchG vorgesehene Zustimmung des Betriebsrats zur Kündigung des Arbeitsvertrages mit einem Betriebsratsmitglied gilt das allerdings nicht (vgl BAG NJW 2004, 2612, 2613; ILBERTZ ZBVR 2004, 180 f; jurisPK-BGB/TRAUTWEIN aaO). Das BGB sieht behördliche Genehmigungen in den §§ 22, 80, 763, 1059a Abs 1 Nr 2, 1092 vor.

58 Ferner besteht das Erfordernis einer **aufsichtsbehördlichen** Genehmigung für bestimmte Rechtsgeschäfte von juristischen Personen des öffentlichen Rechts (vgl WOLFF/BACHOF, VerwR II [4. Aufl 1976] § 77 II c 4 [in der 5. Aufl 1987 nicht enthalten]; KIECKEBUSCH 19 mwNw). Solange die aufsichtsbehördliche Genehmigung nicht erteilt ist, ist das betreffende Rechtsgeschäft schwebend unwirksam (BGHZ 157, 168, 174). Mit der Genehmigungsversagung wird es endgültig unwirksam (BGH aaO).

59 Von einem **Negativattest** bzw einer Unbedenklichkeitsbescheinigung spricht man, wenn die um Genehmigung eines Rechtsgeschäfts ersuchte zuständige Behörde erklärt, das Rechtsgeschäft bedürfe keiner Genehmigung. Wird ein solches Negativattest irrtümlich erteilt, so kann hierin nach hM eine Genehmigung zu sehen sein oder die Äußerung doch zumindest aus Gründen des Vertrauensschutzes wie eine Genehmigung zu behandeln sein (BGHZ 1, 294, 301 ff [für devisenrechtliche Genehmigung]; 14, 1, 3 f [preisrechtliche Genehmigung]; BGH GRUR 1986, 79, 80; KG JFG 16, 84; MünchKomm/ BAYREUTHER[6] Vorbem 18 zu § 182; ERMAN/MAIER-REIMER[13] Vorbem 10 zu § 182 und § 184 Rn 13; SCHANZ JW 1936, 628 ff; KIECKEBUSCH 25 ff; aA BULLINGER DÖV 1957, 769 [nur bei ausdrücklicher gesetzlicher Anordnung]). § 5 S 2 GrdstVG stellt das Negativattest sogar ausdrücklich der Genehmigung gleich. Ein Negativattest kann einer Genehmigung gleichgestellt werden, wenn der gesetzliche Genehmigungsvorbehalt ausschließlich dem Schutz öffentlicher Interessen dient (BGH MDR 2009, 1346 mAnm KUMMER juris-BGHZivilR 24/ 2009 Anm 5). Der Zweck der Vorschrift, die das Zustimmungserfordernis begründet, kann aber im Einzelfall auch eine solche Gleichstellung verbieten (BGHZ 44, 325 [für die vormundschaftsgerichtliche Genehmigung]; BGH NJW 1980, 1691 [zu § 19 BBauG]). Und selbst beim Eingreifen einer Sondervorschrift, die das Negativzeugnis der Genehmigung gleichstellt, ist immer noch zu prüfen, ob hier wirklich eine materiellrechtliche Gleichstellung oder nur eine verfahrensrechtliche Gleichbehandlung gewollt ist (vgl BGH NJW 1980, 1691 [§ 23 Abs 2 S 2 BBauG aF]).

3. Beurteilung allein nach öffentlichem Recht

Die für private Rechtsgeschäfte vorgeschriebenen behördlichen Genehmigungen sind **privatrechtsgestaltende** (oder genauer: **privatrechtsmitgestaltende) Verwaltungsakte**, deren Voraussetzungen und Folgen sich ausschließlich nach öffentlichem Recht bestimmen (BVerwGE 11, 195, 198; BGB-RGRK/STEFFEN § 182 Rn 12; NK-BGB/STAFFHORST[2] § 182 Rn 50; jurisPK-BGB/TRAUTWEIN[6] § 182 Rn 6; SOERGEL/LEPTIEN Vorbem 8; BAMBERGER/ROTH/BUB[3] § 182 Rn 10 ff; PALANDT/ELLENBERGER Einf 6 vor § 182; BORK Rn 1694; **aA** E WOLF, AT § 7 C III b 1). **60**

a) Erteilung

Nach öffentlichem Recht richtet sich auch die Art der Erteilung der Genehmigung. Dies gilt schon für die Frage, ob die behördliche Zustimmung vor dem zustimmungsbedürftigen Rechtsgeschäft erklärt werden muss oder auch noch nach seiner Vornahme erteilt werden kann (vgl dazu KIECKEBUSCH 32 ff; MANSSEN 20, 276 f). Bei einseitigen empfangsbedürftigen Rechtsgeschäften wird in der Regel schon aus Gründen der Rechtssicherheit nur eine vorherige Zustimmung in Betracht kommen (KIECKEBUSCH 34; BULLINGER DÖV 1961, 946). Die Genehmigung muss zu ihrer Wirksamkeit nach § 41 VwVfG den Betroffenen bekannt gegeben werden, und zwar – entgegen § 182 Abs 1 – grundsätzlich beiden Parteien; erst mit der letzten der beiden Bekanntgaben wird die Genehmigung wirksam (vgl BAG NJW 1982, 2630 zu § 15 Abs 2 S 1 SchwbG; auch schon BVerwG NJW 1970, 345). Die Form der behördlichen Zustimmung richtet sich ebenfalls nach den Vorschriften des VwVfG, insbesondere nach § 37. **61**

b) Rückbeziehung

Grundsätzlich ist bei der Beurteilung eines Verwaltungsaktes der Rückgriff auf bürgerlich-rechtliche Vorschriften ausgeschlossen; nur soweit das Verwaltungsrecht selbst eine entsprechende Anwendung des bürgerlichen Rechts gestattet, kommt diese in Betracht (vgl OLGR Rostock 1998, 410; FLUME, AT II § 54 VII; SOERGEL/LEPTIEN Vorbem 8). – Während dies früher für die §§ 182 ff weitgehend bejaht wurde (vgl RGZ 123, 327, 330; 157, 207, 211; BGH BB 1956, 385; weniger deutlich, aber der Sache nach RGZ 108, 86, 94; BGH LM § 497 BGB Nr 1), überwiegt heute zu Recht die Ansicht, dass die hier entstehenden Fragen nicht nach bürgerlichem, sondern eigenständig nach öffentlichem Recht zu beurteilen sind (MünchKomm/BAYREUTHER[6] Vorbem 17 zu § 182; BAMBERGER/ROTH/BUB[3] § 182 Rn 10 f). Dies gilt insbesondere für die Rückbeziehung einer behördlichen Genehmigung (MANSSEN 277), auf welche früher § 184 analog angewandt wurde (RGZ 123, 327, 332; 125, 53, 55; 157, 207, 210; OLG Hamm NJW 1961, 560; OLG Rostock FamRZ 1995, 1583, 1584; grundsätzlich auch noch MünchKomm/SCHRAMM[5] Vorbem 27; **aM** schon RGZ 154, 304, 307; O LANGE AcP 152, 243). Auch der BGH greift nunmehr für die Frage der Rückwirkung auf den öffentlich-rechtlichen Gesichtspunkt des mit dem Verwaltungsakt verfolgten Zweckes zurück (BGHZ 32, 383, 389; BGH NJW 1965, 41; ebenso OVG Münster NJW 1959, 1700; NJW 1982, 1771; OLGR Rostock 1998, 410; MünchKomm/SCHRAMM[5] Vorbem 27; SOERGEL/LEPTIEN Vorbem 10 zu §§ 182 ff; jurisPK-BGB/TRAUTWEIN[6] § 182 Rn 6; BAMBERGER/ROTH/BUB[3] § 182 Rn 11; ENNECCERUS/NIPPERDEY, AT § 204 IV 4; HÜBNER Rn 1351; KIECKEBUSCH 40 ff). In der Regel wird man auf diesem Wege zu einer **62**

Rückwirkung gelangen (BAMBERGER/ROTH/BUB aaO; PALANDT/ELLENBERGER Einf 6 zu § 182 ff; PALANDT/GRÜNEBERG § 275 Rn 37). Ist der Gesetzeszweck für die Frage der Rückwirkung indifferent, so wird man wohl § 184 als Ausdruck eines allgemeinen Rechtsgrundsatzes heranziehen dürfen (BGH NJW 1969, 1246; BGB-RGRK/STEFFEN § 182 Rn 12; MünchKomm/SCHRAMM[5] Vorbem 27; MÜNZEL NJW 1959, 1657; s auch ERMAN/PALM[12] Vorbem 4 ff). Im Übrigen kann schon die Verwendung des Wortes „Genehmigung" im Gesetzestext ein gewisses Indiz dafür bilden, dass die behördliche Zustimmung Rückwirkung entfalten soll (OVG Münster NJW 1982, 1771 [zu § 12 Abs 3 S 1 WoBindG]; NVwZ 2002, 496, 498 [zu § 29 TKG]).

c) Bestandskraft

63 Öffentliches Recht gilt auch für die Frage der Bestandskraft der behördlichen Zustimmung (vgl SOERGEL/LEPTIEN Vorbem 12; FLUME, AT II § 54, 7; WOLFF/BACHOF/STOBER, VerwR II [6. Aufl 2000] § 51; KIECKEBUSCH 56 ff; MANSSEN 295 ff). Ob die behauptete Zustimmung widerrufen bzw zurückgenommen werden kann, bestimmt sich damit nicht nach § 183, sondern primär nach den allgemeinen Lehren des Verwaltungsrechts bzw den §§ 48, 49 VwVfG (MünchKomm/BAYREUTHER[6] Vorbem 17 zu § 182). Streit herrscht dabei allerdings immer noch in der Frage, ob die Widerrufs- bzw Rücknahmemöglichkeit wegen der privatrechtsgestaltenden Wirkung dieser Verwaltungsakte über das normale Maß eingeschränkt werden muss. Unproblematisch ist insoweit nur, dass eine im voraus erteilte behördliche Zustimmung bis zur Vornahme des zustimmungsbedürftigen Rechtsgeschäfts ohne weiteres widerrufen werden kann, die allgemeinen Regeln über den Widerruf bzw die Rücknahme begünstigender Verwaltungsakte für diesen Zeitraum also keine von § 183 BGB divergierende Lösung erzwingen (KIECKEBUSCH 56 f; BULLINGER DÖV 1957, 763 Fn 19; SOERGEL/LEPTIEN Vorbem 12). Weniger klar ist dagegen schon, ob die bereits erteilte behördliche Genehmigung auch dann noch problemlos widerrufen werden kann, wenn das genehmigte Rechtsgeschäft vorgenommen, aber wegen Fehlens einer weiteren Genehmigung ohnehin noch schwebend unwirksam ist (bejahend OLG München DNotZ 1951, 418; KIECKEBUSCH 57; verneinend HIEBER DNotZ 1951, 420, 421; MEYER ZUM WISCHEN, Rechtsgeschäft und behördliche Genehmigung [Diss Göttingen 1955] 91). Vor allem aber streitet man sich darüber, ob es einen allgemeinen Grundsatz gibt, wonach behördliche Genehmigungen nicht mehr mit Auswirkungen für das zustimmungsbedürftige Rechtsgeschäft widerrufen bzw zurückgenommen werden können, nachdem dieses Rechtsgeschäft wirksam abgeschlossen worden und die Gestaltungswirkung damit eingetreten ist (bejahend BGH DNotZ 1953, 397; WM 1966, 640, 641; 1969, 273, 274; FORSTHOFF, Lehrbuch des Verwaltungsrechtes I [10. Aufl 1973] § 13, 2 d, S 270 f; WOLFF/BACHOF/STOBER, VerwR II § 51 V 2 c dd Rn 82; MünchKomm/SCHRAMM[5] § 184 Rn 2; SOERGEL/LEPTIEN Vorbem 12; TUREGG JR 1952, 18, 19; FASSBENDER AgrarR 1981, 52; s auch BGHZ 84, 70, 71 f zur Genehmigungsverweigerung). Im Vordringen befindet sich demgegenüber wohl die Auffassung, dass es ein solches Prinzip nicht gibt und dass sich auch die Möglichkeit des Widerrufs bzw der Rücknahme betätigter behördlicher Genehmigungen ausschließlich nach den allgemeinen Lehren des Verwaltungsrechts bzw §§ 48, 49 VwVfG richtet. Die Rücknahme einer rechtswidrig erteilten behördlichen Zustimmung ist danach nicht schlechthin ausgeschlossen, sondern sie hängt von einer Abwägung der auf dem Spiel stehenden öffentlichen und privaten Belange ab (BVerwG NJW 1978, 338; OLG Hamm OLGZ 1978, 304; LG Bielefeld Rpfleger 1978, 216; MANSSEN 296; STEINER DVBl 1970, 36 ff; SCHULZE-OSTERLOH JuS 1978, 137; STELKENS/BONK/LEONHARDT, VwVfG[8] § 48 Rn 92; PALANDT/ GRÜNEBERG § 275 Rn 37; PALANDT/BASSENGE Überbl 17 vor § 873; kritisch SOERGEL/LEPTIEN Vor-

bem 12). Diese Abwägung wird in der Regel zum Ausschluss der Rücknahme führen (Palandt/Grüneberg aaO). Das gilt selbst für die erschlichene Genehmigung, wenn von der Veränderung der Rechtslage auch Dritte, nicht an der Täuschung Beteiligte betroffen würden (Kieckebusch 56; Soergel/Leptien Vorbem 12). Wiederum anders stellt sich allerdings die Situation dar, wenn der Genehmigungsbehörde zu Täuschungszwecken ein unvollständig oder unrichtig beurkundeter Vertrag vorgelegt wird. Hier ist die Genehmigung von vornherein nichtig (Palandt/Grüneberg aaO). – Ein Widerruf einer rechtmäßig erteilten behördlichen Zustimmung dürfte auch bei alleiniger Anwendung der Maßstäbe des § 49 VwVfG kaum jemals in Betracht kommen (Soergel/Leptien Vorbem 14).

d) Genehmigungsversagung
Die Versagung der behördlichen Genehmigung ändert zunächst nichts an der schwebenden Unwirksamkeit des Geschäfts; erst wenn der Bescheid unanfechtbar wird, tritt endgültige Unwirksamkeit ein (RGZ 103, 104, 106; 168, 346, 351; BGHZ 84, 70, 71 f; BGH JZ 1972, 368; NJW 1993, 648, 650 f; Manssen 288 f; BayVGH BayVBl 1972, 297; Palandt/Grüneberg § 275 Rn 39). Dies gilt insbesondere auch für die durch § 2 GrdstVG vorgeschriebene Genehmigung (BGH NJW 1993, 648, 650 f mwNw; Pikalo/Bender, GrdstVG § 2 Anm E I 1, III 1 c). Jedenfalls bis zur Unanfechtbarkeit kann die Genehmigungsverweigerung mithin von der zuständigen Behörde noch widerrufen und die Genehmigung nachträglich erteilt werden (BGHZ 84, 70, 71 f; Soergel/Leptien Vorbem 13; Bullinger DÖV 1957, 762, 766; K Schmidt AcP 189 [1989] 1, 12). Ebenso kann das Rechtsgeschäft in diesem Zeitraum auch noch durch Wegfall des Genehmigungserfordernisses wirksam werden (BGHZ 37, 233, 236; 127, 368, 375; BGH WM 1981, 189 unter III 2 a). – Ist nur das Erfüllungsgeschäft zustimmungsbedürftig, führt die bestandskräftige Genehmigungsverweigerung zur nachträglichen Unmöglichkeit der Leistungserbringung (RGZ 149, 348, 349; BGHZ 37, 233, 240; BGH WM 1964, 828, 830; 64, 1195, 1196; NJW 1969, 837; 1978, 1262, 1263; 1980, 700; 1993, 648, 651; DtZ 1994, 247; VersR 1997, 1414, 1415 = NJW-RR 1997, 686, 688; BGB-RGRK/Steffen § 182 Rn 12; MünchKomm/Bayreuther[6] Vorbem 17 zu § 182; Soergel/Leptien Vorbem 14; Palandt/Grüneberg § 275 Rn 42). Die Rechtsfolgen für die Vertragsparteien bestimmen sich also nach den §§ 275, 280 ff, 326. Diese Wirkungen entfallen auch dann nicht, wenn der bereits unanfechtbar gewordene Verwaltungsakt, der die Genehmigung versagt hatte, nachträglich aufgehoben und die Genehmigung nachträglich doch noch erteilt wird. Das genehmigungsbedürftige Rechtsgeschäft bleibt vielmehr endgültig nichtig (RGZ 106, 142, 146; BGH LM § 134 BGB Nr 10; NJW 1953, 1301; 1956, 1918 = DVBl 1957, 249; BB 1959, 1079; ebenso BGH WM 1964, 1195, 1196; BayVGH BayVBl 1972, 297; MünchKomm/Bayreuther[6] Vorbem 17 zu § 182; Soergel/Leptien Vorbem 13; Palandt/Grüneberg § 275 Rn 39; BGB-RGRK/Krüger-Nieland[11] § 134 Rn 31; Janicki NJW 1963, 838, 839; O Lange AcP 152 [1952/53] 264; Manssen 292). Die Genehmigung geht damit zunächst einmal ins Leere, da ihr Objekt inzwischen weggefallen ist (Manssen aaO; Bullinger DÖV 1957, 761, 767). Sie kann nur dadurch privatrechtliche Relevanz erlangen, dass die Vertragspartner den zustimmungsbedürftigen Vertrag neu abschließen (Bullinger aaO). Das Gleiche gilt, wenn die Genehmigungspflicht nach rechtskräftiger Versagung entfällt (Palandt/Bassenge Überbl 17 vor § 873).

Falls die Vertragsparteien das Erfordernis der behördlichen Genehmigung kannten, aber von vornherein *planten, das Geschäft ungenehmigt durchzuführen,* ist der Vertrag nicht schwebend unwirksam, sondern nach § 138 Abs 1 nichtig (BGH WM 1981,

Vorbem zu §§ 182–185

Buch 1
Abschnitt 3 · Rechtsgeschäfte

186, 188; MünchKomm/BAYREUTHER[6] Vorbem 17 zu § 182; nur in der Konstruktion abw BGH NJW 1968, 1928 [wegen Umgehungsabsicht]; JAUERNIG/MANSEL[15] § 182 Rn 7 [Hinweis auf §§ 308 Abs 1, 309 aF]).

IX. Gerichtliche Genehmigung

66 Das Erfordernis einer gerichtlichen Genehmigung von Rechtsgeschäften tritt am häufigsten bei familiengerichtlichen Genehmigungen hervor, welche nach den §§ 1642 ff für bestimmte Rechtsgeschäfte der Eltern, nach den §§ 1811 ff und 1821 ff für bestimmte Rechtsgeschäfte des Vormunds vorgesehen sind (zur Rechtsnatur der gerichtlichen Genehmigung vgl SCHUMACHER 4 ff). – Mit endgültiger Verweigerung der gerichtlichen Genehmigung wird das betroffene Rechtsgeschäft nichtig (PALM 35 mwNw).

67 Für die Erteilung der Genehmigung enthalten die §§ 1828 ff eine gegenüber den §§ 182 ff vorrangige Regelung (BGB-RGRK/STEFFEN § 182 Rn 12; SOERGEL/LEPTIEN Vorbem 8 zu § 182; **aM** OVG Münster MDR 1959, 872). – Die gerichtliche Entscheidung über die Genehmigung wird nach § 48 Abs 3 FamFG (bis 31. 8. 2009 § 55 Abs 1 FGG) unabänderlich, sobald sie gegenüber einem Dritten Wirksamkeit erlangt hat. – Auch zur Ergänzung brauchen die §§ 182 ff nicht herangezogen werden (**aA** BAMBERGER/ROTH/BUB § 182 Rn 13). Der vielfach befürworteten entsprechenden Anwendung von § 184 (vgl RGZ 76, 364; 142, 59, 62; OLG Zweibrücken NJW-RR 1996, 710, 711; STAUDINGER/VEIT [2013] § 1828 Rn 7 f; MünchKomm/WAGENITZ[6] § 1828 Rn 29 f; ERMAN/HOLZHAUER[11] § 1828 Rn 5) bedarf es nicht, da sich die Rückwirkung aus der Zielsetzung des Genehmigungserfordernisses (der bloßen Kontrollfunktion des Familiengerichts) ableiten lässt (GERNHUBER/COESTER-WALTJEN, FamR[6] § 60 Rn 52 Fn 110; SOERGEL/ZIMMERMANN[13] § 1828 Rn 11; ERMAN/SAAR[12] § 1828 Rn 6).

X. Zustimmung Privater zu öffentlich-rechtlichen Verträgen bzw in Planfeststellungs- und Baugenehmigungsverfahren

68 Nach § 58 Abs 1 VwVfG wird ein öffentlich-rechtlicher Vertrag, der in die Rechte eines Dritten eingreift, erst wirksam, wenn der Dritte schriftlich zustimmt. Die fehlende Zustimmung des betroffenen Dritten ist hier also ein Wirksamkeitshindernis für den öffentlich-rechtlichen Vertrag. Die Unwirksamkeit reicht dabei grundsätzlich nur soweit, wie der Eingriff in die Rechte des Dritten geht; die normale Konsequenz der fehlenden Zustimmung des betroffenen Dritten ist deshalb eine nur partielle Unwirksamkeit des Vertrages (BONK, in: STELKENS/BONK/SACHS, VwVfG [8. Aufl 2014] § 58 Rn 6; KOPP/RAMSAUER, VwVfG [14. Aufl 2013] § 58 Rn 20; MEYER/BORGS, VwVfG [2. Aufl 1982] § 58 Rn 14). Über die Voraussetzungen und Wirkungsweise der erforderlichen Zustimmungen des betroffenen Dritten enthält das öffentliche Recht – abgesehen vom Schriftformerfordernis – keine speziellen Aussagen. Damit kommen gem § 62 S 2 VwVfG als Ergänzung die Regeln des BGB zur Anwendung. Das bedeutet insbesondere, dass die Zustimmung sowohl vor (entsprechend § 183) wie nach (entsprechend § 184) dem Vertragsschluss erteilt werden kann und dass die nachträgliche Zustimmung entsprechend § 184 auf den Zeitpunkt des Vertragsabschlusses zurückwirkt (BONK, in: STELKENS/BONK/SACHS [8. Aufl 2014] § 58 Rn 19; KOPP/RAMSAUER [10. Aufl 2008] VwVfG § 58 Rn 19; für Wirksamwerden ex nunc dagegen KNACK/HENNEKE [9. Aufl 2010] VwVfG § 58 Rn 2). – Die nach § 74 Abs 6 S 1 Nr 1 Fall 2 VwVfG für eine

Plangenehmigung erforderliche schriftliche Einverständniserklärung eines Betroffenen kann nicht gemäß § 183 BGB widerrufen werden (VGH Mannheim NVwZ-RR 2005, 377, 378 f; dazu jurisPK-BGB/Trautwein[6] § 182 Rn 6). Ebenso wenig ist der Rechtsgedanke des § 183 BGB auf die für eine Baugenehmigung erforderliche Zustimmung eines Nachbarn zum Bauvorhaben anwendbar; diese kann deshalb nicht bis zur Erteilung der Baugenehmigung, sondern nur bis zum Eingang der Einverständniserklärung bei der Behörde widerrufen werden (VGH München DÖV 2006, 303, 304 mwNw; jurisPK-BGB/Trautwein[6] § 182 Rn 6; **aA** Jäde UPR 2005, 161 ff).

XI. IPR

Nach wohl überwiegender Auffassung unterliegt die Zustimmung als bloßes „Hilfsgeschäft" normalerweise dem Statut des zuständigen Hauptgeschäfts (MünchKomm/Spellenberg[5] Vorbem 33 f, 67 ff zu Art 11 EGBGB mwNw; für die Genehmigung einer vollmachtlosen Vertretung auch BGHZ 128, 41, 48; einschr Soergel/Lüderitz EGBGB[12] Anh Art 10 Rn 114). Die Zustimmung des Berechtigten zu dem von einem Nichtberechtigten im Ausland vorgenommenen Übereignungsgeschäft beurteilt sich aber nach dem Rechte des gegenwärtigen Lageortes (Art 43 EGBGB), wenn die betreffende Sache inzwischen ins Inland verbracht worden ist (bzw der als Anknüpfungspunkt für das Sachstatut maßgebliche Heimathafen des übereigneten, nicht eingetragenen Schiffs in das Inland verlegt worden ist) und das potenzielle Genehmigungsverhalten sich zwischen Inländern im Inland abgespielt hat (BGH WM 2000, 1640, 1641 = LM Art 43 EGBGB 1986 Nr 1 mAnm Dörner). **69**

§ 182
Zustimmung

(1) Hängt die Wirksamkeit eines Vertrags oder eines einseitigen Rechtsgeschäfts, das einem anderen gegenüber vorzunehmen ist, von der Zustimmung eines Dritten ab, so kann die Erteilung sowie die Verweigerung der Zustimmung sowohl dem einen als dem anderen Teil gegenüber erklärt werden.

(2) Die Zustimmung bedarf nicht der für das Rechtsgeschäft bestimmten Form.

(3) Wird ein einseitiges Rechtsgeschäft, dessen Wirksamkeit von der Zustimmung eines Dritten abhängt, mit Einwilligung des Dritten vorgenommen, so finden die Vorschriften des § 111 Satz 2, 3 entsprechende Anwendung.

Materialien: E I 127 Abs 1, 2; II § 150, rev § 178; III § 178; Mot I 245 ff; Prot I 176 ff; VI 124, 128, 138; Jakobs/Schubert, AT II 947 ff.

§ 182

Systematische Übersicht

I. **Allgemeines** — 1

II. **Inhalt** — 2

III. **Abgabe** — 3

IV. **Adressat** — 4

V. **Erklärung der Zustimmung durch schlüssiges Verhalten**
1. Die Konkludenz des Verhaltens — 9
2. Erforderlichkeit des Erklärungsbewusstseins — 17

VI. **Zustimmungsfiktion kraft Rechtsscheinhaftung** — 20

VII. **Die Form der Erklärung**
1. Grundsatz der Formfreiheit — 23
2. Ausnahmen — 26
3. Sonstiges — 32

VIII. **Die Verweigerung der Zustimmung**
1. Rechtsnatur und Voraussetzungen — 35
2. Wirkungen — 38
   a) Endgültigkeit — 38
   b) Ausnahmen — 42
3. Anfechtbarkeit — 45

IX. **Einseitige Rechtsgeschäfte (Abs 3)** — 46

X. **Beweislast** — 49

Alphabetische Übersicht

Adressat — 4 ff
Amtsempfangsbedürftige Erklärungen — 47
Anfechtbarkeit der Genehmigungsverweigerung — 45
Anscheinsermächtigung — 21
Anspruch auf Zustimmung — 42
Auflassung — 10

Bestätigung des Hauptgeschäfts — 40
Bestätigung, unzutreffende — 13
Beurkundete Genehmigung — 7
Beweislast — 49

Darlehensverträge — 10, 10a, 16, 18, 27
Domizilanfrage — 13
Duldungsermächtigung — 21

Eindeutigkeit des Verhaltens — 10
Einseitige Rechtsgeschäfte, Einwilligung zu — 33, 46
Einseitige Rechtsgeschäfte, Genehmigung von — 47
Empfangsvollmacht — 4
Endgültigkeit der Genehmigungsverweigerung — 38 ff
Erfüllungshandlungen als Genehmigung — 10
Erklärungsbewusstsein — 17 ff

Erklärungsbewusstsein bei Genehmigungsverweigerung — 37
Erwirkung — 22

Falscher Adressat, Weiterleitung durch — 4
falsus procurator — 9, 15
Folgevereinbarungen als Genehmigung — 10a
Form der Zustimmung — 23 ff
Form, vereinbarte — 32

Gemeinden, Zustimmungserklärungen von — 31
Genehmigung, beurkundete — 7
Genehmigungsverweigerung — 35 ff
Generalermächtigung — 21
GmbH-Geschäftsanteil — 10

Klageerhebung als Genehmigung — 10
Konkludentes Verhalten — 9 ff

Nacherbenvermerk, Verzicht auf — 10
Notar — 24

Prolongationsvereinbarung — 10a

Rechtsscheinhaftung — 20 ff

Scheinvollmacht, Analogie zur — 20 f
Schlüssiges Verhalten — 9 ff

Schuldübernahme — 10	Verweigerung der Zustimmung — 35 ff
Schweigen des Zustimmungsberechtigten — 11 f	Verweigerung, Anfechtung — 45
Stillschweigende Zustimmung — 9 ff	Verweigerung, Endgültigkeit der — 38 ff
	Verweigerung, Ersetzbarkeit — 43
Ungeeigneter Empfänger, Weiterleitung durch — 24	Verweigerung, rechtswidrige — 42
	Vorerbe — 4, 42
venire contra factum proprium — 13, 32	Wechselfälschung — 13, 23
Versicherungsvertrag — 10	
Vertrauenshaftung kraft widersprüchlichen Verhaltens — 12	Zustimmungsbedürftige Zustimmung — 48
	Zustimmungspflicht — 42

I. Allgemeines

Die Norm bringt einige Klarstellungen, die für Einwilligungen und Genehmigungen sowie die Verweigerung der Zustimmung gleichermaßen gelten. Sie betrifft den Adressaten (Abs 1) und die Form (Abs 2) der Zustimmung sowie die Besonderheiten bei der Zustimmung zu einem einseitigen empfangsbedürftigen Rechtsgeschäft (Abs 3). **1**

II. Inhalt

Ob eine Erklärung des Zustimmungsberechtigten überhaupt eine Zustimmung beinhaltet, ist eine Frage der *Auslegung*. Hierfür gelten die allgemeinen Regeln. Entscheidend ist damit der für den Adressaten erkennbare Wille des Erklärenden. Verfehlte juristische Vorstellungen und ein Fehlgebrauch juristischer Fachtermini können im Auslegungsprozess korrigiert werden. Wird etwa ein Grundstück von einem Untervertreter eines vollmachtlosen Hauptvertreters des Grundstückseigentümers verkauft und aufgelassen und erteilt der Grundstückseigentümer nunmehr nachträglich die Vollmacht zu dieser Veräußerung zusammen mit dem Recht zur Erteilung einer Untervollmacht, so kann darin die Genehmigung der von dem vermeintlich Unterbevollmächtigten abgegebenen rechtsgeschäftlichen Erklärungen liegen (LG Potsdam NotBZ 2004, 38; jurisPK-BGB/Trautwein[6] Rn 35; Erman/Maier-Reimer[13] Rn 5). Im Übrigen muss auch die *Reichweite* der Zustimmung durch Auslegung bestimmt werden. Bei einem eingeschränkten Abtretungsverbot (Zustimmungsvorbehalt) wird sich die vom Schuldner erteilte Zustimmung regelmäßig nur auf die konkrete Abtretung beziehen (BGH ZIP 1997, 1072, 1073 f = LM § 399 BGB Nr 36 mAnm M Wolf; E Wagner JZ 1998, 258, 259; Staudinger/Busche [2012] § 399 Rn 62; s auch Berger, Rechtsgeschäftliche Verfügungsbeschränkungen [1998] 308 f und oben Vorbem 34 zu §§ 182 ff). Sie gilt damit schon nicht mehr für die Weiterübertragung durch den ersten Zessionar (Staudinger/Busche aaO; krit M Wolf aaO). Frage der Auslegung ist auch, ob die Einwilligung zu einem geplanten Geschäft auch dann trägt, wenn das tatsächlich abgeschlossene Hauptgeschäft umfangmäßig hinter dem erwarteten zurückbleibt (zB Einwilligung des gesetzlichen Vertreters zum Kauf von zehn Sachen einer bestimmten Art durch den Minderjährigen; gekauft werden aber nur acht). Die Frage wird zu verneinen sein, wenn es irgendeinen vernünftigen Grund geben kann, der die Entscheidung des Zustimmungsberechtigten bei dem geringeren Geschäftsumfang anders ausfallen lassen könnte. Geht das Geschäft über den Rahmen der Zustimmung **2** hinaus, kommt nur eine Teilwirksamkeit im engeren Rahmen der Zustimmung in Betracht. Das beurteilt sich dann nach § 139 (Palandt/Ellenberger Rn 4 vor § 182). Entscheidend ist danach der hypothetische Parteiwille der Beteiligten des Hauptgeschäfts. S auch § 184 Rn 12.

2a Die Zustimmung muss sich auf ein *bestimmtes Rechtsgeschäft* beziehen. Sie wirkt naturgemäß nur, wenn das in der Zustimmung bezeichnete Geschäft mit dem tatsächlich abgeschlossenen zustimmungsbedürftigen Geschäft identisch (deckungsgleich) ist. Soweit das Hauptgeschäft noch nicht abgeschlossen ist (also im Falle der Einwilligung) muss dieses nach Inhalt und Adressat bzw Vertragspartner so präzise eingegrenzt sein, dass sich beim nachfolgenden Abschluss des potenziellen Hauptgeschäftes entscheiden lässt, ob dieses der Einwilligung entspricht oder nicht. Das schließt es nicht aus, dass dem Ermächtigten erheblicher Entscheidungsspielraum hinsichtlich des Geschäftsinhaltes oder der Person des Vertragspartners eingeräumt wird (etwa: Der Vermieter willigt darin ein, dass der Mieter seine Vertragsparteistellung auf einen beliebigen, dem Mieter geeignet erscheinenden Nachmieter überträgt). Falls das Hauptgeschäft zwar schon abgeschlossen ist, dem Genehmigenden aber nicht in allen Einzelheiten bekannt ist, kann er die Genehmigung davon abhängig machen, dass das Geschäft einen bestimmten Inhalt hat oder gegenüber einem bestimmten Partner vorgenommen worden ist. Ein Verstoß gegen den Grundsatz der Bedingungsfeindlichkeit der Genehmigung (vgl Vorbem 52 zu §§ 182–185) liegt darin nicht; ein Schwebezustand wird dadurch ja gar nicht geschaffen. Es steht vielmehr objektiv von vornherein fest, ob die Genehmigungsvoraussetzungen erfüllt sind und damit die Genehmigung greift oder ob das nicht der Fall ist. Und auch für den Adressaten der Genehmigung besteht insoweit keine subjektive Ungewissheit. Die Einwilligung kann auch zu einer ganzen Gruppe oder Gattung von Rechtsgeschäften erteilt werden (vTuhr II 2, 228). Das ist häufig bei der Einwilligung (Ermächtigungserteilung) des gesetzlichen Vertreters durch Überlassung von Taschengeld der Fall (vgl Staudinger/Dilcher[12] § 110 Rn 2 f; MünchKomm/Schmitt[6] § 110 Rn 23 ff; s aber auch Staudinger/Knothe [2012] § 110 Rn 2 ff und Leenen FamRZ 2000, 863 ff, 870); ebenso auch bei der Einwilligung zum selbständigen Betrieb eines Erwerbsgeschäfts (§ 112) oder zur Eingehung eines Dienst- oder Arbeitsverhältnisses (§ 113).

III. Abgabe

3 Die Zustimmung kann natürlich auch durch gesetzliche oder rechtsgeschäftlich bestellte Vertreter erklärt werden. Hinsichtlich der Person des Vertreters bestehen insoweit keine über die allgemeinen Grundsätze (zB § 181) hinausgehenden Beschränkungen. Insbesondere kann ein nach § 177 oder § 180 zustimmungsbedürftiges Geschäft eines falsus procurator durch den betreffenden Vertreter selbst genehmigt werden, wenn er dafür inzwischen Vertretungsmacht erhalten hat (vgl Staudinger/Schilken [2014] § 177 Rn 10 3. Abs mwNw). Mit dem Rechtsgedanken des § 108 Abs 3 muss dies allerdings entgegen Schilken nicht begründet werden: Das Ergebnis folgt einfach daraus, dass Hauptgeschäft und Zustimmung rechtlich selbständige Rechtsgeschäfte sind und die Entscheidung über Vertretungsmacht des gegebenenfalls in beiden Fällen auftretenden Stellvertreters naturgemäß bei diesen beiden ja auch zeitlich getrennten Rechtsgeschäften unterschiedlich ausfallen kann. Denkbar ist auch, dass die Zustimmungserklärung ihrerseits wieder von einem falsus procurator abgegeben wird; dann ist diese Zustimmung allerdings grundsätzlich nichtig und nur im Falle des § 180 S 2 schwebend unwirksam und selbst durch Zustimmung heilbar (s § 185 Rn 6 f). Schließlich kann die Zustimmung auch von einem mit Einwilligung des Berechtigten handelnden Nichtberechtigten im eigenen Namen erklärt werden (s unten Rn 47); darüber hinaus kann auch die von einem ermächtigungslos handelnden Nichtberechtigten im eigenen Namen erklärte Zustimmung genehmigungsfähig sein; dies ist der Fall, wenn der Zustimmende die Einwilligung des Berechtigten behauptet und der Erklärungsadressat diese Behauptung nicht beanstandet hat (aaO). S auch Vorbem 44.

IV. Adressat

Falls es sich bei dem zustimmungsbedürftigen Rechtsgeschäft um einen Vertrag oder um ein einseitiges empfangsbedürftiges Rechtsgeschäft handelt, hat der Zustimmende nach § 182 Abs 1 die Wahl zwischen zwei gleichermaßen geeigneten Erklärungsadressaten: Die Zustimmung kann als *interne* Zustimmung demjenigen gegenüber erklärt werden, dessen rechtliches Handeln der Zustimmung bedarf. Sie kann aber auch als *externe* an den Geschäftsgegner (Vertragspartner bzw Empfänger der zustimmungsbedürftigen Willenserklärung) adressiert werden. Sie *muss* aber auch an eine dieser beiden Personen gerichtet werden. Erklärungen an einen anderen Empfangsgegner – eine dritte Person oder eine Behörde – sind wirkungslos (RGZ 64, 149, 153; RG WarnR 1910 Nr 322 S 334; 1915 Nr 10, S 12; 1919 Nr 132, S 203; RG SCHUBERT/GLÖCKNER § 182 Nr 13; BREIT SächsArch 15 [1905] 172, 183 f; PLANCK/FLAD Anm 1; OERTMANN Anm 3; MünchKomm/SCHRAMM[5] Rn 9 m Fn 12; MünchKomm/BAYREUTHER[6] § 182 Rn 5; BAMBERGER/ROTH/BUB[3] Rn 19; **abw** BayObLG OLGE 10, 70, 71; OLG Stettin LZ 1917, 617; OLG München KGJ 27 A 305). Das muss grundsätzlich selbst dann gelten, wenn der ungeeignete Zustimmungsempfänger anschließend einer der beiden Personen, die als Empfänger in Betracht gekommen wären, von der erhaltenen Erklärung Mitteilung macht bzw sie an diese weiterleitet; es fehlt hier schon an der unverzichtbaren Abgabe in Richtung auf einen geeigneten Adressaten (bedenklich deshalb STAUDINGER/DILCHER[12] Rn 11; PALANDT/ELLENBERGER Rn 1; SOERGEL/LEPTIEN Rn 4; wie hier demgegenüber NK-BGB/STAFFHORST[2] Rn 55; MünchKomm/SCHRAMM[5] Rn 9; mit etwas anderem Akzent [wirksam bei Weiterleitung an den richtigen Empfänger, wenn aus der Erklärung nicht hervorgeht, dass die Erklärung nur für den bezeichneten Adressaten bestimmt ist] auch jurisPK-BGB/TRAUTWEIN Rn 23). Anders ist dagegen zu entscheiden, wenn das Zustimmungsschreiben versehentlich der falschen Person zugestellt wird, vom Empfänger aber an den eigentlich gewollten und nach § 182 Abs 1 auch geeigneten Adressaten weitergeleitet wird (so auch MünchKomm/SCHRAMM[5] Rn 9; MünchKomm/BAYREUTHER[6] Rn 5; ERMAN/MAIER-REIMER[13] Rn 2). Die Genehmigung einer Auflassung, die ein vollmachtloser Stellvertreter erklärt hat, kann nach § 182 Abs 1 nur gegenüber dem falsus procurator selbst oder gegenüber dessen Vertragspartner, nicht aber gegenüber dem Grundbuchamt erfolgen (KGJ 34 A 253, 255; 36 A 195; Thüringer OLG Beschluss vom 20. 8. 2012 – 9 W 388/12 Rn 5 f; MünchKomm/SCHRAMM[5] Rn 9; SOERGEL/LEPTIEN Rn 4; jurisPK-BGB/TRAUTWEIN[6] Rn 23; SCHÖNER/STÖBER, Grundbuchrecht[15] Rn 3551; BAUER/VOEFELE/SCHAUB, GBO[3], AT VII 152; **aM** BayObLG KGJ 27 A 305, 307). Die Regel des § 182 Abs 1 gilt auch für die nach § 2113 erforderliche Zustimmung des Nacherben zur Verfügung des Vorerben (BayObLG Recht 1912 Nr 1136; OLG Hamm NJW 1965, 1489, 1490; ERMAN/MAIER-REIMER[13] Rn 3; **aA** KG OLG 14, 132, 133 [Erklärung nur gegenüber dem Vorerben]). § 182 Abs 1 gilt auch für die Genehmigung einer privativen Schuldübernahme durch den Gläubiger (Konstellation des § 415; vgl RG SCHUBERT/GLÖCKNER § 182 Nr 7; OLGR Hamm 1995, 9, 10). Schließlich kann auch die vom Gläubiger erteilte Ermächtigung des Schuldners zur Leistung an einen Dritten (§§ 362 Abs 2, 185) gem § 182 Abs 1 sowohl an den Schuldner wie auch an den Dritten gerichtet werden (MUSCHELER/BLOCH JuS 2000, 729, 739). – Selbstverständlich genügt auch die Adressierung der Zustimmungserklärung an einen Passivvertreter (§ 164 Abs 3) einer als Zustimmungsempfänger geeigneten Person. So können die Parteien eines zustimmungsbedürftigen Vertrages den Notar, der den Vertragsschluss beurkundet, natürlich zur Entgegennahme der erforderlichen Zustimmungserklärungen bevollmächtigen. Eine derartige Bevollmächtigung ist anzunehmen, wenn die Parteien dem Notar außer der Beurkundung auch die weitere Besorgung der Angelegenheiten übertragen haben (SOERGEL/LEPTIEN Rn 3; MünchKomm/SCHRAMM[5] Rn 9; KORBMACHER NJW 1950, 244, 245 f; vgl auch OLG Köln NJW 1995, 1499).

5 Die externe Genehmigung muss an den Geschäftspartner selbst gerichtet werden; auch wenn dieser die Rechte aus dem Geschäft bereits abgetreten hat, ist der Zessionar kein geeigneter Adressat (anders aber RGZ 145, 87, 93 und BGH LM Art 7 WG Nr 1 zur Genehmigung einer Wechselfälschung; iE auch BÜLOW WG/ScHG/AGB[5] [2013] Art 7 WG Rn 11 und die ganz hM für diesen Sonderfall; krit ZEISS JZ 1963, 742, 746).

6 Wegen der zahlreichen gesetzlichen *Ausnahmen* von der Adressatenregel des Abs 1 vgl Vorbem 42 zu §§ 182 ff. Wegen der nicht empfangsbedürftigen Hauptgeschäfte vgl Vorbem 17.

7 Wird ein notariell beurkundeter, aber nach § 177 schwebend unwirksamer Vertrag in notariell beurkundeter Form genehmigt, so soll ein Zugang der Genehmigung nach Ansicht des OLG Karlsruhe (NJW 1988, 2050 = DNotZ 1990, 368; STAUDINGER/BORK [2010] § 152 Rn 3; zust MünchKomm/KRAMER[5] § 152 Rn 5; MünchKomm/BUSCHE[6] § 152 Rn 2; ERMAN/ARMBRÜSTER[13] § 152 Rn 4; PALANDT/ELLENBERGER[73] § 152 Rn 1) entbehrlich sein, weil § 152 entsprechend anwendbar sei. Diese Auffassung ist unzutreffend (TIEDTKE BB 1989, 924, 926 ff; REINICKE/TIEDTKE, Kaufrecht [8. Aufl 2009] Rn 103; BAUER/vOEFELE/SCHAUB, GBO[3], AT VII 150; SCHÖNER/STÖBER, Grundstücksrecht[15], Rn 3551; HÄNLEIN JuS 1990, 737, 739). Sie verträgt sich nicht damit, dass die Genehmigung selbst richtiger Ansicht nach gar nicht formbedürftig ist (s Rn 27). Der Zustimmungsberechtigte, der die Genehmigung überflüssigerweise beurkunden lässt, verzichtet damit noch nicht auf die zusätzliche Überlegungsfrist, die ihm das Zugangserfordernis bringt.

8 Denkbar ist auch, dass die Zustimmung an einen (zur Entgegennahme bereiten) vollmachtlosen Passivvertreter eines geeigneten Adressaten gerichtet wird. Das ist dann die Konstellation des § 180 S 3, also ein Fall der genehmigungsbedürftigen Zustimmung (vgl Vorbem 44).

V. Erklärung der Zustimmung durch schlüssiges Verhalten

1. Die Konkludenz des Verhaltens

9 Die Zustimmungserklärung kann auch durch **schlüssiges Verhalten** erfolgen (RGZ 170, 233, 237; BGH NJW 1953, 58; 1954, 145; 1988, 1199, 1200; WM 1990, 1573, 1575; NJW-RR 2006, 1414; OLG Nürnberg VersR 1991, 209; OLGR Düsseldorf 2008, 105; PLANCK/FLAD Anm 1; STAUDINGER/SCHILKEN [2014] § 177 Rn 11; BGB-RGRK/STEFFEN Rn 7; MünchKomm/SCHRAMM[5] Rn 10; MünchKomm/BAYREUTHER[6] Rn 10 ff; SOERGEL/LEPTIEN Rn 7; ERMAN/PALM[12] Rn 5; ERMAN/MAI-

Titel 6
Einwilligung und Genehmigung § 182

ER-REIMER[13] Rn 8 ff; AK-BGB/Ott Rn 5; s auch BGH WM 1966, 229, 231 für die Genehmigung durch eine Behörde). § 127 Abs 2 S 1 E I hatte dies noch ausdrücklich klargestellt; die spätere Streichung dieses Satzes erfolgte nur aufgrund der Annahme, dass es sich dabei um eine Selbstverständlichkeit handele (vgl Prot I 177 und VI 126). – Auch bei einer Zustimmungserklärung durch schlüssiges Verhalten bleibt es aber dabei, dass die ja empfangsbedürftige Erklärung dem richtigen Adressaten gegenüber abgegeben werden muss (RG WarnR 1915 Nr 10; 1919 Nr 132 S 203; BGB-RGRK/Steffen § 177 Rn 7; jurisPK-BGB/Trautwein[6] Rn 23; MünchKomm/Schramm[5] Rn 10). (Darüber, dass auch mittelbare konkludente oder „stillschweigende" Willenserklärungen der Adressierung fähig sind, vgl Staudinger/Coing[11] Vorbem 17 zu § 116). Bei der konkludenten Genehmigung eines Vertrages muss das schlüssige Verhalten also einem Vertragsteil gegenüber beobachtet worden sein und für diesen erkennbar geworden sein (Palandt/Ellenberger Rn 3). Es genügt also nicht, wenn das auf eine Zustimmungsabsicht hindeutende Verhalten nur gegenüber einem Unbeteiligten an den Tag gelegt wird (BGH NJW 1953, 58; Soergel/Leptien Rn 8; **aA** BayObLG OLGE 10, 70 = SeuffA 59, 146; OLG Stettin LZ 1917, 617). Ein Kaufvertrag, den ein falsus procurator für den Verkäufer abgeschlossen hat, wird damit nicht allein dadurch konkludent genehmigt, dass der Verkäufer über den auf sein Konto überwiesenen Kaufpreis verfügt (BGH NJW 1953, 58). S im Übrigen auch § 177 Rn 11.

Eine konkludente Zustimmung setzt zunächst einmal voraus, dass der potenzielle **10** Erklärungsempfänger das fragliche Verhalten als unmissverständlichen Ausdruck des Zustimmungswillens verstehen durfte. Das setzt *Eindeutigkeit des Verhaltens* voraus (Soergel/Leptien Rn 8; AK-BGB/Ott Rn 5). Eine konkludente Zustimmung ist ferner nur dann gegeben, wenn der Erklärungsempfänger das Verhalten auch wirklich als Ausdruck des Zustimmungswillens verstanden hat. Daran fehlt es, wenn der potenzielle Genehmigungsadressat zur Zeit des in Rede stehenden Verhaltens noch gar nicht mit der Möglichkeit rechnete, dass das Hauptgeschäft zustimmungsbedürftig sein könnte (OLGR Schleswig 2000, 350, 352; jurisPK-BGB/Trautwein[6] § 182 Rn 26). Dass der Erklärungsempfänger durch das schlüssige Verhalten sogar „erkennbar zu Maßnahmen hinsichtlich des Vertrages veranlasst wurde" (so OLG Karlsruhe NJW 1981, 1278, 1279), wird man allerdings nicht verlangen können. Als Ausdruck des Zustimmungswillens kann der Erklärungsempfänger das fragliche Verhalten aber nur verstanden haben, wenn er die Zustimmungsbedürftigkeit kannte oder doch mit einer solchen Möglichkeit rechnete. Wenn ein Schwindler als angeblicher Angestellter eines Unternehmens eine Sache kauft und gleich mitnimmt, der leichtgläubige Verkäufer dem vermeintlichen Käufer daraufhin eine Rechnung schickt und dieser sie ungeprüft bezahlt, muss die Annahme einer konkludenten Genehmigung scheitern, wenn der Verkäufer bei Erhalt der Zahlung von der Vertretungsmacht des angeblichen Angestellten noch völlig überzeugt ist. Eine Zustimmung durch schlüssiges Verhalten ist in der Regel anzunehmen, wenn der Zustimmungsberechtigte das Rechtsgeschäft als gültig behandelt (RGZ 170, 233, 236 f; BGH WM 1990, 1573, 1575; Soergel/ Leptien Rn 9; Palandt/Ellenberger Rn 3; Köhler AT[37] [2013] § 14 I Rn 4). Bedarf die treuhänderische Übertragung eines GmbH-Geschäftsanteils nach dem Gesellschaftsvertrag der Zustimmung der übrigen Gesellschafter, so kann deren konkludente Zustimmung schon darin liegen, dass sie den Treunehmer als nunmehrigen Gesellschafter behandeln (BGH NJW-RR 2006, 1414). Eine konkludente Zustimmung ist auch gegeben, wenn jemand, der als Minderjähriger einer GmbH beigetreten ist, nach Eintritt der Volljährigkeit und damit nach Übergang des Genehmigungsrechtes

§ 182

auf ihn selbst in Kenntnis der Genehmigungsbedürftigkeit seiner Beitrittserklärung weiterhin als Gesellschafter tätig wird (BGH DNotZ 1981, 183, 184). In der Auflassung eines Grundstücks liegt regelmäßig die konkludente Ermächtigung des Auflassungsempfängers, das Grundstück weiter aufzulassen (RGZ 54, 362, 366 f; 89, 152, 157; 129, 150, 153 f; 135, 378, 382; BGHZ 106, 1, 4 f; BGH NJW-RR 1992, 1178, 1180; 1997, 936, 937; WM 1997, 340; STAUDINGER/PFEIFER [2011] § 925 Rn 126; STAUDINGER/GURSKY [2012] § 873 Rn 79 f; MünchKomm/KANZLEITER⁶ § 925 Rn 44; SOERGEL/LEPTIEN¹² Rn 9; TETENBERG, Die Anwartschaft des Auflassungsempfängers [2006] 171; s auch unten § 185 Rn 42). Ein wegen fehlender familiengerichtlicher Genehmigung zunächst schwebend unwirksamer Versicherungsvertrag wird von dem volljährig gewordenen Versicherungsnehmer noch nicht dadurch konkludent genehmigt, dass er weiterhin Prämienabbuchungen aufgrund der früher erteilten Einziehungsermächtigung hinnimmt (LG Aachen VersR 1987, 978; AG/LG Waldshut-Tiengen VersR 1985, 937, 939; HILBERT VersR 1986, 948, 950), wohl auch nicht, wenn er den jährlichen Anpassungen der Prämien nicht widerspricht, eine vom Versicherer vorgeschlagene Vertragsanpassung ablehnt und schließlich die Umwandlung in eine beitragsfreie Versicherung beantragt (NK-BGB/STAFFHORST² Rn 22; **aA** OLG Koblenz VersR 1991, 210; HILBERT VersR 1986, 948, 951; SOERGEL/LEPTIEN Rn 9). Eine konkludente Zustimmung ist insbesondere dann gegeben, wenn der Zustimmungsberechtigte an dem zustimmungspflichtigen Geschäft als Partei mitwirkt (vTUHR, AT II 2, 227), zB wenn die Eltern ihrem minderjährigen Kind eine Sache verkaufen. Auch eine Klage des Zustimmungsberechtigten, die auf das zustimmungsbedürftige Rechtsgeschäft gestützt wird, kann als konkludente Genehmigung aufgefasst werden (so im Zusammenhang mit § 816 Abs 1 S 1 RGZ 106, 44, 45; BGH NJW 1968, 1326; 1972, 1199; STAUDINGER/LORENZ [2007] § 816 Rn 9; MünchKomm/LIEB⁴ § 816 Rn 25 f; MünchKomm/SCHWAB⁶ § 816 Rn 35; BAMBERGER/ROTH/BUB³ § 182 Rn 17; PALANDT/SPRAU § 816 Rn 9; REUTER/MARTINEK, Ungerechtfertigte Bereicherung [1983] 299 f; FLUME, AT II § 5, 3 d; vTUHR, AT II 2, 277; vgl dazu GURSKY, Klausurenkurs im Sachenrecht [12. Aufl 2008] Rn 205; ferner im Zusammenhang mit § 816 Abs 2 SOERGEL/LEPTIEN § 185 Rn 25 mwNw). In den Fällen des § 108 und des § 177 kann die konkludente Genehmigung insbesondere in *Erfüllungshandlungen* liegen (vgl etwa OLGR Dresden 2000, 391, 393; OLG Düsseldorf IBR 2001, 407; OLGR Hamburg 2001, 281, 282; LG München I WM 2000, 820, 822; BGHZ 109, 171, 177; jurisPK-BGB/TRAUTWEIN⁶ § 182 Rn 35 bei Fn 74). Dies gilt beispielsweise für Zins- und Tilgungsleistungen des beim Abschluss des Darlehensvertrages vollmachtlos vertretenen Darlehensnehmers (OLGR Zweibrücken 2000, 336, 337). Wenn der beim Abschluss des Kaufvertrages vollmachtlos vertretene Verkäufer eine Teillieferung erbringt und Klage auf Zahlung des Kaufpreises für den gelieferten Teil erhebt, so liegt darin eine Genehmigung des gesamten Vertrages (KG LZ 1919, 545; SOERGEL/LEPTIEN Rn 9). Das Gleiche gilt, wenn beim Abschluss des Bauvertrages vollmachtlos vertretene Bauherr erhebliche Zahlungen auf ihm übersandte Abschlagsrechnungen des Bauunternehmers erbringt (BGH BauR 2005, 1628, 1630 [wo allerdings noch weitere Umstände hinzukamen, die auf einen Genehmigungswillen des Bauherrn schließen ließen]). Schließt nur einer der beiden Geschäftsführer einer GmbH für diese einen Mietvertrag, obwohl die Geschäftsführer nur Gesamtvertretungsmacht haben, so kann eine konkludente Genehmigung des Vertragsschlusses durch den anderen Geschäftsführer schon darin gesehen werden, dass die GmbH den angemieteten Raum inzwischen mehr als 6 Monate lang genutzt hat (OLG Düsseldorf NZM 2005, 909). Ebenso, wenn der Bauherr die Schlussrechnung des Bauunternehmers, der neben den vereinbarten auch von einem falsus procurator des Bauherren in Auftrag gegebene Zusatzarbeiten ausführt, bis auf die Einbehaltung von 5% als Sicherheit bezahlt, obwohl diese explizit auf Zusatzarbeiten hinweist. Bei der Frage, ob eine von einem falsus procurator abgegebene Bürgschaftserklärung genehmigt worden ist, will das OLG Hamm (OLGR 1993, 228) die Warnfunktion des § 766 berücksichtigen. Besser dürfte es sein, von der folgenden Regel auszugehen: Je lästiger oder gefährlicher das Hauptgeschäft für den Genehmigenden ist, desto unwahrscheinlicher ist per se die Genehmigung und desto stärkere Indizien brauchen wir für einen Genehmigungswillen. Oder anders ausgedrückt: Je ungewöhnlicher das zustimmungsbedürftige Hauptgeschäft ist und je weitreichender seine Rechtsfolgen für den Erklärenden wären, um so höher müssen die Anforderungen an die Offenbarung des Geschäftswillens bzw an die Eindeutigkeit der nichtexpliziten Erklärung sein (PÖGGELER 81, 109 f). Besonders hohe Anforderungen an die Sicherheit des Schlusses auf einen Zustimmungswillen sind daher bei der Zustimmung des Gläubigers zu einer intern vereinbarten Schuldübernahme (BGH ZIP 1982, 1447, 1448; BAG ZIP 1987, 866) und an die Zustimmung des verbleibenden Vertragspartners zur Vertragsübernahme (s PÖGGELER 109 f) zu stellen. Eine konkludente Genehmigung einer befreienden Schuldübernahme kann nur ausnahmsweise angenommen werden (vgl STAUDINGER/RIEBLE [2012] § 415 Rn 67 und OLGR Hamm 1995, 9, 10 f). Das OLG Düsseldorf hat allerdings den Umstand, dass der Vertreter des verbleibenden Vertragspartners dem Ausscheidenden zu der mit dem Eintretenden vereinbarten Vertragsübernahme gratuliert, wohl zu Recht als konkludente Zustimmung gewertet (ZMR 2008, 122, 123). Die nach § 2113 erforderliche Zustimmung des Nacherben kann auch dadurch zum Ausdruck gebracht werden, dass dieser rechtsgeschäftlich auf die Eintragung eines Nacherbenvermerks verzichtet (STAUDINGER/AVENARIUS [2013] § 2113 Rn 18, 39 f). Wenn ein bedingt Ermächtigter trotz Nichteintritt der Bedingung das zustimmungsbedürftige Verfügungsgeschäft vornimmt, darf der Verfügende ein Verhalten des Berechtigten, das Dritten als Genehmigung erscheinen mag, jedenfalls dann nicht als (nunmehr unbedingte) Genehmigung werten, wenn der Berechtigte ersichtlich von der Vorstellung ausgeht, die Bedingung sei eingetreten gewesen (BGH WM 2000, 1640, 1641 f). Wenn der Berechtigte selbst die Verfügung als Bevollmächtigter einer anderen Person in deren Namen vollzieht, wird darin regelmäßig zugleich die Einwilligung zur Verfügung des nicht berechtigten Vertretenen liegen (RG JW 1913, 594; SOERGEL/LEPTIEN § 185 Rn 23). Eine wirksame Einwilligung kann hier jedoch noch am erforderlichen Erklärungsbewusstsein scheitern (s unten Rn 17). Schon objektiv fehlt es an einer Einwilligung, wenn für den Adressaten ersichtlich ist, dass der Berechtigte den Vertretenen für den wirklichen Rechtsinhaber hält.

PALM hat (bei ERMAN[12] § 182 Rn 5 a) auf eine Gruppe von Entscheidungen hingewiesen, **10a** in denen die schlüssige Genehmigung jeweils im Abschluss einer Folgevereinbarung gesehen worden ist, die die Wirksamkeit einer vorausgegangenen, bisher aber schwebend unwirksamen Hauptvereinbarung voraussetzte (zB OLGR Karlsruhe 2006, 865, 866 f [Zinsneuvereinbarung zu einem Darlehensvertrag, der von einem falsus procurator abgeschlossen worden war und auf dessen Unwirksamkeit sich der Darlehensnehmer zunächst berufen hatte]; ferner OLG Frankfurt BKR 2003, 831, 832 und NJW-RR 2005, 1514, 1516 [Abschluss eines neuen Darlehensvertrages für den Saldo des schwebend unwirksamen alten bzw Konditionenanpassung für den bisher schwebend unwirksamen Darlehensvertrag]; OLG Dresden Urt v 11. 1. 2006 – 8 U 1373/05 [juris, Rn 67 ff] = LS BKR 2006, 122 [Nachtragsvereinbarung zu schwebend unwirksamem Darlehensvertrag]; zust jurisPK-BGB/TRAUTWEIN[4] Rn 27. 1; iE abw aber OLG Frankfurt 30. 6. 2008 – 23 U 160/06 [juris, Rn 44]; LG Braunschweig VuR 2005, 296, 297). PALM betont dabei zu Recht, dass es insoweit sehr auf die Umstände des Einzelfalls ankommt. Der

Abschluss einer Prolongationsvereinbarung zu einem schwebend unwirksamen Darlehensvertrag reicht für eine konkludente Genehmigung nicht aus, wenn dem Darlehensnehmer diese Unwirksamkeit gar nicht bewusst war (OLG München VuR 2005, 337, 338 m zust Anm Reiter/Methner VuR 2005, 327, 329 f). Im Übrigen ist zu unterscheiden: Schon objektiv kann eine konkludente Genehmigung nur gegeben sein, wenn der Darlehensgeber Grund zu der Annahme hatte, dass dem Darlehensnehmer die Unwirksamkeit des Vertrages bekannt war oder dass dieser jedenfalls mit der Möglichkeit einer Unwirksamkeit rechnete (OLG Hamm 10. 7. 2006 – 31 U 200/05 [juris, Rn 48]). Darüber hinaus wäre auf Seiten des Darlehensgebers als des Adressaten der konkludenten Genehmigung erforderlich, dass er die Bereitschaft des Darlehensnehmers zum Abschluss der Prolongationsvereinbarung überhaupt als eigene Willenserklärung im Hinblick auf den ersten Vertrag verstanden hat; daran fehlt es, wenn der Darlehensgeber selbst diesen für wirksam hielt. Wenn die genannten Voraussetzungen ausnahmsweise erfüllt sind, kann die konkludente Genehmigung richtiger Ansicht nach zudem immer noch am fehlenden Erklärungsbewusstsein des scheinbar Genehmigenden scheitern (s Rn 17).

11 Bloßes **Schweigen** kann auch hier nur unter besonderen Umständen als schlüssiges Erklärungshandeln angesehen werden (RGZ 137, 324, 339; RG JW 1928, 215; Soergel/Leptien Rn 8; jurisPK-BGB/Trautwein[6] § 182 Rn 37; Erman/Palm[12] Rn 6; Erman/Maier-Reimer[13] Rn 12), nämlich dann, wenn ein Widerspruch gegen die Vornahme des zustimmungsbedürftigen Rechtsgeschäfts nach den Umständen zu erwarten und dem Zustimmungsberechtigten auch zumutbar war (vTuhr, AT II 2, 227). So beispielsweise, wenn der Eigentümer es geschehen lässt, dass ein Nichtberechtigter seine Sache in seiner Gegenwart veräußert (vTuhr, AT II 2, 228); desgleichen, wenn der Zwangsverwalter eines Grundstücks die Einziehung von Mietzinsforderungen durch einen unbefugten Dritten widerspruchslos hinnimmt und selbst die ausstehenden Mieten nicht beitreibt (konkludente Zustimmung iS von §§ 362 Abs 2, BGHZ 109, 171, 176 ff). Ebenso, wenn der Vorbehaltsverkäufer es wissentlich duldet, dass der Vorbehaltskäufer die Kaufsache verpfändet (RG Recht 1909 Nr 210; Enneccerus/Nipperdey, AT § 204 Fn 31). Besonders naheliegend ist die Annahme einer Genehmigung durch Schweigen, wenn ein Ehegatte für den anderen vollmachtlos aufgetreten ist (vgl OLG Karlsruhe VersR 1992, 1363, 1364; OLGR Celle 2000, 41, 42; PWW/Frensch Rn 4). Die bloße Aufforderung zu einer Genehmigung kann dem Adressaten keine Erklärungslast zuschieben, also keinesfalls dazu führen, dass der Aufgeforderte seinen fehlenden Zustimmungswillen zum Ausdruck bringen muss (Soergel/Leptien Rn 8; s auch BGH VersR 1960, 797 f; Nörr, in: Nörr/Scheyhing/Pöggeler § 19 I 3). Das bloße Schweigen nach der von dritter Seite erhaltenen Information über das zustimmungsbedürftige Rechtsgeschäft kann nicht als Zustimmungserklärung gewertet werden (BGH LM § 177 BGB Nr 1 = NJW 1951, 398). Es genügt auch nicht, dass jemand das Verlesen eines Schriftstückes „mit dem Ausdruck der Befriedigung anhört" (BayObLGZ 1965, 341). Vielmehr müssen besondere Tatsachen vorliegen, die zwingend auf den Zustimmungswillen des Schweigenden hinweisen und keine andere Deutung zulassen (Philipowski BB 1964, 1069, 1070).

12 In besonderen Situationen darf der Partner des zustimmungsbedürftigen Rechtsgeschäfts vom Genehmigungsberechtigten eine **Mitteilung** erwarten, falls dieser sich gegen die Erteilung der Zustimmung entscheidet. So etwa, wenn jemand als vollmachtloser Vertreter einen Vertrag geschlossen hat, nachträglich aber doch noch

Vertretungsmacht erlangt und nunmehr zur Entscheidung über die Genehmigung berufen ist (OLG Frankfurt BB 1980, 10). In derartigen Fällen will die hM das bloße Schweigen des Zustimmungsberechtigten, jedenfalls wenn es ungebührlich langdauernd ist, als konkludente Genehmigung werten (OLG Frankfurt aaO; OLG Karlsruhe VersR 1992, 1363, 1364; PALANDT/ELLENBERGER § 177 Rn 6). Korrekter dürfte es sein, hier eine Bindung des Genehmigungsberechtigten aus dem Gesichtspunkt der Vertrauenshaftung kraft widersprüchlichen Verhaltens anzunehmen (vgl CANARIS, Die Vertrauenshaftung im deutschen Privatrecht [1971] 317 f). Diese setzt allerdings ein besonderes Schutzbedürfnis auf Seiten des Geschäftspartners voraus. Dieser muss im Vertrauen auf die vermeintliche konkludente Genehmigung Dispositionen getroffen haben, die sich nur noch unter Verlusten abändern lassen. In den Fällen der §§ 108 Abs 3, 1829 Abs 3 kann sich eine Äußerungspflicht des nunmehr Volljährigen aber noch nicht aus dem bloßen Umstand ergeben, dass er das fragliche Rechtsgeschäft ja selbst in Kenntnis der noch fehlenden vollen Geschäftsfähigkeit abgeschlossen hat; dieses Vorverhalten ist ihm gerade wegen der damals noch fehlenden vollen Geschäftsfähigkeit nicht zurechenbar (CANARIS, Vertrauenshaftung 318).

Eine **Wechselfälschung** wird vom Namensträger nach hM jedenfalls dann konkludent **13** genehmigt, wenn er auf eine *Domizilanfrage* erklärt, der Wechsel „gehe in Ordnung" oder „er sei echt" oder wenn er bei Vorlage des Wechsels Zahlungen leistet, obwohl er die Fälschung erkennt (RGZ 145, 87, 93; BGH LM Art 7 WG Nr 1–3; SCHUMANN, Die Fälschung nach dem neuen Wechsel- und Scheckrecht [1935] 34 ff; JACOBI, Wechsel- und Scheckrecht [1955] 257 ff; REINICKE Betrieb 1963, 1243 f; MÜLLER-CHRISTMANN/SCHNAUDER, WPR [1992] Rn 118; BÜLOW, WG/SchG/AGB[5] [2013] Art 7 WG Rn 12). Das ist jedoch bedenklich. Die Äußerung des Namensträgers ist ihrem objektiven Erklärungswert nach eine bloße Auskunft (Wissenserklärung), kein Rechtsgeschäft (CANARIS, Vertrauenshaftung 243 f; ders, in: HUECK/CANARIS, WPR[12] § 9 II 3 b). Die wissentlich unzutreffende Bestätigung der Echtheit kann vielmehr nur dazu führen, dass dem Namensträger die spätere Berufung auf die Unechtheit der Unterschrift als widersprüchliches Verhalten (venire contra factum proprium) verwehrt ist (ZEISS JZ 1963, 742, 748; GURSKY, WPR[3] 45; ähnlich CANARIS aaO [Vertrauenshaftung wegen wissentlicher Schaffung eines Rechtsscheins]). Bloßes Schweigen des Namensträgers auf die Domizilanfrage hin wird auch von der hM grundsätzlich nicht als Genehmigung gewertet (BGH LM Art 7 WG Nr 1–3; BGHZ 47, 110, 113; BGH NJW 1952, 64; 1963, 148; WM 1963, 636; 1969, 788; BÜLOW Art 7 WG/SchG/AGB[5] Rn 13; HEFERMEHL, WG/ScheckG[23] [2008] Art 7 WG Rn 10; REINICKE Betrieb 1963, 1243, 1245; MünchKomm/SCHRAMM[6] § 177 Rn 28 aE). Bei Vorliegen besonderer Umstände kann ein derartiges Verhalten jedoch als Verstoß gegen die guten Sitten einzustufen sein und den Namensträger deshalb bei Vorhandensein eines zumindest bedingten Schädigungsvorsatzes aus § 826 BGB schadensersatzpflichtig machen (BGHZ 47, 110, 114; NJW 1963, 148; WM 1967, 339, 341; 1969, 788; SCHLECHTRIEM JZ 1967, 479, 483; für Rechtsscheinhaftung des Namensträgers auch hier wiederum CANARIS, Vertrauenshaftung 244 f und in: HUECK/CANARIS, WPR[12] § 9 II 3 b; ihm folgend MünchKomm/SCHRAMM[6] § 177 Rn 25; ähnlich KOLLER WM 1981, 210, 215 f). Ähnlich wäre wohl auch die Konstellation von RG SCHUBERT/GLÖCKNER § 182 Nr 25 zu beurteilen (Kommanditist gibt namens der KG gegenüber einer Bank ein Schuldanerkenntnis ab; der Komplementär schweigt auf die schriftliche Akzeptation der Bank drei Monate lang).

An eine konkludente Zustimmung sind besonders hohe Anforderungen zu stellen, **14** wenn der Zustimmungsberechtigte zuvor schon einmal die Erteilung der Einwilligung *abgelehnt* bzw die Genehmigung (wenn auch nicht definitiv) verweigert hatte. Das Verhalten muss dann so beschaffen sein, dass es gar nicht anders denn als Aufgabe der bisherigen Sinnesrichtung aufgefasst werden kann (RG WarnR 1919 Nr 132 S 203 f; Schlegelberger/Vogels/Pfeifle Rn 13).

15 Falls der vollmachtlos vertretene Käufer die Genehmigungsverweigerung nur dem falsus procurator gegenüber erklärt, kann sein Schweigen gegenüber dem Verkäufer auch dann nicht als Genehmigung gewertet werden, wenn er die bei ihm bereits eingetroffene und leicht verderbliche Ware dem vollmachtlosen Vertreter zur Verfügung stellt und im Einvernehmen mit diesem für dessen Rechnung veräußert (BGH LM § 182 BGB Nr 5).

16 Einzelfälle: Ein Kontoinhaber, der die Kontoüberziehung durch den Inhaber einer auf das jeweilige Guthaben limitierten Bankvollmacht kennt, aber der Bank Vorschläge zur Bezahlung macht und dabei betont, dass der Überzieher sein Vertrauen genießt, genehmigt damit die Überziehung (OLGR München 1993, 40). Hat sich ein vollmachtloser Vertreter als Prozessbevollmächtigter bestellt, so kann sein Auftreten durch Begleichung der Prozesskosten stillschweigend genehmigt werden (OLGR Hamburg 1997, 360). Als Genehmigung einer zwischen Schuldner und Drittem vereinbarten privativen Schuldübernahme durch den Gläubiger reicht bloßes Schweigen auf die Mitteilung von der Übernahme ebenso wenig aus wie die widerspruchslose Annahme von Zahlungen des Dritten (OLGR Köln 1998, 421). Ist ein Darlehensvertrag, der unter Einschaltung eines Darlehensmittlers abgeschlossen worden ist, mangels Vertretungsmacht des Mittlers schwebend unwirksam und schließt nun der Darlehensnehmer erkennbar in der irrigen Überzeugung, dieser Vertrag sei wegen Sittenwidrigkeit nichtig, einen neuen Darlehensvertrag, so soll darin nach Ansicht des OLG Frankfurt die Genehmigung des ersten Vertrages liegen können (BKR 2003, 831, 832; zust offenbar jurisPK-BGB/Trautwein Rn 30). Das ist unhaltbar: Der Darlehensgeber konnte ja erkennen, dass der Darlehensnehmer den ersten Vertrag überhaupt nicht für genehmigungsfähig hielt.

2. Erforderlichkeit des Erklärungsbewusstseins

17 Problematisch ist, ob subjektive Elemente hinzukommen müssen, damit eine konkludente bzw stillschweigende Zustimmungserklärung bejaht werden kann. Dies führt zu der berühmten Streitfrage, ob das *Erklärungsbewusstsein* zum Minimaltatbestand einer Willenserklärung gehört, bei Fehlen des Erklärungsbewusstseins also nur der Schein einer Willenserklärung gegeben ist. Diese Frage ist mE mit der früher hM entgegen BGHZ 91, 324 und der heutigen Schrifttumsmehrheit zu bejahen (vgl Staudinger/Dilcher[12] Vorbem 18–20, 26, 80 zu §§ 116 ff; Canaris NJW 1984, 2281; ders, in: FS 50 Jahre BGH I 129, 142 Fn 47; Brehm, AT [6. Aufl] Rn 133; im Grundsatz auch Lobinger, Rechtsgeschäftliche Verpflichtung und autonome Bindung [1999] 172 ff, 218, 340 [schwebende Unwirksamkeit und Schadensersatzhaftung analog § 122 bei Ausbleiben der Genehmigung]). Von diesem Ausgangspunkt aus kann eine konkludente Zustimmungserklärung nur dann angenommen werden, wenn der Zustimmungsberechtigte bei seinem Verhalten die Zustimmungsbedürftigkeit des Rechtsgeschäfts gekannt oder doch mit ihr gerechnet hat (so in der Tat die früher hM, RGZ 118, 335, 337; 158, 40, 45; 170, 233, 237; RG WarnR 1919 Nr 132; Recht 1919 Nr 1933; BayZ 1923, 117; WarnR 1925 Nr 20 aE; JR 1926 Nr 235; JW 1928, 215 f; WarnR 1930 Nr 92; SeuffA 89 Nr 155 aE; HRR 1932 Nr 1821; RG Schubert/Glöckner § 182

Titel 6
Einwilligung und Genehmigung § 182

Nr 22; BGHZ 2, 150, 153; 53, 174, 178; 154, 283, 288; BGH WM 1956, 1542, 1543; MDR 1958, 83, 84; FamRZ 1961, 216; WM 1963, 219; 1964, 224, 225; 1965, 1009; NJW 1988, 1199, 1200; Rpfleger 1999, 176, 178; 1997, 312, 313; NJW 2002, 2325, 2327; 2002, 2863, 2864; 2004, 839, 840; 2004, 2745, 2747; 2009, 289, 292 Rn 35; BKR 2004, 447, 450; BGH NJOZ 2008, 3357, 3358 [m Einschr „idR"]; BGH Urt XI ZR 228/08 v 22. 4. 2009 [Rn 26 m Einschr „im Allgemeinen"]; OLG Koblenz VersR 1991, 209; OLG Hamm NJW-RR 1992, 1186, 1187; NJW-RR 1994, 439, 440; OLG Düsseldorf NJW-RR 1995, 755, 757; OLGR Schleswig 2000, 350, 352; OLG München NJOZ 2003, 362, 363 f; Urt v 10. 5. 2005 – 5 U 4975/04 [juris, Rn 26]; WM 2009, 217, 220; STAUDINGER/SCHILKEN [2014] § 177 Rn 10 f; STAUDINGER/THIELE [2007] § 1365 Rn 70; STAUDINGER/DILCHER[12] § 182 Rn 15; [iE auch] STAUDINGER/SINGER [2012] Vorbem 44 ff zu §§ 116 ff; BGB-RGRK/STEFFEN § 182 Rn 8; SOERGEL/LEPTIEN[12] § 182 Rn 7; [wohl auch] jurisPK/TRAUTWEIN[6] Rn 26; PALANDT/ELLENBERGER § 182 Rn 3; FLUME, AT II § 54, 6 d; ENNECCERUS/NIPPERDEY § 183 I 1 Fn 8; SINGER 252 f; GEHRLEIN NJW 1998, 2651; wohl unreflektiert auch noch BGH NJW 1998, 1482, 1484 und WM 1999, 746, 749 sowie NJW 2002, 2863, 2864; **aA** RG SeuffA 87 Nr 100 S 185 f) und sich zudem der Konkludenz seines Verhaltens bewusst ist, also zumindest damit rechnet, dass sein Verhalten bzw Stillschweigen von dem anderen Vertragsteil ohne Willkür als Ausdruck des Zustimmungswillens aufgefasst werden könnte (vgl RG HRR 1928 Nr 106 = JW 1928, 215). Die neuere Rechtsprechung wertet demgegenüber auch ein schlüssiges Verhalten ohne Erklärungsbewusstsein als vorläufig wirksame, wenn auch anfechtbare Willenserklärung, wenn der sich Äußernde fahrlässig nicht erkannt hat, dass sein Verhalten als Willenserklärung aufgefasst werden könnte und wenn der Empfänger es tatsächlich auch so verstanden hat (BGHZ 109, 171, 177; 128, 41, 49; BGH NJW 2002, 2325, 2327; NJOZ 2003, 1811, 1815; 2003, 3231, 3235; KG NZG 2006, 706, 708; LG Braunschweig VuR 2005, 296, 297; s auch BGH WM 2000, 1640, 1641). Sie kann deshalb unter diesen Umständen trotz der fehlenden Kenntnis des Zustimmungsberechtigten von der Zustimmungsbedürftigkeit des Rechtsgeschäfts bzw der Konkludenz seines eigenen Verhaltens eine konkludente Zustimmungserklärung bejahen, wenn die Unkenntnis auf Fahrlässigkeit beruht (BGHZ 109, 171, 177; 128, 41, 49; BGH NJW 2002, 2325, 2327; NJOZ 2003, 1811, 1815; BKR 2003, 942, 944 f; 2005, 501, 503; KG NZG 2006, 706, 708; OLG Hamm Urt v 6. 2. 2006 – 31 U 133/05 [juris, Rn 70]; NJOZ 2008, 608, 620; OLG Karlsruhe NJW 2003, 2690, 2691; OLG Frankfurt NJW-RR 2004, 1640, 1641 f; Urt v 10. 4. 2007 – 9 U 43/05 [juris, Rn 15]; OLG München VuR 2005, 337, 338; LG Braunschweig VuR 2005, 296, 297; ebenso aus der älteren Rechtsprechung RGZ 102, 87, 88; ferner STAUDINGER/DILCHER[12] Rn 19; MünchKomm/SCHRAMM[6] § 177 Rn 26; NK-BGB/STAFFHORST[2] § 182 Rn 19 ff, 25 ff; BAMBERGER/ROTH/BUB[3] Rn 17; ERMAN/PALM[12] Rn 5; PALANDT/ELLENBERGER Rn 3 m § 133 Rn 11; AK-BGB/OTT § 182 Rn 5; Hk-BGB/DÖRNER[8] Rn 2; BORK AT[3] Rn 1698; KÖHLER AT[37] [2014] § 14 I Rn 4; FROTZ 489 ff, 497 ff, 517; PHILIPOWSKI BB 1964, 1069, 1071; ohne Erwähnung des Fahrlässigkeitserfordernisses OLG Düsseldorf ZMR 2006, 35; vgl hierzu auch SINGER 134 ff). Dabei nimmt FROTZ (499) an, dass selbst die Unkenntnis des Zustimmungsberechtigten von der Vornahme des zustimmungsbedürftigen Geschäfts die Annahme einer Genehmigung durch Schweigen nicht ausschließt, wenn einer der potenziellen Genehmigungsadressaten dem Zustimmungsberechtigten den Geschäftsabschluss mitgeteilt hat, der Zustimmungsberechtigte diese ihm zugegangene Mitteilung aber nicht zur Kenntnis genommen oder falsch verstanden hat. Ob das auch für den seltenen Fall einer unverschuldeten Nichtkenntnisnahme gelten soll, wird nicht gesagt. Im Übrigen kommt auch nach einigen neueren Entscheidungen die Annahme einer konkludenten Genehmigung nicht in Betracht, wenn alle Beteiligten im Zeitpunkt des betreffenden Verhaltens von der Wirksamkeit des Vertrages ausgingen (BGH NJW 2004, 2745, 2747; OLG Hamm Urt v 10. 7. 06 – 31 U 200/05 [juris Rn 48]). Enger als die Rechtsprechung zieht TRAUTWEIN (jurisPK-online Rn 27) den Rahmen der konkludenten Genehmigung. Er will das schuldhafte Verkennen es objektiven Erklärungswertes des eigenen Verhaltens nicht ausreichen lassen. Eine konkludente Genehmigung soll vielmehr nur vorliegen, wenn der Zustimmungsberechtigte weiß oder zumindest damit rechnet, dass sein Verhalten als Zustimmung gedeutet werden könnte.

18 Vom Boden der hier vertretenen Konzeption, wonach ohne Erklärungsbewusstsein nur der äußere Schein einer Willenserklärung gegeben ist, stellt sich demgegenüber die Frage, ob nicht sogar eine **ausdrückliche Zustimmung** rechtlich irrelevant sein muss, wenn der Zustimmende von der ohnehin gegebenen Wirksamkeit des Rechtsgeschäfts ausging (so E Wolf, AT § 7 C III b 3; *anders* die ganz hM, vgl BGHZ 47, 341, 351 f; BGH WM 1967, 1164, 1165; NJW 1998, 1857, 1859 [in BGHZ 138, 239 nicht abgedruckt]; OLGR Frankfurt 2005, 609, 610; 2007, 21, 22; 2007, 331; OLG München 10. 5. 2005 – 5 U 4975/04 [juris, Rn 22 ff, 26]; OLGR Frankfurt 2007, 21, 22; OLG Dresden 11. 1. 2006 – 8 U 1373/05 [juris, Rn 69]; BGB-RGRK/Steffen Rn 8; Soergel/Leptien Rn 7; MünchKomm/Schramm[6] § 177 Rn 25 [wo aber eine Anfechtungsmöglichkeit bejaht wird]; jurisPK-BGB/Trautwein[6] Rn 31; Jauernig/Mansel[15] Rn 4). Das Erklärungsbewusstsein fehlt dem ausdrücklich Zustimmenden aber wohl nur dann, wenn es völlig außerhalb seines Vorstellungshorizontes liegt, dass Dritte das Rechtsgeschäft für zustimmungsbedürftig halten könnten. Andernfalls rechnet er ja mit der Möglichkeit, dass seine ausdrückliche Billigung jedenfalls von Personen mit anderer Rechtsauffassung als relevante Erklärung verstanden werden könnte. Demgegenüber nehmen das OLG Stuttgart (NJOZ 2007, 1211, 1230 f) und das OLG München (WM 2009, 217, 220) an, dass eine ausdrückliche Genehmigung nur vorliegen kann, wenn der Zustimmungsberechtigte zum Ausdruck bringt, dass er dem bisher unwirksamen Vertrag Geltung verschaffen will. Andererseits wertet das OLG München (Urt v 10. 5. 2005 – 5 U 4975/04 [juris, Rn 25 f]) eine „Vereinbarung über Konditionenänderungen" zu einem schwebend unwirksamen Darlehensvertrag schon deshalb als explizite Genehmigung, weil es darin heißt, dass „im übrigen die bisherigen Vertragsbedingungen unverändert fortgelten". (S auch oben Rn 10a.)

19 Als die Rechtsprechung noch davon ausging, dass das Erklärungsbewusstsein zum Minimaltatbestand der Willenserklärung gehört, hatte sie bei einem objektiv nur als Genehmigung deutbaren Verhalten ohne Erklärungsbewusstsein mit **Rechtsscheinsgesichtspunkten** geholfen (vgl etwa RG WarnR 1926 Nr 154 S 229; SeuffA 87 Nr 100 S 185 f). Nach BGH WM 1964, 224, 225 beispielsweise muss der Zustimmungsberechtigte trotz fehlenden Genehmigungswillens sein Schweigen aus Gründen des Vertrauensschutzes wie eine stillschweigende Genehmigung gegen sich gelten lassen, wenn der Geschäftsgegner das Schweigen als Genehmigung verstanden hat und auch verstehen durfte (ebenso BGB-RGRK/Steffen Rn 8). Dies sollte allerdings nur dann gelten, wenn der Schweigende überhaupt von dem zu genehmigenden Geschäft Kenntnis hatte (BGH aaO; BGB-RGRK/Steffen aaO). ME ist auch eine solche Vertrauenshaftung des scheinbar konkludent Genehmigenden inkonsequent, wenn man an dem Erfordernis des Erklärungsbewusstseins festhält. Es muss dabei bleiben, dass mangels Erklärungsbewusstseins keine wirksame Zustimmung gegeben ist. Der Partner des Hauptgeschäfts, der sich auf die scheinbare konkludente Genehmigung verlassen hat, muss allerdings nach verbreiteter Auffassung von dem Zustimmungsberechtigten **analog § 122 Ersatz seines Vertrauensschadens** verlangen können (vgl Staudinger/Dilcher[12] Vorbem 20 zu §§ 116 ff; Canaris, Die Vertrauenshaftung im deutschen Privatrecht [1971] 427 f; ders NJW 1984, 2281; Enneccerus/Nipperdey, AT § 145 II A 4; Gernhuber, BR[3]

Titel 6
Einwilligung und Genehmigung

§ 182

§ 1 II 3; Hübner, AT Rn 677; Schubert JR 1985, 15 f; gegen diese Analogie und für die Anwendung der culpa in contrahendo Staudinger/Singer [2011] § 122 Rn 9).

VI. Zustimmungsfiktion kraft Rechtsscheinhaftung

Wo es an einer wirksamen Zustimmung fehlt, können unter Umständen doch Rechtsscheinsgesichtspunkte dazu führen, dass der Zustimmungsberechtigte sich so behandeln lassen muss, als hätte er die fragliche Zustimmung erteilt (s oben Rn 12). Dies gilt insbesondere für die „Ermächtigung", also die Einwilligung zur Verfügung eines Nichtberechtigten (§ 185 Abs 1). Da diese Art von Legitimationserklärung der Vollmacht eng verwandt ist – beide Erklärungen verleihen ja die Rechtsmacht, in bestimmter Weise durch Rechtsgeschäft auf den Rechtskreis des Legitimationsgebers einzuwirken – drängt sich eine Übertragung der Regeln über die Scheinvollmacht auf die Ermächtigung geradezu auf. Die ganz hM bejaht deshalb die Möglichkeit einer analogen Anwendung der gesetzlichen Regeln über die Scheinvollmacht (§§ 170–173) auf die Einwilligung (Canaris, Die Vertrauenshaftung im deutschen Privatrecht [1971] 70 ff, 120, 139, 148; Flume, AT II § 55 bei Fn 2; Bork Rn 1698, 1705; Planck/Flad § 183 Anm 2; Oertmann § 182 Anm 9; Staudinger/Coing[11] § 183 Rn 4; Staudinger/Dilcher[12] § 182 Rn 16; MünchKomm/Schramm[5] § 182 Rn 12 f; MünchKomm/Bayreuther[6] Rn 15; Soergel/Leptien Rn 10, § 183 Rn 4; jurisPK-BGB/Trautwein[6] Rn 35; Erman/Maier-Reimer[13] § 183 Rn 7; Palandt/Ellenberger § 182 Rn 3; PWW/Frensch[8] Rn 3 f; Jauernig/Mansel[15] § 183 Rn 3; Enneccerus/Nipperdey, AT § 204 II 3 aE; Larenz/Wolf AT[9] § 51 Rn 17; Medicus, AT[10] Rn 1021; Bork AT[3] Rn 1698 Rn 8; Lehmann/Hübner § 37 III 3; Köhler AT[37] § 14 Rn 4; Fischer/Henle/Tietze § 183 Rn 3; Rehbein I 286; Merten, Einwilligung beim unwirksamen Rechtsgeschäft [Diss Jena 1913] 81 ff; Eck/Leonhard, Vorträge I [1903] 193; Doris 182, 185 f; VGH Mannheim NJW 1993, 1812, 1813; **aA** vTuhr, AT II 2, 224 Fn 94). Wenn etwa K von V eine dem E gehörende Sache kauft und sich übereignen lässt, weil E ihn zuvor davon informiert hat, dass er die fragliche Sache dem (Nichtkaufmann) V in Verkaufskommission gegeben habe, dann ist die Interessenlage genau die gleiche, wie wenn von einer erteilten Veräußerungsvollmacht die Rede gewesen wäre und V dementsprechend die Übereignung im Namen des E erklärt hätte. In Analogie zu § 171 Abs 1 1. Alt muss die Veräußerung hier deshalb auch dann wirksam sein, wenn E und V in Wirklichkeit noch über die Höhe der Provision des V verhandelten und die Ermächtigung deshalb noch gar nicht erteilt war. (Der Analogie bedürfte es hier nicht, wenn die an K gerichtete Mitteilung von der dem V erteilten Ermächtigung als selbständige externe Zustimmungserteilung gewertet werden könnte. Eine solche Deutung verbietet sich jedoch, wenn für den K als Erklärungsempfänger erkennbar ist, dass E dem V die Verfügungsbefugnis nicht durch die an K gerichtete Erklärung verleihen, sondern den K in der Tat nur über eine bereits erfolgte interne Ermächtigung informieren will.)

Die Analogie darf aber nicht auf die Fälle des § 185 beschränkt bleiben, sondern passt auch in den Fällen der Zustimmung kraft Aufsichtsrechts oder kraft mittelbarer Rechts- oder Interessenbeteiligung (MünchKomm/Schramm[5] Rn 13 [m Einschr]; s auch Staudinger/Thiele [2007] § 1431 Rn 9). Hat etwa der Vormund seinem Mündel schriftlich bestätigt, dass letzterer zur Veräußerung seines Mopeds befugt ist, und hat das Mündel unter Vorlage des Schreibens das Geschäft getätigt, so ist der ahnungslose Erwerber zweifellos schutzwürdig, wenn die Zustimmung des Vormundes in concreto nicht eingriff, weil der vom Vormund festgelegte, in dem Ermächtigungsschreiben aber nicht benannte Mindestverkaufspreis unterschritten worden ist. Ebenso auch, wenn der gesetzliche Vertreter eines Minderjährigen diesem schon eine derartige Einwilligungsurkunde aushändigt, ihm aber untersagt, einstweilen davon Gebrauch zu machen (Canaris, Vertrauenshaftung 70); das gleiche gilt, wenn er die Einwilligung nur mündlich gegenüber dem Minderjährigen widerrufen hat, ohne die Herausgabe der Urkunde zu erzwingen (§ 172 analog, vgl Köhler § 14 Rn 4; jurisPK-BGB/Trautwein Rn 35; Palandt/Ellenberger Rn 3). Darüber hinaus müssen auch die Grundsätze über die Duldungsvollmacht, die richtiger Ansicht nach keinen Unterfall der konkludenten Bevollmächtigung bildet, sondern als Bindung an einen wissentlich geschaffenen Scheintatbestand zu deuten ist (Canaris, Vertrauenshaftung 40 ff; MünchKomm/Schramm⁶ § 167 Rn 50 f; Larenz, AT⁶ § 33 I a), auf die Einwilligung übertragen werden (Canaris 70 ff; Doris 186; Stathopoulos 149; BGB-RGRK/Steffen Rn 12; MünchKomm/Schramm⁵ Rn 13; Palandt/Ellenberger Rn 3; aA AK-BGB/Ott Rn 6). So etwa, wenn ein Minderjähriger bei einem bestimmten Händler immer wieder ohne Einwilligung seines gesetzlichen Vertreters teure Briefmarken auf Kredit kauft und dann in den nächsten Wochen aus seinem Taschengeld abstottert und der gesetzliche Vertreter trotz Kenntnis und Missbilligung dieser Verhaltensweise aus Nachlässigkeit nicht dagegen einschreitet. Falls der Händler unter diesen Umständen nach Treu und Glauben annehmen durfte und angenommen hat, dass der gesetzliche Vertreter seine Einwilligung erteilt habe, muss der letztere wiederum an den Rechtsschein der intern erteilten Einwilligung gebunden sein. Schließlich wird man auch nicht umhin können, die Grundsätze für die Anscheinsvollmacht (s Staudinger/Schilken [2014] § 167 Rn 28 ff, 34 ff), die allerdings richtiger Auffassung nach auf den Bereich des Handelsrechts beschränkt bleiben muss (vgl Canaris, Vertrauenshaftung 48 ff, 191 ff, 217 ff), auf die Scheineinwilligung zu übertragen (MünchKomm/Schramm aaO; BGB-RGRK/Steffen aaO; Palandt/Ellenberger Rn 3; aA AK-BGB/Ott aaO). Zu beachten ist jedoch, dass für Duldungs- bzw Anscheinsermächtigungen häufig aus tatsächlichen Gründen nur ein beschränkter Raum bleibt. Wo die Verfügungsermächtigung als Spezialeinwilligung und nicht vorab für einen ständig wiederkehrenden Kreis von Geschäften erklärt zu werden pflegt, kann auch aus dem Nichteinschreiten des Zustimmungsberechtigten nur auf wiederholte Erteilung derartiger Einwilligungen in der Vergangenheit, nicht aber ohne weiteres auf eine auch zukünftige Geschäfte mit abdeckende Generalermächtigung geschlossen werden (Canaris, Vertrauenshaftung 72). Aus diesem Grunde wird insbesondere im Bereich der Zustimmungsbedürftigkeit kraft mittelbarer Rechts- oder Interessenbeteiligung eine Duldungs- oder Anscheinsermächtigung nur selten in Betracht kommen (MünchKomm/Schramm⁵ Rn 13). Eine Duldungseinwilligung kann aber beispielsweise bei § 1369 zu prüfen sein (MünchKomm/Schramm aaO), so wenn ein Ehegatte nichts dagegen unternimmt, dass der andere immer wieder gebrauchte Haushaltsgegenstände ohne Absprache durch neue ersetzt und die alten dabei jeweils an denselben Trödler veräußert. – Zur Scheingenehmigung vgl Canaris, Vertrauenshaftung 72 f.

22 Denkbar ist auch, dass die Berufung auf das Fehlen einer wirksamen Zustimmung als *venire contra factum proprium* unzulässig wäre. Dies ist beispielsweise anzunehmen, wenn eine Vertragspartei an einem schwebend unwirksamen Vertrag nach Übergang des Genehmigungsrechtes auf sie selbst in Unkenntnis der Genehmigungsbedürftigkeit zehn oder mehr Jahre lang festhält und sich erst auf die Unwirksamkeit beruft, wenn der Vertrag ihr Nachteile bringt (vgl BGH LM § 1829 BGB Nr 3; LG Wuppertal NJW-RR 1995, 152, 153 f; die heute hM würde allerdings in diesen Fällen trotz des fehlenden Erklärungsbewusstseins eine konkludente Zustimmung bejahen, s Soergel/Leptien Rn 7 aE und oben Rn 17 f, 19). Aus der Perspektive der anderen Vertragspartei ist hier die Konstellation des Erwerbs der vertraglichen Rechte durch sog „Erwirkung" gegeben (MünchKomm/Schramm[6] § 177 Rn 30; Canaris, Die Vertrauenshaftung im deutschen Privatrecht [1971] 375 f).

VII. Die Form der Erklärung

1. Grundsatz der Formfreiheit

Die Zustimmung kann grundsätzlich formfrei erfolgen. Sie bedarf insbesondere gem 23 § 182 Abs 2 nicht der Geschäftsform, die für das zustimmungsbedürftige Hauptgeschäft vorgeschrieben ist. Daher muss zB die Zustimmung des gesetzlichen Vertreters zur Bürgschaftserklärung des Minderjährigen nicht schriftlich erteilt werden (RG JW 1927, 1363), bedarf die Zustimmung zu einer von einem vollmachtlosen Vertreter vorgenommenen Auflassung nicht der Form des § 925 (vgl RGZ 154, 355, 367; BGH NJW 1998, 1482 [für die widerrufliche Einwilligung]; KG JW 1937, 3230; LG Aurich NJW-RR 1987, 850) und muss die Genehmigung eines von einem falsus procurator abgeschlossenen Grundstückskaufvertrages nicht nach § 311b Abs 1 notariell beurkundet werden (BGHZ 125, 218; BFH/NV 2003, 1449) und kann beispielsweise auch die Genehmigung von Wechselerklärungen formlos und damit auch konkludent erfolgen (vgl RGZ 118, 170; ferner oben Rn 13). Ebenso kann die Genehmigung eines langfristigen Geschäftsraummietvertrages, den nur einer der beiden gesamtvertretungsberechtigten Geschäftsführer der anmietenden GmbH geschlossen hat, trotz § 550 formlos erfolgen und deshalb auch konkludent von dem anderen Geschäftsführer erteilt werden (OLG Düsseldorf NZM 2005, 909). Dies entspricht der in § 167 für die Vollmacht gegebenen Regel. Da die Zustimmung im Verhältnis zu dem zustimmungsbedürftigen Rechtsgeschäft einen selbständigen rechtsgeschäftlichen Akt bildet, wäre es in der Tat inkonsequent gewesen, die für das zustimmungsbedürftige Rechtsgeschäft vorgeschriebene Form automatisch auf die Zustimmung zu erstrecken (Planck/Flad Anm 2; rechtspolitische Kritik aber bei Merten S 54). Bei der Regel des § 182 Abs 2 bleibt es auch in den Fällen des § 108 Abs 3, also wenn die volljährig gewordene Geschäftspartei selbst den von ihr während der Minderjährigkeit abgeschlossenen Vertrag genehmigt (BGH MDR 1980, 737; OLG Köln MDR 1995, 888, 889; Palandt/Ellenberger Rn 2).

§ 182 Abs 2 gilt auch für die Konstellation der Vertragsübernahme, wenn dafür 24 (zulässigerweise, s oben Vorbem 32) der Weg des zweiseitigen Vertrages bei Zustimmung des dritten Beteiligten gewählt wird (vgl BGHZ 154, 171, 179 = NJW 2003, 2158, 2160 [Formfreiheit der Zustimmung des Mieters beim Austausch des Vermieters durch Vertrag zwischen dem alten und dem neuen Vermieter]; NJW-RR 2005, 958, 959 [formlose Zustimmung des Neumieters zu einem zwischen Vermieter und Altmieter vereinbarten Mieteraustausch]; OLGR Düsseldorf 2001, 98, 99 f; OLG Düsseldorf ZMR 2008, 122, 123; OLG Nürnberg ZMR 2013, 650, 651 = MDR 2013, 699 f LS; Staudinger/Busche [2012] Einl 201 zu §§ 398 ff; Staudinger/Rieble [2012] § 414 Rn 118 f; jurisPK-BGB/Trautwein Rn 62 und 62. 1; Palandt/Grüneberg § 398 Rn 43; Maurer BWNotZ 2005, 114, 117; aA Rappenglitz JA 2000, 472, 474). Dass die für den Vertrag geltende Formvorschrift im Falle des dreiseitigen Vertrages selbstverständlich auch für die Erklärung des verbleibenden Teils maßgeblich wäre, ändert daran nichts. Die Divergenz ist zwingende Folge der jeweiligen Kontrahierungstechnik.

25 Falls für das zustimmungsbedürftige Rechtsgeschäft eine **vereinbarte Form** (§ 125 S 2) besteht, wird man § 182 Abs 2 a fortiori anwenden können. Der BGH begründet die Formfreiheit der Zustimmung des verbleibenden Teils zur Parteiauswechselung bei einem Vertrag, der für Änderungen und Ergänzungen Schriftform verlangte, dagegen mit der Rechtsnatur der Zustimmung als eines gegenüber dem Vertrag selbständigen Rechtsgeschäftes (BGH DtZ 1996, 56, 57; s dazu WAGNER JuS 1997, 690, 694). Bei einem Vertrag, der die Auswechselung eines Lizenznehmers betraf, hat der BGH dagegen ergänzend auf § 182 Abs 2 hingewiesen (BGH WM 1990, 1573, 1575).

2. Ausnahmen

26 Die Regel von der Formfreiheit von Zustimmungserklärungen hat allerdings Ausnahmen: s §§ 1516 Abs 2 S 3, 1517 Abs 1 S 2, 1597 Abs 1, 1750 Abs 1 S 2, 2120 S 2, 2291 Abs 2 BGB, 71 Abs 2 ZVG, 150 Abs 2 S 1 VVG, 5 Abs 1, 10, 12 Abs 1 DepotG. Unberührt bleibt natürlich auch das Formerfordernis des § 29 GBO, das allerdings ohnehin nicht die materielle Wirksamkeit, sondern nur die Verwertbarkeit im Grundbuchverfahren betrifft (KG JW 1962, 1062; BGB-RGRK/STEFFEN Rn 7; SOERGEL/LEPTIEN Rn 5). Zur Frage, ob das in § 47 Abs 3 GmbHG aufgestellte Textformerfordernis für die Stimmrechtsvollmacht bei satzungsändernden Gesellschaftsbeschlüssen auch für die Genehmigung der vollmachtlosen Stimmabgabe gilt, vgl DNotI-Report 2001, 23, 25.

27 Eine verbreitete Auffassung befürwortet eine **teleologische Reduktion** des § 182 Abs 2 in solchen Fällen, in denen die Formvorschrift (wie insbesondere die §§ 311b Abs 1, 518, 766) primär eine *Warnfunktion* hat und der Zustimmende (wie beim Handeln eines falsus procurator oder bei der Verfügung eines Nichtberechtigten) der eigentlich von dem Rechtsgeschäft Betroffene ist (FLUME, AT II § 54, 6 b; LARENZ, AT[6] § 24 S 476 ff; LARENZ/WOLF AT[9] § 51 Rn 16 [für die unwiderrufliche Einwilligung]; MEDICUS, AT[10] Rn 1017; STAUDINGER/SCHILKEN [2014] § 177 Rn 10; MünchKomm/THIELE[2] Rn 14; ERMAN/PALM[12] § 177 Rn 14, § 182 Rn 4; AK-BGB/OTT Rn 4; REINICKE/TIEDTKE, Kaufrecht[8] Rn 98; HECKSCHEN, Die Formbedürftigkeit mittelbarer Grundstücksgeschäfte [1987] 104; GÖHLER BWNotZ 1985, 61 ff; TIEDTKE BB 1989, 924, 927; ders JZ 1990, 75, 76; REINICKE/TIEDTKE, Kaufrecht [8. Aufl 2009] 98 ff; STATHOPOULOS 144; HÄNLEIN JuS 1990, 737, 738; BELLINGER, Die Bezugnahme in notariellen Urkunden [1987] 217; JULA DB 1995, 2358; speziell für die Genehmigung eines ohne formbedürftige Vollmacht abgeschlossenen Vertrages auch OLG München DNotZ 1951, 31 m abl Anm GRUSSENDORF; OLG Saarbrücken OLGZ 1968, 3, 6 [zu § 34 GWB]; STAUDINGER/DILCHER[12] Rn 17; BGB-RGRK/STEFFEN Rn 7; DORIS 168 f; LERCH ZRP 1998, 347 f; THIELE 137 Fn 370; im Grundsatz auch EINSELE DNotZ 1996, 835, 865 f; dies DNotZ 1999, 43, 45). Dieser These kann jedoch nicht gefolgt werden (ebenso BGHZ 125, 218, 220 ff = LM § 182 BGB Nr 14 Bl 2 R mAnm REITHMANN = NJW 1994, 1344, 1345 f m umfangr Nachw = JZ 1995, 97 mAnm DILCHER = WuB IV A § 182 BGB 1. 94 [SCHRAMM]; BGH NJW 1998, 1482, 1484 = LM § 183 BGB Nr 5 [WIELING] = DNotZ 1999, 40 mAnm EINSELE [formfrei jedenfalls die uneingeschränkt widerrufliche Einwilligung]; 2000, 2272, 2274; OLG Köln Rpfleger 1993, 440 [für die Genehmigung]; MünchKomm/SCHRAMM[5] Rn 15; SOERGEL/LEPTIEN Rn 4; SOERGEL/M WOLF § 177 Rn 25; § 313 Rn 35; jurisPK-BGB/TRAUTWEIN Rn 38; BAMBERGER/ROTH/BUB[3] Rn 20; BAMBERGER/ROTH/VALENTHIN[3] § 177 Rn 20; HKK/FINKENAUER §§ 182–185 Rn 11; Hk-BGB/DÖRNER[8] Vorbem 4 zu § 182 und § 182 Rn 2 f; LARENZ/WOLF[9] § 51 Rn 16, § 49 Rn 7 f [m Einschr]; GIESEN Rn 449; [implizit] PALANDT/ELLENBERGER Rn 2; PRÖLSS JuS 1985, 577, 585; WUFKA DNotZ 1990, 339, 344; HAGEN WM 1989, Sonderbeil 7, S 10; ders, in: FS Schippel [1996] 173, 182 f; KANZLEITER, in: FS Hagen [1999] 309, 312;

CANARIS, in: FS Medicus [1999] 25, 56 f; KUHN RNotZ 2001, 305, 319; B MERTENS JZ 2004, 431, 435; s auch OLG Karlsruhe NJW-RR 1994, 1290 [zu § 34 GWB]; OLGR Schleswig 2000, 350, 352). Zwar ist nicht zu übersehen, dass die uneingeschränkte Anwendung von § 182 Abs 2 die Warnfunktion der Formvorschrift in gewissen Situationen leerlaufen lässt. Die eindeutige gesetzgeberische Entscheidung des § 182 Abs 2 lässt sich jedoch mit den Mitteln der Rechtsfortbildung praeter legem nicht korrigieren, und für eine Rechtsfortbildung contra legem fehlt es am evidenten Rechtsnotstand. – Der BGH hatte die Frage für die Formvorschrift des § 313 S 1 aF (= § 311b Abs 1 S 1 nF) zunächst offengelassen (WM 1988, 1418), aber klargestellt, dass die Genehmigung eines von einem vollmachtlosen Vertreter geschlossenen Ehevertrages nicht der in § 1410 bestimmten Form bedarf (BGH MittBayNot 1989, 136; ebenso BGHZ 138, 239, 242 ff; KANZLEITER NJW 1999, 1612) und dass die Genehmigung der Beitrittserklärung zu einer GmbH (DNotZ 1981, 183 f) und die Genehmigung der Abtretung von GmbH-Anteilen (WM 1989, 256, 259) und die Genehmigung eines von einem vollmachtlosen Vertreter des Käufers abgeschlossenen Kaufvertrages über einen GmbH-Gesellschaftsanteil (BGH NJW 1996, 3338, 3339 = WuB IV A § 182 BGB 1. 97 [LERCH] = WiB 1997, 42 [vREINERSDORFF]) formfrei erfolgen können; die letzteren drei Entscheidungen sind im vorliegenden Zusammenhang allerdings weniger wichtig, weil bei den Formvorschriften des GmbH-Rechts die Warnfunktion nicht im Vordergrund steht (WUFKA DNotZ 1990, 339, 349 Fn 59). Zu Unrecht nimmt das OLG Köln (WM 1996, 207 = MDR 1995, 888 m abl Anm H SCHMIDT) an, dass ein Gesellschafter, der im Gründungsstadium einer GmbH bei einer Änderung des Gesellschaftsvertrages vollmachtlos vertreten worden ist, diesen Beschluss in Analogie zu § 2 Abs 2 GmbHG nur in notariell beurkundeter Form genehmigen kann (zust aber BAMBERGER/ROTH/BUB[3] Rn 20; PALANDT/ELLENBERGER Rn 2; ULMER GmbHG [2013] § 2 Rn 32 mwNw; BAUMBACH/HUECK/FASTRICH GmbHG[20] [2013] § 2 Rn 22). Auch die Einwilligung des Eigentümers in die Auflassung seines Grundstücks durch einen Dritten sieht der BGH grundsätzlich als nicht formbedürftig an (BGH NJW 1998, 1482, 1484). Die Möglichkeit einer formlosen Genehmigung eines von einem vollmachtlosen Vertreter geschlossenen Ehevertrages (s oben) ändert nichts daran, dass für die Eintragung in das Güterrechtsregister die Genehmigung dem Registergericht in öffentlich beglaubigter Form nachgewiesen werden muss (KG Rpfleger 2001, 589, 590). – Ist ein Verbraucherdarlehensvertrag unwirksam, weil die dafür vom Verbraucher erteilte Vollmacht nach § 494 Abs 1 nichtig ist, kann die Unwirksamkeit nicht nur nach § 494 Abs 2 (s MünchKomm/SCHÜRNBRAND[6] § 494 Rn 17; aA STAUDINGER/KESSAL-WULF [2012] § 494 Rn 13), sondern auch durch formlose Genehmigung nach §§ 177 Abs 1, 182 Abs 2 geheilt werden (ROTH WM 1998, 2356, 2359; jurisPK-BGB/TRAUTWEIN[6] § 182 Rn 61).

28 Bei der Parallelnorm des § 167 Abs 2 ist man sich über die Notwendigkeit einer bestimmten Restriktion allerdings weitgehend einig: Eine *unwiderrufliche* Bevollmächtigung zum Abschluss eines formbedürftigen Hauptgeschäftes muss, jedenfalls wenn die Formvorschrift eine Warnfunktion hat, selbst formbedürftig sein, weil der Vollmachtgeber sich der Sache nach schon durch die Vollmachterteilung endgültig bindet (vgl BGHZ 132, 119, 124; STAUDINGER/SCHILKEN § 167 Rn 22; RÖSLER NJW 1999, 1150, 1151; PALANDT/ELLENBERGER § 167 Rn 2; MünchKomm/SCHRAMM[6] § 167 Rn 17 ff; LARENZ/WOLF AT[9] § 47 Rn 26; **aA** B MERTENS JZ 2004, 431, 435 f). Man könnte deshalb erwägen, ob nicht wenigstens dieser Gedanke auf die Autorisation durch Einwilligung übertragen werden kann (dafür OLG München DNotZ 1951, 31, 32; JAUERNIG/MANSEL[15] Rn 6 iVm § 177 Rn 6; BORK Rn 1701; ENNECCERUS/NIPPERDEY § 204 Fn 30; HÜBNER Rn 1342; HKK/FINKENAUER

§§ 182–185 Rn 11; WIELING LM § 183 BGB Nr 5 Bl 4; wohl auch BGH NJW 1998, 1482, 1484 [Formbedürftigkeit, „wenn die Einwilligung das formbedürftige Geschäft vorwegnähme"; dabei Hinweis auf die Rspr zur unwiderruflichen oder aus sonstigen Gründen bindenden Vollmacht]; weitergehend ERMAN/PALM[12] § 177 Rn 14 mwNw; **abl** MünchKomm/SCHRAMM[5] § 182 Rn 17; Münch-Komm/BAYREUTHER[6] § 182 Rn 22; PALANDT/ELLENBERGER Rn 2). Wollte man aber hier die Formbedürftigkeit bejahen, so müsste man konsequenterweise bei der Genehmigung, durch die der Genehmigende sich ja erst recht endgültig bindet, genauso entscheiden (HAGEN, in: FS Schippel [1996] 173, 183; so aber in der Tat MünchKomm/THIELE[2] Rn 13 f; LARENZ § 24 S 286, § 32 I; HÜBNER Rn 1305; MEDICUS, AT[10] Rn 976; FLUME § 54, 6 b; MÜLLER-FREIENFELS, Die Vertretung beim Rechtsgeschäft [1955] 281; HECKSCHEN, Die Formbedürftigkeit mittelbarer Grundstücksgeschäfte [1987] 104; gegen die Gleichbehandlung von unwiderruflicher Einwilligung und Genehmigung WIELING Anm zu LM § 183 BGB Nr 5 Bl 4 R). Damit wäre aber § 182 allzu sehr ausgehöhlt (BGHZ 125, 218, 225; OLGR Köln 1993, 162, 163; WIELING Anm LM § 184 BGB Nr 9; vgl auch LARENZ/WOLF AT[9] § 49 Rn 8). Vgl im Übrigen auch STAUDINGER/SCHUMACHER (2011) § 311b Rn 151.

29 Streitig ist, ob im Falle der *Auswechselung des Mieters* durch zweiseitigen Vertrag und Zustimmung des Vermieters für die Zustimmungserklärung § 550 (= § 566 aF) entsprechend gilt (so unter Berufung auf den Zweck der Formvorschrift; STAUDINGER/EMMERICH [1995] § 549 Rn 12; NÖRR/SCHEYHING/PÖGGELER, Sukzessionen, § 19 III; STERNEL PiG 37 [1993] 47, 51; iE auch RAPPENGLITZ JA 2000, 472, 474 f [Vertragsübernahme immer dreiseitiger Vertrag] **aM** OLG Düsseldorf ZMR 1988, 304, 306; OLGR Düsseldorf 2008, 105; STAUDINGER/EMMERICH [2014] § 540 Rn 43 ff mwNw; BGB-RGRK/GELHAAR Vorbem 179 vor § 535; SOERGEL/KUMMER[12] §§ 535, 536 Rn 80; PIEPER, Vertragsübernahme und Vertragsbeitritt [1963] 205 f; BETTERMANN [1958] 91; REGENFUS JA 2008, 246, 247) oder ob es bei der Regel des § 182 Abs 2 bleibt. Die Notwendigkeit einer Restriktion der letzteren Norm lässt sich aus dem Zweck der Formvorschrift jedenfalls nicht zwingend ableiten. Im Übrigen könnte von der Einhaltung der Form des § 550 BGB ohnehin nur die Bindung des Eintretenden an die vereinbarte Vertragsdauer, nicht aber die Wirksamkeit des Vertragswechsels abhängen. Entsprechendes gilt für die Auswechselung des Mieters durch Vertrag zwischen Vermieter und Altmieter mit Zustimmung des Neumieters (BGH NJW-RR 2005, 958, 959). Formfrei ist auch die erforderliche Zustimmung des Mieters zu einem Vermieterwechsel, den der alte und der neue Vermieter in einem der Schriftform des § 566 aF genügenden Nachtrag zu einem langfristigen Mietvertrag vereinbart haben (BGHZ 154, 171, 179 f; BGH NJW 2013, 1083, 1085).

30 § 182 Abs 2 kommt nicht zur Anwendung, wenn nur ein Elternteil für das Kind eine *Erbschaft ausschlägt* und der andere formlos zustimmt; vielmehr müssen beide Elternteile die Ausschlagung in der Form des § 1945 erklären (BayObLGZ 1957, 361, 370; 1977, 163, 167; OLG Frankfurt NJW 1962, 52; OLG Hamm NJW 1959, 2215; STAUDINGER/OTTE [2008] § 1945 Rn 21; SOERGEL/STEIN § 1945 Rn 5; MünchKomm/LEIPOLD[6] § 1945 Rn 18; PALANDT/ WEIDLICH § 1945 Rn 3; vTUHR, AT II 2 226 Fn 108).

31 Verpflichtungserklärungen von **Gemeinden** sind nach den Gemeindeordnungen der Bundesländer regelmäßig nur bindend, wenn sie von zwei Gesamtvertretern unterzeichnet werden. Der eine Gesamtvertreter kann hier den anderen entgegen § 182 Abs 2 nicht formlos zur Alleinvertretung ermächtigen und genauso wenig den vom anderen Gesamtvertreter bereits abgeschlossen Vertrag formlos genehmigen (BGH NJW 1984, 606 f [zu § 56 Abs 1 NRWGO aF]; BGH NJW 1998, 3058, 3060; OLG Frankfurt NJW-RR

1989, 1425, 1426; BGH NJW 1982, 1036, 1037; NVwZ-RR 1997, 725, 726 [für die Gesamtvertretungsregelung in § 63 Abs 2 NGO]; OLG München NVwZ 1985, 293 f; s auch BAG NJW 1987, 1038). Ohnehin käme allenfalls eine analoge Anwendung des § 182 Abs 2 in Betracht, da es sich ja nicht um eine privatrechtliche Formvorschrift, sondern um eine öffentlich-rechtliche Regelung der Vertretungsmacht handelt (BGH NJW 1984, 606 f). Die analoge Anwendung von § 182 Abs 2 würde aber das Ziel der betreffenden Verfahrensregelungen, die die Gemeinde vor unbedachten Verpflichtungserklärungen ihrer Vertreter schützen sollen und die Kontrolle der Gemeindeverwaltung durch das Rechtssetzungsorgan der Gemeinde erleichtern sollen, gefährden (BGH aaO; OLG Frankfurt aaO; [mit berechtigten Einschränkungen] VOGEL JuS 1996, 964, 968 f). Die gleichen Konsequenzen haben funktional entsprechende Regelungen im Organisationsrecht kirchlicher Körperschaften des öffentlichen Rechts; auch sie gehen § 182 Abs 2 vor (LAG Halle 18. 1. 2000–11 [10a] Sa 100/99 [juris] unter II 1). Dasselbe müsste auch für die Satzungsbestimmung einer sonstigen öffentlich-rechtlichen Körperschaft gelten, nach der die im Rahmen der Vertretungsbefugnisse des Vorstands abgegebenen Willenserklärungen der Schriftform bedürfen. Nach OLGR Dresden 2000, 391, schließt eine solche Regelung aber wegen § 182 Abs 2 nicht aus, dass eine Vollmachtsüberschreitung des vom Vorstand eingeschalteten Untervertreters vom Vorstand konkludent genehmigt wird.

3. Sonstiges

Die Parteien eines genehmigungsbedürftigen Vertrages können vereinbaren, dass **32** die Genehmigung einer bestimmten Form bedarf (REINICKE/TIEDTKE, Kaufrecht[8] 33 ff; NK-BGB/STAFFHORST[2] Rn 56; jurisPK-BGB/TRAUTWEIN[6] Rn 59 ff; offengelassen in BGH WM 1988, 1418; entgegen SOERGEL/LEPTIEN Rn 5 Fn 33 auch nicht vorausgesetzt in BGH DtZ 1996, 56, 57. Dort ist lediglich ausgesprochen, dass die Zustimmung zu einer Vertragsübernahme nicht der für Vertragsänderungen und Vertragsergänzungen vereinbarten Form bedarf [vgl dazu E WAGNER JuS 1997, 690, 694]). Die Erteilung der Genehmigung in der festgelegten Form ist dann zur aufschiebenden *Bedingung* erhoben (REINICKE/TIEDTKE aaO; NK-BGB/STAFFHORST[2] aaO).

Für die Einwilligung zu *einseitigen Rechtsgeschäften* entsteht durch § 182 Abs 3 iVm **33** § 111 S 1(dazu unten Rn 46) eine Art von indirektem Formzwang insofern, als derartige Geschäfte vom Adressaten unverzüglich zurückgewiesen werden können, wenn der Handelnde die Einwilligung nicht in schriftlicher Form vorlegt.

§ 182 Abs 2 gilt a fortiori für die rechtsgeschäftlich eingegangene *Verpflichtung zur* **34** Erteilung der *Genehmigung* zu einem formbedürftigen Rechtsgeschäft (BGH NJW 1996, 3338, 3339 [zu § 15 Abs 4 S 1 GmbHG]; vREINERSDORFF WiB 1997, 44; WOLF DNotZ 1995, 179, 188; STAUDINGER/SCHUHMACHER [2012] § 311b Rn 130 f; **aA** STAUDINGER/WUFKA [2005] § 311b Rn 131; KANZLEITER, in: FS Hagen [1999] 309, 315 ff; für den Fall, dass die Formvorschrift Warnfunktion hat, auch EINSELE DNotZ 1996, 835, 844 ff; 1999, 43, 45).

VIII. Die Verweigerung der Zustimmung

1. Rechtsnatur und Voraussetzungen

Die Verweigerung der erbetenen Einwilligung zu einem noch vorzunehmenden **35**

§ 182

Rechtsgeschäft ist rechtlich belanglos (vTuhr, AT II 2, 235 Fn 165); sie beeinflusst die Rechtslage in keiner Weise, hindert den Zustimmungsberechtigten im besonderen nicht daran, die Zustimmung später doch noch zu erteilen (Planck/Flad § 183 Anm 3; MünchKomm/Schramm[5] Rn 19; MünchKomm/Bayreuther[6] Rn 25 ff; jurisPK-BGB/Trautwein[6] Rn 69; Soergel/Leptien Rn 6; Palandt/Ellenberger Rn 4; vgl auch BGH NJW 1982, 1099, 1100 [zu § 1366 Abs 4]). Auch ein einseitiger rechtsgeschäftlicher Verzicht des Zustimmungsberechtigten auf jede spätere Zustimmung ist nicht möglich (aA Bamberger/Roth/Bub[3] Rn 27). Demgegenüber hat die Verweigerung der Genehmigung zu einem bereits vorgenommenen Rechtsgeschäft nach hM selbst rechtsgeschäftlichen Charakter (RGZ 139, 118, 125; BGHZ 13, 179, 187; 125, 355, 358; BGH NJW 1982, 1099; WM 1989, 650, 652; Staudinger/Dilcher[12] Rn 21; MünchKomm/Schramm[5] Rn 20; NK-BGB/Staffhorst[2] Rn 9; Bamberger/Roth/Bub[3] Rn 28; Erman/Palm[12] Rn 9; Erman/Maier-Reimer[13] Rn 17; Palandt/Ellenberger Rn 4; Manigk, Willenserklärung und Willensgeschäft [1907] 731 ff; vTuhr, AT II 2, 246; Larenz/Wolf § 51 Rn 10; Soergel/Leptien Rn 6 [für die Verweigerung der Einwilligung zweifelnd]). Diese Deutung ist jedoch bedenklich, da sie mit Willensfiktionen arbeiten muss: Der Zustimmungsberechtigte will mit der Genehmigungsverweigerung nicht das schwebend unwirksame Rechtsgeschäft in ein endgültig unwirksames verwandeln; er bringt lediglich zum Ausdruck, dass er nicht bereit ist, den bisherigen Mangel des Rechtsgeschäfts durch seine Genehmigung zu heilen. Die Nichtigkeitsfolge der Genehmigungsverweigerung beruht vielmehr auf einer impliziten gesetzlichen Anordnung (K Schmidt AcP 189 [1989] 1, 6; Oertmann Anm 10; Planck/Flad § 184 Anm 3; Eltzbacher, Das rechtswirksame Verhalten [1903] 185 f). Obwohl die Verweigerung der Genehmigung mithin kein Rechtsgeschäft ist, wird sie in § 182 doch wie die Genehmigungserteilung behandelt. Die Verweigerung der Genehmigung zu einem zustimmungsbedürftigen Vertrag oder einer einseitigen empfangsbedürftigen Willenserklärung kann nach § 182 Abs 1 insbesondere genauso wie die Zustimmung nach Wahl des Zustimmungsberechtigten dem einen oder dem anderen Teil gegenüber erklärt werden. Dies gilt auch für die Verweigerung der Genehmigung des Vertragsschlusses durch einen vollmachtlosen Vertreter. Der Vertretene kann die Verweigerung der Genehmigung auch dann noch gegenüber dem falsus procurator erklären, wenn die von diesem bestellte leicht verderbliche Ware bei ihm bereits eingetroffen ist (BGH LM § 182 BGB Nr 5). Auch wenn die Verweigerung nicht als Rechtsgeschäft eingestuft werden kann, so ist sie doch wenigstens eine rechtsgeschäftsähnliche Erklärung. Deshalb sind die meisten Vorschriften über Rechtsgeschäfte jedenfalls entsprechend anwendbar. Insbesondere muss auch eine Anfechtung möglich sein (Soergel/Leptien Rn 6 aE). Wegen des Fehlens des Erklärungsbewusstseins s unten Rn 37.

36 § 182 meint nur die **erkennbar als endgültig gemeinte** Genehmigungsverweigerung; wenn der Adressat begründeten Anlass hat, daran zu zweifeln, dass die geäußerte Ablehnung das letzte Wort ist, macht diese das zustimmungsbedürftige Rechtsgeschäft nicht nichtig (BGH WM 1964, 878, 879; Oertmann Anm 10; Soergel/Leptien § 184 Rn 2; Bamberger/Roth/Bub[3] Rn 26; K Schmidt AcP 189 [1989] 1, 8; vgl auch RG HRR 1928 Nr 2269; 1930 Nr 1723; 1932 Nr 713; OLG München JW 1928, 1834, 1835; OLG Frankfurt DNotZ 1961, 160). Letzteres dürfte regelmäßig anzunehmen sein, wenn der Zustimmungsberechtigte im Zeitpunkt seiner Erklärung den wesentlichen Inhalt des Hauptgeschäfts noch gar nicht kennt (Bamberger/Roth/Bub[3] Rn 26). Erst recht liegt keine Genehmigungsverweigerung iS von § 182 vor, wenn der Zustimmungsberechtigte deutlich macht, dass er zwar gegenwärtig zur Genehmigung nicht bereit ist, sich aber

eine spätere Korrektur dieser Entscheidung vorbehält (vTUHR, AT II 2, 246; s auch BGH NZG 2008, 911, 912). Der Zustimmungsberechtigte kann auf diese Weise die Genehmigung in der Schwebe halten (BGH WM 1964, 878; NJW 2009, 229; jurisPK-BGB/TRAUTWEIN[6] Rn 70).

Da das Gesetz für die Verweigerung der Genehmigung kein Formerfordernis aufstellt, kann sie **konkludent** erfolgen (ERMAN/PALM[12] Rn 9; PALANDT/ELLENBERGER Rn 4). Das an den Tag gelegte Verhalten muss dann aber den zwingenden Rückschluss auf eine abschließende und endgültige Entscheidung, die Genehmigung nicht zu erteilen, zulassen, und die Konkludenz der Umstände muss dem Zustimmungsberechtigten auch bewusst sein (weitergehend in letzterer Hinsicht aber BGH WM 1989, 650, 652 und PALANDT/ELLENBERGER Rn 4, nach denen die bloße Erkennbarkeit des objektiven Erklärungswertes des Verhaltens ausreichen soll). Wer mit der neueren Rechtsprechung (vgl oben Rn 17) das Erklärungsbewusstsein nicht zum Minimaltatbestand einer Willenserklärung rechnet, müsste bei fahrlässiger Unkenntnis der Konkludenz wenigstens die Anfechtung analog § 119 Abs 1 zulassen. Die Genehmigung einer Verfügung eines Nichtberechtigten wird allerdings noch nicht dadurch endgültig verweigert, dass der Berechtigte die Herausgabeklage gegen den Erwerber erhebt (vTUHR, AT II 2, 246); ebenso wenig dadurch, dass der Berechtigte zunächst Schadensersatzansprüche gegen den Nichtberechtigten geltend macht (BGH LM § 816 BGB Nr 18 = NJW 1968, 1326; STAUDINGER/S LORENZ [2007] § 816 Rn 11; MünchKomm/LIEB[4] § 816 Rn 25; MünchKomm/SCHWAB[6] § 816 Rn 33 ff). 37

2. Wirkungen

a) Endgültigkeit

Die Wirkungen der Genehmigungsverweigerung sind explizit nur für einige zustimmungsbedürftige Geschäfte geregelt, nämlich in § 415 Abs 2 S 1 und in § 1366 Abs 4. Die Verfasser des BGB haben bewusst davon abgesehen, eine allgemeine Regel über die Konsequenzen der Genehmigungsverweigerung aufzustellen (Mot I 247 = MUGDAN I 489); die Lösung sollte der Prüfung des einzelnen Falles überlassen bleiben. Die hM nimmt an, dass die Verweigerung der Genehmigung das bisher schwebend unwirksame Hauptgeschäft endgültig vernichtet und wegen dieser rechtsgestaltenden Wirkung weder widerrufen noch durch eine später doch noch erteilte Genehmigung konterkariert werden kann (RG JW 1906, 9; RGZ 139, 118, 125 ff; BGHZ 13, 179, 187; 21, 229, 234; 40, 156, 164; 125, 355, 358; BGH WM 1964, 878 f; NJW 1963, 1613, 1615; 1967, 1272; 1989, 1672, 1673; 1993, 2525, 2526; 1994, 1785, 1786; NJW-RR 1989, 1109; KG OLGR 1998, 144, 145; STAUDINGER/DILCHER[12] Rn 22; STAUDINGER/SCHILKEN § 177 Rn 12; BGB-RGRK/STEFFEN Rn 10; MünchKomm/SCHRAMM[5] Rn 21; SOERGEL/LEPTIEN § 182 Rn 6; BAMBERGER/ROTH/BUB[3] Rn 28; ERMAN/PALM[12] Vorbem 7 b zu §§ 182 ff; § 182 Rn 9, § 184 Rn 1; ERMAN/MAIER-REIMER[13] Vorbem 15 zu §§ 182 ff; PALANDT/ELLENBERGER § 182 Rn 4; AK-BGB/OTT Rn 7; JAUERNIG/MANSEL[15] § 182 Rn 2; PWW/FRENSCH[8] Rn 9; vTUHR, AT II 2, 246; ENNECCERUS/NIPPERDEY, AT § 204 IV 1; BORK Rn 1711; MANKOWSKI, Beseitigungsrechte [2003] 73 ff; im Grundsatz auch K SCHMIDT AcP 189 [1989] 1, 5 ff; ders JuS 1995, 102, 105; LARENZ/WOLF AT[9] § 51 Rn 18 [m Einschr]; **aA** PLANCK/FLAD Vorbem 6 zu §§ 104 ff, § 184 Anm 3 [widerruflich, weil Verweigerung nicht selbst Rechtsgeschäft, sondern nur Mitteilung vom Fehlen der Absicht, das Rechtsgeschäft der Genehmigung vorzunehmen]; STAUDINGER/RIEZLER[9] § 184 Anm 2 [m Einschr]; DÜLL, Zur Lehre vom Widerruf [1934] 43; MÜNZEL NJW 1959, 601 ff; PRAHL NJW 1995, 2968 f; PALM passim; ERMAN/PALM[12] Vorbem 7 [b]). Der hM ist zuzustimmen. Die schwebende Unwirksamkeit eines 38

Rechtsgeschäftes ist für die Beteiligten lästig und wirkt sich negativ auf die Sicherheit des Rechtsverkehrs aus. Sie darf daher nicht länger andauern, als dies wegen der auf dem Spiel stehenden schutzwürdigen Interessen notwendig ist. Es besteht aber kein zwingender Anlass, den Schwebezustand noch über die (definitive) Entscheidung des Zustimmungsberechtigten hinaus andauern zu lassen. Hierfür spricht auch die Regelung der §§ 108 Abs 2, 177 Abs 2, wonach die Genehmigung des gesetzlichen Vertreters bzw des vollmachtlos Vertretenen als verweigert gilt, wenn er die für die Erklärung über die Genehmigung gesetzte Frist verstreichen lässt. Damit kann nach dem Zusammenhang nichts anderes gemeint sein, als dass das Geschäft nun endgültig unwirksam, der bisherige Schwebezustand also endgültig beseitigt sein soll. Die wirklich ausgesprochene Verweigerung der Genehmigung kann aber nicht mindere Wirkungen haben als die vom Gesetz fingierte.

39 Nach FLUME soll trotz definitiver Genehmigungsverweigerung die spätere Genehmigung des Hauptgeschäftes möglich bleiben, wenn die Parteien des Hauptgeschäftes mit dieser einverstanden sind (AT³ § 56 S 901; zust LARENZ, AT⁶ § 24 S 477 ff; LARENZ/ WOLF⁹ § 51 Rn 18). Diese Auffassung führt zu erheblichen konstruktiven Schwierigkeiten (vgl K SCHMIDT AcP 189 [1989] 1, 7) und verkennt vor allem, dass die Fortdauer des Schwebezustandes Drittinteressen berührt. Sie ist deshalb abzulehnen (K SCHMIDT 7 f).

40 Die Endgültigkeit der Genehmigungsverweigerung hindert die Parteien des nunmehr nichtigen Hauptgeschäftes natürlich nicht daran, das fragliche Rechtsgeschäft erneut abzuschließen und auf diese Weise die Genehmigungsmöglichkeit neu zu begründen (BORK Rn 1711; PWW/FRENSCH⁸ Rn 9). Bei einer solchen „Bestätigung" (§ 141) des Hauptgeschäftes muss dann aber die für dieses vorgeschriebene Form eingehalten werden (MünchKomm/SCHRAMM⁵ Rn 21; jurisPK-BGB/TRAUTWEIN⁶ Rn 67 ff; BAMBERGER/ROTH/BUB³ Rn 28; MANKOWSKI, Beseitigungsrechte [2003] 74 f; **aA** K SCHMIDT AcP 189 [1989] 1, 9 f, der über eine „teleologische Korrektur" der §§ 141, 125 BGB die Formwahrung durch das bestätigte Rechtsgeschäft genügen lassen will; ders, in: FS Beusch [1993] 759, 779 f). War der zu bestätigende Vertrag selbst formgerecht abgeschlossen, genügt es, wenn die im Übrigen formgerechte Bestätigungsurkunde wegen des Inhalts des zu bestätigenden Rechtsgeschäfts auf die erstere Urkunde verweist (BGH NJW 1999, 3704, 3705; BAMBERGER/ROTH/BUB Rn 28).

41 Bei Verfügungen eines Nichtberechtigten tritt durch die Genehmigungsverweigerung des Berechtigten noch keine vollständige Beseitigung des Schwebezustandes ein, da die Verfügung immer noch nach § 185 Abs 2 S 1 Fall 2 und 3 konvaleszieren kann (str, s § 185 Rn 59 ff).

b) Ausnahmen

42 Die normale Konsequenz der definitiven Genehmigungsverweigerung passt nicht in solchen Fällen, in denen der Zustimmungsberechtigte einer der Parteien des Hauptgeschäftes gegenüber kraft Gesetzes (zB nach § 2120, wenn der Vorerbe die zur ordnungsgemäßen Verwaltung erforderliche Verfügung bereits vorgenommen hat) zur Erteilung der Genehmigung verpflichtet ist. Der Verpflichtete darf natürlich nicht die Möglichkeit haben, sich seiner gesetzlichen *Zustimmungspflicht* durch rechtswidrige Genehmigungsverweigerung zu entziehen. Eine solche Genehmigungsverweigerung muss deshalb irrelevant sein. Weniger sicher ist, ob das gleiche auch dann gilt, wenn der Zustimmungsberechtigte mit der Verweigerung nur einer rechtsgeschäftlich begründeten Verpflichtung zuwiderhandelt (dafür MANKOWSKI, Beseitigungsrechte [2003] 75 f, 219). Jedenfalls in den Fällen, in denen die Zustimmungspflicht gegenüber einem potenziellen Adressaten der verweigerten Genehmigung besteht, wird man dem letzteren mit dem Einwand des Rechtsmissbrauchs helfen können (vgl BGHZ 108, 380, 382 ff, 385 [für Genehmigungspflicht aus Vorvertrag]; LG Düsseldorf DB 1989, 33; MünchKomm/SCHRAMM[5] Rn 24; jurisPK-BGB/TRAUTWEIN[6] Rn 73; anders NÖRR, in: NÖRR/SCHEYHING/PÖGGELER, Sukzessionen[2] § 19 I 4 [nur unter besonderen Umständen]). Dieser führt allerdings grundsätzlich nur zur Aufrechterhaltung des Schwebezustandes; er macht die gerichtliche Durchsetzung des Anspruchs auf die Zustimmung nicht entbehrlich (so implizit auch MANKOWSKI, Beseitigungsrechte [2003] 75 f und LG Düsseldorf aaO; zust MünchKomm/SCHRAMM[5] Rn 24 Fn 67). Demgegenüber nimmt K SCHMIDT an, dass jede rechtswidrige, also auch eine vertragswidrige Genehmigungsverweigerung die schwebende Unwirksamkeit nicht beendet, solange ein durchsetzbarer Anspruch auf die Genehmigung besteht. Falls nur einer der Parteien des schwebend unwirksamen Vertrages der Anspruch auf Genehmigungserteilung zusteht, soll die andere ihr analog §§ 108 Abs 2, 177 Abs 2, 415 Abs 2, 1366 Abs 3, 1829 Abs 2 eine Frist für die Geltendmachung des Anspruchs setzen können, mit deren fruchtlosem Ablauf dann die Genehmigung als endgültig verweigert gelte (AcP 189 [1989] 1, 14 ff; ders DNotZ 1990, 708, 709 f).

In einzelnen Vorschriften (zB §§ 1365 Abs 2, 1369 Abs 2, 1426, 1452) kann die **43** verweigerte Genehmigung durch eine familiengerichtliche Zustimmung ersetzt werden. Hier besteht insoweit dann der Schwebezustand weiter. Entsprechendes gilt für die gerichtliche Ersetzung der Zustimmung des Grundstückseigentümers zur einer Veräußerung oder Belastung des Erbbaurechts (§§ 5, 7 Abs 3 ErbbauRG; OLG Hamm Beschluss vom 15. 6. 2012 – I-15 W 261/11 Rn 33). Voraussetzung ist dabei aber, dass die Interessenposition des Grundstückseigentümers feststeht, nämlich insbesondere feststeht, welche Geldsumme aus dem Grundstück zu zahlen ist und welche Zinsen und andere Nebenleistungen aus dem Grundstück zu zahlen sind (aaO).

In einigen Konstellationen kann die bereits erfolgte Genehmigungsverweigerung **44** irrelevant werden durch eine Erklärungsaufforderung von Seiten des anderen potenziellen Genehmigungsadressaten (vgl §§ 108 Abs 2 S 1 HS 2, 177 Abs 2 S 1 HS 2, 415 Abs 2 S 2 HS 2, 1366 Abs 3 S 1 HS 2, 1427 Abs 1, 1453 Abs 1, 1829 Abs 2 HS 2). Dann wird also der Schwebezustand wiederhergestellt (vgl BGHZ 125, 355, 361).

3. Anfechtbarkeit

Da die Genehmigungsverweigerung im Wesentlichen wie die Genehmigung behan- **45** delt und damit einer rechtsgeschäftlichen Erklärung gleichgestellt wird, muss auch eine Anfechtung der Genehmigungsverweigerung zulässig sein. Für die hM, die in der Genehmigungsverweigerung ein Rechtsgeschäft sieht, ist die Zulässigkeit der Anfechtung selbstverständlich (vgl STAUDINGER/SCHILKEN § 177 Rn 12; MünchKomm/SCHRAMM[5] Rn 20; MünchKomm/BAYREUTHER[6] § 182 Rn 28). Eine wirksame Anfechtung beseitigt die Verweigerungserklärung ex tunc und stellt damit rückwirkend die schwebende Unwirksamkeit des Hauptgeschäftes wieder her.

IX. Einseitige Rechtsgeschäfte (Abs 3)

46 Abs 3 beschäftigt sich nur mit der Form der Zustimmung zu einseitigen empfangsbedürftigen Rechtsgeschäften. Die Vorschrift belässt es im Grundsatz bei der sich schon aus § 182 Abs 2 ergebenden Formfreiheit. Der Adressat braucht sich aber auf ein mit formloser Einwilligung vorgenommenes einseitiges empfangsbedürftiges Rechtsgeschäft nicht einzulassen. Nach Abs 3 iVm § 111 S 2 ist das Rechtsgeschäft nämlich unwirksam, wenn der Erklärungsurheber die (wirklich erteilte) Einwilligung des Dritten nicht in schriftlicher Form vorlegt und der Adressat das Rechtsgeschäft deshalb aus diesem Grunde unverzüglich zurückweist. Diese Befugnis zur Zurückweisung des einseitigen Rechtsgeschäftes entfällt nach Abs 3 iVm § 111 S 3 nur dann, wenn der zustimmungsberechtigte Dritte den Adressaten zuvor von seiner Einwilligung in Kenntnis gesetzt hatte. All dies gilt allerdings nach der neueren Rechtsprechung des BAG nicht für die Kündigung eines ordentlichen Betriebsratsmitglieds, bei der die in § 103 Abs 1 BetrVG vorgeschriebene Beifügung der schriftlichen Zustimmungserklärung des Betriebsrates nicht vorgelegt wird (BAG NJW 2004, 2612 ff; **aA** LAG Hamm NZA-RR 1999, 242, 243; s auch BAG AP § 102 BetrVG Nr 2; unten § 184 Rn 32). Soweit ein Zustimmungserfordernis des Betriebsrats durch Betriebsvereinbarung oder Tarifvertrag geschaffen worden ist, kann die Zustimmung jedenfalls innerhalb der Kündigungsfrist noch nachgeholt werden (BAG AP § 184 Nr 1–3; STAUDINGER/OETKER [2014] Vorbem 155 zu §§ 620 ff; krit THIELE 267 f). – Die Zurückweisung einer (etwa nach § 24 mit § 81 InsO) zustimmungspflichtigen und mit Einwilligung erfolgenden Kündigung macht diese natürlich nur dann unwirksam, wenn die Zurückweisung (zumindest konkludent und zumindest auch) gerade wegen der Nichtvorlage einer schriftlichen Einwilligung erfolgt (BAG NZA 2003, 909, 911). Insoweit sind die allgemeinen Auslegungsregeln maßgeblich. Unschädlich kann es danach sein, wenn der Adressat von der fehlenden „Vollmachtsurkunde" statt von der Nichtvorlage einer schriftlichen Einwilligung spricht (BAG aaO; jurisPK-BGB/TRAUTWEIN[6] Rn 43). Nach der Rechtsprechung (BAG aaO; LAG Düsseldorf BB 2001, 2479, 2480 f = LAG Report 2002, 38 mAnm BERSCHEID; ebenso BERSCHEID jurisPR-ArbR 5/2003 Anm 6; H MEYER DZWIR 2004, 58, 61) soll es genügen, wenn der Kündigungsadressat die Zurückweisung damit begründet, dass die Einwilligung von einem Dritten als Vertreter des zustimmungsberechtigten vorläufigen Insolvenzverwalters erklärt worden ist und dieser dabei keine Vollmachtsurkunde beigefügt hat; diese auf § 174 BGB abzielende Rüge enthalte zugleich die nach §§ 182 Abs 3, 111 S 2 (wohl richtig). – Die in § 182 Abs 3 verlangte Schriftform der Ermächtigungserklärung kann trotz § 126 Abs 3, 1. HS nicht durch die elektronische Form (§ 126a) ersetzt werden, weil andernfalls das Risiko des Erklärungsadressaten unangemessen ausgeweitet würde; man wird die elektronische Form als implizit ausgeschlossen (§ 126 Abs 3 HS 2) anzusehen haben.

47 Abs 3 spricht nicht ausdrücklich die Frage an, ob einseitige empfangsbedürftige Rechtsgeschäfte, für die die Zustimmung eines Dritten vorgeschrieben ist, auch ohne Einwilligung vorgenommen werden können und dann durch **Genehmigung** wirksam werden können. Nur für einige Sonderfälle findet sich eine explizite Regelung dieser Frage in den §§ 111 S 1, 180 S 1, 1367, 1831 S 1; eine generelle Regelung fehlt jedoch. Der Umstand, dass der Gesetzgeber von der nahe liegenden Bezugnahme auch des § 111 S 1 abgesehen hat, könnte dafür sprechen, dass die Wirkungslosigkeit einseitiger empfangsbedürftiger Willenserklärungen, die ohne die

Titel 6
Einwilligung und Genehmigung § 182

erforderliche Einwilligung abgegeben werden, nicht angeordnet werden sollte (so verstehen die Regelung beispielsweise PLANCK/FLAD Anm 4 und BREHM Rn 499). Auf der anderen Seite hätte, wenn auch einseitige empfangsbedürftige Willenserklärungen genehmigungsfähig sein sollten, auch die Regelung des Abs 3 anders formuliert werden müssen: Das Zurückweisungsrecht hätte dann auch auf den Fall ausgedehnt werden müssen, dass die Einwilligung nicht erteilt, oder vielleicht nicht einmal behauptet worden war. Es wäre ja offensichtlich unsinnig, wenn derjenige, der ein zustimmungsbedürftiges Rechtsgeschäft ohne Einwilligung vornimmt, besser stünde als ein anderer, der die vorgeschriebene Einwilligung durchaus eingeholt und nur versäumt hat, sie sich in schriftlicher Form erteilen zu lassen (vgl PLANCK/FLAD Anm 4). Es spricht deshalb doch mehr dafür, die §§ 111 S 1, 180 S 1, 1367, 1831 S 1 als Ausdruck eines vorausgesetzten allgemeinen Prinzips zu verstehen, wonach einseitige empfangsbedürftige Rechtsgeschäfte, die ohne die vorgeschriebene Einwilligung vorgenommen werden, grundsätzlich **nicht genehmigungsfähig, sondern nichtig** sind (so im Ergebnis die ganz hM, RGZ 146, 314, 316; BGHZ 114, 360, 366 = LM § 184 BGB Nr 20 [undeutlich: Rückwirkung entfällt bei einseitigen Gestaltungsgeschäften]; NJW 1997, 1150, 1151 f = LM § 185 BGB Nr 39 Bl 3 [§ 185 Abs 2 auf einseitige Gestaltungsgeschäfte nicht anwendbar]; OGH NJW 1949, 671; BAG Betrieb 1977, 1191; KG OLGE 15, 327, 328; OLG Brandenburg MDR 2000, 1306, 1307; LAG Brandenburg Urt v 1. 12. 2005 – 3 Sa 161/05 [juris, Rn 37]; MünchKomm/SCHRAMM[5] Rn 28; SOERGEL/LEPTIEN Rn 12; SCHLEGELBERGER/VOGELS/PFEIFLE § 183 Rn 1; NK-BGB/STAFFHORST[2] Rn 63; ERMAN/PALM[12] Vorbem 7 [c]; AK-BGB/OTT Rn 9; PALANDT/ELLENBERG Rn 5; vTUHR, AT II 2 223; LARENZ, AT[6] § 24 S 474 ff; LARENZ/WOLF[9] § 51 Rn 9; ENNECCERUS/NIPPERDEY, AT § 204 III 1, V 3; BIERMANN § 78, 1; BORK Rn 1696; KÖHLER § 14 Rn 6; PETERSEN Jura 2005, 248, 250; im Ergebnis CROME I § 83, 1 S 360 f; **aA** BAMBERGER/ROTH/BUB[3] § 184 Rn 3; JAUERNIG, in: FS Niederländer [1991] 285, 290 f; ZIMMERMANN ZTR 2007, 119, 123.). Die Möglichkeit, den *Schwebezustand* durch ein Vorgehen analog §§ 108 Abs 2, 177 Abs 2, 415 Abs 2 S 2, 1366 Abs 3 *abzukürzen* (s § 184 Rn 18) schützt den Adressaten einer zustimmungsbedürftigen einseitigen rechtsgestaltenden Erklärung (entgegen BAMBERGER/ROTH/BUB[3] § 184 Rn 3) bei weitem nicht genug, ist also kein geeigneter Ersatz für die von der hM angenommene Regel von der prinzipiellen Nichtigkeit solcher Rechtsgeschäfte. Eine verbreitete Auffassung will jedoch eine Ausnahme machen, wenn der Erklärungsadressat die (zu Unrecht) behauptete Einwilligung nicht beanstandet hat, oder mit einem Handeln ohne Einwilligung in der Hoffnung auf nachträgliche Zustimmung einverstanden war; dann soll das einseitige Geschäft in **Analogie zu § 180 S 2** genehmigungsfähig sein (OLG Düsseldorf NJOZ 2006, 4058, 4060; FLUME aaO; MEDICUS[10] Rn 1018; BREHM Rn 499; STAUDINGER/DILCHER[12] Rn 3; MünchKomm/SCHRAMM[5] § 182 Rn 28; MünchKomm/BAYREUTHER[6] Rn 32; NK-BGB/STAFFHORST[2] Rn 63; PWW/FRENSCH[8] Rn 10; AK-BGB/OTT § 182 Rn 8; PALANDT/ELLENBERGER Rn 5; Hk-BGB/DÖRNER § 184 Rn 2; JAUERNIG/MANSEL[15] Rn 2; ZIMMERMANN ZTR 2007, 119, 122 ff; HENCKEL/WINDEL, InsO § 81 Rn 28; wohl auch ERMAN/PALM[12] Vorbem 7 [c]; **aA** OLGR Celle 1999, 97; SOERGEL/LEPTIEN Rn 12 [wegen des Ausnahmecharakters der Regelung]). Diese Analogie dürfte angesichts der engen Verwandtschaft von Vollmacht und Zustimmung in der Tat angebracht sein. Per se nichtig ist die nicht beanstandete einseitige empfangsbedürftige Willenserklärung, die der Zustimmung eines Dritten bedarf, außerhalb der speziell geregelten Sonderfälle mithin nur dann, wenn der Urheber der zustimmungsbedürftigen Erklärung das Vorliegen einer Einwilligung nicht einmal behauptet hat. Ob die Genehmigungsmöglichkeit analog § 180 S 2 auch bei amtsempfangsbedürftigen einseitigen Rechtsgeschäften besteht, ist problematisch. Schon für den unmittelbaren Anwendungsbereich des § 180, also amtsempfangsbedürftige Erklärungen eines vollmachtlosen Vertreters, ist die Frage lebhaft umstritten (bejahend BVerwG VIZ 2002, 290 f und VG Dresden 28. 8. 2003 – 1 K 6/01, juris Rn 31 [für die Anmeldung von Ansprüchen nach dem Vermögensgesetz durch einen vollmachtlosen Vertreter]; MünchKomm/Schramm[5] § 180 Rn 4 mwNw; abl dagegen die Schrifttumsmehrheit, vgl Staudinger/Schilken § 180 Rn 11 mwNw).

48 Eine weitere Ausnahme muss für die *von einem Nichtberechtigten erteilte Zustimmung* zur Verfügung eines anderen Nichtberechtigten gemacht werden (s dazu § 185 Rn 56 und Flume, AT II § 54, 6 a Fn 5, § 57, 3 e Fn 22).

X. Beweislast

49 Wenn der Abschluss eines zustimmungsbedürftigen Rechtsgeschäfts unstreitig oder nachgewiesen ist, muss derjenige, der die Wirksamkeit des Rechtsgeschäfts behauptet und daraus für ihn günstige Rechtsfolgen herleitet, auch die Erteilung der Zustimmung darlegen und gegebenenfalls beweisen (NK-BGB/Staffhorst[2] Rn 64; Bamberger/Roth/Bub[3] Rn 29). Demgegenüber wäre es Sache der Gegenpartei, den Nachweis zuführen, dass die erteilte Zustimmung nicht wirksam ist, beispielsweise weil schon vor ihrer Erteilung der Schwebezustand durch eine endgültige Genehmigungsverweigerung beendet worden war (Baumgärtel/Laumen[3] Rn 1; PWW/Frensch[8] Rn 11). Letzteres gilt auch, wenn ein beim Vertragschluss minderjährig gewesener Vertragpartner die Unwirksamkeit der von ihm selbst inzwischen nach § 108 Abs 3 erteilten Genehmigung geltend macht (BGH FamRZ 1989, 476, 478).

§ 183
Widerruflichkeit der Einwilligung

Die vorherige Zustimmung (Einwilligung) ist bis zur Vornahme des Rechtsgeschäfts widerruflich, soweit nicht aus dem ihrer Erteilung zugrunde liegenden Rechtsverhältnis sich ein anderes ergibt. Der Widerruf kann sowohl dem einen als dem anderen Teil gegenüber erklärt werden.

Materialien: E I § 127 Abs 3; II § 151, rev § 179; III § 179; Mot I 245 ff; Prot I 176 ff; VI 124, 128; Jakobs/Schubert, AT II 948 ff.

I. Die Einwilligung

1 Die einem zustimmungsbedürftigen fremden Rechtsgeschäft *vorangehende* Zustimmung heißt gem § 183 S 1 Einwilligung (s Vorbem 3 zu §§ 182 ff). Aber auch die gleichzeitig mit der Vornahme des zustimmungsbedürftigen Geschäftes erteilte Zustimmung sollte man zweckmäßigerweise als Einwilligung einstufen (so vTuhr, AT II 2, 222; Oertmann Vorbem 2 a vor § 182; **aA** Planck/Flad Vorbem 1: je nach Sachlage als Einwilligung oder Genehmigung zu beurteilen). Dasselbe muss für die Zustimmung gelten, die während des gestreckten Tatbestandes eines Rechtsgeschäfts – also etwa zwischen Einigung und Übergabe im Falle des § 929 S 1 oder zwischen Einigung und Eintragung im Falle des § 873 – erfolgt. Auch sie fällt unter § 183 (BGH NJW 1963, 36, 37; BGB-

RGRK/Steffen § 182 Rn 2; vTuhr, AT II 2, 222 und 231 Fn 139; Siber, Buchrechtsgeschäft [1909] 102, 145 f; Rosenberg § 873 Anm III 1 a β; Staudinger/Gursky [2012] § 873 Rn 80; s auch unten Rn 10), ist also genau wie die bereits vor der Einigung erklärte Zustimmung bis zur Vollendung des Tatbestandes des zustimmungsbedürftigen Rechtsgeschäftes widerruflich (s unten Rn 10). Das Schrifttum spricht allerdings bei einer zwischen Einigung und Eintragung erteilten Zustimmung häufig von „Genehmigung" (vgl Staudinger/Ertl[12] § 878 Rn 21; KEHE/Munzig, GBO[6] § 19 Rn 92; MünchKomm/Kohler[6] § 878 Rn 21 aE; AK-BGB/L vSchweinitz § 878 Rn 17; Palandt/Bassenge § 878 Rn 7). Das ist gefährlich, weil es die Unwiderruflichkeit einer solchen Zustimmung suggerieren könnte. Die Genehmigung iS von § 184 ist aber nur deshalb unwiderruflich, weil sie die Geltung des zustimmungsbedürftigen Rechtsgeschäfts bereits herbeigeführt hat. Wenn das zustimmungsbedürftige Rechtsgeschäft aber selbst noch unvollständig ist, greift dieser Gesichtspunkt nicht ein. Das Wort „vorherige" muss deshalb den gleichen Zeitpunkt meinen wie die Formulierung „bis zur Vornahme des Rechtsgeschäfts": eben den Zeitpunkt der Vollendung des Tatbestandes (s unten Rn 10).

Die Einwilligung als Wirksamkeitsvoraussetzung eines fremden Rechtsgeschäfts ist **2** ihrerseits eine einseitige empfangsbedürftige Willenserklärung, die den allgemeinen Regeln des § 182 untersteht, soweit nicht Spezialvorschriften eingreifen. Sie ist mithin grundsätzlich nach § 182 Abs 2 formfrei und gegenüber dem Grundverhältnis verselbständigt, also ein abstraktes Rechtsgeschäft. Die Loslösung vom Grundverhältnis ist allerdings nicht total (s Vorbem 38 f zu §§ 182 ff und unten Rn 20). Da die Einwilligung die Fähigkeit begründet, ein Rechtsgeschäft wirksam vorzunehmen, ist sie der Vollmacht verwandt (vgl Flume, AT II § 55); häufig muss per Auslegung geklärt werden, ob eine Erklärung als Bevollmächtigung oder als Einwilligung zu verstehen ist. – Die Einwilligung in eine Rechtsgutsverletzung stellt sich als Realakt dar und wird von § 183 nicht erfasst.

Die Einwilligung kann, soweit nicht eine bestimmte Form für sie vorgeschrieben ist, **3** auch aus *schlüssigem Verhalten* zu folgern sein (s § 182 Rn 9 ff). Bloßes Stillschweigen genügt in der Regel nicht. Ihm wird nur dann die Deutung einer Einwilligung zu geben sein, wenn nach den Umständen des Falles und den Grundsätzen von Treu und Glauben für den Fall der Nichtzustimmung eine besondere Erklärung zu erwarten und zudem möglich gewesen wäre (Brandenburgisches OLG Urteil vom 9. 2. 2012 – 5 U 29/11 Rn 33). Insofern kann die Einwilligung auch auf „tatsächlicher Übung" (vgl RGZ 133, 253 f) beruhen.

Auch die *Verweigerung* der Einwilligung erfolgt durch eine einseitige, empfangs- **4** bedürftige Erklärung, die aber richtiger Ansicht nach keinen rechtsgeschäftlichen Charakter hat (s § 182 Rn 35). Wurde eine erforderliche Einwilligung verweigert, so hindert dies den Zustimmungsberechtigten nicht daran, die Einwilligung später doch noch zu erteilen oder später das ohne Einwilligung geschlossene Rechtsgeschäft zu genehmigen.

Die Einwilligung kann unter einer **Bedingung** erteilt werden (Planck/Flad Anm 1; **5** Oertmann Anm 2b; MünchKomm/Schramm[5] Rn 3; MünchKomm/H P Westermann[6] § 158 Rn 28; vTuhr, AT II 1, 212, Fn 52; II 2, 228; Larenz/Wolf AT[9] § 50 Rn 26; Wagner JuS 1997, 690, 695). Dies gilt selbst dann, wenn das zustimmungsbedürftige Hauptgeschäft seinerseits bedingungsfeindlich ist (Larenz aaO; NK-BGB/Staffhorst § 182 Rn 31 und § 183 Rn 8; **aA** vTuhr aaO; Pietsch, Bedingungsfeindlichkeit im Privatrecht [Diss Kiel 1967] 123). Der Grundstücksverkäufer kann den Käufer beispielsweise trotz § 925 Abs 2 dazu ermächtigen, das Grundstück nach Zahlung des Kaufpreises (= aufschiebende Bedingung) einem Dritten aufzulassen (vgl Staudinger/Pfeifer [2011] § 925 Rn 96 und Streuer Rpfleger 1998, 314, 315). Die Geltung der Einwilligung kann darüber hinaus auch zeitlich beschränkt sein (vTuhr aaO; Flume, AT II § 55 S 896). Der Ermächtigung wird (entgegen Wagner JuS 1997, 690, 695) keine eigentliche Bedingung beigefügt, wenn die Ermächtigung nur inhaltlich beschränkt und damit den schuldrechtlichen Absprachen angepasst wird (vgl BGH MDR 1989, 242: Dem Käufer eines Grundstücks wird gestattet, [nur] „im Rahmen der Finanzierung des Kaufpreises" das Grundstück schon vor der Eigentumsumschreibung zu belasten; OLGR München 2000, 340). Schwierigkeiten bereiten auflösende Bedingungen. Auch diese sind zulässig (Erman/Palm[12] Rn 2; Wagner aaO). Es ist dann aber eine Frage der Auslegung, ob die erst nach Abschluss des Hauptgeschäftes eintretende auflösende Bedingung überhaupt relevant sein soll (NK-BGB/Staffhorst[2] § 182 Rn 58).

6 Eine echte **Übertragung** der durch die Zustimmung verliehenen Rechtsmacht zum Abschluss des Hauptgeschäfts ist nicht möglich (Oertmann § 182 Anm 9). Der durch eine vorgeschriebene Einwilligung zur Vornahme des Hauptgeschäftes Autorisierte ist allerdings grundsätzlich nicht gehindert, dieses durch einen Stellvertreter abzuschließen, wie der Umkehrschluss aus § 1516 Abs 2 S 1 zeigt (Oertmann aaO). In den Fällen des § 185 Abs 1 kann die Einwilligung allerdings auch so gefasst werden, dass der ermächtigte Nichtberechtigte die ihm verliehene Rechtsmacht weiterleiten kann. Das wird insbesondere bei den im Interesse des Ermächtigten erteilten und bei unwiderruflichen Einwilligungserklärungen regelmäßig anzunehmen sein.

7 Denkbar ist, dass dem zu Ermächtigenden ein Anspruch auf die Erteilung der (unwiderruflichen) Einwilligung zusteht. Er kann dann auf die Erteilung der Einwilligung klagen, und diese wird dann gem § 894 ZPO durch das Klage zusprechende Urteil bei dessen Rechtskraft ersetzt. Ein Zugang der fingierten Erklärung bei dem potenziellen anderen Adressaten der Zustimmungserklärung ist danach nicht mehr erforderlich (OLG Hamburg MDR 1998, 1051).

II. Der Widerruf der Einwilligung

8 Nach § 183 S 1 ist die Einwilligung bis zur Vornahme des zustimmungsbedürftigen Rechtsgeschäfts frei widerruflich, soweit sich nicht aus dem ihrer Erteilung zugrunde liegenden Rechtsverhältnis ein anderes ergibt. Das entspricht der Regelung bei der Vollmacht (§ 168 S 2).

9 1. Der Widerruf erfolgt, wie die Einwilligung selbst, durch eine einseitige empfangsbedürftige Willenserklärung; er kann – da Formvorschriften nicht bestehen – auch durch *schlüssiges Verhalten* kundgetan werden (RGZ 133, 253, 254; Soergel/Leptien § 183 Rn 3). Geeigneter *Adressat* der Widerrufserklärung ist nach § 183 S 2 jeder der beiden Partner des Hauptgeschäfts. Der Widerruf muss dabei nicht an die gleiche Person gerichtet werden, der gegenüber die Einwilligung ausgesprochen worden war (NK-BGB/Staffhorst[2] Rn 17). Bei externer Einwilligung, aber Widerruf nur gegenüber dem Ermächtigten, kann die Ermächtigung allerdings analog § 170 zum Schutze des Dritten in Kraft bleiben (s unten Rn 17). Der Widerruf wird dadurch wirksam, dass er dem Adressaten zugeht (s § 130); dem Zugang steht die nach den

Vorschriften der ZPO erfolgende Zustellung durch einen Gerichtsvollzieher gleich (§ 132).

2. Zum Erlöschen der Einwilligung führt der Widerruf gem § 183 S 1 nur, wenn **10** er vor der Vornahme des Rechtsgeschäfts wirksam geworden, dh dem Adressaten zugegangen ist **(Dauer der Widerruflichkeit)**. Unter Vornahme des Rechtsgeschäfts ist hier der Zeitpunkt zu verstehen, in dem das letzte Teilstück des Rechtsgeschäfts vorgenommen wird (vTuhr, AT II 2, 231 Fn 139; Soergel/Leptien Rn 3; Larenz/Wolf AT⁹ § 51 Rn 17; NK-BGB/Staffhorst² Rn 2; Bamberger/Roth/Bub³ Rn 2). Der Widerruf erfolgt also noch rechtzeitig, wenn er bei einer Übereignung nach § 929 zwischen Einigung und Übergabe, bei der Bestellung oder Übertragung eines Liegenschaftsrechts zwischen Einigung und Eintragung zugeht (BGH LM § 5 ErbbVO Nr 2 = NJW 1963, 36, 37 = Rpfleger 1963, 378 mAnm Haegele; Brandenburgisches OLG Urt v 10. 1. 2008 – 5 U 15/07 – juris Rn 42; Rosenberg § 873 Anm III 1 a β; BGB-RGRK/Steffen § 183 Rn 2; Soergel/Leptien Rn 3; Bamberger/Roth/Bub³ Rn 3 [m Einschr]; vTuhr, AT II 2, 231 Fn 139; Siber, Das Buchrechtsgeschäft [1909] 102, 145 f; **aA** Oertmann Anm 2b [weil die Eintragung kein Teil des Rechtsgeschäfts, sondern ein behördlicher Akt sei]; MünchKomm/Kohler⁶ § 878 Rn 21 [„Vornahme des Rechtsgeschäfts iS von § 183 = Einigung und Antragstellung"]). Die Einwilligung etwa in eine Kündigung kann noch bis zum Zugang der Kündigungserklärung widerrufen werden, während der Widerruf einer Bevollmächtigung schon nach der Abgabeerklärung des Bevollmächtigten zu spät käme (s OLGR Naumburg 1998, 157, 158; Staudinger/Gursky [2012] § 875 Rn 26 2. Abs). Die Möglichkeit des Widerrufs der Einwilligung zu liegenschaftsrechtlichen Verfügungen soll aber nach verbreiteter Auffassung entfallen, wenn die dingliche Einigung für diese Verfügung des Ermächtigten (ersten Auflassungsempfängers) nach § 873 Abs 2 bindend geworden ist und der Eintragungsantrag gestellt worden ist (BGB-RGRK/Steffen Rn 2; MünchKomm/Schramm⁵ Rn 10; Soergel/Leptien Rn 3; jurisPK-BGB/Trautwein⁶ Rn 5; Palandt/Ellenberger Rn 1; PWW/Frensch Rn 1; Hager JuS 1991, 1, 8 m Fn 134; Tetenberg, Die Anwartschaft des Auflassungsempfängers [2006] 176 f [jeweils unter Berufung auf BGH NJW 1963, 36, 37]; wohl auch OLG Brandenburg Urt v 10. 1. 2008 – 5 U 15/07 [juris, Rn 42]; OLG Hamburg Beschluss v 15. 3. 2011 – 13 W 15/11 [juris Rn 6]; ohne Erwähnung des Eintragungsantrags BGH NJW 1998, 1482, 1484; einschränkend [nämlich nur für den Fall, dass der Eintragungsantrag gerade vom Ermächtigten gestellt worden ist] Bamberger/Roth/Bub Rn 3). Das läuft auf eine allzu kühne Analogie zu letzterer Vorschrift hinaus. In der angeführten Entscheidung ging es denn auch allein um die Konstellation, dass ein zunächst durch die Einwilligung des Eigentümers ausgeschaltetes Belastungsverbot aus § 5 Abs 2 ErbbauRG während des Eintragungsverfahrens durch Widerruf der Einwilligung wieder aktiviert wird (vgl dazu Staudinger/Gursky [2012] § 878 Rn 29). Weitergehend nimmt Flume (AT II § 55 S 896 f) an, dass die Einwilligung zu einem Vertrag schon dann nicht mehr widerrufbar sein soll, wenn wenigstens eine bindende Offerte zum Abschluss dieses Vertrages dem potenziellen Vertragsgegner zugegangen ist. Dafür gibt es jedoch keinen Anhaltspunkt im Gesetz (abl auch NK-BGB/Staffhorst² Rn 3; zust aber wohl MünchKomm/Schramm³ Rn 8; Doris 171).

Es versteht sich von selbst, dass die erteilte Einwilligung zur Übereignung einer **11** fremden Sache (wie etwa die mit dem verlängerten Eigentumsvorbehalt verbundene Ermächtigung zur Weiterveräußerung im ordnungsgemäßen Geschäftsgang) auch dann noch widerrufen werden kann, wenn der Ermächtigte diese Sache zwar verkauft hat, aber weder die dingliche Einigung über den Eigentumsübergang noch die

Übergabe erfolgt sind (BGHZ 14, 114, 118 f = LM § 455 BGB Nr 5). Dies gilt natürlich nur, wenn der Widerruf nicht vertraglich ausgeschlossen worden ist, was bei verlängertem Eigentumsvorbehalt regelmäßig anzunehmen ist (vgl BGH LM § 455 BGB Nr 22 = NJW 1969, 1171). Auf der Hand liegt auch, dass der Widerruf zu spät kommt, wenn die Wirkungen des Hauptgeschäftes bereits eingetreten sind, etwa wenn die Ware, zu deren Veräußerung im ordnungsgemäßen Geschäftsgang der Sicherungseigentümer den Sicherungsgeber ermächtigt hatte, von Letzterem bereits in der Form des § 931 wirksam übereignet worden ist (vgl BGH LM § 407 BGB Nr 2 Bl 1).

12 3.   Bei **Einwilligungen zu Prozesshandlungen** ist die Zulässigkeit des Widerrufs in Analogie zu § 183 zu beurteilen. So kann die Einwilligung zur Einklagung eines fremden Rechtes im eigenen Namen (also zur Klageerhebung in gewillkürter Prozessstandschaft) nur bis zur Zustellung der Klageschrift als dem der Vornahme des Rechtsgeschäfts iS von § 183 BGB analogen Zeitpunkt widerrufen werden, nicht etwa bis zum Erlass des Urteils (RGZ 164, 240, 242; MünchKomm/BAYREUTHER[6] Rn 13; jurisPK-BGB/TRAUTWEIN[6] Rn 9; s auch NK-BGB/STAFFHORST[2] § 182 Rn 47). Wenn der Schuldner eine Zahlungsverpflichtung mit Unterwerfung unter die sofortige Zwangsvollstreckung beurkunden lässt und den Notar ermächtigt, dem Gläubiger eine vollstreckbare Ausfertigung zu erteilen, kann er diese Ermächtigung nach der Wertung des § 183 S 1 nicht mehr widerrufen, um die Erteilung einer weiteren Ausfertigung zu verhindern (BayObLG RNotZ 2003, 586, 587; ERMAN/MAIER-REIMER[13] § 183 Rn 4).

13 4.   Der wirksame Widerruf der Einwilligung beseitigt diese zwar, hindert den Zustimmungsberechtigten allerdings nicht daran, die Einwilligung später doch noch zu erteilen oder das ohne Einwilligung vorgenommene Hauptgeschäft zu genehmigen (SOERGEL/LEPTIEN Rn 3; MünchKomm/SCHRAMM[5] Rn 13). Im Übrigen ist zu beachten, dass der Widerruf zwar die Einwilligung beseitigt, nicht aber notwendigerweise die durch die Einwilligung verliehene Rechtsmacht. Letztere kann aus Rechtsscheinsgründen weiter bestehen (s unten Rn 17).

14 5.   Der Widerruf kann **rechtsgeschäftlich ausgeschlossen** werden. Dies kann einseitig dadurch geschehen, dass der Zustimmungsberechtigte in der Einwilligungserklärung auf die Widerruflichkeit verzichtet (ENNECCERUS/NIPPERDEY, AT § 204 IV 1; STAUDINGER/DILCHER[12] § 183 Rn 5 iVm § 168 Rn 11; MünchKomm/SCHRAMM[5] § 183 Rn 15 iVm § 168 Rn 20; SOERGEL/LEPTIEN Rn 4; WAGNER JuS 1997, 690, 695). Auch ein nachträglicher einseitiger Verzicht auf die Widerrufsmöglichkeit muss möglich sein. Die Begründung der Unwiderruflichkeit kann aber auch durch Vertrag zwischen dem Einwilligenden einerseits und dem Ermächtigten (STAUDINGER/DILCHER[12] aaO; MünchKomm/ SCHRAMM aaO) bzw mit dem vorgesehenen Partner des Hauptgeschäftes andererseits (STAUDINGER/COING[11] Rn 3; MünchKomm/SCHRAMM aaO) erfolgen. Dies kann auch konkludent geschehen (NK-BGB/STAFFHORST[2] Rn 9). In allen diesen Fällen erfolgt der Ausschluss der Widerrufsmöglichkeit durch ein Rechtsgeschäft, das gegenüber dem jeweiligen Grundverhältnis selbständig ist. Hierdurch unterscheiden sich diese Fälle von der in Rn 16 behandelten Konstellation. Ein impliziter Ausschluss des Widerrufs ist insbesondere gegeben, wenn der Einwilligende sich gegenüber dem Ermächtigten oder dem vorgesehenen Partner des Hauptgeschäfts dazu verpflichtet, die Einwilligung zu erteilen bzw nicht zu widerrufen. Geht der Einwilligende die entsprechende Verpflichtung gegenüber einem Vierten ein, der mittelbar am wirksamen Zustandekommen des Hauptgeschäfts interessiert ist, so genügt das für einen

Ausschluss des Widerrufsrechts grundsätzlich nicht. Anders wiederum, wenn die Abrede so zu verstehen ist, dass auch dem Ermächtigten und/oder vorgesehenen Partner des Hauptgeschäfts ein eigener Anspruch auf Unterlassung des Widerrufs (§ 328) eingeräumt wird. Wenn die Mitgesellschafter der treuhänderischen Sicherungsabtretung eines Kommanditanteils zustimmen, so liegt darin ohne weiteres eine unwiderrufliche Zustimmung zur Rückübertragung nach Erledigung des Sicherungszwecks (BGHZ 77, 392, 396 f). – Auch bei einem solchen rechtsgeschäftlichen Widerrufsausschluss bleibt der Widerruf jedoch, wie bei der Vollmacht (s STAUDINGER/ SCHILKEN § 168 Rn 14), *aus wichtigem Grund* zulässig (OERTMANN Anm 2a; SOERGEL/LEPTIEN Rn 4; NK-BGB/STAFFHORST[2] Rn 10; BAMBERGER/ROTH/BUB[3] Rn 5; ERMAN/PALM[12] Rn 4; s auch MünchKomm/SCHRAMM[5] Rn 15 [kann noch zulässig sein]; MEDICUS, AT[10] Rn 1020 [seltener als bei der Vollmacht]). So ist zB der Widerruf der Verfügungsermächtigung bei verlängertem Eigentumsvorbehalt jedenfalls dann zulässig, wenn durch das Verhalten des Vorbehaltskäufers die Sicherheit des Verkäufers gefährdet wird (vgl BGH LM § 455 BGB Nr 22 = NJW 1969, 1171; MEDICUS/PETERSEN, BR[23] Rn 534; MünchKomm/SCHRAMM[5] Rn 15; LEIBLE/SOSNITZA JuS 2001, 449, 454; s auch § 185 Rn 39). Entsprechendes gilt für die Einziehungsermächtigung bei der stillen Sicherungszession (s OLG München BB 1985, 2270) und den Widerruf der Einwilligung in die Weiterübereignung oder Belastung des aufgelassenen Grundstücks durch den Auflassungsempfänger (BayObLGZ 1960, 456 = JZ 1961, 543; MünchKomm/SCHRAMM[5] Rn 15; SOERGEL/LEPTIEN Rn 4). Auch dieser Grundsatz gilt allerdings nicht ausnahmslos. Trotz Vorliegens eines wichtigen Grundes muss es uU bei der vereinbarten Unwiderruflichkeit bleiben, wenn der wichtige Grund von dem Ermächtigten nicht zu vertreten ist und der Widerruf für ihn erhebliche finanzielle Nachteile bringt (vgl BGHZ 77, 392, 398 ff = NJW 1980, 2708, 2709 f). – Im grundsätzlichen abweichend ist die Lehre von FLUME (AT II § 55 S 897 iVm § 53 S 876 ff): Danach ist eine unwiderrufliche Einwilligung nur dann gegeben, wenn der Ermächtigte einen einredefreien Anspruch auf die Vornahme des zustimmungsbedürftigen Rechtsgeschäftes hat. Die Unwiderruflichkeit soll mit Erlöschen oder Einredebehaftetwerden des Anspruchs entfallen. Einen Widerruf aus wichtigem Grund lehnt FLUME ab.

6. Gesetzliche Widerrufsverbote enthalten ua die §§ 876 S 3, 877, 880 Abs 2 S 3, 1071 Abs 1 S 2, 1178 Abs 2 S 3, 1183 S 2, 1245 Abs 1 S 3, 1255 Abs 2 S 2, 1276 Abs 1 S 2, 1516 Abs 2 S 4, 1517 Abs 1 S 2, 1750 Abs 2 S 2 und 2291 Abs 2 HS 2. Zu den Gründen für diese Ausnahme vgl MANKOWSKI, Beseitigungsrechte (2003) 71 f **15**

7. Der Widerruf der Einwilligung ist ferner auch dann ausgeschlossen, wenn sich **16** die Unwiderruflichkeit aus dem Rechtsverhältnis ergibt, das der Erteilung der Einwilligung zugrunde liegt (S 1). Dies bedeutet eine gewisse Abschwächung der Abstraktheit der Einwilligung, da jedenfalls ihr Fortbestand auf diese Weise von dem Inhalt des Grundverhältnisses abhängt. Damit wird eine rechtsmissbräuchliche und deshalb ohnehin im Ergebnis wieder zu korrigierende Ausübung des Widerrufsrechts von vornherein verhindert (vgl MANKOWSKI, Beseitigungsrecht [2003] 437 f). S 1 setzt dabei als selbstverständlich voraus, dass das Grundgeschäft wirksam ist. Aus dem **Inhalt des Grundverhältnisses** zwischen dem Zustimmungsberechtigten und dem durch Einwilligung Ermächtigten ergibt sich die Unwiderruflichkeit insbesondere dann, wenn dieses den Zustimmungsberechtigten dem Ermächtigten gegenüber ausdrücklich zur Erteilung der Einwilligung verpflichtet (STAUDINGER/DILCHER[12] Rn 7; PLANCK/FLAD Anm 1; BGB-RGRK/STEFFEN Rn 2; SOERGEL/LEPTIEN Rn 4; jurisPK-BGB/TRAUT-

Wein[6] Rn 5; Erman/Palm[12] Rn 4; PWW/Frensch[8] Rn 2; Crome I § 83 Fn 18; Goldmann/Lilienthal § 56, 4; Biermann § 50, 3; **aA** für die gesetzlichen Verpflichtungen zur Einwilligungserteilung aus §§ 2120, 2206 aber vTuhr, AT II 2, 232). Darüber hinaus muss die Einwilligung auch dann unwiderruflich sein, wenn der Zweck der Rechtsbeziehung zwischen dem Zustimmungsberechtigten und dem Ermächtigten eine Fortdauer der Einwilligung so deutlich verlangt, dass sich hieraus eine Nebenpflicht des Zustimmungsberechtigten zur Unterlassung des Widerrufs zwingend ableiten lässt. Das wird regelmäßig dann der Fall sein, wenn die Einwilligung auch oder gar vorwiegend im Interesse des Ermächtigten erteilt worden ist und diesem Sicherheit geben sollte (ähnlich Enneccerus/Nipperdey, AT § 204 III 2; Oertmann Rn 2 a; Mankowski, Beseitigungsrechte [2003] 438; Soergel/Leptien Rn 4; Palandt/Ellenberger Rn 2 iVm § 168 Rn 6; enger [Interesse des Ermächtigten nur Indiz] MünchKomm/Schramm[5] Rn 15; wohl auch BGB-RGRK/Steffen Rn 2): So zB bei der Einwilligung des Eigentümers in die Belastung oder Weiterübereignung des Grundstücks durch den Auflassungsempfänger (BayObLGZ 1960, 456 = JZ 1961, 543, 544; KG KGJ 53, 145; OLGE 41, 147; Soergel/Leptien Rn 4), bei der Einwilligung des Hypothekengläubigers in die Auszahlung der Feuerversicherungssumme an den Versicherten (RG JW 1918, 365), bei der Veräußerungsermächtigung im Rahmen des contractus mohatrae (vgl Oertmann Anm 2a; Staudinger/Hopt/Mülbert[12] § 607 Rn 166), ferner bei der Einwilligung der Mitgesellschafter in eine treuhänderische Sicherungszession eines Kommanditanteils (BGHZ 77, 392, 396 f). Wenn der Grundstückskaufvertrag die Bestellung eines Finanzierungsgrundpfandrechtes durch den Verkäufer vorsieht, ergibt sich aus dem Kaufvertrag nicht nur die Einwilligung des durch Eigentumsvormerkung gesicherten Grundstückskäufers, sondern auch seine (die Widerruflichkeit ausschließende) Zustimmungspflicht (Gursky DNotZ 1998, 273, 279; **aA** OLG Saarbrücken FGPrax 1995, 135, 136). Widerruflich gem § 183 S 1 ist dagegen auch die im voraus erteilte Einwilligung des Gläubigers zu einer geplanten Schuldübernahme (Nörr/Scheyhing/Pöggeler, Sukzessionen[2], § 26 I 2; **aA** Hirsch JR 1960, 291, 294). – Die hier und oben in Rn 14 erörterten Widerrufsausschlussgründe können auch *kumulativ* zur Anwendung kommen. Wenn die Unwiderruflichkeit der Einwilligung sich schon aus dem Grundverhältnis ergibt, zudem aber auch in einem bei der Einwilligungserteilung erklärten Verzicht ihren Ausdruck findet ist, so ist das eine unnötige, aber unschädliche Doppelung. Erweist sich dann aber das Grundverhältnis als unwirksam, wird dadurch der Verzicht nicht ohne weiteres mit infiziert; Fehleridentität ist natürlich denkbar.

Die Zulässigkeit des Widerrufs der noch nicht zugegangenen Einwilligung nach § 130 Abs 1 S 2 bleibt natürlich unberührt (Schlegelberger/Vogels/Pfeifle Rn 7).

17 8. Auf die einmal erteilte Einwilligung gem § 183 finden, obwohl dies nicht vorgeschrieben ist, hinsichtlich des Fortbestehens die **§§ 170–173 entsprechende Anwendung** (RG JW 1928, 1367; Planck/Flad Anm 2 mit eingehender Begründung; Oertmann § 182 Anm 9; MünchKomm/Schramm[5] § 182 Rn 12, § 183 Rn 9, 12; Soergel/Leptien Rn 4; jurisPK-BGB/Trautwein[6] Rn 8; Bamberger/Roth/Bub[3] Rn 6; Schlegelberger/Vogels/Pfeifle Rn 8; Erman/Palm[12] Rn 5; Palandt/Ellenberger Rn 2; Flume, AT II § 55 S 897; Enneccerus/Nipperdey, AT § 204 II 3; vTuhr, AT II 2, 232 f; Larenz/Wolf AT[9] § 51 Rn 17; Bork Rn 1698, 1705; Hübner Rn 1346; Wieling SR I[2] § 9 VI a Fn 11; allgM). Wird daher zB die Einwilligung durch Erklärung gegenüber dem Dritten erteilt, so bleibt sie diesem gegenüber in Kraft, bis ihm das Erlöschen von dem Einwilligenden angezeigt wird, es sei denn, dass der Dritte das Erlöschen der Einwilligung bei der Vornahme des Rechtsgeschäftes kannte oder kennen musste (§§ 170, 173 analog). Der Zweck und die Gründe, welche für die Bevollmächtigung zu den Bestimmungen der §§ 170 ff geführt haben, sind hier in gleicher Weise gegeben, und die von der Vorkommission des Reichsjustizamtes vorgenommene Änderung des E I § 127 Abs 3 lässt nicht ersehen, dass damit die analoge Anwendung der §§ 170 ff ausgeschlossen werden sollte. Die intern erteilte und ebenso intern widerrufene Einwilligung gilt mithin zugunsten des iS von § 173 BGB gutgläubigen Dritten als fortbestehend, wenn der Zustimmungsberechtigte dem Ermächtigten eine Urkunde über die Einwilligung ausgehändigt hatte und dieser nun trotz des zwischenzeitlich erfolgten Widerrufs das Hauptgeschäft unter Vorlage der (noch nicht für kraftlos erklärten) Urkunde mit dem Dritten abschließt (§ 172 analog). Als Einwilligungsurkunde in diesem Sinne genügt auch eine Vertragsurkunde, aus der sich die fragliche Einwilligung zumindest schlüssig ergibt (MünchKomm/Schramm[5] Rn 12). Da die bloße Auflassung grundsätzlich die Einwilligung zur Weiterveräußerung oder Belastung des aufgelassenen Grundstücks enthält, kann derjenige, an den der Auflassungsempfänger anschließend das Grundstück unter Vorlage der Auflassungsurkunde weiter auflässt, sich auf den Fortbestand der Einwilligung berufen (MünchKomm/Schramm[5] Rn 12), wenn diese wirklich in der Auflassung enthalten war. Er kann sich dagegen nicht ohne weiteres darauf verlassen, dass diese Ermächtigung wirklich mit der Auflassung erteilt worden ist; denn dies ist eine Frage der Auslegung und hängt damit von Umständen ab, die zwar dem Auflassungsempfänger, nicht aber dem Dritten bekannt sind.

9. Das BayObLG will für den Widerruf der (nach der Gemeinschaftsordnung erforderlichen) Zustimmung des Verwalters zur Gewerbeausübung in einer Eigentumswohnung die Grundsätze des § 183 anwenden (NZM 2001, 138, 139). Da es hier nicht um die Genehmigung eines Rechtsgeschäfts geht, kann es sich nur um eine analoge Anwendung handeln. Entsprechendes gilt für die Erklärung eines Wohnungseigentümers, mit der dieser der Vornahme einer (nicht schon nach § 14 Nr 1 WEG zulässigen) baulichen Veränderung durch einen anderen Wohnungseigentümer zugestimmt hat. Das OLG Düsseldorf leitet aus § 183 ab, das eine solche Zustimmung jedenfalls so lange widerrufen werden kann, wie der bauwillige Wohnungseigentümer noch keine Dispositionen zur Verwirklichung der geplanten Baumaßnahme getroffen hat (NZM 2006, 702, 703). Das Ergebnis liegt auf der Hand, hätte sich aber wohl auch ohne Rückgriff auf § 183 begründen lassen. Vgl auch oben Vorbem 10 zu §§ 182 ff. **18**

III. Sonstige Erlöschensgründe

1. § 183 regelt mit dem Widerruf nur einen von mehreren denkbaren Erlöschensgründen für die Einwilligung. Andere ergeben sich aus den allgemeinen Lehren über Rechtsgeschäfte. So kann die Einwilligung anerkanntermaßen erlöschen, weil sie *befristet* war (Flume, AT II 196; vTuhr, AT II 1, 212 Fn 52). Dieselbe Folge kann durch das Eintreten einer auflösenden Bedingung herbeigeführt werden, weil es sich bei der Einwilligung nicht um ein bedingungsfeindliches Rechtsgeschäft handelt (s oben Rn 5). Die Einwilligung muss ferner – wie die Vollmacht (vgl MünchKomm/Schramm[6] § 168 Rn 8) – durch eine einseitige Verzichtserklärung des Ermächtigten erlöschen können. **19**

2. Darüber hinaus stellt sich die Frage, ob die Einwilligung nicht **analog § 168 S 1** **20**

mit der *Beendigung der obligatorischen Rechtsbeziehung* zwischen dem Einwilligenden und dem Ermächtigten, in deren Rahmen die Einwilligung erteilt worden ist und die ihr zugrunde liegt, erlöschen muss. Diese Frage ist im älteren Schrifttum zum Teil verneint worden, weil eine § 168 S 1 entsprechende Regelung bei der Abfassung der Vorschriften über die Zustimmung offenbar absichtlich weggelassen worden sei (PLANCK/FLAD Anm 1; GOLDMANN/LILIENTHAL § 56 Fn 8; STAUDINGER/RIEZLER⁹ § 182 Anm 1; MERTEN 46 ff; auch noch STAUDINGER/COING¹¹ § 182 Rn 2 und STAUDINGER/MAROTZKE [2008] § 1922 Rn 324). Die Entstehungsgeschichte der §§ 182 ff zeigt dies jedoch nicht deutlich. § 127 Abs 3 E I hatte für das Erlöschen der Einwilligung noch global auf die Vollmacht verwiesen und damit auch die dem heutigen § 168 S 1 entsprechende Regel in Bezug genommen. Die Vorkommission des RJA, auf die die heutige Fassung im Wesentlichen zurückgeht, billigte die Globalverweisung inhaltlich, hielt es aber für zweckmäßiger, sie aufzulösen und den Inhalt der in Bezug genommenen Normen zu wiederholen (JAKOBS/SCHUBERT, AT I 953; Prot MUGDAN I 761). Weshalb dabei die § 168 S 1 entsprechende Regelung weggelassen wurde, ist nicht ersichtlich. Von der Interessenlage her ist die Gleichbehandlung von Vollmacht und Einwilligung in diesem Punkte dringend geboten. Für die Frage, ob das Erlöschen eines Auftrags oder Geschäftsbesorgungsvertrages die dem Beauftragten oder Geschäftsbesorger verliehene Rechtsmacht zum Handeln für den Rechtskreis des Geschäftsherrn entfallen lässt, kann es vernünftigerweise nicht darauf ankommen, ob der Beauftragte als Bevollmächtigter oder als ein gem § 185 Abs 1 Ermächtigter handeln sollte (vTUHR, AT II 2, 234). Heute wird denn auch allgemein die Übertragbarkeit des § 168 S 1 auf die Einwilligung bejaht (STAUDINGER/DILCHER¹² Rn 3; BGB-RGRK/STEFFEN Rn 2; MünchKomm/SCHRAMM⁵ Rn 4; SOERGEL/LEPTIEN Rn 2; NK-BGB/STAFFHORST² Rn 15; BAMBERGER/ROTH/BUB³ Rn 8 [m Einschr]; HKK/FINKENAUER §§ 182–185 Rn 11; ERMAN/PALM¹² Rn 2; PALANDT/ELLENBERGER Rn 3; AK-BGB/OTT Rn 4; MünchKomm/LEIPOLD⁶ § 1922 Rn 41 f; FLUME, AT II § 55 S 896; ENNECCERUS/NIPPDERDEY, AT § 204 II 3; MEDICUS, AT¹⁰ Rn 1022; HÜBNER Rn 1346; DORIS S 171 ff, 183; ebenso im älteren Schrifttum OERTMANN Anm 2d; HÖLDER Anm 1; ENDEMANN, BR I⁸ § 83 Fn 6; vTUHR II 2, 234; GAREIS, § 182 Anm 1; KISCH GrünhutsZ 29, 348). Die Ermächtigung etwa eines Kommissionsagenten, Waren des ihn beauftragenden Unternehmens in eigenem Namen zu veräußern, entfällt also automatisch mit der Beendigung des zwischen diesen beiden bestehenden Agenturvertrages, ohne dass noch ein besonderer Widerruf notwendig würde. Allerdings kann auch hier dem Zustimmungsberechtigten die Berufung auf den Wegfall der Einwilligung aus Gründen des Vertrauensschutzes für den Geschäftspartner nach den analog anzuwendenden §§ 170–173 (s Rn 17) versagt sein.

21 Die analoge Anwendung des § 168 S 1 muss allerdings auf die Fälle beschränkt bleiben, bei denen eine der Vollmacht vergleichbare Situation besteht und ein besonderes Kausalverhältnis zwischen dem Zustimmungsberechtigten und dem von ihm durch Einwilligung Ermächtigten erwartet werden kann. Das aber sind im Wesentlichen nur die Fälle des § 185 Abs 1, also die der Einwilligung zur Verfügung eines Nichtberechtigten (so wohl auch MünchKomm/SCHRAMM⁵ Rn 4).

22 **3.** Ist das *Grundverhältnis* der Einwilligung *von vornherein unwirksam*, hilft die Analogie zu § 168 S 1 nicht weiter und kommt eine Erstreckung der Ungültigkeit auf die Einwilligung über § 139 wegen der abstrakten Natur der Einwilligung nicht in Betracht (vTUHR, AT II 2, 230 f; NK-BGB/STAFFHORST² Rn 13). Hier muss der Zustimmungsberechtigte die erteilte Legitimation durch Widerruf beseitigen. Dieser Weg ist auch bei vereinbarter Unwiderruflichkeit gangbar, weil das Fehlen des vorausgesetzten Kausalverhältnisses einen wichtigen Grund liefert (so auch NK-BGB/Staffhorst[2] Rn 13; aA vTuhr, AT II 2, 231 f); bei einem solchen muss aber die unwiderrufliche Einwilligung genauso wie eine unwiderrufliche Vollmacht (vgl Staudinger/Schilken § 168 Rn 14) widerrufen werden können. Eine *Kondiktion* der unwiderruflich erteilten Einwilligung ist dagegen nicht möglich (s Vorbem 40 zu § 182). Den Weg des Widerrufs kann und muss auch der kraft mittelbarer Rechts- oder Interessenbeteiligung Zustimmungsberechtigte einschlagen, wenn ihm für die Einwilligung vertraglich ein Entgelt versprochen worden ist und dieser Vertrag sich nun als unwirksam herausstellt oder vom Vertragspartner nicht erfüllt wird. – Selbstverständlich ist der Einwilligende nicht gehindert, bei Zweifeln an der Wirksamkeit des Kausalverhältnisses die Einwilligung nur für den Fall seiner Rechtsbeständigkeit zu erklären (Planck/Flad Anm 1); eine solche condicio in praesens vel praeteritum collata ist zulässig, da die Einwilligung ja nicht bedingungsfeindlich ist.

4. Mit dem **Tode des** durch Einwilligung **Ermächtigten** erlischt die Einwilligung in aller Regel, aber nicht notwendigerweise. Wenn die Einwilligung nicht ausdrücklich oder (angesichts ihres erkennbaren Zwecks) konkludent nur dem Ermächtigten höchstpersönlich erteilt worden ist, bleibt es bei der analogen Anwendung des § 168 S 1, erlischt sie also nur, wenn auch das Grundverhältnis mit dem Tode des Ermächtigten endet (MünchKomm/Leipold[6] § 1922 Rn 41 f; zweifelnd Staudinger/Marotzke [2008] § 1922 Rn 159). Das aber ist bei Geschäftsbesorgungsverträgen gem §§ 675 Abs 1, 673 S 1 regelmäßig der Fall. Doch kann auch hier die Notbesorgungspflicht aus § 673 S 2 uU zu einem vorläufigen Fortbestand der Ermächtigung führen. Falls der Ermächtigte dagegen einen Anspruch auf die Einwilligung oder die Verschaffung des Rechtes, über das er kraft der Einwilligung verfügen kann, hat, muss die Einwilligung mit diesem Anspruch vererblich sein (so mit Recht MünchKomm/Schramm aaO). Zur Bedeutung des Todes des Einwilligenden vgl Staudinger/Marotzke (2008) § 1922 Rn 324 ff. 23

5. Ob die Eröffnung des **Insolvenzverfahrens** über das Vermögen des Ermächtigten die Einwilligung entfallen lässt, ist eine Frage der Auslegung der Einwilligung und primär anhand ihres Zweckes zu entscheiden (aA NK-BGB/Staffhorst[2] Rn 16: Auslegung des Grundgeschäfts maßgeblich). Die Veräußerungsermächtigung für den Vorbehaltskäufer erlischt mit der Eröffnung, da eine Weiterveräußerung durch den Verwalter regelmäßig den Sicherungszweck des Eigentumsvorbehaltes beeinträchtigen würde (vgl BGH NJW 1953, 217, 218 f; Serick, Eigentumsvorbehalt und Sicherungsübertragung V § 62 II 2 S 330 f). S auch unten § 185 Rn 40. 24

6. Wollte man bei *Eröffnung des Insolvenzverfahrens über das Vermögen des Einwilligenden* genauso wie bei dessen Tode (s Rn 23) allein auf § 168 S 1 abstellen, so würde das Erlöschen der Ermächtigung häufig erst mit einer gewissen Verzögerung eintreten: Nach §§ 115 Abs 3, 116 S 1 InsO, 675 Abs 1, 674 bleiben Aufträge und Geschäftsbesorgungsverträge ja in Kraft, solange der Geschäftsbesorger von dem Erlöschensgrund schuldlos keine Kenntnis erlangt hat. In Wirklichkeit muss die Ermächtigung schon im Hinblick auf § 81 Abs 1 S 1 InsO sofort mit der Verfahrenseröffnung erlöschen (iE auch MünchKomm/Schramm[5] Rn 7; NK-BGB/Staffhorst[2] Rn 16; Bamberger/Roth/Bub[3] Rn 7; MünchKommInsO/Ott/Vuia[3] § 117 Rn 11; Henckel/Windel, InsO § 81 Rn 12; ferner BGH NJW 2000, 738 für die Ermächtigung zur Prozessführung). Der Ermäch- 25 tigte kann nun einmal nicht mehr Rechtsmacht haben als der Legitimationsgeber selbst (vgl Jaeger/Henckel, KO⁹ § 23 Rn 48, 57 mwNw zur Parallelproblematik bei der Vollmacht). Die Ermächtigung erlischt darüber hinaus auch im Falle der Verhängung eines Veräußerungsverbots nach § 23 Abs 2 Nr 2 Alt 2 InsO (Bamberger/Roth/Bub³ Rn 7). Das Erlöschen der Ermächtigung kann auch nicht durch analoge Anwendung der §§ 170–173 überspielt werden (vgl Jaeger/Henckel, KO⁹ § 23 Rn 55 zur Parallelproblematik bei der Vollmacht). Anders dürfte allerdings bei Notgeschäftsführung (§§ 115 Abs 2 InsO, 672 S 2) zu entscheiden sein. Da der Geschäftsbesorger hier gerade im Interesse der Masse zur Vornahme des Rechtsgeschäftes verpflichtet ist, muss die Ermächtigung insoweit bestehen bleiben und gegen die Masse wirken (§ 117 Abs 2 InsO analog; vgl Jaeger/Henckel, KO⁹ § 23 Rn 56 zur Parallelproblematik bei der Vollmacht; bei der Erörterung der Ermächtigung [§ 23 Rn 59] erwähnt Henckel diese Ausnahme nicht; zust MünchKomm/Schramm⁵ Rn 7 Fn 16). Gänzlich anders ist die Situation in solchen Fällen, in denen die Einwilligung im Eigeninteresse des Ermächtigten selbst erteilt worden ist. Hier kann die Ermächtigung nur dann Bestand behalten, wenn der Insolvenzverwalter Erfüllung wählt.

26 Was speziell die Weiterveräußerungsermächtigung für den *Vorbehaltskäufer* in der Insolvenz des Verkäufers anbelangt, so stellt § 107 Abs 1 S 1 InsO als Sonderregelung zu § 103 InsO ausdrücklich klar, dass der Vorbehaltskäufer Erfüllung verlangen kann. Der Verwalter kann also die Anwartschaft des Käufers nicht durch Ablehnung der Erfüllung zerstören. Dann muss aber auch die Weiterveräußerungsermächtigung weiterbestehen.

27 In den Fällen der mittelbaren Interessenbeeinträchtigung (zB §§ 1365, 1369) ist die zwischenzeitliche Eröffnung des Insolvenzverfahrens über das Vermögen des Einwilligenden schlechthin irrelevant, weil das zustimmungspflichtige Hauptgeschäft nicht sein eigenes Vermögen betrifft und die Einwilligung deshalb nicht zu einer Schmälerung der Insolvenzmasse führen kann (so wohl auch MünchKomm/Schramm⁵ Rn 7).

7. Verlust der Zustimmungsberechtigung durch Rechtsnachfolge

28 Geht die Rechtsposition, aus der sich die Zustimmungsbefugnis des Einwilligenden ergibt, vor der Vornahme des Hauptgeschäftes im Wege der Gesamtrechtsnachfolge auf einen Dritten über, so bleibt die Einwilligung bestehen (MünchKomm/Schramm⁵ Vorbem 41 zu §§ 182 ff; NK-BGB/Staffhorst² Rn 15). Bei einer rechtsgeschäftlichen Übertragung wird dagegen die vom bisherigen Rechtsinhaber erteilte Einwilligung gegenstandslos; erforderlich ist die Einwilligung desjenigen, der bei Vornahme des Hauptgeschäfts Inhaber der durch das Zustimmungserfordernis geschützten Rechtsposition ist (MünchKomm/Schramm aaO; Thiele 302; Medicus, AT¹⁰ Rn 1022). So wird die vom bisherigen Eigentümer nach § 5 ErbbRG erteilte Zustimmung zur Veräußerung des Erbbaurechts wirkungslos, wenn noch vor dem Vollzug des Hauptgeschäfts eine Einzelrechtsnachfolge im Eigentum erfolgt (OLG Düsseldorf MittRhNotK 1996, 276, 277 [im Leitsatz auf den Eigentumswechsel vor Eingang des Umschreibungsantrags beschränkt]; OLG Köln Rpfleger 1996, 106 [anders für Eigentumswechsel nach bindender Einigung und Eingang des Umschreibungsantrags]). Im Ergebnis ebenso wie das OLG Köln aaO differenziert das OLG Celle RNotZ 2005, 542, 543 m krit Anm Kessler für die Konstellation des § 12 WEG: Die nach § 12 WEG erforderliche Einwilligung eines anderen Wohnungseigentümers zur Übertragung eines Wohnungseigentumsrechts wird danach grundsätzlich unwirksam, wenn der Zustimmungsberechtigte noch vor der wirksamen Vollendung des Hauptgeschäfts durch Umschreibung im Grundbuch sein eigenes Wohnungseigentum, auf dem die Zustimmungsbefugnis basiert, weiterüberträgt. Anders soll dagegen wegen der Wertung des § 878 zu entscheiden sein, wenn im Zeitpunkt des Verlustes der Zustimmungsberechtigung bereits die bindende Einigung des Hauptgeschäfts gegeben und der zugehörige Eintragungsantrag gestellt war. Die Wertung des § 878 passt aber für die Konstellationen von § 12 WEG bzw § 5 ErbbauRG schon deshalb nicht, weil diese Fungibilitätsbeschränkungen ja aus dem Grundbuch ersichtlich sind (vgl Staudinger/Gursky [2012] § 878 Rn 29; Kesseler RNotZ 2005, 543, 548). Plausibler ist der Vorschlag von Kesseler (aaO), wonach die gemäß § 12 Abs 1 WEG erforderliche Einwilligung zur Veräußerung nach der Wertung des § 12 Abs 3 WEG schon mit dem Wirksamwerden des Kausalgeschäfts unwiderruflich wird und genauso ein nach diesem Zeitpunkt eintretender Wechsel des Zustimmungsberechtigten irrelevant ist. – Eine weitere Ausnahme von dem Grundsatz, dass ein vor der Vollendung des Hauptgeschäfts eintretender Verlust der Zustimmungsberechtigung durch Rechtsnachfolge die bereits erteilte Einwilligung wirkungslos macht, betrifft die Fälle, in denen die Rechtsposition, auf der die Zustimmungsberechtigung beruht, nach Zessionsregeln übertragen wird; dann muss die vom Zedenten erteilte Einwilligung (etwa zur Aufhebung des pfandrechtsbelasteten Grundpfandrechts, § 1276) nach dem Grundgedanken des § 404 auch gegen den Zessionar wirken (Thiele 303; Planck/Strecker § 876 Anm 4; Staudinger/Gursky [2012] § 876 Rn 34; MünchKomm/Schramm[5] Vorbem 41; NK-BGB/Staffhorst[2] Rn 14, 16; Gursky DNotZ 1998, 273, 279). Entsprechendes gilt für die Zustimmung des vormerkungsgesicherten Käufers zur Bestellung eines Finanzierungsgrundpfandrechts durch den Grundstückseigentümer/Verkäufer (Gursky aaO). – Eine weitere Ausnahme ist für die kraft Gesetzes unwiderruflichen Einwilligungen „kraft mittelbarer Rechtsbeteiligung" (wie etwa § 876 [vgl dazu Vorbem 50 zu §§ 182 ff]) erforderlich (Soergel/Stürner § 876 Rn 7).

§ 184
Rückwirkung der Genehmigung

(1) Die nachträgliche Zustimmung (Genehmigung) wirkt auf den Zeitpunkt der Vornahme des Rechtsgeschäfts zurück, soweit nicht ein anderes bestimmt ist.

(2) Durch die Rückwirkung werden Verfügungen nicht unwirksam, die vor der Genehmigung über den Gegenstand des Rechtsgeschäfts von dem Genehmigenden getroffen worden oder im Wege der Zwangsvollstreckung oder der Arrestvollziehung oder durch den Insolvenzverwalter erfolgt sind.

Materialien: E I § 127 Abs 4; II § 152, rev § 180; III § 180; Mot I 247; Prot I 176 ff; VI 129 ff, 133; Jakobs/Schubert, AT II 948 ff; Abs 2 geändert durch Art 33 EGInsO v 5. 10. 1994 (BGBl I 2911).

Systematische Übersicht

I. Die Genehmigung
1. Begriff und Erteilung 1
2. Gegenstand 7
3. Inhalt der Erklärung 12
4. Unwiderruflichkeit 14

II. Der Schwebezustand bis zur Genehmigung
1. Die Bindung der Parteien 15
2. Dauer des Schwebezustandes 16

III. Die Genehmigungszuständigkeit
1. Allgemeines 22
2. Rechtszuständigkeit und Verfügungsbefugnis zur Zeit der Genehmigung erforderlich 23
3. Ausnahme bei Untergang des Verfügungsobjektes 25
4. Ausnahme bei Ersitzung? 26
5. Fehlen der Rechtszuständigkeit bei Vornahme des Hauptgeschäfts 27
6. Keine auf die Vergangenheit beschränkte Genehmigung des nicht mehr Berechtigten 29
7. Insolvenzverfahren als Schranke für die Genehmigung 30

IV. Rückwirkung der Genehmigung
1. Die Bedeutung der Rückwirkung 31
2. Nichteingreifen der Rückwirkungsregel 38
3. Rechtsgeschäftlicher Ausschluss der Rückwirkung 39

V. Die Aufrechterhaltung von Zwischenverfügungen (Abs 2)
1. Grundgedanke der Regelung 45
2. Voraussetzungen 46
3. Ausdehnung auf sonstigen zwischenzeitlichen Rechtserwerb 51
4. Zwischenverfügungen zugunsten des Genehmigenden selbst 57
5. Die Auswirkungen des Abs 2 58

Alphabetische Übersicht

Abkürzung des Schwebezustandes 18
Abtretungsverbot 62
Aufforderung zur Erklärung 18
Aufhebung des zustimmungsbedürftigen Vertrages 8
Ausschluss der Rückwirkung 39

Bedingungsfeindlichkeit der Genehmigung 4
Bindung der Parteien 15

Dauer des Schwebezustandes .... 16 ff
Dereliktion als Zwischenverfügung 61
Durchführung des genehmigungsbedürftigen Vertrages 8

Eingeschränkte Genehmigung 12
Einseitige Rechtsgeschäfte 7, 32
Einseitiges Widerrufsrecht 9
Eintragung, fortdauernde .... 10 f
Erklärungsinhalt 12
Erlass als Zwischenverfügung 55
Ersitzung 26

Erwerberseite, Zustimmungsbedürftigkeit auf 53
Erzwungene Genehmigung 43
falsa demonstratio 13
falsus procurator 8, 21, 32, 53
Familiengerichtliche Genehmigung 35, 64
Fristgebundene Hauptgeschäfte 21
Früherer Berechtigter, Genehmigung des 29

Gegenstand der Genehmigung .... 7 ff
Genehmigung ohne Rückwirkung 39
Genehmigungsfrist 20
Genehmigungspflicht .... 2 f, 43
Genehmigungserklärungen 32
Genehmigungszuständigkeit .... 22 ff
Gestaltungserklärungen 33a
Gläubigeranfechtung 38
Gleicher Verfügungsbegünstigter bei beiden Verfügungen 56
Gutgläubiger Erwerb 38, 60

Titel 6
Einwilligung und Genehmigung § 184

Insolvenzverfahren	30	Teilgenehmigung	12
Kapitalkündigung	38	Unabtretbare Forderung	62
Klageerhebung als Genehmigung	4	Unmöglichkeit, Auswirkungen der Rückwirkung	32
Kostentragungspflicht bei Genehmigung im Prozess	38	Untergang des Verfügungsobjekts	25
		Unwiderruflichkeit	14
Leistungsstörungen, Auswirkungen der Rückwirkung	32, 38	Verfügungsbefugnis des Genehmigenden	22
Liegenschaftsrechtliche Verfügungen	10 f	Verjährung	33, 38
		Verpflichtungsvertrag	32
Mehrere Verfügungen zugunsten desselben Erwerbers	56	Vertrauenshaftung	2
		Verurteilung zur Genehmigung	43, 49
Mittelbare Rechtsbeteiligung	34	Verweigerung der Genehmigung, definitive	17
Modifizierende Genehmigung	4	Verwirkung	16, 19
		Verzinsungspflicht	32
Nachfristsetzung mit Ablehnungsandrohung	38		
Nachträglicher Erwerb des Zustimmenden	27 f	Wegfall des Genehmigungserfordernisses	7, 17
Öffentlich-rechtliche Genehmigungserfordernisse	36	Widerrufsrecht, einseitiges	9
		Widerspruchsbewilligung als Zwischenverfügung	60
Prozesshandlungen	33	Wohlerworbene Rechte Dritter, Beeinträchtigung durch Genehmigungen	51
Rang	63		
Rechtszuständigkeit des Genehmigenden	23 f	Zustimmungserfordernis auf Seiten des Erwerbers	53
Rückwirkungen der Genehmigung	31 ff	Zwangsverfügungen in der Zwischenzeit	48
Rückwirkungen, Grenzen der	27 f, 38	Zwischenverfügungen	45 ff
Rückwirkung, Ausschluss der	39 ff	Zwischenverfügungen, Begriff	47
Schuldnerverzug	38	Zwischenverfügungen zugunsten des Genehmigenden selbst	57
Schwebezustand, Abkürzung des	18	Zwischenverfügungen, Auswirkungen	58 ff
Schwebezustand bis zur Genehmigung	15 ff		
Spekulationsfrist	38		
Steuerrecht, Rückwirkung im	38		

I. Die Genehmigung

1. Begriff und Erteilung

a) Die einem zustimmungsbedürftigen Rechtsgeschäft *nachfolgende Zustimmung* **1** heißt nach der Legaldefinition des § 184 Abs 1 Genehmigung. Es handelt sich dabei um eine grundsätzlich formfreie, empfangsbedürftige Willenserklärung, welche ausdrücklich oder durch schlüssiges Handeln verlautbart werden kann (vgl § 182 Rn 9 ff). Die Erwartung der Genehmigungsbedürftigkeit des Hauptgeschäftes gehört bei der Genehmigung durch schlüssiges Handeln zum rechtsgeschäftlichen Tatbestand (sehr str; vgl § 182 Rn 17). – Von der Genehmigung als Rechtsgeschäft sind die behördlichen oder gerichtlichen Genehmigungen zu unterscheiden (vgl Vorbem 54 ff zu §§ 182 ff). –

§ 184

Buch 1
Abschnitt 3 · Rechtsgeschäfte

Zur Abgrenzung der Genehmigung von der Einwilligung bei der Zustimmung zu Rechtsgeschäften mit gestrecktem Tatbestand vgl § 183 Rn 1.

2 b) Die Genehmigung ist nicht schon deshalb entbehrlich, weil sie mit Sicherheit erteilt worden wäre, wenn die Parteien des Hauptgeschäftes um sie nachgesucht hätten (SOERGEL/LEPTIEN Rn 1). Der Zustimmungsberechtigte ist in seiner Entscheidung, ob er die Genehmigung erteilen will, grundsätzlich frei. Er kann sich beispielsweise auch dann gegen die Genehmigung entscheiden, wenn das schwebend unwirksame Geschäft bereits in Unkenntnis des Zustimmungserfordernisses ausgeführt worden ist (MünchKomm/SCHRAMM[5] § 184 Rn 7). Das Recht zur Verweigerung der Genehmigung eines vollmachtlosen Handelns entfällt beispielsweise nicht schon deshalb, weil eine vom vollmachtlosen Vertreter bestellte leicht verderbliche Ware bereits beim Vertretenen eingetroffen ist (vgl BGH LM § 185 Nr 5). Der zur Entscheidung über die Genehmigung des Hauptgeschäftes Berufene behält die Entscheidungsfreiheit selbst dann, wenn er das Hauptgeschäft selbst in Unkenntnis seiner Unwirksamkeit ausgeführt hat, was etwa denkbar ist, wenn der vollmachtlos Vertretene die Überschreitung der Vertretungsmacht nicht bemerkt oder wenn der neue Vormund zu Unrecht eine von seinem Vorgänger erteilte Zustimmung annimmt. Hier kann auch der Gesichtspunkt der Vertrauenshaftung nicht zu einer Bindung an die scheinbar erteilte Genehmigung führen, weil es an der wissentlichen Schaffung eines Scheintatbestandes fehlt (CANARIS, Die Vertrauenshaftung im deutschen Privatrecht [1971] 73).

3 c) In besonderen Fällen kann jedoch kraft Gesetzes (zB nach § 2120, wenn der Vorerbe das zur ordnungsgemäßen Verwaltung erforderliche Rechtsgeschäft ohne Einwilligung des Nacherben beschlossen hat) oder auch kraft Rechtsgeschäfts eine *Verpflichtung* zur Erteilung der Genehmigung bestehen. Hier kann der Gläubiger auf Erteilung der Genehmigung klagen, und diese wird dann gem § 894 ZPO durch das Klage zusprechende Urteil bei dessen Rechtskraft ersetzt (vgl OLG Hamburg MDR 1998, 1051).

4 d) Die Genehmigung soll den bisherigen Schwebezustand beseitigen. An der sofortigen Klärung der Rechtslage hat zumindest der Geschäftsgegner ein schützenswertes Interesse. Aus diesem Grunde ist die Genehmigung grundsätzlich **bedingungsfeindlich** (LARENZ/WOLF AT[9] § 50 Rn 25; MünchKomm/SCHRAMM[6] § 177 Rn 35 [m Einschr]; MünchKomm/H P WESTERMANN[6] § 158 Rn 28; jurisPK-BGB/TRAUTWEIN[6] § 184 Rn 5; PWW/FRENSCH[8] § 184 Rn 2; aA BGB-RGRK/STEFFEN Rn 1; SOERGEL/M WOLF § 158 Rn 36; ENNECCERUS/NIPPERDEY § 195 Fn 7; BRUNNER MittBayNot 1997, 197, 198; SCHÖNER/STÖBER, Grundbuchrecht[15] Rn 3550; für eine aufschiebende Bedingung auch RG HRR 28 Nr 1559 [dazu BGB-RGRK/KUHN[11] Vorbem 16 vor §§ 158 ff]; für generelle Zulässigkeit aufschiebender BEDINGUNGEN vTUHR, AT II 2, 238 f). Dies ist nach hM ein Anwendungsfall des im Kern anerkannten Grundsatzes, dass einseitige, gestaltende Rechtsgeschäfte in aller Regel nicht bedingt vorgenommen werden dürfen, weil dem Geschäftsgegner der durch die Bedingung geschaffene Schwebezustand unzumutbar ist (vgl ENNECCERUS/NIPPERDEY, AT § 195; FLUME, AT II § 38, 5; LARENZ/WOLF AT[9] § 50 Rn 24 f; STAUDINGER/DILCHER[12] Vorbem 32 zu §§ 158 ff; STAUDINGER/BORK [2010] Vorbem 38 ff zu §§ 158 ff; BGB-RGRK/KUHN[11] Vorbem 12 vor § 158; HÜBNER Rn 1138). Ob diese Regel wirklich passt, ist eher zweifelhaft (s Vorbem 52), aber belanglos, da sich die Unwiderruflichkeit jedenfalls aus der Funktion der nachträglichen Zustimmung ableiten lässt. Im Übrigen hat sich diese Regel wohl noch nicht zu Gewohnheitsrecht verfestigt. Sie muss deshalb weichen, wo der Zustimmungsberechtigte ein deutlich vorrangiges Interesse an einer solchen Einschränkung der Genehmigung hat. Das ist insbesondere bei der Genehmigung der Verfügung eines Nichtberechtigten der Fall: Hier muss der Berechtigte die Möglichkeit haben, die Genehmigung unter der auflösenden Bedingung der Nichtbeitreibbarkeit des Erlöses zu erklären (vgl Köbl, Das Eigentümer-Besitzer-Verhältnis im Anspruchssystem des BGB [1971] 289; Staudinger/Seufert[11] § 816 Rn 4 a; jurisPK-BGB/Trautwein[6] § 184 Rn 6; Bamberger/Roth/Bub[3] § 185 Rn 10; Baur/Stürner, SR[18] § 11 Rn 36; Merle AcP 183 [1983] 81, 93 ff), wenn man nicht mit der hM (zB Staudinger/S Lorenz [2007] § 816 Rn 9; MünchKomm/Lieb[4] § 816 Rn 26; Larenz/Canaris, SchR II 2, § 69 II 1 c) systemwidrig die Klage auf Erlösherausgabe Zug um Zug gegen Genehmigungserteilung zulässt. Es ist dem Berechtigten nicht zuzumuten, durch eine unbedingte Genehmigung selbst den Verlust seines bisherigen Rechtes herbeizuführen, solange nicht sicher ist, ob er den durch die Genehmigung erworbenen Erlösherausgabeanspruch wirklich durchsetzen kann. Die ausnahmsweise Zulassung einer auflösenden Bedingung rechtfertigt sich hier auch aus zwei weiteren Überlegungen: Zum einen fallen die Gewissheitsinteressen des Erwerbers kaum ins Gewicht, da auch eine auflösend bedingte Genehmigung für ihn natürlich besser als gar keine ist. Das Interesse des Geschäftsgegners an der sofortigen Klärung der Rechtslage ist nun einmal generell weniger schutzwürdig, wenn es sich bei dem zustimmungsbedürftigen Rechtsgeschäft um ein Erwerbsgeschäft handelt (Planck/Flad Vorbem 3 d β). Was die Interessen des Nichtberechtigten angeht, so ist zu berücksichtigen, dass das durch die Bedingung geschaffene Unsicherheitsmoment von diesem im Wesentlichen selbst beherrscht wird: Er weiß ja, ob er den Erlös abführen kann und will. Im Übrigen ist es aus seiner Sicht einigermaßen gleichgültig, ob ihn der Berechtigte auf Erlösherausgabe oder mangels Genehmigung sein Abkäufer aus dem Gesichtspunkt der Rechtsmängelhaftung auf Kaufpreisrückzahlung oder gar Schadensersatz in Anspruch nimmt. Ansonsten muss auch hier berücksichtigt werden, dass Bedingungen bei Gestaltungsgeschäften jedenfalls dann zugelassen werden, wenn der Geschäftsgegner im konkreten Fall mit der Bedingung einverstanden ist oder wenn eine auf ihn abgestellte Potestativbedingung vorliegt (vgl Merle AcP 183 [1983] 81, 94 mwNw; ferner KG OLGR 1998, 369, 370). Allerdings wird die Heranziehung dieser Ausnahme vorwiegend in solchen Fällen in Betracht kommen, in denen keine Beeinträchtigung von Drittinteressen droht, also insbesondere bei der Genehmigung eines Verpflichtungsgeschäftes nach § 177 Abs 1.

Nach Wilckens (AcP 157 [1958/59] 399 f) soll die Genehmigung der Verfügung eines **5** Nichtberechtigten unter die auflösende Bedingung des Wiederauftauchens der Sache gestellt werden können. Diese Ansicht wird jedoch zu Recht fast allgemein abgelehnt (vgl Köbl aaO 290; Staudinger/Seufert[11] § 816 Rn 4 a; Staudinger/S Lorenz [2007] § 816 Rn 9; MünchKomm/Schramm[5] § 185 Rn 57; Reuter/Martinek, Ungerechtfertigte Bereicherung § 8 I 2 c S 305 f; im Wesentlichen zustimmend aber Jochem MDR 1975, 176, 182). Der damit ermöglichte langdauernde Schwebezustand bedeutet eine zu große Gefährdung der Rechtssicherheit. S aber auch MünchKomm/Schramm[5] § 185 Rn 58.

Wenn ein notariell beurkundeter Vertrag unter Beteiligung eines vollmachtlosen **6** Vertreters geschlossen worden ist und der Vertretene dem Notar später die Genehmigung unter einer „Treuhandauflage" (etwa: Weiterleitung an den Vertragspartner erst nach Begleichung der dem Vertretenen entstandenen Beglaubigungskosten durch den Vertragspartner) zur Weiterleitung an den Vertragspartner übersendet, so liegt darin keine materiellrechtliche Einschränkung der Genehmigungserklärung (BRUNNER MittBayNot 1997, 197, 198 ff).

Im Übrigen ist zu beachten, dass keine Bedingung vorliegt, wenn der Zustimmungsberechtigte die Genehmigung infolge näherer Kenntnis von den Einzelheiten des Hauptgeschäfts nur für den Fall eines ganz bestimmten Inhaltes oder eines bestimmten Geschäftspartners ausspricht (s § 182 Rn 2 f).

2. Gegenstand

7 **a)** Voraussetzung der Genehmigung ist das *Vorhandensein eines zustimmungsfähigen Rechtsgeschäfts;* fehlt es hieran, so bleibt die Genehmigung natürlich ohne Wirkungen (FLUME, AT II § 56; ENNECCERUS/NIPPERDEY, AT § 204 IV 1). Dies gilt sowohl hinsichtlich solcher Verträge, die nach § 108 Abs 2 S 2 HS 2 oder nach § 177 Abs 2 S 2 HS 2 nicht mehr genehmigungsfähig sind, als auch hinsichtlich einseitiger Rechtsgeschäfte, welche aufgrund des § 180 (oder der §§ 111 S 1, 1367, 1831) unwirksam sind (vgl RGZ 146, 314, 316). Die Genehmigung ist gegenstandslos, wenn in der Zwischenzeit das Zustimmungserfordernis beseitigt oder seine tatsächlichen Voraussetzungen weggefallen sind (beispielsweise die Ehe im Fall von §§ 1365, 1369 in der Zwischenzeit geschieden worden ist). Zur Frage, ob ohne Einwilligung vorgenommene einseitige empfangsbedürftige Rechtsgeschäfte generell nichtig und damit genehmigungsunfähig sind, vgl oben § 182 Rn 47.

8 **b)** Die Genehmigung eines zustimmungsbedürftigen Vertrages kommt nicht mehr in Betracht, wenn die Vertragsparteien diesen in der Zwischenzeit bereits wieder *aufgehoben* haben (MünchKomm/SCHRAMM[5] Rn 4; SOERGEL/LEPTIEN Rn 4; PLANCK/FLAD Anm 4a; OERTMANN 5 b; jurisPK-BGB/TRAUTWEIN[6] Rn 2; FLUME, AT II § 56 S 900; HÜBNER, AT Rn 1353). Dazu sind sie – auch wenn das nur im Sonderfall der Schuldübernahme in § 415 Abs 1 S 3 ausdrücklich ausgesprochen ist – schon im Hinblick auf § 311 Abs 1 grundsätzlich berechtigt (FLUME, AT II § 56 S 900). War der Vertrag wegen Beteiligung eines Minderjährigen nach § 108 zustimmungsbedürftig, so kann der Minderjährige den Aufhebungsvertrag wegen der gleichen Vorschrift allerdings nur dann persönlich schließen, wenn der erste Vertrag für ihn keinerlei rechtliche Vorteile, sondern nur Pflichten bzw Rechtseinbußen begründete (FLUME, AT § 56 S 900; BGB-RGRK/STEFFEN Rn 4; MünchKomm/SCHRAMM[5] Rn 4; VTUHR, AT II 2, 238). Der falsus procurator hat keinerlei Dispositionsmöglichkeit über den von ihm abgeschlossenen Vertrag (FLUME, AT § 56 S 900); er kann ihn deshalb auch nicht durch einen im eigenen Namen geschlossenen Vertrag aufheben (PLANCK/FLAD Anm 4c; BGB-RGRK/STEFFEN Rn 4; SOERGEL/LEPTIEN Rn 4; MünchKomm/SCHRAMM[5] Rn 4; HÜBNER aaO). Dies muss auch dann gelten, wenn der Vertrag nur eine Verminderung oder Belastung des Vermögens des Vertretenen beinhaltet (**aA** VTUHR, AT II 2, 238 Fn 189; SCHLEGELBERGER/VOGELS/PFEIFLE Rn 3). – Die Genehmigungsmöglichkeit entfällt natürlich nicht schon deshalb, weil der schwebend unwirksame Vertrag inzwischen vollständig durchgeführt worden ist (SOERGEL/LEPTIEN Rn 4); diese tatsächliche Beendigung der Vertragsbeziehung macht ja noch nicht die Klärung entbehrlich, ob die beiderseits erbrachten Leistungen mit oder ohne Rechtsgrund erfolgt sind.

c) Die Genehmigung eines zustimmungsbedürftigen Vertrages kommt auch dann **9** nicht mehr in Betracht, wenn einer der Vertragspartner von einem Widerrufsrecht Gebrauch macht, das das Gesetz (nur) ihm zur Beendigung des Schwebezustandes einräumt. Ein solches *einseitiges Widerrufsrecht* einer Vertragspartei sieht das Gesetz in den §§ 109, 178, 1366 Abs 2, 1427 Abs 2, 1453 Abs 2, 1830, 1908i Abs 1 vor. Aus diesen Sondervorschriften lässt sich jedoch (entgegen MünchKomm/Schramm[5] Rn 5 sowie NK-BGB/Staffhorst[2] Rn 5 und Kroppenberg WM 2001, 844, 848, ferner wohl auch Oertmann Anm 5a) kein allgemeines Prinzip ableiten (Soergel/Leptien Rn 4); dafür sind die Voraussetzungen der verschiedenen Widerrufsrechte zu unterschiedlich. Es gibt also außerhalb dieser Sonderfälle kein einseitiges Recht zum Widerruf der eigenen Vertragserklärung oder genauer: des schwebend unwirksamen Vertrages. Auch eine analoge Anwendung von § 178 ist zwar im Falle der ohne Einwilligung erfolgten Verfügung eines Nichtberechtigten zu erwägen (dafür Doris 185; Wilhelm, SR[4] Rn 916 Fn 1615), aber letztlich doch abzulehnen (vTuhr, AT II 1, 381 Fn 105). Der durch die Verfügung Begünstigte (der Erwerber) wird durch die Fortdauer des Schwebezustandes und damit den Fortbestand seiner Erwerbschance ja nicht belastet. Erst recht abzulehnen ist die These, auch ein Partner eines Vertrages, der einer behördlichen Genehmigung bedarf, könne bei Unkenntnis des Genehmigungserfordernisses im Zeitpunkt des Vertragsschlusses (bzw wenn der andere Teil ihm gegenüber zuvor wahrheitswidrig eine antizipierte Genehmigungserteilung behauptet hat) den Vertragsschluss widerrufen (so aber Kroppenberg WM 2001, 844, 848, die insoweit die §§ 1366 Abs 2 und 1830 entsprechend anwenden will).

d) Falls die Übereignung oder Belastung eines Grundstücks zustimmungsbedürf- **10** tig ist, kommt eine Genehmigung nur in Betracht, wenn außer der Einwilligung auch (unter Verstoß gegen Grundbuchverfahrensrecht) die *Eintragung* erfolgt ist; Einigung und Eintragung bilden ja erst zusammen das zustimmungsbedürftige Rechtsgeschäft. Die Genehmigungserklärung geht damit ins Leere, wenn im Zeitpunkt ihrer Erteilung die Eintragung bereits wieder im Wege der Grundbuchberichtigung *gelöscht* worden war (RGZ 131, 97, 99, 101; BGH LM § 107 BGB Nr 7 = MDR 1971, 380; KG HRR 1930 Nr 887; Staudinger/Gursky [2012] § 873 Rn 187 mwNw; BGB-RGRK/Steffen Rn 8; MünchKomm/Schramm[2] Rn 16 f; Soergel/Leptien Rn 5; NK-BGB/Staffhorst[2] Rn 1; jurisPK-BGB/Trautwein[6] Rn 17, 20; Palandt/Ellenberger Rn 3; abw RG Gruchot 67 [1925] 549, 552 f; Weigert JW 1929, 712 f). Die Erklärung wirkt aber stattdessen als Einwilligung in das mangels ausstehender Eintragung noch unvollendete Rechtsgeschäft; dieses wird mithin mit der erneuten Eintragung (ex nunc) wirksam (Soergel/Leptien aaO).

Anders stellt sich die Situation dar, wenn der mangels Einwilligung zu Unrecht **11** eingetragene Erwerber das Grundstück in der Zwischenzeit bereits wieder (unwirksam) weiterübereignet hat. Der Umstand, dass jetzt der zweite Erwerber als Eigentümer eingetragen ist, beseitigt die zur ersten Einigung gehörende Eintragung ja nicht; dieser Übereignungsvorgang ist vielmehr weiterhin im Grundbuch ausgewiesen. Deshalb muss eine Genehmigung dieser ersten Übereignung noch möglich sein (BGB-RGRK/Steffen Rn 8; Soergel/Leptien Rn 5; MünchKomm/Schramm[5] Rn 17; Erman/Palm[12] Rn 7; Erman/Maier-Reimer[13] Rn 12; iE auch RG Gruchot 67 [1925] 549, 552 [unter Berufung auf die Rückwirkung der Genehmigung]). Falls die Weiterveräußerung durch den Erwerber, die sich bis zur Genehmigung als Verfügung eines Nichtberechtigten darstellt, ihrerseits schon nach § 892 wirksam ist, kann die Genehmigung mangels fortdauernder Rechtszuständigkeit des Genehmigenden dem ersten Erwerber natürlich kein gegenwärtiges Eigentum verschaffen; sie führt aber auch nicht dazu, dass er rückwirkend im Zeitraum zwischen seiner eigenen Eintragung und der seines Nachmanns Eigentümer gewesen ist (s Rn 29). Im Falle der Bösgläubigkeit des Zweiterwerbers gilt wegen § 185 Abs 2 S 1 Fall 2 im Ergebnis das gleiche, da hier das Eigentum nach einer logischen Sekunde auf den Zweiterwerber übergeht. Gegenwärtiges Eigentum erlangt der erste Erwerber durch die Genehmigung also nur, wenn die zweite Übereignung aus irgendwelchen Gründen nichtig ist.

3. Inhalt der Erklärung

12 Die Genehmigung muss die Billigung des Inhaltes des abgeschlossenen Rechtsgeschäfts zum Ausdruck bringen. Wird eine Genehmigung nur mit *Einschränkungen* erteilt, die den Inhalt des abgeschlossenen Rechtsgeschäftes ändern sollen, so liegt darin eine Verweigerung der Genehmigung, darüber hinaus allerdings auch die Einwilligung zu einem etwaigen neuen Rechtsgeschäft, das die genannten Änderungswünsche berücksichtigt (KG HRR 1941 Nr 835; OLG Hamburg NJOZ 2008, 2360, 2663 f; MünchKomm/Schramm[5] Rn 10; Erman/Palm[12] Rn 2; Flume, AT § 56). Bei teilbaren Rechtsgeschäften ist jedoch auch eine bloße *Teilgenehmigung* möglich (OLGR Hamm 1993, 228; OLG Hamm DNotZ 2002, 266, 267; OLG Hamburg NJOZ 2008, 2360, 2364; Staudinger/Schilken § 177 Rn 15; Staudinger/Coing[11] §§ 177, 178 Rn 4; MünchKomm/Schramm[6] § 177 Rn 35; jurisPK-BGB/Trautwein[6] § 182 Rn 73; Erman/Maier-Reimer[13] § 184 Rn 3; Palandt/Ellenberger § 177 Rn 6; PWW/Frensch[8] § 184 Rn 2; **aM** RG WarnR 1916 Nr 218); es muss dann nach dem Prinzip des § 139 von dem mutmaßlichen Willen der Parteien des zustimmungsbedürftigen Vertrages (oder des Urhebers der ausnahmsweise trotz fehlender Einwilligung schwebend unwirksamen einseitigen empfangsbedürftigen Willenserklärung) abhängen, ob wenigstens der genehmigte Teil des Rechtsgeschäftes wirksam wird (Staudinger/Dilcher[12] § 177 Rn 15; Bamberger/Roth/Valenthin[3] § 177 Rn 23; Erman/Palm[12] Rn 2; Soergel/Leptien § 177 Rn 26; MünchKomm/Schramm[5] § 184 Rn 10; Ennecerus/Nipperdey, AT § 183 Fn 7).

13 Unterläuft den Parteien eines zustimmungsbedürftigen Vertrages bezüglich des Geschäftsgegenstandes eine *falsa demonstratio,* so kann die anschließende Genehmigung nur ihre Wirkung entfalten, wenn der Zustimmende um die irrtümliche Falschbezeichnung weiß (OLG Düsseldorf NJW-RR 1995, 784). Dann bezieht sich die Genehmigung auf den wirklich gewollten und damit maßgebenden Inhalt des Hauptgeschäfts. Hat der Genehmigende die falsa demonstratio dagegen nicht erkannt, so gehen Hauptgeschäft und Genehmigung aneinander vorbei. Ebenso natürlich auch, wenn der Genehmigende sich trotz Wissens um die falsa demonstratio explizit nur auf den objektiv erklärten Geschäftsinhalt bezieht (OLG Düsseldorf aaO).

4. Unwiderruflichkeit

14 Die erteilte Genehmigung ist aus Gründen der Rechtssicherheit unwiderruflich (BGHZ 40, 156, 164; 125, 355, 358; BGB-RGRK/Steffen Rn 3; Soergel/Leptien Rn 2; jurisPK-BGB/Trautwein[6] § 184 Rn 5; PWW/Frensch[8] Rn 2; allgM). Insoweit unterscheidet sich die Genehmigung von der Einwilligung (vgl § 183 Rn 8). – Eine Anfechtung der Genehmigung wegen Willensmängeln bleibt hingegen zulässig (vgl Vorbem 45 zu §§ 182 ff).

Titel 6
Einwilligung und Genehmigung § 184

Unwiderruflich, aber eventuell anfechtbar, ist auch die Verweigerung der Genehmigung (s § 182 Rn 38). Das Vertrauen des Geschäftspartners verlangt, dass er sich auf die vom Genehmigungsberechtigten geschaffene Rechtslage einstellen kann.

II. Der Schwebezustand bis zur Genehmigung

1. Die Bindung der Parteien

Bis zur Genehmigung oder der Verweigerung der Genehmigung ist das zustimmungsbedürftige Rechtsgeschäft **schwebend unwirksam**. In diesem Zeitraum sind die Parteien bereits in gewissem Umfang an das zustimmungsbedürftige Rechtsgeschäft gebunden (RGZ 64, 149, 154). Die Parteien eines genehmigungsbedürftigen Vertrages sind zwar noch nicht leistungspflichtig und können dementsprechend auch noch nicht in Verzug geraten (BGH NJW 1976, 104, 105 = LM § 812 BGB Nr 111; WM 1979, 74 = LM GrdstVG Nr 5; jurisPK-BGB/Trautwein[6] Rn 2; s aber oben Vorbem 53 zu §§ 182 ff). Sie sind aber grundsätzlich genauso wie im Falle eines öffentlich-rechtlichen Genehmigungserfordernisses (s Vorbem 54 zu §§ 182 ff) gehalten, alles in ihren Kräften Stehende und ihnen Zumutbare zu unternehmen, um die Genehmigung herbeizuführen, und auf der anderen Seite alles zu unterlassen, was die Genehmigung gefährden könnte; wer schuldhaft hiergegen verstößt, macht sich dem Vertragspartner gegenüber aus dem Gesichtspunkt der culpa in contrahendo schadensersatzpflichtig (RGZ 114, 155, 159; Palm 13; H Lange, in: FS Schmidt-Rimpler [1957] 139, 143 ff; Soergel/Leptien Rn 4; NK-BGB/Staffhorst[2] Rn 6; jurisPK-BGB/Trautwein[6] Rn 2). Für den Minderjährigen (§ 108) und den vollmachtlos Vertretenen (§ 177) gilt dies natürlich nicht (Erman/Palm[12] Rn 4). In erster Linie bedeutet die Bindung an den schwebend unwirksamen Vertrag aber einfach, dass sich die Parteien von dem Vertrag nicht mehr einseitig lösen können (ganz hM; abw Kroppenberg WM 2001, 844, 848 mwNw). Die Bindung der Vertragsparteien schließt aber nicht aus, dass diese den zustimmungsbedürftigen Vertrag einverständlich wieder aufheben (s oben Rn 8).

2. Dauer des Schwebezustandes

Eine gesetzliche Frist für die Erteilung oder Verweigerung der Genehmigung ist nicht vorgesehen; die Genehmigung kann deshalb grundsätzlich auch noch nach langer Zeit (auch noch nach mehreren Jahren, OLG Stuttgart NJW 1954, 36) erfolgen (MünchKomm/Schramm Rn 7; vgl auch LG Krefeld Urt v 28. 3. 2008 – 1 S 61/07 [juris, Rn 19] „auch noch nach Jahr und Tag"). Bei langem zeitlichen Abstand zwischen der Vornahme des Hauptgeschäfts und der Genehmigungserteilung ist allerdings jeweils zu prüfen, ob nicht entweder die Genehmigungsfähigkeit des Hauptgeschäfts oder aber das Genehmigungsrecht in der Zwischenzeit *verwirkt* worden ist (LG Krefeld aaO; MünchKomm/Schramm[5] Rn 7; jurisPK-BGB/Trautwein[6] Rn 3; Palandt/Ellenberger Rn 1). Letzteres würde voraussetzen, dass der Genehmigungsberechtigte in Kenntnis der Genehmigungsmöglichkeit unangemessen lange untätig bleibt, und dass die Parteien des zustimmungsbedürftigen Rechtsgeschäfts deshalb berechtigterweise die Genehmigung nicht mehr erwarten und deshalb Dispositionen treffen, die durch eine überraschend dann doch noch erfolgte Genehmigung erheblich gestört würden (zu den Voraussetzungen der Verwirkung vgl Staudinger/J Schmidt [1995] § 242 Rn 516 ff; Staudinger/Looschelders/Olzen [2009] § 242 Rn 302 ff). Die Annahme der Verwirkung sollte jedoch hier wie generell auf besonders krasse Fälle einer illoyal verspäteten Rechtsausübung beschränkt bleiben.

17 Der Schwebezustand (und damit die Genehmigungsmöglichkeit) *entfällt,* wenn der Zustimmungsberechtigte die Genehmigung definitiv verweigert (s § 182 Rn 38). Ebenso, wenn der zunächst schwebend unwirksame Vertrag aus anderen Gründen entfällt oder vernichtet wird, so wenn der Vertrag erfolgreich angefochten oder von den Parteien durch contrarius consensus aufgehoben worden ist oder wenn der andere Teil seine eigene Vertragserklärung nach § 109 oder § 178 oder § 1366 Abs 2 oder § 1830 berechtigtermaßen widerrufen hat (BGH LM § 167 BGB Nr 32 Bl 2 R). Der Schwebezustand endet natürlich auch mit der Erteilung der Genehmigung. In einigen Fällen kann allerdings der Schwebezustand dann durch Erklärungsaufforderung eines von mehreren potenziellen Erklärungsadressaten wiederhergestellt werden (s oben § 182 Rn 43). Der Schwebezustand endet natürlich auch dann, wenn die Genehmigungsbedürftigkeit durch Änderung der Gesetzeslage entfällt (vgl BGH LM § 134 BGB Nr 15 [zu öffentlich-rechtlichen Genehmigungserfordernissen]).

18 In einer Reihe von Fällen kann der „andere Teil" (also der Gegner der Partei, deren Vertragserklärung der Zustimmung bedarf) den Schwebezustand dadurch *abkürzen,* dass er den Zustimmungsberechtigten zur Erklärung über die Genehmigung auffordert (§§ 108 Abs 2, 177 Abs 2, 1366 Abs 3, 1427 Abs 1, 1453 Abs 1, 1829 Abs 2, 1908i Abs 1); in allen diesen Fällen gilt die Genehmigung als verweigert, wenn sie nicht innerhalb von zwei Wochen erteilt wird. Es erscheint sachgerecht, diese Regelungen im Wege der Gesamtanalogie auf die anderen Zustimmungsfälle auszudehnen (Bork Rn 1710 Fn 16; MünchKomm/Schramm[5] Rn 9; MünchKomm/Bayreuther[6] Rn 9; Soergel/Leptien Rn 4; jurisPK-BGB/Trautwein[6] Rn 3; Erman/Palm[12] Rn 4; Palandt/Ellenberger Rn 1; Flume, AT II § 56 aE; Medicus, AT[10] Rn 1024; Bamberger/Roth/Bub[3] Rn 13; für die Konstellation der Verfügung eines Nichtberechtigten auch Doris 185 und Wilhelm, SR[4] Rn 916 Fn 1615 [wo darüber hinaus auch die analoge Anwendung von § 178 befürwortet wird]; aA Staudinger/Coing[11] Rn 6; skeptisch auch KG OLGR 1998, 144, 145). Diese Lösung verdient schon wegen der festen Erklärungsfrist gegenüber der gelegentlich (zB von Schlegelberger/Vogels/Pfeifle § 185 Rn 14) vorgeschlagenen analogen Anwendung von § 415 Abs 2 S 2 den Vorzug.

19 In der Entscheidung BGH LM § 3 ZPO Nr 40 = WarnR 1969 Nr 182 hat der BGH angenommen, dass ein zustimmungsbedürftiger Vertrag genehmigungsunfähig und damit nichtig wird, wenn eine *angemessene Wartezeit verstreicht,* ohne dass um die Genehmigung nachgesucht worden wäre (zust Staudinger/Dilcher[12] § 182 Rn 23; BGB-RGRK/Steffen § 184 Rn 4; ähnlich auch jurisPK-BGB/Trautwein[6] Rn 3 und Erman/Palm[12] Rn 4 [Frage der Auslegung, ob nach Ablauf der angemessenen Frist Nichtigkeit eintritt oder nur ein Rücktrittsrecht gegeben ist]). Diese Ausnahme ist jedoch nicht haltbar (MünchKomm/Schramm[5] Rn 8); das Gesetz sieht nun einmal eine Beendigung des Schwebezustandes durch bloßen Zeitablauf nicht vor, und aus dem Parteiwillen lässt sich eine solche zeitliche Grenze regelmäßig auch nicht ableiten (s auch Staudinger/Gursky [2012] § 876 Rn 47). Die Entscheidung betraf allerdings einen Extremfall, da nach dem Abschluss des zustimmungspflichtigen Geschäfts mehr als 30 Jahre verstrichen waren, in denen sich die Beteiligten nicht um eine Genehmigung bemüht hatten. Hier lag die Annahme einer Verwirkung der Genehmigungsfähigkeit nahe (Staudinger/Dilcher[12] § 182 Rn 23; s oben Rn 16).

Eine Genehmigung kommt nicht mehr in Betracht, wenn das Hauptgeschäft eine **20**
Frist für die Erteilung der Genehmigung vorgesehen hatte und diese Frist abgelaufen ist. Dann ist das zunächst schwebend unwirksame Hauptgeschäft nämlich mit dem fruchtlosen Ablauf der vereinbarten Zustimmungsfrist infolge Eintritts einer auflösenden Bedingung entfallen. Eine Umdeutung der verspäteten Genehmigung in eine Einwilligung zu einem neuen inhaltsgleichen Hauptgeschäft ist wohl nicht möglich (**aA** NÖRR/SCHEYHING/PÖGGELER, Sukzessionen § 26 I 2).

Hiervon zu unterscheiden ist die Frage, ob bei **fristgebundenen Hauptgeschäften auch** **21**
die Genehmigung selbst innerhalb der Frist erfolgen muss. Die ganz hM nimmt an, dass eine befristete Vertragsofferte mit Ablauf der Frist erlischt, wenn sie innerhalb der Frist von einem falsus procurator angenommen, diese Annahmeerklärung aber innerhalb der Frist nicht mehr vom Vertretenen genehmigt worden ist (BGH NJW 1973, 1789, 1790 = JR 1974, 18 m zust Anm BERG; [zust] OLG Hamm DNotZ 1996, 384, 387 f; MünchKomm/SCHRAMM § 177 Rn 45 [m Einschr], § 184 Rn 6; SOERGEL/LEPTIEN § 184 Rn 8; jurisPK-BGB/TRAUTWEIN[6] Rn 3; BAMBERGER/ROTH/VALENTHIN[3] § 177 Rn 25; PALANDT/ELLENBERGER Rn 2; AK-BGB/OTT Rn 10; LARENZ/WOLF AT[9] § 51 Rn 21; PRÖLSS JuS 1985, 577, 585; M LANGE, in: FS Sandrock [1999] 243, 246 f; **aA** SCHUBERT JR 1974, 415 ff; STAUDINGER/SCHILKEN § 177 Rn 9; BAMBERGER/ROTH/BUB[3] § 184 Rn 6; ERMAN/PALM[12] § 177 Rn 21; JAUERNIG, in: FS Niederländer [1991] 285 ff; JAUERNIG/MANSEL[15] § 184 Rn 2). Diese Ansicht verkennt jedoch, dass die Offerte nach ihrer Akzeptation durch den falsus procurator gar nicht mehr existiert und damit auch nicht mehr analog § 146 erlöschen kann, und dass sich das Schicksal des bereits geschlossenen, schwebend unwirksamen Vertrages allein nach den §§ 177 f richtet (JAUERNIG, in: FS Niederländer 285, 286). Vom Boden der hM wäre die Genehmigung eines von einem falsus procurator unter Anwesenden geschlossenen Vertrages praktisch nie möglich (aaO 287 f), da für die gesetzliche Zeitgrenze der Annahmefähigkeit (nur „sofort") kaum etwas anderes gelten kann als für eine ausdrücklich bestimmte. Die hM käme zudem bei interner Genehmigung und anschließender Genehmigungsaufforderung durch den Vertragspartner (§ 177 Abs 2 S 1) in fast unlösbare Schwierigkeiten (vgl JAUERNIG 289). Selbstverständlich bleibt es dem Offerenten unbenommen, seiner befristeten Offerte eine Klausel beizufügen, wonach bei ihrer Annahme durch einen vollmachtlosen Vertreter auch die Genehmigung innerhalb der Frist erfolgen muss. Eine solche auflösende Bedingung kann aber aus der bloßen Befristung der Offerte nicht abgeleitet werden. Entsprechendes muss für die Annahme eines notariellen Kaufangebotes durch eine Kirchengemeinde gelten. Innerhalb der Annahmefrist muss nur die formgerechte Akzeptation, nicht auch die erforderliche kirchenaufsichtsrechtliche Genehmigung erfolgen (**aA** OLG Hamburg MDR 1988, 860). – Eine ähnliche Situation kann sich ergeben, wenn ein *Gestaltungsrecht* innerhalb der für seine Ausübung bestimmten gesetzlichen Ausschlussfrist von einem vollmachtlosen Vertreter des Gestaltungsberechtigten erklärt wird und diese Erklärung nach §§ 180 S 2, 177 Abs 1 zunächst schwebend unwirksam ist. Nach hM soll ein solches Rechtsgeschäft wiederum automatisch nichtig werden, wenn nicht auch die Genehmigung des Vertretenen innerhalb der betreffenden Präklusionsfrist erfolgt (BGHZ 32, 375, 382 f [zu § 469 Abs 2]; BAG NJW 1987, 1038, 1039 [zu § 626 Abs 2]; AP BGB § 626 Ausschlussfrist Nr 24; LAG Nürnberg – 9 [5] Sa 841/02 [juris, Rn 33] zu § 626 Abs 2 BGB; STAUDINGER/SCHILKEN § 180 Rn 6; MünchKomm/SCHRAMM[5] § 177 Rn 45; MünchKomm/BAYREUTHER[6] § 184 Rn 13; SOERGEL/LEPTIEN § 184 Rn 8; BAMBERGER/ROTH/BUB[3] Rn 9; PALANDT/ELLENBERGER Rn 2; LARENZ, AT[6] § 24 S 477 f; LARENZ/WOLF AT[9] § 51 Rn 21; M LANGE, in: FS Sandrock [1999] 243, 246 f; PRÖLSS JuS 1985, 577, 585; THIELE, Die Zustimmung

263 f; SCHUBERT JR 1974, 415 ff; ZIMMERMANN ZTR 2007, 124 ff, 127; s auch OLG Frankfurt JW 1920, 1042; OLG Düsseldorf NJOZ 2006, 4058, 4060; LG Paderborn NJW 1975, 1748). Auch dafür gibt es wiederum keinerlei Anhaltspunkt im Gesetz (JAUERNIG, in: FS Niederländer [1991] 285, 291; ERMAN/PALM[12] § 177 Rn 21). Es besteht auch rechtspolitisch kein dringendes Bedürfnis für eine solche Lösung. Immerhin hat hier der Erklärungsgegner die Fortdauer des Schwebezustandes durch die Nichtbeanstandung der Vertretungsmacht selbst erst ermöglicht. Selbstverständlich kann sich bei kraft Gesetzesfrist gebundenen Hauptgeschäften aus dem Zweck des Gesetzes ergeben, dass auch die Genehmigung noch innerhalb der Frist erfolgen muss. Die Anmeldung eines Restitutionsanspruchs durch einen vollmachtlosen Vertreter kann nach BVerwGE 109, 169, 172 = NJW 1999, 3357, 3358 nicht mehr nach Ablauf der Ausschlussfrist des § 30a VermG rückwirkend genehmigt werden (aA E WILHELM VIZ 1999, 11 ff). Hinzu kommt hier, dass die Genehmigung nicht intern gegenüber dem vollmachtlosen Vertreter, sondern nur extern erklärt werden kann (VG Dresden 13. 4. 2000 – 3 K 1813/98 [juris]). Vgl auch BGHZ 108, 21, 30 (GmbH-Gesellschaftsanteil in der Hand einer Erbengemeinschaft; einer der Miterben erhebt Anfechtungsklage gegen den Entlastungsbeschluss; dieses Vorgehen wird nach Ablauf der satzungsmäßigen Anfechtungsfrist genehmigt; diese [nach § 2038 Abs 1 S 2 HS 2 entbehrliche] Genehmigung käme im Falle wirklicher Genehmigungsbedürftigkeit zu spät, da innerhalb der Ausschlussfrist auch feststehen muss, ob die Anfechtungsklage von einem Befugten erhoben ist).

III. Die Genehmigungszuständigkeit

1. Allgemeines

22 Nur eine wirksame Genehmigung hat die der Genehmigung in § 184 zugeschriebene Kraft (vgl Vorbem 45 zu §§ 182 ff). Namentlich kann diese Bedeutung nicht einer Genehmigung zukommen, die von jemandem ausgeht, der zur Genehmigung nicht oder nicht mehr oder noch nicht oder schließlich jedenfalls nicht selbständig, dh nicht ohne Zustimmung eines anderen (vgl Vorbem 44 zu §§ 182 ff), durch das Gesetz legitimiert ist. Das gilt selbst dann, wenn der Betreffende im Zeitpunkt der Vornahme des Hauptgeschäfts noch für die Erteilung der Zustimmung allein zuständig gewesen wäre: Die sich aus § 184 Abs 1 ergebende Rückwirkung der Genehmigung kann sich nicht auf ihre eigenen Voraussetzungen erstrecken (s unten Rn 37).

2. Rechtszuständigkeit und Verfügungsbefugnis zur Zeit der Genehmigung erforderlich

23 Insbesondere bei Verfügungen beruht die Zustimmungsberechtigung häufig auf der Inhaberschaft eines bestimmten Rechts, das durch die fragliche Verfügung unmittelbar (so bei § 185) oder doch mittelbar (so bei §§ 876, 877, 880 Abs 2 und 3, 1071, 1078, 1183, 1245 Abs 1 S 2, 1255 Abs 2, 1276, 1283, 2113, 2120) betroffen wird. In diesen Fällen versteht es sich nach dem Gesagten von selbst, dass nur der (selbst oder durch einen Stellvertreter) wirksam zustimmen kann, der gerade im Augenblick des Zugangs seiner Genehmigungserklärung die betreffende Rechtsposition innehat (BAMBERGER/ROTH/BUB[3] Rn 5 [m Einschr]; AK-BGB/OTT Rn 4; OERTMANN Anm 4 d ε; EGERT 69 ff). Angewandt auf die Situation des § 185 Abs 2 S 1 Fall 1 bedeutet dies, dass die Genehmigung von der Person ausgehen muss, die gerade im Zeitpunkt der

Genehmigung Inhaber des Verfügungsobjektes, beispielsweise Eigentümer der vom Nichtberechtigten übereigneten Sache ist (der Sache nach RGZ 134, 283, 286; BGHZ 56, 131, 132 f; 107, 340, 341 f; Soergel/Leptien Rn 7, 10 aE; MünchKomm/Schramm⁵ Rn 23; Palandt/Ellenberger Rn 3; AK-BGB/Ott 314; E Wolf 526; Larenz/Wolf AT⁹ § 51 Rn 26; Flume, AT II § 57, 3 a; Bork Rn 1718; Henle 200; Fezer, AT⁵ 159; Wilhelm, SR⁴ Rn 916 Fn 1611; Thiele 273 f; Raape AcP 121 [1923] 257, 289, wo allerdings zumeist undifferenziert von Verfügungsmacht die Rede ist; kritisch HKK/Finkenauer §§ 182–185 Rn 10; gänzlich abw [Verfügungsmacht des Genehmigenden nur für den Zeitpunkt der Vornahme des genehmigungsbedürftigen Geschäfts erforderlich] Finkenauer AcP 2003, 282, 297, 309, 313 f; Wieling SR I² § 9 VI a S 326; differenzierend Bamberger/Roth/Bub³ § 184 Rn 5, § 185 Rn 10 f). Das Gleiche gilt aber auch in den Fällen der Zustimmung kraft mittelbarer Rechtsbeteiligung. Zur Aufhebung einer mit einem Pfandrecht belasteten Grundschuld beispielsweise genügt nur die Zustimmung des gegenwärtigen Pfandgläubigers, nicht die eines früheren, und zwar auch dann nicht, wenn dieser im Zeitpunkt der Aufgabeerklärung noch Pfandgläubiger war (AK-BGB/Ott aaO; Erman/Lorenz¹³ § 876 Rn 11; iE [über § 184 Abs 2] auch Finkenauer AcP 203 [2003] 282, 284 ff, 306). Da die Genehmigung in allen diesen Fällen die eigene Rechtsposition des Zustimmenden beseitigt oder mindert, darf dem Genehmigenden im Zeitpunkt des Zugangs der Genehmigung auch nicht die **Verfügungsbefugnis** über dieses Recht entzogen sein.

Demgegenüber vertritt Pfister (JZ 1969, 623 ff) die Auffassung, der die Verfügung **24** eines Nichtberechtigten Genehmigende müsse die Verfügungsmacht nur im Augenblick der Vornahme des Hauptgeschäfts durch den Nichtberechtigten gehabt haben (ebenso BGB-RGRK/Steffen Rn 6; Larenz, AT [2.–4. Aufl] § 24; Finkenauer AcP 203 [2003] 282, 284 ff, 309 f; der Sache nach auch Köhler AT³⁷ § 14 Rn 9; der Auffassung von Pfister zuneigend wohl auch Bork Rn 505). Dieser greife nämlich final durch die rückwirkende Genehmigung nur in die Rechtsposition des seinerzeitigen Rechtsinhabers ein (aaO 624). Damit werden die Dinge jedoch auf den Kopf gestellt. Hat das Eigentum an der Sache, die ein Nichtberechtigter ohne Einwilligung des Eigentümers und damit schwebend unwirksam übereignet hat, nach dieser Verfügung gewechselt, und soll die Verfügung des Nichtberechtigten durch Genehmigung geheilt werden, so greift diese Genehmigung doch ganz unmittelbar und offensichtlich in die Rechtsstellung des gegenwärtigen Eigentümers ein. Diese Wirkung muss vom Genehmigenden gewollt sein; ob er sich auch der Rückwirkung der Genehmigung und damit des Umstandes bewusst ist, dass die Genehmigung (möglicherweise) auch dem ursprünglichen Eigentümer rückwirkend seine frühere Rechtsposition entzieht, ist dagegen mehr als fraglich. Demgegenüber soll nach Erman/Palm¹² (Rn 3) primär die Rechtszuständigkeit im Augenblick der Verfügung des Nichtberechtigten maßgeblich sein und der Übergang auf den Rechtsnachfolger im Falle der Singularsukzession von einer Auslegung des Übertragungsgeschäftes abhängen.

3. Ausnahme bei Untergang des Verfügungsobjektes

Würde man allerdings das Erfordernis der gegenwärtigen Rechtszuständigkeit des **25** Genehmigenden ausnahmslos durchhalten, so könnte etwa die von einem Nichtberechtigten vorgenommene Übereignung nicht mehr genehmigt werden, wenn die übereignete Sache in der Zwischenzeit vernichtet oder durch Verarbeitung (§ 950) oder Verbindung (§§ 946, 947 Abs 2) als selbständiges Rechtsobjekt untergegangen ist. Gerade dann hat aber der frühere Eigentümer ein besonderes Interesse daran, mit Hilfe des Anspruchs aus § 816 Abs 1 S 1 auf den vom Nichtberechtigten erzielten Erlös für die veräußerte Sache zurückgreifen zu können, was wiederum die Möglichkeit, die Veräußerung noch zu genehmigen, voraussetzt (BGHZ 56, 131, 134 f). Schutzwürdige Interessen Dritter, die von dieser Lösung tangiert werden könnten, sind nicht ersichtlich. Im Gegensatz zur Konstellation des Eigentumswechsels nach der Verfügung des Nichtberechtigten ist ja hier gar kein neuer Eigentümer der Sache vorhanden, dessen Rechtsposition durch die Genehmigung betroffen werden könnte. Man ist sich deshalb weitestgehend darüber einig, dass in diesen Fällen der letzte Eigentümer der inzwischen real oder als selbständiges Rechtsobjekt *untergegangenen Sache* die Genehmigung aussprechen kann (BGHZ 56, 131; BGB-RGRK/STEFFEN Rn 6; MünchKomm/SCHRAMM[5] Rn 25 f; MünchKomm/SCHWAB[6] § 816 Rn 33–36 SOERGEL/LEPTIEN Rn 7; NK-BGB/STAFFHORST[2] Rn 2; jurisPK-BGB/TRAUTWEIN[6] Rn 15; jurisPK-BGB/MARTINEK[6] § 816 Rn 15 ff, 20 ff; BAMBERGER/ROTH/BUB[3] Rn 5; ERMAN/MAIER-REIMER[13] § 184 Rn 5 f; JAUERNIG/MANSEL[15] § 184 Rn 1; PALANDT/ELLENBERGER[73] Rn 3; AK-BGB/OTT Rn 6; MEDICUS, AT[10] Rn 1029; [kritisch] FEZER, Klausurenkurs zum BGB AT[9] [2013] 309 ff, 322 ff; EGERT 74; REHM/LERACH JuS 2008, 613, 617; implizit auch RGZ 106, 44; 115, 31, 34 f; BGHZ 29, 157; BGH NJW 1960, 860; 1968, 1326; **aA** E WOLF § 11 A III c 2 S 527 Fn 43; KÖHLER § 14 Rn 9). Wenig Sinn macht es allerdings, die fortdauernde Genehmigungszuständigkeit des letzten Eigentümers der untergegangenen Sache aus dem an die Stelle des Eigentums getretenen Schadensersatz- oder Bereicherungsanspruch abzuleiten (so aber FLUME, AT II § 57, 3 a S 911; wohl auch MEDICUS, AT[10] Rn 1029; MünchKomm/THIELE[2] § 184 Rn 25). Bei zufälliger Zerstörung der Sache besteht ein solcher Anspruch ja (abgesehen von dem erst noch durch Genehmigung zu begründenden Anspruch aus § 816 Abs 1 S 1) gar nicht. – Zu erwägen ist allerdings, ob die Wirkung der Genehmigung in diesen Fällen nicht auf den Funktionszusammenhang des Eigentumsschutzes durch § 816 Abs 1 beschränkt bleiben sollte (so AK-BGB/OTT Rn 6). Daraus würden sich jedoch Ungereimtheiten ergeben: Der letzte Eigentümer müsste dann so behandelt werden, als hätte er sein Eigentum bis zum Untergang der Sache behalten. Er könnte mithin gegen den Erwerber Ansprüche aus §§ 987 ff wegen der Nutzung der Sache in der Zwischenzeit erheben, die wiederum Rechtsmängelgewährleistungsansprüche gegen den Nichtberechtigten auslösen müssten. Es besteht aber kein Anlass, den genehmigenden letzten Eigentümer besser zu stellen, als er bei Fortexistenz des Verfügungsobjektes stünde.

4. Ausnahme bei Ersitzung?

26 STAUDINGER/S LORENZ ([2007] § 816 Rn 10) hält eine Genehmigung des früheren Eigentümers auch dann noch für möglich, wenn die zunächst unwirksam gebliebene Verfügung des Nichtberechtigten in der Zwischenzeit durch Ersitzung geheilt worden ist (ebenso jurisPK-BGB/MARTINEK[6] § 816 Rn 20). Das wäre eine weitere Ausnahme von dem Grundsatz, dass die Rechtszuständigkeit des Genehmigenden noch zur Zeit der Genehmigung gegeben sein muss. Eine solche Genehmigung erscheint auf den ersten Blick allerdings völlig funktionslos. Es scheint ja nur um die Frage zu gehen, ob § 816 Abs 1 S 1 analog angewandt werden kann, wenn der Verfügungsbegünstigte das Eigentum nicht schon durch die Verfügung selbst, sondern erst durch Ersitzung erlangt (dafür BGB-RGRK/HEIMANN-TROSIEN § 816 Rn 5; STAUDINGER/SEUFERT[11] § 816 Rn 4 b; PLANCK/LANDOIS § 816 Anm I 3; OERTMANN § 816 Anm 1a; ders Recht 1915, 515; vMAYR, Der Bereicherungsanspruch [1903] 317; zweifelnd MünchKomm/LIEB[4] § 816 Rn 24; offengelassen in BGHZ 47, 128, 131). Ohne eine rückwirkende Genehmigung würde sich die Zubilligung eines Erlösherausgabeanspruchs aber schon deshalb verbieten, weil der Erwerber das Entgelt ja für eine alsbaldige Eigentumsverschaffung, nicht einen Eigentumserwerb erst nach 10 Jahren versprochen hat. Der ehemalige Eigentümer wäre evidentermaßen zu gut gestellt, wenn er für die vergangenen 10 Jahre Nutzungsherausgabeansprüche gegen den erst durch Ersitzung zum Eigentümer gewordenen Käufer behielte, dennoch aber vom Nichtberechtigten die Abführung des erzielten Kaufpreises verlangen könnte. Wenn man dem bisherigen Eigentümer unbedingt auch in den Ersitzungsfällen den Zugriff auf den vom Nichtberechtigten erzielten Veräußerungserlös ermöglichen will, so geht das mithin in der Tat nur über eine rückwirkende Genehmigung (dafür STAUDINGER/S LORENZ [2007] § 816 Rn 10; MünchKomm/SCHWAB[6] § 816 Rn 32 f). Ein besonders dringendes Bedürfnis für diese Lösung besteht jedoch kaum.

5. Fehlen der Rechtszuständigkeit bei Vornahme des Hauptgeschäfts

Eine andere Frage ist, ob der Genehmigende schon im Augenblick der Vornahme 27 des zustimmungsbedürftigen Geschäfts Inhaber der Rechtsposition gewesen sein muss, aus der sich die Zustimmungsberechtigung ableitet. Hierfür könnte die Rückwirkung der Genehmigung sprechen. Wenn die Genehmigung auf den Zeitpunkt der Vornahme des Hauptgeschäftes zurückwirkt, dann beseitigt oder verkürzt sie notwendigerweise auch die ehemalige Rechtsposition des eigenen Rechtsvorgängers, der im Zeitpunkt der Vornahme des Hauptgeschäftes zustimmungsberechtigt gewesen wäre. Wollte man aber wirklich die Rechtszuständigkeit des Genehmigenden für beide Zeitpunkte (Vornahme des Hauptgeschäfts und Zugang der Genehmigung) verlangen, so könnte etwa die Verfügung eines Nichtberechtigten über fremdes Eigentum weder vom ehemaligen noch vom gegenwärtigen Eigentümer allein, sondern allenfalls von beiden gemeinsam genehmigt werden; das aber wäre äußerst unpraktikabel. Vorzugswürdig ist deshalb die Lösung, die die Rechtsinhaberschaft des Genehmigenden nur für den Zeitpunkt der Genehmigung verlangt und dafür die Rückwirkung einschränkt: Hat der Genehmigende die Rechtsposition, die die Zustimmungsbefugnis begründet, erst nach dem genehmigungsbedürftigen Hauptgeschäft erlangt, dann kann die Rückwirkung *nur auf den Zeitpunkt des eigenen Rechtserwerbs* zurückreichen (OLGR Naumburg 1998, 157, 160 = FGPrax 1998, 1, 3; OLGR Celle 2003, 407, 410 od; MünchKomm/SCHRAMM[5] Rn 25; SOERGEL/LEPTIEN Rn 7; § 185 Rn 21; NK-BGB/STAFFHORST[2] Rn 24; jurisPK-BGB/TRAUTWEIN[6] Rn 12; BAMBERGER/ROTH/BUB[3] Rn 9; ERMAN/PALM[12] Rn 6; AK-BGB/OTT § 184 Rn 5; PALANDT/ELLENBERGER Rn 2; PWW/FRENSCH[8] Rn 5; FLUME, AT II § 57, 3 a m Fn 16 a; LARENZ/WOLF AT[9] § 51 Rn 26; MEDICUS, AT[10] Rn 1028; EGERT 73; vgl auch BayObLG FamRZ 1983, 744, 745; im Ergebnis auch THIELE, AT/AllgSchR[3] 110 und THIELE/FEZER, AT[4] 160). Für diese (wohl schon im römischen Recht bekannte, vgl POTJEWIJD 187 f, 329) Einschränkung der Rückwirkung spricht zum einen die Wertung des § 185 Abs 2 S 1 Fall 2 (FLUME aaO; THIELE/FEZER aaO); sie lässt sich aber auch für die Fälle des Zustimmungserfordernisses kraft mittelbarer Rechtsbeteiligung einfach aus dem Prinzip der Selbstbestimmung entwickeln. Da die Genehmigung ein Akt der Privatautonomie ist, darf sie keine fremdbestimmende Wirkung entfalten (THIELE/FEZER aaO; AK-BGB/OTT aaO); gerade das aber geschähe, wenn die Genehmigung dem Rechtsvorgänger des Genehmigenden dessen frühere Rechtsposition rückwirkend entziehen oder schmälern könnte. Demgegenüber will LARENZ (AT[7] § 24 S 478; ebenso LARENZ/WOLF AT[9] § 51 Rn 26) in Fällen dieser Art überhaupt nur eine

Genehmigung ohne jede Rückwirkung zulassen; eine so weitgehende Einschränkung des § 184 Abs 1 wird jedoch von der Interessenlage nicht gefordert.

28 Die gerade erörterte Einschränkung der Rückwirkung gilt aber nur für die Fälle, in denen die Genehmigungsbefugnis auf einer nachträglich erworbenen Rechtsinhaberschaft (etwa hinsichtlich des Verfügungsobjektes bei der Verfügung eines Nichtberechtigten oder beim Zustimmungserfordernis wegen mittelbarer Rechtsbeeinträchtigung, s Vorbem 20) beruht. Sie passt nicht für die Konstellation der Genehmigungsbefugnis kraft Aufsichtsrechts. Wenn seit dem zustimmungsbedürftigen Rechtsgeschäft etwa der Vormund gewechselt hat, wird die Rückwirkung der Genehmigung des nunmehrigen Vormunds nicht auf seinen eigenen Amtsantritt begrenzt (NK-BGB/STAFFHORST[2] Rn 25; anders offenbar BayObLG FamRZ 1983, 744, 745 [Zustimmung des Vormunds zur erfolgten Wohnsitzverlegung durch Mündel und ohne Rückwirkung über seine Bestellung hinaus]). Ebenso kommt § 184 Abs 1 uneingeschränkt zur Anwendung, wenn nach einer Minderjährigen-Adoption die Adoptiveltern ein von dem Minderjährigen vor der Adoption abgeschlossenes Rechtsgeschäft genehmigen (SOERGEL/LEPTIEN Rn 7 aE). Genauso wenig bedarf es einer Einschränkung der Rückwirkung, wenn ein amtlicher Verwalter einer Vermögensmasse (Insolvenzverwalter, Zwangsverwalter, Nachlassverwalter, Testamentsvollstrecker) eine vom Träger der Vermögensmasse (oder auch von ihm selbst vor Beginn seiner Amtsstellung, s § 185 Rn 75) getroffene Verfügung genehmigt (vgl OLGR Celle 2003, 407, 410). Veräußert etwa ein Vermieter vor der Eröffnung des Insolvenzverfahrens über das Vermögen seines Mieters wegen Mietrückständen freihändig und damit unerlaubt Sachen seines Mieters, die seinem Vermieterpfandrecht unterliegen, so kann deshalb der Insolvenzverwalter des Mieters diese Verfügung mit Rückwirkung (§§ 185 Abs 2 S 1 Fall 1, 184 Abs 1) genehmigen, um der Masse den Anspruch aus § 816 Abs 1 S 1 zu verschaffen (was natürlich nur Sinn macht, wenn dieser Anspruch die Höhe der Mietrückstände übersteigt) (vgl OLGR Celle 2003, 407, 411). Dabei kommt es (entgegen OLGR Celle aaO) nicht darauf an, ob der jetzige Insolvenzverwalter bereits bei der Veräußerung (schwacher) vorläufiger Insolvenzverwalter war. Entscheidend ist, dass der etwaige Erlösherausgabeanspruch auch als Neuerwerb des Insolvenzschuldners nach § 35 Abs 1 InsO seiner Verwaltungs- und Verfügungsbefugnis (§ 80 Abs 1 InsO) unterliegt.

6. Keine auf die Vergangenheit beschränkte Genehmigung des nicht mehr Berechtigten

29 Problematisch ist, ob der frühere Berechtigte nicht wenigstens für die Vergangenheit, genauer für die Zeit seiner eigenen Rechtsinhaberschaft, eine Genehmigung aussprechen kann (bejahend EGERT, Die Rechtsbedingung [1974] 73; ROTHKUGEL 25; **abl** STAUDINGER/COING[11] Rn 8; FLUME, AT II § 57, 3 a). Meines Erachtens besteht keine Notwendigkeit, auch in diesem Punkte das Erfordernis der fortdauernden Genehmigungszuständigkeit aufzugeben. Will der frühere Eigentümer dem Verfügungsbegünstigten das Eigentum an den während der Zeit seines Eigentums angefallenen Früchten verschaffen, so mag er ihm diese übereignen; will er ihn von eigenen Nutzungsherausgabe- bzw Schadensersatzansprüchen freistellen, so mag er ihm diese erlassen usw.

7. Insolvenzverfahren als Schranke für die Genehmigung

Die Genehmigung der Verfügung des Nichtberechtigten (§ 185 Abs 2 S 1 Fall 1) wie **30** auch die kraft mittelbarer Rechtsbeteiligung erforderlichen Genehmigungen setzen nicht nur voraus, dass der Genehmigende Inhaber des Rechtes ist, auf dem die Zustimmungsbefugnis beruht; ihm darf auch die Verfügungsbefugnis über dieses Recht nicht entzogen sein (s Vorbem 48 zu §§ 182 ff; oben Rn 23). Der Insolvenzschuldner kann beispielsweise nicht die Verfügung eines Nichtberechtigten über einen zur Insolvenzmasse gehörenden Gegenstand genehmigen; die Genehmigung entbehrt vielmehr selbst nach § 81 Abs 1 S 1 InsO der Wirksamkeit. Nach Beendigung des Insolvenzverfahrens kann er die Genehmigung allerdings mit der normalen Rückwirkung erteilen, wenn der Insolvenzverwalter nicht in der Zwischenzeit kollidierende Verfügungen vorgenommen hat, § 184 Abs 2 S 2. Nach altem Recht konnte der Gemeinschuldner nach § 7 KO auch nicht solche Rechtshandlungen vornehmen, die die Passivmasse erhöhen (Jaeger/Henckel, KO⁹ § 7 Rn 2). Der Gemeinschuldner konnte also beispielsweise nach Konkurseröffnung nicht mehr einen gegenseitigen Vertrag genehmigen, den ein falsus procurator für ihn vor Konkurseröffnung geschlossen hatte. Unter der Herrschaft der InsO kann im Ergebnis nichts anderes gelten (Henckel/Windel, InsO § 81 Rn 12); nur die Begründung ist wegen der Beschränkung des § 81 Abs 1 S 1 InsO auf Verfügungen des (Insolvenz-)Schuldners schwieriger. Man könnte insoweit einfach auf den Übergang des Verwaltungsrechts auf den Insolvenzverwalter (§ 80 Abs 1 InsO) verweisen. Denkbar wäre auch, § 81 InsO bei allen nicht als Verfügungen über Massebestandteile qualifizierbaren Rechtshandlungen analog anzuwenden, die früher unter § 7 KO fielen (vgl Kübler/Prütting/Lüke, InsO § 81 Rn 7; HK-InsO/Kayser⁶ [2011] § 81 Rn 5 ff; Bamberger/Roth/Bub³ Rn 6; PWW/Frensch⁸ Rn 2 f).

IV. Die Rückwirkung der Genehmigung

1. Die Bedeutung der Rückwirkung

a) Gem § 184 Abs 1 wirkt die Genehmigung grundsätzlich auf die Zeit der Vor- **31** nahme des genehmigten Rechtsgeschäfts zurück. Dies bedeutet, dass es so angesehen wird, als ob die Wirksamkeit des Hauptgeschäftes schon zur Zeit seiner Vornahme eingetreten sei (RGZ 134, 185, 187; 142, 59, 62; Larenz, AT⁸ § 24 IV, V; Thiele 130 ff. Zur früheren Kritik an dieser Betrachtungsweise vgl Jacobi, Über Rückwirkungsanordnungen im Bürgerlichen Gesetzbuch [Diss Hamburg 1966] 9 ff). Die Rückwirkung beruht zwar letztlich auf einer positiven Entscheidung des Gesetzgebers, die durchaus auch hätte anders ausfallen können (Flume, AT II § 56 S 899), sie entspricht aber doch in besonderem Maße der Sachlogik und dem typischen Parteiwillen (Oertmann Anm 4a). Die Parteien des Hauptgeschäftes wollten – jedenfalls wenn sie die Genehmigungsbedürftigkeit nicht kannten – die dort geregelten Rechtswirkungen doch wohl sofort in Geltung setzen, und auch dieser Aspekt des Hauptgeschäftes wird durch die Genehmigung mit gebilligt (vTuhr, AT II 2, 240). Zur Frage, ob die Rückwirkung schon im römischen und gemeinen Recht angenommen wurde, vgl Staudinger/Coing¹¹ § 184 Rn 4 Fn * und Potjewijd 185 ff, 329.

Nach § 184 Abs 1 sind die Beteiligten nicht nur verpflichtet, sich gegenseitig so zu **32** stellen, als ob das Hauptgeschäft von Anfang an wirksam gewesen sei, wie dies zB in

§ 159 für den Bedingungseintritt vorgesehen ist. Vielmehr gilt die Rückwirkung unmittelbar für die Folgen, die das Hauptgeschäft ausgelöst haben würde, gleichgültig, ob sie auf der obligatorischen oder auf der dinglichen Rechtsebene eingetreten wären (ERMAN/PALM[12] § 184 Rn 7; ERMAN/MAIER-REIMER[13] § 184 Rn 12 ff; zu Zwischenverfügungen vgl unten Rn 45 ff). Wird etwa eine Übereignung eines Grundstücks genehmigt, so steht infolge der ex-tunc-Wirkung der Genehmigung fest, dass der Erwerber das Eigentum bereits im Zeitpunkt der Umschreibung im Grundbuch erlangt hat. Damit ist beispielsweise auch entschieden, dass er Eigentümer der nach diesem Zeitpunkt vom Grundstück getrennten Früchte und sonstigen Bestandteile geworden ist (§ 953), wenn nicht die besonderen Voraussetzungen der §§ 954–957 vorliegen. Ist ein auf dem Grundstück stehendes Gebäude in der Zwischenzeit beschädigt worden, steht der Schadensersatzanspruch dem Erwerber zu. Hat der Schuldner nach einer zustimmungsbedürftigen Zession eine Teilleistung an den Zessionar erbracht, so war das zunächst eine Leistung an einen Nichtberechtigten, wird aber mit der Genehmigung rückwirkend zu einer an den wirklichen Gläubiger erbrachten und damit schuldtilgenden Leistung. (Hat der Schuldner umgekehrt in der Zwischenzeit an den Zedenten gezahlt, entfällt rückwirkend die normale Erfüllungswirkung nach § 362, aber der Schuldner wird notwendigerweise nach § 407 frei: Kenntnis der [wirksamen] Abtretung kann es vor der Genehmigung nicht geben [vgl vTUHR II 2, 243; ferner BSG NZS 2001, 104, 106]). Wird ein zustimmungsbedürftiger Verpflichtungsvertrag genehmigt, so ist davon auszugehen, dass die dadurch begründeten Verpflichtungen bereits mit dem Vertragsschluss entstanden und regelmäßig fällig (§ 270) geworden sind. Dies gilt auch für eine vereinbarte Verzinsungspflicht. Ist die Genehmigung eines Verpflichtungsgeschäfts vor Ablauf des im Vertrag festgelegten Leistungszeitpunkts erfolgt, tritt mit der vom Schuldner zu vertretenden Nichtleistung zu diesem Zeitpunkt wegen § 286 Abs 2 Nr 1 iVm Abs 1 S 1 Schuldnerverzug ein (BGH NJW 2001, 365, 366 = LM § 284 Abs 2 BGB mAnm LÖWISCH). Ist bei einem zustimmungsbedürftigen Verpflichtungsgeschäft der Leistungsgegenstand zwischen Vertragsschluss und Genehmigung untergegangen, so handelt es sich infolge der Rückwirkung der Genehmigung um eine nachträgliche, nicht um anfängliche Unmöglichkeit; der Vertrag war also nach altem Recht nicht gemäß § 306 aF nichtig (FLUME, AT II § 56 S 899). Die Rückwirkung der Genehmigung eines schwebend unwirksamen Kaufvertrages kann auch zum Übergang der Preisgefahr auf den Käufer führen (vgl das Beispiel bei vTUHR II 2, 241 Fn 212). Ist die von einem falsus procurator verkaufte und dem Käufer bereits übergebene Sache bei Letzterem durch Zufall untergegangen, kann der Vertretene sich durch die Genehmigung den Vorteil des § 446 S 1 verschaffen und damit den eingetretenen Verlust auf den Käufer abwälzen (vTUHR, AT II 2, 241; **aA** KISCH, Unmöglichkeit 67). – Durch die Rückwirkungsanordnung werden aber nicht nur Verpflichtungs- und Verfügungswirkungen herbeigeführt, sondern ebenso tritt (entgegen BGHZ 114, 361, 366; 143, 41, 46; BGH NJW 1998, 3058, 3060) die ex tunc-Wirkung bei der Genehmigung von Gestaltungserklärungen ein, wie zB eine Kündigung, welche nachträglich die nach § 102 Abs 6 BetrVG erforderliche Zustimmung des Betriebsrates erhielt (vgl BAG AP § 102 BetrVG Nr 2; anders aber THIELE 266 f [generell für die Kündigung von Arbeitsverhältnissen unter Berufung auf den Ausschluss der rückwirkenden Anfechtung des Arbeitsvertrages]; s dazu auch unten Rn 38 a). Überhaupt gilt die Rückwirkung selbstverständlich *auch für einseitige Rechtsgeschäfte* (RGZ 66, 430, 432; OLG Zweibrücken NJW-RR 1996, 710, 712; MünchKomm/ SCHRAMM[5] Rn 13; PALANDT/ELLENBERGER Rn 2; THIELE 278; SCHIPPERS DNotZ 1997, 683, 690 f; **aA** KÖHLER AT[36] § 14 Rn 6; missverständlich BGHZ 114, 360, 366, wo vom Ausschluss der Rückwirkung bei einseitigen Gestaltungsgeschäften die Rede ist, aber wohl der Ausschluss der Genehmigung selbst gemeint sein dürfte), soweit diese überhaupt genehmigungsfähig sind (s dazu § 182 Rn 47); amtsempfangsbedürftige Willenserklärungen sind hiervon nicht ausgenommen (OLG Zweibrücken aaO; BVerwG VIZ 2002, 290 f). Auch die Stimmabgabe bei einer Ein-Personen-GmbH durch einen vollmachtlosen Vertreter kann mit Rückwirkung genehmigt werden (vgl OLG Hamm GmbH-Rdsch 2003, 415; OLG Frankfurt FGPrax 2003, 134, 135 [für Beschluss über Satzungsänderung]).

b) Auch die Genehmigung von **Prozesshandlungen** (s Vorbem 19 zu §§ 182 ff) wirkt **33** grundsätzlich zurück (MünchKomm/Schramm[5] § 184 Rn 14; Gehrmann 96 ff [Schrifttum zu § 185]). So kann das von einem vollmachtlosen Vertreter eingelegte Rechtsmittel auch noch nach Ablauf der Rechtsmittelfrist mit Rückwirkung genehmigt werden (RGZ 161, 350, 351; BGHZ 10, 147; 92, 137, 140; BGH NJW 1967, 2304; RzW 1980, 112 Nr 26; OLG Frankfurt MDR 1984, 499; OLG Brandenburg NJOZ 2004, 565, 566;), jedenfalls solange noch nicht ein das Rechtsmittel als unzulässig verwerfendes Prozessurteil vorliegt (GemS OBG BGHZ 91, 111, 115 = NJW 1984, 2149; NK-BGB/Staffhorst[2] § 182 Rn 47). Auch ein von einem vollmachtlosen Vertreter gestellter Insolvenzantrag ist genehmigungsfähig; seine Genehmigung wirkt analog § 184 Abs 2 zurück (BGH NZG 2003, 583). Mit der Zustellung des von einem vollmachtlosen Vertreter des Gläubigers beantragten Mahnbescheids oder der Klageerhebung durch einen falsus procurator trat nach altem Recht (§ 209 Abs 1 und Abs 2 Nr 1 aF) Unterbrechung der Verjährung und tritt nach neuem Recht Hemmung der Verjährung (§ 204 Abs 1 Nr 1 und 3 nF) ein, wenn der Gläubiger die betreffende Maßnahme nachträglich genehmigt (vgl RGZ 86, 245, 246; BGH LM § 209 Nr 10; OLGR Bremen 2006, 60, 62; MünchKomm/Schramm[5] Rn 14; NK-BGB/Staffhorst[2] § 184 Rn 20; jurisPK-BGB/Trautwein[6] § 184 Rn 46). Dass die von einem Nichtberechtigten im *eigenen* Namen erhobene Klage trotz späterer Genehmigung der Prozessführung die Verjährung nicht hemmt (vgl BGH VersR 1967, 162, 164; NJW-RR 1989, 1269), hat mit der Frage der Rückwirkung der Genehmigung nichts zu tun. Die Genehmigung einer von einem nichtpostulationsfähigen Anwalt vorgenommenen *Prozesshandlung* durch einen postulationsfähigen Bevollmächtigten wirkt nicht zurück (BGHZ 111, 339, 343 f; Bamberger/Roth/Bub[3] § 182 Rn 14 m Fn 33). Einer Prozesshandlung nahe steht auch die Einlegung eines Widerspruchs vor dem Deutschen Patent- und Markenamt, das eine justizförmige Verwaltungstätigkeit ausübt. Falls der Widerspruch von dem nicht vertretungsberechtigten Anwalt des in der Insolvenz befindlichen Markeninhabers eingelegt wird, so kann neben dem Mangel der fehlenden Vertretungsmacht auch der weitere Mangel der fehlenden Verfügungsberechtigung des Vertretenen (§§ 35, 80 Abs 1 InsO) analog § 185 Abs 2 S 1 Fall 1 durch die Genehmigung des Insolvenzverwalters geheilt werden (BPatG Beschl v 16. 4. 2008 – 29 W [pat] 44/06 [juris, Rn 30] mAnm Cranshaw jurisPR-InsR 20/2008 Anm 2).

c) Rückwirkung entfaltet auch die kraft **mittelbarer Rechtsbeteiligung** (s Vorbem 20 **34** zu §§ 182 ff) erforderliche Genehmigung des Drittberechtigten zu Verfügungen über das belastete Recht (Staudinger/Seufert[11] § 876 Rn 6 [c]; Staudinger/Gursky [2012] § 876 Rn 43, 47; MünchKomm/Kohler[6] § 876 Rn 13 f; Planck/Strecker § 876 Anm 3c; **abw** Staudinger/Ertl[12] § 876 Rn 20). Durch Zwischenverfügungen des Inhabers des belasteten Rechts kann das Genehmigungsrecht des Dritten und die Rückwirkung der Genehmigung nicht ausgeschlossen werden (Egert 76 f; abw Planck/Strecker aaO).

d) Eine **familiengerichtliche Genehmigung** wird nach § 1829 Abs 1 S 2 erst wirk- **35**

sam, wenn sie vom Vormund bzw den Eltern dem Geschäftspartner des Mündels bzw Kindes mitgeteilt wird. Das betrifft aber nur die Frage, wann die gerichtliche Genehmigung Wirksamkeit erlangt. Die Norm zeigt, dass das Erfordernis der gerichtlichen Genehmigung als eine Einschränkung der gesetzlichen Vertretungsmacht des Vormunds bzw der Eltern verstanden wird (EGERT 78 f). Es geht also gar nicht um eine besondere Rückwirkung der gerichtlichen Genehmigung, sondern um die allgemeine Rückwirkung der – infolge der gerichtlichen Genehmigung wirksamen – Genehmigung des gesetzlichen Vertreters. Es bleibt insoweit – ebenso wie bei der Genehmigung durch das volljährig gewordene ehemalige Mündel (§ 1829 Abs 3) – einfach bei den Grundsätzen des § 184 (RGZ 142, 59, 62 f; OLG Zweibrücken NJW-RR 1996, 710, 711; iE MünchKomm/SCHRAMM[5] Rn 40; s auch Vorbem 67 zu §§ 182 ff).

36 **e)** Nicht generell zu entscheiden ist, ob die Rückwirkung der Genehmigung auch ein zwischen dem Abschluss des Hauptgeschäftes und der Genehmigung eingeführtes zusätzliches **öffentlich-rechtliches Genehmigungserfordernis** oder gesetzliches Verbot ausschaltet. Es hängt vielmehr von der Zwecksetzung des neuen Gesetzes ab, ob auch Rechtsgeschäfte erfasst werden sollen, die zwar schon vor seinem Inkrafttreten getätigt, infolge Fehlens einer gesetzlich vorgeschrieben privatrechtlichen Genehmigung aber noch nicht wirksam geworden waren (STAUDINGER/COING[11] Rn 4). Bejaht wurde die Erfassung derartiger Geschäfte für die GrundstVerkBek vom 26. 1. 1937 von KG DRW 1941, 1902 Nr 27 (vgl zu der Frage auch FRANKE SeuffBl 65, 341 f). Nach FLUME (AT II § 56 S 899) erfasst das neue Verbotsgesetz das bereits abgeschlossene, aber noch zustimmungsbedürftige Hauptgeschäft nicht selbst, steht aber regelmäßig seiner Genehmigung entgegen.

37 **f)** Stets kann jedoch die Rückwirkung nur die Rechtsebene erfassen; *Tatsachen* als solche, wie zB die tatsächliche Sachherrschaft beim Besitz, bleiben auch nach § 184 Abs 1 unverändert (BGB-RGRK/STEFFEN § 184 Rn 8). – Ebenso wenig erstreckt sich die Rückwirkung auf die *eigenen Voraussetzungen der Genehmigung* (RGZ 134, 283, 286; OLGR Schleswig 2004, 43, 45; SOERGEL/LEPTIEN Rn 6; PFISTER JZ 1969, 623, 624). Die Genehmigung ist vielmehr nach dem Zeitpunkt ihrer Erklärung zu beurteilen (FLUME, AT II § 56 S 898 f). So ist zB nicht derjenige gesetzliche Vertreter genehmigungsberechtigt, der zur Zeit des Hauptgeschäfts Vertreter war, inzwischen aber durch einen anderen gesetzlichen Vertreter abgelöst wurde (FLUME § 57, 3 a). Und die Genehmigung einer Schuldübernahme kann eine Schuld nur dann erfassen, wenn diese im Zeitpunkt der Genehmigungserteilung überhaupt noch besteht (OLG Schleswig aaO).

2. Nichteingreifen der Rückwirkungsregel

38 Die Rückwirkungsanordnung darf nicht mechanisch gehandhabt werden; vielmehr ist jeweils zu prüfen, ob die Rückbeziehung nicht zu sachwidrigen und mit den Wertungen anderer Normen nicht zu vereinbarenden Ergebnissen führt. So liegt es auf der Hand, dass die Genehmigung eines schwebend unwirksamen Schuldvertrages nicht dazu führen kann, dass rückwirkend **Schuldnerverzug** eintritt (OLG Karlsruhe NJW-RR 1986, 57; OLG Rostock NJW 1995, 3127, 3128 mwNw; SOERGEL/LEPTIEN Rn 8; MünchKomm/SCHRAMM[5] Rn 12a; HKK/FINKENAUER §§ 182–185 Rn 9; BAMBERGER/ROTH/BUB[3] Rn 9; ERMAN/PALM[12] Rn 8; ERMAN/MAIER-REIMER[13] § 184 Rn 15; AK-BGB/OTT Rn 10; FLUME, AT II § 56 S 899; BORK Rn 1707 f; HÜBNER, AT Rn 1349; s auch BGH NJW 2001, 365, 366); da vor der Genehmigung noch gar keine aktuelle Leistungspflicht bestanden hat, kann der Schuldner das Ausbleiben der Leistung jedenfalls nicht zu vertreten haben (§ 286 Abs 4 = § 285 aF; vTuhr, AT II 1, 241). Falls der Grundstückskäufer nach genehmigungsbedürftiger Übereignung auf ihn eine Grundschuld abzulösen versucht, der Grundschuldgläubiger aber die Entgegennahme der Zahlung mangels Ablöserechts des Zahlenden verweigert, führt die spätere Genehmigung der Eigentumsübertragung nicht dazu, dass rückwirkend **Annahmeverzug** eintritt (RGZ 141, 220, 223; HKK/ Finkenauer §§ 182–185 Rn 9). Ebenso wenig kann die Genehmigung rückwirkend die **Verjährung** in Gang setzen (RGZ 65, 245, 248; 75, 114; OLG Karlsruhe NJW-RR 1986, 57 od; Flume aaO; AK-BGB/Ott aaO; MünchKomm/Schramm[5] Rn 12a; Soergel/Leptien Rn 8; HKK/ Finkenauer §§ 182–185 Rn 9; NK-BGB/Staffhorst[2] Rn 20; jurisPK-BGB/Trautwein[6] Rn 26; Bamberger/Roth/Bub[3] Rn 9; Erman/Palm[12] Rn 8; Erman/Maier-Reimer[13] § 184 Rn 15; Palandt/Ellenberger Rn 2; vTuhr II 2, 241; Enneccerus/Nipperdey, AT § 204 Fn 44; Hübner, AT Rn 1349; Larenz, AT[6] § 24 S 487 f; Larenz/Wolf AT[9] § 51 Rn 20; Ebbecke Gruchot 63 [1919] 179). Das wäre mit den Wertungen der §§ 205, 206 nicht vereinbar, da der Gläubiger vor der Genehmigung ja aus Rechtsgründen daran gehindert war, seine Rechte aus dem Vertrag durchzusetzen. Wenn es um Ansprüche des Genehmigenden selbst (der etwa beim Vertragsschluss vollmachtlos vertreten worden war) oder des von ihm vertretenen Minderjährigen geht, ist die Interessenlage allerdings etwas anders, da hier die rückwirkende Verjährungsauslösung ja auf einer eigenen rechtsgeschäftlichen Entscheidung des Gläubigers beruht. Man könnte hierfür an eine Unterausnahme – also doch Beibehaltung der Rückwirkung und damit eine Verkürzung der Verjährung – denken. Dies hätte sich vor der Neufassung des Verjährungsrechts von 2002 auf eine analoge Anwendung der §§ 199, 200 aF stützen lassen (vgl vTuhr AT II 2, 518 f). Dringend geboten ist diese Unterausnahme allerdings nicht, da der Vertragspartner durch ein Vorgehen nach §§ 177 Abs 2 bzw 108 Abs 2 ja eine alsbaldige Entscheidung über die Genehmigung erreichen und damit ein unangemessenes Hinausschieben der Verjährung verhindern kann. Anders ist die Situation, wenn der Gläubiger eine zwischen Altschuldner und Drittem vereinbarte privative Schuldübernahme genehmigt, nachdem er zuvor gegenüber dem Altschuldner verjährungshemmende (bzw nach altem Recht: -unterbrechende) Maßnahmen vorgenommen hat. Diese werden infolge der Rückwirkung der Genehmigung nach § 184 Abs 1 gegenstandslos (OLGR Bremen 1996, 356 f). Es besteht kein Anlass, den Gläubiger gegen die nachteiligen Konsequenzen seines eigenen Rechtsgeschäfts zu schützen. – Ein durch Genehmigung wirksam gewordenes Zuwendungsgeschäft ist nach § 3 Abs 1 AnfG schon dann anfechtbar, wenn dem Begünstigten die Gläubigerbenachteiligungsabsicht wenigstens im Zeitpunkt der Genehmigung bekannt war; die Rückwirkung steht also einer Berücksichtigung der vor der Genehmigung erlangten Kenntnis nicht entgegen (RGZ 88, 216, 217 f). Erst mit der Genehmigung beginnt auch die *Frist* für die **Gläubigeranfechtung** nach § 4 Abs 1 AnfG (BGH NJW 1979, 102, 103; Bamberger/Roth/Bub[3] Rn 9). Genehmigt ein Verbraucher einen Verbraucherdarlehensvertrag oder Teilzahlungsvertrag, den für ihn ein falsus procurator abgeschlossen hat, so beginnt die Frist des § 355 iVm §§ 495 Abs 1, 501 BGB erst mit der Genehmigung, nicht etwa wegen der Rückwirkung schon mit der Erklärung des Vertreters (BGHZ 129, 371, 382 f; Palandt/Ellenberger Rn 2). Auch die Voraussetzungen für einen *gutgläubigen Erwerb* müssen grundsätzlich noch im Zeitpunkt der Genehmigung gegeben sein (vgl Staudinger/Gursky [2013] § 892 Rn 193, 211 mwNw; MünchKomm/ Schramm[5] § 184 Rn 20; Hübner Rn 1352 aE; Krampe/Amshoff JuS 2009, 55, 57; **aA** Finkenauer AcP 203 [2003] 282, 311 f; für die subjektiven Voraussetzungen auch jurisPK-BGB/Trautwein[6]

§ 184 Rn 20). Die in § 184 Abs 1 angeordnete Rückwirkung passt hier nicht, denn diese Norm meint nur die vom materiell wirklich Berechtigten erteilte Genehmigung (Lutter AcP 164 [1964] 122, 168). Relevant wird dies naturgemäß nur in Fällen mit Fehlerkumulation, nämlich insbesondere, wenn bei Verfügungsgeschäften eines Nichtberechtigten auf Seiten des Veräußerers oder des Erwerbers ein falsus procurator auftritt. Veräußert etwa ein Nichtberechtigter eine bewegliche Sache an einen vollmachtlos vertretenen Erwerber, der das Geschäft nunmehr trotz zwischenzeitlicher Kenntniserlangung von der wirklichen Eigentumslage genehmigt, so liegt es auf der Hand, dass die Bösgläubigkeit des Erwerbers trotz § 184 Abs 1 nicht ignoriert werden darf. Die Genehmigungserteilung ist schließlich der erste (und einzige) Akt, durch den der Erwerber an diesem Verfügungsgeschäft beteiligt ist; bis zu diesem Moment muss deshalb auch seine Gutgläubigkeit fortbestehen. Aber auch dann, wenn der falsus procurator für den nicht berechtigten Veräußerer gehandelt hat, kann nichts anderes gelten. Es ist nun einmal nicht daran vorbeizukommen, dass das Verfügungsgeschäft überhaupt erst mit der Genehmigungserteilung komplettiert wird und dass die Gutgläubigkeit des Erwerbers einer beweglichen Sache noch bis zum letzten Teilstück des Geschäfts andauern muss. – Auch soweit durch ein schwebend unwirksames Rechtsgeschäft die *Hemmung oder der Neubeginn der Verjährung* herbeigeführt werden soll, kann die Rückwirkung nicht zum Tragen kommen (Wussow NJW 1963, 1756 ff). Die Genehmigung kann die bereits eingetretene Verjährung nicht wieder aufheben, da die Verjährung dem Rechtsfrieden und damit öffentlichen Interessen dient (Schubert JR 1974, 415, 416). Bei der Aufnahme eines neuen OHG-Gesellschafters durch einen im Namen der Gesellschaft auftretenden, von den übrigen Gesellschaftern nicht bevollmächtigten Gesellschafter nehmen Schlegelberger/Gessler (HGB [4. Aufl 1963] § 130 Rn 7) ebenfalls einen Ausschluss der Rückwirkung für die Genehmigung an, sodass der Beitritt mit der letzten Genehmigungserklärung ex nunc wirksam wird. – Ebenso wird im Falle der Kündigung des Grundpfandkapitals (durch den Grundstückskäufer, der erst nach der Kündigung durch die nunmehr erteilte öffentlich-rechtliche Genehmigung zum Eigentümer wird, oder durch den Grundpfandgläubiger, der erst nachträglich die erforderliche Zustimmung des Inhabers eines Zweigrechtes an dem Grundpfandrecht erhält) zT die Rückwirkung der Genehmigung verneint (RGZ 141, 220, 222 f; BGB-RGRK/Steffen Rn 8), häufiger aber schon die Genehmigungsfähigkeit der Kündigung geleugnet (Staudinger/Wolfsteiner [2009] § 1141 Rn 19; MünchKomm/Eickmann[6] § 1141 Rn 9; NK-BGB/Zimmer[3] § 1141 Rn 7; vgl auch RGZ 146, 314, 316 f). – Einschränkungen erfährt § 184 Abs 2 insbesondere im *Steuerrecht*. Erfolgt die Genehmigung eines schwebend unwirksamen Grundstückskaufvertrags außerhalb der Spekulationsfrist, liegt kein *Spekulationsgeschäft* vor; die zivilrechtliche Rückwirkung ist insoweit irrelevant (BFH NotBZ 2002, 70, 72 mAnm Reich und Schaefer; Nds FinG EFG 2000, 126; Heuermann KFR 2002, 111, 112 und HFR 200, 204; NK-BGB/Staffhorst[2] Rn 53). Ebenso ist für den Zeitpunkt der grunderwerbssteuerlichen Wirksamkeit eines Erwerbsvorgangs auf den Zeitpunkt der Genehmigung des zunächst schwebend unwirksamen Grundstückskaufvertrages abzustellen (BFHE 188, 453 [betr vormundschaftsgerichtliche Genehmigung]; BFH BB 2000, 968; BFH/NV 2006, 813; BFH Beschl v 9. 11. 2007 – II B 23/07 [juris, Rn 4]; SchlH FinG EFG 1999, 1247; FinG Berlin EFG 1998, 894; Wachter ZErb 2002, 334 f). Entsprechendes gilt für die Darlehensgewährung durch einen Minderjährigen, die erst nachträglich durch den Ergänzungspfleger genehmigt wird (FG Hannover DStRE 2004, 1193 f) oder bei Hofübergabeverträgen, die der Genehmigung des Landwirtschaftsgerichts bedürfen (FG Hannover EFG 2006, 249, 250). Zu entsprechenden

Fragen im Erbschaftsteuerrecht und Schenkungsteuerrecht vgl Schuck DStR 2004, 1948, 1950 f und Wachter ZErb 2002, 334, 335 ff ferner FG Neustadt DStRE 2002, 1398, 1399; FG Hannover EFG 2007, 1258, 1259. Die rückwirkende Genehmigung einer durch den Aufsichtsrat einer Genossenschaft ausgesprochenen fristlosen Kündigung des Anstellungsverhältnisses eines Vorstandsmitglieds ist nach OLG Brandenburg MDR 2000, 1306, 1307 nicht mit den Regelungen des GenG vereinbar. – Wird eine **Klage** erst während des Prozesses durch Genehmigung eines zustimmungsbedürftigen, vor dem Prozess abgeschlossenen Rechtsgeschäfts begründet, so ändert die Rückwirkung der Genehmigung nichts daran, dass die Klage zunächst unbegründet war (vgl RG JW 1936, 2387; Staudinger/Dilcher[12] Rn 10; Palandt/Ellenberger Rn 2). Der Beklagte kann der Kostentragungspflicht deshalb noch durch sofortiges Anerkenntnis (§ 93 ZPO) entgehen. Umgekehrt wird die begründete Klage auf Erteilung der Genehmigung trotz § 184 Abs 1 nicht rückwirkend unbegründet, wenn der Beklagte die verlangte Genehmigung während des Prozesses erteilt (OLGR Köln 1994, 140). Die Genehmigung der schwebend unwirksamen Abtretung einer Kaufpreisforderung konnte nach altem Recht die vom Zessionar in der Zwischenzeit erklärte (und fruchtlos gebliebene) **Nachfristsetzung mit Ablehnungsandrohung** (§ 326 Abs 1 S 1 aF) nicht rückwirkend heilen. Die Gesichtspunkte, die der Genehmigung von einseitigen rechtsgestaltenden Erklärungen eines Nichtberechtigten entgegenstehen (s § 182 Rn 47), müssen es auch ausschließen, dass die Genehmigung der Abtretung den ursprünglichen Mangel der Rechtszuständigkeit für die Nachfristsetzung rückwirkend heilt (BGHZ 114, 360, 366 f = LM § 184 BGB Nr 20 Bl 3; OLGR Hamm 2000, 241). In der erstgenannten Entscheidung war die Zession von einer Einmann-GmbH an ihren alleinigen Gesellschafter erfolgt, die sich aus §§ 35 Abs 3 GmbHG, 181 BGB ergebende Unwirksamkeit aber nach einer das Selbstkontrahieren zulassenden Satzungsänderung durch Genehmigung rückwirkend geheilt worden. Das Gleiche müsste gelten, wenn eine nach § 177 Abs 1 schwebend unwirksame Zession nach Nachfristsetzung durch den Zessionar von diesem oder dem Zedenten genehmigt worden ist. Weniger dringend wäre eine solche Einschränkung der Rückwirkung dagegen in den Fällen, in denen der Schuldner selbst die nach § 399 Fall 2 zunächst unwirksame Abtretung durch seine Genehmigung wirksam gemacht hat. Der Schuldner hätte sich ja gegen die inzwischen vom Zessionar ausgesprochene Nachfristsetzung selbst durch die Nichterteilung der Genehmigung schützen können.

Eine andere Frage ist, ob sich die Unanwendbarkeit der Rückwirkungsregel auch **38a** aus der Art des genehmigten Geschäfts ergeben kann. Der BGH hat nach mehreren in die gleiche Richtung gehenden engeren Aussagen die These aufgestellt, dass bei **Gestaltungserklärungen** eine Genehmigung nicht die an sich in §§ 185 Abs 2 S 1, 184 Abs 1 vorgesehene Rückwirkung entfalten könne (BGHZ 143, 41, 46 = WuB IV § 326 BGB 2. 00 S 352 [Fritzsche]; ebenso OLGR Rostock 2002, 532, 533 [für Erklärungen iS von § 3 Nr 3 S 3 PflVersG]; OLGR Karlsruhe 2004, 428, 430; zust jurisPK-BGB/Trautwein[6] § 184 Rn 33; NK-BGB/Staffhorst § 184 Rn 23 [auch für Fristsetzung nach §§ 281 Abs 1, 323 Abs 1 nF]; speziell für die Fristsetzung nach §§ 281 Abs 1, 323 Abs 1 auch Bamberger/Roth/Bub Rn 9; weitergehend für einseitige empfangsbedürftige Willenserklärungen schlechthin Brehm Rn 499; Köhler AT[36] § 14 Rn 6). Vorangegangen war die Feststellung, die Genehmigung einer von einem vollmachtlosen Vertreter oder unzuständigen Organ des Gläubigers gem § 326 Abs 1 S 1 aF ausgesprochene Nachfristsetzung mit Ablehnungsandrohung könne nur ex nunc wirken (BGH NJW 1998, 3058, 3060; zust jurisPK-BGB/Trautwein aaO). Entsprechendes sollte (nach BGHZ 143, 41, 42 [LS d], 46) gelten, wenn ein einzelner Miterbe einem

Nachlassschuldner eine Nachfrist mit Ablehnungsandrohung setzt; einschränkend hieß es dabei, die Genehmigung gehe jedenfalls dann ins Leere, wenn sie nach Ablauf der Frist erfolge (LS d und 46). Konsequent wäre es dann gewesen, die Möglichkeit einer rückwirkenden Genehmigung auch vor Fristablauf zu verneinen, wenn der nach der Genehmigung noch verbleibende Teil der gesetzten Nachfrist nicht angemessen ist (vgl Fritzsche WuB IV A § 326 BGB 2.00 unter 2 a). In Wirklichkeit liegt hier eine Fehlakzentuierung vor: Bei einseitigen rechtsgestaltenden Erklärungen ist nicht nur die Rückwirkung, sondern die Genehmigung selbst grundsätzlich ausgeschlossen. Wenn diese aber ausnahmsweise analog § 180 S 2 wirksam ist (vgl § 182 Rn 47), hat sich der Schuldner die Genehmigungsmöglichkeit selbst zuzuschreiben; es gibt dann wieder keinen hinreichenden Grund für ein Beiseiteschieben des § 184 Abs 1 (vgl auch oben Rn 32 aE).

38b All dies muss auch für die *Fristsetzung zur Leistung oder Nacherfüllung nach neuem Recht* (§§ 281 Abs 1, 323 Abs 1) gelten, da diese ebenfalls rechtsgestaltenden Charakter hat (§ 185 Rn 6). Auch hier ist die Frage nicht, ob die Genehmigung Rückwirkung nach § 184 entfaltet oder nicht (verneinend Bamberger/Roth/Bub[3] Rn 9), sondern ob eine Genehmigung überhaupt möglich ist. Entsprechend ist die Situation, wenn eine Nachfrist mit Kündigungsandrohung nach § 643 von einem vollmachtlosen Vertreter des Werkunternehmers (oder von einem bloßen Gesamtvertreter des Werkunternehmers ohne interne Zustimmung des anderen Gesamtvertreters) ausgesprochen und vom Werkunternehmer bzw dem anderen Gesamtvertreter erst nach Fristablauf genehmigt wird. Nach BGH ZfBR 2003, 250, 252 = ZGS 2003, 44 ist die Genehmigung dann wirkungslos. Auch hier ist wieder die Einschränkung zu machen, dass dies nicht gelten kann, wenn der Werkbesteller die vom Vertreter behauptete Vertretungsmacht nicht beanstandet hat oder sogar bei Offenlegung der fehlenden Vertretungsmacht mit dem vollmachtlosen Handeln einverstanden war (§ 180 S 2 analog) (vgl § 182 Rn 47).

3. Rechtsgeschäftlicher Ausschluss der Rückwirkung

39 a) Die Rückwirkung tritt nach § 184 Abs 1 nur in der Regel ein, nämlich nur „soweit nicht ein anderes bestimmt ist". Damit kann nicht die bare Selbstverständlichkeit gemeint sein, dass speziellere gesetzliche Regelungen vorgehen. Die Rückwirkung muss vielmehr rechtsgeschäftlich ausgeschlossen werden können. Die Rückwirkungsregel des § 184 Abs 1 ist also **dispositiv** (BGHZ 108, 380, 384; BGB-RGRK/Steffen Rn 5; Soergel/Leptien Rn 8; jurisPK-BGB/Trautwein[6] Rn 21; HKK/Finkenauer §§ 182–185 Rn 8; Palandt/Ellenberger Rn 2; Larenz/Wolf AT[9] § 51 Rn 19; M Lange, in: FS Sandrock [1999] 243, 246; Schubert JR 1974, 415, 416; weitergehend AK-BGB/Ott Rn 7: gesetzliche Auslegungsregel). Eine abweichende rechtsgeschäftliche Bestimmung müsste jedoch nach der mit der „soweit nicht"-Wendung deutlich zum Ausdruck gebrachten Beweislastverteilung von demjenigen, der sich darauf beruft, bewiesen werden (MünchKomm/Schramm[5] Rn 27; jurisPK-BGB/Trautwein[6] Rn 21).

40 b) Die abweichende rechtsgeschäftliche Bestimmung kann zweifellos **in dem zustimmungsbedürftigen Rechtsgeschäft** selbst enthalten sein (MünchKomm/Schramm[5] Rn 27; Soergel/Leptien Rn 8; Bamberger/Roth/Bub[3] Rn 10; Erman/Maier-Reimer[13] Rn 14; Schubert JR 1974, 415, 416; Flume, AT § 56 S 900; Larenz, AT § 24 S 487; Bork Rn 1707). Die betreffende Klausel wirkt dann wie eine aufschiebende Bedingung (MünchKomm/

Schramm[5] Rn 28; MünchKomm/Bayreuther[6] § 184 Rn 30; Flume, AT § 56 S 900; **aA** Bork aaO Fn 14), was aber nichts daran ändert, dass die anderen Vorschriften der §§ 182–185 anwendbar bleiben (MünchKomm/Schramm[5] Rn 28).

Der Ausschluss der Rückwirkung der Genehmigung kann auch **konkludent** vereinbart werden (BGHZ 108, 380, 384; MünchKomm/Schramm[5] Rn 27; jurisPK-BGB/Trautwein[6] Rn 21). Ein konkludenter Ausschluss der Rückwirkung liegt aber noch nicht notwendigerweise in einer Vertragsbestimmung, wonach die Erteilung der Genehmigung zur Bedingung für die Geltung des Vertrages erhoben wird (Planck/Flad Anm 1a; Hölder Anm 2; ferner LG Braunschweig MDR 1949, 552 betreffend eine behördliche Genehmigung; **aA** vTuhr II 2, 240). Auch bei einem Schuldübernahmevertrag wird man ohne irgendwelche Anhaltspunkte nicht davon ausgehen können, dass die Vertragsparteien die Wirkungen ihrer Vereinbarung erst mit dem Zeitpunkt der Genehmigung eintreten lassen wollen (Staudinger/Rieble [2012] § 415 Rn 77 mwNw; Oertmann § 415 Anm 2d; implizit RGZ 120, 151, 153; 134, 185, 186; MünchKomm/Bydlinski[6] § 415 Rn 17; **aA** vTuhr, AT II 2, 240 f mwNw). – Kein Ausschluss der Rückwirkung ist auch gegeben, wenn die Parteien für die Genehmigung eine bestimmte *Form* vorschreiben und damit die Einhaltung der Form zur aufschiebenden Bedingung erheben. Die Regelung der §§ 158 Abs 1, 159, wonach der bedingte Vertrag erst mit Bedingungseintritt und ohne dingliche Rückwirkung wirksam wird, passt einfach nicht, wenn die Bedingung nur die Form der Genehmigung betrifft (Flume, AT II § 54, 4; Tiedtke BB 1989, 924 ff; Reinicke/Tiedtke, Kaufrecht [8. Aufl 2009] Rn 98 ff). **41**

c) Sehr streitig ist, ob der Genehmigende **einseitig**, durch eine entsprechende Nebenbestimmung der Genehmigungserklärung, die Rückwirkung ausschließen kann (bejahend Oertmann Anm 4b; AK-BGB/Ott Rn 7; Rehbein §§ 182–185 Anm 4; implizit auch BGHZ 108, 380, 384; *verneinend* vTuhr, AT II 2, 241; Flume, AT II § 56 S 900; Staudinger/Coing[11] § 184 Rn 5 m § 108 Rn 3; MünchKomm/Schramm[5] § 184 Rn 29; HKK/Finkenauer §§ 182–185 Rn 8 Fn 59; jurisPK-BGB/Trautwein[6] Rn 21; NK-BGB/Staffhorst[2] Rn 12; Bamberger/Roth/Bub[3] Rn 10; Erman/Maier-Reimer[13] Rn 14; Palandt/Ellenberger Rn 2; PWW/Frensch[8] § 184 Rn 4 f; Medicus, AT[10] Rn 1026; Thiele 131 Fn 362 mwNw; K Schmidt DNotZ 1990, 708, 710 f; Schippers DNotZ 1997, 683, 691 f; Windscheid/Kipp[8] I § 71 S 282). Die Frage ist zu verneinen. Der Vertrag kann nun einmal nur so genehmigt werden, wie er geschlossen worden ist (vTuhr aaO; Thiele aaO). Auf den Versuch einer modifizierenden oder einschränkenden Genehmigung (dazu Rn 12) würde aber die der Genehmigung beigefügte Klausel von der ex-nunc-Wirkung hinauslaufen (MünchKomm/Schramm aaO). **42**

d) Nur ex nunc wirkt nach Ansicht des BGH eine Genehmigung, zu deren Erteilung der Genehmigende *verurteilt* werden musste (BGHZ 108, 380, 384 = NJW 1990, 508, 509; MünchKomm/Schramm[5] Rn 27; MünchKomm/Bayreuther[6] Rn 30; Soergel/Leptien Rn 8; jurisPK-BGB/Trautwein[6] § 184 Rn 21; Erman/Maier-Reimer[13] Rn 14; PWW/Frensch[8] § 184 Rn 6; **abl** Jauernig, in: FS Niederländer [1991] 285, 292 f). Der Umstand, dass der zur Abgabe der Genehmigung aufgrund eines Vorvertrages verpflichtete Beklagte die Genehmigung nicht freiwillig erteile, sondern sich verklagen lasse, mache deutlich, dass er das Hauptgeschäft nicht rückwirkend in Geltung setzen wolle. Diese Argumentation ist schon deshalb nicht haltbar, weil es ja gar nicht Sache des Genehmigenden ist, über die ex-tunc- oder ex-nunc-Wirkung der Genehmigung zu entscheiden (s oben Rn 42). Richtig ist allerdings, dass der Gläubiger nicht die Möglichkeit haben darf, durch den Trick des Vertragsschlusses mit einem vollmacht- **43** losen Vertreter des Schuldners und eine anschließende Klage auf Genehmigung eine rückwirkende Erfüllung seines Anspruchs aus dem Vorvertrag zu erzwingen (K Schmidt DNotZ 1990, 708, 711). Gerade deshalb kann dem Gläubiger aber aus dem Vorvertrag nur ein Anspruch auf eine nicht zurückwirkende Genehmigung des mit dem falsus procurator geschlossenen Hauptvertrages zustehen; die Klage auf Genehmigung darf also nur Erfolg haben, wenn der Kläger den vertraglichen Ausschluss der Rückwirkung anbietet.

44 **e)**   Zur Einschränkung der Rückwirkung, wenn der Genehmigende seine eigene Rechtsposition erst nach dem Hauptgeschäft erlangt hat, s oben Rn 27.

V.   Die Aufrechterhaltung von Zwischenverfügungen (Abs 2)

1.   Grundgedanke der Regelung

45 Abs 2 schränkt die dingliche Rückwirkung der Genehmigung ein: Durch sie werden nämlich sog Zwischenverfügungen des Genehmigenden und gegen ihn in der Zwischenzeit ergangene Vollstreckungsmaßnahmen nicht unwirksam. Der Zustimmungsberechtigte kann also die Wirkungen einer von ihm selbst vorgenommenen Verfügung oder einer gegen ihn ergangenen Vollstreckungsmaßnahme nicht dadurch beseitigen, dass er eine zeitlich vorher liegende, aber bisher schwebend unwirksame Verfügung eines Nichtberechtigten oder eines in seinem Namen handelnden vollmachtlosen Vertreters genehmigt. Diese Regelung ist vielfach als Schranke gegen einen Missbrauch der Rückwirkung angesehen worden (so schon Mot I, 247; ebenso Soergel/Leptien Rn 10; Schlegelberger/Vogels/Pfeifle Rn 15; Raape AcP 121 [1923] 257, 288; Krantz 38; Finkenauer AcP 203 [2003] 282, 289; krit M Wolff 16). Sie erklärt sich aber einfach aus dem oben in Rn 23 behandelten Prinzip, dass sich „die Zuständigkeit zu der Genehmigung nach dem Zeitpunkt ihrer Erteilung bestimmt" (Flume, AT II § 57, 3 a S 911; ebenso Soergel/Leptien Rn 10; MünchKomm/Schramm[5] Rn 30; AK-BGB/Ott Rn 11; Larenz, AT[6] § 24 S 478 f; Larenz/Wolf AT[9] § 51 Rn 27; E Wolf, AT § 11 A III c 2; Egert 71 f mwNw in Fn 70; Dörner, Dynamische Relativität [1985] 205 f). Falls etwa N eine Forderung des G an A abtritt und G selbst die Forderung danach an B zediert, kann G nicht anschließend durch Genehmigung der Verfügung des N dem B die Forderung wieder entziehen: ihm fehlt jetzt die Genehmigungszuständigkeit, weil er gar nicht mehr der Berechtigte iS von § 185 Abs 2 S 1 Fall 1 ist. Das Gleiche muss im Ergebnis gelten, wenn das genehmigungsbedürftige Hauptgeschäft und die Zwischenverfügung nicht schlechthin miteinander unvereinbar sind, also etwa wenn im obigen Beispiel der G die Forderung dem B nur verpfändet. Für derartige Fälle beugt Abs 2 dem denkbaren Missverständnis vor, dass G als Gläubiger die Verfügungsmacht zur Genehmigung der vom Nichtberechtigten vollzogenen Zession habe und durch diese Genehmigung zugleich der Verpfändung ihre Grundlage nehmen könne. Eine solche vordergründig-formale Argumentation wäre aber natürlich ein Fehlschluss, weil außerhalb der Verkehrsschutztatbestände niemand einem anderen durch eine Verfügung eine weitergehende Rechtsposition verschaffen kann als er selbst hat. Die Regelung des § 184 Abs 2 hat damit im Ergebnis nur die Bedeutung einer Klarstellung (AK-BGB/Ott Rn 12); sie trifft keine Regelung, die nicht auch ohne eine solche Norm aus allgemeinen Grundsätzen abzuleiten wäre (Flume, AT II § 57, 3 a S 910 Fn 15). Im Einzelnen gilt folgendes:

2. Voraussetzungen

a) Worauf das gesetzliche Zustimmungserfordernis für die erste Verfügung beruht, ist für die Anwendung des § 184 Abs 2 gleichgültig (Oertmann Anm 4d). Zumeist wird es sich aus § 185 Abs 2 S 1 Fall 1 ergeben. § 184 Abs 2 gilt aber genauso für den Fall, dass die erste Verfügung von einem vollmachtlosen Vertreter des Berechtigten vorgenommen wird (Raape AcP 121 [1923] 257, 286; vTuhr, AT II 2, 442 m Fn 56; Planck/Flad § 177 Anm 2; implizit Flume, AT II 3 a § 910 Fn 15). Darüber hinaus verhindert die Norm, dass der gesetzliche Vertreter eines Minderjährigen eine von ihm selbst im Namen des Minderjährigen getroffene Verfügung dadurch ausschalten kann, dass er eine vorangegangene eigene Verfügung des Minderjährigen genehmigt. § 184 Abs 2 kommt als notwendiges Korrektiv auch dann zur Anwendung, wenn man zur Ausschaltung eines Abtretungsversuchs nicht einen inhaltsändernden Vertrag verlangt, sondern eine einseitige Zustimmung des Schuldners genügen lässt (s dazu Vorbem 33). Wenn dann der Gläubiger eine nach § 399 2. Fall vinkulierte Forderung gleich zweimal abtritt und der Schuldner danach die 2. Zession genehmigt, kann er anschließend wegen § 184 Abs 2 die Genehmigungswirkung nicht dadurch konterkarieren, dass er nunmehr auch noch die 1. Abtretung genehmigt (BGHZ 40, 156, 163 f = NJW 1964, 243, 264; Bamberger/Roth/Bub[3] Rn 12). 46

b) Zwischenverfügungen iS von § 184 Abs 2 sind nur solche Verfügungen, die vor der Genehmigung über den Gegenstand des genehmigten Rechtsgeschäfts getroffen worden sind. Der Begriff der Verfügungen ist hier im technischen Sinne zu verstehen (s Staudinger/Dilcher[12] Einl 44 zu §§ 104 ff). Die Verfügung kann auch in der Genehmigung einer anderen Verfügung bestehen: Hat N eine Sache des E erst in der Form des § 930 an A und dann in der Form des § 929 S 1 an B veräußert, kann E, wenn er einmal die Verfügung zugunsten des B genehmigt, nicht dieser eigenen, in der Genehmigung liegenden Verfügung die Grundlage dadurch entziehen, dass er nunmehr die erste, zugunsten des A ergangene Verfügung des N genehmigt (vTuhr, AT II 2, 244 f; AK-BGB/Ott Rn 11 aE [betr konkurrierende Genehmigungen bei mehreren schwebend unwirksamen Zessionen]; jurisPK-BGB/Trautwein[6] Rn 33). Die eigene (Zwischen-)Verfügung des Genehmigenden muss nach dem zustimmungsbedürftigen Hauptgeschäft vorgenommen oder jedenfalls erst nach diesem Zeitpunkt (etwa nach § 185 Abs 2 S 1 2. und 3. Fall) wirksam geworden sein, da andernfalls das Hauptgeschäft ohnehin zu spät kommt und dem Erwerber die ihm zugedachte Rechtsposition allenfalls über die Regeln des Erwerbs vom Nichtberechtigten verschaffen kann. Die Zwischenverfügung selbst muss im Zeitpunkt der Genehmigung (schon bzw noch) wirksam sein, da sich andernfalls gar keine Kollision mit der genehmigten Verfügung ergibt. Wirksam in diesem Sinne ist dabei aber auch eine nur aufschiebend bedingte Verfügung vor Bedingungseintritt; auch das damit eingeräumte Anwartschaftsrecht des Erwerbers kann der Verfügende nicht durch die Genehmigung einer anderen Verfügung zerstören. 47

c) Gegen die Vernichtung der eigenen Entstehungsvoraussetzungen durch die rückwirkende Genehmigung geschützt sind zunächst einmal vorausgegangene **Verfügungen des nunmehr Genehmigenden**, gleichgültig, ob er dabei selbst gehandelt hat oder ob er von einem Bevollmächtigten bzw gesetzlichen Vertreter repräsentiert worden ist. Dem müssen Verfügungen eines Nichtberechtigten gleichstehen, die der zur Genehmigung des in Rede stehenden Hauptgeschäftes Berufene bereits zuvor 48 genehmigt hat. Ist die Sache des E von N erst an A übereignet und dann an B verpfändet worden, kann E, wenn er die Verpfändung bereits genehmigt hat, zwar immer noch die Übereignung an A genehmigen, dadurch aber nicht das Pfandrecht des B aufheben. (Das Beispiel zeigt zugleich, dass § 184 Abs 2 genaugenommen nicht die Rückwirkung, sondern die Wirksamkeit der Genehmigung einschränkt [zutreffend MünchKomm/Schramm[5] Rn 31 aE; Rothkugel 31 f]). Den eigenen Verfügungen des Genehmigenden sind die gegen ihn ergangenen **Zwangsverfügungen** gleichgestellt, also Maßnahmen der Zwangsvollstreckung oder Arrestvollziehung gegen den Genehmigenden sowie Verfügungen seines Insolvenzverwalters (vgl vTuhr, AT II 2, 245). Diese Gleichstellung ist sachgerecht, weil diese Maßnahmen im Ergebnis die Verfügungsmacht des Genehmigenden genauso einschränken wie eigene Verfügungen. Erfolgt bei einem Lebensversicherungsvertrag eine Auswechselung des Versicherungsnehmers durch Einigung zwischen dem aus dem Vertragsverhältnis Ausscheidenden und dem Eintretenden mit Zustimmung des Versicherers, so bleibt eine noch vor der Zustimmung des Versicherers erfolgte Pfändung der Ansprüche des bisherigen Versicherungsnehmers nicht nach § 184 Abs 2 wirksam (OLGR Karlsruhe 2007, 879, 880). Die Pfändung geht vielmehr wegen der Rückwirkung der Genehmigung des Versicherers (§ 184 Abs 1) ins Leere (OLGR Karlsruhe aaO). § 184 Abs 2 kann daran nichts ändern. Die Norm greift nicht ein, weil der Pfändungs- und Überweisungsbeschluss kein Zustimmungsverbot zu Lasten des Versicherers als Drittschuldner ausspricht (OLG Karlsruhe aaO). Die bloße Eröffnung des Insolvenzverfahrens über das Vermögen dessen, der bereits eine genehmigungsbedürftige und deshalb schwebend unwirksame Verfügung über ein eigenes Recht vorgenommen hat, kann bei nunmehriger Genehmigungserteilung selbstverständlich nicht die Konsequenz des § 184 Abs 2 auslösen. Hier bleibt es vielmehr bei der Rückwirkung der Genehmigung gemäß § 184 Abs 1. Diese wiederum sorgt dafür, dass § 91 Abs 1 InsO nicht eingreift (vgl Henckel/Windel, InsO § 91 Rn 108 mwNw). Das ist auch sachgemäß, weil der Insolvenzschuldner sich durch die schwebend unwirksame Verfügung schon in ähnlicher Weise wie durch eine aufschiebend bedingte Verfügung gebunden hatte (Henckel/Windel aaO).

49 d) Der Umstand, dass der Zustimmungsberechtigte vor der Genehmigung zur Bewirkung einer Verfügung rechtskräftig verurteilt worden ist, genügt für § 184 Abs 2 nur, wenn die durch § 894 ZPO fingierte Einigung als solche bereits die Verfügung bewirkt hat (zB Zession, Übereignung einer bereits im Besitz des Klägers befindlichen Sache); andernfalls – also wenn die nach § 897 ZPO durchzusetzende Übergabe noch aussteht – wird die Vollstreckung durch den mit der rückwirkenden Genehmigung verbundenen Rechtsverlust des Schuldners unzulässig. Erfolgt sie dennoch, kann allerdings gem § 898 ZPO ein gutgläubiger Erwerb des Vollstreckungsgläubigers stattfinden (vTuhr, AT II 2, 245 Fn 231). Dagegen kann das Urteil (entgegen Planck/Flad Anm 1b) nicht nach § 325 Abs 1 ZPO gegen den nunmehrigen Erwerber wirken, da ein schuldrechtlicher Verschaffungsanspruch die zu leistende Sache nicht streitbefangen macht.

50 e) Der Schutz nach § 184 Abs 2 ist *unabhängig vom guten Glauben* des durch die Zwischenverfügung Begünstigten (Enneccerus/Nipperdey, AT § 204 IV 3; NK-BGB/Staffhorst[2] Rn 16; jurisPK-BGB/Trautwein[6] Rn 40). Die Zwischenverfügung des Genehmigenden wird durch die Rückwirkung der Genehmigung also auch dann nicht beeinträchtigt, wenn der Erwerber beim Abschluss des Geschäfts von der vorangegangenen zustimmungsbedürftigen Verfügung Kenntnis hatte (vTuhr, AT II 2, 244 f), ja selbst dann, wenn er mit der Genehmigung rechnete (M Wolff 19). § 184 Abs 2 ist eben – entgegen M Wolff aaO – keine Verkehrsschutzregelung.

3. Ausdehnung auf sonstigen zwischenzeitlichen Rechtserwerb

a) In der Literatur wird teilweise vorgeschlagen, die in § 184 Abs 2 getroffene 51 Regelung als bloßen Ausschnitt eines zugrunde liegenden **allgemeinen Prinzips** anzusehen, wonach *wohlerworbene Rechte Dritter durch die in Abs 1 angeordnete Rückwirkung nicht beeinträchtigt* werden können (so OLG Hamburg LZ 1911, 2065; MDR 1953, 481; Planck/Flad Anm 1b; Enneccerus I[13] 631 Fn 18; Dernburg, BR I § 114 III 2; Warneyer[1] Anm II; Pfister JZ 1969, 623, 626; Schmidt GmbH-RdSch 1952, 9; zweifelnd Oertmann Anm 4d γ; **abl** die hM: RGZ 134, 121, 123; RG JW 1936, 2063; HRR 1942 Nr 424; OLG Stuttgart NJW 1954, 36; Staudinger/Dilcher[12] Rn 13; BGB-RGRK/Steffen Rn 9; Münch-Komm/Schramm[5] Rn 38; Soergel/Leptien Rn 11; Schlegelberger/Vogels/Pfeifle Rn 18; NK-BGB/Staffhorst[2] Rn 17; jurisPK-BGB/Trautwein[6] Rn 41; Bamberger/Roth/Bub[3] Rn 12; Erman/Palm[12] Rn 10; Palandt/Ellenberger Rn 5; Flume, AT II § 57, 3 c; Enneccerus/Nipperdey, AT § 204 IV 3; Larenz/Wolf[9] § 51 Rn 30; Hübner, AT Rn 1350; Egert 69 ff; Finkenauer AcP 2003, 182, 299 Fn 69; Heinr Lange in: FS Schmidt-Rimpler [1957] 139, 149; s auch Raape AcP 121 [1923] 257, 292 f). In Wirklichkeit ist eine differenzierende Lösung geboten, die allerdings nicht weit von der Position der hM entfernt ist.

b) Die These, dass die Genehmigungswirkung auch solche im Zeitpunkt der 52 Genehmigung bereits wohlerworbenen Rechte Dritter nicht beseitigt oder schmälert, die nicht aus Verfügungen des Zustimmungsberechtigten hervorgegangen sind, trifft zu, wenn diese Rechte wenigstens *zu Lasten der bisherigen Rechtsposition des Zustimmungsberechtigten* entstanden sind (OLGR Rostock 2006, 725, 728). So etwa, wenn die Sache, über die ein Nichtberechtigter verfügt hat, enteignet oder in einem Strafurteil eingezogen wird. (Den letzten Fall wollte die 2. Kommission ursprünglich in Übereinstimmung mit dem Vorschlag der Vorkommission des Reichsjustizamtes in der Vorgängernorm zu § 184 Abs 2 mit aufnehmen; vgl Prot I 184; Jakobs/Schubert, AT I 952 f, 954–957; die Streichung dieser Passage im Fortgang der Beratungen hat sachlich keine Änderungen bedeutet.) Ebenso wenn nach der schwebend unwirksamen Verfügung eines Minderjährigen oder eines vollmachtlosen Vertreters des Eigentümers oder eines Nichtberechtigten ein gesetzliches Pfandrecht (etwa nach § 562) am Verfügungsobjekt entsteht und die Verfügung dann vom Zustimmungsberechtigten genehmigt wird. Schließlich auch dann, wenn eine schwebend unwirksame Verfügung durch die anschließende sofort wirksame Verfügung eines Nichtberechtigten überholt worden ist (Beispiel: Der minderjährige Erbe tritt eine Nachlassforderung ohne Einwilligung seines gesetzlichen Vertreters ab; ein durch Erbschein legitimierter Putativerbe zediert anschließend dieselbe Forderung noch vor der Genehmigung). In allen Fällen ist das ohne Mitwirkung des Genehmigenden erworbene Recht des Dritten aus der Rechtsposition des Zustimmungsberechtigten ausgegliedert worden. Dem Zustimmungsberechtigten kann deshalb gar nicht die Verfügungsmacht für eine Genehmigung zustehen, die das Recht des Dritten zerstört.

c) Anders sieht es in solchen Situationen aus, in denen die Zwischenverfügung 53 nicht zu Lasten des Genehmigenden ging. Der Hauptfall ist hier die Konstellation, dass das *Zustimmungsbedürfnis auf Seiten des Erwerbers* besteht (etwa weil für diesen ein falsus procurator gehandelt hat oder weil der Erwerber minderjährig und der Erwerb für ihn [wie bei der Übertragung einer Eigentumswohnung oder eines Gesellschaftsanteils] auch Pflichten mit sich bringt). Verfügt hier der Veräußerer vor der Genehmigung noch ein zweites Mal zugunsten eines Dritten, besteht *kein Anlass für eine Einschränkung der Genehmigungswirkung.* Die Zwischenverfügung wird also rückwirkend zur Verfügung eines Nichtberechtigten und kann mithin nur durch gutgläubigen Erwerb wirksam werden (vTuhr, AT II 2, 246). Entsprechendes gilt, wenn sich die vor der Genehmigung erfolgende Zwangsverfügung gegen den Vertragspartner der Partei, für deren Vertragserklärung das Zustimmungserfordernis bestand, richtete (OLG Stuttgart NJW 1954, 36; OLG Frankfurt NJW-RR 1997, 1308, 1310; vTuhr II 2, 246 Rn 240; Palandt/Ellenberger Rn 5; Bamberger/Roth/Bub³ Rn 12). So etwa, wenn bei einer Erbteilsübertragung der Erwerber vollmachtlos vertreten wird und der Erbteil anschließend beim Veräußerer gepfändet wird; hier wird die Pfändung durch die Genehmigung rückwirkend unrechtmäßig (RG JW 1936, 2063). Ebenso wird die Pfändung des Eigentumsverschaffungsanspruchs des Käufers und seines Anwartschaftsrechts aus der Auflassung gegenstandslos, wenn der Käufer beide Rechtspositionen an einen vollmachtlos vertretenen Zessionar abgetreten hat und diese Abtretung nach der Pfändung vom Vertretenen genehmigt wird (OLG Frankfurt aaO). Vgl ferner RGZ 134, 121, 123. Die auf Seiten des Erwerbers erforderliche Genehmigung schaltet auch den Insolvenzbeschlag durch ihre Rückwirkung aus, wenn das Insolvenzverfahren über das Vermögen des Verfügenden zwischen Verfügung und Genehmigung eröffnet worden ist (vgl Jaeger/Henckel, KO⁹ § 15 Rn 3 mwNw).

54 In allen Fällen, in denen das Verfügungsgeschäft einer Genehmigung nur auf Seiten des Erwerbers bedarf, wird dieser also gegen Zwischenverfügungen seines Vertragspartners optimal geschützt. Es besteht dann eine ähnliche Sperrwirkung wie bei bedingten Verfügungen (Flume, AT § 57, 3 c S 913; Soergel/Leptien Rn 12).

55 d) Sehr umstritten ist, ob der (bisherige) Gläubiger die vom Schuldner an einen angeblichen Zessionar (oder sonstigen Nichtberechtigten) erbrachte Leistung noch gem §§ 362 Abs 2, 185 Abs 2 S 1 Fall 1 genehmigen kann, wenn er in der Zwischenzeit in Unkenntnis dieses Vorgangs dem Schuldner die Forderung erlassen (oder sie durch Aufrechnung verbraucht) hat (für die Zulässigkeit einer rückwirkenden Genehmigung, die den Erlass gegenstandslos macht, Soergel/Leptien § 184 Rn 13; HKK/Finkenauer §§ 182–185 Rn 8; Müller-Freienfels, Die Vertretung beim Rechtsgeschäft [1955] 264; M Wolff 19 ff; Raape AcP 121 [1923] 257, 290 f; **aA** vTuhr II 2, 244; Jacobi 103; Rothkugel Rn 27; nur iE Flume, AT II § 57, 3 c S 913 Fn 20 und Finkenauer AcP 203 [2003] 282, 306 f [unter Berufung auf den Sinn des Erlassvertrages]; Jacobi 101 ff). Meines Erachtens ist hier wie in den unter b) behandelten Fällen zu entscheiden, die Wirksamkeit der Genehmigung also zu verneinen. Die Quasi-Verfügung „Einziehung der Forderung" ist nicht genehmigungsfähig, weil ihr Objekt – die Forderung – im Zeitpunkt der Genehmigung nicht mehr besteht. Für die Genehmigungsmöglichkeit kann es keinen Unterschied machen, ob der Genehmigende die Gläubigerstellung durch eine zwischenzeitliche Zession oder durch eine Verfügung verloren hat, die die Forderung untergehen lassen hat. Würde man dennoch die rückwirkende Genehmigung der Zahlung an den Putativgläubiger zulassen, so würde man dem bisherigen Gläubiger der Sache noch ein (zudem nicht fristgebundenes) Recht zur Anfechtung des Erlasses wegen eines bloßen Motivirrtums einräumen. Entsprechendes gilt für das Verhältnis von Erlass und Schuldübernahme (s STAUDINGER/RIEBLE [2012] § 415 Rn 62).

e) Eine verbreitete Auffassung will § 184 Abs 2 in den (seltenen) Fällen nicht **56** anwenden, in denen die zustimmungsbedürftige erste und die nachfolgende wirksame zweite Verfügung *zugunsten der gleichen Person* erfolgen (STAUDINGER/COING[11] Rn 6; MünchKomm/SCHRAMM[5] Rn 36; SOERGEL/LEPTIEN Rn 12; ENNECCERUS/NIPPERDEY, AT § 204 IV 3; M WOLFF 20 ff; **aA** vTUHR, AT II 2, 244; EGERT 69 f; vgl auch JACOBI 91 ff). Ihren Ursprung hat diese Lehre in der verfehlten Deutung des § 184 Abs 2 als Verkehrsschutznorm (s Rn 50). Sie lässt sich aber auch nicht mit einer auf das hier fehlende Schutzbedürfnis des Erwerbers gestützten Restriktion begründen. Es stimmt zwar, dass Interessen des Erwerbers durch die Zulassung einer rückwirkenden Genehmigung hier gar nicht tangiert werden. § 184 Abs 2 zieht aber nur die Konsequenz aus dem Erfordernis der alleinigen Rechtszuständigkeit für das von der zustimmungsbedürftigen Verfügung betroffene Recht (s Rn 45). Und daran fehlt es nach der wirksamen Zwischenverfügung auch dann, wenn beide Verfügungen zugunsten desselben Erwerbers ergehen.

4. Zwischenverfügung zugunsten des Genehmigenden selbst

Eine weitere Einschränkung drängt sich dagegen auf: Wenn die Zwischenverfügung **57** des Genehmigenden zu seinen eigenen Gunsten ergangen ist, der Eigentümer etwa sein Grundstück nach der von einem vollmachtlosen Vertreter vorgenommenen Veräußerung mit einer Eigentümergrundschuld belastet hat und anschließend die Veräußerung genehmigt hat, dann hat die Zwischenverfügung die Verfügungsmacht des Genehmigenden nur formal, nicht aber materiell beeinträchtigt; seine ursprüngliche Rechtsposition ist ja der Sache nach erhalten, nur in zwei getrennte Rechte aufgespalten worden. Hier muss die Genehmigung deshalb ihre normale Wirkung haben (s auch FINKENAUER AcP 203 [2003] 282, 299; HKK/FINKENAUER §§ 182–185 Rn 8).

5. Die Auswirkungen des Abs 2

a) Die Zwischenverfügung des Genehmigenden kann durch seine Genehmigung **58** einer vorangegangenen Verfügung eines Nichtberechtigten nicht unwirksam werden. Damit ist ein umfassender Schutz für die Zwischenverfügung gemeint. Ausgeschlossen ist nicht nur, dass die Zwischenverfügung infolge der Genehmigung schlechthin unwirksam wird, sondern genauso, dass die Rechtsposition, die sie dem Erwerber verschafft hat, abgeschwächt wird. So kann die Genehmigung grundsätzlich auch nicht dazu führen, dass sich der Rang des mit der Zwischenverfügung bestellten beschränkten dinglichen Rechtes verschlechtert: Wenn die Forderung des G vom Nichtberechtigten N an A verpfändet und anschließend von G selbst an B verpfändet worden ist, kann G dem A auch durch eine Genehmigung der Verfügung des N nur ein zweitrangiges Pfandrecht verschaffen (EGERT 75).

b) Soweit durch eine Zwischenverfügung des Genehmigenden die Erstverfügung **59** nicht berührt wird, kann nach dem Wortlaut des § 184 Abs 2 die erteilte Genehmigung weiterhin ihre Rückwirkung entfalten. War die genehmigungsbedürftige Erstverfügung eines Nichtberechtigten eine Übereignung, die Zwischenverfügung des Genehmigenden eine Verpfändung, so wird der durch die Erstverfügung Begünstigte infolge der Genehmigung rückwirkend zum Eigentümer der pfandrechtsbelasteten Sache. Anders ist zu entscheiden, wenn beide Verfügungen Übereignungen sind: Hier kann die Genehmigung dem durch die Erstverfügung Begünstigten das Eigentum (entgegen STAUDINGER/DILCHER[12] Rn 14 und [für eine ähnliche Konstellation] FINKENAUER AcP 203 [2003] 282, 301) auch nicht für den Zeitraum bis zur Vornahme der Zwischenverfügung verschaffen (was für diesen deshalb interessant sein könnte, weil ihm dadurch nach § 953 das Eigentum an den in diesem Zeitraum angefallenen Früchten zufallen würde). Diese Lösung wäre zwar mit dem Wortlaut des § 184 Abs 2 vereinbar, sie scheitert aber einfach daran, dass die wirksame Verfügung dem Genehmigenden seine Genehmigungszuständigkeit entzogen hat (so schon STAUDINGER/COING[1.] Rn 8). Der Wortlaut des § 184 Abs 2 erweist sich insoweit als ungenau (s HÖLDER Anm 3; MünchKomm/SCHRAMM[5] Rn 31; JAUERNIG/MANSEL[15] Rn 5; E WOLF 526 f). Es geht nun einmal nicht um eine bloße Einschränkung der Rückwirkung der Genehmigung, sondern um eine (vollständige oder partielle) Unwirksamkeit der Genehmigung selbst (MünchKomm/SCHRAMM aaO; JAUERNIG/MANSEL aaO; anders FINKENAUER AcP 203 [2003] 282, 301).

60 c) Hat ein vollmachtloser Vertreter im Namen eines Nichtberechtigten über ein Grundstück oder Grundstücksrecht verfügt, so kann die vor der Genehmigung des Vertretenen und vor der Eintragung des Erwerbers erfolgte **Eintragung eines Widerspruchs** gegen die Eigentümerstellung des Vertretenen nicht als eine nach § 184 Abs 2 irrelevante Zwangsverfügung gegen den Vertretenen behandelt werden (**aA** PFISTER JZ 1969, 623, 626). Dafür besteht aber auch gar kein Bedürfnis, weil schon § 184 Abs 1 nicht anwendbar ist; diese Norm meint nur die vom materiell wirklich Berechtigten erteilte Genehmigung (RGZ 134, 283, 288; PLANCK/FLAD § 184 Anm 1b; STAUDINGER/GURSKY [2013] § 892 Rn 193 mwNw; BGB-RGRK/STEFFEN Rn 9; MünchKomm/SCHRAMM[5] Rn 34; NK-BGB/STAFFHORST[2] Rn 14; PALANDT/ELLENBERGER Rn 5; LUTTER AcP 164 [1964] 122, 168; **aA** FINKENAUER AcP 203 [2003] 282 ff, 295 f, 313 f). Oder anders ausgedrückt: Entscheidend ist, dass der noch vor der Vollendung des Rechtserwerbs eingetragene Widerspruch nach § 892 Abs 1 den gutgläubigen Erwerb grundsätzlich ausschließt und dass die in § 892 Abs 2 vorgesehene Vorverlagerung des maßgeblichen Zeitpunkts für das Gutglaubensschutzhindernis des wirksam eingetragenen Widerspruchs gegen die Buchposition des Verfügenden gerade nicht gilt. Ein gutgläubiger Erwerb scheitert damit an der Beachtlichkeit des Widerspruchs (STAUDINGER/GURSKY aaO; **aA** BAMBERGER/ROTH/BUB[3] Rn 9 aE).

61 d) § 184 Abs 2 ist auch dann anwendbar, wenn jemand eine Sache derelinquiert, die zuvor von einem Nichtberechtigten oder vollmachtlosen Vertreter veräußert worden war, und anschließend diese Veräußerung genehmigt. Hier ist die Genehmigung unwirksam, weil der bisherige Eigentümer im Zeitpunkt der Genehmigung im Hinblick auf die Sache bereits Nichtberechtigter ist (FLUME, AT § 57, 3 a Fn 15; RAAPE AcP 121 [1923] 257, 291; **aA** M WOLFF 21 [rückwirkende Unwirksamkeit der Dereliktion, wenn in der Zwischenzeit noch keine Aneignung erfolgt war]; ohne Einschränkung FINKENAUER AcP 203 [2003] 282, 308; zum gemeinen Recht auch ZIMMERMANN, negotiorum gestio [1879] 254).

62 e) Zur Frage der Rückwirkung der Genehmigung der Zession einer nach § 399 Fall 2 unabtretbaren Forderung vgl Vorbem 34 zu §§ 182 ff.

63 f) Bei liegenschaftsrechtlichen Verfügungen wird § 184 Abs 2 teilweise durch

§ 879 Abs 2 modifiziert. Hat der als Eigentümer eines Grundstücks des E eingetragene Nichtberechtigte N dem A eine Grundschuld bestellt und hat dann E nach Berichtigung des Grundbuchs dem B eine Hypothek bestellt, so kann E anschließend auch noch die Verfügung zugunsten des A genehmigen. Damit erlangt die Grundschuld nach § 879 Abs 2 aber rückwirkend auf das Datum ihrer Eintragung und damit mit Vorrang vor der Hypothek Wirksamkeit (EGERT 74). Dass die Rückwirkung der Einigung durch § 184 Abs 2 eingeschränkt wird, bleibt belanglos, weil auch eine neue nunmehr mit Einwilligung des E vorgenommene Einigung zwischen N und A wegen § 879 Abs 2 den gleichen Effekt hätte (EGERT aaO).

g) Keine Besonderheiten gelten für die Rückwirkung der dem Geschäftspartner **64** vom Vormund mitgeteilten **familiengerichtlichen Genehmigung** (s oben Rn 35). Bei der – wohl mehr theoretischen – Konstellation, dass die genehmigte Verfügung des Mündels mit zwischenzeitlichen eigenen genehmigungsfreien Verfügungen des Vormunds kollidiert, kommt § 184 Abs 2 zur Anwendung, bleiben die fraglichen Zwischenverfügungen also wirksam (MünchKomm/WAGENITZ[6] § 1828 Rn 29 ff; STAUDINGER/VEIT [2013] §§ 1829 Rn 52, 54 f). Vor allem aber können wegen § 184 Abs 2 durch die Rückwirkung der Genehmigung zwischenzeitliche Vollstreckungsakte der Gläubiger des Mündels nicht unwirksam werden (KG JW 1935, 3640; EGERT 79; STAUDINGER/VEIT aaO; SOERGEL/ZIMMERMANN[13] § 1829 Rn 11; **aA** FLUME, AT II § 57, 3 d).

§ 185
Verfügung eines Nichtberechtigten

(1) Eine Verfügung, die ein Nichtberechtigter über einen Gegenstand trifft, ist wirksam, wenn sie mit Einwilligung des Berechtigten erfolgt.

(2) Die Verfügung wird wirksam, wenn der Berechtigte sie genehmigt oder wenn der Verfügende den Gegenstand erwirbt oder wenn er von dem Berechtigten beerbt wird und dieser für die Nachlassverbindlichkeiten unbeschränkt haftet. In den beiden letzteren Fällen wird, wenn über den Gegenstand mehrere miteinander nicht in Einklang stehende Verfügungen getroffen worden sind, nur die frühere Verfügung wirksam.

Materialien: VE SR §§ 134, 31; E I § 310, 830, 876; E II § 1253; rev § 181; III § 181; Prot I 179; JAKOBS/SCHUBERT, AT II 957 ff.

Schrifttum

BARING, Die Kündigung in besonderen Fällen, SächsArch 1934, 134
CHR BERGER, Rechtsgeschäftliche Verfügungsbeschränkungen (1998)
BRAUN, Die Rückabwicklung der Verfügung eines Nichtberechtigten nach § 185 BGB, ZIP 1998, 1469

BRÜGGEMANN, Die Verpflichtungsermächtigung: ein Beitrag zur Ermächtigungslehre und zum Problem der indirekten Stellvertretung (1939)
BÜLOW, Mehrfachübertragung von Kreditsicherheiten – Konvaleszenz und Insolvenz, WM 1998, 845

DÖLLING, Mehrere Verfügungen eines Nichtberechtigten über denselben Gegenstand (Diss Münster 1961)
DORIS, Die rechtsgeschäftliche Ermächtigung bei Vornahme von Verfügungs-, Verpflichtungs- und Erwerbsgeschäften (1974)
EGERT, Die Rechtsbedingung im System des bürgerlichen Rechts (1974)
EPSTEIN, Das Verhältnis des § 185 Abs 2 BGB zur gemeinrechtlichen exceptio rei venditae et traditae (1904)
GEHRMANN, Das Problem der Konvaleszenz, ein Beitrag zur Frage der ausweitenden Anwendbarkeit des § 185 BGB (Diss Hamburg 1963)
GRABA, Bestätigung und Genehmigung von Rechtsgeschäften (Diss München 1967)
GUNDLACH, Die Grenzen der Weiterveräußerungs- und der Einziehungsermächtigung, KTS 2000, 307
HABERSACK, Erbenhaftung und Konvaleszenz – Zum Anwendungsbereich der Konvaleszenz kraft Haftung gemäß § 185 Abs 2 S 1 Fall 3 BGB, JZ 1991, 70
HAEDICKE, Der bürgerlich-rechtliche Verfügungsbegriff, JuS 2001, 966
HAGEN, Der Zusammenhang von Verfügungs- und Verpflichtungsgeschäft im § 185 Abs 2 BGB (Diss Kiel 1958)
ders, Zur Rechtsgrundabhängigkeit der Konvaleszenz, AcP 167 (1967) 481
HARDER, Zur Konvaleszenz von Verfügungen eines Nichtberechtigten bei Beerbung durch den Berechtigten, in: FS H H Seiler (1999) 637
H ISAY, Vollmacht und Verfügung, AcP 122 (1924) 195
KATZENSTEIN, Verfügungsermächtigung nach § 185 BGB durch Zustimmung zum Abschluß eines Schuldvertrags, Jura 2004, 1
KLINGENBERG, Partielle Konvaleszenz, in: FS Arnold Kränzlein (1986) 53
KÖHLER, Findet die Lehre von der Einziehungsermächtigung im geltenden bürgerlichen Recht eine Grundlage? (1953)
GERHARD LEMPENAU, Direkterwerb oder Durchgangserwerb bei der Übertragung künftiger Rechte (1968)
LORENZ, Die Rückwirkung der Genehmigung von schwebend unwirksamen Verträgen (§ 184 BGB), ZRP 2009, 214
LUDEWIG, Die Ermächtigung nach bürgerlichem Recht (1922)
MAROTZKE, Das Anwartschaftsrecht, ein Beispiel sinnvoller Rechtsfortbildung? (1977) (insbes S 18 ff.)
ders, Die logische Sekunde – Ein nullum mit Dauerwirkung?, AcP 191 (1991) 177
K MÜLLER, Die Heilung der fehlenden Verpflichtungsbefugnis des Testamentsvollstreckers, JZ 1981, 370
NATHAN, Einfluß der Eröffnung des Konkursverfahrens auf die Heilung von Verfügungen Nichtberechtigter (§ 185 BGB, § 15 KO), JW 1921, 228
NEUBERT, Erwerb vom Nichtberechtigten aufgrund einer Konvaleszenz des Abhandenkommens (1998)
PETERS, Die Verpflichtungsermächtigung, AcP 171 (1971) 234
W PFEIFFER, Die Konvaleszenz unwirksamer Rechtsgeschäfte nach dem BGB (Diss Erlangen 1910)
PFISTER, In welchem Zeitpunkt muß der die Verfügung eines Nichtberechtigten Genehmigende Verfügungsmacht haben?, JZ 1969, 623
PLETSCHER, Genehmigung und Konvaleszenz des Rechtsgeschäfts (Diss Mannheim 2000)
POTJEWIJD, Beschikkingsbevoegdheid, bekrachting en convalescentie, een romanistische studie (1998)
PRIBILLA, Die Klage des Berechtigten als Genehmigung der Verfügung des Nichtberechtigten (Diss Bonn 1935)
RAAPE, Zustimmung und Verfügung, AcP 121 (1923) 257
ders, Verfügungsvollmacht, AcP 123 (1925) 194
RAICH, Die dogmatische Stellung der Ermächtigung (Diss Tübingen 1962)
REHME, Die rechtsgeschäftliche Ermächtigung unter besonderer Berücksichtigung der Prozeßermächtigung (Diss Göttingen 1934)
ROTHKUGEL, Die Rückwirkung der Genehmigung (1911) 25
K SCHMIDT, Zur Anwendung des § 185 in der Mobiliarvollstreckung, ZZP 87 (1974) 315
P SCHMIDT, Das Wirksamwerden der Verfügung

Titel 6
Einwilligung und Genehmigung

§ 185

eines Nichtberechtigten nach § 185 Abs 2 BGB (Diss Heidelberg 1919)
E Schneider, Kettenauflassung und Anwartschaft, MDR 1994, 1057
Schultz, Abschied vom Durchgangserwerb und der logischen Sekunde bei § 185 Abs 2 S 1 Alt 2 BGB, BB 1998, 75
J Schulze, Liegenschaftserwerb vom Nichtberechtigten und Genehmigung (Diss Berlin 1962)
Siebert, Das rechtsgeschäftliche Treuhandverhältnis (1933) 235
Simmon, Das Wirksamwerden der Verfügung eines Nichtberechtigten (Diss Göttingen 1923)
Spindler, Der Rang von Pfandrechten bei Verfügungen des Nichtberechtigten, MDR 1960, 454
Stathopoulos, Die Einziehungsermächtigung (1968)
Steckermeier, Der Eingriff in die rechtsgeschäftlichen Grundlagen der Anwartschaft aus Vorbehaltsübereignung zu Lasten des Zwischenerwerbers (1993)
Stöcker, Konvaleszenz nach § 185 Abs 2 BGB (Diss Köln 1934)
W Stoll, Die Ermächtigung als selbständiger Rechtsbegriff (Diss Gießen 1935)

Tiedtke, Pfändungspfandrecht an einer nach Pfändung wiedererworbenen Forderung, NJW 1972, 746
vTuhr, Zum Begriff der Verfügung nach BGB, AcP 117 (1919) 193
ders, Konvaleszenz der Eintragungsbewilligung, Recht 1919, 318
Wacke, Die Konvaleszenz der Verfügung eines Nichtberechtigten, SavZ RA 114 (1997) 197
ders, Personalunion von Gläubiger und Schuldner, Vertragsschluß mit sich selbst und die Ungerechtigkeit der Konvaleszenz durch Erbenhaftung, JZ 2001, 380
Winkelmann, Die Grundsätze der Konvaleszenz unwirksamer Verfügungen und ihre Anwendung auf die Entstehung der gesetzlichen Pfandrechte (Diss Heidelberg 1922)
Wintrich, Wird die Pfändung einer dem Schuldner im Zeitpunkte der Pfändung nicht gehörigen Forderung bei nachfolgendem Erwerbe wirksam?: eine Untersuchung zur Frage der Konvaleszenz im Zwangsvollstreckungsrecht (Diss Erlangen 1934).
Vgl auch Schrifttum bei Staudinger/Dilcher[12] Einl 44 zu §§ 104 ff.

Systematische Übersicht

I.	**Bedeutung der Vorschrift und Funktionszusammenhang**	1
II.	**Grundbegriffe des § 185**	
1.	Verfügung	4
2.	Gegenstand	6
3.	Nichtberechtigter	8
4.	Berechtigter	15
5.	Maßgeblicher Zeitpunkt	17
a)	Für das Merkmal „Nichtberechtigter"	18
b)	Für das Merkmal „Berechtigter"	21
III.	**Die Einwilligung nach § 185 Abs 1**	
1.	Allgemeines	23
2.	Einwilligungserklärung	28
3.	Inhalt der Ermächtigung	30
4.	Übertragbarkeit	31
5.	Einzelfälle	32
IV.	**Die Genehmigung nach § 185 Abs 2 S 1 Fall 1**	
1.	Allgemeines	46
2.	Mehrere Verfügungen von Nichtberechtigten	50
3.	Genehmigung und Erlösherausgabeanspruch	54
4.	Sonstiges	55
V.	**Nachträglicher Erwerb durch den Verfügenden (Abs 2 S 1 Fall 2)**	
1.	Allgemeines	59
2.	Sonderfälle	63
a)	Bruchteilserwerb und ähnliches	63
b)	Bedingter Erwerb	64
c)	Liegenschaftsrechte	65
d)	Gestaltungsrechte	65a
3.	Keine Rechtsgrundabhängigkeit der Konvaleszenz	66

4.	Keine Konvaleszenz nach Erwerb eines Rechtsnachfolgers des Verfügungsbegünstigten	67		
5.	Konvaleszenz trotz Genehmigungsverweigerung	68		
6.	Keine Konvaleszenz bei fehlender Verfügungsmacht	70		
7.	Entsprechende Anwendung	71		
a)	Vorausverfügungen über künftige Rechte	71		
b)	Zustimmung eines Nichtberechtigten zur Zustimmung eines anderen Nichtberechtigten	72		
c)	Wiedererlangung der Verfügungsbefugnis	73		
8.	Unanwendbarkeit von § 185 Abs 2 S 1 Fall 2	74		

VI. Konvaleszenz infolge Beerbung des Verfügenden durch den Berechtigten (Abs 2 S 1 Fall 3)

1. Ratio legis — 77
2. Die Frage der Rechtsgrundabhängigkeit — 79
3. Miterben — 80
4. Die Voraussetzung der unbeschränkten Erbenhaftung — 81
5. Einzelfälle — 84

VII. Einander widersprechende Verfügungen (Abs 2 S 2)

1. Bedeutung — 86
2. Die verschiedenen Kollisionsfälle — 87
3. Die frühere Verfügung — 89
4. Ausnahmsweise Geltung des Posterioritätsprinzips — 90

VIII. Die analoge Anwendung des § 185

1. Zwangsverfügungen — 91
2. Gesetzliche Pfandrechte — 93
3. Vormerkungswidrige Verfügungen — 95
4. Verstöße gegen gerichtliche Veräußerungsverbote — 96
5. Wegen mittelbarer Rechtsbeteiligung zustimmungsbedürftige Verfügungen — 97
6. Grenzüberbau — 98
7. Prozesshandlungen — 99
8. Unterwerfung unter sofortige Zwangsvollstreckung — 100
9. Eintragungsbewilligung — 101
10. Vermietung oder Verpachtung fremder Sachen — 102
11. Verpflichtungsermächtigung — 108

IX. Die Ermächtigung im weiteren Sinne — 111

Alphabetische Übersicht

Anwartschaftsrecht — 9
Aufhebung des Hauptgeschäfts — 66, 69
Auflassung, Verfügungsermächtigung bei — 42
Auflösend bedingt Berechtigte — 12
Aufrechnung — 5

Beerbung, Konvaleszenz infolge — 62, 77 ff
Bedingter Erwerb — 64
Bedingte Zustimmungen — 54
Berechtigter — 15
Beweislast — 83
Bruchteilserwerb — 63

Dereliktion — 5
Durchgangserwerb — 59

Eigentumsvorbehalt, Verfügungsermächtigung bei — 33 ff

Eigentumsvorbehalt, verlängerter — 38
Einseitige Rechtsgeschäfte — 6
Eintragungsbewilligung — 101
Einwilligung — 23 ff
Einziehungsermächtigung — 112
Entziehung der Verfügungsbefugnis — 13, 16
Erlösherausgabeanspruch — 54
Ermächtigung als Rechtsmacht — 24
Ermächtigung, Abgrenzung zur Vollmacht — 29
Ermächtigung im weiteren Sinne — 111
Ermächtigung, Einzelfälle — 32
Ermächtigung, Inhalt der — 30
Ermächtigung, Missbrauch der — 30
Ermächtigungstreuhand — 14
Erwerb des Verfügungsobjektes durch den Nichtberechtigten — 59 ff
Erwerbsermächtigung — 112

Fehlende Verfügungsmacht	70	Rechtsgrundabhängigkeit der Konvaleszenz	66, 79
Gegenstand der Verfügung	6 f		
Genehmigung	46 ff	Sicherungsübereignung, Veräußerungsermächtigung bei	41
Genehmigung und Erlösherausgabeanspruch	54	Stellvertreter	2, 75
Genehmigungsverweigerung	48, 56, 67		
Gesamthänder	10	Testamentsvollstrecker	2, 75
Gesetzliche Pfandrechte	93 f	Treuhänder	14
Grenzüberbau	98		
		Überschreitung der Verfügungsmacht	14
Insolvenzverwalter	2, 75	Unbeschränkte Erbenhaftung	81 ff
		Unterermächtigung	31
Kettenverfügungen von Nichtberechtigten	53	Untergang des Verfügungsobjektes	53
Kollidierende Verfügungen	50 ff, 86 ff	Unterwerfung unter sofortige Zwangsvollstreckung	100
Konvaleszenz	1, 46 ff, 59 ff		
Künftiger Rechtsinhaber als Nichtberechtigter	9	Veräußerungsverbote	96
		Verdrängende Ermächtigung	26
Liegenschaftsrechte	65	Verfügung	4 f
		Verfügungsbefugnis, Entziehung der	13, 16
Mehrere Verfügungen von Nichtberechtigten	50 ff	Verfügungsbefugnis, Wiedererlangung der	58, 73
Missbrauch der Ermächtigung	30	Verfügungsmacht, fehlende	13, 70
Miterben	80, 84 f	Verjährung	99
Miteigentümer	10, 15	Verkaufskommission	32
		Vermietung fremder Sachen	102
Nachträglicher Erwerb	59 ff	Verpflichtungsermächtigung	108 f
Nachlassverwalter	2, 75	Vollmachtloser Vertreter	2, 75
Nichtberechtigter	8 ff	Vorausverfügungen	71
		Vorerbe	12 f, 73, 84
Offenlegung der fehlenden Rechtsinhaberschaft	27, 49	Vormerkungswidrige Verfügungen	13, 95 f
		Widerruf der Ermächtigung	39 f, 43
Pfandveräußerung, unrechtmäßige	46		
Pfändung schuldnerfremder Sachen	91	Zeitpunkt, maßgeblicher	17 ff
Posterioritätsprinzip	90	Zustimmung zur Zustimmung	7, 56, 72
Prioritätsprinzip	89	Zwangsverfügungen	91
Prozesshandlungen	99	Zwangsverwalter	2, 75

I. Bedeutung der Vorschrift und Funktionszusammenhang

Während die §§ 182–184 als bloße Hilfsnormen zu all den Vorschriften, die für **1** private Rechtsgeschäfte die Zustimmung eines Dritten vorschreiben, technische Einzelheiten über die Art der Erteilung, die Widerrufbarkeit und die etwaige Rückwirkung von Zustimmungserklärungen regeln, begründet § 185 selbst ein *materielles Zustimmungserfordernis:* Die Norm stellt klar, dass Verfügungen von Nichtberechtigten grundsätzlich – nämlich wenn nicht die besonderen Voraussetzungen eines

Rechtserwerbs vom Nichtberechtigten vorliegen – nur dann wirksam sind, wenn sie mit Zustimmung des Berechtigten ergehen. Nun muss eine Privatrechtsordnung, die auf dem Prinzip der Selbstbestimmung aufbaut, ganz selbstverständlich dafür sorgen, dass die von ihr verliehenen Rechtspositionen dem jeweiligen Berechtigten nicht beliebig durch die Verfügung eines unbefugten Dritten entzogen werden können. Die eigentliche Bedeutung der Norm liegt deshalb weniger darin, dass sie ein Zustimmungserfordernis aufstellt, als in der Regelung der Voraussetzungen, unter denen ausnahmsweise auch einmal die Verfügung eines Nichtberechtigten wirksam ist. § 185 regelt vier solcher Konstellationen, bei denen das prinzipielle Wirksamkeitshindernis der fehlenden Verfügungsmacht aufgehoben ist. Nach § 185 Abs 1 S 1 und Abs 2 S 1 Fall 1 wird dieses Hindernis durch die Einwilligung bzw die Genehmigung des Berechtigten überwunden; nach § 185 Abs 2 S 1 Fall 2 wird es geheilt, wenn der verfügende Nichtberechtigte nachträglich das Verfügungsobjekt erwirbt; ebenso nach § 185 Abs 2 S 1 Fall 3, wenn der betroffene Rechtsinhaber Erbe des Verfügenden wird und für dessen Nachlassverbindlichkeiten unbeschränkt haftet. Die letztgenannten beiden Konstellationen haben mit Einwilligung und Genehmigung offensichtlich nichts zu tun. Die gemeinsame Kategorie der in § 185 geregelten Fälle ist deshalb nicht die Zustimmung, sondern die **Konvaleszenz** (STAUDINGER/ COING[11] Rn 2; DORIS 57). Dabei ist der Begriff der Konvaleszenz natürlich in einem weiteren Sinne gebraucht, da er dann nicht auf die Fälle des nachträglichen Wirksamwerdens für die Zukunft beschränkt ist, sondern die Möglichkeit einer anfänglichen oder rückwirkenden Konvaleszenz zulässt (DORIS aaO). Gemeinrechtlich trat Konvaleszenz der Verfügung eines Nichtberechtigten zwar im Falle der Genehmigung durch den Berechtigten ein, nicht aber in den anderen in § 185 Abs 2 behandelten Fällen; hier war vielmehr der Dritte, zu dessen Gunsten der Nichtberechtigte verfügt hat, gegen den dinglichen Anspruch des Verfügenden, welcher das betreffende Recht erworben hat, bzw des Berechtigten, welcher auch den Verfügenden beerbt hat, im Wesentlichen auf die sog exceptio rei venditae et traditae beschränkt (vgl Mot II 309; EPSTEIN passim; WINDSCHEID/KIPP I § 197 Fn 6; DERNBURG Pand I § 216; POTJEWIJD 332; WACKE SavZ RA 114 [1997] 197, 203 Fn 22, 210 f; KLINGENBERG, in: FS Arnold Kränzlein [1986] 53 f; HARDER, in: FS H H Seiler [1999] 637, 640 f; WIELING SR I^2 § 9 VI b; HKK/ FINKENAUER §§ 182–185 Rn 2, 17). Schon der E I hatte einzelne Konvaleszenz-Fälle in seinen §§ 310, 830, 876 enthalten (vgl Mot II 139 ff; III 188 ff, 340 ff; JAKOBS/SCHUBERT, AT I 957). Die zweite Kommission hielt es demgegenüber für richtiger, das allgemeine Prinzip, das diesen Fällen zugrunde liegt, durch eine allgemeine Vorschrift auszusprechen (Prot I 179; JAKOBS/SCHUBERT, AT I 975 f).

2 § 185 betrifft nur die Fälle, in denen ein Nichtberechtigter **im eigenen Namen** über ein fremdes Recht verfügt, also selbst Geschäftspartei ist. Dabei spielt es keine Rolle, ob er seinem Geschäftspartner (als dem durch die Verfügung Begünstigten) den Umstand offenlegt, dass ihm das den Gegenstand der Verfügung bildende Recht nicht zusteht. Handelt derjenige, der dieses Verfügungsgeschäft vornimmt, dagegen im Namen des (wirklichen) Rechtsinhabers, so ist ein Fall der Stellvertretung gegeben und soll mithin der Vertretene Geschäftspartei sein. Ob das Geschäft dann gegen den Vertretenen wirkt, richtet sich allein nach den §§ 164 ff. Denkbar ist allerdings, dass die §§ 164 ff und § 185 kombiniert angewandt werden müssen, nämlich dann, wenn jemand im fremden Namen verfügt, der Vertretene aber Nichtberechtigter ist. Verfügender im Sinne von § 185 ist allerdings auch dann allein der Vertretene. Damit kommt auch eine Konvaleszenz des Verfügungsgeschäftes nicht in Betracht, wenn der Stellvertreter des Nichtberechtigten das Verfügungsobjekt nachträglich erwirbt oder wenn diese Voraussetzungen beim vollmachtlosen Vertreter des Berechtigten eintreten (zu letzterem Fall ebenso RG HRR 1934 Nr 1276; BayObLG NJW 1956, 1279, 1280; OLG Frankfurt OLGZ 1984, 13; NJW-RR 1997, 17, 18 mwNw; OLG München DNotZ 1950, 33, 35 f; Beschluss vom 10. 12. 2009 – 34 Wx 110/09 Rn 15 [juris]; STAUDINGER/DILCHER[12] Rn 6 aE; BGB-RGRK/STEFFEN Rn 10; SOERGEL/LEPTIEN Rn 12; BAMBERGER/ROTH/BUB[3] Rn 5; ERMAN/PALM[12] Rn 4; JAUERNIG/MANSEL[15] Rn 1 [b]; FLUME, AT II § 68 S 915; HÜBNER, AT[2] Rn 1357; JAHR, in: FS Weber [1975] 275, 277; aA vTUHR, AT II 2, § 87 II 2 S 446; ENNECCERUS/NIPPERDEY, AT § 204 V 3 S 1246; LEHMANN/HÜBNER, AT[15] § 37 V 2; OERTMANN Anm 7; HABERSACK JZ 1991, 70 [für § 185 Abs 2 S 1 Fall 3]). Die Wirkungen des Rechtsgeschäfts sind nun einmal ausdrücklich auf den Vertretenen bezogen worden. Wenn die Voraussetzungen des § 179 Abs 2 gegeben sind, würde die Konvaleszenz zudem auf eine dem Ziel dieser Norm widersprechende Verschärfung der Haftung des vollmachtlosen Vertreters hinauslaufen (HÜBNER aaO). Damit ist es allerdings schwer zu vereinbaren, dass nach BGH NZM 2008, 541 die fehlende Zustellung der Vollmacht für den Vertreter des Eigentümers bei der Vollstreckungsunterwerfung im Rahmen der späteren Zwangsvollstreckung aus der Urkunde wegen § 185 Abs 2 unschädlich sein soll, wenn der seinerzeitige Stellvertreter inzwischen das Grundstückseigentum erworben hat. – Was für Stellvertreter ausgeführt wurde, muss auch für die Verfügungen eines amtlichen Verwalters einer Vermögensmasse (wie Insolvenzverwalter, Zwangsverwalter, Nachlassverwalter, Testamentsvollstrecker) gelten, da die Wirkungen ihres Handelns nicht sie selbst, sondern den Inhaber des Vermögens treffen. Bedenklich deshalb RG HRR 1939 Nr 1462 = DRW 1939, 1949: Danach sollte eine unentgeltliche und deshalb nach § 2205 unzulässige Einräumung einer Hypothek an einem Nachlassgrundstück durch den Testamentsvollstrecker nachträglich (teilweise) konvaleszieren, wenn der Testamentsvollstrecker später das belastete Grundstück zu einem Bruchteil erwirbt (zust aber ERMAN/PALM[12] Rn 11). S auch unten Rn 73. Eine kombinierte Anwendung von § 177 und § 185 ist auch möglich, wenn A als Miteigentümer eines Grundstücks dieses zugleich als vollmachtloser Vertreter der angeblichen anderen beiden Miteigentümer B und C aufllässt, der dritte Miteigentumsanteil aber dem C und D in ungeteilter Erbengemeinschaft zusteht (iE zutr LG Aurich NJW-RR 1987, 850). Hier wird die Auflassung nur wirksam, wenn einerseits die vollmachtlose Vertretung durch die beiden Vertretenen B und C genehmigt wird, andererseits aber auch die damit dem Vertretenen C zuzurechnende Auflassungserklärung von dem wirklichen Berechtigten des Miteigentumsanteils, der Erbengemeinschaft aus C und D, „genehmigt" wird. (Genaugenommen ist diese Zustimmung, da sie noch vor der Vollendung des Tatbestands des zustimmungsbedürftigen Verfügungsgeschäftes erfolgt, eine Einwilligung, s § 183 Rn 1.) – Wenn der Nichtberechtigte bei seiner Verfügung unter dem Namen des Berechtigten auftritt und dadurch einen entsprechenden Identitätsirrtum beim Erwerber hervorruft, so ist kein Fall des § 185 gegeben; vielmehr kommt dann Stellvertretungsrecht zur (entsprechenden) Anwendung (vgl STAUDINGER/SCHILKEN Vorbem 91 zu §§ 164 ff, § 177 Rn 21). Die Genehmigungsmöglichkeit des Namensträgers (Berechtigten) richtet sich damit nach § 177 in analoger Anwendung.

§ 185 ist *keine Verkehrsschutznorm*. Die Konvaleszenztatbestände dieser Vorschrift **3** greifen auch dort ein, wo der Erwerber die fehlende Verfügungsmacht des Verfügenden genau kennt. Mit Verkehrsschutztatbeständen kann der Erwerb nach § 185 auch nicht zusammentreffen. Hat der verfügende Nichtberechtigte mit Einwilligung des Berechtigten gehandelt, ist für einen gutgläubigen Erwerb kein Raum mehr; hat umgekehrt bereits ein gutgläubiger Erwerb stattgefunden, ist kein Platz mehr für eine Konvaleszenz nach § 185 Abs 2 (Soergel/Leptien Rn 3; MünchKomm/Schramm[5] Rn 5).

II. Grundbegriffe des § 185

1. Verfügung

4 Der Begriff der Verfügung kennzeichnet Rechtsgeschäfte, durch welche auf ein bestehendes Recht eingewirkt wird, dieses nämlich übertragen oder belastet oder inhaltlich verändert oder aufgehoben wird (vTuhr, AT II 1, 239; Enneccerus/Nipperdey, AT § 143 II; Flume, AT II § 11, 5 a; Staudinger/Dilcher[12] Einl 44 zu §§ 104 ff; BGB-RGRK/Steffen § 185 Rn 4; BGB-RGRK/Krüger-Nieland Vorbem 23 zu §§ 104 ff). Dabei ist das Rechtsgeschäft aber nur für die Seite eine Verfügung, die eine Rechtsminderung erfährt oder deren Recht inhaltlich verändert wird; für den durch die Verfügung Begünstigten ist sie ein Erwerbsgeschäft (Flume aaO). Nicht eingeschlossen in den Verfügungsbegriff des § 185 sind die Verfügungen von Todes wegen (RGZ 111, 247, 251; Soergel/Leptien Rn 5).

5 Die *Art der Verfügung* spielt keine Rolle. Es kann sich nicht nur um vertragliche, sondern auch um einseitige Verfügungsgeschäfte wie die Dereliktion (s Vorbem 17 zu §§ 182 ff) handeln, nicht nur um sachenrechtliche, sondern auch um schuldrechtliche Verfügungen wie die Zession (§§ 398 ff; vgl BGH WM 1978, 1406; NJW 1990, 2678, 2680) oder den Erlass (§ 397) oder etwa auch einen Aufrechnungsvertrag, durch den die eine Partei eine fremde Forderung zur Verrechnung mit einer eigenen Verbindlichkeit einsetzt (RGZ 72, 378; Doris 72 f; Soergel/Leptien Rn 4 Fn 3; Dörner NJW 1961, 1505); die einseitige Aufrechnung mit fremden Forderungen scheitert dagegen regelmäßig am Gegenseitigkeitserfordernis des § 387 (vgl Staudinger/Gursky [2011] § 387 Rn 10; s aber auch unten Rn 6). Auch familien- oder erbrechtliche Rechtsverhältnisse können durch eine Verfügung iS von § 185 tangiert werden, so wenn ein einzelnes Mitglied einer familienrechtlichen oder erbrechtlichen Gesamthandsgemeinschaft über einen zum Gesamthandsvermögen gehörenden Gegenstand verfügt (Soergel/Leptien Rn 7).

2. Gegenstand

6 Keine nennenswerte Einschränkung ergibt sich daraus, dass § 185 von der Verfügung über einen **Gegenstand** spricht. Der Begriff „Gegenstand" ist hier nicht iS von § 90, also als Oberbegriff für Sachen und Rechte, verwendet; gemeint ist einfach das Objekt der Verfügung. Als Objekt von Verfügungen geeignet sind nicht nur Sachen und Rechte (nämlich alle Vermögensrechte, die übertragbar oder zumindest inhaltlich abänderbar sind, vgl vTuhr, AT II 2, 239 f). Verfügungsgegenstand kann nämlich auch ein Rechtsverhältnis im Ganzen, beispielsweise ein Schuldverhältnis im weiteren Sinne, sein (MünchKomm/Schramm[5] Rn 8; Soergel/Leptien Rn 7; Larenz, AT[6] § 18 II c; Thiele 39 ff; Doris 75 f). § 185 greift deshalb auch dann ein, wenn ein Nichtberechtigter statt des wahren Gesellschafters einen Anteil an einer Personengesellschaft abtritt (Thiele 40) oder wenn nach einer unwirksamen Vertragsübernahme der vermeintlich neue Vertragspartner durch Vertrag mit dem anderen Vertragspartner das Vertrags-

verhältnis aufhebt. Vor allem gehören hierher die Fälle, in denen jemand als vermeintliche Vertragspartei im eigenen Namen ein Anfechtungs-, Rücktritts- oder Kündigungsrecht der wirklichen Vertragspartei ausübt (MünchKomm/Schramm[5] Rn 8; Soergel/Leptien Rn 7; Thiele 39 ff; s auch BGH ZfIR 2003, 121 [LS]; dazu, dass die Verfügungsnatur derartiger Gestaltungserklärungen nicht schon aus dem „Verbrauch" des Gestaltungsrechts hergeleitet werden kann, vgl Flume, AT II § 11 5 d; vTuhr, AT II 1, 244 f). Entsprechendes gilt für die von einem Nichtberechtigten im eigenen Namen erklärte Aufrechnung einer fremden Forderung gegen eine Forderung mit umgekehrten Parteirollen (vgl Staudinger/Gursky [2011] § 388 Rn 6) und für die frühere Nachfristsetzung mit Ablehnungsandrohung gem § 326 aF, die nach fruchtlosem Fristablauf die beiderseitigen Erfüllungsansprüche erlöschen ließ (vgl BGHZ 114, 360, 366 [dazu § 184 Rn 7]). Derartige Gestaltungserklärungen scheiden hier auch nicht schon etwa deshalb aus, weil es sich bei ihnen um **einseitige** empfangsbedürftige Rechtsgeschäfte handelt. Zumindest § 185 Abs 1 ist (mit der sich aus § 182 Abs 3 iVm § 111 S 2, 3 ergebenden Einschränkung, vgl § 182 Rn 46) auch auf einseitige gestaltende Rechtsgeschäfte anwendbar (RG Recht 1924 Nr 1319; [implizit] BGHZ 114, 360, 366 f [für Nachfristsetzung mit Ablehnungsandrohung]; OLG Brandenburg MDR 2000, 1306, 1307; OLG Naumburg MDR 2000 [für Zulässigkeit einer verdrängenden Ermächtigung]; LG Stuttgart MDR 1970, 682; Soergel/Leptien Rn 4; Soergel/Heintzmann[12] § 564 Rn 28; Erman/Palm[12] Rn 2; Erman/Maier-Reimer[13] Rn 6; AK-BGB/Ott Rn 8; Palandt/Ellenberger Rn 2; PWW/Frensch[8] Rn 5; [implizit] Soergel/Leptien Rn 8; **aA** BGH NJW 1962, 1344, 1345; Staudinger/Dilcher[12] Rn 3; Sohm, Der Gegenstand [1905] 11 ff). Der noch nicht als Eigentümer eingetragene Grundstückskäufer kann also bei entsprechender Ermächtigung durch den Verkäufer im eigenen Namen ein Mieterhöhungsverlangen (§ 558a) geltend machen (LG Berlin GE 2007, 1489 f [aber Offenlegung der Ermächtigung erforderlich]; AG Berlin-Charlottenburg GE 2000, 894; NK-BGB/Staffhorst[2] Rn 4; jurisPK-BGB/Trautwein[6] Rn 47 [Offenlegung der Ermächtigung erforderlich]; Erman/Dickersbach[13] § 558a Rn 2 ff; Palandt/Weidenkaff § 558a Rn 2; PWW/Elzer § 558a Rn 4; **aA** AG Berlin-Schöneberg NJWE-MietR 1997, 74) oder den vom Verkäufer abgeschlossenen Mietvertrag über das Grundstück **kündigen** (BGH NJW 1998, 896, 897 f mwNw = EWiR 1998, 249 [Sternel]; NJW 2002, 318, 3191; ZfIR 2003, 121, 122; BeckRS 2006, 15354 Rn 11 [Pachtvertrag]; KGR 2008, 409; OLGR Celle 1999, 281; OLG Naumburg MDR 2000, 260; LG Stuttgart MDR 1970, 682 f; LG Berlin MM 2005, 191; LG Düsseldorf WuM 1992, 96, 97; AG Ratingen MDR 1971, 667; Fricke ZMR 1979, 54 f; Staudinger/Rolfs [2014] § 542 Rn 20; NK-BGB/Staffhorst[2] Rn 4; Sternel, Mietrecht IV 18; Erman/Jendrek[12] § 542 Rn 8; PWW/Frensch[8] Rn 5; Holtfester MDR 2000, 421, 422; **aA** LG Augsburg NJW-RR 1992, 520; LG Hamburg WuM 1977, 260; MDR 1993, 43; LG Kiel WuM 1992, 128; LG München I WuM 1989, 282; LG Osnabrück WuM 1990, 81; Staudinger/Emmerich [1997] § 571 Rn 58 mwNw). Sofern die Einwilligung des Vermieters nicht in schriftlicher Form vorgelegt wird, kann der Mieter die Kündigung allerdings nach §§ 182 Abs 3, 111 S 2 unverzüglich zurückweisen (s § 182 Rn 46; Blank/Börstinghaus, Miete[3] [2008] § 542 Rn 33). Entsprechendes gilt für die Kündigung eines Arbeitsvertrages durch den „falschen"Arbeitgeber (etwa eine andere Konzerngesellschaft als die Vertragspartnerin des Arbeitnehmers, vgl Fornasier/Werner NJW 2007, 2729, 2732 f) oder für die Kündigung, die der wirkliche Arbeitgeber während des Insolvenzeröffnungsverfahrens über sein Vermögen ausgesprochen hat, wenn das AG eine Anordnung nach § 21 Abs 2 Nr 2 Alt 2 InsO getroffen hat (BAGE 103, 123, 125 ff). Die ohne Zustimmung des vorläufigen Insolvenzverwalters erklärte Kündigung ist dann nach § 24 iVm § 81 Abs 1 S 1 InsO absolut unwirksam, im Falle der Einwilligung des vorläufigen Insolvenzverwalters dagegen wirksam. Und auch hier kann der gekündigte Arbeitnehmer wieder die Kündigung nach §§ 182 Abs 3, 111 S 2 und 3 zurückweisen, wenn ihm die Einwilligung nicht in schriftlicher Form vorgelegt wird (BAGE 103, 123, 128 f; LAG Düsseldorf BB 2001, 1249). Hat an Stelle des vorläufigen Insolvenzverwalters ein Dritter (sein Sozius) als dessen Vertreter die Zustimmungserklärung zu der vom Schuldner erklärten Kündigung erklärt, kann diese Erklärung schon nach § 174 S 1 zurückgewiesen werden, wenn dem Kündigungsgegner die Vertretungsmacht des Dritten nicht urkundlich nachgewiesen wird (vgl BAGE 103, 123, 126, 129; H MEYER DZWIR 2004, 58, 59, 61). Die Frage einer entsprechenden Anwendung von § 185 Abs 2 stellt sich für die Kündigung oder Nachfristsetzung durch einen Nichtberechtigten dagegen nach hM normalerweise schon deshalb nicht, weil dieselben Grundsätze wie bei § 111 S 1 und § 180 S 1 auch hier einen Schwebezustand ausgeschlossen erscheinen lassen (RGZ 146, 314, 316; BGHZ 32, 375, 383; BGHZ 114, 360, 366 f = WM 1991, 1420, 1422 [undeutlich]; BGHZ 143, 41, 42 [LS d], 46 [Genehmigung scheidet jedenfalls aus, wenn die Nachfrist bereits abgelaufen ist]; BGH MDR 1997, 572 = LM § 185 BGB Nr 39 Bl 3; OLG Brandenburg MDR 2000, 1306, 1307; OLG Hamm NJW-RR 1993, 273; LG Osnabrück WuM 1990, 81; LG Stuttgart MDR 1970, 682; KG OLG 15, 327; JW 1928, 3055; PLANCK/FLAD Anm 5; OERTMANN Anm 6; BGB-RGRK/STEFFEN Rn 8; SOERGEL/LEPTIEN Rn 4; ERMAN/PALM[12] Rn 2; ERMAN/MAIER-REIMER[13] Rn 6; REHBEIN I 288; WARNEYER Anm II; STAUDINGER/SONNENSCHEIN [1997] § 564 Rn 30; STAUDINGER/ROLFS [2014] § 542 Rn 20; ENNECCERUS/NIPPERDEY, AT § 204 V 3; BIERMANN § 78, 1; SIBER, Das Buchrechtsgeschäft 81; CLARUS SeuffBl 64, 182 ff; FORNASIER/WERNER NJW 2007, 2729, 2732; **abw** MERLE AcP 183 [1983] 81, 90 ff; KLUCKHOHN, Verfügungen zugunsten Dritter [1914] 15; Bedenken bei STERNBERG JW 1928, 3036; MOLITOR, Die Kündigung [1935] 72 f; nach STAUDINGER/COING[11] Rn 6 ist die Nichtigkeit nicht ganz zweifelsfrei). Das gilt jedoch richtiger Ansicht nach nur im Grundsatz, da man kaum umhin kommt, auch § 180 S 2 entsprechend anzuwenden (s § 182 Rn 47). Auch sonst muss in Ausnahmefällen § 185 Abs 2 bei Gestaltungserklärungen anwendbar sein (s Rn 7). Die durch einseitige empfangsbedürftige Erklärung erfolgende Verfügung (wie etwa die Dereliktion eines mittelbar besitzenden Nichtberechtigten; vgl STAUDINGER/GURSKY [2011] § 959 Rn 6) oder die Aufhebung eines beschränkten Liegenschaftsrechts (§ 875) und ebenso die als Verfügung zu qualifizierende einseitige Gestaltungserklärung ist analog § 180 S 2 nur schwebend unwirksam (und kann deshalb nach § 185 Abs 2 S 1 Fall 1–3 wirksam werden), wenn der Empfänger die behauptete Einwilligung des Berechtigten nicht beanstandet hat oder mit der Vornahme des Geschäfts ohne Einwilligung des Berechtigten einverstanden war (MünchKomm/SCHRAMM[5] § 182 Rn 28, § 185 Rn 20). Unheilbar nichtig ist die einseitige Verfügung also nur, wenn dem Adressaten die Nichtberechtigung des Verfügenden gar nicht bekannt war oder wenn der Adressat die behauptete Ermächtigung nicht akzeptiert und die Verfügungserklärung deshalb zurückgewiesen hat. – Nach einer verbreiteten Auffassung (zB jurisPK-BGB/TRAUTWEIN[6] Rn 6; PALANDT/ELLENBERGER Rn 2; PWW/FRENSCH[8] Rn 5) soll die **Fristsetzung gemäß §§ 281 Abs 1, 323 Abs 1** nF (im Gegensatz zur bisherigen Nachfristsetzung im Rahmen von § 326 Abs 1 aF) nicht als Verfügung behandelt werden können. Das überzeugt nicht: Auch die Fristsetzung nach §§ 281 Abs 1, 323 Abs 1 nF bleibt eine rechtsgestaltende – weil den Weg zum Rücktritt und zum Schadensersatzverlangen eröffnende – Erklärung, die zumindest verfügungsähnlich ist. Die entsprechende Anwendung des § 185 Abs 1 auf die mit Einwilligung des Gläubigers erfolgende *Mahnung* durch einen im eigenen Namen handelnden Dritten wird jedenfalls notwendig, wenn man die Einziehungsermächtigung (im Gegensatz zu STAUDINGER/SCHILKEN Vorbem 66 zu §§ 164 ff und STAUDINGER/BUSCHE [2012] Einl 118 ff zu §§ 398 ff) auf diese Norm stützt. – § 185 gilt auch für Verfügungen über Urheberrechte, insbesondere für die Einräumung von Nutzungsrechten durch Lizenzvertrag (OLG Brandenburg NJW-RR 1999, 839). Das Einverständnis zur Vertragsübernahme und die Abtretung der Pachtzinsansprüche durch den bisherigen Verpächter schließen die Ausübungsermächtigung zur Kündigung des Pachtvertrages ein (BGH ZfIR 2003, 121, 122).

Das zustimmungsbedürftige einseitige Rechtsgeschäft kann übrigens **selbst eine Zustimmung** sein. Stimmt der Verfügung eines Nichtberechtigten nur ein weiterer Nichtberechtigter zu, so kann der Berechtigte der Verfügung des ersten Nichtberechtigten auf doppelte Weise zur Wirksamkeit verhelfen: nämlich indem er entweder direkt der Verfügung des ersten Nichtberechtigten zustimmt, genauso gut aber auch dadurch, dass er die Zustimmung zur Zustimmungserklärung des zweiten Nichtberechtigten erklärt (FLUME, AT II § 57, 3 c; WIELING SR I^2 § 9 VI a aE S 326; BGB-RGRK/STEFFEN Rn 15; SOERGEL/LEPTIEN Rn 26; MünchKomm/SCHRAMM^5 Rn 9; ERMAN/PALM^{12} Rn 8; ERMAN/MAIER-REIMER^{13} § 185 Rn 7; THIELE 295 ff; **aA** ENNECCERUS/NIPPERDEY, AT § 204 Fn 35). Dieser letzte Weg kann für ihn vor allem dann interessant sein, wenn er sich den Anspruch aus §§ 816 Abs 1 S 1, 185 Abs 2 S 1 Fall 1 gegen den zustimmenden zweiten Nichtberechtigten verschaffen möchte, der von dem Erwerber oder dem ersten Nichtberechtigten eine Gegenleistung erhalten hat (MünchKomm/SCHRAMM aaO). Über das Bedenken, dass ein einseitiges gestaltendes Rechtsgeschäft im Grundsatz nicht genehmigungsfähig ist (s oben Rn 6) setzt man sich hier hinweg (FLUME, AT II § 54, 6 a Fn 5; § 57, 3 e Fn 22). Das ist in der Tat nur angemessen, da für den Erwerber und Dritte durch die Zulassung der zweiten Genehmigungsmöglichkeit keine zusätzliche Ungewissheit geschaffen wird. Ebenso wie durch die vom Berechtigten erklärte Genehmigung der Zustimmung des zweiten Nichtberechtigten kann die Verfügung des ersten Nichtberechtigten auch dadurch (gem § 185 Abs 2 S 1 Fall 2) wirksam werden, dass der zweite Nichtberechtigte das Verfügungsobjekt nach seiner Zustimmung erwirbt (BGH LM § 185 Nr 7; WIELING SR I^2 § 9 VI a aE; ebenso hier auch ENNECCERUS/NIPPERDEY, AT § 204 Fn 59). – Ob sich aber durch die Genehmigung der Zustimmung des zweiten Nichtberechtigten wirklich ein Erlösherausgabeanspruch aus § 816 Abs 1 S 1 gegen diesen begründen lässt, ist alles andere als selbstverständlich. Das Reichsgericht hatte dies in der „Sojabohnenentscheidung" RGZ 137, 356, 357 verneint (ebenso REUTER/MARTINEK, Ungerechtfertigte Bereicherung [1983] § 8 I 2 b S 303), und bei der Parallelkonstellation der Veräußerung durch den Kommissionär eines Nichtberechtigten (der durch den erteilten Veräußerungsauftrag natürlich in die Verfügung des Kommissionärs eingewilligt hat) bejaht man heute ja überwiegend nur eine Haftung des Kommissionärs aus § 816 Abs 1 S 1 (vgl REUTER/MARTINEK, Ungerechtfertigte Bereicherung [1983] § 8 I 1 d bb S 294; MünchKomm/SCHWAB^5 § 816 Rn 11, 25; NK-BGB/vSACHSEN GESSAPHE § 816 Rn 10; für Haftung auch oder nur des Kommittenten aber LARENZ/CANARIS, SchR II 2 § 69 II 1 e; STAUDINGER/S LORENZ [2007] § 816 Rn 4; MünchKomm/LIEB^4 § 816 Rn 4).

3. Nichtberechtigter

Nichtberechtigter iS von § 185 ist der Verfügende, wenn ihm das Verfügungsobjekt nicht oder nicht allein zusteht oder (bei Abs 1 und Abs 2 S 1 Fall 1) wenn ihm trotz der Rechtsinhaberschaft die Verfügungsbefugnis fehlt (FLUME, AT II § 11, 5 c S 143; ERMAN/MAIER-REIMER^{13} § 185 Rn 7 f). Im Einzelnen bedeutet dies:

a) Nichtberechtigter iS von § 185 ist vor allem derjenige, dem der von der Verfügung betroffene Gegenstand **materiellrechtlich nicht zusteht**. Über ein fremdes Recht als Nichtberechtigter verfügt beispielsweise auch der *ehemalige* Rechtsinhaber (BGH WM 1957, 905), etwa der frühere Gläubiger, der die bereits abgetretene Forderung ein zweites Mal zediert (BGH NJW 1990, 2678, 2680) oder der Vorbehaltskäufer, der nach Weiterübertragung seines Anwartschaftsrechts einer Erweiterung des Eigentumsvorbehalts auf die Sicherung zusätzlicher Forderungen und damit einer inhaltlichen Änderung des Anwartschaftsrechts zustimmt (BGHZ 75, 221, 226; 92, 280, 290); ebenso aber auch derjenige, von dem feststeht, dass er das Verfügungsobjekt in Zukunft erwerben wird, da er ja gegenwärtig *noch nicht* Rechtsinhaber ist. Das gilt beispielsweise für den Anwärter, dessen Vollrechtserwerb aufschiebend befristet ist und für den Erwerber eines Grundstücksrechts nach bindender Einigung, auch wenn er selbst den Eintragungsantrag gestellt hat. Erst recht noch nicht berechtigt ist natürlich ein Anwärter, dessen künftiger Rechtserwerb nur möglich ist, dessen Vollrechtserwerb also unter einer aufschiebenden Bedingung steht. Als nicht berechtigt handelt der künftige Rechtsinhaber aber natürlich nur, wenn er bereits über das ihm noch nicht zustehende Vollrecht zu verfügen versucht. Verfügt er dagegen über sein gegenwärtiges Anwartschaftsrecht (vgl STAUDINGER/BORK [2010] Vorbem 71 zu §§ 158 ff; STAUDINGER/BECKMANN [2013] § 449 Rn 73 ff), so handelt er als Berechtigter und bedarf deshalb nicht der Zustimmung des Vollrechtsinhabers (BGHZ 20, 88, 95; 28, 16, 22; 35, 85, 87; BGH BB 1959, 649; BGB-RGRK/STEFFEN 16; MünchKomm/SCHRAMM[5] Rn 24; SOERGEL/LEPTIEN Rn 16 f; ENNECCERUS/NIPPERDEY, AT § 82 II 4; WIELING, SR I[2] § 17 IV 1 a; abw RGZ 104, 223, 229; OLG Stuttgart NJW 1951, 445, 447; SCHREIBER NJW 1966, 2333). Eine Verfügung des Vorbehaltskäufers über sein Anwartschaftsrecht ist auch dann ohne Zustimmung des Vorbehaltsverkäufers wirksam, wenn es dem Vorbehaltskäufer vertraglich untersagt war, ohne Zustimmung des Vorbehaltsverkäufers eine solche Verfügung vorzunehmen (BGH LM § 182 BGB Nr 7). Schon im Hinblick auf § 137 kann eine solche Abrede nur obligatorische Wirkungen entfalten (BGH aaO). Als Nichtberechtigter verfügt auch der Pfandgläubiger bei einer nach § 1243 Abs 1 unrechtmäßigen Pfandveräußerung (s unten Rn 46).

10 b) Nichtberechtigter ist auch ein **Gesamthänder**, der im eigenen Namen über ein Gesamthandsrecht verfügt (OERTMANN Anm 8; BGB-RGRK/STEFFEN Rn 2; MünchKomm/ SCHRAMM[5] Rn 22; jurisPK-BGB/TRAUTWEIN[6] Rn 16, 18; BAMBERGER/ROTH/BUB[3] Rn 5). Der einzelne Miterbe kann also über einen Nachlassgegenstand im eigenen Namen nur mit Zustimmung der anderen Miterben verfügen (RGZ 152, 380, 381; BGH LM § 2040 Nr 3; jurisPK-BGB/TRAUTWEIN Rn 18), ein einzelner Gesellschafter ebenso über Gegenstände des Gesellschaftsvermögens nur mit Zustimmung der Mitgesellschafter. Gleichzustellen ist der Fall, dass beide Miterben über ein Nachlassgrundstück verfügen, einer von ihnen aber geschäftsunfähig ist (vgl BGH DNotZ 1995, 133, 135 f). § 139 aE sorgt hier dafür, dass nicht Gesamtnichtigkeit eintritt, sondern die Erklärung des geschäftsfähigen Miterben (als Verfügung eines Nichtberechtigten) übrig bleibt. Die Verfügung kann also durch die Genehmigung des Betreuers bzw des inzwischen wieder geistig gesunden zweiten Erben selbst wirksam werden und ebenso durch Konvaleszenz nach § 185 Abs 2 S 1, 2. oder 3. Fall. Im Ergebnis nichts anderes gilt wegen § 747 S 2, wenn ein bloßer Mitberechtigter (Mitgläubiger bzw Miteigentümer) über den gemeinschaftlichen Gegenstand verfügt. Diese Verfügung ließe sich zwar in parallele Verfügungen über die einzelnen Anteile an diesem Gegenstand auflösen und die Verfügung wäre dann bezüglich des eigenen Anteils die eines Berechtigten. Die Verfügung ist aber jedenfalls, so wie sie gewollt ist, ohne Zustim-

Titel 6
Einwilligung und Genehmigung § 185

mung der anderen Mitberechtigten nicht möglich, und ob sie wenigstens hinsichtlich des eigenen Anteils aufrechterhalten werden kann, ist eine Frage des § 140 (s BGH NJW 1994, 1470, 1471; Staudinger/Gursky [2012] § 873 Rn 71; Staudinger/Langhein [2008] § 747 Rn 74; grundlegend anders MünchKomm/Schmidt⁶ § 747 Rn 25 [koordinierte und durch Bedingungen mit einander verknüpfte Verfügungen über den jeweiligen Anteil]; Schnorr, Die Gemeinschaft nach Bruchteilen [2004] 296 ff, 299 [iE Anwendung von § 139; kein Raum für § 185]).

c) Nichtberechtigter ist ferner derjenige, der über ein **belastetes Recht** als unbe- 11
lastetes verfügt (MünchKomm/Schramm⁵ Rn 22; Soergel/Leptien Rn 15; Bamberger/Roth/Bub³ Rn 5; Erman/Palm¹² Rn 3; Erman/Maier-Reimer¹³ Rn 7; Palandt/Ellenberger Rn 5; Oertmann, Die Rechtsbedingung [1924] 196; Marotzke AcP 186 [1986] 490, 494; Kollhosser JZ 1985, 370, 372; Scholz MDR 1990, 679, 680; Rinke, Die Kausalabhängigkeit des Anwartschaftsrechtes [1998] 232, 238). Hier muss allerdings unterschieden werden: Verschweigt der Verfügende die existierende Belastung, verfügt er nur über das ihm wirklich zustehende Recht, und die Belastung kann dadurch nur reflexweise betroffen werden, nämlich durch gutgläubig-lastenfreien Erwerb erlöschen. Legt der Verfügende dagegen die Belastung offen und erklärt dennoch, dem Erwerber unbelastetes Recht verschaffen zu wollen, dann kombiniert er der Sache nach die Übertragung des ihm wirklich zustehenden belasteten Rechts mit der Aufhebung des ihm nicht zustehenden Rechtes an seinem Recht. Nur bei der letzteren Verfügung handelt er als Nichtberechtigter.

d) Als jedenfalls teilweise Nichtberechtigter handelt auch der gegenwärtige 12
Rechtsinhaber, dessen Rechtsposition **auflösend bedingt** oder befristet ist, wenn er eine Verfügung vornimmt, ohne dieser eine entsprechende Bedingung oder Befristung (bzw eine noch engere zeitliche Begrenzung) beizufügen (vgl RGZ 76, 89, 91: Abtretung der Hypothekenforderung durch den auflösend bedingten Gläubiger ohne Zustimmung des aufschiebend bedingt Berechtigten). Der Sache nach ist fast unstreitig, dass die Rechtsfolge des § 161 durch eine Zustimmung des aufschiebend bedingt Berechtigten ausgeschaltet werden kann (Mot I 260; RGZ 76, 89, 91; BGHZ 92, 288, 289; BGH NZG 2004, 517, 518; OLG Celle OLGZ 1979, 329, 332 ff; Enneccerus/Nipperdey, AT § 198 Abs 1 S 2; Staudinger/Bork [2010] § 161 Rn 13; BGB-RGRK/Steffen § 161 Rn 5; Soergel/M Wolf § 161 Rn 9; MünchKomm/H P Westermann⁶ § 161 Rn 7–9; NK-BGB/Wackerbarth² § 161 Rn 8; Bamberger/Roth/Bub³ Rn 6; Erman/Armbrüster¹³ § 161 Rn 5). Fraglich kann nur sein, ob insoweit § 185 unmittelbar oder analog angewandt werden sollte oder ob die Vorschriften, die wie etwa die §§ 876, 877 ein Zustimmungserfordernis kraft mittelbarer Rechtsbeteiligung aufstellen, die geeignetere Analogiebasis abgeben (für die letztere Lösung Thiele 144 Fn 18). Auch die letztere Einordnung würde die (dann zusätzliche) analoge Anwendung der Konvaleszenzvorschriften des § 185 Abs 2 S 1 Fall 2 u 3 nicht ausschließen (Thiele 144; vgl auch unten Rn 97). Da auch der Vorerbe der Sache nach nur eine auflösend bedingte Rechtsposition hat, müsste er nach allgemeinen Regeln bei Verfügungen über Nachlassgegenstände, die über den Nacherbfall hinauswirken sollen, als Nichtberechtigter qualifiziert werden. Er ist jedoch grundsätzlich kraft Gesetzes zu derartigen Verfügungen ermächtigt (§ 2112) und nur einzelnen Verfügungsbeschränkungen (§§ 2113–2118, 2136) unterworfen (s dazu Rn 13).

e) Nichtberechtigter ist auch der Inhaber des von der Verfügung betroffenen 13

Rechts, wenn ihm die **Verfügungsbefugnis** über dieses Recht **entzogen** ist. So etwa der Insolvenzschuldner, der über einen dem Insolvenzbeschlag unterliegenden Gegenstand verfügt (§§ 80 f InsO) oder der Erbe, der trotz Bestehens von Nachlassverwaltung (§ 1984) oder Testamentsvollstreckung (§ 2211) selbst Verfügungen über Nachlassgegenstände vornimmt (SOERGEL/LEPTIEN Rn 18; MünchKomm/SCHRAMM[5] Rn 23; AK-BGB/OTT Rn 11; PALANDT/ELLENBERGER Rn 5a; HENCKEL/WINDEL, InsO § 81 Rn 27; lediglich in der Konstruktion abw CHR BERGER 31 Fn 13: nur entsprechende Anwendung von § 185). So können die Erben ein beschränktes dingliches Recht an einem Nachlassgrundstück, das der Testamentsvollstreckung unterliegt, nur mit Zustimmung des Testamentsvollstreckers bestellen (OLG Düsseldorf NJW 1963, 162). Nicht in den Anwendungsbereich des § 185 gehören demgegenüber grundsätzlich die Fälle, in denen ein Rechtsinhaber bloßen *Verfügungsbeschränkungen* unterliegt: Hier wird vielmehr normalerweise jeweils durch besondere Normen (zB §§ 1365, 1369, 1423–1425) bzw durch gesetzlich zugelassene vertragliche Regelungen (zB § 5 ErbbauRG, § 12 WEG, § 35 WEG) die Wirksamkeit der Verfügung von der Zustimmung oder Einwilligung eines Dritten abhängig gemacht. Anders ist die Gesetzestechnik allerdings bei den Verfügungsbeschränkungen des Vorerben (§§ 2113 ff.). Das Gesetz ordnet in § 2113 beispielsweise nur an, dass Grundstücksverfügungen des *Vorerben* insoweit unwirksam sind, als sie das Recht des Nacherben vereiteln oder beeinträchtigen müssten. § 2114 S 2 und § 2120 gehen aber ersichtlich davon aus, dass die Verfügung des Vorerben uneingeschränkt wirksam ist bzw wird, wenn der Nacherbe zustimmt. Hier wird man deshalb auf § 185 Abs 1 und Abs 2 S 1 Fall 1 zurückgreifen müssen (RGZ 110, 94, 95; BayObLG Rpfleger 1997, 156, 157 mwNw; NJW-RR 1997, 1239; CHR BERGER, Rechtsgeschäftliche Verfügungsbeschränkungen [1998] 31 ff; STAUDINGER/AVENARIUS [2013] § 2113 Rn 17 ff; MünchKomm/GRUNSKY[6] § 2113 Rn 15; SOERGEL/LEPTIEN § 185 Rn 19; ERMAN/PALM[12] Rn 7 f; ERMAN/MAIER-REIMER[13] Rn 20; allgM; nur in der Konstruktion abw THIELE 144; zu Abs 2 S 1 Fall 2 vgl unten Rn 73; zu Fall 3 vgl unten Rn 84). Auch bei vormerkungswidrigen Verfügungen bzw bei solchen, die gegen ein relatives Veräußerungsverbot (§§ 136, 135) verstoßen, ist § 185 (entgegen STAUDINGER/DILCHER[12] Rn 6) nicht unmittelbar einschlägig; mangels einer Spezialregelung wird hier jedoch die Zustimmungsmöglichkeit des Vormerkungsgläubigers bzw Verbotsgeschützten mit einer analogen Anwendung von § 185 begründet (s unten Rn 95 f). – Als Nichtberechtigter handelt auch ein Testamentsvollstrecker, der Verfügungen über Nachlassgegenstände vornimmt, zu denen er nach § 2205 S 3 bzw wegen einer vom Erblasser angeordneten gegenständlichen Beschränkung seines Amtes (§ 2208 Abs 1 S 1) nicht befugt ist; diese Überschreitung der Verfügungsbefugnis kann durch die Zustimmung der Erben und Vermächtnisnehmer geheilt werden (BGHZ 57, 84, 92; STAUDINGER/REIMANN [2012] § 2205 Rn 56; OFFERGELD, Die Rechtsstellung des Testamentsvollstreckers [1995] 129 ff). Zur Parallelproblematik bei ordnungswidrigen und deshalb nach § 2206 Abs 1 unzulässigen Verpflichtungsgeschäften des Testamentsvollstreckers vgl OFFERGELD 149 ff.

14 f) Schief ist es, wenn gelegentlich gesagt wird, auch die *Überschreitung der* rechtsgeschäftlich eingeräumten *Verfügungsmacht* falle unter § 185 (so STAUDINGER/DILCHER[12] Rn 6; NK-BGB/STAFFHORST[2] Rn 4; vgl auch AK-BGB/OTT Rn 11). Jede Verfügung über ein fremdes Recht, zu der der Verfügende nicht kraft Gesetzes befugt ist, ist die Verfügung eines Nichtberechtigten. Ob die rechtsgeschäftlich verliehene Verfügungsmacht überschritten ist oder nicht, ist nur eine andere Formulierung der Frage, ob die betreffende Verfügung des Nichtberechtigten von einer Einwilligung des Berechtigten gedeckt ist oder nicht. All dies gilt auch bei der sog Ermächtigungstreuhand (zu dieser vgl GERNHUBER, BR[3] § 20 II). Bei der Vollrechtstreuhand fallen pflichtwidrige Verfügungen des Treuhänders dagegen aus dem Anwendungsbereich des § 185 heraus; es handelt sich hier ja um Verfügungen des Rechtsinhabers selbst, der dabei lediglich die schuldrechtliche Verpflichtung gegenüber dem Treugeber verletzt (vgl auch BGH NJW 1999, 1026, 1027; jurisPK-BGB/TRAUTWEIN[6] Rn 15; PALANDT/ELLENBERGER Rn 5; krit JAKOBS ZIP 1999, 733).

4. Berechtigter

Die Wirksamkeit der Verfügung des Nichtberechtigten hängt von der Zustimmung des **Berechtigten** ab. Der Begriff des Berechtigten ist der Komplementärbegriff zu dem des Nichtberechtigten. Was mit dem „Berechtigten" im konkreten Fall gemeint ist, hängt deshalb davon ab, welche Art von „Nichtberechtigtem" gehandelt hat bzw handeln will. Hat jemand über ein völlig fremdes Recht verfügt, so ist „Berechtigter" einfach derjenige, dem dieses Recht materiellrechtlich zusteht, bei einer Verfügung über eine fremde Forderung also der wirkliche Gläubiger dieser Forderung. Hat ein bloßer Mitberechtigter (Gesamthänder oder zu einem ideellen Bruchteil Mitberechtigter) verfügt, ist Berechtigter an sich die Gesamtheit der Mitberechtigten (STAUDINGER/DILCHER[12] Rn 7; SOERGEL/LEPTIEN Rn 20); da es aber sinnlos wäre, die Zustimmung des Verfügenden zu seinem eigenen Geschäft zu verlangen, begnügt man sich mit der Zustimmung der übrigen Gesamthänder bzw Bruchteilsberechtigten (MünchKomm/SCHRAMM[5] Rn 29; SOERGEL/LEPTIEN aaO). Diese Form der Arbeitsteilung, bei der ein bloßer Mitberechtigter das Geschäft nach außen abschließt und die übrigen dem Geschäftsabschluss lediglich zustimmen, wird auch nicht dadurch ausgeschlossen, dass § 2040 Abs 1 und § 747 S 2 eine „gemeinschaftliche" Verfügung verlangen. Damit ist nicht mehr gemeint, als dass alle Mitberechtigten nach außen hin oder aber durch Zustimmung an dem Rechtsgeschäft beteiligt sind (RGZ 152, 380, 381 ff; BGB-RGRK/STEFFEN Rn 13; SOERGEL/LEPTIEN Rn 20; MünchKomm/SCHRAMM[5] Rn 29). Es ist deshalb auch nicht erforderlich, dass die Zustimmung der am Hauptgeschäft selbst nicht beteiligten Mitberechtigten gleichzeitig erfolgt.

Ist Verfügender der Rechtsinhaber selbst, dem die Verfügungsmacht entzogen ist, so ist Berechtigter einfach derjenige, dem die Verfügungsmacht nun zusteht, also der Insolvenzverwalter oder Nachlassverwalter oder Testamentsvollstrecker im Rahmen seiner Amtsbefugnisse (BGB-RGRK/STEFFEN Rn 3). Der Insolvenzverwalter kann also eine vom Schuldner während des Insolvenzverfahrens vorgenommene Veräußerung eines Massegegenstandes nach §§ 185 Abs 2 S 1 Fall 1 genehmigen und ihr damit rückwirkend Wirksamkeit verleihen (HENCKEL/WINDEL, InsO § 81 Rn 27).

Eine *Kombination von § 185 mit Rechtsscheintatbeständen* kann dazu führen, dass sogar die *Zustimmung eines Nichtberechtigten* ausreicht. Bei Verfügungen über ein Liegenschaftsrecht kann das Vertrauen auf die Rechtsinhaberschaft des Zustimmenden nach § 893 Fall 2 geschützt werden (vgl STAUDINGER/GURSKY [2013] § 893 Rn 28, 40). Wird eine bewegliche Sache von einem erklärtermaßen Nichtberechtigten unter Berufung auf eine wirklich existierende Einwilligung eines Dritten veräußert, der ihr Eigentümer sein soll, in Wirklichkeit aber nicht ist, so findet § 932 entsprechende Anwendung, wenn dieser Dritte zumindest mittelbarer Besitzer der Sache ist (vgl BGHZ 10, 81; 56, 123, 129; GURSKY in: WESTERMANN/GURSKY/EICKMANN SR[8] § 46 Rn 4 f).

5. Maßgeblicher Zeitpunkt

17 Da Rechtszuständigkeit und Verfügungsbefugnis Veränderungen unterliegen könnten, muss auch der Zeitpunkt geklärt werden, zu dem der Verfügende „Nichtberechtigter" und der Zustimmende oder den Verfügenden Beerbende „Berechtigter" gewesen sein muss. Dieser Zeitpunkt ist für die beiden Begriffe nicht identisch (abw im Ausgangspunkt MünchKomm/Schramm[5] § 185 Rn 26: grundsätzlich in beiden Fällen der der Vollendung des Rechtserwerbs).

a) Für das Merkmal „Nichtberechtigter"

18 Ob der Verfügende Nichtberechtigter iS von § 185 ist, bestimmt sich nach dem Zeitpunkt der Vornahme des zustimmungsbedürftigen Hauptgeschäftes, wie sich aus § 185 Abs 2 schließen lässt. Bei einem mehraktigen Verfügungsgeschäft ist der letzte Teil entscheidend. § 185 ist mithin schon dann anwendbar, wenn der Verfügende seine Verfügungsmacht vor dem letzten Element des Verfügungsgeschäftes, also beispielsweise zwischen Einigung und Übergabe bzw zwischen Einigung und Eintragung, verloren hat (BGH LM § 185 BGB Nr 6 [sub 4.]; BayObLGZ 1973, 611; MünchKomm/Schramm[5] Rn 27; jurisPK-BGB/Trautwein[6] Rn 20; Palandt/Ellenberger Rn 5; Rapp MittBayNot 1998, 77, 79). Der zwischenzeitliche Verlust der Verfügungsbefugnis ist allerdings bei Grundstücksverträgen gem § 878 ausnahmsweise unschädlich, wenn er nach bindender Einigung und Stellung des Eintragungsantrags erfolgt ist. Für den zwischenzeitlichen Verlust der Rechtszuständigkeit gibt es eine derartige Ausnahme nicht; § 878 ist nach hM auf diesen Fall nicht entsprechend anwendbar (OLG Frankfurt OLGZ 1980, 100; BayObLG RdL 1980, 179; Staudinger/Gursky [2012] § 878 Rn 18 mwNw). Nichtberechtigter ist also auch, wer die Eigentümerstellung zwischen der von ihm erklärten Auflassung und der Eintragung des Erwerbers verliert (BGH LM § 185 Nr 6; BayObLG DNotZ 1973, 610).

19 War der Verfügende umgekehrt im Zeitpunkt der Einigung noch Nichtberechtigter, hat er aber das Verfügungsobjekt bei der Eintragung oder Übergabe bereits erworben, so ist das Wirksamkeitshindernis der fehlenden Rechtsinhaberschaft des Verfügenden rechtzeitig ausgeräumt, das Verfügungsgeschäft somit von vornherein wirksam. Man kann nur darüber streiten, ob dieses Ergebnis schon aus allgemeinen Grundsätzen über die Verfügungsmacht folgt, weil erst mit dem zweiten Akt das auf seine Wirksamkeit zu prüfende Rechtsgeschäft gegeben ist, oder ob auf die Wertung des § 185 Abs 2 S 1 Fall 2 zurückgegriffen werden muss, weil auch die Einigung für sich allein schon ein Verfügungsgeschäft darstellt und deshalb der Verfügungsmacht bedarf. Die erstere Betrachtungsweise dürfte wohl die richtigere sein (so wohl auch Soergel/Leptien Rn 14 aE).

20 War der Verfügende bei Vollendung des eigentlichen Verfügungstatbestandes noch Berechtigter, bedurfte das Erwerbsgeschäft aber nach §§ 108 bzw 177 noch der Zustimmung des gesetzlichen Vertreters bzw des vollmachtlos vertretenen Erwerbers selbst, so ist im Falle der Genehmigungserteilung ein zwischenzeitlicher Rechtsverlust des Verfügenden wegen der Rückwirkung der Genehmigung irrelevant (MünchKomm/Schramm[5] Rn 28; s auch oben § 184 Rn 53 f).

b) Für das Merkmal „Berechtigter"

21 Für die Bestimmung des Berechtigten kommt es im Rahmen von § 185 Abs 1 im

Ergebnis ebenfalls auf den Zeitpunkt der Vornahme des Verfügungsgeschäftes (dh der Vollendung seines Tatbestandes) an (BGB-RGRK/Steffen Rn 3; Larenz/Wolf AT⁹ § 51 Rn 25; Bork Rn 1717). Genaugenommen muss hier § 185 allerdings doppelt angewandt werden, wenn der Einwilligende die Rechtsinhaberschaft oder Verfügungsbefugnis erst zwischen Einwilligung und Hauptgeschäft erworben hat: War der Einwilligende im Zeitpunkt des Zugangs der Einwilligungserklärung noch nicht Rechtsinhaber, so war seine Einwilligung zunächst die Verfügung eines Nichtberechtigten. Falls er noch vor der Vollendung des Hauptgeschäftes das davon betroffene Recht erwirbt, wird die Einwilligung nach § 185 Abs 2 S 1 Fall 2 ex nunc, aber rechtzeitig wirksam, sodass das Hauptgeschäft selbst dann nach § 185 Abs 1 von Anfang an wirksam ist (Soergel/Leptien Rn 21). Hat ein Rechtsinhaber, dem die Verfügungsbefugnis entzogen ist, in die Verfügung eines Nichtberechtigten eingewilligt, und endet nun die Verfügungsentziehung noch bevor der Nichtberechtigte die betreffende Verfügung vornimmt, so gilt im Ergebnis das gleiche; allerdings ist § 185 Abs 2 S 1 Fall 2 auf die Einwilligung hier lediglich entsprechend anzuwenden (s unten Rn 73). Falls umgekehrt der einwilligende Rechtsinhaber seine Rechtszuständigkeit vor dem Abschluss des Hauptgeschäfts verliert, ist seine Einwilligung im entscheidenden Zeitpunkt die eines Nichtberechtigten und damit wirkungslos (vgl § 183 Rn 28, § 184 Rn 23).

Im Rahmen des § 185 Abs 2 kann dagegen nach der Sachlogik nur die Berechtigtenstellung im Augenblick der Genehmigung bzw des Erbfalls entscheidend sein. Der Genehmigende muss nicht schon im Zeitpunkt der Vornahme des Hauptgeschäftes Berechtigter gewesen sein (s § 184 Rn 23). Die Genehmigung kann allerdings über den eigenen Erwerb des Genehmigenden (bzw den Rechtserwerb des Universalrechtsvorgängers des Genehmigenden) hinaus nicht zurückwirken (s § 184 Rn 27). – Falls das Verfügungsobjekt nicht mehr existiert, ist zur Genehmigung der letzte Rechtsinhaber berufen (s § 184 Rn 25). 22

III. Die Einwilligung nach § 185 Abs 1

1. Allgemeines

Die mit der Einwilligung des Berechtigten erfolgte Verfügung eines Nichtberechtigten ist von Anfang an wirksam. Einwilligung steht dabei für die vorherige, dh vor dem zustimmungsbedürftigen Verfügungsgeschäft erklärte Zustimmung (vgl § 183). Die Einwilligung ist eine empfangsbedürftige Willenserklärung, die sowohl an den zur Verfügung Ermächtigten wie auch an den durch die erwartete Verfügung Begünstigten adressiert werden (§ 182 Abs 1) und die formfrei ergehen kann (§ 182 Abs 2). 23

Die Einwilligung des Berechtigten verschafft dem durch sie ermächtigten Nichtberechtigten die Rechtsmacht, im eigenen Namen über ein fremdes oder jedenfalls nicht ihm allein zustehendes oder schließlich seiner Verfügungsmacht generell entzogenes Recht zu verfügen. Diese Autorisation – die Verfügungsermächtigung genannt wird – kann dem Ermächtigten allerdings nicht aufgedrängt werden, weil das mit dem Selbstbestimmungsprinzip nicht zu vereinbaren wäre. Der Ermächtigte muss deshalb analog § 333 befugt sein, die verliehene Rechtsmacht zurückzuweisen 24

(DORIS 79). Auch ein nachträglicher Verzicht auf die verliehene Rechtsmacht muss möglich sein (RAAPE AcP 121 [1923] 257, 275).

25 Die Einwilligung kann für eine einzelne Verfügung, genauso gut aber für einen ganzen Kreis von geplanten Verfügungsgeschäften erklärt werden.

26 Das rechtliche Können, das durch die Verfügungsermächtigung verliehen wird, bleibt von der Rechtssphäre des Einwilligenden abhängig; es handelt sich eben nur um eine sekundäre, abgeleitete Verfügungsmacht.

Sie ist grundsätzlich bis zur Vornahme des Hauptgeschäftes widerruflich (§ 183), und sie entfällt automatisch, wenn der Einwilligende seine eigene Rechtszuständigkeit oder Verfügungsbefugnis verliert (THIELE 257 f; MünchKomm/SCHRAMM[5] Rn 34; s oben Rn 21). Auch bei Unwiderruflichkeit der Einwilligung kann der Einwilligende der Ermächtigung noch dadurch die Grundlage entziehen, dass er das fragliche Verfügungsgeschäft selbst vornimmt (DORIS 77 f). Es gibt nämlich *keine verdrängende Verfügungseinwilligung;* die konkurrierende (und vorrangige) Zuständigkeit des Einwilligenden selbst kann schon im Hinblick auf § 137 S 1 nicht beseitigt werden (LIEBS AcP 175 [1975] 1 ff; STAUDINGER/KOHLER [2011] § 137 Rn 34 f; SOERGEL/HEFERMEHL[13] § 137 Rn 10; MünchKomm/SCHRAMM[5] § 185 Rn 33; NK-BGB/STAFFHORST[2] Rn 16; GERNHUBER, BR[3] § 20 II 1 d; FLUME II § 11, 5 c, § 55 bei Fn 6; einschränkend für Fremdkonten CANARIS NJW 1973, 825, 828 f; abw, aber unklar OLG Naumburg MDR 2000, 260).

27 Die Einwilligung iS von § 185 Abs 1 autorisiert den Ermächtigten grundsätzlich auch dazu, die fragliche Verfügung *unter Offenlegung* der fehlenden eigenen Rechtsinhaberschaft vorzunehmen. Es gibt entgegen vTUHR (AT II 1, 375, 378) keine Verfügungen, bei denen eine Verfügungsermächtigung von vornherein ausschiede und nur eine Verfügungsvollmacht in Betracht käme, wenn der autorisierte Dritte sich nicht für den Berechtigten ausgeben will (ENNECCERUS/NIPPERDEY, AT § 204 Fn 5; THIELE 153; DORIS 69 ff; LUDEWIG 83; W STOLL, Ermächtigung 37).

2. Einwilligungserklärung

28 Die Einwilligung muss der Berechtigte in dem Bewusstsein erteilen, Berechtigter zu sein. Falls jemand die Zustimmung zur Veräußerung seiner Sache erteilt, ohne von seiner Eigentümerstellung zu wissen, so liegt richtiger Ansicht nach eine die Gültigkeit der Veräußerung begründende Einwilligung überhaupt nicht vor (HÖLDER Anm 1; PLANCK/FLAD Anm 3; **aA** STAUDINGER/COING[11] Rn 4: zunächst wirksame, aber anfechtbare Einwilligung; s auch § 182 Rn 17). Nimmt der Berechtigte selbst die Verfügung als Bevollmächtigter des Nichtberechtigten vor, so liegt darin regelmäßig eine Einwilligung in die Verfügung (RG JW 1913, 594 Nr 1; BGB-RGRK/STEFFEN Rn 11 aE); anders aber, wenn der Bevollmächtigte vom Eigentum des Vollmachtgebers überzeugt ist (s auch § 182 Rn 10).

29 Ob eine Verfügungsermächtigung oder eine Verfügungsvollmacht gewollt ist, muss im Wege der Auslegung nach §§ 133, 157 ermittelt werden. Die Wortwahl spielt dabei, insbesondere wenn es sich um die Erklärung von Laien handelt, kaum eine Rolle; primär entscheidend ist die erkennbare Interessenlage des Legitimationsgebers und der von ihm mit der Erklärung ersichtlich verfolgte Zweck. Häufig wird es dem Berechtigten völlig gleichgültig sein, ob die von ihm mit dem Vollzug eines bestimmten Verfügungsgeschäftes betraute Person im eigenen Namen oder als sein Stellvertreter handelt. Dann wird man annehmen können, dass hier zugleich eine Vollmacht und eine Einwilligung iS von § 185 Abs 1 erteilt worden ist (vgl auch OLG München Betrieb 1973, 1693; OLG Naumburg NJW-RR 1999, 1462 [Vollmacht an Grundstückskäufer zur Bestellung von Finanzierungsgrundpfandrechten enthält regelmäßig zugleich Ermächtigung]).

3. Inhalt der Ermächtigung

Eine Auslegungsfrage ist auch, welchen konkreten Inhalt die Ermächtigung hat und ob bestimmte Einschränkungen, die der Ermächtigende angeordnet hat, nur die Pflichtenstellung des Ermächtigten im Innenverhältnis betreffen oder ob sie unmittelbar die ihm verliehene Rechtsmacht einengen. Im Zweifel wird das letztere der Fall sein. Der Ermächtigende kann die von ihm verliehene sekundäre Verfügungsbefugnis des Ermächtigten beliebig begrenzen und dadurch das rechtliche „Können" des Ermächtigten dem rechtlichen „Dürfen" des letzteren anpassen (BGHZ 106, 1, 6; DORIS 49, 173, 179; SIEBERT, Das rechtsgeschäftliche Treuhandverhältnis [1933] 295). Der Inhalt einer bei der Begründung des schuldrechtlichen Grundverhältnisses konkludent erteilten internen Ermächtigung wird regelmäßig durch den Inhalt des Grundverhältnisses festgelegt, sodass sich hier rechtliches „Können" und rechtliches „Dürfen" decken (DORIS 173). Wegen eines Missbrauchs der Ermächtigung vgl Vorbem 39 zu §§ 182 ff. **30**

4. Übertragbarkeit

Ob der Ermächtigte die verliehene Rechtsmacht weiterleiten, also eine „Unterermächtigung" erteilen darf, hängt ebenfalls vom (durch Auslegung zu klärenden) Inhalt der Hauptermächtigung ab (DORIS 181). Im Zweifel ist die Erteilung einer solchen Unterermächtigung wegen des mit der Ermächtigung implizierten persönlichen Vertrauensverhältnisses nicht gestattet (DORIS 180; STATHOPOULOS 154 f). **31**

5. Einzelfälle

a) Unter § 185 Abs 1 fallende Veräußerungsermächtigungen finden sich schon bei älteren, heute selten gewordenen Vertragstypen wie dem contractus mohatrae und dem Trödelvertrag (SIBER, Buchrechtsgeschäft [1909] 142; zum ersteren s auch oben § 183 Rn 16; allgemein zum letzteren STAUDINGER/MADER [2013] Vorbem 13 zu §§ 454 ff und § 454 Rn 8 sowie STAUDINGER/LÖWISCH/FELDMANN [2013] § 311 Rn 30 ff). Ein besonders wichtiger Anwendungsfall des § 185 Abs 1 ist die **Verkaufskommission**. Der dem Käufer erteilte Auftrag zur Veräußerung des Kommissionsgutes impliziert die entsprechende Ermächtigung (HEYMANN/HERRMANN, HGB² § 383 Rn 17; STAUB/KOLLER, HGB⁴ § 383 Rn 86). Dabei wird der Umfang der Veräußerungsermächtigung durch den Inhalt des Kommissionsvertrages und die dem Kommissionär erteilten Weisungen festgelegt. Der Kommissionär überschreitet seine Veräußerungsermächtigung, wenn er die vom Kommittenten gesetzten Limits missachtet (HEYMANN/HERRMANN aaO; STAUB/KOLLER aaO). Dies gilt auch, wenn der Kommittent das Geschäft nicht unverzüglich nach Erhalt der Ausführungsanzeige zurückweist, denn die Genehmigungsfiktion des § 386 Abs 1 HGB betrifft nicht das dingliche Erfüllungsgeschäft (STAUB/KOLLER aaO; **32**

aA Schmidt-Rimpler, Das Kommissionsgeschäft, EhrenbHdb V 1. Abt, 2. Hälfte [1928] S 924). Der Kommissionär hat dann allerdings nach §§ 396 Abs 2 HGB, 675 Abs 1, 670, 257 BGB Anspruch auf Erteilung der Genehmigung. Von der Ermächtigung gedeckt ist auch eine Sicherungsübereignung an einen Dritten, der dem Käufer den Kaufpreis als Darlehen zur Verfügung stellt (RGZ 132, 196, 198).

33 b) Ein weiterer wichtiger Anwendungsfall des Abs 1 ist die **Veräußerungsermächtigung beim Eigentumsvorbehalt** (Bülow, Kreditsicherungsrecht[7] Rn 1473 ff). Wenn ein Händler Waren unter Eigentumsvorbehalt vom Hersteller oder Großhändler oder Importeur bezieht, wird in aller Regel formularmäßig vereinbart, dass der Vorbehaltskäufer berechtigt sein soll, die Vorbehaltsware im „ordnungsgemäßen Geschäftsbetrieb" weiter zu veräußern (Serick, Eigentumsvorbehalt und Sicherungsübereignung I 154; Gundlach KTS 2000, 307, 309 ff; gleichbedeutend sind „im ordentlichen Geschäftsgang" und „im normalen Geschäftsgang"). Eine solche Abrede stellt nicht nur eine obligatorische Gestattung dar, sondern enthält auch eine dinglich wirkende Verfügungsermächtigung (Serick I 153 f). Derartige Klauseln finden sich besonders häufig, wenn ein verlängerter Eigentumsvorbehalt vereinbart wird, der eigentliche Eigentumsvorbehalt also um eine Vorauszession der Kaufpreisforderungen aus der Veräußerung der Vorbehaltsware ergänzt wird. Sie findet sich aber auch bei Verkäufen an solche Händler, die ihrerseits nur Bargeschäfte tätigen, denen gegenüber eine Vorausabtretungsklausel also sinnlos wäre (Serick I 154; Soergel/Mühl[12] § 929 Rn 51). Auch wenn die Weiterveräußerungsermächtigung bei der Vereinbarung des Eigentumsvorbehalts nicht erwähnt wird, muss sie bei einem Verkauf an einen Wiederverkäufer regelmäßig – also bei Fehlen von Anhaltspunkten für einen gegenteiligen Parteiwillen – als konkludent vereinbart angesehen werden (OLG Hamburg MDR 1970, 506). Dies gilt jedenfalls dann, wenn der Verkäufer weiß, dass die unter Eigentumsvorbehalt gelieferten Waren gerade solche sind, mit denen der Käufer in seinem Geschäftsbetrieb handelt (Serick I 153 Fn 6). Auch wenn eine ausdrücklich erteilte Weiterveräußerungsermächtigung die Beschränkung auf den ordentlichen Geschäftsverkehr nicht ausdrücklich erwähnt, wird der Verkäufer sie regelmäßig gar nicht anders verstehen dürfen; diese Einschränkung gilt bei Auslegung nach § 157 als stillschweigend mitvereinbart (Palandt/Ellenberger § 185 Rn 9). Beim Verkauf eines Kraftfahrzeugs kann eine konkludente Ermächtigung des Käufers zur Weiterveräußerung des noch nicht bezahlten Fahrzeugs im ordnungsgemäßen Geschäftsverkehr jedenfalls dann nicht angenommen werden, wenn der Verkäufer bei der Übergabe des Fahrzeugs den Kraftfahrzeugbrief (jetzt: Zulassungsbescheinigung Teil II) einbehält; denn damit macht er ja deutlich, dass er zur Sicherung seiner Kaufpreisforderung bis zur Kaufpreiszahlung Eigentümer des Fahrzeugs bleiben will (BGH NJW 2006, 3488, 3489 [Rn 16]).

Aus dem Rahmen des ordnungsgemäßen Geschäftsverkehrs fällt es heraus, wenn ein Einzelhändler größere Warenmengen en bloc an einen Wiederverkäufer veräußert (OLG Celle NJW 1959, 1686 mwNw; Bülow, Recht der Kreditsicherheiten[7] [2007] Rn 1475) oder wenn er gar sein Warenlager im ganzen veräußert (RG HRR 1935 Nr 1587). Das Gleiche gilt, wenn die unter Eigentumsvorbehalt bezogene Ware zu Schleuderpreisen verkauft wird (HansOLG Hamburg MDR 1970, 506) oder wenn der Verkaufspreis unter dem Einkaufspreis liegt (BGH LM § 455 BGB Nr 23; BGHZ 104, 129, 133).

34 Durch die Ermächtigung zur Veräußerung im ordnungsgemäßen Geschäftsgang *nicht gedeckt* ist eine *Sicherungsübereignung der Vorbehaltsware* (BGH WM 1966, 1327, 1328; BGHZ 104, 129, 133 f; Bülow aaO Rn 1476; Palandt/Ellenberger Rn 9); dies gilt selbst dann, wenn die Sicherungsübereignung im Rahmen eines Finanzierungsgeschäftes erfolgt, der Sicherungsnehmer also den vom Abnehmer des Vorbehaltskäufers geschuldeten Kaufpreis durch ein entsprechendes Darlehen vorfinanziert (BGHZ 104, 129, 133 f; **aA** LG Hamburg MDR 1955, 97, 98; Serick I 157 [die Sicherungsübereignung stehe hier einem erlaubten Barverkauf gleich]).

Zur Frage, ob auch die Veräußerung im normalen *Saisonschlussverkauf* zum ordnungsgemäßen Geschäftsgang gehört, vgl Serick I 155 mwNw; OLG Karlsruhe KTS 1976, 301, 302. **35**

Durch die übliche Veräußerungsermächtigung nicht gedeckt ist die Veräußerung durch den Vorbehaltskäufer bei verlängertem Eigentumsvorbehalt auch dann, wenn sie im Wege des *Sale-and-Lease-back-Verfahrens* (also unter gleichzeitiger Zurückvermietung an den Veräußerer/Vorbehaltskäufer) erfolgt (BGHZ 104, 129 = JZ 1988, 926 m zust Anm Weber; s dazu Gursky JZ 1991, 496, 500; Serick EWiR § 185 BGB 1/1988, 547 f). Durch den gleichzeitigen Abschluss des Leasingvertrages entstehen ja notwendigerweise neue Zahlungspflichten des Vorbehaltskäufers und erhöht sich damit das Risiko des Vorbehaltsverkäufers. Erst recht ist kein ordnungsgemäßes Umsatzgeschäft gegeben, wenn bei der Weiterveräußerung an einen Dritten vereinbart wird, dass der Veräußerer (= Vorbehaltskäufer) die verkaufte Ware anschließend zu einem höheren Preis zurückkaufen soll und dass der Dritte den Kaufpreis zum Teil durch Verrechnung mit seinen Forderungen aus den vorgesehenen Rückkäufen des Vorbehaltskäufers erbringen soll (BGH JZ 1989, 198 = WM 1988, 1784; dazu Gursky aaO; Tiedtke JZ 1989, 179; krit Weber BB 1989, 1768). Der Vorbehaltsverkäufer erhält bei dieser Vertragsgestaltung – die auf ein „Nullgeschäft" zu Lasten des Vorbehaltskäufers und seiner Lieferanten hinausläuft und offensichtlich allein dem Zwecke der Finanzierung des Warenlagers des Vorbehaltskäufers dient – ja keinerlei Gegenwert für den Verlust seines Vorbehaltseigentums. **36**

Problematisch ist, ob die Weiterveräußerung der Ware durch den Vorbehaltskäufer den normalen Ermächtigungsrahmen schon dann überschreitet, wenn die *Vorausabtretung infolge* der *Einbeziehung* der Kaufpreisforderung des Vorbehaltskäufers *in ein Kontokorrent scheitert*. Der BGH hat dies verneint, weil die kontokorrentmäßige Abrechnung mit dem Abnehmer rationell und wirtschaftlich vernünftig sei (BGHZ 73, 259, 263 f = LM § 355 HGB Nr 23 mAnm Merz; zust Palandt/Ellenberger Rn 9; Serick V § 67 III 3 b S 614; Bülow, Recht der Kreditsicherheiten[7] Rn 1477; kritisch Gundlach KTS 2000, 307, 315 ff). Er hebt dabei darauf ab, dass es für den Vorbehaltslieferanten nahegelegen hätte, sich für diesen Fall durch eine Vorausabtretung der etwaigen Saldoforderung aus dem Kontokorrent zu sichern. – Regulär abgewickelte Warenlieferungen durch den Vorbehaltskäufer fallen nicht schon deshalb aus dem Rahmen des ordnungsgemäßen Geschäftsbetriebes heraus, weil der Vorbehaltskäufer zu ihrem Zeitpunkt bereits gegenüber Dritten betrügerische Machenschaften begangen hatte und sich aus diesem Grunde in einer finanziellen Krise befand (BGHZ 68, 199, 202 f; dazu Merz LM § 46 KO Nr 1; Serick V § 62 II 3 b). **37**

War ein *verlängerter Eigentumsvorbehalt* vereinbart, die Weiterveräußerungsermächtigung also mit einer Vorausabtretungsklausel gekoppelt, so deckt die Ermäch- **38** tigung grundsätzlich nur solche Veräußerungen, durch die der Vorbehaltslieferant die Kaufpreisforderung gegen den Abnehmer des Vorbehaltskäufers auch wirklich erlangt (Serick I 157 f). (Anders nur, wenn der Nichterwerb der Forderung auf einem Barverkauf beruht; das Verbot des Barverkaufs wäre eine sittenwidrige und deshalb nach § 138 Abs 1 nichtige Knebelung [Serick EWiR § 185 BGB 1/88, 547, 548; Serick IV 568].) Sie greift also nicht ein, wenn der Vorbehaltskäufer im Kaufvertrag mit seinem Abnehmer ein wirksames **Abtretungsverbot** für seine Kaufpreisforderung vereinbart (BGHZ 27, 306, 309 f; 30, 176, 181; 73, 259, 264; BGH WM 1970, 280, 287; 1971, 71, 72; Betrieb 1988, 647; Serick I 157 f; Palandt/Ellenberger Rn 9; Bülow, Recht der Kreditsicherheiten[7] Rn 1477) oder wenn der Vorbehaltskäufer den Erfolg der Vorausabtretungsklausel durch eine vorangegangene und aus besonderen Gründen nicht sittenwidrige Globalzession vereitelt hat (Serick I 158). Die erstere Konstellation kommt jetzt wegen des am 29. 7. 1994 in Kraft getretenen § 354a HGB allerdings kaum noch in Betracht. Die Ermächtigung des Vorbehaltskäufers zur Weiterveräußerung im Rahmen des ordnungsgemäßen Geschäftsverkehrs wird man wegen § 354a S 1 HGB auch auf solche Weiterveräußerungen erstrecken müssen, bei denen zugunsten des Erwerbers ein Abtretungsverbot vereinbart worden ist (Henseler BB 1995, 5, 8; Wagner WM 1994, 2093, 2102; ders WM 1996, Sonderbeil Nr 1, 16; H Schmidt, in: Ulmer/Brandner/Hensen, AGB-Recht[10] Anhang zu § 310 BGB Rn 740; Bülow, Recht der Kreditsicherheiten[7] Rn 1477; K Schmidt NJW 1999, 400, 401; iE auch Derleder BB 1999, 1561, 1564 ff). Dem Vorbehaltsverkäufer bliebe natürlich die Möglichkeit, seine Veräußerungsermächtigung wegen § 354a S 2 HGB ausdrücklich auf solche Weiterveräußerungen zu beschränken, in denen kein Abtretungsverbot vereinbart wird (Derleder BB 1999, 1561, 1566). Ohne Einwilligung des Vorbehaltsverkäufers ist die Weiterveräußerung durch den Vorbehaltskäufer natürlich auch dann, wenn der Vorbehaltskäufer durch eine Abwehrklausel in den eigenen AGB verhindert hat, dass die in den AGB des Vorbehaltsverkäufers enthaltene Bestimmung über die Vorausabtretung der Forderungen aus der Weiterveräußerung des Vorbehaltsgutes überhaupt Vertragsbestandteil wurde (BGH ZIP 1986, 1052, 1054; NJW 1999, 425, 426). (Der Eigentumsvorbehalt als solcher wird ja trotz der Abwehrklausel wirksam, weil der Käufer bei Kenntnis des in den Verkaufsbedingungen des Verkäufers enthaltenen Eigentumsvorbehalts die Übergabe der Ware nicht als Offerte zur bedingungslosen Übereignung verstehen darf [BGH WM 1982, 486; 1982, 763; NJW 1985, 1838, 1839; ZIP 1986, 1052, 1054; Ulmer/Schmidt JuS 1984, 18 ff; Henckel EWiR § 455 BGB 1/86, 981, 982].)

39 Eine Veräußerungsermächtigung ist grundsätzlich frei widerruflich, solange der Ermächtigte das Eigentum nicht übertragen hat (§§ 185 Abs 1, 183 S 1). Für die dem Vorbehaltskäufer erteilte Weiterveräußerungsermächtigung kann dies (entgegen BGHZ 14, 114 = LM § 455 Nr 5; BGB-RGRK/Steffen Rn 16; Soergel/Leptien Rn 23 aE; BGB-RGRK/Kuhn[11] § 455 Rn 31) jedoch nicht gelten. Der Vorbehaltskäufer muss sich in seinen Dispositionen darauf verlassen können, dass die Einwilligung des Vorbehaltsverkäufers zur Weiterveräußerung der gelieferten Vorbehaltsware Bestand behält, solange der Käufer sich selbst vertragsgemäß verhält (BGH LM § 455 BGB Nr 22 = NJW 1969, 1171; Serick I 162 f; Palandt/Ellenberger § 183 Rn 2; Bülow, Recht der Kreditsicherheiten[7] Rn 1479; Leible/Sosnitza JuS 2001, 449, 454). Der Vorbehaltsverkäufer darf die Ermächtigung deshalb **nur aus „wichtigem Grund" widerrufen**, nämlich wenn der Vorbehaltskäufer sich grob vertragswidrig verhält oder wenn die Bezahlung des Restkaufpreises durch den Vorbehaltskäufer gefährdet ist (Soergel/Henssler Anh § 929 Rn 109).

Titel 6
Einwilligung und Genehmigung § 185

Eine bei einem einfachen Eigentumsvorbehalt erteilte Weiterveräußerungsermäch- **40** tigung gilt nicht für den Fall, dass über das Vermögen des Käufers das Insolvenzverfahren eröffnet wird und der Insolvenzverwalter das Vorbehaltsgut weiterveräußern möchte (BGH NJW 1953, 217, 218 f; Serick V 330 f). Daran ändert auch der Umstand nichts, dass die Weiterveräußerung als konkludente Erfüllungswahl (§ 103 InsO) gewertet werden könnte. Die Ermächtigung entfällt vielmehr im Zweifel schon im Augenblick der Zahlungseinstellung durch den Vorbehaltskäufer (Serick I § 13 II 4; V § 62 II 3 a; Gundlach KTS 2000, 307, 318 ff, 324). Zur Parallelkonstellation beim verlängerten Eigentumsvorbehalt vgl Serick V § 62 IV, VII 3. Bei Eröffnung des Insolvenzverfahrens über das Vermögen des Vorbehaltsverkäufers bleibt die Ermächtigung wegen § 107 Abs 1 InsO bestehen (Bamberger/Roth/Bub[3] Rn 9).

c) Eine entsprechende Weiterveräußerungsermächtigung findet sich bei der *Si-* **41** *cherungsübereignung* von Warenlagern: Der Sicherungsnehmer ermächtigt hier den Sicherungsgeber wiederum regelmäßig zur Veräußerung im ordnungsmäßigen Geschäftsgang. Damit gelten hier im Wesentlichen die gleichen Grundsätze.

d) Die rechtswirksame **Auflassung** enthält regelmäßig (weitergehend Streuer Rpfle- **42** ger 1998, 314 ff: notwendigerweise) die konkludente Ermächtigung des Auflassungsempfängers zur Weiterveräußerung des Grundstücks an einen Dritten (RGZ 135, 378, 382; BGHZ 106, 1, 4 f; 106, 108, 112; BGH MittBayNot 1989, 20; NJW-RR 1992, 1178, 1180; 1997, 860; BayObLG NJW 1971, 514; DNotZ 1973, 298; MittBayNot 1987, 252; NJW-RR 1991, 465; NJW 1997, 860 f; 1997, 936, 937 = EWiR 1997, 247 [Hager]; KG KGJ 47, 159; OLG Hamm FamRZ 1975, 513; NJW-RR 2001, 376, 377; Rosenberg § 873 Anm IV 4 a; BGB-RGRK/Steffen Rn 11; Staudinger/ Gursky [2012] § 873 Rn 79; Staudinger/Pfeifer [2011] § 925 Rn 126, 135 [nur wenn auch Eintragungsbewilligung aus Auflassung herauslesbar]; MünchKomm/Kanzleiter[6] § 925 Rn 44; MünchKomm/Schramm[5] § 185 Rn 38; Soergel/Leptien Rn 22; NK-BGB/Grziwotz[3] § 925 Rn 36; NK-BGB/Staffhorst[2] § 185 Rn 17; Palandt/Bassenge § 925 Rn 22; Westermann/Gursky/Eickmann, SR[8] § 75 Rn 1–6, 11 f; Kuchinke JZ 1964, 144, 148; Ehricke/Diehn JuS 2002, 669, 672; Schöner/Stöber, Grundbuchrecht [15. Aufl 2012] Rn 3296 ff, 3317; Mülbert AcP 202 [2002] 912, 931 f; Tetenberg, Die Anwartschaft des Auflassungsempfängers [2006] 171 f; krit Hoche NJW 1955, 652; Forkel, Grundfragen der Lehre vom privatrechtlichen Anwartschaftsrecht [1962] 112 Fn 103; Müller, SachenR[4] Rn 1024c; Schneider MDR 1994, 1057, 1058 f). Anders allerdings, wenn der Erwerb des Grundstücks durch den Dritten einer vereinbarten Zweckbestimmung zuwiderliefe (BGH NJW 1997, 860 f; 1997, 936, 937 [Veräußerung an Ortsansässigen im Rahmen des Einheimischenmodells]; OLGR Hamm 2001, 133, 134) oder die Rechtsstellung des Auflassenden durch die Weiterauflassung unter den gegebenen Umständen verschlechtert würde (BGH aaO mwNw; NJW 1997, 860; Erman/Palm[12] Rn 7; Erman/Maier-Reimer[13] § 185 Rn 7; **aA** Streuer Rpfleger 1998, 314 ff). Anders auch, wenn eine Eintragung einer Rückauflassungsvormerkung vereinbart worden ist, die einen aufschiebend bedingten Rückübereignungsanspruch des Verkäufers sichern soll (BGH NJW 1997, 860 f; OLG Düsseldorf OLGZ 1980, 343, 344; MünchKomm/Schramm[5] Rn 38; Bamberger/Roth/ Bub[3] Rn 9; Palandt/Ellenberger Rn 8). Die Rückauflassungsvormerkung kann ja überhaupt nur nach der Eintragung des Käufers und Auflassungsempfängers eingetragen werden. Entsprechendes gilt, wenn die Eintragung einer Hypothek für den Kaufpreisrest vereinbart wurde (KG JFG 2, 316, 318 ff). Hier kann eine Weiterveräußerungsermächtigung nur für den Fall unterstellt werden, dass der Abkäufer des Auflassungsempfängers die Hypothek mit dem vorgesehenen Rang bestellt (vgl Kuchinke JZ 1984, 145, 146 m Fn 34). Gegen die Annahme einer konkludenten Weiterveräußerungsermächtigung spricht es auch, wenn die Parteien den grundbuchmäßigen Vollzug der Auflassung hinausgeschoben haben (vgl MünchKomm/KANZLEITER[6] § 925 Rn 44 aE). Während aber die Weiterveräußerungsermächtigung wenigstens typischerweise in der Auflassung liegt, kann in der Auflassung nicht ohne weiteres auch eine Ermächtigung zur Belastung des Grundstücks gesehen werden (BayObLGZ 1970, 254, 257 = NJW 1971, 514 f mAnm WOLFSTEINER; NJW 1971, 1140; DNotZ 1973, 298; OLG Naumburg 21. 3. 2000–11 U 150/99 [juris]; BGB-RGRK/STEFFEN Rn 11; MünchKomm/KANZLEITER[6] § 925 Rn 41; STREUER Rpfleger 1998, 314, 317). Dies gilt jedenfalls dann, wenn der Kaufpreis noch nicht voll bezahlt ist (WESTERMANN/GURSKY/EICKMANN aaO). Aber auch bei vollständiger Bezahlung des Kaufpreises könnten gegenüber den etwa in der Zwischenzeit kraft unterstellter Einwilligung eingetragenen Grundpfandgläubigern im Hinblick auf § 1134 Pflichten des Grundstückseigentümers entstehen, die über die bloße Sachhaftung hinausgehen (BayObLG aaO). Auch zur Bewilligung einer Auflassungsvormerkung zugunsten des Dritterwerbers ist der Auflassungsempfänger nicht ohne weiteres ermächtigt (BayObLGZ 1972, 397 = DNotZ 1973, 298). Diese scheitert im Übrigen schon daran, dass der Eigentümer dafür eine eigene schuldrechtliche Verpflichtung gegenüber dem Dritterwerber eingehen müsste. Was für die Auflassung gilt, muss im Ergebnis auch für die bindende Einigung über die Übertragung von Grundstücksrechten zutreffen. Die Einigung über die Übertragung eines Buchgrundpfandrechts enthält beispielsweise (zumindest bei gleichzeitiger Aushändigung einer Umschreibungsbewilligung) regelmäßig die konkludente Einwilligung dazu, dass der Erwerber dieses ohne eigene Eintragung weiterüberträgt (RGZ 54, 362, 369; BayObLGZ 1971, 514; OLG Düsseldorf DNotZ 1996, 559, 561; LG Detmold Rpfleger 2001, 299; BGB-RGRK/STEFFEN Rn 11; SOERGEL/LEPTIEN Rn 22).

43 Die Ermächtigung kann bis zur Eintragung des Dritterwerbers noch durch formlose Aufhebung der ersten Einigung beseitigt werden (BayObLGZ 1972, 397 = DNotZ 1973, 298 = MDR 1973, 407). Darüber hinaus muss auch ein einseitiger *Widerruf* der Ermächtigung durch den Eigentümer nach § 183 möglich sein (BayObLGZ 1972, 397, 398; SOERGEL/STÜRNER § 873 Rn 28; WESTERMANN/GURSKY/EICKMANN, SR[8] § 74 Rn 5–9; MANKOWSKI, Beseitigungsrechte [2003] 72; s auch STAUDINGER/GURSKY [2012] 873 Rn 80). Die Ermächtigung ist ja kein Bestandteil der Auflassung; sie wird nur aus der Vornahme der Auflassung angesichts der typischen Interessenlage erschlossen. Deshalb kann auch die Bindung an die Einigung kein Hindernis für den Widerruf bilden. Dass die Ermächtigung hier allein im Interesse des Ermächtigten erteilt worden ist, steht ebenfalls einem Widerruf jedenfalls aus wichtigem Grund nicht entgegen (s § 183 Rn 14). Zur Dauer der Widerruflichkeit s § 183 Rn 10. Die in der Auflassung liegende Einwilligung wird durch eine berechtigte Anfechtung der Auflassung mit beseitigt (RGZ 89, 152, 157; ROSENBERG § 873 Anm IV 4 a aE).

44 e) Die *Überlassung des Kraftfahrzeugbriefes* (bzw der jetzigen Zulassungsbescheinigung Teil II) an einen Gebrauchtwagenhändler kann regelmäßig nicht als Ermächtigung zur Verpfändung oder Sicherungsübereignung des Kraftfahrzeugs interpretiert werden (vgl BGH WM 1963, 1186; LM § 933 Nr 4 Bl 2; BGB-RGRK/STEFFEN Rn 11).

45 Händigt der Vorbehaltsverkäufer eines Kraftfahrzeugs dem Käufer, nachdem dieser ihm einen (ungedeckten) Scheck über die Kaufsumme gegeben hat, den Kfz-Brief aus, so liegt darin normalerweise noch nicht die konkludente Einwilligung in eine

Weiterveräußerung des Kraftfahrzeugs, die dem Käufer überhaupt erst die Mittel für die Bezahlung der Kaufpreisschuld verschaffen würde (BGH NJW-RR 1987, 1266).

IV. Die Genehmigung nach § 185 Abs 2 S 1 Fall 1

1. Allgemeines

Die Verfügung eines Nichtberechtigten wird nach § 185 Abs 1 S 1 iVm § 184 Abs 1 **46** rückwirkend wirksam, wenn der Berechtigte sie genehmigt. Zur konkludenten Genehmigung allgemein s § 182 Rn 9 ff, 17 ff, speziell zur Genehmigung durch Klageerhebung § 182 Rn 10, § 184 Rn 4 und unten Rn 54; wegen der Form der Genehmigung s § 182 Rn 23, wegen des Adressaten § 182 Rn 4; wegen der Unwiderruflichkeit § 184 Rn 14, wegen der Rückwirkung und ihrer Einschränkung bei Zwischenverfügungen des Berechtigten vgl § 184 Rn 31 ff, 38 ff. Zum Erfordernis der Verfügungsmacht des genehmigenden Rechtsinhabers s oben Rn 16, zur Genehmigungsfähigkeit von einseitigen Rechtsgeschäften s oben Rn 6 f Bei Verfügungen über Liegenschaftsrechte besteht die Genehmigungsmöglichkeit nur, wenn die Eintragung des Erwerbers im Grundbuch in der Zwischenzeit noch nicht im Wege der Grundbuchberichtigung rückgängig gemacht worden ist (s § 184 Rn 10). Die Genehmigung einer unrechtmäßigen Pfandveräußerung (§ 1243 Abs 1) durch den Pfandeigentümer heilt schon nach § 185 Abs 2 S 1, 1. Fall die fehlende gesetzliche Verfügungsermächtigung; sie bewirkt darüber hinaus aber, dass auch die weiteren Rechtsfolgen einer rechtmäßigen Pfandveräußerung entsprechen (BGH NJW 1995, 1350, 1351; MünchKomm/Damrau § 1243 Rn 5; Westermann/Gursky/Eickmann SR[8] § 129 Rn 11 f; statt einseitiger Genehmigung verlangt Staudinger/Wiegand [2009] § 1245 Rn 9 einen Vertrag zwischen Pfandeigentümer und Pfandgläubiger).

Genehmigungsbedürftig ist natürlich nur die Verfügung eines Nichtberechtigten. **47** Hieran fehlt es entgegen OLG München JFG 22, 12, 13 f auch dann nicht, wenn der E sein Grundstück nacheinander an A und B verkauft und aufläßt und der danach durch Eintragung zum Eigentümer gewordene B anschließend der Auflassung von E an A zustimmt (BGH LM § 185 BGB Nr 6 Bl 2 R = WM 1957, 905, 907 f). Der Grundstückseigentümer E hat zwar beide Auflassungen als Berechtigter erklärt. Verfügung iS von § 185 ist aber nicht die Auflassung, sondern die Übereignung, zu der neben der Auflassung als zweites Element die Umschreibung im Grundbuch gehört (BGH aaO). Die Übereignung an A hat E hier bisher nur eingeleitet. In dem Zeitpunkt, in dem diese sich vollenden könnte, also dem der noch ausstehenden Eintragung, wäre der Verfügende (E) aber infolge der bereits erfolgten Übereignung an B notwendigerweise Nichtberechtigter. Der neue Eigentümer B kann damit die von seinem Rechtsvorgänger E eingeleitete, mittlerweile aber von einem Nichtberechtigten ausgehende Übereignung durch seine Zustimmung wirksam machen (BGH aaO). Genaugenommen ist diese Zustimmung allerdings gar keine Genehmigung, sondern, da sie noch vor Vollendung des Tatbestandes der zustimmungsbedürftigen Verfügung erfolgt, eine Einwilligung (s § 183 Rn 1).

Die Verfügung eines Nichtberechtigten kann naturgemäß nur dann durch die Ge- **48** nehmigung des Berechtigten wirksam werden, wenn die Verfügung immer noch schwebend unwirksam ist. Daran fehlt es, wenn der Berechtigte zuvor die Genehmigung definitiv verweigert hatte (BGHZ 13, 179, 186 ff; BGH NJW 1993, 2525, 2526; s § 182

Rn 35 ff), ebenso auch, wenn die Parteien des Verfügungsgeschäftes dieses in der Zwischenzeit durch einen contrarius consensus aufgehoben hatten (s § 184 Rn 8). Schließlich in der Regel auch, wenn das einwilligungsbedürftige Verfügungsgeschäft eine einseitige rechtsgestaltende Erklärung war (s oben Rn 6). Die Genehmigung des Berechtigten kann ihre normale Wirkung natürlich auch dann nicht entfalten, wenn die Verfügung des Nichtberechtigten noch an einem weiteren Mangel leidet. Wenn etwa der minderjährige Vorbehaltskäufer die Vorbehaltssache an einen Bösgläubigen weiterübereignet, erlangt dieser nur im Falle der Genehmigung auch durch den gesetzlichen Vertreter unbedingtes Eigentum. (Die Veräußerung ist für den Minderjährigen kein neutrales Geschäft, weil er nicht nur über das fremde Eigentum, sondern auch über das eigene Anwartschaftsrecht verfügt.)

49 Eine Heilung durch Genehmigung des Berechtigten kommt grundsätzlich nicht in Betracht, wenn der Verfügende dem Erwerber offengelegt hat, dass ihm das Verfügungsobjekt noch gar nicht zusteht, dass er sich vielmehr dieses erst noch beschaffen muss (EGERT 116; LEMPENAU 50 f; offengelassen bei MAROTZKE 22 f). Er verfügt dann nämlich nicht über das gegenwärtige fremde, sondern über das künftige eigene Recht (vTUHR, AT II 1, 383). Damit ist aber die Wirksamkeit der Verfügung von den Parteien (kraft einer mit der ohnehin bestehenden Rechtsbedingung deckungsgleichen rechtsgeschäftlichen Bedingung) bis zum Erwerb des Verfügungsobjektes aufgeschoben und die Verfügung damit vorher auch nicht genehmigungsfähig. Wird dennoch eine Genehmigung ausgesprochen, ist zu prüfen, ob sie im Wege der Umdeutung als Rechtsübertragung auf den Verfügenden oder unmittelbar auf den Erwerber aufrechterhalten werden kann.

2. Mehrere Verfügungen von Nichtberechtigten

50 Das Gesetz regelt in § 185 Abs 2 nicht ausdrücklich die Frage, welche Konsequenzen sich für die Genehmigungsmöglichkeit ergeben, wenn mehrere Verfügungen eines Nichtberechtigten (oder mehrerer Nichtberechtigten) über denselben Gegenstand erfolgt sind: § 185 Abs 2 S 2 spricht diese Frage ja ausdrücklich nur für die Konvaleszenztatbestände von Abs 2 S 1 2. und 3. Fall an. Die Lösung dieser Problematik bei der Genehmigung ergibt sich teils aus der Natur der Sache, teils aus § 184 Abs 2: Bei mehreren vom Berechtigten ausgesprochenen Genehmigungen ist die erste im Verhältnis zu den anderen eine Zwischenverfügung. Liegen mehrere miteinander kollidierende und nicht aufgrund von Gutglaubensschutzvorschriften wirksame Verfügungen von Nichtberechtigten vor – eine bewegliche Sache ist beispielsweise zweimal vom Nichtberechtigten in der Form des § 930 übereignet worden – so kann der Berechtigte wahlweise eine davon genehmigen (FLUME, AT § 57, 3 e; SOERGEL/LEPTIEN Rn 26; MünchKomm/SCHRAMM[5] Rn 59; BORK Rn 1723). Damit ist seine Rechtsmacht zur Genehmigung verbraucht (STAUDINGER/COING[11] Rn 9). Da er jetzt nicht mehr „Berechtigter" iS von § 185 ist, kann er anschließend weder die andere Übereignung noch etwa eine außerdem noch vom Nichtberechtigten vorgenommene Verpfändung genehmigen (allgM). Wohl aber könnte der neue Eigentümer eine solche Genehmigung aussprechen (s § 184 Rn 27; DÖLLING 27), die dann auf seinen eigenen Eigentumserwerb zurückwirken würde.

51 In dem sehr theoretischen Fall, dass der Berechtigte mehrere miteinander unvereinbare Verfügungen eines Nichtberechtigten gleichzeitig genehmigt, bietet sich eine

Titel 6
Einwilligung und Genehmigung § 185

analoge Anwendung von § 185 Abs 2 S 2 an. Diese führt dann zu dem Ergebnis, dass nur die früheste der kollidierenden Verfügungen wirksam wird (Oertmann, Die Rechtsbedingung [1924] 100; Enneccerus/Nipperdey I 2 § 204 Fn 62; Wieling SR I² V 2 c; Staudinger/Coing¹¹ Rn 9; Planck/Flad § 185 Anm 8 und § 1205 Anm 1a; Schlegelberger/ Vogels/Pfeifle Rn 18; BGB-RGRK/Steffen Rn 15; NK-BGB/Staffhorst² Rn 36; Palandt/Ellenberger Rn 12; nur iE Soergel/Leptien Rn 26, 31 und Erman/Palm¹² Rn 14 [jeweils mit Begründung aus § 184 Abs 1]; **abw** Dölling 29: entscheidend der hypothetische Parteiwille).

Hat der Nichtberechtigte die fremde Sache erst verpfändet und dann übereignet, **52** kann der Eigentümer nach Genehmigung der Verpfändung auch noch die Übereignung genehmigen (Dölling 25 f), weil dadurch die Verpfändung ja gar nicht berührt wird; die umgekehrte Reihenfolge dagegen verbietet sich (Dölling 27), weil der Zustimmende durch die Genehmigung der Übereignung die Genehmigungszuständigkeit notwendigerweise verliert (s oben Rn 21). Genehmigen könnte hier nur der neue Eigentümer (Dölling 27). Ist ein Grundstück vom eingetragenen Nichtberechtigten erst mit einem Nießbrauch für A und dann mit einer Grundschuld für B belastet worden und sind beide Verfügungen wegen eines für den Eigentümer eingetragenen Widerspruchs unwirksam, so kann der Eigentümer die beiden Verfügungen in der gleichen Reihenfolge genehmigen: § 184 Abs 2 steht dem nicht entgegen, weil die Genehmigung der Grundschuldbestellung ja nur zur Entstehung eines nachrangigen Rechts führt und damit den bereits durch Genehmigung wirksam gewordenen Nießbrauch des A gar nicht beeinträchtigen kann. Hat der Eigentümer dagegen erst die Grundschuldbestellung genehmigt, so müsste eigentlich § 184 Abs 2 eingreifen: Eine anschließende Genehmigung der Nießbrauchbestellung wäre damit zwar nicht ausgeschlossen, sie dürfte aber die dem Grundschuldgläubiger durch die erste Genehmigung bereits verschaffte Rechtsposition nicht beeinträchtigen, also insbesondere die bereits erlangte erste Rangstelle nicht entziehen. § 184 Abs 2 wird hier jedoch durch die vorrangige Wertung des § 879 Abs 2 ausgeschaltet (s § 184 Rn 63). Ist dagegen eine bewegliche Sache oder eine Forderung von einem Nichtberechtigten erst an A und dann an B verpfändet worden, kommt § 184 Abs 2 zum Tragen, wenn der Eigentümer bzw Gläubiger erst die Verpfändung an B und danach die Verpfändung an A genehmigt. Hier darf die zweite Genehmigung die erste nicht konterkarieren; das Pfandrecht des A erhält deshalb nur die zweite Rangstelle (abw Dölling 26: Rangverhältnis entsprechend der zeitlichen Abfolge der Verpfändungen).

Bei *Kettenverfügungen* von Nichtberechtigten – das Grundstück des nicht einge- **53** tragenen, aber durch Widerspruch geschützten Eigentümers E wird vom eingetragenen nicht berechtigten A an B, von diesem an C, von C an D übereignet – hat der Eigentümer ebenfalls die Wahl, welche der Veräußerungen er genehmigen will. Genehmigt er die erste, werden damit die Folgeverfügungen ebenfalls wirksam. Der Heranziehung des § 184 Abs 2 S 1 Fall 2 bedarf es hierfür wegen der Rückwirkung der Genehmigung nicht; sämtliche weiteren Übereignungen werden dadurch einfach zu Verfügungen des Berechtigten (Flume, AT II § 57, 3 e; MünchKomm/ Schramm⁵ Rn 60; Soergel/Leptien Rn 26; NK-BGB/Staffhorst² Rn 21). Genehmigt der Eigentümer die letzte Übereignung, hat er damit wiederum seine Rechtsmacht zur Zustimmung verbraucht. Er kann mangels fortdauernder Rechtszuständigkeit auch dann nicht eine der vorangegangenen Verfügungen genehmigen, wenn er nunmehr erfährt, dass bei einer dieser früheren Veräußerungen ein höherer Erlös erzielt worden ist (**aA** Pfister JZ 1969, 623, 625). All dies gilt auch, wenn die Kette von

Verfügungen ein beschränktes dingliches Recht betrifft. Falls der als Eigentümer eingetragene nicht berechtigte N, gegen dessen Eintragung ein Widerspruch im Grundbuch steht, sich selbst eine Grundschuld bestellt und diese dann von ihm an A, von A an B und von B an C abgetreten wird, so verliert der wirkliche Eigentümer E durch eine Genehmigung der Verfügung des B notwendigerweise die Fähigkeit, die vorangegangenen Verfügungen des N oder A zu genehmigen.

3. Genehmigung und Erlösherausgabeanspruch

54 Der Berechtigte wird die Verfügung des Nichtberechtigten zumeist deshalb genehmigen, um sich den Erlösherausgabeanspruch aus § 816 Abs 1 S 1 gegen den verfügenden Nichtberechtigten zu verschaffen. Die gegen die kombinierte Anwendung von § 816 Abs 1 S 1 und § 185 Abs 2 S 1 Fall 1 früher geltend gemachten konstruktiv-dogmatischen Bedenken (vgl HAYMANN JherJb 71 [1927] 188 ff; ders LZ 1930, 681 ff; KRA-WIELICKI JherJb 81 [1931] 257 ff; MOLITOR, SchR II § 31 II 5), sind heute überwunden (vgl KÖBL, Das Eigentümer-Besitzer-Verhältnis im Anspruchssystem des BGB [1971] 287 f; REUTER/MARTINEK, Ungerechtfertigte Bereicherung [1983] § 8 I 2 a S 300 f; STAUDINGER/S LORENZ [2007] § 816 Rn 9). Die für den Anspruch erforderliche Genehmigung liegt nach verbreiteter Auffassung regelmäßig schon in der Erhebung der *Klage auf Erlösherausgabe* (RGZ 106, 44, 45; 115, 31, 34; BGH NJW 1960, 860; WM 1958, 1222, 1223; LM § 816 BGB Nr 6 und Nr 9/10 [LS 1]; OERTMANN § 816 Anm 1a; PLANCK/LANDOIS § 816 Anm 3; BAMBERGER/ROTH/BUB[3] § 185 Rn 10; JAUERNIG/STADLER[15] § 816 Rn 6; ACHILLES/GREIFF/BRÜGGEMANN § 816 Anm 2; vCAEMMERER, in: FS Rabel [1954] 333, 389; DIEDERICHSEN Jura 1970, 378, 388; BEUTHIEN/WEBER, SchR II [2. Aufl 1987] 87; vTUHR, AT II 1, 381 [auch jede außergerichtliche Geltendmachung]; E WOLF 478 f). Diese Deutung ist allerdings für den Kläger prekär, weil er damit sein Recht endgültig verliert, also auch dann nicht wieder gegen den Erwerber vorgehen kann, wenn sich alsbald herausstellt, dass der Nichtberechtigte den Erlös nicht mehr hat und vermögenslos ist. Die Schrifttumsmehrheit will deshalb dem Berechtigten die Möglichkeit gewähren, auf *Erlösherausgabe Zug um Zug gegen Genehmigung* zu klagen (STAUDINGER/S LORENZ [2007] § 816 Rn 10; MünchKomm/LIEB[4] § 816 Rn 26; SOERGEL/MÜHL/HADDING § 816 Rn 8; BAMBERGER/ROTH/BUB[3] Rn 10; ERMAN/BUCK-HEEB[13] § 816 Rn 9; PALANDT/SPRAU § 816 Rn 9; JAUERNIG/STADLER[15] § 816 Rn 6; AK-BGB/JOERGES § 816 Rn 11; StudK/BEUTHIEN § 816 Anm I 2 b; HÜBNER AT[2] Rn 1356 f; ENNECCERUS/LEHMANN, SchR § 225 I 3 c; LARENZ, SchR II[12] § 69 IV a; LARENZ/CANARIS, SchR II[14] § 69 II 1 c; ESSER/WEYERS, SchR BT[8] § 50 II 2 b; REUTER/MARTINEK, Ungerechtfertigte Bereicherung [1983] § 8 I 2 c S 306; KOPPENSTEINER/KRAMER, Ungerechtfertigte Bereicherung [2. Aufl 1988] 94; LOEWENHEIM, Bereicherungsrecht [1989] 85; WIELING, Bereicherungsrecht[4] § 4 III 1 d aa; BAUERNFEIND NJW 1961, 109 f). Dieser Lösung stehen jedoch unüberwindliche konstruktive Schwierigkeiten entgegen, da der Erlösherausgabeanspruch vor der Genehmigung ja gar nicht besteht. Die Zwangslage des Berechtigten rechtfertigt aber eine andere Lösung: Der Berechtigte kann die Genehmigung unter die *auflösende Bedingung der Nichtbeitreibbarkeit des Erlöses* beim Nichtberechtigten (bzw der Nichterfüllung des Erlösherausgabeanspruchs durch diesen) stellen (KÖBL 289; MERLE AcP 183 [1983] 81, 90 ff; vLÜBTOW, Beiträge zur Lehre von der conditio [1952] 67 Fn 48; STAUDINGER/SEUFERT[11] § 816 Rn 4 a; GURSKY, SchR BT[5] 197; BAUR/STÜRNER, SR[18] § 11 Rn 36; jurisPK-BGB/TRAUTWEIN[6] § 184 Rn 6; BAMBERGER/ROTH/BUB[3] § 185 Rn 10; anders MünchKomm/SCHWAB[6] § 816 Rn 34: auflösende Bedingung der Wiedererlangung des Besitzes der Sache). Zur weiteren Begründung vgl § 184 Rn 4. Unter diesen Umständen wird man auch in der Klageerhebung nicht mehr als eine solche auflösend bedingte Genehmigung sehen können (abw STAUDINGER/SEUFERT[11] aaO: ausdrückliche Erklärung erforderlich).

Nach hM kann der Gläubiger einer Forderung, deren Schuldner die geschuldete **54a** Leistung an einen Dritten erbracht hat, diese Leistung nach §§ 362 Abs 2, 185 Abs 2 S 1 Fall 2 genehmigen und sich dadurch den Bereicherungsanspruch aus **§ 816 Abs 2** auf Herausgabe des erlangten Zahlungsbetrages gegen den Zahlungsempfänger verschaffen (vgl dazu STAUDINGER/S LORENZ [2007] § 816 Rn 32, wo diese Lösung allerdings abgelehnt wird). Wenn man der hM insoweit folgt, stellt sich auch hier wieder die Frage, ob in der Klageerhebung als solcher schon eine konkludente (und unbedingte) Genehmigung gesehen werden kann. Die Rechtsprechung bejaht das grundsätzlich (BGH NJW 1972, 1197, 1199; 1974, 944, 945; 1983, 446; 1986, 2104, 2106; 1986, 2430; NJW-RR 1990, 2000, 2001). Sie entscheidet jedoch anders, wenn ersichtlich ein partieller Wegfall der Bereicherung beim Zahlungsempfänger in Betracht kommt (BGH NJW 2005, 2698, 2699). Das LG Duisburg (9. 8. 2007 – 5 S 27/07, juris Rn 8 ff) lehnt die Deutung als Genehmigung auch dann ab, wenn die Klage nicht ausdrücklich auf § 816 Abs 2 gestützt wird, dem Kläger auch andere Anspruchsgrundlagen zur Verfügung stehen und die Klage auf den vom Beklagten eingezogenen Forderungsbetrag begrenzt ist.

4. Sonstiges

Zur Genehmigung einer Verfügung eines Nichtberechtigten, deren Objekt inzwi- **55** schen *untergegangen* ist, vgl § 184 Rn 25.

Hat der Verfügung des Nichtberechtigten bereits **ein anderer Nichtberechtigter** als **56** vermeintlicher oder angeblicher Rechtsinhaber **zugestimmt**, so hat der Berechtigte grundsätzlich die Wahl, ob er das Hauptgeschäft, dem der zweite Nichtberechtigte zugestimmt hat, oder aber diese Zustimmungserklärung genehmigen will. In beiden Fällen wird das Hauptgeschäft rückwirkend wirksam (vgl oben Rn 7). Die Zustimmung des Nichtberechtigten ist allerdings nur dann genehmigungsfähig, wenn einer der beiden anerkannten Ausnahmefälle von der aus §§ 111 S 1, 180 S 1, 1367, 1831 S 1 abgeleiteten Regel gegeben ist, wonach einseitige empfangsbedürftige Willenserklärungen, die ohne die vorgeschriebene Einwilligung eines Dritten abgegeben werden, nichtig sind (vgl § 182 Rn 47). Entweder muss also der zweite Nichtberechtigte seine fehlende Rechtsinhaberschaft offengelegt und eine ihm vom Berechtigten erteilte Ermächtigung zu Unrecht, aber ohne Beanstandung durch den Adressaten behauptet haben. Oder der Adressat muss mit seinem ermächtigungslosen Handeln in der Hoffnung auf eine spätere Genehmigung durch den Berechtigten einverstanden gewesen sein. Wenn der zweite Nichtberechtigte mit Einwilligung des Berechtigten gehandelt hat, seine Zustimmungserklärung aber vom Adressaten nach §§ 182 Abs 3 iVm § 111 S 2 wegen Nichtvorlage der Einwilligung in schriftlicher Form zurückgewiesen wurde, ist diese Erklärung endgültig unwirksam, eine Genehmigung also nicht möglich (vgl MünchKomm/SCHRAMM[5] Rn 62).

Die Genehmigungsmöglichkeit besteht nicht mehr, wenn die Genehmigung zuvor **57** bereits **definitiv verweigert** worden war (vgl § 182 Rn 35 f). Eine solche endgültige Verweigerung der Genehmigung kann aber noch nicht in dem Umstand gefunden werden, dass der Berechtigte zunächst vom Verfügenden Schadensersatz nach

§§ 990 Abs 1, 989 verlangt (BGH JZ 1968, 431; REUTER/MARTINEK, Ungerechtfertigte Bereicherung [1983] § 8 I 2 a aE S 302; STAUDINGER/S LORENZ [2007] § 816 Rn 11).

58 STAUDINGER/COING[11] (Rn 6) und H HÜBNER (AT[2] Rn 1356) wollen der Genehmigung der Verfügung eines Nichtberechtigten durch den Berechtigten den Fall gleichstellen, dass der im eigenen Namen Verfügende selbst die von ihm im Zustand beschränkter Verfügungsmacht getroffene Verfügung nach Rückerlangung des Verfügungsrechts genehmigt. Das ist jedoch ungenau. Auf die Genehmigung kommt es nicht an. Die Rückerlangung der Verfügungsmacht (etwa durch Einstellung des Insolvenzverfahrens, § 215 Abs 2 S 1 InsO) heilt in Analogie zu § 185 Abs 2 S 1 Fall 2 automatisch, aber nur ex nunc den bisherigen Mangel des Rechtsgeschäfts (s unten Rn 73). Eine rückwirkende Genehmigung verbietet sich hier schon deshalb, weil damit nachträglich in die Entscheidungszuständigkeit des damaligen Insolvenzverwalters eingegriffen würde.

V. Nachträglicher Erwerb durch den Verfügenden (Abs 2 S 1 Fall 2)

1. Allgemeines

59 Die von einem Nichtberechtigten getroffene Verfügung wird nach § 185 Abs 2 S 1 Fall 2 auch ohne Genehmigung wirksam, wenn der Verfügende den Gegenstand der Verfügung erwirbt, also etwa der nicht berechtigte Hypothekenbesteller das Grundeigentum. Eine Rückwirkung tritt aber in diesem Falle nicht ein (vgl RGZ 89, 158, 135, 378, 383 = JW 1932, 2404 Nr 8 mAnm LANGE; BGH BB 1959, 650; WM 1978, 1406, 1407; PLANCK/FLAD Anm 4a; OERTMANN Anm 5a ε; ders, Rechtsbedingung 117; vTUHR, AT II 1, 386; BGB-RGRK/STEFFEN Rn 13). Es handelt sich vielmehr um *Heilung* des Mangels *ex nunc,* also **Konvaleszenz im engeren Sinne.** Eine Rückwirkung verbietet sich hier schon deshalb, weil es keinerlei Rechtfertigung dafür gibt, dem bisherigen Rechtsinhaber rückwirkend die bisherige Rechtsposition zu entziehen. Auch hier wird aber natürlich die Verfügung rückwirkend wirksam, wenn der Verfügende die Rechtszuständigkeit rückwirkend erlangt, etwa durch Anfechtung eines vorangegangenen Veräußerungsgeschäftes oder infolge der nachträglichen Erteilung einer für seinen eigenen Erwerb erforderlichen und nach § 184 Abs 1 zurückwirkenden Genehmigung (vTUHR, AT II 2, 243). Handelt es sich bei dem zunächst schwebend unwirksamen Verfügungsgeschäft um eine Rechtsübertragung, so erlangt der Nichtberechtigte das Recht im Falle von § 185 Abs 2 S 1 Fall 2 nur für eine logische Sekunde; es fällt sofort weiter an den Verfügungsbegünstigten (vgl vTUHR, AT II 1, 387). Es tritt also (zumindest im logischen Sinne, vgl MAROTZKE AcP 191 [1991] 177, 186) Durchgangserwerb ein (BFH NJW 1996, 1079, 1080 [mit bedenklichen Folgerungen]; MünchKomm/SCHRAMM[5] Rn 69; BAMBERGER/ROTH/BUB[3] Rn 13; PALANDT/ELLENBERGER Rn 11; WACKE SavZ RA 114 [1997] 197, 198; GIESEN AcP 203 [2003] 210, 218; gegen Durchgangserwerb im zeitlichen Sinne SCHULTZ BB 1998, 75 f; BÜLOW, Recht der Kreditsicherheiten [7. Aufl 2007] Rn 1142; BECKER, Maßvolle Kreditsicherung [1999] 598). Handelt es sich um eine Belastung des Verfügungsobjektes, so ist dessen nachträglicher Erwerb von Dauer; es entsteht aber nach der logischen Sekunde das bestellte beschränkte dingliche Recht (vgl MAROTZKE AcP 191 [1991] 177, 185 f). Handelt es sich um die Bestellung eines beschränkten Liegenschaftsrechtes, so sorgt § 879 Abs 2 für eine Art von partieller Rückwirkung: Der Rang des Rechts richtet sich nach dem Zeitpunkt der Eintragung. – Der Anwendung von § 185 Abs 2 S 1 Fall 2 bedarf es nicht, wenn der Verfügende bei der Auflassung oder Einigung über die

Bestellung oder Übertragung eines beschränkten Liegenschaftsrechts noch Nichtberechtigter, bei der zugehörigen Eintragung aber Eigentümer bzw Inhaber des von der Verfügung betroffenen Rechts war (s oben Rn 19; ferner auch § 873 Rn 75). Das (mehraktige) Rechtsgeschäft ist hier ja von Anfang an wirksam. – Der durch Konvaleszenz nach § 185 Abs 2 S 1 Fall 2 nachträglich wirksam werdende Erwerb vom Nichtberechtigten ist *nicht insolvenzfest* (BGH NJW-RR 2004, 259 mwNw; NK-BGB/STAFFHORST[2] Rn 25) oder genauer: er ist nach § 91 Abs 1 InsO unwirksam, wenn über das Vermögen des verfügenden Nichtberechtigten zur Zeit von dessen Erwerb bereits das Insolvenzverfahren eröffnet war (MünchKommInsO/BREUER[2] § 91 Rn 46). Wird etwa eine Forderung vom Gläubiger zweimal sicherungshalber abgetreten und später nach Eröffnung des Insolvenzverfahrens über das Vermögen des Zedenten vom ersten Zessionar freigegeben, fällt die Forderung als Neuerwerb iS von § 35 Abs 1 Alt 2 in die Masse. Dadurch müsste sie an sich nach § 185 Abs 2 S 1 Fall 2 auf den zweiten Zessionar übergehen; das scheitert jedoch an § 91 Abs 1 InsO (BGH aaO). S auch unten Rn 70.

Dieser Konvaleszenzfall war dem römischen und gemeinen Recht unbekannt (vgl oben Rn 1). Er ist keine logische Notwendigkeit, sondern gilt kraft positiver Anordnung des Gesetzgebers. Die *ratio legis* besteht in der Erwägung, „dass, wer infolge mangelnder Berechtigung den Verfügungserfolg nicht herstellen konnte, aus diesem seinem Rechtsmangel nicht seinerseits Vorteile haben soll" (OERTMANN Anm 5a β). Letztlich beruht dieser Konvaleszenzfall damit auf dem Verbot des venire contra factum proprium (WACKE aaO). Darüber hinaus dient er (genau wie Abs 2 S 1 Fall 3) auch der technischen Vereinfachung. Der verfügende Nichtberechtigte wäre typischerweise ohnehin noch zur Verschaffung des Verfügungsobjektes verpflichtet. Die automatische Heilung der zunächst schwebend unwirksamen Verfügung erspart dem Erwerber die klageweise Durchsetzung seines Anspruchs. **60**

Worauf der Erwerb des Verfügungsobjektes durch den Nichtberechtigten beruht, ist belanglos (WACKE 198). Er mag dieses durch Einzelrechtsnachfolge vom Berechtigten oder auch kraft guten Glaubens von einem Nichtberechtigten erworben haben, und das Kausalverhältnis kann dabei beliebiger Art sein. Ja das Kausalverhältnis kann genauso gut auch fehlen, die Rechtsübertragung an den ehemaligen Nichtberechtigten also aufgrund eines nur vermeintlichen Anspruchs erfolgt sein (s unten Rn 66). Ein besonders häufig vorkommender Anwendungsfall ist die Konstellation, dass ein Sicherungsgeber den sicherungshalber übertragenen Gegenstand ein zweites Mal (und damit als Nichtberechtigter) auf einen zweiten Sicherungsnehmer überträgt und anschließend vom ersten Sicherungsnehmer (durch Eintritt einer der ersten Sicherungsübertragung beigefügte auflösenden Bedingung oder durch Rückübertragung nach Tilgung der gesicherten Forderung) zurückerwirbt (vgl OLG Köln NJW-RR 1997, 1478 [für Sicherungszession]; jurisPK-BGB/TRAUTWEIN[6] Rn 36; ERMAN/PALM[12] Rn 11; BÜLOW WM 1998, 845 ff). **61**

Die Konvaleszenz nach § 185 Abs 2 S 1 Fall 2 tritt aber genauso ein, wenn der Verfügende den Gegenstand der Verfügung durch **Universalrechtsnachfolge**, also durch Erbgang (OERTMANN Anm 5a ξ; vTUHR, AT II 1, 382 f; jurisPK-BGB/TRAUTWEIN[6] Rn 36) oder etwa durch eine der verschiedenen Formen der Umwandlung von Rechtsträgern nach dem UmwG, die jeweils eine echte Universalsukzession oder (wie bei der Teilübertragung nach § 174 Abs 1, 2 Nr 2 u 3 UmwG, bei der Aufspaltung nach **62**

§§ 123 Abs 1 UmwG, der Abspaltung nach § 123 Abs 2 UmwG und der Ausgliederung nach § 123 Abs 3 UmwG) eine partielle Universalsukzession beinhalten, erworben hat. Beim Erwerb durch Erbgang ist dabei im Gegensatz zum dritten Fall des Abs 2 S 1 gleichgültig, ob der Verfügende für die Nachlassverbindlichkeiten unbeschränkt haftet oder nicht (Oertmann aaO; vTuhr aaO Fn 112 [m Kritik de lege ferenda]; Strohal, ErbR § 63 V 1; Wacke 198). Die Konvaleszenzwirkungen entfallen auch nicht, wenn später die Absonderung des Nachlasses vom Eigenvermögen des Erben durch Nachlassverwaltung oder Nachlasskonkurs eintritt (vTuhr aaO). Die Konvaleszenz setzt aber voraus, dass der Verfügende *Alleinerbe* des bisherigen Berechtigten wird. Wird er nur Miterbe, so fällt das Verfügungsobjekt ja der Miterbengemeinschaft als solcher zu (RG WarnR 1914 Nr 126 S 181; vTuhr aaO). Zur Konvaleszenz der Verfügung nach § 185 Abs 2 S 1 Fall 2 kommt es allerdings auch bei dieser Konstellation noch, wenn dem Verfügenden das Verfügungsobjekt später bei der Nachlassteilung übertragen wird (Flume, AT II § 58 S 916).

2. Sonderfälle

a) Bruchteilserwerb und ähnliches

63 Falls der Nichtberechtigte das Recht, über das er verfügt hat, nur zu einem **Bruchteil** erwirbt, kann die getroffene Verfügung auch nur hinsichtlich dieses Bruchteils konvaleszieren (RG HRR 1939 Nr 1462 = DRW 1939, 1949, 1950; Enneccerus/Nipperdey, AT § 204 Fn 60). Das ist aber nur möglich, wenn es dem hypothetischen Parteiwillen entspricht, die fehlgeschlagene Verfügung über das Recht selbst als Verfügung über den Bruchteil aufrechtzuerhalten (BGH LM § 185 Nr 9 Bl 2; Flume, AT II § 58 S 915 f; MünchKomm/Schramm[5] Rn 65; MünchKomm/Bayreuther[6] Rn 49; Soergel/Leptien Rn 28; NK-BGB/Staffhorst[2] Rn 23). Entsprechendes muss gelten, wenn der Nichtberechtigte nachträglich nur eine Teilfläche des von ihm (unwirksam) übereigneten Grundstücks erwirbt. Wird das Verfügungsobjekt überhaupt nur von einer Gesamthandsgemeinschaft (zB BGB-Gesellschaft) erworben, an der der Verfügende beteiligt ist, tritt keine Heilung ein, weil es hier an der Identität von Verfügendem und Erwerbendem fehlt (BGB-RGRK/Steffen Rn 13 aE; MünchKomm/Schramm aaO; Soergel/Leptien aaO; Bamberger/Roth/Bub[3] Rn 13; Enneccerus/Nipperdey aaO; Flume aaO). Daran ändert sich auch dann nichts, wenn der Verfügende als das Gesamtgut allein verwaltender Ehegatte gem § 1422 Verfügungsmacht für die Gesamthandsgemeinschaft hat (aM Staudinger/Coing[11] Rn 7). Hat umgekehrt eine Gesamthand als Nichtberechtigter verfügt und später ein Gesamthänder das Verfügungsobjekt erworben, muss die Anwendung von § 185 Abs 2 S 1 Fall 2 ebenfalls an der fehlenden Identität des Erwerbers mit dem verfügenden Nichtberechtigten scheitern.

b) Bedingter Erwerb

64 Erwirbt der Nichtberechtigte das Verfügungsobjekt nur auflösend bedingt, so kann auch die Konvaleszenz nur eine auflösend bedingte sein. Bei aufschiebend bedingtem Erwerb tritt die Konvaleszenz natürlich erst mit dem Bedingungseintritt ein. Hat der Nichtberechtigte eine Sache erst aufschiebend bedingt an A und später unbedingt an B in der Form des § 930 BGB übereignet, so erlangt im Falle des Eigentumserwerbs dieses Nichtberechtigten der A aufschiebend, der B aber auflösend bedingtes Eigentum (s auch unten Rn 87).

c) Liegenschaftsrechte

Bei Verfügungen über Liegenschaftsrechte kommt eine Konvaleszenz nach § 185 **65**
Abs 2 S 1 Fall 2 oder 3 nur in Betracht, wenn die hierfür erforderliche Eintragung noch Bestand hat, also nicht in der Zwischenzeit im Wege der Grundbuchberichtigung rückgängig gemacht worden ist (s § 184 Rn 10 f).

d) Gestaltungsrechte

§ 185 Abs 2 S 1 Fall 2 gilt auch für *Gestaltungsrechte* (s oben Rn 6). Wird etwa von **65a**
einem Arbeitgeber zugunsten eines Arbeitnehmers eine Lebensversicherung abgeschlossen und übertragen später Arbeitgeber und Arbeitnehmer zusammen das Bezugsrecht des Arbeitnehmers und das Kündigungsrecht des Arbeitgebers sicherungshalber an eine Bank, die dem Arbeitnehmer ein Darlehen gibt, so ist eine nunmehr vom Arbeitgeber (bzw dessen Insolvenzverwalter) erklärte Kündigung des Versicherungsvertrages unwirksam. Sie wird jedoch nach § 185 Abs 2 S 1 Fall 2 wirksam, wenn die Bank nach Rückzahlung des gesicherten Darlehens die Sicherheit freigibt (OLG Bamberg NZI 2006, 355).

3. Keine Rechtsgrundabhängigkeit der Konvaleszenz

Beim Erwerb unter Lebenden hängt die Konvaleszenz kraft Rechtserwerbs des **66**
Verfügenden (§ 185 Abs 2 S 1 Fall 2) nicht davon ab, dass im Verhältnis zwischen dem Verfügenden und dem Erwerber eine wirksame schuldrechtliche Beziehung besteht, der Verfügende also zur Herstellung des Verfügungserfolges überhaupt verpflichtet ist (OLG Celle NJW-RR 1994, 640, 647 [obiter]; STAUDINGER/DILCHER[12] Rn 15; MünchKomm/SCHRAMM[5] Rn 64; BAMBERGER/ROTH/BUB[3] Rn 13; JAUERNIG/STADLER[15] Rn 8; PWW/ FRENSCH[8] Rn 10; MEDICUS, AT[10] Rn 1031; WIELING SR I[2] § 9 VI b m Fn 23; HABERSACK JZ 1991, 70, 72 Fn 23; BOLTEN JA 2000, 374, 377 f; PLETSCHER 131 ff, 168 f; wohl auch HARDER, in: FS H H Seiler [1999] 637, 650; implizit auch LARENZ/WOLF AT[8] § 51 Fn 32). In der Literatur wird allerdings auch die gegenteilige Auffassung vertreten (HAGEN AcP 167 [1967] 481 ff, 499 ff; SOERGEL/LEPTIEN Rn 27; StudK/HADDING Anm 4d; ERMAN/PALM[12] Rn 11 [unter Berufung auf Entscheidungen zu § 185 Abs 2 S 1 Fall 3]; Hk-BGB/DÖRNER[8] Rn 11). Als Begründung wird ausgeführt, § 185 Abs 2 S 1 Fall 2 wolle – genau wie der dritte Fall der Vorschrift – nur eine technische Vereinfachung; er beruhe auf der Annahme, dass der Verfügende gegen Treu und Glauben verstieße, wenn er entgegen seiner verpflichtenden Erklärung die Genehmigung verweigern und den dinglichen Rechtserfolg damit vereiteln wollte (HAGEN 494 f unter Berufung auf ENDEMANN, BR I § 83 Nr 3 und CROME, BR I § 84 S 372). Von Treuwidrigkeit der Genehmigungsverweigerung könne aber keine Rede sein, wenn der Nichtberechtigte nicht oder nicht mehr zur Herbeiführung des Verfügungserfolges verpflichtet sei. Vielmehr sei es ein widersinniger Umweg, erst die Verfügung konvaleszieren zu lassen, nur um sie anschließend mit Hilfe des Bereicherungsrechts wieder rückgängig zu machen. Diese These verdient jedoch keine Zustimmung. Schon der behauptete gesetzgeberische Grund für den vorliegenden Konvaleszenzfall erscheint einseitig (s oben Rn 60). Gegen die behauptete Restriktion spricht aber vor allem die Entstehungsgeschichte der Regel. Die Gesetzesverfasser haben die Möglichkeit einer Einschränkung der Konvaleszenz auf die Fälle einer fortdauernden Verpflichtung des ehemaligen Nichtberechtigten zur Vornahme der Verfügung durchaus gesehen und unter Berufung auf das Abstraktionsprinzip abgelehnt (Mot II 139). Diese Entscheidung ist dogmatisch konsequent und rechtspolitisch unter dem Gesichtspunkt der geförderten Rechtssicherheit

durchaus zu rechtfertigen. – Haben die Parteien das ursprüngliche Kausalgeschäft in der Zwischenzeit (etwa wegen des fehlenden Eigentums des Verkäufers) abgeändert (Käufer akzeptiert eine Ersatzlieferung) oder aufgehoben, so ist zudem stets zu prüfen, ob die dingliche Einigung nicht dadurch ebenfalls konkludent aufgehoben worden ist. In der Regel wird dies anzunehmen sein (Wacke 204).

4. Keine Konvaleszenz nach Erwerb eines Rechtsnachfolgers des Verfügungsbegünstigten

67 Eine andere Einschränkung des § 185 Abs 2 S 1 Fall 2 liegt näher: Wenn der Verfügungsgegner des Nichtberechtigten, der selbst das Verfügungsobjekt nicht erworben hat, dieses nun an einen Dritten (kraft eines Verkehrsschutztatbestandes oder infolge Zustimmung des Eigentümers) wirksam weiterüberträgt und der Dritte seinerseits das erlangte Recht dem ursprünglich verfügenden Nichtberechtigten zediert, so ist der mit der Verfügung des Nichtberechtigten beabsichtigte Erfolg ja bereits in der Person des Rechtsnachfolgers seines Verfügungsgegners eingetreten. Der letztere ist hier rechtlich genauso gestellt, als hätte er das Verfügungsobjekt selbst bereits eine logische Sekunde vor der Weiterübertragung erworben. Die wirksame Weiterübertragung lässt mit anderen Worten das Bedürfnis für eine Konvaleszenz entfallen (ähnlich Oertmann Anm 5a β).

5. Konvaleszenz trotz Genehmigungsverweigerung

68 Das Gesetz äußert sich nicht zu der Frage, ob die Konvaleszenz nach § 185 Abs 2 S 1 Fall 2 und 3 auch dann noch möglich ist, wenn der Berechtigte in der Zwischenzeit die Genehmigung bereits endgültig verweigert hat. Da die hM als Konsequenz dieser Genehmigungsverweigerung die definitive Unwirksamkeit des zustimmungsbedürftigen Rechtsgeschäftes annimmt, liegt es nahe, die Frage zu verneinen (so in der Tat BGH NJW 1967, 1272; BGB-RGRK/Steffen Rn 13; Planck/Flad Anm 6; Oertmann Anm 5a; Soergel/Leptien Rn 27; NK-BGB/Staffhorst[2] Rn 23; jurisPK-BGB/Trautwein[6] Rn 38; Erman/Palm[12] Rn 11; Palandt/Ellenberger Rn 11 vor aa; PWW/Frensch Rn 10; Wacke 203; Egert 116; Bork Rn 1724; ebenso für die nicht aus § 185 Abs 2 S 1 ableitbare Konvaleszenz eines nach § 1365 zustimmungsbedürftigen Rechtsgeschäfts wegen Wegfall des Schutzzwecks der Norm [Beendigung des Güterstandes] BGHZ 125, 355 = LM § 140 BGB Nr 22). Andererseits sind die Konvaleszenztatbestände von § 185 Abs 2 S 1 Fall 2 und 3 doch gerade auf Vorgänge ausgerichtet, die von der Reaktion des Berechtigten auf die schwebende Unwirksamkeit ganz unabhängig sind. Auch wenn der nach § 185 Abs 2 S 1 Fall 2 Berechtigte selbst das fragliche Recht inzwischen nachträglich an den Nichtberechtigten übertragen hat, erklärt sich die Konvaleszenz nämlich nach § 185 Abs 2 S 1 Fall 2 nicht aus einer konkludenten Genehmigung: Der Berechtigte braucht ja gar nicht zu wissen, dass der Nichtberechtigte bereits über den Gegenstand verfügt hat (vTuhr, AT II 1, 382 Fn 110). Es ist auch nicht zu übersehen, dass der Ausschluss der Konvaleszenz nach vorangegangener Genehmigungsverweigerung nicht von der Interessenlage gefordert wird: Die Interessen des Nichtberechtigten sind kaum schutzwürdig, und die des Erwerbers sprechen natürlich in aller Regel für die Konvaleszenzlösung. Wenn er ausnahmsweise an dem verspäteten Erwerb der Rechtsposition nicht mehr interessiert ist, werden ihm auf der schuldrechtlichen Ebene Möglichkeiten zur Rückabwicklung zur Verfügung stehen. Und im Falle von § 185 Abs 2 S 1, 3. Fall nützt der Ausschluss der Konvaleszenz dem Berechtigten

und Erben des Nichtberechtigten jedenfalls in aller Regel überhaupt nichts, weil der Verfügungsbegünstigte seinen Rechtsverschaffungsanspruch aus dem mit dem Nichtberechtigten angeschlossenen Kausalgeschäft gegen ihn durchsetzen kann. Es liegt deshalb wohl doch der Schluss näher, dass die Konvaleszenzmöglichkeit auch bei endgültiger Genehmigungsverweigerung bestehen bleibt (MAROTZKE 34; PLETSCHER 128 f; HOLZHAUER WuB § 1365 BGB 1. 95, 1011, 1014; STÖCKER 31; WIELING SR I² § 9 VI b; s auch HABERSACK JZ 1991, 70, 72 f zu § 185 Abs 2 S 1 Fall 3). Anders allerdings, wenn die Auslegung ergibt, dass das Geschäft mit der noch ausstehenden Genehmigung stehen und fallen sollte (MAROTZKE aaO).

Noch weiter geht die Entscheidung RG SoergRspr 1911 § 185 BGB Nr 4 b. Danach **69** soll die vertragsmäßige Verfügung eines Nichtberechtigten selbst dann beim späteren Erwerb des Verfügungsobjektes durch den Nichtberechtigten konvaleszieren, wenn zur Zeit dieses Erwerbs die vertragliche *Einigung nicht mehr bestand.* Das ist jedoch unzutreffend. Im Falle der zwischenzeitlichen Aufhebung des Vertrages durch contrarius consensus existiert ein heilungsfähiges unwirksames Rechtsgeschäft nicht mehr (s oben Rn 66 aE).

6. Keine Konvaleszenz bei fehlender Verfügungsmacht

Der nachträgliche Erwerb des bisherigen Nichtberechtigten reicht zur Konvaleszenz **70** nicht aus, wenn damit nicht die für die schwebend unwirksame Verfügung erforderliche Verfügungsmacht verbunden ist (BGH LM § 185 BGB Nr 9 Bl 2 = NJW 1959, 34 L; OLGR Naumburg 2001, 47; BAMBERGER/ROTH/BUB³ Rn 13; NK-BGB/STAFFHORST² Rn 23; ERMAN/ PALM¹² Rn 11; BORK Rn 1724). Die Konvaleszenz erspart ja nur die (typischerweise noch geschuldete) Weiterübertragung des Rechts durch den ehemaligen Nichtberechtigten auf den Verfügungsbegünstigten; sie darf deshalb nicht eintreten, wo der zum Rechtsinhaber gewordene frühere Nichtberechtigte eine solche Weiterübertragung mangels Verfügungsbefugnis gar nicht vornehmen könnte. Keine Konfusion tritt also beispielsweise bei einem Erwerb durch Erbgang ein, wenn schon über das Vermögen des Erblassers das Insolvenzverfahren eröffnet worden war und das Verfügungsobjekt zur Insolvenzmasse gehört. Wenn der Nichtberechtigte selbst nach der Verfügung in Konkurs fiel und erst danach das Verfügungsobjekt erwarb, kam es unter der Herrschaft der KO darauf an, ob das Verfügungsobjekt (etwa als Surrogat eines massezugehörigen Anspruchs) selbst zur Konkursmasse gehörte oder konkursfreien Neuerwerb darstellte. Im ersteren Falle stand § 15 KO der Konvaleszenz entgegen (SCHUMACHER, Die Sicherung der Konkursmasse gegen Rechtsverluste [Diss Göttingen 1975] 135; s auch OLG Rostock MecklZ 44, 23), im letzteren nicht. Heute scheitert die Konvaleszenz bei dieser Konstellation angesichts der Massezugehörigkeit auch des Neuerwerbs (§ 35 Abs 1 Fall 2 InsO) immer an § 91 Abs 1 InsO (HENCKEL/WINDEL § 91 Rn 104 mwNw; MünchKommInsO/BREUER² § 91 Rn 46; vgl auch BGH NJW-RR 2004, 259 und oben Rn 59). Ebenso wenig kann der auf Erbgang beruhende spätere Erwerb des Verfügungsobjektes durch den verfügenden Nichtberechtigten die Verfügung konvaleszieren lassen, wenn Testamentsvollstreckung angeordnet ist; dem Erben ist die Verfügungsbefugnis ja schon vom Erbfall an entzogen (BGHZ 25, 272, 282). Hat ein bloßer Miturheber das Urheberrecht übertragen, so genügt der spätere Erwerb des anderen Miturheberrechtsanteils durch den Verfügenden jedenfalls dann nicht für die Konvaleszenz, wenn bei dem Erwerb des zweiten Anteils eine Weiterübertragung ausgeschlossen worden war (BGH GRUR 61 [1959] 147 mAnm KLEINE). Falls ein Minderjähriger eine fremde Sache ohne den Schutz des § 932 veräußert und nachträglich (noch vor Volljährigwerden) Eigentümer wird, scheitert eine Konvaleszenz ebenfalls an der fehlenden Verfügungsmacht (vgl Bolten JA 2000, 374, 378; Wilhelm SR⁴ Rn 881 Fn 1567; Flume, AT II § 13, 7 b S 194). Die Konvaleszenz tritt in all diesen Fällen aber doch noch ein, wenn später bei fortdauernder Rechtsinhaberschaft des ehemaligen Nichtberechtigten die Verfügungsbeschränkung oder -entziehung endet.

7. Entsprechende Anwendung

a) Vorausverfügung über künftige Rechte

71 Die Verfasser des BGB dachten bei § 185 Abs 2 S 1 Fall 2 wohl nur an den Fall, dass jemand über ein existierendes, ihm aber nicht zustehendes Recht verfügt und dieses dann später erwirbt. Der Wortlaut deckt aber genauso die Konstellation, dass jemand über ein künftiges Recht verfügt, welches danach erwartungsgemäß in seiner Person entsteht. Die Interessenlage ist in beiden Fällen gleich (vgl Lempenau, Direkterwerb oder Durchgangserwerb bei Übertragung künftiger Rechte [1968] 39 f). Es besteht deshalb kein Anlass, § 185 Abs 2 S 1 Fall 2 auf die letztere Konstellation nicht anzuwenden (so schon vTuhr DJZ 1904, 426, 427 f). Diese Norm ist deshalb die Grundlage für die heutige Überzeugung, dass Vorausverfügungen über künftige Rechte zulässig sind, solange sich die Voraussetzungen des Übertragungstatbestandes überhaupt vor der Existenz des Verfügungsobjektes erfüllen lassen (vgl dazu Lempenau 40 ff). Und zwar dürfte es sich dabei um eine unmittelbare Anwendung, nicht nur um eine analoge handeln (aA D V Simon, in: FS J G Wolf [2000] 221, 222; Medicus NJW 2000, 2921, 2925). Besondere praktische Bedeutung hat die Abtretung künftiger Forderungen (Vorauszession) gewonnen. Vgl dazu Staudinger/Busche (2012) § 398 Rn 63 ff; MünchKomm/Roth⁶ § 398 Rn 79, 147 ff. Zur Kollisionsproblematik bei mehrfacher Vorausabtretung einer künftigen Forderung vgl J Hennrichs JZ 1993, 225 ff; Giesen AcP 203 (2003) 210, 230 ff; Wilhelm SR⁴ Rn 2462 ff. Die herrschende Prioritätslösung (BGHZ 30, 149, 151 f; 32, 361, 363 ff; 32, 367, 369 f; 88, 205, 206 f; 104, 351, 352 ff; 109, 368, 372; Nörr/Scheyhing/Pöggeler, Sukzessionen² § 12 I S 149 f) lässt sich aus § 185 Abs 2 S 2 ableiten (vTuhr II 2, 392; Wilhelm SR⁴ Rn 2466).

b) Zustimmung eines Nichtberechtigten zur Zustimmung eines anderen Nichtberechtigten

72 § 185 Abs 2 S 1 Fall 2 ist ferner auch dann entsprechend anwendbar, wenn ein Nichtberechtigter, der in die Verfügung eines anderen Nichtberechtigten eingewilligt hat, den Gegenstand, über den dieser andere verfügt hat, nachträglich erwirbt (BGH LM § 185 BGB Nr 7 = WM 1957, 1092; LM § 185 BGB Nr 9 Bl 2; BGHZ 36, 329, 334; BGB-RGRK/Steffen Rn 13; MünchKomm/Schramm⁵ Rn 63, 68; jurisPK-BGB/Trautwein⁶ Rn 42; Erman/Palm¹² Rn 12; Palandt/Ellenberger Rn 11 b; Flume, AT II § 58 S 915 [für unmittelbare Anwendung]; Raape AcP 121 [1923] 257, 283). Auch hier ist allerdings wieder erforderlich, dass der nachträgliche Rechtserwerb dem Zustimmenden auch gerade die Befugnis zur Vornahme einer derartigen Verfügung, wie sie der erste Nichtberechtigte vorgenommen hat, verliehen hat (BGH LM § 185 BGB Nr 9 Bl 2; BGHZ 36, 329, 334).

c) Wiedererlangung der Verfügungsbefugnis

73 § 185 Abs 2 S 1 Fall 2 muss anerkanntermaßen entsprechend angewandt werden, wenn ein Berechtigter verfügt hat, dem die Verfügungsberechtigung entzogen war oder der Verfügungsbeschränkungen unterlag, der Verfügende dann später aber die

Titel 6
Einwilligung und Genehmigung § 185

volle Verfügungsmacht zurückerlangt hat (RG Recht 1912 Nr 22; BGHZ 123, 58, 62 = LM § 185 BGB Nr 36 Bl 2 R = NJW 1993, 2525; BGHZ 166, 74, 80 Rn 20; FLUME, AT II § 58 S 916; ENNECCERUS/NIPPERDEY, AT § 204 Fn 59; MEDICUS, AT[10] Rn 1035; BORK Rn 1725; OERTMANN Anm 8; MünchKomm/SCHRAMM[5] Rn 66; NK-BGB/STAFFHORST[2] Rn 26; jurisPK-BGB/TRAUTWEIN[6] Rn 40; SOERGEL/LEPTIEN Rn 28; ERMAN/PALM[12] Rn 12; PALANDT/ELLENBERGER Rn 11 b; STAUDINGER/REIMANN [2012] § 2211 Rn 4; CHR BERGER 33, 300 f). Eine Verfügung des Erben wird deshalb mit der Aufhebung der Nachlassverwaltung wirksam (BGHZ 46, 221, 229 = NJW 1967, 568), ebenso auch mit der Aufhebung der Testamentsvollstreckung (KIPP/COING, ErbR[13], § 70 I 1; BÜLOW JuS 1991, 529, 533 [zu §§ 362 Abs 2, 185]; CHR BERGER 33). Anders nur, wenn die Verfügung durch einseitiges empfangsbedürftiges Rechtsgeschäft erfolgt, da derartige Geschäfte grundsätzlich keinen Schwebezustand vertragen (vgl oben Rn 6). Eine Abtretungsanzeige des (Gemein-)Schuldners nach § 46 Abs 2 AO 1977 wird deshalb nicht durch die Aufhebung des Konkurs- oder Insolvenzverfahrens analog § 185 Abs 2 S 1 Fall 2 wirksam (vgl BGH BFH/NV 2002, 1127 f). Ansonsten konvaleszieren aber auch Verfügungen des Insolvenzschuldners bei Beendigung des Insolvenzverfahrens, wenn während des Verfahrens der Insolvenzverwalter keine anderweitige Verfügung getroffen hat (vgl RGZ 149, 19, 22; BGHZ 166, 74, 80 Rn 20; MünchKommInsO/OTT/VUIA[3] § 81 Rn 18; ferner FG Bad-Württ EFG 2001, 1512, 1513 [keine Rückwirkung]). Das Gleiche gilt, wenn das Insolvenzverfahren zwar fortdauert, der Insolvenzverwalter aber das Verfügungsobjekt freigibt; auch dadurch erhält der verfügende Insolvenzschuldner ja nachträglich seine Verfügungsmacht zurück (BGHZ 166, 74, 82 f Rn 25; BGH MDR 2013, 1314 f = DZWIR 2013, 384–386; HENCKEL/WINDEL, InsO § 81 Rn 30 mwNw). Ebenso wird die nach § 2113 aufschiebend bedingt unwirksame Verfügung eines Vorerben endgültig wirksam, wenn der Nacherbe wegfällt (RGZ 110, 94, 95; 149, 19, 22; STAUDINGER/AVENARIUS [2012] § 2113 Rn 17 – 19); das Ergebnis könnte allerdings auch ohne Heranziehung des § 185 einfach daraus abgeleitet werden, dass das Ereignis, bei dem die Wirkungen der Verfügung entfallen sollen, nicht mehr eintreten kann. Entsprechendes gilt für die Grundstücksveräußerung durch einen Hofvorerben, dessen Befreiung iS von § 2136 mangels Genehmigung durch das Landwirtschaftsgericht (§ 7 Abs 2 HöfeO) zunächst unwirksam war, wenn die Hofeigenschaft endet (OLG Hamm OLGZ 1981, 275, 282). Im Übrigen ist zu beachten, dass eine Verfügung des Vorerben über eine gem § 2118 gesperrte Schuldbuchforderung endgültig unwirksam ist und nicht konvaleszieren kann (vgl MünchKomm/GRUNSKY[6] § 2118 Rn 3 [wirkungslos]). Hat ein aus der damaligen DDR Ausgereister ein in der DDR gelegenes Grundstück übereignet, obwohl dieses einer staatlichen Treuhandverwaltung unterstellt worden war, so ist diese Übereignung in Analogie zu § 185 Abs 2 S 1 Fall 2 jedenfalls mit dem gesetzlichen Wegfall der Treuhandverwaltung am 21. 12. 1992 wirksam geworden (BGHZ 123, 58, 62 = LM § 185 BGB Nr 36). Zur Konvaleszenz von schwebend unwirksamen Verfügungen eines im gesetzlichen Güterstand lebenden Ehegatten über sein Vermögen im ganzen bzw über Haushaltsgegenstände (§§ 1365, 1366, 1369) bei Beendigung des Güterstandes während der Schwebezeit vgl BGHZ 125, 355 = LM § 140 BGB Nr 22 Bl 2 R; OLG Celle NJW-RR 1994, 646; STAUDINGER/THIELE (2007) § 1365 Rn 103 ff und § 1369 Rn 59 ff; MünchKomm/KOCH[6] § 1366 Rn 31 ff. Zur Konvaleszenz von Verfügungen eines nicht allein verfügungsberechtigten Ehegatten im Rahmen der Gütergemeinschaft s STAUDINGER/THIELE (2007) § 1427 Rn 15, § 1453 Rn 12. – Kein Fall der analogen Anwendung von § 185 Abs 2 S 1 Fall 2 ist gegeben, wenn das zur Zeit der Verfügung bestehende Insolvenzverfahren über das Vermögen des Verfügenden durch Aufhebung des Eröffnungsbeschlusses im Beschwerdeverfahren beendigt

§ 185

wird. Hierdurch erlangt der Schuldner seine Verfügungsmacht nämlich rückwirkend zurück (MünchKommInsO/Ott/Vuia § 81 Rn 18; HK-InsO/Eickmann[4] § 81 Rn 9).

73a Der BGH wendet § 185 Abs 2 S 1 Fall 2 auch an, wenn eine wirksam entstandene **Zwangshypothek infolge** der Rückschlagsperre **des § 88 InsO unwirksam geworden**, aber weiterhin im Grundbuch eingetragen geblieben ist und der Insolvenzverwalter später das belastete Grundstück **freigibt** (BGHZ 166, 74, 77 ff). Der BGH geht darin davon aus, dass die sich aus § 88 InsO ergebende Unwirksamkeit nicht nur eine relative, sondern eine absolute ist (aaO 77 ff) und verwirft zugleich die bisher wohl hM, dass an die Stelle der erloschenen Zwangshypothek analog § 868 ZPO automatisch eine Eigentümergrundschuld tritt (aaO 78 ff). Da die spätere Freigabe des ursprünglich mit der Zwangshypothek belasteten Grundstück durch den Insolvenzverwalters den Insolvenzbeschlag des Grundstücks beseitigt und damit die Verfügungsbefugnis des Eigentümers wiederherstellt, müsse bei Fortbestand der Buchposition die Zwangshypothek analog § 185 Abs 2 S 1 Fall 2 im Augenblick der Freigabe ex nunc (und deshalb mit neuem Rang) wiederaufleben. Dass es für dieses Wiederentstehen der Zwangshypothek keiner Löschung der alten Eintragung mit nachfolgender Neueintragung bedarf, wird dabei mit einem Verweis (aaO S 23 f Rn 23) auf die Rechtsprechung zur „recycelten" Vormerkung (BGHZ 143, 175, 181 f; s dazu Staudinger/Gursky [2013] § 883 Rn 361) begründet. Die Entscheidung BGHZ 166, 74 ff hat eine lebhafte Diskussion ausgelöst, in der die ablehnenden Stimmen (vgl Demharter Rpfleger 2006, 256 f; Böttcher NotBZ 2007, 86, 88 ff; ders NJW 2008, 2088, 2090; Keller ZIP 2006, 1174, 1177, 1181; Bestelmeyer Rpfleger 2006, 38 ff; Alff/Hintzen ZinsO 2006, 481 ff; Lüke/Stengel LMK 2006, 180525; wohl auch MünchKommInsO/Breuer[2] § 88 Rn 24 und 3. Aufl Rn 34 nach Fn 101 [Praktikabilität der Entscheidung fraglich]; nur hinsichtlich der Rangkonsequenzen auch Wilsch JurBüro 2006, 396, 398; zust aber jurisPK-BGB/Trautwein[6] Rn 42; Bamberger/Roth/Bub[3] Rn 14; Erman/Palm[12] Rn 12; Wehdeking jurisPR-InsR 13/2006 Anm 4; Thietz-Bartram ZinsO 2006, 527 ff; Volmer ZfIR 2006, 441; Bartels WuB VI A. § 88 InsO 1. 06; Palandt/Ellenberger Rn 11b) mE die besseren Argumente haben. Von diesen Einwänden betrifft nur einer unmittelbar § 185. Es wird darauf hingewiesen, dass § 185 Abs 2 S 1 Fall 2 in seinem unmittelbaren Anwendungsbereich sowie bei den unstreitigen Analogiefällen nur solche Verfügungen erfasst, die wegen der fehlenden Rechtszuständigkeit oder Verfügungsmacht ihres Urhebers *von Anfang an unwirksam* waren. Die an der Rückschlagsperre scheiternde Zwangshypothek ist dagegen wirksam entstanden und erst nachträglich aus insolvenzrechtlichen Gründen unwirksam geworden (Keller ZIP 2006, 1174, 1178). Damit dürfte es an der für eine Analogie erforderlichen Rechtsähnlichkeit fehlen. Darüber hinaus hat die durch BGHZ 166, 74 ausgelöste Diskussion mE deutlich gezeigt, dass die überkommene Lösung – Entstehung einer Eigentümergrundschuld beim Unwirksamwerden der Zwangshypothek nach § 88 InsO – auch im Hinblick auf die vielen ungelösten Folgeprobleme von BGHZ 166, 74 vorzugswürdig ist.

Wenn man dennoch dem BGH folgt, stellt sich die weitere Frage, ob die in BGHZ 166, 74 entwickelte Lösung auch auf die Zwangsvollstreckung in das bewegliche Vermögen ausgedehnt werden kann. Sie wird unterschiedlich beantwortet (bejahend Thietz-Bartram ZinsO 2006, 527, 529; bei unterstellter Richtigkeit des Ansatzes des BGH auch Alf/Hintzen 2006, 481, 483 und Bestelmeyer Rpfleger 2006, 387, 390 [wäre konsequent]; verneinend PWW/Frensch[8] Rn 10; skeptisch auch MünchKommInsO/Breuer[2] § 88 Rn 24).

In der Entscheidung wird ausdrücklich offen gelassen, ob die hier entwickelte Lösung auch für *Forderungspfändungen* gedacht ist (vgl aaO Rn 21). Für die einfachere Parallelkonstellation, dass eine Forderung nach ihrer Zession noch beim Zedenten gepfändet wird und danach eine Rückabtretung erfolgt, hatte bisher neben der Schrifttumsmehrheit auch der BGH die Konvaleszenz verneint, weil die Vollstreckung ins Leere gegangen sei (BGHZ 56, 339, 350 f; vgl unten Rn 92).

Der BGH hat dagegen beiläufig deutlich gemacht, dass die Konvaleszenzlösung auch für *Vormerkungen* gelten soll, die in Vollziehung einer einstweiligen Verfügung eingetragen worden sind (BGHZ 166, 74, 82 Rn 24). Falls mehrere Zwangshypotheken und/oder derartige Vormerkungen an einem zur Insolvenzmasse gehörenden Grundstück bestanden und bei der Freigabe des Grundstücks noch eingetragen sind, sollen diese bei der Freigabe gleichzeitig und deshalb untereinander mit gleichem Rang gemäß § 879 Abs 1 S 2 entstehen (BGH aaO). Letzteres wird dabei nur mit einem Hinweis auf MünchKommInsO/GANTER § 50 Rn 56 begründet, wo aber nur das generelle Rangverhältnis mehrerer gleichzeitig konvaleszierender Pfandrechte angesprochen und falsch gelöst wird (s unten Rn 88).

Es versteht sich von selbst, dass die Lösung des BGH nicht auf den Fall der Freigabe des mit nach § 88 InsO unwirksamen Zwangshypotheken und -vormerkungen belasteten Massegrundstücks beschränkt werden könnte, sondern genauso für die *Einstellung des Insolvenzverfahrens wegen Massearmut* gelten müsste. Zu Unrecht will aber THIETZ-BARTRAM (ZinsO 2006, 527, 529 f) die Aufhebung des Eröffnungsbeschlusses im Beschwerdeverfahren genauso behandeln. Dabei ist übersehen, dass in diesem Falle die Wirkungen des Insolvenzverfahrens einschließlich der Rückschlagsperre rückwirkend entfallen (vgl MünchKommInsO/OTT/VUIA[3] § 81 Rn 18).

Im Rahmen der in **§ 362 Abs 2** angeordneten entsprechenden Anwendung von § 185 **73b** erlangt § 185 Abs 2 S 1 Fall 2 eine etwas andere Bedeutung als in seinem unmittelbaren Anwendungsgebiet. Es geht hier im Gegensatz zum unmittelbaren Anwendungsbereich ja nicht um die Heilung einer Verfügung eines Nichtberechtigten, sondern um die nachträgliche Schaffung eines Rechtsgrundes für den bereits eingetretenen Erwerb des Leistungsobjekts durch den Putativgläubiger. Diese Konstellation ist etwa gegeben, wenn eine Versicherung die Versicherungsleistung an die falsche Person auszahlt, der wirkliche Gläubiger aber anschließend die dadurch noch nicht getilgte Forderung an den Zahlungsempfänger abtritt (vgl OLGR Saarbrücken 2004, 316, 318). Hierdurch tritt (ohne Rückwirkung) nach §§ 362 Abs 2, 185 Abs 2 S 1 Fall 2 die Erfüllung der abgetretenen Forderung ein (jurisPK-BGB/TRAUTWEIN[6] Rn 35).

8. Unanwendbarkeit von § 185 Abs 2 S 1 Fall 2

Von dem zuletzt behandelten Fall, dass der ohne Verfügungsbefugnis handelnde **74** Rechtsinhaber nachträglich die Verfügungsbefugnis zurückerlangt, muss die Konstellation unterschieden werden, dass der verfügende Nichtberechtigte nachträglich durch Ermächtigung (§ 185 Abs 1) oder Antritt eines entsprechenden Amtes (etwa als Testamentsvollstrecker oder als Insolvenzverwalter) die Rechtsmacht erhält, über das ihm weiterhin nicht gehörende Verfügungsobjekt zu verfügen. Das kann für die Konvaleszenz nicht ausreichen, die ja nicht zu Lasten eines fremden Vermögens gehen soll (BGH WM 1999, 746, 749 mwNw; BORK Rn 1724 Fn 12; MünchKomm/

SCHRAMM[5] Rn 66; BAMBERGER/ROTH/BUB[3] Rn 14; BORK ZIP 2006, 589, 594 f). Die Verfügung kann vielmehr nur nach § 185 Abs 2 S 1 Fall 1, also durch eine Genehmigung aus dem Recht des Berechtigten, wirksam werden (BGH aaO).

75 Verfügt ein als amtlicher Verwalter einer Vermögensmasse (Insolvenzverwalter, Zwangsverwalter, Nachlassverwalter, Testamentsvollstrecker) Vorgesehener noch vor Beginn seines Amtes über einen Bestandteil des fraglichen Vermögens, so kann die spätere Übertragung der Amtsstellung diese Verfügung nicht analog § 185 Abs 2 S 1 Fall 2 heilen (BGH Rpfleger 1999, 176, 178; OLG Colmar OLGE 26, 1349 f [betreffend Testamentsvollstrecker]; OLG München Beschl. v 10.12. 2009 – 34 Wx 110/09 = juris Rn 16; BGB-RGRK/STEFFEN Rn 13; SOERGEL/LEPTIEN Rn 28; MünchKomm/SCHRAMM[5] Rn 66; ERMAN/PALM[12] Rn 12 aE; PALANDT/ELLENBERGER Rn 11; BAMBERGER/ROTH/MAYER[3] § 2202 Rn 13; SOERGEL/DAMRAU § 2202 Rn 5; BORK ZIP 2006, 589, 594; WEIDLICH MittBayNot 2006, 390, 393; **aA** STAUDINGER/REIMANN [2012] § 2202 Rn 32; MünchKomm/ZIMMERMANN[6] § 2202 Rn 4). Dies gilt auch, wenn ein als Testamentsvollstrecker Eingesetzter Verfügungen über den Nachlass vornimmt, obwohl er die Annahmeerklärung gegenüber dem Gericht (§ 2202) erst später abgibt (**aA** OLG München FGPrax 2005, 243, 244; STAUDINGER/REIMANN [2012] § 2202 Rn 32; K MÜLLER JZ 1981, 370). Ebenso, wenn ein amtlicher Verwalter seine Verfügungsmacht überschreitet und später dann das Verfügungsobjekt erwirbt (**aA** RG HRR 1939 Nr 1462 = DRW 1939, 1949, 1950 [unerlaubte schenkweise Bestellung einer Hypothek]; SOERGEL/LEPTIEN Rn 28). Das Gleiche gilt, wenn jemand gem § 29 zum Vorstand eines Vereins bestellt wird, der zuvor bereits als Nichtberechtigter über Vereinsvermögen verfügt hat (JOSEF ThürBl 64, 131, 139; SOERGEL/LEPTIEN Rn 29 aE; ERMAN/PALM[12] Rn 12). Die Partei kraft Amtes bzw der Vereinsvorstand ist hier aber in der Lage, die eigene Verfügung zu genehmigen und damit rückwirkend nach §§ 185 Abs 2 S 1 Fall 1, 184 Abs 1 wirksam zu machen. (Die Rückwirkung ist dabei nicht eingeschränkt, geht also über den Amtsantritt hinaus.) Die Verfügung eines vollmachtlosen Vertreters kann ebenfalls nicht analog § 185 Abs 2 S 1 Fall 2 konvaleszieren, wenn der Vertreter den Vertretenen beerbt (KG OLGE 38, 45; OLG Frankfurt MDR 1996, 1293; LG München DNotZ 1950, 33; HÜBNER Rn 1357 aE; **aA** ENNECCERUS/NIPPERDEY AT I[15] § 204 V 3; s auch oben Rn 2) oder das Verfügungsobjekt von diesem erwirbt. Das gilt selbst dann, wenn der Vertreter vom Geschäftsgegner nach § 179 auf Erfüllung in Anspruch genommen wird (**aA** OERTMANN Anm 7). Das Erfüllungsverlangen ändert nämlich nichts daran, dass die Wirkungen des Verfügungsgeschäfts vom Vertreter eindeutig auf den Vertretenen bezogen sind und dass der Vertreter selbst gerade nicht Geschäftspartei der Verfügung ist. Kündigt ein Grundstückskäufer noch vor seinem Eigentumserwerb und ohne Ermächtigung durch den Eigentümer/Verkäufer den vom letzteren abgeschlossenen Mietvertrag über das Grundstück, wird die Kündigung durch seinen nachträglichen Eigentumserwerb und Eintritt in das Mietverhältnis nicht wirksam (OLG Hamm NJW 1993, 273; STAUDINGER/ROLFS [2014] § 542 Rn 17; s auch oben Rn 6).

76 Wenn im Beitrittsgebiet eine Gemeinde vor dem Inkrafttreten des VZOG über ein nicht in ihrem Eigentum stehendes Grundstück verfügt hat, wird diese Verfügung nicht dadurch wirksam, dass die Gemeinde später nach § 8 Abs 1 lit a VZOG eine entsprechende (vorläufige) Verfügungsbefugnis erlangt (BGH Rpfleger 1999, 176, 178; **aA** GOHRKE ZOV 1997, 224, 228). Die Situation entspricht der Verfügung eines Testamentsvollstreckers vor Amtsantritt (s oben Rn 75). – Auf öffentlich-rechtliche Kompetenzübertragungen kann § 185 Abs 1 S 1 Fall 2 nicht analog angewandt werden (OVG Bautzen LKV 2004, 269, 272; ERMAN/PALM[12] § 185 Rn 12).

VI. Konvaleszenz infolge Beerbung des Verfügenden durch den Berechtigten (Abs 2 S 1 Fall 3)

1. Ratio legis

Die von einem Nichtberechtigten getroffene Verfügung wird schließlich auch dann – ohne Rückwirkung – wirksam, wenn der Verfügende von dem Berechtigten beerbt wird und dieser für die Nachlassverbindlichkeiten unbeschränkt haftet. Der gesetzgeberische Grund dieses Konvaleszenzfalles ist der Umstand, dass der Berechtigte als unbeschränkt haftender Erbe des nicht berechtigt Verfügenden ohnehin zur Erfüllung der Verbindlichkeit des Nichtberechtigten aus dem Kausalverhältnis verpflichtet ist und mithin zur Erteilung der Genehmigung von dessen Verfügung gezwungen werden könnte (RGZ 110, 94, 95). Abs 2 S 1 Fall 2 bringt gewissermaßen eine technische Vereinfachung, die dem allgemeinen Interesse an der Vermeidung unnötiger Rechtsstreitigkeiten dient (HAGEN AcP 167 [1967] 481, 499; HABERSACK JZ 1991, 70, 72; ERMAN/MAIER-REIMER[13] § 185 Rn 28; krit WACKE 200 f [s aber auch 230 m Fn 118]). Die automatische Heilung macht die Erfüllungsklage des Verfügungsbegünstigten entbehrlich. Die Regelung beruht damit letztlich auf der Vereinigung von Recht und Pflicht in der Person des Erben (RGZ 110, 94, 95); es handelt sich – nach der zutreffenden Formulierung von FLUME (AT II § 58 S 916) – um „Heilung kraft Haftung, nicht kraft Erwerbs" (krit WILHELM SR[4] Rn 881 Fn 1567). Dafür reicht es aber, dass diese Haftung des Erben ohne die Regelung des § 185 Abs 2 S 1 Fall 3 in aller Regel gegeben wäre. Oder anders ausgedrückt: Die hypothetische Übereignungspflicht des Erben ist nur gesetzgeberisches Motiv für die Schaffung dieses Konvaleszenzfalles, nicht aber Tatbestandsvoraussetzung (s unten Rn 79). — 77

Entgegen FLUME (AT II § 13, 7 b aE) und WILHELM (aaO) besteht deshalb kein Anlass, die Konvaleszenz nach § 185 Abs 2 S 1 Fall 3 an der Minderjährigkeit des verfügenden Nichtberechtigten und der fehlenden Zustimmung seines gesetzlichen Vertreters scheitern zu lassen.

Die Begrenzung der Regelung auf solche Fälle, in denen der Berechtigte als Erbe des Verfügenden endgültig unbeschränkt für dessen Nachlassverbindlichkeiten haftet, erklärt sich aus dem Umstand, dass die Durchsetzung des Erfüllungsanspruchs des Nachlassgläubigers, auch wenn er auf Verschaffung eines zum Nachlass gehörenden Rechtes gerichtet ist, bei beschränkter Erbenhaftung nicht sicher ist: Kommt es wegen Überschuldung des Nachlasses zum Nachlassinsolvenzverfahren, so wird der Nachlassgläubiger ja auf die Insolvenzquote verwiesen. Außerdem wäre die Konvaleszenz nicht mit der separatio bonorum, die im Falle der Haftungsbeschränkung eintritt, zu vereinbaren: Dem Privatvermögen des Erben würde das Verfügungsobjekt ja im Interesse eines Nachlassgläubigers entzogen (OERTMANN Anm 5b a α). Hinzu kommt schließlich, dass mit der Haftungsbeschränkung die vollständige Vereinigung von Recht und Pflicht wieder beseitigt wird und ebenso der dolo petit-Einwand des Verfügungsbegünstigten gegenüber einem denkbaren Herausgabeanspruch des Berechtigten entfallen muss (RGZ 110, 94, 95; HAGEN AcP 167 [1967] 481, 496 ff; HABERSACK JZ 1991, 70, 72; HARDER 648). — 78

WACKE (SavZ RA 114 [1997] 197, 232 und JZ 2001, 380, 386) hat sich für eine Streichung von § 185 Abs 2 S 1 Fall 3 ausgesprochen (dagegen zu Recht HARDER 650 ff; HKK/FINKENAUER §§ 182–185 Rn 18; WIELING SR I² § 9 VI c Fn 28).

2. Die Frage der Rechtsgrundabhängigkeit

79 Da sich die Heilung der Verfügung nach § 185 Abs 2 S 1 Fall 3 letztlich aus der Haftung des Erben erklärt, wäre es eigentlich konsequent gewesen, die Konvaleszenz auf den Fall zu beschränken, dass eine solche auf den Erben übergegangene Verpflichtung des Erblassers zur Verschaffung des Verfügungsobjektes noch besteht (FLUME, AT § 58 S 916 Fn 6). Die Verfasser des BGB haben jedoch auf eine solche Einschränkung verzichtet und die Konvaleszenz auch hier wieder rechtsgrundunabhängig ausgestaltet (Mot II 139; s oben Rn 66). Auch hier wird man deshalb die Beschränkung auf Fälle einer fortdauernden Rechtsverschaffungspflicht nicht im Wege der teleologischen Auslegung ergänzen dürfen (FLUME aaO; BORK Rn 1725 Fn 15; BAMBERGER/ROTH/BUB³ Rn 16; HKK/FINKENAUER §§ 182–185 Rn 18; ders, in: FS E Picker S 201 ff, 221 f; AK-BGB/OTT Rn 22; JAUERNIG/STADLER¹⁵ § 816 Rn 8 f; WIELING SR I² § 9 VI c; HARDER 653; PLETSCHER 131 ff, 168 f; SCHIEMANN, in: STAUDINGER/Eckpfeiler [2012/2013] Rn C 233 ff; **abw** aber die ganz hM, vgl BGH NJW 1994, 1470, 1471 mAnm LEPTIEN EWiR 1994, 445 und Anm LORITZ ZEV 1994, 242; OLG Celle NJW-RR 1994, 646, 647 [für Zustimmungserfordernis aus § 1365]; OLG Saarbrücken MDR 1997, 1107 [dazu HARDER Fn 81]; HAGEN AcP 167 [1967] 481, 493 ff; STAUDINGER/DILCHER¹² Rn 15; SOERGEL/LEPTIEN Rn 30 f; MünchKomm/SCHRAMM⁵ Rn 70; jurisPK-BGB/TRAUTWEIN⁶ Rn 39 f; ERMAN/PALM¹² Rn 13; PALANDT/ELLENBERGER Rn 11 vor aa; Hk-BGB/DÖRNER⁸ Rn 14; LARENZ/WOLF § 51 Rn 30; MEDICUS, AT¹⁰ Rn 1032; HABERSACK JZ 1991, 70, 71 f; WACKE 203 f). Schon der Wortlaut (die Pluralform „Nachlassverbindlichkeiten") ist ein deutliches Indiz dafür, dass es nicht um die konkrete Nachlassverbindlichkeit, sondern um die generelle Unbeschränkbarkeit der Haftung und die damit endgültig gewordene Verschmelzung von Eigenvermögen des Erben und Nachlass geht (HARDER 646). Das Gesetz orientiert sich eben allein an der typischen Konstellation; in dem seltenen Fall, in dem die Rechtsverschaffungspflicht nicht mehr besteht, muss die Korrektur auf der schuldrechtlichen Ebene erfolgen. (In der Entscheidung BGH NJW 1994, 1470 war in Wirklichkeit die Konstellation des 2. Falles, nicht die des 3. Falles von § 185 Abs 2 S 1 gegeben, vgl HARDER 643 Fn 42.)

3. Miterben

80 Da die Regelung des § 185 Abs 2 S 1 Fall 3 (entgegen STAUDINGER/COING¹¹ Rn 8) nicht auf dem nachträglichen Zusammentreffen von Verfügung und Berechtigung in derselben Person beruht, sondern auf der typischerweise gegebenen und deshalb unterstellten Haftung des Berechtigten für die Rechtsverschaffungspflicht des verstorbenen Nichtberechtigten, ist es gleichgültig, ob der Berechtigte Alleinerbe oder nur Miterbe des Nichtberechtigten ist (FLUME, AT II § 58 S 916; MünchKomm/SCHRAMM⁵ Rn 72; **aA** STAUDINGER/COING¹¹ Rn 8 iVm Rn 7). Vgl aber auch Rn 85.

4. Die Voraussetzung der unbeschränkten Erbenhaftung

81 § 185 Abs 2 S 1 Fall 3 lässt die Heilung nur dann eintreten, wenn der Berechtigte als Erbe des Nichtberechtigten „für die Nachlassverbindlichkeiten **unbeschränkt haftet**". Damit kann vernünftigerweise nur gemeint sein, dass die Haftung des Berechtigten für die Nachlassverbindlichkeiten **endgültig unbeschränkt geworden** sein muss (BayObLG DNotZ 1998, 138, 141 f; OLG Stuttgart OLGZ 1994, 513; PLANCK/FLAD Anm 7; STAUDINGER/DILCHER[12] Rn 14; SOERGEL/LEPTIEN Rn 30; MünchKomm/SCHRAMM[5] Rn 71; NK-BGB/STAFFHORST[2] Rn 28; ERMAN/PALM[12] Rn 13; ERMAN/MAIER-REIMER[13] Rn 28; PALANDT/ELLENBERGER Rn 11 a; vTUHR II 1, 385 Fn 123; ENNECCERUS/NIPPERDEY, AT § 204 V 2 b; BORK Rn 1725; HARDER, in: FS H H Seiler [2002] 637 f Fn 2; EBEL NJW 1982, 724, 725, 727; HABERSACK JZ 1991, 70, 72; vLÜBTOW, ErbR II [1971] 793; **aA** OLG Breslau OLGE 24, 84, 85; OERTMANN Anm 5b α; WARNEYER Anm III; wohl auch OLG Celle NJW-RR 1994, 646, 647; zweifelnd WIELING SR I[2] § 9 VI c Fn 29; HKK/FINKENAUER §§ 182–185 Rn 18 aE). Andernfalls würde die Einschränkung einfach leerlaufen, denn im Augenblick des Erbfalls ist die Erbenhaftung immer noch unbeschränkt, wenn auch beschränkbar (s STAUDINGER/MAROTZKE [2010] Vorbem 9 zu §§ 1967 ff); die Konvaleszenz müsste dann stets im Augenblick des Erbfalls erfolgen (vTUHR, AT II 1, 385 Fn 123). Im Übrigen zeigt § 2013 deutlich, dass das BGB mit der „unbeschränkten" Haftung des Erben die Konstellation meint, in der der Erbe die Beschränkung seiner Haftung auf den Nachlass mit den gesetzlich zulässigen Mitteln nicht mehr herbeiführen kann (EBEL NJW 1982, 724, 725). Eben dies zeigt auch die Entstehungsgeschichte: Das Erlöschen des Inventarrechts, auf das etwa § 310 E I abstellte, war nichts anderes als der Wegfall der Haftungsbeschränkungsmöglichkeit (HARDER 642 Fn 30; WACKE 203 Fn 22). In den Fällen der unbeschränkten Haftung gegenüber einzelnen Gläubigern (zB § 2006 Abs 3) konvalesziert die Verfügung selbstverständlich nur dann, wenn der Verfügungsbegünstigte zu diesen Gläubigern gehört (vTUHR aaO; vLÜBTOW aaO).

Die gelegentlich vertretene Auffassung, bei der Haftungsbeschränkung durch Nachlassverwaltung müsse die Konvaleszenz im Augenblick der Beendigung der Nachlassverwaltung eintreten (so HAGEN AcP 167 [1967] 481, 498 f; MünchKomm/SCHRAMM[3] Rn 64; anders aber jetzt 5. Aufl Rn 71), ist verfehlt (zu Recht krit EBEL NJW 1982, 724, 726). *Die Beendigung der Nachlassverwaltung* bedeutet selbstverständlich nicht, dass nunmehr eine unbeschränkbare Haftung des Erben eintreten würde (so auch BAMBERGER/ROTH/BUB[1] Rn 14 Fn 65 [fehlt in der 2. Aufl]). Streitig ist vielmehr nur, ob mit dem Ende der Nachlassverwaltung wieder die alte Haftungslage (also unbeschränkte, aber beschränkbare Haftung) eintritt oder ob der Erbe auch nach dem Ende der Nachlassverwaltung idR nur auf den Nachlass beschränkt haftet, weil ihm jedenfalls die Dürftigkeitseinrede zusteht (vgl dazu STAUDINGER/MAROTZKE [2010] § 1988 Rn 9; LANGE/KUCHINKE, ErbR[5] § 49 VI 2). **82**

Bei einem Rechtsstreit zwischen dem Erben des bisherigen Berechtigten und dem Erwerber über den Eintritt des Konvaleszenz muss nicht der erstere die (Existenz oder fortdauernde Möglichkeit der) Haftungsbeschränkung, sondern der letztere die endgültige Unbeschränkbarkeit der Erbenhaftung vortragen und beweisen (verkannt von OLG Celle NJW-RR 1994, 646, 647; vgl HARDER in: FS H H Seiler [2002] 637, 640 Fn 14). **83**

5. Einzelfälle

Eine schwebend unwirksame Verfügung, die nach § 185 Abs 2 S 1 Fall 3 konvaleszieren könnte, ist auch dann gegeben, wenn ein Miterbe, der sich für den Alleinerben hält, über einen Nachlassgegenstand verfügt oder wenn mehrere Miterben in Unkenntnis des Umstandes, dass außer ihnen noch weitere Personen zur Miterbengemeinschaft gehören, eine solche Verfügung vornehmen (vgl RGZ 152, 380, 383; BGH **84**

LM § 2040 Nr 3; WM 1964, 629, 630). Ebenso kann § 185 Abs 2 S 1 Fall 3 Anwendung finden, wenn eine Verfügung des Vorerben nach § 2113 mit dem Tode des Vorerben als dem Nacherbfall unwirksam werden müsste, der Nacherbe aber zugleich Erbe des Vorerben ist und als solcher unbeschränkt haftet (RGZ 110, 94, 95; RG Schubert/ Glöckner § 185 Nr 11; OLG Breslau OLGE 24, 84, 85; OLG Schleswig SchlHA 1953, 287, 288; Staudinger/Avenarius [2013] § 2113 Rn 19; Bamberger/Roth/Bub[3] Rn 16; Palandt/Ellenberger Rn 11 b [wo allerdings das Erfordernis der unbeschränkten Haftung nicht erwähnt wird]; vgl auch RGZ 149, 19, 22). Es handelt sich dabei freilich nicht um eine von vornherein unwirksame, sondern um eine zunächst wirksame, aber in ihrer Wirksamkeit doch auflösend bedingte Verfügung; wenn nach § 185 Abs 2 Verfügungen wirksam werden, die von vornherein völlig unwirksam waren, so muss dies erst recht für Verfügungen gelten, die von vornherein nur bedingt wirksam waren (Staudinger/Coing[11] Rn 8 aE).

85 Die Konvaleszenz nach § 185 Abs 2 S 1 Fall 3 kann nicht eintreten, wenn der *Berechtigte nur Miterbe* des Verfügenden *neben dem Erwerber* geworden ist (RGZ 110, 94, 96; BGH LM § 2113 BGB Nr 1; Staudinger/Avenarius [2013] § 2113 Rn 19; BGB-RGRK/ Steffen Rn 14; MünchKomm/Schramm[5] Rn 72; NK-BGB/Staffhorst[2] Rn 28; Bamberger/Roth/ Bub[3] Rn 16). In diesem Falle bleibt ja im Verhältnis zwischen den beiden Miterben schon nach § 2063 Abs 2 selbst bei Inventarverfehlungen die Haftung stets auf den Nachlass beschränkbar. Das dürfte in der Entscheidung BGH WM 1964, 629, 630 = MDR 1964, 577, 578 übersehen sein (wie dort aber Soergel/Leptien Rn 30). Danach sollte die gleichmäßige Aufteilung von Grundbesitz, der in Wirklichkeit dem Verfügenden und seinen Kindern in ungeteilter Erbengemeinschaft gehörte, unter die Kinder des Verfügenden dann nach § 185 Abs 2 S 1 Fall 3 wirksam werden, wenn die Kinder den Verfügenden beerben und für die Nachlassverbindlichkeiten unbeschränkt haften. Der Bundesgerichtshof ging hier (unter II 1 b) einfach von der unbeschränkten Haftung aus, weil der klagende Miterbe das Gegenteil nicht behauptet hatte.

VII. Einander widersprechende Verfügungen (Abs 2 S 2)

1. Bedeutung

86 Sind – von demselben oder auch verschiedenen Nichtberechtigten – mehrere einander widersprechende Verfügungen getroffen worden, passt die Rechtsfolgenanordnung der Konvaleszenztatbestände (§ 185 Abs 2 S 1 Fall 2 und 3) jedenfalls nicht unmodifiziert: Es ist logisch ausgeschlossen, dass die kollidierenden Verfügungen alle ex nunc wirksam werden. Abs 2 S 2 liefert deshalb eine Ergänzungsregel, die für die nötige Klärung sorgt: **Gültig wird** dann **allein die frühere Verfügung**. Das Gesetz löst die Kollision also sachgerecht unter Rückgriff auf das für Verfügungen ganz allgemein geltende Prioritätsprinzip. Entscheidend ist damit die Reihenfolge der Verfügungshandlungen (D V Simon, in: FS JG Wolf [2000] 221, 224) oder – was auf dasselbe hinausläuft – die Abfolge der Zeitpunkte, in denen die einzelnen Verfügungen bei unterstellter Berechtigtenstellung ihres Urhebers den Verfügungserfolg herbeigeführt hätten.

2. Die verschiedenen Kollisionsfälle

§ 185 Abs 2 S 2 umschreibt den Kollisionsfall mit der Formulierung „mehrere mit- 87 einander nicht in Einklang stehende Verfügungen". Das ist immer dann der Fall, wenn bei Wirksamkeit der ersten die zweite Verfügung auch von dem (jeweils bei der ersten Verfügung noch) Berechtigten (ohne Eingreifen eines Verkehrsschutztatbestandes) nicht wirksam hätte getroffen werden können (Dölling 24; Egert 53). Hierher gehört an erster Stelle der Fall, dass die Verfügungen ohne Rücksicht auf die zeitliche Reihenfolge einander logisch ausschließen, so zB wenn zwei Übereignungen derselben Sache oder zwei Abtretungen derselben Forderung stattgefunden haben. Ein Kollisionsfall ist aber auch dann gegeben, wenn die Verfügungen jedenfalls bei der in concreto gegebenen Reihenfolge miteinander unvereinbar sind: So kollidiert die Verpfändung einer Sache mit der vorausgegangenen (aA KG OLGE 22, 163, 164), nicht aber mit der nachfolgenden Übereignung (Dölling 25, 27; vTuhr, AT II 1, 386 Fn 129; Soergel/Leptien Rn 31; Bork Rn 1730; Lempenau 78; teilweise abw aber offenbar Staudinger/Dilcher[12] Rn 16). Im letzteren Falle bleibt es deshalb bei der Rechtsfolgenanordnung des S 1; beide Verfügungen werden ex nunc wirksam, und der Eigentumserwerber erlangt nur das mit dem Pfandrecht belastete Eigentum (BGB-RGRK/Steffen Rn 15; Soergel/Leptien Rn 31; MünchKomm/Schramm[5] Rn 73; NK-BGB/Staffhorst[2] Rn 34; Palandt/Ellenberger Rn 12; D V Simon, in: FS JG Wolf [2000] 221, 223). Im ersteren Fall wird dagegen nach Abs 2 S 2 nur die Übereignung geheilt (BGB-RGRK/Steffen Rn 15; MünchKomm/Schramm[5] aaO). Hat der Vorbehaltskäufer N die Kaufsache erst in der Form des § 930 an A sicherungsübereignet und dann an den bösgläubigen B unter Übergabe der Sache verpfändet, so wird mit der Zahlung des Restkaufpreises und dem Eigentumserwerb des N nur die Sicherungsübereignung nach § 185 Abs 2 S 1 Fall 3 iVm § 185 Abs 2 S 2 wirksam (Egert 50 ff; Marotzke, Das Anwartschaftsrecht [1977] 19 f; Palandt/Ellenberger Rn 12; vgl auch Westermann/Gursky/Eickmann, SR[8] § 48 Rn 6; vTuhr, AT II 1, 385 f m Fn 129; II 309; Oertmann, Rechtsbedingung 149; Steckermeier 103 ff). Die in Rechtsprechung und Schrifttum früher vielfach vertretene gegenteilige Ansicht (KG OLGE 22, 163; OLG Breslau JW 1929, 2958; 1931, 2250; G Reinicke, Gesetzliche Pfandrechte und Hypotheken am Anwartschaftsrecht [1941] 51; Forkel, Grundfragen der Lehre vom privatrechtlichen Anwartschaftsrecht [1962] 69 ff; Kruschewski, Bedingtes Eigentum [Diss Rostock 1936] 51; Becker JW 1934, 678; Staudinger/Dilcher[12] Rn 16; implizit auch BGHZ 20, 88, 101 = NJW 1956, 665, 667 [für die Konstellation erst Sicherungsübereignung, dann Pfändung beim Sicherungsgeber]) ist jedoch evidentermaßen unzutreffend (Kühne 139): Es gibt keinen vernünftigen Grund, warum hier vom Prioritätsgrundsatz abgewichen und der erste Verfügungsbegünstigte im Falle der Konvaleszenz nur gegen translative, nicht aber auch gegen konstitutive neue Verfügungen des Nichtberechtigten geschützt werden sollte. Oder anders ausgedrückt: Warum jemand, der das Verfügungsobjekt überhaupt erst nach einer von ihm vorgenommenen Verfügung erlangt, im Gegensatz zu einem bereits bei Vornahme der Verfügung Berechtigten in der Lage sein sollte, die vorgenommene Rechtsübertragung durch eine anschließende Belastung des gleichen Objekts teilweise wieder umzustoßen (Egert 53).

Ein Kollisionsfall ist genaugenommen auch dann gegeben, wenn eine Sache vom 88 Nichtberechtigten mit mehreren beschränkten dinglichen Rechten (beispielsweise mehreren Pfandrechten) belastet wird. Derartige Verfügungen stehen jedenfalls als Akte, durch die jeweils eine erstrangige Belastung begründet werden soll, nicht miteinander im Einklang (Biermann § 1207 Anm 2). Bliebe es bei Abs 2 S 1 Fall 2 oder 3, würden die verschiedenen bisher schwebend unwirksamen Belastungen alle mit dem gleichen Rang entstehen; § 184 Abs 2 wäre ja nicht einschlägig, weil diese Norm nur für die Fälle der heilenden Genehmigung (§§ 184 Abs 1, 185 Abs 2 S 1 Fall 1) gilt. Eine solche Lösung wäre aber rechtspolitisch bedenklich. Es bliebe wieder unerfindlich, warum der Nichtberechtigte die Möglichkeit haben soll, die bereits getroffene (und zwar zunächst unwirksame, aber doch mit der Chance der Konvaleszenz verbundene) Verfügung durch weitere schwebend unwirksame Verfügungen zu entwerten. Die Heranziehung von Abs 2 S 2 sorgt nun dafür, dass die einzelnen Belastungen nur mit dem sich aus ihrer zeitlichen Abfolge ergebenden Rangverhältnis entstehen (EGERT 52; EMMERICH, Pfandrechtskonkurrenzen [1909] 110; M WOLFF, in: FG Hübler [1905] 63, 66 Fn 13; vTUHR, AT II 1, 386; BIERMANN § 1207 Anm 2; PLANCK/FLAD § 1205 Rn 1 a; STAUDINGER/SPRENG[11] § 1206 Rn 6 [f]; SPINDLER MDR 1960, 454, 455; K SCHMIDT ZZP 87 [1974] 316, 324 f [nur analoge Anwendung]). Es ist gerade diese Fallgestaltung, die den Kern des § 185 Abs 2 S 2 deutlich werden lässt und die Bedeutung der Formel vom „nicht im Einklang stehen" bestimmt: Die konkreten Verfügungsinhalte sind miteinander unvereinbar, weil die zweite Verfügung die durch die erste verliehene Rechtsmacht partiell wieder wegzunehmen versucht; dass die durch die beiden Verfügungen jeweils eingeräumten Rechte einander nicht völlig ausschließen, beide Rechte vielmehr nebeneinander bestehen könnten, kann eine Gleichbehandlung der beiden Verfügungen bei der Konvaleszenz nicht rechtfertigen (EGERT 49 ff; MAROTZKE, Das Anwartschaftsrecht [1977] 18 ff; D V SIMON, in: FS J G Wolf [2000] 221, 223).

3. Die frühere Verfügung

89 Nach Abs 2 S 2 konvalesziert nur die frühere Verfügung, bei mehr als zwei Verfügungen also die früheste. Das ist diejenige, deren voller Tatbestand zuerst vorliegt. Dies gilt auch für Verfügungen über Grundstücke und Grundstücksrechte; auf die Priorität der Einigung allein kommt es dabei nicht an (vTUHR, AT II 1, 385 f Fn 128; WOLFF/RAISER § 38 Fn 7). Ebenso wenig kann materiell entscheidend sein, für welche Verfügung zunächst der Eintragungsantrag gestellt wurde, wenn unter Verstoß gegen § 17 GBO zuerst der spätere bearbeitet worden ist. Fehlte bei einer der Verfügungen zunächst auch noch eine nach § 184 Abs 1 zurückwirkende Genehmigung (zB: der Erwerber war durch einen falsus procurator vertreten), so ist dieser Umstand, nach dem die Genehmigung erteilt worden ist, irrelevant.

4. Ausnahmsweise Geltung des Posterioritätsprinzips

90 Die Lösung des § 185 Abs 2 S 2 passt nicht, wenn die gesetzlichen Pfandrechte mehrerer hintereinander für denselben Absender tätiger Frachtführer zunächst alle wegen Nichtberechtigung des Versenders und Bösgläubigkeit der Frachtführer unwirksam sind, infolge nachträglichen Eigentumserwerbs des Versenders aber konvaleszieren. Hier beansprucht das Posterioritätsprinzip des § 443 Abs 1 HGB als die speziellere Wertung den Vorrang (EGERT 59).

Titel 6
Einwilligung und Genehmigung § 185

VIII. Die analoge Anwendung des § 185

1. Zwangsverfügungen

§ 185 spricht nur von einer „Verfügung, die ein Nichtberechtigter ... trifft", stellt **91** aber – entgegen § 184 Abs 2 oder § 161 Abs 1 S 2 – nicht die sog Zwangsverfügungen gleich. Damit stellt sich das Problem einer analogen Anwendung. Diese Analogie wird von der ganz hM für Maßnahmen der Mobiliarvollstreckung *(Pfändung schuldnerfremder beweglicher Sachen)* bejaht (BGHZ 56, 339, 351; ENNECCERUS/NIPPERDEY, AT § 204 V 3; FLUME, AT II § 58 S 916 f [m Einschränkungen]; DIEDERICHSEN, AT[5] Rn 315; ROSENBERG, ZPR[9] [1961] 936; ROSENBERG/GAUL/SCHILKEN, ZwVR[11] § 50 III 3 b cc δ; GAUL/SCHILKEN/BECKER-EBERHARD[12] § 50 Rn 1 ff; MünchKommZPO/SCHILKEN[2] § 804 Rn 17; MünchKommZPO/GRUBER[4] § 804 Rn 17; STEIN/JONAS/MÜNZBERG[22] § 804 Rn 7 ff, 15; BGB-RGRK/STEFFEN Rn 6; MünchKomm/SCHRAMM[5] Rn 16; SOERGEL/LEPTIEN Rn 6; NK-BGB/STAFFHORST[2] Rn 9; BAMBERGER/ROTH/BUB[3] Rn 4; ERMAN/PALM[12] Rn 12; PALANDT/ELLENBERGER Rn 4; AK-BGB/OTT Rn 9; BRUNS/PETERS, ZwVR[3] § 20 III 2 e; MAROTZKE, Das Anwartschaftsrecht [1977] 51 ff; K SCHMIDT ZZP 87 [1974] 316 ff; SCHANBACHER JuS 1993, 382, 384; STECKERMEIER 105 ff; RIMMELSPACHER, Kreditsicherungsrecht[2] Rn 231 ff; **aA** MünchKomm/SCHRAMM[3] Rn 15 [für § 185 Abs 1 und Abs 2 S 1 Fall 1], wo die Einwilligung oder Genehmigung lediglich als Offerte zum Abschluss eines schuldrechtlichen Gestattungsvertrages gedeutet wird; PLANCK/FLAD Anm 2b; BGB-RGRK/KUHN[11] Rn 16; vTUHR, AT II 1, 264; RG JW 1934, 221 m krit Anm H LEHMANN). In der Tat spricht die Interessenlage deutlich für diese Lösung. In Analogie zu § 185 Abs 1 entsteht also im Falle der Einwilligung des betroffenen Eigentümers ein Pfändungspfandrecht bei Pfändung einer schuldnerfremden Sache (K SCHMIDT 319 f; **aA** vTUHR, AT II 1, 264; SCHWINGE, Der fehlerhafte Staatsakt im Mobiliarvollstreckungsrecht [1930] 92), ebenso rückwirkend auf den Pfändungszeitpunkt bei nachträglicher Zustimmung (K SCHMIDT 320 f; M WOLFF, in: FG Hübler [1905] 63, 66; A BLOMEYER, in: FG vLübtow [1970] 803, 817; FLUME, AT II § 58 S 917) und ohne Rückwirkung, wenn der Schuldner die gepfändete Sache erwirbt (RGZ 60, 70, 72 f [nur im Ergebnis, ohne Anwendung von § 185]; OLG Braunschweig MDR 1972, 57, 58; ENNECCERUS/NIPPERDEY, AT § 204 V 3; DIEDERICHSEN, AT Rn 315; SOERGEL/LEPTIEN Rn 6; MünchKomm/SCHRAMM[5] Rn 17; H LEHMANN JW 1934, 221; K SCHMIDT 322 f; [nur iE, ohne Rückgriff auf § 185 Abs 2 S 2]; KELLER ZIP 2006, 1174, 1177 mwNw; **aA** FLUME, AT II § 58 S 917 [keine Anwendung von § 185 Abs 2 S 1 Fall 2, wenn aber doch dann Gleichrangigkeit der Pfändungspfandrechte]) bzw wenn der Berechtigte den Schuldner beerbt und für dessen Nachlassverbindlichkeiten unbeschränkt haftet (K SCHMIDT 325 f). Aus der bloßen Tatsache, dass der Berechtigte gegen die Pfändung nicht mit der Drittwiderspruchsklage vorgegangen ist, kann allerdings noch nicht auf eine Genehmigung der Pfändung geschlossen werden (BGH NJW 1992, 2570, 2574; SCHILKEN, in: ROSENBERG/GAUL/SCHILKEN, ZwVR[11] § 50 III 3 b β; GAUL/SCHILKEN/BECKER-EBERHARD, ZwVR[12] § 50 Rn 1 ff; s aber auch BAUR/STÜRNER/BRUNS ZwVR I[13] Rn 27. 17 [Tatfrage]). Bei den Konvaleszenztatbeständen (Abs 2 S 1 Fall 2 und 3) muss auch Abs 2 S 2 entsprechend angewandt werden. Mehrere Pfändungen für Gläubiger des nicht berechtigten Schuldners werden also in dem Rangverhältnis wirksam, das der *Reihenfolge der Pfändungsakte* entspricht (OLG Breslau JW 1929, 2958; ROSENBERG JW 1929, 2958 f; ENNECCERUS/NIPPERDEY, AT § 204 V 3; MEISTER NJW 1959, 608, 609; SPINDLER MDR 1960, 454, 455; M WOLFF, in: FG Hübler [1905] 63, 66; K SCHMIDT ZZP 87 [1974] 316, 325; E WOLF § 7 C III S 305 ff; vTUHR II 2, 309 Fn 116; RIMMELSPACHER, Kreditsicherungsrecht[2] Rn 236 f; STEIN/JONAS/MÜNZBERG, ZPO[22] § 878 Rn 39; MünchKommZPO/GRUBER[4] § 804 Rn 22; MUSIELAK/BECKER, ZPO[10] § 878 Rn 7; **aA** [Pfändungspfandrechte konvaleszieren mit gleichem Rang] RGZ 60, 70, 73; SCHWINGE 93; FLUME, AT II § 58

§ 185
Buch 1
Abschnitt 3 · Rechtsgeschäfte

S 917; Soergel/Schultze-vLasaulx[10] Rn 30; Schlegelberger/Vogels/Pfeifle Rn 3; Weimar MDR 1959, 819; Pawlowski ZZP 90, 81, 85; Werner JR 1971, 278, 286; Bülow WM 1998, 845, 846; MünchKommInsO/Ganter[2] § 50 Rn 56). Einem Pfändungspfandrecht, das für einen Gläubiger des Eigentümers in der Zwischenzeit entstanden ist, geht das für den Gläubiger des Nichtberechtigten begründete infolge der bloßen ex nunc-Wirkung der Konvaleszenz natürlich nach (K Schmidt 323). Konvaleszieren können auch Zwangshypotheken, die wegen der fehlenden Rechtszuständigkeit oder Verfügungsmacht des Vollstreckungsschuldners nicht wirksam begründet worden sind (BGHZ 166, 74, 80 Rn 20). Das Wirksamwerden setzt allerdings voraus, dass die neben dem Vollstreckungsakt erforderlichen weiteren Voraussetzungen der hoheitlichen Vollstreckungshandlung noch gegeben sind (BGH aaO). Die Zwangshypothek muss insbesondere noch eingetragen sein.

92 Die Pfändung einer schuldnerfremden **Forderung** kann dagegen nach hM nicht konvaleszieren, weil sie ohnehin nur die „angebliche" Forderung des Vollstreckungsschuldners zu erfassen versucht und bei deren Nichtexistenz auch die für die bloße Verstrickung erforderliche individualisierbare Unterlage fehlt, sodass die Pfändung einfach ins Leere geht (RG JW 1930, 551; BGH LM § 313 BGB Nr 14 [Bl 2 R]; BGHZ 56, 339, 350 f; 100, 36, 42; BGH NJW 1988, 495; 2002, 755, 757; BAG 1987, 1703, 1705; NJW 1993, 2699, 2700 [mit Ausnahme für fortlaufende künftige Bezüge, die zwischen Abtretung und Rückabtretung gepfändet worden sind]; OLGR Düsseldorf 2000, 14, 16; OLG Schleswig NJOZ 2007, 182; Baur/Stürner, ZwVR I[12] Rn 30. 16; A Blomeyer, in: FG vLübtow [1970] 809, 816, 828; Stein/Jonas/Münzberg[20] § 804 Rn 12, § 829 Rn 67; Stein/Jonas/Brehm[22] § 829 Rn 18; MünchKommZPO/Smid[4] § 829 Rn 7, 42; Schuschke/Schuschke[3] § 829 Rn 47; Staudinger/Dilcher[12] Rn 2; BGB-RGRK/Steffen Rn 6; MünchKomm/Schramm[5] Rn 17; NK-BGB/Staffhorst[2] Rn 9; Bamberger/Roth/Bub[3] Rn 4; Palandt/Ellenberger Rn 4; AK-BGB/Ott Rn 9; Egert 56; Merz NJW 1955, 347; **aA** K Schmidt 326 ff m beachtlichen Argumenten; Brehm WuB VI E § 829 ZPO 1. 02, 527; Tiedtke NJW 1972, 746 ff; Soergel/Leptien Rn 6; MünchKomm/Schramm[3] Rn 16; Erman/Palm[12] Rn 12; Brox/Walker, ZwVR[8] Rn 615; Medicus AT[10] Rn 1034; Schiemann, in: Staudinger/Eckpfeiler [2012] C 131 ff = Rn 233 ff; wohl auch Schilken, in: Rosenberg/Gaul/Schilken, ZwVR[11] § 50 III 1 c ee, 3 b cc α aE). Wenn eine Forderungspfändung an einer vorherigen Abtretung scheitert, wird sie nach Ansicht des BGH auch nicht dadurch wirksam, dass der Vollstreckungsgläubiger die Abtretung erfolgreich wegen Gläubigerbenachteiligung anficht, der Zessionar also aufgrund der vom Vollstreckungsgläubiger erhobenen Anfechtungsklage verurteilt wird, die Zwangsvollstreckung in die Forderung zu dulden (BGHZ 100, 36; BGH KTS 1992, 155, 158; NJW-RR 1992, 612, 613; ebenso LG Hamburg ZIP 1991, 1507, 1508; Kindl NZG 1998, 321, 328; Gerhardt JR 1987, 415, 416 f; Münzberg ZZP 101 [1998] 436, 439 ff; Rosenberg/Gaul/Schilken, ZwVR[11] § 35 VI 1 a; **aM** RGZ 61, 150, 151; K Schmidt JZ 1987, 889 ff, 895; Schanbacher JuS 1993, 382, 385; Tiedtke JZ 1993, 73, 74 f; für Gehaltsforderungen auch LAG Hamm JZ 1993, 98). Entsprechendes gilt nach Ansicht des BGH, wenn eine vom Vollstreckungsschuldner vor der Pfändung bereits abgetretene Forderung nachträglich an den Vollstreckungsschuldner zurückzediert wird; auch hier soll eine Konvaleszenz ausscheiden, der Vollstreckungsgläubiger also nur mittels einer neuen Pfändung auf die Forderung zugreifen können (BGHZ 56, 339, 351; **aM** Tiedtke JZ 1993, 73, 74). Wenn eine im Hypothekenverband stehende Miet- oder Pachtforderung vom Grundstückseigentümer vor der Beschlagnahme durch Anordnung der Zwangsverwaltung abgetreten worden ist und nach diesem Zeitpunkt vom Grundstückseigentümer zurückerworben wird, dehnt sich die Beschlag-

nahmewirkung nicht nach § 185 Abs 2 S 1 Fall 2 auf diese Forderung aus (OLG Karlsruhe NJOZ 2002, 2314, 2315).

2. Gesetzliche Pfandrechte

Die gesetzlichen Pfandrechte des HGB (§§ 397, 441, 464 HGB) entstehen – wie sich **93** mittelbar aus § 366 Abs 3 HGB schließen lässt – schon dann, wenn der Kommittent oder Absender oder Versender nicht selbst Eigentümer der betreffenden Sache, aber vom Eigentümer zum Abschluss des Kommissions- oder Fracht- oder Speditionsvertrages und zur Aushändigung der Sache an den Vertragspartner ermächtigt war (vgl OLG Düsseldorf MDR 2008, 1365; BAUMBACH/HOPT/MERKT, HGB[35] § 441 Rn 1). Auf den etwaigen guten Glauben des Vertragspartners kommt es dann nicht an. Der Sache nach wird damit § 185 Abs 1 auf einen Fall des gesetzlichen Erwerbs ausgedehnt. Problematisch ist dagegen die Bedeutung des § 185 für die gesetzlichen Pfandrechte des BGB. Eine verbreitete Auffassung nimmt an, dass die gesetzliche Pfandrechte des Werkunternehmers, Vermieters und Verpächters, die nach dem Gesetzeswortlaut Eigentum des Vertragspartners voraussetzen, in Analogie zu § 185 Abs 1 auch an Sachen eines Dritten entstehen können, wenn der Dritte der Bearbeitung oder Einbringung der Sache zustimmt (OLG Hamm als Vorinstanz zu BGHZ 34, 122; STAUDINGER/WIEGAND [2009] § 1257 Rn 14; STAUDINGER/PETERS/JACOBY [2013] § 647 Rn 11 – 13; CANARIS, in: Großkomm HGB § 366 Rn 78 ff; ders, Handelsrecht[24], § 27 Rn 39; ders, in: FS Medicus [1999] 25, 48; BGB-RGRK/STEFFEN § 185 Rn 5; SOERGEL/LEPTIEN Rn 9; ERMAN/SCHWENKER[13] § 647 Rn 4 [bb]; AK-BGB/REICH § 1207 Rn 5, 8; PALANDT/DEGENHART[34] § 1257 Anm 2; MEDICUS/PETERSEN, BR[23] Rn 594; WIELING, SR I [2. Aufl] § 15 XI c bb; WILHELM, SR[4] Rn 1875; H WESTERMANN, SR[5] § 133 I; STÖBER NJW 1958, 821; BEUTLER NJW 1957, 1560; BENÖHR ZHR 135 [1971] 144 ff; L RAISER JZ 1961, 285, 286; PICKER NJW 1978, 1418; WEIMAR JR 1976, 51; SCHWERDTNER JuS 1970, 66; MAROTZKE, Das Anwartschaftsrecht [1977] 59; vgl auch MÜLLER-LAUBE JZ 1983, 807, 808; KATZENSTEIN Jura 2004, 1, 6). Diese Auffassung läuft jedoch auf eine unzulässige Verquickung der dogmatisch klar geschiedenen Kategorien der rechtsgeschäftlichen Pfandrechtsbestellung und des gesetzlichen Erwerbs von Pfandrechten hinaus. Das Werkunternehmer- oder Vermieter- oder Verpächterpfandrecht entsteht nun einmal kraft Gesetzes und damit ganz unabhängig von einer dahingehenden Willensrichtung des Bestellers. Schon deshalb kann die Übergabe zu Reparaturzwecken oder die Einbringung der Sache nicht wie eine auf die Begründung des Pfandrechts gerichtete Verfügung behandelt werden (BGHZ 34, 122, 125 ff; OLG Köln NJW 1968, 304; STAUDINGER/SPRENG[11] § 1257 Rn 5; MünchKomm/DAMRAU[6] § 1257 Rn 5; MünchKomm/SCHRAMM[5] § 185 Rn 11; SOERGEL/MÜHL § 647 Rn 7; SOERGEL/AUGUSTIN[11] § 1257 Rn 4; PALANDT/BASSENGE § 1257 Rn 2; PALANDT/SPRAU § 647 Rn 3; PALANDT/ELLENBERGER § 185 Rn 3; BAUR/STÜRNER, SR[18] § 55 Rn 40; H WESTERMANN/GURSKY/EICKMANN, SR[8] § 132 Rn 1 ff; PRÜTTING Rn 790; WOLF/WELLENHOFER, SR[28] § 16 Rn 42 ff; ECKERT, SR[4] Rn 501; LARENZ, SchR II [13] § 53 III e; HARMS, SR[4] 88; FIKENTSCHER/HEINEMANN, SchR[10] Rn 1220; TIEDTKE, Gutgläubiger Erwerb [1985] 85; BERG JuS 1970, 30; MÜNZEL NJW 1961, 1236; HOHENESTER NJW 1958, 212; JAKOBS Jura 1970, 707; MÖHRENSCHLAGER, Der Verwendungsersatzanspruch des Besitzers [1971] 150; KUNIG JR 1976, 13; DORIS 145 ff; RIEMENSCHNEIDER, Die Sicherung des Werkunternehmers [1967] 186 ff; RISCH TranspR 3 [2005] 108, 110 f; VÖLZMANN JA 2005, 264, 265 f, 268).

Hiervon zu unterscheiden ist die Frage, ob der Werkunternehmer, Vermieter oder **94** Verpächter das Pfandrecht nachträglich erlangt, wenn sein Vertragspartner die reparierte oder eingebrachte Sache erwirbt bzw wenn dieser vom Berechtigten beerbt wird und der Berechtigte unbeschränkt für die Nachlassverbindlichkeiten haftet. Diese Frage wird praktisch allgemein bejaht (für das Vermieterpfandrecht iE schon RGZ 60, 70). Umstritten ist nur, ob es für die Herleitung dieses Ergebnisses überhaupt einer Heranziehung von § 185 Abs 2 S 1 Fall 2 und 3 bedarf oder ob es sich nicht schon aus den §§ 562, 647 BGB selbst ableiten lässt. Die besseren Argumente dürften hier wohl doch für die erstere Position sprechen (Egert 58 f; D V Simon, in: FS J G Wolf [2000] 221, 222 f; aA MünchKomm/Schramm[5] § 185 Rn 12; Soergel/Leptien Rn 9). Das legt es nahe, auch § 185 Abs 2 S 2 heranzuziehen (s auch oben Rn 19). Das führt dazu, dass für das zeitliche Verhältnis der Vorgänge, die im Falle der Eigentümerstellung des Mieters, Pächters oder Bestellers sofort das jeweilige vertragliche oder gesetzliche Pfandrecht oder Pfändungspfandrecht hätten entstehen lassen, nicht die Gleichzeitigkeit der Konvaleszenz maßgeblich ist. Hat der Mieter etwa eine zunächst geliehene, in die Mietwohnung eingebrachte und dort von einem seiner Gläubiger gepfändete Sache nachträglich erworben, geht das Vermieterpfandrecht dem Pfändungspfandrecht vor (aA MünchKomm/Schramm[5] Rn 12: gleicher Rang).

3. Vormerkungswidrige Verfügungen

95 § 185 Abs 2 S 1 Fall 1 findet anerkanntermaßen entsprechende Anwendung, wenn der Vormerkungsgläubiger eine vormerkungswidrige Verfügung genehmigt und damit auf den Schutz der §§ 883, 888 Abs 1 verzichtet (RGZ 154, 355, 367; OLG Saarbrücken FGPrax 1995, 135, 136; Staudinger/Gursky [2013] § 883 Rn 248 mwNw; Rosenberg § 883 Anm IV 1; BGB-RGRK/Steffen § 185 Rn 4; MünchKomm/Kohler[6] § 883 Rn 55; MünchKomm/Schramm[5] § 185 Rn 14; Soergel/Stürner § 883 Rn 35; NK-BGB/Staffhorst[2] Rn 12; Bamberger/Roth/Bub[3] Rn 6; Gursky in: H P Westermann/Gursky/Eickmann, SR[8] § 82 Rn 25 f; aM RGZ 142, 331, 336 f). Auch die Konvaleszenztatbestände von § 185 Abs 2 S 1 Fall 2 und 3 können bei vormerkungswidrigen Verfügungen entsprechend angewandt werden (Rosenberg aaO). § 185 Abs 2 S 1 Fall 3 passt allerdings nur, wenn der Vormerkungsgläubiger lediglich Miterbe des Vormerkungsschuldners wird; andernfalls würde die unbeschränkbare Erbenhaftung dazu führen, dass die Vormerkung infolge Konfusion erlischt (Staudinger/Gursky aaO und § 886 Rn 18). Bei einer etwa vor der Verfügung erklärten Einwilligung wird sich die analoge Anwendung von § 185 Abs 1 regelmäßig erübrigen, weil die Einwilligung als vom Vormerkungsschuldner zumindest konkludent angenommene Offerte zum vollständigen oder teilweisen Erlass des gesicherten Anspruchs zu verstehen ist und die anschließende Verfügung damit gar nicht vormerkungswidrig ist. Auf § 185 Abs 1 muss deshalb allenfalls dann zurückgegriffen werden, wenn die Genehmigung als externe dem Geschäftsgegner des erwarteten Verfügungsgeschäfts erklärt worden ist.

4. Verstöße gegen gerichtliche Veräußerungsverbote

96 § 185 findet ferner auch bei solchen Verfügungen anerkanntermaßen Anwendung, die gegen ein gerichtliches Veräußerungsverbot (bzw genauer: Verfügungsverbot) iS von §§ 136, 135 BGB, 938 Abs 2 ZPO verstoßen (Staudinger/Coing[11] § 135 Rn 5; Staudinger/Kohler [2011] § 135 Rn 62 ff, 68; BGB-RGRK/Kuhn[11] § 182 Anm 6; BGB-RGRK/Krüger-Nieland/Zöller[11] § 135 Anm 12; MünchKomm/Schramm[5] § 185 Rn 14; MünchKomm/Bayreuther[6] Rn 11; Soergel/Leptien Rn 19; NK-BGB/Staffhorst[2] Rn 12; Bamberger/Roth/Bub[3] Rn 6; Erman/Palm[12] Rn 3; Palandt/Ellenberger Rn 5a [ee], 11 b; Thiele 237 f; Chr Berger, Rechtsgeschäftliche Verfügungsbeschränkungen [1998] 31 ff). Die Genehmigung des Verbots-

geschützten heilt die relative Unwirksamkeit also analog §§ 185 Abs 2 S 1 Fall 1, 184 Abs 1 mit rückwirkender Kraft (STAUDINGER/COING[11] aaO; STAUDINGER/KOHLER [2011] § 135 Rn 63; SOERGEL/LEPTIEN aaO; MEIKEL/BÖTTCHER, GBO[10] Anh 160 zu §§ 19, 20 mwNw; **abw** LEHMANN/HÜBNER, AT § 37 I 2 d: Verzicht ohne rückwirkende Kraft; RUHWEDEL JuS 1990, 161, 166 Fn 39). Die Aufhebung des Verbots löst die Konvaleszenz des verbotswidrigen Geschäfts analog § 185 Abs 2 S 1 Fall 2 aus (STAUDINGER/KOHLER [2011] § 135 Rn 67 mwNw; CHR BERGER 33; FLUME 916). Das Gleiche gilt für die Aufhebung oder das sonstige Erlöschen des verbotsgeschützten Rechts (STAUDINGER/KOHLER [2011] § 135 Rn 68).

5. Wegen mittelbarer Rechtsbeteiligung zustimmungsbedürftige Verfügungen

Bestimmte Verfügungen über ein belastetes Recht bedürfen der Zustimmung des Drittberechtigten, weil dessen eigenes Recht durch die Verfügung notwendigerweise ebenfalls beseitigt oder geschmälert würde (s Vorbem 20 zu §§ 182 ff). Da die fraglichen Verfügungen in ihren Wirkungen über den eigenen Rechtskreis des Verfügenden hinausgreifen, sind sie jedenfalls im Hinblick auf diese überschießende Wirkung als Verfügungen eines (teilweise) Nichtberechtigten zu bewerten oder können (mit OERTMANN, Die Rechtsbedingung [1924] 196) jedenfalls als Verfügungen eines Nichtberechtigten im weiteren Sinne qualifiziert werden. Dies legt es nahe, auch die Konvaleszenztatbestände des § 185 Abs 2 S 1 Fall 2 und 3 hier entsprechend anzuwenden (EGERT 76 f; ROSENBERG § 876 Anm III 3 c). **97**

6. Grenzüberbau

Die Regelung des Grenzüberbaus in § 912 geht davon aus, dass der Eigentümer des Stammgrundstücks selbst den die Grenze überschreitenden Bau errichten lässt. Unter den Voraussetzungen des § 912 Abs 1 ist dann der betroffene Nachbar zur Duldung des Überbaus verpflichtet und gehört dieser eigentumsmäßig zum Stammgrundstück. Die hM wendet nun § 185 analog an, wenn ein Dritter (insbesondere natürlich ein Mieter oder Pächter des Stammgrundstücks) den Bau errichtet und der Eigentümer des Stammgrundstücks in den Grenzüberbau einwilligt oder ihn genehmigt (BGHZ 15, 216, 219 = LM § 912 BGB Nr 2 mAnm PRITSCH; OLG Frankfurt MDR 1968, 496; OLG Celle NZM 2003, 982 od; ENNECCERUS/NIPPERDEY § 204 Fn 64; STAUDINGER/ROTH [2009] § 912 Rn 11; PLANCK/STRECKER § 912 Anm 1b; BGB-RGRK/STEFFEN § 185 Rn 4; SOERGEL/J F BAUR § 912 Rn 6; SOERGEL/LEPTIEN § 185 Rn 8; MünchKomm/SCHRAMM[5] § 185 Rn 13; NK-BGB/ STAFFHORST[2] Rn 11; ERMAN/LORENZ[13] § 912 Rn 5; PALANDT/BASSENGE § 912 Rn 5; JAUERNIG/BERGER[15] § 912 Rn 5–8; M WOLFF, Der Bau auf fremdem Boden [1900] 110; DEHNER, Das Nachbarrecht im Bundesgebiet [7. Aufl 1991] B § 24 I 3 b; TERSTEEGEN RNotZ 2006, 433, 442; **aA** OLG Hamburg Recht 1912 Nr 2546). Begründet wird dies vor allem mit der Erwägung, dass der Grenzüberbau (durch den Eigentümer des Stammgrundstückes) zu einer Belastung des Stammgrundstückes mit der Rentenpflicht aus § 912 Abs 2 führt und damit eine verfügungsgleiche Wirkung entfaltet. Es finden sich jedoch auch abweichende Auffassungen. SCHRAMM beispielsweise (MünchKomm[3] § 185 Rn 13) glaubte früher, dem Eigentümer, der dem Überbau zugestimmt hat, die Errichtung des Bauwerks auch ohne Heranziehung von § 185 zurechnen zu können. SÄCKER (MünchKomm[6] § 912 Rn 11) will dagegen auf das Erfordernis der Zustimmung des Eigentümers ganz verzichten und § 912 im Hinblick auf die Werterhaltungsfunktion auch bei der Gebäudeerrichtung durch den bloßen Besitzer des Stammgrundstücks anwenden (ähnlich DERNBURG, BR III § 83 II 1 b und [bei Errichtung durch Bucheigentümer] ENDEMANN II 1 **98**

§ 74 Fn 7). Für die Konvaleszenz analog § 185 Abs 2 S 1 Fall 2 reicht es auch, wenn der Überbauende später ein Erbbaurecht am Stammgrundstück erwirbt (BGH WM 1966, 1303; ERMAN/LORENZ[13] § 912 Rn 5). Da die Genehmigung des Grundstückseigentümers analog § 184 Abs 1 zurückwirkt, ist nicht der Zeitpunkt der Genehmigungserklärung, sondern der der Grenzüberschreitung maßgebend für den Widerspruch des Nachbarn und dessen Rente (DEHNER Fn 37). Wenig klar ist die Position von BAYREUTHER (MünchKomm[6] § 185 Rn 10 aE).

7. Prozesshandlungen

99 § 185 kann auf Prozesshandlungen bzw prozessuale Willenserklärungen grundsätzlich nicht entsprechend angewandt werden (BGB-RGRK/STEFFEN Rn 8; SOERGEL/LEPTIEN Rn 11; MünchKomm/SCHRAMM[5] Rn 19; BAMBERGER/ROTH/BUB[3] Rn 4; PALANDT/ELLENBERGER Rn 4). Das gilt insbesondere für die Klageerhebung (BGH JZ 1956, 62; LM § 185 Nr 8; VersR 1967, 162, 164; NJW 2004, 1043, 1044 [keine rückwirkende Genehmigung nach § 185]; aA LUKOWSKI, Prozessieren unter falschem Namen [Diss Hamburg 1939] 40). Klagt jemand eine fremde Forderung im eigenen Namen ein, weil er zu Unrecht von seiner Gläubigerstellung ausgeht, so führt die Klageerhebung als solche auch dann nicht zur Hemmung (bzw nach altem Recht: zur Unterbrechung) der Verjährung, wenn der wirkliche Gläubiger sich nachträglich mit der Prozessführung einverstanden erklärt und die Forderung an den Kläger abtritt (BGH LM § 185 Nr 8 m klarstellender Anm BÜLOW MDR 1958, 421 und abl Anm BAUR JZ 1958, 246; BGH VersR 1967, 162, 164). So lässt sich auch die Zulässigkeit einer gewillkürten Prozessstandschaft in solchen Fällen, in denen es am eigenen Interesse des Klägers fehlt, nach der Rechtsprechung nicht mit einer analogen Anwendung von § 185 begründen (BGH JZ 1956, 62; abw ROSENBERG JZ 1952, 137). Die Erhebung einer Zahlungsklage durch einen Nichtgläubiger führt auch dann nicht zur Hemmung der Verjährung, wenn der Kläger im Laufe des Rechtsstreits vom wirklichen Gläubiger zur Geltendmachung der Forderung im eigenen Namen ermächtigt wird (OLG München Beck RS 2009, 00320 LS 1 und unter II 5 c). Die überhaupt erst nach Eintritt der Verjährung erfolgte Ermächtigung wirkt erst recht nicht auf den Zeitpunkt der Klageerhebung zurück (aaO). Falls die Ermächtigung durch den wirklichen Gläubiger bei der Klageerhebung bereits vorlag, aber vom Kläger zunächst nicht offengelegt wurde, tritt die Verjährungshemmung mit der Klageerhebung noch nicht ein (aaO LS 2). Die Wirkungen der gewillkürten Prozessstandschaft werden nämlich nur ausgelöst, wenn der klagende Dritte sich auf die ihm erteilte Ermächtigung beruft und den zustimmenden wirklichen Gläubiger benennt (BGH NJW 1972, 1580; OLG München aaO). Diese Offenlegung entfaltet keine Rückwirkung. Im Sonderfall der stillen Sicherungszession, die mit einer Einziehungsermächtigung für den Zedenten kombiniert ist, ist die Offenlegung der beschränkten eigenen Rechtsstellung durch den Kläger allerdings entbehrlich, weil der Beklagte hier ohnehin von der fortdauernden Gläubigerstellung des Klägers ausgehen muss (MünchKomm/GROTHE[6] § 204 Rn 18). Die von einem Nichtgläubiger oder nicht verfügungsberechtigten Gläubiger erhobene Klage löst analog § 185 Abs 2 S 1 Fall 2 ex nunc die Hemmungswirkung aus, wenn der Kläger die eingeklagte Forderung erwirbt oder die Verfügungsbeschränkung entfällt (vgl STAUDINGER/PETERS/JACOBY [2009] § 204 Rn 11 mwNw; NK-BGB/MANSEL[2] § 204 Rn 38 mwNw). Die Genehmigung der von einem vollmachtlosen Vertreter erhobenen Klage durch den Berechtigten löst die Hemmungswirkung dagegen rückwirkend aus (STAUDINGER/PETERS/JACOBY aaO). Wird eine Beschwerde (oder ein sonstiges Rechtsmittel) durch eine nichtbeschwerdebe-

Titel 6
Einwilligung und Genehmigung § 185

rechtigte Person im eigenen Namen eingelegt, so kann der an sich Beschwerdeberechtigte dieses Rechtsmittel nicht durch Genehmigung zu seinem eigenen machen (OLG Hamm NJW 1968, 1147; s auch OLG Hamm NJW-RR 1997, 1326, 1327). Wird allerdings eine Klage unter fremdem Namen erhoben (Parteifälschung), so kann der Namensträger als wahre Partei die Prozessführung der Nichtpartei (also des Fälschers) genehmigen und damit für und gegen sich prozessual wirksam machen, wie sich aus §§ 547 Ziff 4, 579 Abs 1 Ziff 4 ZPO ergibt (ROSENBERG/SCHWAB/GOTTWALD, ZPR[17] § 41 Rn 17 ff; ANTON 46 ff). – Prozesshandlungen des Insolvenzschuldners, die die Aktivmasse betreffen, kann allerdings der Insolvenzverwalter durch rückwirkende Genehmigung analog § 185 Abs 2 S 1 Fall 2, 184 Abs 1 heilen (vgl BPatG Beschl v 16. 4. 2008 – 29 W [pat] 44/06 [juris, Rn 30]; HENCKEL/WINDEL InsO § 81 Rn 5, 29; HESS, Insolvenzrecht, § 81 InsO Rn 28; MünchKommInsO/OTT/VUIA[2] § 81 Rn 17)

8. Unterwerfung unter sofortige Zwangsvollstreckung

Nicht entsprechend anwendbar ist § 185 nach hM auch im Falle der Unterwerfung **100** unter die sofortige Zwangsvollstreckung, da diese eine reine Prozesshandlung darstellt (BayObLGZ 1970, 254, 258 = NJW 1971, 514, 515; OLG Frankfurt DNotZ 1972, 85; OLG Saarbrücken NJW 1977, 1202; STEIN/JONAS/MÜNZBERG, ZPO[22] § 794 Rn 120; SCHUSCHKE § 794 Rn 40; GAUL, in: GAUL/SCHILKEN/BECKER-EBERHARD, ZwVR[12] § 13 IV 7 Rn 68 ff; STAUDINGER/DILCHER[12] Rn 4; BGB-RGRK/STEFFEN Rn 4; SOERGEL/LEPTIEN Rn 11; BAMBERGER/ROTH/BUB[3] Rn 4; SCHÖNER/STÖBER, Grundbuchrecht [15. Aufl 2012] Rn 2041; [wohl auch] VRINTELEN RNotZ 2001, 2, 16 f mwNw; für § 185 Abs 2 auch OLG Köln Rpfleger 1991, 13, 14; OPALKA NJW 1991, 1796, 1799 f; **abw** BGHZ 108, 372 – 380; OLG Köln OLGZ 1980, 409; KG GE 2013, 875 = juris Beschluss vom 14. 1. 2013 Rn 2; WOLFSTEINER NJW 1971, 1140; MünchKommZPO/WOLFSTEINER[3] § 794 Rn 175; MEIKEL/BÖTTCHER, GBO[10] § 19 Rn 106; ZAWAR NJW 1977, 585; MünchKomm/SCHRAMM[5] Rn 18; MünchKomm/BAYREUTHER[6] § 185 Rn 16; jurisPK-BGB/TRAUTWEIN[6] Rn 9; PALANDT/ELLENBERGER Rn 4; für § 185 Abs 1 auch OLG Köln Rpfleger 1991, 13, 14; ZIMMER NotBZ 2006, 302, 306; wohl auch BAUER/VOEFELE/MAYER, GBO[3] AT IV 88; in der Tendenz auch BayObLG MittBayNot 1992, 190, 191, wo Gründe für die analoge Anwendung von § 185 Abs 1 und 2 zusammengestellt werden, die Frage aber letztlich offengelassen wird). In BGHZ 108, 373, 376 wird allerdings § 185 Abs 2 zur Begründung dafür herangezogen, dass die vom noch nicht Berechtigten abgegebene Unterwerfungserklärung jedenfalls dann wirksam ist, wenn dieser im Zeitpunkt der Eintragung das Eigentum bereits erworben hatte (ebenso BÖTTCHER BWNotZ 2007, 109, 113; WOLF ZNotP 2007, 86, 88). Das KG (DNotZ 1988, 238, 239) leitet die Wirksamkeit stattdessen daraus ab, dass die Unterwerfungserklärung hier nur für den Fall des künftigen Eigentumserwerbs (und damit aufschiebend bedingt) erklärt wird.

9. Eintragungsbewilligung

Allgemein befürwortet wird dagegen die analoge Anwendung von § 185 für die nach **101** zutreffender Ansicht als rein verfahrensrechtliche Verfügungserklärung zu qualifizierende (vgl KEHE/MUNZIG, GBO[6] § 19 Rn 18 ff, 44) Eintragungsbewilligung iSv § 19 GBO (BGH NJW-RR 2011, 19, 20; BGH Rpfleger 2010, 651, 652 Rn 13; OLG Köln DNotZ 1980, 628; OLG Naumburg FGPrax 1998, 1, 2; NJW-RR 1999, 1462; KEHE/MUNZIG, GBO[5] § 19 Rn 77; BAUR/STÜRNER, SR[18] § 16 Rn 31; BGB-RGRK/STEFFEN Rn 4; SOERGEL/LEPTIEN Rn 8; MünchKomm/SCHRAMM[5] Rn 15; MünchKomm/BAYREUTHER[6] Rn 13; NK-BGB/STAFFHORST[2] Rn 8; jurisPK-BGB/TRAUTWEIN[6] Rn 4; BAMBERGER/ROTH/BUB[3] Rn 4; MEIKEL/BÖTTCHER, GBO[10] § 19

Rn 61 ff; Bauer/vOefele/Kössinger GBO³ § 19 Rn 294, 300; Demharter, GBO²⁹ § 19 Rn 73). Früher wurde vom Boden der lange herrschenden Lehre von der Doppelnatur der Bewilligungserklärung aus sogar die unmittelbare Anwendung des § 185 befürwortet (BayObLGZ 1970, 254, 256; OLG München HRR 1941, 2; OLG Düsseldorf NJW 1963, 162; Meikel/Imhof/Riedel, GBO⁶ § 19 Rn 71; ebenso wohl BayObLG DNotZ 1989, 391, 392). Unmittelbar anwendbar ist § 185 dagegen bei der materiellrechtlichen Bewilligungserklärung des § 885 (s § 885 Rn 10).

10. Vermietung oder Verpachtung fremder Sachen

102 Wenn der Eigentümer seine Sache vermietet oder verpachtet, geht er nicht nur eine obligatorische Verpflichtung gegenüber dem Vertragspartner ein, sondern er schränkt – jedenfalls wenn er diesem den Besitz der Sache überträgt – zugleich seine eigene dingliche Herrschaftsmacht ein: Er kann sich nunmehr während der Dauer des Vertragsverhältnisses den Besitz nicht mehr mit Hilfe des Vindikationsanspruchs zurückverschaffen. Die Einräumung des obligatorischen Besitzrechts wirkt damit – jedenfalls im Zusammenspiel mit der dazugehörigen Besitzübertragung – wie eine Verfügung. Die ganz hM wendet daher seit langem schon § 185 bei der Einräumung eines obligatorischen Besitzrechts durch einen Nichtberechtigten, insbesondere bei der Vermietung oder Verpachtung einer fremden Sache (zumindest) entsprechend an (so der Sache nach schon RGZ 80, 395, 397 f [wo allerdings § 185 nicht herangezogen, sondern die §§ 182–184 unmittelbar angewandt werden; daß materiell eine Gleichstellung mit der Verfügung eines Nichtberechtigten gemeint ist, zeigt der Verweis auf Windscheid/Kipp, Lehrbuch der Pandekten I § 81 Fn 5]; ferner RGZ 124, 28, 31 f; KG OLGR 1998, 369, 370; Staudinger/Dilcher¹² Rn 24, die hM nur referierend; Staudinger/Coing¹¹ Rn 11; Staudinger/Langhein [2008] § 747 Rn 32; Staudinger/Gursky [2013] § 986 Rn 32 mwNw; BGB-RGRK/Steffen¹² § 185 Rn 5; BGB-RGRK/Pikart¹² § 986 Rn 12; Soergel/Stadler¹³ § 986 Rn 13; MünchKomm/Medicus⁴ § 986 Rn 19; jurisPK-BGB/Trautwein⁶ Rn 6; Bamberger/Roth/Bub³ § 185 Rn 4; Bamberger/Roth/Fritzsche³ § 986 Rn 3 ff; Erman/Maier-Reimer¹³ § 185 Rn 2; BGB-RGRK/Kuhn¹¹ Anm 27; Soergel/Leptien Rn 9; MünchKomm/Schramm⁵ § 185 Rn 10; NK-BGB/Staffhorst² § 185 Rn 12; NK-BGB/Schanbacher³ § 986 Rn 12; Palandt/Ellenberger § 986 Rn 2; PWW/Frensch⁸ § 185 Rn 5; Hk-BGB/Dörner⁸ § 185 Rn 4; vTuhr, AT II 1 § 54 Fn 115; Enneccerus/Nipperdey, AT § 143 Fn 8; § 204 Fn 21; Lehmann/Hübner, AT¹⁶ § 37 VI 2 S 335; Medicus, AT¹⁰ Rn 1006; Flume, AT II § 57, 1 d S 907 f und § 11, 5 a S 141; Larenz, SchR I, 14. Aufl, § 17 IV aE; Wieling SR I² § 12 I 3 bei Fn 81; Müller SR⁴ Rn 439; Diederichsen, Das Recht zum Besitz aus Schuldverhältnissen [1965] 120 ff; Marburger, Fälle und Lösungen, BGB-AT [6. Aufl 1987] 160 f; Doris 123 ff; Raape JherJb 71 [1922] 97 ff, 172 ff; L Raiser, in: FS M Wolff [1952] 123, 127, 138; ders JZ 1961, 286; vLübtow AcP 150 [1949] 252, 253; Söllner JuS 1967, 449, 452; Lenel DJZ 1913, 881, 885; Peters AcP 171 [1971] 234, 238, 248; Canaris, in: FS Flume I [1978] 371, 402; Gursky JR 1983, 265, 266 f; Haedicke JuS 2001, 966, 972; Katzenstein Jura 2004, 1, 3 f, 7 ff; Tetenberg, Die Anwartschaft des Auflassungsempfängers [2006] 200 ff; implizit auch BGH ZOV 1997, 414 [nach Beendigung der staatlichen Verwaltung ist der Eigentümer auch an solche Mietverträge gebunden, die ein Dritter im Auftrage des staatlichen Verwalters im eigenen Namen abgeschlossen hat]; weitergehend Bettermann JZ 1951, 321; unverträglich hiermit sind allerdings BGHZ 84, 90 und BGH NJW 1991, 1815, 1816; s dazu unten Rn 103; hinsichtlich der Rechtsfolgen anders Otte, in: FS Sonnenschein [2002] 181, 196 ff, 199; **abl** Pfizenmayer, Mieterschutz und Vindikation [Diss Heidelberg 1981] 68 ff; Krenek Jura 1993, 79, 80 f; vMorgen JZ 1989, 725, 726 f; Hagmann NJW 1989, 822 f; Crezelius JZ 1984, 70, 73). Wenn der Eigentümer einer Sache einem Dritten gestattet, diese im eigenen Namen zu vermieten oder zu verpachten, wirkt dieser Vertragsschluss analog § 185 Abs 1 gegen ihn. Er wird dadurch zwar nicht Vertragspartei und deshalb nicht mit Verpflichtungen aus dem Vertrag belastet, aber er kann für die Dauer des Vertrages die Sache genauso wenig vom Mieter oder Pächter herausverlangen, wie wenn er den Mietvertrag selbst abgeschlossen hätte. Der Mieter oder Pächter hat mit anderen Worten durch den mit dem ermächtigten Dritten abgeschlossenen obligatorischen Vertrag ein eigenes Recht zum Besitz unmittelbar gegenüber dem Eigentümer erlangt, das sich nach Inhalt, Umfang und Dauer mit seiner relativen Besitzberechtigung gegenüber dem Dritten deckt (Diederichsen 121; Doris 129, 139 f; MünchKomm/Schramm[5] § 185 Rn 10). Das ist ein zwingendes Gebot der Gerechtigkeit, wie schon in RGZ 80, 395, 397 f hervorgehoben worden ist. Es heißt hier ebenso lapidar wie überzeugend: „Dass der so (dh über ein fremdes Grundstück mit Einwilligung der Eigentümerin) abgeschlossene Mietvertrag für die Eigentümerin wirksam sein muss, wird allerdings vom Rechtsgefühl gefordert und ist denn auch wirklich rechtens; anderenfalls entbehrten, wenn die Eigentümer von Zinshäusern die Mietverträge durch ihre Hausverwalter auf deren Namen abschließen lassen, die Mieter gegen die Hauseigentümer jeden rechtlichen Schutzes." Ganz entsprechend wären ohne diese Analogie die Kunden solcher Firmen, die langfristig bewegliche Sachen (Maschinen, Autos, Fernsehgeräte) vermieten, schutzlos, wenn der Vermieter die betreffenden Gegenstände selbst unter Eigentumsvorbehalt bezogen oder sicherungsübereignet hat und der Vorbehaltsverkäufer oder Sicherungsnehmer vom Mieter nun wegen Eintritt des Sicherungsfalles Herausgabe verlangt (Doris 138). – Genehmigt der neue Grundstückseigentümer einen von seinem Vorgänger abgeschlossenen Mietvertrag (der Gewerberäume betrifft), so wird dadurch ein Besitzrecht des Mieters ihm gegenüber auch dann begründet, wenn der Mieter sich dabei irrtümlich auf einen früheren, nicht mehr gültigen Mietvertrag bezog (KG OLGR 1998, 369, 370). Genehmigt wird hier die Besitzüberlassung im Rahmen der Vermietung; auf die Einzelheiten des Mietvertrages kommt es nicht an (KG aaO).- Die Zustimmung des Eigentümers zur Besitzrechtseinräumung kann natürlich auch konkludent eingeräumt werden (s oben § 182 Rn 9 f). Eine Einwilligung des Eigentümers zur Vermietung seines Grundstücks kann uU schon in dessen Auflassung an den Käufer gesehen werden (s Tetenberg, Die Anwartschaft des Auflassungsempfängers [2006] 202 f).

Die analoge Anwendung des § 185 passte früher auch in den Fällen der *Weitervermietung durch* einen *gewerblichen Zwischenvermieter,* der den Mietinteressenten gegenüber wie der Eigentümer auftritt (Gursky JR 1983, 265, 266 f; Kummer WuM 1991, 240; Soergel/Kummer[11] Nachtrag zu § 556 Rn 22; MünchKomm/Voelskow[2] § 556 Rn 30; Sternel, Mietrecht [3. Aufl 1988] Anm IV 590; Tetenberg 201), in denen die Rechtsprechung mit einer Erstreckung des Kündigungsschutzes auf den Endmieter dem letzteren nur eine unzureichende Hilfe geboten hatte (BVerfG NJW 1991, 2272; BGHZ 84, 90, 96 ff; 114, 96, 99 ff; vgl dazu auch Staudinger/Sonnenschein [1995] § 556 aF Rn 69 ff). Die Heranziehung von § 185 erübrigt sich hier allerdings infolge der nunmehrigen gesetzlichen Regelung in § 565 nF, die den Eigentümer, der Wohnräume zum Zwecke der gewerblichen Weitervermietung an ein Unternehmen vermietet hat, bei Ablauf des Hauptmietvertrages in die vom gewerblichen Zwischenvermieter mit den Endmietern abgeschlossenen Mietverträge eintreten lässt. **103**

Die hiergegen vorgebrachten Argumente vermögen nicht zu überzeugen. Dies gilt insbesondere für den Vorwurf, die analoge Anwendung des § 185 laufe auf die dem **104** deutschen Recht unbekannte (s Rn 108) Annahme einer Verpflichtungsermächtigung hinaus (so BGHZ 114, 96, 100; Crezelius JZ 1984, 70, 73; vMorgen JZ 1989, 725, 726; Krenek Jura 1993, 79, 80 f). Die analoge Anwendung von § 185 Abs 1 will den Eigentümer/Hauptvermieter ja gerade nicht mit obligatorischen Pflichten belasten, sondern billigt dem Endmieter lediglich ein Besitzrecht zu, das den Vindikationsanspruch des Eigentümers und den konkurrierenden Anspruch aus § 546 Abs 2 ausschließt. Nicht haltbar ist auch die Behauptung, die Sonderregelung des § 546 Abs 2 stehe der analogen Anwendung des § 185 Abs 1 entgegen (so BGH aaO; Krenek Jura 1993, 79, 80; Larenz, SchR II 1 [13. Aufl 1986] § 48 VII a; Crezelius aaO; Fritz WuM 1991, 13, 14; Bamberger/Roth/Bub[1] Rn 3 Fn 16 [jeweils zu § 556 Abs 3 aF]). § 546 Abs 2 betrifft die Konstellation der echten Untervermietung, bei der eine ganz andere Interessenlage als in der Konstellation von RGZ 80, 395 oder bei der Einschaltung eines gewerblichen Vermietungsunternehmens besteht (vgl auch Katzenstein Jura 2004, 1, 7 ff). Die normale Untervermieterlaubnis iS von §§ 540 Abs 1, 553 berechtigt den Hauptmieter lediglich zur Weitervermietung der Sache unter Offenlegung des Faktums, dass er diese selbst nur gemietet hat. Der Hauptmieter, der bei der Weitervermietung der Sache seine eigene Mieterstellung offenlegt, macht aber damit deutlich, dass er seinem Vertragspartner nur eine aus seiner eigenen Mieterstellung abgeleitete und deshalb vom Fortbestand des eigenen Besitzrechts abhängige Besitzberechtigung einräumt. Gerade deshalb besteht kein Anlass, auch die bloße Untervermieterlaubnis als eine Einwilligung zu behandeln, die die analoge Anwendung des § 185 Abs 1 rechtfertigt und damit zur Bindung des Eigentümers an den Untermietvertrag führen kann.

105 Die analoge Anwendung von § 185 empfiehlt sich nicht nur bei der Einräumung eines echten (vindikationsausschließenden) Besitzrechts durch einen vom Eigentümer ermächtigten Nichtberechtigten, sondern auch bei der *Einräumung eines vertraglichen Zurückbehaltungsrechts* im Auftrag des Eigentümers, denn auch das ist ein verfügungsähnliches Rechtsgeschäft (RGZ 124, 28, 32; Marburger, Fälle und Lösungen, BGB-AT [6. Aufl 1987] 161 ff; Doris 124 ff, 140; Staudinger/Gursky [2013] § 986 Rn 28 aE).

106 Die Analogie darf im Übrigen nicht auf § 185 Abs 1 beschränkt bleiben. Sie muss vielmehr auch für die drei Fälle des **§ 185 Abs 2** gelten (MünchKomm/Schramm[5] Rn 10).

107 Problematisch ist, ob die entsprechende Anwendung von § 185 auch auf die obligatorische Gestattung der *Nutzung von unkörperlichen Gegenständen* (zB eines Warenzeichens, eines Gebrauchsmusters, eines Patents, eines Jagdrechts) durch einen im eigenen Namen handelnden Nichtberechtigten erstreckt werden kann (bejahend MünchKomm/Schramm[5] Rn 10; Doris 140 ff; Raape JherJb 71 [1922] 97, 136 für die persönliche Lizenz; wohl auch Soergel/Leptien Rn 9). Dafür könnte sprechen, dass die Nutzungsgestattung in ähnlicher Weise denkbare absolute Unterlassungsansprüche blockiert wie die Besitzrechtseinräumung den Vindikationsanspruch. Dann müsste aber § 185 wohl konsequenterweise auch auf die Einräumung einer obligatorischen „Störungsbefugnis" (etwa eines obligatorischen Immissionsrechtes) durch einen mit Zustimmung des Eigentümers handelnden Nichtberechtigten angewendet werden (dafür in der Tat Raape JherJb 71 [1922] 97 ff), während die hM hier bisher nur mit der analogen Anwendung von § 986 Abs 1 S 1 2. Alt operiert (s Staudinger/Gursky [2013] § 1004 Rn 200). Bedenklich ist auch, dass man auf diese Art und Weise zu einer dinglich

Titel 6
Einwilligung und Genehmigung § 185

wirkenden Quasiverfügung ohne einen den Anforderungen des Sachenrechts entsprechenden Publikationsakt käme.

11. Verpflichtungsermächtigung

Unter einer Verpflichtungsermächtigung versteht man die Erteilung der Rechtsmacht, den Ermächtigenden durch ein vom Ermächtigten im eigenen Namen vorzunehmendes Rechtsgeschäft zu verpflichten (DORIS 81; LUDEWIG 72). Die Existenz und Unbedenklichkeit dieser Rechtsfigur ist in der Literatur vielfach behauptet worden (LUDEWIG 29 f, 39, 72 ff; KROLL 30 ff; SEITZ 11 ff, 63 ff; BETTERMANN JZ 1951, 321 ff; DÖLLE, in: FS F Schulz II [1951] 268, 277 ff; THIELE 207 ff; LAUFKE, in: FS Lehmann I [1956] 170; DORIS 112 ff, 136 f; ENNECCERUS, AT[12] § 175; STAUDINGER/KADUK[12] Vorbem 64 f zu §§ 328 ff; SOERGEL/LEPTIEN § 185 Rn 35 ff [m Einschr]; PETERS AcP 171 [1971] 234, 246; MARTENS AcP 177 [1977] 113, 150 m erheblichen Unterschieden im Einzelnen) und dabei jedenfalls von einem Teil ihrer Anhänger auf eine Analogie zu § 185 gestützt worden. Die ganz hM lehnt die Verpflichtungsermächtigung jedoch als *systemwidrig* ab (BGHZ 34, 122, 125; 114, 96, 100; STAUDINGER/WEBER[11] § 241 Rn 31 f; STAUDINGER/DILCHER[12] Vorbem 70 f zu § 164; STAUDINGER/COING[11] Vorbem 63 c vor § 164; STAUDINGER/SCHILKEN Vorbem 70 f zu §§ 164 ff; BGB-RGRK/STEFFEN Vorbem 16 zu § 164 und § 185 Rn 6; MünchKomm/SCHRAMM[5] [2006] § 185 Rn 49 f; MünchKomm/BAYREUTHER[6] § 185 Rn 31 f; NK-BGB/STAFFHORST[2] § 185 Rn 13; ERMAN/MAIER-REIMER[13] [2011] § 185 Rn 18; Rn 18; AK-BGB/OTT § 185 Rn 10, 19; StudK/HADDING Vorbem II 2 a vor § 164; PALANDT/ELLENBERGER Rn 3; JAUERNIG/MANSEL[15] § 185 Rn 3; ENNECCERUS/NIPPERDEY, AT § 204 I 3; FLUME, AT II § 57, 1 d; BORK Rn 1737; MEDICUS, AT[10] Rn 1006; MEDICUS/PETERSEN, BR[23] Rn 29; HÜBNER, AT Rn 1359; FIKENTSCHER, SchR[10] Rn 746; SCHWARK JuS 1980, 777, 778; KATZENSTEIN Jura 2004, 1 f; weitere Nachweise bei DORIS 81 f Fn 2). In der Tat wäre eine verdeckte (dh dem Vertragspartner nicht offengelegte) Verpflichtungsermächtigung, die zur alleinigen Haftung des Ermächtigenden führen soll, mit dem Offenheitserfordernis der Stellvertretung und dem Selbstbestimmungsrecht des Geschäftspartners des Ermächtigten nicht zu vereinbaren (DORIS 82; SOERGEL/LEPTIEN Rn 36; ENNECCERUS/NIPPERDEY, AT § 204 I; DÖLLE 277). Eine solche verdeckte Verpflichtungsermächtigung mit privativer Wirkung wird aber kaum vertreten. **108**

Weniger deutlich ist die Situation, wenn die (verdeckte) Ermächtigung lediglich zur *Mithaftung* des Ermächtigenden neben dem Ermächtigten führen soll (*für Zulässigkeit* dieser Form der Verpflichtungsermächtigung BETTERMANN 323; DÖLLE 277 ff; THIELE 207 ff; WIELING, in DÖRR/NISHIMURA, Mandatum und Verwandtes [1993] 235 ff, 258; SOERGEL/LEPTIEN Rn 37; MünchKomm/THIELE[2] Rn 46; wohl auch HKK/FINKENAUER §§ 182–185 Rn 16; MARTENS AcP 177 [1977] 113, 150; **dagegen** MünchKomm/SCHRAMM[5] § 185 Rn 50; HÜBNER, AT Rn 1360; FLUME, AT II § 57, 1 d; STAUDINGER/DILCHER[12] Vorbem 70 f zu § 164 ff; PETERS AcP 171 [1971] 234; WEIMAR JR 1973, 494). Interessen des Dritten werden hierdurch genauso wenig wie bei einem ohne seine Mitwirkung vollzogenen Schuldbeitritt verletzt (SOERGEL/LEPTIEN aaO; DORIS 82 f). Dies gilt jedenfalls dann, wenn man dem Dritten in Analogie zu § 333 ein Zurückweisungsrecht gewährt (so DÖLLE, in: FS Schulz II [1951] 278 Fn 1; THIELE 210 f; HKK/FINKENAUER aaO; s auch DORIS 89 ff). Die verdeckte Mitverpflichtung des Ermächtigenden widerspricht aber schon dem Grundsatz des § 311 Abs 1, wonach Verpflichtungen normalerweise nur durch Vertrag begründet werden können (vgl KÖHLER 20 ff; PETERS AcP 171 [1971] 234, 237, 243). Der Vertrag, den der Ermächtigte mit dem Dritten schließt, ist ja nicht auf diese Mitverpflichtung gerichtet, und der Ermächtigte ist darüber hinaus ja auch gar nicht Partei dieses Vertrages. Die Konstruktion der **109** verdeckten Mitverpflichtung kraft Ermächtigung relativiert zudem in bedenklicher Weise die im inneren System des BGB deutlich angelegte Scheidung zwischen direkter und indirekter Stellvertretung. Schließlich bringt die Aufdrängung der Mithaftung des Ermächtigenden für den Gläubiger auch gewisse Rechtsnachteile mit sich, wenn man dem Ermächtigenden nicht die normalen Schuldnerrechte (wie die Aufrechnungsmöglichkeit oder die Möglichkeit zur Auslösung des Annahmeverzuges) vorenthalten will (dafür ohne tragfähige Begründung SOERGEL/LEPTIEN Rn 37). Ob die Zubilligung eines Zurückweisungsrechts den Gläubiger hiergegen schützen kann, erscheint zweifelhaft, zumal die Ausübung dieses Rechts genaue Kenntnis der Rechtslage voraussetzen würde. Im Übrigen wäre die Begründbarkeit eines solchen Zurückweisungsrechts des Gläubigers alles andere als selbstverständlich (vgl PETERS 242). Angesichts dieser Systemwidrigkeiten wäre die behauptete verdeckte Verpflichtungsermächtigung allenfalls dann zu rechtfertigen, wenn ein unabweisbares Bedürfnis des Rechtsverkehrs bestünde (aA THIELE 213). Das ist aber nicht der Fall. Ermächtigender und Ermächtigter können den gewollten Effekt der nicht offengelegten Mitverpflichtung ohnehin auch auf einem anderen gesetzeskonformen, wenn auch höchst artifiziellen Wege erreichen, nämlich durch einen *antizipierten Schuldbeitritt*, der als Vertrag zugunsten Dritter iS von § 328 automatisch zum Zurückweisungsrecht des Dritten nach § 333 führt. Dass hierbei ein höheres Bestimmtheitserfordernis gelte als bei der Ermächtigungslösung (so SOERGEL/LEPTIEN Rn 37), ist eine unzutreffende Annahme.

110 Für eine *offengelegte Verpflichtungsermächtigung* besteht – gleichgültig, ob sie nun zur Mithaftung oder zur alleinigen Verpflichtung des Ermächtigenden führen soll – erst recht *kein Bedürfnis*. Für die offene Drittbezogenheit rechtsgeschäftlichen Handelns stellt die Rechtsordnung in der Rechtsfigur der unmittelbaren Stellvertretung (§ 164) ein geeignetes Instrument zur Verfügung. Eine dem Gläubiger mitgeteilte Verpflichtungsermächtigung unterscheidet sich von einem Handeln im Namen des Ermächtigenden doch nur dadurch, dass der rechtsgeschäftlich Handelnde trotz der erklärten Fremdwirkung selbst die Parteirolle haben will (weitergehend [offengelegte Verpflichtungsermächtigung ist notwendigerweise Stellvertretung] LENT ZZP 62 [1941] 129, 183 ff, 188; KÖHLER 23; RAAPE JherJb 71 [1922] 97, 100; SIEBERT, Das rechtsgeschäftliche Treuhandverhältnis [1933] 258 f; SIBER JherJb 67 [1917] 81, 102, 137; PETERS AcP 171 [1971] 234, 240). Es ist aber unerfindlich, welches schützenswerte Interesse er an der Wahl einer solchen vom Gesetz nicht vorgesehenen hybriden Form fremd wirkenden Handelns eigentlich haben könnte.

IX. Die Ermächtigung im weiteren Sinne

111 Es sind vielfältige Versuche unternommen worden, die Rechtsfigur der Ermächtigung über den Bereich der Einwilligung zu einer fremden Verfügung hinaus auszudehnen und als ein *allgemeines Institut* zu erweisen (zB KRÜCKMANN, in: FG für das Reichsgericht III [1929] 79 ff; ders AcP 137 [1933] 167 ff; 139 [1934] 26 ff; ENNECCERUS, AT[18–21] [1923] § 175 I; LUDEWIG 2 ff, 31, 72 ff; DORIS 19 ff, 155 ff); diese Versuche waren jedoch nicht besonders erfolgreich, weil unter dem Oberbegriff der Ermächtigung im weiteren Sinne doch recht heterogene Erscheinungen zusammengefasst werden. So bleiben denn auch die vorgeschlagenen Definitionen recht blass. DORIS will unter Ermächtigung im weiteren Sinne „eine Rechtsmacht" verstehen, „die eine Person (der Ermächtigende) einer anderen Person (dem Ermächtigten) rechtsgeschäftlich erteilt,

und die dem zuletzt Genannten ermöglicht, im eigenen Namen Rechtshandlungen wirksam vorzunehmen, deren Inhalt sich unmittelbar auf einen dem Ermächtigenden gehörenden Rechtsgegenstand bezieht" (S 20; etwas anders S 156). ELLENBERGER (PALANDT § 185 Rn 13) definiert Ermächtigung als Einräumung der Befugnis, im eigenen Namen über ein Recht des Ermächtigenden zu verfügen oder das Recht durch Einziehung oder in sonstiger Weise auszuüben. Die Mehrheit des Schrifttums betont demgegenüber, dass die so verstandene Ermächtigung keinen einheitlichen und selbständigen Rechtsbegriff bildet (so zB SOERGEL/LEPTIEN Rn 34; FLUME, AT II § 57, 1 b; ENNECCERUS/NIPPERDEY, AT[15] § 204 I 3 Fn 6; HKK/FINKENAUER §§ 182–185 Rn 13). Vgl zum Ganzen STAUDINGER/SCHILKEN Vorbem 62 ff zu §§ 164 ff.

Wichtige Ermächtigungsfälle außerhalb des unmittelbaren Anwendungsbereichs des § 185 Abs 1 sind die *Einziehungsermächtigung* (s STAUDINGER/SCHILKEN Vorbem 66 zu §§ 164 ff und STAUDINGER/BUSCHE [2012] Einl 118 ff zu §§ 398 ff sowie STAUDINGER/OLZEN [2011] § 362 Rn 41 ff) und die von dieser zu unterscheidende (und nicht für eine Analogie zu § 185 Abs 1 geeignete) Einzugsermächtigung im Lastschriftverfahren (vgl STAUDINGER/MARTINEK [2006] § 676 f Rn 34 ff, 39 ff; BGH MDR 1989, 635); ebenso Ermächtigung zur *Stimmrechtsausübung* (vgl STAUDINGER/SCHILKEN Vorbem 72 zu §§ 164 ff); ferner die Ermächtigung zur Ausfüllung eines Blanketts (SOERGEL/LEPTIEN Rn 42). Zu der von der hM nicht anerkannten *Erwerbsermächtigung* s STAUDINGER/SCHILKEN Vorbem 69 zu §§ 164 ff; STAUDINGER/GURSKY (2013) § 893 Rn 47; MünchKomm/SCHRAMM[5] Rn 51 mwNw; SOERGEL/LEPTIEN Rn 40; FLUME AT I[3] § 57, 1 d; MEDICUS, AT[10] Rn 1007; BORK Rn 1736; NÜSSGENS, Der Rückerwerb des Nichtberechtigten (1939) 39 f.

112

Abschnitt 4
Fristen, Termine

§ 186
Geltungsbereich

Für die in Gesetzen, gerichtlichen Verfügungen und Rechtsgeschäften enthaltenen Frist- und Terminsbestimmungen gelten die Auslegungsvorschriften der §§ 187 bis 193.

Materialien: TE-AllgT § 162 (Schubert, AT, Bd 2, 277, 289); E I § 147; II § 154; III § 182; Prot I 315; Prot II 1, 188; Mot I 282; Jakobs/Schubert, AT 2, 977–979, 981, 984–985, 987, 989–990; Sten Ber 9. Leg IV. Session, 2751.

Schrifttum

Bilfinger, Der bürgerliche Tag (1888)
Brinz, Über die Zeit im Rechte (1882)
Ekrutt, Gesetzliche Regelung der Zeitmessung, NJW 1978, 1844
Fuchs/Gaumann, Fristen im Rechtsleben (1957)
Gottwald, Fristen im Erbrecht: Allgemeine Fristen, ZEV 2006, 293
Hermann, §§ 186–193. Fristen. Termine, in: HKK-BGB I (2003) 976
Hölder, Die Theorie der Zeitberechnung nach römischem Recht (1873)
Josef, Die Tagesstunde im Rechtsverkehr, AcP 96 (1905) 200
Lawson, Zeitablauf als Rechtsproblem, AcP 159 (1960/61) 97
HW Müller, Gelten so allgemein gehaltene Vorschriften wie § 186 BGB ohne weiteres für die gesamte Rechtsordnung?, NJW 1964, 1116
ders, Über die Geltungsbreite allgemein gehaltener Vorschriften, NJW 1966, 2253
vMünch, Die Zeit im Recht, NJW 2000, 1

Repgen, Der Sonntag und die Berechnung rückwärtslaufender Fristen im Aktienrecht, ZGR 2006, 121
Romeick, Fristbestimmung (1901)
Rutz, Die gesetzliche Befristung (1905)
Säcker, Fristenhemmung und Fristenrestitution im Zivil- und Zivilprozeßrecht, ZZP 80, 421
Schiessler, Fristenwahrung und amtliche Einrichtungen, NJW 1958, 1573
Schneider, Die einseitigen Fristsetzungen im BGB (Diss Rostock 1903)
Schroeter, Die Fristenberechnung im Bürgerlichen Recht, JuS 2007, 29
Strätz, Über eine Rechtsgrundlage öffentlichen Lebens: Vergessen, doch in Kraft seit mehr als 220 Jahren, in: Mélanges Fritz Sturm Bd 1 (1999) 913
Vogt, Zur Berechnung von Fristen im Arbeitsrecht, BB 1966, 625
Zieglrum, Grundfälle zur Berechnung von Fristen und Terminen gem §§ 187 ff BGB, JuS 1986, 705, 784.

I. Regelungszweck und Grundlagen der Zeitbestimmung

1 1. Die Dimension der Zeit gehört zu den selbstverständlichen Grundlagen des menschlichen Lebens. Das Nacheinander bedarf jedoch einer Ordnung, die nicht naturgesetzlich vorgegeben ist, sondern auf Konvention beruht, die sich freilich an der natürlichen Abfolge von Tag und Nacht sowie den verschiedenen Jahreszeiten und dem Sonnenstand sowie dem Lauf des Mondes orientiert. Die kalendermäßigen Einteilungen von Jahren, Monaten, evtl Wochen und schließlich Tagen werden vom BGB ebenso vorausgesetzt wie die Bestimmung der Dauer von Stunden, Minuten und Sekunden. Im SächsBGB von 1865 wurde die Zeiteinteilung noch ausdrücklich geregelt, vgl §§ 82, 83, 85 SächsBGB.

2 2. Der Rechtsverkehr ist vielfach auf Fristen und Termine angewiesen, die der Koordination von Leistungen und sonstiger Handlungen dienen. Dabei treten auf Grund des konventionellen Charakters der Zeitbestimmung jedoch häufig Schwierigkeiten auf, die die konkrete Berechnung des jeweiligen Zeitpunktes fraglich erscheinen lassen. Die §§ 186 ff **bezwecken** eine subsidiäre Regelung einer *sicheren Auslegung zeitlicher Bestimmungen* (weiter dazu unten Rn 17), um für mehrdeutige Ausdrucksweisen eine einheitliche Sprachregelung zu treffen (GEBHARD, Begründung Teilentwurf II 3, S 1 [= SCHUBERT, AT 2, S 289]; Mot I 282). Die §§ 186 ff dienen zugleich indirekt dem Zweck sämtlicher Fristen selbst, nämlich Rechtssicherheit und -klarheit zu gewährleisten. Selbstverständlich muss sich darin nicht der Zweck einer Fristsetzung erschöpfen. In § 281 Abs 1 Satz 1 dient die Fristsetzung zB in erster Linie der Sicherung der Durchführung des Vertragsprogramms im Sinne des Prinzips der Vertragstreue.

3 3. Die der Fristberechnung logisch vorgelagerte Konvention über den **Kalender** und die Zeiteinteilung der Tage wird vom BGB nicht geregelt. *Grundlage der Zeitberechnung* ist der von Papst Gregor XIII. mit Wirkung seit dem 15. Oktober 1582 eingeführte Kalender, der den von Cäsar 46 v Chr eingeführten Julianischen Kalender ablöste. Letzterer hatte sich in der Berechnung des Jahreswechsels im Vergleich zum Sonnenlauf als zu ungenau erwiesen, sodass im 16. Jahrhundert bereits eine Abweichung von 10 Tagen gegenüber dem astronomischen Jahr entstanden war. Der *Gregorianische Kalender* vermeidet diesen Fehler dadurch, dass er erstens dem Donnerstag, den 4. Oktober 1582, zehn Tage hinzuzählte und ihm Freitag, den 15. Oktober 1582, folgen ließ. Zweitens wurde für die Zukunft festgelegt, dass in durch 100 glatt teilbaren Jahren der vierjährige Schalttag ausfällt, wenn die Jahreszahl nicht ihrerseits durch 400 teilbar ist. Die Abweichung vom astronomischen Jahreslauf beträgt nach diesem Kalender nur 11 Sekunden, sodass eine Abweichung von einem Tag sich erst nach 3333 Jahren ergibt (zu den Einzelheiten STRÄTZ, in: FS Sturm [1999] 917 ff).

4 Der Kalender, auf den das Gesetz zwar nicht in §§ 186 ff, wohl aber in § 286 Abs 2 Nr 2 und öfters Bezug nimmt, ist **nicht bundesrechtlich geregelt**. Dass seine reichseinheitliche Einführung – unter Einschluss der Bestimmung des Ostertermins – durch einen entsprechenden Beschluss des Reichstags von 1776 noch heute eine wirksame Rechtsgrundlage darstellt (so STRÄTZ, in: FS Sturm [1999] 931), ist hinsichtlich der faktischen Geltung richtig, normativ aber mangels staatsrechtlicher Kontinuität schwerlich haltbar. Im Einflussbereich der orthodoxen Kirche hielt sich der Julianische Kalender bis ins 20. Jahrhundert (Russland bis 1918, Griechenland bis 1923, Rumänien bis 1924). Heute ist der Gregorianische Kalender nahezu weltweit anerkannt. Die damit verbundene chronologische Simultaneität war noch bis zu Beginn des 20. Jahrhunderts keine Selbstverständlichkeit (weiterführend HKK/HERMANN §§ 186–193 Rn 3). DIN 1355 beschreibt als Konvention, nicht als Rechtsnorm, im Wesentlichen den Gregorianischen (bürgerlichen) Kalender mit der bekannten Einteilung in Monate und Tage sowie der davon unabhängigen Unterteilung in 52 oder 53 Wochen. Als erste Kalenderwoche zählt diejenige, in die mindestens vier der ersten sieben Tage des Monats Januar fallen. Jahre, die mit einem Donnerstag beginnen oder enden, haben daher 53 Wochen, weil den 52 regulären Wochen dann jedenfalls ein Wochenteil von mindestens vier Tagen hinzutritt, der als eine ganze Kalenderwoche gezählt wird.

In Gebrauch sind neben dem Gregorianischen noch die – im internationalen Verkehr wichtigen – Kalender der Juden und der Mohammedaner, die sich vorwiegend nach dem Mond und nicht nach der Sonne richten. In der islamischen Zeitrechnung beginnt das Jahr 1 mit der Auswanderung (Hidjra) Mohammeds von Mekka nach Medina im Jahr 622 n Chr und lässt in alter arabischer Tradition das Jahr am 15. oder (nach anderer Berechnung) am 16. Juli beginnen (allgemein zur Kalenderentwicklung: HERZOG, Der Streit um die Zeit. Zeitmessung – Kalenderreform – Gegenzeit – Endzeit [2002]). Auch sonst gilt mitunter ein abweichendes Kalendersystem. ZB kennt Äthiopien, abgeleitet vom koptischen Kalender, einen dreizehnmonatigen Kalender, mit zwölf Monaten zu 30 Tagen und einem mit fünf bis sechs Schalttagen. Der Datumswechsel geschieht dort ungewöhnlicherweise auch nicht um Mitternacht, sondern man lässt den Tag nach unserer Zeitrechnung erst um 6 Uhr in der Frühe beginnen. Der Jahreswechsel findet am 11. bzw 12. September statt. Im Verwaltungs- und Geschäftsverkehr aber ist daneben auch der Gregorianische Kalender in Gebrauch. – Kalenderverschiedenheiten im internationalen Verkehr sind nach den Regeln des Internationalen Privatrechts zu beurteilen (vgl etwa GIRSBERGER, Verjährung und Verwirkung im internationalen Obligationenrecht [1989] 117: maßgeblich ist das Forderungsstatut). Für den internationalen Warenverkehr ist Art 20 CISG wichtig, der insoweit die Anwendung des IPR zur Ermittlung des für die Frist maßgeblichen Rechts verhindert (STAUDINGER/MAGNUS [2013] Art 20 CISG Rn 12).

4. **Normative Grundlage** der Zeit ist das Gesetz über die Einheiten im Messwesen und die Zeitbestimmung (Einheiten- und Zeitgesetz) vom 3. 7. 2008 (BGBl I 1185), das mit Wirkung vom 12. 7. 2008 das Zeitgesetz vom 25. 7. 1978 (BGBl I 1110) abgelöst hat. § 4 Abs 1 Satz 1 EinhZeitG legt die *mitteleuropäische Zeit* als gesetzliche Zeit fest. Ihre Darstellung und Verbreitung ist eine Aufgabe der Physikalisch-Technischen Bundesanstalt (§ 6 Abs 2 Nr 2 EinhZeitG). § 5 EinhZeitG (früher § 3 ZeitG) ermächtigt das Bundesministerium für Wirtschaft zur Einführung der Sommerzeit im Wege einer Rechtsverordnung. Aufgrund § 2 der SommerzeitVO vom 12. 7. 2001 (BGBl I 1591) dauert die in Deutschland geltende **Sommerzeit** vom letzten Sonntag des März morgens um 2 Uhr (= 1 Uhr Weltzeit) bis zum letzten Sonntag des Oktobers, an dem die Uhren morgens um 3 Uhr auf 2 Uhr (= 1 Uhr Weltzeit) zurückgestellt werden (in Umsetzung von Art 2 und 3 der Richtlinie 2000/84/EG, ABl 2001 L 31, 21, die dem nationalen Gesetzgeber bei der Festlegung der Sommerzeit keinen Spielraum mehr lässt; die genauen Daten werden zu Klarstellungszwecken

alle fünf Jahre im ABl EG, zuletzt C 83 vom 17. 3. 2011 sowie auch im Bundesanzeiger, zuletzt AT 25. 10. 2013 B 2, mitgeteilt).

II. Begrifflichkeit, Regelungsinhalt und Anwendungsbereich

1. Begrifflichkeit

a) Frist

6 § 186 spricht von *Frist- und Terminsbestimmungen*. Eine *Frist* im Sprachgebrauch des Gesetzes ist zunächst einmal *jeder abgegrenzte Zeitraum* (GEBHARD, Teilentwurf, Begründung 1 [= SCHUBERT, AT 2, 289]). Im engeren Sinn – und so wird der Begriff in der Praxis gebraucht – bezeichnet man als Frist einen bestimmten oder bestimmbaren **Zeitraum** (RGZ [8. 6. 1928] 120, 355, 362), **innerhalb dessen eine Leistung oder sonstige Handlung vorgenommen**, insbesondere ein Recht ausgeübt oder eine Willenserklärung abgegeben werden soll (VGH München [GrS 23. 7. 1990] NJW 1991, 1250, 1251). Die Dauer der Frist kann durch zeitlich feste Grenzen bestimmt werden (zB 8 Tage), sie kann aber auch durch einen unbestimmten Rechtsbegriff ausgedrückt werden (zB „angemessen", vgl etwa §§ 281 Abs 1, 323 Abs 1 BGB oder „unverzüglich", vgl etwa §§ 121 Abs 1 Satz 1, 965 Abs 1 u 2 Satz 1). Die zeitliche Grenze muss mindestens aufgrund der Umstände des Einzelfalls bestimmbar sein (BGH [12. 8. 2009] NJW 2009, 3153, 3154 Rn 10 f mAnm W KLEIN NJW 2009, 3154 f – für die Nachfristsetzung gem § 281 Abs 1 genügt es, wenn der Käufer „umgehende" Nachbesserung verlangt; zust MünchKomm/ERNST § 323 Rn 68).

7 Der Zeitraum, während dessen die *Verjährung gehemmt* ist (vgl § 209) wird nach RGZ (1. 9. 1939) 161, 125, 127 nicht als Frist iSv § 186 anerkannt (vgl RG [19. 1. 1927] JW 1927, 842 Nr 4; RGZ [5. 3. 1928] 120, 1, 3; MünchKomm/GROTHE Rn 4), obgleich er durchaus abgegrenzt oder bestimmbar sein kann. Dieser Zeitraum wird deshalb auch nicht in den Lauf der Verjährungsfrist eingerechnet. Tritt die Hemmung etwa im Laufe des letzten Tages einer Frist ein, so läuft der Rest der Frist nach dem Ende der Hemmung weiter. Auf den Beginn der Hemmung ist folglich die Berechnungsweise des § 187 nicht anwendbar. Schon dieses Beispiel der Hemmung zeigt, dass eine Frist auch aus nicht zusammenhängenden Zeiträumen bestehen kann (s a § 191). Die Verjährung tritt aber selbstverständlich nach Ablauf einer Frist im engeren Sinne ein.

8 **Ausschlussfristen**, Verfallsfristen und Präklusionsfristen sind ebenfalls Fristen im engeren Sinn. So müssen zB reisevertragliche Gewährleistungsansprüche (Abhilfe, Minderung, Kündigung wegen Mangels, Schadensersatz, §§ 651c bis 651 f) gem § 651g innerhalb einer Ausschlussfrist von einem Monat geltend gemacht werden, danach ist das nur möglich, wenn die Frist unverschuldet versäumt wurde. Die Versäumung der Ausschlussfrist bewirkt den Untergang eines Anspruchs oder sonstigen Rechts und ist eine von Amts wegen zu beachtende Einwendung im Unterschied zur lediglich ein Leistungsverweigerungsrecht bewirkenden Einrede der Verjährung (BGH [18. 1. 2006] NJW 2006, 903; weiterführend STAUDINGER/PETERS/JACOBY Vorbem 14 ff zu §§ 194–225).

9 Von einer Frist im engeren Sinn spricht man jedoch nicht, wenn wie in § 122 Abs 2, Abs 2a AO ein bestimmter Zeitpunkt durch Ablauf einer Zeitspanne ermittelt

werden soll (VGH München [GrS 23. 7. 1990] NJW 1991, 1250, 1251), weil in diesem Zeitraum keine Handlung oä vorgenommen werden soll. In der zitierten Norm geht es um die Ermittlung des Zeitpunkts der Bekanntgabe eines Verwaltungsakts bei postalischer oder elektronischer Übermittlung. Ist allerdings der tatsächliche Zeitpunkt des Zugangs eines Bescheides bekannt, kommt es auf die Vermutungsregel der Vorschrift nicht mehr an (vgl auch unten § 188 Rn 6).

Nicht selten wird eine **Frist rückwärtslaufend** dergestalt bestimmt, dass, ausgehend **10** von einem Ereignis – zB dem Termin einer Hauptversammlung (§ 123 AktG) – ein Zeitpunkt bestimmt wird, bis zu dem gewisse Erklärungen abgegeben werden können, die, gehen sie später zu, als verfristet angesehen werden. So muss die Hauptversammlung gemäß § 123 Abs 1 AktG regelhaft spätestens dreißig Tage vor dem Tag der Versammlung einberufen worden sein. Wird die Hauptversammlung weniger als dreißig Tage vor der Versammlung einberufen, können ihre Beschlüsse angefochten werden (MünchKomm/KUBIS § 123 AktG Rn 49). Gelegentlich wird die Auffassung vertreten, derartige rückwärtslaufende „Fristen" seien in Wirklichkeit gar keine „Fristen", weil hier nicht *innerhalb* eines Zeitraums eine Handlung vorgenommen werden solle, sondern es sei lediglich ein „Zeitraum", für den dann die §§ 186 ff keine Geltung hätten (so in Bezug auf Nrn 4141 und 5115 des Vergütungsverzeichnisses [BGBl I 2004, 803 ff] zum RechtsanwaltsvergütungsG: SCHNEIDER DAR 2007, 671, 672). Die oben in Rn 6 dargestellte **Differenz zwischen dem vom Gesetzgeber vorausgesetzten und in der Praxis eingeengten Begriff „Frist"** sollte man **nicht überbewerten**. Ist das Fristende rückwärtsrechnend bestimmt, hängt es allein von der Rechtsfolgenanordnung ab, ob erst von diesem Zeitpunkt an eine bestimmte Handlung möglich oder in dieser Zeit gerade nicht mehr möglich sein soll. Für die Einordnung als Frist dürfte diese Frage unerheblich sein. Ohne Beleg behauptet SCHNEIDER, bei Zeiträumen werde der erste Tag und der letzte Tag mitgerechnet (DAR 2007, 671, 672; zur Berechnung unten § 193 Rn 30). Selbst wenn man die §§ 186 ff nur analog anwenden wollte, ist doch sicher, dass der Gesetzgeber diese Vorschriften als Auffangnormen für alle zeitlichen Berechnungsprobleme in der Rechtsordnung aufgefasst hat (unten Rn 12 ff). Nichts spricht dagegen, dies auch für rückwärts zu berechnende Zeiträume – wie zB im Fall des § 51 GmbHG – zu tun, es sei denn, es bestehen spezielle Regeln wie in § 121 Abs. 7 AktG. In § 123 AktG werden die rückwärtslaufenden Zeiträume, in denen man zB nicht mehr wirksam zur Hauptversammlung laden kann, ganz selbstverständlich als „Fristen" bezeichnet (vgl auch den Sprachgebrauch in Art I–1:110 Abs 6 S 2 DCFR [unten Rn 22]). Die Kongruenz mit der von der Praxis vertretenen Begriffsdefinition (oben Rn 6) ließe sich auch damit begründen, dass man dort den Begriff der „Handlung" weit fasst und das Unterlassen dem Handeln gleichstellt.

Zu den Berechnungsproblemen rückwärtslaufender Fristen vgl im Übrigen § 187 Rn 7, § 188 Rn 23 und § 193 Rn 25 ff.

b) Termin
Ein *Termin* ist im Unterschied zur Frist ein **Zeitpunkt**, an dem etwas geschehen soll **11** oder Rechtswirkungen eintreten (VGH München [GrS 23. 7. 1990] NJW 1991, 1250, 1251).

2. Regelungsinhalt und Anwendungsbereich

a) Bürgerliches Recht

12 § 186 bestimmt die Geltung der §§ 187 bis 193 BGB für alle in *Gesetzen* enthaltenen Frist- und Terminbestimmungen. Der **Anwendungsbereich** umschließt jedenfalls das gesamte materielle **Privatrecht** einschließlich des Wirtschaftsrechts, vorbehaltlich gesetzlicher Sonderregeln (MünchKomm/Grothe Rn 1; Palandt/Ellenberger Rn 2). Zur Geltung im öffentlichen Recht vgl unten Rn 17 f.

Ob eine Frist gesetzlich, richterlich oder rechtsgeschäftlich ist, ist davon abhängig, wer die Fristdauer festlegt. Diese Differenzierung ist für die Berechnung der Fristen ohne Belang. Ihrem Zweck nach können die Fristen die Begründung oder das Erlöschen von Rechten oder die Entstehung einer Einrede zur Folge haben (Soergel/Niedenführ Rn 9).

13 **aa) Gesetzliche Fristen** des Privatrechts sind zahlreich im BGB selbst enthalten. Schon die systematische Nähe zum Verjährungsrecht zeigt einen der wichtigsten Anwendungsfälle für die allgemeinen Auslegungsregeln in §§ 187 bis 193: die **Verjährungsfristen** (s insb §§ 195, 199 für die regelmäßige Verjährung [mit Rücksicht auf Entstehung und Kenntnis: 3 Jahre, absolut: 10 bzw 30 Jahre] und die besonderen Verjährungsfristen in §§ 196 [Rechte an Grundstücken: 10 Jahre], 197 Abs 1 [dingliche Herausgabeansprüche, Herausgabeanspruch des Erben gegen den Erbschaftsbesitzer nach § 2018 und des Nacherben gem § 2130 sowie des wirklichen Erben nach § 2362, titulierte und vollstreckbare Ansprüche: 30 Jahre], 438 [kaufrechtliche Mängelansprüche: meistens 2 Jahre, bei dinglichen Rechten Dritter 30 Jahre, bei Bauwerk und diesen dienenden Sachen 5 Jahre], 475 Abs 2 [gebrauchte Gegenstände eines Verbrauchsgüterkaufs evtl 1 Jahr], 479 Abs 1 u 2 [Regressansprüche des Unternehmers: 2 Jahre], 548 [Ersatzansprüche und Wegnahmerecht des Vermieters: 6 Monate], 591b [Ersatzansprüche des Verpächters: 6 Monate], 606 [Ersatzansprüche des Verleihers: 6 Monate], 634a [werkvertragliche Mängelansprüche: bei Herstellung, Wartung oder Veränderung einer Sache oder darauf bezogenen Planungs- und Überwachungsleistungen 2 Jahre, bei Bauwerken und darauf bezogenen Planungs- und Überwachungsleistungen 5 Jahre, sonst Regelverjährung in 3 Jahren], 651g Abs 2 [reisevertragliche Mängelansprüche: 2 Jahre, vgl auch oben Rn 8], 801 [Anspruch aus Schuldverschreibung: längstens 30 Jahre bzw 2 Jahre ab Vorlegung], 804 Abs 1 Satz 3 [Anspruch aus verlorenem Zins-, Renten- oder Gewinnanteil: 4 Jahre], 852 [deliktischer Bereicherungsanspruch: 10 oder 30 Jahre], 1028 [Beseitigung der Beeinträchtigung einer Grunddienstbarkeit: 3 Jahre ohne Rücksicht auf § 892 BGB, s dazu aber Staudinger/Mayer [2009] § 1028 Rn 1 u 4], 1057 [Ersatzansprüche beim Nießbrauch: 6 Monate], 1226 [Ersatzansprüche bei der Verpfändung: 6 Monate], 1302 [Ansprüche aus Auflösung des Verlöbnisses: 2 Jahre], 1390 Abs 3 [Ausgleichsforderung gegen Dritte, absolute Frist: 3 Jahre], 2287 Abs 2 [Beeinträchtigung des Vertragserben durch Schenkung: 3 Jahre], 2332 [Pflichtteilsanspruch, ohne Rücksicht auf Kenntnis: 3 Jahre]), deren Ablauf zu einer dauernden Einrede führt. Zu den **außerhalb des BGB** geregelten Verjährungsfristen vgl unten Staudinger/Peters/Jacoby § 195 Rn 43 ff).

14 **Weitere gesetzliche Fristbestimmungen**, für die die §§ 187 ff gelten, sind **im BGB zB** §§ 51 (Sperrfrist für Auszahlung des Vermögens aufgelöster Vereine), 73 (Entzie-

hung der Rechtsfähigkeit des Vereins bei Unterschreiten der Mitgliederzahl unter drei), 121 (Irrtumsanfechtung), 124 (Anfechtung wegen Täuschung oder Drohung), 176 (Kraftloserklärung der Vollmachtsurkunde), 355 (14tägiges Widerrufsrecht bei Verbraucherverträgen), 469 (Mitteilungs- und Ausübungspflicht beim Vorkaufsrecht), 937 Abs 1 (Ersitzung), 965 (Anzeigepflicht des Finders), 1944 (Ausschlagung der Erbschaft), 1974 (Verschweigungseinrede), 2015 (Einrede des Aufgebotsverfahrens), 2034 Abs 2 (Ausübung des Vorkaufsrechts durch einen Miterben), 2044 Abs 2 (Ausschluss der Auseinandersetzung einer Erbengemeinschaft), 2109 (Unwirksamwerden der Nacherbschaft), 2162 (aufschiebend bedingtes Vermächtnis), 2210 (Dauervollstreckung), 2252 (Gültigkeit von Nottestamenten), 2306 (Ausschlagung durch den als Erbe eingesetzten Pflichtteilsberechtigten), 2325 (Pflichtteilsergänzungsanspruch bei Schenkungen). – **Die §§ 187 ff gelten auch für Fristbestimmungen außerhalb des BGB als Auffangnormen** wie zB im Versicherungsrecht (LAG Baden-Württemberg [20. 7. 2007] 20 Sa 106/06 Rn 29 ff – Unverfallbarkeitsfrist einer Versorgungszusage, § 30 f S 1 HS 2 BetrAVG; LAG Sachsen [12. 9. 2007] 2 Sa 80/07 Rn 40 – zu § 30 f S 1 HS 2 BetrAVG).

bb) Das BGB kennt ferner Fristen aufgrund **gerichtlicher Verfügungen**. Im Unterschied zur materiellrechtlichen Verfügung iS einer Belastung, Übertragung, Änderung oder Aufhebung eines Rechts (vgl BGHZ [4. 5. 1987] 101, 26) meint Verfügung hier eine schriftliche richterliche Anordnung einer Frist, zB §§ 1052 Abs 1 Satz 2 (Frist zur Sicherheitsleistung durch den Nießbraucher), 1994 Abs 1 Satz 1 (Inventarfrist), 2151 Abs 3 Satz 2 (Festlegung der Person des Vermächtnisnehmers), 2198 Abs 2 (Festlegung der Person des Testamentsvollstreckers) (zum Begriff der richterlichen Verfügung STEIN/JONAS/LEIPOLD Vor § 300 Rn 15; ROSENBERG/SCHWAB/GOTTWALD § 58 I 3 b). 15

cc) Schließlich spricht § 186 von Fristen in **Rechtsgeschäften**. Selbstverständlich können in den Grenzen der Privatautonomie beliebige Frist- und Terminsbestimmungen getroffen werden, auch im Sinne einer Bedingung gem § 163 (vgl STAUDINGER/BORK [2010] § 163 Rn 1). Insbesondere gehören dazu die vom Gesetz geforderten rechtsgeschäftlich bestimmten angemessenen Fristen, deren unter Umständen erfolgloser Ablauf erforderlich ist, damit die gewünschte Rechtsfolge eintreten kann: §§ 250 (Übergang von der Naturalrestitution zum Geldersatz), 264 Abs 2 Satz 1 (Wahrnehmung des Wahlrechts bei einer Wahlschuld), 281 Abs 1 Satz 1 (Schadensersatz statt der Leistung), 323 Abs 1 Satz 1 (Rücktritt), 350 (Ausübung des vertraglichen Rücktrittsrechts), 516 Abs 2 Satz 1 (Erklärung über die Annahme einer Schenkung), 1003 Abs 1 Satz 1 (Erklärung des Eigentümers über die Genehmigung von Verwendungen des Besitzers). – Hierher gehören aber auch alle sonstigen vereinbarten Frist- und Terminbestimmungen, die der Rechtsverkehr in unüberschaubarer Menge kennt, zB bei Transport- und Lieferverträgen, in Mietverträgen, im Arbeitsrecht etwa in Gestalt der häufigen Ausschlussfristen, die auch in Tarifverträgen festgelegt sein können, die die Rechtsausübung an ein Handeln innerhalb der Frist binden, andernfalls das Recht nicht mehr geltend gemacht werden kann (vgl KÜTTNER/EISEMANN, Personalbuch, 82 Rn 1 ff). 16

b) Öffentliches Recht
Ob die §§ 187 bis 193 auch für öffentlich-rechtliche Vorschriften *unmittelbar* gelten, wird unterschiedlich beurteilt (dafür H MÜLLER NJW 1964, 1116, 1118; ders NJW 1966, 2253, 2254; SOERGEL/NIEDENFÜHR Rn 4 f; dagegen mit Recht STAUDINGER/WERNER [2001] § 186 Rn 3 f; MünchKomm/GROTHE Rn 1). Auf die Streitfrage kommt es allerdings praktisch nicht an, 17

weil für das öffentliche Recht **jedenfalls eine entsprechende Anwendung anerkannt** ist, wenn Sinn und Zweck des zugrunde liegenden Gesetzes nicht entgegenstehen (GemSOGB [6. 7. 1972] in: BGHZ 59, 396, 397). Wenn eine öffentlich-rechtliche Norm eine – unter Umständen erst durch Auslegung zu ermittelnde – entgegenstehende Regelung enthält, so finden §§ 186 ff schon tatbestandlich keine Anwendung, weil sie nur eine Auffangfunktion besitzen. Fehlt es hingegen gänzlich an einer Sonderregel, so wird man die Fragen der Fristberechnung usw nicht offen lassen können, sondern **diese Vorschriften des BGB jedenfalls als allgemeine Rechtsgrundsätze** auffassen müssen, weil die dortigen Regeln den Rechtsverkehr entsprechend geprägt haben.

Ausdrücklich ordnet § 31 Abs 1 VwVfG im Grundsatz die entsprechende Geltung der §§ 187 bis 193 an, trifft aber in § 31 Abs 2 bis 5 VwVfG vorrangige, zum Teil vom BGB abweichende Vorschriften (dazu App VR 1993, 3, für die Anwendung der §§ 187 ff auf das AsylVfG: VG Frankfurt [13. 2. 2001] AuAS 2001, 118–120; für die Anwendung auf § 69 Abs 3 S 1 Nr 2 AuslG [Antragstellung mit Fiktion eines erlaubten Aufenthaltes] OVG Münster [7. 5. 1999] AuAS 1999, 208; BVerwG Buchholz [9. 8. 2007] 424. 01 § 6 FlurbG Nr 3, 2 – Auslegungsfrist für die Bekanntmachung eines Flurbereinigungsbeschlusses; für die Anwendung auf die Frist für das Fälligwerden von Erschließungsbeiträgen gem § 135 Abs 1 BauGB: OLG Koblenz [27. 10. 2011] 2 U 762/10 Rn 28). Ähnlich gelten §§ 187 ff auch im Abgaben- und Steuerrecht: § 108 Abs 1 AO (BFH [24. 7. 1996] DB 1997, 79, 80; BFH [4. 9. 2008] X B 113/08; FG Düsseldorf [27. 7. 2001] EFG 2002, 408–410; Kirchhof/Söhn/Jachmann § 32 EStG Rn C 23). Der BFH ([6. 6. 2001] DStR 2001, 1752 f) hat ganz selbstverständlich die §§ 186 ff BGB analog auf die rückwärtslaufende Fünfjahresfrist des § 6 Abs 4 GrEStG angewendet. Außerdem: § 26 Abs 1 SGB X (BAG [29. 11. 2007] 2 AZR 617/06 mAnm Düwell jurisPR-ArbR 19/2008; LSG Essen [8. 8. 2000], L 5 KR 25/00; LSG Stuttgart [21. 8. 2008] L 7 AL 3358/08 mAnm Harks jurisPR-SozR 24/2008); auch im Kirchenrecht und Personenstandsrecht gelten §§ 187 ff (BayObLG [5. 7. 1926] JW 1926, 2450; Soergel/Niedenführ Rn 4; Bamberger/Roth/Henrichs Rn 4); im **Arbeitsrecht** (BAG [26. 1. 1967] DB 1967, 824; LAG Berlin [21. 6. 1999] 18 Sa 71/99 bzgl der Anhörungsfrist in § 102 Abs 2 BetrVG 1972 [für unmittelbare Geltung der §§ 186 ff entgegen LAG Hamm [11. 2. 1992] LAGE Nr 33 zu § 102 BetrVG 1972; zu den Fristen im BetrVG Rudolph AiB 2007, 653]; LAG Düsseldorf [19. 8. 1999] 11 Sa 675/99) und im **Strafrecht** (OLG Zweibrücken [16. 2. 1981] DAR 1981, 331; AG Rosenheim [27. 11. 1995] DAR 1996, 70) gelten die §§ 187 bis 193 als allgemeine Rechtsgrundsätze. Die Dauer der ausländerrechtlichen Abschiebehaft nach § 62 AufenthG errechnet sich nach §§ 187 ff (OLG Hamm [8. 1. 2007] 15 W 285/06 Rn 12 – verbunden mit der Empfehlung, aus Gründen der Klarheit einen Endtermin für die Haft anzuordnen). Die Verjährungsfrist des Gebührenanspruchs eines Prüfingenieurs für Baustatik gem § 17 VwKostG Th berechnet sich ebenfalls nach BGB (VG Gera [20. 2. 2002] 4 E 30/02 GE).

18 Auch die **Verfahrensrechte** folgen hinsichtlich der Berechnung der Fristen weitgehend den BGB-Regeln, wobei aber im Einzelnen auch vorrangige Sonderregeln getroffen werden. Die entsprechende Anwendung des BGB ordnet § 222 Abs 1 ZPO für den Zivilprozess (Übersicht über die Fristen bei Zöller/Stöber Vor § 214 ZPO Rn 7; zur Fristberechnung auch Prechtel ZAP [2006] Fach 13, 1335, 1342 ff) an. Einige weitere Verfahrensrechte nehmen auf § 222 ZPO Bezug und verweisen damit auf die §§ 186 ff BGB, so § 57 Abs 2 VwGO für das verwaltungsgerichtliche Verfahren, § 54 Abs 2 FGO für das finanzgerichtliche Verfahren (BFHE [7. 8. 2001] 196, 12) an, § 16 Abs 2 FamFG für Familiensachen und Angelegenheit der freiwilligen Gerichtsbarkeit, § 4

InsO für das Insolvenzverfahren. Die Frist für die Einlegung einer Verfassungsbeschwerde gem § 93 Abs 3 BVerfGG berechnet sich nach §§ 187 ff (BVerfGE [22. 11. 2000] 102, 254, 295; [10. 4. 2007], 2 BBvR 2228/05 Rn 2; [3. 5. 2007] UPR 2007, 344; [6. 5. 2009] 1 BvR 3153/07 Rn 8). Auch die Frist zur Revisionsbegründung nach § 74 Abs 1 S 1 u 2 ArbGG wird nach §§ 187 ff berechnet (BAG [12. 10. 2005] 4 AZR 314/04 mAnm Treber jurisPR-ArbR 17/2006 Nr 1). – § 64 SGG enthält eine eigene Vorschrift zur Fristberechnung, die jedoch inhaltlich mit dem Fristenregime des BGB übereinstimmt (Beck-OK/ Lowe § 64 SGG Rn 2 f); abweichend von der Differenzierung des § 188 Abs 2 und im Sinne einer abschließenden Regelung aber §§ 42, 43 StPO (OLG Bamberg [10. 5. 2007] OLGSt Nr 12 zu § 345 StPO).

c) Für das europäische **Gemeinschaftsrecht** und das darauf beruhende angeglichene nationale Recht (zB die Verzugsvorschriften des § 286 Abs 3) trifft mit Gültigkeit seit dem 1. 7. 1971 die *Verordnung (EWG, EURATOM) Nr 1182/71 des Rates vom 3. 6. 1971 zur Festlegung der Regeln für die Fristen, Daten und Termine* (ABl EG v 8. 6. 1971, Nr L 124/1) eine eigenständige Regelung, die jedoch inhaltlich weitgehend mit den entsprechenden Bestimmungen des BGB übereinstimmt. Die Verordnung ist gem Art 288 Abs 2 AEUV in den Mitgliedsstaaten unmittelbar geltendes Recht (**aA** MünchKomm/Grothe Rn 2; NK-BGB/Krumscheid Rn 2). Sie ist beispielsweise aufgrund der Verordnung (EWG) Nr 2913/92 ABl EG v 19. 10. 1992 Nr L 302/1 zur Festlegung des Zollkodex der Gemeinschaft in Verbindung mit der Durchführungsverordnung Nr 2454/93 für die Bestimmung zollrechtlicher Pflichten unmittelbar anzuwenden (Möller AW-Prax 1999, 30 ff). Dasselbe gilt etwa für die Berechnung von Fristen gemäß Art 14 in Verfahren nach der Verordnung (EG 861/2007) des Europäischen Parlaments und des Rates zur Einführung eines europäischen Verfahrens für geringfügige Forderungen (EuGFVO), ABl L 199 vom 31. 7. 2001, 1 ff (Sujecki, zu Art 14 EuGFVO, in: Gebauer/Wiedmann, Zivilrecht unter europäischem Einfluss [2. Aufl 2010] Kap 35 Rn 63). Auf die Einzelheiten der Fristen-VO wird im Zusammenhang mit den jeweiligen Vorschriften des BGB eingegangen (vgl insb § 188 Rn 15, § 193 Rn 6). Die hier interessierenden Passagen der Verordnung lauten:

„**Artikel 1**

Diese Verordnung gilt, soweit nichts anderes bestimmt ist, für die Rechtsakte, die der Rat und die Kommission auf Grund des Vertrages zur Gründung der Europäischen Wirtschaftsgemeinschaft oder des Vertrages zur Gründung der Europäischen Atomgemeinschaft erlassen haben bzw erlassen werden.

Kapitel I: Fristen

Artikel 2

(1) Für die Anwendung dieser Verordnung sind die Feiertage zu berücksichtigen, die als solche in dem Mitgliedstaat oder in dem Organ der Gemeinschaft vorgesehen sind, bei dem eine Handlung vorgenommen werden soll.

Zu diesem Zweck übermittelt jeder Mitgliedstaat der Kommission die Liste der Tage, die nach seinen Rechtsvorschriften als Feiertage vorgesehen sind. Die Kommission veröffentlicht im *Amtsblatt der Europäischen Gemeinschaften* die von den Mitgliedstaaten übermittelten Listen, die durch Angabe der in den Organen der Gemeinschaften als Feiertage vorgesehenen Tage ergänzt worden sind.

(2) Für die Anwendung dieser Verordnung sind als Arbeitstage alle Tage außer Feiertagen, Sonntagen und Sonnabenden zu berücksichtigen.

Artikel 3

(1) Ist für den Anfang einer nach Stunden bemessenen Frist der Zeitpunkt maßgebend, in welchem ein Ereignis eintritt oder eine Handlung vorgenommen wird, so wird bei der Berechnung dieser Frist die Stunde nicht mitgerechnet, in die das Ereignis oder die Handlung fällt.

Ist für den Anfang einer nach Tagen, Wochen, Monaten oder Jahren bemessenen Frist der Zeitpunkt maßgebend, in welchem ein Ereignis eintritt oder eine Handlung vorgenommen wird, so wird bei der Berechnung dieser Frist der Tag nicht mitgerechnet, in den das Ereignis oder die Handlung fällt.

(2) Vorbehaltlich der Absätze 1 und 4 gilt folgendes:

a) Eine nach Stunden bemessene Frist beginnt am Anfang der ersten Stunde und endet mit Ablauf der letzten Stunde der Frist.

b) Eine nach Tagen bemessene Frist beginnt am Anfang der ersten Stunde des ersten Tages und endet mit Ablauf der letzten Stunde des letzten Tages der Frist.

c) Eine nach Wochen, Monaten oder Jahren bemessene Frist beginnt am Anfang der ersten Stunde des ersten Tages der Frist und endet mit Ablauf der letzten Stunde des Tages der letzten Woche, des letzten Monats oder des letzten Jahres, der dieselbe Bezeichnung oder dieselbe Zahl wie der Tag des Fristbeginns trägt. Fehlt bei einer nach Monaten oder Jahren bemessenen Frist im letzten Monat der für ihren Ablauf maßgebende Tag, so endet die Frist mit dem Ablauf der letzten Stunde des letzten Tages dieses Monats.

d) Umfasst eine Frist Monatsbruchteile, so wird bei der Berechnung der Monatsbruchteile ein Monat von dreißig Tagen zugrunde gelegt.

(3) Die Fristen umfassen die Feiertage, die Sonntage und die Sonnabende, soweit diese nicht ausdrücklich ausgenommen oder die Fristen nach Arbeitstagen bemessen sind.

(4) Fällt der letzte Tag einer nicht nach Stunden bemessenen Frist auf einen Feiertag, einen Sonntag oder einen Sonnabend, so endet die Frist mit Ablauf der letzten Stunde des folgenden Arbeitstags.

Diese Bestimmung gilt nicht für Fristen, die von einem bestimmten Datum oder einem bestimmten Ereignis an rückwirkend berechnet werden.

(5) Jede Frist von zwei oder mehr Tagen umfaßt mindestens zwei Arbeitstage.

Abschnitt 4
Fristen, Termine § 186

Kapitel II: Daten und Termine

(...)"

d) Die auf die LANDO-Kommission für Europäisches Vertragsrecht zurückgehen- 21
den **Principles of European Contract Law** (PECL) enthalten in Art 1:304 ebenfalls
die Regelung einiger Fragen, die in §§ 187 bis 193 angesprochen sind. Ihr Text lautet
in der Übersetzung (nach vBAR/ZIMMERMANN, Grundregeln des Europäischen Vertragsrechts
[2002] 134):

„**Artikel 1:304: Berechnung von Fristen**

(1) Eine Frist, die von einer Partei in einem Schriftstück dem Empfänger zur Antwort oder
zur Vornahme einer anderen Handlung gesetzt wird, beginnt mit dem Datum zu laufen, das
als Datum des Schriftstücks angegeben ist. Wenn kein Datum angegeben ist, beginnt die Frist
in dem Augenblick zu laufen, in dem das Schriftstück dem Empfänger zugeht.

(2) Gesetzliche Feiertage oder gesetzlich arbeitsfreie Tage, die in die Frist fallen, werden bei
der Fristberechnung mitgezählt. Wenn jedoch der letzte Tag der Frist an dem Ort der Anschrift
des Empfängers oder an dem Ort, an dem die vorgeschriebene Handlung zu verrichten
ist, ein gesetzlicher Feiertag oder ein gesetzlich arbeitsfreier Tag ist, verlängert sich die Frist
bis zum ersten darauffolgenden Arbeitstag an jenem Ort.

(3) Fristen, die in Tagen, Wochen, Monaten oder Jahren angegeben sind, beginnen am darauffolgenden
Tag um 0:00 zu laufen und enden am letzten Tag der Frist um 24:00. Jede Antwort
jedoch, die der Partei zugehen muss, die die Frist gesetzt hat, oder jede andere vorzunehmende
Handlung, muss am letzten Tag der Frist bis zum gewöhnlichen Ende der Geschäftszeit
an dem maßgeblichen Ort ankommen beziehungsweise abgeschlossen sein."

e) Auch der bislang nur in englischer Sprache publizierte **Draft Common Frame of** 22
Reference (zu diesem im Überblick REINHARD ZIMMERMANN, Handwörterbuch des Europäischen
Privatrechts I [2009] 276–280) regelt in enger Anlehnung an die EG-FristenVO (oben
Rn 19) detailliert die Berechnung von Fristen. Obgleich die Normen weitgehend zu
denselben Ergebnissen führen wie die §§ 186 ff, gibt es in Einzelheiten Abweichungen,
auf die im Zusammenhang mit den betreffenden Vorschriften des BGB zurückzukommen
ist (vgl insbesondere unten § 187 Rn 9 [verlängernde Berechnungsweise], § 188 Rn 11
[Zivilkomputation, Fristende nach ganzen Tagen und Stunden], § 188 Rn 18 [Fristende bei Wochenfristen],
§ 188 Rn 26 [Fristende bei Monatsfristen], § 193 Rn 4 [Begriff des Werktags], § 193 Rn 27
[rückwärtslaufende Fristen]).

„**Art I – 1:110: Computation of time**" [Berechnung von Fristen]

(1) The provisions of this Article apply in relation to the computation of time for any purpose
under these rules.
[Die Bestimmungen dieses Artikels im Hinblick auf die Berechnung der Zeit finden für jeden
Zweck in diesem Regelwerk Anwendung.]

(2) Subject to the following provisions of this Article:
[Für die folgenden Bestimmungen dieses Artikels gilt:]

(a) a period expressed in hours starts at the beginning of the first hour and ends with the expiry of the last hour of the period;
[eine Stundenfrist beginnt am Anfang der ersten Stunde und endet mit dem Ablauf der letzten Stunde der Frist;]

(b) a period expressed in days starts at the beginning of the first hour of the first day and ends with the expiry of the last hour of the last day of the period;
[eine Tagesfrist beginnt am Anfang der ersten Stunde des ersten Tages und endet mit dem Ablauf der letzten Stunde des letzten Tages der Frist;]

(c) a period expressed in weeks, months or years starts at the beginning of the first hour of the first day of the period, and ends with the expiry of the last hour of whichever day in the last week, month or year is the same day of the week, or falls on the same date, as the day from which the period runs; with the qualification that if, in a period expressed in months or in years, the day on which the period should expire does not occur in the last month, it ends with the expiry of the last hour of the last day of that month;
[eine Wochen-, Monats- oder Jahresfrist beginnt am Anfang der ersten Stunde des ersten Tages der Frist und endet mit dem Ablauf der letzten Stunde des letzten Tages der letzten Woche bzw des Monats oder Jahres, der derselbe Wochentag ist oder auf dasselbe Tagesdatum fällt wie der Tag, an dem der Fristlauf begann – mit der Besonderheit, dass, falls bei einer Monats- oder Jahresfrist der Tag, an dem die Frist ablaufen sollte, in dem letzten Monat nicht vorkommt, die Frist mit dem Ablauf der letzten Stunde des letzten Tages dieses Monats endet;]

(d) if a period includes part of a month, the month is considered to have thirty days for the purpose of calculating the length of the part.
[wenn eine Frist Teile eines Monats umfasst, wird für den Zweck der Berechnung der Länge dieses Teils angenommen, dass der Monat dreißig Tage hat.]

(3) Where a period is to be calculated from a specified event or action, then:
[Wenn eine Frist ausgehend von einem bestimmten Ereignis oder einer Handlung zu berechnen ist, gilt:]

(a) if the period is expressed in hours, the hour during which the event occurs or the action takes place is not considered to fall within the period in question; and
[wenn die Frist in Stunden angegeben wird, wird die Stunde, in die das Ereignis fällt oder in der die Handlung stattfindet, nicht in die fragliche Frist einberechnet; und]

(b) if the period is expressed in days, weeks, months or years, the day during which the event occurs or the action takes place is not considered to fall within the period in question.
[wenn die Frist in Tagen, Wochen, Monaten oder Jahren angegeben wird, wird der Tag, in den das Ereignis fällt oder an dem die Handlung stattfindet, nicht in die fragliche Frist einberechnet.]

(4) Where a period is to be calculated from a specified time, then:
[Wenn eine Frist von einem bestimmten Zeitpunkt aus berechnet wird, gilt:]

(a) if the period is expressed in hours, the first hour of the period is considered to begin at the specified time; and

Abschnitt 4
Fristen, Termine § **186**

[wenn die Frist in Stunden angegeben wird, beginnt die erste Stunde der Frist zu dem bestimmten Zeitpunkt; und]

(b) if the period is expressed in days, weeks, months or years, the day during which the specified time arrives is not considered to fall within the period in question.
[wenn die Frist in Tagen, Wochen, Monaten oder Jahren angegeben wird, wird der Tag, an dem der Zeitpunkt eintritt, nicht in die Frist einberechnet.]

(5) The periods concerned include Saturdays, Sundays and public holidays, save where these are expressly excepted or where the periods are expressed in working days.
[Die genannten Fristen schließen Samstage, Sonntage und Feiertage ein, es sei denn, diese sind ausdrücklich ausgenommen oder die Fristen werden in Werktagen angegeben.]

(6) Where the last day of a period expressed otherwise than in hours is a Saturday, Sunday or public holiday at the place where a prescribed act is to be done, the period ends with the expiry of the last hour of the following working day. This provision does not apply to periods calculated retroactively from a given date or event.
[Wenn der letzte Tag einer Frist, die keine Stundenfrist ist, an dem Ort, an dem eine Handlung erbracht werden muss, ein Samstag, Sonntag oder Feiertag ist, endet die Frist mit dem Ablauf der letzten Stunde des folgenden Werktags. Diese Vorschrift gilt nicht für solche Fristen, die von einem gegebenen Datum oder Ereignis aus rückwärts berechnet werden.]

(7) Any period of two days or more is regarded as including at least two working days.
[Jede Frist von zwei oder mehr Tagen ist so zu verstehen, dass sie zumindest zwei Werktage umfasst.]

(8) Where a person sends another person a document which sets a period of time within which the addressee has to reply or take other action but does not state when the period is to begin, then, in the absence of indications to the contrary, the period is calculated from the date stated as the date of the document or, if no date is stated, from the moment the document reaches the addressee.
[Wenn jemand einem anderen ein Schriftstück sendet, das dem Empfänger für die Antwort oder für eine andere Handlung eine Frist setzt, aber nicht festschreibt, wann diese Frist beginnt, dann wird, wenn nichts Gegenteiliges erkennbar ist, die Frist von dem Datum an berechnet, das als Datum des Schriftstücks angegeben ist oder sonst von dem Augenblick an, in dem das Dokument dem Empfänger zugeht.]

(9) In this Article: [In dieser Vorschrift:]

(a) „public holiday" with reference to a member state, or part of a member state, of the European Union means any day designated as such for that state or part in a list published in the official journal; and
[meint der Begriff „Feiertag" mit Bezug auf einen Mitgliedsstaat oder einen Teil eines Mitgliedsstaates jeden Tag, der als Feiertag für diesen Staat oder Teil des Staates im Amtsblatt aufgeführt ist; und]

(b) „working day" means all days other than Saturdays, Sundays and public holidays.
[meint der Begriff „Werktag" alle Tage außer Samstagen, Sonn- und Feiertagen.]"

23 f) Das *Europäische Übereinkommen über die Berechnung von Fristen* (Eur TS Nr 56) des Europarats ist zwar am 16. 5. 1972 von Deutschland unterzeichnet, jedoch – anders als in Liechtenstein, Luxemburg, Österreich und der Schweiz (WICKE, Art Fristberechnung, Handwörterbuch des Europäischen Privatrechts I 622, 624) – nicht ratifiziert worden.

3. Die Rechtswirkung der §§ 186 ff

24 a) § 186 bezeichnet die in §§ 187 ff enthaltenen Vorschriften ausdrücklich als *Auslegungsregeln*. Sie sind nach dem Willen des Gesetzgebers **subsidiär**, dienen also als Auffangvorschriften, um Rechtssicherheit bei der Berechnung von Fristen und Terminen zu finden (Mot I 282).

Vorrangig ist grundsätzlich zunächst der Wille der Vertragsparteien. So wird zB bei rechtsgeschäftlicher Fristsetzung mit den Worten „heute in acht Tagen" meist – außer bei Handelsgeschäften, für die § 359 Abs 2 HGB eine klare Anordnung im Sinne acht voller Tage trifft (ebenso Art 36 Abs 4 WG für das Wechselrecht) – regelmäßig eine Wochenfrist zum Ausdruck gebracht (Mot I 285). Der allgemeine Sprachgebrauch folgt hier einer auf das Mittelalter zurückreichenden Tradition (vgl KLEIN-BRUCKSCHWAIGER, Handwörterbuch zur Deutschen Rechtsgeschichte II [1978] Sp 288). Erklärlich ist der Sprachgebrauch mit dem ebenfalls alten Brauch der Zivilkomputation und der verlängernden Berechnungsweise, die dazu führt, dass eine Wochenfrist in der Regel erst am Tag nach dem fristauslösenden Ereignis zu laufen beginnt (Einzelheiten unten § 187 Rn 2 und 5 sowie § 188 Rn 12). Selbstverständlich können auch dem BGB unbekannte Fristen vereinbart werden, etwa Fristen nach Stunden und Minuten oder der dem New Yorker Scheckrecht entnommene Ausdruck „within a reasonable time" (RGZ [4. 1. 1927] 115, 195, 196). Wenig klar ist die aus dem deutschen Rechtskreis stammende Fristangabe „Jahr und Tag" (dazu DUSIL, Handwörterbuch zur Deutschen Rechtsgeschichte II [2011] 1348), die eine Jahresfrist bezeichnete mit einer flexiblen Zugabezeit von maximal sechs Wochen und drei Tagen in Abhängigkeit vom Termin des nächsten Gerichtstags. Im preussischen ALR I 3, § 49 wurde diese Frist auf ein Jahr und dreißig Tage festgelegt.

Erstreckt sich der Parteiwille nicht erkennbar auf die Fragen der Frist- und Terminsbestimmungen, so ist in zweiter Linie zu prüfen, ob anderweitige besondere gesetzliche Regeln einschlägig sind. Meistens betreffen diese aber nur das fristauslösende Ereignis und die Fristdauer, nicht jedoch die Fragen der Berechnung von Fristen, die allein Gegenstand der §§ 187 ff sind. Stets müssen aber die besonderen Regeln darauf geprüft werden, ob sie nicht auch Einzelheiten der Berechnungsweise behandeln. Allein das BGB kennt mehrere Dutzend Normen mit Fristen: zB §§ 312d Abs 2, 312e Abs 3 Satz 2, 355 Abs 2, 356 Abs 2, 357, 485 Abs 4, 545, 613a Abs 5, 626 Abs 2 Satz 2, 1170 Abs 1 Satz 2, 1600b, 1944, 2017, 2202, 2283; ferner außerhalb des BGB, zum Teil auch mit abweichenden Berechnungsbestimmungen zB §§ 257 IV, 359, 361 HGB, Art 20 CISG, Art 36, 37, 72, 73 WG, Art 29, 30, 55, 56 ScheckG, §§ 10, 11 VVG, vgl auch oben Rn 18.

Erst wenn keine anderen Regeln einschlägig sind, gelten die §§ 187 bis 193.

25 b) **Jede Frist darf voll ausgenutzt werden** (RG [6. 5. 1942] HRR 1942 Nr 583; BGH [17. 2.

2005] NJW 2005, 1354, 1355 [Rn 16] – Kündigung eines Werbevertrags; Soergel/Niedenführ Rn 2; Erman/Maier-Reimer Rn 9; jurisPK-BGB/Becker Rn 17). Zugleich ist aber auch zu sagen, dass *Fristen dazu da sind, eingehalten zu werden.* Nur unter besonderen Umständen kann eine geringfügige und schuldlose Fristüberschreitung noch als fristwahrend angesehen werden. Dabei ist aber im Interesse der Rechtssicherheit größte Zurückhaltung geboten (BGH [7.12.1973] NJW 1974, 360; vgl auch § 226 Rn 24). Regelmäßig dienen die Fristen dem Schutz eines anderen und sind daher strikt zu behandeln. In seltenen Fällen kann sogar die volle Ausnutzung der Frist rechtsmissbräuchlich erscheinen und zur Verwirkung führen (vgl unten Staudinger/Peters/Jacoby Vorbem 18 ff zu §§ 194 ff). Soweit es um empfangsbedürftige Erklärungen geht, kann es jedoch spezifische Zugangsprobleme geben (vgl § 188 Rn 4–8). Ähnliches gilt für Leistungen, die eine Mitwirkung des Gläubigers erfordern. Hier kann es sein, dass die Frist zwar noch bis 24.00 Uhr läuft, aber der Vertragspartner um diese Zeit nicht empfangsbereit sein muss.

c) Die Vorschriften der §§ 187 ff über die Fristenberechnung sind Auslegungsregeln (oben Rn 24) und nicht zwingendes Recht. Ihre Abänderbarkeit durch vertragliche Abreden steht außer Frage. Ob man in **Allgemeinen Geschäftsbedingungen** abweichen darf, ist weniger eindeutig, denn die Fristenregeln gelten als allgemeine Rechtsgrundsätze. Eine Abweichung von allgemeinen Rechtsgrundsätzen könnte man ggf als überraschend im Sinne von § 305c Abs 1 einstufen. Als unangemessene Benachteiligung im Sinne von § 307 Abs 2 wird man eine Abweichung hingegen kaum bewerten können. Die Rechtsgrundsätze der §§ 187 ff stehen im Interesse der Rechtssicherheit und mögen als Gebote praktischer Vernunft begriffen werden, enthalten aber, von § 193 einmal abgesehen, keine Gerechtigkeitsgebote (Repgen ZGR 2006, 121, 128; ebd Seite 134 zur Frage der Satzungsdispositivität der §§ 187–193). 26

§ 187
Fristbeginn

(1) Ist für den Anfang einer Frist ein Ereignis oder ein in den Lauf eines Tages fallender Zeitpunkt maßgebend, so wird bei der Berechnung der Frist der Tag nicht mitgerechnet, in welchen das Ereignis oder der Zeitpunkt fällt.

(2) Ist der Beginn eines Tages der für den Anfang einer Frist maßgebende Zeitpunkt, so wird dieser Tag bei der Berechnung der Frist mitgerechnet. Das Gleiche gilt von dem Tage der Geburt bei der Berechnung des Lebensalters.

Materialien: TE-AllgT § 163 (Schubert, AT, Bd 2, S 277, 289); E I § 148 Abs 1; II § 155; III § 183; Prot I 316; Prot II 1, 188 f; Mot I 282; Jakobs/Schubert, AT 2, 977, 979, 981, 984–987, 989–991; Sten Ber 9. Leg IV Session, 2751.

I. Regelungszweck

1 1. Die Vorschrift bestimmt den für die Fristberechnung wichtigen Beginn des Fristlaufs. Muss aber ein Zeit*raum* gemessen werden, so bieten sich theoretisch zwei Methoden an. Nach der ersten zerlegt man die Frist in Tage von je 24 Stunden. Man zählt nun dem Ausgangspunkt so viel mal 24 Stunden hinzu, wie die Frist betragen soll und gelangt auf diese Weise zum Endpunkt (sog **Naturalkomputation**). Bsp: A kauft bei Juwelier J einen Goldring für 1.200 Euro am Montag um 10 Uhr vormittags. Vereinbarte Zahlungsfrist für den Kaufpreis: 7 Tage. Nach der Naturalkomputation würde die Frist nach 168 Stunden am folgenden Montag um 10 Uhr vormittags ablaufen. Die Naturalkomputation begreift die Frist also als eine Zeitspanne, deren Endpunkt durch die natürliche Addition zum fristauslösenden Ereignis bestimmt wird. Bei der Naturalkomputation wird also *a momento ad momentum* gerechnet.

2 2. Gegen diese Methode sprechen aber in der Regel praktische Bedenken, weil das den Fristbeginn auslösende Ereignis (im Bsp der Kaufvertragsabschluss) meistens schwer auf Stunde oder gar Minute genau zu beweisen ist. Selten wird dem Zeitmoment insoweit überhaupt Aufmerksamkeit geschenkt. Die Naturalkomputation wird daher – außer bei der Vereinbarung einer Frist von Stunden (vgl schon GEBHARD, Begründung Teilentwurf 16 [= SCHUBERT, AT 2, 304]) – von einer zweiten, als **Zivilkomputation** bezeichneten Methode der Fristberechnung ersetzt. Im Anschluss an das römische Recht (Paul D 50. 16.134 – non ad momenta temporum, sed ad dies numeramus) werden nach dieser Methode die *Fristen nur nach ganzen Kalendertagen* berechnet (zum geschichtlichen Hintergrund vgl HKK/HERMANN §§ 186–193 Rn 7–12; M SCHMITZ, Die Fristberechnung nach römischem Recht 2002; rechtsvergleichend WICKE, Art Fristberechnung, Handwörterbuch des Europäischen Privatrechts I 622, 623).

Die Durchführung der Fristberechnung nach der Methode der Zivilkomputation war gemeinrechtlich noch umstritten (vgl nur SAVIGNY, System IV §§ 182 ff; WINDSCHEID, Pandekten I § 103; WÄCHTER, Pandekten II § 121). Uneinheitlich wurde insbesondere beurteilt, ob der Tag, in dessen Lauf das fristauslösende Ereignis fiel, mitzuzählen sei. § 187 Abs 1 folgt nach dem Vorbild von Art 32 WO und Art 328 ADHGB (dazu im Einzelnen GEBHARD, Begründung Teilentwurf 3 f [= SCHUBERT AT 2, 291 f]; rechtsvergleichend WICKE, Art Fristberechnung, Handwörterbuch des Europäischen Privatrechts I 622, 624) insoweit im Rahmen der Zivilkomputation einer *verlängernden Berechnungsweise,* die dem fristauslösenden Ereignis so viele Stunden und Minuten hinzurechnet, wie an der Vollendung des Tages fehlen. Damit möchte der Gesetzgeber der Tatsache Rechnung tragen, dass die meisten Fristen eine Schutzfunktion haben, sodass es angemessener erscheint, die Frist verlängernd zu berechnen als sie zu verkürzen (GEBHARD, Begründung Teilentwurf 4 [= SCHUBERT, AT 2, 292]; zur dahinter liegenden Billigkeitsfrage bereits SAVIGNY, System IV § 182). Die Tagesfrist beginnt also erst um 0.00 Uhr des *Folgetages* zu laufen und läuft am letzten Tag der Frist um 24.00 Uhr ab, wobei schon im römischen Recht anerkannt war, dass ein Tag von Mitternacht bis zur Mitte der folgenden Nacht dauert (Paul D 2. 12. 8). Die dabei auftretende Ungleichmäßigkeit einer Frist im Sinne der Naturalkomputation ist systembedingt nicht zu vermeiden, aber durch die praktischen Vorteile dieser Berechnungsweise gerechtfertigt.

3 3. Die Methode der Zivilkomputation voraussetzend **bezweckt** daher § 187 im

Sinne einer einheitlichen und sicheren Fristberechnung die grundsätzliche **Festlegung der verlängernden Berechnungsweise**.

II. Regelungsinhalt

1. Tageweise Berechnung der Fristen

a) Für die Fristberechnung gilt als **Grundregel**: Die Frist wird nur nach ganzen 4 Tagen berechnet (sog Zivilkomputation). Sie beginnt mit dem Anfang eines Kalendertages um Mitternacht (0.00 Uhr) und endet mit dem Schluss eines solchen um Mitternacht (24.00 Uhr) (Mot I 285, allgM ENNECCERUS/NIPPERDEY § 221 III 1, S 1359; BORK, AT [3. Aufl 2011] Rn 336; PALANDT/ELLENBERGER § 187 Rn 1; MünchKomm/GROTHE Rn 1; BAMBERGER/ROTH/HENRICH Rn 1). Dabei ist es für den Frist*beginn* unerheblich, ob der erste Tag zu einem Wochenende gehört oder ein Feiertag ist (RG Recht 1937 Nr 1915; MünchKomm/GROTHE Rn 1). § 193 gilt lediglich für Termine und das Fristende.

b) § 187 Abs 1 ergänzt die im Gesetz vorausgesetzte Grundregel der Berechnung 5 nach ganzen Tagen (s Rn 4), um eine Entscheidung der gemeinrechtlich streitigen Frage nach verlängernder oder verkürzender Berechnungsweise (vgl Rn 2; [ungenau jurisPK-BGB/BECKER Rn 10]) im ersten Sinn: Der Tag, in dessen Verlauf das Ereignis oder der Zeitpunkt fällt, nach welchem sich der Fristbeginn richten soll, bleibt gem § 187 Abs 1 grundsätzlich außer Betracht; es wird *vom folgenden Tag an* gezählt (sog *verlängernde Berechnungsweise*).

Es sind daher zwei *Prinzipien* zu unterscheiden, die die Fristberechnung prägen: (1) Die **Zivilkomputation**, wonach die Fristen in *ganzen* Tagen berechnet werden. Sie wird im Gesetz nicht ausdrücklich ausgesprochen, sondern vorausgesetzt. (2) Die **verlängernde Berechnungsweise**, die § 187 Abs 1 festschreibt, bewirkt, dass der Fristlauf erst an dem Tag, der dem fristauslösenden Ereignis folgt, beginnt.

Die amtliche Überschrift von § 187 („Fristbeginn") ist irreführend (so mit Recht jurisPK-BGB/BECKER Rn 2). Der Fristbeginn ergibt sich nämlich erst aus dem Zusammenspiel der jeweiligen Norm, die das auslösende Ereignis benennt und der verlängernden Berechnungsweise gemäß § 187 Abs 1, also etwa der Übergabe bzw Ablieferung der Kaufsache gemäß § 438 Abs 2 für die Gewährleistungsfrist. In § 187 geht es mithin nicht um das den Fristbeginn auslösende Ereignis selbst, sondern nur um den **Anfang des Fristlaufs** und die daraus folgende Berechnung der Fristdauer. Der Gesetzgeber spricht auch dann vom „Beginn" einer Frist, wenn er das fristauslösende Ereignis selbst bezeichnet, zB § 355 Abs 3. Die Begrifflichkeit ist also unscharf, denn mal nennt das Gesetz das fristauslösende Ereignis den Beginn einer Frist, mal den Anfang des Fristlaufs selbst (Überschrift § 187). In der Praxis sollte man schärfer zwischen dem fristauslösenden Ereignis und dem Fristlauf selbst unterscheiden, um Missverständnisse und gar Fehler zu vermeiden (vgl als negatives Beispiel die problematische Entscheidung BFH [9. 11. 2005] NJW 2006, 1615 m abl Anm vCÖLLN AO-StB 2006, 100 ff; zu diesem Urteil noch unten § 188 Rn 6 und § 193 Rn 55).

Die verlängernde Berechnungsweise ist auch außerhalb Deutschlands üblich. Der EuGH hat sie sich zur Auslegung von Art 81 § 1 der Verfahrensordnung des Europäischen Gerichtshofes vom 19. 6. 1991 (ABl L 176 v 4. 7. 1991, 7) zu eigen gemacht

§ 187

Buch 1
Abschnitt 3 · Rechtsgeschäfte

(Rs 152/85, Rudolf Misset gegen Rat der Europäischen Gemeinschaften, Slg 1987, 223, 236; vgl auch KNÜTEL JuS 1996, 768, 770 f).

6 **c)** **Einzelfälle**: Die Fristberechnung nach § 187 Abs 1 ist bei einer **Kündigung** mit Monatsfrist maßgebend, sodass die wirksame Kündigung am letzten Tag des Vormonats erfolgt sein muss. Die Regel gilt auch für die Kündigung eines Arbeitsvertrags (LSG Berlin [30. 11. 2001] NZS 2002, 392 – Kündigungsfrist läuft ab dem Tag, der dem Zugang des Kündigungsschreibens folgt). Da die Frist in solchen Fällen *rückwärts* zu rechnen ist, muss für das Fristende (dh für den Tag, an dem etwa die Kündigung erklärt werden soll) § 193 beachtet werden (zum Problem rückwärtslaufender Fristen unten Rn 7 sowie § 193 Rn 25). Zum Gemeinschaftsrecht vgl Art 3 Abs 4 S 2 EG-FristenVO, wonach hier Sonn- und Feiertage nicht beachtet werden (vgl § 186 Rn 16). Der Tag, an dem die Kündigung erklärt wird, fällt in Anwendung der verlängernden Berechnungsweise gem § 187 Abs 1 nicht in die Frist. Ist ein **Darlehen** mit einer „Ankündigungsfrist von 2 Target Bankarbeitstagen" kündbar, so muss sie spätestens am dritten Bankarbeitstag vor dem vereinbarten Termin erklärt werden (OLG Frankfurt [9. 4. 2008] 17 U 233/06 Rn 34). – Ferner beginnt die Verzinsungspflicht für ein Darlehen erst am Tag nach dem Empfang (BGH [6. 5. 1997] WM 1997, 1192, 1193; BORGES WM 1998, 105, 106). – Abweichend vom gemeinen Recht gilt § 187 Abs 1 auch für den Lauf der **Verjährungsfristen**. Wenn also § 199 Abs 1 bestimmt, die Frist beginne mit dem Schluss des Jahres, dh mit dem 31. Dezember, so ist dieser, den Fristlauf auslösende Tag nicht in die Frist einzuberechnen, sondern die Frist läuft ab dem 1. Januar (OLG Stuttgart [13. 4. 2010] NJW-RR 2010, 1645, 1647). Wenn § 438 Abs 2 bestimmt, die Verjährungsfrist beim Kauf einer beweglichen Sache beginne mit der Ablieferung der Sache, so läuft die Frist am der Ablieferung folgenden Tag ab 0.00 Uhr (vgl noch zu § 477 BGB aF: BÜDENBENDER JuS 1997, 481, 488). Auch der Lauf der Verjährungsfrist für den Anfechtungsanspruch im **Insolvenzverfahren** gem § 146 Abs 1 InsO bemisst sich nach §§ 187 Abs 1, 188 Abs 2 Var 1 (BGH [13. 1. 2005] WM 2005, 381 mAnm KREFT WuB VI A § 146 InsO 1.05 sowie mAnm FLÖTHER jurisPR-InsR 1/2005 Anm 2; UHLENBRUCK/HIRTE § 146 InsO Rn 4; für den Beginn der relativen Verjährung ist § 199 zu beachten, dazu M HUBER ZInsO 2005, 190 ff). Selbst wenn der Eröffnungsbeschluss genau um 0.00 Uhr unterzeichnet werden sollte, richtet sich die Fristberechnung nicht nach § 187 Abs 2 S 1, sondern nach der Grundregel des § 187 Abs 1, da es hier um ein Ereignis iSv Abs 1 geht. Die Frist läuft erst vom Folgetag an (BGH [13. 1. 2005] WM 2005, 381, 382; PWW/KESSELER Rn 1; aA ERMAN/MAIER-REIMER Rn 2). Seit dem Verjährungsanpassungsgesetz (BGBl I 2004, 3214) gilt hier die Regelverjährung gem §§ 195, 199. – Nichts anderes gilt, wenn die **Übergabe** einer Sache durch Abtretung des Herausgabeanspruchs und Einräumung des mittelbaren Besitzes vollzogen wird. Dann ist die Abtretung ein Ereignis iSv § 187 Abs 1 (BGH [3. 2. 1989] WM 1989, 826, 827). – Im allgemeinen Leistungsstörungsrecht verlangen **Schadensersatz statt der Leistung** gem § 281 Abs 1 und **Rücktritt** gem § 323 Abs 1 eine Fristsetzung, auf die § 187 Abs 1 anzuwenden ist. Dasselbe gilt auch für die **Widerrufsfristen** nach §§ 312d, 355 Abs 2 (BGHZ [27. 4. 1994] 126, 56, 63 – noch zu § 1b AbzahlungsG; PALANDT/GRÜNEBERG § 355 Rn 15; NK-BGB/RING § 355 Rn 39); die Widerrufsfrist im Fernabsatz wird durch die Information des Verbrauchers im Sinne von § 312c Abs 2, die Widerrufsbelehrung (vgl § 14 Abs 1 BGB-InfoV mit Anlage 2) und die Lieferung der Ware ausgelöst. Nach § 187 Abs 1 beginnt dann die Widerrufsfrist ihren Lauf an dem Tag, der dem letzten der zuvor genannten Ereignisse folgt. Die Konsequenz der verlängernden Berechnungsweise (vgl Rn 5) erschließt sich freilich nicht aus dem Wortlaut von § 312d Abs 2, sondern nur aus der Lektüre von § 187

Abs 1. In der Widerrufsbelehrung muss auf die Berechnungsweise nicht gesondert hingewiesen werden (BGHZ [27. 4. 1994] 126, 56, 63; OLG Hamm [18. 10. 2007] CR 2008, 451, 452 mAnm S Ernst jurisPR-ITR 12/2008 Nr 5; LG Braunschweig [6. 11. 2007] MMR 2008, 59 mAnm Faustmann/Lehmann; aA OLG Schleswig [25. 10. 2007] ZGS 2008, 158, 159; LG Halle [13. 5. 2006] BB 2006, 1817, 1818; LG Koblenz [12. 12. 2006] BB 2007, 239 – es herrscht aber Einigkeit darüber, dass § 187 Abs 1 für die Berechnung der Widerrufsfrist gilt; der Streit betrifft die Frage, ob das Belehrungsmuster älterer wie neuerer Form der Berechnungsweise entspricht; zum Problem Rössel ITRB 2008, 136 ff; Flohr ZGS 2008, 289 ff). Auch im Falle des Widerrufs bei einem Teilzeit-Wohnrechtevertrag gemäß § 485 Abs 4 beginnt der Fristlauf erst am Tag nach dem Zugang der schriftlichen Mitteilung über die fehlende Angabe iSv § 482 Abs 2. Für die den **Verzug** begründende Frist des § 286 Abs 2 („angemessene Zeit") und Abs 3 („30 Tage nach Fälligkeit und Zugang") gilt § 187 Abs 1 (Palandt/ Grüneberg § 286 Rn 30; zur hier seltenen Notwendigkeit einer richtlinienkonformen Auslegung: NK-BGB/Schulte-Nölke § 286 Rn 65 f; BAG [15. 5. 2001] MDR 2001, 1419 f: noch zu § 284 Abs 2 S 1 aF; Schroeter JuS 2007, 29, 30). Die **Verzugszinsen** gem § 288 sind erst ab dem Tag zu berechnen, der dem Verzugseintritt folgt (Palandt/Ellenberger Rn 1; MünchKomm/ Grothe Rn 3; PWW/Kesseler Rn 4; aM Göhner NJW 1980, 570; Soergel/Niedenführ Rn 7; Zimmermann JuS 1991, 229, 232). Dabei ist es gleichgültig, ob der Verzug durch Mahnung, Klagezustellung, Mahnbescheid oder nach den Regeln von § 286 Abs 2 und 3 ausgelöst worden ist. **Prozesszinsen** nach § 291 S 1 sind vom Tag an, der dem Eintritt der Rechtshängigkeit folgt, geschuldet (BGH [24. 1. 1990] NJW-RR 1990, 518, 519; BAGE [15. 11. 2000] 96, 228, 233; aA Soergel/Niedenführ Rn 7; Bamberger/Roth/Henrich Rn 7, der einen Fall des § 187 Abs 2 S 1 annimmt). Allgemein treten die Wirkungen der Rechtshängigkeit in analoger Anwendung von § 187 Abs 1 erst am Tag nach der Zustellung der Klage ein (AG Ludwigslust [26. 2. 2013] 5 C 10/13 Rn 9). – Die Ausschlussfrist des § 651g Abs 1 S 1 für **reisevertragliche Gewährleistung**, deren Lauf am Tag nach dem vertraglich vorgesehenen Ende der Reise beginnt, wird ebenfalls nach § 187 Abs 1 berechnet (OLG Karlsruhe [3. 8. 1990] NJW-RR 1991, 54; LG Hamburg [4. 10. 1996] NJW-RR 1997, 502; LG Duisburg [16. 11. 2006] NJW-RR 2007, 771, das allerdings wenig überzeugend die Auslegungsbedürftigkeit von § 651g bestreitet; vgl Staudinger/Staudinger [2011] § 651g Rn 14; MünchKomm/Grothe Rn 3; aA AG Hamburg [30. 3. 1999] RRa 1999, 141; weiterführend Tempel RRa 1998, 19, 29). – Auch für die Zahlungsfristen des **Versicherungsrechts** gilt § 187 Abs 1, da die Spezialregelung des § 10 VVG auf die Bestimmung der Dauer des Versicherungsschutzes beschränkt ist (RG [3. 12. 1937] JW 1938, 683 zu § 7 VVG aF).

Rückwärtslaufende Fristen: § 187 Abs 1, mithin die verlängernde Berechnungsweise, gilt analog für Fristen, die von einem bestimmten Zeitpunkt zurückreichen, etwa im **Umwandlungsrecht** (Bekanntgabe eines Umwandlungsvertragsentwurfs bzw -beschlusses spätestens einen Monat vor der Versammlung der Anteilseigner gem §§ 5 Abs 3, 126 Abs 3, 194 Abs 2 UmwG, dazu: Müller-Eising/Bert DB 1996, 1398; Krause NJW 1999, 1448 f). Solche Fristen sind *rückwärts* zu berechnen, §§ 187, 188 gelten dann in umgekehrter Chronologie: Findet das fristauslösende Ereignis am 31. 8. statt, so beginnt die Monatsfrist analog § 187 Abs 1 am 30. 8. um 24.00 Uhr und endet analog § 188 Abs 2 am 31. 7. um 0.00 Uhr (so zurecht Krause NJW 1999, 1448 f; Erman/Maier-Reimer Rn 8 und § 186 Rn 4 möchte zwischen Mindest- und Höchstfristen bei den rückwärtslaufenden Fristen differenzieren, wofür das Gesetz keinen Anhalt bietet. Der Unterschied liegt nicht in Fristbeginn und -ende, sondern darin, ob die betreffende Handlung oder das Ereignis innerhalb des rückwärtsgerichteten Fristlaufs [so bei einer Höchstfrist, zB § 17 II UmwG] oder vorher geschehen sein muss [Mindestfristen, zB bei Kündigungen]). – **Endet ein Vertrag** am

§ 187
Abschnitt 3 · Rechtsgeschäfte

31. 12. um 24.00 Uhr, zählt dieser Tag als fristauslösendes Ereignis nicht mit, sondern der rückwärtige Fristlauf beginnt am 30. 12. um 24.00 Uhr. Ist das Vertragsende hingegen 1. Januar um 0.00 Uhr, rechnet die Frist vom 31. 12. um 24.00 Uhr zurück (aA PLETSCH VersR 2006, 483, 484, freilich ohne Begründung). Obgleich sich 31. Dezember, 24.00 Uhr und 1. Januar, 0.00 Uhr zeitlich völlig entsprechen, entsteht also je nach Datumswahl ein unterschiedlicher Fristlauf. Das ist jedoch der Rechtssicherheit geschuldet (vgl BGH [13. 1. 2005] WM 2005, 381, 382 – für eine vorwärtslaufende Frist). Der 1. Januar ist fraglos ein anderer Tag als der 31. Dezember. Das Ereignis (Vertragsende) wird einmal dem 31. Dezember, ein anderes Mal dem 1. Januar zugeordnet. – Die umgekehrt chronologische Fristberechnung gilt auch für die **Insolvenzanfechtung**, §§ 130–136 InsO, die durch Rechtshandlungen vor dem Antrag auf Eröffnung des Insolvenzverfahrens ausgelöst wird. Allerdings enthält § 139 Abs 1 InsO eine insofern von § 187 Abs 1 BGB abweichende Vorschrift, als im Insolvenzrecht auf die rückwärtige Berechnung die verlängernde Berechnungsweise gerade keine Anwendung findet (Bsp nach BAG [24. 10. 2013] 6 AZR 466/12 Rn 47: Antrag auf Eröffnung des Insolvenzverfahrens am 10. 5. 2007. Die Dreimonatsfrist des § 131 Abs 1 Nr 2 InsO begann am 10. 2. 2007; nach § 187 Abs 1 BGB hätte der Fristlauf am 9. 5. 2007 begonnen, sodass eine inkongruente Deckung am 9. 2. 2007 anfechtbar gewesen wäre. S a MünchKomm/KIRCHHOF § 139 InsO Rn 6 ff; KÜBLER/PRÜTTING/PAULUS § 139 InsO Rn 7; UHLENBRUCK/HIRTE § 139 InsO Rn 3). – Ein Arbeitnehmer muss bei der Geltendmachung eines Anspruchs auf **Teilzeitarbeit** spätestens drei Monate vor deren Beginn die Verringerung seiner Arbeitszeit ankündigen, § 8 Abs 2 S 1 TzBfG. Für diese Frist gelten die §§ 187 Abs 1, 188 Abs 2 (BAG [14. 10. 2003] BB 2004, 2821, 2822). Zwischen dem Zugang der Erklärung des Arbeitnehmers und dem Beginn der Arbeitszeitverkürzung müssen volle drei Monate liegen. – Nach Nr 4141 bzw 5115 Vergütungsverzeichnis zum RechtsanwaltsvergütungsG hängt eine **zusätzliche Gebühr** für den Rechtsanwalt davon ab, ob der Einspruch gegen einen Strafbefehl oder gegen einen Bußgeldbescheid früher als zwei Wochen vor Beginn des Tages, der für die Hauptverhandlung vorgesehen ist, zurückgenommen wird. Auch hier gilt für die Berechnung des Fristbeginns § 187 Abs 1 (aA SCHNEIDER DAR 2007, 671, 672 – dazu bereits oben § 186 Rn 10). Allerdings handelt es sich um eine rückwärts zu berechnende Frist. Das fristauslösende Ereignis ist der Tag der Hauptverhandlung (Bsp 15. Juli); Fristbeginn ist daher das Ende des Tages vor der Hauptverhandlung (14. Juli, 24.00 Uhr). – Durch das Gesetz zur Umsetzung der Aktionärsrichtlinie (ARUG) vom 29. Mai 2009 (BGBl I 2479) ist die analoge Anwendung der §§ 187–193 auf die Berechnung der rückwärtslaufenden Fristen im Zusammenhang mit der Einberufung der **Hauptversammlung einer Aktiengesellschaft** abgeschafft worden, vgl § 121 Abs 7 AktG. Der Sache nach ist damit aber für die Bestimmung des Fristbeginns nichts Neues gesagt; § 121 Abs 7 S 1 AktG und § 123 Abs 1 S 2 AktG stellen klar, dass der Tag der Hauptversammlung, also das fristauslösende Ereignis, nicht in die Frist einberechnet wird. Nichts anderes ergäbe eine analoge Anwendung von § 187 Abs 1 (vgl auch REPGEN ZGR 2006, 121 ff). Nach § 126 Abs 1 AktG müssen Gegenanträge „mindestens 14 Tage vor der Versammlung" gestellt werden. Angenommen, die Hauptversammlung findet am 15. Juli statt, so rechnet die Frist nun vom 14. Juli, 24.00 Uhr an vierzehn volle Tage (es heißt im Gesetz: „vor" der Versammlung) zurück und endet am 1. Juli um 0.00 Uhr. Gegenanträge können mithin nur bis 30. Juni, 24.00 Uhr gestellt werden (so auch im Ergebnis SEIBERT/FLORSTEDT ZIP 2008, 2145, 2149; MIETTINEN/ROTHBÄCHER BB 2008, 2084, 2087). – Die einwöchige Einberufungsfrist der **Gesellschafterversammlung der GmbH** nach § 51 Abs 1 GmbHG ist nach §§ 187 Abs 1, 188 Abs 2 analog zu berechnen. Soll die

Versammlung am Mittwoch stattfinden, muss die Einladung spätestens am Dienstag der Vorwoche zugehen (NK-BGB/KRUMSCHEID § 193 Rn 4; ausführlich zur Lage im GmbH-Recht TETTINGER GmbHR 2008, 346 ff). – Bei der **Erhebung von Grundsteuer**, die bei der Auflösung einer Gesamthand anfallen kann, ist gem § 6 Abs 4 GrdEStG eine rückwärtslaufende Fünfjahresfrist zu beachten, für die die §§ 187 ff analog gelten (BFH [6. 6. 2001] DStR 2001, 1752 f). – Die öffentliche Auslegung der Entwürfe von Bauleitplänen muss spätestens eine Woche vor Beginn der Auslegung bekanntgemacht werden, § 3 Abs 2 S 3 BauGB. Auch für diese Fristberechnung gelten die §§ 187 ff analog. – Nach § 132 Abs 1 ZPO beträgt die Frist für **Einreichung eines vorbereitenden Schriftsatzes** eine Woche vor der mündlichen Verhandlung. Sie ist also rückwärts zu berechnen. Ist der Termin der Hauptverhandlung auf einen Mittwoch festgelegt, endet die Frist des § 132 Abs 1 ZPO also am Dienstag der Vorwoche um 24.00 Uhr (DRUCKENBRODT NJW 2013, 2390 ff). – Ist der 11. April 2011 der Termin der mündlichen Verhandlung, so muss die Folgesache iSv § 137 Abs 2 FamFG vor 0.00 Uhr am 28. März 2011 anhängig gemacht sein (OLG Brandenburg [20. 12. 2011] 13 UF 128/ 11 Rn 7 f – ohne Rücksicht auf § 193 bzw § 222 Abs 2 ZPO; vgl auch SPECKBROCK, Die Frist zur Einbeziehung von Folgesachen in den Scheidungsverbund gem § 137 Abs 2 S 1 FamFG [2013], 107–116, 124).

Zur Auswirkung der Sonn- und Feiertagsregelung des § 193 auf das Ende rückwärtslaufender Fristen vgl unten § 193 Rn 25 ff.

d) Eine **Auslegungshilfe** für die Frage, auf welches Datum das fristauslösende Ereignis fällt, enthält für schriftlich gesetzte Fristen Art 1:304 Abs 1 PECL (vgl § 186 Rn 21), der das auf dem Schriftstück angegebene Datum für maßgeblich hält. Mit der Dogmatik empfangsbedürftiger Willenserklärungen ist die in Satz 1 enthaltene, hinsichtlich der Beweisfragen vorteilhafte Auslegungsregel hingegen kaum vereinbar, da deren Wirksamkeit vom Zugang der Erklärung abhängig ist. **8**

e) Zivilkomputation und verlängernde Berechnungsweise (Rn 2 und 5) gelten auch im **Gemeinschaftsrecht** nach Art 3 EG-FristenVO (vgl § 186 Rn 20); ebenso nach Art 3 Abs 1 des Europäischen Übereinkommens über die Berechnung von Fristen. Art 1:304 Abs 3 S 1 PECL (vgl § 186 Rn 21) hat sie übernommen. Letztere Vorschrift hat zwar nicht den Charakter einer verbindlichen Rechtsnorm, aber enthält den europäischen Standard (vgl vBAR/ZIMMERMANN, Grundregeln des Europäischen Vertragsrechts [2002] 137). Auch Art I-1:110 DCFR (vgl § 186 Rn 22) folgt dieser Linie. Art I-1:110 Abs 2 a–c DCFR legt für Stunden-, Tages-, Wochen-, Monats- und Jahresfristen die ursprünglich auf die Tagesfrist bezogene Zivilkomputation fest, indem die ganze erste und ganze letzte Stunde bzw der ganze erste und der ganze letzte Tag in die Frist einberechnet werden. Die Vorschrift bestimmt für alle Fristen die verlängernde Berechnungsweise, indem die Stunde, in die das fristauslösende Ereignis fällt (Art I-1:110 Abs 3 a DCFR) bzw der Tag, in den das fristauslösende Ereignis fällt (Art I-1:110 Abs 3 b DCFR), nicht mitgezählt werden. **9**

2. Ausnahmen von der Grundregel der verlängernden Berechnungsweise

a) Da § 187 Abs 1 nur eine Auslegungsregel enthält (vgl § 186 Rn 24), kann von der Regel der verlängernden Berechnungsweise (Rn 5) durch **Vereinbarung** abgewichen werden. Es ist daher in allen Fällen zunächst nach einer abweichenden Parteiver- **9a**

einbarung zu fragen. Wer eine Rechtswirkung aus einer solchen Vereinbarung ableitet, trägt die **Beweislast** (BAUMGÄRTEL/LAUMEN, Handbuch der Beweislast, BGB AT [3. Aufl 2007] §§ 187–193 Rn 1). – So kann zB bei der Bestimmung einer nach Tagen bemessenen Probezeit der Anfangstag eingeschlossen sein. Auch Bahnfahrkarten und ähnliche Zeitkarten sind üblicherweise sofort mit Beginn des Tages, der das Gültigkeitsdatum trägt, gültig. – Gerade für den grenzüberschreitenden Verkehr empfiehlt es sich, von der Vereinbarungsmöglichkeit Gebrauch zu machen, um möglichste Klarheit zu schaffen.

10 b) § 187 Abs 2 S 1 bestimmt eine *gesetzliche* Ausnahme von der verlängernden Berechnungsweise: Soll nicht ein bestimmtes Ereignis im Laufe des Tages oder ein bestimmter Zeitpunkt, sondern der **Anfang des Tages** der für den Fristbeginn maßgebliche Zeitpunkt sein, so wird dieser Tag als der erste des Fristlaufs mitgezählt. Ob der Beginn eines Tages für den Anfang der Frist der maßgebliche Zeitpunkt ist, ergibt sich im Wege der *Auslegung*.

Ein praktisch wichtiger Anwendungsfall des § 187 Abs 2 S 1 ist die **Wohnungsmiete**: Wer eine Wohnung zB ab 1. April mietet, darf diese ab 1. 4. um 0.00 Uhr benutzen (BORK, AT [3. Aufl 2011] Rn 337). Hinsichtlich der **Fristsetzung für** eine **Annahmeerklärung** gem § 148 ist zu lesen, die Frist beginne „mit dem Datum des Antrags" oder der Erklärungstag zähle mit (PALANDT/ELLENBERGER § 148 Rn 3; SOERGEL/WOLF § 148 Rn 8, in diesem Sinne auch STAUDINGER/BORK [2010] § 148 Rn 3 mit Hinweis auf OLG Hamburg [1. 10. 1920] OLGRspr 41, 91). Damit ist sinnvollerweise nur gemeint, dass dieser Tag und nicht der Zugang des Angebots das fristauslösende Ereignis bezeichnet. Es bedeutet aber keine Abweichung von der verlängernden Berechnungsweise gem § 187 Abs 1. Der Anbietende möchte, wie schon OLG Hamburg (1 c) dargelegt hat, mit der Setzung einer Annahmefrist erreichen, nach einer für ihn überprüfbaren Zeit wieder frei disponieren zu können. Würde er den Fristlauf dabei von dem für ihn regelmäßig nicht oder nur schwer überprüfbaren Zugang des Angebots abhängig machen, wäre für ihn nicht sicher, ob und wann er wieder ungebunden wäre. Trägt der Antrag zB das Datum: Donnerstag, den 6. März, und soll das Angebot innerhalb von vierzehn Tagen angenommen werden können, beginnt die Frist am 7. März um 0.00 Uhr und endet am Donnerstag, den 20. März um 24.00 Uhr. Es geht also bei der Annahmefrist nicht um einen Anwendungsfall des § 187 Abs 2 S 1. Etwas anderes kann selbstverständlich vereinbart werden. – Es entspricht ständiger Rechtsprechung, bei Fristberechnungen im **Arbeitsverhältnis** den ersten geschuldeten Arbeitstag mitzuzählen, sodass für diesen zB Lohn zu zahlen ist und dieser auch ganz in die Probezeit fällt (BAG [2. 11. 1978] NJW 1980, 1015, 1016; [27. 6. 2002] AP Nr 2 zu § 620 BGB – Probezeit; LAG Baden-Württemberg [20. 7. 2007] 20 Sa 106/06 Rn 35 ff, 39 zu § 30 f S 1 HS 2 BetrAVG; ArbG Hamburg [17. 11. 2004] 23 Ca 119/04 Rn 27 – Betriebszugehörigkeit; SOERGEL/NIEDENFÜHR Rn 10). Ebenso ist bei Berechnung der **baurechtlichen** Auslegungsfrist gem § 3 Abs 2 S 1 BauGB der erste Tag der Auslegung mitzuzählen (GemSOBG [6. 7. 1972] MDR 1973, 28, zum früheren § 2 Abs 6 S 1 BBauG; Berechnungsbeispiele bei LEY BauR 2000, 654–660). – Für **Verwaltungsakte** ist in § 31 Abs 2 VwVfG zugelassen, dass der Fristbeginn anders als auf den Tag nach der Bekanntgabe festgesetzt wird. Die Norm hat letztlich klarstellende Funktion, denn die in § 31 Abs 1 VwVfG angesprochenen §§ 187–193 BGB sind selbst nur Auslegungsregeln. Ob in den Fällen des § 31 Abs 2 VwVfG nach § 187 Abs 2 S 1 der Tag der Bekanntgabe mitgezählt werden soll oder aber eine ganz andere Regelung gewollt ist, ist demnach Auslegungsfrage (Bsp bei KNACK/KLAU-

SEN § 31 VwVfG Rn 12); im Zweifel gilt jedoch die verlängernde Berechnungsweise wie in § 187 Abs 1 (KOPP/RAMSAUER § 31 VwVfG Rn 28c). – Die **steuerrechtliche** Frist des § 32 Abs 4 S 1 Nr 2b EStG berechnet sich nach § 108 Abs 1 AO iVm § 187 Abs 2 S 1, beginnt in diesem Fall also am Anfang des Tages nach dem Abschluss des vorausgegangenen Ausbildungsabschnitts (FG Köln [28. 1. 2000] EFG 2002, 626–627). Dasselbe gilt für die Zehnjahresfrist des § 14 Abs 1 S 1 ErbStG, die durch den Letzterwerb ausgelöst wird, der kein Ereignis iSv § 187 Abs 1 ist, sodass die Frist nach § 187 Abs 2 S 1 zu berechnen ist (BFH [28. 3. 2012] II R 43/11 Rn 14 ff; vorgängig FG Hannover [16. 6. 2011] 3 K 136/11 mit ausführlicher dogmatischer Begründung). – Nach Art 84 CISG ist im Falle der **Rückabwicklung eines Kaufvertrags** der Verkäufer verpflichtet, vom Tag der Zahlung an auf den Betrag Zinsen zu zahlen. Dieser Tag soll bei der Berechnung der Zinspflicht mitgezählt werden (vgl STAUDINGER/MAGNUS [2013] Art 84 CISG Rn 8). – § 6 Abs 4 S 1 EGBGB legt fest, dass die **Verjährungsvorschriften** in der seit dem 1. Januar 2002 gültigen Fassung gelten, wenn sie kürzere Fristen als das alte Verjährungsrecht enthalten. Diese kürzeren Fristen werden „von dem 1. Januar 2002 an berechnet". Damit ist ein Stichtag iSv § 187 Abs 2 S 1 bezeichnet, der daher bereits in den Fristlauf fällt und mitgerechnet wird (LG Köln [28. 10. 2005] ZGS 2006, 38, 40; SCHULTE-NÖLKE/HAWXWELL NJW 2005, 2117, 2118; ASSMANN/WAGNER NJW 2005, 3169, 3171; aA KANDELHARD NJW 2005, 530, 532; STAUDINGER/PETERS [2003] Art 229 § 6 EGBGB Rn 11). – Wird die **Entscheidung eines Insolvenzgerichts** öffentlich bekannt gemacht, beginnt die zweiwöchige Notfrist für die sofortige Beschwerde zwei Tage später (§ 9 Abs 1 S 3 InsO). Für den Fristbeginn gilt hier § 187 Abs 2, weil es auf den Ablauf der Frist des § 9 Abs 1 S 3 InsO ankam (BGH [14. 11. 2013] IX ZB 101/11 Rn 5, 8 f – Bekanntmachung am 29. März 2010, Fristbeginn 30. März, Fristende [§ 188 Abs 2 Var 2] 12. April).

c) § 187 Abs 2 S 1 gilt entsprechend für das **Inkrafttreten von Gesetzen**. Sollen **11** Gesetze mit dem Tag ihrer Verkündung oder mit einem bestimmten Datum in Kraft treten, gelten sie vom Beginn dieses Tages (0.00 Uhr) an (RGZ [7. 12. 1917] 91, 339, 340, allerdings ohne ausdrückliche Bezugnahme auf § 187 Abs 2; vgl auch BVerfGE [22. 11. 2000] 102, 254 ff, 295; BVerfG [6. 5. 2009] 1 BvR 3153/07 Rn 8).

Wann ein Gesetz bzw seine Änderung in Kraft tritt, ist zunächst eine Frage des Verfassungsrechts (für die Änderungen des BGB seit dem 1. 1. 1900 findet sich bis Mitte 2005 eine entsprechende Liste im Sonderband STAUDINGER/BGB-Synopse 1896–2005, XIX–XLIII; leichten Zugriff auf die entsprechenden Daten bietet auch zB die Datenbank „juris"). Während der Gültigkeitsdauer des BGB hat die verfassungsmäßige Grundlage mehrfach gewechselt:

Nach Art 2 Verfassung des Deutschen Reiches vom 16. 4. 1871 (BGBl [Norddeutscher Bund] 1871, 64 ff) sollte ein Gesetz „mit dem vierzehnten Tage nach dem Ablauf desjenigen Tages, an welchem das betreffende Stück des Reichsgesetzblattes in Berlin ausgegeben worden ist" oder an dem im publizierten Gesetz ausdrücklich festgelegten Tag in Kraft treten.

Inhaltsgleich war Art 71 Weimarer Reichsverfassung v 11. 8. 1919 (RGBl 1383). Besonderheiten gelten für die Rechtsverordnungen, die nach Art 48 II WRV Reichsgesetze ändern konnten. Mehrfach wurde davon im Zusammenhang mit dem BGB Gebrauch gemacht (vgl Nachweise der Verordnungen in STAUDINGER/BGB-Synopse 1896–2005, XX–XXII). Hierfür galt nicht etwa Art 71 WRV analog, sondern es gab ein eigenes

„Gesetz über die Verkündung von Rechtsverordnungen" vom 13. 10. 1923 (RGBl I 959). Dort war bestimmt, dass die Verordnungen im Reichsgesetzblatt, im Reichsministerialblatt oder im Deutschen Reichsanzeiger verkündet werden können. Nach § 2 dieses VerordnungsG traten Rechtsverordnungen des Reichs, soweit sie nichts anderes bestimmten, mit dem auf die Verkündung folgenden Tage in Kraft. Durch Art 3 des „Gesetzes zur Behebung der Not von Volk und Reich" vom 24. 3. 1933 (sog ErmächtigungsG, RGBl I 141) wurde Art 71 WRV geändert, um eine raschere Gesetzeskraft der Beschlüsse zu erreichen; danach traten auch die Reichsgesetze bereits mit dem auf die Verkündung folgenden Tage in Kraft. Das Ermächtigungsgesetz trat nach seinem Art 5 mit dem Tag seiner Verkündung in Kraft. Es war zeitlich befristet bis zum 1. 4. 1937. Es sollte ferner außer Kraft treten, wenn die Reichsregierung durch eine andere abgelöst wird. Man kann darüber streiten, ob dieser Tatbestand schon 1934 bei der Regierungsumbildung eingetreten ist; damals wurde es allerdings nicht so aufgefasst, was sich daran zeigt, dass das Ermächtigungsgesetz 1937, 1939 und 1943 jeweils verlängert worden ist (RGBl 1937 I 105; 1939 I 95; 1943 I 295).

Art 82 Abs 2 GG ist schließlich wieder zur alten Regelung wie in Art 71 WRV zurückgekehrt. Danach soll jedes Gesetz und jede Rechtsverordnung den Tag des Inkrafttretens bestimmen. Fehlt aber eine solche Bestimmung, so treten die Normen mit dem vierzehnten Tage nach Ablauf des Tages in Kraft, an dem das Bundesgesetzblatt ausgegeben worden ist. Im Bundesgesetzblatt wird daher nicht nur der Tag der Ausfertigung, also der Erteilung des Verkündungsbefehls, sondern auch der „Tag der Ausgabe", angegeben. Dieses ist der Tag, der bei gewöhnlicher Postbeförderung den Eingang bei den Beziehern bezeichnet. Wenn deshalb ein Gesetz oder eine Verordnung *am Tag der Verkündung* in Kraft tritt, ist damit der *Ausgabetag* gemeint, nicht der Tag der Ausfertigung, denn die Verkündung erfolgt durch den Abdruck des Gesetzestextes im BGBl *und* dessen Ausgabe. Der Sinn der Regelung ist, dass die Öffentlichkeit die Möglichkeit haben soll, vom Gesetzesinhalt Kenntnis zu erlangen. Der Zeitpunkt der tatsächlichen Auslieferung des Gesetzblattes an die Mehrzahl der Bezieher ist daher maßgeblich (vMünch/Bryde Art 82 GG Rn 12; Mercker BB 1952, 865 ff; Heinze NJW 1965, 524 f; das BVerfG hat mit Recht betont, dass es nicht auf die Einlieferung bei der Post ankomme [BVerfGE (2. 4. 1963) 16, 6, 18 f = NJW 1963, 1443 ff], denn die Veröffentlichung könnte auch anders als durch die Post bewerkstelligt werden). Der Tag der mutmaßlichen Auslieferung durch die Post wird im BGBl als Ausgabetag eingetragen. Die Angabe bewirkt allerdings nur eine widerlegliche Vermutung. Tritt ein Gesetz also am Tage *nach* der Verkündung in Kraft, so ist – wenn im Postlauf keine Unregelmäßigkeiten geschehen sind – dem Datum der Ausgabe, das im Kopf des Gesetzblattes eingedruckt wird, ein weiterer Tag hinzuzurechnen. In entsprechender Anwendung von § 187 Abs 2 S 1 beginnt die Gültigkeit der jeweiligen Norm um 0.00 Uhr des betreffenden Tages (BVerfG [6. 5. 2009] 1 BvR 3153/07 Rn 8). Eine Ausnahme im Sinne der Naturalkomputation gilt jedoch wegen des Rückwirkungsverbots für Strafvorschriften. Eine Tat, die am Tag des Inkrafttretens, aber noch vor der tatsächlichen Ausgabe des Gesetzblattes begangen worden ist, kann nicht nach der neuen Strafvorschrift beurteilt werden.

Auf der Ebene des *Gemeinschaftsrechts* gilt für das Inkrafttreten von Rechtsakten aller Art eine inhaltlich § 187 Abs 2 S 1 entsprechende Regel, Art 4 Abs 2 EG-Ratsverordnung Nr 1182/71 (ABl EG v 8. 6. 1971 Nr L 124/1): „Rechtsakte des Rates oder der Kommission oder einzelne Bestimmungen dieser Rechtsakte, für deren Inkrafttreten, deren Wirksamwerden oder deren Anwendungsbeginn ein bestimmtes Datum festgesetzt worden ist, treten mit Beginn der ersten Stunde des diesem Datum entsprechenden Tages in Kraft bzw werden dann wirksam oder angewandt."

d) § 187 Abs 2 S 2 trifft eine besondere Bestimmung für die *Berechnung des* **12** *Lebensalters* mit entsprechend großer praktischer Bedeutung. Hier soll in Übereinstimmung mit der Verkehrsanschauung (Prot II 1, 189) der Tag der Geburt entgegen dem Prinzip der verlängernden Berechnungsweise (Rn 2, 5) mitgezählt werden. Die Volljährigkeit tritt demnach schon mit dem Beginn desjenigen Tages ein, an welchem das 18. Lebensjahr vollendet wird; wer mittags um 13.00 Uhr am 21. 1. 1998 geboren worden ist, wird am 21. 1. 2016 um 0.00 Uhr volljährig. – Ein am 29. Februar Geborener wird nach der allgemeinen Regel des § 187 Abs 2 S 2 mit dem Ablauf des 28. Februar volljährig (vgl PETERS StAZ 1969, 50). Ist jemand am Monatsersten geboren, vollendet er ein Lebensjahr mit dem Ablauf des letzten Tages des vorhergehenden Monats um 24.00 Uhr. Kommt es auf das Alter an diesem Monatsletzten an, bleibt die Vollendung des Lebensjahres um 24.00 Uhr außer Betracht (OLG Oldenburg [23. 2. 2005] FamRZ 2005, 1257). – Die Berechnung nach § 187 Abs 2 S 2 gilt auch für das Eintreten eines Beamten in den *Ruhestand* oder für den *Beginn des Rentenalters* eines Arbeitnehmers (BVerwG [26. 8. 1968] 30, 167 ff; BAG [19. 8. 1965] DB 1965, 1368; BSG [1. 7. 1970] DB 1970, 1548). – Schließlich ist auch die von Altersgrenzen abhängige *strafrechtliche Verantwortlichkeit* nach § 187 Abs 2 S 2 zu berechnen.

3. Stundenfristen

Die in § 187 vorausgesetzte Zivilkomputation betrifft schon ihrem Ursprung nach **13** Fristen von mindestens Tageslänge. Bei Fristen, welche nach *kürzeren Zeiträumen* als nach Tagen berechnet werden sollen, gilt selbstverständlich nicht die nach Tagen rechnende Zivilkomputation (zum Begriff oben Rn 2), sondern es bleibt nur die nach Stunden zählende Naturalkomputation übrig (s aber Rn 1). Auch hier gilt zunächst das durch Auslegung zu ermittelnde Ergebnis. Dabei stellt sich allerdings analog dasselbe Problem einer verlängernden oder verkürzenden Berechnungsweise hinsichtlich der angebrochenen Zeiteinheit. Läuft, wenn jemand zB um 10.37 Uhr eine Jacke in eine Schnellreinigung gibt, die nach einer Stunde fertig sein soll, die Frist bis 11.37 Uhr oder bis 12.00 Uhr? Letzteres würde einer analogen Anwendung der verlängernden Berechnungsweise von § 187 Abs 1 entsprechen. Da dieselben Praktikabilitätsüberlegungen wie bei einer Tagesfrist (vgl o Rn 2) auch auf die Stundenfristen übertragbar sind, erscheint es am sinnvollsten, die *verlängernde Berechnungsweise* § 187 *analog* auf die Stundenfristen anzuwenden. Die angebrochene Stunde wird also nicht mitgerechnet (**aA** MünchKomm/GROTHE Rn 8, der die angefangene Stunde mitzählen möchte). Die Frist im Beispiel endet um 12.00 Uhr.

Die Anwendung der verlängernden Berechnungsweise auch auf Stundenfristen entspricht im Übrigen dem *gemeinschaftsrechtlich* verbindlichen Art 3 Abs 1 EG-FristenVO (vgl § 186 Rn 20). Die Vorschrift gilt mittelbar für eine nach Stunden zu berechnende Verzugsfrist iSv § 286 Abs 2 Nr 2 unter Berücksichtigung von Art 3 Abs 1 lit a Richtlinie 2000/35/EG (Verzugs-RL; NK-BGB/SCHULTE-NÖLKE § 286 Rn 34). Auch *prozessuale* Stundenfristen werden verlängernd berechnet (zB §§ 217, 604 Abs 2

ZPO; vgl Thomas/Hüsstege § 222 ZPO Rn 4; Stein/Jonas/Roth § 222 ZPO Rn 9). Es ist allerdings unpräzise, eine solche Berechnung einer Stundenfrist, auf die § 187 analog angewendet wird, als „Naturalkomputation" zu bezeichnen (so aber Soergel/Niedenführ Rn 2 Fn 2), denn bei einer Stundenfrist kommt die ursprünglich auf Tagesfristen bezogene Zivilkomputation begrifflich (oben Rn 2) nur analog in Betracht. Entscheidend ist, dass auf die Stundenfristen die verlängernde Berechnungsweise des § 187 Abs 1 entsprechend angewendet wird. – Art I-1:110 Abs 3a DCFR (vgl § 186 Rn 18) legt ebenfalls für die Stundenfristen die verlängernde Berechnungsweise fest. Anders als im BGB wird das im DCFR ausdrücklich ausgesprochen.

4. Termine

14 Wird eine Zeitangabe, also ein Termin (vgl § 186 Rn 8), durch Bezeichnung eines bestimmten Kalendertags definiert, so bedarf es insoweit keiner *Berechnung* einer Frist. „Am ersten Juli" oder an „Martini" (11. November) usw sind eindeutige Bestimmungen. § 187 ist hier ohne Bedeutung. Er gilt nur für Fristen.

§ 188
Fristende

(1) Eine nach Tagen bestimmte Frist endigt mit dem Ablauf des letzten Tages der Frist.

(2) Eine Frist, die nach Wochen, nach Monaten oder nach einem mehrere Monate umfassenden Zeitraum – Jahr, halbes Jahr, Vierteljahr – bestimmt ist, endigt im Falle des § 187 Abs. 1 mit dem Ablauf desjenigen Tages der letzten Woche oder des letzten Monats, welcher durch seine Benennung oder seine Zahl dem Tage entspricht, in den das Ereignis oder der Zeitpunkt fällt, im Falle des § 187 Abs. 2 mit dem Ablauf desjenigen Tages der letzten Woche oder des letzten Monats, welcher dem Tage vorhergeht, der durch seine Benennung oder seine Zahl dem Anfangstag der Frist entspricht.

(3) Fehlt bei einer nach Monaten bestimmten Frist in dem letzten Monat der für ihren Ablauf maßgebende Tag, so endigt die Frist mit dem Ablauf des letzten Tages dieses Monats.

Materialien: TE-AllgT §§ 163, 165 (Schubert, AT, Bd 2, S 277, 289); E I § 148 Abs 2, 149; II § 156; III § 184; Prot I, 316 ff; Prot II 1, 189 und 6, 138 f; Mot I 282; Jakobs/Schubert, AT 2, 977, 979, 981, 984–987, 989–991; Sten Ber 9. Leg IV Session, 2751.

I. Regelungszweck

1 § 188 enthält in Abs 1 die Anwendung des Prinzips der Zivilkomputation (vgl § 187 Rn 2) auf das Fristende, in Abs 2 und 3 sodann einige Auslegungsregeln für solche Fristen, die nicht nach Tagen bemessen sind.

II. Regelungsinhalt

1. Tagesfristen

a) § 188 Abs 1 bestimmt, dass *Tagesfristen* um Mitternacht des letzten Tages der Frist ablaufen. Die Gesetzesmaterialien erklären diesen Satz aus der „Natur der Sache" (GEBHARD, Begründung Teilentwurf 11 [SCHUBERT, AT 2, 299]). Dass der Wechsel des Tages um Mitternacht geschieht, entspricht einer seit der Antike gelebten Tradition, die bereits im römischen Recht normativen Ausdruck fand (vgl oben § 187 Rn 2). Legt man das Prinzip der Zivilkomputation zugrunde, wie es das Gesetz tut, entspricht die gesetzliche Regelung in der Tat einer inneren Notwendigkeit. Die Fristen werden nach diesem Grundsatz in ganze Tage zerlegt, die um 0.00 Uhr beginnen und um 24.00 Uhr enden, um möglichste Einfachheit in der Fristberechnung zu erreichen (vgl oben § 186 Rn 2). – Zu beachten ist allerdings, dass sich eine an einem Samstag, Sonntag oder Feiertag ablaufende Frist bis zum nächsten Werktag verlängert, § 193 (s dort).

2

Eine Frist kann regelmäßig bis zum Schluss ausgeschöpft werden (vgl § 186 Rn 21). Mit der Regelung des Fristendes in § 188 ist aber *nicht* gesagt, dass in den Fällen, in denen eine Mitwirkungshandlung der Gegenseite erforderlich ist, die Frist bis 24.00 Uhr des letzten Tages ausgenutzt werden darf (jurisPK-BGB/BECKER Rn 5). Soweit zum Teil gesagt wird, im Verkehr sei es üblich, dass man sich zur Fristwahrung an die regelmäßigen Schalter- oder Dienststunden zu halten habe (so BGHZ [14. 2. 1957] 23, 307, 310 f; LG Hamburg [4. 10. 1996] NJW-RR 1997, 502; AG Frankfurt [11. 3. 1993] NJW-RR 1993, 1332; MünchKomm/GROTHE Rn 1; einschränkend THANNHEISER AiB 1997, 498, 499 f, der bei Vorhandensein eines Faxgerätes eine Bereitschaft zur Entgegennahme von Willenserklärungen bis 24.00 Uhr annimmt; vgl auch unten Rn 5), ist das nur überzeugend, wenn man für den entsprechenden Fall durch Auslegung dieses Ergebnis ermitteln kann. Eine allgemeine Vermutungsregel dieses Inhalts widerspräche dem klaren Sinn des Gesetzes.

3

Dem steht nicht entgegen, dass man aus § 188 Abs 1 nicht folgern kann, die Gegenseite habe sich zu eventuell erforderlichen **Mitwirkungshandlungen** bis Mitternacht des letzten Tages der Frist bereitzuhalten (RG [10. 3. 1910] Gruchot 54 [1910] 1127, 1128 f; MünchKomm/GROTHE Rn 1). Hier ist im Einzelfall unter Berücksichtigung aller Umstände und der Verkehrssitte zu entscheiden (zum Zugang von Schriftstücken sogleich Rn 4–6). § 358 HGB bestimmt für Leistungspflichten aus Handelsgeschäften, dass diese nur während der regelmäßigen Geschäftszeiten erfüllt werden können. Gegenüber § 188 Abs 1 iVm dem Prinzip der Zivilkomputation ist § 358 HGB jedoch eine Spezialvorschrift, die einer erweiternden Auslegung nicht zugänglich ist. – Art 1:304 Abs 3 S 2 PECL (vgl § 186 Rn 21) lässt wie § 358 HGB die Frist nur bis zum gewöhnlichen Ende der Geschäftszeit an dem für die Leistung bzw den Zugang maßgeblichen Ort laufen. Entsprechendes gilt gemäß Art 3 Abs 2 des Europäischen Übereinkommens über die Berechnung von Fristen. Die EG-FristenVO (vgl § 186 Rn 20) enthält keine besondere Regel über die Maßgeblichkeit der Geschäftszeiten.

b) Einzelfälle

aa) Für den fristgerechten **Zugang von Schriftstücken** sind nicht nur die Vorschriften über das Fristende zu beachten, sondern es sind darüber hinaus auch die *Anforderungen an den Zugang* zu beachten. Es besteht Einigkeit darüber, dass ein

4

rechtzeitiger – dh fristgerechter – Zugang nur vorliegt, wenn innerhalb der Frist, die bei einer Tagesfrist nach § 188 Abs 1 um 24.00 Uhr abläuft, die Zugangsvoraussetzungen bewirkt werden. Eine Willenserklärung ist zugegangen, „wenn sie so in den Herrschaftsbereich des Empfängers gelangt ist, dass unter normalen Umständen mit Kenntnisnahme zu rechnen ist" (BORK, AT [3. Aufl 2011] Rn 619). Daraus folgert man mit Recht für einen Zugang unter Abwesenden, dass die Erklärung erstens in den Herrschaftsbereich des Empfängers gelangt ist und zweitens unter normalen Umständen mit der Kenntnisnahme zu rechnen ist (BORK, AT [3. Aufl 2011] Rn 622 f; für das UN-Kaufrecht gelten dieselben Voraussetzungen, vgl STAUDINGER/MAGNUS [2013] Art 24 CISG Rn 15). Wer also zB bis zum 30. April eine Willenserklärung abgeben möchte, deren Wirkung am 1. Mai um 0.00 Uhr beginnt, wird durch Einwurf in den Briefkasten des Empfängers um 23.59 Uhr keinen fristgerechten Zugang bewirken. Das liegt aber nicht daran, dass die Frist schon abgelaufen wäre, sondern dass er normalerweise nicht mehr mit der Kenntnisnahme rechnen kann und daher den Tatbestand des Zugangs an diesem Tage nicht mehr verwirklicht. Trifft der Kündigende zufällig den Adressaten zu dieser ungewöhnlichen Zeit persönlich an und kann er ihm die Kündigung aushändigen, so ist der Zugang vor Ablauf des Tages bewirkt und die Frist gewahrt. Der Einwurf in den Briefkasten genügt für den Zugang, sobald normalerweise mit der Entnahme und damit der Kenntnisnahme gerechnet werden kann. Auf die individuellen Verhältnisse des Empfängers (zB Urlaubsabwesenheit) kommt es insoweit nicht an (BGHZ [3. 11. 1976] 67, 271, 275; [21. 1. 2004] NJW 2004, 1320). Bei einem Briefeinwurf bis 18.00 Uhr kann man noch mit der Entnahme, also dem Zugang rechnen, während ein nach 18.00 Uhr eingeworfener Brief erst am folgenden Tag zugeht (BGH [10. 2. 1994] VersR 1994, 586; VGH München [15. 10. 1992] NJW 1993, 518; LG München II [14. 11. 1991] WuM 1993, 331; LAG Brandenburg [11. 3. 1998] MDR 1999, 368; AG Berlin-Tempelhof-Kreuzberg [5. 2. 1991] Grundeigentum 1991, 575; AG Ribnitz-Damgarten [11. 12. 2006] WuM 2007, 18, 19), falls sich nicht beweisen lässt, dass der Empfänger ihn vorher zur Kenntnis genommen hat. Wird ein Brief am Silvestertag um ca 15.50 Uhr in den Briefkasten eines Bürobetriebs geworfen, der branchenüblicherweise an diesem Tag nicht arbeitet, ist mit seinem Zugang am 31. Dezember nicht mehr zu rechnen (BGH [5. 12. 2007] NJW 2008, 843). Die Frage ist häufig im Zusammenhang mit der fristgerechten Mitteilung der Betriebskostenabrechnung gem § 556 Abs 3 S 2 innerhalb eines Jahres Gegenstand des Streits. Da es sich um eine Wissens-, nicht eine Willenserklärung handelt, finden die Zugangsregelung und auch § 193 analoge Anwendung (vgl zB AG Hamburg-St Georg [16. 6. 2005] WuM 2005, 775 – Einwurf am 31. 12. zwischen 12.00 und 13.00 Uhr genügt, mAnm WALL jurisPR-MietR 5/2006 Anm 1).

5 Die Notwendigkeit einer Differenzierung zwischen der Rechtzeitigkeit (zu bestimmen nach § 188 Abs 1) und den Anforderungen des Zugangs ist gleichermaßen bei Privatpersonen und bei Behörden zu beachten. Hier wird man unter normalen Umständen nur während der Geschäftszeiten den Zugang bewirken können. Wenn es jedoch gelingt, noch danach den Tatbestand des Zugangs oder auch einer Mitwirkungshandlung einer Behörde oder einer Privatperson zu erreichen, so kann die Frist bis 24.00 Uhr ausgeschöpft werden. Ob jemand verpflichtet ist, sich bis 24.00 Uhr zu entsprechenden Mitwirkungshandlungen bereit zu halten, ergibt sich nicht aus den Regeln über die Fristen, sondern aus dem jeweiligen Rechtsverhältnis. Nach der hier entwickelten Auffassung, ist es also nicht richtig, von Besonderheiten des Fristendes dann zu sprechen, wenn der Tatbestand der Leistungshandlung oder auch

der Zugang der Willenserklärung nicht bis 24.00 Uhr bewirkt werden kann (so aber noch STAUDINGER/WERNER [2001] Rn 6 f). Die Frist dauert bis zum Ablauf des Tages, wenn nichts anderes vereinbart ist. Sie kann nur uU nicht solange genutzt werden, weil zB der Zugang nicht mehr tatbestandlich verwirklicht werden kann. Das hat aber nichts mit dem Fristende nach § 188 zu tun, sondern nur mit den Voraussetzungen von § 130.

Wenn lediglich der *Eingang* eines Schriftstückes oder einer elektronisch übermittelten Erklärung maßgeblich ist, wie es zB bei den *prozessualen Fristen* der Fall ist (richtig SOERGEL/NIEDENFÜHR § 188 Rn 7) und auch im Verwaltungsverfahren zu sein pflegt (vgl STAUDINGER/DILCHER[12] § 130 Rn 75; für Fristen im Verwaltungsverfahren: BVerfGE [3. 6. 1975] 40, 42, 45; [11. 2. 1976] 41, 323, 327; [7. 4. 1976] 42, 128, 131; [3. 10. 1979] 52, 203, 207; BVerwG [12. 2. 1964] 18, 51, 52; KOPP/RAMSAUER § 31 VwVfG Rn 26 f), so kommt es auf die Öffnungszeiten von Gerichten und Behörden nicht an, vorausgesetzt diese haben einen für die Öffentlichkeit zugänglichen Briefkasten. Es ist aber nicht allgemein richtig, dass es auf die Öffnungszeiten dieser Institutionen nicht ankomme (so aber BVerfGE [3. 10. 1979] 52, 203, 209; BVerfG [29. 4. 1981] NJW 1981, 1951; BGHZ [12. 2. 1981] 80, 62, 63 f; BGH [25. 1. 1984] NJW 1984, 1237; ähnlich MünchKomm/GROTHE § 188 Rn 1), denn es kann auch einmal die persönliche Mitwirkung eines Bediensteten erforderlich sein. Wird ein Schriftsatz per Telefax an das Gericht übersendet, muss der vollständige Empfang der Signale noch vor Ablauf des letzten Tages der Frist geschehen sein (BGHZ [25. 4. 2006] 167, 214, 219 ff; BFH [24. 4. 2008] IX B 164/07). Die Wahrung der zweimonatigen Frist gem § 124a Abs 4 S 4 VwGO zur Antragsbegründung setzt den vollständigen Eingang der Begründung bei Gericht, nicht nur die Absendung auf dem Postweg, bis zum Ablauf des letzten Tages der Frist voraus (OVG Münster [15. 12. 2005] 6 A 2791/05 Rn 3). 6

Wenn es um den *Zugang* einer Willenserklärung innerhalb einer bestimmten Frist geht, so ist für die Berechnung des Fristendes nach dem Zeitpunkt der tatsächlichen Kenntnisnahme oder der Möglichkeit dazu unter normalen Umständen zu fragen, was regelmäßig nur während der Geschäftszeiten zu bejahen sein wird. Für elektronische Willenserklärungen gelten da keine Besonderheiten (BORK, AT [3. Aufl 2011] Rn 628 mwNw; ausführlich WIEBE, Die elektronische Willenserklärung [2002] 396 ff, insbes 402 [für automatisierte Willenserklärungen soll es hingegen nicht auf die Möglichkeit der Kenntnisnahme ankommen]; GÖSSMANN, in: FS Hadding [2004] 819 ff). Dasselbe gilt für die *Bekanntgabe* eines Verwaltungsaktes (vgl BFHE [13. 10. 1994] 176, 510). Wird ein Steuerbescheid an einem Samstag in den Briefkasten einer Krankenhausverwaltung geworfen, die an diesem Tag nicht arbeitet, so wird richtigerweise der Steuerbescheid erst am folgenden Werktag bekannt (FG Brandenburg [7. 9. 2004] EFG 2005 Nr 569). Abweichend davon hat jedoch der BFH geurteilt ([9. 11. 2005] NJW 2006, 1615, 1616 m abl Anm vCÖLLN AO-StB 2006, 100 ff; zu diesem Urteil vgl auch § 187 Rn 5). Der Bescheid werde bekannt, so der BFH, wenn „nach allgemeinen Gepflogenheiten" von dem Empfänger eine Kenntnisnahme erwartet werden könne (BFH [9. 12. 1999] NJW 2000, 1742). Dazu genüge ein Einwurf in den Briefkasten des Empfängers. Das gelte auch dann, wenn in dem betreffenden Betrieb samstags gar nicht gearbeitet und der Briefkasten nicht geleert werde (BFH [14. 8. 1975] NJW 1976, 2040 – der Leitsatz lautet dort: „Ein in einem einfachen Brief enthaltener Bescheid ist dem Adressaten zugegangen, wenn er in einen für den Adressaten bestimmten Briefkasten eingeworfen wird. Wird die Briefsendung in ein Postfach des Adressaten eingelegt, so ist sie ihm zugegangen, wenn und sobald nach dem gewöhnlichen Verlauf und normaler

Gestaltung der Verhältnisse mit einer Leerung des Postfachs zu rechnen ist"; NJW 2006, 1615, 1616). Dabei setzt sich dann offenbar das Anliegen durch, Unsicherheiten bei der Bestimmung der Rechtsmittelfrist zu vermeiden, wie es auch der Absicht der Zugangsfiktion nach Ablauf der Drei-Tagesfrist gem § 122 Abs 2 Nr 1 AO entspricht. Auf die individuelle Situation soll schematisierend keine Rücksicht genommen werden. Woher aber die Überzeugung rührt, „nach allgemeinen Gepflogenheiten" lasse der Einwurf in den Briefkasten an einem arbeitsfreien Samstag bei einem Betrieb die Kenntnisnahme erwarten, bleibt offen. Niemand kann in dieser Situation die Kenntnisnahme erwarten. Zu rechnen ist vielmehr genau mit dem Gegenteil: Kenntnisnahmemöglichkeit erst am folgenden Werktag (zum Problem der Berücksichtigung von § 193 bzw § 108 Abs 3 AO in diesem Zusammenhang vgl unten § 193 Rn 55).

7 Für den **fristgerechten Zugang einer Willenserklärung** unter Abwesenden sind also zusammengefasst drei Voraussetzungen zu prüfen:

(1) Tatsächlicher Eingang der Erklärung in den Machtbereich des Empfängers.

(2) Ferner muss der Empfänger die Erklärung tatsächlich zur Kenntnis nehmen. Es genügt aber dafür (schon wegen der Beweisprobleme), dass bei normalem Lauf der Dinge damit zu rechnen war, dass der Empfänger die Erklärung zur Kenntnis nehmen wird (Möglichkeit zur Kenntnisnahme).

(3) Die Voraussetzungen (1) *und* (2) müssen innerhalb der Frist erfüllt sein.

8 Nach diesen Voraussetzungen bemisst sich auch, ob bei einer Annahmefrist bis Freitag die Erklärung rechtzeitig zugegangen ist, wenn sie nach Geschäftsschluss per Fax eingeht. Da unter normalen Bedingungen nicht mehr mit der Kenntnisnahme gerechnet werden kann, fällt die Voraussetzung (2) aus, es sei denn, der Empfänger hätte – trotz der Unwahrscheinlichkeit dieses Geschehens – tatsächlich die Erklärung zur Kenntnis genommen. Das gilt auch für den internationalen Handel nach UN-Kaufrecht (vgl SOERGEL/LÜDERITZ/FENGE [2000] Art 24 CISG Rn 5; aA STAUDINGER/MAGNUS [2013] Art 24 Rn 18 mwNw mit Rücksicht auf die Einfachheit und Sicherheit des Verkehrs). Auf den Geschäftsschluss kommt es also nicht für den Fristlauf, sondern nur für die Zugangsvoraussetzung (2) der Kenntnisnahme an.

9 **bb)** Wird eine Kündigung am Mittwoch, den 19. März, mit *14-tägiger Frist* ausgesprochen, so beginnt der Fristlauf am Donnerstag, den 20. März, um 0.00 Uhr (§ 187 Abs 1) und endet nach Ablauf von vierzehn ganzen Tagen am Mittwoch, den 2. April, um 24.00 Uhr (Tages-, nicht Wochenfrist, § 188 Abs 1; irrtümlich **anders** LSG Berlin [30. 11. 2001] Breith 2002, 198, 200: 3. April, 24.00 Uhr).

10 **c)** Eine Fristsetzung ist unwirksam, wenn eine *gesetzlich vorgeschriebene Mindestdauer* bei der Bestimmung des Endtages nicht eingehalten wurde. – Das gilt beispielsweise, wenn ein Betriebsrat entgegen § 41 BetrVGDV1 WO die Einreichungsfrist bei Wahlvorschlägen am letzten Fristtag auf 12 Uhr mittags zu begrenzen versucht. Die Frist dauert bis zum Ablauf des letzten Tages (LAG Hessen [31. 8. 2006] NZA-RR 2007, 198, 199; ähnlich LAG München [18. 7. 2007] 7 TaBV 79/07 Rn 33 – das LAG ließ offen, ob die Frist mit Betriebsende zusammenfalle; das dürfte zu verneinen sein, da die Zugangs-

problematik, vgl oben Rn 4 ff, nicht mit der Frage des Fristendes vermischt werden darf; LAG Hessen [12. 1. 2012] 9 TaBV 115/11 Rn 34).

d) Für das *Gemeinschaftsrecht* gilt nach Art 3 Abs 2 lit b EG-FristenVO (vgl § 186 Rn 16) dasselbe wie nach § 188 Abs 1. – Art I-1:110 Abs 2a und b DCFR (vgl § 186 Rn 18) bestimmen völlig parallel zu § 188 Abs 1 das Ende der Tagesfristen mit dem Ablauf der letzten Stunde des letzten Tages (Abs 2b) und das Ende der Stundenfristen mit dem Ablauf der letzten Stunde der Frist (Abs 2a).

11

2. Wochenfristen

a) Ist eine *Frist nach Wochen* bestimmt, so wird gem **§ 188 Abs 2** *von Wochentag zu Wochentag* gerechnet. Die Frist läuft mit dem letzten Tag um 24.00 Uhr ab. (Es gelten die Ausführungen zu Tagesfristen entsprechend.) Das Gesetz unterscheidet für den Endtermin zwischen Fristen, die (1) nach § 187 Abs 1 aufgrund eines in den Tageslauf fallenden Ereignisses oder Zeitpunktes beginnen und solchen, für die (2) nach § 187 Abs 2 der Beginn eines Tages (0.00 Uhr) maßgeblich ist. **Beispiel (1)**: Fällt das nach § 187 Abs 1 fristauslösende Ereignis in den Lauf eines Dienstags, so beginnt die Frist am folgenden Mittwoch um 0.00 Uhr und endet die Frist mit dem Ablauf eines Dienstags (vgl auch OLG Nürnberg [28. 6. 1966] VersR 1966, 1125, 1126). **Beispiel (2)**: Ist hingegen der Beginn eines Dienstags (0.00 Uhr) der nach § 187 Abs 2 maßgebende Zeitpunkt, so endigt gem § 188 Abs 2 die Frist mit dem Ablauf eines Montags. Der Fristlauf umfasst mithin stets Wochen von je 7 ganzen Tagen. Der Sprachgebrauch schließt oft den Tag des fristauslösenden Ereignisse mit ein und setzt statt „Woche" auch „acht Tage" (vgl oben § 186 Rn 20).

12

b) Der Gesetzgeber wie auch die Rechtspraxis verwenden manchmal Fristen von *zwei Wochen,* manchmal solche von *vierzehn Tagen.* So hat der Gesetzgeber mit Wirkung vom 11. 6. 2010 die frühere Zwei-Wochenfrist in § 355 Abs 1 S 2 BGB durch eine 14-Tagesfrist im neuen § 355 Abs 2 S 1 BGB ersetzt. Im Ergebnis kommt das auf dasselbe heraus, aber die Berechnungsweise ist unterschiedlich. Angenommen, die Belehrung über das Widerrufsrecht geht am Dienstag, den 24. Juni 2014, dem Verbraucher zu, so hätte nach altem Recht die zweiwöchige Widerrufsfrist gemäß § 188 Abs 2 Variante 1 an dem Tag geendet, der durch seine Benennung dem Tag entspricht, in den das fristauslösende Ereignis (Zugang der Widerrufsbelehrung) fiel, also hier: Dienstag, den 8. Juli 2014, 24.00 Uhr. Dasselbe gilt für eine 14tägige Frist, da hier der Tag des fristauslösenden Ereignisses grundsätzlich nicht mitgezählt wird (Grundsatz der verlängernden Berechnungsweise, oben § 187 Rn 2, 5). Es wird in diesem Fall also der 24. Juni nicht mitgezählt, sondern es zählen die folgenden Tage ab dem 25. Juni. Der vierzehnte Tag ist dann wieder Dienstag, der 8. Juli 2014, an dem die Frist um 24.00 Uhr abläuft (§ 188 Abs 1).

13

c) **Einzelfälle**: Nach § 4 KSchG muss die *Kündigungsschutzklage* drei Wochen nach Zugang der schriftlichen Kündigung erklärt werden. Geht ein Kündigungsschreiben am Montag, den 30. Oktober 2006, zu, so beginnt die Frist am Dienstag, den 31. Oktober 2006 (das gilt auch dort, wo dieser Tag gesetzlicher Feiertag war, weil § 193 für den Fristbeginn unerheblich ist, vgl § 193 Rn 56). Nach § 188 Abs 2 endet die Frist mit dem Ablauf desjenigen Tages der letzten Woche, der durch seine Benennung dem Tag entspricht, in den das fristauslösende Ereignis (Zugang der

14

Kündigung) fällt. Die Frist endet mithin am Montag, den 20. November 2006, um 24.00 Uhr (LAG Schleswig-Holstein [24. 5. 2007] 4 Ta 147/07, Rn 27 ff – die Klage wurde im Streitfall am 21. November eingereicht). – Die rückwärtslaufende Wochenfrist des *§ 126 Abs 1 AktG aF* endete nach § 188 Abs 2 am letzten Tag der Woche um 24.00 Uhr (BGHZ [24. 1. 2000] 143, 339–343 mit zustimmender Anm GRUNEWALD EWiR 2000, 367 f und SCHWARZ JR 2001, 157 f; zur vorinstanzlichen Entscheidung: BORK EWiR 1998, 819 f; str). Heute kennt § 126 AktG eine rückwärtslaufende 14tägige Frist, deren Berechnung aufgrund der Geltung der verlängernden Berechnungsweise gemäß § 126 Abs 1 S 2 AktG zum selben Ergebnis wie früher führt (zum Problem rückwärtiger Fristberechnung vgl oben § 186 Rn 10, § 187 Rn 7, § 188 Rn 23 und § 193 Rn 25 ff). – Der Antrag auf *Wiedereinsetzung* muss innerhalb von zwei Wochen nach Wegfall des Hindernisses gestellt werden. Fällt also das Hindernis am Montag, dem 6. Oktober, weg, so läuft die Frist am Montag, dem 20. Oktober, um 24.00 Uhr ab (§ 188 Abs 2; OVG Münster [23. 11. 2000] 18 B 1472/00, NWVBl 2001, 145). – Besteht gegen einen Verwaltungsakt eine zweiwöchige *Anfechtungsfrist,* so beginnt diese Frist am Tag nach der Bekanntgabe und endet nach § 188 Abs 2 an dem Tag der letzten Woche, der seiner Benennung nach dem Tag des fristauslösenden Ereignisse (Bekanntgabe) entspricht. Wird der Verwaltungsakt am Freitag, den 17. Januar 2003 zugestellt, endet die Frist am Freitag, den 31. Januar 2003 um 24.00 Uhr (VG Saarlouis [28. 11. 2007] 10 K 52/07 Rn 22). – Hängt die Fristberechnung vom *Ablauf einer anderen Frist* ab, wie etwa die Beschwerdefrist gegen eine Entscheidung eines Insolvenzgerichts in den Fällen des § 9 Abs 1 S 3 InsO, bestimmt sich das Fristende nach § 188 Abs 2 Var 2 (BGH [14. 11. 2013] IX ZB 101/11 Rn 5, 8 f, Bekanntmachung am 29. März 2010, Fristbeginn: 30. März [vgl oben § 187 Rn 10], Fristende: 12. April).

15 d) Im **Gemeinschaftsrecht** gilt dem Wortlaut nach eine von § 188 Abs 2 abweichende Regelung gem Art 3 Abs 2 lit c EG-FristenVO (vgl § 186 Rn 16). Zwar wird auch nach dieser Vorschrift von Wochentag zu Wochentag gerechnet. Im BGB beginnt die Zählung aber regelmäßig am Tag des fristauslösenden Ereignisses (§ 188 Abs 2 Variante 1), während nach EG-FristenVO der Tag des Fristbeginns maßgeblich sein soll. Der Fristbeginn ist aber in Art 3 Abs 1 S 2 EG-FristenVO wie in § 187 Abs 1 nach der verlängernden Berechnungsweise zu bestimmen. Mit anderen Worten beginnt die Frist danach erst am Tag nach dem fristauslösenden Ereignis. Läuft sie dann von Wochentag zu Wochentag, zählt die Frist acht volle Tage. Bsp: Die Frist wird an einem Montag ausgelöst. Der Fristlauf beginnt dann (nach BGB wie nach EG-FristenVO) am Dienstag um 0.00 Uhr. Nach § 188 Abs 2 Variante 1 endet die Frist an dem Wochentag, der dem Tag des fristauslösenden Ereignisses entspricht, also wieder am Montag um 24.00 Uhr (also sieben volle Tage). Nimmt man die EG-FristenVO wörtlich, so endet die Frist jedoch erst mit dem Ablauf des Dienstags, weil in Art 3 Abs 2 lit c auf den Fristbeginn abgestellt wird, der am Tag nach dem fristauslösenden Ereignis geschieht (bei wörtlicher Auslegung der EG-FristenVO würde also eine Wochenfrist von Montag an nicht am folgenden Montag, sondern am übernächsten Dienstag, also 8 Tage später enden). Es ist allerdings mehr als zweifelhaft, dass dieses Ergebnis von der Verordnung wirklich gewollt ist. Bei der Auslegung von Rechtsnormen sind stets auch Sinn und Zweck der Vorschrift in Betracht zu ziehen. Der Sinn der EG-FristenVO ist aber kein anderer als derjenige der BGB-Vorschriften über die Fristen. Es geht um sichere und praktikable Regeln, die Missverständnissen vorbeugen und dem Rechtsverkehr eine einfache Möglichkeit zur Bestimmung der notwendigen Fristenberechnungen geben sollen (vgl § 186

Rn 2). Unter diesem Gesichtspunkt wäre es sinnlos, wenn die EG-FristenVO etwas vom BGB und anderen europäischen Zivilrechtsordnungen Abweichendes dieser Art hätte festlegen wollen. Denn die Rechtssicherheit wird nur erreicht, wenn man keine für den Alltagsgebrauch völlig unerwartete Regelung trifft. Eine Woche hat aber in der Alltagswelt niemals acht volle Tage. Dem steht nicht die umgangssprachlich anzutreffende Gleichsetzung von „Woche" und „acht Tagen" entgegen, weil bei dieser Redeweise der Tag der Fristauslösung mitgezählt wird. Daher scheint es geboten, Art 3 Abs 2 lit c EG-FristenVO in der Weise auszulegen, dass „Fristbeginn" hier abweichend vom sonstigen Sprachgebrauch der Verordnung ausnahmsweise im Sinne der Naturalkomputation gemeint ist und mit dem Tag der Fristauslösung gleichzusetzen ist. Bei anderer Auslegung (so zB MÖLLER AW-Prax 1999, 30, 31) würde den Beteiligten ein eindeutiger Anhaltspunkt für die tatsächliche Dauer der Frist genommen, der durch die Vorschrift aber gerade festgeschrieben werden soll.

Ob die hier vertretene Auslegung in dem Wörtchen „vorbehaltlich" eingangs von Art 3 Abs 2 EG-FristenVO (vgl § 186 Rn 16) eine Bestätigung findet, kann offen bleiben. „Vorbehaltlich" könnte im Sinne von „unabhängig von" verstanden werden und dann die verlängernde Berechnungsweise, die in Art 3 Abs 1 S 2 EG-FristenVO vorgeschrieben wird, ausklammern. Für die Wochen- und Monatsfristen hätte das in der Tat einen guten Sinn. Das passt aber nicht für die Tages- und Stundenfristen, die in Art 3 Abs 2 lit a und b angesprochen sind. Würde man auch hier die verlängernde Berechnungsweise ausschalten (arg „vorbehaltlich"), so würde Art 3 Abs 1 S 2 EG-FristenVO leer laufen, was ebenso wenig sinnvoll wäre. Festzuhalten bleibt, dass demnach die Wochenfrist wie nach § 188 Abs 2 auch nach EG-FristenVO vom Wochentag der Fristauslösung zu berechnen ist und mithin lediglich sieben volle Tage umfasst. **16**

Die PECL (vgl § 186 Rn 17) lassen offen, wie das Ende einer nach Wochen, Monaten oder Jahren bemessenen Frist zu bestimmen ist, obwohl angesichts der unklaren Formulierung in der EG-FristenVO eine Festlegung sinnvoll erschiene. **17**

Der DCFR (vgl § 186 Rn 18) bestimmt in Art I-1:110 Abs 2 lit c, dass eine Wochenfrist mit dem Ablauf der letzten Stunde des letzten Tages der letzten Woche endet, der derselbe Wochentag ist wie der Tag, an dem der Fristlauf begann. Die Frist beginnt nach derselben Norm am Anfang der ersten Stunde des ersten Tages der Frist. In Anwendung von Art I-1:110 Abs 3 lit b DCFR bedeutet das wie in § 187 Abs 1, dass der Tag, an dem die Frist ausgelöst wird, nicht mitgezählt wird. Löst ein Ereignis an einem Montag den Lauf einer Wochenfrist aus, beginnt die Wochenfrist am Dienstag. Wie in der EG-FristenVO weicht der DCFR in diesem Punkt bei wörtlichem Verständnis der Norm von der Situation nach § 188 Abs 2 Variante 1 ab. Da die vom DCFR vorgeschlagene Regelung mit ihrer Anknüpfung an den Fristbeginn und nicht an das fristauslösende Ereignis ebenso wie die EG-FristenVO zu Rechtsunsicherheit führt und damit einen zentralen Zweck des Fristenrechts verfehlt, ist auch Art I-1:110 Abs 2 lit c DCFR dahin zu verstehen, dass die Wochenfrist mit Ablauf des Wochentages endet, an dem das fristauslösende Ereignis stattgefunden hat (in diesem Sinne auch WICKE, Art Fristberechnung, Handwörtbuch des Europäischen Privatrechts I 622, 625; vgl auch die Überlegungen oben in Rn 15). **18**

3. Monats- und Jahresfristen

19 a) Für Fristen, die *nach Monaten bemessen* sind oder einen Zeitraum von mehreren Monaten umfassen, insbesondere ein *Jahr*, ein *halbes Jahr* oder ein *Vierteljahr*, schreibt § 188 Abs 2 die *Berechnung von Datum zu Datum* vor. Damit soll insbesondere dem Verkehrsbedürfnis einer einfachen Fristberechnung gedient werden, die auf eine fehlerträchtige Auszählung der Tage verzichtet (vgl GEBHARD, Begründung Teilentwurf, 5 [SCHUBERT, AT 2, 293]).

20 b) Das bedeutet für Fristen, deren *Beginn gem § 187 Abs 1* durch ein Ereignis oder einen in den Lauf eines Tages fallenden Zeitpunkt ausgelöst wird, dass sie mit dem Ablauf des Tages enden, dessen Zahl dem Tag der Auslösung der Frist entspricht. Wenn also eine Monatsfrist durch ein Ereignis am 1. Februar ausgelöst wird, so endet die Frist mit dem Ablauf des 1. März um 24.00 Uhr. Dabei kommt es nicht darauf an, wie viele Tage der Monat hat. – **Beispiele**: Löst ein Ereignis die Dreimonatsfrist des § 108 Abs 4 SGB XII am 2. November aus, beginnt die Frist am 3. November um 0.00 Uhr und endet am 2. Februar um 24.00 Uhr (vgl OVG Koblenz [3. 12. 2001] 12 A 11498/01 noch zu § 107 Abs 2 S 1 BSHG). – Nach § 32 Abs 4 S 1 Nr 2b EStG findet ein Kind in einer Übergangszeit zwischen zwei Ausbildungsabschnitten für die Bemessung des Kindergeldes Berücksichtigung, wenn diese Übergangszeit höchstens vier Monate dauert. Endet die Fachoberschule am 27. Juni, läuft die Frist am 27. Oktober ab (FG Köln [28. 1. 2000] EFG 2002, 626 f). – Wird die einmonatige Einspruchsfrist gegen einen Steuerbescheid am 24. Februar ausgelöst, so endet sie am 24. März um 24.00 Uhr (FG Hamburg [10. 11. 206] EFG 2007 Nr 351). – Berechnet ein Tarifvertrag den Urlaubsanspruch nach „Tätigkeitsmonaten", so sind damit volle Kalendermonate gemeint (LAG Stuttgart [9. 7. 2008] 20 Sa 15/08 Rn 24 f). – Wird eine immissionsschutzrechtliche Genehmigung für ein Jahr ausgesprochen, so beginnt die Jahresfrist mit der Erteilung dieser Genehmigung (§ 187 Abs 1) und endet von Datum zu Datum rechnend nach § 188 Abs 2 (OLG Koblenz [24. 6. 2009] 1 U 1229/08 Rn 17 f).

Wird hingegen eine *Frist von 30 Tagen* vereinbart, ist das keine Monatsfrist. Ihr Ende bestimmt sich nach § 188 Abs 1. Auch eine Frist von „vier Wochen" ist keine Monatsfrist, sondern eine Wochenfrist. Beginnt sie am Donnerstag, dem 29. Juni, so endet sie am Donnerstag, den 27. Juli (§ 188 Abs 2; so BFHE [7. 8. 2001] 196, 12 für eine gem § 65 Abs 2 S 2 FGO durch richterliche Verfügung gesetzte Ausschlussfrist). – Es ist auch möglich, dass eine Rechtsnorm den Begriff der Monatsfrist anders als das BGB versteht. So liegt es zB bei Eichgültigkeitsdauer nach der EichO, die zB für Atemalkoholmessgeräte sechs Monate beträgt. Hier wird nicht von Datum zu Datum gerechnet, sondern die Gültigkeit der Eichung verfällt erst mit Ablauf des letzten Monats der Frist (OLG Dresden [25. 1. 2008] NJ 2008, 275 mAnm MÜLLER).

21 c) Ist der *Beginn eines Tages nach § 187 Abs 2* für den Fristbeginn maßgeblich, so endet die Monatsfrist mit dem Ablauf des Tages des letzten Monats, welcher dem Tag vorhergeht, der dem Datum nach dem Anfangstag der Frist entspricht. – **Beispiele**: Beginnt eine solche Frist am 10. Februar um 0.00 Uhr, so endet sie gem § 188 Abs 2 Var 2 am 9. März um 24.00 Uhr. – Ist ein Gesetz am 1. Dezember *in Kraft getreten*, so endet die Jahresfrist des § 93 Abs 3 BVerfGG am nächsten 30. November um 24.00 Uhr (BVerfGE [22. 11. 2000] 102, 254, 295). – Tritt eine *Betriebsvereinbarung* über eine Jubiläumszuwendung für 25-jährige Betriebszugehörigkeit am 31. Dezember 2002 um 24.00 Uhr infolge Kündigung außer Kraft und vollendet ein am 1. Januar 1978 eingestellter Mitarbeiter mithin am 31. Dezember 2002 um 24.00 Uhr seine 25-jährige Betriebszugehörigkeit, so hat er keinen Anspruch auf die Zuwendung, weil er die Voraussetzung nicht während der Gültigkeit der Vereinbarung verwirklicht hat. Der früheste Zeitpunkt, in dem man von einer Vollendung der 25 Jahre sprechen konnte, „war ... zugleich der erste Zeitpunkt, zu dem die Betriebsvereinbarung nicht mehr galt" (ArbG Hamburg [17. 11. 2004] 23 Ca 119/04 Rn 32 f). – Wird im *Tarifvertrag* die Zahlung einer Zulage wegen vorübergehender höherwertiger Tätigkeit davon abhängig gemacht, dass diese Tätigkeit mindestens einen Monat lang ausgeübt wurde, so berechnet sich das Fristende nach § 188 Abs 2 Var 2 (LAG Chemnitz [2. 12. 2010] 6 Sa 466/10 Rn 28). – Die *Zehnjahresfrist* des § 14 Abs 1 S 1 ErbStG, die durch den Letzterwerb ausgelöst wird, wird rückwärts berechnet. Sie beginnt mit dem Tag des Letzterwerbs (§ 187 Abs 2) und läuft zehn Jahre zurück, endet also nach § 188 Abs 2 Var 2 analog mit dem Beginn des Tages, der dem Tag nachfolgt, der durch sein Datum dem Anfangstag der Frist entspricht (BFH [28. 3. 2012] II R 43/11 Rn 17). Im Streitfall hatte am 31. Dezember 1998 ein Vater seinem Sohn ein Grundstück geschenkt. Das Finanzamt wollte diese Schenkung bei der Berechnung der Steuer für Schenkungen am 31. Dezember 2008 mitberücksichtigen. Fristbeginn war der 31. Dezember 2008, Fristende 1. Januar 1999. Die Schenkung fiel nicht mehr in die Zehnjahresfrist.

Die unterschiedliche Zahl der Tage der einzelnen Monate ist unerheblich. Es wird **22** bei Monatsfristen immer von Datum zu Datum gerechnet. Das Gesetz drückt das dadurch aus, dass es von der „Zahl des Tages" spricht. Löst ein Ereignis am 28. Februar eine Monatsfrist aus, endet diese nicht am 31. März, sondern am 28. März (BGH [23. 11. 1983] NJW 1984, 1358; **aA** OLG Celle [16. 5. 1978] OLGZ 1979, 360).

d) Fehlt dem Monat, in dem die Frist endet, das dem Beginn entsprechende **23** Datum, so bestimmt § **188 Abs 3** zum Zwecke der Erleichterung der Fristberechnung eine Ausnahme von dem Prinzip, dass von Datum zu Datum zu rechnen ist. Für das Fristende ist in diesen Fällen der jeweils letzte Tag des Monats maßgeblich. Beginnt die Frist am 31. März, so endet sie am 30. April. Eine Monatsfrist kann daher 31, 30, 29 oder 28 volle Tage umfassen. Endet eine Zweimonatsfrist am 28. Februar eines Jahres ohne Schalttag, so kann sie am 28., 29., 30. oder 31. Dezember begonnen haben. – Nach § 517 ZPO beträgt die Berufungsfrist einen Monat nach Zustellung des Urteils. Wird ein Urteil am 31. Oktober zugestellt, endet die Berufungsfrist am 30. November (sofern dies kein Sams-, Sonn- oder Feiertag ist; OLG Frankfurt [4. 1. 2008] 14 U 244/07 Rn 3, 5). Auch nach § 66 Abs 1 S 1 u 2 ArbGG beträgt die Berufungsfrist einen Monat. Die Frist wird ausgelöst durch die Zustellung des Urteils, spätestens jedoch fünf Monate nach der Verkündung. Wird nun ein Urteil am 30. September verkündet, endet die Frist, auf die die Sonn- und Feiertagsregelung keine Anwendung findet (BAG [17. 2. 2000] EZA § 551 ZPO Nr 8, vgl § 193 Rn 30), mit dem Ablauf des 28. Februars. Die darauffolgende Berufungsfrist wird mit dem Ablauf des 28. Februars ausgelöst und läuft von Datum zu Datum nach § 188 Abs 2 mit dem Ablauf des 28. März (LAG Köln [1. 9. 2006] 4 Sa 365/06 Rn 36 f). Falsch wäre es im gewählten Beispiel, eine sechsmonatige Frist zu berechnen, die dann am 30. März enden würde.

Ist die Monatsfrist **rückwärts** zu berechnen (zum Fristbeginn in diesem Fall vgl § 187 Rn 7), so gilt § 188 Abs 3 analog. Rechnet die Frist vom 31. März rückwärts einen Monat, so „endet" sie am 28. Februar um 0.00 Uhr.

24 e)   Der **Grundgedanke** von § 188 ist, dass jeweils der ganze bezeichnete Zeitraum in die Frist fällt, die Frist also erst mit dem Ablauf des letzten Tages dieses Zeitraums endet. Das entspricht auch der dem Gesetz zugrunde liegenden *verlängernden Berechnungsweise* (GEBHARD, Begründung Teilentwurf, 5 [SCHUBERT, AT 2, 293]). Wird zB eine „Lieferzeit Oktober bis Mai" vereinbart, so ist der zuletzt genannte Monat in die Frist einzubeziehen (RGZ [18. 2. 1919] 95, 20, 22). Soll eine Handlung *„bis zu"* einem kalendermäßig bestimmten Tag vorgenommen werden, so enthält § 188 zwar keine ausdrückliche Regel darüber, ob die Handlung noch an diesem letzten Tage vorgenommen werden kann. Vielmehr ist dies durch Auslegung zu entscheiden. Entsprechend dem Grundsatz, den ganzen bezeichneten Zeitraum in die Frist fallen zu lassen, ist die Vereinbarung „bis zu" im Zweifel so auszulegen, dass der zuletzt genannte Tag oder Monat (oder auch Woche oder Jahr oder Stunde) gänzlich mit umfasst wird (RGZ [6. 12. 1922] 105, 417, 419 f; MünchKomm/GROTHE § 188 Rn 3).

Gelegentlich ordnet das Gesetz Abweichendes an. So ist in § 25 Abs 1 Hamburgisches Ausführungsgesetz zum Bürgerlichen Gesetzbuch vom 1. Juli 1958 (HmbBl I 40-e) bestimmt, dass in den Fällen der Raummiete die Räumungsfrist bei einer vierteljährlichen oder längeren Kündigungsfrist „bis 12 Uhr mittags des auf die Beendigung nächstfolgenden Werktages" dauert.

25 Der *Schalttag* bildet jeweils einen selbständigen Tag (Mot I 284). So umfasst eine bis Ende Februar laufende Frist in Schaltjahren den 29. Februar, sonst endet sie mit dem Ablauf des 28. Februars. (Zur Berechnung des Lebensalters am 29. 2. Geborener vgl § 187 Rn 12.)

Wie bei den Tagesfristen ist auch bei Wochen-, Monats- und Jahresfristen zu beachten, dass der letzte Tag der Frist unter Umständen dann nicht gänzlich ausgenutzt werden kann, wenn es um den Zugang einer Willenserklärung oder eine Mitwirkungshandlung der anderen Seite geht (vgl oben Rn 7 f).

26 f)   Im **Gemeinschaftsrecht** ergibt sich für das Ende der Monats- und Jahresfristen aus Art 3 Abs 2 lit c EG-FristenVO (vgl § 186 Rn 16) dasselbe Ergebnis wie nach § 188 Abs 2. Hinsichtlich des irreführenden Wortlauts gilt nichts anderes als oben zu den Wochenfristen (vgl Rn 15). – Entsprechendes (vgl Rn 17) gilt auch für Art I-1:110 Abs 2 lit c DCFR (vgl § 186 Rn 18).

4.   Stundenfristen

27 Für die im Gesetz nicht geregelten Stundenfristen ergeben sich hinsichtlich des Fristendes keine Besonderheiten. Es gilt insoweit die Regelung über die Tagesfristen gem § 188 Abs 1 analog. Die Frist endet mit Ablauf der letzten Minute der letzten Stunde. Zur Berechnung von Stundenfristen vgl im Übrigen oben § 187 Rn 13.

28 Identisch ist die Regelung im **Gemeinschaftsrecht** gem Art 3 Abs 2 lit a EG-FristenVO (vgl § 186 Rn 16), der hier im Unterschied zu den Wochen- und Monatsfristen (vgl oben Rn 15) wörtlich genommen werden kann. – Auch hier ist Art I-1:110 Abs 2 lit a DCFR (vgl § 186 Rn 18) parallel zur EG-FristenVO. – Die PECL (vgl § 186 Rn 17) enthalten keine Bestimmung über die Stundenfristen.

§ 189
Berechnung einzelner Fristen

(1) Unter einem halben Jahr wird eine Frist von sechs Monaten, unter einem Vierteljahr eine Frist von drei Monaten, unter einem halben Monat eine Frist von 15 Tagen verstanden.

(2) Ist eine Frist auf einen oder mehrere ganze Monate und einen halben Monat gestellt, so sind die 15 Tage zuletzt zu zählen.

Materialien: TE-AllgT §§ 165, 168 (SCHUBERT, AT Bd 2, S 277, 300 f); E I § 150; II § 157; III § 185; Prot I, 317 ff; Prot II 1, 189 und 6, 139; Mot I 285; JAKOBS/SCHUBERT, AT 2, S 977, 980, 983, 986, 988–990; Sten Ber 9. Leg IV. Session, 2751.

I. Die Auslegungsregeln des § 189 Abs 1

1. § 189 Abs 1 formuliert die Auslegungsregel, dass unter einem *halben Jahr* eine 1 Frist von sechs Monaten und unter einem *Vierteljahr* eine Frist von drei Monaten zu verstehen ist. Systematisch ergänzt die Vorschrift die Regelung des § 188 Abs 2. Ein Abzählen der Tage ist hier ebenso wenig wie dort nötig, sondern es wird *von Datum zu Datum* gerechnet. Der Verkehr soll möglichst einfach und sicher die Frist berechnen können (vgl GEBHARD, Begründung Teilentwurf, 5 [SCHUBERT, AT 2, 293]). Die Frist ist also wie eine nach Monaten bestimmte gem § 188 Abs 2 zu behandeln (vgl § 188 Rn 19 ff).

§ 189 Abs 1 ordnet ferner an, dass unter einem *halben Monat* eine Frist von 15 Tagen verstanden wird. Ihr Ende bestimmt sich daher nach § 188 Abs 1. Es bleibt also außer Betracht, dass manche Monate 31 Tage, der Februar nur 28 oder 29 Tage hat. Auch im Februar dauert ein halber Monat nach § 189 Abs 1 fünfzehn ganze Tage. – Eine dem § 189 Abs 1 entsprechende Regelung enthält Art 36 Abs 5 WG.

Für die Ausdrucksweise „*acht*" bzw „*vierzehn Tage*" kennt das bürgerliche Recht in Abweichung vom Handelsrecht (§ 359 Abs 2 HGB; vgl auch Art 36 Abs 4 WG), wo darunter eine Tagesfrist von 8 oder 14 vollen Tagen verstanden wird, keinen einheitlichen Sprachgebrauch. Es ist durch Auslegung zu ermitteln, ob eine Tagesfrist oder eine Wochenfrist gemeint ist. „Heute in acht Tagen" meint in der Alltagssprache eine einwöchige Frist (vgl oben § 186 Rn 24). „Vierzehn Tage" hingegen wird man als eine Tagesfrist auffassen müssen. Zu deren Gleichlauf mit einer Zwei-Wochenfrist vgl oben § 188 Rn 13. Eine Festlegung schien dem Gesetzgeber nicht erforderlich (GEBHARD, Begründung Teilentwurf, 13 [SCHUBERT, AT 2, 301]; Prot I 319 [JAKOBS/SCHUBERT, AT 2, 981]).

2 2. Eine Frist von vier oder sechs Wochen ist als eine Wochenfrist iS des § 188 Abs 2 zu verstehen, nicht als Monatsfrist oder als Frist von eineinhalb Monaten iS des § 189. Als Wochenfrist endet demnach die Frist gem § 188 Abs 2 mit demjenigen Tag, der durch seine Benennung dem Tag entspricht, der den Fristlauf ausgelöst hat. – Für die Bezeichnungen „Frühjahr" oder „Herbst" vgl § 192 Rn 4.

II. Die Berechnungsbestimmungen des § 189 Abs 2

3 Nach § 189 Abs 2 werden bei einer Frist, welche auch einen halben Monat enthält, die 15 Tage des halben Monats zuletzt gezählt. Damit soll vermieden werden, dass die Frist in Abhängigkeit von der Monatslänge variiert. Die Vorschrift folgt u a dem Vorbild von Art 32 Abs 2 WO (heute Art 36 Abs 2 WG; Gebhard, Begründung Teilentwurf, 12 [Schubert, AT 2, 300]). Eine am 20. Februar beginnende Frist von dreieinhalb Monaten endet demnach mit dem Ablauf des 4. Juni, unabhängig davon, ob es sich um ein Schaltjahr oder ein normales Jahr handelt.

III. Gemeinschaftsrecht

4 Weder die EG-FristenVO noch der DCFR oder die PECL enthalten eine § 189 entsprechende Auslegungsregel.

§ 190
Fristverlängerung

Im Falle der Verlängerung einer Frist wird die neue Frist von dem Ablauf der vorigen Frist an berechnet.

Materialien: TE-AllgT § 167 (Schubert, AT,
Bd 2, S 277 f, 304 f); E I § 152; II § 158; III § 186;
Prot I, 318; Prot II 1, 189; Mot I 286; Jakobs/
Schubert, AT 2, 978, 980, 983, 986, 988–990;
Sten Ber 9. Leg IV. Session, 2751.

I. Der Begriff der Fristverlängerung

1 § 190 bewirkt nicht selbst die Verlängerung einer Frist, sondern enthält eine Auslegungsregel dafür, wie sich eine rechtsgeschäftliche, gerichtliche oder gesetzliche Verlängerung auf eine Frist auswirkt. Es ist deshalb zunächst daran zu erinnern, dass wie bei den übrigen Vorschriften über die Fristen stets zu prüfen ist, was zB die Parteien mit der Fristverlängerung meinen. Keine Fristverlängerung ist vereinbart, wenn die neue Frist nicht eindeutig bestimmbar ist (LAG Sachsen [16. 4. 2008] 5 TaBV 31/ 06 Rn 63 – Aussetzung der Wochenfrist des § 99 Abs 3 BetrVG).

Dreierlei kann gewollt sein, wenn **während des Laufes** eines Zeitraums eine weitere Frist bewilligt wird: *Erstens* kann die laufende durch eine neue, von der Bewilligung an zu berechnende Frist ersetzt werden; *zweitens* kann sich die neue Frist unmittelbar an das gewöhnliche Ende der ursprünglichen Frist anschließen oder *drittens* die laufende Frist eine längere Dauer erhalten (Verlängerung ieS), als anfänglich vereinbart worden ist.

Auch die Verlängerung einer **bereits abgelaufenen Frist** ist möglich. Der Sache nach handelt es sich dabei immer um eine neue Frist. Aber auch hier kann es unklar sein, ob dieselbe vom Tage der Bewilligung oder vom Ablauf der verstrichenen Frist – so § 190 – an zu berechnen ist (Gebhard, Begründung Teilentwurf 16 f [Schubert, AT 2, 304 f]).

Das Gesetz möchte nur für die Fälle eine Regel bereithalten, wo die Auslegung zu keinem sicheren Ergebnis führt. *Keine Fristverlängerung* nach § 190 liegt daher vor, wenn eine laufende Frist aufgehoben und *durch eine neue ersetzt* wird (Mot I 286). Die neue Frist beginnt dann unabhängig vom Schicksal der alten nach § 187.

II. Der Regelungsinhalt des § 190

1. § 190 gilt sowohl für die Verlängerung einer noch *laufenden* als auch einer *bereits abgelaufenen Frist*. In beiden Fällen wird die verlängerte Frist im Zweifel (Auslegungsfrage) nicht vom Tage der Verlängerungsbewilligung an berechnet, sondern sie beginnt nach der Regel des § 187 mit dem Ablauf der ursprünglichen Frist und endet nach der Regel des § 188. Die verlängerte Frist bildet dann mit der ursprünglichen Frist eine Einheit (RGZ [27. 2. 1931] 131, 337, 338; Soergel/Niedenführ Rn 2). – Das gilt auch, wenn die ursprüngliche Frist an einem Feiertag oder einem Wochenende geendet haben würde; so wird im Fall der Verlängerung einer am Ostersonntag endenden Frist mit dem Ostermontag weitergerechnet. **§ 193 findet keine Anwendung**, denn sein Schutzzweck ist nicht berührt.

Auch für die Verlängerung einer *gesetzlichen Frist* gilt § 190, wenn eine zweite gesetzliche Frist folgt (BAG [20. 4. 1956] DB 1956, 598). Sie schließt ohne Hinzurechnung eines Zwischentages an den Ablauf der ersten an.

2. Die Regel des § 190 gilt im Prinzip auch für **Prozessfristen**: Bei diesen ist eine Verlängerung unter der Voraussetzung möglich, dass der Verlängerungsantrag *vor Fristablauf* gestellt worden ist (vgl § 139 Abs 3 S 3 VwGO; § 120 Abs 2 S 3 FGO; §§ 160a Abs 2, 164 Abs 2 S 2 SGG). Die verlängernde Entscheidung selbst kann auch nach Fristablauf mit Rückwirkung erlassen werden (BGHZ GrS [18. 3. 1982] 83, 217, 219 f). Das gilt – nach jahrzehntelanger gefestigter Rechtsprechung – auch für die zivilprozessualen Fristen, obgleich die ZPO dies nicht ausdrücklich vorsieht (BGHZ GrS aaO; BAG GrS [24. 8. 1979] NJW 1980, 309 ff). Nach Fristablauf kann nur keine Verlängerung prozessualer Fristen mehr *beantragt* werden (BGHZ [17. 12. 1991] 116, 377, 379). Etwas anderes gilt für behördliche Fristen, deren Verlängerung gemäß § 31 Abs 7 S 2 VwVfG auch erst nach Fristablauf beantragt werden kann (Stelkens/Kallerhoff § 31 VwVfG Rn 49). Ähnliches gilt für Steuererklärungen und finanzbehördliche Fristen gem § 109 Abs 1 S 2 AO (Klein/Brockmeyer § 109 AO Rn 4). Unter Umständen ist auch eine Wiedereinsetzung möglich.

Durch Fristsetzung mittels Endtermins vermeidbare Meinungsverschiedenheiten bestehen über die **Berücksichtigung von § 193** bei der Verlängerung *prozessualer*

Fristen. Unter Berufung auf den Wortlaut von § 224 Abs 3 ZPO behauptet abweichend von der Grundregel des § 190 die hM, Wochenenden und Feiertage seien entsprechend § 193 (bzw § 222 Abs 2 ZPO) zu berücksichtigen. Wenn also eine Frist bis zu einem Sonntag laufe, so beginne die Verlängerungszeit erst am folgenden Dienstag um 0.00 Uhr (so im Ergebnis: BGHZ [1. 6. 1956] 21, 43, 44 ff; bestätigt von BGH [14. 12. 2005] NJW 2006, 700 und [10. 3. 2009] NJW-RR 2010, 211 Rn 6, 7, ohne Beschäftigung mit der zB hier begründeten Gegenansicht; BGB-RGRK/JOHANNSEN Rn 1; PALANDT/ELLENBERGER Rn 1; ERMAN/MAIER-REIMER Rn 2; THOMAS/HÜSSTEGE § 224 ZPO Rn 9; STEIN/JONAS/ROTH § 224 ZPO Rn 11). Die *Gegenansicht* behandelt materiellrechtliche und prozessuale Fristen gleich (MünchKomm/GROTHE Rn 3; NK-BGB/KRUMSCHEID Rn 3).

Von der hM übersehen, aber entscheidend ist, dass die alte und neue Frist eine *Einheit* bilden (RGZ [27. 2. 1931] 131, 337, 338; OLG Karlsruhe [29. 6. 1971] DB 1971, 1410; OLG Rostock [28. 7. 2003] NJW 2003, 3141 f; BAMBERGER/ROTH/HENRICH Rn 2 hält diesen Gesichtspunkt allerdings für irrelevant). Innerhalb des Fristlaufs findet aber auch sonst die Anzahl von Wochenenden und Feiertagen keine Berücksichtigung (vgl unten § 193 Rn 49). Es gibt daher keinen Grund, bei prozessualen Fristen davon eine Ausnahme zu machen. Sofern man die rückwirkende Verlängerung einer prozessualen Frist – was inzwischen allgemein anerkannt ist – zulässt, besteht nicht einmal ein praktisches Bedürfnis, prozessuale Fristen anders als materiellrechtliche zu behandeln, weil der Schutzzweck des § 193 im Verlängerungsfall nicht berührt wird. Sogar der Wortlaut von § 224 Abs 3 ZPO deutet – entgegen der hM und nicht zufällig (vgl GEBHARD, Begründung Teilentwurf 16 [SCHUBERT, AT 2, 304]) – auf eine gleiche Behandlung beider Fristen hin, denn § 224 Abs 3 ZPO ergänzt nur die Regel wie in § 190 um die Einschränkung „wenn nichts anderes bestimmt ist". Im BGB wird dieser Vorbehalt durch § 186 erreicht. Es gilt mithin auch für prozessuale Fristen, dass die Verlängerung ohne Rücksicht auf § 193 unmittelbar an das Ende der ursprünglichen Frist anknüpft (so auch schon RGZ [27. 2. 1931] 131, 337).

5 Weder die EG-FristenVO noch der DCFR oder die PECL enthalten eine § 190 entsprechende Auslegungsregel.

§ 191
Berechnung von Zeiträumen

Ist ein Zeitraum nach Monaten oder nach Jahren in dem Sinne bestimmt, dass er nicht zusammenhängend zu verlaufen braucht, so wird der Monat zu 30, das Jahr zu 365 Tagen gerechnet.

Materialien: TE-AllgT § 168 (SCHUBERT, AT, Bd 2, S 278, 305 f); E I § 151; II § 159; III § 187; Prot I, 318 ff; Prot II 1, 189; Mot I 286; JAKOBS/SCHUBERT AT 2, 978, 980, 981, 983, 985 f, 988–990; Sten Ber 9. Leg IV. Session, 2751.

Abschnitt 4
Fristen, Termine § 191

I. Die nicht zusammenhängend verlaufende Zeitbestimmung

§ 191 gilt nur für solche Fälle, in denen eine Zeitbestimmung keinen zwischen Anfangs- und Endpunkt zusammenhängenden Zeitraum, sondern eine *Summe* von nicht notwendig aufeinander folgenden Tagen umfasst (OVG Saarlouis [12. 1. 2010] 3 A 325/09 Rn 60 zur sechsmonatigen Mindesthaftdauer nach § 17a Abs 1 S 1 StrRehaG aF; unrichtig allerdings die Begründung in VG München [19. 7. 2011] M 12 K 11. 30454 Rn 23, weil die Frist des § 38 Abs 1 S 1 AsylVfG eindeutig einen zusammenhängenden Zeitraum meint). – Beispiele: Ein Grundstück ist unter der Auflage vermacht worden, es sechs Monate im Jahr zu bewohnen (Mot I 286); im Arbeitsvertrag wird die jährliche Ferienzeit auf drei Monate festgelegt; ein Geschäftsreisender verpflichtet sich, jährlich mindestens neun Monate auf Reisen zu sein (GEBHARD, Begründung Teilentwurf 17 f [SCHUBERT, AT 2, 305 f]); § 17a Abs 1 S 1 StrRehaG machte bis Ende des Jahres 2010 die besondere Zuwendung für Haftopfer von einer insgesamt sechsmonatige Mindesthaftdauer abhängig (jetzt: 180 Tage), wobei diese Frist nicht zusammenhängend verlaufen musste, sodass die Tage auszuzählen waren. **1**

II. Der Regelungsinhalt des § 191

In den Fällen nicht zusammenhängend verlaufender Zeitbestimmungen werden die *Tage gezählt,* wobei die Monatsfrist ohne Rücksicht auf die wirkliche Länge der Monate zu 30 Tagen, die Jahresfrist ohne Rücksicht auf Schaltjahre zu 365 Tagen gerechnet wird (zB OLG München [30. 1. 2008] NJW-RR 2008, 1032 f – Dauer einstweiliger Unterbringung in psychatrischem Krankenhaus). Es gilt also nicht die Berechnungsweise von Datum zu Datum wie nach § 188 Abs 2. Vielmehr wird die Frist in Tage umgerechnet. Durch die anschließende Summierung der *tatsächlich* verstrichenen Tage ergibt sich, ob die Frist abgelaufen ist (ERMAN/MAIER-REIMER Rn 2). Beispiel: Die Zahlung einer „Marinezulage" für Soldaten macht das Bundesbesoldungsgesetz von einer zehnjährigen zulageberechtigten Verwendung auf einem Marineschiff abhängig. Diese muss nicht zusammenhängend geschehen. Danach ist es iVm § 191 erforderlich, dass der Zulageberechtigte insgesamt 3.650 Tage entsprechend an Bord verwendet worden ist. War das in einem Schaltjahr ununterbrochen der Fall, zählen aus diesem Jahr 366 Tage in den Zeitraum (VG Bremen [26. 3. 2009] 2 K 1309/08 Rn 25 ff). Während bei der Berechnung nach § 188 Abs 2 eine Monatsfrist, die am 1. Februar beginnt am 1. März endet, also nach 28 bzw 29 Tagen, wäre dieser Zeitraum kein voller Monat (= 30 Tage) gem § 191. **2**

Die kaufmännische Berechnungsmethode, die ein Jahr in zwölf Monate mit 30 Tagen, also insgesamt 360 Tagen, rechnet, dient der Vereinfachung der Zinsberechnung, hat aber keine gesetzliche Grundlage (BLUM WuM 2011, 69). Dennoch kann diese Methode selbstverständlich vereinbart werden.

Die Vorschrift des § 191 darf aber nicht zu dem Fehlschluss verleiten, es gebe eine Art „Einheitsmonat" von dreißig Tagen (vgl FG Hamburg [10. 11. 2006] mAnm TILLMANN AO-StB 2007, 176). – Das LG Berlin hat § 191 analog bei der Berechnung der Zinstage für eine Mietkaution angewendet. Dort soll das Zinsjahr 365 Tage umfassen ([2. 9. 1999] NJW-RR 2000, 1537 f).

Bei der *Trennungsfrist* gem § 1566 können unzusammenhängende Zeiträume des **3**

Getrenntlebens von Ehegatten entgegen der Regel des § 191 nicht zusammengerechnet werden (PALANDT/BRUDERMÜLLER § 1567 Rn 6; MünchKomm/GROTHE Rn 1; jurisPK-BGB/BECKER § 191 Rn 7), weil es dort gerade auf einen zusammenhängenden Zeitraum der Trennung ankommt. Ausnahmen können sich nach § 1567 Abs 2 ergeben (vgl STAUDINGER/RAUSCHER [2010] § 1567 Rn 152 ff).

4 Das **Gemeinschaftsrecht** kennt keine § 191 entsprechende Regelung in der EG-FristenVO, aber doch eine besondere Auslegungsregel für die Fälle, in denen Monatsbruchteile als Frist vereinbart werden. Hier gilt gem Art 3 Abs 2 lit d EG-FristenVO (vgl § 186 Rn 19), dass der Monat dreißig Tage zählt. – Ganz entsprechend ordnet es auch Art I-1:110 Abs 2 lit d DCFR (vgl § 186 Rn 22) an.

§ 192
Anfang, Mitte, Ende des Monats

Unter Anfang des Monats wird der erste, unter Mitte des Monats der 15., unter Ende des Monats der letzte Tag des Monats verstanden.

Materialien: TE-AllgT § 166 (SCHUBERT, AT, Bd 2, S 277, 300 f); E I § 153; II § 160; III § 188; Prot I, 317 ff; Prot II 1, 189; Mot I 286; JAKOBS/SCHUBERT AT 2, 978, 980, 983, 986, 988, 990; Sten Ber 9. Leg IV. Session, 2751.

1. Zweck des § 192

1 Zweck der Vorschrift ist es, dem Verkehr eine sichere Festlegung für die unscharfen Begriffe des Monatsersten, -letzten und der Monatsmitte zu geben (GEBHARD, Begründung Teilentwurf 12 [SCHUBERT, AT 2, 300]). Wer eine abweichende Interpretation behauptet, trägt die Beweislast. – Das Gesetz folgt u a dem Vorbild Art 30 WO (vgl heute: Art 36 Abs 3 WG), Art 327 Abs 2 ADHGB sowie der Nürnberger Wechselnovelle Ziff 7 (BGBl des Norddeutschen Bundes 1869, Anlage B, 402 f). – Spricht das Gesetz wie in § 556 Abs 3 vom „Ablauf" eines Monats, ist damit das Ende des Monats wie in § 192 gemeint (LG Frankfurt/Oder [20. 11. 2012] WuM 2013, 40, 41).

2. In § 192 nicht geregelte Fälle

2 a) Ist ein *Kalendertag* ohne Angabe eines Jahres rechtsgeschäftlich festgesetzt worden (Bsp: „am Sechzehnten"), so ist im Zweifel darunter der nächstfolgende entsprechende Kalendertag zu verstehen (Mot I 286).

3 Für den Ausdruck *„Beginn der Woche"* oder *„Ende der Woche"* fehlen eindeutige Konventionen. Der Gesetzgeber hielt eine Auslegungsregel insoweit für nicht erforderlich, weil für ihn die Kalenderwoche, die hier gemeint ist, selbstverständlich entsprechend der jüdisch-christlichen Tradition (Sabbath [Samstag] als Ruhetag, vgl Genesis 2, 2–3 und Exodus 20, 8–10; dass im Christentum der Sonntag zum Ruhetag wurde, hängt mit dem Ostertermin zusammen, ändert aber nichts am Verständnis vom Wochenrhythmus) mit dem Sonntag anfing und mit dem Samstag endete (GEBHARD, Begründung Teilentwurf, 1 [SCHUBERT, AT 2, 289]). Diese Selbstverständlichkeit ist heute abhanden gekommen. Im Geschäftsverkehr üblich und darüber hinaus verbreitet ist es, den Montag als ersten Tag einer Woche aufzufassen. Als Ende der Woche wird meistens der Samstag verstanden, bei Arbeitstagen jedoch uU auch der Freitag (SOERGEL/NIEDENFÜHR Rn 2; MünchKomm/GROTHE Rn 1; PALANDT/ELLENBERGER § 192 Rn 1; BAMBERGER/ROTH/HENRICH Rn 2). Lässt man die Woche allerdings am Montag beginnen, wäre es folgerichtig – wenngleich traditionswidrig –, den Sonntag als letzten Tag einer Woche aufzufassen.

b) Jahreszeitangaben wie „Frühjahr" oder „Herbst" sind im Handelsverkehr gem § 359 Abs 1 HGB nach dem *Handelsbrauch* am Leistungsort zu bestimmen. Fehlt – wie im bürgerlichen Rechtsverkehr – ein bestimmter Sprachgebrauch und ergibt sich aus der Fristvereinbarung nichts anderes, so wird man auf den Kalender abstellen müssen (PALANDT/ELLENBERGER Rn 1; MünchKomm/GROTHE § 189 Rn 1; SOERGEL/NIEDENFÜHR Rn 2). Ist zB eine Leistung „im Frühjahr" zu erbringen, ist sie zwischen dem 21. März und 20. Juni zu bewirken. **4**

c) Zum Problem einer Befristung auf das *Kriegsende* vgl STAUDINGER/WERNER (2001) Rn 4 und MünchKomm/GROTHE Rn 1. **5**

3. Internationale Auslegungsregeln

Weder die EG-FristenVO noch der DCFR oder die PECL enthalten eine § 192 entsprechende Auslegungsregel. **6**

§ 193
Sonn- und Feiertag; Sonnabend

Ist an einem bestimmten Tage oder innerhalb einer Frist eine Willenserklärung abzugeben oder eine Leistung zu bewirken und fällt der bestimmte Tag oder der letzte Tag der Frist auf einen Sonntag, einen am Erklärungs- oder Leistungsort staatlich anerkannten allgemeinen Feiertag oder einen Sonnabend, so tritt an die Stelle eines solchen Tages der nächste Werktag.

Materialien: E II § 228; III § 265; Prot I, 319; Prot II 1, 190–194, 310; Mot I 286; JAKOBS/SCHUBERT AT 2, 978, 981, 988–990, 992 f; Bericht der Reichstags-Kommission über den Entwurf eines Bürgerlichen Gesetzbuchs (1896) 30 f; STAUDINGER/BGB-Synopse (2000) 96 f.

Schrifttum

ACHTEN, „… denn was uns fehlt, ist Zeit". Geschichte des arbeitsfreien Wochenendes (1988)
CASPERS, Fristablauf am Sonnabend, DB 1965, 1239
HÄBERLE, Der Sonntag als Verfassungsprinzip, (2. Aufl 2006)
HÄUBLEIN, Ist der Sonnabend ein Werktag? – Das kommt auf den Zweck der Regelung an, NZM 2010, 651

MARSCHNER, Wegfall von Feiertagen im Zusammenhang mit der Einführung der Pflegeversicherung, DB 1995, 1026
MAURER, Der Sonntag in der frühen Neuzeit, Archiv f Kulturgeschichte 88 (2006) 75
MOSBACHER, Sonntagsschutz und Ladenschluss (2007)
MÜLLER, Über die Geltungsbreite allgemein gehaltener Vorschriften, NJW 1966, 2253
PILLMAYR, Ist die Klageerhebung als Abgabe einer Willenserklärung im Sinne des § 193 des BGB zu betrachten?, SeuffBl 71 (1906) 574
RUDORFF, Ist § 193 BGB auf Verjährungsfristen anwendbar?, AcP 102 (1907) 405
SCHERLIN, Auf welche Fristen findet § 193 BGB Anwendung?, Gruchot 51 (1951) 129

SCHIEPEK, Der Sonntag und kirchlich gebotene Feiertage nach kirchlichem und weltlichem Recht (2. Aufl 2009)
SIEGER/GÄTSCH, Sonnabende, Sonntage und Feiertage bei der Berechnung der Hinterlegungsfrist nach § 123 AktG, NZG 1999, 1041
SPIEGEL, Gesetz über den Fristablauf am Sonnabend, BB 1965, 1001
Stiftung Haus der Geschichte der Bundesrepublik Deutschland (Hrsg), Am siebten Tag. Geschichte des Sonntags (Begleitbuch zur Ausstellung im Haus der Geschichte der Bundesrepublik Deutschland, Bonn, 25. Oktober 2002 bis 21. April 2003 und im Zeitgeschichtlichen Forum Leipzig, 17. Juni bis 12. Oktober 2003).

Systematische Übersicht

I.	**Allgemeines**	
1.	Entstehungsgeschichte	1
a)	Vorentwurf und erste Kommission	1
b)	Kritik, zweite Kommission und Reichstag	2
2.	Zweck der Vorschrift	3
3.	Samstag (Sonnabend) und Werktag	4
4.	Andere gesetzliche Regelungen	7
II.	**Voraussetzungen**	
1.	Willenserklärungen	9
a)	Willenserklärungen	9
b)	geschäftsähnliche Handlungen	10
c)	Prozesshandlungen	11
d)	Widerruf eines gerichtlichen Vergleichs	12
e)	Verjährungs- und Ausschlussfristen	13
f)	Bedingung	14
g)	Kündigungserklärungen	15
aa)	Grundprinzip	15
bb)	Arbeitsvertrag	16
cc)	Mietvertrag, Karenzzeit	17
dd)	Versicherungsvertrag	23
ee)	Pachtvertrag	24
h)	Rückwärtslaufende Fristen	25
2.	Leistungen	31
3.	Vom Fristende ausgenommene Tage	32
a)	Samstage, Sonntage, Staatsfeiertag	32
b)	Sonstige gesetzliche Feiertage	34
c)	Kirchliche Feiertage	48
III.	**Rechtsfolgen**	
1.	Fristverlängerung	49
2.	Leistungsannahme	50
3.	Kein Ablehnungsrecht	51
4.	Fälligkeit	52
5.	Verzug	55
6.	Weitere Einzelfälle der Anwendung des § 193	56
7.	Einzelfälle der Nichtanwendung des § 193	57

Alphabetische Übersicht

Ablehnungsrecht	51
Aktienrecht	26, 57
Allerheiligen	36, 37, 41, 42, 43
Arbeitsvertrag	16
Asylverfahren	56
Auslegungsregel	49
Ausschlussfristen	13
Baden-Württemberg	36
Bankgeschäftstage	5
Bayern	37
Bedingung	14

Abschnitt 4
Fristen, Termine § 193

Berlin	35
Betriebskostenabrechnung	10
Brandenburg	38
Bremen	35
Buß- und Bettag	35, 44
Christi Himmelfahrt	34
Darlehenszinsen	54
Dreitagefrist	56
Dreißigtagefrist	55
Entscheidungsgründe	57
Entstehungsgeschichte	1 f
Erfüllung	31
Erscheinung des Herrn	36, 37, 45
Fälligkeit	52–54
Faschingsdienstag	48
Fixgeschäft	49
Friedensfest	37
Fristbeginn	57
Fristende	49
Fristverlängerung	49
Fronleichnam	36, 37, 39, 41, 42, 43, 46
Fünfmonatsfrist	57
Gemeinschaftsrecht	6, 27 f, 50, 55
Geschäftsähnliche Handlungen	10
Gesetzliche Feiertage	32 ff
Hamburg	35
Handelsgeschäft	50
Heilig Abend	48
Hemmung	11
Hessen	39
Insolvenzrecht	57
Karenzzeit	5, 18 ff
Karfreitag	34
Klagefristen	49, 56
Kirchliche Feiertage	47
Kündigungserklärungen, -fristen	15 ff
Ladungsfrist	29
Leistungen	31
Leistungsannahme	50
Maifeiertag	34
Mecklenburg-Vorpommern	40
Mietvertrag	17 ff
Mietzins	5
Mitwirkungspflicht	51
Neujahr	34
Niedersachsen	35
Nordrhein-Westfalen	41
Ostermontag	34
Pachtvertrag	24
Pfingstmontag	34
Prozess-, Verfahrensrecht	8, 49
Prozesshandlungen	11
Rechtsanwaltsvergütung	30
Rechtsfolgen	49 ff
Rechtssicherheit	15, 19, 21, 28
Reformationstag	38, 40, 44, 45, 46
Religiöse Feiertage	48
Rheinland-Pfalz	42
Rücknahme eines Einspruchs	30
Rückwärtslaufende Fristen	25 ff
Saarland	43
Sachsen	44
Sachsen-Anhalt	45
Samstag, Sonnabend	4, 20 f, 32
Schleswig-Holstein	35
Schutzfrist	15, 22 f
Silvester	48
Sonntage, Staatsfeiertag	32
Sonntagsruhe	2, 3
Sperrfrist	57
Stichtagsregelungen	57
Steuerrecht	56
Stundenfristen	49
Tagesfristen	49
Thüringen	46
UN-Kaufrecht	7
Urteilsbegründungsfrist	57
Verjährungsfristen	11, 13
Versicherungsvertrag	23
Verzug	55

Weihnachten	34	Willenserklärungen	9
Werbevertrag	15	Wissenserklärungen	10
Werktag	4–6, 20 f		
Widerruf eines Vergleichs	12	Zustellung	56
Widerspruchsverfahren	56	Zweck der Vorschrift	2, 3, 21 f, 28

I. Allgemeines

1. Entstehungsgeschichte

1 a) Keine andere Vorschrift des Abschnitts über Fristen und Termine wurde von den am Gesetzgebungsverfahren beteiligten Kommissionen intensiver beraten als diese, die im ersten Entwurf noch keine Berücksichtigung gefunden hatte, weil der zuständige Redaktor sich zunächst mit der Auffassung durchsetzen konnte (vgl Protokolle 1. Kommission, 319 [Jakobs/Schubert, AT 2, 981]), eine Bestimmung des Inhalts, an Sonn- oder Feiertagen könne eine Rechtshandlung einem anderen gegenüber ohne dessen Zustimmung nicht mit Wirksamkeit vorgenommen werden oder deren Vornahme nicht gefordert werden, „würde sichtlich zu weit gehen" (Gebhard, Begründung Teilentwurf 15 [Schubert, AT 2, 303]). Gebhard lehnte eine solche Einschränkung der Privatautonomie ab. Allenfalls sei im Zusammenhang mit der Erfüllung von Verbindlichkeiten zu überlegen, ob man entsprechend Art 329 ADHGB eine Bestimmung ins Schuldrecht aufnehmen solle (Gebhard aaO). Im Übrigen sah Gebhard die Bedürfnisse durch die bereits existierenden reichsgesetzlichen Vorschriften der WO, der CPO und StPO erfüllt.

2 b) Unter dem Eindruck der Kritik namentlich von Gierke (Der Entwurf [1889] 173) sowie vor allem zahlreicher Handelskammern und Verbände (vgl Zusammenstellung der gutachtlichen Äußerungen [1890/91] Bd I 210 f, Bd VI 182 f) befürwortete dann aber bereits die Vorkommission des Reichsjustizamtes die Aufnahme einer Art 329 ADHGB entsprechenden Vorschrift, beschränkt auf die Erfüllung von Leistungspflichten (Protokolle RJA 125 f [Jakobs/Schubert, AT 2, 986 f]). Die Kritiker hatten vor allem das Ziel der Einhaltung der Sonntagsruhe vor Augen. Die 2. Kommission folgte unter Berufung auf das Vorbild des preußischen ALR, des Handelsrechts und der Prozessordnungen diesem Anliegen nach der Diskussion von sechs differenzierenden Anträgen (Prot II 1, 190–194). Auf Antrag des Zentrumsabgeordneten Gröber beschloss dann die Reichstagskommission mit knapper Mehrheit (9:8) gegen den Widerstand namentlich von Enneccerus und Gebhard (übrigens jeweils unter Berufung auf die Interessen der Arbeiter und Dienstleute, vgl Bericht der XII. Reichstagskommission [1896] 31), nicht nur Fristen für Leistungen, sondern auch für Willenserklärungen der Sonn- und Feiertagsregelung zu unterwerfen (vgl Jakobs/Schubert, AT 2, 992 f; zu den Beratungen der Reichstagskommission auch Wolters, Die Zentrumspartei und die Entstehung des BGB [2001] 140 ff).

2. Zweck der Vorschrift

3 Die Entstehungsgeschichte erhellt zugleich den Zweck der Vorschrift. In erster Linie ging es um einen Schutz der jüdisch-christlichen Tradition der Heiligung von Sonn- und Feiertagen, wie er dem 3. der Zehn Gebote entspricht (Ex 20, 8–11, Dtn 5, 12;

weiterführend OTTO, Deuteronomium 4,44-11,32, Herders Theologischer Kommentar zum Alten Testament [2012] 738 ff). Störende Handlungen zur Einhaltung der Frist sollen vermieden werden. Der Erklärungs- oder Leistungspflichtige soll nicht in eine Art Torschlusspanik geraten. Außerdem sollte so auch einem Bedürfnis der Arbeiterschaft nach Sonn- und Feiertagsruhe genügt werden (Prot II 1, 191), das ein wichtiges Thema der Sozialpolitik im Bismarckreich war (dazu AYASS, Bismarck und der Arbeiterschutz, Vierteljahresschrift für Wirtschafts- und Sozialgeschichte 89 [2002] 400, 416 ff oder zeitgenössisch als Beispiel: vGALEN, [Rede v 26. 8. 1889], Verhandlungen der XXXVI. Generalversammlung der Katholiken Deutschlands [1889] 72 ff, 73, 78; die sozialpolitische Dimension spiegelt übrigens den theologischen Hintergrund der Vorschrift im 3. Gebot wider, denn dieses steht im Zusammenhang mit der Befreiung Israels aus dem „Sklavenhaus" Ägyptens [Ex 20,2], vgl OTTO lc, 741. Die Sonntagsruhe hat damit zugleich eine freiheitssichernde Funktion). Die Einschaltung eines Ruhetags und der damit verbundene Wochenrhythmus entsprechen nicht nur einem religiösen, sondern zugleich einem allgemein menschlichen, kulturellen und psychologischen Anliegen (vertiefend: Am siebten Tag. Geschichte des Sonntags [2002]; D V SIMON, Zum Einfluss des Christentums auf die Gesetzgebung Kaiser Konstantins des Großen, in: FS U Ebert [2011] 77). Die Verlegung des Fristendes vom Sonntag oder Feiertag auf den nächstfolgenden Werktag dient dabei dem Schutz des Erklärungs- oder Leistungsverpflichteten (vgl Prot II 1, 193; zur Situation bei rückwärtslaufenden Fristen unten Rn 25 ff). Das BVerfG hat für die Sonn- und Feiertagsruhe aus Art 4 Abs 1 und 2 GG iVm Art 139 WRV eine verfassungsrechtliche Konnexgarantie abgeleitet, sodass man heute sagen kann, dass die grundsätzliche Arbeitsruhe an diesen Tagen verfassungsrechtlich garantiert ist (BVerfG [1. 12. 2009] Rn 138–147; außerdem mit detaillierten Angaben zur Debatte um Art 139 WRV STERN, Staatsrecht, Bd IV/2, § 119 VI 6, S 1333 ff). – § 193 steht dennoch aufgrund seines dispositiven Charakters nicht im Gegensatz zum Prinzip der Vertragsfreiheit. Die Parteien können jederzeit Abweichendes vereinbaren. Die Beweislast trägt dann, wer sich auf die Abweichung von § 193 beruft.

3. Samstag (Sonnabend) und Werktag

Nach Einführung der Fünf-Tage-Woche in einigen Bereichen des Wirtschaftslebens und der öffentlichen Verwaltung (dazu: G SCHULZ, „Samstags gehört Vati mir", Der arbeitsfreie Samstag, in: Am siebten Tag. Geschichte des Sonntags [2002] 56–60; ACHTEN, „… denn was uns fehlt, ist Zeit" [1988]) wurde durch das Gesetz über den Fristablauf (BGBl 1965 I 753) mit Wirkung vom 1. 10. 1965 der Sonnabend oder Samstag (nach süd- und westdeutschem Sprachgebrauch), in die gesetzliche Regelung einbezogen. Das gilt auch, wenn der Samstag für den nicht an Arbeitszeiten gebundenen Rechtsverkehr nicht arbeitsfrei ist. Begründet wurde die Gesetzesänderung damit, einer tatsächlichen Verkürzung der Fristen entgegenzuwirken, weil es zunehmend problematisch geworden sei, am Samstag die erforderlichen Leistungshandlungen vorzunehmen, sodass zur Wahrung einer samstags ablaufenden Frist praktisch schon am Freitag erfüllt werden musste (BT-Drucks IV/3394, 3). Nicht beabsichtigt war es hingegen, den Samstag nicht mehr länger als Werktag zu betrachten (so ausdrücklich BT-Drucks IV/3394, 3 – das entspricht im Übrigen auch der sozialen Wirklichkeit der Nutzung des Samstags, vgl G SCHULZ aaO). Im Privatrecht wie auch im öffentlichen Recht ist der **Samstag** grundsätzlich **ein Werktag** (vgl Art 72 Abs 1 S 2 WG, Art 55 Abs 1 ScheckG, § 3 Abs 2 BUrlG; BGH [25. 9. 1978] NJW 1978, 2594 [zu § 11 Nr 3 VOB/B]; [28. 6. 1979] WM 1979, 1045 f [ebenfalls zu § 11 Nr 3 VOB/B]; [27. 4. 2005] NJW 2005, 2154, 2155 – Karenzzeit [vgl auch unten

§ 193

Rn 15] mAnm GSELL jurisPR-BGHZivilR 30/2005 Anm 2 und Anm SCHREIBER WuM 2005, 564; LG Wuppertal [6. 7. 1993] WuM 1993, 450 [zu § 565 aF, vgl in neuer Fassung §§ 573c Abs 1, 573d Abs 2, 580a]; OLG Hamburg [12. 2. 1984] VRS 66 [1984] 379 f; OLG Düsseldorf [5. 12. 1990] VRS 81 [1991] 132 f; AG Rosenheim [27. 11. 1995] DAR 1996, 70; MünchKomm/GROTHE Rn 2; **aA** LG Berlin [3. 3. 1989] Grundeigentum 1989, 509 – Samstag ist kein Werktag, sondern als arbeitsfreier Tag „reinen" Freizeitaktivitäten gewidmet [dagegen klar die oben referierten Gesetzesmaterialien]).

5   Nach § 556b Abs 1 ist der *Mietzins* spätestens bis zum dritten Werktag des Monats zu bezahlen. Mit Urteil vom 13. Juli 2010 hat der BGH nunmehr entschieden, dass für die pünktliche Mietzinszahlung der Samstag bei der Bestimmung der **Karenzzeit** nicht mitzähle, weil der Samstag kein Bankgeschäftstag sei und der Mieter entsprechend keine Mietzinszahlung bewirken könne. Das ändere nichts daran, dass der Samstag weiterhin als ein Werktag zu betrachten sei (BGH [13. 7. 2010] NJW 2010, 2879, 2881 f Rn 43, 48 mit zust Anm HÄUBLEIN NZM 2010, 651). Der BGH folgt damit einer namentlich vom LG Berlin vertretenen Auffassung (LG Berlin [20. 8. 2008] MM 2008, 334; BOTTENBERG/KÜHNEMUND ZMR 1999, 221, 222–224 [mit der Begründung, die Zahlung solle drei Tage lang möglich sein]; **aA** zB MEIST ZMR 1999, 801, 802, vgl auch die Nachweise bei BGH [13. 7. 2010] NJW 2010, 2881 Rn 40). Die Karenzzeit für den Mieter dürfte ihren Grund darin haben, dass er die Gutschrift seines Lohnes oder Gehaltes, die zum Monatsletzten oder auch Monatsersten geschehen soll, abwarten kann, um nicht in Liquiditätsschwierigkeiten zu geraten (die Argumentation von BGH [13. 7. 2010] NJW 2010, 2881 Rn 46 greift diesbezüglich zu kurz). Da aber heutzutage normalerweise die Mietzahlung unbar abgewickelt wird, kommt es in der Tat auf die Geschäftstage der Banken an. Wenn nun das Gesetz in § 556b Abs 1 einen dreitägigen Zahlungsaufschub zum Schutz des Mieters einräumt, so erscheint es passend, diese drei Tage als solche aufzufassen, an denen die Zahlung auch bewirkt werden kann, mit der Folge, dass der Samstag nicht länger in diese Karenzzeit fällt (zur Karenzzeit bei der Kündigungsfrist s unten Rn 15 ff). Dem steht nicht entgegen, dass *aufgrund Auslegung* im Einzelfall etwas anderes gelten mag.

6   Dass ein Samstag grundsätzlich ein Werktag ist, beansprucht allerdings nur für das autonome deutsche Recht Gültigkeit. Soweit das **Gemeinschaftsrecht** oder gemeinschaftsrechtlich beeinflusstes nationales Recht betroffen ist, ist der *Samstag nicht* als *Werktag* aufzufassen (so mit Recht MünchKomm/GROTHE Rn 3). Art 2 Abs 2 EG-Fristen-VO (vgl § 186 Rn 16) grenzt die Arbeitstage von Samstagen, Sonn- und Feiertagen ab. „Werktag" und „Arbeitstag" sind im Gemeinschaftsrecht synonym (vgl EuGH [7. 7. 1988] Rs 55/87 [Moksel ./. Balm], Slg 1988, 3845, 3846, 3870–3872; vgl auch den Text von Art 5 Abs 2 des Vorschlags einer Verordnung [EWG, Euratom] des Rates über die Berechnung der Fristen, ABl 1970, C 51/25–27, der ohne Sinnverschiebung von „Werktagen" spricht). – Art I-1:110 Abs 9 lit b DCFR (vgl § 186 Rn 22) folgt der gemeinschaftsrechtlichen Festlegung und klammert ebenfalls die Samstage aus dem Begriff des Werktags aus. Für den gemeinschaftsrechtlichen „Werktagsbegriff" spricht, dass hier ein Gleichlauf mit dem Schutz von Sams-, Sonn- und Feiertagen gefunden wird, der im deutschen Recht seit der Einbeziehung des Samstags in den Schutzbereich des § 193 im Jahre 1965 nicht mehr gewährleistet ist (vgl REPGEN ZGR 2006, 121, 129 f). – Art 1:304 Abs 2 PECL trifft demgegenüber keine Festlegung, welche Tage arbeitsfrei sind und daher am Fristende zu einer Verlängerung der Frist führen können. Entsprechend der Situation im Gemeinschaftsrecht und in Österreich, Belgien, Frankreich, Deutschland, Portugal und im Nordischen Gesetz über Schuldurkunden sowie in Art 5 des Über-

einkommens über die Berechnung von Fristen von 1972 des Europarats (dazu § 186 Rn 23) sind Samstage auch nach den PECL „arbeitsfrei" und daher als *dies ad quem* (dh als Tag, an dem die Frist abläuft) ungeeignet (vBar/Zimmermann, Grundregeln des Europäischen Vertragsrechts [2002] 135 f).

4. Andere gesetzliche Regelungen

Das *materielle Recht* kennt zahlreiche parallele Vorschriften über die Wirkung von Sams-, Sonn- und Feiertagen auf Fristen, so etwa § 77b Abs 1 S 1 StGB, Art 72 WG, Art 55 Abs 1 und 2 ScheckG. **7**

Nach Art 20 Abs 2 CISG kann eine Annahmefrist auch an Sonn- und Feiertagen oder sonstigen arbeitsfreien Tagen ablaufen, ohne um diese Tage verlängert zu werden. Arbeitsfreie Tage finden nur bei Problemen der Zustellung am Ort der Niederlassung Berücksichtigung (Staudinger/Magnus [2013] Art 20 CISG Rn 12 f; zum Zusammenhang von Zugang und Fristende vgl oben § 188 Rn 4–8).

Für das *Verfahrensrecht* bestehen die besonderen, sachlich allerdings mit § 193 übereinstimmenden Regeln der §§ 222 Abs 2 und 3 (letzterer für die in § 193 nicht berücksichtigten Stundenfristen) ZPO, § 16 Abs 2 FamFG, §§ 43 Abs 2 und 229 Abs 4 S 2 StPO, § 64 Abs 3 SGG, § 31 Abs 3 bis 6 VwVfG (parallel für das Steuer- und Abgabenrecht § 108 Abs 3 bis 6 AO; für das Sozialverwaltungsverfahren: § 26 Abs 3 SGB-X). Im Verwaltungsverfahren gelten jedoch einige wichtige Ausnahmen: Ist ein bestimmter Tag als Fristende oder sonst als Termin festgesetzt worden, so gilt dieser auch dann, wenn er etwa auf einen Samstag, Sonntag oder Feiertag fällt (§ 31 Abs 3 S 2, Abs 5 VwVfG; § 26 Abs 3 S 2, Abs 5 SGB-X; hinsichtlich der Terminfestsetzung auch § 108 Abs 5 AO); wenn eine Behörde eine befristete Leistung zu erbringen hat, endet die Leistungsfrist uU auch an einem Sonntag usw (§ 31 Abs 4 VwVfG; § 108 Abs 4 AO; § 26 Abs 4 SGB-X). **8**

II. Voraussetzungen

1. Willenserklärungen

a) § 193 regelt die Auswirkungen von Samstagen, Sonntagen und Feiertagen auf Fristen und „bestimmte Tage" (dh Termine), sofern zu diesem Zeitpunkt eine *Willenserklärung* abzugeben oder eine Leistung zu erbringen ist. Eine Willenserklärung ist „jedes menschliche Verhalten, durch das jemand zu erkennen gibt, dass nach seinem Willen bestimmte Rechtsfolgen eintreten sollen" (Bork, AT [3. Aufl 2011] Rn 566). Es kommt für § 193 nicht darauf an, ob die Willenserklärung der Wahrnehmung eigener Rechte dient oder ob der Erklärende zu ihrer Abgabe verpflichtet war (BGHZ [18. 12. 1986] 99, 289, 291). – Beispiel: Endet die Angebotsfrist im Vergabeverfahren (§ 10 VOL/A) an einem Sonntag, können die Angebote fristwahrend bis Montag, 24.00 Uhr abgegeben werden, wenn zuvor nichts anderes vereinbart wurde (OLG Jena [14. 11. 2001] WuW/E Verg 542–545 Rn 10). **9**

b) Die Vorschrift gilt grundsätzlich für alle Arten von Willenserklärungen. Sie wird *analog* auch auf *geschäftsähnliche Handlungen* angewendet (Palandt/Ellenberger § 193 Rn 2; MünchKomm/Grothe Rn 8), dh auf an einen Adressaten gerichtete **10**

Erklärungen, die einen tatsächlichen Erfolg bezwecken, deren Rechtsfolgen aber kraft Gesetzes eintreten (BGHZ [17. 4. 1967] 47, 352, 357; PALANDT/ELLENBERGER Überbl v § 104 Rn 6), wie zB eine den Verzug auslösende Mahnung iSv § 286 Abs 1 S 1 oder auch auf sogenannte Wissenserklärungen wie die Mitteilung der Betriebskostenabrechnung gem § 556 Abs 3 S 2 (vgl zB AG Hamburg-St Georg [16. 6. 2005] WuM 2005, 775 mAnm WALL jurisPR-MietR 5/2006 Anm 1; zum hierbei häufigen Zugangsproblem vgl § 188 Rn 4).

11 c) Ebenfalls wird § 193 analog auf *Prozesshandlungen* angewendet, wenn diese zur materiellrechtlichen Fristwahrung dienen sollen, wie zB eine Hemmung der Verjährung durch Klageerhebung gem § 204 Abs 1 Nr 1 oder der Neubeginn der Verjährung durch Beantragung einer Vollstreckungshandlung gem § 212 Abs 1 Nr 2 oder die Klage aufgrund einer Insolvenzanfechtung gem §§ 130 ff InsO. – Das gilt auch im Bereich der Verwaltungsgerichtsbarkeit (BVerwG [30. 8. 1973] II C 21/71 Rn 17; OVG Bautzen [15. 1. 2013] 11 F 1/12 Rn 18 f zu Art 23 S 6 ÜberlVfRSchG).

12 d) Auf den *Widerruf eines gerichtlichen Vergleiches* wird § 193 manchmal unmittelbar (BGH [21. 6. 1978] NJW 1978, 2091; VGH Kassel [24. 3. 2000] NVwZ-RR 2000, 544–547), manchmal entsprechend angewendet (OLG München [10. 3. 1975] NJW 1975, 933; LG Berlin [19. 11. 1964] NJW 1965, 765; OLG Saarbrücken [24. 3. 1950] DRZ 1950, 299 f).

13 e) Analog gilt § 193 auch für den *Ablauf von Verjährungs- und Ausschlussfristen* (BGH [21. 12. 1989] NJW-RR 1990, 1532, 1534 f; [6. 12. 2007] NJW-RR 2008, 459, 460; RGZ [11. 6. 1936] 151, 345, 347 f; OLG Düsseldorf [11. 3. 2008] ZMR 2009, 23 f; OLG München [3. 6. 2008] 30 U 751/07 Rn 29, 30; LG Mannheim [8. 6. 1956] MDR 1957, 36 f; RUDORFF AcP 102, 405–408; Münch-Komm/GROTHE Rn 8). Die direkte Anwendung ist ausgeschlossen, weil es hier nicht um die Abgabe einer Willenserklärung oder die Erbringung einer Leistung geht. Erhebt jemand am 2. Januar eine Klage, wenn die Forderung am vorausgehenden 31. Dezember verjährt wäre, dieser aber ein Sonntag war, ist der Ablauf der Verjährung gehemmt.

14 f) Nicht einmal eine analoge Anwendung findet § 193 hingegen auf den Eintritt einer zeitlichen oder sonstigen *Bedingung* (RG [16. 12. 1931] SeuffA 86 [1932] Nr 59; SOERGEL/NIEDENFÜHR Rn 12) sowie auf den Verfall einer Vertragsstrafe gemäß § 11 Nr 3 VOB/B (BGH [25. 9. 1978] NJW 1978, 2594; Samstage sind regelmäßig Werktage vgl auch oben Rn 4).

15 g) Besonderheiten gelten für **Kündigungserklärungen**:

aa) Grundprinzip: Bei Kündigungserklärungen ist zu unterscheiden, ob sie eine Schutzfrist zugunsten des Adressaten auslösen oder nicht. Entscheidend ist, dass solche Schutzfristen nicht zu Lasten des Adressaten dadurch abgekürzt werden dürfen, dass die Kündigungserklärung wegen der Sonn- und Feiertagsregelung erst am nächstfolgenden Werktag abgegeben wird (insoweit übereinstimmend BGH [17. 2. 2005] 3. Zivilsenat NJW 2005, 1354, 1355). Der 3. Zivilsenat des BGH hat jedoch im Zusammenhang mit einem Streit über die fristgerechte Kündigung eines Werbevertrags mit einem Sportverein entschieden, aus Gründen der Rechtsklarheit und Rechtssicherheit sei eine Differenzierung nach der Schutzbedürftigkeit des Kündigungsempfängers abzulehnen. Auf Kündigungserklärungen finde daher **§ 193 keine**

Anwendung (BGH [17. 2. 2005] 3. Zivilsenat NJW 2005, 1354, 1355 mAnm Schott, jurisPR-BGHZivilR 15/2005 Anm 3 sowie Anm Schimmel/Meyer EWiR 2005, 455 sowie Anm Palm BGHR 2005, 682 sowie Anm U Meyer AuA 2005, 660; anders vorgehend OLG München [14. 1. 2004] VuR 2004, 266 mAnm Remmertz). Richtig ist, dass es hier zunächst gar nicht um echte Fristen geht, weil insofern ein Anfangszeitpunkt fehlt, wenn es etwa heißt, es dürfe mit einer Frist von einem Monat zu einem bestimmten Tag gekündigt werden (so schon BAGE [28. 7. 1967] 20, 8, 11; jetzt auch BGH [17. 2. 2005] 3. Zivilsenat NJW 2005, 1354, 1355; zustimmend Schmidt-Futterer/Blank [11. Aufl 2013] § 573c Rn 9). Die Kündigungserklärung löst dann aber den Lauf einer echten Frist, nämlich der Kündigungsfrist aus. Möchte man einen Vertrag zu einem bestimmten Termin durch Kündigung auflösen, ergibt sich für die Kündigungserklärung *rückwärtsrechnend* ein Termin, bis zu dem die Kündigungserklärung spätestens ausgesprochen sein muss. Zweifellos passen hier im Prinzip die Vorschriften der §§ 187 ff analog. Beispielsweise bestimmt sich der Ablauf der Kündigungsfrist, die oft in Monaten zu berechnen ist, völlig unstreitig nach § 188 Abs 2. Das bezweifelt auch nicht der BGH. Der BGH lehnt jedoch wie das BAG eine analoge Anwendung von § 193 auf die Kündigungsfristen nunmehr generell ab. Die Verpflichtung zur Einhaltung einer Kündigungsfrist diene, so der BGH, stets dem Schutz des Kündigungsgegners, der sich auf die Vertragsbeendigung solle einstellen können. Auch sei es methodisch unzulässig, eine Vorschrift zu Lasten dessen entsprechend anzuwenden, der durch sie geschützt werden solle (BGH [17. 2. 2005] 3. Zivilsenat NJW 2005, 1354, 1355). Das möchte allerdings auch niemand. Auch nach der hier vertretenen Auffassung ist die Verkürzung einer „Kündigungsfrist" nach Maßgabe des § 193 unzulässig, wenn die Frist den Adressaten der Kündigung schützen soll. Die Entscheidung des BGH vom 17. Februar 2005 ist nur insofern problematisch, als sie *kategorisch* Ausnahmen ausschließt – und zwar nicht mit dem Argument, dass es keine Kündigungsfristen gebe, die nicht als Mindestfristen dem Kündigungsgegner Schutz bieten sollten, sondern dass sonst die erforderliche Rechtssicherheit und Rechtsklarheit nicht erreicht werden könne. Der BGH schreibt: Der erkennende Senat „hält ... im Interesse der Rechtsklarheit und Rechtssicherheit eine Ausdehnung der dort [BAGE 22, 304, 305 ff] entwickelten Grundsätze auf alle Kündigungsfristen ohne Rücksicht auf die Natur der in Rede stehenden Verträge und die Frage einer besonderen Schutzbedürftigkeit des Kündigungsempfängers für geboten" ([17. 2. 2005] 3. Zivilsenat NJW 2005, 1354, 1355; dezidiert zustimmend Schimmel/Meyer EWiR 2005, 455, 456). Man kann also kaum davon sprechen, der BGH habe die Frage etwa für die Kündigung eines Mietvertrags durch den Mieter offengelassen (so aber Palandt/Weidenkaff § 573c Rn 10).

Die Entscheidung des BGH vom 17. 2. 2005 (Werbevertrag) trifft zwar für die meisten Kündigungserklärungen wohl das richtige Ergebnis, verkennt aber, dass der Gesetzgeber mit § 193 einen Kompromiss zwischen der Rechtssicherheit einerseits und dem Interesse an der Aufrechterhaltung der Sonntagsruhe andererseits treffen wollte. Die einseitige Betonung der Rechtssicherheit und Rechtsklarheit geht damit am Willen des Gesetzes vorbei. Passender erscheint es, danach zu fragen, ob der Adressat der Kündigung im Hinblick auf die Sonntagsruhe schutzbedürftig ist.

bb) Wird durch die *Kündigung eines Arbeitsvertrags* für den Adressaten eine **16** *Kündigungsschutzfrist* ausgelöst, so ist insoweit die Anwendbarkeit des § 193 zu verneinen, als dem Adressaten der ungeschmälerte Schutz dieser Frist zugute kommen muss. Es darf die Kündigungsfrist nicht durch eine wegen § 193 spätere Kündigung gekürzt werden (BGHZ [28. 9. 1972] 59, 265, 267 f; [17. 2. 2005] 3. Zivilsenat NJW 2005, 1354, 1355). Eine am 2. Mai erklärte Kündigung beendet daher zB bei einmonatiger Kündigungsfrist das Arbeitsverhältnis erst zum 30. Juni, nicht schon – wie es die Feiertagsregel des § 193 nahe legen würde – einen Monat früher. Es kommt nicht darauf an, ob die Kündigungsfrist auf Gesetz, Tarifvertrag oder Einzelvertrag beruht (BAGE [14. 8. 1969] 22, 304–311; LAG Düsseldorf [9. 8. 1960] DB 1960, 1218 f; LAG Köln [26. 10. 2001] NZA-RR 2002, 355, 356). Der Bundesgerichtshof teilt diese Auffassung für das Handelsvertreterverhältnis (BGHZ [28. 9. 1972] 59, 265, 267 f).

17 **cc)** Sofern durch die *Kündigung eines Mietvertrags* eine gesetzliche Schutzfrist ausgelöst wird, zB nach § 574b Abs 2 S 1, kann § 193 ebenfalls nicht zu Lasten des Kündigungsadressaten angewendet werden. Es gilt also die oben (Rn 15) skizzierte Regel auch hier.

18 Im Mietrecht gibt es allerdings eine Reihe von Kündigungsfristen mit einer flexiblen Dauer in Abhängigkeit von den Werktagen eines Kalendermonats (vgl etwa §§ 573c Abs 1, 573d Abs 2, 580a). Nach § 573c Abs 1 zB ist die ordentliche Kündigung der Miete spätestens am dritten Werktag eines Kalendermonats zum Ablauf des übernächsten Monats für Vermieter und Mieter zulässig. Die gesetzlich eingeräumte **Karenzzeit** begrenzt also die für den Kündigungsadressaten vorgesehene Kündigungsfrist, die demzufolge nur ungefähr drei Monate dauert. Ihre exakte Dauer hängt von der Lage der Werktage am Anfang der Frist ab. Das Ende wird durch § 188 Abs 2 bestimmt. Insbesondere im Lichte der Entscheidung des 3. Zivilsenats des BGH vom 17. Februar 2005 stellt sich die Frage, welche Bedeutung § 193 für den Tag, an dem die Kündigung erklärt werden muss, hat. Dazu werden drei unterschiedliche Auffassungen vertreten, die trotz der erwähnten Entscheidung des 3. Zivilsenats des BGH nicht abschließend geklärt sind (so auch MünchKomm/HÄUBLEIN § 573c Rn 10):

19 **(1)** Aus Gründen der Rechtssicherheit und Rechtsklarheit findet § 193 bei der Berechnung der Karenzzeit nach höchstrichterlicher Rechtsprechung keine Berücksichtigung (SCHMIDT-FUTTERER/BLANK [11. Aufl 2013] § 573c Rn 9 in Anwendung von BGH [17. 2. 2005] 3. Zivilsenat NJW 2005, 1354, 1355; jurisPK-BGB/BECKER Rn 26; SCHACH Grundeigentum 2005, 698, 700). Dies ergebe sich, so meint man, daraus, dass § 193 weder direkt noch analog passe, weil die Kündigungserklärung nicht an einem bestimmten Tag und auch nicht in einer bestimmten Zeit abgegeben werden müsse. Außerdem dürfe die Kündigungsfrist, die ausschließlich dem Schutz des Adressaten diene, nicht beschränkt werden (SCHMIDT-FUTTERER/BLANK [11. Aufl 2013] § 573c Rn 9, die Argumente der BGH-Entscheidung aufgreifend; zum Problem bereits oben Rn 15). Die Karenzzeit kann nach dieser Auffassung auch an einem Samstag enden, sofern dessen Charakter als Werktag nicht durch einen gesetzlichen Feiertag verdrängt wird (zB 3. Oktober auf einem Samstag; hier wäre unstreitig der 5. Oktober der dritte Werktag).

20 **(2)** Nach anderer Auffassung sind die Samstage niemals Werktage iSv § 573c Abs 1, sodass es auf eine Anwendung des § 193 gar nicht ankomme. Die Kündigung könne nur montags bis freitags – sofern diese nicht zugleich Feiertag sind – erklärt werden. Nur dann sei der Zugang der Kündigungserklärung bei einem gewerblichen Vermieter möglich und nur so habe der Kündigende die Chance, innerhalb der Karenzzeit Rechtsrat einzuholen (MünchKomm/HÄUBLEIN § 573c Rn 13; ders NZM 2010,

651, 653; vgl auch LG Berlin [3. 3. 1989] Grundeigentum 1989, 509, zu dieser Entscheidung, die generell Samstage nicht als Werktage betrachtet, vgl die Absicht des Gesetzgebers, die oben Rn 4 referiert wird; LG Aachen WuM 2004, 32; BOTTENBERG/KÜHNEMUND ZMR 1999, 221–224). Auch nach dieser Auffassung findet also § 193 keine Berücksichtigung. Dennoch kann die Karenzzeit nach dieser Auffassung niemals an einem Samstag enden.

(3) Richtigerweise findet § 193 bei der Berechnung der Karenzzeit Berücksichtigung. Fällt der erste oder zweite Werktag eines Monats auf einen Samstag, zählt er ganz gewöhnlich in den Lauf der Karenzzeit (BGH [27. 4. 2005] 8. Zivilsenat NJW 2005, 2154, 2155; LG Wuppertal [6. 7. 1993] WuM 1993, 450 [zu § 565 aF]; LG Aachen [22. 10. 2003] WuM 2004, 32; STAUDINGER/ROLFS [2011] § 573c Rn 12). Da der Gesetzgeber durch die Einräumung der Karenzzeit selbst die Schutzfrist für den Kündigungsadressaten nicht starr bestimmt hat, steht der u a von BLANK (SCHMIDT-FUTTERER/BLANK [11. Aufl 2013] § 573c Rn 9) herangezogene Rechtsgedanke der Anwendung des § 193 nicht entgegen. Auch die vom 3. Zivilsenat des BGH ins Treffen geführten Überlegungen zur Rechtssicherheit verfangen nicht, da man sonst die Anwendung von § 193 generell verwerfen müsste. Da weiterhin die Karenzzeit nur Werktage umfasst, ist allein die Frage zu beantworten, wie ein Samstag, der rechnerisch der dritte Werktag eines Kalendermonats ist, zu berücksichtigen ist. Dass Samstage „Werktage" sind, gilt auch im Mietrecht (BGH [27. 4. 2005] 8. Zivilsenat NJW 2005, 2154, 2155; [13. 7. 2010] 8. Zivilsenat NJW 2010, 2879 Rn 41, 50 vgl oben Rn 5). Dafür, dass der Gesetzgeber in § 573c einen besonderen Werktagsbegriff verstanden wissen wollte, spricht nichts (vgl BGH [13. 7. 2010] lc Rn 50). Die Karenzzeitformulierung geht bereits auf die ursprüngliche Fassung des § 565 beim Inkrafttreten des BGB am 1. 1. 1900 zurück (vgl STAUDINGER/REPGEN/ SCHULTE-NÖLKE/STRÄTZ, BGB-Synopse 1896–2005, 288). Damals war ein Samstag völlig selbstverständlich ein Werktag. Daran hat der Gesetzgeber bei der Einbeziehung der Samstage in den Sonn- und Feiertagsschutz des § 193 nichts ändern wollen (vgl oben Rn 4). Das Argument, dem Kündigenden solle die volle Zeit von drei Tagen zur Überlegung, Vorbereitung und Erledigung so erhalten bleiben, dass er auch Rechtsrat an diesen Tagen einholen könne (vgl oben Rn 20), findet jedenfalls im Gesetz keinen Ausdruck. Vielmehr sollte der Vermieter Gelegenheit haben, das Mietverhältnis noch am Quartalsanfang zu beenden, wenn der Mieter mit der Zahlung des Mietzinses im Rückstand war. Der Mieter sollte hingegen vor allem am Anfang der Mietzeit, unmittelbar nach dem Einzug zum nächsten Termin kündigen dürfen, wenn die Wohnung nicht seinen Bedürfnissen entsprach (JAKOBS/SCHUBERT, Die Beratungen des BGB, Recht der Schuldverhältnisse 2, §§ 433–651 [1980] 546). Im Übrigen bezieht sich § 193 *nur* auf das Fristende und möchte eine Torschlusspanik an einem der privilegierten Tage verhindern. Ansonsten zählen auch Samstage, Sonn- und Feiertage vollständig in die Frist, gleichgültig ob sie lang oder kurz ist. Eine Frist von 30 Tagen zählt beispielsweise völlig unstreitig die Wochenenden mit. *Ist der dritte Werktag eines Monats aber ein Samstag, so bewirkt § 193 die Verlängerung der Karenzzeit bis zum Ablauf des nächsten Werktags* (LG Kiel [2. 12. 1992] WuM 1994, 542 f; LG Wuppertal [6. 7. 1993] WuM 1993, 450 [zu § 565 aF]; LG Aachen [22. 10. 2003] WuM 2004, 32; AG Düsseldorf [18. 1. 2008] ZMR 2008, 538, 539 mAnm LAMMEL jurisPR-MietR 23/2008 Anm 1; PALANDT/WEIDENKAFF § 573c Rn 10; STAUDINGER/ROLFS [2011] § 573c Rn 12; ausdrücklich offengelassen von BGH [27. 4. 2005] 8. Zivilsenat NJW 2005, 2154, 2155). Damit ist zugleich der Einwand der Gegenseite ausgeräumt, die auf die Schwierigkeiten des Zugangs einer Kündigungserklärung bei einem gewerblichen Vermieter hinweist (MünchKomm/ HÄUBLEIN § 573c Rn 13). Für den Zugang gilt auch nach der hier vertretenen Auf-

fassung, dass immer ein Werktag, der nicht zugleich Samstag ist, der letzte mögliche Tag in der Frist ist.

22 Beispiel: Möchte jemand zum 31. Dezember kündigen, so muss er die Erklärung bis zum Ablauf des dritten Werktags im Oktober erklären. Fällt der Feiertag des 3. Oktobers auf einen Freitag, so dauert die Karenzzeit, in der der Mieter noch zum 31. Dezember kündigen kann, bis Montag, den 6. Oktober um 24.00 Uhr. Zählte man nur die Werktage, würde die Karenzzeit des § 573c Abs 1 am 4. Oktober ablaufen, weil dieser der dritte Werktag im Oktober ist. Aus § 193 ergibt sich die Verlängerung der Karenzzeit bis Montag, den 6. Oktober. Nach der Auffassung des 3. Zivilsenats des BGH ([17. 2. 2005] NJW 2005, 1354, 1355; zustimmend SCHMIDT-FUTTERER/BLANK [11. Aufl 2013] § 573c Rn 9) müsste in diesem Beispiel die Kündigung spätestens mit Ablauf des Samstags, dem 4. Oktober, erklärt worden sein, um zum 31. Dezember zu wirken. Der Gesetzgeber selbst hat aber die im Beispiel den Vermieter begünstigende Schutzfrist durch eine gegenläufige Schutzfrist (Karenzzeit) des die Kündigung erklärenden Mieters eingeschränkt. Fällt der letzte Karenztag auf einen Samstag, wird der Schutzzweck des § 193, nicht an einem der privilegierten Tage eine Willenserklärung abgeben zu müssen, wirksam. Der Kündigende soll – im Interesse seiner Ungebundenheit nach Beginn des Mietverhältnisses (JAKOBS/SCHUBERT, Die Beratungen des BGB, Recht der Schuldverhältnisse 2, §§ 433–651 [1980] 546) – sofort kündigen können, andererseits durch eine in Werktagen bemessene Karenzzeit vor einer Torschlusspanik geschützt werden. Die Kündigung muss dann bis zum Ablauf des dem Samstag folgenden Werktags, im Beispiel also bis zum Ablauf des Montags, dem 6. Oktober, dem Adressaten zugegangen sein.

23 dd) Ist von der Kündigungserklärung keine Schutzfrist zugunsten des Adressaten abhängig, so gilt § 193 uneingeschränkt, zB bei der Kündigung eines Versicherungsvertrags (AG Hamburg [19. 1. 1951] VersR 1951, 125; LG Köln [20. 2. 1953] VersR 1953, 185).

24 ee) Der BGH ([16. 10. 1974] NJW 1975, 40) hat § 193 auf die Ablehnung der Verlängerung eines Pachtvertrags nach § 595 Abs 5 angewendet, wobei es dort in Wahrheit nicht um eine Kündigung, sondern um ein befristetes Angebot zum Abschluss eines neuen Vertrags gehe (ähnlich BGH [29. 4. 2002] NJW 2002, 2170). Nichts anderes gilt bei Verlängerungsklauseln in Gewerberaummietverträgen (OLG Dresden [8. 11. 2013] 5 U 1101/13 Rn 23 f).

25 h) Ob § 193 auf die **rückwärtslaufende Berechnung von Fristen** Anwendung findet, ist nicht einheitlich zu bewerten:

26 *Manchmal ist die Anwendung des § 193 auf rückwärtslaufende Fristen gesetzlich ausgeschlossen.* So ordnet es zB § 121 Abs 7 AktG für die Fristen im *Aktienrecht* an. Dort hatte man früher darüber diskutiert, ob für die Fristen zur Einberufung der Hauptversammlung einer Aktiengesellschaft (§ 123 Abs 1 AktG), die dreißig Tage vor dem Versammlungstermin geschehen sein muss, sowie die Mitteilung an die Namensaktionäre (§ 125 AktG, 21 Tage gegenüber den institutionellen Anlegern, 14 Tage für registierte Aktionäre), die Ergänzungsanträge (§ 122 Abs 2 S 3 AktG) Gegenanträge zur Tagesordnung und die Wahlvorschläge (§§ 126 f AktG), die Anmeldung zur Stimmrechtsausübung (§ 123 Abs 2 S 3 AktG) und den Nachweisstichtag (record date) gem § 123 Abs 3 S 3 AktG (21 Tage vor der Versammlung) § 193

Anwendung finde. Mit der Änderung des Fristenregimes im Aktienrecht durch das ARUG vom 29. 5. 2009 (BGBl I 2479) hat der Gesetzgeber die Anwendung des § 193 (wie auch der §§ 187–192) auf die Berechnung dieser Frist ausgeschlossen, § 121 Abs 7 AktG (zur früheren Rechtslage REPGEN ZGR 2006, 121 ff mwNw; kritisch dazu MIMBERG ZIP 2006, 649 ff). Der Vorteil der neuerlichen Änderung des Fristenregimes im Aktienrecht liegt in seiner Vereinfachung, die sich durch eine einheitliche, rückwärtslaufende Berechnungsweise auszeichnet (ausführlich zu den Problemen des alten und der Regelung des neuen Rechts: FLORSTEDT Der Konzern 2008, 504, 508 ff; die früher nach §§ 124 Abs 1, 125 Abs 1 AktG vorwärtslaufenden Fristen im Vorfeld der Hauptversammlung sind nunmehr der einheitlichen Berechnungsrichtung angepasst worden). Die Abschaffung des Sonn- und Feiertagsschutzes im Zusammenhang mit der Vorbereitung der Hauptversammlung erscheint im Hinblick darauf, dass hier insbesondere die Vorbereitungs- und Reaktionszeit der Aktionäre geschützt werden soll, durchaus gut vertretbar, weil der spezifische Sinn des § 193, die Torschlusspanik des Betroffenen just an einem Sonn- oder Feiertag zu vermeiden, nicht betroffen ist (in diesem Sinne schon REPGEN ZGR 2006, 121, 133 zum früheren Recht; ausführlich zum Reformanliegen FLORSTEDT Der Konzern 2008, 504, 509 f [sowie SEIBERT/FLORSTEDT ZIP 2008, 2145, 2149], der den Sonn- und Feiertagsschutz im Aktienrecht für nicht zeitgemäß hält und die Vorteile bei der Praktikabilität betont; diesbezüglich ist allerdings zu erinnern, dass auch nach der aktienrechtlichen Abschaffung des Sonn- und Feiertagsschutzes iSv § 193 die Schwierigkeiten des fristgerechten Zugangs von Willenserklärungen bestehen bleiben, vgl § 188 Rn 4–6). Einheitlich gilt nun für die Fristen im AktG, dass der Versammlungstag und der Tag, an dem etwas bekanntgemacht, mitgeteilt, beantragt oder nachgewiesen werden muss, bei der Berechnung der Frist nicht mitgezählt werden. **Beispiel**: Die Hauptversammlung soll am Mittwoch, den 6. Mai 2015 stattfinden. Die Frist zur Einberufung beträgt 30 Tage, wobei in vollen Kalendertagen (nicht Werktagen, SEIBERT/FLORSTEDT ZIP 2008, 2145, 2149) gezählt und der „Tag der Einberufung" (das ist der Tag, an dem die Einberufung bekannt gemacht wird) nicht mitgerechnet wird (§ 123 Abs 1 AktG). § 121 Abs 7 AktG legt fest, dass der Tag der Versammlung nicht mitzurechnen sei. Beginnend mit Dienstag, dem 5. Mai 2015 sind nun 30 Tage zurückzuzählen: Montag, 6. April 2015. Da auch der Tag der Einberufung nicht mitgerechnet wird, muss die Einberufung spätestens am Sonntag, dem 5. April 2015 stattfinden. Nun ist dieser Tag der Ostersonntag. Wenn es der Aktiengesellschaft gelingt, an diesem Tage wirksam die Einberufung bekannt zu machen, was allein aus dem Gesichtspunkt des Zugangs der Einberufung problematisch sein kann, ist die Einberufungsfrist gewahrt.

Auch Art I-1:110 Abs 6 S 2 DCFR (vgl § 186 Rn 22) schließt nach dem Vorbild von Art 3 Abs 4 S 2 EG-FristenVO (vgl § 186 Rn 20) die Berücksichtigung der Sonn- und Feiertagsregelung auf rückwärts zu berechnende Fristen aus. **27**

Soweit die §§ 187 ff nicht ausgeschlossen sind, bleibt die Frage, ob § 193 auch bei der Berechnung rückwärtslaufender Fristen zu beachten ist. Die Lösung muss beim Ordnungsziel des materiellen Rechts ansetzen (so auch FLORSTEDT Der Konzern 2008, 504, 506; SPECKBROCK, Die Frist zur Einbeziehung von Folgesachen in den Scheidungsverbund gem § 137 Abs 2 S 1 FamFG [2013] 123). Dieses Ordnungsziel ist freilich nicht einseitig und stets in der Rechtssicherheit zu erblicken, auch wenn dadurch die Komplexität der Lösung beträchtlich gesteigert wird (nicht unbedingt bis zum „Übermaß", wie FLORSTEDT Der Konzern 2008, 504, 507 zu bedenken gibt, der zwischen Ordnungszielen und der Frage nach Wertungen unterscheiden möchte, eine „teleologische Determination" jedoch aus dem Fristenrecht **28** ausklammern möchte. Allerdings schließt die Feststellung des Ordnungsziels [telos] die Berücksichtigung der komplexen Entscheidungen bzw Wertungen des Gesetzes ein). Problematisch erscheint bei einer rückwärtigen Berechnung einer Frist vor allem die Frage, ob bis zum oder am letzten Tag einer Frist gehandelt werden muss (§ 188 Abs 1) bzw ob § 193 den Tag vor oder nach dem Feiertag als rechtzeitig definieren möchte. Zunächst ist an den Schutzzweck von § 193 zu erinnern: Die Vorschrift dient primär dem Schutz der (öffentlichen) Sonn- und Feiertagsruhe, auch wenn der BGH den Gesichtspunkt der Gefahr der Verkürzung einer Frist zu Lasten des Leistungspflichtigen in den Vordergrund rückt ([17. 2. 2005] NJW 1354, 1355). Zugleich schützt § 193 auch das Interesse der Einzelnen an der Einhaltung von Ruhezeiten. Niemand soll sich ausgerechnet an einem Sonn- oder Feiertag zum Handeln gezwungen sehen. Insbesondere der Arbeiterschaft soll ein freier Tag – und seit Einführung der Fünf-Tage-Woche: ein freies Wochenende – gesichert werden (vgl oben Rn 3; REPGEN ZGR 2006, 121, 127 f). Grundsätzlich gilt § 193 für alle Fristen, also auch für die rückwärtslaufende Frist. Fällt danach das „rückwärtige" Fristende auf einen Samstag, muss in analoger Anwendung des § 193 der Freitag davor in die Frist einbezogen werden, sodass das Fristende analog § 188 Abs 1 Freitag 0.00 Uhr ist. Zu fragen bleibt aber, ob dieses Ergebnis teleologisch sinnvoll ist. Das ist zu verneinen, wenn das Fristende – wie in § 123 AktG, der erst seit der Änderung durch das ARUG vom 29. Mai 2009 die Anwendung von § 193 ausschließt – lediglich eine angemessene Vorbereitungszeit des Adressaten, zB des Aktionärs, beginnen lassen soll. § 193 möchte eine „Torschlusspanik" am Ende der Frist vermeiden. Das passt für eine rückwärtslaufende Frist nur selten, da die Fristen meistens dem Schutz des Handlungspflichtigen dienen, ist aber in Abhängigkeit von der Norm zu entscheiden, die die Frist selbst (nicht ihre Berechnungsweise) vorschreibt (vgl REPGEN ZGR 2006, 121, 130). Der Ausschluss der Sonn- und Feiertagsregelung für die rückwärtslaufenden Fristen, wie ihn Art I-1:110 Abs 6 S 2 DCFR vorschlägt, ist für den Regelfall de lege ferenda vorzugswürdig, da er den Vorzug sicherer Klarheit hat, auch wenn die Zugangsproblematik (vgl § 188 Rn 4–6) bleibt (BGH [17. 2. 2005] NJW 2005, 1354 lag ein Streit um den Zugang eines Kündigungsschreibens zugrunde).

29 Ist beispielsweise zu einer Mitglieder- oder Gesellschafterversammlung die **Ladungsfrist** von zwei Wochen vor dem Termin der Versammlung einzuhalten, so dient diese Frist vor allem dazu, den Mitgliedern bzw Gesellschaftern die Vorbereitung der Sitzung zu ermöglichen und eine Prüfzeit einzuräumen (OLG Hamm [14. 3. 2000] NJW-RR 2001, 105, 107). Das Schutzziel von § 193 wird dadurch nicht berührt. Die Vorschrift des § 193 gilt hier daher nicht (SCHROETER JuS 2007, 29, 32).

30 Bei der Mitwirkung eines Anwalts in Straf- oder Bußgeldverfahren verdient dieser eine zusätzliche Gebühr, wenn er „früher als zwei Wochen vor Beginn des Tages, der für die Hauptverhandlung vorgesehen war" den **Einspruch zurücknimmt** (Nrn 4141 und 5115 VV RechtsanwaltsvergütungsG; vgl schon oben § 186 Rn 10). Angenommen, der für die Hauptverhandlung vorgesehene Termin war Montag, der 23. Juni 2014. In analoger Anwendung von § 187 Abs 1 war dieser Tag nicht mitzuzählen. Die Frist begann dann am Sonntag, dem 22. Juni 2014 um 24.00 Uhr ihren zweiwöchigen, rückwärtsgerichteten Lauf. § 193 hat für den Fristbeginn keine Wirkung. Nach § 188 Abs 2 analog endet die Frist dann mit dem Ablauf des Tages der zweiten Woche, welcher durch seine Benennung dem Tag des fristauslösenden Ereignisses, also dem Termin der Hauptverhandlung entspricht. Dieser Tag war mithin wiederum ein

Montag, nämlich der 9. Juni 2014. Da nur nach ganzen Tagen zu rechnen ist (§ 188 Abs 1), endete die Frist auf den ersten Blick am Montag um 0.00 Uhr. Dieser Tag war aber 2014 Pfingstmontag. Es stellt sich mithin die Frage, ob § 193 analog (oder auch der gleichgerichtete § 43 Abs 2 StPO) auf diese Frist anzuwenden wäre mit der Folge, dass die Frist am vorhergehenden Werktag, der nicht zugleich Samstag ist, also Freitag, den 6. Juni 2014 um 0.00 Uhr endete. Das ist zu verneinen. Die Frist schützt einerseits das Gericht vor organisatorischen Schwierigkeiten (BT-Drucks 12/6292, 196), möchte aber andererseits dem Betroffenen möglichst lange Gelegenheit zur Rücknahme des Einspruchs einräumen. § 193 gilt hier also nicht (im Ergebnis ebenso SCHNEIDER DAR 2007, 671, 672). Das hat zur Folge, dass der Betroffene die Rücknahme bis zum Ablauf des Sonntags, dem 8. Juni 2014 um 24.00 Uhr erklären konnte, falls die Erklärung dann wirksam zugehen konnte (zur Zugangsproblematik vgl § 188 Rn 4–6).

Nicht anders verhält es sich mit der Frist zur **Einbeziehung von Folgesachen in den Scheidungsverbund** gem **§ 137 Abs 2 S 1 FamFG**. Danach sind Folgesachen „spätestens zwei Wochen vor der mündlichen Verhandlung im ersten Rechtszug" anhängig zu machen. Die Vorschrift sichert so dem Gericht eine gewisse Zeit zur Vorbereitung des Verhandlungstermins. Unter Berücksichtigung der verlängernden Berechnungsweise, die § 187 Abs 1 BGB (iVm § 222 Abs 1 ZPO und § 113 Abs 1 S 2 FamFG) anordnet, beginnt die Frist, wenn der Verhandlungstermin an einem Dienstag stattfindet, am Montag zuvor um 24.00 Uhr und läuft zurück zum Dienstag der vorvorherigen Woche, an dem sie um 0.00 Uhr endet. Die Folgesache muss deshalb bis zum Montag, 24.00 Uhr anhängig gemacht werden. Ob dieser Tag zufällig ein Feiertag ist, ist nach dem oben Ausgeführten (Rn 28) unerheblich. § 222 Abs 2 ZPO (der insoweit § 193 entspricht) findet in diesem Fall keine Anwendung (so auch mit eingehender Begründung SPECKBROCK, Die Frist zur Einbeziehung von Folgesachen in den Scheidungsverbund gem § 137 Abs 2 S 1 FamFG [2013] 116–125; vgl auch oben § 187 Rn 7 aE).

Ebenso liegt es bei der **Wochenfrist zum Termin gem § 132 Abs 1 S 1 ZPO** (zur Berechnung vgl oben § 187 Rn 7). Ihr Ziel ist die Sicherung einer Mindestvorbereitungszeit des Gegners nach dem Grundsatz der Gewährung rechtlichen Gehörs (DRUCKENBRODT NJW 2013, 2390, 2393 mwNw). Endet zB an einem Montag um 0.00 Uhr, so verschiebt sich dieses Fristende nicht mit Rücksicht auf § 222 Abs 2 ZPO. Gelingt die Zustellung des Schriftsatzes an dem Sonntag, genügt das zur Fristwahrung. Diese Überlegungen gelten analog selbstverständlich auch für die Drei-Tagesfrist nach § 132 Abs 2 ZPO.

2. Leistungen

§ 193 gilt nicht nur für die Abgabe von Willenserklärungen, sondern auch – und in erster Linie (vgl Entstehungsgeschichte Rn 2) – für die Bewirkung einer Leistung innerhalb einer Frist. Wie schon der ursprüngliche systematische Zusammenhang des § 228 E II zeigt, bezieht sich der Begriff der Leistung auf die Anforderungen an die Erfüllung. Er ist daher identisch mit der Bedeutung in § 362. Ob die dort geforderte Leistung neben dem tatsächlichen Leistungserfolg auch subjektive Voraussetzungen hat, ist streitig (vgl STAUDINGER/OLZEN [2011] Vorbem 7–15 zu §§ 362 ff; HKK/REPGEN §§ 362 ff Rn 53–63). Mit Rücksicht auf die Freiheit des Schuldners dürfte es richtig sein zu verlangen, dass der Schuldner willentlich in zurechenbarer Weise den

31

Leistungserfolg bewirkt hat (ausführliche Begründung dazu HKK/REPGEN §§ 362 ff Rn 64–72; ders, Freiheit als Ende von Schuld, in: 50 Jahre Koreanisches Zivilgesetzbuch [2011] 153, 165–168). Diese Voraussetzung muss in den Fällen des § 193 spätestens beim Ablauf des dem Fristende folgenden nächsten Werktags erfüllt sein.

3. Die vom Fristende ausgenommenen Tage

32 **a)** Soweit § 193 **Samstage** und **Sonntage** betrifft, ist die Regelung ohne weiteres klar. Sie sind bundesweit einheitlich *nach dem Kalender* bestimmt.

Die in § 193 angesprochenen sogenannten **gesetzlichen Feiertage** werden den Sonntagen gleichgestellt. Fällt das Fristende auf einen Feiertag, so läuft die Frist regelmäßig erst am nächstfolgenden Werktag ab. Nicht zu den Feiertagen iSv § 193 zählen hingegen die *kirchlichen* Feiertage, soweit sie nicht zugleich gesetzliche Feiertage sind. Das gilt auch, wenn die kirchlichen Feiertage gesetzlich geregelt sein sollten, wie zB in Baden-Württemberg (§§ 2, 4 FeiertagsG, GBl 1995, 450). Die Relevanz nicht bundeseinheitlicher Feiertage richtet sich nach dem Erklärungs- oder Leistungsort (vgl §§ 269 f). Bei voneinander abweichenden Feiertagsregeln gilt also das Recht des Leistungsortes.

33 Kraft Bundesgesetzes ist der **3. Oktober** zur Erinnerung an den Einigungsvertrag, der den Beitritt der Länder der ehemaligen DDR zum Bundesgebiet regelte, als Tag der deutschen Einheit staatlich anerkannter allgemeiner (dh gesetzlicher) Feiertag (Art 2 Abs 2 Einigungsvertrag v 31. 8. 1990, BGBl II 889). Er löst den 1953 eingeführten Feiertag am 17. Juni (G v 4. 8. 1953, BGBl I 778) ab.

34 **b)** Darüber hinaus gibt es eine Reihe von Tagen, die landesrechtlich *im ganzen Bundesgebiet* übereinstimmend als gesetzliche Feiertage anerkannt sind. Die notwendig auf einen Sonntag fallenden Feiertage (Ostern, Pfingsten) können im Zusammenhang mit § 193 außer Betracht bleiben, da diese Tage als Sonntag ohnehin geschützt sind. Zu nennen sind jedoch die kalendermäßig festen Feiertage: **Neujahr** (1. Januar), **1. Mai** und **Weihnachten** (25./26. Dezember). Hinzu kommen einige, im Kalender bewegliche, kirchliche Feiertage, die zugleich gesetzlich anerkannt sind: **Karfreitag, Ostermontag, Christi Himmelfahrt, Pfingstmontag**.

35 Seit der Abschaffung des Buß- und Bettages als gesetzlichem Feiertag (hierzu MARSCHNER DB 1995, 1026) gibt es in den Ländern **Berlin** (§ 1 Abs 1 G über die Sonn- und Feiertage idF v 2. 12. 1994, GVBl 491), **Bremen** (§ 2 Abs 1 G über die Sonn- und Feiertage idF v 29. 11. 1994, GBl 307), **Hamburg** (§ 1 FeiertagsG idF v 20. 12. 1994, GVBl 441), **Niedersachsen** (§ 2 Abs 1 NFeiertagsG v 7. 3. 1995, GVBl 51) und **Schleswig-Holstein** (§ 2 Abs 1 G über die Sonn- und Feiertage idF v 6. 3. 1997, GVOBl 149; Abschaffung des Buß- und Bettages bereits im G v 5. 11. 1996, GVOBl 650) **keine anderen Feiertage** als die in Rn 33 und 34 aufgezählten Tage.

36 **c)** In den übrigen Bundesländern sind *zusätzlich* zu den in Rn 34 genannten weitere Feiertage gesetzlich anerkannt. Hinsichtlich der Rechtsfolgen in Bezug auf § 193 ist zu beachten, dass sich diese Feiertage **nur** dann **auswirken**, wenn sie dort gelten, **wo der Erklärungs- oder Leistungsort ist**. Läuft zB eine Rechtsmittelfrist am BAG am Fronleichnamstag ab, der in Erfurt kein gesetzlicher Feiertag ist, so

Abschnitt 4
Fristen, Termine § 193

muss ein Kläger aus Nordrhein-Westfalen notfalls eben an diesem Feiertag tätig werden (BAG [24. 8. 2011] 8 AZN 808/11 Rn 5, 8 – Fristende: Donnerstag, 23. Juni 2011, obwohl in Nordrhein-Westfalen dieser Tag ein Feiertag ist).

In **Baden-Württemberg** sind nach § 1 FeiertagsG (GBl 1995, 450) zusätzliche gesetz- **37** liche Feiertage das Fest Erscheinung des Herrn (6. Januar), Fronleichnam (2. Donnerstag nach Pfingsten) und Allerheiligen (1. November).

Regional sehr unterschiedliche Bestimmungen gelten in **Bayern** (G über den Schutz **38** der Sonn- und Feiertage idF v 23. 12. 1994, GVBl 1049; vgl im Übrigen FeiertagsG v 21. 5. 1980, GVBl 1980, 215). Einheitlich gilt als zusätzlicher Feiertag im ganzen Land das Fest Erscheinung des Herrn (6. Januar), das Fronleichnamsfest (2. Donnerstag nach Pfingsten) und Allerheiligen (1. November). Mariä Himmelfahrt (15. August) ist nur in Gemeinden mit überwiegend katholischer Bevölkerung gesetzlicher Feiertag. Im Stadtkreis Augsburg ist auch das Friedensfest am 8. August gesetzlicher Feiertag in Erinnerung an die Wiederherstellung der konfessionellen Gleichberechtigung der Protestanten im Zusammenhang mit dem Westfälischen Frieden von 1648 (dazu: JESSE, Friedensgemälde 1650–1789. Zum Hohen Friedensfest am 8. August in Augsburg [1981]).

In **Brandenburg** ist nach dem § 2 G über die Sonn- und Feiertage idF v 19. 12. 1994 **39** (GVBl I 514; die Änderung v 7. 4. 1997, GVBl I 32 betraf nur andere Teile des FeiertagsG) neben den in allen Bundesländern geltenden Feiertagen nur der Reformationstag am 31. Oktober Feiertag.

In **Hessen** ist nach § 1 HFeiertagsG idF v 26. 11. 1997 (GVBl 1997 I 396) das Fron- **40** leichnamsfest am 2. Donnerstag nach Pfingsten ein zusätzlicher Feiertag.

In **Mecklenburg-Vorpommern** gilt nach § 2 Abs 1 FeiertagsG M-V idF v 20. 12. 1994 **41** (GVOBl 342, 1055) dieselbe Regelung wie in Brandenburg: der Reformationstag am 31. Oktober ist der einzige zusätzliche Feiertag.

In **Nordrhein-Westfalen** sind nach § 2 Abs 1 FeiertagsG NW idF v 20. 12. 1994 (GVBl **42** 1114) das Fronleichnamsfest am 2. Donnerstag nach Pfingsten und Allerheiligen (1. November) zusätzliche Feiertage.

In **Rheinland-Pfalz** gilt nach § 2 Abs 1 FeiertagsG idF v 20. 12. 1994 (GVBl 474) **43** dieselbe Regelung wie in Nordrhein-Westfalen.

Im **Saarland** gilt nach § 2 Abs 1 G über die Sonn- und Feiertage idF v 14. 12. 1994 **44** (ABl 1976, 13 ff; 1995, 18) dieselbe Regelung wie in Nordrhein-Westfalen.

In **Sachsen** sind nach dem § 1 Abs 1 G über Sonn- und Feiertage v 10. 11. 1992 (GVBl **45** 536) neben den in allen Bundesländern geltenden Feiertagen der Reformationstag (31. Oktober) und – einzigartig in der Bundesrepublik – der Buß- und Bettag (3. Mittwoch im November) sowie in den durch VO bestimmten Regionen auch das Fronleichnamsfest am 2. Donnerstag nach Pfingsten gesetzliche Feiertage.

In **Sachsen-Anhalt** sind nach § 2 G über die Sonn- und Feiertage idF v 16. 12. 1994 **46**

(GVBl 1044) das Fest der Erscheinung des Herrn (6. Januar) und der Reformationstag (31. Oktober) zusätzliche gesetzliche Feiertage.

47 In **Thüringen** schließlich ist nach § 2 ThürFtG idF v 21. 12. 1994 (GVBl 1221) neben den in allen Bundesländern geltenden Feiertagen wie in Brandenburg und Mecklenburg-Vorpommern nur der Reformationstag gesetzlicher Feiertag. In Gemeinden mit überwiegend katholischer Wohnbevölkerung kann der Innenminister durch Rechtsverordnung den Fronleichnamstag als gesetzlichen Feiertag bestimmen. Bis dahin gilt nach § 10 Abs 1 ThürFtG das Fronleichnamsfest in den Gemeinden als gesetzlicher Feiertag, in denen es im Jahre 1994 als solcher begangen wurde. Dazu zählten 93 Gemeinden im Landkreis Eichsfeld, 7 Gemeinden im Unstrut-Hainich-Kreis und 6 Gemeinden im Wartburgkreis, nicht aber die Landeshauptstadt Erfurt, die auch Sitz des BAG ist (BAG [24. 8. 2011] 8 AZN 808/11 Rn 8).

48 d) Religiöse bzw **kirchliche Feiertage** außer den in Rn 35–47 aufgeführten sind keine gesetzlichen Feiertage, selbst dann nicht, wenn beide Vertragspartner derselben Konfession angehören (vgl schon für die Zeit vor dem Inkrafttreten des BGB ROHGE [27. 6. 1871] 2, 409, 411). Sie spielen daher für den Fristablauf keine Rolle, unabhängig davon, dass die Feiertagsgesetze der Länder manchen kirchlichen Feiertagen einen gewissen öffentlich-rechtlichen Schutz gewähren, indem beispielsweise öffentliche Sportveranstaltungen oä für bestimmte Tageszeiten untersagt werden. Selbstverständlich können solche kirchlichen Feiertage aber aufgrund privatautonomer Vereinbarung Berücksichtigung finden. Außerdem kann unter Kaufleuten ein religiöser Feiertag durch Handelsbrauch iS des § 346 HGB bindend sein (vgl STAUDINGER/COING[11] Rn 6). Tage wie Heilig Abend (24. Dezember; OVG Hamburg [9. 2. 1993] NJW 1993, 1941; VGH Mannheim [24. 11. 1996] NJW 1987, 1353) oder Silvester (31. Dezember) fallen ebenso wenig wie der Rosenmontag oder der Faschingsdienstag unter § 193 (VGH München [12. 2. 2008] 14 ZB 07. 3116; **aA** für die Auslegungsfrist nach § 3 Abs 2 Satz 1 BauGB LEY BauR 2000, 654, 655, da am letzten Tag der Frist die Einsichtnahme in den Planentwurf möglich sein müsse).

III. Rechtsfolgen

49 1. § 193 ordnet an, es trete an die Stelle eines Sonnabends, Sonntags oder Feiertags der nächste Werktag. Eine **Frist** wird also **um den nächstfolgenden Werktag verlängert**, ein Termin entsprechend verlegt, wenn sonst das *Fristende* bzw der Termin auf einen der in § 193 genannten Tage fiele. Fällt das Fristende auf einen Freitag, der zugleich ein Feiertag ist, so tritt an dessen Stelle der folgende Werktag. Bei Anwendung deutschen Rechts wäre das der folgende Samstag. Aber auch dieser Tag ist nach § 193 ausgenommen. So verschiebt sich das Fristende auf den nächsten Montag um 24.00 Uhr, wenn dieser Montag nicht seinerseits – wie zB Ostermontag – auch ein Feiertag ist (SOERGEL/NIEDENFÜHR Rn 2). Wenn Samstage, Sonn- und Feiertage in den Lauf der Frist, also nicht auf deren Ende fallen, ist das für die Dauer der Frist ohne Bedeutung (LG Wuppertal [6. 7. 1993] WuM 1993, 450; PWW/KESSELER Rn 4).

Allerdings enthält § 193, wie es in § 186 ausdrücklich vorgesehen ist, nur eine *Auslegungsregel*. Aus einer rechtsgeschäftlichen Vereinbarung, insbesondere einem Fixgeschäft (so schon Prot II 1, 191), kann die Verpflichtung zur Leistung gerade an einem Sonn- oder Feiertag folgen. Es genügt, wenn dies konkludent vereinbart wird, wie es insbesondere bei Tages- oder Stundenfristen häufig der Fall sein wird (PALANDT/ELLENBERGER Rn 4). – Bei *prozessualen Tages- und Stundenfristen* ist allerdings in § 222 Abs 3 ZPO die Berücksichtigung der Ruhe- und Feiertage vorgeschrieben. Wenn an einem Gericht ein dienstfreier Tag stattfindet, der kein gesetzlicher Feiertag ist, so führt das nicht zu einer Verlängerung der Frist bis zum Ablauf des nächsten Werktages (BFH [18. 4. 1996] NJW 1997, 416). – Was von den prozessualen Fristen gesagt ist, gilt auch für die im materiellen Recht anzutreffenden Klagefristen (AG Berlin-Schöneberg [26. 10. 2006] Grundeigentum 2006, 1621 zu § 558b Abs 2). – Zur Bedeutung des § 193 bei der Verlängerung einer prozessualen Frist vgl § 190 Rn 4.

2. Für die *Leistungsannahme* gilt auf der Empfängerseite bei Handelsgeschäften § 358 HGB, wonach Leistungen nur während der Geschäftszeit angenommen werden müssen. Andere Empfänger müssen Leistungen nach Maßgabe des § 294 nur *zur angemessenen Zeit* annehmen; gem § 271 können Treu und Glauben und die Verkehrssitte eingreifen (SOERGEL/NIEDENFÜHR Rn 4). § 193 ändert diese Regeln ebenso wenig wie diejenigen des Zugangs von *Willenserklärungen* (dazu § 188 Rn 4–8). Eine Verpflichtung zu besonderen Empfangsvorkehrungen an den Tagen des § 193 ist nicht aus dieser Vorschrift ableitbar. – Zur Situation nach Art 3 Abs 2 Europäisches Übereinkommen über die Berechnung von Fristen und nach Art 1:304 Abs 3 S 2 PECL vgl § 188 Rn 3. 50

3. § 193 soll nur den Erklärenden oder Leistenden begünstigen. Dies bedeutet, dass der Adressat bzw Leistungsempfänger durch § 193 *kein besonderes Ablehnungsrecht* an Ruhe- oder Feiertagen erhält (vgl PALANDT/ELLENBERGER Rn 5; BGB-RGRK/JOHANNSEN Rn 8; MünchKomm/GROTHE Rn 13; **aA** SCHROETER JuS 2007, 29, 33 unter Hinweis darauf, dass auch die Sonntagsruhe des Gläubigers geschützt sei). Ob der Gläubiger zur Mitwirkung verpflichtet ist, bestimmt sich nach dem Inhalt des Rechtsgeschäfts unter Berücksichtigung von Treu und Glauben. Der Gesetzgeber meinte zwar, der Gläubiger könne mit demselben Recht wie der Schuldner Schutz gegen eine Störung der Sonntagsruhe fordern, aber er hielt dafür, es werde dies durch die Verkehrssitte eine befriedigende Lösung finden (Prot II 1, 193), sodass auch die Entstehungsgeschichte der hier vertretenen Auffassung nicht entgegensteht. 51

4. Fälligkeit

Uneinheitlich wird der Einfluss von § 193 auf den Eintritt der Fälligkeit beurteilt. Fälligkeit bezeichnet dabei denjenigen Zeitpunkt, von dem ab der Gläubiger die Leistung verlangen kann (PALANDT/GRÜNEBERG § 271 Rn 1). Wann eine Leistung fällig wird, ist in erster Linie Auslegungsfrage. Sofern ein besonderes Leistungsinteresse an einem der Tage des § 193 besteht, bleibt § 193 ohne Beachtung. Besteht aber keine besondere Vereinbarung oder hat das Geschäft sonst keinen fixen Charakter, so gilt für die Leistungspflicht § 193. Die Leistung kann dann nicht vor dem Ablauf von Samstag, Sonntag oder Feiertag verlangt werden. Das entspricht gerade dem Schutzzweck der Wahrung der Sonntagsruhe. § 193 bewirkt daher eine Fristverlängerung. Der Leistungserfolg muss erst am folgenden Werktag eintreten. Endet eine Leistungsfrist, zB für die Vergütung, an einem der Tage des § 193, so verschiebt sich der Fälligkeitstag auf den nächsten Werktag (so BAG [15. 5. 2001] MDR 2001, 1419 f; BGH [1. 2. 2007] NJW 2007, 1581, 1583 Rn 24 – Telekom, mAnm SCHROETER EWiR 2007, 515 sowie ARTZ LMK 2005, 85; [30. 11. 2010] VIII ZR 293/08 Rn 12; LAG Mecklenburg-Vorpommern [24. 1. 2008] 1 52

Sa 168/07 Rn 32 – Zahltag; Schroeter JuS 2007, 29, 33; Palandt/Ellenberger Rn 5; Münch-Komm/Grothe Rn 13).

53 In der Kommentarliteratur wird gelegentlich verallgemeinernd ein Einfluss des § 193 auf den Fälligkeitstermin geleugnet (Soergel/Niedenführ Rn 6; jurisPK-BGB/Becker Rn 43; so wohl auch obiter BGH [10. 5. 2001] NJW 2001, 2324, 2325; aA – ohne Begründung – Boujong-Ebenroth-Joost/Kindler § 353 HGB Rn 14). Diese Auffassung ist jedoch mit dem Begriff der Fälligkeit schwerlich vereinbar, denn eine Forderung ist dann fällig, wenn der Gläubiger die Bewirkung der Leistung verlangen darf (BGHZ [19. 12. 1990] 113, 188, 191 f; Staudinger/Bittner [2009] § 273 Rn 25; Staub/Canaris § 353 HGB Rn 14). Nach § 193 darf der Gläubiger eben gerade nicht die Leistung schon am Samstag oder Sonntag oder Feiertag verlangen, wenn es nicht besonders ausdrücklich oder konkludent vereinbart worden ist; die Leistung ist noch nicht fällig. Eine Differenzierung zwischen der Zeit der Zahlungspflicht und dem Fälligkeitstermin ist begrifflich nicht möglich (zustimmend BGH [1. 2. 2007] NJW 2007, 1581, 1583 Rn 25). Das Gesetz möchte durch die Verlagerung des Fälligkeitszeitpunktes den Schuldner davor bewahren, entweder die Sonn- und Feiertagsruhe zu stören oder aber Nachteile, wie evtl die Verpflichtung zur Zahlung von Verzugszinsen, in Kauf nehmen zu müssen. Würde der Fälligkeitstermin nicht durch § 193 verschoben, realisierten sich aber gerade solche Nachteile (BGH [1. 2. 2007] NJW 2007, 1581, 1583 Rn 25). – Das gilt auch für die Verpflichtung zur Zahlung von *Fälligkeitszinsen* nach § 353 S 1 HGB. Sie entsteht erst mit der Fälligkeit der Forderung, die aber nicht an einem der Tage des § 193 eintreten kann, solange nichts anderes vereinbart ist (BGH [1. 2. 2007] NJW 2007, 1581, 1584 Rn 30).

54 Einigkeit besteht aber im Ergebnis darüber, dass die am folgenden Werktag nachgeholte Leistung nicht auf den ursprünglichen Fälligkeitstermin zB am vorausgegangenen Samstag zurückwirkt. Wer ein Darlehen eigentlich am Samstag zurückzuzahlen hat, aber wegen § 193 mit befreiender Wirkung am Montag zahlt, muss auch für Samstag und Sonntag *Darlehenszinsen* entrichten, gerät aber nicht in Verzug (so der Fall in OLG Frankfurt [23. 1. 1975] NJW 1975, 1971 f – mit dieser Entscheidung lässt sich die in Rn 52 erläuterte Auffassung eines Teils der Kommentarliteratur nicht begründen, weil die Verpflichtung zur Zahlung der Darlehenszinsen nicht auf der Fälligkeit der Rückzahlung beruht). – Zur Fälligkeit des Mietzinses vgl oben Rn 5.

5. Verzug

55 Nach § 286 Abs 3 S 1 tritt nach Ablauf von dreißig Tagen nach Fälligkeit und Zugang einer Rechnung Verzug ein mit der Folge, dass vom einunddreißigsten Tag an Verzugszinsen nach § 288 zu zahlen sind. Nach verbreiteter Auffassung gilt für diese Dreißigtagefrist nicht § 193 (LG Bonn [1. 4. 2005] 11 O 112/04; Bamberger/Roth/Lorenz § 286 Rn 47; U Huber JZ 2000, 743, 744). Begründet wird diese Auffassung im Wesentlichen damit, die Dreißigtagefrist verschiebe nicht die Fälligkeit und damit die Leistungspflicht des Schuldners, sondern setze nur fest, wann der Verzug eintrete. Die Leistung sei „sofort" nach Fälligkeit zu bewirken (U Huber JZ 2000, 743, 744 Fn 8). Zuzugeben ist, dass die Fälligkeit von der Regelung in § 286 Abs 3 S 1 unabhängig und die Leistung einklagbar ist. Zugleich gilt aber auch, dass die *Verzugsfolgen* nach dieser Vorschrift an eine weitere Frist gebunden werden. Sie setzen den Verzugseintritt voraus. Nichts hindert den Gesetzgeber, im Anschluss an die Fälligkeit eine weitere Frist beginnen zu lassen, deren Ablauf über den Eintritt der

Verzugsfolgen entscheidet. Diese Verzugsfrist berechnet sich als Tages-, nicht Monatsfrist, nach den Vorschriften der §§ 187 ff. Hätte der Gesetzgeber etwas anderes gewollt, hätte er dem Ausdruck verleihen müssen. Daher verschiebt sich gem § 193 der Verzugseintritt auf den nächstfolgenden Werktag, wenn die Dreißigtagefrist auf einen Samstag, Sonn- oder Feiertag fällt (BGH [1. 2. 2007] NJW 2007, 1581, 1583 f Rn 27–30; PALANDT/GRÜNEBERG § 286 Rn 30; MünchKomm/ERNST § 286 Rn 88 [seit 6. Aufl]; PWW/ SCHMIDT-KESSEL § 286 Rn 20; STAUDINGER/LÖWISCH/FELDMANN [2009] § 286 Rn 106; ERMAN/ HAGER § 286 Rn 54; JAUERNIG/STADLER § 286 Rn 34).

Nichts anderes ergibt sich aus dem Urteil des EuGH 01051 Telecom vs Deutsche Telekom ([3. 4. 2008] NJW 2008, 1935, 1936 Rn 28, 32 m zust Anm STAUDINGER DNotZ 2009, 198 ff sowie mAnm GSELL GRP 2008, 165 ff), das im Zusammenhang mit dem oben Rn 52 erwähnten, vom BGH am 1. Februar 2007 (NJW 2007, 1581) entschiedenen, Rechtsstreit steht. Der EuGH hatte sich auf Vorlage des OLG Köln mit der Frage zu beschäftigen, zu welchem Zeitpunkt eine Zahlung durch Banküberweisung als rechtzeitig bewirkt anzusehen sei, sodass keine Verzugszinsen nach Art 3 Abs 1 lit c Ziff ii der Richtlinie EG 2000/35 zu zahlen seien. Hinsichtlich der Verpflichtung zur Zahlung von Zinsen aus dem zwischen den Parteien geschlossenen Fakturierungs- und Inkassovertrag hatte das OLG durch Teilurteil entschieden, womit sich der BGH in seinem Revisionsurteil zu beschäftigen hatte. Das Urteil des EuGH behandelt und bejaht die Frage, ob für die Leistungsbewirkung die Gutschrift auf dem Konto des Empfängers erforderlich ist. Welche Auswirkung hingegen das Ende der Dreißigtagesfrist an einem Samstag, Sonn- oder Feiertag für die Auslösung der Verzugsfolgen hat, war nicht Gegenstand des EuGH-Urteils. Es ist aber daran zu erinnern, dass **Art 3 Abs 4 EG-FristenVO** (vgl § 186 Rn 14) **völlig parallel zu § 193** liegt, soweit vorwärtslaufende Fristen betroffen sind. Also ist auch bei gemeinschaftsrechtskonformer Auslegung von § 286 Abs 3 die Vorschrift des § 193 für den Ablauf der Dreißigtagefrist zu beachten (vgl OLG Köln [21. 4. 2009] 18 U 78/05 Rn 45).

6. Weitere Einzelfälle der Anwendung von § 193

Die Zweitagesfrist zugunsten der Behörde für die Entscheidung über die Einreise 56
eines Ausländers auf dem Luftweg gemäß § 18a Abs 6 Nr 2 AsylVfG kann nicht an einem Samstag, Sonntag oder Feiertag ablaufen (VG Frankfurt [13. 2. 2001] AuAS 2001, 118–120). – Das Fristende für die Stellung eines Antrags auf Fortführung eines Widerspruchsverfahrens richtet sich nach § 193 (VG Frankfurt [9. 9. 1999] NVwZ-RR 2000, 262 f).– Fällt das Ende der Dreitagesfrist des § 122 Abs 2 Nr 1 AO (Fiktion der Bekanntgabe eines Verwaltungsaktes bei postalischer Übermittlung) auf einen der Tage des § 193 (bzw des inhaltsgleichen § 108 Abs 3 AO), so verlängert sich die Frist entsprechend bis zum nächsten Werktag (BFH [14. 10. 2003] BStBl II 2003, 898; bestätigt von BFH [9. 11. 2005] NJW 2006, 1615, 1616 [zu diesem Urteil bereits § 187 Rn 5 und § 188 Rn 6]; FG Brandenburg [7. 9. 2004] EFG 2005 Nr 569). Das soll aber nach der Auffassung des BFH ([9. 11. 2005] NJW 2006, 1615, 1616) jedoch nicht gelten, wenn es nicht auf die Zugangsvermutung nach § 122 Abs 2 Nr 1 AO ankomme, sondern auf den Tag des tatsächlichen Zugangs. Dann sehe das Gesetz keine Verschiebung auf den nächstfolgenden Werktag vor. Diese Differenzierung wird zwar in der Praxis nunmehr Beachtung verlangen, überzeugt aber nicht. Plausibel ist, dass es in den Fällen, in denen der Zugang nicht anhand der Dreitagefrist fingiert werde, gar nicht um eine Frist gehe (BFH [9. 11. 2005] NJW 2006, 1615, 1616). Die Bekanntgabewirkung einer Zustellung

eines Bescheides an eine Firma an einem arbeitsfreien Samstag bleibt hingegen zweifelhaft (vgl oben § 188 Rn 6).

7. Einzelfälle der Nichtanwendung von § 193

57 Für den *Fristbeginn* ist § 193 ohne Bedeutung. Eine Frist kann daher auch an einem Samstag, Sonntag oder Feiertag zu laufen beginnen (BFH [28. 11. 2007] IX B 175/07 Rn 3). – Auf *Stichtagsregelungen* ist § 193 nicht anwendbar (OVG Münster [15. 7. 2010] 12 A 617/09 Rn 16 zu § 18b Abs 3 BAföG; AG Ludwigslust [13. 12. 2001] 2 C 8/01 zu § 10 Abs 1 MeAnlG), solange nicht an dem Stichtag eine Erklärung abgegeben oder eine Leistung erbracht werden muss. – Die *Sperrfrist des § 88 InsO* wird nach § 139 InsO ohne Rücksicht auf Wochenenden und Feiertage berechnet. § 193 gilt hier nicht (LG Berlin [25. 9. 2001] ZIP 2001, 2293 f). – Die *Geltendmachung der Nichtigkeit* eines Hauptversammlungsbeschlusses einer Aktiengesellschaft ist nach Ablauf von drei Jahren ausgeschlossen, § 242 Abs 2 S 1 AktG. Diese Frist läuft nach Auffassung des OLG Düsseldorf ohne Rücksicht auf § 193 ab ([5. 4. 2001] DB 2001, 2086 f). Dasselbe gilt für die rückwärts zu berechnenden Fristen nach §§ 121 ff AktG (vgl oben Rn 26). – Enthält ein *Urteil* entgegen den gesetzlichen Bestimmungen *keine Gründe,* beruht es auf einer Verletzung des Rechts (zB §§ 547 Nr 6 ZPO, 138 Nr 6 VwGO). Nach Auffassung der Rechtsprechung liegt dieser Fall auch dann vor, wenn die Entscheidungsgründe nicht innerhalb von fünf Monaten nach der Verkündung schriftlich niedergelegt, vom Richter unterschrieben und der Geschäftsstelle zur Zustellung übergeben worden sind, weil sonst die Gefahr bestehe, dass aufgrund von Erinnerungslücken die schriftlichen Urteilsgründe nicht mehr beurkunden, was zuvor auf der Grundlage der mündlichen Verhandlungen und der Beratung geurteilt worden ist (GemS-OGB [27. 4. 1993] NJW 1993, 2603, 2604 f). Die Fünfmonatsfrist endet mit Ablauf desjenigen Tages des letzten der fünf Monate, der der Zahl nach dem Tag der Verkündung des Urteils entspricht, wie es § 188 Abs 2 entspricht. Ob dieser Tag ein Samstag, Sonn- oder Feiertag ist, spielt für den Fristablauf entgegen § 193 keine Rolle, da die fünf Monate eine äußerste Grenze darstellen und das Erinnerungsvermögen nicht nur an Werktagen abnimmt. Im Interesse der Rechtssicherheit wird diese Grenze starr, unabhängig vom Einzelfall, gezogen (BAG [17. 2. 2000] BB 2000, 1683, 1684; BSG [17. 2. 2009] B 2 U 189/08 B).– Für *Zehnjahresfrist des § 14 Abs 1 S 1 ErbStG,* die durch den Letzterwerb ausgelöst wird, kommt es trotz § 108 Abs 3 AO nicht darauf an, ob die rückwärtslaufende Frist an einem Samstag, Sonn- oder Feiertag endet, weil der Zweck von § 14 Abs 1 ErbStG die Berechnung der Schenkungssteuer für den Letzterwerb ist. Der Zeitraum des Vorerwerbs hat nichts mit dem Schutzziel von § 193 bzw dem insoweit gleichen § 108 Abs 3 AO zu tun (BFH [28. 3. 2012] II R 43/11 Rn 18 f, zur Berechnung des Fristendes in diesem Fall s oben § 188 Rn 21). – § 193 ist für den in *§ 11 Abs 1 und 2 EStG* festgelegten Zeitraum des Zu- oder Abflusses von Geld ohne Bedeutung, weil es schon tatbestandlich weder um eine Erklärung noch eine Leistung geht (FG Hannover [24. 2. 2012] 3 K 468/11 Rn 22). – Bei der Berechnung der Rückfrist für den *Verbund von Scheidungs- und Folgesachen* gem § 137 Abs 2 FamFG bleibt § 193 unberücksichtigt (OLG Brandenburg [20. 12. 2011] 13 UF 128/11 Rn 8). – Ist in einem *Wohnungsmietvertrag* als *Anfangstermin* ein Datum festgelegt, das auf einen Sonntag fällt, muss die Übergabe im Zweifel spätestens zu diesem Tag ohne Rücksicht auf § 193 geschehen (LG Berlin [16. 3. 2012] 65 S 219/10 Rn 5).

Abschnitt 5
Verjährung

Vorbemerkungen zu §§ 194–225

Schrifttum

AMELOTTI, La prescrizione delle azioni in diritto romano (1958)
BALDUS, Anspruch und Verjährung – Geschichte und System, in: Verjährungsrecht in Europa (2011) 5
BECKER/BADER, Bedeutung der gesetzlichen Verjährungsfristen und tariflichen Ausschlussfristen im Kündigungsrechtsstreit, BB 1981, 1709
BIRR, Verjährung und Verwirkung (2. Aufl 2006)
BRENNER, Die exceptio doli generalis in den Entscheidungen des Reichsgerichts (Diss Frankfurt 1926)
BUCHKA, Der unvordenkliche Besitz des gemeinen deutschen Zivilrechts (1841)
BÜDENBENDER, Die Verjährung zivilrechtlicher Ansprüche, JuS 1997, 481
CHAB, in: ZUGEHÖR/FISCHER/VILL/FISCHER/RINKLER/CHAB, Handbuch der Anwaltshaftung (3. Aufl 2011) Rn 1263 ff
DANCO, Die Perspektiven der Anspruchsverjährung in Europa (Diss Berlin 2001)
DÖRNER, Die Verjährung (2. Aufl 1962)
DÖRR, Die Verjährung vermögensrechtlicher Ansprüche im öffentlichen Recht, DÖV 1984, 12
ERDSIEK, Verjährungseinrede, NJW 1959, 471
D FISCHER, in: ZUGEHÖR/FISCHER/VILL/FISCHER/RINKLER/CHAB, Handbuch der Anwaltshaftung (3. Aufl 2011) Rn 2075 ff
GAUL, Tarifliche Ausschlussfristen (1964)
GRAWEIN, Verjährung und gesetzliche Befristung (1880)
GRUNSKY, Ausschlussfristen und Verjährung, in: FS Kissel (1994) 281
GUCKELBERGER, Die Verjährung im öffentlichen Recht (2004)

HAENICKE, Zur Einrede der Verjährung im öffentlichen Recht, NVwZ 1995, 348
HEYMANN, Das Vorschützen der Verjährung (1895)
HOCHE, Unstimmigkeiten im Verjährungsrecht, in: FS H Lange (1970) 241
HÖLDER, Die Normierung der Verjährung im Entwurfe eines bürgerlichen Gesetzbuchs für das Deutsche Reich, ArchBürgR 11, 217
JAHNKE, Verjährung und Verwirkung im Schadensersatzrecht, VersR 1998, 1343, 1473
JAHR, Die Einrede des bürgerlichen Rechts, JuS 1964, 125, 218, 293
KARAKANTAS, Die Verwirkung (1938)
KEGEL, Verwirkung, Vertrag und Vertrauen, in: FS Pleyer (1986) 513
KLEIN/MOUFANG/KOOS, Ausgewählte Fragen zur Verjährung, BauR 2009, 333
KLEINSCHMIDT, Einheitliche Verjährungsregeln für Europa?, AcP 213 (2013) 538
LANDFERMANN, Das Uncitral-Abkommen über die Verjährung beim internationalen Warenkauf, RabelsZ 39 (1975) 253
LANGE, Die verwaltungsrechtliche Verjährung (1984)
LANGER, Gesetzliche Ausschlussfristen im Arbeitsrecht (1993)
LARENZ, Unvordenkliche Verjährung und Wasserbenutzungsrecht, NJW 1955, 1786
LAWSON, Zeitablauf als Rechtsproblem, AcP 159 (1960/61) 97
LEENEN, § 477: Verjährung oder Risikoverlagerung (1997)
LOHBECK, Zur Frage der Verjährungseinrede von Körperschaften des öffentlichen Rechts, NJW 1965, 1575
MOUFANG, Das Verhältnis der Ausschlussfristen zur Verjährung: Ein ausgewähltes Rechtspro-

blem aus der Inhaltskontrolle vertraglicher Ausschlussfristen (Diss Frankfurt aM 1996)
NABHOLZ, Verjährung und Verwirkung als Rechtsuntergangsgründe infolge Zeitablaufs (Diss Zürich 1961)
NAENDRUP, Die Verjährung als Rechtsscheinswirkung, JherJb 76, 237
NOLL, Zur Verjährung von Erfüllungsansprüchen aus Dauerschuldverhältnissen und anderen Ansprüchen auf eine dauernde Leistung (2003)
NÖRR, Die Entstehung der longi temporis praescriptio (1989)
OETKER, Die Verjährung. Strukturen eines allgemeinen Rechtsinstituts (1994)
PETERS, Die Verjährung im Familien- und Erbrecht. Eine exemplarische Fragestellung, AcP 208 (2008) 37
PIEKENBROCK, Befristung, Verjährung, Verschweigung und Verwirkung (2006)
REGELSBERGER, Zur Lehre von der Wirkung der Anspruchsverjährung, JherJb 41, 328
REMIEN (Hrsg), Verjährungsrecht in Europa – zwischen Bewährung und Reform (2011)
RIEZLER, Venire contra factum proprium (1912)
ROLL, Wandlungen im Verjährungsrecht, WM 1977, 1214
ROSENBERG, Verjährung und gesetzliche Befristung (1904)
ROTH, Die Einrede des Bürgerlichen Rechts (1988)
RUTZ, Die Wesensverschiedenheit von Verjährung und gesetzlicher Befristung, AcP 101 (1907) 405
ders, Zum Begriffe der Verjährung, ArchBürgR 33, 302
SÄCKER, Fristenhemmung und Fristenrestitution im Zivil- und Zivilprozessrecht, ZZP 80 (1967) 421
SCHMIDT, Die Unvordenklichkeit, ihr Ursprung und ihre Beziehungen zur Verschweigung und zum Rechtsbesitz (Diss Münster 1913)
SCHNEGRAF, Verjährung öffentlich-rechtlicher Forderungen, DVBl 1959, 803
SCHWINTOWSKI, Aktuelle Verjährungsfragen aus dem Bank- und Kapitalmarktrecht, BKR 2009, 89
SIEBERT, Verwirkung und Unzulässigkeit der Rechtsausübung (1934)
SPIRO, Die Begrenzung privater Rechte durch Verjährungs-, Verwirkungs- und Fatalfristen, 2 Bde (1975)
STUMPF, Die Verjährung öffentlichrechtlicher Ansprüche nach der Schuldrechtsreform, NVwZ 2003, 1198
STURM, Die Verjährung von Schadensersatzansprüchen der Gesellschaft gegen Leitungsorganmitglieder gemäß §§ 93 Abs 6 AktG, 43 Abs 4 GmbHG, 34 Abs 6 GenG (Diss Jena 2005)
vSPRECKELSEN, Verjährung von Fristenablauf, JZ 1951, 298
ders, Verjährung und Fristenablauf nach dem Gesetz vom 28. Dezember 1960, JZ 1951, 76
UCHIIKE, Das japanische Recht heute und seine Entwicklung unter europäischem Einfluss – aufgezeigt am Rechtsinstitut der Verjährung, AcP 184 (1984) 329
UNTERHOLZNER, Ausführliche Entwicklung der gesamten Verjährungslehre aus den gemeinen in Deutschland geltenden Rechten (2. Aufl 1858)
DE WALL, Die Anwendbarkeit privatrechtlicher Vorschriften im Verwaltungsrecht, dargestellt anhand der privatrechtlichen Regeln über Rechtsgeschäfte und anhand des Allgemeinen Schuldrechts (1999) 471
WEISS, Verjährung und gesetzliche Befristung (1905)
ZIMMERMANN, Die Verjährung, JuS 1984, 409.

Systematische Übersicht

I. Begriff und Geschichte der Verjährung

1. Verjährung im weiteren Sinne ___ 1
2. Praescriptio extinctiva, acquisitiva ___ 2
3. Anspruchsverjährung des BGB ___ 3
4. Wirkungsweise ___ 4

II. Zweck und Rechtfertigung der Verjährung

1. Die verdunkelnde Macht der Zeit ___ 5
2. Beschränkung der Stellung des Gläubigers ___ 8
3. Wahrung der Belange des Schuldners ___ 11

4.	Ausgleich der Interessen	12	3.	Verweisungen auf das BGB	43
			4.	Einzelheiten	44
III.	**Ausschlussfristen**				
1.	Begriff	14	**VIII.**	**Auslegung und Analogiebildung**	46
2.	Regelung	15	1.	Auslegung	47
			2.	Analogiebildung	48
IV.	**Verwirkung**				
1.	Allgemeines	18	**IX.**	**Intertemporales Recht, Recht**	
2.	Gegenstand der Verwirkung	22		**der DDR**	
3.	Das Zeitmoment als Voraussetzung der Verwirkung	26	1.	Überleitungsregelungen	49
			2.	Recht der DDR	52
4.	Das Umstandsmoment: 1. Objektive Elemente	28	**X.**	**Europarecht**	52a
5.	Das Umstandsmoment: 2. Verhalten des Gläubigers	29	**XI.**	**Internationales Privatrecht, Rechtsvergleichung**	
6.	Das Umstandsmoment: 3. Verhalten des Schuldners	32	1.	Anknüpfung generell	53
7.	Rechtsfolge	34	2.	Art 40 Abs 3 EGBGB	54
8.	Verwirkung im Prozess	35	3.	Ordre public	55
9.	Einrede der Verjährung	36	4.	Rechtsvergleichung	57
V.	**Unvordenkliche Verjährung**	37	**XII.**	**Verjährung im CESL**	57a
VI.	**Zivilrechtliche Ansprüche außerhalb des BGB**	38	**XIII.**	**Reform des Verjährungsrechts**	
			1.	Modernisierung des Schuldrechts	58
VII.	**Öffentliches Recht**	39	2.	Die bisherigen Bestimmungen der §§ 194–225	60
1.	Gesetzgebungskompetenz	40			
2.	Gewohnheitsrecht	41			

Alphabetische Übersicht

AGB des Gläubigers	13	Chance der Rechtsverwirklichung	11	
Analogie	48	Common European Sales Law (CESL)	57a ff	
Anerkenntnis	12	– Ablaufhemmung	57e f	
Anknüpfung im IPR	53	– Anerkenntnis	57g	
Anspruchsverjährung	3	– Anwendungsbereich	57b	
Anspruch, unbegründeter	5	– Beginn der Verjährung	57c	
Auslegung	47	– Dauerverpflichtung	57c	
Ausschluss		– Fristen	57c	
– Anwendung von Verjährungsvorschriften	16	– Hemmung	57d f	
– Fristen	14 ff	– Mängelrechte	57k	
– Wiedereinsetzung in den vorigen Stand	17	– Nichtleistung	57i	
– Wirkungsweise	15	– Rechtsfolgen der Verjährung	57h	
		– Vereinbarungen über die Verjährung	57l	
Beihilfen, Rückforderung europarechtswidriger	52a	DDR	49, 52	
Beweisnot, Schutz vor	5	Eigentum	8	

Vorbem zu §§ 194–225

Einrede	4
Entlastung der Gerichte	7
Ersitzung	1, 2
Europarecht	52a
Gemeinsames Europäisches Kaufrecht	57a ff
Geschäftsgrundlage	28
Gesetzgebungskompetenz	40
Gestaltungsrechte	14
Gewohnheitsrecht	41
Guter Glaube des Schuldners	5
Hemmung der Verjährung	13
Interessenabwägung	8 f
Interessenausgleich	12 f
Internationales Privatrecht	53 ff
Intertemporales Recht	49
Kenntnis des Gläubigers	9
Modernisierung des Schuldrechts	50, 58 f
Nichtgebrauch von Sachen	3
Öffentliches Interesse	7
Öffentliches Recht	19, 39
Ordre public	55
Praescriptio acquisitiva	2
Praescriptio extinctiva	2
Rechtsfrieden	7
Rechtsprechung, Änderung der	51
Rechtssicherheit	7, 14
Rechtsvergleichung	57
Reform des Verjährungsrechts	50, 58 f
Regressmöglichkeiten	5
Richtlinie, verspätete Umsetzung europäischer	52a
Schadenseinheit, Grundsatz der	10
Schuldner, gutwilliger	12
Schuldner, böswilliger	12
Synopse der Regelungen	60
Überleitungsregelungen	49 f
Vereinheitlichung	58
Verjährung	
– Anspruchs, des	3
– Begriff	1 ff
– Geschichte	1 ff
– im weiteren Sinne	1
– unvordenkliche	37
Vertragsfreiheit	13
Verwirkung	18 ff
– Arbeitsrecht, im	23
– Begriff	18
– Berufung auf	36
– Darlegungs- und Beweislast	35
– Dispositionen des Schuldners	33
– dogmatische Rechtfertigung	20
– Funktionen	20
– Gegenstand	22
– Kenntnis des Gläubigers	31
– Mietrecht, im	25, 26
– Prozess, im	35
– Rechtsfolge	34
– Rechtsgrund, verwirkte Forderung als	34
– öffentlichen Recht, im	19
– Stillhalten des Gläubigers	30
– Umstandsmoment	28 ff
– Umstände, fördernde	24
– von Unterhalt	23
– Verhalten des Gläubigers	29 ff
– Verhalten des Schuldners	32 f
– und Verjährung	21, 22, 27
– unzulässigen Rechtsausübung, Fall der	18
– der Verjährungseinrede	36
– Vertrauen	18 ff, 28, 29, 32 f
– Verzicht	19
– Wirkung	21
– Zeitmoment	26

I. Begriff und Geschichte der Verjährung

1 1. Unter *Verjährung im weiteren Sinne* versteht man die Herbeiführung eines neuen Rechtszustands durch Zeitablauf: Einmal kann der Zeitablauf zum *Rechts-*

erwerb im Wege der Ersitzung führen; er kann auch den *Untergang von Rechten durch Nichtgebrauch* bewirken oder den Untergang von Ansprüchen durch Nichtausübung nach sich ziehen. Ein solcher umfassender Begriff der Verjährung hat für das geltende deutsche Recht jedoch nur noch historische Bedeutung; praktisch ist er wertlos.

2. Das römische und das kanonische Recht sprachen allerdings noch von der *praescriptio extinctiva* und der *praescriptio acquisitiva* (zur geschichtlichen Entwicklung im Übrigen vgl STAUDINGER/COING[11] Vorbem 7 zu § 194). – Im 19. Jh trat dann bei der praescriptio extinctiva an die Stelle der primär prozessual gesehenen Actionenverjährung die rein materiellrechtlich verstandene Anspruchsverjährung (vgl § 194 Rn 2 ff).

3. Auch das BGB bezeichnet als Verjährung nur den Fall der *Anspruchsverjährung;* nur hierauf beziehen sich die Vorschriften der §§ 194 ff, vgl freilich die „Verjährung" bestimmter Gestaltungsrechte nach § 218. – Die Regeln über die Ersitzung sind in den §§ 900, 937 ff, 1033 enthalten und in der Sache eigenständig.

Einen Rechtsuntergang durch Nichtgebrauch von Sachen kennt das BGB nicht mehr. Jedoch sieht § 901 vor, dass mit dem Eintritt der Verjährung der Verlust des dem verjährten Anspruch zugrunde liegenden, aber nicht eingetragenen oder gelöschten Grundstücksrechts eintritt. Ebenso erlischt nach den §§ 1028 und 1090 Abs 2 eine Dienstbarkeit insoweit, als der Beseitigungsanspruch hinsichtlich einer die Dienstbarkeit beeinträchtigenden Anlage verjährt ist.

4. Die *Verjährung* des BGB *lässt das Recht nicht erlöschen,* sondern gibt dem Verpflichteten nur eine Einrede, von der er also keinen Gebrauch zu machen braucht und die eine Rückforderung des gleichwohl Geleisteten nicht ermöglicht, vgl näher § 214. Diese fehlende Rückforderungsmöglichkeit und der Erhalt von Sicherheiten nach § 216 weisen der Verjährung im Kreise der peremptorischen Einreden, zu denen sie gehört, eine schwächere Sonderstellung zu, vgl auch § 813 Abs 1.

II. Zweck und Rechtfertigung der Verjährung

1. Die verdunkelnde Macht der Zeit

a) Die Verjährung dient Zwecken nahezu ausschließlich zugunsten des Schuldners

aa) Hier ist primär zu nennen der *Schutz vor Beweisnot* (SPIRO I 8 ff; PALANDT/ELLENBERGER Rn 7 ff vor § 194). Zwar ist es an sich Aufgabe des Gläubigers, seinen Anspruch zu beweisen, doch mag ihm das trotz des Zeitablaufs noch gelingen, und dann ist der Schuldner aufgerufen, zu den anspruchsbegründenden Tatsachen den Gegenbeweis zu führen, für anspruchshemmende oder anspruchsvernichtende Tatsachen (zB Geschäftsunfähigkeit oder Erfüllung) den Vollbeweis. Der Zeitablauf kann aber zum Verlust von Belegen, bei Zeugen zur Unerreichbarkeit oder zum Vergessen führen. Die Verjährung hat hier die *Funktion der Beweisersparung* (BGHZ 17, 199, 206). Dem Schuldner wird die Möglichkeit der pauschalen Abwehr gegeben. *Ansprüche verjähren, weil sie unbegründet sind oder dies sein könnten.*

bb) Des Schutzes bedarf der Schuldner aber auch vor *begründeten Ansprüchen*. Sie können ihm – auch ohne Fahrlässigkeit – unbekannt bleiben; bei bekannten Ansprüchen kann das Anstehenlassen durch den Gläubiger Vertrauen darauf verstärken, dass die Forderung nicht würde durchgesetzt werden. Ohne die Verjährung würde der Schuldner den *Verlust etwaiger Regressmöglichkeiten* befürchten müssen, müsste er *Reserven für Risiken* bilden und könnte sich dann auch nicht mit der nötigen Freiheit neuen Geschäften und Unternehmen zuwenden (vgl Spiro I 11 ff).

cc) Diese beiden Zwecke sind gleichwertig (Spiro I 17). Sie sind auch nicht auf den Fall des guten Glaubens des Schuldners zu beschränken, so aber noch prALR I 9 § 569, vgl zur Unmaßgeblichkeit dieses Gesichtspunkts Spiro I 12 ff.

6 b) *Zwecke zugunsten des Gläubigers* erfüllt die Verjährung jedenfalls *nicht*. Der von ihr ausgehende Ansporn zur Geltendmachung von Forderungen, der hier genannt wird (vgl Staudinger/Dilcher[12] Vorbem 4 zu §§ 194 ff), scheidet aus (Spiro I 20 f), Erziehung ist nicht Aufgabe des Privatrechts, ebenso wenig Bevormundung.

7 c) Die Allgemeinheit profitiert allerdings von der Verjährung. Die durch sie bewirkte *Entlastung der Gerichte* kann aber nicht Zweck, sondern nur angenehmer *Nebeneffekt* der Verjährung sein (vgl Spiro I 21 f). Wäre es anders, so müsste die Verjährung von Amts wegen zu berücksichtigen sein, was sie nicht ist. – Die Verjährung fördert allerdings die *Sicherheit des Verkehrs* (BGHZ 59, 73, 74), dient damit der Rechtssicherheit (Palandt/Ellenberger Vor § 194 Rn 11), freilich nicht auch dem Rechtsfrieden (**aA** BGHZ 59, 73, 74; 128, 74, 82; Palandt/Ellenberger Vor § 194 Rn 7); erzeugt es doch Verbitterung, wenn ein unstreitig begründeter Anspruch nur wegen Verjährung abgewiesen wird. Indessen besteht ein *eigenständiges öffentliches Interesse* an der Verjährung *nicht* (vgl Spiro I 23) oder jedenfalls keines, das über die Summe der geschützten Einzelinteressen hinausginge und von diesen zu unterscheiden wäre.

2. Beschränkung der Stellung des Gläubigers

8 Wenn Forderungen Eigentum iSd Art 14 GG sind (vgl BVerfGE 45, 174; 68, 222), bedeutet die Anordnung ihrer Verjährbarkeit eine *Bestimmung von Inhalt und Schranken dieses Eigentums* iSd Art 14 Abs 1 S 2 GG. Dabei ist der Gesetzgeber nicht völlig frei. Es müssen die Interessen von Gläubiger und Schuldner in einen gerechten Ausgleich gebracht werden (BVerfGE 37, 140); eine einseitige Begünstigung des Schuldners durch die Verjährung zu Lasten des Gläubigers verbietet sich ebenso wie auch das Gegenteil einer „endlosen" Belastung des Schuldners, was § 207 Abs 1 S 1 nicht hinreichend berücksichtigt. Vgl näher zur Gestaltungsfreiheit des Gesetzgebers Peters AcP 208 (2008) 37.

a) Die Aufgabe einer Abwägung der Interessen beider Seiten stellt sich allerdings nur teilweise. Die *Verjährung von Ansprüchen als solche* ist notwendig, *unentbehrlich*, ein natürliches Postulat (Spiro I 18 f). Ansprüche sind ihrem Wesen nach zeitgebunden, verändern ihren Charakter mit deren Ablauf. Es kann schon zur Unmöglichkeit der Erfüllung kommen oder zur Funktionslosigkeit der Erfüllung. Der Anspruch aus dem Jahre 1979 ist 2009 nicht mehr derselbe. Irgendwann muss einmal Schluss sein. Und dieser Zeitpunkt ist mit dem Ablauf von dreißig Jahren (§§ 197

Abs 1, 199 Abs 2, Abs 3 Nr 2, 202 Abs 2) sicher nicht zu früh angesetzt als der längstmöglichen Frist.

b) Wenn Ansprüche regelmäßig weit früher verjähren, vgl nur die §§ 195, 199, **9** lässt sich dies schwerlich allein durch die Interessen des Schuldners rechtfertigen. Indessen sinken auch mit dem Anwachsen der legitimen Interessen des Schuldners an der Nichtdurchsetzung der Forderung die schützenswerten Interessen des Gläubigers an ihrer Durchsetzung. Dass er seine Forderung nicht realisiert, kann uU einem Verzicht gleichkommen, es lässt jedenfalls auf *mangelndes Interesse* an der Forderung schließen, das damit mit der Zeit auch weniger schutzwürdig erscheint (STAUDINGER/DILCHER[12] Rn 4). Dem Gläubiger geschieht kein Unrecht, wenn er denn *die Möglichkeit hatte, dem Eintritt der Verjährung vorzubeugen* (SPIRO I 24; PALANDT/ ELLENBERGER Vor § 194 Rn 10). Es gilt jedoch der Grundsatz, dass er eine reelle, faire Chance haben muss, sein Recht zu realisieren.

Damit setzt die Regelung der Verjährung zwar nicht zwingend voraus, dass der Gläubiger sein Recht kannte oder von diesem hätte wissen können (BGHZ 77, 215, 220; 88, 130, 140): Äußerst bedenklich waren jedoch die knappen Fristen der §§ 477, 638 aF, gar wenn sie – wie die des § 477 aF – auch noch auf Ansprüche wegen Mangelfolgeschäden angewendet wurden, die ja uU erst deutlich außerhalb der Fristen eintraten; die Verlängerung der Fristen des § 477 aF in § 438 nF hat hier einen gewissen Ausgleich geschaffen, zumal § 204 und namentlich § 203 die Möglichkeiten deutlich erweitern, ihren Ablauf anzuhalten, außerdem die §§ 823 Abs 1, 199 Abs 2 demjenigen Gläubiger weiteren zeitlichen Freiraum verschaffen, der im Kern seiner Rechtsgüter betroffen ist.

Obwohl das jetzige Verjährungsrecht bei dem weiten – und erweiterten – Kreis der **10** Ansprüche, die der regelmäßigen Verjährungsfrist des § 195 unterliegen, in § 199 Abs 1 Nr 2 gebührende Rücksicht auf die Kenntnismöglichkeiten des Gläubigers nimmt, bleibt bedenklich der Grundsatz der Schadenseinheit (§ 199 Rn 34 ff), nach dem auch spätere Schäden schon jetzt als bekannt gelten.

3. Wahrung der Belange des Schuldners

So wenig wie die Verjährung die Stellung des Gläubigers unangemessen beschneiden **11** darf, so wenig darf sie auch die Chance des Schuldners beeinträchtigen, zu gegebener Zeit die Inanspruchnahme pauschal abwehren zu können. Auch hier war und ist die lex lata nicht unbedenklich.

Die Frist des § 197 Abs 1 Nr 2 aF für alle erbrechtlichen Ansprüche war indiskutabel, wenn man etwa an die zeitliche Dimension der Haftung des Testamentsvollstreckers denkt oder an die Abrechnung zwischen vorläufigem und endgültigem Erben nach § 1959 Abs 1, wie sie doch weithin Bagatellen betreffen wird. Das *G zur Änderung des Erb- und Verjährungsrechts* v 24. 9. 2009 (BGBl I 3142) bringt durch die Beschränkung der 30-jährigen Verjährung auf die Ansprüche aus den §§ 2018, 2130, 2362 Besserung, aber doch nicht vollends. Bei den §§ 2018, 2030 kann es um mühsame Fragen des Details gehen, bei denen der langjährige Aufschub der Klärung jedenfalls dann unangemessen ist, wenn der Grund der Ansprüche bekannt ist, wovon jedenfalls bei Vor- und Nacherbschaft in aller Regel auszugehen sein wird.

Aber auch bei titulierten Ansprüchen besteht eine bemerkenswerte Diskrepanz zu dem Zeitraum, innerhalb dessen der insolvente Schuldner *Restschuldbefreiung* (sechs Jahre nach §§ 287, 300 InsO) erlangen kann.

Überdimensioniert sind aber auch schon die Fristen der §§ 195, 438 Abs 1 Nr 3 insoweit, als sie den *täglichen Einkauf des Verbrauchers* betreffen. Die letzteren Fristen sind im Grunde nur wegen des strikten Gebots haltbar, im Verjährungsrecht zu pauschalieren. Freilich lässt zudem Art 5 der Verbrauchsgüterkaufrichtlinie dem nationalen Gesetzgeber beim Verbrauchsgüterkauf allein die Möglichkeit, die Verjährungsregelung um eine kenntnisabhängige Obliegenheit des Käufers zur Mängelanzeige binnen zwei Monaten zu ergänzen.

4. Ausgleich der Interessen

12 Der angemessene Ausgleich der Interessen von Gläubiger und Schuldner hängt im Übrigen nicht nur von der Bemessung der Verjährungsfristen und ihrem Beginn ab. Gerade in einem Regime eher kurzer Fristen, für das § 195 paradigmatisch ist, kommt es entscheidend auch auf die *Möglichkeiten* an, *den Fristablauf anzuhalten*.

a) Insoweit ist eine Zentralnorm des jetzigen Verjährungsrechts zunächst § 212 Abs 1 Nr 1: Durch ein *Anerkenntnis* kann es der Schuldner vermeiden, allein wegen drohenden Fristablaufs vor Gericht gezogen zu werden. Umgekehrt nimmt die Bestimmung dem Gläubiger den Zwang, einen „gutwilligen" Schuldner zur bloßen Fristwahrung vor Gericht zu ziehen. Derlei ist wegen § 212 Abs 1 Nr 1 nur gegenüber dem „böswilligen" Schuldner geboten.

Auf die Bemessung der Frist, die die regelmäßige sein soll, wirkt dies unmittelbar zurück. Wenn sich der Schuldner seit drei Jahren auf Leugnen oder Ausflüchte verlegt hat, jedenfalls von dem Bekenntnis zur Schuld abgerückt ist, ist dem Gläubiger ein gerichtliches Vorgehen ohne weiteres anzusinnen. Diesen Mechanismus verkennt freilich der Gesetzgeber selbst, wenn er die Zehnjahresfrist des § 196 bei Grundstücksgeschäften damit rechtfertigt, der Gläubiger solle nicht gezwungen werden, „voreilig gegen den Schuldner vorzugehen, der selbst leistungsbereit ist" (RegE BT-Drucks 14/6040, 105).

13 b) Sodann sind von Bedeutung die *Bestimmungen über die Hemmung der Verjährung:* § 205 ermöglicht dem Gläubiger eine (insoweit) risikolose Stundung, § 203 erlaubt gefahrlose Verhandlungen. Vor allem ist von Bedeutung die beträchtliche Erweiterung der Handlungsmöglichkeiten, die dem Gläubiger eigenständig zur Fristwahrung durch § 204 Abs 1 zur Verfügung gestellt werden; sie nehmen auf den Minderbemittelten Rücksicht (Nr 14), erlauben zunächst nur klärende Maßnahmen (Nrn 7, 8) und beziehen Arrest und sonstigen einstweiligen Rechtsschutz ein (Nr 9).

c) Wenn damit das Verjährungssystem des G zur Modernisierung des Schuldrechts von dem ersichtlichen Bemühen getragen ist, den Schutz von Gläubiger und Schuldner auszutarieren, ergibt sich der paradoxe Effekt, dass die *Vertragsfreiheit* der Parteien, die § 202 nF betont, auf äußerste Bedenken stößt, sind doch gezielte Abweichungen von den §§ 194 ff leicht missbräuchlich, was namentlich AGB des

Gläubigers betrifft, oder nicht hinreichend durchdacht; die Parteien können in der Frage der Verjährung bei Vertragsschluss zur Sorglosigkeit neigen.

III. Ausschlussfristen

1. Begriff

Von Verjährungsfristen zu unterscheiden sind Ausschlussfristen.

a) Letztere unterscheiden sich von der Verjährung insbesondere durch ihre *Wir-* **14** *kungsweise.* Während die Verjährung nur ein Leistungsverweigerungsrecht begründet, lässt der Ablauf der Ausschlussfrist das betroffene Recht überhaupt untergehen (RGZ 48, 157, 163; 128, 47; ENNECCERUS/NIPPERDEY § 230 III 1; MünchKomm/GROTHE vor § 194 Rn 10). Folgerichtig ist der Ablauf einer Ausschlussfrist *von Amts wegen* im Prozess *zu berücksichtigen.*

b) Ausschlussfristen kommen gegenüber Rechten aller Art in Betracht. Betroffen sein können ausnahmsweise absolute Rechte, vgl § 64 UrhG. Regelmäßig gelten Ausschlussfristen für Gestaltungsrechte, vgl zB §§ 121, 124, 148, 462, 532, 626 Abs 2, 1944, 1954. Doch unterliegen gerade *auch Ansprüche* zuweilen einer Ausschlussfrist, vgl §§ 382, 562b Abs 2, 651g Abs 1, 801 Abs 1, 864 Abs 1, 977 S 2, 1002 Abs 1, außerhalb des BGB zB § 13 ProdHaftG.

Die Deutung einer Frist in dem einen oder dem anderen Sinne folgt aus Sinn und Zweck der Regelung. Ausschlussfristen sind dann anzunehmen, wenn es mit dem Fristablauf sein endgültiges Bewenden haben soll; ihre Anordnung liegt also vorzugsweise im Interesse der *Rechtssicherheit und Rechtsklarheit,* weniger – gegenüber der Verjährung – im Schuldnerschutz. Das BGB bringt die Zuordnung regelmäßig hinreichend deutlich durch seine Formulierung zum Ausdruck, indem es einerseits von „verjähren" spricht, andererseits von „kann nur ... erfolgen", „erlischt" oder „ist ausgeschlossen".

c) Ausschlussfristen können außer auf Gesetz auch auf vertraglicher Vereinbarung beruhen. Namentlich das Arbeitsrecht ist reich an derartigen Abreden.

d) Die Dauer der Ausschlussfristen variiert stark. Teilweise finden sich lang bemessene, vgl die dreißig Jahre des § 462, teilweise mittlere, vgl § 864 Abs 1 (1 Jahr), weithin aber auch sehr knappe, vgl die zwei Wochen in § 626 Abs 2. Dabei sind die knappen Fristen uU nicht bestimmt festgelegt, sondern den Besonderheiten des konkreten Falles anheimgestellt, so das „unverzüglich" des § 121 Abs 1 S 1, die Annahmefrist des § 147 Abs 1, oder auch dem Ermessen einer Partei, vgl die Fristen der §§ 281 Abs 1, 323 Abs 1, ferner die Fristen der §§ 264 Abs 2, 637 Abs 1, 643 S 1.

2. Eine *eigenständige* übergreifende **Regelung** haben die Ausschlussfristen im **15** Gesetz *nicht* erfahren. Das erklärt sich schon aus den starken Unterschieden, die zwischen den einzelnen Fällen bestehen und die dann auch die Herausbildung einer eigenständigen Dogmatik verhindert haben. Nur einige wenige Dinge lassen sich einheitlich feststellen:

a) Einheitlich ist die *Wirkungsweise* der Fristversäumung im Sinne eines Rechtsverlustes.

b) Wo Ansprüche Ausschlussfristen unterworfen sind, hindert das die *zusätzliche Anwendung der Verjährungsvorschriften* nicht, vgl §§ 12, 13 ProdHaftG. Auch dort, wo Verjährungs- und Ausschlussfrist nicht wie in diesen Fällen ausdrücklich nebeneinandergestellt sind, unterliegt der Anspruch, dessen Ausschlussfrist gewahrt ist, immer noch zusätzlich der Verjährung.

16 c) Diskutiert wird, ob auf Ablauf und Wahrung von Ausschlussfristen die *Bestimmungen über die Verjährung,* namentlich über deren Hemmung oder Neubeginn *angewendet* werden können.

aa) In einigen Fällen hat der Gesetzgeber ausdrücklich Bestimmungen über die Hemmung der Verjährung, die §§ 206, 210, 211, in Bezug genommen, vgl §§ 124 Abs 2, 204 Abs 3, 802 S 3, 1954 Abs 2, 1997, 2082 Abs 1 S 2. Soweit insoweit von „gemischten Ausschlussfristen" die Rede ist (vgl ENNECCERUS/NIPPERDEY § 230 III 3; STAUDINGER/DILCHER[12] Rn 10), ist dies freilich ein wenig glücklicher und irreführender Ausdruck.

bb) Aus dieser partiellen Teilverweisung lässt sich der Rückschluss ziehen, dass *die Bestimmungen über die Hemmung und den Neubeginn der Verjährung grundsätzlich keine entsprechende Anwendung* finden (vgl RGZ 88, 294, 296; 102, 339, 341 und 381; BGB-RGRK/JOHANNSEN Vor § 194 Rn 7; STAUDINGER/DILCHER[12] Rn 10). Aber das gilt doch *nicht ohne Ausnahmen,* vgl BGHZ 43, 235, 237 (zur unverschuldeten Versäumung der Frist des § 12 Abs 3 VVG aF); 73, 99 (Anwendung des § 207 aF [§ 211 nF] auf die Frist des § 89b Abs 4 S 2 HGB); 112, 95 (keine Anwendung des § 208 aF [§ 212 Abs 1 Nr 1 nF] auf die Frist des § 612 HGB aF); BAG DB 1992, 1147 (abgelehnte Anwendung der §§ 211, 212 aF auf tarifvertragliche Ausschlussfristen).

Danach wird man die *Anwendung einzelner Bestimmungen* über die Verjährung nicht grundsätzlich ausschließen können. Es kommt vielmehr entscheidend auf *Sinn und Zweck* der einzelnen Ausschlussfrist an (vgl BGHZ 112, 95, 101), damit aber bei vertraglich statuierten Fristen auf die von den Parteien verfolgten Ziele. Soweit BGHZ aaO zusätzlich auch auf die Umstände des Einzelfalls abstellen will, kann dem freilich nicht gefolgt werden: Der einzelne Umstand – etwa das Hindernis höherer Gewalt oder mangelnder Vertretung – hat gegenüber dieser Frist vielmehr entweder immer Bedeutung oder nie. Dabei leuchtet weiter ein, dass die Ergebnisse unterschiedlich ausfallen können für die einzelnen in Betracht zu ziehenden Bestimmungen des Verjährungsrechts.

Soweit möglich, wird bei diesen auf die Einzelheiten eingegangen. Als generelles Entscheidungskriterium ist jeweils danach zu fragen, ob die betreffende Ausschlussfrist unter allen Umständen für Rechtsklarheit und Rechtssicherheit sorgen soll oder nicht. Es versteht sich außerdem, dass bei der entsprechenden Anwendung von Bestimmungen des Verjährungsrechts auf Ausschlussfristen *Vorsicht und Zurückhaltung* geboten sind.

17 d) Können aber zuweilen Vorschriften über die Hemmung oder den Neubeginn der Verjährung auf die Wahrung von Ausschlussfristen entsprechend angewendet werden, dann verbietet es sich, auf die Versäumung von Ausschlussfristen die prozessualen Bestimmungen über die *Wiedereinsetzung in den vorigen Stand* entsprechend anzuwenden (vgl KG NJW-RR 1997, 643; PALANDT/ELLENBERGER vor § 194 Rn 14; MünchKomm/GROTHE vor § 194 Rn 12). Auch soweit Ausschlussfristen durch Klage zu wahren sind, handelt es sich doch um Regelungen des materiellen Rechts.

IV. Verwirkung

1. Allgemeines

Ein Recht ist dann *verwirkt,* wenn der Berechtigte *es längere Zeit hindurch* nicht **18** geltend gemacht hat und sich der Verpflichtete *nach dem gesamten Verhalten des Berechtigten* darauf einrichten durfte und auch eingerichtet hat, dass dieser das Recht *auch in Zukunft* nicht geltend machen werde (RGZ 158, 100, 107 f; BGHZ 25, 47, 52; 43, 289, 292; 84, 280, 281; 105, 290, 298). Es liegt dann eine *illoyale Rechtsausübung* vor, die keine Berücksichtigung mehr verdient. Die Verwirkung ist damit ein besonders typischer und wichtiger Fall der unzulässigen Rechtsausübung wegen widersprüchlichen Verhaltens (MünchKomm/ROTH/SCHUBERT § 242 Rn 359; PALANDT/GRÜNEBERG § 242 Rn 87) und damit dogmatisch wie diese in den Geboten von Treu und Glauben, in § 242 verankert.

a) Als umfassendes Institut kommt der Einwand der Verwirkung damit *gegen-* **19** *über allen subjektiven Rechten* – nicht nur gegenüber Ansprüchen – in Betracht (PALANDT/GRÜNEBERG § 242 Rn 91). Er ist auch nicht auf das Privatrecht beschränkt, sondern gilt auch im öffentlichen Recht (BVerwGE 6, 205; 44, 339), außer im materiellen Recht auch im Prozessrecht (BGHZ 20, 198, 206; 97, 212, 220; BAGE 18, 54, 59 f), wobei natürlich der Gegenstand oder das Rechtsgebiet Zurückhaltung bei der Annahme einer Verwirkung gebieten können. Wegen der Einzelheiten ist auf die Erl zu § 242 zu verweisen.

Die Verwirkung ist mit einem Verzicht auf das betroffene Recht nicht gleichzusetzen, wenn sie aufseiten des Berechtigten einen entsprechenden – rechtsgeschäftlichen – Willen nicht voraussetzt (vgl zur Kenntnis u Rn 30). Speziell bei Ansprüchen als Gegenstand der Verwirkung wäre ein Verzicht wegen § 397 auch nur in der Form eines Erlassvertrages möglich, der dann eine Annahme durch den Verpflichteten notwendig machen würde, die aber ebenfalls nicht erforderlich ist.

b) Bei *Ansprüchen* ist es ersichtlich, dass die *Funktionen der Verwirkung denen* **20** *der Verjährung vergleichbar* sind, wenn beide namentlich dem Zeitablauf Rechnung tragen wollen. Bei langfristig verjährenden Ansprüchen kommt der Verwirkung sogar die Funktion eines *Verjährungsersatzes* zu. Beide Institute sind aber doch scharf voneinander zu unterscheiden.

aa) Das gilt zunächst für ihre *dogmatische Rechtfertigung.* Die Verwirkung wird dem Anspruch entgegengesetzt, weil Vertrauen aufseiten des Schuldners zu schützen ist und nur unter der Voraussetzung, dass hier schützenswertes Vertrauen vorhanden ist. Bei verjährten Ansprüchen wird zwar ebenfalls oft berechtigtes Vertrauen des Schuldners darauf vorliegen, dass der Anspruch nicht mehr geltend gemacht werde, notwendig ist dies jedoch nicht: Die Einrede der Verjährung kann auch dann erhoben werden, wenn der Gläubiger es unmissverständlich deutlich gemacht hat, dass er sein Recht zu verfolgen gedenke.

bb) Die Unterschiede setzen sich dann auch in den *Voraussetzungen* fort: Bei der Verwirkung muss ein Vertrauenstatbestand geschaffen sein, wie ihn die Verjährung gerade nicht voraussetzt. Folgerichtig kann sich die Verwirkung dann aber auch mit geringeren Fristen als die Verjährung begnügen (und gewinnt gerade dadurch ihre Funktion als Verjährungsersatz).

Ist dann aber der Eintritt der Verwirkung abhängig von einem hinreichenden Zeitablauf einerseits und einem hinreichenden Vertrauenstatbestand andererseits, so kann er nur auf Grund einer *umfassenden Würdigung der konkreten Umstände des Einzelfalls* festgestellt werden, während bei der Verjährung im Prinzip nur der nicht erneuerte und ungehemmte Ablauf einer bestimmten Frist den Ausschlag gibt.

21 **cc)** Unterschiedlich ist dann auch die *Wirkungsweise*. Während § 214 Abs 1 es dem Verpflichteten anheimstellt, sich auf die Verjährung zu berufen, erlauben es die massiveren Voraussetzungen der Verwirkung, sie von Amts wegen zu berücksichtigen (vgl aber auch u Rn 35).

dd) Die nachhaltigen Unterschiede bestimmen auch das *Konkurrenzverhältnis:* Verjährung und Verwirkung bestehen unabhängig voneinander und schließen sich wechselseitig nicht aus (MünchKomm/Roth/Schubert § 242 Rn 349; Palandt/Grüneberg § 242 Rn 90). Das hat praktische Bedeutung, wenn der Verpflichtete – etwa aus Unkenntnis – die Einrede der Verjährung nicht erhebt: Das Gericht kann die Klageforderung dann gleichwohl als verwirkt betrachten. Allerdings sollten die Wirkungen der Verwirkung dem Verpflichteten nicht aufgedrängt werden, sodass auch sie nur auf Einrede hin Berücksichtigung finden kann (Roth 263; aA Staudinger-Looschelders/Olzen [2009] § 242 Rn 324 ff). Dann aber muss die bewusste Nichterhebung der Einrede der Verjährung regelmäßig dahin verstanden werden, dass der Verpflichtete auch aus einer Verwirkung der Forderung Rechte nicht herleiten will. Das Gericht kann freilich nachfragen, ohne sich dem Vorwurf der Befangenheit auszusetzen.

2. Gegenstand der Verwirkung

22 Der Verwirkung unterliegen außer mehreren Rechten, auf die hier nicht einzugehen ist, grundsätzlich *Ansprüche aller Art,* auch unverjährbare, so etwa der Grundbuchberichtigungsanspruch (BGH NJW 1993, 2178, 2179). Das schließt es nicht aus, dass bestimmte Eigenschaften des Anspruchs die Möglichkeiten seiner Verwirkung modifizieren.

a) Überwiegend sind hier Gesichtspunkte zu nennen, die die Möglichkeit der Verwirkung ausschließen oder jedenfalls beschränken.

aa) Dass ein Anspruch schon einer *kurzen Verjährung* unterliegt, schließt die Möglichkeit seiner Verwirkung zwar nicht aus, setzt ihr aber enge Grenzen (BGHZ

80, 240; MünchKomm/ROTH/SCHUBERT § 242 Rn 349; PALANDT/GRÜNEBERG § 242 Rn 90). Es müssen dann besonders gewichtige anderweitige Gesichtspunkte für die Verwirkung sprechen.

Dabei sind im eigentlichen Sinne lang aber nur die Fristen des § 197 Abs 1. Die regelmäßige dreijährige Frist des § 195 kann es ausnahmsweise sein, wenn es um *alltägliche Geschäfte des täglichen Lebens* geht; dann sind auch die Gewährleistungsfristen der §§ 438, 634a lang: Wer als Kunde wegen verdorbener Nahrungsmittel reklamiert, kann sich damit zweifellos nicht bis zu zwei Jahren Zeit lassen. In aller Regel sind die Fristen der §§ 195, 438, 634a nicht lang. Sie werden es auch nicht dadurch, dass sie sich nach § 199 Abs 1 (§ 634a Abs 1 Nr 3) uU nachhaltig verlängern können. Denn das liegt dann an einer fehlenden Kenntnismöglichkeit des Gläubigers, § 199 Abs 1 Nr 2, und dies schließt zwar die Möglichkeit der Verwirkung nicht vollends aus (u Rn 31), schränkt sie aber doch deutlich ein.

Von den § 197 unterliegenden Ansprüchen kommen für eine Verwirkung vor allem solche auf wiederkehrende Leistungen – *Unterhalt* (vgl BGH NJW 2003, 128) – in Betracht, wie sie durch ihr Auflaufen leicht eine drückende Höhe erreichen können.

Insgesamt ist der legitime Anwendungsbereich des Instituts der Verwirkung durch das jetzt geltende Verjährungsrecht deutlich beschnitten.

bb) Entgegenstehen können der Verwirkung besonders gewichtige *öffentliche Interessen* an der Durchsetzung des Anspruchs, vgl BGHZ 5, 196 zum Recht des unlauteren Wettbewerbs, ferner zu Grundbuchsachen MünchKomm/ROTH/SCHUBERT § 242 Rn 334.

cc) *Mangelnde Schutzwürdigkeit des Verpflichteten* kann der Verwirkung entgegenstehen. Bei Ansprüchen aus vorsätzlicher unerlaubter Handlung wird eine Verwirkung teilweise für überhaupt ausgeschlossen gehalten (BAG AP [Verwirkung] Nr 36), bei sonstigen Ansprüchen aus unerlaubter Handlung regelmäßig vor Ablauf der Dreijahresfrist des § 195 (BGH DAR 1992, 173).

dd) Ebenfalls hinderlich für die Annahme der Verwirkung ist besondere *Schutzbedürftigkeit des Berechtigten*. Das spielt insbesondere eine Rolle im Arbeitsrecht. Hier schließt § 4 Abs 4 TVG die Verwirkung tarifvertraglich begründeter Rechte überhaupt aus. Die besondere Schutzbedürftigkeit des Arbeitnehmers ist namentlich zu berücksichtigen während des bestehenden Arbeitsverhältnisses (BAG NJW 1955, 159) bei den für ihn „existentiellen" (MünchKomm/ROTH/SCHUBERT § 242 Rn 374) Ansprüchen auf Lohn und Gehalt (BAG BB 1958, 117), Urlaub (BAG DB 1970, 787), Versorgung und Provisionen. Eher denkbar bleibt eine Verwirkung bei dem Anspruch auf Urlaubsentgelt (BAG DB 1970, 787), auf Ersatz von Umschulungskosten (SchlHLAG BB 1976, 1418), beim Zeugnisanspruch (BAG NJW 1988, 1616), bei dem Anspruch auf die Entfernung von Abmahnschreiben aus den Personalakten (BAG NJW 1989, 2564).

Dagegen genießt der *Arbeitgeber* keine besonderen Vergünstigungen, vgl zur Verwirkung des Anspruchs auf Schadensersatz BAGE 6, 166, auf Rückzahlung überzahlten Lohns BAGE 15, 275.

Die Ansprüche des Beamten sollen dagegen nicht besonders gegenüber der Verwirkung privilegiert sein (RGZ 158, 235, 239; BVerwGE 6, 204 [Gehalt]).

Die besondere Schutzbedürftigkeit des *Unterhaltsberechtigten* schützt ihn nur vor der Verwirkung der Unterhaltsansprüche für Gegenwart und Zukunft (BGHZ 84, 280, 282), nicht dagegen hinsichtlich der Unterhaltsrückstände, wie dies BGHZ 103, 62, schon nach einem Jahr für möglich gehalten hat (vgl auch BGH NJW 2003, 128; 2007, 1273, 1275).

24 b) An Umständen, die *die Möglichkeit der Verwirkung fördern,* sind zu nennen:

aa) nicht schon der Umstand als solcher, dass der Anspruch einer langfristigen Verjährung unterliegt. Grundsätzlich muss diese dem Gläubiger auch zur Verfügung stehen; dann kann sie auch nicht durch eine allein auf den Zeitablauf gestützte Annahme der Verwirkung ausgehöhlt werden (MünchKomm/ROTH/SCHUBERT § 242 Rn 353; vgl auch BGH WM 1971, 1084 [keine Verwirkung trotz Ablaufs von 28 Jahren]).

25 bb) Dagegen sind zu berücksichtigen die besondere *Schutzbedürftigkeit des Verpflichteten,* ein etwaiger Bagatellcharakter der Forderung, das Entspringen der Forderung aus einem *Dauerschuldverhältnis,* namentlich wenn dieses eine unübersichtliche Vielzahl von Ansprüchen erzeugt, Ansprüche, die schwer zu überprüfen sind oder die bedrohlich anwachsen können (Gedanke des § 197 Abs 2).

cc) Die eben angeführten Gegebenheiten liegen in besonderer Weise im *Mietverhältnis* vor, soweit sich die Ansprüche gegen den Mieter richten.

Das gilt zunächst für die Nachforderung von Nebenkosten, insbesondere wegen der Heizung, für die die jährliche Abrechnung typisch und zu erwarten ist (vgl LG Mannheim WoM 1976, 253; LG Darmstadt WoM 1976, 253; LG München WoM 1978, 5; LG Berlin WoM 1978, 116; LG Bonn WoM 1979, 235), vgl jetzt auch § 556 Abs 3 S 2, 3, dann aber doch auch – unter strengeren Voraussetzungen – für die Miete selbst (vgl zur vorbehaltlosen Hinnahme eines Mietabzugs LG Mainz ZMR 1953, 112, zur Nichtgeltendmachung von Mieterhöhungen LG Berlin ZMR 1982, 87; **aA** OLG Celle NJW-RR 1988, 724). Hat der Vermieter es über mehrere Jahre hinweg unterlassen, die Erhöhung einer Indexmiete (OLG Düsseldorf NJW-RR 2001, 1666) oder die Anpassung einer Staffelmiete (KG ZMR 2004, 577) zu verlangen, müssen allerdings besondere Umstände hinzutreten, um eine Verwirkung des Mietanspruchs zu begründen.

Freilich muss sich auch der Mieter Verwirkung entgegenhalten lassen, wenn er überhöhte Miete jahrelang trotz Zweifeln widerspruchslos zahlt (RGZ 144, 90), wenn er Forderungen erst längere Zeit nach Beendigung und Abrechnung des Mietverhältnisses stellt (RG JW 1935, 2883). Allein die vorbehaltlose Zahlung der vollen Miete begründet freilich keine Verwirkung des aus einer Mietminderung, § 536, folgenden Rückzahlungsanspruchs (BGH NJW 2003, 2601; 2005, 1503; 2007, 147).

3. Das Zeitmoment als Voraussetzung der Verwirkung

Die Verwirkung setzt voraus, dass *längere Zeit* verstrichen sein muss *seit Entstehen der Möglichkeit, das Recht geltend zu machen*. Über die dazu notwendige Zeitspanne lassen sich nur schwer allgemeine Aussagen treffen, weil es ganz auf die Umstände des Einzelfalls ankommt. **26**

a) Jedenfalls ist durchweg notwendig die Fälligkeit der Forderung als das Recht, sie geltend zu machen (MünchKomm/ROTH/SCHUBERT § 242 Rn 353). Daran fehlt es bei Dauerschuldverhältnissen in den Fällen des § 159 Abs 3 HGB, sodass ein etwa als notwendig empfundener Schutz des ausgeschiedenen Gesellschafters gegenüber Forderungen aus laufenden und weiterlaufenden Verträgen jedenfalls nicht durch die Annahme einer Verwirkung dieser Forderungen erreicht werden kann.

Freilich sind auch Ausnahmen von dem Gebot der Fälligkeit denkbar. Das gilt namentlich im Mietrecht, wo § 548 Abs 1 S 2 bestimmte Schadensersatzansprüche des Vermieters erst mit dem Rückerhalt der Mietsache fällig werden lässt (vgl BGH NJW 1959, 1629; MünchKomm/ROTH/SCHUBERT § 242 Rn 382). Auch hier wird die Verwirkung freilich erst nach Rückgabe der Mietsache eintreten können, insoweit jedoch unter Berücksichtigung des vorherigen Geschehens.

b) Beeinflusst wird die Zeitspanne durch die für den Anspruch *einschlägige Verjährungsfrist*. Eine kurze Verjährungsfrist drängt die Möglichkeit der Verwirkung regelmäßig zurück (vgl BGH NJW 2012, 3569 Rn 20; NJW 2011, 212 Rn 22 zur Regelverjährung). Doch bleibt auch hier Verwirkung grundsätzlich möglich (vgl o Rn 25 zur Miete, o Rn 23 zu Ansprüchen des Arbeitnehmers und Unterhalt sowie allgemein o Rn 22). Bei einer Frist von 30 Jahren, wie sie bei prozessualen Kostenerstattungsansprüchen oder bei den Ansprüchen des Erben auf Nutzungen und Früchte aus § 2020 einschlägig ist (bei § 197 Abs 1 Nrn 2, 3, 4 hat die lange Frist eine innere Rechtfertigung), kann man an eine Zeitspanne von acht bis zehn Jahren denken. **27**

c) Doch ist auch diese Zeitspanne deshalb nur ein äußerst grober Anhaltspunkt, weil sich die die Verwirkung prägenden Faktoren wechselseitig beeinflussen. Insofern kann ein intensiver Vertrauenstatbestand die Frist ebenso verkürzen wie nachhaltige Dispositionen des Verpflichteten (PALANDT/GRÜNEBERG § 242 Rn 93), entsprechend kann sich unter umgekehrten Vorzeichen die Frist dann auch verlängern.

4. Das Umstandsmoment: 1. Objektive Elemente

a) Wenig glücklich – weil den Kernpunkt verschleiernd – wird der für die Verwirkung notwendige Vertrauenstatbestand weithin als das *„Umstandsmoment"* der Verwirkung bezeichnet. **28**

b) Insoweit kommt es für die Verwirkung allein auf das Verhalten der beiden beteiligten Parteien an; sonstige äußere, objektive Umstände sind auszuscheiden. Zwar ergibt es sich vielfältig, dass ein Anspruch nicht nur vor längerer Zeit begründet worden ist, sondern auch in einer Situation, die sich nachhaltig verändert hat und die damit seine Durchsetzung jetzt fragwürdig erscheinen lässt, zB soll ein vor dem Krieg, vor der Wiedervereinigung begründeter Anspruch nachher durchgesetzt werden. Das aber ist kein Fall der Verwirkung, sondern in Konstellationen dieser Art geht es darum, ob die *Geschäftsgrundlage* des Anspruchs bzw des Rechtsverhältnisses, aus dem er stammt, noch besteht. Verwirkung und Wegfall der Geschäftsgrundlage sind als Institute scharf voneinander zu unterscheiden; der jeweils notwendige Zeitablauf bildet nur eine zufällige Übereinstimmung.

c) Im Übrigen kommt es aber auf eine objektive Sicht der Dinge an. Ob der Schuldner auf die Nichteinforderung vertrauen durfte und ob seine in der Folge getätigten Dispositionen schutzwürdig sind, beurteilt sich nicht nach seinem (subjektiven) Dafürhalten, sondern aus der Sicht eines verständigen Dritten, und dies unter Berücksichtigung aller Umstände des Einzelfalls.

5. Das Umstandsmoment: 2. Verhalten des Gläubigers

29 **a)** Der Gläubiger muss ein Verhalten gezeigt haben, aus dem der Schuldner den Schluss ziehen durfte, dass *er nicht mehr in Anspruch genommen werden würde*.

aa) Das kann ohne weiteres in positiven Erklärungen des Gläubigers zu sehen sein, etwa dahin, dass sich der Schuldner keine Sorgen zu machen brauche, dass ihm nichts geschehen werde oä. Bei Erklärungen dieser Art bleibt freilich durch Auslegung zu erschließen, ob der Gläubiger endgültig von seiner Forderung Abstand nehmen oder nur der gegenwärtigen, sich vielleicht noch wieder ändernden Lage des Schuldners Rechnung tragen wollte. Ebenfalls die Frage nach der Endgültigkeit stellt sich, wenn der Gläubiger ankündigt, gegen einen Dritten vorgehen zu wollen.

bb) Umgekehrt kann der Gläubiger der Verwirkung dadurch entgegenwirken, dass er *mahnt* (BGH FamRZ 1988, 480) oder in sonstiger Weise *auf seinem Recht beharrt* (PALANDT/GRÜNEBERG § 242 Rn 94), wobei freilich zu berücksichtigen bleibt, dass ein solches Beharren uU auch wieder auf das Niveau bloßer, nicht mehr ernst zu nehmender Absichtserklärungen herabsinken kann. Das kann die Verwirkung dann nicht mehr hindern.

30 **cc)** Den kritischen Regelfall bildet es, dass sich der Gläubiger einfach *still verhält*. Das kann zur Verwirkung nicht ausreichen. Zu fordern ist vielmehr, dass *Anlass* – nicht: eine Rechtspflicht – bestanden hat, *aktiv zu werden*. Ein solcher Anlass besteht zB dann, wenn sich die Parteien über sonstige Forderungen auseinandersetzen; wenn die periodische Klärung der Beziehungen notwendig und üblich ist, wie etwa bei laufender Rechnung; er kann sich auch aus äußeren Umständen ergeben, wie etwa der Auflösung eines Mietverhältnisses, die gewärtigen lässt, dass sich die Parteien aus den Augen verlieren, oder äußeren Faktoren. So werden etwa Rechnungen an die öffentliche Hand einer Kontrolle durch den Rechnungshof unterzogen: Anlass mit Rückforderungsansprüchen wegen Überzahlungen hervorzutreten, wenn solche Prüfungen äußerstenfalls beendet sein müssen, Anlass zur Rechtsbehauptung ergibt sich auch dann, wenn der Gläubiger sein Recht zunächst behauptet, dann aber auf Widerspruch der Gegenseite hin schweigt.

Andererseits wirkt es sich zugunsten des Gläubigers aus, wenn die frühere Anbringung seines Rechts nicht möglich oder nicht tunlich war (BGH MDR 1970, 486).

b) Die Verwirkung des Anspruchs kann es natürlich fördern, wenn der Gläubiger **31** von seinem Anspruch Kenntnis hatte. Doch ist eine solche Kenntnis nicht zwingend zu fordern (RGZ 134, 38, 41; BGHZ 25, 47, 53; SOERGEL/KNOPP § 242 Rn 300; **aA** BVerwGE 6, 206; BAG NJW 1978, 724). Notwendig ist es jedoch, dass es dem Gläubiger jedenfalls möglich und zumutbar war, sich von seiner Forderung Kenntnis zu verschaffen (**aA** OLG Saarbrücken NJW-RR 1989, 558, 559; LG München I NJW-RR 1989, 852; PALANDT/GRÜNEBERG § 242 Rn 94): Wo es daran fehlte, wird man nicht mehr von einer illoyalen Ausübung des Rechts sprechen können. Insoweit ist auch die Wertung des § 199 Abs 1 Nr 2 zu beachten.

6. Das Umstandsmoment: 3. Verhalten des Schuldners

a) Auf seiten des Schuldners ist es erforderlich, dass *er auf Grund des Verhaltens* **32** *des Gläubigers in schutzwürdiger Weise auf seine Nichtinanspruchnahme vertraut hat.* Sein Vertrauen ist dann nicht schutzwürdig, wenn er selbst dem Gläubiger den Anspruch verheimlicht hat (BGHZ 25, 47, 53). Die Schutzwürdigkeit wird dadurch beeinflusst, welchen Kenntnisstand der Schuldner hinsichtlich des Anspruchs bei dem Gläubiger vorausgesetzt hat oder voraussetzen konnte: Sie fehlt grundsätzlich, wenn von einem Wissen des Gläubigers nicht ausgegangen werden konnte (BGH NJW 2000, 140; MünchKomm/ROTH/SCHUBERT § 242 Rn 360), erst recht, wenn der Schuldner den Gläubiger über die Forderung hätte aufklären müssen.

Schutzwürdiges Vertrauen des Schuldners setzt aber nicht voraus, dass er seinerseits von der Forderung Kenntnis hatte, Schutz ist sicher möglich, wenn er die Forderung kannte, aber es genügt doch, wenn Kenntnis von der Person des Gläubigers besteht. Dann muss es reichen, wenn der Schuldner mit Forderungen von dieser Seite nicht rechnet oder zu rechnen braucht, zB mit Ansprüchen aus einem Vertrag, den er für längst abgerechnet halten kann.

b) Allein das berechtigte Vertrauen des Schuldners darauf, aus der Forderung **33** nicht mehr in Anspruch genommen zu werden, genügt für die Annahme der Verwirkung jedoch nicht, *er muss sich vielmehr entsprechend eingerichtet haben* (BGHZ 67, 56, 68; PALANDT/GRÜNEBERG § 242 Rn 95). Die Inanspruchnahme muss ihm unzumutbar geworden sein (MünchKomm/ROTH/SCHUBERT § 242 Rn 366), weil er *Vertrauensdispositionen* getroffen hat (BGH NZBau 2007, 252; MünchKomm/ROTH/SCHUBERT aaO), die die jetzige Inanspruchnahme als eine mit Treu und Glauben nicht zu vereinbarende Härte erscheinen lassen (BGHZ 25, 47, 52). Diese Dispositionen müssen vermögensmäßiger Art sein. Da es sich bei der Verwirkung um einen außerordentlichen Rechtsbehelf handelt, dürfen die Anforderungen hier nicht zu gering angesetzt werden (sie werden es in der Praxis aber vielfach). Bei Unterhaltsnachforderungen fehlt es daran in der Regel nicht (BGHZ 103, 62, 71): Der Schuldner wird sich in seiner Lebensführung entsprechend einrichten und dann durch die Nachforderung in wirtschaftliche Bedrängnis geraten. Der schon in der ratio legis des § 197 Abs 2 berücksichtigte bedrohliche Kumulierungseffekt schlägt auch hier durch und rechtfertigt eine typisierende Betrachtungsweise (PALANDT/GRÜNEBERG § 242 Rn 95). Entsprechende Erwägungen gelten für Nachforderungen auf Miete und Mietnebenkosten. Dagegen sind bei einmalig zu erfüllenden Verbindlichkeiten konkrete Verhaltensweisen des Schuldners notwendig, zB unterlassener Regress (BGH VersR 1997, 1004), anderweitige

Verwendung der „Ersparnis". Hier wird aber durchweg der notwendige Kausalitätsnachweis nicht gelingen.

Wenn hier zuweilen auf die *Verschlechterung der Beweisposition* abgestellt wird (PALANDT/GRÜNEBERG § 242 Rn 95), ist das deshalb bedenklich, weil diesem Gesichtspunkt schon das Institut der Verjährung Rechnung trägt (BGH NJW-RR 1992, 1240). Hier wird man es aber ausreichen lassen dürfen, wenn der Schuldner seine Unterlagen über die Angelegenheit bereits vernichtet hat und dies – weniger streng MünchKomm/ROTH/SCHUBERT § 242 Rn 368 – auch berechtigterweise durfte. Maßstäbe hierfür bieten namentlich die kaufmännischen Grundsätze über die Aufbewahrung von Unterlagen, §§ 257 ff HGB, im Bereich des Handelsverkehrs. Für Nichtkaufleute gelten naturgemäß weniger strenge Anforderungen, doch kann Sorglosigkeit auch hier nicht geduldet werden und sind bestimmte Beweisschwierigkeiten naturgemäß Sache des Schuldners, wie etwa die des Erben.

7. Rechtsfolge

34 Sind die genannten Anforderungen erfüllt, dann kann das Recht nicht mehr durchgesetzt werden. Zuweilen wird angenommen, dass es erlösche (MünchKomm/ROTH/ SCHUBERT § 242 Rn 346). Dem dürfte jedoch für Ansprüche nicht zuzustimmen sein; vorzugswürdig dürfte die Annahme eines *dauernden Ausübungshindernisses* sein (vgl STAUDINGER/LOOSCHELDERS/OLZEN [2009] § 242 Rn 318): Dem Schuldner muss es nämlich möglich sein, sich trotz eingetretener Verwirkung auf die Forderung einzulassen (**aA** MünchKomm/GROTHE vor § 194 Rn 14); dies kann eine Neubegründung des Rechts nicht voraussetzen (**aA** MünchKomm/ROTH/SCHUBERT § 242 Rn 347), wie sie andernfalls erforderlich wäre.

Da die Verwirkung stärker trifft als die Verjährung, ist davon auszugehen, dass die verwirkte Forderung nicht genügt als Rechtsgrund für eine gleichwohl erbrachte Leistung; die §§ 214 Abs 2, 813 Abs 1 S 2 sind also nicht anzuwenden (vgl auch § 214 Rn 38). Freilich gibt die Leistung des Schuldners Anlass zu der Prüfung, ob Verwirkung tatsächlich eingetreten war. Und wenn der Schuldner in Kenntnis seiner Berechtigung zur Leistungsverweigerung geleistet hat, dann muss die Leistung ebenfalls kondiktionsfesten Bestand haben. Hierzu genügt es freilich nicht, dass er die tatsächlichen Voraussetzungen der Verwirkung kannte; er muss vielmehr aus ihnen den Schluss auf seine Berechtigung zur Leistungsverweigerung gezogen haben (vgl auch o Rn 29 ff).

Die Frage, ob die Verwirkung späterhin wieder entfallen kann, dürfte zu verneinen sein (**aA** STAUDINGER/LOOSCHELDERS/OLZEN [2009] § 242 Rn 330, 318; MünchKomm/ROTH/ SCHUBERT § 242 Rn 347).

8. Verwirkung im Prozess

35 a) Im Prozess ist die Verwirkung *von Amts wegen zu berücksichtigen,* setzt also nicht voraus, dass sich der Schuldner auf sie beruft (BGH NJW 1966, 343, 345). Das nimmt ihr den Einredecharakter nicht vollends, weil sie dem Schuldner nicht aufgedrängt werden darf (vgl o Rn 32). Macht er deutlich, dass er aus ihr Rechte nicht herleiten will, dann muss sie unberücksichtigt bleiben.

b) Die *Darlegungs- und Beweislast* trifft grundsätzlich den Schuldner. Doch muss der Gläubiger verwirkungshindernde Aktivitäten – das wiederholte Bestehen auf seinem Recht – darlegen, freilich nicht mehr beweisen (BGH NJW 1958, 1188) und streitet für den Schuldner ausnahmsweise eine tatsächliche Vermutung dafür, dass er sich auf seine Nichtinanspruchnahme eingerichtet hat, so in Miete- und Unterhaltssachen oder nach Ablauf der Aufbewahrungsfristen für Unterlagen.

9. Einrede der Verjährung

Die Einrede der Verjährung kann ihrerseits nicht verwirkt, dh dauernd ausgeschlossen sein. Doch kann es natürlich auch ein berechtigtes Vertrauen des Gläubigers darauf geben, dass sie seinem Anspruch nicht entgegengesetzt werde. Dann aber ist mit dem Institut der *unzulässigen Rechtsausübung* zu arbeiten, was sich in der Rechtsfolge bemerkbar macht: Wenn der Schuldner doch unerwartet auf die Einrede der Verjährung zurückgreift, ergibt sich für den Gläubiger eine (knapp zu bemessende) Nachfrist, innerhalb derer er die verjährungshemmende Klage doch noch anbringen kann. Zu den Einzelheiten § 214 Rn 23 f. **36**

V. Unvordenkliche Verjährung

Die unvordenkliche Verjährung entstand im Mittelalter im kanonischen Recht. Ein Zustand, der seit Menschengedenken bestanden hatte, sollte rechtlich nicht mehr angefochten werden. Dies galt sowohl hinsichtlich der Ausübung als auch der Nichtausübung eines Rechts. Bewiesen wurde die Unvordenklichkeit eines Zustandes dadurch, dass glaubwürdige Zeugen mit etwa vierzigjähriger Lebenserfahrung sich an nichts anderes erinnern konnten und auch von älteren Personen nichts anderes gehört hatten (vgl RGZ 55, 373). **37**

Die unvordenkliche Verjährung besteht in den von EGBGB dem *Landesrecht* vorbehaltenen Materien weiter (RG SeuffA 80 Nr 62); so gem Art 65 EGBGB im Wasserrecht (RGZ 111, 90); gem Art 66 EGBGB im Deich- und Sielrecht, gem Art 69 EGBGB im Fischereirecht, gem Art 73 EGBGB im Regalienrecht, gem Art 74 EGBGB bei den Zwangs- und Bannrechten sowie gem Art 132 EGBGB für die Kirchenbaulast und gem Art 133 EGBGB für das Kirchenstuhlrecht (vgl LG Kiel SchlHA 1961, 87). – Sie kann dabei nicht nur rechtsmindernde, sondern auch rechtsbegründende Kraft entfalten, sofern der beanspruchte Zustand mindestens vierzig Jahre lang unangefochten bestanden hat (BGHZ 16, 234, 238). Rechtstechnisch schafft das Ablaufen einer unvordenklichen Verjährung allerdings nur eine Beweisvermutung (BayObLGZ 32, 57; ENNECCERUS/NIPPERDEY § 229 II 3).

Im gleichen Sinne gilt die unvordenkliche Verjährung im öffentlichen Wegerecht, zB hinsichtlich der Widmung eines Weges für den Gemeingebrauch.

VI. Zivilrechtliche Ansprüche außerhalb des BGB

Die Regelungen der §§ 194 ff finden auf sämtliche Ansprüche Anwendung, die sich aus dem BGB ergeben, soweit nicht Sonderbestimmungen zu beachten sind, die dann Vorrang genießen. Beispielsweise finden sich solche in den §§ 438, 634a für die Mängelansprüche gegen den Verkäufer bzw Werkunternehmer in Bezug auf die **38**

Verjährungsfristen und ihren Beginn. Diese Punkte regeln sich dann nach diesen Bestimmungen, alle nicht besonders angesprochenen Punkte nach den §§ 194 ff, also beispielsweise die Hemmung der Verjährung durch Verhandlungen, § 203, die Maßnahmen des § 204 Abs 1, die langfristige Verjährung im Falle der Titulierung nach § 197 Abs 1.

Nichts anderes ist dann aber anzunehmen, soweit zivilrechtliche Ansprüche außerhalb des BGB normiert sind. Vorrang dortiger Spezialbestimmungen, vgl zB § 11 UWG, ergänzende Ausgestaltung durch die §§ 195 ff. Die Aufhebung der §§ 88 HGB, 51b BRAO aF hat insoweit keine Lücken hinterlassen, sondern die dortigen Regelungen zu Dauer und Beginn der Verjährung werden ersetzt durch die §§ 195, 199 BGB.

VII. Öffentliches Recht

39 Das öffentliche Recht kennt zahlreiche spezielle Regelungen der Verjährung, vgl nur aus dem VwVfG § 53. Sie sind indessen lückenhaft, sodass sich die Frage stellt, wie die breiten bestehenden Lücken zu füllen sind. Dazu wurde bisher allgemein auf die Regelungen der §§ 195 ff BGB zurückgegriffen. Deren nachhaltige Umgestaltung durch die Schuldrechtsmodernisierung macht die Frage nach dem jetzigen Recht brisant.

1. Gesetzgebungskompetenz

40 Für den Bereich des öffentlichen Rechts gibt es drei Gesetzgeber, den des Landes, des Bundes sowie den europäischen. Es liegt auf der Hand, dass der Bundesgesetzgeber die beiden anderen Gesetzgeber nicht in Materien binden kann, die nicht seiner Regelungskompetenz unterliegen. Insofern ist die Annahme einer Analogie zu den §§ 195 ff (so MünchKomm/GROTHE § 195 Rn 18) zwar vielleicht für den Bereich des Bundesrechts möglich, scheidet aber im Bereich des Landesrechts aus.

2. Gewohnheitsrecht

41 a) Es steht indessen der Annahme nichts im Wege, dass das Regelwerk der §§ 194 ff BGB im öffentlichen Recht gewohnheitsrechtlich gilt (aA GUCKELBERGER 264 ff). Der ständige Rückgriff der Rechtsprechung auf diese Bestimmungen und seine grundsätzlich widerspruchsfreie Hinnahme durch die Betroffenen und die Literatur lässt einen anderen Schluss nicht zu.

Dabei ist das Besondere dieses Gewohnheitsrechts, dass es nicht der Einzelbestimmung aus den §§ 195 ff gilt, sondern der Gesamtheit dieses Regelwerks. So manche Einzelbestimmung der §§ 194 ff BGB aF mag im öffentlichen Recht nicht zum Tragen gekommen sein, und so manche Bestimmung wird nicht in das allgemeine Bewusstsein gedrungen sein. Das hindert nicht die Annahme eines Konsenses über die Möglichkeit und Notwendigkeit des Rückgriffs auf die §§ 194 ff BGB.

b) Dieses Gewohnheitsrecht gilt aber dem Normenbestand in seiner jeweiligen Fassung (so im Ergebnis auch MünchKomm/GROTHE § 195 Rn 18; aA NK-BGB/MANSEL/STÜRNER § 194 Rn 22 ff). Einerseits wäre es praktisch unerträglich, wenn im öffentlichen Recht –

jedenfalls teilweise – die modifizierten §§ 195 ff aF noch weiterhin zur Anwendung kommen müssten, andererseits geht eben die allgemeine Überzeugung dahin, dass die §§ 195 ff BGB in ihrer aktuellen Fassung „schon das Richtige sagen werden".

c) Ein Gewohnheitsrecht dieser Art lässt sich zwanglos auch im Bereich des Landesrechts annehmen, es stößt nicht auf Probleme der Gesetzgebungskompetenz. 42

Natürlich ist außer dem Bundesgesetzgeber namentlich der Landesgesetzgeber frei, im Rahmen seines Regelungsbereichs sich von der damit vorgegebenen subsidiären Geltung der §§ 195 ff BGB zu lösen.

3. Verweisungen auf das BGB

Verweisungen auf das Regelwerk der §§ 194 ff BGB könnten – jedenfalls im Landesrecht – nur statisch verstanden werden, versteht man sie als konstitutiv, sodass uU bei älteren noch die §§ 195 BGB aF zur Anwendung zu bringen wären und es zu Komplikationen käme, sollten die §§ 195 ff fortentwickelt werden, was ja nicht auszuschließen ist. Die Problematik löst sich indessen auf, wenn man die Verweisung nur als deklaratorische versteht, als Ausdruck der communis opinio, dass subsidiär die Bestimmungen der §§ 195 ff BGB heranzuziehen sind. 43

4. Einzelheiten

a) Die dargelegte subsidiäre Geltung der §§ 194 ff BGB gilt zunächst für den Ablauf der Verjährung. Es kann nicht sein, dass zB Verhandlungen, § 203, die Verjährung im öffentlichen Recht ungehemmt weiterlaufen lassen, und gerade der Katalog des § 204 Abs 1 ist anwendbar. Dass sich die Klage auf die Verjährung auswirkt, wird im öffentlichen Recht geradezu vorausgesetzt, aber dies kann nur die Hemmung des heutigen Rechts sein, nicht die Unterbrechung des früheren. Das Widerspruchsverfahren nach §§ 68 ff VwGO ist bei § 204 Abs 1 Nr 12 zu subsumieren, das Nacheinander von Primär- und Sekundärrechtsschutz bei § 213. 44

b) Ebenso gelten für die Fristen und ihren Beginn die §§ 195, 199 (vorbehaltlich von Sonderregelungen). Wo der Gesetzgeber des Landes oder Bundes diese Bestimmungen für inadäquat hält, mag – und muss – er sich von ihnen distanzieren.

c) Bei alledem bleiben freilich Besonderheiten des öffentlichen Rechts von Bedeutung. So ist der Bürger zB nicht gehindert, gegenüber der Verwaltung die Einrede der Verjährung nach jenem freien Belieben zu erheben, das ihm § 214 Abs 1 einräumt, umgekehrt wird die Behörde ihr Ermessen insoweit pflichtgemäß auszuüben haben; ggf kann ihre Berufung auf die Verjährung missbräuchlich sein. – Der Beginn der Verjährung knüpft nach § 199 Abs 1 Nr 1 im Rahmen der regelmäßigen Verjährungsfrist an die Entstehung des Anspruchs an. Der sich ergebende Zeitpunkt kann namentlich im Polizeirecht zweifelhaft sein, zB im Falle von Altlasten. Genügt es, dass die Behörde den Bürger in Anspruch nehmen könnte, oder ist es zu verlangen, dass sie ihr Begehren konkretisiert? Der Begriff der Entstehung des Anspruchs ist insoweit auslegungsfähig, und diese Auslegung kann sich an den Wertungen des Polizeirechts orientieren. 45

Soweit § 199 Abs 1 Nr 2 auf die Kenntnismöglichkeiten des Gläubigers abstellt, wird man von der Behörde eine gehörige Organisation erwarten dürfen, die die Erfassung ihrer Ansprüche optimiert.

VIII. Auslegung und Analogiebildung

46 Die Auslegung der Bestimmungen über die Verjährung und die Bildung von Analogien in diesem Bereich folgt den allgemeinen Regeln (Spiro § 22).

47 1.   Soweit für die *Auslegung des Gesetzes* betont wird, sie müsse sich grundsätzlich eng am Wortlaut orientieren (RGZ 120, 355, 359; BGHZ 53, 43, 47; 59, 323, 326; 156, 232, 242; zustimmend MünchKomm/Grothe vor § 194 Rn 7), sagt das letztlich nichts. Denn der Wortlaut ist der Interpretation sowohl fähig als auch bedürftig. Das gilt etwa für den Begriff der Verhandlungen des § 203, bei dem man geneigt sein könnte, nur solche mit Mindestaussichten genügen zu lassen, erst recht für die grobe Fahrlässigkeit des § 199 Abs 1 Nr 2. Nicht eindeutig dem Gesetzeswortlaut zu entnehmen ist es, ob die Streitverkündung des § 204 Abs 1 Nr 7 auch im selbstständigen Beweisverfahren mit verjährungshemmender Wirkung möglich ist, oder ob die Rechte, die dem Käufer aus seinem mangelbedingten Rücktritt erwachsen, in der Verjährungsfrage immer noch § 438 unterliegen oder nicht nunmehr den §§ 195, 199. In Fällen dieser Art ist auf die üblichen Auslegungsregeln – ohne Vorrang des Gesetzeswortlauts – zurückzugreifen, also namentlich auf den Zweck der Regelung, die Vorstellungen des Gesetzgebers etc (Palandt/Ellenberger vor § 194 Rn 12).

48 2.   Auch *Analogien* sind ohne Einschränkungen möglich (Palandt/Ellenberger vor § 194 Rn 12; **aA** MünchKomm/Grothe vor § 194 Rn 7), ebenso wie erweiternde Auslegungen, von denen sie sich nicht trennscharf abgrenzen lassen. Dass im Rahmen des § 634a Abs 3 ein Organisationsverschulden des Unternehmers seiner Arglist gleichgestellt wird, ist ebenso sinnvoll wie die Anwendung des § 548 auf deliktische Ansprüche. Von der Möglichkeit der Analogie ist in der Vergangenheit vielfach Gebrauch gemacht worden, so etwa bei der Anwendung des § 196 aF auf gesetzliche Ansprüche, die an die Stelle der vorgesehenen vertraglichen treten, bei der Anwendung des § 477 aF auf Ansprüche aus positiver Forderungsverletzung wegen Mangelfolgeschäden. Insoweit ist allenfalls zu hoffen, dass das reformierte Recht der Verjährung in geringerem Umfang als bisher zur Bildung von Analogien nötigt.

IX. Intertemporales Recht, Recht der DDR

1.   Überleitungsregelungen

49 a)   Die Überleitungsprobleme, die sich hinsichtlich der Verjährung aus der Einführung des BGB ergaben, regelt Art 169 EGBGB; sie dürften heute praktisch bedeutungslos sein.

b)   Entsprechende Probleme ergeben sich aus dem *Beitritt der DDR*. Sie werden in Art 231 § 6 Abs 1, 2 EGBGB nach Grundsätzen gelöst, die mit denen des Art 169 EGBGB identisch sind. Auf die Erl zu beiden Bestimmungen wird Bezug genommen. Darüber hinaus erklärt Art 231 § 6 Abs 3 EGBGB diese Regelungen auch für Ausschlussfristen für anwendbar.

c) Die Überleitung für das G zur Modernisierung des Schuldrechts v 26. 11. 2001 **50** (BGBl I 3138) regelt Art 229 § 6 EGBGB, soweit es die Neufassung des Rechts der Verjährung betrifft, vgl die Erl dort.

d) Wenn der *Gesetzgeber* ändernd in die Verjährung von Ansprüchen eingreift, *ohne* zugleich eine *Überleitungsvorschrift* zu erlassen, werden ebenfalls die Grundsätze des Art 169 EGBGB angewendet (BGH NJW 1961, 25; 1965, 106; 1974, 236; BGHZ 73, 363, 365), wie Art 229 § 6 EGBGB sie im Kern aufgreift. Das bedeutet, dass es der Gläubiger uU hinnehmen muss, dass für seinen Anspruch nunmehr eine kürzere Verjährungsfrist gilt, Art 169 Abs 1 S 1 EGBGB; eine nunmehr kürzere Frist läuft jedoch erst ab Inkrafttreten der Neuregelung, Art 169 Abs 2 S 1, 229 § 6 Abs 4 EGBGB. Das lässt den Fall denkbar werden, dass sich so die Frist insgesamt doch verlängern würde; Art 169 Abs 2 S 2, 229 § 6 Abs 4 S 2 EGBGB beugt dem vor. Sieht die Neuregelung dagegen eine längere Verjährungsfrist vor, so erfährt der Schuldner keinen Vertrauensschutz.

Beginn, Hemmung und Unterbrechung bzw Neubeginn der Verjährung sind nach der jeweils geltenden Regelung zu beurteilen, Art 169 Abs 1 S 2, 229 § 6 Abs 1 EGBGB. Hier kommt es also zu einem stichtagsbezogenen Wechsel der Beurteilung.

Diese Grundsätze können nur dort Anwendung finden, wo ein Anspruch trotz der Neuregelung erhalten bleibt. Schneidet der Gesetzgeber einen bisher bestehenden Anspruch im Zuge der Neuregelung ab, so stellt sich die Verjährungsfrage nicht mehr. Wird ein Anspruch neu geschaffen, so stellen sich ebenfalls keine Überleitungsprobleme: Er beginnt erst jetzt zu verjähren; dass seine tatbestandlichen Voraussetzungen vielleicht schon vor der Neuregelung existent waren, führt nicht dazu, dass der Verjährungsbeginn auf einen Zeitpunkt vor Inkrafttreten der Neuregelung zurückzudatieren wäre (BGH NJW 1974, 237). Probleme ergeben sich, wenn der Anspruch im früheren Recht Entsprechungen hatte. Ist Identität der Ansprüche zu bejahen, so gelten die Grundsätze der Art 169, 229 § 6 EGBGB mit ihrer Fortsetzung der Verjährung. Ist Identität zu verneinen, so beginnt jetzt eine neue Verjährung (BGH aaO).

e) Ändert sich bei gleichbleibender Gesetzeslage die *Beurteilung der Verjäh-* **51** *rungsfrage in der Rechtsprechung,* so genießt der Schuldner jedenfalls keinen Schutz, falls dies zu seinen Lasten geht. Diskutiert wird, ob der Gläubiger im umgekehrten Fall zu schützen ist. Auch dies ist jedoch im Ergebnis zu verneinen (vgl dazu § 206 Rn 7 f).

2. Recht der DDR

Nach dem Vorstehenden kann die Rechtsordnung der DDR für die Beurteilung der **52** Verjährungsfrage weiterhin von Bedeutung sein. Ein Überblick über sie in den Erl zu Art 231 § 6 EGBGB.

X. Europarecht

52a 1. Es versteht sich, dass das nationale Recht etwaigen Vorgaben europäischer Richtlinien zu entsprechen hat. Aktuell sind Konfliktfälle nicht ersichtlich.

2. Zuweilen kann das europäische Recht das nationale Recht auch verdrängen. Ist zB europarechtswidrig eine Beihilfe gewährt worden, kann die zehnjährige Rückforderungsbefugnis der Kommission nach Art 15 Abs 1 VO 659/1999 nicht durch kürzere deutsche Verjährungsvorschriften ausgehebelt werden (BGHZ 188, 326 = JZ 2011, 580 Rn 43 ff mit einem entbehrlichen Verweis auf § 242).

XI. Internationales Privatrecht, Rechtsvergleichung

53 1. Die Verjährungsfähigkeit ist eine Eigenschaft des betreffenden Anspruchs, wie er dem *materiellen Recht angehört* (vgl § 194 Rn 2). Das bedeutet für die Frage nach dem jeweils anzuwendenden Recht in Fällen mit Auslandsberührung, dass es jedenfalls nicht auf das Recht des Gerichtsstandes ankommt (STAUDINGER/DILCHER[12] Rn 7), auch wenn ausländische Rechtsordnungen die Verjährung zuweilen als eine Frage des Prozessrechts beurteilen, und dass es gleichzeitig *eine eigenständige Anknüpfung für die Verjährung nicht gibt:* Für die Beurteilung der Verjährungsfrage ist vielmehr stets jene Rechtsordnung anwendbar, die auf den Anspruch als solchen anwendbar ist. Der nach italienischem Recht zu beurteilende Anspruch verjährt mithin nach den Regeln des italienischen Rechts etc.

Das gilt ohne weiteres für die einschlägigen Fristen, aber doch auch für die Regelungen über Beginn, Hemmung und Neubeginn der Verjährung (vgl OLG Saarbrücken WPM 1998, 2465). ZB legt das italienische Recht verzugsbegründenden Maßnahmen erneuernde Wirkung bei, Art 2943 Abs 4 cc it, und damit der Mahnung durch eingeschriebenen Brief, Art 1219 cc it. Das genügt zur Erneuerung der Verjährung dann auch, wenn der italienischem Recht unterliegende Anspruch in Deutschland verfolgt wird. Umgekehrt kann die Verjährung des deutschem Recht unterliegenden Anspruchs in Italien nicht durch eingeschriebenen Brief gehemmt werden, sondern es sind bei seiner Verfolgung dort weiterhin Maßnahmen notwendig, die den Anforderungen des § 204 Abs 1 genügen.

Wenn das deutsche Recht hinsichtlich der Hemmung der Verjährung vielfältig auf prozessuale Ereignisse Bezug nimmt, vgl § 204 Abs 1, dann ist bei Ereignissen im Ausland zu prüfen, ob sie jenen entsprechen, die in Deutschland relevant sind. Das kann zB bei der Streitverkündung zweifelhaft werden (vgl § 204 Rn 85), aber doch auch über die Hemmungstatbestände hinaus. So kann zB § 204 Abs 2 S 2 bei einer Rechtsverfolgung im Ausland nur dann relevant werden, wenn und soweit das ausländische Prozessrecht den Betrieb des Prozesses in die Hände der Parteien legt.

54 2. Eine Grenze für die danach mögliche Anwendung ausländischen Rechts zog für Ansprüche aus unerlaubter Handlung Art 38 EGBGB aF. Diese Bestimmung galt namentlich auch für die Beurteilung der Verjährungsfrage (RGZ 118, 141, 142; BGHZ 71, 175, 176; MünchKomm/vFELDMANN[3] § 194 Rn 19), vgl jetzt – einschränkend – Art 40 Abs 3 EGBGB.

3. Im Übrigen können ausländische Regelungen denkbarerweise dem deutschen **55** *ordre public* widersprechen und damit nach Art 6 EGBGB unbeachtlich sein (vgl RGZ 106, 82). Praktisch wird das freilich kaum jemals der Fall sein.

a) Es ist nämlich die außerordentliche Gestaltungsfreiheit des Gesetzgebers im Recht der Verjährung zu beachten. Der deutsche Gesetzgeber hat sie selbst in Anspruch genommen, wenn er Ansprüche aus demselben Vertrag nebeneinander den Fristen der §§ 195, 196 aF unterworfen hat. Diese Freiheit muss auch der ausländische Gesetzgeber haben, zumal nach dem Gesagten, dass seine Verjährungsregelung nur dann zum Tragen kommt, wenn der Anspruch auch nach seinem Recht begründet worden ist. Außerdem ist eine Gesamtschau geboten. Eine kurze Verjährungsfrist kann zB durch die leichte Möglichkeit der Hemmung ausgeglichen werden, eine lange durch die schnellere Anwendung des Instituts der Verwirkung. Die ausländische Regelung müsste also unter Berücksichtigung aller einschlägigen Gesichtspunkte unvertretbar erscheinen.

b) Danach können bloße Fristenunterschiede gegenüber dem deutschen Recht jedenfalls nicht genügen (vgl RGZ 151, 193, 201). Auch sonstige Details dürfen abweichend geregelt sein, zB die Möglichkeit der Wahrung der Verjährung durch Mahnung per eingeschriebenen Brief, Art 2943 Abs 4, 1219 cc it, die etwaige Berücksichtigung der Verjährung von Amts wegen oä.

c) Gegen den ordre public verstoßen kann allenfalls die *Überschreitung äußerster* **56** *Grenzen*.

aa) Dies kommt in Betracht, wenn das ausländische Recht dem Gläubiger jede realistische Möglichkeit vorenthält, sein Recht auch zu realisieren. Derartige Regelungen sind auch nach deutschem Recht vor dem Hintergrund des Art 14 GG bedenklich, vgl Art 6 S 2 EGBGB. Betrachtet man freilich die Zumutungen, die zB die §§ 477, 638 aF für den Gläubiger bereitgehalten haben, so wird deutlich, dass die Entrüstung über ausländische Rechtsordnungen nur ganz ausnahmsweise angebracht sein kann.

bb) Ein Verstoß gegen den ordre public ist ferner denkbar, wenn ein Anspruch überhaupt unverjährbar gestellt wird (RGZ 106, 82). Auch das kann freilich durchaus im Einzelfall durch seine besondere Natur gerechtfertigt sein, vgl wiederum RGZ 106, 82, 84 für den Fall des rechtskräftig festgestellten Anspruchs, dessen Verjährbarkeit schwerlich zwingend ist. Auch können die großzügige Annahme der Verwirkung, Beweislastregelungen oä die Unverjährbarkeit kompensieren. – Eine Verjährungsfrist von zB 30 Jahren kann nicht schon deshalb gegen den ordre public verstoßen, selbst wenn das deutsche Recht konkret eine kurze Verjährung statuiert.

cc) Das Gesagte schließt es nicht aus, dass sich aus der Verjährung Effekte ergeben können, die gegen den ordre public verstoßen. Nicht hinzunehmen wäre es etwa, wenn bei einem Kaufvertrag der Erfüllungsanspruch des Verkäufers kurzfristig verjährt, vgl § 196 Abs 1 Nr 1 aF, der des Käufers langfristig, vgl § 195 aF, und der Käufer dann seinen Anspruch durchsetzen könnte, ohne den Gegenanspruch des

Verkäufers berücksichtigen zu müssen, weil es an einer Bestimmung wie § 215 fehlt.

57 4. *Rechtsvergleichende Hinweise* s STAUDINGER/DILCHER[12] Vorbem 23 ff zu §§ 194 ff. Die Rechtsvergleichung wird dadurch erschwert, dass es nicht genügt, Details der einzelnen Regelungen – zB die Fristen – einander gegenüberzustellen, sondern eine nähere Würdigung ist nur dann möglich, wenn man alle Details in die Betrachtung einbezieht, also namentlich auch die Regelung über Beginn, Hemmung, Erneuerung und Wirkung der Verjährung, sowie ihr Umfeld, wie dies etwa geprägt wird durch Ausschlussfristen, durch das Institut der Verwirkung, durch Beweislastregelungen. Die insoweit unentbehrliche Vertiefung kann hier nicht geboten werden.

XII. Verjährung im CESL

57a Regelungen für ein europäisches Verjährungsrecht beinhaltet der Vorschlag der Europäischen Kommission für eine Verordnung des Europäischen Parlaments und des Rates über ein *Gemeinsames Europäisches Kaufrecht* vom 11. 10. 2011 (KOM [2011] 635 endgültig). Anhang 1 zur vorgeschlagenen Verordnung enthält den eigentlichen Entwurf des Gemeinsamen Europäischen Kaufrechts (Common European Sales Law, kurz: CESL). Im Wege der Verordnung soll den Kaufvertragsparteien die Option eingeräumt werden, dem Vertrag nicht das nationale Kaufrecht eines Mitgliedsstaats, sondern das CESL zugrunde zu legen (vgl STADLER AcP 212 [2012] 473, 475 ff zur Rechtsnatur dieses „optionalen Instruments"). Die Bestimmungen des CESL beruhen auf rechtsvergleichenden Studien. Das lädt zu einem Vergleich des einschlägigen *Kapitels 18 des CESL zur Verjährung* mit §§ 194 ff ein. Dabei ist freilich zu berücksichtigen, dass der Anwendungsbereich der Regelungen des CESL auf kaufrechtliche Ansprüche beschränkt ist.

> **Abschnitt 1: Allgemeine Bestimmungen**
>
> **Art 178 Der Verjährung unterliegende Rechte**
>
> Ein Recht, die Erfüllung einer Verpflichtung zu vollstrecken, sowie etwaige Nebenrechte unterliegen der Verjährung durch Ablauf einer Frist nach Maßgabe dieses Kapitels.

57b Art 178 CESL begrenzt den *Anwendungsbereich* der Verjährung wie § 194 (s dort Rn 15 ff) auf Ansprüche, während etwa Gestaltungsrechte nicht der Verjährung unterliegen (KLEINSCHMIDT AcP 213 [2013] 538, 539 ff). Insbesondere umfasst der Begriff der Nebenrechte *keine Gestaltungsrechte,* sondern nur solche Ansprüche, die im deutschen Recht in den Anwendungsbereich von § 217 fallen. Dieses Verständnis des Begriffs der Nebenrechte stützt Art 185 (3) CESL (u Rn 57h).

Auch *Rechtsbehelfe* der Vertragsparteien *wegen Nichterfüllung,* die als Gestaltungsrechte ausgestaltet sind, unterliegen daher nicht selbst der Verjährung. Für das so bezeichnete *„Recht auf Vertragsbeendigung",* das dem Rücktritt entspricht, werden aber zunächst materielle Ausschlussfristen angeordnet, vgl Art 119 CESL zum Recht des Käufers und Art 139 CESL zum Recht des Verkäufers. Eine verjährungsrechtliche Auswirkung auf Gestaltungsrechte hält dann vor allem die Regelung über die Wirkung der Verjährung in Art 185 (1) CESL bereit. Danach verliert der Gläubiger mit der Verjährung eines Anspruchs alle Rechtsbehelfe, die ihm aufgrund der Nichterfüllung zustehen (u Rn 57i). Weil diese Regelung nicht nur Gestaltungsrechte, sondern darüber hinaus auch als Ansprüche ausgestaltete *Sekundärrechtsbehelfe* umfasst, geht diese Bestimmung über § 218 hinaus, führt hinsichtlich der Gestaltungsrechte aber zu entsprechenden Wirkungen.

Abschnitt 2: Verjährungsfristen und Fristbeginn

Art 179 Verjährungsfristen

1. Die kurze Verjährungsfrist beträgt zwei Jahre.

2. Die lange Verjährungsfrist beträgt zehn Jahre beziehungsweise bei Schadensersatzansprüchen wegen Personenschäden dreißig Jahre.

Art 180 Beginn der Verjährungsfristen

1. Die kurze Verjährungsfrist beginnt mit dem Zeitpunkt, zu dem der Gläubiger von den das Recht begründenden Umständen Kenntnis erhielt oder hätte Kenntnis erhalten müssen.

2. Die lange Verjährungsfrist beginnt mit dem Zeitpunkt, zu dem der Schuldner leisten muss, beziehungsweise bei einem Recht auf Schadensersatz mit dem Zeitpunkt, zu dem die das Recht begründende Handlung erfolgte.

3. Hat der Schuldner eine fortdauernde Verpflichtung zu einem Tun oder Unterlassen, so erwächst dem Gläubiger aus jeder Nichterfüllung der Verpflichtung ein gesondertes Recht.

Die Ausgestaltung von *Verjährungsfrist und Fristbeginn* entspricht dem deutschen Konzept der regelmäßigen Verjährung in §§ 195, 199. So wird im CESL ebenfalls das *subjektive Verjährungssystem* verwirklicht, das die Verjährung mit Kenntnis oder Kennenmüssen von den den Anspruch begründenden Umständen beginnen lässt, Art 180 (1) CESL. Im Vergleich zum deutschen Recht ist die Verjährung freilich in zweierlei Hinsicht erleichtert. Die (kurze) Verjährungsfrist beträgt nach Art 179 (1) CESL lediglich zwei Jahre im Unterschied zu den drei Jahren des § 195, und der Fristbeginn ist anders als in § 199 Abs 1 nicht bis zum Jahresende aufgeschoben, § 180 (1) CESL.

Die Regelung der langen Verjährungsfrist in Art 179 (2), 180 (2) CESL ergänzt das subjektive System um *objektive Höchstfristen*, wie es § 199 Abs 2–4 ebenfalls tut. Auch die Differenzierung in der Länge der Höchstfrist zwischen zehn und 30 Jahren ist dem deutschen Recht bekannt.

Art 180 (3) CESL verhält sich ausdrücklich zu dem speziellen Problem der *Dauerverpflichtung*. Dass die Verjährung der Ansprüche, die aus solchen Verpflichtungen folgen, nicht zu laufen beginnt, solange die Dauerverpflichtung fortdauert, ist zum deutschen Recht ebenfalls anerkannt (s § 199 Rn 20c).

Abschnitt 3: Verlängerung der Verjährungsfristen

Art 181 Hemmung bei gerichtlichen und anderen Verfahren

1. Beide Verjährungsfristen sind von dem Zeitpunkt an gehemmt, zu dem ein gerichtliches Verfahren zur Durchsetzung des Rechts eingeleitet wird.

2. Die Hemmung dauert an, bis rechtskräftig entschieden worden ist oder der Rechtsstreit anderweitig beigelegt wurde. Endet das Verfahren innerhalb der letzten sechs Monate der Verjährungsfrist ohne Entscheidung in der Sache, endet die Verjährungsfrist nicht vor Ablauf von sechs Monaten nach Beendigung des Verfahrens.

3. Die Absätze 1 und 2 gelten entsprechend auch für Schiedsverfahren, für Mediationsverfahren, für Verfahren, in denen die abschließende Entscheidung über eine Streitfrage zweier Parteien einer dritten Partei überlassen wird, sowie für alle Verfahren, deren Ziel es ist, über das Recht zu befinden oder eine Insolvenz abzuwenden.

4. Mediation bezeichnet unabhängig von ihrer Benennung ein geordnetes Verfahren, in dem zwei oder mehrere Streitparteien mit Hilfe eines Mediators auf freiwilliger Basis selbst versuchen, eine Vereinbarung über die Beilegung ihrer Streitigkeiten zu erzielen. Das Verfahren kann von den Parteien eingeleitet, von einem Gericht angeregt oder angeordnet werden oder nach innerstaatlichem Recht vorgeschrieben sein. Die Mediation endet mit der Einigung der Parteien oder mit einer Erklärung des Mediators oder einer der Parteien.

57d Art 181 CESL bestimmt die *Hemmung der Verjährung durch Rechtsverfolgung*. Angesichts der unterschiedlichen nationalstaatlichen Möglichkeiten zur Rechtsverfolgung kommt ein abgeschlossener Katalog, wie ihn § 204 im deutschen Recht enthält, kaum in Betracht. Die allgemeine Formulierung des gerichtlichen Verfahrens zur Durchsetzung eines Rechts in Art 181 (1) CESL wirft damit natürlich Auslegungsfragen auf. Aus deutscher Sicht sollte man beispielsweise die Streitverkündung, die im europäischen Vergleich ohnehin eine Sonderrolle spielt, vgl Art 65 EuGVVO, als Rechtsverfolgung in diesem Sinne verstehen. Dass Art 181 CESL weit auszulegen ist, ergibt sich auch aus Abs 3.

Die Verjährung *rechtskräftig festgestellter Ansprüche* (§ 197 Abs 1 Nr 3) und der Neubeginn der Verjährung aufgrund von *Vollstreckungshandlungen* (§ 212 Abs 1 Nr 2) gehört nicht zum Anwendungsbereich des CESL.

Art 182 Ablaufhemmung bei Verhandlungen

Verhandeln die Parteien über das Recht oder über Umstände, die einen Anspruch hinsichtlich des Rechts begründen könnten, so enden beide Verjährungsfristen nicht vor Ablauf eines Jahres, nachdem die letzte Mitteilung im Rahmen der Verhandlungen erfolgt ist oder nachdem eine der Parteien der anderen Partei mitgeteilt hat, dass sie die Verhandlungen nicht fortsetzen möchte.

57e Art 182 CESL misst wie § 203 *Verhandlungen* verjährungshemmende Wirkung bei. Während § 203 den Verhandlungen sowohl Hemmungswirkung zuspricht als auch eine Ablaufhemmung von drei Monaten vorsieht, beschränkt sich Art 182 auf eine

Ablaufhemmung, deren Frist ein Jahr beträgt. Zu den Begriffen der Hemmung und der Ablaufhemmung s § 209 m Erl.

Art 183 Ablaufhemmung bei fehlender Geschäftsfähigkeit

Ist eine geschäftsunfähige Person ohne gesetzlichen Vertreter, enden die beiden Verjährungsfristen nicht vor Ablauf eines Jahres, nachdem die Person entweder geschäftsfähig geworden ist oder ein Vertreter bestellt wurde.

Die *Ablaufhemmung bei fehlender Geschäftsfähigkeit* in Art 183 CESL entspricht § 210, freilich ist die Frist des CESL doppelt so lang wie die des § 210. **57f**

Abschnitt 4: Neubeginn der Verjährungsfristen

Art 184 Neubeginn infolge Anerkenntnis

Erkennt der Schuldner das Recht gegenüber dem Gläubiger durch Teilzahlung, Zahlung von Zinsen, Leistung einer Sicherheit, Aufrechnung oder in anderer Weise an, so beginnt eine neue kurze Verjährungsfrist.

Das *Anerkenntnis eines Anspruchs* führt nach Art 184 CESL zum *Neubeginn der Verjährung* wie nach § 212 Abs 1 Nr 1. **57g**

Abschnitt 5: Wirkung der Verjährung

Art 185 Wirkung der Verjährung

1. Nach Ablauf der geltenden Verjährungsfrist ist der Schuldner berechtigt, die Erfüllung der betreffenden Verpflichtung zu verweigern, während der Gläubiger alle ihm wegen Nichterfüllung zustehenden Abhilfen verliert mit Ausnahme des Rechts, seine Leistung zurückzuhalten.

2. Was immer der Schuldner in Erfüllung der betreffenden Verpflichtung gezahlt oder übertragen hat, kann nicht allein deshalb zurückgefordert werden, weil die Leistung zu einem Zeitpunkt erbracht wurde, zu dem die Verjährungsfrist abgelaufen war.

3. Die Verjährung eines Rechts auf Zinsen und anderen Nebenrechten tritt spätestens mit der Verjährung des Hauptrechts ein.

Die *Rechtsfolgen der Verjährung* bestimmt Art 185 CESL in weitgehender *Übereinstimmung mit dem deutschen Recht.* So gestaltet Art 185 (1) CESL die Verjährung wie § 214 als Leistungsverweigerungsrecht aus, belässt dem Gläubiger aber wie § 215, sich mit der verjährten Forderung durch ein *Zurückbehaltungsrecht* zu verteidigen. Das dürfte auf die Aufrechnung entsprechend anzuwenden sein. Art 185 (2) CESL schließt wie § 214 Abs 2 die *Rückforderung* aus, wenn der Gläubiger eine verjährte Forderung erfüllt hat. Art 185 (3) CESL erstreckt in Übereinstimmung mit § 217 die Verjährung der Hauptforderung auf *Nebenrechte.* **57h**

Eine dem *deutschen Recht nicht vertraute Regelung enthält Art 185 (1) CESL* al- **57i** lerdings für Rechtsbehelfe, die auf der Nichterfüllung eines Anspruchs beruhen. Diese Rechtsbehelfe sind für den Käufer in Art 106 (1) CESL und für den Verkäufer in Art 118 (1) CESL aufgezählt. Sie entsprechen der Art nach den Instituten des deutschen Rechts in §§ 280 ff, 323 ff, 437. Es handelt sich um (Nach-)Erfüllung, Vertragsbeendigung, Schadensersatz und für den Käufer im Falle der Schlechtleistung zusätzlich um Minderung. Diese Rechtsbehelfe verliert der Gläubiger nach Art 185 (1) CESL, wenn der Primäranspruch verjährt.

Die *Auswirkungen dieser Bestimmung bei Nichtleistung* sind dem deutschen Recht nicht unbekannt: Verjährt die nichterfüllte Forderung, verliert der Gläubiger sein Recht auf Vertragsbeendigung (o Rn 57b). Diese Folge des Art 185 (1) CESL entspricht § 218 Abs 1. Es fehlt allein im Unterschied zu § 218 Abs 1 S 2 in Art 185 (1) CESL die Bestimmung, dass der *Untergang des Gestaltungsrechts in der hypothetischen Verjährungsfrist des Erfüllungsanspruchs* auch dann eintritt, wenn der Erfüllungsanspruch wegen Unmöglichkeit untergeht und daher nicht mehr verjähren kann. Art 185 (1) CESL erfasst aber auch Schadensersatzansprüche, die auf der Nichterfüllung beruhen. Soweit davon der Schadensersatz statt der Leistung betroffen ist, geht das über das deutsche Recht hinaus; denn § 213 knüpft die Verjährung des Ersatzanspruchs nur gläubigerfreundlich im Hinblick auf Hemmung, Ablaufhemmung und Neubeginn an den Erfüllungsanspruch. Grundsätzlich verjährt der Schadensersatzanspruch aber selbstständig. Allerdings wird mit guten Gründen zu § 281 vertreten, dass ein Schadensersatzanspruch nach dieser Bestimmung aus materiell-rechtlichen Gründen untergeht, wenn der Erfüllungsanspruch verjährt, bevor der Gläubiger sich für Schadensersatz durch Geltendmachung nach § 281 Abs 4 entschieden hat (MünchKomm/ERNST § 281 Rn 88).

57k Besondere Probleme wirft der Nacherfüllungsanspruch auf, den das CESL in Art 110 als *„Forderung nach Erfüllung der Verpflichtungen des Verkäufers"* bezeichnet. Im Unterschied zum deutschen Recht trifft das CESL für diesen Anspruch keine eigenständige Verjährungsregelung. Es fehlt nicht nur an einer speziellen Verjährungsfrist, sondern auch an der Anordnung eines objektiven Verjährungsbeginns. Welche Folgen diese Ausgestaltung gerade im Falle verdeckter Mängel zeitigt, ist noch nicht geklärt:

Entweder betont man die *Identität von Erfüllungs- und Nacherfüllungsanspruch* auch in verjährungsrechtlicher Hinsicht. Dann hat die Verjährung dieses einheitlichen Anspruchs regelmäßig vor der Leistung bereits zu laufen begonnen. Die Leistung führt dann nach Art 184 CESL wegen des in ihr liegenden Anerkenntnisses zum Neubeginn der Verjährung. Folglich wäre der Nacherfüllungsanspruch zwei Jahre nach der Lieferung verjährt. Mit dieser Verjährung könnten nach Art 185 (1) CESL auch keine weiteren Rechtsbehelfe mehr geltend gemacht werden. Diese Identitätslösung führte innerhalb des subjektiven Systems des CESL ohne ausdrückliche Regelung zu einer kurzen zweijährigen Verjährung der Mängelrechte (so im Ergebnis KLEINSCHMIDT AcP 213 [2013] 538, 553 ff).

Zum anderen kann man die *„Forderung nach Erfüllung der Verpflichtungen des Verkäufers"* angesichts ihrer besonderen gesetzlichen Voraussetzungen jedenfalls in verjährungsrechtlicher Hinsicht für einen *selbstständig zu beurteilenden Anspruch halten* (so der Ausgangspunkt von KLEINSCHMIDT AcP 213 [2013] 538, 553). Dieser Anspruch entsteht dann erst mit der (mangelhaften) Leistung des Verkäufers, sodass der Beginn der Verjährung nach Art 180 (1) CESL Kenntnis oder Kennenmüssen von den den Anspruch begründenden Umständen, mithin der Schlechtleistung voraussetzt. Damit wäre das subjektive System auch auf die Mängelrechte erstreckt. Dagegen dringt die von KLEINSCHMIDT (AcP 213 [2013] 538, 553 ff) verfochtene Argumentation nicht durch, dass nach Art 185 (1) CESL ohnehin alle kaufrechtlichen Rechtsbehelfe wegen Schlechtleistung nach zwei Jahren durch die Verjährung des Erfüllungsanspruchs dem Käufer verloren gingen. Denn der ursprüngliche Erfüllungsanspruch würde nach der Leistung des Verkäufers nicht mehr bestehen und könnte daher nicht mehr verjähren. Für diese Auslegung, dass das *CESL das subjektive Verjährungssystem auch für Mängelrechte verwirklicht,* spricht die in Art 122 (2) CESL für den unternehmerischen Verkehr vorgesehene objektive Ausschlussfrist von zwei Jahren. Dieser Ausschluss, aber auch dessen Beschränkung auf den unternehmerischen Verkehr entbehrte jeden Sinn, wenn die Verjährung ohnehin nach zwei Jahren eintreten sollte.

Abschnitt 6: Einvernehmliche Änderung

Art 186 Vereinbarungen über die Verjährung

1. Die Vorschriften dieses Kapitels können von den Parteien einvernehmlich geändert werden, vor allem durch Verkürzung oder Verlängerung der Verjährungsfristen.

2. Die kurze Verjährungsfrist darf auf höchstens ein Jahr verkürzt und auf höchstens zehn Jahre verlängert werden.

3. Die lange Verjährungsfrist darf auf höchstens ein Jahr verkürzt und auf höchstens dreißig Jahre verlängert werden.

4. Die Parteien dürfen die Anwendung dieses Artikels nicht ausschließen, davon abweichen oder dessen Wirkungen abändern.

5. Bei einem Vertrag zwischen einem Unternehmer und einem Verbraucher darf dieser Artikel nicht zum Nachteil des Verbrauchers angewandt werden.

Art 186 CESL bestimmt die *Grenzen für eine Vereinbarung über die Verjährung* **57**
abweichend von § 202. Die verbraucherschützende Regelung in Art 186 (5) CESL entspricht freilich dem auf der Verbrauchsgüterkauf-RL beruhenden § 475.

XIII. Reform des Verjährungsrechts

1. Modernisierung des Schuldrechts

Im Bereich der Verjährung hat das G zur Modernisierung des Schuldrechts formal **58**
und in der Sache besonders nachhaltig in den bisherigen Normenbestand eingegriffen. Die Neuerungen betreffen grundsätzliche Fragen wie Dauer und Beginn der regelmäßigen Verjährungsfrist, Fragen von mehr dogmatischem Interesse wie die Umformung von Klage und sonstigen Arten der gerichtlichen Rechtsverfolgung, § 209 Abs 1, Abs 2 Nrn 1–4 aF, von Tatbeständen der Unterbrechung (jetzt: des Neubeginns) der Verjährung zu solchen der Hemmung sowie zahllose Details. Ins-

besondere hat der Gesetzgeber eine *Vereinheitlichung* angestrebt, was zu dem seltenen Phänomen geführt hat, dass sich der Normenbestand rein quantitativ verringert hat, innerhalb der §§ 194 ff, aber auch andernorts. Dabei hat der Bundesrat in seiner Stellungnahme zu dem Regierungsentwurf angeregt, die Reform des Verjährungsrechts noch umfassender zu gestalten (BT-Drucks 14/6857). Diese Anregung hat aufgegriffen das G zur Anpassung von Verjährungsvorschriften an das G zur Modernisierung des Schuldrechts v 9. 12. 2004 (BGBl I 3214).

59 Wegen der *einzelnen Schritte der Reformdiskussion* ist auf die Darstellung von STAUDINGER/PETERS (2001) Rn 45 ff zu verweisen, die auf dem Stand von Mai 2001 steht. Dort sind wiedergegeben die Gesetzesvorschläge von PETERS/ZIMMERMANN (in: Gutachten und Vorschläge zur Überarbeitung des Schuldrechts I [1981] 77 ff) und der Schuldrechtskommission (Abschlussbericht der Kommission zur Überarbeitung des Schuldrechts [1992]). Der Diskussionsentwurf von Mitte 2000 aus dem Bundesministerium der Justiz ist wiedergegeben und kommentiert. Seitdem ist noch einige Literatur nachzutragen*. An dieser Stelle verbietet sich eine Fortführung der Diskussion: Zum

---

* **Schrifttum**: ALTMEPPEN, „Fortschritte" im modernen Verjährungsrecht, DB 2002, 514; AMANN, Das Verjährungsrecht nach der Schuldrechtsreform aus notarieller Sicht, DNotZ 2002, 94; BÖRSTINGHAUS, Auswirkungen der Schuldrechtsreform auf das Mietrecht, ZGS 2002, 102; P BYDLINSKI, Die geplante Modernisierung des Verjährungsrechts, in: SCHULZE/SCHULTE-NÖLKE (Hrsg), Die Schuldrechtsreform vor dem Hintergrund des Gemeinschaftsrechts (2001) 381; DERLEDER/MEYER, Die Verjährung zivilrechtlicher Ansprüche: Schuldrechtsmodernisierung zwischen Verbraucherschutz und Turbokapitalismus, KJ 2002, 325; EGERMANN, Verjährung deliktischer Haftungsansprüche, ZRP 2001, 343; EIDENMÜLLER, Zur Effizienz der geplanten Verjährungsregeln im geplanten Schuldrechtsmodernisierungsgesetz, JZ 2001, 283; ders, Ökonomik der Verjährungsregeln, in: SCHULZE/SCHULTE-NÖLKE (Hrsg), Die Schuldrechtsreform vor dem Hintergrund des Gemeinschaftsrechts (2001) 405; HEINRICHS, Entwurf eines Schuldrechtsmodernisierungsgesetzes: Neuregelung des Verjährungsrechts, BB 2001, 1147; HOHLFELD, Verjährungsregelung im GmbH-Recht nach der Schuldrechtsreform – alles unklar?, GmbHR 2002, 117; HOHMANN, Verjährung und Kreditsicherung, WM 2004, 757; KRÄMER, Praxisrelevante Problemfelder des neuen Verjährungsrechts, ZGS 2003, 379; ders, Die Neuregelung des Verjährungsrechts im Schuldrechtsmodernisierungsgesetz (Diss Gießen 2002); KIRCHHOF, Einfluss des neuen Verjährungsrechts auf die Insolvenzanfechtung, WM 2002, 2037; LEENEN, Die Neugestaltung des Verjährungsrechts durch die Schuldrechtsmodernisierung, DStR 2002, 34; ders, Die Neuregelung der Verjährung, JZ 2001, 552; LENKEIT, Das modernisierte Verjährungsrecht, BauR 2002, 196; MANSEL, Die Reform des Verjährungsrechts, in: ERNST/ZIMMERMANN (Hrsg), Zivilrechtswissenschaft und Schuldrechtsreform (2001) 333; ders, Die Neuregelung des Verjährungsrechts, NJW 2002, 89; ders, Einführung in das neue Verjährungsrecht, Jura 2003, 1; ders, Verjährungsanpassungsgesetz: Neue Verjährungsfristen, insbesondere für die Anwaltshaftung und im Gesellschaftsrecht, NJW 2005, 321; ders/BUDZIKIEWICZ, Das neue Verjährungsrecht (2002); PENTZ, Eingeschränkte Unverjährbarkeit von Einlageansprüchen und von Forderungen wegen Verstoßes gegen das Auszahlungsverbot als Folge der Schuldrechtsreform, GmbHR 2002, 225; PFEIFFER, Verjährungsrecht, in: WESTERMANN (Hrsg), Das neue Schuldrecht 2002, 215; POHLMANN, Verjährung, Jura 2005, 1; Principles of European Contract Law der sog Lando-Kommission, Vorschläge zur Verjährung, dt Übersetzung von DROBNIG/ZIMMERMANN, ZEuP 2001, 400; REMIEN, Vindikationsverjährung und Eigentumsschutz, AcP 201 (2001) 730; SCHIMMEL, Verjährungsrecht nach der Schuldrechtsmodernisierung, JA 2002, 377; SCHO-

einen bedarf es der Sammlung und Auswertung praktischer Erfahrungen. Zum anderen lassen sich die Dinge nicht pauschal diskutieren, sondern eben nur das einzelne Detail; dazu wird im jeweiligen Zusammenhang Stellung genommen.

2. Die bisherigen Bestimmungen der §§ 194–225

Bei den einzelnen Bestimmungen ist jeweils angegeben, welches die Vorgängernormen waren. Auf diese und ihre Interpretation kann weithin zurückgegriffen werden. 60

Hier eine Übersicht zum Schicksal der §§ 194–225 aF:

§ 194 aF: erhalten als § 194

§ 195 aF: erhalten als § 195

§ 196 aF: aufgegangen in § 195

§ 197 aF: aufgegangen in § 195

§ 198 aF: abgelöst durch §§ 199–201

§ 199 aF: entfallen

§ 200 aF: entfallen

§ 201 aF: aufgegangen in § 199 Abs 1 S 1

§ 202 aF: ersetzt durch § 205

§ 203 aF: ersetzt durch § 206

§ 204 aF: ersetzt und erweitert durch § 207

CKENHOFF/FIEGE, Neue Verjährungsfragen im Kapitalgesellschaftsrecht, ZIP 2002, 917; SIEHR, Verjährung der Vindikationsklage?, ZRP 2001, 346; THIESSEN, Zur Neuregelung der Verjährung im Handels- und Gesellschaftsrecht, ZHR 168 (2004) 503; WAGNER, Die Verjährung gewährleistungsrechtlicher Rechtsbehelfe nach neuem Schuldrecht, ZIP 2002, 789; WITT, Schuldrechtsmodernisierung 2001/2002 – Das neue Verjährungsrecht, JuS 2002, 105; ZIEGLER/ RIEDER, Vertragsgestaltung und Vertragsanpassung nach dem Schuldrechtsmodernisierungsgesetz, ZIP 2001, 1789; ZIMMERMANN, „... ut sit finis litium", Grundlinien eines modernen Verjährungsrechts vergleichender Grundlage, JZ 2000, 853; ders, Grundregeln eines Europäischen Verjährungsrechts, ZEuP 2001, 217; ders/LEENEN/MANSEL/ERNST, Finis Litium? Zum Verjährungsrecht nach dem Regierungsentwurf eines Schuldrechtsmodernisierungsgesetzes, JZ 2001, 684; ders, Das neue deutsche Verjährungsrecht – ein Vorbild für Europa?, in: SCHLECHTRIEM (Hrsg), Wandlungen des Schuldrechts (2002) 53; ZÖLLNER, Das neue Verjährungsrecht im deutschen BGB – Kritik eines verfehlten Regelungssystems, in: FS Honsell (2002) 153.

§ 205 aF: erhalten als § 209

§ 206 aF: erhalten als § 210

§ 207 aF: erhalten als § 211

§ 208 aF: erhalten als § 212 Abs 1 Nr 1

§ 209 aF: übergeleitet in § 204 Abs 1, § 212 Abs 1 Nr 2

§ 210 aF: erhalten als § 204 Abs 1 Nrn 12, 13

§ 211 aF: Abs 1: ersetzt durch § 204 Abs 2 S 1 Abs 2: erhalten in § 204 Abs 2 S 2

§ 212 aF: ersetzt durch § 204 Abs 2 S 1

§ 212a aF: ersetzt durch § 204 Abs 2

§ 213 aF: ersetzt durch § 204 Abs 2 S 1

§ 214 aF: ersetzt durch § 204 Abs 2

§ 215 aF: ersetzt durch § 204 Abs 2

§ 216 aF: ersetzt durch § 212 Abs 2, 3

§ 217 aF: entfallen

§ 218 aF: ersetzt durch § 197 Abs 1 Nrn 3–5, Abs 2

§ 219 aF: ersetzt durch § 197 Abs 1 Nr 3

§ 220 aF: ersetzt durch §§ 197 Abs 1 Nr 3, 204 Abs 1 Nr 11

§ 221 aF: erhalten als § 198

§ 222 aF: erhalten als § 214

§ 223 aF: erhalten als § 216

§ 224 aF: erhalten als § 217

§ 225 aF: modifiziert erhalten als § 202.

Titel 1
Gegenstand und Dauer der Verjährung

§ 194
Gegenstand der Verjährung

(1) Das Recht, von einem anderen ein Tun oder Unterlassen zu verlangen (Anspruch), unterliegt der Verjährung.

(2) Ansprüche aus einem familienrechtlichen Verhältnis unterliegen der Verjährung nicht, soweit sie auf die Herstellung des dem Verhältnis entsprechenden Zustands für die Zukunft oder auf die Einwilligung in eine genetische Untersuchung zur Klärung der leiblichen Abstammung gerichtet sind.

Materialien: Abs 2 idF d G zur Modernisierung des Schuldrechts v 26. 11. 2001 (BGBl I 3138), Abs 2 Alt. 2 eingeführt d G zur Klärung der Vaterschaft unabhängig vom Anfechtungsverfahren v 26. 3. 2008 (BGBl I 441), Art 1. E I § 154, II § 161, III § 189; Mot I 288; Prot II 1 194 ff; JAKOBS/SCHUBERT, AT 993, 1001 ff, 1012, 1047 ff, 1083 ff, 1090 ff, 1103 ff, 1122.

Schrifttum

BOLZE, Der Anspruch, Gruchot 46, 753
DE BOOR, Gerichtsschutz und Rechtssystem (1941)
ders, Der Begriff der actio im deutschen und italienischen Prozessrecht, in: FS Boehmer (1954) 99
BORNEMANN, Die Lehre vom Anspruch (1971)
CROSSE-HAGENBROCK, Die Verjährung der Einreden nach dem Bürgerlichen Gesetzbuch (Diss Erlangen 1934)
EBBECKE, Der Begriff des Anspruchs im Sinne der Verjährungsvorschriften, LZ 1917, 833
GROTE, Aushebelung der dreijährigen Verjährungsfrist bei Forderungen aus unerlaubter Handlung durch den BGH?, NJW 2011, 1121
HELLMANN, Können Feststellungsklagen verjähren?, AcP 84 (1895) 130
HELLWIG, Anspruch und Klagerecht (1900)
HÖLDER, Über Ansprüche und Einreden, AcP 93 (1902) 1
KAUFMANN, Zur Geschichte des aktionsrechtlichen Denkens, JZ 1964, 482
KÖHLER, Zur Geltendmachung und Verjährung von Unterhaltsansprüchen, JZ 2005, 489
LANGHEINEKEN, Anspruch und Einrede nach dem Deutschen Bürgerlichen Gesetzbuch (1903)
LEONHARDT, Der Anspruchsbegriff des Entwurfs eines Bürgerlichen Gesetzbuchs für das Deutsche Reich, ZZP 15, 327
MEDICUS, Anspruch und Einrede als Rückgrat einer zivilistischen Lehrmethode, AcP 174 (1974) 313
NEUSSEL, Anspruch und Rechtsverhältnis (1952)
OKUDA, Über den Anspruchsbegriff im deutschen BGB, AcP 164 (1964) 536
PETER, Actio und writ (1957)
PETERS, Der Anspruch als unverjährbares Rechtsverhältnis?, JR 2011, 461
RECH, Der Begriff der Einrede im Bürgerlichen Recht und im Zivilprozessrecht (Diss Heidelberg 1907)
RIMMELSPACHER, Materiellrechtlicher Anspruch und Streitgegenstandsprobleme im Zivilprozess (1970)
S SCHMIDT, Actio – Anspruch – Forderung, in: FS Jahr (1993) 401

SEIBEL/FREIIN vPREUSCHEN-vLEWINSKI, Die Verjährung der Prospekthaftung bei geschlossenen Fonds. in: FS v Westphalen (2010) 629
SIMON, Aufhebungseinreden (Diss Bochum 1999)
SIMSHÄUSER, Zur Entwicklung des Verhältnisses von materiellem Recht und Prozessrecht seit Savigny (1965)

WIESER, Die Forderung als Anrecht und Zuständigkeit, JR 1967, 321
WINDSCHEID, Die Actio des römischen Zivilrechts vom Standpunkt des heutigen Rechts (1856)
ders, Die Actio. Abwehr gegen Dr. Theodor Muther (1857).

Systematische Übersicht

I. Der Anspruch
1. Legaldefinition _____ 1
2. Regelung des materiellen Rechts _____ 2
3. Begriff _____ 6
4. Terminologie _____ 14

II. Weitere Rechtspositionen
1. Vergleichbare Positionen _____ 15
2. Gestaltungsrechte _____ 18
3. Absolute Rechte _____ 19
4. Einreden _____ 20

III. Regelungsgehalt des § 194 Abs 1
1. Grundsatz der Verjährung von Ansprüchen _____ 22
2. Anwendbare Vorschriften _____ 23
3. Rechtfertigung der Verjährung _____ 24
4. Sonstige Wirkungen des Zeitablaufs _____ 25
5. Andere Verteidigung des Schuldners _____ 26

IV. Anspruchskonkurrenz _____ 27

V. Unverjährbare Ansprüche
1. Herstellung eines Zustands aus einem familienrechtlichen Verhältnis für die Zukunft _____ 28
2. Vertragliche Vereinbarung, Verwirkung _____ 29

Alphabetische Übersicht

Absolute Rechte _____ 6, 19
Actio _____ 2
Anspruchsbegriff _____ 1 ff

Dilatorische Einrede _____ 20
Dingliche Ansprüche _____ 13
Dulden _____ 8

Einrede _____ 20

Fälligkeit _____ 9
Familienrecht _____ 12
Familienrechtliche Ansprüche _____ 28
Forderung _____ 14

Gegenanspruch _____ 21
Gestaltungsrechte _____ 18

Hauptanspruch _____ 13

Immateriellen Rechten, zeitliche Schranken von _____ 19

Klagbarkeit _____ 9
Konkurrenz der Verjährung mit anderweitiger Verteidigung _____ 26

Leistungsklage _____ 8
Leistungsverweigerungsrecht _____ 20, 23

Materielles Recht _____ 2

Naturalobligation _____ 10, 15
Nebenanspruch _____ 13

Obliegenheit _____ 11

Peremptorische Einrede _____ 20
Prozessuales Begehren _____ 5

Sachenrecht	12	Unerlaubte Handlung, vorsätzlich begangene	22
Schadenseinheit	16	Unselbständige Einrede	21
Schuld	14	Unterhalt	28
Schuldrecht	12	Unterlassen	8
Schuldverhältnis	7	Unterteilung	13
Selbstständige Einrede	20	Unverjährbarkeit	22, 28
Stammrecht	16	Urheberrecht	19
Tun	8	Zweierbeziehung	6
Unbegründeter Anspruch	4		

I. Der Anspruch

1. § 194 Abs 1 enthält eine *Legaldefinition* des Begriffs des Anspruchs als das Recht, von einem anderen ein Tun oder Unterlassen zu verlangen. Damit wird einer der zentralen Begriffe des Bürgerlichen Rechts und der Rechtsordnung überhaupt umschrieben. **1**

2. An dieser Definition ist zunächst bemerkenswert ihr Standort, nämlich in einem Gesetz des *materiellen Rechts*. **2**

a) Das ist nur vor dem *historischen Hintergrund* verständlich. Das klassische römische Recht, an das die maßgebliche Pandektistik des 19. Jahrhunderts angeknüpft hat, stellte nämlich den primär prozessual geprägten Begriff der *actio*, der *Klagemöglichkeit*, in den Vordergrund (vgl zu ihm KASER, Das Römische Privatrecht I [2. Aufl 1971] 223 ff). Danach kam es entscheidend darauf an, ob die prozessualen Instanzen, namentlich der Prätor, für ein bestimmtes Begehren die Möglichkeit der prozessualen Durchsetzung, eben eine actio, zur Verfügung stellen konnten. Begehrte zB jemand den Kaufpreis für eine Ware, so konnte ihm insoweit die actio venditi zur Verfügung gestellt werden, dieselbe auch für ein Schadensersatzbegehren aus einem Kauf, eine andere Klage wiederum bei einem Darlehen. Schwierigkeiten bereitete insoweit die Erfassung ungewöhnlicher Tatbestände, für die bestimmte actiones noch nicht eingebürgert waren. Hier gab es uU ad hoc geschaffene Klagemöglichkeiten, sog actiones utiles. Bei dieser prozessualen Betrachtungsweise war natürlich durchaus das Bewusstsein vorhanden, dass dieses Begehren ein materiellrechtliches Substrat hatte, eben den Anspruch im heutigen Sinne; dieser blieb aber letztlich nur ein Reflex.

b) Die *Herausbildung des materiell-rechtlichen Anspruchsbegriffs*, wie er dem BGB zugrunde liegt, beruht maßgeblich auf der Schrift von WINDSCHEID, Die Actio des römischen Zivilrechts vom Standpunkt des heutigen Rechts (1856). Die grundsätzliche Trennung des Anspruchs von den Möglichkeiten seiner prozessualen Verwirklichung hat unleugbare *dogmatische Fortschritte* gebracht. ZB konnte die Möglichkeit der Zession von Forderungen richtig erst nach der Trennung vom Prozessrecht entwickelt werden. Überhaupt konnte die Dogmatik des Bürgerlichen Rechts wesentlich freier nach der Erkenntnis ihrer Eigenständigkeit gegenüber dem Prozessrecht entwickelt werden, wobei seinerseits auch das letztere von der Ab- **3**

koppelung vom materiellen Recht profitiert hat (vgl die grundlegenden Arbeiten von BÜLOW, Die Lehre von den Prozesseinreden und die Prozessvoraussetzungen [1868]; Die neue Prozessrechtswissenschaft und das System des Civilprozessrechts, ZZP 27, 201).

4 c) Es darf aber nicht übersehen werden, dass die Trennung der Bereiche zu *Problemen* führt. Zunächst interessiert den Bürger weniger, was ihm materiell-rechtlich zusteht, als was er (notfalls) vor Gericht durchsetzen kann. Sodann hat es der Lehre erhebliche Probleme bereitet, dass das eine Begehren oft auf mehrere Ansprüche gestützt werden kann (vgl zur Lehre von der Anspruchskonkurrenz § 195 Rn 32 ff). Schließlich lässt sich die Trennung gerade im Bereich der Verjährung gar nicht durchführen. Vor allem hinsichtlich ihrer Hemmung, vgl § 204, aber auch sonst spielen prozessuale Fragen eine maßgebliche Rolle. Im Falle der Verjährung wäre auch eine Abweisung der Klage als unzulässig statt als unbegründet möglich, wie dies in ausländischen Rechtsordnungen auch zuweilen geschieht. Dem Grundgedanken der Verjährung, dass die Angelegenheit „so lange her ist", dass man sich mit ihr nicht mehr zu befassen braucht, entspräche dies sogar eher. Und wenn § 194 den Anspruch verjähren lässt, weil er auch unbegründet sein könnte (Vorbem 5 zu §§ 194 ff), dann bedeutet das, was vielfach übersehen wird, *dass gerade auch der unbegründete Anspruch verjähren kann*. § 194 BGB verdeckt das eher; eine prozessuale Sichtweise würde den Blick dafür schärfen.

5 d) Jedenfalls ist der materiell-rechtliche Begriff des Anspruchs *nicht identisch mit dem prozessualen Begehren* eines Klägers, wie dies freilich auch häufig als „Anspruch", „Klaganspruch" bezeichnet wird, vgl zB in § 253 Abs 2 Nr 2 ZPO. Zu unterscheiden von dem Begriff des Anspruchs sind auch die weiteren prozessualen Begriffe des Streitgegenstandes und des Antrags. Das Bestehen eines Anspruchs ist weithin vielmehr die Voraussetzung dafür, dass ein Klageantrag Erfolg haben kann; sein Nichtbestehen führt zur Abweisung der Klage als unbegründet.

6 3. Anspruch ist das Recht, von einem anderen ein Tun oder ein Unterlassen zu verlangen.

a) Damit setzt ein Anspruch zunächst eine *Zweierbeziehung* voraus, wobei natürlich auf jeder Seite und sogar auf beiden Seiten eine Mehrheit von Personen stehen kann. Gemeinhin werden sie als Gläubiger und Schuldner bezeichnet, als Beteiligte eines Prozesses als Kläger und Beklagter, doch ist diese Terminologie nicht zwingend.

An der genannten Zweierbeziehung fehlt es jedenfalls bei den sog *absoluten Rechten* wie insbesondere dem Eigentum, das zunächst nur eine Beziehung zu einer Sache, aber nicht, wie erforderlich, zu einer bestimmten anderen Person eröffnet. Das schließt nicht aus, dass das Eigentum zur Quelle von Ansprüchen werden kann, wenn es etwa verletzt wird. Die dann aus dem Eigentum fließenden Ansprüche sind aber scharf von diesem selbst zu unterscheiden.

7 b) Bedeutet der Anspruch eine Zweierbeziehung, so ist umgekehrt nicht jede rechtlich anerkannte Zweierbeziehung ein Anspruch. Das gilt zB für den Kauf, die Gesellschaft, die Beziehungen zwischen Ehegatten oder Eltern und Kind. Aus diesen Beziehungen können und werden jeweils Ansprüche erwachsen (auf Zahlung des Kaufpreises, Leistung von Beiträgen zur Gesellschaft, auf Unterhalt). Soweit die Zweierbeziehung auf einem der Sachverhalte der §§ 433–853 beruht, bezeichnet das Gesetz sie, vgl §§ 241, 311, als *Schuldverhältnis*. Dieser Ausdruck ist aber mehrdeutig. In den §§ 241, 311 ist der Komplex der Beziehungen bezeichnet, wie er die Quelle der Ansprüche ist, zB der Kauf, die Geschäftsführung ohne Auftrag, die unerlaubte Handlung, mithin das *Schuldverhältnis im weiteren Sinne*. Dem steht das mit dem Anspruch identische *Schuldverhältnis im engeren Sinne* gegenüber, von dem etwa § 362 Abs 1 redet.

c) Gegenstand des Anspruchs ist *ein Tun oder ein Unterlassen;* prozessual wird **8** der Anspruch damit vorzugsweise durch eine Leistungsklage durchgesetzt. Vom Gesetz nicht besonders hervorgehobener, aber doch selbstverständlich miteinbegriffener Sonderfall des Unterlassens ist *das Dulden* als das Unterlassen von Widerstand, vgl etwa § 867 und die Ansprüche auf Duldung der Zwangsvollstreckung, die Vollstreckungstitel und Grundpfandrechte vermitteln. Während der Anspruch auf ein Tun, Fälligkeit vorausgesetzt, regelmäßig ohne weiteres im Prozess durchgesetzt werden kann, bestehen hier beim Unterlassen Probleme. Üblicherweise ist es notwendig, dass jedenfalls eine Gefährdung des zu schützenden Rechtsguts vorliegt. Ob dies eine prozessuale Voraussetzung des Rechtsschutzes oder eine materielle des Unterlassungsanspruchs ist, sei an dieser Stelle dahingestellt, jedenfalls tragen die §§ 199 Abs 5, 200 S 2, 201 S 2 den angedeuteten Problemen bei Unterlassungsansprüchen hinsichtlich des Verjährungsbeginns Rechnung.

Gegenstand des Tuns ist jede denkbare menschliche Verhaltensweise auf tatsächlichem oder rechtlichem Gebiet; Zahlung, Abgabe einer Willenserklärung, Leistung von Diensten, Bewirkung eines Erfolges, Herausgabe. Gleiches gilt spiegelbildlich für das Unterlassen. Dabei ist die Abgrenzung, ob Tun oder Unterlassen, im Bereich der Verjährung nur für deren Beginn bedeutsam, vgl §§ 199 Abs 5, 200 S 2, 201 S 2.

Der Anspruch muss bestimmt sein nach Inhalt, Gläubiger und Schuldner (vgl Soergel/Niedenführ Rn 2). Das folgt schon aus den Geboten des § 253 Abs 2 ZPO für die primär die Verjährung hemmende Leistungsklage. Doch kann uU die Verjährung zu laufen beginnen, bevor diese Bestimmtheit gegeben ist, vgl zB § 438 Abs 2; sie kann auch vorher schon durch Feststellungsklage gehemmt werden.

d) Nicht zum Begriff des Anspruchs gehört seine *Fälligkeit* als das Recht, die **9** Leistung zu erbringen bzw einzufordern (Enneccerus/Nipperdey § 222 II 4). Der noch nicht fällige – „betagte" – Anspruch erfährt zwar in manchem eine Sonderbehandlung, indem zB seine Verjährung grundsätzlich noch nicht beginnt (vgl § 199 Rn 7), und auch seine prozessuale Durchsetzbarkeit eingeschränkt ist, vgl §§ 257 ff ZPO, aber er erfüllt doch alle Begriffsmerkmale und ist durchaus schon existent, vgl zB die Möglichkeit seiner Abtretung.

Ob auch die *Klagbarkeit* zum Begriff des Anspruchs gehört, ist zweifelhaft (vgl bejahend Enneccerus/Nipperdey § 222 II 5, verneinend R Schmidt, AT [1952] § 11). Jedenfalls gibt § 204 zu erkennen, dass die §§ 194 ff den Anspruch als selbstverständlich klagbar betrachten. Dem lässt sich freilich entgegenhalten, dass Schadensersatzansprüche, namentlich aus den §§ 280 Abs 1, 241 Abs 2, 311 Abs 2, Pflichten, und damit

Anspruchsverletzungen voraussetzen, dieser verletzte Anspruch aber schwerlich (immer) zum Gegenstand einer Klage gemacht werden könnte.

Die Fragestellung ist einigermaßen müßig. Festzuhalten bleibt jedenfalls:

aa) Auch der erfolglos eingeklagte Anspruch ist ein Anspruch. Dies ist ohne weiteres ersichtlich, falls die Klage deshalb erfolglos bleibt, weil der Schuldner eine Einrede erhebt, zB die der Verjährung. Der Anspruch besteht dann erfüllbar fort, vgl §§ 813 Abs 1 S 2, 214 Abs 2. Das gilt aber auch dann, wenn das Gericht nicht einmal die Voraussetzungen des Anspruchs sicher festzustellen vermag. Es darf die Klage dann – jedenfalls – wegen Verjährung abweisen.

10 bb) Neben dem einklagbaren Anspruch gibt es eine Reihe von *Verbindlichkeiten minderen Rechtes,* die zwar nicht aktiv im Wege der Klage verfolgt werden können, aber doch im Falle der freiwilligen Erfüllung einen hinreichenden Rechtsgrund für diese abgeben. Das gilt für Spiel und Wette, § 762 Abs 1, für die Vereinbarung eines Ehemäklerlohns, § 656 Abs 1. Man verwendet hierfür den aus dem römischen Recht entlehnten Ausdruck der *Naturalobligation,* der dort freilich anderes bezeichnete. Konkrete Begriffsbestimmungen sind entbehrlich und fruchtlos, wenn aus ihnen dennoch nichts hergeleitet werden kann, sondern die Beantwortung der sich ergebenden Einzelfragen von der konkreten gesetzlichen Regelung abhängt.

11 cc) Abzugrenzen ist der gegen den Schuldner gerichtete Anspruch außerdem von der *gegen den Gläubiger gerichteten Obliegenheit,* wie sie nicht eingeklagt werden kann, aber bei Versäumung rechtliche Nachteile erzeugt. Obliegenheiten unterliegen nicht der Verjährung. Das BGB kennt sie vielfältig, zB in § 254 Abs 1, bei der Mitwirkung des Bestellers beim Werkvertrag, §§ 642, 643, bei der Annahme der Leistung durch den Gläubiger, §§ 293 ff, das HGB in § 377, überhaupt die gesamte Rechtsordnung, wobei das Versicherungsrecht hervorzuheben ist (zum Begriff vgl REIMER SCHMIDT, Die Obliegenheiten [1953]; WIELING AcP 176 [1976] 334, 345 ff). Festgehalten sei, dass ein und dasselbe Verhalten gleichzeitig Schuldnerpflicht und Gläubigerobliegenheit sein kann, so etwa die Entgegennahme des Kaufgegenstandes durch den Käufer, vgl § 433 Abs 2 einerseits, §§ 433 Abs 1 S 1, 293 andererseits.

12 e) Der *Entstehungsgrund* des Anspruchs kann vielfältig sein. Ansprüche werden im *Schuldrecht* erzeugt durch Vertrag (zB auf Zahlung des Kaufpreises) oder durch Gesetz (zB auf Schadensersatz aus unerlaubter Handlung), im *Sachenrecht* (auf Herausgabe der Sache, auf Duldung der Zwangsvollstreckung aus einer Grundschuld etc, aus den §§ 987 ff), im *Familienrecht* (auf Herstellung der ehelichen Lebensgemeinschaft, auf Unterhalt), im *Erbrecht* (auf Herausgabe der Erbschaft, auf Leistung des Vermächtnisses), im privaten Recht wie im *öffentlichen* Recht, hier in beide Richtungen (auf Zahlung von Steuern, auf Leistungen nach dem BAföG).

Die Ausgestaltung dieser Ansprüche im Einzelnen ist naturgemäß stark unterschiedlich. Festzustellen ist hier nur, dass auf alle – Sonderregelungen vorbehalten – die §§ 194 ff anzuwenden sind. Nur ausnahmsweise hat der Gesetzgeber die Unverjährbarkeit angeordnet (vgl den Überblick über anderweitige Verjährungsfristen bei § 195 Rn 43 ff u zur Unverjährbarkeit dort Rn 53).

f) Man kann die Ansprüche vielfältig *klassifizieren;* ihr Charakter wirkt sich **13** durchaus auf ihre Behandlung in der Verjährungsfrage aus, so gelten die §§ 195 ff unmodifiziert nicht durchweg, zB für den Nacherfüllungsanspruch des Käufers. Es können sich aber der Entstehungsgrund auswirken (zB zur Verjährung nach den §§ 196, 197 Abs 1 Nrn 1, 2 führen), die Tilgungsweise (zB zur kurzen Verjährung nach § 197 Abs 2 zurückführen), der Charakter, dieser vielfältig: beim Nebenanspruch kommt die Anwendung des § 217 in Betracht, zu Hilfsansprüchen vgl § 195 Rn 26, beim dinglichen Anspruch ist an § 198 zu denken, Eigenschaften von Gläubiger und Schuldner können die Anwendung des § 207 zur Folge haben.

So lassen sich zB unterscheiden:

aa) Nach dem Entstehungsgrund *obligatorische* (schuldrechtliche), *familienrechtliche, erbrechtliche.* Unter denen aus dem Sachenrecht verdienen Hervorhebung die *dinglichen,* die unmittelbar auf Durchsetzung des dinglichen Rechts gerichtet sind, zB aus den §§ 894, 985, 1004, doch erzeugt das Sachenrecht auch Ansprüche, bei denen der obligatorische Charakter überwiegt und die deshalb nicht eigentlich dinglich zu nennen sind, vgl die der §§ 987 ff.

bb) Ebenfalls nach dem Entstehungsgrund vertragliche, quasivertragliche (zB aus Geschäftsführung ohne Auftrag) und gesetzliche,

cc) bei vertraglichen Ansprüchen nach der Stellung im Schuldverhältnis Primäransprüche (auf Erfüllung) und Sekundäransprüche (zB auf Schadensersatz oder Gewährleistung),

dd) nach den Funktionen Haupt- und Nebenansprüche, letztere zB beim Kauf auf Abnahme der Sache gerichtet, hier und andernorts auf Auskunft, auf Ersatz von Verzugsschäden,

ee) wiederum nach den Funktionen Haupt- und Hilfsansprüche, wobei als Beispiel der letzteren ebenfalls der Auskunftsanspruch dienen mag.

4. Die *Terminologie* ist schon innerhalb des Gesetzes nicht einheitlich. Sinngleich **14** mit dem Ausdruck „Anspruch" kann aus der Sicht des Gläubigers auch von einer *Forderung* gesprochen werden, so zB die §§ 398 ff, aus der Sicht des Schuldners von einer *Schuld,* so zB die §§ 414 ff, aber auch von einer Pflicht, Verpflichtung oder einer Obligation.

Einer Legaldefinition der Beteiligten enthält sich die Bestimmung des § 194. Das jetzige Recht spricht von Gläubiger und Schuldner, die §§ 194 ff aF sprachen von Berechtigtem und Verpflichtetem.

II. Weitere Rechtspositionen

1. Vergleichbare Positionen

Abzugrenzen ist der Anspruch zunächst

15 a) von der *Naturalobligation* (dazu o Rn 10). Auch Naturalobligationen können verjähren (Bamberger/Roth/Henrich Rn 14; Erman/Schmidt-Räntsch Rn 7; **aA** Staudinger/Dilcher[12] Rn 34), da man ihre nähere Aufklärung auch mit der Überlegung unterlassen kann, dass jedenfalls eine für die Verjährung ausreichende Zeit verstrichen sei. Praktische Bedeutung wird dem freilich kaum zukommen,

b) von der sich an den Gläubiger wendenden *Obliegenheit* (dazu o Rn 11),

c) von dem Verhältnis, aus dem der Anspruch fließt. Dieses Verhältnis kann ein sachenrechtliches, familienrechtliches, vgl § 194 Abs 2, erbrechtliches sein. Zahlenmäßig dürften die Schuldverhältnisse überwiegen.

Die Unterscheidung ist deshalb wichtig, weil nur der einzelne Anspruch der Verjährung unterliegt, nicht das Verhältnis, aus dem er fließt. Ein Kauf kann so wenig verjähren wie eine Ehe, sondern nur die sich jeweils ergebenden Ansprüche auf Kaufpreis, Kaufgegenstand, Unterhalt. Das gilt namentlich auch für Dauerschuldverhältnisse wie etwa den Mietvertrag (BGH NJW 2008, 2995 Rn 16; Palandt/Ellenberger Rn 7).

16 d) Demgegenüber wird freilich angenommen, dass es Stammrechte gebe, die vom einzelnen Anspruch zu unterscheiden seien und ihrerseits der Verjährung unterlägen (RGZ 136, 427, 432; BGH NJW 1973, 1684; Staudinger/Dilcher[12] Rn 8; BGB-RGRK/Johanssen Rn 8; Palandt/Ellenberger Rn 7, MünchKomm/Grothe Rn 3). Beispielsfall soll die Leibrente sein, bei der die Gesamtforderung zu verjähren beginne, sobald die einzelne Teilforderung zu verjähren beginne. Eine solche Vorstellung ist jedoch abzulehnen.

aa) In der Gesetzgebung sind allerdings derartige Regelungen erwogen worden, vgl § 160 E I:

> Hängen wiederkehrende Leistungen von einem Hauptrecht nicht ab, so beginnt die Verjährung des Anspruchs im ganzen mit dem Zeitpunkt, in welchem die Verjährung des Anspruchs auf eine Leistung begonnen hat.

und entsprechend § 184 E I (= § 217 BGB) Abs 2 (dazu Mot I 310):

> Bei selbstständigen wiederkehrenden Leistungen ist mit der Verjährung des Anspruchs im ganzen auch der Anspruch auf die bis dahin verfallenen Leistungen verjährt.

Beide Bestimmungen sind dann aber mangels Bedürfnisses gestrichen worden; die Unterstellung eines Gesamtanspruchs beruhe auch auf einer künstlichen Fiktion (vgl Prot I 212).

bb) Danach kann die Existenz und die eigenständige Verjährung eines Stammrechts jedenfalls nicht als dem Willen des Gesetzgebers entsprechend angenommen werden, **aA** RGZ 136, 427, 429, wo die Auffassung des Gesetzgebers als offen gewertet wird.

Richtig ist allerdings, dass sich bei deliktischen Ansprüchen Effekte ergeben, die sich auch mit der Annahme eines Stammrechts erzielen lassen, und die Rechtsprechung, die von Stammrechten spricht, bezieht sich auch auf Fälle dieser Art (vgl BGH VersR 1972, 1079; NJW 1973, 1684). Dort beginnt die Verjährung mit der Möglichkeit der Kenntnis vom Schaden, und nach dem Grundsatz der Schadenseinheit wird angenommen, dass auch der gesamte künftige Schaden, mit dem zu rechnen ist, schon jetzt bekannt sei, sodass die Verjährung seinetwegen schon jetzt – notfalls durch Feststellungsklage – zu hemmen sei (vgl zur Schadenseinheit § 199 Rn 34 ff): Dann verjährt in der Tat drei Jahre nach Erlangung der Kenntnismöglichkeit jeder Einzelanspruch, mithin das „Stammrecht", das hier dann aber doch eine entbehrliche dogmatische Figur bildet. Mit demselben Recht ließe sich sagen, ohne dass dies üblich wäre, dass die §§ 438, 634a ein „Stammrecht" verjähren lassen. Dass die §§ 823 ff, 199 auch künftig anfallende Leistungen erfassen – namentlich dort, wo Rentenleistungen geschuldet werden – ergibt sich also aus der besonderen Auslegung des § 199 Abs 1 bei anhaltenden Schäden.

cc) Als allenfalls legitimer Anwendungsbereich für die Annahme eines Stammrechts bleiben sonstige Fälle, vgl RGZ 136, 427 (wiederkehrende Leistungen aus einem Vergleich von 1796, die zuletzt 1880 erbracht worden waren und jetzt [1932] eingeklagt wurden): In Fällen dieser Art liegt aber der Gedanke an eine Verwirkung dringend nahe, wenn die Nichterbringung der Einzelleistungen nachhaltig hingenommen worden ist. Die Verwirkung der einzelnen Ansprüche, dh der kurz zurückliegenden und der künftigen, erscheint hier gegenüber der Annahme eines verjährten Stammrechts als der vorzugswürdige dogmatische Ansatz, wenn letzteres Recht in der Tat künstlich und dem BGB fremd ist. **17**

2. Gestaltungsrechte

Gestaltungsrechte gewähren ebenfalls eine Rechtsmacht, aber doch eine grundsätzlich andere als die Ansprüche, nämlich die *Befugnis, durch ein einseitiges Rechtsgeschäft ein Recht zu begründen, aufzuheben oder zu ändern,* Beispiele hierfür sind Anfechtung, Rücktritt, Kündigung, Aufrechnung. Diese Rechte unterliegen nicht der Verjährung, vgl aber § 218 Abs 1, freilich uU Ausschlussfristen (vgl Vorbem 14 ff zu §§ 194 ff), und der Verwirkung (vgl Vorbem 18 ff zu §§ 194 ff). Allerdings erzeugt ihre Ausübung vielfach Ansprüche, die dann ihrerseits der Verjährung unterliegen (vgl BGH NJW 2012, 2504 Rn 25 zum Wiederkaufsrecht). **18**

3. Absolute Rechte

Absolute Rechte begründen eine *Rechtsmacht an einer Sache* (zB Eigentum, Pfandrecht) *oder Rechten* (zB Allgemeines Persönlichkeitsrecht, Urheberrecht), die gegenüber jedermann wirkt. Diese Rechtsmacht als solche ist *unverjährbar,* allerdings unterliegen immaterielle Rechte als solche zeitlichen Schranken, vgl § 64 UrhG. Im Verletzungsfall können aus dem absoluten Recht Ansprüche fließen, zB auf Herausgabe, § 985, Unterlassung, §§ 12, 1004, Schadensersatz, § 823 Abs 1, die dann ihrerseits der Verjährung unterliegen, vgl allerdings die Ausnahmen der §§ 898, 902 im Liegenschaftsrecht (zur letzteren Bestimmung BGH NJW 2011, 518 Rn 17 ff; STAUDINGER/ GURSKY [2013] § 902 Rn 9). Im Falle des Eigentums an beweglichen Sachen kann das dazu führen, dass Eigentum und Besitz dauerhaft auseinanderfallen, wenn nämlich der Anspruch aus § 985 in der Frist des § 197 Abs 1 Nr 2 verjährt (vgl RGZ 138, 296, 300: dominium sine re; zur rechtspolitischen Diskussion § 197 Rn 3). Das kann aber kein Anlass **19** sein, nunmehr auch das Eigentum der Verjährung zu unterwerfen oder es gar untergehen zu lassen (aA KEGEL, in: FS vCaemmerer [1978] 149, 175). Derlei wäre rechtlich nicht konstruierbar, widerspräche der Konzeption der §§ 898, 902, 197 Abs 1 Nr 2, 198 und entspricht auch nicht praktischen Bedürfnissen. Kommt es nämlich zu einem unfreiwilligen Besitzwechsel, so gilt für den jetzigen Besitzer § 198 nicht und der Herausgabeanspruch entsteht gegen ihn unverjährt neu. Schon wegen dieser Möglichkeit behält das Eigentum durchaus einen Restwert (vgl auch § 198 Rn 9).

Das Recht des Käufers zum Besitz wird von der Verjährung seines Anspruchs auf Eigentumsverschaffung nicht betroffen (RGZ 138, 296, 298 f; BGHZ 90, 269, 370). Vgl aber für den Fall des Eigentumsvorbehalts § 216 Abs 2 S 2.

4. Einreden

20 Einreden begründen *Leistungsverweigerungsrechte;* die Einrede ist also geradezu ein Komplementärbegriff zu dem des Anspruchs, wenn sie dessen Durchsetzung einschränkt. Man unterscheidet dauernde, *peremptorische* Einreden, die den Anspruch endgültig nicht mehr durchsetzbar sein lassen, zB die der Verjährung, und *dilatorische,* die diesen Effekt nur zeitweilig haben, zB die der Stundung. Ihre Existenz hat zT hemmenden Einfluss auf die Verjährung des Anspruchs, vgl § 205. – Zum Wesen der Einreden gehört es, dass sie nur zu berücksichtigen sind, wenn sich der Schuldner auf sie beruft. Das unterscheidet sie von den Einwendungen, die im Prozess von Amts wegen zu berücksichtigen sind (vgl BGH NJW 2013, 1074 Rn 28).

a) Einreden unterliegen der Verjährung selbst jedenfalls dann nicht, wenn sie sich nur als Beschränkungen des Anspruchs des Gläubigers darstellen, also nicht auf einem eigenständigen Gegenanspruch das Schuldners beruhen (vgl nur PALANDT/ELLENBERGER Rn 6). Das ist zB der Fall bei der Einrede der Verjährung, der Stundung, der beschränkten Erbenhaftung.

21 b) Unübersichtlich ist die Lage dagegen, wo ein eigenständiger Gegenanspruch des Schuldners besteht.

aa) Dieser Fall hat zT eine eigenständige gesetzliche Regelung gefunden. Zu nennen sind die §§ 821 und 853, die die Einreden der ungerechtfertigten Bereicherung und der unerlaubten Handlung gegenüber der derart begründeten Forderung auch dann erhalten, wenn die eigenen Ansprüche des Schuldners aus ungerechtfertigter Bereicherung oder unerlaubter Handlung ihrerseits verjährt sind. Zu nennen sind aus dem Gewährleistungsbereich die §§ 438 Abs 4 S 2, 634a Abs 4 S 2, die gegenüber dem Anspruch auf Kaufpreis bzw Werklohn die Mängeleinrede erhalten, aus dem Insolvenzrecht § 146 Abs 2 InsO.

bb) Bei den Zurückbehaltungsrechten der §§ 273, 320 müssen sich die Ansprüche jedenfalls zeitweilig unverjährt gegenübergestanden haben, § 215.

III. Regelungsgehalt des § 194 Abs 1

22 Die Bestimmung ordnet an, dass Ansprüche der Verjährung unterliegen.

1. Damit gilt sie für alle Ansprüche, die das BGB normiert, aber auch das sonstige Zivilrecht sowie das öffentliche Recht, vgl insoweit Vorbem 39 ff zu §§ 194 ff.

Nur ausnahmsweise ist die Unverjährbarkeit von Ansprüchen angeordnet, vgl § 194 Abs 2 und den Überblick § 195 Rn 53.

Mit den genannten Ausnahmen können Ansprüche der Verjährbarkeit nicht entgehen, selbst ihre rechtskräftige Titulierung schließt diese nicht endgültig aus, vgl § 197 Abs 1 Nr 3.

Verjährung tritt auch insoweit ein, wie nicht der Anspruch selbst verfolgt wird, sondern es nur um die Feststellung einer seiner Eigenschaften geht, namentlich seiner nach den §§ 850 f Abs 2 ZPO, 302 Nr 1 InsO relevanten Genese aus einer vorsätzlich begangenen unerlaubten Handlung (**aA** BGHZ 187, 337 = NJW 2011, 1133; krit dazu GROTE NJW 2011, 1121; PETERS JR 2011, 461), einer Konstellation, bei der es im Übrigen auch um den Anspruch auf Duldung einer erweiterten Zwangsvollstreckung oder einer Zwangsvollstreckung überhaupt geht.

2. Dass Ansprüche der Verjährung unterliegen, macht auf sie – vorbehaltlich **23** spezieller Sondervorschriften, wie es sie vielfältig gibt – die Bestimmungen der §§ 195–218 anwendbar. Das bedeutet, dass der Ablauf einer bestimmten Frist zwar nicht zum Erlöschen des Anspruchs führt, aber doch zu einem *Leistungsverweigerungsrecht* des Schuldners, § 214 Abs 1, dass dieser Zeitpunkt zwar durch Neubeginn oder Hemmung der Verjährung hinausgeschoben, aber auch rechtsgeschäftlich nicht gänzlich ausgeschlossen werden kann, § 202 Abs 2.

Diese Wesensmerkmale der Verjährung gelten für alle Ansprüche. Die *Sondervorschriften*, die zu beachten sind, ändern an den Wirkungen der Verjährung nichts, aber auch nicht an den Möglichkeiten der Hemmung oder Erneuerung. Sie heben auch die Hemmungs- und Erneuerungsmöglichkeiten nach dem BGB nicht auf, sondern beschränken sich in aller Regel darauf, dass sie die einschlägigen Fristen modifizieren, vgl zB §§ 438, 634a, uU auf den Verjährungsbeginn Einfluss nehmen, vgl §§ 438 Abs 2, 634a Abs 2.

3. Zur *Rechtfertigung der Verjährung* und den zugrunde liegenden Motiven des **24** Gesetzgebers vgl Vorbem 5 zu §§ 194 ff.

4. Die Verjährung ist nicht die einzige Form, in der sich ein *Zeitablauf* nachteilig **25** auf den Bestand der Forderung auswirken kann.

a) Zur Verwirkung von Forderungen vgl Vorbem 18 ff zu §§ 194 ff.

b) In einigen Fällen unterliegen Ansprüche Ausschlussfristen, vgl dazu Vorbem 14 ff zu §§ 194 ff.

5. Das Verhältnis der Verjährung zu *anderen Verteidigungsmöglichkeiten* des **26** Schuldners gegenüber dem Anspruch ist im BGB nur teilweise explizit geregelt (vgl dazu § 214 Rn 12).

Grundsätzlich braucht sich der Schuldner auf die Verjährung nicht zu berufen, vgl § 214 Abs 1. Beruft er sich gleichzeitig auf diese und verteidigt sich anderweitig, ist es eine Frage der Zweckmäßigkeit, worauf das Gericht die Klagabweisung stützt.

IV. Anspruchskonkurrenz

27 Vgl § 195 Rn 32 ff.

V. Unverjährbare Ansprüche

28 1.   Ein Überblick über die einschlägigen Ansprüche befindet sich in § 195 Rn 53. § 194 Abs 2 nennt, in seiner herkömmlichen ersten Alternative praktisch nahezu ohne Bedeutung, Ansprüche aus einem *familienrechtlichen Verhältnis*, soweit sie *auf die Herstellung des dem Verhältnis entsprechenden Zustandes für die Zukunft* gerichtet sind. Das entspricht nach den Anschauungen des Gesetzgebers ihrer sittlichen Fundierung (vgl Mot I 204). § 11 Abs 1 LPartG macht § 194 Abs 2 auf eingetragene Lebenspartner entsprechend anwendbar.

Zu nennen ist unter Ehegatten der Anspruch auf Herstellung der ehelichen Lebensgemeinschaft, § 1353 Abs 1 S 2 (Mot I 295), der Anspruch auf künftigen Unterhalt (Mot I 295), letzterer auch im Falle der Scheidung, im Verhältnis der Eltern zu den Kindern der Anspruch auf Leistung von Diensten, § 1619 (Mot I 295). Es geht aber auch um Ansprüche gegen Dritte, unter denen der Anspruch auf Herausgabe des Kindes nach § 1632 hervorzuheben ist (MünchKomm/Grothe Rn 7). Insoweit gilt § 194 Abs 2 auch für den Vormund, nicht dagegen für Pfleger (außer dem Ergänzungspfleger) und Betreuer. Zu Lebenspartnern vgl §§ 11 Abs 1, 9 Abs 1, 2 LPartG. – Vermögensrechtliche Ansprüche sind nicht ausgeschlossen (Mot I 294).

Die 2008 eingeführte zweite Alternative des § 194 Abs 2 bezieht sich auf die Ansprüche der § 1598a Abs 1. Es ist konsequent, auch den Anspruch aus § 1598a Abs 2 als unverjährbar zu behandeln.

Der Verjährung unterworfen bleiben Ansprüche auf Schadensersatz, wie sie freilich unter Ehegatten in Bezug auf die Ansprüche des § 194 Abs 2 kaum anzunehmen sein werden (BGH FamRZ 1977, 38), und in ihrem Entstehungstatbestand in der Vergangenheit abgeschlossene Ansprüche, namentlich auf rückständigen Unterhalt, vgl hier aber den Hemmungstatbestand des § 207, ferner Ansprüche, die auf eine anderweitige Beziehung der Beteiligten zurückgehen, zB auf gesamtschuldnerischen Ausgleich unter Ehegatten nach einer gemeinsamen Verpflichtung.

29 2.   Wo das Gesetz einen Anspruch unverjährbar stellt, kann die Möglichkeit der Verjährung – trotz § 202 Abs 1 – auch *nicht vertraglich vereinbart* werden (Staudinger/Dilcher[12] Rn 28). – Die Möglichkeit einer *Verwirkung* des Anspruchs schließt das nicht aus, vgl zB § 1353 Abs 2. Sie kommt bei den unverjährbaren Ansprüchen aber nicht durchweg in Betracht, zB kaum im Bereich der §§ 749, 758.

Titel 1
Gegenstand und Dauer der Verjährung § 195

§ 195
Regelmäßige Verjährungsfrist

Die regelmäßige Verjährungsfrist beträgt drei Jahre.

Materialien: Art 1 G zur Modernisierung des Schuldrechts v 26. 11. 2001 (BGBl I 3138). BGB aF § 195: E I § 155, II § 162, III § 190; Mot I 295; Prot I 320; II 1 194, 201; JAKOBS/SCHUBERT, AT 993, 1001 ff, 1012, 1051, 1083 ff, 1092, 1103 ff, 1139 ff; PETERS/ZIMMERMANN § 195, Gutachten 184, 187, 214, 290, 319; Schuldrechtskommission – (§§ 195, 197, 198, 199, 200, 201, 202, 203) Abschlussbericht 42; RegE § 195, BT-Drucks 14/6040, 103.

Schrifttum

1. Zur Anspruchskonkurrenz

ARENS, Zur Anspruchskonkurrenz bei mehreren Haftungsgründen, AcP 170 (1970) 392
BEHRENS, Die Anspruchshäufung im Zivilprozess (1935)
BRUNS, Die Anspruchskonkurrenz im Zivilrecht, eine Krebswucherung unserer Zivilistik?, JuS 1971, 221
DIETZ, Anspruchskonkurrenz bei Vertragsverletzung und Delikt (1934)
EICHLER, Die Konkurrenz der vertraglichen und deliktischen Haftung im deutschen Recht, AcP 162 (1963) 401
EISELE, Die Lehre von der Klagenkonkurrenz, AcP 79 (1892) 327
GEORGIADES, Die Anspruchskonkurrenz im Zivilrecht und Zivilprozessrecht (1968)
LENT, Die Gesetzeskonkurrenz im bürgerlichen Recht und Zivilprozessrecht, 2 Bde (1912, 1916)
SCHLECHTRIEM, Vertragsordnung und außervertragliche Haftung (1972)
RUDOLF SCHMIDT, Gesetzeskonkurrenz im bürgerlichen Recht (1915).

2. Sonstiges

ALTMEPPEN, „Fortschritte" im modernen Verjährungsrecht, DB 2002, 515
ARMBRÜSTER/KÄMMERER, Verjährung von Staatshaftungsansprüchen wegen fehlerhafter Richtlinienumsetzung, NJW 2009, 3601
ASSMANN/WAGNER, Die Verjährung so genannter Altansprüche der Erwerber von Anlagen des freien Kapitalanlagemarkts, NJW 2005, 3169

BALDUS, Anspruch und Verjährung – Geschichte und System, in: Verjährungsrecht in Europa (2011) 5
vBAR, Die Verjährung von Ansprüchen aus Verkehrsunfall, NJW 1977, 143
BERG, Verjährung des Anspruchs aus Geschäftsführung ohne Auftrag bei Tilgung einer bereits verjährten Forderung, MDR 1968, 717
BRANDNER, Der Anwalt als Regressschuldner, AnwBl 1969, 384
BRINKER, Die Verjährung von Ersatzansprüchen gegen den Rechtsanwalt (1990)
BRUGGNER-WOLTER, Verjährung bei Schadensersatz aus Schutzpflichtverletzung (1993)
BÜNING, Die Verjährung der Ansprüche aus unerlaubten Handlungen (1964)
BUNTE, Zur Verjährung von Garantieansprüchen gegen den Hersteller, NJW 1982, 1629
BYDLINSKI, Verjährung und Abtretbarkeit von Bürgschaftsansprüchen, ZIP 1989, 953
CREZELIUS, Konstitutives und deklaratorisches Anerkenntnis, DB 1977, 1541
EBEL, Zur Verjährung und Versicherbarkeit von Schadensersatzansprüchen in Anlegermodellen, VersR 1988, 872
ECKERT, Die Verjährung vertraglicher Schadensersatzansprüche gegen Rechtsanwälte und Steuerberater, NJW 1989, 2081
EHLING/GAFFKE, Verjährungsfristen des Auslandes im Zivil- und Handelsrecht (1959)
ENGEL, Die Verjährung im Kraftfahrzeug-Leasinggeschäft, DB 1997, 761
GEROLD, Verjährung des Anspruchs auf Erstattung von Zwangsvollstreckungsgebühren, JurBüro 1961, 221

Hübner, Die Berufshaftung – ein unzumutbares Berufsrisiko?, NJW 1989, 5
Jendrek, Verjährungsfragen im Mietrecht, NZM 1998, 593
Kellner, Auswirkungen der Schuldrechtsreform auf die Verjährung im Staatshaftungsrecht, NZVw 2002, 395
Kiethe, Immobilienkapitalanlagen: Verjährung der Prospekthaftungsansprüche, BB 1999, 2253
Kirchhof, Einfluss des neuen Verjährungsrechts auf die Insolvenzanfechtung, WM 2002, 2037
Krebs, Verjährung im Haftpflichtrecht, VersR 1959, 163
Last, Anspruchskonkurrenz und Gesamtschuldverhältnis (1908)
Lepa, Die Verjährung im Deliksrecht, VersR 1986, 301
Lippmann, Beiträge zur Theorie der Schuldübernahme des Bürgerlichen Gesetzbuchs, AcP 107 (1911) 1
Littbarski, Rechtsprobleme des Garantievertrages zwischen Produzent und Endabnehmer – BGH NJW 1981, 2248, in: JuS 1983, 345
Lorenz, Zu den Schadensersatzansprüchen aus dem Zusammenstoß eines ausländischen Seeschiffes mit einem deutschen Binnenschiff in deutschen Gewässern, IPRax 1981, 85
Lüneborg, Verjährung von Ersatz-, Hilfs- und Nebenansprüchen, NJW 2012, 2145
Lux, Verjährung von Prospekthaftungsansprüchen, NJW 2003, 2966
Marburger, Zur Verjährung von Sozialleistungen, ZfHS 1982, 43
Mennacher, Die Verjährung des Schadensersatzanspruchs gegen den Steuerberater (1984)
vMorgen, Die differenzierende Rechtsprechung des BGH zur Verjährung von Prospekthaftungsansprüchen: Eine „halbherzige" Lösung, NJW 1987, 474
Mühlbauer, Die Verjährung der Schadensersatzansprüche gegen den Rechtsanwalt, AnwBl 1979, 475
Müller, Verjährung des Einlageanspruchs der GmbH nach der Schuldrechtsreform, BB 2002, 1377
vOlshausen, Voraussetzungen und Verjährung der Ansprüche auf ein stellvertretendes commodum bei Sachmängeln, ZGS 2002, 194

Pentz, Eingeschränkte Unverjährbarkeit von Einlageansprüchen und von Forderungen wegen Verstoßes gegen das Auszahlungsverbot als Folge der Schuldrechtsreform, GmbR 2002, 225
Peters, Zur Verjährung der Ansprüche aus culpa in contrahendo und positiver Forderungsverletzung, VersR 1979, 103
Prütting, Verjährungsprobleme bei falscher rechtlicher Beratung, insbesondere in Steuersachen, WM 1978, 130
Reichel, Verjährung des Anspruchs gegen den Schuldmitübernehmer, Recht 1912, 376
Reinicke, Verjährung von Rückgriffsforderungen, VersR 1967, 1
Roll, Die Verjährung beim Vorvertrag, BB 1978, 69
Schlund, Schadensersatzansprüche von Kapitalanlegern in „steuerbegünstigte" Anlagen und deren Verjährung, BB 1984, 1437
Schmidt/Weidert, Zur Verjährung von Prospekthaftungsansprüchen bei geschlossenen Immobilienfonds, DB 1998, 2309
Schmidt-Burgk/Ludwig, Abstrakte Schuldversprechen in der Bankpraxis und die Reform des Verjährungsrechts, DB 2003, 1046
Schockenhoff/Fiege, Neue Verjährungsfragen im Kapitalgesellschaftsrecht, ZIP 2002, 917
Schwander, Die Verjährung außervertraglicher und vertraglicher Schadensersatzforderungen (1963)
Schwark, Kaufvertragliche Mängelhaftung und deliktsrechtliche Ansprüche, AcP 179 (1979) 57
Seefelder, Verjährungsfristen des Auslandes, DAR 1958, 208
Selb, Der Regress des Versicherungs- und Versorgungsträgers über § 683 und § 812 BGB, NJW 1963, 2056
Simonson, Zur Frage der Verjährung von Ansprüchen aus Wechselremboursgeschäften, ZBlHR 1928, 294
Sonnenschein/Weitemeyer, Rückerstattung und Verjährung preisrechtswidriger Mietzahlungen, NJW 1993, 2201
Stöber, Die Verjährung von Ansprüchen auf Schadensersatz statt der Leistung, ZGS 2005, 290
Stoecker, Die Verjährungsproblematik der vertraglichen Haftung des Rechtsanwalts und des Steuerberaters (Diss Hamburg 1992)

STÖTTER, Der Verjährungseinwand gegen Handelsvertreter-Provisionsansprüche, NJW 1978, 799
THEDA, Zur Rechtsnatur und Verjährung des Selbstbehalts, VP 1978, 29
VAN VENROOY, Die Verjährung der Schadensersatzansprüche gegen Rechtsanwälte, Steuerberater, Wirtschaftsprüfer und Notare, DB 1981, 2364

WITTKOWSKI, Zur Verjährung von Schadensersatzansprüchen auf Grund unrichtiger vertragsmäßiger Auskunftserteilung, DJZ 1909, 1487
ZÖLLNER, Das neue Verjährungsrecht im deutschen BGB – Kritik eines verfehlten Regelungssystems, in: FS Honsell (2002) 153.

Systematische Übersicht

I. Allgemeines	
1. Die regelmäßige Verjährungsfrist	1
a) Auffangtatbestand	1
b) Übliche Verjährungsfrist	2
c) Bemessung der Frist	3
d) Leitbildfunktion	4
2. Vereinheitlichung der Fristen	5
3. Verwirkung	6
4. Problemfälle	7
a) Gesellschaftsrecht	8
b) Identität von Schuldner und der zur Verfolgung der Ansprüche berufenen Person	9
c) Regressansprüche	10
II. Anwendungsbereich des § 195	
1. Prinzip	11
2. Beispiele	12
3. Bezugnahmen auf § 195	13
4. Zivilrechtliche Nebengesetze	14
5. Öffentliches Recht	15
6. Einzelfälle	16
a) Beratungsvertrag	16
b) Regress nach Tilgung fremder Schulden	17
aa) Bereicherungsanspruch	17
bb) Ansprüche aus GoA	18
cc) § 11 UWG	19
dd) Gesamtschuldnerausgleich	20
III. Anwendungsbereich der Verjährungsfristen	
1. Maßgeblicher Zeitpunkt	21
2. Nachträgliche Ereignisse	22
3. Novation	23
IV. Ersatz- und Nebenansprüche	
1. Ersatzansprüche	24
2. Zinsansprüche	25
3. Auskunftsansprüche	26
4. Vor- und Rahmenvertrag	27
V. Anwendbarkeit mehrerer Verjährungsfristen	
1. Prinzip	28
2. Anknüpfung an den einzelnen Anspruch	29
VI. Anspruchskonkurrenz	
1. Allgemeines	30
a) Interessenlagen	30
b) Gesetzeskonkurrenz	31
c) Anspruchskonkurrenz	32
2. Fälle der Anspruchskonkurrenz	34
a) Subsidiarität	34
b) Vertraglicher Bereich	35
c) Deliktischer Bereich	36
d) Nebeneinander vertraglicher und deliktischer Haftung	37
VII. Überblick über anderweitige Verjährungsfristen	
1. Vorbemerkung	43
2. Drei Monate	44
3. Sechs Monate	45
4. Ein Jahr	46
5. Zwei Jahre	47
6. Drei Jahre	48
7. Vier Jahre	49
8. Fünf Jahre	50
9. Zehn Jahre	51
10. Dreißig Jahre	52
11. Unverjährbarkeit	53

12. Prospekthaftung — 54
a) Im engeren Sinne — 55
b) Im weiteren Sinne — 57

c) Bauträgerschaft und Baubetreuung — 58
13. Überleitungsvorschriften — 59

Alphabetische Übersicht

Abmahnkosten — 19
Anerkenntnis — 3, 22
Anspruchskonkurrenz — 30 ff
Ansprüche, nicht verjährende — 53
Ansprüche aus eingetragenen Rechten — 11
Anwendbarkeit
– des § 195 — 11
– mehrerer Verjährungsfristen — 28 f
Anwendungsbereich — 21 ff
Auffangtatbestand — 1, 57
Auskunft — 26

Beispiele — 12
Beratungsvertrag — 16
Bereicherungsanspruch — 11, 17
Berufspezifische Verjährungsvorschriften,
   Aufhebung der — 40
Bezugnahmen — 13

Culpa in contrahendo — 24, 34, 57

Einlagenerstattung — 8
Einlageschuld — 8
Entstehung des Anspruchs — 21
Ereignisse, nachträgliche — 21
Ersatzanspruch — 24

Frist
– Anwendungsbereich — 1, 21 ff, 28 ff
– Beginn — 3
– Bemessung — 3
– konkurrierende — 28 f
– regelmäßige — 1
– Überblick über anderweitige Fristen — 43 ff
– übliche — 2
– vereinbarte — 5, 11
– Vereinheitlichung der Fristen — 5

Gesamtgläubiger — 20
Gesamtschuld — 12, 20
Geschäftsführer einer GmbH — 40
Geschäftsführung ohne Auftrag — 12, 18
Gesellschaftsrecht — 8

Gesetzeskonkurrenz — 31
Gewährleistungsrecht — 41, 45 ff
GmbH — 8, 40

Haftung, deliktische — 36 ff
Herausgabeanspruch, vertraglicher — 41
Hilfsanspruch — 26

Insolvenzverwalter — 9

Kontokorrent — 23

Leitbildfunktion — 4
Leugnen der Schuld — 3

Mängelrechte — 30
Mangelfolgeschaden — 41
Mangelschaden — 41

Nebeneinander vertraglicher und
   deliktischer Haftung — 37
Nebengesetze, zivilrechtliche — 14
Novation — 23

Öffentliches Recht — 15

Personenidentität — 9
Prospekthaftung
– Begriff — 54
– bei Bauträgerschaft und Baubetreuung — 58
– im engeren Sinne — 55
– im weiteren Sinne — 57
– Sonderbestimmungen — 55

Rahmenvertrag — 27
Rechenschaft — 26
Regressanspruch — 10, 17 ff
Richtlinien, verspätete Umsetzung von — 15

Sonderbestimmungen — 2, 11, 43 ff, 55
Schuldanerkenntnis — 22
Staatshaftung — 15
Streitverkündung — 10

Titel 1
Gegenstand und Dauer der Verjährung § 195

Testamentsvollstrecker	9	Vereinbarungen der Parteien	4
		Vertreter	
Überleitungsregelung	59	– eigene Haftung	9
Unerlaubte Handlung, vorsätzlich		– fehlender	9
begangene	12	– Verwirkung	6
		Vorvertrag	27
Vergleich			
– außergerichtlicher	22	Zinsen	25
– gerichtlicher	22		

I. Allgemeines

1. Die regelmäßige Verjährungsfrist

a) Auffangtatbestand

Wenn das G zur Modernisierung des Schuldrechts die Frist von 30 Jahren des § 195 **1** aF durch eine Frist von 3 Jahren ersetzt hat, hat es den Charakter der Bestimmung des § 195 insoweit nicht geändert, als sie einen Auffangtatbestand für alle jene Ansprüche – primär des Zivilrechts, aber doch auch des öffentlichen Rechts (vgl dazu Vorbem 39 ff zu §§ 194 ff) – liefert, für die keine besondere Verjährungsfrist durch das Gesetz angeordnet ist. So tritt sie zB hinter die Bestimmungen der §§ 438 Abs 1, 634a Abs 1 Nrn 1, 2 zurück, aber erfasst nach Aufhebung zB der §§ 196, 197, 852 aF jene zahlreichen Ansprüche, die diesen Bestimmungen unterlagen, jetzt aber eben ohne eine eigenständige Regelung sind, dies zusätzlich zu den Ansprüchen, die schon immer bei § 195 eingeordnet wurden (dazu den Überblick STAUDINGER/PETERS [2001] Rn 38 ff).

b) Übliche Verjährungsfrist

Damit hat sich aber der *Charakter der Bestimmung radikal* gewandelt, wenn man die **2** Dinge *statistisch* betrachtet. Aus dieser Sicht beherrschte § 195 aF nicht das Feld, weil eben die Bedeutung der Sonderbestimmungen groß war, etwa die der eben genannten §§ 196, 197, 852 aF; die Frist des § 195 nF ist demgegenüber auch aus statistischer Sicht die *regelmäßige*.

c) Bemessung der Frist

Die dreijährige Frist des § 195 entspricht jener des § 852 aF und bewegt sich in der **3** Größenordnung der §§ 196, 197 aF. Die Verkürzung der Frist gegenüber § 195 aF ist deutlich weniger radikal, als es der bloße Vergleich der Zahlen vermuten lässt. Dafür sorgt zunächst schon der in § 199 Abs 1 flexibel gestaltete Verjährungsbeginn. Außerdem aber ist – was durchweg übersehen wird – § 212 Abs 1 Nr 1 zu beachten: *Solange sich der Schuldner zu seiner Schuld bekennt,* wird die Verjährung immer wieder durch Anerkenntnis erneuert, sodass der Gläubiger nicht in Zeitnöte geraten kann. Wenn der Schuldner aber anfängt, seine Schuld zu leugnen, sollte dem Gläubiger die Frist des § 195 genügen, seine Rechte zu wahren, zumal die §§ 203, 204 hierfür ein reichhaltiges Arsenal bereithalten. Die dreijährige Frist kann insofern nicht als zu kurz bemessen angesehen werden (aA zB ZÖLLNER, in: FS Honsell [2002] 153).

Die benötigte Zeit zur Klärung der Voraussetzungen des Anspruchs ist in die Frist des § 195 nicht einberechnet (PALANDT/ELLENBERGER Rn 1), sondern verbleibt nach § 199 Abs 1 Nr 2 in ihrem Vorfeld. Die Frist des § 195 ist eine solche für die notwendigen Konsequenzen aus der Leistungsverweigerung des Schuldners und dafür angemessen.

d) Leitbildfunktion

4 Im Gegenteil ergeben sich praktische Folgerungen daraus, dass die Frist des § 195 gleichzeitig regelmäßig und angemessen ist: § 202 erweitert die *Möglichkeiten vertraglicher Vereinbarungen* über die Verjährung gegenüber § 225 aF. Wenn derlei in AGB der einen oder der anderen Seite vorgesehen ist, kann die Abweichung von einer im Wortsinne regelmäßigen Frist umso leichter überraschend iSd § 305c Abs 1 sein. Vor allem aber muss die jetzige Frist des § 195 als ein *wesentlicher Grundgedanke der gesetzlichen Regelung* iSd § 307 Abs 2 Nr 1 betrachtet werden, sodass Abweichungen der besonderen Rechtfertigung bedürfen.

2. Vereinheitlichung der Fristen

5 Die nachhaltige Vereinheitlichung der Fristen hebt zunächst die unsäglichen *Abgrenzungsprobleme* des bisherigen Rechts jedenfalls zu einem Teil auf: innerhalb des § 196 aF, im Verhältnis von § 196 aF zu § 197 aF.

Sie *gebietet* außerdem *Rechtsfortbildungen Einhalt,* wie sie letztlich nur vor dem Hintergrund unterschiedlich willkommener Verjährungsfristen erfolgt sind, vgl zB die erhebliche Ausdehnung des deliktischen Haftungsbereichs gegenüber dem vertraglichen. Fortbildungen des Rechts sind natürlich notwendig, aber diese Notwendigkeit sollte sich aus ihnen selbst heraus ergeben.

Schließlich ergeben sich *dogmatische Entlastungen:* Bei gleichen Fristen verliert die anspruchsvolle Lehre von der Anspruchskonkurrenz an Bedeutung, die Relevanz der Zuordnung von Regressansprüchen zu Bereicherung, Geschäftsführung ohne Auftrag oder gar dem Eigentümer-Besitzer-Verhältnis.

3. Verwirkung

6 Die Ausgestaltung der regelmäßigen Verjährung in den §§ 195, 199 führt jedenfalls für ihren Bereich dazu, dass das unsichere Institut der Verwirkung (Vorbem 18 ff zu §§ 194 ff) an praktischer Bedeutung verliert.

4. Problemfälle

7 Es kann nicht ausbleiben, dass problematische Fälle verbleiben. Indessen müssen diese als solche – notfalls durch den Gesetzgeber – gelöst werden. Der Gesetzgeber bleibt aufgerufen, den bunten Flickenteppich zu überprüfen, der sich durch die Beibehaltung zahlloser Bestimmungen ergeben hat, so schon das Petitum des Bundesrates in seiner Stellungnahme zu dem Regierungsentwurf des G zur Modernisierung des Schuldrechts (BT-Drucks 14/6857). Es ist aber jedenfalls unangemessen, wenn ALTMEPPEN (DB 2002, 515) in Bezug auf zwei bestimmte Konstellationen von

"barem Unsinn" der Neuregelung redet und suggeriert, dies gelte letztlich für sie insgesamt, zumal er selbst Lösungsvorschläge unterbreitet.

a) Gesellschaftsrecht
aa) Einlageschulden

§ 195 nF verkürzte die Verjährungsfrist für die Einlagepflicht des Gesellschafters einer GmbH von bisher 30 Jahren (BGHZ 118, 83, 101) auf 3 Jahre. Dies wurde als unangemessen empfunden und namentlich auch als Widerspruch zu der fünfjährigen Frist des § 9 Abs 2 GmbG aF für einen Nachschuss bei zu niedriger Sacheinlage (vgl ALTMEPPEN DB 2002, 515; PENTZ GmbR 2002, 225; SCHOCKENHOFF/FIEGE ZIP 2002, 917; SOERGEL/NIEDENFÜHR Rn 35 ff; MÜLLER ZGS 2002, 280; BRINKMANN ZGS 2002, 280; **aA** NOLTING BB 2002, 1765); in der Folge wurden teils Unverjährbarkeit erwogen (PENTZ aaO), teils eine analoge Anwendung des § 9 Abs 2 GmbG aF (SCHOCKENHOFF/FIEGE aaO), teils die Nichtanwendung des § 199 Abs 1 Nr 2 und damit die Anwendung des § 199 Abs 4 (SCHOCKENHOFF/FIEGE aaO; ALTMEPPEN aaO), teils eine entsprechende Anwendung der §§ 196, 197. Der BGH wendete in Übereinstimmung mit dem Wortlaut treffend (vgl STAUDINGER/PETERS [2004] Rn 7) § 195 an (BGH ZIP 2008, 643 Rn 17).

Gleichwohl hat der Gesetzgeber des G zur Anpassung von Verjährungsvorschriften an das G zur Modernisierung des Schuldrechts vom 9. 12. 2004 (BGBl I 3214) sich durch die Kritik veranlasst gesehen, durch § 19 Abs 6 GmbHG eine zehnjährige Verjährungsfrist für Einlageschulden zu statuieren. Zum Übergangsrecht BGH ZIP 2008, 643; ZIP 2008, 1379.

bb) Einlagenerstattung, Überbewertung von Sacheinlagen
Dieselbe zehnjährige Verjährungsfrist sehen jetzt die §§ 9 Abs 2, 31 Abs 5 GmbHG idF d G v 9. 12. 2004 (BGBl I 3214) für die Nachschusspflicht bei einer überbewerteten Sacheinlage bzw die Erstattung unzulässiger Kapitalrückzahlungen vor. Das verdoppelt die früheren Fristen.

cc) Einlageforderungen in Personengesellschaften
§ 195 ist hingegen auf Einlageforderungen in Personengesellschaften anwendbar. Die abweichenden Sonderregelungen der §§ 54 Abs 4 AktG, 19 Abs 4 GmbHG und 22 Abs 4 GenG sind auf Körperschaften beschränkt (OLG Schleswig NZG 2009, 256, 258; MünchKommHGB/K SCHMIDT § 105 Rn 182).

b) Identität von Schuldner und der zur Verfolgung der Ansprüche berufenen Person

Es ergibt sich vielfältig die Situation, dass sich Ansprüche gegen eine Person richten, die gleichzeitig auch zu ihrer Durchsetzung berufen ist, zB bei dem Testamentsvollstrecker, beim Insolvenzverwalter, bei dem § 92 InsO sie erkennt, im Verhältnis zwischen Eltern und Kindern, wo sie freilich wegen § 207 Abs 1 S 2 Nr 2 praktisch bedeutungslos ist. Namentlich ist sie im Bereich der GmbH von Bedeutung.

Hier genügt es zunächst nicht für § 199 Abs 1 Nr 2, dass die betreffende Person den dortigen Wissensstand hat. Es kommt vielmehr auf den Wissensstand anderer zur Durchsetzung des Anspruchs berufener Personen an (vgl § 199 Rn 57 ff).

Wenn es an solchen Personen fehlt, ist § 210 entsprechend anzuwenden (vgl dort Rn 2).

c) Regressansprüche

10 Für einen Sonderfall erkennt es der Gesetzgeber selbst in § 479 Abs 2, 3 an, dass die Fristwahrung in Regressfällen schwierig sein kann, wenn die Regressfrist mit der Ursprungsfrist gleichzeitig läuft, vielleicht gar schon vorher begonnen hat. In Regressfällen – gar in mehrstufigen – kann aber letztlich jede Frist unauskömmlich werden. Hier hilft einmal das verfahrensmäßige Mittel der Hemmung der Verjährung durch Streitverkündung, § 204 Abs 1 Nr 6, die zudem den praktischen Vorteil hat, die einzelnen Prozesse miteinander zu verbinden. Zum anderen geht es nicht primär um die Länge der Frist, sondern um ihren Beginn, die Frage der Entstehung des Regressanspruchs iSd § 199 Abs 1 Nr 1, vgl dazu § 199 Rn 8.

II. Anwendungsbereich des § 195

1. Prinzip

11 Der Anwendungsbereich des § 195 kann im Kern *nur negativ bestimmt werden:* Er erfasst alle jene Ansprüche, für die sich *anderweitig keine Sonderbestimmung* findet, wie dies zB in den §§ 196, 197, 438, 634a im Schuldrecht, nach § 902 Abs 1 S 1 bei Ansprüchen aus eingetragenen Rechten der Fall ist, oder die Parteien *nicht* (wirksam) *anderes vereinbart haben.*

Dabei ist es unerheblich, ob sich der Anspruch aus einem Vertrag oder einem gesetzlichen Schuldverhältnis ergibt; § 195 erfasst ebenso den Anspruch auf Kaufpreiszahlung wie einen Bereicherungsanspruch. Es ist auch unerheblich, ob es sich um einen Primäranspruch auf Erfüllung handelt oder um einen Sekundäranspruch wegen Nichterfüllung. Auch ist nach Aufhebung des § 197 Abs 1 Nr 2 (vgl dazu § 197 Rn 20) das Rechtsgebiet unbeachtlich, dem der Anspruch entstammt; § 195 gilt also ebenso für schuldrechtliche Ansprüche wie für sachenrechtliche, beides freilich unter dem Vorbehalt anderweitiger Spezialregelungen, vgl einerseits die §§ 196, 438, 634a, andererseits § 197 Abs 1 Nr 1 u 2.

2. Beispiele

12 § 195 gilt

- für die vertraglichen Erfüllungsansprüche des § 196 Abs 1 aF (vorbehaltlich von § 196 nF)

- sowie die von § 196 Abs 1 aF nicht erfassten Gegenansprüche (wieder vorbehaltlich von § 196)

- für Erfüllungsansprüche aus gesetzlich nicht erfassten Vertragstypen

- für Sekundäransprüche auf

– Schadensersatz statt der Leistung (vorbehaltlich der §§ 438 Abs 1, 634a Abs 1 Nrn 1, 2)

– ein stellvertretendes commodum, § 285

– Rückabwicklung nach Rücktritt oder Minderung (mit demselben Vorbehalt)

– Schadensersatz wegen Verletzung von Nebenpflichten (mit demselben Vorbehalt)

– oder aus Verschulden bei Vertragsverhandlungen (mit demselben – leerlaufenden – Vorbehalt)

– für Regressansprüche

– aus Gesamtschuldnerausgleich, § 426 Abs 1

– aus Geschäftsführung ohne Auftrag

– aus ungerechtfertigter Bereicherung

– für deliktische Schadensersatzansprüche, insoweit auch für die nach den §§ 850 f Abs 2 ZPO, 302 Nr 1 InsO relevante Feststellung der Grenze des Anspruchs aus einer vorsätzlich begangenen unerlaubten Handlung (**aA** BGH NJW 2011, 1133; vgl § 194 Rn 22)

– Ansprüche aus dem Eigentümer-Besitzer-Verhältnis

– Ansprüche wegen Störung des Eigentums

– und unabhängig von der Struktur der Forderung, namentlich also auch bei wiederkehrenden Leistungen.

3. Bezugnahmen auf § 195

Zuweilen finden sich ausdrückliche Bezugnahmen auf § 195, vgl die §§ 197 Abs 2, **13** 438 Abs 3, 634a Abs 1 Nr 3, Abs 3. Einige zivilrechtliche Nebengesetze nehmen Bezug auf die für unerlaubte Handlungen geltenden Verjährungsvorschriften des BGB (§§ 14 StVG, 11 HaftpflG, 17 UmweltHG, 32 Abs 8 GenTG, 39 LuftVG, 8 Abs 6 BDSG): Diese auf § 852 aF vermünzten Verweisungen sind jetzt zwanglos auf die §§ 194 ff nF zu beziehen, wobei letztere überhaupt nur deklaratorisch zu verstehen sind.

ZT benennt das Gesetz auch einen bestimmten Verjährungsbeginn, ohne eine Aussage zur Verjährungsfrist zu treffen, vgl die §§ 604 Abs 5, 1302, 1390 Abs 3 S 1, 2332 Abs 1. Die einschlägige Frist ist dann die des § 195, es wird nur das Regelwerk des § 199 ausgeschaltet.

4. Zivilrechtliche Nebengesetze

14 Zuweilen sehen zivilrechtliche Nebengesetze Ansprüche vor, ohne eine eigenständige Regelung ihrer Verjährung zu treffen. Hier sind dann ohne weiteres die §§ 194 ff BGB – namentlich die §§ 195, 199 – anzuwenden. Ganz in diesem Sinne hatte es in § 194 Abs 3 des Diskussionsentwurfs aus dem Bundesministerium der Justiz vom 4. 8. 2000 geheißen:

> *Die Vorschriften dieses Abschnitts gelten, soweit nicht ein anderes bestimmt ist, auch für die Verjährung von Ansprüchen, gleich aus welchem Rechtsgrund, die nicht in diesem Gesetz geregelt sind.*

Die Übernahme dieser Bestimmung in das Gesetz ist nicht aus Vorsicht unterblieben (so aber MünchKomm/Grothe Rn 13), sondern weil das Gesetz von Selbstverständlichkeiten freizuhalten ist: Wie sonst, wenn nicht mit den §§ 194 ff sollten sich ergebende Fragen der Verjährung denn gelöst werden? Im Wege freier Rechtsschöpfung?

5. Öffentliches Recht

15 Im öffentlichen Recht sind bislang die §§ 194 ff, damit namentlich § 195 aF beim Fehlen von Sonderbestimmungen entsprechend angewendet worden, zB bei Ansprüchen aus Aufopferung und Enteignung oder enteignungsgleichem Eingriff, aber auch im Rahmen der Ansprüche des Beamten gegen seinen Dienstherrn wegen Verletzung seiner Fürsorgepflicht, § 78 BBG. Insoweit *gelten hinsichtlich der Verjährungsfrist die §§ 195, 199 nF* (vgl Vorbem 39 ff zu §§ 194 ff); sie können auch dort *nur durch konkrete Spezialregelungen verdrängt* werden.

Die Bestimmungen der §§ 195, 199 gelten namentlich auch für die Verjährung von Staatshaftungsansprüchen wegen fehlerhafter, insbesondere verspäteter Umsetzung von europäischen Richtlinien (Armbrüster/Kämmerer NJW 2009, 3601); diese deutsche Regelung hat EuGH NVwZ 2009, 771 nicht beanstandet.

6. Einzelfälle

a) Beratungsvertrag

16 Die §§ 195, 199 gelten auch für die Pflichten aus Beratungsverträgen bzw der aus ihnen folgenden Pflichten. Dies gilt auch dann, wenn sich die Aufklärungspflichten auf die Eigenschaften einer zu erwerbenden Sache oder eines zu erstellenden Werkes beziehen (BGH ZIP 2001, 1463); die §§ 195, 199 werden dann nicht durch die §§ 438, 634a verdrängt. Freilich liegen bei dem Abschluss von Kauf- und erst recht Werkverträgen weithin Beratungspflichten an, die durchaus intensiven Charakter annehmen können und gleichwohl im Abschlussfall nach den §§ 437 Nr 3, 634 Nr 4 sanktioniert werden, damit aber den Gewährleistungsfristen unterliegen. Damit stellt sich für die Verjährung die *Vorfrage*, ob die fehlerhafte Beratung *noch vertragsimmanent* war oder schon *Gegenstand eines selbstständigen Vertrages*. Sie ist regelmäßig in dem ersteren Sinne zu beantworten.

b) Regress nach Tilgung fremder Schulden

17 aa) Soweit aus der Tilgung fremder Schulden ein **Bereicherungsanspruch** resultiert, unterliegt er § 195, aber gegebenenfalls einer für die getilgte Schuld geltenden kürzeren Verjährungsfrist (BGHZ 70, 389, 398; 89, 82, 87; BGH NJW 1978, 1375, 1377; 2000, 3492, 3494 f; vCaemmerer, in: FS Dölle I [1963] 135, 153 f; MünchKomm/Lieb[4] § 812 Rn 334). Der zugrundeliegende Gedanke, dass der Bereicherungsanspruch den Schuldner nicht stärker belasten soll als der ursprüngliche Anspruch, führt dabei nicht nur dazu, dass dessen Frist gilt, sondern auch schon dazu, dass dessen schon begonnene Frist weiterläuft; Reuter/Martinek (Ungerechtfertigte Bereicherung 753) sprechen insoweit treffend von einer accessio temporis.

Zu einer Fristverlängerung für den Bereicherungsanspruch kann die getilgte Schuld aber nicht führen (aA Palandt/Ellenberger Rn 5).

bb) Bei **Ansprüchen aus Geschäftsführung ohne Auftrag** ist ebenfalls § 195 anzuwenden (Palandt/Ellenberger Rn 5). Bestand die Geschäftsführung ohne Auftrag in der *Tilgung einer kürzerfristig verjährenden Verbindlichkeit* des Geschäftsherrn, schlägt deren Verjährungsfrist hier – anders als beim Regress aus ungerechtfertigter Bereicherung (vgl o Rn 17) – nicht durch (BGHZ 47, 370, 375; OLG Jena OLG-NL 1998, 2; Staudinger/Bergmann [2013] Vorbem 253 zu §§ 677 ff; MünchKomm/Seiler § 683 Rn 28). Denn schon im Tatbestand des § 683 ist zu berücksichtigen, ob es sich bei der Tilgung angesichts der Verjährungsfrist um eine interessengerechte und somit berechtigte Geschäftsführung handelte. Daran braucht es allerdings selbst dann, wenn die Forderung bei Tilgung bereits verjährt war, nicht zwingend zu fehlen. **18**

Stand die Verjährung kurz bevor, kann die Lage ähnlich sein. Ist aber gleichwohl der Tatbestand einer berechtigten GoA zu bejahen, so ist an der hM festzuhalten. Der Anspruch ist ein eigenständiger. Gegenüber Ansprüchen aus ungerechtfertigter Bereicherung besteht der entscheidende, auch für die Verjährung beachtliche Unterschied darin, dass einmal mit, einmal gegen den Willen des Schuldners gehandelt wurde. Im Übrigen wäre ein Gleichklang mit dem Bereicherungsrecht auch gar nicht herzustellen, weil eine Anrechnung der schon verstrichenen Frist auf diesen Anspruch kaum möglich und für den Geschäftsführer kaum zumutbar wäre, wenn er sich mit einer knappen „Restverjährung" begnügen müsste. Bei Schaffung von Gleichklang hier würde sich im Übrigen eine missliche Diskrepanz zum Ausgleich unter Gesamtschuldnern (u Rn 20) auftun.

cc) § 11 UWG ist auch auf den aus Geschäftsführung ohne Auftrag herzuleitenden Anspruch auf Ersatz der Abmahnkosten anzuwenden (BGHZ 115, 210). **19**

dd) Der **Ausgleichsanspruch unter Gesamtschuldnern** nach § 426 Abs 1 verjährt mangels anderweitiger gesetzlicher Anordnung nach § 195. Das gilt namentlich auch für den Fall, dass die auszugleichende Verbindlichkeit selbst einer kürzeren Verjährung unterlag (BGHZ 58, 216, 218 für den Fall, dass dort § 638 aF einschlägig war; **aA** Ehmann, Gesamtschuld [1972] 110; krit Schlechtriem NJW 1972, 1554). Das Ergebnis, dass damit dem anderen Gesamtschuldner die Vorteile der ihm gegenüber im Verhältnis zum Gläubiger vielleicht schon eingetretenen Verjährung, vgl § 425 Abs 2, wieder entzogen werden können, ist misslich, aber doch nicht zu vermeiden: Wollte man die Verjährungsfrist jener Forderung hier übertragen und die im Verhältnis Gläubiger/ Mitschuldner schon abgelaufene Zeit anrechnen, was man müsste, um dem Mitschuldner die Vorteile „seiner" Verjährung voll zu erhalten, so würde man den **20**

ausgleichsberechtigten Gesamtschuldner unter unangemessenen Zeitdruck setzen und ihm die Möglichkeit des Regresses vielleicht sogar ganz nehmen. Die Erstreckung der Verjährungsfrist ohne eine solche Anrechnung würde wiederum den eigenständigen Charakter des Ausgleichsanspruchs missachten und wäre eine recht freie Rechtsschöpfung.

Die Frist des § 195 gilt für diesen Ausgleichsanspruch (zu ihrem Beginn vgl § 199 Rn 8). Sofern Regress auch aus anderen Rechtsgründen begehrt werden kann, ist die Verjährungsfrage dort eigenständig zu beurteilen. Soweit das Recht des befriedigten Gläubigers nach § 426 Abs 2 auf den leistenden Gesamtschuldner übergeht, übernimmt er es mit der ihm eigenen Verjährungsfrist und in schon teilverjährter Form (vgl § 198 Rn 1).

Die Anwendung des § 195 auf die Ausgleichspflicht unter mehreren Gesamtgläubigern nach § 430 unterliegt keinen Bedenken.

III. Anwendungsbereich der Verjährungsfristen

21 1. *Maßgeblicher Zeitpunkt* für die Auswahl der einschlägigen Verjährungsfrist ist *der der Entstehung des Anspruchs* (PALANDT/ELLENBERGER Rn 14). *Nachträgliche Umstände* bleiben unbeachtlich, auch wenn sie als solche für die Verjährungsfrist durchaus von Bedeutung sind, zB Arglist (§§ 438 Abs 3, 634a Abs 3). Unerheblich bleiben namentlich Wechsel in der Person des Gläubigers (BGHZ 60, 235, 240; Mot I 340) oder in der Person des Schuldners (Mot I 340). Ausnahmsweise kann freilich ein solcher Personenwechsel zur Entstehung neuer Ansprüche führen, sodass nunmehr deren Verjährung neu beginnt. Das ist zB bei dem Anspruch aus § 985 der Fall, wenn der Besitz wechselt. Hier beschränkt indessen § 198 den neuen Anlauf der Verjährung auf den Fall des unfreiwilligen Besitzwechsels (vgl dort Rn 6). Nachträgliche Ereignisse sind freilich für den Lauf der Frist von Bedeutung, vgl die Erlangung der notwendigen Kenntnis bei § 199, die Rückgabe der Sache in den §§ 548 Abs 1 S 2, 606 S 2.

22 2. Die *grundsätzliche Unbeachtlichkeit nachträglicher Ereignisse* führt dazu, dass es bei der bisher einschlägigen Verjährungsfrist verbleibt, wenn es späterhin zu einem bestätigenden *(deklaratorischen) Schuldanerkenntnis* kommt (BGH NJW 1982, 1809; 1992, 2228; MünchKomm/GROTHE Rn 39; PALANDT/ELLENBERGER Rn 14). Dies wird freilich nach § 212 Abs 1 Nr 1 von Bedeutung sein, verändert aber eben die Frist als solche nicht. In der Regel belässt es auch ein *außergerichtlicher Vergleich* trotz seiner modifizierenden Wirkung bei dem bisherigen Anspruch und schafft keinen neuen, der nunmehr eigenständig verjähren könnte (BGH NJW 1972, 157, 158; NJW-RR 1987, 1426, 1427; STAUDINGER/MARBURGER [2009] § 779 Rn 38; MünchKomm/GROTHE Rn 39; PALANDT/ELLENBERGER Rn 14). Gleiches gilt für die Zahlungszusage eines Schuldners für den Fall einer Besserung seiner Vermögensverhältnisse (RG JW 1906, 457). Dagegen überführt ein *gerichtlicher Vergleich* die Forderung in die Verjährungsfristen des § 197 Abs 1 Nr 4. Letzterem setzt es die Rechtsprechung gleich, wenn ein Anerkenntnis dem Grunde nach ein Feststellungsurteil ersetzen soll (vgl BGH NJW 1985, 791, 792; VersR 1992, 1091; DAR 1998, 447); dies wird heute schon durch § 202 Abs 2 legitimiert.

23 3. Anders liegt es, wenn es zu einer *Novation* (Schuldumschaffung) kommt. Dann entsteht ein neuer Anspruch mit der ihm jetzt eigenen Verjährungsfrist. Dies ist in aller Regel die Frist des § 195, so namentlich im Falle des Vereinbarungsdarlehens, aber auch im Falle des selbstständigen Schuldanerkenntnisses (RGZ 75, 4, 6; BGH NJW 1982, 1809, 1810). Von Bedeutung ist dies insbesondere auch bei *Anerkennung eines Kontokorrentsaldos* (BGHZ 49, 24, 27). Nicht anders ist es, wenn ein echtes Kontokorrentverhältnis nicht vorliegt, die beiderseitigen Forderungen aber so in einer laufende Rechnung aufgenommen werden, dass sie in dem sich am Schluss der Rechnungsperiode ergebenden Saldo aufgehen (vgl im Verhältnis von Arbeitgeber und Arbeitnehmer RGZ 132, 320, 326; BAG DB 1967, 1638). Wird allerdings nach Kündigung des Kontokorrentverhältnisses der Saldo nicht anerkannt, verbleibt es bei den einzelnen Forderungen (und ihrer Verjährung; BGHZ 49, 24, 27; BGH WM 1970, 548; 1982, 291, 292). Nicht anders ist es, wenn es zur Feststellung des Saldos nicht kommt oder in das Kontokorrent einzustellende Forderungen nicht in dieses aufgenommen worden sind (BGHZ 51, 346, 349).

IV. Ersatz- und Nebenansprüche

1. Ersatzansprüche

Der Satz des bisherigen Rechts, dass Ersatzansprüche, die wirtschaftlich an die Stelle eines Primäranspruchs treten, zB bei nichtigem Vertrag aus Bereicherung oder Geschäftsführung ohne Auftrag, culpa in contrahendo, seiner Verjährungsfrist unterliegen, ist entwickelt worden, um Diskrepanzen der §§ 195, 196 aF zu vermeiden. Er gilt als solcher nicht mehr fort (vgl krit NK-BGB/Mansel/Stürner § 196 Rn 29 f; einschränkend MünchKomm/Grothe Rn 41 für den Fall des § 196 in der – kaum vorstellbaren – Konstellation, dass der Ersatzanspruch denselben Inhalt hat wie der Primäranspruch). Das gilt einerseits bei § 196, andererseits bei § 197 Abs 1 Nr 2 für solche Ansprüche, die die rei vindicatio wertmäßig fortsetzen (vgl NK-BGB/Mansel/Stürner § 197 Rn 33; Palandt/Ellenberger § 197 Rn 2 f; **aA** MünchKomm/Grothe Rn 41). Für alle Sekundäransprüche enthalten vielmehr die §§ 195, 199 angemessene Regeln.

Wegen der idR identischen Frist des § 195 hat die Frage im Rahmen dieser Bestimmung an praktischer Bedeutung verloren, gleichzeitig hat sie sich aber nach § 199 verlagert, indem sich dort die Frage stellt, ob die Kenntnis oder Kenntnismöglichkeit des Primäranspruchs in Hinblick auf den Ersatzanspruch genügt, was regelmäßig der Fall sein wird.

2. Zinsansprüche

Auf *Zinsen* gerichtete Nebenansprüche verjähren nach § 195. Für alle Nebenansprüche gilt § 217, nach dem die Verjährung des Hauptanspruchs zugleich auch den Nebenanspruch verjähren lässt, obwohl seine eigene Verjährung uU noch nicht vollendet ist.

3. Auskunftsansprüche

Hilfsansprüche, wie sie namentlich auf *Auskunft* oder *Rechenschaft* gerichtet sein können, sind in ihrer Verjährung im Ergebnis grundsätzlich an die Verjährung des Hauptanspruchs angelehnt (vgl BGH ZIP 2009, 559 Rn 33, s Anh 1 ff zu § 217 zu Auskunftsansprüchen, s dort allerdings Rn 5 gegen die Einordnung von Auskunftsansprüchen als verhaltene Ansprüche durch BGHZ 192, 1 = NJW 2012, 917 Rn 11; NJW 2012, 58 Rn 29). Ausnahmsweise kann der Auskunftsanspruch losgelöst sein, wenn die Auskunft noch einem weiteren Zweck als der Verfolgung des Hauptanspruchs dient, vgl BGH NJW 1985, 384: Verjährter Anspruch des Pflichtteilsberechtigten gegen den Erben, aber weiterbestehendes Interesse an dessen Auskunft, weil noch ein Vorgehen gegen den Beschenkten möglich wäre. Der Fortfall des Interesses ist mit der Verjährung des Hauptanspruchs indessen zu vermuten, der Auskunftsberechtigte muss seinen Fortbestand darlegen und beweisen (BGH aaO).

4. Vor- und Rahmenvertrag

27 Bei einem *Vor- oder Rahmenvertrag* ist zu unterscheiden: Ergeben sich aus ihm Pflichten, die denen aus dem endgültigen Vertrag entsprechen und die deshalb als solche schon jetzt eingeklagt werden können, gelten die Fristen für jene Ansprüche, wie sie sich zB aus § 196 ergeben können (vgl BGH WM 1974, 216, 217; OLG Hamm MDR 1984, 27; PALANDT/ELLENBERGER Rn 3). Anders hingegen, wenn diese noch nicht konkretisierbar sind und eine Klage deshalb einstweilen nur auf Abschluss eines Vertrages gerichtet sein könnte, dann gilt § 195 (BGH NJW 1983, 1483, 1484; BAG AP § 611 Film Nr 3 [Bl 6]; **aA** ROLL BB 1978, 69).

V. Anwendbarkeit mehrerer Verjährungsfristen

28 **1.** Es kann sich ergeben, dass ein Anspruch die *Voraussetzungen mehrerer Verjährungsvorschriften* erfüllt, zB gleichzeitig die der §§ 196 und 197. Das beruht darauf, dass die Einführung unterschiedlich bemessener Verjährungsfristen auf unterschiedlichen Gesichtspunkten beruht, in dem genannten Beispiel dem Entstehungsgrund der Forderung einerseits, ihrer Dignität andererseits. Dann müssen die unterschiedlichen rationes legis in Vergleich gesetzt werden, damit *das „stärkere" Gestaltungsprinzip* herausgefunden werden kann; es muss sich durchsetzen. Die Arbeitsmethode ähnelt der Auswahl der anwendbaren Rechtsordnung im internationalen Privatrecht. Die Bewertung des Gesetzes hier ist freilich schwierig. Im Prinzip lässt sich annehmen, dass die besondere Länge einer Frist darauf beruht, dass der tragende Gesichtspunkt vom Gesetzgeber als besonders wichtig empfunden wurde.

29 **2.** Im vertraglichen Bereich ist zu beachten, dass die Verjährungsregelungen nicht etwa an den Vertrag als solchen anknüpfen, sondern an *die einzelnen aus ihm fließenden Ansprüche.* Folgerichtig kann ein und derselbe Vertrag Ansprüche mit unterschiedlicher Verjährung erzeugen. So verjähren zB bei einem Reparaturvertrag die Erfüllungsansprüche jeweils nach § 195, die Gewährleistungsrechte nach § 634a. Dabei ist aber auch die Identität der Fristen bei den Erfüllungsansprüchen nur eine scheinbare, weil es nämlich zu unterschiedlichen Hemmungen und Erneuerungen kommen kann. Sich an dieser Stelle ergebende Diskrepanzen werden dann durch § 215 abgemildert, freilich nicht aufgehoben: Die eine Seite mag schon voll erfüllt haben, und jedenfalls ist nur der einen Seite noch ein aktives Vorgehen möglich. Gegenstand der Betrachtung ist also immer der einzelne Anspruch. Differenzierend können sich bei Beteiligung mehrerer auf einer Seite des Vertrages die §§ 425 Abs 2, 429 Abs 3 auswirken.

Titel 1
Gegenstand und Dauer der Verjährung § 195

VI. Anspruchskonkurrenz

1. Allgemeines

a) Ein Sachverhalt kann die *Voraussetzung mehrerer Anspruchsgrundlagen* erfüllen. Dabei sind unterschiedliche Konstellationen denkbar. Die mehreren Ansprüche können zunächst auf die *Abdeckung unterschiedlicher Interessen* gerichtet sein. Wenn zB der Mieter die Mietsache beschädigt, erwachsen dem Vermieter Schadensersatzansprüche sowie Ansprüche auf Herausgabe (nach Ausspruch der Kündigung): Anspruchshäufung, wobei es für diesen Fall charakteristisch ist, dass die Tilgung des einen Anspruchs den anderen bestehen lässt. Die Verknüpfung kann aber auch enger sein. Der Gläubiger kann im Falle der §§ 281, 283 Schadensersatz oder Rückabwicklung verlangen, der mangelhaft bediente Besteller Nachbesserung, Schadensersatz oder zurücktreten bzw mindern. Hier bestehen – zT eingeschränkte – Wahlrechte, die Erfüllung des einen Anspruchs schließt den anderen aus, die jeweils verfolgten Interessen sind verschiedene, überschneiden sich aber doch uU. Bei Verschiedenheit der verfolgten Interessen kann es sich ergeben, dass sie zwar klar zu trennen sind, sich aber doch wechselseitig ausschließen. Den Fall ihres wechselseitigen Ausschlusses berücksichtigt in der Verjährungsfrage § 213. Der Gläubiger kann zB nicht gleichzeitig Erfüllung und Schadensersatz statt der Leistung verlangen. Auch seine Mängelrechte sind gestaffelt (erst Nacherfüllung, dann Rücktritt, Minderung oder Schadensersatz). § 213 trägt dem Rechnung, dass ein Anspruch noch nicht verfolgt werden kann oder der Gläubiger von einem Anspruch zum anderen übergehen will oder sich ganz einfach bei der Wahl des gegenwärtig verfolgten Anspruchs vertut. Die mehreren Ansprüche des Gläubigers können aber auch gleichzeitig verfolgbar sein, was dann kein Fall des § 213 ist. Der Dieb muss zB nach § 812 seine Bereicherung herausgeben, nach § 823 den Schaden des Bestohlenen ersetzen. Das ist zweierlei, doch wird die Rückgabe der Sache beides befriedigen. Schließlich können die verschiedenen Anspruchsgrundlagen ein *identisches Interesse des Gläubigers* abdecken, so zB gegenüber dem Dieb § 823 Abs 1, § 823 Abs 2, § 826. Standardbeispiel ist das Nebeneinander von vertraglicher positiver Forderungsverletzung und Delikt, wie es sich ua im Bereich der §§ 437 Nr 3, 634 Nr 4 auswirken kann. **30**

Die Probleme, die sich hier ergeben können, sind vielfältig. Bei Schadensersatzansprüchen fragt es sich, ob Haftungsmilderungen für den einen auf den anderen durchschlagen, bei allen, ob Einheitlichkeit in der Verjährung besteht, bei gleichgerichteten Ansprüchen, ob sie isoliert voneinander abgetreten werden können, bei diesen auch, ob dem Richter im Prozess Vorschriften gemacht werden können, welchen er anwenden kann.

b) Es ist anerkannt, dass in einigen Fällen sog **Gesetzeskonkurrenz** besteht, dass also *der eine Anspruch den anderen* ausschließt. Das ist natürlich belanglos, wenn beide bestehen, erlangt aber erhebliche Bedeutung, wenn der vorrangige Anspruch in seinen Voraussetzungen nicht erfüllt ist, wohl aber der nachrangige es wäre. Beispiele hierfür sind die Beamtenhaftung nach § 839 gegenüber der Haftung des Beamten aus § 823, mit überaus streitigen, hier nicht darzustellenden Einzelheiten, die Haftung aus den §§ 987 ff gegenüber der aus den §§ 823 ff, der Vorrang der vertraglichen Haftung gegenüber der aus den §§ 987 ff, aus § 812. Dabei können die **31**

Fälle der Gesetzeskonkurrenz auf besonderer gesetzlicher Anordnung beruhen, vgl § 993 Abs 1 aE, sich durch Auslegung der Gesetze ergeben, vgl § 992, oder daraus, dass sich die Ansprüche tatbestandlich ausschließen (Vertrag und ungerechtfertigte Bereicherung). Die Regel ist die Gesetzeskonkurrenz nicht. Sie bietet im Hinblick auf die Verjährung keine Probleme, weil eben nur noch ein Anspruch verbleibt.

32 **c)** Was außerhalb des Bereiches der Gesetzeskonkurrenz gilt, ist umstritten.

aa) Die hM, namentlich die Rechtsprechung, folgt der insbesondere von DIETZ (Anspruchskonkurrenz bei Vertragsverletzung und Delikt [1934]), begründeten Lehre von der **Anspruchskonkurrenz** (vgl RGZ 49, 92; 74, 434; 103, 263; 118, 141; BGHZ 9, 301; 17, 214; 24, 188; 46, 140; 66, 315; 100, 201; ENNECCERUS/NIPPERDEY § 228 III 1; PALANDT/ELLENBERGER § 195 Rn 17). Danach bestehen die einzelnen Ansprüche auch bei identischem Ziel grundsätzlich selbstständig nebeneinander; Ausnahmen im Sinne einer wechselseitigen Beeinflussung werden anerkannt; dazu sogleich Rn 41 f.

bb) Demgegenüber hat insbesondere GEORGIADES (Die Anspruchskonkurrenz im Zivilrecht und im Zivilprozessrecht [1967]; zust LARENZ/WOLF AT § 18 Rn 35 ff; weitere Nachweise bei ARENS AcP 170 [1970] 395 Fn 6) die Lehre vertreten, dass der eine Sachverhalt auch nur einen Anspruch erzeuge, der eben nur mehrfach begründet sein könne (Lehre von der **Anspruchsnormen-** oder **Begründungskonkurrenz**; vgl dazu ARENS aaO).

33 **cc)** Allgemeine Theorien der einen oder der anderen Art sind wenig hilfreich, wenn denn der Teufel im Detail steckt. Es ist anerkannt, dass sich die einzelnen Ansprüche – oder Anspruchsgrundlagen – im Einzelnen wechselseitig beeinflussen können, aber doch im Wesentlichen selbstständig zu prüfen sind. So kann der Richter sicherlich das klägerische Begehren unter vertraglichen wie deliktischen Aspekten prüfen. Kommt er mit dem einen aus tatbestandlichen Gründen, wegen Beweislast, Verjährung oä nicht weiter, darf und muss er auf den anderen zurückgreifen; die Klagabweisung ist ihm nur nach Verneinung beider möglich. Sind die Ansprüche insoweit selbstständig, so erfasst die Rechtskraft des Urteils, die vom Streitgegenstand und nicht vom Anspruch abhängt, sicherlich alle. Umgekehrt darf § 548 für die Verjährung deliktischer Ansprüche schwerlich unberücksichtigt bleiben (vgl u Rn 41). Vertragliche Haftungsmilderungen dürfen im Deliktsrecht sicher nicht völlig irrelevant sein. Die notwendige Abstimmung der einzelnen Ansprüche miteinander muss jedoch am Detailproblem orientiert sein, sodass ein Ansatz wie der von SCHLECHTRIEM (Vertragsordnung und außervertragliche Haftung [1972]) sinnvoll erscheint, der, von der grundsätzlichen Eigenständigkeit der einzelnen Ansprüche ausgehend, die notwendige Abstimmung dem konkreten Detailproblem vorbehält.

d) Speziell im *Bereich der Verjährung* verbieten sich pauschale Lösungen. Zu Recht kennt die hM Ausnahmen von dem Grundsatz, dass mehrere auf dasselbe Ziel gerichtete Ansprüche jeweils nach der ihnen eigenen Verjährungsfrist verjähren. Absurd ist die gegenteilige Auffassung von GEORGIADES 184 ff, es müsse hier stets eine einheitliche Verjährungsfrist geben und dies sei grundsätzlich – Ausnahme: § 548 – die dem Gläubiger günstigere. Gewiss ließe sich an eine einheitliche Verjährung denken, aber diese könnte dann auch nicht die vertragliche sein (so aber LARENZ, AT [1. Aufl 1967] § 20 IV), sondern müsste einer wertenden Betrachtung unterliegen, die dann aber die Rechtssicherheit torpedieren würde.

2. Fälle der Anspruchskonkurrenz

a) Allgemein gilt, dass es zur Anspruchskonkurrenz überhaupt nur kommen 34 kann, wenn mehrere auf dasselbe Ziel gerichtete Ansprüche als nebeneinander bestehend anerkannt werden, also **keine Gesetzeskonkurrenz** vorliegt (dazu o Rn 31). Am Nebeneinander fehlt es namentlich dort, wo ein Anspruch nur *subsidiär* gewährt wird. Dies wird im vertraglichen Bereich insbesondere angenommen für den Anspruch aus culpa in contrahendo gegenüber den Ansprüchen aus Gewährleistung, im deliktischen Bereich, soweit Ansprüche aus § 823 Abs 1 wegen der Verletzung des Rechtes am eingerichteten und ausgeübten Gewerbebetrieb hergeleitet werden können (BGHZ 43, 359; 45, 296, 307). Das wirkt sich im Wettbewerbsrecht aus: Die kurze Verjährungsfrist des § 11 UWG kann nicht durch einen derartigen deliktischen Anspruch umgangen werden (BGHZ 36, 252, 257; BGH NJW 1964, 493, 494; WRP 1981, 514, 516); mag es nun um Schadensersatz gehen (BGH aaO), oder um Widerruf (BGH LM UWG § 21 Nr 3 = NJW 1973, 2285, 2286). Freilich gilt anderes, wenn die anderweitige tatbestandliche Erfassung des Wettbewerbsverstoßes einen eigenen Unrechtsgehalt betrifft: §§ 195, 199 bei der Namensverletzung, § 12 (BGH GRUR 1984, 820, 824), dem Verstoß gegen § 824 (BGHZ 36, 252, 258), gegen § 826 (BGH GRUR 1964, 218, 220).

b) *Innerhalb des vertraglichen Bereichs* sind Fälle der Anspruchskonkurrenz 35 kaum denkbar, weil in Hinblick auf ein Ziel grundsätzlich immer nur ein Anspruch gewährt wird. Das führt freilich dort zu Merkwürdigkeiten, wo der Gläubiger die Wahl hat, mit welchem Anspruch er sein Ziel erreichen will. Wird etwa dem Besteller ein mangelhaftes Werk angedient, so kann er die Abnahme verweigern und behält den Erfüllungsanspruch mit der diesem eigenen Verjährung, oder er nimmt gleichwohl ab und sieht sich damit jetzt den Fristen des § 634a ausgesetzt. Die Problematik echter Anspruchskonkurrenz kann sich ergeben, wenn man zB neben Ansprüchen aus Gewährleistung auch auf Sachmängel gestützte Ansprüche aus culpa in contrahendo zulässt, wie dies zuweilen vertreten wird. Dann ist aber anzunehmen, dass sich die Fristen des Gewährleistungsrechtes auch auf diese Ansprüche erstrecken, vgl BGHZ 87, 302, 308 (zum Falle der Eigenhaftung des Verkaufsvermittlers aus culpa in contrahendo).

c) Innerhalb des *Deliktsrechts* können sich zwar vielfältige parallele Ansprüche 36 ergeben, störende Diskrepanzen werden aber dadurch vermieden, dass idR unterschiedslos § 195 gilt. So können sich unterschiedliche Verjährungsfristen nur ausnahmsweise ergeben, etwa wenn Ansprüche aus dem UWG (§ 11 UWG) neben deliktischen stehen. Zum Fall, dass letztere allein aus dem Recht am eingerichteten und ausgeübten Gewerbebetrieb hergeleitet werden können, schon o Rn 34. Sonst können die unterschiedlichen Fristen durchaus hingenommen werden (RGZ 119, 114, 117; BGHZ 36, 252, 254 f; BGH WRP 1958, 302; NJW 1985, 1023, 1024), beruhen doch sowohl die Ansprüche wie auch die ihnen zugeordneten Verjährungsfristen auf jeweils eigenständigen Erwägungen, die sich wechselseitig nicht ausschließen.

d) Problematisch ist der weite Bereich des *Nebeneinanders der vertraglichen und* 37 *der deliktischen Haftung*.

Der Grundsatz der bisherigen Rechtsprechung, der nur von wenigen Ausnahmen durchbrochen wird, die *Ansprüche jeweils eigenständig verjähren zu lassen*, ist in der Tendenz zu billigen.

aa) Es besteht kein Anlass, für deliktische Ansprüche die Fristen der §§ 195, 199 dort aufzugeben, wo konkurrierende vertragliche Ansprüche längerfristig verjähren, wie sich dies aus entsprechender Vereinbarung ergeben kann. Die Regelung der §§ 195, 199 ist sachgerecht und ausgewogen; sie belässt dem Gläubiger hinreichende Gelegenheit, sein Recht zu realisieren. Wenn die Parteien vereinbarte lange Fristen auch für deliktische Ansprüche gelten lassen wollen, müssen sie dies schon klar zum Ausdruck bringen, kann es aber immer noch gegen § 307 verstoßen (5 Jahre ab positiver Kenntnis).

38 bb) Umgekehrt ist äußerste Zurückhaltung dort geboten, wo es darum geht, *ob die deliktische Verjährung an eine kürzere vertragliche angepasst werden soll*. Das Deliktsrecht schützt elementare Rechtsgüter. Es kann nicht davon ausgegangen werden, dass sich der Gläubiger dessen durch den Erwerb zusätzlicher vertraglicher Ansprüche begeben will. Das wäre ihm grundsätzlich auch schwerlich zuzumuten. Der Schuldner darf seinerseits nicht darauf spekulieren, durch das Vertragsrecht dem Deliktsrecht zu entgehen. Außerdem könnte ihm ein solcher Schutz nachhaltig auch praktisch kaum gewährt werden. Wo nämlich – wie oft – auch Dritte deliktisch belangt werden können, könnten diese ohne Bindung an die Vertragsfrist gesamtschuldnerischen Regress bei ihm nehmen. Konsequenterweise müssten auch die deliktischen Ansprüche des Gläubigers gegen Dritte beschnitten werden. Aber das stößt einerseits auf zwangsläufige Grenzen und bedürfte andererseits der ganz besonderen Rechtfertigung gegenüber dem Gläubiger.

39 cc) Danach kann es hingenommen werden, dass die §§ 548, 581 Abs 2, 606, 1057 auch auf deliktische Ansprüche erstreckt werden (vgl nur MünchKomm/Grothe Rn 51 ff), was im Übrigen nicht nur eine Beschränkung des Gläubigers bedeutet, sondern ihm wegen des hinausgeschobenen Verjährungsbeginns auch nützen kann. Wegen der Einzelheiten ist auf die Erl zu § 548 Bezug zu nehmen (Kreis der auf Aktiv- und Passivseite betroffenen Personen, der erfassten Schäden, der erfassten Ansprüche). § 548 und seine Erstreckung auf deliktische Ansprüche gelten auch bei der probeweisen Überlassung von Sachen (BGHZ 119, 35, 39 f).

Dem entspricht es, dass Art 32 CMR auf Ansprüche aller Art angewendet wird, die mit der Güterbeförderung zusammenhängen (BGH LM CMR Nr 2 = NJW 1972, 1003; NJW 1975, 1075; 1979, 2473, 2474; VersR 1982, 649, 650). Auch das Transportrecht kennt in § 439 HGB eine einheitliche Verjährungsregelung für vertragliche und außervertragliche Ansprüche (Baumbach/Hopt § 439 HGB Rn 1; Koller, Transportrecht [5. Aufl 2004] § 439 Rn 2; MünchKomm/Grothe Rn 43). Auf § 439 HGB nehmen die §§ 463, 475a HGB für Spedition bzw Lagergeschäft Bezug.

Vorrangig gegenüber den §§ 195, 199 sind auch die Fristen der §§ 61 Abs 2, 113 Abs 3 HGB, soweit nicht zugleich der Tatbestand des § 826 erfüllt ist (Baumbach/Hopt § 61 HGB Rn 4; **aA** BAGE 94, 199, 200 = NJW 2001, 172).

§ 902 Nr 2 HGB aF (= § 606 Nr 2 HGB) soll nach BGH VersR 1980, 968, 969 (**aA** Lorenz IPRax 1981, 85, 86) auch für Ansprüche gegen den Reeder aus § 831 gelten.

dd) Begeht der *Geschäftsführer der GmbH* eine unerlaubte Handlung gegen die **40** Gesellschaft, so begründet diese Handlung eine entsprechende eigenständige deliktische Haftung auch dann, wenn diese Haftung nur auf der Verletzung seiner vertraglichen Pflichten beruht, ein Dritter das Delikt also nicht begehen könnte. Da dazu die besonderen subjektiven Voraussetzungen des § 266 StGB (§ 823 Abs 2) oder des § 826 gegeben sein müssen, scheint es nicht gerechtfertigt, dies schon durch die Haftung nach § 43 GmbHG als „abgegolten" anzusehen und dann auch die Verjährung allein nach § 43 Abs 4 GmbHG zu bemessen. Es muss hier vielmehr ein eigenständig verjährender deliktischer Anspruch angenommen werden (vgl BGHZ 100, 190, 200 gegenüber RGZ 87, 306, 309), vgl auch die §§ 34, 41 GenG, 93, 116 AktG.

ee) Die berufsspezifischen Verjährungsvorschriften der §§ 51b BRAO, 68 StBerG, 45b PatAnwO sind zum 15. 12. 2004 aufgehoben worden, die der §§ 51a WPO, 323 Abs 5 HGB zum 1. 1. 2004. Soweit die betreffenden Personen dienstvertraglich tätig wurden, waren diese Bestimmungen vorrangig gegenüber den §§ 195, 199; das ist jetzt entfallen. Bei werkvertraglichen Leistungen waren bzw sind die §§ 638 aF, 634a nF vorrangig.

ff) *Mängel des Kaufgegenstandes* oder *des Werkes* können uU auch *deliktische* **41** *Ansprüche* auslösen. Die sich dann ergebende Frage, ob Gewährleistungsfristen verkürzend die der §§ 823 ff verdrängen, wurde von der bisherigen Rechtsprechung verneint, vgl BGHZ 55, 392, 395 (Werkvertrag); 66, 315, 319 (Kaufvertrag); 67, 359, 362 f (Produzentenhaftung), umfassend bestätigt in BGHZ 116, 297, 300. Daran ist festzuhalten (MünchKomm/Grothe Rn 54 ff).

Das Vertragsrecht darf den deliktischen Rechtsschutz nicht verkürzen; es geht im Bereich der §§ 823 ff um elementare Rechte des Geschädigten.

Bei Mangelfolgeschäden wurde § 638 aF auf etwaige deliktische Ansprüche nicht angewendet, sondern § 195 aF. Hier würde also die Anwendung des § 634a eine massive Fristverkürzung ergeben, soweit es das Werkvertragsrecht betrifft. Im Kaufrecht würde demgegenüber § 438 eine Verlängerung gegenüber dem früher angewendeten § 477 aF ergeben. Eine einheitliche Behandlung der Fragen ist geboten. Hier wie dort wäre es nicht zu rechtfertigen, wenn die Verjährung deliktischer Ansprüche eingetreten sein könnte, bevor es überhaupt zu dem Schaden gekommen ist.

Nichts anderes kann aber letztlich auch bei Mangelschäden gelten, wenn man sie unter § 823 subsumiert. Dass diese deliktische Zuordnung zuweilen fragwürdig erscheint, müsste durch eine entsprechende Auslegung dieser Bestimmung korrigiert werden, nicht im Bereich der Verjährung (aA NK-BGB/Mansel/Stürner Rn 71 ff).

gg) Der Grundsatz, dass nebeneinander bestehende Ansprüche jeweils eigenständig verjähren, gilt praktisch ausnahmslos dort, wo *vertragliche Ansprüche* mit *anderen gesetzlichen Ansprüchen* zusammentreffen.

Vertragliche Herausgabeansprüche unterliegen den §§ 195, 199; der Herausgabeanspruch aus § 985 dagegen § 197 Abs 1 Nr 2. Auch § 548 verdrängt ihn nicht, nicht einmal, soweit es um die Herausgabe von Zubehör geht (BGHZ 65, 86).

42 hh) Die eben dargestellten Grundsätze gelten nicht nur für die eigentlichen Verjährungsfristen, sondern auch soweit das Gesetz bei konkurrierenden Ansprüchen nur einseitig *Sonderregelungen für Beginn, Hemmung und Neubeginn der Verjährung* kennt, vgl zB § 199 gegenüber den §§ 438 Abs 2, 634a Abs 2.

VII. Überblick über anderweitige Verjährungsfristen

43 1. Bei dem folgenden Überblick ist zunächst zu beachten, dass Vollständigkeit weder angestrebt noch auch möglich ist. Sodann ist darauf hinzuweisen, dass eine *isolierte Betrachtung der statuierten Fristen* nicht sinnvoll ist, wenn sie denn geprägt werden einerseits unmittelbar durch Sonderregelungen über ihren Beginn, andererseits mittelbar durch Sonderregelungen über Neubeginn und Hemmung. Schließlich werden die einzelnen Regelungen durchaus unterschiedlich in ihrer Tragweite verstanden: einige (wenige) vermögen es, die Verjährungsregelungen konkurrierender Ansprüche zu verdrängen, vgl die §§ 548, 581 Abs 2, 606 BGB, 439 HGB, Art 22 CMR (BGH NJW 1976, 1594), §§ 117, 118 BinnSchG (BGHZ 69, 62).

44 2. *Drei Monate* gelten bei Wettbewerbsverstößen des Handlungsgehilfen, § 61 Abs 2 HGB, des Gesellschafters, § 113 Abs 3 HGB.

45 3. *Sechs Monate* gelten bei Ersatzansprüchen des Vermieters gegen den Mieter, § 548 Abs 1, und umgekehrt für Ersatzansprüche und Wegnahmerechte des Mieters nach § 548 Abs 2, die wieder aufgegriffen wird beim Pachtvertrag, § 581 Abs 1, beim Landpachtvertrag, § 591b, bei der Leihe, § 606, beim Nießbrauch, § 1057, beim Pfand, § 1226, beim Heimfall- und Vertragsstrafeanspruch des Grundstückseigentümers gegen den Erbbauberechtigten, § 4 ErbbauRG, bei Ansprüchen des Indossanten eines Wechsel gegen andere Indossanten und den Aussteller, Art 70 Abs 3 WG, bei scheckrechtlichen Rückgriffsansprüchen, Art 52 ScheckG, bei wettbewerbsrechtlichen Ansprüchen auf Unterlassung oder Schadensersatz, § 11 Abs 1 UWG.

46 4. *Ein Jahr* gilt für bestimmte Mängel beim VOB-Werkvertrag, § 13 Abs 4 S 2 VOB/B, für Ansprüche aus einem Beförderungsvertrag, § 439 HGB, in Bezug genommen in den §§ 452b Abs 2 S 2 HGB (multimodaler Transport), 463 HGB (Speditionsgeschäft), 475a HGB (Lagergeschäft), bei bestimmten seehandelsrechtlichen Ansprüchen, § 605 HGB, und binnenschifffahrtsrechtlichen Ansprüchen, § 117 BinnSchG, für Ausgleichsansprüche unter mehreren Schiffseignern, § 118 Abs 2 S 1 BinnSchG, die Ansprüche des Wechselinhabers gegen die Indossanten und den Aussteller, Art 70 Abs 2 WG, Scheckbereicherungsansprüche, Art 58 Abs 2 ScheckG. – Vgl auch die Festsetzungsfrist für Zölle und Verbrauchssteuern § 169 Abs 2 S 1 Nr 1 AO (mit Ausnahmen).

47 5. *Zwei Jahre* gelten bei Gewährleistungsansprüchen nach den §§ 438 Abs 1 Nr 3, 634a Abs 1 Nr 1, § 13 Abs 4 Nr 2 S 3 f, Nr 2 VOB/B, für den Regress beim Verbrauchsgüterkauf, § 479, bei Reisemängeln, § 651g Abs 2, bei Ansprüchen aus Inhaberschuldverschreibungen, § 801 Abs 1 S 2, bei Ansprüchen nach dem Rücktritt vom Verlöbnis, § 1302, bei bestimmten Ansprüchen aus dem Seehandelsrecht, § 606

HGB, bei Ansprüchen aus dem Zusammenstoß von Binnenschiffen, § 118 Abs 1 BinnSchG, bei Ansprüchen des ausgeschiedenen Genossen wegen des Geschäftsguthabens und des Anteils an der Ergebnisrücklage, § 74 GenG, bei Abänderungsansprüchen des Urhebers, § 36 Abs 2 UrhG.

6. *Drei Jahre* gelten für Ansprüche gegen den Entschädigungsfonds bei Kraftfahrzeugunfällen, § 12 Abs 3 S 1 PflVG, Schadensersatzansprüche des Dienstherrn gegen den Beamten, § 78 Abs 2 S 1 BBG, den Anspruch des Vertragserben gegen Dritte aus Schenkungen, § 2287 Abs 2, wechselmäßige Ansprüche gegen den Akzeptanten, Art 70 Abs 1 WG, Wechselbereicherungsansprüche, Art 89 Abs 1 S 2 WG, öffentlichrechtliche Ansprüche auf Zahlung von Verwaltungskosten, § 20 Abs 1 S 1 VwKostG, auf Erstattung von Verwaltungskosten, § 21 Abs 2 VwKostG. Gleiches galt für Ersatzansprüche aus dem WertpapierhandelsG nach § 37a WpHG, der aber durch das G zur Neuregelung der Rechtsverhältnisse bei Schuldverschreibungen aus Gesamtemissionen und zur verbesserten Durchsetzbarkeit von *Ansprüchen von Anlegern aus Falschberatung* v 31. 7. 2009 (BGBl I 2512) zugunsten der regelmäßigen Verjährung aufgehoben wurde, um den Anleger vor der Verjährung nicht erkannter Ansprüche zu schützen. **48**

7. *Vier Jahre* gelten idR für die Gewährleistung nach der VOB/B, § 13 Abs 4 Nr 1 VOB/B, für die Rückzahlung rechtsgrundloser Leistungen an den Wohnungsvermittler, § 5 Abs 1 S 2 WoVermittG, bei Ansprüchen gegen den Aussteller einer Inhaberschuldverschreibung nach Abhandenkommen des Zins-, Renten- oder Gewinnanteilsscheins, § 804 Abs 1 S 3, Ansprüche auf Sozialleistungen, § 45 Abs 1 SGB I, auf deren Erstattung, § 50 Abs 4 S 1 SGB X, Ansprüche auf Zahlung von Kosten im gerichtlichen Bereich, vgl § 5 Abs 1, Abs 2 S 1 GKG, § 6 Abs 1, 2 GNotKG, § 8 Abs 1, Abs 2 S 1 GvKostG. – Vgl auch die vierjährige Festsetzungsfrist für bestimmte Steuern und Steuervergütungen nach § 169 Abs 2 S 1 Nr 2 AO. **49**

8. *Fünf Jahre* gelten für die Sachmängelhaftung beim Kauf- und Werkvertrag in Bezug auf Bauwerke, §§ 438 Abs 1 Nr 2, 634a Abs 1 Nr 2 (anders bei Vereinbarung der VOB/B), für die Nachhaftung des früheren Inhabers eines veräußerten Handelsgeschäftes, § 26 Abs 1 HGB, und des ausgeschiedenen Gesellschafters einer Handelsgesellschaft, § 159 Abs 1 HGB, in Bezug genommen in § 736 Abs 2 BGB, das freilich nur, soweit der Anspruch nicht von vornherein einer kürzeren Verjährung unterlag, Ansprüche im Bereich der GmbH, zB die Haftung des Geschäftsführers, § 43 Abs 4 GmbHG, was seine längerfristige Haftung als Gesellschafter nicht tangiert (BGH NJW 1999, 781), der AG, der Genossenschaft, vgl jeweils dort. – Vgl auch die Festsetzungsfrist für leichtfertig verkürzte Steuern, § 169 Abs 2 S 2 AO, die Zahlungsansprüche aus dem Steuerschuldverhältnis, § 228 S 2 AO. **50**

9. *Zehn Jahre* gelten im Recht der AG und der GmbH für den Anspruch auf die Einlage, §§ 54 Abs 4 AktG, 19 Abs 6 GmbHG, die Nachschusspflicht bei überbewerteter Sacheinlage, § 9 Abs 2 GmbHG, und die Haftung beim Empfang verbotener Leistungen von Seiten der Gesellschaft, §§ 62 Abs 3 AktG, 31 Abs 5 GmbHG. **51**

10. *Dreißig Jahre* gelten in den Fällen des § 197 Abs 1, vgl aber die Einschränkungen des § 197 Abs 2, in einigen Fällen der Rechtsmängelhaftung, § 438 Abs 1 **52**

Nr 1, bei der betrieblichen Altersversorgung, § 18a BetrAVG; soweit es nicht um regelmäßig wiederkehrende Leistungen geht (Regelverjährung).

53 11. An *nicht verjährenden Ansprüchen* sind zu nennen Ansprüche aus einem familienrechtlichen Verhältnis, soweit sie auf die Herstellung eines diesem entsprechenden Zustandes für die Zukunft gerichtet sind, § 194 Abs 2, der Anspruch auf Aufhebung der Gemeinschaft, § 758, nach § 898 der Anspruch auf Grundbuchberichtigung, § 894, und die in den §§ 895, 896 genannten Hilfsansprüche, Ansprüche aus eingetragenen Grundstücksrechten, § 902 Abs 1 S 1, soweit sie auf dessen Durchsetzung gerichtet, wie namentlich der Anspruch aus § 1004 (vgl die nähere Darstellung bei Staudinger/GURSKY [2013] § 902 Rn 9) mit den Einschränkungen des § 902 Abs 1 S 2, vgl hierzu auch die rechtswahrende Wirkung des Widerspruchs nach § 902 Abs 2, nach § 924 mehrere nachbarrechtliche Ansprüche (§§ 907–909, 915, 917 Abs 1, 918 Abs 2, 919, 920, 923 Abs 2), die Ansprüche auf Berichtigung des Schiffsregisters, § 18 Abs 1 SchiffsRG, des Registers für Pfandrechte an Luftfahrzeugen, § 18 Abs 2 LuftfzRG, die Rechte aus dort jeweils eingetragenen Rechten, §§ 23 Abs 1 SchiffsRG, 23 Abs 1 LuftfzRG.

54 12. Besondere Grundsätze galten für die *Prospekthaftung* (vgl zur Entwicklung SCHIMANSKY/BUNTE/LWOWSKI/SIOL, Bankrechts-Handbuch [3. Aufl 2007] § 45 Rn 27 ff). Die *Prospekthaftung im engeren Sinne* (eigentliche Prospekthaftung) schützt typisiertes Vertrauen, insbesondere solches in die Richtigkeit und Vollständigkeit der von dem Prospektverantwortlichen gemachten Angaben. Diese Haftung wird durch eine immer weiter wachsende Zahl von Spezialgesetzen geregelt. Die *Prospekthaftung im weiteren Sinne* (uneigentliche Prospekthaftung) fußt auf dem besonderen persönlichen Vertrauen, das Anleger Verhandlungspartnern und Vertretern, namentlich Anlageberatern oder Anlagevermittlern, entgegenbringen. Solche Ansprüche beruhen auf culpa in contrahendo (§§ 280 Abs 1, 241 Abs 2, 313 Abs 2 u 3) und unterliegen damit den §§ 195, 199.

55 a) Ansprüche aus *Prospekthaftung im engeren Sinne* verjähren nach der Rechtsprechung des BGH in Anwendung von und Analogie zu Bestimmungen des Kapitalanlagerechts, namentlich § 20 Abs 5 KAGG und § 12 AuslInvestmG, bislang binnen sechs Monaten ab dem Zeitpunkt, in dem der Anleger von der Unrichtigkeit bzw Unvollständigkeit des Prospekts Kenntnis erlangt, spätestens jedoch in drei Jahren ab Vertragsschluss (BGH ZIP 2008, 412 Rn 29). Anschließend sehen die immer weiter zunehmenden Spezialregelungen recht einhellig eine Verjährungsfrist von einem Jahr ab Kenntnis und eine Verjährungshöchstfrist von drei Jahren ab dem anspruchsbegründenden Ereignis vor (REINELT NJW 2009, 1, 7). Zu nennen sind:

– Für den Bereich des „grauen" (nicht organisierten) Kapitalmarkts galten seit 1. 7. 2005 die durch das AnSVG (BGBl 2004 I 2630) eingeführten §§ 8 f ff VerkProspG. Hierunter fallen insbesondere Anteile an einer Personenhandelsgesellschaft und stille Beteiligungen, GmbH-Anteile und Anteile an Genossenschaften, Bauherrenmodelle und Anteile an geschlossenen Fonds (näher FLEISCHER BKR 2004, 339, 340).

– *§ 46 BörsG* betraf Ansprüche des Erwerbers von Wertpapieren, die auf Grund eines Prospekts zum Börsenhandel zugelassen sind, aus § 44 BörsG.

Titel 1
Gegenstand und Dauer der Verjährung § 195

– *§ 12 AuslandsInvestG* griff bei unrichtigen oder unvollständigen Verkaufsprospekten für ausländische Investmentanteile.

– *§ 127 Abs 5 InvG* regelte die gleichen Fristen für Ansprüche aus § 127 Abs 1 InvG wegen unrichtiger oder unvollständiger Angaben in Verkaufsprospekten für Anteile an Kapitalgesellschaften oder ausländischen Investmentgesellschaften.

– Schließlich erfasste § 12 Abs 4 WpÜG die Haftung für unrichtige oder unvollständige Unterlagen aus *§ 12 Abs 1 WpÜG* bei der Veröffentlichung von Übernahmeangeboten.

Nach Aufhebung dieser Bestimmungen sind die §§ 195, 199 einschlägig.

Nicht umfasst von der eigentlichen Prospekthaftung sind hingegen Kapitalanlagen, **56** deren Ertrag nicht unmittelbar von einem unternehmerischen Erfolg abhängen wie Devisen- und Warentermingeschäfte (BGH NJW 1981, 2810) oder Versicherungsprodukte (Assmann/Schütze/Assmann, Handbuch des Kapitalanlagerechts [3. Aufl 2007] § 6 Rn 132). BGH NJW 2004, 2664 u 2971 schließen die Anwendbarkeit auch für fehlerhafte ad-hoc-Mitteilungen aus, inzwischen bestimmen §§ 37b f WpHG aber eine Haftung mit einer Verjährungsregelung, die der überkommenen Prospekthaftung im engeren Sinne entspricht.

b) Für die *Prospekthaftung im weiteren Sinne* bestehen keine Sonderregelungen, **57** sodass der cic-Anspruch der regelmäßigen Verjährung nach §§ 195, 199 unterliegt (BGHZ 83, 222 = NJW 1982, 1514). Grundsätzlich schließt die spezialgesetzlich normierte Prospekthaftung die allgemeine zivilrechtliche Haftung aus culpa in contrahendo aus (vgl OLG Frankfurt NJW-RR 1997, 749, 750 f; Fleischer BKR 2004, 339, 343; **aA** Münch-Komm/Emmerich § 311 Rn 153 [wegen Anlegerschutz]). Die Grundsätze der Prospekthaftung im weiteren Sinne können jedoch neben die Prospekthaftung im engeren Sinne treten, falls bei den Vertragsverhandlungen ein Vertreter, Sachwalter oder Garant über den Inhalt der Prospekte hinaus besonderes persönliches Vertrauen in Anspruch genommen hat (BGHZ 177, 25 = ZIP 2008, 1526 Rn 11 ff). Auffangfunktion kommt ihnen zu, wenn neben den gesetzlich vorgeschriebenen Prospekten anderweitige Schriftstücke verwandt werden (Assmann/Schütze/Assmann, Handbuch des Kapitalanlagerechts [3. Aufl 2007] § 6 Rn 134).

c) Wird bei *Bauträgerschaft und Baubetreuung* mit fehlerhaften Prospekten ge- **58** worben, unterfällt die darauf beruhende Haftung (dazu Staudinger/Peters/Jacoby [2014] Vorbem 145 ff zu §§ 631 ff) jedenfalls dann nicht der Prospekthaftung im engeren Sinne, insbesondere nicht der aus § 8 f Abs 1 VerkProspG, wenn der Erwerber unmittelbar Grundeigentum erwirbt und nicht Anteile an einer das Grundeigentum erwerbenden Gesellschaft. Es gelten daher die allgemeinen Grundsätze zur culpa in contrahendo beim Werkvertrag und damit §§ 195, 199 (Staudinger/Peters/Jacoby [2014] Vorbem 150 zu §§ 631 ff). Das gilt selbst dann, wenn sich der Prospektmangel in einem Werkmangel realisiert (Thode EWiR 1994, 747 f).

13. Soweit das G zur Modernisierung des Schuldrechts Fristen geändert hat, gilt **59** für die *Überleitung* Art 229 § 6 EGBGB: Stichtag ist der 1.1.2002. Ist die für den älteren Anspruch herkömmlich maßgebliche Frist länger als die neu vorgesehene, läuft sie aus, gleichzeitig läuft aber die neue Frist ab 1. 1. 2002. Verjährung tritt dann ein, wenn die erste dieser beiden parallelen Fristen abläuft, Art 229 § 6 Abs 4. Ist dagegen die herkömmlich vorgesehene Frist kürzer als die sie jetzt substituierende, bleibt die erstere kürzere maßgeblich, Art 229 § 6 Abs 3. Wegen der Einzelheiten vgl die Erl dort.

Auf Art 229 § 6 EGBGB verweist Art 229 § 12 EGBGB als Überleitungsvorschrift für das G zur Anpassung von Verjährungsvorschriften an das G zur Modernisierung des Schuldrechts v 9. 12. 2004 (BGBl I 3214); Stichtag ist hier der 15. 12. 2004.

Entsprechendes gilt nach Art 229 § 21 EGBGB, soweit das G zur Änderung des Erb- und Verjährungsrechts v 24. 9. 2009 (BGBl I 3142) Fristen geändert hat.

§ 196
Verjährungsfrist bei Rechten an einem Grundstück

Ansprüche auf Übertragung des Eigentums an einem Grundstück sowie auf Begründung, Übertragung oder Aufhebung eines Rechts an einem Grundstück oder auf Änderung des Inhalts eines solchen Rechts sowie die Ansprüche auf die Gegenleistung verjähren in zehn Jahren.

Materialien: Art 1 G zur Modernisierung des Schuldrechts v 26. 11. 2001 (BGBl I 3138). BGB aF: – (§ 195 aF) PETERS/ZIMMERMANN: –; Schuldrechtskommission § 195 Abs 5, Abschlussbericht 53; RegE § 196, BT-Drucks 14/6040, 105; BT-Drucks 14/7052, 5, 179.

Schrifttum

AMANN, Das Verjährungsrecht nach der Schuldrechtsreform aus notarieller Sicht, DNotZ 2002, 94
BRAMBRING, Schuldrechtsreform und Grundstückskaufvertrag, DNotZ 2001, 904
BUDZIKIEWICZ, Keine Unverjährbarkeit des Anspruchs auf Rückgewähr der „stehengelassenen" Grundschuld, ZGS 2002, 276
dies, „Stehengelassene" Sicherungsgrundschulden: Beginn der Verjährung des Rückgewähranspruchs, ZGS 2002, 358
OTTE, Verjährt der Anspruch auf Rückgewähr einer „stehengelassenen" Grundschuld schon in 10 Jahren?, ZGS 2002, 57
ders, Die Verjährung des Anspruchs auf Rückübertragung einer „stehengelassenen" Sicherungsgrundschuld, DNotZ 2011, 897
PROTE, Der dingliche Anspruch auf Rückgewähr eines Grundpfandrechts – Zur Abtretbarkeit und Verjährbarkeit des Anspruchs aus § 1169 BGB (2007)
SCHÄFER, Unverjährbarkeit des Anspruchs auf Rückgewähr der stehengelassenen Grundschuld nach Erledigung des Sicherungszwecks?, WM 2009, 1308
WOLFSTEINER, Zur Verjährung des Rückgewähranspruchs und zum Rechtscharakter des § 1169 BGB, DNotZ 2003, 321.

Titel 1
Gegenstand und Dauer der Verjährung § 196

Systematische Übersicht

I.	**Zweck der Regelung**	
1.	Technische Abwicklungsprobleme bei Grundstücksgeschäften	1
2.	„Stehengelassene" Grundschulden	2
3.	Nachteilige Folgen	4
II.	**Ansprüche auf Übertragung von Grundeigentum**	
1.	Grundeigentum	5
2.	Anspruch auf Übertragung	6
3.	Anspruch auf Besitzüberlassung	7
III.	**Beschränkte dingliche Rechte**	
1.	Einschlägige Rechte	8
2.	Anspruchsgrundlagen	9
IV.	**Ansprüche aus Eigentum und beschränkten dinglichen Rechten**	10
V.	**Zahlungsansprüche**	
1.	Gegenleistung	11
2.	Zinsen, Kosten	12
VI.	**Sekundäransprüche**	13
VII.	**Verjährungsbeginn**	14

I. Zweck der Regelung

Die Bestimmung ist durch das G zur Modernisierung des Schuldrechts ohne Vorbilder im BGB aF neu geschaffen worden. Ausweislich der Begründung (RegE BT-Drucks 14/6040, 105) soll die erhebliche Fristverlängerung gegenüber der Regelfrist des § 195 zwei Situationen Rechnung tragen: **1**

1. Technische Abwicklungsprobleme bei Grundstücksgeschäften

Zunächst gebe es von den Parteien nicht beherrschbare äußere Probleme bei der Abwicklung von Grundstücksgeschäften: Vermessung eines Grundstücks und Erfassung im Kataster, die Notwendigkeit von Unbedenklichkeitsbescheinigungen durch das Finanzamt, eine mögliche Überlastung der Grundbuchämter.

Diese Sorgen sind indessen nicht begründet. Unzutreffend weist SOERGEL/NIEDENFÜHR (Rn 2) darauf hin, dass man nicht den Gläubiger dazu zwingen solle, voreilig gegen einen Schuldner vorzugehen, der selbst leistungsbereit sei. Eine Argumentation dieser Art, die schon in der Gesetzesbegründung verwendet wird (BT-Drucks 14/6040, 105), übersieht § 212 Abs 1 Nr 1: Solange sich der Schuldner zu seiner Schuld bekennt, erkennt er an und die Verjährung wird erneuert. Die genannten Gefahren ergeben sich erst in dem Moment, in dem der Schuldner aufhört, sich zu seiner Verpflichtung zu bekennen. Von diesem Moment an aber bestünde aller Anlass, innerhalb von drei Jahren eine gerichtliche Klärung herbeizuführen.

2. „Stehengelassene" Grundschulden

Mit gewichtigerem Anlass weist die Gesetzesbegründung auf jene „stehengelassenen" Grundschulden hin, die nicht mehr valutiert sind, aber deshalb nicht rückübertragen werden, weil man daran nicht denkt oder vor allem weil man mit einer weiteren Kreditgewährung rechnet, die mit dieser schon vorhandenen Grundschuld kostengünstig abgesichert werden kann. Der Löschungsanspruch folgt dann nicht **2** nur schuldrechtlich aus dem Sicherungsvertrag, sondern auch dinglich aus §§ 1169, 1192. Jedes rechtspolitische Bedürfnis für eine lange Verjährungsfrist entfällt freilich, wenn man denjenigen folgt, die den dinglichen Anspruch aufgrund von § 902 für unverjährbar halten (Staudinger/Gursky [2013] § 902 Rn 10, Otte DNotZ 2011, 897, 903 ff; Schäfer WM 2009, 1308 ff; Staudinger/Wolfsteiner [2009] § 1169 Rn 23; aA Budzikiewicz ZGS 2002, 276, 278; MünchKomm/Grothe Rn 5). Aber auch wenn man den Löschungsanspruch mit der Gesetzesbegründung für verjährbar hält, ist der Regelungsbedarf letztlich gering und die jetzige Regelung wird ihm, soweit er besteht, auch wieder nicht gerecht:

Zunächst wird bei laufender Kreditgewährung der besicherte Kredit selten auf „0" gehen, sodass der Löschungsanspruch entsteht. Das ist bei Unternehmenskrediten eigentlich nur denkbar, wenn das Unternehmen schuldenfrei liquidiert worden ist. Häufiger dürften Privatpersonen sein, die einen Kredit zum Grundstückserwerb mittlerweile getilgt haben. Wird dort nun die Frage der vollständigen Tilgung streitig, so wird das Kreditinstitut alsbald einen vorhandenen Titel (§ 794 Abs 1 Nr 5 ZPO) nutzen oder einen Titel anstreben; nur in dem letzteren Fall müsste der Schuldner – zumutbar – über die bloße Verteidigung hinausgehen und Widerklage erheben (vgl §§ 204 Abs 1 Nr 1, 197 Abs 1 Nr 3).

3 Wo der ausgereichte Kredit unstreitig getilgt ist, wird das Kreditinstitut den Löschungsanspruch anerkennen (§ 212 Abs 1 Nr 1).

Es bleiben die Fälle, in denen die Angelegenheit einfach in Vergessenheit gerät: Der Kredit ist längst getilgt, aber der Kreditnehmer – oder gar seine Erben – haben keinen konkreten Anlass, die Löschung zu betreiben. Dann könnte es der notariellen Praxis – bei Meidung der Haftungsfolgen des § 19 BNotO – ohne weiteres angesonnen werden, die Gestaltungsmöglichkeiten des § 202 zu nutzen. Es bleiben die Fälle, in denen die Angelegenheit einfach in Vergessenheit gerät: Der Kredit ist längst getilgt, aber der Kreditnehmer – oder gar seine Erben – haben keinen konkreten Anlass, die Löschung zu betreiben. Dann könnte es der notariellen Praxis – bei Meidung der Haftungsfolgen des § 19 BNotO – ohne weiteres angesonnen werden, die Gestaltungsmöglichkeiten des § 202 zu nutzen. Zweckmäßig ist die von Amann empfohlene Klausel: *„Die Bank erhält die Grundschuld und die weiter eingeräumten Sicherheiten mit der Maßgabe, dass der Rückgewähranspruch erst mit Kündigung fällig wird und erst dreißig Jahre nach seiner Fälligkeit verjährt."* (Beck'sches Notarhandbuch[5] Teil A VI Rn 48). Im Übrigen schützt den Kreditnehmer die unverjährbare Einrede der Nichtvaluitierung, § 821.

Außerdem wird eben in der letztgenannten Konstellation des längst getilgten Kredits die Zehnjahresfrist mit ihrem starren Beginn nach § 200 leicht wiederum zu eng.

3. Nachteilige Folgen

4 Schließlich trägt § 196 der verdunkelnden Macht der Zeit, die die Fristwahl des § 195 motiviert hat, nicht hinreichend Rechnung: Man stelle sich den Grundstückskaufvertrag vor, bei dem die Geschäftsfähigkeit einer der beiden Seiten seit neun Jahren streitig ist; der Prozess zur „Klärung" wäre zehn Jahre lang problemlos möglich.

Oder: Der vollzogene Grundstückskaufvertrag wird nach acht Jahren angefochten. Der Prozess über die Anfechtung kann achtzehn Jahre nach Vertragsschluss geführt werden.

II. Ansprüche auf Übertragung von Grundeigentum

1. Grundeigentum

Grundeigentum iSd § 196 ist außer dem Alleineigentum ein Miteigentumsanteil, Wohnungseigentum, das Erbbaurecht, Bergwerkseigentum, ein Recht nach Art 196 EGBGB, das Altenteil nach Art 96 EGBGB. Wo ein Recht unter Gesellschaftern anwächst, ist § 196 nicht anwendbar (vgl PALANDT/ELLENBERGER Rn 2). **5**

2. Anspruch auf Übertragung

Im Vordergrund steht der Anspruch aus Kauf nach § 433 Abs 1. Die Frist des § 196 **6** gilt dabei auch für den Anspruch des Erwerbers gegen den Bauträger, auch wenn wirtschaftlich die Errichtung des Hauses oder der Eigentumswohnung die Überlassung des Grundstücks überwiegt. Die Probleme, denen die Bestimmung vorbeugen will, können aber doch auch die Errichtung des Hauses aufhalten. Freilich werden mit der Entgegennahme als Erfüllung die Fristen des Gewährleistungsrechts vorrangig. Bleibt sie aus, genießt der Erwerber den Schutz des § 196.

Ein vertraglich begründeter Anspruch kann aber durchaus auch andere Grundlagen haben: Schenkung, Anspruch aus Gesellschaftsvertrag auf Einbringung eines Grundstücks. Auch der Anspruch auf ein vermachtes Grundstück fällt unter § 196.

§ 196 bezieht sich auch auf gesetzlich begründete Ansprüche. Zu nennen ist zunächst der Anspruch aus § 667 gegen den Beauftragten, der zugleich deutlich macht, dass eigenes Grundeigentum des Schuldners nicht Voraussetzung ist für die Anwendung des § 196. Hierher gehören aber auch Ansprüche auf Rückabwicklung – sogar eines nichtigen Vertrags – (BGH NJW-RR 2008, 824 Rn 21) zB aus Rücktritt (aA LG Rottweil NJW-RR 2007, 452, 453; BAMBERGER/ROTH/HENRICH Rn 3), Störung des Vertrages (aA BAMBERGER/ROTH/HENRICH Rn 3) oder § 812 (BGH NJW-RR 2008, 824 Rn 19; NJW 2011, 218 Rn 19 ff; PALANDT/ELLENBERGER Rn 5; BAMBERGER/ROTH/HENRICH Rn 3), damit aber für jene vielfältigen Ansprüche die wie § 528 (zu dieser Bestimmung BGH NJW 2011, 218 Rn 18 ff) auf Herausgabe nach den Vorschriften über die Herausgabe einer ungerechtfertigten Bereicherung gerichtet sind, schließlich ggf Schadensersatzansprüche aus culpa in contrahendo oder den §§ 823 Abs 2, 826 (PALANDT/ELLENBERGER aaO).

Es braucht dabei gar nicht immer ein Anspruch auf Übertragung eines Grundstücks oder eines Rechts an einem Grundstück verletzt worden zu sein. Zutreffend hat der BGH (NJW 2011, 218 Rn 20 ff) im Falle des § 528 einen Anspruch auf Teilwertersatz für ein Grundstück § 196 unterworfen. Zum Anspruch auf Zahlung Zug um Zug gegen Grundstücksrückübertragung u Rn 11.

3. Anspruch auf Besitzüberlassung

§ 196 ist nicht anwendbar auf den Anspruch zB des Käufers auf den *Besitz* an dem **7**

Grundstück (Palandt/Ellenberger Rn 6; **aA** NK-BGB/Mansel/Stürner Rn 20 f; Soergel/ Niedenführ Rn 4; Bamberger/Roth/Henrich Rn 9; Erman/Schmidt-Räntsch Rn 4). Hier bleibt es bei § 195; wo dessen Frist versäumt ist, muss der Eigentumserwerb durchgesetzt werden. Anschließend eröffnen die §§ 985, 197 Abs 1, Nr 1 die Möglichkeit eines langfristigen Vorgehens.

III. Beschränkte dingliche Rechte

1. Einschlägige Rechte

8 Beschränkte dingliche Rechte sind Grunddienstbarkeit, beschränkte persönliche Dienstbarkeit, Wohnungsrecht, Nießbrauch, dingliches Vorkaufsrecht, Reallast, Hypothek, Grundschuld, Rentenschuld, Erbbaurecht, Wohnungserbbaurecht, Dauerwohnungsrecht, ggf landesrechtliche Rechte (Art 184 EGBGB). Hierher gehört namentlich auch die *Vormerkung*.

Der Anspruch muss auf die *Begründung* eines dieser Rechte gerichtet sein oder auf eine *Verfügung* über sie: Übertragung, Aufhebung oder inhaltliche Änderung. Es ist nicht notwendig, dass sich die Verfügung im Grundbuch widerspiegelt, weil die Übertragung des Rechts nach § 1154 vollzogen wird (**aA** MünchKomm/Grothe Rn 5; Soergel/Niedenführ Rn 6). Das gibt der Wortlaut des Gesetzes nicht her.

2. Anspruchsgrundlagen

9 Der Anspruch auf Begründung des Rechts oder die Verfügung darüber kann sich wiederum aus Vertrag oder Gesetz ergeben (vgl o Rn 6). Zu nennen sind zB der Anspruch auf Löschung der Grundschuld nach Tilgung des Kredits aus der Sicherungsabrede oder auch den §§ 1192, 1169 (zur **aA**, die den Anspruch aus § 1169 für unverjährbar nach § 902 hält, s Rn 2). Als gesetzlicher Anspruch ist auch jener aus § 917 auf Einräumung eines Notwegrechts hervorzuheben.

Auch der Anspruch aus einem Vermächtnis gehört ggf hierher (MünchKomm/Grothe Rn 5), doch wird dadurch § 199 Abs 3a nicht ausgeschlossen.

IV. Ansprüche aus Eigentum und beschränkten dinglichen Rechten

10 § 196 gilt nicht für die Ansprüche aus den dinglichen Rechten, die unter die Bestimmung fallen. Soweit sie eingetragen sind, gilt vielmehr § 902, sonst § 197 Abs 1 Nr 2. Zum Anspruch auf Berichtigung des Grundbuchs vgl § 898.

V. Zahlungsansprüche

1. Gegenleistung

11 § 196 nennt auch den Anspruch auf die Gegenleistung. An sich wäre der Gegner schon durch § 215 in gewisser Weise geschützt, solange sein eigener Anspruch noch offen ist; § 196 erlaubt ihm demgegenüber ein aktives Vorgehen über die Frist des § 195 hinaus. § 215 behält dann Bedeutung, wenn es zu unterschiedlichen Hemmungen der Verjährung gekommen ist; insoweit wirkt § 215 in beide Richtungen.

a) *Gegenleistung* ist zunächst die vertraglich vorgesehene, namentlich der Kaufpreis, insoweit auch die Forderung des *Bauträgers,* insgesamt, nicht nur mit ihrem Grundstücksanteil (Brambring DNotZ 2001, 904; **aA** Mansel/Budzikiewicz, Das Neue Verjährungsrecht [2002] § 4 Rn 32 ff, 35; NK-BGB/Mansel/Stürner Rn 25, die den Preis aufspalten wollen). Eine Aufspaltung des Preises begegnet aber schon erheblichen praktischen Problemen bei ihrer Berechnung und bei der Verrechnung von Abschlagszahlungen. Geboten ist vielmehr wie nach bisherigem Recht (vgl BGHZ 72, 229) eine einheitliche Verjährungsfrist. Dies kann aber nicht mehr die wirtschaftlich erhebliche Forderung für das Haus sein (**aA** Ott NZBau 2003, 233, 234); vielmehr schlägt jetzt die Frist des § 196 durch. Die Gefahren, denen die Bestimmung vorbeugen soll, betreffen im Übrigen auch die Errichtung des Hauses, vgl außerdem o Rn 6 zum Erfüllungsanspruch des Erwerbers. – Wegen der § 197 Abs 1 Nr 4, § 794 Abs 1 Nr 5 ZPO wird freilich oft die längere Frist des § 197 Abs 1 einschlägig sein, was sich dann wegen § 215 auch vorteilhaft für alle Erfüllungs- und Nacherfüllungsansprüche des Erwerbers auswirkt. Der Begriff der Gegenleistung ist aber schon hier weit zu verstehen: Die Einräumung einer Gesellschafterstellung, die Valutierung des grundbuchlich abzusichernden Kredits. Bei dem letzteren Beispiel ist freilich zu beachten, dass § 196 nur einschlägig ist, wenn das Grundpfandrecht neu bestellt werden soll, nicht auch schon dann, wenn eine schon bestehende Grundschuld nur neu valutiert werden soll (§§ 195, 199).

b) Ist der Anspruch auf Gegenleistung – wie insbesondere bei den Ansprüchen auf den dinglichen und auf den schuldrechtlichen Erbbauzins – auf wiederkehrende Leistungen gerichtet, entfällt der Grund für die Verlängerung der Verjährungsfrist. Wie bei § 197 Abs 2 greift daher die Regelverjährung (BGH NJW 2010, 224 Rn 11; NJW 2014, 1000 Rn 13).

c) Der Anspruch auf eine „Gegenleistung" kann sich auch *aus dem Gesetz* ergeben: ist zB ein Grundstückskaufvertrag nichtig oder durch Rücktritt beendet worden, sind die allfälligen *Rückgewähransprüche* beider Seiten durch § 196 abgesichert (BGH NJW 2010, 297 Rn 7; NJW-RR 2008, 824 Rn 20 f), die des Käufers nicht nur durch § 215.

d) Der Anspruch auf die Gegenleistung fällt auch dann (noch) unter § 196, wenn die eigene Leistung erbracht ist (**aA** MünchKomm/Grothe Rn 5; wie hier NK-BGB/Mansel/Stürner Rn 28).

Gegenleistung ist es nicht, wenn ein Anspruch auf Schadensersatz nach § 249 Abs 1 nur Zug um Zug gegen eine Grundstücksübertragung besteht.

2. Zinsen, Kosten

Nach Sinn und Zweck des § 196 fallen unter die Bestimmung auch die *Kosten* der Rechtsänderung, soweit ihre Erstattung von der Gegenseite verlangt werden kann, ferner eine etwaige *Verzinsung* der Gegenleistung. Bei Forderungen dieser Art bleibt freilich § 217 zu beachten.

Zweifelhaft ist die Rechtslage dann, wenn der Grundstückserwerber zur Tragung von *Erschließungskosten* herangezogen wird, er ihretwegen aber Regress bei dem

Grundstücksveräußerer nehmen kann. Hier wird man § 196 wohl nicht anzuwenden haben, wobei aber im Rahmen der §§ 195, 199 zu beachten ist, dass der Regressanspruch erst entsteht, wenn der Erschließungskostenbescheid gegen den Erwerber ergeht.

VI. Sekundäransprüche

13 § 196 ist nicht anwendbar auf den Anspruch auf Schadensersatz statt der Leistung, der sich ergeben kann, wenn das Grundstück nicht geliefert oder der Kaufpreis nicht gezahlt wird (Palandt/Ellenberger Rn 6; Soergel/Niedenführ Rn 8; zT aA BGH NJW-RR 2008, 824 Rn 24; MünchKomm/Grothe Rn 5). Konstellationen dieser Art werden vielmehr angemessen von den §§ 195, 199 erfasst (zur Rückabwicklung des Vertrages vgl o Rn 6).

VII. Verjährungsbeginn

14 Zum Verjährungsbeginn vgl § 200.

§ 197
Dreißigjährige Verjährungsfrist

(1) In 30 Jahren verjähren, soweit nicht ein anderes bestimmt ist,

1. **Schadensersatzansprüche, die auf der vorsätzlichen Verletzung des Lebens, des Körpers, der Gesundheit, der Freiheit oder der sexuellen Selbstbestimmung beruhen,**

2. **Herausgabeansprüche aus Eigentum, anderen dinglichen Rechten, den §§ 2018, 2130 und 2362 sowie die Ansprüche, die der Geltendmachung des Herausgabeanspruches dienen,**

3. **rechtskräftig festgestellte Ansprüche,**

4. **Ansprüche aus vollstreckbaren Vergleichen oder vollstreckbaren Urkunden,**

5. **Ansprüche, die durch die im Insolvenzverfahren erfolgte Feststellung vollstreckbar geworden sind und**

6. **Ansprüche auf Erstattung der Kosten der Zwangsvollstreckung.**

(2) Soweit Ansprüche nach Absatz 1 Nr. 3 bis 5 künftig fällig werdende regelmäßig wiederkehrende Leistungen zum Inhalt haben, tritt an die Stelle der Verjährungsfrist von 30 Jahren die regelmäßige Verjährungsfrist.

Materialien: Art 1 G zur Modernisierung des Schuldrechts v 26. 11. 2001 (BGBl I 3138). Abs 1 Nr 1: BGB aF – (§ 195 aF); Peters/Zimmermann § 194 S 2, Gutachten 186, 287, 318; Schuldrechtskommission § 203, Abschlussbericht 78; RegE § 197 Abs 1 Nr 1 (BT-Drucks 14/6040, 105); Abs 1 Nr 2: BGB aF: – (§ 195 aF); Peters/Zimmermann: –; Schuldrechtskommis-

Titel 1
Gegenstand und Dauer der Verjährung   § 197

sion § 203, Abschlussbericht 78; RegE § 197 Abs 1 Nr 2, BT-Drucks 14/6040, 106; Abs 1 Nrn 3–5, Abs 2: BGB aF § 218: E I § 177; II § 183; III § 213; Mot I 337; Prot I 382 ff; II 1, 230; Jakobs/Schubert, AT 999, 1001 ff, 1041 ff, 1076 ff, 1083 ff, 1101, 1118; Art 33 EGInsO v 5. 10. 1994 (BGBl I 2911). S Staudinger/ BGB-Synopse (2000) § 218. Peters/Zimmermann § 197 Abs 1, Gutachten 262, 310, 320, 326; Schuldrechtskommission § 205, Abschlussbericht 78; RegE § 197 Abs 1 Nrn 3–5, Abs 2, BT-Drucks 14/6040, 106.Abs 1 Nrn 4 und 5 geändert, Nr 6 eingefügt durch Art 7 G v 9. 12. 2004 (BGBl I 3214). BT-Drucks 15/3653, 15/4060. Bisheriger Abs 1 Nr 2 gestrichen, Abs 2 geändert durch G zur Änderung des Erb- und Verjährungsrechts v 24. 9. 2009 (BGBl I 3142). BT-Drucks 16/8954, 16/13543.
Bisheriger Abs 1 Nr 1 geändert, bisheriger Abs 1 Nr 1 in Abs 1 Nr 2 überführt, heutiger Abs 1 Nr 1 eingefügt durch G zur Stärkung der Rechte von Opfern sexuellen Missbrauchs (StORMG) v 26. 6. 2013 (BGBl I 1805). BT-Drucks 17/6261, 17/12735.

Schrifttum

Amendt, Auswirkungen des neuen Verjährungsrechts auf das Erbrecht, JuS 2002, 743
Armbrüster, Verjährbarkeit der Vindikation? – Zugleich ein Beitrag zu den Zwecken der Verjährung, in: FS HP Westermann (2008) 53
Baldus, Anspruch und Verjährung – Geschichte und System, in: Verjährungsrecht in Europa (2011) 5
Bergjan/Wermes, Die Verjährung titulierter Unterhaltsansprüche bereits nach drei Jahren?, FamRZ 2004, 1087
Brambring, Die Auswirkungen der Schuldrechtsreform auf das Erbrecht, ZEV 2002, 137
Christmann, Zur Verjährung titulierter Ansprüche, DGVZ 1992, 81
Fabricius, Zur Frage der Verjährung rechtskräftig festgestellter Unterlassungsansprüche, JR 1972, 452
Finkenauer, Die Verjährung bei Kulturgütern. Zur geplanten „lex Gurlitt", JZ 2014, 479
Franck, Die Verjährung erbrechtlicher Ansprüche – Auslegung und Kritik des § 197 Abs 1 Nr 2 BGB, ZEV 2007, 114
Greiser, Unterbrechung der Verjährung rechtskräftig festgestellter Ansprüche durch erneute Klagerhebung?, JW 1934, 1894
Hieke, Verkürzung der Verjährung, FPR 2008, 553
Keim, Wie kann die Verjährungsfrist von Pflichtteilsansprüchen verlängert werden?, ZEV 2004, 173
Kuttner, Die privatrechtlichen Nebenwirkungen der Civilurteile (1908)
Lange, Kann die Verjährung des Pflichtteilsanspruchs verlängert werden?, ZEV 2003, 433
Lange, Wann verjährt ein Anspruch aus § 2018 BGB?, JZ 2013, 598
Lehmann, Unterbrechung der Verjährung rechtskräftig festgestellter Ansprüche durch erneute Klagerhebung?, JR 1934, 224
Löhnig, Die Verjährung der im 5. Buch des BGB geregelten Ansprüche, ZEV 2004, 267
Magnus/Wais, Unberechtigter Besitz und Verjährung, NJW 2014, 1270
Maier, Zur Frage der Unterbrechung der Verjährung rechtskräftig festgestellter Ansprüche durch erneute Klagerhebung, JW 1934, 2449
Olzen, Verjährungsunterbrechung bei titulierten Ansprüchen, JR 1986, 56
Olzen/Reisinger, 30 Jahre sind genug? Zur Verjährung rechtskräftig festgestellter Ansprüche, DGVZ 1993, 65
Ossenbrügge, Zur Verjährung von rechtskräftig festgestellten Unterlassungsansprüchen, WRP 1973, 320
Otte, Die Verjährung familienrechtlicher Ansprüche, ZGS 2010, 15
ders, Die Verjährung erbrechtlicher Ansprüche, ZGS 2010, 157
ders, Immer noch Unklarheit über die Verjährung im Erbrecht?, in: Schröder (Hrsg), Erbrecht – Aktuelle Fragen (2012) 79
Pohle, Die Verordnung über die Behandlung wiederkehrender Leistungen bei der Zwangsvollstreckung in das unbewegliche Vermögen, DJ 1936, 817

§ 197

QUANDT, Wann verjähren Ansprüche des Notars aus einer vollstreckbaren Kostenrechnung?, JurBüro 1959, 446
REMIEN, Vindikationsverjährung und Eigentumsschutz AcP 201 (2001) 730
RICKEN, Die Verjährung titulierter Zinsansprüche, NJW 1999, 1146
SARRES, Das neue Schuldrecht und erbrechtliche Auskunftsansprüche, ZEV 2002, 97
SCHLICHTING, Schuldrechtsmodernisierung im Erbrecht, ZEV 2002, 478

SCHREIBER, Die Verjährung titulierter Ansprüche, in: FS Medicus (1999) 575
SIEHR, Verjährung der Vindikationsklage?, ZRP 2001, 346
WEIMAR, Kann trotz des Feststellungsurteils bei eingetretenem Spätfolgeschaden eine kurze Verjährungsfrist laufen?, JR 1970, 137
WEVER, Vermögensauseinandersetzung der Ehegatten außerhalb des Güterrechts (2. Aufl 2000).

Systematische Übersicht

I.	**Allgemeines**	
1.	Langfristige Verjährung nach Abs 1	1
2.	Motive der Regelung	2
a)	Dignität des Anspruchs	3
b)	Verletzung elementarer Rechtsgüter	4a
c)	Ansprüche mit gesicherter Grundlage	5
d)	Weitere Fälle langfristiger Verjährung außerhalb des § 197 Abs 1	6
3.	Anderweitige Bestimmung; § 197 Abs 2	8
II.	**Verletzung elementarer persönlicher Rechtsgüter**	
1.	Allgemeines	8a
2.	Die tatbestandlichen Voraussetzungen	8b
3.	Die einschlägigen Ansprüche	8c
4.	Der zeitliche Anwendungsbereich	8d
5.	Ablauf der Verjährung	8e
III.	**Herausgabeansprüche aus Eigentum und anderen dinglichen Rechten**	
1.	Dingliche Herausgabeansprüche	9
2.	Fälle der Unanwendbarkeit	10
a)	Störung des Eigentums	10
b)	Schadensersatz	10
c)	Sekundäransprüche	10
d)	Eingetragene Rechte	10
3.	Ablauf der Verjährung	11
IV.	**Die Ansprüche aus den §§ 2018, 2130 und 2362**	12
1.	Der Anspruch des Erben aus § 2018	13
a)	Anwendungsbereich	13
b)	Verjährungsbeginn mit Entstehung	14
c)	Einzelansprüche	14a
2.	Der Anspruch des Nacherben aus § 2130 Abs 1	15
3.	Der Anspruch auf Herausgabe des unrichtigen Erbscheins, § 2362 Abs 1	16
4.	Der Geltendmachung der Herausgabeansprüche dienende Ansprüche	17
a)	Allgemeines	18
b)	Einzelne Auskunftsansprüche	19
c)	Eidesstattliche Versicherung	19a
V.	**Erb- und familienrechtliche Ansprüche**	
1.	Allgemeines	20
2.	Erbrechtliche Ansprüche	21
3.	Familienrechtliche Ansprüche	22
VI.	**Rechtskräftige Feststellung des Anspruchs**	32
1.	Rechtskräftige Feststellung	33
2.	Rechtskraft inter partes	44
a)	Auf Seiten des Berechtigten	45
b)	Auf Seiten des Verpflichteten	46
3.	Die einschlägigen Titel	49
a)	Leistungsurteil	49
b)	Feststellungsurteil	50
c)	Vollstreckungsbescheid; Kostenfestsetzungsbeschluss	51
d)	Schiedsspruch	52
e)	Kostenrechnung des Notars	53
f)	Verwaltungsakt	54
g)	Anderweitige Titel	55

Titel 1
Gegenstand und Dauer der Verjährung § 197

VII. **Ansprüche aus vollstreckbaren Vergleichen und vollstreckbaren Urkunden**
1. Vollstreckbare Vergleiche 56
2. Vollstreckbare Urkunden 58
3. Parteivereinbarungen 59

VIII. **Feststellung im Insolvenzverfahren**
1. Insolvenzverfahren 60
2. Schifffahrtsrechtliches Verteilungsverfahren 61

IX. **Kosten der Zwangsvollstreckung** 62

X. **Regelmäßig wiederkehrende Leistungen**
1. Allgemeines 63
2. Rückstände 64
3. Begriff 66
   a) Grundsätze 66
   b) Zinsen 75
   c) Sonstige künftig wiederkehrende Leistungen 83
4. Unterhaltsleistungen 86
5. Erneute Klage 87

Alphabetische Übersicht

Alteneteil 71
Amortisationsdarlehen 75
Anderweitige Bestimmung 8
Ansprüche
– aus eingetragenen Rechten 10
– dem Herausgabeanspruch dienende .... 17 ff
– des Vermächtnisnehmers 20
– elementarer persönlicher Rechtsgüter, wegen Verletzung .... 8a ff
– erbrechtliche 4, 20, 21
– familienrechtliche 20, 22
– Feststellung der .... 32 ff
– gesicherter Grundlage, mit 5
– titulierte .... 5, 8, 32 ff
Aufrechnungsforderung 55
Auskunft .... 4, 17 ff

Besitzer, früherer 9
Bürge 48

Eidesstattliche Versicherung 19a
Erbrechtliche Ansprüche .... 12 ff, 21
Erbschaftsbesitzer .... 13 ff
Erbschein, Herausgabe des 16

Familienrechtliche Ansprüche 22
Feststellung, rechtskräftige .... 32 ff
Feststellungsklage, negative 42
Feststellungsurteil 37, 50, 65
Freistellungsurteil 41
Frist, Vereinbarung einer 7

Gesellschafter 47
– Gewinnanteil des Gesellschafters 70

Gesetz zur Änderung des Erb- und Verjährungsrechts 4, 12, 20, 63
Gesetz zur Stärkung der Rechte von Opfern sexuellen Missbrauchs (StORMG) .... 8a ff
Gestaltungsurteil 50
Grundschuldzinsen 80
Grundurteil 34

Hemmung der Verjährung 6
Herausgabeanspruch
– dienende, diesem .... 17 ff
– dinglicher 9
– Eigentum, aus .... 9 f
– Nacherben, des 15
– obligatorischer 9
– Sekundäranspruch 10
– unrichtigen Erbscheins, des 16
– vermeintlichen Erben, gegen den 13
Hypothekenzinsen 80

Insolvenzverfahren .... 60 ff

Kapitalisierung künftiger Leistungen 74
Klage, erneute 87
Kosten 82
Kosten der Zwangsvollstreckung 62
Kostenfestsetzungsbeschluss 51
Kostenrechnung des Notars 53
Kulturgut-Rückgewähr-Gesetz (KRG) .... 3 f

Leistung
– künftige 65, 83
– regelmäßig wiederkehrende 64
Leistungsurteil 49

Mietgarantie	83	Unverjährbarkeit	3, 10
Motive der Regelung	2	Urkunde, vollstreckbare	58
		Urteil, ausländisches	50, 52
Nacherbe	15		
Nachverfahren	55	Vergleich	
Nießbraucher	9	– Beitritt eines Dritten	56
Notar, Kostenrechnung des	53	– vollstreckbarer	57
		Vermächtnisnehmer	20
Parteivereinbarungen	7, 59	Versorgungsleistungen	84
Pfandgläubiger	9	Verwaltungsakt	54
		Verzugszinsen	79
Rechtsnachfolger	45 f	Vollstreckungsbescheid	51
Rei vindicatio	3	Vorbehaltsurteil	55
Rückstände	8, 64 f		
		Wohnungseigentümer	9
Sachleistung, wiederkehrende	85		
Schadensersatz	10	Zinsen	75
Schiedsspruch	52	– einberechnete	48
Schifffahrtsrechtliches Verteilungsverfahren	61	– Grundstücksgeschäften, aus	78
„Schwabinger Kunstfund"	3 f	– Hypotheken und Grundschulden, aus	80
Störung des Eigentums	10	– Scheckansprüchen, aus	81
		– Verzugszinsen	79
Titel, einschlägige	49 ff	– Wechsel, aus	81
		Zwangsvollstreckung, Kosten der	62
Unterhalt	63 ff, 86		
Unterhaltsbedarf, einmaliger	86		

I. Allgemeines

1. Langfristige Verjährung nach Abs 1

1 § 197 Abs 1 ordnet für einige Ansprüche eine lange Verjährungsfrist an. Sie beträgt freilich nur auf den ersten Blick das Zehnfache der regelmäßigen Frist des § 195, weil im Bereich des § 197 für den Verjährungsbeginn die Bestimmungen der §§ 200, 201 gelten, die an starre Daten anknüpfen und namentlich gegenüber § 199 Abs 1 Nr 2 keine Rücksicht auf die Kenntnismöglichkeiten des Gläubigers nehmen. Eine Sonderstellung nimmt freilich die heutige Nr 1 ein, bei der die Hemmungstatbestände der §§ 207 und 208 für einen nachhaltigen Aufschub des Eintritts der Verjährung sorgen können.

2. Motive der Regelung

2 Die langfristige, aber immerhin § 195 aF entsprechende Verjährung beruht auf unterschiedlichen Gesichtspunkten.

a) Dignität des Anspruchs

3 Die besondere „Würde" des Anspruchs liegt den Fällen der bisherigen Nr 1, heutigen Nr 2 zugrunde.

Bei der rei vindicatio als einem Hauptanwendungsfall der Nr 2 war es umstritten gewesen, ob sie überhaupt verjährbar gestellt werden sollte (dagegen zB Peters/Zimmermann 186; Siehr ZRP 2001, 346; Remien AcP 201 [2001] 730, 755; vgl auch noch Armbrüster, in: FS HP Westermann 53). Anlass für das Postulat der Unverjährbarkeit hatten nicht zuletzt Kunstschätze gegeben, die im Zuge der Wirren in und nach dem 2. Weltkrieg verschollen waren, in verjährter Zeit (§§ 195, 221 aF) aber wieder auftauchten. Es berührt insoweit äußerst merkwürdig, dass die Deutsche Bundesregierung in einem Londoner Prozess um ein derartiges Kunstwerk mit Erfolg damit argumentierte, die Verjährung der rei vindicatio nach deutschem Recht verstoße gegen den englischen ordre public (zu dem Prozess, dessen Urteil nicht veröffentlicht ist, näher Carl/Güttler/Siehr [Hrsg], Kunstdiebstahl vor Gericht. City of Gotha v Sotheby's [2001]). Auch einige ausländische Rechtsordnungen stellen die rei vindicatio unverjährbar (England: Sect 4 Limitation Act c 58; Schweiz: SchweizBGE 48 II, 38, 45). Inzwischen hat der „Schwabinger Kunstfund" die rechtspolitische Diskussion neu entfacht (BR-Drucks 2/14, BR-Drucks 94/14; Finkenauer JZ 2014, 479).

Freilich würde dem Eigentümer und namentlich dem Erben und Nacherben die **4** langfristige Verjährung der Herausgabeansprüche wenig nützen, wenn sie sich nicht Klarheit über den Anspruchsinhalt verschaffen könnten. Deshalb hat das G zur Änderung des Erb- und Verjährungsrechts – unvollkommen, vgl u Rn 18 und Anh 1 ff zu § 217 – auch die vorbereitenden Auskunftsansprüche langfristig verjährbar gestellt; dem entspricht der Entwurf des Landes Bayern für einen neuen § 214 Abs 2 im Kulturgut-Rückgewähr-Gesetz (KRG, s BR-Drucks 2/14).

b) Verletzung elementarer Rechtsgüter
Weil es um elementare Rechtsgüter geht, wurde 2013 die heutige Nr 1 eingefügt. **4a**

c) Ansprüche mit gesicherter Grundlage
Die Nrn 3–6 des Abs 1 übernehmen das Regelwerk des § 218 Abs 1 aF: Die Titu- **5** lierung gibt dem Anspruch eine verlässliche Grundlage, wenn ihr ein streitiges Verfahren (Prozess), förmliches Verfahren (Feststellung zur Insolvenztabelle), die Mitwirkung des Schuldners (Vergleich, vollstreckbare Urkunde) oder doch jedenfalls seine Widerspruchsmöglichkeit (Vollstreckungsbescheid, Versäumnisurteil) zugrunde liegt. Auf dieser Basis kann dem Gläubiger langfristige Sicherheit gegeben werden, zumal er sie sich idR durch ein Vorgehen nach § 204 Abs 1 „erarbeitet" hat. Das gegenläufige Ziel einer Entschuldung von Schuldnern kann nicht Aufgabe der Verjährung sein, sondern muss mit den Mitteln des Insolvenzrechts gelöst werden; der RegE (BT-Drucks 14/6040, 106) weist auf die dortige Möglichkeit der Restschuldbefreiung hin.

d) Weitere Fälle langfristiger Verjährung außerhalb des § 197 Abs 1
Hinzuweisen ist zunächst auf § 207, namentlich dessen Abs 1 und Abs 2 Nr 1, nach **6** dem sich unter Ehegatten und eingetragenen Lebenspartnern auch bei anderweitig begründeten Ansprüchen durch die Hemmung der Verjährung ohne weiteres ähnliche zeitliche Wirkungen wie nach § 197 Abs 1 ergeben können.

Zur Haftung für Rechtsmängel vgl § 438 Abs 1 Nr 1.

Außerdem räumt § 202 Abs 2 den Parteien – gegenüber § 225 S 1 aF – die *Möglich-* **7** *keit* ein, die *Verjährungsfrist des § 197 Abs 1* anderweitig *zu vereinbaren.* Dazu kann wiederum der besondere Charakter der Forderung Anlass geben, zB der Wunsch, Spareinlagen langfristig von der Notwendigkeit zu wiederholender Anerkenntnisse, § 212 Abs 1 Nr 1, unabhängig zu machen. Außerdem legitimiert die Bestimmung des § 202 Abs 2 nunmehr die bisherige Rechtsprechung zum *titelersetzenden Anerkenntnis dem Grunde* nach (BGH NJW 1985, 791, 792; NJW-RR 1990, 664; VersR 1992, 1091; DAR 1998, 447), mit dem namentlich bei deliktischen Schädigungen mit noch ungewissen Folgen die Notwendigkeit eines Feststellungsurteils – und seine Kosten – erspart werden sollten, indem man dem Anspruch eine dreißigjährige Verjährungsfrist beimaß.

3. Anderweitige Bestimmung; § 197 Abs 2

8 § 197 Abs 1 gilt nur, „soweit nichts anderes bestimmt ist". Einen Ausschluss der Verjährung überhaupt sehen die §§ 898, 902 vor (u Rn 9). Eine kürzere Verjährungsfrist stellt § 197 Abs 2 vor; anderweitige Bestimmungen dieser Art sind nicht ersichtlich.

Praktische Bedeutung hat insoweit vor allem § 197 Abs 2 (u Rn 63), wenn er bei titulierten Ansprüchen dann eine Ausnahme von der langfristigen Verjährung macht, sofern sie Unterhalt oder andere wiederkehrende Leistungen zum Gegenstand haben. Das greift die §§ 197, 218 Abs 2 aF auf und beruht wie diese Bestimmungen auf dem Gedanken, dass hier Rückstände leicht eine den Schuldner bedrückende Höhe erreichen können.

II. Verletzung elementarer persönlicher Rechtsgüter

1. Allgemeines

8a Die auf das StORMG des Jahres 2013 zurückgehende heutige Nr 1 des § 197 Abs 1 wurde veranlasst durch die Fälle sexuellen Missbrauchs, die in der Öffentlichkeit aus den Bereichen Kirche, der Internate und aus Heimen bekannt geworden waren, wie sie insbesondere dadurch gekennzeichnet waren, dass es den Betroffenen aus psychischen Gründen schwer gefallen war, ihre Ansprüche zeitnah – dh innerhalb der damals einschlägigen §§ 195, 199 – anzumelden, auch wenn zu ihren Gunsten die §§ 207 und 208 in einem gewissen Rahmen für zeitlichen Aufschub sorgen konnten (BT-Drucks 17/6261, 18). Die Bestimmung geht freilich über diesen Anlass hinaus, wenn sie auch Ansprüche wegen Verletzung des Lebens, des Körpers, der Gesundheit und der Freiheit einbezieht, bei denen besondere psychische Hemmungen, sie zu realisieren, durchweg nicht bestehen werden.

Damit und in ihrer Kombination mit den §§ 207 und 208 – der Gesetzesentwurf wollte immerhin noch § 208 streichen (BT-Drucks 17/6261, 20) – ist § 197 Abs 1 Nr 1 freilich rechtspolitisch fragwürdig. Die Verjährung soll der verdunkelnden Macht der Zeit Rechnung tragen, wie sie aber in den sich so ergebenden Zeiträumen von rund einem halben Jahrhundert ihre Wirkungen zeigen kann. Gerade Fälle sexuellen Missbrauchs zeichnen sich oft durch eine dürftige Beweislage aus, und so ist es nicht auszuschließen, dass die Bestimmung spätere, auf Indizien gestützte Rachefeldzüge ermöglicht. Zum Haftungsgrund ist an die Bestimmung des § 286 ZPO zu erinnern.

2. Die tatbestandlichen Voraussetzungen

Die Begriffe des Lebens, des Körpers, der Gesundheit und der Freiheit sind nicht **8b** anders zu verstehen als in § 823 Abs 1, auf die dortigen Erläuterungen kann Bezug genommen werden. Der Begriff der sexuellen Selbstbestimmung ist der Überschrift zu §§ 174–184g StGB entnommen, im Verjährungsrecht ist er aus § 208 bekannt (§ 208 Rn 3). Die Verwirklichung der genannten Straftatbestände führt zu Ersatzansprüchen, wenn diese denn den Charakter eines Schutzgesetzes iSd § 823 Abs 2 erfüllen. Aber auch außerhalb des strafrechtlichen Bereichs kann eine Verletzung von § 825 oder des von § 823 Abs 1 geschützten allgemeinen Persönlichkeitsrecht genügen, soweit dadurch gerade die sexuelle Selbstbestimmung geschützt wird (STAUDINGER/HAGER [2009] § 823 Rn C 244). Eine Verletzung des allgemeinen Persönlichkeitsrechts genügt als solche hingegen nicht.

Es müssen Rechtswidrigkeit und Vorsatz gegeben sein.

3. Die einschlägigen Ansprüche

Aus dem Gesagten ergibt sich, dass es um Ansprüche aus § 823 Abs 1 und Abs 2, **8c** ferner aus § 825 geht. Regelmäßig wird auch der Tatbestand des § 826 erfüllt sein. Und einschlägig sein kann auch § 280 Abs 2 iVm § 241 Abs 2 und auch § 311 Abs 2.

4. Zeitlicher Anwendungsbereich

Aus Art 229 § 31 EGBGB ergibt sich, dass auch frühere Ansprüche einbezogen sind, **8d** deren Verjährung am Stichtag des 30. 6. 2013 noch nicht vollendet war.

5. Ablauf der Verjährung

Der Verjährungsbeginn ergibt sich aus § 200 S 1; zur danach maßgeblichen Entstehung von Schadensersatzansprüchen s § 199 Rn 27 ff. **8e**

III. Herausgabeansprüche aus Eigentum und anderen dinglichen Rechten

1. Dingliche Herausgabeansprüche

Im Mittelpunkt der Bestimmung des § 197 Abs 1 Nr 2 steht der Anspruch aus § 985, **9** wobei aber für eingetragene Rechte vorrangig § 902 gilt, der den aus ihnen folgenden Herausgabeanspruch überhaupt unverjährbar stellt, vgl ferner zum Anspruch aus § 894 den gleiche Wirkung zeitigenden § 898. Ohne weiteres erfasst werden aber auch die Parallelansprüche für Pfandgläubiger (§ 1227), Nießbraucher (§ 1036 Abs 1), Erbbauberechtigte (§ 11 Abs 1 ErbbVO), des Wohnungseigentümers, des Bergwerkeigentümers (§ 9 Abs 1 BBergG).

Weniger eindeutig ist die Lage bei den Bestimmungen, die es dem Pfandgläubiger ermöglichen sollen, sein Pfandrecht durchzusetzen (§ 1231 gegenüber dem Verpfänder, § 1251 gegenüber dem früheren Pfandgläubiger), aber § 197 Abs 1 Nr 2 ist doch auch hier anwendbar. Unbehelflich aber der Hinweis auf § 562b Abs 2 S 1 bei NK-BGB/Mansel/Stürner Rn 21; Palandt/Ellenberger Rn 2; Mansel/Stürner weisen zutreffend darauf hin, dass § 197 Abs 1 Nr 2 hier nur selten bedeutsam werden könne.

Aus dem Eigentum fließen auch die Rückgabeansprüche, denen der ehemalige Nießbraucher und der ehemalige Pfandgläubiger nach den §§ 1055, 1223 unterliegen; damit ist auch § 197 Abs 1 Nr 2 anwendbar (aA NK-BGB/Mansel/Stürner Rn 22).

Die Anwendbarkeit des § 197 Abs 1 Nr 2 auf den Anspruch aus § 861 wird durchweg wegen der Rechtsnatur des Besitzes verneint (vgl nur NK-BGB/Mansel/Stürner Rn 26; MünchKomm/Grothe Rn 10). Diese Begründung ist aber zweifelhaft; den Ausschlag für das Ergebnis ergibt die Sonderregelung des § 864 Abs 1. Entgegen den Genannten ist § 197 Abs 1 Nr 2 aber jedenfalls auf den Anspruch aus § 1007 anzuwenden; es würde nicht einleuchten, wenn nur der Eigentümer, nicht auch der Pächter innerhalb seiner Frist gegen den Hehler vorgehen könnte.

Dagegen scheiden *rein obligatorisch begründete Herausgabeansprüche* aus, wie jene aus den §§ 546, 604 Abs 1, 667, 812, mögen sie sich auch – in den Fällen der §§ 546 Abs 2, 596 Abs 3, 604 Abs 3, 822 – unmittelbar gegen einen Dritten richten (MünchKomm/Grothe Rn 10).

2. Fälle der Unanwendbarkeit

10 **a)** Nach der klaren Fassung des Gesetzes gilt § 197 Abs 1 Nr 2 nicht (sondern die §§ 195, 199), wenn es nur um eine durch § 1004 sanktionierte *Störung des Eigentums* geht (Palandt/Ellenberger Rn 3; Soergel/Niedenführ Rn 6).

b) Erst recht ist die Anwendung des § 197 Abs 1 Nr 2 ausgeschlossen, wo es um *Schadensersatz* wegen der Verletzung von Eigentum geht oder um gezogene Nutzungen, mag dies auch im Rahmen eines Eigentümer-Besitzer-Verhältnisses nach den §§ 987 ff sich ergeben.

Freilich: Dem Anspruchsgegner erhält § 215 die Möglichkeit, sich mit Zurückbehaltungsrechten zu verteidigen, dies namentlich mit einem solchen aus § 1000. Gegenüber dieser Verteidigung kann der Eigentümer dann – wieder nach § 215 – Ansprüche aus den §§ 987 ff zur „Gegenverteidigung" vorschützen.

c) Ebenfalls nicht anwendbar ist § 197 Abs 1 Nr 2 auf *Sekundäransprüche,* die an die Stelle des dinglichen Herausgabeanspruchs treten, mögen sie nun wie jene der §§ 989, 990 auf Schadensersatz gerichtet sein, oder wie jene der §§ 812, 818 und vor allem § 816 auf Wertersatz. Sie haben nicht mehr jene dingliche Wurzel, die § 197 Abs 1 Nr 2 ausdrücklich anspricht, vor allem sind sie – anders als das Eigentum selbst – jener Verdunkelungsgefahr ausgesetzt, der das Institut der Verjährung Rechnung tragen will. Bei ihnen muss es bei den §§ 195, 199 verbleiben.

d) Für Ansprüche aus *eingetragenen Rechten* ordnet vorrangig § 902 die Unverjährbarkeit an.

3. Ablauf der Verjährung

a) Der Verjährungsbeginn ergibt sich aus § 200 S 1; es kommt auf das Entstehen der Vindikationslage an, was insbesondere dann von Bedeutung ist, wenn der Besitzer zunächst zum Besitz berechtigt war. Die Anfechtung einer Übereignung hat hier keine rückwirkende Kraft. Ändert sich der Gegenstand des Eigentums durch dingliche Surrogation, entsteht der Anspruch nicht etwa neu, sondern läuft die bisherige Verjährungsfrist weiter. **11**

b) Bei einem Wechsel auf der Passivseite ist § 198 zu beachten. Bei einem Wechsel auf der Aktivseite ist jene Bestimmung entsprechend anwendbar.

IV. Die Ansprüche aus den §§ 2018, 2130 und 2362

Das G zur Änderung des Erb- und Verjährungsrechts v 24. 9. 2009 (BGBl I 3142) hat diese Ansprüche mit Wirkung zum 1. 1. 2010 aus § 197 Abs 1 Nr 2 in den bisherigen § 197 Abs 1 Nr 1 überführt, nunmehr das StORMG mit Wirkung zum 30. 6. 2013 zurück in den heutigen Abs 1 Nr 2. Irgendwelche sachlichen Auswirkungen hatten diese Verschiebungen freilich nicht. **12**

1. Der Anspruch des Erben aus § 2018

a) Der Anspruch des Erben gegen den Erbschaftsbesitzer, die hereditatis petitio, ist ein *Gesamtanspruch,* wie er sich auf die Herausgabe der Erbschaft in ihrem jeweiligen Bestand richtet (vgl näher STAUDINGER/GURSKY [2010] Rn 14 ff vor § 2018). Das bedeutet, dass die Verjährungsregel des § 197 Abs 1 nicht nur auf den noch vorhandenen ursprünglichen Bestand der Erbschaft zu beziehen ist, sondern auch auf das, was durch die dingliche Surrogation des § 2019 Abs 1 in die Erbschaft gelangt ist, sowie auf das, was der Erbschaftsbesitzer an Nutzungen herauszugeben hat oder was er an Schadensersatz schuldet. In letzterer Beziehung besteht ein gewichtiger Unterschied zwischen den Ansprüchen aus §§ 2018 und 985, wie Letzterer eben nicht die Ansprüche aus den §§ 987 ff in seine Verjährungsfrist einbezieht. **13**

Aus Gründen der Waffengleichheit wird man auch die Gegenansprüche des Erbschaftsbesitzers aus § 2022 wegen Verwendungen und Aufwendungen bei § 197 Abs 1 Nr 2 einzuordnen haben; der Schutz des § 215 genügt seinen Interessen nicht hinreichend.

b) Umstritten ist der Beginn der Verjährung, wie er nach § 200 S 1 zu beurteilen ist. Im Vordringen ist die Auffassung, es sei jeder Erbschaftsgegenstand separat nach dem Zeitpunkt seiner Erlangung zu beurteilen (vgl STAUDINGER/GURSKY [2010] § 2026 Rn 4; MUSCHELER, Erbrecht II [2010] Rn 3208; LANGE JZ 2013, 598). Doch kann diese Auffassung nicht befriedigen. Sie versagt bei Forderungen, an denen der Erbschaftsbesitzer nicht eigentlich Besitz erlangt (sondern sich nur seiner Inhaberschaft berühmt) und kann in den Fällen des § 2019 Abs 1 nicht durchgehalten werden (so auch die Genannten), wenn man nicht zu einem unvertretbar späten Verjährungs- **14**

beginn gelangen will; wo es um Nutzungen und Schadensersatz geht, gilt dasselbe. Zu folgen ist vielmehr der hM, dass die Verjährung des Anspruchs als eines Gesamtanspruchs einheitlich zu laufen beginnt (BGH ZEV 2004, 378, 380; MünchKomm/Helms § 2026 Rn 3; Erman/Schlüter vor § 2018 Rn 5). Insoweit gibt es freilich zwei Möglichkeiten der Anknüpfung. Auf den letzten Erbschaftsgegenstand abzustellen (Siber, Erbrecht [1928] 124; Kipp, Erbrecht [1930] § 66 I; Löhnig ZEV 2004, 267, 269) belastet den Erbschaftsbesitzer übermäßig. Wenn man auf die Besitzerlangung an dem ersten Erbschaftsgegenstand abstellt (so die zuvor Genannten), muss man sich darüber im Klaren sein, dass dieser Vorgang nur symbolischen Charakter hat, wenn dieser Gegenstand als solcher unbedeutend ist. Den Ausschlag geben muss vielmehr stattdessen, dass sich der Erbschaftsbesitzer ernstlich seiner Erbenstellung berühmt, was eben auch auf andere Weise als durch Besitzerwerb geschehen kann. Schon dies verschafft dem Erben die für § 200 S 1 entscheidende Möglichkeit der Klage, nämlich es zu unterlassen, Gegenstände aus der Erbschaft an sich zu nehmen.

14a c) § 197 Abs 1 Nr 2 betrifft nur den Gesamtanspruch des Erben aus den §§ 2018 ff, nicht auch seine Einzelansprüche, wie sie sich namentlich aus den §§ 985 ff, 812 ergeben können. Das ist kaum von Belang für den in gleicher Frist verjährenden Anspruch aus § 985 und jedenfalls ohne Belange für die in kürzerer – der regelmäßigen – Verjährungsfrist verjährenden Ansprüche der §§ 987 ff, 812. Es wird aber auch vertreten, die Verjährung des Gesamtanspruchs sperre über § 2029 auch jene Einzelansprüche, die die §§ 898, 902 unverjährbar stellen (Planck/Flad § 2029 Anm 3; Staudinger/Gursky [2010] § 2029 Rn 6; aA OLG Brandenburg ZEV 2003, 516, 518; Palandt/Weidlich § 2029 Rn 2). Doch ist dem nicht zu folgen. Befindet sich das Grundstück im Besitz bzw Buchbesitz eines Dritten, muss sich ohnehin die Position des wahren Erben durchsetzen, und es wäre nicht einzusehen, warum er gegenüber dem Erbschaftsbesitzer so grundlegend schlechter gestellt werden sollte. § 2029 gibt das auch ausweislich der Materialien zur der Bestimmung nicht her.

2. Der Anspruch des Nacherben aus § 2130 Abs 1

15 Für den Anspruch des Nacherben gegen den Vorerben auf Herausgabe der Erbschaft aus § 2130 Abs 1 gilt Entsprechendes wie für den Anspruch aus § 2018. Auf die Erläuterungen eben, Rn 13 ff, kann Bezug genommen werden.

3. Der Anspruch auf Herausgabe des unrichtigen Erbscheins, § 2362 Abs 1

16 Der Anspruch des Erben auf Herausgabe des unrichtigen Erbscheins an das Nachlassgericht ist geradezu die Verkörperung seiner Erbenstellung, wie sie als solche nicht der Verjährung unterliegt. Es muss verwundern, dass der Anspruch überhaupt verjährbar gestellt ist. Im Falle des unrichtigen Grundbuchs sind die Dinge in den §§ 894, 898 anders geregelt.

4. Der Geltendmachung der Herausgabeansprüche dienende Ansprüche

17 § 197 Abs 1 Nr 2 nennt seit seiner Neufassung durch das G zur Änderung des Erb- und Verjährungsrechts v 24. 9. 2009 (BGBl I 3142) – freilich seinerzeit als Abs 1 Nr 1 – auch diese Ansprüche.

Titel 1
Gegenstand und Dauer der Verjährung § 197

a) Allgemeines

Der Grundgedanke der Regelung ist sinnvoll. Die Herausgabeansprüche namentlich 18
des Erben und des Nacherben wären ineffektiv, wenn sie nicht in Erfahrung bringen
könnten, was sie konkret herausverlangen können. Ihre Auskunftsansprüche dürfen
also nicht eher verjähren als die Herausgabeansprüche.

aa) Durch die gleiche Bemessung der Verjährungsfristen löst § 197 Abs 1 Nr 2 das
Problem allerdings nur teilweise, wenn es denn dazu kommen kann, dass die Verjährung des Hauptanspruchs gehemmt worden ist, die des Hilfsanspruchs aber nicht.
Hier wird man der ratio legis nur damit gerecht, dass man Haupt- und Hilfsanspruch
überhaupt gleich behandelt.

bb) Die Gleichbehandlung in der Verjährungsfrage ist aber auch in der umgekehrten Situation geboten, dass die Verjährung des Hilfsanspruchs über die Verjährung des Hauptanspruchs hinausragt. Hier ist konstruktiv allerdings nicht davon
auszugehen, dass der Eintritt der Verjährung des Hilfsanspruchs – wie im Falle des
§ 217 – zeitlich vorgezogen wird. Es entfällt vielmehr das schutzwürdige Interesse an
der Auskunft, wenn sie doch zu nichts mehr führen kann. Das lässt die Möglichkeit
offen, dass das schutzwürdige Interesse anderweitig dargetan werden kann.

cc) Diese Überlegungen ergeben sich nun allerdings nicht nur bei den in § 197
Abs 1 Nr 2 genannten Ansprüchen, sie sind vielmehr bei allen Ansprüchen anzustellen, sodass auch schon der spezielle Ort der Regelung nicht befriedigen kann (s Anh 1
zu § 217).

b) Einzelne Auskunftsansprüche

aa) Für die sachenrechtlichen Ansprüche kommt vorzugsweise der allgemeine, aus 19
§ 242 herzuleitende Auskunftsanspruch in Betracht, im Einzelfall auch jener des
§ 666.

bb) Der Erbe kann sich auf die §§ 2027, 2028, 2362 Abs 2 stützen.

cc) Für den Nacherben geht es um den Anspruch auf ein Verzeichnis der Erbschaftsgegenstände nach § 2121, den Anspruch auf Duldung der Feststellungen eines
Sachverständigen nach § 2122 S 2, den Auskunftsanspruch des § 2127, den Rechenschaftsanspruch des § 2130 Abs 2.

Dabei macht schon das Beispiel des § 2028 deutlich, dass sich der Auskunftsanspruch
auch gegen Dritte richten kann. So wird etwa im Falle des § 985 der Dieb mitzuteilen
haben, bei welchem Hehler er die Sache abgesetzt hat.

c) Eidesstattliche Versicherung

Der Geltendmachung der Herausgabeansprüche dient auch der Anspruch auf eides- 19a
stattliche Versicherung der Richtigkeit der Auskunft, wie er bei diesbezüglichen
Zweifeln aus den §§ 259 Abs 2, 260 Abs 2, 2028 Abs 2 resultiert. Zum Beginn der
Verjährung dieses Anspruchs ist zu beachten, dass er iSd einschlägigen § 200 S 1 erst
dann entsteht, wenn sich Zweifel an der Richtigkeit der Auskunft ergeben. Freilich
wird das schutzwürdige Interesse an dem Anspruch entfallen, wenn sich Konsequenzen aus einer berichtigten Auskunft nicht mehr ergeben können.

V. Erb- und familienrechtliche Ansprüche

1. Allgemeines

20 Die Bestimmung des früheren § 197 Abs 1 Nr 2 ist aufgehoben worden durch Art 1 Nr 1 lit a bb des G zur Änderung des Erb- und Verjährungsrechts v 24. 9. 2009 (BGBl I 3142), das damit die von der Bestimmung betroffenen Ansprüche im Wesentlichen dem Anwendungsbereich der §§ 195, 199 überantwortet hat, so namentlich aus dem Erbrecht den Anspruch des Vermächtnisnehmers aus § 2174. Teilweise sind erbrechtliche Ansprüche allerdings gleichzeitig in den bisherigen § 197 Abs 1 Nr 1, nunmehr also wieder Abs 1 Nr 2, aufgenommen worden (vgl o Rn 4, 12 ff), insoweit ohne irgendwelche sachlichen Konsequenzen.

§ 197 Abs 1 Nr 2 aF behält eine sachliche Bedeutung auf Grund der Überleitungsbestimmung des Art 229 § 21 EGBGB für früher entstandene Ansprüche. Die Neuregelung gilt danach nur für Ansprüche, die nach dem Stichtag des 1. 1. 2010 entstanden sind, Art 229 § 21 Abs 1 S 1. Ist der Anspruch früher entstanden, bleibt es nach Art 229 § 21 Abs 1 S 2 EGBGB bei der früheren Regelung, sofern die Verjährungsfrist danach eher abläuft.

Praktisch bedeutet dies:

Ist der Anspruch zB des Vermächtnisnehmers 1981 entstanden, lief die bisherige Verjährungsfrist – früher endend als nach der Neuregelung – 2011 (taggenau) ab.

Ist dieser Anspruch 1990 entstanden, konkurrieren die Fristen des § 197 Abs 1 Nr 2 aF und des § 195 Abs 1. Hat der Vermächtnisnehmer am Stichtag des 1. 1. 2010 den Kenntnisstand des § 199 Abs 1 Nr 2, setzt sich die „neue" Frist durch, sodass die Verjährung mit Ablauf des 31. 12. 2013 eingetreten ist. Entsprechendes gilt, wenn der Vermächtnisnehmer den einschlägigen Kenntnisstand später erlangt. Spätestens 2020 tritt nach bisherigem Recht Verjährung ein.

2. Erbrechtliche Ansprüche

21 Der Begriff der erbrechtlichen Ansprüche ist rein formal dahin zu verstehen, dass er alle Ansprüche erfasst, die sich unmittelbar oder mittelbar durch gesetzliche Verweisungen aus dem 5. Buch des BGB ergeben haben (BGH NJW 2007, 2174; aA Otte ZGS 2010, 157), sofern keine Sonderreglungen bestanden haben wie zB nach § 2332 Abs 1 aE für den Anspruch des Pflichtteilsberechtigten gegen den Erben. Näher zur Begriffsbestimmung § 199 Rn 99 ff.

3. Familienrechtliche Ansprüche

22 Die Bezugnahme des § 197 Abs 1 Nr 2 aF auf familienrechtliche Ansprüche war praktisch bedeutungslos (vgl die nähere Darstellung bei Otte ZGS 2010, 15; Staudinger/Jacoby/Peters [2009] § 197 Rn 22 ff). Diesem Befund entspricht es, dass der Gesetzgeber § 197 Abs 1 Nr 2 aF zwar in Bezug auf das Erbrecht in § 199 Abs 3a überführt hat, nicht aber in Bezug auf das Familienrecht.

Rn einstweilen frei. 23–31

VI. Rechtskräftige Feststellung des Anspruchs

Im Anschluss an § 218 Abs 1 aF lässt § 197 Abs 1 Nr 3 die lange Verjährungsfrist der 32
Bestimmung – vorbehaltlich des § 197 Abs 2 – dann eingreifen, wenn der Anspruch durch Urteil oder in sonstiger Weise (u Rn 49) rechtskräftig festgestellt ist; dann ist eben sein Bestehen hinreichend verlässlich geklärt.

1. Die neue Verjährungsfrist greift nur insoweit ein, wie der Anspruch rechts- 33
kräftig festgestellt ist.

a) An einer rechtskräftigen Feststellung fehlt es, wenn ein Anspruch nur *hilfs-* 34
weise geltend gemacht wurde und insoweit bei dem stattgebenden Titel nicht berücksichtigt wurde. Eine rechtskräftige Feststellung trifft auch das *Grundurteil*, § 304 ZPO, *nicht* (RGZ 66, 10; 90, 238; 117, 423, 425; BGH NJW 1985, 792; MünchKomm/Grothe Rn 19), wohl aber das Feststellungsurteil, das der Gläubiger erwirkt hat (u Rn 42, 49).

Freilich liegt eine hinreichende rechtskräftige Feststellung dann vor, wenn ein Schiedsgericht nach dem Schiedsvertrag nur über den Grund des Anspruchs entscheiden sollte; seine Entscheidung kommt einem Feststellungsurteil hinreichend nahe (RGZ 100, 118, 122 f; MünchKomm/Grothe Rn 19).

b) Bei einem rechtskräftig festgestellten Anspruch kommt es auf Entstehungs- 35
grund, Rechtsnatur und Ausgestaltung – vorbehaltlich des § 197 Abs 2 – nicht an. § 197 Abs 1 Nr 3 gilt also namentlich auch bei Ansprüchen, für die die Parteien vertraglich eine kürzere als die gesetzliche Verjährungsfrist vereinbart haben (vgl RGZ 109, 234, 236).

Keine Sondervorschrift zu § 197 Abs 1 Nr 3 stellt § 159 HGB dar: Wird der Anspruch gegen die Gesellschaft vor dem Ausscheiden des Gesellschafters gegen diesen tituliert, so verbleibt es für ihn in der Verjährungsfrage bei der Frist des § 197 (RG JW 1938, 1173 m zust Anm vGodin; BGH NJW 1981, 2579; Schlegelberger/K Schmidt § 159 HGB Rn 24; MünchKomm/Grothe Rn 20).

Wird ein Anspruch gegen einen Geschäftsinhaber tituliert, so bleibt es bei der Verjährungsvorschrift des § 197 Abs 1 Nr 3 auch dann, wenn der Fall der §§ 25, 26 HGB eintritt; die fünfjährige Frist des § 26 HGB verdrängt nicht die des § 197 (offengelassen von RG JW 1938, 1173; wie hier MünchKomm/Grothe Rn 20; Baumbach/Duden/Hopt § 26 HGB Rn 5 iVm § 160 Rn 3; **aA** Staudinger/Dilcher[12] § 218 aF Rn 8; Schlegelberger/Hildebrandt § 26 HGB Rn 5; Palandt/Ellenberger Rn 9). Doch sollte die Frist des § 26 HGB verdrängend wirken, müsste man trotz vorhandenen Titels noch einmal klagen.

c) Die dreißigjährige Verjährungsfrist gilt nur, soweit der Anspruch rechtskräftig 36
festgestellt ist. Das ist für Teilklage und Teilurteil von Bedeutung (RGZ 66, 266, 271).

Hingegen enthält ein Urteil, mit dem dem Auftraggeber Vorschuss auf Mängelbeseitigungskosten zugesprochen wird, regelmäßig die Feststellung, dass der Auftragnehmer verpflichtet ist, die gesamten Mängelbeseitigungskosten zu tragen. Die 30-jährige Verjährung des § 197 Abs 1 Nr 3 trifft damit nicht nur den titulierten Vorschussanspruch, sondern ergreift auch die weiterhin einklagbare Nachforderung (BGH NJW 2009, 60; aA OLG Nürnberg BauR 2008, 2049, das die Nachforderung nach den allgemeinen Vorschriften verjähren lassen will).

Die Verjährung gilt auch nur für den festgestellten Anspruch selbst, *nicht auch für von ihm abhängige Ansprüche* zB auf Ersatz von Verzugsschäden (BGH LM § 286 Nr 3).

37 d) Die dreißigjährige Verjährungsfrist gilt auch dann, wenn der Gläubiger ein rechtskräftiges **Feststellungsurteil** herbeiführt (RGZ 84, 370, 373 f). Das ergibt der klare Wortlaut der Bestimmung und folgt auch schon aus Sinn und Zweck der Eignung der Feststellungsklage zur Verjährungshemmung, vgl § 204 Abs 1 Nr 1. Unerheblich ist es dabei, ob das Feststellungsurteil nach prozessualen Maßstäben zulässig ergangen ist oder nicht.

38 aa) Das Urteil muss allerdings das Bestehen eines Anspruchs feststellen; nicht genügt die Feststellung eines Rechtsverhältnisses – zB eines wirksamen Vertrages –, aus dem dann erst die konkreten Ansprüche folgen (BAG AP § 196 Nr 2 [Feststellung der Eingruppierung des Klägers in eine bestimmte Vergütungsgruppe]; MünchKomm/GROTHE Rn 22; STAUDINGER/DILCHER[12] § 218 aF Rn 2).

39 bb) Die dreißigjährige Verjährungsfrist des § 197 Abs 1 gilt zunächst für alle jene Ansprüche, die bis zum Eintritt der Rechtskraft entstanden waren, also namentlich auch für bis dahin aufgelaufene Zinsansprüche (PALANDT/ELLENBERGER Rn 10), für bis dahin aufgelaufene Teile einer Unterhaltsrente (BGH NJW-RR 1989, 215); die kurze Verjährungsfrist des § 197 Abs 2 gilt erst für die nach Eintritt der Rechtskraft fälligen Teile dieser Ansprüche auf wiederkehrende Leistungen (vgl dazu u Rn 63 ff).

40 cc) Die Verjährungsfrist des § 197 Abs 1 Nr 3 gilt aber auch für *künftig,* dh nach Eintritt der Rechtskraft, *fällige Ansprüche,* die sich aus dem dem Grunde nach rechtskräftig festgestellten Anspruch herleiten lassen, zB künftige Heilungskosten. Dass die Höhe des Anspruchs noch der Feststellung bedarf, ist unerheblich (BGH NJW 1975, 1320). Vorrangig ist hier allerdings die Fristbestimmung des § 197 Abs 2 (dazu u Rn 63 ff).

Die Verjährungsfrist des § 197 Abs 1 ist selbst dann einschlägig, wenn Ansprüche dieser Art erst nach Eintritt der Rechtskraft gesetzlich eröffnet werden (BGH NJW 1967, 563). Folgerichtig muss die Bestimmung *auch dann* gelten, *wenn die Parteien nachträglich bestimmte Ansprüche* auf der Basis des Feststellungsurteils *begründen;* es erkennt zB der Schädiger seine Einstandspflicht für bestimmte Heilungskosten an.

41 dd) § 197 Abs 1 Nr 3 ist auch hinsichtlich des *Zahlungsanspruchs* anwendbar, der aus einem *Freistellungsurteil* folgen kann (BGH NJW 1991, 2014); diese Umwandlung begründet keine neue Verjährungsfrist.

42 e) Die dreißigjährige Verjährungsfrist des § 197 Abs 1 Nr 3 soll nach hM auch dann einschlägig sein, wenn die rechtskräftige Feststellung des Anspruchs dadurch erfolgt, dass eine entsprechende **negative Feststellungsklage** des Verpflichteten aus sachlichen Gründen abgewiesen wird (RAGE 21, 99, 102; BGH NJW 1972, 1043; 1975, 1320; BGHZ 72, 23, 31; STAUDINGER/DILCHER[12] § 218 aF Rn 2; BGB-RGRK/JOHANNSEN § 218 aF Rn 2; MünchKomm/GROTHE Rn 19; PALANDT/ELLENBERGER Rn 7; SCHREIBER, in: FS Medicus 578; krit GÜRICH MDR 1980, 359). Inwieweit die Abweisung der negativen Feststellungsklage zugleich eine rechtskraftfähige positive Feststellung des Anspruchs enthalte, soll dabei den Entscheidungsgründen zu entnehmen sein.

Diese Auffassung ist *abzulehnen*. Dabei ist hier nicht der Frage nachzugehen, in- **43** wieweit ein derartiges Urteil Rechtskraft zugunsten des Gläubigers bewirkt, obwohl schon dieses prozessrechtliche Problem Fragen aufwirft, wie sie in dem nach Klarheit und Durchsichtigkeit strebenden Recht der Verjährung tunlichst vermieden werden sollten. Für die hM spricht allein der mit ihr kompatible Wortlaut des § 197 Abs 1 Nr 3. Gegen sie, dass weder die negative Feststellungsklage des Schuldners als solche noch auch die Verteidigung des Gläubigers gegen sie eine Hemmung der Verjährung bewirkt (vgl § 204 Rn 39). Damit ist eine Verlängerung der Verjährung durch § 197 Abs 1 Nr 3 nicht vereinbar. Dem Eintritt der Rechtskraft käme so auch die Wirkung einer Erneuerung der Verjährung zu, wie sie – als erstmalige! – nirgends normiert ist. Die Interessen des Gläubigers, der leicht mit einer Widerklage antworten könnte, fordern diese Auslegung des § 197 Abs 1 Nr 3 nicht, die des Schuldners erst recht nicht. Die bisherige Systematik des Gesetzes, die § 218 aF an die Unterbrechungsgründe der §§ 209, 210 aF anschloß, wie sie Maßnahmen des Berechtigten voraussetzen, spricht gegen die hM. Daran sollte die Neufassung nichts ändern. Mit GÜRICH MDR 1980, 359, ist insofern anzunehmen, dass allenfalls eine analoge Anwendung in Betracht kommt. Die besseren Gründe sprechen indessen für einen Umkehrschluss.

2. Die rechtskräftige Entscheidung muss *inter partes*, zwischen dem Berechtigten **44** und dem Verpflichteten, ergangen sein.

a) Auf seiten des *Berechtigten* wirkt die rechtskräftige Entscheidung auch zu- **45** gunsten eines *Rechtsnachfolgers*, sofern die Rechte nach Eintritt der Rechtskraft übergehen (BGH NJW 1967, 562). Wegen der §§ 265, 325 ZPO genügt insoweit freilich auch ein Rechtsübergang während des Prozesses. Ein vorprozessualer Rechtsübergang reicht auch im Falle des § 407 Abs 2 nicht, weil diese Bestimmung nur zu Lasten, nicht auch zu Gunsten des neuen Gläubigers gilt (**aA** BGH NJW 2002, 1877 für den Fall, dass der Anspruch vorab auf einen Sozialhilfeträger übergegangen ist).

b) Auf seiten des *Verpflichteten* wirkt die rechtskräftige Entscheidung ebenfalls zu **46** Lasten des Rechtsnachfolgers, zB im Erbfall. Bei der rechtsgeschäftlichen Schuldübernahme oder dem rechtsgeschäftlichen Schuldbeitritt gilt, dass diese so übernommen wird, wie sie besteht. Unterlag die Schuld also im Zeitpunkt von Übernahme oder Beitritt schon dem § 197 Abs 1 Nr 3, so gilt dessen Frist auch gegenüber dem Übernehmenden oder Beitretenden (BGH NJW 1987, 2863). Ein nachträgliches Urteil braucht ein Beitretender oder sonstiger Gesamtschuldner dagegen nicht gegen sich gelten zu lassen, vgl § 425 Abs 2. Bei einem Rechtsnachfolger bleiben hinsichtlich des maßgeblichen Zeitpunkts ebenfalls die §§ 265, 325 ZPO zu beachten.

47 Die *Gesellschafter einer oHG* müssen die Frist des § 197 Abs 1 Nr 3 gegen sich gelten lassen, wenn der Anspruch gegenüber der oHG rechtskräftig tituliert ist, §§ 128, 129 HGB. Scheidet der Gesellschafter aus, kommt ihm die kürzere Frist des § 159 HGB auch dann zugute, wenn der Anspruch zu Lasten der Gesellschaft zuvor tituliert war (SCHLEGELBERGER/K SCHMIDT § 159 HGB Rn 24), erst recht, wenn der Anspruch gegenüber der Gesellschaft erst nachträglich tituliert wird (RGZ 70, 325). Dagegen kann sich der seinerseits verurteilte Gesellschafter nicht darauf berufen, dass der Anspruch gegenüber der Gesellschaft mittlerweile verjährt war (BGH NJW 1981, 2579).

48 Der *Bürge* haftet für die Hauptschuld in ihrem jeweiligen Zustand, §§ 767, 768. Er muss es also hinnehmen, wenn die noch nicht verjährte Hauptschuld in die Verjährungsfrist des § 197 Abs 1 Nr 3 überführt wird (BGH NJW 1980, 1461), kann sich aber auch dann auf die zwischenzeitliche Verjährung der Hauptforderung berufen, § 768, wenn er selbst rechtskräftig verurteilt worden ist (BGH NJW 1973, 146); dies aber nur sofern ihm die Einrede der Vorausklage zusteht (**aA** BGHZ 76, 222; BGH NJW 2003, 1250): Der Bürge kann nicht mit den §§ 768, 214 den Gläubiger zu jener Inanspruchnahme des Hauptschuldners zwingen, die ihm § 773 Abs 1 gerade erlässt.

3. Die einschlägigen Titel

49 a) Im Mittelpunkt steht das *Leistungsurteil,* unabhängig von seinem Inhalt (Zahlung, sonstige Handlung, Unterlassung, Duldung) und unabhängig von der Gerichtsbarkeit, in der es ergangen ist, vgl § 220 Abs 1 aF, der nur aus Gründen der Selbstverständlichkeit seiner Aussage nicht in das neue Recht übernommen wurde. Entscheidend ist nur, dass das Urteil formell unanfechtbar geworden ist. Insofern reichen also vorläufig vollstreckbare Entscheidungen nicht aus, wohl aber Entscheidungen, die im Rahmen einer einstweiligen Verfügung ergangen sind.

Maßgeblich ist dabei die rechtskräftige Entscheidung. Es kommt auf ihre Form nicht an, ob sie in Urteils- oder in Beschlussform ergangen ist. Es kommt auch auf ihre Korrektheit nicht an, solange nur überhaupt noch von einer wirksamen Entscheidung gesprochen werden kann. An einer wirksamen Entscheidung fehlt es freilich, wenn der zugrundeliegende Anspruch, um dessen Verjährung es ja geht, nicht hinreichend bestimmt ist, wie es sich bei der Teilklage ergeben kann, die auf mehrere Forderungen gestützt ist, ohne diese auszuschöpfen (vgl BGHZ 124, 164 = NJW 1994, 460). Dass ohne eine Klarstellung der Zuordnung die Hemmungswirkung des § 204 Abs 1 ausbleibt (vgl § 204 Rn 39) setzt sich in der Unanwendbarkeit des § 197 Abs 1 Nr 3 fort. – Das vorangegangene Verfahren (kontradiktorisch oder Anerkenntnis oder Säumnis) ist unerheblich. Es muss sich nur um eine gerichtliche Entscheidung handeln. Dabei reicht Gerichtsbarkeit im formellen Sinne stets, aber doch auch Gerichtsbarkeit im materiellen Sinne, vgl die Erwähnung der Schiedsgerichtsbarkeit in § 220 Abs 1 aF.

50 b) Neben dem Leistungsurteil reicht ein *Feststellungsurteil,* vgl § 204 Abs 1 Nr 1 (dazu o Rn 37), ein Gestaltungsurteil hinsichtlich der Kosten, ein Urteil, das die Vollstreckungsklausel erteilt nach den §§ 731, 796, 797 ZPO, oder ein Vollstreckungsurteil nach den §§ 722, 1042 ZPO, vgl § 204 Abs 1 Nr 1. Nicht genügt ein Grundurteil (vgl BGH NJW 1985, 791, 792).

Ausländische Urteile sind *nicht* geeignet, die Wirkungen des § 197 Abs 1 Nr 3 herbeizuführen (aA Frank IPrax 1983, 108, 111; MünchKomm/Grothe Rn 18; einschränkend OLG Stettin JW 1930, 1882, 1883; Staudinger/Dilcher[12] § 218 aF Rn 3). Maßgeblich ist vielmehr die Entscheidung, die es für das Inland anerkennt bzw für vollstreckbar erklärt, vgl Art 38 EUGVO, §§ 3 ff AVAG.

c) Es reichen auch unanfechtbare *Vollstreckungsbescheide,* unanfechtbare *Kostenfestsetzungsbeschlüsse* (Staudinger/Dilcher[12] § 218 aF Rn 4; BGB-RGRK/Johannsen § 218 aF Rn 2), und überhaupt reicht schon die rechtskräftige Kostengrundentscheidung (BGH NJW 2006, 1962 Rn 6 ff), auch wenn die Kostenfestsetzung zunächst unterbleibt, sowie im Falle ihrer Unanfechtbarkeit jene sonstigen Beschlüsse, aus denen *§ 794 Abs 1 Nrn 2, 3 ZPO* bzw § 86 Abs 1 Nrn 1, 3 FamFG die Zwangsvollstreckung zulassen.

d) Wegen des *Schiedsspruches* des Schiedsrichters vgl § 220 Abs 1 aF. Er hat unmittelbar die Wirkungen des § 197 Abs 1 Nr 3, nicht erst seine Vollstreckbarkeitserklärung, die freilich – bei Rechtskraft – die Wirkungen des § 197 wiederholt.

Ein ausländischer Schiedsspruch hat die Wirkungen des § 197 Abs 1 Nr 3 dann nicht, wenn die Verjährungsfrage nach ausländischem Recht zu beurteilen ist; dann ist auf dieses abzustellen. Ist inländisches Recht anzuwenden, wird man wie bei dem ausländischen Urteil auf die Vollstreckbarkeitserklärung abzustellen haben (aA Junker KTS 1987, 45).

e) *Kostenforderungen von Notaren* verjähren gemäß § 6 Abs 1 S 3 GNotKG in vier Jahren nach Ablauf des Kalenderjahres, in denen sie fällig geworden sind. § 197 ist nicht anwendbar, selbst wenn der Notar eine Kostenrechnung nach § 19 GNotKG erteilt und diese aufgrund § 89 GNotKG für vollstreckbar erklärt hat (Bormann/Diehn/Sommerfeldt/Neie, GNotKG § 6 Rn 16). Die Gegenansicht berief sich zum alten Recht auf den Nichtanwendbarkeitskatalog für Gebührennotare in § 143 Abs 1 KostO aF, der die Verjährungsvorschriften der alten KostO ausnahm, sodass keine andere Bestimmung iS von § 197 gegeben war. Mit der Schuldrechtsreform (Art 5 Abs 7 Nr 2 G v 26. 11. 2001, BGBl I 3138) wurde aber die spezielle Verjährungsvorschrift aus jenem Katalog gestrichen (Korintenberg/Lappe/Bengel/Reimann/Bengel/Tiedtke, KostO[18] § 143 Rn 6), sodass seitdem zunächst KostO und nunmehr GNotKG dem § 197 vorgehen. Auch für im Verfahren nach § 127 GNotKG rechtskräftig festgestellte Ansprüche verdrängt die Vierjahresfrist des § 6 Abs 1 S 3 GNotKG den § 197 (Bormann/Diehn/Sommerfeldt/Neie, GNotKG § 6 Rn 16; aA freilich ders § 127 Rn 73; Korintenberg/Lappe/Bengel/Reimann/Bengel/Tiedtke, KostO[18] § 156 Rn 18). Für eine analoge Anwendung von § 197 Abs 1 Nr 4 oder § 53 Abs 2 VwVfG fehlt es damit an einer planwidrigen Regelungslücke (zu § 218 aF BGH DNotZ 2005, 68 ff; aA OLG Zweibrücken MittBayNot 2000, 578 unter Verweis auf OLG Zweibrücken MittBayNot 1981, 208 ff; OLG Oldenburg DNotZ 1990, 330 f).

f) Soweit *Verwaltungsakte* der Selbsttitulierung staatlicher Ansprüche dienen, treffen § 53 Abs 2 VwVfG § 52 Abs 2 SGB X eine dem § 197 Abs 1 Nr 3, Abs 2 entsprechende Regelung. Werden im Verwaltungsverfahren Ansprüche Privater – insbesondere durch Restitutionsbescheid – bestandskräftig festgestellt, fehlt eine entsprechende Regelung, die § 220 aF noch enthielt. Diese Lücke ist durch Anwendung von § 197 Abs 1 Nr 3, Abs 2 zu schließen (BGH NJW-RR 2013, 1236 Rn 23 ff).

55 **g)** Unter § 197 Abs 1 Nr 3 fällt auch das *Vorbehaltsurteil*, das § 219 aF noch eigens erwähnte. Dessen Aufhebung sollte in der Sache nichts ändern (RegE BT-Drucks 14/6040 99 f, 106). Dies betrifft die Fälle der §§ 302 (Vorbehalt der Aufrechnung), 599 (Vorbehalt der Rechte im Urkundenprozess) ZPO. Die ergehende Entscheidung erwächst eben ggf in die für § 197 Abs 1 Nr 3 maßgebliche formelle Rechtskraft, auch wenn die Aufhebung des Urteils im Nachverfahren noch möglich bleibt.

§ 197 Abs 1 Nr 3 gilt nicht für die *Aufrechnungsforderung,* die einstweilen unberücksichtigt geblieben ist. Die hemmende Wirkung der Aufrechnung, § 204 Abs 1 Nr 5, kann sich der Gegner dadurch erhalten, dass er gegen das noch nicht rechtskräftige Vorbehaltsurteil Rechtsmittel einlegt, sonst durch das Betreiben des Nachverfahrens; er muss dabei § 204 Abs 2 S 2 beachten.

Das *Nachverfahren* hemmt erneut für Klage und Aufrechnungsforderung und führt ggf zu einem wieder § 197 Abs 1 Nr 3 unterliegenden Titel (mit späterem Verjährungsbeginn).

Zweifelhaft sind die Folgen, wenn im Nachverfahren die Klage trotz eines rechtskräftigen Vorbehaltsurteils zurückgenommen oder als unzulässig abgewiesen wird. Hier entfällt die Wirkung des § 197 Abs 1 Nr 3 mit der Folge, dass wieder die ursprüngliche Verjährungsfrist maßgeblich ist, freilich mit der sich aus § 204 ergebenden Hemmung.

VII. Ansprüche aus vollstreckbaren Vergleichen und vollstreckbaren Urkunden

56 § 197 Abs 1 Nr 4 führt nicht anders als § 197 Abs 1 Nr 3 die Regelung des § 218 Abs 1 aF fort.

1. Vollstreckbare Vergleiche

§ 197 Abs 1 Nr 4 betrifft die Vergleiche, auf die sich *§ 794 Abs 1 Nr 1 ZPO* bezieht: Vergleiche zur Beendigung eines Prozesses, vor einer landesrechtlich eingerichteten oder anerkannten Gütestelle, Vergleiche nach § 118 Abs 1 S 3 ZPO im Rahmen des Verfahrens über die Bewilligung von Prozesskostenhilfe oder im selbstständigen Beweisverfahren. Für das familiengerichtliche Verfahren und sonstige Angelegenheiten der freiwilligen Gerichtsbarkeit nimmt § 86 Abs 1 Nr 3 FamFG auf § 794 Abs 1 Nr 1 ZPO Bezug. Die Bestimmungen sind auch dann anwendbar, wenn der Vergleich *zusätzlich Ansprüche erfasst,* die bislang nicht Gegenstand des Rechtsstreits waren (**aA** offenbar Soergel/Niedenführ Rn 33; MünchKomm/Grothe Rn 25). Sie erfassen weiterhin auch *Ansprüche für oder gegen einen Dritten, der dem Vergleich beitritt.* Werden ohne seinen Beitritt für ihn selbstständige Ansprüche begründet, müssen sie ebenfalls § 197 Abs 1 Nr 4 unterliegen: Sie haben dieselbe Genese und es wäre ein Unterschied in den Verjährungsfristen paradox zwischen ihnen und den parallelen eigenen Ansprüchen des vergleichsbeteiligten Versprechensempfängers (**aA** Wehrmann, Die Position des Dritten im Prozessvergleich in materiellrechtlicher und prozessualer Hinsicht [1995] 131). Freilich tritt bei Vergleichen – gegenüber § 197 Abs 1 Nr 3 –

eine Rechtskraft nicht ein: Zur Anwendung des § 197 Abs 1 Nr 4 kommt es nicht, wenn sie wegen anfänglicher Mängel unwirksam sind oder durch Anfechtung unwirksam werden.

Soweit § 197 Abs 1 Nr 4 an einen *vollstreckbaren Vergleich* anknüpft, ist dies missverständlich: Der Vergleich braucht nur allgemein vollstreckbar zu sein, nicht aber gerade in Bezug auf den konkreten Anspruch. Es muss genügen, dass ein Anspruch dem Grunde nach anerkannt wird. *Sekundäransprüche* auf Schadensersatz oder aus Rücktritt, Minderung haben nicht an der Privilegierung des § 197 Abs 1 Nr 4 teil, weil sie nicht vollstreckbar tituliert sind. **57**

Weitere Anwendungsfälle des § 197 Abs 1 Nr 4 sind der gerichtlich bestätigte Vergleich nach § 278 Abs 6 ZPO oder der gerichtlich bestätigte Schuldenbereinigungsplan nach § 308 InsO.

Anders liegen die Dinge beim Vergleich im schiedsgerichtlichen Verfahren, § 1053 ZPO, und beim Anwaltsvergleich, § 796a ZPO bzw §§ 796h, 796c ZPO, weil diese erst noch für vollstreckbar erklärt werden müssen; hier kommt es auf diese letzteren Entscheidungen an, vgl § 794 Abs 1 Nrn 4a, 4b ZPO, sodass der Weg zu § 197 Abs 1 Nr 3 führt (NK-BGB/MANSEL/STÜRNER Rn 56, 60; aA SOERGEL/NIEDENFÜHR Rn 33).

2. Vollstreckbare Urkunden

Vollstreckbare Urkunden iSd § 197 Abs 1 Nr 4 sind die notariellen Urkunden nach § 794 Abs 1 Nr 5 ZPO. Der Vollstreckungstitel muss wirksam geschaffen worden sein (MünchKomm/GROTHE Rn 25). Dass die der Urkunde zugrundeliegende Forderung – zB aus Darlehen – zwischenzeitlich verjährt ist, ist unerheblich (BGH ZIP 2007, 570). Die Frist des § 197 Abs 1 ersetzt die anderweitige, der Heranziehung des Gedankens des § 216 Abs 2 bedarf es dazu nicht (so aber OLG Frankfurt NJW 2008, 379). **58**

3. Parteivereinbarungen

Bei den von ihnen selbst geschaffenen Titeln sind die Parteien nicht gehindert, von der Gestaltungsmöglichkeit des § 202 Abs 1 Gebrauch zu machen und eine kürzere Verjährungsfrist zu vereinbaren. **59**

VIII. Feststellung im Insolvenzverfahren

1. Insolvenzverfahren

§ 197 Abs 1 Nr 5 knüpft daran an, dass die Feststellung einer Forderung zur Insolvenztabelle nach Verfahrensbeendigung die Vollstreckung gegen den Schuldner selbst ermöglicht, § 201 InsO; vgl auch § 257 InsO zum rechtzeitig bestätigten Insolvenzplan. **60**

2. Schifffahrtsrechtliches Verteilungsverfahren

Die Anmeldung einer Forderung im Schifffahrtsrechtlichen Verteilungsverfahren **61**

§ 197

ermöglicht nicht das spätere Vorgehen gegen den Schuldner, dessen Schuld vielmehr bei korrekter Betreibung des Verfahrens erlischt, § 24 der Schifffahrtsrechtlichen VerteilungsO (BGBl 1999 I 531); deshalb braucht § 197 Abs 1 Nr 5 die zweite Alternative des § 204 Abs 1 Nr 10 nicht auch aufzugreifen. Zur Wahrung der Rechte des Gläubigers genügt vielmehr die durch die letztere Bestimmung bewirkte Hemmung der Verjährung, falls er ausnahmsweise doch noch gegen den Schuldner vorgehen kann.

IX. Kosten der Zwangsvollstreckung

62 § 197 Abs 1 Nr 6 betrifft die nach § 788 ZPO zu erstattenden Kosten der Zwangsvollstreckung, bei denen zu beachten ist, dass sie zwar gesondert festgesetzt werden können, dies aber wegen § 788 Abs 1 S 1 HS 2 zur Beitreibung nicht notwendig ist, sodass die langfristige Verjährung also auch dann einschlägig ist, wenn ein eigener Titel nicht vorliegt. – Soweit es um die Vollstreckung künftig fällig werdender, regelmäßig wiederkehrender Leistungen geht, muss § 197 Abs 2 vorrangig angewendet werden.

X. Regelmäßig wiederkehrende Leistungen

1. Allgemeines

63 § 197 Abs 2 greift den Gedanken der §§ 197, 218 Abs 2 aE auf, dass regelmäßig wiederkehrende Verbindlichkeiten – nicht bedient – für den Schuldner leicht zu einer erdrückenden Höhe anwachsen können.

Dabei ist zwischen Rückständen und künftig fällig werdenden Leistungen zu unterscheiden.

Die Bestimmung trifft in ihrer jetzigen Gestaltung durch das G zur Änderung des Erb- und Verjährungsrechts v 24. 9. 2009 (BGBl I 3142) keine Aussage mehr zu Rückständen; das Gesetz hat den oben kursiv wiedergegebenen Satzteil entfallen lassen. Dieser war im Rahmen der Modernisierung des Schuldrechts notwendig geworden, weil nach ihr Unterhaltsansprüche zwar allgemein der Verjährungsregelung der §§ 195, 199 unterfielen, aber doch nicht in ihrem praktisch wichtigsten Fall familien- (oder erb)rechtlicher Genese. Es gibt heute kein Pendant mehr zu § 197 aF, sondern in ihrer jetzigen Fassung entspricht die Bestimmung des § 197 Abs 2 der des § 218 Abs 2 aF.

Auswirkungen in der Sache hat die Neufassung des § 197 Abs 2 also nicht.

2. Rückstände

64 a) Rückstände regelmäßig wiederkehrender Leistungen unterliegen also zunächst den §§ 195, 199.

Dabei ist freilich oft zu prüfen, ob sie nicht verwirkt sind, vgl näher Vorbem 18 ff zu §§ 194 ff. Gerade im Unterhaltsrecht wird sich der Schuldner regelmäßig darauf einrichten, dass er nicht in Anspruch genommen worden ist.

b) Werden Rückstände tituliert, werden sie damit in die dreißigjährige Verjährungsfrist der Nrn 3–5 des § 197 Abs 1 überführt.

c) Bei der *Abgrenzung* zwischen Rückständen und künftig fällig werdenden **65** Leistungen ist auf den *Zeitpunkt der letzten mündlichen Verhandlung* abzustellen, soweit es um eine gerichtliche Entscheidung geht, nicht auf den Eintritt der Rechtskraft, was § 201 freilich nahelegen könnte (so PALANDT/ELLENBERGER Rn 10). Letztere Bestimmung ist nur für den Verjährungsbeginn von Bedeutung: Letzte mündliche Verhandlung im Unterhaltsprozess am 1. 10. 2006, Entscheidungstermin am 1. 11. 2006, Eintritt der Rechtskraft am 15. 12. 2006: Künftig iSd § 197 Abs 2 sind die Unterhaltsansprüche ab Oktober 2006.

Ein Rechtsmittelverfahren kann die Abgrenzung zwischen rückständig und künftig verschieben: Hätte der Schuldner in dem genannten Beispiel Berufung eingelegt, über die auf Grund der mündlichen Verhandlung vor dem Berufungsgericht am 15. 7. 2007 entschieden wird, so wäre dies der Stichtag für die Abgrenzung.

Bei künftig wiederkehrenden Leistungen kommt es auf die Art der Titulierung nicht an: Im Mittelpunkt steht natürlich der Leistungstitel, doch kann auch die bloße *Feststellung des Anspruchs* dem Grunde nach den Anwendungsbereich des § 197 Abs 2 nicht verlassen: Das Unfallopfer, das seine Ansprüche 2006 hat feststellen lassen, wird 2009 berufsunfähig und damit unterhaltsbedürftig: Für die Verfolgung seines Rentenanspruchs bleiben jetzt drei Jahre, nicht etwa 30 Jahre ab 2006.

Es versteht sich, dass § 197 Abs 2 auch künftige Leistungen nur betrifft, soweit sie später fällig und damit rückständig geworden sind. Dies belegt § 201 mit seinem „nicht jedoch vor Entstehung des Anspruchs".

3. Begriff

a) Grundsätze

Wiederkehrende Leistungen liegen nicht schon dann vor, wenn mehrere – uU sogar **66** gleichmäßige – Leistungen zu erbringen sind, zB bei Tilgung einer Schuld in Raten (BGH WM 1975, 1281; Mot I 306; RGZ 84, 400, 407; MünchKomm/GROTHE Rn 31), vgl die in Raten abzutragende Kapitalabfindung (RG JW 1931, 1457). Auch ein Aufopferungsanspruch, der durch wiederkehrende Zahlungen erfüllt wird, ist nicht hierher zu rechnen; wohl aber ein in Rentenform zu erfüllender Schmerzensgeldanspruch. Gerade in diesem Fall wird die Abgrenzung freilich zweifelhaft: Entscheidend ist, ob es sich um nur *eine* Schuld handelt, deren Erfüllung nur zeitlich gestreckt wird, oder ob *mehrere* Ansprüche vorliegen, die in gleichartiger Weise gerade durch den Zeitablauf immer wieder neu und selbstständig entstehen. Beispiel für letzteres sind die in § 197 aF ausdrücklich angeführten Miet- und Pachtzinsen, die eben durch die Nutzungsüberlassung für die betreffende Periode letztlich neu erzeugt werden. Wenn man Schadensersatzrenten nach § 845 zu Recht bei § 197 Abs 2 einordnet (vgl BGH VersR 1980, 927), dann deshalb, weil diese den entgangenen Verdienst gerade dieser Periode ausgleichen sollen, mögen sie auch insgesamt aus dem einen Ereignis der Schädigung herrühren. Entsprechend dient eine Schmerzensgeldrente dem Ausgleich der in dieser Periode erlittenen Schmerzen. Die Hauptanwendungsfälle des § 197 Abs 2 bilden Ansprüche auf Unterhalt und auf Miete.

67 aa) Die notwendige *Zeitbezogenheit,* Periodizität der Leistung kann sich einmal aus ihr selbst ergeben (zB Leibrente), aber doch auch aus der Gegenleistung, für die sie steht. Das ist zB der Fall bei den Monatspauschalen eines Unternehmens zur Fernwärmeversorgung (aA MünchKomm/Grothe Rn 31), bei den Ansprüchen auf Gewinnanteil bei einem Patentverwertungsvertrag (BGHZ 28, 144), bei den Ansprüchen gegen den Wohnungseigentümer auf Hausgeldvorauszahlungen nach §§ 16 Abs 2, 28 Abs 2 WEG (BGH NJW 2005, 3146 zu § 197 aF; OLG München NJW-RR 2007, 1097).

68 bb) Notwendig ist ein *einheitlicher Rechtsgrund* der Leistungen. Es genügen nicht regelmäßig wiederholte Verträge, dies auch dann nicht, wenn sie durch einen Rahmenvertrag vorgeformt und miteinander verbunden sind.

69 cc) Die Leistungen müssen *regelmäßig wiederkehren.*

(1) Dass ihr Gesamtbetrag feststeht, ist weder erforderlich noch schädlich.

(2) Aus der eben skizzierten Zeitbezogenheit (Rn 67) folgt, dass es *nicht* auf *Gleichartigkeit* der Leistungen ankommt. Die Beträge dürfen also der Höhe nach wechseln und uU sogar ganz ausfallen (BGHZ 28, 144; 80, 357, 358; BAGE 23, 356, 359 = AP Nr 3; MünchKomm/Grothe Rn 31; Palandt/Ellenberger Rn 10), wie dies insbesondere bei Gewinnbeteiligungen, Dividenden der Fall sein kann.

70 dd) Sonderprobleme ergeben sich bei *Gewinnansprüchen von Gesellschaftern.*

(1) Sofern der Gewinn, wie dies der Ausgangspunkt des § 721 Abs 1 ist, erst nach Auflösung der Gesellschaft beansprucht werden kann, betrifft der auf ihn gerichtete Anspruch eine einmalige Leistung, kann also schon deshalb nur § 195, nicht § 197 Abs 2 unterliegen.

(2) In der Regel ist freilich der Gewinn periodisch festzustellen und dann zu verteilen, vgl § 721 Abs 2.

Wird er dann nicht entnommen, so wächst er dem Konto des jeweiligen Gesellschafters zu. Mangels eines Anspruchs kann hier nichts verjähren. Ein denkbarer Anspruch auf Gutschrift hätte nur deklaratorische Bedeutung, kann aber die Anwachsung der Sache nach nicht beeinflussen. Bei fehlerhafter Gutschrift kann allerdings Verwirkung hinsichtlich des Anspruchs auf Berichtigung eintreten, wenn diese längerfristig widerspruchslos hingenommen wird.

Dann aber kann auch der *Anspruch auf Auszahlung des festgestellten Gewinns* einstweilen nicht verjähren, vgl zur Nichtanwendbarkeit des § 197 aF auch RGZ 88, 42; BGHZ 80, 357. Dies folgt freilich aus seiner Verknüpfung mit dem bestehenbleibenden Guthaben, nicht daraus, dass es den Schuldner erdrückende Rückstände zu vermeiden gelte, so aber das RG, oder daraus, dass der Anspruch der besonderen Feststellung bedürfe, so aber BGHZ 80, 357, 358 f. Solche Feststellungen sind für die Ansprüche des § 197 Abs 2 einerseits irrelevant, andererseits unschädlich (solange sie keine Novation zB im Rahmen eines Kontokorrents beinhalten und deshalb zu § 195 führen). Damit unterliegt der Anspruch § 195 (so auch BGHZ aaO). Die Verjährung beginnt aber erst mit der Liquidation, § 721, nicht schon in dem Zeitpunkt, in dem der Gewinn hätte abgerufen werden können (aA offenbar BGHZ aaO).

ee) Inhaltlich werden Ansprüche auf wiederkehrende Leistungen in der Regel auf Zahlung von Geld gerichtet sein. Das ist aber nicht zwingend. In Betracht kommen zB auch Ansprüche auf Gutschriften oder auf Freihaltung von Verbindlichkeiten, auf Naturalleistungen (zB bei Altenteilsverträgen). **71**

ff) Die *Grundlage der Ansprüche* kann ein Vertrag bilden, eine Satzung, zB die Vereinssatzung hinsichtlich der Vereinsbeiträge, aber doch auch das Gesetz selbst, zB bei einer Rente gemäß § 843. Dabei kann ihre Grundlage auch *im öffentlichen Recht* zu finden sein (vgl BVerwGE 28, 340; OVG Münster NJW 1981, 1328). **72**

gg) § 197 Abs 2 erfasst *Ansprüche, die an die Stelle des ursprünglichen Anspruchs treten oder ihn ergänzen* (vgl PALANDT/ELLENBERGER Rn 10). **73**

Das gilt zunächst für Schadensersatzansprüche wegen Nichterfüllung, zB des Beamten wegen Nichtbeförderung (BVerwG NJW 1997, 1321, 1322), des Vermieters wegen Nichtzahlung der Miete (BGH NJW 1984, 794, 795), für die Mietgarantie (OLG Düsseldorf NJW-RR 1994, 11), für Schadensersatzansprüche wegen Verzuges mit diesen Leistungen; das ist unabhängig von der Frage, ob Verzugszinsen selbst schon unter die Bestimmung fallen (vgl dazu u Rn 79), für Ansprüche aus Rücktritt bzw, wie dies hier eher in Betracht kommen wird, aus Kündigung. Dabei spielt es keine Rolle, wenn die so begründeten Ersatz- oder Zusatzforderungen ihrerseits in einem Betrag zu zahlen sind (aA PALANDT/ELLENBERGER Rn 10; RICKEN NJW 1999, 1146).

Das gilt aber auch dann, wenn die Vereinbarung nichtig ist und sich Ansprüche aus Bereicherung oder uU auch aus Geschäftsführung ohne Auftrag ergeben. Ist zB der Mietvertrag unwirksam, dann verjährt der Bereicherungsanspruch des Vermieters wegen gewährter Gebrauchsüberlassung ebenfalls nach § 197 Abs 2. Auch Zinsnutzungen, die nach § 818 Abs 1 herauszugeben sind, fallen unter § 197 Abs 2 (BGH NJW 2000, 1637).

hh) Wiederkehrende Leistungen verlieren diesen ihren Charakter nicht dadurch, dass sie in einer Summe ausgeworfen werden, zB Unterhaltsleistungen. Geschieht dies einverständlich, liegt freilich idR ein Anerkenntnis des Schuldners iSd § 212 Abs 1 Nr 1 vor. **74**

Anders liegen die Dinge aber, wenn künftige Leistungen – eine Unterhaltsrente – kapitalisiert und so tituliert werden (die Zahlung aber dann nicht erfolgt). Hier ändert sich der Charakter der Schuld so nachhaltig, dass in aller Regel von einer Novation auszugehen ist, sodass § 197 Abs 1 (Nrn 3–5) anwendbar ist, nicht Abs 2.

b) Zinsen
Eine der wichtigsten Fallgruppen der wiederkehrenden Leistungen bilden Zinsen. Sie unterfallen als rückständige stets den §§ 195, 199 bzw – tituliert – § 197 Abs 1 Nrn 3–5; künftig anfallenden Zinsansprüche unterliegen stets den §§ 197 Abs 2, 201. **75**

76 aa) Zinsen sind dabei in einem materiellen Sinne zu verstehen, als Entgelt für die Überlassung oder Vorenthaltung von Kapital, sofern dieses Entgelt nur *laufzeitabhängig bemessen* wird, wie zB ein Disagio, nicht aber laufzeitunabhängige Bearbeitungs- oder Vermittlungsgebühren.

Dabei spielt es wiederum keine Rolle, ob eine einmalige Leistung vorgesehen ist (zB das Disagio bei einem mit vollstreckbarer Urkunde abgesicherten Kredit). Der Zinscharakter geht auch nicht dadurch verloren, dass Kapital und Zinsen einheitlich in gleichbleibenden Beträgen zu tilgen sind.

77 bb) Freilich wurde bei dieser Konstellation auch der allmählich steigende Kapitalanteil der Zahlungen durch die ausdrückliche Anordnung des § 197 aF den Bestimmungen der §§ 197, 218 aF unterworfen. Das verbietet sich jetzt: Die *Kapitalanteile der Zahlungen* sind heute Ratenzahlungen auf eine Schuld. In Bezug auf sie können also zB die Regelungen der §§ 197 Abs 1 Nrn 3–5, 196 mit einer längeren Frist Anwendung finden. Damit gewinnen bei unzulänglichen Leistungen die Tilgungsbestimmungen besondere Bedeutung, also die des Schuldners, §§ 366 Abs 1, 367 Abs 2, oder des Gesetzes, §§ 366 Abs 2, 367 Abs 1, 497 Abs 3 S 1, 2.

Kann der Schuldner geleistete Zinszahlungen zurückfordern, zB wegen sittenwidriger Überhöhung der Zinsen, führt dies heute stets zu den §§ 195, 199, wobei § 199 Abs 1 Nr 1 dazu nötigt, die geleisteten Zahlungen (auf Kapital und Zinsen) korrekt zuzuordnen.

78 cc) Für Zinsansprüche aus Grundstücksgeschäften gelten die §§ 195, 199, 197 Abs 2, nicht § 196, vgl aber auch § 217.

79 dd) Unter den *Verzugszinsen* erfasst § 197 Abs 2 jedenfalls die nach § 288 Abs 1 geschuldeten (RGZ 109, 345, 348, hM). Dagegen hat das RG (aaO; zustimmend SOERGEL/WALTER[12] Rn 6; **aA** MünchKomm/GROTHE Rn 33) weitergehend nach den §§ 288 Abs 3, 286 geschuldete Zinsen von der Bestimmung des § 197 aF ausnehmen wollen. Dem ist nicht zu folgen (vgl BGH NJW 1993, 1384; SOERGEL/NIEDENFÜHR Rn 6; PALANDT/ELLENBERGER Rn 10). Auf den Rechtsgrund der Zinsschuld kann es nicht ankommen. Der Kumulationseffekt, den das Gesetz verhindern soll, kann sich auch und gerade bei Schadensersatzzinsen ergeben.

80 ee) Die Bestimmung erfasst auch Zinsen auf *Hypotheken* und *Grundschulden* (BGH ZIP 1993, 257, 258), wie sie im Gegensatz zu diesen überhaupt der Verjährung unterliegen, § 902 Abs 1.

Namentlich werfen vollstreckbare Urkunden iSd § 197 Abs 1 Nr 4 in aller Regel jährlich fällige Zinsen aus. Doch ist zu beachten, dass der Gläubiger nach den zugrundeliegenden Vereinbarungen erst im Sicherungsfall (auch) auf die Zinsen zugreifen darf. BGH ZIP 1995, 1973, 1976 hatte darin eine verjährungshemmende Stundung iSd § 202 Abs 1 aF (§ 205 nF) gesehen; richtigerweise wird man annehmen müssen, dass auch der Anspruch auf die Grundschuld erst im Sicherungsfall fällig wird und damit iSd § 201 S 1 entsteht. Das Ergebnis bleibt sich gleich. Nicht zu folgen ist jedenfalls BGH ZIP 1999, 1883, wo das „fällig" der Bestellungsurkunden wörtlich genommen, die Verjährung also als jeweils sofort einsetzend gesehen wird.

Die Folge der hiesigen Sicht und der früheren des BGH ist zwar eine unerträgliche Kumulierung der Zinsen, aber das Mittel dagegen ist nicht die Verjährung, sondern die materielle Kontrolle, zB nach § 138 oder den §§ 305 ff (vgl Peters JZ 2001, 1017).

Die Regeln über Zinsen werden aber *unanwendbar,* wenn die Zinsen *der Hauptforderung zuzuschlagen* sind und dann einen Teil dieser selbst bilden, zB Zinsansprüche aus Sparguthaben (OLG Frankfurt NJW 1998, 997; **aA** LG Kaiserslautern WM 1984, 1604; Palandt/Ellenberger Rn 10), die Zinsen auf die Kaution des Mieters (LG Hamburg WM 1996, 765). Das ist unabhängig davon, ob die Zuschrift erfolgt oder nicht; nicht etwa lässt sich auch ein kurzfristig verjährender Anspruch auf die Zuschrift annehmen.

Erst recht gelten sie nicht, wo eine gestreckt zu erbringende Zahlung mit Rücksicht darauf von vornherein um einen *einberechneten Zinsanteil* höher angelegt wird. Das gilt namentlich auch dann, wenn dieser Zinsanteil gesondert ausgewiesen wird oder gar – wie nach § 502 Abs 1 – ausgewiesen werden muss.

ff) Zuweilen bestehen *Sonderbestimmungen,* vgl §§ 801 Abs 2, Abs 1 S 1, 2 BGB **81** (Zins-, Renten- und Gewinnanteilscheine), 497 Abs 3 S 4, der in seinem Anwendungsbereich § 197 Abs 2 für unanwendbar erklärt.

Vgl zur Verjährung von Wechselzinsen Art 70 WG, zu Scheckansprüchen Art 52 ScheckG.

gg) Auf *Kosten* findet § 197 Abs 2 keine Anwendung; auch eine entsprechende ist **82** nicht möglich.

c) Sonstige künftig wiederkehrende Leistungen
aa) § 197 Abs 2 erfasst namentlich Miet- und Pachtzinsen, Ansprüche aus einer **83** Mietgarantie, Vergütungsansprüche aus Lizenzen. Die Ansprüche werden idR vertraglich begründet sein, notwendig ist das aber nicht, vgl die Überbaurente des § 912 Abs 2, die Notwegrente des § 917 Abs 2. Die Gebrauchsüberlassung kann, wie diese Beispiele schon zeigen, auch dinglich abgesichert sein, zB durch ein Erbbaurecht, eine Dienstbarkeit.

bb) Wiederkehrenden Charakter haben auch Besoldungs- und Versorgungsleistun- **84** gen: Die Gehälter der Beamten, Richter und Soldaten, ihre Ruhegehaltsansprüche und die ihrer Hinterbliebenen, auch die von Ministern und Parlamentarischen Staatssekretären, von Abgeordneten. Entsprechendes gilt für Besoldungs- und Versorgungsleistungen auf privatrechtlicher Basis. Dabei ist die Grundlage der Leistungen unerheblich. Weithin wird es die Leistung von Diensten sein, aber es kommen doch auch Altenteilsleistungen in Betracht oder etwa eine Leibrente, zB nach einem Grundstückskaufvertrag.

cc) Gegenstand der Leistungen werden idR Geldzahlungen sein, doch kommen – **85** etwa beim Altenteil – auch Sachleistungen in Betracht. Dann gilt § 197 Abs 2 auch für die Sekundäransprüche, die sich aus ihrer Nichterbringung ergeben.

4. Unterhaltsleistungen

86 Unterhalt stellt einen der Hauptanwendungsfälle des § 197 Abs 2 dar, dies auch dann, wenn er nur kurzfristig zu leisten ist oder einen Sonderbedarf betrifft. In Fällen dieser Art wird man freilich idR um Rückstände streiten, nicht um künftig fällig werdende Leistungen.

5. Erneute Klage

87 Namentlich bei jenen titulierten Ansprüchen, die § 197 Abs 2 unterliegen, kann der erneute Eintritt der Verjährung drohen. Es ist das Prozesshindernis des *ne bis in idem* zu berücksichtigen. Eine *erneute Klage* ist nicht schon deshalb zulässig, weil so die Ansprüche aus dem Geltungsbereich des § 197 Abs 2 in den des § 197 Abs 1 überführt werden können (BGHZ 93, 287, 291 f; BGH NJW-RR 2003, 1076, 1077). Es ist aber jedenfalls zulässig, einer bisherigen bloßen Feststellungsklage eine Leistungsklage nachzuschieben; das folgt schon aus allgemeinen Gesichtspunkten. Eine Klage zu erneuern, ist ferner dann zulässig, wenn dies – insbesondere gegenüber § 212 Abs 1 Nr 2 und den anderen Möglichkeiten – der einzige Weg ist, die Verjährung aufzuhalten (BGHZ 93, 287, 291), zB gegenüber dem flüchtigen Unterhaltsschuldner. Bei bereits titulierten Ansprüchen genügt dann eine Feststellungsklage (BGH NJW-RR 2003, 1076, 1077).

§ 198
Verjährung bei Rechtsnachfolge

Gelangt eine Sache, hinsichtlich derer ein dinglicher Anspruch besteht, durch Rechtsnachfolge in den Besitz eines Dritten, so kommt die während des Besitzes des Rechtsvorgängers verstrichene Verjährungszeit dem Rechtsnachfolger zugute.

Materialien: Art 1 G zur Modernisierung des Schuldrechts v 26. 11. 2001 (BGBl I 3138). BGB aF: § 221; E I § 181; II § 186; III § 216; Mot I 340; Prot I 386 ff; II 1, 231; JAKOBS/SCHUBERT, AT 1000, 1043 f; 1079, 1083 ff, 1101, 1118 f PETERS/ZIMMERMANN: Gutachten 326; Schuldrechtskommission § 204, Abschlussbericht 78; RegE § 198, BT-Drucks 14/6040, 107.

Schrifttum

FINKENAUER, Zum Begriff der Rechtsnachfolge in § 221 BGB, JZ 2000, 241
ders, Eigentum und Zeitablauf – das dominium sine re im Grundstücksrecht (2000)
ders, Die Verjährung bei Kulturgütern. Zur geplanten „lex Gurlitt", JZ 2014, 479
MAGNUS/WAIS, Unberechtigter Besitz und Verjährung, NJW 2014, 1270

ORDEMANN, Zur Auslegung des § 221 BGB, JR 1961, 93
PICKER, Beseitigungsanspruch, nachbarrechtliches Selbsthilferecht und Verjährung von Ansprüchen aus eingetragenen Rechten – BGHZ 60, 235, JuS 1974, 357
PLAMBECK, Die Verjährung der Vindikation (Diss Hamburg 1996).

Titel 1
Gegenstand und Dauer der Verjährung § 198

I. Allgemeines

1. Die Rechtsnachfolge hat auf den Lauf der Verjährung eines Anspruchs grund- 1
sätzlich keine Auswirkungen; diese hat schon zu laufen begonnen und läuft weiter.
Das gilt unabhängig von der Rechtsnatur des Anspruchs ebenso für die Rechtsnachfolge auf der Gläubigerseite wie für die auf der Schuldnerseite; es gilt sowohl für die Singularsukzession als auch für die Universalsukzession (Mot I 340). Nur ausnahmsweise können sich aus der Rechtsnachfolge Besonderheiten ergeben, zB kann der Hemmungsgrund des § 207 entfallen, der des § 211 entstehen.

Die *grundsätzliche Unbeachtlichkeit der Rechtsnachfolge* gilt im Prinzip auch für dingliche Ansprüche. Hier weist freilich der Begriff der Rechtsnachfolge Besonderheiten auf: Rechtsnachfolge in dem genannten Sinne ergibt sich für Ansprüche, die unmittelbar aus einem dinglichen Recht fließen, aus dem Übergang des dinglichen Rechts selbst: Der Erwerber des Eigentums erwirbt den Anspruch aus § 1004 in jener teilverjährten Form, in der er bei Eigentumserwerb bestand (BGHZ 60, 235, 240). Gleiches ist für den Anspruch aus § 985 anzunehmen. Anderes gilt natürlich für schuldrechtliche Ansprüche, die – in sich abgeschlossen – aus dem Eigentum hergeleitet werden können: Der Anspruch auf gezogene Nutzungen gegen den bösgläubigen Besitzer, §§ 987, 990, folgt nicht unmittelbar dem Eigentum, sondern muss gesondert übertragen werden; dies geschieht dann in seiner teilverjährten Form.

Soweit für Ansprüche der Besitz bedeutsam ist, ist für die erbrechtliche Rechtsnachfolge § 857 zu beachten.

2. Dingliche Ansprüche, deren Begriff das BGB nur in § 198 verwendet, richten 2
sich zwar wie andere Ansprüche gegen eine bestimmte Person, finden ihre Grundlage jedoch nicht in einem Verpflichtungsverhältnis, sondern in einer Sachbeziehung des Berechtigten und des Verpflichteten. Das hat zur Folge, dass jedenfalls bei einem *Wechsel der Sachbeziehung auf der Passivseite* der bisherige Anspruch – wegen Fortfalls seiner Voraussetzungen – erlischt und ein neuer Anspruch entsteht, der dann neuerlich verjähren müsste. Unter Übernahme der accessio temporis des römischen Rechts und mit Rücksicht auf die Verkehrsanschauung, nach der dem Besitznachfolger die Rechtslage seines Vorgängers verbleibt (Mot I 341), lässt die Bestimmung die zugunsten des früheren Besitzers begonnene Verjährung trotz des Besitzwechsels weiterlaufen. Praktisch wichtig ist das insbesondere für rückständige Hypothekenzinsen oder Leistungen auf Grund von Reallasten, vgl § 902 Abs 1 S 2, heute auch für in den Wirren des Kriegsendes oder der ersten Nachkriegszeit begründete Herausgabeansprüche, wenn sich für sie jetzt erstmalig Realisierungsmöglichkeiten ergeben.

3. Die Bestimmung betrifft nur die Rechtsnachfolge auf der *Passivseite*. Bei den 3
meisten einvernehmlichen Veränderungen auf der *Aktivseite* kann man mit den Überlegungen (o Rn 1) arbeiten, aber doch auch mit einer entsprechenden Anwendung der Bestimmung (so MünchKomm/Grothe Rn 5). Ihr entsprechend muss eine Anrechnung der früheren Rechtsinhaberschaft hier unterbleiben, wo diese nicht einvernehmlich übernommen wird, wie zB im Falle der Aneignung. Vgl zum Problemkreis näher Plambeck 132 ff.

Bei Eigentumserwerb durch dingliche Surrogation, zB nach § 2019, ist die für den vorangegangenen Anspruch abgelaufene Zeit anzurechnen.

II. Die „Rechtsnachfolge"

4 1. Die Sache, hinsichtlich derer ein dinglicher Anspruch gegen den Besitzer zwar besteht, muss *„durch Rechtsnachfolge"* in den Besitz des Dritten gelangt sein. Der Begriff der Rechtsnachfolge bezieht sich in diesem Zusammenhang auf den Besitz als tatsächliches Verhältnis, sodass besser von *Besitznachfolge* gesprochen würde (STAUDINGER/DILCHER[12] § 221 aF Rn 4).

2. Eine derartige Nachfolge liegt zunächst – und im eigentlichen Sinne – beim Besitzerwerb kraft *Erbgangs* vor, wo die Bestimmung wegen § 857 freilich entbehrlich gewesen wäre (vgl MünchKomm/GROTHE Rn 2).

5 3. Rechtsnachfolge iSd Bestimmung liegt ferner und vor allem dann vor, *wenn der Besitz mit Willen des bisherigen Besitzers auf den neuen Besitzer* übergeht (PLANCK/KNOKE § 221 aF Anm 2; STAUDINGER/DILCHER[12] § 221 aF Rn 5; MünchKomm/GROTHE Rn 2). Die Umstände des Besitzerwerbs sind bedeutungslos. Auf Redlichkeit des Erwerbers kommt es hier nicht an (STAUDINGER/DILCHER[12] § 221 aF Rn 5; ERMAN/SCHMIDT-RÄNTSCH Rn 5), sodass die Bestimmung insbesondere auch anwendbar ist, wenn ein Erwerb vom Nichtberechtigten an bösem Glauben (oder an § 935) scheitert. Es reicht auch der Besitzerwerb bei der Rückabwicklung unwirksamer Verträge (STAUDINGER/DILCHER[12] § 221 aF Rn 5; BGB-RGRK/JOHANNSEN § 221 aF Rn 4; MünchKomm/GROTHE Rn 2; mit abweichender Begründung Mot I 341; aA PLANCK/KNOKE § 221 aF Anm 2).

Rechtsnachfolge ist auch dann gegeben, wenn die Überlassung auf einer entsprechenden Verurteilung beruht, dies selbst dann, wenn sie durch den Gerichtsvollzieher durchgesetzt werden muss.

Der Besitzwechsel kann ein mehrfacher sein mit der Folge, dass die *Besitzzeit aller Vorgänger* – nicht nur des unmittelbaren – angerechnet wird (STAUDINGER/DILCHER[12] § 221 aF Rn 3; BGB-RGRK/JOHANNSEN § 221 aF Rn 5; MünchKomm/GROTHE Rn 2; aA ORDEMANN JR 1961, 93, entgegen dessen Auffassung Wortlaut und Zweck gerade für die hM sprechen).

6 4. Folgerichtig ist die Bestimmung dann *unanwendbar,* wenn

a) ein originärer Besitzerwerb stattfindet, wie etwa im Falle des Fundes oder der Aneignung (STAUDINGER/DILCHER[12] § 221 aF Rn 7 mit missverständlichem Hinweis auf den Fall der Ersitzung).

b) ein *Besitzerwerb ohne den Willen des bisherigen Besitzers* vorliegt (STAUDINGER/DILCHER[12] § 221 aF Rn 6). Das beurteilt sich nach den Maßstäben des § 858, sodass es insbesondere auch bedeutungslos ist, ob der jetzige Besitzer einen Anspruch auf Gewährung des Besitzes gegen den früheren hatte (aA STAUDINGER/DILCHER[12] § 221 aF Rn 6; BGB-RGRK/JOHANNSEN § 221 aF Rn 4; wie hier MünchKomm/GROTHE Rn 3; ERMAN/SCHMIDT-RÄNTSCH Rn 5). Nach den Maßstäben des § 858 beurteilen sich auch Geschäftsunfähigkeit des früheren Besitzers und sonstige Willensmängel.

5. Die Bestimmung gilt für die Rechtsnachfolge im unmittelbaren Besitz wie für **7** die im mittelbaren Besitz (MünchKomm/Grothe Rn 4). Begründet der bisherige unmittelbare Besitzer durch Überlassung der Sache an einen anderen mittelbaren Besitz, so läuft die bisherige Verjährung gegen ihn weiter (Staudinger/Dilcher[12] § 221 aF Rn 7), für den jetzigen unmittelbaren Besitzer gilt § 198 mit der Folge, dass er sich auch auf eine für sich nicht für die Verjährung ausreichende Besitzzeit des bisherigen unmittelbaren, jetzigen mittelbaren Besitzers berufen kann (**aA** Staudinger/Dilcher[12] § 221 aF Rn 7; Soergel/Niedenführ Rn 5, die nur § 986 anwenden wollen und auch dies nur für den Fall, dass die Verjährung schon in der Person des Vorgängers vollendet ist). – § 221 bleibt anwendbar, wenn der unmittelbare Besitzer Eigenbesitz begründet (MünchKomm/Grothe Rn 3).

6. Die *Beweislast* für die fehlende Rechtsnachfolge ist – in Anlehnung an die **8** Regelung in § 935 Abs 1 – dem Gläubiger zuzuweisen.

III. Rechtsfolgen

1. Liegt eine Rechtsnachfolge iSd § 198 vor, ist in Ansehung der Verjährung nicht **9** zwischen dem früheren und dem jetzigen Besitzer zu unterscheiden. Letzterer kann sich auf die schon abgelaufene Zeit berufen, muss aber andererseits Hemmungen oder einen Neubeginn der Verjährung gegen sich gelten lassen.

2. Ist die *Besitznachfolge* eine *unfreiwillige,* entsteht der dingliche Anspruch unverjährt neu. Rechtsmissbrauch liegt allerdings vor, wenn sich der dinglich Berechtigte dies zunutze macht.

3. Tritt im Ergebnis Verjährung ein, ist die Folge die entsprechende Abschwächung des dinglichen Anspruchs. Das dingliche Recht als solches bleibt bestehen (vgl näher Plambeck 153 ff; Finkenauer, Eigentum 158 ff). Das Auseinanderfallen von Recht und Besitz mag „unordentlich" sein, aber ein Verlust des Rechts lässt sich dogmatisch ebensowenig begründen wie auch nur ein Recht des Besitzers zum Besitz (aus der Verjährung). Das verbleibende Recht ist auch nicht bedeutungslos: Der Besitzer braucht sich nicht auf die Verjährung zu berufen; es kann später ein unfreiwilliger Besitzwechsel eintreten; bei Verfügungen des Besitzers über die Sache bleibt das dingliche Recht ein geldwerter Störfaktor, weil der Erwerber eben nicht das Eigentum selbst erwirbt.

IV. Die Ansprüche der §§ 2018, 2130

§ 198 muss auch – jedenfalls entsprechende – Anwendung bei den Ansprüchen aus **10** den §§ 2018, 2130 finden, wie sie § 197 Abs 1 Nr 2 an die Seite der dinglichen Ansprüche stellt (**aA** MünchKomm/Grothe Rn 6). Es ist namentlich denkbar, dass der Erbschaftsbesitzer seinen Erbschaftsbesitz vererbt oder die Erbschaft verkauft. Dass der Anspruch aus § 2018 zT nur obligatorischen Charakter hat, ändert daran nichts.

V. Dingliche Surrogation

§ 198 ist entsprechend anzuwenden, wo nicht die Person des Herausgabepflichtigen **11** wechselt, sondern diese gleich bleibt, jetzt aber etwas anderes herauszugeben hat, also in den Fällen der dinglichen Surrogation. Ein solcher Vorgang vermag den zeitlichen Spielraum des Herausgabeberechtigten nicht zu erweitern.

§ 199
Beginn der regelmäßigen Verjährungsfrist und Verjährungshöchstfristen

(1) Die regelmäßige Verjährungsfrist beginnt, soweit nicht ein anderer Verjährungsbeginn bestimmt ist, mit dem Schluss des Jahres, in dem

1. der Anspruch entstanden ist und

2. der Gläubiger von den den Anspruch begründenden Umständen und der Person des Schuldners Kenntnis erlangt oder ohne grobe Fahrlässigkeit erlangen müsste.

(2) Schadensersatzansprüche, die auf der Verletzung des Lebens, des Körpers, der Gesundheit oder der Freiheit beruhen, verjähren ohne Rücksicht auf ihre Entstehung und die Kenntnis oder grob fahrlässige Unkenntnis in 30 Jahren von der Begehung der Handlung, der Pflichtverletzung oder dem sonstigen, den Schaden auslösenden Ereignis an.

(3) Sonstige Schadensersatzansprüche verjähren

1. ohne Rücksicht auf die Kenntnis oder grob fahrlässige Unkenntnis in zehn Jahren von ihrer Entstehung an und

2. ohne Rücksicht auf ihre Entstehung und die Kenntnis oder grob fahrlässige Unkenntnis in 30 Jahren von der Begehung der Handlung, der Pflichtverletzung oder dem sonstigen, den Schaden auslösenden Ereignis an.

Maßgeblich ist die früher endende Frist.

(3a) Ansprüche, die auf einem Erbfall beruhen oder deren Geltendmachung die Kenntnis einer Verfügung von Todes wegen voraussetzt, verjähren ohne Rücksicht auf die Kenntnis oder grob fahrlässige Unkenntnis in 30 Jahren von der Entstehung des Anspruchs an.

(4) Andere Ansprüche als die nach den Absätzen 2 bis 3a verjähren ohne Rücksicht auf die Kenntnis oder grob fahrlässige Unkenntnis in zehn Jahren von ihrer Entstehung an.

(5) Geht der Anspruch auf ein Unterlassen, so tritt an die Stelle der Entstehung die Zuwiderhandlung.

Titel 1
Gegenstand und Dauer der Verjährung § 199

Materialien: Art 1 G zur Modernisierung des Schuldrechts v 26. 11. 2001 (BGBl I 3138). BGB aF § 198: E I § 158 Abs 1, 2; II § 165 Abs 1; III § 193; Mot I 307; Prot I 334 ff; II 1 209 ff; Jakobs/Schubert, AT 995, 1001 ff, 1020 f, 1057 ff, 1083 ff, 1095, 1110 f, 1137 f.BGB aF § 201: E I § 159; II § 166; III § 196; Mot I 310; Prot I 336; II 1 211, 216 ff; VI 140 ff; Jakobs/Schubert, AT 994, 1021, 1059, 1083 ff, 1095, 1111, 1138. Peters/Zimmermann § 196, Gutachten 172, 244, 302, 305, 319, 324; Schuldrechtskommission §§ 196, 199 Abs 1, 203, Abschlussbericht 54, 69, 77; RegE § 199, BT-Drucks 14/6040, 105; BT-Drucks 14/7052, 6, 199. Abs 3a neu, Abs 1, 4 neugefasst durch G zur Änderung des Erb- und Verjährungsrechts v 24. 9. 2009 (BGBl I 3142); BT-Drucks 16/8954, 16/13543.

Schrifttum

Bitter/Alles, Die Rechtsprechung zum Aufschub des Verjährungsbeginns bei unklarer Rechtslage, NJW 2011, 2081
Borck, Zur Verjährung wettbewerblicher Unterlassungsansprüche, WRP 1979, 341
Bräuer, Der Verjährungsbeginn bei der Gewährleistungsbürgschaft, NZBau 2007, 477
Brandis, Beginn des Laufs der Anspruchsverjährung im Gemeinen Recht und im Bürgerlichen Gesetzbuch (Diss Leipzig 1903)
Brinker, Die Verjährung von Ersatzansprüchen gegen den Rechtsanwalt (1990)
Budzikiewicz, Die Verjährung im neuen Darlehensrecht, WM 2003, 264
Chab, in: Zugehör/Fischer/Vill/Fischer/Rinkler/Chab, Handbuch der Anwaltshaftung (3. Aufl 2011) 1263
Eckert, Die Verjährung vertraglicher Schadensersatzansprüche gegen Rechtsanwälte und Steuerberater, NJW 1989, 2081
G Fischer, Tendenzen der Rechtsprechung des BGH zum Anwaltshaftungsrecht, NJW 1999, 2997
S Fischer, Die Verjährung beim Gesamtschuldnerregress unter Organmitgliedern, ZIP 2014, 406
Fischinger, Sind die §§ 203 ff. BGB auf die Höchstfristen des § 199 Abs 2–4 BGB anwendbar?, VersR 2006, 1475
Fritzsche, Zum Verjährungsbeginn bei Unterlassungsansprüchen, in: FS Rolland (1999) 115
Gaier, Der Beginn der regelmäßigen Verjährung von gemeinschaftlichen Ansprüchen der Wohnungseigentümer nach neuem Recht, NZM 2003, 90
Gay, Der Beginn der Verjährungsfrist bei Bürgschaftsforderungen, NJW 2005, 2585
Gehrlein, Die Fehlberatung – Die Schadensentstehung als Voraussetzung des Verjährungsbeginns, MDR 2010, 1225
Gill, Der besondere Verjährungsbeginn für Schadensersatzansprüche in § 852 I BGB (Diss Hamburg 1983)
Gräfe, Zur Entstehung von Schadensersatzansprüchen gegen Steuerberater, BB 1980, 1265
Grützner/Schmidl, Verjährungsbeginn bei Garantieansprüchen, NJW 2007, 3610
Harnisch, Der Beginn der Anspruchsverjährung nach § 198 BGB (Diss Heidelberg 1907)
Harringer, Die Verjährung von Unterlassungsansprüchen (Diss Rostock 1931)
Hempel, Verjährung von Rückforderungsansprüchen bei unbilliger Leistungsbestimmung im Sinne von § 315 BGB, ZIP 2007, 1196
Hillinger, Nochmals zur Verjährung von Unterlassungsansprüchen, GRUR 1973, 254
Jacoby, Die Verjährung des Rückforderungsanspruchs wegen Durchführung nicht geschuldeter Schönheitsreparaturen, ZMR 2010, 335
Jaeger, Verjährung des Schmerzensgeldanspruchs, ZGS 2003, 329
Klein/Moufang/Koss, Ausgewählte Fragen zur Verjährung, BauR 2009, 333
Klutinius/Karwatzki, Der Verjährungsbeginn des Ausgleichsanspruchs nach § 426 Abs 1 BGB, VersR 2008, 617
Knops, Verjährungsbeginn durch Anspruchsentstehung bei Schadensersatzansprüchen, AcP 205 (2005) 821
Köhler, Zur Geltendmachung und Verjährung von Unterlassungsansprüchen, JZ 2005, 489
Krämer, Verhaltener Anspruch und Verjährung, in: FS vWestphalen (2010) 401
Krieger, Zur Verjährung von Unterlassungs-

ansprüchen auf dem Gebiet des gewerblichen Rechtsschutzes, GRUR 1972, 696
MERTINS/GANSEL, Verjährungsfristen benachteiligten geschädigte Anleger, ZRP 2011, 193
MORAHT, Verjährungsrechtliche Probleme bei der Geltendmachung von Spätschäden im Deliktsrecht (Diss Freiburg 1995)
MÜLLER, Die Verjährung von Einlageansprüchen im Kapitalgesellschaftsrecht, ZGS 2002, 280
NEU, Die Verjährung der gesetzlichen Unterlassungs-, Beseitigungs- und Schadensersatzansprüche des Wettbewerbs- und Warenzeichenrechts, GRUR 1985, 335
OTTE, Die Verjährung erbrechtlicher Ansprüche, ZGS 2010, 157
ders, Immer noch Unklarheit über die Verjährung im Erbrecht?, in: SCHRÖDER (Hrsg), Erbrecht – Aktuelle Fragen (2012) 79
OTTO, Die Bestimmung des § 199 Abs 1 Nr 2 BGB (Diss Hamburg 2006)
PANIER, Der Grundsatz der Schadenseinheit (2009)
PETERS, Der Beginn der Verjährung bei Regressansprüchen, ZGS 2010, 154
PICKER, Beseitigungsanspruch, nachbarliches Selbsthilferecht und Verjährung von Ansprüchen aus eingetragenen Rechten – BGHZ 60, 235, JuS 1974, 357
REINICKE/TIEDTKE, Verjährung eines Anspruchs vor seiner Entstehung, ZIP 1999, 1905
RIEBLE, Verjährung „verhaltener" Ansprüche am Beispiel der Vertragsstrafe, NJW 2004, 2270

ROSENTHAL, Die Anspruchsverjährung bei der fortgesetzten Handlung, LZ 1918, 676
SCHNAUFER, Die Kenntnis des Geschädigten als Auslöser für den Beginn der Verjährungsfrist (Diss Mannheim 1997)
SCHMID, Der Beginn der Regelverjährung nach §§ 195, 199 BGB bei juristischen Personen, ZGS 2002, 180
SCHULTZ, Verjährung und Fälligkeit, JZ 1973, 718
SCHULTZ, Der Zeitpunkt der Schadensentstehung bei Fehlern von Anwälten und Steuerberatern, VersR 1994, 142
SCHWINTOWSKI, Die Verjährung von Ansprüchen auf Rückzahlung überhöhter Stromentgelte, ZIP 2006, 2302
STOECKER, Die Verjährungsproblematik der vertraglichen Haftung des Rechtsanwaltes und des Steuerberaters (Diss Hamburg 1992)
THEISEN/THEISEN, Zum Gegenstand der Kenntnis in § 199 Abs 1 Nr 2 BGB am Beispiel bankrechtlicher Ansprüche, in: FS Nobbe (2009) 453
WACKE, Verjährungsbeginn nicht vor Rechnungserteilung?, in: FS Jagenburg (2002) 953
ZEUNER, Gedanken zur Abgrenzung des Anspruchs als Objekt der Verjährung und der Verjährungsunterbrechung, in: FS Henckel (1995) 940
ZIMMERMANN, Verjährungsbeginn von Rückzahlungsansprüchen der öffentlichen Auftraggeber, BauR 2007, 1798
ZUGEHÖR, Die Verjährung in der Berufshaftung der Rechtsanwälte, NJW 1995, Beil zu H 21.

Systematische Übersicht

I. Allgemeines	1
1. Prinzipien der Regelung	1
2. Abschließende Regelung	1a
II. Anwendungsbereich	2
III. Entstehung des Anspruchs	
1. Grundsatz	3
a) Allgemeines	3
b) Entstehung des Anspruchs und Fälligkeit	5
c) Klagemöglichkeit	6
2. Fälligkeit des Anspruchs	7
3. Erteilung einer Rechnung/Abrechnung	17
4. Dauerpflichten	20c
5. Einzelne Ansprüche	21
a) Vertragliche Erfüllungsansprüche	21
b) Bürgschaft	22
c) Sekundäransprüche	23
6. Insbesondere: Schadensersatzansprüche	27
a) Allgemeines	27

Titel 1
Gegenstand und Dauer der Verjährung § 199

b)	Wiederholte und dauernde Schädigungen	28
c)	Schadensersatzansprüche verfahrensrechtlichen Ursprungs	31
d)	Schadenseintritt	32
e)	Verwaltungsrechtlicher Primärrechtsschutz	38
f)	Subsidiäre Haftung	41
aa)	Allgemeines	41
bb)	Entstehung des Anspruchs	42
cc)	Maßnahmen zur Realisierung des anderweitigen Ersatzes	43
g)	Grundsatz der Schadenseinheit	44
aa)	Inhalt	44
bb)	Vorhersehbare Schäden	45
cc)	Konsequenzen	46
dd)	Kritik	47
ee)	Kein „Stammrecht"	52

IV. Kenntnis des Gläubigers
1. Die maßgebliche Person — 53
2. Gegenstand der Kenntnis — 62
a) Die den Anspruch begründenden Umstände — 62
b) Die Person des Schuldners — 70
c) Intensität der Kenntnis — 71
3. Zeitpunkt der Kenntnis — 72

V. Grob fahrlässige Unkenntnis des Gläubigers
1. Allgemeines — 73
2. Zur Dogmatik — 76
3. Organisationspflichten — 77
4. Verdachtsmomente — 79

5. Anforderungen an den Gläubiger — 80
6. Hilfspersonen — 81
7. „Grobe" Fahrlässigkeit — 82
8. Verhalten des Schuldners — 83
9. Darlegungs- und Beweislast — 84

VI. Verjährungsbeginn mit Jahresschluss — 85

VII. Verjährungshöchstfristen
1. Allgemeines — 89
2. Verletzung persönlicher Rechtsgüter, § 199 Abs 2 — 94
a) Schadensersatzansprüche — 94
b) Betroffene Rechtsgüter — 95
c) Verjährungsbeginn — 96
3. Sonstige Schadensersatzansprüche, § 199 Abs 3 — 97
4. Erbfall und Testament — 99
a) Ansprüche, die auf einem Erbfall beruhen — 100
b) Notwendige Kenntnis einer Verfügung von Todes wegen — 105
5. Weitere Ansprüche, § 199 Abs 4 — 106

VIII. Ansprüche auf Beseitigung und Unterlassung
1. Unterlassungsansprüche — 107
2. Möglichkeit der Verjährung — 109
3. Titulierung des Anspruchs — 112
4. Pflicht zu dauerndem positivem Tun — 113
5. Gehalt des § 199 Abs 5 — 114
6. Beseitigungsansprüche — 115

IX. Abweichende Regelungen — 117

Alphabetische Übersicht

Absolute Rechtsgüter, Verletzung von	33
Abrechnungsfehler	19
Abrechnungsguthaben	20a
Amtspflichtverletzung	38, 41
Anfechtung	10, 64
Anspruch	
– gegen sich selbst	37, 61
– verhaltener	12
Anwaltshaftung	35, 37, 86
Arzthaftung	63
Aufklärungskosten	82
Aufopferung	94
Auskunft des Schuldners	66, 83
Beauftragter	60
Beeinträchtigung	
– dauernde	110
– wiederholte	110
Befriedigung des Anspruchs	3
Begehung der Handlung	50, 96
Behörde	59
Bereicherungsanspruch	26
Beseitigungsanspruch	115 f
Beweisführung des Schuldners	74

Beweislast — 84
Beweismöglichkeiten — 68
BGB-Gesellschaft — 14
Bürgschaft — 22
– Regressanspruch des Bürgen — 8

cessio legis — 78

Darlegungslast — 68
Dauerhandlungen — 29
Dauerpflichten — 20c

Eigentumsverletzung — 97 f
Einreden des Schuldners — 7, 67
Einrede der Vorausklage — 22
Einwendungen des Schuldners — 7, 67
Eltern — 57
Entlastungsmöglichkeit des Schuldners — 63
Entnahmerecht — 14
Entstehung des Anspruchs — 3 ff, 50
Erbfall — 99 ff
Erbschaftskauf — 103
Ereignis, den Schaden auslösendes — 96
Erfüllungsanspruch — 21
Ermittlungen des Gläubigers — 80
Ersatzmöglichkeit, anderweitige — 41 ff

Fälligkeit — 4 ff
Fahrlässigkeit, grobe — 73 ff
Feststellungsklage — 4, 46
Forderung, ungewöhnliche — 77
Freihaltungsanspruch — 7, 8
Fürsorge für den Anspruch — 73

Gebührentatbestand — 21
Gefährdungshaftung — 94
Gegenvorstellung bei der Amtshaftung — 39
Genehmigung als Anspruchsvoraussetzung — 10
Gesamtgläubiger — 15
Gesamtschuldnerausgleich — 8, 65
Gesellschafter, Ansprüche der — 8, 14, 16
Gestaltungsrecht, Ausübung des — 11
Gewährleistung — 23
Gewissheit des Gläubigers — 71
Grundregel, systematische — 2
Gutschrift von Zinsen — 13

Haftung, subsidiäre — 16, 41 ff
Handlung, Begehung der — 50

Hemmung, anfängliche — 76
Hilfspersonen — 60, 81
Hinterleger — 12, 88
Höchstfristen — 1, 89 ff
– Beginn — 89, 93
– als Kappung — 91
– Subsidiarität — 91
– Voraussetzungen — 89 f

Immissionen — 111, 116
Indizien für den Anspruch — 79
Insolvenzverwalter — 55, 72

Jahresschluss — 1, 85 ff
Juristische Person, Organe der — 58

Kapitalisierung des Schadens — 51
Kausalität — 47
Kenntnis des Gläubigers — 48, 53 ff, 75
– des Anspruchs — 69
– Gegenstand — 62 ff
– teilweise — 66
– Verlust der — 87
– Zeitpunkt der — 71
Klagemöglichkeit — 6
Körperschaft, öffentliche — 59
Kommanditist — 14
Kündigung als Anspruchsvoraussetzung — 11, 21

Leistungen, wiederkehrende — 21
Leistungsklage — 3, 47
Leistungsurteil — 7

Mehrheit von Gläubigern — 15, 54
Miete — 23
Mietsache, Mängel an der — 20c

Nachforderung — 20b
Name und Anschrift — 70
Notarhaftung — 41 ff

Obliegenheit — 73
Organisationspflicht — 77 f

Partei kraft Amtes — 55
Person des Schuldners — 70
Pflichtverletzung — 95 f
Positive Forderungsverletzung — 94
Positives Tun, dauerndes — 113

Titel 1
Gegenstand und Dauer der Verjährung § 199

Primärrechtsschutz, verwaltungsrechtlicher	38	Testament	99, 105
Prospektmängel	65	Testamentsvollstrecker	55, 101
Prozesskostenhilfe	6	Überleitung	76, 92
Prozessstandschaft, gewillkürte	55	Überzahlung nach Rechnungserstellung	20
Rechnung	17 ff	Ultimo-Verjährung	85
– konstitutive	17	Umstände, anspruchsbegründende	62 ff
– Prüfungspflicht	80	Unkenntnis, grob fahrlässige	73 ff
– unvollständige	19	Unterlassungsansprüche	107 ff
– verzögerte	18	Unsichere und zweifelhafte Rechtslage	1a, 62
Rechnungshof	77	Verdachtsmomente	79
Rechtfertigungsgrund	63	Verfügung von Todes wegen	105
Rechtsbehelf, formloser	39	Verfügungsbefugnis	55
Rechtsgrund, fehlender	21	Verhandlungen	43
Rechtsnachfolger	56	Verjährungsbeginn, fester	47
Regressgläubiger	8, 77 f	Verjährungsfrist, regelmäßige	2
Rücktritt als Anspruchsvoraussetzung	24	Verleiher	12, 88
Schaden, vorhersehbarer	45	Vermögensgefährdung	35
Schadenseinheit, Grundsatz der	34, 44 ff, 96	Vermögensschaden	33, 97
Schadenseintritt	32 ff	Vertrag zugunsten Dritter	54
Schadensersatz statt der Leistung	24	– auf den Todesfall	104
Schadensersatzanspruch	27 ff, 94 ff	Vertragsstrafe	15, 25
– verfahrensrechtlichen Ursprungs	31	Vertreter	57 f
Schadensfolgen, spätere	44 ff	Verwahrer	12, 88
Sekundäranspruch	23	Verwaltungsakt, günstiger	40
Sekundärhaftung von Anwälten und Steuerberatern	37, 83	Voluntativbedingung	11
		Vorauszahlung	20a f
Sparguthaben	13	Vorbescheid, behördlicher	40
Staatshaftung	41 ff	Vormund	57
Stammrecht	52	Vorschuss	20a
Stellvertretendes commodum	15		
Steuerberaterhaftung	35 f, 37, 83	Wirtschaftsplan	20b
Stiller Gesellschafter	14		
Störungsquelle	115 f	Zession	55 f
Streitverkündung	43	Zollfahndung	78
Stufenklage	6, 83	Zuwiderhandlung, Zeitpunkt der	108
Stundung	9, 43	Zumutbarkeit der Rechtsverfolgung	1a
Tatsachenkenntnis	62 ff		

I. Allgemeines

1. Prinzipien der Regelung

Die nachhaltige Verkürzung der regelmäßigen Verjährungsfrist von dreißig auf drei **1**
Jahre durch § 195 nF gegenüber § 195 aF darf dem Gläubiger nicht die reelle Chance
nehmen, seinen Anspruch auch durchzusetzen. Dieses Ziel versucht das G zur

Modernisierung des Schuldrechts zunächst dadurch zu erreichen, dass es die Möglichkeiten des Gläubigers beträchtlich erweitert, den Lauf der Verjährung anzuhalten, namentlich durch Verhandlungen, § 203, oder zB durch ein Prozesskostenhilfegesuch, § 204 Abs 1 Nr 14. Derlei setzt freilich voraus, dass er sich seines Anspruchs überhaupt bewusst ist, und deshalb wird die Dreijahresfrist des § 195 ergänzt und gar erst ermöglicht durch die Berücksichtigung seiner *Kenntnis* oder *Kenntnismöglichkeit* in § 199 Abs 1 Nr 2.

Nun kann es freilich auf Schwierigkeiten stoßen, den Zeitpunkt des § 199 Abs 1 Nr 2 exakt zu ermitteln. Zum Zwecke der Erleichterung des Verkehrs, dem die Aufgabe der taggenauen Bestimmung nach Möglichkeit genommen werden soll, stellt § 199 Abs 1 auf den *Schluss des einschlägigen Jahres* ab.

Da die Möglichkeit der Kenntnis des Gläubigers ausbleiben kann, statuiert § 199 in seinen Abs 2–4 *kenntnis-unabhängige Höchstfristen*. § 199 Abs 1–4 entspricht damit in seinen Strukturen § 852 Abs 1 aF, erweitert diese aber eben auch auf solche Ansprüche, die dem Gläubiger im Regelfall bekannt sein werden wie zB vertragliche Erfüllungsansprüche. Die Möglichkeit der Unerkennbarkeit ist doch auch bei ihnen nicht auszuschließen, wenn man zB auf eine Auskunft des Schuldners angewiesen ist.

Bei alledem sind jedenfalls die Bezugspunkte des Verjährungsbeginns unverändert geblieben: Es ist dies die *Entstehung* des Anspruchs, § 199 Abs 1 Nr 1, im Sonderfall der Unterlassungsansprüche die *Zuwiderhandlung*, § 199 Abs 5. Das entspricht § 198 S 1, S 2 aF.

2. Abschließende Regelung

1a Für die § 195 unterfallenden Ansprüche stellt § 195 Abs 1 eine abschließende Regelung ihres Verjährungsbeginns dar.

Namentlich kommt es nicht darauf an, ob der Gläubiger Kenntnis oder hinreichende Kenntnismöglichkeiten in Bezug auf seinen Anspruch selbst hat. Das belegt die insoweit eindeutige Fassung des § 199 Abs 1 Nr 2, die eben nur auf die den Anspruch begründenden Umstände abstellt. Zu diesen Umständen können durchaus auch rechtliche Aspekte gehören. Hat jemand zB eine Leistung erbracht, die er jetzt nach § 812 zurückfordern will, muss er wissen, oder ohne grobe Fahrlässigkeit erkennen können, dass ihr der rechtliche Grund gefehlt hat. Daran kann es bei einem Laien leicht fehlen, wie er von der Wirksamkeit des abgeschlossenen Vertrages ausgehen wird.

Namentlich kann es den Beginn der Verjährung nicht hinausschieben, wenn eine unsichere und zweifelhafte Rechtslage vorliegt, die selbst ein rechtskundiger Dritter nicht zuverlässig einzuschätzen vermag, sodass es gegenwärtig an der Zumutbarkeit der Klageerhebung als eine übergreifende Voraussetzung für den Verjährungsbeginn fehlt (so aber BGH NJW 2009, 2046 Rn 47; 2011, 1278 Rn 15, 2012, 1572; näher u Rn 62). Das Risiko, sich falsche Hoffnungen zu machen, hat der Gläubiger selbst zu tragen; er kann es nicht auf seinen Schuldner abwälzen. Das belegt schon § 206, in dessen Rahmen die Unzumutbarkeit der Rechtsverfolgung allenfalls diskutiert werden könnte, und zwar in doppelter Weise. Mit dem Maßstab der höheren Gewalt stellt die Bestimmung zunächst strenge Anforderungen an den Gläubiger. Außerdem kennt sie auch nur die Rechtsfolge einer Ablaufhemmung, nicht die weitergehende eines hinausgeschobenen Verjährungsbeginns.

II. Anwendungsbereich

§ 199 bezieht sich ausschließlich auf *jene Ansprüche, die § 195 unterliegen* (vgl dort Rn 11 ff). Dabei ist es unerheblich, ob § 195 unmittelbar anwendbar ist oder kraft einer Verweisung wie in § 634a Abs 1 Nr 3. Freilich kennt das Gesetz andernorts Einschränkungen des sich an sich aus § 195 ergebenden Anwendungsbereichs des § 199 (vgl §§ 604 Abs 5, 695 S 2, 696 S 3, 2332 Abs 1 nF). Auf diese Fälle bezieht sich der klarstellende Hinweis in Abs 1 „soweit nicht ein anderer Verjährungsbeginn bestimmt ist" des G zur Änderung des Erb- und Verjährungsrechts v 24. 9. 2009 (BGBl I 3142).

2

Unter den Bestimmungen der §§ 199–201 über den Verjährungsbeginn ist *aus systematischer Sicht § 200 S 1 die Grundregel:* Verjährungsbeginn mit der Entstehung des Anspruchs, aber es gehen speziellere Sonderregelungen vor, wie zB § 201 für titulierte Ansprüche, § 548 Abs 1 S 2, Abs 2 bei der Rückgabe der Mietsache, die §§ 438 Abs 2, 634a Abs 2 im Gewährleistungsrecht von Kauf und Werkvertrag und schließlich eben § 199 für anderweitig nicht eigens erfasste Ansprüche.

III. Entstehung des Anspruchs

1. Grundsatz

a) Allgemeines

Die Verjährung kann gegen den Gläubiger im Prinzip – anders §§ 438 Abs 2, 634a Abs 2 – frühestens dann zu laufen beginnen, wenn er die Möglichkeit hat, ihren Lauf aufzuhalten; wenn die Verjährung ohne diese Möglichkeit laufen kann, vermindert sich die reelle Chance des Gläubigers, sein Recht auch durchzusetzen. Dass der Gläubiger sie haben soll, bekräftigt § 199 Abs 1 Nr 2 nachdrücklich mit seiner Rücksichtnahme auf den Kenntnisstand des Gläubigers.

3

Dabei ist das primäre Mittel, dem Eintritt der Verjährung vorzubeugen, die **Leistungsklage** (BGHZ 55, 340, 341; 73, 363, 365; 79, 176, 178): Sie hemmt zunächst die Verjährung, § 204 Abs 1 Nr 1, Abs 2 S 1, und führt den Anspruch dann in das Verjährungsregime der §§ 197 Abs 1 Nr 3, 201 über. Ihr gleichstehen müssen aus dem Katalog des § 204 Abs 1 *jene anderen Maßnahmen, die geeignet sind, zur Befriedigung des Anspruchs zu führen;* das sind die Fälle der Nrn 2, 3 (Mahnbescheid), 5 (Aufrechnung, vgl Wagner, Prozessverträge [1998] 431), 10 (Anmeldung in der Insolvenz), 14 (Antrag auf Gewährung von Prozesskostenhilfe).

Es ist dies **nicht die bloße Feststellungsklage**, obwohl auch sie geeignet ist, die Verjährung zu hemmen, vgl § 204 Abs 1 Nr 1, und sogar zu dem Verjährungsregime der §§ 197, 201 führt. Aber ihr Erfolg befriedigt den Gläubiger eben noch nicht; er müsste ggf ein zweites Mal ansetzen. Das kann ihm im Bereich der Verjährung nicht angesonnen werden, es wird nur unausweichlich in der besonderen Situation, dass sein Anspruch schon vollstreckungsfähig tituliert ist, vgl § 212 Abs 1 Nr 2. Sich durch eine Feststellungsklage gegen den Eintritt der Verjährung zu sichern, ist *nur eine Option,* die der Gläubiger wahrnehmen kann, aber nicht wahrzunehmen braucht, ein „Kann", kein „Muss".

4 Dabei setzen die auf Befriedigung des Anspruchs gerichteten Maßnahmen grundsätzlich dessen **Fälligkeit** voraus. Ein Mahnbescheid wegen einer noch nicht fälligen Forderung ist zB nicht möglich (hM, vgl ZÖLLER/VOLLKOMMER § 688 ZPO Rn 3 mwNw); im Insolvenzverfahren stellt § 41 InsO die Fälligkeit eigens her. Eine Ausnahme von der Notwendigkeit der Fälligkeit der Forderung gilt auch nicht für die Klage. Zwar kann die Leistungsklage unter den Voraussetzungen der §§ 257–259 ZPO auch in Bezug auf erst künftige Forderungen erhoben werden, aber das Gesetz mutet dem Gläubiger eine solche Klage zur Hemmung der Verjährung nicht zu.

b) Entstehung des Anspruchs und Fälligkeit

5 Der Zusammenhang zwischen der Entstehung des Anspruchs und seiner Fälligkeit, ja die **Identität dieser Begriffe** ist in der Genese der §§ 198 aF, 199 nF in unterschiedlicher Weise zum Ausdruck gebracht worden.

§ 158 Abs 1 E I hatte formuliert:

> „Die Verjährung des Anspruchs beginnt mit dem Zeitpunkt, in dem die Befriedigung des Anspruchs rechtlich verlangt werden kann (Fälligkeit)."

Das stellte also eindeutig auf die Fälligkeit ab und bestätigt zugleich, dass der Gläubiger wegen künftig fälliger Ansprüche einstweilen keine Maßnahmen zur Hemmung der Verjährung zu ergreifen braucht. Die Kommission für die zweite Lesung des BGB sprach dann von der Entstehung des Anspruchs statt von der Fälligkeit, um Definitionsschwierigkeiten zu vermeiden (vgl Prot I 210), dies aber ohne die Absicht einer sachlichen Änderung.

Im Regierungsentwurf des G zur Modernisierung des Schuldrechts lautete § 199 dann wieder

> „(1) Die regelmäßige Verjährungsfrist beginnt, wenn
>
> 1. der Anspruch fällig ist (…)"

(BT-Drucks 14/6040, 3). Die Begründung (BT-Drucks 14/6040, 108) betont, dass mit der Umformulierung eine Änderung gegenüber der bisherigen Rechtslage nicht verbunden sei. Erst im weiteren Gesetzgebungsverfahren ist dann wieder auf die Entstehung des Anspruchs abgestellt worden (BT-Drucks 14/7052, 180). Hintergrund dieser Rückkehr zur Formulierung des § 198 aF war die Absicht, den im Deliktsrecht entwickelten Grundsatz der Schadenseinheit nicht zu gefährden, nach dem der Geschädigte schon jetzt (Feststellungs-)Klage wegen möglicher künftiger Schäden erheben muss; seine diesbezüglichen Ansprüche würden sich schwerlich jetzt als fällig bezeichnen lassen (vgl RegE BT-Drucks 14/6040, 108, Rechtsausschuss BT-Drucks 14/7052 und näher u Rn 44 ff).

c) Klagemöglichkeit

Damit der Lauf der Verjährung in Gang gesetzt werden kann, muss also jedenfalls die Möglichkeit der jetzigen Leistungsklage gegeben sein. *Diese Möglichkeit braucht aber nur objektiv zu bestehen* (MünchKomm/GROTHE Rn 5). Schwierigkeiten bei der Rechtsverfolgung hindern den Verjährungsbeginn im Rahmen der Nr 1 des § 199 Abs 1 nicht, sondern können nur nach seiner Nr 2 beachtlich sein. Fehlen dem Gläubiger die Mittel zur Rechtsverfolgung, muss er von der Möglichkeit der Prozesskostenhilfe Gebrauch machen, § 204 Abs 1 Nr 14. Kann er seinen Klagantrag nicht beziffern, muss er Stufenklage erheben, sofern er auf eine Auskunft des Schuldners angewiesen ist. Dabei ist freilich zu beachten, dass der Leistungsantrag schon jetzt angekündigt werden muss; die isolierte Auskunftsklage genügt auch vor dem Hintergrund des § 213 nicht zur Wahrung der Verjährung. Wenn er seinen Anspruch aus anderen Gründen nicht (voll) zu überschauen vermag, ist ihm die unbezifferte Leistungsklage anzusinnen.

2. Fälligkeit des Anspruchs

Der Anspruch muss fällig sein, damit der Lauf der Verjährung in Gang gesetzt werden kann. Der Gläubiger muss also mit seiner Klage ein Leistungsurteil erwirken können, auf Grund dessen sein Anspruch befriedigt wird (o Rn 3).

a) Der Zeitpunkt der Fälligkeit ergibt sich aus den *Kriterien des § 271* (vgl die Erl dort). Er kann gesetzlich bestimmt sein, vgl zB § 556b Abs 1 zur Miete, oder sich aus den Umständen ergeben, wie dies etwa bei vielen Werkleistungen der Fall ist: Gartenbestellung im Frühjahr, Ausmalen der Zimmer im Neubau bei dessen entsprechendem Fertigungsstand. Von hoher praktischer Bedeutung ist die *Vereinbarung eines Leistungstermins* durch die Parteien, zB die Auszahlung der Versicherungssumme auf den 65. Geburtstag, einer aufschiebenden Bedingung, des Abrufs der Ware. Fehlt es an derlei Verzögerndem, tritt die Fälligkeit nach § 271 Abs 1 *sofort* ein. Sofortige Fälligkeit ist insbesondere anzunehmen bei Freihaltungsansprüchen zB des Treuhänders (**aA** BGH NJW 2010, 2197, fällig erst, wenn die Drittforderung fällig wird, von der freizuhalten ist).

b) Der Anspruch muss *in seiner konkreten Form fällig* sein. Das ist von Bedeutung namentlich bei Ausgleichsansprüchen, wie sie insbesondere nach § 426 Abs 1 dem einen Gesamtschuldner gegenüber den anderen nach seiner Zahlung an den gemeinsamen Gläubiger zustehen. Sie entstehen iSd § 199 Abs 1 Nr 1 erst mit eben dieser Zahlung. Dass es zuvor einen Freihaltungsanspruch aus § 426 Abs 1 gegen die anderen Gesamtschuldner gegeben hat, ist unbeachtlich (**aA** BGHZ 181, 310 = NJW 2010, 60). Der Freihaltungsanspruch und der nochmalige Zahlungsanspruch haben unterschiedliche Inhalte. Vor der eigenen Zahlung an den gemeinsamen Gläubiger könnte der Zahlungsanspruch gar nicht in der für den Verjährungsbeginn erforderlichen Weise gerichtlich durchgesetzt werden, sodass er nicht schon mit der Begründung der Gesamtschuld „entsteht" (**aA** BGHZ 181, 310 = NJW 2010, 60; NJW 2012, 3777). Die Hemmung der Verjährung des Freihaltungsanspruchs teilt sich freilich nach § 213 dem späteren Zahlungsanspruch mit. Aber diese Bestimmung spricht eben auch nur die Hemmung der Verjährung an, nicht auch den Beginn der Verjährung der verschiedenen Ansprüche und bestätigt damit die hier vertretene Auffassung, dass insoweit der zunächst zu verfolgende Anspruch nicht den späteren „infiziert". Ein anderes Ergebnis wäre auch grob interessenwidrig.

Den Ausgleich nach § 426 Abs 1 hindert es auch nicht, dass nach § 425 Abs 2 die Ansprüche des Gläubigers gegen die anderen Gesamtschuldner schon verjährt sein können. Das nimmt nur die Regressmöglichkeit des § 426 Abs 2.

Entsprechendes gilt, wenn ein Gesellschaftsgläubiger einen der Gesellschafter nach § 128 HGB in Anspruch genommen hat. Dessen Regressanspruch gegen die anderen Gesellschafter hängt in seiner Fälligkeit zunächst auch davon ab, dass sich die Erholung bei der Gesellschaft nach § 110 HGB als aussichtslos erweist (u Rn 16).

Der Rückgriffsanspruch des Bürgen gegen den Hauptschuldner aus § 670 bzw Geschäftsführung ohne Auftrag entsteht mit seiner Zahlung an den Gläubiger.

Ähnlich wird der Anspruch gegen den Vertreter ohne Vertretungsmacht mit der Verweigerung der Genehmigung des Vertretenen fällig (BGHZ 73, 266, 272).

9 c) *Einreden des Schuldners* gegen den Anspruch hindern dessen Fälligkeit nicht, namentlich nicht jene aus den §§ 271, 320; hier bleibt freilich § 215 zu beachten. Die Stundung des Anspruchs wirkt allerdings nach § 205. Ist die Stundung anfänglich vereinbart, ist es eine müßige Frage, ob ihre die Verjährung hindernde Wirkung aus § 199 Abs 1 Nr 1 oder aus § 205 herzuleiten ist.

10 d) Die nach § 199 Abs 1 Nr 1 notwendige Fälligkeit des Anspruchs kann *nicht rückwirkend hergestellt* werden. Das gilt etwa – gegenüber § 184 Abs 1 – für eine *Genehmigung* des Vertrages, aus dem der Anspruch hergeleitet wird (MünchKomm/ GROTHE Rn 5), oder – gegenüber § 142 Abs 1 – für die Ansprüche, die aus der *Anfechtung* eines Vertrages hergeleitet werden. Wenn die Parteien einen Vertrag rückdatieren, ist dasselbe für die aus ihm folgenden Ansprüche anzunehmen. Es wäre ihnen zwar eine die Verjährung erleichternde Vereinbarung nach § 202 Abs 1 möglich, aber eine solche ist im Zweifel nicht gewollt und wäre jedenfalls besonders festzustellen.

11 e) Es genügt für seine Entstehung nicht, dass der Anspruch *durch Ausübung eines Gestaltungsrechts* – Anfechtung, Kündigung – *fällig gestellt werden kann*. Das ist selbstverständlich, soweit es um Gestaltungsrechte des Schuldners geht, gilt nach jetzigem Recht aber doch auch dort, wo der Gläubiger das Gestaltungsrecht ausüben könnte. Anderes sahen die §§ 199, 200 aF für Anfechtung oder Kündigung des Gläubigers vor; sie sind ersatzlos aufgehoben worden. Folgerichtig handelt der Gläubiger auch nicht treuwidrig, gar im Sinne des § 162 Abs 1, wenn er die Ausübung des Gestaltungsrechtes „aufschiebt", was ihm ja vor dem Hintergrund der Jahresschlussverjährung uU beträchtlichen zeitlichen Vorteil zu bringen vermag.

Der Gläubiger kann und darf den Beginn der Verjährung aber auch sonst manipulieren. Das gilt da, wo die Fälligkeit seines Anspruchs von einer in sein Belieben gestellten Voluntativbedingung abhängig ist, und namentlich dort, wo seine Rechnung Fälligkeitsvoraussetzung ist, vgl die §§ 16 Abs 3 Nr 1 S 1 VOB/B, 15 Abs 1

HOAI. Hier ist es ja uU ein Leichtes, sie kurzfristig über den Jahreswechsel hinaus zu verzögern.

f) Sog *verhaltene Ansprüche* sind jederzeit zu erfüllen, dies aber nur auf Verlangen des Gläubigers, so etwa die Rückforderungsansprüche des Verleihers, des Hinterlegers und der Rücknahmeanspruch des Verwahrers. Da derartige Verhältnisse langfristig bestehen können, droht bei Anwendung der §§ 195, 199 uU eine vorzeitige Verjährung, sind doch namentlich Verleiher und Hinterleger nicht immer durch die lange Frist des § 197 Abs 1 Nr 2 geschützt. Das G zur Modernisierung des Schuldrechts hat hier deshalb in den §§ 604 Abs 5, 695 S 2, 696 S 3 von § 199 abweichende Sonderregelungen geschaffen: Verjährungsbeginn mit dem Rückgabeverlangen (Verleiher, Hinterleger) bzw dem Rücknahmeverlangen des Verwahrers. **12**

Es wird gesagt, dass hierin ein allgemeiner Rechtsgedanke zum Ausdruck komme, der auf alle verhaltenen Ansprüche Anwendung finde (NK-BGB/Mansel/Stürner Rn 32 ff; Palandt/Ellenberger Rn 8; MünchKomm/Grothe Rn 7). Dem ist zuzustimmen, nur sind die Besonderheiten der in Betracht kommenden Ansprüche sorgsam zu prüfen:

aa) Hierher gehört zunächst der Anspruch auf Auszahlung des *Sparguthabens*, soweit er nicht von einer besonderen Kündigung abhängig ist (dann gilt § 199 Abs 1 unmittelbar). Die Sparkasse, der die Verwaltung des „Uraltguthabens" lästig wird, mag ihrerseits kündigen und so nach § 199 Abs 1 den Lauf der Verjährung in Gang setzen. Hier bleibt freilich anzumerken, dass die *Gutschrift von Zinsen* den Tatbestand des § 212 Abs 1 Nr 1 erfüllt und, soweit sie als interner Vorgang erfolgt, § 151 entsprechend anzuwenden ist. **13**

bb) Der *Gewinnanteil des Gesellschafters einer oHG* wird nach § 120 Abs 2 HGB zunächst seinem Kapitalkonto gutgeschrieben. Hier geht es nicht um einen Anspruch, sodass die Regeln über die Verjährung keine Anwendung finden können. Sie finden dann aber Anwendung auf sein *Entnahmerecht* nach § 122 Abs 1 HGB; insoweit gelten die §§ 604 Abs 5, 695 S 2 entsprechend. **14**

Der *Kommanditist* hat nach § 169 HGB einen „normalen" Anspruch auf Auszahlung des Gewinnanteils, für den die §§ 195, 199 uneingeschränkt gelten; er kann die Verjährung nicht dadurch hinauszuzögern, dass er die Auszahlung nicht verlangt. Freilich wird ihm bei der Verjährung § 212 Abs 1 Nr 1 zur Seite stehen, wenn denn sein unerledigter Auszahlungsanspruch anerkannt worden ist.

Der *stille Gesellschafter* muss seinen Gewinnanteil nach § 232 Abs 1 HGB ebenfalls einfordern, soll sein Anspruch nicht nach Maßgabe der §§ 195, 199, 212 Abs 1 Nr 1 verjähren.

Bei Kommanditist und stillem Gesellschafter bleibt freilich zu beachten, dass vorab der Jahresabschluss und die Gewinnfeststellung zur Entstehung des Anspruchs iSd § 199 Abs 1 Nr 1 gehören.

Bei der *BGB-Gesellschaft* ist von § 721 auszugehen.

Das bedeutet bei der Gelegenheitsgesellschaft nach § 721 Abs 1, dass der Anspruch auf den Gewinnanteil nicht eigenständig entsteht, sondern ununterscheidbar in dem Anspruch auf das Auseinandersetzungsguthaben aufgeht und damit mit diesem nach Berichtigung der Schulden, §§ 733, 734, iSd § 199 Abs 1 Nr 1 entsteht.

Bei der *auf Dauer angelegten Gesellschaft* sind über § 721 Abs 2 die Grundsätze zur oHG (vgl soeben) zur Anwendung zu bringen. Scheidet ein Gesellschafter vorzeitig aus, so ist für die Verjährung seines Anspruchs auf das Auseinandersetzungsguthaben im Rahmen des § 199 Abs 1 Nr 1 auf die Erstellung der Abschichtungsbilanz abzustellen (vgl RG JW 1917, HRR 1939 Nr 917; aA MünchKomm/SCHÄFER § 738 Rn 18; STAUDINGER/HABERMEIER [2003] § 738 Rn 9, Fälligkeit mit Ausscheiden, sofern der Umfang des Anspruchs bestimmbar ist [Buchwert]). Anderes wird den §§ 195, 199 nicht gerecht.

15 cc) Es werden weitere Ansprüche als Fälle einer entsprechenden Anwendung der §§ 604 Abs 5, 695 S 2 genannt (PALANDT/ELLENBERGER Rn 8). Sie sind jedoch unmittelbar mit § 199 zu erfassen, soweit es um ihre Verjährung geht:

(1) Die Ansprüche aus den §§ 285 und 340 auf das *stellvertretende commodum* bzw eine verwirkte *Vertragsstrafe* sind nicht im Beginn ihrer Verjährung davon abhängig, dass der Gläubiger sie einfordert, beides kann vielmehr sogleich verlangt werden (**aA** für den Vertragsstrafeanspruch STAUDINGER/RIEBLE [2009] § 339 Rn 426). Dass der Gläubiger die Verjährung des Erfüllungsanspruchs hemmt, kommt freilich nach § 213 auch diesen Ansprüchen zugute (**aA** für den Vertragsstrafeanspruch KLEIN/MOUFANG/KOOS BauR 2009, 333, 340).

(2) Soweit nach den §§ 432 Abs 1, 660 Abs 2, 1077 Abs 1, 1281 S 2, 2039 bei einer Mehrheit von Gläubigern jeder von ihnen forderungsberechtigt ist, dies aber nur zugunsten aller – ggf auf Hinterlegung –, ist diese seine Stellung nicht irgendwie „verhalten". In der Verjährungsfrage muss sich jeder für sich behandeln lassen, vgl § 432 Abs 2 und auch § 425 Abs 2.

(3) Zu Auskunftsansprüchen Anh 5 zu § 217.

16 dd) Im Falle *subsidiärer Haftung* muss erst die anderweitige Haftung ausgeschöpft sein. Das ergibt sich im Falle der Amtshaftung aus § 839 Abs 1 S 2 (bei bloßer Fahrlässigkeit, vgl dazu noch u Rn 41 f) sowie beim Regress unter den nach § 128 HGB gesamtschuldnerisch haftenden Gesellschaftern von OHG oder Gesellschaft bürgerlichen Rechts daraus, dass vorrangig der Ausgleich bei der Gesellschaft nach § 110 HGB zu suchen ist. Die Erfolglosigkeit dieses Ausgleichs ist negatives Tatbestandsmerkmal für die Ansprüche aus § 839 bzw 426 Abs 1, sodass es die Fälligkeit/Entstehung der letzteren Ansprüche hinausschiebt.

3. Erteilung einer Rechnung/Abrechnung

17 a) In bestimmten Sonderfällen ist die Fälligkeit einer Forderung von der Erteilung einer Rechnung abhängig. Das gilt teilweise kraft Gesetzes, vgl zB § 15 HOAI (dazu BGH NJW-RR 1986, 1279), § 12 GOÄ für das ärztliche Honorar, teilweise wird dies auch ohne ausdrückliche gesetzliche Anordnung daraus hergeleitet, dass der Schuldner ohne eine Abrechnung den Umfang seiner Verpflichtung nicht erkennen kann; hierin sieht man die Fälligkeit beeinflussende Umstände iSd § 271 Abs 1, vgl BGH WM 1983, 132; BGHZ 113, 188, 194 zu dem Anspruch des Vermieters auf Nachzahlung von Heizkosten. In bestimmten Sonderfällen ergeben auch die besonderen Vereinbarungen der Parteien, dass eine Rechnung Fälligkeitsvoraussetzung sein soll, so etwa aus der Vereinbarung der VOB/B (§ 16 Abs 3 Nr 1 S 1; vgl BGHZ 53, 222, 225).

Dabei ist bei diesen Rechnungen die *Prüfungsfähigkeit* Voraussetzung dafür, dass sie die Fälligkeit der Forderung herbeiführen können (vgl §§ 14 Abs 1 VOB/B, 15 HOAI; zum Begriff der Prüfungsfähigkeit STAUDINGER/PETERS/JACOBY [2014] § 641 Rn 29 ff). Daran ist auch insoweit festzuhalten, wie es um den Beginn der Verjährung geht (BGH BauR 1990, 605, 607). Allerdings muss der Schuldner den Einwand fehlender Prüfungsfähigkeit fristgebunden erheben (binnen 2 Monaten; vgl näher STAUDINGER/PETERS/JACOBY [2014] § 641 Rn 39). Tut er das nicht, entscheidet wieder das Datum des Zugangs der Rechnung.

b) Die Erteilung einer Rechnung kann auch dort notwendig und damit Voraussetzung der Fälligkeit sein, wo der Gläubiger die Höhe der Forderung nach den §§ 315, 316 zu bestimmen hat. Die Rechnung hat hier konstitutiven Charakter.

c) Wenn die Erteilung einer Rechnung Voraussetzung der Fälligkeit ist, können **18** sich Probleme daraus ergeben, dass der Gläubiger ihre *Erteilung verzögert.* Das ändert aber nichts daran, dass die Erteilung der Rechnung selbst den Verjährungsbeginn markiert; nicht etwa der Zeitpunkt, in dem sie hätte erteilt werden können oder gar müssen (BGHZ 113, 188, 195 f). Manipulationen des Gläubigers am Verjährungsbeginn nimmt das Gesetz hin. Der Schuldner ist hier in anderer Weise zu schützen. Im Bereich der VOB/B ermöglicht es ihm deren § 14 Abs 4, selbst die die Fälligkeit auslösende Rechnung zu erstellen. Verzögert der Gläubiger die ihm nach den §§ 315 f obliegende Leistungsbestimmung, kann der Schuldner nach § 315 Abs 3 S 2 aE auf eine sie ersetzende gerichtliche Entscheidung antragen. Wo Bestimmungen dieser Art fehlen, ist dem Schuldner jedenfalls nach § 242 ein Anspruch auf Erteilung einer Rechnung zuzubilligen, den er durchsetzen mag (vgl BGHZ 113, 188, 195 f). Er kann auch, gestützt auf diesen Anspruch, Druck ausüben, indem er etwa nach den §§ 273 oder 320 ein Zurückbehaltungsrecht hinsichtlich weiterer Leistungen ausübt (BGHZ aaO); zur Zurückforderung geleisteter Vorauszahlungen u Rn 20a. In krassen Fällen wird an eine Verwirkung der nicht abgerechneten Forderung des Gläubigers zu denken sein (vgl dazu Vorbem 17 ff zu §§ 194 ff). Zur Abrechnung von Mietnebenkosten gilt die Ausschlussfrist des § 556 Abs 3 S 2, 3.

d) Die die Fälligkeit auslösende *Abrechnung* des Gläubigers kann *unvollständig* **19** sein.

aa) Ist es ersichtlich, dass sie nur einen Teil seiner Forderung erfasst, so bleibt es für den nicht abgerechneten Rest dabei, dass der nicht abgerechnete Rest in seiner Fälligkeit und damit Verjährung von einer entsprechenden weiteren Rechnung abhängig ist.

bb) Häufig werden freilich *Abrechnungsfehler* dergestalt sein, dass Positionen nicht aufgenommen werden, ohne dass dies erkennbar würde, oder dass die Rechnung in ihren Ansätzen und damit auch im Ergebnis falsch ist; der Architekt legt zB zu niedrige Baukosten zugrunde.

Hier stellt sich zunächst – unabhängig von der Verjährung der zusätzlichen Forderung und vorab – die Frage, ob eine *Bindung an die unzutreffende Rechnung* eintritt. Das will BGH JZ 1993, 898 m abl Anm DERLEDER in Fortführung der bisherigen Rechtsprechung nach den Grundsätzen der *Verwirkung* beurteilt wissen, in Einschränkung der bisherigen Rechtsprechung jedoch nicht mehr generell annehmen, sondern von den *Umständen des jeweiligen Einzelfalls* abhängig machen (vgl auch BGH NJW-RR 2012, 1227). Im Recht der Mietnebenkosten schließen grundsätzlich weder die vorbehaltlose Zahlung einer sich aus einer Betriebskostenabrechnung ergebenden Nachforderung noch die bloße vorbehaltlose Auszahlung oder Gutschrift eines aus einer Betriebskostenabrechnung folgenden Guthabens eine Korrektur der Abrechnung aus (vgl BGH NJW 2013, 2885 Rn 9 ff; NJW 2011, 843 Rn 18: kein deklaratorisches Schuldanerkenntnis). Ist danach ein Fortbestand der weitergehenden Forderung anzunehmen, so wird man hier doch für den Beginn ihrer Verjährung die erteilte (unvollständige) Rechnung für maßgeblich halten müssen. Aus der Regelung des § 16 Abs 3 VOB/B kann entnommen werden, dass dort auch solche Forderungsteile fällig werden, die in die Rechnung nicht aufgenommen wurden (vgl BGHZ 53, 322, 325 f; BGH NJW 1987, 382); der dem zugrundeliegende Gedanke ist verallgemeinerungsfähig.

20 e) Die Konstellation, dass der Schuldner ohne die Erteilung einer Rechnung das Ausmaß seiner Verpflichtung nicht zuverlässig zu beurteilen vermag, kann sich vielfältig ergeben. Dass dann die Erteilung einer Rechnung für die Fälligkeit der Forderung und damit für den Beginn ihrer Verjährung maßgeblich wäre, erkennt die Rechtsprechung jedoch nur ausnahmsweise an (vgl zu Nachforderungen wegen Mietnebenkosten o Rn 17 f), insbesondere aber nicht dort, wo handwerkliche Leistungen – außerhalb des Bereichs der VOB/B – erbracht worden sind (vgl BGHZ 79, 176; **aA** PETERS NJW 1977, 552, 554). Auch wenn man der Rechnung angesichts ihrer Notwendigkeit und der sich daraus ergebenden praktischen Bedeutung größeres praktisches Gewicht einräumen will, als dies die Rechtsprechung tut, ist ihr Ergebnis jedenfalls hinsichtlich der Verjährung nicht unbillig, würden hier sonst doch Manipulationen möglich, die das Abstellen des § 199 Abs 1 auf den Jahresschluss ausnutzen könnten.

20a f) Wird über *Vorauszahlungen* abgerechnet, hängt von der Abrechnung des Vorauszahlungsgläubigers auch das Bestehen von Erstattungsansprüchen des Vorauszahlungsschuldners wegen Überzahlungen ab (BGH NJW 2012, 2647 Rn 10). Grundsätzlich werden diese Ansprüche also auch erst mit Abrechnung, hier freilich des Schuldners der Erstattungsansprüche, fällig.

Vorauszahlungen können aber auch ohne Abrechnung zurückgefordert werden: Zum einen, kann derjenige, der Vorauszahlungen erbracht hat, diese vollen Umfangs zurückfordern, wenn die *Abrechnung* nach Fälligkeit der Abrechnungspflicht innerhalb angemessener Frist schuldhaft *unterbleibt* (BGH NJW 2005, 1499, 1501). Im Mietrecht hat zB der Vermieter grundsätzlich bis zum 31. 12. des Folgejahres abzurechnen, § 556 Abs 3 S 2. Versäumt der Vermieter die Abrechnung, entsteht der Rückzahlungsanspruch mithin am 1. 1. des darauf folgenden Jahres. Der Rückzahlungsanspruch, für die im Jahr 2010 gezahlten Vorauszahlungen, über die bis zum

31. 12. 2011 abzurechnen war, verjährt also nicht vor dem 31. 12. 2015. Zum anderen besteht ein Rückforderungsanspruch, wenn der Vorschussgläubiger den Vorschuss nicht zweckentsprechend verwendet (vgl BGH NJW 2010, 1195 Rn 9 zum Vorschuss nach § 637 Abs 3, dazu näher STAUDINGER/PETERS/JACOBY [2014] § 634 Rn 96).

g) Auch wenn geschuldete Vorauszahlungen offen geblieben sind, setzt eine Abrechnung nur hinsichtlich etwaiger *Nachzahlungen* die Verjährung in Gang, während im Umfange der ohnehin schon offenen Vorauszahlungen für den Verjährungsbeginn allein auf die Fälligkeit der Vorauszahlungen abzustellen ist. Das hat der BGH im Wohnungseigentumsrecht für das Verhältnis von Forderungen aus dem Wirtschaftsplan (Vorauszahlung) und der Jahresabrechnung ausgesprochen (BGH NJW 2012, 2797 Rn 18 ff). Es gilt aber grundsätzlich, weil die Vorauszahlungsregelung schlicht eine besondere Fälligkeitsbestimmung darstellt. **20b**

4. Dauerpflichten

Vornehmlich bei Dauerschuldverhältnissen existieren Dauerpflichten, die fortlaufend neu entstehen, was sie der Sache nach *unverjährbar* macht. Eine solche Pflicht trifft den Vermieter, der die Mietsache während der gesamten Mietzeit im vertragsgemäßen Zustand zu erhalten hat, § 535 Abs 1 S 2. Daher verjährt der Anspruch auf Mängelbeseitigung während der Fortdauer des Mietverhältnisses nicht (BGHZ 184, 253 = NJW 2010, 1292 Rn 17). Im Wohnungseigentumsrecht ist der Anspruch der Wohnungseigentümer untereinander auf ordnungsmäßige Verwaltung, § 21 Abs 4 WEG, unverjährbar (BGH NJW-RR 2012, 910 Rn 10). Der Charakter eines Rechtsverhältnisses als Dauerschuldverhältnis darf aber nicht dazu verführen, zu leicht eine Dauerpflicht anzunehmen. So ist die Verpflichtung des Vermieters, die vom Mieters gezahlte Barkaution anzulegen, § 551 Abs 3 S 3, keine Dauerverpflichtung, sondern entsteht schlicht mit Zahlung der Kaution (aA SCHMIDT-FUTTERER/STREYL § 566a Rn 45). Zur Einordnung der Auskunftspflicht nach § 666 Var 2 als Dauernebenpflicht während der Geschäftsbesorgung durch BGHZ 192, 1 = NJW 2012, 917 Rn 15 s Anh 5 zu § 217; zu schädigenden Dauerhandlungen u Rn 29. **20c**

5. Einzelne Ansprüche

a) Vertragliche Erfüllungsansprüche

Für vertragliche *Erfüllungsansprüche* gilt – vorbehaltlich von Sonderregelungen –, dass sie *mit Vertragsabschluss fällig* werden, vgl § 271, und damit zu verjähren beginnen. Das gilt insbesondere etwa für den Kaufvertrag, sodass der Kaufpreisanspruch des Verkäufers schon jetzt, nicht erst mit der Lieferung, zu verjähren beginnt (vgl freilich zum Abruf der Ware o Rn 7). **21**

aa) Der Verjährungsbeginn verschiebt sich durch Abreden über die Fälligkeit, wie sie durch Vereinbarung einer aufschiebenden Bedingung, einer Stundung getroffen werden können (vgl o Rn 7 ff) oder die Abrede „Kasse gegen Dokumente" (BGHZ 55, 340, 342).

bb) Bei einigen Verträgen sind *gesetzliche Regelungen der Fälligkeit* zu beachten, vgl zur Miete § 556b, zur Landpacht § 587, zur Leihe § 604, zum Darlehen §§ 488,

608 f, zum Dienstvertrag § 614, zum Werkvertrag § 641, zur Gesellschaft § 721 (vgl dazu aber o Rn 14), zu Geldleistungen des Versicherers § 14 VVG.

cc) Zuweilen ist für die Fälligkeit eine Kündigung erforderlich. Sie kann kraft Gesetzes notwendig sein, vgl namentlich zum Darlehen § 488 Abs 3, aber auch von den Parteien als notwendig vereinbart werden. Gegenüber § 199 aF schiebt dies die Fälligkeit entsprechend auf.

dd) Zu beachten bleibt, dass sich eine spätere Fälligkeit nach § 271 auch und gerade aus den *Umständen* ergeben kann.

ee) Zur zuweilen beachtlichen Erteilung einer Rechnung vgl o Rn 17 ff.

ff) Sieht der Vertrag wiederkehrende Leistungen vor, so gibt es für die diesbezüglichen Ansprüche keinen einheitlichen, sondern einen entsprechend gestaffelten Verjährungsbeginn.

gg) Besonderheiten ergeben sich namentlich im Bereich des Dienstvertrages dort, wo Ausmaß und Umfang der erbrachten Leistungen die Vergütung in ihrer Höhe prägen. Dann kommt es darauf an, wann *der einschlägige Gebührentatbestand erfüllt* ist. Für den Bereich anwaltlicher Leistungen präzisiert § 8 Abs 1 RVG das auf die Erledigung des Auftrags oder die Beendigung der Angelegenheit, wobei das jeweils frühere Ereignis entscheidet (BGH NJW 1998, 2670), vgl aber auch § 8 Abs 2 RVG für den Fall eines gerichtlichen Verfahrens, das die Verjährung hemmt. Für Steuerberater ist entsprechend § 7 StBerGV zu beachten (OLG Köln VersR 1998, 1388). Das Gesagte gilt aber ganz allgemein, wo fremde Angelegenheiten gegen Vergütung zu besorgen sind, vgl § 675, insoweit trotz der andersartigen Rechtsgrundlage auch für den Notar, bei dem es dann auf die Vornahme der Beurkundung (oder den anderweitigen Abschluss der Angelegenheit) ankommt (OLG Frankfurt JurBüro 1995, 653; MünchKomm/Grothe Rn 16).

b)   Bürgschaft
22 Die Schuld des Bürgen wird durch den Eintritt des Bürgschaftsfalles fällig. War die Hauptforderung also nicht auf Geld gerichtet, wie zB bei der Erfüllungsbürgschaft im Werkvertragsrecht, so muss sich die Hauptforderung zunächst in einen Zahlungsanspruch umgewandelt haben.

Das genügt dann aber auch für die Entstehung der Bürgschaftsschuld, sodass die selbstschuldnerische Bürgschaft zeitgleich mit der auf Zahlung gerichteten Hauptforderung fällig wird (BGH NJW 2008, 1729; NJW-RR 2009, 425). Gleiches gilt für eine Bürgschaft auf erstes Anfordern (BGH NJW-RR 2009, 378 Rn 22). Dass die Einrede der Vorausklage die Verjährung hemmt, folgt aus § 771 S 2. Nicht erforderlich ist es aber, dass der Gläubiger den Bürgen in Anspruch nimmt (BGHZ 175, 161 = NJW 2008, 1729 Rn 24; BGH NJW 2013, 1228; MünchKomm/Grothe Rn 7; Staudinger/Horn [2013] § 765 Rn 274; Bräuer NZBau 2007, 477; **aA** Gay NJW 2005, 2585, 2587 f). Dass ein Anspruch angemeldet wird, ist auch sonst für seine Enstehung/Fälligkeit unerheblich. Es weicht auch in unangemessener Weise vom Leitbild des Gesetzes, §§ 199 Abs 1 Nr 1, 307 Abs 2 Nr 1, ab, wenn der Gläubiger in seinen AGB formuliert, dass der Bürge „nach Aufforderung" zu leisten habe (Staudinger/Horn [2013] § 765 Rn 274; **aA**

OLG München WM 2006, 1813 = BauR 2006, 2076, freilich ohne Sicht des Problems). Damit könnte der Gläubiger den Verjährungsbeginn beliebig zu Lasten des Bürgen manipulieren.

Zum Regress des Bürgen o Rn 8.

c) Sekundäransprüche
Bei vertraglichen Sekundäransprüchen ist zu unterscheiden: 23

aa) Rühren sie aus der *Verletzung von Nebenpflichten* und sind sie also nach den §§ 280 Abs 1, 241 Abs 2 zu liquidieren, entstehen sie mit dem Eintritt des Schadens, obwohl er ausweislich der Fassung des § 280 Abs 1 nicht (mehr) zum haftungsbegründenden Tatbestand gehört; daran knüpft nach § 199 Abs 1 Nr 1 dann auch ihre Verjährung an. Entsprechendes gilt für Ansprüche aus culpa in contrahendo.

Von dieser Regel finden sich aber Ausnahmen:

Im *Gewährleistungsrecht* datieren die §§ 438 Abs 2, 634a Abs 2 den Verjährungsbeginn auch für Ansprüche aus Mangelfolgeschäden vor auf den Zeitpunkt der Ablieferung des Kaufgegenstandes bzw der Abnahme des Werkes. Das gilt aber eben auch nur für Ansprüche aus Mangelfolgeschäden. Ist der Käufer bzw der Besteller geschädigt worden, ohne dass ein Mangel Teil der Kausalkette wäre, verbleibt es bei § 199: Es kann zB der Besteller während oder gar durch die Erstellung des Werkes Schäden erlitten haben.

Bei der *Miete* gilt für alle Schäden an der Sache für den Verjährungsbeginn § 548 Abs 1 S 2. Die Bestimmung ist bei Pacht und Leihe entsprechend anzuwenden, §§ 581 Abs 1, 606 S 2; § 591b sieht beim Landpachtvertrag Entsprechendes vor.

bb) Bei *Schadensersatz statt der Leistung* nach den §§ 280, 281 entsteht der all- 24 fällige Schadensersatzanspruch des Gläubigers nicht schon mit dem Erfüllungsanspruch, den er ersetzt (**aA** MünchKomm/Grothe Rn 21), sondern erst, *wenn seine eigenen Voraussetzungen erfüllt sind*. Das ist nicht unbedenklich, wenn etwa der Gläubiger erst kurz vor Ablauf der Verjährungsfrist für seinen Erfüllungsanspruch nach § 281 Abs 1 vorgeht. Einerseits kann er sich so seinen zeitlichen Spielraum nahezu verdoppeln. Andererseits kommen Maßnahmen zur Hemmung der Verjährung des Erfüllungsanspruchs nach § 213 auch dem Sekundäranspruch zugute. Aber die gesetzliche Regelung ist eindeutig. Insbesondere die Aufhebung der §§ 199 f aF und die Nichterwähnung des Verjährungsbeginns in § 213 machen deutlich, dass ihm die Umgestaltung des Schuldverhältnisses auch dann zugutekommt, wenn er sie selbst herbeiführen kann. Er muss nur darauf achten, dass er die angemessene Frist des § 281 Abs 1 noch innerhalb der Verjährungsfrist des Primäranspruchs „unterbringt".

Das eben Gesagte gilt auch in den Fällen, in denen nach § 281 Abs 2 eine *Fristsetzung entbehrlich* ist. Diese Bestimmung soll dem Gläubiger helfen, aber nicht seine Ansprüche – zeitlich – verkürzen.

Damit ist freilich der Verjährungsbeginn noch nicht zweifelsfrei bezeichnet: Man kann entweder auf den *fruchtlosen Fristablauf* abstellen oder auf die Wahl des Schadensersatzes, die nach § 281 Abs 4 den Erfüllungsanspruch nimmt (vgl Münch-Komm/Ernst § 281 Rn 165 f). Ersteres ist im Falle der Fristsetzung vorzuziehen, weil auch im Falle des fortbestehenden Erfüllungsanspruchs der Schadensersatzanspruch verfolgbar geworden ist. Der Zeitpunkt des Schadensersatzbegehrens entscheidet nur, wenn der Gläubiger Ersatz ohne vorherige Fristsetzung verlangt.

Entsprechendes gilt für die Ansprüche, die dem Gläubiger sein *Rücktritt* nach § 323 verschafft, sowie dann auch für die allfälligen Gegenansprüche aus den §§ 281 Abs 5, 346, wobei bei der Abwicklung noch § 215 zu beachten bleibt.

Zu einem vorverlegten Verjährungsbeginn führen im Mietrecht § 548 Abs 1 S 2 und im Gewährleistungsrecht wiederum die §§ 438 Abs 2, 634a Abs 2; letztere Bestimmungen gelten im Übrigen auch nicht nur für die Befugnisse zu Rücktritt oder Minderung, sondern auch für die Rechte aus Rücktritt bzw Minderung (vgl § 218 Rn 6, 9).

25 cc) Der Anspruch auf eine Vertragsstrafe wird mit der Verwirkung der Strafe durchsetzbar und entsteht damit (s oben Rn 15). Muss sich der Gläubiger – wie im Falle des § 340 Abs 1 – zwischen Erfüllung und Vertragsstrafe entscheiden, entsteht der Anspruch auf die Vertragsstrafe sofort, nicht erst im Zeitpunkt seiner Entschließung (**aA** Rieble NJW 2004, 2270).

26 d) *Bereicherungsansprüche* entstehen unmittelbar mit der rechtsgrundlosen Leistung, sofern ihr Rechtsgrund von vornherein fehlte. Entfällt er nachträglich durch Anfechtung, wirkt dies hier nur ex nunc. Ist auf die Leistungsbestimmung einer Partei oder eines Dritten geleistet worden, die den Anforderungen der §§ 315 Abs 3 S 1 bzw 319 Abs 1 S 1 nicht entsprach, war sie von vornherein nicht verbindlich (Staudinger/Rieble [2009] § 315 Rn 348, § 319 Rn 17), sodass der entsprechenden Leistung von vornherein der Rechtsgrund fehlte (Hempel ZIP 2007, 1196; **aA** Schwintowski ZIP 2006, 2302: erst mit der entsprechenden gerichtlichen Feststellung).

6. Insbesondere: Schadensersatzansprüche

a) Allgemeines

27 Zum Verjährungsbeginn bei vertraglichen Schadensersatzansprüchen, insbesondere im Verhältnis zu vorangehenden Erfüllungsansprüchen vgl schon soeben Rn 21. Im Übrigen ergeben sich bei Schadensersatzansprüchen Probleme in mehrfacher Hinsicht: Zunächst dort, wo die Schädigung mehrfach erfolgt oder aber eine dauerhafte ist (a). Sodann ist der Zeitpunkt zu bestimmen, in dem der Schaden überhaupt erstmals eintritt (b). Schließlich ist zu klären, ob er mit seinem erstmaligen Eintritt auch insgesamt eingetreten ist, also auch insoweit, wie er noch in der Zukunft liegt; allgemein wird hier – dies bejahend – der sog Grundsatz der Schadenseinheit angenommen (c).

b) Wiederholte und dauernde Schädigungen

28 Es muss im Rahmen des § 199 Abs 1 Nr 1 der Tatbestand jener Norm erfüllt sein, aus der der Anspruch herzuleiten ist.

aa) Wird dieser Tatbestand *wiederholt erfüllt,* so ergibt sich jeweils ein eigenständiger Anspruch, der mithin jeweils eigenständig zu verjähren beginnt (RGZ 134, 335, 338 f; BGHZ 97, 97, 100; BGH NJW 1981, 573; 1985, 1023, 1024; 2008, 506 Rn 16), auch wenn sämtliche tatbestandsmäßigen Handlungen denselben Schaden nach sich ziehen (aA OLG Saarbrücken OLGR 2008, 983). Der strafrechtliche Begriff der fortgesetzten Handlung, der hier vielleicht erfüllt sein mag, aber auch dort aufgegeben ist, kann auf das Zivilrecht nicht übertragen werden (RGZ 134, 335, 338; BGHZ 71, 86, 94; 95, 238, 240).

Das bereitet keine Probleme, wo *mehrere pflichtwidrige Handlungen* des Schädigers vorliegen, die zwar in dieselbe Richtung weisen, aber doch voneinander abgegrenzt werden können (vgl zB BGHZ 95, 238: Ein Prüfling wird bei mehreren Prüfungen pflichtwidrig behandelt). Ebenso kann es bei der Besorgung fremder Angelegenheiten liegen: Der Steuerberater setzt zunächst die Steuererklärung falsch auf und unterlässt dann die Prüfung der entsprechenden Steuerbescheide. Doch ist eine wiederholte Erfüllung des haftungsbegründenden Tatbestandes auch dort möglich, wo nur ein Verhalten des Schädigers vorliegt; vgl RGZ 106, 283, 286: Eine fehlerhaft errichtete Schleuse führt mehrfach zu Überschwemmungsschäden. Hier ist es nicht einmal nötig, mit dem Reichsgericht darauf abzustellen, dass zu der fehlerhaften Errichtung als erneut vorwerfbar die weitere Aufrechterhaltung dieser Schleuse tritt, vgl BGHZ 97, 97, 109 f, wo zutreffend die wiederholten Immissionen von geruchlichen Belästigungen als jeweils neu anspruchserzeugend gewertet werden. Die unberechtigte Verwendung einer fremden Firma im Geschäftsverkehr erfolgt ständig neu (BGH NJW 1985, 1023, 1024). Geschäftsschädigende Äußerungen können unterschiedlich zu beurteilen sein. An sich sind sie ungeachtet der Tatsache, dass sie schädigend fortwirken, einmalige Handlungen (vgl BGH LM § 21 UWG Nr 3 = NJW 1973, 2285), aber es kann sich doch konkret die Verpflichtung zur Beseitigung des geschaffenen Zustands ergeben, und dann stellt das Unterlassen insoweit eine erneute schädigende Handlung dar, vgl BGHZ 71, 84, 96 zur aufrechterhaltenen unberechtigten Patentrechtsverwarnung. Letzteres gilt auch bei dem dauernden Unterlassen einer gebotenen Handlung (BGH NJW 2007, 830 Rn 27).

bb) Bei *schädigenden Dauerhandlungen* beginnt die Verjährung des aus ihnen **29** hergeleiteten Schadensersatzanspruchs nicht vor ihrem Abschluss (BGH NJW 1973, 2285; 2008, 3361 Rn 12; Palandt/Ellenberger Rn 21). Die Abgrenzung zur wiederholten Handlung ist kaum möglich (BGHZ 181, 199 = EuZW 2009, 865 Rn 30; vgl allerdings nunmehr MünchKomm/Grothe Rn 13a) und nur insoweit nötig, als es um Schäden geht, die um mehr als die einschlägige Verjährungsfrist vor der verjährungshemmenden Klage liegen. Insoweit wird man allerdings den Eintritt der Verjährung anzunehmen haben. Der Begriff der Dauerhandlung hat nämlich, wenn man den Begriff der fortgesetzten Handlung ablehnt, neben dem der wiederholten Handlung keine eigene Existenzberechtigung; die Dauerhandlung ist nichts anderes als eine ständig wiederholte Handlung.

cc) Von der wiederholten und der Dauerhandlung zu unterscheiden ist die *ein-* **30** *malige Handlung,* die eine *dauernde Beeinträchtigung* (Schaden) auslöst (Münch-Komm/Grothe Rn 13b). Hier geht es darum, inwieweit die Verjährung auch schon hinsichtlich eines späteren, noch nicht eingetretenen Schadens laufen kann (vgl dazu u Rn 115 f).

c) Schadensersatzansprüche verfahrensrechtlichen Ursprungs

31 Dass ein Schaden eingetreten ist – dazu sogleich – genügt nicht immer, den Ersatzanspruch fällig zu stellen. In den Fällen der §§ 302 Abs 4 S 2, 727 Abs 2, 945 ZPO kann die Verjährung nicht zu laufen beginnen, bevor der der Vollstreckung zugrundeliegende Titel aufgehoben worden ist (**aA** RGZ 106, 289, 292; 157, 14, 18; wie hier BGHZ 75, 1). Das ist freilich entgegen der Rechtsprechung keine Frage des subjektiven Elements der einschlägigen deliktischen Verjährung (damals § 852 Abs 1 aF), sondern der Fälligkeit des Schadensersatzanspruchs. Vor Aufhebung des Titels kann er nicht sinnvoll verfolgt werden, vgl die Umstände des § 271 Abs 1. Verzögert der Schuldner bei Arrest oder einstweiliger Verfügung den Widerspruch, muss das triftige Gründe haben, zB das Abwarten der – nicht notwendig rechtskräftigen (**aA** BGH NJW 1992, 2297, 2298) – Entscheidung in der Hauptsache. Dann ist Verjährungsbeginn jener Zeitpunkt, in dem die gerichtliche Entscheidung bei zumutbaren Vorgehen zu erwarten gewesen wäre. Es genügt natürlich auch der Verzicht des Gläubigers auf die Rechte aus dem Titel.

d) Schadenseintritt

32 aa) Schadensersatzansprüche setzen begrifflich voraus, dass der Schaden überhaupt eingetreten ist; vorher kann die nach den Überlegungen o Rn 3 notwendige Leistungsklage nicht erhoben werden und damit auch die Verjährung nicht einsetzen. Die Notwendigkeit des Schadenseintritts gilt selbst dort, wo er – sinnwidrig – aus dem Tatbestand der anspruchsbegründenden Norm ausgeklammert bleibt, wie zB in § 280 Abs 1. Von der Notwendigkeit des Schadenseintritts als Verjährungsvoraussetzung kann freilich der Gesetzgeber dispensieren und tut dies zB in den §§ 438 Abs 2, 634a Abs 2. Im Übrigen wird aber in einigen Normen sogar ausdrücklich auf den Zusammenhang von Schadenseintritt und Verjährungsbeginn hingewiesen, vgl zB § 852 Abs 1 aF, und anders waren auch der mittlerweile aufgehobene § 51b BRAO und seine Parallelbestimmungen nicht zu verstehen.

Vgl zum Schadenseintritt im Falle des Verzuges BGH LM § 286 Nr 3, zum Anspruch aus positiver Forderungsverletzung BGHZ 73, 363, 365.

Der hier angesprochene Schaden ist *der die Haftung ausfüllende,* sofern der Haftungstatbestand selbst eine Schädigung nicht verlangt (vgl o Rn 23).

33 bb) Bei der Verletzung absoluter Rechtsgüter wirft der Schadenseintritt regelmäßig besondere Probleme nicht auf. Er liegt dann in der Verletzung von Körper, Gesundheit oder Eigentum etc. Probleme ergeben sich dagegen dort, wo es um den *Ersatz von Vermögensschäden* geht. Hier schließt sich oft dem pflichtwidrigen Handeln eine *Phase wachsender Vermögensgefährdung* an, die dann schließlich in einen Vermögensschaden umschlägt, bei dem aber auch noch wieder unterschiedliche Situationen feststellbar sind. Erhebt zB der Steuerberater den maßgeblichen Steuertatbestand falsch (1) und erstellt er auf dieser Basis eine unrichtige Steuererklärung (2), die dann eingereicht wird (3) und einen entsprechenden Steuerbescheid auslöst (4), der nach Ablauf der einschlägigen Frist rechtskräftig wird (5) und dann die Zahlung des Mandanten an das Finanzamt zur Folge hat (6), so kann man das pflichtwidrige Verhalten des Steuerberaters in den Phasen (1) bis (5) verorten, den Eintritt des Schadens in den Phasen (1) bis (6), wenn denn schon in Phase (1) eine Vermögensgefährdung vorliegt, die sich bis hin zu Phase (5) intensiviert, freilich

Titel 1
Gegenstand und Dauer der Verjährung § 199

immer noch abwendbar bleibt. Es fragt sich dann, welche Intensität die Gefährdung erreicht haben muss, damit sie als Schaden angesehen werden kann.

(1) Die Problematik stellt sich dann verschärft, wenn man mit der hM vom *Grund-* **34** *satz der Schadenseinheit* ausgeht (dazu u Rn 44 ff), also davon, dass der gesamte (spätere) Schaden als – im Verjährungssinne – schon dann eingetreten gilt, wenn er nur vorhersehbar ist. Gibt man den Grundsatz auf, mindert sich die Problematik; dann wäre in dem genannten Beispiel die schon lange vorhersehbare Zahlung des Mandanten ein eigenständiger und damit eine neue Verjährungsfrist auslösender Schaden. Stellt man dagegen mit dem Grundsatz der Schadenseinheit auf die Vorhersehbarkeit des weiteren Geschehens ab, so verschwimmt der Zeitpunkt des Schadenseintritts.

Die Möglichkeit der Verjährungshemmung als das für den Verjährungsbeginn entscheidende Element (vgl o Rn 3 f) besteht jedenfalls von vornherein durch die Feststellungsklage, § 204 Abs 1 Nr 1. Sie muss verjährungshemmend auch schon bei der bloßen Vermögensgefährdung zulässig sein.

(2) Die gegenwärtige durch BGHZ 119, 69 eingeleitete Rechtsprechung, ergangen **35** zu den §§ 51b BRAO, 68 StBerG, wie sie jetzt aufgehoben sind, ist auf das geltende Recht übertragbar. Sie ist dargestellt bei ZUGEHÖR/FISCHER/VILL/FISCHER/RINKLER/CHAB, Anwaltshaftung[3] Rn 1375 ff, 1454. Sie erwartet von dem Geschädigten noch nicht das hemmende Vorgehen bei einem bloßen Vermögensrisiko, sondern verlangt eine objektive Verschlechterung seines Vermögens: den Zugang des nachteiligen Steuerbescheids (BGHZ 119, 69), den Ablauf der zu wahrenden Frist (zur Verjährung BGH NJW 1994, 2822, 2223: nicht erst die Erhebung der Einrede durch den Gegner; zur Einspruchsfrist beim Versäumnisurteil BGH NJW 1996, 48, 50), den Abschluss des nachteiligen Vergleichs (BGH NJW 1993, 1325, 1328), die Tätigung der nachteiligen empfohlenen Geldanlage (BGH WM 1991, 1303, 1305: nicht erst die Augenscheinlichkeit des Verlustes), die erste Gerichtsentscheidung nach fehlsamem Prozessvortrag (BGH NJW-RR 1998, 742). Bloße Vermögensgefährdungen sind dagegen angenommen worden bei unzulässiger Teilkündigung eines Vertrages (BGH WM 1993, 610, 612), bei einem mangelhaft konzipierten Vertrag (BGH WM 1996, 610, 612; 1832, 1833; NJW 2000, 1498, 1499): Hier soll es jeweils darauf ankommen, dass der Gegner des Mandanten seine (vermeidbar gewesenen) Rechte nun auch wahrnimmt.

Bei der Haftung des Steuerberaters verlangt BGHZ 119, 69 die *Manifestation des Schadens* durch einen Steuerbescheid selbst da, wo der Fehler nicht in der Abgabe einer unrichtigen Steuererklärung liegt, sondern in der Veranlassung des Mandanten zu einer nachteiligen steuerlichen Gestaltung (zB dem Beitritt zu einem Bauherrenmodell): Die Finanzbehörde könne den steuerlich relevanten Sachverhalt übersehen oder von seiner Berücksichtigung absehen. Vgl auch BGH NJW-RR 2008, 798 Rn 12: Verjährungsbeginn frühestens mit Bekanntgabe des Steuerbescheids, ebenso BGH WM 2009, 863 Rn 12 ff zu Säumniszuschlägen. Hinreichend ist freilich die verbindliche Feststellung der Bemessungsgrundlage durch Bescheid, wenn diese der Steuerfestsetzung vorausgeht (BGH NJW-RR 2008, 1508 Rn 15). Es kann auch die Feststellung gegenüber einem anderen Feststellungsbeteiligten als dem geschädigten Mandanten hinreichend sein (BGH NJW-RR 2008, 796 Rn 14).

Insgesamt geht die *Tendenz* der Rechtsprechung dahin, *den Verjährungsbeginn nach hinten zu verschieben* (vgl Zugehör, Anwaltshaftung Rn 1340, 1456), so auch BGH ZIP 2009, 1427 Rn 28: Anspruch aus Anwaltshaftung wegen Rat zur verdeckten Sacheinlage entsteht erst mit Geltendmachung der fortbestehenden Bareinlageverpflichtung durch die Gesellschaft.

36 (3) Im Ergebnis wird man bei der Prüfung des Verjährungsbeginns zweigleisig verfahren müssen.

Zunächst ist die pflichtwidrige Handlung festzustellen. Das kann im Falle des Steuerberaters die unrichtige Anlageberatung sein, die unrichtige Abgabe einer Steuererklärung. Aber Steuerberater (und Anwalt) sind doch ständig verpflichtet, ihr Tun und dessen Folgen zu überprüfen. Mithin müssen sie Möglichkeiten der Überprüfung und Korrektur wahrnehmen und nutzen. Insofern kann in der Hinnahme eines nachteiligen Steuerbescheides eine *neue* und damit eine neue Verjährungsfrist auslösende *Pflichtverletzung* liegen.

Sodann wird man im zweiten Schritt den Verjährungsbeginn für die *jeweilige* Pflichtverletzung zu ermitteln haben. Dafür kann es nicht maßgeblich sein, dass der Schaden unabwendbar feststeht; nicht die endgültige Zahlung kann den Ausschlag geben. Insofern muss eine Vermögensgefährdung ausreichen, wenn sie denn intensiv genug ist. Danach wird man den Eintritt eines Vermögensschadens kaum leugnen können, wenn ein nachteiliger Vertrag abgeschlossen wird, auch wenn vielleicht noch Reparaturmöglichkeiten verbleiben oder es abzuwarten bleibt, ob die Gegenseite die Konsequenzen zieht, die dann unmittelbar den Nachteil bedeuten. Ebenso ist ein ergehender behördlicher Bescheid ein Schaden, selbst wenn er noch angefochten werden kann. Geboten ist eine *wirtschaftliche Betrachtungsweise:* Ein Schaden tritt in dem Moment ein, in dem es angezeigt ist, eine Rückstellung zu bilden. Nur kann eben jeweils auch noch ein späteres pflichtwidriges Verhalten gegeben sein, das zur Erhöhung der Rückstellung führen muss oder ihre sonst mögliche Auflösung hindert.

37 (4) Der Bundesgerichtshof hat seine Rechtsprechung zur sog Sekundärhaftung von Anwälten und Steuerberatern (vgl dazu BGH NJW 2008, 2041 Rn 33 ff; NJW-RR 2013, 113 Rn 21; Zugehör/Fischer/Vill/Fischer/Rinkler/Chab Anwaltshaftung[3] Rn 1454) nach Aufhebung der §§ 51b BRAO, 68 StBerG aufgegeben (BGH BeckRs 2008, 16408 = VersR 2009, 651). Sie war zwar insoweit verfehlt, als sie aus Unzulänglichkeiten dieser Verjährungsbestimmungen hergeleitet worden ist. Indessen hatte sie den zutreffenden materiell-rechtlichen Kern, dass Personen, die selbstständig fremde Vermögensinteressen wahrzunehmen haben, nach den §§ 675, 666 Fall 1 gehalten sind, von sich aus auf solche Ansprüche hinzuweisen, die sich aus der Entwicklung der Dinge neu ergeben (vgl BGH NJW 2014, 993 Rn 17; ferner § 214 Rn 29a). Hat zB der Anwalt eine Frist versäumt, macht ihn diese Pflichtverletzung zum neuen Schuldner seiner Mandanten; im Rahmen der umfassend geschuldeten Interessenwahrnehmung ist darauf hinzuweisen. Mit § 199 Abs 1 Nr 2 kollidiert das nicht, denn diese Bestimmung legt nur die Anforderungen fest, die an den Gläubiger bei der Ermittlung seines Anspruchs zu stellen sind. § 199 Abs 1 Nr 2 macht die Hinweispflicht bestimmter Schuldner nicht überflüssig. Es ist nämlich denkbar, daß der Mandant seinen Anspruch grob fahrlässig verkennt. Das darf dem seine eigene Haftung verschweigenden Anwalt nicht zum Vorteil gereichen (vgl auch § 214 Rn 28 f). Daher reduziert der BGH nunmehr die Sorgfaltsanforderungen eines Mandanten, Haftungsansprüchen gegenüber seinem Rechtsanwalt bei laufendem Mandat nachzuspüren (BGH NJW 2014, 993 Rn 17). Damit wird sich freilich nicht in allen Fällen grobe Fahrlässigkeit ausschließen lassen. Richtigerweise darf grobe Fahrlässigkeit dem Mandanten nicht zur Last gereichen (s § 214 Rn 29a).

e) Verwaltungsrechtlicher Primärrechtsschutz

aa) Der Lauf der Verjährung wird für allfällige Schadensersatzansprüche aus **38** Amtspflichtverletzung angehalten, wenn der Geschädigte versucht, seinen Schaden durch die Inanspruchnahme verwaltungsgerichtlichen Primärrechtsschutzes abzuwenden, indem er zB eine Anfechtungsklage gegen den rechtswidrigen Verwaltungsakt erhebt (BGHZ 95, 238; 97, 97, 110; 103, 242; 122, 317, 323; BGH NJW 1995, 2778; STAUDINGER/WÖSTMANN [2012] § 839 Rn 381 f) oder den sozialrechtlichen Herstellungsanspruch vor dem Sozialgericht geltend macht (BGHZ 103, 242). In der Tat ist es dem Betroffenen nicht anzusinnen, schon jetzt vor dem Zivilgericht zu klagen, solange er noch hoffen kann, die Benachteiligung vor dem Verwaltungsgericht abzuwenden.

Wenn die Rechtsprechung dieses Ergebnis auf eine entsprechende Anwendung der §§ 209 Abs 1, 210 aF (= § 204 Abs 1 Nrn 1, 12) gestützt hat, wird dies für das jetzige Recht durch § 213 gestützt: Der Amtshaftungsanspruch – oder der Anspruch aus enteignungsgleichem Eingriff – tritt eben an die Stelle des Anspruchs auf die richtige Verwaltungsentscheidung. Das bedeutet, dass dem Geschädigten auch noch die zusätzliche Hemmung des § 204 Abs 2 S 1 zugutekommt. Dabei führt § 213 zu einer unmittelbaren Anwendung von § 204 Abs 1 Nrn 1, 12.

bb) Die genannten Bestimmungen versagen freilich, wenn der Geschädigte *form-* **39** *lose* und damit nicht unter § 204 Abs 1 fallende *Rechtsbehelfe* ergreift, wie sie ihm die Rechtsprechung zur Meidung eines Anspruchsverlustes nach § 839 Abs 3 ansinnt (vgl die Darstellung bei STAUDINGER/WÖSTMANN [2012] § 839 Rn 341), zB eine Erinnerung oder Gegenvorstellung. Diese Konstellation lässt sich aber – zunächst – mit § 203 erfassen, sofern die Behörde eine *Prüfung der Eingabe zusagt*. Außerdem aber ist der Amtshaftungsanspruch noch nicht entstanden iSd § 199 Abs 1 Nr 1, solange noch die begründete Aussicht besteht, die Behörde werde ihren Standpunkt ändern. Dieser Aspekt gilt im Übrigen auch bei „echtem" Rechtsschutz, nur ist er dort wegen § 204 Abs 2 S 1 bedeutungslos.

cc) Die genannten Grundsätze gelten auch, wenn der Anspruch aus einem *dem* **40** *Geschädigten günstigen Verwaltungsakt* oder Handeln hergeleitet wird (BGHZ 122, 317: Bauvorbescheid; BGHR § 852 Amtshaftung 2: günstige Auskunft), die Behörde sich aber im Ergebnis ungünstig verhalten hat und es jetzt um den Ersatz des Vertrauensschadens geht. Hier wirkt es also nach den §§ 204 Abs 1 Nrn 1, 12, 213 die Verjährung hemmend, wenn der Betroffene zB eine Baugenehmigung einklagt, die dem Vorbescheid entspricht, wenn er mit der Behörde verhandelt, § 203, und ist sein Anspruch noch nicht entstanden, solange er noch hoffen kann, dass seine Gegenvorstellung fruchtbar ist.

dd) Außer im Falle der formlosen Rechtsbehelfe kommt es nicht darauf an, dass der nachgesuchte primäre Rechtsschutz Aussicht auf Erfolg hat.

ee) Die genannten Grundsätze gelten zunächst insoweit, wie der Primärrechtsschutz geeignet war, den Schaden abzuwenden. Freilich wirkt er insoweit erst mit zeitlicher Verzögerung: Wer die nachteilige Prüfungsentscheidung anficht, kann die begehrte und nur mit ihr mögliche Anstellung nicht rückwirkend antreten, sondern erst nach dem Erfolg vor dem Verwaltungsgericht. In Bezug auf die Entstehung des Anspruchs und die Hemmung seiner Verjährung ist insoweit jedoch nicht zu differenzieren.

f) Subsidiäre Haftung
aa) Allgemeines

41 Namentlich die Staatshaftung, aber auch die Haftung des Notars nach § 19 BNotO setzen als negatives Tatbestandsmerkmal (STAUDINGER/WÖSTMANN [2012] § 839 Rn 299) weithin voraus, dass eine *anderweitige Ersatzmöglichkeit nicht besteht*, vgl §§ 839 Abs 1 S 2, 19 Abs 1 S 2 BNotO. Das ist im Hinblick auf die Verjährung nach § 199 Abs 1 in doppelter Hinsicht relevant, wobei im Übrigen für § 852 aF nichts anderes anzunehmen war: Es geht einmal um die Frage, wann der entsprechende Schadensersatzanspruch *entsteht*, § 199 Abs 1 Nr 1, zum anderen um den für den *Kenntnisstand des Geschädigten* in dem nach § 199 Abs 1 relevanten Zeitpunkt (vgl dazu u Rn 53 ff).

Subsidiär kann eine Haftung aber auch durch die *Vereinbarung der Parteien* ausgestaltet sein, zB durch die Vereinbarung einer Ausfallbürgschaft oder durch die Abtretung von Gewährleistungsansprüchen zur Abwendung der eigenen Gewährleistung, vgl § 309 Nr 8b aa. Subsidiär ist schließlich die Eigenhaftung des Vertreters nach § 179.

Bei alledem ist die Frage naturgemäß schwierig zu beantworten, ob der anderweitige Ersatz tatsächlich zu realisieren ist. Damit verbunden ist die Frage nach der verjährungsrechtlichen Relevanz von ergebnislosen Maßnahmen des Gläubigers zur anderweitigen Schadloshaltung.

bb) Entstehung des Anspruchs

42 Die Fälligkeit (o Rn 7 ff) des Amtshaftungsanspruchs und der anderen eben genannten Ansprüche setzt voraus, dass die anderweitige Ersatzmöglichkeit *objektiv nicht besteht* oder nur geeignet ist, den Schaden teilweise abzudecken, bzw – im Falle des § 179 – dass die Genehmigung endgültig ausbleibt (BGH NJW 2004, 774). Eine Einschätzungsprärogative hat der Gläubiger an dieser Stelle nicht, freilich ist seine Beurteilung der Sachlage nach § 199 Abs 1 Nr 2 uU relevant (u Rn 53 ff). Allerdings ist zu beachten, dass die *Beweislast* für das Fehlen der anderweitigen Ersatzmöglichkeit bei dem Schuldner liegt, soweit es – hier – um den Beginn der Verjährung geht.

cc) Maßnahmen zur Realisierung des anderweitigen Ersatzes

43 (1) Soweit der Gläubiger anderweitige Ersatzmöglichkeiten durch nach § 204 Abs 1 relevante Maßnahmen verfolgt, ist es ihm jedenfalls zur Meidung der Verjährung dringend anzuraten, gegenüber dem Haftungsschuldner eine *Streitverkündung* vorzunehmen, § 204 Abs 1 Nr 6. Denn zum einen versagt die Bestimmung des § 213, wenn die anderweitige Ersatzmöglichkeit nicht gegenüber dem Haftungsschuldner verfolgt wird, sondern eben gegenüber einem Dritten. Zum anderen wirkt die Streitverkündung auch dann verjährungshemmend, wenn das Vorgehen gegenüber dem Dritten letztlich aussichtslos ist. Hier könnte er in das Dilemma geraten, dass einerseits das Vorgehen gegenüber dem Dritten nichts erbringt, andererseits aber die Verjährung seines Anspruchs schon läuft.

(2) Soweit der Gläubiger die anderweitige Schadloshaltung im *Einverständnis mit dem Schuldner* versucht, gilt jedenfalls § 203.

(3) Im Einzelfall kann auch § 205 in Betracht kommen. Das gilt namentlich bei der vertraglichen Abtretung von Ansprüchen des Schuldners gegenüber Dritten zur Abwendung seiner eigenen Haftung. Im Zweifelsfall erfolgt diese Abtretung erfüllungshalber (STAUDINGER/OLZEN [2011] § 364 Rn 36) und ist damit mit einer *Stundung* der primären Verpflichtung verbunden bzw einem pactum de non petendo (STAUDINGER/OLZEN [2011] § 364 Rn 27 f).

g) Grundsatz der Schadenseinheit
aa) Inhalt

Rechtsprechung und Literatur gehen bei Schadensersatzansprüchen vom sog **44** Grundsatz der Schadenseinheit aus (vgl RG JW 1907, 302; RGZ 70, 150, 157; 83, 354, 360; 87, 306, 312; 106, 283, 285; BGHZ 50, 21, 24; BGH NJW 1973, 702; 1979, 264; 1991, 2833, 2835; MünchKomm/GROTHE Rn 11; SOERGEL/NIEDENFÜHR Rn 19; krit, aber zustimmend ERMAN/SCHIEMANN[10] § 852 aF Rn 13; NK-BGB/MANSEL/STÜRNER Rn 25 f; ablehnend PANIER, Der Grundsatz der Schadenseinheit [2009]). Dieser Grundsatz soll außer für deliktische Ansprüche (RGZ 87, 311; 106, 283) auch für vertragliche Ansprüche gelten (BGHZ 50, 21, 24; BGH NJW 1986, 1162).

Danach beginnt bei Schädigungen, die mehrere Schadensfolgen zeitigen, die Verjährung des Ersatzanspruchs zwar erst mit dem erstmaligen Eintritt des Schadens (dazu o Rn 32), dann aber in diesem Zeitpunkt auch hinsichtlich der späteren Schadensfolgen, mögen sie uU auch erst in der Zukunft liegen. Verletzt zB A den B am 1. 4. 2002 bei einem Verkehrsunfall, so beginnt die Verjährung mit dem 1. 1. 2003 nicht nur für die Schäden des Jahres 2002, sondern auch für jene des Jahres 2003 und gar für jene des Jahres 2022.

bb) Vorhersehbare Schäden

Der Grundsatz der Schadenseinheit soll sich freilich nur auf vorhersehbare Schäden **45** beziehen, also *nicht auf unabsehbare Spätfolgen* (RGZ 83, 354, 360; BGHZ 50, 21, 24; BGH NJW 1991, 2833, 2835; MünchKomm/GROTHE Rn 9). Für nicht vorhersehbare Schäden beginnt mithin eine neue Verjährungsfrist mit ihrem Eintritt zu laufen (STAUDINGER/SCHÄFER[12] § 852 aF Rn 46 mwNw). Dabei kommt es nicht auf die subjektive Voraussicht oder das Vorstellungsvermögen des konkret Geschädigten an, der *Maßstab* ist vielmehr ein *objektiver*. Auf welchen Betrachter dabei abzustellen ist, ist streitig. MünchKomm/vFELDMANN[3] § 198 aF Rn 3 bezieht sich auf die Anschauungen des Verkehrs; BGH NZV 1991, 143 m abl Anm PETERS bei einer Körperverletzung auf das, was in medizinischen Fachkreisen voraussehbar (und von den konkret behandelnden Ärzten übersehen worden) war, korrigiert das Ergebnis dann allerdings mit der Annahme, dass die Berufung auf die eingetretene Verjährung treuwidrig sei. Letzteres erscheint als Umweg; man wird die Anforderungen jedenfalls nicht überspannen dürfen. Abzustellen sein wird auf einen verständigen durchschnittlichen

Betrachter, der mit dem Fall vertraut ist, nicht auf einen Fachmann (**aA** BGH NJW 2000, 861). Dass Fachleute die mögliche Weiterentwicklung des Schadens nicht bedacht haben, indiziert vielmehr die Unvorhersehbarkeit der dann doch eingetretenen späteren Schäden. BGH NJW 1973, 702, 703 stellt auf die Lebenserfahrung ab. Danach sind dann auch nachhaltige Komplikationen von Knochenbrüchen durchaus vorhersehbar, aber nicht mehr schwere Spätfolgen anscheinend ganz leichter Verletzungen (vgl STAUDINGER/SCHÄFER[12] § 852 aF Rn 48). Unvorsehbar können uU auch Kostensteigerungen sein. Die insoweit zitierte Entscheidung RGZ 102, 143, 144 hatte allerdings 1921 eine Kostensteigerung auf ein Vielfaches durch Kriegsausgang und Revolution zu beurteilen.

cc) Konsequenzen

46 Um den Eintritt der Verjährung zu meiden, muss der Geschädigte innerhalb der Frist des § 199 Abs 1 – gerechnet ab Erfüllung des Haftungstatbestandes – **Feststellungsklage** nach § 256 Abs 1 ZPO erheben, dass der Schädiger auch für künftige Schäden einzustehen habe, bei Körperverletzungen idR mit der Einschränkung, soweit die Ansprüche nicht auf den Träger der Sozialversicherung übergegangen sind. Das notwendige *Feststellungsinteresse* folgt aus der sonst drohenden Verjährung und lässt sich praktisch nie verneinen, wenn denn Spätfolgen normalerweise kaum mit Sicherheit auszuschließen sind.

Wenn die Einstandspflicht des Schädigers dem Grunde nach unstreitig ist, empfehlen Kostengründe die *Alternative,* von der Möglichkeit des § 202 Abs 2 Gebrauch zu machen und den Effekt einer Feststellungsklage, die Anwendbarkeit der Frist des § 197, rechtsgeschäftlich herbeizuführen.

Bei beiden Wegen bleibt zu beachten, dass *wegen künftig regelmäßig wiederkehrender Leistungen* (Rente) die regelmäßige dreijährige Verjährungsfrist der §§ 197 Abs 2, 195 ab ihrer Fälligkeit nicht überwunden werden kann.

dd) Kritik

47 Der Grundsatz der Schadenseinheit ist **abzulehnen**; er gilt *nur dort, wo der Verjährungsbeginn an ein festes Datum geknüpft ist,* wie dies zB nach den §§ 438 Abs 2, 634a Abs 2, 548 Abs 1 S 2 der Fall ist. In ihrem Anwendungsbereich beginnt die Verjährung von Ansprüchen wegen späterer Schäden in der Tat schon mit Ablieferung bzw Abnahme bzw Rückerhalt der Mietsache. Sonst sprechen gegen einen Grundsatz der Schadenseinheit mehrfache Gesichtspunkte:

(1) Er zwingt zu Feststellungsklagen, die sich weithin als entbehrlich erweisen, wenn es dann doch nicht zu späteren Schäden kommt. Treten aber spätere Schäden ein, so wird die Kernfrage ihrer Regulierung die der *Kausalität* sein. Auf diese Frage vermag das Feststellungsurteil eine Antwort nicht zu geben.

(2) Der Grundsatz der Schadenseinheit weist Schadensersatzansprüchen eine *nicht zu rechtfertigende Sonderstellung* zu: Auch in anderen Bereichen ist es denkbar, dass sich künftig Ansprüche aus einem Rechtsgrund ergeben, der jetzt schon gelegt ist. Gleichwohl darf der Inhaber dieser Ansprüche bis zu ihrer Fälligkeit mit Maßnahmen zuwarten, die dem Eintritt der Verjährung vorbeugen.

Titel 1
Gegenstand und Dauer der Verjährung § 199

(3) Der Grundsatz der Schadenseinheit nötigt zur Feststellungsklage. Das wird dem althergebrachten Grundsatz nicht gerecht, dass es bei der Entstehung des Anspruchs auf die *Möglichkeit der Leistungsklage* ankommt (o Rn 3); die Feststellungsklage ist nur ein „Kann", kein „Muss", eine besondere Vergünstigung für den um seinen Anspruch besorgten Gläubiger.

(4) Er wird außer der Nr 1 des § 199 Abs 1 aber auch dessen Nr 2 nicht gerecht: **48**

Zu den den Anspruch begründenden Tatsachen gehört bei einem Schadensersatzanspruch eben der Schaden bzw sein Eintritt. Vor dem Eintritt des Schadens bzw soweit der Schaden nicht eingetreten ist, ist der Schadensersatzanspruch nicht begründet, nicht fällig.

Auch die *Kenntnis des Gläubigers* kann sich – schon im bloßen Sprachsinn – nur auf Tatsachen der Gegenwart oder der Vergangenheit beziehen. Über das, was in Zukunft sein wird, lässt sich letztlich nur spekulieren, mag die Gewissheit dessen, was kommen wird, letztlich auch weithin sicher sein.

(5) Der Grundsatz der Schadenseinheit ist in sich nicht konsistent. Es überfordert **49** sicher den Gläubiger einzukalkulieren, womit nur die Experten rechnen müssen. Wenn diese aber letztlich die schlimmsten Entwicklungen nicht überraschen können, wird einerseits die Einschränkung des Grundsatzes in Bezug auf unvorhersehbare Spätschäden zweifelhaft, andererseits ist es eine dogmatisch nicht stimmige „Notbremse", die Berufung auf den Eintritt der Verjährung als treuwidrig zurückzuweisen.

(6) So verstößt er gegen die Grundidee des modernisierten Schuldrechts zur Verjährung, dem Gläubiger eine *reelle Chance zur Realisierung seines Anspruchs zu geben*, auf der nicht nur die Fassung des § 199 Abs 1 beruht, sondern zB auch die in § 204 Abs 1 nachhaltig erweiterten Möglichkeiten, den Lauf der Verjährung anzuhalten, § 202 Abs 2, § 203. Die Preisgabe dieser Grundidee im Gewährleistungsrecht ist auf beträchtliche Kritik gestoßen; sie mag dort noch durch Planungssicherheit für Verkäufer bzw Unternehmer gerechtfertigt sein. Der Grundsatz der Schadenseinheit besorgt Planungssicherheit letztlich nur für Versicherer, die nun aber in der Lage wären, das Schadensrisiko exakt zu kalkulieren.

(7) Das *Bekenntnis der Gesetzgebungsorgane* zum Grundsatz der Schadenseinheit **50** durch die Rückkehr zur „Entstehung" des Anspruchs statt seiner „Fälligkeit" in der Formulierung des Gesetzes (o Rn 5) hat ein gewisses Gewicht. Es ist indessen *in der lex lata nicht hinreichend zum Ausdruck* gekommen, wenn es denn nicht möglich ist, diese beiden Begriffe auseinanderzudividieren.

(8) Vielmehr spricht gerade die lex lata unmissverständlich gegen den Grundsatz der Schadenseinheit:

Der mit ihm postulierte Verjährungsbeginn – mit der Erfüllung des Haftungstatbestandes, aber vor dem Eintritt des Schadens, dessen Ersatz verfolgt wird – findet sich nämlich tatsächlich in § 199 und wird dort in Abs 2 sowie in Abs 3 S 1 Nr 1 jeweils gleichlautend mit der Formulierung bezeichnet *„Begehung der Handlung, der*

Pflichtverletzung oder dem sonstigen den Schaden auslösenden Ereignis". Ihm stellt nun § 199 Abs 3 S 1 Nr 1 die *„Entstehung"* (des Schadensersatzanspruchs) gegenüber. Mithin muss zwischen beidem („Begehung der Handlung, der Pflichtverletzung oder dem sonstigen den Schaden auslösenden Ereignis" einerseits und der „Entstehung" andererseits) ein *inhaltlicher Unterschied* bestehen; ohne eine Unterscheidung fiele gerade die Differenzierung der beiden Nummern des § 199 Abs 3 S 1 in sich zusammen. Dieser Unterschied kann aber nur darin gesehen werden, dass eben die „Entstehung" des Anspruchs über die Erfüllung des haftungsbegründenden Tatbestandes hinaus zusätzlich den schon erfolgten Eintritt liquidierbarer Schäden voraussetzt (vgl auch u Rn 96 ff).

Braucht auch derselbe Ausdruck des Gesetzes in unterschiedlichen Zusammenhängen nicht denselben Inhalt zu haben, so ist doch nicht der geringste Anhalt dafür ersichtlich, dass der Ausdruck Entstehung in § 199 Abs 1 Nr 1 und in § 199 Abs 3 S 1 Nr 1 einen unterschiedlichen Inhalt haben könnte und dass er in Abs 1 Nr 1 jenen Inhalt haben könnte, von dem ihn Abs 3 S 1 gerade abgrenzt.

51 **(9)** Letztlich und ursprünglich geht es um ein Problem der §§ 249 ff, speziell der §§ 249 Abs 2 S 1, 254 Abs 2 S 1: Der Gläubiger, der den Verlust einer Sache durch die Schädigung zu beklagen hat, kann seinen Schaden nicht auf der Basis liquidieren, dass sie ihm immer fehlen wird, und damit fortlaufende Zahlung begehren, sondern hat sich mit der einmaligen Zahlung eines Betrages abzufinden; sein entsprechender Anspruch mag alsbald verjähren. Je weniger ein Schaden auf diese Weise sicher und ein für alle Mal aus der Welt geschafft werden kann, sondern als Ursache weiterer Folgerungen latent verbleibt – und so liegt es weithin bei den im Mittelpunkt stehenden Körperschäden –, desto höher ist das Restrisiko, das bei einer Kapitalisierung verbleibt; den *Zahlungsanspruch auf einen Kapitalisierungsbetrag* könnte man allerdings auch hier mit der Leistungsklage verfolgen und damit nach Maßgabe der §§ 195, 199 Abs 1 verjähren lassen. Unterbleibt die Kapitalisierung wegen ihrer spekulativen Elemente sinnvollerweise, ist das Restrisiko eher den Versicherern als den Geschädigten zuzuweisen und sind die §§ 194 ff der denkbar ungeeignete Ort einer Zuweisung.

ee) **Kein „Stammrecht"**

52 Der Grundsatz der Schadenseinheit ist abzulehnen. Auch bei Schadensersatzansprüchen ist nicht von einem *nebulösen Stammrecht* auszugehen, das insgesamt verjähren könnte. Es knüpft vielmehr die Verjährung an die einzelne bezifferbare Schadensposition an, die im Wege der Leistungsklage verfolgt werden kann, zB die einzelne Arztrechnung nach einer Körperverletzung.

IV. **Kenntnis des Gläubigers**

1. **Die maßgebliche Person**

53 Nach § 199 Abs 1 Nr 2 kommt es für den Beginn der Verjährung auf die Kenntnis des Gläubigers von den anspruchsbegründenden Umständen und der Person des Schuldners an (bzw die ohne grobe Fahrlässigkeit bestehende Möglichkeit, diese Kenntnis zu erlangen, dazu u Rn 73 ff). Dabei ist auf den Inhaber des Anspruchs abzustellen. In den Fällen der §§ 116 SGB X, 844, 845 ist dies nicht der deliktisch Geschädigte, sodass seine Kenntnis die Verjährung noch nicht beginnen lässt.

Die einmal in Gang gesetzte Verjährung kann auch durch entschuldigte spätere Unkenntnis nicht wieder außer Lauf gesetzt werden. Spätere Unkenntnis – namentlich von der aktuellen Anschrift des Schuldners – ist nach § 206 zu beurteilen; dh der Gläubiger muss alle erdenklichen Mühen aufnehmen, die zur Durchsetzung des Anspruchs notwendige Kenntnis wieder zu verschaffen. Bleibt die Anschrift des Schuldners dann unbekannt, muss er nach § 185 ZPO auf öffentliche Zustellung der Klage antragen.

a) Bei einer *Mehrheit von Gläubigern* ergeben die §§ 429 Abs 3, 425 Abs 2 und 432 Abs 2, dass die Verjährungsfrage für jeden einzeln zu beurteilen ist. Das führt aber nicht zu einem unterschiedlichen Verjährungsbeginn, weil die Bestimmungen diesen nicht nennen; es kommt auf die Kenntnis des Gläubigers an (vgl BGH ZEV 2007, 272 zur Erbengemeinschaft). **54**

Entsprechendes gilt, soweit bei dem *Vertrag zugunsten Dritter* der Versprechensempfänger und der Dritte nebeneinander forderungsberechtigt sind, §§ 328, 335. § 334 bildet kein Gegenargument, weil der Anspruch von vornherein in der Person eines jeden von ihnen entsteht.

b) Außer der Inhaberschaft an der Forderung genügt die *Verfügungsbefugnis* über die Forderung. Das gilt zunächst für die Fälle, in denen das Gesetz jemanden ermächtigt, eine fremde Forderung im eigenen Namen geltend zu machen, vgl die *Parteien kraft Amtes* wie Insolvenzverwalter und Testamentsvollstrecker u den Fall des § 265 ZPO. In den Fällen der §§ 2039 S 1, 428, 432 präkludiert die Kenntnis eines Mitberechtigten nicht auch die anderen, vgl §§ 429 Abs 3, 432 Abs 2. Nichts anderes ist aber auch bei *gewillkürter Prozessstandschaft* anzunehmen, vgl namentlich die *Inkassobefugnis* des Zedenten bei der Sicherungszession; in letzterem Fall kommt freilich auch eine mögliche Kenntnis des Zessionars zusätzlich in Betracht, wenn er denn nicht gehindert ist, die Forderung seinerseits geltend zu machen. **55**

c) Im Falle der *Zession,* der *Rechtsnachfolge kraft Gesetzes* und des Wechsels des gesetzlichen Vertreters, des Organs, kommt es zunächst auf den Kenntnisstand des ursprünglichen Gläubigers an: Kannte er den Anspruch, geht dieser mit in Gang gesetzter Verjährung über, auch wenn die Kenntnis vielleicht gerade durch den Rechtsübergang verloren geht. War der ursprüngliche Kenntnisstand noch nicht geeignet, die Verjährung in Lauf zu setzen, ist jetzt auf den Rechtsnachfolger abzustellen. **56**

d) Bei der *gesetzlichen Vertretung* durch Eltern oder Vormund kommt es auf deren Wissensstand an; nichts anderes gilt für den Betreuer im Falle des § 1903. **57**

Dabei genügt bei der Vertretung des Minderjährigen die Kenntnis von Vater *oder* Mutter, sofern sie beide das Sorgerecht haben; die Kenntnis des nicht sorgeberechtigten Teils ist nicht zuzurechnen.

e) Entsprechendes gilt bei der *gesetzlicher Vertretung juristischer Personen;* es **58**

kommt auf die Kenntnis ihrer Organe an. Sind zu ihrer Vertretung mehrere Personen berufen, so genügt die Kenntnis einer von ihnen; die Frage kann hier nicht anders als bei § 626 Abs 2 beantwortet werden (vgl dort STAUDINGER/PREIS [2012] § 626 Rn 304). Das gilt namentlich auch dann, wenn Gesamtvertretung besteht.

Ist Gläubiger die nach § 10 Abs 6 WEG rechtsfähige Wohnungseigentümergemeinschaft, kommt es auf die Kenntnisse des Wohnungseigentumsverwalters an (OLG München NJW-RR 2007, 1097, 1098; vgl BGH MDR 2014, 330 Rn 18). Zwar ist der Verwalter nicht umfassend zur Vertretung ermächtigt, § 27 WEG. Er ist aber Zustellungsvertreter und zur (Wissens)-Organisation der Gemeinschaft berufen. Fehlt ein Verwalter, so sind alle Eigentümer gemeinschaftlich vertretungsbefugt, § 27 Abs 3 S 2 WEG, sodass nach dem gerade Gesagten schon das Wissen eines Eigentümers schadet. Macht der Verwalter gegen ihn selbst gerichtete Ansprüche nicht geltend, kann § 210 analog heranzuziehen sein (s § 210 Rn 10; ferner § 214 Rn 20).

59 f) Bei Behörden und öffentlichen Körperschaften entscheidet die Kenntnis des zuständigen Bediensteten der verfügungsberechtigten Behörde, dh jener Behörde, der die Entscheidungskompetenz für die zivilrechtliche Verfolgung von Ansprüchen zukommt (BGHZ 134, 343; BGH NJW 2007, 834, 835; WM 2009, 1526 Rn 12). Gerade Behörden obliegt es aber, sich so zu organisieren, dass Ansprüche auch zeitnah zur Kenntnis genommen werden können, um dem Vorwurf eines Organisationsmangels (dazu u Rn 77 f, 84) und damit grober Fahrlässigkeit zu entgehen. Das unterscheidet § 199 nF von § 852 aF, in dessen Rahmen grobe Fahrlässigkeit irrelevant war.

60 g) Für § 199 Abs 1 Nr 2 kann auch die Kenntnis einer *gewillkürt eingeschalteten Person* genügen; dies ist unabhängig davon, ob ihr Vertretungsmacht erteilt ist oder nicht. Die konkrete Einschaltung ist auch bei dem Ehegatten des Gläubigers erforderlich (BGH NJW 2013, 448) Herzuleiten ist das Ergebnis aus dem Rechtsgedanken des § 166 Abs 1 (BGHZ 134, 343, 347 f zu § 852 aF; offengelassen von BGH NJW 2007, 1584 Rn 36 für § 199 Abs 1 Nr 2).

aa) Das gilt zunächst dort, wo einer Person ein Wirkungskreis zur eigenständigen Bearbeitung so übertragen ist, dass sie Einfluss auf die Wahrung der Verjährungsfrist nehmen kann, sei es, dass sie eine Maßnahme nach § 204 Abs 1 anregen kann, sei es, dass sie selbst schon verjährungshemmend, § 203, verhandeln kann. Unbeachtlich bleibt insoweit die Kenntnis subalterner Personen, zB von Schreibkräften. Unbeachtlich bleibt auch die Kenntnis von Personen, die für die *Verfolgung dieses Anspruchs nicht zuständig wären*.

bb) Gleichzustellen sind aber auch die Kenntnisse von *ad hoc bestellten Dritten*: des Rechtsanwaltes, dem das Vorkommnis zur Bearbeitung übertragen wurde (BGH NJW 1989, 2323; 1996, 2508, 2510; MünchKomm/GROTHE Rn 34), des Architekten, dem die Bauaufsicht oblag.

61 h) Soweit im Vorstehenden die Zurechnung der Kenntnis Dritter angenommen wurde, ist eine Ausnahme für den Fall zu machen, dass sich die *Ansprüche gerade gegen diesen Dritten* richten (RG JW 1936, 3111; BGH NJW-RR 1989, 1255, 1258 f; NJW 2009, 2127, 2130; NJW-RR 2011, 832; MünchKomm/GROTHE Rn 33a). Das gilt nicht nur in der

Konstellation einer Haftung aus sittenwidriger Schädigung, sondern ganz allgemein kann nicht erwartet werden, dass der Dritte die Ansprüche gegen sich selbst seriös verfolgt. Die Zurechnung der Kenntnis ist aber nicht nur hinsichtlich der Ansprüche gegen ihn selbst ausgeschlossen, sondern auch wegen der Ansprüche, die aus diesem Komplex gegen weitere Personen hergeleitet werden könnten (BGH MDR 2014, 330 Rn 20 f; NJW-RR 1989, 1255, 1258 ff).

2. Gegenstand der Kenntnis

a) Die den Anspruch begründenden Umstände

aa) § 199 Abs 1 Nr 2 stellt zunächst ab auf die Kenntnis der den Anspruch begründenden Umstände. Dabei kommt es an auf die Kenntnis *jener Tatsachen, aus denen der Anspruch herzuleiten* ist. Auf die zutreffende rechtliche Würdigung, dass aus diesen Tatsachen ein Anspruch folgt, kommt es indessen nicht an (BGH NJW-RR 2008, 1237 Rn 7; NJW 2009, 984 Rn 13; enger THEISEN/THEISEN, in: FS Nobbe [2009] 453, 468). Ist die Rechtslage allerdings selbst ungeklärt, so will der BGH (NJW 2008, 1942; NJW-RR 2009, 547 Rn 15; NJW 2009, 2046 Rn 47; 2011, 1278 Rn 15, 2012, 1572 Rn 3; vgl ferner die Auswertung der Rechtsprechung durch BITTER/ALLES NJW 2011, 2081) die Verjährung nicht vor ihrer Klärung (durch eine höchstrichterliche Entscheidung) beginnen lassen, weil dem Gläubiger vorher die Klageerhebung (vgl o Rn 3) nicht zuzumuten sei (dagegen JACOBY ZMR 2010, 335, 338 f). Nach der objektiven Klärung der Rechtslage könne sich der Gläubiger aber nicht mehr auf seine subjektive Unkenntnis berufen (BGH NJW-RR 2009, 547 Rn 19).

Schon diese objektive Anknüpfung zeigt, dass die Verortung bei den subjektiven Voraussetzungen des § 199 fehl geht. § 199 Abs 1 Nr 2 spricht gerade nicht von dem Anspruch selbst, sondern – in ersichtlich bewusster Diktion des Gesetzgebers – von den ihn begründenden Umständen. Schon diese Fassung des Gesetzes gilt es zu respektieren. Nach altem Recht wurde eine ungeklärte Rechtslage auch vielmehr als Problem des § 206 behandelt (s dort Rn 8 ff); das ist heute nicht anders. Früher wie heute trägt bei Abwägung der Interessen von Gläubiger und Schuldner das Verjährungsrisiko der Gläubiger. Dass es in Wahrheit um den an objektive Umstände anknüpfenden § 206, nicht um die subjektiven Voraussetzungen von § 199 Abs 1 Nr 2 geht, zeigt sich auch daran, dass die Unkenntnis der klärenden höchstrichterlichen Rechtsprechung bei einem Laien durchaus nicht auf grober Fahrlässigkeit zu beruhen braucht, nach § 199 Abs 1 Nr 2 also irrelevant sein müsste; eine so weitgehende Entlastung des nicht schuldhaft irrenden Gläubigers lehnt die höchstrichterliche Rechtsprechung – im Ergebnis freilich zutreffend – indessen ab (BGH NJW 2012, 1572 Rn 5). Zuwarten allein lässt keine Klärung der Rechtslage erwarten. Nicht nur ein Musterkläger, sondern alle Gläubiger sind aufgerufen, ihre Ansprüche nach § 204 geltend zu machen, wollen sie sich vor Verjährung schützen. Dem Gläubiger bleibt freilich anzustreben, mit dem Schuldner eine Musterprozessabrede mit Wirkungen nach §§ 202, 203, 205 zu schließen (s § 202 Rn 21, § 203 Rn 13). Lässt sich der Schuldner nicht darauf ein, ist aber ein Vorgehen nach § 204 geboten, um die Verjährung zu hemmen.

(1) Im Falle des *§ 823 Abs 1* sind die Tatsachen, aus denen der Anspruch herzuleiten ist, die Rechtsgutsverletzung, die Handlung des Schädigers, ihre Kausalität für die Rechtsgutsverletzung, die Rechtswidrigkeit, die den Verschuldensvorwurf begründenden Tatsachen, der Schaden. Keine Kenntnis liegt also zB vor, wenn der Gläubiger, der tatsächlich körperlich verletzt ist, dies verkennt, weil er annimmt, es liege nur eine vorübergehende Unpässlichkeit bei den Schmerzen vor, die er empfindet. Hier fehlt die Kenntnis der Körperverletzung. Sie muss als solche erkannt worden sein, wenn auch nicht in ihrem Umfang und gar in ihrer Ursache. Ebenfalls fehlt es an der Kenntnis, wenn er annimmt, der Schädiger sei nur seinerseits geschubst worden (hier verkennt er dessen Handlung) oder gar einen anderen als Täter vermutet. An der Kenntnis des Gläubigers fehlt es auch, wenn sich ihm das Vorkommnis so darstellt, dass der Täter die im Verkehr erforderliche Sorgfalt beachtet hat. Bei der Arzthaftung genügt es nicht, dass eine Operation negativ ausgegangen ist, weil das noch schicksalhaft gewesen sein kann; es müssen weitere Indizien für eine Haltung zur Kenntnis des Patienten gelingen (BGH NJW-RR 2010, 681; vgl aber nunmehr auch die Beweislastregeln des § 630h). Dagegen braucht er keine Kenntnis davon zu haben, dass dem Täter *besondere Rechtfertigungsgründe* nicht zur Seite stehen (denn dies würde er, der Gläubiger, nicht zu beweisen haben). Folgerichtig braucht er im Falle des § 831 keine Kenntnisse über die *Entlastungsmöglichkeiten* der anderen Seite zu haben, soweit es Auswahl oder Überwachung betrifft. Anders liegt es im Falle des § 839 Abs 1 S 2: Die fehlende anderweitige Ersatzmöglichkeit ist hier ein negatives Tatbestandsmerkmal.

64 **(2)** Will der Gläubiger einen *Bereicherungsanspruch* verfolgen, so kommt es auf Kenntnis von Leistung oder Bereicherung in sonstiger Weise an, ferner auf die *Kenntnis vom Fehlen des Rechtsgrunds;* bei letzterer wiederum auf die Kenntnis der Tatsachen, aus denen dessen Fehlen folgt. Will zB der Gläubiger gezahlte Zinsen als wucherisch zurückverlangen, kommt es für § 199 Abs 1 Nr 2 auf den Zeitpunkt an, in dem ihm deutlich wurde, dass die vereinbarten Zinsen bedenklich über den marktüblichen lagen. Dabei gehen Fehleinschätzungen zu seinen Lasten: Hält er den vereinbarten Zinssatz für nicht mehr tolerabel, obwohl er es nach den Grundsätzen der Rechtsprechung noch ist, so mag er alsbald klagen; das Gericht hat sonst die Wahl, die Klage als verspätet oder als sonst nicht begründet abzuweisen. Nimmt der Gläubiger irrig an, zu beanstanden sei nur ein noch höherer Zinssatz als der vereinbarte, so kann er nicht hoffen, dass sich seine Lage durch Zuwarten verbessert; also mag er ebenfalls alsbald klagen.

Da eine zutreffende rechtliche Würdigung nicht Voraussetzung ist, reichen für einen Rückforderungsanspruch aus § 812 bei nichtigen Verträgen die Kenntnis der die Nichtigkeit begründenden Tatsachen, so etwa BGH NJW-RR 2008, 1237 Rn 7 ff zum Verstoß gegen das RBerG u BGH NJW 2009, 984 Rn 13 bei sittenwidrigen Schenkkreisen. Soll eine Leistung nach *Anfechtung* zurückverlangt werden, so müssen Grund und Erklärung der Anfechtung bekannt sein.

Für den Anspruch auf Rückforderung einer Zahlung auf eine überhöhte Schlussrechnung kommt es darauf an, dass der Besteller das Leistungsverzeichnis, die Aufmaße und die Schlussrechnung kennt (BGH NJW 2008, 2427).

65 **(3)** Bei dem *Ausgleich unter Gesamtschuldnern* entscheidet die Kenntnis der gemeinsamen Verpflichtung. Irrtümer über die Quoten sind irrelevant. Hier bildet eine Ausnahme nur § 426 Abs 1 S 2: Dass sich die Quote des anderen durch den Ausfall eines weiteren Gesamtschuldners erhöht, muss als Anspruchsvoraussetzung für die

Mehrforderung gegen diesen bekannt sein, damit insoweit die Verjährung zu laufen beginnen kann.

(4) Bei *vertraglichen Erfüllungsansprüchen* kann die Kenntnis des Gläubigers dadurch ausgeschlossen sein, dass sie erst aus einer Auskunft des Schuldners herzuleiten sind.

(5) Lässt sich ein Anspruch *mehrfach begründen,* so zB aus mehreren Mängeln eines Prospekts, kommt es für den Verjährungsbeginn auf die einzelne Anspruchsbegründung an; die einzelnen Prospektmängel brauchen nicht gleichzeitig aufgedeckt zu werden, und bei mehreren betroffenen Anlegern können die Zeitpunkte wiederum differieren (BGH NJW 2011, 1666 Rn 13). Entsprechendes gilt zB für den Anspruch auf Schadensersatz statt der ganzen Leistung in den Fällen der §§ 438 Abs 3, 634a Abs 1 Nr 3, Abs 3.

bb) Die Kenntnis des Anspruchs – und entsprechend die grob fahrlässige Un- **66** kenntnis – braucht *quantitativ* keine vollständige zu sein; soweit der Gläubiger seinen Anspruch kennt, kann der Lauf der Verjährung einsetzen. Diese Konstellation kann sich etwa ergeben, wenn der Gläubiger zur Bezifferung des Anspruchs auf eine Auskunft des Schuldners angewiesen ist und dessen erteilte Auskunft einen zu niedrigen Anspruchsumfang ergibt: Kenntnis des sich so schon ergebenden Anspruchsteils, Unkenntnis des in Wahrheit darüber hinaus gehenden Anspruchsteils.

cc) Auf einiges braucht sich die Kenntnis des Gläubigers iSd § 199 Abs 1 Nr 2 **67** *nicht* zu beziehen:

(1) Hierher gehören zunächst *Einwendungen und Einreden* des Schuldners bzw ihr Fehlen: Dass der Gläubiger nach seinem Wissensstand eine erfolgreiche Verteidigung des Schuldners gewärtigen muss, kann kein Anlass sein, ihm zeitlich einen weiteren Spielraum für die Verfolgung seines Anspruchs zu gewähren.

(2) Hierher gehört ferner die *Kenntnis von Beweismöglichkeiten* für den An- **68** spruch. Dem Gläubiger sind die Maßnahmen des § 204 Abs 1 auch dann zuzumuten, wenn sich die Beweislage ungünstig darstellt. Es besteht kein Anlass, die Verjährung so lange anzuhalten, bis sie sich verbessert hat. Zum einen könnten sich damit die Beweismöglichkeiten des Schuldners verschlechtern, zum anderen ist die regelmäßige Verjährungsfrist ja auch geräumig genug, nach Beweismöglichkeiten zu suchen.

(3) Schließlich braucht der Gläubiger auch nur die „den Anspruch begründenden **69** Umstände" zu kennen; den *Anspruch selbst* braucht er nicht zu kennen (s oben Rn 62 ff). Ohne dass dies die Verjährung aufhalten könnte, darf es ihm also verborgen bleiben, dass die ihm bekannten Umstände a, b, c und d in ihrer Kombination einen Anspruch für ihn ergeben. So ist es zB denkbar, dass er nicht realisiert, dass eine Berichterstattung in der Presse über ihn zu einem Anspruch auf Schmerzensgeld wegen Verletzung des Allgemeinen Persönlichkeitsrechts führen kann. Erst recht braucht der Gläubiger seinen Anspruch nicht richtig einzuordnen. So mag er zB meinen, er habe einen vertraglichen Anspruch und dabei die Unwirksamkeit des Vertrages verkennen: Er kennt dann durchaus auch Ansprüche aus ungerechtfertigter Bereicherung oder Geschäftsführung ohne Auftrag, die die Rechtsprechung ersatzweise an ihrer Stelle gewährt.

b) Die Person des Schuldners

70 Hier knüpft § 199 Abs 1 Nr 2 unmittelbar – freilich erweiternd – an § 852 Abs 1 aF an, der von der Person des Ersatzpflichtigen sprach.

Kenntnis von der Person des Schuldners hat der Gläubiger, wenn ihm *Name und Anschrift bekannt* sind (BGH NJW 1998, 988; 2001, 1721, 1722; 2009, 587 Rn 12), sodass er also eine der Maßnahmen des § 204 Abs 1 in die Wege leiten kann. Bei mehreren Schuldnern kann sich ein unterschiedlicher Verjährungsbeginn ergeben (BGH VersR 1963, 285). Ist der bekannte Schuldner verstorben, ohne dass seine Erben bekannt wären, muss der Gläubiger eine Nachlasspflegschaft beantragen, § 1961 (OTTE 79, 81 ff). Bei unbekanntem Aufenthalt des Schuldners ist der Gläubiger nicht gehalten, die öffentliche Zustellung der Klage zu beantragen, denn das würde ihm mehr an Ermittlungen abverlangen als § 199 Abs 1 Nr 2 (BGH NJW 2012, 1645 Rn 21 ff).

c) Intensität der Kenntnis

71 Die §§ 852 Abs 1 aF, 199 Abs 1 Nr 2 nF verwenden den Ausdruck der Kenntnis, der *von einer Gewissheit abzugrenzen* ist. Der Gläubiger braucht sich nicht uneingeschränkt sicher – gewiss – zu sein, dass die den Anspruch begründenden Umstände vorliegen und dass diese Person sein Schuldner ist. Restliche Zweifel dürfen verbleiben. § 199 Abs 1 Nr 2 will den Zeitpunkt markieren, in dem die Klage zumutbar geworden ist, dh ein weiteres Zuwarten des Gläubigers – über die Frist des § 195 hinaus – nun wiederum für den Schuldner unzumutbar würde. Fehlt einem Geschädigten wegen einer retrograden Amnesie die Erinnerung an das Geschehen, fehlt es freilich an der Kenntnis (BGH NJW 2013, 939 Rn 6).

3. Zeitpunkt der Kenntnis

72 Die Kenntnis kann nachträglich begründet werden. Ihre späte Erlangung kann allerdings die Zeiträume des § 199 Abs 2–4 nicht überspielen.

Im Übrigen kommt es auf den Zeitpunkt der Begründung des Anspruchs an, nicht den seiner Fälligkeit (BGH NJW 2009, 587 Rn 11 ff zum Fall des unbekannt verzogenen Bürgen). Das wirkt zu Lasten des Insolvenzverwalters bei Begründung des Anspruchs vor Verfahrenseröffnung und des Erben bei Begründung vor dem Erbfall. Ihnen kann auch nicht mit § 206 geholfen werden.

V. Grob fahrlässige Unkenntnis des Gläubigers

1. Allgemeines

73 Dass auch grob fahrlässige Unkenntnis des Gläubigers von den den Anspruch begründenden Umständen und der Person des Schuldners genügt, den Lauf der Verjährung in Gang zu setzen, bedeutet eine *radikale Änderung gegenüber § 852 Abs 1 aF.* Hier kommen mehrere Aspekte zum Tragen:

a) Zunächst erkennt es das Gesetz an, dass sich der Gläubiger um seinen Anspruch zu kümmern hat. Es wird eine *Obliegenheit* (keine Schuldnerpflicht) geschaffen, die mit dem Preis der Verjährung des Anspruchs sanktioniert wird; gleichzeitig wird mit dem Maßstab der groben Fahrlässigkeit die Intensität der Fürsorge bestimmt, die der Gläubiger seinem Anspruch angedeihen lassen muss. Diese *Fürsorgepflicht* entspricht dem Grundanliegen der Verjährung, den Schuldner vor der verdunkelnden Macht der Zeit zu schützen. Wo es nicht wie in § 197 Abs 1 um überragend wichtige Rechtsgüter oder um eine geklärte Rechtslage geht, müssen die Dinge zeitnah zum Ausgleich gebracht werden.

b) Außerdem ist die eigentlich maßgebliche *Kenntnis* des Gläubigers eine *innere* **74** *Tatsache,* die sich als solche kaum durch den für den Beginn der Verjährung beweispflichtigen Schuldner beweisen lässt. Er wäre entweder auf das unsichere Beweismittel der Parteivernehmung verwiesen oder müsste einen Indizienbeweis antreten: Die für den Anspruch sprechenden Umstände waren für den Gläubiger so nachhaltig, dass er den Schluss auf den Anspruch nicht nur a) ziehen musste, sondern b) auch gezogen hat. Die Formulierung des Gesetzes befreit von der Notwendigkeit des gedanklichen Schrittes b), wie ihm zwangsläufig ein gewisses spekulatives Element innewohnt, steht es doch nie fest, dass der sich aufdrängende Schluss auch tatsächlich gezogen wurde. Dem Gläubiger geschieht durch diese *Verkürzung der Beweisführung* kein Unrecht: Dass er sich aufdrängende Schlüsse nicht zieht, muss sein Risiko sein.

c) Strukturell hat die Kenntnis den Vorrang vor der grob fahrlässigen Unkennt- **75** nis: Die Kenntnis des Gläubigers setzt den Lauf der Verjährung in Gang, mag sie auch auf Zufall beruhen oder auf überobligationsmäßigen Anstrengungen zur Ermittlung des Sachverhalts.

Praktisch wird in den streitigen Fällen die grob fahrlässige Unkenntnis des Gläubigers wegen ihrer leichteren Beweisbarkeit im Vordergrund stehen.

Im Übrigen muss § 199 Abs 1 Nr 2 weithin leerlaufen. Seine vertraglichen Erfüllungsansprüche kennt man eben in aller Regel oder es beruht auf vorwerfbarer Unordnung, wenn man sie nicht kennt. Ähnliches gilt für vertragliche Sekundäransprüche. Anwendungsfall wird primär das Deliktsrecht bleiben. Bedeutung hätte § 199 Abs 1 Nr 2 im Gewährleistungsrecht gewinnen können, wenn die Bestimmung hier nicht durch die §§ 438 Abs 2, 634a Abs 2 ausgeschlossen worden wäre. Hier verbleibt als Anwendungsfall des § 199 Abs 1 Nr 2 nur § 634a Abs 1 Nr 3.

2. Zur Dogmatik

Aus dogmatischer Sicht stellt sich die entschuldbare Unkenntnis des Gläubigers als **76** ein Fall der anfänglichen Hemmung der Verjährung dar. „Eigentlich" und praktisch in der Mehrzahl der Fälle beginnt die Verjährung sogleich mit der Entstehung des Anspruchs zu laufen bzw dem Ende des entsprechenden Jahres, aber das Gesetz nimmt Rücksicht auf das Verfolgungshindernis, das im Wissensstand des Gläubigers liegt: agere non valenti non currit praescriptio. Diese Hemmung darf aber aus naheliegenden Gründen nicht länger andauern, als es die Höchstfristen des § 199 Abs 2–4 erlauben.

Diese Überlegung hat ihre praktischen Konsequenzen. Die *Überleitungsregelung des Art 229 § 6 EGBGB* zwingt in ihren Abs 3 und 4 zur Klärung der Frage, ob das bisherige oder das neue Recht die kürzere bzw längere Verjährungsfrist bereithält: In diesen Vergleich ist die jetzige regelmäßige Verjährungsfrist mit den drei Jahren des § 195 einzustellen und nicht mit jener Frist, die sich konkret durch § 199 Abs 1 Nr 2 ergibt (vgl auch STAUDINGER/PETERS [2003] Art 229 § 6 EGBGB Rn 7 f), oder gar den Höchstfristen des § 199 Abs 2–4. § 199 Abs 1 Nr 2 stellt eben vielmehr einen Fall der Hemmung der Verjährung dar, wie er mit Art 229 § 6 Abs 1 EGBGB zu erfassen ist.

3. Organisationspflichten

77 a) Wer als Teilnehmer am Markt einen größeren Bestand an Außenständen hat, muss seine Forderungen organisiert und kontrolliert verwalten. Wenn eine Forderung außer Kontrolle gerät, wird das freilich dann zu der ersten Alternative des § 199 Abs 1 Nr 2 führen; wenn es sich um eine normale Forderung handelt, zB aus einer Rechnung, die nicht beglichen worden ist: Diese Forderung war ja schon mit ihrem Entstehen bekannt. Aber es ist doch auch mit einer gewissen Quote *ungewöhnlicher Forderungen* zu rechnen: Ein Vertrag wird angefochten, storniert, seine Durchführung scheitert. Auch für die *zeitnahe Erfassung* solcher Forderungen muss Sorge getragen werden.

Der größere Marktteilnehmer muss ferner mit Schädigungen rechnen, die mit den §§ 280 Abs 1, 241 Abs 2, 311 Abs 2 oder den §§ 823 ff zu regulieren sind. Auch die diesbezüglichen Ansprüche müssen kontrolliert und systematisch erfasst und aufgeklärt werden.

Die öffentlichen Hände lassen die von ihnen beglichenen Rechnungen durch Rechnungshöfe überprüfen. Diese sind so einzubinden und auszustatten, dass sie etwaige Überzahlungen (und damit Rückforderungsansprüche) zeitnah aufdecken können.

Der regressberechtigte Träger der Sozialversicherung braucht sich an sich nur die Kenntnis der Regressabteilung zurechnen zu lassen, doch ist es organisatorisch sicherzustellen, dass die Kenntnisse der Leistungsabteilung auch an diese gelangen (BGH NJW 2012, 1789). Diese Organisation vorzuhalten ist Sache der gemeinsamen übergeordneten Stelle (**aA** BGH NJW 2012, 2644: der Regressabteilung).

Organisationsmängel an einer dieser Stellen begründen ohne weiteres den Vorwurf grober Fahrlässigkeit. Der Tatbestand des § 199 Abs 1 Nr 2 ist in seiner 2. Alternative in dem Zeitpunkt erfüllt, in dem die tatsächlichen Grundlagen des Anspruchs bei gehöriger Organisation geklärt gewesen wären.

78 b) Entsprechende Organisationspflichten ergeben sich dort, wo *Ansprüche regelmäßig anfallen, der Gläubiger ihre tatsächlichen Grundlagen aber nicht aus eigener Kraft klären kann,* vgl den Arbeitgeber, der dem verletzten Arbeitnehmer nach § 3 EFZG den Lohn fortzahlt, sodass es zur cessio legis nach § 6 EFZG kommt, den Träger der Sozialversicherung im Falle des § 116 SGB X, oder – die Konstellation in BGHZ 134, 343 – das Hauptzollamt, das auf die Ermittlungen einer anderen Stelle angewiesen ist. Hier ist das fremde Wissen zwar nicht zuzurechnen (BGHZ 134, 343), es ist aber für einen ordentlichen Informationsfluss zu sorgen, soweit sich dies organisatorisch bewerkstelligen lässt (vgl BGH NJW 2012, 447 Rn 18). Zu einer hinreichenden Organisation gehört es auch, dass ihre Einhaltung überwacht wird. Insofern ist abzulehnen die Entscheidung BGH NJW 2011, 1799. Dort hatte eine gesetzliche Krankenkasse nach einem Unfall an ihren Versicherungsnehmer geleistet und also dringenden Anlass zu der Annahme, dass Regressansprüche im Raum stehen könnten. Tatsächlich nahm die ihm zugeordnete Regressabteilung § 46 I, II SGB XI, wegen ihrer Leistungen erst wesentlich später Regress. Zwar ist richtig, dass die Kenntnis der Leistungsabteilung nicht unmittelbar der Regressabteilung zuzurechnen ist, doch begründet es einen schweren, für § 199 Abs 1 Nr 2 ausreichenden Organisationsmangel, wenn in einem derartigen Fall nicht für einen gehörigen Informationsfluss gesorgt ist.

Zur Darlegungs- und Beweislast bei einem Organisationsmangel u Rn 84.

4. Verdachtsmomente

Im Übrigen hat der Gläubiger *Indizien nachzugehen,* die auf einen Anspruch gegen eine andere Person hindeuten: Wer bei einem Unfall verletzt worden ist, muss sich erkundigen, ob Polizei oder Staatsanwaltschaft ermitteln, gegen wen und wie der Stand der Ermittlungen ist. Ist er auf Auskünfte des Schuldners angewiesen, zB ob und inwieweit dieser leistungsfähig für Unterhalt ist, hat er ihn zu befragen. Dritte sind zu befragen, ob sie als Zeugen zur Aufklärung beitragen können, wenn dafür Anhaltspunkte bestehen. **79**

5. Anforderungen an den Gläubiger

Jeder Gläubiger hat jedenfalls die *Ermittlungen* anzustellen, *die auf der Hand liegen* und deren Notwendigkeit jedem einleuchten. So sind Rechnungen auf ihre Richtigkeit zu überprüfen (BGH NJW 2008, 2427) und zwar schon vor ihrer Begleichung (BGH aaO Rn 16), sodass Rückforderungsansprüche – leichte Erkennbarkeit des Fehlers vorausgesetzt – mit der Begleichung zu verjähren beginnen. Doch können die Anspruchsvoraussetzungen auch schwer zu durchschauen sein (vgl BGH NJW-RR 2012, 1240 Rn 17 zur Existenzvernichtungshaftung; BGH NJW 2012, 3569 Rn 16 zum überzahlten Architektenhonorar). **80**

Dabei ist nach den *Verkehrskreisen* zu differenzieren, denen der Gläubiger angehört. Es kann zB bei einem Unfall ein Rechtsanwalt ungleich besser beurteilen, worauf es für einen Anspruch ankommt und wie dies zu ermitteln ist, als ein Hilfsarbeiter. Der Gläubiger muss ihm gegebene Ermittlungsmöglichkeiten auch einsetzen, braucht sich dabei aber nicht in besondere Kosten zu verstricken. Zumutbar sind dabei die Kosten einfacher Schriftwechsel, nicht etwa die eines Detektivs. Wer zB erfährt, dass Zahnschäden eines Kindes auf Kindertee zurückzuführen sind, muss dessen Hersteller in Erfahrung bringen.

6. Hilfspersonen

Zuzurechnen sind die Erkenntnismöglichkeiten von Hilfspersonen, die der Gläubiger zur Klärung der tatsächlichen Grundlagen seines Anspruchs einsetzt (vgl BGH **81**

NJW 2008, 2427 Rn 15 u schon o Rn 60 zum Einsatz eines Architekten bei der Bauaufsicht, eines Rechtsanwalts zur Klärung der Folgen eines Unfalls). Wenn wegen der eben genannten Zahnschäden des Kindes ein Rechtsanwalt eingeschaltet ist, handelt dieser in zurechenbarer Weise grob fahrlässig, wenn er nicht realisiert, dass in dem haftenden Unternehmen auch wieder konkrete Personen selbst haftbar sind, und diese ermittelt.

7. „Grobe" Fahrlässigkeit

82 Der Begriff der groben Fahrlässigkeit verschwimmt. Es genügt für § 199 Abs 1 Nr 2 jedenfalls kein leichtes Versehen. In dem Beispielsfall der Zahnschäden des Kindes (vgl BGH NJW 2001, 964) handeln die Eltern selbst nicht grob fahrlässig, wenn sie nicht die zusätzliche Haftung konkreter Personen über die des Herstellers hinaus bedenken. Es kann dem Gläubiger auch nicht zum Vorwurf der groben Fahrlässigkeit gereichen, dass er den *Aufwand besonderer Aufklärungskosten* gescheut hat. Aber es muss doch dort, wo der Gläubiger professionelle Hilfspersonen (Architekt oder Rechtsanwalt) eingeschaltet hat, auch im Bereich des § 199 Abs 1 Nr 2 erwartet werden, dass sie einigermaßen professionell arbeiten. Auf unmittelbar auf der Hand liegende, in ihrer Notwendigkeit jedem einleuchtende Maßnahmen kann sich deshalb letztlich nur jener Gläubiger beschränken, der geschäftlich nicht versiert ist und sich einem für ihn ungewöhnlichen Ereignis gegenübersieht. Er handelt insbesondere nicht schon dann grob fahrlässig, wenn er es unterlässt, professionelle Hilfe in Anspruch zu nehmen, denn das wäre mit Kosten verbunden, die ihm nicht zuzumuten sind.

8. Verhalten des Schuldners

83 a) Der Gläubiger kann zur Durchsetzung seines Anspruchs auf *Auskünfte des Schuldners* angewiesen sein. Seine Auskunftsklage schaltet jedenfalls § 199 Abs 1 Nr 1 aus, wegen ihrer Kosten und ihres Aufwands kann es aber nicht als grob fahrlässig betrachtet werden, wenn sie nicht erhoben wird.

b) Davon abgesehen darf der Gläubiger durchaus *Vertrauen* zu seinem Schuldner haben. Der Anleger, dem die Anlage mündlich erläutert worden ist, braucht nicht den Prospekt durchzulesen, aus dem sich anderes ergibt (BGH NJW 2010, 3292). Eine Lektüre des Prospekts bei früherer Gelegenheit reicht regelmäßig nicht (BGH NJW 2011, 3573). Wer bei einer Bank ein Darlehen aufnimmt, braucht nicht damit zu rechnen, dass der ihm vorgelegte Vertrag nach § 494 Abs 1 zur Nichtigkeit führende Formmängel aufweist.

c) Wenn der Schuldner die tatsächlichen Voraussetzungen in Abrede stellt oder eine andere Person als Schuldner bezeichnet, ist das zugunsten des Gläubigers in die Abwägung einzustellen, ob er *grob fahrlässig* gehandelt hat.

d) Im Übrigen ist darauf hinzuweisen, dass einige Schuldner den Gläubiger gerade vor dem Verlust von Ansprüchen schützen sollen, dies auch, soweit sich diese *Ansprüche gegen sie selbst* richten (Rechtsanwälte, Steuerberater, Verwalter, Architekten). § 199 Abs 1 Nr 2 sagt nur, welche Anforderungen an den Gläubiger zur Wahrung seiner Rechte zu stellen sind, regelt etwaige aus den §§ 675, 666 Alt 1 abzuleitende Pflichten des Schuldners nicht. Hier kann die Verjährung erst mit der Erteilung der Informationen einsetzen (vgl auch § 214 Rn 26 ff; ferner BGH NJW 2014, 993 Rn 17).

9. Darlegungs- und Beweislast

Die Beweislast für den Beginn der Verjährung und damit auch für die Voraussetzungen des § 199 Abs 1 Nr 2 trägt der Schuldner, der sich auf die Verjährung beruft. Geht es um die Klärung grober Fahrlässigkeit, muss der Schuldner darlegen, welche Anhaltspunkte für den Gläubiger dafür bestanden, dass ein Anspruch in seinen tatsächlichen Voraussetzungen gegeben war, der Gläubiger, welche Schritte zur Ermittlung er unternommen hat. Soweit es um einen möglichen *Organisationsmangel* geht, hat der Schuldner diesen indiziell zu belegen, zB mit der ungewöhnlichen Dauer der Ermittlungen, der Gläubiger hat dann in sekundärer Darlegungslast die Leistungsfähigkeit der von ihm gewählten Organisation darzutun bzw dass sie nicht besser zu organisieren war. **84**

VI. Verjährungsbeginn mit Jahresschluss

1. § 199 Abs 1 greift § 201 aF auf und erweitert seinen Anwendungsbereich nachhaltig: Nicht schon die Entstehung des Anspruchs und die entsprechende Kenntnis bzw Kenntnismöglichkeit des Gläubigers setzen den Lauf der Verjährung „taggenau" in Gang, sondern die Verjährung beginnt mit dem Schluss des Jahres, in dem diese beiden Momente vorliegen (sog Ultimo-Verjährung): Ist der Anspruch am 1. 4. 2003 fällig geworden (entstanden) und hat der Gläubiger am 1. 7. 2003 den Kenntnisstand des § 199 Abs 1 Nr 2 erreicht, so zählt der Rest des Jahres 2003 noch nicht bei der Verjährung mit, sondern diese setzt mit dem 1. 1. 2004 ein und läuft folglich mit dem 31. 12. 2006 ab. Wenn Art 229 § 6 Abs 4 EGBGB eine noch offene längere Frist des bisherigen Rechts durch die Frist des § 195 nF ersetzt und diese in S 1 „von dem 1. Januar 2002 an berechnet", zählt folglich das Jahr 2002 bei der Berechnung der jetzigen Frist nicht mit, sondern sie läuft ab dem 1. 1. 2003 (vorbehaltlich der Kappung nach Art 229 § 6 Abs 4 S 2 EGBGB). **85**

2. Diese Regelung ermöglicht dem Gläubiger einerseits Manipulationen, in dem er zB eine die Fälligkeit begründende Rechnung erst im neuen Jahr ausstellt, andererseits erleichtert sie die Anwendung des § 199 Abs 1 Nr 2. Schließlich ist sie hilfreich bei dem Management der Außenstände: Diese brauchen nicht ständig auf drohende Verjährung überprüft zu werden, sondern der nahende 31. 12. bietet den geeigneten Anlass.

3. Hinzuweisen ist auf § 167 ZPO, nach dem die Einreichung der verjährungshemmenden Maßnahme (Klage, Mahnantrag) bei Gericht noch am 31. 12. genügt, sofern die Zustellung nur demnächst im folgenden Jahr erfolgt (vgl dazu § 204 Rn 34 ff). **86**

Hat zB ein Anwalt eine § 199 unterliegende Forderung seines Mandanten verjähren lassen, führt die Möglichkeit, bis zum 31. 12., 24.00 Uhr Maßnahmen zur Hemmung der Verjährung zu ergreifen, dazu dass der den Regressanspruch des Mandanten konstituierende Schaden des Mandanten erst im neuen Jahr eintritt und damit die

Verjährung des Regressanspruchs erst mit Ablauf dieses Jahres beginnt (BGH NJW 2012, 673). Dies folgt im Übrigen erst recht daraus, dass die von § 199 Abs 1 Nr 2 postulierte Möglichkeit der Kenntnis von den Voraussetzungen des Regressanspruchs erst im neuen Jahr gegeben ist.

87 **4.** Hat die Verjährung einmal nach § 199 Abs 1 zu laufen begonnen, so bleibt es auch dabei. Unschädlich ist es insbesondere, wenn Kenntnis oder Kenntnismöglichkeit in Bezug auf den Anspruch nachträglich verloren gehen. Dazu kann eine Erbfolge führen oder es legt der Schuldner dem Gläubiger plausibel dar, dass er doch nicht – nicht mehr – schulde.

88 **5.** Die Maßgeblichkeit der Trias Entstehung/Kenntnis(möglichkeit)/Jahresschluss gilt für alle Ansprüche, die § 195 und seiner regelmäßigen Verjährungsfrist unterliegen. Das Gesetz kennt freilich *Ausnahmen*: Der Rückgabeanspruch des Verleihers unterliegt zwar der Frist des § 195, seine Verjährung beginnt aber unmittelbar mit der Beendigung der Leihe, § 604 Abs 5. Bei der Hinterlegung kann der Hinterleger die Sache nach § 695 S 1 jederzeit zurückfordern; die Verjährung dieses Anspruchs beginnt nach § 695 S 2 mit der Rückforderung. Wenn der Verwahrer die Rücknahme der Sache verlangen kann, beginnt die Verjährung dieses Anspruchs mit dem Rücknahmeverlangen, § 696 S 3. Dabei ist bei den beiden erstgenannten Fällen freilich weithin schon § 197 Abs 1 Nr 2 einschlägig. In allen drei Fällen liegen an sich sogleich die Voraussetzungen der Nrn 1 und 2 des § 199 Abs 1 vor; ausgeschaltet wird also letztlich nur der Aufschub des Verjährungsbeginns auf das Jahresende. – Die praktische Bedeutung der Regelungen ist ebenso gering wie die Notwendigkeit ihrer Sonderstellung.

VII. Verjährungshöchstfristen

1. Allgemeines

89 **a)** Dass § 199 Abs 1 in seiner Nr 2 auf den Kenntnisstand des Gläubigers Rücksicht nimmt, könnte den Beginn – und damit den Ablauf – der Verjährung langfristig hindern, wenn nämlich die Unkenntnis des Gläubigers langfristig hinreichend zu entschuldigen ist. Das könnte an sich weithin hingenommen werden, denn mit einem jahrelangen Zeitablauf verschlechtern sich auch die Beweismöglichkeiten des Gläubigers, der ja aus seiner Unkenntnis heraus hier keine Vorsorge treffen konnte, und die sonstigen Vorbedingungen für ein gerichtliches Vorgehen, sodass tendenziell auch die Wahrscheinlichkeit sinkt, dass er doch noch eine der Maßnahmen des § 204 Abs 1 ergreifen wird. Aber das kann doch nicht ausgeschlossen werden, und so normiert § 199 in seinen Abs 2–4 *Höchstfristen* für die Verjährung, die entweder 10 oder 30 Jahre betragen.

90 **b)** Diese Höchstfristen haben gemeinsam, dass sie dann gelten, wenn es in hinreichend entschuldigter Weise an der Kenntnis des Gläubigers von den den Anspruch begründenden Umständen und der Person des Schuldners fehlt. Außerdem setzen sie unmittelbar mit den genannten Zeitpunkten ein und *nicht erst mit dem darauf folgenden Jahresende*.

91 **c)** Die Fristen der Abs 2–4 des § 199 laufen neben der des Abs 1 her.

Dabei sind sie *zunächst subsidiär:* Tritt zB Kenntnis des Gläubigers iSd § 199 Abs 1 Nr 2 6 Jahre nach der Entstehung des Anspruchs ein bzw wird seine Unkenntnis nach 6 Jahren unentschuldbar, gilt nur § 199 Abs 1, auf seine Abs 2–4 kommt es nicht mehr an.

Anders liegt es, wenn die Voraussetzungen des § 199 Abs 1 Nr 2 erst kurz vor Ablauf der Höchstfristen erfüllt werden: Dann entscheidet nur deren Fristbeginn, dh nach Ablauf von 27 bzw 7 Jahren. Anders ausgedrückt *kappen* die Abs 2–4 die sich möglicherweise aus Abs 1 ergebende Frist.

d) Wenn im Rahmen der *Überleitung* nach Art 229 § 6 Abs 3, 4 EGBGB die Frage zu stellen ist, ob das bisherige Recht bzw das neue die kürzere Frist bzw die längere bereithält, ist die jetzige regelmäßige Verjährungsfrist mit den drei Jahren des § 195 nF in den Vergleich einzustellen und nicht mit den Höchstfristen, die sich aus § 199 Abs 2–4 ergeben (o Rn 76). **92**

e) Die Darstellung des Rechtszustandes in § 199 Abs 2–4 ist wenig durchsichtig. **93**

aa) Es kommt zunächst auf den *Charakter des Anspruchs* an. Das Gesetz unterscheidet zwischen Schadensersatzansprüchen (Abs 2 und 3), solchen aufgrund von Erbfall und Testament (Abs 3a) und anderen Ansprüchen (Abs 4). Es unterscheidet innerhalb der Schadensersatzansprüche weiter nach dem betroffenen Rechtsgut (Leben, Körper, Gesundheit, Freiheit in Abs 2 und anderen wie Eigentum und Vermögen in Abs 3). Unerheblich ist dabei die konkrete Anspruchsgrundlage; es kommt also nicht darauf an, ob der Anspruch aus Vertrag, Delikt oder Gefährdungshaftung herzuleiten ist. Die Fälle des Abs 3a betreffen im Wesentlichen – nicht nur – erbrechtliche Ansprüche.

bb) Für den *Verjährungsbeginn* kommt es teils auf die Entstehung des Anspruchs an (Abs 3 S 1 Nr 1, Abs 3a), teils auf anderes (Abs 2, Abs 3 S 1 Nr 2).

cc) Verfehlt eingestellt ist § 199 Abs 3 S 2: Dass die früher endende Frist maßgeblich ist, gilt ersichtlich nicht nur innerhalb des § 199 Abs 3 S 1 (Nrn 1 und 2), sondern ist das allgemeine Gestaltungsprinzip des § 199 Abs 1–4.

2. Verletzung persönlicher Rechtsgüter, § 199 Abs 2

a) Schadensersatzansprüche

Nach dem eben Gesagten kommt es für die 30-jährige Höchstfrist des § 199 Abs 2 nicht auf die konkrete Anspruchsgrundlage an. Das wird weithin § 823 Abs 1 sein, es kommen aber auch andere Anspruchsgrundlagen der §§ 823 ff in Betracht (zB §§ 823 Abs 2, 831, 833, 836, 844, 845), ferner solche der *Gefährdungshaftung* (zB § 7 StVG) und die vertraglichen der *positiven Forderungsverletzung,* §§ 280 Abs 1, 241 Abs 2, der culpa in contrahendo, § 311 Abs 2. Unerheblich ist es, ob die Haftung auf ein Verschulden zurückgeht oder nicht. Es genügt auch ein Anspruch aus *Aufopferung,* §§ 74, 75 Einl PrALR. **94**

b) Betroffene Rechtsgüter

Soweit § 199 Abs 2 Leben, Körper, Gesundheit, Freiheit nennt, sind diese Begriffe **95** nicht anders zu verstehen als in § 823 Abs 1 (vgl die Erl dort). Die Verletzung eines sonstigen Rechtsgutes muss aber dann auch genügen, soweit dieses eher in der Nähe zu ihnen steht als in der Nähe zum Eigentum. § 199 Abs 2 ist also auch bei einer Verletzung des *allgemeinen Persönlichkeitsrechts* anwendbar (**aA** NK-BGB/MANSEL/ STÜRNER Rn 94; MünchKomm/GROTHE Rn 47).

c) Verjährungsbeginn

96 Für den Verjährungsbeginn knüpft § 199 Abs 2 an die *Erfüllung des haftungsbegründenden Tatbestandes* an: die schuldhafte und rechtswidrige Verletzung zB des Körpers im Rahmen des § 823 Abs 1; gerade auch die Rechtsgutsverletzung muss eingetreten sein, soll auch die Verjährung zu laufen beginnen. Das ist von Bedeutung, soweit die verletzende Handlung erst langfristig die Körperverletzung zur Folge hat. Der Begriff der *Handlung* kann hier nicht anders als in § 32 ZPO verstanden werden, dh den Erfolg einschließend. Abgekoppelt wird der Verjährungsbeginn nur von dem später eintretenden und dann zu ersetzenden Schaden.

Bei der Haftung aus den §§ 280 Abs 1, 241 Abs 2 gehört der Schaden nicht mehr zum haftungsbegründenden Tatbestand. Hier genügt nach der insoweit übereinstimmenden Diktion der §§ 199 Abs 2, 280 Abs 1 die (zu vertretende) *Pflichtverletzung*.

Das „sonstige den Schaden auslösende Ereignis", von dem § 199 Abs 2 am Ende spricht, meint ebenfalls nichts anderes als die Erfüllung des haftungsbegründenden Tatbestandes. Es ist sprachlich überbordend und passt vielleicht besser nur auf die Bereiche der Gefährdungshaftung und der Aufopferung.

Wenn § 199 Abs 2 den Verjährungsbeginn nicht einfach mit der Entstehung des Anspruchs bezeichnet, enthält die Bestimmung eine *klare Absage an den Grundsatz der Schadenseinheit:* Die Bestimmung zeigt nämlich, dass zur Entstehung des Schadensersatzanspruchs nicht nur die Erfüllung des Haftungstatbestandes gehört, sondern eben auch noch der Eintritt des dann zu ersetzenden Schadens.

3. Sonstige Schadensersatzansprüche, § 199 Abs 3

97 a) Die sonstigen Schadensersatzansprüche des § 199 Abs 3 sind negativ abzugrenzen von jenen des § 199 Abs 2; sie basieren also auf der Verletzung von nicht personenbezogenen Rechtsgütern: *Eigentum,* eigentumsähnliche sonstige Rechte iSd § 823 Abs 1, überhaupt auch der Verletzung des *Vermögens.* Unerheblich ist auch hier die konkrete Anspruchsgrundlage (vgl o Rn 93).

98 b) Der Verjährungsbeginn ist differenziert ausgestaltet: Es kommt nach Nr 2 auf die Erfüllung des Haftungstatbestandes an (wie o Rn 96), sonst nach Nr 1 auf die Entstehung des Anspruchs (also einschließlich des Eintritts des jetzt zu ersetzenden Schadens). Diese Unterscheidung ist wiederum nur möglich und nachvollziehbar, wenn man zur Entstehung des Anspruchs mehr zählt als die Erfüllung des Haftungstatbestandes: eben zusätzlich den Eintritt des Schadens.

Die Höchstfristen betragen bei der Nr 2 30 Jahre, bei Nr 1 10 Jahre.

Angesichts der eindeutigen Regelung des Verjährungsbeginns verbietet es sich, bei (sekundären) Schadensersatzansprüchen, die aus der Verletzung primärer Pflichten herzuleiten sind – etwa nach den §§ 280 Abs 1, 281, 283 – die gegen den Primäranspruch schon gelaufene Verjährung anzurechnen.

4. Erbfall und Testament

99 Der durch das G zur Änderung des Erb- und Verjährungsrechts v 24. 9. 2009 (BGBl I 3142) neu geschaffene § 199 Abs 3a erfasst zwei Gruppen von Ansprüchen, solche, die *„auf einem Erbfall beruhen"*, und solche, *„deren Geltendmachung die Kenntnis einer Verfügung von Todes wegen voraussetzt"*. Es betrifft nicht die in § 197 Abs 1 Nr 2 genannten Ansprüche aus den §§ 2018, 2130, 2362 (nennt zugehörige Auskunftsansprüche), die vielmehr nach wie vor – vgl § 197 Abs 1 Nr 2 aF – einer starren dreißigjährigen Frist unterliegen.

a) Ansprüche, die auf einem Erbfall beruhen

100 **aa)** Diese erste Alternative greift den durch dasselbe Gesetz aufgehobenen § 197 Abs 1 Nr 2 aF partiell auf. Die dort ebenfalls genannten familienrechtlichen Ansprüche unterliegen jetzt – Sonderbestimmungen vorbehalten – den §§ 195, 199, wobei die einschlägige Verjährungshöchstfrist idR die zehnjährige des § 199 Abs 4 sein wird, ausnahmsweise kann es die ebenfalls zehnjährige des § 199 Abs 3 Nr 1 sein (Schädigung des Ehepartners oder Kindes am Vermögen) oder die dreißigjährige des § 199 Abs 2 (körperliche Verletzung dieser Personen).

Die erbrechtlichen Ansprüche des § 199 Abs 1 Nr 2 aF hat das G zur Änderung des Erb- und Verjährungsrechts teils weiterhin bei § 197, nach den neuerlichen Änderungen durch G zur Stärkung der Rechte von Opfern sexuellen Missbrauchs wiederum in Abs 1 Nr 2, mit seiner starren 30-jährigen Verjährungsfrist eingeordnet (s § 197 Rn 12 ff, 20 f), teils eben bei den §§ 195, 199 Abs 1, 3a. Von den erbrechtlichen Sonderbestimmungen ist die des § 2332 Abs 1 aF (Anspruch des Pflichtteilsberechtigten gegen den Erben) entfallen, sodass dieser Anspruch jetzt bei den §§ 195, 199 Abs 1, 3a einzuordnen ist. Der Anspruch des Pflichtteilsberechtigten gegen den Beschenkten, § 2329, hat in § 2332 Abs 1 nF eine Sonderregelung hinsichtlich seines Beginns erfahren, unterliegt aber sonst den §§ 195, 199 Abs 3a.

101 **bb)** Auf einem Erbfall beruhen zunächst alle jene Ansprüche, deren Grundlage sich unmittelbar aus dem 5. Buch des BGB ergibt.

Insoweit sind beispielhaft zu nennen der Anspruch des Vermächtnisnehmers aus § 2174, der Anspruch auf den Voraus nach § 1932, der Anspruch auf Vollziehung einer Auflage aus § 2194, der Anspruch des Pflichtteilsberechtigten aus § 2303, der Anspruch gegen den Erben wegen der Bestattungskosten aus § 1968, wegen des Dreißigsten, § 1969.

Bei § 199 Abs 3a einzuordnen sind aber auch jene Ansprüche, die sich aus einer Verweisung auf anderweitige Bestimmungen im 5. Buch des BGB ergeben. Insoweit sei etwa auf die Bezugnahme auf das Recht der Geschäftsführung ohne Auftrag in § 1959 hingewiesen.

Einschlägig ist § 199 Abs 3a namentlich bei den Ansprüchen zwischen dem Testamentsvollstrecker und dem Erben. Dabei ist bei den Ansprüchen gegen den Testamentsvollstrecker – insbesondere auf Schadensersatz – die Hemmung nach § 206 zu beachten, weil ihre gerichtliche Durchsetzung die Entlassung des Testamentsvollstreckers durch das Nachlassgericht voraussetzt, wie sie der Erbe nicht erzwingen kann.

102 cc) § 199 Abs 3a betrifft in seiner ersten Alternative außer Primär- auch Sekundäransprüche (**aA** für Ansprüche, die sich nur [mittelbar] „aus Handlungen und Rechtsgeschäften bei Abwicklung des Erbfalls ergeben", OTTE ZGS 2010, 157, 162: § 199 Abs 4). Dass Sekundäransprüche nur mittelbar auf einem Erbfall beruhen, ist ein unklares und nicht tragfähiges Argument, sie § 199 Abs 4 und nicht Abs 3a zuzuordnen. Das gilt etwa für Ansprüche gegen den vorläufigen Erben und den Testamentsvollstrecker (**aA** OTTE aaO).

Bei Sekundäransprüchen wird der für den Beginn der dreißigjährigen Frist des § 199 Abs 3a maßgebliche Zeitpunkt der Entstehung des Anspruchs später liegen als bei dem Primäranspruch. Es ist aber auch insoweit auf die Entstehung des Primäranspruchs abzustellen. Das Ergebnis, das sich sonst einstellen würde, wäre absurd, dass etwa die Beschädigung des vermachten Gegenstands Ansprüche auslösen würde, die sich 59 Jahre lang verfolgen ließen. Es stünde vor allem nicht im Einklang mit der Lage bei dem Anspruch aus § 2018, der doch der stärkste erbrechtliche Anspruch ist, bei dem es aber nur auf die Entstehung des Primäranspruchs ankommt (vgl § 197 Rn 13 f).

103 dd) Die Ansprüche, die ein Erbschaftskauf erzeugt oder eines der im § 311b Abs 4, 5 angesprochenen Geschäfte, beruhen nicht (hinreichend) auf einem Erbfall, sondern auf eben diesen Geschäften; der Erbfall ist nur gleichsam ihre Geschäftsgrundlage. Sie fallen nicht unter § 199 Abs 3a.

104 ee) § 199 Abs 3a knüpft an den Erbfall an, nicht an den Todesfall; wo es auf den letzteren ankommt, ist die Bestimmung unanwendbar. Das ist zB der Fall bei dem Vertrag zugunsten Dritter auf den Todesfall, § 331, bei der Schenkung auf den Todesfall, § 2301 (jeweils § 199 Abs 4). Bei § 844 hat freilich § 199 Abs 2 denselben Effekt wie § 199 Abs 3a.

b) Notwendige Kenntnis einer Verfügung von Todes wegen

105 Die dieser zweiten Alternative des § 199 Abs 3a unterliegenden Ansprüchen werden weithin schon der ersten Alternative der Bestimmung unterfallen, sodass ihr insoweit kaum praktische Bedeutung zukommt.

Die zweite Alternative des § 199 Abs 3a kann aber eigenständige Bedeutung außerhalb des Erbrechts gewinnen. Es verkauft zB jemand ein Bild unter der Bedingung, dass es ihm als Vermächtnis angefallen ist oder anfallen wird. Dann unterliegen die kaufrechtlichen Ansprüche beider Seiten § 199 Abs 3a. Wenn der Kauf unter der Bedingung erfolgt, dass das Bild geerbt werden wird, ist § 199 Abs 3a einschlägig, wenn die Erbfolge eine testamentarische ist, nicht bei gesetzlicher Erbfolge. Die Ergebnisse wirken wenig gereimt, zumal wenn man § 196 in die Betrachtung einbezieht, der die Verjährungsfrist bei einem Grundstück auf zehn Jahre deckelt.

Die Regelung ist Teil des § 199 Abs 3a, nicht des § 199 Abs 1 Nr 2, ändert also nichts an den dortigen Kriterien für den Verjährungsbeginn. Dass Kenntnis von einer einschlägigen letztwilligen Verfügung nicht besteht, schließt die Möglichkeit nicht aus, dass – für § 199 Abs 1 genügend – grobfahrlässige Unkenntnis besteht.

5. Weitere Ansprüche, § 199 Abs 4

106 § 199 Abs 4 betrifft alle Ansprüche, die einerseits § 195 unterliegen, andererseits nicht auf Schadensersatz gerichtet sind (dann: vorrangig Abs 2 oder Abs 3) oder von § 199 Abs 3, 3a erfasst werden, also zB vertragliche Erfüllungsansprüche, Ansprüche aus Bereicherung oder Geschäftsführung ohne Auftrag, aus § 1004, auf Unterhalt. Die Höchstfrist von 10 Jahren rechnet hier ab der Fälligkeit.

VIII. Ansprüche auf Beseitigung und Unterlassung

107 1. Bei *Unterlassungsansprüchen* ist zu unterscheiden:

a) Die *allgemeine Pflicht, fremde Rechtsgüter nicht zu verletzen,* wie sie in den §§ 12, 861, 1004 für die dort genannten Rechtsgüter vorgesehen ist und entsprechend für die in § 823 benannten angenommen werden kann, unterliegt nicht der Verjährung (MünchKomm/Grothe Rn 52); hier entsteht ein verjährbarer Anspruch vielmehr erst mit der Beeinträchtigung des betreffenden Rechtsguts.

b) Ein Verjährungsproblem stellt sich auch nicht dort, wo ein *einmaliges Unterlassen* verlangt werden kann: Bis zur Zuwiderhandlung kann die Verjährung nicht beginnen, § 199 Abs 5, anschließend ist Unmöglichkeit eingetreten, und es kommt nur noch Beseitigung oder Schadensersatz in Betracht (Staudinger/Dilcher[12] § 198 aF Rn 15; MünchKomm/Grothe Rn 52; Palandt/Ellenberger Rn 23).

108 **c)** Relevant wird die Bestimmung des § 199 Abs 5 über den Verjährungsbeginn bei Unterlassungspflichten deshalb dort, wo ein *konkreter Anspruch auf Unterlassung* besteht.

Hier knüpft das Gesetz den Verjährungsbeginn deshalb an den *Zeitpunkt der Zuwiderhandlung an,* weil vorher kein hinreichender Anlass für den Gläubiger besteht, gegen den Schuldner vorzugehen (BGHZ 59, 72, 74). Damit wird der Verjährungsbeginn durchaus abweichend von der Entstehung des Anspruchs angesetzt, wird es doch zB bei dem Unterlassungsanspruch aus § 1004 als ausreichend angesehen, dass die Beeinträchtigung nur bevorsteht (vgl MünchKomm/Baldus § 1004 Rn 289). Schon im Interesse der Klarheit ist jedoch bei § 199 Abs 5 am Wortlaut des Gesetzes festzuhalten.

Die Fassung des Gesetzes ergibt dabei, dass die bloße Zuwiderhandlung des Schuldners gegen seine Unterlassungspflicht nicht genügt, die Verjährung in Lauf zu setzen: § 199 Abs 5 ersetzt nur § 199 Abs 1 Nr 1. Notwendig ist weiterhin ein § 199 Abs 1 Nr 2 genügender Kenntnisstand des Gläubigers (gerade Verstöße gegen Unterlassungspflichten können entschuldigt unbekannt bleiben) und nach § 199 Abs 1 der Ablauf des betreffenden Jahres.

109 2.   § 199 Abs 5 gibt mit seiner Regelung des Verjährungsbeginns zu erkennen, *dass Unterlassungsansprüche überhaupt der Verjährung unterliegen* sollen. Das ist nicht selbstverständlich. Es bereitet zwar keine Probleme dort, wo Unterlassungspflichten vertraglich begründet werden, vgl zB das Wettbewerbsverbot für den Handlungsgehilfen in § 60 HGB. Weithin beruhen Unterlassungsansprüche jedoch auf absoluten Rechtspositionen (Name, Firma, allgemeines Persönlichkeitsrecht, Eigentum), die ihrerseits der Verjährung nicht unterliegen (vgl § 194 Rn 19), sodass man argumentieren könnte, dass zwar die erste Verletzung einen Unterlassungsanspruch erzeuge, der verjähre, dass aber die erneute Verletzung einen neuen Anspruch erzeuge, der jetzt entstehe und damit noch nicht verjährt sein könne. Bei dieser Sichtweise wären jedenfalls die Unterlassungsansprüche hinsichtlich absoluter Rechtsgüter im Ergebnis der Verjährung entzogen. Das kann nicht die Sicht des Gesetzes sein, das vielmehr gerade die Unterlassungsansprüche des §§ 12 S 2, 1004 Abs 1 S 2 bedacht haben muss.

Daraus folgt für wiederholte oder fortgesetzte Beeinträchtigungen:

110 a)   bei *vertraglich begründeten Unterlassungsansprüchen,* dass diese mit der erstmaligen Beeinträchtigung auch dann zu verjähren beginnen, wenn weitere Beeinträchtigungen folgen, vgl RGZ 63, 252 (die Frist des § 61 Abs 2 HGB auf die Unterlassungspflicht aus § 60 HGB anwendend).

111 b)   bei *Unterlassungsansprüchen hinsichtlich absolut geschützter Rechtsgüter,* dass nichts anderes gilt (**aA** RGZ 80, 436, 438 zum fortgesetzten Firmengebrauch; STAUDINGER/DILCHER[12] § 198 aF Rn 15; MünchKomm/GROTHE Rn 53; PALANDT/ELLENBERGER Rn 23; wie hier OLG Celle JW 1911, 609, 613 zum unbefugten Namensgebrauch). Im Ergebnis kann es hier zu einem Auseinanderfallen von wahrer und durchsetzbarer Rechtslage kommen. Indessen ist aber davon auszugehen, dass der Anspruch aus § 985 bei fortbestehendem Eigentum verjähren kann (vgl §§ 197 Abs 1 Nr 2, 198). Ein entsprechendes Ergebnis muss dann auch für den doch minderen Anspruch aus § 1004 Abs 1 S 2 hingenommen werden.

Voraussetzung ist freilich, dass das weitere Verhalten die Fortsetzung des bisherigen ist. Daran kann es fehlen, wenn es andere Dimensionen erreicht. Auch ist es denkbar, dass das neue Verhalten mit dem bisherigen nur gleichartig ist, es aber nicht fortsetzt. Davon ist zB bei Ehrverletzungen auszugehen, aber auch bei Immissionen (vgl u Rn 116).

112 3.   Wird der Unterlassungsanspruch *tituliert,* dann bedarf es einer neuen Zuwiderhandlung für den Verjährungsbeginn (BGHZ 59, 72).

113 4.   Einer entsprechenden Anwendung des § 199 Abs 5 auf den Fall, dass der Schuldner zu einem dauernden positiven Tun verpflichtet ist (so BGH NJW 1995, 2548, 2549; STAUDINGER/DILCHER[12] § 198 aF Rn 14; ERMAN/SCHMIDT-RÄNTSCH Rn 43; MünchKomm/GROTHE Rn 52) bedarf es nicht. Das Ergebnis ist zwar richtig, doch folgt es schon daraus, dass der Schuldner, der sich positiv verpflichtungsgemäß verhält, iSd § 212 Abs 1 Nr 1 anerkennt. Die Notwendigkeit des § 199 Abs 5 gegenüber dieser Bestimmung für den Fall des Unterlassens ergibt sich daraus, dass ein Unterlassen keine hinreichend sicheren Schlüsse auf die zugrundeliegenden Motive ermöglicht.

5. § 199 Abs 5 enthält für Unterlassungsansprüche nur eine Ausnahmebestimmung zu § 199 Abs 1 Nr 1. § 199 Abs 1 Nr 2 muss für den Verjährungsbeginn ebenfalls erfüllt sein, dh der Gläubiger muss Kenntnis von den seinen Anspruch begründenden Umständen und namentlich auch von der Zuwiderhandlung des Schuldners haben bzw seine Unkenntnis muss auf grober Fahrlässigkeit beruhen. Außerdem ist auch hier der Verjährungsbeginn auf das Jahresende verschoben. – Es gelten auch die Höchstfristen des § 199 Abs 2–4.

114

Zu beachten ist, dass bei der Störung des Eigentums oder anderer dinglicher Rechte § 197 Abs 1 Nr 2 nicht anwendbar ist.

6. Die Verjährung eines *Beseitigungsanspruchs* beginnt nach der Grundregel des § 199 Abs 1.

115

a) Dieser Tatbestand braucht nicht sofort mit Vornahme der lästigen Handlung einzutreten, wenn diese sich nämlich nicht sofort als störend darstellt, einstweilen noch hinzunehmen ist. Das kann zB beim Pflanzen oder Entstehen eines lästigen Baumes auf dem Nachbargrundstück der Fall sein (**aA** BGHZ 60, 235, 240, wo bereits dies als ausreichend für den Verjährungsbeginn angesehen wird). Aber einstweilen stört der Setzling eben noch nicht; dass er sich bei natürlicher Fortentwicklung zur Störungsquelle auswachsen kann und wird, lässt den Beseitigungsanspruch noch nicht „entstehen".

Ebenso kann der geschaffene Tatbestand erst nachträglich zu einem störenden werden, weil er erst nachträglich nicht mehr hinzunehmen ist. Die Wurzeln des Baumes und die von ihm ausgehenden Immissionen werden zB erst lästig, nachdem sich die Nutzung des Nachbargrundstücks geändert hat, vgl § 910 Abs 2: Erst jetzt kann der Nachbar vorgehen; erst jetzt entsteht sein Beseitigungsanspruch. Gleiches gilt, wenn eine Duldungspflicht nachträglich entfällt (BGHZ 125, 56, 63).

Dagegen entsteht der Beseitigungsanspruch nicht schon dadurch neu, dass das beeinträchtigte Recht seinen Inhaber wechselt (BGHZ 60, 235, 239 f; 125, 56, 65; Staudinger/Gursky [2012] § 1004 Rn 206). Das folgt schon daraus, dass die eingetretene Verjährung oder die drohende nicht einfach durch eine Rechtsübertragung ausgeschaltet werden darf. Das gilt dann gerade auch für die Sonderrechtsnachfolge (**aA** Baur JZ 1973, 560; MünchKomm/Baldus § 1004 Rn 270). Für den Wechsel auf der Passivseite gilt § 198 (vgl Picker JuS 1974, 357, 359).

b) An dem Gesagten ändert sich nichts dadurch, dass *die zu beseitigende Störung fortdauert,* wenn etwa die einmalige wahrheitswidrige und deshalb zu widerrufende Tatsachenbehauptung Nachwirkungen zeugt.

116

Das gilt selbst dann, wenn – wie mit einem gepflanzten Baum – eine ihrerseits *dauernde Störungsquelle* geschaffen wird (vgl BGHZ 60, 235, 240 f): Zwar noch kein Lauf der Verjährung, solange eine Störung noch nicht eingetreten ist, aber dann Fortlauf der Verjährung, falls sich die Störungsquelle auswächst (vgl Staudinger/Gursky [2012] § 1004 Rn 204; **aA** MünchKomm/Baldus § 1004 Rn 269 für den Fall, dass die Störungen wesentlich zunehmen). Einen neuen Verjährungsbeginn wird man nur dann und insoweit annehmen können, wie neue und qualitativ andersartige Störungen eintreten.

Wird die Störung wiederholt wie zB bei Immissionen (vgl o Rn 111), entsteht auch bei Gleichartigkeit ein jeweils neuer Beseitigungsanspruch.

c) Die Verjährungsfrist ist die des § 195, die Höchstfrist die zehnjährige des § 199 Abs 4.

IX. Abweichende Regelungen

117 Zu beachten bleibt der durchaus beschränkte Anwendungsbereich des § 199 (o Rn 2), wie er dem beschränkten Anwendungsbereich der regelmäßigen Verjährungsfrist des § 195 entspricht. Grundregel für Verjährungsbeginn ist § 200, und es finden sich innerhalb und außerhalb des BGB nicht wenige *Sonderbestimmungen,* die eine eigene Verjährungsfrist kennen und dann auch einen eigenständigen Beginn für diese vorsehen, vgl einerseits zB die §§ 438, 634a, 548, andererseits zB § 439 Abs 2 HGB. Sie knüpfen an besonders markante Ereignisse an wie die Ablieferung der Kaufsache, § 438 Abs 2, die Rückgabe der Mietsache, § 548 Abs 1 S 2, die Abnahme des Werkes, § 634a Abs 2. Trotz der Vereinheitlichung des Rechts der Verjährung durch das G zur Modernisierung des Schuldrechts muss deshalb stets damit gerechnet werden, dass eine besondere Verjährungsfrist gilt und dann auch für ihren Beginn eine eigenständige Regelung. Vor der Anwendung der §§ 195, 199 ist deshalb leider auch insoweit stets der vergewissernde Blick in die Spezialmaterie notwendig.

§ 200
Beginn anderer Verjährungsfristen

Die Verjährungsfrist von Ansprüchen, die nicht der regelmäßigen Verjährungsfrist unterliegen, beginnt mit der Entstehung des Anspruchs, soweit nicht ein anderer Verjährungsbeginn bestimmt ist. § 199 Abs. 5 findet entsprechende Anwendung.

Materialien: Art 1 G zur Modernisierung des Schuldrechts v 26. 11. 2001 (BGBl I 3138). BGB aF: – (in § 198 aF enthalten). PETERS/ZIMMERMANN: –; Schuldrechtskommission: –; RegE § 200; BT-Drucks 14/6040, 109; BT-Drucks 14/7052, 6, 180.

Schrifttum

bei § 199.

Systematische Übersicht

I.	**Allgemeines**	1	2. Unterlassungsansprüche	3
II.	**Gehalt des § 200**		III. **Verwirkung**	4
	1. Ansprüche auf ein positives Tun	2		

IV.	**Eigenständige Gestaltungen des Verjährungsbeginns**		4. Jahresschluss nach Fälligkeit	8
			5. Kenntnis des Gläubigers	9
1.	Allgemeines	5	6. Markante Ereignisse	10
2.	Mängelansprüche	6		
3.	Vorverlegung des Verjährungsbeginns	7		

I. Allgemeines

Die Bestimmung des § 199 betrifft nur den Beginn der regelmäßigen Verjährungsfrist des § 195. Bei Ansprüchen, die von § 195 – und damit § 199 – nicht erfasst werden, ergeben sich zwei Alternativen: Entweder – und vorrangig – unterliegen sie einer eigenständigen Regelung, die sich jeweils in ihrem Kontext findet, vgl zB zu den in § 197 Abs 1 Nrn 3, 4, 5 bezeichneten Ansprüchen § 201, ferner die §§ 438 Abs 2, 634a Abs 2, 548 Abs 1 S 2, Abs 2. Oder es greift als *Auffangtatbestand* § 200 ein. Damit ist § 200 aus systematischer Sicht die Zentralnorm unter den Bestimmungen über den Verjährungsbeginn. **1**

II. Gehalt des § 200

Anwendbar ist § 200 nur selten, weil eben entweder § 199 verdrängt oder die jeweilige Spezialregelung. Zu nennen sind die Ansprüche der §§ 196, 197 Abs 1 Nr 1 u Nr 2. **2**

1. Ansprüche auf ein positives Tun

Es kommt nach § 200 S 1 nur auf die Entstehung der Ansprüche an, soweit sie auf ein positives Tun gerichtet sind. Unbeachtlich sind hier also die weiteren Kriterien des § 199 Abs 1: Kenntnis bzw Kennenkönnen und Jahresschluss. Folgerichtig kann sich die Verjährungsfrist auch nicht nach Maßgabe von § 199 Abs 2–4 verlängern.

Mit seinem verbliebenen Anwendungsbereich entspricht § 200 der früheren Zentralnorm des § 198 aF.

Zu dem Begriff der Entstehung des Anspruchs vgl § 199 Rn 3 ff, speziell zu der Entstehung der in § 197 Abs 1 Nr 1 u Nr 2 genannten Ansprüche § 197 Rn 8d, 11, 14, 19a.

2. Unterlassungsansprüche

§ 200 S 2 betrifft Unterlassungsansprüche. Die Bestimmung wird verbreitet dahin verstanden, dass die erstmalige Zuwiderhandlung gegen das Unterlassungsgebot die Verjährungsfrist unmittelbar in Lauf setze (vgl Soergel/Niedenführ Rn 6; MünchKomm/Grothe Rn 4; Palandt/Ellenberger Rn 2). So sieht es wohl auch der Regierungsentwurf (BT-Drucks 14/6040, 109). Indessen müsste dazu die Formulierung des Gesetzes wie die des § 199 Abs 5 lauten. So ist die Bestimmung aber eben nicht gefasst, sondern sie ordnet die *entsprechende Anwendung des § 199 Abs 5* an. Dieser ist nun wieder im Zusammenhang mit § 199 Abs 1 zu lesen, dh im Bereich der regelmäßigen Ver- **3** jährungsfrist kommt es – außer auf die an die Stelle der Anspruchsentstehung zu setzende Zuwiderhandlung – zusätzlich auf die Kenntnismöglichkeit des Gläubigers an sowie den Ablauf des einschlägigen Jahres. Diese beiden zusätzlichen Faktoren sind in § 199 Abs 5 integriert und damit dann auch in § 200 S 2, wenn letztere Bestimmung nicht auf die Zuwiderhandlung als solche Bezug nimmt, sondern eben auf § 199 Abs 5.

Dieses Verständnis des § 200 S 2 (Zuwiderhandlung plus Kenntnismöglichkeit plus Jahresschluss) ist auch sinnvoll: Gerade das Zuwiderhandeln des Schuldners kann dem Gläubiger verborgen bleiben; dies darf ihn aber nicht um die Chance des erfolgreichen Vorgehens bringen.

III. Verwirkung

4 Jedenfalls sind aus § 199 die Abs 2–4 nicht anwendbar, wie sie gerade auf die Frist des § 195 zugeschnitten sind. Daraus ergeben sich uU sehr lange Verjährungsfristen, vgl namentlich die Fälle des § 197 Abs 1 Nr 1 u Nr 2, sodass hier im Einzelfall die Verjährung durchaus durch Verwirkung überholt werden kann (dazu Vorbem 18 ff zu § 194).

IV. Eigenständige Gestaltungen des Verjährungsbeginns

1. Allgemeines

5 Die weitreichende Vereinheitlichung der Verjährungsfristen, die § 195 nF anstrebt und § 199 im Hinblick auf den Fristbeginn absichert, erfährt Durchbrechungen gerade auch bei letzterem. Das ist in der Tat notwendig, wo der Gesetzgeber insgesamt eine kurze Frist anstrebt, weil der flexible Verjährungsbeginn des § 199 Abs 1 dieses Ziel vereiteln könnte.

Freilich tauchen doch Gesichtspunkte auf, die denen des § 199 Abs 1 ähneln: Es sind nämlich idR bestimmte Ereignisse, die die Verjährung in Lauf setzen, vgl schon die rechtskräftige Titulierung in § 201, ferner zB die Ablieferung des Schuldgegenstandes oder die Rückgabe einer Sache, die Beendigung eines Schuldverhältnisses. Ereignisse dieser Art geben allen Anlass, das Bestehen von Ansprüchen zu überprüfen, gemahnen also an § 199 Abs 1 Nr 2, allerdings mit dem Unterschied, dass es nicht mehr darauf ankommt, ob der Gläubiger bei dieser Überprüfung grob fahrlässig versagt hat; dem Gesetzgeber genügt die bloße Prüfungsmöglichkeit.

Zuweilen sind die eigenständigen Regelungen auch schlicht willkürlich. Denn wenn sie gleich § 199 Abs 1 Nr 2 auf den Kenntnisstand des Gläubigers abstellen – freilich meist nur positive Kenntnis für den Fristbeginn genügen lassen –, ist es nicht einzusehen, warum es bei dem eigenständigen Verjährungsbeginn geblieben ist.

2. Mängelansprüche

6 Die wichtigsten Ausnahmen von § 199 Abs 1 finden sich bei den Mängelansprüchen von Käufer und Besteller in den §§ 438 Abs 2 (Übergabe des verkauften Grundstücks, Ablieferung der verkauften beweglichen Sache) und 634a Abs 2 (Abnahme

des Werkes), wobei freilich bei Arglist von Verkäufer oder Unternehmer der Weg zu § 199 Abs 1 zurückführt, §§ 438 Abs 3, 634a Abs 3, und § 634a Abs 2 auch nicht bei allen Werkleistungen gilt, sondern nur für die in § 634a Abs 1 Nrn 1 und 2 bezeichneten: Bei sonstigen Werkleistungen greift nach § 634a Abs 1 Nr 3 die regelmäßige Verjährungsfrist und damit auch § 199 ein. Hier bestehen also durchweg mit Übergabe/Ablieferung/Abnahme markante Ereignisse, die Anlass bieten zur Überprüfung der Ansprüche. Vergleichbar wirken die §§ 548 Abs 1 S 2, Abs 2, 606 S 2 bei Miete und Leihe.

3. Vorverlegung des Verjährungsbeginns

Gegenüber den §§ 199, 200 aF finden sich jedenfalls im BGB keine Bestimmungen mehr, die den Verjährungsbeginn gegenüber der Entstehung des Anspruchs ausdrücklich vorverlegen.

7

In verschiedenen Sachlagen kann sich indes dieser Effekt dennoch ergeben, dass die Verjährung vor der Anspruchsentstehung zu laufen beginnt: Zunächst betroffen sind die sekundären Mängelrechte von Käufer, § 437 Nr 2 u Nr 3, und Besteller, § 634 Nr 2–4. Wenn diese nämlich in der Regel eine vorherige Fristsetzung zur Nacherfüllung voraussetzen, sind sie in den Zeitpunkten der §§ 438 Abs 2, 634a Abs 2 noch nicht eigentlich entstanden, sondern nur in der Entstehung angelegt. Außerdem führt der Grundsatz der Schadenseinheit (dazu § 199 Rn 34 ff) zur Vorverlegung des Verjährungsbeginns wegen der Ansprüche, die erst aus späteren Schäden herzuleiten sind. Ferner erfasst die Verjährungsregelung des § 548 Abs 2 Ansprüche wie solche auf Wegnahme einer Einrichtung, die erst mit dem Auszug des Mieters entstehen, während der Verjährungsbeginn von dieser Regelung von der Beendigung des Vertragsverhältnisses abhängig gemacht wird, die vielfach lange vor dem Auszug liegen kann (JACOBY DMT-Bilanz [2011] 337, 340 f; vgl auch die Einzelfallkorrektur von BGH NJW 2008, 2256 Rn 18, wenn die Vertragsbeendigung auf Rechtsübergang, § 566, beruht). Schließlich verjähren Pflichtteilsansprüche gegen den Erben ab ihrer Entstehung mit dem Erbfall, ohne dass es nach § 2332 Abs 2 darauf ankommt, ob die Person des Erben, gegen den diese Ansprüche geltend gemacht werden können, sich durch Ausschlagung nachträglich noch ändert.

4. Jahresschluss nach Fälligkeit

Die Regelungstechnik des § 199 Abs 1 mit dessen Nr 1 (Fälligkeit plus Schluß des Jahres), aber ohne dessen flexibilisierende Nr 2 kehrt mehrfach außerhalb des BGB wieder in den § 607 Abs 3 u 4 HGB (bestimmte Ansprüche aus dem Seehandelsrecht), § 117 Abs 2 BinnSchG (bestimmte Ansprüche aus dem Binnenschifffahrtsrecht), § 45 Abs 1 SGB I, § 50 Abs 4 S 1 SGB X (Ansprüche auf Sozialleistungen und deren Erstattung), § 5 Abs 1, Abs 2 S 1 GKG, § 6 Abs 1, Abs 2 GNotKG, § 8 Abs 1, Abs 2 S 1 GvKostG (Ansprüche auf Zahlung oder Rückerstattung von Kosten), §§ 170, 229 AO (Steuerfestsetzung, Steuerzahlungsansprüche), § 20 Abs 1 S 2 VwKostG (Ansprüche auf Zahlung von Verwaltungskosten).

8

5. Kenntnis des Gläubigers

Auf den Kenntnisstand des Gläubigers stellen gleich § 199 Abs 1 Nr 2, aber teilweise

9

positive Kenntnis fordernd die Bestimmungen der § 117 Abs 2 S 1 BBergG (Ersatz von Bergschaden), §§ 61 Abs 2, 113 Abs 3 HGB (Ansprüche aus Verletzung eines Wettbewerbsverbots), § 11 Abs 1 UWG (Ansprüche aus unlauterem Wettbewerb), § 78 Abs 2 BBG (Schadensersatzansprüche des Dienstherrn gegen den Beamten), § 1378 Abs 4 S 1 (Ansprüche auf Zugewinnausgleich), § 4 ErbbauRRG (Anspruch auf Heimfall oder Vertragsstrafe), § 118 Abs 2 S 3 BinnSchG (Ausgleichsansprüche unter mehreren Schiffseignern) ab. Hierher gehören namentlich auch deliktische Ansprüche im weiteren Sinne, vgl § 12 ProdHaftG, der auch grobfahrlässige Unkenntnis genügen lässt. Soweit die §§ 17 UmweltHG, 11 HaftpflG, 14 StVG, 39 LuftVG in der Verjährungsfrage auf das Recht der unerlaubten Handlungen des BGB Bezug nehmen, ist diese auf § 852 aF gemünzte Verweisung jetzt zwanglos als eine solche namentlich auf § 199 zu verstehen.

6. Markante Ereignisse

10 Markante Ereignisse – wie Ablieferung und Abnahme bei der Gewährleistung – geben den Ausschlag in den §§ 548 Abs 1 S 2, 581 Abs 2, 591b Abs 3, 1057 S 2, 1226 (jeweils Rückgabe des Vertragsgegenstands). Demgegenüber beginnt die Verjährung von Ansprüchen wegen sachbezogener Verwendungen des Vertragspartners mit der Beendigung des Vertragsverhältnisses, vgl die §§ 548 Abs 2, 581 Abs 2, 591b Abs 2 S 1, 1057 S 2, 1226. Die Beendigung des Vertragsverhältnisses ist auch für Rückgabeansprüche von Verleiher, § 604 Abs 5, und Hinterleger, § 695 Abs 2, maßgeblich, für den Rücknahmeanspruch des Verwahrers, § 696 S 3, vgl ferner § 651g Abs 2 zum Reisevertrag, § 1302 zum Verlöbnis. – Ein markantes Ereignis stellt auch die Vorlage von Schuldverschreibungen dar, § 801 Abs 1 S 2. Hierher gehört auch die Beendigung des Güterstandes, § 1390 Abs 3 S 1, der Erbfall, §§ 2287 Abs 2, 2332 Abs 1, die Ablieferung oder der Ablieferungstermin beim Frachtgut, § 439 Abs 2 HGB.

§ 201
Beginn der Verjährungsfrist von festgestellten Ansprüchen

Die Verjährung von Ansprüchen der in § 197 Abs. 1 Nr. 3 bis 6 bezeichneten Art beginnt mit der Rechtskraft der Entscheidung, der Errichtung des vollstreckbaren Titels oder der Feststellung im Insolvenzverfahren, nicht jedoch vor der Entstehung des Anspruchs. § 199 Abs. 5 findet entsprechende Anwendung.

Materialien: Art 1 G zur Modernisierung des Schuldrechts v 26. 11. 2001 (BGBl I 3138). BGB aF: – (in § 198 aF enthalten). PETERS/ZIMMERMANN: Schuldrechtskommission: RegE § 201, BT-Drucks 14/6040, 109; BT-Drucks 14/7052, 6, 180. S 1 geändert durch Art 7 G zur Anpassung von Verjährungsvorschriften an das G zur Modernisierung des Schuldrechts v 9. 12. 2004 (BGBl I 3214).

Schrifttum

vgl § 199.

Titel 1
Gegenstand und Dauer der Verjährung § 201

I. Allgemeines

Die Bestimmung betrifft die titulierten Ansprüche des § 197 Abs 1 Nrn 3–6; sie führt **1** die sich aus den §§ 218, 219, 220 aF ergebende Rechtslage fort (PALANDT/ELLENBERGER Rn 1; MünchKomm/GROTHE Rn 1). Grundsätzlich kommt es an auf die Bestandskraft des Titels; freilich kann sich der Verjährungsbeginn uU noch hinausschieben (u Rn 7 f).

II. Gerichtlich geschaffene Titel

Bei Urteilen und sonstigen gerichtlich geschaffenen Titeln, zB Vollstreckungsbe- **2** scheiden oder Kostenfestsetzungsbeschlüssen, kommt es auf den Zeitpunkt der Unanfechtbarkeit an, also den *Eintritt der formellen Rechtskraft.*

Dies gilt auch dann, wenn der Titel selbst nur vorläufigen Charakter hat: Das Urteil unter dem Vorbehalt der Aufrechnung nach § 302 ZPO, das Vorbehaltsurteil im Urkunden- oder Wechselprozess nach § 599 ZPO können ja nach Ablauf der Rechtsmittelfristen durchaus noch im jeweiligen Nachverfahren wieder aufgehoben werden.

III. Vollstreckbare Titel

Die vollstreckbaren Titel, die § 201 neben den gerichtlichen Entscheidungen weiter **3** nennt, sind die des § 197 Abs 1 Nr 4, also *vollstreckbare Urkunden* nach § 794 Abs 1 Nr 5 ZPO, *gerichtliche Vergleiche,* sei es auch im Verfahren der Bewilligung von Prozesskostenhilfe nach § 118 Abs 1 S 3 ZPO, nach § 492 Abs 3 ZPO. Hier kommt es jeweils auf *Beurkundung* bzw *Protokollierung* an, vgl § 160 Abs 3 Nr 1 ZPO, nicht etwa auch den Ablauf einer etwaigen Widerrufsfrist. Bei einem Vergleich nach § 278 Abs 6 ZPO entscheidet das Datum des Feststellungsbeschlusses des Gerichts. Bei Schiedssprüchen, die für vollstreckbar zu erklären sind, ist maßgeblich die Rechtskraft der entsprechenden Entscheidung. Bei dem Schuldenbereinigungsplan nach den §§ 305 ff InsO ist auf den Beschluss nach § 308 Abs 1 S 1 InsO abzustellen. Beim Anwaltsvergleich kommt es auf den Zeitpunkt der Vollstreckbarkeitserklärung durch den Notar, § 796c ZPO, oder das Gericht § 796b ZPO, vgl § 796b Abs 2 S 3, an. Der Abschluss des Vergleichs ist nur nach § 212 Abs 1 Nr 1 relevant.

IV. Feststellung im Insolvenzverfahren

§ 201 ist völlig misslungen, soweit die Bestimmung auf die Feststellung einer For- **4** derung im Insolvenzverfahren abstellt.

1. Die Feststellung der Forderung ist primär innerhalb des Insolvenzverfahrens von Bedeutung, vgl § 178 InsO, wenn sie dem Gläubiger die Teilnahme an der Verteilung der Masse sichert. Hier sind Fragen der Verjährung nicht ersichtlich. Nicht tituliert ist jedenfalls ein Anspruch gegen den Insolvenzverwalter wegen fehlerhafter Verteilung.

2. Die Feststellung der Forderung ermöglicht freilich auch *das spätere Vorgehen* **5** *gegen den Schuldner* selbst, vgl § 201 InsO zur Verfahrensaufhebung, § 215 zur Verfahrenseinstellung, § 257 zum Insolvenzplan. Insoweit ist allerdings tatsächliche

Voraussetzung, dass der Schuldner – als juristische Person – noch fortbesteht oder dass er – als natürliche Person – Restschuldbefreiung nicht beantragt hat oder sie ihm nach § 290 InsO versagt wird. Das mindert die praktische Bedeutung des § 201 auch hier. Für die verbleibenden wenigen Fälle ist es aber sinnlos, wenn § 201 auf den Zeitpunkt der Feststellung der Forderung abstellt, wenn doch einstweilen ein Vorgehen gegen den Gemeinschuldner noch nicht möglich ist, § 87 InsO, sondern erst nach Beendigung des Verfahrens oder feststehender versagter Restschuldbefreiung.

Dieser Mangel der Bestimmung wird nicht dadurch geheilt, dass sie einer späteren Entstehung des Anspruchs Bedeutung beimisst, weil die Ansprüche, um die es hier geht, schon längst entstanden sind. Es bedarf vielmehr einer berichtigenden Auslegung dahin, dass es nicht auf die Feststellung des Anspruchs ankommt, sondern auf den *Zeitpunkt der Möglichkeit, daraus gegen den Schuldner* vorzugehen.

V. Kosten der Zwangsvollstreckung

6 Lässt sich der Gläubiger seine Vollstreckungskosten, § 788 Abs 1 ZPO, nach § 788 Abs 2 ZPO titulieren, kommt es auf die Rechtskraft dieses Kostentitels an. Diese Titulierung ist aber fakultativ (MünchKommZPO/K Schmidt/Brinkmann § 788 Rn 2, 40; Stein/Jonas/Münzberg § 788 Rn 38); unterbleibt sie, ist an den der Vollstreckung zugrunde liegenden Titel anzuknüpfen. Dabei kann die Verjährung jeweils vorzeitig nach § 217 eintreten.

Der Rückzahlungsanspruch des Schuldners, § 788 Abs 3 ZPO, unterliegt an sich den §§ 195, 199. Wird er tituliert, kommt es auf die Rechtskraft des entsprechenden Titels an. Das gilt auch bei der Belastung des Gläubigers nach § 788 Abs 4 ZPO.

VI. Schifffahrtsrechtliches Verteilungsverfahren

Aus dem Schifffahrtsrechtlichen Verteilungsverfahren, das § 204 Abs 1 Nr 10 dem Insolvenzverfahren an die Seite stellt, ergibt sich keine spätere Vorgehensmöglichkeit gegen den Schuldner (§ 197 Rn 61), sodass § 201 hier auch keine Regelung zu treffen braucht.

VII. Späterer Verjährungsbeginn

7 Die im Vorstehenden genannten Zeitpunkte markieren nur den frühestmöglichen Beginn der Verjährung. Wenn der titulierte Anspruch erst später „entsteht", kommt es auf den Zeitpunkt der Entstehung an; es wird zB Unterhalt auch für die Zukunft tituliert. Zum Begriff der Entstehung vgl § 199 Rn 3 ff. Es können sich so Verjährungszeiträume ergeben, die deutlich über die Fristen des § 197 hinausragen, dies insbesondere bei den Kosten der Zwangsvollstreckung, § 788 ZPO. Dies übersehen die Begründung zum RegE der Ergänzung des § 201 S 1 um § 197 Abs 1 Nr 6 (BT-Drucks 15/3653, 17) sowie MünchKomm/Grothe Rn 5, die auf den Zeitpunkt der Schaffung des Titels abstellen, doch folgen die Vollstreckungskosten der Titulierung eben notwendig nach. Freilich gilt § 217 für das Verhältnis der Vollstreckungskosten zum titulierten Anspruch.

Ist die Forderung in dem in § 201 bezeichneten Zeitpunkt fällig, so beginnt die Frist des § 197 Abs 1 auch sogleich, nicht erst nach Ablauf jener Hemmung, die sich in vielen Fällen aus § 204 Abs 2 S 1 ergeben kann.

VIII. Unterlassungsansprüche

Unterlassungsansprüche weisen Besonderheiten auf.

1. Die Bezugnahme in § 201 S 2 auf § 199 Abs 5 ergibt zunächst, dass die erstmalige Zuwiderhandlung für den Fristbeginn von Bedeutung ist. Dadurch kann er nachhaltig hinausgeschoben werden (vgl BGHZ 59, 72). Wenn § 201 S 2 aber nicht unmittelbar auf die Zuwiderhandlung abstellt, sondern eben auf § 199 Abs 5 verweist, bedeutet das, dass auch die weiteren Voraussetzungen des in diesen zu integrierenden § 199 Abs 1 gegeben sein müssen (Kenntnismöglichkeit des Gläubigers, Jahresschluss; aA MünchKomm/GROTHE Rn 2). Die Dinge liegen nicht anders als bei § 200 (dort Rn 3). **8**

2. Ist positive Kenntnis des Gläubigers von der Zuwiderhandlung gegeben, wird allerdings in vielen Fällen weit vor Ablauf der Verjährungsfrist Verwirkung eingetreten sein. **9**

IX. Ablauf der Verjährung

Die Verjährungsfrist kann ihrerseits gehemmt oder erneuert werden. Das richtet sich nach den allgemeinen einschlägigen Regeln. **10**

Eine Ablaufhemmung kommt namentlich nach den §§ 210, 211 in Betracht, eine allgemeine nach § 207 oder auch nach § 203.

Unter den Erneuerungsgründen ist ohne weiteres einschlägig der des § 212 Abs 1 Nr 2, der gerade auf die Frist des § 197 hin konzipiert ist.

Soweit der Schuldner einzelne Ansprüche erfüllt, greift § 212 Abs 1 Nr 1 ein (BGH LM § 208 BGB Nr 4; BGB-RGRK/JOHANNSEN § 218 aF Rn 6).

Die Problematik der *Zulässigkeit einer erneuten Klage,* die allein dem Zweck dient, die Verjährung nach § 197 zu hemmen, ist primär vor dem Hintergrund der knappen Frist der §§ 197 Abs 2, 195 von Bedeutung; sie stellt sich aber doch auch gegenüber der Frist des § 197 Abs 1. Mit BGHZ 93, 267 = NJW 1985, 1711 – zu § 218 Abs 2 aF, aber verallgemeinerungsfähig – besteht für eine solche Klage dann ein *Rechtsschutzbedürfnis* und ist sie deshalb für zulässig zu erachten, wenn sie *der einzige Weg* ist, der drohenden Verjährung zu entgehen. Das ist namentlich dann der Fall, wenn die Möglichkeiten des § 212 Abs 1 Nr 2 auf Grund der konkreten Gegebenheiten des Falles ausscheiden; sonst wären sie vorrangig und würden das Rechtsschutzbedürfnis nehmen. Wegen der Darstellung des Meinungsstandes und der Argumentation ist auf die Entscheidung zu verweisen.

§ 202
Unzulässigkeit von Vereinbarungen über die Verjährung

(1) Die Verjährung kann bei Haftung wegen Vorsatzes nicht im Voraus durch Rechtsgeschäft erleichtert werden.

(2) Die Verjährung kann durch Rechtsgeschäft nicht über eine Verjährungsfrist von 30 Jahren ab dem gesetzlichen Verjährungsbeginn hinaus erschwert werden.

Materialien: Art 1 G zur Modernisierung des Schuldrechts v 26. 11. 2001 (BGBl I 3138). BGB aF § 225: E I § 185; II § 190; III § 220; Mot I 345; Prot I 395 ff; II 1 238; Jakobs/Schubert, AT 1000, 1001 ff, 1047, 1082 f, 1083 ff, 1092, 1103, 1121. Peters/Zimmermann § 213, Gutachten 267, 311, 323; Schuldrechtskommission § 220; Abschlussbericht 97; RegE § 202, BT-Drucks 14/6040, 109.

Schrifttum

Grunsky, Die Auswirkungen des urteilsvertretenden Anerkenntnisses auf die Verjährung, NJW 2013, 1336
Haas/Schulze, Urteilsvertretendes Anerkenntnis und Verjährung, FS vWestphalen (2010) 253
Kainz, Verjährungsvereinbarungen auf dem Prüfstand, BauR 2004, 1696
Krämer, Die Zulässigkeit von Verjährungsvereinbarungen nach neuem Recht, ZAP 2004, 413
Lakkis, Die Verjährungsvereinbarung nach neuem Recht, AcP 203 (2003) 763
Schimmel/Buhlmann, Verjährungsklauseln in AGB nach der Schuldrechtsreform, ZGS 2002, 109.

Systematische Übersicht

I.	**Allgemeines**		3.	Reichweite von Vereinbarungen 8
1.	Zulassung von Vereinbarungen über die Verjährung	1	4.	AGB 9
2.	Bedürfnisse der Parteien	2	**VI.**	**Einseitige Leistungsbestimmung** 9a
3.	Kritik	3		
			VII.	**Einseitige Rechtsgeschäfte** 10
II.	**Mittelbare Vereinbarungen über die Verjährung**	4	**VIII.**	**Erleichterungen der Verjährung**
			1.	Unverjährbare Ansprüche 11
III.	**Zulässige Dauer der vertraglichen Bindung des Schuldners**	4a	2.	Haftung für Vorsatz 12
1.	Langfristige Bindung	4b	3.	Individualvertragliche Möglichkeiten der Erleichterung der Verjährung 13
2.	Kurzfristige Bindung	4c	4.	AGB des Schuldners zur Erleichterung der Verjährung 15
IV.	**Verzicht auf die Einrede der Verjährung**	5	**IX.**	**Erschwerungen der Verjährung**
			1.	Allgemeines 19
V.	**Vereinbarungen über die Verjährung**		2.	Zeitliche Schranke 20
1.	Allgemeines	6	3.	Vereinbarungen über den Ablauf der Verjährung 21
2.	Gegenstand	7		

Titel 1
Gegenstand und Dauer der Verjährung

§ 202

4.	Vereinbarungen über den Beginn der Verjährung	23	d)	Bloße Fristverlängerungen	27
a)	Transparenzgebot	23	e)	Höchstfristen	28
b)	Kenntnis als Verjährungsvoraussetzung	24	5.	Beschränkungen der Befugnisse des Schuldners	29
c)	Kenntnismöglichkeit als Verjährungsvoraussetzung	25			

Alphabetische Übersicht

AGB	2, 9, 15 ff, 27
Anerkenntnis dem Grunde nach	19
Anspruchskonkurrenz	8
Aufklärungspflicht	12
Beginn der Verjährung	7
Berechtigungsausweise	9a
Bindung des Schuldners, vertragliche	4a ff
Deliktsanspruch	8
Dritten, Wirkungen gegenüber	8
Eheleute	7
Einigung, fehlende	5
Einseitige Leistungsbestimmung	9a f
Einseitige Rechtsgeschäfte	10
Erleichterung	11 ff, 13, 15 f
Erschwerung	19 ff
Fälligkeit	4
Formgebote	6
Fristen	16, 27
– überlange	20
– Verkürzung	17
– Verlängerung	27
Garantievertrag, selbstständiger	4
Gewährleistung	17, 26
Hemmung	7, 20
Hemmungstatbestände	13, 15
Höchstfristen	18, 28
Individualabreden	3, 6, 12, 13 f, 27, 29
Kenntnis des Gläubigers	16, 18, 24
– Möglichkeit der	16, 25 f
Kurzfristige Bindung	4c
Langfristige Bindung	4b
Leistungen, künftig wiederkehrende	20
Leistungsverlangen, schriftliches	21
Musterprozess	5, 21
Neubeginn der Verjährung	7
Novation	4
Organisationsmangel	12
Pactum de non petendo	4
Rechtsgeschäft	5
Rechtsgeschäft, einseitiges	10
Regelverjährung	18
Regress	22
Rückgabe der Mietsache	16
Schadensersatzanspruch	18
Schranken, zeitliche	20
Sittenwidrigkeit	3
Stundung	4
Subunternehmer	23
Telefonkarten	9a
Transparenzgebot	23
Treu und Glauben	3
Unterhalt, künftiger	20
Unverjährbarkeit	11
Vereinbarung	
– Beginn, über	23 f
– mittelbare	4
– späterer Fälligkeit	4
– Verjährung, über	6 f
– Zulässigkeit	1

Verhandlungen	2, 5	Verzicht	5
Verjährungsbeginn, objektiver	16	Vorsatz	12
Verschweigen, arglistiges	1, 12		
Vertrag der Parteien	5	Zeitliche Schranke	20
Verwirkung	3	Zeitpunkt der Vereinbarung	6

I. Allgemeines

1. Zulassung von Vereinbarungen über die Verjährung

1 Die Bestimmung des § 202 lässt Vereinbarungen über die Verjährung grundsätzlich zu, Abs 1 solche, die ihren Eintritt beschleunigen sollen, Abs 2 solche, die den Eintritt hinausschieben sollen; im Anschluss an die Vorgängerbestimmung des § 225 aF ist bei Beschleunigung von einer „Erleichterung" der Verjährung die Rede, bei ihrem Hinausschub von einer „Erschwerung". Das ist jeweils die Sicht des Schuldners. § 202 lässt Vereinbarungen in beide Richtungen zu und zieht dabei nur äußerste Grenzen, einerseits bei der Haftung für Vorsatz, andererseits durch die Bestimmung einer zulässigen Höchstfrist. Die Vorgängerbestimmung des § 225 aF hatte in ihrem S 1 einen Aufschub des Verjährungseintritts grundsätzlich untersagt, kannte freilich im Gewährleistungsrecht in den §§ 477 Abs 1, S 2, 638 Abs 2 aF für Kauf und Werkvertrag gewichtige Ausnahmen. Die Beschleunigung des Verjährungseintritts hatte § 225 S 2 aF grundsätzlich zugelassen, es fand sich aber die Grenze des § 202 Abs 1 auch schon in den §§ 477 Abs 1 S 1, 638 Abs 1 S 1 aF (für den Fall des arglistigen Verschweigens von Mängeln).

Die liberalere Haltung des § 202 soll dem Grundsatz der Privatautonomie Rechnung tragen (MünchKomm/Grothe Rn 2; Soergel/Niedenführ Rn 3). Allerdings erweckt ihre amtliche Überschrift eher den gegenteiligen Eindruck ihrer Einschränkung. Gemäß dem Vorschlag des Bundesrates (BT-Drucks 14/6487, 43) hätte sie besser gelautet „Vereinbarungen über die Verjährung".

2. Bedürfnisse der Parteien

2 Ob § 202 den Bedürfnissen der Parteien in besonderem Maße Rechnung trägt (so die Begründung des RegE BT-Drucks 14/6040, 110; MünchKomm/Grothe Rn 2; Soergel/Niedenführ Rn 1; NK-BGB/Mansel/Stürner Rn 6), ist zweifelhaft:

Gegen anfängliche Abreden der Parteien ist im Grundsatz nichts einzuwenden, wenn sie auf besonderer Aushandlung beruhen; namentlich im Gewährleistungsrecht kann die Übernahme besonderer Haltbarkeitsgarantien zweckmäßig sein. Durchweg finden sich aber einschlägige Regelungen in den AGB der marktmächtigeren – oder gewandteren – Seite. Dann ist eine *strikte AGB-Kontrolle* geboten (Palandt/Ellenberger Rn 12 ff); ihre Notwendigkeit hat schon der Gesetzgeber in den §§ 475 Abs 2, 309 Nr 8 b ff anerkannt: Gerade Regelungen der Verjährung haben für die Beteiligten bei Vertragsschluss oft wenig Bedeutung, was dann letztlich auch individuelle Vereinbarungen dubios erscheinen lassen kann.

In Bezug auf nachträgliche Vereinbarungen geht der Hinweis von Soergel/Nie-

DENFÜHR (Rn 1) fehl, dass Erfolg versprechende Verhandlungen nicht gefährdet werden dürften, denn dafür sorgt heute schon § 203.

3. Kritik

Die nachhaltige Stärkung der Privatautonomie erscheint unangemessen in einem Verjährungssystem, das die Interessen der Parteien gerade auszutarieren sucht. Es kann sich bei einer Erleichterung der Verjährung schnell ergeben, dass der Gläubiger rechtlos gestellt wird. Zu ihrer Erschwerung lässt § 202 Abs 2 Fristen zu, die – praktisch gesehen – zu einer endlosen Einstandspflicht des Schuldners führen. Schon der Gedanke befremdet, dass man bei Vertragsverhandlungen 2014 seriös über die Verhältnisse im Jahre 2044 soll nachdenken können.

Den Missständen, die sich ohne weiteres einstellen können, kann man im Bereich von AGB-Klauseln verhältnismäßig einfach mit den §§ 305 ff steuern. Bei Individualabreden stehen im Prinzip nur die §§ 134, 138 zur Verfügung. Aus dogmatischer Sicht befremdet es, wenn NK-BGB/MANSEL/STÜRNER (Rn 22, 24) ohne weiteres auf § 242 als Kontrollmaßstab zurückgreifen wollen. Das entspricht freilich bisheriger Übung (BGH NJW 1979, 1406, 1407; 1982, 2243, 2244; BGHZ 101, 350, 355; 108, 164, 168) und in der Tat wird man vielleicht noch weiter mit einer Privatautonomie unter dem schlichten Vorbehalt von Treu und Glauben leben müssen. Beurteilungszeitpunkt ist – wie stets – der Zeitpunkt der Vereinbarung (aA LAKKIS AcP 203 [2003] 763, 769: Beurteilung ex post).

Tatsächlich wird man aber bei Benachteiligungen des Gläubigers die *Schwelle zur Sittenwidrigkeit niedrig* ansetzen müssen. Fehl geht der Hinweis, dass man Ansprüche ja auch ganz ausschließen könne (BReg BT-Drucks 14/6857, 43; MünchKomm/GROTHE Rn 2): Der Gläubiger, der sich einem harten Verjährungsregime unterwirft, will nicht (partiell) verzichten, sondern vertraut darauf, dass er die Sache rechtzeitig regeln kann.

Entsprechend *leichtfertig* kann der Schuldner handeln, der sich auf lange Fristen einlässt. Ihn muss außer § 138 die *Verwirkung* schützen.

Die Hoffnung, dass die Parteien schon das Richtige zur Wahrung ihrer Interessen finden werden, kann im Bereich der Verjährung trügen: Mit der gebotenen Intensität wenden sie sich den Kernpunkten zu; dazu gehört die Verjährungsfrage oft nicht.

II. Mittelbare Vereinbarungen über die Verjährung

§ 202 betrifft nur unmittelbare Vereinbarungen über die Verjährung, namentlich die Fristen, die einschlägig sein sollen (näher u Rn 6). Denkbar sind aber auch mittelbare Beeinflussungen der Verjährung, zB durch eine Novation, wie sie schon wegen des ihr notwendig innewohnenden Anerkenntnisses, § 212 Abs 1 Nr 1, zu einem Neubeginn der Verjährung führt. Ob die novierte Forderung darüber hinaus einer neuen eigenen Verjährungsfrist – meist der des § 195 – unterliegen soll und nicht wiederum der bisherigen, ist eine im Zweifel zu verneinende Auslegungsfrage. Eine neue Frist ergibt sich natürlich in den Fällen des § 197 Abs 1 Nr 4.

Die Unanwendbarkeit des § 202 auf mittelbare Vereinbarungen hat keine praktische Bedeutung gegenüber § 202 Abs 1: Soweit die Ansprüche auf einer Haftung für Vorsatz beruhen, sind mittelbare Beeinflussungen nur nachträglich denkbar, werden also von der Bestimmung von vornherein nicht erfasst. Wohl aber kann die Schranke des § 202 Abs 2 überschritten werden.

In dem letzteren Sinne wirken sich verjährungsverlängernd aus außer der schon genannten Novation die Vereinbarung späterer Fälligkeit (§ 199 Abs 1 Nr 2), Stundung und pactum de non petendo (§ 205), das – sogar einseitige – Anerkenntnis des Schuldners (§ 212 Abs 1 Nr 1), schließlich und besonders nachhaltig die Titulierung der Forderung nach § 197 Abs 1 Nr 4.

III. Zulässige Dauer der vertraglichen Bindung des Schuldners

4a § 202 verhält sich nicht zu der Frage, wie lang- oder kurzfristig die vertragliche Bindung eines Schuldners ausgestaltet werden kann.

1. Langfristige Bindung

4b Namentlich ist die Frist von 30 Jahren des § 202 Abs 2 nicht zur Beantwortung der Frage heranzuziehen, wie langfristig ein Schuldner vertraglich gebunden werden kann. Das belegt schon für einen *Spezialfall § 544,* der nach Ablauf von 30 Jahren nur ein außerordentliches Kündigungsrecht vorsieht. Allgemein ist das Augenmerk darauf zu richten, ob die Geschäftsgrundlage noch fortbesteht; uU kann sich die Möglichkeit der Kündigung aus § 313 Abs 3 ergeben, ggf auch aus § 314.

Vorab ist freilich zu fragen, ob die langfristige Bindung des Schuldners nicht *knebelnde Wirkung* hat und damit nach § 138 relevant ist, vgl namentlich zu Bierlieferungsverträgen STAUDINGER/SACK/FISCHINGER (2011) § 138 Rn 129 ff, 322 ff. Im Ergebnis zutreffend hat BGH NJW 2011, 515 Rn 9 ff ein nach 90 Jahren auszuübendes Rückkaufsrecht für zulässig gehalten, freilich nicht ohne die Konditionen des Rückkaufs gegenüber dem Wortlaut des Vertrages zu modifizieren. Bedenklich BGH NJW 2008, 2995 Rn 13 ff zu einer *Haltbarkeitsgarantie* über 40 Jahre. Zwar trifft es zu, dass erst der Garantiefall dann die normal verjährenden Gewährleistungsansprüche auslöst, doch sind diese schon im Zeitpunkt der Lieferung selbst angelegt, sodass sich im Einzelfall eine die Fristen des § 438 massiv überschreitende Frist ergeben kann (Entdeckung des Mangels nach 20 oder gar 35 Jahren).

2. Kurzfristige Bindung

4c Erst recht lässt sich § 202 Abs 1 keine Aussage darüber entnehmen wie kurzfristig der Schuldner die Verjährung der gegen ihn gerichteten Ansprüche ausgestalten darf, vgl dazu u Rn 11 ff.

IV. Verzicht auf die Einrede der Verjährung

5 § 202 setzt in seinen beiden Absätzen ein Rechtsgeschäft voraus, an dem nach dem offenkundigen Verständnis des Gesetzgebers beide Seiten beteiligt sein müssen (vgl aber auch u Rn 10), Gläubiger und Schuldner; einen *einseitigen Verzicht* des Schuldners erfasst die Bestimmung nicht (aA BGH ZIP 2007, 2206 Rn 15; MünchKomm/Grothe Rn 15), wie schon die amtliche Überschrift belegt. Die einseitige Erklärung des Schuldners, sich nicht auf die Einrede der Verjährung berufen zu wollen, bedarf der Auslegung, ob sie ihm die Hoheit über die Einrede belassen soll – dann einstweiliger Verzicht – oder ein Vertragsangebot darstellt, das dann auch nach § 151 angenommen werden kann. Regt der Gläubiger den Verzicht an, wird das als ein Angebot zu einer entsprechenden Vereinbarung zu verstehen sein.

Der einseitig bleibende Verzicht des Schuldners ist frei widerruflich, und zwar auch dann, wenn er einen Termin genannt hat, bis zu dem er stillhalten will. Bis zum Widerruf wird der Gläubiger in seinem Vertrauen auf die Erklärung geschützt; alsdann muss er alsbald verjährungshemmende Maßnahmen ergreifen (zu den Einzelheiten vgl § 214 Rn 30 ff).

Der Verzicht des Schuldners vermag schutzwürdiges Vertrauen des Gläubigers auch über die zeitliche Schranke des § 202 Abs 2 hinaus zu erzeugen, wenn zB die Bedienung von Forderungen aus Spareinlagen über einen längeren Zeitraum zugesagt wird. Eine gescheiterte Vereinbarung iSd § 202 Abs 2 wird sich oft in einen einseitigen Verzicht umdeuten lassen.

Wenn der Verzicht – wie regelmäßig – im Rahmen von Verhandlungen ausgesprochen wird, bleibt § 203 zu beachten.

Erst recht fehlt eine Vereinbarung, wenn die Parteien unabhängig voneinander zuwarten, mag auch ihr Motiv dasselbe sein, zB das Warten auf den Ausgang eines Musterprozesses.

V. Vereinbarungen über die Verjährung

1. Allgemeines

§ 202 setzt eine Vereinbarung der Parteien voraus. Sie ist ein Rechtsgeschäft; der Vertreter bedarf der Vollmacht. Der begünstigten Seite bringt sie nur rechtlichen Vorteil, § 107. Ihre Annahme kann sich nach § 151 vollziehen. **6**

Die Vereinbarung kann zu einem beliebigen Zeitpunkt geschlossen werden, selbst nach Eintritt der Verjährung. Vor ihrem Beginn ist sie in einem Rahmenvertrag denkbar, später mag zB das Entstehen von Streitigkeiten den Anlass geben; die Regel wird der Zeitpunkt der Begründung des Anspruchs bilden.

Als solche ist die Abrede nicht formbedürftig. Sie unterliegt aber ggf einem Formbedürfnis, das für den betroffenen Anspruch besteht, zB aus § 766 oder aus § 311b Abs 1 S 1 (Palandt/Ellenberger Rn 5; aA MünchKomm/Grothe Rn 5). Im Einzelfall ist dann freilich zu prüfen, wie weit das jeweilige Formgebot reicht (Erman/Schmidt-Räntsch Rn 3).

Individualvertraglich ist die Vereinbarung grundsätzlich möglich, vgl aber § 475 Abs 2. Sie wird sich vielfach in AGB der einen oder anderen Seite finden; dann ist eine strenge AGB-Kontrolle geboten. Für ihren Bereich schließen freilich die §§ 439 Abs 4, 463, 475a HGB entsprechende AGB aus.

2. Gegenstand

7 Gegenstand der Vereinbarung der Parteien wird idR die einschlägige Verjährungsfrist sein. Es sind aber auch Modifikationen denkbar in Bezug auf die Bestimmungen über Beginn, Hemmung oder Neubeginn der Verjährung (MünchKomm/GROTHE Rn 5, 10; PALANDT/ELLENBERGER Rn 2; vgl aber auch u Rn 14 f, 20 ff). So sieht § 13 Abs 5 Nr 1 S 2 VOB/B einen Tatbestand des Neubeginns in dem schriftlichen Verlangen der Mängelbeseitigung und kennt § 13 Abs 5 Nr 1 S 3 VOB/B einen Sonderfall des Beginns der Verjährung. Kann so der Katalog der Begünstigungen des Gläubigers erweitert werden, so sind gegenteilig auch Einschränkungen möglich; zB kann es Eheleuten nur angeraten werden, den Hemmungstatbestand des § 207 Abs 1 S 1 abzubedingen. Auch die Wirkungen der eingetretenen Verjährung können gegenüber den §§ 214 ff modifiziert werden. Freilich ist der Spielraum bei Modifikationen der §§ 203 ff, 214 ff geringer, als es der Wortlaut des § 202 vermuten lässt (u Rn 12 ff, 21 ff).

3. Reichweite von Vereinbarungen

8 Bei konkurrierenden Ansprüchen bedarf die Reichweite der Vereinbarung der Ermittlung durch Auslegung (vgl BGH NJW 2002, 3777), wenn nebeneinander vertragliche und gesetzliche Ansprüche bestehen. Wenn eine klare und eindeutige Regelung fehlt, ist zunächst festzuhalten, dass die Fristverkürzung für die vertraglichen Ansprüche entwertet wird, wenn daneben längerfristig verjährende gesetzliche Ansprüche bestehen bleiben. Gleichwohl ist es aber grundsätzlich nicht anzunehmen, dass der Gläubiger über den vertraglichen Rahmen hinaus seine Rechte beschränken will (aA NK-BGB/MANSEL/STÜRNER Rn 12; SOERGEL/NIEDENFÜHR Rn 6; ERMAN/SCHMIDT-RÄNTSCH Rn 6). Deliktische Ansprüche schützen elementare Rechte und damit mehr als die vertragliche Erfüllungserwartung, müssen also im Zweifel als unbeschränkt erhalten bleibend angesehen werden. Bei den Schadensersatzpflichten des Geschäftsführers einer GmbH aus Vertrag einerseits und § 43 Abs 2 GmbHG gilt das so nicht (BGH aaO).

Wirkungen gegenüber Dritten entfalten Vereinbarungen bei einem Vertrag zugunsten Dritter oder mit Schutzwirkung für Dritte; deliktische Ansprüche der Dritten können sie nicht beschränken, wohl aber erweitern.

4. AGB

9 AGB bedürfen unterschiedlicher Würdigung, je nachdem, ob sie die Verjährung erleichtern oder erschweren sollen. Generell müssen sie den allgemeinen Einbeziehungsvoraussetzungen genügen, §§ 305, 305a, und reicht ihre Unwirksamkeit nicht über sie hinaus, § 306.

Zu ihrer inhaltlichen Ausgewogenheit gehört namentlich die möglichste *Gleichbehandlung* der Parteien (vgl BGHZ 75, 218, 220 zur Verkürzung der Frist des § 88 HGB aF). Außerdem kann sich ihre Unangemessenheit daraus ergeben, dass *Vorteile* für die eine Seite *nicht* nach Möglichkeit durch solche für die andere Seite *kompensiert* werden, vgl zB § 13 Abs 5 Nr 1 VOB/B: Einerseits erleichterter Neubeginn der Verjährung, andererseits jetzt nur eine kürzere Frist.

VI. Einseitige Leistungsbestimmung

1. Wenn der Schuldner Telefonkarten oder andere *Berechtigungsausweise* ausgegeben hat, kann er uU berechtigt sein, sie zu sperren. Der dann gebotene Ersatzanspruch für den Gläubiger ist gerade auch in der Frage seiner Verjährung an § 315 zu messen (BGH NJW 2010, 1956); die Verjährungsfrist muss der Billigkeit entsprechen. **9a**

Das bedeutet dann, wenn der Berechtigungsausweis eine *zeitlich unbegrenzte Gültigkeit* hatte, dass es nicht der Billigkeit entspräche, den Ersatzanspruch des Gläubigers dem Einwand groben Verschuldens aus § 199 Abs 1 Nr 2 auszusetzen; der BGH gelangt damit zu der zehnjährigen Frist des § 199 Abs 4.

Konnte die Leistung nur *zeitlich beschränkt* in Anspruch genommen werden, dürfte es zulässig sein, diese zeitliche Schranke auch dem Ersatzanspruch zu setzen.

2. Davon zu unterscheiden ist der Fall, dass der Berechtigungsausweis deshalb nicht voll in Anspruch genommen werden kann, weil die *Leistung vorzeitig eingestellt* wird. Diesbezügliche Ansprüche unterliegen den §§ 195, 199. **9b**

VII. Einseitige Rechtsgeschäfte

Wenn die beiden Absätze der Bestimmung von einem Rechtsgeschäft reden, spricht nichts dagegen, auch das einseitige genügen zu lassen (PALANDT/ELLENBERGER Rn 6; aA MünchKomm/GROTHE Rn 4). Hierfür bestehen auch praktische Bedürfnisse. Der Auslobende, § 657, mag den Fristen der §§ 195, 199 ausweichen wollen, namentlich der Maximalfrist des § 199 Abs 4. Insbesondere den Erblasser mag die Frist des § 197 Abs 1 Nr 2 aF geschreckt haben, er kann zB die zügige Abwicklung eines Vermächtnisses anstreben oder den Testamentsvollstrecker vor uferloser Haftung bewahren wollen. Auch war der Kreis der § 197 Abs 1 Nr 2 aF unterfallenden Ansprüche unsicher (vgl dort Rn 20 f); da mag ihm an Klarheit gelegen gewesen sein. Nicht möglich ist ihm die Verkürzung der Frist des Anspruchs des Pflichtteilsberechtigten, der nach Neufassung des § 2332 durch das G zur Änderung des Erb- und Verjährungsrechts v 24. 9. 2009 (BGBl I 3142) der regelmäßigen Verjährung unterliegt. Denn diese Frist ist der Mindeststandard für den Pflichtteilsberechtigten, dessen gesetzliche Rechtsposition der Erblasser nicht beschneiden kann. Aber er mag diese Frist verlängern wollen, um zu vermeiden, dass der enterbte Abkömmling zeitnah gegen den eingesetzten Erben – die Ehefrau – vorgehen „muss". Das muss ohne ein Ausweichen auf ein Vermächtnis möglich sein (AMANN DNotZ 2002, 94, 125; LÖHNIG ZEV 2004, 267, 268; aA SOERGEL/DIECKMANN § 2332 Rn 1; PALANDT/ELLENBERGER Rn 6; MünchKomm/GROTHE Rn 4; LAKKIS AcP 203 [2003] 763, 767). Das Argument, dass der Pflichtteilsanspruch gar nicht zwischen Erblasser und Pflichtteilsberechtigtem bestehe, ist allzu formal, soweit es nicht gegen eine Verkürzung, sondern gegen die Verlängerung der Frist gebraucht wird. Der Erblasser begründet immer Ansprüche, die nicht ihn selbst betreffen. Unerheblich ist auch, dass es ein gesetzlicher Anspruch ist, § 202 schließt auch solche ein. **10**

VIII. Erleichterungen der Verjährung

1. Unverjährbare Ansprüche

11 Abreden, die bei unverjährbaren Ansprüchen den Eintritt der Verjährung überhaupt erst ermöglichen sollen, sind nicht zulässig (Mot I 345; RegE BT-Drucks 14/6040, 110, 111; MünchKomm/GROTHE Rn 6).

2. Haftung für Vorsatz

12 Auch Individualvereinbarungen unterwirft § 202 Abs 1 einer Schranke dahin, dass sie in Bezug auf eine Haftung wegen Vorsatzes im Voraus nicht möglich sein sollen.

a) Der Umkehrschluss dahin, dass sie nach dem Entstehen des Anspruchs beliebig möglich sein sollen (so etwa MünchKomm/GROTHE Rn 6), gilt nicht uneingeschränkt, sondern nur dann, wenn der Gläubiger die Vorsätzlichkeit der Schädigung auch erkannt hat; andernfalls behält das Verhalten des Schuldners jenes Odium der Sittenwidrigkeit, das die ratio legis bildet.

b) Im Übrigen stellt sich die Haftung wegen Vorsatzes – wie auch sonst – als eine solche der bewussten und gewollten Erfüllung des haftungsbegründenden Tatbestands dar, wobei es unerheblich ist, ob die Haftung vertraglich oder deliktisch ist.

Im vertraglichen Bereich ist dies freilich zu erweitern: die sich aus den §§ 438 Abs 3, 634a Abs 3 ergebende Frist kann auch individualvertraglich nicht abkürzbar sein, vgl auch die §§ 444, 639. Es genügt also außer der vorsätzlichen Schädigung selbst eine vielleicht nur fahrlässige Schädigung, bei der dann aber eine *Aufklärungspflicht über diese vorsätzlich verletzt* wurde. Solche Aufklärungspflichten über das eigene Fehlverhalten postuliert das Gewährleistungsrecht, vgl §§ 438 Abs 3 S 1, 634a Abs 3 S 1; sie können sich auch anderweitig ergeben (vgl zB zu Rechtsanwalt, Steuerberater, Wirtschaftsprüfer und Architekt § 214 Rn 26 ff).

Hinzuweisen ist dabei darauf, dass jedenfalls im Gewährleistungsrecht ein Organisationsmangel als der Arglist gleichwertig angesehen wird (BGHZ 117, 318).

Hinzuweisen ist schließlich darauf, dass § 202 Abs 1 nicht nur einen möglichen Schadensersatzanspruch des Gläubigers vor einer Erleichterung der Verjährung schützt, sondern auch seine *sonstigen Befugnisse,* zB einen Anspruch auf Nacherfüllung, die Befugnis zu Rücktritt oder Minderung.

3. Individualvertragliche Möglichkeiten der Erleichterung der Verjährung

13 a) Die *Tatbestände der §§ 203–206, 210–212* müssen grundsätzlich als zu Lasten des Gläubigers *unverrückbar* angesehen werden; im Falle des § 208 ergibt dies schon § 202 Abs 1. Es kann aber auch nicht angehen, dass es zu Verhandlungen kommt, die keine hemmende Wirkung haben, der Schuldner anerkennt, aber die Verjährung dadurch nicht neu beginnt, gar dem Gläubiger die hemmende Wirkung der Maßnahmen nach § 204 Abs 1 vorenthalten wird. Hier sind allenfalls *Randkorrekturen* zu

Lasten des Gläubigers möglich; zB mag man ihm im Rahmen einer Gerichtsstandsvereinbarung auferlegen, eine die Verjährung hemmende Klage nur in diesem Gerichtsstand zu erheben. Die genannten Bestimmungen sind im *Kern als zwingend* anzusehen (aA SOERGEL/NIEDENFÜHR Rn 6, der eine Vereinbarung dahin für zulässig hält, dass die Verjährung nur durch Klage gehemmt werden kann).

b) Möglich sind *Abkürzungen der einschlägigen Fristen*, dem Gläubiger nachteilige Vereinbarungen über ihren Beginn. Freilich sind die Bestimmungen der §§ 195 ff nF sowie auch die Gewährleistungsfristen von dem Bestreben geprägt, dem Gläubiger die faire Chance zu geben, sein Recht auch durchzusetzen (PALANDT/ELLENBERGER Rn 8): Wo diese Chance gefährdet ist, wird die den Gläubiger benachteiligende Abrede an § 138 Abs 1 scheitern können (vgl o Rn 3). **14**

c) Im Übrigen sind die Sperren einiger Spezialvorschriften zu beachten:

– § 475 Abs 2 sieht beim Verbrauchsgüterkauf Mindestfristen vor, die vor Mitteilung des Mangels einzuhalten sind.

– § 478 Abs 4 lässt Erleichterungen beim Regress des Unternehmers nur zu, wenn gleichwertiger Ausgleich eingeräumt wird.

– § 651m S 2 gibt für den Reisevertrag eine Parallelregelung zu § 475 Abs 2.

4. AGB des Schuldners zur Erleichterung der Verjährung

a) Die §§ 439 Abs 3, 463, 475a HGB schließen für den Bereich des Fracht-, Speditions- und Lagergeschäfts von dem Gesetz abweichende Verjährungsregelungen in Allgemeinen Geschäftsbedingungen überhaupt aus, damit auch solche zu ihrer Erleichterung. **15**

b) Regelungen, die die *Tatbestände der Hemmung* der Verjährung iSd §§ 203 ff ausschalten bzw einem Anerkenntnis die Wirkung des § 212 Abs 1 Nr 1 nehmen sollen, werden schon überraschend iSd § 305c Abs 1 sein. Im Übrigen haben die genannten Tatbestände der §§ 203 ff einen besonderen Gerechtigkeitsgehalt, sodass es nicht vorstellbar ist, dass Abweichungen von ihnen zu Lasten des Gläubigers vor § 307 Abs 1, 2 Nr 1 bestehen könnten. Insoweit genießt also auch der Gläubiger umfassenden Schutz, der Unternehmereigenschaft hat, § 14.

c) Soweit der *Verjährungsbeginn objektiv* ausgestaltet ist, verstößt seine Vorverlegung in aller Regel gegen § 307 Abs 2 Nr 1. Denn Daten wie die Ablieferung der Kaufsache, die Abnahme des Werkes, die Rückgabe der Mietsache ergeben überhaupt erst die Möglichkeit, bestehende Ansprüche festzustellen und geben jedenfalls Anlass, über sie nachzudenken. **16**

Soweit der regelmäßige Verjährungsbeginn an die Kenntnismöglichkeiten des Gläubigers anknüpft, § 199 Abs 1 S 1 Nr 2, ist der entsprechende Zeitpunkt für den Schuldner nicht ohne weiteres erkennbar und damit kalkulationsfähig, sodass ein gewisses Interesse anzuerkennen ist, den Verjährungsbeginn starr festzulegen. Indessen sind derartige Versuche in weiten Bereichen schon durch § 309 Nr 7 lit a, b ausgeschlossen (BGH NJW 2009, 1486 Rn 17; NJW 2013, 2584), der auch im unternehmerischen Bereich sinngemäß anzuwenden ist (PALANDT/GRÜNEBERG § 309 Rn 38). Für Schäden an Eigentum und Vermögen kann dasselbe Ergebnis daraus folgen, dass sie auf einer Verletzung von Kardinalpflichten beruhen, § 307 Abs 2 Nr 2. Bei den verbleibenden Ansprüchen, zB auf Erfüllung oder auf Ersatz sonstiger Schäden ist aber zu sehen, dass es tragender Grundgedanke der gesetzlichen Regelung ist, § 307 Abs 2 Nr 1, dem Gläubiger eine reelle Chance zur Durchsetzung des Anspruchs zu geben; dazu gehört gerade auch die Möglichkeit der Kenntnisnahme vom Anspruch. Mithin müsste der Schuldner in seinen AGB einen kompensatorischen Ausgleich durch eine nachhaltige Verlängerung der Frist des § 195 gewähren. Das rechnet sich aber nicht, wenn denn idR dem Gläubiger seine Ansprüche bald bekannt werden.

17 d) Grundsätzlich möglich ist eine *Verkürzung der Verjährungsfristen*.

aa) Schranken bilden dabei freilich schon – wie eben – die §§ 307 Abs 2 Nr 2 und 309 Nr 7 in Bezug auf Schadensersatzpflichten, die auf der Verletzung von Kardinalpflichten beruhen, auf der Verletzung von Leben, Körper oder Gesundheit oder auf grobem Verschulden (vgl BGHZ 170, 31 = NJW 2007, 674 Rn 20 zu § 309 Nr 7b).

bb) Im *Gewährleistungsrecht* gilt beim Verbrauchsgüterkauf § 475 Abs 2. Außerdem sieht § 309 Nr 8 b ff einzuhaltende Mindestfristen vor: Generell ein Jahr, bei Bauwerk fünf Jahre, dort ausnahmsweise die kürzeren Fristen der VOB/B, wenn diese ohne Einschränkungen gegenüber einem Unternehmer iSd § 14 verwendet wird, vgl § 310 Abs 1 S 3. Gegenüber einem Verbraucher fallen die Fristen des § 634a unter § 307 Abs 2 Nr 1. Das gilt dann auch gegenüber einem Unternehmer iSd § 14, sofern die VOB/B modifiziert wurde.

18 cc) Bei *Schadensersatzansprüchen mit objektivem Verjährungsbeginn* hat BGHZ 97, 21, 25 die Dreijahresfrist des § 68 StBerG aF für nicht unterschreitbar gehalten. Das muss für Bestimmungen dieser Art gerade auch nach neuem Recht gelten, wenn die Regelverjährung eine entsprechende Frist ab Kenntnismöglichkeit vorsieht. Auch bei leichter durchschaubaren Schadensersatzansprüchen ist davon auszugehen, dass der Gesetzgeber besondere statuierte Fristen einerseits für auskömmlich, andererseits aber doch auch für notwendig gehalten hat.

dd) Im weiten Bereich der *Regelverjährung* nach den §§ 195, 199 ist zunächst von einem Gläubiger auszugehen, der seinen Anspruch entweder kennt oder sich seine Unkenntnis als grob fahrlässig vorhalten lassen muss. Von daher gesehen hätte er bei einer Frist von ein bis zwei Jahren eine reelle Chance, seinen Anspruch durchzusetzen. Indessen trägt einerseits die Verjährung Züge der Verwirkung in sich und hat andererseits der Schuldner keinen Anspruch auf besondere Beeilung seines Gläubigers: Will er eine schnelle Abwicklung, mag er leisten oder negative Feststellungsklage erheben. Außerdem hat sich der Gesetzgeber in Abwägung der Aspekte für eine Frist von drei Jahren entschieden. Dann hat der Schuldner seinem Gläubiger jedenfalls eine Frist von zwei Jahren zu belassen. Der BGH (NZBau 2013, 104) hält freilich eine Frist von zwei Jahren für den Werklohnanspruch des Unternehmers für unangemessen. Mit einer Frist von einem Jahr würde er seine Wertung an die Stelle der Wertung des Gesetzgebers setzen. Eine so weitgehende Abweichung vom *Leitbild des Gesetzes,* § 307 Abs 2 Nr 1, bedürfte der ganz besonderen Rechtfertigung.

Bei den kenntnisunabhängigen Höchstfristen des § 199 Abs 3 Nr 1, Abs 4 von 10 Jahren hält PALANDT/ELLENBERGER eine Halbierung für noch zulässig (Rn 16). Dem ist mit dem Vorbehalt zuzustimmen, dass der Schuldner besondere schutzwürdige Interessen belegen muss.

e) Eine Modifikation der §§ 214 ff in AGB des Schuldners zu Lasten des Gläubigers würde letzteren unangemessen benachteiligen.

IX. Erschwerungen der Verjährung

1. Allgemeines

§ 202 Abs 2 kehrt das Prinzip des § 225 S 2 aF um, dass der Eintritt der Verjährung von den Parteien auch einverständlich nicht hinausgeschoben werden kann. **19**

Das legitimiert zunächst die ständige Rechtsprechung (BGH NJW 1985, 791, 792; NJW-RR 1990, 664; VersR 1992, 1091; DAR 1998, 447), dass der Schuldner ein *Anerkenntnis dem Grunde nach* abgeben könne, das zu einer dreißigjährigen Verjährung führt. Bei ungewisser Anspruchshöhe hilft dies, Aufwand und Kosten einer Feststellungsklage zu vermeiden.

2. Zeitliche Schranke

§ 202 Abs 2 zieht eine zeitliche Schranke von 30 Jahren ab gesetzlichem Verjährungsbeginn. Dieser Fristbeginn ist sinnwidrig: Kommt es erst spät zu einer Vereinbarung der Parteien, so mindert dies nicht die Möglichkeiten ihrer Voraussicht; es kann eine volle Frist von 30 Jahren immerhin dadurch erreicht werden, dass man den Anspruch tituliert, § 197 Abs 1 Nrn 3, 4. Außerdem bedarf § 202 Abs 2 freilich der berichtigenden Auslegung: Es kann nicht sein, dass die bloße Vereinbarung der Parteien eine längere Verjährungsfrist erzeugt als die Titulierung des Anspruchs. Mithin muss für *Unterhalt und künftig fällig werdende regelmäßig wiederkehrende Leistungen* § 197 Abs 2 entsprechend gelten: Sie können der regelmäßigen Verjährungsfrist nicht entzogen werden. **20**

Die zeitlichen Schranken des § 202 Abs 2 gelten *nur für die* von den Parteien gewählte *Verjährungsfrist als solche. Hemmungen* und auch ein Neubeginn der Verjährung können über sie hinausführen. Dies gilt ohne weiteres bei den gesetzlichen Tatbeständen der Hemmung oder des Neubeginns zB nach den §§ 203–212, aber doch auch dann, wenn sich die Fristüberschreitung aus einem von den Parteien geschaffenen Hemmungstatbestand ergibt (aA NK-BGB/MANSEL/STÜRNER Rn 37; PALANDT/ELLENBERGER Rn 4: Wenn die Parteien davon ausgehen können, dass die Frist nicht überschritten wird).

Vereinbaren die Parteien individualvertraglich eine *längere Frist,* ist dies *nicht nichtig* (vgl BGH ZIP 2007, 2206 Rn 16; aA NK-BGB/MANSEL/STÜRNER Rn 23 ff; MünchKomm/ GROTHE Rn 11); es bleibt vielmehr der zulässige Fristenteil erhalten nach dem Ausnahmefall des § 139. Der unzulässige Teil erzeugt immerhin Vertrauen, dass sich der Schuldner nicht auf Verjährung berufen wird. Gleiches gilt, wenn der *Schuldner in seinen AGB* eine längere Leistungsbereitschaft zugesagt hat. § 306 Abs 2 mit seinem Weg zurück zu den gesetzlichen Bestimmungen findet Anwendung nur bei entsprechenden AGB des Gläubigers.

3. Vereinbarungen über den Ablauf der Verjährung

21 Es steht den Parteien grundsätzlich frei, neue Tatbestände der Hemmung der Verjährung zu schaffen. Angesichts des weiten Kanons der §§ 203 ff fällt es allerdings schwer, einschlägige Beispiele zu finden.

Soweit eine *Musterprozessklausel* nach Entstehung der Streitigkeit abgeschlossen wird, fällt sie dann schon unter § 205, wenn sie den Schuldner einstweilen zur Verweigerung der Leistung berechtigt. Wenn dies nicht der Fall ist, kann man das einverständliche Zuwarten auf den Ausgang eines Musterprozesses zwanglos als einen Fall der Verhandlungen über den Anspruch iSd § 203 verstehen (dort Rn 13).

Möglich erscheinen *Randkorrekturen* an den Regeln des Gesetzes: So mag man die Nachfrist des § 203 S 2 an die des § 204 Abs 2 S 1 angleichen, also verdoppeln.

Weitergehende Eingriffe wären jedenfalls nicht von Vernunft geprägt: Das gilt etwa, wenn – wie in § 13 Abs 5 Nr 1 S 2 VOB/B – das bloße *schriftliche Leistungsverlangen* des Gläubigers zu einem *Neubeginn* der Verjährung führen soll. Mit guten Gründen sieht der Katalog des § 204 Abs 1 stärkere Förmlichkeiten für das Vorgehen des Gläubigers vor und beschränkt die Wirkungen außerdem auf eine bloße Hemmung der Verjährung. Wenn sich der Schuldner auf das Leistungsbegehren des Gläubigers einlässt, erkennt er an, § 212 Abs 1 Nr 1, oder es kommt jedenfalls zu Verhandlungen, § 203.

Möglich und sinnvoll sind Klauseln, die unter bestimmten Voraussetzungen zur Aufnahme von Verhandlungen verpflichten. Hemmungswirkung kommt freilich erst den *aufgenommenen Verhandlungen* zu. Möglich ist es auch, schon die bloße Anmeldung eines Anspruchs zur Verjährungshemmung genügen zu lassen, vgl § 18 Abs 2 Nr 2 VOB/B. Das benachteiligt den Schuldner nicht unangemessen, weil er die Hemmung durch Zurückweisung des Anspruchs beenden kann. Solche Vereinbarungen können aber jedenfalls nicht – nun verjährungserleichternd – § 203 verdrängen, § 307 Abs 2 Nr 1.

22 Auch bei *nachträglichen Vereinbarungen* über den Ablauf der Verjährung genügt der Kanon der §§ 203 ff vollauf zur Wahrung der Rechte des Gläubigers. Das gilt auch in den kritischen Fällen. Sieht sich der Gläubiger einer *kurzen Frist* ausgesetzt wie zB der des § 11 UWG, genügen die Möglichkeiten, Verhandlungen aufzunehmen, ein Anerkenntnis herbeizuführen oder eine einstweilige Verfügung zu beantragen, was heute nach § 204 Abs 1 Nr 9 entgegen der früheren Rechtslage hemmende Wirkung hat. Geht es um *Regress,* hofft der Gläubiger aber einstweilen noch, die gegen ihn gerichtete Forderung abzuwehren, ist es ihm zuzumuten, den Regressschuldner durch Streitverkündung einzubinden, § 204 Abs 1 Nr 6, wenn bereits ein Primärverfahren anhängig ist. Wenn dies nicht der Fall ist, hat der mögliche Regressschuldner ein legitimes Interesse an alsbaldiger Benachrichtigung. Mit dieser kann der mögliche Regressgläubiger zu den Hemmungsgründen der §§ 203, 205 gelangen.

Im Ergebnis ist schon von individuellen Abreden über den Ablauf der Verjährung abzuraten. Wo sie gleichwohl getroffen werden, sind sie kritisch zu sehen. Entsprechende AGB des Gläubigers werden am Leitbild der §§ 203 ff scheitern, § 307 Abs 2 Nr 1, sofern sie nicht schon als überraschend gar nicht erst Vertragsinhalt werden, § 305c Abs 1.

4. Vereinbarungen über den Beginn der Verjährung

a) Transparenzgebot

AGB des Gläubigers, die den Beginn der Verjährung hinausschieben, müssen jedenfalls transparent sein, § 307 Abs 1 S 2. Daran fehlt es dann, wenn auf dritte Ereignisse abgestellt wird, die der Schuldner nicht kennen und nicht beeinflussen kann. Im Gewährleistungsrecht des Werkvertrages ergibt sich eine derartige Situation, wenn die Abnahme der Leistung des Subunternehmers von der Abnahme des eigenen Bestellers abhängig gemacht wird oder von einer behördlichen Abnahme (BGH NJW 1989, 1602, 1603). Den Mieter benachteiligt es unangemessen, wenn der Fristbeginn des § 548 Abs 1 S 2 von der Einsicht des Vermieters in polizeiliche Ermittlungsakten abhängig gemacht wird (BGH NJW 1986, 1608) oder auch nur der Möglichkeit dazu (BGH NJW 1994, 1788). Derlei bedarf jedenfalls der engen zeitlichen Begrenzung. **23**

b) Kenntnis als Verjährungsvoraussetzung

Bei der regelmäßigen Verjährungsfrist benachteiligt es den Schuldner unangemessen iSd § 307 Abs 2 Nr 1, wenn entgegen § 199 Abs 1 Nr 2 der Verjährungsbeginn davon abhängig gemacht wird, dass der Gläubiger positive Kenntnis von seinem Anspruch erlangt hat. Mit dem Abstellen auf grob fahrlässige Unkenntnis erlegt die Bestimmung dem Gläubiger ein Mindestmaß an Fürsorge für seinen Anspruch auf. Davon kann er sich nicht freizeichnen. **24**

c) Kenntnismöglichkeit als Verjährungsvoraussetzung

Dagegen muss es als grundsätzlich zulässiger Inhalt von AGB des Gläubigers angesehen werden, wenn er bei Ansprüchen, deren Verjährung an objektive Ereignisse anknüpft, die Möglichkeit der Kenntnisnahme entsprechend § 199 Abs 1 Nr 2 zur Voraussetzung des Verjährungsbeginns macht, dies gekoppelt mit einer Höchstfrist nach dortigem Vorbild. **25**

Das gilt zunächst in jenen weiten Bereichen, in denen das G zur Modernisierung des Schuldrechts bestehende Verjährungsregelungen unangetastet gelassen hat. Wenn erwogen wird, Sonderbestimmungen zugunsten der §§ 195, 199 zu tilgen, kann es nicht getadelt werden, wenn der Gläubiger dies in seinen AGB vorwegnimmt; vielmehr verwirklicht er geradezu das verjährungsrechtliche Leitbild dieses Gesetzes.

Dabei bestehen freilich Grenzen: Im *Bereich des § 548* und seinen Parallelbestimmungen ist dies nicht möglich; sie haben ein abweichendes Leitbild.

26 Im *Gewährleistungsrecht* hat sich der Gesetzgeber des G zur Modernisierung des Schuldrechts gerade gegen das Modell der §§ 195, 199 entschieden; die Grundstruktur der §§ 438, 634a kann danach nur durch Individualvereinbarungen überwunden werden. Freilich ist eine Ausnahme bei Mangelfolgeschäden zu machen. Soweit sie zusätzlich auf deliktischer Basis liquidiert werden können, sind die §§ 195, 199 ohnehin anwendbar. Dann kann es aber nicht als eine unangemessene Benachteiligung von Verkäufer oder Unternehmer angesehen werden, wenn sich die Gegenseite derlei in ihren AGB auch für bloße fahrlässig verursachte Vermögensschäden ausbedingt. Jedenfalls gegenüber den Personen des § 14 kann das keine unangemessene Benachteiligung sein.

Durch Individualvereinbarung ist ein Umschwenken auf die §§ 195, 199 stets möglich.

d) Bloße Fristverlängerungen

27 Durch *Individualvereinbarung* können Verjährungsfristen im Rahmen des § 202 Abs 2 verlängert werden. Freilich sollte von den erweiterten Gestaltungsmöglichkeiten nicht unbedacht Gebrauch gemacht werden. Je weiter der Umfang ist, in dem man dies tut, desto mehr geraten heutige Dispositionen zu einer kaum mehr vor sich selbst oder seinen Rechtsnachfolgern zu verantwortenden Spekulation; bei einer Ausschöpfung ist stets an eine Verwirkung zu denken.

In seinen AGB hat der Gläubiger die *Leitbildfunktion* der gesetzlichen Fristen zu achten und darf nur mit besonderer Rechtfertigung nachhaltig von ihnen abweichen (vgl BGHZ 110, 88, 92 zu einer Verlängerung der sechsmonatigen Frist des § 477 aF auf drei Jahre: unwirksam). Berechtigt ist zwar das Bedürfnis des Bestellers nach einer zehnjährigen Gewährleistung bei Flachdächern, ist bei ihnen doch gerade die Haltbarkeit von besonderem Interesse. Gleichwohl ist der Entscheidung BGH NJW 1986, 1609 nach heutigem Recht nicht mehr zu folgen. Denn soweit ein Mangel ohne weiteres erkennbar wird, müsste der Besteller aktiv werden. Heute wäre hier und in vergleichbaren Fällen die *Regelverjährung angemessen*. Unter den Voraussetzungen des § 199 Abs 1 Nr 2 muss der Gläubiger die Verjährung auch gegen sich laufen lassen, will er den Schuldner nicht unangemessen benachteiligen.

e) Höchstfristen

28 § 199 markiert in seinen Abs 2–4 Höchstfristen, die in AGB nicht überschritten werden können, sondern der individuellen Vereinbarung bedürfen.

5. Beschränkungen der Befugnisse des Schuldners

29 Auch individualvertraglich können die Befugnisse des Schuldners nicht eingeschränkt werden, die sich aus dem Eintritt der Verjährung ergeben. Unwirksam wäre die Verabredung einer Vertragsstrafe für den Fall der Erhebung der Einrede, die Erweiterung der eigenen Rechte nach § 215, der Vorbehalt einer eigenständigen Verjährung von Nebenleistungen trotz § 217.

Titel 2
Hemmung, Ablaufhemmung und Neubeginn der Verjährung

Vorbemerkungen zu §§ 203–213

Schrifttum

DERLEDER/KÄHLER, Die Kombination von Hemmung und Neubeginn der Verjährung, NJW 2014, 1617

SCHMOLKE, Bürgschaft und Verjährung. Zur Reichweite der Durchsetzungsakzessorietät im Bürgschaftsrecht, WM 2013, 148.

I. Hemmung, Ablaufhemmung

Zu den Begriffen der Hemmung und der Ablaufhemmung vgl § 209 m Erl. Bei beiden wird der betroffene Zeitraum aus der laufenden Verjährungsfrist herausgerechnet bzw „hinten angehängt", bei der Hemmung insgesamt, bei der Ablaufhemmung wird das Fristende um den betroffenen Zeitraum hinausgeschoben. **1**

II. Neubeginn der Verjährung

1. Begriff

Der Neubeginn der Verjährung ist an die Stelle der *Unterbrechung* der Verjährung des bisherigen Rechts getreten. Das geltende Recht erläutert ihn nicht, dies im Gegensatz zur Begriffsbestimmung der Unterbrechung in § 217 aF (dazu STAUDINGER/PETERS [2001] § 217). Die Änderung des Ausdrucks soll nur deutlicher machen, worum es geht, eine *sachliche Änderung* aber *nicht bewirken*. **2**

Neubeginn der Verjährung bedeutet, dass der bisher verstrichene Teil der Verjährungsfrist unbeachtlich bleibt; sie steht von dem entsprechenden Ereignis an wieder uneingeschränkt zur Verfügung. Zum Neubeginn kann es also nicht kommen, wenn die Frist schon abgelaufen war. Freilich mag ein so spätes Bekenntnis des Schuldners zu dem Anspruch zwar nicht § 212 Abs 1 Nr 1 genügen, aber doch ein Verzicht des Schuldners auf die Einrede der Verjährung sein (dazu § 214 Rn 30 ff), auch kann die Verjährung einverständlich wieder nach § 202 Abs 2 in Lauf gesetzt werden.

Die im Falle des Neubeginns der Verjährung einschlägige Frist ist wieder die bisherige, zB die des § 195, des § 196. Im Falle des § 195 beginnt sie aber sofort nach § 187 Abs 2 S 1, gegenüber § 199 Abs 1 nicht erst am nächsten Jahresende.

Einen Fall des Neubeginns der Verjährung enthält auch die Titulierung einer Forderung nach § 197 Abs 1 Nrn 3–5 (falls die Forderung vorab schon bestand), freilich gelten jetzt die Fristen des § 197, nicht mehr die bisherigen.

III. Fälle von Neubeginn, Hemmung und Ablaufhemmung

1. Neubeginn

3 Innerhalb der §§ 203 ff sind die Gewichte verschoben worden: Hier finden sich in § 212 Abs 1 nur noch die beiden Fälle des Anerkenntnisses und der Vollstreckungsmaßnahmen. Die sonstigen Unterbrechungsgründe der §§ 209 ff aF sind zwar beibehalten – und sogar ergänzt – worden, aber in § 204 nF zu Fällen der Hemmung umgewandelt worden, wobei der Unterschied freilich mehr dogmatischer Natur ist und weniger das praktische Ergebnis betrifft. Hier geht es um Maßnahmen des Gläubigers zur Rechtsverfolgung. Sind sie erfolgreich, verschaffen sie ihm die Fristen des § 197 Abs 1 Nrn 3–5. Kommt es dazu nicht, gewährten ihm auch die §§ 212 ff aF letztlich nur einen – einer Hemmung vergleichbaren – zeitlichen Aufschub.

§ 212 nennt aber nicht die einzigen Fälle eines Neubeginns der Verjährung. Außerhalb des BGB ist zu verweisen auf die Regelungen der §§ 5 Abs 3 S 2, 217 Abs 3 S 2 KostO = 7 Abs 3 S 2 FamGKG. Auf vertraglicher Basis beruht der Neubeginn der Verjährung des § 13 Abs 5 Nr 1 S 2 VOB/B.

2. Hemmung, Ablaufhemmung

4 Umfangreicher ist der Katalog der Hemmungstatbestände außerhalb der §§ 203 ff: Zu nennen sind etwa die Bestimmungen der §§ 497 Abs 3 S 3, 771 S 2, 802 S 3 BGB, 439 Abs 3 HGB, 5 Abs 2 S 3 GKG, 17 Abs 2, S 3 KostO = § 7 Abs 2 S 3 FamGKG, § 4 Abs 3 S 2 JVEG, § 8 Abs 2 RVG, §§ 15, 115 Abs 2 S 3 VVG, § 32 Abs 2 CMR, §§ 39 Abs 2, 47 LuftVG, § 230 AO, § 20 Abs 2 VwKostG, § 34 Abs 2 EGGVG.

Einen Fall der Ablaufhemmung kennt zB § 479 Abs 2.

IV. Persönlicher Anwendungsbereich der Regelungen

5 1. Bei der *Schuldübernahme* wirken der Neubeginn oder die Hemmung der Verjährung gegenüber der bisherigen Schuldner auch gegenüber dem neuen Schuldner (RGZ 143, 154). Entsprechendes gilt bei Rechtsnachfolge auf der Gläubigerseite. Bei einer *Mehrheit von Schuldnern* ergibt sich aus § 425 Abs 2 bloße Einzelwirkung. Das gilt auch im Falle des *Schuldbeitritts* (BGH NJW 1977, 1879; 1984, 794), sofern die relevanten Ereignisse nicht schon vor dem Beitritt lagen. Das Anerkenntnis eines Gesamtschuldners gilt nur für ihn, es sei denn, er hat auch im Namen und mit Vertretungsmacht für die anderen anerkannt; ob er von seiner Vertretungsmacht Gebrauch machen wollte, ist eine Frage der Auslegung. Das Vorgehen gegen eine *oHG* wirkt wegen § 129 Abs 1 HGB auch gegen den persönlich haftenden Gesellschafter (BGHZ 73, 217, 223). Hat der Gläubiger den Gesellschafter rechtzeitig in Anspruch genommen, kann dieser sich nicht darauf berufen, dass inzwischen gegenüber der Gesellschaft Verjährung eingetreten sei (BGHZ 104, 76). Wenn und soweit man die Haftungsverfassung der *BGB-Gesellschaft* nach dem Vorbild jener der oHG behandelt, muss Entsprechendes auch bei ihr gelten.

Die rechtzeitige Klage gegen den Hauptschuldner nimmt dem *Bürgen* die Möglichkeit der Berufung auf § 768. Der Bürge muss nach § 768 auch Verhandlungen des

Hauptschuldners, § 203, hinnehmen (BGH NJW-RR 2010, 475 Rn 15 ff). Es bleibt die Möglichkeit der Verjährung der eigenen Bürgenschuld. Ist der Bürge rechtzeitig in Anspruch genommen worden, bleibt ihm die Berufung auf die – auch nachträglich – eingetretene Verjährung der Hauptschuld. Dies freilich nur, wenn ihm die Einrede der Vorausklage zur Verfügung stand (aA BGHZ 76, 222; BGH NJW 1998, 2972; 2003, 1250). Sonst würden die §§ 768, 214 die gerade erlassene Inanspruchnahme der Hauptschuld im Ergebnis doch erzwingen. Es muss nur der Bürge belangt werden, bevor die Hauptschuld verjährt ist. Das gilt auch dann, wenn der Hauptschuldner als Rechtsperson untergegangen ist (BGH NJW 2012, 1645 Rn 12 f). Für den nach § 128 HGB in Anspruch genommenen Gesellschafter besteht die Möglichkeit der Verteidigung mit der Verjährung der Hauptschuld nicht (BGHZ 104, 76, 79 ff; BGH NJW 1998, 2972). – Bei dem Direktanspruch gegen den Versicherer des § 115 VVG ist § 115 Abs 2 VVG zu beachten (dazu BGHZ 83, 162).

2. Bei einer Mehrheit von Gläubigern beschränkt sich die Wirkung der Hemmung oder des Neubeginns ebenfalls grundsätzlich auf den, der vorgeht, §§ 429 Abs 3 S 1, 425 Abs 2. Das gilt auch dann, wenn die geschuldete Leistung unteilbar ist, vgl § 432 Abs 2. Allerdings kommt die Verjährungshemmung durch einen Miterben wegen § 2039 S 2 allen zugute. Erkennt der Schuldner gegenüber einem der Gläubiger an, so bedarf es der Auslegung, ob der Neubeginn der Verjährung nach § 212 Abs 1 Nr 1 nur ihm oder allen gegenüber erfolgen soll. Grundsätzlich ist von letzterem auszugehen, sofern nicht konkrete Anhaltspunkte für ein persönlich eingeschränktes Anerkenntnis vorhanden sind. 6

V. Wahrung von Ausschlussfristen

1. Anerkenntnis

a) Die Frage, ob ein Anerkenntnis des Verpflichteten, § 212 Abs 1 Nr 1, eine Ausschlussfrist erneuern kann, hat BGH NJW 1990, 3207, 3208 f für die frühere des § 612 HGB aF verneint. Dem ist grundsätzlich zuzustimmen (Vorbem 16 zu §§ 194–203). 7

Freilich bleibt der *Grundgedanke des § 212 Abs 1 Nr 1* zu beachten, dass der Verpflichtete hier durch sein Verhalten den Berechtigten davon abhält, seinerseits rechtzeitig Maßnahmen zur Wahrung der Frist zu ergreifen. Das bedeutet bei Ausschlussfristen, die die Durchsetzung von Ansprüchen betreffen, dass die Berufung auf den Ablauf der Ausschlussfrist nach einem Anerkenntnis des Verpflichteten treuwidrig sein kann. Die unterschiedliche Wirkungsweise der Ausschlussfrist gegenüber der Verjährung (Berücksichtigung von Amts wegen statt nur auf Einrede) wird dadurch nicht in Frage gestellt, weil auch schon ein treuwidriges Verhalten von Amts wegen zu berücksichtigen ist. Die Wirkungen des treuwidrigen Verhaltens sind wie bei der treuwidrigen Erhebung der Einrede der Verjährung zu beurteilen (vgl dazu § 214 Rn 18 ff).

Soweit Ausschlussfristen die Ausübung von Gestaltungsrechten betreffen, muss ein Anerkenntnis des Gegners unbeachtlich bleiben.

b) Wenn vertraglich (tarifvertraglich) vorgesehen ist, dass Ansprüche innerhalb bestimmter Frist (schriftlich) anzumelden sind, soll dies im Zweifel nur dem Verpflichteten Vertrauen verschaffen, dass er nach Fristablauf nicht mehr in Anspruch genommen werden wird. Dieses Vertrauen kann nicht entstehen, wenn er seinerseits den Anspruch rechtzeitig anerkannt hat (BAG NJW 1980, 359). Folgerichtig wahrt hier das Anerkenntnis die laufende Ausschlussfrist; der Anspruch unterliegt nur noch der für ihn geltenden Verjährung (BAG aaO).

2. Klage

8 a) Soweit eine Klage zur Wahrung einer Ausschlussfrist notwendig ist, ergibt sich die Frage, welche Anforderungen an sie zu stellen sind. Das ist zwar im Einzelfall nach dem jeweiligen Zweck der Ausschlussfrist und des Klagepostulats zu beurteilen (vgl RGZ 102, 339, 341, 381), doch wird man sich im Zweifel an jenen Anforderungen orientieren können, die an die Klage als Mittel der Verjährungshemmung gestellt werden (vgl dazu § 204 Rn 31).

b) Soweit eine Klage zur Wahrung der Ausschlussfrist erforderlich ist, wird man grundsätzlich alle in § 204 Abs 1 Nr 1 genannten Klagearten ausreichen lassen müssen (**aA** STAUDINGER/BUND [2007] § 864 Rn 4 zur Feststellungsklage im Rahmen des § 864; wie hier MünchKomm/JOOST § 864 Rn 3), aber doch auch die der Klage in § 204 Abs 1 gleichgestellten Maßnahmen sowie den Antrag auf Bestimmung des zuständigen Gerichts nach § 36 ZPO, § 204 Abs 1 Nr 13, vgl auch zur Anwendung des § 210 aF (§ 204 Abs 1 Nr 13) auf die Ausschlussfrist des § 215 Abs 2 aF BGHZ 53, 270, zur Wahrung einer vertraglichen Ausschlussfrist durch Aufrechnung im Prozess BGHZ 83, 260, 270. Es muss die Auslegung der gesetzlichen Bestimmungen, erst recht die Auslegung einer vertraglichen Vereinbarung einer Ausschlussfrist schon deutlich ergeben, dass gerade nur eine bestimmte Maßnahme zur Fristwahrung genügen soll. Unter allen Umständen reicht insoweit die Klage gegenüber der vertraglich vorgesehenen schriftlichen Anmeldung.

3. Wirkung der Fristwahrung

9 Das Gesetz ordnet in einigen Sonderfällen an, dass Regelungen über die Hemmung der Verjährung entsprechende Anwendung auf Ausschlussfristen finden; meist sind dies die Bestimmungen der §§ 206, 210, 211, vgl etwa § 124 Abs 2 S 2. Daraus ist der Schluss zu ziehen, dass grundsätzlich in anderen Fällen und in weiterem Umfang die *Hemmung* – als Fristverlängerung – gegenüber Ausschlussfristen *nicht in Betracht* kommt; regelmäßig werden sie eben nur *gewahrt, nicht gehemmt.* Wird zB eine Klage wegen Besitzstörung innerhalb der Frist des § 864 Abs 1 angestrengt, dann aber wieder zurückgenommen, müsste auch eine neue Klage die von der Besitzstörung an laufende Frist einhalten; dies gegenüber § 204 Abs 2 S 1.

§ 167 ZPO betrifft durch Klage zu wahrende Ausschlussfristen unmittelbar.

§ 203
Hemmung der Verjährung bei Verhandlungen

Schweben zwischen dem Schuldner und dem Gläubiger Verhandlungen über den Anspruch oder die den Anspruch begründenden Umstände, so ist die Verjährung gehemmt, bis der eine oder der andere Teil die Fortsetzung der Verhandlungen verweigert. Die Verjährung tritt frühestens drei Monate nach dem Ende der Hemmung ein.

Materialien: Art 1 G zur Modernisierung des Schuldrechts v 26. 11. 2001 (BGBl I 3138). Abs 1 Nr 1: BGB aF: – (vgl aber §§ 639 Abs 2, 651g Abs 2 S 2, 852 Abs 2 aF). Peters/Zimmermann § 200, Gutachten 250, 308, 320; Schuldrechtskommission § 216, Abschlussbericht 91; RegE § 203, BT-Drucks 14/6040, 111; BT-Drucks 14/7052, 7, 180.

Schrifttum

Arnold, Verjährung und Nacherfüllung, in: FS Eggert (2008) 41
Bydlinski, Vergleichsverhandlungen und Verjährung; Anlageschäden und überholende Kausalität, JBL 1967, 130
Dingler, Hemmt die Verhandlung gemäß § 203 Satz 1 BGB die Verjährung der Hauptschuld auch gegenüber dem Bürgen?, BauR 2008, 1379
Eidenmüller, Die Auswirkungen der Einleitung eines ADR-Verfahrens auf die Verjährung, SchiedsVZ 2003, 163
Fischinger, Zur Hemmung der Verjährung durch Verhandlungen nach § 203 BGB, VersR 2005, 1642
Fuder, Verlängerung und Hemmung der kurzen Verjährungsfrist nach der Schuldrechtsmodernisierung, NZM 2004, 851
Gramer/Thalhofer, Hemmung oder Neubeginn der Verjährung bei Nachlieferung durch den Verkäufer, ZGS 2006, 250
Jänig, Das Einschlafen von Verhandlungen im Regelungszusammenhang des § 203 BGB, ZGS 2009, 350
Lakkis, Die Verjährungsvereinbarung nach neuem Recht, AcP 203 (2003) 763
dies, Der Verjährungsverzicht heute, ZGS 2003, 423
Mankowski/Höpker, Die Hemmung der Verjährung bei Verhandlungen gemäß § 203 BGB, MDR 2004, 721
Nettesheim, Unterbrechung der Gewährleistungsfrist durch Nachbesserungsarbeiten, BB 1972, 1022
Oppenborn, Verhandlungen und Verjährung (2008)
Peters, Vergleichsverhandlungen und Verjährung, NJW 1982, 1857
ders, Zur Verjährung wiederaufgelebter Gewährleistungsansprüche, NJW 1983, 562
Püschel, Die Auswirkungen schuldnerischen Verhaltens und der Einfluss von Verhandlungen auf die Verjährung (Diss Hamburg 1982)
Reinking, Die Geltendmachung von Sachmängelrechten und ihre Auswirkung auf die Verjährung, ZGS 2002, 140
Ries/Strauch, Verhandlungen – nur innerhalb des Rahmens von § 203 BGB oder auch über dessen Geltung?, BauR 2014, 450
Schmolke, Bürgschaft und Verjährung – Zur Reichweite der Durchsetzungsakzessorietät im Bürgschaftsrecht, WM 2013, 148
Schneider, Verjährungshemmende Verhandlungen, MDR 2000, 1114
Siegburg, Verjährung im Baurecht (1993)
Usinger, Die Hemmung der Verjährung durch Prüfung oder Beseitigung des Mangels, NJW 1982, 1021
Wagner, Alternative Streitbeilegung und Verjährung, NJW 2001, 182
Weyer, § 639 II BGB aF durch § 203 BGB nF ersetzt, nicht ersatzlos weggefallen, NZBau 2002, 366.

Systematische Übersicht

I. Allgemeines
1. Rechtfertigung der Bestimmung — 1
2. Hemmung und Neubeginn der Verjährung — 2
3. Mehrere gleichzeitige Hemmungstatbestände; Hemmung und Neubeginn — 3
4. Früheres Recht — 4

II. Anwendungsbereich
1. Erfasste Ansprüche — 5
2. Mehrheit von Beteiligten — 6

III. Verhandlungen
1. Begriff — 7
2. Beginn und Ende von Verhandlungen — 9
3. Gegenstand der Verhandlungen — 14
4. Beispiele für Verhandlungen — 16

IV. Nachfrist — 17

V. Unabdingbarkeit — 18

VI. Beweislast — 19

VII. Verwandte Bestimmungen — 20

VIII. Ausschlussfristen — 21

IX. Öffentliches Recht — 22

Alphabetische Übersicht

Abdingbarkeit — 18
Ablaufhemmung — 17
Abtretung von Ansprüchen — 16
AGB — 18
Alternativen, Angebot von — 16
Anerkenntnis — 2, 14
Anmeldung des Anspruchs — 20
Anspruch — 15
– erfasster — 5
Auskunft — 16
Ausschlussfrist — 21

Behelf, Angebot eines — 16
Beweislast — 19
Bürgschaft — 6

Einlassung des Gegners — 9
Entgegenkommen — 8

Frachtrecht — 20
Freiwilligkeit — 8
Früheres Recht — 4

Geschäftsfähigkeit, beschränkte — 8
Gesprächsbereitschaft — 7

Hemmung
– und Neubeginn — 2
– durch Vorgehen des Gläubigers — 3
Hemmungstatbestände, mehrere — 3

Individualabreden — 17

Kompensation — 15
Kompromisslosigkeit — 15
Kulanz — 16

Lebenssachverhalt — 14

Mahnung — 7
Mangelerscheinung — 14
Mehrheit von Beteiligten — 6
Meinungsaustausch — 1, 7 ff
Minderung — 15
Musterprozess — 13

Nachfrist — 17
Neubeginn der Verjährung — 2

Öffentliches Recht — 22

Rücktritt — 15

Strafverfahren — 13

Verhandlungen		– erfolgreiche	13
– Anfechtung von	10	– als Gläubiger	10
– Beginn	9	– mehrfache	12
– Dauer	11	– als Schuldner	10
– Einschlafen von	13	Verhandlungsvollmacht	9
– Ende	11	Versicherer	9
		Vertreter	9

I. Allgemeines

1. Rechtfertigung der Bestimmung

§ 203 hält den Lauf der Verjährung an, solange zwischen Gläubiger und Schuldner Verhandlungen über den Anspruch schweben. Bei laufenden Verhandlungen hat *der Gläubiger keinen Anlass,* zur Wahrung der Verjährung eine der Maßnahmen des § 204 Abs 1 zu ergreifen. Ohne die Bestimmung würde der *Schuldner widersprüchlich handeln,* wenn er einerseits zum Gespräch bereit ist, sich dann aber doch rein formal mit dem Eintritt der Verjährung verteidigt. Wenn § 203 es erlaubt, Maßnahmen nach § 204 Abs 1 zurückzustellen, fördert die Bestimmung damit die gütliche Beilegung, die durch jene Maßnahmen empfindlich gestört werden könnte (vgl BGH ZIP 2009, 1608 Rn 22). Dabei liegt die gütliche Einigung durchaus auch im öffentlichen Interesse. Nach früherem Recht wurde im Rahmen von Verhandlungen oft einstweilen auf die Einrede der Verjährung verzichtet, was das praktische Bedürfnis nach der Gesetz gewordenen Regelung belegt und solche Verzichtserklärungen (dazu § 214 Rn 20) – jedenfalls teilweise – entbehrlich macht. Gleichzeitig verringert sich das Bedürfnis, die Berufung auf die Einrede der Verjährung für missbräuchlich zu halten (dazu § 214 Rn 19 ff). Dem Schuldner geschieht durch die – uU langfristige – Hemmung kein Unrecht: Er mag Verhandlungen ablehnen oder ihre Fortsetzung verweigern. Dabei dürfte aber eine kontraproduktive Wirkung der Bestimmung in der Weise nicht zu befürchten sein, dass der Schuldner ihretwegen Verhandlungen von vornherein ablehnt. **1**

Der Hemmungstatbestand des § 203 ist ein eigentümlicher Mischtatbestand. Einerseits ist die Behinderung des Gläubigers an der Rechtsverfolgung geringer als in den „klassischen" Hemmungstatbeständen der heutigen §§ 205 ff, andererseits liegt eben auch schon eine den Schuldner warnende Rechtsverfolgung vor, die insoweit an § 204 gemahnt.

Bei alledem ist die Förderung der gütlichen Einigung freilich nur Anlass für die Bestimmung des § 203. Dass eine gütliche Einigung möglich ist, Chancen hat, gehört nicht zu ihren Tatbestandsmerkmalen. Ohnehin kommt die Bestimmung nur in den Fällen der Erfolglosigkeit zum Tragen, und es wäre auch nicht möglich, ein bestimmtes Mindestmaß an Erfolgsaussichten festzulegen und dann gar noch im Einzelfall zu überprüfen. Insofern reicht letztlich für Verhandlungen der *bloße Meinungsaustausch* der Parteien über die Forderung aus (u Rn 7 ff).

2. Hemmung und Neubeginn der Verjährung

§ 203 sieht eine bloße Hemmung der Verjährung um den Zeitraum der Verhand- **2** lungen vor, ggf ergänzt um die Nachfrist nach § 203 S 2. Die Bereitschaft des Schuldners, sich auf die Forderung des Gläubigers einzulassen, kann aber gleichzeitig ein **Anerkenntnis** dieser Forderung iSd § 212 Abs 1 Nr 1 sein. Ob die Voraussetzungen eines derartigen Anerkenntnisses vorliegen (§ 212 Rn 22 ff), ist durch Auslegung zu ermitteln. Es ist anzunehmen, wenn die Verhandlungen auf der Basis geführt werden, dass der Anspruch als solcher – ganz oder teilweise – unstreitig ist. Namentlich im Gewährleistungsrecht ist ein solches Zusammentreffen von Anerkenntnis und Verhandlungen häufig, wenn etwa der Werkunternehmer den Mangel seiner Leistung einräumt und zu seiner Beseitigung ansetzt (vgl BGH NJW 1988, 254 zum Verhältnis der §§ 639 Abs 2, 208 aF zueinander).

Die Hemmung der Verjährung durch Verhandlungen und ihr Neubeginn durch Anerkenntnis schließen sich nicht aus, vielmehr sind sie zu „*addieren*": Die durch das Anerkenntnis erneut beginnende Verjährungsfrist rechnet erst ab Abschluss der durch die Verhandlungen bewirkten Hemmung; die Nachfrist des § 203 S 2 kann dabei nicht zum Tragen kommen.

3. Mehrere gleichzeitige Hemmungstatbestände; Hemmung und Neubeginn

3 a) Eine Hemmung der Verjährung nach § 203 kann vielfältig mit den Hemmungstatbeständen des § 204 Abs 1 zusammentreffen. Es erhebt zB der Gläubiger während laufender Verhandlungen Klage oder beantragt einen Mahnbescheid, ohne dass die Verhandlungen darüber zum Abschluss kämen. Gut denkbar ist die Koinzidenz bei der Streitverkündung, § 204 Abs 1 Nr 6: Der Beklagte eines schwebenden Prozesses verhandelt mit seinem Regressschuldner und verkündet ihm vorsorglich den Streit; gemeinsam ist man um die Abwehr der Ansprüche des Dritten bemüht. Überhaupt zwingend ist die Erfüllung beider Tatbestände der §§ 203 und 204 in den Fällen der einverständlichen Anrufung einer Gütestelle, § 204 Abs 1 Nr 4, oder bei einem vereinbarten Begutachtungsverfahren, § 204 Abs 1 Nr 8.

In diesen Fällen *laufen die Zeiträume der Hemmung nebeneinander her,* sind also nicht zu addieren. Praktisch bedeutet das, dass sich die Hemmung nach § 204 Abs 1 „durchsetzt", weil die Nachfrist des § 204 Abs 2 S 1 länger ist als die des § 203 S 2. – Eine Addition ist natürlich vorzunehmen im Hinblick auf jene Zeiträume, in denen sich die Hemmungstatbestände nicht überschnitten haben; es wurden zB zunächst nur Verhandlungen geführt, und dann kam es zur Hemmung nach § 204 Abs 1. Dieselbe Konstellation ergibt sich, wenn die Hemmung nach § 204 Abs 1 durch Stillstand des Verfahrens geendet hat, § 204 Abs 2 S 2, die Parteien aber außerprozessual (weiter) verhandeln.

b) Kommt es während einer laufenden Hemmung zu einem Neubeginn der Verjährung, ist dieser auf das Ende der Hemmung zu datieren. Hier kommt es also zu einer Addition.

4. Früheres Recht

4 § 203 knüpft an an die Bestimmungen des § 852 Abs 2 aF, des § 639 Abs 2 aF (BGH NJW 2007, 587 Rn 11 ff), wie er im Kaufrecht entsprechend angewendet wurde, sowie des § 651g Abs 2 S 3 aF und erweitert den Anwendungsbereich. Sachliche Veränderungen haben sich dabei nur im Verhältnis zu § 651g Abs 2 S 3 aF ergeben, sodass jedenfalls auf die Erkenntnisse zu den §§ 852 Abs 2 aF, 639 Abs 2 aF uneingeschränkt zurückgegriffen werden kann (MünchKomm/Grothe Rn 4).

II. Anwendungsbereich

1. Erfasste Ansprüche

§ 203 erfasst Ansprüche aller Art. Unerheblich ist es also zunächst, ob sie der Regelverjährung unterliegen, § 195, oder besonderen Verjährungsfristen, zB der §§ 196, 197. Die Bestimmung ist namentlich im Gewährleistungsrecht anwendbar, also im Bereich der §§ 438, 634a, und erlangt besondere praktische Bedeutung dort, wo die Verjährungsfristen knapp bemessen sind, so etwa nach § 548 und seinen Parallelvorschriften, nach § 11 UWG, vgl aber auch u Rn 20 zu den Ansprüchen, die den §§ 439 HGB, 32 CMR unterliegen. 5

Insofern kommt es namentlich nicht auf den Inhalt der Ansprüche an; sie mögen primär auf *Schadensersatz* gerichtet sein wie nach den §§ 823 ff oder sekundär wie nach den §§ 280 ff oder im *Gewährleistungsrecht*. Erfasst werden auch primäre *Erfüllungsansprüche*. § 203 wirkt sich auch aus, wenn es um die Rechtzeitigkeit von *Rücktritt* oder *Minderung* geht, vgl die §§ 218, 438 Abs 5, 634a Abs 5.

2. Mehrheit von Beteiligten

Bei einer Mehrheit von Schuldnern tritt die Hemmung durch Verhandlungen nur für jenen ein, der sie führt, § 425 Abs 2; Entsprechendes gilt bei einer Mehrheit von Gläubigern, §§ 429 Abs 3 S 1, 432 Abs 2. 6

Wegen § 129 Abs 1 HGB muss der Gesellschafter einer OHG deren Verhandlungen gegen sich gelten lassen (vgl BGHZ 73, 217, 222 f), entsprechend der Gesellschafter einer BGB-Gesellschaft, soweit man dort das Haftungsregime der §§ 128 ff HGB entsprechend anwendet.

§ 768 führt dazu, dass der Bürge Verhandlungen des Hauptschuldners über die Hauptschuld gegen sich gelten lassen muss (BGHZ 182, 76 = ZIP 2009, 1608 Rn 22); seine eigene Bürgenschuld und deren Verjährung berühren diese Verhandlungen nicht (vgl BGH ZIP 2007, 1379 Rn 18).

III. Verhandlungen

1. Begriff

Verhandlungen führen die Parteien – Gläubiger und Schuldner –, wenn es unter ihnen zu einem **Meinungsaustausch** kommt, auf Grund dessen der Gläubiger davon ausgehen darf, dass sein Begehren von der Gegenseite **noch nicht endgültig abgelehnt wird** (BGHZ 93, 64, 66 f; BGH NJW 1990, 245, 247; NJW 2007, 587 Rn 10; Soergel/Niederführ § 203 Rn 4; MünchKomm/Grothe Rn 5; Palandt/Ellenberger Rn 2). 7

a) Dass ein Meinungsaustausch erforderlich ist, bedeutet, dass auf beiden Seiten

Gesprächsbereitschaft bekundet werden muss, mag es – in geheimem Vorbehalt – an ihr auch tatsächlich fehlen: Der Gläubiger bietet keine Verhandlungen an, der nur kategorisch das ihm Zustehende einfordert, zB durch eine Mahnung. Ebenso kann ein klares Nein des Schuldners Verhandlungen nicht einleiten (sondern nur beenden).

Die einen Meinungsaustausch ausschließende Kompromisslosigkeit der einen oder anderen Seite hat zwei Bezugspunkte: Den Anspruch und das Gespräch über ihn. Jener Gläubiger, der kategorisch fordert, aber gleichzeitig erklärt, auf Wunsch werde er seinen Anspruch noch erläutern oder belegen oder die Zahlungsmodalitäten könnten noch geklärt werden, lehnt den Meinungsaustausch über den Anspruch noch nicht ab. Gleiches gilt für den Schuldner, der den Anspruch zwar ablehnt, aber ein Gespräch darüber anbietet, warum er ihn ablehnt (BGH NJW 1997, 3447), bzw eine Erläuterung des Anspruchs noch entgegennehmen will (BGH NJW-RR 2001, 1168, 1169).

8 b) Das Gesagte belegt zugleich, dass eine Bereitschaft zu einem besonderen Entgegenkommen nicht notwendig ist, solange eben nur das Gespräch andauert (BGH NJW-RR 1988, 730; 1991, 796; 2001, 1168, 1169; NJW 2001, 1723; ZIP 2009, 1608 Rn 16; MünchKomm/Grothe Rn 4). Natürlich belegt aber signalisiertes Entgegenkommen Verhandlungsbereitschaft. Auf ein Gespräch lässt sich auch der Schuldner ein, der den Anspruch ablehnt, aber *Kulanz* anbietet oder gar praktiziert (BGH BauR 1977, 348).

c) Während ein Anerkenntnis des Schuldners nur von Bedeutung ist, wenn es freiwillig abgegeben wurde (§ 212 Rn 18), ist es bei § 203 *ohne Belang,* ob sich der Schuldner *freiwillig* auf den Meinungsaustausch eingelassen hat: Der Werkunternehmer setzt etwa zur Nachbesserung an, weil sein Werklohnanspruch Zug um Zug gegen Nachbesserung tituliert ist (BGH NJW 1990, 1472), der Straftäter will nur einer Bewährungsauflage nachkommen.

d) Verhandlungen setzen aber Geschäftsfähigkeit auf beiden Seiten voraus. Freilich sind sie für den Gläubiger nur vorteilhaft, sodass insoweit der beschränkt Geschäftsfähige (§§ 108, 1903) mit den Folgen des § 203 verhandeln kann.

2. Beginn und Ende von Verhandlungen

9 a) Verhandlungen führen können im Ausgangspunkt nur Gläubiger und Schuldner selbst. Bei Schuldnermehrheit verhandelt jeder einzelne Schuldner grundsätzlich nur mit Wirkung für sich, § 425 Abs 2, sofern er nicht als Vertreter der anderen auftritt (OLG Koblenz ZIP 2007, 2021, 2022 zu Verhandlungen eines Ehegatten). Verhandlungen durch *Dritte* setzen voraus, dass diese Vollmacht für Gläubiger bzw Schuldner haben, und zwar eine *Verhandlungsvollmacht*. Diese kann ausdrücklich erteilt werden, vgl zum Haftpflichtversicherer des Schuldners § 5 Nr 7 AHB, wobei der Haftpflichtversicherer unbeschränkt „verhandlungsbefugt" ist, mag auch seine Einstandspflicht nach unten (Selbstbehalt) oder nach oben (Deckungssumme) beschränkt sein (BGH NJW 2007, 69), es sei denn, der Versicherer beschränkt seine Verhandlungen ausdrücklich. Eine Vertretungsmacht kann und wird sich ferner oft aus einer Duldungs- oder Anscheinsvollmacht ergeben. Es gilt auch § 1357.

Die Verhandlungen eines Vertreters ohne Vertretungsmacht können nicht rückwirkend genehmigt werden. Führt er sie auf Schuldnerseite, kann er nach § 179 für den Schaden verantwortlich sein, den der Gläubiger durch den Eintritt der Verjährung erleidet.

b) Notwendig ist weiterhin ein *Einverständnis* der Parteien; es genügt für Verhandlungen nicht, dass der Schuldner von sich aus in Ermittlungen über den an ihn herangetragenen Anspruch eintritt, ohne dies dem Gläubiger zur Kenntnis zu bringen; so mag zB der Werkunternehmer einseitig einem ihm angezeigten Mangel nachgehen.

In zeitlicher Hinsicht ergibt sich aus der Notwendigkeit eines Einverständnisses, dass nicht schon die Anfrage der einen oder anderen Seite genügt, sondern dass es auf die *Einlassung des Gegners* auf den Meinungsaustausch ankommt. Erfolgt diese freilich, ist der Beginn der Verhandlungen auf das Einleitungsschreiben *zurückzudatieren* (BGH ZIP 2014, 687 Rn 2). Dabei genügt aber keine bloße formularmäßige Eingangsbestätigung (PALANDT/ELLENBERGER Rn 2), wohl aber der Hinweis auf eine spätere Antwort.

Dabei kommt es darauf an, dass sich die andere Seite tatsächlich auf Verhandlungen einlässt. Es genügt nicht, dass sie dazu – etwa auf Grund einer Verhandlungs- oder Mediationspflicht – verpflichtet ist (aA NK-BGB/MANSEL/BUDZIKIEWICZ Rn 28; MünchKomm/GROTHE Rn 5; EIDENMÜLLER SchiedsVZ 2003, 163, 167). Leitet freilich der Gläubiger entsprechende Verhandlungen ein, macht sich der Schuldner schadensersatzpflichtig, wenn er sich nicht einlässt. Der Gläubiger muss nachweisen, dass der Eintritt der Verjährung verhindert worden wäre. Das ist zB der Fall, wenn die Nachfrist des § 203 S 2 genügt hätte.

c) IdR wird es der Gläubiger sein, der die Verhandlungen einleitet; es kann dies aber durchaus auch der Schuldner sein, sei es, dass er Erleichterungen gegenüber der als drückend empfundenen Verpflichtung sucht, sei es, dass er das Risiko von erhobenen Ansprüchen abschätzen will (vgl BGH NJW 2001, 1723).

d) Der Meinungsaustausch muss zwischen den *Parteien als Gläubiger und Schuldner* aufgenommen werden: Keine Hemmung der Haftung des Architekten, wenn er an einer Besichtigung teilnimmt, die Mängeln der Handwerksleistung gilt (BGH NJW 2002, 288), keine Hemmung der Haftung des Rechtsanwalts, wenn er wegen eines Schadens gegen einen Dritten vorgeht, den sein Mandant für den allein Verantwortlichen hält. Anders liegt dies, wenn Anwalt und Mandant gemeinsam von der möglichen Haftung des Anwalts ausgehen: Dann ist das Vorgehen gegen den Dritten ein Versuch der Schadensminderung, wie er dem weit zu fassenden Begriff der Verhandlungen genügt. **10**

e) In dem genannten Rahmen ist die beiderseitige Bekundung der Bereitschaft zum Meinungsaustausch notwendig und genügend (BGH NJW 2007, 587). Sie bedarf *keiner Form* und auch nicht der ausdrücklichen Erklärung, sondern kann konkludent aus dem Verhalten der Beteiligten abzuleiten sein. Entsprechende Fälle nannte die Vorgängerbestimmung des § 639 Abs 2 aF zu § 203: Prüfung oder Beseitigung des vom Besteller gerügten Mangels. Insoweit genügen also *jedwede Aktivitäten* des

Schuldners, ohne dass es darauf ankäme, dass die Erfüllung des Gläubigerinteresses überhaupt oder auf diese Weise möglich wäre.

Verhandlungen können nicht angefochten werden, etwa mit der Begründung, man habe an einen anderen Anspruch gedacht. Veranlasst der Gläubiger den Schuldner freilich mit den Mitteln des § 123 zur Aufnahme von Verhandlungen, erwächst diesem aber ein Schadensersatzanspruch dahin, dass sich der Gläubiger nicht auf die Hemmung berufen darf.

11 f) Beendet werden Verhandlungen durch ein doppeltes Nein des Schuldners (o Rn 7) zum Anspruch überhaupt und zu weiteren Gesprächen über diesen. Es muss klar und eindeutig sein (BGH NJW 1998, 2819, 2820). Hinhaltendes Verhandeln genügt keinesfalls (**aA** NK-BGB/Mansel/Budzikiewicz Rn 50). Es kann natürlich auch der Gläubiger die Verhandlungen abbrechen, indem er kompromisslos auf Erfüllung beharrt und das weitere Gespräch verweigert.

g) Dabei kann die Dauer von Verhandlungen äußerst unterschiedlich sein: Es können wenige Tage, ja Stunden oder gar nur Minuten sein. Letzteres ist zB der Fall, wenn sich der Schuldner die Forderung des Gläubigers kurz erläutern lässt und sie dann zurückweist; es muss nur über eine bloße Bezeichnung der Forderung hinauskommen. Solche *Kurzverhandlungen* sind von Bedeutung im zeitlichen Rahmen des § 203 S 2, dh der letzten drei Monate der Verjährungsfrist. Die Formulierung des Gesetzes, dass Verhandlungen (im Plural) „schweben", ist irreführend.

Es kann sich auch um *langfristige Zeiträume* handeln. Das ist der Fall, wenn man einverständlich die weitere Entwicklung abwarten will, den Ausgang eines gerichtlichen Verfahrens, einer sachverständigen Begutachtung.

Diese Beispiele machen zugleich deutlich, dass auch nicht ständig etwas zu geschehen braucht, um die Verhandlungen aufrecht zu erhalten.

12 h) Es kann über einen Anspruch *mehrfach* verhandelt werden. Dann stellt sich die Frage, wie die Zwischenräume zu bewerten sind. Auch sie sind als hemmend zu behandeln, wenn bei wertender Betrachtungsweise die späteren Verhandlungen letztlich nur die früheren fortführen. Das ist zB der Fall, wenn die früheren Verhandlungen eingeschlafen sind, aber nun – mit Verspätung – wieder aufgenommen werden. Auch mehrere Versuche eines Werkunternehmers, einen Mangel zu beheben, können sich als Einheit darstellen. Anders liegt es, wenn ein klares Nein des Schuldners vorliegt, er später aber doch wieder zur Gesprächsbereitschaft findet.

13 i) Auch ohne eine klare Äußerung der einen oder der anderen Seite können Verhandlungen zum Erliegen kommen, *einschlafen*. Die Rechtsprechung zu § 852 Abs 2 aF kann auf das neue Verjährungsrecht übertragen werden (BGH NJW 2009, 1806 Rn 11). In diesem Fall enden die Verhandlungen in jenem Zeitpunkt, in dem nach Treu und Glauben eine Äußerung der anderen Seite spätestens zu erwarten gewesen wäre (BGH NJW 1963, 492; VersR 1967, 502; NJW-RR 1990, 664, 665; NJW 2008, 576 Rn 24). Dabei ist es unerheblich, welche Seite sich nun verschweigt.

Haben sich die Parteien darauf geeinigt, die weitere Entwicklung abzuwarten, ist es grundsätzlich Sache des Schuldners, den weiteren Meinungsaustausch zu suchen, um ein Ende der Hemmung zu erreichen (BGH NJW 1986, 1337).

Haben die Parteien sich dahin verständigt, dass ein bestimmtes Ereignis abgewartet werden soll, zB der Ausgang eines Musterprozesses oder eines Strafverfahrens, muss der Gläubiger nach seinem Eintritt die Initiative ergreifen, will er die Hemmung fortdauern lassen. Hierzu ist ihm eine gewisse Überlegungsfrist nach Eintritt des Ereignisses einzuräumen, die man mit etwa vier Wochen ansetzen mag, sofern es nur auf den Eintritt des Ereignisses als solchen ankommt. Die Frist verlängert sich, wenn noch weitere Ermittlungen anzustellen sind, etwa die Begründung einer gerichtlichen Entscheidung auszuwerten ist.

k) Die Hemmung endet mit einer *positiven (oder negativen) Einigung* der Parteien.

3. Gegenstand der Verhandlungen

Verhandlungen iSd § 203 betreffen einen bestimmten Lebenssachverhalt, aus dem **14** die eine Seite Rechte gegenüber der anderen herleitet (vgl RegE BT-Drucks 14/6040, 112).

a) *Lebenssachverhalt* – „die den Anspruch begründenden Umstände" in der Formulierung des Gesetzes – in diesem Sinne ist die Gesamtheit der tatsächlichen Umstände, die einen Anspruch erzeugen. Das ist zB im Gewährleistungsrecht der einzelne Mangel (BGH BauR 1989, 603), im vertraglichen Bereich der Abschluss des Vertrages, der den Erfüllungsanspruch erzeugt, oder die Nichterfüllung eben dieses Vertrages, oder die einzelne mit den §§ 280 Abs 1, 241 Abs 2 zu erfassende Schädigung des Gläubigers, im deliktischen der einzelne ärztliche Behandlungsfehler, der Verkehrsunfall, die Schlägerei.

aa) Dabei brauchen die Parteien den Lebenssachverhalt nicht richtig erfasst zu haben. ZB kommt es bei Mängeln oft vor, dass nur ihr äußeres Erscheinungsbild wahrgenommen wird (das Nichtfunktionieren der Maschine, der nasse Fleck an der Wand), die Ursachen aber unklar bleiben oder gar falsch eingeschätzt werden: Die Verhandlungen beziehen sich dann auf den Mangel mit seiner wahren Ursache (BGH NJW 2008, 576 Rn 18). Auch ist es schadlos, wenn der Umfang der entstehenden Ansprüche verkannt wird: Die Körperverletzung führt noch zu unerwarteten weiteren Heilungskosten oder verursacht – ebenso unerwartet – darüber hinaus noch Verdienstausfall. Eine Hemmung tritt ein auch wegen dieser von den Verhandelnden nicht bedachten Folgen.

bb) Dabei wird der Lebenssachverhalt grundsätzlich *in seiner Gesamtheit* verhandelt, bei dem Verkehrsunfall also in Bezug auf Heilungskosten, Schmerzensgeld, Verdienstausfall, Sachschäden, Vermögensschäden. Beschränkungen des Verhandlungsgegenstandes sind möglich, müssen aber deutlich zum Ausdruck gebracht werden (BGH NJW 1998, 1142); es gelten strenge Maßstäbe, zB kann aber die eine oder die andere Seite bestimmte Ansprüche als nicht verhandelbar oder verfolgt darstellen.

Verhandeln die Parteien nur über die Höhe eines Anspruchs, wird idR in Bezug auf seinen unstreitigen Teil das Anerkenntnis des § 212 Abs 1 Nr 1 gegeben sein.

cc) Es wird aber auch nur dieser Lebenssachverhalt verhandelt, nicht auch ein weiterer, also zB ein anderer Mangel, eine andere Schädigung. Anders liegt es nur, wenn die Parteien bei komplexen Beziehungen eine Generalbereinigung anstreben.

15 b) Erfasst werden grundsätzlich jeweils *alle Rechte,* die der Gläubiger aus diesem Lebenssachverhalt herleiten kann. Dazu gehören außer den Ansprüchen, die sich für ihn ergeben können, wegen der §§ 218, 438 Abs 5, 634a Abs 5 auch die Gestaltungsrechte des Rücktritts und der Minderung. Dabei brauchen seine Rechte – oder eines von ihnen – auch nicht unmittelbar zum Verhandlungsgegenstand gemacht zu werden, sondern es reicht auch der Meinungsaustausch über eine *anderweitige Kompensation* (BGH NJW 1990, 245, 247; BGHZ 122, 317), eine Leistung an Erfüllungs statt. Bei Verhandlungen über vertragliche Ansprüche werden zugleich auch etwaige gesetzliche, zB aus den §§ 812 ff, 823 ff, Geschäftsführung ohne Auftrag, erfasst (Soergel/Niedenführ Rn 6).

Das Ergebnis ist allerdings nicht aus § 213 herzuleiten, sondern aus dem zu vermutenden Willen der Parteien, die den Gegenstand ihrer Verhandlungen festlegen und dann auch Bestimmtes als nicht verhandelbar benennen können. ZB mag sich der Verkäufer auf Gespräche über Nacherfüllung, Rücktritt, Minderung einlassen, aber Schadensersatz kategorisch ablehnen.

c) Missverständlich ist das „oder", mit dem das Gesetz den Anspruch und die ihn begründenden Umstände verknüpft: Ein Gedankenaustausch über den betreffenden Lebenssachverhalt als rein historisches Ereignis genügt nicht, sondern er muss gemeinsam als Quelle möglicher Ansprüche gesehen werden. Und umgekehrt ist der Anspruch des Gläubigers natürlich nicht sinnvoll zu erfassen ohne seine Quelle. Entgegen der Formulierung des § 203 muss es also heißen: „Verhandlungen über den Anspruch und die den Anspruch begründenden Umstände", wobei das Schwergewicht des Meinungsaustauschs hier oder dort liegen mag.

4. Beispiele für Verhandlungen

16 Der für § 203 notwendige Meinungsaustausch der Parteien kann durch *tatsächliche Verhaltensweisen* des Schuldners erfolgen, vgl das Beseitigen des Mangels des § 639 Abs 2 aF, Maßnahmen zur Erfüllung, Nacherfüllung oder Schadensbeseitigung von seiner Seite. Er kann sich auf *tatsächliche Fragen* beziehen, wenn man zB gemeinsam den Ausgang eines Strafverfahrens abwartet oder ein Gutachten einholt, eigene Ermittlungen anstellt oder solche des Gegners abwartet oder gar nur die bloße weitere Entwicklung, die Erteilung von Auskünften zum Anspruch oder ihr Angebot (BGH NJW-RR 2001, 1168, 1169). Gleichermaßen genügt ein *Meinungsaustausch zu Rechtsfragen* oder der Versuch, in dieser Hinsicht Klärung herbeizuführen (Abwarten eines Musterprozesses, Begutachtung). Unschädlich ist bloße Kulanz des Schuldners (aA Erman/Schmidt-Räntsch Rn 4). Es genügt auch eine nur wirtschaftlich geprägte Behandlung der Sache: Angebot eines Behelfs, *Suche nach Alternativen,* die dem Gläubiger mitgeteilte Weiterleitung der Sache an die eigene Versicherung.

Insoweit macht der BGH (NJW 2011, 1594 Rn 13) eine Einschränkung für den Fall, dass der Schuldner anmerkt, er selbst könne zum Anspruch nichts sagen. Diese Einschränkung ist aber verfehlt, wenn der tragende Grund des § 203 auch hier gegeben ist: Der Gläubiger kann sich immer noch der Hoffnung hingeben, dass Maßnahmen nach § 204 Abs 1 entbehrlich sein werden (vgl auch BGH NJW 2012, 2435 Rn 68).

Hierher gehört es auch, dass dem Gläubiger eigene Ansprüche gegen Dritte abgetreten werden, damit er dort seine Befriedigung suchen kann, zB im Gewährleistungsrecht. Die Hemmung endet dann, wenn sich das Vorgehen als erfolglos erweist oder vom Gläubiger aufgegeben wird.

Notwendig ist dabei nur immer das Einvernehmen: Der Besteller kann die Verjährung seiner Gewährleistungsrechte nicht dadurch hemmen, dass er nach § 634 Nr 2 zur eigenen Ersatzvornahme schreitet.

IV. Nachfrist

Hemmende Wirkung entfalten Verhandlungen der Parteien unabhängig davon, wie **17** sie im Ablauf der Verjährung liegen, also namentlich auch dann, wenn sie schon alsbald nach Beginn der Frist geführt werden. In der besonderen, freilich tatsächlich wohl häufigen Situation, dass sie an deren Ende liegen, stellt § 203 S 2 sie unter einen besonderen Schutz, indem die Bestimmung eine *Ablaufhemmung von drei Monaten* vorsieht. Die Parallelbestimmung des § 12 Abs 2 ProdHaftG kennt sie nicht; bei jenem Gesetz kann § 203 S 2 nicht angewendet werden (MünchKomm/Wagner § 12 ProdHaftG Rn 12).

Sind im Zeitpunkt des Endes der Verhandlungen noch vier Monate der einschlägigen Frist unverbraucht, wirkt sich das nicht aus, wohl aber, wenn zB nur noch ein Monat offen ist: Dann tritt die Verjährung zwei Monate später ein, als dies eigentlich der Fall wäre. Der Gläubiger soll eben bei einem abrupten, ihn gar überraschenden Ende der Verhandlungen noch genügend Zeit zur Neuorientierung – nach § 204 Abs 1 – haben.

V. Unabdingbarkeit

Die hemmende Wirkung von Verhandlungen ist unabdingbar (**aA** NK-BGB/Mansel/ **18** Budzikiewicz Rn 64 f für Individualvereinbarungen):

1. Das gilt zunächst für den Zeitpunkt der Begründung des Anspruchs. AGB des Schuldners, die die Wirkungen des § 203 ausschließen sollen, wären überraschend iSd § 305c Abs 1 und eine unangemessene Abweichung vom Leitbild des Gesetzes, § 307 Abs 2 Nr 1. Aber auch individualvertraglich kann der Schuldner nicht im voraus die Verbindlichkeit des eigenen Wortes beschränken. Wenn er sich später auf Verhandlungen einlässt, dann tut er das auch.

2. § 202 gilt aber auch dann nicht, wenn der Versuch unternommen wird, die Hemmungswirkung in dem Zeitpunkt auszuschließen, in dem die Verhandlungen aufgenommen werden. Der Schuldner, der verhandelt, verhält sich widersprüchlich, wenn er die Folgen des Verhandelns nicht in Kauf nehmen will.

3. Die Nachfrist des § 203 S 2 ist jedenfalls individualvertraglich modifizierbar. Entsprechende AGB sind mit § 307 Abs 2 Nr 1 unvereinbar. Es ist eine wohlerwogene Entscheidung des Gesetzgebers, dem Gläubiger eine Nachfrist zu gewähren, die einerseits auskömmlich, andererseits nicht übermäßig sein soll.

4. Zu Mediations- und Verhandlungsklauseln o Rn 9.

5. Schriftformklauseln für die Aufnahme von Verhandlungen widersprechen schon § 307 Abs 2 Nr 1 und werden jedenfalls dadurch aufgehoben, dass sich der Schuldner auf Verhandlungen einlässt. Schriftformklauseln für den Abbruch von Verhandlungen können es jedenfalls nicht verhindern, dass diese einschlafen, sondern allenfalls die dafür anzunehmende Frist verlängern.

6. Zulässig sind Klauseln, die schon die Anmeldung des Anspruchs zur Hemmung der Verjährung genügen lassen. Sie benachteiligen den Schuldner nicht unangemessen, wenn er denn diese Hemmung durch Zurückweisung des Anspruchs beenden kann. Klauseln dieser Art sind aber nicht geeignet, § 203 zu verdrängen, falls tatsächlich Vereinbarungen aufgenommen werden.

VI. Beweislast

19 Den Beginn der Verhandlungen hat der Gläubiger als ihm günstige Tatsache darzulegen und zu beweisen, der Schuldner ihr Ende (nA zu Letzterem NK-BGB/MANSEL/ BUDZIKIEWICZ Rn 60; MünchKomm/GROTHE Rn 1, der aber immerhin substantiierten Vortrag des Schuldners verlangt). Damit obliegt ihm bei wiederholten Verhandlungen insbesondere auch der Nachweis, dass es zwischenzeitlich zu einem Ende der Verhandlungen gekommen ist, ihm also ein zeitlicher Zwischenraum zugutekommt.

VII. Verwandte Bestimmungen

20 **1.** Das Gesetz sieht es mehrfach vor, dass eine Hemmung der Verjährung dadurch eintritt, dass *ein Anspruch angemeldet* wird, diese Hemmung dann aber wieder *endet,* wenn die Gegenseite ihn *zurückweist,* vgl § 439 Abs 3 HGB, auf den die §§ 463, 475a HGB Bezug nehmen. Gleich § 203 privilegieren diese Bestimmungen die außergerichtlichen Auseinandersetzungen der Parteien, und so wird zT angenommen, dass sie als leges speciales § 203 verdrängten (HARMS TranspR 2001, 294, 297; PALANDT/ELLENBERGER Rn 1, beide zu § 439 Abs 3 HGB; **aA** MünchKomm/GROTHE Rn 13; NK-BGB/MANSEL/BUDZIKIEWICZ Rn 53 ff; KOLLER TranspR 2001, 425, 429). Tatsächlich besteht ein tiefgreifender Unterschied zwischen § 203 und den genannten Bestimmungen, wenn jene Verhandlungen gerade nicht voraussetzen, mögen sie auch faktisch häufig sein. § 203 verlangt auch insofern mehr zur Hemmung, als eben die einseitige Anmeldung des Anspruchs dieser Bestimmung nicht genügt.

Damit bestehen die Hemmungstatbestände *uneingeschränkt nebeneinander,* wenn denn jeweils die Voraussetzungen erfüllt sind (BGH VersR 2008, 1669 Rn 22 ff). Wo entgegen § 439 Abs 3 HGB die schriftliche Anmeldung des Anspruchs versäumt ist, kann § 203 greifen. Außerdem kann es nach der § 439 Abs 3 HGB genügenden Zurückweisung des Anspruchs immer noch wieder zu einer Hemmung nach § 203 kommen.

2. Entsprechendes gilt für die Anmeldung des Direktanspruchs in der Pflichtversicherung, § 115 Abs 2 S 3 VVG, bei dem Entschädigungsfonds in der Kfz-Haftpflichtversicherung, § 12 Abs 3 S 3 PflVersG, im internationalen Frachtgeschäft nach Art 32 Nr 2 CMR, 58 § 3 CIM.

VIII. Ausschlussfristen

Auf Ausschlussfristen kann § 203 jedenfalls dann nicht entsprechend angewendet werden, wenn sie – wie zB § 864 Abs 1 – der Rechtsbereinigung dienen sollen. **21**

Erst recht kann § 203 nicht herangezogen werden, wenn Gestaltungsrechte befristet auszuüben sind (**aA** MANKOWSKI, Beseitigungsrechte [2003] 814 f): Anfechtung, Widerrufsrechte des Verbrauchers. Sie sollen idR für schnelle Klarheit sorgen, was § 203 S 1 – und gar S 2 – verhindern würde.

IX. Öffentliches Recht

Vorbehaltlich von Sonderbestimmungen ist § 203 auch im öffentlichen Recht heranzuziehen (vgl Vorbem 44 zu §§ 194 ff). Das gilt zweifellos für öffentlich-rechtliche Verträge und ihre Anbahnung, vgl § 62 S 2 VwVfG, aber auch dort, wo einseitig hoheitlich gehandelt wird (SOERGEL/NIEDENFÜHR Rn 3; NK-BGB/MANSEL/BUDZIKIEWICZ Rn 11; **aA** GUCKELBERGER 600). Auch dort verdienen Verhandlungen Schutz. **22**

§ 204
Hemmung der Verjährung durch Rechtsverfolgung

(1) Die Verjährung wird gehemmt durch

1. **die Erhebung der Klage auf Leistung oder auf Feststellung des Anspruchs, auf Erteilung der Vollstreckungsklausel oder auf Erlass des Vollstreckungsurteils,**

2. **die Zustellung des Antrags im vereinfachten Verfahren über den Unterhalt Minderjähriger,**

3. **die Zustellung des Mahnbescheids im Mahnverfahren oder des Europäischen Zahlungsbefehls im Europäischen Mahnverfahren nach der Verordnung (EG) Nr. 1896/2006 des Europäischen Parlaments und des Rates vom 12. Dezember 2006 zur Einführung eines Europäischen Mahnverfahrens (ABl. EU Nr. L 399 S. 1),**

4. **die Veranlassung der Bekanntgabe des Güteantrags, der bei einer durch die Landesjustizverwaltung eingerichteten oder anerkannten Gütestelle oder, wenn die Parteien den Einigungsversuch einvernehmlich unternehmen, bei einer sonstigen Gütestelle, die Streitbeilegungen betreibt, eingereicht ist; wird die Bekanntgabe demnächst nach der Einreichung des Antrags veranlasst, so tritt die Hemmung der Verjährung bereits mit der Einreichung ein,**

5. **die Geltendmachung der Aufrechnung des Anspruchs im Prozess,**

6. die Zustellung der Streitverkündung,

6a. die Zustellung der Anmeldung zu einem Musterverfahren für darin bezeichnete Ansprüche, soweit diesen der gleiche Lebenssachverhalt zugrunde liegt wie den Feststellungszielen des Musterverfahrens und wenn innerhalb von drei Monaten nach dem rechtskräftigen Ende des Musterverfahrens die Klage auf Leistung oder Feststellung der in der Anmeldung bezeichneten Ansprüche erhoben wird,

7. die Zustellung des Antrags auf Durchführung eines selbständigen Beweisverfahrens,

8. den Beginn eines vereinbarten Begutachtungsverfahrens,

9. die Zustellung des Antrags auf Erlass eines Arrests, einer einstweiligen Verfügung oder einer einstweiligen Anordnung, oder, wenn der Antrag nicht zugestellt wird, dessen Einreichung, wenn der Arrestbefehl, die einstweilige Verfügung oder die einstweilige Anordnung innerhalb eines Monats seit Verkündung oder Zustellung an den Gläubiger dem Schuldner zugestellt wird,

10. die Anmeldung des Anspruchs im Insolvenzverfahren oder im Schifffahrtsrechtlichen Verteilungsverfahren,

11. den Beginn des schiedsrichterlichen Verfahrens,

12. die Einreichung des Antrags bei einer Behörde, wenn die Zulässigkeit der Klage von der Vorentscheidung dieser Behörde abhängt und innerhalb von drei Monaten nach Erledigung des Gesuchs die Klage erhoben wird; dies gilt entsprechend für bei einem Gericht oder bei einer in Nummer 4 bezeichneten Gütestelle zu stellende Anträge, deren Zulässigkeit von der Vorentscheidung einer Behörde abhängt,

13. die Einreichung des Antrags bei dem höheren Gericht, wenn dieses das zuständige Gericht zu bestimmen hat und innerhalb von drei Monaten nach Erledigung des Gesuchs die Klage erhoben oder der Antrag, für den die Gerichtsstandsbestimmung zu erfolgen hat, gestellt wird, und

14. die Veranlassung der Bekanntgabe des erstmaligen Antrags auf Gewährung von Prozesskostenhilfe oder Verfahrenskostenhilfe; wird die Bekanntgabe demnächst nach der Einreichung des Antrags veranlasst, so tritt die Hemmung der Verjährung bereits mit der Einreichung ein.

(2) Die Hemmung nach Absatz 1 endet sechs Monate nach der rechtskräftigen Entscheidung oder anderweitigen Beendigung des eingeleiteten Verfahrens. Gerät das Verfahren dadurch in Stillstand, dass die Parteien es nicht betreiben, so tritt an die Stelle der Beendigung des Verfahrens die letzte Verfahrenshandlung der Parteien, des Gerichts oder der sonst mit dem Verfahren befassten Stelle. Die Hemmung beginnt erneut, wenn eine der Parteien das Verfahren weiter betreibt.

(3) Auf die Frist nach Absatz 1 Nr. 6a, 9, 12 und 13 finden die §§ 206, 210 und 211 entsprechende Anwendung.

Materialien: Art 1 G zur Modernisierung des Schuldrechts v 26. 11. 2001 (BGBl I 3138). **Abs 1 Nrn 1–6, 10**: BGB aF § 209 PETERS/ZIMMERMANN § 205, Gutachten 254, 308, 321, 325; Schuldrechtskommission § 208, Abschlussbericht 83; RegE § 204, BT-Drucks 14/6040, 112; BT-Drucks 14/7052, 7, 181. Abs 1 Nr 3 neugefasst durch Art 7 durch G zur Verbesserung der grenzüberschreitenden Forderungsdurchsetzung und Zustellung v 30. 10. 2008 (BGBl I 2122). **Abs 1 Nr 6a** eingefügt durch Art 7 des G zur Reform des Kapitalanleger-Musterverfahrensgesetzes und zur Reform anderer Vorschriften v 19. 10. 2012 (BGBl I 2182) mit Wirkung v 1. 11. 2012, BT-Drucks 17/10160, 28. **Abs 1 Nr 7**: BGB aF – (§§ 477 Abs 2, 639 Abs 1) PETERS/ZIMMERMANN § 207 Abs 1, Gutachten 255, 309, 322; Schuldrechtskommission § 208 Abs 2 Nr 6; Abschlussbericht 83; RegE § 204 Nr 7, BT-Drucks 14/6040, 114. **Abs 1 Nr 8**: BGB aF – (§ 639 Abs 2) PETERS/ZIMMERMANN § 207 Abs 1, Gutachten 322; Schuldrechtskommission: –; RegE § 204 Nr 8, BT-Drucks 14/6040, 114. Abs 1 Nr 8 neugefasst durch das ForderungssicherungsG v 23. 10. 2008 (BGBl I 2022) mit Wirkung v 1. 1. 2009 [Entfallen der Worte „oder die Beauftragung des Gutachters in dem Verfahren nach § 641a"], bisherige Fassung noch in Kraft für vor dem 1. 1. 2009 abgeschlossene Verträge, Art 229 § 19 Abs 1 EGBGB. **Abs 1 Nr 9**: BGB aF – PETERS/ZIMMERMANN § 205 Abs 2 Nr 3, Gutachten 258, 321; Schuldrechtskommission § 208 Abs 2 Nr 8, Abschlussbericht 86; RegE § 204 Nr 8, BT-Drucks 14/6040, 115; BT-Drucks 14/7052, 7, 181. **Abs 1 Nr 11**: BGB aF § 220 PETERS/ZIMMERMANN § 205 Abs 2 Nr 5, Gutachten 321; Schuldrechtskommission § 208 Abs 1; RegE § 204 Nr 11, BT-Drucks 14/6040, 115; BT-Drucks 14/7052, 8, 181. **Abs 1 Nrn 12, 13**: BGB aF § 210 PETERS/ZIMMERMANN § 205 Abs 2, Gutachten 259, 321; Schuldrechtskommission § 208 Abs 2 Nrn 9, 10, Abschlussbericht 85; RegE § 204 Nrn 12, 13, BT-Drucks 14/6040, 116. **Abs 1 Nr 14**: BGB aF – PETERS/ZIMMERMANN § 205 Abs 2 Nr 5, Gutachten 255, 321; Schuldrechtskommission § 208 Abs 2 Nr 2, Abschlussbericht 85; RegE § 204 Abs 1 Nr 14, BT-Drucks 14/6040, 116; BT-Drucks 14/7052, 8, 181. Abs 1 Nr 14 neugefasst durch Art 50 Nr 4a FGG-ReformG v 17. 12. 2008 (BGBl I 2586). **Abs 2 S 1**: BGB aF § 211 (Klage) BGB aF § 213 (Mahnbescheid) BGB aF § 212a (Güteantrag) BGB aF § 214 Abs 2 (Insolvenzverfahren) BGB aF § 215 Abs 2 (Aufrechnung, Streitverkündung) PETERS/ZIMMERMANN § 206, Gutachten 261, 321; Schuldrechtskommission § 210, Abschlussbericht 87; RegE § 204 Abs 2 S 1, BT-Drucks 14/6040, 117; BT-Drucks 14/7052, 8, 181. **Abs 2 S 2, 3**: BGB aF § 211 Abs 2 PETERS/ZIMMERMANN –, Gutachten 325; Schuldrechtskommission § 210 Abs 1 S 2, Abschlussbericht 82; RegE § 204 Abs 2 S 2, 3, BT-Drucks 14/6040, 118; BT-Drucks 14/7052, 8, 181. **Abs 3**: BGB aF §§ 212 Abs 2 S 2, 212a S 2, 213, 215 Abs 2 S 2; PETERS/ZIMMERMANN –, Gutachten 325; Schuldrechtskommission: –; RegE § 204 Abs 3, BT-Drucks 14/6040, 118, ergänzt durch Art 7 des G zur Reform des Kapitalanleger-Musterverfahrensgesetzes und zur Reform anderer Vorschriften v 19. 10. 2012 (BGBl I 2182) mit Wirkung v 1. 11. 2012 (Nr 6a), BT-Drucks 17/10160, 28.

Schrifttum

ADDICKS, Rechtshängigkeit und Verjährungsunterbrechung, MDR 1992, 331
ALTHAMMER/WÜRDINGER, Die verjährungsrechtlichen Auswirkungen der Streitverkündung, NJW 2008, 2620
ARENS, Zur Verjährungsunterbrechung durch Klageerhebung, in: FS KH Schwab (1990) 17
BALTZER, Die negative Feststellungsklage aus § 256 I ZPO (1980)
BARNIKEL, Keine Verjährungsunterbrechung

durch Beweissicherungsantrag gegen Unbekannt, BlGBW 1980, 176
BODE, Unterbricht ein beim unzuständigen Gericht eingereichter Antrag auf Erlaß eines Mahnbescheids die Verjährung?, MDR 1982, 632
BORGMANN, „Zustellung demnächst" bei Zahlungsbefehlen, AnwBl 1975, 434
BRANDNER, Zur Verjährung wegen gestiegener Preise und Löhne erhöhter Schadensersatzforderungen, VersR 1970, 873
vBERNUTH/HOFFMANN, Nach der Schuldrechtsreform: Verjährungshemmung bei Klagen vor einem ordentlichen Gericht trotz Schiedsklausel, SchiedsVZ 2006, 127
BUDZIKIEWICZ, Anmerkung zur Unterbrechung der Verjährung, ZEuP 2010, 418
BURBULLA, Parteiberichtigung, Parteiwechsel und Verjährung, MDR 2007, 439
DISCHLEIN, Unterbrechung durch Verwaltungsakt, DÖV 1967, 804
DONAU, Verjährungsunterbrechung bei Vor- und Nacherbschaft, MDR 1958, 735
DUCHSTEIN, Die Bestimmtheit des Güteantrags zur Verjährungshemmung, NJW 2014, 342
DUNZ, Der unbezifferte Leistungsantrag nach der heutigen Rechtsprechung des Bundesgerichtshofs, NJW 1984, 1734
EBERT, Verjährungshemmung durch Mahnverfahren, NJW 2003, 732
EHRICKE, Probleme bei der Geltendmachung mehrerer Teilforderungen als ein Teilbetrag im Mahnverfahren aus Sicht des Insolvenzverwalters, ZIP 2011, 1851
FENN, Anschlussberufung, Beschwer und unbezifferter Klageantrag, ZZP 89 (1976) 121
FRAEB, Anspruchsbetätigung und Anspruchspreisgabe, JW 1938, 2934
FRANK, Unterbrechung der Verjährung durch Auslandsklage, IPRax 1983, 108
FRIEDRICH, Die Anerkennung der alternativen Streitbeilegung durch die neuere Gesetzgebung im Zivil- und Zivilprozessrecht, JR 2002, 307
ders, Verjährungshemmung durch Güteverfahren, NJW 2003, 1781
GARTZ, Verjährungsprobleme bei selbstständigen Beweisverfahren, NZBau 2010, 676
GEIMER/FRANK, Nochmals: Zur Unterbrechung der Verjährung durch Klageerhebung im Ausland, IPRax 1984, 83
GERHARDT, Wahrung der Konkursanfechtungsfrist durch Antragstellung bei der „Hamburger Gütestelle", NJW 1981, 1542
GREGER, Die von der Landesjustizverwaltung anerkannten Gütestellen: Alter Zopf mit Zukunftschancen, NJW 2011, 1478
GSELL, Negative Feststellungsklage und Hemmung der Verjährung, GS Wolf (2011), 393
GÜNTNER, Der Einfluss der Kündigungsschutzklage auf die Verjährung von Lohn- und Gehaltsansprüchen, BB 1962, 1044
GÜRICH, Verjährungsrechtliche Auswirkungen der negativen Feststellungsklage, MDR 1980, 359
HALFMEIER, Zur Neufassung des KapMuG und zur Verjährungshemmung bei Prospekthaftungsansprüchen, DB 2012, 2145
HANISCH, Fremdwährungsforderung, Mahnbescheid und Verjährung, IPRax 1989, 276
HEFELMANN, Die gerichtliche Geltendmachung des Anspruchs als Grund der Verjährungsunterbrechung (1930)
HEGMANNS, Verjährungsunterbrechung durch Antragstellung bei der „Hamburger Gütestelle" trotz anderweitigen ausschließlichen Gerichtsstandes?, ZIP 1984, 925
HENCKEL, Die Grenzen der Verjährungsunterbrechung, JZ 1962, 335
HENNINGS, Die Arbeit der öffentlichen Rechtsauskunfts- und Vergleichsstelle in Hamburg: Hilfeleistung bei der Bewältigung von Rechtskonflikten durch Beratung und unparteiische Vermittlung, in: BLANKENBURG/GOTTWALD/STREMPEL, Alternativen in der Ziviljustiz (1982) 51
HINZ, Der Prozess auf negative Feststellung und seine Wirkungen für das Verjährungsrecht des BGB, in: FS vLübtow (1980) 729
JUNCKER, Verjährungsunterbrechung beim Übergang vom Zivilprozess zum Schiedsverfahren, KTS 1987, 37
KÄHLER, Verjährungshemmung nur bei Klage des Berechtigten?, NJW 2006, 1769
KEMPER/SEEGER, Zur Verjährung von Ansprüchen, die dem Jugendamt wegen Gewährung von Hilfen zur Erziehung eines Minderjährigen gegenüber Dritten zustehen, DAVorm 1986, 757

Kirchhof, Einfluss des neuen Verjährungsrechts auf das Insolvenzverfahren, WM 2002, 2037

Klaft/Nossek, Hemmung von Vergütungsansprüchen des Werkunternehmers durch selbstständiges Beweisverfahren?, BauR 2008, 1980

Klose, Der Lauf der Verjährung bei Mediation und sonstigen außergerichtlichen Streitlösungsmodellen, NJ 2010, 100

ders, Die Hemmung der Verjährung durch den Antrag auf Erlass eines Mahnbescheids, MDR 2010, 11

Koch, Die gerichtliche Geltendmachung der Aufrechnung als Mittel der Verjährungsunterbrechung nach § 209 Abs 2 Nr. 3 BGB (Diss Hamburg 1995)

Köhne/Langner, Geltendmachung von Gegenforderungen im internationalen Schiedsverfahren, RIW 2003, 361

Kuntze-Kaufhold/Beichel-Benedetti, Verjährungsrechtliche Auswirkungen durch das Europäische Zustellungsrecht, NJW 2003, 1998

Lang, Verjährungsunterbrechung durch Mahnantrag beim unzuständigen Gericht, AnwBl 1984, 200

Liermann, Ende des Verjährungsunterbrechung gemäß § 211 Abs 2 S 1 BGB, MDR 1998, 257

Linke, Die Bedeutung ausländischer Verfahrensakte im deutschen Verjährungsrecht, Beiträge zum internationalen Verfahrensrecht und zur Schiedsgerichtsbarkeit (1987) 209

Looschelders, Anpassung und Substitution bei der Verjährungsunterbrechung durch unzulässige Auslandsklage, IPrax 1998, 296

Lüke, Arbeitsgerichtliche Kündigungsschutzklage und Verjährung des Gehaltsanspruchs, NJW 1960, 1333

Lucas, Unterbricht die Anmeldung von Hypothekenzinsen in der Zwangsversteigerung die Verjährung?, JW 1938, 2932

Maniak, Die Verjährungsunterbrechung durch Zustellung eines Mahnbescheids im Mahnverfahren (2000)

Maurer, Verjährungshemmung durch vorläufigen Rechtsschutz, GRUR 2003, 208

McGuire, Verfahrenskoordination und Verjährungsunterbrechung im Europäischen Zivilprozessrecht (2004)

Merschformann, Der Umfang der Verjährungsunterbrechung durch Klageerhebung (Diss Freiburg 1991)

S Meyer, Verjährung von Schadensersatzansprüchen bei bezifferter verdeckter Teilklage, NJW 2002, 3067

Münzberg, Feststellungsurteil und Verjährung einzelner Unfallfolgen, NJW 1960, 1605

Natzel, Verjährung von Lohnansprüchen im Rahmen eines Kündigungsschutzverfahrens, DB 1960, 176

Nordmeier, Die Bedeutung des anwendbaren Rechts für die Rückwirkung der Zustellung nach § 167 ZPO, ZZP 124 (2011) 95

Oehlers, Verjährungsunterbrechung durch hilfsweise Geltendmachung eines Anspruchs, NJW 1970, 845

Peters, Der Antrag auf Gewährung von Prozesskostenhilfe und die Hemmung der Verjährung, JR 2004, 137

Pietzcker, Feststellungsprozess und Anspruchsverjährung, GRUR 1998, 293

Rabe, Verjährungshemmung nur bei Klage des Berechtigten?, NJW 2006, 3089

Rewolle, Unterbricht die Erhebung der Kündigungsschutzklage die Verjährung der Lohn- und Gehaltsansprüche?, DB 1908, 1696

Rimmelspacher, Materiellrechtlicher Anspruch und Streitgegenstandsprobleme im Zivilprozess (1970)

Ruth, Der Einfluss der Feststellungsklage auf die Verjährung der Ansprüche, ArchBürgR 42, 253

Saerbeck, Zur Hemmung der Verjährung durch Rechtsverfolgung, in: FS Thode (2005) 139

Schaaf, Unterbricht eine Wechselklage die Verjährung der Forderung aus dem Grundgeschäft?, NJW 1986, 1029

Schabenberger, Zur Hemmung nach § 204 Abs 1 Nr 9 in wettbewerbsrechtlichen Auseinandersetzungen, WRP 2002, 200

Schack, Wirkungsstatut und Unterbrechung der Verjährung im Internationalen Privatrecht durch Klageerhebung, RIW/AWD 1981, 301

Schanz, Die Unterbrechung der Verjährung durch Geltendmachung eines Anspruchs im Güteverfahren, LZ 1928, 300

SCHLOSSER, Ausschlussfristen, Verjährungsunterbrechung und Auslandsklage, in: FS Bosch (1976) 859
SCHLÖSSER/KÖBLER, der Eintritt der Verjährungshemmung beim selbstständigen Beweisverfahren, NZBau 2012, 669
K SCHMIDT, Mahnverfahren für Fremdwährungsforderungen?, NJW 1989, 65
SCHNAUDER, Unterbrechung der Verjährung durch Zustellung eines Mahnbescheids – BGH NJW 2001, 305, JuS 2001, 1054
SCHÜTZE, Die Unterbrechung und Inlaufsetzung der Verjährung von Wechselansprüchen durch ausländische Klageerhebung, WM 1967, 246
ders, Zur Vollstreckung ausländischer Zivilurteile bei Zweifeln an der Verbürgung der Gegenseitigkeit, DB 1977, 2129
SCHUMACHER, Güteantrag unterbricht Verjährung, BB 1956, 1119
SCHUMANN, Zur örtlichen Allzuständigkeit der Öffentlichen Rechtsauskunfts- und Vergleichsstelle zu Hamburg in bürgerlich-rechtlichen Güteverfahren, DRiZ 1970, 60
SEGGEWISSE, Streitverkündung im Mahnverfahren, NJW 2006, 303
SEIBEL, Die Verjährungshemmung im selbständigen Beweisverfahren nach § 204 Abs 1 Nr 7 BGB, ZfBR 2008, 9
SÖHNER, Das neue Kapitalanleger-Musterverfahrensgesetz, ZIP 2013, 7
SPICKHOFF, Verjährungsunterbrechung durch ausländisches Beweissicherungsverfahren, IPrax 2001, 37
STEINEKER, Die Verjährungsunterbrechung durch die Streitverkündung – §§ 209 Abs 2 Nr 4, 215 BGB (Diss Hamburg 2000)
TAUPITZ, Verjährungsunterbrechung im Inland durch unfreiwillige Beteiligung am fremden Rechtsstreit im Ausland, ZZP 102 (1989) 288
TEPLITZKY, Zur Unterbrechung und Hemmung der Verjährung wettbewerbsrechtlicher Ansprüche, GRUR 1984, 307

TIEDTKE, Die Unterbrechung der Verjährung durch Klage des Prozessstandschafters, DB 1981, 1317
ders, Die Unterbrechung der Verjährung durch unzulässige Aufrechnung im Gesellschaftsprozess, BB 1981, 1920
TRAUB, Eilverfahren und Verjährung nach § 21 UWG, WRP 1979, 186
TOUSSAINT, Verjährungshemmung durch selbständiges Beweisverfahren, in: Liber amicorum Detlef Leenen (2012) 279
VOGEL, Verjährung und Insolvenzverfahren, BauR 2004, 1365
VOLLKOMMER, Verjährungsunterbrechung und „Bezeichnung" des Anspruchs im Mahnbescheid, in: FS Lüke (1997) 865
WAGNER, Alternative Streitbeilegung und Verjährung, NJW 2001, 182
WEIMAR, Kann trotz des Feststellungsurteils bei eingetretenem Spätfolgeschäden eine kurze Verjährung laufen?, JR 1970, 137
WENNER/SCHULZ, Zum Jahresende: Die Hemmung der Verjährung durch Anmeldung von Forderungen im Insolvenzverfahren, BB 2006, 2649
WEYER, Keine Verjährungshemmung ohne förmliche Zustellung des Beweissicherungsantrags, NZBau 2008, 228
WOLF, Verjährungshemmung auch durch Klage vor einem international unzuständigen ausländischen Gericht?, IPrax 2007, 180
M WOLF, Die Befreiung des Verjährungsrechts vom Streitgegenstandsdenken, in: FS Schumann (2001) 579
WURZ, Feststellungsurteil und Verjährung einzelner Unfallfolgen, NJW 1960, 470, 1605
WUSSOW, Genehmigungsfähigkeit von Handlungen, die der Wahrung gesetzlicher Fristen dienen, NJW 1963, 1756.
ZENKER, Geltendmachung der Insolvenz- und Gläubigeranfechtung, NJW 2008, 1038.

Systematische Übersicht

I.	**Allgemeines**	
1.	Schutz vor Verjährung	1
2.	Hemmung der Verjährung	2
3.	Zur Dogmatik	3
4.	Möglichkeiten des Gläubigers	4
5.	Konkurrenzen	5

Titel 2
Hemmung, Ablaufhemmung und Neubeginn der Verjährung — § 204

II. Die Parteien der Hemmung
1. Ihre Bezeichnung — 6
2. Inhaber der Forderung — 7
3. Geltendmachung fremder Forderung — 9
4. Heilung von Mängeln — 11
5. Person des Schuldners — 12

III. Der betroffene Anspruch
1. Maßgeblichkeit des Streitgegenstands — 13
2. Umfang der Geltendmachung — 17
3. Andere Streitgegenstände — 22

IV. Anforderungen an die Klage
1. Parteien; Schlüssigkeit, Begründetheit — 23
2. Zulässigkeit — 24
3. Wirksamkeit der Klageerhebung — 28
4. Zustellung der Klage — 31
5. Zeitpunkt der Zustellung — 34
6. Heilung von Mängeln — 36
7. Nachträgliche Einführung des Anspruchs in den Prozess — 37
8. Klage vor Beginn der Verjährung — 38

V. Die Klagearten
1. Negative Feststellungsklage des Schuldners — 39
2. Mindere Maßnahmen als eine Klage — 40
3. Deutsche, ausländische Klage — 41
4. Zuständige Gerichtsbarkeit — 42
5. Leistungsklage — 43
6. Feststellungsklage — 44
7. Klage auf Erteilung der Vollstreckungsklausel — 45
8. Vollstreckungsurteil — 46
9. Schiedsspruch — 47
10. Gestaltungsklage — 48

VI. Antrag auf Festsetzung von Unterhalt Minderjähriger
1. Anforderungen an den Antrag — 49
2. Zurückweisung des Antrags — 50
3. Alsbaldige Zustellung — 51
4. Überleitung in das streitige Verfahren — 52
5. Untätigkeit der Parteien — 53

VII. Mahnbescheid
1. Antrag des Gläubigers — 54
2. Zustellung des Mahnbescheids — 56
3. Verzögerungen durch den Gläubiger — 57
4. Zurückweisung des Antrags — 58
5. Dauer der Hemmung — 58

VIII. Güteantrag
1. Eingerichtete und anerkannte Gütestellen — 59
2. Sonstige Gütestellen — 59
3. Bekanntgabe des Antrags — 60
4. Anforderungen an den Antrag — 61
5. Wirkungen — 62

IX. Aufrechnung im Prozess
1. Allgemeines — 63
2. Sonstige Geltendmachung der Forderung — 64
3. Aufrechnung des Beklagten, des Klägers — 65
4. Sachliche Bescheidung der Aufrechnung — 66
5. Unberücksichtigte Aufrechnung — 67
6. Materielle Voraussetzungen der Aufrechnung — 68
7. Aufrechnung im Prozess — 72
8. Wirkung — 73
9. Ausschlussfristen — 74

X. Streitverkündung
1. Die beiden Fälle der Streitverkündung — 75a
2. Allgemeines — 75b
3. Anwendungsbereich der Bestimmung — 76
4. Voraussetzungen — 77
5. Präjudizialität — 78
6. Wirkung der Hemmung — 83
7. Andere Verfahren; selbstständiges Beweisverfahren — 84
8. Ausländisches Verfahren — 85

XI. Anspruchsanmeldung zum Musterverfahren
1. Allgemeines — 85a
2. Zustellung — 85c
3. Voraussetzungen von § 10 KapMuG — 85d

4.	Vorgreiflichkeit des Musterverfahrens	85e
5.	Lauf der Verjährung	85 f

XII. Selbstständiges Beweisverfahren
1. Allgemeines — 86
2. Antrag — 87
3. Anforderungen — 88
4. Der verfolgte Anspruch — 89
5. Beweissicherung durch den Schuldner — 89
6. Umfang der Hemmung — 90
7. Ende der Hemmung — 90
8. Streitverkündung — 90

XIII. Begutachtungsverfahren
1. Vereinbarte Begutachtung — 91
2. Verfahren nach § 641a — 92

XIV. Einstweiliger Rechtsschutz
1. Allgemeines — 93
2. Einstweiliger Rechtsschutz — 94
3. Zustellung — 95

XV. Insolvenzverfahren, Schifffahrtsrechtliches Verteilungsverfahren
1. Allgemeines — 97
2. Anmeldung als Insolvenzforderung — 97
3. Reichweite der Hemmung — 98
4. Hemmung einer Insolvenzforderung — 98
5. Ende der Hemmung — 98
6. Schifffahrtsrechtliches Verteilungsverfahren — 99

XVI. Schiedsrichterliches Verfahren
1. Allgemeines — 100
2. Beginn des Verfahrens — 101
3. Schiedsverfahren — 102
4. Ausländisches Verfahren — 103

XVII. Behördliches Vorverfahren
1. Allgemeines — 104
2. Vorentscheidung einer Behörde — 105
3. Rechtswahrung durch Klage oder Güteantrag — 107
4. Reichweite der Hemmung — 108

XVIII. Gerichtliche Bestimmung der Zuständigkeit
1. Anwendungsbereich — 109
2. Zuständigkeitsbestimmende Sachentscheidung — 110
3. Ausschlussfrist zur Klage — 111
4. Gerichtsinterner Zuständigkeitsstreit — 112

XIX. Antrag auf Prozess- oder Verfahrenskostenhilfe
1. Allgemeines — 113
2. Missbrauchsmöglichkeiten — 114
3. Anwendungsbereich — 115
4. Anforderungen an den Antrag — 116
5. Bekanntgabe — 117
6. Wahrung von Ausschlussfristen — 117

XX. Ende der Hemmung
1. Allgemeines — 118
2. Stillstand des Verfahrens — 122
   a) Allgemeines — 122
   b) Unterbrechung und Aussetzung des Prozesses im prozesstechnischen Sinne — 123
   c) Ruhen des Verfahrens, §§ 251, 251a, 278 Abs 4 ZPO — 124
   d) Faktisches Nichtbetreiben des Prozesses — 125
   e) Weiterbetreiben des Prozesses — 132
   f) Teilweises Nicht- oder Weiterbetreiben — 134
   g) Beweislast — 135
   h) Ausschlussfristen — 136
   i) Die einzelnen Fälle des § 204 Abs 1 — 137
3. Ende der Hemmung bei Abschluss des Verfahrens — 141
   a) Allgemeines — 141
   b) Rechtskräftige Entscheidung — 142
   c) Vergleich — 145
   d) Erledigung der Hauptsache — 146
   e) Rücknahme — 147
   f) § 701 ZPO — 148
   g) Fehlen eines förmlichen Verfahrensendes — 149
   h) Güteverfahren — 150
   i) Übergang in das streitige Verfahren — 150
   k) Wirkung des § 204 Abs 2 S 1 — 151

Alphabetische Übersicht

Ablaufhemmung	151
Alternative Haftung	81
Anhörungsrüge	144
Anmeldung zum Musterverfahren	85a ff
Anordnung, einstweilige	93
Anspruch	
– aberkannter	142
– Identifizierung des	16, 55
– nachträglich eingeführter	37
– verfolgter	13 ff
Anspruchskonkurrenz	13 f
Antrag	
– auf Durchführung des streitigen Verfahrens	138
– auf Prozess- oder Verfahrenskostenhilfe	113 ff
Anwaltsprozess	28
Aufgebotsverfahren	40
Aufrechnung	63 ff, 138
– erfolgreiche	66
– Erklärung der	71
– Geltendmachung der	72
– des Klägers	65
– Prozess, im	63 ff, 138
– Stillstand des Verfahrens	138
– Umfang der Hemmung bei	73
– unzulässige	67
– Verbot der	67
Aufrechnungslage	68 ff
Auskunftsanspruch	15
Ausländersicherheit, fehlende	27
Auslandszustellung	35
Ausschlussfrist	21, 74, 136
Aussetzung des Prozesses	123
Beschwerde, sofortige	144
Begründung des Anspruchs nach Mahnverfahren	138
Begutachtung, vereinbarte	91
Behördliches Vorverfahren	104
Berechtigter	6 ff
Bestimmung der Zuständigkeit, gerichtliche	109
Betreiben des Verfahrens	
– durch den Beklagten	132
– teilweises	134
Beweisaufnahme	127
Beweisverfahren, selbstständiges	86 ff
– Anforderungen an	88
– Antrag auf Durchführung	87
– ausländisches	86
– gegen Unbekannt	88
– über Mängel	89
– über Tatsachen	89
– verfolgter Anspruch	89
Bezeichnung der Parteien	6
BGB-Gesellschaft	7
Bisheriges Recht	2, 49
Bürgschaft	12
Dritte, Rechtsverfolgung durch	6 ff
Einlassung, rügelose	36
Einreichung der Klage	34
Eintritt des Gläubigers in den Prozess	11
Einziehungsermächtigung	10
Ende der Hemmung	118
Entscheidung	
– nicht in der Sache	142
– rechtskräftige	142
Erledigungserklärung	146
Europäisches Mahnverfahren	53 ff
Fahrlässigkeit bei der Fristwahrung	35
Faktisches Nichtbetreiben des Prozesses	125
Fertigstellungsbescheinigung	92
Festsetzung von Unterhalt	49, 137
Feststellungsklage	20, 44
– negative	39 f
FGG-Reformgesetz	49
Förderung des Verfahrens	125, 130
Gehörsrüge	144
Genehmigung der Prozessführung	11
Gericht, ausländisches	41
Gerichtliche Bestimmung der Zuständigkeit	109
Gerichtsbarkeit	
– deutsche	24
– zuständige	42
Gesamtgläubiger	7
Gestaltungsklage	48
Grundurteil	126, 143
Güteantrag	59 ff

- Begründetheit — 61
- Bekanntgabe — 60
- Zulässigkeit — 61
Gütestelle — 59
Güteverfahren
- Ende — 150
- Ergebnis — 62
- Stillstand — 138

Hemmung, Ende der — 118 ff
Hilfsanspruch — 15

Inhaber der Forderung — 7
Insolvenzverfahren — 97 f
- Bestreiten der Forderung — 140
- Stillstand — 140

Kapitalanleger-Musterverfahren — 85a ff
Klage
- Anforderungen an — 23 ff
- auf Leistungsbestimmung durch Urteil — 48
- nicht statthafte — 142
- unbegründete — 23
- unbezifferte — 19
- unschlüssige — 23
- Unterschrift unter — 28
- unzulässige — 24
- vor Verjährungsbeginn — 38
Klageänderung — 142
Klageerweiterung — 37
Konkurrenzen — 5
Kostenvorschuss, Zahlung des weiteren — 138

Ladung des Beklagten — 29
Leistungsklage — 43
Leistungsverfügung — 94

Mahnantrag
- Anforderungen — 55
- Einreichung — 57
- mehrere Forderungen in einem — 57
- Rückweisung — 58
Mahnbescheid — 54 ff
- Wegfall — 148
- Zustellung — 54
Mahnverfahren
- Ende — 148 f
- Europäisches — 53 ff
- Nichtbetreiben — 148

- Statthaftigkeit — 54
Mehrheit von Gläubigern — 7
Mehrheit von Schuldnern — 12
Möglichkeiten des Gläubigers — 4
Musterverfahren — 85a ff

Nachfrist — 3
Naturpartei — 28
Negative Feststellungsklage — 39 f
Nebenintervention — 75a
Neubeginn — 2
Neuorientierung — 119
Nichtbetreiben
- der Parteien — 130
- des Prozesses, faktisches — 125
- des Verfahrens — 125

Partei — 6 ff
- kraft Amtes — 9
- Bezeichnung — 6, 28
- Existenz — 25
Parteifähigkeit — 25
Pfändung der Forderung — 8
Postulationsfähigkeit — 28
Prozessaufrechnung — 63 ff, 138
Prozessfähigkeit — 26
Prozessführungsbefugnis — 27
Prozesshandlung des Gläubigers — 125 ff
Prozesskostenhilfe — 113 ff
- Antrag auf — 116
- Bekanntgabe — 117
- Missbrauch — 114
- für das Prozesskostenhilfeverfahren — 115
- weiterer Antrag — 113
- für die Zwangsvollstreckung — 115
Prozesskostenhilfeverfahren, Stillstand des — 140
Prozesskostenvorschuss — 29

Recht, ausländisches — 41
Rechtshängigkeit, anderweitige — 27
Rechtskraft
- anderweitige — 27
- formelle — 144
Rechtsmissbrauch — 4, 114
Rechtsmittel, unzulässiges — 144
Rechtsmittelfrist — 144
Rechtsnachfolger des Schuldners — 12
Rechtsschutz, einstweiliger — 93 ff
Rechtsschutzbedürfnis — 27

Rechtsverteidigung — 92
Rechtsweg, falscher — 27
Regress — 75, 81
Rücknahme — 147
Ruhen des Verfahrens — 124

Schiedsgutachten — 100
Schiedsrichterliches Verfahren — 100 ff
– im Ausland — 103
– Stillstand — 140
Schiedsspruch — 47
Schifffahrtsrechtliches Verteilungsverfahren — 99
Schlüssigkeit — 16
Schuldner — 6, 12
Sechsmonatsfrist — 151
Selbständiges Beweisverfahren — 85 ff
– Ende — 149
– Stillstand — 139
Sicherung des Anspruchs — 94
Stillstand des Verfahrens — 122
Streitgegenstand — 13
– Änderung — 22
Streitiges Verfahren, Übergang in das — 52
Streitverkündung — 75 ff, 142
– Anforderungen — 77 f
– Angabe des Grundes — 77
– Folgeprozess — 76
– Notar, an — 76
– selbstständigen Beweisverfahren, im — 84
– Voraussetzungen — 77 ff
Stufenklage — 15, 131

Teilklage — 17
Terminierung — 126
Terminsantrag — 133
Titelverjährung — 141

Übergang in das streitige Verfahren — 150
Umfang der Hemmung — 17
Unterbrechung
– des Prozesses — 123
– der Verjährung — 2
Unterhalt Minderjähriger, Festsetzung von — 49
Urkunde, vollstreckbare — 45
Urteilsverfassungsbeschwerde — 144

Veräußerung der Streitsache — 27
Verfahrensende — 141 ff
– Fehlen eines förmlichen — 149
Verfahrenskostenhilfe, Antrag auf — 113 ff
Verfahrensstillstand — 122 ff
Verfassungsbeschwerde — 40
Verfügung, einstweilige — 93 ff
Verfügungsmacht, Beschränkung der — 8
Vergleich
– als Verfahrensbeendigung — 145
– unwirksamer — 145
– vollstreckbarer — 45
Verhandlungen — 5, 118, 122
Verrechnung — 64
Vollstreckungsabwehrklage — 45
Vollstreckungsbescheid, nicht beantragter — 138
Vollstreckungsklausel — 45
Vorbehaltsurteil — 73, 143
Vorentscheidung der Behörde — 105 f
– Stillstand — 140
Vorläufiger Rechtsschutz — 93 ff
– Stillstand — 139
Vorverfahren, behördliches — 104 ff

Weiterbetreiben des Prozesses — 132
– Teilweises Nicht- oder Weiterbetreiben — 134
Widerklage, unzulässige — 142
Wirkung der Hemmung — 83 f
Wohnungseigentümergemeinschaft — 6, 7, 12

Zession — 7, 10
Zusatzfrist — 119
Zuständigkeit des Gerichts — 25
Zuständigkeitsbestimmung, gerichtliche — 109
Zuständigkeitsstreit, gerichtsinterner — 112
Zustellung
– Anspruch auf — 96
– im Ausland — 35
– demnächst — 34 ff
– einstweilige Verfügung — 95 f
– Klage, der — 31
– öffentliche — 33, 35
– unwirksame — 32
Zustellungsmangel — 36
Zwangsvollstreckung — 93

I. Allgemeines

1. Schutz vor Verjährung

1 Die Entwertung der Forderung, die der Eintritt der Verjährung bewirkt, § 214, ist dem Gläubiger nur zuzumuten, wenn ihm die Möglichkeit an die Hand gegeben wird, dem vorzubeugen. § 204 verlangt das aktive Betreiben der Forderung und zählt dazu in seinem Abs 1 die Möglichkeiten auf, die insoweit bestehen. Wenn die Verjährung den Schuldner vor Beweisnöten durch Zeitablauf schützen soll, so ist er durch dieses Vorgehen des Gläubigers jetzt gewarnt.

2. Hemmung der Verjährung

2 Die Bestimmung des § 204 setzt eine *Hemmung* der Verjährung an die Stelle von deren Unterbrechung – in heutiger Terminologie: ihrem *Neubeginn* – gemäß der Vorgängervorschriften namentlich des § 209 aF, aber auch der §§ 210, 220, 477 Abs 2, 639 Abs 1 aF; dh die Dauer des einschlägigen Verfahrens wird heute nur ausgeblendet aus der Berechnung der einschlägigen Verjährungsfrist, § 204 setzt diese aber nicht völlig neu wieder in Lauf, sei es mit der Einleitung des Verfahrens, sei es mit seinem Abschluss. Die herkömmliche Unterbrechung der Verjährung, die noch fortlebt in den beiden Fällen des Neubeginns der Verjährung gemäß § 212 Abs 1, hatte eine überschießende Wirkung, deren der Gläubiger in diesem Umfang nicht bedurfte: Teils führt die Geltendmachung der Forderung im Prozess überhaupt schon zu ihrer Tilgung (Aufrechnung, jetzt § 204 Abs 1 Nr 5), teils verschaffte sie dem Gläubiger einen langfristig verjährenden Titel (jetzt §§ 197 Abs 1 Nrn 3, 4, 201). Der Neubeginn der Verjährung war also dort von praktischer Bedeutung, wo ein Vollstreckungstitel nicht erreicht wurde, zB bei der Rücknahme der Klage oder ihrer Abweisung als unzulässig, oder wo ein Titel gar nicht erreicht werden konnte, zB bei der Streitverkündung oder im selbstständigen Beweisverfahren. Gerade in den letztgenannten kritischen Fällen konnte die Unterbrechungswirkung aber nach bisherigem Recht wieder verloren gehen, vgl zB § 212 aF zur Rücknahme der Klage, § 215 aF zu Aufrechnung und Streitverkündung. Zur Meidung des Rechtsverlustes war der Gläubiger dann gehalten, binnen bestimmter Frist wieder vorzugehen.

3. Zur Dogmatik

3 Bestimmungen wie die eben genannten §§ 212, 215 aF waren nicht nur sehr unübersichtlich, sondern näherten die Unterbrechung im praktischen Ergebnis einer Hemmung an. Deshalb ist die jetzige Hemmung eine durchsichtigere Regelung.

a) Diese Hemmung darf freilich nicht umgehend mit Verfahrensschluss enden: War zB die Klage am äußersten Ende der Verjährungsfrist eingereicht, gar unter Ausnutzung des § 167 ZPO, so hätte zB der Gläubiger, dessen Klage als unzulässig abgewiesen wird, keine Chance mehr zu der Realisierung seiner Forderung. Deshalb gewährt § 204 Abs 2 S 1 eine Nachfrist von sechs Monaten nach Beendigung des Verfahrens zur Neuorientierung.

b) Bei dieser Hemmung nach § 204 Abs 1, Abs 2 S 1 handelt es sich um einen völlig *neuartigen Hemmungstatbestand*. Herkömmlich und heute noch in den Fällen der §§ 203, 205–208, 210, 211 wird der Ablauf der Verjährung gehemmt, weil dem Gläubiger eine aktive Verfolgung seines Anspruchs nicht zumutbar ist, er würde zB Verhandlungen stören, § 203, müsste gegen seinen Ehegatten vorgehen, § 207, würde wegen Stundung die Abweisung der Klage riskieren, § 205. Die Hemmung nach § 204 beruht demgegenüber gerade darauf, dass er den Versuch der Realisierung des Anspruchs unternimmt.

4. Möglichkeiten des Gläubigers

§ 204 Abs 1 erweitert den Kanon der möglichen Vorgehensweisen gegenüber dem bisherigen Recht, vgl zB die Nrn 7 (selbstständiges Beweisverfahren), 9 (Arrest, einstweilige Verfügung), 14 (Prozess- und Verfahrenskostenhilfeantrag). Das kann in Fällen, in denen der Ablauf der Verjährungsfrist bevorsteht, vor dem Hintergrund der zu erlangenden und nicht wieder einbüßbaren Nachfrist des § 204 Abs 2 S 1 zu – für sich genommen – Befremdlichem führen, zB dazu, dass der eindeutig Begüterte einen Antrag auf Gewährung von Prozesskostenhilfe stellt: Auch bei ihm kommt es zur Wahrung der Verjährungsfrist nicht darauf an, dass er zulässig und begründet ist – wie auch bei der Klage nicht. Darin kann aber kein Rechtsmissbrauch gesehen werden, der dann unbeachtlich bleiben müsste, die Verjährung nicht hemmen würde: Die Mittel zur Hemmung der Verjährung müssen ausgeschöpft werden können, außerdem könnte eine sinnvolle Grenze zwischen noch Zulässigem und schon Missbräuchlichem gar nicht gezogen werden. Bittet der Gläubiger freilich, den Gegner zunächst noch nicht zu kontaktieren, würde das eine demnächstige Zustellung iSd § 167 ZPO ausschließen. **4**

Die Hemmungswirkung der gerichtlichen Geltendmachung der Forderung tritt *unabhängig vom Willen des Gläubigers* ein.

Entsprechend kommt es auch auf die Motivation des Gläubigers zur gerichtlichen Geltendmachung nicht an (**aA** RGZ 66, 412, 414 f; MünchKomm/Grothe Rn 3): Hemmung tritt auch dann ein, wenn der Gläubiger erklärt, an einer gerichtlichen Entscheidung nicht interessiert zu sein, sondern nur die Verjährung hemmen zu wollen. Bittet er freilich, einstweilen nicht zuzustellen, hindert er so die Erhebung der Klage und schaltet § 167 ZPO aus.

5. Konkurrenzen

Die Hemmungstatbestände des § 204 Abs 1 können sich mit anderweitigen überschneiden, vgl § 207 und namentlich § 203: Selbst die Klage schließt es nicht aus, dass Verhandlungen weiterlaufen, und der einverständliche Güteversuch, § 204 Abs 1 Nr 4, das vereinbarte Begutachtungsverfahren, § 204 Abs 1 Nr 8, sind überhaupt nur Sonderformen von Verhandlungen. In diesen Fällen decken sich die Hemmungsfristen, sind nicht zu addieren. Wegen § 204 Abs 2 S 1 führt das dazu, dass die Hemmung nach § 204 Abs 1 im Vordergrund steht, weil die Hemmung des § 204 Abs 2 S 1 länger ist als die Ablaufhemmung des § 203 S 2. Praktische Bedeutung gewinnt § 203 gegenüber § 204 Abs 1 in den Fällen des § 204 Abs 2 S 2: Das Nichtbetreiben des Prozesses lässt zwar – nach sechs Monaten – die Hemmung nach § 204 Abs 1 enden, aber es beruht vielleicht gerade auf schwebenden Verhandlungen, wie sie dann nach § 203 relevant sind. **5**

Überschneidungen sind auch innerhalb des § 204 Abs 1 möglich: Während des laufenden Prozesses wird ein selbstständiges Beweisverfahren eingeleitet; der Antragsteller im einstweiligen Verfügungsverfahren erhebt die Hauptsacheklage. Das bleibt dann im Hinblick auf die Verjährung folgenlos.

II. Die Parteien der Hemmung

6 1. § 204 Abs 1 lässt die Hemmungswirkung eintreten, wenn *der Berechtigte* Klage erhebt (BGH NJW 2010, 2270), wie dies § 209 Abs 1 aF deutlicher als die jetzige Fassung des § 204 Abs 1 formulierte. Entsprechend muss die Klage auch *gegen den Verpflichteten* erhoben werden. Der Fortfall des Ausdrucks „Berechtigter" in der Neufassung des Gesetzes war freilich nicht als sachliche Änderung gedacht (Nachweise bei RABE NJW 2006, 3089). Es muss nach wie vor der Berechtigte vorgehen. Die bloße Rechtsverteidigung reicht nicht. Missverständlich aus dem Katalog des § 204 Abs 1 die Nrn 7 und 8, die es scheinbar genügen lassen, dass der Verpflichtete vorgeht. Die Verjährung hemmt nicht das von dem Schuldner eingeleitete Beweissicherungsverfahren (OLG Saarbrücken NZBau 2006, 714 zum alten Recht) Die zwingende Notwendigkeit, die richtigen Parteien zu wählen, wird auch bestätigt durch die §§ 425 Abs 2, 429 Abs 3 S 1. Es reicht also nicht die Klage eines Dritten oder gegen einen Dritten.

Dabei sind *fehlsame Bezeichnungen* allerdings unschädlich, solange sich nur ergibt, dass die richtigen Parteien gemeint sind. Die Wirkung tritt also zB ein, wenn jemand unter einer unzulässigen Firma klagt oder wenn bei einer Handelsfirma der Inhaber falsch bezeichnet wird (BGH VersR 1961, 831, 833; MünchKomm/GROTHE Rn 17). Entsprechend schadete es nicht, dass die Klage damals unzulässig gegen eine – erst seit 2007 nach § 10 Abs 6 WEG rechts- und parteifähige – Wohnungseigentümergemeinschaft gerichtet wurde; hier wurde die Verjährung gegenüber den einzelnen Eigentümern gehemmt (BGH NJW 1977, 1686; vgl nunmehr BGH NJW-RR 2013, 1169 Rn 17, ferner u Rn 7). Werden bei einer Forderung, die einer Gesellschaft bürgerlichen Rechts zusteht, im Aktivrubrum die Gesellschafter aufgeführt, wird die Auslegung idR ergeben, dass die Gesellschaft klagt. Eine solche Auslegung ist angesichts der entsprechenden Anwendung des § 128 HGB nicht möglich, wo die Gesellschafter im Passivrubrum erscheinen. Hier führt dann allerdings die spätere Vollstreckung nach § 736 ZPO zu § 212 Abs 1 Nr 2.

7 2. Es muss im Grundsatz der richtige *Inhaber der Forderung* klagen.

a) Die Inhaberschaft an der Forderung muss bei der Einreichung der Klage bestehen. Eine spätere Abtretung – auch vor der Zustellung der Klage – schadet nicht (BGH NJW 2013, 1730). Sie wird nicht durch die unzutreffende Mitteilung der Zession genommen, § 409 (BGHZ 64, 117, 120; SCHUBERT JR 1975, 503; MünchKomm/GROTHE Rn 18). Hier erfolgt die Verurteilung vielmehr antragsgemäß Zug um Zug gegen Vorlage der Zustimmungserklärung nach § 409 Abs 2. Umgekehrt hemmt hier nicht die Klage des Scheinzessionars zugunsten des Scheinzedenten.

b) *Steht eine Forderung mehreren zu,* etwa bei der Gemeinschaft, der ungeteilten Erbengemeinschaft, so müssen grundsätzlich die Personen gerichtlich vorgehen, die zur Geltendmachung der Forderung materiellrechtlich zuständig sind. Bei der Gesellschaft bürgerlichen Rechts ist es diese selbst, wenn man ihr Rechts- und Parteifähigkeit zuerkennt (so BGH NJW 2001, 1056). Der einzelne Gesellschafter kann bei Vertretungsbefugnis in ihrem Namen klagen. Er kann auch ermächtigt werden, § 185, im eigenen Namen zu klagen. Bei der Gemeinschaft ist nach § 744 Abs 1 von gemeinschaftlicher Vertretung auszugehen. Sind allerdings die Voraussetzungen des § 744 Abs 2 erfüllt, dann genügt auch die Klage eines Teilhabers, dies dann mit hemmender Wirkung für alle Teilhaber (BGHZ 94, 117, 120; REINICKE/TIEDTKE JZ 1985, 891). Letzteres Ergebnis folgt für die Miteigentümergemeinschaft aus § 1011, für die ungeteilte Erbengemeinschaft aus § 2039, für mehrere Gläubiger einer unteilbaren Leistung aus § 432, sofern jeweils auf Leistung an alle geklagt wird. – Wenn der Einzelne unzulässigerweise auf Leistung an sich allein klagt, wird man auch das genügen lassen müssen (vgl BGHZ 94, 117, 123 zum Falle des § 744 Abs 2; aA LG Wiesbaden WM 1998, 18 zum Falle des § 2039). Notwendig ist nur, dass der verfolgte Anspruch auch so hinreichend deutlich wird. Dann werden schutzwürdige Belange des Schuldners nicht beeinträchtigt.

Bei der Wohnungseigentümergemeinschaft sind Ansprüche entweder der nach § 10 Abs 6 WEG rechtsfähigen Gemeinschaft oder den Eigentümern zugeordnet. Allerdings kann die Wohnungseigentümergemeinschaft aufgrund von § 10 Abs 6 S 3 WEG dazu berufen sein, in Verdrängung der Eigentümer Rechte dieser entweder schon kraft Gesetzes oder aufgrund eines Beschlusses als Prozessstandschafter geltend zu machen (BGHZ 172, 42 = NJW 2007, 1952 Rn 15; NJW-RR 2013, 1169 Rn 13). Hier reicht das Vorgehen aller Eigentümer, wo die Gemeinschaft hätte vorgehen müssen; dem Zweck des § 204 Abs 1 ist genüge getan. Im umgekehrten Fall – die Gemeinschaft geht statt der Eigentümer vor – kann, wenn es an den Voraussetzungen der Prozessstandschaft fehlt, nur eine berichtigende Auslegung helfen (BGH NJW-RR 2013, 1169 Rn 17).

Sind mehrere *Gesamtgläubiger* iSd § 428, so genügt zur Hemmung der Verjährung die Klage des einzelnen Gläubigers, § 428 S 2. Wegen § 429 Abs 3 S 1 wirkt sie aber nur zu seinen eigenen Gunsten.

c) Wenn der *Gläubiger in seiner Verfügungsmacht über die Forderung beschränkt* **8** ist, ist er nicht mehr hinreichend berechtigt iSd § 204. Das folgt namentlich für den Erben aus der Nachlassverwaltung (BGHZ 46, 221, 229) oder aus der Testamentsvollstreckung (STAUDINGER/DILCHER[12] § 209 aF Rn 7), für den Gemeinschuldner aus der Insolvenzeröffnung. Gibt allerdings der Insolvenzverwalter die Forderung frei, so wird der Gemeinschuldner damit Berechtigter (BGH MDR 1965, 892).

Die *Pfändung und Überweisung einer Forderung* nimmt dem Gläubiger nicht die Berechtigung (BGH NJW 1978, 1914; 1986, 423). Er darf vielmehr die erhobene Klage zur Hemmung der Verjährung aufrechterhalten oder gar mit dieser Wirkung Klage erheben. Nicht einmal die gebotene Umstellung des Klagantrags (auf Leistung an den Pfändungsgläubiger) ist im Rahmen des § 204 notwendig. – Außerdem hat natürlich die Klage des Pfändungsgläubigers hemmende Wirkung.

3. Berechtigter iSd § 204 ist aber auch derjenige, der zur *Geltendmachung einer* **9** *fremden Forderung* befugt ist, vgl zum Falle der Ermächtigung BGH NJW 1999, 3707. Freilich ist hier zu unterscheiden:

a) Berechtigte sind zunächst die *Parteien kraft Amtes* (ohne dass dabei der Konstruktion und Sichtweise ihrer Stellung maßgebliche Bedeutung zukäme): Testamentsvollstrecker, Nachlassverwalter, Insolvenzverwalter.

b) Bei *Eltern,* Vormündern und Betreuern hemmt die im eigenen Namen erhobene Klage nicht, wohl aber die im Namen des Vertretenen.

10 c) Im Falle der *Zession* reicht die Klage des Zedenten – mangels Rechtsinhaberschaft – nicht aus (RGZ 85, 424, 429; 152, 115, 117; BGH VersR 1965, 610, 611; BGB-RGRK/ JOHANNSEN § 209 aF Rn 11; STAUDINGER/DILCHER[12] § 209 aF Rn 6; MünchKomm/GROTHE Rn 18), bei der unwirksamen Zession die des Zessionars nicht (OLG Düsseldorf NJW 1994, 2433; VersR 1997, 1094). Das gilt bei der Abtretung ebenso wie beim gesetzlichen Forderungsübergang und auch bei der Abtretung erfüllungshalber (OLG Celle OLGZ 1969, 218). Dass das Ergebnis des Prozesses uU nach § 407 Abs 2 gegen den Zessionar wirkt, ändert daran nichts, weil es bei der Hemmung der Verjährung um Wirkungen zugunsten des Zessionars geht, nicht um den dort vom Gesetz intendierten Schuldnerschutz. Das Gesagte gilt für die Leistungs- wie für die Feststellungsklage (BGH VersR 1965, 610, 611). Bei der Rückabtretung hemmt die Klage des Zedenten ex nunc (BGH NJW 1995, 1675). Sie braucht nicht offengelegt zu werden (BGH aaO).

Anders ist es freilich, wenn die *Abtretung während des laufenden Prozesses* erfolgt. Dann war die Klage als solche zunächst ohnehin durch den Berechtigten erhoben, und § 265 ZPO bewirkt, dass ihre Hemmungswirkung auch über die Abtretung hinaus fortbesteht (PALANDT/ELLENBERGER Rn 9), dies selbst dann, wenn der Antrag nicht auf Leistung an den neuen Rechtsinhaber umgestellt wird (BGH NJW 1984, 2102). Eine überdies vom Zessionar erhobene Klage ist zwar wegen §§ 265 Abs 2, 261 Abs 3 Nr 1 ZPO unzulässig, was aber dem nicht entgegensteht, dass diese Klage die Verjährung ebenfalls hemmt (BGH NJW 2011, 2193 Rn 13 ff; s unten Rn 24 ff).

d) Die Inkassozession macht den Inkassozessionar (hinreichend) zum Berechtigten mit der Folge, dass seine Klage hemmt, nicht die des Zedenten (vgl aber sogleich).

e) Bei der *Einziehungsermächtigung* ist es zunächst für die Hemmungswirkung der Klage des Ermächtigten notwendig, dass diese materiellrechtlich wirksam ist (BAUR JZ 1958, 246). Dann tritt die Hemmungswirkung sicherlich dann ein, wenn jene Voraussetzungen vorliegen, die man prozessual für die Zulässigkeit der gewillkürten Prozessstandschaft aufstellt, nämlich insbesondere das Bestehen eines eigenen Interesses an der Durchsetzung der Forderung (BGHZ 78, 1 5; OLZEN JR 1981, 108; TIEDTKE DB 1981, 1317). Offengelegt zu werden braucht eine stille Zession nicht (BGH NJW 1999, 2110). Fehlt es an den Voraussetzungen der Prozessstandschaft, sodass die Klage an sich als unzulässig abzuweisen wäre, so ist die Verjährung aber gleichwohl gehemmt, weil die Zulässigkeit der Klage nicht Voraussetzung der Verjährungshemmung ist (vgl u Rn 24 ff) und sich Verjährungsfragen als Fragen des materiellen Rechts ohnehin primär am materiellen Recht zu orientieren haben (vgl BGHZ aaO; **aA** TIEDTKE aaO). Das Ergebnis einer nicht gehemmten und damit eingetretenen Verjährung wäre ohnehin äußerst befremdlich, sofern die Klage Erfolg hat. Wird sie aber wegen Fehlens der Voraussetzungen der gewillkürten Prozessstandschaft als unzulässig abgewiesen, so erscheint die Anwendung des § 204 Abs 2 S 1 allein sachgerecht.

Ob der Kläger Inhaber der Forderung war oder nur zur Einziehung ermächtigt, braucht wegen der identischen Folgen für die Verjährung nicht geklärt zu werden (BGH NJW 2007, 2560).

4. War die Klage nach dem Gesagten nicht geeignet, die Verjährung zu hemmen, **11** so tritt diese Wirkung dadurch ein, dass die „richtige" Partei *in den Prozess eintritt,* dies freilich nur ex nunc (MünchKomm/GROTHE Rn 18; PALANDT/ELLENBERGER Rn 11).

Die Hemmungswirkung kann weiterhin in entsprechender Anwendung des § 185 Abs 2 S 1, 1. Alt dadurch eintreten, dass der Berechtigte die Prozessführung genehmigt; wiederum wirkt dies ex nunc (BGHZ 46, 229; BGH NJW-RR 1989, 1269; LM Nr 13; MünchKomm/GROTHE Rn 20; PALANDT/ELLENBERGER Rn 11).

Aber auch die anderen Tatbestände des § 185 Abs 2 S 1 können zur jetzigen Hemmung der Verjährung führen, so der Erwerb des Anspruchs durch den Kläger durch Abtretung (KG Recht 1940 Nr 3605) oder durch gesetzlichen Forderungsübergang (RGZ 85, 424, 429; BGH VersR 1965, 611; STAUDINGER/DILCHER[12] § 209 Rn 10) oder wenn der durch Nachlassverwaltung beschränkte Erbe den Prozess führt und die Nachlassverwaltung aufgehoben wird (BGHZ 46, 221, 229 f).

Davon ist das gerichtliche Vorgehen des vollmachtlosen Vertreters – dh das Vorgehen im Namen des wahren Berechtigten – zu unterscheiden: Hier wirkt die Genehmigung zurück (BGH LM § 209 aF Nr 10; MünchKomm/GROTHE Rn 20; PALANDT/ELLENBERGER Rn 11).

5. Die Hemmungswirkung tritt nur dann ein, wenn die Klage *gegenüber dem* **12** *richtigen Schuldner* erhoben wird; die Klage gegenüber dem falschen Schuldner hemmt – im Verhältnis zum wahren Schuldner – nicht (BAG BB 1957, 822; BGHZ 80, 226), dies selbst dann nicht, wenn der Beklagte früher selbst Schuldner war (OLG Schleswig SchlHA 1958, 335). Das Risiko, den richtigen Schuldner in Anspruch zu nehmen, trägt der Gläubiger. Bei dem Vorgehen gegen den falschen Schuldner reicht es auch nicht, wenn der wahre Schuldner davon Kenntnis erhält, zB weil die Vertretungsorgane identisch sind (offengelassen in BGH NJW-RR 1991, 1034). Die Frage ist rein formal zu beurteilen.

Der falsche Schuldner ist an sich auch dann in Anspruch genommen, wenn die Klage gegen die Gesamtheit der Wohnungseigentümer gerichtet worden ist, Schuldner aber die rechtsfähige Wohnungseigentümergemeinschaft ist. Doch ist hier dem Zweck des § 204 Abs 1 genüge getan, dem Schuldner deutlich zu machen, dass der Anspruch verfolgt werden soll; einer Bemühung des § 242 bedarf es nicht (so aber BGH NJW 2011, 1453 Rn 19). Ähnlich – und erst recht – genügt auch eine gegen sämtliche Gesellschafter gerichtete Klage gegenüber der schuldenden Gesellschaft, was freilich BGHZ 104, 76, 81 f, offen gelassen hat für die Klage gegen nur einen Gesellschafter.

Freilich kann gegenüber der Einrede der Verjährung – auch ohne Arglist – der Einwand der unzulässigen Rechtsausübung gegeben sein, wenn der Schuldner den Gläubiger zur Klage gegen einen anderen veranlasst hat (BGH NJW-RR 1991, 1034). Davon ist insbesondere dann auszugehen, wenn der Gläubiger bei undurchsichtigen gesellschaftlichen Verhältnissen vorab angefragt hatte, wer denn nun der Schuldner sei. Die schlichte Verweisung des Gläubigers an einen Dritten kann nicht genügen. – Zur technischen Behandlung dieses Einwands der unzulässigen Rechtsausübung vgl § 214 Rn 18 ff.

Tritt der richtige Schuldner nachträglich in den Prozess ein, so wird die Verjährung jetzt gegen ihn gehemmt.

Bei einer Mehrzahl von Schuldnern wird die Verjährung nur gegenüber demjenigen gehemmt, gegen den vorgegangen wird, vgl § 425 Abs 2. Das gilt selbst dann, wenn die Schuldner notwendige Streitgenossen sind (BGH NJW 1996, 1060, 1061).

Die Hemmung der Verjährung wirkt auch gegenüber dem Rechtsnachfolger des Schuldners.

Im Falle der *Bürgschaft* wirkt die Hemmung der Verjährung gegenüber dem Hauptschuldner hinsichtlich der Hauptschuld auch gegenüber dem Bürgen, §§ 767 Abs 1 S 1, 768, sofern nicht der Hemmungstatbestand wie im Falle des Verzichts auf rechtsgeschäftlichem Verhalten des Hauptschuldners beruht, das nach § 768 Abs 2 nicht gegenüber dem Bürgen wirkt (BGH ZIP 2009, 1608 Rn 22; 2007, 2206 Rn 18). – Für die Gesellschafter einer OHG folgt die Erstreckung der Hemmungstatbestände aus den §§ 128, 129 HGB, erweitert durch § 160 HGB auf ausgeschiedene Gesellschafter; wegen der dortigen entsprechenden Anwendung der §§ 128, 129 HGB gilt Gleiches aber auch bei einer Gesellschaft bürgerlichen Rechts (vgl PALANDT/ELLENBERGER Rn 12).

Zu den Wirkungen der Bürgschaftsklage Vorbem 5 zu §§ 203 ff.

III. Der betroffene Anspruch

13 Die gerichtliche Geltendmachung hemmt die Verjährung für den verfolgten Anspruch, vgl aber auch die dies erweiternde Bestimmung des § 213.

1. Dabei kommt es auf den *Streitgegenstand der erhobenen Klage* an (BGH NJW 1988, 965; 1996, 1171; 2009, 56, Rn 15); entscheidend ist der prozessuale, nicht der materiellrechtliche Anspruch. Das bedeutet, dass die Klage oder die sonstige gerichtliche Geltendmachung die Verjährung für alle Ansprüche hemmt, die im Rahmen des gestellten Antrags aus dem dem Gericht zur Entscheidung unterbreiteten Sachverhalt hergeleitet werden können.

Wird der Streitgegenstand unzutreffend bezeichnet, zB ein falsches Grundstück benannt, hemmt das nicht. Freilich kann eine Auslegung der Klage den Mangel bereinigen (BGH NJW-RR 1997, 1216). Dabei ist Großzügigkeit geboten, wenn denn der Gegner wissen wird, worum es geht. Unzutreffend zB OLG Hamm FamRZ 1996, 864, das den Zugewinnausgleich daran scheitern lassen will, dass als Stichtag die Einreichung des Scheidungsantrags gewählt wird, statt seiner Zustellung (richtig KG FamRZ 2001, 105; OLG Zweibrücken FamRZ 2001, 865).

Unterschiedliche Streitgegenstände liegen zB vor, wenn zunächst die Feststellung der Ersatzpflicht wegen des materiellen Schadens begehrt wird und es dann um den immateriellen Schaden geht (OLG München VersR 1996, 63), oder zunächst um einen Pflichtteilsanspruch und dann um einen Pflichtteilsergänzungsanspruch (BGH NJW 1996, 1743), zunächst um nachlässige Führung eines Steuervergütungsverfahrens, dann um von vornherein unterlassene Neutralisierung der steuerlichen Belastung (BGH VersR 2001, 199), derselbe, falls der vorgetragene Sachverhalt – je nach Würdigung – vertragliche oder gesetzliche Ansprüche trägt (BGH NJW 2000, 3492, 3493).

a) Daraus folgt zunächst, dass ausschließlich der Kläger – im Falle der Aufrechnung der Beklagte – mit seinem Antrag den Gegenstand der Verjährungshemmung bestimmt.

b) Daraus ergibt sich weiter, dass die Hemmungswirkung *sämtliche Ansprüche erfasst, auf die das klägerische Begehren gestützt werden könnte*. Das ist etwa dort von Bedeutung, wo Schadensersatzansprüche aus Delikt und Gefährdungshaftung, aus Delikt und vertraglicher Haftung hergeleitet werden können, Herausgabeansprüche aus Vertrag, unerlaubter Handlung und dinglichem Recht. Die Hemmungswirkung ist stets umfassend, unabhängig von der Sicht des Gläubigers; sie unterliegt auch seiner Disposition nicht. **14**

Es reicht natürlich die Hemmungswirkung nicht über den Streitgegenstand hinaus (BGH NJW 2000, 2678 zu dem Fall, dass sich aus dem Verhalten des Gegners mehrere Schadensersatzansprüche herleiten lassen. Den einen Schaden einzuklagen, ist unbehelflich für den anderen).

c) *Modifikationen des Antrags,* die den Streitgegenstand unberührt lassen, ändern nichts an der Hemmungswirkung (vgl BGHZ 104, 271: Valuta statt DM; BGH NJW-RR 1990, 183: DM statt Valuta). Entsprechendes muss gelten, wo der Empfänger der eingeklagten Leistung falsch bezeichnet ist: Leistung an den Kläger statt Leistung an einen Dritten (BGHZ 104, 268, 272; BGH NJW 1985, 1152), Leistung an einen Dritten statt Leistung an den Kläger.

d) Da § 204 auf die Klageerhebung oder gleichgestellte Maßnahmen abhebt, ist die Antragstellung nicht notwendig. Insofern reicht es für die Hemmung der Verjährung des Zahlungsanspruchs aus, wenn *Stufenklage* erhoben wird (BAG NJW 1986, 2527) und wenn dort zunächst nur der Auskunftsanspruch gestellt wird (BGH NJW 1975, 1409; NJW 2012, 2180; MünchKomm/Grothe Rn 11). Dabei ist allerdings zu beachten, dass die zunächst umfassende Hemmungswirkung sich nach der Rechtsprechung späterhin – und rückwirkend – auf jenen Betrag beschränkt, der schließlich beziffert verfolgt wird (BGH NJW 1993, 862). Dem ist jedoch nicht zuzustimmen. Hinsichtlich des den gestellten Antrag überschießenden Betrages tritt vielmehr mit Antragstellung der Fall des § 204 Abs 2 S 2 ein (NK-BGB/Mansel Rn 23 f). Es trifft nicht zu, dass der Gläubiger seinen Anspruch von vornherein nur in beschränkter Höhe hat verfolgen wollen. Vielmehr hat er seine Verjährung zunächst umfassend gehemmt. Freilich muss der Zahlungsanspruch jedenfalls antragsmäßig angekündigt werden. Geschieht dies nicht, kann er verjähren (BAG NJW 1996, 1693), auch wenn er in der Klage „vorbehalten" bleibt (OLG Celle NJW-RR 1995, 1411). Das kann dann auch zur Abweisung des Auskunftsbegehrens führen (BAG aaO), weil das schutzwürdige Interesse an der Auskunft entfällt, wenn sie zu nichts mehr führen kann. – Ebenfalls **15**

reicht es aus, wenn ein Anspruch nur *hilfsweise geltend gemacht* wird (BGH NJW 1959, 1819; 1978, 261; MünchKomm/GROTHE Rn 6).

16 e) An die Geltendmachung des Anspruchs sind geringe Anforderungen zu stellen. *Er braucht nicht schlüssig dargetan zu werden,* insbesondere auch nicht substantiiert (BGH NJW 1959, 1819; NJW 1967, 2210; VersR 1979, 764). Schlüssiger Vortrag kann vielmehr nach Fristablauf nachgeholt werden (BGH NJW-RR 1996, 1409), sogar in einem Zweitprozess, wenn zB im Erstprozess die Klage mangels Schlüssigkeit zurückgenommen wurde. So ist auch die anwaltliche Berechnung nach § 18 BRAGO (jetzt § 10 RVG) nachholbar (BGH NJW 1998, 3468). Entsprechend der Funktion der Klageerhebung, den Schuldner nachhaltig auf den Willen des Gläubigers zur Durchsetzung seines Rechts hinzuweisen, reicht es vielmehr aus, dass der Anspruch *als solcher identifizierbar* ist. Insoweit kann es gerade bei der Teilklage vorkommen, dass verschiedene Ansprüche ohne nähere Aufgliederung geltend gemacht werden. Es wird dann die Verjährung für jeden der geltend gemachten Ansprüche – bis hin zur Höhe der gesamten Klagesumme – gehemmt (BGH NJW 1959, 1819; 1967, 2210; NJW-RR 1988, 692; NJW 2000, 3492, 3494; offenbar enger BGH NJW 2001, 305, 307; ARENS ZZP 82, 145). Nimmt hier der Kläger späterhin die notwendige Zuordnung der Ansprüche zum Antrag vor, dann entfällt damit für die nicht mehr verfolgten Ansprüche oder Anspruchsteile die Hemmungswirkung, soweit sie nicht weiterhin wenigstens hilfsweise geltend gemacht werden; für die noch verfolgten ist die Hemmung nach § 204 eingetreten. Unterbleibt diese Zuordnung überhaupt und kommt es damit zu einem Urteil, dessen materielle Reichweite nicht festgestellt werden kann, ist eine Hemmung insgesamt nicht eingetreten, es kann freilich der Gläubiger innerhalb der Frist des § 204 Abs 2 S 1 eine neue Klage anstrengen, die ihren Anspruch hinreichend bezeichnet; für diesen wirkt der Vorprozess hemmend nach § 204.

17 2. Für den geltend gemachten Anspruch tritt die Hemmungswirkung nur in dem Umfang ein, in dem er geltend gemacht wird.

a) Das bedeutet für die *Teilklage,* dass sie die Verjährung nur entsprechend teilweise hemmt (BGHZ 66, 142, 148; BGH NJW 1978, 1058; VersR 1984, 391). Das gilt auch dann, wenn der Kläger seinen Anspruch sogleich seinem ganzen Umfang nach darlegt und sich die Geltendmachung des Restes ausdrücklich vorbehält (RGZ 57, 372, 375; 66, 365, 366). Auch die spätere Klageerweiterung ändert daran nichts; sie wirkt vielmehr nur ex nunc (BGHZ 103, 20); § 167 ZPO ist zu beachten.

Die Teilklage braucht nicht als solche erkennbar zu sein (vgl BGH NJW 2009, 1950 zur sog verdeckten Teilklage). Der angekündigte Antrag begrenzt die Reichweite der Hemmung natürlich auch dann, wenn der Kläger nicht einmal deutlich macht, dass er noch von weiteren Ansprüchen ausgeht.

18 b) Diese limitierende Wirkung des Klageantrags gilt aber *nicht ausnahmslos.* Es ist denkbar, dass der Kläger seine gesamte Forderung einklagen will, diese aber zu niedrig bemisst.

Zutreffend hat die Rechtsprechung bei einer Schadensersatzklage Unterbrechung (bzw jetzt: Hemmung) hinsichtlich der gesamten Forderung angenommen, wenn die Preisentwicklung einen höheren Betrag als in der Klage angegeben notwendig macht (BGH NJW 1970, 1682; 1982, 1809; VersR 1984, 868). Gleiches ist angenommen worden, wenn Sachverständige späterhin den zur Behebung eines Schadens erforderlichen Betrag höher angenommen haben, als er sich zunächst darstellte (RGZ 102, 143, 144 f), oder wenn der Vorschuss zur Mängelbeseitigung, § 637 Abs 3 (jetzt § 634 Nr 2), voll eingeklagt werden sollte, aber aus denselben Gründen zu niedrig bemessen wurde (BGHZ 66, 138, 141; BGH NJW-RR 2005, 1037 = NZBau 2005, 514, NJW 2009, 60 [entgegen Rn 8 letzterer Entscheidung enthält ein Vorschussurteil allerdings nicht „auch Elemente eines Feststellungsurteils"]) oder wenn ein Irrtum über die Grundlage der Schadensbemessung bei einer Schadensersatzklage wegen unberechtigter Kündigung berichtigt wurde (BGH WM 1978, 461, 465).

Das lässt sich dahin verallgemeinern, dass das natürliche Risiko von Zukunftsprognosen dem Kläger genommen werden soll und kann. Dementsprechend geht es aber wieder zu seinen Lasten, wenn seine Forderung insgesamt feststeht und er sie nur betraglich nicht hinreichend überschaut (vgl BGHZ 66, 147 für die Kosten der bereits durchgeführten eigenen Mängelbeseitigung).

c) Bei der *unbezifferten Klage* kommt es zu einer Hemmung hinsichtlich des **19** gesamten Anspruchs (BGH NJW 1974, 1551; BGHZ 103, 298, 301 f). Dies gilt jedenfalls dann, wenn sich der Kläger nicht auf einzelne Teile seines Anspruchs beschränkt; tut er das, kann darüber hinaus Verjährung eintreten (BGH LM BGB § 847 Nr 3 = VersR 1983, 497, 498; LM GG Art 14 [Cc] Nr 43 = VersR 1984, 390, 391). Tut er das nicht, so wird die Verjährung auch hinsichtlich bislang nicht erwähnter Positionen gehemmt. Anders ist es freilich, wenn der Kläger zB bei der Schmerzensgeldklage einen bestimmten Rahmen vorgibt. Dann wird die Verjährung auch nur in diesem Rahmen gehemmt, auch wenn der Kläger späterhin höhere Wertvorstellungen äußert (BGH VersR 1971, 1148, 1150; vgl aber großzügiger BGH NJW 2002, 3769, 3770).

Die so gekennzeichnete Reichweite der Hemmung bei der unbezifferten Klage gilt ohne weiteres dort, wo sie in zulässiger Weise erhoben wird. Da es aber im Bereich des § 204 auf die Zulässigkeit der Klage nicht ankommt (vgl u Rn 24 ff), gilt nichts anderes dort, wo es unzulässig war, den Antrag unbeziffert zu lassen.

d) Die genannten Grundsätze gelten außer für die Leistungsklage auch für die **20** *Feststellungsklage*. Sie hat also nur eine eingeschränkte Hemmungswirkung, wenn sie betraglich eingeschränkt wird (OLG München JurBüro 1964, 448; MünchKomm/Grothe Rn 16). Ist sie – wie in der Regel – nicht eingeschränkt, so hemmt sie vollen Umfangs (BGHZ 103, 298, 301), dies wiederum unabhängig von der Zulässigkeit des Feststellungsantrags.

e) Die beschränkte Reichweite der Teilklage gilt nur für die Hemmung der Ver- **21** jährung. Bei gesetzlichen *Ausschlussfristen* genügt grundsätzlich die Teilklage zur Wahrung, kann die Klage also späterhin erweitert werden, weil schon die Teilklage den Willen des Berechtigten hinreichend deutlich bekundet, seinen Anspruch geltend zu machen (vgl BGHZ 25, 225, 227). Dagegen ist bei vertraglich vorgesehenen Ausschlussfristen nach ihrem Sinn und Zweck zu differenzieren (RGZ 152, 330, 336). Die Teilklage genügt, wenn es primär darum geht, den Berechtigten zur rechtzeitigen Bekundung seines Willens zu veranlassen; sie genügt nicht, wenn mit Fristablauf ein endgültiger, zuverlässiger Zustand geschaffen werden soll.

22 **3.** Grundsätzlich bestimmt der nach prozessualen Gesichtspunkten zu ermittelnde Streitgegenstand die Reichweite der Hemmung der Verjährung (Henckel JZ 1962, 336). Das folgt schon aus der Formulierung des § 204 mit seiner Bezugnahme auf das Prozessrecht. Dann kann aber – jedenfalls im Ausgangspunkt – eine Hemmungswirkung nicht auch für andere Ansprüche eintreten, die einen *anderen Streitgegenstand* bilden würden. Zu dieser Problematik verhält sich § 213, die Hemmungswirkung für alternative Ansprüche erweiternd.

IV. Anforderungen an die Klage

1. Parteien; Schlüssigkeit, Begründetheit

23 Inhaltlich muss die Klage zwischen den richtigen Parteien angestrengt werden (vgl dazu o Rn 6 ff) und den Anspruch betreffen (dazu o Rn 13 ff).

Dabei braucht die Klage *nicht schlüssig oder gar begründet* zu sein; ihre Hemmungswirkung ist gerade dann von Bedeutung, wenn sie dies nicht ist, vgl BGH NJW 1999, 2115 zum fehlenden Beschluss der Gesellschafterversammlung bei der Schadensersatzklage gegen den früheren Geschäftsführer der GmbH. Die geringen Anforderungen belegt schon § 204 Abs 1 Nr 1 iVm Abs 2 S 1.

2. Zulässigkeit

24 Die Klage braucht auch nicht zulässig zu sein, vgl wiederum § 204 Abs 2 S 1, iVm Abs 1 Nr 1 (BGHZ 78, 1, 5; BGH NJW 2011, 2193 Rn 13; MünchKomm/Grothe Rn 21; Palandt/Ellenberger Rn 4 f). Es dürfen also die einzelnen Sachurteilsvoraussetzungen fehlen, solange der Mangel nicht so schwer wiegt, dass darüber überhaupt eine unwirksame Klage anzunehmen ist, die die Verjährung nicht hemmt (vgl dazu u Rn 28 ff). Ein bloßer Klageentwurf (im Rahmen eines Antrags auf Gewährung von Prozesskostenhilfe) genügt freilich nicht (OLG Köln NJW 1994, 3360; OLG Oldenburg MDR 1996, 851); für das erstmalige Prozesskostenhilfegesuch gilt aber § 204 Abs 1 Nr 14. Im Einzelnen ist dazu zu bemerken:

a) Gegeben sein muss freilich die *deutsche Gerichtsbarkeit* iSd §§ 18 ff GVG, deren Fehlen überhaupt schon die Zustellung verbietet und ein gleichwohl ergehendes Sachurteil nichtig machen würde (Zöller/Lückemann Vor §§ 18–20 GVG Rn 3 f). Der von der Gerichtsbarkeit Ausgenommene braucht eben Maßnahmen deutscher Gerichte nicht hinzunehmen und braucht sich deshalb durch die Klageerhebung nicht aufgefordert zu fühlen, dem Anspruch entgegenzutreten. Damit würde § 204 hier seine Funktion nicht erfüllen können.

25 b) Nicht gegeben zu sein braucht die *Zuständigkeit des Gerichts* (BGH NJW 1978, 1058) in örtlicher, sachlicher (BGH NJW 1978, 1058), instanzieller und internationaler Hinsicht. Das ist unproblematisch, wo der Mangel der Klage entschuldigt oder gar übersehen werden kann, wird aber zweifelhaft, wenn der Mangel grob ist und vielleicht von dem Kläger bewusst in Kauf genommen wurde, zB bei der erstinstanzlichen Klage vor dem BGH. Hier – und bei den weiteren Sachurteilsvoraussetzungen – wird man aber weder nach der Schwere des Mangels differenzieren können noch erst recht sinnvoll auf die subjektiven Gegebenheiten bei dem Kläger

Titel 2
Hemmung, Ablaufhemmung und Neubeginn der Verjährung § 204

abstellen dürfen. Ebenso wenig darf es darauf ankommen, ob sich der Beklagte zur Abwehr der Klage herausgefordert fühlen durfte oder musste. Entscheidender Maßstab muss vielmehr – hier und auch sonst bei den Sachurteilsvoraussetzungen – der objektive sein, ob ein gleichwohl ergehendes Sachurteil wirksam wäre.

c) Die *Partei muss existent* sein. Es hemmt die Klage gegen einen Verstorbenen nicht (OLG Hamburg HansRGZ 1922 B 167, 168; OLG München Rpfleger 1963, 302, 303; OLG Hamm MDR 1969, 47; MünchKomm/GROTHE Rn 22); ebenso wenig eine im Namen eines Verstorbenen erhobene Klage. Dagegen kommt es auf die Parteifähigkeit nicht an; hemmend wirkt also die Klage einer Erbengemeinschaft ebenso wie die Klage gegen sie. Notwendig ist in Fällen dieser Art nur, dass die richtige Partei mit Sicherheit durch jeden Dritten ermittelt werden kann (BGH LM ZPO § 253 Nr 58 = NJW 1977, 1686; DB 1978, 2409).

d) Hinsichtlich der *Prozessfähigkeit* wird gesagt, dass sie fehlen dürfe (RGZ 149, 321, 326; BGH MDR 1974, 388; PALANDT/ELLENBERGER Rn 5). Auf klägerischer Seite wird man dem schon deshalb zustimmen müssen, weil die Verjährungshemmung hier nur positiv wirkt. Abzulehnen ist diese Auffassung jedoch für die Beklagtenseite. Hier hilft dem Gläubiger § 210. **26**

e) Fehlt die *Prozessführungsbefugnis,* so kann die Klage die Verjährung nicht hemmen; wenn die Genehmigung des wahren Rechtsinhabers fehlt, dann fehlt es schon materiellrechtlich an einer Klage des Berechtigten. Folgt die Genehmigung später, so wirkt sie ex nunc. Liegt sie aber vor, dann tritt eine Hemmungswirkung auch dann ein, wenn es an den weiteren Voraussetzungen einer zulässigen Prozessstandschaft fehlt, namentlich dem eigenen Interesse an der Rechtsverfolgung. **27**

f) *Anderweitige* Rechtskraft oder *Rechtshängigkeit* ändern nichts an der Hemmungswirkung der Klage. Das gilt zB für die wegen §§ 265 Abs 2, 261 Abs 3 Nr 1 ZPO unzulässige Klage des Zessionars (BGH NJW 2011, 2193 Rn 13 ff; s unten Rn 24 ff).

g) Unschädlich ist es, wenn der *falsche Rechtsweg* beschritten wird. Führt dies – heute unter Verstoß gegen § 17a Abs 2 GVG – zur Abweisung der Klage als unzulässig, gilt § 204 Abs 2 S 1. Kommt es dagegen zur Verweisung, so dauert die Hemmung ununterbrochen fort, vgl § 17b Abs 1 GVG.

h) Nicht notwendig ist ein *Rechtsschutzbedürfnis* für die Klage (BGHZ 39, 287, 291; 103, 298, 302), das sich im Übrigen gerade aus dem drohenden Eintritt der Verjährung ergeben kann.

i) Die *Einreden* der Schiedsgerichtsbarkeit, § 1032 ZPO, der fehlenden Ausländersicherheit, §§ 110 ff ZPO, und der mangelnden Kostenerstattung, § 269 Abs 6 ZPO, nehmen der Klage nicht die hemmende Wirkung. Die letztgenannte führt aber zu § 204 Abs 2 S 2, solange die Kostenerstattung nicht erfolgt.

k) Die fehlende Statthaftigkeit der Klage im Urkundenprozess nimmt ihr die Hemmungswirkung nicht.

3. Wirksamkeit der Klageerhebung

28 Die Klage muss wirksam erhoben werden, damit sie die Verjährung hemmen kann (MünchKomm/Grothe Rn 21; Palandt/Ellenberger Rn 4; BGH NJW 1959, 1819). Es müssen also im Wesentlichen die Anforderungen des § 253 Abs 1, 2 ZPO gewahrt sein (BGH NJW-RR 1989, 508).

a) Die erhobene Klage muss

aa) das angerufene *Gericht* zweifelsfrei bezeichnen, § 253 Abs 2 Nr 1 ZPO, wobei dies freilich nicht das zuständige zu sein braucht.

bb) die *Parteien* zweifelsfrei bezeichnen, § 253 Abs 2 Nr 1 ZPO (BGH NJW 1977, 1686; DB 1978, 2409). Solange sich keine Zweifel an der Identität von Kläger und Beklagtem ergeben, brauchen die näheren Angaben nach den §§ 253 Abs 4, 130 Nr 1 ZPO nicht zu erfolgen und sind sogar auch fehlerhafte Angaben unschädlich, wie etwa eine falsche Schreibweise des Namens, die fehlende Angabe des Berufes oder bei juristischen Personen des gesetzlichen Vertreters. Unverzichtbar ist die Angabe des Wohnsitzes insofern, als Fehler hier die Identifizierung der Person gefährden können. Mängel der Klage in diesem Bereich wirken sich freilich nur dann aus, wenn sie die Zustellung der Klage verhindern. Im Übrigen kommt es nicht allein auf die Bezeichnung an, sondern vielmehr darauf, welcher Sinn ihr im Wege der Auslegung bei objektiver Würdigung des Erklärungsinhalts der Klageschrift beizulegen ist (BGH NJW 1983, 2448).

cc) *unterschrieben* sein (vgl aber u Rn 36), weil es sonst an einer wirksamen Klageerhebung überhaupt fehlt.

Dabei braucht die *Postulationsfähigkeit* des Unterschreibenden aber nicht gegeben zu sein; unschädlich etwa, wenn die Naturpartei trotz Anwaltszwanges selbst Klage erhebt (**aA** OLG Braunschweig MDR 1957, 425, 426; OLG Naumburg FamRZ 2001, 1006 m abl Anm Gottwald; MünchKomm/Grothe Rn 21; Palandt/Ellenberger Rn 4) oder für die Partei ein Dritter als Vertreter, der weder Rechtsanwalt ist noch im Parteiprozess die Voraussetzungen des § 79 Abs 2 S 2 ZPO erfüllt. Freilich kann daran die notwendige Zustellung der Klage scheitern.

29 b) Von den bei der Klageerhebung zu beachtenden *Formalien* verzichtbar sind:

aa) die Bezeichnung als Klage; es muss nur die Auslegung ergeben, dass eine solche gewollt ist (vgl BGH NJW-RR 1989, 508: Antrag auf Terminanberaumung),

bb) die Wahrung der Anforderungen der Abs 3–5 des § 253 ZPO,

cc) die Einzahlung eines Prozesskostenvorschusses (woran freilich die notwendige Zustellung der Klage scheitern kann),

dd) die Ladung des Beklagten.

30 c) *Inhaltlich* muss die Klage

aa) *den Anspruch,* dessen Verjährung gehemmt werden soll, *in zweifelsfrei identifizierbarer Weise bezeichnen,* § 253 Abs 2 Nr 2 ZPO. Passt die Bezeichnung auf mehrere Ansprüche, so genügt es, wenn die Identifizierung späterhin nachgeholt wird (vgl o Rn 16). Die neuere Rechtsprechung stellt freilich an die Verjährungshemmung durch Mahnbescheid strengere Anforderungen (vgl u Rn 55).

bb) überhaupt ein Begehren des Klägers erkennen lassen. Ein unbestimmter Antrag reicht ohnehin dort, wo er zulässig ist; er muss aber auch genügen, wenn er nicht zulässig ist, solange er nur Richtung und Umfang des klägerischen Begehrens erkennen lässt. Verjährungshemmend wirkt eben die unzulässige Klage (noch) im Gegensatz zur unwirksamen, und diese Grenze muss überschritten sein.

cc) *Nicht erforderlich* ist eine, gar substantiierte *Begründung* des Anspruchs, die über seine Bezeichnung hinausgeht.

4. Zustellung der Klage

Die Klage muss zugestellt werden, damit eine Hemmung der Verjährung eintreten kann, § 253 Abs 1 ZPO. Zu beachten ist freilich, dass nicht in allen Gerichtszweigen die Erhebung der Klage, auf die § 204 Abs 1 Nr 1 abstellt, von ihrer Zustellung abhängt, vgl zB § 81 VwGO, und dass die Wahl des richtigen Rechtswegs zur Hemmung der Verjährung nicht erforderlich ist. Die Zustellung kann dort auch nicht als unabdingbar im Rahmen des § 204 Abs 1 Nr 1 angesehen werden, wenn zB auch § 212 Abs 1 Nr 2, 2. Alt auf sie verzichtet, vgl auch § 204 Abs 1 Nr 12. **31**

Hinzuweisen ist auf die durch § 261 Abs 2 ZPO eröffnete Möglichkeit, Klage in der mündlichen Verhandlung zu erheben.

a) *Unterbleibt* im Rahmen der ZPO die Zustellung der Klage, so kommt es nicht zu einer Hemmung der Verjährung. Die Gründe für das Unterbleiben der Zustellung sind zunächst unerheblich. Sie kann etwa unterbleiben, weil eine zustellungsfähige Adresse fehlt oder eine missdeutige Bezeichnung der Partei die Aushändigung der niedergelegten Klage an den Beklagten verhindert (LG Paderborn NJW 1977, 2077). Nicht anders ist es, wenn das Gericht die Zustellung unterlässt, wozu es triftige oder weniger triftige Gründe haben mag. Fehlen dem Gericht triftige Gründe, so bleibt § 167 ZPO zu beachten: Die spätere Zustellung wirkt fristwahrend, wenn die Gründe für die Verzögerung dem Kläger nicht zugerechnet werden können (vgl u Rn 34 f).

b) Die Zustellung muss den entsprechenden Bestimmungen der ZPO genügen. Eine danach *unwirksame Zustellung* vermag die Verjährung nicht zu hemmen (OLG Düsseldorf VersR 1995, 1191). Eine Heilung der Zustellung kann allerdings nach § 189 ZPO erfolgen. Eine solche Heilung erfolgt freilich erst mit Wirkung ex nunc (vgl aber zu § 295 ZPO u Rn 36). **32**

Zugestellt werden muss dabei die eingereichte Klage. Unterschiede zwischen der eingereichten und der zugestellten Schrift sind freilich hinzunehmen, wenn diese nur im Wesentlichen übereinstimmen (BGH NJW 1978, 1058, 1059).

Eine gleichzeitige Terminsanberaumung ist nicht notwendig (OLG Nürnberg MDR 1967, 669). Unterbleibt sie allerdings auf Anregung des Klägers, kann der Fall des § 204 Abs 2 S 2 gegeben sein. Verzichtbar ist auch (für die Hemmung der Verjährung) die Ladung des Beklagten.

33 c) Zur Hemmung der Verjährung genügt auch die *öffentliche Zustellung der Klage* nach §§ 185 ff ZPO. Die Zustellung muss freilich wirksam sein, was nicht schon aus ihrer Bewilligung folgt (BGH NJW 2002, 827 gegenüber BGHZ 57, 158; 64, 5), dh der Aufenthaltsort des Schuldners muss tatsächlich allgemein – und nicht nur dem Gläubiger – unbekannt sein, § 182 Nr 1 ZPO. In der Tat verdient der Gläubiger, der sehen muss, dass er nicht gehörig recherchiert hat, einerseits keinen Schutz, andererseits belegt gerade nach der Modernisierung des Schuldrechts die Fassung des § 204 Abs 1, dass der Schuldner – soweit möglich – davor gewarnt sein muss, dass etwas auf ihn zukommt.

34 5. Die Zustellung der Klage muss grundsätzlich innerhalb der Verjährungsfrist erfolgen, um diese hemmen zu können. Das wird aber von *§ 167 ZPO* in gewichtiger Weise modifiziert.

a) Nach dieser Bestimmung genügt es, dass *die Klage innerhalb der Verjährungsfrist eingereicht* wird; dies ist aber auch wieder unverzichtbar, eine Wiedereinsetzung in den vorigen Stand gibt es hier nicht. Zur Einreichung kommt es darauf an, dass das Gericht die Verfügungsgewalt über die Klage erhält (vgl näher ZÖLLER/GREGER § 167 ZPO Rn 5 ff).

aa) Die Verjährungsfrist ist unter Berücksichtigung von einem etwaigen Neubeginn und Hemmungen nach den §§ 186 ff zu berechnen; für ihr Ende sind namentlich die §§ 188, 193 von Bedeutung, sodass also bei Fristende an Wochenenden oder Feiertag noch der nächste Werktag zur Verfügung steht (RGZ 151, 345; BGH WM 1978, 464; PALANDT/ELLENBERGER Rn 8). Diese Frist darf der Kläger voll – bis 24 Uhr – ausnutzen (BGH NJW 1995, 3380, 3381). Verfügt das Gericht nicht über hinreichende Zugangsmöglichkeiten nach Dienstschluss, gilt zu seinen Gunsten § 206. Freilich braucht das Gericht über den Dienstschluss hinaus keine Geschäftsstelle für zu Protokoll abzugebende Anträge zur Verfügung zu stellen.

Andererseits braucht sich der Kläger nur die fehlende Empfangsmöglichkeit des Gerichtes nicht entgegenzuhalten lassen. Der Postlauf und dessen etwaige Verzögerungen gehen zu seinen Lasten, vgl aber § 206 Rn 14.

35 bb) Wenn die Klage danach rechtzeitig eingereicht ist, genügt es zur Hemmung der Verjährung, wenn die *Zustellung demnächst* erfolgt; sie darf also nach Ablauf der Verjährungsfrist liegen.

Dabei kommt es auf die Länge des Zeitablaufs zwischen der Einreichung der Klage und ihrer Zustellung nicht an, wenn *die aufgetretene Verzögerung von dem Kläger nicht zu vertreten* ist, sondern in den Verantwortungsbereich des Gerichtes, seinen Geschäftsablauf fällt (BGHZ 103, 28; BGH NJW-RR 1992, 471). Wenn die Klage innerhalb von zwei Wochen zugestellt wird, ist dies ohnehin „demnächst", sodass sich etwaige Nachlässigkeiten des Klägers jedenfalls nicht ausgewirkt haben. Diese zwei Wochen sind nicht ab Einreichung der Klage zu rechnen, wenn denn der Kläger die Frist voll ausnutzen darf, sondern ab Ablauf der Verjährungsfrist (BGH NJW 1993, 2320; 1994, 1073). Wenn dem Kläger ein Vorwurf nicht gemacht werden kann, sollen auch mehrere Monate unschädlich sein (BGHZ 168, 306 = NJW 2006, 3206); das BAG (NJW 2013, 252) hat bei einer in Chile zu bewirkenden Auslandszustellung zweifelhaft gar 19 Monate für unschädlich gehalten. Indessen sind so lange Verzögerungen aber beachtlich und verhindern die Annahme einer demnächstigen Zustellung. Dabei ist der Maßstab einfache Fahrlässigkeit (BGH NJW 1988, 1082; 1991, 1746); das Verschulden des Prozessbevollmächtigten genügt nach § 85 Abs 2 ZPO. Insoweit muss der Kläger alles Zumutbare für die alsbaldige Zustellung der Klage tun (BGH Betrieb 1972, 2108). Dabei braucht er zwar den Streitwert in der Klage nicht anzugeben und darf der Anwalt insoweit bei der Partei rückfragen (BGH NJW 1972, 1948), auch braucht der Prozesskostenvorschuss nicht unaufgefordert eingezahlt zu werden (BGHZ 69, 364), der angeforderte Vorschuss muss aber binnen (etwa) zwei Wochen eingezahlt werden (BGH NJW-RR 1992, 471). Verzögert sich die Anforderung unangemessen, muss der Kläger von sich aus aktiv werden (BGHZ 69, 361: Erinnerung des Gerichts oder Selbsteinzahlung). Auch sonstige *Nachlässigkeiten schaden:* Verzögerung der Zustellung durch lückenhafte Adressenangabe, Angabe eines unrichtigen Aktenzeichens (BGH WM 1984, 209), verzögerte Einreichung der für die Zustellung notwendigen Abschriften (BGH VersR 1974, 1106).

Unschädlich sind dem Gläubiger Verzögerungen aus dem Bereich des Gerichts. Hat er zB den Kostenvorschuss rechtzeitig eingezahlt, braucht er nicht noch einmal nachzufragen, ob nun auch die Zustellung erfolgt ist.

b) Die Bedeutung des § 167 ZPO erschöpft sich nicht darin, die Fristwahrung zu ermöglichen. Die Bestimmung verlängert die Dauer der Hemmung, die bereits ab Anhängigkeit, nicht erst ab der Begründung der Rechtshängigkeit durch Zustellung zu berechnen ist (BGH NJW 2010, 856 Rn 8 ff).

c) Ungeachtet seiner *Stellung im Prozessrecht ist § 167 ZPO* in dem vorliegenden Zusammenhang eine Norm des materiellen Rechts. Sollte der Anspruch – und damit auch seine Verjährung – nach ausländischem Recht zu beurteilen sein, kommt es darauf an, ob dieses eine entsprechende Regelung kennt.

6. Heilung von Mängeln

Leidet die Klage oder ihre Zustellung an einem Mangel, der durch *rügelose Einlassung* des Beklagten nach § 295 ZPO geheilt werden kann, so wird dieser Mangel dadurch unbeachtlich (BGH NJW-RR 2010, 1438 Rn 16 zur rügelosen Einlassung in unverjährter Zeit), und zwar mit Wirkung ex tunc (RGZ 87, 271, 272; BGH VersR 1967, 395, 398; PALANDT/ELLENBERGER Rn 6; THOMAS/PUTZO/REICHOLD § 295 Rn 7; **aA** MünchKomm/GROTHE Rn 24: ex nunc). Um dies zu vermeiden, muss der Beklagte den Mangel in der mündlichen Verhandlung rügen; dass er sich zuvor schriftsätzlich auf den Mangel berufen hat, genügt – außer bei konkludenter Bezugnahme darauf – ebenso wenig (RGZ 135, 119), wie die schon schriftsätzlich erhobene Einrede der Verjährung (OLG Bremen GmbH-Rdsch 1964, 10).

36

Welche Mängel im Einzelnen rückwirkend durch rügelose Einlassung geheilt werden können, ist zweifelhaft. BGH NJW 1960, 1947, 1948 hat dies für eine Klageerweiterung angenommen, die zwar formlos mitgeteilt, aber weder zugestellt noch in der Antragstellung im nächsten Termin berücksichtigt worden war. Dasselbe wird man für die Unterschrift unter der Klage annehmen können (vgl BAG NJW 1986, 3224, freilich zur Ausschlussfrist des § 4 KSchG).

RGZ 86, 246 hat die rückwirkende Genehmigung der Zustellung an einen nicht bevollmächtigten Vertreter zugelassen.

Wo eine Heilung des Mangels nach § 295 Abs 1 ZPO nicht möglich ist (§ 295 Abs 2 ZPO), wirkt seine Behebung nicht zurück (BGH LM ZPO § 253 Nr 16).

7. Nachträgliche Einführung des Anspruchs in den Prozess

37 Einer Klage gleichzustellen und entsprechend zu beurteilen ist es, wenn ein *Anspruch nachträglich in den Prozess* eingeführt wird. Dies kann geschehen, § 261 Abs 2 ZPO: durch nachträgliche Anspruchshäufung, §§ 260, 263 ZPO, dh der Kläger behält seinen Antrag bei, stützt ihn aber zusätzlich auf einen weiteren Lebenssachverhalt, der ihm zusätzliche Ansprüche eröffnet, durch eine Klageerweiterung, §§ 263, 264 ZPO, durch die Erhebung einer Widerklage, § 33 ZPO, das Stellen eines Antrags nach § 510b ZPO. Bedeutungslos ist insoweit die Erhebung einer Zwischenfeststellungsklage nach § 256 Abs 2 ZPO, weil die Feststellung eines Rechtsverhältnisses nicht die Verjährung der aus diesem fließenden Ansprüche zu hemmen vermag.

a) *Unerheblich* für die Hemmungswirkung des neuen Antrags ist seine *prozessuale Zulässigkeit*, was zB für die weder sachdienliche noch vom Gegner konsentierte Klageänderung gilt. Weist das Gericht den Antrag als unzulässig zurück, gilt § 204 Abs 2 S 1.

b) Die Hemmungswirkung tritt ein entweder mit der Stellung des Antrags in der mündlichen Verhandlung, § 261 Abs 2 ZPO, oder zuvor schon nach derselben Bestimmung mit der Zustellung des entsprechenden vorbereitenden Schriftsatzes. Freilich ist die förmliche Zustellung wegen des § 189 ZPO entbehrlich, reicht also die formlose Übersendung.

Nicht zu folgen ist BGH NJW 1995, 252; ZEUNER, in: FS Henckel (1995) 940, 952, die die Wirkung der Klageerweiterung uU zurückdatieren wollen auf die Erhebung der Ursprungsklage (vgl RGZ 65, 398; BGHZ 67, 372, 373; BGB-RGRK/JOHANNSEN § 209 aF Rn 25).

c) Im Übrigen sind dieselben Anforderungen wie an die Klage zu stellen. Der Antrag darf also nicht überhaupt wirkungslos sein.

8. Klage vor Beginn der Verjährung

38 Wird die *Klage vor Beginn der Verjährung* erhoben, so wird der Verjährungsbeginn dadurch nicht vorverlegt (STAUDINGER/DILCHER[12] § 198 aF Rn 7). Die Verjährung wird dann jedenfalls in dem Moment gehemmt, in dem sie zu laufen beginnt (BGHZ 52, 47,

49; BGH NJW 1995, 3380; STAUDINGER/DILCHER[12] § 209 aF Rn 3; MünchKomm/vFELDMANN[3] § 209 aF Rn 15). Eine frühere Hemmung der Verjährung bereits durch die Klageerhebung lehnen die Genannten ab. Die Problematik wird bedeutsam, wenn die Klage noch vor dem eigentlichen Verjährungsbeginn zurückgenommen oder abgewiesen wird, vgl § 204 Abs 2 S 2. Man wird hier aber eine sofortige Hemmung der Verjährung anzunehmen haben. Eine allzu naturalistische Betrachtung – nur die laufende Verjährung kann gehemmt werden – ist fehl am Platz: Der Schuldner wird auch durch diese Klage hinreichend darauf hingewiesen, dass er sich verteidigen muss. Der Gläubiger bringt sein Interesse an der Forderung hinreichend zum Ausdruck. Der konkrete Verjährungsbeginn mag unklar sein; das darf nicht zu seinen Lasten gehen. Letztlich nicht anders liegen die Dinge aber, wo er sich – wie bei der Klage auf zukünftige Leistung – bewusst darüber hinwegsetzt. Ungereimt wäre es auch, dem späteren Titel die Verjährungsfrist des § 197 Abs 1 Nr 3 mit Beginn nach § 201 beizumessen, was zweifellos geboten ist, der zu ihm führenden Klage aber jede Auswirkung auf die Verjährung abzusprechen.

V. Die Klagearten

1. Notwendig ist nach § 204 Abs 1 Nr 1 die Klage des *Gläubigers*. **39**

Das bedeutet, dass die *negative Feststellungsklage des Schuldners* gegenüber der Forderung nicht genügt (aA GSELL, in GS Wolf [2011] 393; THOLE NJW 2013, 1192); das Gegenteil wäre auch sinnwidrig, wie schon der Gegenschluss aus § 212 Abs 1 Nr 1 belegt. Der Schuldner muss anerkennen, nicht leugnen. Zweifelhaft kann nur sein, ob jedenfalls der Abweisungsantrag des Gläubigers gegenüber dieser Klage zur Verjährungshemmung geeignet ist. Auch das wird aber von der zutreffenden hM verneint (RGZ 75, 302, 305; 153, 375, 383; BGHZ 72, 23, 25; 122, 287, 293; BGH NJW 2012, 3633; MünchKomm/GROTHE Rn 4; PALANDT/ELLENBERGER Rn 3; aA OLG Schleswig NJW 1976, 970; SPIRO § 136 [306 f]; MÜLLER-FREIENFELS JZ 1978, 80; HINZ, in: FS vLübtow [1980] 735 ff; BALTZER 161 ff; JAUERNIG § 204 Rn 2). Dem Gläubiger ist die Erhebung der Widerklage anzusinnen; mit seinem bloßen Abweisungsantrag bringt er sein Interesse an der Forderung nicht mit der von § 204 geforderten Intensität zum Ausdruck. Die Fassung der Hemmungstatbestände im Gesetz ist insoweit bewusst einschränkend erfolgt (BGHZ 72, 23, 25). Der Hinweis auf die identische Rechtskraft von negativer Feststellungsklage des Schuldners und Leistungsklage des Gläubigers genügt nicht.

2. Notwendig ist weiterhin eine *Klage,* soweit nicht das Gesetz selbst Ausnahmen **40** zulässt, zB in § 204 Abs 1 Nrn 2 ff. Über diese Ausnahmen hinaus können Maßnahmen geringerer Intensität nicht ausreichen.

a) Zum Abweisungsantrag gegenüber der negativen Feststellungsklage des Schuldners vgl soeben Rn 39.

b) Die außergerichtliche Geltendmachung der Forderung kann allenfalls mittelbar dadurch auf die Verjährung einwirken, dass sie ein Anerkenntnis des Schuldners provoziert, § 212 Abs 1 Nr 1, oder Verhandlungen einleitet, § 203. Zur Rechtslage, wenn sich der Schuldner nur zu einem Verzicht auf die Einrede der Verjährung bereitfindet, vgl § 214 Rn 30.

c) Die Geltendmachung der Forderung durch *Einrede im Prozess* hat keine Wirkung (Mot I 328; STAUDINGER/DILCHER[12] § 209 aF Rn 48). Es ist nicht die notwendige aktive Verfolgung der Forderung. Die Ausnahme, die § 204 Abs 1 Nr 5 für die Aufrechnung im Prozess macht, bestätigt das Ergebnis.

d) Die Einlegung der Verfassungsbeschwerde hemmt die Verjährung nicht (BGH VersR 1957, 428; STAUDINGER/DILCHER[12] § 209 aF Rn 25; vgl aber u Rn 144).

e) Das Aufgebotsverfahren, §§ 945 ff ZPO, hemmt die Verjährung nicht (STAUDINGER/DILCHER[12] § 209 aF Rn 47).

41 3. Die Klage muss *vor einem Gericht* erhoben werden. Auf dessen Zuständigkeit kommt es dabei nicht an (vgl o Rn 25). Zur Klage vor dem Schiedsgericht vgl § 204 Abs 1 Nr 11 (u Rn 100).

Die Klage *vor einem deutschen Gericht* reicht jedenfalls dann, wenn für die Beurteilung der Verjährung insgesamt deutsches Recht maßgeblich ist. Ist die Verjährung dagegen nach ausländischem Recht zu beurteilen, so kommt es darauf an, ob dieses Recht der Klage vor dem deutschen Gericht Wirkung beimisst, was uU an der fehlenden Anerkennungsmöglichkeit des deutschen Urteils scheitern kann.

Gibt sich das materiellrechtlich maßgebliche ausländische Recht mit geringeren Anforderungen zufrieden, so brauchen auch nur diese eingehalten zu werden. Reicht zB eine Mahnung, so würde das nicht gegen den deutschen ordre public verstoßen.

Die *Klage vor einem ausländischen Gericht* hemmt die Verjährung jedenfalls dann, wenn dieses zuständig ist (OLG Hamburg SeuffA 63 Nr 20; OLG Breslau JW 1932, 3826; STAUDINGER/DILCHER[12] § 209 aF Rn 14; **aA** SCHÜTZE WM 1967, 234; ders DB 1977, 2129, 2130). Ob es dabei zu einer Hemmung der Verjährung oder zu ihrem Neubeginn kommt, beurteilt sich nach dem einschlägigen materiellen Recht. Zweifelhaft ist dagegen, ob die Anerkennungsvoraussetzungen nach § 328 ZPO für das Urteil gegeben sein müssen, so die hM (vgl RGZ 129, 385, 389 f; RG JW 1926, 374; STAUDINGER/DILCHER[12] § 209 aF Rn 14; PALANDT/ELLENBERGER Rn 3; **aA** MünchKomm/GROTHE Rn 9; SCHACK RIW/AWD 1982, 301; FRANK IPRax 1983, 108, 110; vgl auch SCHLOSSER, in: FS Bosch 859, 866).

Man wird für die Wirkung der Klage nicht auf das spätere Urteil abstellen dürfen. Angesichts der Warnfunktion der Klage, die ihre Wirkung legitimiert, kann es nur darauf ankommen, dass sich der Schuldner auf das Verfahren einlassen musste. Das setzt zunächst die internationale Zuständigkeit des Gerichts voraus (§ 328 Abs 1 Nr 1 ZPO), sodann die ordnungsgemäße Ladung des Schuldners (§ 328 Abs 1 Nr 2 ZPO). Unerheblich bleiben muss für die Frage der Verjährungshemmung die Einhaltung des § 328 Abs 1 Nr 3 ZPO: Das wäre auch bei einem deutschen Prozess unbeachtlich. Unerheblich bleiben muss weiter § 328 Abs 1 Nr 4 ZPO: Soweit der Verstoß gegen den ordre public die Forderung betrifft, ist dies im Rahmen der Verjährungshemmung unbeachtlich. Durch die Klage als Mittel der Verjährungshemmung kann – bei Zuständigkeit des Gerichts und ordentlicher Ladung des Beklagten – der deutsche ordre public nicht verletzt sein.

Notwendig ist freilich die Verbürgung der Gegenseitigkeit, § 328 Abs 1 Nr 5 ZPO, weil nach den angestellten Überlegungen sonst die Erwähnung der Klage auf Erteilung der Vollstreckungsklausel oder auf Erlass des Vollstreckungsurteils in § 204 Abs 1 Nr 1 allzu weitgehend entwertet würde (**aA** SCHLOSSER aaO).

Wo es nach internationalen Abkommen einer Anerkennung des späteren Urteils nicht bedarf, hemmt auch die Klage vor dem unzuständigen Gericht (OLG Düsseldorf NJW 1978, 1752; STAUDINGER/DILCHER[12] § 209 aF Rn 14; PALANDT/ELLENBERGER Rn 3).

4. In der zuständigen Gerichtsbarkeit braucht die Klage nicht erhoben zu werden. **42**

5. Mittel der Verjährungshemmung ist zunächst die Leistungsklage. Die Klage **43** kann als solche erhoben werden, im Wege der Klageerweiterung oder der Widerklage (vgl dazu o Rn 37), auch als Stufenklage (o Rn 15). Zu den inhaltlich zu stellenden Anforderungen o Rn 23 ff, zu den Anforderungen an die Erhebung der Klage o Rn 28.

Zum Antrag im strafprozessualen Adhäsionsverfahren vgl § 404 Abs 2 StPO.

Zur Klage auf zukünftige Leistung o Rn 38.

6. Es genügt auch, wie das Gesetz ausdrücklich feststellt, die Feststellungsklage, **44** die freilich *auf das Bestehen des Anspruchs gerichtet* sein muss; die Feststellung des ihm zugrundeliegenden Rechtsverhältnisses reicht nicht aus. Unerheblich ist es, ob zulässigerweise auf Feststellung geklagt wird; namentlich das Feststellungsinteresse des Klägers kann fehlen (o Rn 24 ff); auch hier kommt es nicht auf die Zulässigkeit der Klage an. Im Übrigen sind dieselben Anforderungen wie an die Leistungsklage zu stellen. Von praktischer Bedeutung ist die Feststellungsklage insbesondere bei deliktischen Ansprüchen mit noch ungewissen künftigen Schäden.

7. Die *Klage auf Erteilung der Vollstreckungsklausel* ist die der §§ 731, 796 Abs 3, **45** 797 Abs 5, 6, 797a Abs 3 ZPO.

a) Soweit es nur im Verhältnis zwischen dem durch den Titel ausgewiesenen Gläubiger und dem durch den Titel ausgewiesenen Schuldner um den Nachweis geht, dass die Voraussetzungen der Zwangsvollstreckung vorliegen, ist die Regelung in § 204 Abs 1 Nr 1 nicht entbehrlich neben § 212 Abs 1 Nr 2, weil die dort genannten Vollstreckungshandlungen bzw Anträge auf Zwangsvollstreckung erst möglich sind, wenn die Vollstreckung überhaupt betrieben werden kann, was von der Erteilung der Vollstreckungsklausel abhängt, § 204 Abs 1 Nr 1 wirkt auch anders, nämlich nur hemmend, und dies im Hinblick auf die ursprüngliche Frist, nicht die des § 197.

b) In den Fällen der §§ 727–729 ZPO gilt Entsprechendes. Die zu hemmende Verjährungsfrist wird hier regelmäßig die des § 197 sein, doch ist es ausnahmsweise denkbar, dass es um die erstmalige Hemmung der noch ursprünglichen Verjährungsfrist geht, wenn zB der Titel nur vorläufig vollstreckbar ist.

c) Entsprechendes gilt auch bei vollstreckbaren Vergleichen und vollstreckbaren

Urkunden; auch sie sind in § 197 erwähnt (Abs 1 Nr 4). Richtet sich die vollstreckbare Urkunde gegen den jeweiligen Eigentümer eines Grundstücks, § 800 ZPO, ist die Hemmung der Verjährung wegen § 902 Abs 1 S 2 notwendig. Die zu hemmende Frist ist hier die des § 197, namentlich die des § 197 Abs 2.

d) Für die Klage ist jeweils die Zulässigkeit nicht von Bedeutung. Das gilt insbesondere für die Wahrung des ausschließlichen Gerichtsstandes, § 802 ZPO.

e) Angesichts der gesetzlichen Regelung kann der *Antrag auf Erteilung der Vollstreckungsklausel* nicht genügen. Er fällt auch noch nicht unter § 212 Abs 1 Nr 2, wenn er die Zwangsvollstreckung überhaupt erst vorbereiten soll.

Zweifelhaft ist die Lage bei *Verweigerung der Vollstreckungsklausel*. Sicher wird die Verjährung hier durch eine Klage nach § 731 ZPO gehemmt, doch wird man den Gläubiger hierzu nicht zwingen dürfen, sondern es in entsprechender Anwendung des § 204 Abs 1 Nr 1 genügen lassen müssen, wenn er die einschlägigen Rechtsbehelfe (Antrag auf Entscheidung des Prozessgerichts, Erinnerung, Beschwerde) einlegt. Wegen der Fristwahrung, die in den Fällen des § 197 Abs 2 problematisch werden kann, wird man § 167 ZPO entsprechend anwenden können, rückwirkend auf den Antrag auf Erteilung der Vollstreckungsklausel.

f) Ein *Vorgehen des Schuldners,* etwa die Erinnerung gegen die Erteilung der Vollstreckungsklausel, § 732 ZPO, aber auch die Vollstreckungsabwehrklage, § 767 ZPO, genügt auch hier nicht zur Hemmung der Verjährung.

46 **8.** Zum Erlass des *Vollstreckungsurteils* vgl §§ 722, 723 ZPO. Die Klage hemmt die Verjährung auch dann, wenn ihr im Ergebnis mangels Anerkennungsfähigkeit des ausländischen Urteils, §§ 723 Abs 2 S 2, 328 ZPO, der Erfolg versagt bleiben muss (RG JW 1926, 374, 375). Für die Hemmungswirkung ist es auch nicht erforderlich, dass die Rechtskraft des ausländischen Titels bereits eingetreten ist.

Soweit ein Vollstreckungsurteil nicht mehr notwendig ist, die inländische Vollstreckbarkeit eines ausländischen Titels zu erreichen, die Erteilung der Vollstreckungsklausel vielmehr im Beschlusswege erfolgt, so namentlich nach dem AVAG, der EuGVO, muss in entsprechender Anwendung des § 204 Abs 1 Nr 1 der Antrag auf Vollstreckbarkeitserklärung zur Hemmung der Verjährung genügen.

47 **9.** Liegt ein *Schiedsspruch* aus dem Inland oder dem Ausland vor oder ein Schiedsvergleich, so ist nach §§ 1060, 1061 ZPO auf die Vollstreckbarkeitserklärung anzutragen. Auch dieser Antrag hemmt in entsprechender Anwendung des § 204 Abs 1 Nr 1 die Verjährung (aA STAUDINGER/DILCHER[12] § 209 aF Rn 22), auch wenn nach § 1063 ZPO im Beschlusswege zu entscheiden ist.

48 **10.** *Gestaltungsklagen* betreffen keinen Anspruch; sie sind damit zur Hemmung der Verjährung grundsätzlich ungeeignet (STAUDINGER/DILCHER[12] § 209 aF Rn 24) und müssen deshalb mit einer Klage hinsichtlich des aus dem Urteil folgenden Anspruchs kombiniert werden. In den Fällen der §§ 315, 319 empfiehlt sich die sofortige Erhebung der Leistungsklage, freilich dürfte die bloße Klage auf Leistungsbestimmung durch Urteil genügen.

VI. Antrag auf Festsetzung von Unterhalt Minderjähriger

Die Bestimmung des § 204 Abs 1 Nr 2 bezieht sich auf das Verfahren nach den §§ 249 ff FamFG, wie sie ab dem 1. 9. 2009 anzuwenden sind, Art 112 FGG-ReformG v 17. 12. 2008 (BGBl I 2008, 2586), und die gleichzeitig aufgehobenen §§ 645 ff ZPO ersetzen, die aber nach Art 111 FGG-ReformG auf die am 1. 9. 2009 anhängigen Verfahren noch anzuwenden sind. In dem vorliegenden Zusammenhang relevante sachliche Änderungen sind nicht ersichtlich. **49**

1. Bei Mängeln der Antragstellung gelten die o Rn 23 ff dargestellten Grundsätze entsprechend. Namentlich ist die Anrufung eines unzuständigen Gerichts unschädlich (SOERGEL/NIEDENFÜHR Rn 49).

Dass die inhaltlichen Anforderungen, die die §§ 646 ZPO/250 FamFG an den Antrag stellen, nicht gewahrt zu sein brauchen (so SOERGEL/NIEDENFÜHR Rn 49), ist in dieser Allgemeinheit nicht richtig. Es müssen jedenfalls die Parteien zweifelsfrei bezeichnet werden, vgl §§ 646 Abs 1 Nr 1 ZPO/250 Abs 1 Nr 1 FamFG. Fehlangaben zu den dort ebenfalls genannten gesetzlichen Vertretern und Prozessbevollmächtigten können die Zustellung überhaupt oder jedenfalls ihre Rechtzeitigkeit hindern. Angaben zu Zeitraum und Höhe des Unterhalts (§§ 646 Abs 1 Nrn 4, 6 ZPO/250 Abs 1 Nrn 4, 6 FamFG) sind zur Verjährungshemmung im Grundsatz entbehrlich; sie können später nachgeliefert werden. Werden sie gemacht, so begrenzen sie die Reichweite der Verjährungshemmung.

2. Wenn die vielfältigen in den §§ 645, 646 Abs 1 ZPO/249, 250 FamFG genannten Angaben in dem Antrag nicht vollständig vorliegen, kann es dazu kommen, dass er zurückgewiesen wird, §§ 646 Abs 2 ZPO/250 Abs 2 FamFG. Dann tritt eine Hemmungswirkung nicht ein, weil es ja an einer Zustellung oder sonstigen Mitteilung fehlt. Während ein entsprechender Mangel beim Mahnbescheid rückwirkend gemäß § 691 Abs 2 ZPO geheilt werden kann, fehlt es im Rahmen dieses Verfahrens – unsystematisch – an einer entsprechenden Heilungsvorschrift. Die Lücke kann auch nicht durch eine entsprechende Anwendung des § 691 Abs 2 ZPO geschlossen werden. **50**

An der notwendigen Zustellung oder sonstigen Mitteilung fehlt es jedenfalls dann, wenn das Gericht diese nach den §§ 647 Abs 1 ZPO/251 Abs 1 FamFG nicht verfügt.

3. Für die Zustellung oder sonstige Mitteilung gilt nach §§ 647 Abs 2 ZPO/251 Abs 2 FamFG § 167 ZPO entsprechend. Sie wirkt also auf den Zeitpunkt der Antragstellung zurück, wenn sie demnächst erfolgt (vgl dazu o Rn 34 f). Verzögert sich die Zustellung, ohne dass der Antragsteller dies zu vertreten hätte, so ist auch ein längeres Intervall unschädlich. Anders, wenn er es zu vertreten hat, wobei den Minderjährigen das Verschulden ihrer gesetzlichen Vertreter nach § 51 Abs 2 ZPO zuzurechnen ist. Zu vertreten sein kann namentlich die Unvollständigkeit der in den §§ 645, 646 Abs 1 ZPO/249, 250 FamFG geforderten Angaben im Antrag, insbesondere aber Nachlässigkeit oder Zögerlichkeit gegenüber der Nachfrage des Gerichts gemäß §§ 646 Abs 2 S 2 ZPO/250 Abs 2 S 2 FamFG. **51**

52 4. Das vereinfachte Verfahren kann nach §§ 651 ZPO/255 FamFG in ein streitiges Verfahren übergehen, sofern der Antragsgegner Einwendungen erhebt, die nicht ohne weiteres erledigt werden können. Die mit diesem verbundene Rechtshängigkeit wird gemäß §§ 651 Abs 3 ZPO/255 Abs 3 FamFG auf den Zeitpunkt der Antragstellung rückdatiert, wenn der notwendige Antrag dazu binnen sechs Monaten gestellt wird, so das bisherige Recht; § 255 Abs 3 FamFG kennt eine solche Frist nicht mehr, vgl aber sogleich. Dazu sind beide Parteien berechtigt; die Frist rechnet ab Zugang der Mitteilung über erhobene Einwendungen, §§ 651 Abs 3, 650 ZPO.

Zu dem Antrag auf Überleitung in das streitige Verfahren sind beide Parteien berechtigt, vgl §§ 651 Abs 1 ZPO/255 Abs 1 FamFG. Wird ein solcher Antrag nicht binnen sechs Monaten gestellt, so gilt der Festsetzungsantrag nach §§ 651 Abs 6 ZPO/255 Abs 6 FamFG als zurückgenommen, soweit er nicht Erfolg gehabt hat. Die Frist für den Antrag auf Durchführung des streitigen Verfahrens rechnet ab gerichtlicher Mitteilung relevanter Einwendungen an den Antragsteller nach den §§ 650 S 1, 651 Abs 1 S 2 ZPO/255 Abs 6, 254 S 2 FamFG.

53 5. Wird der Antrag auf Überleitung in das streitige Verfahren nicht gestellt, nimmt auch die fingierte Rücknahme dem Festsetzungsantrag nicht seine die Verjährung hemmende Wirkung. Doch liegt darin ein Nichtbetreiben des Verfahrens, iSd § 204 Abs 2 S 2, sodass ggf die Hemmung nach § 204 Abs 2 S 1 relevant wird. Sie rechnet ab der gerichtlichen Mitteilung von den erhobenen Einwendungen als der letzten Verfahrenshandlung des Gerichts, vgl wiederum § 204 Abs 2 S 2; dabei ist es ohne Belang, ob diese Mitteilung etwa verzögert wird oder ihr Inhalt dem Antragsteller gar schon bekannt ist.

VII. Mahnbescheid

54 § 204 Abs 1 Nr 3 stellt – praktisch bedeutsam – die Zustellung eines Mahnbescheids der Erhebung einer Klage gleich. Auch ist der Europäische Zahlungsbefehl im Europäischen Mahnverfahren nach der Verordnung (EG) Nr 1896/2006 (= EuMVVO, dazu SUJECKI NJW 2007, 1622) von dieser Vorschrift umfasst.

1. Der Mahnbescheid ergeht auf *Antrag des Gläubigers,* §§ 688 ff ZPO, Art 7 Abs 1 EuMVVO.

a) Auf die *Zulässigkeit des Antrags* kommt es auch hier für die Hemmung der Verjährung nicht an; denkbar ist es freilich, dass das Gericht den Mahnbescheid wegen Mängeln der Zulässigkeit nicht erlässt oder ihn aus sonstigen Gründen nicht zustellt. Dann scheitert die Hemmung der Verjährung an der fehlenden Zustellung. Für das Europäische Mahnverfahren ist ausschließlich das AG Berlin-Wedding zuständig, § 1087 ZPO.

Werden die Mängel aber nach § 691 Abs 1 S 2 ZPO behoben, genügt die anschließende Zustellung nach § 167 ZPO (zu § 693 Abs 2 ZPO aF: BGH NJW 1999, 3125; 3717), sofern keine weiteren Verzögerungen eintreten. Als demnächst zugestellt iSd § 167 ZPO ist der Mahnbescheid anzunehmen, wenn die von der Partei verschuldete Verzögerung der Zustellung nicht mehr als einen Monat beträgt (BGH NJW 2002, 2794 unter Hinweis auf § 693 Abs 2 aF). Die Aufhebung des § 693 Abs 2 aF sollte nicht zu einer schärferen Beurteilung führen. Nicht zu folgen ist freilich ZÖLLER/GREGER (§ 167 ZPO Rn 11), der den einen Monat aus § 691 Abs 2 ZPO mit zwei Wochen aus § 167 ZPO zu sechs Wochen addieren will. § 1089 Abs 1 ZPO verweist für das Europäische Mahnverfahren auf die Vorschriften der §§ 166 ff ZPO und damit auch auf § 167 ZPO, weshalb die Zustellungsfiktion bei In- und Auslandszustellung greift, vgl VOLLKOMMER/HUBER NJW 2009, 1105 f. Die Zustellung hemmt die Verjährung einer dem deutschen Recht unterliegenden Forderung. Dies ergibt sich nach Art 15 lit h Rom II–VO, Art 12 Abs 1 lit d Rom I-VO daraus, dass die im Ausland vorgenommene Handlung lediglich Voraussetzungsbestandteil der deutschen Norm ist (vgl MünchKomm/SPELLENBERG Art 12 Rom I-VO Rn 126 ff).

Es ist unschädlich, wenn das Mahnverfahren nicht statthaft ist, weil es nicht um die Zahlung einer bestimmten Geldsumme in inländischer Währung geht, § 688 Abs 1 ZPO (BGHZ 104, 268, 274 f; HANISCH IPrax 1989, 276; K SCHMIDT NJW 1989, 65, 68) oder weil einer der Tatbestände des § 688 Abs 2 ZPO erfüllt ist.

Gleiches muss gelten, wenn der Gläubiger entgegen § 690 Abs 1 Nr 4 ZPO angibt, sein Anspruch sei nicht (mehr) von einer Gegenleistung abhängig (aA BGH NJW 2012, 995). Der dann *erlassene und zugestellte Mahnbescheid erfüllt die Voraussetzungen des § 204 Abs 1 Nr 3* (so auch BGH aaO). Wenn der BGH (aaO) meint, der Mahnbescheid sei erschlichen, die Berufung auf ihn missbräuchlich, ist dem zu widersprechen. Auch dieser Mahnbescheid erfüllt die Aufgabe des § 204 Abs 1, dem Schuldner zu verdeutlichen, dass der Gläubiger seine Forderung ernsthaft verfolgt, und Fehler des Verfahrens führen auch sonst gemeinhin nicht dazu, dass die Hemmung der Verjährung ausbleibt. So ist es zB auch unschädlich, wenn der Gläubiger bewusst eine unzulässige Klage erhebt.

Unschädlich ist auch die Adressierung an ein unzuständiges Gericht, §§ 689 Abs 2, 690 Abs 1 Nr 2 ZPO (BGHZ 86, 313, 322) bzw § 1087 ZPO, eine unsaubere Bezeichnung der Parteien, § 690 Abs 1 Nr 1 ZPO bzw Art 7 Abs 2 lit a EuMVVO, solange sie nur genau genug bestimmbar sind (und der Mangel die Zustellung nicht verhindert), die fehlende (oder unzutreffende) Angabe des Streitgerichts, § 690 Abs 1 Nr 5. Zur Hemmung der Verjährung verzichtbar ist auch die von § 690 Abs 2 ZPO geforderte handschriftliche Unterzeichnung des Antrags (BGHZ aaO) bzw Art 7 Abs 6 EuMVVO.

b) *Inhaltlich* braucht der Antrag – und dann der Mahnbescheid – den Anspruch 55 nicht zu begründen; darauf verzichten die §§ 688 ff ZPO seit ihrer Neugestaltung durch Gesetz vom 3. 12. 1976 (BGBl I 3281). Entsprechend braucht der verfolgte Anspruch auch noch nicht in allen seinen Voraussetzungen vorzuliegen (BGH NJW 2007, 1452 Rn 43). Der Anspruch muss allerdings bezeichnet werden „unter bestimmter Angabe der verlangten Leistung", § 690 Abs 1 Nr 3 ZPO (BGH NJW 2000, 1420), was dann nach dieser Bestimmung auch für Nebenleistungen gilt. Gleiches gilt wegen Art 7 Abs 1 lit b – e EuMVVO auch für das Europäische Mahnverfahren.

Insoweit fordert der BGH (NJW 1992, 111; 1993, 862; 2009, 56 Rn 18; 2011, 2423 Rn 31 ff; 2013, 3509 Rn 14), dass der *Anspruch* derart *individualisiert* wird, dass er über einen Vollstreckungsbescheid Grundlage eines Vollstreckungstitels sein kann, und dass dem Schuldner die Beurteilung möglich ist, ob er sich gegen den Anspruch zur Wehr setzen will oder nicht. Die dazu notwendigen Angaben seien nach den Gegebenheiten des Einzelfalls zu beurteilen. Sie können sich mit hinreichender Deutlichkeit aus vorprozessualen Schreiben ergeben, die dem Mahnbescheid nicht beigefügt zu werden brauchen, sofern sie nur dem Antragsgegner bekannt sind; auf die Sicht eines Dritten kommt es nicht an (BGH NJW 2008, 1220 Rn 16 ff; 2008, 3498 Rn 7; 2013, 3509 Rn 14). Setzt sich ein *einheitlicher Anspruch aus mehreren Rechnungsposten* zusammen – so liegt es bei einem Werklohnanspruch, wenn alle erbrachten Leistungen mit demselben vertraglichen Leistungsziel in Zusammenhang stehen –, dann brauchen die einzelnen Rechnungsposten nicht im Mahnbescheid aufgeschlüsselt zu werden (BGH NJW 2013, 3509 Rn 16 ff). *Fasst der Gläubiger in einem Mahnbescheid jedoch mehrere Forderungen zusammen,* muss jede von ihnen hinreichend bezeichnet sein (BGH NJW 2008, 1220 Rn 19). Geht es zB um Kosten einer Mängelbeseitigung, bedarf es der Angabe der einzelnen Mängel und des auf den jeweiligen Mangel entfallenden Betrages (BGH NJW 2007, 1952, 1956 f; **aA** BGH NJW 2011, 513, wenn dieser Entscheidung zur Individualisierung die Angabe „Schadensersatz aus Mietvertrag" im Mahnbescheid genügt). Wenn es sich dabei ergibt, dass sich der Gläubiger einer höheren Gesamtforderung berühmt, als des von ihm beantragten Betrages, ist ohne dessen Zuordnung zu den einzelnen Forderungen letztlich für *keine der Forderungen die Verjährung gehemmt.* Diese Zuordnung muss innerhalb der noch laufenden Verjährungsfrist erfolgen und kann namentlich nicht in einem sich anschließenden streitigen Verfahren nachgeholt werden (BGH NJW 2009, 56 Rn 19 ff; 2008, 3498 Rn 16). Diese Differenzierung gegenüber der Klage (o Rn 16, 30) befremdet. Die Modernisierung des Schuldrechts gibt keinen Anlass, Klage und Mahnbescheid unterschiedlich zu behandeln (**aA** BGH NJW 2009, 56 Rn 22). Der Schuldner, der Widerspruch einlegt, ist hinreichend gewarnt. Gerade in Fällen, in denen unübersichtliche Forderungen kurzfristig verjähren (§ 548!) muss dringend vom Mahnverfahren abgeraten werden, das so entwertet wird. Es befriedigt nicht, dass der taktisch denkende Schuldner von einem Widerspruch absieht, weil er so mit einem Titel konfrontiert wird, den er leicht entsprechend § 767 ZPO bekämpfen kann.

56 **2.** Notwendig ist die *Zustellung des Mahnbescheids,* wie sie von Amts wegen betrieben wird, § 166 Abs 2 ZPO bzw Art 13–15 EuMVVO. Ohne eine Zustellung kann die Verjährung nicht gehemmt werden. Mängel der Zustellung sind nach § 295 ZPO heilbar (STAUDINGER/DILCHER[12] § 209 aF Rn 28; RGZ 87, 271; 113, 335), was freilich den Übergang in das streitige Verfahren voraussetzt (ZÖLLER/VOLLKOMMER § 693 Rn 1a) – vgl Art 17 Abs 1 EuMVVO – und nicht schon im Mahnverfahren selbst erfolgen kann. Im Übrigen reicht aber der tatsächliche Zugang, § 189, wie er vom Gläubiger zu beweisen ist.

57 **3.** Die Zustellung des Mahnbescheids genügt zur Hemmung der Verjährung jedenfalls dann, wenn sie während der laufenden Verjährungsfrist erfolgt. Das ist aber nach § 167 ZPO, der auch über § 1089 Abs 1 ZPO für das Europäische Mahnverfahren gilt, nicht zwingend erforderlich. Danach genügt die rechtzeitige – bis zum Ablauf des letzten Tages – *Einreichung oder Anbringung des Antrags,* sofern die Zustellung des Bescheides *„demnächst"* erfolgt. Damit ist die Lage nicht anders als bei der Klage (dazu o Rn 34). Die Zustellung darf also auch hier nicht durch ein Verschulden der Partei verzögert worden sein, wobei insbesondere ein Verstoß gegen die Anforderungen des § 690 ZPO an den Antrag beachtlich sein kann. Das Verschulden muss jedenfalls geringfügig sein (BGHZ 86, 313, 322 f; BGH NJW 1990,

1368). Die Rechtsprechung verfährt kasuistisch: Die erstgenannte Entscheidung hält die Einreichung bei einem unzuständigen Gericht – kurz nach der Neuordnung des Mahnverfahrens – für unschädlich, die andere die Einreichung bei einem unzuständigen Gericht bei Adressierung an das zuständige (und umgehender Weiterleitung). Die unrichtige Bezeichnung des Antragsgegners oder der Zustellungsanschrift dürften jedenfalls schaden (OLG Schleswig SchlHA 1973, 154 bzw BGH NJW 1971, 891). Für die Zahlung des Kostenvorschusses und die Beantwortung von Rückfragen des Gerichtes gelten die Erläuterungen o Rn 35. Erheblich sind dem Gläubiger vorwerfbare Handlungen freilich nur dann, wenn sie sich auch konkret verzögernd ausgewirkt haben (vgl BGHZ 86, 313, 322 f zur fehlenden, aber vom Gericht übersehenen Unterschrift unter den Mahnantrag).

4. Weist das Gericht den Antrag auf Erlass des Mahnbescheids zurück, vgl die Fälle des § 691 Abs 1 ZPO bzw Art 11 Abs 1 EuMVVO, so wahrt die rechtzeitige Einreichung des Mahnbescheids die Verjährungsfrist unter den Voraussetzungen des *§ 691 Abs 2 ZPO:* Einreichung einer Klage binnen Monatsfrist nach Zustellung der Zurückweisung und demnächstige, § 167 ZPO, Zustellung dieser Klage. Wegen Art 32 Abs 1 Nr 4 EGBGB hat dies auch für das Europäische Mahnverfahren zu gelten. **58**

Soweit die Zurückweisung ausnahmsweise anfechtbar ist, § 691 Abs 3 ZPO, genügt der Antrag zur Fristwahrung, sofern der Antragsteller die Zurückweisung nicht zu vertreten hat und das Beschwerdeverfahren zügig betreibt, sofern dann die Zustellung binnen angemessener Frist erfolgt. Gegen die Zurückweisung des Antrags auf einen Europäischen Zahlungsbefehl kann kein Rechtsmittel eingelegt werden, Art 11 Abs 2 EuMVVO.

5. Zur Dauer der Hemmung durch Mahnbescheid vgl u Rn 138.

VIII. Güteantrag

1. § 204 Abs 1 Nr 4 bezieht sich auf das Verfahren vor Gütestellen. Diese gibt es in dreierlei Form: **59**

a) Durch die Landesjustizverwaltung „eingerichtet" sind jene Gütestellen, die auf Grund der Ermächtigungsgrundlage des § 15a Abs 1 EGZPO landesrechtlich geschaffen worden sind.

b) Durch die Landesjustizverwaltung „anerkannt" sind sonstige staatliche Gütestellen, namentlich die Öffentliche Rechtsauskunfts- und Vergleichsstelle (ÖRA) in Hamburg, die sich von den eben genannten dadurch unterscheidet, dass ihre Anrufung nicht zur Prozessvoraussetzung gemacht werden kann, dass sie aber sachlich nicht den engen Voraussetzungen des § 15a Abs 1 EGZPO unterliegt.

c) Weiterhin gibt es sonstige Gütestellen auf nichtstaatlicher Grundlage, vgl die Erwähnung in § 15a Abs 3 EGZPO: Branchengebundene, zB die Ombudsmänner der Banken oder Versicherungen, solche der Industrie- und Handelskammern, der Handwerkskammer oder der Innungen. Der Kreis dieser Stellen ist prinzipiell offen, sie dürfen nur nicht aus Anlass des Einzelfalls gebildet sein. Dann wird die Einigung auf die Anrufung freilich unter § 203 fallen. Letzteres gilt auch für die Einigung auf einen Schiedsgutachter oder ein Schiedsgericht, deren Anrufung zu § 204 Abs 1 Nr 8 bzw Nr 11 führt.

d) Wegen der Sonderregelung in § 15 Abs 9 UWG gehört hierzu nicht die Einigungsstelle nach § 15 Abs 1 UWG.

2. Bei den privaten Gütestellen – nicht bei den durch die Landesjustizverwaltung eingerichteten oder anerkannten – ist zur Hemmung der Verjährung Einvernehmen über die Anrufung erforderlich. Die entsprechende Erklärung der Bank bzw Versicherung oder des Handwerkers wird freilich idR schon vorab vorliegen. Die andere Seite erklärt sich durch eben die Anrufung einverstanden. Im Übrigen gilt zT für das Einverständnis die unwiderlegliche Vermutung des § 15a Abs 3 S 2 EGZPO.

60 3. Der Antrag des Gläubigers – nicht nur des Schuldners – muss der Gegenseite bekanntgegeben werden. Soweit die Bestimmung von der Veranlassung der Bekanntgabe redet, kommt es eben auf die (rechtzeitige) Bekanntgabe an; ihre – vielleicht erfolglose – Veranlassung genügt nicht (**aA** MünchKomm/Grothe Rn 36). Insoweit gilt freilich – § 167 ZPO entsprechend – § 204 Abs 1 Nr 4 HS 2: Es reicht die Bekanntgabe demnächst, wenn der Antrag innerhalb der zu wahrenden Frist eingereicht ist, was belegt, dass der (vom Gläubiger zu beweisende) Zugang im Ergebnis unverzichtbar ist.

61 4. Der Antrag braucht nicht zulässig oder begründet zu sein; es ist nur der verfolgte Anspruch hinreichend genau zu bezeichnen.

Freilich ist bei der Zuständigkeit der angerufenen Stelle zu bedenken:

Die von den Landesjustizverwaltungen eingerichteten Stellen werden die Bekanntgabe nur veranlassen, wenn ihre Zuständigkeit betraglich oder gegenständlich gewahrt ist.

Bei den branchengebundenen und sonstigen Gütestellen liegt das notwendige Einverständnis mit dem Verfahren zT nur vor, wenn bestimmte Streitgegenstände nicht überschritten werden.

62 5. Das Ergebnis der Anrufung kann unterschiedlich ausfallen:

Es kann dem Antragsteller einen Vollstreckungstitel nach § 794 Abs 1 Nr 1 ZPO verschaffen, für den dann in der Verjährungsfrage § 197 Abs 1 Nr 4 gilt. Wo die angerufene Stelle nicht in der Lage ist, bei der Schaffung eines derartigen Titels mitzuwirken, liegt jedenfalls mit der Unterwerfung unter ihren Spruch ein Anerkenntnis iSd § 212 Abs 1 Nr 1 vor.

Das erfolglose Vorgehen hat immerhin die Wirkungen der Hemmung nach § 204 Abs 1 Nr 4, Abs 2 S 1.

IX. Aufrechnung im Prozess

1. Nach § 204 Abs 1 Nr 5 hat es hemmende Wirkung, wenn die Aufrechnung des **63** Anspruchs im Prozess geltend gemacht wird.

Die Bestimmung stellt eine Ausnahme von dem Grundsatz dar, dass es die Verjährung nicht hemmt, wenn ein Anspruch im Prozess nur zur Verteidigung vorgebracht wird; er muss vielmehr – sonst – zum aktiven Angriff genutzt werden. Das ist vor dem Hintergrund der Rechtskrafterstreckung des *§ 322 Abs 2 ZPO* zu sehen, was insofern *paradox* ist, als die Bestimmung nur dann *praktische Bedeutung* hat, *wenn die Aufrechnung unberücksichtigt bleibt* (STAUDINGER/DILCHER[12] § 209 aF Rn 31; MünchKomm/GROTHE Rn 37; PALANDT/ELLENBERGER Rn 20), also gerade in jenen Fällen, in denen eine Rechtskraftwirkung nach § 322 Abs 2 ZPO ausscheidet. Hat die Aufrechnung Erfolg, tritt Erfüllung ein; die Frage der Verjährung stellt sich nicht mehr.

2. Die Bestimmung betrifft die Aufrechnung der Forderung. Auf die sonstige **64** Geltendmachung der Forderung kann sie nicht, auch nicht entsprechend, angewendet werden. Das gilt namentlich in dem Fall, dass ein Zurückbehaltungsrecht auf die Forderung gegründet wird und dann uU nur zur Leistung Zug um Zug gegen ihre Erfüllung verurteilt wird.

Andererseits ist die Bestimmung aber auch dort anzuwenden, wo Schadensersatz statt der ganzen Leistung im Wege der Differenztheorie verlangt wird, §§ 280, 281 Abs 1 S 3. Dann soll ein etwaiger restlicher Vergütungsanspruch zum bloßen Rechenposten bei der Berechnung des einen Schadensersatzanspruchs herabsinken, ihm also nicht per Aufrechnung, sondern per „Verrechnung" mindernd gegenüberstehen (vgl RGZ 152, 112; BGHZ 87, 159; krit PETERS JZ 1986, 669): Dies ist jedenfalls nur eine stärkere Form der Aufrechnung.

3. Es muss die *Aufrechnung* der Forderung *im Prozess* geltend gemacht werden. **65**

a) Dies trifft jedenfalls die jetzt im Prozess vom Beklagten erklärte Aufrechnung. Wortlaut, Sinn und Zweck der Bestimmung erfassen aber auch eine schon früher vom Beklagten erklärte Aufrechnung, die er jetzt zur Verteidigung in den Prozess einführt (PALANDT/ELLENBERGER Rn 20).

b) Die Hemmungswirkung tritt aber auch für eine klägerische Forderung ein, wenn der Beklagte die Aufrechnung mit einer eigenen Forderung erklärt und der Kläger vorträgt, dass dies nicht möglich sei, weil er selbst die Forderung des Beklagten schon mit der Aufrechnung mit einer eigenen, klägerischen Forderung getilgt habe: Hemmung der Verjährung hinsichtlich dieser zweiten Forderung des Klägers (BGH NJW 2008, 2429 Rn 15 ff).

c) Bei der Erklärung der Aufrechnung gilt in Zessionsfällen § 406 (BGH NJW 2008, 2429 Rn 20 ff): Erklärung gegenüber dem Zessionar, Wirkung gegenüber dem Zedenten.

4. *Wenn die Aufrechnung des Beklagten Erfolg hat* und die Klage ihretwegen **66**

abgewiesen wird, ist die Forderung des Beklagten erfüllt; die Frage nach der Hemmung der Verjährung ist gegenstandslos (MünchKomm/GROTHE Rn 37; PALANDT/ELLENBERGER Rn 20; Prot I 229).

Wenn die *Aufrechnung* des Beklagten deshalb *erfolglos* bleibt, weil das Gericht die Klageforderung als gegeben, die Aufrechnungsforderung des Beklagten aber als nicht gegeben betrachtet, ist dies die Situation des § 322 Abs 2 ZPO: Über die Forderung des Beklagten ist rechtskräftig negativ entschieden, sodass die Frage einer Hemmung ihrer Verjährung wiederum irrelevant ist.

67 **5.** Anwendungsfall des § 204 Abs 1 Nr 5 ist deshalb zunächst die Situation, dass der Beklagte die *Aufrechnung* nur *hilfsweise* geltendmacht, sich primär anderweitig verteidigt und schon jenes anderweitige Vorbringen zum Erfolg der Klageabweisung führt (BGHZ 73, 23, 29; 80, 222, 225 f; MünchKomm/GROTHE Rn 37; PALANDT/ELLENBERGER Rn 20). Dies gilt namentlich auch bei einer Abweisung der Klage als unzulässig (BGHZ 80, 222, 226) oder dann, wenn der Beklagte mehrere Aufrechnungsforderungen hintereinander gestaffelt hat.

§ 204 Abs 1 Nr 5 findet aber auch dann Anwendung, wenn die *Aufrechnung aus prozessualen Gründen unberücksichtigt* bleibt (MünchKomm/GROTHE Rn 37; PALANDT/ELLENBERGER Rn 20; aA STAUDINGER/DILCHER[12] § 209 aF Rn 31 [aber: § 212 aF analog, was auf dasselbe Ergebnis hinausließ]; SCHREIBER JR 1981, 62, 63; offengelassen in BGHZ 80, 222, 226).

Das muss jedenfalls dann gelten, wenn die Aufrechnung eigentlich zulässig in den Prozess eingeführt worden ist, das Gericht sie aber gleichwohl als nicht zu berücksichtigen behandelt hat. Zu Lasten des Beklagten darf das nicht gehen. Wurde die Aufrechnung dagegen zu Recht zurückgewiesen, zB als verspätet, § 296 ZPO, oder als nicht sachdienlich, § 533 Nr 1 ZPO, so kann nichts anderes gelten: Der Folgeprozess darf nicht mit der Klärung der Frage belastet werden, ob die Zurückweisung zu Recht oder zu Unrecht erfolgt, und auch hier hat der Beklagte seinen Willen zur Durchsetzung seiner Forderung hinreichend bekundet; es besteht kein Anlass, ihn in eine Hilfswiderklage zu zwingen.

Die Aufrechnung kann aber auch daran scheitern, dass *materiell-rechtlich ein – gesetzliches oder vertragliches – Aufrechnungsverbot* besteht. Auch hier muss man ihr hemmende Wirkung beimessen (BGHZ 83, 260, 270 f; PLANCK/KNOKE § 209 aF Anm 2a; MünchKomm/GROTHE Rn 37; PALANDT/ELLENBERGER Rn 20; insoweit auch JAUERNIG § 204 Rn 7).

68 **6.** Von der eben behandelten Frage nach dem Anwendungsbereich des § 204 Abs 1 Nr 5 zu unterscheiden ist die weitere Frage, ob die *Aufrechnung materiell wirksam erklärt* worden sein muss (so zutreffend JAUERNIG aaO). Hier ist anzunehmen:

a) Unter den Voraussetzungen der Aufrechnung muss zunächst die der *Gleichartigkeit der Forderungen* gegeben sein. Die Aufrechnung mit einer ungleichartigen Forderung kann nämlich allenfalls als die Geltendmachung eines Zurückbehaltungsrechts angesehen werden, und dieser Verteidigung kommt eine hemmende Wirkung nicht zu (o Rn 64).

b) Die *Erfüllbarkeit der Gegenforderung* wird zwar bei der Aufrechnung im Prozess meist gegeben sein, kann aber nicht zur Voraussetzung der hemmenden Wirkung erhoben werden. Auch hier kommt der Wille zur Durchsetzung der Forderung hinreichend zum Ausdruck.

c) Zur Aufrechnungsvoraussetzung der *Fälligkeit der eigenen Forderung* lassen **69** sich unterschiedliche Auffassungen vertreten. Wer der Klage aus einer nicht fälligen Forderung eine hemmende Wirkung nicht beimisst (vgl o Rn 38), muss es folgerichtig auch ablehnen, dass eine Hemmungswirkung nach § 204 Abs 1 Nr 5 herbeigeführt werden kann. Die wirkungslose Erklärung der Aufrechnung wird dann auch nicht einmal durch das Fälligwerden der Forderung geheilt werden können, sondern wird zu diesem Zeitpunkt nachgeholt werden müssen. Anders dagegen, wenn man, wie dies hier vertreten wird, auch der Klage aus der noch nicht fälligen Forderung hemmende Wirkung beimisst (o Rn 38). Dann ist es nur konsequent, hier auch eine Verjährungshemmung nach § 204 Abs 1 Nr 5 zuzulassen. Dies entspricht der ratio legis, der ernsthaften Bekundung des Willens zur Durchsetzung der Forderung.

Die gemeinhin als Vollwirksamkeit der Forderung bezeichnete *Einredefreiheit der Forderung* ist in ihren einzelnen Ausprägungen unterschiedlich zu beurteilen. Unschädlich dürften die in § 205 genannten Einreden sein. Zwar besteht hier schon eine Hemmung der Verjährung, aber der Beklagte wird doch auch die Nachfrist des § 204 Abs 2 S 1 in Anspruch nehmen dürfen. Peremptorische Einreden müssen der Aufrechnung im Prozess dagegen die hemmende Wirkung nehmen. Das gilt namentlich für die Einrede der Verjährung, auch wenn diese in den Fällen des § 215 die Aufrechnung materiellrechtlich nicht ausschließt. Die einmal verjährte Forderung kann aber durch die Aufrechnung im Prozess nicht nachträglich zu neuem Leben erweckt werden.

d) Zweifelhaft ist die Behandlung der für die Aufrechnung notwendigen *Gegen-* **70** *seitigkeit der Forderungen*.

aa) Die Hemmungswirkung tritt jedenfalls ein, wenn der Schuldner die Aufrechnung gegenüber dem Gläubiger erklärt. Das gilt auch zugunsten des Zessionars, wenn damals der Zedent aufgerechnet hat. Im Falle der nachmaligen Insolvenz wirkt die Aufrechnungserklärung des Gemeinschuldners zugunsten des Verwalters; Entsprechendes gilt für die Aufrechnung des Verwalters, wenn das Insolvenzverfahren späterhin aufgehoben wird.

bb) Im Übrigen gilt für das Gegenseitigkeitsverhältnis das entsprechend, was o Rn 6 ff zur Verjährungshemmung durch Klage ausgeführt wurde: Keine Hemmungswirkung kommt der gegenüber dem falschen Schuldner erklärten Aufrechnung zu. Die Hemmungswirkung bleibt ebenfalls aus, wenn der aufrechnende Gläubiger in der Verfügung über seine Forderung beschränkt ist (**aA** BGHZ 80, 222, 226 ff; krit dazu TIEDTKE BB 1981, 1920; JAUERNIG/MANSEL § 204 Rn 7, für den Fall, dass der Gläubiger einer gesamthänderisch gebundenen Forderung gegenüber dem richtigen Schuldner die Aufrechnung erklärt hat). Die Identität der Parteien vermag aber die hier fehlende Gegenseitigkeit nicht zu überspielen. Umgekehrt ist aber die Rechtsinhaberschaft über die Forderung für die hemmende Wirkung der Aufrechnung nicht erforderlich: Es genügt, wenn der Aufrechnende materiellrechtlich zur Einziehung der Forderung befugt war; das kommt dann dem wahren Rechtsinhaber zugute. Im Übrigen tritt bei mehreren Gläubigern oder Schuldnern die Hemmungswirkung nur in dem Verhältnis ein, in dem die Aufrechnung erklärt ist: Da es um die erfolglose Aufrechnung geht, ist nicht von den §§ 422 Abs 1, 429 Abs 3 auszugehen, sondern vielmehr von den 425 Abs 2, 429 Abs 3. Hier bleibt im Übrigen auch die an § 422 Abs 2 scheiternde Aufrechnung ohne Auswirkungen auf die Verjährung.

71 **e)** Zweifelhaft ist, inwieweit „die Geltendmachung der Aufrechnung des Anspruchs im Prozess" die Wirksamkeit der *Aufrechnungserklärung* voraussetzt. Daran kann es insbesondere dann fehlen, wenn die Aufrechnung nicht jetzt erklärt, sondern vielmehr nur eine früher erklärte in Bezug genommen wird. Nach der ratio legis wird man eine wirksame Aufrechnungserklärung nicht verlangen können; es genügt vielmehr, wenn nur überhaupt eine Erklärung vorliegt, mag diese auch – aus beliebigen Gründen – unwirksam sein. Außerdem muss sie die zur Aufrechnung gestellte Forderung bestimmbar bezeichnen.

f) Dass es unschädlich ist, wenn der Wirksamkeit der Aufrechnung gesetzliche, etwa der §§ 393 f, oder vertragliche Ausschlüsse entgegenstehen, wurde bereits ausgeführt (o Rn 67).

72 **7.** Die Aufrechnung muss im Prozess *geltend gemacht* werden.

a) Dazu ist notwendig die bestimmte Bezeichnung der Forderung. Passt die Beschreibung des aufrechnenden Beklagten auf mehrere Forderungen, so tritt eine Hemmungswirkung nur und erst dann ein, wenn die Identität der Aufrechnungsforderung klargestellt ist; sie kann also uU ausbleiben. Nicht notwendig ist dagegen eine inhaltliche Begründung der Forderung.

Wird auf eine frühere Aufrechnungserklärung Bezug genommen, so muss auch diese bestimmbar dargetan werden, sofern sich nicht ergibt, dass sie jetzt wiederholt werden soll.

b) Unerheblich ist es, wenn die Aufrechnung nur hilfsweise – gar äußerst hilfsweise – geltend gemacht wird.

c) Die Aufrechnungserklärung wie auch ihre Geltendmachung müssen *innerhalb der noch laufenden Verjährungsfrist* liegen; § 215 kann nicht – auch nicht entsprechend – angewendet werden.

Sofern dieses Vorbringen, wie üblicherweise, in einem vorbereitenden Schriftsatz enthalten ist, ist der maßgebliche Zeitpunkt nicht erst die nachmalige Bezugnahme auf ihn in der mündlichen Verhandlung. Andererseits kann auch nicht die bloße Einreichung des Schriftsatzes bei Gericht genügen; man wird vielmehr dessen Zustellung an die Gegenseite für notwendig halten müssen, auf die sich aber § 167 ZPO entsprechend anwenden lässt. Danach reicht die Einreichung des Schriftsatzes am letzten Tage der Frist, sofern eine alsbaldige Zustellung folgt (vgl dazu näher o Rn 34 f). In diesem Zusammenhang ist nur zu beachten, dass die Zustellung des Schriftsatzes im Wesentlichen dem Einfluss des aufrechnenden Beklagten entzogen ist: Weder braucht er eine Zustellungsadresse aufzugeben noch ist die Zahlung eines Kostenvorschusses nötig.

8. Die Wirkung ist eine *Hemmung der Verjährung*. 73

a) Zur notwendigen Identität zwischen der damals zur Aufrechnung verwendeten Forderung und der jetzt durchzusetzenden vgl § 213.

b) Die Hemmungswirkung tritt nur für den *Teil des Anspruchs* ein, mit dem die Aufrechnung erklärt wurde (BGHZ 57, 372, 375; BGH NJW 1990, 2680, 2681; MünchKomm/Grothe Rn 38; Palandt/Ellenberger Rn 20). Sie kann also jedenfalls nicht über die Höhe des eingeklagten Anspruchs hinausgehen (BGH WM 2009, 1522 Rn 19 ff) und wird uU noch weiter durch die Erklärung des Aufrechnenden beschränkt. Insoweit tritt sie aber auch uneingeschränkt ein; es kann nicht angenommen werden, dass bei mehreren Aufrechnungsforderungen, bei denen eine Bestimmung der Reihenfolge unterblieben ist, nur eine anteilige (nach welchen Maßstäben?) Hemmungswirkung eintritt (**aA** BGB-RGRK/Johannsen § 209 aF Rn 35; Staudinger/Dilcher[12] § 209 aF Rn 32).

Dieselbe quantitativ beschränkte Hemmungswirkung ergibt sich namentlich auch dann, wenn die Aufrechnung als Grundlage einer Vollstreckungsabwehrklage nach § 767 ZPO benutzt wird. Dass sie dort uU nach § 767 Abs 2 ZPO unberücksichtigt bleiben muss, hindert im Übrigen die Hemmungswirkung nicht.

c) Die Hemmung überdauert ein Vorbehaltsurteil nach § 302 ZPO, da dort die Aufrechnungsforderung anhängig bleibt, § 302 Abs 4 S 1 ZPO. Sie kann jetzt aber durch Nichtbetreiben des Nachverfahrens gemäß § 204 Abs 2 S 2 enden.

9. Die Aufrechnung im Prozess ist nicht nur geeignet, die Verjährung zu hem- 74
men. Sie wahrt im Zweifel in AGB gesetzte *Ausschlussfristen* (BGHZ 83, 260, 270; MünchKomm/Grothe Rn 38; Palandt/Ellenberger Rn 20). Dies kommt bei individualvertraglich gesetzten Ausschlussfristen in Betracht sowie bei gesetzlich statuierten. Entscheidend ist jeweils, ob sie zu einer endgültigen Bereinigung führen sollen oder ob der Inhaber des Anspruchs nur gehalten sein soll, sein Interesse an dem Anspruch rechtzeitig und mit dem nötigen Nachdruck zu bekunden.

X. Streitverkündung*

Nach § 204 Abs 1 Nr 6 hat es hemmende Wirkung, wenn wegen des Anspruchs der 75

---

* **Schrifttum**: Althammer/Würdinger, Die verjährungsrechtlichen Auswirkungen der Streitverkündung, NJW 2008, 2620; Cuypers, Das selbständige Beweisverfahren in der juristischen Praxis, NJW 1994, 1985; Eibner, Möglichkeiten und Grenzen der Streitverkündung (Diss Erlangen 1986); ders, Aktuelle Probleme des Streitverkündungsrechts, JurBüro 1988, 149, 282; Hefelmann, Die gerichtliche Geltendmachung des Anspruchs als Grund der Verjährungsunterbrechung (1930); Hoeren, Streitverkündung im selbständigen Beweisverfahren, ZZP 108 (1995) 343; Kittner, Streithilfe und Streitverkündung, JuS 1985, 703; 1986, 131, 624; Küntzel, Unterbricht Streitverkündung die aufhebende Verjährung und wann beginnt die durch Streitverkündung unterbrochene Verjährung von Neuem?, Gruchot 21 (1877) 471; Kunze, Streitverkündung im selbständigen Beweisverfahren, NJW 1996, 102; Linke, Die Be-

Streit verkündet wird. Die Streitverkündung ist der Klage insbesondere deshalb gleichgestellt worden, weil der Vorprozess, durch den die Voraussetzungen der Regresspflicht ganz oder teilweise festgestellt werden, über den Ablauf der Verjährungsfrist des Regressanspruchs hinaus andauern und so die Realisierung des Regressanspruchs gefährden könnte (Mot I 329).

Die Modernisierung des Schuldrechts weist dieser Möglichkeit einer Hemmung der Verjährung besondere praktische Bedeutung zu: Die *Verkürzung der regelmäßigen Verjährungsfrist* des § 195 auf drei Jahre kann sich in Regressfällen hinderlich auswirken, gar, wenn der Regress sich über mehrere Stationen fortpflanzt. Das gilt namentlich im Falle des § 426 Abs 1. Freilich ist der erzeugte Druck, etwaige Regressschuldner sogleich durch Streitverkündung einzubinden, durchaus auch positiv zu bewerten.

1. Die beiden Fälle der Streitverkündung

75a Die Streitverkündung ist nach § 72 Abs 1 ZPO in zwei Fällen möglich, einmal dann, wenn man sich bei ungünstigem Ausgang des jetzigen Prozesses einen *eigenen Regressanspruch* ausrechnet (1. Fall), sodann, wenn man meint, dann selbst *Schuldner eines Regressanspruchs* zu sein (2. Alt). § 204 Abs 1 Nr 6 ist nur auf die erste Alternative zugeschnitten, wenn denn auch für diese Bestimmung gilt, dass die verjährungshemmende Maßnahme vom Gläubiger ausgehen muss. Der Grundsatz der Waffengleichheit der Parteien gebietet freilich, auch dem Regressgläubiger der zweiten Alternative der Bestimmung die Möglichkeit der Verjährungshemmung zu eröffnen (PETERS ZZP 2010, 321, 344). Auch er hat ja allen Anlass, mit seinem Regress zu warten, bis der jetzige Prozess verloren ist; sein Regress würde sich sonst erübrigen. Das Ergebnis dieser Analogie ist es dann, dass in seinem Fall der Beitritt (nach Streitverkündung) die Verjährung hemmt.

2. Allgemeines

75b Freilich kann nicht verkannt werden, dass die Streitverkündung im Katalog des § 204 Abs 1 einen *Fremdkörper* darstellt: der mit ihr verfolgte Anspruch bleibt schemenhaft; er braucht nicht nach Grund und Höhe bezeichnet zu werden; insoweit ist er allenfalls mit dem selbstständigen Beweisverfahren vergleichbar, bleibt aber noch hinter der Aufrechnung zurück. Außerdem ist die Streitverkündung nicht wie die meisten sonstigen Fälle des § 204 Abs 1 auf die unmittelbare Durchsetzung des

---

deutung ausländischer Verfahrensakte im deutschen Verjährungsrecht, in: FS Nagel (1987) 209; MARTENS, Grenzprobleme der Interventionswirkung, ZZP 85 (1972) 77; MILLEKER, Inlandswirkungen der Streitverkündung im ausländischen Verfahren, ZZP 80 (1967) 288; ders, Formen der Intervention im französischen Zivilprozess und ihre Anerkennung in Deutschland, ZZP 84 (1971) 91; PETERS, Die Streitverkündung und das Gebot der Waffengleichheit der Parteien, ZZP 2010, 321; QUACK, Streitverkündung im selbständigen Beweisverfahren und kein Ende?, BauR 1994, 153; SCHILKEN, Grundlagen des Beweissicherungsverfahrens, ZZP 92 (1979) 238; SCHREIBER, Das selbständige Beweisverfahren, NJW 1991, 2600; TAUPITZ, Verjährungsunterbrechung im Inland durch unfreiwillige Beteiligung am fremden Rechtsstreit im Ausland, ZZP 102 (1989) 288; WELLER, Selbständiges Beweisverfahren und Drittbeteiligung (Diss Bonn 1994).

Anspruchs gerichtet; diese strebt erst der Folgeprozess an. Gleichzeitig ist die Streitverkündung neben dem Prozesskostenhilfeantrag die billigste Art der Hemmung, jedenfalls zunächst, vgl aber § 101 ZPO.

Diese ihre geringere Dignität wird eindrucksvoll unterstrichen durch den Vergleich mit der außergerichtlichen Mahnung. Letztere hemmt nicht, obwohl der Gläubiger immerhin ernsthaft seinen Anspruch verfolgt. Bei der Streitverkündung tut er dies in geringerem Umfang, wenn sie konkludent die Erklärung enthält, dass er hoffe, den Anspruch nicht zu haben.

Das gemeine Recht hatte deshalb der Streitverkündung Wirkung nicht beigemessen. Im Anschluss an die preußische Rechtsprechung (PrOTrE [Plenum] 25, 325) wurde gleichwohl aus reinen Gründen der Billigkeit und Zweckmäßigkeit eine Unterbrechungswirkung anerkannt. Vor Augen hatte man dabei ausschließlich Verkäuferketten (Käufer/Verkäufer/Lieferant), in denen die §§ 477 aF und gar 482, 490 aF es für den Verkäufer eng für den Regress gegen den Lieferanten werden ließen. Für ihn gab ja auch erst der verlorene Prozess gegen den Käufer Anlass zum Vorgehen gegen den Lieferanten. Man wollte den Verkäufer auch nicht in eine vielleicht überflüssige und jedenfalls wenig weiterführende Feststellungsklage treiben.

Damit lag historisch und sachlich eine *restriktive Anwendung* der Vorgängervorschrift des § 209 Abs 2 Nr 4 aF nahe; sie war auch intendiert, wie der dortige Zusatz „in dem Prozess, von dessen Ausgange der Anspruch abhängt" belegt.

In Verkennung dieser Zusammenhänge hat die Leitentscheidung RGZ 58, 76 *jede prozessual zulässige* Streitverkündung zur Unterbrechung der Verjährung genügen lassen. Das machte außerdem den Zusatz im Gesetzestext des § 209 Abs 2 Nr 4 aF sinnlos und verstieß damit gegen anerkannte Auslegungsgrundsätze. Schließlich überantwortete es – ebenfalls methodisch unzulässig – die dem materiellen Recht aufgegebene Festlegung der Unterbrechungsvoraussetzungen dem Prozessrecht (Der konkrete Fall hatte nicht einmal Anlass zu der Feststellung gegeben.).

Der Anwendungsbereich der Streitverkündung ist dann ständig ausgeweitet worden, materiell um die Fälle der alternativen Haftung, zB bei unklarer Vertretungsmacht oder mehreren denkbaren deliktischen Tätern, prozessual auf das selbstständige Beweisverfahren. Verfahrensmäßig mag das zu begrüßen sein, mehrere Verfahren aufeinander abzustimmen. Wenn damit automatisch nach RGZ 58, 76 auch die Möglichkeiten der Verjährungsunterbrechung erweitert wurden, war das bedenklich.

3. Anwendungsbereich der Bestimmung

§ 204 Abs 1 Nr 6 scheint seinem Wortlaut nach jeder Streitverkündung hemmende Wirkung beizumessen; die bisherige Einschränkung „in dem Prozess, von dessen Ausgange der Anspruch abhängt" des § 209 Abs 1 Nr 4 aF bezeichnet die Gesetzesbegründung (BT-Drucks 14/6040, 114) ausdrücklich als „irreführend". Das kann indessen nicht richtig sein.

Die Ergebnisse wären absurd: Es könnte der Gesellschafter im Gesellschaftsprozess dem Klempner, der in seiner Wohnung – aus seiner Sicht mangelhaft – repariert hat, den Streit verkünden, um der Verjährung seiner Gewährleistungsansprüche vorzubeugen.

Es kann für die hemmende Wirkung der Streitverkündung aber nicht nur um eine Missbrauchsgrenze gehen. In den Kontext des § 204 Abs 1 passt dessen Nr 6 vielmehr nur, wenn *die Streitverkündung geeignet ist, die Durchsetzung des Anspruchs zu fördern.* Das ist aber nur dann der Fall, wenn *verbindliche Feststellungen* nach den §§ 68, 74, 72 ZPO *für den Folgeprozess* zu gewärtigen sind. Mithin muss die Streitverkündung den Anforderungen des § 72 ZPO genügen (BGH NJW 2008, 519 Rn 20 ff; NJW 2009, 1488 Rn 18 ff; Palandt/Ellenberger Rn 21; **aA** Althammer/Würdinger NJW 2008, 2620; Bamberger/Roth/Henrich Rn 29; NK-BGB/Mansel Rn 90), zu denen namentlich der ungünstige Ausgang des Erstprozesses gehört, wie dies § 72 ZPO Abs 1 sagt. Zulässig und die Verjährung hemmend ist also die Streitverkündung an den Notar bei dem prozessualen Vorgehen gegen einen möglicherweise Haftenden. Das ist geeignet bei der späteren Inanspruchnahme des Notars § 19 Abs 1 S 2 BNotO auszuschalten. Dagegen hilft es nicht, bei der Inanspruchnahme des Notars dem Dritten den Streit zu verkünden (BGH NJW 2008, 519). Dieser muss sogleich verklagt werden.

Außerdem ist es nur dann gerechtfertigt, die Verjährung des Anspruchs gegenüber dem Schuldner aufzuhalten, wenn dieser die Möglichkeit hat, den Anspruch sachlich zu bekämpfen; in allen anderen Fällen des § 204 Abs 1 ist sie gegeben. Daraus folgt, dass der Schuldner, dem der Streit verkündet worden ist, zu einer Nebenintervention nach § 66 ZPO in der Lage sein muss, wie sie übrigens als solche ohne Einfluss auf die Verjährung ist. Das ist er aber nicht, wenn die Voraussetzungen des § 66 ZPO nicht vorliegen und man ihn deshalb nach § 71 ZPO aus dem Prozess verweisen kann. Eine Verjährungshemmung ohne die Möglichkeit des rechtlichen Gehörs für den Schuldner ist § 204 Abs 1 fremd.

Der Grundsatz, dass auch unzulässige Maßnahmen die Hemmungswirkung des § 204 Abs 1 nicht hindern, erfährt im Falle des § 204 Abs 1 Nr 6 mit der *Bindung an § 72 ZPO* eine gewichtige Einschränkung (BGHZ 175, 1 = NJW 2008, 519 Rn 24 f). Und der unmittelbare Anwendungsbereich des § 204 Abs 1 Nr 6 bleibt sogar noch hinter § 72 ZPO zurück. Nach der zweiten Alternative des § 72 Abs 1 ZPO verkündet den Streit, wer sich im Zweitprozess in der Schuldnerrolle vorzufinden erwartet (dies verkennt BGH NJW 2009, 1488). Auch § 204 Abs 1 Nr 6 geht aber davon aus, dass der Gläubiger des Anspruchs die verjährungshemmende Maßnahme trifft. Darin unterscheidet sich diese Bestimmung nicht von allen anderen Fällen des § 204 Abs 1 (o Rn 6). Daher kann auf einer Streitverkündung nach § 72 Abs 1 2 Alt ZPO keine Hemmung beruhen. Freilich hemmt es hier dann die Verjährung des Regressanspruchs, wenn dessen Gläubiger dem Schuldner des Regressanspruchs beitritt (o Rn 75a).

4. Voraussetzungen

77 Voraussetzung für die Hemmungswirkung ist also eine *formal ordnungsgemäße*, den Anforderungen der §§ 72, 73 ZPO genügende *Streitverkündung* (BGHZ 175, 1 = NJW 2008, 519 Rn 11 ff; NJW 2009, 1488).

a) Sie muss ausgehen von einer Partei des Rechtsstreits, Kläger oder Beklagtem, § 72 Abs 1 ZPO, oder dem Empfänger einer Streitverkündung, § 72 Abs 2 ZPO.

Dabei müssen diese wiederum materiellrechtlich in Bezug auf den Anspruch, um dessen Verjährungsunterbrechung es geht, *Berechtigter* sein; insoweit gilt bei der Streitverkündung nichts anderes als bei der Klage (PALANDT/ELLENBERGER Rn 21), sodass auf o Rn 6 ff Bezug genommen werden kann.

b) Die Streitverkündung muss vor rechtskräftiger Entscheidung des Prozesses erfolgen, § 72 Abs 2 ZPO, danach ist der konkrete Verfahrensstand bedeutungslos, namentlich kommt es nicht darauf an, in welcher Instanz sich der Prozess befindet (vgl zur Streitverkündung im Betragsverfahren BGH NJW 1979, 264; zur Streitverkündung im Verfahren der Nichtzulassungsbeschwerde BGH BauR 2010, 460 Rn 18).

c) Die Streitverkündung muss schriftsätzlich bei Gericht eingereicht und dem Schuldner zugestellt werden, §§ 204 Abs 1 Nr 6, 73 S 1, 2 ZPO; dabei gilt § 167 ZPO.

Soweit § 73 S 1 ZPO die Angabe der Lage des Prozesses fordert, sind Verstöße hiergegen – im Rahmen der Hemmung der Verjährung – unerheblich.

Notwendig ist allerdings die *Angabe des Grundes der Streitverkündung,* wie er sich aus § 72 ZPO ergibt, dh der Annahme eines Anspruchs auf Gewährleistung oder Schadloshaltung im Falle des ungünstigen Ausgangs des Rechtsstreits. Dazu braucht der Streitverkündende, wenn er Gläubiger in dem Vorprozess ist, allerdings nur darzutun, welchen Anspruchs er sich dort berühmt, wenn er Schuldner in dem Vorprozess ist, nur, welchem Anspruch er sich dort ausgesetzt sieht. Insoweit genügt regelmäßig die Übersendung der Klageschrift, ggf ergänzt um die Klageerwiderung. Woraus der Regress im Einzelnen hergeleitet werden soll, braucht dagegen nicht näher dargetan zu werden, wie dies in der Praxis auch meist nicht geschieht. Namentlich ist es nicht erforderlich – und oft auch kaum möglich –, dass der Regressanspruch, dessen Verjährung gehemmt werden soll, in einer den Anforderungen des § 253 Abs 2 Nr 2 ZPO entsprechenden Weise näher bezeichnet wird; er muss sich nur in gegenständlich zuzuordnender Weise ergeben, wobei durchaus auch das Wissen des Streitverkündeten berücksichtigt werden kann. Etwa relevante Mängel werden im Übrigen durch rügelose Einlassung im Folgeprozess geheilt (BGHZ 96, 53).

d) Weitere formelle Anforderungen für die Hemmung der Verjährung bestehen nicht. Namentlich ist die von § 72 S 1 ZPO geforderte Mitteilung der Streitverkündung an den Prozessgegner entbehrlich. Auch kommt es nicht darauf an, dass der Streitverkündete dem Rechtsstreit beitritt. Freilich kann in einer Nebenintervention ein Anerkenntnis iSd § 212 Abs 1 Nr 1 liegen; dazu kommt es auf die konkrete Einlassung des Nebenintervenienten an.

5. Präjudizialität

a) In der Sache notwendig für die Hemmung der Verjährung ist, wie aus § 72 **78** ZPO folgt, *Präjudizialität* des Ausgangs des Vorprozesses für den Folgeprozess. Es kommt darauf an, dass der Folgeprozess nur deshalb notwendig wird, weil der Vorprozess ungünstig ausgeht. Wäre der Anspruch nämlich auch bei günstigem Ausgang des Vorprozesses gegeben, so würde er nicht von dem Ausgang des Vorprozesses abhängen (BGH NJW 2008, 519).

79 aa) Kommt es damit auf Präjudizialität des ungünstigen Ausgangs an, so ist diese in drei Schattierungen denkbar. Möglich ist die objektive Präjudizialität des ungünstigen Ausgangs in dem Sinne, dass der Anspruch des Streitverkündeten nicht bestehen kann, wenn der Vorprozess ihm günstig ausgeht. Denkbar ist es weiter, dass bei objektiver Betrachtungsweise der ungünstige Ausgang des Vorprozesses die Entscheidung des Folgeprozesses beeinflussen kann. Und denkbar ist es schließlich – und so formuliert dies § 72 Abs 1 S 1 ZPO –, dass die Möglichkeit der Beeinflussung genügt, diese aber aus der subjektiven Sicht des Streitverkündenden zu beurteilen ist.

bb) Auszugehen ist von der erstgenannten Alternative, dass *objektiv die ungünstige Entscheidung des Vorprozesses conditio sine qua non für jene Ansprüche* ist, die zu verjähren drohen und Gegenstand des Folgeprozesses sind. Nur bei ihnen ist es hinreichend gerechtfertigt, dem Gläubiger die Vergünstigung der Verjährungshemmung zu gewähren. Es kann nicht sinnvoll sein, die Hemmung auch bei solchen Ansprüchen anzunehmen, die letztlich vom Ausgang des Vorprozesses unabhängig sind. Das entspricht dem Zweck des § 72 Abs 1 S 1 ZPO. Dass dort die bloße Möglichkeit der Beeinflussung für genügend erklärt und auf die Sicht des Streitverkündenden abgestellt wird, folgt daraus, dass die Überprüfung der Regressansprüche nicht eigentlich Aufgabe des Gerichts des Vorprozesses ist, also die Möglichkeit der Präjudizialität genügen muss und dass dann für ihre Beurteilung ein anderer Maßstab als die Sicht des Gläubigers nicht ohne weiteres zur Verfügung steht. Außerdem muss eben der Dritte die Möglichkeit des Beitritts nach § 66 ZPO haben (o Rn 76).

80 b) Danach tritt eine *Hemmung* durch die Streitverkündung *nicht* ein,

aa) wenn der Anspruch von einem günstigen Ausgang des Vorprozesses abhängt (RG JW 1913, 32), zB Streitverkündung im Prozess gegen den Hauptschuldner hinsichtlich des Anspruchs gegen den Bürgen (vgl aber u Rn 82 zur Rechtsprechung des BGH),

bb) wenn der Anspruch vom Ausgang des Vorprozesses unabhängig ist, zB bei Streitverkündung in dem Prozess gegen einen Gesamtschuldner für den Anspruch gegen einen anderen Gesamtschuldner (BGHZ 8, 72, 80; 65, 127, 131; 70, 187, 189).

81 c) Sie tritt aber ein

aa) im Falle der *Regressmöglichkeit,* für die § 72 Abs 1 S 1 beispielhaft den Fall der Gewährleistung (des Vorlieferanten) nennt. Regressmöglichkeiten können auf Schadensersatzansprüchen beruhen, zB vertraglichen gegen den Berater, etwa den Anwalt, deliktischen, etwa aus den §§ 823 Abs 1, 2, 826, auf einer Garantiezusage, auf Gesamtschuldnerschaft § 426 Abs 1, 2, aber auch auf sonstigen Rechtsgründen.

bb) bei *alternativer Haftung*. Klassischer Fall ist der der zweifelhaften Vertretungsmacht, sodass entweder der Vertretene oder der Vertreter haftet (vgl BGH NJW 1982, 281, 282). Oder für einen Baumangel kann ein Handwerker verantwortlich sein oder ein anderer oder gar der planende Architekt. Dass in Fällen dieser Art statt einer alternativen auch eine kumulative Haftung in Betracht kommt, schließt eine Streitverkündung und ihre hemmende Wirkung nicht aus (BGHZ 65, 127, 133). Zu den grundsätzlichen Bedenken bei dieser Fallgruppe o Rn 75.

d) Jedenfalls muss die *Streitverkündung von dem Gläubiger des Anspruchs* ausgehen; das Vorgehen des Schuldners reicht hier – wie auch sonst im Bereich des § 204 – nicht aus. Insofern kann die Streitverkündung in dem zweiten Fall des § 72 Abs 1 S 1, der Besorgung des Anspruchs eines Dritten, die Verjährung der Ansprüche des Dritten nicht hemmen. Hier ist vielmehr auf dessen Beitritt abzustellen. **82**

e) Die Rechtsprechung (BGHZ 36, 212; 65, 127; 70, 187) und die ihr folgende hM (vgl etwa MünchKomm/GROTHE Rn 40; SOERGEL/NIEDENFÜHR Rn 68; PALANDT/ELLENBERGER Rn 21; JAUERNIG JZ 1962, 410) zieht die Grenzen der Wirkung der Streitverkündung weiter: Sie fordert zwar die Zulässigkeit der Streitverkündung nach Maßgabe des § 72 Abs 1 S 1 ZPO, lässt diese aber auch genügen, mithin die subjektive Sorge des Streitverkündenden um Präjudizialität.

Daraus zieht BGHZ 36, 212, gebilligt in den Folgeentscheidungen (BGHZ 65, 127; 70, 187), den Schluss, dass die Verjährung auch dann unterbrochen sein (heute: gehemmt) könne, wenn der Vorprozess günstig für den Streitverkündenden ausgeht (billigend der Regierungsentwurf zu § 204 Abs 1 Nr 6 [BT-Drucks 14/6040, 114]): Dort hatte ein Notar, der Beklagte des Folgeprozesses, einen Vertrag mangelhaft beurkundet, sodass die Käuferin, Beklagte des Vorprozesses, Anlass sah, dessen Erfüllung zu verweigern, was indessen im Ergebnis keinen Erfolg hatte. Der Verkäufer, Kläger beider Prozesse, nahm nunmehr den Notar auf Ersatz der Kosten des Erstprozesses in Anspruch, obwohl dieser für ihn günstig ausgegangen war. Hier mag es sein und wird wohl zutreffen, dass die prozessualen Wirkungen der Streitverkündung an den Notar im Erstprozess (im Folgeprozess) eintreten: Die Verjährung des Ersatzanspruches gegen den Notar war indessen durch die Streitverkündung nicht beeinflusst worden, weil der Ersatzanspruch wegen der offenbar nicht beitreibbaren Kosten des Vorprozesses von dessen Ausgang nicht abgehangen hatte.

f) Ist Präjudizialität zu fordern, so braucht sie doch nicht für den Anspruch in seiner ganzen Höhe gegeben zu sein. Es kommt auch nicht darauf an, dass das Zweitgericht die verbindlichen Feststellungen des Ersturteils verwertet (STAUDINGER/DILCHER[12] § 209 aF Rn 34).

6. Wirkung der Hemmung

Die Hemmungswirkung bezieht sich auf *alle Ansprüche, die im Falle des Unterliegens im Erstprozess gegeben sind,* unabhängig von Gegenstand und Rechtsgrund und Höhe. Namentlich begrenzt es den Regress nicht, wenn es im Erstprozess nur um einen Teil des Schadens ging (BGH NJW 2012, 674 Rn 9) Hat zB der Streitverkündende im Falle zweifelhafter Vertretungsmacht zunächst gegen den Vertretenen geklagt und verloren, so ist die Verjährung gehemmt im Verhältnis zum streitverkündeten **83**

Vertreter für den Erfüllungsanspruch, § 179 Abs 1, den Schadensersatzanspruch, § 179 Abs 1, den Schadensersatzanspruch aus § 179 Abs 2 und etwaige weitere Ansprüche, zB wegen der Kosten des Erstprozesses etwa aus culpa in contrahendo oder aus § 826. Dabei werden sie insbesondere *nicht der Höhe nach durch die Anträge des Erstprozesses beschränkt* (STAUDINGER/DILCHER[12] § 209 aF Rn 33).

Die Streitverkündung gegenüber einem Gesamtschuldner wirkt wegen § 425 Abs 2 nicht gegenüber einem anderen Gesamtschuldner.

7. Andere Verfahren; selbstständiges Beweisverfahren

84 Die Streitverkündung ist möglich in allen Verfahren, die zu einer rechtskräftigen Entscheidung führen, weil dann die Interventionswirkung der §§ 74, 68 ZPO eintreten kann. Hält man mit BGHZ 165, 358 = NJW 2006, 773, im Mahnverfahren eine Nebenintervention für möglich, dann muss auch in diesem Verfahren eine Streitverkündung mit ihrer verjährungshemmenden Wirkung möglich sein.

Wenn BGHZ 134, 190 die Streitverkündung *im selbstständigen Beweisverfahren* zulässt und ihr unterbrechende Wirkung beimisst, kann das nur eine entsprechende Anwendung sein (zustimmend RegE BT-Drucks 14/6040, 114). Angesichts der relativen Enge der Verjährungsfristen im Gewährleistungsrecht mag dies praktische Vorteile haben. Die Analogie versagt aber, weil das Beweisverfahren nichts verbindlich feststellt. Das Beweisergebnis bleibt immer noch der Würdigung offen, nur seine Einführung in den Prozess wird erleichtert.

8. Ausländisches Verfahren

85 Die Streitverkündung in einem *ausländischen Prozess* hemmt die Verjährung, wenn dort für die Streitverkündung im Wesentlichen dieselben Voraussetzungen wie nach deutschem Recht gelten (RGZ 61, 390, 392). Freilich braucht das ausländische Prozessrecht dem Ersturteil keine dem deutschen Recht vergleichbare Bindungswirkung beizumessen (aA TAUPITZ ZZP 102, 288, 297): Grund der Wirkung ist nämlich nicht eine irgendwie geartete rudimentäre Titulierung des Regressanspruchs, sondern die Vermeidung überflüssiger und kostenträchtiger Doppelprozesse, von denen einer notwendigerweise scheitern muss (vgl o Rn 75). Freilich muss das zu gewärtigende ausländische Urteil im Erstprozess anerkennungsfähig (§ 328 ZPO) sein, denn nur wenn es im Inland Rechtskraft entfalten kann, kann ihm die noch weitergehende Interventionswirkung der §§ 74, 68 ZPO zukommen (vgl MILLEKER ZZP 80 [1967] 288 ff; TAUPITZ ZZP 102 [1989] 288 ff; aA RGZ 61, 390, 393 f; RG SeuffArch 83 Nr 104; MünchKomm/GROTHE Rn 42). Außerdem müssen in Bezug auf den Streitverkündeten die Voraussetzungen des § 328 Abs 1 ZPO Nrn 2, 3 und 4 gegeben sein (nicht auch der Nrn 1 und 5), was sich schon daraus ergibt, dass die ausländische Streitverkündung der inländischen gleichwertig sein muss.

XI. Anspruchsanmeldung zum Musterverfahren

1. Allgemeines

85a Das Kapitalanleger-Musterverfahrensgesetz, KapMuG v 16. 8. 2005 (BGBl I 2437), novelliert durch G v 19. 10. 2012 (BGBl I 2182), eröffnet die Möglichkeit eines Musterverfahrens anlässlich von durch § 1 KapMuG näher beschriebenen *kapitalmarktrechtlichen Streitigkeiten.* Das Musterverfahren beruht auf Musterverfahrensanträgen, die während des ersten Rechtszuges in rechtshängigen Rechtsstreitigkeiten gestellt werden und in denen *Feststellungsziele,* nämlich die Feststellung bestimmter Tatsachen oder die Klärung von Rechtsfragen, formuliert werden, § 2 KapMuG. Das Musterverfahren wird nach § 6 KapMuG durch Vorlage an das Oberlandesgericht eröffnet, wenn mindestens zehn Musterverfahrensanträge vorliegen, deren Feststellungsziele den gleichen zugrunde liegenden Lebenssachverhalt betreffen, sog *gleichgerichtete Musterverfahrensanträge,* § 4 Abs 1 KapMuG. Während des Musterverfahrens vor dem OLG sind alle Rechtsstreitigkeiten, deren Entscheidung von den Feststellungszielen des Musterverfahrens abhängt, bis zum rechtskräftigen Abschluss des Musterverfahrens *von Amts wegen auszusetzen,* § 8 KapMuG. Während des Musterverfahrens können weitere Gläubiger durch Klage neue Verfahren einleiten. Zwar sind die Verfahren nach § 8 KapMuG auszusetzen, die Kläger werden aber am Musterverfahren beteiligt, von den Wirkungen des Musterentscheids erfasst, § 22 KapMuG, oder nach Maßgabe von § 23 KapMuG an einen Vergleich gebunden, tragen freilich auch ein Prozesskostenrisiko, § 24 KapMuG. Eine solche Klage hemmt die Verjährung nach § 204 Abs 1 Nr 1.

Die durch das G zur Reform des Kapitalanleger-Musterverfahrensgesetzes und zur Reform anderer Vorschriften v 19. 10. 2012 (BGBl I 2182) mit Wirkung v 1. 11. 2012 eingeführten § 10 Abs 2–4 KapMuG, § 204 Abs 1 Nr 6a geben einem Gläubiger die Möglichkeit, während eines Musterverfahrens die Verjährung zu hemmen, ohne das Kostenrisiko einer Klage eingehen zu müssen (BT-Drucks 17/10160, 25). Wie in den Fällen der § 204 Abs 1 Nr 12 u Nr 13, denen § 204 Abs 1 Nr 6a nachgebildet ist (BT-Drucks 17/10160, 28; u Rn 85 f) stellt die Anmeldung allein allerdings noch keinen Hemmungstatbestand dar. Es muss die *durch die Anmeldung vorbereitete Klage* hinzukommen, deren Hemmungswirkungen durch § 204 Abs 1 Nr 6a vorverlegt werden. **85b**

2. Zustellung

Die Anmeldung des Anspruchs zu einem Musterverfahren muss dem Schuldner *zugestellt* werden, § 10 Abs 4 KapMuG, § 204 Abs 1 Nr 6; dabei gilt § 167 ZPO. **85c**

3. Voraussetzungen von § 10 KapMuG

Die Anmeldung muss die von § 10 KapMuG genannten Voraussetzungen wahren. Da dieses Institut der Anmeldung nur geschaffen wurde, um dem Gläubiger eine weitere Möglichkeit an die Hand zu geben, die Verjährung zu hemmen, müssen die vorgesehen Anforderungen als *Voraussetzungen dieser Wirkung* verstanden werden. Wie bei der Streitverkündung (o Rn 76) findet hier also der Grundsatz, dass auch unzulässigen Maßnahmen verjährungshemmende Wirkung zukommt, eine Ausnahme. Im Einzelnen sind folgende Voraussetzungen zu erfüllen: **85d**

a) Die Anmeldung muss in der *Sechsmonatsfrist* des § 10 Abs 2 KapMuG erfolgen. Die Frist wird durch die Bekanntmachung des Musterverfahrens im Klageregister in Gang gesetzt. § 10 Abs 2 S 4 KapMuG verlangt, dass die Bekanntmachung im Klageregister über Form, Frist und Wirkungen des Antrags zu belehren hat. Eine Sanktion im Falle fehlerhafter Belehrung ist nicht genannt. Nur schwerwiegende Fehler können dazu führen, dass die Frist nicht in Gang gesetzt wird.

b) Die Anmeldung hat *schriftlich* nach Maßgabe von §§ 130 f ZPO bei dem OLG zu erfolgen, bei dem das Musterverfahren anhängig ist, § 10 Abs 2 S 1 KapMuG. Die Vertretung durch einen Rechtsanwalt ist erforderlich, § 10 Abs 2 S 3 KapMuG.

c) Den *Inhalt* der Anmeldung bestimmt § 10 Abs 3 KapMuG. Der anmeldende Gläubiger hat in Übereinstimmung mit § 253 Abs 2 Nr 1 ZPO sich, ggf unter Angabe des gesetzlichen Vertreters, zu bezeichnen (Nr 1), das Aktenzeichen des Musterverfahrens, in Bezug auf das er seine Anmeldung erklärt, anzugeben (Nr 2), den Schuldner des Anspruchs, der Musterbeklagter sein muss, zu bestimmen (Nr 3) und schließlich Anspruchsgrund und -höhe (Nr 4) zu nennen. Diese Bezeichnung des Anspruchs muss so präzise erfolgen, dass der Musterbeklagte sein Risiko abschätzen kann. Daher muss der Streitgegenstand des späteren Prozesses sich bereits aus dem Antrag ergeben, ohne dass es allerdings einer Substantiierung des Anspruchs bedarf. Grundsätzlich hat der Antragsteller also anzugeben, auf welche Pflichtverletzung er seinen Anspruch stützt (SÖHNER ZIP 2013, 7, 12). Dafür genügt freilich die Bezeichnung von Aktienerwerb und fehlerhaftem Prospekt (HALFMEIER DB 2012, 2145, 2149; enger SÖHNER ZIP 2013, 7, 12: Angabe des Prospektfehlers erforderlich; vgl in diese enge Richtung auch OLG Frankfurt 2012, 1236, 1238).

d) Als negative Anmeldungsvoraussetzung darf der anzumeldende Anspruch noch *nicht Gegenstand einer Klage* gewesen sein. Ungeachtet von § 269 Abs 3 S 1 ZPO hindert auch eine zurückgenommene Klage die Anmeldung (BT-Drucks 17/10160, 26).

4. Vorgreiflichkeit des Musterverfahrens

85e § 204 Abs 1 Nr 6a knüpft die Hemmung schließlich an die Voraussetzung, dass dem angemeldeten Anspruch der *gleiche Lebenssachverhalt* zugrunde liegt wie den Feststellungszielen des Musterverfahrens. Der Gesetzgeber wollte damit zum Ausdruck bringen, dass ein statt der Anmeldung durch Klage eingeleiteter Rechtsstreit nach § 8 KapMuG auszusetzen (vgl o Rn 85a) gewesen wäre (BT-Drucks 17/10160, 28). Die Hemmung verlangt – ähnlich wie bei der Streitverkündung (o Rn 78 ff) – also, dass für den verfolgten Anspruch wenigstens ein Gegenstand des Musterverfahrens vorgreiflich ist.

5. Lauf der Verjährung

85f Die Hemmung ist – ähnlich wie bei § 204 Abs 1 Nr 12 u Nr 13 – davon abhängig, dass zusätzlich zur Anmeldung binnen drei Monaten nach rechtskräftigem Abschluss des Musterverfahrens der *angemeldete Anspruch klageweise geltend gemacht* wird. Diese Frist ist eine *Ausschlussfrist,* auf die nach § 204 Abs 3 die §§ 206, 210, 211 entsprechende Anwendung finden. Wird diese Ausschlussfrist versäumt, so entfällt die zunächst eingetretene Hemmung rückwirkend. Damit kommt dem Gläubiger auch nicht die Hemmung nach § 204 Abs 2 S 1 zugute.

XII. Selbstständiges Beweisverfahren

§ 204 Abs 1 Nr 7 knüpft an die Bestimmungen der §§ 477 Abs 2, 639 Abs 1 aF aus dem Gewährleistungsrecht von Kauf und Werkvertrag an. Die dortige Regelung wird – jetzt als eine der Hemmung – umfassend anwendbar, was namentlich für § 548 von Bedeutung ist.

1. Allgemeines

Notwendig ist ein selbstständiges Beweisverfahren nach Maßgabe der §§ 485 ff ZPO, wie es 1990 an die Stelle des früheren Beweissicherungsverfahrens, geregelt in den §§ 485 ff ZPO aF, getreten ist. Ein bloßer Beweisantritt iSd §§ 282 ff ZPO im Rahmen eines anhängigen Prozesses genügt zur Hemmung der Verjährung selbst dann nicht, wenn ein entsprechender Beweis erhoben wird; es muss vielmehr bei *Anhängigkeit eines Prozesses* ein *Beweisantrag* nach § 486 Abs 2 ZPO angebracht werden. – Ausreichend ist auch ein gleichwertiges ausländisches Verfahren.

2. Antrag

Die Hemmung *beginnt mit der Zustellung des Antrags,* wobei § 167 ZPO anzuwenden ist. Wird der Verfahrensgegenstand erweitert – zB um weitere Mängel –, genügt insoweit die formlose Mitteilung. Verfahrenseinleitend ist nach der klaren Fassung des Gesetzes die Zustellung nötig (BGHZ 188, 128 = NJW 2011, 1965 Rn 29 f; WEYER NZBau 2008, 228; **aA** OLG Karlsruhe NJW-RR 2008, 402 f u SEIBEL ZfBR 2008, 9, 10 ff); der Antragssteller sollte darauf antragen. Die rügelose Einlassung heilt aber nach § 295 ZPO (zweifelnd BGH NJW 2011, 1965 Rn 32 ff, indessen eine Heilung nach § 189 ZPO annehmend. Indessen lässt dies das Zustellungserfordernis des § 204 Abs 1 Nr 7 praktisch leerlaufen). Wenn der Antragsteller derzeit nicht Inhaber des Anspruchs ist, beginnt sie mit seinem Rechtserwerb (BGH NJW 1993, 1916). Ein Antrag des Schuldners ist unbehelflich.

3. Anforderungen

Das Gesuch muss *wirksam,* aber es braucht *nicht unbedingt zulässig* zu sein. Nur eine Zurückweisung als unstatthaft darf nicht erfolgen (BGH NJW 1998, 1305). Es gelten *ähnliche Grundsätze wie für Mängel einer Klage* als Mittel der Hemmung der Verjährung.

a) Inhaltlich notwendig ist es, dass der *Gegner bezeichnet* wird, die von § 494 ZPO zugelassene Beweissicherung gegen einen unbekannten Gegner genügt schon deshalb nicht zur Verjährungshemmung, weil die Zustellung des Antrags unterbleibt. Zu bezeichnen sind auch die *Tatsachen,* über die Beweis erhoben werden soll, § 487 Nr 1, 2 ZPO, weil anders der Gegenstand der Verjährungshemmung gar nicht bestimmt werden könnte. Dagegen ist für die verjährungshemmende Wirkung der Beweissicherungsantrag *unerheblich,* wenn einstweilen entgegen § 487 Nr 3 ZPO das *Beweismittel* nicht benannt wird, erst recht, wenn entgegen § 487 Nr 4 ZPO nicht dargetan oder glaubhaft gemacht wird, dass ein Verlust oder eine Beeinträchtigung des Beweismittels droht. Freilich ist in den letztgenannten Fällen zu beachten, dass dann das Gesuch zurückgewiesen werden kann, ohne dass zugestellt wird.

b) Formal ist es *nicht erforderlich,* dass das Gesuch an ein *zuständiges Gericht* gerichtet wird (RGZ 66, 365; RG JW 1907, 739). Unschädlich ist die Nichtzahlung des Kostenvorschusses für den Sachverständigen, die aber ein Nichtbetreiben iSd § 204 Abs 2 S 2 bedeuten kann.

4. Der verfolgte Anspruch

89 Eine nähere Bezeichnung des Anspruchs, dessen Verjährung gehemmt werden soll, ist nicht erforderlich (**aA** MünchKomm/GROTHE Rn 45); insoweit ähnelt der Hemmungstatbestand des § 204 Abs 1 Nr 7 dem des § 204 Abs 1 Nr 6, der Streitverkündung. Soweit ein Rechtsstreit noch nicht anhängig ist, muss der Antragsteller freilich sein rechtliches Interesse an den begehrten Feststellungen dartun, § 485 Abs 2 ZPO. Wenn er dies nicht tut, riskiert er es, dass sein Antrag ohne die verjährungshemmende Zustellung zurückgewiesen wird. Im Übrigen wird sein Anspruch aus den Tatsachen, deren Feststellung begehrt wird, auch hinreichend deutlich, zB der Schadensersatzanspruch des Vermieters, §§ 280 Abs 1, 241 Abs 2, 823 Abs 1, der den Zustand der ihm zurückgegebenen Wohnung festgestellt wissen will, oder die Gewährleistungsrechte von Käufer oder Besteller aus den §§ 437, 634, wenn ein selbstständiges Beweisverfahren über Mängel eingeleitet wird.

Dabei müssen aber die *Tatsachen konkret bezeichnet* werden, wenn eine Hemmung der Verjährung eintreten soll. Die Hemmung bleibt aus, wenn nur festgestellt werden soll, „die Wohnung sei beschädigt", „der Gegenstand des Werkvertrages sei mangelhaft". Dabei ist es aber vor allem im Gewährleistungsrecht bedeutsam, dass nur das *äußere Erscheinungsbild* des störenden Zustands zu benennen ist; seine Ursachen brauchen nicht angegeben zu werden. So kann etwa der Bauherr ein selbstständiges Beweisverfahren gegen Architekt und Bauunternehmer wegen eines feuchten Flecks an der Kellerwand anstrengen: Dies hemmt die Verjährung bei allen sich ergebenden Ansprüchen, mag sich nun ein Planungsfehler des Architekten herausstellen oder ein Ausführungsfehler des Bauunternehmers. Die Hemmung der Verjährung tritt im Übrigen auch dann ein, wenn die behaupteten Tatsachen im selbstständigen Beweisverfahren nicht festgestellt werden (BGH NJW-RR 1998, 1475). In dem gewählten Beispiel mag zB der Gutachter des selbstständigen Beweisverfahrens den feuchten Fleck als harmlos abgetan haben.

Ein Antrag des Werkunternehmers auf Durchführung des selbstständigen Beweisverfahrens mit dem Ziel der Feststellung der *Abwesenheit von Mängeln* bewirkt nach Abnahme indessen keine Hemmung der Verjährung des Werklohnanspruchs nach § 204 Abs 1 Nr 7 (BGH NJW 2012, 1140 Rn 6; OLG Saarbrücken NJW-RR 2006, 163; **aA** KLAFT/NOSSEK BauR 2008, 1980), weil die Mangelfreiheit des Werkes nach Abnahme keine Anspruchsvoraussetzung mehr ist. Dass dem Besteller bei Mangelhaftigkeit eine Einrede, § 641 Abs 3, erwachsen würde, ist indessen unbeachtlich. Anders liegt es bei bei einem vor der Abnahme gestellten Beweissicherungsantrag des Werkunternehmers, mit dem dieser die Fälligkeit seines Werklohnanspruchs nach § 641 belegen will (BGH NJW 2012, 1140 Rn 7).

5. Beweissicherung durch den Schuldner

Hemmung tritt nur ein, wenn der Gläubiger den Beweis gesichert wissen will.

6. Umfang der Hemmung

Die Hemmungswirkung tritt nur für jene Tatsache ein, für die der Beweis gesichert werden soll. Bei Mängeln tritt die Hemmung aber *für den einzelnen* – konstruktiven oder planerischen – *Mangel insgesamt* ein, mag der Besteller auch nur einzelne isolierte Auswirkungen in seinem Antrag als Mangel bezeichnet und für diese Auswirkungen gar noch eine unzutreffende Ursache benannt haben (BGH NJW 1987, 381; NJW-RR 1987, 336; 798; 1989, 149, vgl auch WEISE BauR 1991, 19). Es gelten für den Gegenstand der Hemmung die gleichen Grundsätze wie für das Beseitigungsverlangen nach § 13 Abs 5 Nr 1 VOB/B (dazu STAUDINGER/PETERS/JACOBY [2014] Anh I zu § 638 Rn 27 f). 90

7. Ende der Hemmung

Die Hemmung endet an sich mit der Erhebung des Beweises, der Vernehmung des Zeugen, der Zuleitung des erstatteten Gutachtens an die Parteien (BGH BauR 2009, 979 Rn 4), sofern weder das Gericht noch die Parteien – innerhalb einer angemessenen Frist – weitere Fragen stellen. Dann kommt es auf das fruchtlose Ende dieser Frist an. Soll es – auch auf Antrag des Schuldners – noch erläutert werden, dauert die Hemmung an, bis auch dies erledigt ist. Es entscheidet das Ende der sachlichen Erörterung der Beweissicherungsthemen (BGH NJW 2011, 594 Rn 11). Zieht sich das Beweissicherungsverfahren selbst noch aus formalen Gründen hin, verlängert das den Zeitraum der Hemmung nicht (BGH NJW 2011, 594 Rn 12 ff: Rüge einer Partei, dass der gerichtlich bestellte Sachverständige seinen Auftrag nicht habe delegieren dürfen). Es versteht sich, dass die Hemmung auch enden kann, ohne dass alle Fragen tatsächlich beantwortet sind (OLG Düsseldorf BauR 2009, 1776). Jedenfalls kann der Zeitpunkt des Endes der Hemmung nur aus einer Sicht ex post beurteilt werden. Geht es um mehrere Punkte (zB Mängel) können sich unterschiedliche Zeiträume der Hemmung ergeben, weil sich die Hemmungswirkung darauf bezieht, inwieweit der einzelne Mangel noch im Beweisverfahren behandlungsbedürftig ist, etwa weil zu einem Mangel bereits ein Gutachten erstellt ist und das Verfahren nur noch wegen anderer Mängel fortgesetzt wird (BGH NJW 1976, 956; OLG München NJW-RR 2007, 675).

8. Streitverkündung

Hinzuweisen ist auf die von der Rechtsprechung angenommene Möglichkeit der verjährungshemmenden Streitverkündung im selbstständigen Beweisverfahren (BGHZ 134, 190).

XIII. Begutachtungsverfahren

§ 204 Abs 1 Nr 8 sieht eine Hemmung der Verjährung durch Begutachtung vor:

1. Vereinbarte Begutachtung

a) Die Parteien können eine Begutachtung streitiger Fragen vereinbaren. Das wird sich vorzugsweise auf tatsächliche Fragen beziehen, zB Sachmängel im Gewährleistungsrecht, Zustand der zurückgegebenen Mietsache im Bereich des § 548. Aber es ist doch auch die Begutachtung rechtlicher Fragen denkbar, zB der Reich- 91 weite übernommener Verpflichtungen. Insoweit geht die Möglichkeit nach § 204 Abs 1 Nr 8 über die einer Hemmung der Verjährung nach § 204 Abs 1 Nr 7 (Beweissicherungsverfahren) hinaus. Es ist unerheblich, ob das Ergebnis des Gutachtens verbindlich sein soll oder nicht. Es tritt allerdings zugleich auch eine Hemmung nach § 203 ein, wenn denn die vereinbarte Begutachtung nur eine Sonderform der Verhandlungen ist, sofern die Begutachtung nachträglich, ad hoc, vereinbart wird. Gegenüber § 203 hat § 204 Abs 1 Nr 8 eigenständige Bedeutung, weil die Nachfrist nach § 204 Abs 2 S 1 länger ist als jene nach § 203 S 2 und stets gewährt wird.

Die Hemmung setzt ein mit dem Beginn des Verfahrens, sofern die Begutachtung im Voraus vereinbart ist. Das ist nicht etwa erst jener Zeitpunkt, in dem der Gutachter tätig wird, sondern jener der Einigung auf einen Gutachter, falls er noch nicht feststeht. Es darf nicht zu Lasten des Gläubigers gehen, dass die Auswahl Zeit in Anspruch nehmen kann oder der Gutachter überlastet ist. Allerdings kann auch dieses Verfahren in Stillstand geraten, § 204 Abs 2 S 2, wenn zB nach der Absage des zunächst Vorgesehenen nichts passiert oder der Vorschussanspruch des Bestellten nicht bedient wird.

b) § 204 betrifft ausweislich der Überschrift der Bestimmung eine Hemmung der Verjährung durch Rechtsverfolgung, dh durch den Gläubiger, nicht die Rechtsverteidigung des Schuldners. An einer Rechtsverfolgung des Gläubigers fehlt es nicht, wenn er sich beim Auftauchen von Streitpunkten ad hoc mit dem Schuldner auf eine Begutachtung einigt. An ihr kann es aber fehlen, wenn eine Begutachtung vorab vereinbart ist. Dann kommt es zu einer Hemmung der Verjährung nur und erst dann, wenn sich der Gläubiger aktiv auf das Begutachtungsverfahren einlässt (**aA** MünchKomm/GROTHE Rn 47).

2. Verfahren nach § 641a

92 § 204 Abs 1 Nr 8 aF nahm noch auf das Verfahren nach § 641a Bezug. Dieser Hemmungstatbestand ist durch das ForderungssicherungsG vom 23. 10. 2008 (BGBl I 2022) aufgehoben worden. Nach der Überleitungsvorschrift des Art 229 § 19 Abs 2 EGBGB sind §§ 204 Abs 1 Nr 8, 641a aF aber noch anzuwenden im Rahmen von Verträgen, die vor dem 1. 1. 2009 abgeschlossen worden sind. Zu dieser aufgehobenen Alternative von § 204 Abs 1 Nr 8 s STAUDINGER/JACOBY/PETERS (2009) Rn 92.

XIV. Einstweiliger Rechtsschutz

1. Allgemeines

93 § 204 Abs 1 Nr 9 sieht eine Hemmung der Verjährung durch die Verfahren des einstweiligen Rechtsschutzes vor: des Arrests, §§ 916 ff ZPO, der einstweiligen Verfügung, §§ 935 ff ZPO, der einstweiligen Anordnung, §§ 49 ff, 246 ff FamFG bzw – in Altfällen – der §§ 621 f, 621g, 641d, 644, 661 Abs 2 ZPO aF (§ 11 UWG nF). Das weicht vom bisherigen Recht ab, in dem die Verjährung ungehemmt weiterlief. Namentlich im Wettbewerbsrecht führte die kurze Frist des § 21 UWG aF oft dazu, dass sich ein Verfahren der einstweiligen Verfügung durch Eintritt der Verjährung erledigte. Außerdem wurde dort ein Hauptsacheverfahren oft nur deshalb notwendig, um die Verjährungsfrist zu wahren.

Im bisherigen Recht konnte allerdings die Verjährung durch *Vollstreckung* aus dem vorläufig erwirkten Titel vermieden werden, § 209 Abs 2 Nr 5 aF. Diese Möglichkeit besteht auch weiterhin nach § 212 Abs 1 Nr 2.

2. Einstweiliger Rechtsschutz

Für § 204 Abs 1 Nr 9 ist es unerheblich, ob der begehrte Rechtsschutz auf die Befriedigung des Anspruchs des Gläubigers gerichtet ist, wie zB die Unterlassungsverfügung des Wettbewerbsrechts, die einstweilige Anordnung von Unterhalt, oder nur auf die Absicherung des Anspruchs, wie ihr der Arrest dient oder die Sicherungsverfügung nach § 940 ZPO. Für die Zulässigkeit und die Begründetheit des Antrags auf Erlass gelten dieselben Grundsätze wie bei der Klage (o Rn 23 ff). **94**

3. Zustellung

Notwendig ist eine Zustellung an den Schuldner.

a) Verjährungshemmend ist die Zustellung des Antrags des Gläubigers, § 204 Abs 1 Nr 9, 1. Alt. Es schadet nicht, wenn er nur zu dem Zweck gestellt ist, die Verjährung zu hemmen (**aA** PALANDT/ELLENBERGER Rn 24). Für seine Rechtzeitigkeit gilt § 167 ZPO. Das folgt schon aus der 2. Alternative der Bestimmung, ihre erste kann nicht anders behandelt werden. **95**

b) Oft entscheidet das Gericht *ohne vorherige Anhörung des Schuldners* im Beschlusswege. Dann gilt für die Hemmung der Verjährung § 204 Abs 1 Nr 9, 2. Alt: Es kommt auf die Zustellung der stattgebenden Entscheidung an, wie sie *binnen Monatsfrist* erfolgen muss. Diese rechnet ab Verkündung einer Entscheidung (durch Urteil) bzw Zustellung einer Entscheidung (durch Beschluss) an den Gläubiger. Wird diese Frist durch die Zustellung der gerichtlichen Entscheidung gewahrt, dann wird der Eintritt der Hemmung zurückdatiert auf die Einreichung des Antrags auf einstweiligen Rechtsschutz.

c) Oft bleibt eine dieser beiden Zustellungen aus. Namentlich veranlasst das Gericht eine Zustellung des Antrags nicht, wenn es ihn abschlägig bescheiden will; das ist in § 922 Abs 2 ZPO vorgezeichnet.

aa) In dieser Situation führt es nicht zu einer Hemmung der Verjährung, wenn der Schuldner von dem Antrag erfahren hat und um seine Mitteilung bittet.

bb) Es hat aber jeder Antragsteller bei Gericht einen Anspruch darauf, dass sein Antrag auch der Gegenseite zugestellt wird; er wird nur sonst meistens selbstverständlich erfüllt und rückt deshalb nicht in das Bewusstsein. Wenn auf die sofortige Beteiligung des Gegners und überhaupt auf seine Benachrichtigung verzichtet wird, § 922 Abs 3 ZPO, geschieht dies mit Rücksicht auf die Interessen des Gläubigers. An der Warnung des Gegners kann ihm beim Arrest in der Tat nicht gelegen sein. Speziell bei der Unterlassungsverfügung des Wettbewerbsrechts, der regelmäßig **96**

eine Abmahnung vorausgegangen sein wird, ist § 922 Abs 3 ZPO funktionslos. Also kann der Gläubiger nicht gehindert sein, *auf die umgehende Zustellung seines Antrags* – auch im Falle seiner Erfolglosigkeit bzw für den Fall der drohenden Erfolglosigkeit – *anzutragen*. Die Meidung der Verjährung gibt ihm – ebenso wie einer Feststellungsklage – das Rechtsschutzbedürfnis. Die Nichtberücksichtigung dieser Bitte ist nach § 839 iVm Art 34 GG relevant, vgl dabei auch § 839 Abs 2 S 2.

Der Antrag auf Zustellung kann auch noch im Rechtsmittelverfahren nach Verweigerung der einstweiligen Verfügung gestellt werden.

d) Die Zustellungsfrist des § 204 Abs 1 Nr 9, 2. Alt ist eine Ausschlussfrist, auf die § 204 Abs 3 die §§ 206, 210, 211 entsprechend anwendbar sein lässt.

XV. Insolvenzverfahren, Schifffahrtsrechtliches Verteilungsverfahren

97 **1.** Die Anmeldung der Forderung in der Insolvenz, die nach § 204 Abs 1 Nr 10 verjährungshemmend wirkt, richtet sich nach den §§ 28, 174 InsO. Sie setzt eine wirksame Insolvenzeröffnung voraus; unschädlich ist es aber, wenn der Eröffnungsbeschluss späterhin auf sofortige Beschwerde des Gemeinschuldners, § 34 Abs 2 InsO, wieder aufgehoben wird (OLG Celle NJW 1959, 941).

2. Die *Anmeldung muss als Insolvenzforderung* erfolgen. Für Masseforderungen, § 55 InsO, gilt die Bestimmung nicht; ihretwegen ist die Hemmung vielmehr in der sonst üblichen Weise möglich und hat sie deshalb auch zu erfolgen (vgl LAG Hamburg ZIP 1988, 1271; PALANDT/ELLENBERGER Rn 25). Dabei kommt es auf die wahre Natur der Forderung an; ihre (irrtümliche) Qualifizierung durch die Parteien kann nicht den Ausschlag geben.

Die Anmeldung muss grundsätzlich den Anforderungen des § 174 Abs 2 InsO entsprechen (vgl MünchKomm/GROTHE Rn 50). Das gilt jedenfalls für die Angabe von Grund und Betrag (vgl RGZ 39, 37, 45 ff: Anmeldung eines unbestimmten Betrages), weil sonst auch die notwendige Individualisierung der Forderung gar nicht möglich ist (vgl dazu BGH NJW-RR 2013, 992). Entbehrlich ist dagegen die Angabe des beanspruchten Vorrechts.

Formal muss die Anmeldung schriftlich erfolgen, § 174 Abs 1 S 1 InsO, weil sie sonst gar nicht vorliegt. Nicht notwendig ist aber die Vorlage von urkundlichen Beweisstücken, § 174 Abs 1 S 2 InsO (**aA** offenbar MünchKomm/vFELDMANN[3] § 209 aF Rn 18). Im Übrigen gilt auch hier, dass Mängel der Zulässigkeit der Anmeldung hinsichtlich der Hemmung der Verjährung nicht schaden, solange sie die Wirksamkeit nicht ausschließen. Unschädlich ist zB die Versäumung der Anmeldungsfrist (OLG Frankfurt KTS 1982, 483) und abzulehnen OLG Köln BB 1973, 19 (keine Unterbrechung bei Anrufung einer „schlechthin unzuständigen Abteilung").

98 **3.** Die Anmeldung hemmt in der *Höhe der Anmeldung* (MünchKomm/GROTHE Rn 50), wobei nachträgliche Änderungen der Berechnung der Forderung im Rahmen des angemeldeten Betrages nichts schaden (RGZ 170, 276, 278).

4. Ist die *Forderung Insolvenzforderung,* dann kann nach Eröffnung der Insolvenz die Hemmung der Verjährung nur noch nach § 204 Abs 1 Nr 10 erfolgen; namentlich ist jetzt das Erwirken eines Mahnbescheids unerheblich (RGZ 129, 344).

5. Die Hemmung *endet mit dem Insolvenzverfahren* nach § 200 InsO bzw der Einstellung des Verfahrens nach den §§ 207 ff InsO. Werden Rechtsmittel nach § 216 InsO eingelegt, ist auf die Rechtskraft der Beschwerdeentscheidung abzustellen.

6. Die gleiche hemmende Wirkung hat die Anmeldung im *Schifffahrtsrechtlichen Verteilungsverfahren*. Diese Regelung ist 1986 zunächst für den Bereich des Seerechts geschaffen worden (G vom 25. 7. 1986, BGBl I 1120); Das G zur Änderung der Haftung in der Binnenschifffahrt vom 25. 8. 1998 (BGBl I 2489) hat sie auf den Bereich der Binnenschifffahrt erstreckt, sodass jetzt umfassend vom Schifffahrtsrechtlichen Verteilungsverfahren die Rede ist; die jetzige Schifffahrtsrechtliche Verteilungsordnung ist am 7. 4. 1999 neu bekannt gemacht worden (BGBl I 531). Die Anmeldung der Forderung ist in den §§ 13 ff SVertO geregelt; für die Anforderungen an die Anmeldung kann auf die Anmeldung zur Insolvenztabelle Bezug genommen werden. Die nach § 15 SVertO mögliche Anmeldung der Forderung durch den Schuldner dürfte zur Hemmung der Verjährung nicht ausreichen; das widerspräche jedenfalls allgemeinen Grundsätzen des Verjährungsrechts (vgl auch o Rn 39); freilich kann hierin ein Anerkenntnis der eigenen Verpflichtung liegen, § 212 Abs 1 Nr 1.

99

Die Hemmungswirkung tritt jedenfalls für die Ansprüche gegen den Fonds ein. Für die davon zu sondernde persönliche Verpflichtung des Schuldners dürfte sie dagegen nicht gelten, wenn diese nach § 24 SVertO durch die Entgegennahme von Leistungen durch den Fonds erlöschen soll. Insoweit besteht ein gewichtiger Unterschied zur Insolvenz, bei der die Feststellung der Forderung zur Insolvenztabelle späterhin einen Titel gerade gegen den Schuldner selbst liefert.

XVI. Schiedsrichterliches Verfahren*

1. Allgemeines

§ 204 Abs 1 Nr 11 bezieht das schiedsrichterliche Verfahren der §§ 1025 ff ZPO in den Kreis der Hemmungstatbestände ein und entspricht insoweit § 220 aF. Ein *Schiedsgutachterverfahren* nach den §§ 317 ff gehört nicht hierher, ist aber nach § 204 Abs 1 Nr 8 relevant; während seiner Dauer tritt auch Hemmung nach § 205 ein, die Hinnahme seines Ergebnisses kann ein Anerkenntnis iSd § 212 Abs 1 Nr 1 sein. Die vereinbarte Anrufung einer Güte- oder Schlichtungsstelle ist mit § 204 Abs 1 Nr 4 zu erfassen.

100

---

* **Schrifttum**: HAUCK, Schiedshängigkeit und Verjährungsunterbrechung nach § 220 BGB unter besonderer Berücksichtigung der Verfahren nach ZPO, ICC-SchO, Uncitral-SchO und ZPO-E/Uncitral-MG (Diss Tübingen 1995);

JUNKER, Verjährungsunterbrechung beim Übergang vom Zivilprozess zum Schiedsverfahren, KTS 1987, 37; SCHREIBER, Schiedsgericht und Verjährung, in: FS Schütze (1999) 807.

2. Beginn des Verfahrens

101 Den Eintritt der Hemmung bestimmt § 204 Abs 1 Nr 11 durch die sachliche *Bezugnahme auf § 1044 ZPO:* Der Tag, an dem der Beklagte den Antrag empfangen hat, die Streitigkeit einem Schiedsgericht vorzulegen. Unverzichtbar sind dabei von den Angaben nach § 1044 S 2 ZPO die Bezeichnung der Parteien, die Angabe des Streitgegenstands; was den Hinweis auf die Schiedsvereinbarung betrifft, muss nur deutlich werden, dass eben ein Schiedsgericht entscheiden soll.

Dabei lässt § 1044 S 1, insoweit im Einklang mit § 202, *abweichende Vereinbarungen* der Parteien zu, zB die Festlegung des Beginns auf den Eingang bei der Geschäftsstelle des Schiedsgerichts. Vor dem Hintergrund des § 167 ZPO ist das im Grundsatz unbedenklich. Freilich kann damit allein – in der Verjährungsfrage – noch nicht die Notwendigkeit der Benachrichtigung des Schuldners als abbedungen gelten und auch nicht der zu § 270 Abs 3 aF/167 ZPO nF entwickelte Satz, dass vom Gläubiger verschuldete Verzögerungen dieser Benachrichtigung zu seinen Lasten gehen müssen (**aA** MünchKomm/Grothe Rn 53 unter Berufung auf die Materialien). Schiedsvereinbarungen wollen im Zweifel nicht die materiellrechtliche Frage der Verjährung regeln. In Bezug auf die Verjährung enthält § 167 ZPO aber materielles Recht.

3. Schiedsverfahren

102 Mängel des Verfahrens sind für seine die Verjährung hemmende Wirkung – wie auch sonst im Bereich des § 204 Abs 1 – grundsätzlich unbeachtlich. Anderes muss aber gelten, *wenn sich der Schuldner auf das Schiedsverfahren nicht einzulassen brauchte* und auch nicht durch rügelose Einlassung zur Hauptsache den Verfahrensmangel geheilt hat, vgl § 1031 Abs 6 ZPO. Ein überhaupt unzulässiges Schiedsverfahren kann dem Schuldner die Rechtswohltat der Verjährung nicht nehmen. Voraussetzung für das Ausbleiben der Hemmungswirkung ist freilich, dass einer der Tatbestände des § 1059 Abs 2 Nr 1, Nr 2 lit a ZPO vorliegt und der Schuldner die Dreimonatsfrist gewahrt hat, die § 1059 Abs 3 ZPO für einen Antrag auf Aufhebung des Schiedsspruchs vorsieht.

4. Ausländisches Verfahren

103 Auch im Ausland betriebene Schiedsverfahren sind geeignet, die Verjährung zu hemmen (RG SeuffA 67, Nr 240; MünchKomm/Grothe Rn 55; Junker KTS 1987, 45; RegE BT-Drucks 14/6040, 116). Voraussetzung ist freilich, dass der Schiedsspruch im Inland nach § 1061 ZPO anerkennungsfähig ist. Im Übrigen ist nach dem anzuwendenden Recht zu unterscheiden: Ist der Anspruch, um dessen Verjährung es geht, nach deutschem Recht zu beurteilen, und damit auch seine Verjährung, so tritt die Hemmung nur unter den eben Rn 102 genannten Voraussetzungen ein, ohne dass der Schuldner freilich einen – hier nicht vorgesehenen – Aufhebungsantrag stellen müsste. Richtet sich die Verjährung nach einer ausländischen Rechtsordnung, so ist auch die Frage ihrer Hemmung nach dieser zu beurteilen.

XVII. Behördliches Vorverfahren

1. Allgemeines

Die Hemmung der Verjährung kann zwar auch durch eine unzulässige Klage bewirkt **104** werden (vgl o Rn 24), ihre Erhebung mutet das Gesetz aber – aus naheliegenden Kostengründen – dem Gläubiger in dem Fall nicht zu, dass die Zulässigkeit der Klage von der *Durchführung eines behördlichen Vorverfahrens* abhängt. Hier wird die Hemmung der Verjährung vielmehr vorverlegt auf den Zeitpunkt der Einreichung des entsprechenden Gesuchs bei der Behörde, § 204 Abs 1 Nr 12. Voraussetzung ist dafür freilich, dass die Klage selbst fristgemäß nachfolgt. Dem Gläubiger wird also insbesondere auch die Last genommen, in seine zeitlichen Dispositionen die Dauer des Vorverfahrens einzukalkulieren, was er ohnehin nicht zuverlässig könnte. Gleiches gilt dort, wo ein Güteantrag obligatorisch ist; dann gilt zugleich aber § 204 Abs 1 Nr 4.

2. Vorentscheidung einer Behörde

a) Entsprechend der Zielsetzung der Bestimmung reicht es nicht aus, dass die **105** Vorentscheidung der Behörde Voraussetzung für die Begründetheit der Klage ist wie etwa die behördliche Genehmigung einer Mieterhöhung (vgl BGH WM 1980, 1173, 1174 f), oder wenn sie sonst keine Klagevoraussetzung ist (vgl BAG BB 1972, 222: Gehaltsansprüche von Arbeitnehmern des öffentlichen Dienstes).

b) Die Vorentscheidung der Behörde muss vielmehr für die spätere Klage *Sachurteilsvoraussetzung* sein (BGH LM Nr 5 Bl 3; MünchKomm/GROTHE Rn 53). Es kann um die Zulässigkeit der Klage gehen, aber doch auch um anderes. Beispiele dafür sind etwa die §§ 10 ff des Gesetzes über die Entschädigung für Strafverfolgungsmaßnahmen, § 24 SchutzbereichsG, §§ 49 ff BundesleistungsG; Art VII Nato-Truppenstatut. Doch reichen außer derartigen bundesrechtlichen Bestimmungen auch *landesrechtliche* aus, vgl zu §§ 8–12 VO über die Vertretung des Bayrischen Staates in bürgerl Rechtsstreitigkeiten v 8. 8. 1950 (BayBS III 594), dazu BayObLGZ 56, 65.

Die Bestimmung gilt auch im *öffentlichen Recht*. Insoweit ist Vorverfahren namentlich das Verfahren der §§ 68 ff VwGO (BVerwGE 57, 306, 308 f), Hemmungswirkung kommt dagegen nicht schon dem diesem vorausgehenden (erstmaligen) Antrag auf Erlass eines Verwaltungsakts zu (BVerwGE aaO); der Bürger ist in diesem ersten Verfahrensabschnitt hinreichend durch die Möglichkeit der Untätigkeitsklage nach § 75 VwGO geschützt.

Die Bestimmung galt nicht für das Vertragshilfeverfahren nach dem VertragshilfeG v 26. 3. 1952 (BGBl I 198), das ein Gerichtsverfahren gerade ausschließen sollte (vgl BGH DB 1959, 659).

Das Gesuch muss – mutatis mutandis – den an eine Klage als Maßnahme der **106** Verjährungshemmung zu stellenden Anforderungen genügen (vgl dazu o Rn 23 ff).

Die ergehende Entscheidung der Behörde braucht *keine Sachentscheidung* zu sein (**aA** MünchKomm/GROTHE Rn 57; wie hier NK-BGB/MANSEL Rn 125 f; BVerwGE 57, 306 ist mit seinem Hinweis auf § 75 VwGO ebenfalls wie hier zu verstehen). Es reicht also auch aus, wenn der Antrag als unzulässig zurückgewiesen wird oder die Behörde die Klage aus anderen Gründen nicht für zulässig erklärt.

3. Rechtswahrung durch Klage oder Güteantrag

107 a) Der Antrag auf behördliche oder gerichtliche Vorentscheidung reicht für sich allein zur Hemmung der Verjährung nicht aus. Vielmehr muss binnen 3 Monaten eine den Anforderungen des § 204 Abs 1 Nr 1 genügende *Klage* erhoben bzw ein *Güteantrag* gemäß § 204 Abs 1 Nr 4 gestellt werden. Zur Rechtzeitigkeit dieser Maßnahmen vgl o Rn 34 ff; insbesondere genügt bei der Klage die fristgemäße Einreichung mit alsbaldiger Zustellung. Andere als diese beiden Maßnahmen zur Verjährungshemmung reichen nicht aus.

Die dreimonatige Frist ist eine Ausschlussfrist, auf die nach § 204 Abs 3 die §§ 206, 210, 211 entsprechende Anwendung finden. Die Frist des § 204 Abs 2 S 1 kommt daneben nicht zur Anwendung (MünchKomm/Grothe Rn 105). Die Versäumung dieser Ausschlussfrist hat außerdem zur Folge, dass die *Hemmung rückwirkend entfällt*, denn die Hemmung ist davon abhängig, dass der Antrag eingereicht wird „und innerhalb von drei Monaten ... die Klage erhoben wird".

b) Die im Rahmen behördlicher Vorverfahren aufgestellten Klagefristen brauchen der Dreimonatsfrist des § 204 Abs 1 Nr 12 nicht zu entsprechen. Sind sie länger, so darf der Gläubiger sie nicht ausschöpfen, um sich die verjährungshemmende Wirkung der Bestimmung zu erhalten (RG SeuffA 85 Nr 2). Sind sie kürzer, zB die Frist des § 74 VwGO, so tritt nicht etwa jene kürzere Frist an die Stelle der Frist des § 210 (**aA** MünchKomm/Grothe Rn 57). Vielmehr bleibt es für die Verjährungshemmung bei der Frist des § 204 Abs 1 Nr 12; die Wahrung der anderweitigen kürzeren Klagefrist ist nur für das Schicksal jener Klage maßgeblich, was bei erneuter Klageerhebung von Bedeutung werden kann.

4. Reichweite der Hemmung

108 Die Reichweite der Hemmungswirkung wird durch die späterhin zulässigerweise erhobene Klage bestimmt, deren Wirkungen durch die Bestimmung eben nur vorverlegt werden sollen.

XVIII. Gerichtliche Bestimmung der Zuständigkeit

109 1. § 204 Abs 1 Nr 13 war im bisherigen Recht zusammengefasst mit § 204 Abs 1 Nr 12 in der Bestimmung des § 210 aF; der Grundgedanke ist in beiden Fällen derselbe. Nach § 204 Abs 1 Nr 13 kann das verjährungshemmende gerichtliche Vorgehen dem Gläubiger nicht angesonnen werden, wenn und solange das zuständige Gericht nicht hinreichend deutlich feststeht und deshalb erst bestimmt werden muss. Diese Regelung nimmt Bezug auf § 36 ZPO, wie er entsprechend in anderen Gerichtsbarkeiten gilt und nicht nur bei der Klage bedeutsam werden kann, sondern auch andernorts, vgl die Nrn 2, 4, 7, 9, 14 des § 204 Abs 1, nicht nur bei der in § 36 ZPO unmittelbar angesprochenen örtlichen Zuständigkeit, sondern auch bei der sachlichen und funktionellen Zuständigkeit, der internationalen Notzuständigkeit, schließlich auch – und damit für § 212 Abs 1 Nr 2 bedeutsam – in der Zwangsvollstreckung (vgl zum Anwendungsbereich der Bestimmung ZÖLLER/VOLLKOMMER § 36 ZPO Rn 2 f).

Die Bestimmung des § 204 Abs 1 Nr 13 ist namentlich auch anwendbar im Falle des § 36 Abs 1 Nr 3 ZPO, in dem der Gläubiger an sich schon jetzt gerichtlich vorgehen könnte (MünchKomm/GROTHE Rn 61).

2. Die Hemmungswirkung ist nicht davon abhängig, dass im Ergebnis eine zuständigkeitsbestimmende Sachentscheidung ergeht (MünchKomm/GROTHE Rn 61); vielmehr wird die Verjährung auch dann gehemmt, wenn eine solche Bestimmung verweigert wird. **110**

3. Die Hemmung ist aber – wie im Falle des § 204 Abs 1 Nr 12 – davon abhängig, dass *kumulativ* binnen drei Monaten das intendierte Verfahren eingeleitet wird. Diese Frist ist eine Ausschlussfrist, auf die nach § 204 Abs 3 die §§ 206, 210, 211 entsprechende Anwendung finden. Wird diese Ausschlussfrist versäumt, so entfällt die zunächst eingetretene Hemmung rückwirkend. Damit kommt dem Gläubiger auch *nicht die Hemmung nach § 204 Abs 2 S 1* zugute. **111**

4. Die Bestimmung findet keine Anwendung, wenn *innerhalb eines Gerichts* verschiedene Spruchkörper ihre Zuständigkeit leugnen, eine Befassung mit der Sache verweigern und so die verjährungshemmende Zustellung zunächst unterbleibt. Da der Gläubiger derlei nicht zu vertreten hat, bleibt die schließlich erfolgende Zustellung immer noch „demnächst" iSd § 167 ZPO. **112**

XIX. Antrag auf Prozess- oder Verfahrenskostenhilfe

1. Allgemeines

Der Gleichheitssatz des Grundgesetzes und sein Sozialstaatsprinzip haben es veranlasst, die Stellung des finanziell Minderbemittelten auch in der Verjährungsfrage an die Stellung jenes Gläubigers heranzuführen, der sein gerichtliches Vorgehen selbst finanzieren kann. Gerichtliches Vorgehen meint zunächst prozessuales Vorgehen. Verfahrenskostenhilfe wird für Verfahren in Familiensachen und Angelegenheiten in der Freiwilligen Gerichtsbarkeit mit Abweichungen unter entsprechender Anwendung der ZPO gewährt, § 76 Abs 1 FamFG. **113**

§ 204 Abs 1 Nr 14 führt die Gleichstellung des finanziell Minderbemittelten an den finanzkräftigen Gläubiger indessen nicht völlig durch: Nur der erstmalige Antrag ist geeignet, die Verjährung zu hemmen, aber während der uU nur verbleibenden Nachfrist des § 204 Abs 2 S 1 braucht sich die Lage des Minderbemittelten, dessen erster Antrag zu Unrecht zurückgewiesen wurde, nicht gebessert zu haben. Der bemittelte Gläubiger kann aber innerhalb der Frist des § 204 Abs 2 S 1 einen gleichen identischen Anlauf nehmen.

Wenn die verfassungsrechtlich gebotene Gleichstellung damit nicht hinreichend verwirklicht ist, bleibt Raum für die bisherige Rechtsprechung, die in dem Fehlen von finanziellen Mitteln einen *Fall höherer Gewalt* sah und § 203 Abs 2 aF (= § 206 nF) zur Anwendung brachte. § 206 kann dem Gläubiger zugute kommen, dessen erstmaliger Antrag erfolglos blieb (vgl § 206 Rn 19 ff).

2. Missbrauchsmöglichkeiten

114 Vor dem Hintergrund der Hemmung des § 204 Abs 2 S 1 kann bei drohendem Eintritt der Verjährung auch für durchaus bemittelte Gläubiger der Anreiz bestehen, von der Hemmungsmöglichkeit des § 204 Abs 1 Nr 14 Gebrauch zu machen. Unbeachtlich wegen Missbrauchs ist das indessen nicht (aA PALANDT/ELLENBERGER Rn 30; MünchKomm/GROTHE Rn 65; wie hier SOERGEL/NIEDENFÜHR Rn 98).

Alle Hemmungsmöglichkeiten des § 204 Abs 1 dürfen ausgeschöpft werden. Missbrauch ist nicht hinreichend klar abgrenzbar. Der Gläubiger riskiert nur, dass die Bekanntmachung seines Antrags unterbleibt und so die Hemmung ausbleibt. So hat es auch das Gericht in der Hand, einem zu vermutenden Missbrauch dadurch vorzubeugen, dass es den offenbar unbegründeten Antrag a limine zurückweist und gar nicht erst der Gegenseite bekannt gibt (vgl aber u Rn 116 f u PETERS JR 2004, 137, 138).

3. Anwendungsbereich

115 Ein Antrag auf Prozess- oder Verfahrenskostenhilfe kann im Bereich des § 204 Abs 1 weithin gestellt werden. Es scheiden aus seine Nrn 5 und 6, weil jene Verfahren nichts kosten, und die Nrn 8 und 11, weil Prozess- bzw Verfahrenskostenhilfe nur für Verfahren vor deutschen staatlichen Gerichten möglich ist (ZÖLLER/GEIMER § 114 ZPO Rn 1).

Zweifelhaft ist der Antrag auf Kostenhilfe für ein *Verfahren auf Gewährung von Prozess- oder Verfahrenskostenhilfe.* Wenn die Möglichkeit der Bewilligung hier abgelehnt wird (BGHZ 91, 311; ZÖLLER/GEIMER § 114 ZPO Rn 3), so ist die verjährungshemmende Wirkung eines solchen Antrags gleichwohl anzunehmen, weil es im Rahmen des § 204 Abs 1 grundsätzlich nicht auf Zulässigkeit und Erfolgsaussichten ankommt, vgl namentlich die Aufrechnung des § 204 Abs 1 Nr 5. Immerhin verbraucht der Gläubiger mit einem derartigen Vorgehen aber die eine Chance des § 204 Abs 1 Nr 14.

Prozesskosten- und Verfahrenskostenhilfe kann insbesondere auch für die *Zwangsvollstreckung* gewährt werden, vgl § 117 Abs 1 S 3 ZPO, §§ 76 Abs 1, 77 Abs 2 FamFG. Hier ist das Ergebnis zweifelhaft, ob der Antrag in entsprechender Anwendung des § 212 Abs 1 Nr 2 zu einem Neubeginn der Verjährung führt oder es bei einer Hemmung verbleibt; die besseren Gründe dürften für Letzteres sprechen.

4. Anforderungen an den Antrag

116 Für den Antrag auf Gewährung von Prozesskostenhilfe und dementsprechend auch Verfahrenskostenhilfe gilt Entsprechendes wie bei der Klage (o Rn 23 ff): Er muss den verfolgten Anspruch individualisieren, braucht aber weder zulässig noch schlüssig oder gar begründet zu sein (SOERGEL/NIEDENFÜHR Rn 99); freilich riskiert es der Gläubiger mit Mängeln der Zulässigkeit oder Schlüssigkeit, dass das Gericht den

Antrag a limine zurückweist und von der für die Hemmung der Verjährung unumgänglichen Bekanntgabe an den Schuldner absieht.

Freilich ist Vorsicht geboten, wenn das Gericht von der Möglichkeit des § 118 Abs 1 S 1 ZPO Gebrauch machen will, von einer Bekanntgabe des Antrags an die Gegenseite abzusehen, nimmt es damit doch dem Antragsteller die Wirkungen des § 204 Abs 1 Nr 14, Abs 2 S 1. Schon vor ihrem Hintergrund kann der Antragsteller darum bitten, den Antrag auf jeden Fall bekannt zugeben, im Zweifel ist er zu befragen, ob er auf der Bekanntgabe besteht (BVerfG NJW 2010, 3083 Rn 15 f; BGH NJW 2008, 1939 Rn 17). Entsprechendes gilt für insoweit vergleichbare Antragsverfahren in FamFG-Sachen, § 77 Abs 1 S 2 FamFG (vgl auch BT-Drucks 16/6308, 213). Den Anspruch des Antragstellers der Verjährung auszuliefern, kann uU zur Amtshaftung führen (vgl PETERS JR 2004, 137, 139).

Mit demselben Vorbehalt, dass dies die Bekanntgabe gefährden kann, sind die Angaben nach § 117 Abs 2 ZPO über die persönlichen und wirtschaftlichen Verhältnisse entbehrlich (SOERGEL/NIEDENFÜHR Rn 99; MünchKomm/GROTHE Rn 65), auch die einstweilen fehlende Verwendung des Vordrucks, § 117 Abs 3, 4 ZPO.

5. Bekanntgabe

Notwendig ist die Bekanntgabe des Antrags an den Schuldner; ein nicht bekannt gegebener Antrag hemmt nicht (BGH NJW 2008, 1939 Rn 7 ff; MünchKomm/GROTHE Rn 66), verbraucht freilich auch nicht die eine Chance der Hemmung des § 204 Abs 1 Nr 14 (BGH NJW 2009, 1137 Rn 22).

Nach § 77 Abs 1 FamFG kann vor Bewilligung der Verfahrenskostenhilfe das Gericht den übrigen Beteiligten Gelegenheit zur Stellungnahme geben. In Antragsverfahren ist dem Antragsgegner vor der Bewilligung Gelegenheit zur Stellungnahme zu geben, wenn dies nicht aus besonderen Gründen unzweckmäßig erscheint. Dies ist mit einem kontradiktorischen Verfahren vergleichbar. Es sind damit Fälle gemeint, in denen die Stellung der anderen Beteiligten durch die Gewährung von Verfahrenskostenhilfe berührt wird (vgl BT-Drucks 16/6308, 213). Damit eine Hemmung des Anspruchs eintreten kann, gebietet es auch das FamFG-Verfahren, den Antrag auf Verfahrenskostenhilfe bekannt zu geben.

Die Bekanntgabe muss grundsätzlich innerhalb der noch laufenden Verjährungsfrist erfolgen. Freilich sieht § 204 Abs 1 Nr 14 (selbst) eine § 167 ZPO entsprechende Regelung vor: Es genügt, wenn der weitere Schritt „demnächst" folgt. In Abweichung von § 167 ZPO kommt es aber nicht darauf an, dass der Antrag den Schuldner demnächst erreicht, sondern es genügt die *demnächstige Veranlassung* der Bekanntgabe. Das Abstellen auf diesen gerichtsinternen Vorgang darf freilich nicht zu dem Fehlschluss verleiten, dass er zur Hemmung der Verjährung genüge, der Antrag den Schuldner nicht zu erreichen brauche. Die Veranlassung der Bekanntgabe ist eben nur der Bezugspunkt für den Hemmungsbeginn, reicht für sich aber nicht (BGH NJW 2008, 1939 Rn 11).

Es schließt den Eintritt der Hemmung auch aus, *§ 167 ZPO in entsprechender Anwendung,* wenn der Gläubiger durch schuldhaft fehlerhafte Angaben zB zur

Adresse des Schuldners oder der Bezeichnung seiner Person den Zugang bei dem Schuldner hinauszögert. Insoweit gilt nichts anderes als bei der Klage (o Rn 35 f).

§ 204 Abs 1 Nr 14 lässt – der üblichen Praxis entsprechend – die formlose Bekanntgabe des Antrags genügen. In kritischen Fällen wird das Gericht aber die *förmliche Zustellung* zu veranlassen haben, wenn nur sie geeignet ist, dem Gläubiger ein Beweismittel für den rechtzeitigen Eintritt der Hemmung der Verjährung zu verschaffen. Ein Fehlgriff an dieser Stelle kann als Amtspflichtverletzung zu werten sein.

6. Wahrung von Ausschlussfristen

Ein Antrag auf Prozesskosten- oder Verfahrenskostenhilfe ist grundsätzlich auch zur Wahrung von Ausschlussfristen geeignet (**aA** BGHZ 170, 108, 113 = NJW 2007, 439, 441 Rn 12 zur Frist des § 13 Abs 1 S 2 StrEG).

Dabei belegt § 204 Abs 1 Nr 14, dass der finanziell Minderbemittelte dieselben Zugangsmöglichkeiten zu den Gerichten haben soll wie andere. Mithin dürfen an ihn keine strengeren Anforderungen gestellt werden, sodass Mängel des Antrags – fehlende Erklärung über die persönlichen und wirtschaftlichen Verhältnisse – keine nachteiligen Folgen haben dürfen (**aA** BGHZ 170, 108, 113 = NJW 2007, 439, 441).

XX. Ende der Hemmung

1. Allgemeines

118 Die aktive Rechtsverfolgung des Gläubigers bewirkt in den Fällen des § 204 Abs 1 eine Hemmung der Verjährung. Diese Hemmung kann – und muss – wieder entfallen:

a) Zunächst ist kein hinreichender Grund mehr ersichtlich, die Uhr weiterhin anzuhalten, wenn das *Verfahren nicht mehr betrieben* wird. Dann lässt § 204 Abs 2 S 2 iVm § 204 Abs 1 die Verjährung sechs Monate nach der letzten Verfahrenshandlung erneut laufen, sofern sie nicht anderweitig – zB nach § 203 durch schwebende Verhandlungen der Parteien – weiterhin gehemmt wird.

b) Wenn das Verfahren zu einem Abschluss dahin kommt, dass der Gläubiger einen *Titel* iSd § 197 Abs 1 Nrn 3, 4, 5 *erlangt*, bedarf es einer Hemmung der bisherigen Verjährung nicht, weil jetzt eine *eigenständige Verjährungsregelung* nach den §§ 197 Abs 1, 2, 201 gilt.

119 c) Die kritischen Fälle sind die, in denen der Gläubiger einen Titel nicht erlangt hat, sei es, dass ein solcher zwar zu erlangen gewesen wäre, aber zB die Klage als unzulässig behandelt wurde oder er sie zurückgenommen hat, sei es, dass eine Titulierung des Anspruchs von vornherein nicht zu erlangen war, so zB bei der Streitverkündung oder im selbstständigen Beweisverfahren. Hier gewährt § 204 Abs 2 S 1 eine Zusatzfrist von sechs Monaten. Diese Frist dient der *Neuorientierung des Gläubigers*. Sie ist notwendig, wenn denn die Einleitung eines Verfahrens des § 204 Abs 1 die Verjährung nur hemmt, aber nicht neu beginnen lässt. Hat sich der

Gläubiger erst spät zur Rechtsverfolgung entschlossen, ist uU die bisherige Verjährungsfrist des Anspruchs schon nahezu – im Falle der Fristwahrung nach § 167 ZPO schon ganz – verbraucht. § 204 Abs 2 sieht aber *keine bloße Ablaufhemmung* (s § 209 Rn 8) vor; die sechs Monate kommen dem Gläubiger also auch dann zugute, wenn bei Stillstand oder Beendigung des Verfahrens noch mehr als sechs Monate der ursprünglichen Verjährungsfrist offen sind. Im Sinne einer Ablaufhemmung wirkt die Bestimmung nur, wenn die Frist schon abgelaufen ist.

d) Kernaussage des § 204 Abs 2 ist dabei nicht das Anhalten der Frist während des laufenden Verfahrens; das ergibt schon § 204 Abs 1 und überhaupt der Wortsinn einer „Hemmung". § 204 Abs 2 präzisiert dies zunächst in seinem S 2 dahin, dass das Verfahren eben auch „laufen" muss, dh nicht in Stillstand geraten darf. Wesentlicher Inhalt der Regelung ist außerdem die Gewährung zusätzlicher sechs Monate.

e) Das *bisherige Recht* war völlig anders strukturiert, wenn es in den Fällen des jetzigen § 204 Abs 1 – soweit es sie kannte – eine Unterbrechung (jetzt: Neubeginn) der Verjährung eintreten ließ, diese Unterbrechungswirkung aber in den Fällen der §§ 211–215, 220 Abs 1 aF rückwirkend wieder entfiel, wenn nicht der Gläubiger binnen sechs Monaten erneute geeignete Maßnahmen zur Unterbrechung der Verjährung ergriff. Schon wegen der gleichgebliebenen sechsmonatigen Frist war das *praktische Ergebnis kaum anders.* Die Neuregelung hat einerseits den Vorzug größerer Übersichtlichkeit, andererseits kommt sie dem Gläubiger dadurch entgegen, dass sie ihm zur Wahrung der Frist nicht nur den Zugang zu den Tatbeständen der §§ 209 aF, 204 nF erlaubt, sondern auch zu anderen Hemmungstatbeständen, namentlich dem der Verhandlungen, § 203. **120**

f) Im *öffentlichen Recht* enthält § 53 Abs 1 S 2 VwVfG eine § 204 Abs 2 S 1 entsprechende Regelung für das Verwaltungsverfahren. Im Übrigen gilt § 204 Abs 2 vorbehaltlich sonstiger Sonderregelungen auch im öffentlichen Recht, insbesondere also im Verwaltungsprozess. **121**

2. Stillstand des Verfahrens

a) Allgemeines

§ 204 Abs 2 S 2 knüpft an § 211 Abs 2 aF an und verallgemeinert jene auf die Klage bezogene Bestimmung. § 204 Abs 2 S 2 ist im heutigen Recht durchaus ein Fremdkörper, denn hierher gehört auch das nach § 251 ZPO angeordnete Ruhen des Verfahrens (u Rn 124), das nun aber auf Antrag beider Parteien angeordnet wird und gerade auf schwebende Vergleichsverhandlungen Rücksicht nehmen soll. Indem § 211 Abs 2 aF die die Verjährung anhaltende Wirkung der Klage enden ließ, entsprach die Bestimmung § 225 S 1 aF, der die einverständliche Erschwerung der Verjährung nicht zuließ, sowie der grundsätzlichen Unbeachtlichkeit von Verhandlungen für die Verjährung. In beiden Aspekten geht das jetzige Recht neue Wege, vgl die §§ 202 Abs 2, 203. Wenn die Bestimmung des § 211 Abs 2 aF gleichwohl als § 204 Abs 2 S 2 beibehalten worden ist, *verändert sich die ratio legis:* In die Auseinandersetzung der Parteien soll eben *kein Schlendrian* einkehren. Das entspricht der Verkürzung der regelmäßigen Verjährungsfrist sowie der Zurückdrängung von Unterbrechung/Neubeginn zugunsten einer bloßen Hemmung. Gleichzeitig mindert sich aber massiv der Anwendungsbereich der Bestimmung, wenn und soweit denn **122** dem Nichtbetreiben des Verfahrens nach § 203 relevante Verhandlungen zugrunde liegen.

b) Unterbrechung und Aussetzung des Prozesses im prozesstechnischen Sinne

123 aa) Die §§ 239–245 ZPO sehen beim Eintritt bestimmter Ereignisse, zB dem Tod einer Partei, einem Insolvenzverfahren oder dem Eintritt der Geschäftsunfähigkeit, eine Unterbrechung des Prozesses vor. Das fällt nicht unter die Bestimmung (RGZ 72, 185, 187; 145, 239, 240; BGH NJW 1963, 2019; Staudinger/Dilcher[12] § 211 aF Rn 5; Münch-Komm/Grothe Rn 79), weil es hier am Einfluss der Parteien fehlt.

bb) Gleiches gilt, wenn im Anwaltsprozess die Ereignisse der §§ 239, 241, 242 ZPO nicht schon von sich aus auf den Prozess einwirken, sondern erst auf Antrag einer Partei zum Beschluss der Aussetzung des Prozesses führen (vgl BGHZ 15, 80, 82; RGZ 145, 240; Staudinger/Dilcher[12] § 211 aF Rn 5): Hier ist es nicht eigentlich der Antrag der Partei, sondern der von ihr geltend gemachte gesetzliche Tatbestand, der zum Aussetzungsbeschluss führt.

cc) Gleiches gilt schließlich, wenn das Gericht den Prozess nach den §§ 148 ff ZPO, 21 FamFG aussetzt (BGHZ 106, 295, 297; MünchKomm/Grothe Rn 79): Auch hier sind es triftige Gründe, die das Gericht zum eigenständigen Handeln veranlassen. Freilich endet diese Aussetzung ohne weiteres mit dem Fortfall des Aussetzungsgrundes, sodass die Parteien von dann untätig iSd § 204 Abs 2 S 2 sein können, wenn sie nichts veranlassen (BGHZ 106, 295, 298).

dd) Dabei kommt es nicht darauf an, ob die Aussetzung im konkreten Fall zulässig war (OLG Köln OLGE 22, 173), und ob der Aussetzungsbeschluss sonst – zB hinsichtlich seiner Dauer – seine Richtigkeit hat (MünchKomm/Grothe Rn 79).

c) Ruhen des Verfahrens, §§ 251, 251a, 278 Abs 4 ZPO

124 aa) Auf *Antrag beider Parteien* kann das Gericht nach § 251 Abs 1 ZPO das Ruhen des Verfahrens anordnen. Das beendet nach § 204 Abs 2 S 2 die Hemmung der Verjährung, da dieses Ruhen primär auf dem Willen der Parteien beruht, auch wenn noch eine Ermessensentscheidung des Gerichts und überhaupt dessen Mitwirkung erforderlich sind (vgl RGZ 136, 193, 195; 145, 239, 241 f; BGH NJW 1983, 2496, 2497; NJW-RR 1988, 279; Staudinger/Dilcher[12] § 211 aF Rn 6). Maßgeblich ist der Zugang des gerichtlichen Beschlusses. Allerdings bedeuten die Anträge der Parteien ein Nichtbetreiben des Verfahrens.

bb) Gleichzustellen ist der Fall, dass das Gericht nach § 251a Abs 3 ZPO oder nach § 278 Abs 4 ZPO das Ruhen des Verfahrens wegen Säumnis oder Nichtverhandelns beider Parteien anordnet (Staudinger/Dilcher[12] § 211 aF Rn 6).

Eine Ausnahme – weitere Hemmung der Verjährung – ist allerdings dann zu machen, wenn das Gericht mit seiner Anordnung nur das Ziel verfolgte, dem Kläger die Beschaffung von Beweisen zu ermöglichen (BGH VersR 1977, 646, 648).

cc) Die Hemmung der Verjährung endet bei einem Ruhensbeschluss des Gerichts nicht erst mit dessen Ergehen, sondern mit seiner Ursache, dh dem faktischen

Nichtbetreiben des Prozesses, mithin der letzten Prozesshandlung, zB der Feststellung des Nichterscheinens im Sitzungsprotokoll (BGH NJW 1968, 692; 1983, 2496 f).

d) Faktisches Nichtbetreiben des Prozesses
Im Vordergrund des § 204 Abs 2 S 2 steht das faktische Nichtbetreiben des Prozesses **125** durch die Parteien; ein förmlicher Gerichtsbeschluss ist nicht notwendig (BGH NJW 1968, 694; BAG NJW 1972, 1247). Eine besondere Vereinbarung der Parteien ist dazu ebenfalls nicht notwendig. Das Nichtbetreiben kann sich auch auf einen Teil der Klage beziehen (BGH NJW 1999, 3774).

aa) Voraussetzung ist allerdings zunächst, dass die Förderung des Verfahrens nicht in den Händen des Gerichts liegt (BGH NJW 2013, 1666) und deshalb Sache der Parteien ist (BGH VersR 1976, 37; 1978, 1143). Liegt die Förderung des Verfahrens in den Händen des Gerichts, ist es auch unerheblich, wenn die Parteien es unterlassen haben, das Gericht durch Anträge zur Fortsetzung des Verfahrens zu veranlassen (BGH VersR 1977, 36, 37; NJW-RR 1994, 889).

(1) Dass die Förderung des Prozesses in den Händen des Gerichts, nicht der **126** Parteien liegt, gilt zunächst im Wesentlichen bei der *Terminierung*. Ohne weiteres unschädlich für die fortdauernde Hemmung der Verjährung ist es, wenn das Gericht zwischen Terminsanberaumung und Terminstag einen Zeitraum legt, der die einschlägige Verjährungsfrist überschreitet (OLG Hamburg JW 1917, 174 Nr 3). Unschädlich ist es ebenfalls, wenn das Gericht nach Verweisung von Seiten eines unzuständigen Gerichts keinen Termin anberaumt, denn das müsste es von Amts wegen. Nach Durchführung des Mahnverfahrens obliegt es dem Gericht, den weiteren Kostenvorschuss als Voraussetzung der Terminierung anzufordern. Die Verjährung ist also weiterhin gehemmt, wenn beides unterbleibt (vgl OLG München NJW-RR 1988, 896). Ebenfalls Sache des Gerichts ist es, nach dem Widerruf eines Prozessvergleichs erneut zu terminieren; insbesondere darf es nicht auf weitere außergerichtliche Vergleichsversuche spekulieren (**aA** OLG Frankfurt DB 1972, 2349). Auch die bei Rechtsmittelgerichten verbreitete Praxis, nach Einlegung und Begründung des Rechtsmittels nicht umgehend zu terminieren, sondern schon die Anberaumung des Termins der Geschäftslage anzupassen, belässt die Förderung des Prozesses in den Händen des Gerichts. Anders ist es (in der ersten Instanz), wenn das Gericht von einer Terminierung deshalb absieht, weil der Kläger seine Klage nicht innerhalb einer ihm gesetzten Frist begründet (OLG Düsseldorf NJW-RR 1988, 703 = OLGZ 1988, 88; OLG Hamm OLGZ 1994, 348). Die Terminierung zum Betragsverfahren nach Erlass eines Grundurteils (und Eintritt von dessen Rechtskraft) ist ebenfalls Sache des Gerichts, unabhängig davon ob es selbst oder eine höhere Instanz das Grundurteil erlassen hat (BGH NJW 1979, 2307; **aA** Grunsky ZZP 1980, 179).

Der Gläubiger braucht dabei das Gericht grundsätzlich nicht an seine Verpflichtung zur Terminierung zu erinnern (vgl Mot I 333); anders liegt es, wenn er das Verhalten des Gerichts außergewöhnlich und unverständlich lange hinnimmt (BGH NJW 1979, 2307, 2308, dort verneint nach Ablauf von vier Jahren gegenüber der dreijährigen Frist des § 852 aF und unter Berücksichtigung eines für 1½ Jahre schwebenden Kostenerinnerungsverfahrens).

Sieht das Gericht freilich im *ausdrücklichen Einverständnis des Klägers* von einer Terminierung ab, endet die Hemmungswirkung, wobei es unerheblich ist, von wem

(Gericht oder Partei) die Anregung zu dieser Verfahrensweise ausgeht (BGH NJW 1983, 2496, 2497).

127 (2) Von Amts wegen tätig zu werden hat das Gericht namentlich *nach Anordnung einer Beweisaufnahme* (RGZ 128, 191, 196; BGH JZ 1979, 31; BGB-RGRK/Johannsen § 211 aF Rn 8; Staudinger/Dilcher¹² § 211 aF Rn 7; **aA** LG Frankfurt MDR 1968, 147). Unschädlich ist es mithin, wenn eine Partei es unterlässt, die Anschrift eines Zeugen mitzuteilen (RGZ 97, 126; OLG Köln VersR 1970, 1022) oder sonstigen Auflagen in einem Beweisbeschluss nachzukommen (BGH VersR 1978, 1142).

Es kann auch hier nicht Aufgabe der Partei sein, das Gericht aufzufordern, einer ins Stocken geratenen Beweisaufnahme ihren Fortgang zu geben. Anders ist die Rechtslage wiederum zu beurteilen, wenn die Partei darum bittet, die Beweisaufnahme einstweilen ruhen zu lassen.

Dem steht es gleich, wenn das Gericht Auflagen zum Sachvortrag macht; bei Nichterfüllung muss es die Konsequenzen ziehen (OLG Hamm VersR 1999, 860).

(3) Die Unterbrechung oder die Aussetzung des Verfahrens entzieht die Förderung des Prozesses nicht vollends den Händen der Parteien, sondern nur solange, wie der jeweilige Anlass für sie besteht. Ist er fortgefallen und unternehmen die Parteien gleichwohl keine geeigneten Schritte, dem Prozess seinen Fortgang zu geben, so tritt nunmehr ein Stillstand iSd § 204 Abs 2 S 2 ein. Notwendig ist es dafür freilich, dass der Fortfall des Aussetzungsgrundes für den Kläger oder seinen Prozessbevollmächtigten, § 85 ZPO, insgesamt einsehbar ist (BGHZ 14, 80, 82). Sonst kann ein Stillstand erst dann eintreten, wenn das Gericht von seinem Aussetzungsbeschluss abrückt.

128 bb) Liegt das Verfahren danach in den Händen der Parteien, so endet die Hemmung der Verjährung sechs Monate nach der letzten Prozesshandlung. Nach der ausdrücklichen Formulierung des § 204 Abs 2 S 2 ist es unerheblich, von wem diese vorgenommen wird, es kann das Gericht sein, Kläger oder Beklagter. Ausreichen müssen aber auch Handlungen eines Nebenintervenienten, soweit nach § 67 ZPO zulässig.

Der Begriff der Prozesshandlung der Partei entspricht hier – in § 204 Abs 2 S 2 – dem des Weiterbetreibens in § 204 Abs 2 S 3 (MünchKomm/Grothe Rn 80); es ist insoweit auf die Erl u Rn 132 ff Bezug zu nehmen.

129 Prozesshandlungen des Gerichtes sind weit zu verstehen. Es sind alle seine Maßnahmen, die nach außen wirken – also nicht zB die bloße Befassung mit der Akte – und insoweit irgendwie – nicht notwendig nachhaltig – geeignet sind, den Abschluss des Verfahrens zu fördern (vgl MünchKomm/Grothe aaO). Es reicht der Erlass eines Grundurteils (LG München I VersR 1964, 984), das Anfordern der zweiten Hälfte der Prozessgebühr (BGH VersR 1981, 482, 483), sodass also insoweit auch nicht einmal ein richterliches Tun zwingend notwendig ist, aber auch schriftliche Anfragen des Vorsitzenden (KG DJZ 1917, 337), die nochmalige Aufforderung zur Anspruchsbegründung (BGH NZBau 2010, 366 Rn 11 f) Wegen ihrer Zielsetzung reicht nicht die Anordnung des Ruhens des Verfahrens, ebenfalls nicht die Ausstellung eines

Notfristzeugnisses nach § 706 Abs 2 S 1 ZPO (OLG Nürnberg OLGZ 1966, 389, 390). Wertfestsetzungen fördern das Verfahren nicht (vgl RGZ 136, 193, 196; BGH NW 1968, 692, 694).

Bei Maßnahmen des Gerichts kommt es zeitlich auf den Zugang bei der Partei an (BGHZ 134, 387; BGH NJW-RR 1998, 954 [Mitteilungen der Geschäftsstelle nach §§ 697 Abs 1 bzw 695 ZPO]).

cc) Ein *Nichtbetreiben des Prozesses* durch die Parteien liegt dann vor, wenn sie Maßnahmen der u Rn 132 f bezeichneten Art zu seiner Förderung *ohne einen triftigen Grund* unterlassen (BGH NJW 2009, 1598 Rn 27; NJW 2000, 3774, 3775; 1987, 371 = LM Nr 20; BAG 1990, 2578, 2579). Es reicht also aus, dass objektiv ein Verhalten gegeben ist, das die mit der Hemmung der Verjährung bewirkte Verlängerung der Verjährung nicht mehr hinreichend zu rechtfertigen vermag. Nicht erforderlich ist eine subjektive „Umgehungsabsicht" gegenüber den Bestimmungen über die Verjährung (Mot I 332; BGH NJW 1983, 2496; 1988, 279; 1989, 1729 = BGHZ 106, 295, 299; BGH NJW 1999, 3774, 3775; BAG NJW 1990, 2578, 2579). Triftig in diesem Sinne ist es, wenn die Parteien den Ausgang des Rechtsmittelverfahrens gegen ein Teilurteil abwarten, weil die dort zu treffende Entscheidung Bedeutung auch für den noch nicht entschiedenen Verfahrensteil hat (BGH NJW 1979, 810 = LM Nr 14). Daran fehlt es gegenüber dem Beklagten A, wenn das Teilurteil gegenüber dem Beklagten B diesem gegenüber die Klage dem Grunde nach abgewiesen hat (BGH NJW 2001, 218). Ein Nichtbetreiben liegt dann vor, wenn ein früher gestellter Antrag nicht wiederholt wird (RGZ 168, 56, 58). Das ist triftig, wenn das Gericht von seiner Stellung abgeraten hat (BGH NJW 1988, 128). Triftig, den Ausgang eines Strafverfahrens abzuwarten (BGH NJW 2000, 132). Ein weiterer Fall des Nichtbetreibens ist das Zögern mit der Einlegung der Anschlussberufung (BGH ZZP 89, 199, 204 m zust Anm FENN ZZP 89, 133 f). BGH NJW 1983, 2496; 2000, 3774, 3775 hat es für nicht hinreichend gehalten, wenn die Parteien den Prozess nicht fördern, um den Ausgang eines Musterprozesses abzuwarten (krit dazu BROMMANN AnwBl 1985, 5). Daran ist auch heute festzuhalten (aA BAMBERGER/ROTH/HENRICH Rn 76): Liegt ein entsprechendes Einverständnis der Parteien vor, verhandeln sie; die Verjährung ist nach § 203 gehemmt, dessen Wirkung freilich schwächer ist, vgl § 203 S 2 gegenüber § 204 Abs 2 S 1; den Parteien ist es freilich unbenommen, sich nach § 202 Abs 2 auf eine Hemmung in der Art des § 204 Abs 2 zu einigen. Warten die Parteien aber unabhängig voneinander zu, ist es nicht gerechtfertigt, eine stärkere Hemmungswirkung anzunehmen, als sie sich aus § 204 Abs 2 S 2, 1 ergibt, zumal ein „Musterprozess" einerseits in keiner Weise präjudiziell wirkt und außerdem zwischen diesen Parteien noch weitere Streitpunkte bestehen können, als sie in jenem Verfahren behandelt werden. So legitimiert auch ein selbstständiges Beweisverfahren das Nichtbetreiben des Prozesses nicht hinreichend (BGH NJW 2001, 218, 220). Ggf hemmt es vielmehr selbst. **130**

Wenn ein Grund triftig das Nichtbetreiben des Prozesses rechtfertigt, muss er für den Beklagten einsichtig sein (OLG Karlsruhe NJW-RR 1990, 1012; AG Berlin-Tiergarten NJW-RR 1993, 1402).

Bei der *Stufenklage* wird der Prozess hinsichtlich des endgültigen Leistungsanspruchs solange noch weiterbetrieben, wie die vorangehenden Anträge auf Rechnungslegung und Abgabe der eidesstattlichen Versicherung gestellt werden (BGH **131**

NJW 1975, 1409, 1410). Nach deren Bescheidung darf der Kläger triftig mit dem Herausgabeantrag zuwarten, bis das Teilurteil rechtskräftig und die Vollstreckung aus ihm abgeschlossen ist. Auch danach darf er das Ergebnis noch überprüfen (BGH NJW 1992, 2563; 1999, 1101).

dd) Die Folge des Nichtbetreibens des Prozesses ist, dass die Hemmung der Verjährung sechs Monate (§ 204 Abs 2 S 1) nach der letzten Prozesshandlung endet und dann die Verjährungsfrist weiterläuft.

e) Weiterbetreiben des Prozesses

132 Die erneut laufende Verjährung wird nach § 204 Abs 2 S 3 erneut gehemmt, wenn eine der Parteien – das kann auch der Beklagte sein, ggf ein Nebenintervenient – den Prozess weiterbetreibt. Im Anschluss an diese Hemmung gilt dann wieder § 204 Abs 2 S 1.

Der Begriff des Weiterbetreibens ist weit zu verstehen (BGHZ 52, 47, 51 = NJW 1969, 1164; BGHZ 55, 212, 216 = NJW 1971, 751; BGHZ 73, 8, 11 = NJW 1979, 809). Es reicht jede Prozesshandlung, die dazu bestimmt und geeignet ist, den Prozess wieder in Gang zu setzen, ohne dass es darauf ankommt, dass sie eine Förderung des Prozesses tatsächlich demnächst bewirkt (BGHZ 73, 8, 10 f = NJW 1979, 809). Sie darf allerdings nicht nur lose mit dem Prozess verbunden sein; sie muss vielmehr unmittelbar auf ihn einwirken (können) (OLG Nürnberg OLGZ 1966, 388, 390). Zur Kenntnis des Gegners braucht sie nicht zu gelangen (BGH NJW 1984, 2104). Es reichen aber bloße Vorbereitungshandlungen nicht aus wie etwa eine Zahlungsaufforderung oder eine Dienstaufsichtsbeschwerde wegen ungebührlicher Behandlung (OLG Dresden OLGE 22, 172), die Ankündigung, den Prozess weiter betreiben zu wollen (OLG Nürnberg NJW-RR 1995, 1091). Ein Ablehnungsgesuch wird dagegen ausreichen.

133 Danach genügen ein *Terminsantrag* nach Abgabe an das Landgericht gem § 696 Abs 1 ZPO (BGHZ 55, 212, 216 = NJW 1971, 751), die *Begründung der abgegebenen Sache* (OLG Düsseldorf NJW-RR 1993, 1327), der Antrag, den Rechtsstreit ohne vorherige mündliche Verhandlung an das zuständige Gericht zu verweisen, auch wenn ein schriftlicher Verweisungsbeschluss nicht ergehen durfte (BGH VersR 1976, 36, 37), die *Zahlung der Prozessgebühr* (BGHZ 52, 47, 51), und zwar auch ohne Einreichung des Schriftsatzes, von dem das Gericht die Terminierung abhängig gemacht hatte (BGH NJW 1982, 2662), ein Antrag auf Prozesskostenhilfe (RGZ 77, 324, 333). Ein zweiter entsprechender Antrag reicht allerdings nicht, wenn er nach Ablehnung des ersten auf denselben Sachverhalt gestützt wird (OLG Hamburg MDR 1966, 925, 926), das Erwirken eines Grundurteils (RGZ 117, 423, 425), die Anschlussberufung (BGH ZZP 89, 199, 204), ein nicht von vornherein aussichtsloser Zustellungsversuch (BGHZ 73, 8, 11 = NJW 1979, 809). – Das Weiterbetreiben des Prozesses hemmt die Verjährung auch dann, wenn der Prozess schon vor dem Beginn der Verjährung anhängig gewesen und zum Stillstand gekommen ist. In diesem Fall ist es nicht erforderlich, die nunmehr einsetzende Verjährung durch eine neue Klage bzw andere Maßnahmen des § 204 Abs 1 zu hemmen (BGHZ 52, 47, 49 = NJW 1969, 1164).

Das Weiterbetreiben bleibt auch nach Abtretung des Anspruchs möglich; die fehlende Umstellung des Antrags schadet nicht (BGH NJW 1984, 2102, 2104).

f) Teilweises Nicht- oder Weiterbetreiben

Ein Prozess kann auch nur teilweise nicht betrieben bzw weiterbetrieben werden. **134** Ersteres gilt etwa, wenn ein bisheriger Antrag nicht wiederholt wird (RGZ 168, 56, 58) oder wenn die Partei neue Anträge stellt, ohne die bisherigen zurückzunehmen (RGZ 66, 12, 14 f; BGH VRS 57, 249, 251; BAG AP ZPO § 322 Nr 6). In Fällen dieser Art bleibt es allerdings zu prüfen, ob nicht in Wahrheit eine Klagerücknahme vorliegt, die zur Anwendung des § 204 Abs 2 S 1 führt.

Ein Fall des teilweisen Nichtbetreibens liegt nicht vor, wenn ein Teil des Rechtsstreits entscheidungsreif ist und sich die Verhandlung deshalb ausschließlich auf andere Teile konzentriert, ohne dass das Gericht die Konsequenz des Erlasses eines Teilurteils, § 301 ZPO, zieht.

g) Beweislast

Die Beweislast für das Nichtbetreiben liegt bei dem Schuldner, die Beweislast dafür, **135** dass dies unschädlich war, weil auf triftigem Grund beruhend, bei dem Gläubiger. Er hat auch das Weiterbetreiben des Prozesses zu beweisen.

h) Ausschlussfristen

Die Bestimmung ist grundsätzlich auch auf *Ausschlussfristen* entsprechend anwend- **136** bar, insbes die des § 864 Abs 1 (**aA** MünchKomm/GROTHE § 204 Rn 69; wie hier OLG Düsseldorf OLGZ 1975, 331, 333). Dass der Gesetzgeber teilweise bei Ausschlussfristen auf einzelne Bestimmungen des Verjährungsrechts Bezug genommen hat, kann schwerlich als abschließend betrachtet werden. Gerade bei der Frist des § 864 Abs 1 wäre es unerträglich, wenn sie innerhalb des Prozesses folgenlos ablaufen dürfte.

i) Die einzelnen Fälle des § 204 Abs 1

Die Regelung des § 204 Abs 2 S 2, dass die Hemmung nach § 204 Abs 1 sechs **137** Monate nach der letzten Prozesshandlung endet, wenn das Verfahren in Stillstand gerät, ist zugeschnitten auf den Fall der Verjährungshemmung durch Klage, § 204 Abs 1 Nr 1, gilt aber doch auch in den meisten anderen Fällen des § 204 Abs 1. Dazu ist im Einzelnen noch zu bemerken:

aa) Bei der *Klage* gilt die Stillstandsregelung unabhängig von der Gerichtsbarkeit. Zum nicht gestellten Antrag o Rn 134. Zur Stufenklage o Rn 131. Zum Teilurteil o Rn 130. Zum Grundurteil o Rn 126, 143.

bb) Bei dem *Antrag auf Festsetzung des Unterhalts Minderjähriger,* § 204 Abs 1 Nr 2, ergibt sich ein Stillstand, wenn Einwendungen erhoben worden sind und der Antrag auf Durchführung des streitigen Verfahrens nicht gestellt wird, §§ 254, 255 Abs 1 FamFG, 650, 651 Abs 1 ZPO. Er rechnet ab der Mitteilung der Notwendigkeit des streitigen Verfahrens, §§ 255 Abs 1 S 2 FamFG, 651 Abs 1 S 2 ZPO. Bis hin zu dieser Mitteilung liegt das Verfahren noch in den Händen des Gerichts, sodass ein Stillstand nicht eintreten kann (o Rn 125 ff).

cc) Das *Mahnverfahren* betreibt der Antragsteller nicht, wenn er – bei ausblei- **138** bendem Widerspruch – nicht gemäß § 699 Abs 1 ZPO bzw Art 18 Abs 1 EuMVVO einen Vollstreckungsbescheid beantragt. Hat er diesen erhalten und sich zur eigenen Zustellung aushändigen lassen, § 699 Abs 4 S 2 ZPO bzw hat er diesen vom Gericht zugesendet bekommen, Art 18 Abs 3 EuMVVO iVm § 1089 Abs 1 ZPO, kommt es zum Stillstand (ab Aushändigung/Zusendung), wenn diese Zustellung unterbleibt. Der Antragsgegner betreibt seinerseits mit seinem Widerspruch eine Förderung des Prozesses (BGH NJW 1987, 382, 383). Im Falle des Widerspruchs ist der Antrag auf Durchführung des streitigen Verfahrens, § 696 Abs 1 ZPO bzw Art 16 f EuMVVO, ein Betreiben, seine Unterlassung also ein Nichtbetreiben. Ein Nichtbetreiben des Antragstellers liegt auch dann vor, wenn er den angeforderten weiteren Kostenvorschuss nicht zahlt, § 12 Abs 1 GKG. Nach der Abgabe betreibt der Antragsteller die Sache nicht, wenn er seinen Anspruch trotz Aufforderung durch das Gericht, § 697 ZPO ggf iVm Art 17 Abs 2 nicht innerhalb der ihm gesetzten Frist begründet. Andererseits betreibt der Gegner, wenn er nach § 697 Abs 3 ZPO Terminanberaumung beantragt.

dd) Für einen Stillstand des *Güteverfahrens* gelten keine Besonderheiten gegenüber o Rn 125 ff.

ee) Die *Aufrechnung im Prozess* kann § 204 Abs 2 S 2, 3 nur mittelbar betreffen. Wenn im Rahmen des § 204 nur die erfolglose Aufrechnung von Bedeutung ist (o Rn 63 ff), zB die unzulässige oder die nur hilfsweise geltendgemachte, auf die das Gericht gar nicht mehr eingeht, bedeutet das, dass das Verfahren wegen dieser Forderung auch gar nicht betrieben werden kann. Mithin ist im Bereich des § 204 Abs 2 S 2, 3 darauf abzustellen, ob das Verfahren wegen der Klageforderung in Stillstand gerät; dies teilt sich dann der Aufrechnungsforderung mit.

139 ff) Entsprechendes wie soeben zur Aufrechnung gilt für die *Streitverkündung*.

gg) Bei dem *selbstständigen Beweisverfahren* ist § 204 Abs 2 S 2, 3 in aller Regel funktionslos gegenüber § 204 Abs 2 S 1: § 204 Abs 2 S 2 kann nur zur Anwendung kommen, wenn das Verfahren in den Händen der Parteien liegt. Das ist für einen Zeitraum von mehr als sechs Monaten kaum denkbar, wenn die Federführung denn primär bei Gericht oder Sachverständigen liegt. Möglich ist es, dass der Antragsteller einen angeforderten Kostenvorschuss nicht einzahlt.

hh) Im Falle des *§ 204 Abs 1 Nr 8* gilt Entsprechendes wie soeben zum selbstständigen Beweisverfahren.

ii) Ein Verfahren des *vorläufigen Rechtsschutzes* wird durch den Widerspruch des Antragsgegners gerade betrieben. Es kann in Stillstand geraten, wenn der Antragsteller dann bittet, von einer Terminierung abzusehen. Dem wird freilich idR ein Fall des § 203 zugrunde zu liegen. Dass der Antragsteller nicht die nach § 926 ZPO angeordnete Klage zur Hauptsache erhebt, fällt nicht unter § 204 Abs 2 S 2, sondern führt mit der allfälligen Aufhebung von Arrest bzw einstweiliger Verfügung zu § 204 Abs 2 S 1.

140 kk) Bei der *Anmeldung zur Insolvenztabelle* tritt Stillstand ein, wenn die Forderung bestritten wird, § 178 InsO (**aA** BGH NJW 2010, 1284 Rn 46 f); der Stillstand wird beendet durch die Klage auf Feststellung der Forderung, §§ 179, 184 InsO. Für diese Klage gelten dann wieder die allgemeinen Regeln für den Stillstand bei einem Prozess.

Entsprechend wirkt ein Widerspruch nach § 19 der Schifffahrtsrechtlichen VerteilungsO.

ll) Im *schiedsrichterlichen Verfahren* gelten die Grundsätze des normalen Klageverfahrens.

mm) In den Fällen des *behördlichen Vorverfahrens* und der *gerichtlichen Zuständigkeitsbestimmung,* § 204 Abs 1 Nrn 12, 13, kommt § 204 Abs 2 S 2 nicht zum Tragen, weil diese von Amts wegen betrieben werden.

nn) Von Amts wegen betrieben und damit einem Stillstand nach § 204 Abs 2 S 2 nicht zugänglich ist auch das *Verfahren auf Bewilligung von Prozesskostenhilfe.* Es kann sich zB ergeben, dass das Gericht die bisherigen Angaben des Antragstellers für unzureichend hält. Dann muss es nach § 118 Abs 2 S 2 ZPO eine Frist zur Vervollständigung setzen und ggf Prozesskostenhilfe versagen. Letzteres führt dann zu § 204 Abs 2 S 1.

3. Ende der Hemmung bei Abschluss des Verfahrens

a) Allgemeines

Wenn das Verfahren nicht in Stillstand geraten ist (o Rn 122 ff), gilt für das Ende der Hemmung § 204 Abs 2 S 1: Sie endet sechs Monate nach der Beendigung des Verfahrens, wobei die eigens erwähnte rechtskräftige Entscheidung nur ein Sonderfall dieser Beendigung ist, zu dem es außerdem in einigen Fällen des § 204 Abs 1 nicht kommt. Die Erwähnung der rechtskräftigen Entscheidung ist überdies missverständlich: Wenn und soweit sie dem Gläubiger günstig ist, gehört sie nicht hierher (als die bisherige Verjährung hemmend), sondern sie setzt das neue Verjährungsregime der §§ 197 Abs 1 Nr 3, Abs 2, 201 in Kraft. Rechtskräftige Entscheidungen iSd § 204 Abs 2 S 1 sind *nur dem Gläubiger nachteilige.* **141**

Bei ihnen und in den anderen Fällen der Verfahrensbeendigung soll die zeitliche Versetzung des Endes der Hemmung um sechs Monate dem Gläubiger die Gelegenheit zur Neuorientierung geben. Ihm bliebe uU nur wenig Zeit, in den Fällen des § 167 ZPO gar keine, seine Situation zu überdenken und weitere Schritte einzuleiten, die zur Verfolgung des Anspruchs sachgerecht und jedenfalls geeignet sind, den Eintritt seiner Verjährung zu hindern.

b) Rechtskräftige Entscheidung

aa) Die rechtskräftige Entscheidung iSd § 204 Abs 2 S 1 darf nicht den Anspruch zuerkennen (s soeben) und sie darf *„nicht in der Sache selbst entscheiden",* wie § 212 Abs 1 aF dies deutlicher formulierte. Täte sie letzteres nämlich, so wäre *der Anspruch aberkannt* und würde sich die Frage seiner Verjährung gar nicht mehr stellen. **142**

bb) Nicht in der Sache selbst entscheidet vor allem das Urteil, das die Klage als *unzulässig abweist.* Ein solches Urteil liegt auch dann vor, wenn die Klage als *in der gewählten Prozessart unstatthaft* abgewiesen wird, § 597 Abs 2 ZPO (Staudinger/Dilcher[12] § 212 aF Rn 3), wenn zur *Widerklage* in der Berufungsinstanz die Voraussetzungen des § 533 ZPO als fehlend angenommen werden (RGZ 149, 321, 326), in der ersten Instanz die des § 33 ZPO, bei der Klageänderung die Voraussetzungen der §§ 263 bzw 533 ZPO. Nicht den Anspruch selbst betrifft ferner das Urteil, das die Klage als *zur Zeit unbegründet abweist*. Das Urteil in dem Prozess, in dem der *Streit verkündet* worden ist, § 204 Abs 1 Nr 6, das *Urteil im einstweiligen Rechtsschutz*, § 204 Abs 1 Nr 9, sind weitere Fälle. Im Falle der *Aufrechnung*, § 204 Abs 1 Nr 5, gehört hierher das Urteil, das den aufgerechneten Anspruch nicht verbraucht.

143 cc) Nicht hierher gehört das *Vorbehaltsurteil*, wie es im Falle der Aufrechnung ergehen kann, § 302 ZPO, oder im Urkundenprozess nach § 599 ZPO: Sie selbst führen schon zur Anwendbarkeit der §§ 197 Abs 1 Nr 3, Abs 2, 2, 201, die freilich mit ihrer Aufhebung entfallen kann. Kommt es derart zur Aufhebung, kann aber in Bezug auf das Nachverfahren § 204 Abs 2 S 2 anwendbar sein.

Entsprechendes gilt für das *Grundurteil*, § 304 ZPO, das den Prozess nicht beendet.

144 dd) Entscheidend ist der *Eintritt der formellen Rechtskraft*, jener Zeitpunkt, in dem die Entscheidung mit Rechtsmitteln nicht mehr angefochten werden kann, also mit Berufung, Revision, bei dem Vollstreckungsbescheid dem Einspruch, schließlich – bei Beschlüssen – sofortiger Beschwerde, sei es, weil eine weitere Instanz nicht mehr eröffnet ist, sei es, weil die Frist für die Einlegung dieses Rechtsmittels verstrichen ist.

Rechtsmittel in diesem Sinne sind auch die *Gehörsrüge* nach § 321a ZPO, bei der Revision die *Nichtzulassungsbeschwerde*, vgl § 544 Abs 5 ZPO. Der Eintritt der Rechtskraft bestimmt sich primär nach prozessualen Maßstäben, vgl § 705 Abs 5 ZPO. Bei der Nichtzulassungsbeschwerde des § 544 ZPO hemmt dessen Abs 5 S 1 den Eintritt der Rechtskraft und damit weiterhin die Verjährung.

Zweifelhaft sind die Fälle der *Anhörungsrüge* des § 321a ZPO und der *Urteilsverfassungsbeschwerde*, § 90 Abs 2 BVerfGG. Dass diese Rechtsbehelfe den Eintritt der materiellen Rechtskraft voraussetzen, wird von der Rechtsprechung als Argument dafür verwendet, diesen Verfahren eine die Hemmung der Verjährung fortsetzende Bedeutung abzusprechen (BGH NJW 2012, 3087 Rn 13 ff); diese setze erst wieder ein, wenn das Verfahren fortgesetzt werde. Das greift jedoch zu kurz. Denn wenn das Verfahren fortgesetzt wird, dh im Falle des Erfolgs des Rechtsbehelfs, wird diese *Rechtskraft* ja gerade *durchbrochen*. Und das Postulat der formellen Rechtskraft hat in beiden Fällen nicht das Ziel, den Eintritt der Verjährung zu fördern, sondern soll dafür sorgen, dass der Grundrechtsverstoß nach Möglichkeit im regulären Rechtszug bereinigt wird. Jedenfalls bei dem *erfolgreichen Rechtsbehelf* hat man also von einer *ununterbrochenen Fortdauer der Hemmung* auszugehen. Die Ergebnisse wären sonst widersinnig: Der Gläubiger mag seine verjährungshemmende Klage am letzten Tag der Verjährungsfrist erhoben haben, und dann soll er zwar mit seiner Anhörungsrüge Erfolg haben, aber seine Klage soll gleichwohl wegen zwischenzeitlich eingetretener Verjährung abzuweisen sein, weil sich das Gericht Zeit gelassen hat? Die Dauer des Verfahrens der beiden Rechtsbehelfe hat der Gläubiger nicht in der Hand. Bleibt der *Rechtsbehelf ohne Erfolg*, ist die Interessenlage nicht so eindeutig. Immerhin steht das aber nur ex post fest, und geboten ist aus Gründen der Rechtssicherheit die Beurteilung ex ante. Damit verbietet sich eine Differenzierung zwischen Erfolg und Misserfolg, mag Letzterer auch aus statistischer Sicht deutlich wahrscheinlicher sein. Dem Schuldner ist das zuzumuten, auch wenn er nicht zwingend an den Verfahren zu beteiligen ist (aA BGH NJW 2012, 3087 Rn 15). Er braucht nämlich nur über den Beginn der Hemmung informiert werden, nicht über die Fortdauer, vgl namentlich den Fall der Streitverkündung, der ein Beitritt nicht folgt. Ist die Verjährung durch Prozessaufrechnung oder Streitverkündung gehemmt worden, rechnet die sechsmonatige Frist des § 204 Abs 2 S 1 also ab der abschlägigen Entscheidung über die Anhörungsrüge oder die Verfassungsbeschwerde; im Sinne der Bestimmung ist das die anderweitige Beendigung des eingeleiteten Verfahrens. Sonst würde der Gläubiger zu einer Klage genötigt, die sich vielleicht als entbehrlich erweist.

c) Vergleich

145 Verfahrensbeendende Wirkung hat auch ein Vergleich der Parteien. Soweit er den Anspruch bestätigt, führt er zu den §§ 197 Abs 1 Nr 4, Abs 2, 201; soweit er ihn aberkennt, löst er damit die Verjährungsfrage (negativ). Notwendig ist es also einerseits, dass er die Existenz des Anspruchs offenlässt, andererseits das Verfahren beendet. Bei ihm kommt es auf Abschluss bzw Ablauf einer Widerrufsfrist an. Wird die *Unwirksamkeit* des Vergleichs – etwa auf Grund einer Anfechtung – geltend gemacht und der Prozess daraufhin fortgeführt, kann es sich einerseits ergeben, dass der geltend gemachte *Nichtigkeitsgrund besteht*. Dann verbleibt es für § 204 Abs 2 S 1 bei dem eben genannten Zeitpunkt der Beendigung des Verfahrens. Erachtet andererseits das Gericht den geltend gemachten *Nichtigkeitsgrund für durchgreifend*, ist das Verfahren zunächst noch nicht beendet. Wenn es wegen des formal vorliegenden Vergleichs zeitweilig nicht betrieben worden ist, wird das in aller Regel triftig iSv o Rn 130 sein und damit nicht zu § 204 Abs 2 S 2 führen.

d) Erledigung der Hauptsache

146 Soweit die Parteien die Hauptsache übereinstimmend für erledigt erklären, kommt es auf den prozessual zu bestimmenden Zeitpunkt der Wirksamkeit dieser Erledigungserklärungen an, bei einseitiger Erledigungserklärung auf die Rechtskraft der gerichtlichen Entscheidung, die die Erledigung bestätigt.

e) Rücknahme

147 Einen besonders wichtigen Fall des § 204 Abs 2 S 1 bildet die Rücknahme der Klage oder des sonstigen verjährungshemmend eingeleiteten Verfahrens. Sie ist nicht nur in den gerichtlichen Verfahren möglich, sondern auch in außergerichtlichen der Nrn 4 und 8 des § 204 Abs 1, im Falle der Aufrechnung, § 204 Abs 1 Nr 5, entspricht ihr das Fallenlassen des Aufrechnungseinwands.

Es kommt auf den *Zeitpunkt an, in dem die Erklärung wirksam wird*. Im Falle der Rücknahme der Klage müssen also die Voraussetzungen des § 269 Abs 2 ZPO erfüllt sein, zu denen die Erklärung gegenüber dem Gericht gehört und die – uU durch Fristablauf fingierte – Zustimmung des Gegners.

Während die Rücknahme prozessual zurückwirkt, vgl § 269 Abs 3 S 1 ZPO, ist dies im Hinblick auf die Hemmung der Verjährung materiellrechtlich nicht der Fall; die *Frist* des § 204 Abs 2 S 1 läuft vielmehr *ex nunc*.

f) § 701 ZPO

148 Zu § 204 Abs 2 S 1 führt es auch, wenn im Mahnverfahren kein Widerspruch erhoben wird und der Antragsteller nicht – oder erfolglos – binnen sechs Monaten den Erlass des Vollstreckungsbescheids beantragt. Freilich werden in aller Regel die Fristen des § 701 ZPO und des § 204 Abs 2 S 1 *nicht zu 12 Monaten zu addieren* sein, weil dem Ablauf der Frist des § 701 ZPO ein *Nichtbetreiben des Mahnverfahrens* vorausgegangen sein wird, das dann zu einem früheren – und entscheidenden – Ende der Hemmung nach § 204 Abs 2 S 2 führt.

g) Fehlen eines förmlichen Verfahrensendes

149 Die bloße Erhebung oder Sicherung von Beweisen hat hemmende Wirkung in den Fällen des § 204 Abs 1 Nrn 7 und 8. Hier kommt es auf die *faktische Beendigung* des Verfahrens an, also die Einvernehmung der Zeugen oder die Erstattung des Gutachtens, die Einnahme des Augenscheins. Wenn ein *schriftliches Gutachten* erstattet wird, endet die Hemmung nicht schon mit dessen Eingang bei Gericht (so aber RG Recht 1916, Nr 2083; BGB-RGRK/Kuhn § 477 aF Rn 9), sondern erst mit der Mitteilung des Gutachtens an die Parteien (BGHZ 53, 43, 47; BGHZ 120, 329; Soergel/Huber § 477 aF Rn 64), es sei denn, es würde die mündliche Vernehmung des Sachverständigen vom Gericht angeordnet oder von den Parteien beantragt. Dann ist auf das Ende der Protokollierung abzustellen (BGHZ 80, 212, Soergel/Huber aaO). Vgl iÜ zum Ende des selbstständigen Beweisverfahrens o Rn 90.

h) Güteverfahren

150 Im Falle des § 204 Abs 1 Nr 4 entscheidet die Ausstellung der Bescheinigung über den erfolglosen Einigungsversuch, vgl § 15a Abs 2 EGZPO, seitens der jeweils zuständigen Gütestelle.

i) Übergang in das streitige Verfahren

In den Fällen der Nrn 2 und 3 des § 204 Abs 1 erfolgt ggf der Übergang in das streitige Verfahren. Dann wird die Hemmung durch sie überlagert durch dessen Hemmungswirkung, die eigene Frist des § 204 Abs 2 S 1 wird bedeutungslos.

k) Wirkung des § 204 Abs 2 S 1

151 § 204 Abs 2 S 1 bezieht sich nicht auf die Fälle des § 204 Abs 1 Nrn 12 und 13, die eine eigene Dreimonatsfrist haben.

In den übrig bleibenden Fällen des § 204 Abs 1 Nrn 1–11, 14 berechnet sich die Dauer der Hemmung aus der Dauer des Verfahrens einerseits und der zusätzlichen Frist von sechs Monaten andererseits. Dabei bedeutet diese Sechsmonatsfrist *keine Ablaufhemmung:* Sie wirkt sich freilich in diesem Sinne aus, wenn die bisherige Verjährungsfrist schon so weit verbraucht ist, dass nur noch weniger als sechs Monate – oder gar: gar nichts – offen sind. Die sechs Monate kommen dem Gläubiger aber auch dann zugute, wenn noch mehr als sechs Monate offen sind. Sind dies zB sieben Monate, so stehen ihm insgesamt noch dreizehn Monate zur Verfügung. – Aus rechtspolitischer Sicht hätte eine Ablaufhemmung genügt.

Zu beachten ist, dass eine Hemmung der Verjährung aus anderen Gründen über den Zeitraum des § 204 Abs 2 S 1 andauern kann. In Betracht kommen namentlich schwebende Verhandlungen, § 203.

§ 205
Hemmung der Verjährung bei Leistungsverweigerungsrecht

Die Verjährung ist gehemmt, solange der Schuldner auf Grund einer Vereinbarung mit dem Gläubiger vorübergehend zur Verweigerung der Leistung berechtigt ist.

Materialien: Art 1 G zur Modernisierung des Schuldrechts v 26. 11. 2001 (BGBl I 3138). BGB aF: § 202: E I § 162; II § 168; III § 197; Mot I 312; Prot I 340 ff, 1428; II 1 215 ff; II 518; VI 141, 383; JAKOBS/SCHUBERT, AT 994 f, 1001 ff, 1023 ff, 1059 ff, 1083 ff, 1096 f, 1112 ff, 1138, 1140 ff. PETERS/ZIMMERMANN: Gutachten 253, 308, 324; Schuldrechtskommission § 211, Abschlussbericht 88; RegE § 205, BT-Drucks 14/6040, 118.

Schrifttum

Vgl auch die Nachweise zu § 206.
BÜLOW, Aufschub des Verjährungseintritts bei Musterprozessen, insbesondere Bauprozessen, NJW 1971, 2254
DELP, Verjährungsrechtliche Folgen bei Kostenansprüchen der Staatskasse nach rechtskräftigem Abschluss eines gerichtlichen Wertfestsetzungsverfahrens, JurBüro 1978, 1285
GRAF FUGGER ZU GLÖTT, Die Rechtssätze des § 202 BGB über die Hemmung der Anspruchsverjährung im Verhältnis zu den entsprechenden gemeinrechtlichen (Diss Rostock 1908)
GAISBAUER, Hemmung der Verjährung durch Verhandlungen im Kraftfahrzeughaftpflichtrecht, ZfVers 1970, 238
HAUSEN, Die Hemmung der Verjährung, BB 1952, 963
PETERS, Zur Verjährung wiederaufgelebter Gewährleistungsansprüche, NJW 1982, 562

PÜSCHEL, Die Auswirkungen schuldnerischen Verhaltens und der Einfluss von Verhandlungen auf die Verjährung (Diss Hamburg 1982)
SÄCKER, Fristenhemmung und Fristenrestitution im Zivil- und Zivilprozessrecht, ZZP 80 (1967) 421
SPIRO, Zur neueren Geschichte des Satzes „agere non valenti non currit praescriptio", in: FS Lewald (1953) 585
TEPLITZKY, Zur Unterbrechung und Hemmung der Verjährung wettbewerbsrechtlicher Ansprüche, GRUR 1984, 307
USINGER, Die Hemmung der Verjährung durch Prüfung oder Beseitigung des Mangels, NJW 1982, 1021
WAGNER, Prozessverträge (1998)
ders, Alternative Streitbeilegung und Verjährung, NJW 2001, 182.

Systematische Übersicht

I. Hemmung der Verjährung wegen unzumutbarer Rechtsverfolgung 1	**III. Stundung**
	1. Begriff 8
II. Allgemeines zu § 205	2. Reichweite 10
1. Gründe der Hemmung 3	3. Stundung als Rechtsgeschäft 11
2. Dauernde Leistungsverweigerungsrechte; Einwendungen 4	4. Rechtsnachfolge 12
	5. Abrede des Ruhens des Prozesses 13
3. Gesetzlich begründete Leistungsverweigerungsrechte 5	**IV. Pactum de non petendo**
	1. Begriff 14
4. Abgrenzungsfragen 6	2. Voraussetzungen 16
	3. Beispiele 17

4.	Notwendigkeit der vertraglichen Bindung	18	5. Kontokorrent	24
			6. Pflichtverteidiger	25

V. Weitere Fälle des § 205 19
1. Moratorium 20
2. Behördliche, gerichtliche Anordnungen 21
3. Anderweitige Verfahren 22
4. Sonstige Fälle 23

VI. Ausschlussfristen 26

VII. Öffentliches Recht 27

VIII. Beweislast 28

Alphabetische Übersicht

Anerkenntnis 6, 15
Anordnung
– behördliche 21
– gerichtliche 21
Ausschlussfristen 26

Beweislast 28

Einrede
– dauernde, peremptorische 4
– dilatorische, vorübergehende 4
– gesetzliche 5
– objektives Bestehen 3
– vereinbarte 3
Einwendung 4

Hemmung 1
Hindernis
– rechtliches 7, 19
– der Rechtsverfolgung 1, 7
– tatsächliches 7

Kontokorrent 24
Kündigungsschutzklage 22

Leistung erfüllungshalber 9
Leistungsverweigerungsrechte, vereinbarte 5
Leistungsverweigerungsrechte, vorübergehende 4

Moratorium 20
Musterprozess 18

Neubeginn der Verjährung 6

Öffentliches Recht 27

Pactum de non petendo .... 14 ff
Pflichtverteidiger 25
Prätendentenstreit 23

Rechtsnachfolger 12
Ruhen des Verfahrens 13, 21

Schiedsgutachtenabrede 9
Sicherungsgrundschuld 24
Streitwertfestsetzung 25
Stundung .... 8 ff
– anfängliche 6
– Bitte um 6
– Dauer 10
– Drittwirkung der 12
– Gesamtschuldnerschaft, bei 12
– Rechtsnachfolge, bei 12
– rechtlicher Bindungswille bei 9
– Reichweite 10
– Umfang 10
– Vereinbarung der .... 8 f
– Vertreter, durch 11

Teilungsabkommen 17

Unpfändbarkeit des Schuldnervermögens 21
Unterhaltsanspruch 23

Vollstreckungsschutz 21

Titel 2
Hemmung, Ablaufhemmung und Neubeginn der Verjährung § 205

I. Hemmung der Verjährung wegen unzumutbarer Rechtsverfolgung

Agere non valenti non currit praescriptio: Wenn der Gläubiger sein Recht nicht 1
durchsetzen kann (und damit die Verjährung auch nicht seinerseits hemmen kann),
darf die Verjährung nicht gegen ihn laufen. Dies berücksichtigen die §§ 205–211,
indem sie bei *Hindernissen der Rechtsverfolgung* die Verjährung einstweilen stillstehen lassen.

Dabei trifft das Gesetz mehrfache Unterscheidungen. Die in den §§ 210, 211 geregelte *Ablaufhemmung* verhindert den Eintritt der Verjährung trotz des stattgefundenen Fristablaufs. *Hemmung im eigentlichen Sinne* bedeutet, dass ihr Zeitraum
bei der Berechnung der Verjährung „ausgeblendet" wird (§ 209). Diese Ausblendung tritt uneingeschränkt im Falle des § 205 ein, im Falle des § 206 dagegen nur,
wenn der Hemmungsgrund in die letzten sechs Monate der Verjährungsfrist fiel. Das
Gesetz kennt auch anderweitig Hemmungstatbestände (vgl §§ 802, 115 Abs 2 S 3
VVG). Bei ihnen gibt es die letztgenannte Einschränkung regelmäßig nicht.

Die *Hindernisse*, auf die die Rechtsverfolgung stößt, können *rechtlicher* oder *tatsächlicher* Natur sein. § 205 betrifft die rechtlichen Hindernisse und berücksichtigt sie
zeitlich uneingeschränkt (soweit sie beachtlich sein sollen), § 206 erfasst demgegenüber die tatsächlichen Hindernisse und legt hier einmal einen strengen Maßstab für
die Berücksichtigungsfähigkeit an („höhere Gewalt") und lässt sie zum anderen
auch nur, wie eben schon bemerkt, zeitlich eingeschränkt relevant werden.

Die Bestimmungen der §§ 205, 206 betreffen nur *echte Hindernisse* bei der Durch- 2
setzung des Rechts. Es gibt auch die Konstellation, dass der Gläubiger davon ausgehen darf, dass er sein Recht nicht durchzusetzen braucht, oder dass dies sogar
unzweckmäßig wäre. Die erstere Konstellation tritt ein, wenn der Schuldner freiwillig erfüllt: Darin kann und wird ein die Verjährung erneuerndes Anerkenntnis
liegen, § 212 Abs 1 Nr 1. Unzweckmäßig kann die Rechtsverfolgung erscheinen,
wenn, weil und solange Vergleichsverhandlungen schweben. Dann gilt § 203.

II. Allgemeines zu § 205

1. Die zur Hemmung der Verjährung notwendige Klage, § 204 Abs 1 Nr 1, 3
braucht nicht zulässig oder gar begründet zu sein (vgl § 204 Rn 23 ff); entsprechendes
gilt für die anderen Hemmungstatbestände des § 204 Abs 1. Gleichwohl mutet es das
Gesetz dem Gläubiger nicht an, eine in der Sache aussichtslose Klage zu erheben,
die ja gravierende Kostennachteile hätte. Deshalb haben *bestimmte Leistungsverweigerungsrechte* des Schuldners nach § 205 eine die Verjährung hemmende Wirkung. Aus der Berücksichtigung der Lage des Gläubigers folgt, dass bereits das
objektive Bestehen der Einrede die Verjährung hemmt (STAUDINGER/DILCHER[12] § 202
aF Rn 4); der Schuldner braucht sich auf sie nicht berufen zu haben bzw die Berufung
in Aussicht zu stellen. Andererseits muss das Dilemma des Gläubigers objektiv
bestehen; es genügt nicht, dass es nur nach einer Vorstellung begründet ist (BAG
BB 1965, 372). – Ausnahmsweise mag der Gläubiger allerdings schon jetzt eine Klage
auf künftige Leistung erheben können, vgl §§ 257–259 ZPO, und möglicherweise
könnte er nach § 256 ZPO gegenwärtig auf Feststellung des Anspruchs klagen, wie
dies nach § 204 Abs 1 Nr 1 zur Hemmung der Verjährung genügen würde. Das aber

schließt den Hemmungstatbestand des § 205 nicht aus (RGZ 142, 258; BGB-RGRK/ JOHANNSEN § 202 aF Rn 2; STAUDINGER/DILCHER[12] § 202 aF Rn 4).

4 2.   § 205 betrifft nur *vorübergehende Leistungsverweigerungsrechte* des Schuldners, dilatorische Einreden, *nicht* aber *dauernde,* peremptorische, wie sie etwa in den §§ 813 Abs 1, 886, 1169, 1254 angesprochen sind (STAUDINGER/DILCHER[12] § 202 aF Rn 16). Bei ihnen ist die Interessenlage anders: Der Gläubiger kann auf eine Verbesserung der Chancen seiner Klage nicht hoffen, also mag er sie gleich anstrengen, wenn er es denn will: die Verjährung darf laufen. Ggf kann die Klage dann wahlweise wegen der Verjährung oder wegen der sonstigen Einrede abgewiesen werden.

Bei *Einwendungen* des Schuldners gebietet die Interessenlage ebenfalls keine Hemmung der Verjährung. Das gilt namentlich dort, wo der Schuldner anfechten oder aufrechnen kann (STAUDINGER/DILCHER[12] § 202 aF Rn 17). Vor der wirksamen Gestaltungserklärung des Schuldners besteht der Anspruch voll; danach ist er weggefallen, sodass eine Leistungsverweigerung des Schuldners nicht in Betracht kommt. In § 162 Abs 3 E I war dies ausdrücklich vorgesehen; die Vorschrift wurde dann als entbehrlich gestrichen (Prot I 218). Das bedeutet natürlich nicht, dass das Gericht das Bestehen der Einwendung endgültig klären müsste; es kann dies dahinstehen lassen und die Klage jedenfalls wegen Verjährung abweisen (mit der Ausnahme hinsichtlich der Aufrechnung des Schuldners, bei der § 322 Abs 2 ZPO Klarheit darüber gebietet, ob nun über sie entschieden wurde oder nicht).

5 3.   § 205 betrifft nur unter den Parteien *vereinbarte Leistungsverweigerungsrechte.* Bei solchen, die auf dem Gesetz beruhen, kann es dem Gläubiger grundsätzlich angesonnen werden, sie zu überwinden. In den Fällen der §§ 273, 320 mag er zB die ihm obliegende Leistung anbieten, um erfolgreich nach § 204 Abs 1 Nr 1 vorgehen zu können. Die Einreden der §§ 2014, 2015, 1489 Abs 2 hindern eine Klage nicht wegen § 305 ZPO. Die Einrede der mangelnden Sicherheitsleistung, §§ 258, 811, 867, 1005, kann durch die Sicherheitsleistung überwunden werden. Im Falle der §§ 409 Abs 2, 410 kann der Gläubiger schon jetzt klagen und zB die Zustimmung nach § 409 Abs 2 nachreichen (BGHZ 64, 121). Nachgereicht werden können auch die Urkunden des § 1160 Abs 2. In den Fällen der §§ 526, 1100 kann die notwendige Zahlung angeboten werden. Die Einreden des Bürgen nach den §§ 770, 771 lassen sich nach § 204 Abs 1 Nr 6 im Prozess gegen den Hauptschuldner neutralisieren. Zu den Haftungsbeschränkungen nach den §§ 486 Abs 1, 3, 487–487d HGB vgl etwa § 305a ZPO.

Immerhin gibt es einige gesetzlich begründete Leistungsverweigerungsrechte, die analog zu § 205 behandelt werden müssen, namentlich das Moratorium (dazu u Rn 20 ff).

6 4.   Abgrenzungsfragen ergeben sich bei § 205 gegenüber dem Neubeginn der Verjährung sowie gegenüber den Tatbeständen der §§ 197–200, 206.

a)   Die *Hemmung der Verjährung schließt* im Bereich des § 205 – wie auch sonst – *ihren Neubeginn nicht aus.* Insbesondere die Stundungsbitte wird in aller Regel zugleich ein Anerkenntnis des Schuldners iSd § 212 Abs 1 Nr 1 enthalten (PALANDT/ ELLENBERGER Rn 2; WAGNER, Prozessverträge 417 f). Das bedeutet aber:

aa) Bei der erfolgreichen Stundungsbitte des Schuldners kommt nur § 205 – und nicht auch § 212 Abs 1 Nr 1 – zum Tragen, wenn sie gleichzeitig mit einem Bestreiten der Schuld verbunden ist. Das dürfte sich praktisch nur selten ergeben.

bb) Liegt regelmäßig in der Stundungsbitte auch ein Anerkenntnis des Schuldners, kumulieren sich die Hemmung nach § 205 bei gewährter Stundung und der Effekt des § 212 Abs 1 Nr 1: Zunächst ist das Ende der Hemmung abzuwarten; dieses Ende markiert den Neubeginn der Verjährung.

Damit ist es unter dem Aspekt der Verjährung für den Schuldner durchaus gefährlich, um Stundung nachzusuchen.

b) Verabreden die Parteien schon bei Begründung des Schuldverhältnisses, dass der Schuldner erst später soll leisten müssen, dann soll dies nach hM nach § 199 Abs 1 Nr 1 relevant sein, dh wegen späterer Entstehung des Anspruchs den Verjährungsbeginn hinausschieben; die von § 205 angesprochene Stundung soll nur eine bereits fällige Forderung betreffen können (BGH WM 1977, 895; NJW-RR 1992, 255; STAUDINGER/DILCHER[12] § 202 aF Rn 5; MünchKomm/GROTHE Rn 1, 3). Es ist indessen nicht einzusehen, warum eine Forderung nicht schon anfänglich soll gestundet werden können. Immerhin sind praktische Konsequenzen der Unterscheidung nicht ersichtlich. Namentlich ist bei § 197 Abs 1 vom nächsten Jahresende als Verjährungsbeginn auszugehen, falls die anfängliche Stundung über den Jahreswechsel hinausreicht.

c) Bedeutsamer ist die Abgrenzung zwischen den §§ 205 und 206, weil letztere **7** Bestimmung Hemmnisse einschränkend nur dann berücksichtigt, wenn sie das letzte halbe Jahr der Verjährungsfrist betreffen. Die Abgrenzung wird dadurch problematisch, weil eine ganze Reihe von *rechtlichen Hindernissen* der Rechtsverfolgung als Hemmungsgründe anerkannt oder mindestens erwogen werden, die nicht eigentlich Leistungsverweigerungsgründe des Schuldners betreffen, zB Unkenntnis des Gläubigers, behördliches Verbot der Leistung, Einstellung der Forderung in ein Kontokorrentverhältnis etc. Die Abgrenzung muss danach erfolgen, ob Tatsachen – uU auch nur innere – die Verfolgung des Rechts behindern, dann § 206, oder ob ein Leistungsverweigerungsrecht des Schuldners gegeben ist, das auch wieder entfallen kann. Danach ist etwa eine *„anspruchsfeindliche" Rechtsprechung* allenfalls nach § 206 relevant (vgl dort Rn 6 ff). Zu Einzelheiten u Rn 19 ff. Jedenfalls werden in der Diskussion viele Fälle bei § 205 erörtert, die recht eigentlich zu § 206 gehören.

III. Stundung

1. Unter einer Stundung als einem Hauptanwendungsfall des § 205 ist die Vereinbarung der Parteien zu verstehen, dass ein Leistungsverweigerungsrecht des Schuldners bestehen soll. **8**

a) Die Stundung setzt damit einen *Vertrag der Parteien* voraus. Ein bloßes einseitiges Angebot genügt nicht (MünchKomm/GROTHE Rn 3; PALANDT/ELLENBERGER Rn 1). Die Parteien müssen sich vielmehr – durch Angebot und dessen Annahme – einig geworden sein. Dabei wird ein Angebot des Gläubigers vielfach nach § 151 angenommen werden können; umgekehrt ist dies kaum denkbar. – Zum möglichen Zeitpunkt der Einigung o Rn 6.

9 b) Notwendig ist dabei insbesondere ein *rechtlicher Bindungswille* der Parteien. Auf Seiten des Gläubigers genügt es vor allem nicht, dass er Leistungsverweigerungen des Schuldners oder entsprechende Ankündigungen nur resignierend hinnimmt. Es muss vielmehr der Wille feststellbar sein, sich hinsichtlich der Durchsetzbarkeit seiner Forderung rechtlich zu beschränken. Das ist unter umfassender Berücksichtigung der Umstände des Einzelfalls zu ermitteln, bei der sich – über den Gebrauch des Wortes „Stundung" hinaus, der aber nicht notwendig ist – zwingende Kriterien kaum angeben lassen. Selbst die Vereinbarung höherer Zinsen für den Fall der Nichtleistung lässt nicht unwiderleglich den Schluss zu, dass die Durchsetzbarkeit der Forderung eingeschränkt sein soll.

c) Eine Stundung kann namentlich auch *konkludent* vereinbart werden. Dies ist insbesondere für die Übernahme von zusätzlichen Verbindlichkeiten erfüllungshalber anzunehmen oder für die entsprechende Abtretung eigener Forderungen gegen Dritte. Die Stundung endet dann entweder mit der Erfüllung oder damit, dass die anderweitige Befriedigung misslingt. Hierher gehört ua auch die Abtretung eigener Gewährleistungsansprüche des Baubetreuers gegen die Handwerker zur Abwendung der Ansprüche des Bestellers gegen ihn (BGH WM 1981, 902, 903; PETERS NJW 1982, 562). Welche Schritte dem Gläubiger konkret zur Durchsetzung der abgetretenen Ansprüche anzusinnen sind, ob er insbesondere zur Klage gegen den Dritten verpflichtet ist, ist hier nicht näher darzustellen; es sei allerdings auf die Bestimmung des § 309 Nr 8b aa verwiesen. Verzögert der Gläubiger das Vorgehen gegen den Dritten, endet die Hemmung (BGH NJW 1990, 1232). – Eine Stundung ist ferner angenommen worden, wenn der Gläubiger einer Handelsgesellschaft mit dieser vereinbart, während der Liquidation nicht gegen sie und den Bürgen vorzugehen: Hemmung hinsichtlich der Hauptschuldnerin und des Bürgen bis zum Abschluss der Liquidation (RG LZ 1919, 1233, 1234). Wenn der Arbeitgeber einem Arbeitnehmer („Haussohn") verspricht, er werde ihn für die geleisteten Dienste letztwillig bedenken, ist eine Stundung bis zum Widerruf des Versprechens oder bis zur Testamentseröffnung anzunehmen (BAG NJW 1963, 2188; 1978, 44; BGH NJW 1965, 1224). Die einseitige Erwartung der testamentarischen Zuwendung hemmt die Verjährung freilich nicht (BAG NJW 1970, 1701).

Es hemmt eine *Schiedsgutachterabrede* (RGZ 142, 258, 263; BGH NJW 1990, 1231, 1232). Die Hemmung endet, wenn die Voraussetzungen des § 319 Abs 1 S 2 offenbar werden. Aktuell getroffen fällt sie auch unter § 203. Die Anrufung des Schiedsgutachters unterliegt § 204 Abs 1 Nr 8.

Verhandlungen führen zu § 203, regelmäßig nicht zu § 205.

10 2. Die *Reichweite der Stundung* können die Parteien bestimmen; es sind ihre Erklärungen auszulegen.

a) *Gegenständlich* kann die Stundung auf bestimmte Beträge beschränkt werden, so etwa bei einem Sicherheitseinbehalt wegen möglicher Werkmängel. Bei mehreren konkurrierenden Ansprüche trifft die Stundung im Prinzip jeden für sich, kann also eingeschränkt werden. Doch wird es dem Willen der Parteien idR entsprechen, alle konkurrierenden Ansprüche zu stunden, auch wenn sie sich der einen oder anderen Rechtsgründe nicht bewusst geworden sind. Anders kann es zu beurteilen sein bei alternativen Ansprüchen: Die Parteien haben an vertragliche gedacht, gegeben sind aber zB nur bereicherungsrechtliche. Hier wird man die Erklärungen eher eng auslegen und fordern müssen, dass die Parteien mit Ansprüchen dieser Art jedenfalls gerechnet haben.

b) Die *Dauer der Stundung* kann beliebig festgesetzt werden. Die Dauer kann nach Zeiträumen oder Daten bemessen, sein, sich an bestimmten Ereignissen orientieren, wie etwa dem Ausgang eines anderweitigen Prozesses, oder an bestimmten Vorgängen (Realisierung einer erfüllungshalber abgetretenen Forderung, RGZ 70, 37). In diesem Fall trifft den Gläubiger eine Förderungspflicht, die die Dauer der Hemmung zeitlich beschränken kann: Hemmung nicht für die reale Dauer des Vorgehens gegen den Dritten, sondern nur für eine angemessene; doch ist maßgeblich der Wille der Parteien.

Zweifelhaft zu beurteilen sind Diskrepanzen zwischen dem, was dem Gläubiger obliegt, und dem, was er tatsächlich tut: Er müsste den Dritten verklagen, unterlässt dies aber nach Fehlschlagen der außergerichtlichen Bemühungen und wendet sich sogleich wieder an den Schuldner: Hier wird man die Verjährung nicht mehr als um die mutmaßliche Dauer eines Prozesses gehemmt ansehen dürfen. Anders, wenn der Gläubiger den Dritten überobligationsmäßig verklagt. Dann wird die Prozessdauer zu seinen Gunsten Berücksichtigung zu finden haben.

3. Das Rechtsgeschäft der Stundung ist weder für den Gläubiger allein rechtlich vorteilhaft, noch auch – wegen § 205 – für den Schuldner (§ 107). Es ist nach den §§ 119 ff anfechtbar, doch wird eine Anfechtung einen schon eingetretenen Hemmungszeitraum nicht rückwirkend beseitigen können. **11**

Ein Vertreter auf der einen oder anderen Seite bedarf der *Vertretungsmacht:* sonst ist Verfügungsbefugnis über die Forderung notwendig, aber auch ausreichend. Der pfändende Gläubiger, dem die Forderung zur Einziehung überwiesen worden ist, soll jedenfalls zu seinen eigenen Lasten und Gunsten eine Stundung mit dem Drittschuldner verabreden können, nicht aber mit Wirkung für den Pfändungsschuldner (BGH NJW 1978, 1914). Dieser mag die gegen ihn weiterlaufende Verjährungsfrist dadurch anhalten, dass er auf Leistung an den Pfändungsgläubiger klagt; die Pfändung hat ihm diese Möglichkeit nicht genommen (BGH NJW 2001, 2278). AGB des Schuldners, die eine Stundung vorsehen, sind an § 307 zu messen; sie belasten den Gläubiger mit einem Insolvenzrisiko, das nicht überhöht ausfallen darf, vgl zum Sicherheitseinbehalt des Bestellers das detaillierte Regelwerk der VOB/B in ihrem § 17 Abs 5 f.

4. Wenn die Forderung abgetreten wird, wirkt die Stundung nach § 404 auch gegenüber dem *Rechtsnachfolger des Gläubigers.* Wird die Stundung erst nach Abtretung der Forderung, aber unter den Voraussetzungen des § 407 Abs 1 verabredet, wirkt sie jedenfalls zugunsten des Schuldners. Dann wird er sie aber auch im **12**

Rahmen des § 205 gegen sich gelten lassen müssen, sofern er nicht von vornherein auf ihren Schutz verzichtet.

Der *Rechtsnachfolger des Schuldners* muss die nachteiligen Wirkungen der Stundung gegen sich gelten lassen. In gleicher Weise wirkt die der oHG bewilligte Stundung verjährungsmäßig außer zu ihren Lasten auch zu Lasten ihres Gesellschafters, § 129 Abs 1 HGB, die dem Hauptschuldner gewährte Stundung hinsichtlich der Hauptschuld zu Lasten des Bürgen, § 768 Abs 1 S 1; ein Fall des § 768 Abs 2 liegt darin nicht.

Gibt es *mehrere Schuldner oder Gläubiger,* gilt die Stundung im Ausgangspunkt nur individuell, §§ 425 Abs 2, 429 Abs 2 S 1. Wo sie sich allerdings wechselseitig vertreten können, wird meist auch eine Stundung mit Wirkung gegenüber den anderen gewollt sein, vgl auch den Grundsatz des § 425 Abs 2 einschränkend BGH NJW-RR 1994, 313.

Wenn es für zulässig erachtet wird, ein pactum de non petendo mit Wirkung für einen weiteren Schuldner abzuschließen (BGH NJW 1956, 119), dann muss es auch zulässig sein, auch *für einen weiteren Schuldner* eine Stundung zu vereinbaren. Vor dem Hintergrund des § 205, bei dem sich beide Institute gleichstehen, ist das freilich nicht unbedenklich; es kann zu einem Vertrag zu Lasten Dritter geraten. Man wird das Ergebnis einer Drittwirkung der Stundung aber gleichwohl jedenfalls dann akzeptieren müssen, wenn der Dritte die Stundung entweder genehmigt oder sonst von ihr Gebrauch macht. Dagegen wäre der Berufung des dritten Schuldners auf den ungehemmten Eintritt der Verjährung wohl kaum der Erfolg zu versagen, wenn er aus der Stundung bewussten Nutzen nicht gezogen hat.

13 **5.** Die Verabredung einer Stundung liegt nicht schon in der Vereinbarung, *einen Prozess ruhen zu lassen* (RGZ 73, 394), auch nicht in der Vereinbarung, einen Prozess vorläufig nicht weiter zu betreiben (BGH NJW 1983, 2497). Bei Abreden dieser Art stellt sich aber die Frage der Abgrenzung zum pactum de non petendo, wie es für eine Hemmung nach § 205 ebenfalls für genügend erachtet wird (vgl u Rn 14 ff).

Die Aufnahme von Vergleichsverhandlungen bedeutet für sich noch keine Stundung der Forderung, hemmt aber nach § 203.

IV. Pactum de non petendo

14 1. Die Verjährung kann auch dadurch gehemmt werden, dass die Parteien vereinbaren, dass der Anspruch nicht gerichtlich geltendgemacht werden soll, sog *pactum de non petendo,* Stillhalteabkommen.

a) Das pactum de non petendo ist – als Hemmungsgrund für die Verjährung – ein *rein zivilrechtlicher Begriff.* Es kommt nicht darauf an, welche prozessualen Folgen die Vereinbarung hat, dass der Anspruch nicht gerichtlich geltend gemacht wird, ob sie eine gleichwohl erhobene Klage also unzulässig sein lässt (vgl BGH NJW-RR 1989, 1049) oder jedenfalls (zur Zeit) unbegründet oder ob sie gar einer Verurteilung des Schuldners in der Sache nicht entgegensteht, weil sie nämlich weder die Klage unzulässig macht noch ein Leistungsverweigerungsrecht begründet.

b) Die *Abgrenzung* des pactum de non petendo *von der Stundung* ist schwierig **15**
und kaum möglich, aber vor dem Hintergrund der gleichartigen Rechtsfolge der
Anwendbarkeit des § 205 auch nicht notwendig; WAGNER (Prozessverträge 418 f) stellt
pactum de non petendo und Stundung gleich.

In der Regel liegt allerdings bei einer Stundung der Forderung ein Anerkenntnis des
Schuldners vor, während das Bestehen des Anspruchs bei Abschluss eines pactum de
non petendo gerade geleugnet wird. Doch ist eine Anerkenntnis der Forderung bei
einer Stundung nicht notwendig (Stundung der Forderung für den vom Schuldner
bestrittenen Fall ihrer Existenz). Immerhin macht die regelmäßige Koinzidenz von
Stundung und Anerkenntnis das pactum de non petendo zum *Hauptanwendungsfall
des § 205*.

Ob man den Unterschied darin sehen kann, dass die Stundung zu einem Leistungsverweigerungsrecht des Schuldners führt, das pactum de non petendo nicht, ist
zweifelhaft. Der BGH (WM 1977, 311, 312; NJW 1983, 2496, 2497 f; 1999, 1101) hält es
überhaupt für Wesen und Inhalt des pactum de non petendo, dass ein vorüber-
gehendes Leistungsverweigerungsrecht des Schuldners begründet werde. In der
Tat kann es hier dazu kommen, doch wäre das pactum de non petendo dann wiederum mit der Stundung identisch, und braucht es auch nicht in allen Fällen des
pactum de non petendo zu einem Leistungsverweigerungsrecht des Schuldners zu
kommen und braucht jedenfalls der Wille der Parteien auf diese materielle Rechtsfolge nicht gerichtet zu sein.

Man wird den Unterschied am ehesten in der *Zielrichtung* sehen können: Die
Stundung bezweckt, dass die Leistung einstweilen gerechtfertigt unterbleibt, das
pactum de non petendo bezweckt, dass die gerichtliche Auseinandersetzung einstweilen unterbleibt. Als Ausschluss der Klagemöglichkeit wird das pactum de non
petendo verstanden in BGH NJW-RR 1989, 1049.

c) *Wesen des pactum de non petendo* und damit Gegenstand der zu seinem
Abschluss notwendigen Einigung der Parteien ist es also, dass eine gerichtliche
Auseinandersetzung über die Forderung einstweilen unterblieben soll, dass sich
der Gläubiger verpflichtet, insoweit stillzuhalten.

Eine Verpflichtung dieser Art ist ohne weiteres zulässig; namentlich stehen ihr
Gesichtspunkte des Prozessrechts nicht entgegen. Freilich bedeutet der einstweilige
Ausschluss der Klagbarkeit eine massive Verkürzung der Rechte des Gläubigers. In
AGB des Schuldners ist eine die eigene Klage des Gläubigers ausschließende Verweisung auf Musterprozesse, Schiedsverfahren nicht zulässig, § 307. Und bei Individualvereinbarungen sind strenge Anforderungen an den Bindungswillen des Gläubigers zu stellen.

2. Wegen der *Voraussetzungen* eines pactum de non petendo kann auf die Erl **16**
o Rn 8 ff zur Stundung verwiesen werden, die entsprechend heranzuziehen sind.
Hervorzuheben ist namentlich folgendes:

Notwendig ist auch hier ein *Vertrag der Parteien* (BGH NJW 1983, 2496, 2497). Es genügt
insbesondere nicht, dass der Schuldner das passive Verhalten des Gläubigers nur

hinnimmt. Es muss vielmehr einverständlich eine entsprechende Verpflichtung des Gläubigers begründet werden (vgl auch OLG Düsseldorf NJW-RR 2000, 836). Insoweit muss der Schuldner ein eindeutiges Angebot machen (BGH NJW 2000, 2661).

Einschränkungen hinsichtlich der *zeitlichen Möglichkeiten des Vertrages* bestehen nicht. Die Regel wird eine Vereinbarung sein, dass ein Prozess zunächst überhaupt unterbleiben soll, doch ist es auch denkbar, dass ein schon anhängiger Prozess nicht weiterbetrieben werden soll (BGH aaO). Dann führt das Nichtbetreiben, § 204 Abs 2 S 2, zu einer Hemmung der Verjährung nach § 205. Auch im Vollstreckungsbereich ist ein pactum de non petendo denkbar.

Die *Dauer* der Nichtgeltendmachung der Forderung muss *irgendwie beschränkt* sein; würde der Gläubiger unbeschränkt auf die Geltendmachung der Forderung verzichten, könne er die Hemmungswirkung des § 205 nicht für sich in Anspruch nehmen. Die Beschränkung kann in der Vereinbarung einer Frist liegen aber doch auch auf ein künftiges ungewisses Ereignis abgestellt sein, zB den Ausgang eines anderweitigen Prozesses, der Entscheidung eines Dritten (BGH NJW-RR 1995, 290).

17 3. Auch für das pactum de non petendo gilt, dass es auch *konkludent* abgeschlossen werden bzw sich durch Auslegung aus schon bestehenden Vereinbarungen der Parteien folgen kann (vgl BGH NJW 1999, 1022). Typische Fälle sind insbesondere:

Teilungsabkommen zwischen Sozialversicherungsträger und Haftpflichtversicherer zugunsten des Schädigers (BGH LM Nr 12). Hier endet die Hemmung, wenn die Leistungen des Versicherers die im Abkommen vorgesehene Höchstgrenze erreicht haben (BGH NJW 1974, 698; 1978, 2506) oder wenn ein nicht an dem Abkommen beteiligter Versicherer zuständig wird (OLG Braunschweig VersR 1977, 450).

Die Vereinbarung, eine weitere Klärung des Anspruchs in seinen Voraussetzungen und seiner Entwicklung abzuwarten, so namentlich das Zuwarten auf den Abschluss von Ermittlungen, die Entwicklung des Schadens (BGH LM Nr 3; NJW 1973, 316; VersR 1979, 348; NJW 1986, 1338), das Ergebnis der Inanspruchnahme eines Dritten (BGH LM Nr 5; OLG Hamm NJW-RR 1993, 215), die einverständliche Einholung eines Schiedsgutachtens (OLG Hamm NJW 1976, 717; OLGZ 1982, 450), das Einverständnis des Gläubigers mit Versuchen des Schuldners, den Schaden zu verhindern oder zu beseitigen (BGH LM Nr 5). In allen Fällen dieser Art kommt es – wie auch sonst – entscheidend darauf an, ob Einverständnis und Bindungswille vorliegen (bedenklich OLG Köln NJW-RR 1995, 1457; VersR 1997, 638). Hier kann aber jeweils der Fall des § 203 gegeben sein.

18 4. Auf der anderen Seite genügt es für sich *nicht* schon, dass man das Ruhen des Verfahrens vereinbart (RGZ 73, 394, 395; BGH WM 1965, 1181; 1182; 1970, 548; NJW 1983, 2496, 2497; MünchKomm/Grothe Rn 11). Hier fehlt es idR schon an der für ein pactum de non petendo notwendigen zeitlichen Begrenzung. Insofern kann es anders liegen, wenn bestimmte anderweitige Ereignisse abgewartet werden sollen, so etwa der Ausgang eines anderen Prozesses (vgl BGH VersR 1979, 348, 349). Freilich muss aber eben beim Abwarten des Ausganges eines Musterprozesses ein vertraglicher Bindungswille des Gläubigers festzustellen sein. Sonst gilt für den schon anhängigen, aber nicht weiter betriebenen eigenen Prozess § 204 Abs 2 S 2 (BGH MDR 1998, 856;

vgl § 204 Rn 130). Freilich kann die Berufung des Schuldners auf die darüber eingetretene Verjährung treuwidrig sein, wenn er nämlich in dem Gläubiger – durch die gemeinsame Bezugnahme auf den Musterprozess – die berechtigte Erwartung geweckt hat, er werde sich nur sachlich verteidigen, nicht mit dem Mittel der Verjährung (RGZ 145, 239, 244; BGH NJW-RR 1993, 1059, 1061). Dann steht dem Gläubiger eine gewisse, knapp zu bemessende Nachfrist zur Unterbrechung der Verjährung zur Verfügung (vgl dazu § 214 Rn 25). WAGNER (Prozessverträge 432) will auf Musterprozessvereinbarungen und Schlichtungsabreden, für die gleiches gilt, § 205 analog anwenden. Aber ohne eine klare Stillhaltepflicht des Gläubigers geht das zu weit.

V. Weitere Fälle des § 205

Eine Hemmung der Verjährung nach § 205 kann über den Wortlaut der Bestimmung **19** hinaus auch dann angenommen werden, wenn der Durchsetzung des Anspruchs *vorübergehend ein rechtliches Hindernis* entgegensteht, das nicht auf einer Einrede im technischen Sinne beruht (RGZ 94, 180; BGHZ 10, 310; BGH LM Nr 11). Ungeachtet der Gleichstellung der Feststellungsklage mit der Leistungsklage in § 204 Abs 1 Nr 1 hinsichtlich der Eignung zur Wahrung der Verjährungsfrist, genügt es insoweit, dass der Gläubiger gegenwärtig an einer (erfolgreichen) Leistungsklage verhindert ist. Die Möglichkeit der Feststellungsklage oder der Klage auf künftige Leistung steht der Hemmung also nicht entgegen (BGH NJW 1969, 1662; LM Nr 12; KG VersR 1981, 1080). Die Fälle liegen durchaus verschiedenartig. Notwendig ist außer dem Ausschluss der gegenwärtigen Leistungsklage, dass das *Hindernis vorübergehend* ist und dass es *gerade auf der Seite des Schuldners* besteht (BGHZ 10, 310): Läge das Hindernis auf seiten des Gläubigers, wäre es nämlich – allenfalls – nach § 206 relevant, also nur eingeschränkt, wenn es nämlich unüberwindlich ist und wenn es gerade die letzten sechs Monate des Laufs der Verjährungsfrist betrifft. Insofern sind namentlich die oft bei § 205 diskutierten Fälle des Rechtsirrtums des Gläubigers allenfalls solche des § 206, vgl dort Rn 29, vgl ferner dort Rn 16 ff zur Beschlagnahme des Vermögens des Gläubigers, zur Eröffnung des Insolvenzverfahrens über sein Vermögen etc.

1. In Betracht kommen zunächst, in den Gesetzesmaterialien zu § 202 aF aus- **20** drücklich genannt, gesetzliche Hindernisse in Form eines *Moratoriums* (Mot I 313).

2. *Behördliche* oder *gerichtliche Anordnungen* können zur Stundung oder jeden- **21** falls mangelnden Verfolgbarkeit von Ansprüchen führen. Das ist angenommen worden für die Bewilligung von Armenrecht (Prozesskostenhilfe), soweit sie von Zahlungspflichten einstweilen befreit (BGH MDR 1961, 302; KG JW 1935, 3044; 1938, 2488; OLG Bamberg Rpfleger 1958, 283).

Gleiches gilt, wenn das Gericht nach § 251 ZPO das *Ruhen des Verfahrens* anordnet, für die damit nach § 251 Abs 2 ZPO aF verbundene Sperrfrist von drei Monaten, für eine entsprechend kürzere Frist, falls mit Sicherheit mit einer Zustimmung des Gerichts zu einer vorzeitigen Aufnahme zu rechnen war (RGZ 136, 193, 196; BGH LM § 196 Nr 18 = NJW 1968, 692, 694).

Zum Verbot der Militärregierung an den Schuldner, die Leistung zu erbringen, vgl BGH LM Nr 1 zu § 202 aF.

Auch der Gewährung von Vollstreckungsschutz wird man hemmende Wirkung beizumessen haben (aA OLG Breslau HRR 1939 Nr 1025; STAUDINGER/DILCHER[12] § 202 aF Rn 6; SOERGEL/NIEDENFÜHR § 202 aF Rn 8). Unpfändbarkeit des Schuldnervermögens hemmt nicht (BGH NJW 1998, 1058).

22 3. *Anderweitige Verfahren* hemmen dann, wenn sie eine Leistungsklage einstweilen ausschließen. Die Kündigungsschutzklage hat diese Wirkung für den Lohnanspruch nicht (BAG NJW 1960, 838; 1966; 1477; aA LÜKE NJW 1960 1333) (wegen des unterschiedlichen Streitgegenstandes hemmt sie dessen Verjährung auch nicht, vgl § 204 Rn 22, 44). Es hemmt das Wertermittlungsverfahren nach § 79 GNotKG (OLG Zweibrücken NJW-RR 1999, 1015 zu § 31 KostO aF). Weiter hemmt das Verfahren nach § 127 GNotKG bei Einwendungen gegen die Kostenrechnung eines Notars (vgl BayObLG JuRBüro 1993, 103; genauer ist mit OLG Schleswig DNotZ 1995, 793 auf die Verteidigung des Notars im Beschwerdeverfahren abzustellen; jeweils für § 202 aF u § 156 KostO aF).

Das Verfahren nach § 12 AUB hemmt die Verjährung des Anspruchs des Versicherungsnehmers (BGH VersR 1971, 435).

23 4. *Unsicherheit des Schuldners* über die Person des Gläubigers begründet kein Leistungsverweigerungsrecht, § 273, und hemmt damit die Verjährung nicht. Das gilt auch dann, wenn ein Prätendentenstreit schwebt, dessen Ausgang für den Schuldner ja nicht verbindlich ist. Vgl zu dem Sonderfall, dass vor dem Sozialgericht über die Einstandspflicht des Trägers der Sozialversicherung gestritten wird (und damit über den Übergang der Forderung gegen den Schädiger auf ihn nach § 116 SGB X), MünchKomm/GROTHE[4] § 202 aF Rn 10; OLG München (VersR 1961, 1147) hat hier eine Hemmung der Verjährung angenommen.

Ebenfalls eine Hemmung der Verjährung der Ansprüche gegen den Schädiger nach § 202 aF hat BGH (NJW 1969, 1661) für den Fall angenommen, dass ein Sozialversicherungsträger Leistungen abgelehnt hatte und dann auch nicht nach § 1542 RVO aus übergegangenem Recht vorgehen konnte, bis hin zur Wiederbegründung seiner Einstandspflicht. Das ist aber abzulehnen: Im Vordergrund stand nicht das Leistungsverweigerungsrecht des Schädigers, der ja dann an den Geschädigten hätte leisten müssen, sondern die Behinderung des Gläubigers (§ 206), die dann aber schwerlich als auf höherer Gewalt beruhend angesehen werden konnte.

Wieder anders ist die Lage hinsichtlich des *Unterhaltsanspruchs* des in der Ehe geborenen, § 1592 Nr 1, Kindes gegen den Erzeuger. Der Anspruch entsteht erst mit der Feststellung der Vaterschaft, § 1600d Abs 1, 4, und kann auch erst dann zu verjähren beginnen; BGH FamRZ 1981, 763 hatte insoweit eine Hemmung der Verjährung erwogen (vgl auch BGHZ 48, 361, 367).

Die Einrede des Schuldners nach § 409 Abs 1 hemmt nicht, wenn sie den Gläubiger an einer Klage nicht hindert (aA PALANDT/ELLENBERGER Rn 3).

24 5. Ein Anspruch ist nicht selbstständig durchsetzbar und damit in seiner Verjährung gehemmt, wenn er in ein *Kontokorrent* einzustellen ist (BGHZ 49, 27). Das gilt auch dann, wenn tatsächlich die Einstellung in das Kontokorrent unterbleibt

(BGHZ 51, 347). Die Hemmung dauert bis zum Schluss der Rechnungsperiode (BGHZ aaO), höchstens bis zur Beendigung des Kontokorrentverhältnisses.

Bei der *Sicherungsgrundschuld* hatte BGH ZIP 1993, 257; NJW 1996, 253 eine Hemmung der Verjährung der Zinsen angenommen bis zum Eintritt des Sicherungsfalles. Diese Rechtsprechung ist aufgegeben worden durch BGH NJW 1999, 1705: sofortiger Beginn der Verjährung. Wenn die Grundschuldzinsen auch die Valuta absichern, kann es in der Tat zu einem zu missbilligendem Anwachsen der Sicherheit zu Lasten des Eigentümers (und nachrangiger Gläubiger) kommen. Doch ist das Problem materiell zu lösen (zB §§ 138, 305c Abs 1, 307). Die Verjährung ist dazu untauglich: Die Summe steigt immer noch bedenklich, und die Verjährung kann gehemmt werden. Dogmatisch korrekt also die frühere aufgegebene Rechtsprechung (PETERS JZ 2001, 1017). Vor dem Sicherungsfall gilt das agere non valenti non currit praescriptio. Zur Begründung dürfte freilich eher § 200 als § 205 heranzuziehen sein.

6. Der Anspruch des Rechtsanwalts aus einer Honorarvereinbarung ist während **25** seiner Beiordnung als *Pflichtverteidiger* gehemmt (BGHZ 86, 98, 103 = NJW 1983, 1407).

Wird der gerichtliche Streitwert zu niedrig festgesetzt, wie er für den Honoraranspruch des Rechtsanwalts verbindlich ist, § 32 Abs 1 RVG, soll nach BGH NJW 1998, 2670, 2672, die Verjährung des überschießenden Honoraranspruchs bis zur Neufestsetzung des Streitwerts gehemmt sein. Das ist im Hinblick auf das eigene Beschwerderecht des Anwalts, § 32 Abs 2 RVG, bedenklich. Es kann von ihm erwartet werden, dass er das Durchsetzungshindernis beseitigt.

VI. Ausschlussfristen

§ 205 kann – in entsprechender Anwendung – zu einer Verlängerung von Aus- **26** schlussfristen nicht führen. Dies gilt jedenfalls dann, wenn diese auf gesetzlicher Regelung beruhen. Allenfalls könnte ein pactum de non petendo den Einwand unzulässiger Rechtsausübung begründen. Nicht anders sind grundsätzlich vertraglich vereinbarte Ausschlussfristen zu sehen, doch mag hier im Einzelfall die Auslegung etwas anderes ergeben.

VII. Öffentliches Recht

Im öffentlichen Recht kann § 205 entsprechend angewendet werden, soweit nicht **27** Sonderregelungen bestehen (BVerwG NJW 1977, 623).

VIII. Beweislast

Die Darlegungs- und Beweislast für den Hemmungstatbestand des § 205 trifft den **28** Gläubiger (MünchKomm/GROTHE § 203 Rn 1), weil es ihm günstige Tatsachen sind (vgl auch BGH NJW-RR 1994, 373, 374), obwohl anderweitig die Beweislast für diese Leistungsverweigerungsrechte dem Schuldner obliegt. Der Gläubiger muss jedenfalls den Eintritt der Hemmung beweisen, aber doch auch ihren Fortbestand, sofern der Schuldner diesen substantiiert bestreitet (**aA** BGH BauR 1977, 348, 349; NJW-RR 1994, 373, 374 [zu § 639 Abs 2 aF]).

§ 206
Hemmung der Verjährung bei höherer Gewalt

Die Verjährung ist gehemmt, solange der Gläubiger innerhalb der letzten sechs Monate der Verjährungsfrist durch höhere Gewalt an der Rechtsverfolgung gehindert ist.

Materialien: Art 1 G zur Modernisierung des Schuldrechts v 26. 11. 2001 (BGBl I 3138). BGB aF: § 203; E I §§ 164, 165, II § 169, III § 198; Mot I 315; Prot I 348 ff, II 1 218 ff; Jakobs/Schubert, AT 996, 1001 ff, 1026 ff, 1063 ff, 1083 ff, 1097, 1114; Peters/Zimmermann § 201, Gutachten 252, 308, 321; Schuldrechtskommission § 212, Abschlussbericht 89; RegE § 206, BT-Drucks 14/6040, 118.

Schrifttum

Vgl auch die Nachweise bei § 205.
Adamkiewicz, Die „höhere Gewalt" im Bürgerlichen Gesetzbuch, Gruchot 59, 577
Arndt, Probleme rückwirkender Rechtsprechungsänderung (1974)
Bromman, Die Beeinflussung der Verjährung durch sogenannte Musterprozesse, AnwBl 1985, 5
Buchner, Vertrauensschutz bei Änderung der Rechtsprechung. Verfassungsrechtliches Gebot oder Hemmnis der Rechtsfortbildung, in: GS Dietz (1973) 175
Feuring, Hemmung der Verjährung durch Antrag auf Prozesskostenhilfe, MDR 1982, 898
Fiedler, Zur Verjährung von Gebührenansprüchen der Notare, NJW 1979, 1976
Ganten, Zum Vertrauensschutz bei der Verjährung von Honoraransprüchen der Architekten, NJW 1973, 1165
Gerth, Begriff der Vis Maior im Römischen und Reichsrecht (1890)
Knauer, Die höhere Gewalt im Reichsrecht (1901)
Kuhn, Hemmung der Verjährung und anspruchsfeindliche Rechtsprechung (Diss Köln 1966)
Melzer, Versäumung materiell-rechtlicher Fristen durch Vertreterverschulden, NJW 1959, 925
Peters, Zur Verjährung des Amtshaftungsanspruchs bei Inanspruchnahme verwaltungsgerichtlichen Rechtsschutzes, NJW 1986, 1087
Sachs, Verjährungsprobleme nach der Nichtigerklärung notarieller Gebührenermäßigungspflichten, NJW 1979, 1139
Schenke, Verjährungsunterbrechung beim Amtshaftungsanspruch – BGHZ 95, 239, JuS 1984, 694
Schlee, Verjährungshemmung durch Prozesskostenhilfe, AnwBl 1989, 156
H Schmidt, Klageerhebung erst nach Wiedereintragung einer gelöschten GmbH? Verjährungshemmung wegen höherer Gewalt?, DB 1990, 1703.

Systematische Übersicht

I. Allgemeines
1. Tatsächliche Hindernisse ____ 1
2. Wirkungen ____ 2

II. Höhere Gewalt: Allgemeines
1. Theorien ____ 3
2. Begriff ____ 4

III. Die prozessuale Rechtsverfolgung
1. Überlastung der Gerichte ____ 5
2. Ablehnung der Tätigkeit ____ 6
3. Anspruchsfeindliche Rechtsprechung ____ 7

Titel 2
Hemmung, Ablaufhemmung und Neubeginn der Verjährung § 206

IV.	**Das Verhalten des Schuldners**		4.	Mangelnde finanzielle Leistungsfähigkeit, Prozesskostenhilfe	19
1.	Wechsel der Anschrift	12a	5.	Mängel der Handlungsfähigkeit	24
2.	Leugnen der Verpflichtung	12b	6.	Irrtümer	25
V.	**Äußere Ereignisse**		**VII.**	**Wahrung der äußersten Sorgfalt**	
1.	Amtliche Verzögerungen	13	1.	Begriff	26
2.	Behinderung im Zugang zum Gericht	14	2.	Maßstäbe und Zurechnung von Verschulden	27
3.	Fehler Dritter	15	3.	Risikovermeidung	28
VI.	**Den Gläubiger betreffende Ereignisse**		**VIII.**	**Nachfrist**	30
1.	Freiheitsverlust	16	**IX.**	**Anderweitige Anwendungsfälle des § 206**	31
2.	Krankheit	17			
3.	Mängel der prozessualen Handlungsfähigkeit	18			

Alphabetische Übersicht

Ablaufhemmung	2	Nachteiliges Urteil		8
Amtliche Verzögerung	13	Neu entwickelter Anspruch		9
Anschriftswechsel	12a			
Anspruchsfeindliche Rechtsprechung	8	Objektive Theorie		3
Antrag auf Prozesskostenhilfe	19			
Ausschlussfristen	31	Prozessuale Handlungsfähigkeit		18
		Prozessbevollmächtigter		27
Fehlende Beweismittel	7	Prozesskostenhilfe		19 ff
Fehler Dritter	15			
Finanzielles Unvermögen	19	Relative Theorie		3
Freiheitsverlust	16			
		Schuldnerverhalten		12a f
Gesetzlicher Vertreter	27	Stillstand der Rechtspflege		6
Handlungsfähigkeit	24	Überlastung der Gerichte		5
Hindernis der Rechtsverfolgung	5 ff	Unabwendbarer Zufall		4
Höhere Gewalt	1, 3	Unerreichbarkeit der Gerichte		6
Irrtum	25, 29	Verfassungswidriges Gesetz		9
		vis maior		3
Krankheit	17			
		Wechsel der Rechtsprechung		8
Leugnen der Verpflichtung durch Schuldner	12b	Wiedereinsetzung in den vorigen Stand		4, 27
		Zugang zu den Gerichten		6
Nachfrist	30			

I. Allgemeines

1 1. Die Bestimmung des § 206 betrifft *tatsächliche Hindernisse* an der Durchsetzung des Rechts. Die Rechtsverfolgung, von der sie spricht, ist die Hemmung der Verjährung durch Maßnahmen nach § 204 Abs 1, vorzugsweise die Klageerhebung. Der billigenswerte Grundgedanke ist es, dass es nicht zu Lasten des Gläubigers gehen darf, wenn er sein Recht gar nicht realisieren kann. Gleichzeitig aber macht der Maßstab der höheren Gewalt deutlich, dass insoweit *strenge,* äußerst strenge *Anforderungen* gelten.

2 2. Die Wirkungsweise ist eine *Hemmung der Verjährung.* Sie kommt einer Ablaufhemmung wie nach den §§ 210, 211 nahe, ist ihr aber nicht gleichzusetzen.

Die Hemmung tritt nur ein, wenn das Hindernis innerhalb der letzten sechs Monate der Verjährungsfrist lag. Vorherige Hindernisse bleiben – auch wenn sie langfristig waren – außer Ansatz (BGH NJW-RR 1991, 574). Das ist zB dort von Bedeutung, wo Ansprüche auf dem Gebiet der ehemaligen DDR etwa aus politischen Gründen nicht verfolgt werden konnten: Hier bestehen jedoch fraglos seit mehr als sechs Monaten wieder geregelte Verhältnisse, sodass § 206 insoweit unbeachtlich geworden ist.

Eine Hemmung um bis zu sechs Monate ist auch dort möglich, wo die Verjährungsfrist selbst kürzer bemessen ist (MünchKomm/GROTHE Rn 2).

Die *Dauer der Hemmung* ist auf maximal sechs Monate beschränkt, ggf kürzer entsprechend der Dauer des Hindernisses (BGH NJW 1994, 2753; PALANDT/ELLENBERGER Rn 2).

II. Höhere Gewalt: Allgemeines

3 1. Der Begriff der höheren Gewalt wird im BGB nicht definiert; bei der Gesetzesabfassung ging man davon aus, dass der Begriff bekannt sei (Prot I 219). Dies war nur insofern richtig, als sich schon zu dieser Zeit zwei Auffassungen über den Begriff der vis maior gegenüberstanden: Nach der objektiven oder *absoluten Theorie* ist höhere Gewalt ein von außen kommendes, unabwendbares und unverschuldetes Ereignis (vis maior). Nach der subjektiven oder *relativen Theorie* liegt höhere Gewalt vor, wenn ein Schaden auch durch äußerste Sorgfalt nicht hätte vermieden werden können. Gemeinsam ist beiden Definitionen das *Erfordernis des fehlenden Verschuldens;* die zweite, weitere Definition berücksichtigt – jedenfalls im Ansatz – auch subjektive Gegebenheiten des Betroffenen. § 206 legt den zweitgenannten weiteren Begriff zugrunde (vgl RG JW 1938, 176; BGHZ 81, 353, 355 = NJW 1982, 96; BAGE 103, 290, 292 = NJW 2003, 2849, 2850; anders noch RGZ 87, 52, 55; MünchKomm/GROTHE Rn 3).

4 2. Der Begriff der höheren Gewalt entspricht damit der Sache nach dem des *unabwendbaren Zufalls,* den § 233 Abs 1 ZPO aF zur Voraussetzung für die Wiedereinsetzung in den vorigen Stand machte (RG JW 1938, 176; BGHZ 81, 353, 355; PALANDT/ELLENBERGER Rn 4). Die Abmilderung für die Wiedereinsetzung in den vorigen Stand durch § 233 ZPO nF ist für den Hemmungsgrund des § 203 aF nicht nachvollzogen worden, doch wird man die jetzigen Erkenntnisse zu § 233 ZPO – jedenfalls teilweise und vorsichtig – heranziehen können, aA der RegE (BT-Drucks 14/6040, 118 f), vgl aber auch OLG Karlsruhe NJW 2001, 3557 zur postalischen Verzögerung.

Der Begriff der höheren Gewalt kehrt anderweitig jedenfalls der Sache nach wieder, namentlich betrifft die vertragliche Gefahrtragung die Zuweisung ihres Risikos, kennen Tatbestände der Gefährdungshaftung diese oder verwandte Begriffe als Ausschlussgrund für die Haftung und spielt er in den Klauseln von Versicherungsverträgen eine wichtige Rolle. Schlüsse von der einen auf die andere Materie sind wegen der Unterschiede der zu regelnden Fragen kaum möglich.

III. Die prozessuale Rechtsverfolgung

1. Es kann eine *Überlastung der Gerichte* ausnahmsweise relevant sein, wenn sie 5 nämlich deswegen nicht in der Lage sind, Maßnahmen zur Meidung des Eintritts der Verjährung innerhalb angemessener Frist zu treffen. Das wird sich zwar bei Zustellungen wegen der Auslegung des § 167 ZPO (vgl § 204 Rn 35) nicht auswirken, kann aber von Bedeutung sein im Bereich des § 212 Abs 1 Nr 2.

2. Dagegen wird man von einem „Stillstand der Rechtspflege", wie § 203 Abs 1 6 aF plastisch formulierte, auszugehen haben, wenn ihre Organe es ablehnen und gar ablehnen müssen, ihren Beitrag zur Hemmung oder dem Neubeginn der Verjährung zu liefern. Das kann sich im Bereich des § 212 Abs 1 Nr 2 ergeben, sofern die Zwangsvollstreckung eingestellt wird, bevor der Gläubiger Vollstreckungsmaßnahmen erwirken konnte (vgl dort Rn 36). Denkbar ist dies ferner im Bereich der Amtshaftung: Hat der Kläger den Verwaltungsakt angefochten, so wird ein nach § 839 seinetwegen angegangenes Zivilgericht den Rechtsstreit einstweilen aussetzen. Einen solchen Prozess jetzt schon einzuleiten, kann dem Kläger nicht angesonnen werden.

3. Ein Fall der höheren Gewalt liegt nicht vor, wenn der Gläubiger nur in der 7 Sache ein ihm nachteiliges Urteil zu gewärtigen hat. An einer relevanten Behinderung muss es hier schon deshalb fehlen, weil die Hemmung der Verjährung ja gleichwohl möglich ist. Im Einzelnen sind freilich mehrere Fälle zu unterscheiden:

a) Unproblematisch zu Lasten des Gläubigers ist der Fall zu sehen, dass es dem Gläubiger an Beweismitteln für seinen Anspruch fehlt (BGH NJW 1975, 1465, 1466; MünchKomm/Grothe Rn 8; Palandt/Ellenberger Rn 8). Beweisschwierigkeiten sind das normale Risiko einer jeden Klage. Für sich später ergebende Beweismittel ist auf die Restitutionsklage, § 580 ZPO, zu verweisen. Auch die Beschlagnahme des Kaufgegenstandes hemmt die Verjährung der Wandlung/des Rücktritts nicht (BGH NJW 1997, 3164).

b) Der Gläubiger mag von gerichtlichen Maßnahmen absehen, weil eine *„an-* 8 *spruchsfeindliche" ständige Rechtsprechung* besteht, dh eine Rechtsprechung, die Ansprüche dieser Art ablehnt.

Hier ist die Verjährung sicherlich nicht schon dann gehemmt, wenn nur das konkret zuständige Gericht sich anspruchsfeindlich verhält. Insoweit wäre der Gläubiger auf den Rechtsmittelzug zu verweisen (vgl auch BAG NJW 1962, 1077).

Dagegen ist ein Hemmungsgrund einer anspruchsfeindlichen ständigen Rechtsprechung *teilweise anerkannt* worden. Das Reichsgericht hat insoweit § 202 aF (§ 205 nF) aus Billigkeitsgründen erweiternd angewendet und zwar hinsichtlich des Aufwertungsanspruchs anlässlich der Geldentwertung nach dem 1. Weltkrieg; hier wurde eine Hemmung der Verjährung bis Ende 1923 bzw Anfang 1924 bejaht (RGZ 111, 147; 122, 28, 30 und 320, 327). Der Hemmungsgrund ist „spätestens mit dem 1. 7. 1924" weggefallen (RGZ 120, 355, 361; vgl ausführlich KUHN 5 ff).

Auch späterhin wurde in mehreren Fällen eine Verjährungshemmung aufgrund anspruchsfeindlicher Rechtsprechung anerkannt: Bei dem Aufopferungsanspruch nach Art 125 Abs 1 bayAGBGB, der in anspruchsfeindlichem Sinne ausgelegt wurde (BGH NJW 1957, 1595), sowie für Ansprüche auf Entschädigung nach enteignungsgleichem Eingriff oder auf Beihilfe (BayObLGZ 1957, 252 und 336). – Allerdings hat OLG Karlsruhe NJW 1959, 48 für einen über dreißig Jahre zurückliegenden Aufopferungsfall die Anwendung des § 202 aF (= § 205 nF) aus „Ordnungsgesichtspunkten" abgelehnt (ebenso LARENZ NJW 1959, 49), weil die für die Verjährung maßgebenden Gesichtspunkte (vgl dazu Vorbem 5 ff zu §§ 194 ff) gegenüber den für die Hemmung sprechenden als höherrangig anzusehen seien.

Anerkannt wurde eine Verjährungshemmung von BGH WM 1961, 998, wenn erst nach endgültiger Auslegung der Vorschriften über das Wertpapierbereinigungsverfahren festgestellt werden konnte, ob der Schuldner Vermögen hat. Auch bei den Unklarheiten hinsichtlich der Fortgeltung der Rechtsvorschrift über den Hausarbeitstag in NRW nach Einführung der Fünf-Tage-Woche hat das BAG die Hemmung der Verjährung bejaht (BAGE 11, 150, 154).

Die Stellungnahmen in der Rspr und der Lit sind nicht einheitlich. Zu den befürwortenden vgl soeben und AK-BGB/KOHL Rn 6; gegen die Anerkennung eines allgemeinen Hemmungsgrundes BAGE 12, 97; BAG NJW 1962, 1077; BB 1972, 222; OLG Düsseldorf NJW 1957, 913; BGB-RGRK/JOHANNSEN § 202 aF Rn 2; STAUDINGER/DILCHER[12] § 202 aF Rn 13; ERMAN/SCHMIDT-RÄNTSCH Rn 7; PALANDT/ELLENBERGER Rn 7.

Ein entsprechender Hemmungsgrund ist *abzulehnen*. Eine ständige Rechtsprechung begründet weder ein Leistungsverweigerungsrecht für den Schuldner iSd § 205 noch bewirkt sie allgemeine Rechtskraft. Das Risiko, gegen sie anzugehen, hat irgendwann jemand auf sich genommen; es ist jedem zuzumuten: Die Rechtsprechung steht nicht still. Der Hemmungsgrund wäre nur schwer einzugrenzen: Wann ist das Hindernis gravierend genug? Welche Bedeutung hat die einer Rechtsprechungsänderung meist vorausgehende Diskussion in der Literatur? Die Folgen wären gegenüber den Zwecken der Verjährung nicht mehr hinzunehmen. Ihre Befriedungsfunktion würde verfehlt werden.

9 **c)** Nicht eindeutig von der eben genannten Fallgruppe abzugrenzen ist die weitere, dass ein Anspruch der jetzt zu verfolgenden Art erst neu in der Rechtsprechung entwickelt wird. Hier gelten jedenfalls dieselben Grundsätze.

d) Der Durchsetzung des Anspruchs kann ein Gesetz entgegenstehen, das späterhin für verfassungswidrig erklärt wird, vgl die Notaren auferlegte Gebührenermäßigung nach § 144 Abs 3 KostO aF (BVerfGE 47, 285). Auch dieses Hindernis kann nicht als verjährungshemmend angesehen werden. Es hindert die Rechtsverfolgung nicht endgültig; die Erkennung der wahren Rechtslage ist allenfalls quantitativ, nicht qualitativ schwieriger als sonst. Gegen eine Berücksichtigung NK-BGB/Mansel/Budzikiewicz Rn 11; Palandt/Ellenberger Rn 8; OLG Hamm NJW 1980, 244; KG NJW 1980, 246, diese für den speziellen Fall des § 144 Abs 3 KostO aF, obwohl dort den ihre Ansprüche selbst titulierenden Notaren die unumgängliche gerichtliche Überprüfung noch erheblich erschwert war.

e) Nachteilig für den Gläubiger kann es sich schließlich auswirken, wenn die Rechtsprechung bei einem Anspruch *von einer bisher ständig angewendeten längeren Verjährungsfrist zu einer kürzeren übergeht,* vgl BGHZ 59, 165 gegenüber BGHZ 45, 299 zum Honoraranspruch des Architekten: § 196 Abs 1 Nr 7 aF (2 Jahre) statt bis dahin § 195 aF (30 Jahre). Hier trifft die einen Vertrauensschutz durch Hemmung der Verjährung verneinende Überlegung von BGHZ 60, 98 sicher zu, dass der Gläubiger nicht schutzwürdig sei, wenn die Frage schon vorher umstritten war. **10**

Zweifelhaft ist nur der Fall, wenn die Frage der einschlägigen Verjährung zuvor nicht ernstlich kontrovers gewesen war. Vertrauensschutz wollen hier gewähren Ganten NJW 1973, 1165; Jagenburg NJW 1973, 1728; Schneider MDR 1973, 305; BGB-RGRK/Johannsen § 203 aF Rn 16; wohl auch Staudinger/Dilcher[12] § 203 aF Rn 14; ablehnend MünchKomm/Grothe Rn 6; Palandt/Ellenberger Rn 8. Letzteres trifft zu: Möglich war die Rechtsverfolgung; wer Verjährungsfristen ausschöpft, ohne sich durch Stundung oder Vereinbarungen, § 202, abzusichern, handelt insoweit auf eigenes Risiko. Auch schafft die Änderung der Rechtsprechung kein neues Recht. Härten ergeben sich im Recht der Verjährung auch sonst vielfältig. Die Gegenauffassung kann sie nicht vermeiden, sondern verlagert sie nur auf den Schuldner. Sie müsste im Übrigen auch eine befriedigende Lösung für den gegenteiligen Fall einer „Verlängerung" der Verjährungsfrist durch die Rechtsprechung anbieten können. **11**

f) In der früheren DDR konnten die politischen Verhältnisse eine gerichtliche Rechtsverfolgung aussichtslos oder gar gefährlich erscheinen lassen. Das konnte unter Berücksichtigung der Umstände des Einzelfalls unter die § 206 entsprechende Bestimmung des § 477 Abs 1 Ziffer 4 ZGB fallen (BGHZ 126, 87, 97 f), doch ist insoweit ein strenger Maßstab anzulegen (BGH JZ 1996, 971 mAnm Rauscher), weil namentlich ein Vertrauen der Gegenseite auf den Eintritt der Verjährung gegenzurechnen ist. **12**

IV. Das Verhalten des Schuldners

1. Der Schuldner kann seine dem Gläubiger zunächst bekannte *Anschrift wechseln.* Dann ist der Gläubiger gehalten, die neue Anschrift mit aller denkbaren Sorgfalt zu ermitteln. Lässt er es daran fehlen, beruht der faktische Verlust der Klagemöglichkeit nicht auf höherer Gewalt und der Gläubiger muss die Verjährung seines Anspruchs hinnehmen. **12a**

Lässt sich die aktuelle Anschrift des Schuldners auch mit aller erdenklichen Sorgfalt nicht ermitteln, liegen die Voraussetzungen einer öffentlichen Zustellung der verjährungshemmenden Klage nach § 185 Nr 1 ZPO vor. Der Gläubiger muss von dieser Möglichkeit Gebrauch machen.

12b 2. Der Schuldner kann seine Verpflichtung leugnen und den Gläubiger von ihrem Fehlen überzeugen.

Beruht das allein auf der vom Schuldner dargelegten *rechtlichen Würdigung,* ist das unbeachtlich. § 199 Abs 1 Nr 2 ergibt, dass die zutreffende rechtliche Würdigung Risiko des Gläubigers ist.

Anders liegt es, wenn der Schuldner den Gläubiger von einer *Sachlage* überzeugt, bei der er nicht der Schuldner ist, zB davon, dass er nicht der Fahrer des Unfallfahrzeugs gewesen sei. Beruht das Vertrauen des Gläubigers auf dieser (unzutreffenden) Darstellung nicht auf Fahrlässigkeit, beruht es auf höherer Gewalt, wenn er von der Rechtsverfolgung absieht.

V. Äußere Ereignisse

13 1. *Amtliche Verzögerungen* sind geeignet, die Rechtsverfolgung in einer § 206 genügenden Weise zu verhindern (MünchKomm/GROTHE Rn 8; PALANDT/ELLENBERGER Rn 5). Dabei ist freilich auf die Besonderheiten des konkreten Falles abzustellen; Verallgemeinerungen sind nur vorsichtig möglich.

Als relevant sind angesehen worden: Die Verzögerung der Entscheidung des Vormundschaftsgerichts über die Genehmigung der Erbausschlagung durch den gesetzlichen Vertreter (OLG Frankfurt OLGZ 1966, 337, 338 f); langwierige Dauer eines Verfahrens (OLG Hamm WRP 1978, 395, 398); Verzögerung durch unrichtige Sachbehandlung durch das Gericht (OLG Hamm FamRZ 1977, 551, 552 f); verzögerliche Behandlung der Sache durch den Notar oder sein Personal (OLG Schleswig SchlHA 1959, 194, 195).

14 2. Als relevant sind anzusehen **Behinderungen im Zugang zu den Gerichten**. Nach § 167 ZPO braucht zwar nur die verjährungshemmende Klage innerhalb der Frist eingereicht zu werden, wenn dann die Zustellung demnächst erfolgt, aber es kann doch auch schon die Einreichung der Klage auf unüberwindliche Schwierigkeiten stoßen (fehlender Nachtbriefkasten, Rosenmontag in Köln, Verzögerung der Briefbeförderung durch die Post). In Fällen dieser Art wird auf die Rechtsprechung zu § 233 ZPO nF zurückzugreifen sein: Die die verzögerte Postbeförderung betreffende Entscheidung BVerfG NJW 1980, 769 ist noch zu dem (§ 206 „gleichgestellten") § 233 ZPO aF ergangen. Dass die Verjährungsfristen des BGB länger sind als die Notfristen der ZPO und deshalb leichter zu wahren, ist kein geeignetes Gegenargument. Auch sie dürfen ausgeschöpft werden. Zu größerer Strenge gegenüber dem Gläubiger besteht kein hinreichender Anlass. Die Interessen des Schuldners gebieten diese nicht, wenn er doch noch für geraume Zeit mit einer demnächst zugestellten Klage rechnen muss (vgl auch OLG Karlsruhe NJW 2001, 3557).

Wenn es hier aber *genügt, die äußerste anzusinnende Vorsicht walten zu lassen,* und keine Schritte in so deutlichem Abstand vom Fristablauf notwendig sind, dass auch nicht konkret vorhersehbare Pannen aufgefangen werden können, dann ist höhere

Gewalt auch grundsätzlich in jenen Fällen anzunehmen, in denen nach § 233 ZPO nF Wiedereinsetzung in den früheren Stand gewährt wird. Man würde sich auch in Wertungswidersprüche namentlich zu der Rechtsprechung für die Fälle des Antrags auf Gewährung von Prozesskostenhilfe verwickeln, wo auch dann eine Hemmung der Verjährung angenommen werden kann, wenn er scheitert (vgl u Rn 19): auch damit war ja prinzipiell zu rechnen.

3. *Fehler Dritter* können sich uU als höhere Gewalt darstellen. Dies gilt einmal für das Verschulden des beurkundenden Notars (KG DNotZ 1959, 51; BGB-RGRK/ JOHANNSEN § 203 aF Rn 12); zu nennen ist ferner das Vertrauen auf eine unrichtige Geburtsurkunde (RGZ 160, 92), oder sonstige falsche Urkunden, auf korrektes Verhalten der zuständigen Behörden (BGH LM Nr 27 [Auskunft des Jugendamtes, die Anfechtung der Ehelichkeit werde für das Kind betrieben]); erforderlich ist dann allerdings, dass ein Erkennen des Fehlers trotz größter Sorgfalt ausgeschlossen war (BSG BB 1960, 907). Hierher gehört auch die Löschung der schuldenden GmbH (OLG Hamm DB 1990, 1226; krit K SCHMIDT DB 1990, 1703). Zu amtlichen Verzögerungen vgl schon o Rn 13. **15**

VI. Den Gläubiger betreffende Ereignisse

1. *Freiheitsverlust* kann sich als ein Fall der höheren Gewalt darstellen. Das gilt jedenfalls für die Kriegsgefangenschaft, für die Inhaftierung dann, wenn sie unverschuldet war (vgl zur verschuldeten OLG München OLGE 22, 171; OLG Schleswig SchlHA 1949, 367; MünchKomm/GROTHE Rn 8). **16**

2. Gleiches gilt für *Krankheit*. Hier reicht allerdings nicht jede Erkrankung, die die Arbeitsfähigkeit aufhebt; erforderlich ist vielmehr eine Beeinträchtigung des Gläubigers, die ihm eine Besorgung seiner Angelegenheiten schlechthin unmöglich macht (RG JW 1912, 384; BGH VersR 1963, 93, 94). **17**

3. *Mängel der prozessualen Handlungsfähigkeit* genügen grundsätzlich nicht für § 206. Für natürliche Personen enthält § 210 eine abschließende Regelung des Falles der Prozessunfähigkeit. Fehlen juristischen Personen die Vertretungsorgane, so darf es nicht über § 206 umgangen werden, dass § 210 ihnen Schutz nicht bietet (vgl BGH BB 1971, 369). **18**

Ausnahmsweise kann aber auch hier § 206 Anwendung finden. Das ist angenommen worden, wenn Krieg die Kontaktaufnahme mit dem bestellten Prozessvertreter ausschloß (RG WarnR 1917 Nr 286; OLG Colmar DJZ 1916, 827, 828) oder wenn bei Anwaltszwang ein zur Vertretung bereiter Rechtsanwalt nicht zu finden ist und sich die Beiordnung eines Notanwalts verzögert. Auf die Möglichkeit der Verjährungshemmung durch Zahlungsbefehl (Mahnbescheid) soll sich jedenfalls die rechtsunkundige Partei, die dies nicht erkennen konnte, nicht verweisen lassen müssen (BGH NJW 1961, 600; BGB-RGRK/JOHANNSEN Rn 11; STAUDINGER/DILCHER[12] § 203 aF Rn 10): bedenklich.

4. *Mangelnde finanzielle Leistungsfähigkeit* fällt wegen der hemmenden Wirkung des Antrags auf Gewährung von Prozesskostenhilfe nach § 204 Abs 1 Nr 14 an sich nicht mehr unter § 206, wie dies vor Schaffung der genannten Bestimmung im Rahmen der Modernisierung des Schuldrechts angenommen wurde. Doch lässt § 204 **19**

Abs 1 Nr 14 nur den erstmaligen Antrag hemmend wirken. Bleibt er erfolglos, muss für den wiederholten Antrag doch wieder auf § 206 zurückgegriffen werden, sodass insoweit die bisherigen Grundsätze fortgelten. Danach ist sie beachtlich, sofern aus ihr ein Anspruch auf **Gewährung von Prozesskostenhilfe** folgt, der Gläubiger also nach seinen persönlichen und wirtschaftlichen Verhältnissen die Kosten der Prozessführung nicht, nur zum Teil oder nur in Raten aufbringen kann, vgl § 114 ZPO. Notwendig ist dann aber die rechtzeitige Anbringung eines ordnungsgemäßen Antrags auf Gewährung von Prozesskostenhilfe.

a) Hemmung durch die Anbringung eines Antrags auf Gewährung von Prozesskostenhilfe tritt sicher dann ein, wenn die Vermögensverhältnisse des Gläubigers jenen Voraussetzungen entsprechen, die in den §§ 115, 116 ZPO umschrieben sind. Doch brauchen sie nicht wirklich gegeben zu sein. Die hemmende Wirkung des Antrags tritt auch dann ein, wenn der Gläubiger subjektiv der Ansicht sein durfte, bedürftig iSd Gesetzes zu sein (BGH VersR 1982, 41; OLG Bamberg FamRZ 1990, 763; OLG Hamm FamRZ 1996, 864; 1997, 421; OLG Düsseldorf WM 1998, 1628 zum Konkursverwalter).

Die hemmende Wirkung des zweiten Antrags auf Gewährung von Prozesskostenhilfe tritt auch dann ein, wenn diese bewilligt wird, ihre subjektiven Voraussetzungen aber in Wirklichkeit gar nicht vorlagen. Anders ist nur für den Fall des bewussten Missbrauchs zu entscheiden.

20 b) Es genügt zur Hemmung der Verjährung nicht schon die § 114 ZPO entsprechende wirtschaftliche Lage des Gläubigers; notwendig ist vielmehr die *Stellung eines Antrags auf Gewährung von Prozesskostenhilfe*. Das rechtfertigt sich doppelt, zunächst daraus, dass § 206 von dem Gläubiger das äußerste ihm Zumutbare zur Durchsetzung seines Rechts verlangt, sodann aus der im Bereich der Verjährung klageersetzenden Funktion des Antrags.

aa) Wegen dieser Funktion muss es genügen, wenn er *am letzten Tag der Verjährungsfrist* gestellt wird (BGHZ 70, 235, anders noch BGHZ 37, 113). Wird er vor Beginn der sechsmonatigen Frist des § 206 zurückgewiesen, ist die Bestimmung nicht einschlägig (OLG Köln NJW 1994, 3360).

bb) Er muss *ordnungsgemäß begründet und vollständig* sein (BGHZ 70, 237; OLG Zweibrücken JurBüro 1980, 1102; OLG Hamm NJW-RR 1999, 1678), sodass namentlich auch die Erklärung über die persönlichen und wirtschaftlichen Verhältnisse in einer den Anforderungen des § 117 ZPO genügenden Form rechtzeitig – innerhalb der Verjährungsfrist – dem Gericht vorgelegt werden muss (BGH NJW 1989, 1149; 3149; OLG Brandenburg NJW-RR 1999, 1296; OLG Hamm FamRZ 1998, 1605) und der Antragsteller das Bewilligungsverfahren zügig betreiben muss (KG NJW-RR 1999, 1297). Das entspricht dem jetzt anwendbaren § 206.

21 cc) Die Hemmung besteht nur solange fort, wie der Gläubiger die zur Förderung des Verfahrens notwendigen Maßnahmen trifft (BGH NJW 1981, 1550; LM Nr 6). Die Hemmungszeit ist entsprechend zu kürzen, wenn der Gläubiger oder sein Prozessbevollmächtigter das Verfahren schuldhaft verzögern (BGH VersR 1977, 623). BGH NJW-RR 1991, 574 lässt die Hemmungswirkung insgesamt entfallen, wenn das Verfahren aus freien Stücken nicht weiter betrieben wird. Richtig ist jedenfalls, dass die Sorgfaltsanforderungen nicht überspannt werden dürfen, BGH NJW 1987, 3120 (Feststellung des wechselnden Aufenthaltsorts des Schuldners). Im Übrigen dürfte es aber vorzuziehen zu sein, keine allgemeine Förderungspflicht des Gläubigers anzunehmen, sondern nach einem Nichtbetreiben des Verfahrens zu fragen und auf dieses ggf die Bestimmung des § 204 Abs 2 S 2 entsprechend anzuwenden.

c)   Die Hemmung *endet* mit der unanfechtbaren gerichtlichen Entscheidung, **22** gleichviel ob sie richtig oder falsch ist (BGHZ 37, 113; BGH LM Nr 9; VersR 1977, 623). Erhebt der Gläubiger Gegenvorstellung und hat diese Erfolg, läuft sie jedoch weiter (vgl PALANDT/HEINRICHS[61] Rn 9 zu § 203 aF unter Berufung auf BGHZ 41, 1 [zu §§ 233, 234 ZPO]). Rechtskräftig in diesem Sinne ist nur die Entscheidung des Beschwerdegerichts.

d)   Soweit *Rechtsmittel* möglich sind, muss der Gläubiger von ihnen Gebrauch machen (BGHZ 17, 201; 37, 116). Dann hemmen auch sie.

e)   Die Hemmung betrifft den Anspruch quantitativ nur insoweit, als er im PKH-Verfahren geltend gemacht worden ist (PALANDT/HEINRICHS[61] Rn 9 zu § 203 aF; **aA** RGZ 163, 17).

Hat der Gläubiger die Klage schon eingereicht, dann ist sie nach Bewilligung der **23** Prozesskostenhilfe von Amts wegen zuzustellen. Verzögerungen hierbei fallen dem Gläubiger nicht zur Last, vgl § 167 ZPO. Hat er die Klage dagegen nicht schon eingereicht, muss er dabei § 167 ZPO beachten.

Wird die Prozesskostenhilfe versagt, so genügt es nach der zutreffenden Auffassung von BGHZ 70, 235, 239 f, wenn die Klage nunmehr binnen 2 Wochen eingereicht wird. Diese Frist kann aus § 234 Abs 1 ZPO hergeleitet werden. Freilich kommt es auf sie nur an, wenn das Gesuch am letzten Tage der Verjährungsfrist eingereicht wurde. Wurde es eher eingereicht, kann sich für den Gläubiger aus § 206 eine längere Überlegungs- und Handlungsfrist ergeben.

5.   *Mängel der Handlungsfähigkeit* sind unterschiedlich behandelt worden. Höhe- **24** re Gewalt angenommen hat KG DB 1952, 368 bei einer Vermögenssperre gegenüber dem Gläubiger nach MRG Nr 52, auch wenn der Gläubiger durch seinen Treuhänder Ansprüche geltendmachen konnte, weil dieser nicht sein gesetzlicher Vertreter sei, vielmehr nach eigenem Ermessen oder dem der Militärregierung handeln konnte. Demgegenüber hat BGH (LM Nr 6 = NJW 1963, 2019; VersR 1984, 136) in der Eröffnung des Insolvenzverfahrens über das Vermögen des Gläubigers höhere Gewalt nicht gesehen, zustimmend MünchKomm/GROTHE Rn 8; PALANDT/ELLENBERGER Rn 5; krit vZWEHL NJW 1964, 99, der dem Verwalter eine Prüfungs- und Überlegungsfrist einräumen will. Eine Hemmung der Verjährung wird man in Fällen dieser Art aber insgesamt nicht annehmen können, weil der Anspruch lückenlos verfolgbar ist. Es sind Probleme, wie sie letztlich bei jeder Rechtsnachfolge auftreten können und hinzunehmen sind.

6.   Zu *Irrtümern des Gläubigers* vgl u Rn 29. **25**

VII. Wahrung der äußersten Sorgfalt

26 1.   Aus dem Begriff der höheren Gewalt folgt, dass § 206 nur anwendbar ist, wenn das Hindernis auf Ereignissen beruht, die auch durch die äußerste, billigerweise zu erwartende Sorgfalt nicht verhütet werden konnten (so BGHZ 81, 353, 355; im Anschluss an RGZ 87, 52, 55; BGH NJW 1973, 698). Danach schließt schon das geringste Verschulden höhere Gewalt aus. Der zu wahrende Sorgfaltsmaßstab ist der der früheren culpa levissima (STAUDINGER/DILCHER[12] § 203 aF Rn 5).

Eine nähere Betrachtungsweise zeigt aber ein differenziertes Bild.

27 2.   Auszugehen ist freilich davon, dass die Wahrung der Verjährungsfrist eine Obliegenheit des Gläubigers ist. Auf diese können die §§ 276, 278 – entsprechend – angewendet werden.

a)   Soweit es um die Anforderungen an den Gläubiger selbst geht, werden dabei *seine persönlichen Kenntnisse und Fähigkeiten* berücksichtigt, vgl BGH NJW 1961, 600 (Unkenntnis der Möglichkeit der Verjährungsunterbrechung durch Mahnbescheid); vgl dazu aber u Rn 28; RG JW 1927, 1195; BayObLGZ 1960, 497; OLG Hamm FamRZ 1975, 589; 1977, 551 (Vertrauen auf unrichtige Rechtsbelehrungen durch einen Beamten). Letzterem ist zuzustimmen.

b)   Zuzurechnen ist aber weiter ein *Verschulden von gesetzlichen Vertretern und von Personen,* die zur Wahrung der Rechte eingesetzt werden, also insbesondere von Prozessbevollmächtigten (BGHZ 17, 199, 203; 31, 342, 347; 81, 354, 356; MünchKomm/GROTHE Rn 4; STAUDINGER/DILCHER[12] § 203 aF Rn 11; PALANDT/ELLENBERGER Rn 4; **aA** RGZ 158, 357, 361; MELZER NJW 1959, 925, 926 f).

Die dogmatische Basis hierfür wird zT in einer entsprechenden Anwendung der Bestimmungen der ZPO über die Wiedereinsetzung in den vorigen Stand gesehen, §§ 233, 51 Abs 2, 85 Abs 2 (so MünchKomm/GROTHE Rn 4; dagegen MELZER aaO), teils in dem Begriff der höheren Gewalt und den Grundgedanken der Verjährung (so BGHZ 17, 199, 206); richtiger dürfte jedoch die entsprechende Anwendung des § 278 sein. – Jedenfalls scheint ein anderes Ergebnis als das der Zurechnung namentlich des Anwaltsverschuldens kaum tragbar. Das bedeutet dann freilich, dass die Anforderungen verobjektiviert und verschärft werden.

28 3.   Immerhin muss für den Regelfall davon ausgegangen werden, dass § 206 Verhaltensanforderungen stellt und *keine objektive Risikozuweisung* beinhaltet. Das ist namentlich dort von Beachtung, wo der Gläubiger den Weg zum Gericht sucht, um die Verjährung zu hemmen. Er braucht sich nicht so zu verhalten, dass schlechthin jedes Risiko ausgeschlossen ist, jede Panne vermieden werden kann (vgl o Rn 14 zu den Fällen, die prozessual zur Wiedereinsetzung in den vorigen Stand führen, und die Rechtsprechung zur Armut, die zum Antrag auf Prozesskostenhilfe führt, o Rn 19 ff).

Die Anforderungen, die an das Verhalten des Gläubigers zu stellen sind, müssen nach dem Gegenstand differenziert werden. Der Maßstab der äußersten Sorgfalt ist nur die Regel; er wird nachhaltig durch das modifiziert, was billigerweise zu erwarten ist (vgl soeben). Geringere Anforderungen bestehen etwa, wenn der Schuldner –

zB durch einen Verzicht auf die Einrede der Verjährung – Anlass zu der Erwartung gegeben hat, es werde eine Maßnahme nach § 204 Abs 1 nicht nötig werden (vgl § 214 Rn 18 ff) oder bei der Beurteilung der Aussichten eines Antrags auf Gewährung von Prozesskostenhilfe (vgl o Rn 19). Äußerst strenge Anforderungen sind dagegen an jeden Gläubiger zu stellen, soweit es darum geht, sich Kenntnis über die Möglichkeiten der Hemmung der Verjährung zu verschaffen, dh über den Katalog des § 204 und namentlich auch über die Möglichkeit, bei unbekanntem Aufenthaltsort des Schuldners Klage oder Mahnbescheid öffentlich zustellen zu lassen. Hier ist eine Entlastung des Gläubigers nur dann ausgeschlossen, wenn er sich um Klärung bemüht hat. Schließlich sind Risiken denkbar, die der Gläubiger objektiv zu tragen hat. Dies hat RGZ 126, 61 für die damalige Unmöglichkeit für einen Ausländer angenommen, Armenrecht zu erlangen, wenn die Gegenseitigkeit nicht verbürgt war.

4. *Irrtümer des Gläubigers* können unterschiedliche Bezugspunkte haben, das **29** Bestehen des Anspruchs, die einschlägige Verjährungsfrist, die Möglichkeiten der Hemmung der Verjährung. Sie können sich auf Tatsachen beziehen, aber auch auf die Rechtslage. In beiden Varianten können sie außerhalb des Anwendungsbereichs des § 199 Abs 1 nicht als beachtlich angesehen werden. Bei tatsächlichen Irrtümern ergibt sich das schon daraus, dass teilweise der Möglichkeit der Kenntnis Einfluss auf die Verjährung eingeräumt wird, vgl § 199 Abs 1 Nr 2, zuweilen aber eben auch nicht, obwohl es an ihr fehlen kann, vgl insbesondere die §§ 438 Abs 2, 634a Abs 2. Aber auch der Rechtsirrtum muss unbeachtlich bleiben (vgl BGHZ 24, 134; Münch-Komm/GROTHE Rn 6; STAUDINGER/DILCHER¹² § 203 aF Rn 12; PALANDT/ELLENBERGER Rn 6). Andernfalls würde der Zweck der Verjährung verfehlt, die Rechtslage zu bereinigen.

Ausnahmen sind denkbar, wo der Gläubiger die äußersten Anstrengungen zur Klärung seines Anspruchs unternommen hat. Das gilt jedenfalls in tatsächlicher Hinsicht, zB bei der Überprüfung der Sache auf Mängel, aber doch auch in rechtlicher Hinsicht (MünchKomm/GROTHE Rn 6; offengelassen in BGHZ 24, 134, 136, vgl auch o Rn 7 ff zum Vertrauen auf die höchstrichterliche Rechtsprechung. Vgl aber auch BGHZ 129, 282, 289; BGH VIZ 2000, 168 [zu einer im Rahmen der Wiedervereinigung schlechterdings unaufklärbaren Rechtslage]).

Das gilt insbesondere, wenn konkret notarielle Urkunden oder spezielle behördliche Auskünfte einen besonderen Vertrauenstatbestand geschaffen haben (vgl o Rn 13, 15).

VIII. Nachfrist

Wo ein relevantes Hindernis speziell den Zugang zu Gericht betrifft, scheint es **30** angezeigt, dem Gläubiger im Anschluss an BGHZ 70, 235, 239 f in Anlehnung an § 234 Abs 1 ZPO eine Nachfrist von bis zu 2 Wochen zu gewähren.

IX. Anderweitige Anwendungsfälle des § 206

Die Bestimmung des § 206 findet kraft besonderer gesetzlicher Anordnung auch auf **31** einige Ausschlussfristen Anwendung, vgl §§ 124 Abs 2, 204 Abs 3, 802, 1002 Abs 2, 1944 Abs 2, 1954 Abs 2, 2082 Abs 2, 2283 Abs 2. Dort, wo eine solche Anordnung fehlt, ist sie grundsätzlich nicht anzuwenden (vgl BGHZ 19, 20 zu § 586 ZPO; BGHZ 26, 196 zu § 50 Abs 2 EheG; BGH DtZ 1994, 214 zu § 958 Abs 2 ZPO). Bei vertraglichen Ausschlussfristen ist die Anwendbarkeit eine – regelmäßig zu verneinende – Frage der Auslegung. Auch auf sonstige vertragliche Fristen kann die Bestimmung grundsätzlich nicht angewendet werden.

§ 207
Hemmung der Verjährung aus familiären und ähnlichen Gründen

(1) Die Verjährung von Ansprüchen zwischen Ehegatten ist gehemmt, solange die Ehe besteht. Das Gleiche gilt für Ansprüche zwischen

1. **Lebenspartnern, solange die Lebenspartnerschaft besteht,**

2. **dem Kind und**

    a) **seinen Eltern oder**

    b) **dem Ehegatten oder Lebenspartner eines Elternteils**

    bis zur Vollendung des 21. Lebensjahres des Kindes,

3. **dem Vormund und dem Mündel während der Dauer des Vormundschaftsverhältnisses,**

4. **dem Betreuten und dem Betreuer während der Dauer des Betreuungsverhältnisses und**

5. **dem Pflegling und dem Pfleger während der Dauer der Pflegschaft.**

Die Verjährung von Ansprüchen des Kindes gegen den Beistand ist während der Dauer der Beistandschaft gehemmt.

(2) § 208 bleibt unberührt.

Materialien: Art 1 G zur Modernisierung des Schuldrechts v 26. 11. 2001 (BGBl I 3138). BGB aF: § 204: E I § 168; II § 170; III § 199; Mot I 324; Prot I 352 ff; II 1 221 ff; Jakobs/Schubert, AT 996, 1001 ff, 1028 ff, 1069 ff, 1083 ff, 1098, 1115, 1143 ff. Peters/Zimmermann §§ 202, 208, Gutachten 249, 309, 321, 322; Schuldrechtskommission § 213, Abschlussbericht 90; RegE § 207, BT-Drucks 14/6040, 119; BT-Drucks 14/7052, 9, 181. Abs 1 S 2 Nr 2 neugefasst durch G zur Änderung des Erb- und Verjährungsrechts v 24. 9. 2009 (BGBl I 3142) Materialien BT-Drucks 16/8954, 14.

Schrifttum

Mork, Die Verjährungshemmung des § 204 BGB (Diss Hamburg 1992)

Salje, Haftung für Unfälle im Straßenverkehr und Ehegattenprivileg, VersR 1982, 922

Titel 2
Hemmung, Ablaufhemmung und Neubeginn der Verjährung § 207

Simon, Verjährung des Pflichtteilanspruchs minderjähriger Kinder, JW 1925, 2108

Spiro, Verjährung und Hausgemeinschaft, in: FS Bosch (1976) 975.

I. Allgemeines

1. Die Bestimmung geht davon aus, dass in bestimmten, namentlich familiären 1 Beziehungen die Einschaltung von Gerichten, wie sie nach § 204 zur Meidung des Eintritts der Verjährung erforderlich ist, untunlich und unzumutbar ist, weil dies die bestehenden *Pietätsverhältnisse stören* könnte. Bestimmungen dieser Art finden sich auch im Ausland vielfältig, vgl die Nachweise zu Schweiz, Österreich, Frankreich, Italien bei Spiro I § 74, auch schon ALR I 9 § 524; Dresd Entwurf § 404.

§ 207 entspricht weitgehend § 204 aF. Wenn § 207 Abs 1 S 2 Nr 1 zusätzlich zur Ehe die *Lebenspartnerschaft* nennt, trägt die Bestimmung nur deren zwischenzeitlicher Anerkennung Rechnung. Soweit § 207 Abs 1 S 2 in seinen Nrn 4 und 5 zusätzlich gegenüber § 204 aF Betreuung und Pflegschaft nennt, wird lediglich die überkommene Rechtslage offengelegt.

Eine gewichtige Neuerung gegenüber dem bisherigen Recht enthält die Aufnahme von *Stiefkindschaftsverhältnissen* in § 207 Abs 1 S 2 Nr 2. Das liegt auf der Linie der §§ 1618, 1682, 1685, stellt aber insofern eine Besonderheit innerhalb der Bestimmung dar, als diese in ihren anderen Alternativen an rein formale rechtliche Kriterien anknüpft. Auch auf die Beistandschaft des § 207 Abs 1 S 3 wurde § 204 aF schon angewendet. Neu ist hier nur die einseitige Ausgestaltung der Hemmung.

2. Bei rechtspolitischer Würdigung sind die Fälle des § 207 unterschiedlich zu 2 sehen:

a) Soweit § 207 Abs 1 S 1 die Ehe betrifft, begegnet die Bestimmung *schwerwiegenden und durchgreifenden Bedenken.* Sicherlich wird den Ehegatten einstweilen der Gang zum Gericht erspart und damit vordergründig Unruhe in der Familie. Es fragt sich jedoch zunächst schon, was von einer Ehe zu halten ist, in der weder Forderungen zum Ausgleich (Erlass oder Erfüllung) zu bringen, noch Anerkenntnisse zu erlangen sind, die nach § 212 Abs 1 Nr 1 zu einem Neubeginn der Verjährung führen würden. Nach heutigem Eheverständnis wenig erfreulich ist die Methode der Erhaltung des Familienfriedens: Es werden die Dinge unter den Teppich gekehrt.

Mag man das noch akzeptieren – Bedenken werden nirgends geäußert –, so werden die Auswirkungen der Bestimmung im Falle der *Auflösung der Ehe* gefährlich, wenn man bedenkt, welche jahrzehntelange Dauer diese haben kann:

Bei Auflösung der Ehe durch *Tod* kann der überlebende Ehegatte die Bestimmung dazu benutzen, missliebige Erben des anderen durch andernfalls längst verjährte Ansprüche zu überraschen. Wenn die Verjährung ihnen eine durch Zeitablauf erschwerte materielle Verteidigung ersparen soll, werden schon hier die Zwecke namentlich kurzer Verjährungsfristen konterkariert.

Schlimmer ist es noch im Falle der *Scheidung der Ehe*. Hier ermöglicht § 207 problemlos Rachefeldzüge gegen den anderen Teil. Indem diesem der Schutz der Verjährung weitestgehend entzogen wird, knüpft § 207 an die Tatsache, verheiratet gewesen zu sein, einen Nachteil, von dem es andere Schuldner verschont. Das dürfte mit *Art 6 GG* nicht mehr vereinbar sein.

3 b) Auch in den Fällen der Kindschaft, § 207 Abs 1 S 2 Nr 2, bestehen schwerwiegende Bedenken gegen die erhebliche Verlängerung der Verjährungsfristen, die sich ergeben kann. Auch hier droht die Gefahr später Rachefeldzüge, namentlich im Verhältnis von Eltern und Kindern, die sich überworfen haben. Doch lässt sich die Bestimmung hier noch eher rechtfertigen aus der einstweiligen Erschwerung der Rechtsverfolgung (vgl AK-BGB/Kohl § 204 aF Rn 1). Beide Seiten müssten sonst zunächst einen Ergänzungspfleger besorgen, dabei wäre insbesondere der Minderjährige durch seinen Entwicklungszustand unzumutbar behindert: die Bestimmung gemahnt insoweit an § 206.

c) § 207 gehört zu den wenigen gesetzlichen Bestimmungen, bei denen man es begrüßen muss, dass sie *weithin unbekannt* sind. De lege ferenda verdient die Bestimmung die Streichung; diskutabel ist allenfalls eine Ablaufhemmung zu Gunsten des minderjährigen Teils nach dem Vorbild des § 210.

4 3. Die Hemmung nach § 207 ist von Amts wegen zu berücksichtigen; der Gläubiger braucht sich auf sie nicht zu berufen (RG JW 1908, 192; MünchKomm/Grothe Rn 2; Soergel/Niedenführ Rn 4).

Angesichts der Existenz der Bestimmung ist Vorsicht gegenüber dem Versuch geboten, ihre Wirkungen durch die Annahme einer *Verwirkung* aufzuheben. Der Gläubiger braucht seine Forderung eben einstweilen nicht anzumelden.

Ehegatten sollten sich im Scheidungsfall eine Generalquittung erteilen lassen.

II. Das Pietätsverhältnis

5 1. Das von § 207 vorausgesetzte *Pietätsverhältnis* zwischen den Beteiligten ist gesetzgeberisches Motiv, *nicht Tatbestandsmerkmal*. Daraus folgt zunächst, dass die Bestimmung auch dann anwendbar bleibt, wenn die Beziehungen tatsächlich zerrüttet sind (BGHZ 76, 293, 295 = NJW 1980, 1517). Es kommt allein auf die formalen Beziehungen an.

Wegen dieser formalen Anknüpfung ist auch die nichteheliche Lebensgemeinschaft nicht mit einzubeziehen. Die Frage war in der Gesetzgebung streitig; dafür der Bundesrat (BT-Drucks 14/6857, 9), unentschieden die Bundesregierung, die Frage solle der Praxis überlassen bleiben (BT-Drucks 14/6857, 46). ZT wird auf ein konkretes Näheverhältnis abgestellt, an dem es also auch fehlen kann (MünchKomm/Grothe, Rn 10; Erman/Schmidt-Räntsch Rn 7). Derlei ist aber abzulehnen. Zum einen wird mit dem Näheverhältnis ein Kriterium aufgestellt, das im Rahmen der Ehe ohne Belang ist; auch im Falle der zerrütteten Ehe ist § 207 anwendbar. Zum anderen gibt es auch sonstige enge Partnerschaften, zB zwischen zusammenlebenden Geschwistern, Großeltern und bei ihnen lebenden Kindern, auf die die Bestimmung sicher nicht angewendet werden kann. Speziell bei den Lebenspartnern hat sich der Gesetzgeber in § 207 Abs 1 S 2 Nr 1 für ein formales Kriterium entschieden.

2. Die Hemmung überdauert aber auch nicht die *Abtretung* an *einen Dritten* oder den gesetzlichen Übergang auf ihn, der nicht selbst unter § 207 fällt, mag sein Vorgehen auch geeignet sein, den Familienfrieden zu stören (vgl zum Übergang des Unterhaltsanspruchs nach §§ 90, 91 BSHG OLG Düsseldorf FamRZ 1981, 308; ferner SOERGEL/ NIEDENFÜHR Rn 6; MünchKomm/GROTHE Rn 2; BGB-RGRK/JOHANNSEN § 204 aF Rn 1; vgl auch zu Ansprüchen geschiedener Ehegatten untereinander wegen des Kindesunterhalts OLG Hamburg FamRZ 1982, 524). Die Hemmung endet schon mit einer Pfändung durch Dritte (BGB-RGRK/JOHANNSEN aaO). 6

Im Falle des Rückerwerbs kommt es erneut zur Hemmung (vgl MünchKomm/GROTHE aaO).

3. § 207 kann *nicht entsprechend* auf ähnliche Pietätsverhältnisse angewendet werden. Eine Erstreckung auf Dienstverhältnisse hat der Gesetzgeber des BGB (vgl Mot I 325), erwogen, aber verworfen. Im Rahmen der Schaffung des G zur Modernisierung des Schuldrechts ist die Einbeziehung von nichtehelichen Lebensgemeinschaften und des Verhältnisses zwischen Kindern und Lebensgefährten eines Elternteils erwogen worden, vgl die Stellungnahme des Bundesrats (BT-Drucks 14/ 6857, 9) und die Gegenäußerung der Bundesregierung (BT-Drucks 14/6857, 46), die eine analoge Anwendung im Einzelfall bei tatsächlichem Bestehen eines Näheverhältnisses für möglich hält. Das ist indessen auch dann abzulehnen, wenn man den Grundgedanken der Bestimmung bejaht (NK-BGB/MANSEL/BUDZIKIEWICZ Rn 23 23 ff; **aA** MünchKomm/GROTHE Rn 1). Dann müssten nämlich alle verfestigten häuslichen Gemeinschaften einbezogen werden, was nun aber nicht geht. Wenn man den Rahmen der unmittelbaren formalen Anknüpfungen des § 207 verlässt, wird jede Grenzziehung willkürlich. 7

III. Betroffene Forderungen

Für die von § 207 erfassten Ansprüche ist es *erforderlich, aber auch genügend,* dass Gläubiger und Schuldner in der von der Bestimmung genannten Beziehung zueinander stehen. Die Ansprüche werden zwar oft einen Ehe- bzw Kindschaftsbezug haben, notwendig ist dies aber nicht (vgl SOERGEL/NIEDENFÜHR Rn 5; MünchKomm/GROTHE Rn 1). So reichen etwa auch Ansprüche aus Straßenverkehrsunfällen (vgl BGH NJW-RR 1987, 407 = LM Nr 2 § 204 BGB; NJW 1988, 1209; **aA** SALJE VersR 1982, 922, 926). Die Ansprüche können vorehelich entstanden sein (vgl OLG Nürnberg MDR 1980, 668) oder während der Ehe zugunsten eines Dritten, der sie dann an den anderen Ehegatten abtritt, auch wenn solcherart die Hemmung manipuliert werden kann. 8

Die Hemmung in den von § 207 genannten Beziehungen ist unbeeinflusst davon, ob es noch weitere Gläubiger oder Schuldner gibt (vgl BGH NJW-RR 1987, 407, OLG Hamm VersR 1998, 1392: Haftpflichtversicherer auf Schuldnerseite).

IV. Ehegatten

§ 207 Abs 1 S 1 betrifft Ehegatten, und zwar auch, soweit sie in zweiter Ehe mit- 9 einander leben. Die Hemmung setzt ein mit der Eheschließung und endet mit dem Tode des einen Ehegatten bzw der Rechtskraft der Ehescheidung (vgl BGB-RGRK/ JOHANNSEN § 204 aF Rn 2). Die Rechtskraft des ausländischen Scheidungsurteils steht dem eines inländischen gleich, sofern es im Inland anerkannt wird (vgl BGB-RGRK/ JOHANNSEN § 204 aF Rn 2; **aA** OLG Celle NJW 1967, 783; ERMAN/SCHMIDT-RÄNTSCH Rn 5). Die Verjährung ist auch dann gehemmt, wenn Gründe vorliegen, die zur Erhebung der Eheaufhebungsklage berechtigen (vgl §§ 1313 ff; BGB-RGRK/JOHANNSEN § 204 aF Rn 4). Auch diese Ehe ist eben einstweilen wirksam. Das gilt auch zugunsten des bösgläubigen Ehegatten.

Keine Hemmungswirkung entfaltet eine Nichtehe (ERMAN/SCHMIDT-RÄNTSCH Rn 5).

V. Lebenspartner

10 Lebenspartner, § 207 Abs 1 S 2 Nr 1, sind nur die eingetragenen iSd Lebenspartnerschaftsgesetzes v 16. 2. 2001 (BGBl I 266). Hier beginnt die Hemmung älterer Ansprüche mit dem Inkrafttreten des G zur Modernisierung des Schuldrechts am 1. 1. 2002 (Art 229 § 6 Abs 1 EGBGB).

VI. Eltern und Kinder

11 Im Verhältnis von Eltern und Kindern, § 207 Abs 1 S 2 Nr 2, ist es unerheblich, ob den Eltern die elterliche Sorge zusteht, ob sie verheiratet sind (PALANDT/ELLENBERGER Rn 4). Das Kindschaftsverhältnis kann auch durch Adoption begründet werden, § 1754 (STAUDINGER/DILCHER[12] § 204 aF Rn 5). Die Adoption beendet aber das bisherige Kindschaftsverhältnis, § 1755, und lässt damit die dortige Hemmung entfallen (vgl PALANDT/ELLENBERGER Rn 4; ERMAN/SCHMIDT-RÄNTSCH Rn 9; **aA** STAUDINGER/DILCHER[12] § 204 aF Rn 5; BGB-RGRK/JOHANNSEN § 204 aF Rn 5).

Die Bestimmung gilt auch im Falle nichtehelicher Vaterschaft (BGHZ 76, 293, 295), dies gilt unabhängig von Anerkennung oder Feststellung der Vaterschaft, § 1592 Nrn 2, 3, dagegen nicht, wenn ein anderer wegen § 1592 Nr 1 als Vater gilt.

Einbezogen sind seit dem 1. 1. 2002 Kinder, deren Vater oder Mutter mit ihrem Gläubiger oder Schuldner verheiratet sind. Es genügt auch eine entsprechende Lebenspartnerschaft, wie dies die Neufassung des § 207 Abs 1 S 2 Nr 2 durch das G zur Änderung des Erb- und Verjährungsrechts v 24. 9. 2009 (BGBl I 3142) klarstellt.

Hier beginnt die Hemmung mit der Eheschließung bzw der Begründung der Lebenspartnerschaft. Endete die Hemmung nach bisherigem Recht mit dem Eintritt der Volljährigkeit, so endet sie jetzt nach dem genannten G erst mit der Vollendung des 21. Lebensjahres des Kindes. Das soll den Beteiligten den Druck nehmen, die Angelegenheit zügig zu betreiben (BT-Drucks 16/8954, 17).

VII. Geschwister

12 Nicht genannt werden in § 207 Abs 1 S 2 Geschwister. Hier kann sich aber für die Zeit ihrer Minderjährigkeit eine Hemmung aus den § 210, 181 ergeben, wenn sie dieselben gesetzlichen Vertreter haben und Ergänzungspfleger nicht bestellt werden.

VIII. Die weiteren Fälle

Zur Vormundschaft, § 207 Abs 1 S 2 Nr 3, vgl die §§ 1773 ff; hierher gehören auch Ansprüche für oder gegen einen Gegenvormund, Ansprüche aus *Amtspflichtverletzung* im Falle schuldhafter Verletzung der *familiengerichtlichen Aufsicht* über den Vormund.

13

Zu Betreuungsverhältnissen, § 207 Abs 1 S 2 Nr 4, vgl die §§ 1896 ff.

Zur Pflegschaft, § 207 Abs 1 S 2 Nr 5, vgl die §§ 1909 ff.

Zur Beistandschaft, § 207 Abs 1 S 3, vgl die §§ 1712 ff. Hier wirkt die Hemmung nur einseitig zugunsten des Kindes.

Zu beachten ist, dass § 207 Abs 1 S 2 Nrn 3–5 nicht für Ansprüche gilt, die Vormund, Betreuer oder Pfleger gegen die Staatskasse erwachsen.

IX. Abs 2

Der nur klarstellende Abs 2 betrifft den Fall, dass der Verletzte nach Ende der Hemmung nach § 207 (zB durch Scheidung) weiterhin mit dem Schädiger in häuslicher Gemeinschaft lebt, § 208 S 2, oder das 21. Lebensjahr vollendet hat, § 208 S 1. Das entspricht freilich nur dem allgemeinen Grundsatz, dass die Verjährung aus mehreren Gründen gehemmt sein kann.

14

§ 208
Hemmung der Verjährung bei Ansprüchen wegen Verletzung der sexuellen Selbstbestimmung

Die Verjährung von Ansprüchen wegen Verletzung der sexuellen Selbstbestimmung ist bis zur Vollendung des 21. Lebensjahrs des Gläubigers gehemmt. Lebt der Gläubiger von Ansprüchen wegen Verletzung der sexuellen Selbstbestimmung bei Beginn der Verjährung mit dem Schuldner in häuslicher Gemeinschaft, so ist die Verjährung auch bis zur Beendigung der häuslichen Gemeinschaft gehemmt.

Materialien: Art 1 G zur Modernisierung des Schuldrechts v 26. 11. 2001 (BGBl I 3138). BGB aF: –. PETERS/ZIMMERMANN: –; Schuldrechtskommission: –; RegE § 208, BT-Drucks 14/6040, 119; BT-Drucks 14/7052, 9, 181.

§ 208

Schrifttum

EGERMANN, Verjährung deliktischer Haftungsansprüche, ZRP 2001, 343
KEISER, Mehr Opferschutz durch veränderte Verjährungsvorschriften für deliktische Ansprüche, FPR 2002, 1
KRÄMER, Verjährungshemmung bei Ansprüchen wegen Verletzung der sexuellen Selbstbestimmung, ZFE 2003, 363.

I. Allgemeines

1. Opferschutz

1 Die Bestimmung enthält bei Ansprüchen aus der Verletzung der sexuellen Selbstbestimmung zwei Hemmungstatbestände (zur Länge der Frist gem § 197 Abs 1 Nr 1 s § 197 Rn 8a ff): Das geringe Alter des Opfers (S 1) und die häusliche Gemeinschaft mit dem Täter (S 2). Sie soll die freie Entschließungsmöglichkeit wahren, die Ansprüche zu verfolgen (oder auch nicht zu verfolgen).

Bei kindlichen Opfern könnte die Rechtsverfolgung oft scheitern. Ihre gesetzlichen Vertreter könnten davon absehen aus Rücksichtnahme auf das Kind oder den Schuldner, wegen eigener Verstrickung oder Angst vor einem Skandal. Vielfach werden auch die §§ 1629 Abs 2 S 1, 1795 Abs 2, 181 eine unmittelbare Vertretung hindern und kommt es nicht zur Bestellung eines Ergänzungspflegers.

Freilich hemmt § 208 S 1 die Verjährung nur, die Bestimmung bewahrt das minderjährige Opfer also nicht davor, dass Ansprüche gegen seinen Willen verfolgt werden.

Bei allen – auch *volljährigen* – Opfern (zur Einbeziehung auch letzterer Rechtsausschuss BT-Drucks 14/7052, 181, obwohl das „auch" in § 208 S 2 durchaus Anlass zu einem anderen Verständnis geben könnte) könnte die häusliche Gemeinschaft mit dem Täter die Rechtsverfolgung behindern.

2. Ruhen der strafrechtlichen Verfolgungsverjährung

2 § 208 S 1 entspricht im Kern der Bestimmung des § 78b Abs 1 Nr 1 StGB, geht aber über diese Bestimmung hinaus: Die Grenze ist dort mit der Vollendung des 18. Lebensjahres enger gezogen als hier mit der des 21. Außerdem braucht nicht gerade nur ein Tatbestand der §§ 176–179 StGB erfüllt zu sein.

3. Wahrung der Entschließungsfreiheit

Die Bestimmung sichert in ihren beiden Fällen die Entschließungsfreiheit nachhaltig, wenn sie dem volljährig werdenden Kind noch drei Jahre Zeit gewährt und auch dem erwachsenen Opfer in S 2 die volle Frist des § 195 wahrt.

4. Grenzen des Schutzes

§ 208 verlängert in seinen beiden Fällen die Verjährung nicht gegenüber *sonstiger körperlicher oder psychischer Gewalt*. Die Bestimmung kann dann auch nicht entsprechend angewendet werden (Mansel NJW 2002, 89, 98 f; MünchKomm/Grothe Rn 4). Freilich wird hier oft § 207 anwendbar sein. Außerdem beschränkt § 208 S 2 seine Geltung auf die häusliche Gemeinschaft; namentlich die Belästigung am *Arbeitsplatz* oder in sonstigen Nähe- oder gar Abhängigkeitsverhältnissen wird also *nicht erfasst* (MünchKomm/Grothe Rn 4). Derlei kann freilich unter § 208 S 1 fallen.

II. Verletzung der sexuellen Selbstbestimmung

Erfasst werden Ansprüche aus den §§ 823 Abs 2 iVm den strafrechtlichen Schutzgesetzen der §§ 174–184b StGB (nicht nur den §§ 176–179 StGB); dabei insbesondere auch die Fälle des Versuchs, der Anstiftung und der Gehilfenschaft (Palandt/Ellenberger Rn 2). Dabei braucht aber einer der genannten Tatbestände nicht exakt erfüllt oder versucht zu sein. Es kommt auch eine Verletzung des Allgemeinen Persönlichkeitsrechts nach § 823 Abs 1 in Betracht (MünchKomm/Grothe Rn 4), natürlich auch der Tatbestand des § 825. Anspruchsgrundlage kann auch die Verletzung einer vertraglichen Nebenpflicht sein (zB gegenüber einer Dienstperson), §§ 280 Abs 1, 241 Abs 2, oder die Bestimmung des § 1664. Die schädigende Handlung muss jeweils nur sexuell motiviert gewesen sein, wobei die Verfolgung weiterer Motive die Anwendung des § 208 nicht hindert. Sehr weitgehend lässt OLG Nürnberg NJW 2014, 1111, 1112, das Verschweigen der eigenen HIV-Infektion genügen.

Dabei schützt die Bestimmung namentlich den Anspruch auf Ersatz des immateriellen Schadens nach § 253 Abs 2 (in Altfällen nach § 847 aF bzw Art 1, 2 GG) ohne weiteres aber auch den Anspruch wegen materieller Folgeschäden (im beruflichen Fortkommen nach § 252, Heilungskosten bei psychologischer oder psychiatrischer Betreuung, Kosten eines Wohnungswechsels).

III. Jugendliches Alter des Opfers

§ 208 S 1 setzt voraus, dass das Opfer im Zeitpunkt der Tat das 21. Lebensjahr noch nicht vollendet hat; uU kann die Verjährung auch noch weiterhin nach § 208 S 2 gehemmt sein. Außerdem setzt der Verjährungsbeginn weiterhin nach § 199 Abs 1 Nr 2 die *Kenntnismöglichkeit* des Opfers voraus, die *eigene;* die Kenntnisse seiner früheren gesetzlichen Vertreter braucht es sich nicht zurechnen zu lassen. Ist die zeitliche Kenntnismöglichkeit bei Vollendung des 21. Lebensjahres gegeben, beginnt die Verjährung – vorbehaltlich des § 208 S 2 – unmittelbar damit zu laufen, sonst verschiebt sie sich auf das Ende des jeweiligen Jahres. Bei fehlender Kenntnismöglichkeit gilt § 199 Abs 2 entsprechend, jetzt aber ansetzend nicht am Zeitpunkt des Eintritts der Volljährigkeit, sondern dem der schädigenden Handlung. Verstirbt das Opfer vor Vollendung des 21. Lebensjahres, endet die Hemmung damit (Bamberger/Roth/Henrich Rn 3).

IV. Häusliche Gemeinschaft

1. Begriff

5 Für die Hemmung der Verjährung genügt die häusliche Gemeinschaft der Parteien, § 208 S 2, sei es in nichtehelicher Lebensgemeinschaft, sei es im Verhältnis Stiefvater/Stiefkind, sei es auf Grund sonstiger Verwandtschafts-, Freundschafts- oder Näheverhältnisse. Der Gläubiger kann auch über 21 Jahre alt sein. Entscheidend ist außer der gemeinsamen Unterkunft das gemeinsame Wirtschaften, wie es zB im Verhältnis von Haupt- und Untermieter nicht der Fall ist und bei Wohngemeinschaften von der konkreten Ausgestaltung abhängt. Die gemeinsame Unterbringung in einem Internat oder Wohnheim genügt. Unterbrechungen heben die häusliche Gemeinschaft nicht auf, wenn sie nicht auf Dauer angelegt sind; dann dürfen sie tatsächlich auch länger dauern (Einsatz im Ausland, Strafhaft). Andererseits ist aber auch bei Beibehalt der gemeinsamen Wohnung ein die Hemmung beendendes *Getrenntleben* möglich, vgl § 1567 Abs 1 S 2. Die Wiederaufnahme der häuslichen Gemeinschaft bewirkt keine erneute Hemmung (**aA** BAMBERGER/ROTH/HENRICH Rn 6).

Eine zeitliche Höchstgrenze für die Hemmung besteht nicht (NK-BGB/MANSEL/BUDZIKIEWICZ Rn 27).

2. Zeitpunkt

6 Nach § 208 S 2 kommt es auf eine häusliche Gemeinschaft „bei Beginn der Verjährung" an. Sie braucht also bei Vornahme der schädigenden Handlung noch nicht gegeben gewesen zu sein, sondern wegen § 199 Abs 1 erst am Ende des einschlägigen Jahres. Eine noch spätere Begründung der häuslichen Gemeinschaft hemmt jedenfalls nicht (NK-BGB/MANSEL/BUDZIKIEWICZ Rn 21; PALANDT/ELLENBERGER Rn 4; **aA** MünchKomm/GROTHE Rn 7). Die Hemmung *endet* unmittelbar mit dem Beginn des Getrenntlebens; die nach § 199 Abs 1 Nr 2 notwendige Kenntnismöglichkeit wird dann in aller Regel gegeben sein. Nur bei missbrauchten Kindern ist es praktisch denkbar, dass sie erst später von dem Vorgefallenen erfahren.

V. Zwingendes Recht

7 Die Vorschrift ist zwingendes Recht nur in den Grenzen des § 202 S 1 (**aA** NK-BGB/MANSEL/BUDZIKIEWICZ Rn 28): Wenn die Haftung wegen begangener Taten erlassen werden kann, kann sie im Prinzip auch zeitlich beschränkt werden. Freilich: Vor § 138 Abs 1 standhalten dürfte nur ein in freier Willensentschließung gefasster und auf Verzeihung und Aussöhnung beruhender Erlass. Mindere Formen des Erlasses – und damit auch ein Ausschluss der Hemmung – dürften sittenwidrig sein.

§ 209
Wirkung der Hemmung

Der Zeitraum, während dessen die Verjährung gehemmt ist, wird in die Verjährungsfrist nicht eingerechnet.

Materialien: Art 1 G zur Modernisierung des Schuldrechts v 26. 11. 2001 (BGBl I 3138). BGB aF: § 205: E I § 161 Abs 1; II § 167, III § 200; Mot I 311; Prot I 361 f; II 1 212; Jakobs/ Schubert, AT 996, 1031 f, 1059, 1083 ff, 1098, 1111 f Peters/Zimmermann: –, Gutachten 324; Schuldrechtskommission § 218, Abschlussbericht 95; RegE § 209, BT-Drucks 14/6040, 120.

I. Allgemeines zur Hemmung der Verjährung

1. Grundgedanken

In dem Institut der Hemmung der Verjährung fließen – nach heutigem Recht – zwei Gedanken zusammen.

Herkömmlich ist die Hemmung der Verjährung eine Ausprägung des Satzes agere non valenti non currit praescriptio: *Wenn der Gläubiger nicht klagen kann, darf die Verjährung nicht gegen ihn laufen.* Das ist zB der Fall, wenn eine der Parteien nicht voll geschäftsfähig ist (§ 210) oder die Zuordnung eines Nachlasses noch nicht geklärt ist (§ 211), gar höhere Gewalt die Rechtsverfolgung hindert (§ 206). Auch gegenüber einer dilatorischen Einrede des Schuldners ist der Gläubiger machtlos (§ 205). In anderen Fällen ist die *jetzige Rechtsverfolgung unzumutbar:* Sie würde schwebende Verhandlungen gefährden (§ 203), sie müsste sich gegen Nahestehende richten (§ 207), Höchstpersönliches müssten Dritte wahrnehmen, auf die kein sicherer Verlass ist (§ 208).

Auf einem ganz anderen Aspekt beruhen die *Hemmungsgründe des § 204,* bei denen der Gläubiger gerade sein Recht zu verwirklichen sucht, zB durch Klage, Mahnverfahren, Aufrechnung im Prozess. Hier soll die Hemmung weithin nur *überbrücken,* bis dem Gläubiger die langfristige Verjährung des § 197 Abs 1 Nr 3 zuteil wird. Bei der Aufrechnung sucht der Gläubiger gar die unmittelbare Erfüllung. Doch gehören einige der Hemmungstatbestände in den zuvor genannten Kontext, vgl zB die Streitverkündung: Dem Gläubiger ist der Zweitprozess erst zuzumuten, wenn erst einmal seine Basis geklärt ist; ähnlich das selbstständige Beweisverfahren.

Wieder anders erklärt sich § 204 Abs 2 S 1: Nachdem das erste Verfahren nicht zum Erfolg geführt hat, wird dem Gläubiger Gelegenheit gegeben, sich neu zu orientieren.

2. Die Tatbestände der Hemmung

Die Tatbestände der Hemmung aus den §§ 203 ff sind dort nicht abschließend geregelt, vgl zB die §§ 12 Abs 2 WG, 15 VVG.

Praktisch bedeutsam ist es, dass die Anfechtung eines Verwaltungsakts die Verjährung eines auf seinen Einfluss gestützten *Amtshaftungsanspruchs* hemmt (BGHZ 181, 199 Rn 35; BGH NJW 2011, 2586 Rn 35 ff)

Wegen § 202 Abs 2 können auch die Parteien Hemmungsgründe vereinbaren. Freilich besteht dazu kaum praktischer Raum; zB wird eine Musterprozessabrede schon unter § 203 S 1 fallen. Aber es kann zB die Frist des § 203 S 2 verlängert werden.

3. Die Reichweite der Hemmung

3 a) Die Hemmung der Verjährung ist, soweit sie sich aus den §§ 203 ff ergibt, grundsätzlich unabhängig davon, auf welche konkrete Anspruchsgrundlage der Anspruch gestützt wird, ergreift also *sämtliche Anspruchsgrundlagen,* soweit die Voraussetzungen des § 213 vorliegen, vgl dort.

4 b) In *persönlicher Hinsicht* beschränkt sich die Hemmung auf die Personen, in deren Verhältnis der Hemmungsgrund besteht. Sie wirkt insbesondere nicht zu Lasten anderer Gesamtschuldner oder zu Gunsten anderer Gesamtgläubiger, §§ 425 Abs 2, 429 Abs 3, 432 Abs 2. Zu Gunsten oder zu Lasten des Rechtsnachfolgers wirkt jedenfalls die bei seinem Rechtsvorgänger schon verstrichene Hemmung; ob die Hemmung bei ihm andauert, hängt davon ab, ob der Hemmungsgrund in seiner Person fortbesteht.

Die Verjährung des Anspruchs gegen den Bürgen wird nicht dadurch berührt, dass die Verjährung des Anspruchs gegen den Hauptschuldner gehemmt ist (BGB-RGRK/ JOHANNSEN § 205 aF Rn 1), doch kann sich der Bürge gemäß § 768 Abs 1 erst entsprechend später auf die Verjährung der Hauptforderung berufen, wenn die Verjährung im Verhältnis zwischen Gläubiger und Hauptschuldner gehemmt war oder ist.

Ausnahmsweise lässt § 115 Abs 2 S 4 VVG die Hemmung gegenüber dem Haftpflichtversicherer auch gegenüber dem Versicherten wirken und umgekehrt. OLG Frankfurt VersR 1982, 66 lässt die Hemmung nach § 852 Abs 2 aF (= § 203) gegenüber dem Geschädigten auch gegenüber dem Träger der Sozialversicherung wirken, zweifelhaft.

4. Verhältnis zu anderen Instituten

5 a) Von dem Neubeginn der Verjährung unterscheidet sich ihre Hemmung in ihrer Wirkungsweise. Die *Hemmung* der Verjährung und ihr *Neubeginn können zusammentreffen;* so kann etwa der Unternehmer bei Aufnahme der Prüfung des Mangels oder während seiner Beseitigung (Hemmung nach § 203) seine Verantwortlichkeit für den Mangel anerkennen (§ 212 Abs 1 Nr 1). In diesem Fall darf dem Berechtigten die Wirkung der Hemmung nicht genommen werden, sodass der bewirkte neuerliche Lauf der Verjährungsfrist erst mit der Beendigung der Hemmung beginnt (BGH LM § 13 VOB/B Nr 1; NJW 1990, 826; STAUDINGER/DILCHER[12] § 217 aF Rn 1). Das gilt auch dann, wenn die neu begonnene Verjährung eigentlich schon vor Ablauf der Hemmung beendet war (BGH NJW 1990, 826).

b) Die Unzulässigkeit der Berufung auf den Eintritt der Verjährung bewirkt keine Hemmung der Verjährung. Die kurze Nachfrist zur Hemmung der Verjährung, die sie gewährt, kann nicht gehemmt werden.

c) Die Frist zur Ersitzung wird durch die Hemmung des Anspruchs aus § 985 entsprechend verlängert, § 939.

6 d) Auf *Ausschlussfristen* des Gesetzes sind die Vorschriften über die Hemmung der Verjährung insoweit entsprechend anwendbar, wie dies ausdrücklich vorgesehen ist, darüber hinaus dagegen grundsätzlich nicht (vgl Prot VI 438; RGZ 128, 46, 47; 151, 346, 347; MünchKomm/GROTHE § 203 Rn 1). Gleiches gilt für vertraglich vereinbarte Ausschlussfristen (RG Recht 1925, Nr 438; **aA** im Sinne eines allgemeinen Hemmungsprinzips HUECK/NIPPERDEY II 2 Nachtrag 638; SÄCKER ZZP 80, 421, 434 ff). Ausnahmsweise kann sich durch Auslegung etwas anderes ergeben.

II. Wirkung der Hemmung

1. Der *Ablauf der Verjährungsfrist* wird um die Zeit der Hemmung *hinausgescho-* 7 *ben,* wobei es keine Obergrenze für diesen Aufschub gibt, wie vor allem § 207 belegt (BGHZ 37, 113, 118; BGH NJW 1990, 176, 178). Der Beginn der Hemmung kann dabei mit dem der Verjährungsfrist zusammenfallen, die Hemmung kann aber auch später beginnen. Treffen mehrere Hemmungsgründe zusammen, zB Verhandlungen und Stundung, überschneiden sie sich, addieren sie sich nicht. Das gilt auch dort, wo eine Hemmung und eine Ablaufhemmung zusammentreffen (BGH VersR 2001, 1269, 1270).

2. Die Zeit der Hemmung ist *keine Frist* iSd §§ 186 ff. Auf den Beginn der Hemmung kann damit § 187 Abs 1 nicht angewendet werden, vielmehr ist unmittelbar der Tag – nicht die Stunde oder Minute – maßgeblich, an dem der Hemmungsgrund eingetreten ist (RGZ 161, 125, 127). Auch § 191 ist unanwendbar: Eintritt der Hemmung im Laufe des 15. 8., Fortfall im Laufe des 15. 9.: Beide Tage werden einberechnet, Verlängerung der Verjährungsfrist um 32 Tage (vgl SOERGEL/NIEDENFÜHR Rn 2). Namentlich beginnt also der neue Teil des Verjährungslaufs unmittelbar mit dem Fortfall des Hemmungsgrundes, ohne dass § 199 Abs 1 angewendet werden könnte (RGZ 120, 355, 362; BGHZ 86, 98, 103 f; ERMAN/SCHMIDT-RÄNTSCH Rn 1; ENNECCERUS/NIPPERDEY § 234 Fn 3).

3. Auf die Dauer der Hemmung wirkt sich insbesondere § 167 Fall 3 ZPO aus. Die Hemmung rechnet nicht erst ab der Zustellung zB der Klage, sondern im Falle ihrer demnächstigen Zustellung bereits ab Einreichung. Die Hemmung verlängert sich also um den Zeitraum, der zwischen der Einreichung der Klage und ihrer Zustellung liegt (BGH NJW 2010, 856 Rn 8 ff).

4. Die Beweislast für den Beginn der Hemmung liegt bei dem Berechtigten. Das gilt grundsätzlich auch für ihre Fortdauer, doch ist insoweit der Verpflichtete zu substantiiertem Vortrag gehalten, den der Berechtigte dann zu widerlegen hat.

III. Ablaufhemmung

Die Ablaufhemmung hindert den Eintritt der Verjährung trotz des an sich einge- 8 tretenen Fristablaufs. Fälle sind zunächst die der §§ 210, 211: Der Mangel der Geschäftsfähigkeit des Käufers wird verkannt, sodass er ohne gesetzlichen Vertreter bleibt. Eigentlich wäre der gegen ihn gerichtete Kaufpreisanspruch am 31. 12. 2008 verjährt, aber wenn erst am 1. 3. 2009 ein Betreuer bestellt wird, tritt die Verjährung erst am 1. 9. 2009 ein.

Tatbestände der Ablaufhemmung enthalten aber auch die §§ 203 S 2, 206. Dagegen ist § 204 Abs 2 S 1 sinnwidrig nicht als Ablaufhemmung ausgestaltet.

Von der Besonderheit abgesehen, dass die Ablaufhemmung gerade den Eintritt der Verjährung behindert, ist sie eine „normale" Hemmung.

IV. Anlaufhemmung

9 Hemmungstatbestände besonderer Art ergeben sich, dann wenn der Beginn der Verjährung zeitlich versetzt ist gegenüber der Entstehung des Anspruchs. Das ist im Rahmen des § 199 Abs 1 für jeden Zeitraum der Fall, der zwischen der Entstehung des Anspruchs und dem Jahresende liegt. Nachhaltige Zeiträume ergeben sich insoweit in den Fällen des § 199 Abs 2–4. Besonders bedeutsam sein kann der verzögerte Beginn der Verjährung in den Fällen des § 548 Abs 1, Abs 2.

Man kann hier von einer Anlaufhemmung sprechen. Bei § 199 Abs 1 liegt ihr alleiniger Zweck darin, die Berechnung der Verjährungsfristen zu vereinfachen. Bei § 199 Abs 2–4 und bei § 548 Abs 1 tritt Rücksichtnahme auf den Gläubiger hinzu, der seines Anspruchs nicht gewahr werden kann, bei § 548 Abs 1 und Abs 2 der Gedanke, dass das laufende Mietverhältnis nicht aufgestört werden soll, wenn es bei seinem Ende doch zu einer Endabrechnung kommen muss.

§ 210
Ablaufhemmung bei nicht voll Geschäftsfähigen

(1) Ist eine geschäftsunfähige oder in der Geschäftsfähigkeit beschränkte Person ohne gesetzlichen Vertreter, so tritt eine für oder gegen sie laufende Verjährung nicht vor dem Ablauf von sechs Monaten nach dem Zeitpunkt ein, in dem die Person unbeschränkt geschäftsfähig oder der Mangel der Vertretung behoben wird. Ist die Verjährungsfrist kürzer als sechs Monate, so tritt der für die Verjährung bestimmte Zeitraum an die Stelle der sechs Monate.

(2) Absatz 1 findet keine Anwendung, soweit eine in der Geschäftsfähigkeit beschränkte Person prozessfähig ist.

Materialien: Art 1 G zur Modernisierung des Schuldrechts v 26. 11. 2001 (BGBl I 3138). BGB aF: § 206: E I § 166; II § 171; III § 201; Mot I 318; Prot I 348 ff; II 1 219 ff; VI 141; JAKOBS/SCHUBERT, AT 996, 1027 f, 1064 f, 1083 ff, 1097 f, 1115. PETERS/ZIMMERMANN § 203, Gutachten 251, 308, 321; Schuldrechtskommission § 214; Abschlussbericht 90; RegE § 210, BT-Drucks 14/6040, 120.

I. Allgemeines

1 § 210 trägt zunächst den Schwierigkeiten Rechnung, die für nicht voll Geschäftsfähige bestehen, geeignete Maßnahmen zur Hemmung der Verjährung von sich aus, also ohne einen gesetzlichen Vertreter, zu ergreifen. Ihren Gegnern stünde an sich die Möglichkeit offen, nach § 57 ZPO einen Prozesspfleger bestellen zu lassen. Sie sind also an der Möglichkeit des gerichtlichen Verfahrens weniger behindert, und deshalb hatte die Vorgängervorschrift des § 206 aF die Ablaufhemmung zu ihren

Gunsten nicht eingreifen lassen. Indessen ist aber auch dies praktisch kaum zumutbar und auch nicht in allen Fällen des § 204 Abs 1 möglich, vgl dort etwa die Nrn 6, 8. Insofern ist § 210 nF zutreffend beidseitig gestaltet. Es kommt nicht darauf an, ob der Gegner Kenntnis vom Vorliegen der Voraussetzungen des § 210 hatte oder nicht (ERMAN/SCHMIDT-RÄNTSCH Rn 2).

Die Beweislast für den Hemmungstatbestand trägt der Gläubiger (BGH MDR 2000, 1193, 1194; MünchKomm/GROTHE Rn 1; ERMAN/SCHMIDT-RÄNTSCH Rn 2).

II. Juristische Personen

Nach dem Willen des Gesetzgebers (Prot I 220) gilt § 210 nicht auch für juristische Personen, für die ein entsprechendes Bedürfnis nicht bestehe; anders noch der 1. Entwurf (§ 166 Abs 1 E I; Mot I 321; vgl auch BGH NJW 1968, 693). Ggf muss ein Notvorstand nach § 29 bestellt werden. Doch ist die Bestimmung dann entsprechend anwendbar, wenn es um Ansprüche der juristischen Person geht, die sich (auch) gegen die einzige vertretungsberechtigte Person richten (s ferner § 214 Rn 20). 2

III. Nicht voll Geschäftsfähige

1. Der Kreis der nicht voll Geschäftsfähigen bestimmt sich nach den §§ 104, 106; die Bestimmung gilt also zunächst für Minderjährige. 3

Bei *Volljährigen* gilt § 210 entsprechend, wenn ein Einwilligungsvorbehalt angeordnet ist, § 1903 Abs 1 S 2. Insoweit kommt es also nicht auf die konkrete Geschäftsunfähigkeit an. Fehlt es an einem Einwilligungsvorbehalt, ist wiederum unmittelbar auf die §§ 104, 210 zurückzugreifen. Die Möglichkeit eines Geschäftsunfähigen, die Bestellung eines Betreuers selbst zu beantragen, § 1896 Abs 1 S 2, reicht für die Anwendung des § 210 Abs 2 nicht aus.

2. § 210 findet auch bei *teilweiser* (gegenständlich beschränkter) *Geschäftsunfähigkeit* – in deren Rahmen – Anwendung (BGH VersR 1969, 906, 907; 1969, 1020, 1021). 4

Auf der anderen Seite ist § 210 unanwendbar, soweit sich aus den §§ 112, 113 partielle volle Geschäftsfähigkeit ergibt, §§ 210 Abs 2, 52 ZPO (vgl Mot I 321; MünchKomm/GROTHE Rn 2; PALANDT/ELLENBERGER Rn 3).

Eine entsprechende Anwendung der Bestimmung ist nicht geboten, wenn ein Anspruch auf Eigentumsübertragung gepfändet und nach § 848 ZPO zu seiner Wahrnehmung ein Sequester bestellt wird (BGH WM 1967, 657, 658). Gleiches muss im Falle des § 21 InsO gelten, weil alle diese Maßnahmen nur dem Schutz der Gläubiger des Berechtigten, nicht seinem eigenen Schutz dienen.

IV. Gesetzliche Vertreter

Gesetzliche Vertreter sind bei Minderjährigen Eltern bzw Vormund. Bei geschäftsunfähigen Volljährigen ist auf das Vorhandensein eines Betreuers abzustellen. Im Falle der Insolvenz muss der Insolvenzverwalter als gesetzlicher Vertreter iSd § 210 5 angesehen werden (Kirchhof WM 2002, 2037, 2039). Für den Fall des Todes enthält § 211 eine Sonderregelung.

Kein gesetzlicher Vertreter ist der gewillkürte Vertreter (zB der Prokurist) bei fehlendem gesetzlichen Vertreter (Staudinger/Dilcher[12] § 206 aF Rn 5). Ebenso kann der amtlich bestellte Vertreter des Rechtsanwalts, § 53 BRAO, nicht als dessen gesetzlicher Vertreter angesehen werden (BGHZ 57, 204, 209 f = NJW 1972, 212).

Das Fehlen eines Abwesenheitspflegers nach § 1911 reicht nicht aus; vielmehr kann sich der Abwesende auf seine eigene tatsächliche Verhinderung allenfalls nach § 206 berufen. Anwendbar ist § 210 dagegen auf die nach den §§ 1912, 1913 S 2 zu bestellenden Pfleger.

V. Fehlen des gesetzlichen Vertreters

6 **1.** Es reicht nicht aus, dass der gesetzliche Vertreter nur tatsächlich an der Wahrnehmung seiner Aufgaben verhindert ist, sei es durch Unkenntnis (BGH NJW 1975, 260), oder durch schwere Krankheit (Prot I 22; Staudinger/Dilcher[12] § 206 aF Rn 5; Palandt/Ellenberger Rn 3); ggf kann hier § 206 eingreifen, immer genügt natürlich das Vorliegen des Tatbestandes des § 104 Nr 2 in der Person des gesetzlichen Vertreters. Es reicht auch nicht ein bloßer Wechsel in der Person des gesetzlichen Vertreters (MünchKomm/Grothe Rn 4). Zu dem Fall, dass der neue Vertreter keine Kenntnis von dem Anspruch iSd § 199 Abs 1 Nr 2 zu haben braucht, vgl § 199 Rn 56. Dagegen braucht der gesetzliche Vertreter nicht überhaupt zu entfallen, zB durch Tod, es genügt, wenn er im konkreten Fall (MünchKomm/Grothe Rn 4) rechtlich verhindert ist, durch Interessenkollision, §§ 181, 1795, Entziehung der Vertretungsbefugnis, §§ 1629 Abs 2 S 3, 1796, Bestellung eines Pflegers, § 1630 Abs 1. Fehlsam wendet OLG Hamm NJW 2000, 1219 in der Konstellation der §§ 1629 Abs 2 S 1, 1795 Abs 1 Nr 3 § 204 aF (§ 207 nF) entsprechend an. Bei einem Betreuer ist darauf abzustellen, ob er auch für diesen Aufgabenkreis bestellt ist, § 1896 Abs 2, 3.

Für den Gläubiger des nicht voll Geschäftsfähigen kommt § 210 auch dann zum Tragen, wenn er den Mangel der Vertretung nicht erkannt oder sich um Abhilfe bemüht hat. Wegen seiner Beweislast für den Hemmungstatbestand ist der Weg über § 57 ZPO vorzugswürdig (NK-BGB/Mansel/Budzikiewicz Rn 24; MünchKomm/Grothe Rn 5).

2. Die Verhinderung des gesetzlichen Vertreters muss innerhalb der letzten sechs Monate der Verjährungsfrist bestehen; eine vorherige Verhinderung ist unerheblich (BGH VersR 1968, 1165, 1167). Allerdings reicht während dieses maßgeblichen Zeitraumes auch eine kurzfristige Verhinderung aus (MünchKomm/Grothe Rn 6; aA Staudinger/Dilcher[12] § 206 aF Rn 6; unklar BGB-RGRK/Johannsen § 206 aF Rn 5).

Da die letzten sechs Monate voll zur Verfügung stehen sollen, sind anderweitig begründete Hemmungen während dieses Zeitraums ihn erweiternd zu berücksichtigen.

VI. Wirkungen

Mit dem Fortfall des Hindernisses beginnt unmittelbar ein letzter Verjährungszeitraum von – regelmäßig – sechs Monaten. Diese Frist besteht auch dann, wenn das Hindernis selbst von kürzerer Dauer war, sodass der Berechtigte aus der Regelung des § 210 zeitliche Vorteile ziehen kann (BAMBERGER/ROTH/HENRICH Rn 6). Für die Berechnung der Frist gelten die §§ 187, 188 Abs 2.

Eine kürzere Zusatzfrist ergibt sich nach § 210 Abs 1 S 2 nur dann, wenn die laufende Verjährungsfrist ihrerseits kürzer war. Dann gilt eine entsprechende Zusatzfrist.

Der Lauf der Zusatzfrist kann seinerseits aus anderweitigen Gründen – und natürlich wieder nach § 210 – gehemmt werden.

VII. Die Ausnahmeregelung des § 210 Abs 2

1. Gem § 210 Abs 2 greift die Ablaufhemmung nicht ein, soweit eine in der Geschäftsfähigkeit beschränkte Person nach § 52 ZPO prozessfähig ist. Erfasst werden von dieser Regelung die Fälle der Teilgeschäftsfähigkeit nach den §§ 112, 113, ferner die Fälle der §§ 607 Abs 1, 640b S 1 ZPO aF, § 125 Abs 1 FamFG.

2. Nicht erfasst von der Regelung des § 210 Abs 2 werden diejenigen Fälle, in denen Geschäfte eines beschränkt Geschäftsfähigen aufgrund der Einwilligung des gesetzlichen Vertreters wirksam sind; die Einwilligung begründet keine Prozessfähigkeit. Dies gilt auch bei einem beschränkten Generalkonsens.

VIII. Ausschlussfristen

Das Gesetz erklärt die Bestimmung des § 210 mehrfach für entsprechend anwendbar bei Ausschlussfristen, vgl §§ 124 Abs 2, 204 Abs 3, 802 S 3, 1997, 2082 Abs 2. Aus dieser enumerativen Erwähnung ist im Einklang mit Prot VI, 383 der Schluss zu ziehen, dass die Bestimmung sonst auf gesetzliche Ausschlussfristen grundsätzlich nicht entsprechend anwendbar ist (vgl MünchKomm/GROTHE Rn 7; aA PALANDT/ELLENBERGER Rn 2; ERMAN/SCHMIDT-RÄNTSCH Rn 10), doch kann das Gegenteil zuweilen aus Sinn und Zweck der betreffenden Ausschlussfrist ergeben. So ist § 210 angewendet worden auf die Frist des § 89b Abs 4 S 2 HGB (BGHZ 73, 99, 101), auf die Frist zur Geltendmachung des Entschädigungsanspruchs nach § 12 StrEG (BGHZ 79, 1, 3 f = NJW 1981, 285), im öffentlichen Recht auf die Frist zur Anzeige der Weiterversicherung nach § 26 Abs 1 S 3 SGB XI (BSG NJW 1964, 124, 125 zu § 313 Abs 2 S 1 RVO), und die Rentenantragsfrist nach § 99 Abs 1 S 1 SGB VI (BSG NJW 1974, 519 [Nr 31] 520 zu § 1290 Abs 2 RVO). Maßgebliches Kriterium muss sein, ob die Frist primär auf Gesichtspunkten der Zweckmäßigkeit beruht oder vielmehr der Gerechtigkeit. Insofern wird man § 210 beispielsweise nicht auf die Frist des § 864 Abs 1 anwenden können, wohl aber – in Anlehnung an BGHZ 43, 237 – auf die Klagefrist des § 12 Abs 3 VVG aF (vgl auch SÄCKER ZZP 80, 434 ff).

Bei vertraglich vereinbarten Ausschlussfristen wird unter den Voraussetzungen des § 210 vielfach schon die Fristvereinbarung selbst hinfällig sein. Im Übrigen ist es eine

Frage der Auslegung, ob § 210 entsprechend angewendet werden kann. Angesichts des hohen Ranges des Schutzes Geschäftsunfähiger dürfte im Regelfall eine entsprechende Anwendung zu bejahen sein (MünchKomm/GROTHE Rn 7; aA SOERGEL/NIEDENFÜHR Rn 7, unter missverständlicher Berufung auf OLG Hamburg SeuffA 63 Nr 158, das zwar eine entsprechende Anwendung des § 210 auf vertragliche Ausschlussfristen abgelehnt, die Berufung darauf, dass die Ausschlussfrist im Zustand der Geschäftsunfähigkeit versäumt worden sei, aber aus allgemeinen Erwägungen für zulässig gehalten hatte). In AGB wäre der Fristablauf gegen einen Geschäftsunfähigen eine unangemessene Benachteiligung des Geschäftsunfähigen iSd § 307 Abs 2 Nr 1; sonst entspricht es vernünftigem Parteiwillen, dass die Frist nicht für oder gegen einen Geschäftsunfähigen ablaufen soll. Zuweilen lässt sich dies einer ergänzenden Vertragsauslegung entnehmen, sonst kann die Berufung auf den Fristablauf Treu und Glauben widersprechen. Das gilt jedenfalls, wenn der Fristvereinbarung bloße Zweckmäßigkeitserwägungen zugrundeliegen, allerdings nicht wenn gerade eine endgültige Bereinigung im Interesse aller Beteiligten erreicht werden soll. Insofern wird auf die Frist zum Widerruf des Prozessvergleichs § 210 nur mit äußerster Vorsicht anzuwenden sein.

IX. Öffentliches Recht

11 Im öffentlichen Recht gilt § 210 über § 62 S 2 VwVfG jedenfalls für den öffentlichrechtlichen Vertrag. Für behördlich gesetzte Fristen gibt § 31 Abs 7 VwVfG eine gleichwertige und vorrangige Regelung, bei gesetzlichen § 32 VwVfG. Sonst kann auf § 210 zurückgegriffen werden (vgl MünchKomm/GROTHE Rn 7).

X. Die besondere Ablaufhemmung infolge Krieges

12 Die Abwesenheit vieler Menschen aus ihren normalen Lebensbereichen während des ersten und zweiten Weltkriegs gab Veranlassung zu Vorschriften, nach denen diese Abwesenheit keine Nachteile in Form einer Fristversäumnis nach sich ziehen sollte. Die einschlägigen Bestimmungen haben inzwischen ihre praktische Bedeutung verloren (zu den Einzelheiten vgl STAUDINGER/COING[11] § 206 Rn 11–11 e).

§ 211
Ablaufhemmung in Nachlassfällen

Die Verjährung eines Anspruchs, der zu einem Nachlass gehört oder sich gegen einen Nachlass richtet, tritt nicht vor dem Ablauf von sechs Monaten nach dem Zeitpunkt ein, in dem die Erbschaft von dem Erben angenommen oder das Insolvenzverfahren über den Nachlass eröffnet wird oder von dem an der Anspruch von einem Vertreter oder gegen einen Vertreter geltend gemacht werden kann. Ist die Verjährungsfrist kürzer als sechs Monate, so tritt der für die Verjährung bestimmte Zeitraum an die Stelle der sechs Monate.

Materialien: Art 1 G zur Modernisierung des Schuldrechts v 26. 11. 2001 (BGBl I 3138). BGB aF: § 207: E I § 167; II § 172; II § 202; Mot I 322; Prot I 355 ff; Prot II 1, 221; JAKOBS/SCHUBERT, AT 1030 ff, 1065 ff, 1083 ff, 1097 f, 1115; Art 33 EG InsO v 5. 10. 1994 (BGBl I 2911). S STAU-

DINGER/BGB-Synopse (2000) § 207. PETERS/
ZIMMERMANN § 204, Gutachten 251, 308, 321;
Schuldrechtskommission § 215, Abschluss-
bericht 91; RegE § 211, BT-Drucks 14/6040, 120.

I. Allgemeines

Die Bestimmung soll den Schwierigkeiten Rechnung tragen, die sich im Todesfall ergeben können, wenn Ansprüche des Nachlasses oder gegen den Nachlass verfolgt werden sollen; es entspricht ihr Grundgedanke dem des § 210. **1**

II. Die zum Nachlass gehörenden Ansprüche

Die Vorschrift schützt alle Ansprüche dinglicher oder schuldrechtlicher Natur des Erben gegen die Nachlassschuldner (vgl zu deren Kreis KIPP/COING, Erbrecht [14. Bearb 1990] § 91 III 1, IV). Dabei braucht der Anspruch nicht schon voll in der Person des Erblassers begründet worden zu sein; es reicht, wenn die Position, aus der er fließt, in der Person des Erblassers gegeben war, sofern die Vollendung des Anspruchs vor einem der in § 211 genannten Zeitpunkte lag (zB Beschädigung des Nachlassgegenstandes vor Annahme der Erbschaft, Lizenzgebühren aus der Zeit zwischen Todesfall und Annahme der Erbschaft). Der Anspruch kann auch originär in der Person des Erben entstanden sein (zB Anspruch auf Sterbegelder), sofern ihn nur die rechtlichen Hindernisse betreffen, die § 211 überwinden helfen will. Mindestens entsprechend anzuwenden ist § 211, soweit im Recht der Personalgesellschaften eine Sonderrechtsnachfolge angenommen wird. Dagegen betrifft § 211 keine Ansprüche, die nur aus Anlass eines Todesfalles entstehen (Rechte aus §§ 563, 2301), sowie solche, bei denen der Tod nur tatsächliche Schwierigkeiten bereiten kann, vgl wiederum § 2301. **2**

Entsprechend anzuwenden sein wird § 211 dort, wo Rechte nicht auf die Erben als solche übergehen, sondern auf die *Angehörigen,* zB die Wahrnehmung von Persönlichkeitsrechten.

Für den für tot Erklärten gilt § 2031 Abs 1 S 2.

III. Ansprüche gegen den Nachlass

Hier gilt Entsprechendes. Es reichen außer Ansprüchen, die schon gegen den Erblasser begründet waren, Nachlassverbindlichkeiten aller Art, vgl § 1967 Abs 2, namentlich also auch Ansprüche aus Pflichtteil oder Vermächtnis, aus § 2022. **3**

IV. Wirkung der Hemmung

Es kommt zu einer *Ablaufhemmung,* die in ihrer Ausgestaltung der des § 210 entspricht (vgl dort Rn 7), und zwar regelmäßig um sechs Monate, ausnahmsweise um eine kürzere Frist. **4**

Die Frist *beginnt*

1. mit der *Annahme der Erbschaft* durch den Erben. Diese erfolgt gemäß § 1943 durch Erklärung oder durch das Verstreichenlassen der Ausschlagungsfrist. Im Falle der Anfechtung der Annahme kommt es auf die Annahme des Nächstberufenen an. Die Annahme muss wirksam sein. Die Möglichkeit vorheriger Geltendmachung von Nachlassforderungen gemäß § 1959 ist unschädlich. Bei Anordnung von Vor- und Nacherbschaft kommt es auf die Annahme der Vorerbschaft an, sofern und soweit diese die Verfolgung von Ansprüchen für und gegen den Nachlass ermöglicht, sonst auf die der Nacherbschaft, soweit nämlich Ansprüche mit dem Nacherbfall zusammenhängen. Bei Ansprüchen des Vermächtnisnehmers kommt es zusätzlich auf seine Annahme des Vermächtnisses an, dies auch bei Ansprüchen gegen ihn.

Bei einer Mehrheit von Erben ist zu unterscheiden: Richtet sich der Anspruch gegen den Nachlass, gibt die Annahme des letzten den Ausschlag (MünchKomm/Grothe Rn 3; **aA** OLG Frankfurt ZEV 2013, 674, 675 f); bei Ansprüchen des Nachlasses muss wegen § 2039 und des Bedürfnisses, den Hemmungszeitraum nicht zu weit ausufern zu lassen, die Annahme des ersten ausreichen (**aA** Staudinger/Werner [2010] § 2039 Rn 26; MünchKomm/Grothe Rn 3; Palandt/Ellenberger Rn 1), doch hemmt ja auch schon die Klage des ersten für die anderen (Staudinger/Werner aaO).

5 **2.** mit der *Eröffnung des Nachlassinsolvenzverfahrens* nach den §§ 315 ff InsO, die die Geltendmachung von Ansprüchen für und gegen den Nachlass ermöglicht. Wird das Insolvenzverfahren vor Ablauf der Sechsmonatsfrist aufgehoben oder eingestellt, beginnt mit einer späteren Vertreterbestellung – s sogleich – eine neue Frist.

3. mit der *Einsetzung eines Vertreters,* durch oder gegen den der Anspruch geltend gemacht werden kann. Fällt dieser während der laufenden Frist des § 211 weg, beginnt sie erneut (Bamberger/Roth/Henrich Rn 3). Der Begriff des Vertreters ist hier nicht im Sinne der rechtsgeschäftlichen Stellvertretung zu verstehen. Vielmehr sind gemeint:

a) der *Nachlassverwalter* nach den §§ 1981 ff,

b) der *Nachlasspfleger* nach den §§ 1960 ff,

c) der *Abwesenheitspfleger* nach § 1911,

d) der *Testamentsvollstrecker* nach den §§ 2197 ff. Bei ihm kommt es auf den Zeitpunkt der Annahme seines Amtes an (RGZ 100, 279, 281). Etwaige tatsächliche Schwierigkeiten der Rechtsverfolgung, wie sie ihm aus dem Fehlen des Testamentsvollstreckerzeugnisses erwachsen können, sind ohne Belang (RGZ aaO).

Bei den anderen Vertretern kommt es dagegen auf den Zeitpunkt der gerichtlichen Bestellung an (MünchKomm/Grothe Rn 5). Bei ihrem Ausscheiden und der Bestellung eines neuen Vertreters kann ggf eine erneute Frist zu laufen beginnen (Soergel/Niedenführ Rn 3; MünchKomm/Grothe Rn 5).

V. Beweislast

Die Beweislast für den Hemmungstatbestand – Beginn und Ende – trägt der durch § 211 begünstigte Gläubiger (NK-BGB/Mansel/Budzikiewicz Rn 14). **5a**

VI. Ausschlussfristen

Bei gesetzlichen Ausschlussfristen ist zT eine entsprechende Anwendung des § 211 neben der des § 210 vorgesehen, vgl etwa § 124 Abs 2 S 2, aber doch deutlich seltener, vgl zB § 563 Abs 3 S 2, der nur § 210 nennt. Darüber hinaus kommt auch sonst eine entsprechende Anwendung des § 211 in Betracht (vgl zB BGHZ 73, 99, 102 f = NJW 1979, 651; BGH WM 1987, 22 zu § 89b Abs 4 S 2 HGB), aber doch weniger leicht als die des § 210, weil die von § 211 erfasste Notlage weniger schwer wiegt als die in § 210 geregelte. Das gilt insbesondere bei Ansprüchen des Nachlasses, bei denen die §§ 1959, 2039 die Rechtsverfolgung erleichtern, wegen § 1958 dagegen weniger bei Ansprüchen gegen den Nachlass. **6**

Folgerichtig muss auch bei vertraglichen Ausschlussfristen eine entsprechende Anwendung des § 211 eher die Ausnahme bleiben.

Die Kriterien, die für oder gegen eine entsprechende Anwendung heranzuziehen sind, sind dieselben wie bei § 210 (vgl dort Rn 9 f).

§ 212
Neubeginn der Verjährung

(1) Die Verjährung beginnt erneut, wenn

1. der Schuldner dem Gläubiger gegenüber den Anspruch durch Abschlagszahlung, Zinszahlung, Sicherheitsleistung oder in anderer Weise anerkennt oder

2. eine gerichtliche oder behördliche Vollstreckungshandlung vorgenommen oder beantragt wird.

(2) Der erneute Beginn der Verjährung infolge einer Vollstreckungshandlung gilt als nicht eingetreten, wenn die Vollstreckungshandlung auf Antrag des Gläubigers oder wegen Mangels der gesetzlichen Voraussetzungen aufgehoben wird.

(3) Der erneute Beginn der Verjährung durch den Antrag auf Vornahme einer Vollstreckungshandlung gilt als nicht eingetreten, wenn dem Antrag nicht stattgegeben oder der Antrag vor der Vollstreckungshandlung zurückgenommen oder die erwirkte Vollstreckungshandlung nach Absatz 2 aufgehoben wird.

Materialien: Art 1 G zur Modernisierung des Schuldrechts v 26. 11. 2001 (BGBl I 3138) Abs 1 Nr 1: BGB aF: § 208; E I § 169, II § 174, III § 203; Mot I 326; Prot I 361 ff, II 1 222 ff; Jakobs/Schubert, AT 997, 1001 ff, 1032 ff, 1072 f, 1083 ff, 1098, 1115. Peters/Zimmermann § 198, Gutachten 254, 310, 320; Schuldrechtskommission § 206, Abschlussbericht 80; RegE § 212

§ 212

Abs 1, BT-Drucks 14/6040, 120. Abs 1 Nr 2: BGB aF § 209 Abs 2 Nr 5 (Nachweise bei § 204 nF). PETERS/ZIMMERMANN § 197 Abs 2, Gutachten 258, 310, 320; Schuldrechtskommission § 207 Abs 1, Abschlussbericht 80; RegE § 212 Abs 1 Nr 2, BT-Drucks 14/6040, 120. Abs 2, 3: BGB aF: § 216; E I § 173; II § 182; III § 211;

Mot I 331; Prot I 374; II 1 228; JAKOBS/SCHUBERT, AT 999, 1038 f, 1075 f, 1083 ff, 1100, 1117. PETERS/ZIMMERMANN § 197 Abs 2, Gutachten 324; Schuldrechtskommission § 207 Abs 2, 3; Abschlussbericht 80; RegE § 212 Abs 2, 3, BT-Drucks 14/6040, 121.

Schrifttum

ARNOLD, Verjährung und Nacherfüllung, in: FS Eggert (2008) 41
AUKTOR/MÖNCH, Nacherfüllung – nur noch auf Kulanz?, NJW 2005, 1686
BEATER, Anerkenntnis durch Aufrechnen mit bestrittener Forderung, MDR 1991, 528
BENNERT, Die Unterbrechung der Verjährung durch Maßnahmen der Zwangsvollstreckung – § 209 II Nr. 5 BGB (Diss Hamburg 1996)
dies, Die Unterbrechung der Verjährung durch Maßnahmen der Zwangsvollstreckung, Rpfleger 1996, 309
CLEMENTE, Verjährungsprobleme bei der durch eine Grundschuld gesicherten Kreditforderung, ZfIR 2007, 482
DERLEDER/KÄHLER, Die Kombination von Hemmung und Neubeginn der Verjährung, NJW 2014, 1617
GRAMER/THALHOFER, Hemmung oder Neubeginn der Verjährung bei Nachlieferung durch den Verkäufer, ZGS 2006, 250
GRÄMIGER, Der Einfluss des schuldnerischen Verhaltens auf Verjährungsablauf und Verjährungseinrede (1934)
GRUNSKY, Die Auswirkungen des „urteilsvertretenden Anerkenntnisses" auf die Verjährung, NJW 2013, 1336
LEHMANN, Das Anerkenntnis verjährter Forderungen, JW 1937, 2169
NETTESHEIM, Unterbrechung der Gewährleistungsfrist durch Nachbesserungsarbeiten, BB 1982, 1022

ORTHAL, Zur Auslegung der §§ 208, 222 BGB, Recht 1906, 1067
OVERLACK, Verjährung nach Anerkenntnis und Vergleich unter Heranziehung der Ergebnisse des französischen, schweizerischen und österreichischen Rechts (Diss Freiburg 1970)
PÜSCHEL, Die Auswirkungen schuldnerischen Verhaltens und der Einfluss von Verhandlungen auf die Verjährung (Diss Hamburg 1982)
REILING/WALZ, Der Neubeginn der Verjährung bei Nacherfüllung durch den Verkäufer, BB 2012, 982
K SCHMIDT, Zur Gesellschafterhaftung in der „Innen-KG", NZG 2009, 361
SCHNEIDER, Über die Beseitigung der Wirkung vollendeter Verjährung durch Anerkenntnis, JherJb 51, 25
SCHULZE-OSTERLOH, Erneuter Beginn der Verjährung von Ansprüchen gegen Gesellschafter durch Feststellung des Jahresabschlusses, in: FS HP Westermann (2008) 1487
SICARD, Verjährungsanspruch und Neufristsetzung (Diss Rostock 1936)
TARNOWSKI, Die Anerkennung als Grund der Unterbrechung der Anspruchsverjährung (1904)
TIEDTKE/HOLTHUSEN, Auswirkungen eines Anerkenntnisses der Hauptschuld durch den Hauptschuldner auf die Haftung des Bürgen, WM 2007, 93
ZEILER, Anspruchsverjährung und Schuldanerkenntnis, AcP 103, 461.

Systematische Übersicht

I. Neubeginn der Verjährung
1. Begriff _____ 1
2. Weitere Fälle _____ 2
3. Vergleichbare Fälle _____ 2

II. Neubeginn durch Anerkenntnis des Schuldners _____ 3

Titel 2
Hemmung, Ablaufhemmung und Neubeginn der Verjährung § 212

III.	**Rechtsnatur des Anerkenntnisses**		**VII.**	**Zeitpunkt des Anerkenntnisses**	32
1.	Abgrenzung von anderen Erklärungen	6	**VIII.**	**Beweislast**	33
2.	Erklärung des Bewusstseins vom Bestehen der Schuld	7	**IX.**	**Ausschlussfristen**	34
3.	Wissenserklärung	8	**X.**	**Vollstreckungshandlung und Vollstreckungsantrag**	
4.	Zurechenbarkeit	8a	1.	Allgemeines	35
5.	Geschäftsfähigkeit, Anfechtung, Stellvertretung	9	2.	Behinderung der Vollstreckung durch den Schuldner	36
6.	Inhaltliche Anforderungen	11	3.	Anträge des Gläubigers	37
IV.	**Gegenstand des Anerkenntnisses**		4.	Zulässigkeit der Vollstreckung	38
1.	Parteien	16	5.	Beispiele	39
2.	Forderung	17	6.	Maßnahmen der Vollstreckungsorgane	41
V.	**Reichweite des Anerkenntnisses**		7.	Zahlung des Drittschuldners	45
1.	Teilanerkenntnis	19	8.	Reichweite der Erneuerungswirkung	46
2.	Anerkenntnis dem Grunde nach	20	9.	Rücknahme des Vollstreckungsauftrags	47
3.	Zeitliche Reichweite	21a	10.	Zurückweisung des Vollstreckungsauftrags	48
4.	Wiederholte Anerkenntnisse	21b	11.	Neuer Antrag	49
VI.	**Erklärung des Anerkenntnisses**		12.	Eingetretene Verjährung	50
1.	Beispiele des Anerkenntnisses	22			
2.	Erklärung dem Berechtigten gegenüber	30			
3.	Zugang, Wirksamwerden	31			
4.	Neubeginn und gleichzeitige Hemmung	31			

Alphabetische Übersicht

Abschlagszahlung	22, 25 f	– Rechtsnatur		6 ff
Abwehrklage	36	– Reichweite		19 ff
Abschlag	26	– des Schuldners		16
Androhung von Zwangsmitteln	36	– durch Stellvertreter		10
Anerkenntnis	2 ff	– durch Unterlassen		28
– Anfechtung	9	– durch Zwangsverwalter		8a
– Deckung des Lebensbedarfs einer Familie	8a	– urteilsersetzendes		21a
– Empfänger	30	– des Verpflichteten		11
– Erklärung	22 ff	– bei Verteidigung des Schuldners		12
– freiwilliges	18	– wiederholtes		21b
– Gegenstand des	16	– Wirksamwerden		31
– Genehmigung des fremden	10	– Wohnungseigentümers, eines		8a
– Gesamtschuldners, eines	8a	– zeitliche Wirkung		21a
– dieses Gläubigers	16	Anspruch, Titulierung des		35
– dem Grunde nach	20	Aufrechnung		27
– zur Kenntnis des Gläubigers	30	Auskunft		21
– in nichtiger Erklärung	8	Auslagenerstattung		24
		Ausschlussfristen		34

Beweislast — 33
Bewusstsein der Schuldnerschaft — 7
Bilanzfeststellung — 22
Bitte um Stundung — 22

Drittauskunft — 45
Drittwiderspruchsklage — 45

Einstellung der Zwangsvollstreckung — 36, 40
Einstweilige Verfügung — 44
Erinnerung des Gläubigers — 45
Erklärungsbewusstsein — 11
Erlass, Bitte um — 23

Forderung, anerkannte — 17

Gerichtsvollzieher — 39
Geringstes Gebot, Feststellung des — 43

Hemmung der Verjährung — 31

Kenntnis des Gläubigers — 30 f
Klausel, fehlende — 48
Kostenrecht — 2
Kostenvollstreckung — 46
Kostenzahlung — 24

Mängelbeseitigungsverlangen (VOB/B) — 2
Mehrheit
– von Gläubigern — 16
– von Schuldnern — 16
Mitverschuldenseinwand — 20

Nachbesserung — 25
Nebenleistungen — 24
Neubeginn der Verjährung — 1

Pfändung — 42
Prozessgericht — 39
Prozessuales Verhalten — 29

Rechnung — 28
Rechnungsprüfung — 22
Rechtsnatur des Anerkenntnisses — 6 ff
Rechtspflicht zur Erklärung — 28

Schlusszahlung — 26
Schweigen des Schuldners — 28
Selbstmahnung — 4

Sicherheitsleistung — 22 f
Sicherungshypothek — 42, 46
Sicherungsvollstreckung — 37
Sofortige Beschwerde — 45
Stammrecht — 20
Stellvertreter — 10
Stundungsbitte — 22

Tatsächliches Verhalten — 7, 28
Teilleistung — 25
Titel
– Beschaffung des — 37
– fehlender — 47
Titulierung des Anspruchs — 1

Unpfändbarkeitsbescheinigung — 47
Unterbrechung der Verjährung — 1
Unterlassungserklärung — 25

Vergleichsverhandlungen — 12
Verhandlungen — 12
Vermögensauskunft — 45
Vertrauen des Gläubigers — 7
Versicherung, eidesstattliche — 45
Verwertung der Pfandsache — 42
Verzicht auf die Verjährungseinrede — 6
Vollstreckung — 35 ff
– unzulässige — 38
– Verhinderung der — 36
Vollstreckungsantrag — 38
– bei eingetretener Verjährung — 50
– eingeschränkter — 46
– neuer Antrag — 49
– Rücknahme — 38, 47
– Rückweisung — 38, 48
Vollstreckungsgericht — 39
Vollstreckungsklausel — 37
Vollstreckungsmaßnahme — 41
– aufgehobene — 38
– mangelhafte — 48
Vollstreckungsorgan — 39
Vollstreckungsverfahren — 35

Wiederkehrende Leistungen — 20
Willenserklärung — 8

Zahlung, laufende — 26
Zession — 16
Zinszahlung — 22, 24

Titel 2
Hemmung, Ablaufhemmung und Neubeginn der Verjährung § 212

Zuschlag	43	– erfolglose	46
Zustellung des Titels	37	– in das Grundstück	42 f
– fehlende	48	– wegen Handlungen, vertretbarer und	
Zwangsvollstreckung		unvertretbarer	44
– Antrag	37		

I. Neubeginn der Verjährung

1. Zum Begriff des Neubeginns der Verjährung s Vorbem 2 zu § 203. Neubeginn **1**
bedeutet, dass der bisher verstrichene Teil der Verjährungsfrist unbeachtlich bleibt, sie also mit dem einschlägigen Ereignis neu anfängt. Der Begriff entspricht dem der *Unterbrechung* der Verjährung des bisherigen Rechts, den dieses in § 217 aF definierte.

Das BGB nennt ausdrücklich nur noch zwei Fälle eines Neubeginns der Verjährung; es sind dies das Anerkenntnis des Schuldners und Vollstreckungsmaßnahmen des Gläubigers, § 212 Abs 1 Nrn 1, 2, entsprechend den §§ 208, 209 Abs 2 Nr 5 aF. Die nach früherem Recht unterbrechenden Tatbestände der §§ 209 Abs 1, Abs 2 Nrn 1–4, 210, 220 aF – und weitere – sind in § 204 Abs 1 zu Hemmungstatbeständen – mit einer Nachfrist in § 204 Abs 2 S 1 – „zurückgestuft" worden, weil es sich bei ihnen um Dauertatbestände handelt, die weithin überdies nur den Weg zum Titel mit seiner langfristigen Verjährung ebnen sollen. Eine solche Verfahrensweise war bei den punktuellen Ereignissen des Anerkenntnisses und der Vollstreckungsmaßnahmen nicht möglich.

2. Außerhalb des BGB finden sich Fälle eines Neubeginns der Verjährung noch **2**
im Kostenrecht, vgl die § 5 Abs 3 S 2 GKG, § 6 Abs 3 S 2 GNotKG, § 7 Abs 3 S 2 FamGKG, § 20 Abs 3 VwKostG, sowie in Bezug auf Steuerforderungen § 231 Abs 1 S 1 AO.

3. Zu einem Neubeginn der Verjährung führt außerdem die bestandskräftige Titulierung des Anspruchs nach § 197 Abs 1 Nrn 3–5. Außer in den Fällen des § 197 Abs 2 beginnt jetzt freilich die lange Frist des § 197 Abs 1 zu laufen.

Nach § 13 Abs 5 Nr 1 S 2 VOB/B lässt das schriftliche Begehren des Bestellers nach Mängelbeseitigung eine neue, hier kürzere Frist laufen.

II. Neubeginn durch Anerkenntnis des Schuldners

§ 212 Abs 1 Nr 1 misst dem Anerkenntnis des Schuldners die Wirkung einer Er- **3**
neuerung der Verjährung bei. Diese beginnt unmittelbar danach sofort wieder zu laufen. Allerdings ist es sonst grundsätzlich Sache des Gläubigers, den Eintritt der Verjährung zu hindern, der sein ernstliches Interesse an der Durchsetzung der Forderung in einer qualifizierten Form, vgl etwa § 204 Abs 1, belegen muss, § 212 Abs 1 Nr 1 statuiert demgegenüber mit der *einseitigen Einwirkung auf den Ablauf der Verjährung durch den Schuldner* eine singuläre Erscheinung.

Der *Grundgedanke* dieser Regelung ist *nur schwer zu bestimmen* (vgl Spiro § 150). Der **4**

Gedanke eines Verzichts ist es nicht (Spiro aaO): Es braucht dem Schuldner die laufende Verjährung nicht gewärtig zu sein. Gewichtiger ist es, dass das Anerkenntnis des Schuldners den Gläubiger von eigenen Schritten zur Verjährungshemmung abhalten und diese unzumutbar erscheinen lassen kann: Eine gleichwohl erhobene Klage könnte der Kostenfolge des § 93 ZPO ausgesetzt sein. Aber auch dieser Gedanke erklärt die Bestimmung nicht hinreichend: Zur Klage kann trotz des Anerkenntnisses genügender Anlass bestehen, wenn dieses dem Gläubiger zwar Schutz vor der Verjährung, aber nicht die Leistung verschafft; außerdem mag das Anerkenntnis, außerprozessual abgegeben, auf erhebliche Beweisschwierigkeiten stoßen. Insoweit ist ebenfalls von Bedeutung, aber für sich wiederum nicht hinreichend tragfähig, der Rekurs auf die Warnfunktion der Verjährungshemmung durch den Gläubiger: Wie im Bereich des Verzuges die Selbstmahnung des Schuldners die des Gläubigers ersetzt, so hier das eigene Tun des Schuldners das des Gläubigers. Man wird dies um den ganz praktischen Gedanken ergänzen müssen, dass die Wahrung der Verjährungsfrist durch den Gläubiger umständlich und teuer ist. § 212 Abs 1 Nr 1 gibt einen für beide Seiten bequemen und günstigen Ausweg. Das Anerkenntnis ist „kostenlos". Dass mit ihm uU eine Klage (einstweilen) abgewendet werden kann, hat wirtschaftliche Vorteile für Gläubiger und Schuldner.

5 Die Rechtsfolge ist freilich zT bedenklich. Die Erneuerung der Verjährung trägt bei langen Verjährungsfristen zu wenig den Interessen des Schuldners Rechnung, bei kurzen zu wenig denen des Gläubigers. Gezielter einzusetzen ist deshalb von den Parteien ein einstweiliger Verzicht auf die Einrede (vgl dazu § 214 Rn 30) bzw eine Vereinbarung nach § 202 Abs 2.

Trotz aller dieser Bedenken kommt der Bestimmung des § 212 Abs 1 Nr 1 eine zentrale Bedeutung im Rahmen des geltenden Verjährungsrechts zu, indem sie die Bemessung der regelmäßigen Verjährungsfrist mit drei Jahren legitimiert. Bekennt sich der Schuldner zu seiner Schuld, droht dem Gläubiger kein Ungemach von Seiten der Verjährung. Hat sich der Schuldner dagegen vor zweieinhalb Jahren aufs Leugnen verlegt, ist es allerhöchste Zeit, die Dinge einer gerichtlichen Klärung zuzuführen. Diese Zusammenhänge verkennt Zöllner, in: FS Honsell (2002) 153.

Zu unterscheiden ist das Anerkenntnis iSd § 212 Abs 1 Nr 1 von einem titelersetzenden Anerkenntnis (dazu § 202 Rn 19).

III. Rechtsnatur des Anerkenntnisses

6 **1.** Das Anerkenntnis nach § 212 Abs 1 Nr 1 ist *von anderen Erklärungen abzugrenzen*. Es ist nicht gleichzusetzen mit dem konstitutiven Schuldanerkenntnis des § 781, das die Forderung noviert und so zu § 195 führt (BGH NJW 1998, 2972, 2973). Ebenfalls nicht notwendig, aber doch auch ausreichend ist ein sog deklaratorisches Anerkenntnis, das zu § 212 Abs 1 Nr 1 führt und so wieder die ursprüngliche Frist in Lauf setzt (BGH VersR 1965, 155).

Auch der Verzicht auf die Einrede der Verjährung ist vom Anerkenntnis iSd § 212 Abs 1 Nr 1 nach Voraussetzungen und Wirkungen zu unterscheiden. Durch die Erklärung des Verzichts bringt der Schuldner gerade nicht zum Ausdruck, dass die Schuld bestehe, es wird außerdem die Verjährung nicht erneuert, sondern nur gehemmt, weil die Berufung auf sie treuwidrig ist (vgl § 214 Rn 30 ff).

2. Der Schuldner erkennt dann an, *wenn er sein Bewusstsein vom Bestehen der Schuld unzweideutig zum Ausdruck bringt* (RGZ 72, 131; 78, 130, 132; RG HRR 1940 Nr 1114; BGHZ 58, 103; BGH NJW 1978, 1914; NJW-RR 1988, 695; STAUDINGER/DILCHER[12] § 208 aF Rn 6; MünchKomm/GROTHE Rn 6; PALANDT/ELLENBERGER Rn 2). Das ist mit ihm möglich ab Beginn der Verjährung; es wirkt gemäß § 187 Abs 1 (BGH NJW 1998, 2972, 2973). Der Eintritt der Verjährung zieht die zeitliche Grenze. **7**

Damit sind die *Begriffsmerkmale des Anerkenntnisses erschöpft*.

a) Zu Fehldeutungen gibt es Anlass, wenn zuweilen von einem *tatsächlichen Verhalten* des Schuldners die Rede ist (vgl STAUDINGER/DILCHER[12] § 208 aF Rn 5 gegenüber ENNECCERUS/NIPPERDEY § 235 III; MünchKomm/GROTHE Rn 6; PALANDT/ELLENBERGER Rn 2). Den letzteren Autoren ist darin zuzustimmen, dass eine Willenserklärung des Schuldners nicht zu fordern ist, und ferner, dass tatsächliche Verhaltensweisen genügen können. Notwendig sind sie aber nicht, sondern vielmehr nur eines von mehreren möglichen Erklärungsmitteln, wenn das Anerkenntnis auch konkludent abgegeben werden kann.

b) Ebenfalls *nicht* zum Begriff des Anerkenntnisses gehört es, *dass der Berechtigte angesichts des Anerkenntnisses darauf vertrauen dürfe, dass sich der Verpflichtete nicht nach Ablauf der ursprünglichen Verjährungsfrist alsbald auf Verjährung berufen werde*, wie zuweilen formuliert wird (vgl BGH NJW 1981, 1955; MünchKomm/GROTHE Rn 6). Dieses Vertrauen kann nur Folge des Anerkenntnisses sein, die Schaffung des Vertrauenstatbestandes ist aber nicht Wesensmerkmal des Anerkenntnisses. Beide Seiten brauchen nicht an die Verjährung zu denken; das Vertrauen des Gläubigers darf auch ausbleiben oder unberechtigt sein. Ein hinreichendes Anerkenntnis des Schuldners liegt durchaus vor, wenn er erklärt, er schulde, das werde aber demnächst verjährt sein und dann werde er sich darauf berufen, oder der Gläubiger werde seine bestehende Forderung vor Gericht nicht beweisen können.

Richtig ist, dass *das Verhalten des Schuldners der Auslegung* bedarf. Wenn der Gläubiger nicht auf das Ausbleiben der Verjährungseinrede vertrauen darf, mag es – aber eben nicht zwingend – an der Eindeutigkeit der Erklärung des Bewusstseins vom Bestehen der Schuld fehlen.

Zur Frage, inwieweit der Schuldner das Anerkenntnis durch zusätzliche Erklärungen einschränken kann, u Rn 13.

3. Damit ist das Anerkenntnis *keine Willenserklärung* (aA früher HÖLDER ArchBürgR 11, 233), sondern eine Wissenserklärung (SPIRO § 151; STAUDINGER/DILCHER[12] § 208 aF Rn 5; PALANDT/ELLENBERGER Rn 2). Insoweit ist es *kein Realakt* (so zutreffend STAUDINGER/DILCHER[12] § 208 aF Rn 5), sondern vielmehr eine geschäftsähnliche Handlung (STAUDINGER/DILCHER[12] § 208 aF Rn 5; MünchKomm/GROTHE Rn 6; PALANDT/ELLENBERGER Rn 2). Besondere Folgerungen dürfen aus dieser begrifflichen Erfassung freilich nicht gezogen werden. Vielmehr ist eigenständig aus der Funktion der Bestimmung zu ermitteln, welche **8**

inhaltlichen Anforderungen zu stellen sind (u Rn 11 ff) und welche formellen Anforderungen gelten (u Rn 22 ff).

Das Anerkenntnis kann in einer nichtigen Willenserklärung enthalten sein (SOERGEL/ NIEDENFÜHR Rn 9). Im Zweifel wird es von dieser Nichtigkeit nicht erfasst.

8a 4. Es muss ein Anerkenntnis des Schuldners vorliegen.

a) Das Anerkenntnis eines *Zwangsverwalters* kann dem Schuldner nur dann zugerechnet werden, wenn dieser es innerhalb seines Aufgabenbereichs abgegeben hat (BGH NJW 2012, 1293 Rn 12 f).

b) Bei einer *Mehrheit von Schuldnern* wirkt das Anerkenntnis des einen nur gegen diesen, § 425 Abs 2, es sei denn er handle namens und in Vollmacht für die anderen. Das ist auch dort nicht anders, wo der Schuldner berechtigt ist, Geschäfte zur Deckung des *Lebensbedarfs einer Familie* zu tätigen (**aA** STAUDINGER/VOPPEL [2012] § 1357 Rn 79 mwNw).

c) In einer *Wohnungseigentümergemeinschaft* führt die Zustimmung zu dem Beschluss über die Jahresabrechnung schon deswegen nicht zu einem Anerkenntnis über Rückstände auf den Wirtschaftsplan, weil rückständige Wohngeldvorschussansprüche nicht Gegenstand dieser Abrechnung sind. Die Jahresabrechnung bezieht sich stets lediglich auf einen Vergleich der tatsächlichen Kosten mit den Sollvorauszahlungen des Wirtschaftsplans (BGH NJW 2012, 2797 Rn 18 ff).

9 5. a) Wegen der nachteiligen Wirkungen des Anerkenntnisses, vgl § 107, und weil es jedenfalls potenziell geeignet sein muss, den Gläubiger von Maßnahmen nach § 204 abzuhalten, ist *Geschäftsfähigkeit* zu fordern (SPIRO § 155; PALANDT/ELLENBERGER Rn 2).

b) Eine *Anfechtung wegen Irrtums* soll nach hM nicht möglich sein (RG HRR 1930, 96; MünchKomm/vFELDMANN[3] § 208 aF Rn 9 [anders jetzt MünchKomm/GROTHE Rn 12]; PALANDT/ ELLENBERGER Rn 2; vgl zum Rechtsirrtum BGH VersR 1984, 441). Dem ist jedoch nicht zu folgen.

Soweit das Anerkenntnis auf Arglist des Gläubigers beruht, darf der Schuldner nicht daran gebunden sein. Gegen MünchKomm/vFELDMANN[3] aaO; PALANDT/ELLENBERGER aaO ist dies aber nicht aus § 242 herzuleiten, sondern eben aus § 123. Damit verdienen dann aber auch die Fristen des § 124 Beachtung.

Soweit der Schuldner die – aus seiner Sicht – falsche Forderung anerkennt, indem er etwa geleistete Zahlungen falsch zuordnet, ist es nicht einzusehen, warum er daran endgültig gebunden sein sollte. Gleiches muss gelten, wenn er sich unter mehreren Forderungen vergreift. Beachtung verdienen dabei die Fristen des § 121. Eine Benachteiligung des Gläubigers durch die Zulassung einer Anfechtung ist nicht zu befürchten: Ihn schützt die Frist des § 121; sollte er im Vertrauen auf das Anerkenntnis die Forderung verjähren lassen, hülfe ihm dagegen der Schadensersatzanspruch aus § 122 Abs 1. – Richtig dagegen, dass bloße Motivirrtümer nicht zur Anfechtung berechtigen.

c) Ein Anerkenntnis durch *Stellvertreter* ist möglich (BGH NJW 1970, 1119; KG **10** DNotZ 1970, 159; STAUDINGER/DILCHER[12] § 208 aF Rn 7; PALANDT/ELLENBERGER Rn 6; Münch-Komm/GROTHE Rn 10; **aA** MünchKomm/vFELDMANN[3] § 208 aF Rn 7). Es ist keine Abschlussvollmacht notwendig, es genügt vielmehr eine Verhandlungsvollmacht (s auch § 203 Rn 9). Der Gesellschafter einer BGB-Gesellschaft konnte vor Anerkennung ihrer Rechtsfähigkeit im Rahmen seiner Vertretungsmacht auch zu Lasten der anderen Sozien anerkennen (BGH NJW-RR 1996, 313). Heute deckt seine Vertretungsmacht regelmäßig nur ein Anerkenntnis für die Gesellschaft, das über § 129 HGB aber zulasten der anderen Gesellschafter wirkt (vgl BGHZ 73, 217, 222 f). Die Möglichkeit des Anerkenntnisses ist besonders dort von praktischer Bedeutung, wo der Haftpflichtversicherer verhandelt, vgl seine Regulierungsvollmacht aus §§ 5 Abs 7 AHB, 10 Abs 5 AKB. Insofern sind seine Erklärungen dem Schuldner zuzurechnen (BGH NJW 2007, 69), wie auch dem berechtigten Fahrer (BGH VersR 1972, 373). Die Vertretungsmacht ist grundsätzlich nicht auf die Deckungssumme beschränkt (BGH NJW 1970, 1119; VersR 1972, 399; NJW 2007, 69) und erfasst dann auch einen Selbstbehalt des Vertretenen, wenn sich Gegenteiliges auch durch Auslegung ergeben kann (BGH NJW 1979, 867; OLG Braunschweig NJW-RR 1989, 800). Auch die Leistungsfreiheit des Versicherers gegenüber dem Versicherungsnehmer ist unbeachtlich.

Wo der Vertreter ohne hinreichende Vollmacht handelt, kann dies zwar nicht (rückwirkend) genehmigt werden (WUSSOW NJW 1963, 1759 f; MünchKomm/GROTHE Rn 10), wohl aber wird die Genehmigung als eigenständiges Anerkenntnis zu werten sein.

Das Anerkenntnis des Pflichtteils durch den Vorerben wirkt zu Lasten des Nacherben (BGH NJW 1973, 1690).

6. Inhaltlich ist für das Anerkenntnis notwendig: **11**

a) ein *Erklärungsbewusstsein* des Schuldners.

b) eine *Erklärung im Hinblick auf die Forderung* des Gläubigers, die irgendwie als solche angesprochen sein muss. Es genügt also *kein Anerkenntnis* hinsichtlich *der tatsächlichen Umstände,* aus denen die Forderung herzuleiten ist, zB Verkehrsunfall oder Schriftwechsel, sondern der Schuldner muss daraus erkennbar die Folgerung seiner Verpflichtung gezogen haben und diese als solche zum Ausdruck bringen. Dabei braucht der Rechtsgrund dieser Verpflichtung nicht konkret oder gar korrekt bezeichnet zu sein (RGZ 54, 219, 221). Es genügt aber nicht die Erklärung des Schuldners, ihm sei ein Fehler unterlaufen (OLG Hamm MDR 1990, 547), weil daraus nicht zwingend auf eine Verpflichtung zu schließen ist. Ebenso wenig liegt ein Anerkenntnis der Werklohnforderung in dem Versprechen, erst nach Beseitigung von Werkmängeln zahlen zu wollen (BGH NJW 1969, 1108; OLG Hamm NJW 1966, 1659). Die Bezahlung der Kosten des Verfahrens der einstweiligen Verfügung erkennt die Verpflichtung in der Hauptsache nicht an (BGH NJW 1981, 1955). Ebenso wenig die Sicherheitsleistung zur Abwendung der Zwangsvollstreckung (BGH NJW 1993, 1848): Hier wie dort fehlt es an der Freiwilligkeit. Das Anerkenntnis von Mängeln einer Werkleistung bedeutet aber regelmäßig die Anerkenntnis der Gewährleistungspflicht (BGHZ 110, 98, 101 = NJW 1990, 1472; OLG Düsseldorf NJW-RR 1995, 1231; BGH NJW 1999, 2961).

12 c) Gerade im Hinblick auf das Anerkenntnis einer Verpflichtung bedarf die Erklärung des Schuldners der Auslegung, die nach den üblichen Maßstäben der §§ 133, 157 zu erfolgen hat (Palandt/Ellenberger Rn 2), also danach wie der Empfänger sie redlicherweise unter Berücksichtigung aller ihm bekannten Umstände verstehen durfte.

Danach genügt nicht die Ankündigung, sich um die Angelegenheit zu kümmern (OLG Koblenz MDR 1990, 50), sie an die eigene Versicherung weiterzuleiten, die Anfrage der Versicherung, mit welchem Betrag sich der Geschädigte zufriedengeben wolle (BGH VersR 1966, 536), die Ankündigung einer Kulanzzahlung (OLG München DAR 1981, 13). Freilich ist das Angebot von Kulanz der Auslegung fähig und bedürftig. Wer letztlich voll auf das Begehren des anderen einzugehen verspricht, erkennt an, auch wenn er das mit dem Wort Kulanz verbrämt. So schließt auch die Einschränkung „ohne Anerkennung einer Rechtspflicht" ein Anerkenntnis nicht zwingend aus (BGH VersR 1972, 398). Anders, wenn der Schuldner Einschränkungen gegenüber dem Begehren macht oder darlegt, dass er an sich nicht zu leisten brauche, also aus echter Kulanz handle. Ein Verhandeln iSd § 203 liegt auch dann noch vor.

Die Verteidigung mit Gegenrechten stellt regelmäßig kein Anerkenntnis dar (OLG Koblenz VersR 1981, 187).

Besondere Auslegungsprobleme bereitet es, wenn sich der Schuldner im Rahmen von *Vergleichsverhandlungen* auf die Forderung des Gläubigers einlässt. Hier kann durchaus ein Anerkenntnis vorliegen, wenn sich unzweideutig ergibt, dass der Anspruch dem Grunde nach nicht bestritten werden soll (BGH VersR 1965, 959), allgemeiner ausgedrückt: Wenn die Existenz des Anspruchs zum Bereich dessen gehört, was den Verhandlungen als unstreitig zugrunde liegt. Die Regel aber wird es sein, dass der Schuldner die Forderung grundsätzlich bestreitet und die Verhandlungen unter dem Vorbehalt der Aufrechterhaltung seines Rechtsstandpunktes führt, auch wenn dies zuweilen in den Hintergrund treten mag. Dann ist jedenfalls davon auszugehen, dass die abgegebenen Erklärungen nach dem Scheitern der Verhandlungen keine Wirkungen mehr haben (BGH WM 1970, 540; OLG Hamm VersR 1982, 806; Palandt/Ellenberger Rn 4).

Dass der Schuldner seine Verpflichtung mit fadenscheinigen, nicht überzeugenden oder leicht widerlegbaren Argumenten bestreitet, führt nicht zur Annahme eines Anerkenntnisses. Freilich ist die irgendwie erläuterte Ablehnung des Anspruchs gegenüber dem nachfragenden Gläubiger nach *§ 203* relevant, was wegen § 203 S 2 praktische Bedeutung erlangen kann.

13 Wenn zuweilen gesagt wird, dass die Anerkennungswirkung vom Schuldner ausgeschlossen werden könne (OLG Düsseldorf VersR 1962, 1213; Staudinger/Dilcher[12] § 208 aF Rn 9), ist dies nur eingeschränkt richtig. Ergibt die Auslegung, dass das Bewusstsein der Verpflichtung letztlich besteht, liegt ein Anerkenntnis vor, das dann auch nicht mehr eigens verbaliter ausgeschlossen werden kann. Andererseits können einschränkende Erklärungen des Schuldners natürlich zum Ausdruck bringen, dass er letztlich nicht zu schulden meint.

Erklärt der Schuldner, dass er generell zur Leistung bereit sei, aber noch Rat einholen wolle, so wirkt dies noch nicht (**aA** OLG Karlsruhe VersR 1993, 331), sondern erst der ergebnislose Ablauf einer angemessenen Frist dazu.

Ein Anerkenntnis des Schuldners wird dadurch ausgeschlossen, dass er die Entstehung, den Fortbestand oder die Durchsetzbarkeit der Forderung mit tatsächlichen oder rechtlichen Argumenten bekämpft, zB dass er nicht oder nicht schuldhaft oder nicht verpflichtend gehandelt habe, dass die Forderung erfüllt oder erlassen sei, dass die Verjährung eingetreten sei oder ihm jedenfalls ein dauerndes Leistungsverweigerungsrecht zustehe.

Dagegen schließt es ein Anerkenntnis nicht aus, dass der Schuldner erklärt, die Forderung nicht erfüllen zu wollen oder zu können, mag dies mit wirtschaftlichen Schwierigkeiten, Verärgerung oder Unlust begründet werden oder überhaupt unbegründet bleiben. **14**

d) Damit erschöpfen sich die Bestandteile des Anerkenntnisses. Es ist insbesondere nicht notwendig, **15**

aa) *dass der Schuldner – oder gar der Gläubiger – die drohende Verjährung in Erwägung zieht,*

bb) nach dem o Rn 7 Gesagten, dass der Gläubiger nach dem Verhalten des Schuldners die Erwartung hegt oder auch nur hegen darf, es werde zu einer freiwilligen Leistung kommen und er würde zu einer zwangsweisen – die Verjährung hemmenden – Durchsetzung seines Rechts nicht genötigt sein.

IV. Gegenstand des Anerkenntnisses

1. Das Anerkenntnis muss sich auf die *Forderung* beziehen. **16**

Der Schuldner muss *sich als Schuldner bezeichnen*. Kein Anerkenntnis gibt er ab, wenn er die Forderung zwar als existent bezeichnet, aber die Verpflichtung auf andere abzuwälzen versucht.

Der Schuldner muss auch die *Gläubigerstellung* der anderen Seite anerkennen. Im Falle der *Zession* einer Forderung wirkt das Anerkenntnis gegenüber dem Zessionar nur gegenüber diesem, das gegenüber dem Zedenten nur gegenüber dem Zessionar (BGH VersR 2009, 230 Rn 23), es sei denn, es wäre schon vor der Zession abgegeben worden, § 404 spiegelbildlich, oder nach der Zession unter den Voraussetzungen des hier ebenfalls entsprechend anwendbaren § 406. Das schließt eine, freilich besonders zu begründende Drittwirkung des Anerkenntnisses nicht aus, zB nimmt das Anerkenntnis der oHG nach § 129 HGB dem persönlich haftenden Gesellschafter die Einrede der Verjährung für seine Haftung nach § 128 HGB. Das vor Abtretung oder Gesamtrechtsnachfolge abgegebene Anerkenntnis wirkt auch gegenüber dem Rechtsnachfolger. Nach einer cessio legis ist ein Anerkenntnis gegenüber dem Zessionar abzugeben (BGH NJW 2008, 2776 Rn 23). Nach § 242 lässt der BGH (aaO Rn 26 ff) das Anerkenntnis gegenüber dem Zedenten wegen der besonderen Umstände des Falles genügen. Das wird für den vorliegenden Fall zutreffen. Das Anerkenntnis des Hauptschuldners nimmt dem Bürgen die Einrede der Verjährung (hinsichtlich der

Hauptforderung), § 768 Abs 1; § 768 Abs 2 kann hier nicht – auch nicht entsprechend – angewendet werden. So wie es der Bürge in Bezug auf die Verjährung hinnehmen muss, dass sich der Gläubiger die Forderung gegen den Hauptschuldner titulieren lässt, so auch, dass der Hauptschuldner zur Meidung eines solchen – wirtschaftlich oft sinnlosen – Vorgehens anerkennt. Das Anerkenntnis des § 212 Abs 1 Nr 1 fällt auch nicht unter § 767 Abs 1 S 3, sondern stellt ein auch gegenüber dem Bürgen korrektes Verhalten des Hauptschuldners dar (OLG München WM 2006, 684, 687; **aA** Tiedtke/Holthusen WM 2007, 93).

Bei einer *Mehrheit von Gläubigern oder Schuldnern* wirkt ein Anerkenntnis immer nur individuell, §§ 425 Abs 2, 429 Abs 3 S 1. Freilich bleibt dabei zu beachten, dass wechselseitige Vertretungsmacht bestehen kann (vgl auch o Rn 10). Hat der anerkennende Schuldner eine solche für seinen Mitschuldner, muss er deutlich machen, dass er nicht auch für diesen anerkennen will. Gleiches gilt, wenn er gegenüber einem Gläubiger anerkennt, der andere vertreten kann. Hier genügt es freilich, wenn ein Gläubiger das Anerkenntnis bestimmungsgemäß an den anderen weiterleiten soll und es auch auf diesen „passt".

17 **2. a)** Die *Forderung* muss als *rechtliche* und als solche durchsetzbare – und nicht nur als sittliche oder sonstige – Verbindlichkeit bezeichnet werden (vgl o Rn 12). Ihr Rechtsgrund braucht nicht angegeben zu werden; entsprechend sind Fehlgriffe bei ihrer Bezeichnung bedeutungslos, solange sie nur als solche identifizierbar bleibt.

Die *Möglichkeit der Identifikation* muss freilich gegeben sein. Kein wirksames Anerkenntnis, wenn dem Gläubiger mehrere Forderungen zustehen, der Schuldner aber nur pauschal anerkennt, Schulden ihm gegenüber zu haben, ohne dass dies konkret einzelnen Positionen zugeordnet werden kann, bzw ein Anerkenntnis nur insoweit, wie dies möglich ist.

Wenn dem Gläubiger mehrere Forderungen alternativ zustehen, ist die Reichweite des Anerkenntnisses durch Auslegung zu ermitteln. Es gilt auch § 213. Freilich kann der Schuldner einzelne Ansprüche dadurch ausschließen, dass er sie nicht anerkennt: ZB erkennt er ein Scheitern des Vertrages an, leugnet aber ein Verschulden; Anerkenntnis des Anspruchs aus § 346, nicht des Anspruchs aus den §§ 280, 281.

18 Stehen dem Gläubiger alternativ vertragliche oder gesetzliche Ansprüche zu, zB bei möglicher Nichtigkeit eines Darlehens, bedarf es der Auslegung des schuldnerischen Verhaltens, worauf sich das Anerkenntnis beziehen soll. RG HRR 1930 Nr 1091 hat danach in dem Bedienen der Darlehensforderung im konkreten Fall ein Anerkenntnis des Bereicherungsanspruchs gesehen. Freilich ist Zurückhaltung geboten: Folgt die Nichtigkeit des Darlehens aus § 138, so werden kaum auch Zinsen des Rückzahlungsanspruchs anerkannt sein.

b) Die Verpflichtung wird von dem Schuldner nur dann anerkannt, wenn sich der Schuldner *freiwillig zu ihr bekennt*. Daran fehlt es, wenn er auf Grund einer Verurteilung leistet (BGH NJW 1972, 1043, 1044), auf Grund eines Kostenfestsetzungsbeschlusses (BGH NJW 1981, 1955; **aA** OLG Hamburg WRP 1979, 317) oder auf Grund einer Bewährungsauflage (MünchKomm/Grothe Rn 14; **aA** LAG Frankfurt NJW 1966, 1678) oder einer sonstigen Auflage im Strafverfahren (OLG Düsseldorf NJW-RR 1994, 614). Im

Einzelnen kann hier freilich durch ein zusätzliches Verhalten ein Anerkenntnis zum Ausdruck gebracht werden.

V. Reichweite des Anerkenntnisses

Die von § 212 Abs 1 Nr 1 beispielhaft genannten Möglichkeiten des Anerkenntnisses lassen erkennen, dass sich der Schuldner keineswegs ausdrücklich zu erklären braucht, sondern dass auch für sich genommen beschränkte Handlungsweisen genügen, sofern sie nur den – auch mittelbaren – Schluss auf die gesamte Verpflichtung zulassen. **19**

1. Der Schuldner hat es jedenfalls in der Hand, die *Reichweite* eines Anerkenntnisses *zu beschränken;* es ist ihm möglich, eine Forderung nur *teilweise* anzuerkennen, indem er etwa den Gesamtbetrag limitiert oder sich auf einzelne Positionen beschränkt (RGZ 63, 382, 389; BGH VersR 1960, 811; 1968, 277; OLG Nürnberg VersR 1970, 552; MünchKomm/GROTHE Rn 9; PALANDT/ELLENBERGER Rn 5). Eine solche Beschränkung kann und wird sich vielfach konkludent ergeben. So wird eine Hauptforderung durch Zinszahlung nur in der Höhe anerkannt, die sich aus der Berechnung der Zinsen ergibt. Teilzahlungen wirken in voller Höhe, wenn der Schuldner ohne Vorbehalte gegenüber der weitergehenden geltendgemachten Forderung leistet (OLG Köln VersR 1967, 463), anders dagegen, wenn zwar Schmerzensgeld gezahlt wird, aber weitergehende Ersatzansprüche des Geschädigten ausdrücklich bestritten werden (OLG Oldenburg VersR 1967, 384). In Fällen dieser Art ist aber ein besonderer Vorbehalt des Schuldners zur Einschränkung des Anerkenntnisses erforderlich. Leistet er auf Anforderung des Gläubigers nur auf bestimmte Schadenspositionen, so liegt darin im Zweifel ein umfassendes Anerkenntnis (BGH NJW-RR 1986, 324).

2. Danach ist insbesondere möglich ein dann umfassend wirkendes *Anerkenntnis* **20** *dem Grunde* nach (BGH VersR 1960, 832; 1974, 571; 1984, 442).

a) Ein solches Anerkenntnis dem Grunde nach ist auch dann anzunehmen, wenn sich der Schuldner der Höhe nach Einwendungen vorbehalten hat (RGZ 63, 382, 389; 113, 234, 238; 135, 9, 11; 165, 238, 241; BGH VersR 1960, 831; 1974, 571; STAUDINGER/DILCHER[12] § 208 aF Rn 11; MünchKomm/GROTHE Rn 7; PALANDT/ELLENBERGER Rn 5). Vorbehalte des Schuldners wirken dann nur hinsichtlich jener Forderungsteile, auf die sie sich beziehen.

Namentlich der Mitverschuldenseinwand ist differenziert zu betrachten: Wird er konkretisiert auf ein Drittel der Forderung bezogen, so wirkt er gegenüber diesem (BGH VersR 1960, 831, 832). Wird er nach § 254 Abs 1 dem Grund der Forderung gegenübergestellt, so schließt er ein Anerkenntnis insgesamt aus, sofern die Auslegung nicht ergibt, dass der Schuldner einen Teil der Forderung jedenfalls anerkennen will. Bezieht er sich nur auf die Schadensminderungspflicht, so ist er unbeachtlich (BGH VersR 1963, 187, 188) bzw nur gegenüber jenen Forderungsteilen relevant, auf die er sich bezieht.

b) Danach wird bei Ansprüchen auf *wiederkehrende Leistungen* namentlich auch die Verjährung des Stammrechts, aus dem sie fließen, erneuert, wenn einzelne Raten gezahlt werden (BGH VersR 1960, 949; NJW 1967, 2353; NJW-RR 1986, 324; OLG Köln MDR

1984, 755; VersR 1985, 249). Das gilt insbesondere auch bei Unterhaltsleistungen (LG Ansbach DAVorm 1967, 20; LG Schweinfurt DAVorm 1967, 290).

21 c) Ein Anspruch kann dem Grunde nach namentlich auch durch schuldnerisches Verhalten im Vorfeld der Forderung anerkannt werden. Das ist insbesondere der Fall, wenn zur Vorbereitung von Zahlungsansprüchen des Gläubigers, zB auf Zugewinnausgleich oder Pflichtteil, aber doch auch sonst, *Auskunft* über die Berechnungsgrundlagen erteilt oder auch erst nur zugesagt wird (BGH NJW 1975, 1409; 1985, 2945; NJW-RR 1987, 1411; FamRZ 1990, 1107). Dem muss freilich das erkennbare Bewusstsein zugrunde liegen, die sich ergebenden Zahlungen späterhin auch leisten zu müssen. Bei der Auskunft über den Zugewinn wird es daran idR im Hinblick auf den Zahlungsanspruch fehlen (BGH NJW 1999, 1101). Ist dies aber der Fall, dann ist die Verjährung nicht nur wegen des sich aus der Auskunft ergebenden Betrages erneuert.

21a 3. Einverständlich ist es den Parteien möglich, die *Wirkung des Anerkenntnisses in zeitlicher Hinsicht* zu modifizieren, indem sie von der Möglichkeit des § 202 Gebrauch machen. Nach § 212 Abs 1 beginnt an sich jene Verjährungsfrist neu zu laufen, die bisher für einen Anspruch dieser Art galt. Die Parteien können aber eben auch eine (kürzere oder) längere Frist vereinbaren, also bis zu dem Limit des § 202 Abs 2 gehen. Tun sie dies, liegt ein sog urteilsersetzendes Anerkenntnis vor. Dagegen ist – jedenfalls seit der Schaffung des § 202 Abs 2 im Rahmen der Schuldrechtsmodernisierung – nichts einzuwenden (**krit** GRUNSKY NJW 2013 1336), vielmehr ersparen sie sich so die Kosten einer Klage.

21b 4. Es bleibt dem Schuldner möglich, *wiederholt anzuerkennen*. Das kann den Gläubiger entweder von einer Klage abhalten oder diese doch mit dem Kostenrisiko des § 93 ZPO belasten. Die von § 212 Abs 1 Nr 1 genannten Beispielsfälle der Abschlagszahlung und der Zinszahlung werden typischerweise wiederholt. – Dass intakte Beziehungen der Parteien von regelmäßigen Anerkenntnissen des Schuldners begleitet sind, ist überhaupt einer der Rechtfertigungsgründe für die Kürze der Frist des § 195 (vgl dort Rn 3).

VI. Erklärung des Anerkenntnisses

22 1. Das Gesetz nennt mit Abschlagszahlung, Zinszahlung und Sicherheitsleistung selbst einige Fälle, in denen das Bewusstsein des Schuldners von einer Leistungspflicht nur konkludent zum Ausdruck kommt. Diese Arten des Anerkenntnisses sind nur *beispielhaft*. Es reichen aber außer ausdrücklichen Erklärungen des Schuldners wie zB Rücksendung der korrigierten Schlussrechnung (OLG Karlsruhe BauR 1998, 403) alle jene Verhaltensweisen aus, die dem Gläubiger den unzweifelhaften Schluss auf das Bewusstsein von seiner Leistungspflicht zulassen. Eine abschließende Zusammenstellung ist insoweit kaum möglich. Nur beispielhaft seien genannt:

a) Die insoweit vorbehaltlose Zustimmung des Gesellschafters zu der Bilanz, die die gegen ihn gerichtete Einlageforderung als offen ausweist (K SCHMIDT NZG 2009, 361, 363 f; **aA** SCHULZE-OSTERLOH, in: FS HP Westermann [2008] 1487, 1499 ff).

b) Äußerungen des Schuldners über seine Leistungspflicht, sofern sie diese als bestehend implizieren, insoweit genügt die *Bitte um Stundung* (BGH NJW 1978, 1914) und deren Vereinbarung, was dann zugleich die Verjährung nach § 205 hemmt. Zu Vergleichsverhandlungen über die Forderung vgl o Rn 12. Die Zusage des Schuldners, er wolle die ihm erteilten Rechnungen darauf überprüfen, ob er sie bezahlen müsse, genügt nicht (OLG Hamburg OLGE 24, 273), soweit nicht ausnahmsweise ein Anerkenntnis dem Grunde nach vorliegt, wenn sich der Schuldner etwa nur Einwendungen zur Höhe vorbehält (MünchKomm/GROTHE Rn 17). Das Vertrösten und Hinhalten des Gläubigers kann ein Anerkenntnis sein (RAG ArbRspr 1931, 373).

c) Maßnahmen des Schuldners *zur Vorbereitung der Leistung:* Vgl zur Erteilung **23** der Auskunft, die den Gläubiger in die Lage versetzen soll, seine Forderung durchzusetzen, o Rn 21. Das Angebot einer anderweitigen Verrechnung bei einer zurückverlangten Zahlung (vgl BGH NJW 1978, 1914 = LM Nr 9 mAnm SCHUBERT JR 1978, 505), ebenso das Angebot einer Leistung erfüllungshalber oder an Erfüllungs Statt, die Bitte um Erlass.

d) Das Gesetz selbst nennt die *Sicherheitsleistung* des Schuldners. Das ist in einem weiten Sinne zu verstehen. Es genügt allerdings – mangels zusätzlicher Indizien – nicht die Leistung einer gesetzlich vorgeschriebenen (STAUDINGER/DILCHER[12] § 208 aF Rn 15), wohl aber die freiwillige oder auch mit dem Gläubiger vereinbarte und insoweit insbesondere die Stellung von Bürgschaften, dinglichen Sicherheiten. Auch Schuldbeitritt oder Garantie wird man hierher rechnen müssen, sofern sie vom Schuldner veranlasst sind, ferner die Hingabe von Wechseln oder Schecks (ADLER ZHR 65, 141, 174; MünchKomm/GROTHE Rn 18). Eine hinreichende Sicherheitsleistung ist auch die Bewilligung einer Vormerkung (oder eines Widerspruchs für den Anspruch aus § 894). Die Sicherheitsleistung zur Abwendung der Zwangsvollstreckung reicht mangels Freiwilligkeit nicht aus.

e) Die *Zahlung von Zinsen* erneuert die Verjährung der Hauptforderung sowie **24** die schon fälliger Zinsansprüche. Die Gutschrift genügt vorbehaltlich ihrer Bekanntgabe an den Gläubiger (u Rn 30 f). Soweit Zinsen allerdings nur auf die Grundforderung geleistet werden, erneuert das die Wechselverjährung nicht (RG LZ 1914, 683).

Gleiches muss für die *Zahlung von Kosten* angenommen werden, soweit diese freiwillig erfolgt, also dann nicht, wenn die Kostenforderung tituliert ist.

Ebenso muss es genügen, wenn der Schuldner *Nebenleistungspflichten* nachkommt, also zB eine Gebrauchsanweisung aushändigt oder in den Gebrauch einer Maschine einweist.

Wo der Gläubiger nebeneinander Honorar und Auslagenerstattung verlangen kann, wird in der Regel mangels ausdrücklichen Vorbehalts die Zahlung auf die eine Forderung auch zugleich zugunsten der anderen wirken.

f) Das Gesetz nennt weiterhin die *Abschlagszahlung,* die geeignet ist, die For- **25** derung dem Grunde nach – und damit insgesamt – der Verjährung zu entziehen (vgl dazu schon o Rn 22). Der Begriff ist weit zu verstehen. Es kommt nämlich zunächst nicht auf Zahlungen an, sondern es müssen *Teilleistungen jeglicher Art* genügen, also dort, wo etwas Tatsächliches geschuldet wird – zB Nachbesserung – auch tatsächliche Leistungen (vgl BGH NJW 1988, 254). Insoweit kommt es ganz auf die Natur der Verpflichtung an, vor allem aber auf den zu ermittelnden Willen des Schuldners. Insofern bedeuten Nachbesserungsarbeiten des Schuldners nicht zwingend eine Anerkenntnis seiner Gewährleistungspflicht (BGH NJW 2012, 3229 Rn 12). Wenn dieser von Kulanz redet, spricht das an sich gegen ein Anerkenntnis, kann aber doch auch nur ein Lippenbekenntnis sein. Es kommt auf den Gesamteindruck an, den der Gläubiger gewinnen muss. Außerdem genügen Erfüllungshandlungen in einem weiteren Sinne, so außer der Leistung an Erfüllungs Statt und erfüllungshalber insbesondere etwa auch gegenüber einer Unterlassungsverpflichtung eine wettbewerbliche Unterwerfungserklärung (KG NJW-RR 1990, 1403) und überhaupt schon die – auch nicht strafbewehrte – Zusage der Unterlassung, soweit die Unterlassungspflicht nicht geleugnet wird. Nicht genügen würde also zB die Erklärung, man habe das beanstandete Verhalten nie an den Tag gelegt und werde und wolle sich deshalb auch in Zukunft nicht so verhalten.

26 Der Begriff des „Abschlages" ist differenzierend zu verstehen. Daran fehlt es, wenn der Schuldner zum Ausdruck bringt, dass es mit dieser seiner Leistung sein Bewenden haben soll, so etwa bei der Schlusszahlung nach § 16 Abs 3 VOB/B oder bei der Abfindung von Schadensersatzgläubigern. Andererseits darf die Leistung durchaus auch die vollständige momentan geschuldete oder geforderte sein, so bei wiederkehrenden Ansprüchen auf Unterhalt oder sonstigen (vgl o Rn 20). Die a conto-Zahlung auf fortlaufende Rechnung erkennt die jeweils bestehende Restschuld an (OLG Naumburg SoergRspr 1908, § 208 Nr 3; OLG Oldenburg NJW-RR 1998, 1283; OLG Köln VersR 1998, 1388). Freilich ist bei laufendem Honorar darauf zu achten, auf welche Periode gezahlt wird (§ 366 Abs 1, 2; BGH NJW 1997, 516): Bei Zahlung auf das jetzt zur Zahlung Anstehende (§ 366 Abs 1) können Rückstände verjährt sein. Bei Zahlung auf das Frühere (§ 366 Abs 2) ist das Spätere nicht mehr anerkannt. Wo etwa im Rahmen einer Schädigung Rechnungen wegen einzelner Positionen unregelmäßig und in wechselnder Höhe eingereicht werden, wird ihre widerspruchslose Begleichung regelmäßig ein Anerkenntnis dem Grunde nach sein (vgl BGH VersR 2009, 230 Rn 22; OLG Koblenz VersR 1994, 1438; einschränkend MünchKomm/GROTHE Rn 17).

Eine Abschlagszahlung mit Gesamtwirkung ist namentlich auch bei einer Mehrheit von Forderungen möglich, wenn auf deren Einforderung ohne eine Tilgungsbestimmung nach § 366 Abs 1 oder sonstige Einziehungsvoraussetzungen gezahlt wird (BGH NJW 2007, 2843 Rn 13).

Zahlt allerdings der Schuldner bei Differenzen über die Höhe seiner Verpflichtung einstweilen nur den unstreitigen Grundbetrag, so liegt darin kein Anerkenntnis hinsichtlich des streitigen Restes.

Zu Vorbehalten bei Abschlagszahlungen vgl o Rn 13 f.

27 g) In der *Aufrechnung* mit einer Gegenforderung liegt ein Anerkenntnis hinsichtlich der Hauptforderung des Gläubigers (BGHZ 107, 395, 397; vMALTZAHN NJW 1989, 3144; BEATER MDR 1991, 928; PALANDT/ELLENBERGER Rn 4 gegenüber BGHZ 58, 103; NK-BGB/MANSEL/BUDZIKIEWICZ Rn 14). Das gilt freilich nur für die primär erklärte Aufrechnung, nicht für die hilfsweise erfolgende und auch nicht für die Berufung auf eine früher erklärte Aufrechnung.

h) Soweit gesagt wird, als Anerkenntnis genüge ein *tatsächliches Verhalten* des **28** Schuldners (RGZ 73, 131, 132; 113, 234, 238; BGH NJW 1981, 1955; NJW 1988, 685; Münch-Komm/Grothe Rn 6; Palandt/Ellenberger Rn 2), ist das eine missverständliche Formulierung. Regelmäßig sind Erklärungen notwendig; ein tatsächliches Verhalten genügt grundsätzlich nur dann, wenn es Erklärungscharakter trägt. Es soll aber offenbar auch nicht mehr gesagt werden, als dass sich der Schuldner des anerkennenden Charakters seines Verhaltens nicht bewusst zu sein braucht (wie er es auch selten sein wird) und dass sich das Anerkenntnis nur mittelbar, konkludent aus seinem Verhalten zu ergeben braucht.

i) Für möglich gehalten wird auch ein Anerkenntnis durch *Unterlassen,* sofern es den sicheren Schluss auf das Bewusstsein des Schuldners vom Bestehen seiner Schuld zulasse (BGH NJW 1965, 1430; WM 1970, 548, 549; MünchKomm/Grothe Rn 6). Das ist indessen zweifelhaft. Nach allgemeinen Grundsätzen könnte es nur angenommen werden, wenn eine Rechtspflicht des Schuldners zur Erklärung über die Forderung bestünde. § 212 Abs 1 Nr 1 begründet eine solche nicht. Aus § 242 kann ebenfalls keine Rechtspflicht zum Zeugnis wider sich selbst hergeleitet werden. § 138 ZPO begründet nur eine Pflicht zur Erklärung über Tatsachen, nicht, wie hier erforderlich, über Forderungen. Gesetzliche Auskunftspflichten genügen nicht; erst die Auskunftserteilung wirkt hier (vgl o Rn 21). So ist allein an Fälle zu denken, in denen die Parteien eine Erklärungspflicht gegenüber Forderungen statuiert haben (zB gegenüber Abrechnungen, uU mit Genehmigungsfiktion für den Fall des ausbleibenden Widerspruchs).

Erst recht genügt dann *nicht das Schweigen* des Schuldners auf eine Aufforderung des Gläubigers, sich über seine Verpflichtung zu erklären, auch nicht die widerspruchslose Hinnahme einer Rechnung. Dagegen wird die Bitte um Erteilung einer Rechnung regelmäßig als ein Anerkenntnis zu werten sein (**aA** OLG Braunschweig RsprBau 2, 331, Bl 31), sofern der Schuldner nicht deutlich macht, dass er sich Einwendungen vorbehält oder diese jedenfalls für möglich hält.

k) Erneuernde Wirkung kann auch ein *Verhalten im Prozess* haben (OLG Celle **29** OLGZ 1970, 5; Staudinger/Dilcher[12] § 208 aF Rn 8). Das gilt zwar nicht schon für das bloße Nichtbestreiten und auch nicht für das auf Tatsachen bezogene Geständnis, aber doch jedenfalls für das prozessuale Anerkenntnis, für die Aufnahme des Anspruchs in einen Vergleich. Bei der Erklärung, ein Versäumnisurteil gegen sich ergehen lassen zu wollen, liegt ein Anerkenntnis dann nicht vor, wenn dies auf prozesstaktischen Erwägungen beruht, wohl aber wenn der Beklagte damit die Konsequenz aus einer aussichtslosen Position zieht. Die Nichteinlegung von Rechtsmitteln genügt nicht.

2. Das Anerkenntnis muss *„dem Gläubiger gegenüber"* erfolgen. **30**

a) Insoweit genügt ein legitimierter Vertreter des Gläubigers zB ein Angestellter (OLG Karlsruhe OLGE 12, 28), der zur Einziehung ermächtigte Pfändungsgläubiger (BGH LM § 208 aF Nr 9 = NJW 1978, 1914).

b) Aus der Struktur des Anerkenntnisses als eines Verhaltens, das den Schluss auf das Bewusstsein vom Bestehen der Schuld rechtfertigt, folgt, dass ein *Zugang* iSd

§ 130 *nicht verlangt* werden kann. Es genügt vielmehr, ist aber andererseits wieder erforderlich, dass das Verhalten des Schuldners *zur Kenntnis des Gläubigers gelangt*, mag dies auch auf Umwegen geschehen (vgl BGH LM § 208 aF Nr 1), und dass *dies mit dem Willen des Schuldners* erfolgt (vgl Wussow NJW 1963, 1756, 1760; MünchKomm/Grothe Rn 11; Palandt/Ellenberger Rn 7). Dabei genügt es nicht, dass der Schuldner die Kenntnisnahme des Gläubigers als sicher ansieht oder dies jedenfalls müsste oder könnte, er muss sie vielmehr billigen und beabsichtigen. Insofern genügt nicht ein Anerkenntnis im Strafverfahren (OLG Oldenburg VersR 1967, 384), wohl aber gegenüber Dritten, die es an den Gläubiger weiterleiten sollen (BGH LM § 208 aF Nr 1; MünchKomm/Grothe Rn 10). Auch bloße interne Verhaltensweisen können nicht ausreichen. Im Falle der Teilzession bzw des teilweisen gesetzlichen Forderungsübergangs unterbricht das Anerkenntnis nur dem Zedenten oder nur dem Zessionar gegenüber auch nur gegenüber diesem, weil nicht davon ausgegangen werden kann, dass sie zur Weiterleitung an den jeweils anderen ermächtigt sein sollen (vgl OLG Oldenburg VersR 1967, 384).

31 3. Das Anerkenntnis entfaltet Wirksamkeit nur, wenn es bestimmungsgemäß *zur Kenntnis des Gläubigers gelangt* (Spiro I 355; Staudinger/Dilcher[12] § 208 aF Rn 7). Dagegen muss für den *Zeitpunkt seiner Wirksamkeit* auf den der Entäußerung abgestellt werden (BGH WM 1975, 559; MünchKomm/Grothe Rn 11; **aA** Staudinger/Dilcher[12] § 208 aF Rn 7). Die Regeln über Rechtsgeschäfte können insoweit nicht entsprechend angewendet werden. Diese Auslegung entspricht den Interessen des Gläubigers, wenn dadurch die Verjährungsfrist leichter gewahrt werden kann; dem Schuldner ist sie zuzumuten.

4. Das Anerkenntnis kann zusammentreffen mit einer **Hemmung** der Verjährung; es werden zB Verhandlungen über den Anspruch aufgenommen, § 203, oder der Gläubiger geht gleichwohl nach § 204 Abs 1 vor. Dann liegt der Neubeginn der Verjährung zeitlich im Endpunkt der Hemmung, bei § 204 nach Ablauf der Frist des § 204 Abs 2 S 1; im Falle des § 203 ist maßgeblich der Schluss der Verhandlungen (ohne die Nachfrist des § 203 S 2).

VII. Zeitpunkt des Anerkenntnisses

32 Ein Anerkenntnis iSd § 212 Abs 1 Nr 1 kann nur innerhalb einer noch laufenden Verjährungsfrist abgegeben werden (RGZ 78, 130, 131; BGH NJW-RR 1987, 288, 289; NJW 1997, 516, 517). Liegt es später, kann darin aber ein Verzicht auf die Einrede der Verjährung (§ 214 Rn 30 ff) liegen (MünchKomm/Grothe Rn 1). Das Anerkenntnis vor Beginn der Verjährungsfrist zeitigt keine Wirkung (BGH NJW 2013, 1430).

VIII. Beweislast

33 Die Darlegungs- und Beweislast für das Anerkenntnis trägt der Gläubiger (BGH NJW 1997, 516; MünchKomm/Grothe Rn 12). Es ist eine (nur) ihm günstige Tatsache.

IX. Ausschlussfristen

34 Eine Anwendung der Regeln über den Neubeginn der Verjährung auf Ausschlussfristen gesetzlicher Art kommt *gemeinhin nicht* in Betracht, wenn dies nicht ausnahmsweise besonders vorgesehen ist, woran es aber durchweg fehlt (RGZ 128, 46, 47; 151, 345, 347; BGH NJW 1990, 3207; 2008, 2258 Rn 20 f; MünchKomm/GROTHE Rn 1; PALANDT/ ELLENBERGER Rn 1). Dem würde die vollständige Erneuerung der Frist entgegenstehen. Das Gesetz begnügt sich weithin damit, Bestimmungen über die Hemmung für anwendbar zu erklären, insbesondere die §§ 206, 210, 211 (vgl die Nachweise Vorbem 16 zu §§ 194 ff). Diese selektive Vorgehensweise legt als solche schon einen Umkehrschluss nahe; in gleicher Richtung wirkt es, dass eine Hemmung sehr viel milder auf die Frist einwirkt als der Neubeginn der Verjährung.

Danach wird man namentlich § 212 Abs 1 Nr 1 regelmäßig nicht auf gesetzliche Ausschlussfristen anwenden können. Indessen bleibt hier doch zu beachten, dass der anerkennende Schuldner den Gläubiger in besonderem Maße von fristwahrenden Maßnahmen abhält und eine gleichwohl erhobene Klage der Kostenfolge des § 93 ZPO aussetzt. Unter diesen Umständen wird die *Berufung auf den Fristablauf* in der Regel dann *treuwidrig* sein, wenn das Anerkenntnis den Gläubiger von der Fristwahrung abgehalten hat (vgl BGH MDR 2004, 26). Wegen der Einzelheiten kann insoweit auf § 214 Rn 18 ff Bezug genommen werden. Wie vertragliche Ausschlussfristen gewahrt werden können, ist eine Frage der durch Auslegung zu ermittelnden Vereinbarung (BGHZ 83, 260, 270). Der Schuldner, der zunächst anerkennt und sich dann auf eine vertragliche Ausschlussfrist beruft, kann treuwidrig handeln.

X. Vollstreckungshandlung und Vollstreckungsantrag

1. Nach § 212 Abs 1 Nr 2 hat es eine die Verjährung erneuernde Wirkung, wenn Vollstreckungshandlungen vorgenommen werden oder ein entsprechender Antrag des Gläubigers gestellt wird. Ein Antrag auf Gewährung von Prozesskostenhilfe für die Zwangsvollstreckung fällt unter § 204 Abs 1 Nr 14 (vgl § 204 Rn 115).

35

Diese Möglichkeit der Erneuerung der Verjährung kommt vorzugsweise dort zum Tragen, wo der Anspruch bereits tituliert ist und deshalb eine der Möglichkeiten des § 204 Abs 1 ausscheidet.

Die einschlägigen Verjährungsfristen sind zunächst die des § 197 Abs 1 Nrn 3–6. Insoweit kommt der Bestimmung naturgemäß gegenüber der dreißigjährigen Frist des § 197 Abs 1 geringere praktische Bedeutung zu. Sie gewinnt an Bedeutung gegenüber der regelmäßigen Frist der §§ 197 Abs 2, 195 (zur Frage, ob hier alternativ auch eine Verjährungshemmung durch erneute Klage zulässig ist, vgl § 197 Rn 87).

Nach der Vorstellung des Gesetzgebers sind die Maßnahmen des § 212 Abs 1 Nr 2 ohne Dauerwirkung. Das kann aber nicht darüber hinwegtäuschen, dass es ebenso wie das Erkenntnisverfahren auch ein *Vollstreckungsverfahren* gibt, das mit der Antragstellung des Gläubigers beginnt und mit seiner Befriedigung bzw – hier einschlägig – der Beendigung wegen Fruchtlosigkeit endet. Es spricht nichts dagegen, auch insoweit einen andauernden Erneuerungstatbestand anzunehmen (BENNERT Rpfleger 1996, 309; **aA** BGH NJW 1998, 1058). Indessen belegt der dortige Fall die Richtigkeit des hiesigen Standpunkts: Es hatte der Gläubiger das laufende Arbeitseinkommen gepfändet, musste aber wegen vorrangiger Pfändungen langfristig zuwarten. Mit dem BGH zwischenzeitlich weitere – welche? – Schritte zu verlangen, wäre eine unbillige Forderung.

Richtig ist freilich, dass sich der Gläubiger, der ein Vollstreckungsverfahren ruhen lässt, analog zu § 204 Abs 2 S 2 behandeln lassen muss.

36 2.   § 212 Abs 1 Nr 2 fordert ein aktives *Tun des Gläubigers* zur Rechtsverfolgung. Danach ist ein Tun des Schuldners im Bereich der Zwangsvollstreckung nicht geeignet, die Verjährung zu erneuern (vgl BGHZ 122, 287 = NJW 1993, 1847). Das gilt zunächst für seine Zwangsvollstreckungsabwehrklage wie vor allem für damit verbundene, § 769 ZPO, oder sonstige Anträge auf Einstellung der Zwangsvollstreckung. Hier sind auch etwaige Gegenanträge des Gläubigers nicht geeignet, die Voraussetzungen des § 212 Abs 1 Nr 2 zu erfüllen (**aA** NK-BGB/Mansel/Budzikiewicz Rn 21). Daraus kann sich für den Gläubiger eine missliche Situation ergeben, wenn es dem Schuldner nämlich gelingt, eine bisher nur angekündigte Zwangsvollstreckung vorab einstellen zu lassen: Gleichwohl gestellte Vollstreckungsanträge würden wegen § 212 Abs 2 ohne Einfluss auf die laufende Verjährung bleiben. BGHZ 122, 287, 295 = NJW 1993, 1847 wendet bei angekündigter, aber auf Antrag des Schuldners eingestellter Zwangsvollstreckung § 212 Abs 1 Nr 2 entsprechend an. Dem ist aber nicht zu folgen: Es ist unklar, was konkret wirken soll. Richtiger erscheint es, in Konstellationen dieser Art entweder die Einrede der Verjährung durch den Schuldner als treuwidrig zu behandeln, wie man dies auch in anderen Fällen tut, wenn der Schuldner aktiv zum Ablauf der Verjährung beigetragen hat (vgl § 214 Rn 18 ff) oder aber – besser noch – für die Dauer der Einstellung eine Ablaufhemmung nach § 206 für den Gläubiger anzunehmen (vgl MünchKomm/Grothe Rn 22).

37 3.   Bei den *Anträgen* des Gläubigers muss es sich um solche im Bereich der *Zwangsvollstreckung* handeln. Die Beschaffung des zugrundeliegenden Titels genügt nicht für § 212 Abs 1 Nr 2, sondern kann nur nach anderen Bestimmungen – insbesondere § 204 Abs 1 – auf die Verjährung einwirken. Ebenso wenig genügt es, wenn mit dem Erwirken der Vollstreckungsklausel, der Umschreibung des Titels (OLG Brandenburg NJW-RR 2002, 362, 363) und der Zustellung des Urteils die weiteren Voraussetzungen für den Beginn der Zwangsvollstreckung geschaffen werden (BGHZ 122, 287, 294 = NJW 1993, 1847) oder Arrest bzw einstweilige Verfügung nach § 928 ZPO vollzogen werden (BGH NJW 1981, 1955). Der Titel muss freilich eine Forderung des Gläubigers identifizierbar bezeichnen.

Andererseits stellt § 212 Abs 1 Nr 2 keine besonderen *Anforderungen an den der Vollstreckung zugrundeliegenden Titel:* Er muss nur überhaupt der Vollstreckung fähig sein, darf insoweit aber auch bloß vorläufig vollstreckbar oder auch seinerseits nur vorläufig – wie im Verfahren des Arrests oder der einstweiligen Verfügung – sein.

Auch an die zu vollziehende Zwangsvollstreckung stellt § 212 Abs 1 Nr 2 keine besonderen Anforderungen. Namentlich genügt eine *bloße Sicherungsvollstreckung* wie im Falle des Arrests, § 930 ZPO, der einstweiligen Verfügung, § 936 ZPO, oder bei bloßer vorläufiger Vollstreckbarkeit des Titels nach § 720a ZPO.

38 4.   Die Anforderungen an die Zulässigkeit der Maßnahmen zur Erneuerung sind differenziert zu beurteilen. Nach § 212 Abs 2 entfällt die Erneuerungswirkung unwiederholbar, wenn dem Antrag nicht stattgegeben wird, wenn er zurückgenommen wird oder wenn die auf ihm beruhende Vollstreckungsmaßnahme aufgehoben wird, wozu es ja insbesondere in den Fällen der Unzulässigkeit des Antrages kommt. Das bedeutet einerseits, dass auch ein zulässiger Antrag zur Verjährungserneuerung nicht geeignet ist, wenn späterhin einer der Fälle des § 212 Abs 2, 3 eintritt. Andererseits ist die Unzulässigkeit eines Antrags dann unschädlich, wenn er im Ergebnis zu Vollstreckungsmaßnahmen führt.

Insofern kommt es, wenn tatsächlich vollstreckt wird, auch nicht darauf an, dass mit Titel, Klausel und Zustellung die Voraussetzungen dafür vorlagen (BGH NJW 1993, 1847, 1849; OLG Köln WM 1995, 597 [fehlender Zinstitel]). Zu fordern ist freilich einschränkend, dass die Forderung, deren Verjährung erneuert werden soll, eindeutig bestimmt ist, weil sonst die Erneuerungshandlung nicht zugeordnet werden kann. Daran fehlt es bei einem Titel, bei dem es nicht feststeht, welcher Forderung er nun seinerseits zugeordnet sein soll.

An Form und Inhalt des Antrags stellt § 212 Abs 1 Nr 2 keine eigenständigen Anforderungen; es darf eben nur nicht zur Zurückweisung kommen.

Ebenfalls nicht notwendig ist es, dass der Antrag zur *Kenntnis des Schuldners* gelangt, wie dies für seinen Erfolg ja auch nicht notwendig ist (**aA** OLG Hamm FamRZ 2005, 795, 797; MünchKomm/Grothe Rn 20). Die Formulierung des Gesetzes ist insoweit eindeutig, wobei dem Gesetzgeber der Schuldrechtsmodernisierung die Möglichkeit der Hemmung bzw Erneuerung der Verjährung ohne Kenntnis des Schuldners durchaus bewusst war. Seine Kenntnismöglichkeit ist freilich ein dringendes rechtspolitisches Postulat, dessen Verfehlung die lex lata aber nicht tangiert. Es ist auch nicht erforderlich, dass der Antrag konkrete Vollstreckungsmaßnahmen auslöst. Er muss allerdings dieses Ziel haben; ein Antrag, der mit der Bitte verbunden ist, einstweilen nichts zu unternehmen, würde die Verjährung nicht erneuern.

Freilich wird die Unkenntnis des Schuldners oft darauf zurückzuführen sein, dass ein Fall des § 212 Abs 2 oder 3 vorliegt.

5. a) Adressat des Antrags können *alle denkbaren Vollstreckungsorgane* sein, also der Gerichtsvollzieher, § 753 ZPO, das Vollstreckungsgericht, § 764 ZPO, das Prozessgericht in den Fällen der §§ 887, 888, 890 ZPO, das Grundbuchamt in den Fällen der §§ 866, 867 ZPO, die Schiffsregisterbehörde bei § 870a ZPO. Namentlich bei der Beauftragung des Gerichtsvollziehers ist zu beachten, dass diese nach § 754 ZPO auch mündlich erfolgen kann. **39**

Maßgeblicher Zeitpunkt ist jeweils der des Zugangs des Antrags.

b) Gegenstand des Antrags kann zunächst die Einleitung des jeweiligen Vollstreckungsverfahrens sein, aber doch auch der Antrag auf seine Fortsetzung, sofern es zu seiner einstweiligen Einstellung gekommen ist (BGHZ 93, 283, 295 f). Dabei muss es unerheblich sein, aus welchen Gründen die Einstellung erfolgt ist, ob von Amts wegen, auf Antrag des Schuldners oder auch auf eigenen Antrag des Gläubigers. **40**

Zu scheiden von verfahrenseinleitenden Anträgen sind *bloße Anregungen* an die Vollstreckungsorgane, zB der Hinweis gegenüber dem Gerichtsvollzieher auf bestimmte Vollstreckungsmöglichkeiten.

Wenn mit BGHZ 93, 283, 296 f den wesentlichen verfahrensbegründenden und verfahrensfördernden gerichtlichen Maßnahmen (dazu u Rn 42 ff) verjährungserneuernde Wirkung zukommt, dann muss dies entsprechend auch für diesbezügliche Anträge des Gläubigers gelten. Das versteht sich von selbst, wo diese notwendig sind, um das Tun des Vollstreckungsorgans auszulösen, aber ist doch auch dort anzunehmen, wo das Vollstreckungsorgan von Amts wegen tätig wird: Dies könnte es nämlich über den Ablauf der Verjährungsfrist hinaus verzögern, was nicht zu Lasten des Gläubigers gehen darf.

c) Als *nicht vollstreckungsfördernd* können Anträge des Gläubigers auf Einstellung der Zwangsvollstreckung naturgemäß die Verjährung nicht erneuern. Sie lassen aber die Wirkung bisheriger Maßnahmen unberührt. Nach § 212 Abs 2 entfällt diese erst bei Rücknahme des Antrags auf Zwangsvollstreckung (insgesamt).

41 6. *Maßnahmen der Vollstreckungsorgane* erneuern ihrerseits die Verjährung, wenn sie *wesentlichen verfahrensbegründenden oder verfahrensfördernden Charakter* tragen (BGHZ 93, 283, 296 f); dann sind sie als „Vollstreckungshandlung" iSd § 212 Abs 1 Nr 2 zu betrachten. Hier kommt – singulär – einer staatlichen Maßnahme Wirkung zu. Das ist gerechtfertigt, weil sie hinreichend auf den Willen des Gläubigers zurückgeführt werden kann.

Auf die Rechtmäßigkeit der Maßnahme kommt es dabei – jedenfalls zunächst – nicht an; sie muss nur überhaupt wirksam sein. Nach § 212 Abs 3 entfällt allerdings die erneuernde Wirkung rückwirkend, wenn die Maßnahme – auf Betreiben des Schuldners oder von Amts wegen – wegen des Mangels ihrer gesetzlichen Voraussetzungen aufgehoben wird.

Die Erneuerungswirkung ist auf den Zeitpunkt zu datieren, in dem die Maßnahme wirksam wird.

42 *Beispielhaft* sind zu nennen:

a) Bei der Zwangsvollstreckung durch den Gerichtsvollzieher die Pfändung oder Wegnahme einer Sache, ihre Verwertung, die Auskehrung ihres Erlöses an den Gläubiger; letzteres ist dann von Bedeutung, wenn ein Dritter den Erlös bei dem Gläubiger kondiziert.

b) Bei der Pfändung von Forderungen der Pfändungs- und der Überweisungsbeschluss, auch schon die Vorpfändung nach § 845 ZPO, die Zahlung des Drittschuldners an den Gläubiger.

c) Bei der Zwangsvollstreckung in ein Grundstück die Eintragung einer Sicherungshypothek in das Grundbuch, die Zwangsversteigerung und die Zwangsverwaltung, § 866 ZPO.

43 Innerhalb des Zwangsversteigerungsverfahrens kommen namentlich in Betracht (vgl BGHZ 83, 283, 296 f) seine Anordnung, §§ 15 ff ZVG, die Bestimmung des Versteigerungstermins, §§ 35 ff ZVG, die Feststellung des geringsten Gebots und der sonstigen Versteigerungsbedingungen, §§ 44 ff ZVG, die Festsetzung des Verkehrswertes, § 74a Abs 5 ZVG, die Durchführung des Versteigerungstermins und die Entscheidung über den Zuschlag, §§ 79 ff ZVG, die Bestimmung des Verteilungstermins, die Aufstellung des Verteilungsplans und, soweit diese Aufgabe dem Gericht obliegt, die Ausführung des Plans.

Dabei tritt die Erneuerungswirkung aber jeweils nur für jenen Gläubiger ein, der die Zwangsvollstreckung selbst betreibt; die bloße Anmeldung eines Rechtes im Versteigerungsverfahren genügt nicht (MünchKomm/GROTHE Rn 21; STAUDINGER/DILCHER[12] § 209 aF Rn 39; KG JW 1938, 45; **aA** OLG Kiel JW 1933, 2017; 1934, 622; LUCAS JW 1938, 2932; FRAEB JW 1938, 2934, 2936). Wirkung hat dagegen der Beitritt zum Versteigerungsverfahren (MünchKomm/GROTHE aaO).

d) Bei der Zwangsvollstreckung wegen vertretbarer Handlungen, § 887 ZPO, der **44** Ermächtigungsbeschluss nach § 887 Abs 1 ZPO, der Verurteilungsbeschluss nach § 887 Abs 2 ZPO, die einzelnen Vollstreckungsmaßnahmen zu seiner Durchsetzung.

Bei der Vollstreckung wegen unvertretbarer Handlungen, § 888 ZPO, die Anordnung und die Durchsetzung von Beugemaßnahmen.

Bei der Zwangsvollstreckung wegen einer Unterlassung oder Duldung jedenfalls die Verurteilung nach § 890 Abs 1 ZPO. Die zuvor notwendige *Androhung nach § 890 Abs 2 ZPO* ist als Teil des Vollstreckungsverfahrens ausgestaltet und kann deshalb ebenfalls die Verjährung erneuern (BGH NJW 1979, 217). Dies gilt freilich nicht, wenn sie bereits in den Titel aufgenommen ist (BGH aaO; TEPLITZKY GRUR 1984, 307; **aA** OLG Hamm NJW 1977, 2319; WRP 1977, 816; DITTMAR GRUR 1979, 288). Dann gilt aber entweder dessen Verjährungsfrist nach § 197 Abs 1 Nr 3 oder es liegt zunächst eine Hemmung nach § 204 Abs 1, Abs 2 S 1 vor, wie sie heute auch das Verfahren der einstweiligen Verfügung auslöst, vgl § 204 Abs 1 Nr 9.

e) In sonstiger Hinsicht sind zu nennen: **45**

Die Einholung der *Vermögensauskunft* nach § 802c ZPO mit ihren einzelnen Zwischenschritten, namentlich auch die Drittauskunft nach § 802l ZPO. Letztere Maßnahmen erfolgen zwar zunächst heimlich, ohne dass der Schuldner einbezogen ist; dem Schuldnerschutz genügt, dass dieser nach Maßgabe von § 802l Abs 3 S 1 ZPO vier Wochen nach Erhalt der Information über die Maßnahme zu unterrichten ist.

Unter den Rechtsbehelfen des Gläubigers die Erinnerung, § 866 ZPO, oder die sofortige Beschwerde, § 793 ZPO, gegen ihm nachteilige Entscheidungen oder Maßnahmen sowie darauf ergehende, ihm günstige Entscheidungen; wegen nachteiliger Entscheidungen vgl § 212 Abs 2.

Mit der *Drittwiderspruchsklage,* § 771 ZPO, wird der zugrundeliegende Anspruch nicht gegen den Schuldner durchgesetzt; ihr kommt erneuernde Wirkung nicht zu. Ebenfalls nicht hinreichend gegen den Schuldner gerichtet ist die Klage auf vorzugsweise Befriedigung, § 805 ZPO.

7. BGH NJW 1998, 1058, stellt den Vollstreckungshandlungen des § 212 Abs 1 Nr 2 die Zahlung des Drittschuldners gleich.

8. Für die Reichweite der Erneuerungswirkung gilt:

a) Sie wird quantitativ nicht dadurch beschränkt, dass die Vollstreckungsmaßnahme nicht zur Befriedigung des Gläubigers führt oder auch nur führen kann, zB bei Pfändung einer Forderung, die weit hinter der titulierten Forderung zurückbleibt.

b) Sie gilt damit grundsätzlich für die gesamte Forderung des Gläubigers, es sei denn, dieser erteilte den Vollstreckungsauftrag nur wegen eines Teiles. Dann ist die Wirkung entsprechend eingeschränkt.

c) Die Wirkung tritt nur für die Forderung ein, derentwegen die Vollstreckung betrieben wird. Das ist etwa dann für die Hauptforderung von nachteiliger Bedeutung, wenn nur wegen der Kosten vollstreckt wird (BGH NJW 1979, 217; MünchKomm/vFeldmann³ § 209 aF Rn 21; Palandt/Ellenberger Rn 9). Entsprechendes gilt für die Werklohnforderung des Unternehmers, wenn er wegen seines Anspruchs auf eine Sicherungshypothek nach § 648 vollstreckt (OLG Düsseldorf BauR 1980, 475; Palandt/Ellenberger Rn 9).

Auch die Vollstreckung wegen eines dinglichen Anspruchs aus einer Grundschuld, für die sich der Schuldner der sofortigen Vollstreckung gemäß § 794 Abs 1 Nr 5 ZPO unterworfen hat und der nach § 197 Abs 1 Nr 4 in 30 Jahren verjährt, hat keinen Einfluss auf die Verjährung des schuldrechtlichen Anspruchs aus dem Kreditverhältnis, die drei Jahre beträgt, § 195. Der Neubeginn der Verjährung aus der in der Grundschuldbestellungsurkunde enthaltenen persönlichen Haftungsübernahme – abstraktes Schuldversprechen – hat ebenfalls keine Auswirkungen auf die Verjährung des schuldrechtlichen Anspruchs (Clemente ZfIR 2007, 482). Nach Verjährung des Darlehensrückzahlungsanspruchs kann der Darlehensnehmer dem Gläubiger gegen ein Vorgehen aus dem abstrakten Schuldversprechen wegen der Verjährung der gesicherten Forderung den Wegfall des Sicherungszwecks einredeweise entgegenhalten. § 216 Abs 2 S 1 findet keine Anwendung (§ 216 Rn 6; **aA** OLG Frankfurt NJW 2008, 379, 380 f).

9. Rücknahme des Vollstreckungsauftrags

Der Neubeginn der Verjährung entfällt dann rückwirkend, wenn der Gläubiger den Vollstreckungsauftrag zurücknimmt, § 212 Abs 2; dann läuft die bisherige Verjährungsfrist unverändert weiter. Die Rücknahme des Vollstreckungsauftrags kann erfolgen, bevor das angerufene Vollstreckungsorgan etwas veranlasst hat, § 212 Abs 3, aber auch, wenn es schon tätig geworden ist, gar schon gepfändet hat, § 212 Abs 2. Wenn schon gepfändet worden ist, muss freilich noch die Pfändung aufgehoben werden.

Eine Rücknahme des Auftrags liegt auch dann vor, wenn der Gerichtsvollzieher dem Gläubiger eine Unpfändbarkeitsbescheinigung mit der Mitteilung nach § 63 Nr 1 S 2 GVGA zusendet, dass er den Auftrag als zurückgenommen betrachte (AG Freudenstadt DGVZ 1988, 124).

Liegt der Rücknahme eine entsprechende Bitte des Schuldners zugrunde, kann insoweit ein Anerkenntnis iSd § 212 Abs 1 Nr 1 vorliegen.

10. Zurückweisung des Vollstreckungsauftrags

Der Neubeginn der Verjährung entfällt auch dann nach § 212 Abs 2, 3 rückwirkend, **48** wenn der Vollstreckungsauftrag zurückgewiesen wird. Basis dieser Zurückweisung muss es freilich sein, dass es an den Voraussetzungen der Zwangsvollstreckung überhaupt fehlt, also an Titel oder Klausel oder Zustellung (BGB-RGRK/JOHANNSEN § 216 aF Rn 2; OLG Thüringen NJW-RR 2001, 1648; **aA** OLG Hamm FamRZ 2005, 795, 797; MünchKomm/GROTHE Rn 25): Insoweit kann die Zurückweisung schon vor Vollstreckungsmaßnahmen erfolgen, § 212 Abs 3, oder auch nachträglich, sodass dann diese Vollstreckungsmaßnahme wieder aufgehoben wird, § 212 Abs 2. Bei der Zurückweisung kommt es nicht darauf an, dass sie zu Recht erfolgte.

Für § 212 Abs 3 genügt es nicht, dass nur die konkrete Vollstreckungsmaßnahme an einem Mangel leidet, zB die Pfändung gegen § 811 ZPO verstößt oder Rechte Dritter iSd § 771 ZPO nicht berücksichtigt.

Einwendungen des Schuldners gegen Titel oder Klausel nach den §§ 767, 732, 768 ZPO wirken erst dann, wenn sie rechtskräftigen Erfolg haben. Die bloße Einstellung der Zwangsvollstreckung nach den §§ 769, 775 ZPO genügt nicht.

11. Neuer Antrag

In den Fällen der Abs 2 und 3 verbleibt dem Gläubiger die Möglichkeit, einen neuen **49** Antrag zu stellen. Dies muss innerhalb der noch laufenden Verjährungsfrist geschehen. Die zT angenommene Rückwirkung um sechs Monate (SOERGEL/NIEDENFÜHR § 212 Rn 47; PALANDT/ELLENBERGER Rn 12) findet im geltenden Recht keine Grundlage (NK-BGB/MANSEL/BUDZIKIEWICZ Rn 26; MünchKomm/GROTHE Rn 24). Namentlich § 204 Abs 2 S 1 kann nicht entsprechend herangezogen werden.

12. Eingetretene Verjährung

Ist Verjährung eingetreten, darf das Vollstreckungsorgan auch auf Anregung des **50** Schuldners hin den Vollstreckungsauftrag nicht schon deshalb zurückweisen. Es geht um den der Vollstreckung zugrundeliegenden Anspruch, sodass die Abwehrklage des § 767 ZPO der geeignete Rechtsbehelf für den Schuldner ist bzw nach Abschluss der Zwangsvollstreckung die auf § 812 gestützte Klage.

§ 213
Hemmung, Ablaufhemmung und erneuter Beginn der Verjährung bei anderen Ansprüchen

Die Hemmung, die Ablaufhemmung und der erneute Beginn der Verjährung gelten auch für Ansprüche, die aus demselben Grunde wahlweise neben dem Anspruch oder an seiner Stelle gegeben sind.

Materialien: Art 1 G zur Modernisierung des Schuldrechts v 26. 11. 2001 (BGBl I 3138). BGB aF: – (§§ 477 Abs 3, 639 Abs 1). Peters/Zimmermann § 209, Gutachten 260, 323; Schuldrechtskommission § 219, Abschlussbericht 95; RegE § 213; BT-Drucks 14/6040, 121; BT-Drucks 14/7052, 10, 182.

Schrifttum

Henckel, Die Grenzen der Verjährungsunterbrechung, JZ 1962, 335
Jacoby, Die Verjährung nach § 548 BGB und die Reform des Verjährungsrechts, in: DMT-Bilanz (2011) 337
Lau, Die Reichweite der Verjährungshemmung bei Klageerhebung (2008)
M Wolf, Die Befreiung des Verjährungsrechts vom Streitgegenstandsdenken, in: FS Schumann (2001) 579.

Systematische Übersicht

I.	Allgemeines	1
II.	Voraussetzungen	
1.	Identität des Schuldners	2
2.	Identität des Grundes	3
3.	Identität des wirtschaftlichen Interesses?	5
4.	Alternativität	6
III.	Wirkungen	
1.	Rechtsverfolgung des Gläubigers	8
2.	Handeln des Schuldners	9
3.	§§ 206–208, 210, 211	10
4.	Beginn und Ende der Verjährungsfrist	11
5.	Die Verjährungsfrist	13

I. Allgemeines

1 Die Verjährung betrifft an sich den *einzelnen Anspruch des Gläubigers,* und dies gilt dann auch für die Regelungen über ihren Ablauf. Es behält zB der Käufer den verfehlt gelieferten Gegenstand ein, obwohl er dies sofort bemerkt und reklamiert. Hier erwachsen dem Verkäufer vertragliche Herausgabeansprüche und solche aus Bereicherung und dinglichem Recht, ferner Schadensersatzansprüche im Falle der unterbleibenden Herausgabe oder der Herausgabe in beschädigtem Zustand. Alle Ansprüche sind grundsätzlich einzeln zu beurteilen: Die Verjährungsfrist richtet sich teils nach § 195, teils nach § 197 Abs 1 Nr 2, ihr Beginn teils nach § 199, teils nach § 200 S 1, wobei es natürlich unerheblich ist, wenn der eine Anspruch verjährt ist, sofern ein anderer dieses Ziel ebenfalls abdeckt, aber noch nicht verjährt ist.

Auch die Maßnahmen des Gläubigers zur Hemmung der Verjährung betreffen den einzelnen Anspruch. Seine Klage auf Herausgabe, § 204 Abs 1 Nr 1, schützt – im Ansatz – nur den Herausgabeanspruch. Schon im Bereich des § 204 Abs 1 Nr 1 wird dies aber erweitert. Dort kommt es auf den *Streitgegenstand* an (§ 204 Rn 13 ff), dh die Hemmung wirkt für jeden Herausgabeanspruch, unabhängig von seiner konkreten gesetzlichen Basis, solange er sich nur aus Antrag und Vortrag des Klägers ergibt; letzterer mag noch nicht einmal schlüssig sein (§ 204 Rn 23). Diese umfassende Wirkung der Klage – aber auch der anderen Verfahren des § 204 Abs 1 – tritt auch dann ein, wenn sie die einzelnen Ansprüche wechselseitig ausschließen, vgl die Konstellation von BGH NJW 2000, 3492: Vergütung für erbrachte Leistungen bei zweifelhafter Wirksamkeit des Vertrages; die Hemmung tritt ein sowohl für den Anspruch aus § 631 wie für jenen aus § 812.

§ 213 erweitert dies nochmals: Auch wenn einstweilen nur der eine Anspruch Streitgegenstand ist, wirken Maßnahmen, seine Verjährung aufzuhalten, auch für andere Ansprüche, die *alternativ oder in elektiver Konkurrenz* gegeben sind. Derartiges galt bisher schon im Gewährleistungsrecht, vgl § 477 Abs 3 aF, auf den § 639 Abs 1 aF beim Werkvertrag Bezug nahm. § 213 gestaltet diesen Ansatz zu einem allgemeinen Prinzip aus. Seine besondere praktische Bedeutung hat die Bestimmung allerdings weiterhin gerade für die Mängelrechte bei Kauf- und Werkvertrag, §§ 437, 634, weil dort die besondere Ausgestaltung des Verjährungsbeginns durch §§ 438 Abs 2, 634a Abs 2 die Gefahr mit sich bringt, dass die Ansprüche bereits vor ihrer Entstehung verjähren (u Rn 4, 11). Die Verallgemeinerung der Bestimmung wirkt der entsprechenden Gefahr auch in Bezug auf die nach § 548 Abs 1 verjährenden Ersatzansprüche des Vermieters entgegen (BGH NJW 2006, 1588 Rn 12).

II. Voraussetzungen

1. Identität des Schuldners

2 Die mehreren Ansprüche müssen sich gegen denselben Schuldner richten (MünchKomm/Grothe Rn 3). Die Bestimmung findet also keine Anwendung, wenn zB die Vertretungsmacht zweifelhaft ist und sich die Ansprüche entweder gegen den Vertretenen oder gegen den Vertreter richten; hier muss der Gläubiger kostensparend von dem Mittel der *Streitverkündung* Gebrauch machen.

2. Identität des Grundes

3 **a)** „Aus demselben Grunde" müssen die mehreren Ansprüche folgen, wie das Gesetz es formuliert. Sie müssen sich also *aus demselben Lebenssachverhalt* ergeben, mag dieser auch für den weiteren Anspruch zu erweitern sein. Lebenssachverhalt in diesem Sinne ist im Gewährleistungsrecht der einzelne Mangel, aus dem die Ansprüche auf Nacherfüllung, Kostenvorschuss für die eigene Nacherfüllung, Kostenerstattung nach der eigenen Nacherfüllung, Schadensersatz erwachsen können sowie die Befugnis zu Rücktritt oder Minderung, vgl insbesondere §§ 437, 634a. Dabei ist es unschädlich, dass die an die Stelle des Anspruchs auf Nacherfüllung tretenden Rechte idR die weitere Voraussetzung einer fruchtlosen Fristsetzung haben. Im Schadensersatzrecht ist es der einzelne Schaden, der zu einem Anspruch auf Reparaturkosten führen kann oder die Kosten einer Ersatzbeschaffung. Bei der Erfüllung eines Vertrages rühren der Anspruch auf Erfüllung aus demselben Grunde und der Anspruch auf Schadensersatz statt der Leistung im Falle seiner Nichterfüllung; wiederum ist es unschädlich, dass für den letzteren Anspruch zusätzliche Voraussetzungen der §§ 281 oder 283 gegeben sein müssen. Bei dem letztgenannten Beispiel sind in den Verbund weiter einzubeziehen der besondere Schadensersatz nach § 284 und die Möglichkeit des Rücktritts nach § 323.

Wo sich bei zweifelhafter Wirksamkeit eines Vertrages entweder Erfüllungs- oder Bereicherungsansprüche ergeben, folgt die Hemmung der Verjährung bei beiden durch die erhobene Klage schon unmittelbar aus § 204 (o Rn 1). § 213 geht indessen über den Streitgegenstand hinaus (BAG NJW 2014, 717 Rn 30). Vielfach wird es sich um Fälle handeln, in denen im Prozess eine Umstellung der Klage nach § 264 Nr 3 ZPO zulässig ist, weil „statt des ursprünglich geforderten Gegenstandes ... ein anderer Gegenstand oder das Interesse gefordert wird".

4 b) Die genannten Beispiele machen deutlich, dass der zunächst verfolgte Anspruch *nicht begründet* gewesen zu sein braucht; es wurde zB zunächst Erfüllung verlangt, und dann stellt sich Unmöglichkeit heraus. Das Bedürfnis nach der Regelung des § 213 folgt gerade daraus, dass sich der erste Anspruch als Fehlgriff erweist, ist davon freilich nicht abhängig: Der vertragliche Gläubiger verlangt zunächst Erfüllung, ficht den Vertrag dann an und verfolgt jetzt die sich daraus ergebenden Ansprüche.

Auch brauchen die nachmalig verfolgten Ansprüche *nicht von vornherein* gegeben gewesen zu sein. So entstehen etwa die weiteren Rechte von Käufer oder Besteller aus einem Sachmangel idR erst aus fruchtloser Fristsetzung zur Nacherfüllung. Auch das macht die Bestimmung des § 213 besonders notwendig, dass bei ihnen die Verjährung nach Ablieferung oder Abnahme zwar schon läuft, der Gläubiger ihretwegen aber vorläufig noch nicht nach § 204 Abs 1 vorgehen kann.

3. Identität des wirtschaftlichen Interesses?

5 Im Anschluss an die Gesetzesbegründung (BT-Drucks 14/6040, 121) wird gesagt, dass der Gläubiger mit dem weiteren Anspruch dasselbe wirtschaftliche Ziel verfolgen müsse (NK-BGB/Mansel/Budzikiewicz Rn 8; MünchKomm/Grothe Rn 3). Das ist indessen *nicht richtig*. Der Wortlaut des § 213 lässt derlei nicht erkennen, es wäre auch als Tatbestandsmerkmal viel zu unsicher. Allerdings wird oft dasselbe wirtschaftliche Interesse verfolgt, so zB bei dem Begehren von Schadensersatz statt der Leistung im Anschluss an das Leistungsbegehren, indessen erfasst § 213 unzweifelhaft wie schon seine Vorgängervorschriften der §§ 639 Abs 1, 477 Abs 3 aF den Übergang von der Nachbesserung zur schadensersatzrechtlichen Rückforderung des gezahlten Preises als objektiver Mangelschaden. Von demselben wirtschaftlichen Interesse kann hier schwerlich gesprochen werden, wenn der Gläubiger einmal an dem korrekten vertragsgemäßen Zustand interessiert ist, das andere Mal mit der Angelegenheit nichts mehr zu tun haben will.

Entsprechend ergibt sich aus dem Umfang des zunächst verfolgten Anspruchs auch keine Begrenzung für den jetzigen.

4. Alternativität

6 Der jetzige Anspruch muss, wie das Gesetz pleonastisch formuliert, „wahlweise neben dem Anspruch" oder „an seiner Stelle" gegeben sein.

a) § 213 erspart dem Gläubiger Hilfsanträge bei seinem ersten Vorgehen (RegE BT-Drucks 14/6040, 121). Die Bestimmung nimmt sich der Situation an, die sich ergibt, wenn der Gläubiger mehreres verlangen kann, *das eine Begehren aber das andere – oder: die anderen – ausschließt* (zustimmend BAG NJW 2014, 717 Rn 34): Ihm steht Schadensersatz zu, aber für diesen stehen mehrere Berechnungsmethoden zur Verfügung, zB abstrakte Ermittlung oder konkrete, kleiner Schadensersatz oder großer. Im Gewährleistungsrecht hat er die Wahl zwischen diversen Rechten. Nicht gleichzeitig verfolgen lassen sich der Anspruch auf Erfüllung und die Rechte aus der Nichterfüllung, der große Pflichtteil und der konkrete Zugewinnausgleich.

Die Bestimmung erfasst mit der Formulierung „an seiner Stelle" den *Übergang vom Primäranspruch zum Sekundäranspruch*. Anwendung finden muss sie aber auch auf die umgekehrte Konstellation, dass der Gläubiger zunächst (in verjährungshemmender Weise) den Sekundäranspruch verfolgt (vgl BGH NJW 1988, 1778 zum Verhältnis des § 326 aF zum § 556 aF). Liegen dessen Voraussetzungen etwa mangels Fristsetzung (§§ 281 Abs 1, 323 Abs 1) nicht vor, muss der Gläubiger nunmehr noch auf den Primäranspruch zurückgreifen können, ohne dass ihm entgegengehalten werden kann, der Anspruch sei inzwischen verjährt (vgl PETERS JZ 1988, 762 f). Diesen Einwand hindert die Hemmungserstreckung des § 213. Zwar tritt der Primäranspruch nicht „an die Stelle" des Sekundäranspruchs und steht auch nicht im eigentlichen Sinne „wahlweise" neben diesem. Sinn und Zweck des § 213 verlangen aber seine Anwendung. Denn der Schuldner ist hinreichend gewarnt, dass der Gläubiger aus dem bezeichneten Anspruchsgrund seine alternativ bestehenden Rechte geltend macht.

§ 213 ist aber auch auf den Fall anwendbar, dass der Gläubiger zunächst einen Anspruch oder ein Recht verfolgt, das nicht existiert, zB gegenüber dem Dienstverpflichteten mindert oder als Gesellschafter entgegen § 707 von dem anderen Gesellschafter einen Nachschuss begehrt, vgl die Fallgestaltung von BGH NJW 2011, 2292; letzteres kommt seinen Ansprüchen in den Fällen der §§ 735, 739 zugute.

b) Lose Berührungspunkte weist § 213 mit § 139 ZPO auf. Das Gericht wird nach dieser Vorschrift vielfach gehalten sein, auf jenen Anspruch hinzuweisen, der seiner Ansicht nach richtigerweise zu verfolgen wäre. Freilich treten die dem Gläubiger günstigen Folgen des § 213 auch dann ein, wenn das Gericht einen Hinweis erteilt und sich der Gläubiger dem verschließt. Verschuldensgesichtspunkte sind für die Bestimmung irrelevant.

c) Die Bestimmung ist hingegen **unanwendbar**, wenn der Gläubiger seine mehreren Ansprüche **kumuliert verfolgen** kann, zB auf Ersatz des materiellen und des immateriellen Schadens, auf Erfüllung und Schadensersatz wegen Verzuges. Besondere praktische Bedeutung hat dies im Gewährleistungsrecht, wenn der Käufer bzw Besteller *Mangelfolgeschäden* erlitten hat: Ihren Ersatz kann er sogleich verfolgen, neben Rücktritt, Minderung oder Schadensersatz statt der Leistung. In den durch § 213 geschaffenen Verbund seiner Rechte ist der diesbezügliche Anspruch also nicht einbezogen, sodass bei den §§ 437 Nr 3, 634 Nr 4 stets darauf zu achten ist, ob die dortige Verweisung zu den §§ 281, 283 führt oder nicht vielmehr zu den §§ 280 Abs 1, 241 Abs 2. Gleiches wie hier für die Nacherfüllung gilt aber natürlich auch für den Bereich der Erfüllung: Verbund nur zwischen dieser und Schadensersatz statt der Leistung, nicht aber auch mit Schadensersatz aus den §§ 280 Abs 1, 241 Abs 2 oder wegen Verzuges.

III. Wirkungen

8 § 213 drückt seine Wirkungsweise äußerst missverständlich aus.

1. Rechtsverfolgung des Gläubigers

Die Bestimmung ist sinnvoll nur auf die *Rechtsverfolgung durch den Gläubiger* zu beziehen, mithin die §§ 204 Abs 1, 212 Abs 1 Nr 2; zB hemmt die Klage auf Erfüllung die Verjährung des späteren Anspruchs auf Schadensersatz statt der Leistung. § 213 gilt aber natürlich für alle Fälle des § 204 Abs 1, insbesondere auch für jene Verfahren, in denen dieser Anspruch gar nicht hätte verfolgt werden können. Beispiel ist etwa der Mahnbescheid wegen des Minderungsbetrages im Gewährleistungsrecht. Seine Zustellung hemmt auch die Verjährung des Anspruchs auf Nacherfüllung.

Die Wechselwirkung von Rechtsverfolgung oder Zwangsvollstreckung ist unabhängig davon, ob der erste oder der zweite Anspruch einen größeren Umfang hat; gehemmt ist die Verjährung des zweiten in seinem ganzen Umfang einschließlich von Verzugszinsen, die vielleicht bei dem zweiten erstmalig anfallen. Anderes gilt nur, wenn der erste Anspruch nur teilweise verfolgt wurde; dann ist die Verjährung des zweiten auch nur mit einem entsprechenden Anteil gehemmt.

2. Handeln des Schuldners

9 § 213 gilt dagegen – entgegen dem verfehlten Wortlaut – nicht für den Neubeginn der Verjährung, den das *Anerkenntnis* des Schuldners bewirkt. Dessen Reichweite bestimmt er nämlich selbst, sodass sie durch Auslegung seiner Erklärung zu ermitteln ist: Es mag der Werkunternehmer den Mangel einräumen, aber ein Vertretenmüssen abstreiten. Dann sind die Rechte des Bestellers aus § 634 Nrn 1–3 anerkannt, damit aber nicht zugleich auch der Schadensersatz nach § 634 Nr 4. Behauptet der Werkunternehmer weiterhin, dass der Mangel nur mit unverhältnismäßigem Aufwand zu beseitigen sei, reduziert sich sein Anerkenntnis sogar nur auf § 634 Nr 3.

Nichts anderes kann gelten, wo Schuldner und Gläubiger den Hemmungstatbestand gemeinsam schaffen, also bei *Verhandlungen,* § 203, und der *Stundung,* § 205: Die Parteien sind es selbst, die bestimmen, worüber sie reden wollen oder eben auch nicht reden wollen. Für § 203 gilt § 213 also nicht. Nur ein vergleichbarer Effekt ergibt sich daraus, dass *Verhandlungen im Zweifel umfassend* angelegt sind, sodass es einer Verwahrung bedarf, wenn ein bestimmter Anspruch nicht verhandelbar sein soll.

3. §§ 206–208, 210, 211

10 Es ist nicht ersichtlich, wie § 213 in den weiteren Fällen der Hemmung und der Ablaufhemmung sollte Bedeutung haben können.

4. Beginn und Ende der Verjährungsfrist

a) § 213 gilt nicht für den Beginn der Verjährungsfrist. Eine vergleichbare Wirkung haben hier die §§ 438 Abs 2, 634a Abs 2 im Gewährleistungsrecht, § 548 Abs 1 S 2, Abs 2 bei der Miete. § 213 selbst ist eine Bestimmung nur zugunsten des Gläubigers nicht auch zugunsten des Schuldners. **11**

Dass der Beginn der Verjährung bei den einzelnen Ansprüchen jeweils *eigenständig* zu sehen ist, hat nachhaltige praktische Folgen.

So hemmt zwar einerseits die Erhebung der Klage auf Erfüllung die Verjährung des nachgelagerten Anspruchs auf Schadensersatz statt der Leistung, auch wenn letzterer Anspruch noch gar nicht entstanden ist, weil zunächst noch nicht alle seine Voraussetzungen – zB die Fristsetzung – vorliegen, aber diese Hemmung wird praktisch erst relevant, wenn der Sekundäranspruch dann auch entstanden ist. Nach der eindeutigen Fassung des § 213, der den Beginn der Verjährung nicht nennt, kann die Entstehung des Primäranspruchs die Entstehung des Sekundäranspruchs nicht ersetzen oder fingieren. Der Gläubiger kann also kurz vor Ablauf der Verjährungsfrist für den Primäranspruch die Voraussetzungen für den Sekundäranspruch schaffen, dessen Frist ihm dann noch voll zur Verfügung steht.

Dieser Mechanismus wird konterkariert, wenn die Bestimmungen der §§ 438 Abs 2, 548 Abs 1 S 2, 634a Abs 2 den Verjährungsbeginn der Sekundäransprüche rückdatieren auf die Zeitpunkte der Ablieferung der Kaufsache bzw des Rückerhalts der Mietsache bzw der Abnahme des Werkes.

Im Falle der *Gesamtschuld* entsteht der Freihaltungsanspruch des einen Gesamtschuldners gegen den anderen aus § 426 Abs 1 mit der Begründung des Gesamtschuldverhältnisses, der dortige Zahlungsanspruch erst – zeitlich versetzt – mit der Leistung an den gemeinsamen Gläubiger, haben sie doch unterschiedliche Ziele (s § 199 Rn 8). Die Verfolgung des ersteren Anspruchs wirkt zwar hemmend für den letzteren; kann aber dessen Verjährungsbeginn nicht vorverlegen.

b) Auch für das Ende der Verjährungsfrist gilt § 213 nicht; in Bezug auf Nebenleistungen ordnet § 217 ihm Entsprechendes an. **12**

5. Die Verjährungsfrist

Im Prinzip beeinflusst § 213 die Verjährungsfrist des tatsächlich gegebenen, aber zunächst nicht verfolgten Anspruchs nicht. Davon ist freilich eine Ausnahme zu machen. Hat der Gläubiger ein *Feststellungsurteil* hinsichtlich des verfolgten Anspruchs erwirkt, muss sich in entsprechender Anwendung der Bestimmung die Verjährungsfrist des § 197 Abs 1 Nr 3 dem tatsächlich gegebenen Anspruch mitteilen. **13**

Diese Bestimmung gilt überhaupt im Falle des Prozesserfolges hinsichtlich des „Erstanspruchs". Hat der Gläubiger zB die rechtskräftige Titulierung des Erfüllungsanspruchs durchgesetzt, kann er 30 Jahre lang *Sekundärrechte* ausüben, sofern der Anspruch nicht befriedigt wird. Kommt es freilich zur Erfüllung, greift § 213 nicht mehr ein. Letzterer Effekt ergibt sich auch dort, wo die Rechte des Gläubigers in elektiver Konkurrenz stehen.

Wenn umgekehrt der zunächst verfolgte Anspruch wegen Verjährung abgewiesen worden ist, teilt sich dies dem tatsächlich gegebenen Anspruch nicht mit, sondern bleibt es für diesen letzteren bei der Hemmungswirkung der erhobenen Klage nach §§ 213, 204 Abs 1 Nr 1.

Titel 3
Rechtsfolgen der Verjährung

§ 214
Wirkung der Verjährung

(1) Nach Eintritt der Verjährung ist der Schuldner berechtigt, die Leistung zu verweigern.

(2) Das zur Befriedigung eines verjährten Anspruchs Geleistete kann nicht zurückgefordert werden, auch wenn in Unkenntnis der Verjährung geleistet worden ist. Das Gleiche gilt von einem vertragsmäßigen Anerkenntnis sowie einer Sicherheitsleistung des Schuldners.

Materialien: Art 1 G zur Modernisierung des Schuldrechts v 26. 11. 2001 (BGBl I 3138). BGB aF: § 222: E I § 182; II § 187; III § 217; Mot I 341; Prot I 387 ff, 1500; II 1 232 ff; JAKOBS/SCHUBERT, AT 1000, 1001 ff, 1044 ff, 1079 ff, 1083 ff, 1101 f, 1118 ff, 1138. PETERS/ZIMMERMANN § 210 Abs 1, Gutachten 263, 310, 323; Schuldrechtskommission § 221, Abschlussbericht 101; RegE § 214, BT-Drucks 14/6040, 122.

Schrifttum

BECKER-EBERHARD, Probleme des Laufs der Verjährungsfrist bei der Anwalts- und Steuerberatungshaftung, in: FS Schumann (2001) 1
BRUNS, Wegfall der Sekundärhaftung?, BB 2003, 1347
CHAB, in: ZUGEHÖR/FISCHER/VILL/FISCHER/ RINKLER/CHAB, Handbuch der Anwaltshaftung (3. Aufl 2011) 1263
EL-GAYAR, Verjährung und Erledigung der Hauptsache, MDR 1998, 698
D FISCHER, in: ZUGEHÖR/FISCHER/VILL/ FISCHER/RINKLER/CHAB, Handbuch der Anwaltshaftung (3. Aufl 2011) 2075
FUCHS-WISSEMANN, Mitverschulden durch Unterlassen einer schadensaufhebenden Verjährungseinrede gegenüber einem Dritten, VersR 1997, 427
HONSELL, Der Verzicht auf die Einrede der Verjährung, VersR 1975, 104
JAHR, Die Einrede des bürgerlichen Rechts, JuS 1964, 125, 218, 293
KLEUTGENS, Die Sekundärhaftung des Rechtsanwalts (1995)
KOCH, Darf der Amtsrichter die Parteien auf die Frage der Verjährung hinweisen?, NJW 1966, 1648
KRAFT/GIERMANN, Die Einrede der Verjährung als Obliegenheit im Sinne des § 254 Abs 2 BGB, VersR 2001, 1475
KROPPENBERG, Verjährungseinrede in der Berufungsinstanz bei unstreitiger Tatsachengrundlage, NJW 2009, 642
LIPPMANN, Findet § 222 Abs 2 BGB Anwendung, wenn ein nach Erlass des Vollstreckungstitels verjährter Anspruch zur Abwendung der Zwangsvollstreckung geleistet wird?, DJZ 1906, 1255
LOHBECK, Die Frage der Verjährungseinrede von Körperschaften des öffentlichen Rechts, NJW 1965, 1575
MAYER, Die Verjährungseinrede und die Gegeneinrede der Arglist und der ungerechtfertigten Bereicherung, BayZ 1918, 35
MELLER-HANNICH, Die Einrede der Verjährung, JZ 2005, 656

dies, Zur Präklusion der Verjährungseinrede in der Berufungsinstanz, NJW 2006, 3385
ORTHAL, Zur Auslegung der §§ 208, 222 BGB, Recht 1906, 1067
REINELT/PASKER, Gilt die Sekundärhaftung des Architekten auch noch nach der Schuldrechtsmodernisierung?, BauR 2010, 983
PETERS, Der Bürge und die Verjährung der Hauptschuld, NJW 2004, 1430
ders, Die Pflicht zum Hinweis auf die eigene Pflichtverletzung, JR 2011, 93
PROTZEN, Nichterhebung der Verjährungseinrede gegenüber Dritten als Obliegenheitsverletzung?, NJW 1998, 1920
RINSCHE, Der sekundäre Schadensersatzanspruch gegen den Rechtsanwalt, VersR 1987, 239
vRINTELEN, Die Sekundärhaftung des Architekten – Bestandsaufnahme, Grenzen und Kritik, NZBau 2008, 209
ROTH, Die Einrede des Bürgerlichen Rechts (1988)
SAHM, Die außergerichtliche Geltendmachung der Verjährungseinrede, JherJb 49, 59
SCHALL, Die Bedeutung der zivilrechtlichen Verjährungseinrede bei Anordnung der Wiedergutmachungsauflage, NJW 1977, 1045
SCHENKEL, Die erstmalige Erhebung der Verjährungseinrede in der Berufungsinstanz, MDR 2005, 726
SCHIRMER, Der Verzicht des Haftpflichtversicherers auf die Einrede der Verjährung, VersR 1970, 112
SCHLOSSER, Selbständige peremptorische Einrede und Gestaltungsrecht im deutschen Zivilrecht, JuS 1966, 237
SCHNABEL, Nichterhebung der Verjährungseinrede als Mitverschulden, NJW 2000, 3191
SCHNEIDER, Über die Beseitigung der Wirkung vollendeter Verjährung durch Anerkenntnis, JherJb 51, 23
SCHNEIDER, Befangenheit des auf Verjährungsablauf hinweisenden Richters, MDR 1979, 974
SEELIG, Die prozessuale Behandlung materiellrechtlicher Einreden – heute und einst (1980)
SUPPERS, Der Einredebegriff des Bürgerlichen Gesetzbuchs in seiner praktischen Bedeutung (1902)
TAUPITZ, Die zivilrechtliche Pflicht zur unaufgeforderten Offenbarung eigenen Fehlverhaltens (1989)
TIEDTKE, Aus dem Hauptschuldverhältnis abgeleitete und eigene Einreden des Bürgen, JZ 2005, 940
WAGNER, Erlischt durch Geltendmachung der Einrede der Verjährung der Anspruch? (Diss Jena 1931)
WERNECKE, Die Einrede der Verjährung – Schnittpunkt zwischen materiellem Recht und Zivilprozessrecht, JA 2004, 331
WIEDEMANN, Die Verwirkung der Einrede der Verjährung (Diss Köln 1953)
ZIMMERMANN, „Sekundäre" und „tertiäre" Schadensersatzansprüche gegen den Rechtsanwalt?, NJW 1985, 720
ZUGEHÖR, Die Verjährung in der Berufshaftung der Rechtsanwälte, NJW 1995, Beil z H 21.

Systematische Übersicht

I. Allgemeines	1
II. Der Eintritt der Verjährung	2
1. Einzelanspruch	3
2. Objektive Beurteilung	4
III. Die Berufung auf die Einrede der Verjährung	
1. Notwendigkeit der Berufung	5
2. Rechtsnatur der Berufung	6
3. Form, Zeitpunkt	7
4. Inhaltliche Anforderungen	8
5. Einmalige Erhebung, Bedingungen	9
6. Verteidigung gegen verjährte Forderung	9a
7. Gesamtschuldner, Bürge	10
IV. Die Einrede der Verjährung im Prozess	
1. Einführung in den Prozess	11
2. Prüfung und Folgen der Einrede der Verjährung	12
3. Richterliche Hinweise auf den Eintritt der Verjährung	15

Titel 3
Rechtsfolgen der Verjährung § 214

V.	Unzulässigkeit der Einrede der Verjährung	
1.	Wirkungsweise	18
2.	Allgemeine Voraussetzungen	19
3.	Verzicht auf die Einrede der Verjährung	21
4.	Abhaltung von rechtzeitiger Hemmung der Verjährung	22
5.	Wirkungen	24
6.	Funktionslosigkeit	25a

VI.	Insbesondere: Pflicht des Schuldners zum Hinweis auf den drohenden Eintritt der Verjährung	
1.	Keine generelle Pflicht	26
2.	Sekundärer Schadensersatzanspruch	27
3.	Einzelfälle	28
4.	Entwicklung der Rechtsprechung	29
5.	Basis der einzelnen Aufklärungspflichten	29a

VII.	Verzicht auf die Einrede der Verjährung	30
1.	Form	31
2.	Voraussetzungen	32
3.	Abgrenzungen	33
4.	Tragweite des Verzichts	34
5.	Zeitliche Reichweite	35

VIII.	Unzulässigkeit der Berufung auf die Hemmung der Verjährung	35a

IX.	Die Wirkungen des Eintritts der Verjährung	
1.	Rechtsgrund für Leistungen	36
2.	Verteidigung mit der Forderung	39

X.	Mehrheit von Gläubigern und Schuldnern	40

XI.	Entsprechende Anwendung der Bestimmung	41

XII.	Öffentliches Recht	42
1.	Ausschlusswirkung	43
2.	Einredecharakter	44
3.	Anspruch als Rechtsgrund für Leistungen	45

Alphabetische Übersicht

Abschwächung der Forderung	36
Anerkenntnis des Schuldners	38
Architekt	28 ff
Aufklärungspflichten	29a
Aufrechnung	36
Ausschlussfristen	41
Bedingungen	9
Befangenheit des Richters	15 ff
Begründung der Leistungsverweigerung	8
Berufung auf die Einrede	5
Bürge	10, 40
Einbringung in den Prozess	11
Einrede des nichterfüllten Vertrages	39
Entschuldigung	29a
Erledigung der Hauptsache	14
Erlöschen der Forderung	36
Form der Einrede	6
Fristablauf	4
Funktionslosigkeit der Einrede	25a
Gesamtschuldner	10
Geschäftsähnliche Handlung	6
Geschäftsbesorgung	29a
Gesellschafter	10, 40
Gestaltungsakt	6
Hausverwalter	28 ff
Hinweise des Richters	15 ff
Hinweispflichten des Schuldners	26 ff
Kondiktion der erbrachten Leistung	37
Leistungsverweigerung	8
Mehrheit von Gläubigern und Schuldnern	40
Mietkaution	25a
Missbrauch von Schutzbefohlenen	5
Nachfrist	24

Öffentliches Recht	42	Untreue	29a
		Unzulässige Klage	35a
Prozesskostenhilfegesuch des Wohlhabenden	35a	Unzulässigkeit der Einrede	18 ff
		Verfahrenspfleger	6
Rechtsanwalt	28 ff	Verteidigung gegen verjährte Forderung	19a
Rechtsmissbrauch	35a	Verwirkung der Einrede	22
Rechtsnachfolger	40	Verzicht auf die Einrede	21, 31 ff
Rechtschutzbedürfnis	19a	Vollendung der Verjährung	2
Schuldbeitritt	40	Widerruf des Verzichts	21
Sekundärer Schadensersatzanspruch	27	Wirkung der Verjährung	36 ff
Sicherheiten	36		
Sicherheitsleistung	38	Zurückbehaltungsrecht	39
Steuerberater	28 ff	Zurückverweisung	13
Schlusszahlung	41	Zwangsvollstreckung	37

I. Allgemeines

1 Der Eintritt – in herkömmlicher Terminologie: die „Vollendung" – der Verjährung lässt den Anspruch des Gläubigers nicht erlöschen, er schwächt ihn aber in entscheidender Weise ab, indem der Schuldner ein Leistungsverweigerungsrecht erhält (Abs 1). Immerhin bleibt der Anspruch trotz Fristablaufs grundsätzlich erhalten: Ohne Berufung auf die Verjährung wird der Schuldner trotz Fristablaufs verurteilt und trotz Eintritt der Verjährung und gar Berufung auf die Verjährung kann er kondiktionsfest erfüllen (Abs 2).

II. Der Eintritt der Verjährung

2 Die Verjährung ist eingetreten, wenn nach ihrem Beginn unter Berücksichtigung eines etwaigen Neubeginns und uU mehrerer möglicher Hemmungen die für den jeweiligen Anspruch vorgesehene Verjährungsfrist abgelaufen ist.

3 1. Die Vollendung der Verjährung ist *für jeden Anspruch* des Gläubigers *einzeln zu prüfen*. Hat er zB nebeneinander Ansprüche aus Eigentum und aus Delikt, so mag der eine verjährt sein, der andere nicht, vgl aber § 213.

4 2. Ob die Verjährung eingetreten ist oder nicht, beurteilt sich allein nach dem *objektiven Tatbestand des Fristablaufs*. Subjektive Elemente beim Gläubiger sind vorbehaltlich des § 199 Abs 1 S 1 Nr 2 ebenso unbeachtlich wie solche beim Schuldner; allerdings kann die Berufung auf die Verjährung treuwidrig sein (vgl u Rn 18 ff). Unerheblich ist insbesondere auch die mit dem Verjährungseintritt möglicherweise verbundene Härte für den Gläubiger. Unerheblich ist es schließlich, ob es für den Gläubiger aus Kosten- oder sonstigen praktischen Gründen unzumutbar war, die Verjährung rechtzeitig zu hemmen oder nach § 212 Abs 1 Nr 2 neu beginnen zu lassen.

III. Die Berufung auf die Einrede der Verjährung

1. Der Schuldner muss sich auf den Eintritt der Verjährung berufen, will er der Verurteilung zur Leistung entgehen (**aA** HÖLDER ArchBürgR 11 [1896] 217, 242 f; SCHLOSSER JuS 1966, 258 f; wie hier die hM, zB ROTH 50 f; STAUDINGER/DILCHER[12] § 222 aF Rn 8).

Die Vorzüge der Verjährung dürfen dem Schuldner nicht aufgedrängt werden. Das ist unabhängig davon, ob man die Berufung auf die Verjährung für unehrenhaft hält oder nicht (was sie übrigens im Grundsatz nicht ist): Dem Schuldner mag es gegenüber dem Gläubiger überzeugender sein, den Anspruch in anderer Weise zu bekämpfen, und damit förderlicher für das künftige Verhältnis, und es gibt außerdem auch Schuldner, die ihre Verurteilung zur Leistung trotz Verjährung hinnehmen.

Anstalten, in denen Schutzbefohlene missbraucht oder misshandelt worden sind, steht es im Übrigen nicht gut zu, sich auf Verjährung zu berufen, auch vor dem Hintergrund der neu eingefügten 30-jährigen Verjährungsfrist des § 197 Abs 1 Nr 1. Derartige Konstellationen können sich auch anderweitig ergeben.

So steht die Erhebung der Einrede im freien Ermessen des Schuldners, wie es freilich die öffentliche Hand pflichtgemäß auszuüben hat. Allerdings kann der Schuldner Dritten gegenüber gebunden sein. Der Beauftragte kann angewiesen sein, sie nicht zu erheben. In der Regel wird er es nicht für erforderlich iSd § 670 halten dürfen, auf eine verjährte Forderung zu zahlen. Es kommt aber ganz auf die Umstände des Einzelfalls an, zB mag die Erhebung der Einrede eine Geschäftsverbindung gefährden. Auch der Geschädigte, der seinen Schaden konkret berechnet, wird regelmäßig Schadenspositionen in Form verjährter Verbindlichkeiten vermittels der Einrede nach § 254 Abs 2 auszuschalten haben (KRAFT/GIERMANN VersR 2001, 1475; zu starr aber LG Würzburg NJW 1997, 2606; SCHNABEL NJW 2000, 3191 [Mitverschulden annehmend]; FUCHS-WISSEMANN VersR 1997, 427; PROTZEN NJW 1998, 1920 [Mitverschulden verneinend]; bedenklich weitgehend BGHZ 173, 83 = NJW 2007, 2695 in der werkvertraglichen Leistungskette, dagegen STAUDINGER/PETERS/JACOBY [2014] § 631 Rn 38, § 634 Rn 155).

2. Obwohl die Berufung auf den Eintritt der Verjährung den Anspruch umgestaltet, handelt es sich bei der Erhebung der Einrede *nicht* um einen *Gestaltungsakt*, im Gegensatz etwa zur Kündigung. Die Erhebung der Einrede ist eine *geschäftsähnliche Handlung* (MünchKomm/GROTHE Rn 4), die nur Vorteile bringt. In der Folge kann sie auch der minderjährige Schuldner erheben. Auf die Erhebung durch den vollmachtlosen Vertreter wird man § 180 anwenden können. Ein Vertreter bedarf der Vertretungsmacht (vgl BGH NJW 2012, 3509 zum Verfahrenspfleger). Eine Anfechtung wegen Irrtums wird man wegen der Widerruflichkeit (dazu u Rn 35), für entbehrlich halten müssen. Notwendig ist nur der Zugang an den Gläubiger.

3. An *besondere Formen* ist die Erhebung der Einrede *nicht gebunden*. Zeitlich ist sie ohne weiteres möglich nach Eintritt der Verjährung. Doch wird man es ohne weiteres auch ausreichen lassen müssen, wenn sich der Schuldner *vor Eintritt der Verjährung* auf diese beruft; er braucht die Erklärung dann später nicht zu wiederholen. Das gilt ohne weiteres, wenn seine Erklärung in engem zeitlichen Zusammenhang mit dem Eintritt der Verjährung steht; dann hat er sich vielleicht nur hinsichtlich des konkreten Eintrittszeitpunkts verrechnet, was nicht zu seinen Lasten gehen darf. Es bestehen aber keine durchgreifenden Bedenken dagegen, schon die deutlich frühere Erklärung, wegen Verjährung nicht leisten zu wollen, genügen zu lassen.

8 **4.** Der Schuldner braucht die Einrede der Verjährung *nicht ausdrücklich* zu erheben. Es reicht vielmehr, dass die Auslegung seiner Erklärung – nach dem Empfängerhorizont, §§ 133, 157 – ergibt, dass er sie erheben will.

a) Notwendig, aber für sich allein nicht ausreichend, ist es insoweit, dass er den Willen bekundet, die Leistung endgültig zu verweigern.

b) Notwendig, aber ebenfalls für sich allein nicht ausreichend, ist es weiterhin, dass er dies *in der Sache mit dem Eintritt der Verjährung begründet.* Die Verweigerung der Leistung unter Hinweis auf Anfechtung, Erfüllung oä reicht also keinesfalls; das Motiv der Leistungsverweigerung muss vielmehr – über den Wortlaut des § 214 Abs 1 hinaus – angegeben werden. Insoweit reicht dann aber eine sinngemäße Umschreibung, wie sie zB in dem Hinweis auf den langen Zeitablauf liegen kann. In aller Regel reicht auch der Hinweis auf eine Verwirkung des Anspruchs (BGH NJW 1996, 1895). Es muss sich nur der Wille ergeben, den Anspruch wegen Verjährung nicht erfüllen zu wollen. Dabei braucht der Schuldner nicht davon überzeugt zu sein, dass die Verjährung tatsächlich schon eingetreten ist.

9 **5.** Wegen ihrer gestaltenden Wirkung (JAHR JuS 1964, 293; STAUDINGER/DILCHER[12] § 222 aF Rn 12) braucht die Einrede *nur einmal erhoben* zu werden; das wirkt dann fort (SCHLOSSER JuS 1966, 263; STAUDINGER/DILCHER[12] § 222 aF Rn 12), und zwar auch in die nächste Instanz. Der Schuldner kann die erhobene Einrede freilich auch wieder fallen lassen.

Ebenfalls wegen ihrer gestaltenden Wirkung ist die Erhebung der Einrede *bedingungsfeindlich;* keine wirksame Erhebung also, wenn dies unter dem Vorbehalt eines künftigen außenstehenden ungewissen Ereignisses geschieht. Wird die Einrede dagegen unter dem Vorbehalt erhoben, dass der Anspruch tatsächlich besteht, also überhaupt entstanden und nicht schon anderweitig untergegangen ist, so ist das keine Bedingung im Rechtssinne und zulässig. Hier setzt sich freilich die Einrede der Verjährung gegenüber den anderen Einwendungen des Schuldners durch: Das Gericht kann nicht gezwungen werden, den Anspruch zunächst sachlich zu prüfen und vielleicht zu verneinen, was dem Schuldner vielleicht lieber wäre, sondern darf und muss den Anspruch sogleich wegen Verjährung abweisen (**aA** STAUDINGER/DILCHER[12] § 222 aF Rn 10 unter fehlerhafter Berufung auf ROSENBERG/SCHWAB; wie hier OLG Köln MDR 1920, 686; SCHNEIDER JurBüro 1978, 1265). Will der Schuldner dieses Ergebnis vermeiden, seine anderweitigen Einwendungen vorab geprüft wissen, muss er schon die Einrede der Verjährung „zurückhalten", riskiert dann aber die Kostenfolge des § 96 ZPO.

9a **6.** Dass Verjährung eingetreten ist, bedeutet keineswegs, dass der Schuldner auf diese Form der Verteidigung gegen die Forderung beschränkt wäre. Schon wegen der möglich bleibenden Aufrechnung des Gläubigers mit seiner Forderung, vgl § 215, hat sie schwächere Wirkung als die Nichtexistenz der Forderung. Und so fehlt es namentlich auch nicht an dem *Rechtschutzbedürfnis* des Schuldners für eine negative Feststellungsklage (BGH NJW 2011, 3657 Rn 12).

7. Mehrere *Gesamtschuldner* können sich einzeln auf den erfolgten Eintritt der Verjährung berufen bzw nicht berufen, § 425 Abs 2. Der *Bürge* kann sich auf den Eintritt der Verjährung der eigenen Bürgenschuld berufen, aber auch auf den Eintritt der Verjährung der Hauptforderung, § 768, dies auch gegen den Willen des Hauptschuldners, § 768 Abs 2, und auch dann, wenn er selbst schon aus der Bürgschaft verurteilt ist; es steht ihm dann die Klage aus § 767 ZPO zu (BGH NJW 1999, 278). Kann der Bürge freilich nach § 773 Abs 1 die Einrede der Vorausklage nicht erheben, gilt dies nicht (**aA** BGHZ 76, 222; BGH NJW 2003, 1250): Es widerspräche Sinn und Zweck zB des Verzichts auf die Einrede, wenn der Bürge den Gläubiger im Ergebnis doch vermittels der §§ 768, 214 nötigen könnte, den Hauptschuldner gerichtlich zu belangen. – Der nach § 128 HGB in Anspruch genommene Gesellschafter kann sich nach § 129 Abs 1 HGB auf die gegenüber der Gesellschaft eingetretene Verjährung berufen, dies freilich nicht mehr nach eigener Verurteilung.

10

IV. Die Einrede der Verjährung im Prozess

1. Einführung in den Prozess

Die Verjährung und damit auch die aus ihr resultierende Einrede ist nach dem Verständnis des BGB ein *Teil des materiellen Rechts.* Daraus folgt, dass sie als Teil des Prozessstoffes von den Parteien in den Prozess eingebracht werden muss. Die Erhebung der Einrede der Verjährung kann und wird regelmäßig durch den Beklagten vorgebracht werden. Das kann in der Form geschehen, dass er sich (erstmalig) im Prozess auf die Einrede beruft, dies ist aber auch in der Form möglich, dass er sich auf eine vor- oder außerprozessuale Erhebung der Einrede bezieht. Die Einrede der Verjährung kann in den beiden Tatsacheninstanzen vorgetragen werden; die Erhebung der Einrede in der einen Instanz wirkt in der nächsten Instanz fort, ohne dass sie dort ausdrücklich wiederholt werden müsste (BGH LM § 222 BGB Nr 10 = VersR 1989, 286 = WM 1989, 581). Die erstmalige Erhebung der Einrede in der Berufungsinstanz kann auf Nachlässigkeit beruhen und damit an sich nach § 531 Abs 2 Nr 3 ZPO ausgeschlossen sein. Diese Bestimmung ist aber dann nicht präkludierend anzuwenden, wenn die Tatsachenbasis der Einrede unstreitig ist (BGH Großer Senat für Zivilsachen in: BGHZ 177, 212 = NJW 2008, 3434 [dazu Jacoby ZZP 122 (2009) 358 ff], fortgeführt von BGH NJW 2009, 685 Rn 22: Zulassung, auch wenn dadurch Rechtsstreit verzögert wird); materiell richtige Entscheidungen soll § 531 Abs 2 ZPO nicht verhindern, die gegenteilige Auffassung (BGH GRUR 2006, 401; MünchKomm/Grothe Rn 4; Schenkel MDR 2005, 726) ist doktrinär. Darüber hinaus gebietet es die Prozessökonomie, die in ihren Grundlagen streitige Einrede trotz § 531 Abs 2 ZPO dann zuzulassen, wenn das die Erledigung beschleunigen wird (Jacoby ZZP 122 [2009] 358, 362 f; **aA** BGH NJW 2011, 842 Rn 19). Hat das Berufungsgericht die Einrede in Verkennung des § 531 Abs 2 ZPO zugelassen, kann das in der Revisionsinstanz nicht gerügt werden (BGH NJW 2007, 3127 Rn 19). Als tatsächlicher Vorgang kann die Erhebung der Einrede aber nicht erstmalig in der Revisionsinstanz vorgetragen werden (BGHZ 1, 234, 239; **aA** Wernecke JA 2004, 332, 335), doch darf das Revisionsgericht bei Erhebung der Einrede in der Tatsacheninstanz den weiteren Zeitablauf berücksichtigen (BGH NJW 1990, 2754, 2755).

11

Als Tatsache kann die Erhebung der Einrede der Verjährung auch *durch den Gläubiger in den Prozess eingebracht* werden mit der Folge, dass seine Klage als unschlüssig abzuweisen ist, im Falle der Säumnis des beklagten Schuldners durch unechtes Versäumnisurteil (OLG Düsseldorf NJW 1991, 2091; MünchKomm/Grothe Rn 4).

2. Prüfung und Folgen der Einrede der Verjährung

12 **a)** Ist die Erhebung der Einrede der Verjährung vorgetragen, so hat das Gericht die Wahl, ob es die Klage aus diesem oder anderen Gründen abweisen will. Ist die Einrede der Verjährung – wie oft – liquide, so ist die Klage aus Gründen der Prozessökonomie regelmäßig ihretwegen abzuweisen: Das Gericht darf nicht Beweis über den Bestand der Forderung erheben, wenn die Klage schon nach dem unstreitigen Sachverhalt als verjährt abzuweisen ist, es darf auch nicht durch eine bloß hilfsweise Geltendmachung der Einrede zu einem solchen Vorgehen gezwungen werden (vgl o Rn 9). Insofern nähert sich die Klage aus einem verjährten Anspruch der unzulässigen Klage an. Anders natürlich, wenn auch die Verjährungsfrage ihrerseits nicht ohne Beweisaufnahme zu klären ist. Dann gebietet der Grundsatz der Prozessökonomie, den zweckmäßigsten Weg zur Erledigung der Sache einzuschlagen. Auch dies wird freilich meist zu einer vorrangigen Klärung der Verjährungsfrage führen.

Ist die Einrede der Verjährung nicht erhoben, darf das Gericht auch bei evidenter Verjährung nicht auf diese zurückgreifen.

b) Ist die Einrede der Verjährung unbegründet erhoben, gibt das Gericht der Klage statt.

Ist die Einrede der Verjährung begründet erhoben, so wird die Klage abgewiesen, ggf durch unechtes Versäumnisurteil.

c) Nimmt der Schuldner den Eintritt der Verjährung zum Anlass für eine negative Feststellungsklage, so bleibt zu berücksichtigen, dass der Anspruch gleichwohl (abgeschwächt) fortbesteht (vgl u Rn 36 ff). Mithin kann die begehrte Feststellung nicht dahin lauten, dass dem Gläubiger der Anspruch nicht zustehe, sondern nur dahin, dass der Schuldner zur Verweigerung der Leistung berechtigt sei (BGH LM § 222 Nr 8; BGH NJW 1983, 393).

13 **d)** Hat die erste Instanz die Klage wegen angenommener Verjährung abgewiesen, so war das – wegen der materiellrechtlichen Ausgestaltung der Verjährung – eine Abweisung als unbegründet, nicht als unzulässig. Beurteilt die Berufungsinstanz die Verjährungsfrage anders, verneinend, so berechtigt das nicht *zur Zurückverweisung* nach § 538 Abs 2 ZPO, namentlich nicht nach § 538 Abs 2 Nr 3 ZPO (BGH NJW 1999, 3125). Eine Zurückverweisung ist vielmehr nur nach Erlass eines Grundurteils möglich (BGHZ 50, 25; 71, 226, 231; BGH NJW 1999, 3125).

14 **e)** Zweifelhaft ist das Verhältnis von Verjährung und **prozessualer Erledigung der Hauptsache** (vgl eingehend zum Problemkreis und Meinungsstand El-Gayar MDR 1998, 698).

aa) Problemlos ist allerdings der Fall, dass sich der Schuldner schon vorprozessual auf die eingetretene Verjährung berufen hat: Die Klage war von vornherein unbegründet und kann sich deshalb nicht iSd § 91a ZPO erledigen.

bb) Schwierigkeiten bereiten die Fälle, in denen sich der Schuldner *erstmalig im Prozess* auf die eingetretene Verjährung beruft. Dabei kann es wiederum einerseits so liegen, dass ihm die Einrede schon vorprozessual zur Verfügung stand, andererseits kann die Verjährungsfrist auch erst während des Prozesses abgelaufen sein. Letzteres ist denkbar im Falle des § 204 Abs 2 S 2.

cc) Wenn die Erledigung der Hauptsache darin besteht, dass aus einer bis dahin zulässigen und begründeten Klage eine unzulässige oder unbegründete wird, erledigt der Fristablauf als solcher nicht. Denn wenn sich der Schuldner nicht auf ihn beruft, wird er verurteilt: Die Klage bleibt begründet. *Erledigendes Ereignis ist die Erhebung der Einrede der Verjährung.* Sie macht aus der bis dahin begründeten Klage eine unbegründete (vgl EL-GAYAR MDR 1998, 697).

dd) Diese Erledigung *wirkt* aber *nicht zurück* (**aA** EL-GAYAR aaO; wie hier MELLER-HANNICH JZ 2005, 656, 663; WERNECKE JA 2004, 331, 334). Materiell mag die Erhebung der Einrede der Verjährung zurückwirken; den anhängigen Prozess kann sie nicht aufheben.

Folgerichtig ist es der Beklagte, der nach dem bisherigen Sach- und Streitstand unterlegen gewesen wäre und damit die Kosten zu tragen hat, § 91a Abs 1 S 1 ZPO (BGH NJW 2010, 2422).

Von diesem Ergebnis könnte allein aus Gründen der Billigkeit abgewichen werden. Man könnte dem Gläubiger vorhalten, dass er die Verjährung nicht oder nicht rechtzeitig gehemmt hat, dem Schuldner zugutehalten, dass ihm die Einrede nicht früher zur Verfügung stand. Indessen ist es fraglich, inwieweit bei der Kostenentscheidung Billigkeitserwägungen zulässig sind, inwieweit namentlich auf das Verschulden an der Erledigung abzustellen ist; hier dürfte jeweils Zurückhaltung geboten sein.

Speziell im Fall der verspäteten Klage kann man es auch dem Schuldner vorwerfen, dass er die Einrede zurückgehalten hat, womit er uU erhebliche Kosten und Mühen der Sachaufklärung verursacht hat.

Damit muss es bei der *Kostenlast des Schuldners* bleiben, der die *Einrede erst nachträglich erhebt,* unabhängig davon, ab wann sie ihm zur Verfügung stand.

3. Richterliche Hinweise auf den Eintritt der Verjährung

Richterliche Hinweise auf den Eintritt der Verjährung lassen sich einerseits als Teil der richterlichen Aufklärungspflicht verstehen, § 139 ZPO, andererseits ließe sich aus ihnen auch die Besorgnis der Befangenheit, § 42 Abs 2 ZPO, herleiten.

15

Die Behandlung des Problemkreises ist *streitig.* Im Vordringen befindlich ist die Auffassung, dass dem Richter eine freiere Stellung in der Behandlung der Verjährungsfrage zukomme. Doch wird man im Einzelnen differenzieren müssen:

a) Ohne weiteres *zulässig* ist es, dass der Richter bei erhobener Einrede der Verjährung auf eine *Präzisierung des dazu notwendigen Tatsachenvortrags* (über Beginn der Verjährung, mögliche Hemmungen, einen etwaigen Neubeginn) hinwirkt. Ebenso setzt er sich nicht der Besorgnis der Befangenheit aus, wenn er bei *Zweifeln darüber, ob die Verjährungseinrede erhoben werden soll,* nachfragt. Er darf zB die Bemerkung des Beklagten klärend aufgreifen, dass ihm wegen des langen Zeitablaufs die Belegung der Erfüllung nicht mehr möglich sei.

b) Demgegenüber ist die Besorgnis der Befangenheit begründet, wenn der Richter die Erhebung der Einrede *anregt,* obwohl deutlich ist, dass der Beklagte sie nicht erheben will. Dies kann sich ausdrücklich aus dem Vorbringen des Beklagten ergeben, aber doch auch konkludent. Letzteres ist namentlich dann anzunehmen, wenn der Beklagte die Sach- und Rechtslage offenkundig voll durchschaut, damit aber im Anwaltsprozess eher als im Parteiprozess.

16 c) Für den verbleibenden weiten Zwischenbereich, in dem es zweifelhaft ist, ob der Beklagte die mögliche Einrede der Verjährung gesehen hat, wird man jedenfalls nicht zwischen Hinweispflicht und Hinweisrecht des Richters differenzieren können: Entweder muss er hinweisen oder er darf es nicht. Die Frage nach den Befugnissen des Richters hängt im Übrigen von *prozessualen Vorverständnissen* ab. Wer dem Richter eine aktive gestaltende Rolle, letztlich die eines Sozialingenieurs zudenkt, wird einen Hinweis auf die Verjährung eher hinnehmen als der, der ihn lieber passiv sieht, die Parteien als Herren des Verfahrens. Weiter kommt es auf die Beantwortung der Frage an, ob der Richter mögliche Defizite in der juristischen Beratung der Partei durch ihren Anwalt ausgleichen soll, kann oder darf. Unzweifelhaft muss es jedenfalls einerseits sein, dass der Hinweis auf die eingetretene Verjährung bedenklicher ist als der auf manche andere mögliche Einrede, weil er massiver wirkt; eine „Einheitslösung" für alle Einreden kann also schwerlich angestrebt werden (**aA** Roth 284). Ferner wird man die Lösung kaum in prozessualen Grundsätzen wie dem Verhandlungsgrundsatz oder der Dispositionsmaxime suchen können (vgl aber Roth 280 ff). Schließlich ist unergiebig das Argument, dass der erfolgte und aufgegriffene Hinweis auf den Eintritt der Verjährung auch im Falle erfolgreicher Richterablehnung unumkehrbar sei (**aA** Schneider NJW 1986, 1316).

Mit diesen Vorbehalten lässt sich feststellen,

– dass der Richter mit dem Hinweis auf die Verjährung den Prozess uU erheblich abkürzen, zeitaufwendige und kostspielige anderweitige Ermittlungen entbehrlich machen kann,

– dass er dem Beklagten nicht etwa ein unseriöses oder sonst zu missbilligendes Verhalten anrät,

– dass weiterhin auch der auf der Basis der Verjährung entschiedene Prozess „gerecht" entschieden ist, jedenfalls nicht weniger gerecht als durch eine anderweitige Entscheidung, etwa auf der Basis der Beweislast,

– dass Bedenken gegen eine solche Vorgehensweise jedenfalls dann nicht bestehen können, wenn eine längere Frist als die des § 195 einschlägig ist. Sie ergeben sich nur in jenen Fällen, in denen die Frist als allzu knapp empfunden wird. Hier aber ist die Entscheidung des Gesetzgebers für diese Frist hinzunehmen, der eben den Zeitablauf als hinreichend befunden hat, den Anspruch entscheidend abzuschwächen,

– dass die Ausgestaltung der Verjährung als Einrede nicht missverstanden werden darf. Der Anspruch ist eben als hinreichend veraltet gewertet worden, um ihn nahezu untergehen zu lassen, und dies ist nur in das Belieben des Verpflichteten gestellt worden. Die Berechtigung, von der Veraltung des Anspruchs abzusehen, darf aber nicht zu Lasten des Verpflichteten gewendet werden,

– dass schließlich richterliche Hinweise einerseits gesetzlich vorgesehen und damit zu akzeptieren sind und auch akzeptiert werden, andererseits aber stets geeignet sind, das Ergebnis des Prozesses umzukehren, so zB der Hinweis auf mangelnde Substantiierung bestimmten Vorbringens, die Anregung, einen unzulässigen Antrag durch einen zulässigen Antrag zu ersetzen. Richterliche Hinweise, die keine Folgen haben könnten, müssten überhaupt unterbleiben. So gesehen kommt dem Hinweis auf die eingetretene Verjährung nur eine extreme, aber doch keine Sonderrolle zu.

Das Meinungsbild kann hier nur auszugsweise wiedergegeben werden. *Gegen die Zulässigkeit* des Hinweises auf den Eintritt der Verjährung zB RG JW 1902, 444; RGZ 165, 226, 234; BGH VersR 1962, 663 f; BGHZ 156, 269, 272 = NJW 2004, 164; OLG Bremen NJW 1979, 2215; OLG Hamburg NJW 1984, 2710; OLG Bremen NJW 1986, 999; Kuchinke JuS 1967, 299; Stein/Jonas/Leipold § 139 Rn 54; Thomas/Putzo/Reichold § 139 Rn 6; Brehm, Die Bindung des Richters an den Parteivortrag und die Grenzen freier Verhandlungswürdigung (1982) 223 ff; Prütting NJW 1980, 364 f; Stürner, Die richterliche Aufklärung im Zivilprozess (1982) Rn 80; Musielak/Stadler § 139 Rn 9; Zöller/Greger § 139 Rn 17; MünchKomm/Grothe Rn 3; Hermisson NJW 1985, 2558; vgl auch BT-Drucks 14/4722, 77; *für die Zulässigkeit* des Hinweises Wach, Vorträge über die Reichscivilprozessordnung (1879) 73; Koch NJW 1966, 1648; E Schneider MDR 1968, 723; ders MDR 1979, 974; ders NJW 1986, 1316; Bender/Welz/Wax, Das Verfahren nach der Vereinfachungsnovelle (1977) 8; Riedel, Das Postulat der Unparteilichkeit des Richters (1980) 170 ff; Wacke/Seelig NJW 1980, 1170; Seelig 71 f; Grunsky AcP 181 (1981) 566; Bender JZ 1982, 710; Laumen, Das Rechtsgespräch im Zivilprozess (1984) 219 ff; Roth 279 ff; Palandt/Ellenberger Rn 2; OLG Köln NJW –RR 1990, 192; BayObLG NJW 1999, 1875. **17**

V. Unzulässigkeit der Einrede der Verjährung

1. Die Erhebung der Einrede der Verjährung kann unzulässig sein. Konstruktiv bedarf es dazu nicht der Annahme eines Gegeneinwandes der Arglist, vielmehr ist dieses Ergebnis unmittelbar aus unzulässiger Rechtsausübung und damit aus § 242 herzuleiten (Staudinger/Dilcher[12] § 222 aF Rn 18). **18**

2. Die Möglichkeit, die Einrede der Verjährung zu erheben, ist in § 214 gesetzlich vorgesehen. Damit kann die Berufung auf sie als solche noch nicht unzulässig sein (BGH VersR 1965, 755; Staudinger/Dilcher[12] § 222 aF Rn 18; Erman/Schmidt-Räntsch **19**

Rn 12). Es müssen hierfür vielmehr *besondere Umstände* hinzutreten, die es rechtfertigen, ausnahmsweise über den Eintritt der Verjährung hinwegzusehen.

a) Derartige Umstände ergeben sich noch *nicht* daraus, dass der Eintritt der Verjährung den Gläubiger *besonders hart* trifft (**aA** BGH NVZ 1991, 143 m abl Anm PETERS; krit zur Anwendung des § 242 auf die Erhebung der Einrede der Verjährung auch ZEUNER, in: FS Henckel [1995] 940, 946). Sie ergeben sich auch nicht daraus, dass der Schuldner die Einrede der Verjährung so spät erhebt, dass dem Gläubiger nicht mehr die Möglichkeit der Hemmung der Verjährung verbleibt. Insofern ist es etwa möglich, dass der iSd § 204 Abs 2 S 2 untätige Schuldner sich späterhin auf die Einrede der Verjährung beruft (BGH NJW 1983, 2498). Gleiches gilt, wenn die Parteien vorprozessual fälschlich von einem späteren Verjährungstermin ausgegangen sind und sich der Schuldner dann im Prozess auf die eingetretene Verjährung beruft (OLG Celle NJW 1975, 1603; ERMAN/SCHMIDT-RÄNTSCH Rn 12). Der Schuldner braucht auch grundsätzlich – zu Ausnahmen u Rn 26 ff – ihm erkennbare Fehlvorstellungen des Gläubigers über den Ablauf der Verjährung nicht zu korrigieren.

So darf sich der Schuldner auch nach einer ihm günstigen Änderung der Rechtsprechung auf die nunmehr zugrunde gelegte Verjährungsfrist berufen (BGH NJW 1964, 1022).

Im Prozess gelten für die Erhebung der Einrede an sich die §§ 296 Abs 2, 281 Abs 1 ZPO, doch wird ihre Berücksichtigung die Erledigung des Rechtsstreits meist nicht verzögern.

20 b) Insofern sind es im Wesentlichen drei Fallgruppen, in denen der Eintritt der Verjährung unbeachtlich sein kann, wobei freilich schon hier darauf hinzuweisen ist, dass diese Unbeachtlichkeit nur eine eingeschränkte ist (vgl näher u Rn 24 f):

aa) Der Schuldner hat vor Eintritt der Verjährung auf die Geltendmachung der Einrede *verzichtet*. Das ist – angesichts des Einredecharakters der Verjährung – einseitig möglich, bleibt dann aber frei widerruflich. Freilich wird es idR zu einer entsprechenden Abrede mit dem Gläubiger kommen, mindestens nach § 151, sodass der Verzicht in dem erklärten Umfang verbindlich ist, vgl § 202 Abs 2. Außerdem werden Anlass für einen Verzicht durchweg schwebende Verhandlungen sein, sodass eine Hemmung nach § 203 eingetreten sein kann.

bb) Der Schuldner hat *in sonstiger Weise* den Gläubiger von der rechtzeitigen Fristwahrung *abgehalten*. Den Ausschlag gibt eine Interessenabwägung, Absicht des Schuldners ist nicht erforderlich (BGH DB 2014, 479 Rn 15). War der Schuldner einziges Geschäftsführungsorgan des Gläubigers und hat als dieses verjährungshemmende Maßnahmen unterlassen (vgl OLG München NJW-RR 2007, 1097, 1098; OLG Hamm Urt v 3. 3. 2009 15 Wx 96/08), bedarf es § 242 allerdings nicht, weil § 210 analog anzuwenden ist (dort Rn 2).

cc) Der Schuldner war *ausnahmsweise verpflichtet,* den Gläubiger auf den drohenden Eintritt der Verjährung *hinzuweisen* (dazu u Rn 26 ff).

21 3. Der Verzicht auf die Einrede der Verjährung kann beliebig ausgestaltet werden. Denkbar ist es, einen Endtermin zu setzen oder an ein bestimmtes Ereignis anzuknüpfen, namentlich das Ergebnis eines anderweitigen Prozesses. Unklarheiten bei der Dimensionierung des Zeitraums müssen zu Lasten des Gläubigers gehen.

4. Über den Verzicht auf die Einrede hinaus reicht es aber auch ganz allgemein aus, wenn der Schuldner den Gläubiger durch sein Verhalten von der rechtzeitigen Hemmung der Verjährung abgehalten, in ihm *das Vertrauen erweckt hat, der Anspruch werde entweder ohne Prozess befriedigt oder doch nur mit sachlichen Einwendungen bekämpft werden* (BGHZ 93, 66; BGH NJW 1988, 266; BAG NZA-RR 2008, 399). Dabei ist freilich ein strenger Maßstab anzulegen (BGH NJW 1988, 2247). Es reicht schon nicht ein bloßes Schweigen des Schuldners (BGH aaO). Außerdem ist ein objektiver Maßstab anzulegen. Es genügt nicht, dass der Gläubiger subjektiv meinte, noch zuwarten zu können (BGH NJW 1988, 2247). Der Gläubiger muss vielmehr nach verständigem Ermessen zu dem Schluss gelangt sein, die Klage werde einstweilen nicht notwendig sein (Staudinger/Dilcher[12] § 222 aF Rn 19). Das kann auch dann der Fall sein, wenn der Schuldner eine verlässlich erscheinende Auskunft zur Länge der einschlägigen Frist gibt. 22

a) Auf seiten des Schuldners ist dabei eine besondere Absicht, die Verjährung ungehemmt herbeizuführen, nicht notwendig (BGHZ 9, 1, 5; 71, 96). Es ist nur erforderlich, aber auch genügend, dass die jetzige Berufung auf die Verjährung als ein *venire contra factum proprium* erscheint (Enneccerus/Nipperdey § 237 II 3; BGB-RGRK/Johannsen § 222 aF Rn 11; Staudinger/Dilcher[12] § 222 aF Rn 21). Dazu reicht ein objektives Verhalten des Schuldners; es ist auch nicht erforderlich, dass er hätte erkennen müssen, der Gläubiger werde und könne vom Unterbleiben der Einrede ausgehen (Staudinger/Dilcher[12] § 222 aF Rn 21 gegen RGZ 153, 101, 108). Dabei muss sich der Schuldner auch das Verhalten seiner Vertreter und sonstigen Verhandlungsgehilfen zurechnen lassen, seines Haftpflichtversicherers auch dann, wenn dieser noch keine Regulierungsvollmacht hatte (BGH NJW 1981, 2243) oder nicht (voll) einstandspflichtig war (BGH VersR 1978, 533).

b) In der Sache kommt es dabei stets auf die *Umstände des Einzelfalls* an. Ein Verstoß gegen Treu und Glauben ist angenommen worden, nachdem der Schuldner schriftlich um Geduld gebeten hatte (BGHZ 9, 1, 5), wenn der Versicherer kurz vor Ablauf der Verjährungsfrist die Zusage erteilt hatte, den Anspruch prüfen zu wollen (OLG München NJW 1967, 51), vgl heute aber § 203. Gleiches wird man annehmen können, wenn der Schuldner zwar seine Haftung ablehnt, aber zusagt, bei seinem Versicherer nachzufragen. Dem entspricht die Vereinbarung mit dem Gläubiger, die Regulierung eines Schadens zurückzustellen, bis ein gegen einen anderen möglichen Schädiger geführter Rechtsstreit entschieden ist (OLG Stuttgart VersR 1957, 540). Treuwidrig kann die Erhebung der Verjährungseinrede auch dann sein, wenn man übereingekommen ist, den Ausgang eines Musterprozesses abzuwarten (vgl BAG Betrieb 1965, 332). Vgl auch BGH NJW 1998, 902 zum Fall des gesetzlichen Forderungsübergangs, nachdem gegenüber dem bisherigen Rechtsinhaber auf die Einrede der Verjährung verzichtet worden war, ferner BGH NJW 2008, 2776 Rn 30 ff (laufende Zahlungen an den Geschädigten selbst trotz cessio legis). 23

5. In den eben genannten Fällen, in denen die Erhebung der Verjährungseinrede wegen eines Verzichts oder aus anderen Gründen treuwidrig ist, kommt es – vor- 24 behaltlich der §§ 212 Abs 1, 203, deren Tatbestand freilich oft erfüllt sein wird, – weder zu einem Neubeginn noch zu einer Hemmung der Verjährung (BGB-RGRK/ JOHANNSEN § 222 aF Rn 15; PALANDT/ELLENBERGER Überbl 16 vor § 194). Es tritt allerdings ein Zustand ein, der einer Ablaufhemmung ähnelt: Nach Fortfall der die Unzulässigkeit der Rechtsausübung begründenden Umstände muss der Gläubiger vielmehr *innerhalb angemessener Frist* geeignete Schritte zur Unterbrechung der Verjährung unternehmen (RG HRR 1940, Nr 980; BGH NJW 1955, 1834; BGB-RGRK/JOHANNSEN § 222 aF Rn 15).

Diese Frist *beginnt* bei dem Verzicht auf die Einrede der Verjährung mit jenem Termin oder Ereignis, bis zu dem hin verzichtet wurde. War ein Termin oder Ereignis nicht benannt oder ergibt sich die Treuwidrigkeit vor Erhebung der Verjährungseinrede aus anderen Gründen, so kommt es auf jenen Zeitpunkt an, zu dem der Gläubiger bei verständiger Würdigung der Sachlage nicht mehr darauf vertrauen durfte, dass die Einrede der Verjährung nicht würde erhoben werden. Dabei ist der Gläubiger darlegungs- und beweispflichtig dafür, dass der ihn schützende Vertrauenstatbestand fortbestand.

25 Die *Dauer der angemessenen Frist* zur eigenen Hemmung der Verjährung bestimmt sich nach den Anforderungen des anständigen Geschäftsverkehrs und den Umständen des Falles (RGZ 115, 135, 139; 143, 250, 254; 144, 379, 384). Sie ist jedenfalls knapp zu bemessen (ERMAN/SCHMIDT-RÄNTSCH Rn 13). Dabei ist in der Rechtsprechung eine zu billigende Verschärfung der Anforderungen festzustellen: War zunächst von wenigen Monaten in Ausnahmefällen die Rede (RG HRR 1940 Nr 980; BGH NJW 1955, 1398), so werden neuerdings drei Monate als zu lang betrachtet, erst recht vier Monate (BGH NJW 1959, 96; 1978, 1256 bzw BGH NJW 1976, 2344). Schon sechs Wochen sollen zu lang sein (BGH NJW 1991, 975) oder doch nur ausnahmsweise zulässig nach besonders langen Verhandlungen (BGH WM 1977, 870). So trifft es wohl den Kern der Rechtsprechung, wenn OLG Hamburg VersR 1978, 45; OLG Düsseldorf NJW 1983, 1435 vier Wochen als regelmäßige Höchstfrist betrachten.

Zur Wahrung der Frist kommt dem Gläubiger freilich die Wohltat des *§ 167 ZPO* zugute (BGH NJW 1974, 1285). Er muss allerdings auch entsprechend dieser Bestimmung das Verfahren zügig betreiben (BGH NJW 1986, 1861).

Der Einwand unzulässiger Rechtsausübung entfällt überhaupt, wenn zwischen dem Fortfall des Hindernisses und dem Ablauf der Verjährungsfrist noch eine angemessene Frist zur Klageerhebung lag (RGZ 157, 22).

25a **6.** In Ausnahmefällen kann die Einrede der Verjährung auch *funktionslos* und deshalb unbeachtlich sein. Hat sich zB ein Vermieter eine Kaution gewähren lassen, die den nach § 551 Abs 1 zulässigen Betrag übersteigt, unterliegt er wegen des überschüssigen Teils der Kaution einem Bereicherungsanspruch des Mieters, wie er nach den §§ 195, 199 verjährt und damit bei einem auf Dauer angelegten Mietverhältnis leicht verjährt sein kann. Wenn es nun aber einerseits Sinn und Zweck des § 551 Abs 1 grob widerspräche, wenn der Vermieter auch den überschüssigen Teil zur Verrechnung mit seinen Ansprüchen verwenden könnte, und andererseits der vertragliche Rückgewähranspruch des Mieters nach Beendigung des Mietverhältnisses auch den rechtsgrundlos geleisteten Teil der Kaution erfassen muss, ergäbe es

Titel 3
Rechtsfolgen der Verjährung § 214

keinen Sinn, wenn der Vermieter vorher dem Bereicherungsanspruch des Mieters die Einrede der Verjährung entgegenhalten könnte.

VI. Insbesondere: Pflicht des Schuldners zum Hinweis auf den drohenden Ablauf der Verjährung

1. Eine *generelle Pflicht des Schuldners*, den Gläubiger auf seine Ansprüche und die diesen drohende Verjährung hinzuweisen, kann *nicht* angenommen werden. Sie folgt namentlich nicht schon generell aus dem Schuldverhältnis zwischen ihnen, und dies auch nicht unter besonderen Umständen, wie man sie immerhin zB in besonderer und überlegener Sachkunde und Erfahrung des Schuldners sehen könnte, etwa des selbst einstandspflichtigen Haftpflichtversicherers. 26

2. Die Rechtsprechung hat aber angenommen, dass bestimmte Vertragsverhältnisse zwischen Gläubiger und Schuldner letzteren zur umfassenden Wahrnehmung der Vermögensinteressen des Gläubigers verpflichten und insoweit auch zu Hinweisen auf mögliche Schadensersatzpflichten des Gläubigers gegen den Schuldner selbst und auf die für diese geltende Verjährung. Die Verletzung dieser Pflicht erzeuge dann einen eigenständigen – *„sekundären"* – *Schadensersatzanspruch,* der dem Schuldner die Einrede der Verjährung – im Wege der Naturalrestitution, § 249 Abs 1 – nehme; weitere Rechtsfolgen sollen ihm nicht zukommen. 27

3. Eine vertragliche Aufklärungspflicht hinsichtlich der gegen sie bestehenden Ansprüche und der für diese geltenden Verjährungsfristen hat die Rechtsprechung zunächst beim *Rechtsanwalt* angenommen: Dieser müsse die Interessen des Mandanten umfassend wahrnehmen; das gelte auch, soweit er selbst auf Grund ihm unterlaufener Fehler Ersatzverpflichteter sei (BGH VersR 1967, 979; 1968, 1042; 1984, 663, 665; NJW 1986, 581, 583). Hinzuweisen sei auf die eigene mögliche Haftung und die Verjährungsfrist (BGH NJW 2000, 1267). Diese Pflicht bestehe grundsätzlich bis hin zum Mandatsende. Ausnahmsweise ende sie vorher dann, wenn der Mandant anderweitig beraten werde – dies auch ohne Kenntnis des Anwalts (BGH NJW 2003, 822) – und so seine Ansprüche gegen den Anwalt in Erfahrung bringen könne (BGH WM 1988, 127, 128; VersR 1990, 1275, 1277, jeweils anderweitige anwaltliche Beratung betreffend; OLG Celle VersR 1978, 1119, 1120 [Beratung durch Rechtsschutzversicherer]; OLG Frankfurt VersR 1979, 775, 776 [Einschaltung eines Korrespondenzanwalts am Wohnort]). Dass der Mandant selbst schon seine Regressansprüche gegen seinen Anwalt erkannt hat, genügt jedenfalls nicht, die Aufklärungspflicht des Anwalts entfallen zu lassen (BGH NJW 1987, 325, 326), schon weil ihm damit die drohende Verjährung noch nicht deutlich zu sein braucht. Schließlich ende sie mit der Verjährung des eigentlichen „primären" Schadensersatzanspruchs gegen den Anwalt, falls diese Verjährung vor Mandatsende eintrete (BGH WM 1985, 889 gegen BGH VersR 1984, 663, 665). Für den Verstoß gegen die Hinweispflicht genügt schon einfache Fahrlässigkeit (BGH WM 1985, 1035, 1038). Von der Kausalität der unterlassenen Aufklärung für das Unterbleiben des Regresses gegen den Anwalt ist auszugehen (BGH NJW 1987, 331, 333); sie fehlt freilich bei anderweitiger Kenntnis des Mandanten von Anspruch und drohender Verjährung (BGH NJW 1987, 326, 1985, 2941). 28

Der aus der Verletzung der Hinweispflicht resultierende Schadensersatzanspruch beginnt mit dem Ablauf der Verjährung des Primäranspruchs zu verjähren; er nehme dem Anwalt die Möglichkeit, sich auf die Einrede der Verjährung gegenüber dem primären Schadensersatzanspruch zu berufen, § 249 Abs 1 (BGH WM 1988, 127, 128).

Die Rechtsprechung zur Hinweispflicht des Anwalts auf die Möglichkeit des Regresses gegen ihn und die diesem drohende Verjährung ist ohne inhaltliche Modifikationen auf den *Steuerberater* übertragen (BGHZ 83, 17; BGH VersR 1982, 397, 398; 496, 497) worden.

Entsprechendes wurde dann auch für den *Architekten* angenommen: Beim Auftreten von Mängeln habe dieser den Bauherrn umfassend über die möglichen Verursacher, zu denen er selbst gehören könne, das denkbare Vorgehen gegen diese sowie die dabei zu beachtenden Verjährungsfristen aufzuklären (BGHZ 71, 144, 149; BGH BauR 1986, 112, 113).

29 4. Die Rechtsprechung ist namentlich vor dem Hintergrund des § 51b BRAO entwickelt worden. Die Aufhebung dieser Bestimmung und des § 68 StBerG durch das G v 9. 12. 2004 (BGBl I 3214), die nunmehr die §§ 195, 199 anwendbar sein lässt, hat zu der Annahme geführt, dass die Rechtsprechung nicht fortzuführen sei; der Mandant nicht mehr schutzbedürftig sei (RegE BT-Drucks 15/3653 S 14; Borgmann NJW 2005, 22, 30; Mansel/Budzikiewicz NJW 2005, 321, 322, 325; MünchKomm/Grothe vor § 194 Rn 18; jetzt auch BGH BeckRS 2008, 16408 = VersR 2009, 651).

29a 5. Demgegenüber ist aber auf die Basis der angenommenen *Aufklärungspflicht* zu rekurrieren.

a) Diese kann zunächst nicht in Mängeln der §§ 51b BRAO, 68 StBerG aF gefunden werden. Mit einer derartigen Herleitung ist vielmehr eine Korrektur des Gesetzes unternommen worden, wie sie unzulässig ist.

b) Die Basis einer Aufklärungspflicht des Schuldners ist in den §§ 675, 666 1. Alt zu finden. Wer mit der *umfassenden Wahrnehmung fremder Interessen* betraut ist, wie namentlich der Rechtsanwalt, hat darauf hinzuweisen, dass sich – etwa aus der Versäumung von Fristen – eine neue Lage ergeben hat, die zwar dazu geführt hat, dass die bisher ins Auge gefasste Person nicht mehr in Anspruch genommen werden kann oder dass die Verteidigung gegenüber einem Gläubiger – etwa dem Finanzamt – aussichtslos geworden ist, dass aber mit seiner eigenen Person sich ein Schuldner ergeben hat, auf den dieser Nachteil abgewälzt werden kann. Diese Pflicht ist spontan zu erfüllen; zu einer Erkundigung wird der Gläubiger ja auch gar keinen Anlass sehen.

Dieser Pflicht unterliegen die möglichen Täter des Tatbestandes des § 266 StGB (die zur Wahrnehmung fremder Vermögensinteressen Verpflichteten) und auch der Architekt, wie er über die Mängelrechte gegenüber Handwerkern und eben ggf gegen sich selbst hinzuweisen hat. Freilich trifft diese Pflicht nicht den Sonderfachmann im Bauwesen (BGH NJW 2011, 3086; vgl zu diesem auch Staudinger/Peters/Jacoby [2014] § 634a Rn 43b). Sie erstreckt sich auch auf die stets heikle Frage der Verjährung. Wenn es denn der Interessenkonflikt verbietet, die Interessen des Gläubigers selbst wahrzunehmen, muss dafür Sorge getragen werden, dass dritte Hilfe rechtzeitig in Anspruch genommen wird.

§ 199 steht diesen Überlegungen nicht im Wege (s dort Rn 37, 83). Es kann nicht angehen, dass der Rechtsanwalt, der seine Fehler kennt, Vorteile aus einer etwaigen groben Fahrlässigkeit seines Mandanten zieht. Vielmehr muss es den gedanklichen Ausgangspunkt bilden, dass man mit der Beauftragung von Anwalt, Steuerberater, Hausverwalter, Architekt berechtigt ein „rundum-sorglos-Paket" erworben zu haben meint.

Gegenüber § 266 StGB braucht Vorsatz nicht gegeben zu sein. Vielmehr genügt es, wenn die eigene Pflichtverletzung fahrlässig nicht (erkannt und) mitgeteilt worden ist.

c) Ohne eine solche Mitteilung ist die Unkenntnis des Gläubigers von seinem Anspruch hinreichend *entschuldigt* iSd § 199 Abs 1 Nr 2 (BGH NJW 2014, 993 Rn 17). Die Verjährungsfrist des § 195 beginnt erst zu laufen entweder mit der Erlangung dieser Kenntnis oder mit einer – hinreichend deutlichen – Aufklärung durch den Schuldner.

VII. Verzicht auf die Einrede der Verjährung

Der Schuldner kann *nach Eintritt der Verjährung* auf die entsprechende Einrede 30
verzichten.

1. Der Verzicht ist jedenfalls möglich in Form einer Vereinbarung mit dem 31
Gläubiger. Grundsätzlich ist aber auch der *einseitige Verzicht* des Schuldners zulässig (RGZ 78, 131; BGH VersR 1972, 394; NJW 1973, 1690; STAUDINGER/DILCHER[12] § 222 aF Rn 14; PALANDT/ELLENBERGER § 202 Rn 2; ROTH 148 f). Die Möglichkeit des einseitigen Verzichts kann aus einer entsprechenden Anwendung des § 144 Abs 1 hergeleitet werden. Das muss unabhängig davon sein, ob der Schuldner die Einrede schon erhoben hatte oder nicht. Einseitig ist der Verzicht auf diese Einrede selbst dann möglich, wenn die Klage des Gläubigers schon ihretwegen abgewiesen worden ist (**aA** ROTH 149).

Der Verzicht ist formfrei möglich. Das lässt sich vor der Ausübung der Einrede herleiten aus einer entsprechenden Anwendung des § 144 Abs 2, ergibt sich im Übrigen aber aus § 214 Abs 2, der dem Anspruch eben durchaus seine Wirksamkeit belässt (unklar dazu ROTH 149).

2. Der Verzicht des Schuldners muss von einem *entsprechenden Willen* getragen 32
sein. Dazu ist es idR notwendig, dass der Schuldner bei seiner Erklärung von der eingetretenen Verjährung Kenntnis hat oder doch mit dieser Möglichkeit rechnet (BGH VersR 1960, 1076; BGHZ 83, 389; OLG Düsseldorf NJW-RR 2000, 836; STAUDINGER/DILCHER[12] § 222 aF Rn 14; BGB-RGRK/JOHANNSEN § 222 aF Rn 2; MünchKomm/GROTHE Rn 6). Der Verzicht ist also wirkungslos, wenn der Schuldner zu Unrecht annimmt, die Verjährung sei noch nicht eingetreten.

Freilich ist der Verzicht als zugangsbedürftige einseitige Willenserklärung nach dem Empfängerhorizont auszulegen (PALANDT/ELLENBERGER § 202 Rn 7). Das bedeutet, dass es auch für den Gläubiger objektiv erkennbar sein muss, dass der Schuldner Verzichtswillen und die für diesen vorauszusetzende Kenntnis vom Eintritt der Verjährung hatte. Kein wirksamer Verzicht also, wenn der Schuldner ersichtlich eindeutig von noch nicht vollendeter Verjährung ausgegangen war. Musste dagegen der (fehlerhafte) Eindruck entstehen, dass er mit dem Eintritt der Verjährung jedenfalls rechnete, so ist er auf die Möglichkeit der Anfechtung – nach § 119 Abs 1 – zu verweisen.

33 **3.** Der Verzicht auf die Einrede der Verjährung bedeutet kein Anerkenntnis der Forderung; das folgt schon aus § 214 Abs 2. Umgekehrt kann aber in einem formungültigen Anerkenntnis (§ 781) ein Verzicht auf die Einrede der Verjährung liegen (BGH Betrieb 1974, 2005).

Zu unterscheiden ist der Verzicht auf die Einrede auch von ihrem *Fallenlassen im konkreten Prozess* (BGHZ 22, 267): Letzteres bedeutet zunächst nur, dass sie für diesen Prozess unbeachtlich bleiben soll; sie kann dann auch wieder aufgegriffen werden. Ein solches Disponieren des Beklagten über seine Einrede muss zulässig sein (BGHZ aaO; ROTH 136). Verbindlichkeit tritt erst ein, wenn ein materiell wirksamer Verzicht vorliegt, wie er in dem Fallenlassen der Einrede noch nicht ohne weiteres zu liegen braucht (aber liegen kann).

34 **4.** Die *Tragweite des Verzichts* bestimmt der Schuldner; ihr Vorliegen und ihre Tragweite ist im Übrigen aus der Erklärung des Schuldners zu ermitteln: Ein Verzicht ist noch nicht anzunehmen, wenn der Schuldner im Berufungsrechtszug nicht rügt, die erste Instanz habe seine Verjährungseinrede übergangen (RG WarnR 1934 Nr 34). Die vorbehaltlose Teilzahlung auf einen verjährten Anspruch bedeutet grundsätzlich keinen Verzicht im Übrigen (BGH VersR 1967, 1094). Der gegenüber dem Sozialversicherungsträger erklärte Verzicht gilt nicht auch für die bei dem Verletzten verbliebenen Teile des Anspruchs (BGH VersR 1957, 452). Der Verzicht kann auf Teile des Anspruchs beschränkt werden.

35 **5.** Nach der Gesetzeslage zweifelhaft ist die *zeitliche Reichweite* des erklärten Verzichts.

a) Man wird ihn jedenfalls *nicht* für *frei widerruflich* halten können (vgl BGHZ 22, 267, 271; MünchKomm/GROTHE Rn 8), obwohl schon dies nur schwer zu begründen ist. Denkbar wäre etwa als Alternative die freie Widerruflichkeit mit der Obliegenheit des Gläubigers, nach dem Widerruf alsbald Klage zu erheben.

b) Nennt der Schuldner eine bestimmte Frist oder auflösende Bedingung für den Widerruf, gilt diese. Dann ist die Forderung mit Ablauf der Frist oder Eintritt der Bedingung automatisch wieder verjährt; der Gläubiger muss die Verjährung innerhalb der Frist – mit der Vergünstigung des § 167 ZPO – wieder unterbrechen.

c) Wird der Verzicht *unbefristet* ausgesprochen, so wird man schwerlich annehmen können, dass die Forderung nun nicht wieder erneut verjähren oder allenfalls wieder dem Einwand der Verwirkung ausgesetzt sein könne: Solcherart unverjährbare Ansprüche würden den Grundsätzen des Verjährungsrechts widersprechen. Die sich ergebende Lücke wird vielmehr mit einer entsprechenden Anwendung des

§ 212 Abs 1 Nr 1 zu füllen sein (OLG Karlsruhe NJW 1964, 1135, 1136; BAMBERGER/ROTH/ HENRICH § 202 Rn 7; ERMAN/SCHMIDT-RÄNTSCH Rn 5; SPIRO § 228). Es gilt also wieder die für diesen Anspruch einschlägige Verjährungsfrist; die Verjährung kann erneut gehemmt werden und neu beginnen.

Bei einem befristeten Verzicht zieht § 202 Abs 2 die oberste Grenze.

Der nachträgliche Verzicht auf die Einrede ist eine inkongruente Sicherung iSd § 131 InsO.

VIII. Unzulässigkeit der Berufung auf die Hemmung der Verjährung

Spiegelbildlich zu dem eben unter VI. und VII. (Rn 26 ff) Ausgeführten, soll zuweilen die Berufung des Gläubigers darauf missbräuchlich sein, dass er die Verjährung gehemmt habe. Das findet zwar seine Stütze in den Materialien zur Schuldrechtsmodernisierung (BT-Drucks 14/6857, 44), wird aber *nur in Extremfällen* anzunehmen sein. Aus § 204 Abs 2 S 1 ergibt sich vielmehr, dass auch unzulässige Klagen die Verjährung zu hemmen geeignet sind, und so darf der Gläubiger auch von dieser Möglichkeit Gebrauch machen. Außerdem fehlen praktikable Kriterien dafür, das noch Zulässige von dem nicht mehr Zulässigen abzugrenzen. Mögliche Beispiele sind das Prozesskostenhilfegesuch des Wohlhabenden (dazu ablehnend § 204 Rn 114), die Erwirkung eines Mahnbescheids durch unzutreffende Angaben zu § 690 Abs 1 Nr 4 ZPO (BGH NJW 2012, 995; dazu ablehnend § 204 Rn 54). Auch die Verhandlungen des § 203 kann der Gläubiger aufnehmen, dem der Wille fehlt, auf den Standpunkt des Schuldners einzugehen, und der dies auch äußert.

35a

IX. Die Wirkungen des Eintritts der Verjährung

1. Der Eintritt der Verjährung bewirkt *nicht das Erlöschen der Forderung;* das unterscheidet die Verjährung von Ausschlussfristen. Der Eintritt der Verjährung bewirkt vielmehr nur eine nachhaltige Abschwächung der Forderung; man kann (so STAUDINGER/DILCHER[12] § 222 aF Rn 2) von einem unvollkommenen Anspruch reden oder auch (so ENNECCERUS/NIPPERDEY § 227 Fn 16) von einer Naturalobligation, muss sich bei letzterem Ausdruck freilich darüber im klaren sein, dass dieser Begriff im römischen Recht und auch heute eigentlich anders besetzt ist, nämlich für Ansprüche, denen die Klagbarkeit überhaupt fehlt, während sie hier nur eingeschränkt ist (vgl auch STAUDINGER/DILCHER[12] § 222 aF Rn 3). Zum Verzug des Schuldners vgl § 217 Rn 1 ff.

36

a) Wesentlichster Ausdruck der Abschwächung der Forderung ist es, dass sie *gegen den Willen des Schuldners nicht mehr (gerichtlich) durchgesetzt* werden kann: Auf seine Einrede hin ist die Leistungsklage abzuweisen.

Auch gegen den Willen des Schuldners kann der Gläubiger freilich in zwei Fällen noch aktiv aus der Forderung vorgehen; § 216 erlaubt es ihm weiterhin, *bestellte Sicherheiten* zu verwerten. § 215 lässt die *Aufrechnung* mit der Forderung dann zu, wenn die Aufrechnungslage schon vor Eintritt der Verjährung bestanden hatte; letztere Bestimmung erlaubt auch die Zurückbehaltung wegen der Forderung.

b) Dass die Forderung trotz Vollendung der Verjährung fortbesteht, kommt vor allem darin zum Ausdruck, dass auf die Verjährungseinrede verzichtet werden kann und die Forderung dann wieder in voller Kraft ist (o Rn 30 ff), sowie insbesondere darin, dass die Forderung nach den §§ 214 Abs 2, 813 Abs 1 S 2 hinreichender Rechtsgrund auch für solche Leistungen ist, die nach Eintritt der Verjährung erbracht werden.

37 aa) § 214 Abs 2 S 1 stellt klar, dass es insoweit nicht darauf ankommt, ob der Schuldner bei der Leistung Kenntnis vom Eintritt der Verjährung hatte oder nicht. So oder so hat der Gläubiger eben nur das erhalten, was er zu beanspruchen hatte (MünchKomm/Grothe Rn 9). Freilich ist die Leistung des Schuldners dann eine inkongruente Deckung iSd 131 InsO.

Vorauszusetzen ist dabei freilich die *Freiwilligkeit der Leistung.*

Vollstreckt der Gläubiger wegen eines rechtskräftig festgestellten Anspruchs, der trotz der Einrede der Verjährung tituliert worden ist, so muss es bei dem Vollstreckungsergebnis zwar verbleiben. Anders ist es aber, wenn der Anspruch erst nach dem Eintritt der Rechtskraft verjährt ist, wie sich das namentlich in den Fällen des § 197 Abs 2 ergeben kann. Hier muss dem Schuldner gegenüber der Vollstreckung die auf die eingetretene Verjährung gestützte Vollstreckungsabwehrklage zustehen, § 767 ZPO, nach dem Abschluss der Vollstreckung ein Bereicherungsanspruch, §§ 812, 813 (BGH ZIP 1993, 1703, 1705).

Das Ergebnis muss dasselbe sein, wenn die Vollstreckung aus einem vorläufig vollstreckbaren Titel betrieben wird, der späterhin wegen Eintritts der Verjährung aufgehoben wird. Auch hier ist der Gläubiger ungerechtfertigt bereichert.

Schließlich kann der Fall nicht anders behandelt werden, dass der Schuldner *zur Abwendung der Zwangsvollstreckung* zahlt (BGH ZIP 1993, 1703, 1705; BauR 2009, 550; NJW 2013, 3243 Rn 10; KG JW 1933, 1262; Lippmann DJZ 1906, 1256; MünchKomm/Grothe Rn 9; Palandt/Ellenberger Rn 4; aA Staudinger/Dilcher[12] § 222 aF Rn 4).

Rückforderbar muss die nach Eintritt der Verjährung erbrachte Leistung noch in zwei weiteren Fällen sein, nämlich zunächst dann, wenn der Schuldner nur unter dem Vorbehalt geleistet hat, dass die Forderung noch nicht verjährt sei (KG JW 1933, 1262; MünchKomm/Grothe Rn 9) sowie weiterhin dann, wenn der Gläubiger den Schuldner arglistig darüber hinweggetäuscht hat, dass die Forderung in Wahrheit schon verjährt war.

38 bb) Die Art der Leistung des Schuldners ist gleichgültig, sie muss nur zur Erfüllung geeignet sein. Außer der Erbringung der eigenen Leistung sind wirksam und kondiktionsfest also auch die Leistung an Erfüllungs Statt und erfüllungshalber, die Aufrechnung und die Hinterlegung zu Gunsten des Gläubigers.

§ 214 Abs 2 S 2 erweitert dies:

Kondiktionsfest ist zunächst ein *vertragsmäßiges Anerkenntnis* von Seiten des Schuldners. Das ist nicht das die Verjährung erneuernde Anerkenntnis iSd § 212

Abs 1 Nr 1; ein Neubeginn der Verjährung ist nicht mehr möglich, vielmehr kann auf diese nur noch verzichtet werden (o Rn 30 ff). Gemeint ist das abstrakte Schuldanerkenntnis nach § 781 (RGZ 78, 130, 132; 163, 168; BGB-RGRK/Johannsen § 222 aF Rn 9: Enneccerus/Nipperdey § 237 Fn 18), dessen Form also auch zu wahren ist, sofern nicht die § 782, § 350 HGB davon entbinden. – Nicht genügt ein deklaratorisches Anerkenntnis, in dessen Abgabe freilich ggf ein Verzicht auf die Verjährung liegen kann (MünchKomm/Grothe Rn 10; Staudinger/Dilcher[12] § 222 aF Rn 6).

Unzutreffend wendet BGHZ 183, 169 Rn 20 ff = NJW 2010, 1144 (dagegen Jacoby JZ 2010, 464 f) auf ein solches Schuldanerkenntnis § 216 Abs 2 S 1 entsprechend an. Wegen § 214 Abs 2 S 2 besteht nicht die für eine Analogie erforderliche Regelungslücke (§ 216 Rn 6; **aA** BGH aaO Rn 25 f).

Konditionsfest ist weiterhin eine *Sicherheitsleistung,* die in den Formen des § 232 erfolgen kann, aber doch auch in beliebiger anderer Weise, zB durch eine Bankbürgschaft. Wird eine Bürgschaft gestellt, so muss es dem Bürgen versagt sein, sich nach § 768 auf die Verjährung der besicherten Forderung zu berufen. Voraussetzung dafür ist es freilich, dass er bei Übernahme der Bürgschaft Kenntnis von der schon eingetretenen Verjährung hatte oder mit dieser Möglichkeit jedenfalls rechnete.

Anerkenntnis und Sicherheitsleistung unterfallen § 131 InsO.

2. Die Weiterexistenz der Forderung trotz Eintritts der Verjährung kommt namentlich darin zum Ausdruck, dass sie weithin noch zum *Zwecke der Verteidigung geltend gemacht* werden kann. **39**

a) Positivrechtlich geregelt ist dies in den §§ 821, 853.

b) Ohne weiteres anzuerkennen ist dies für die *Einrede des nichterfüllten Vertrages,* § 320 (RGZ 149, 321, 327 f; Roth 56), mit der Einschränkung, dass sich die Forderungen jedenfalls einmal unverjährt gegenübergestanden haben müssten (§ 215; BGHZ 53, 122, 125; Staudinger/Otto [2009] § 320 Rn 25; BGB-RGRK/Ballhaus § 320 Rn 9; MünchKomm/Emmerich § 320 Rn 19). Die grundsätzliche Möglichkeit, die Einrede weiterhin zu erheben, muss jedenfalls bestehen. Sie entspricht dem Synallagma der Leistungen; es wäre unerträglich, wenn nur die eine Leistung noch zu erbringen wäre. Aus diesem Grunde ist aber auch die genannte Einschränkung nicht zu machen, bei der es im Übrigen nicht recht ersichtlich ist, wann sie praktisch werden soll.

Wegen § 215 gilt dies auch für § 273.

Der Inhaber der verjährten Forderung kann allerdings nicht seinerseits die Erfüllung des Vertrages betreiben.

c) Aus dem eben Gesagten folgt zugleich, dass die verjährte Forderung dort als Rechenposten zu berücksichtigen bleibt, wo bei gegenseitigen Verträgen Schadensersatz statt der Leistung zu leisten ist.

d) Ist ein Darlehen mit Wechseln gesichert, kann der Schuldner dem Darlehensanspruch nicht den Anspruch auf Rückgabe der Wechsel entgegenhalten, wenn alle Ansprüche aus den Wechseln verjährt sind (BGH NJW 2001, 517).

X. Mehrheit von Schuldnern und Gläubigern

40 **1.** Bei einer Mehrheit von Gläubigern gilt, dass gegenüber jedem die Verjährung *gesondert eintritt* und auch die *gesonderte Berufung* auf die Verjährung erforderlich ist, §§ 429 Abs 3 S 1, 425 Abs 2.

2. Mehrere Schuldner brauchen nicht einheitlich den Zeitpunkt des Eintritts der Verjährung zu erreichen, zB bei unterschiedlichen Hemmungen oder Anerkenntnissen. Auf die Verjährung muss sich jeder für sich berufen, § 425 Abs 2.

3. Beim *Schuldbeitritt* wirkt der Eintritt der Verjährung beim Erstschuldner grundsätzlich auch zugunsten des Beitretenden. Freilich kann sein Beitritt als Anerkenntnis, § 212 Abs 1 Nr 1, zu werten sein und können sich die Verpflichtungen nach dem Beitritt auseinanderentwickeln. Auf die Verjährung berufen muss er sich jedenfalls selbst.

4. Dem *Bürgen* kommt außer der Verjährung der eigenen Schuld auch die Verjährung der Hauptforderung zugute, dies auch bei Rechtshängigkeit der Bürgschaftsklage gegen ihn (BGHZ 76, 222, 225). Auf sie berufen kann und muss er sich allerdings selbst, § 768 Abs 1 S 1; außerdem muss ihm die Einrede der Vorausklage zustehen (o Rn 5). Leistet er in Unkenntnis der Verjährung der Hauptforderung, so gelten für ihn die §§ 214 Abs 2, 813 Abs 1 S 2. – Durch einen Verzicht auf die Einrede kann ihm der Hauptschuldner diese nicht nehmen, § 768 Abs 2, auch nicht dadurch, dass er ein Versäumnisurteil trotz eingetretener Verjährung gegen sich ergehen lässt (BGHZ 76, 222). Verjährungshemmende Maßnahmen des Gläubigers gegen den Hauptschuldner muss der Bürge gegen sich gelten lassen. § 768 Abs 2 hindert es auch nicht, dass der Hauptschuldner mit der Folge des § 203 verhandelt oder mit der Folge des § 212 Abs 1 Nr 1 anerkennt. In dem Fall, dass sich der Bürge erst nach Eintritt der Verjährung der Hauptforderung verbürgt, wird ihm diese aber nicht zugute kommen.

5. Der *Gesellschafter der oHG* kann (und muss) sich auf die der Gesellschaft zustehende Einrede der Verjährung berufen, §§ 128, 129 Abs 1 HGB. Durch den Verzicht auf die Einrede der Verjährung kann die Gesellschaft diese allerdings auch ihrem Gesellschafter nehmen. Das gilt zunächst für den nachträglichen und damit wirksamen Verzicht, aber doch auch für den vorzeitigen mit seinen o Rn 21 skizzierten Vertrauenswirkungen.

6. Im Falle der *Rechtsnachfolge in die Forderung* wirken sowohl die gegenüber dem Vorgänger eingetretene Verjährung gegenüber dem Nachfolger als auch die diesem gegenüber erfolgte Berufung auf die Verjährung, § 1922 bzw § 404.

XI. Entsprechende Anwendung der Bestimmung

41 **1.** § 214 ist Ausdruck des Charakters der Verjährung als Einrede. Die Bestimmung kann deshalb auf *Ausschlussfristen nicht* entsprechend angewendet werden. Das gilt namentlich auch für Abs 2.

§ 214 Abs 2 kann auch nicht auf verwirkte Forderungen angewendet werden (KG NJW-RR 1986, 598; vgl auch Vorbem 34 zu §§ 194 ff).

2. Die restliche Werklohnforderung, deren Durchsetzung die *vorbehaltlose Annahme einer Schlusszahlung* entgegensteht, § 16 Abs 3 Nr 2 VOB/B, wird nach dem Vorbild der verjährten Forderung behandelt (BGHZ 62, 15; BGH NJW 1981, 1784). Dieser Tatbestand wird deshalb nur auf Einrede des Bestellers beachtet, § 214 Abs 1, gleichwohl erbrachte Leistungen können nicht als rechtsgrundlos zurückgefordert werden, § 214 Abs 2.

XII. Öffentliches Recht

Die Wirkungen der Verjährung im öffentlichen Recht sind unklar. Das liegt einerseits am Fehlen einer generellen Regelung, andererseits an der unklaren Fassung vorhandener Regelungen. **42**

1. Teilweise reden öffentlichrechtliche Bestimmungen von Verjährung und meinen *in Wahrheit Ausschlussfristen*. Besonders betrüblich insoweit die AO, die in den §§ 228 ff eine „Zahlungsverjährung" kennt, bei der der Fristablauf zum Erlöschen des Steueranspruchs führt, § 232 AO. **43**

2. Regelungen dieser Art sind nicht verallgemeinerungsfähig. Wo eine nähere Regelung der Wirkungen des Fristablaufs fehlt, ist wie nach § 214 von einer bloßen Abschwächung der Forderung auszugehen. Das bedeutet, dass die Verjährung *grundsätzlich* auch im öffentlichen Recht *nur auf Einrede* zu beachten ist (BVerwGE 23, 166; 42, 353; Dörr DÖV 1984, 12, 16 ff). Dabei bleibt freilich zu unterscheiden, wer Schuldner ist. **44**

a) Geht es um Ansprüche des Bürgers gegen die Verwaltung, so kann die Erhebung der Einrede leichter als nach allgemeinen zivilrechtlichen Maßstäben (o Rn 18 ff) rechtsmissbräuchlich sein (BVerwGE 42, 353, 357; BSG DVBl 1966, 372 f; Dörr DÖV 1984, 17).

b) Liegen umgekehrt Ansprüche der Verwaltung gegenüber dem Bürger vor, so ist die Behörde jedenfalls nach den §§ 24 f VwVfG gehalten, den Bürger auf die Möglichkeit hinzuweisen, dass er sich auf die Verjährung berufen könne. Freilich ist dieser Schutz kein lückenloser, weil die Behörde über die Verjährung irren kann oder ihrer Hinweispflicht vielleicht auch aus sonstigen Gründen nicht nachkommt, oder der Bürger ihren Hinweisen vielleicht von sich aus nicht nachkommt. Und Schadensersatzansprüche aus Amtspflichtverletzung werden meist an § 839 Abs 3 scheitern.

c) Ob die Behörde die Einrede der Verjährung erhebt bzw umgekehrt den Bürger trotz eingetretener Verjährung in Anspruch nimmt, ist jedenfalls eine *Ermessensentscheidung* (BVerwGE 42, 353, 357 ff; Wolff/Bachof § 37 II e 2 d; Dörr DÖV 1984, 17 f). Das kann in weiten Bereichen dazu führen, dass die Verjährung bereits von

Amts wegen zu berücksichtigen ist, so namentlich im Sozialversicherungsrecht bei Ansprüchen auf rückständige Beiträge (BSGE 22, 173, 177 f).

45 3.   Wo der Anspruch durch „Verjährung" erloschen ist, kann die gleichwohl erbrachte Leistung – anders als nach § 214 Abs 2 – zurückgefordert werden (OVG Münster ZMR 1974, 314). In den anderen Fällen dürfte auch § 214 Abs 2 entsprechend anzuwenden sein, dies jedenfalls zugunsten des Bürgers. Kann dagegen die Behörde eine Ermessensentscheidung darüber anstellen, ob sie die Leistung des Bürgers behalten soll, so wird sie pflichtgemäß zu prüfen haben, ob sie sich auf § 214 Abs 2 berufen soll. Die Frage wird dann zugunsten des Bürgers zu entscheiden sein, wenn die Behörde es pflichtwidrig unterlassen hatte, auf die eingetretene Verjährung hinzuweisen.

§ 215
Aufrechnung und Zurückbehaltungsrecht nach Eintritt der Verjährung

Die Verjährung schließt die Aufrechnung und die Geltendmachung eines Zurückbehaltungsrechts nicht aus, wenn der Anspruch in dem Zeitpunkt noch nicht verjährt war, in dem erstmals aufgerechnet oder die Leistung verweigert werden konnte.

Materialien: Art 1 G zur Modernisierung des Schuldrechts v 26. 11. 2001 (BGBl I 3138). BGB aF: § 390 S 2: E I § 281 Abs 2; II § 334, rev § 384; III § 384; Mot II 106; Prot 1361 ff; JAKOBS/SCHUBERT, SchR I 704. PETERS/ZIMMERMANN § 212, Gutachten 311, 323; Schuldrechtskommission § 222, Abschlussbericht 102; RegE 215; BT-Drucks 14/6040, 122.

Schrifttum

P BYDLINSKI, Die Aufrechnung mit verjährten Forderungen: Wirklich kein Änderungsbedarf?, AcP 196 (1996) 276
CANARIS, Die Aufrechnung mit verjährten Rückzahlungsansprüchen aus nichtigen Ratenkreditverträgen, ZIP 1987, 11
DIEKHOFF, Aufrechnung mit Forderungen noch nach Ablauf einer tarifvertraglichen Ausschlussfrist?, BB 1958, 1056
ETZEL, Die Anwendung des § 390 S 2 BGB auf tariflich verfallene Forderungen, BB 1968, 1291
HOLTMEYER, Die Verjährung von Ansprüchen im Recht der Erbengemeinschaft, ZEV 2013, 53
vOLSHAUSEN, Einrede- und Aufrechnungsbefugnisse bei verjährten Sachmängelansprüchen, JZ 2002, 385
SCHAUB, Aufrechnung und tarifliche Verfallfristen, NJW 1967, 91
SCHMIDT, Zur Aufrechnung mit Ansprüchen, die aufgrund von tariflichen Ausschlussklauseln verfallen sind, Betrieb 1966, 1769
STAHLHACKE, Aufrechnung und tarifliche Verfallfristen, BB 1967, 760
TIEDTKE, Zur Aufrechnung mit verjährten Schadensersatzforderungen gegen den Anspruch des Verkäufers auf Zahlung des Kaufpreises, JZ 1988, 233
TRAPP, Die Aufrechnung mit ausgeschlossenen Gegenforderungen nach vorbehaltloser Annahme der Schlusszahlung, BauR 1979, 271
TRUPP, Zum Problem der Aufrechnung mit einer verjährten Forderung, JR 1991, 497

Titel 3
Rechtsfolgen der Verjährung § 215

Systematische Übersicht

I.	**Allgemeines**	
1.	Regelung der Aktivforderung	1
2.	Zur Entstehungsgeschichte	2
a)	Aufrechnung	2
b)	Zurückbehaltungsrechte	3
II.	**Aufrechnung**	
1.	Die Forderungen	4
a)	Die Passivforderung	4
b)	Die Aktivforderung	5
2.	Erklärung der Aufrechnung	6
3.	Prozessuale Präklusion	7
4.	Einzelheiten	8
5.	Entsprechende Anwendung	10
a)	Verrechnung	10
b)	Vorbehaltlose Annahme der Schlusszahlung	11
III.	**Zurückbehaltungsrechte**	
1.	Allgemeines	12
2.	Einschlägige Rechte	13
3.	Kein Druckzuschlag	14
IV.	**Die ungeteilte Erbengemeinschaft**	14a
V.	**Ausschlussfristen**	15

Alphabetische Übersicht

Aktivforderung	1, 5
– Durchsetzbarkeit der	5
Aufrechnung	2
– Ausschluss der	4
– Erklärung der	6
Ausschlussfrist	15
Druckzuschlag	14
Entsprechende Anwendung	10 f
Entstehungsgeschichte	2
Hauptforderung	1, 4
Mängelanzeige	2
Mangelfolgeschaden	10
Öffentliches Recht	9
Passivforderung	4
Peremptorische Einrede	4
Prozessuale Präklusion	7
Schlusszahlung, vorbehaltlose Annahme der	11
Schuldnerschutz	2
Ungeteilte Erbengemeinschaft	14a
Verrechnung	10
Vorleistungspflicht	13
Zurückbehaltungsrecht	3, 5, 13

I. Allgemeines

1. Regelung der Aktivforderung

Die Bestimmung betrifft nur die Forderung, *mit der* aufgerechnet bzw *wegen derer* **1**
ein Zurückbehaltungsrecht ausgeübt werden soll, die sog Aktiv- oder Gegenforderung, nicht die sog Hauptforderung, Passivforderung die getilgt bzw aufgehalten werden soll. Deren Inhaber ist nicht gehindert, die verjährte Gegenforderung zu erfüllen, vgl § 214, oder durch eigene Aufrechnung zum Erlöschen zu bringen, wenn sie denn noch erfüllbar geblieben ist, oder ihr nur ein Zurückbehaltungsrecht entgegenzusetzen.

2. Zur Entstehungsgeschichte

a) Aufrechnung

2 Bei der Aufrechnung übernimmt § 215 zunächst – insoweit sachlich unverändert – die gleichzeitig im Zuge der Schuldrechtsmodernisierung entfallene Bestimmung des § 390 S 2 aF, auf deren Erläuterungen also nach wie vor Bezug genommen werden kann. Das ist nicht selbstverständlich (vgl namentlich P BYDLINSKI AcP 196 [1996] 276 ff, 293 ff; MünchKomm/GROTHE Rn 1 f): Die Rückwirkung der Aufrechnung nach § 389 hat die Erhaltung der Aufrechnungsmöglichkeit nach Eintritt der Verjährung nicht zur zwingenden Folge. Dass Schuldner, die aufrechnen können, sich mit diesem Schutz begnügen und sich deshalb mit der Erklärung der Aufrechnung Zeit lassen, verdient gegen Prot MUGDAN II 561; Abschlussbericht der Schuldrechtskommission (1992) 103, nicht eigentlich Schutz, sondern ist eher als Nachlässigkeit zu tadeln. Vor allem aber kann der Zweck der Verjährung nachhaltig verfehlt werden, der verdunkelnden Macht der Zeit Rechnung zu tragen. Die Beteiligten können vor dem Hintergrund des § 195 aF im Jahre 2009 Streitigkeiten aus dem Jahre 1979 vor Gericht austragen. Die Ergebnisse sind dann unkalkulierbar; der Rechtsstreit wäre namentlich auch eine Zumutung an das Gericht.

§ 215 geht aber auch *deutlich über die Regelung des § 390 S 2 aF hinaus.* Denn die §§ 478 f, 639 Abs 1 aF ließen Gewährleistungsrechte von Käufer oder Besteller in verjährter Zeit nur greifen, wenn der Mangel unverjährt angezeigt worden war. Außerdem konnten sie nur der Kaufpreis- bzw Werklohnforderung entgegengesetzt werden, nicht aber der Abwehr sonstiger Ansprüche der Gegenseite dienen. Diesen doppelten Filter kennt das geltende Recht nicht mehr.

b) Zurückbehaltungsrechte

3 Die explizite Erwähnung der Zurückbehaltungsrechte in § 215 entspricht der bisherigen hM, dass sie insoweit nicht anders als die Aufrechnung behandelt werden können (vgl nur STAUDINGER/BITTNER [2009] § 273 Rn 33). Bei der Einrede aus § 273 wäre in der Tat eine Abweichung von der Aufrechnung nicht zu rechtfertigen, zumal sich hier die Forderungen als konnex noch näherstehen. Vollends bei der Einrede des nicht erfüllten Vertrages, § 320, gebietet es das Synallagma geradezu, die nur einseitig eingetretene Verjährung zu negieren.

c)
Als besondere Ausprägungen des in § 215 zum Ausdruck kommenden Gedankens sind noch §§ 438 Abs 4 S 2, 634a Abs 4 S 2, 821, 853, § 146 Abs 2 InsO zu berücksichtigen (s § 194 Rn 21).

II. Aufrechnung

1. Die Forderungen

a) Die Passivforderung

4 aa) Die Passivforderung darf nach dem schon o Rn 1 Gesagten verjährt sein. Weil die Rechtskraft auch in Bezug auf die Aufrechnungsforderung feststehen muss, § 322 Abs 2 ZPO, ist es dem Gericht auch nicht gestattet, die Frage offen zu lassen, ob die Klage nun wegen der Verjährung oder wegen der Aufrechnung abgewiesen wird. Es muss der Reihenfolge des Beklagten folgen, ob nun primär Verjährung oder Aufrechnung vorgeschützt wird.

bb) Die Passivforderung muss in dem u Rn 5 genannten Zeitraum erfüllbar gewesen sein (STAUDINGER/GURSKY [2000] § 390 aF Rn 44; **aA** TRUPP JR 1991, 479 ff).

cc) Die Passivforderung darf auch mit anderen Einreden behaftet sein. Rechnet der Schuldner freilich auf, obwohl ihm peremptorische Einreden zur Verfügung stehen, so kann er die Wiederherstellung seiner Forderung nach § 813 Abs 1 S 1 verlangen (STAUDINGER/GURSKY [2000] § 390 aF Rn 29), wobei ihn allerdings § 767 Abs 2 ZPO präkludieren kann.

dd) Zweifelhaft ist die Rechtslage, wenn die Passivforderung durch ein *vertragliches Aufrechnungsverbot* vor einer Aufrechnung abgesichert ist. Insoweit ergibt aber § 309 Nr 3, dass es ein legitimes Ziel von Aufrechnungsverboten nur sein kann, der Hauptforderung zur schnellen und sicheren Durchsetzung zu verhelfen; wer nur eine streitige (und illiquide) Forderung entgegenzusetzen vermag, soll das nicht aufhalten können, sondern mag selbst seinerseits im Klagewege vorgehen. Diese Möglichkeit ist dem Inhaber einer verjährten Forderung verschlossen; er kann sich nur noch durch die Aufrechnung befriedigen. Also muss sie zugelassen werden, soll er nicht ganz um seine Forderung gebracht werden. Dazu ist eine einschränkende Auslegung des Verbots geboten. Sollte eine solche wegen eindeutiger Formulierung nicht möglich sein, so verstößt eine entsprechende AGB-Klausel gegen § 307 Abs 2 Nr 1 (§ 215 als wesentlicher Grundgedanke der gesetzlichen Regelung); bei Individualabreden ist an § 138 zu denken. – Angeraten sein wird ein Vorbehaltsurteil nach § 302 ZPO.

b) Die Aktivforderung
Die Aktivforderung darf verjährt sein. Der Eintritt der Verjährung ist ohnehin unbeachtlich, wenn sich der Inhaber der Hauptforderung darauf nicht beruft. Tut er es, so braucht die Verjährungsfrage nur insoweit geklärt zu werden, als festgestellt werden muss, ob es irgendwann einmal einen – wenn vielleicht auch nur kurzen – Zeitraum gegeben hat, in dem die Aktivforderung der Passivforderung fällig und durchsetzbar, insbesondere unverjährt und damit aufrechenbar gegenüber gestanden hat. Das kann auch der Fall sein, wenn gegenwärtig beide Forderungen verjährt sind. 5

§ 215 *dispensiert* aber auch *nur von der Einrede der Verjährung*. Die sonstigen Voraussetzungen einer Aufrechnung bzw eines Zurückbehaltungsrechts müssen in Bezug auf die Aktivforderung damals gegeben gewesen sein, so namentlich auch die Gegenseitigkeit, bei der aber §§ 404 ff zu beachten sind. Eine zwischenzeitliche Abtretung nach Eintritt der Aufrechnungslage schadet nicht (MünchKomm/GROTHE Rn 3); § 96 Abs 1 Nr 2 InsO schränkt das ein. Zum vertraglichen Aufrechnungsverbot schon o Rn 4.

2. Erklärung der Aufrechnung

§ 215 gestattet die eigentlich „verspätete" Erklärung der Aufrechnung. Ist sie rechtzeitig, also in unverjährter Zeit erklärt worden, bedarf es der Anwendung der 6

Bestimmung nicht; die Hauptforderung ist vielmehr ohne ihre „Nachhilfe" zum Erlöschen gebracht worden.

3. Prozessuale Präklusion

7 § 215 hindert nicht, die Aufrechnung nach prozessualen Bestimmungen als verspätet und damit unbeachtlich zu behandeln. Dies kann sich einerseits aus den innerprozessualen Präklusionsvorschriften ergeben, andererseits – bei entsprechendem Verständnis dieser Bestimmung – aus § 767 Abs 2 ZPO, wenn die Aufrechnungslage schon im Vorprozess gegeben war.

4. Einzelheiten

8 a) Unter den Voraussetzungen des § 215 ist die Aufrechnung mit einer verjährten Aktivforderung auch dann zulässig, wenn der Aufrechnende die Aktivforderung zuvor eingeklagt hatte und wegen der Verjährung rechtskräftig abgewiesen worden war (BGH WM 1971, 1366, 1367; MünchKomm/Grothe Rn 3).

Wegen § 215 kann beispielsweise der Vermieter mit seinem nach § 548 verjährten Schadensersatzanspruch wegen Verschlechterung der Mietsache gegen einen Kautionsrückzahlungsanspruch des Mieters aufrechnen (Staudinger/Emmerich [2011] § 551 Rn 32; noch jeweils zu § 390 S 2 aF: BGHZ 101, 244, 252 = EWiR § 390 BGB 1/87, 967 [Eckert]; BGHZ 138, 49, 54 = NJW 1998, 981, 982; OLG Karlsruhe NJW-RR 1987, 720; OLG Düsseldorf NJW-RR 1997, 520; LG Kiel WuM 1996, 618; Sonnenschein NJW 1998, 2172, 2183; abw OLG Celle NJW 1985, 715: stillschweigender Ausschluss der Aufrechnungsmöglichkeit nach § 390 S 2 aF; OLG Frankfurt ZMR 1991, 105).

Hat bei einem nichtigen Ratenkreditvertrag der Darlehensnehmer die vertraglich festgelegten Ratenzahlungen erst teilweise erbracht, kann er mit seinem eigenen (auf Rückzahlung der gezahlten Zinsen und Kosten gerichteten) Bereicherungsanspruch gem § 215 auch dann gegen den restlichen bereicherungsrechtlichen Kapitalrückzahlungsanspruch des Darlehensgebers aufrechnen, wenn der Anspruch des Kreditnehmers nach § 197 aF verjährt ist (BGH NJW 1987, 181, 182 = EWiR 1987, 17 [Köndgen] = JR 1987, 152 mAnm Bachmann; OLG Celle VuR 1987, 16; s auch Canaris ZIP 1987, 1 ff).

§ 215 ist nicht die einzige Konstellation, bei der die Aufrechnung mit einer verjährten Forderung möglich ist. Die verjährte Forderung kann natürlich auch dann zur Aufrechnung benutzt werden, wenn der Aufrechnungsgegner sich nach Treu und Glauben nicht auf den Eintritt der Verjährung berufen darf (vgl Staudinger/Looschelders/Olzen [2009] § 242 Rn 533 ff; § 214 Rn 18 ff) oder wenn der Aufrechnungsgegner infolge einer Schadensersatzpflicht gegenüber dem Kompensanten die Aktivforderung als unverjährt gelten lassen muss (vgl BGH LM § 88 HGB Nr 4 = MDR 1977, 468; Aufrechnung mit verjährter Passivforderung, die der Kompensant infolge einer vom Aufrechnungsgegner verübten arglistigen Täuschung nicht rechtzeitig geltend machen konnte).

9 b) Die Regelung des § 215 findet auch im *öffentlichen Recht* Anwendung (zu § 390 S 2 aF RGZ 171, 215, 219). Zur Anwendbarkeit bei verjährten Steuerforderungen vgl Rössler NJW 1969, 494 ff; ferner BFH NJW 1991, 3238, 3240. § 226 Abs 2 AO schließt die Aufrechnung mit verjährten Ansprüchen aus dem Steuerverhältnis bei Steuerforderungen des Bundes aus.

Die auf internationalen Übereinkommen beruhenden Regelungen für den grenzüberschreitenden Güter- und Personenverkehr schließen die Aufrechnung mit verjährten Ansprüchen zumeist aus (vgl Art 32 Abs 4 CMR, Art 58 § 4 CIM; Art 47 § 4 CIV sowie aus der Rechtsprechung dazu BGH NJW 1974, 1138, 1139; NJW-RR 1989, 481; OLG Düsseldorf VersR 1980, 399; LG Ravensburg NJW 1985, 2095; OLG Zweibrücken VersR 2005, 97, 98).

5. Entsprechende Anwendung

a) Die Möglichkeit, eine Forderung trotz Eintritts der Verjährung zu berücksichtigen, ist erst recht dort gegeben, wo sie der Passivforderung nicht im Wege der Aufrechnung, sondern der *Verrechnung entgegengesetzt* wird. Zur Verrechnung – dh dem Verschmelzen zweier gegenseitiger Forderungen – kommt es dort, wo sich eine offene Kaufpreis- oder Werklohnforderung einerseits und ein Anspruch der Gegenseite auf Schadensersatz statt der Leistung andererseits gegenüberstehen; es verbleibt nur eine Saldoforderung, wie sie nach Lage des Falles der einen oder der anderen Seite zustehen kann.

10

Wiederum unmittelbar § 215 unterfallen Ansprüche auf Schadensersatz von Käufer oder Besteller aus den §§ 437 Nr 3 bzw 634 Nr 4 wegen Mangelfolgeschäden: Sie sind nicht statt der Leistung gegeben, sondern folgen aus der Verletzung von Nebenpflichten und sind somit aus den §§ 280 Abs 1, 241 Abs 2 herzuleiten.

b) Entsprechend anzuwenden ist § 215 auf Forderungen, die wegen vorbehaltloser Annahme der *Schlusszahlung* gem § 16 Abs 3 Nr 2 S 1 VOB/B nicht mehr geltend gemacht werden können (BGH NJW 1978, 1485, 1486 obiter dictum; NJW 1981, 1784, 1785 obiter dictum; NJW 1982, 2250, 2251 = LM § 301 ZPO Nr 22; NJW 1983, 816, 817; OLG Hamm BauR 1976, 664; Erman/Schmidt-Räntsch Rn 3; MünchKomm/Grothe Rn 5; Soergel/Zeiss Rn 4; Staudinger/Peters/Jacoby [2014] § 641 Rn 97; Werner/Pastor Rn 2570; Trapp BauR 1979, 271; Dähne BauR 1974, 167 f; Jagenburg JZ 1999, 998; abl OLG Düsseldorf BauR 1977, 360 [für Hilfsaufrechnung]; Gernhuber § 12 VII 7 b). Der „Ausschluss" einer Nachforderung wegen vorbehaltloser Annahme der Schlusszahlung ist mit der Verjährung wegen der identischen Wirkung vergleichbar: Er führt ja ebenfalls nicht zum Erlöschen des Anspruchs, sondern nur dazu, dass die Erfüllung nicht mehr erzwungen werden kann (BGH aaO). Und er wird wie die Verjährung nur auf Einrede berücksichtigt.

11

III. Zurückbehaltungsrechte

1. Allgemeines

§ 215 erhält dem Schuldner auch die Möglichkeit, ein Zurückbehaltungsrecht geltend zu machen, obwohl seine dieses begründende Forderung eigentlich schon verjährt ist. Er braucht sich auch nicht einmal bereits in unverjährter Zeit auf das Zurückbehaltungsrecht berufen zu haben (Palandt/Ellenberger Rn 2). Diese ehemals

12

streitige Frage (Nachweise bei STAUDINGER/BITTNER [2009] § 273 Rn 33) klärt jetzt der unmissverständliche Wortlaut der Bestimmung.

2. Einschlägige Rechte

13 § 215 betrifft

a) das Zurückbehaltungsrecht aus § 273,

b) wohl auch das Zurückbehaltungsrecht aus § 320 (BGH NJW 2006, 2773, 2775 Rn 21; MünchKomm/GROTHE Rn 4), obwohl man bei diesem auch die Auffassung vertreten kann, dass sich der Erhaltungseffekt schon aus dem Synallagma der Forderungen ergibt (so RGZ 144, 321, 327 f; PALANDT/ELLENBERGER § 194 Rn 6). § 215 ist insoweit entbehrlich.

c) nicht das Zurückbehaltungsrecht, das § 249 Abs 1 ergeben kann, wenn nämlich, um einer Bereicherung des Geschädigten vorzubeugen und um dem ohne die Schädigung bestehenden Zustand möglichst nahe zu kommen, zum Schadensersatz Zug um Zug gegen Herausgabe einer bestimmten Sache verurteilt wird. Hier geht es nicht um einen Gegenanspruch, sondern um eine immanente Grenze des Schadensersatzes. Die Wirkung ist freilich dieselbe wie bei § 215.

d) § 215 ist aber zu eng gefasst: Bei einem gegenseitigen Vertrag muss auch der vorleistungspflichtige Teil, dessen eigene Forderung verjährt ist, davor bewahrt bleiben, einseitig zu erfüllen, ohne gesicherte Aussicht auf die ihm gebührende Leistung zu haben. Hier ist im Rahmen des § 215 die Vorschrift des § 321 entsprechend anzuwenden. Die dort vorausgesetzte Gefährdung des Anspruchs folgt aus seiner Verjährung.

3. Kein Druckzuschlag

14 Um die Erfüllung der Gegenforderung des Schuldners zu sichern, darf er wertmäßig mehr zurückhalten, als ihm gebührt; § 641 Abs 3 bemisst zB diesen Druckzuschlag mit mindestens dem Doppelten der Kosten der Mängelbeseitigung, um die es dort geht. Dieser Druckzuschlag entfällt im Anwendungsbereich des § 215, der den Inhaber der verjährten Forderung nur vor einem einseitigen Verlust schützen soll. Es besteht kein Anlass, darüber hinaus die Erfüllung des Anspruchs zu sichern.

IV. Die ungeteilte Erbengemeinschaft

14a Verlangt ein Miterbe bei einer ungeteilten Erbengemeinschaft die Auseinandersetzung, was wegen der §§ 2042 Abs 2, 758 zeitlich uneingeschränkt möglich ist, kann es sich ergeben, dass ein (anderer) Miterbe den Erben in Gemeinschaft etwas schuldet, sich aber *mittlerweile auf Verjährung berufen* kann. § 215 ermöglicht es, seine Teilhabe an der Auseinandersetzung davon abhängig zu machen, dass er seine eigene Verpflichtung gegenüber der Gemeinschaft erfüllt.

V. Ausschlussfristen

Ist eine Forderung infolge Ablaufs einer Ausschlussfrist erloschen, so ist die Ausnahmeregelung des § 215 weder unmittelbar noch entsprechend anwendbar (GS OGB AP § 390 BGB Nr 5 mAnm WIEDEMANN = Betrieb 1974, 586; BAG AP § 390 Nr 2; NJW 1968, 813; BAGE 25, 169, 174 = JZ 1974, 29 mwNw; LAG Düsseldorf Betrieb 1965, 1047; OLG München MDR 1958, 774 [zu § 89b 4 HGB]; BGB-RGRK/WEBER § 390 aF Rn 13 [mit Einschränkungen]; Münch-Komm/GROTHE Rn 5; ERMAN/SCHMIDT-RÄNTSCH Rn 3; PALANDT/ELLENBERGER Rn 1; GERNHUBER, Erfüllung § 12 VII 4; SIBER 112; aA BGHZ 26, 304 = AP § 390 BGB Nr 1 [für Arbeitnehmerforderungen]; LAG Düsseldorf BB 1967, 538; BGB-RGRK/LÖSCHER[11] § 390 aF Anm 5; SOERGEL/SIEBERT[10] § 390 aF Anm 4; HUECK/NIPPERDEY, Arbeitsrecht II 7 634 Fn 26; ETZEL BB 1968, 1291 ff; SCHNORR vCAROLSFELD SAE 1968, 155 f). Dies gilt auch und gerade für tarifvertragliche Ausschlussfristen, da deren Zweck ein anderer ist als der der Verjährungsnormen (BAG NJW 1968, 813; BAG AP § 390 BGB Nr 2; SCHAUB NJW 1967, 91; DIEKHOFF BB 1958, 1096; ZÖLLNER in Anm zu BAG AP § 390 BGB Nr 2; SCHMIDT Betrieb 1966, 1769; BÖTTICHER, in: FS Schima [1969] 103; HARTMANN 116 ff; PLÜM MDR 1993, 14, 17). Auch auf einen nach § 1613 erloschenen Unterhaltsanspruch findet § 215 keine Anwendung (BGH FamRZ 1984, 777 = NJW 1984, 2158, 2160; PALANDT/ELLENBERGER Rn 2).

§ 216
Wirkung der Verjährung bei gesicherten Ansprüchen

(1) Die Verjährung eines Anspruchs, für den eine Hypothek, eine Schiffshypothek oder ein Pfandrecht besteht, hindert den Gläubiger nicht, seine Befriedigung aus dem belasteten Gegenstand zu suchen.

(2) Ist zur Sicherung eines Anspruchs ein Recht verschafft worden, so kann die Rückübertragung nicht auf Grund der Verjährung des Anspruchs gefordert werden. Ist das Eigentum vorbehalten, so kann der Rücktritt vom Vertrag auch erfolgen, wenn der gesicherte Anspruch verjährt ist.

(3) Die Absätze 1 und 2 finden keine Anwendung auf die Verjährung von Ansprüchen auf Zinsen und andere wiederkehrende Leistungen.

Materialien: Art 1 G zur Modernisierung des Schuldrechts v 26. 11. 2001 (BGBl I 3138).BGB aF: § 216 Abs 2 S 2 – § 216 Abs 1, Abs 2 S 1, Abs 3: § 223: E I § 183; II § 188; III § 218; Mot I 344; Prot I 391; II 1 236; III 751; JAKOBS/SCHUBERT, AT 1000, 1046, 1061, 1081 f, 1083 ff, 1102, 1120; Art 2 Ziff 1 DVO zum G über Rechte an eingetragenen Schiffen und Schiffsbauwerken v 21. 12. 1940 (RGBl I 1609). S STAUDINGER/BGB-Synopse (2000) § 223. PETERS/ZIMMERMANN § 210 Abs 2, 3, Gutachten 264, 310, 323; Schuldrechtskommission § 223, Abschlussbericht 104; RegE § 216, BT-Drucks 14/6040, 122.

I. Fortbestand akzessorischer dinglicher Sicherheiten

1. § 216 Abs 1 belegt mit besonderer Deutlichkeit, dass der Eintritt der Verjährung nicht den Untergang des Anspruchs zur Folge hat, sondern diesen nur abschwächt. Die dinglich gesicherte Forderung kann zwar als solche klageweise nicht mehr durchgesetzt werden, sie ist aber gleichwohl noch bestandskräftig genug, die Verwertung von Sicherheiten zu legitimieren. Damit besteht aber auch wiederum ein Anreiz für den Schuldner – oder gefährdete Dritte, § 268 – die verjährte Forderung zur Abwendung der Verwertung doch noch zu bedienen.

2 2. Die Bestimmung gilt zunächst für vertraglich bestellte akzessorische Sicherheiten: die Hypothek und zwar auch in ihrer Spielart der Sicherungshypothek, die Schiffshypothek (§ 8 SchiffsRG), wegen § 98 Abs 2 LuftfzRG auch das Registerpfandrecht an einem Luftfahrzeug, das Pfandrecht. Bei Hypothek und Pfandrecht geht § 216 Abs 1 den §§ 1169, 1254 insofern vor, als die dort für den Anspruch auf Verzicht bzw Rückgabe vorausgesetzte peremptorische Einrede nicht die der Verjährung sein kann (Mot I 344).

Die Bestimmung gilt nicht für die nicht akzessorischen Sicherheiten der Grundschuld und der Rentenschuld (BGB-RGRK/Johannsen § 223 aF Rn 2; Staudinger/Dilcher[12] § 223 aF Rn 4; MünchKomm/Grothe Rn 2). Freilich kann ausnahmsweise das einredefreie Bestehen einer gesicherten Forderung zur auflösenden Bedingung der Grundschuld gemacht werden. Dann erlischt diese Sicherungsgrundschuld mit Eintritt der Verjährung der gesicherten Forderung (Staudinger/Dilcher[12] § 223 aF Rn 4). Außerdem ist bei jeder Sicherungsgrundschuld jedenfalls § 216 Abs 1 entsprechend anzuwenden: Der Eintritt der Verjährung der gesicherten Forderung begründet nicht gegenüber dem Behalten und der Verwertung der Grundschuld den Einwand, dass der Gläubiger nunmehr um diese ungerechtfertigt bereichert sei, vgl auch § 216 Abs 2.

3 Die Bestimmung stellt aber nicht auf den Entstehungsgrund der dinglichen Sicherheit ab, und so muss sie auch auf gesetzliche Pfandrechte angewendet werden (OLG Schleswig SchlHA 1958, 82; Staudinger/Dilcher[12] § 223 aF Rn 2; MünchKomm/Grothe Rn 2; Palandt/Ellenberger Rn 2; **aA** noch OLG Breslau OLGE 15, 322). Als gesetzliches Pfandrecht in diesem Sinne ist auch das kaufmännische Zurückbehaltungsrecht der §§ 369 ff HGB anzusehen. Dagegen ist bei den Schiffsgläubigerrechten der §§ 596 ff HGB anzunehmen, dass das durch sie begründete Pfandrecht nach Verjährung des gesicherten Anspruchs nicht mehr durchgesetzt werden kann (OLG Schleswig MDR 1958, 570; BGB-RGRK/Johannsen § 223 aF Rn 3; Staudinger/Dilcher[12] § 223 aF Rn 2; MünchKomm/Grothe Rn 3); die jetzige Fassung des § 600 Abs 1 HGB bestätigt dies.

4 3. Auch *Pfändungspfandrechte* können nach Verjährung der gesicherten Forderung durchgesetzt werden (OLG Hamburg HRR 1934, 1997; Staudinger/Dilcher[12] § 223 aF Rn 3; MünchKomm/Grothe Rn 2; Soergel/Niedenführ § 223 aF Rn 6). Das gilt auch, soweit ein rechtskräftiger Titel nicht vorliegt und deshalb nur eine Sicherungsvollstreckung nach § 720a ZPO stattfand, sowie im Falle der Arrestpfändung (OLG Hamburg aaO; MünchKomm/Grothe aaO). Das Ergebnis sollte weniger aus der zweifelhaften Rechtsnatur des Pfändungspfandrechts hergeleitet werden (so aber Staudinger/Dilcher[12] aaO), als vielmehr aus dem Gedanken des § 216 Abs 1. Voraussetzung ist natürlich – wie bei jedem Pfandrecht –, dass es wirksam entstanden ist und fortbesteht.

4. Zum Schicksal von Zurückbehaltungsrechten bei Verjährung der ihnen zugrundeliegenden Forderung vgl § 215.

5. Auf die Sicherung durch *Vormerkung* kann § 216 Abs 1 nicht angewendet werden; vielmehr gilt hier die Bestimmung des § 886, die dem Betroffenen bei Verjährung des gesicherten Anspruchs das Recht gibt, die Beseitigung der Vormerkung zu verlangen (MünchKomm/Grothe Rn 3; Erman/Schmidt-Räntsch Rn 4b; NK-BGB/Mansel/Stürner Rn 7).

6. § 216 Abs 1 gilt nur für dingliche Sicherheiten. Der *Bürge* darf sich nach § 768 Abs 1 S 1 auf die Verjährung der Hauptforderung berufen, nach § 768 Abs 2 selbst dann, wenn der Hauptschuldner auf die Einrede der Verjährung verzichtet hat. Dies freilich nur, wenn ihm die Einrede der Vorausklage zusteht (**aA** BGHZ 76, 222; BGH NJW 2003, 1250): Er darf den Gläubiger nicht mit den §§ 768, 214 nötigen, den Hauptschuldner doch zu belangen, was ihm § 773 Abs 1 gerade erlässt. Nach § 216 Abs 1 ist es dagegen zu beurteilen, wenn die Bürgschaftsforderung durch Pfand abgesichert wurde: Dann kommen insoweit dem Bürgen weder die Verjährung seiner eigenen Schuld noch die der Hauptschuld zugute (KG OLGE 34, 82; MünchKomm/Grothe Rn 3).

7. Die Bestimmung des § 216 Abs 1 gilt nicht – auch nicht entsprechend – im Falle der *Hinterlegung* (**aA** BGH NJW 2000, 1331). Hat der Schuldner, zB um Vollstreckungsmaßnahmen zu vermeiden, im Einverständnis mit dem Gläubiger hinterlegt, kann letzterer freilich langfristig auf die Hinterlegungssumme zugreifen; der Effekt ist ähnlich wie bei § 216 Abs 1. Hat der Schuldner nicht auf die Rücknahme verzichtet, gibt ihm § 379 Abs 1 ein die Verjährung hemmendes Leistungsverweigerungsrecht, § 205. Hat er auf die Rücknahme verzichtet, ist der Ursprungsanspruch überhaupt erfüllt, § 378. An seine Stelle tritt ein nach § 195 verjährender Anspruch auf Freigabe aus den getroffenen Vereinbarungen oder § 812, der zudem anerkannt ist iSd § 212 Abs 1 Nr 1. Entsprechendes gilt auch bei der einverständlichen Hinterlegung bei Rechtsanwalt oder Notar (**aA** Erman/Schmidt-Räntsch Rn 4).

II. Sicherungsübertragungen

1. § 216 Abs 1 betrifft akzessorische dingliche Sicherheiten. Zu nicht akzessorischen verhält sich § 216 Abs 2. Nach dieser Bestimmung wird zunächst (ausdrücklich) angeordnet, dass die Verjährung des gesicherten Anspruchs keinen Anspruch darauf gibt, dass die Sicherheit zurückübertragen wird. Damit ist freilich noch nicht gesagt, was mit der Sicherheit weiter geschehen soll. Die Einzelheiten dazu ergeben sich aus der beabsichtigten Gleichstellung mit den akzessorischen Sicherheiten (Mot I 345): Befindet sich der Sicherungsgegenstand noch in den Händen des Sicherungsgebers, so kann der Sicherungsnehmer ihre Herausgabe verlangen, § 985 bzw die Sicherungsabrede (A Blomeyer JZ 1959, 15, 16) und er darf sie anschließend so verwerten, als ob seine gesicherte Forderung nicht verjährt wäre (A Blomeyer aaO; BGHZ 34, 191, 195).

2. Unter § 216 Abs 2 S 1 fallen die Sicherungsabtretung von Forderungen wie auch die Sicherungsübereignung von Sachen. Die Bestimmung kann auch für Sicherungsgrundschulden herangezogen werden (vgl dazu schon o Rn 2).

3. Die Bestimmung ist natürlich nur dann anwendbar, wenn der unverjährte Bestand der gesicherten Forderung nicht zur auflösenden Bedingung der Sicherungsübereignung gemacht wurde bzw nach den Vereinbarungen der Parteien die Verjährung einen Anspruch auf Freigabe der Sicherheit begründen sollte.

III. Abstrakte persönliche Haftungsübernahme

Auch § 216 Abs 2 gilt nur für (abstrakte) Realsicherheiten (vgl o Rn 6 zu Abs 1). Auf ein Schuldanerkenntnis des Schuldners kann die Bestimmung nicht entsprechend angewendet werden (aA BGHZ 183, 169 Rn 25 f; hierzu § 214 Rn 38). § 214 Abs 2 S 2 regelt dieses, sodass es an einer planwidrigen Regelungslücke fehlt (JACOBY JZ 2010, 464 f). Freilich entspricht diese Rechtsfolge des § 214 Abs 2 S 2 der des § 216 Abs 2 S 1.

IV. Vorbehaltseigentum

7 Der durch das G zur Modernisierung des Schuldrechts geschaffene § 216 Abs 2 S 2 klärt das Schicksal des Eigentumsvorbehalts bei Verjährung der zugrundeliegenden restlichen Kaufpreisforderung im Sinne der bisherigen Rechtsprechung (BGHZ 34, 191; 70, 96; BGH NJW 1979, 2195): der Verkäufer kann weiterhin auf dieses Eigentum zurückgreifen; die Frage war zum früheren Recht streitig (vgl STAUDINGER/PETERS [2001] § 223 aF Rn 7 ff).

Technisch geschieht dies dadurch, dass die Möglichkeit des Rücktritts wegen Zahlungsverzuges offen gehalten wird, wie sie nach § 449 Abs 2 Voraussetzung der Rückforderung ist. An sich könnte wegen der Verjährung des Kaufpreisanspruchs Verzug in Bezug auf ihn nicht mehr eintreten bzw würde er bereinigt, aber § 216 Abs 2 S 2 fingiert eben den Fortbestand des Verzuges.

Die Bestimmung bildet damit eine Ausnahme zu § 218 Abs 1 S 1, wie sie in § 218 Abs 1 S 3 ausdrücklich vermerkt wird: Eigentlich könnte der Schuldner der verjährten Kaufpreisforderung den Rücktritt des Verkäufers nach § 218 Abs 1 S 1 durch die Berufung auf die Verjährung unwirksam machen.

In der Folge des Rücktritts entsteht das Rückabwicklungsschuldverhältnis der §§ 346–348. Ist der Käufer Verbraucher, sind die Bestimmungen der §§ 503 Abs 2, 491 Abs 1 zu beachten.

V. Rückstände von Zinsen und wiederkehrende Leistungen

8 **1.** § 216 Abs 3 knüpft an den Gedanken des § 197 aF (§ 197 Abs 2 nF) an, dass Rückstände von Zinsen und wiederkehrenden Leistungen leicht eine belastende Höhe erreichen können. Im Interesse vorrangig des Pfandeigentümers (Mot I 344) schränkt die Bestimmung deshalb die Anordnung der Abs 1 und 2 hier ein. Vgl auch die Bestimmung des § 902 Abs 1 S 2 zu Ansprüchen auf Rückstände wiederkehrender Leistungen bei – für sich nicht verjährbaren – eingetragenen Rechten an Grundstücken.

2. Der *Begriff der wiederkehrenden Leistungen* ist identisch mit dem des § 197 Abs 2 (vgl dort die Erl Rn 63 ff).

Im Unterschied zu § 197 aF nennt die Bestimmung *Tilgungs- oder Amortisations-*

beträge nicht. Für diese Beträge bleibt es beim Regelungsgehalt der Abs 1 und 2 (STAUDINGER/DILCHER[12] § 223 aF Rn 15; MünchKomm/GROTHE Rn 5; PALANDT/ELLENBERGER Rn 7), sodass ihretwegen Sicherheiten auch dann noch verwertet werden können, wenn der Anspruch auf sie verjährt ist.

3. Ist der Anspruch auf Zinsen und wiederkehrende Leistungen verjährt, kann der Schuldner *Freigabe der Sicherheiten* verlangen, falls ausschließlich solche Forderungen gesichert werden. Als Anspruchsgrundlage kann § 813 Abs 1 S 1 herangezogen werden. Im Übrigen besteht ein Unterlassungsanspruch gegen den Gläubiger bzw, wenn dessen Forderung tituliert ist, die Möglichkeit der Vollstreckungsabwehrklage nach § 767 ZPO. Hat der Gläubiger die Sicherheit verwertet, muss er den *Erlös* nach § 813 Abs 1 S 1 *auskehren,* soweit er auf die Zinsen zu verrechnen wäre (BGH ZIP 1993, 1703). Freilich darf er hier – entgegen der Regel des § 367 Abs 1 – auf die Hauptforderung vor den Zinsen verrechnen. 9

VI. Vorbehaltlose Annahme der Schlusszahlung

§ 216 kann entsprechend angewendet werden, wenn dem Werklohnanspruch des Bauunternehmers die Einrede der vorbehaltlosen Annahme der Schlusszahlung nach § 16 Abs 3 Nr 2 VOB/B entgegensteht, für den Werklohnanspruch aber eine dingliche Sicherheit besteht (BGH LM VOB/B 1973 § 16 Nr 14 = NJW 1981, 1784; MünchKomm/GROTHE Rn 1). 10

§ 217
Verjährung von Nebenleistungen

Mit dem Hauptanspruch verjährt der Anspruch auf die von ihm abhängigen Nebenleistungen, auch wenn die für diesen Anspruch geltende besondere Verjährung noch nicht eingetreten ist.

Materialien: Art 1 G zur Modernisierung des Schuldrechts v 26. 11. 2001 (BGBl I 3138). BGB aF: § 224: E I § 184; II § 189; III § 219; Mot I 345; Prot I 391; II 1 236; III 751; JAKOBS/SCHUBERT, AT 1000, 1046, 1082, 1083 ff, 1102 f, 1120 f PETERS/ZIMMERMANN: § 211, Gutachten 311, 323; Schuldrechtskommission § 224, Abschlussbericht 107; RegE § 217; BT-Drucks 14/6040, 124.

Schrifttum

OSTENDORF/LAER, Die Bestimmung der Verjährungsfristen für die Geltendmachung von Verzugszinsen, NJW 2013, 1479.

I. Verjährung und Verzug des Schuldners

1. Wenn die eingetretene Verjährung dem Schuldner das Recht zur Verweigerung der Leistung gibt, kann er ihretwegen nicht mehr in Verzug geraten; befand er sich im Verzug, so wird dieser bereinigt. In der Folge kann der Gläubiger *für die* 1

Zukunft keine Verzugszinsen mehr beanspruchen oder Ansprüche auf Ersatz von Verzugsschäden geltendmachen.

2 2.   Unklar ist freilich, ob schon das objektive Bestehen der Verjährungseinrede den Verzug ausschließt oder eine Berufung des Schuldners auf die Einrede der Verjährung notwendig ist. Dazu bedarf es keines Eingehens auf die Lehrmeinungen zum Verhältnis von Verzug und Einrede (vgl dazu Roth 151 ff). Man wird vielmehr die Einreden einzeln zu würdigen haben.

Dabei ergibt sich für die Einrede der Verjährung, dass sie den Verzug nur ausschließt oder bereinigt, *wenn sich der Schuldner auf sie beruft* (so auch Roth 49 f; Spiro I § 238; **aA** BGHZ 34, 191, 197; 48, 249, 250; Erman/J Hager § 286 Rn 75; wie hier MünchKomm/Ernst § 286 Rn 98, der sich dazu aber auf BGHZ 34, 191, 197 beruft): Der Schuldner mag ein Interesse daran haben, die Forderung nur mit sachlichen Einwendungen zu bekämpfen und sie bei deren Fehlschlagen erfüllen zu wollen. Ihm darf die Einrede nicht aufgedrängt werden, wie es partiell jedenfalls dann der Fall wäre, wenn man das Bestehen ihrer objektiven Voraussetzungen zum Ausschluss des Verzuges genügen lassen und sie damit dann doch insoweit von Amts wegen berücksichtigen würde. Es wäre außerdem schwer begreiflich, wenn sich der Richter nach verbreiteter – freilich abzulehnender (§ 214 Rn 15 ff) – Auffassung dem Verdacht der Befangenheit aussetzt, wenn er den Beklagten auf die Möglichkeit der Verjährungseinrede hinweist, dann aber spätestens im Urteil durch die Behandlung der Verzugszinsen den entsprechenden Hinweis doch gibt. Das wäre doppelzüngig und würde außerdem Rechtsmittel nur provozieren. Wer also ein Hinweisrecht des Richters ablehnt, muss konsequent den Ausschluss des Verzuges an die Erhebung der Einrede knüpfen, wer aber den Richter zum Hinweis auf die eingetretene Verjährung für berechtigt hält, kann um so eher für die Bereinigung des Verzuges auch fordern, dass sich der Schuldner dann auch auf diese beruft. Es wäre auch ein paradoxes Ergebnis, wenn das Gericht bei nicht erhobener Einrede – zB bei Säumnislage – der verjährten Hauptforderung stattgeben, aber den Zinsanspruch abweisen würde.

3 3.   Während die Wirkung der erhobenen Einrede für die Zukunft kaum angezweifelt werden kann (**aA** freilich vTuhr I § 17 Fn 22 a), ist es nicht von vornherein deutlich, ob die Erhebung der Einrede auf den Eintritt des Verzuges ex nunc oder ex tunc wirkt. Für eine bloße Wirkung ex nunc Erman/J Hager § 286 Rn 75; AK-BGB/Dubischar § 284 aF Rn 2 f; Möllers NJW 1958, 871; H Lange JuS 1963, 59, 62; Müller Betrieb 1970, 1209; Scherner JR 1971, 44 f; für eine Wirkung ex tunc Soergel/Wiedemann § 284 aF Rn 15; Oertmann ZHR 78 (1916) 1, 46 f; Roth 49, 156.

Für die Wirkung ex nunc lässt sich allenfalls anführen, dass der Schuldner für sein vertragswidriges Verhalten nicht hinsichtlich der schon aufgelaufenen Zinsen belohnt werden dürfe. Schon das überzeugt nicht angesichts der eingetretenen Abschwächung der Forderung. Die Entscheidungen würden zufällig, je nachdem wann der Schuldner seine Einrede erkennt und vorbringt. Vor allem aber *wird nur die Annahme einer Wirkung ex tunc dem Zweck der Verjährung gerecht,* eine Beschäftigung mit dieser Forderung entbehrlich zu machen. Andernfalls müsste sie ja doch zur Klärung der Frage untersucht werden, ob Verzug eingetreten ist.

Die Bestimmung des § 217 ist in diesem Zusammenhang wenig eindeutig. Sie sagt nur, wann Ansprüche auf Verzugszinsen verjähren, aber nicht, in welchem Rahmen sie entstehen konnten.

II. Die Verjährung von Ansprüchen auf Verzugszinsen

1. Ansprüche auf Verzugszinsen unterliegen ihrer eigenen Verjährung, unabhängig von der Hauptforderung, und sind selbstständig in Hinblick auf Beginn, Hemmung, Neubeginn und Vollendung (MünchKomm/GROTHE Rn 2; PALANDT/ELLENBERGER Rn 1). Namentlich hemmt die Klage wegen der Hauptforderung ihre Verjährung nicht. Das bedeutet, dass ihre Verjährung vor der des Hauptanspruchs vollendet sein kann; dies wird sogar häufig der Fall sein.

Einschlägig sind für sie grundsätzlich die §§ 198, 199; freilich teilt sich ihnen eine kürzere Verjährungsfrist mit, wenn die Hauptforderung einer kürzeren Verjährungsfrist unterliegt, vgl zB die Fälle der §§ 438, 634a. Im umgekehrten Fall – etwa dem des § 196 – gilt das nicht, vgl § 197 Abs 2.

2. Den umgekehrten Fall, dass die Verjährung des Anspruchs auf Verzugszinsen über die des Hauptanspruchs hinausragt, erkennt die Bestimmung selbst zutreffend als denkbar an, schließt ihn aber im Interesse des Zwecks der Verjährung aus, die Beziehungen der Parteien zu bereinigen. Der Eintritt ihrer Verjährung spätestens mit dem der Hauptforderung gilt auch dann, wenn die Verjährung gegenwärtig isoliert für den Zinsanspruch gehemmt ist. Die Bestimmung kann uU zu einem extrem raschen Eintritt der Verjährung führen, vgl den Fall von BGHZ 128, 74: kurze Verjährung der Hauptforderung nach § 548.

Dabei kann der Gläubiger die Verjährung des Anspruchs auf die Nebenleistung nicht schon dadurch hemmen, dass er diese einklagt (aA BGHZ 128, 74, 82 f = NJW 1995, 252; NK-BGB/MANSEL/STÜRNER Rn 4; MünchKomm/GROTHE Rn 3), er muss vielmehr auch für die Hemmung der Verjährung der Hauptforderung sorgen. Das ist nicht anders als beim Bürgen, dem gegenüber die Klage auch nicht genügt, wenn während dieses Prozesses die Hauptforderung verjährt und so dem Bürgen die Rechte aus § 768 erwachsen (vgl dazu BGHZ 76, 222, 225 ff), und entspricht dem Zweck der Verjährung, dem Schuldner die pauschale Abwehr der Hauptforderung zu ermöglichen. Was würde ihm dies nützen, wenn er sich im Rahmen der Nebenforderung doch noch auf die Hauptforderung einlassen müsste, wie dies unvermeidlich wäre. Der Gläubiger, der seine Nebenforderung noch nicht überblickt, ist durch die Möglichkeit einer entsprechenden Feststellungsklage hinreichend geschützt. – Anders liegt es, wenn die Hauptforderung wegen ihrer Erfüllung nicht mehr verfolgt werden kann. Dann ist die isolierte Verfolgung des Nebenanspruchs verjährungshemmend möglich (vgl auch u Rn 8). § 217 ist nicht mehr einschlägig.

3. Auch hinsichtlich der Verzugszinsen muss sich der Schuldner auf den Eintritt der Verjährung berufen; ohne ausdrückliche Einschränkung ist dies der Fall, wenn er sich gegenüber der Hauptforderung auf die Verjährung beruft. Der Schuldner ist aber nicht gehindert, sich gegenüber Haupt- und Zinsforderung unterschiedlich zu verhalten.

5 4. Unter § 217 fallen zunächst die aus § 288 Abs 1 S 1 herzuleitenden Zinsen; weitergehende Zinsansprüche, § 288 Abs 3, sowie sonstige Ansprüche auf Schadensersatz wegen Verzuges fallen aber ebenfalls unter die Bestimmung (RGZ 156, 113 gegen RGZ 111, 102, das damit argumentiert hatte, dass sonst Schadensersatzansprüche verjähren könnten, bevor der Schaden eingetreten sei; BGHZ 128, 74; ferner BGB-RGRK/Johannsen § 224 aF Rn 1; MünchKomm/Grothe Rn 1; Roth 49; BGH NJW 1982, 1277). Nicht unter § 217 zu subsumieren ist freilich der *Schadensersatz statt der Leistung,* wie er sich aus den §§ 280 Abs 1, 281–283 ergibt; er unterliegt § 195, und § 213 erhält ihn ggf gerade.

Verzugsschäden setzen dabei stets die Anspruchsgrundlage der §§ 280 Abs 1, 2, 286 voraus; hat der Schuldner *aus einem anderen Rechtsgrund* – insbesondere den §§ 280 Abs 1, 241 Abs 2 – für einen Schaden des Gläubigers einzustehen, der sich in Zinsaufwand äußert, so ist auf diesen Zinsschaden § 217 nicht anzuwenden, BGH NJW 1987, 3136, 3138: Dort hatte ein Steuerberater eine überhöhte Belastung seines Mandanten zugelassen, hinsichtlich derer sich dieser zinsträchtig refinanzieren musste. Das ist aber nicht auf die Anspruchsgrundlage der §§ 280 Abs 1, 241 Abs 2 zu beschränken: Auch im Falle der §§ 281, 823 kann der Gläubiger genötigt sein, einen Ersatzgegenstand zu refinanzieren.

III. Sonstige Nebenleistungen

6 § 217 beschränkt sich nicht auf Schadensersatz wegen Verzuges.

1. Unter die Bestimmung fallen zunächst *Kosten* (iSd § 367 Abs 1; RGZ 61, 392; Cahn/Farrenkopf ZIP 1986, 416; MünchKomm/Grothe Rn 1; Palandt/Ellenberger Rn 1), Provisionen (MünchKomm/Grothe Rn 1; Roth 48), gesondert zu erstattende Auslagen. Dagegen sind Mietnebenkosten selbst Teil der Hauptforderung (OLG Frankfurt MDR 1983, 757; Bamberger/Roth/Henrich Rn 4).

2. § 217 ist weiter anzuwenden auf vereinbarte Zinsen, bei Darlehen (**aA** MünchKomm/Grothe Rn 1) oder in anderen Fällen.

3. Sind *Nutzungen* herauszugeben, ist die Bestimmung ebenfalls einschlägig. Das betrifft namentlich die Fälle der §§ 346 Abs 1, 446 Abs 1 S 2, 818 Abs 1, 987 f. Doch dürfen die Nutzungen nicht Hauptforderung sein, wie dies bei den §§ 675, 667 der Fall ist.

IV. Nicht einschlägige Fälle

7 1. Die Bestimmung ist nicht anwendbar auf die Schadensersatzansprüche des Eigentümers nach den §§ 989, 990, auch nicht auf vertragliche Ansprüche auf Schadensersatz statt der Leistung (vgl MünchKomm/Grothe Rn 1) oder ein stellvertretendes commodum; diese Ansprüche werden vielmehr durch § 213 privilegiert.

2. Auch auf den Anspruch auf eine verfallene Vertragsstrafe kann § 217 nicht angewendet werden (RGZ 85, 242; einschränkend MünchKomm/Grothe Rn 1).

3. Die Bestimmung betrifft nur solche Leistungen, die zusätzlich, erweiternd zur Hauptleistung geschuldet werden, nicht dagegen solche Leistungen, die die Hauptleistung nur vorbereiten und ermöglichen sollen, wie dies namentlich bei Auskünften der Fall ist (zu diesem Anh 1 ff zu § 217).

V. Verhältnis zur Hauptforderung

1. § 217 ist ohne weiteres anwendbar, wenn die Hauptforderung noch besteht und verjähren kann. Ist die Hauptforderung dagegen durch Erfüllung oder Erlass oä in unverjährter Zeit erloschen, so fragt es sich, ob die Ansprüche auf die Nebenleistungen nunmehr nur noch ihrer eigenen Verjährung unterliegen oder immer noch vorzeitig in jenem Zeitpunkt verjähren können, in dem der Anspruch auf die Hauptleistung verjährt wäre. Dem Bereinigungszweck der Verjährung würde an sich Letzteres entsprechen, doch ist nicht darum herumzukommen, dass der Anspruch auf die Hauptleistung jetzt eben nicht mehr verjähren kann und dass der Anspruch auf die Nebenleistung jetzt selbst zur „Hauptsache" wird. Dieser Aspekt wird auch im Prozessrecht anerkannt, ohne dass die parallele Behandlung freilich zwingend geboten wäre. **AA** OLG Köln NJW 1994, 2160, das die Nebenforderung auch nach Erfüllung der Hauptforderung deren Verjährung unterwirft (nach Titulierung der Hauptforderung in dem entschiedenen Fall wäre dies übrigens die Frist des § 218 aF [§ 197 Abs 2 nF]). 8

Davon ist auch dann auszugehen, wenn der Hauptanspruch nur teilweise unverjährt erfüllt worden ist.

2. Hemmungen oder ein Neubeginn der Verjährung der Hauptforderung beeinflussen die primäre Verjährung der Nebenforderungen nicht; hierfür sind vielmehr unmittelbare Maßnahmen notwendig (vgl BGH NJW 1995, 252). Es ist allerdings denkbar, dass ein Anerkenntnis auch auf die Nebenforderung zu beziehen ist; das ist eine Frage der Auslegung. 9

Dagegen wird die zusätzliche Verjährung, der die Nebenforderungen nach § 217 unterliegen, durch die Hemmung oder den Neubeginn der Verjährung der Hauptforderung beeinflusst. Das gilt auch dort, wo die Einrede der Verjährung gegenüber der Hauptforderung als treuwidrig anzusehen ist (§ 214 Rn 18 ff). Ob sich der nachträgliche und damit wirksame Verzicht auf die Einrede der Verjährung gegenüber der Hauptforderung auch auf die Zusatzverjährung der Nebenforderungen nach § 217 auswirken soll, ist eine Frage der Auslegung; im Zweifel ist dies zu bejahen.

VI. Wiederkehrende Leistungen

Bei wiederkehrenden Leistungen kommt es darauf an, ob die Ansprüche auf sie selbstständig sind oder aus einem Stammrecht fließen. 10

Sind die Ansprüche selbstständig, ist kein Raum für die Anwendung des § 217 (MünchKomm/Grothe Rn 4; Soergel/Niedenführ Rn 6). Das gilt namentlich bei Unterhaltsleistungen, Renten, eigenen Ansprüchen aus einem Dauerschuldverhältnis, zB auf die Miete, auf Einzelleistungen aus einem Sukzessivlieferungsvertrag und deren Bezahlung. Selbständig in diesem Sinne sind auch die einzelnen in Kontokorrent einzustellenden Ansprüche (MünchKomm/Grothe Rn 4): Werden sie nicht berücksichtigt, so ist innerhalb der ihnen eigenen Frist, die bis zum Abschluss der Verrechnungsperiode gehemmt ist, die Einstellung zu begehren (BGHZ 49, 26; 51, 349). Der Saldoanspruch verjährt dann nach § 195 (BGHZ 51, 349).

11 Es können die Ansprüche aber auch aus einem *Stammrecht* fließen (vgl RGZ 136, 432; BGH VersR 1972, 1079; NJW 1973, 1684). Dann unterliegen sie – entsprechend § 217 – außer der eigenen Verjährung auch der des Stammrechts (RGZ aaO; BGH aaO; Münch-Komm/GROTHE Rn 4; BGB-RGRK/JOHANNSEN § 194 Rn 5; STAUDINGER/DILCHER[12] 224 aF § 194 Rn 8; PALANDT/ELLENBERGER § 194 Rn 7; SPIRO I §§ 58 ff). Die Frage, wann ein solches Stammrecht anzunehmen ist und wie es verjährt, ist freilich unklar. Eine Art 131 SchwOR entsprechende Regelung, die bei Leibrenten und ähnlichen periodischen Leistungen die Verjährung für das Forderungsrecht im Ganzen mit dem Zeitpunkt beginnen lässt, in dem die erste rückständige Leistung fällig war, fehlt im deutschen Recht. Prot I 212 haben einen entsprechenden § 160 E I (dazu Mot I 310 f) als überflüssig gestrichen. Immerhin wird auch im deutschen Recht die Leibrente als wesentliches Beispiel genannt und für die Verjährung nach dem Art 131 SchwOR Entsprechendes angenommen, vgl die Belege eben. Es bleibt aber unklar, wann ein Stammrecht gegeben ist. Die Kriterien von SPIRO (I § 58 S 120 f), einheitlicher Rechtsgrund, gleichartige Leistungen, gesicherte, regelmäßige Wiederkehr, treffen zwar die Leibrente, können aber nicht die maßgeblichen sein, wenn sie in dem einzigen (nach deutschem Recht) praktisch relevanten Fall nicht zutreffen, der Verjährung deliktischer Ansprüche (vgl sogleich).

Die *Frage* wird dadurch *praktisch weniger bedeutsam*, dass der Schuldner durch Leistung das Stammrecht mit der Folge des § 212 Abs 1 Nr 1 anerkennt. Leistet er nicht, besteht für den Gläubiger aller Anlass zur Klage. Beruht das Ausbleiben der Leistungen auf einem Bestreiten, ist es zunächst sinnvoll und zumutbar, dieses durch Feststellungsklage in die Verjährungsfrist des § 197 Abs 1 Nr 3 zu überführen. Im Übrigen ist bei Rückständen außer an Verjährung, § 197 Abs 2, auch an Verwirkung zu denken. Dem Gläubiger auch die künftigen Ansprüche abzuschneiden, kann grundsätzlich nicht angehen; ausnahmsweise können auch sie verwirkt sein. Es hat sich zB der Schuldner der Leibrente darauf eingerichtet, dass sie nie eingefordert wurde.

Bei *Schadensersatzansprüchen* nimmt die Rechtsprechung ein Stammrecht an, das dann namentlich kurzfristig nach § 852 aF/§ 195 nF verjähren kann (vgl BGH WM 1960, 885; NJW 1991, 973), dies freilich nicht nur in den Fällen, in denen die Schädigung in eine Geldrente mündet, sondern hinsichtlich aller vorhersehbaren Schädigungsfolgen, mögen sie auch in sich unterschiedlich sein und unregelmäßig anfallen, zB Verdienstausfall, Heilungskosten. Wegen der Einzelheiten vgl § 199 Rn 44 ff.

Anhang zu § 217

Verjährung von Auskunftsansprüchen

Schrifttum

Peters, Auskunftsansprüche und Verjährung, JR 2013, 43.

Systematische Übersicht

I. Einleitung ... 1	b) Das Vertragsende als Verjährungsbeginn ... 6
1. Eigenständige Verjährung der Auskunftsansprüche ... 2	2. Die Anwendungsfälle des § 666 Var 2 ... 7
2. Die Folgen der unterschiedlichen Verjährung ... 3	3. Der allgemeine Auskunftsanspruch ... 8
	4. Sonstige Auskunftsansprüche ... 9
II. Früherer Eintritt der Verjährung bei dem Hauptanspruch ... 4	a) Ihre Verjährung ... 9
	b) Der Rückgriff auf den allgemeinen Auskunftsanspruch ... 10
III. Früherer Eintritt der Verjährung bei dem Auskunftsanspruch	**IV. Abgabe der Versicherung an Eides statt** ... 11
1. Späterer Verjährungsbeginn bei dem Auskunftsanspruch? ... 5	
a) Der Auskunftsanspruch als sog verhaltener Anspruch ... 5	

I. Einleitung

1 Der Gläubiger, der seine Forderung einklagen will, muss dazu substantiiert vortragen und in aller Regel einen bestimmten Klageantrag stellen. Das kann er oftmals nicht, wenn ihm der Schuldner nicht mit Auskünften beiseite steht. Das Gesetz gewährt deshalb an zahlreichen Stellen Auskunftsansprüche, vgl einstweilen nur die §§ 666, 2314. Daneben steht ein allgemeiner, aus § 242 hergeleiteter Auskunftsanspruch (BGHZ 10, 385, 386 f; 81, 21, 24).

1. Eigenständige Verjährung der Auskunftsansprüche

2 Jedenfalls die *eigenständig im Gesetz ausgewiesenen Auskunftsansprüche* sind damit vom Hauptanspruch separiert und können deshalb anders als dieser verjähren (zu dem allgemeinen aus § 242 abgeleiteten Auskunftsanspruch u Rn 8). Das ist weniger eine Folge unterschiedlicher Fristen. Für den Sonderfall der Ansprüche, die der Geltendmachung eines Herausgabeverlangens dienen, beugt dem § 197 Abs 1 Nr 2 (dort Rn 17 ff) vor. Sonst verjähren Auskunftsansprüche nach § 195, und diese Bestimmung wird durchweg auch auf den Hauptanspruch anwendbar sein. *Unterschiedliche Zeitpunkte* des Eintritts der Verjährung können sich vielmehr vor allem aus dem *Beginn der Verjährung* ergeben. Die tatsächlichen Voraussetzungen seines Auskunftsanspruchs kennt der Gläubiger sofort, dass er den Anspruch als solchen nicht kennt, ist für

§ 199 Abs 1 irrelevant. Dann kommt es für den Auskunftsanspruch zu einem baldigen Verjährungsbeginn. Aber ohne Auskunft kennt der Gläubiger die Voraussetzungen seines Hauptanspruchs nicht hinreichend, sodass es insoweit zur Anwendung des § 199 Abs 4 kommen wird. Dieselbe Folge eines unterschiedlichen Verjährungseintritts hat es, wenn nur über den einen von ihnen verhandelt wird, § 203, oder nur er eingeklagt wird, § 204 Abs 1 Nr 1. Auch mag der Schuldner den einen Anspruch anerkennen, § 212 Abs 1 Nr 1, nicht aber auch den anderen.

2. Die Folgen der unterschiedlichen Verjährung

3 Die Folgen unterschiedlicher Verjährung wären misslich. Ist der Hauptanspruch bereits verjährt, bekommt der Gläubiger mit seinem Auskunftsanspruch eine Auskunft, mit der er nichts anfangen kann. Sollte umgekehrt der Auskunftsanspruch bereits verjährt sein, würde das den noch nicht verjährten Hauptanspruch wirtschaftlich sinnlos machen.

II. Früherer Eintritt der Verjährung bei dem Hauptanspruch

4 Wenn der Hauptanspruch eher verjährt, erstreckt § 217 die Verjährung nicht unmittelbar auf den Auskunftsanspruch. Denn die Auskunft ist keine Nebenleistung im dortigen Sinne, sondern eine die Hauptleistung vorbereitende Leistung.

Vielmehr *entfällt* mit dem Eintritt der Verjährung des Hauptanspruchs regelmäßig das *legitime Interesse an der Auskunft* (STAUDINGER/BITTNER [2009] § 259 Rn 17; BGH WM 1979, 304, 305; 1979, 463, 464; dort wird der Auskunftsanspruch gar als „gegenstandslos" bezeichnet). Um ihrer selbst willen kann eine Auskunft nicht verlangt werden.

Ausnahmsweise kann ein hinreichendes Interesse an der Auskunft *fortbestehen*. Dies muss jedoch im Verhältnis zum Schuldner begründet sein. Ein anderweitig begründetes Interesse an der Auskunft genügt nicht, zB nicht das Interesse an dem Regress gegen den Anwalt, der es zur Verjährung des Hauptanspruchs hat kommen lassen (**aA** BGHZ 108, 393, 399). Der Gedanke des § 217, dass es mit der Verjährung des Hauptanspruchs für den Schuldner sein Bewenden haben soll, verdient auch hier Berücksichtigung. Doch ist an die Fälle zu denken, in denen die Auskunftspflicht des § 666 Var 2 zum Tragen kommt, sei es wegen unmittelbarer Anwendbarkeit der Bestimmung, sei es wegen der vielfältigen Bezugnahme des Gesetzes auf § 666, vgl die §§ 27 Abs 3, 675 Abs 1, 681 S 2, 713, 1959 Abs 1, 2219 Abs 1. Dort geht es jeweils darum, dass der Schuldner Angelegenheiten des Gläubigers in dessen Interesse wahrgenommen hat. Daraus resultieren dann ein legitimes und die Verjährung etwa ihrer Hauptansprüche überwindendes Interesse des Gläubigers an einer Kontrolle, ob auch alles korrekt abgewickelt worden ist.

III. Früherer Eintritt der Verjährung bei dem Auskunftsanspruch

1. Späterer Verjährungsbeginn bei dem Auskunftsanspruch?

5 Die Gefährdung des Hauptanspruchs, die sich ergibt, wenn die Verjährung bei dem Auskunftsanspruch früher eintritt als bei ihm selbst, lässt sich nicht dadurch aus-

schließen oder wenigstens hinreichend mindern, dass man den Verjährungsbeginn bei dem Auskunftsanspruch „nach hinten verschiebt".

a) Der Auskunftsanspruch als sog verhaltener Anspruch

Der BGH (BGHZ 192, 1 = NJW 2012, 917 Rn 11 ff) hat allerdings angenommen, der Auskunftsanspruch aus § 666 Var 2 sei ein sog verhaltener Anspruch, dh ein Anspruch, dessen *Verjährung* erst damit *beginne,* dass der Gläubiger ihn *geltend macht.* Eine solche Gestaltung des Verjährungsbeginns gibt es bei der Verwahrung in den §§ 695 S 2, 696 S 3; bei der Leihe folgt sie aus § 604 Abs 3 und 5 (dazu § 199 Rn 12). Dort liegt aber eine *bestimmte Interessenlage* vor, wie sie sich bei *geschuldeter Auskunft nicht* findet. Die in Verwahrung gegebene oder verliehene Sache soll uU langfristig bei dem Verwahrer bzw Entleiher verbleiben. Ein solcher Verwendungszweck würde gefährdet werden, wenn die Verjährung der Rückabwicklungsansprüche schon mit der Möglichkeit sie einzufordern einsetzen würde. Von einer solchen Interessenlage kann bei der Auskunft des § 666 Var 2 nicht die Rede sein. Der Beauftragte soll sein Wissen nicht für sich behalten, solange es nicht abgefordert wird. Das Gegenteil ergibt seine von ihm spontan zu erfüllende Benachrichtigungspflicht aus § 666 Var 1. Dass die Auskunft des § 666 Var 2 „auf Verlangen" zu erteilen ist, ändert daran nichts, sondern betont nur, dass außer dem Schuldner eben auch der Gläubiger die Initiative ergreifen kann, und eröffnet ihm außerdem die Möglichkeit auch solche Details abzufragen, die der Schuldner nicht für mitteilungsbedürftig hält und die es bei objektiver Betrachtung auch nicht sind.

Aus denselben Gründen ist auch der Anspruch auf *Rechenschaft* aus § 666 Var 3 *kein verhaltener Anspruch* iSd §§ 695, S 2, 696 S 3, 694 Abs 3 und 5 (aA BGH NJW 2012, 58 Rn 29). Vielmehr sind verhaltene Ansprüche für den Schuldner äußerst gefährlich, wenn sie die Verjährung, die ihn schützen soll, in das Belieben des Gläubigers stellen. Das beschränkt die Möglichkeit einer Analogie zu den genannten Bestimmungen auf Fälle mit einer identischen Interessenlage.

b) Das Vertragsende als Verjährungsbeginn

Zutreffend legt der BGH (NJW 2012, 58 Rn 28) den Verjährungsbeginn für den Anspruch auf Rechenschaft aus § 666 Var 3 auf die Zeit nach Beendigung des Auftrags; das entspricht dem Wortlaut des Gesetzes, wirft dann aber die Frage auf, wie weit die Rechenschaftspflicht des Beauftragten zeitlich zurückgeht. Es kann nämlich *periodische Rechenschaft* – zB im Jahresrhythmus – vereinbart werden, und bei längerfristiger Besorgung fremder Angelegenheiten empfiehlt sich das auch. Dann aber kann die Rechenschaftspflicht des § 666 Var 3 doch nur bis zur letzten vorherigen Rechenschaft zurückreichen.

6

Das *Vertragsende* spielt natürlich auch bei dem Auskunftsanspruch des § 666 Var 2 eine gewichtige Rolle, können sich bis dahin doch immer neue Tatsachen ergeben, an deren Mitteilung der Gläubiger interessiert ist. Aber aus der Relevanz des Vertragsendes folgt noch nicht, wie weit die Auskunftspflicht des Schuldners zurückreicht, und namentlich über jenen Zeitraum hinaus, der sich aus den §§ 195, 199 Abs 1 ergibt.

Anhang zu § 217

2. Die Anwendungsfälle des § 666 Var 2

7 Sämtliche Fälle, in denen § 666 Var 2 zur Anwendung gelangt, ist es gemein, dass der Schuldner Angelegenheiten des Gläubigers in dessen Interesse wahrgenommen hat: Er hat eine *Fürsorgepflicht* für diesen übernommen. Damit unvereinbar wäre es, wenn er sich gegenüber dessen Auskunftsbegehren auf den bloßen Zeitablauf berufen könnte, was die Einrede der Verjährung ja der Sache nach bedeutet. Im vorliegenden Zusammenhang würde die Verjährung ihre Zwecke verfehlen. Soweit sie den Schuldner vor der belastenden Bildung von Rücklagen bewahren soll, folgt deren Notwendigkeit aus dem noch unverjährten Hauptanspruch, nicht aus dem Auskunftsanspruch. Zur Auskunft selbst ist der Schuldner nur – immerhin – insoweit verpflichtet, wie sie ihm möglich ist. Ist die Auskunft aber noch möglich, dann hat sie der Schuldner auch zu erteilen. Ihre Verweigerung wäre mit *Treu und Glauben* nicht zu vereinbaren. Die Verjährung der Auskunftspflicht nach § 666 Var 2 hängt daher nicht von der Vertragslaufzeit (vgl Rn 6; in diese Richtung aber BGHZ 192, 1 = NJW 2012, 917 Rn 15), sondern vom Bestehen von Hauptansprüchen ab.

3. Der allgemeine Auskunftsanspruch

8 Dem allgemeinen Auskunftsanspruch, wie man ihn aus § 242 herleitet, fehlt eine solche Beziehung zwischen Gläubiger und Schuldner. Bei ihm ist auf seine Entstehung abzustellen, wie sie den Verjährungsbeginn nach § 199 Abs 1 Nr 1 maßgeblich bestimmt. Der allgemeine Auskunftsanspruch resultiert aus der Gefährdung *des Hauptanspruchs,* wie sie ständig andauert, solange der Gläubiger die zu seiner Durchsetzung notwendigen Informationen nicht erhält. Damit entsteht dieser Auskunftsanspruch ständig neu, solange die Verjährungsfrist des Hauptanspruchs noch läuft; ist sie abgelaufen, geht dieser Anspruch unter. Das Ergebnis ähnelt dem des § 217.

4. Sonstige Auskunftsansprüche

a) Ihre Verjährung

9 Sonstige Auskunftsansprüche, wie namentlich jener Anspruch des Pflichtteilsberechtigten aus § 2314, sind nicht wie jene aus § 666 von einer Fürsorgepflicht des Schuldners für den Gläubiger geprägt, sodass die Berufung auf den Eintritt ihrer Verjährung nicht treuwidrig sein kann. Und ihre spezielle Normierung im Gesetz hat sie so weit von dem Hauptanspruch des Gläubigers abgelöst, dass sie auch *eigenständig verjähren* können. Namentlich wird der Schuldner, der die Auskunft gleichwohl erteilt, dies von der Übernahme der damit verbundenen Kosten abhängig machen können, auch wenn er diese Kosten in unverjährter Zeit selbst hätte tragen müssen.

b) Der Rückgriff auf den allgemeinen Auskunftsanspruch

10 Das kann den Gläubiger jedoch nicht hindern, auf den allgemeinen Auskunftsanspruch zurückzugreifen.

aa) Dieser dürfte zwar grundsätzlich *subsidiär* sein gegenüber einem gesetzlich speziell normierten Auskunftsanspruch. Immerhin ist er latent stets vorhanden, sodass dieses Subsidiaritätsverhältnis jedenfalls dann nicht (mehr) gelten kann, wenn der spezielle Auskunftsanspruch nicht mehr durchsetzbar ist.

bb) Auch seine *Voraussetzungen* sind gegeben. Es verbindet die Parteien zunächst ein Schuldverhältnis in Gestalt des noch unverjährten Hauptanspruchs. Dass der Gläubiger dringend auf die Auskunft angewiesen ist, wird schon dadurch belegt, dass ihm ein spezieller Auskunftsanspruch im Gesetz eingeräumt worden ist. Dass der Gläubiger diesen hat verjähren lassen, wird man nicht mit hinreichendem Gewicht zu seinen Lasten werten dürfen. Die Zumutbarkeit der Auskunft für den Schuldner belegt ebenfalls das Spezialgesetz. Bei alldem wäre es paradox, wenn sich die Einräumung eines speziellen Auskunftsanspruchs im Ergebnis zu Lasten des Gläubigers würde auswirken können. Und es schreckt die Vorstellung eines zwar noch unverjährten, aber praktisch nicht mehr durchsetzbaren Hauptanspruchs.

IV. Abgabe der Versicherung an Eides statt

Die angestellten Überlegungen gelten auch dort, wo der Schuldner nach den §§ 259 Abs 2, 260 Abs 2 zur Abgabe einer eidesstattlichen Versicherung verpflichtet ist. Zu beachten bei dem entsprechenden Anspruch des Gläubigers ist, dass dieser Anspruch erst – zeitversetzt – entsteht iSd §§ 199 Abs 1 Nr 1, 200 S 1, wenn sich Grund zu der Annahme ergibt, dass die Auskunft nicht mit erforderlicher Sorgfalt erteilt wurde. **11**

§ 218
Unwirksamkeit des Rücktritts

(1) Der Rücktritt wegen nicht oder nicht vertragsgemäß erbrachter Leistung ist unwirksam, wenn der Anspruch auf die Leistung oder der Nacherfüllungsanspruch verjährt ist und der Schuldner sich hierauf beruft. Dies gilt auch, wenn der Schuldner nach § 275 Abs. 1 bis 3, § 439 Abs. 3 oder § 635 Abs. 3 nicht zu leisten braucht und der Anspruch auf die Leistung oder der Nacherfüllungsanspruch verjährt wäre. § 216 Abs. 2 Satz 2 bleibt unberührt.

(2) § 214 Abs. 2 findet entsprechende Anwendung.

Materialien: Art 1 G zur Modernisierung des Schuldrechts v 26. 11. 2001 (BGBl I 3138). BGB aF: –; Peters/Zimmermann: –; Schuldrechtskommission: – Reg E § 218, BT-Drucks 14/6040, 124; BT-Drucks 14/7052, 11, 182.

Schrifttum

Bydlinski, Die geplante Modernisierung des Verjährungsrechts, in: Schulze/Schulte-Nölke (Hrsg), Die Schuldrechtsreform vor dem Hintergrund des Gemeinschaftsrechts (2001)

Jacoby, Verjährung im Kauf- und Werkvertragsrecht, in: Verjährungsrecht in Europa (2011) 354

KLEINSCHMIDT, Einheitliche Verjährungsregeln für Europa?, AcP 213 (2013) 538
REINKING, Die Geltendmachung von Sachmängelrechten und ihre Auswirkung auf die Verjährung, ZGS 2002, 140

WAGNER, Die Verjährung gewährleistungsrechtlicher Rechtsbehelfe nach neuem Schuldrecht, ZIP 2002, 789.

Systematische Übersicht

I. Allgemeines	1
II. Mangelbedingter Rücktritt	
1. Voraussetzungen	2
a) Verjährung des Nacherfüllungsanspruchs	2
b) Berufung auf die Verjährung	3
2. Folgen	4
3. Verjährungsfragen	6
III. Minderung	
1. Allgemeines	8
2. Besonderheiten	9
IV. Sonstiger Rücktritt	10
V. Sonstige Gestaltungsrechte	12

I. Allgemeines

1 Die Bestimmung ist im Rahmen des G zur Modernisierung des Schuldrechts vollständig neu geschaffen worden. Sie soll dem Umstand Rechnung tragen, dass dieses G Wandlung und Minderung des bisherigen Rechts konstruktiv umgestaltet hat: Jene kamen durch einen Vertrag zustande, § 465 aF, auf dessen Abschluss Käufer oder Besteller bei Vorliegen eines Mangels Anspruch hatten, § 462 aF, ggf in Kombination mit § 634 Abs 4 aF; der Anspruch des Käufers bzw Bestellers auf Wandlung unterlag problemlos der Verjährung, § 194 Abs 1, wie sie dann näher geregelt war in den §§ 477, 638 aF. Jetzt ersetzt die Wandlung der *einseitig* vom Käufer oder Besteller *zu erklärende Rücktritt*, § 349 iVm § 437 Nr 2 bzw § 634 Nr 3; Käufer oder Besteller üben also jeweils ein Gestaltungsrecht aus. Das ist – trotz des beibehaltenen Ausdrucks – auch nicht anders im Falle der Minderung, vgl die §§ 441 Abs 1, 638 Abs 1 S 1.

Es ist richtig, dass § 194 Abs 1 nur Ansprüche der Verjährung unterwirft, nicht auch Gestaltungsrechte. Der Gesetzgeber hat sich deshalb zu der besonderen Regelung des § 218 Abs 1 S 1 genötigt gesehen und nicht bedacht, dass die Fassung des § 194 Abs 1 durchaus zu seiner Disposition gestanden hätte: Im Ergebnis unterliegen die Gestaltungsrechte des Rücktritts und der Minderung wegen § 218 Abs 1 S 1 doch der Verjährung: Das hätte der Gesetzgeber durch die Anordnung der entsprechenden Anwendung des § 194 Abs 1 auf sie weniger umständlich ausdrücken können; zugleich hätte er so die erheblichen Folgeprobleme vermieden, die sich aus dem neuen Regelwerk ergeben.

II. Mangelbedingter Rücktritt

1. Voraussetzungen

2 a) Kraft der ausdrücklichen Anordnung in § 438 Abs 4 S 1 bzw in 634a Abs 4 S 1 gilt § 218 zunächst dann, wenn der Anspruch von Käufer bzw Besteller auf Nacherfüllung verjährt ist; ob letzteres der Fall ist, ergibt sich daraus, ob die Zeiträume der §§ 438 Abs 1–3 bzw 634a Abs 1–3 – auch unter Berücksichtigung etwaiger Hemmungen oder eines Neubeginns der Verjährung – verstrichen sind.

Der Anspruch auf Nacherfüllung braucht dazu *nicht durchsetzbar* gewesen zu sein. § 218 Abs 1 S 2 sagt dies ausdrücklich für die Fälle, in denen dem Schuldner die Leistungsverweigerungsrechte der §§ 275 Abs 1–3, 439 Abs 3, 635 Abs 3 zur Verfügung gestanden haben. Dies gilt ohne weiteres, wenn sich der Verkäufer oder Unternehmer auf die Unzumutbarkeit der Nacherfüllung berufen hat, muss nach Sinn und Zweck der Regelung aber auch dann gelten, wenn er dies nicht getan hat: Dadurch darf sich die Rücktrittsmöglichkeit zeitlich nicht erweitern.

Die Regelung des § 218 Abs 1 S 2 ist aber *unvollständig*. Gleichzustellen ist der Fall, dass *kein Mangel vorlag* oder er *nicht gewichtig* genug war, einen Rücktritt zu rechtfertigen. Nicht anders zu behandeln ist auch der Fall, dass der Käufer *Rügeobliegenheiten nach § 377 HGB* nicht gewahrt hat oder dass der Käufer oder Besteller einen *Kostenzuschuss* zur Nacherfüllung (vgl STAUDINGER/PETERS/JACOBY [2014] § 634 Rn 20) hätten leisten müssen, dies aber nicht getan haben: Die Berufung auf die jedenfalls eingetretene Verjährung enthebt von der Notwendigkeit der Prüfung dieser Fragen.

Der Anspruch auf Nacherfüllung kann auch *erloschen* sein. Dazu kann es nach § 281 Abs 4 gekommen sein, wenn Käufer oder Besteller eine Frist zur Nacherfüllung gesetzt und anschließend Schadensersatz verlangt haben. Im Sinne des § 218 Abs 1 ist dann auf die Verjährung dieses Schadensersatzanspruchs abzustellen.

b) Der Verkäufer bzw Unternehmer muss sich auf den Ablauf der Verjährung **3** berufen; der Fristablauf ist also nicht von Amts wegen zu beachten, sondern nur *auf Einrede*.

Die Berufung von Verkäufer bzw Unternehmer auf den Eintritt der Verjährung lässt den Rücktritt des Käufers bzw Bestellers unwirksam sein, wie § 218 Abs 1 S 1 formuliert. Das Gesetz gibt dem Gewährleistungspflichtigen also ein *eigentümliches eigenes Gestaltungsrecht* an die Hand (NK-BGB/MANSEL/STÜRNER Rn 10; MünchKomm/ GROTHE Rn 8; aA ERMAN/SCHMIDT-RÄNTSCH Rn 5: Einrede). Sachwidrig ist es wegen des entstehenden Schwebezustandes, dass das Gesetz die Ausübung dieses Gestaltungsrechts *nicht an eine Frist bindet*. MünchKomm/GROTHE Rn 6 weist auf die Möglichkeit der Verwirkung hin. Das könnte dann anzunehmen sein, wenn die *Rückabwicklung* des Vertrages im Rahmen des Rücktritts *erfolgt ist,* was ja gerade beim Werkvertrag mit beträchtlichen Schwierigkeiten verbunden sein kann. Doch schützen den Käufer bzw Besteller dann die §§ 218 Abs 2, 214 Abs 2: Die erfolgte Rückabwicklung kann die Gegenseite nicht mehr wegen der eingetretenen Verjährung in Frage stellen. Ist noch nicht rückabgewickelt, sind untunliche Folgen einer Zurückweisung des Rücktritts nicht zu gewärtigen.

2. Folgen

4 Wird der Rücktritt nicht zurückgewiesen, so ist der Vertrag nach Maßgabe der §§ 346 ff abzuwickeln.

Wird der Rücktritt zurückgewiesen, so verliert er seine Wirksamkeit ex tunc (aA MünchKomm/GROTHE Rn 7; PALANDT/ELLENBERGER Rn 6: ex nunc), es unterbleibt die Rückabwicklung, soweit sie noch nicht in Angriff genommen worden ist. Wenn sie schon – ganz oder teilweise – durchgeführt worden ist, erwächst den Parteien aus der Zurückweisung des Rücktritts ein Anspruch darauf, dass der Vertrag in den Zustand vor dem Rücktritt zurückversetzt wird, was freilich angesichts des Umstands, dass den Geschehnissen ein nachhaltiger Mangel zugrundeliegt, zu wenig sinnvollen Ergebnissen führt. Die Rückgewähr der Leistungen ist ihrerseits rückgängig zu machen. Dem widerspricht zwar die Formulierung der §§ 218 Abs 2, 214 Abs 2. Doch sind die letzteren Bestimmungen teleologisch auf den Fall beiderseitiger voller Rückgewähr zu reduzieren: Ist jeweils unterschiedlich umfangreich zurückgewährt worden, würden sich nicht hinnehmbare Diskrepanzen ergeben, wie sie teilweise hingenommen werden (NK-BGB/MANSEL/STÜRNER Rn 14; MünchKomm/GROTHE Rn 8, der auf möglichen Rechtsmissbrauch verweist; PALANDT/ELLENBERGER Rn 6: die wegen des Mangels zurückgegebene Sache könne herausverlangt werden).

5 Hinzuweisen ist auf die Bestimmungen der §§ 438 Abs 4 S 2, 3, 634a Abs 4 S 2, 3: Auch bei einem wegen Verjährung zurückgewiesenen Rücktritt können Käufer bzw Besteller die Begleichung noch offenen Kaufpreises oder Werklohns verweigern. Machen sie von dieser Befugnis Gebrauch, so kann die Gegenseite ihrerseits zurücktreten. Wegen dieser Folge, die bei der Minderung nicht eintritt (u Rn 9), ist ein Rücktritt von Käufer oder Besteller dahin zu hinterfragen, ob nicht in Wahrheit Minderung gemeint ist, jedenfalls kommt eine Umdeutung in Betracht.

3. Verjährungsfragen

6 Wenn Käufer oder Besteller in unverjährter Zeit zurücktreten, ist die Verjährung ihres sich ergebenden Rückgewähranspruchs fraglich. Nach bisherigem Recht unterschied man zwischen dem *Anspruch auf Wandlung* und dem *Anspruch aus* (vollzogener) *Wandlung:* Ersterer sollte den Gewährleistungsfristen der §§ 477, 638 aF unterliegen, Letzterer der regelmäßigen Verjährung nach § 195. Die zeitliche Privilegierung des Anspruchs aus Wandlung hatte ihre innere Berechtigung. Denn wenn sich die Parteien auf die Wandlung einigen mussten und geeinigt hatten, waren die sich daraus ergebenden Ansprüche jedenfalls dem Grunde nach unstreitig gestellt; sie hingen nicht von weiteren uU schwierigen Feststellungen zum Mangel und seinem Gewicht ab.

Diese innere Rechtfertigung ist mit dem Übergang von einer Wandlung als Einigung der Parteien zu dem einseitigen Rücktrittsrecht des Käufers bzw Bestellers entfallen. Zugleich ist zu berücksichtigen, dass die §§ 438, 634a nF dem Käufer bzw Besteller den Zeitdruck der §§ 477, 638 aF weitgehend genommen und umgekehrt die Zeit der Ungewissheit für Verkäufer bzw Unternehmer entsprechend verlängert haben.

Es ist deshalb die Auffassung abzulehnen, die den bisherigen Rechtszustand fortschreiben will: Möglichkeit zum Rücktritt innerhalb der Fristen der §§ 438, 634a, vgl §§ 218 Abs 1 S 1, 438 Abs 4 S 1, 634a Abs 4 S 1, und ein Rückabwicklungsanspruch von Käufer bzw Besteller innerhalb der Frist des § 195, diese gerechnet nach § 199 Abs 1 (Jahresschluss nach Zugang der Rücktrittserklärung; aA freilich BGHZ 170, 31 = NJW 2007, 674 Rn 36 f; BAMBERGER/ROHT/FAUST § 438 Rn 49; MünchKomm/GROTHE Rn 4; PALANDT/ELLENBERGER Rn 7; REINKING ZGS 2002, 141; wie hier JACOBY 354, 366 f; WAGNER ZIP 2002, 789, 791 f; vgl auch PETERS NJW 2008, 119). Vielmehr verbleibt dem Käufer bzw dem Besteller nach erklärtem Rücktritt für die Rückforderung nur noch die restliche Frist aus den §§ 438, 634a: Der Rücktritt darf auch mit seinen Folgen zeitlich nicht über die anderen Rechte aus den §§ 437, 634 hinausragen; dagegen spricht auch schon der Gedanke des § 213.

Richtig ist freilich, dass man Verkäufer bzw Unternehmer als die Gegenseite mit ihren sich aus dem Rücktritt ergebenden Ansprüchen nicht an die Fristen der §§ 438, 634a binden kann. Vor unangemessenen Folgen schützt aber § 215 Käufer bzw Besteller. 7

Als Konsequenz aus dem Vorstehenden ergibt sich, dass der Käufer oder Besteller, der nach Ablauf der Fristen der §§ 438, 634a zurücktritt, damit nur von vornherein verjährte Rückgewähransprüche erwirbt.

III. Minderung

1. Allgemeines

Das Gesagte gilt entsprechend für die Minderung, vgl §§ 438 Abs 5, 634a Abs 5. Freilich ergeben sich nachhaltige Unterschiede daraus, dass die Minderung keine Rückabwicklung auslöst, sondern nur Kaufpreis bzw Werklohn verkürzt: 8

Sind Kaufpreis oder Werklohn *schon voll beglichen,* erwächst dem Käufer oder Besteller nur ein von vornherein verjährter Rückforderungsanspruch, wenn er die *Minderung* außerhalb der Fristen der §§ 438, 634a und damit *verspätet erklärt*. Wahrt er diese Fristen, bleibt ihm für die Rückforderung nur deren unverbrauchter Rest.

Ist die Entgeltforderung noch nicht voll beglichen, kann auch nach Ablauf der Fristen Zahlung insoweit verweigert werden, wie die Minderung betraglich reicht, §§ 438 Abs 5, 634a Abs 5.

2. Besonderheiten

Zwei Unterschiede ergeben sich gegenüber dem Rücktritt: Zunächst gelten nicht auch die Bestimmungen der §§ 438 Abs 4 S 3, 634a Abs 4 S 3 entsprechend. Das bedeutet, dass Verkäufer oder Unternehmer die auf eine verspätete Minderung gestützte Zahlungsverweigerung nun nicht ihrerseits zum Anlass nehmen können, sich von dem Vertrag zu lösen. 9

Außerdem bleibt bei dem sich aus der Minderung ggf ergebenden Rückzahlungsanspruch § 215 zu beachten: Wenn dem Verkäufer oder Unternehmer sonstige Ansprüche zustehen, kann der Rückzahlungsanspruch ihnen unter den Voraussetzungen dieser Bestimmung entgegengehalten werden. Dazu ist es nicht erforderlich, dass die Minderung schon unverjährt erklärt wurde, sondern es genügt, dass die Minderungsbefugnis unverjährt gegeben war.

IV. Sonstiger Rücktritt

10 § 218 Abs 1 S 1 greift über den eigentlichen gesetzgeberischen Anlass des mangelbedingten Rücktritts hinaus, indem die Bestimmung den Rücktritt auch in anderen Fällen einbezieht. Insoweit wird § 323 in Bezug genommen, und (auch) das ist überflüssig und verwirrend: Wenn der eigene Anspruch verjährt ist, kann schon nicht die nach § 323 Abs 1 idR erforderliche Frist gesetzt werden, weil der Anspruch nicht mehr durchsetzbar ist. Wenn sich der Schuldner auf Verjährung beruft, scheint zwar die Fristsetzung wegen einer ernsthaften und endgültigen Erfüllungsverweigerung nach § 323 Abs 2 Nr 1 entbehrlich. Doch ist auch das natürlich nicht der Fall, weil relevant nur eine unberechtigte Erfüllungsverweigerung sein kann (Huber, Leistungsstörungen II [1999] 566), an der es wegen der Verjährung fehlt.

Der Schuldner muss sich freilich auf Verjährung berufen, will er deren Wohltat teilhaftig werden (vgl § 214 Rn 5). Tut er dies aber, so nimmt er damit nicht einem an sich wirksamen Rücktritt die Wirksamkeit, sondern entzieht dem Rücktritt überhaupt die Basis.

§ 218 Abs 2 stellt mit seiner Bezugnahme auf § 214 Abs 2 klar, dass der Schuldner nicht mehr wirksam Verjährung vorschützen kann, wenn er sich auf den Rücktritt eingelassen und die Leistung zurückgewährt hat, die er selbst empfangen hat, vgl aber auch o Rn 5 zu dem Fall, dass sich eine „Schieflage" bei der beiderseitigen Rückgewähr ergibt.

Für das Rücktrittsrecht des § 324 gilt § 218 nicht.

11 Die Seite, die bei einem gegenseitigen Vertrag selbst schon geleistet hat, muss es hinnehmen, dass der eigene Anspruch verjährt ist. Ist der Anspruch der Gegenseite seinerseits noch unverjährt offen, schützt § 215 vor unbilligen Folgen.

Wer unter Eigentumsvorbehalt geliefert hat, kann nach § 216 Abs 2 S 2 auch dann noch zurücktreten, wenn der noch offene Kaufpreisanspruch verjährt ist. Dies wiederholt § 218 Abs 1 S 3.

V. Sonstige Gestaltungsrechte

12 § 218 betrifft nur die gesetzlichen Rücktrittsrechte der §§ 323, 437 Nr 2, 634 Nr 3 (und die Minderung). Auf vertraglich vereinbarte Rücktrittsrechte ist die Bestimmung nicht anwendbar (MünchKomm/Grothe Rn 2; Soergel/Niedenführ Rn 3), es sei denn, dass sie letztlich nur Rücktrittsmöglichkeiten wiederholen, die sich schon aus dem Gesetz ergeben (Palandt/Ellenberger Rn 2; Bamberger/Roth/Henrich Rn 2; Erman/Schmidt-Räntsch Rn 3; **aA** hier MünchKomm/Grothe Rn 2, der § 350 für ausreichend und abschließend hält).

Das Widerrufsrecht des § 355 unterliegt der dortigen Ausschlussfrist nach Abs 3 S 1.

Ist diese Frist mangels Belehrung nicht in Lauf gesetzt worden, unterliegt es keinen zeitlichen Grenzen, sondern allenfalls der Verwirkung.

Sonstige Gestaltungsrechte unterliegen idR Ausschlussfristen. Für § 218 besteht keine Anwendungsmöglichkeit (MünchKomm/GROTHE Rn 3).

§§ 219–225
(weggefallen)

§ 219 aF betraf das rechtskräftige Vorbehaltsurteil. Die Bestimmung ist aufgegangen in § 197 Abs 1 Nr 3 (vgl § 197 Rn 32). **1**

§ 220 aF betraf das Verfahren vor Schiedsgerichten und anderen staatlichen Gerichten als denen der Zivilgerichtsbarkeit. Die Bestimmung ist aufgegangen in § 204, namentlich dessen Abs 1 Nr 11.

§ 221 aF ist übernommen als § 198.

§ 222 aF ist übernommen als § 214.

§ 223 aF ist übernommen als § 216.

§ 224 aF ist übernommen als § 217.

§ 225 aF ist ersetzt worden durch § 202.

Abschnitt 6
Ausübung der Rechte, Selbstverteidigung, Selbsthilfe

§ 226
Schikaneverbot

Die Ausübung eines Rechts ist unzulässig, wenn sie nur den Zweck haben kann, einem anderen Schaden zuzufügen.

Materialien: Prot I 459 f; Prot RJA, 72; Prot II 1, 238 f; JAKOBS/SCHUBERT, AT 2, 1171–1173, 1244–1246; Sten Ber 9. Leg IV. Session, 2753.

Schrifttum

BAUMGÄRTEL, Treu und Glauben, gute Sitten und Schikaneverbot im Erkenntnisverfahren, ZZP 69 (1956) 89
BAUR, Der Mißbrauch im deutschen Kartellrecht (1972)
BLÜMNER, Die Lehre vom böswilligen Rechtsmißbrauch (1900)
BOVENSIEPEN, Schikane, HdwbRWiss V (1928) 334
FLEISCHER, Der Rechtsmißbrauch zwischen Gemeineuropäischem Privatrecht und Gemeinschaftsprivatrecht, JZ 2003, 865
FULD, Der Chikaneparagraph des Bürgerlichen Gesetzbuches, SeuffBl 63 (1898) 501
HAFERKAMP, Die heutige Rechtsmißbrauchslehre – Ergebnis nationalsozialistischen Rechtsdenkens? (1995)
ders, Die exceptio doli generalis in der Rechtsprechung des Reichsgerichts vor 1914, in: FALK/MOHNHAUPT, Das Bürgerliche Gesetzbuch und seine Richter (2000) 1
HAGER, Schikane und Rechtsmißbrauch im heutigen bürgerlichen Rechte (1913)

JACUBEZKY, Zur Frage des allgemeinen Chikaneverbots, Gruchot 40 (1896) 591
KNÖDLER, Sperrgrundstücksklagen als Rechtsmißbrauch?, NuR 2001, 194
KLETTERER, Das Chikaneverbot des BGB (Diss Würzburg 1907)
MERZ, Vom Schikaneverbot zum Rechtsmißbrauch, ZfRV 1977, 162
RAMDOHR, Rechtsmißbrauch, Gruchot 46 (1902) 577–600 und 806–839
RIEZLER, Rechtsmißbrauch und Schikane, RvglHWB VI (1938) 1
RÜDY, Der Rechtsmißbrauch (Diss München 1934)
SCHNEIDLER, Das Schikaneverbot des § 226 BGB, Recht 1906, 603
SIEBERT, Vom Wesen des Rechtsmißbrauchs (1935)
STEINBACH, Die Moral als Schranke des Rechtserwerbs und der Rechtsausübung (1898)
ZAHN, Zur Auslegung von § 226 BGB, Recht 1906, 847.

Systematische Übersicht

I.	Zweck der Vorschrift	1
1.	Entstehungsgeschichte	2
a)	Begrenzung subjektiver Rechte	2
b)	Privatrechtliche Tradition	3
c)	Haltung der ersten Kommission	4
d)	Kritik am E I	5
e)	Zweite Kommission	6
f)	Bundesrat	7

g)	Schranke subjektiver Rechte	8	6. Rechte Dritter	39
2.	Wirkungsgeschichte	9	**IV. Das Schikaneverbot im Prozessrecht**	
3.	Zweck der Vorschrift	10		
a)	Der freie Gebrauch eines Rechts	10	1. Rechtsmissbrauch im Prozess	40
b)	Innen- und Außentheorie	11	2. Schikanöse Prozess- und Vollstreckungshandlungen	41
c)	Der Rechtsmissbrauch	12		

II. Der Tatbestand des Schikaneverbots
1. Ausübung eines Rechts 13
2. Schädigungszweck 15
   a) Objektiver Zweck 15
   b) Kein subjektiver Schädigungszweck 20
3. Beispiele 22
   a) Schikane wird bejaht 23
   b) Schikane wird verneint 27

III. Rechtsfolgen
1. Rechtswidrigkeit der Handlung ... 34
2. Beseitigungsanspruch 35
3. Unterlassungsanspruch 36
4. Schadensersatz 37
5. Einwendung 38

V. Beweislast 42

VI. Rechtsvergleichung 43
1. Österreichisches Recht 44
2. Schweizerisches Recht 45
3. Spanisches Recht 46
4. Französisches Recht 47
5. Englisches Recht 48
6. Italienisches Recht 49
7. Europäisches Gemeinschaftsrecht ... 50
8. Principles of European Contract Law und Draft Common Frame of Reference ... 51
9. Zusammenfassung 52

Alphabetische Übersicht

Arbeitsrecht 31
Auskunftsanspruch 24
Ausnutzung eines Grundstücks 24
Ausübung eines Rechts 13

Bagatellsummen 41
Bauherr 27, 28
Beseitigungsanspruch 35
Bestattung 27
Bundesrat 7

Dachantenne 24
Domaingrabbing 26
Draft Common Frame of Reference ... 51

Einwendungscharakter 38
Englisches Recht 48
Erste Kommission .... 3 f
Europäisches Gemeinschaftsrecht .. 50

Französisches Recht 47
Freiheit des Schuldners 10
Fristüberschreitung 24

Gegendarstellung 33
Geltungsbereich 13
Gemeinschaftsrecht 50
Gesellschaftsrecht 32
Gierke 5
Grabbesuch 23

Herausgabeanspruch 24, 41

Immanente Schranke 11
Immaterieller Nachteil 16
Italienisches Recht 49

Kündigung eines Kontos 30

Markise 28
Mietvertrag 25

Naturschutzziel 18

Öffentliches Recht 14
Österreichisches Recht 44

Principles of European Contract Law	51	Tannenhecke	28
Prozessrecht	14, 40 f		
		Unterlassungsanspruch	36
Rechtsmissbrauch	12	Unterlassungsklage	41
Rechtsschutzversicherung	27	Usus modernus pandectarum	2
Rechtsvergleichung	43 ff		
Rechtswidrigkeit	34	Verfolgung weiterer Zwecke	18
Römisches Recht	2	Vertragsverlängerung	27
Schadensersatz	24, 37	Wegerecht	24, 28
Schädigungszweck	16 ff	Wirkungsgeschichte	9
Schweizerisches Recht	45	Wirtschaftliche Unzweckmäßigkeit	19
Serienabmahnung	41	Wohnungseigentümer	29
Spanisches Recht	46		
Sperrgrundstücke	18, 27	Zweck der Vorschrift	1 ff, 10, 21
Subjektiver Schädigungszweck	20	Zweite Kommission	6

I. Zweck der Vorschrift

Um Sinn und Zweck des § 226 adäquat begründen zu können, ist zunächst die **1** Entstehungsgeschichte in den Blick zu nehmen, die Auskunft über die Vorstellungen der am Gesetzgebungsverfahren Beteiligten vom Zweck des Schikaneverbots gibt.

1. Entstehungsgeschichte

a) Die Überschrift des sechsten Abschnittes des 1. Buches des BGB spricht die **2** „Ausübung der Rechte" an. Damit ist die Verwirklichung von Rechtsansprüchen gemeint, die im Regelfall auf die Erfüllung (§ 362) zielen. Dabei steht es zunächst einmal im Belieben des Berechtigten, ob er – innerhalb der gestatteten Grenzen – sein Recht ganz oder uU auch nur teilweise ausübt (GEBHARD, Begründung Teilentwurf 2 [SCHUBERT, AT 2, 410]). Der Redaktor des Allgemeinen Teils (GEBHARD) war der Meinung, zwar könne der Berechtigte auch einen unzweckmäßigen Gebrauch von seinem Recht machen und evtl sogar die Lage anderer beeinträchtigen. Aber er fuhr fort: „Diese aus dem Begriffe des Rechts fließende Regel ist keine ausnahmslos geltende. Wirthschaftliche und ethische Rücksichten, Billigkeitsgründe, welche die Ausgleichung entgegengesetzter Interessen gebieten, können zu Gesetzesvorschriften führen, durch welche die Rechtsausübung Beschränkungen unterworfen wird" (GEBHARD, Begründung Teilentwurf, 3 [SCHUBERT, AT 2, 411]). Auch GEBHARD befürwortete also kein schrankenloses, von Gemeinwohlrücksichten abgekoppeltes subjektives Recht, sondern hielt materiale Gesichtspunkte für eine selbstverständliche Dimension subjektiver Rechte.

Damit befand sich GEBHARD in voller Übereinstimmung mit der privatrechtlichen Tradition. Schon das antike römische Recht beschränkte die Ausübung eines Rechts, wenn sie dem Berechtigten nicht nutzte, Dritte aber schädigte (gegenteiligen Aussagen [zB GIERKE, Der Entwurf (1889) 183] aus der Entstehungszeit des BGB ist schon damals widersprochen worden [BARON Jb f Nationalökonomie und Statistik 53 (1889) 225, 233 f]; vgl auch

ENNECCERUS/ENNECCERUS [1913] § 220, 614; zur Entstehung von § 226 vgl auch die detaillierte Schilderung bei HKK/HAFERKAMP § 226 Rn 12–15). Von Fall zu Fall wurde die schädigende Rechtsausübung im klassischen römischen Recht – mitunter einredeweise – verboten (KASER, Römisches Privatrecht I [1971] 221 f). In nachklassischer Zeit sah man das Verbot des Rechtsmissbrauchs bereits als allgemein geltenden Grundsatz an (KASER, Römisches Privatrecht II [1975] 63). Deutlicher ausgeformt wurde das Verbot dann im kanonischen Recht des Mittelalters (dazu COING Law Quartely Review 1955, 223, 233; allgemein zur Dogmengeschichte des Rechtsmissbrauchsgedankens HKK/HAFERKAMP § 226 Rn 3–11 sowie STAUDINGER/COING¹¹ § 226 Rn 2). Eigenständige Relevanz hatte das Verbot der *aemulatio,* der Schikane, insbesondere im Bau- und Nachbarrecht, fand aber im Usus modernus pandectarum auch allgemeine Formulierung (zB STRYK/SCHÖNEICHE, De aemulatione iuris, Frankfurt/O 1678, cap III). Die Rechtslehre des 19. Jahrhunderts begegnete diesem Rechtsgedanken in seiner allgemeinen Form ablehnend, weil man die Grenzen der Freiheit insoweit vor allem in der Sittlichkeit begründet sah (vgl HAFERKAMP, Die Bedeutung der Willensfreiheit für die Historische Rechtsschule, in: Willensfreiheit und rechtliche Ordnung [2008] 196, 216 f).

3 b) Dieser kritischen Haltung folgend lehnte GEBHARD eine gesetzliche Fixierung des Schikaneverbots ab. Die Rechtsordnung dürfe, so argumentierte er, zwar nur Positionen anerkennen, die ein berechtigtes Interesse verwirklichen würden. Es sei aber nicht ratsam, darüber im Einzelfall einen Streit zu führen. Dies schon deshalb, weil es nur selten gelingen werde nachzuweisen, dass der Berechtigte *nur* in schädigender Absicht, ohne irgendein eigenes Interesse gehandelt habe. Umgekehrt lade aber ein allgemeines Schikaneverbot geradezu zum Missbrauch der Gerichte ein (GEBHARD, Begründung Teilentwurf, 4 [SCHUBERT, AT 2, 412]). Mit diesen Ausführungen war die spätere Verteidigungslinie der Gegner eines allgemeinen Schikaneverbots vorgezeichnet. Bis in die Verhandlungen der Reichstagskommission hinein wurden diese Argumente immer wieder angeführt (vgl Bericht von HELLER über die Verhandlung der Reichstagskommission, in: JAKOBS/SCHUBERT, AT 1172 f; zuvor zB die Stellungnahme von STRUCKMANN, Verhandlungen des Königlichen Landes-Oekonomie-Kollegiums [1890] 503). Festzuhalten bleibt, dass auch GEBHARD sich gegen schrankenlose subjektive Rechte ausgesprochen hat. Die Aufnahme eines allgemeinen Schikaneverbots lehnte er im Wesentlichen ab, weil er es für nicht praktikabel hielt.

4 c) Der erste Entwurf des bürgerlichen Gesetzbuchs, der im Frühjahr 1888 publiziert wurde, enthielt dementsprechend kein allgemeines Schikaneverbot, obgleich auch die erste Kommission die schikanöse Ausübung eines Rechts für verwerflich hielt (Prot I 460 [JAKOBS/SCHUBERT, AT 2, 1245]). Die Motive (I 274 f und III 260) begründeten das damit, die subjektiven Rechte würden nur zur Befriedigung „wirklicher Bedürfnisse" eingeräumt und nur insofern anerkannt, als sie geeignet seien, dem Wohl der menschlichen Gemeinschaft zu dienen. Man müsse sich damit begnügen, dass derjenige, der ein eigenes Recht ausübe, einen „anerkannten Willensinhalt" geltend mache. Wie GEBHARD hoben die Motive die Missbrauchsgefahr im Prozess hervor.

5 d) Für die Aufnahme eines allgemeinen Schikaneverbots sprach sich hingegen GIERKE aus. Der auch im Privatrecht gültige Gemeinschaftsgedanke führe, so meinte er, dazu, dass „jedes Recht zugleich Pflicht ist und eine ihm immanente sittliche Schranke" habe (Der Entwurf [1889] 183; zum Gemeinschaftsgedanken bei GIERKE: REPGEN,

Die soziale Aufgabe des Privatrechts [2001] 51 ff). Die Beachtung dieser Schranken sei nicht nur moralische Pflicht, sondern ein Rechtsgebot, da sämtliche Freiheitsrechte als beschränkt zu gelten hätten (vgl auch Verhandlungen des Königlichen Landes-Oekonomie-Kollegiums [1890] 218, 252–254, 492–505, insbesondere 494). Das Privatrecht gewähre dem Individuum zwar ein eigenes Recht, „eine Sphäre der Freiheit und einen selbständigen Lebensbezirk", aber das Rechtssubjekt bleibe eingebunden in die Gemeinschaft, in ein Ganzes (GIERKE, Verhandlungen aaO 494). PLANCK, eine der einflussreichsten Gestalten im Gesetzgebungsverfahren, hatte in seiner Antwort an GIERKE bereits Verhandlungsbereitschaft signalisiert (zur Kritik des Entwurfes eines bürgerlichen Gesetzbuches für das deutsche Reich, in: AcP 75 [1889] 393).

e) In der zweiten Kommission wurde dann über ein Schikaneverbot und die **6** exceptio doli generalis ausführlich diskutiert. Der Rechtsprechung solle, so wurden die Anträge zur Aufnahme des Schikaneverbots begründet, ein Mittel an die Hand gegeben werden, um den Forderungen der *aequitas* gerecht zu werden. Mit einem subjektiven Recht sei zwar die Befugnis zur „vollen Ausübung desselben ohne Rücksicht auf etwaige Nachteile" für Dritte gegeben. Wer aber, so fahren die Protokolle fort, ohne eigenes Interesse lediglich zur „Kränkung eines Dritten" sein Recht ausübe, handele gegen die „öffentliche Moral". Für den Richter solle klargestellt werden, dass er nicht „den Buchstaben des Gesetzes zur Geltung" zu bringen habe (Prot II 1, 239). Gerade dieses methodische Argument wendete aber die Mehrheit der zweiten Kommission gegen den Antrag zur Aufnahme eines Schikaneverbotes: Wer zwischen dem formellen Recht und der Billigkeit einen Gegensatz erblicke, lege die rechtsgeschäftlichen und gesetzlichen Bestimmungen zu eng aus (Prot II 1, 240). Schon in der Vorkommission des Reichsjustizamtes hatte man Überlegungen zur Kodifikation des Schikaneverbots verworfen, weil der Richter sich nicht „einem dunklen, rein subjektiven Rechtsgefühle" (Prot RJA 174) überlassen dürfe (JAKOBS/SCHUBERT, AT, 1171).

f) Demgegenüber entschloss sich dann später der Bundesrat, dem § 887 E II **7** (entspricht dem heutigen § 903) einen zweiten Absatz mit folgendem Wortlaut anzuhängen: „Eine Ausübung des Eigenthums, die nur den Zweck haben kann, einem Anderen Schaden zuzufügen, ist unzulässig." Auf Antrag des Zentrumsabgeordneten GRÖBER entschied sich dann die Reichstagskommission nach ausführlicher Debatte dafür, diese Vorschrift auf jede Rechtsausübung auszudehnen und in den Allgemeinen Teil zu stellen (vgl Bericht der Reichstagskommission über den Entwurf [1896] 32 f; Bericht von HELLER über die fragliche Sitzung der Reichstagskommission am 24. 3. 1896, in: JAKOBS/SCHUBERT, AT 1172 f). Der Erfolg des Antrags ist umso bemerkenswerter, als die Kommissare des Bundesrates STRUCKMANN, JACUBEZKY und GEBHARD einmütig gegen die weite Fassung des Schikaneparagraphen votierten. Das wichtigste Argument war, es werde dadurch nachgerade zur missbräuchlichen Berufung auf Schikane aufgefordert und zu zahlreichen Prozessen darüber kommen (Bericht von HELLER, aaO; vgl auch die oben Rn 3 referierte Argumentation von GEBHARD). JACUBEZKY meinte, der ganze Entwurf enthalte bereits den geforderten Rechtsgedanken (Gruchot 40 [1896] 591–596). Und in der Tat enthält auch das spätere Gesetzbuch unabhängig von § 226 vielfache Beschränkungen für die Ausübung subjektiver Rechte (ausführliche Darstellung bei PLANCK/PLANCK [1897] § 226, S 277 f).

g) Überblickt man die Entstehungsgeschichte der Vorschrift, so ist klar, dass **8** niemand im Gesetzgebungsverfahren schrankenlose subjektive Rechte gewollt hat. § 226 baut ganz eindeutig auf der Vorstellung immanent beschränkter subjektiver Rechte auf, wie sie insbesondere GIERKE formuliert hat (Rn 5). Es besteht danach die Rechtspflicht, subjektive Rechte nicht allein zum Schaden Dritter durchzusetzen.

2. Wirkungsgeschichte

9 Anders, als man es sich ursprünglich vorgestellt hatte (OERTMANN, Die volkswirthschaftliche Bedeutung des Bürgerlichen Gesetzbuchs [1900] 53, zB sprach von dem „hochbedeutenden" § 226, in dem die sozialen Interessen des neuen Gesetzbuchs ihre „Krönung und Vollendung" gefunden hätten), hat § 226 niemals große forensische Relevanz erlangt (vgl HAFERKAMP, Die exceptio doli generalis in der Rechtsprechung des Reichsgerichts vor 1914). Das gilt vor allem im Vergleich zu den ausgesprochen wichtig gewordenen, inhaltlich verwandten Vorschriften in §§ 138, 242 und 826. Die Ursache dafür dürfte weniger darin liegen, dass man im Gesetzgebungsverfahren § 226 erst in vorletzter Minute eingefügt hat (das hat die Entwicklung allerdings sichtlich begünstigt, vgl etwa aus der frühen Literatur zum BGB die Behandlung des Schikaneverbots bei F ENDEMANN, Lehrbuch des bürgerlichen Rechts, Bd I [5. Aufl 1899] § 85 Anm 3a E), sondern mehr daran, dass der Tatbestand zu eng gefasst ist („*nur* den Zweck"). Die Möglichkeit, der Vorschrift im Wege freierer Auslegung praktische Bedeutung zukommen zu lassen, wurde von der Rechtsprechung nicht aufgegriffen. Vielmehr wandte sich schon das Reichsgericht in Fortsetzung der gemeinrechtlichen Tradition der *exceptio doli generalis,* die vor allem an § 826 und §§ 157, 242 festgemacht wurde, zu (vgl HKK/HAFERKAMP § 226 Rn 19; ders, Die exceptio doli generalis, in: FALK/MOHNHAUPT, Das BGB und seine Richter [2000] 1 ff, 30 f; ders, Rechtsmissbrauchslehre [1995] 131; zur Rechtsprechung zu Beginn des 20. Jahrhunderts vgl KLEINEDAMM DJZ 1911, 147 f). Vor allem unter dem Eindruck der Forschungen von SIEBERT (Verwirkung und Unzulässigkeit der Rechtsausübung [1934]; dazu: HAFERKAMP aaO 183 ff), der insofern vor allem von GIERKE und der französischen Rechtsmissbrauchslehre (dazu unten Rn 47) beeinflusst war, gelangte das RG dann zum umfassenden Begriff der *unzulässigen Rechtsausübung* (vgl RGZ [22. 1. 1935] 146, 385, 396), der auch die gegen § 226 verstoßende Rechtsausübung umfasst.

3. Zweck der Vorschrift

a) Der freie Gebrauch eines Rechts

10 Wem einredefrei ein subjektives Recht zusteht, kann dieses ausüben, dh inhaltlich verwirklichen. Der Berechtigte darf dabei grundsätzlich nach seinem Willen verfahren, weil insoweit seine Freiheit rechtlich anerkannt ist. Der Schuldner ist von der Rechtsordnung dazu verpflichtet, entsprechend zu handeln. Notwendigerweise wird dabei die (Handlungs-)Freiheit des Schuldners in irgendeiner Weise tangiert, weil die Rechtsordnung dem Gläubiger Mittel zur Verfügung stellen muss, den Rechtsanspruch notfalls auch gegen den Willen des Schuldners durchzusetzen. Um einen gerechten Interessenausgleich zu gewährleisten, verfügt die Rechtsordnung über verschiedene, abgestufte Instrumentarien. Es beginnt damit, dass der Privatrechtsgedanke subjektive Rechte regelmäßig – für gesetzliche Ansprüche gelten zum Teil Besonderheiten – nur aufgrund privatautonomen Handelns entstehen lässt. Um dieses zu gewährleisten, finden Willensmängel über das Irrtumsrecht Berücksichtigung. Hinzu treten die Vorschriften des Leistungsstörungsrechts, deren tiefster Zweck ebenfalls im Schutz der Freiheit des Schuldners liegt. Das Zwangsvollstre-

ckungsrecht kennt schließlich eine ganze Reihe von Schutzmechanismen, die in Abhängigkeit vom Schuldinhalt den Eingriff in die Freiheit auf das unbedingt notwendige Maß beschränken sollen (dazu ausführlicher HKK/REPGEN zu §§ 362 ff [2005] Rn 1, 5 ff). In diesem Geflecht hat auch § 226 seinen Platz, indem er eine – selten erreichte – **Grenze für die Ausübung** des subjektiven Rechts zieht. Die Rechtsordnung erkennt ein subjektives Recht nur an, wenn es mit den Interessen der Allgemeinheit und den besonderen Interessen der von der Ausübung des Rechts Betroffenen vereinbar ist. Das subjektive Recht umfasst die Befugnisse und Zuständigkeiten innerhalb eines Rechtsverhältnisses, die dem Einzelnen die Verfolgung seiner schutzwürdigen Interessen ermöglichen (HÜBNER, AT § 22 III Rn 354; WOLF/NEUNER, AT § 20 Rn 6–9). Seinem Inhalt nach ist ein subjektives Recht eine von der Rechtsordnung verliehene Macht, die jedoch einem bestimmten Zweck dient, nämlich der Verwirklichung jener schutzwürdigen Interessen (vgl ENNECCERUS/ENNECCERUS [1913] § 65, 161 f; ENNECCERUS/NIPPERDEY [1959] § 72, 428 f; WOLF/NEUNER, AT § 6 f; MEDICUS, AT [10. Aufl 2010] Rn 70). Neuere Ansätze sehen eher formal im subjektiven Recht eine „Zuweisung einer Verhaltensberechtigung mit Schutz und Ausschließlichkeitsgewähr" (DÖRNER, Dynamische Relativität [1985] 25 ff; BORK, Der Vergleich [1988] 193–198; ders, AT [3. Aufl 2011] Rn 281 f; STAUDINGER/J SCHMIDT [1994] Einl 432, 438 ff zu §§ 241 ff). Für die Probleme des § 226 sind die unterschiedlichen Ansätze ohne Gewicht. Inwieweit eine echte Gegensätzlichkeit besteht, braucht deshalb hier nicht erörtert zu werden. Eine Macht, die keinem vernünftigen Interesse dienen kann, wird von der Rechtsordnung nicht anerkannt. Nicht entscheidend ist hingegen, dass der Berechtigte selbst tatsächlich in seinem wohlverstandenen Interesse handelt. Dieses zu bestimmen, ist nämlich die Rechtsordnung häufig gar nicht in der Lage. Der sozialethisch begründete § 226 untersagt jedoch eine Rechtsausübung, die für den Handelnden *ohne Interesse* ist und *nur* den Zweck haben kann, anderen zu schaden.

b)   Innen- und Außentheorie

Dabei ist streitig, ob die Grenzen für die Ausübung subjektiver Rechte von *außen* an das subjektive Recht herangetragen werden (STAUDINGER/J SCHMIDT [1995] § 242 Rn 735; ERMAN/E WAGNER Rn 1, der von einer „situativen" Ausübungsschranke spricht) oder ob es sich um von Anfang an *innerlich* beschränkte Rechte handelt, es also gar keine wenigstens begrifflich umfassenden Rechte gibt (so zB HÜBNER, AT § 24 II Rn 408). Im Ergebnis herrscht zwar Einigkeit, dass es keine schrankenlosen subjektiven Rechte gibt (so schon pointiert SCHLOSSMANN JherJb 45 [1903] 289 ff, 319; BORK, AT [3. Aufl 2011] Rn 343). Die Streitfrage hat aber praktische Relevanz, weil ihre Beantwortung die Darlegungslast verschiebt: Begreift man die subjektiven Rechte als immanent beschränkt, so trifft das „Risiko" einer Schranke den Berechtigten. Hält man das Recht für nur äußerlich begrenzt, so muss der, der die Beschränkung behauptet, die Tatsachen, die die Beschränkung auslösen, notfalls auch „beweisen". Die Beschränkung hat dann die Funktion einer Einwendung. Der Gesetzgeber hat diese Frage nicht endgültig regeln wollen. Auch § 903 lässt sich in beide Richtungen interpretieren. § 226 hingegen passt eindeutig besser zum Verständnis immanent begrenzter subjektiver Rechte, wie es bereits GIERKE in seiner Kritik am ersten Entwurf des BGB formuliert hat (o Rn 5; in ziemlich offener Form knüpfte auch noch die ältere bundesrepublikanische Zivilrechtsdogmatik an GIERKE an, vgl zB BOEHMER, Einführung in das bürgerliche Recht [2. Aufl 1965] 345 ff, wenngleich ohne unmittelbares Zitat; ENNECCERUS/NIPPERDEY [1960] AT § 239 Anm 23; aA [unzulässige Rechtsausübung als äußerliche Schranke] WOLF/NEUNER, AT § 20 Rn 70 wegen der Ideologieanfälligkeit der Innentheorie [ob das ein methodisch schlagkräftiges Argument sein kann, mag dahinstehen, jedenfalls ist noch nicht dargelegt, dass die Außentheorie vor einer „ideologischen" Beschränkung subjektiver Rechte effektiver zu schützen vermöchte]; zur ganzen Debatte auch HKK/HAFERKAMP § 242 Rn 84 ff). Denn seiner Entstehungsgeschichte nach soll die Norm den Gedanken ausdrücken, dass „kein Recht ohne Pflicht" besteht – mit anderen Worten, dass jede Rechtsausübung Grenzen unterworfen ist, die aus der Natur der Berechtigung erwachsen. Die Verhaltensberechtigung, die zum Inhalt des subjektiven Rechts gehört, umfasst also nicht eine schikanöse Rechtsausübung (BORK, AT [3. Aufl 2011] Rn 344), an der kein schutzwürdiges Interesse bestehen kann (ENNECCERUS/NIPPERDEY [1960] § 239 III 6).

c) Der Rechtsmissbrauch

12 Die Überschreitung der allgemeinen Grenze für die Ausübung subjektiver Rechte bezeichnet man als Rechtsmissbrauch, wenn sie gegen *Treu und Glauben* (vgl dazu STAUDINGER/J SCHMIDT [1995] § 242 Rn 140 ff; HKK/DUVE/HAFERKAMP § 242 Rn 1, 77 ff), gegen die *guten Sitten* (vgl dazu STAUDINGER/SACK/FISCHINGER [2011] § 138 Rn 12 ff) oder schließlich das *Schikaneverbot* des § 226 verstößt. Eine Konkretisierung hat das Verbot in § 826 erfahren. Die verschiedenen Rechtsmissbrauchstatbestände überschneiden sich vielfach. Insbesondere die extensive Auslegung von § 242, die sämtliche Arten unzulässiger Rechtsausübung als Verstoß gegen die guten Sitten versteht, lässt im Ergebnis § 226 obsolet erscheinen (so zB MünchKomm/GROTHE Rn 1; in der Rechtsprechung wird der Grundsatz oftmals aus beiden Normen gleichzeitig abgeleitet, zB OLG Hamburg [5. 12. 2000] OLGR Hamburg 2001, 85–87). Unabhängig von der forensischen Relevanz bleibt die Vorschrift aber für die Dogmatik subjektiver Rechte aufgrund ihres sozialethischen Inhalts insofern wertvoll, als sie klarstellt, dass es keine schrankenlosen Rechte gibt.

II. Der Tatbestand des Schikaneverbots

1. Ausübung eines Rechts

13 Ausübung eines Rechts meint in § 226 nicht nur die gerichtliche Geltendmachung, sondern jede Form tatsächlicher *Verwirklichung* des Inhalts *von Rechten aller Art* aus dem **gesamten Privatrecht**, insbesondere auch aus dem Handelsrecht und gewerblichen Rechtsschutz (SOERGEL/FAHSE[13] Rn 2 und 18, 19, 26). In Betracht kommen vor allem Sachenrechte, wobei viele speziellere Vorschriften zu beachten sind (zB §§ 905 S 2; 906; 910 Abs 2), aber auch die familien- und erbrechtlichen Rechte. Auch die Geltendmachung von Auskunftsansprüchen kann schikanös sein (BGH [11. 2. 2011] NJW 2011, 1137, 1138 Rn 8 – Auskunftsanspruch eines Wohnungseigentümers ggü dem Verwalter, Schikane aber in diesem Fall verneint). Seltener ist die Anwendung auf schuldrechtliche Rechtsverhältnisse, weil hier die Behauptung, die Rechtsausübung geschehe *nur* zum Schaden des Dritten, kaum je beweisbar ist (insofern hatten die Gegner des § 226 im Gesetzgebungsverfahren Recht, vgl zB Bericht der Reichstagskommission [1896] 33; Verhandlungen des Königlichen Landes-Oekonomie-Kollegiums [1890] 252). Andererseits sind in Schuldverhältnissen die immanenten Grenzen der Rechtsausübung durch die Berücksichtigung schutzwürdiger Interessen in der jeweiligen Verhaltensberechtigung schon begrifflich viel enger gezogen (vgl bereits ENNECCERUS/ENNECCERUS [1913] § 220, 615; ENNECCERUS/NIPPERDEY [1960] § 239 Anm 45, 1446).

14 Über das Privatrecht hinaus soll der in § 226 ausgedrückte Rechtsgrundsatz auch im

öffentlichen Recht gelten (so zB VGH Bad-Württ [15. 4. 2008] ESVGH 2008, 224 ff; FG Nürnberg [25. 9. 2008] Az IV 267/2006; MünchKomm/GROTHE Rn 2; PALANDT/ELLENBERGER Rn 1; KNÖDLER, Mißbrauch von Rechten, selbstwidersprüchliches Verhalten und Verwirkung im öffentlichen Recht [2000]). Zum **Prozessrecht** vgl unten Rn 40 f

2. Schädigungszweck

a) Die Vorschrift des § 226 setzt **objektiv** voraus, dass die Rechtsausübung *keinen anderen Zweck* haben *kann,* als einem anderen **Schaden zuzufügen** (RG [16. 10. 1911] WarnR 1912 Nr 10; BGH [11. 4. 1975] NJW 1975, 1313, 1314; SOERGEL/FAHSE[13] Rn 5). Ob eine Verhaltensweise schikanös ist, bestimmt sich also nach einem objektiven Maßstab. Es muss feststehen, dass eine andere Wirkung als die der Schadensstiftung nicht erreicht werden kann (RGZ [26. 5. 1908] 68, 424, 425; [10. 6. 1929] 125, 108, 110 f; [1. 12. 1932] 138, 373, 375; RG [17. 8. 1936] HRR 1936, Nr 1484; BGH [15. 3. 2012] IX ZR 34/11 Rn 9). Auf die Sichtweise des Handelnden kommt es dabei nicht an. Das Gesetz bringt das dadurch zum Ausdruck, dass es davon spricht, die Rechtsausübung *könne* nur den Zweck haben, einem anderen Schaden zuzufügen. Dieser Fall liegt dann vor, wenn die Handlung für den Handelnden, abgesehen vom nicht schutzwürdigen Schädigungsinteresse, ohne jedes Interesse ist (ENNECCERUS/NIPPERDEY [1960] § 239 IV 3 b). 15

Die bezweckte Schädigung muss keine Vermögensbeschädigung sein, sondern die Zufügung eines *immateriellen Nachteils* genügt (RGZ [3. 12. 1909] 72, 251, 254; ENNECCERUS/NIPPERDEY § 239 IV 3 c). Das gilt insbesondere im familienrechtlichen Bereich. 16

Eine bestimmte Vorstellung von der Person dessen, der geschädigt werden soll, muss der Handelnde nicht haben. Ebenso wenig muss der beabsichtigte Schaden eingetreten sein (OLG Saarbrücken [1. 6. 2004] OLGR 2004, 497, 502; MünchKomm/GROTHE Rn 4; ERMAN/E WAGNER Rn 9). 17

§ 226 greift nicht ein, wenn neben der Schädigung eines anderen objektiv *auch ein weiterer Zweck* mit der Rechtsausübung verfolgt werden *kann* (MünchKomm/GROTHE Rn 4 mwNw, zustimmend OLG Saarbrücken [7. 2. 2013] 4 U 421/11 Rn 44), was meistens – insbesondere in schuldrechtlichen Rechtsverhältnissen – der Fall sein wird. Als Grundlage für einen weiteren Zweck genügt jedes *berechtigte* Interesse, zB auch, ein bestehendes Vertragsrecht nach jahrelangem Nichtgebrauch nunmehr dennoch ausüben zu wollen (LG Düsseldorf [14. 11. 1956] ZMR 1957, 151). Schikane ist dann ausgeschlossen (MünchKomm/GROTHE Rn 4). Möglicherweise kommt in diesem Fall aber Verwirkung in Betracht. Wenn jedoch der weitere Zweck seinerseits von der Rechtsordnung missbilligt wird, weil er rechtswidrig oder unsittlich ist, kann man sich nicht darauf berufen. Das Verhalten bleibt dann schikanös (so bereits RAMDOHR 830 f). Das wird praktisch insbesondere bei den Klagen von Eigentümern sogenannter Sperrgrundstücke, die durch einen prozesstaktischen Grundstückserwerb die Durchführung von Großprojekten wie Fernstraßen, Deponien usw verhindern wollen, relevant. Da der Ankauf eines solchen Grundstücks zB einem Naturschutzziel dienen kann, ist der Tatbestand von § 226 nicht erfüllt (MünchKomm/GROTHE Rn 13; ausführlich KNÖDLER NuR 2001, 194–202). Das BVerwG ([27. 10. 2000] NVwZ 2001, 427, 428 f) hat den Eigentumserwerb einer Streuobstwiese durch einen Naturschutzverband als unzulässige Rechtsausübung bewertet, weil das Eigentum an der Wiese nur den Zweck besessen habe, die Klagebefugnis gegen einen Planfeststellungsbeschluss zu begrün- 18 den. Der Rechtsmissbrauch ergibt sich dann aus einem Verstoß gegen § 242, dessen Voraussetzungen stets zu prüfen bleiben, wenn Schikane nach § 226 verneint wird. Im Fall des Sperrgrundstücks wird man wohl – entgegen dem BVerwG – nicht den Erwerb des Grundstücks selbst als missbräuchlich bezeichnen dürfen, sondern nur die Instrumentalisierung der Eigentümerstellung zur Begründung der Klagebefugnis (ähnl Erman/E Wagner Rn 4, 6).

19 *Wirtschaftliche Unzweckmäßigkeit* allein begründet noch keine Schikane. Niemand ist allgemein privatrechtlich verpflichtet, sich wirtschaftlich sinnvoll zu verhalten. Insbesondere lässt die fehlende Werthaltigkeit einer Forderung noch nicht darauf schließen, dass sie für den Gläubiger ohne Interesse ist. Konsequent hat der BGH daher in einem entsprechenden Fall die Nichtigkeit einer Bürgschaft nicht auf Schikane gestützt (BGHZ [18. 3. 1997] 136, 347 ff, 351; vgl Zöllner WM 2000, 1 ff, 7).

20 b) Streitig ist, ob der Rechtsinhaber darüber hinaus auch **subjektiv** den Zweck verfolgen muss, einem anderen Schaden zuzufügen (**dafür**: Staudinger/Werner [2001] Rn 10; Soergel/Fahse[13] Rn 8; MünchKomm/Grothe Rn 5; Bamberger/Dennhardt Rn 6; Erman/E Wagner Rn 5 mit Hinweis auf RGZ [3. 12. 1909] 72, 251, 254, wo das Reichsgericht ohne nähere Begründung von einer „böswillige[n] Schädigung" und sogar der „Absicht der Schädigung" spricht; zu dieser Entscheidung vgl unten Rn 23. Insbesondere setzte sich das RG nicht mit der älteren Entscheidung vom 26. 5. 1908 auseinander, die allein auf den objektiven Zweck abgestellt hat: „Dabei kommt es nach dem klaren Wortlaut des Gesetzes nicht auf die Absicht des Berechtigten an; entscheidend ist vielmehr der Zweck seines Handelns, wie er sich bei objektiver Betrachtung der gesamten Umstände des Falles darstellt" [RGZ 68, 424, 425]; **dagegen** mit Recht: Bork, AT [3. Aufl 2011] Rn 344; aus der älteren Literatur zB Boehmer, Einführung in das Bürgerliche Recht [2. Aufl 1965] 345). Obgleich die schon im Gesetzgebungsverfahren bewusste Parallelität zu § 826 (vgl den Hinweis bei Planck/Planck [1897] zu § 226, S 278 am Ende) und auch die dogmengeschichtliche Herkunft aus der exceptio doli generalis einen Schädigungsvorsatz oder gar eine Schädigungsabsicht als Tatbestandsvoraussetzung nahe legen, verlangt sie das Gesetz nicht. Der Wortlaut spricht nicht davon, ob die Rechtsausübung nur einen schädigenden Zweck *hat*. Dann müsste man in der Tat dieses subjektive Merkmal verlangen. Vielmehr fordert das Gesetz, dass die Ausübung nur den Zweck haben *kann*. Diese Frage lässt sich aber nur objektiv beurteilen. Ganz deutlich hat das Reichsgericht in einem Urteil vom 17. 8. 1936 (WarnR 1936 Nr 183) in Abweichung von dem oben zitierten Urteil aus dem Jahre 1909, aber in Übereinstimmung mit der Entscheidung von 1908 diese richtige Gesetzesauslegung ausgesprochen: „Es muß festgehalten werden, daß es nicht sowohl auf die tatsächlich gehegte Absicht, als vielmehr darauf ankommt, ob nach dem Sachverhalt ein anderer Zweck der Rechtsausübung als der, dem anderen Schaden zuzufügen, nicht gegeben sein kann." Der Bundesgerichtshof ist dieser Auffassung gefolgt und bestimmt den vom Handelnden verfolgten Zweck allein objektiv (BGH [14. 7. 2008] NJW 2008, 3438 Rn 7). Die Vorstellungen des Handelnden sind dafür gänzlich irrelevant. Dementsprechend können verwerfliche Absichten, die neben der Verfolgung eines berechtigten Interesses stehen mögen, keinesfalls für § 226 ausreichen (darüber besteht Einigkeit, vgl Palandt/Ellenberger Rn 2; MünchKomm/Grothe Rn 4).

21 Dass es auf subjektive Elemente für die Schikane *nicht* ankommt, entspricht im Übrigen auch besser dem Zweck der Vorschrift. Sie soll der Rechtsausübung eine Grenze dort ziehen, wo dieselbe objektiv schädigend ist, ohne gleichzeitig ein rechtlich anerkanntes Interesse zu verwirklichen. Der sozialethische Maßstab liegt außerhalb des Willens des Handelnden. Es wäre inkonsequent, wenn der Schikanierende damit gehört werden könnte, sein Verhalten sei zwar objektiv schikanös, aber er habe das nicht gewollt. Die Willensfreiheit bedarf hier keines Schutzes, weil das verfolgte Interesse von der Rechtsordnung nicht anerkannt wird. Dieser Deutung steht nicht entgegen, dass die Tendenz zur Verobjektivierung des Schikanetatbestands historisch mit den Beweisproblemen zusammenhängt (dazu HKK/HAFERKAMP Rn 3–6). Solange man den objektiven Tatbestand als Indiz für die von manchen geforderten subjektiven Elemente genügen lässt, führt die hier abgelehnte Auffassung, nach der § 226 auch einen subjektiven Tatbestand hat, zu keinen abweichenden Ergebnissen.

3. Beispiele

Die nachfolgend aufgeführten Beispiele zeigen deutlich, dass stets eine sehr genaue Prüfung des Einzelfalls erforderlich ist, weil die gesamte Interessenlage dessen berücksichtigt werden muss, der sein Recht ausübt. Die Interessen der Gegenseite spielen indes keine Rolle. **22**

a) Die Rechtsprechung hat in einer Reihe von Fällen Schikane **bejaht**: Seit Jahrzehnten ist das Standardbeispiel dafür einem Reichsgerichtsurteil vom 3. 12. 1909 entnommen (RGZ 72, 251 ff): Der Grundstückseigentümer verbot unter Berufung auf § 903 S 1 seinem Sohn, mit dem er seit längerer Zeit verfeindet war, das *Grab der Mutter* zu besuchen, das sich im Park des Familiengutes befand. Das Reichsgericht konnte kein schutzwürdiges Interesse des Eigentümers für ein völliges Zutrittsverbot erkennen, sondern sah eine Absicht zu böswilliger Schädigung des Sohnes (RGZ 72, 251, 254). Ob das Reichsgericht richtig entschieden hat, ist allerdings – unabhängig davon, dass es nicht auf die subjektive Absicht des Vaters ankam (vgl oben Rn 20 f) zweifelhaft, weil der Vater unwiderlegt vorgetragen hatte, er sei schwer herzleidend und könne daher die Anwesenheit des Sohnes auf dem Grundstück nicht ertragen. Dies als wahr unterstellt, hätte das Gericht nur eine unzulässige Rechtsausübung wegen eines Verstoßes gegen Treu und Glauben (§ 242) feststellen können (vgl bereits vBLUME AcP 112 [1914] 366, 424 ff; außerdem WOLF/NEUNER, AT § 20 Rn 78; BORK, AT [3. Aufl 2011] Rn 345 – ob § 826 eine geeignete Grundlage wäre, kann hier dahinstehen, ist aber angesichts des immateriellen Schadens des Sohnes zweifelhaft). Der Schutz der eigenen Gesundheit wäre aber ein nachvollziehbares Interesse, das über den Schädigungszweck hinausginge. Schikane wäre zu verneinen (jurisPK-BGB/BACKMANN Rn 8 möchte hingegen den „schikanösen Überschuss", also die Versagung jeglichen Zutritts in Abgrenzung zu einem gelegentlichen Besuchsrecht, dem Verbot des § 226 unterwerfen. Im Hinblick auf die Inflexibilität der Rechtsfolge des § 226 [völlige Unzulässigkeit] dürfte es jedoch sachgerechter sein, den Anspruch aus § 1004 mittels § 242 einzuschränken. Für eine „geltungserhaltende Reduktion" der Rechtsfolge, wie sie BACKMANN aaO befürwortet, gibt das Gesetz keine Handhabe). – Das AG Grevenbroich ([15. 12. 1997] NJW 1998, 2063 f) sah im Hinblick auf § 226 zurecht in dem Verbot des überlebenden Ehegatten gegenüber der Mutter des Verstorbenen, auf dem Grab frische Schnittblumen abzustellen, keinen Widerspruch zur vorgenannten Reichsgerichtsentscheidung. Das Verbot sei, so das Amtsgericht, vielmehr von dem der Totenfürsorge entspringenden Grabgestaltungsrecht des überlebenden Ehepartners gedeckt und daher nicht schikanös (so auch MünchKomm/GROTHE Rn 12; **aA** – ohne Begründung – PALANDT/ELLENBERGER Rn 3; jurisPK-BGB/BACKMANN Rn 19). Ob man in diesem **23**

Fall aufgrund von § 242 zu einem anderen Ergebnis kommt, ist damit nicht entschieden.

24 Schikanöse Rechtsausübung hat das Reichsgericht bejaht, wenn bei einem *Anspruch auf Herausgabe von Aktien,* die infolge der Eröffnung des Konkursverfahrens (heute Insolvenz) wertlos geworden sind, die Herausgabe von Stücken mit bestimmten Nummern gefordert wird (RGZ [27. 6. 1919] 96, 184, 186). – Unterlässt ein Unternehmen die gem § 20 Abs 1 AktG gebotene Mitteilung über die Überschreitung von mehr als einem Viertel der Aktien einer Gesellschaft, so kann es nach *§ 20 Abs 7 AktG* seine Aktionärsrechte nicht ausüben, solange es die Mitteilungspflicht nicht erfüllt. Es ist dann schikanös, wenn die übrigen Aktionäre diese Situation gezielt ausnutzen, um sich formell ordnungsgemäß für die Zukunft die Mehrheit der Aktien und Stimmrechte zu sichern (BGH [20. 4. 2009] NZG 2009, 827, 828 Rn 3). – Als Verstoß gegen § 226 wurde es ferner angesehen, wenn sich jemand ohne jedes sachliche Interesse auf eine *geringfügige Überschreitung* der nach § 326 aF dem Schuldner gesetzten *Nachfrist* beruft (RG [21. 2. 1925] SeuffA 79 [1925] Nr 91 aE). Analog würde diese Überlegung auch für andere Fristsetzungen wie zB in § 323 Abs 1 oder § 281 Abs 1 S 1 zu gelten haben. Das ist jedoch abzulehnen. Voraussetzung für § 226 ist, dass aufgrund objektiver Betrachtungsweise die Rechtsausübung *nur* zum Zwecke der Schädigung geschieht. Wer sich aber auf die Nichteinhaltung einer Frist beruft, dient damit immer auch zugleich dem allgemeinen Zweck von Fristen, Rechtssicherheit und -klarheit im Geschäftsverkehr zu erreichen. Es ist daher nicht denkbar, dass die Berufung auf die Fristüberschreitung schikanös im Sinne von § 226 ist. Ob die geringfügige Fristüberschreitung im Hinblick auf § 242 geduldet werden muss (so Huber, Leistungsstörungen, Bd II [2000] 380 f), ist eine ganz andere Frage (vgl BGH [7. 12. 1973] NJW 1974, 360; OLG Hamburg [16. 2. 1915] Recht 1915 Nr 843; Staudinger/Otto [2001] § 326 aF Rn 121). Grundsätzlich darf zwar eine Frist voll ausgenutzt werden. Wird sie aber überschritten, treten die angedrohten Folgen grundsätzlich ein (vgl auch § 186 Rn 25). – In einem vom VGH Bad-Württ ([15. 4. 2008] ESVGH 2008, 224, 225 ff) entschiedenen Fall verstieß die *Ausnutzung eines Baugrundstücks* mit einem Brennholzschuppen bis an die äußerste Grenze der Abstandsflächen direkt vor dem Wohnhaus und der Terrasse des Nachbargrundstücks gegen § 226, weil kein plausibler Grund dafür bestand, nicht einen anderen, ebenso geeigneten Standort auf dem geräumigen Grundstück zu wählen. – Das LG Bremen hat einmal das *Verlangen der Entfernung einer* sachgemäß angelegten und nur wenig über das Nachbargrundstück ragenden *Dachantenne* unter Berufung auf § 226 abgewiesen (LG Bremen [25. 6. 1928] JW 1928, 2106, 2107). – Duldet ein Grundstückseigentümer die *Benutzung eines Weges* über das Grundstück durch die Allgemeinheit ohne selbst das Eigentum zu nutzen, ist der weitgehende Ausschluss eines einzelnen Nachbarn eine unzulässige Rechtsausübung nach § 226 (OLG Düsseldorf [4. 9. 2000] NJW-RR 2001, 162–163). – Das Verbot der Benutzung eines selbständig nicht benutzbaren Uferstreifens, nur um den anderen an der Benutzung seines Lagerplatzes zu hindern, ist schikanös (RG [9. 5. 1910] SoergRspr 1910 § 226 Nr 5). Das Aufstapeln von Holzstämmen an der Grundstücksgrenze zu einem öffentlichen Feldweg zu dem Zweck, Schwertransporte zu Baustellen von genehmigten Windkrafträdern zu verhindern, ist Schikane (LG Landshut [25. 3. 2013] 54 O 756/13 Rn 2–6). – Die *Forderung von Schadensersatz* für einen zerstörten Betonring des Grundstücksnachbarn sah das AG Stuttgart ([19. 3. 1993] NJW-RR 1993, 1436) als schikanös an, weil der Nachbar für das Bauteil gar keine Verwendung habe (die Begründung ist freilich nicht überzeugend, weil das Integritätsinteresse des Nachbarn betroffen war, das über den Schädigungszweck hinausreichte). – Die *Geltendmachung eines Unterlassungsanspruchs* aus § 1004 Abs 1 S 2 gegen einen Nachbarn wegen der Anbringung von Ornamenten auf der dem Anspruchsteller abgewandten Seite einer auf der Grundstücksgrenze stehenden Garagenwand aus erzieherischen Gründen ist nach AG München ([15. 7. 2010] BeckRS 2011, 01849) schikanös. – Die *Geltendmachung eines Auskunftsanspruchs* hat das OLG Celle ([22. 1. 2002] FamRZ 2002, 1030–1032, zust WEINREICH FuR 2003, 442, 443) als schikanös betrachtet, wenn der Leistungsanspruch (hier Zugewinnausgleich) bereits verjährt ist. – Stimmt einer von 13 Beteiligten der Herausgabe einer hinterlegten Geldsumme allein deshalb nicht zu, um trotz materiell eindeutiger Rechtslage die Auszahlung an die übrigen zu verzögern, ist die Berufung auf § 13 HinterlO schikanös (OLG Rostock [16. 7. 2003] OLGR 2004, 327, 328). – Ist einem einfachen Betriebsratsmitglied aufgrund der speziellen Organisation der Arbeitszeiten die Nutzung des Betriebsratsbüros zum Zwecke der Information (vgl § 34 Abs 3 BetrVG) nicht möglich und verfügt der Betriebsrat über ungenutzte Büroschlüssel, verstößt es gegen § 226, wenn der Betriebsrat diesem Mitglied die Aushändigung eines Schlüssels verweigert, solange nicht die Unzuverlässigkeit des Antragstellers feststeht (LAG Stuttgart [20. 2. 2013] 13 TaBV 11/12 Rn 34).

Die zahlreichen *mietvertraglichen Streitfragen,* die die Benutzung bestimmter Elektrogeräte, die Kleintierhaltung, das Abstellen von Kraftfahrzeugen, Fahrrädern und Kinderwagen, das Musizieren, das Verbot von Händlerbesuchen usw betreffen, werden wegen der (zu) engen Fassung des Tatbestands von § 226 („nur") meistens aus dem Mietvertrag unter Rückgriff auf § 138 und § 242 entschieden (vgl PALANDT/ WEIDENKAFF § 535 Rn 20 ff; PALANDT/ELLENBERGER § 138 Rn 92; Beispiele aus der älteren Rechtsprechung zu § 226 bei MünchKomm/GROTHE Rn 6). Das AG Augsburg ([9. 10. 2000] WuM 2001, 335 f) hat mit Recht die Geltendmachung eines mietvertraglich vereinbarten Anspruchs auf Schönheitsreparaturen als schikanös abgelehnt, weil das Gebäude unmittelbar nach Beendigung des Wohnungsmietvertrags abgerissen worden ist. Die Beanspruchung von Renovierungskosten könne hier nur den Zweck haben, den Mieter zu schädigen. – Umgekehrt ist es schikanös, wenn ein Mieter widerklagend die Instandsetzung von Durchfeuchtungsschäden geltend macht, obgleich er die Wohnung nach der Kündigung bereits verlassen hat und das Mietverhältnis in sieben Wochen endet (AG Hamburg-Blankenese [12. 1. 2005] Wohnungseigentum 2005, 16). – Das *Unterlassungsbegehren* eines Vermieters gegen Mieter wegen Parkens auf einem nicht vermieteten Teil des Grundstücks verstößt gegen § 226, wenn der Vermieter seinerseits den betreffenden Grundstücksteil nicht anders nutzen kann, weil er sonst dem Mieter die Zufahrt zu dessen Garage verstellen würde (AG Flensburg [1. 9. 1998] WuM 2000, 627). – Verweigert ein Vermieter ohne erkennbaren Grund einem Wohnungsmieter den Zutritt zum Stromzähler, der sich in einem verschlossenen, für den Mieter grundsätzlich versperrten Kellerraum befindet, ist dies schikanös (AG Köln [15. 2. 2013] 201 C 464/12). **25**

In letzter Zeit wurde § 226 des öfteren Bedeutung bei der Lösung von Streitigkeiten um sog *Domains* zugemessen. Domains sind Internetadressen, welche häufig auf einen bestimmten Firmen- oder Markennamen oder eine sonstige frei wählbare Bezeichnung lauten, die eine assoziative Identifikation bei der Suche im Internet ermöglichen. Die Adressen werden grundsätzlich nach dem Prioritätsprinzip vergeben, ohne dass eine Prüfung der Namensberechtigung stattfindet. Wettbewerbs- **26** rechtlich ist das unbedenklich (BGHZ [17. 5. 2001] 148, 1, 10 [mitwohnzentrale.de]). Lässt jemand ohne erkennbar eigenes Interesse einen Domainnamen registrieren, der mit dem eigenen Namen bzw der eigenen Tätigkeit zwar nichts tun hat (zum namensrechtlichen Problem vgl insbesondere BGHZ [22. 11. 2001] 149, 191–206 [shell.de]; OLG Hamm [13. 1. 1998] NJW-RR 1998, 909 f [krupp.de]; Krumpholz, Rechtsfragen von Domain-Namen [2003]), gleichzeitig aber den Namen eines Unternehmens darstellt (sog **Domaingrabbing**), wird das betroffene Unternehmen in schikanöser, sittenwidriger Weise behindert (OLG Frankfurt [12. 4. 2000] WRP 2000, 645–647 [weideglueck.de]; vgl auch OLG Frankfurt [8. 3. 2001] MMR 2001, 532–533 [praline-tv.de]; [10. 5. 2001] MMR 2001, 696–697 [weltonline.de]; [12. 9. 2002] MMR 2002, 811–813 [drogerie.de]). Voraussetzung ist gleichwohl, dass ein Belegen oder gar bloßes Blockieren des Domainnamens nur der Schädigung des Berechtigten dienen darf (so mit Recht S Ernst BB 1997, 1057, 1062, der allerdings für § 226 fälschlich subjektive Verwerflichkeit verlangt); zurückhaltend beurteilt das OLG Karlsruhe ([12. 9. 2001] MMR 2002, 118 f [Dino.de]) die Unzulässigkeit des Domaingrabbing (vgl zum OLG Karlsruhe auch die Anm von Schmiedel ITRB 2002, 34 f). Das LG München ([9. 10. 2000] CR 2001, 191 f) hat zB die Reservierung der Domain „champagner.de" durch einen aus Werbeeinnahmen finanzierten Informationsdienst als schikanös iS von § 226 betrachtet, da das Gericht kein nachvollziehbares Eigeninteresse erkennen konnte. Der BGH hat jedoch betont, dass *allein* das Sammeln von Domains mit dem Ziel späterer, gewinnbringender Veräußerung nicht unlauter sei (BGH [17. 5. 2001] WRP 2001, 1286, 1290 [mitwohnzentrale.de]; [2. 12. 2004] NJW 2005, 2315, 2316 [weltonline.de]; ähnlich KG Berlin [5. 2. 2002] MMR 2003, 119 f [bandit.de]). Das gelte insbesondere, wenn es sich um Gattungsbegriffe handele, da hier das Gerechtigkeitsprinzip der Priorität greife (BGH [2. 12. 2004] NJW 2005, 2315, 2316 [weltonline.de]).

27 b) Wesentlich größer als die Zahl der Urteile, in denen Schikane bejaht wurde, ist die Zahl derer, in denen sie **abgelehnt** wurde. Eine *Bauherrin* darf, wenn sie sich gestört fühlt, trotz früherer Duldung dem Architekten die Führung interessierter Gruppen durch das von ihm entworfene, künstlerisch wertvolle Gebäude untersagen, ohne gegen § 226 zu verstoßen (OLG Frankfurt [4. 4. 1933] SeuffA 87 [1933] Nr 135). – Der Ausschluss eines gewerblichen Bestattungsunternehmens von bestimmten *Bestattungshandlungen* auf einem einer kirchlichen Stiftung gehörigen Friedhof verstößt nicht gegen § 226, da die Stiftung so Einfluss auf die Gestaltung der Beerdigungen und die Kostenverteilung nehmen kann (BGHZ [13. 6. 1954] 14, 294, 304). – Keine Schikane ist es, wenn der Gläubiger nur einen Teil der *Pfandstücke versteigern* lässt, um damit Druck auf den Schuldner auszuüben (KG [2. 1. 1902] OLGE 4 [1902] 144). – Die Instrumentalisierung eines *Sperrgrundstücks* zur Begründung einer Klagebefugnis gegen einen Planfeststellungsbeschluss (BVerwG [27. 10. 2000] NVwZ 2001, 427, 428 f) kann zB zu Naturschutzzwecken geschehen und ist daher nicht schikanös, uU aber dennoch gem § 242 rechtsmissbräuchlich (vgl oben Rn 18). – Der Wunsch, sich eines unbequemen Vertragspartners durch *Nichtverlängerung des befristeten Vertrags* zu entledigen, kann nicht nur als Schädigungszweck aufgefasst werden, sodass Schikane zu verneinen ist (LAG Köln [26. 2. 1999] NZA-RR 1999, 466 f). – Ähnlich wird es meistens bei einer Leistungsverweigerung liegen, zB wenn eine *Rechtsschutzversicherung* die Kostenerstattung verweigert, weil die Vertretung durch einen Rechtslehrer, der nicht zugleich Anwalt ist, geschah, obgleich die Geschäftspolitik ausschließlich die Erstattung zugunsten von Anwälten vorsah (vgl Erman/E Wagner Rn 4; aA Deumeland VuR 2002, 225). Für die Schikane kommt es nicht darauf an, ob das verfolgte Interesse rechtmäßig ist. – Beantragt ein getrennt lebender Ehegatte bei der Vollstreckung rückständiger Einkommensteuer gem §§ 269 f AO die *Aufteilung der gemeinsamen Steuerschuld* nach dem Verhältnis, das sich bei einer Einzelveranlagung ergäbe, liegt darin keine Schikane des Antragsstellers, insbesondere wenn dies auf seiner Seite zu einer Steuererstattung führt (FG Berlin-Brandenburg [16. 9. 2009] DStRE 2010, 386 f). – Realisiert sich in einem hoch spekulativen Wertpapiergeschäft das vertraglich übernommeine Beschaffungsrisiko, so ist das Festhalten am Vertrag durch die andere Seite nicht schikanös (LG Frankfurt [29. 7. 2011] 3–14 O 9/11 Rn 23). – Weist ein Gläubiger einer in einem vorläufig vollstreckbaren Urteil titulierten Forderung die *Zahlung unter Vorbehalt* der Rückforderung bei Aufhebung des Urteils zurück, sodass der Schuldner weiter Verzugszinsen zahlen muss, handelt der Gläubiger nicht schikanös, da der Gläubiger mit der Annahme den Zinsanspruch verlieren würde, obgleich nicht sicher ist, dass er die Leistung endgültig behalten darf (BGH [15. 3. 2012] IX ZR 34/11 Rn 8–12 sowie [15. 3. 2012] IX ZR 35/11 NJW 2012, 1717 f Rn 8–12). – Das zeitlich verzögerte Verlangen eines Darlehensgeber nach *Auskunft über die Sicherheit,* die durch Übereignung eines Warenlagers geleistet wird, ist nicht schikanös, sondern gehorcht dem berechtigten Sicherungsinteresse des Sicherungsnehmers, auch wenn im Hintergrund bereits die Absicht zur fristlosen Kündigung des Darlehens gestanden haben mag. Die zeitliche Verzögerung könnte allenfalls eine Verwirkung gem § 242 zur Folge haben (OLG Brandenburg [13. 3. 2013] 4 U 60/12 Rn 43–45).

Die *Ausübung eines Wegerechts* ist selbst dann nicht schikanös, wenn der Berechtigte **28** auch noch eine andere Zufahrtsmöglichkeit zu seinem Grundstück hat, weil jeder brauchbare Weg vorteilhaft sei (RGZ [8. 6. 1942] 169, 180, 182 f). – Wer in einem Bereich geschlossener Bebauung bis an die Grundstücksgrenze *baut* und so dem Nachbarn wegen des Verlusts von Licht Nachteile bereitet, handelt nicht schikanös, weil er die ihm baurechtlich zustehenden Möglichkeiten zur Ausnutzung des Grundstücks voll ausschöpft (BGH [15. 6. 1951] BB 1953, 373, 374). – Umgekehrt ist es auch nicht schikanös, wenn ein Nachbar unter Berufung auf die Landesbauordnung die *Einhaltung eines Mindestabstands* bei der Anbringung einer Markise verlangt, obgleich er selbst durch diese Markise kaum oder gar nicht beeinträchtigt wird (OVG Saarlouis [14. 12. 1999] Az 2 R 4/99). Auch das Verlangen nach einem Einschreiten der Baubehörde bei einem unzulässigen Grenzüberbau von 34 cm ist nicht ohne schutzwürdiges Interesse (VG Saarlouis [16. 5. 2007] Az 5 K 46/06). Verlangt in einem zerrütteten Nachbarschaftsverhältnis ein Nachbar den Rückbau auf das fremde Grundstück überstehender Dachziegel einer auf der Grenze stehenden Garage, liegt darin noch keine Schikane (OLG Saarbrücken [7. 2. 2013] 4 U 421/11 Rn 47). Freilich überzeugt hier nicht das Argument, die andere Seite mache ebenfalls eine formale Rechtsposition geltend. Das hätte eher für eine beidseitige Schikane gesprochen. – Die Anpflanzung einer *Tannenhecke* ist nicht schikanös, wenn diese dem Anpflanzenden objektive Vorteile wie Sicht- oder Windschutz bietet bzw als Einfriedung dient (LG Gießen [12. 4. 2000] NJW-RR 2000, 1255 f). Das gilt auch für das Aufstellen einer *Bretterwand,* die dem Nachbarn Licht und Luft nimmt, aber den Grundstückseigentümer vor Beleidigungen schützen kann (RGZ [8. 1. 1920] 98, 15/17; ähnl VerfGH München [2. 2. 2004], BayVBl 2004, 464 für einen 1,8 m hohen Zaun, der Sichtschutz bieten kann). Die Bepflanzung eines Hausgartens mit hochwachsenden *Waldbäumen,* die das Nachbargrundstück beschatten allein vermag nicht den Schikanevorwurf zu begründen (LG Neubrandenburg [15. 9. 2011] 1 S 100/10 Rn 37). – Die Errichtung einer *Obstlagerhalle* unter Einhaltung der nötigen Abstandsflächen an der Grenze zu einem Wohngrundstück ist nicht schikanös, wenn damit gleichzeitig die Nutzung anderer landwirtschaftlich wertvoller Flächen ermöglicht werden soll (OVG Lüneburg [13. 1. 2010] 1 ME 237/90 Rn 12 f, 16). Bebaut ein Landwirt sein Grundstück mit einer großen Halle und stört damit die „schöne Aussicht" aus dem Panoramafenster eines benachbarten Wohnhauses, so liegt darin noch keine Schikane, wenn die baurechtlich erlaubte Nutzung für den Landwirt auch einen wirtschaftlichen Sinn hat (VG München [17. 11. 2011] BeckRS 2012, 46506, vgl aber den nicht unähnlichen Fall VGH Bad-Württ [15. 4. 2008] oben in Rn 24, in dem Schikane bejaht wurde). Ist ein schutzwürdiges Eigeninteresse erkennbar und werden baurechtliche Normen eingehalten, liegt in diesem Fällen keine Schikane vor (BayVGH [27. 5. 2013] 1 ZB 12.523 Rn 9 – Bau einer Lagerhalle für Hackschnitzel und Sägemehl an der Grundstücksgrenze; VG Freiburg [7. 6. 2011] BeckRS 2011, 51614 – Platzierung einer Tiefgarageneinfahrt an der Grundstücksgrenze). Diese Auffassung fand auch Bestätigung in einem Fall, wo jemand eine Baugenehmigung für eine Garage erwirkte, die es dem Nachbarn unmöglich machte, seine Milchkammer mit dem Tankwagen zu erreichen. Die Überlegung des Gerichts, dass das Schikaneverbot kein Unterfall des nachbarschaftlichen Rücksichtnahmegebotes sei, trifft zu, weil es dabei um die Kollision rechtlich geschützter Interessen geht, während der Schädigungszweck bei der Schikane niemals berechtigt ist (BayVGH [22. 8. 2012] 14 CS 12.1031 Rn 13, ähnlich bereits die oben zitierte Entscheidung des OVG Lüneburg. Unpräzise ist es allerdings, wenn der BayVGH, lc, Rn 14 meint, die Schikane vollziehe sich „eher auf der subjektiven (Verhaltens-)Ebene". Wie oben Rn 20 f ausgeführt, kommt es auf die subjektive Seite nicht an). – Stören Passanten und Anlieger durch ihren Aufenthalt auf einem öffentlichen Feldweg, der einen Golfplatz durchschneidet, gezielt den Spielbetrieb, so ist das jedenfalls dann keine Schikane, wenn sie damit auf eine besondere Gefahrensituation aufmerksam machen wollen, da neben dem Schädigungszweck auch ein anderer Zweck verfolgt wird (OLG Saarbrücken [1. 6. 2004] OLGR 2004, 497, 502).

29 Ein *Wohnungseigentümer,* der ohne „vernünftige" Gründe die Nichtigkeit eines durch unangefochtenen Mehrheitsbeschluss begründeten Sondernutzungsrechts geltend macht, handelt nicht schikanös, auch wenn seine Interessen schwer nachvollziehbar sind (OLG Köln [12. 1. 2001] NJW-RR 2001, 1304–1306; es besteht beispielsweise ein grundbuchrechtliches Interesse an der Änderung nur durch Änderung der Teilungserklärung). Verlangt ein Wohnungseigentümer vom Verwalter Kopien von Einzelabrechnungen, ist das jedenfalls dann nicht schikanös, wenn die Unterlagen genau bezeichnet und ohne erheblichen Zeitaufwand zusammengestellt werden können (OLG München [29. 5. 2006] NZM 2006, 512 und [9. 3. 2007] MDR 2007, 769, 770). Ein Beschluss der Wohnungseigentümerversammlung, eine unzulässige bauliche Maßnahme zu beseitigen und damit eine Waschküche wieder ihrem, im Aufteilungsplan vorgesehenen, tatsächlich aber nicht genutzten Zweck zuzuführen, ist auch dann nicht schikanös, wenn damit für einen Dritten erkennbar ein Nachteil verbunden ist (BayObLG [24. 2. 2000] ZWE 2000, 216, zum Problem schikanöser Eigentümerbeschlüsse vgl STAUDINGER/ BUB [2005] § 22 WEG Rn 248). – Das Verlangen eines Wohnungseigentümers, durch Versetzen eines Zauns die Grenze einer Sondernutzungsfläche (wieder) sichtbar zu machen, ist auch dann ein schutzwürdiges Interesse und damit nicht schikanös, wenn die Geltendmachung durch andere, wenig freundliche Motive verursacht worden ist (BayObLG [15. 9. 2004] WuM 2004, 728, 729). – Es ist nicht schikanös, die Entfernung einer *Satellitenanlage* zu verlangen, weil man selbst zuvor auf die Entfernung eigenmächtiger Veränderungen in Anspruch genommen worden ist, wenn sonst die Gefahr besteht, dass andere Bewohner ebenfalls entgegen dem Beschluss der Wohnungseigentümergemeinschaft solche Anlagen anbringen (OLG Köln [26. 7. 2004] Az 16 Wx 134/04). – Die Weigerung eines Vermieters, für einen gehbehinderten Angehörigen eines Mieters einen *Treppenlift* einzubauen, ist zwar wegen des Interesses an der unveränderten Erhaltung des Treppenhauses nicht schikanös, kann aber dennoch eine unzulässige Rechtsausübung iS des § 242 darstellen (BVerfG [28. 3. 2000] NJW 2000, 2658–2660). – Selbst wenn die Kündigung eines *Stellplatzmietvertrags* durch die Ablehnung von Renovierungsarbeiten durch den Wohnungsmieter motiviert sein sollte, so kann sie doch auch zugleich dem Zweck der Weitervermietung des Stellplatzes an eine andere Person dienen und ist daher nicht schikanös (LG Berlin [9. 10. 2012] BeckRS 2013, 12609; bestätigt in BGH [4. 6. 2013] NZM 2013, 726, 727).

Ein staatlich beherrschtes Kreditinstitut (Postbank) ist bei der Ausübung seiner **30** Rechte zwar nicht frei von verfassungsrechtlichen Bindungen und im Rahmen der Generalklauseln der §§ 226, 242, 826 daran zu messen, ob diesen verfassungsrechtlichen Bindungen Rechnung getragen worden ist. Die *Kündigung von Parteikonten* (NPD) verstößt nach Ansicht des OLG Brandenburg jedenfalls aber dann nicht gegen das Schikaneverbot, wenn durch das Parteiverhalten negative Auswirkungen auf das Ansehen der Bank zu befürchten sind (OLG Brandenburg [27. 11. 2000] NJW 2001, 450–452, zuvor schon LG Frankfurt/Oder [13. 10. 2000] NJW 2001, 82; ebenso OLG Köln [17. 11. 2000] NJW 2001, 452 mit zustimmender Anm Schäfer EWiR 2001, 525–526 und Sonnenhol WuB I A 2 Nr 19 AGB-Banken 1993 2. 01); einen Verstoß gegen die „einschlägigen Generalklauseln" der §§ 226, 242, 826 hat hingegen bei gleichem Sachverhalt (NPD ./. Postbank) OLG Hamburg ([5. 12. 2000] OLGR Hamburg 2001, 85–87) im einstweiligen Rechtsschutz bejaht.

Versetzt ein *Arbeitgeber* einen Schlosser, den er nach einer Niederlage im Kündi- **31** gungsschutzprozess weiterbeschäftigen muss, an einen weniger angenehmen Arbeitsplatz, weil der frühere Arbeitsplatz inzwischen mit einem sozial schutzwürdigeren Dritten besetzt ist und andere geeignete Arbeitsplätze nicht zu besetzen sind, ist das Verhalten des Arbeitgebers nicht schikanös (LAG Rhl-Pf [28. 4. 2008] Az 5 Sa 716/ 07, Nr 43). – Macht ein Betriebsrat die Zustimmung zu einer mitbestimmungspflichtigen Maßnahme des Arbeitgebers von dessen Zustimmung zu einem nicht mitbestimmungspflichtigen Vorhaben abhängig, wird also ein *Koppelungsgeschäft* vereinbart, so scheitert das jedenfalls nicht am Schikaneverbot, weil erkennbar nicht ausschließlich ein Schädigungsinteresse verfolgt wird, sondern mindestens auch das Interesse des Koppelungsgeschäfts selbst (Schoof AuR 2007, 289, 294 f). Insgesamt scheint § 226 im arbeitsrechtlichen Kündigungsschutz keine praktische Bedeutung zu haben (vgl auch Fiedler, Kündigungsschutz außerhalb des KSchG und seiner Vorgängerregelungen durch Grundrechte und allgemeines Zivilrecht, Untersuchungszeitraum 1850–2006 [2006] 35 f, 73, 146 f mit Hinweis auf ein einziges Urteil, in dem die Kündigung als Verstoß gegen § 226 angesehen wurde, ArbG Ulm [11. 6. 1957] ARST XIX, 60).

Die Geltendmachung der persönlichen Haftung eines *Kommanditisten* für eine **32** Darlehensschuld einer GmbH & Co KG nach Rückzahlung eines Agio an ihn, wodurch sein Kapitalkonto unter den Betrag seiner Haftsumme sinkt, erscheint auch dann nicht schikanös, wenn die Klägerin den Rückstand bewusst entstehen ließ, um die Inanspruchnahme des Kommanditisten zu erst zu ermöglichen (BGH [9. 7. 2007] NJW-RR 2007, 1676). – Die *Hinauskündigung* aus einer Personengesellschaft mag zwar uU rechtsmissbräuchlich sein, aber sie wird nicht den Tatbestand der

Schikane erfüllen, weil es immer auch um die Lösung der persönlichen Bindung geht (HENSSLER/KILIAN ZIP 2005, 2229, 2233 f). – Erhebt ein Aktionär eine *Anfechtungsklage gegen einen Beschluss der Hauptversammlung,* um die Gesellschaft zu einer Leistung zu veranlassen, auf die der Aktionär keinen Anspruch hat und haben kann, erscheint das rechtsmissbräuchlich (BGH [22. 5. 1989] NJW 1989, 2689, 2691 f – „Kochs-Adler"; [14. 10. 1991] NJW 1992, 569 f; [21. 5. 2007] NJW-RR 2007, 1409, 1411 – „Vattenfall" – der Einwand des Rechtsmissbrauch wird jeweils ohne Gesetzeszitat bejaht, ist aber aus § 242 begründbar). Schikane liegt nicht vor, solange nicht im Einzelfall der alleinige Schädigungszweck feststeht. Die eigennützige Absicht, einen dem Aktionär nicht zustehenden Sondervorteil zu erlangen, mag den Rechtsmissbrauch nach § 242 oder auch eine sittenwidrige Schädigung gem § 826 (BGH [14. 5. 1992] BB 1992, 1517, 1518 – Sittenwidrigkeit der Erhebung der Anfechtungsklage verneint) begründen. Den Tatbestand des § 226 erfüllt es nicht, weil es hier gerade nicht um einen Vorteil für den Anspruchsteller gehen darf, sondern auf die Benachteiligung des Schikanierten ankommt (insofern missverständlich KG [29. 10. 2010] 14 U 96/09 Rn 18–26 mit Zitat von § 226 in Rn 18; das Kammergericht sah im Streitfall die eigennützige Absicht nicht als bewiesen an), zumal die Anfechtungsklage ihrem Wesen nach immer auch den Interessen der Gesamtheit der Gesellschafter an der Einhaltung der aktienrechtlichen Vorschriften dient. – Das *Auskunftsverlangen eines Kommanditisten* über Namen und Anschriften der anderen Gesellschafter, zB zum Zwecke der Organisation von Mehrheiten bei einer außerordentlichen Gesellschafterversammlung, ist für sich gesehen nicht schikanös (BGH [5. 2. 2013] WM 2013, 603, 607 Rn 39; LG Düsseldorf [3. 6. 2011] 40 O 107/10 Rn 23; LG Dortmund [22. 3. 2013] BeckRS 2013, 08586).

33 Ein *presserechtliches Gegendarstellungsverlangen* ist schikanös, wenn sein Inhalt irreführend ist oder aus der Sicht eines Durchschnittslesers belanglos erscheint (OLG Naumburg [25. 1. 2006] AfP 2006, 464, 465).

III. Rechtsfolgen

34 1. Eine gegen das Schikaneverbot verstoßende Handlung ist verboten und daher **rechtswidrig**. Gegen sie ist Notwehr (§ 227) möglich (MünchKomm/GROTHE Rn 14; HÜBNER, AT § 24 II 1, Rn 410). Das widerrechtlich ausgeübte Recht bleibt allerdings in seinem Bestand unberührt. Bei Verfolgung eines erlaubten Zwecks kann die Rechtsausübung daher später rechtmäßig werden.

35 2. Wenn durch schikanöse Rechtsausübung, zB durch Einbau eines Hindernisses an einem Weg, ein dauerhafter Zustand geschaffen wird, so folgt unmittelbar aus § 226 ein **Beseitigungsanspruch** (OLG Düsseldorf [4. 9. 2000] NJW-RR 2001, 162–163).

36 3. Aus § 226 kann zu Recht nach hM unmittelbar auf künftige **Unterlassung** der schikanösen Rechtsausübung geklagt werden (RGZ [3. 12. 1909] 72, 251, 254 – zu diesem Urteil auch oben Rn 23; MünchKomm/GROTHE Rn 14; ERMAN/E WAGNER Rn 10; HÜBNER, AT § 24 II 1, Rn 410; ENNECCERUS/NIPPERDEY [1960] § 239 IV 3 d). Zum Teil wird hingegen ein unmittelbar aus § 226 abzuleitender Unterlassungsanspruch verneint. Dieser ergebe sich vielmehr erst aus einem objektiv rechtswidrigen Eingriff in ein absolut geschütztes Rechtsgut, wenn eine künftige Wiederholung des Eingriffs zu befürchten sei (SOERGEL/FAHSE Rn 12). Die Differenzierung zwischen absoluten und relativen Rechtspositionen ist im Lichte der neueren Auffassung vom Charakter subjektiver Rechte allerdings ohnehin zweifelhaft. Absoluten und relativen subjektiven Rechten ist die „Zuweisung einer Verhaltensberechtigung" an ein Rechtssubjekt (uU in Gemeinschaft mit anderen) und die „Schutz- und Ausschließlichkeitsgewähr" gegenüber jedem anderen eigentümlich (Bork, AT [3. Aufl 2011] Rn 288; HKK/Michaels vor § 241, Systemfragen Rn 66 f). Schikanöse Rechtsausübung ist aber von der Verhaltensberechtigung nicht umfasst. Sie verletzt daher in rechtswidriger Weise die Freiheit des Betroffenen. Effektiver Rechtsschutz dieser Freiheit schließt den Anspruch auf Unterlassung ein.

4. Die schikanöse Handlung kann für den Betroffenen einen Schadensersatzanspruch begründen, wenn ein Vermögensinteresse betroffen ist. § 226 ist als Schutzgesetz iS des § 823 Abs 2 anzusehen (MünchKomm/Grothe Rn 14; BGB-RGRK/Johannsen Rn 7; Enneccerus/Nipperdey [1960] § 239 IV 3 D). Daneben kann ein Schadensersatzanspruch aus § 826 bestehen, wenn die dort geforderten subjektiven Voraussetzungen erfüllt sind. Von einer Deckungsgleichheit der Tatbestände der §§ 226 und 826 kann schon im Hinblick auf die ausschließlich objektiven Anforderungen in § 226 (oben Rn 20 f) keine Rede sein (aA auf der Grundlage eines Tatbestandsverständnisses, das entgegen der hier vertretenen Auffassung bei § 226 subjektive Merkmale einschließt: Erman/E Wagner Rn 2, 10; Soergel/Fahse Rn 11; vgl im Übrigen Enneccerus/Nipperdey [1960] § 239 Anm 55).

5. Einer schikanösen gerichtlichen Geltendmachung von Rechten steht § 226 als **von Amts wegen** zu berücksichtigende, die Ausübung des Rechts hindernde Einwendung entgegen (BGB-RGRK/Johannsen Rn 13; Erman/E Wagner Rn 10; Enneccerus/Nipperdey [1960] § 239 III 7), weil § 226 letztlich eine Inhaltsbestimmung (vgl oben Rn 11; aA Erman/E Wagner Rn 1, 10) des geltend gemachten Rechts darstellt. Es geht um die Grenze der Verhaltensberechtigung.

6. Das Vorliegen des § 226 zwischen den Parteien *beeinflusst nicht die Rechte Dritter.* Wird jemandem aus Schikane eine Genehmigung nicht erteilt, die für das Wirksamwerden eines Vertrags mit einem Dritten erforderlich ist, so bleibt der Vertrag dennoch unwirksam (RG [1. 11. 1929] WarnR 1930 Nr 4).

IV. Das Schikaneverbot im Prozessrecht

1. Das Prozessrecht enthält eine Reihe *eigener Regeln,* welche ein rechtsmissbräuchliches – und damit auch schikanöses – Prozessverhalten verhindern oder bekämpfen sollen (Zeiss, Zivilprozeßrecht [9. Aufl 1997] § 35 VIII Rn 220; Rosenberg/Schwab/Gottwald [17. Aufl 2010] § 2 IV). Daher ist zB das Einlegen von Rechtsmitteln ausschließlich nach dem Prozessrecht zu beurteilen (RGZ [26. 10. 1933] 162, 165, 167), ebenso etwa das Berufen auf fehlende örtliche Zuständigkeit (vgl aber Baumgärtel ZZP 69 [1956] 89, 118, der § 226 BGB als besondere Ausprägung des Prinzips von Treu und Glauben auch bei der Auslegung prozessualer Normen heranzieht). Dagegen erscheint es wenig zweckmäßig zu sein, bereits das Rechtsschutzbedürfnis zu verneinen, wenn bei einer Prozesshandlung der Missbrauch *prozessualer Befugnisse* vorliegt (so aber Rosenberg/Schwab/Gottwald [17. Aufl 2010] § 65 VII; Baumgärtel ZZP 69 [1956] 89, 116; differenzierend Zeiss, Die arglistige Prozeßpartei [1967] 160 ff). Wenn der Missbrauch im schikanösen Verhalten zu sehen ist, geht es nicht – jedenfalls nicht vorrangig – um Fragen der Prozessökonomie, sondern um die durch die prozessuale Handlung bezweckte

Schädigung des Prozessgegners. § 226 kann selbstverständlich nicht zum Schutz des Gerichts gegen Inanspruchnahme herangezogen werden; hier fehlt es dann regelmäßig am notwendigen Rechtsschutzbedürfnis.

41 2. Soweit das Prozessrecht die Zulässigkeit von Prozess- und Vollstreckungshandlungen nicht besonders regelt, findet § 226 ebenso Anwendung wie der Grundsatz von Treu und Glauben (ERMAN/E WAGNER Rn 3; MünchKomm/GROTHE Rn 2; BAUMGÄRTEL ZZP 69 [1956] 114 ff). – So wird zB die Unzulässigkeit auf § 226 gestützt, wenn ohne ersichtlichen Grund eine wettbewerbsrechtliche Unterlassungsklage erhoben wird, obwohl der Beklagte bereits aufgrund einer auf denselben Sachverhalt gestützten Klage eines anderen Klagebefugten rechtskräftig verurteilt worden ist (RGZ [24. 1. 1928] 120, 47, 50). – Stehen dem Gläubiger aus demselben Lebenssachverhalt mehrere Ansprüche zu, ist es im Hinblick auf die Kosten schikanös, diese Ansprüche ohne sachlichen Grund in getrennten Verfahren geltend zu machen (KG [29. 9. 2006] AGS 2007, 216; KG [7. 9. 2011] 2 W 123/10 Rn 20, die Beurteilung, ob schikanöse Verfahrenstrennung vorliegt, kann nicht im Kostenfestsetzungsverfahren geschehen, sondern muss durch das Prozessgericht geschehen). Die gleichzeitige Klageerhebung bei 74 Arbeitsgerichten ist schikanös, wenn sie nur den Zweck hat, den Beklagten durch eine Unzahl von Versäumnisurteilen zu ruinieren, weil die Erstattung der Rechtsanwaltskosten nach § 12a Abs 1 S 1 ArbGG ausgeschlossen ist (ArbG Hamm [16. 12. 1965] MDR 1966, 272). – Massenhafte Serienabmahnungen wegen einer Verletzung von § 95a UrhG erscheinen nicht von vorneherein rechtsmissbräuchlich (LG München I [13. 6. 2007] InstGE 8, 245, 248 Rn 29–33). – Die Geltendmachung mehrerer gleichartiger Ansprüche aufgrund desselben Lebenssachverhalts ist schikanös, wenn kein sachlicher Grund für die Trennung besteht (KG [29. 9. 2006] AGS 2007, 216, 217). – Nach § 226 soll es unzulässig sein, wenn eine eidesstattliche Versicherung wegen 2,10 DM Zinsen begehrt wird (LG Köln [14. 2. 1991] Rpfleger 1991, 328; vgl auch die strukturell ähnliche Überlegung des AG Stuttgart [14. 3. 1993] NJW-RR 1993, 1436 zur Schadensersatzforderung für einen völlig nutzlosen Betonring – dazu oben Rn 25 am Ende; aA jurisPK-BGB/BACKMANN Rn 22, da die Zwangsvollstreckung wegen 2 DM objektiv vorteilhaft sei; vgl weiterführend STAUDINGER-Symposion 1998/ WERNER, Staatliches Gewaltmonopol und Selbsthilfe bei Bagatellforderungen S 48–57). – Gleiches gilt im Rahmen der Sicherheitsleistung nach §§ 108 ff ZPO für den Austausch gleichwertiger Prozessbürgschaften (BGH [24. 2. 1994] WM 1994, 623, 625). – Des Weiteren hat der BGH ein gegen den ausgeschiedenen Geschäftsführer gerichtetes Herausgabeverlangen von Kopien geschäftlicher Unterlagen mit für die Beweisführung nötigem Inhalt für rechtsmissbräuchlich gehalten, wenn sich die Originale bereits beim Anspruchsteller befinden und kein Geheimhaltungsinteresse besteht (BGHZ [21. 12. 1989] 110, 30, 35 der Fall betrifft nur indirekt eine Prozesshandlung). – Erhebt jemand Klage auf Löschung eines Geschmacksmusters, obgleich die Beklagte unmittelbar zuvor eine Verpflichtungserklärung übermittelt hat, in der die Löschung des Geschmacksmusters zugesichert wird, so handelt die Klägerin schikanös (LG München I [22. 11. 2007] InstGE 9, 300 f). – Die Verwaltungsvollstreckung wegen eines offenen Bagatellebetrags (16 Cent) bei einer Gesamtforderung von 15,57 € ist trotz der Vollstreckungskosten nicht schikanös (OVG Berlin [8. 8. 2006] Az 9 L 27/06).

V. Beweislast

42 Die **Beweislast** für sämtliche den Tatbestand der Schikane begründende Tatsachen, insbesondere also auch dafür, dass die Handlung allein die Schädigung bezweckt, trägt derjenige, der sich auf § 226 beruft, um die Rechtsausübung abzuwehren (RGZ [18. 6. 1932] 137, 140, 142; VGH München [2. 2. 2004], BayVBl 2004, 464 [Rn 23]; BAUMGÄRTEL/ KESSEN, Beweislast [3. Aufl 2008] Rn 1; ERMAN/E WAGNER Rn 10). Misslingt der Beweis, kann sich die Unzulässigkeit der Rechtsausübung dennoch aus §§ 242, 826 ergeben (BAUM-GÄRTEL/KESSEN, Beweislast [3. Aufl 2008] Rn 1).

VI. Rechtsvergleichung

Eine allgemeine Rechtsmissbrauchslehre ist allen europäischen Rechtsordnungen **43** geläufig, wobei im Einzelnen freilich Unterschiede zu verzeichnen sind (vgl aus der Literatur: GAMBARO, Abuse of Right in Civil Law Tradition, in: RABELLO, Aequitas und Equity: Equity in Civil Law and Mixed Jurisdictions [1997] 632 ff; HUWILER, Aequitas und bona fides als Faktoren der Rechtsverwirklichung. Zur Gesetzgebungsgeschichte des Rechtsmissbrauchsverbotes [Art 2 Abs 2 ZGB], in: SCHMIDLIN, Vers un droit privé européen? – Skizzen zum gemeineuropäischen Privatrecht [1994] 57 ff; RANIERI, Revue Internationale de Droit Comparé 1998, 1055–1092; ders, Europäisches Obligationenrecht [2. Aufl 2003] 664 ff; R ZIMMERMANN/WHITTACKER, Good Faith in European Contract Law [2000] 34 ff).

1. Im **österreichischen** Recht ist das Schikaneverbot gesetzlich in eigentümlicher **44** Weise mit dem Verbot sittenwidriger Schädigung verbunden. § 1295 Abs 2 ABGB setzt einen Schadensersatzanspruch bei sittenwidriger Schädigung fest. Wenn diese Schädigung jedoch in Ausübung eines Rechts geschah, so soll sie nur dann zum Schadensersatz verpflichten, wenn sie „offenbar den Zweck hatte, den anderen zu schädigen" (§ 1295 Abs 2 HS 2 ABGB). Seinem Wortlaut nach ist daher im österreichischen Recht das Schikaneverbot weniger eng als im deutschen Recht, weil nicht vorausgesetzt wird, dass die Handlung *nur* den Zweck der Schädigung hatte. Andererseits verlangt das ABGB auch ein subjektives Moment. Die schikanöse Handlung muss nicht nur den Schädigungszweck haben können, sondern tatsächlich haben. Schikane liegt nach der ständigen Rechtsprechung nur vor, wenn an der Ausübung des Rechtes jedes andere Interesse als das der Schadenszufügung fehlt. Die Schädigungsabsicht muss den einzigen Grund der Rechtsausübung darstellen (OGH [14. 6. 1971] ÖJBl 1972, 210/211; RUMMEL/REISCHAUER, Kommentar zum ABGB § 1295 ABGB Rn 58 f – mit deutlicher Kritik an der Verengung des Tatbstands; eingehend MADER, Rechtsmissbrauch und unzulässige Rechtsausübung [Wien 1994] 171 ff, insbes 177–180 zur Offenbarkeit der Schädigungsabsicht; zu den Diskussionen in Österreich im 19. Jahrhundert vgl auch HKK/HAFERKAMP § 226 Rn 5 Fn 38).

2. Viel zitiert ist das tatbestandlich weit gefasste Rechtsmissbrauchsverbot im **45** **schweizerischen** Recht, das in Art 2 Abs 2 ZGB bestimmt: „Der offenbare Missbrauch eines Rechtes findet keinen Rechtsschutz." Das Schikaneverbot tritt hier nicht ausdrücklich hervor, sondern erscheint als Teil des allgemeinen Rechtsmissbrauchsverbots. Nutzlose Handlungen in schädigender Absicht verstoßen dagegen (HONSELL/VOGT/GEISER/MAYER-MALY, Kommentar zum schweizerischen Privatrecht I [1996] Art 2 Rn 40, 46 f; kritisch zur breiten Anwendung des Rechtsmissbrauchsgedankens MERZ ZfRV 1977, 162, 168 ff). Wie im deutschen Recht genügt allerdings objektive Missbräuchlichkeit (vgl BGE [2. 7. 1963] 89 II 262; FLEISCHER JZ 2003, 865, 868).

3. Der **spanische** Código civil folgt dem schweizerischen Vorbild und bestimmt in **46** Art 7 Abs 2 S 1: „La ley no ampara e abuso del derecho o el ejercicio antisocial des mismo." Auch hier ist ein subjektives Tatbestandsmerkmal nicht ausdrücklich gefordert (Diéz-Picazo/Gullon, Sistema de derecho civil I [2001] 427; Fleischer JZ 2003, 865, 868).

47 4. Im **französischen** Code civil fehlt eine allgemeine Regel über den Rechtsmissbrauch und das Schikaneverbot. Die Dogmatik dieser Rechtsinstitute knüpft dort an die deliktischen Schadensersatzvorschriften in den Art 1382, 1383 Code civil an. Die Frage war, ob sich jemand auch in Ausübung eines Rechts schadensersatzpflichtig machen könne. Das bejahte zuerst 1855 der Cour d'appel von Colmar ([2. 5. 1855] D 1856. 2. 9) für einen Schornstein, der in der Absicht erbaut worden war, die schöne Aussicht des Nachbarn zu stören. Gegen Ende des 19. Jahrhunderts wurde die Überlegung bereits als allgemeiner Rechtsgedanke akzeptiert (vgl Chambre des requêtes [26. 12. 1893] DP 1895, 1, 531; Staudinger/Coing[11] § 226 Rn 2). Gleichzeitig entwickelte die französische Rechtswissenschaft eine Theorie des *abus de droit* (vgl insbes Josserand, De l'abus des droits, 1905 und Saleilles, Études sur la théorie générale de l'obligation [1901]; zur Entwicklung des Rechtsgedankens in Frankreich: Merz ZfRV 1977, 162, 163–165; Staudinger/Coing[11] § 226 Rn 13; Fleischer JZ 2003, 865 f). Nach heutiger Auffassung liegt jedenfalls Schikane vor, wenn eine Handlung nur von der Absicht bestimmt ist, einem anderen Schaden zuzufügen. Anders als nach deutschem Recht kommt es also auch auf den subjektiven Tatbestand an. Als Indiz hierfür gilt, wie nach schweizerischem Recht, die Nutzlosigkeit der Rechtsausübung für den Handelnden. Die Einzelheiten sind freilich stark umstritten. Die Rechtsprechung hat sich bislang auf keine Richtung festgelegt (Ferid/Sonnenberger, Das französische Zivilrecht 1, 1 [2. Aufl 1994] Rn 1 C 144 ff).

48 5. Das **englische** Recht kennt keine allgemeine Dogmatik des Rechtsmissbrauchs, wie sie dem kontinentalen Rechtskreis geläufig ist. Der Grund hierfür wird darin gesehen, dass die subjektive Einstellung für die Ausübung des Rechts unbedeutend sei (Rogers, Winfield and Jolowicz on Tort [18. Aufl 2010] 3. 9; vgl bereits Lord Macnaghten in Bradford Corporation v Pickles [1895] AC 587, 601). Angesichts der im BGB gewählten Lösung für das Schikaneverbot, die allein auf objektiven Kriterien beruht, überzeugt diese Erklärung jedoch letztlich nicht. Man wird sie vielmehr in einer weniger ausgeprägten Dogmatik des subjektiven Rechts zu suchen haben. – Lediglich in Einzelfällen begründet arglistige Einstellung bei der Rechtsausübung *(malice)* deliktische Rechtsfolgen. Der Schikanefall tritt bei der Störung im Genuss des Landeigentums oder von Rechten hieran als *nuisance* hervor, zB wenn die Aufzucht von Silberfüchsen auf dem Nachbargrundstück durch Gewehrschüsse an der Grundstücksgrenze gestört wird (Rogers Rn 14. 12 ff). Weitere Fälle betreffen ua die üble Nachrede (vgl Rogers Rn 11. 9 ff) und die böswillige Prozessführung (Rogers Rn 19. 1 ff).

49 6. Der **italienische** Codice civile enthält ebenso wenig wie das französische Recht eine allgemeine Vorschrift über den Rechtsmissbrauch, obgleich eine entsprechende Theorie schon vor der Kodifikation vorhanden war (Rotondi, L'abuso di diritto, 1923). Der Codice civile von 1942 trifft nur Einzelbestimmungen wie in Art 833 (Il proprietario non può fare atti i quali non abbiano altro scopo che quello di nuocere o recare molestia ad altri), der den Gebrauch des Eigentums in einer Weise untersagt, die keinen anderen Zweck haben kann, als einen anderen zu schädigen. Dennoch wird der allgemeine

Abschnitt 6
Ausübung der Rechte, Selbstverteidigung, Selbsthilfe § 226

Rechtsgrundsatz des Verbots des Rechtsmissbrauchs anerkannt (vgl CIAN/TRABUCCHI/ PERESUTTI, Comentario breve al Codice civile [1997] Art 833 Anm II 2).

7. Das **europäische Gemeinschaftsrecht** kennt bislang noch keine durchgebildete 50 Rechtsmissbrauchslehre (dazu näher FLEISCHER JZ 2003, 865, 868 ff). Der EuGH hat zwar den Rückgriff auf nationale Rechtsmissbrauchsregeln zu Beurteilung eines Missbrauchs gemeinschaftsrechtlicher Normen zugelassen (EuGH [12. 5. 1998] Rs C-367/96 [Kefalas], Slg 1998, I-2862 Rn 20 f mit Anm RANIERI ZEuP 2001, 169 ff) und in der Centros-Entscheidung das Verbot des Rechtsmissbrauchs als gemeinschaftsrechtlichen Grundsatz mindestens indirekt anerkannt (EuGH [9. 3. 1999] Rs C-212/97 [Centros] Slg 1999, I-1461 Rn 24). In der Folgezeit hat der EuGH keinen Zweifel an der Gültigkeit des Rechtsmissbrauchsverbots im Gemeinschaftsrecht gelassen (vgl nur EuGH [21. 7. 2005] Rs C- 515/03 [Eichsfelder Schlachtbetrieb] Slg 2005, I-7355 Rn 39), wobei die Beweisregeln des nationalen Rechts gelten sollen. Schwierigkeiten bereitet, dass der EuGH auch die Gesetzesumgehung *(fraus legis)* als Rechtsmissbrauch einordnet. Subjektive Missbrauchsabsicht fordert der EuGH gerade in dieser Fallgruppe (vgl EuGH [14. 12. 2000] Rs C-110/99 [Emsländer Kartoffelstärke], Slg 2000 I-11595 Rn 52; bestätigt zB in EuGH [21. 7. 2005] Rs C- 515/03 [Eichsfelder Schlachtbetrieb] Slg 2005, I-7355 Rn 39). Ob das aber auch für den schikanösen Rechtsmissbrauch *(abusus)* zu gelten hat, ist damit noch nicht festgelegt (so wohl auch FLEISCHER JZ 2003, 865, 872).

8. Weder die Principles of European Contract Law **(PECL)** noch der Draft 51 Common Frame of Reference **(DCFR)** enthalten eine dem § 226 unmittelbar entsprechende Vorschrift. Diese Regelwerke begnügen sich vielmehr gut vertretbar mit einer zwingend gültigen Generalklausel, die Treu und Glauben bei der Rechtsausübung einfordert, PECL Art 1:201 sowie DCFR Art III-1:103 bzw Art II-3:301 (für den vorvertraglichen Bereich). Wenngleich die Aussage des § 226 sicherlich mehr Klarheit als die Generalklausel des § 242 erzeugt, so dürfte es doch im Ergebnis genügen, wenn die unzulässige Rechtsausübung als Verstoß gegen Treu und Glauben (good faith) begriffen und so unter die entsprechende Generalklausel subsumiert wird. Schikanöses Verhalten ist stets unzulässige Rechtsausübung. Dennoch hat die unspezifische Formel „good faith" – trotz ihrer Präzisierung durch die Definition in DCFR Art I-1:103 – den Nachteil, ihren wesentlichen Inhalt erst in der Rechtsanwendung zu erfahren (vgl die Kritik von EIDENMÜLLER/FAUST/GRIGOLEIT/JANSEN/WAGNER/ ZIMMERMANN JZ 2008, 529, 536 f). Die Norm selbst hilft wenig weiter. Die Gerichte haben damit zwar kaum Schwierigkeiten. Ein gemeineuropäischer, normativer Referenztext verfehlt aber bei Unbestimmtheit seine vereinheitlichende Wirkung. Allerdings erwähnen die dem DCFR vorangestellten „underlying principles" die Verhinderung von Rechtsmissbrauch als eine Grenze der Vertragsfreiheit (DCFR Outline Edition [2009] 60). Darüber hinaus enthält DCFR Art X-7:102 eine besondere Ermächtigung des Richters, rechtsmissbräuchliche Maßnahmen eines Treuhänders aufzuheben.

9. Vergleicht man die Rechtsmissbrauchslehre der verschiedenen europäischen 52 Rechtsordnungen miteinander, so weicht nur England signifikant ab, weil es keine allgemeine Rechtsmissbrauchslehre kennt. Die kontinentaleuropäischen Rechtsordnungen kommen hingegen zu mehr oder weniger identischen Ergebnissen. Das europäische Gemeinschaftsrecht hat das Verbot des Rechtsmissbrauchs als Rechtsgrundsatz aufgenommen. Uneinigkeit besteht darüber, ob der Tatbestand auch ein

subjektives Element enthalten muss. Da aber diejenigen, die – wie bei uns in § 826 – eine Schädigungsabsicht fordern, die objektive Nutzlosigkeit der Rechtsausübung für den Handelnden als Indiz für das subjektive Moment ausreichen lassen, liegen die Positionen im Ergebnis nicht weit auseinander. Das bestätigt sich auch in den Entscheidungsergebnissen, die – England eingeschlossen – eine große Kohärenz aufweisen (vgl ZIMMERMANN/WHITTACKER, Good faith in European Contract Law [Cambridge 2000] 653 ff).

§ 227
Notwehr

(1) Eine durch Notwehr gebotene Handlung ist nicht widerrechtlich.

(2) Notwehr ist diejenige Verteidigung, welche erforderlich ist, um einen gegenwärtigen rechtswidrigen Angriff von sich oder einem anderen abzuwenden.

Materialien: TE-AllgT § 200 (SCHUBERT AT 2, 425–427) E I § 186; II § 191; III § 221; Mot I 348; Prot I 395 ff, 410 ff; Prot RJA, 159, 161; Prot II 1, 240, 251; JAKOBS/SCHUBERT, AT 2, 1146–1171.

Schrifttum

ADOMEIT, Wahrnehmung berechtigter Interessen und Notwehrrecht, JZ 1970, 495
BOCKELMANN, Menschenrechtskonvention und Notwehrrecht, in: FS Engisch (1969) 456
BRAUN, Subjektive Rechtfertigungselemente im Zivilrecht?, NJW 1998, 941
DEUTSCH, Entwicklungstendenzen des Schadensrechts in Rechtsprechung und Wissenschaft, JuS 1967, 152
ders, Fahrlässigkeit und erforderliche Sorgfalt: Eine privatrechtliche Untersuchung (1963)
DILCHER, Besteht für die Notwehr nach § 227 BGB das Gebot der Verhältnismäßigkeit oder ein Verschuldenserfordernis?, in: FS Hübner (1984) 443
FISCHER, Die Rechtswidrigkeit: mit besonderer Berücksichtigung des Privatrechts (1911)
FRISTER, Die Notwehr im System der Notrechte, GA 1988, 291
GEILEN, Eingeschränkte Notwehr unter Ehegatten?, JR 1976, 314
GRAUL, Notwehr oder Putativnotwehr. Wo ist der Unterschied?, JuS 1995, 1049

HR HORN, Untersuchungen zur Struktur der Rechtswidrigkeit (1962)
HOYER, Das Rechtsinstitut der Notwehr, JuS 1988, 89
HIMMELREICH, Nothilfe und Notwehr: insbesondere zur sogenannten Interessenabwägung, MDR 1967, 361
P KIRCHHOF, Unterschiedliche Rechtswidrigkeiten in einer einheitlichen Rechtsordnung (1978)
KREY, Zur Einschränkung des Notwehrrechts bei der Verteidigung von Sachgütern, JZ 1979, 702
KÜHL, Notwehr und Nothilfe, JuS 1993, 177
LARENZ, Rechtswidrigkeit und Handlungsbegriff im Zivilrecht, in: FS Dölle I (1963) 169
vLISZT, Die Deliksobligationen im System des BGB (1898)
LÖWISCH/KRAUSS, Die rechtliche Bewertung von Betriebsblockaden nach der Sitzblockadenentscheidung des Bundesverfassungsgerichts, DB 1995, 1330
LÜHRMANN, Tötungsrecht zur Eigentumsverteidigung? Eine Untersuchung des Notwehr-

rechts unter verfassungsrechtlichen, menschenrechtlichen und rechtsvergleichenden Gesichtspunkten (1999)
MERKEL, Die Kollision rechtmäßiger Interessen und die Schadensersatzpflicht bei rechtmäßigen Handlungen: im Hinblick auf den Entwurf eines bürgerlichen Gesetzbuches für das Deutsche Reich in zweiter Lesung (1895)
MÜNZBERG, Verhalten und Erfolg als Grundlagen der Rechtswidrigkeit und Haftung (1966)
NIPPERDEY, Rechtswidrigkeit, Sozialadäquanz, Fahrlässigkeit, Schuld im Zivilrecht, NJW 1957, 1777
OGOREK, Die Begrenzung der Notwehr und des Notstandes (Diss Greifswald 1904)
ROXIN, Die „sozialethischen Einschränkungen" des Notwehrrechts. Versuch einer Bilanz, ZStW 93 (1981) 68
RUPPRECHT, Die tödliche Abwehr des Angriffs auf menschliches Leben, JZ 1973, 263
SCHOLLMEYER, Das Recht der Notwehr nach dem bürgerlichen Gesetzbuch für das deutsche Reich, Festrede (1899)
K SCHREIBER, Die Rechtfertigungsgründe des BGB, Jura 1997, 29
SPENDEL, Der Gegensatz rechtlicher und sittlicher Wertung am Beispiel der Notwehr, DRiZ 1978, 327
ders, Gegen den „Verteidigungswillen" als Notwehrerfordernis, in: FS Bockelmann (1979) 245
STILLER, Grenzen des Notwehrrechts bei der Verteidigung von Sachwerten (1999)
WACKE, Notwehr und Notstand bei der aquilischen Haftung. Dogmengeschichtliches über Selbstverteidigung und Aufopferung, ZRG Rom Abt 106 (1989) 469
WARDA, Die Eignung der Verteidigung als Rechtfertigungselement bei der Notwehr (§§ 32 StGB, 227 BGB), Jura 1990, 344
WIEACKER, Rechtswidrigkeit und Fahrlässigkeit im Bürgerlichen Recht, JZ 1957, 535
WIETHÖLTER, Der Rechtfertigungsgrund des verkehrsrichtigen Verhaltens: eine Studie zum zivilrechtlichen Unrecht (1960)
WINKLER, Die Stellung der Notwehr im System des Bürgerlichen Rechts (Diss Tübingen 1962)
WÖSSNER, Die Notwehr und ihre Einschränkungen in Deutschland und in den USA (2006)
ZITELMANN, Ausschluss der Widerrechtlichkeit, AcP 99 (1906) 1.
Vgl auch die Schrifttumsangaben zu § 32 StGB.

Systematische Übersicht

I.	**Systematische Stellung**	1
II.	**Zweck der Vorschrift, Verhältnis zu § 859**	
1.	Überblick	5
2.	Schutz subjektiver Rechte	6
3.	Bewahrung der Rechtsordnung	7
4.	Verhältnis zu § 859	8
III.	**Der Tatbestand der Notwehr**	9
1.	Notwehrlage	10
a)	Der Angriff auf ein rechtlich geschütztes Interesse	10
aa)	Der Begriff des Angriffs	10
bb)	Der Angreifer	15
cc)	Das Angriffsverhalten	16
dd)	Die Putativnotwehr	20
b)	Die Gegenwärtigkeit des Angriffs	21
aa)	Definition	21
bb)	Konkrete Gefährdung	22
cc)	Dauer des Angriffs	24
dd)	Nicht mehr gegenwärtiger Angriff	25
c)	Die Rechtswidrigkeit des Angriffs	26
aa)	Der Streit um den Begriff der Rechtswidrigkeit	27
(1)	Lehre vom Erfolgsunrecht	28
(2)	Lehre vom Handlungsunrecht	29
(3)	Stellungnahme	30
bb)	Die Rechtfertigungsgründe	34
cc)	Rechtswidrige Amtshandlungen	41
dd)	Kein Verschulden	42
d)	Die Nothilfe	43
aa)	Zugunsten anderer natürlicher Personen	43
bb)	Zugunsten juristischer Personen	44
2.	Notwehrhandlung	45
a)	Handlung	46
b)	Verteidigung, aber kein Verteidigungswille	47

aa)	Verteidigungswille erforderlich? Rechtsprechung und herrschende Lehre	48	a)	Rechtfertigungsgrund	72
			b)	Keine verbotene Eigenmacht	73
			c)	Keine Sittenwidrigkeit	74
bb)	Stellungnahme	51	d)	Notwehrüberschreitung	75
cc)	Nachträgliche Verhaltensweisen	54	2.	Schadensersatzpflichten	76
c)	Erforderlichkeit	55	a)	Reichweite der Rechtfertigungswirkung	76
aa)	Begriff	55			
bb)	Kein Gegenangriff	58	b)	Notwehrüberschreitung	79
cc)	Maßstab der Heftigkeit des Angriffs	59	c)	Putativnotwehr	80
dd)	Das mildeste Mittel	60			
d)	Gebotenheit	65	V.	**Beweislast**	81
aa)	Der schuldlose Angreifer	67			
bb)	Der unerhebliche Angriff	68	VI.	**Rechtsvergleichung**	85
cc)	Der provozierte Angriff	70	1.	Österreichisches Recht	86
dd)	Garantenstellung des Angreifers	71	2.	Schweizerisches Recht	87
			3.	Französisches Recht	88
IV.	**Die Rechtsfolgen der Notwehr**		4.	Englisches Recht	89
1.	Zivilrechtliche Rechtmäßigkeit der Handlung	72			

Alphabetische Übersicht

Amtshandlungen	38, 41	Gegenangriff	55, 58
Angriff	10 ff	Gegenwärtigkeit des Angriffs	21 f
Axthieb	68		
		Handlungsunrecht	29
Besitzwehr	8, 18, 43	Hausrecht	11, 24, 59, 68
Betriebsblockade	11	Heftigkeit des Angriffs	59
Bewegungsfreiheit	13	Hilfe Dritter	63
Beweislast	81	Hoheitliches Handeln	4, 38, 41
Boxhieb	59, 81		
		Intimsphäre	11
Ehe	12, 57, 60 ff, 71	Irrtum	20, 55, 80
Ehre	64, 67		
Einwilligung	35 f, 40, 43	Juristische Personen	44
EMRK	69		
Englisches Recht	89	Kirschenfall	65
Erfolgsunrecht	28		
Erforderlichkeit	55 ff	Lebensgefährliche Verteidigungsmittel	59
Erziehungsrecht	37		
		Mehrere Täter	25
Fiskus	44	Menschenrechtskonvention	69
Freiheitsberaubung	24	Mitwirkendes Verschulden	78
Flucht	16, 58, 63, 67 f		
Französisches Recht	88	Nachträgliche Verfolgung der Tat	54
		Nichterfüllung	16 f
Garantenstellung	17, 71	Nothilfe	43 f, 78, 80
Gaspistole	59, 61, 75	Notwehrexzess, -überschreitung	55, 75, 79, 82
Gefährdung	22	Notwehrhandlung	9, 45 ff

Abschnitt 6
Ausübung der Rechte, Selbstverteidigung, Selbsthilfe § 227

Notwehrlage	9 ff
Notwehrprovokation	40, 49, 58, 62, 70, 84
Obstdiebstahl	65, 68
Öffentliche Ordnung	14, 44
Österreichisches Recht	86
Ordnungswidrigkeitenrecht	3
Parklücke	60
Persönlichkeitsrecht	11, 59
Polizei	4, 38, 41, 63
Präventivnotwehr	23
Provokation	40, 49, 58, 62, 70, 84
Putativnotwehr	20, 55, 80, 83
Rechtfertigungsgründe	34 ff, 72
Rechtsmissbrauch	66, 68
Rechtsvergleichung	85 ff
Rechtswidrigkeit	26 ff
Schadensersatzpflichten	76 ff
Schuldloser Angreifer	67
Schusswaffe	59 f, 61, 80
Schweizerisches Recht	87
Selbsthilfe des Besitzers	8, 24
Selbstverteidigung	1
Sicherheitsdienst	44
Sittenwidrigkeit	74
Sozialadäquanz	13, 39, 78
Sozialethische Einschränkungen	65 ff
Strafrecht	2, 3
Straßenverkehr	11, 60, 68, 75
Tier	15
Tonbandaufnahme	54
Trutzwehr	55
Unbeteiligte Dritte	55, 76 f
Unerlaubtes Rauchen	11
Unerwartete Folgen	64
US-amerikanisches Recht	89
Unterlassungshandlung	17 ff
Verbotene Eigenmacht	73
Verhältnismäßigkeit	66, 68
Verhaltenspflicht	32
Verkehrsrichtiges Verhalten	39
Vermeintliche Notwehrlage	20, 55, 80, 83
Verschulden	42, 49, 67, 78
Versuch	22
Verteidigungswille	48 ff
Verwaltungsakt	38
Videoüberwachung	54
Vollstreckung	38, 41
Warnschuss	61, 80
Wilderer	22
Zweck der Vorschrift	5 ff

I. Systematische Stellung

Der Vorschrift des Schikaneverbots folgen im Allgemeinen Teil des Bürgerlichen **1** Gesetzbuchs die Tatbestände und Rechtsfolgen der *erlaubten Selbstverteidigung* bei der Notwehr, dem defensiven Notstand nach § 228 und der erlaubten Selbsthilfe gem §§ 229–231. Eine eigenständige spezielle Regelung hat der aggressive Notstand nach § 904 gefunden. Zum Verhältnis des Notwehrrechts zu § 859 vgl unten Rn 8 und 24.

Die §§ 227 ff enthalten **allgemeine Rechtsgrundsätze**, die auch über die Grenzen des **2** BGB hinaus insofern Anwendung finden, als sie die Rechtswidrigkeit des Verhaltens ausschließen (Bork, AT [3. Aufl 2011] Rn 359; zur historischen Entwicklung beachte insbes HKK/Haferkamp §§ 226–231 Rn 1, 21 ff; Lührmann 6 ff; Stiller 7 ff). Allerdings sind auch die entsprechenden strafrechtlichen Normen (insbesondere § 32 StGB) zu berücksichtigen, die einen speziellen Anwendungsbereich haben. § 32 Abs 2 StGB definiert den Tatbestand nahezu wortgleich wie § 227 Abs 2 BGB. Die Rechtsfolgen sind identisch: es entfällt die Rechtswidrigkeit der Verteidigungshandlung. Daher stellt sich die Frage nach dem Verhältnis der beiden in unterschiedlichen Gesetzen geregelten Notwehrrechte. Abgesehen davon, dass die strafrechtliche Vorschrift nur Verteidigungshandlungen erfasst, die den objektiven Unrechtstatbestand einer Strafvorschrift erfüllen (§ 32 Abs 1 StGB: Wer eine „Tat" begeht ...), während § 227 BGB beliebige Rechtsgutsverletzungen betrifft, ergab sich für den Gesetzgeber die Notwendigkeit des zivilrechtlichen Notwehrrechts bereits daraus, dass das Reichsstrafgesetzbuch entsprechend der damaligen Verbrechenslehre (zu deren Entwicklung ROXIN, Strafrecht AT [4. Aufl 2006] Bd 1 § 7 Rn 12 ff) die Notwehr lediglich als Schuldausschließungsgrund verstand (GEBHARD, Begründung Teilentwurf 2 [SCHUBERT AT 2, 426]). Zivilrechtlich war jedoch die objektive Rechtfertigung der Verteidigungshandlung nötig, um sämtliche Gegenrechte des Angreifers auszuschließen. Die von der Schuld unabhängige objektive Rechtswidrigkeit hatte vor allem JHERING (Das Schuldmoment im römischen Privatrecht [1867]) herausgearbeitet.

3 § 227 wirkt daher nicht für den *strafrechtlichen Bereich.* Die Rechtfertigungsgründe des § 32 StGB und des § 227 stehen selbständig nebeneinander, auch wenn sie aus demselben Rechtsgedanken schöpfen. Etwa im Bereich des Rechtswidrigkeitsurteils (vgl unten Rn 26 ff) kann vom strafrechtlichen Standpunkt aus ein anderes Ergebnis als im Zivilrecht erlangt werden (zB LG Karlsruhe [23. 10. 2009] 6 O 15/09 – Boxhieb ins Gesicht; einschränkend noch STAUDINGER/WERNER [2001] Rn 29). In solchen Situationen besteht keine wechselseitige Bindungswirkung zwischen einer nach zivilrechtlichen und einer nach strafrechtlichen Maßstäben festgestellten Notwehr (vgl auch BRUNS, Die Befreiung des Strafrechts vom zivilistischen Denken [1938] 259 ff). Dasselbe gilt auch für das *Ordnungswidrigkeitenrecht* (§ 15 OWiG).

Die zB von ENNECCERUS/NIPPERDEY (1960) § 209 II, 1277 ff vertretene Gegenmeinung, die von einer für die gesamte Rechtsordnung einheitlichen Bewertung der Rechtswidrigkeit ausgeht, verkennt, dass aufgrund der spezifischen Zweckbestimmung der unterschiedlichen Vorschriften nur das Werturteil über die durch Notwehr gerechtfertigte Handlung in allen Rechtsgebieten übereinstimmend sein kann. Im Übrigen jedoch muss es bei einer selbständigen, dem jeweiligen Rechtsgebiet entsprechenden Bestimmung der Rechtfertigungsgründe und damit auch der Notwehr sein Bewenden haben (so auch MünchKomm/GROTHE Rn 1).

4 *Hoheitliches Handeln* wird nur ausnahmsweise zugleich einen zivilrechtlichen Selbstschutztatbestand erfüllen (vgl RUPPRECHT JZ 1973, 263/264 f; SCHWABE, Die Notrechtsvorbehalte des Polizeirechts [1979] 14 ff). Zwar stehen die Vorschriften über den hoheitlichen, insbesondere polizeilichen Waffen- und Machtmittelgebrauch in Parallele zu den Selbstschutzvorschriften des BGB, aber als eigenständige öffentlich-rechtliche Regeln über die Rechtfertigung hoheitlichen Handelns decken sie sich keineswegs mit dem zivilrechtlichen Notwehrtatbestand (vgl KIRCHHOF 28; KNEMEYER, Polizei- und Ordnungsrecht [11. Aufl 2007] Rn 374; RUPPRECHT, Polizeilicher Todesschuß und Wertordnung des Grundgesetzes, in: FS Geiger [1974] 781, 789–793). Die Zwangsmaßnahmen der Polizei sind Ausdruck des Gewaltmonopols des Staates, die Notwehrhandlung eine Durchbrechung gerade dieses Monopols (vgl auch unten § 228 Rn 6 f). Liegen jedoch die Notwehrvoraussetzungen vor, ist nicht einzusehen, warum das Handeln der Polizeibeamten nicht genauso wie das jedes Dritten durch § 227 gerechtfertigt werden könnte, auch wenn es in der Form der Nothilfe der Abwehr eines Angriffs gegen einen Dritten dient (BayObLG [13. 12. 1990] MDR 1991, 367 mAnm SPENDEL JR 1991, 250 und SCHMIDHÄUSER JZ 1991, 937, 938; OLG Celle [8. 2. 2000] NJW-RR 2001, 1033–1036 – Abwehr eines Messerangriffs auf einen Polizisten durch tödlichen Schuss des Kollegen; SOERGEL/FAHSE[13] Rn 11; BOCKELMANN, in: FS Dreher 1977, 235, 241 ff; FECHNER, Grenzen polizeilicher Notwehr [1991] 52; KÖHLER, Strafrecht AT 277 f; H OTTO JZ 2005, 473, 480 mwNw in Fn 72 ff; **aM** SEELMANN ZStW 89 [1977] 36, 52 f; RIEGEL NVwZ 1985, 639 f; einschränkend auch J SCHWABE JZ 2004, 393/395, der den Polizisten an den Verhältnismäßigkeitsgrundsatz gebunden sieht). – Zum polizeilichen Notstand vgl auch § 228 Rn 6 f.

II. Zweck der Vorschrift, Verhältnis zu § 859

1. Überblick

Das zivilrechtliche Notwehrrecht hat einen doppelten Zweck. Es dient   5

– dem Schutz subjektiver Rechte sowie

– der Bewahrung der Rechtsordnung.

2. Schutz subjektiver Rechte

Soweit subjektive Rechte eine Verhaltensberechtigung im Sinne einer Ermächtigung   6
zu bestimmtem Handeln oder Unterlassen dem Rechtsinhaber zuweisen, genügt zu ihrem Schutz nicht die bloße Unzuständigkeit aller Nichtberechtigten (Inkompetenznorm), sondern es bedarf des Schutzes durch – uU sanktionsbewehrte – Störungsverbote (zum gegenüber älteren Umschreibungen präziseren formalen, normlogischen Begriff des subjektiven Rechts: DÖRNER, Dynamische Relativität [1985] 25 ff; BORK, Der Vergleich [1988] 193–198; ders, AT [3. Aufl 2011] Rn 281 f; STAUDINGER/J SCHMIDT [1995] Einl 432, 438 ff zu §§ 241 ff; vgl auch oben § 226 Rn 10). Das Notwehrrecht durchbricht das im staatlichen Gewaltmonopol begründete Prinzip des Selbsthilfeverbots zugunsten einer *effektiven Verteidigung* subjektiver Rechtspositionen in tatbestandlich eng umgrenzten, extremen Situationen. Damit bezweckt das Notwehrrecht durch die Abwehr rechtswidriger Angriffe zunächst einmal also den Schutz subjektiver Rechte (GEBHARD, Begründung, Teilentwurf 1 [SCHUBERT AT 2, 425]).

3. Bewahrung der Rechtsordnung

Die in der Notwehrhandlung liegende Durchbrechung des staatlichen Gewaltmono-   7
pols, das seinen tieferen Sinn in der Erhaltung und Sicherung des Rechtsfriedens findet, ist nur dann gerechtfertigt, wenn staatliche Hilfe nicht oder doch nicht rechtzeitig erlangt werden kann. Das braucht jedoch nicht ausdrücklich im Tatbestand der Norm gesagt zu werden, weil es sich aus dem Tatbestandsmerkmal des Angriffs von selbst ergibt (so mit Recht bereits GEBHARD, Begründung, Teilentwurf 2 [SCHUBERT AT 2, 426]). Der Gesetzgeber hat aber nicht nur den Schutz individueller Rechte vor Augen gehabt, sondern darüber hinaus auch den Schutz der Rechtsordnung selbst nach dem im Prinzip vernünftigen Grundsatz, dass das Recht dem Unrecht nicht zu weichen brauche (zu diesem Grundsatz MÜNZBERG, 364 ff; im Gesetzgebungsverfahren: GEBHARD, Begründung, Teilentwurf 1 [SCHUBERT AT 2, 425]). Neben den Güterschutz tritt also der **Schutz und die Bewahrung der Rechtsordnung**, das generalpräventive Ziel, objektives Unrecht und damit ein Infragestellen der Rechtsordnung selbst zu verhindern (LARENZ, AT [7. Aufl 1989] § 15 I S 273). Daraus resultiert, dass auch ein Dritter als „Not-

helfer" tätig werden kann (vgl im Einzelnen unten Rn 43). Auch der objektive Zweck des Notwehrrechts erlaubt nicht schrankenlose Notwehr, sondern erzwingt die Begrenzung auf ein vernünftiges Maß. Diese Begrenzung bezieht sich sowohl auf die Bestimmung des Angriffsobjektes als auch auf die zulässige Verteidigungshandlung. Tatbestandlich sind von der Notwehr nur *erforderliche* Verteidigungshandlungen gedeckt (weiter unten Rn 55 ff).

4. Verhältnis zu § 859

8 Dem Notwehrrecht verwandt ist die in § 859 Abs 1 erlaubte Besitzwehr (STAUDINGER/ BUND [2007] § 859 Rn 2), die aus einem Selbstverteidigungsrecht folgt, weil man grundsätzlich nicht fremde Gewalt zu dulden braucht (GEBHARD, Begründung, Teilentwurf 2 [SCHUBERT AT 2, S 426] unter Berufung auf KIERULFF). Da der Besitz mangels Zuweisung einer konkreten Verhaltensberechtigung nicht als subjektives Recht betrachtet werden kann, bedurfte es insoweit einer speziellen Vorschrift zum Schutz des Besitzes (vgl STAUDINGER/GUTZEIT [2012] § 859 Rn 6; MünchKomm/JOOST § 859 Rn 2 misst dem Selbsthilferecht des Besitzers mindestens klarstellende Bedeutung zu; zur Rechtsnatur des Besitzes STAUDINGER/GUTZEIT [2012] Vorbem 36 zu §§ 854 ff).

III. Der Tatbestand der Notwehr

9 Der Tatbestand von § 227 **Abs 1** verlangt eine durch Notwehr gebotene Handlung. Vier Elemente gehören gemäß § 227 **Abs 2** (in wörtlicher Übereinstimmung mit § 32 Abs 2 StGB und dem früheren § 53 Abs 2 RStGB) zum Tatbestand der Notwehr:

– Angriff auf ein rechtlich geschütztes Interesse,

– Gegenwärtigkeit des Angriffs,

– Rechtswidrigkeit des Angriffs,

– Erforderlichkeit der Verteidigung.

Unterschieden werden *Notwehrlage* (gegenwärtiger rechtswidriger Angriff) und *Notwehrhandlung* (erforderliche Verteidigungshandlung).

1. Notwehrlage

a) Der Angriff auf ein rechtlich geschütztes Interesse

10 aa) Als *Angriff* bezeichnet man jedes menschliche Verhalten, das rechtlich geschützte Individualinteressen anderer mindestens zu verletzen droht (SOERGEL/FAHSE[13] Rn 1; MünchKomm/GROTHE Rn 4). Unerheblich ist es, ob sich der Angreifer zur Ausführung eines Instruments, zB einer Waffe oder eines Tieres, bedient. Entsprechend der weitgespannten Schutzfunktion des Notwehrrechts (vgl oben Rn 6) kann **Angriffsziel** ein deliktisch geschütztes Recht wie Leben (auch werdendes Leben!), Gesundheit oder Freiheit sein ebenso wie **jedes rechtlich geschützte Gut oder Interesse** (vgl MünchKomm/GROTHE Rn 6; BGB-RGRK/JOHANNSEN Rn 17; SOERGEL/FAHSE[13] Rn 4).

11 **Beispiele**: Unerlaubtes Rauchen in der Eisenbahn stellt einen Angriff auf die Ge-

sundheit der Mitreisenden dar und kann daher ein Notwehrrecht auslösen (so auch MünchKomm/GROTHE Rn 7; SOERGEL/FAHSE[13] Rn 4; **aA** LG Berlin [7. 6. 1977] NJW 1978, 2343, 2344, da die Gesundheitsschädlichkeit nicht nachgewiesen sei; STAUDINGER/DILCHER[12] Rn 3; PALANDT/ELLENBERGER Rn 3; zur rechtlichen Bewertung des Passivrauchens: OLG Hamm [1. 3. 1982] NJW 1983, 583). Arbeitswilligen Arbeitnehmern steht das Notwehrrecht zu, wenn ihnen der Zugang zum Betrieb durch eine Blockade verwehrt werden soll (LÖWISCH/KRAUSS DB 1995, 1330). Auch die Freiheit zur Fortbewegung im Straßenverkehr ohne verkehrsfremde Beeinträchtigung (Sperrung der Fahrbahn durch einen Fußgänger) ist geschützt (OLG Schleswig [3. 2. 1984] NJW 1984, 1470, 1471; BayObLG [14. 8. 1992] NJW 1993, 211 m zurecht kritischer Anm JUNG JuS 1993, 427; SOERGEL/FAHSE[13] Rn 4; zum Zuparken von Einfahrten vgl VAN VENROOY JuS 1979, 102 ff). Ferner kommt das allgemeine Persönlichkeitsrecht als Angriffsobjekt in Betracht (OLG Hamburg [14. 4. 1972] NJW 1972, 1290 – Recht am eigenen Bild; BGH [12. 8. 1975] NJW 1975, 2075, 2076; OLG Hamm [2. 4. 1987] JZ 1988, 308; OLG Düsseldorf [15. 10. 1993] NJW 1994, 1971 f: Festhalten der Kamera eines ohne Erlaubnis Photographierenden; LG Frankfurt/Oder [25. 6. 2013] NJW-RR 2014, 159 ff – Verletzung eines Pressephotographen durch einen Wachdienst, der auf Wunsch der Trauergemeinde das Photographieren bei der Beerdigung einer ermordeten Frau verhindern soll; speziell zum Photographieren MünchKomm/GROTHE Rn 7; zu Persönlichkeitsrechtsverletzungen unter Nachbarn vgl HORST DWW 2001, 122, 124 f). Daher ist die Intimsphäre geschützt (ERDSIEK NJW 1962, 2240, 2242). Das gilt freilich nicht, wenn die Rechtsträger selbst auf diesen Schutz verzichten, indem sie zB in der Öffentlichkeit Zärtlichkeiten austauschen, die dann ein anderer beobachtet (BayObLG [26. 6. 1962] NJW 1962, 1782, 1783 – kritisch dazu ERDSIECK aaO; zustimmend jedoch RÖTELMANN MDR 1964, 207; ROXIN, Strafrecht AT [4. Aufl 2006] § 15 Rn 30; **aA** MünchKomm/ERB § 32 StGB Rn 93; dazu auch WERNER, Fälle mit Lösungen für Anfänger im Bürgerlichen Recht [10. Aufl 2000] 150 ff). Auch das Hausrecht – gleichgültig ob mit dem Eigentum oder einem sonstigen Besitzrecht verbunden – ist notwehrfähig (OLG Düsseldorf [29. 8. 1997] NJW 1997, 3383 f; AG Karlsruhe [11. 7. 2012] BeckRS 2012, 22667; PALANDT/ELLENBERGER Rn 3; **aA** OLG Frankfurt [1. 10. 1993] NJW 1994, 946, 947 – mit ablehnender Besprechung von LÖWISCH/RIEBLE NJW 1994, 2596). Eine unwirksame Kündigungserklärung ist hingegen *kein Angriff* auf das (zweifelhafte) Recht am Arbeitsplatz (BAG [14. 2. 1978] MDR 1978, 787). Sie ist nicht geeignet, ein Rechtsgut zu verletzen.

Die *Ehe* selbst, wiewohl selbstverständlich ein Rechtsgut, wird für nicht notwehr- **12** fähig gehalten, da die eheliche Treue nicht mit Gewalt aufrechterhalten werden könne (OLG Köln [17. 4. 1965] NJW 1975, 2344; ROXIN, Strafrecht AT [4. Aufl 2006] § 15 Rn 32; SOERGEL/FAHSE[13] Rn 5; **aA** LK/SPENDEL [11. Aufl 1992] § 32 Rn 183, aufgegeben in 12. Aufl 2006: LK/RÖNNAU/HOHN § 32 Rn 93). Zwar ergibt sich gegen den untreuen Ehegatten ein Anspruch aus § 1353 Abs 1 S 2 auf (Wieder-)Herstellung der ehelichen Lebensgemeinschaft (durch Unterlassen ehewidriger Beziehungen), aber gemäß § 888 Abs 2 ZPO ist ein solcher Anspruch nicht vollstreckbar. Da das Notwehrrecht nur den staatlichen Schutz subjektiver Rechte substituieren soll, kann es keinesfalls weiter reichen als staatlicher Rechtsschutz – von örtlicher und zeitlicher Verfügbarkeit staatlicher Hilfe einmal abgesehen. Dasselbe gilt auch gegenüber dem Dritten, der an der Störung der Ehe beteiligt ist. Würde er zum Unterlassen gezwungen werden können, würde die Wertung des § 888 Abs 2 ZPO zum Nachteil des an der Ehestörung beteiligten Ehepartners mittelbar umgangen (vgl GIESEN, Familienrecht [2. Aufl 1997] Rn 187 ff). Die durch § 888 Abs 2 ZPO gebotene Einschränkung gilt allerdings nicht für den *räumlich-gegenständlichen Bereich* der Ehe, der aus dem allgemeinen Persönlichkeitsrecht der Eheleute abgeleitet wird (GIESEN aaO Rn 191) und die Ehewohnung umfasst. Dieser räumlich-gegenständliche Bereich der Ehe ist ein notwehrfähiges Rechtsgut. – Dieselben Überlegungen gelten entsprechend auch für das Verlöbnis (MünchKomm/Grothe Rn 7).

13 Nach der allgemeinen Ordnung des Soziallebens sind *übliche Beeinträchtigungen* von Rechtsgütern, zB der Bewegungsfreiheit bei einem normalen Gedränge in öffentlichen Verkehrsmitteln oder vor einem Fußballstadion, nicht als Angriff zu bewerten. Die schwierige Grenzziehung ist im Einzelfall unter Rückgriff auf die Zwecke des Notwehrrechts vorzunehmen (vgl im Übrigen unten Rn 68 f).

14 Zu betonen ist, dass als Angriffsobjekt *nur individuelle Rechtsgüter* – unter Einschluss subjektiver öffentlicher Rechte – in Betracht kommen. Schon der Wortlaut von § 227 Abs 2 macht das deutlich („gegen sich oder einen anderen"). Gegen die *Störung der öffentlichen Ordnung* selbst hat der einzelne kein Notwehrrecht, es sei denn, die Störungshandlung droht, zugleich individuelle Rechtsgüter zu verletzen (vgl BGHZ [15. 4. 1975] 64, 178, 180 = BGH NJW 1975, 1161 f – kein Notwehrrecht gegen eine pornographische Zeitschriftenauslage in einer Buchhandlung; vgl Bork, AT [3. Aufl 2011] Rn 367; BGHSt [2. 10. 1953] 5, 245, 247; Soergel/Fahse[13] Rn 12). Die Allgemeinheit, die durch die öffentliche Ordnung geschützt wird, ist eben kein „anderer" gemäß § 227 Abs 2 (vgl für § 32 Abs 2 StGB Roxin, Strafrecht AT [4. Aufl 2006] § 15 Rn 1).

15 bb) Angreifer kann jeder Mensch sein. Auf ein Verschulden des Angreifers kommt es insoweit nicht an (MünchKomm/Grothe Rn 4; Palandt/Ellenberger Rn 2; Soergel/Fahse[13] Rn 3). Deshalb können auch Geschäftsunfähige Angreifer sein. Angriffe einer juristischen Person können nur durch deren Organe erfolgen, sodass sich auch die Notwehr gegen die Organe richtet. Gegen Tiere ist keine Notwehr möglich; hier greift vielmehr § 228 ein (Gebhard, Begründung TE-AllgT, 11 [Schubert AT 2, 435]; BGB-RGRK/Johannsen Rn 13; Enneccerus/Nipperdey [1960] § 240 Fn 9). Dasselbe gilt auch für durch Sachen hervorgerufene Gefährdungen, etwa ein führungslos fahrendes Kraftfahrzeug, dessen Lenker bewusstlos geworden ist (Wolf/Neuner, AT § 21 Rn 43; Münzberg 356, 372, 373; Soergel/Fahse[13] Rn 3). Der Grund dafür, das Notwehrrecht allein gegen menschliches Verhalten zu gewähren, liegt darin, dass Tiere oder auch Sachen nicht die Bewahrung der Rechtsordnung in Frage stellen können und insoweit einer der beiden Zwecke des Notwehrrechts (oben Rn 5) nicht erreicht wird (vgl auch Roxin, Strafrecht AT [4. Aufl 2006] § 15 Rn 6). – Soweit allerdings ein Tier oder eine Sache als Werkzeug benutzt wird, ist Notwehr sowohl gegen denjenigen, der diesen Angriff beherrscht (zB den Halter eines Hundes), als auch unmittelbar gegen das Tier (den gehetzten Hund) bzw die gefahrbringende Sache selbst möglich (Soergel/Fahse[13] Rn 3; vgl § 228 Rn 16, 20).

16 cc) Das **Angriffsverhalten** ist regelmäßig ein aktives Handeln gegenüber dem betroffenen Rechtsgut. Daher stellt die Flucht eines Täters grundsätzlich keinen Angriff dar. Insoweit fehlt die Bedrohung eines Rechtsguts. Echtes Unterlassen im Sinne eines Nicht-Handelns erfüllt ebenfalls *nicht* die Voraussetzungen einer Angriffshandlung iSv § 227 (RGSt [6. 6. 1889] 19, 298, 299). Denn Nicht-Handeln allein stellt weder die Rechtsordnung in Frage noch verletzt es ein fremdes Rechtsgut. Auch die Nichterfüllung zivilrechtlicher Forderungen begründet normalerweise kein Notwehrrecht (RG [4. 4. 1933] WarnR 1933 Nr 116; Hübner, AT Rn 548; MünchKomm/Grothe Rn 5; Soergel/Fahse[13] Rn 1; Derleder BB 1987, 818, 825; Enneccerus/Nipperdey [1960] § 240

Fn 2; MünchKomm/Erb § 32 StGB Rn 67–69; kritisch Schünemann, Selbsthilfe im Rechtssystem [1985] 43 f; Brox JA 1982, 221, 223; Lagodny GA 1991, 300, 319 f). Wer nicht zahlt, bleibt untätig, greift aber nicht an. Allenfalls kommt ein Selbsthilferecht nach § 229 in Betracht (s dort). Eine Nebenpflichtverletzung, die zu einer selbständigen Rechtsgutverletzung führen kann, mag man als Nichterfüllung im weiteren Sinne verstehen. Geschieht sie durch aktives Tun (Bsp: Malergeselle droht, beim Versuch, einen Farbeimer zu öffnen, einen kostbaren Perserteppich des Werkbestellers zu verschmutzen), so kann das einen Angriff darstellen.

Die Nichterfüllung zivilrechtlicher Ansprüche kann jedoch dann ein Notwehrrecht **17** begründen, wenn sie zugleich als *unechte Unterlassungshandlung* (vgl § 13 StGB) zu verstehen ist (Jauernig/Jauernig Rn 2; Erman/E Wagner Rn 3; aA vBar, Gemeineuropäisches Deliktsrecht § 5 Rn 495; MünchKomm/Grothe Rn 5, da sonst die Grenzen zur erlaubten Selbsthilfe und zum Notstand verwischt würden; jurisPK-BGB/Backmann Rn 12). Unechte Unterlassungshandlungen sind dadurch gekennzeichnet, dass den Täter aufgrund seiner *Garantenstellung* (aus Gesetz, Vertrag oder vorangegangenem Tun) eine Pflicht zum Handeln trifft, deren Verletzung zugleich den Verletzungserfolg beim geschützten Rechtsgut verursacht (vgl aus der strafrechtlichen Literatur Lackner/Kühl [27. Aufl 2007] § 32 StGB Rn 2; Schönke/Schröder/Perron [29. Aufl 2014] § 32 StGB Rn 10 f; MünchKomm/Erb § 32 StGB Rn 71 mit Bsp: Pflicht, versehentlich im Internet veröffentlichte Informationen aus der Intimsphäre eines Dritten wieder zu löschen; Roxin, Strafrecht AT [4. Aufl 2006] § 15 Rn 11). Wenn zB der Bergführer den Touristen in einer lebensgefährlichen Lage verlassen will, kann dieser Notwehr üben (Enneccerus/Nipperdey [1960] § 240 II 1 Fn 2, der darin allerdings ein aktives Tun des Bergführers sieht; Hübner, AT § 27 I 1 Rn 548; MünchKomm/Erb § 32 StGB Rn 68 aE; Soergel/Fahse[13] Rn 1 legt den Akzent auf das aktive Verlassen des Touristen und verneint einen Angriff durch Unterlassen).

Unterlässt der unmittelbare Besitzer die Herausgabe an den mittelbaren Besitzer, so **18** liegt darin noch kein unechtes Unterlassungsdelikt, selbst wenn der unmittelbare Besitzer zur Rückgabe verpflichtet ist. Zwar wird uU nicht nur die schuldrechtliche Verpflichtung, sondern auch das Eigentumsrecht des mittelbaren Besitzers dadurch verletzt, unstreitig steht aber dem unmittelbaren Besitzer der Besitzschutz aus §§ 858 ff zu (vgl Staudinger/Gutzeit [2012] § 869 Rn 10). Der unmittelbare Besitzer darf sich daher gewaltsam gegen verbotene Eigenmacht auch des Eigentümers wehren. Wenn aber der unmittelbare Besitzer das Eigentum des mittelbaren Besitzers in anderer Weise als durch Vorenthaltung zB durch Beschädigung zu beeinträchtigen droht, erwächst aus diesem Gesichtspunkt dem Eigentümer ein Notwehrrecht (Staudinger/Gutzeit [2011] § 869 Rn 11; MünchKomm/Erb § 32 StGB Rn 69).

Echte Unterlassungsdelikte wie zB die unterlassene Hilfeleistung (§ 323c StGB) **19** begründen kein Notwehrrecht. Derjenige, der die Hilfeleistung unterlässt, verletzt dadurch nicht ein fremdes Rechtsgut. Notwehr muss schon aus diesem Grund ausscheiden. In Betracht kommt allein eine Notstandshandlung nach § 904 bzw auch § 34 StGB (MünchKomm/Erb § 32 StGB Rn 70).

dd) Wird nur ein *vermeintlicher Angriff* ausgeführt, dh eine Handlung, die der **20** Betroffene fälschlich als Angriff wertet, so bezeichnet man dessen Abwehr als **Putativnotwehr**, zB wenn ein des Diebstahls Verdächtiger festgehalten wird, damit die Polizei die Personalien feststellen kann und der Verdächtige sich jetzt gegen

§ 227   Buch 1

seinen Verfolger wendet in der Auffassung, sein Freiheitsrecht verteidigen zu dürfen (OLG Nürnberg [8. 1. 1959] VersR 1960, 1005). Dasselbe kann gelten, wenn der Betroffene ungefährliches, fremdes Tun falsch einschätzt und als Angriff wertet (vgl BGH [28. 5. 1965] VersR 1965, 882, zustimmend SOERGEL/FAHSE¹³ Rn 1; tatsächlich liegt jedoch auch hier ein Angriff vor, weil auch geringfügige Beeinträchtigungen der eigenen Rechtsgüter dafür ausreichen – nur ist nicht jede Form der Notwehr zulässig, vgl die Einschränkung aus dem Gesichtspunkt der Gebotenheit unten Rn 68). Die Putativnotwehr bewirkt *keine Rechtfertigung* der Notwehrhandlung (RG [12. 4. 1926] JW 1924, 1968 Nr 3; [19. 3. 1926] WarnR 1926 Nr 112; ERMAN/E WAGNER Rn 17; SOERGEL/FAHSE¹³ Rn 49; zur Schadensersatzpflicht unten Rn 80). – Strafrechtlich handelt es sich bei der Putativnotwehr, die nicht speziell geregelt ist, nach der herrschenden eingeschränkten Schuldtheorie um einen Irrtum über „Umstände, die zum gesetzlichen Tatbestand" iSv § 16 Abs 1 StGB gehören. Die Rechtsfolge ist ein Ausschluss des subjektiven Tatbestands des Vorsatzes. Fahrlässigkeit kann jedoch vorliegen (vgl FISCHER [61. Aufl 2014] § 32 StGB Rn 51 und § 16 StGB Rn 22; GEPPERT Jura 2007, 33, 36).

b)   Die Gegenwärtigkeit des Angriffs

21 **aa)**   Der Angriff muss gegenwärtig sein. Das ist der Fall, wenn er *bereits begonnen* hat, *gerade stattfindet* oder noch *fortdauert*. Entscheidend ist das Andauern einer gegenwärtigen Gefahr (OLG Brandenburg [30. 1. 1996] NJW-RR 1996, 924 f). Die Rechtsgutverletzung muss noch nicht erfolgt sein, sondern es genügt, wenn sie unmittelbar bevorsteht (BGH [7. 11. 1972] NJW 1973, 225; [15. 11. 1994] NJW 1995, 973).

22 **bb)**   Entscheidend ist also zunächst, dass ein Angriff *begonnen* hat. Dazu ist eine *konkrete Gefährdung* des geschützten Rechtsgutes erforderlich (vgl ENNECCERUS/NIPPERDEY [1960] § 240 II 1a). Die Verletzung des Rechtsgutes muss nicht erst abgewartet werden, aber doch so unmittelbar bevorstehen, dass sie nur durch sofortige Abwehr verhindert werden kann (ERMAN/E WAGNER Rn 7). So liegt bereits ein gegenwärtiger Angriff bei einem Verhalten vor, das in eine Verletzung umschlagen kann (BGH [7. 11. 1972] NJW 1973, 255 – der Täter hatte eine Handbewegung nach seiner Brusttasche mit einem geladenen Revolver gemacht; zum strafrechtlichen Versuch fehlte das Herausziehen der Waffe; BayObLG [9. 1. 1985] NJW 1985, 2600, 2601 – verneint die Gegenwärtigkeit eines Angriffs für einen Kunden einer Gastwirtschaft, der sich drohend und beleidigend vor der Frau eines anderen Kunden aufgebaut hat; SCHREIBER Jura 1997, 29, 30) – beispielsweise, wenn sich der angerufene Wilderer nicht sofort seiner Waffe entledigt (RGSt [23. 10. 1918] 53, 132 f; OLG Karlsruhe [22. 1. 1931] HRR 1931 Nr 1130; BGH [17. 12. 1952] VersR 1953, 146). Auf das Erreichen des strafrechtlichen Versuchsstadiums kommt es trotz einer gewissen Ähnlichkeit des Problems nicht an, weil der strafrechtlich relevante Versuch der Vollendung möglichst nahe bleiben muss (ROXIN, Strafrecht AT [4. Aufl 2006] § 15 Rn 22). Notwehr kann also schon vorher zulässig sein. Andererseits genügt keinesfalls eine bloße Vorbereitung des Angreifers (AG Oldenburg/Holstein [20. 7. 2010] 23 C 927/09 Rn 27 ff – befürchtet ein Beifahrer, der Fahrer werde das Auto gegen einen Baum steuern, so rechtfertigt das nicht einen Eingriff ins Lenkrad mit Unfallfolge, solange nicht feststeht, dass das Auto tatsächlich auf einem Abweg war). Erst in einem Endstadium der Vorbereitung unmittelbar vor dem Versuchsbeginn, wenn also der Angreifer unmittelbar zum Angriff ansetzt, wird der Angriff gegenwärtig. Wenn zB X mit einem Schraubenzieher in der Hand auf Y losgeht, darf sich Y mit einem Schuss auf die Beine des X verteidigen, bevor X so nahe herangekommen ist, dass er Y verletzen könnte (ähnlich BGHSt [19. 9. 1973] 25, 229, 231). Das strafrechtliche Versuchsstadium würde voraussetzen, dass X in Reichweite

des Y gelangt ist und zum Stich ausholt (vgl ROXIN, Strafrecht AT [4. Aufl 2006] § 15 Rn 24). Solange aber etwa X im Bus sitzt, um zum Wohnort des Y zu fahren, hat der vorbereitete Angriff (Mitführen des Schraubenziehers) noch nicht begonnen. Vielmehr ist es nötig, dass der Angreifer seinen (nicht unbedingt rechtsgeschäftlichen!) Willen, ein Rechtsgut zu verletzen, irgendwie nach außen kundgetan oder betätigt hat (BayObLG [9. 1. 1985] NJW 1985, 2600, 2601).

Präventivnotwehr gegen einen befürchteten Angriff begründet keine Rechtfertigung 23 (RG [9. 10. 1925] SeuffA 80 Nr 30; BGH [15. 5. 1979] NJW 1979, 2053, 2054 – Spannerfall – mit Anm HIRSCH JR 1980, 115 ff, HRUSCHKA NJW 1980, 21 ff, SCHROEDER JuS 1980, 336 ff; vgl auch PAWLIK Jura 2002, 26, 29; ders GA 2003, 12, 17). Schutzmaßnahmen gegen künftige Angriffe, wie zB Fußangeln, Selbstschussanlagen usw, sind nicht durch Notwehr gerechtfertigt, wenn sie jemanden schädigen, der keinen Angriff unternimmt (SOERGEL/FAHSE[13] Rn 13; ROXIN, Strafrecht AT [4. Aufl 2006] § 15 Rn 51). In Betracht kommt allenfalls eine Notstandshandlung gemäß § 228 bzw § 34 StGB (vgl SCHÖNKE/SCHRÖDER/PERRON [29. Aufl 2014] § 32 Rn 17; ROXIN, Strafrecht AT [4. Aufl 2006] § 16 Rn 73), weil die drohende Gefahr iSv § 228 nicht gleichbedeutend mit einem gegenwärtigen Angriff nach § 227 Abs 2 ist. Solange niemand gefährdet oder gar verletzt wird, ist es darüber hinaus selbstverständlich erlaubt, sich auf Notwehr vorzubereiten.

cc) Weiterhin muss der Angriff noch *andauern,* um gegenwärtig zu sein. Er dauert 24 an, bis die Gefährdung bzw Verletzung des geschützten Rechtsgutes nicht mehr besteht. Es genügt für die Fortdauer, dass weitere Tätlichkeiten des Angreifers ernstlich zu besorgen sind (BGH [4. 11. 1963] VersR 1964, 286, 287; [2. 3. 1971] VersR 1971, 629, 630; [15. 5. 1979] NJW 1979, 2053, 2054 – vgl aber PAWLIK Jura 2002, 29). Insbesondere bei Dauerdelikten wie einer Verletzung des Hausrechts oder einer Freiheitsberaubung kommt daher Notwehr in Betracht, auch wenn der Verletzungserfolg schon eingetreten ist und daher der Güterschutz nicht mehr vollständig erreicht werden kann. Ein Angriff auf das Eigentum iSv § 227 durch den flüchtigen Dieb liegt noch solange vor, wie dieser bestrebt ist, sich die Beute zu sichern (RGZ [12. 10. 1925] 111, 370, 371 f; BGH [15. 5. 1979] MDR 1979, 985; OLG Hamm [14. 12. 1976] VersR 1977, 934, 935; BGB-RGRK/ JOHANNSEN Rn 11; WOLF/NEUNER § 21 Rn 46; SOERGEL/FAHSE[13] Rn 14). Neben § 227 kann in diesen Fällen auch das Selbsthilferecht nach § 859 Abs 2 (Besitzkehr) rechtfertigend wirken (STAUDINGER/BUND [2007] § 859 Rn 17–19).

dd) *Nicht mehr gegenwärtig* ist ein abgeschlossener, aufgegebener oder fehl- 25 geschlagener Angriff (ERMAN/E WAGNER Rn 7). Schlägt ein Angreifer, der zudem schon in der Vergangenheit durch Tätlichkeiten aufgefallen ist, jemanden mit einem Schlag ins Gesicht zu Boden, so ist der Angriff damit noch nicht beendet, auch wenn nicht feststeht, dass der Täter weitere Schläge oä ausführen wollte (OLG Koblenz [17. 1. 2011] BeckRS 2011, 02119). Der Angriff dauert vielmehr solange fort, wie eine Fortsetzung oder Wiederholung der Verletzungshandlung zu befürchten ist (BGH [9. 8. 2005] NStZ 2006, 152, 153 Rn 5). Für den Ausgleich einer einmal erfolgten Rechtsgutsverletzung bleibt notfalls der Rechtsweg. Ein von *mehreren Personen* gemeinsam geführter Angriff ist erst beendet, wenn sämtliche Angreifer von ihrem Tun abgelassen haben (OLG Kiel [4. 11. 1921] Recht 1922, Nr 1138), soweit nicht die Gefährdung bereits zuvor beseitigt ist, weil die ersten Angreifer von ihrem Vorhaben Abstand genommen haben. Im Übrigen kann Notwehr nur gegen diejenigen geübt werden, welche die

Gefährdung aufrecht erhalten, nicht aber gegen solche, die aus den Reihen der Angreifer ausgeschieden sind.

c) Die Rechtswidrigkeit des Angriffs

26 Der Angriff muss nicht nur gegenwärtig, sondern auch zu diesem Zeitpunkt rechtswidrig sein. Eine nachträgliche Genehmigung zB beseitigt daher nicht die Notwehrlage (SOERGEL/FAHSE[13] Rn 22).

27 **aa)** Wie die Rechtswidrigkeit des Angriffs zu bestimmen ist, ist streitig (Überblick bei KÖTZ, Deliktsrecht 1996 Rn 94 f).

28 **(1)** Nach der Rechtsprechung und der herrschenden Lehre ist auf der Grundlage der kausalen Handlungslehre ein Angriff dann rechtswidrig, wenn sein *Erfolg* rechtlich missbilligt wird (MünchKomm/GROTHE Rn 10; HÜBNER, AT Rn 551; im Ergebnis auch BORK, AT [3. Aufl 2011] Rn 360). Diese Missbilligung trifft grundsätzlich jedes Verhalten, das ursächlich für die Verletzung eines rechtlich geschützten Interesses ist. Die tatbestandsmäßige Rechtsgutsverletzung indiziert die Rechtswidrigkeit (PALANDT/ SPRAU § 823 Rn 24; SOERGEL/FAHSE[13] Rn 15). Gleichwohl ist die Rechtswidrigkeit zu verneinen, wenn der Verletzungserfolg durch Duldungspflichten oder einen sonstigen Grund gerechtfertigt ist (vgl unten Rn 34 ff).

Die Rechtsprechung hat es stets abgelehnt, im Zivilrecht vom erfolgsbezogenen Rechtswidrigkeitsbegriff zum verhaltensbezogenen zu wechseln (vgl nur BGH [12. 7. 1996] NJW 1996, 3205, 3207). Zuzugeben ist, dass die Lehre vom Erfolgsunrecht zu größerer Übersichtlichkeit als diejenige vom Verhaltensunrecht führt, weil Tatbestandselemente der Fahrlässigkeit nicht schon in die Prüfung der Rechtswidrigkeit hineingezogen werden.

29 **(2)** Im Gegensatz dazu steht die vor allem im Strafrecht vor dem Hintergrund der finalen Handlungslehre entwickelte Lehre vom *Handlungs-* oder *Verhaltensunrecht* (vgl ROXIN, Strafrecht AT [4. Aufl 2006] § 15 Rn 14 ff). Danach ist der Angriff nicht wegen des Verletzungserfolgs, sondern wegen des Unwerts der Handlung selbst rechtswidrig. Das Unwerturteil resultiert zwar auch aus einer rechtlichen Missbilligung, diese bezieht sich aber nicht wie nach der herrschenden Auffassung im Zivilrecht auf den Erfolg der Handlung, sondern auf das finale Verhalten des Täters selbst (ROXIN, Strafrecht AT [4. Aufl 2006] § 10 Rn 88 ff; ENNECCERUS/NIPPERDEY [1960] § 209; WIETHÖLTER 15 ff; MÜNZBERG 109 ff, 201 ff; ESSER/SCHMIDT [8. Aufl 2000] § 25 IV 1; vgl auch vCAEMMERER, in: FS Deutscher Juristentag [1960] 49, 128). Das Argument, die Rechtsordnung könne nur Handlungen, nicht Erfolge verbieten, verfängt allerdings nicht, weil auch die Lehre vom Erfolgsunrecht selbstverständlich nicht in dieser Weise Handlung und Erfolg voneinander trennen möchte (vgl ROXIN, Strafrecht AT § 10 Rn 94–96).

30 **(3)** Stellungnahme: Maßgeblich für die Beantwortung der Frage, welchem Ansatz gefolgt werden soll, ist nicht eine Festlegung auf diese oder jene Handlungslehre (skeptisch zur Leistungsfähigkeit der Theorien vor dem Hintergrund der geschichtlichen Entwicklung des Haftungsrechts auch JANSEN, Struktur des Haftungsrechts [2003] 412). Auch ist zu berücksichtigen, dass strafrechtliche Kategorien nicht unbedingt auf das in der Zielsetzung unterschiedliche Zivilrecht übertragen werden können. Zivil- und Strafrecht können vielmehr auch unterschiedliche Wege gehen. Straf- und Ordnungs-

widrigkeitenrecht haben die Sanktionierung solchen Verhaltens im Blick, das für die Allgemeinheit schädlich ist oder sein wird. Versteht man die Funktion des Zivilrechts als „ein Ausgleichssystem zwischen Privaten, das nicht nur, aber vor allem auf Störungen der Güterzuordnung reagiert" (MünchKomm/GROTHE Rn 1), so ist damit zwar eine wichtige Funktion einiger privatrechtlicher Normen benannt, aber es geht im Privatrecht doch um weit mehr als vor allem um den Ausgleich von Störungen. Viele Normen, wie zB § 1004, dienen elementar dem Schutz subjektiver Rechte, haben aber gar keinen Ausgleichscharakter. Gerade auch der doppelte Zweck des Notwehrrechts (vgl oben Rn 5 ff) zeigt, dass das Privatrecht in seinem Kern auf die *Erhaltung funktionsfähiger Freiheit zur Entfaltung der Persönlichkeit* angelegt ist. Dazu bedarf es sowohl des Schutzes individueller Verhaltensberechtigungen als auch der Erhaltung und Bewährung der Rechtsordnung selbst, die conditio sine qua non für die subjektiven Rechte ist. Andererseits hat das Zivilrecht nur in völlig untergeordneter Weise die Aufgabe, Fehlverhalten zu sanktionieren (§ 817 S 2 bestraft den sittenwidrig Leistenden mit dem Verlust des Herausgabeanspruchs; weitergehend sogar § 241a, der, wettbewerbsrechtlich motiviert, freilich mitunter als Fremdkörper im BGB empfunden wird; vgl auch § 661a).

Da es im Privatrecht nicht auf Sanktion ankommt, genügt für § 227 auch ein ob- **31** jektiver Rechtswidrigkeitsmaßstab, der grundsätzlich an der Rechtsgutsverletzung bzw -gefährdung anknüpfen kann. Sogar problematische Fälle, wie das von LARENZ vorgetragene Beispiel des Lokomotivführers, der sich völlig korrekt verhält und dabei einen Selbstmörder überfährt (FS Dölle [1963] Bd 1, 169, 187), lassen sich lösen, ohne von der in der Praxis bewährten Lehre vom Erfolgsunrecht abzuweichen. Wenn es eine geeignete Notwehrhandlung gäbe, die den Tod des Selbstmörders vermeiden würde, wäre es kaum erklärbar, dass der Lokomotivführer „verkehrsrichtig" den Selbstmörder überfahren dürfte. Entweder gebietet die Sorgfaltspflicht, dass der Lokomotivführer bremst bzw nicht weiterfährt – oder aber es fehlt eine geeignete Abwehrhandlung: dann geht die Gefahr in Wirklichkeit nicht mehr von dem Lokomotivführer aus, sondern von dem in Bewegung befindlichen Zug. Es fehlt dann ein Angriff iSv § 227, weil die Bedrohung des Rechtsguts nicht mehr durch ein entsprechendes „Verhalten" hervorgerufen wird. Der Lokomotivführer sitzt insofern einem Fahrgast vergleichbar im Zug.

Der Fall zeigt, dass der eigentliche Grund für das Rechtswidrigkeitsurteil auch auf **32** dem Boden der im Zivilrecht herrschenden kausalen Handlungslehre der Verstoß gegen eine bestimmte Verhaltenspflicht ist. Nicht der Handlungserfolg, sondern der Pflichtverstoß wird bewertet. Wenn beispielsweise ein Angreifer beginnt, in einem Porzellanladen Geschirr zu zertrümmern, so betrifft das Rechtswidrigkeitsurteil nicht die Scherben als solche, sondern die Verletzung des Zuweisungsgehaltes des Eigentumsrechts des Geschäftsinhabers bzw seiner Lieferanten. Das Rechtswidrigkeitsurteil betrifft mit anderen Worten die *Herbeiführung* eines rechtlich missbilligten Erfolgsunwerts (vgl ROXIN, Strafrecht AT [4. Aufl 2006] § 10 Rn 88). Die Missbilligung beruht auf dem Eingriff in fremde Verhaltensberechtigungen, also auf einer Verletzung subjektiver Rechtspositionen, denen auf der Seite des Angreifers entsprechende Verhaltenspflichten gegenüberstehen. Bei mittelbaren Verletzungshandlungen geht es dabei um eine Gefahrvermeidungspflicht, bei unmittelbaren Handlungen hingegen um eine Erfolgsvermeidungspflicht (vgl für das Deliktsrecht LARENZ/CANARIS, SchuldR BT II § 75 II 3 b, S 365 ff – die Überlegungen können auch für das Notwehrrecht Gültigkeit beanspruchen; ähnlich LARENZ, AT § 15 I, S 271). Immer geht es um einen Angriff auf eine subjektive Verhaltensberechtigung, mit der eine Gefahr- oder Erfolgsvermeidungspflicht notwendig zusammenhängt.

33 Das Rechtswidrigkeitsurteil darf nicht in Widerspruch zu den beiden Zwecken des Notwehrrechts geraten. Für das Beispiel mit dem Selbstmörder (Rn 31) gelingt das auch ohne Rückgriff auf die Lehre vom Verhaltensunrecht, denn es ginge nur dann um die Bewährung der Rechtsordnung, wenn der Lokomotivführer den Tod des Selbstmörders noch abwenden könnte. Sonst fehlt das für einen Angriff erforderliche menschliche Verhalten. Das Unglück erscheint dann vielmehr als ein unabwendbares Ereignis, ausgehend von der Gefahr des rollenden Zuges.

34 **bb)** Die allgemeinen **Rechtfertigungsgründe** gelten auch im Zusammenhang mit § 227. Wer sich seinerseits auf ein *Notwehrrecht* berufen kann, handelt nicht rechtswidrig. Gegen Notwehr ist also keine Notwehr möglich (vgl ROXIN, Strafrecht AT [4. Aufl 2006] § 15 Rn 14). Dasselbe gilt für *Notstandshandlungen,* die gem § 228 bzw § 904 (vgl STAUDINGER/SEILER [2002] § 904 Rn 28 f) gerechtfertigt sind.

35 Weiter kommt als Rechtfertigungsgrund eine *Einwilligung* des Betroffenen in Frage, soweit das gefährdete Rechtsgut überhaupt zur Disposition des Einwilligenden steht. Maßgeblich ist dafür zunächst der Zuweisungsgehalt des betroffenen subjektiven Rechts (zur Rechtsnatur und den Voraussetzungen der Einwilligung vgl jetzt umfassend OHLY, „Volenti non fit iniuria". Die Einwilligung im Privatrecht [2002] insbes 178 ff, mit kritischer Rezension von DEUTSCH NJW 2003, 1854; außerdem vgl die Kommentierungen zu § 823). – Wer zB bei einer einverständlichen Prügelei gegen den überlegenen Gegner das Messer zieht, handelt nicht in Notwehr (BGH [8. 5. 1990] NJW 1990, 2263, 2264; LG Köln [10. 11. 1989] MDR 1990, 1033; ROXIN, Strafrecht AT [4. Aufl 2006] § 15 Rn 14). Wer aber mit Zustimmung des Hauseigentümers einen Brand legen möchte, handelt ohne wirksame Einwilligung, weil das betroffene Interesse der Allgemeinheit nicht der Disposition des Hauseigentümers unterliegt. In Tötungshandlungen oder auch Körperverletzungen, die gegen die guten Sitten verstoßen, kann man nicht wirksam einwilligen (SOERGEL/FAHSE[13] Rn 17). Die Einwilligung unterliegt den Regeln über rechtsgeschäftliche Willenserklärungen. Geschäftsfähigkeit (§§ 104 ff) ist daher Voraussetzung für ihre Wirksamkeit. Bei höchstpersönlichen Rechtsgütern ist eine an die Einsichts- und Urteilsfähigkeit des Betroffenen gebundene Zustimmung beschränkt Geschäftsfähiger erforderlich und unter Umständen auch ausreichend (BGHZ [5. 12. 1958] 29, 33, 36 f = FamRZ 1959, 200 ff mit Anm BOSCH 202 f).

36 Auch eine *mutmaßliche Einwilligung* bzw eine *berechtigte Geschäftsführung ohne Auftrag* (§§ 677 ff) rechtfertigt das Verhalten des Angreifers. Maßgeblich ist insoweit, dass der Handelnde im Interesse des Betroffenen tätig wird. Zu fragen ist, ob der Betroffene zustimmen würde, wenn er gefragt würde bzw werden könnte (vgl SOERGEL/FAHSE[13] Rn 24).

37 Neben eine solche rechtsgeschäftliche Rechtfertigung treten *gesetzliche Eingriffsrechte,* zB das Erziehungsrecht der Eltern – in den engen Grenzen insbes von § 1631 Abs 2 (vgl PALANDT/GÖTZ § 1631 Rn 7 f) – oder die Ausübung des Vermieterpfandrechts nach § 562b (HÜBNER, AT Rn 551).

Verfahrensmäßig angreifbare Handlungen in Ausübung eines öffentlichen Amtes im **38** Rahmen des Verwaltungs-, Verfahrens- und Vollstreckungsrechts sind grundsätzlich keine rechtswidrigen Angriffshandlungen, gegen die ein Notwehrrecht begründet wäre, auch wenn sie einen Eingriff in die Rechtsgüter des Betroffenen darstellen (vgl OLG Stuttgart [20. 2. 1979] DGVZ 1979, 58 f; OLG Düsseldorf [28. 12. 1979] DGVZ 1980, 138, 139; OLG Braunschweig [6. 4. 1951] MDR 1951, 629, 630; MünchKomm/Grothe Rn 11; **aA** KG [28. 11. 1974] DGVZ 1975, 57, 58 f – Vollstreckung zur Nachtzeit als rechtswidriger Angriff, wenn Rechtspfleger die Erlaubnis erteilt hat). Vielmehr sind hier die vorgesehenen Rechtsbehelfe und Rechtsmittel des Verwaltungs- oder Verfahrensrechts anzuwenden. Diese Amtshandlungen finden eine Rechtfertigung durch die jeweiligen Ermächtigungsnormen. Bestehen Zweifel an der Rechtmäßigkeit einer dienstlichen Anordnung, so können Soldaten gem § 11 SoldG und Beamte nach § 36 Abs 2 BeamtStG dagegen vorgehen (MünchKomm/Grothe Rn 11).

Verkehrsrichtiges (sozialadäquates) Verhalten hat entgegen BGHZ (4. 3. 1957) 24, 21, **39** 26 keine rechtfertigende Wirkung (Deutsch, Haftungsrecht [2. Aufl 1996] Rn 240; Soergel/Zeuner § 823 Rn 3 mwNw; Palandt/Sprau § 823 Rn 36; Larenz/Canaris, SchuldR BT II, § 79 III c, S 480; **aA** – soweit es bei allerdings unklarer Differenzierung die Sozialadäquanz betrifft – Staudinger/Werner [2001] Rn 12). Eine gegenteilige Position wäre nur mit der Lehre vom Handlungsunrecht zu vereinbaren. Die objektive Beeinträchtigung eines Rechtsguts allein begründet (wie oben Rn 30 dargelegt) niemals das Rechtswidrigkeitsurteil, sondern der Erfolg muss „missbilligt" sein. Davon kann aber nur die Rede sein, wenn eine Erfolgsvermeidungs- oder Gefahrvermeidungspflicht bestand. Wer sich verkehrsgerecht verhält, kann nicht zugleich gegen eine Erfolgsvermeidungspflicht verstoßen. Das Verhalten ist dann von Anfang an nicht rechtswidrig, dh es findet keine anschließende Rechtfertigung statt. Die Entscheidung des BGH war vor allem durch die Beweislastverteilung veranlasst.

Soweit man die Fälle verkehrsüblicher Beeinträchtigungen (vgl oben Rn 13) unter den Begriff der Sozialadäquanz fasst, fehlt bereits ein tatbestandsmäßiger Angriff. Es bedarf dann keiner Rechtfertigung.

Hat der Angegriffene den Angreifer *provoziert,* so kann sich der (scheinbar) An- **40** gegriffene nicht auf Notwehr berufen (RG [9. 2. 1939] DR 1939, 364 Nr 11; [16. 4. 1940] HRR 1940, Nr 1143; BGH [7. 6. 1983] NJW 1983, 2267; zur insbesondere im Strafrecht umstrittenen dogmatischen Einordnung vgl die Nachweise bei Roxin, Strafrecht AT [4. Aufl 2006] § 15 Rn 65 ff, 74 ff). Das gilt jedenfalls dann, wenn der Angegriffene den Angreifer auf diese Weise unter dem Deckmantel der Notwehr rechtswidrig verletzen wollte *(Absichtsprovokation).* Wenn der Provokateur die Rechtsgüter des Provozierten verletzen möchte, so erscheint der Angriff in Wirklichkeit als eine seinerseits durch Notwehr gedeckte Verteidigungshandlung. Anderenfalls liegt in der Provokation eine Einwilligung (zur Notwehrprovokation vgl im Übrigen unten Rn 70). Fehlt hingegen die – kaum nachweisbare (zur Beweislast vgl unten Rn 84) – Missbrauchsabsicht, so handelt der Angreifer rechtswidrig, auch wenn der Angegriffene den Angriff bewusst provoziert hat (Enneccerus/Nipperdey [1960] § 240 II 1 c). Verhält sich der Provokateur rechtmäßig, ist der Angriff nicht gerechtfertigt, weil es auf die Gesinnung bei Rechtsausübung – in den Grenzen des § 226 – nicht ankommt. Fühlt sich also der Angreifer beispielsweise durch eine rechtmäßige Pfändung provoziert, so steht dem Gerichtsvollzieher auch dann ein Notwehrrecht zu, wenn er dem Angreifer mit der Vollstreckungshandlung etwas

„heimzahlen" möchte (ausführlich zur Notwehrprovokation ROXIN, Strafrecht AT [4. Aufl 2006] § 15 Rn 63–82).

41 cc) Sind *Amtshandlungen* rechtswidrig, kann gegen sie Notwehr geübt werden (vgl LG Berlin [14. 12. 1970] NJW 1971, 620 f; ENNECCERUS/NIPPERDEY § 240 Fn 11). Das gilt auch dann, wenn sich der Amtsträger eines Gutgläubigen als Werkzeug bedient. In diesem Falle ist die Notwehr gegen den Ausführenden zulässig, auch wenn dieser auf Befehl handelt und insoweit gerechtfertigt ist (vgl auch OLG Kiel [11. 3. 1949] SchlHA 1949, 217 f). Im strafrechtlichen Zusammenhang wird diese Frage dagegen überwiegend anders entschieden (vgl SCHÖNKE/SCHRÖDER/LENCKNER/STERNBERG-LIEBEN [29. Aufl 2014] § 32 StGB Vorbem Rn 89 ff; LINGENS/KORTE [5. Aufl 2012] § 2 WStG Rn 20 ff), insbesondere für die Bewertung des Widerstands gegen Vollstreckungsbeamte nach § 113 Abs 1, 3 StGB, weil bereits nach § 113 Abs 3 die Strafbarkeit entfällt (SCHÖNKE/SCHRÖDER/ESER § 113 StGB Rn 36). Im Übrigen tragen Beamte nach den §§ 56 Abs 1 BBG, 38 Abs 1 BRRG die persönliche Verantwortung für die Rechtmäßigkeit ihrer dienstlichen Handlungen.

42 dd) Auf ein *Verschulden des Angreifers* kommt es nicht an (aA für das Strafrecht JAKOBS, Strafrecht AT [2. Aufl 1993] Rn 12, 16 ff; dagegen wiederum ROXIN, Strafrecht AT [4. Aufl 2006] § 15 Rn 17–19 mwNw; SK/GÜNTHER § 32 Rn 28). Das entspricht einer konsequenten Umsetzung des Zwecks der Notwehr, das Recht gegenüber dem Unrecht zu verteidigen. Rechtsbewährung kann auch gegenüber einem schuldlos Handelnden geboten sein. Dementsprechend kann auch von Kindern oder Geisteskranken ein die Notwehr rechtfertigender Angriff ausgehen (SOERGEL/FAHSE[13] Rn 40). Allerdings kann gerade in diesen Fällen unter dem Gesichtspunkt der Gebotenheit der Verteidigung im Einzelfall auch eine Duldung des Angriffs – trotz seiner Rechtswidrigkeit – zumutbar sein (vgl unten Rn 67; MünchKomm/GROTHE Rn 21; PALANDT/ELLENBERGER Rn 8).

d) Die Nothilfe

43 aa) Der gegenwärtige rechtswidrige Angriff muss sich nicht unbedingt gegen denjenigen richten, der die Verteidigungshandlung vornimmt. Notwehr in der Gestalt der Nothilfe zum *Schutz der Rechtsgüter eines anderen* ist durch § 227 Abs 2 ebenfalls ausdrücklich gerechtfertigt („von sich oder einem anderen", vgl auch RG [21. 11. 1912] WarnR 1913 Nr 102). Das gilt insbesondere wegen des Rechtsbewährungsgedankens, den § 227 verfolgt (vgl oben Rn 7). Im Rahmen der Nothilfe darf sich zB jemand in eine Schlägerei einmischen (BGH [27. 1. 1970] VersR 1970, 375). Die Nothilfe kann von jedem Dritten ausgeübt werden, auch von der Polizei (vgl oben Rn 4; im Zusammenhang mit dem Fall Daschner wurde diskutiert, inwiefern die Polizeigesetze und § 136a StPO das Notwehrrecht der Polizisten über die allgemeinen Einschränkungen – vgl unten Rn 55 ff und 65 ff – hinaus begrenzen. Soweit der Polizist Nothilfe leistet, ist eine besondere Beschränkung zu verneinen, vgl weiterführend HILGENDORF JZ 2004, 331 ff, ERB NStZ 2005, 593 ff – der das Notwehrrecht bzw die Nothilfe durch die Polizei als ein naturrechtlich begründetes Menschenrecht auffasst und die Grenzziehung über das Merkmal der Gegenwärtigkeit des Angriffs vorschlägt, HERZBERG JZ 2005, 321 ff). Beurteilt wird die Rechtswidrigkeit des Angriffs jedoch aus der *Sicht des Verletzten*. Diese ist trotz des objektiven Rechtswidrigkeitsmaßstabes dann relevant, wenn für den Angreifer ein Rechtfertigungsgrund, wie zB eine Einwilligung (vgl BGHSt [2. 10. 1953] 5, 245, 248), streitet. Wenn also beispielsweise der unmittelbare Besitzer eingewilligt hat, kann der mittelbare Besitzer keine Nothilfe gegen einen Dritten üben (OLG Freiburg [31. 1. 1952] JZ 1952, 334 – mittelbarer Grundstücksbesitzer möchte Betreten des Grundstücks verhindern, obwohl der unmittelbare Besitzer zugestimmt hat – keine Nothilfe; SOERGEL/FAHSE[13] Rn 20). Der Notwehrzweck würde in diesem Fall nicht erreicht, da hier die Bewahrung der Rechtsordnung nicht in Frage steht.

bb) Auch zum Schutz der *Rechtsgüter einer juristischen Person* ist Nothilfe zulässig 44 (RGSt [8. 5. 1929] 63, 215, 220). Ausgeübt wird sie durch deren Organe oder jede andere nothilfebereite Person, zB auch durch einen professionellen Sicherheitsdienst (vgl STOBER NJW 1997, 889, 892 ff; ders GewArch 1997, 217, 222; KRÖLLS GewArch 1997, 445, 447) oder auch einen Hausmeister (OLG München [10. 6. 2005] 20 U 1760/05 Rn 15). Sogar zugunsten des *Fiskus* ist Nothilfe möglich (SOERGEL/FAHSE[13] Rn 10; VAHLE DVP 2006, 309). Für andere staatliche Rechtsgüter kann Nothilfe geleistet werden, sofern sie „Lebensinteressen" des Staates verkörpern, insbesondere seine Verfassungsordnung oder territoriale Integrität betreffen (RGSt [8. 5. 1929] 63, 215, 220; MünchKomm/GROTHE Rn 8). Hingegen genügt eine Störung der öffentlichen Ordnung, etwa durch Filmvorführungen oder den Verkauf jugendgefährdender Schriften nicht, um die Nothilfeberechtigung zu begründen (vgl oben Rn 14; BGHSt [2. 10. 1953] 5, 245, 247; BGHZ [15. 4. 1975] 64, 178, 180; WOLF/NEUNER, AT § 21 Rn 47).

2. Notwehrhandlung

Das Gesetz bezeichnet in § 227 eine durch Notwehr gebotene Handlung als diejenige Verteidigung, die zur Abwendung des Angriffs erforderlich ist. Die Verteidigungshandlung unterliegt demzufolge den Maßstäben der Erforderlichkeit und Gebotenheit. 45

a) Handlung
Wie § 227 Abs 1 klarstellt, kann als Notwehr nur eine Handlung gewertet werden. 46 Wenngleich ein Unterlassen selten zur Abwehr eines Angriffs geeignet sein dürfte, so gibt es doch keinen Grund, es insoweit nicht wie sonst der Handlung gleichzustellen.

b) Verteidigung, aber kein Verteidigungswille
§ 227 Abs 2 bezeichnet als Notwehr nur eine Handlung, die erforderlich ist, *um* 47 einen Angriff *abzuwenden*. Fraglich ist, ob das Gesetz die so ausgedrückte Zweckrichtung der Notwehrhandlung objektiv oder subjektiv bestimmt.

aa) Nach der vom BGH und zahlreichen Stimmen in der Literatur vertretenen 48 Auffassung soll jede Verteidigungshandlung einen – nicht notwendig rechtsgeschäftlichen – **Verteidigungswillen** voraussetzen (BGHZ [30. 10. 1984] 92, 357, 359 – obiter dictum ohne nähere Begründung, die Entscheidung erging zu § 904; ERMAN/E WAGNER Rn 10; PALANDT/ELLENBERGER Rn 6; SOERGEL/FAHSE[13] Rn 29 f; BGB-RGRK/JOHANNSEN Rn 7; jurisPK-BGB/BACKMANN Rn 21; ENNECCERUS/NIPPERDEY § 240 Fn 17; BORK, AT [3. Aufl 2011] Rn 361; STAUDINGER/WERNER [2001] Rn 24). Der Angegriffene müsse den Angriff abwehren wollen. Der Verteidigungswille müsse das Verhalten des Abwehrenden bestimmen. Er liege selbst dann vor, wenn mit der Verteidigungshandlung zugleich ein *weiterer Zweck* verfolgt werde (zB der, Rache zu nehmen: RGSt [1. 6. 1926] 60, 261, 262; BGB-RGRK/JOHANNSEN Rn 7) oder Wut als Tatmotiv hinzutrete (BGH [5. 11. 1982] NStZ 1983, 117; BGH [5. 7. 1983] NStZ 1983, 500). Nur wenn das Verteidigungsmotiv gänzlich im Hintergrund verschwinde, fehle der nötige Verteidigungswille (BGHSt [1. 7. 1952] 3, 194, 198; BGH

[11. 9. 1995] NStZ 1996, 29, 30; JESCHECK/WEIGEND, Strafrecht AT § 32 II 2 a). Zwischen denen, die den Verteidigungswillen als Tatbestandsmerkmal der Notwehrhandlung verlangen, herrscht keine Einigkeit darüber, ob außer der Kenntnis von der rechtfertigenden Notwehrlage (so SCHÖNKE/SCHRÖDER/PERRON [29. Aufl 2014] § 32 StGB Rn 63; SK/GÜNTHER § 32 StGB Rn 134 f; ROXIN, Strafrecht AT [4. Aufl 2006] § 15 Rn 129) auch erforderlich ist, dass der Verteidiger den subjektiven Zweck der Angriffsabwehr verfolgt (so BGHSt [1. 7. 1952] 3, 194, 198; BGH [11. 9. 1995] NStZ 1996, 29, 30; [6. 10. 2004] NStZ 2005, 332; TRÖNDLE/ FISCHER § 32 StGB Rn 14).

49 Selbst bei einem *vom Opfer verschuldeten Angriff* wird von der Rechtsprechung der Verteidigungswille nicht bezweifelt, sondern das Opfer nur in der Wahl der Verteidigungsmittel eingeschränkt (vgl BGHSt [14. 6. 1972] 24, 356 ff; OLG Neustadt [14. 6. 1961] NJW 1961, 2076 f; vgl Rn 40, 55 ff und 62). Bei einem provozierten Angriff greifen manche auf den Gedanken des Rechtsmissbrauchs zurück, der im Zusammenhang mit der Gebotenheit der Notwehrhandlung zu prüfen ist (vgl unten Rn 70), und lehnen deshalb die Rechtfertigung ab (PALANDT/ELLENBERGER Rn 9). Wenn man aber – entgegen der hier vertretenen Position (vgl unten Rn 51 ff) – subjektiven Verteidigungswillen für erforderlich hält, dürfte es richtig sein, diesen im Fall der Provokation zu verneinen, weil der Angegriffene geradezu auf eine Gelegenheit gewartet hat (vgl BGH [1. 8. 1961] NJW 1962, 308, 309, wo die tödlichen Messerstiche gegen den provozierten Angreifer als jedenfalls missbräuchlich eingestuft werden; [7. 6. 1983] JR 1984, 205 mAnm LENCKNER 206, 207 f). Das gilt zB bei einer Rauferei (vgl RGSt [23. 5. 1938] 72, 183, 184; OLG Saarbrücken [7. 10. 1971] VRS 42, 419 – das Gericht verneinte die Notwehrlage, da die Beteiligten nicht nur Verteidigungs-, sondern auch Angriffswillen hatten; BGH [8. 5. 1990] NJW 1990, 2263).

50 Teilt man den Standpunkt der herrschenden Meinung überhaupt, so darf in einer Notwehrlage der *Verteidigungswille* immerhin *tatsächlich vermutet* werden. Macht der Angreifer nicht gegenbeweislich Tatsachen geltend, die die gerichtliche Überzeugung vom Vorhandensein des Verteidigungswillens zu erschüttern vermögen, so kann das Gericht den Verteidigungswillen als bewiesen annehmen.

51 bb) Stellungnahme: Die herrschende Meinung begegnet schwerwiegenden Bedenken, die allerdings in der Praxis wegen der geringen Anforderungen, die man an das subjektive Merkmal des Verteidigungswillens stellt, im Ergebnis ohne Bedeutung sind. Die Haltung des BGH und der ihm folgenden Literatur ist dogmatisch nicht stimmig. Zunächst ist auffällig, dass einem nirgends in der älteren Literatur auch nur ansatzweise ein Verteidigungswille als Tatbestandsvoraussetzung für die Notwehr begegnet (vgl etwa PLANCK/PLANCK [Bürgerliches Gesetzbuch, 1897] § 227; COSACK, Bürgerliches Recht I [4. Aufl 1903] § 78 S 290 f; F ENDEMANN, Lehrbuch des bürgerlichen Rechts I [5. Aufl 1899] § 87 S 367 ff; ENNECCERUS, Lehrbuch des Bürgerlichen Rechts [6. Bearb 1913] § 221 S 616 ff). Auch der Wortlaut von § 227 Abs 2 trägt nicht zur Entscheidung bei. Insbesondere erscheint es gezwungen, dem Begriff der „Verteidigung" die Notwendigkeit einer bestimmten Finalität der Handlung zu entnehmen (so aber zB SOERGEL/FAHSE[13] Rn 29; gegen die subjektivistische Deutung des Wortlauts SPENDEL, in: FS Bockelmann [1979] 245, 250). Kann nicht auch ein Wachhund seinen Herrn „verteidigen"? Der historische Befund deutet auf den Hintergrund der nunmehr überwiegend vertretenen Auffassung von der Notwendigkeit eines Verteidigungswillens: die vor allem seit den 30er Jahren des 20. Jahrhunderts im Strafrecht diskutierte finale Handlungslehre (vgl HIRSCH ZStW 93 [1981] 831–863 und 94 [1982] 239–278) hat den Weg zur Lehre vom Verhaltensunrecht geebnet (vgl oben Rn 29). Wird neben dem Erfolgs- auch ein personales Handlungsunrecht gefordert, so ist es nur konsequent, den in der Rechtsgutsverletzung steckenden Handlungsunwert durch den Verteidigungswillen aufzuheben. In diesem Punkt folgen Rechtsprechung und ein großer Teil der zivilrechtlichen Literatur dem strafrechtlichen Ansatz.

Dogmatisch ist die Position der herrschenden Auffassung im Zivilrecht über die 52 Notwendigkeit eines subjektiven Verteidigungswillens nur erklärbar, wenn man die Lehre vom Verhaltensunrecht zu Grunde legt, was jedoch – insofern inkonsequent – die im Zivilrecht herrschende Meinung anders als im Strafrecht beim Rechtswidrigkeitsurteil nicht tut. Nach der Lehre vom Verhaltensunrecht gründet man den Vorwurf der Rechtswidrigkeit nicht darauf, dass durch ein missbilligtes Verhalten ein Rechtsgut verletzt worden ist, sondern man differenziert vom Erfolgsunrecht das aus dem Verletzungsvorsatz resultierende Handlungsunrecht. Wenn der Verteidiger, der Rechtsgüter des Angreifers verletzt, nicht zugleich ein subjektives Handlungsunrecht verwirklichen soll, muss sein Verletzungsvorsatz vom Verteidigungswillen getragen sein (ganz hM im Strafrecht, vgl MünchKomm/ERB § 32 StGB Rn 240 mwNw; bei nur fahrlässiger Verletzung kommt es auch nach strafrechtlicher Überzeugung nicht auf den Verteidigungswillen an, weil dort die Strafbarkeit nur erreicht wird, wenn auch der Erfolgsunwert verwirklicht wird, was bei einer Notwehrhandlung nicht möglich ist). Auf der Grundlage der Lehre vom Verhaltensunrecht vermag das objektive Verteidigungshandeln die Tat noch nicht zu rechtfertigen, so wenig, wie die Verwirklichung des objektiven Unrechtstatbestands allein ein rechtswidriges Vorsatzdelikt darstellt.

Die Zwecke des Notwehrrechts erfordern jedoch keineswegs die Übertragung der 53 strafrechtlichen Lehre vom Verhaltensunrecht auf das Zivilrecht (vgl oben Rn 30). Das bürgerlich-rechtliche Rechtswidrigkeitsurteil kommt ohne diese Kategorie aus, weil es hier nicht um eine eventuelle Bestrafung des Verhaltens des Verteidigers und daher nicht um den Handlungsunwert geht, sondern um den Schutz der Rechtsgüter des Angreifers und der Rechtsordnung. Daher wäre es „systemfremd", als Notwehrhandlung nur eine vom Verteidigungswillen getragene Handlung zu betrachten (so mit Recht JAUERNIG/JAUERNIG Rn 6; MünchKomm/GROTHE Rn 18; BRAUN NJW 1998, 941–944; SPENDEL DRiZ 1978, 327, 332; ders, in: FS Bockelmann [1979], 245 ff; LK/SPENDEL [11. Aufl 1992] § 32 Rn 24 f, 138 ff auch mit Nachweisen aus dem älteren Schrifttum des 20. Jahrhunderts; zur abweichenden Auffassung vgl die Nachweise oben Rn 48). Vielmehr **genügt** es, wenn der Verteidiger eine **objektive Verteidigungshandlung** ausführt.

cc) Da die Notwehrhandlung zur Abwehr eines gegenwärtigen Angriffs dienen 54 muss, fallen hierunter nicht solche Verhaltensweisen, die nur die nachträgliche Verfolgung der Tat begünstigen sollen (mehrfach ging es den Gerichten um heimliche Tonbandaufnahmen zu Beweiszwecken: BGHZ [20. 5. 1958] 27, 284, 290; BGH [24. 11. 1981] JZ 1982, 199, 200 = NJW 1982, 277, 278; [13. 10. 1987] NJW 1988, 1016, 1017; BayObLG [20. 1. 1994] NJW 1994, 1671; vgl auch BVerfG [31. 1. 1973] JZ 1973, 504 mAnm ARZT 506, 508 f). Dasselbe gilt auch für die Videoüberwachung von Mitarbeitern eines Postbetriebs zur Verfolgung und Vermeidung von Diebstählen (BAG [29. 6. 2004] BB 2005, 102, 105; [14. 12. 2004] RDV 2005, 216, 219). Eine eigenmächtige Beweisbeschaffung durch heimliche Tonbandaufnahme ist für sich gesehen nicht auf Abwehr der Rechtsgutsverletzung gerichtet, da der Täter aufgrund der Heimlichkeit nicht zu einer Änderung seines Verhaltens gedrängt wird. Unter Umständen sind aber die Voraussetzungen eines Notstands gem

§ 34 StGB erfüllt (Soergel/Fahse[13] Rn 6). Ob ein derart gewonnenes Beweismittel im Prozess verwertet werden kann, ist mit der Ablehnung des Rechtfertigungsgrundes nicht entschieden (Balthasar JuS 2008, 35, 36; Muthorst, Beweisverwertungsverbote [2008] 108 ff).

c) Erforderlichkeit

55 aa) Nur diejenige Verteidigungshandlung ist nach § 227 Abs 2 gerechtfertigt, welche **erforderlich** ist, den Angriff abzuwenden. Eine präzisere Bestimmung der Erforderlichkeit hat der Gesetzgeber Rechtsprechung und Wissenschaft überlassen. Herausgebildet hat sich die übereinstimmende Überzeugung, nach der *diejenige Verteidigungsmaßnahme erforderlich* ist, *die als das mildeste zur Auswahl stehende Mittel zur Abwehr des Angriffs mit Sicherheit geeignet* ist. Schon früh hat der BGH den folgenden Leitsatz formuliert: „Der Verteidiger muss von mehreren möglichen Verteidigungshandlungen diejenige auswählen, die dem Angreifer den geringsten Schaden zufügt. Hierbei braucht er aber Beschädigungen seines Eigentums und eigene körperliche Verletzungen nicht in Kauf zu nehmen. Er ist berechtigt, solche objektiv wirksamen Mittel als Verteidigungsmittel anzuwenden, die die Beseitigung der Gefahr mit Sicherheit erwarten lassen" (BGH [2. 6. 1955] GA 1956, 49). Der Maßstab ist also *objektiv* bestimmt. Die Vorstellungen des Angegriffenen sind hingegen irrelevant (RGZ [21. 3. 1914] 84, 306, 307; BGB-RGRK/Johannsen Rn 6; MünchKomm/Grothe Rn 13). Ein *Irrtum des Handelnden* (Putativnotwehr, Rn 20) führt zur Notwehrüberschreitung (vgl unten Rn 80). Im Übrigen ist durch die Notwehr nur die Verteidigung, nicht aber ein regelrechter *Gegenangriff* gerechtfertigt, der über die sogenannte Trutzwehr, die aktive Abwehr bedeutet, hinausreicht (Soergel/Fahse[13] Rn 26). Eingriffe in die *Güter unbeteiligter Dritter* können nicht durch § 227 gerechtfertigt werden (Erman/E Wagner Rn 16), weil von diesen kein abzuwehrender Angriff ausgeht. In Betracht kommt dann allenfalls eine Notstandshandlung nach § 228.

56 Soweit die Erforderlichkeit nach der oben (Rn 55) genannten Definition auf die *Eignung* zur Abwehr Bezug nimmt (vgl auch BGH [30. 10. 2007] NJW 2008, 571, 572 Ziff 13 – Rauferei auf Straßenfest; MünchKomm/Grothe Rn 13), ist zu betonen, dass damit entgegen gelegentlicher Äußerungen in der Literatur (Jakobs AT [2. Aufl 1993] 12. Abschn Rn 34) richtigerweise kein Untermaßverbot verbunden werden darf (vgl die berechtigte Kritik bei MünchKomm/Erb § 32 Rn 150 ff). Selbst derjenige, der „auf verlorenem Posten" einen Angriff abzuwehren versucht, ist durch Notwehr gerechtfertigt. Eine Art Kosten-Nutzen-Relation wie beim Notstand ist im Bereich der Notwehr verfehlt. Richtig ist aber, dass beispielsweise die Zerstörung solcher Sachen, die mit dem Angriff nichts zu tun haben, unzulässig ist, wenn von Anfang an offensichtlich ist, dass dies den Angreifer nicht abhalten wird (Schönke/Schröder/Perron [29. Aufl 2014] § 32 Rn 35). Damit ist allerdings nur die Zielrichtung der Rechtsgutsverletzung angesprochen. Die Verteidigungshandlung darf nicht ihrerseits zum Gegenangriff werden (vgl unten Rn 58). Die Geeignetheit der Verteidigungshandlung ist somit keine eigenständige Tatbestandsvoraussetzung (aA Erman/E Wagner Rn 11).

57 Die möglichen Verteidigungshandlungen werden eingeschränkt durch die folgenden, aus dem Tatbestandsmerkmal der Erforderlichkeit abgeleiteten Kriterien, die aus einer Sicht ex ante (BayObLG [15. 3. 1988] NStZ 1988, 408, 409) *objektiv* beurteilt werden müssen (BGH [26. 2. 1969] NJW 1969, 802 – tödlicher Stoß mit der Spitze eines Stockschirms zur Abwehr des angreifenden Ehemanns):

Abschnitt 6
Ausübung der Rechte, Selbstverteidigung, Selbsthilfe § 227

– kein Gegenangriff

– Heftigkeit des Angriffs

– mildestes Mittel.

bb) Die Verteidigungshandlung darf **kein Gegenangriff** sein. Die Grenzziehung ist 58 nicht ganz einfach, weil die im Rahmen der Notwehr durchaus erlaubte Trutzwehr aktives Handeln einschließt. Man muss also beispielsweise nicht vor einem herankommenden Angreifer Deckung suchen, sondern darf etwa den Angreifer notgedrungen verletzen. Flucht ist keine Abwehr (ROXIN, Strafrecht AT [4. Aufl 2006] § 15 Rn 49), obgleich manchmal ein Gebot der Vernunft, nicht jedoch des Rechts. Das gilt schon deshalb, weil sonst das Ziel der Rechtsbewährung nicht erreicht würde. Der Schwächere würde dem Stärkeren zu weichen haben, uU also auch das Recht dem Unrecht, was das Gesetz gerade ablehnt. Dennoch kann zB bei einem schuldhaft provozierten Angriff ein Ausweichen geboten sein (vgl unten Rn 70; ROXIN, Strafrecht AT [4. Aufl 2006] § 15 Rn 49 mit dem richtigen Hinweis darauf, dass hier zwar eine Abwehrhandlung erforderlich wäre, Abwehr aber nicht geboten ist). Zum Problem der Flucht vgl auch unten Rn 63, 67. Verletzt der Angegriffene nach Beendigung des Angriffs Rechtsgüter des Angreifers, fehlt bereits die Notwehrlage. Der Angriff ist nicht mehr gegenwärtig. Verletzt der Angegriffene Rechtsgüter des Angreifers, obgleich das objektiv in keiner Weise der Verteidigung dienen kann (hierher gehören reine Rachehandlungen, vgl etwa die Situation in BGH [5. 7. 1983] NStZ 1983, 500, wo jemand die Autoscheiben des Angreifers, der sich in sein Auto zurückgezogen, aber nicht den Hof des Angegriffenen verlassen hatte, zerschlug; der BGH ließ offen, ob die Handlung erforderlich war), ist die Verletzung nicht durch Notwehr gerechtfertigt. Praktisch dürfte diese Situation kaum vorkommen.

cc) Welche Verteidigungshandlung objektiv erforderlich ist, hängt vor allem von 59 der **Heftigkeit des Angriffs** ab (BayObLG [28. 2. 1991] NJW 1991, 2031 mAnm HASSEMER JuS 1991, 1062 f), wobei auf den Zeitpunkt des Angriffs abzustellen ist. Dabei ist der Angriff eines Kindes oder eines stark Angetrunkenen (vgl BGH [28. 5. 1965] VersR 1965, 882 – ein sechzigjähriger, durch vorangegangene Misshandlungen geschwächter Mann bedroht in angetrunkenem Zustand einen jungen und kräftigen Mann) normalerweise von geringerer Heftigkeit oder Gefährlichkeit als das vorsätzliche Handeln eines gesunden Erwachsenen. – Im Einzelnen kann zB gegenüber unerlaubtem Fotografieren oder Filmen die Wegnahme der Kamera gerechtfertigt sein (OLG Hamburg [14. 4. 1972] MDR 1972, 622, 623; LG Hamburg [20. 9. 1995] ZUM 1996, 430 f). Die Verwendung einer Gaspistole hielt der BGH bei körperlicher Gefahr für gerechtfertigt ([17. 5. 1966] VersR 1966, 778), jedoch nicht bei einem Schuss aus kurzer Entfernung ins Gesicht (BGH [21. 2. 1967] VersR 1967, 477, 478; zur Verwendung einer Spezial-Schrotmunition vgl OLG Hamm [14. 12. 1976] OLGZ 1978, 71, 73). Einen wuchtigen – im Ergebnis tödlichen – Boxhieb ins Gesicht dessen, der einen anderen am Pullover aus einer Gaststätte ziehen möchte, um ihn dort zu einer Kraftprobe des Zusammenschlagens herauszufordern, hielt der BGH allerdings nicht für gerechtfertigt ([22. 2. 1966] VersR 1966, 568). Das LG Karlsruhe sah einen Boxhieb ins Gesicht eines prügelnden Angreifers als erforderlich an ([23. 10. 2009] 6 O 15/09 Rn 26 ff, 30). Gegen einen unbewaffneten Angreifer sind lebensgefährliche Verteidigungsmittel nur erforderlich, wenn besondere Umstände hinzukommen (BGH [8. 5. 1990] NJW 1990, 2263; vgl im Übrigen unten Rn 61 zum Schusswaffengebrauch). Begehrt jemand trotz Hausverbot über mehrere Stunden hinweg mit körperlichen

Angriffen gegen die den Zutritt verwehrenden ehrenamtlichen Helfer Einlass in ein Jugendzentrum, so erscheinen gezielte Faustschläge zur Abwehr erforderlich (OLG Köln [11. 8. 2000] OLGR 2001, 7–8). Wird eine Familienangehörige, die aufgrund zerrütteter Verhältnisse einem Hausverbot unterliegt und durch die Haustür einzudringen versucht, mit Gewalt von der Türschwelle zurückgestoßen, sodass sie stürzt und sich verletzt, liegt darin dennoch eine erforderliche Notwehrhandlung (OLG Nürnberg [13. 2. 2012] 4 U 2003/11 Rn 37)

60 dd) Weiter ist die Verteidigungshandlung nur dann erforderlich, wenn von *mehreren möglichen Verteidigungsmitteln* dasjenige eingesetzt wird, welches dem Angreifer *am wenigsten schadet oder* ihn *gefährdet* (BGH [21. 2. 1967] VersR 1967, 477 f; ERMAN/E WAGNER Rn 13; ENNECCERUS/NIPPERDEY [1960] § 240 II 5). Da bei der Abwehr regelmäßig Rechtsgüter des Angreifers verletzt werden, steht es in der Konsequenz des Rechtsbewährungsgebotes der Notwehr, die Rechtsgüter des Angreifers möglichst zu schonen und die Auseinandersetzung nicht eskalieren zu lassen. Es ist das **mildeste Mittel** zu wählen, welches geeignet ist, die Gefahr zweifelsfrei sofort und endgültig zu beseitigen (BGH [5. 10. 1990] NJW 1991, 503, 504 – gezielter, letzter Pistolenschuss auf körperlich überlegenen Verfolger; BayObLG [15. 3. 1988] JZ 1988, 725; Hk-BGB/DÖRNER Rn 5). Der Angegriffene braucht sich nicht auf ein weniger gefährliches Verteidigungsmittel verweisen zu lassen, dessen Wirkung für die Abwehr zweifelhaft ist (BGH [23. 9. 1975] NJW 1976, 41, 42; [11. 1. 1984] JZ 1984, 529, 530 – Verteidigung einer Schwangeren gegen ihren gewalttätigen Ehemann mittels eines Küchenmessers). Zu berücksichtigen ist vielmehr, ob das gewählte Verteidigungsmittel auch den Abwehrerfolg garantiert (BGH [14. 6. 1972] NJW 1972, 1821, 1822; [23. 9. 1975] 1976, 41, 42; [5. 10. 1990] 1991, 503, 504; OLG Hamm [14. 12. 1976] VersR 1977, 934, 935). – So handelt es sich zwar um einen Angriff, wenn ein Fußgänger einen Kraftfahrer an der Weiterfahrt hindert, weil er eine *Parklücke* freihalten möchte (BayObLG [22. 1. 1963] NJW 1963, 824, 825; [14. 8. 1992] NJW 1993, 211 m zurecht kritischer Anm JUNG JuS 1993, 427; [7. 2. 1995] NJW 1995, 2646; OLG Hamm [1. 8. 1972] NJW 1972, 1826; vgl aber auch OLG Stuttgart [8. 12. 1965] JR 1966, 228 = NJW 1966, 745 mAnm BOCKELMANN; OLG Hamburg [21. 11. 1967] NJW 1968, 662). Es ist aber regelmäßig nicht erforderlich, einen die Fahrbahn oder einen freien Parkplatz versperrenden Fußgänger unter Einsatz der Fahrzeuggewalt zu vertreiben, wenn zB der Beifahrer den Fußgänger von der Fahrbahn zerren könnte (OLG Hamm [1. 8. 1972] NJW 1972, 1826; BayObLG [7. 2. 1995] NJW 1995, 2646). Wird ein Pkw-Fahrer allerdings von fünf Personen durch Umzingeln des Fahrzeugs, das Einschlagen auf die Frontscheibe mit einer Flasche sowie verbale Äußerungen bedroht, kann sogar das Überfahren eines Angreifers das mildeste Mittel zur Verteidigung sein (LG Magdeburg [2. 2. 1999] Az 9 O 1915/98).

61 Lebensgefährlicher *Schusswaffengebrauch* ist nur in extremen Situationen erforderlich. Er muss als letzte Möglichkeit eingesetzt werden, er ist *ultima ratio* (BGH [29. 6. 1994] NStZ 1994, 539; weitere Einzelfälle zum Schusswaffengebrauch: BGH [17. 5. 1966] VersR 1966, 778 f – Schuss mit Gaspistole auf eine Überzahl von dicht herangerückten Verfolgern: erforderlich, vgl bereits Rn 59; BGH [27. 4. 1982] NStZ 1982, 285 – Schuss auf Angreifer, der einen Barhocker als Waffe verwendet: erforderlich; BGH [12. 3. 1987] NStZ 1987, 322 – Schuss auf Ehemann nach Streit und Drohungen ohne vorherige Warnung: nicht erforderlich; OLG Karlsruhe [28. 12. 1977] VersR 1979, 453 – Schuss auf Hundehalter, der den entlaufenen Hund vom Grundstück des Schützen zurückholen möchte: nicht erforderlich [zweifelhaft, aber jedenfalls nicht geboten, vgl unten Rn 68]; LG München I [10. 11. 1987] NJW 1988, 1860, 1862 – Schuss auf einen Einbrecher verfehlt das Ziel, trifft aber als Querschläger einen Mittäter tödlich: nicht erforderlich, mit abl Anm BEULKE Jura 1988, 641 ff). Grundsätzlich verlangt die Rechtsprechung, dass dem lebensgefährdenden Schusswaffengebrauch Androhung, Warnschuss und Schuss in die Beine vorauszugehen habe (BGH [12. 3. 1987] NStZ 1987, 322; zust PALANDT/ELLENBERGER Rn 7a; ERMAN/E WAGNER Rn 13). Es bleibt aber dabei, dass der Angriff sofort und endgültig, notfalls durch einen lebensgefährlichen Schuss abgewehrt werden darf (BGH [30. 6. 2004] NStZ 2005, 31 f – tödlicher Schuss eines Polizisten auf einen Pflastersteine werfenden Angreifer). Die von der Rechtsprechung herausgebildeten Kriterien sind keine Veränderung der Maßstäbe, sondern eine Konkretisierung der Erforderlichkeit der Verteidigungshandlung, die nicht schematisch auf alle Fälle Anwendung finden kann (MünchKomm/ERB § 32 StGB Rn 164; vgl als Bsp für eine nicht schematische Anwendung: BGH [21. 3. 2001] NJW 2001, 3200, 3201 – Revolverschuss).

Die Forderung des BGH ([15. 5. 1975] NJW 1975, 1424), bei einem *provozierten Angriff* **62** (Rn 70) dürfe nur das geringste Mittel zur Abwehr eingesetzt werden, entspricht vollständig der dargestellten Regel über eine schonende Notwehrausübung. Ebenso gilt das für den Satz, bei der *Notwehr unter Ehegatten* müsse die mildeste Art der Abwehr genügen (BGH [25. 9. 1974] NJW 1975, 62); häufig ist hier bereits das Vorhandensein einer Notwehr*lage* problematisch (vgl oben Rn 12). Ist die Notwehrlage gegeben, sind Ehegatten zum Verzicht auf ein möglicherweise tödlich wirkendes, sicheres Verteidigungsmittel nach der Auffassung des BGH verpflichtet, wenn der Angriff nur leichtere Körperverletzungen befürchten lässt ([25. 9. 1974] NJW 1975, 62, 63).

Aus der Verpflichtung des Angegriffenen, das mildeste unter den geeigneten Mitteln **63** zur Verteidigung auszuwählen folgt, dass der Angegriffene *hilfswillige Dritte oder die Polizei herbeirufen* muss, wenn er dadurch den Angreifer abwehren kann und schwerere Rechtsgutsverletzungen beim Angreifer vermeiden kann (RGSt [1. 3. 1937] 71, 133, 134; BayObLG [19. 12. 1962] NJW 1963, 824 f; ERMAN/E WAGNER Rn 13; SOERGEL/FAHSE[13] Rn 34; **aM** AG Bensberg [25. 10. 1965] NJW 1966, 733). Die *Flucht* ist kein geeignetes Mittel zur Verteidigung (OLG Karlsruhe [4. 7. 1985] NJW 1986, 1358, 1360; MünchKomm/GROTHE Rn 14). In den Fällen, in denen es dem Angreifer gerade darauf ankommt, das Opfer zu vertreiben (etwa von seinem Grundstück), ist die Flucht überhaupt kein Verteidigungsmittel, weil sie nicht geeignet ist, die Rechtsgutsverletzung abzuwehren. Hier würde das Recht dem Unrecht weichen, was dem Zweck des Notwehrrechts zuwider liefe. Auch wenn ein Ausweichen möglich wäre, ohne die eigene Rechtsposition aufzugeben, so wäre es keine Verteidigungshandlung. Der Angriff liefe ins Leere. Davon zu trennen ist aber die Frage, ob die Flucht nicht uU die „gebotene" Handlungsweise ist (dazu unten Rn 67).

Die durch Wahl des richtigen Mittels begründete Rechtmäßigkeit der Verteidigungs- **64** handlung besteht auch dann fort, wenn dabei *unerwartete Folgen* eintreten. Wenn jemand aufgrund der Verletzung seiner Ehre oder der Ehre seiner Partnerin (im konkreten Fall durch die Bezeichnung als „Ausländerschlampe") versucht, weitere verbale Angriffe mit einem leichten Stoß vor die Brust des 64-jährigen Angreifers abzuwehren, dieser dabei stürzt und infolge eines Schädel-Hirntraumas den Tod erleidet, so bleibt die Handlung dennoch eine erforderliche Abwehr (OLG Hamm [5. 11. 1999] OLGR 2001, 43–46). Auch wer freiwillig ein geringeres als das zulässige Verteidigungsmittel eingesetzt hat, bleibt gerechtfertigt, wenn er dabei fahrlässig eine Tötung herbeiführt (BGH [19. 9. 1973] NJW 1974, 154 m abl Anm SCHWABE NJW 1974, 670 – ungezielte Warnschüsse auf drei Angreifer, von denen einer mit einem Schraubenzieher bewaffnet war; zum Schusswaffengebrauch oben Rn 61).

d) Gebotenheit

65 Obgleich eine Handlung zur Verteidigung erforderlich sein mag, ist sie nicht unbedingt zugleich auch gem § 227 Abs 1 geboten. Da niemand zur Selbstverteidigung rechtlich verpflichtet ist, meint „geboten" hier nichts anderes als „erlaubt". Es geht bei der Gebotenheit um **sozialethische Einschränkungen** des Notwehrrechts, die letztlich in dem Verbot des Rechtsmissbrauchs begründet sind (vgl H DILCHER, in: FS Hübner [1984] 443, 451 ff). Wenn die Notwehr ua dazu dienen soll, die Bewährung des Rechts zu garantieren, muss sie ausscheiden, wo dieser Zweck durch Missbrauch in sein Gegenteil verkehrt würde. Dass das Notwehrrecht einer Rechtsmissbrauchsschranke unterliegt, wird wenigstens im Zivilrecht nirgends bezweifelt (für das Strafrecht gilt das nicht, vgl ROXIN, Strafrecht AT [4. Aufl 2006] § 15 Rn 55 ff; gegen eine „Inflation sozialethischer Einschränkungen" wendet sich ERB, in: FS U Ebert [2011] 329 ff). Manchmal wird die Gebotenheit allerdings nicht als eigenständiges Tatbestandsmerkmal betrachtet mit der Begründung, der normative Gehalt von „erforderlich" („Verteidigung, welche erforderlich ist" – § 227 Abs 2) und „geboten" („durch Notwehr gebotene Handlung" – § 227 Abs 1) sei identisch (SOERGEL/FAHSE[13] Rn 26; H OTTO, Rechtsverteidigung und Rechtsmissbrauch im Strafrecht, in: FS Würtenberger [1977] 129, 136; der Sache nach auch STAUDINGER/WERNER [2001] Rn 20). Angesichts des differenzierten Sprachgebrauchs des Gesetzes liegt dieses Verständnis allerdings nicht nahe. Klarer erscheint es, der gesetzlichen Differenzierung auch eine sachliche Unterscheidung zwischen Erforderlichkeit und Gebotenheit folgen zu lassen, obgleich damit keine unterschiedlichen Ergebnisse verbunden sind. Unter verschiedenen möglichen Auslegungen ist auch bei der Gesetzesauslegung die sinnvollere vorzuwürdigen. Warum sollte der Gesetzgeber die verschiedenen Vokabeln benutzt haben, wenn er dasselbe ausdrücken wollte? Bei der Erforderlichkeit geht es um andere Abwägungen als bei der Gebotenheit. Deutlich wird der Unterschied zwischen Gebotenheit und Erforderlichkeit an folgendem Schulfall: Ein an den Rollstuhl gefesselter Grundstückseigentümer erschießt einen reife Süßkirschen stehlenden achtjährigen Jungen, nachdem dieser sich durch Drohungen nicht von seinem Werk hatte abhalten lassen. Angesichts der körperlichen Beeinträchtigung des Eigentümers stand ihm ein anderes Mittel zur Abwehr nicht zur Verfügung. Die Erforderlichkeit ist daher zu bejahen. Dennoch dürfte Einigkeit darüber bestehen, dass die Verteidigungshandlung nicht *geboten* war (vgl aber noch den nicht so krass gelagerten Obstdiebfall in RGSt [20. 9. 1920] 55, 82).

66 Obgleich die Ausübung des Notwehrrechts – im Unterschied zu polizeilichen Maßnahmen – eigentlich keiner Güterabwägung im Sinne einer Verhältnismäßigkeitsprüfung unterliegt (BGH [23. 9. 1975] NJW 1976, 41, 42; SOERGEL/FAHSE[13] Rn 38, vgl auch unten Rn 68), kann eine Notwehrhandlung *rechtsmissbräuchlich* und daher ungerechtfertigt erscheinen, wenn die durch die Verteidigung herbeigeführte Verletzung in einem krassen Missverhältnis zu dem angegriffenen Rechtsgut steht (MünchKomm/GROTHE Rn 20 aE; ERMAN/E WAGNER Rn 12). Wann das der Fall ist, bestimmt sich nach der *Verkehrsanschauung* (BGB-RGRK/JOHANNSEN Rn 5; vgl auch BayObLG [22. 6. 1954] NJW 1954, 1377 f). Man wird dem Angegriffenen insbesondere ein Ausweichen, uU aber sogar die Duldung des Angriffs zumuten können, wenn das Rechtsbewährungsinte-

resse des Notwehrrechts nicht oder nur wenig betroffen ist. Die im Strafrecht herausgebildeten Fallgruppen lassen typische Situationen unterscheiden, in denen die Notwehr nur eingeschränkt oder gar nicht zulässig ist. Sie lassen sich nahezu vollständig auf das Zivilrecht übertragen (die folgenden Fallgruppen weitgehend in Anlehnung an ROXIN, Strafrecht AT [4. Aufl 2006] § 15 Rn 61–99).

aa) Handelt der Angreifer **schuldlos**, so tritt das Rechtsbewährungsinteresse in den Hintergrund, da die Rechtsordnung nicht bewusst in Frage gestellt wird. Das gilt vor allem für Angriffe, die von Kindern, Geisteskranken oder Angetrunkenen ausgehen (vgl etwa die Begründung von § 32 StGB: BT-Drucks V/4095, 14). Der Angegriffene muss in dieser Situation auszuweichen versuchen. Zwar braucht man für gewöhnlich nicht schimpflich zu fliehen (dazu BGH [24. 7. 1979] NJW 1980, 2263), aber einem streitwütigen Neurotiker auszuweichen ist so wenig schimpflich, wie eine Schlägerei ehrenvoll wäre (einschränkend SOERGEL/FAHSE[13] Rn 36; ENNECCERUS/NIPPERDEY [1960] § 240 II 5). In einer Flucht kann jedenfalls nicht grundsätzlich ein Verlust an Ehre gesehen werden. Durchaus ehrenwerte Klugheit gebietet vielmehr häufig die Flucht. Es besteht aber keine Rechtspflicht zu klugem Verhalten. Ist ein Ausweichen nicht möglich, so muss der Angriff möglichst durch Herbeiholen fremder Hilfe abgewehrt werden, um die Rechtsgüter des schuldlosen Angreifers zu schonen. Leichtere Beeinträchtigungen muss man in Kauf nehmen. Wer gegen eine angreifende Horde von Schulkindern den Lehrer herbeirufen kann, darf sich nicht mit dem Messer zu Wehr setzen (ROXIN, Strafrecht AT [4. Aufl 2006] § 15 Rn 62). Das gilt auch dann, wenn der Angegriffene selbst ein Kind ist. Ein angetrunkener Gast, der andere Gäste verbal bedroht, darf gewaltsam aus der Gastwirtschaft entfernt werden (OLG München [11. 2. 1966] NJW 1966, 1165); ein Schusswaffengebrauch ist hierbei aber nicht gerechtfertigt, wenn er zugleich andere Gäste gefährdet (BGH [27. 6. 1978] NJW 1978, 2028). Der BGH hat betont, dass man bei einem Angriff durch einen Betrunkenen nur dann zum Ausweichen oder zu reiner Schutzwehr verpflichtet sei, wenn das für den Angegriffenen zumutbar und gefahrlos möglich sei ([30. 10. 2007] NJW 2008, 571, 572 Rn 16 – Rauferei bei Straßenfest; BayObLGSt [14. 8. 1998] 1998, 134 – Wirtshausschlägerei). Attackiert ein Betrunkener einen Taxifahrer mit lautstarken Beleidigungen und schlägt er dabei mit den Händen auf das Wagendach, ist es eine gebotene Notwehrhandlung, wenn der Taxifahrer schnell losfährt, auch wenn sich der Angreifer an dem Wagen festhält (LG Erfurt [3. 11. 2006] 3 O 1113/05 – Rn 35). – Befördert ein Gastwirt einen Betrunkenen in Verteidigung seines Hausrechts vor die Türe, ist dies eine Notwehrhandlung. Zur Entfernung die Polizei oder das Rote Kreuz herbeizurufen, ist nur geboten, wenn erhebliche Gefahren für Leib und Leben des Angreifers bestehen (OLG Naumburg [13. 9. 2006] OLGR 2007, 775 f Rn 29).

bb) Bei einem nur **unerheblichen Angriff** ist das Interesse an der Bewährung der Rechtsordnung durch Notwehr gering. Das strenge Notwehrrecht muss daher bei Angriffen, die als Bagatelle oder Unfug erscheinen, eingeschränkt werden. Oft ist in diesen Fällen sogar ein Angriff völlig zu verneinen (vgl oben Rn 13; MünchKomm/GROTHE Rn 22). Ausweichen oder Flucht sind nicht geboten, wenn ein Angriff zu bejahen ist (vgl oben Rn 63). Aber die Art und Weise der aktiven Verteidigungshandlungen ist abhängig von dem Maß der drohenden Verletzung. Steht die Verteidigungshandlung außer jedem Verhältnis zum bedrohten Rechtsgut, so ist sie unzulässig (H DILCHER, in: FS Hübner [1984] 443 ff; WOLF/NEUNER, AT § 21 Rn 24; SOERGEL/FAHSE[13] Rn 39). Man darf in übertragenem Sinn eben nicht mit Kanonen nach Spatzen schießen. Es ist zwar richtig, dass es für die Beurteilung der Zulässigkeit einer Notwehrhandlung nicht auf eine Güterabwägung iS der Verhältnismäßigkeit zwischen den bedrohten Rechtsgütern ankommt (RGSt [20. 9. 1920] 55, 82/85 f; BGH [11. 9. 1995] NStZ 1996, 29; MünchKomm/ GROTHE Rn 17), aber das gilt nur solange, wie die Abwehrmaßnahme nicht missbräuchlich erscheint. Der Missbrauchsvorwurf kann sich gerade auch daraus ableiten lassen, dass der durch die Verteidigungshandlung drohende Schaden außerhalb jedes vernünftigen Maßes zum bedrohten Rechtsgut steht. Ein geringer Sachwert darf daher nicht durch Tötung des Angreifers verteidigt werden (WÖSSNER 124–129 mit Darstellung der einschlägigen Rechtsprechung). Ein Kleindiebstahl darf nicht mit einem gezielten Schuss abgewehrt werden, der den Tod des Angreifers zur Folge hat (OLG Stuttgart [21. 4. 1948] DRZ 1949, 42 mit Anm GALLAS; vgl auch OLG Braunschweig [11. 4. 1947] MDR 1947, 205, 206: Abwehr einer Obstdiebin mit einer tödlichen Starkstromanlage; anders lag der Fall in OLG Hamm [14. 12. 1976] OLGZ 1978, 71, 73, wo der Dieb mit einer nur leicht verletzenden Spezialmunition beschossen wurde). Ebenso wenig darf man ein Pfandrecht an einem Huhn mit einem Axthieb auf den Kopf des Angreifers verteidigen (BayObLG [22. 6. 1954] NJW 1954, 1377, 1378; vgl auch BGH [10. 1. 1956] NJW 1956, 920). Man darf auch nicht eine das Hausrecht verletzende Person, die ihren Hund vom Nachbargrundstück zurückholen möchte, mit einem gezielten Schuss vertreiben (OLG Karlsruhe [28. 12. 1977] VersR 1979, 453). Auch im Straßenverkehr ist – wenn überhaupt die Grenze zum Angriff überschritten wird (vgl oben Rn 13) – bei kleineren, nicht sonderlich gefährlichen Verstößen Notwehr in Form der Bedrohung des Lebens des Angreifers durch An- oder Umfahren nicht zulässig (vgl aus der Rechtsprechung BayObLG [22. 1. 1963] NJW 1963, 824, 825 – erzwungene Einfahrt in eine Parklücke; OLG Stuttgart [8. 12. 1965] NJW 1966, 745 mAnm BOCKELMANN – erzwungene Einfahrt in eine Parklücke; OLG Hamburg [12. 11. 1967] NJW 1968, 662, 663 – erzwungene Einfahrt in eine Parklücke ist keine erforderliche Verteidigung; OLG Hamm [1. 8. 1972] NJW 1972, 1826 f – Umfahren eines Betriebsdetektivs, der gegenüber einem LKW-Fahrer ein vermeintliches Festnahmerecht geltend machen wollte; BayObLG [7. 2. 1995] NJW 1995, 2646 – Umfahren eines Fußgängers, der eine Parklücke für einen anderen Kraftfahrer freihielt, ist keine angemessene Verteidigungshandlung; anders allerdings OLG Schleswig [3. 2. 1984] NJW 1984, 1470 f für ein schnelles Zufahren auf eine Person, die auf der Fahrbahn stehend versucht, den Kraftfahrer zum Halten zu zwingen, um ihn wegen eines vorausgegangenen Verkehrsverstoßes zur Rede zu stellen; OLG Karlsruhe [4. 7. 1985] NJW 1986, 1358 bejaht Notwehr in einem Fall, wo zwei Personen einen Kraftfahrer durch Blockade mit einem weiteren Auto und einem Motorrad an der Weiterfahrt hindern wollten, um ein vermeintliches Pfändungspfandrecht durchzusetzen [die Voraussetzungen des § 229 lagen nicht vor, da der Fahrer nicht der Schuldner war, vgl § 808 ZPO], und der Kraftfahrer das Motorrad beim Ausbiegen umfährt und so dessen Fahrer verletzt; ähnlich bereits BGH [5. 10 1965] VRS 1966, 281, wo der Täter durch das Zufahren mit seinem PKW Randalierer aus seiner Hauseinfahrt vertrieb – in den beiden zuletzt genannten Fällen wird man aber auch keinesfalls von einem unerheblichen Angriff sprechen können; ähnlich OLG Zweibrücken [14. 6. 2006] VersR 2007, 1088 f – Bedrohung eines PKW-Fahrers durch mehrere Personen; zur Notwehreinschränkung beim unerheblichen Angriff mit weiteren Beispielen WÖSSNER 89 ff, 112 f, 124 ff).

69 Diese Wertung findet eine Stütze in **Art 2 EMRK**. Danach ist die absichtliche Tötung eines Menschen nur zulässig, um die Verteidigung eines Menschen gegenüber rechtswidriger Gewaltanwendung sicherzustellen. Nach der hM sind freilich Adressat der EMRK die Staatsorgane, nicht die einzelnen Bürger (BOCKELMANN, in: FS Engisch [1969] 456, 463 ff; KREY JZ 1979, 702, 708; SOERGEL/FAHSE[13] Rn 47; WOLF/NEUNER AT § 21 Rn 56; aA FRISTER GoltdArch 1985, 553 ff). – Art 31 der Konvention zur Errichtung eines ständigen Internationalen Strafgerichtshofs, der das Notwehrrecht bei der Verteidigung von

Sachwerten gegenüber § 32 StGB erheblich einschränkt, bleibt für das Zivilrecht ohne Relevanz, weil die Wertungen des Strafrechts wegen der unterschiedlichen Zielsetzungen beider Rechtsgebiete nicht ohne weiteres auf das Zivilrecht übertragen werden können; im Übrigen wird auch die strafrechtliche Bedeutung als praktisch gering eingeschätzt (vgl MünchKomm/ERB § 32 Rn 19–24). Immerhin lässt sich dagegen mit Recht einwenden, dass das Notwehrrecht zum Teil die staatliche Funktion der Bewahrung der Rechtsordnung substituiert (vgl ähnlich ROXIN, Strafrecht AT [4. Aufl 2006] § 15 Rn 87 mit dem wichtigen Hinweis auf BT-Drucks V/4095, 14). Aus der EMRK folgt aber selbst dann nur ein Verbot der Tötung mit *dolus directus,* der bei der Abwehr auch von Sachangriffen selten vorliegen und noch seltener beweisbar sein dürfte. In diesen seltenen Fällen wird sich aber für gewöhnlich schon eine Einschränkung des Notwehrrechts aus den übrigen Gesichtspunkten der Gebotenheit ergeben, die vor allem mit dem Missbrauchsgedanken zusammenhängen (vgl HÜBNER, AT § 27 Rn 555). – Anders als im Strafrecht ist jedoch die Schuldfrage, die mit der Erheblichkeit des Angriffs zusammenhängt, für den zivilrechtlichen Notwehrtatbestand irrelevant.

cc) Auch die **Notwehrprovokation** führt zu einer Einschränkung zulässiger Verteidigungshandlungen. Hat der Provokateur die Situation, die sich nach außen hin als Notwehrlage darstellt, in Wirklichkeit *absichtlich* herbeigeführt, um missbräuchlich die Verletzung des Gegners als Notwehrhandlung erscheinen zu lassen, so fehlt es bereits an der Rechtswidrigkeit des Angriffs. Die scheinbare Verteidigungshandlung des Provokateurs ist nicht gerechtfertigt (vgl oben Rn 40), sondern missbräuchlich und erlaubt ihrerseits Notwehr (vgl GEPPERT Jura 2007, 33, 39). **70**

Ob das Notwehrrecht des *provozierenden* Verteidigers außer bei einer Absichtsprovokoation eingeschränkt ist, hängt von der Bewertung seines Vorverhaltens ab. Handelt der Verteidiger rechtmäßig, so darf er sich in den allgemeinen Grenzen wehren. Ist sein Vorverhalten hingegen sozialethisch missbilligt, so resultiert aus dieser Missbilligung eine Begrenzung der zulässigen Notwehrhandlungen (SOERGEL/FAHSE[13] Rn 43). Dieser Fall liegt zB vor, wenn sich der Angreifer aufgrund einer verbalen Beleidigung zu einer handgreiflichen Antwort entschließt. Die Beleidigung ist zwar ein Angriff auf die Ehre, aber im Augenblick der Handgreiflichkeit nicht mehr gegenwärtig. Der Beleidiger verliert zwar nicht sein Notwehrrecht, wenn er die Beleidigung nicht zum Zwecke der Auslösung des Angriffs ausgesprochen hat, aber in dieser Situation ist der Provokateur wegen seines missbilligten Vorverhaltens bei der Abwehr nach dem Rechtsgedanken des § 242 zu besonderer Zurückhaltung verpflichtet, zumindest solange bis erkennbar wird, dass der Angreifer nicht einlenken werde (BGHSt [14. 6. 1972] 24, 356, 358 f; [26. 10. 1993] NJW 1994, 871, 872; [30. 10. 2007] NJW 2008, 571, 572 Rn 17; OLG Hamm [7. 1. 1991] NJW 1991, 1897; MünchKomm/GROTHE Rn 24; PALANDT/ELLENBERGER Rn 9; SOERGEL/FAHSE[13] Rn 43; vgl WÖSSNER 114 ff). Das provozierende rechtswidrige Vorverhalten schränkt allerdings nur dann das Notwehrrecht ein, wenn es in nahem zeitlichem Zusammenhang zum Angriff durch den Provozierten steht (BGH [5. 10. 1990] NJW 1991, 503, 505; ROXIN, Strafrecht AT [4. Aufl 2006] § 15 Rn 73). – Das Nichtzurückzahlen eines Darlehens ist allerdings überhaupt keine Provokation im vorgenannten Sinne (BGH [12. 1. 1978] NJW 1978, 898).

dd) Trifft den Verteidiger eine **Garantenstellung** gegenüber dem Angreifer, so liegt der Fall ähnlich wie bei der Absichtsprovokation (oben Rn 40, 70), die letztlich nur ein **71**

Unterfall dieser Gruppe ist. Resultiert die Garantenstellung dort aus vorangegangenem pflichtwidrigen Verhalten (rechtswidrige Provokation), so verlangen auch die gesetzlichen Schutzpflichten von Eltern gegenüber ihren Kindern und von (nicht getrennt lebenden) Eheleuten untereinander eine gesteigerte Pflicht zur Rücksichtnahme, sogar gegenüber einem *rechtswidrigen* Angriff. Das Rechtsbewährungsinteresse zwingt hier zu einer Begrenzung der zulässigen Notwehrhandlungen, weil die Pflichten aus der Garantenstellung in einen Konflikt mit dem Interesse der Bewahrung der Rechtsordnung geraten. Lebensgefährliche Verteidigungshandlungen sind bei solchen besonderen Beziehungen (die Besonderheit liegt in der Garantenstellung, nicht in der engen persönlichen Beziehung – so aber SOERGEL/FAHSE[13] Rn 41) regelmäßig unzulässig (BGH [26. 2. 1969] NJW 1969, 802; [25. 9. 1974] NJW 1975, 62 f; MünchKomm/GROTHE Rn 23; einschränkend BGH [11. 1. 1984] JZ 1984, 529 f). Unter Ehegatten besteht jedenfalls eine verstärkte Verpflichtung, Angriffen auszuweichen (vgl KRATZSCH JuS 1975, 435 ff; GEILEN JR 1976, 314, 318; MARXEN, Die sozialethischen Grenzen der Notwehr [1979] 49 f; ablehnend insbes LK-SPENDEL [11. Aufl 1992] § 32 Rn 310; wie hier jetzt LK/RÖNNAU/HOHN [12. Aufl 2006] § 32 StGB Rn 238). Bei einem Streit unter Ehegatten ist grundsätzlich nicht von einer tödlichen Bedrohung durch den anderen auszugehen (BGH [29. 2. 1969] NJW 1969, 802 mit Anm DEUBNER 1184; vgl auch oben Rn 60 den Fall BGH [11. 1. 1984] JZ 1984, 529, 530). Keine Garantenstellung besteht für gewöhnlich zwischen Mitschülern einer Schulklasse (BGH [24. 7. 1979] NJW 1980, 2263).

IV. Die Rechtsfolgen der Notwehr

1. Zivilrechtliche Rechtmäßigkeit der Handlung

a) Rechtfertigungsgrund

72 Das Handeln in Notwehr ist nach § 227 Abs 1 *nicht widerrechtlich,* sondern gegenüber dem Angreifer rechtmäßig. Das bedeutet, dass es keine Folgen auslösen kann, für welche die Widerrechtlichkeit der Handlung vorausgesetzt wird. Soweit im Zusammenhang mit der Verteidigungshandlung Rechtsgüter Dritter verletzt werden, kommt allenfalls ein rechtfertigender Notstand gemäß § 904 in Frage. – Der Gastwirt, der einen Angreifer mit einem Pistolenschuss abwehrt und dabei zugleich einen unbeteiligten Gast verletzt, kann nur gegenüber dem Angreifer durch Notwehr gerechtfertigt sein, nicht aber gegenüber dem Unbeteiligten (vgl BGH [27. 6. 1978] NJW 1978, 2028).

b) Keine verbotene Eigenmacht

73 Eine durch Notwehr gerechtfertigte Handlung kann weder einen Angriff iSd § 227 Abs 2 noch eine *verbotene Eigenmacht* nach § 858 darstellen (ERMAN/A LORENZ § 858 Rn 7). Daher ist etwa die durch Ausübung der Notwehr dem Angreifer entrissene Waffe nicht durch verbotene Eigenmacht erlangt (vgl BGB-RGRK/JOHANNSEN Rn 4). Anders verhält es sich dagegen, wenn der Verteidiger die Waffe einem Dritten abgenommen hat. Allerdings kann dies als Notstandshandlung gerechtfertigt sein (vgl § 904).

c) Keine Sittenwidrigkeit

74 In analoger Anwendung des § 227 entfällt auch die *Sittenwidrigkeit* eines Handelns, wenn einem Angriff – zB durch sittenwidriges Wettbewerbshandeln – nicht anders als mit wettbewerbsrechtlich sittenwidrigen Mitteln entgegengetreten werden kann.

Allerdings verneinen hier manche bei derart *berechtigter Abwehr* bereits den Tatbestand eines Sittenverstoßes des Verteidigers (SOERGEL/FAHSE[13] Rn 2; zum Problem DROSTE WuW 1954, 507 ff). Es dürfte sich jedoch empfehlen, den Tatbestand des Sittenverstoßes allein von der Handlung her zu beurteilen. Im Ergebnis ist der Streit jedoch ohne Bedeutung.

d) Notwehrüberschreitung

Die Überschreitung erforderlicher Notwehr, der **Notwehrexzess**, ist nicht nach § 227 gerechtfertigt (ERMAN/E WAGNER Rn 18). Notwehrüberschreitungen können zB das Schießen mit einer Gaspistole auf so kurze Entfernung, dass der Angreifer das Augenlicht verliert (vgl aber BGH [17. 5. 1966] VersR 1966, 778) oder Hiebe gegen einen bereits kampfunfähigen Angreifer sein (BGH [31. 3. 1967] VersR 1967, 661). Notwehrüberschreitung kann es auch sein, wenn ein Kraftfahrer gegenüber einem die Fahrbahn versperrenden Fußgänger die maschinelle Gewalt seines Kraftwagens einsetzt (OLG Hamburg [21. 11. 1967] NJW 1968, 662; OLG Hamm [1. 8. 1972] NJW 1972, 1826; siehe aber oben Rn 60).

75

Nach § 33 StGB wird die Notwehrüberschreitung aus Verwirrung, Furcht oder Schrecken zwar *nicht bestraft,* aber das ändert nichts an der Rechtswidrigkeit der Handlung, weil § 33 StGB kein Rechtfertigungsgrund ist (MünchKomm/ERB § 33 StGB Rn 1 mwNw). Dasselbe gilt für den entschuldigenden Notstand gem § 35 StGB, der bei Maßnahmen gegen Dauergefahren in Betracht kommt (BGH [15. 5. 1979] NJW 1979, 2053).

2. Schadensersatzpflichten

a) Eine **gerechtfertigte Notwehrhandlung** löst *keine Schadensersatzpflicht* des *Verteidigers* aus unerlaubter Handlung nach §§ 823 ff oder auch nach § 7 Abs 1 StVG aus (OLG Zweibrücken [14. 6. 2006] VersR 2007, 1088). Rechtmäßiges Handeln darf sich nicht nachteilig auswirken. Das gilt allerdings nur, soweit die Rechtsgüter des Angreifers betroffen sind und erstreckt sich *nicht* auf diejenigen *unbeteiligter Dritter.* Diesen gegenüber kann die Verteidigungshandlung allenfalls nach § 904 S 1 gerechtfertigt sein, was den Verteidiger gleichwohl nach § 904 S 2 zum Schadensersatz verpflichtet. Sonst kommt eine Haftung aus unerlaubter Handlung in Betracht (OLG München [22. 9. 1960] VersR 1961, 454; WOLF/NEUNER, AT § 21 Rn 57).

76

Für Schäden Dritter, welche der Verteidiger zu ersetzen hat, haftet diesem allerdings der Angreifer, soweit die übrigen Voraussetzungen einer Schadensersatzpflicht gegeben sind (für den besonderen Fall „herausgeforderter" Nothilfe vgl STAUDINGER/SCHIEMANN § 249 Rn 53). Das gilt ebenso für die unmittelbar an den Rechtsgütern des Angegriffenen entstandenen Schäden (vgl zur Kostenproblematik, die nicht allein auf die Selbstverteidigung beschränkt ist, sondern auch im Rahmen der Selbsthilfe eine Rolle spielt, § 229 Rn 48 f).

77

Der *Angreifer* haftet dem Angegriffenen zumindest auf deliktischer Grundlage für den angerichteten Schaden. *Mitwirkendes Verschulden* des Angegriffenen kann trotz der Rechtfertigung durch die Notwehr nach § 254 zu berücksichtigen sein, etwa wenn die Notwehrsituation vom Verteidiger schuldhaft herbeigeführt worden ist (BGH [21. 9. 1965] VersR 1965, 1152 f). Sofern ein adäquater Kausalzusammenhang besteht, erfasst dieser Anspruch auch die Ersatzpflicht des Angegriffenen, der auf-

78

grund seiner Verteidigungshandlung seinerseits von Dritten in Anspruch genommen wird (LG Lüneburg [7. 1. 1999] NZV 1999, 384 f). Dagegen kommt ein Anspruch eines Dritten, der Nothilfe geleistet hat, unmittelbar gegen den Angreifer nicht in Betracht, weil es hierfür an einer Rechtsgrundlage fehlt (anders – ohne Begründung – STAUDINGER/DILCHER[12] Rn 35). Der Nothelfer hat unter den Voraussetzungen einer Geschäftsführung ohne Auftrag nach §§ 677, 683 S 1, 670 oder aus Auftrag unmittelbar aus § 670 einen Ersatzanspruch gegen den Angegriffenen (SOERGEL/FAHSE[13] Rn 8).

79 b) Ist infolge einer **Notwehrüberschreitung** die Handlung des Verteidigers *nicht gerechtfertigt,* so ist der Angegriffene dem Angreifer aus dem Gesichtspunkt deliktischer Haftung zum Schadensersatz verpflichtet, wenn der Notwehrexzess zumindest auf Fahrlässigkeit beruhte (BGH [23. 9. 1975] NJW 1976, 42; ENNECCERUS/NIPPERDEY [1960] § 240 III 1). Die Anforderungen an die erforderliche Sorgfalt dürfen jedoch nicht überspannt werden (RG [23. 4. 1928] WarnR 1928 Nr 75), weil das Risiko einer Abwehrhandlung zunächst einmal von dem Angreifer geschaffen worden ist. Zudem wird gerade aus diesem Grund häufig ein *Mitverschulden* des geschädigten Angreifers nach § 254 zu berücksichtigen sein (BGH [21. 2. 1967] VersR 1967, 477, 478).

80 c) Ähnlich liegt es in den Fällen der **Putativnotwehr**. Nur wenn der Irrtum über das Vorliegen des Rechtfertigungsgrundes mindestens auf Fahrlässigkeit beruht, haftet der scheinbar Angegriffene aus unerlaubter Handlung (ERMAN/E WAGNER Rn 17). Allerdings ist der Irrtum häufig unverschuldet. Mangels Verschuldens scheidet dann auch die deliktische Haftung aus (RG [12. 4. 1924] JW 1924, 1968; [8. 6. 1925] 1926, 1145; PALANDT/ELLENBERGER Rn 12). Insoweit gelangt man auch zu einer parallelen Wertung wie im Strafrecht, das in diesen Fällen nach hM § 16 Abs 1 StGB analog anwendet (GEPPERT Jura 2007, 33, 36). – Schießt jemand, der durch eine Alarmanlage geweckt wurde, des Nachts bei Sturm und Regen auf zwei Gestalten, die sich auf seinem Grundstück befinden und die er für Einbrecher hält, in Wirklichkeit aber Polizisten sind, die aufgrund des Alarms und einiger früherer Einbrüche auf dem Grundstück die Lage überprüfen wollten, nachdem ein Polizist einen Warnschuss abgegeben hat, sind Schadensersatzansprüche ausgeschlossen, weil der geschädigte Polizist Aufforderungen des Schädigenden zum Stehenbleiben nicht nachgekommen ist und deshalb eine gefährliche Lage angenommen werden durfte (BGH [26. 5. 1987] NJW 1987, 2509 f; OLG Düsseldorf [29. 3. 1996] VersR 1997, 716). Auch ein vermeintlicher Angreifer, der eine Jugendliche dergestalt bedrängt, dass ein Dritter schuldlos eine Nothilfesituation annehmen durfte, kann keinen Schadensersatz verlangen (OLG Köln [2. 10. 1997] RuS 1998, 111).

V. Beweislast

81 Die tatbestandlichen Voraussetzungen der Notwehr, dh **Notwehrlage und Notwehrhandlung**, muss als rechtshindernde Einwendung in Übereinstimmung mit der Normentheorie derjenige darlegen und beweisen, der sich auf den Rechtfertigungsgrund beruft, also in der Regel der Verteidiger (RGZ [23. 9. 1938] 159, 235, 240; BGH [23. 9. 1975] NJW 1976, 41 f; OLG Koblenz [14. 7. 1993] NJW-RR 1994, 864; BGB-RGRK/JOHANNSEN Rn 19; BAUMGÄRTEL/KESSEN, Beweislast [3. Aufl 2008] Rn 1; Hk-BGB/DÖRNER Rn 9). Liegen die Verteidigungshandlungen zeitlich auseinander, muss der Verteidiger für jede dieser Handlungen beweisen, dass eine Notwehrlage bestand (BGH [30. 10. 2007] NJW 2008,

571, 573 Rn 21 – Rauferei bei Straßenfest – mAnm Grothe LMK 2008, 252199). Die zivilrechtliche Beweislastverteilung bewirkt im Falle der Beweisnot unter Umständen eine Verurteilung des Angegriffenen, obgleich er vom Vorwurf einer Straftat im Falle der Unaufklärbarkeit freigesprochen würde.

Wird der Angreifer durch mehrere Handlungen verletzt, von denen feststeht, welche durch Notwehr gerechtfertigt sind, so muss der Geschädigte beweisen, dass die Verletzung auf einer Handlung beruht, die nicht durch Notwehr gerechtfertigt ist (BGH [30. 10. 2007] NJW 2008, 571, 573 Rn 21 – Rauferei bei Straßenfest; OLG Celle [29. 3. 1989] VersR 1989, 751, 752 – dreifache Schlägerei bei Freiluftfest). Eine analoge Anwendung von § 830 I 2, der auf den *Kausalitätsnachweis* für den Fall verzichtet, dass sich nicht aufklären lässt, wer von mehreren Beteiligten den konkreten Schaden verursacht hat (vgl BGH [23. 5. 2006] NJW 2006, 2399 Rn 9–11 – Brandstiftung durch Kinder), ist angesichts des Ausnahmecharakters dieser Norm nicht möglich (BGH [30. 10. 2007] NJW 2008, 571, 573 Rn 23 – Rauferei bei Straßenfest – m krit Anm Wagner BGHR 2008, 227 f; Spindler AcP 208 [2008] 283, 306, 311 ff).

Behauptet der Geschädigte, sein Angriff sei bereits beendet gewesen, als die Verletzung geschehen sei, so ist er dafür beweispflichtig (OLG Brandenburg [7. 6. 2007] 12 U 250/06 Rn 15 ff – Rangelei nach Faustschlag durch den Geschädigten).

Für den von manchen – entgegen der hier (Rn 47 ff) vertretenen Auffassung – für erforderlich gehaltenen **Verteidigungswillen** streitet bei Vorliegen einer Notwehrlage eine tatsächliche Vermutung (vgl oben Rn 50).

Eine **Notwehrüberschreitung** muss derjenige beweisen, der Rechte aus ihr herleitet **82** (BGH [23. 9. 1975] NJW 1976, 41 f; Baumgärtel/Kessen, Beweislast [3. Aufl 2008] Rn 5). Das ist für gewöhnlich der Angreifer, der Schadensersatzansprüche gegen den Verteidiger geltend macht. Hängt die Frage einer Notwehrüberschreitung von der Feststellung der Intensität des Angriffs ab, so gehen dem Grundsatz entsprechend unaufklärbare Zweifel zu Lasten desjenigen, dem ein gegenwärtiger rechtswidriger Angriff nachgewiesen wurde, und der sich nun auf einen Notwehrexzess beruft (BGH [2. 3. 1971] VersR 1971, 629).

Bei einer **vermeintlichen Notwehr** (Putativnotwehr) trägt der Verteidiger die Be- **83** weislast für die Entschuldbarkeit seines Irrtums, weil der *Entschuldigungsgrund* für ihn hinsichtlich seiner Schadensersatzverpflichtung günstig wirkt (RGZ [21. 2. 1916] 88, 118, 120; BGH [15. 6. 1955] VersR 1955, 579; [18. 11. 1980] NJW 1981, 745; AG Oldenburg/Holstein [20. 7. 2010] 23 C 927/09 Rn 36; MünchKomm/Grothe Rn 27; BGB-RGRK/Johannsen Rn 19; Erman/E Wagner Rn 19; Soergel/Fahse[13] Rn 52; Baumgärtel/Kessen, Beweislast [3. Aufl 2008] Rn 6).

In den Fällen einer **Notwehrprovokation** ist der Angreifer darlegungs- und beweis- **84** pflichtig für die Tatsachen, aus denen sich eine Provokation ergibt (Baumgärtel/Kessen, Beweislast [3. Aufl 2008] Rn 3), weil er den Rechtfertigungsgrund des Provokateurs widerlegen möchte. Der Provokateur muss alle Tatsachen darlegen und beweisen, die seine Handlung als Notwehr erscheinen lassen. Dem provozierten Angreifer wird es allerdings selten gelingen, die innere Tatsache der Missbrauchsabsicht des Provokateurs schlüssig darzulegen und zu beweisen, weil er insofern auf Indizien angewiesen ist, die nur schwer zwingende Rückschlüsse zulassen werden, wenn die Situation äußerlich als Notwehr erscheint. Das Gericht wird eventuell mit einer Verschiebung der konkreten Beweisführungslast (dazu BAUMGÄRTEL/LAUMEN, Beweislast, Grundlagen § 3 Rn 32 ff) reagieren können. Gelingt es dem provozierten Angreifer „nur" zu beweisen, dass er zum Angriff provoziert wurde, so liegt es ebenfalls an ihm darzulegen und zu beweisen, dass der Angegriffene die – dann eng gezogenen (oben Rn 70) – Grenzen der Notwehr überschritten hat.

VI. Rechtsvergleichung

85 Die europäischen Rechtsordnungen kennen alle den zivilrechtlichen Rechtfertigungsgrund der Notwehr, auch wenn er nicht überall ausdrücklich geregelt ist (vgl vBAR, Gemeineuropäisches Deliktsrecht II § 5 II; zur Situation im Strafrecht der Nachbarländer vgl JESCHECK/WEIGEND, AT § 32 VII; WITTEMANN, Grundlinien und Grenzen der Notwehr in Europa [1997]).

86 **1.** Das **österreichische** ABGB kennt keine Regelung der Notwehr. Lediglich § 19 S 2 ABGB macht denjenigen, der die Notwehrgrenzen überschreitet für sein Handeln verantwortlich, dh schadensersatzpflichtig. Aus dem strafrechtlichen Notwehrrecht und anknüpfend an § 19 S 2 ABGB haben Rechtsprechung und Lehre für das Zivilrecht eine Theorie der Notwehr entwickelt, die praktisch mit der deutschen übereinstimmt (vgl RUMMEL/REISCHAUER, Kommentar zum ABGB [3. Aufl 2000] § 19 ABGB Rn 2 ff).

87 **2.** Für das **schweizerische** Recht bestimmt Art 52 Abs 1 SchwOR, dass derjenige, der in berechtigter Notwehr einen Angriff abwehrt, den dabei entstehenden Schaden nicht zu ersetzen hat. Die inhaltliche Ausfüllung des Notwehrbegriffs steht in Parallele zur deutschen Begriffsbildung (vgl GUHL/MERZ/KOLLER, Das Schweizerische Obligationenrecht [9. Aufl 2000] § 24 Rn 32).

88 **3.** Das **französische** Recht kennt keine zivilrechtliche Regelung der Notwehr. Vielmehr sind die Grundsätze der *défense légitime* im Zusammenhang mit der Schadensersatzvorschrift in Art 1382 Cc und der Notwehrregelung in Art 328 Code pénal, die durch Art 122–5 N Code pénal neu gefasst wurde, entwickelt worden. Im Unterschied zum deutschen Recht kann nach französischer Auffassung ein Angriff auch von einer Sache ausgehen, gegen die dann Notwehr geübt werden darf (FERID/SONNENBERGER, Das französische Zivilrecht 1, 1 [2. Aufl 1994] Rn 1 C 180).

89 **4.** Nach **englischem** Recht bedeutet *self-defence* oder *private defence* die Verteidigung gegen einen rechtswidrigen Angriff, der sowohl von Personen wie von Sachen oder Tieren ausgehen kann. Gegenüber rechtswidrigen Angriffen ist eine angemessene Verteidigung rechtmäßig, wobei sich die Angemessenheit aus der Verhältnismäßigkeit zwischen dem geschützten und dem verletzten Rechtsgut ergibt (ROGERS, Winfield and Jolowicz on Tort [18. Aufl 2010] Rn 25. 25 ff). Nicht anders liegt es im **US-amerikanischen** Recht, das die Notwehr durch den Verhältnismäßigkeitsgrundsatz begrenzt (WÖSSNER 193 ff). Angesichts der dortigen Verbreitung von Schusswaffen in privater Hand (1993 ca 220 Mio Stück, WÖSSNER 206) ist diese Beschränkung auch praktisch äußerst relevant. Allerdings ist eine Tendenz zur Zurückdrängung der Notwehrschranken zu beobachten (WÖSSNER 196 ff).

§ 228
Notstand

Wer eine fremde Sache beschädigt oder zerstört, um eine durch sie drohende Gefahr von sich oder einem anderen abzuwenden, handelt nicht widerrechtlich, wenn die Beschädigung oder die Zerstörung zur Abwendung der Gefahr erforderlich ist und der Schaden nicht außer Verhältnis zu der Gefahr steht. Hat der Handelnde die Gefahr verschuldet, so ist er zum Schadensersatz verpflichtet.

Materialien: TE-AllgT § 203 (SCHUBERT AT 2, 435–437); E I § 187; II § 192; III § 222; Mot I 348; Prot I 409 ff; Prot RJA, 159 ff; Prot II 1, 251 ff und 6, 212 ff; JAKOBS/SCHUBERT AT 2, 1146–1171.

Schrifttum

ALLGAIER, Zum Verhältnis und zur Abgrenzung von defensivem und aggressivem Notstand, VersR 1989, 788

CANARIS, Notstand und „Selbstaufopferung" im Straßenverkehr, zugleich ein Beitrag zur allgemeinen Problematik des Notstands im Zivilrecht, JZ 1963, 655

DIURNI, Notstand und Nothilfe. Eine dogmatische Untersuchung auf der Grundlage des deutschen und italienischen Zivilrechts (Diss Regensburg 1998)

ERB, Der rechtfertigende Notstand, JuS 2010, 17

HATZUNG, Dogmengeschichtliche Grundlagen und Entstehung des zivilrechtlichen Notstandes (1984)

HECK, Das Recht der großen Haverei (1889)

HENKEL, Die Rechtsnatur des Notstandes (Diss Frankfurt 1927)

HIRSCH, Defensiver Notstand gegenüber ohnehin Verlorenen, in: FS Küper (2007) 149

N HORN, Der Ersatzpflichtige im zivilrechtlichen Notstand, JZ 1960, 350

A HUECK, Notstand gegenüber einer mitgefährdeten Sache, JherJb 68 (1919) 205

KÜPER, Von Kant zu Hegel, Das Legitimationsproblem des rechtfertigenden Notstandes und die freiheitsphilosophischen Notrechtslehren, JZ 2005, 105

KUHN, In welchem Verhältnis stehen die §§ 228 und 904 BGB zueinander? (Diss Freiburg 1903)

PAWLIK, Der rechtfertigende Defensivnotstand, Jura 2002, 26

ders, Der rechtfertigende Defensivnotstand im System der Notrechte, GA 2003, 12

SEELMANN, Das Verhältnis von § 34 StGB zu anderen Rechtfertigungsgründen (1978)

THIEL, Die Konkurrenz von Rechtfertigungsgründen (2000)

TITZE, Die Notstandsrechte im Deutschen Bürgerlichen Gesetzbuche und ihre geschichtliche Entwicklung (Diss Berlin 1897)

vTUHR, Der Notstand im Civilrecht (1888)

WARDA, Zur Konkurrenz von Rechtfertigungsgründen, in: FS Maurach (1972) 143

WEITZ, Fragen aus dem bürgerlichrechtlichen Notstande (Diss Marburg 1935).

Systematische Übersicht

I.	Notstandsfälle im BGB und ihr Verhältnis zu anderen Notstandsfällen		
1.	Defensiver (§ 228) und aggressiver (§ 904) zivilrechtlicher Notstand		1
2.	Strafrechtlicher und zivilrechtlicher Notstand		3
a)	Die Regelung des § 34 StGB		3

b) Rechtfertigende Wirkung im Zivilrecht ... 4
c) Keine Auswirkung des entschuldigenden Notstands nach § 35 StGB ... 5
3. Polizeilicher Notstand ... 6
4. Jagdrecht ... 8
5. Weitere Sonderfälle ... 9

II. Entstehungsgeschichte, Sinn und Zweck ... 10

III. Der Tatbestand ... 12
1. Notstandslage ... 13
a) Die drohende Gefahr ... 13
b) Die Sache als Gefahrenquelle ... 16
aa) Mittelbare Gefährdung ... 18
bb) Tiere als Gefahrenquelle ... 21
cc) Herrenlose Sachen ... 22
2. Notstandshandlung ... 23
a) Erforderlichkeit ... 24
b) Verhältnismäßigkeit der Schadenszufügung ... 27

aa) Die Bestimmung des Wertverhältnisses ... 27
bb) Insbesondere bei Sachgütern ... 30
c) Keine subjektiven Tatbestandselemente ... 32

IV. Die Rechtsfolgen
1. Die Rechtfertigungswirkung ... 35
2. Die Schadensersatzpflichten ... 38
a) Gemäß § 228 ... 38
b) Haftung Dritter ... 43
c) Notstandsüberschreitung und Putativnotstand ... 44
d) Selbstaufopferung ... 46

V. Beweislast ... 49

VI. Rechtsvergleichung
1. Österreichisches Recht ... 50
2. Schweizerisches Recht ... 51
3. Französisches Recht ... 52
4. Englisches Recht ... 53

Alphabetische Übersicht

Affektionsinteresse ... 31
Aggressiver Notstand ... 2
Analoge Anwendung ... 4, 22, 44 f
Ausländisches Recht ... 50 ff

Beweislast ... 49

Defensiver Notstand ... 1
Drohende Gefahr ... 13 ff

Erforderlichkeit der Notstandshandlung ... 24 ff
Erlaubnistatbestandsirrtum ... 37

Fluchtmöglichkeit ... 25
Fremdheit der Sache ... 22

Geschützte Rechtsgüter ... 13

Herrenlose Sachen ... 22

Jagdschutzvorschriften ... 8

Kausalzusammenhang ... 17 ff

Konkurrenzen ... 3, 8 f
Luftsicherheit ... 7

Mittelbare Kausalität ... 18

Notstandsprovokation ... 36
Notstandsüberschreitung ... 26, 44 f

Polizeilicher Notstand ... 6 f
Putativnotstand ... 37, 44 f

Rechtfertigungswirkung ... 1 ff, 35 ff
Schadensersatzpflichten ... 38 f
Selbstaufopferung ... 46 ff
Strafrechtlicher Notstand ... 3 ff
Straßenverkehr ... 47

Telegraphenkabelvertrag ... 48
Tiere als Gefahrenquelle ... 21

Verbotene Eigenmacht ... 35

April 2014

Verbotsirrtum	37	Verschuldeter Notstand	38 ff
Verhältnismäßigkeit der Schadens- zufügung	27 ff	Verteidigungswille	32 ff
Verjährung	41	Wertverhältnis	27 ff

I. Notstandsfälle im BGB und ihr Verhältnis zu anderen Notstandsfällen

1. Defensiver (§ 228) und aggressiver (§ 904) zivilrechtlicher Notstand

Notstand ist ein Zustand gegenwärtiger oder drohender Gefahr für ein individuelles, rechtlich geschütztes Interesse, dessen Abwendung nur auf Kosten fremder Interessen möglich ist. Eingriffe in fremde Sachen hält das Gesetz im Notstand für gerechtfertigt. Sie werden durch einen Schadensersatzanspruch ausgeglichen. Insofern stimmen §§ 228 und 904 überein, im Einzelnen bestehen aber erhebliche Unterschiede. § 228 regelt den *defensiven Notstand,* bei dem die Gefahr durch eine fremde Sache (bzw ein Tier) droht, die sodann zur Beseitigung des Notstandes beschädigt oder sogar zerstört wird (im Einzelnen unten Rn 12 ff). **1**

Beim *aggressiven Notstand* nach § 904 wird hingegen auf eine fremde Sache zur Abwendung einer Gefahr eingewirkt, die nicht von dieser Sache ausgeht. Es geht dort also um eine Inanspruchnahme fremden, unbeteiligten Eigentums im Interesse der Abwehr einer Gefahr. Diese Gefahr muss nach § 904 gegenwärtig sein. In § 228 hingegen ist nur die Rede von einer drohenden Gefahr (Rn 13). Der aggressive Notstand rechtfertigt den Zugriff auf fremde Sachen, wenn der drohende Schaden unverhältnismäßig groß wäre; demgegenüber setzt § 228 lediglich voraus, dass der durch die Notstandshandlung angerichtete Schaden nicht außer Verhältnis zu der drohenden Gefahr steht (Rn 27 ff). Die unterschiedlichen Maßstäbe für die Güterabwägung folgen aus dem unterschiedlichen Verhältnis zwischen dem Einwirkungsobjekt und der Gefahrenquelle. Objekt und Gefahrenquelle sind im defensiven Notstand identisch, im aggressiven Notstand hingegen verschieden. Schließlich ist im Falle des § 904 S 2 ohne Verschulden Schadensersatz zu leisten, gem § 228 S 2 dagegen nur bei vom Handelnden verschuldetem Notstand (Rn 38 ff). Dabei wird in § 228 S 2 der Ersatzpflichtige genau bezeichnet, in § 904 S 2 ist dies nicht der Fall (Einzelheiten zu § 904 vgl bei STAUDINGER/SEILER § 904 [2002] Rn 1 ff). **2**

2. Strafrechtlicher und zivilrechtlicher Notstand

a) Das Reichsstrafgesetzbuch von 1871 kannte nur einen entschuldigenden Notstand, ähnlich wie er heute in § 35 StGB geregelt ist (vgl §§ 52, 54 RStGB). Der rechtfertigende Notstand wurde dann zunächst vor allem in §§ 228, 904 BGB anerkannt. Für eine Übertragung auf das Strafrecht erschienen die Vorschriften aber zu eng, weil es nur um die Abwehr von Sachgefahren (§ 228) und die Einwirkung auf die Sachen Unbeteiligter (§ 904) ging. So entwickelte sich im Strafrecht zu Fällen medizinisch indizierter Abtreibungen eine Lehre vom übergesetzlichen rechtfertigenden Notstand, die über den Anwendungsbereich des zivilrechtlichen Rechtfertigungsgrundes hinausreichte (erstmals anerkannt in RGSt [11. 3. 1927] 61, 242, 254 und RGSt [21. 2. 1928] 62, 35, 46 f; RGSt [20. 4. 1928] 62, 137 f; MünchKomm/ERB § 34 StGB Rn 10). **3**

Ohne sachliche Änderung wurde der übergesetzliche rechtfertigende Notstand 1975 als § 34 ins StGB eingefügt:

§ 34 StGB
Rechtfertigender Notstand

> Wer in einer gegenwärtigen, nicht anders abwendbaren Gefahr für Leben, Leib, Freiheit, Ehre, Eigentum oder ein anderes Rechtsgut eine Tat begeht, um die Gefahr von sich oder einem anderen abzuwenden, handelt nicht rechtswidrig, wenn bei Abwägung der widerstreitenden Interessen, namentlich der betroffenen Rechtsgüter und des Grades der ihnen drohenden Gefahren, das geschützte Interesse das beeinträchtigte überwiegt. Dies gilt jedoch nur, soweit die Tat ein angemessenes Mittel ist, die Gefahr abzuwenden.

Der Tatbestand des § 34 StGB weist also weit über den zivilrechtlichen Notstand hinaus, weil er insbesondere auch die Verletzung nicht materieller Rechtsgüter gestattet. Soweit ein Sachverhalt, zB eine Sachbeschädigung nach § 303 StGB, unter § 228 fällt, tritt § 34 StGB zurück. Die §§ 228, 904 sind gegenüber dem strafrechtlichen rechtfertigenden Notstand als engere Normen zugleich *leges speciales* (vgl MünchKomm/GROTHE Rn 2; MünchKomm/ERB § 34 StGB Rn 14 mwNw aus der strafrechtlichen Literatur; HIRSCH 154; SEELMANN 37 ff; WARDA 160 ff; zu anderen Auffassungen SEELMANN 9 ff).

4 b) Hilfsweise führt nach hM aber auch das Vorliegen eines *rechtfertigenden* strafrechtlichen Notstandes gem § 34 StGB zugleich zu einer zivilrechtlichen Rechtfertigung mit der Folge, dass zB keine verbotene Eigenmacht vorliegt. Das war auch schon früher für den jetzt in § 34 StGB aufgegangenen sogenannten übergesetzlichen rechtfertigenden Notstand des Strafrechts anerkannt (vgl OLG Freiburg [26. 10. 1950] JZ 1951, 226). Für die Rechtfertigung nach § 16 OWiG gelten dieselben Grundsätze (vgl hierzu MünchKomm/GROTHE Rn 2). Die Interessen von demjenigen, dessen Rechtsgüter durch die Notstandshandlung betroffen sind, darf die Privatrechtsordnung aber nicht ignorieren. Es erscheint angemessen, die Regelungslücke in entsprechender Anwendung der Schadensersatzregeln der §§ 228 S 2 und 904 S 2 zu schließen (CANARIS JZ 1963, 655, 658; SOERGEL/FAHSE[13] Rn 9; MünchKomm/GROTHE Rn 2). Nach aA findet allein § 904 S 2 entsprechende Anwendung (ERMAN/E WAGNER Rn 9; STAUDINGER/SEILER [2002] § 904 Rn 48; STAUDINGER/WERNER [2001] Rn 3; ENNECCERUS/NIPPERDEY [1960] § 241 V; HÜBNER, AT § 27 II 2, Rn 568). Wenn aber der Geschädigte an der Entstehung des Notstandes beteiligt war, ist nicht erkennbar, weshalb die gesetzliche Wertung des § 228 S 2, nur bei vom Opfer verschuldeter Gefahr eine Schadensersatzpflicht zu begründen, nicht auf diesen Fall übertragbar sein sollte. Der Handelnde ist also nur im Verschuldensfall zum Schadensersatz verpflichtet, was im Übrigen dem Grundprinzip des Haftungsrechts im BGB vollkommen entspricht. Der Aufopferungsgedanke, der § 904 S 2 trägt, erscheint demgegenüber als eine Ausnahme, die nur zum Zuge kommt, wenn § 228 nicht greift.

5 c) Der strafrechtliche *entschuldigende Notstand* nach § 35 StGB bewirkt keine zivilrechtliche Rechtfertigung. Die Schuld im strafrechtlichen Sinne kann sich von dem nach objektiven Gesichtspunkten zu beurteilenden zivilrechtlichen Verschulden unterscheiden (MünchKomm/GROTHE Rn 4; ENNECCERUS/NIPPERDEY [1960] § 241 IV). Dasselbe gilt auch für einen *übergesetzlichen* entschuldigenden Notstand, sofern er überhaupt wie zB vom OLG Hamm ([28. 10. 1975] NJW 1976, 721 f) für das Strafrecht als ultima ratio zur Behebung einer Not- und Gefahrensituation anerkannt worden ist (vgl zu den Einzelheiten ROXIN, Strafrecht AT [4. Aufl 2006] § 22 Rn 1–65 und 146–156).

3. Polizeilicher Notstand

Der sog polizeiliche Notstand ist kein Notstand iS von § 228. Vielmehr bezeichnet **6** der Begriff die gerechtfertigte *Heranziehung eines Nichtstörers* zur Gefahrenabwehr und ist insofern eher dem aggressiven Notstand nach § 904 vergleichbar. Es geht hier regelmäßig nicht um die Heranziehung einer fremden Sache, von der eine Gefahr ausgeht. Das setzt § 228 allerdings voraus („durch sie drohende Gefahr"). Die Rechtsgrundlage für solches hoheitliches Handeln ergibt sich ausschließlich aus dem bundes- und landesrechtlichen Ordnungsrecht (vgl KNEMEYER, Polizei- und Ordnungsrecht [11. Aufl 2007] Rn 347 ff; DREWS/WACKE/VOGEL/MARTENS, Gefahrenabwehr, Allgemeines Polizeirecht [Ordnungsrecht] des Bundes und der Länder [9. Aufl 1986] § 22; WOLFF/BACHOF/STOBER, Verwaltungsrecht III [4. Aufl 1978] § 127 II a; Überblick bei SCHOCH Jura 2007, 676 ff). Der Betroffene hat nach den für das öffentliche Recht maßgeblichen Vorschriften einen Entschädigungsanspruch, evtl auf der Grundlage eines enteignungsgleichen Eingriffs (SCHOCH/SCHOCH, Besonderes Verwaltungsrecht [15. Aufl 2013] II 255; KNEMEYER Rn 348; GUSY, Polizeirecht [9. Aufl 2014] Rn 470).

Die Frage nach der **Reichweite zivil- (und straf-)rechtlicher Rechtfertigungsgründe 7** stellte sich aktuell in der Diskussion über das Luftsicherheitsgesetz (BGBl I 2005, 78). Der Gesetzgeber hatte das Szenario der Anschläge vom 11. September 2001 im Blick. Nach dem vom BVerfG ([15. 2. 2006, Luftsicherheitsgesetz] E 115, 118, 119, umfassende Kritik bei ISENSEE, in: FS Jakobs [2007] 205 ff) verworfenen § 14 Abs 3 LuftSiG sollte die Anwendung von Waffengewalt zulässig sein, wenn davon auszugehen sei, dass das Flugzeug gegen das Leben von Menschen eingesetzt werden solle und kein anderes Mittel zur Abwehr der gegenwärtigen Gefahr bestehe (mit Recht weist HIRSCH, in: FS Küper [2007] 149, 150, darauf hin, dass die Gefahr auch ohne Angreifer im Flugzeug eintreten kann, wie Vorkommnisse in Griechenland [2005] und Japan [1985] lehren). Objektiv liegt in einem solchen Fall eine Notlage vor, die anders ist als im seit Jahrhunderten diskutierten Streit um das „Brett des Karneades" (dazu AICHELE Jahrbuch für Recht und Ethik 11 [2003] 245 ff; OTTO Jura 2005, 470, 475), da ein Eingriff von außen zur Debatte steht und von den Menschen am Boden für diejenigen im Flugzeug auch keine Gefahr ausgeht. Wo Leben gegen Leben steht, im „Patt der Rechtsgüter" (ISENSEE, in: FS Jakobs [2007] 205, 210), ist die Lösung nicht zu finden, indem man sich wie das BVerfG (E [15. 2. 2006] 115, 118, Ziff 118 ff, 124) auf den absoluten Schutz der Menschenwürde zurückzieht und die Augen davor verschließt, dass nunmehr gleiche individuelle Rechtspositionen in einem Verhältnis stehen – also relativ sind (vgl auch WITTRECK, Menschenwürde als Foltererlaubnis? – Zum Dogma der ausnahmslosen Unabwägbarkeit des Art 1 Abs 1 GG, in: GEHL [Hrsg], Folter – Zulässiges Instrument im Strafrecht? [2005] 37, 49 ff; ISENSEE, Handbuch der Grundrechte, Bd 4, § 87 Rn 107; ders ZfL 2009, 114, 117 f; zum Problem des Zahlenverhältnisses vgl HIRSCH 159). Die Konfliktlage erfüllt zwar die Voraussetzungen eines rechtfertigenden Notstands (für das Strafrecht vgl HIRSCH, in: FS Küper [2007] 149, 154–165; ROGALL NStZ 2008, 1, 4; SPENDEL Recht und Politik 2006, 131; **aA** PAWLIK JZ 2004, 1045, 1049 f), aber die Rechtfertigung entfaltet nur für das Strafrecht bzw das Zivilrecht Wirkung. Die öffentliche Gewalt ist dem Prinzip der Gesetzmäßigkeit unterworfen und hat aufgrund der Grundrechtsbindung andere Handlungsmöglichkeiten als der Private. Einerseits ist staatliches Handeln an den Verhältnismäßigkeitsgrundsatz gebunden; gerade im Hinblick auf den Verhältnismäßigkeitsgrundsatz ergeben sich übrigens vor dem Hintergrund der historischen Erfahrung erhebliche Bedenken gegen die Zulassung polizeilicher Folter (vgl FALK, Rechtsstaatliche Folter? Rechtshistorische Anmerkungen zu einer tickenden Bombe, in: ANDERS u GILCHER-HOLTEY [Hrsg], Herausforderungen des staatlichen Gewaltmonopols [2006] 90–111 mwNw zu pro und contra; differenziert ISENSEE, Handbuch der Grundrechte, Bd 4, § 87 Rn 144 f, der in den äußersten Fällen der Gefahrenabwehr die „Rettungsfolter" ähnlich wie die Beugehaft oder den „Rettungsschuss" für legitimierbar hält, aber auf die sozialethische Tabuisierung der Folter aufmerksam macht; anders ist es bei der Folter im Zusammenhang mit der Strafverfolgung. Sie ist schon ganz offensichtlich niemals durch Nothilfe gerechtfertigt, weil keine Notlage in diesem Sinne vorliegt. Sie verstieße bereits gegen Art 2 Abs 1 GG, vgl ENDERS, Handbuch der Grundrechte, Bd 4, § 89 Rn 65), andererseits beschränken sich die polizeilichen Befugnisse standardmäßig nicht auf gegenwärtige Angriffe (zum Ganzen: KIRCHHOF NJW 1978, 969 ff). Zwar ging es in § 14 Abs 3 LuftSiG nicht um eine Standardmaßnahme, sondern allein um die Abwehr eines gegenwärtigen Angriffs, aber die kategorische Trennung polizeilicher Befugnisse von privaten Rechten wird damit nicht aufgehoben. Weder § 34 StGB noch die zivilrechtlichen Rechtfertigungsgründe sind Ermächtigungsgrundlage für irgendeine Form polizeilichen Handelns (JAKOBS, Strafrecht, AT1 [2. Aufl 1993] 400; SCHMIDT-JORTZIG, in: FS Rees [2005] 1569, 1574 f; ISENSEE, in: FS Jakobs [2007] 205, 231; PEWESTORF JA 2009, 43, 48; vgl auch oben Rn 6; einschränkend auf die Fälle spezieller gesetzlicher Regelungen HIRSCH 165, 170 f). Es bleibt allerdings festzustellen, dass sowohl die zivil- und strafrechtlichen Rechtfertigungsgründe als Ausdruck eines allgemeineren, übergesetzlichen Notrechts verstanden werden können, das auch für den Staat und damit auch für die Polizisten Geltung hat (vgl BVerfGE [16. 10. 1977, Schleyer] 46, 160, 164 f; [25. 3. 1992, Fangschaltung] 85, 386, 400 ff; BVerwGE [18. 10. 1990] 87, 34, 46; STERN, Staatsrecht II [1980] § 52 V 2 b, S 1329 ff; ISENSEE, in: FS Leisner [1999] 359/384 ff; in dieser Richtung auch ROXIN, Strafrecht AT [4. Aufl 2006] § 22 F Rn 152; ERB NStZ 2005, 593 ff nennt die Notwehr – und damit auch die Nothilfe – sogar ein naturrechtlich begründetes Menschenrecht). In einer *Notwehr*lage kann daher das Handeln staatlicher Einsatzkräfte zivil- und strafrechtlich gerechtfertigt sein, auch wenn es nicht vom Polizeirecht gedeckt sein mag (vgl oben § 227 Rn 43). – Hinsichtlich der Zerstörung des Flugzeugs selbst bei einer Abwehr – zugegebenerweise im Hinblick auf die im Szenario bedrohten Menschenleben eine Nebensache – liegt ein Defensivnotstand vor, da von dem Flugzeug für die Personen am Boden eine Lebensgefahr ausgeht (so auch ROGALL NStZ 2008, 1, 2).

4. Jagdrecht

8 Die Jagdschutzvorschriften gegenüber Wilderern und Raubwild in den §§ 23, 25 BJagdG sind *Spezialvorschriften* im Verhältnis zu § 228 (vgl RGZ [31. 8. 1937] 155, 338 – Tötung eines wildernden Hundes, § 40 RJagdG). Aufgrund einer abweichenden gesetzgeberischen Entscheidung im Jagdrecht, die durch die Anwendung von § 228 unterlaufen würde, erscheint § 26 BJagdG als *lex specialis*. Das gilt jedoch nur, soweit es um die Verhütung von Wildschäden geht. Soll hingegen nicht ein Wildschaden abgewandt werden, sondern eine Gefahr für Leib und Leben eines Menschen, bleibt es bei den Rechten aus § 228 (WARDA, in: FS Maurach [1972] 164 f; ebenfalls iS einer Spezialität des Jagdrechts MünchKomm/GROTHE Rn 5; **aA** noch zum früheren Recht OLG München [18. 11. 1937] Recht 1938 Nr 4650).

5. Weitere Sonderfälle

Sonderfälle eines rechtfertigenden Notstandes sind in § 706 HGB für die große **9**
Haverei und in § 111 Abs 3 SeemannsG geregelt. Ferner enthält § 39 Abs 4 Nr 4
PostG ein Recht zur Vernichtung gefährlicher Gegenstände.

II. Entstehungsgeschichte, Sinn und Zweck

Anders als das Notwehrrecht hat der defensive Notstand (zum Begriff oben Rn 1) nur **10**
den Schutz der individuellen Rechtsgüter zum Ziel. Hier geht es nicht wie bei der
Notwehr zugleich um eine Substitution der staatlichen Funktion, die Rechtsordnung
zu bewahren, sondern allein um einen wirksamen Schutz der Zuweisung einer Verhaltensberechtigung, also eines subjektiven Rechts (vgl § 227 Rn 5), vor Gefährdungen
durch Sachen und insbesondere auch Tiere. Letzteres stand für den Redaktor des
Teilentwurfs des BGB noch in der Tradition von ALR I 9 § 155 und § 182 SächsBGB
ganz klar im Vordergrund (GEBHARD, Begründung TE-AllgT, 11 [SCHUBERT AT 2, 435]). Für
einen defensiven Sachnotstand wie im gemeinen Recht und in § 183 SächsBGB sah
er hingegen kein praktisches Bedürfnis (GEBHARD, Begründung TE-AllgT, 13 [SCHUBERT
AT 2, 437]), obgleich die Vorschrift – im Unterschied zu § 904 (vgl insofern STAUDINGER/
SEILER [2002] Rn 10) langer Tradition entsprach. Schon die erste Kommission hatte
eine Erweiterung hinsichtlich der Abwehr von Gefahren durch fremde Sachen beschlossen (Prot I 409 [JAKOBS/SCHUBERT AT 2, 1154]). Die Güterabwägung wurde
schließlich in der zweiten Kommission ins Gesetz aufgenommen (Prot II 1, 240,
241 [Antrag STRUCKMANN], 251 ff [Antrag JACUBEZKY]). Dort wurde auch die Widerrechtlichkeit der Notstandshandlung, die noch § 187 E I vorsah, nach einem entsprechenden Vorbeschluss der Vorkommission im Reichsjustizamt verneint (Prot RJA 161).

Würde § 228 fehlen, wäre die Abwehr einer Gefahr für die eigenen Rechtsgüter, die **11**
von dem Eingriffsobjekt selbst ausgeht, regelmäßig eine unerlaubte Handlung. Das
erscheint jedoch insbesondere dann unangemessen, wenn den Handelnden an der
Gefahr kein Verschulden trifft. Die Rechtfertigung gilt aber auch sonst. Wertungsmäßig entscheidend ist, dass die Gefahr von der in Anspruch genommenen Sache
ausgeht. Die Güterabwägung kann daher bereits dann zu einer Rechtfertigung
führen, wenn der Wert der geschützten Sache geringer ist als der Wert der zerstörten
oder beschädigten Sache (Einzelheiten unten Rn 30). Erst aus dem Vergleich des gefährdeten Rechtsguts mit dem in Anspruch genommenen Rechtsgut ergibt sich die
Legitimation dieses Notrechts (zum philosophischen Hintergrund der Sicherung von Freiheit
KÜPER 105 ff, 114 f).

III. Der Tatbestand

Der Tatbestand von § 228 setzt eine *Notstandslage,* dh eine von einer Sache aus- **12**
gehende, drohende Gefahr für ein Rechtsgut voraus, die dann zu einer Notstandshandlung berechtigt.

1. Notstandslage

a) Die drohende Gefahr

§ 228 S 1 setzt eine Gefahr für ein *beliebiges Rechtsgut* voraus. Die Gefahr kann **13** sowohl hinsichtlich der Minderung vorhandener Werte als auch des Verlustes von künftigem Gewinn hervortreten. Dabei braucht die Gefahr im Unterschied zur Notwehrlage noch nicht gegenwärtig zu sein. Es genügt vielmehr, wenn eine Schädigung des bedrohten Gutes tatsächlich **sehr wahrscheinlich** ist; die bloß unbestimmte Möglichkeit eines künftigen Schadenseintritts reicht hingegen nicht aus (BGB-RGRK/JOHANNSEN Rn 10; SOERGEL/FAHSE[13] Rn 12; MünchKomm/GROTHE Rn 7; ZIESCHANG GA 2006, 1, 2; enger STAUDINGER/WERNER [2001] Rn 7, der eine unmittelbar bevorstehende Schädigung verlangt). Andererseits muss nicht abgewartet werden, ob ein Schaden eintritt, weil gerade das durch § 228 verhindert werden soll. So darf zB eine Abwehrmaßnahme gegen einen wildernden Hund auch dann getroffen werden, wenn er nicht gerade ein Wild verfolgt. Ebenso besteht für den Besitzer von Mangelware eine drohende Gefahr, wenn sich eine plünderungswillige Menge zusammenrottet (OGHBrZ [15. 2. 1950] 4, 99, 102; zu diesem Fall vgl auch Rn 18). Die Entfernung von Metallpflöcken, die jemand auf einem gemeinsam mit Nachbarn genutzten Weg auf der Grundstücksgrenze aufgestellt hat, ist jedoch ein Fall (unzulässiger) Selbsthilfe. Es liegt nämlich mangels drohender Gefahr keine Notstandslage vor (AG Viersen [26. 9. 2012] 33 C 231/11 Rn 31). Es genügt also nicht allein ein rechtswidriger Zustand, um eine Notstandslage zu begründen. Zwar hat sich in dem Beispielsfall eine Gefahr für ein Rechtsgut bereits realisiert, aber für die Notstandslage ist es erforderlich, dass im Falle des Nichteingreifens eine neue Rechtsgutsverletzung eintreten bzw eine bereits realisierte verschlimmert würde, die nun durch die Notstandsmaßnahme abgewendet werden soll. Die bloße zeitliche Verlängerung eines rechtswidrigen Zustands erfüllt diese Voraussetzung jedoch nicht. Hier „droht" keine Gefahr. Denn der Gesetzgeber möchte mit diesem Tatbestandsmerkmal ausdrücken, dass eine das betroffene Rechtsgut schädigende *Veränderung* sehr wahrscheinlich bevorsteht. Allerdings kann es einen gefährlichen Zustand geben, der als drohende Gefahr aufzufassen ist (vgl unten Rn 16).

14 Bei Maßnahmen gegen eine drohende Gefahr ergibt sich gegenüber der Abwehr gegenwärtiger Gefahren iS des § 904 oder eines gegenwärtigen Angriffs iS des § 227 insoweit ein Unterschied, als die Abwehr noch nicht gegenwärtiger, drohender Gefahren meist mit einfacheren Mitteln zu bewerkstelligen ist.

15 Wem das bedrohte Rechtsgut zusteht, ist irrelevant. Wie bei der Notwehr kommt das Notstandsrecht jedem zu (MünchKomm/GROTHE Rn 6; BGB-RGRK/JOHANNSEN Rn 11). Es ist also auch Nothilfe zugunsten anderer möglich (zB durch die Feuerwehr, vgl auch BayObLGZ [25. 2. 2002] 35–46).

b) Die Sache als Gefahrenquelle

16 aa) Die Gefahr muss gem § 228 S 1 **durch die Sache** drohen, welche bei Vornahme der Notstandshandlung beschädigt oder zerstört wird. Zur Gefahrerzeugung muss die Sache nicht etwa bewegt werden; es genügt auch ihr *gefährlicher Zustand* (ERMAN/ E WAGNER Rn 4). So kann eine Sache allein durch ihre Lage oder Beschaffenheit schon gefahrdrohend wirken, wie etwa gefährliche Stoffe. Droht ein Baum auf ein Haus zu stürzen, so stellt er eine drohende Gefahr dar. Anderes gilt aber, wenn eine Sache *als Werkzeug* für einen Angriff auf die Rechtsgüter des Betroffenen verwendet wird, zB ein Gewehr zum Schießen. Hier besteht eine Notwehrlage iS von § 227, keine Notstandssituation hinsichtlich des Gewehrs, auch wenn der Angriff dadurch abgewehrt werden darf, dass das Gewehr unbrauchbar gemacht wird (BGB-RGRK/Johannsen Rn 8; Soergel/Fahse¹³ Rn 14; vgl § 227 Rn 15 sowie unten Rn 20).

Fraglich ist, ob zwischen der beschädigten Sache und der Gefahr ein *unmittelbarer* **17**
Zusammenhang bestehen muss oder ob mittelbare Kausalität genügt. Insbesondere die ältere Rechtsprechung verlangte unmittelbare Kausalität (RGZ [8. 5. 1909] 71, 240; [29. 4. 1916] 88, 211, 214; ebenso auch mit Recht MünchKomm/Grothe Rn 8; Palandt/Ellenberger Rn 6). Wenn die beschädigte Sache nur bei Zwischenschaltung weiterer Kausalelemente als Gefahrenquelle wirke, so könne nur eine Rechtfertigung gem § 904 in Betracht kommen, so heißt es.

Nach neuerer Auffassung genügt eine *mittelbar* von der beschädigten Sache aus- **18**
gehende Kausalität (Soergel/Fahse¹³ Rn 13; Jauernig/Jauernig Rn 2; Allgaier VersR 1989, 788–790; vgl auch Schreiber Jura 1997, 29, 31), wenn also die Sache nur das Medium bildet, das die Gefahr weiterleitet. Der Unterschied wird deutlich in dem bereits erwähnten Fall (Rn 13), dass bei Kriegsende eine Menschenmenge ein Tabaklager zu plündern drohte. Der Besitzer gab den Tabak preis, um Gewalttätigkeiten zu vermeiden. Die Gefahr ging hier nicht vom insoweit ungefährlichen Tabak aus, sondern von den Plünderern (Wolf/Neuner, AT § 21 Rn 70; MünchKomm/Grothe Rn 8; **aA** OGHBrZ [15. 2. 1950] 4, 99, 104; Ballerstedt JZ 1951, 227 f; Staudinger/Werner [2001] Rn 10). Verlangt man einen unmittelbaren Kausalzusammenhang, so kommt in dem Plünderungsfall nur ein Notstand nach § 904 mit der verschuldensunabhängigen Schadensersatzpflicht in Betracht. Das dürfte auch richtig sein. Der Wertungsunterschied zwischen § 228 und § 904 beruht schließlich gerade darauf, dass im ersten Fall die Gefahr von der beschädigten Sache selbst ausgegangen ist. Immerhin kann man allerdings sagen, dass im Plünderungsfall der an sich ungefährliche Tabak Objekt der Begierde der Plünderer geworden ist. Dennoch erscheint es passender, den Fall über § 904 zu lösen.

Der Ursachenzusammenhang zwischen Eingriffsobjekt und Gefahr muss also eng **19**
ausgelegt werden (MünchKomm/Grothe Rn 8; Wolf/Neuner, AT § 21 Rn 63; im Ergebnis auch Erman/E Wagner Rn 4, der allerdings nach typischen und untypischen Sachgefahren differenzieren möchte). Zwischen der Gefahr und der beschädigten Sache muss ein *unmittelbarer* Kausalzusammenhang bestehen. So lag es auch in RGZ (14. 2. 1934) 143, 382, 387: Ein mit Schmieröl beladenes Tankschiff geriet in Brand. Der Brand wurde mit Chemikalien gelöscht, die das gebunkerte Öl unbrauchbar machten. Von dem feuergefährlichen Schmieröl drohte bereits eine unmittelbare Gefahr, als das Schiff in Brand geriet, obgleich das Öl selbst noch nicht brannte (so mit Recht MünchKomm/Grothe Rn 8; BGB-RGRK/Johannsen Rn 6, 9; Palandt/Ellenberger Rn 6; Erman/E Wagner Rn 4; **aA** Staudinger/Werner [2001] Rn 10). Die Gefahr braucht nach § 228 nicht gegenwärtig zu sein. Ob die Abwehr einer künftigen Gefahr durch eine Sache gerechtfertigt ist, ist dann vor allem eine Frage der Erforderlichkeit der Notstandshandlung. Auch der Fall in RGZ (29. 4. 1916) 88, 211, 214 f ist bei richtiger Beurteilung kein Fall mittelbarer Kausalität: Das Schiff, das vom Sturm getrieben, auf ein anderes Schiff zusteuert und dieses zu zerstören droht, ist selbst eine Gefahr. Völlig anerkannt ist der Schulfall des den Berg herabrollenden führerlosen Kraftwagens (vgl Larenz, AT § 15 II, S 276; Wolf/Neuner, AT § 21 Rn 43 sowie oben Rn 15). Auch hier geht die Gefahr nicht etwa von der Erdanziehungskraft, sondern von dem in Bewegung

befindlichen Automobil aus. Warum aber sollte dann im Schiffsfall der Sturm und nicht das Schiff die kausale Gefahr sein?

20 Maßgeblich für die Beurteilung der Streitfrage ist letztlich die Interessenbewertung, die in der gesetzlichen Konstruktion der §§ 228, 904 zum Ausdruck kommt. Geht die Gefahr von der in Anspruch genommenen Sache selbst aus, so liegt ein Fall des § 228 vor. Die Kategorien mittelbarer oder unmittelbarer Kausalität sind zur Entscheidung wenig geeignet. Irrelevant ist für die Wertung des § 228, ob hinter der gefahrbringenden Sache noch andere Ursachen stecken. Relevant ist insoweit nur, ob die Sache gleichsam selbst angreift oder ob sie als Werkzeug eines Angreifers benutzt wird (dann Notwehr). Das ist im Einzelfall sorgfältig zu prüfen. Der bissige Hund, der von seinem Besitzer auf den Passanten gehetzt wird, ist Werkzeug („Waffe") in einer Notwehrlage. Der bissige Hund, der sich losreißt und den Passanten aus eigenem Antrieb beißt, ist gefährliche Sache iS des § 228 (vgl Bork, AT [3. Aufl 2011] Rn 372 – s a Rn 15 aE).

21 bb) Als Gefahrenquelle kommen gem § 90a S 3 auch **Tiere** in Frage (vgl auch RG [8. 6. 1925] JW 1926, 1145; Erman/E Wagner Rn 4). Der Gesetzgeber hatte sogar vor allem die Gefahren, die von Tieren ausgehen können, bei der Regelung des defensiven Notstands vor Augen. Wenn sich zB zwei Tiere bei einer Beißerei gegenseitig gefährden, ist jeder der Eigentümer zu Handlungen gegenüber dem anderen Tier berechtigt. Wegen seiner selbständigen Reaktionsfähigkeit kann ein Tier eine selbständige Gefahrenquelle sogar dann darstellen, wenn es von einem Menschen als Werkzeug benutzt werden kann (BGB-RGRK/Johannsen Rn 8).

22 cc) Die im Notstand beschädigte Sache muss **fremd** sein, dh im Eigentum eines anderen als des Handelnden stehen. Auf *herrenlose Sachen* bezieht sich der Wortlaut des § 228 S 1 nicht. Jedoch ist die analoge Anwendung der Vorschrift geboten, wenn ein fremdes Aneignungsrecht besteht wie im Jagd- und Fischereirecht (Enneccerus/ Nipperdey [1960] § 241 Fn 7). Das gilt vor allem, wenn die Gefahr von herrenlosen Tieren ausgeht (Erman/E Wagner Rn 4; Soergel/Fahse[13] Rn 15; iE auch KG [2. 8. 1935] JW 1935, 2982, das dem „langjährigen treuen Jagdgefährten" in Gestalt des Jagdhundes einen im Vergleich zum herrenlosen Tier überragenden Wert zumaß; zum Jagdschutz vgl auch die oben Rn 7 erwähnten besonderen Tatbestände). In den übrigen Fällen bedarf die Einwirkung auf herrenlose Sachen keiner Rechtfertigung, weil sie tatbestandslos ist.

2. Notstandshandlung

23 Die Notstandshandlung besteht gem § 228 S 1 im **Beschädigen oder Zerstören** der fremden Sache, von welcher die Gefahr droht. Die Notstandshandlung muss erforderlich und verhältnismäßig sein, um gerechtfertigt zu sein.

a) Erforderlichkeit

24 Die Notstandshandlung muss zur Abwendung der Gefahr objektiv – nicht nach Ansicht des Handelnden – *erforderlich* sein (RGZ [13. 11. 1935] 149, 205, 206). Das ist der Fall, wenn die Maßnahme geeignet ist, die Gefährdung des Rechtsguts abzuwenden und kein weniger schädliches Mittel zur Verfügung steht. Die tatsächlich vorgenommene Sachverletzung muss zwar nicht der einzig mögliche Weg zur Gefahrabwendung sein, aber es sind nach der Rechtsprechung strenge Maßstäbe für die Bestimmung der Erforderlichkeit geboten (OLG Hamm [28. 10. 1975] NJW 1976, 721 f).

Eingeschränkt ist die Wahlfreiheit unter mehreren geeigneten Handlungsweisen 25 insbesondere, wenn eine *zumutbare Fluchtmöglichkeit* besteht. In diesem Falle ist eine Sachbeschädigung nicht zu rechtfertigen (ERMAN/E WAGNER Rn 6). Die Zumutbarkeit der Flucht wird im Notstandsfalle weitergehend bejaht als bei der Notwehr, weil es anders als bei der „Personengefahr", nicht unehrenhaft sei, einer „Sachgefahr" auszuweichen (zum Problem der Ehre vgl SOERGEL/FAHSE[13] Rn 17 mit § 227 Rn 36). Im Ergebnis ist dem zuzustimmen, jedoch geht es auch bei der Notwehr nicht im Kern um das Beweisen besonderer Ehre, das eher an vorrechtsstaatliche Verhaltensweisen erinnern würde, sondern um die Bewahrung der angegriffenen Rechtsordnung, um den Grundsatz, dass das Recht dem Unrecht nicht zu weichen braucht (vgl § 227 Rn 7). Sachen und Tiere sind keine Adressaten von Rechtsnormen. Anders als bei der Notwehr steht daher beim Notstand nicht die Verteidigung der Rechtsordnung in Frage (vgl oben Rn 10; MünchKomm/GROTHE Rn 9).

Ist die Erforderlichkeit einer Notstandshandlung zu verneinen, so liegt eine *Not-* 26 *standsüberschreitung* vor. Sie ist nicht gerechtfertigt und kann zB zum Schadensersatz verpflichten (vgl unten Rn 44).

b) Verhältnismäßigkeit der Schadenszufügung
aa) Gem § 228 S 1 darf der durch die Notstandshandlung angerichtete Schaden 27 nicht außer Verhältnis zu der damit abgewendeten Gefahr stehen. Die in Konflikt geratenen Interessen sind objektiv miteinander zu vergleichen. Ist das Interesse des durch die Notstandshandlung Geschädigten wesentlich höher als das des bedrohten Opfers, so muss das Interesse des Opfers zurückstehen. In Betracht kommt dann allerdings ein – insbesondere deliktischer – Ersatzanspruch gegen den Schadensverantwortlichen (BORK, AT [3. Aufl 2011] Rn 373). In der Regel überwiegt allerdings das angegriffene Interesse (vgl OLG Hamm [14. 3. 1994] NJW-RR 1995, 279). Das von der Gefahr bedrohte Gut muss demnach in einem **vertretbaren Wertverhältnis** zu dem durch die Notstandshandlung verletzten Gut stehen.

Die Verhältnismäßigkeitsprüfung findet ihren Grund darin, dass § 228 anders als das 28 Notwehrrecht nicht dem Schutz der Rechtsordnung selbst, sondern nur dem *Schutz des überwiegenden Interesses* dienen soll. Da aber die Gefahrenquelle zugleich die in Anspruch genommene Sache ist, muss das bedrohte Rechtsgut nur zurückstehen, wenn es wesentlich weniger wertvoll ist. Es ist daher richtig, dass die vom Gesetz im Defensivnotstand geforderte Abwägung diesem Rechtfertigungsgrund „wesenseigen" ist (HIRSCH 159). Die Abwägung entscheidet mithin über die Rechtmäßigkeit der Notstandshandlung und ist damit indirekt ein Kriterium für die Haftungszurechnung (insoweit zutr DIURNI ZEuP 2006, 583, 606).

Grundlage für die Abwägung zwischen den beteiligten Interessen ist die *allgemeine* 29 *Anschauung*. Nach ihr stehen persönlichkeitsgebundene Rechtsgüter, insbesondere Leben und Gesundheit, durchweg über Sachgütern (MünchKomm/GROTHE Rn 10; unrichtig insoweit MAULTZSCH JA 1999, 429–432, der den Fall des „Brett des Karneades", bei dem ein Schiffbrüchiger einen anderen von einer Planke stößt, die nur einen tragen kann, § 228 zuordnet). Wird zB ein Briefträger von drei Dackeln zugleich attackiert und gebissen, darf er sich mit einem Knüppel zur Wehr setzen und die Tiere schwer verletzen. Der Schutz von Leben und Gesundheit steht über dem Interesse des Hundebesitzers an der Unversehrtheit seiner Tiere (OLG Hamm [14. 3. 1995] NJW-RR 1997, 467 f).

30 bb) *Sachgüter* werden nach ihrem materiellen Wert bemessen. Fraglich ist, ob Ausgangsbasis der Neuwert der bedrohten Sache ist oder ob deren Zeitwert im Augenblick der Gefahr oder ein dritter Wert maßgeblich ist. Anlass zur Überlegung gibt der unterschiedliche Wortlaut von § 228 S 1 und § 904. Letzterer gebietet ausdrücklich den Vergleich zweier Schadenspositionen während § 228 auf das Verhältnis von Verteidigungsschaden und Gefahr abstellt. Will man jedoch die „Gefahr" bewerten, so bleibt letztlich nichts anderes übrig, als auch bei § 228 den hypothetischen Schaden zu schätzen, der einträte, wenn die Abwehrmaßnahme unterbliebe. Dann aber muss man fragen, für welchen Zeitpunkt der Wert bemessen werden muss. Den Neuwert der Sache anzusetzen, besteht kein Anlass, weil § 228 keine Sanktionsnorm ist. Das Sachinteresse des Angegriffenen kann nicht über den Wert im Zeitpunkt der Gefahr hinausreichen – doch was bedeutet das? Auszuklammern hat man die gerade aus der Gefährdung selbst resultierende Wertminderung, weil sie in die Risikosphäre des für die gefahrbringende Sache Verantwortlichen fällt (**aA** MünchKomm/GROTHE § 228 Rn 10); – mE kann die Entwertung durch die Gefährdung nur beim aggressiven Notstand nach § 904 Beachtung finden, weil dort die Gefahr nicht von der in Anspruch genommenen Sache ausgeht und daher auch nicht in die Risikosphäre des Sacheigentümers zu rechnen ist. – Präzise muss also der Wert unmittelbar vor Eintritt der Gefahr in Ansatz gebracht werden. Ergibt sich dann, dass der durch die Notstandshandlung verursachte Schaden den Wert der geschützten Sache wesentlich überwiegt, so ist ein rechtfertigender Notstand ausgeschlossen. Nicht mit dem Wortlaut von § 228 vereinbar wäre es zu verlangen, dass der Wert der geschützten Sache unverhältnismäßig höher als der Wert der verletzten sein müsse (in dieser Richtung MÜNZBERG, Verhalten und Erfolg als Grundlagen der Rechtswidrigkeit und Haftung [1966] 370, ihm folgend: STAUDINGER/WERNER [2001] Rn 17). Umgekehrt ist also ein rechtfertigender Notstand auch dann noch möglich, wenn der Wert der geschützten unwesentlich geringer ist als derjenige der beschädigten Sache. Das ist eine Folge der Tatsache, dass im Notstand nach § 228 die Gefahr von der beschädigten Sache ausgeht.

31 Neben den objektiven Wertmaßstäben findet nach allgemeiner Auffassung ein *berechtigtes Affektionsinteresse,* zB die besondere Liebe zu einem Tier, auf beiden Seiten der Güterabwägung Berücksichtigung (RG [8. 6. 1925] JW 1926, 1145; KG [2. 8. 1935] JW 1935, 2982; ERMAN/E WAGNER Rn 7; MünchKomm/GROTHE Rn 10). Daher kann die Tötung eines wertvollen Rassehundes zur Rettung der eigenen „Promenadenmischung" zulässig sein, wenn eine andere Abwehrmöglichkeit nicht besteht (vgl OLG Koblenz [14. 7. 1988] NJW-RR 1989, 541 – das Gericht hielt die Tötung eines Boxerhundes, der zugleich Spielgefährte eines behinderten Kindes war für nicht unverhältnismäßig zur Rettung eines Dackels). Allerdings ist es trotz des besonderen Interesses des Hundebesitzers an den Zuchtmöglichkeiten gerechtfertigt, einen wertvollen Schäferhund zu töten, der sich in ein trächtiges Mutterschaf verbissen hat und weitere Schafe bedroht (OLG Hamm [14. 3. 1994] NJW-RR 1995, 279).

c) Keine subjektiven Tatbestandselemente

32 Die Rechtfertigung durch § 228 verlangt nach hM wie im Notwehrrecht, dass der Handelnde bei der Gefahrenabwehr mit Verteidigungs- oder Rettungswillen, also in

Kenntnis der rechtfertigenden Sachlage zur Abwendung der Gefahr, gehandelt habe (BGHZ [30. 10. 1982] 92, 357, 359; jurisPK-BGB/BACKMANN Rn 10). Dieser Wille sei nicht rechtsgeschäftlicher Art, sodass er keine Geschäftsfähigkeit voraussetze. Er brauche nicht das alleinige Motiv der Handlung zu sein, sondern könne auch von anderen Absichten des Handelnden begleitet werden. Nur dürfe der Verteidigungswille nicht völlig in den Hintergrund treten (BGB-RGRK/JOHANNSEN Rn 14; SOERGEL/FAHSE[13] Rn 22; STAUDINGER/WERNER [2001] Rn 20).

Aus denselben Gründen wie bei § 227 (Rn 51 ff) ist die hM in diesem Punkt abzulehnen (so auch MünchKomm/GROTHE Rn 11; JAUERNIG/JAUERNIG Rn 2). Weder Wortlaut, noch Zweck des § 228 noch ein anderer Grund gebieten die Forderung subjektiven Verteidigungswillens. Dass der Handelnde nach dem Wortlaut des § 228 S 1 zur Abwendung der Gefahr tätig werden muss, lässt sich subjektiv oder auch rein objektiv verstehen. Daraus kann man also nichts ableiten. Der Zweck des § 228 ist der effektive Schutz subjektiver Rechtsgüter. Er wird unabhängig vom Willen des Handelnden erreicht. Die hM ist hingegen nur stimmig, wenn man die Lehre vom Verhaltensunrecht zugrunde legt, was jedoch aus guten Gründen im Zivilrecht nicht geschieht und auch von der hM nicht verlangt wird (ausführlich dazu § 227 Rn 51 ff). Da es im Zivilrecht nicht um einen personalen Schuldvorwurf und dessen Sanktion geht, ist nicht erkennbar, warum es für eine Rechtfertigung der Notstandshandlung auf die Willensrichtung des Handelnden ankommen sollte. 33

Hinzu kommt im Umkehrschluss aus § 228 S 2, dass der Handelnde sogar dann gerechtfertigt sein kann, wenn er die abgewehrte *Gefahr verschuldet* hat (OLG Hamm [29. 8. 2000] NJW-RR 2001, 237 f; MünchKomm/GROTHE Rn 11; dazu auch KÜPER JZ 1976, 515, 518; ders, Der „verschuldete" rechtfertigende Notstand [1983] 21 ff; **aA** unter Hinweis auf die Parallelität der Situation zum Tatbestand des § 823 Abs 1 DIURNI ZEuP 2006, 583, 591 Fn 30); anders war es noch in § 187 E I vorgesehen. Handeln im verschuldeten Notstand löst allerdings gem § 228 S 2 eine Schadensersatzpflicht aus (vgl unten Rn 38 ff). 34

IV. Die Rechtsfolgen

1. Die Rechtfertigungswirkung

Die Beschädigung oder Zerstörung der gefahrbringenden Sache ist, wenn der – ausschließlich objektive (Rn 33) – Tatbestand erfüllt ist, nach § 228 S 1 gerechtfertigt. *Notwehr* gegen die Notstandshandlung ist ausgeschlossen. Ebenso wenig kann die Notstandshandlung eine *verbotene Eigenmacht* darstellen. 35

Einzuschränken ist das für die Fälle einer *absichtlich provozierten Notstandslage*. Der Tatbestand des § 228 S 1 ist zwar auch bei der Notstandsprovokation erfüllt, aber die Berufung auf das Notstandsrecht ist rechtsmissbräuchlich (MünchKomm/GROTHE Rn 11 aE); die Notstandshandlung ist dann nicht gerechtfertigt (SOERGEL/FAHSE[13] Rn 22). Wenn man allerdings – entgegen der hier vertretenen Auffassung – subjektiven Verteidigungswillen zur Tatbestandsvoraussetzung macht, dürfte es wie im Falle der Notwehr (vgl § 227 Rn 48) richtiger sein, bereits den Tatbestand von § 228 S 1 zu verneinen (insofern konsequent STAUDINGER/WERNER [2001] Rn 21). 36

Bei irrtümlicher Annahme einer Notstandslage liegt *Putativnotstand* vor. Dieser 37 entfaltet keine Rechtfertigungswirkung. Das gilt gleichermaßen für die Fälle, in denen der Handelnde sich irrtümlich Umstände vorstellt, die eine Notstandslage begründen würden (sog Erlaubnistatbestandsirrtum), wie für die Fälle, in denen der Handelnde die richtig erfassten Tatsachen falsch bewertet (sog Verbotsirrtum), also etwa eine Gefahr von einer geringwertigen Sache abwendet, indem er die wesentlich wertvollere, gefahrbringende Sache zerstört (MünchKomm/GROTHE Rn 14). Zur Schadensersatzpflicht in diesen Fällen sogleich unten Rn 38 ff.

2. Die Schadensersatzpflichten

38 a) Der Handelnde ist gem § 228 S 2 zum Schadensersatz verpflichtet, wenn er die gerechtfertigt abgewehrte *Gefahr verschuldet* hat. Anders als noch in § 187 E I hat sich der Gesetzgeber dazu entschieden, auch im Verschuldensfall die Notstandshandlung gerechtfertigt sein zu lassen. Damit ist in diesen Fällen der Weg zum Schadensersatz nach dem Recht der unerlaubten Handlung verstellt. Das Interesse des Eigentümers der beschädigten Sache wird daher durch eine eigenständige Anspruchsnorm in § 228 S 2 berücksichtigt. Dennoch bleibt das Gesetz bei der Zurechnung aufgrund des Verschuldens (DIURNI ZEuP 2006, 583, 590).

39 Das *Verschulden* des Handelnden muss sich auf die Herbeiführung der Gefahr beziehen, nicht auf die Beschädigung der fremden Sache (SOERGEL/FAHSE[13] Rn 26). Es muss also die im Verkehr erforderliche Sorgfalt gerade hinsichtlich einer Vermeidung der konkret eingetretenen Gefahr verletzt worden sein. Es genügt ein fahrlässiges Hervorrufen der Gefahr ebenso wie einfacher Vorsatz. Provoziert hingegen der Handelnde die Gefahr absichtlich, so scheidet die Berufung auf Notstand aus (vgl oben Rn 36). Die Schadensersatzpflicht bemisst sich dann nach dem Recht der unerlaubten Handlung. Die Auffassung von H R HORN (Untersuchungen zur Struktur der Rechtswidrigkeit [1962] 101), das Verschulden müsse sich auch auf die Notstandshandlung selbst beziehen, weil keine Ausnahme gegenüber § 823 begründet werden solle, findet keine Stütze im Wortlaut des Gesetzes und widerspricht der gesetzlichen Risikoverteilung. Die Privilegierung gegenüber dem aggressiven Notstand nach § 904 resultiert gerade daraus, dass von der in Anspruch genommenen Sache selbst die Gefahr ausgeht. Hat der Handelnde diese Gefahr aber verschuldet, so fällt ein Teil des Risikos der gefahrbringenden Sache auf ihn und daraus resultiert die Ersatzpflicht. Die Begründung der Ersatzpflicht ist also eine andere als im Deliktsrecht, obgleich das Verschuldensprinzip aufrecht erhalten bleibt.

40 Die *Verschuldensfähigkeit* des Handelnden bemisst sich in entsprechender Anwendung der §§ 827, 828 (ERMAN/WAGNER Rn 9; SOERGEL/FAHSE[13] Rn 28; Hk-BGB/DÖRNER Rn 5; aA H R HORN 102, der die unmittelbare Geltung dieser Vorschriften bejaht). Insbesondere sind also bei Notstandshandlungen, bei denen die Gefahr von einem Kraftfahrzeug, einer Schienen- oder Schwebebahn ausgeht, Kinder unter zehn Jahren für die Herbeiführung der Gefahr nicht verantwortlich (§ 828 Abs 2).

41 Die alte Streitfrage, ob der Schadensersatzanspruch der kurzen oder langen Verjährung unterliege (dazu STAUDINGER/WERNER [2001] Rn 27), ist angesichts der Reform des Verjährungsrechts obsolet. Zunächst einmal gilt die regelmäßige *Verjährung* gem § 195 mit einer Frist von drei Jahren, beginnend ab dem Schluss des Jahres der Anspruchsentstehung und der Kenntnisnahme (bzw grob fahrlässiger Unkenntnis) von den den

Anspruch begründenden Umständen (§ 199 Abs 1). Da der anspruchsberechtigte Sacheigentümer nicht unbedingt die Notstandshandlung miterlebt hat, kommt auch eine absolute Verjährung gem § 199 Abs 3 Nr 1 in zehn Jahren seit der Entstehung des Anspruchs (die auch den Eintritt des Schadens umfasst) in Frage. Längstens aber endet die Verjährungsfrist in dreißig Jahren seit der Notstandshandlung gem § 199 Abs 3 Nr 2 (zu den Einzelheiten vgl STAUDINGER/PETERS/JACOBY § 199 Rn 97 f).

Eine Ersatzpflicht gem § 228 S 2 entsteht für den Handelnden auch dann, wenn er in **42** *fremdem Interesse* gehandelt hat. Dem Nothelfer bleibt jedoch ein Regressanspruch gegenüber dem Begünstigten auf vertraglicher Grundlage oder gem § 683 (vgl N HORN JZ 1960, 350–354 mwNw).

b) Ist ein *Dritter* für die vom Handelnden abgewendete Gefahr verantwortlich, so **43** kann ihn die Haftung aus unerlaubter Handlung treffen (N HORN JZ 1960, 353). Diese schließt die Freistellung von einer etwa dem Handelnden auferlegten Ersatzpflicht nach § 228 S 2 ein.

c) Im Fall einer *Notstandsüberschreitung* wegen eines Fehlers bei der Beurteilung **44** der Erforderlichkeit (sog extensiver Notstandsexzess) oder der Verhältnismäßigkeit (sog intensiver Notstandsexzess) sowie schließlich bei *verschuldetem Putativnotstand* (oben Rn 37) ist die Tat nicht gerechtfertigt. Die Ersatzpflicht bestimmt sich dann nach dem Recht der unerlaubten Handlung (MünchKomm/GROTHE Rn 14; zum insoweit parallelen § 904: OLG Brandenburg [25. 2. 2010] 12 U 123/09 Rn 7 – Entfachen eines Feuers in einem Heuschober zur vermeintlich nötigen Befreiung eines Kindes durch eine 14-Jährige). Da der Tatbestand des § 228 S 1 in diesen Fällen nicht erfüllt ist, scheidet auch § 228 S 2 als Anspruchsgrundlage aus. Für eine Analogie entweder zu § 228 S 2 oder zu § 231 fehlt bereits die erforderliche Regelungslücke (so im Ergebnis auch ERMAN/E WAGNER Rn 10; ENNECCERUS/NIPPERDEY [1960] § 240 Fn 24 und § 241 Fn 17).

Bei einem *unverschuldeten Putativnotstand* scheidet ein deliktischer Ersatzanspruch **45** aus. Der Vorschlag, dem Eigentümer in diesen Fällen analog § 904 S 2 einen Ersatzanspruch zuzusprechen (vgl KONZEN, Aufopferung im Zivilrecht [1959] 177 ff; WILTS NJW 1962, 1852 f und 1964, 708; WIELING I § 8 II 2 c; unentschieden STAUDINGER/WERNER [2001] Rn 29; BGB-RGRK/JOHANNSEN Rn 16), ist abzulehnen (WEIMAR NJW 1962, 2093 f; STAUDINGER/SEILER [2002] § 904 Rn 49 mwNw; MünchKomm/GROTHE Rn 15). Entscheidend ist, dass die verschuldensunabhängige Haftung in § 904 auf einem Aufopferungsgedanken basiert, der für den unverschuldeten Putativnotstand nicht passt. Der Betroffene darf sich – im Unterschied zu § 904 – gegen die Inanspruchnahme seiner Sache wehren. Der Handelnde haftet in aller Regel nach den §§ 823 ff. Gegen eine Analogie spricht also bereits, dass eine Regelungslücke nicht zu sehen ist. Hinzu kommt der Ausnahmecharakter der verschuldensunabhängigen Haftung nach § 904 S 2 (STAUDINGER/SEILER [2002] § 904 Rn 49).

d) Ein besonderes Problem entsteht, wenn jemand im Wege der sog **Selbstauf-** **46** **opferung** eine eigene Sache opfert, um eine fremde zu schonen, obwohl er nach § 228 berechtigt gewesen wäre, diese zu zerstören oder zu beschädigen. Hier stellt sich zwar nicht die Frage nach der Rechtfertigung des Handelns, wohl aber, ob derjenige, der die eigene Sache geopfert hat, vom Eigentümer der geschonten Sache *Ersatz verlangen* kann.

47 Für *Straßenverkehrsfälle* hat Canaris (JZ 1963, 658 f) die analoge Anwendung des § 228 S 2 befürwortet. Derjenige, der die eigene Sache geopfert habe, habe einen Ersatzanspruch gegen den Begünstigten dieser Aufopferung (vgl auch Larenz, Schuldrecht II/1 [13. Aufl 1986] S 450 f). Sofern der Begünstigte ein Kind sei, solle dies nur nach dem Maßstab des § 829 gelten. Demgegenüber billigt die hM hier einen Ersatzanspruch gem § 683 zu (BGHZ [27. 11. 1972] 38, 270; Deutsch AcP 165 [1965] 193, 211 ff; Frank JZ 1982, 737). Zwar verweist der Bundesgerichtshof (aaO) obiter auf die Vorschriften über die große Haverei, also auf einen Sonderfall des Notstandsrechts, in der Sache steht jedoch einer analogen Anwendung des § 228 S 2 entgegen, dass diese Vorschrift die eigennützige Verwendung eines fremden Gutes voraussetzt, während es sich bei der Selbstaufopferung um eine fremdnützige Verwendung eines eigenen Gutes handelt (Deutsch AcP 165 [1965] 193, 209). Dieser Konstellation steht – um den Preis eines weiten Begriff der „Aufwendungen" – das Recht der Geschäftsführung ohne Auftrag näher als das Notstandsrecht.

48 Eine besondere Regelung für einen Fall der Selbstaufopferung enthält der Internationale Vertrag zu Schutz der unterseeischen *Telegraphenkabel* vom 14. 3. 1884 (zur Wiederanwendung vgl BGBl 1955 II 5), der in Art 7 bestimmt, dass die Eigentümer von Schiffen oder Fahrzeugen, welche zu beweisen vermögen, dass sie um einem unterseeischen Kabel keinen Schaden zuzufügen, einen Anker, ein Netz oder ein anderes Fischereigerät geopfert haben, vom Eigentümer des Kabels schadlos zu halten sind.

V. Beweislast

49 Die zur Notwehr entwickelten Aussagen zur Beweislast (§ 227 Rn 81 ff) gelten auch für Notstand, Notstandsüberschreitung und vermeintlichen Notstand. Wer sich auf einen Notstand beruft, hat sämtliche Tatbestandsvoraussetzungen des § 228 zu beweisen. Die Darlegungs- und Beweislast betrifft insbesondere auch diejenigen Tatsachen, aus denen sich ergibt, dass der Schaden nicht außer Verhältnis zu der Gefahr stand. Allerdings muss derjenige, der einen Schadensersatzanspruch aus § 228 S 2 geltend macht, beweisen, dass der Handelnde die Gefahr selbst schuldhaft herbeigeführt hat (Baumgärtel/Kessen, Beweislast [3. Aufl 2008] Rn 1).

VI. Rechtsvergleichung

50 1.   Nach österreichischem Recht ist gem § 1306a ABGB eine Notstandshandlung rechtmäßig, wenn das geschützte Interesse wertvoller ist als das verletzte. Für den im gerechtfertigten Notstand angerichteten Schaden ist nach richterlichem Ermessen Ersatz zu leisten, wobei maßgebend ist, in welchem Verhältnis der Schaden zu der drohenden Gefahr stand und wie die Vermögensverhältnisse der Beteiligten sind (Schwimann/Harrer, ABGB-Praxiskommentar [1997] § 1306a Rn 16; Rummel/Reischauer, Kommentar zum ABGB [2. Aufl 1990/92] § 1306a Rn 6, 12).

51 2.   Für das schweizerische Zivilrecht ist die Notstandsregelung in Art 52 Abs 2 SchwOR vorgesehen. Danach ist jemand berechtigt, in ein fremdes Vermögen einzugreifen, um drohenden Schaden oder Gefahr abzuwenden. Ein Sonderfall des Eingriffs in das Grundeigentum ist in Art 701 ZGB geregelt. Angemessener Schadensersatz ist in beiden Fällen zu leisten. Während Art 52 Abs 2 SchwOR keine

Proportionalität zwischen dem abgewendeten und dem angerichteten Schaden verlangt, ist dies nach Art 701 ZGB der Fall. Jedoch muss auch im Zusammenhang des Art 52 Abs 2 SchwOR das Wertverhältnis zwischen dem gefährdeten und dem geopferten Interesse beachtet werden (GUHL/MERZ/KOLLER, Das Schweizerische Obligationenrecht [9. Aufl 2000] § 24 Rn 34).

3. Im französischen Recht fehlt eine zivil- und strafrechtliche Notstandsregelung. In Auslegung der Geschäftsführungs- (vgl insoweit die Parallele beim Problem der Selbstaufopferung oben Rn 37) und der Bereicherungsvorschriften ist man jedoch dahin gelangt, unabhängig von der Frage, ob jemand einen Eingriff aus Notstand zu dulden verpflichtet ist, und ohne das Vorliegen einer unerlaubten Handlung, dem Verletzten einen Schadensersatzanspruch zuzubilligen (FERID/SONNENBERGER, Das französische Zivilrecht 1,1 [2. Aufl 1994] Rn 1 C 181). **52**

4. Nach **englischem** Recht schließt *necessity* die Verantwortlichkeit auf deliktischer Ebene aus (ROGERS, Winfield and Jolowicz on Tort [18. Aufl 2010] Rn 25. 33 ff). Die Notstandshandlung kann sich sowohl gegen Personen als auch gegen Sachen richten. Die Frage einer Ersatzpflicht ist streitig; grundsätzlich wird die Ersatzpflicht aus dem Gesichtspunkt des Quasikontrakts bejaht (ROGERS Rn 25. 36). **53**

§ 229
Selbsthilfe

Wer zum Zwecke der Selbsthilfe eine Sache wegnimmt, zerstört oder beschädigt oder wer zum Zwecke der Selbsthilfe einen Verpflichteten, welcher der Flucht verdächtig ist, festnimmt oder den Widerstand des Verpflichteten gegen eine Handlung, die dieser zu dulden verpflichtet ist, beseitigt, handelt nicht widerrechtlich, wenn obrigkeitliche Hilfe nicht rechtzeitig zu erlangen ist und ohne sofortiges Eingreifen die Gefahr besteht, dass die Verwirklichung des Anspruchs vereitelt oder wesentlich erschwert werde.

Materialien: TE-AllgT § 202 (SCHUBERT AT 2, 432–434); E I § 189; II § 193; III § 223; Mot I 348; Prot I 399 ff; Prot RJA, 159 ff; Prot II 1, 241 ff; JAKOBS/SCHUBERT AT 2, 1146–1171.

Schrifttum

BONGARTZ, Selbsthilfe nach § 229 BGB trotz diplomatischer Immunität?, MDR 1995, 780
EDENFELD, Der Schuldner am Pranger – Grenzen zivilrechtlicher Schuldbetreibung, JZ 1998, 645
HEYER, Die Selbsthülfe, ArchBürgR 19 (1901) 38
KLEINRATH, Besitzesschutz und Selbsthilfe, Gruchot 54 (1911) 481

KUHLENBECK, Das Recht der Selbsthülfe (1907)
METZ, Verwendung von Parkkrallen auf Kundenparkplätzen, DAR 1999, 392
PELZ, Notwehr- und Notstandsrechte und der Vorrang obrigkeitlicher Hilfe, NStZ 1995, 305
K SCHREIBER, Die Rechtfertigungsgründe des BGB, Jura 1997, 29
SCHÜNEMANN, Selbsthilfe im Rechtssystem (1985)

SEEFRIED, Die Zulässigkeit von Torkontrollen, AiB 1999, 428
STERNBERG-LIEBEN, Allgemeines zur Notwehr, JA 1996, 129
TITZE, Die Notstandsrechte im deutschen Bürgerlichen Gesetzbuche und ihre geschichtliche Entwicklung (Diss Berlin 1897)
WERNER, Staatliches Gewaltmonopol und Selbsthilfe bei Bagatellforderungen, STAUDINGER-Symposium (1998) 48
ders, Staatliches Gewaltmonopol und Selbsthilfe im Rechtsstaat, Sitzungsberichte der Sächsischen Akademie der Wissenschaften zu Leipzig, Bd 136, Heft 5 (1999)
WILFERODT, Selbsthilfe nach dem BGB (Diss Leipzig 1905).

Systematische Übersicht

I. Selbsthilfe – Begriff, Zweck und Rechtsgrundlagen
1. Begriff, Zweck und Charakter der Selbsthilfe 1
   a) Begriff und Zweck 1
   b) Zwingender Charakter 5
2. Entstehungsgeschichte 6
3. Rechtsgrundlagen erlaubter Selbsthilfe 7
   a) §§ 229 bis 231 7
   b) Weitere Tatbestände im BGB 8
   c) Das Privatpfändungsrecht nach Art 89 EGBGB 9

II. Tatbestandsvoraussetzungen der Selbsthilfe
1. Das Handeln zur Anspruchsverwirklichung 10
   a) Anspruch 10
   b) Durchsetzbarkeit des Anspruchs? 12
   c) Anspruchsberechtigter 15
   d) Anspruchsgegner 16
2. Das Fehlen obrigkeitlicher Hilfe 17
3. Die Vereitelungsgefahr bzw wesentliche Erschwerung der Anspruchsverwirklichung 21
   a) Massive Gefährdung der Anspruchsverwirklichung 21
   b) Wirkung einer Sicherheitsleistung 24

III. Zulässige Selbsthilfemaßnahmen
1. Allgemeines 25
2. Gewaltanwendung gegen Sachen 29
   a) Wegnahme, Zerstörung, Beschädigung 29
   b) Dinglicher Arrest 30
   c) Sachen des Schuldners 32
3. Festnahme des Schuldners 35
   a) Fluchtverdacht 35
   b) Vorläufige Festnahme 37
4. Widerstandsbeseitigung 38
   a) Die zulässigen Maßnahmen 38
   b) Subsidiarität der Selbsthilfe 39
5. Kein subjektiver Tatbestand 40

IV. Rechtfertigungswirkung der Selbsthilfe
1. Tragweite der Rechtfertigung nach § 229 42
   a) Im Zivilrecht 42
   b) Im Polizeirecht 43
   c) Im Strafrecht 44
2. Putativselbsthilfe und Selbsthilfeexzess 46
   a) Irrtum über Selbsthilfelage 46
   b) Selbsthilfeexzess 47

V. Kosten der Selbsthilfe 48

VI. Beweislast 50

VII. Rechtsvergleichung
1. Österreichisches Recht 51
2. Schweizerisches Recht 52
3. Französisches Recht 53
4. Englisches Recht 54
5. Draft Common Frame of Reference 55

VIII. Anwendbarkeit bei Auslandsberührung 56

Abschnitt 6
Ausübung der Rechte, Selbstverteidigung, Selbsthilfe § 229

Alphabetische Übersicht

Anspruchsgefährdung	21	Privatpfändungsrecht	9
Anspruchsverwirklichung	2, 4, 7, 10 ff	Putativselbsthilfe	11, 46
Ausländisches Recht	51 ff		
Auslandsberührung	56	Rechtfertigungswirkung	42 ff
		Rechtsgeschäftliche Ausgestaltung der Selbsthilfe	5, 27
Bagatellforderung	19		
Beweislast	50	Rechtsschutzgewährung	1
Beweisschwierigkeiten	22		
		Sachen des Schuldners	32
Draft Common Frame of Reference	55	Schweizerisches Recht	52
		Selbsthilfeexzess	47
Einstweiliger Rechtsschutz	6, 21, 31	Selbsthilfemaßnahmen	25 ff
Einwendungen	14	Selbsthilfewille	40 f
Englisches Recht	54	Sicherheiten	24
		Strafrechtliche Bedeutung	44
Festnahme des Schuldners	35 ff	Subsidiarität der Selbsthilfe	17 ff, 39
Fluchtverdacht	21, 35		
Französisches Recht	53	Taschenkontrolle im Supermarkt	11
Fremdhilfe	15	Tiere	34
Gerichtsvollzieher	17	Unbestellte Warenlieferung	14
Gewaltmonopol	3, 6, 19	Unpfändbare Sachen	31
Interessenkonflikt	4	Verbotene Eigenmacht	8, 42
		Vereitelungsgefahr	21 ff
Konkurrenzen	8 f	Vergeltung	26
Kosten der Selbsthilfe	48 f	Vollstreckungsverfahren	20, 23
Naturalobligationen	14	Widerstandsbeseitigung	38 f
Obrigkeitliche Hilfe	17 ff	Zuparken	10, 18
Österreichisches Recht	51	Zweck der Vorschrift	1 ff
		Zwingendes Recht	5
Polizeilicher Schutz	43		

I. Die Selbsthilfe – Begriff, Zweck und Rechtsgrundlagen

1. Begriff, Zweck und Charakter der Selbsthilfe

a) Die Sicherung von Frieden und Recht gehört seit jeher zu den Kernaufgaben **1** des Staates. Das Gewaltmonopol des Staates bedarf jedoch dann einer Durchbrechung, wenn staatliche Hilfe zur Durchsetzung oder Wiederherstellung eines subjektiven Rechts nicht oder jedenfalls nicht rechtzeitig erreichbar ist (vgl MERTEN, Rechtsstaat und Gewaltmonopol [1975] 57; STAUDINGER-Symposion 1998/WERNER S 50). Im Falle der Notwehr ergibt sich der Mangel staatlichen Schutzes bereits aus dem Erfordernis der Gegenwärtigkeit des Angriffs. Aber auch unabhängig von einer Notwehrlage kann Selbsthilfe zur Rechtsdurchsetzung nötig sein. Der Staat kann ihr nur dann entgegentreten, soweit er selbst zur Sicherung des Rechts bereit und in der Lage ist. Hieraus ergibt sich die Legitimation und der Zweck des Instituts der Selbsthilfe im bürgerlichen Recht (vgl Gebhard, Begründung Teilentwurf, 8 [Schubert, Vorentwürfe AT 2, 432]). Im Unterschied zum Notstand, jedoch in Übereinstimmung mit der Notwehr ersetzt das Selbsthilferecht damit in gewissem Umfang eine staatliche Funktion, da der Bürger gegen den Staat einen Anspruch auf Gewährleistung wirkungsvollen Rechtsschutzes hat, der aus dem Rechtsstaatsprinzip abgeleitet wird (Badura, Staatsrecht [5. Aufl 2012] H, Rn 23; vgl auch Staudinger-Symposion 1998/Werner S 48 f). Schon Hobbes (De cive [1647] VI 3 und Leviathan [1651] II 21) meinte, es lebe in dieser Situation ein vorstaatliches, „natürliches" Recht auf Selbsthilfe wieder auf, wenn der Staat seiner Pflicht zum Schutz der Bürger nicht nachkommt oder -kommen kann. Für gewöhnlich steht aber der Rechtsweg zur Verfügung. Aus dem Rechtsstaatsprinzip folgt daher, dass der einzelne an der eigenmächtigen Durchsetzung von Rechtsansprüchen gehindert wird (BVerfGE [13. 3. 1990] 81, 347, 356).

2 Selbsthilfe bedeutet die Durchsetzung eines Rechts ohne hoheitliche Hilfe, ohne Titel oder, bei Vorliegen eines solchen, ohne Einschreiten der Vollstreckungsorgane, sie ist „private Zwangsvollstreckung" (Heyer ArchBürgR 1901, 38, 40; dazu weiterführend Staudinger-Symposion 1998/Werner S 48–57). Selbsthilfe iS der §§ 229–231 meint also die Anwendung privater Gewalt zur eigenmächtigen *vorläufigen Durchsetzung eines Anspruchs* oder **vorläufigen Sicherung der Anspruchsverwirklichung** durch Angriffshandlungen (Heyer 38, 108 f). Dass die Selbsthilfe in Parallele zum einstweiligen Rechtsschutz nur einen vorläufigen Zustand herbeiführen möchte, macht insbesondere § 230 deutlich, der die Grenzen erforderlicher Selbsthilfe festlegt (die Parallele zu Arrest und einstweiliger Verfügung ist vom Gesetzgeber ganz bewusst gewollt, vgl nur zusammenfassend Denkschrift zum Entwurf eines Bürgerlichen Gesetzbuchs 1896, 59). Damit ist zugleich der Zweck der Selbsthilfe umschrieben: Soweit staatliche Rechtsmittel wirkungslos bleiben müssen, weil sie entweder zu spät zu erlangen wären oder zu Unrecht verweigert werden, soll die im subjektiven Recht liegende Zuweisung einer Verhaltensberechtigung *effektiv* geschützt werden. Obgleich insofern eine staatliche Funktion substituiert wird, dient das Selbsthilferecht nicht wie die Notwehr dem Schutz der Rechtsordnung – jedenfalls nicht mehr oder weniger, als auch jede andere Form der Rechtsdurchsetzung zugleich auch ein Beitrag zur Bewahrung der Rechtsordnung ist.

3 Die Loslösung der Rechtsdurchsetzung aus einem staatlich gelenkten Verfahren, hier aus Erkenntnisverfahren und Zwangsvollstreckung, steht im Widerspruch zum Gewaltmonopol, das eigenmächtige Normdurchsetzung prinzipiell nicht dulden kann (Isensee, Handbuch des Staatsrechts, Bd 2 [3. Aufl 2004] § 15 Rn 90 ff). Gewaltsame Rechtsdurchsetzung ist Aufgabe der staatlichen Gerichts- und Vollstreckungsorgane. Art 19 Abs 4 GG gewährleistet, dass der Rechtsweg nicht verweigert wird (Stern, Staatsrecht, Bd 1 [2. Aufl 1984] § 20 IV 5 b, 840 ff).

4 Die spezifische Gefahr der Selbsthilfe resultiert aus zwei Gründen: zum einen birgt die Loslösung vom staatlich kontrollierten Verfahren die Möglichkeit einer Eskalation der Gewalt, die in krassem Widerspruch zum Friedenszweck der Rechtsordnung steht. Zum anderen werden im staatlichen Verfahren der Rechtsdurchsetzung die Interessen der Beteiligten in spezifischer Weise geschützt. Das Erfüllungsinteresse des Gläubigers und das Freiheitsinteresse des Schuldners müssen in einen gerechten Ausgleich gebracht werden. Selbst wenn man aber das Selbsthilferecht – wie in § 229 vorgesehen – regelmäßig nur eingreifen lässt, wenn ein durchsetzbarer Anspruch besteht (vgl Rn 12–14), so ist doch zu beachten, dass das materielle Recht, das die Grundlage dieser Bewertung ist, manche Interessenkonflikte in das Zwangsvollstreckungsrecht ausgegliedert hat, die andere Rechtsordnungen durchaus im materiellen Recht berücksichtigen. Hierhin gehört insbesondere Rücksichtnahme auf ein legitimes Freiheitsinteresse des Schuldners, trotz entgegenstehender materiell-rechtlicher Verbindlichkeit beispielsweise über die lebensnotwendigen materiellen Güter verfügen zu können. Solche Interessen werden zum Beispiel durch die Pfändungsschutzvorschriften in der Zivilprozessordnung gewahrt (zum ganzen vgl REPGEN, Vertragstreue und Erfüllungszwang [1994] 13–24; HKK/REPGEN zu § 362 [2007] Rn 1). Bei den Vorschriften zur Selbsthilfe musste also der Gesetzgeber dafür sorgen, dass die ins Zwangsvollstreckungsrecht ausgelagerten Entscheidungen über Interessengegensätze gleichsam ins materielle Recht zurückgebracht werden. Die Selbsthilfe darf abgesehen von ihrer räumlich-zeitlichen Situation niemals über die staatlich gewährleistete Anspruchsverwirklichung hinausgehen. Was nicht klagbar oder vollstreckbar ist, kann daher nicht Gegenstand gerechtfertigter Selbsthilfe sein (STAUDINGER-Symposion 1998/WERNER S 48 f; SCHÜNEMANN 70).

b) Aus dem subsidiären Zweck des Selbsthilferechts, die Anspruchsverwirklichung dann zu gewährleisten, wenn staatliche Normdurchsetzung nicht oder nicht rechtzeitig möglich ist, folgt der Ausnahmecharakter der Vorschriften in den §§ 229–231. Diese Regeln sind daher *zwingendes Recht* und können nicht rechtsgeschäftlich erweitert werden (RGZ [30. 1. 1931] 131, 213, 221 ff; ERMAN/E WAGNER Rn 1; SOERGEL/FAHSE[13] Rn 2; ENNECCERUS/NIPPERDEY [1960] § 242 II 3; HEISIEP BauR 2006, 1065, 1066; offen gelassen aber in BGH [6. 7. 1977] NJW 1977, 1818; zu den zulässigen Vereinbarungen über die Ausgestaltung der Selbsthilfe vgl Rn 27). Wenn sich jemand *verpflichtet,* der Selbsthilfe entsprechende Handlungen eines anderen zu dulden, muss diese Verpflichtung auf dem Rechtsweg durchgesetzt werden, wenn nicht die Voraussetzungen erlaubter Selbsthilfe nach § 229 erfüllt sind (RGZ [30. 1. 1931] 131, 213, 222; [4. 12. 1934] 146, 182, 188 f).

2. Entstehungsgeschichte

Der Teilentwurf des Allgemeinen Teils betreffend die Selbsthilfe stellte dem Selbsthilferecht in § 201 den Grundsatz voran, dass Eigenmacht nur aufgrund gesetzlicher Erlaubnis zulässig sein könne. Da man dies für selbstverständlich hielt, hat man diese Konsequenz des Gewaltmonopols im Gesetz schließlich nicht mehr ausdrücklich gezogen. Mehrfach betonte man in der ersten Kommission, eine objektiv erlaubte Handlung werde nicht durch den Selbsthilfewillen unerlaubt und umgekehrt (Prot I 399, 411 [JAKOBS/SCHUBERT AT 2, 1150, 1155]; vgl auch Denkschrift zum Entwurf eines Bürgerlichen Gesetzbuchs [1896] 58 f). Das wirft ein Licht auf die Frage, ob ein subjektiver Tatbestand zur Selbsthilfehandlung gehört (vgl unten Rn 40 f). Es stand dabei nicht zur Debatte, dass eine objektiv erlaubte Handlung mangels Selbsthilfewillens unerlaubt werden könne. Anlass der Diskussion war die Frage einer rechtfertigenden Wirkung einer Selbsthilfelage.

Hinsichtlich der Reichweite zulässiger Selbsthilfehandlungen wollte man keinesfalls hinter den Möglichkeiten des einstweiligen Rechtsschutzes der ZPO zurückbleiben

(Prot RJA 162 [Jakobs/Schubert AT 2, 1160]). Vielmehr sollte die Selbsthilfe einen Ersatz für diese Rechtsmittel darstellen (ebenda). Auch im Reichstag wurde in der XII. Kommission noch einmal darüber debattiert, ob man nicht das Festnahmerecht einschränken solle und die Selbsthilfe generell auf die Fälle einer Vereitelungsgefahr beschränken müsse. Die Kommission stimmte nur für die Vorlage, nachdem klargestellt worden war, dass der Entwurf nicht über die in der Zivilprozessordnung gesetzten Schranken hinausgehe (vgl den Bericht von Heller vom 22. 2. 1896, in: Jakobs/ Schubert, AT 2, 1169 f).

3. Rechtsgrundlagen erlaubter Selbsthilfe

7 **a)** Die *allgemeinen Regelungen* des BGB über die Selbsthilfe sind in den §§ 229 bis 231 enthalten, die stets gemeinsam geprüft werden müssen. § 229 bildet den Grundtatbestand, § 230 stellt die Selbsthilfe unter den Vorbehalt der Erforderlichkeit und schreibt einige Regeln vor, die die Selbsthilfe als nur vorläufiges Mittel der Anspruchsverwirklichung charakterisieren. § 231 enthält schließlich einen verschuldensunabhängigen Schadensersatzanspruch bei irrtümlicher Selbsthilfe.

8 **b)** *Weitere Tatbestände* erlaubter Selbsthilfe (dazu Werner Sächs Akad S 12–14) regeln die §§ 562b (Durchsetzung des Vermieterpfandrechts), 581 Abs 2, 592 (Verpächterpfandrecht), 704 (Pfandrecht des Gastwirts), 859 (Abwehr verbotener Eigenmacht durch den Besitzer), 860 (Abwehr verbotener Eigenmacht durch den Besitzdiener), 865 (Abwehr verbotener Eigenmacht durch den Teilbesitzer) und 1029 (Besitzschutz des Rechtsbesitzers). Weiterhin dürfen nach Maßgabe des § 910 vom Nachbargrundstück eindringende Wurzeln und Zweige abgeschnitten werden. Auch das weiter als § 229 gehende Verfolgungsrecht des Bieneneigentümers gem § 962 stellt eine Form der Selbsthilfe dar. Diese besonderen Selbsthilferechte, die von ihren Voraussetzungen und Rechtsfolgen her nicht vollständig mit § 229 übereinstimmen (vgl etwa MünchKomm/Joost § 859 Rn 12) stehen kumulativ neben dem Selbsthilferecht aus § 229 und verdrängen dieses nicht (übereinstimmend MünchKomm/Grothe Rn 1; **aA** Erman/E Wagner Rn 1, der von „speziellen Selbsthilferechten" spricht, die § 229 vorgehen sollen).

9 **c)** Der Selbsthilfe ähnlich ist das *Privatpfändungsrecht* zum Schutz landwirtschaftlicher Erzeugnisse vor einer Schädigung durch Vieh. Es beruht auf alten partikularrechtlichen Grundlagen, die entsprechend der Empfehlung des 20. Deutschen Juristentages 1889 gem Art 89 EGBGB als landesrechtliche Vorschriften in Geltung geblieben, heute aber fast überall aufgehoben worden sind (zu den Einzelheiten vgl Staudinger/Hönle [2005] Art 89 EGBGB Rn 1–8, 10 ff). Bereits im 19. Jahrhundert hatte das Privatpfändungsrecht keine Verbreitung mehr in den Gebieten des französischen Rechts. Der Gesetzgeber hielt wohl mit Recht eine Ausdehnung auf das gesamte Geltungsgebiet des BGB für unnötig (vgl Gebhard, Begründung Teilentwurf 10 [Schubert, Vorentwürfe AT 2, 434]; Mot I 353 f; kritisch dazu Gierke, Der Entwurf eines bürgerlichen Gesetzbuchs für das Deutsche Reich [1889] 77 Fn 2 und 180 f).

II. Tatbestandsvoraussetzungen der Selbsthilfe

1. Das Handeln zur Anspruchsverwirklichung

a) Anspruch

Als *Anspruch* bezeichnet das Gesetz jedes privatrechtliche subjektive Recht, von einem anderen ein Tun oder Unterlassen verlangen zu können, wie es § 194 gültig definiert (vgl STAUDINGER/PETERS § 194 Rn 6). Wie SCHÜNEMANN (66 f) auf den prozessualen Anspruch im Sinne eines Streitgegenstands abzustellen, ist weder gesetzessystematisch naheliegend noch erforderlich. Soweit Klagen geführt werden, die nicht der Durchsetzung eines materiellrechtlichen Anspruchs dienen (zB Feststellung der Wirksamkeit einer Kündigung), kommt Selbsthilfe nicht in Betracht, weil ein passendes Durchsetzungsziel fehlt. Der zu verwirklichende Anspruch muss objektiv und nicht nur nach der Vorstellung des Handelnden bestehen (BayObLG [18. 10. 1990] JZ 1991, 681 f – mit allerdings im Übrigen zweifelhafter Argumentation; MünchKomm/GROTHE Rn 3; WERNER SächsAkad S 16). Der Pächter eines Marktstandplatzes hat zB keinen Anspruch gegen denjenigen, der mit seinem parkenden Lastwagen den Zugang zum von der Stadt gepachteten Platz versperrt. Demzufolge fehlt ein Selbsthilferecht (AG Kiel [17. 1. 1975] VersR 1976, 180). – Eine Wohnungseigentümergemeinschaft kann nicht durch Beschluss einem Eigentümer die Beseitigung einer baulichen Veränderung (hier eines Werbeschildes) auferlegen, sodass der Verwalter auch nicht kurzerhand selbst das Schild abmontieren darf (LG Karlsruhe [27. 9. 2011] ZWE 2012, 103).

Die *Taschenkontrolle im Supermarkt* kann in der Regel nicht auf § 229 gestützt werden. Ein Selbsthilferecht käme überhaupt allenfalls dann in Betracht, wenn gegen den Besucher ein Anspruch auf eine solche Kontrolle oder gar Herausgabe der Tasche bestünde, etwa infolge eines Ladendiebstahls (nicht überzeugend BGH [3. 11. 1993] NJW 1994, 188 f, der ohne Stütze im Gesetz einen „konkreten Verdacht" genügen lässt; wie hier MünchKomm/GROTHE Rn 3). Für eine vertragliche Anspruchsgrundlage fehlt wenigstens in den streitigen Fällen regelmäßig die erforderliche Einigung. Hinzu kommen Zweifel über die Wirksamkeit entsprechender AGB im Hinblick auf § 307 Abs 2 Nr 1. Aber selbst wenn man einen Anspruch bejahen wollte, dürfte einem Selbsthilferecht unter dem Gesichtspunkt der Subsidiarität der Selbsthilfe die Tatsache entgegenstehen, dass zu den üblichen Geschäftszeiten ohne Schwierigkeiten obrigkeitliche Hilfe erlangt werden kann (OLG Frankfurt [1. 10. 1993] NJW 1994, 946 f; vgl auch BGHZ [3. 7. 1996] 133, 184). Erfolgt dennoch eine Taschenkontrolle, so handelt es sich um einen Fall *vermeintlicher Selbsthilfe,* der nach § 231 zum Schadensersatz verpflichten kann.

b) Durchsetzbarkeit des Anspruchs?

Da die Selbsthilfe einen objektiv bestehenden Anspruch voraussetzt, ist zu fragen, ob der Anspruch vollwirksam entstanden, fällig und durchsetzbar sein muss. Die Antwort ergibt sich aus dem Zweck der Selbsthilfe, staatliche Hilfe bei der Rechtsdurchsetzung zu substituieren, um effektiven Rechtsschutz zu gewährleisten. Daher darf das Selbsthilferecht nicht über die Möglichkeiten verfahrensmäßiger Anspruchsverwirklichung hinausreichen.

Die Anwendung von § 229 wird nicht dadurch ausgeschlossen, dass der Anspruch *bedingt* (§ 153) oder *betagt* (§ 163) ist (BGB-RGRK/JOHANNSEN Rn 10). Rechtfertigen lässt sich das damit, dass in diesen Fällen auch einstweiliger Rechtsschutz möglich wäre (§ 916 Abs 2 ZPO). Freilich ist dann auch für die Selbsthilfe entsprechend ein Arrest- (§§ 917, 918 ZPO) bzw Verfügungsgrund (§§ 935, 940 ZPO) zu verlangen (so schon TITZE 122 ff; vgl auch unten Rn 21). Unter diesen Voraussetzungen ist ein zwar entstandener, aber noch nicht wirksamer Anspruch prinzipiell selbsthilfefähig.

14 Soweit *rechtsvernichtende Einwendungen* bestehen, ist die Selbsthilfe unzulässig. Es besteht kein Anspruch, dessen Verwirklichung gesichert werden könnte. Zur Verwirklichung von *Naturalobligationen* (vgl STAUDINGER/PETERS/JACOBY § 194 Rn 10) und von Ansprüchen, deren Durchsetzbarkeit aufgrund der *Erhebung einer Einrede* zeitweise oder dauernd ausgeschlossen ist (vgl STAUDINGER/PETERS/JACOBY § 214 Rn 36 f), ist Selbsthilfe unzulässig (ERMAN/E WAGNER Rn 3). Im Falle der Verjährung muss sich der Schuldner also auf diese berufen (JAUERNIG/JAUERNIG §§ 229–231 Rn 2; JAHR JuS 1964, 293, 299). Dem gleichzustellen ist der Fall des § 241a Abs 1, der trotz fortbestehenden Eigentums des Lieferanten unbestellter Waren sämtliche Ansprüche gegen den Empfänger ausschließt. In allen diesen Fällen ist die gerichtliche Durchsetzung solcher Rechte unmöglich (vgl auch MünchKomm/GROTHE Rn 3). Dasselbe gilt für einen *rechtskräftig abgewiesenen Anspruch*. Da es auf einen objektiv bestehenden Anspruch ankommt, billigt HEYER (ArchBürgR 1901, 59 ff) zu Unrecht die Selbsthilfe, wenn der Gläubiger annehmen dürfe, im Wege der Wiederaufnahme eine Beseitigung des abweisenden Urteils erreichen zu können.

c) Anspruchsberechtigter

15 Der Anspruch muss ferner *dem Handelnden zustehen* (aA SCHÜNEMANN 56 ff – ausgehend von dem Verständnis, die Notwehr sei ein Unterfall der Selbsthilfe, vgl auch ders, 53; BORK, AT [3. Aufl 2011] Rn 384 – der dort angeführte Dritte, der dem auf frischer Tat ertappten Dieb die Sache gewaltsam abnimmt, ist durch Notwehr bzw Nothilfe nach § 227, nicht aber nach § 229 gerechtfertigt). Zur Verwirklichung fremder Ansprüche gibt es keine *Selbst*hilfe. Das folgt schon aus dem Begriff. Daher begründet ein Handeln als auftragsloser Geschäftsführer kein Selbsthilferecht (aM SOERGEL/FAHSE[13] Rn 9 mit Hinweis darauf, der Geschäftsführer werde zur Unterstützung eines anderen tätig; ähnlich STAUDINGER/BUND [2007] § 859 Rn 18; dennoch dürften die Voraussetzungen einer Geschäftsführung ohne Auftrag nicht erfüllt sein, vgl unten Rn 49). Der über den Wortlaut des Begriffs „Selbsthilfe" hinausweisende Grund ist, dass die Geltendmachung eines subjektiven Rechts prinzipiell in die Zuständigkeit des Berechtigten fällt. Niemandem soll die Durchsetzung seiner Rechte aufgedrängt werden können. Das gebietet schon der Respekt vor der Freiheit des Einzelnen. Ohne Widerspruch dazu ist es jedoch denkbar, *mit Zustimmung* oder Genehmigung des Betroffenen nach § 229 gerechtfertigte „Fremdhilfe" zu üben (MünchKomm/GROTHE Rn 2; ERMAN/E WAGNER Rn 3; ENNECCERUS/NIPPERDEY [1960] § 243 III 4; HÜBNER, AT § 27 III 1 b Rn 322; anders noch STAUDINGER/WERNER [2001] Rn 7). Aus demselben Grund ist es zulässig, dass sich jemand zur Verwirklichung eines eigenen Anspruchs der *Hilfe eines Dritten* bedient (Mot I 356). Deshalb können Personen Selbsthilfemaßnahmen für den eigentlich Berechtigten ergreifen, die gleichsam *im Lager des Selbsthilfeberechtigten stehen* und daher nicht eigenmächtig in eine fremde Zuständigkeitszuweisung eindringen (SCHREIBER Jura 1997, 29, 34). Sie benötigen dazu keineswegs eine rechtsgeschäftliche Zustimmung oder einen Auftrag. So kann u U die Kellnerin in einer Gastwirtschaft für den Gastwirt unter Berufung auf § 229 einen Zechpreller festhalten (Bsp nach BayObLG [18. 10. 1990] JZ 1991, 681 f; DUTTGE Jura 1993, 416, 418 f) oder der Zugbegleiter für das Bahnunternehmen einen Schwarzfahrer

(AG Hamburg [30. 10. 2006] 644 C 402/05). Ein Wohnungsverwalter kann für die Wohnungseigentümergemeinschaft Selbsthilfe üben (LG Karlsruhe [27. 9. 2011] ZWE 2012, 103 – allerdings fehlte es in diesem Fall am geeigneten Anspruch der Gemeinschaft).

d) Anspruchsgegner

Die Maßnahme zur Selbsthilfe kann sich grundsätzlich *gegen jeden Schuldner* richten, gleichgültig ob natürliche oder juristische Person, gleichgültig ob Privatperson oder öffentlich-rechtliches Rechtssubjekt. Ist eine juristische Person öffentlichen Rechts privatrechtlich verpflichtet, ist kein Grund erkennbar, warum gegen sie bei Vorliegen der übrigen Tatbestandsvoraussetzungen keine Selbsthilfe geübt werden dürfte (SCHÜNEMANN 63; anders STAUDINGER/DILCHER[12] Rn 8 und ENNECCERUS/NIPPERDEY [1960] § 242 Fn 5). Allerdings wird kaum einmal die Voraussetzung erfüllt sein, dass in diesen Fällen obrigkeitliche Hilfe nicht rechtzeitig erlangt werden kann (so auch SOERGEL/FAHSE[13] Rn 7 mit Fn 11). 16

2. Das Fehlen obrigkeitlicher Hilfe

Selbsthilfe kann nur zulässig sein, wenn **obrigkeitliche Hilfe nicht rechtzeitig** zu erlangen ist, wie sich § 229 ausdrückt. Der Begriff „obrigkeitliche Hilfe" bezeichnet jede der Anspruchsverwirklichung dienende *staatliche Tätigkeit* (dazu näher WERNER Sächs Akad S 16 f). Das Fehlen obrigkeitlicher Hilfe setzt nicht etwa voraus, dass der Staat gar keine Hilfe bietet. Entscheidend ist, dass die Hilfe nicht in der gebotenen *Eile* erreicht werden kann. Das ist jedenfalls dann der Fall, wenn der Anspruch mit staatlicher Hilfe nicht mehr verwirklicht werden könnte, würde der Berechtigte untätig bleiben. Die eigentlich erforderliche eilige staatliche Hilfe geschieht praktisch vor allem durch *einstweilige Verfügungen und Arreste,* welche für die Anspruchssicherung ausreichen (RGZ [4. 12. 1934] 146, 182, 186; ENNECCERUS/NIPPERDEY [1960] § 242 Fn 9). Ebenso kommt das Eingreifen des *Gerichtsvollziehers* in Betracht, zB gem § 892 ZPO. Ob ein Erkenntnisverfahren oder die Zwangsvollstreckung trotz ihrer zeitlichen Dauer zur Anspruchsverwirklichung geeignet sind, ist im Einzelfall zu prüfen. In den Fällen, in denen man den Berechtigten auf den gewöhnlichen Rechtsweg verweisen kann, fehlt im Allgemeinen auch die für die Selbsthilfe erforderliche Vereitelungsgefahr. So ist es zB unzulässig, einen seit Jahrzehnten über ein privates Grundstück verlaufenden öffentlichen Weg mit Steinen zu blockieren, weil dieser Abschnitt nicht entsprechend gewidmet ist. Selbsthilferechte können hier nicht geltend gemacht werden (VG Würzburg [21. 1. 2013] W 5 S 13. 29 Rn 34). 17

Auch **polizeiliches Handeln** stellt eine Form staatlicher Eilfallhilfe dar, soweit ausnahmsweise der Schutz privater Rechte in die Zuständigkeit der Ordnungsbehörden fällt (KNEMEYER, Polizei- und Ordnungsrecht [11. Aufl 2007] Rn 135; GUSY, Polizeirecht [9. Aufl 2014] Rn 90–95, 310 ff; HIRT, Kriminalistik 2003, 570, 574 u 576). Die Zulässigkeit polizeilicher Maßnahmen folgt allein aus dem Polizeirecht. Die Maßnahmen sind nicht Sicherungsmittel der Selbsthilfe (**aA** insoweit HIRT aaO, 576). 18

Die *Dauer* eines auch im Eilfall erforderlichen behördlichen Entscheidungsprozesses muss der Bedrohte normalerweise in Kauf nehmen. Deshalb darf er zB ein störend geparktes Fahrzeug nicht ohne Einschaltung der Polizei abschleppen lassen (vgl OVG Koblenz [29. 9. 1987] NJW 1988, 929, 930; AG Heidelberg [1. 3. 1977] NJW 1977, 1541, 1542; LG Kiel [13. 3. 1957] SchlHA 1957, 162).

19 Obrigkeitliche Hilfe kann entweder deshalb nicht rechtzeitig erlangt werden, weil kein geeignetes, hinreichend schnelles Verfahren zur Verfügung steht oder weil **staatliche Hilfe zu Unrecht verweigert** wurde (vgl ERMAN/E WAGNER Rn 4). Hier hat der Anspruchsberechtigte zwar um Hilfe gebeten, aber sie wurde ihm nicht zuteil. Für den letzteren Fall genügt bereits, dass die Terminierung verzögert oder bewusst lange hinausgeschoben wird. Wurde die staatliche Hilfe aufgrund eines formalen und infolge Zeitknappheit nicht mehr zu behebenden Fehlers im Gesuch verweigert, so kommt das der Verweigerung staatlicher Hilfe gleich (MünchKomm/GROTHE Rn 4; BGB-RGRK/JOHANNSEN Rn 9). Das gilt auch, wenn wegen einer Bagatellforderung der Rechtsschutz verweigert wurde. Selbsthilfe ist in diesen Fällen zulässig (STAUDINGER-Symposion 1998/WERNER S 50 ff mit vielen Nachweisen aus der Rechtsprechung). Die Besonderheit dieser Fälle liegt darin, dass das vorgesehene gesetzliche Verfahren eben jene Hilfe nicht gebracht hat, die sich der Anspruchsberechtigte erhofft hatte. Darf man zur Selbsthilfe greifen, wenn das gesetzliche Verfahren **erfolglos** war? Grundsätzlich ist das zu verneinen. Der Rechtsstaat ist auf die allseitige Akzeptanz der gerichtlichen Streiterledigung angewiesen. Wenn jedoch der Rechtsschutz mit Hinweis auf die im Vergleich zur Forderungssumme hohen Verfahrenskosten verweigert wird, stellt sich das Gericht gegen seinen eigenen Existenzzweck. Gesetzlicher Rechtsschutz besteht gerade, um berechtigten Forderungen zur Durchsetzung zu verhelfen (STAUDINGER-Symposion 1998/WERNER S 51). Zwar stehen auch die Maßnahmen staatlicher Rechtsdurchsetzung unter dem Gebot der Verhältnismäßigkeit (BVerfGE [16. 3. 1971] 30, 292, 315 f; [5. 11. 1980] 55, 159, 165), aber bei der Güterabwägung darf man sich nicht mit einer einfachen wirtschaftlichen Betrachtungsweise von Verfahrenskosten und Ertrag begnügen, sondern muss auch die übergeordneten Interessen der Wahrung des Rechtsfriedens und des Gewaltmonopols beachten, was zu selten geschieht. Gerade die mit der Rechtsgewährung verbundenen Gemeinschaftswerte verbieten die Versagung des Rechtsschutzes wegen Bagatellforderungen. Geschieht sie dennoch, verweigert der Staat seine obrigkeitliche Hilfe zu Unrecht. Selbsthilfe ist in diesem Fall zulässig (im Ergebnis ebenso STAUDINGER-Symposion 1998/WERNER S 56).

20 Das Fehlen obrigkeitlicher Hilfe kann allerdings nicht mit einem möglicherweise **ineffizienten Vollstreckungsverfahren** begründet werden, wie es insbesondere im Zusammenhang mit offenen Mietzinsforderungen immer wieder beklagt wird (so im Ergebnis zB OLG Saarbrücken [25. 9. 2005] – 3 W 204/05 mAnm FRITZ jurisPR-MietR 12/2006 Anm 6; ausführlich zu den Vollstreckungsmöglichkeiten FISCHER WuM 2007, 239). Führt ein ordnungsmäßig durchgeführtes Vollstreckungsverfahren nicht zum materiellrechtlich geschuldeten Erfolg, liegt darin keine un(ge)rechte Verweigerung staatlicher Hilfe. Hier drückt sich vielmehr aus, dass die Rechtsposition des Gläubigers nicht allein durch das materielle Recht geprägt wird, sondern dass sie sich letztlich erst aus einer Zusammenschau von materiellem und Prozessrecht ergibt (vgl oben Rn 4 mit Nachweisen). Das Freiheitsrecht des Schuldners begrenzt die Zwangsrechte des Gläubigers. Konkreten Ausdruck findet das Freiheitsrecht des Schuldners u a auch im Vollstreckungsschutz. Dieser darf nicht durch Selbstjustiz unterlaufen werden. Bietet das Vollstreckungsverfahren keinen (wirtschaftlichen) Erfolg, so muss der Gläubiger dies ertragen. Sein Rechtsanspruch reichte dann nicht weiter.

3. Die Vereitelungsgefahr bzw wesentliche Erschwerung der Anspruchsverwirklichung

a) Weitere Voraussetzung zulässiger Selbsthilfe ist, dass ohne sie die Verwirk- 21
lichung des Anspruchs vereitelt oder wesentlich erschwert würde. Ein drohender, unwiederbringlicher Verlust ist also nicht erforderlich, sondern es genügt eine **massive Gefährdung des Anspruchs**. Die Anforderungen in diesem Punkt sind denen im einstweiligen Rechtsschutz vergleichbar (vgl BAUMBACH/LAUTERBACH/HARTMANN [61. Aufl 2003] § 917 Rn 5, § 918 Rn 3 f, § 935 Rn 6 f; § 940 Rn 6 sowie oben Rn 2). Vereitelungsgefahr iS des § 229 besteht zB noch nicht, wenn der Schuldner Vermögensverluste erleidet, welche die baldige Insolvenzeröffnung (§§ 16 ff InsO) über sein Vermögen wahrscheinlich machen. Wohl aber besteht Vereitelungsgefahr, wenn der Schuldner zur Flucht ins Ausland angesetzt hat, zB den Flughafen betritt. Gleiches gilt, wenn ein Fahrgast ohne das Fahrgeld zu zahlen oder die Personalien zurückzulassen das Taxi verlässt (BGH [2. 3. 1971] VersR 1971, 629 f und vorinstanzlich OLG Hamburg [14. 4. 1969] MDR 1969, 759; OLG Düsseldorf [24. 7. 1991] NJW 1991, 2716 f; AG Grevenbroich [26. 9. 2000] NJW 2002, 1060–1062; vgl auch WERNER, Fälle mit Lösungen für Anfänger im Bürgerlichen Recht [10. Aufl 2000] 20. Fall, S 156 ff). Dasselbe gilt auch für das Fahrgeld bei der Benutzung öffentlicher Verkehrsmittel. Hindert ein Zugbegleiter einen Fahrgast auszusteigen, um die Personalien des Betreffenden feststellen zu können, ist die Freiheitsberaubung durch § 229 gerechtfertigt (AG Hamburg [30. 10. 2006] 644 C 402/05 Rn 44 ff). – Problematisch erscheinen *Unterlassungsansprüche,* die grundsätzlich ebenfalls von § 229 erfasst werden (vgl oben Rn 10). Man könnte meinen, ein Verstoß vereitle sofort die Durchsetzung des Anspruchs und rechtfertige somit die Selbsthilfe. Ein erheblicher Teil der in Betracht kommenden Ansprüche wird durch das Selbsthilferecht des Besitzers gem § 859 erfasst (zum Verhältnis zu § 229 vgl oben Rn 8), mit dem Besitzstörungen abgewehrt werden können. Ansonsten ist zu sagen, dass das Gesetz auch bei der Durchsetzung von Unterlassungsansprüchen im Wege der Selbsthilfe eine massive Gefährdung des Anspruchs verlangt. Nicht jede Zuwiderhandlung gegen eine Unterlassungspflicht erfüllt diese Voraussetzung. Vorrangig bleiben vielmehr auch hier die verfahrensmäßigen Rechtsmittel.

Drohende *Beweisschwierigkeiten* allein begründen noch keine Vereitelungsgefahr 22 (BGHSt [11. 5. 1962] 17, 328, 331; BGB-RGRK/JOHANNSEN Rn 12; ERMAN/E WAGNER Rn 5). Sie können aber zugleich eine wesentliche Erschwerung der Anspruchsverwirklichung darstellen. So liegt der Fall bei einem zahlungsunwilligen Kunden einer Selbstbedienungstankstelle. Der Tankstellenbetreiber bzw sein Personal dürfen den Kunden nötigenfalls zur Personalienfeststellung festnehmen, obgleich die Identität ggf auch über eine Halterabfrage anhand des Autokennzeichens ermittelbar wäre. Dazu müsste der Tankstellenbetreiber aber die Voraussetzungen von § 39 StVG darlegen, wozu er regelmäßig einen Rechtsanwalt einschalten müsste (vgl KRÜGER NZV 2003, 218, 220).

Die Gefahr der Anspruchsvereitelung oder eine wesentliche Erschwerung der An- 23 spruchsverwirklichung kann man allerdings nicht aus einem möglicherweise ineffizienten staatlichen *Vollstreckungsverfahren* ableiten (vgl oben Rn 20). So sind beispielsweise gegen säumige Mieter gerichtete Maßnahmen, wie das Absperren von Strom und Wasser oder das Aushängen von Fenstern und Türen, nicht zulässig (vgl dazu HORST MDR 2003, 1035, 1037).

24 b) Hat der Anspruchsberechtigte hinreichende *Sicherheiten*, besteht keine Vereitelungsgefahr. Sicherheiten genügen allerdings nur dann, wenn sie äquivalent sind. Davon kann man nur sprechen, wenn es um Wertverschiebungen zB durch Geld geht. Soweit es sich hingegen um einen Erfüllungsanspruch handelt, der sich auf einen bestimmten Gegenstand richtet, kann der Gläubiger nicht auf einen alternativ bestehenden Schadensersatzanspruch verwiesen werden, auch wenn dieser durch eine Sicherheit abgedeckt ist. Das ist eine Folge des Prinzips der Vertragstreue. Im Übrigen lässt sich das Erfüllungsinteresse in diesen Fällen oftmals nicht durch eine Geldzahlung ausgleichen (vgl Mot I 355; MünchKomm/Grothe Rn 5; Schünemann 77 f).

III. Zulässige Selbsthilfemaßnahmen

1. Allgemeines

25 Als Mittel der Selbsthilfe sind grundsätzlich nur solche Maßnahmen zulässig, die auch staatliche Organe zur Sicherung des gefährdeten Anspruchs treffen dürften (OLG Köln [25. 7. 1995] NJW 1996, 472 f). Das ergibt sich aus dem Zweck des Selbsthilferechts, die staatliche Aufgabe der Sicherung der Anspruchsverwirklichung zu ersetzen. Um die Schwierigkeit der Beurteilung dieser Frage zu erleichtern, zählt das Gesetz in § 229 und ergänzt durch § 230 eine Reihe zulässiger Maßnahmen auf (vgl Prot II 1, 242). In § 229 sind es im Wesentlichen drei Gruppen von Maßnahmen: **Gewaltanwendung gegen Sachen, Festnahme** des Schuldners und **Widerstandsbeseitigung**.

26 Auszuscheiden haben alle **Maßnahmen, die nicht der Anspruchsverwirklichung dienen**. Hierher gehören regelmäßig *Vergeltungsmaßnahmen*. Wenn zB ein Grundstückseigentümer, dem der Nachbar Schutt auf das Grundstück geschoben hat, diesen Schutt, nachdem bereits mehrere Jahre vergangen sind, auf das Nachbargrundstück zurückschiebt, statt ihn abfahren zu lassen, dient das Verhalten nicht der Anspruchssicherung, sondern der Vergeltung und ist nicht nach § 229 gerechtfertigt (OLG Köln [6. 7. 1964] NJW 1964, 2019; zust Erman/E Wagner Rn 3). Sperrt ein Grundstückseigentümer eigenmächtig einen tatsächlich dem öffentlichen Verkehr überlassenen, nicht aber entsprechend gewidmeten Feld- und Waldweg, dient das nicht der Verwirklichung des Eigentumsrechts, weil dadurch die Eigenschaft eines „tatsächlich-öffentlichen" Weges nicht beseitigt werden kann (VGH München [11. 1. 2005] Natur und Recht 2005, 463, 464). Ebenso liegt es, wenn ein Fahrzeugführer zum Anhalten gezwungen wird, um ihn wegen dessen verkehrswidriger Fahrweise zu beschimpfen (OLG Celle [25. 4. 1963] NdsRpfl 1963, 189). Auch das Handeln zur *Vermeidung von Beweisschwierigkeiten* ist keine Anspruchsverwirklichung (BGHSt [11. 5. 1962] 17, 328, 331, vgl oben Rn 22).

27 Die **rechtsgeschäftliche Erweiterung** der als Selbsthilfe zulässigen Maßnahmen, also der Selbsthilfemittel, ist *nicht möglich*. Unzulässig ist eine Vereinbarung, welche die Voraussetzungen der Selbsthilfe erweitert (RGZ [30. 1. 1931] 131, 213, 222 f; MünchKomm/Grothe Rn 1), weil das Maß der Durchbrechung des staatlichen Gewaltmonopols nicht der Disposition privater Rechtssubjekte unterliegen kann (**aA** Erman/E Wagner Rn 1 bezüglich der Erweiterung der zulässigen Selbsthilfemittel). Ein Abzahlungsverkäufer darf daher nicht dem säumigen Käufer die verkaufte Sache im Wege der Selbsthilfe wegnehmen, auch wenn vorher vertraglich die Duldung der Wegnahme vereinbart worden ist (RGZ [4. 12. 1934] 146, 182, 186).

Wirksam können jedoch *Vereinbarungen über die Ausgestaltung* gesetzlich zulässiger **28** Selbsthilfemaßnahmen getroffen werden (insoweit übereinstimmend mit ERMAN/E WAGNER Rn 1). So kann man zB gültig die Art und Weise der Wegnahme regeln. Die Einigung muss freilich für den Augenblick der Selbsthilfehandlung noch fortbestehen. ERMAN/ E WAGNER (Rn 1) hält sogar die *Vereinbarung eines Selbsthilfeverkaufs* für eine zulässige Abrede über die Ausgestaltung des Selbsthilferechts. Das ist allerdings zweifelhaft hinsichtlich des Zwecks der Selbsthilfe, die ähnlich wie der einstweilige Rechtsschutz primär auf die *vorläufige Sicherung* der Anspruchsverwirklichung zielt, nicht aber bereits auf die Anspruchsverwirklichung selbst.

2. Die Gewaltanwendung gegen Sachen

a) § 229 lässt als Mittel der Gewaltanwendung die **Wegnahme, Zerstörung** oder **29** **Beschädigung** von Sachen zu. Soweit gesagt wird, Zerstörung oder Beschädigung seien gegenüber der Wegnahme subsidiär (SOERGEL/FAHSE[13] Rn 19), folgt das allenfalls aus § 230 Abs 1. § 229 enthält keine solche Bestimmung.

b) Bei einer Wegnahme muss nach § 230 Abs 2 der *dingliche Arrest* nach den **30** §§ 916, 917 ZPO beantragt werden, weil die Selbsthilfe nur ein *Besitzergreifungs-*, aber kein Besitzrecht zu begründen vermag (SOERGEL/FAHSE[13] Rn 17). SCHÜNEMANN (112 f und diesem folgend PALANDT/ELLENBERGER Rn 8) nennt das ein „Zurückbehaltungsrecht auf Zeit". Wird das Arrestgesuch verzögert oder abgelehnt, muss man nach § 230 Abs 4 sofort die weggenommene Sache zurückgeben (vgl § 230 Rn 5).

Aus dieser Einschränkung des Wegnahmerechts ergibt sich, dass wegen Geldforde- **31** rungen keine *unpfändbaren Sachen* zum Zwecke der Selbsthilfe weggenommen werden dürfen (ERMAN/E WAGNER Rn 6). Das materielle Recht beachtet so den vollstreckungsrechtlichen Schutz der schuldnerischen Freiheit (vgl oben Rn 4). Anders ist es, wenn der Anspruch auf Übergabe oder Herausgabe gerade dieser unpfändbaren Gegenstände gerichtet ist. Allerdings folgt aus dem Arresterfordernis im Falle der Sachwegnahme, dass die Wegnahme grundsätzlich nur wegen eines Herausgabeanspruchs oder einer Geldforderung stattfinden kann (ENNECCERUS/NIPPERDEY [1960] § 242 III 1; VAN VENROOY NJW 1977, 1926). Die Wegnahme kann allerdings auch mittelbar zur Erzwingung der Identifizierung eines fluchtverdächtigen Schuldners eingesetzt werden (BGH [5. 4. 2011] NStZ 2012, 144 unter 2 a; vgl auch unten Rn 35 und § 230 Rn 1). – Auch die gewaltsame Räumung eines Zimmers in einem Behindertenheim kann eine Wegnahme von Sachen sein (so OLG Celle [13. 4. 2000] OLGR 2000, 211 f – die Selbsthilfevoraussetzungen hat das Gericht in diesem Fall aber verneint, weil eine endgültige Räumung des Zimmers beabsichtigt gewesen sei). Hier muss anschließend analog § 230 Abs 2 eine einstweilige Verfügung nach § 940a ZPO beantragt werden.

c) Der Eingriff zum Zwecke der Selbsthilfe darf sich nur gegen *Sachen des* **32** *Schuldners* richten, nicht auch gegen Sachen Dritter (MünchKomm/GROTHE Rn 7; ERMAN/E WAGNER Rn 6; ENNECCERUS/NIPPERDEY [1960] § 242 Fn 13). Der Rechtsgedanke des § 808 ZPO, der die Pfändung fremder Sachen zulässt, die sich im Gewahrsam des Schuldners befinden, kann nicht auf die Wegnahme zum Zwecke der Selbsthilfe übertragen werden, weil die speziellen Rechtsmittel des Zwangsvollstreckungsrechts nicht auf die private Rechtsverwirklichung übertragen werden können. Denkbar ist es aber, die Wegnahme von solchen Sachen, die im Eigentum Dritter stehen, zu gestatten, auf die der Schuldner einen Anspruch hat (insbesondere also unter Eigentumsvorbehalt gekaufte Gegenstände; vgl ähnlich BGB-RGRK/Johannsen Rn 4).

33 Werden auf einer Fläche die Plakatierungen zweier Wettbewerber geduldet, darf jeder nur die Hälfte der Fläche bekleben, da es wettbewerbswidrig ist, fremde Plakate zu überkleben. Beansprucht einer von beiden mehr als die Hälfte, darf der andere auf der ihm zustehenden Seite die Plakate des anderen im Wege der Selbsthilfe überkleben (OLG Stuttgart [1. 3. 1996] NJW-RR 1996, 1515 f).

34 Beim Einfangen herrenloser, insbesondere *wilder Tiere* kommt keine Selbsthilfe, sondern analog eine Notstandshandlung in Betracht (vgl § 228 Rn 22). – Eine *Stromabschaltung* durch den Vermieter wegen Zahlungsverzugs des Mieters ist keine Selbsthilfe, sondern allenfalls Ausübung eines Zurückbehaltungsrechts (vgl LG Kiel [23. 2. 1950] SchlHA 1950, 177). Das kann nur gelten, wenn der Vermieter zur Bereitstellung der Stromversorgung verpflichtet ist. Regelmäßig besteht aber ein selbständiges Vertragsverhältnis zwischen dem Mieter und dem Stromversorger, sodass der Vermieter zur Stromabschaltung auch nicht durch ein Zurückbehaltungsrecht legitimiert ist.

3. Die Festnahme des Schuldners

35 a) Nach dem Vorbild des § 180 SächsBGB erlaubt das Gesetz die Festnahme des Verpflichteten als Selbsthilfemaßnahme, wenn er der *Flucht verdächtig* ist. Gegen einen Missbrauch des Festnahmerechts sind in § 230 Abs 3 und 4 besondere Vorkehrungen getroffen. Daraus darf man aber nicht ableiten, eine Festnahme sei nur zulässig, wenn der *persönliche Sicherheitsarrest* gem § 918 ZPO angeordnet werden könnte (so aber Soergel/Fahse¹³ Rn 20; Laubenthal JR 1991, 519). Denn § 230 Abs 3 sieht gerade die Möglichkeit vor, eine Person am Weggehen zu hindern und vorübergehend festzuhalten (vgl bereits den Wortlaut von § 230 Abs 3: „wieder in Freiheit gesetzt"), um die Identifizierung des Betreffenden mit Namen und ladungsfähiger Anschrift zu ermöglichen. Hierzu kann der Berechtigte die Einsichtnahme in Ausweisdokumente verlangen oder aber, soweit der Betreffende solche nicht mit sich führt oder die Einsichtnahme verweigert, diesen bis zum Eintreffen der zur Aufnahme der Personalien herbeigerufenen Polizeivollzugsbeamten festsetzen (vgl zu den Grenzen des Selbsthilferechts zur Identifizierung des Schuldners BayObLG [18. 10. 1990] JZ 1991, 681 f und hierzu Molketin GewArch 1991, 414, 417; AG Hamburg [30. 10. 2006] 644 C 402/05 Rn 44 ff – Personalienfeststellung in Nahverkehrszug; Schauer/Wittig JuS 2004, 107, 109; Krüger NZV 2003, 218, 220 – Personalienfeststellung eines zahlungsunwilligen Kunden).

36 Zur Durchsetzung des Festnahmerechts kann dem Handelnden auch das *Recht zur Widerstandsbeseitigung* als Selbsthilfemaßnahme helfen (vgl Rn 38). Ein Tötungsrecht lässt sich aus § 229 jedoch nicht herleiten, weil die Sicherung privater Rechte ein derart weitreichendes Mittel nicht gestattet (RGSt [3. 10. 1935] 69, 308, 311 f; Erman/E Wagner Rn 7; BGB-RGRK/Johannsen Rn 5). Widersetzt sich der Verpflichtete der Festnahme oder dem Festhalten, so handelt er widerrechtlich. Hieraus kann sich für den Berechtigten eine Notwehrlage ergeben (OLG Hamburg [14. 4. 1969] MDR 1969, 759).

b) Sofern die Festnahme zur Selbsthilfe zugleich bei der Abwehr von Straftaten 37
erfolgt, greift neben § 229 das Recht zur *vorläufigen Festnahme* gem § 127 Abs 1
StPO ein. Auch danach überschreitet allerdings eine ernste Körperverletzung oder
gar eine Tötung des Festzunehmenden die Grenzen des Festnahmerechts (BGH [10. 2. 2000] NJW 2000, 1348 f).

4. Widerstandsbeseitigung

a) Im Wege der Selbsthilfe darf der Widerstand des Verpflichteten gegen eine 38
Handlung, die er zu dulden verpflichtet ist, beseitigt werden. Zu denken ist etwa an
die vorläufige Durchsetzung einer obligatorischen Verpflichtung zur vorübergehenden Gewährung eines Notwegs (Prot II 1, 243). Die *Duldungspflicht* kann
sich auch aus dem Selbsthilferecht des Gläubigers ergeben (ERMAN/E WAGNER Rn 8;
SOERGEL/FAHSE[13] Rn 23). Zur Widerstandsbeseitigung sind in den Grenzen des § 230
Abs 1 sowohl Maßnahmen gegen die Person des Verpflichteten unter Einschluss
körperlichen Zwangs als auch gegen Sachen zulässig, zB die Durchsuchung seiner
Wohnung (ENNECCERUS/NIPPERDEY [1960] § 242 III 4). Die betroffenen Sachen müssen,
anders als bei der Wegnahme zum Zwecke der Selbsthilfe (vgl oben Rn 32 f), nicht im
Eigentum des Verpflichteten stehen. Es genügt, dass sie sich in seinem Gewahrsam
befinden.

Versucht der Verpflichtete, die rechtmäßige Selbsthilfehandlung mit Gewalt rückgängig zu machen, zB indem er die weggenommene Sache wieder in Besitz zu
nehmen versucht, entsteht eine Notwehrlage. Eine Verteidigungshandlung dessen,
der Selbsthilfe geübt hat, ist dann – in den allgemeinen Grenzen des Notwehrrechts –
gerechtfertigt (BGH [5. 4. 2011] NStZ 2012, 144, 145 unter 2 b).

b) Besonders zu beachten ist im Zusammenhang mit der Widerstandsbeseitigung 39
die Subsidiarität der Selbsthilfe. Obrigkeitliche Hilfe durch einen Gerichtsvollzieher
kann unter den Voraussetzungen des § 892 ZPO verlangt werden. Nur wenn diese
nicht rechtzeitig käme, kann die Widerstandsbeseitigung in Selbsthilfe zulässig
sein.

5. Kein subjektiver Tatbestand

Nach der wohl überwiegenden Auffassung ist auch die Selbsthilfehandlung nur 40
gerechtfertigt, wenn der Berechtigte mit *Selbsthilfewillen* gehandelt hat (SOERGEL/
FAHSE[13] Rn 14; jurisPK-BGB/BACKMANN Rn 20; STAUDINGER/WERNER [2001] Rn 23; SCHÜNEMANN
30–34). Der Selbsthilfewille entspreche, so heißt es, dem Verteidigungswillen bei der
Notwehr und sei nicht rechtsgeschäftlicher Art. Er beziehe sich nicht auf das Bewusstsein von der Rechtmäßigkeit des eigenen Verhaltens und müsse auch nicht das
beherrschende Handlungsmotiv sein. Auch sei irrelevant, ob der Handelnde schuldhaft in die Selbsthilfelage geraten sei.

Diese Lehre ist *abzulehnen* (ebenso MünchKomm/GROTHE Rn 6). Es gelten insofern 41
dieselben Überlegungen wie beim Notwehrrecht (vgl § 227 Rn 48 ff). Auch hier gilt,
dass der Zweck, von dem das Gesetz spricht, objektiv oder subjektiv gemeint sein
kann. Entscheidend ist, dass auch die Vertreter der herrschenden Meinung die Lehre
vom Handlungsunrecht nicht auf das Zivilrecht übertragen möchten. Es ist zwar

insofern dogmatisch erklärlich, die Anforderungen an den subjektiven Tatbestand beinahe vollständig aufzulösen, wie es die herrschende Auffassung tut. Aber konsequent ist es allein, auf einen subjektiven Tatbestand gänzlich zu verzichten.

IV. Rechtfertigungswirkung der Selbsthilfe

1. Die Tragweite der Rechtfertigung nach § 229

42 **a)** Die gem § 229 erlaubten Selbsthilfemaßnahmen sind nicht *widerrechtlich*. Daher kommt eine deliktische Haftung für Selbsthilfehandlungen nicht in Betracht – auch dann, wenn der Berechtigte die Selbsthilfelage verschuldet hat. Das Opfer rechtswidriger Filmaufnahmen ist beispielsweise für den durch gerechtfertigte Selbsthilfe entstandenen Schaden an der Kamera nicht ersatzpflichtig (LG Hamburg [20. 9. 1995] ZUM 1996, 430 f). Gerechtfertigte Selbsthilfe ist niemals *verbotene Eigenmacht* und begründet keine Notwehrlage des Schuldners.

43 **b)** *Polizeilicher Schutz* gegen berechtigte Selbsthilfe kann nicht in Anspruch genommen werden (RG [1. 8. 1909] SeuffA 81 [1927] Nr 172; ENNECCERUS/NIPPERDEY [1960] § 242 Fn 12). Der Einschränkung, wenn polizeiliche Hilfe erreichbar erscheine, sei an den Voraussetzungen der Selbsthilfe zu zweifeln (SOERGEL/FAHSE[13] Rn 25), ist nur insoweit zuzustimmen, als es um Ansprüche geht, bei deren Durchsetzung die Polizei ausnahmsweise behilflich werden kann (ERMAN/E WAGNER Rn 9; vgl auch oben Rn 18 f).

44 **c)** Die zivilrechtliche Rechtfertigung hebt auch die *strafrechtliche Widerrechtlichkeit* der Handlung auf, soweit die Strafvorschrift nur dem Schutz privater Rechtsgüter dient. Eine Verletzung anderer Strafvorschriften wird durch § 229 nicht ausgeschlossen.

45 **d)** Die Rechtfertigungswirkung bezieht sich allein auf die Selbsthilfemaßnahme, *präjudiziert* aber sonst *in keiner Weise* Existenz und Wirkung des geschützten Anspruchs. Das wird deutlich etwa im Streit um die zulässige Nutzung eines Patents: Unterstellt, der Benutzer eines Patents könnte sich im Hinblick auf einen Anspruch gegen den Patentinhaber aufgrund des kartellrechtlichen Diskriminierungsverbotes auf § 229 berufen, so ist die Patentverletzung nicht rechtswidrig. Liegen die Voraussetzungen für eine Selbsthilfe hingegen nicht vor, ist die Patentverletzung rechtswidrig. Damit ist aber selbstverständlich nicht ausgesagt, dass auch kein Anspruch auf Erlaubnis der Patentnutzung besteht oder dass ein solcher Anspruch auf Einräumung einer Lizenz nicht auf einer anderen Ebene als der Rechtswidrigkeit geltend gemacht werden könnte (LG Düsseldorf [13. 2. 2007] 4a O 124/05; zur Frage einer präjudiziellen Wirkung der Feststellung einer Schutzrechtsverletzung für einen Lizenzanspruch vgl BGH [13. 7. 2004] WPR 2004 1372, 1377 – Standard-Spundfass).

2. Putativselbsthilfe und Selbsthilfeexzess

46 **a)** Ein Handeln in der *irrtümlichen Annahme* einer Selbsthilfelage (Putativselbsthilfe) ist widerrechtlich. Das gilt auch, wenn ein solcher Irrtum auf eine unwirksame Vereinbarung über die Voraussetzungen der Selbsthilfe zurückzuführen ist (vgl oben

Rn 27). Putativselbsthilfe führt nach § 231 auch dann zu einer Schadensersatzpflicht, wenn der Handelnde seinen Irrtum nicht zu vertreten hat.

b) Widerrechtlich ist auch eine das Maß des § 230 Abs 1 *überschreitende Selbsthilfemaßnahme* (Selbsthilfeexzess). **47**

V. Kosten der Selbsthilfe

Die aus einer Selbsthilfe entstehenden Kosten gehen ebenso wie die einer Selbstverteidigung zu Lasten des Schuldners (SOERGEL/FAHSE[13] Rn 27). Im Ergebnis ist man sich darüber einig. Hat der Schuldner die Vereitelungsgefahr verschuldet und die Selbsthilfelage zu verantworten, so ergibt sich ein *deliktischer Anspruch*. **48**

Wenn der Schuldner die Selbsthilfelage jedoch nicht verschuldet hat, ist die rechtliche Grundlage der Kostenerstattungspflicht zweifelhaft. Zunächst einmal kann unter den engen Voraussetzungen der §§ 280 Abs 2, 286 Ersatz des Verzögerungsschadens geschuldet sein (vgl noch zum alten Recht SCHÜNEMANN 133). Dieser Ersatzanspruch ist zwar nicht verschuldensunabhängig, aber dem Gläubiger kommt immerhin die Beweislastumkehr gem § 280 Abs 1 S 2 zugute, die freilich gegenüber ihrem generellen Wortlaut einen reduzierten Anwendungsbereich hat (BAUMGÄRTEL/REPGEN, Beweislast [3. Aufl 2008] § 280 Rn 40–47, 99 ff). Unter den verschuldensunabhängigen Anspruchsgrundlagen kommt der Ersatz von Selbsthilfeaufwendungen unter dem Gesichtspunkt einer *Geschäftsführung ohne Auftrag* nach den §§ 677, 683 S 1, 670 in Frage (dazu MünchKomm/SEILER § 677 Rn 34; DÖRNER JuS 1978, 668 ff). Allerdings kann man dagegen einwenden, der Tatbestand der Geschäftsführung ohne Auftrag verlange gem § 677, dass der Geschäftsführer ohne Berechtigung tätig werde. § 229 verschafft dem Handelnden aber gerade eine Rechtsgrundlage. Außerdem wird die Selbsthilfe häufig im Widerspruch zum Interesse und dem wirklichen oder mutmaßlichen Willen des Schuldners stehen (SCHÜNEMANN 127 ff). Ein *bereicherungsrechtlicher Ausgleich* kann in Konflikt mit dem Recht der Leistungsstörungen treten (vgl hierzu GURSKY NJW 1971, 784). Unter Umständen kann sich der Schuldner dann allerdings auf den Einwand der Entreicherung gem § 818 Abs 3 berufen (SCHÜNEMANN 132). Aufgrund der Unzulänglichkeiten des materiellen Rechts wird seit langem auch eine *analoge Anwendung des § 91 ZPO* vorgeschlagen. Der Kostenerstattungsanspruch kann zwar nicht von der Erhebung einer selbständigen Leistungsklage befreien (vgl bereits HEYER 38, 64; diesem folgend SCHÜNEMANN 133 ff), aber als *Auffangtatbestand* bietet § 91 ZPO eine Rechtsgrundlage für den Ersatz der Selbsthilfekosten, wenn die übrigen Anspruchsgrundlagen im Einzelfall nicht greifen. **49**

VI. Beweislast

Die Tatsachen, aus denen sich das Recht zur Selbsthilfe ergibt, hat derjenige darzulegen und zu beweisen, der sich hierauf beruft (BAUMGÄRTEL/KESSEN, Beweislast [3. Aufl 2008] Rn 1). Das gilt auch für die Erforderlichkeit der Selbsthilfemaßnahme (§ 230 Rn 8). Behauptet der Betroffene einen Selbsthilfeexzess (oben Rn 46), so trifft ihn die Darlegungs- und Beweislast (AG Hamburg [30. 10. 2006] 644 C 402/05 Rn 55, vgl auch oben § 227 Rn 82). Die Regeln zur Beweislast, die für das Notwehrrecht entwickelt worden sind, gelten entsprechend (vgl § 227 Rn 81–84). **50**

VII. Rechtsvergleichung

51 **1.** Nach **österreichischem** Recht ist gem § 19 S 2 ABGB derjenige ersatzpflichtig, der sich unter Missachtung der Möglichkeit staatlichen Rechtsschutzes eigenmächtiger Hilfe bedient. Gesetzestechnisch wird also nicht eine individuelle Berechtigung zur Selbsthilfe normiert, sondern ein Schadensersatzanspruch gegen denjenigen, der zu Unrecht Selbsthilfe geübt hat. Im Umkehrschluss folgt daraus, dass die Selbsthilfe zulässig ist, sofern staatlicher Rechtsschutz nicht erreicht werden kann (RUMMEL/REISCHAUER, Kommentar zum ABGB § 19 Rn 15 ff). Gerechtfertigt ist ohne Beschränkung auf bestimmte Mittel jeder Eingriff, der zur Herstellung des rechtmäßigen Zustandes notwendig ist (RUMMEL/REISCHAUER, Kommentar zum ABGB § 19 Rn 18).

52 **2.** Im **schweizerischen** Recht lässt Art 52 Abs 3 SchwOR unter ganz ähnlichen Voraussetzungen wie im deutschen Recht die Selbsthilfe dann zu, wenn zur Sicherung eines Anspruchs staatliche Hilfe nicht rechtzeitig erlangt und nur durch Selbsthilfe eine Vereitelung des Anspruchs oder eine wesentliche Erschwerung seiner Geltendmachung verhindert werden kann. Die Selbsthilfe ist insoweit dem Arrest gleichzustellen (GUHL/KOLLER, Das schweizerische Obligationenrecht [9. Aufl 2000] § 24 Rn 37 f).

53 **3.** Im **französischen** Recht ist im Unterschied zum deutschen Recht die Selbsthilfe kein anerkanntes Mittel der Rechtsverwirklichung. Das Gewaltmonopol des Staates ist dort insofern konsequenter umgesetzt als in Deutschland. Lediglich § 859 und § 910 finden eine gewisse Parallele in Art 2233 Cc und Art 673 Abs 2 Cc. Immerhin kann ein (deliktischer) Schadensersatzanspruch ausgeschlossen sein, wenn die Selbsthilfehandlung aus sonstigen Gründen gerechtfertigt ist oder ein Schuldausschließungsgrund eingreift (FERID/SONNENBERGER, Das französische Zivilrecht, 1,1 [2. Aufl 1994] Rn 1 C 178 f).

54 **4.** Das **englische** Recht kennt die *self-help* als vereinfachte Form der Wiedergutmachung in bestimmten Deliktsfällen, zB bei Besitzverletzungen. Die hierbei angewendete Gewalt muss *„reasonable"*, dh verhältnismäßig sein (ROGERS, Winfield and Jolowicz on Tort [18. Aufl 2010] Rn 22. 46 ff).

55 **5.** Der **Draft Common Frame of Reference** kennt ähnlich wie das französische und englische Recht kein allgemeines Selbsthilferecht. Nur gegen Besitzverletzungen darf nach diesem Entwurf der Besitzer Selbsthilfe üben, Art VIII-6:202 DFCR.

VIII. Anwendbarkeit bei Auslandsberührung

56 Wenn *gegenüber einem Deutschen im Ausland* nach einem Verkehrsunfall eine Körperverletzung im Zusammenhang mit der Feststellung der Personalien begangen wurde, bestimmt sich deren Rechtfertigung nach Maßgabe des deutschen Selbsthilferechts auch dann, wenn das Tatortrecht einen derartigen Rechtfertigungsgrund nicht kennt (OLG Köln [13. 3. 1973] MDR 1973, 688).

§ 230
Grenzen der Selbsthilfe

(1) Die Selbsthilfe darf nicht weiter gehen, als zur Abwendung der Gefahr erforderlich ist.

(2) Im Falle der Wegnahme von Sachen ist, sofern nicht Zwangsvollstreckung erwirkt wird, der dingliche Arrest zu beantragen.

(3) Im Falle der Festnahme des Verpflichteten ist, sofern er nicht wieder in Freiheit gesetzt wird, der persönliche Sicherheitsarrest bei dem Amtsgericht zu beantragen, in dessen Bezirk die Festnahme erfolgt ist; der Verpflichtete ist unverzüglich dem Gericht vorzuführen.

(4) Wird der Arrestantrag verzögert oder abgelehnt, so hat die Rückgabe der weggenommenen Sachen und die Freilassung des Festgenommenen unverzüglich zu erfolgen.

Materialien: TE-AllgT § 202 (Schubert AT 2, 432–434); E I § 189; II § 194; III § 224; Mot I 354; Prot I 400 ff; Prot RJA, 159 ff; Prot II 1, 243 ff; Jakobs/Schubert, AT 2, 1146–1171.

1. Die Erforderlichkeit der Selbsthilfe, § 230 Abs 1

a) § 230 Abs 1 konkretisiert die gem § 229 zulässigen Selbsthilfehandlungen, indem er sie wie die Notwehr (vgl § 227 Rn 55–64) oder den aggressiven Notstand (vgl § 228 Rn 24) der Grenze der Erforderlichkeit unterwirft. Übertragen auf die Selbsthilfe bedeutet das: Erforderlich ist *diejenige Selbsthilfemaßnahme, die als das mildeste zur Auswahl stehende Mittel zur vorläufigen Sicherung der Anspruchsverwirklichung effektiv geeignet* ist. Ausgangspunkt für die Bemessung der objektiv zu bestimmenden Erforderlichkeit ist die mit der Anspruchsgefährdung (vgl § 229 Rn 21 f) heraufbeschworene *Gefahr* für den Rechtsgüterbestand des Gläubigers. Der Berechtigte muss unter den nach § 229 beschränkten Selbsthilfemaßnahmen (vgl § 229 Rn 25 ff) diejenige auswählen, die objektiv zur Erreichung des Sicherungsziels geeignet ist. Außerdem muss eine *Mittelabwägung* insoweit stattfinden, als nur die für den Verpflichteten am wenigsten nachteilige Maßnahme vorgenommen werden darf (Wolf/Neuner, AT § 21 Rn 76); so darf zB ein fluchtverdächtiger Schuldner nicht im Wege der Selbsthilfe festgenommen werden, wenn die Anspruchsverwirklichung bereits durch die Wegnahme von Sachen gesichert werden kann. Aber auch wenn das Festhalten des Schuldners unvermeidlich ist, muss stets beachtet werden, dass die Selbsthilfe nur die Zeit bis zur Erlangung hoheitlicher Hilfe überbrücken darf. Sobald beispielsweise die Polizei zur Feststellung der Personalien eingetroffen ist, muss der Schuldner wieder freigelassen werden. Hinsichtlich der durch das Schuldnerverhalten bedrohten Rechtsgüter des Gläubigers und der durch die Selbsthilfe betroffenen Güter des Schuldners muss *keine Verhältnismäßigkeit* wie etwa bei § 228 S 1 (vgl § 228 Rn 27–31) bestehen (ungenau daher Meyer-Mews JA 2006, 206, 209, der

1

von einer „strengen Verhältnismäßigkeitsprüfung" spricht; missverständlich auch Wesche BtPrax 2006, 3; richtig hingegen Schauer/Wittig JuS 2004, 106, 110), wohl aber muss der Grundsatz von Treu und Glauben gem § 242 auch hier beachtet werden (Erman/E Wagner Rn 1).

Auch wenn die Selbsthilfe grundsätzlich nur die vorläufige Sicherung des Anspruchs bezweckt, kann dennoch in besonderen Ausnahmefällen eine endgültige Befriedigung im Wege der Selbsthilfe zulässig sein (Schünemann, Selbsthilfe im Rechtssystem [1985] 96 f). Das entspricht der Situation im Recht der Zwangsvollstreckung, das im einstweiligen Rechtsschutz die Möglichkeit einer Leistungsverfügung kennt (dazu Jauernig ZZP 79 [1966] 321 ff; MünchKomm/Drescher § 935 ZPO Rn 5). Die Leistungsverfügung ist vor allem zur Sicherung bestimmter Unterhaltsansprüche, zum Teil aber auch zur Sicherung eines Herausgabeanspruchs an den früheren Besitzer zulässig (vgl Thomas/Seiler § 940 ZPO Rn 6–17 mit weiteren Anwendungsfällen). Tatsächlich gibt es Fälle, in denen der Gefahr nur durch die Wegnahme einer Sache begegnet werden kann, wodurch eine zumindest in tatsächlicher Hinsicht der Erfüllung entsprechende Situation herbeigeführt wird.

2 b) *Überschreitet* der Handelnde die Grenze erforderlicher Selbsthilfe, so verhält er sich widerrechtlich mit der Folge einer Verpflichtung zum Schadensersatz aus Delikt bzw § 231.

2. Die Selbsthilfe durch Wegnahme von Sachen, § 230 Abs 2, 4

3 a) Durch die Wegnahme einer Sache in Selbsthilfe erlangt der Gläubiger *kein Besitzrecht* an der weggenommenen Sache (vgl § 229 Rn 30), insbesondere kein Pfandrecht. Das folgt schon aus der Zwecksetzung des Selbsthilferechts, nur eine vorläufige Sicherung der Anspruchsverwirklichung zu gestatten. Zur Rechtfertigung der durch Selbsthilfe geschaffenen Besitzlage ist daher gem **§ 230 Abs 2** ein staatliches Verfahren nötig, das die zuvor nicht rechtzeitig erlangte obrigkeitliche Hilfe nunmehr nachholt (Bork, AT [3. Aufl 2011] Rn 388). Dieses kann, sofern die verfahrensrechtlichen Voraussetzungen gegeben sind, in der *Erwirkung einer Vollstreckungshandlung* bestehen, zB einer Sachpfändung (§§ 803 ff ZPO). Häufig werden die Voraussetzungen für ein Zwangsvollstreckungsverfahren (noch) nicht erfüllt sein, zB weil kein vollstreckbarer Titel vorliegt. Dann sieht § 230 Abs 2 alternativ die Beantragung des *dinglichen Arrests* hinsichtlich der weggenommenen Sache nach den §§ 917, 920 ZPO vor. § 230 Abs 2 bildet allerdings keinen selbständigen Arrestgrund, weil die Selbsthilfe nicht weiter reichen soll als der einstweilige Rechtsschutz. Die nach der ZPO zu bestimmenden Voraussetzungen für die Verhängung des dinglichen Arrests müssen also auch im Fall der Selbsthilfe vollständig geprüft werden.

4 b) Von der in § 230 Abs 2 vorgesehenen Einschaltung staatlicher Stellen soll man ausnahmsweise dann absehen können, wenn ein *offensichtlich rechtswidriger Zustand* durch die Selbsthilfe beseitigt werde, insbesondere wenn der Berechtigte die Sache dem Dieb weggenommen habe. Tatsächlich geht es hierbei nicht nur um eine Sicherungsmaßnahme, sondern bereits um die Anspruchsverwirklichung selbst, weil eine Rückgabe an den Vorbesitzer nicht mehr in Betracht kommt (BGB-RGRK/Johannsen Rn 2; Erman/E Wagner Rn 2; Soergel/Fahse[13] Rn 5; Jauernig/Jauernig Rn 8).

In dieser Allgemeinheit ist die Zulässigkeit der Schaffung vollendeter Tatsachen durch Selbsthilfe einerseits nach dem klaren Wortlaut von § 230 Abs 2, andererseits und entscheidend nach dem Sinn und Zweck der Selbsthilfe abzulehnen. Die Selbsthilfe ist als Notrecht nur subsidiär gegenüber den staatlichen Verfahren der Normdurchsetzung (vgl § 229 Rn 2, 5). Die Regeln der Selbsthilfe sind daher als Ausnahmevorschriften eng auszulegen. Die Einschaltung staatlicher Nachprüfung ist deshalb nur unter den Voraussetzungen der *Besitzkehr* gem § 859 Abs 2 verzichtbar, also wenn der Täter auf frischer Tat ertappt oder verfolgt worden ist (PALANDT/ELLENBERGER Rn 2; MünchKomm/GROTHE Rn 2; zur Besitzkehr STAUDINGER/GUTZEIT [2012] § 859 Rn 15).

Ist der Anspruch allerdings durch Beschädigung oder Zerstörung der Sache des Schuldners verwirklicht worden, fehlt für den einstweiligen Rechtsschutz das Rechtsschutzbedürfnis. Daher erfasst § 230 Abs 2 diese Fälle auch nicht.

c) Verzögert der Gläubiger das Arrestgesuch oder wird es nach § 922 ZPO 5 zurückgewiesen, muss gem **§ 230 Abs 4** die weggenommene Sache *unverzüglich zurückgegeben* werden. Es genügt bereits die erstinstanzliche Zurückweisung, weil gegen die Zurückweisung des Gesuchs Rechtsbehelfe möglich sind. Eine rechtskräftige Entscheidung über das Arrestgesuch muss nicht vorliegen, weil ein staatlich nicht anerkannter Zustand nur möglichst kurze Zeit bestehen darf. Wird die vom Gläubiger beantragte Vollstreckungshandlung abgelehnt, so entsteht die Pflicht zur unverzüglichen Sachrückgabe analog § 230 Abs 4.

Soweit manche in diesem Zusammenhang meinen, die Rückgabepflicht bestehe nicht, wenn der Gläubiger einen *Anspruch auf den Sachbesitz* habe (ERMAN/E WAGNER Rn 3; LARENZ/WOLF, AT § 19 Rn 52, anders aber jetzt WOLF/NEUNER, AT § 21 Rn 77), gilt, was bereits zu § 230 Abs 2 gesagt ist. Das ist nur richtig für die eng umgrenzten Fälle einer Besitzkehr gem § 859 Abs 2. Alles andere widerspricht dem Zweck des Selbsthilferechts (vgl oben Rn 3).

3. Die Selbsthilfe durch Festnahme des Verpflichteten, § 230 Abs 3, 4

a) Nach einer Festnahme des Verpflichteten (vgl § 229 Rn 35 ff) bedarf es gem § 230 6 **Abs 3** der *unverzüglichen Vorführung* des Festgenommenen bei Gericht und des Gesuchs um Verhängung des *persönlichen Sicherheitsarrestes* nach den §§ 918, 920 ZPO, wenn der Festgenommene nicht sogleich – zB nach Feststellung seiner Personalien – wieder freigelassen wird. Für diesen Arrest müssen alle Voraussetzungen der ZPO geprüft werden. Insbesondere darf der Sicherheitsarrest nicht zur Erzwingung einer Handlung oder Unterlassung des Schuldners verhängt werden, weil das einer endgültigen Befriedigung des Gläubigers gleichkäme, die mit dem Charakter der Vorläufigkeit des einstweiligen Rechtsschutzes in Widerspruch stünde, sondern, wie § 918 ZPO anordnet, nur, um die Vollstreckung in das Vermögen des Schuldners zu sichern. Als Alternative zum Antrag auf Verhängung des persönlichen Sicherheitsarrestes nennt § 230 Abs 3 die *sofortige Freilassung* des Verpflichteten. Insoweit besteht eine Parallele zum Verfahren nach der vorläufigen Festnahme gem § 128 StPO. Es ist aber daran zu erinnern, dass das Festnahmerecht aus § 229 nicht auf die Verfolgung arrestfähiger Ansprüche beschränkt ist (vgl oben § 229 Rn 35), sondern beispielsweise besteht, um die Personalien eines Fahrgastes festzustellen, der nicht den passenden Fahrpreis entrichtet hat (SCHAUER/WITTIG JuS 2004, 106, 109 f).

7 b) Wird das Arrestgesuch *verzögert* oder vom Arrestgericht erstinstanzlich *zurückgewiesen,* so muss nach **§ 230 Abs 4** der Festgenommene unverzüglich freigelassen werden. Anderenfalls greifen die Vorschriften über den Freiheitsschutz ein, einschließlich des Notwehrrechts. Es entsteht regelmäßig eine Schadensersatzpflicht aus § 823 Abs 1 (SOERGEL/FAHSE[13] Rn 7) sowie aus § 823 Abs 2 iVm § 230 Abs 4, der ein Schutzgesetz in diesem Sinne ist (PALANDT/ELLENBERGER Rn 3). Hinzu kommt die verschuldensunabhängige Haftung aus § 231.

4. Beweislast

8 Die Voraussetzungen der Selbsthilfe hat derjenige zu beweisen, der sich hierauf beruft. Daher sind von ihm auch die Tatsachen darzulegen und zu beweisen, aus denen sich die Erforderlichkeit der zur Gefahrenabwehr ergriffenen Selbsthilfemaßnahmen ergibt (OLG Düsseldorf [24. 7. 1991] NJW 1991, 2716, 2717 – Taxifahrer). Misslingt der Beweis, besteht jedenfalls die Schadensersatzpflicht aus § 231 (BAUMGÄRTEL/KESSEN, Beweislast [3. Aufl 2008] Rn 1; vgl oben Rn 2).

§ 231
Irrtümliche Selbsthilfe

Wer eine der in § 229 bezeichneten Handlungen in der irrigen Annahme vornimmt, dass die für den Ausschluss der Widerrechtlichkeit erforderlichen Voraussetzungen vorhanden seien, ist dem anderen Teil zum Schadensersatz verpflichtet, auch wenn der Irrtum nicht auf Fahrlässigkeit beruht.

Materialien: E II § 195; III § 225; Prot II, 1, 244;
JAKOBS/SCHUBERT AT 2, 1162 f, 1169 f

1. Die Ersatzpflicht wegen unerlaubter Handlung

1 Eine bewusst oder auch nur fahrlässig *widerrechtlich* vorgenommene Selbsthilfehandlung oder das bewusste oder fahrlässige *Überschreiten* der für die Selbsthilfe gezogenen Grenzen (vgl § 230) begründet eine Schadensersatzpflicht nach Maßgabe der Vorschriften über die *unerlaubten Handlungen* (SOERGEL/FAHSE[13] Rn 1).

2. Ersatzpflicht auch wegen schuldlos widerrechtlicher Selbsthilfe

2 a) Auf Antrag von JACUBEZKY fügte bereits die zweite Kommission den Selbsthilfevorschriften einen *verschuldensunabhängigen* Schadensersatzanspruch hinzu. Die Einschätzung, dadurch werde das Selbsthilferecht praktisch stark eingeschränkt, weil es kaum jemand wagen werde, angesichts des auferlegten Risikos von der Selbsthilfe Gebrauch zu machen (so der Abgeordnete GRÖBER in der XII. Reichstagskommission, vgl Bericht von HELLER vom 25. 2. 1896, in: JAKOBS/SCHUBERT AT 2, 1170), dürfte zwar richtig sein, aber die Beschränkung der Selbsthilfe entspricht zugleich auch dem Ziel der möglichsten Aufrechterhaltung des staatlichen Gewaltmonopols. Befand sich der Handelnde in einem *schuldlosen Irrtum* über die Voraussetzungen der Selbsthilfe, so haftet er dennoch auf Schadensersatz. Wer also von der Selbsthilfebefugnis Gebrauch macht, handelt vollständig auf eigene Gefahr und kann sich nicht wie bei der Putativnotwehr (vgl § 227 Rn 80) oder dem Putativnotstand (vgl § 228 Rn 37) unter Hinweis auf einen schuldlosen Irrtum der Haftung entziehen. Bsp: Nimmt ein Vermieter ohne Räumungstitel die Wohnung einer polizeilich vermisst gemeldeten Person in Besitz und entsorgt den Hausrat, so ist er aus § 231 zum Ersatz des Schadens verpflichtet (BGH [14. 7. 2010] NJW 2010, 3434 f Rn 9 f; vgl auch OLG Köln [10. 12. 2010] 2 Wx 198/10 Rn 10 – Räumung einer Wohnung eines verstorbenen Mieters, dessen Erben noch unbekannt sind; KG Berlin [14. 7. 2011] 12 U 149/10 Rn 13 – Räumung einer Garage; OLG Dresden [18. 5. 2012] 1 W 17/12 – Räumung eines Gewerbegrundstücks sieben Jahre nach Erlangung eines Räumungstitels ohne Inanspruchnahme des Gerichtsvollziehers; OLG Nürnberg [23. 8. 2013] BeckRS 2013, 15289 – Räumung einer Garage und Entsorgung einer Skulptur). Versäumt der Vermieter dabei, ein Inventarverzeichnis anzulegen, so trifft ihn die konkrete Beweisführungslast zum Bestand, Zustand und wertbildenden Merkmalen, also für die Tatsachen, auf denen die Schadensschätzung (§ 287 ZPO) beruht (BGH, l c, Rn 14 f; KG Berlin, l c, Rn 16).

Der schuldlos eingetretene Irrtum kann sowohl *tatsächlicher Art* sein (zB hinsichtlich 3 der Fluchtverdächtigkeit des Schuldners) als auch *rechtlicher Art* – zB über die Grenzen der Zulässigkeit (BGH [6. 7. 1977] MDR 1978, 132) bzw der *Erforderlichkeit* (vgl RG [20. 3. 1940] Recht 1940 Nr 3608; OLG Düsseldorf [18. 7. 1939] HRR 1939 Nr 1294) oder über die Wirksamkeit einer vertraglichen Begründung des Selbsthilferechts (BGH [6. 7. 1977] NJW 1977, 1818; vgl § 229 Rn 5, 27). Ebenfalls entsteht nach § 231, der sämtliches Handeln zum Zwecke der Selbsthilfe erfasst, eine nicht auf Verschulden gegründete Ersatzpflicht, wenn der Handelnde gegen die *Rückgabeverpflichtung* bzw die *Vorführungs-* oder *Freilassungspflicht* gem § 230 Abs 4 verstößt.

b) Die dogmatische Einordnung der Haftung gem § 231 ist umstritten. Es wird die 4 Auffassung vertreten, es handele sich um einen Fall der *Gefährdungshaftung* (ERMAN/ HEFERMEHL [10. Aufl] Rn 2; PALANDT/ELLENBERGER Rn 1 – ohne Begründung; BAMBERGER/DENNHARDT Rn 1 – mit Hinweis darauf, dass der Wortlaut die Zurechnungsfähigkeit anspreche). Dagegen spricht aber, dass der Handelnde bei § 231 objektiv rechtswidrig handelt, während die Gefährdungshaftung von einer erlaubten Tätigkeit ausgeht. Auch fehlt der Selbsthilfehandlung für gewöhnlich eine besondere Sach- oder Betriebsgefahr. Vielmehr geht es hier um eine *gesetzliche Risikozurechnung* (LARENZ JuS 1965, 373, 375; WOLF/NEUNER, AT § 21 Rn 79; MünchKomm/GROTHE Rn 2; SOERGEL/FAHSE[13] Rn 4; ERMAN/E WAGNER Rn 2). Der Rechtsgedanke des § 254, der eine Konsequenz des Grundsatzes von Treu und Glauben ist (BGH [4. 4. 1977] NJW 1977, 1236, 1238), gilt auch für den Schadensersatzanspruch aus § 231 (BGH [6. 7. 1977] NJW 1977, 1818 f).

Es ist *keine Verschuldensfähigkeit* des Handelnden erforderlich (SOERGEL/FAHSE[13] Rn 3; ERMAN/E WAGNER Rn 2). Aus Gründen des Minderjährigenschutzes vertrat ENNECCERUS/NIPPERDEY (§ 242 Fn 17) eine abweichende Meinung. Aber er wollte dann immerhin § 829 analog anwenden.

c) Die alte Streitfrage, ob auf den Schadensersatzanspruch aus § 231 die kurze 5

Verjährungsfrist des § 852 analog anzuwenden ist (vgl STAUDINGER/WERNER [2001] Rn 4) hat sich durch die Reform des Verjährungsrechts erledigt. Es gilt jetzt die regelmäßige *Verjährung* gem § 195 mit einer Frist von drei Jahren, beginnend ab dem Schluss des Jahres der Anspruchsentstehung und der Kenntnisnahme (bzw grob fahrlässiger Unkenntnis) von den den Anspruch begründenden Umständen (§ 199 Abs 1). Da der anspruchsberechtigte Sacheigentümer nicht unbedingt die vermeintliche Selbsthilfehandlung miterlebt hat, kommt auch eine absolute Verjährung gem § 199 Abs 3 Nr 1 in zehn Jahren seit der Entstehung des Anspruchs (die auch den Eintritt des Schadens umfasst) in Frage. Längstens aber endet die Verjährungsfrist in dreißig Jahren seit der vermeintlichen Selbsthilfehandlung gem § 199 Abs 3 Nr 2 (zu den Einzelheiten vgl STAUDINGER/PETERS/JACOBY § 199 Rn 97 f).

3. Beweislast

6 Da die Selbsthilfe nur im Ausnahmefall zulässig ist, wenn hoheitliche Hilfe nicht rechtzeitig erlangt werden kann, hat derjenige die Voraussetzungen des Selbsthilferechts darzulegen und zu beweisen, der sich hierauf beruft. Liegen die Voraussetzungen der Selbsthilfe nicht vor, so braucht der Geschädigte wegen der dann nach § 231 erfolgenden Risikozurechnung ein etwaiges Verschulden des Handelnden nicht zu beweisen (BAUMGÄRTEL/LAUMEN, Beweislast [3. Aufl 2008] Rn 1).

Abschnitt 7
Sicherheitsleistung

Vorbemerkungen zu §§ 232 ff

Schrifttum

BERGER, Die Vorschriften über die Verwaltung von Mündelvermögen im Vergleich mit entsprechenden Regelungen außerhalb des Vormundschaftsrechts (Diss Bochum 1975)
BEUTHIEN/JÖSTINGMEIER, Bürgschaft einer Kreditgenossenschaft als Sicherheit iS von § 108 ZPO, NJW 1994, 2070
DARKOW, Der Erwerb des Pfandrechts gemäß § 233 BGB, JR 1956, 337
FEST, Die Hinterlegung zum Zweck der Sicherheitsleistung und der Erfüllung, JA 2009, 258
KLAWIKOWSKI, Die Sicherheitsleistung im Zwangsversteigerungsverfahren, Rpfleger 1996, 265
KOHLER, Die Fälle der Sicherheitsleistung im Bürgerlichen Gesetzbuch – Normgründe, Erfüllungszwang und einstweiliger Rechtsschutz, ZZP 102 (1989) 58
LIEBELT-WESTPHAL, Die gesetzliche Deckungsgrenze bei der Gewährung von Sicherheiten, ZIP 1997, 230
LOHSE, Die Sicherheitsleistung durch Hinterlegung nach dem Rechte des Bürgerlichen Gesetzbuches (Diss Greifswald 1913)
RITTNER, Die Sicherheitsleistung bei der ordentlichen Kapitalherabsetzung, in: FS Oppenhoff (1985) 317
STENZEL, Die Miet- und Pachtkaution in ihren alltäglichen Erscheinungsformen (Diss Mannheim 1974)
TREBER, Der Austausch von prozessualen Sicherheitsleistungen, WM 2000, 343
WALKER, Sicherheitsleistung durch Hinterlegung von Geld beim Notar, EWiR 2000, 465.

1. Die Sicherungsmittel und der Zweck der Sicherheitsleistung

a) Durch die *Sicherheitsleistung* wird für einen anderen ein obligatorisches oder dingliches Recht zu dessen Sicherung im Falle der Verletzung eines ihm zustehenden Rechts begründet. Die in den §§ 232 ff geregelte Sicherheitsleistung ist nur eines der rechtlich vorgesehenen Sicherungsmittel. Daneben gibt es zB die Vereinbarung einer *Vertragsstrafe* nach den §§ 339 ff. Nicht gesetzlich geregelt, aber allgemein anerkannt ist auch die *Sicherungsübereignung* (GEHRLEIN MDR 2008, 1069), die dem Gläubiger auflösend bedingt das Eigentum an einer Sache verschafft. Hinzu treten die verschiedenen *Pfandrechte*. Die ebenfalls der Sicherung dienenden Rechtsinstitute der *Vormerkung* nach den §§ 883 ff und des *Widerspruchs* nach § 899 unterscheiden sich von der in den §§ 232 ff gemeinten Sicherheitsleistung dadurch, dass sie nicht mit einem eigenständigen Anspruch einhergehen. Hier wird die Sicherheit durch die Publizitätswirkungen des Grundbuchs erreicht. Auch der im Wirtschaftsverkehr außerordentlich häufige *Eigentumsvorbehalt* nach § 449 dient der Sicherung (dazu unten § 240 Rn 4). Prozessuale Sicherungsmittel sind schließlich *Arrest und einstweilige Verfügung* nach den §§ 916 ff ZPO. Man kann sogar die *Feststellungsklage* 1 und die *Klage auf künftige Leistung* nach den §§ 256 ff ZPO als Sicherungsmittel auffassen (vgl BGB-RGRK/Johannsen Vorbem 2 zu § 232 Sicherheitsleistung).

2 b) Der **Zweck** einer Sicherheitsleistung besteht darin, den *Gläubiger* durch Sicherheitsleistung des Schuldners vor drohendem Schaden zu schützen (BVerwG [26. 6. 2008] NVwZ 2008, 1122, 1123 Rn 17 – Deponieverordnung – mit zust Anm Klages AbfallR 2008, 256 ff). Dies gilt zB nach den §§ 52 Abs 2, 257 S 2, 258 S 2, 468 Abs 1, 648a, 775 Abs 2, 843 Abs 2 S 2, 867 S 3, 1039 Abs 1 S 2, 1051, 1067 Abs 2, 1382 Abs 3, 1585a, 1986 Abs 2, 2128, 2217 Abs 2 und 2331a Abs 2 S 2.

Ebenso kann der Zweck der Sicherheitsleistung darin bestehen, den *Schuldner* vor Nachteilen zu bewahren, die ihm bei Ausübung eines Rechtes durch den Gläubiger drohen könnten, ihn jedoch nach der gesetzlichen Regelung nicht treffen sollen. Dies gilt zB nach den §§ 273 Abs 3 und 1218 Abs 1.

Durch die Sicherheitsleistung soll der Gläubiger in die Lage versetzt werden, sich entweder wegen seiner finanziellen Forderungen aus dem Betrag unmittelbar zu befriedigen oder aber wegen anderer Forderungen zB eine Ersatzvornahme zu bezahlen (vgl BVerwG [26. 6. 2008] NVwZ 2008, 1122, 1123 Rn 17).

2. Die Vorschriften über Sicherheitsleistungen

3 a) Die §§ 232 ff regeln als Gegenstand des Allgemeinen Teils nur die **Modalitäten** einer Sicherheitsleistung, also die Verhaltenspflichten, wenn jemand zur Sicherheitsleistung verpflichtet ist (zu den historischen Hintergründen HKK/Pennitz §§ 232–240 Rn 5–7). Hiervon zu unterscheiden sind die Fragen, aus *welchem Grund* und in *welcher Höhe* Sicherheit zu leisten ist, welche nicht Gegenstand der §§ 232 ff sind (vgl Kohler ZZP 102 [1989] 58 ff).

4 b) Bürgerlichrechtlich kann sich die *Verpflichtung zur Sicherheitsleistung* aus einer entsprechenden *Vereinbarung* ergeben (BGH [14. 2. 1985] NJW 1986, 1038 f; OLG Frankfurt [11. 1. 2006] 20 VA 6/05 Rn 11). Ferner kann sie *kraft Gesetzes* entstehen. Das gilt zB gem §§ 632a, 641 Abs 2 (dazu P Schubert ZfBR 2005, 219, 221 ff), 648a, 843 Abs 2 S 2, 1039 Abs 1 S 2, 1051, 1067 Abs 2, 1218 Abs 1. Eine Verpflichtung zur Sicherheitsleistung kann auch *kraft richterlicher Anordnung* begründet werden, zB nach den §§ 1382 Abs 3, 2331a Abs 2 S 2.

Ein *Recht zur Sicherheitsleistung* ist zB nach den §§ 52 Abs 2, 257 S 2, 258 S 2, 273 Abs 3, 321, 562c, 738 Abs 1 S 3, 775 Abs 2, 867 S 3, 1986 Abs 2 S 1 und 2217 Abs 2 eingeräumt. Für die Art und Weise der Sicherheitsleistung gelten dann die §§ 232 ff. Mit der Formulierung: „Wer eine Sicherheit zu leisten hat" wollte der Gesetzgeber beide Situationen erfassen: die Verpflichtung und das Recht zur Sicherheitsleistung (Prot II 1, 265). Von den Beschränkungen der §§ 232 ff *befreien* die §§ 1382 Abs 4, 1585a Abs 2 und 1667 Abs 3 Satz 2.

5 c) Zivilrechtliche *Sonderregeln* über die Sicherheitsleistungen waren früher in § 54 Abs 2 BörsG enthalten. Gem Art 90 EGBGB bleiben landesrechtliche Vorschriften über bestimmte Sicherheitsleistungen in Kraft. Praktische Bedeutung kommt diesen Regelungen nicht mehr zu.

d) Die *prozessuale Sicherheitsleistung* (§§ 108 ff ZPO) soll Ansprüche auf Kosten- 6
erstattung und Schadensersatz sichern. Am wichtigsten sind die Fälle im Zusammenhang mit der vorläufigen Vollstreckbarkeit nach den §§ 709 ff ZPO und bei der Anordnung oder Vollziehung eines Arrestes oder einer einstweiligen Verfügung (vgl Rosenberg/Schwab/Gottwald [17. Aufl 2010] § 86 I 1). Die prozessuale Sicherheitsleistung wird gem § 109 Abs 1 ZPO vom Gericht angeordnet oder zugelassen, wobei Art und Höhe gem § 108 ZPO nach freiem Ermessen bestimmt werden (dazu Beuthien/Jöstingmeier NJW 1994, 2070 f); auf die §§ 234, 235 BGB wird ausdrücklich verwiesen. Darüber hinaus wendet die Rspr auch die §§ 233, 234 Abs 2, 235 und 239 auf die prozessuale Sicherheitsleistung an (vgl RGZ [9. 11. 1934] 145, 328, 331 f; OLG Frankfurt WM 1977, 1238; Erman/Schmidt-Räntsch Vorbem zu § 232 Rn 3; Soergel/Fahse[13] Vorbem zu § 232 Rn 10).

Spezielle Vorschriften über die Sicherheitsleistung bei *Zwangsversteigerungen* bestehen nach den §§ 67–69 ZVG. Dabei ist § 69 ZVG als eine die §§ 232 ff ausschließende Sondervorschrift zu bewerten.

e) Ausführliche spezielle Regeln über die Sicherheitsleistung aufgrund von *Steuergesetzen* enthalten die §§ 241–248 AO. – Auch andere öffentlich-rechtliche Normen ordnen mitunter Sicherheitsleistungen an, für die die Vorschriften der §§ 232 ff gelten, soweit keine abweichenden oder ergänzenden Regelungen getroffen werden, zB: § 18 DepV (BGBl I [2009] 900, 909) iVm § 44 Abs 1 KrWG; § 13 NachbG Berlin (LG Berlin [7. 5. 2004] Grundeigentum 2005, 188, 189); § 17 NachbG NRW (OLG Hamm [27. 2. 2003] 21 U 93/02 mAnm Otto BauR 2003, 927 ff), § 72 Abs 3 SächsBO (Bienek/Krautzberger UPR 2008, 81, 92).

3. Die Höhe der Sicherheitsleistung

In Ermangelung einer rechtsgeschäftlichen oder gerichtlichen Festsetzung ist Sicherheit in einem dem Wert des zu sichernden Rechts entsprechenden Betrag zu leisten; so war es in § 199 E I vorgesehen, der von der zweiten Kommission als überflüssig gestrichen wurde (Prot II 1, 265). Können sich die Beteiligten über die angemessene Höhe der Sicherheitsleistung nicht einigen, muss eine *Feststellung im Prozesswege* erfolgen (Mot I 387). Maßgebend ist im Wesentlichen der Zweck, dem die Sicherheitsleistung im Einzelfall dienen soll (Erman/Schmidt-Räntsch Vorbem zu § 232 Rn 2; Soergel/Fahse[13] Vorbem zu § 232 Rn 9).

Die Untersicherungsgrenzen der §§ 234 Abs 2, 236, 237 S 1 wendet die Rechtsprechung für die Feststellung einer eventuellen Übersicherung auf die Sicherungsübereignung, welche von § 232 nicht erfasst wird, entsprechend an. Sie gelten auch für die Sicherungszession. Die Deckungsgrenze beträgt 110% des Wertes der gesicherten Forderung. Eine Übersicherung tritt ein, wenn der im Verwertungsfall realisierbare Wert die gesicherte Forderung um mehr als 10% übersteigt. Sofern auf die Verwertung Umsatzsteuer zu zahlen ist (vgl §§ 170 Abs 2, 171 Abs 2 S 3 InsO), ist diese aufzuschlagen (BGHZ [27. 11. 1997] 137, 212, 229). Bei Erreichen von 150% des maßgeblichen Schätzwertes der Sicherung entsteht nach § 237 S 1 ein Freigabeanspruch. Aus § 237 S 1 wird außerdem die widerlegliche Vermutung abgeleitet, dass der Sicherungswert beweglicher Sachen und Forderungen nur 2/3 des Nennwertes beträgt (BGHZ [27. 11. 1997] 137, 212, 224, 230 ff; zu dieser Problematik vgl Schwab WM 1997, 1883, 1890 f; Liebelt-Westphal ZIP 1997, 957; Canaris ZIP 1997, 813, 825 ff).

§ 232
Arten

(1) Wer Sicherheit zu leisten hat, kann dies bewirken

durch Hinterlegung von Geld oder Wertpapieren,

durch Verpfändung von Forderungen, die in das Bundesschuldbuch oder in das Landesschuldbuch eines Landes eingetragen sind,

durch Verpfändung beweglicher Sachen,

durch Bestellung von Schiffshypotheken an Schiffen oder Schiffsbauwerken, die in einem deutschen Schiffsregister oder Schiffsbauregister eingetragen sind,

durch Bestellung von Hypotheken an inländischen Grundstücken,

durch Verpfändung von Forderungen, für die eine Hypothek an einem inländischen Grundstück besteht, oder

durch Verpfändung von Grundschulden oder Rentenschulden an inländischen Grundstücken.

(2) Kann die Sicherheit nicht in dieser Weise geleistet werden, so ist die Stellung eines tauglichen Bürgen zulässig.

Materialien: TE-AllgT § 212 (Schubert AT 2, 536–543); E I § 199; II § 196; III § 226; Prot I 449 ff; Prot II 1, 264 ff; II 6, 384; Jakobs/Schubert AT 2, 1173, 1175–1189; Mot I 387; Art 2 Ziff 1 DVO zum G über Rechte an eingetragenen Schiffen und Schiffsbauwerken vom 21. 12. 1940 (RGBl I 1609); vgl Staudinger/BGB-Synopse 1896–2000 zu § 232.

I. Die Mittel zur Sicherheitsleistung

1 § 232 zählt die für eine nach bürgerlichem Recht begründete Sicherheitsleistung tauglichen Mittel auf (zu entsprechenden Regeln in anderen Rechtsgebieten vgl Vorbem 6 f zu §§ 232 ff). Jedoch erlaubt das BGB, im Rahmen der Vertragsfreiheit von der Regelung in den §§ 232 ff abzuweichen, wovon die Praxis insbesondere durch Vereinbarung einer Bankbürgschaft als Sicherheit häufig Gebrauch macht (Bork, AT [3. Aufl 2011] Rn 393). Gelegentlich erlaubt das Gesetz in speziellen Regeln auch andere Sicherheiten als die in § 232 bezeichneten. So spricht § 632a Abs 3 davon, eine Sicherheit könne auch durch einen Einbehalt (dazu Elsässer BWNotZ 2009, 115), § 632 Abs 4 davon, sie könne durch eine Garantie oder ein sonstiges Zahlungsversprechen gewährt werden. Betriebliche Rückstellungen genügen nicht zur Sicherheitsleistung, denn entscheidend für die Tauglichkeit des Sicherungsmittels ist seine Insolvenzfestigkeit (BVerwG [26. 6. 2008] NVwZ 2008, 1122, 1123 Rn 18 ff; **aA** – noch zu § 19 Abs 4 DepV 2002 FRANSSEN AbfallR 2006, 66, 68; mit Wirkung vom 16. 7. 2009 hat der Verordnungsgeber die Rückstellungen aus dem Verordnungstext gestrichen), also die Möglichkeit zur Absonderung (§§ 49–51 InsO). Auch Einstandspflichten zwischen Konzernunternehmen, Patronatserklärungen und Schuldbeitritte genügen nicht (vgl etwa die gesetzliche Wertung in § 8a Abs 1 Satz 2 AltersteilzeitG; dazu: PODEWIN FA 2004, 107).

1. Hinterlegung von Geld oder Wertpapieren

Sicherheitsleistung kann gem § 232 Abs 1 durch die *Hinterlegung von Geld* oder *Wertpapieren* erfolgen: **2**

a) *Geld* bezeichnet das Geld als gesetzliches Zahlungsmittel (vgl STAUDINGER/DILCHER [1995] § 91 Rn 7 ff; zum Geldbegriff GROTHE, Fremdwährungsverbindlichkeiten [1999] 41 f, MünchKomm/GROTHE Rn 2). Da die Hinterlegung nur durch Verschaffung unmittelbaren Besitzes möglich ist, kommt Buchgeld nicht in Betracht. *Fremde* Währungen sind normalerweise dann zur Hinterlegung von Geld geeignet, wenn dies in der vertraglichen, gesetzlichen oder gerichtlichen Sicherungsanordnung so festgelegt ist (MünchKomm/GROTHE Rn 3). Anderenfalls sind fremde Währungen Wertpapieren gleichzustellen, sodass mit ihnen analog § 234 Abs 3 nur in Höhe von drei Vierteln seines inländischen Kurswertes Sicherheit geleistet werden kann, weil das Risiko von Wechselkursschwankungen zu berücksichtigen ist (PALANDT/ELLENBERGER Rn 3; BGB-RGRK/JOHANNSEN Rn 2; SOERGEL/FAHSE[13] Rn 4). Art 9 Abs 2 BayHintG (GVBl 2010, 738) erlaubt allerdings die Hinterlegung von Geld in fremden Währungen nur wie die Hinterlegung von Wertpapieren.

b) Unter *Wertpapieren* sind im Zusammenhang des § 232 nur die mündelsicheren Inhaberpapiere und Orderpapiere mit Blankoindossament, also mit vollständigem Indossament, aber ohne Nennung des Indossatars, zu verstehen (vgl § 234 Rn 1 f).

Die *Hinterlegung* von Geld oder Wertpapieren erfolgt nach Maßgabe des formellen   **3**
Hinterlegungsrechts. Die HinterlO des Bundes ist mit Wirkung zum 1. Dezember 2010 aufgehoben worden (BGBl I 2007, 2614, 2616). Seither gelten überall in der Bundesrepublik inhaltlich weitgehend übereinstimmende landesrechtliche Hinterlegungsgesetze:

In Baden-Württemberg das Hinterlegungsgesetz vom 11. Mai 2010 (GBl 398), in Bayern das Hinterlegungsgesetz vom 23. November 2010 (GVBl 738), in Berlin das Hinterlegungsgesetz vom 11. April 2011 (GVBl 106), in Brandenburg das Hinterlegungsgesetz vom 3. November 2010 (GVBl I, 37), in Bremen das Hinterlegungsgesetz vom 31. August 2010 (GBl 458), in Hamburg das Hinterlegungsgesetz vom 25. November 2010 (GVBl 614), in Hessen das Hinterlegungsgesetz vom 8. Oktober 2010 (GVBl I, 306), in Mecklenburg-Vorpommern das Hinterlegungsgesetz vom 9. November 2010 (GVOBl 642), in Niedersachsen das Hinterlegungsgesetz vom 9. November 2012 (GVBl 431), in Nordrhein-Westfalen das Hinterlegungsgesetz vom 16. März 2010 (GV 192), in Rheinland-Pfalz die Hinterlegungsordnung vom 12. Oktober 1995 (GVBl 421), im Saarland das Hinterlegungsgesetz vom 18. November 2010 (ABl I, 1409), in Sachsen das Hinterlegungsgesetz vom 11. Juni 2010 (GVBl 154), in Sachsen-Anhalt das Hinterlegungsgesetz vom 22. März 2010 (GVBl 150), in Schleswig-Holstein das Hinterlegungsgesetz vom 3. November 2010 (GVOBl 685) und in Thüringen das Hinterlegungsgesetz vom 9. September 2010 (GVBl 294).

Gesetzliche Zahlungsmittel gingen früher gem § 7 Abs 1 HinterlO in das Eigentum des Fiskus über; andere Zahlungsmittel wurden nach § 7 Abs 2 S 1 HinterlO unverändert aufbewahrt. Daran haben die nun gültigen Landesgesetze inhaltlich meist nichts geändert, zB § 11 HintG Bad-Württ, § 12 BerlHintG, § 11 HmbHintG, § 11 HintG NRW; eine differenzierte Lösung gibt es in Bayern, wo zwischen Geldsummen (nur Euro) und Geldzeichen unterschieden wird. Letztere werden wie Wertpapiere behandelt, § 9 Abs 1 Nr 2 BayHintG.

Der Rückzahlungsanspruch steht dem Hinterleger zu, auch wenn das hinterlegte und in Staatseigentum übergegangene Geld ihm nicht gehörte (ENNECCERUS/NIPPERDEY § 243 Fn 11). Die *materiellrechtliche Wirkung* der Hinterlegung zur Sicherheitsleistung im Übrigen ist in § 233 geregelt (Begründung eines Pfandrechts, vgl auch BGH [20. 6. 2013] 1 ZR 132/12 Rn 13); die §§ 372 ff über die Hinterlegung zur Schuldnerbefreiung bei Annahmeverzug oder Ungewissheit über die Person des Gläubigers sind nicht anwendbar. „Berechtigter" iS des § 233 ist nicht der frühere Eigentümer, sondern jener, zu dessen Gunsten die Hinterlegung erfolgte (vgl auch § 233 Rn 1, 5).

2. Verpfändung von Schuldbuchforderungen

4 Sicherheit kann durch die *Verpfändung von Schuldbuchforderungen* gegen den Bund oder ein Bundesland geleistet werden: Das Bundesschuldbuch geht auf das *Reichsschuldbuch* nach dem G vom 31. 5. 1891 idF vom 31. 5. 1910 (RGBl 840) zurück; es wurde durch die VO vom 17. 11. 1939 (RGBl I 2298) mit öffentlichem Glauben ausgestattet (heute § 8 BundesschuldenwesenG). Nach § 2 des G über die Errichtung einer Schuldenverwaltung des Vereinigten Wirtschaftsgebietes vom 13. 7. 1948 (WiGBl 73) iVm Art 127 GG und § 1 der VO über die Bundesschuldenverwaltung vom 13. 12. 1949 (BGBl 1950 1) waren die Reichsschuldbuchvorschriften auf die Verwaltung der Bundesschulden anzuwenden. Eine grundlegende Modernisierung geschah dann durch das BundeswertpapierverwaltungsG vom 11. 12. 2001 (BGBl I 3519). Heute ist das Schuldbuchrecht des Bundes durch das BundesschuldenwesenG vom 12. 7. 2006 (BGBl I 1466) normiert. Zur Wirksamkeit der Verpfändung einer Schuldbuchforderung ist gem § 8 Abs 2 BundesschuldenwesenG die *Eintragung eines Verpfändungsvermerks* im Bundesschuldbuch erforderlich.

5 Auch die *Schuldbücher der Länder* sind mit öffentlichem Glauben ausgestattet; ebenso ist zur Verpfändung einer Schuldbuchforderung die Eintragung eines Verpfändungsvermerks im jeweiligen Schuldbuch erforderlich (zB § 4 Abs 2 HambSchuldbuchG). Die Rechtsgrundlage für die Landesschuldbücher enthalten in Baden-Württemberg das LandesschuldbuchG vom 1. 3. 2010 (GBl 268), in Bayern das StaatsschuldbuchG vom 30. 3. 2003 (GVBl 302), in Berlin das SchuldbuchG vom 17. 12. 2008 (GVBl 477), in Brandenburg das SchuldbuchG vom 29. 6. 2004 (GVBl 269), in Bremen das SchuldbuchG vom 16. 12. 2008 (GVBl 407), in Hamburg SchuldbuchG vom 21. 5. 2013 (GVBl 249), in Hessen das LandesschuldenG vom 27. 6. 2012 (GVBl 222), in Niedersachsen das SchuldenwesenG vom 12. 12. 2003 (GVBl 446), in Nord-

rhein-Westfalen das LandesschuldenwesenG vom 18. 11. 2008 (GVBl 721), in Rheinland-Pfalz das LandesG über das Landesschuldbuch vom 20. 11. 1978 (GVBl 709), im Saarland das LandesschuldenG vom 15. 2. 2006 (ABl 530), in Sachsen das StaatsschuldbuchG vom 13. 12. 2012 (GVBl 726), in Sachsen-Anhalt die SchuldenO vom 21. 12. 1992 (GVBl 870), in Schleswig-Holstein das LandesschuldenwesenG vom 21. 12. 2011 (GVOBl 2012, 72) und in Thüringen das LandesschuldbuchG vom 10. 2. 2011 (GVBl 1). Nur Mecklenburg-Vorpommern hat noch kein entsprechendes Landesgesetz erlassen. – Zu den Möglichkeiten landesrechtlicher Vorschriften vgl auch Artt 97, 98 EGBGB. *Buchforderungen gegen eine Stadt,* die nicht Bundesland ist, sind zur Sicherheitsleistung nicht geeignet (ERMAN/SCHMIDT-RÄNTSCH Rn 2; PALANDT/ELLENBERGER § 236 Rn 1; SOERGEL/FAHSE[13] Rn 6; MünchKomm/GROTHE Rn 6).

Auch die Verpfändung einfacher Forderungsrechte erfüllt nicht den Tatbestand des **6** § 232 Abs 1. Die Übergabe eines Sparkontos zur Sicherung einer Mietzinsforderung kann nur aufgrund vertraglicher Abmachung (vgl Rn 1) als Sicherheitsleistung aufgefasst werden. Aus der Übergabe des Sparbuchs allein kann man für gewöhnlich nicht schließen, dass das Konto verpfändet werden sollte (LG Dortmund [5. 12. 2006] WuM 2007, 73 f mAnm BÖRSTINGHAUS jurisPR-MietR 9/2007 Anm 1).

3. Verpfändung beweglicher Sachen

Sicherheit kann durch die *Verpfändung beweglicher Sachen* nach den Vorschriften **7** der §§ 1205 ff geleistet werden. Eine Wertbegrenzung für die Sicherheitsleistung durch Verpfändung beweglicher Sachen enthält § 237.

4. Bestellung von Schiffshypotheken

Ein weiteres Mittel zur Sicherheitsleistung ist die *Bestellung von Schiffshypotheken* **8** an Schiffen oder Schiffsbauwerken, die in einem deutschen Schiffsregister oder Schiffsbauregister eingetragen sind. Hierbei handelt es sich nicht um die Verpfändung einer beweglichen Sache (ERMAN/SCHMIDT-RÄNTSCH Rn 4). Diese Möglichkeit wurde durch Art 2 Ziff 2 der DVO zum SchiffsRG vom 21. 12. 1940 (RGBl 1609) eingeführt. Die Hypothekenbestellung erfolgt nach den §§ 8 und 77 SchiffsRG durch Einigung und Eintragung. In Analogie zu § 237 S 1 ist auch bei der Bestellung einer Schiffshypothek eine Wertgrenze zu beachten (vgl hierzu § 238 Rn 5).

Über *Luftfahrzeuge* ist in § 232 keine Regelung getroffen. Sie sind jedoch nach der **9** Einführung des Registerpfandrechts in ihrer Tauglichkeit zur Sicherheitsleistung den Schiffen und Schiffsbauwerken gleichzustellen (PALANDT/ELLENBERGER Rn 2; BAMBERGER/DENNHARDT § 239 Rn 3). Dabei tritt gem § 98 Abs 2 LuftfzRG an die Stelle des eingetragenen Schiffes das in die Luftfahrzeugrolle (vgl § 2 LuftVG) eingetragene Luftfahrzeug, an dem ein Registerpfandrecht bestellt wird.

5. Hypothekenbestellung

Sicherheit kann auch durch die *Hypothekenbestellung* an einem *inländischen Grund-* **10** *stück* geleistet werden. Dabei ist jedoch analog § 238 Abs 1 das Erfordernis der Mündelsicherheit zu wahren (vgl § 238 Rn 2). Die Beschränkung auf inländische Grundstücke geht auf § 1807 Abs 1 Nr 1 zurück, dürfte allerdings im Hinblick auf

Art 63 ff AEuV gemeinschaftsrechtswidrig sein, die die Freiheit des Kapitalverkehrs garantieren (Larenz/Wolf, AT 53 III 4; Soergel/Fahse[13] Rn 10; MünchKomm/Grothe Rn 9). Solange Pfandrechte an Grundstücken in sonstigen Mitgliedsstaaten der EU der Hypothek vergleichbare Wirkungen haben, können sie in unionsrechtskonformer Auslegung des § 232 Abs 1 zur Sicherheitsleistung eingesetzt werden (MünchKomm/ Grothe Rn 9; Erman/Schmidt-Räntsch Rn 6). Methodisch geht es dabei um eine teleologische Extension, da der Tatbestand der Norm zweckmäßig über den Wortlaut hinaus ausgedehnt wird.

Hingegen findet § 238 Abs 2 keine analoge Anwendung, dh die Bestellung einer *Sicherungshypothek* ist als Sicherungsmittel *ausreichend* (ebenso Palandt/Ellenberger Rn 2; MünchKomm/Grothe Rn 9; aA Staudinger/Dilcher[12] Rn 9). Die Vorschrift des § 238 Abs 2 betrifft nämlich lediglich den Fall der Verpfändung einer Forderung, für die eine Sicherungshypothek besteht. Da die Sicherungshypothek sich streng nach der gesicherten Forderung richtet, wird der Erwerber einer solchen Forderung hinsichtlich der Hypothek nicht durch den öffentlichen Glauben des Grundbuchs geschützt, wenn die Forderung nicht besteht oder ihr Einwendungen entgegenstehen, was in dieser Hinsicht die mangelnde Mündelsicherheit iSv § 1807 begründet. Davon ist aber die Situation zu unterscheiden, dass eigens zum Zwecke der Sicherheitsleistung eine Sicherungshypothek bestellt wird. Hierbei bedarf der Erwerber keines Schutzes in Bezug auf den Bestand der durch die Sicherheitsleistung gesicherten Forderung.

Besteht bereits eine Hypothek, so kann Sicherheit durch die *Verpfändung der Hypothekenforderung* nach Maßgabe der §§ 1273 ff geleistet werden (Erman/Schmidt-Räntsch Rn 7). Einzelheiten für diese Art der Sicherheitsleistung sind in § 238 geregelt. Die Verpfändung einer bereits bestehenden Sicherungshypothek ist jedoch nach § 238 Abs 2 nicht hinreichend. Sicherheit kann im Übrigen auch durch die *Verpfändung von Grundschulden* nach Maßgabe des § 1191 geleistet werden. Die Sicherheitsleistung durch *Verpfändung von Rentenschulden* nach § 1199 kommt in der Praxis nicht vor.

6. Stellung eines Bürgen

11 Die Sicherheitsleistung durch *Stellung eines Bürgen* ist gem § 232 Abs 2 nur zulässig, wenn die vorgenannten Sicherungsmittel fehlen. Beweispflichtig ist insoweit der Schuldner (Baumgärtel/Kessen, Beweislast [3. Aufl 2008] Rn 1). Allerdings kann der Gläubiger, da § 232 Abs 2 nur seinem Schutz dienen soll, die Zwangsvollstreckung seines Anspruchs auf Sicherheitsleistung auch auf eine Bürgenstellung richten, ohne nachzuweisen, dass der Schuldner eine andere Sicherheitsleistung nicht erbringen kann (KG [13. 3. 1936] JW 1936, 1464). Für die Sicherheitsleistung durch Bürgenstellung enthält § 239 weitere einschränkende Regeln. Ausgeschlossen ist diese Form der Sicherheitsleistung nach § 273 Abs 3 (BGHZ [11. 4. 1984] 91, 73, 82) und § 1218 Abs 1.

Die Verpflichtung, eine Bürgschaft zu stellen, wird als vertretbare Handlung nach § 887 ZPO vollstreckt (KG [7. 11. 1996] KGR Berlin 1997, 202).

Im Hinblick auf die praktische Verbreitung der Sicherheitsleistung durch Bürgenstellung im Bauwesen wird die nur subsidiäre Zulassung des Bürgschaft in § 232 Abs 2 kritisiert (Schmitz BauR 2006, 431, 433 u 438 f).

II. Die Auswahl unter den zulässigen Sicherungsmitteln

1. Unter Beachtung der vorgenannten Einschränkungen, überlässt § 232 demjenigen die *Wahl des Sicherungsmittels,* der die Sicherheit zu leisten hat (OLG Braunschweig [3. 4. 1998] JurBüro 1999, 46 f; vgl ferner OLG Koblenz [21. 8. 1972] FamRZ 1973, 382 zur prozessualen Sicherheitsleistung; KG Berlin [4. 5. 2010] NJW-RR 2010, 1020, 1021; LG Augsburg [29. 3. 2011] 2 HK O 363/08 Rn 53; AG Kiel [11. 8. 2011] NZM 2012, 610). Sicherheit kann auch teilweise durch das eine und ein anderes Sicherungsmittel geleistet werden. Nicht zugelassene Sicherungsmittel braucht der Gläubiger nicht anzunehmen. **12**

Aus § 235 ergibt sich das Recht des Sicherheit Leistenden, die getroffene Wahl des Sicherungsmittels *abzuwandeln.* Eine Verpflichtung zur Veränderung des Sicherungsmittels begründet § 240.

Die Auswahl des Sicherungsmittels kann auch in allgemeinen Geschäftsbedingungen geschehen (OLG Hamm [10. 1. 2013] 21 U 14/12 Rn 179). Dort können aufgrund der dispositiven Natur der §§ 232 ff auch abweichende Sicherungsmittel festgelegt werden (vgl oben Rn 1; LG Bremen [6. 3. 2008] IBR 2008, 327; MünchKomm/Grothe Rn 1). Unzulässig ist dort aber die Beschränkung auf die Ablösung der Sicherheit ausschließlich durch eine Bürgschaft (BGH [16. 6. 2009] NZBau 2009, 784 Rn 14).

2. Die Auswahlberechtigung unter den zulässigen Mitteln begründet *kein Wahlschuldverhältnis* (§§ 262 ff) zwischen den Beteiligten (OLG Naumburg [8. 4. 1998] 5 U 1735/97; Jauernig/Jauernig Vor § 232 Rn 2). Dies bedeutet, dass die Wahl nicht durch Erklärung gegenüber dem anderen Teil ausgeübt wird; sie ist vielmehr erst erfolgt, wenn die Sicherheit tatsächlich bestellt wird. Auch soweit der Gläubiger den zur Sicherheit Verpflichteten durch Klage zur Sicherheitsleistung anhält, wird kein Wahlschuldverhältnis begründet. Sofern allerdings die Sicherheitsleistung als vertretbare Handlung gem § 887 Abs 1 ZPO im Wege der Zwangsvollstreckung verwirklicht werden muss, ist § 264 analog anzuwenden (KG [26. 11. 1936] JW 1936, 677; LG Hagen [30. 11. 2010] 21 O 83/10, bestätigt durch OLG Hamm [28. 1. 2011] I-19 U 155/10 Rn 3; Soergel/Fahse[13] Rn 16; Enneccerus/Nipperdey § 243 V). **13**

3. Fehlt eine ausdrückliche Abrede, so hat der Vermieter bei einem Gewerbemietverhältnis die Barkaution auf einem Treuhandkonto anzulegen (KG [1. 10. 1998] NJW-RR 1999, 738). **14**

§ 233
Wirkung der Hinterlegung

Mit der Hinterlegung erwirbt der Berechtigte ein Pfandrecht an dem hinterlegten Geld oder an den hinterlegten Wertpapieren und, wenn das Geld oder die Wertpapiere in das Eigentum des Fiskus oder der als Hinterlegungsstelle bestimmten Anstalt übergehen, ein Pfandrecht an der Forderung auf Rückerstattung.

Materialien: E I § 200; II § 197; III § 227; Prot I 452 ff; Prot II 1, 266; II 6, 143; Mot I 389; Jakobs/Schubert AT 2, 1181–1190; Art 1 Nr 6 G zur Wiederherstellung der Gesetzeseinheit auf den Gebieten des bürgerlichen Rechts vom 5. 3. 1953 (BGBl I 33); Staudinger/BGB-Synopse 1896–2000 zu § 233.

1. Die Begründung des Pfandrechts

1 a) Erfolgt gem § 232 Abs 1 die Sicherheitsleistung durch Hinterlegung von Geld oder Wertpapieren (vgl § 232 Rn 2 f), so muss das Recht, welches dem zu Sichernden gewährt wird, von der Art sein, dass es sowohl vor sicherungswidrigen Verfügungen des Hinterlegenden als auch vor Ansprüchen Dritter geschützt ist (Mot I 389). Dies wird gem § 233 dadurch erreicht, dass der zu Sichernde als der Berechtigte an den hinterlegten Sachen ein *gesetzliches Pfandrecht* iS des § 1257 erwirbt; für zur Sicherheitsleistung zugelassene Orderpapiere (vgl § 234 Rn 2) gelten auch die §§ 1292 ff. Aufgrund des Pfandrechts kann der Berechtigte im Insolvenzfall abgesonderte Befriedigung nach den §§ 49 ff InsO beanspruchen (Erman/Schmidt-Räntsch Rn 1).

2 b) Sofern hinterlegtes Geld – dh Euro-Bargeld (MünchKomm/Grothe Rn 1) – gem den Hinterlegungsgesetzen der Länder in das Eigentum des Landesfiskus übergeht (vgl § 232 Rn 3), entsteht das gesetzliche Pfandrecht des Berechtigten an der *Forderung auf Rückerstattung*. Diese gründet sich auf das öffentlichrechtliche Hinterlegungsverhältnis (Erman/Schmidt-Räntsch Rn 2).

3 c) Der Rückgabe- bzw Rückerstattungsanspruch des Hinterlegers ist eine durch den Wegfall des Hinterlegungsgrundes *aufschiebend bedingte Forderung* (RG SeuffA 89 [1935] Nr 13).

Will der durch die Sicherheitsleistung Begünstigte sein Pfandrecht an den Sachen oder an dieser Forderung zur Geltung bringen, bedarf es verfahrensrechtlich gem § 13 HinterlO zusätzlich entweder einer *Freigabeerklärung* des Hinterlegers (vgl BGH [7. 3. 1972] NJW 1972, 1045) oder der Vorlage einer gegen den Hinterleger ergangenen *rechtskräftigen Entscheidung;* für die Klage hierauf kann nach § 16 HinterlO eine Frist gesetzt werden. Ist der Grund für die Sicherheitsleistung weggefallen, kommt eine entsprechende Anwendung des § 109 ZPO in Betracht.

4 Nach jüngerer BGH-Rechtsprechung können Vertragspartner mit der Hinterlegung beim Notar ein eigenständiges Recht des Gläubigers begründen, sich aus dem hinterlegten Betrag bei Bestehen des gesicherten Anspruchs unabhängig von dessen Verjährung zu befriedigen (BGH [17. 2. 2000] ZIP 2000, 584 f; dazu Walker EWiR 2000, 465 f und Voit WuB IV A § 223 BGB 1. 00).

2. Die Hinterlegung fremder Sachen

5 a) Für die Frage, ob bei der Hinterlegung von fremden oder nicht der Verfügungsmacht des Hinterlegenden unterliegendem *Geld* ein Pfandrecht des Berechtigten gem § 233 entsteht, wird von der hM darauf abgestellt, dass nach § 7 HinterlO die Rückerstattungsforderung des Hinterlegers auf öffentlichrechtlicher Grundlage besteht (vgl oben Rn 2), sodass sie ihm unabhängig von seiner zivilrechtlichen Berechtigung zusteht (vgl oben Rn 3). Hieraus wird gefolgert, dass es für ein an der Rückerstattungsforderung begründetes Pfandrecht nicht auf den zivilrechtlich erforderlichen guten Glauben ankommen kann (PALANDT/ELLENBERGER Rn 1; BGB-RGRK/ JOHANNSEN Rn 1; ERMAN/SCHMIDT-RÄNTSCH Rn 4; SOERGEL/FAHSE[13] Rn 4; ENNECCERUS/NIPPERDEY § 243 Fn 13; DARKOW JR 1956, 338; LÜKE JZ 1957, 243).

b) Wurden dagegen fremde oder nicht der Verfügungsmacht des Hinterlegers unterworfene *Wertpapiere* hinterlegt, so wird überwiegend in analoger Anwendung des § 1207 eine Pfandrechtsentstehung bei Bösgläubigkeit des Berechtigten abgelehnt (PALANDT/ELLENBERGER Rn 1; ERMAN/SCHMIDT-RÄNTSCH Rn 4 – für direkte Anwendung des § 1207; ENNECCERUS/NIPPERDEY § 243 Fn 14; **aM** MünchKomm/GROTHE Rn 2; DARKOW JR 1956, 338; LÜKE JZ 1957, 243). Die zu § 1257 ergangenen Entscheidungen, welche die Entstehung gesetzlicher Pfandrechte kraft guten Glaubens ablehnen (vgl PALANDT/ BASSENGE § 1257 Rn 2), stehen der hM zu § 233 nicht entgegen; diese Vorschrift bietet eine unmittelbare Grundlage für die Entstehung des gesetzlichen Pfandrechts, sodass § 1207 nur in einschränkendem Sinne angewendet wird (vgl auch SOERGEL/FAHSE[13] Rn 6). **6**

Ist ein Betrag auch zugunsten des Gläubigers hinterlegt und erklärt der Schuldner nicht dessen Freigabe, so kann der Gläubiger den Bürgen einer Bürgschaft auf erstes Anfordern in Anspruch nehmen und muss sich nicht auf den hinterlegten Betrag verweisen lassen (OLG Köln [9. 2. 1998] OLGR 1998, 367, 368 f). **7**

§ 234
Geeignete Wertpapiere

(1) Wertpapiere sind zur Sicherheitsleistung nur geeignet, wenn sie auf den Inhaber lauten, einen Kurswert haben und einer Gattung angehören, in der Mündelgeld angelegt werden darf. Den Inhaberpapieren stehen Orderpapiere gleich, die mit Blankoindossament versehen sind.

(2) Mit den Wertpapieren sind die Zins- und Renten-, Gewinnanteil- und Erneuerungsscheine zu hinterlegen.

(3) Mit Wertpapieren kann Sicherheit nur in Höhe von drei Vierteln des Kurswerts geleistet werden.

Materialien: TE-AllgT § 213 (SCHUBERT AT 2, 536–543); E I § 201; II § 198; III § 228; Prot I 454 ff; Prot II 1, 266; II 4, 570, 506; II 6, 143; Mot I 390; JAKOBS/SCHUBERT AT 2, 1174, 1178, 1182, 1184–1190.

1. Die hinterlegungsfähigen Wertpapiere

1 a) Der Kreis der nach § 232 Abs 1 für die Hinterlegung zugelassenen Wertpapiere (vgl § 232 Rn 2) wird durch § 234 im Einzelnen bestimmt:

Gemäß § 234 Abs 1 S 1 sind *mündelsichere Inhaberpapiere mit Kurswert* hinterlegungsfähig. Inhaberpapiere in diesem Sinne sind nicht nur die Inhaberschuldverschreibungen gem §§ 793 ff, sondern auch Inhaberaktien. Nicht hierher gehören die in § 808 genannten Papiere, zB Sparbücher (RGZ [8. 5. 1929] 124, 217, 219; ERMAN/ SCHMIDT-RÄNTSCH Rn 1). Die Mündelsicherheit der Wertpapiere bestimmt sich nach § 1807 Abs 1 Nr 4 (zu den Einzelheiten vgl PALANDT/GÖTZ § 1807 Rn 7). Der gem § 234 geforderte *Kurswert* muss nicht durch amtliche Kursfestsetzung bestimmt werden; es genügt, dass ein nach Angebot und Nachfrage bestimmbarer Marktpreis besteht (SOERGEL/FAHSE[13] Rn 3). Im Falle der Leistung der Mietkaution in Form von Wertpapieren liegt die Darlegungslast der Mündelsicherheit beim Mieter (LG Berlin [14. 2. 1997] NJW-RR 1998, 10).

2 b) Hinterlegungsfähig gem § 234 Abs 1 S 2 sind ferner *Orderpapiere* mit *Blankoindossament,* bei denen der Indossatar unbenannt bleibt, sodass sie leichter handelbar sind. Jedoch besteht auch für sie das Erfordernis der Mündelsicherheit im Sinne von § 1807 Abs 1 Nr 4.

2. Die Ergänzungspapiere

3 Gem § 234 Abs 2 müssen mit den hinterlegungsfähigen Wertpapieren auch *Zins-, Renten-, Gewinnanteils- und Erneuerungsscheine* hinterlegt werden. Hieraus folgt, dass sich das Pfandrecht des Berechtigten (vgl § 233 Rn 1) auf diese Scheine erstreckt.

Soweit die Ergänzungspapiere während der Hinterlegungszeit fällig werden, darf nach hM der Hinterleger gem § 1296 S 2 ihre *Herausgabe* verlangen (OLG Bamberg [3. 11. 1914] SeuffA 70 [1915] Nr 68; ERMAN/SCHMIDT-RÄNTSCH Rn 3). Zwingend erscheint dies nicht, wenn man davon ausgeht, dass im Interesse des Berechtigten der Austausch gem § 235 vorrangig vorgesehen ist. Erfolgt keine Herausnahme der betroffenen Ergänzungspapiere aus der Hinterlegung, so sind nach den Hinterlegungsgesetzen der Länder (vgl oben § 232 Rn 3, zB § 14 Abs 3 HintG Bad-Württ, § 14 Abs 3 HmbHintG) die erforderlichen Geschäfte von der Hinterlegungsstelle zu besorgen.

3. Die Wertbegrenzung

4 Zur Sicherheitsleistung sind die genannten Wertpapiere gem § 234 Abs 3 nur in Höhe von drei Vierteln ihres Kurswertes tauglich. Umgekehrt bedeutet das, dass der Kurswert der Papiere die Höhe des zu sichernden Betrages um ein Drittel übersteigen muss. Beträgt der Kurswert, womit der Marktpreis der Papiere gemeint ist (ERMAN/SCHMIDT-RÄNTSCH Rn 4), beispielsweise 12.000 Euro, leisten diese Papiere Sicherheit für 9.000 Euro. Muss jemand 6.750 Euro absichern, benötigt er Papiere im Wert von 9.000 Euro. Bei Kursrückgang greift die Vorschrift über die Ergänzungspflicht nach § 240 ein.

Im Falle einer Sicherheitsleistung im Zwangsversteigerungsverfahren nach § 69 ZVG besteht eine derartige Wertbegrenzung nicht; auch Mündelsicherheit der Wertpapiere wird hier nicht verlangt (ERMAN/SCHMIDT-RÄNTSCH Rn 4).

Der Abschlag des § 234 Abs 3 ist nur vorgesehen bei der Hinterlegung mündelsicherer Wertpapiere; er ist nicht verallgemeinerungsfähig (BGHZ [27. 11. 1997] 137, 212, 235). Die §§ 232 ff sind nicht auf Globalabtretungen und Sicherungsübereignungen zugeschnitten (BGHZ [27. 11. 1997] 137, 212, 236). 5

§ 235
Umtauschrecht

Wer durch Hinterlegung von Geld oder von Wertpapieren Sicherheit geleistet hat, ist berechtigt, das hinterlegte Geld gegen geeignete Wertpapiere, die hinterlegten Wertpapiere gegen andere geeignete Wertpapiere oder gegen Geld umzutauschen.

Materialien: E II § 199; III § 229; Prot II 1, 268 ff; JAKOBS/SCHUBERT AT 2, 1174, 1190.

1. Der Sicherheit Leistende hat zwar unter den in § 232 für die Sicherheitsleistung zugelassenen Mitteln zunächst die *Auswahl* (vgl § 232 Rn 12); nach einmal erfolgter Sicherheitsleistung erlischt jedoch dieses Wahlrecht. Das bedeutet, dass ein *Austausch* verwendeter Sicherungsmittel nur mit *Zustimmung des Berechtigten* erfolgen kann (ERMAN/SCHMIDT-RÄNTSCH Rn 3). Verpflichtet sich zB ein Bauunternehmer in Ergänzung von § 17 Nr 3 VOB/B zur Sicherheitsleistung durch Bankbürgschaft, kann er nicht später einseitig durch Bürgschaft eines Kreditversicherers Sicherheit leisten (LG Bremen [6. 3. 2008] IBR 2008, 327; vgl auch LG [29. 5. 2008] BauR 2008, 1670). 1

2. Ausnahmsweise lässt § 235 den Umtausch von hinterlegtem Geld in Wertpapiere oder von Wertpapieren in Geld oder andere Wertpapiere ohne die Zustimmung des Berechtigten zu. Mit diesem *Umtauschrecht* sollen wirtschaftlich sinnvolle Dispositionen des Hinterlegers über die Wertpapiere ermöglicht werden (Prot II 1, 268). Ob die umgetauschten Wertpapiere „geeignet" sind, bestimmt sich nach § 234. Die Herausnahme von Wertpapieren kommt vor allem bei Kurssteigerungen in Betracht (dazu TREBER WM 2000, 343/349). 2

Über seinen Wortlaut hinaus ist § 235 grundsätzlich nicht anwendbar. So kann aus dieser Vorschrift bspw kein Recht des Hinterlegers hergeleitet werden, hinterlegte Wertpapiere durch eine Bankbürgschaft zu ersetzen (BGH [26. 6. 1958] WM 1958, 1103). Allerdings kann aus dem Grundsatz von Treu und Glauben geschuldet sein, den Austausch einer prozessualen Sicherheit analog § 235 zu dulden (vgl BGHZ [3. 2. 2004] 158, 11, 15 ff; TREBER WM 2000, 343, 350 f).

§ 236
Buchforderungen

Mit einer Schuldbuchforderung gegen den Bund oder gegen ein Land kann Sicherheit nur in Höhe von drei Vierteln des Kurswerts der Wertpapiere geleistet werden, deren Aushändigung der Gläubiger gegen Löschung seiner Forderung verlangen kann.

Materialien: E II § 200; III § 230; Prot II 1, 267; Jakobs/Schubert AT 2, 1174, 1190.

1 1. Gem § 232 Abs 1 ist die Verpfändung von Forderungen, die in das Bundesschuldbuch oder in das Schuldbuch eines Bundeslandes eingetragen sind, ein geeignetes Mittel zur Sicherheitsleistung (vgl § 232 Rn 4 f). Die Tauglichkeitsgrenze für die Sicherheitsleistung mit solchen Forderungen regelt § 236.

2 2. Danach ist auf den Kurswert derjenigen Bundes- oder Landesschuldverschreibungen abzustellen, die der Gläubiger nach Bundes- und Landesschuldbuchrecht ausgehändigt erhält, wenn seine Buchforderung gelöscht wird. Gem. § 236 muss der Kurswert dieser Schuldverschreibung um mindestens ein Drittel höher sein als der Betrag, in dessen Höhe Sicherheit geleistet werden soll. Die für Buchforderungen als Sicherungsmittel bestehende Wertgrenze entspricht also der für Wertpapiere gem § 234 Abs 3. Hingegen bestimmt § 237 für die Sicherheitsleistung mit beweglichen Sachen eine andere Wertgrenze.

§ 237
Bewegliche Sachen

Mit einer beweglichen Sache kann Sicherheit nur in Höhe von zwei Dritteln des Schätzungswerts geleistet werden. Sachen, deren Verderb zu besorgen oder deren Aufbewahrung mit besonderen Schwierigkeiten verbunden ist, können zurückgewiesen werden.

Materialien: TE-AllgT § 214 (Schubert AT 2, 536–543); E I § 202; II § 201; III § 231; Prot I 457; Prot II 1, 268; Mot I 390; Jakobs/Schubert AT 2, 1174, 1178, 1182, 1186, 1188, 1190.

1. Die Verpfändung beweglicher Sachen

1 Die Verpfändung beweglicher Sachen ist gem § 232 Abs 1 ein geeignetes Mittel der Sicherheitsleistung (vgl § 232 Rn 7). Allerdings muss nach § 237 S 1 die zur Sicherheit verpfändete Sache einen *Schätzwert* haben, sodass Sachen mit reinem Liebhaberwert für eine Sicherheitsleistung untauglich sind. Bei marktgängigen Waren entspricht der Schätzwert dem erzielbaren Marktpreis der Sache. Der Sicherungswert einer beweglichen Sache beträgt nur 2/3 dieses Schätzwertes. Der Schätzwert einer zu verpfändenden Sache muss also den Betrag, für welchen Sicherheit geleistet werden soll, um die Hälfte übersteigen. Ist der Schätzwert bestritten, so hat ihn derjenige zu beweisen, der Sicherheit leisten will oder muss (ERMAN/SCHMIDT-RÄNTSCH Rn 1). Der BGH hat aus § 237 S 1 die widerlegliche Vermutung abgeleitet, dass bei der Ermittlung des Sicherungswertes einer beweglichen Sache oder Forderung ein Abschlag von 1/3 des Schätzwertes ausreichend ist (BGHZ [27. 11. 1997] 137, 212, 233 Rn 56). Durch die Übertragung des Rechtsgedankens des § 237 auf formularmäßig bestellte, revolvierende Globalsicherheiten hat der BGH zugleich klargestellt, dass das Recht der Sicherheitsleistung über den Bereich der akzessorischen Sicherheiten hinaus Wirkung entfaltet (ähnl DECKENBROCK/DÖTSCH WM 2007, 669, 673).

2. Die Zurückweisung von Sachen

a) Gem § 237 S 2 sind im Interesse des Berechtigten solche Sachen, deren Verderb zu besorgen oder deren Aufbewahrung mit besonderen Schwierigkeiten verbunden ist, für die Verpfändung zum Zwecke der Sicherheitsleistung untauglich, wenn sie zurückgewiesen worden sind. Dies gilt zB für Tiere. Das *Unterlassen der Zurückweisung* stellt keine stillschweigende Zustimmung dar. 2

b) Anders ist jedoch die *ausdrücklich erklärte Zustimmung* zur Hinterlegung solcher Sachen zu beurteilen. Hierbei handelt es sich um einen rechtsgeschäftlichen Verzicht auf die Ausübung des Zurückweisungsrechts. Dass jedoch diese Zustimmungserklärung gem § 119 Abs 2 stets angefochten werden könnte, weil der Sicherungsberechtigte im Irrtum über eine *verkehrswesentliche Eigenschaft der Sache*, nämlich ihre Tauglichkeit zur Sicherheitsleistung, gewesen sei (so MünchKomm/GROTHE Rn 2; BGB-RGRK/JOHANNSEN Rn 1; SOERGEL/FAHSE[13] Rn 3; HEIDEL/FUCHS Rn 3; jurisPK-BGB/BACKMANN Rn 7), ist abzulehnen. Denn auch verderbliche oder schwer aufzubewahrende Sachen sind prinzipiell zur Hinterlegung als Sicherheitsleistung tauglich, wenn auch möglicherweise nicht in dem von den Parteien vorgestellten Umfang. Für eine Irrtumsanfechtung ist also eine Fehlvorstellung über den Umfang der Sicherheit relevant. 3

Hat der Berechtigte die Sache in Unkenntnis des § 237 S 2, also aufgrund eines *Rechtsirrtums,* nicht zurückgewiesen, so sind die Voraussetzungen einer infolge des Irrtums eingetretenen wesentlich abweichenden Rechtsfolge (vgl STAUDINGER/DILCHER[12] § 119 Rn 35) nicht erfüllt. Auch insoweit kann kein Anfechtungsrecht entstehen. Zur Lösung des Problems ist demnach nur § 240 einschlägig. Diese Vorschrift ermöglicht nämlich die Berücksichtigung veränderter Umstände, was insbesondere bei Verderb der hinterlegten Sache bedeutsam ist.

§ 238
Hypotheken-, Grund- und Rentenschulden

(1) Eine Hypothekenforderung, eine Grundschuld oder eine Rentenschuld ist zur Sicherheitsleistung nur geeignet, wenn sie den Voraussetzungen entspricht, unter denen am Orte der Sicherheitsleistung Mündelgeld in Hypothekenforderungen, Grundschulden oder Rentenschulden angelegt werden darf.

(2) Eine Forderung, für die eine Sicherungshypothek besteht, ist zur Sicherheitsleistung nicht geeignet.

Materialien: TE-AllgT § 215 (SCHUBERT AT 2, 536–543); E I § 203; II § 202; III § 232; Prot I 457 ff; Prot II 1, 268; II 6, 143; Mot I 390; JAKOBS/SCHUBERT AT 2, 1174 f, 1178 f, 1182, 1185 f, 1188, 1190.

1. Die Sicherheitsleistung mit Grundpfandrechten

1 a) Gem § 232 Abs 1 kann durch *Verpfändung von Hypothekenforderungen* bzw von *Grund- oder Rentenschulden* Sicherheit geleistet werden (vgl § 232 Rn 10). Hierzu bestimmt § 238 Abs 1, dass die genannten Gegenstände nur dann zur Sicherheitsleistung tauglich sind, wenn es sich um mündelsichere Werte handelt.

2 Nach seinem Wortlaut bezieht sich § 238 Abs 1 nicht auf die Tauglichkeit einer *Hypothekenbestellung* als Sicherungsmittel. Jedoch ist auch für diesen Fall in Analogie zu § 238 Abs 1 das Erfordernis der Mündelsicherheit zu wahren (ENNECCERUS/NIPPERDEY § 243 Fn 18; vgl auch § 232 Rn 10).

3 b) Maßgebend für die Bestimmung der *Mündelsicherheit* ist § 1807 Abs 1 Nr 1. Danach sind sichere Hypotheken, Grundschulden oder Rentenschulden an einem *inländischen Grundstück* zu verlangen. Die Sicherheitsgrenze kann gem § 1807 Abs 2 durch die Landesgesetze bestimmt werden. Überwiegend ist dort die Grenze für die Mündelsicherheit beim halben Verkehrswert des Grundstücks festgelegt (vgl BERGER 62 ff; ferner OLG Frankfurt [24. 11. 1976] WM 1977, 1238).

Maßgebend für die Sicherheitsgrenze sind diejenigen Landesgesetze, in deren Geltungsbereich der Ort der Sicherheitsleistung, also der Wohnsitz des Schuldners, gelegen ist (ERMAN/SCHMIDT-RÄNTSCH Rn 1); es kommt nicht darauf an, an welchem Ort sich das betreffende Grundstück oder das zuständige Grundbuchamt befindet.

Da die Beschränkung des § 232 auf inländische Grundstücke gemeinschaftsrechtswidrig ist (oben § 232 Rn 10), ist bei der Verpfändung EU-ausländischer Grundstücke auf die Gleichwertigkeit der dortigen Sicherungsmittel mit den in § 238 genannten zu achten (MünchKomm/GROTHE Rn 1).

2. Die Sicherungshypothek

4 Die *Verpfändung* einer Forderung, für die eine Sicherungshypothek gem §§ 1184 ff besteht, ist nach § 238 Abs 2 kein geeignetes Mittel zur Sicherheitsleistung (vgl LARENZ/WOLF, AT § 53 III 5). Die *Bestellung* einer Sicherungshypothek scheidet als Sicherungsmittel jedoch nicht aus, weil der Gläubiger insofern keinen Schutz hinsichtlich des Bestands der Forderung benötigt (vgl § 232 Rn 10; ERMAN/SCHMIDT-RÄNTSCH Rn 2).

3. Schiffshypothek

Die *Bestellung einer Schiffshypothek,* die gem § 8 Abs 1 S 3 SchiffsRG als Siche- 5
rungshypothek ausgestaltet ist, stellt dennoch ein in § 232 zugelassenes Sicherungsmittel dar (vgl § 232 Rn 8). Da es aber keine mündelsicheren Schiffshypotheken gibt, entsteht die Frage, ob für die Sicherheitsleistung durch Bestellung einer Schiffshypothek eine *Wertgrenze* besteht. ERMAN/SCHMIDT-RÄNTSCH (Rn 3) und SOERGEL/FAHSE[13] (§ 237 Rn 5) wollen auf die Schiffshypothek den § 237 S 1 analog anwenden und dementsprechend die Bestellung solcher Hypotheken nur bis zur Höhe von zwei Dritteln des Schiffswertes als taugliches Sicherungsmittel anerkennen. Dem ist zuzustimmen, weil es ausgeschlossen erscheint, eine Schiffshypothek zum vollen Nennwert als Sicherung zuzulassen.

4. Angemessene Frist

Ist die dem Schuldner gesetzte Frist zur Erbringung einer Sicherheitsleistung zu 6
kurz, so sind die Kosten der vorzeitig eingeleiteten Zwangsvollstreckung als nicht notwendig anzusehen. Dies gilt selbst dann, wenn für den Vollstreckungsantrag eine nicht dem § 232 entsprechende Sicherheit gewährt wurde (OLG Braunschweig InVo 1999, 191).

§ 239
Bürge

(1) Ein Bürge ist tauglich, wenn er ein der Höhe der zu leistenden Sicherheit angemessenes Vermögen besitzt und seinen allgemeinen Gerichtsstand im Inland hat.

(2) Die Bürgschaftserklärung muss den Verzicht auf die Einrede der Vorausklage enthalten.

Materialien: TE-AllgT § 216 (SCHUBERT AT 2, 536–543); E I § 204; II § 203; III § 233; Prot I 458 ff; Prot II 1, 269 ff; Mot I 391; JAKOBS/SCHUBERT AT 2, 1175, 1179, 1182, 1185–1191.

1. Die Sicherheitsleistung durch Bürgenstellung

Die Stellung eines Bürgen als Mittel der Sicherheitsleistung ist gem § 232 Abs 2 nur 1
subsidiär zulässig, wenn keines der in § 232 Abs 1 genannten Mittel zu Gebote steht (vgl § 232 Rn 10). Sie ist zB im Bauwesen außerordentlich verbreitet (SCHMITZ BauR 2006, 430, 433).

2. Die Modalitäten der Sicherheitsleistung durch Bürgenstellung

a) § 239 stellt für die Bürgenstellung zur Sicherheitsleistung weitere einschrän- 2 kende Voraussetzung auf, deren Beachtung allerdings durch den Berechtigten verzichtbar ist (Erman/Schmidt-Räntsch Rn 5).

Der Bürge muss gem § 239 Abs 1 ein im Verhältnis zur Höhe der zu leistenden Sicherheit *angemessenes Vermögen besitzen* (vgl dazu Beuthien/Jöstingmeier NJW 1994, 2070, 2072). Grundsätzlich muss der Bürge ein deutlich größeres Vermögen als die Summe seiner Schulden besitzen (BayObLG [21. 7. 1988] DB 1988, 1846; Soergel/Fahse[13] Rn 2: 2/3 des Vermögens des Bürgen müssen der Höhe der zu leistenden Sicherheit entsprechen). Ein in diesem Sinne angemessenes Vermögen besteht auch dann, wenn der Bürge regelmäßig wiederkehrende Einkünfte in entsprechender Höhe hat (Prot II 1, 270; Erman/Schmidt-Räntsch Rn 2; Palandt/Ellenberger Rn 1; BGB-RGRK/Johannsen Rn 1; Enneccerus/Nipperdey § 243 Fn 21).

3 **b)** Weiterhin muss der Bürge gem § 239 Abs 1 seinen *allgemeinen Gerichtsstand im Inland* haben, damit der Sicherungsnehmer seine Ansprüche ohne besondere Schwierigkeiten durchsetzen kann (MünchKomm/Grothe Rn 2). Jedoch ist wegen Art 59 EuGVÜ ein Gerichtsstand in der Europäischen Union ausreichend (Palandt/Ellenberger Rn 1; MünchKomm/Grothe Rn 2; Ehricke EWS 1994, 259; Ralle WiB 1996, 87; Reich ZBB 2000, 178; Fuchs RIW 1996, 280, 284; Mankowski WuB VII § 108 ZPO 1. 96). Gem Art 72 EuGVVO bleiben Vereinbarungen iSv Art 59 EuGVÜ unberührt, soweit sie vor Inkrafttreten der EuGVVO am 1. 3. 2002 abgeschlossen wurden. Das EuGVÜ selbst gilt noch gegenüber Dänemark und für einige überseeische Gebiete (vgl Art 1 Abs 3, 68 Abs 1 EuGVVO; zur EuGVVO vgl die Beiträge von Kohler und Stadler, in: Gottwald [Hrsg], Revision des EuGVÜ – Neues Schiedsverfahrensrecht [2000] 1 u 37). Der allgemeine Gerichtsstand einer Person bestimmt sich nach den §§ 13 ff ZPO. Verlegt ein Bürge seinen Wohnsitz bzw Aufenthalt ins Ausland (außerhalb der EU) und entfällt damit der inländische allgemeine Gerichtsstand, so ist die geleistete Sicherheit nach § 240 unzureichend geworden.

Im Rahmen der Sicherheitsleistung zur vorläufigen Vollstreckbarkeit lässt § 108 ZPO nunmehr wie die frühere Praxis auch die Bürgschaft „eines im Inland zum Geschäftsbetrieb befugten Kreditinstituts" zu. Ob damit auch die früheren europarechtlichen Bedenken (vgl Reich ZBB 2000, 177) ausgeräumt sind, ist zweifelhaft. Ausländische Banken sind wohl jedenfalls dann taugliche Bürgen, wenn sie auf die Vorausklage verzichten, einen inländischen Gerichtsstand haben und die Zwangsvollstreckung effektiv betreiben können (vgl Foerste ZBB 2001, 483, 487; aus europarechtlichen Erwägungen weitergehend Strasser RIW 2009, 521, 522 ff). Bereits zugelassen wurde die Stellung einer Bürgschaft durch eine französische Großbank ohne allgemeinen Gerichtsstand im Inland (OLG Düsseldorf [18. 9. 1995] ZIP 1995, 1667). Nicht zu beanstanden ist die Ablehnung der Prozessbürgschaft einer Bank, deren Sitz nicht in einem Vertragsstaat des EuGVÜ bzw im Geltungsbereich der EuGVVO liegt (vgl noch zum EuGVÜ: OLG Koblenz [29. 3. 1995] RIW 1995, 775). Trotz des erheblichen Vertrauensverlusts, den die Banken im Zuge der Finanzkrise auch in Deutschland seit 2008 erlitten haben, kann die Bankbürgschaft immer noch als ein überlegenes Sicherungsmittel angesehen werden (für die Zeit vor der Krise Dahm MedR 2008, 257, 267; zum Einfluss der Krise Griwotz NJ 2009, 12, 16 ff; einschränkend Leitzen ZfIR 2008, 823, 831).

Nachteile, die dem Gläubiger aus einer Zwangsvollstreckung nach dem EuGVÜ entstehen, sind zumutbar (HansOLG Hamburg [4. 5. 1995] NJW 1995, 2859, 2860).

Als tauglicher Bürge iSd § 239 ist eine ausländische Großbank dann anzusehen, wenn sie sich in der Vertragsurkunde der deutschen Gerichtsbarkeit unterwirft und einen inländischen Zustellungsbevollmächtigten benennt (für schwedische Großbank: HansOLG Hamburg [4. 5. 1995] NJW 1995, 2859 f).

c) Gem § 239 Abs 2 muss die Bürgschaftserklärung ferner einen *Verzicht auf die Einrede der Vorausklage* nach § 773 Abs 1 Nr 1 enthalten. Es genügt also nur eine selbstschuldnerische Bürgschaft. Die Formbedürftigkeit des Verzichts ergibt sich aus § 766 (vgl ERMAN/E HERRMANN § 766 Rn 6). Sofern es sich für den Bürgen um ein Handelsgeschäft handelt, entfällt gem § 349 S 1 HGB die Einrede der Vorausklage bereits kraft Gesetzes. **4**

Ist die Stellung einer Bankbürgschaft vereinbart, so entspricht dem nicht eine Bürgschaft mit dem Vorbehalt, die Bank dürfe sich jederzeit durch Hinterlegung von Geld aus der Bürgschaft befreien (OLG Koblenz [24. 3. 1997] Rpfleger 1997, 445).

3. Beweislast

Den Nachweis der *Tauglichkeit* des Bürgen hat der Schuldner zu erbringen. Ebenso hat er die Tatsachen zu beweisen, aus denen sich ergibt, dass eine Realsicherheit nach § 232 Abs 1 nicht geleistet werden kann (BAUMGÄRTEL/KESSEN, Beweislast [3. Aufl 2008] Rn 1). **5**

§ 240
Ergänzungspflicht

Wird die geleistete Sicherheit ohne Verschulden des Berechtigten unzureichend, so ist sie zu ergänzen oder anderweitige Sicherheit zu leisten.

Materialien: TE-AllgT § 217 (SCHUBERT AT 2, 543–546); E I § 205; II § 204; III § 234; Prot I 459; Prot II 1, 270; II 6, 143; Mot I 392; JAKOBS/ SCHUBERT AT 2, 1175, 1179, 1182 f, 1187–1190.

1. Die gesetzliche Ergänzungspflicht

a) Geht die nach Maßgabe der §§ 232 ff geleistete Sicherheit ohne Verschulden des Berechtigten unter, zB weil die verpfändete bewegliche Sache verbrennt, so ist gem § 240 eine neue, den Anforderungen der §§ 232 ff entsprechende Sicherheit zu leisten. Ebenso kann die geleistete Sicherheit dadurch *vermindert* werden, dass sie sich verschlechtert, zB infolge von Kursverlusten der Wertpapiere. Denkbar ist auch, dass die Sicherheit vertragsgemäß eingesetzt und dadurch vermindert oder gar verbraucht wird (OLG Düsseldorf [19. 5. 2005] ZMR 2006, 923, 924 – Mietkaution; [24. 9. 2009] I-5 U 5/09 Rn 70 – Mietkaution; DERLEDER NZM 2006, 601, 607; HORST MDR 2007, 697, 701 mwNw; aA WIEK WuM 2005, 685 f). Eine geleistete Sicherheit wird ferner dadurch unzureichend, dass sich der zu sichernde Betrag erhöht (bestritten für den Fall der nachträglichen Miet- **1**

erhöhung, LG Berlin [14. 9. 2004] WuM 2005, 454 – Mietkaution; STERNEL MDR 1983, 265, 268 – keine Ergänzungspflicht wegen erhöhten Mietzinses), oder dass im Falle der Bürgenstellung die Tauglichkeit des Bürgen nach § 239 verloren geht. Letzteres ist auch für eine Bankbürgschaft nicht völlig ausgeschlossen, sodass uU auch hier eine Ergänzungspflicht entstehen kann (vgl LEITZEN ZfIR 2008, 823, 829). Wird eine Mietsicherheit im Falle eine Eigentumswechsels vom Voreigentümer zurückgezahlt, so liegt darin kein vermieterseitiger Verzicht und die Sicherheit ist beim Erwerber (Vermieter) neu zu leisten, weil die Sicherheit ohne Verschulden des Erwerbers unzureichend geworden ist (LG Berlin [6. 7. 2010] 63 S 319/09 Rn 17). Beeinträchtigend wirkt mithin jegliches auf äußere Umstände zurückzuführende Absinken des Sicherungswertes im Verhältnis zum Sicherungszweck. Diese Regel verlangt eine Ausnahme für gesamtwirtschaftliche Veränderungen wie etwa eine Geldentwertung (RG [5. 11. 1935] HRR 1936, Nr 184 – der Währungsverfall von 1917 bis 1933 ist zu beachten, sodass nicht summenmäßig dieselbe Sicherheit geschuldet ist; MünchKomm/GROTHE Rn 1; ERMAN/SCHMIDT-RÄNTSCH Rn 1).

2 b) War hingegen eine geleistete Sicherheit *von Anfang an unzulänglich*, so ist § 240 nicht anwendbar (BGB-RGRK/JOHANNSEN Rn 1; ERMAN/SCHMIDT-RÄNTSCH Rn 3; SOERGEL/FAHSE[13] Rn 3; LARENZ/WOLF, AT § 53 II 4). Der Berechtigte muss in diesem Fall auf den Anspruch zurückgreifen, der ihm das Recht auf Sicherheitsleistung gewährt (vgl Vorbem 4 zu §§ 232 ff; **aM** ENNECCERUS/NIPPERDEY § 243 Fn 23, der § 240 analog anwenden will). Dagegen findet § 240 Anwendung, wenn bspw leicht verderbliche Ware hinterlegt wird, die zunächst eine taugliche Sicherheit darstellt (vgl § 237 Rn 3).

3 c) Unter den Voraussetzungen des § 240 hat der *Sicherungsgeber die Wahl*, ob er die unzureichend gewordene Sicherheit durch weitere Sicherheitsleistungen ergänzen oder ob er die Sicherheit zurücknehmen und stattdessen eine neue Sicherheit durch ein nach den §§ 232 ff zugelassenes Sicherungsmittel leisten will (ERMAN/SCHMIDT-RÄNTSCH Rn 4; MünchKomm/GROTHE Rn 2; PALANDT/ELLENBERGER Rn 1).

4 d) Ein ähnliches Problem wie bei dem Verlust einer Sicherheit iSv § 232 kann sich auch stellen, wenn eine unter *Eigentumsvorbehalt* verkaufte Sache durch Zufall oder durch Verschulden des Käufers beschädigt oder gar zerstört wird. Der Eigentumsvorbehalt diente mindestens auch dazu, den Käufer zur Bezahlung der Kaufpreisforderung anzuhalten, sicherte mithin den Kaufpreisanspruch als solchen und nicht nur das Rückabwicklungsinteresse (BGHZ [24. 1. 1961] 34, 191, 198; BGH [13. 9. 2006, 8. Zivilsenat] NJW 2006, 3488, 3489 Rn 10; STAUDINGER/BECKMANN [2014] § 449 Rn 2; anders aber BGHZ [1. 7. 1970] 54, 214, 219; [27. 3. 2008, 9. Zivilsenat] NJW 2008, 1803, 1806 Rn 30; vgl aber auch BGHZ [7. 12. 1977] 70, 96, 101). Zum nach §§ 280 Abs 1, 241 Abs 2 bzw § 823 Abs 1 ersatzfähigen Schaden iSv § 249 gehört dann regelmäßig auch der Verlust der Sicherheit, die dann in Anlehnung an den Rechtsgedanken von § 240 ergänzt werden muss (DECKENBROCK/DÖTSCH WM 2007, 669, 672 f).

2. Der Fortfall der Ergänzungspflicht

5 a) Die Ergänzungs- bzw Erneuerungspflicht besteht nicht, wenn im Falle einer von den Parteien besonders *vereinbarten Sicherheit* die Absicht der Beteiligten dahin ging, dass nur der geleistete Gegenstand und kein anderer zur Sicherheitsleistung dienen solle (Mot I 392; BGB-RGRK/JOHANNSEN Rn 2; ERMAN/SCHMIDT-RÄNTSCH Rn 3; SOERGEL/FAHSE[13] Rn 7).

b) Ebenso wenig besteht eine Ergänzungs- oder Erneuerungspflicht, wenn die 6
geleistete Sicherheit durch ein *Verschulden des Berechtigten* unzureichend geworden
ist. Das kann nicht nur in Betracht kommen, wenn Sicherheit durch die Verpfändung
beweglicher Sachen geleistet wurde, sondern zB auch, wenn die als Sicherheit
bestellte Hypothek dadurch entwertet wird, dass das belastete Grundstück aufgrund
eines Verschuldens des Berechtigten an Wert verliert. Ebenso kann der neue Eigentümer vom Mieter nicht die erneute Zahlung einer Kaution verlangen, wenn diese
im Konkurs bzw der Insolvenz des Voreigentümers untergegangen ist (AG Frankfurt
aM [16. 4. 1991] NJW-RR 1991, 1165; LG Berlin [29. 2. 2000] Grundeigentum 2000, 605 f).

3. Die Beweislast

Den Berechtigten, der Erneuerung oder Ergänzung der geleisteten Sicherheit beansprucht, trifft die Beweislast bezüglich eingetretener *Unzulänglichkeit* der bestellten Sicherheit. Er braucht jedoch seine *Schuldlosigkeit* an diesem Ereignis nicht zu
beweisen; vielmehr trifft diese Beweislast den Verpflichteten, der behauptet, die
Unzulänglichkeit beruhe auf einem Verschulden des Berechtigten (BGB-RGRK/JoHANNSEN Rn 3; BAUMGÄRTEL/KESSEN, Beweislast [3. Aufl 2008] Rn 1). 7

Sachregister

Die fetten Zahlen beziehen sich auf die Paragrafen, die mageren Zahlen auf die Randnummern.

Abfallrecht
Sicherheitsleistung **Vorbem 232 ff** 7
Abgabenrecht
s Steuerrecht
Ablaufhemmung
Abwesenheitspfleger, Einsetzung **211** 5
Annahme der Erbschaft **211** 4
   Anfechtung der Annahme **211** 4
   Mehrheit von Erben **211** 4
   Vor- und Nacherbschaft **211** 4
Ansprüche des Nachlasses **211** 1 f
   Todeserklärung **211** 2
Ansprüche gegen den Nachlass **211** 1, 3
   Nachlassverbindlichkeiten **211** 3
   Pflichtteilsansprüche **211** 3
   Vermächtnisansprüche **211** 3
Begriff **Vorbem 203–213** 1; **209** 8
Einstellung der Zwangsvollstreckung **212** 36
Fortfall des Hindernisses **210** 7
Geschäftsfähigkeit, partielle **210** 4, 8
Geschäftsunfähigkeit, teilweise **210** 4
gesetzliche Vertreter, Fehlen **210** 6
   Betreuer **210** 5
      Aufgabenkreis **210** 6
   Beweislast **210** 6
   Eltern **210** 5
   Geschäftsunfähigkeit des gesetzlichen Vertreters **210** 6
   Insolvenzverwalter **210** 5
   Interessenkollision **210** 6
   Krankheit **210** 6
   Pflegerbestellung **210** 6
   Tod des gesetzlichen Vertreters **210** 6
   Unkenntnis **210** 6
   Verhinderung, rechtliche **210** 6
   Vertretungsbefugnis, Entziehung **210** 6
   Vormund **210** 5
   Wechsel des gesetzlichen Vertreters **210** 6
   Zeitraum **210** 6
gewillkürte Vertreter **210** 5
Insolvenzverfahren, Sicherungsmaßnahmen **210** 4
juristische Personen **210** 1
Minderjährigkeit **210** 3
Nachlassfälle **209** 1; **211** 1 ff
Nachlassinsolvenzverfahren, Eröffnung **211** 5
Nachlasspfleger, Einsetzung **211** 5
Nachlassverwalter, Einsetzung **211** 5
nicht voll Geschäftsfähige **209** 1, 8; **210** 1, 3

Ablaufhemmung (Forts)
Persönlichkeitsrechte **211** 2
Prokurist **210** 5
Sechsmonatsfrist **204** 119; **210** 7; **211** 4 f
Sequesterbestellung **210** 4
Testamentsvollstrecker, Einsetzung **211** 5
Verbrauchsgüterkauf **Vorbem 203–213** 4
Verhandlungen **203** 17
Verjährungseintritt, Verhinderung **205** 1
Vertreter des Rechtsanwalts, amtlich bestellter **210** 5
Vertreter, spätere Einsetzung **211** 5
Volljährigkeit **210** 3
Zusatzfrist **210** 7; **211** 4
Ablehnungsandrohung
Insichgeschäft **181** 14
Abmahnkostenersatz
Verjährung **195** 19
Abmahnung
Rechtsmissbrauch **226** 41
Vorlegung der Vollmachtsurkunde **174** 2
Abschiebehaft
Dauer, Berechnung **186** 17
Abschlagszahlung
Anerkenntnis **212** 22, 25 f
   Wiederholung **212** 21b
Sicherheitsleistung **Vorbem 232 ff** 4
Abschleppen geparkter Fahrzeuge
Selbsthilfe **229** 18
Abschlussvertreter
Willensmängel **166** 3
Absolute Rechte
Ansprüche, verjährbare **194** 19
Rechtsmacht an einer Sache **194** 19
Rechtsmacht an Rechten **194** 19
Unverjährbarkeit **194** 19; **199** 109
Zweierbeziehung **194** 6
Abspaltung
Konvaleszenz **185** 62
Abstammung
Zustimmungserklärungen, Formbedürftigkeit **182** 26
Abstammungsklärung
Unverjährbarkeit **194** 28
Abstraktionsprinzip
Einwilligung **183** 2, 16, 22
Missbrauch der Vertretungsmacht **167** 103
organschaftliche Vertretung **Vorbem 164 ff** 34
Stellvertretung **Vorbem 164 ff** 33 f; **164** 6; **165** 1
Vertretungsmacht **Vorbem 164 ff** 34

1049

Abstraktionsprinzip (Forts)
Vollmacht **Vorbem 164 ff** 22; **167** 2 ff, 12, 75; **168** 1
   formbedürftige Rechtsgeschäfte **167** 18, 20
Zustimmung **Vorbem 182–185** 38, 40
Abtretung
Abtretungsanzeige
   Zustimmung zur Rücknahme **Vorbem 182–185** 26
Abtretungsausschluss **Vorbem 182–185** 31
Abtretungsverbot **Vorbem 182–185** 33
   Aufhebung, vertragliche **Vorbem 182–185** 33
   mehrere verbotswidrige Abtretungen **Vorbem 182–185** 36
   Zustimmung zur Aufhebung des Verbots **Vorbem 182–185** 34
   Zustimmungsvorbehalt **182** 2
Anspruchskonkurrenz **Vorbem 182–185** 35
Genehmigung, Rückwirkung **Vorbem 182–185** 34; **184** 38
Pfändung der abgetretenen Forderung **Vorbem 182–185** 34
Teilleistungen an Zessionar **184** 32
Veräußerungsfähigkeit der Forderung **Vorbem 182–185** 33
Verfügung eines Nichtberechtigten **185** 5
Verjährungshemmung **204** 10
vinkulierte Forderung **Vorbem 182–185** 33
Zustimmungsbedürftigkeit **184** 32
Zustimmungsberechtigung **183** 28
Zustimmungserfordernis **Vorbem 182–185** 28
Zwischenverfügungen, Aufrechterhaltung **184** 46
accessio temporis
Bereicherungsanspruch **195** 17
dingliche Ansprüche **198** 2
Acht Tage
Auslegung **189** 1
Handelsgeschäfte **186** 24; **189** 1
heute in acht Tagen **186** 24; **189** 1
Tagesfrist **189** 1
Wochenfrist **186** 24; **188** 12, 15; **189** 1
Zivilkomputation **186** 24
Ad-hoc-Mitteilungen
Verjährung **195** 56
Adhäsionsverfahren
Verjährungshemmung **204** 43
ADHGB
Abstraktionsprinzip **Vorbem 164 ff** 33
Fristberechnung **187** 2
Grundverhältnis **Vorbem 164 ff** 14
Mandat **Vorbem 164 ff** 12
Monat **192** 1
Offenkundigkeit des Vertreterhandelns **Vorbem 164 ff** 14
Stellvertretung, direkte **Vorbem 164 ff** 14

ADHGB (Forts)
Vertreter ohne Vertretungsmacht, Haftung **179** 1
Vertretungsmacht **Vorbem 164 ff** 12
Verwalterhandeln **Vorbem 164 ff** 59
Vollmacht **Vorbem 164 ff** 12, 14
Adoption
Antrag **Vorbem 164 ff** 40
Aufhebung **Vorbem 164 ff** 40
Einwilligung **Vorbem 164 ff** 40; **Vorbem 182–185** 13
   Unwiderruflichkeit **183** 15
Einwilligungserklärung, Formbedürftigkeit **182** 26
Genehmigung vor der Adoption abgeschlossener Rechtsgeschäfte **184** 28
Verjährungshemmung **207** 11
Adoptionsvertrag
Stellvertretung **Vorbem 164 ff** 83
Vertreter in der Erklärung **Vorbem 164 ff** 83
aemulatio
Schikane **226** 2
Ärzte
Handeln in fremdem Namen **164** 2
Laboruntersuchung **164** 2
Honoraranspruch, Fälligkeit **199** 17
Ärztliche Gemeinschaftspraxis
Handeln in fremdem Namen **164** 2
Ärztliche Heileingriffe
Einwilligung **Vorbem 164 ff** 41; **Vorbem 182–185** 10
Stellvertretung **Vorbem 164 ff** 38
AG Berlin-Wedding
Europäisches Mahnverfahren **204** 54
agency
Geschäftsbesorgungsvertrag **Vorbem 164 ff** 104
agere non valenti non currit praescriptio
Rechtsverfolgung, Hindernisse **199** 76; **205** 1, 24; **209** 1
Aktiengesellschaft
Befreiung vom Verbot des Selbstkontrahierens **181** 53
Bezugsrechtsausübung
   Vorlegung der Vollmachtsurkunde **174** 2
Einlageforderungen **195** 8, 51
Empfang verbotener Leistungen **195** 51
Fristen **193** 26
   Sonn- und Feiertagsschutz **193** 26
Generaluntervollmacht **167** 65
Gesamtvertretung **167** 51
Handelndenhaftung **177** 20; **179** 23
Hauptversammlung
   Abstimmung **180** 11
   Anfechtungsklage, Rechtsmissbrauch **226** 32
   Einberufungsfrist, rückwärtslaufende **186** 10; **187** 7; **193** 26, 28, 57

1050

Aktiengesellschaft (Forts)
  Ergänzungsanträge **193** 26
  Gegenanträge, Frist **187** 7; **188** 14; **193** 26
  Mitteilung der Einberufung **193** 26
  Nachweisstichtag **193** 26
  record date **193** 26
  Versammlungstag **193** 26
  Wahlvorschläge **193** 26
  Hauptversammlungsbeschlüsse **181** 25
    Geltendmachung der Nichtigkeit **193** 57
  Insichgeschäfte **181** 25
    Gestattung **181** 60
  Stimmrechtsausübung **193** 26
    Unterbevollmächtigung, Verbot **167** 64
  Stimmrechtsverbote **181** 25
  Stimmrechtsvollmacht,
    Formbedürftigkeit **167** 19
  Verjährungsfristen **195** 50 f
  Vorstand **Vorbem 164 ff** 25
    Mehrvertretung **181** 19
    Minderjährigkeit **165** 7
    Organisationsbestimmungen **Vorbem 164 ff** 26
    Selbstkontrahieren **181** 19
Aktienherausgabe
  Schikane **226** 24
Aktienkonzern
  Mehrvertretung **181** 21, 33
Alleinvertretung
  Vertretungsberechtigung **167** 51
Allerheiligen
  Feiertag, gesetzlicher **193** 37 f, 42 ff
Allerweltsnamen
  Handeln unter falscher Namensangabe **Vorbem 164 ff** 92
Allgemeine Geschäftsbedingungen
  Aufrechnungsverbot **215** 4
  Bevollmächtigung **167** 13
  Fristbestimmungen **186** 26
  Gestattung des Selbstkontrahierens **181** 49
  Kardinalpflichten, Verletzung **202** 17
  Leistung nach Aufforderung **199** 22
  Leitbild des Gesetzes **202** 18, 27; **203** 18
  Mitverpflichtung des Vertreters **164** 9
  sexuelle Selbstbestimmung,
    Verletzung **208** 3
  Transparenzgebot **202** 23
  Vereinbarungen über die Verjährung
    Verjährungshemmung
    – Nachfrist **203** 18
    – Verhandlungen **203** 18
  Verjährungsvereinbarung **202** 23 ff
    Erleichterung der Verjährung **202** 15 ff
    Erschwerung der Verjährung **202** 18
    Fristverlängerungen **202** 27
    Gewährleistung **202** 18, 26
    Kenntnis **202** 24
    Mangelfolgeschäden **202** 26
    Regelverjährung **202** 18

Allgemeine Geschäftsbedingungen (Forts)
    Schadensersatzansprüche **202** 18
    Verjährungsbeginn **202** 16, 18
    Verjährungsfristen, Verkürzung **202** 17
    Verjährungshemmung **202** 15, 22
  Vertreter ohne Vertretungsmacht,
    Haftung **179** 3
Allgemeine Unfallversicherungsbedingungen
  Hemmungswirkung **205** 22
Allgemeines Persönlichkeitsrecht
  absolutes Recht **194** 19
  Ehegatten **227** 12
  Notwehr **227** 11
  Unverjährbarkeit **199** 109
  Verjährungshöchstfrist **199** 95
Alltagsgeschäfte
  s Bargeschäfte des Alltags
Altenteil
  Grundeigentum **196** 5
  Sachleistungen **197** 84
  Versorgungsleistungen **197** 84
  wiederkehrende Leistungen **197** 71, 84 f
alteri stipulari nemo potest
  Naturrecht **Vorbem 164 ff** 8
  römisches Recht **Vorbem 164 ff** 4
  Stellvertretung **Vorbem 164 ff** 94
  Vertrag zugunsten Dritter **Vorbem 164 ff** 94
Altersvorsorgevollmacht
  s Vorsorgevollmacht
Altlasten
  Anspruchsentstehung **Vorbem 194–202** 45
Amortisationsbeträge
  Verjährung des Anspruchs **216** 8
Amtshaftung
  Anspruchsentstehung **199** 39
  Stillstand der Rechtspflege **206** 6
  Subsidiarität **199** 41 ff
  Verjährung **199** 16, 38
Amtshaftungsanspruch
  Verjährungshemmung **209** 2
Amtshandlungen
  Notwehrrecht **227** 38, 41
Amtsinhaber
  Eigenhaftung **179** 25
  vermeintliche Amtsinhaber **177** 19; **179** 25
  Vertretung ohne Vertretungsmacht **177** 19
Amtsleiter
  Kündigungserklärungen, Abgabe **174** 11
Amtspflichtverletzung
  Primärrechtsschutz, verwaltungsrechtlicher **199** 38 ff
    Anfechtungsklage **199** 38
    Erfolgsaussicht des Rechtsbehelfs **199** 40
    Erinnerung **199** 39
    Gegenvorstellung **199** 39
    Herstellungsanspruch,
      sozialrechtlicher **199** 38
    Vertrauensschaden **199** 40

Amtsstellung
Vertretungsmacht **Vorbem 164 ff** 34
Amtswalter
s a Partei kraft Amtes
Selbstkontrahieren, Gestattung **181** 58 f
Willensmängel **166** 3
Anderweitiger Ersatz
Beweislast **199** 43
Einverständnis des Schuldners **199** 43
Notarhaftung **199** 41 f
Parteivereinbarung **199** 43
Staatshaftung **199** 41 f
Streitverkündung **199** 43
Aneignung
Besitzerwerb, originärer **198** 3, 6
Anerkenntnis
Abschlagszahlung **212** 22, 25 f
  Erfüllungshandlungen **212** 25
  Leistungen an Erfüllungs Statt **212** 25
  Leistungen erfüllungshalber **212** 25
  Mehrheit von Forderungen **212** 26
  Schlusszahlung **212** 26
  tatsächliche Leistungen **212** 25
  Teilleistungen **212** 25
  Unterwerfungserklärung, wettbewerbliche **212** 25
  Zusage der Unterlassung **212** 25
Angebot anderweitiger Verrechnung **212** 23
Angebot einer Leistung an Erfüllungs Statt **212** 23
Angebot einer Leistung erfüllungshalber **212** 23
Arglist des Gläubigers **212** 9
Aufrechnung mit Gegenforderung **212** 27
Auskunftserteilung **212** 21, 23
Auslegung **203** 2; **212** 17 f
Ausschluss der Anerkennungswirkung **212** 13
Ausschlussfristen **212** 34
außergerichtliche Geltendmachung von Forderungen **204** 40
Begriff **212** 7 f
Beitritt **214** 40
Beweislast **212** 33
Bewusstsein vom Bestehen der Schuld **212** 7, 30
Bilanz, Zustimmung zur **212** 22
cessio legis **212** 16, 30
Darlegungslast **212** 33
deklaratorisches Anerkenntnis **212** 6
Drittwirkung **212** 16
Einrede der Verjährung, Verzicht auf **212** 32; **214** 33
Einschränkungen **212** 12 f, 19
Erfüllung des Anspruchs **205** 2
Erklärung **212** 11, 22 ff
  Auslegung **212** 12
  dem Gläubiger gegenüber **212** 30

Anerkenntnis (Forts)
  Kenntnis des Gläubigers **212** 30 f
  Zugang **212** 30
Erklärungsbewusstsein **212** 11
Erlass, Bitte um **212** 23
Erneuerung der Verjährung **212** 3 ff
s a Verjährungsneubeginn
Forderung **212** 16 f
  Identifikation **212** 17
  mehrere Forderungen **212** 17
Forderungszession **212** 16, 30
Freiwilligkeit **212** 11, 18, 23 f
Fristablauf, drohender **Vorbem 194–202** 12; **212** 3, 15
Gegenrechte **212** 12
Gegenstand **212** 16 ff
Genehmigung **212** 10
geschäftsähnliche Handlung **212** 8
Geschäftsfähigkeit **212** 9
gesetzliche Ansprüche **212** 18
Geständnis, gerichtliches **212** 29
Gläubigermehrheit **212** 16
Gläubigerstellung **212** 16
dem Grunde nach **212** 20 ff, 26
Haftpflichtversicherung **212** 10
Hauptschuldner **212** 16
Honorar, laufendes **212** 26
Irrtumsanfechtung **212** 9
30-jährige Verjährung **202** 19
Kosten, Zahlung **212** 24
Kostentragungspflicht **184** 38
Kulanz **212** 12
Leistungsvorbereitung **212** 23
Mitverschuldenseinwand **212** 20
Nebenintervention **204** 77
Nebenleistungspflichten **212** 24
Nichtbestreiten **212** 29
prozessuales Anerkenntnis **212** 29
Rechnungserteilung, Bitte um **212** 28
Rechtsgrund der Verpflichtung **212** 11 f, 17
Rechtsnatur **212** 6
Reichweite **212** 17, 19
Schuldanerkenntnis, konstitutives **212** 6
Schuldnerbezeichnung **212** 16
Schuldnermehrheit **212** 8a, 16
des Schuldners **212** 8a
Schuldnerverhalten, tatsächliches **212** 7, 15, 21, 22, 28
Schweigen **212** 28
Sicherheitsleistung **212** 22 f
  Abwendung der Zwangsvollstreckung **212** 23
  Bürgschaften **212** 23
  dingliche Sicherheiten **212** 23
  Garantie **212** 23
  Scheckhingabe **212** 23
  Schuldbeitritt **212** 23
  Vormerkungsbewilligung **212** 23
  Wechselhingabe **212** 23

Anerkenntnis (Forts)
  Stellvertretung 212 10
  im Strafverfahren 212 30
  Stundung 205 6, 15
  Stundungsbitte 212 22
  Teilanerkenntnis 212 19
  titelersetzendes Anerkenntnis 197 7; 212 5
  Unterhaltsleistungen 212 20, 26
  durch Unterlassen 212 28
  urteilsersetzendes Anerkenntnis 212 21a
  Vereinbarung über die Verjährung, mittelbare 202 4
  Vergleich, gerichtlicher 212 29
  Vergleichsverhandlungen 212 12
  Verhandlungsvollmacht 212 10
  Verjährungshemmung 202 22; 212 32
  Verjährungsneubeginn **Vorbem 203–213** 3; 203 2; 212 1, 3 ff; 213 9
  Verjährungsvereinbarung 212 21a
  vertragliche Ansprüche 212 18
  Vertrauenstatbestand 212 7
  Vertretungsmacht, wechselseitige 212 16
  Vollstreckungsauftrag, Rücknahme 212 46
  Werkleistung, Mängel 212 11
  Wiederholung 212 21b
  wiederkehrende Leistungen 212 20, 26
    Zahlung auf das Frühere 212 26
    Zahlung auf das Spätere 212 26
  Willenserklärung, nichtige 212 8
  Wirksamkeit 212 31
  Wissenserklärung 212 8
  Zeitpunkt 212 32
  durch Zinszahlung 212 19
  Zinszahlung 212 22, 24
  des Zwangsverwalters 212 8a
Anfang des Tages
  Fristbeginn 187 10
Anfechtung
  Ablaufhemmung 211 6
  Anfechtungsfrist 186 14
    Ablaufhemmung 210 9
  Anfechtungsrecht 164 21
    Vertretung ohne Vertretungsmacht 179 10
  Ausschlussfristen 194 18
  Außenvollmacht 170 2
  Bestätigung des anfechtbaren Rechtsgeschäfts **Vorbem 182–185** 15
  Bevollmächtigung 166 18; 167 12, 77 ff
  Eigengeschäft des Vertreters 164 17, 21
  Einwilligung **Vorbem 182–185** 47
  Empfangsvertretung 164 24
  Erbschaftsanfechtung 167 19
  Fälligstellung des Anspruchs 199 11
  Innenvollmacht 171 9
  Insichgeschäft 181 13
  Übermittlungsfehler 166 13
  Verbot vollmachtlosen Handelns 180 1
  Verjährung 194 18

Anfechtung (Forts)
  verkehrswesentliche Eigenschaft 165 5
  Vertretererklärung 166 19
  Verwaltungsakt 209 2
  Verwirkung 194 18
  Vollmacht 168 4
    Gutglaubensschutz 173 5
  Vollmachtsurkunde, Aushändigung 172 2
  Zustimmung **Vorbem 182–185** 45
Anfechtungserklärung durch Bevollmächtigten
  Vorlegung der Vollmachtsurkunde 174 1
Anfechtungsklage
  Rechtsmissbrauch 226 32
Angehörige, nahe
  Vertretung, gesetzliche **Vorbem 164 ff** 24
angemessen
  Frist, unbestimmte 186 6
Angestellte
  Handeln für den, den es angeht **Vorbem 164 ff** 53
Angriff
  s Notwehr
Anhängigkeit
  Verjährungshemmung 204 35
Anhörungsrüge
  Verjährungshemmung 204 144
Anlageberater
  Vollmachtsumfang 167 86a
Anlagengeschäft
  Auskunftsvertrag 164 2
  Geschäft für den, den es angeht 164 2
  Handeln in fremdem Namen 164 2
Anlagevermittlung
  Handeln in fremdem Namen 164 2
Anlaufhemmung
  Verjährungsbeginn 209 9
Annahme
  Vorlegung der Vollmachtsurkunde 174 2
Annahme der Leistung
  Obliegenheit 194 11
Annahmeerklärung
  Fristsetzung 187 10
Annahmefrist
  Zugang, Rechtzeitigkeit 188 8
Annahmeverzug
  Genehmigung der Eigentumsübertragung 184 38
Anscheinsermächtigung
  Bindungswirkung 182 21
Anscheinsvollmacht
  Anfechtbarkeit 167 45
  Beweislast 167 17
  Billigung des Auftretens 167 31
  elektronische Signatur **Vorbem 164 ff** 19
  fehlende Kenntnis vom Auftreten des nicht Bevollmächtigten 167 31 f
  Genehmigung des Vertreterhandelns, Verweigerung 177 23
  Gewohnheitsrecht 167 31

Anscheinsvollmacht (Forts)
  Haftung **167** 31
  juristische Personen des öffentlichen
    Rechts **167** 46 f
  kaufmännischer Rechtsverkehr **167** 31, 33;
    182 21
  Kennenmüssen des
    Vertreterverhaltens **167** 40
  kumulative Haftung **177** 26
  Prozessvollmacht **167** 33
  Rechtsfortbildung **177** 26
  Rechtsscheinsvollmacht **167** 32
    s a dort
  Richterrecht **167** 31
  Veranlassung des Rechtsscheins einer
    Bevollmächtigung **167** 31
  Veranlassung durch vermeidbare
    Untätigkeit **167** 31
  Verhinderung des
    Vertreterverhaltens **167** 31
  Verschulden des Vertretenen **167** 40
  Vollmachtsüberschreitung **167** 35
  Wahlrecht des Geschäftsgegners **177** 26
Anschrift des Schuldners
  Wechsel der Anschrift **206** 12a
  Zustellung, öffentliche **199** 53; **206** 12a
Anspruch
  Abgabe einer Willenserklärung **194** 8
  Antrag **194** 5
  Bestimmtheit **194** 8
  betagter Anspruch **194** 9
  Dienstleistung **194** 8
  dinglicher Anspruch **194** 13
  Dulden **194** 8
  Entstehungsgrund **194** 12 f
  Erbrecht **194** 12 f
  erbrechtliche Ansprüche **197** 20 f
  Erfolg **194** 8
  Fälligkeit **194** 9
  Familienrecht **194** 12 f
  familienrechtliche Ansprüche **197** 20, 22
  Gesetzeskonkurrenz **195** 31
  gesetzlicher Anspruch **194** 13
  Gläubiger **194** 13
  Hauptanspruch **194** 13
  Hauptansprüche **197** 18
  Herausgabe **194** 8
  Hilfsansprüche **194** 13; **195** 26; **197** 18
  Klagbarkeit **194** 9
  Legaldefinition **194** 1 f, 6, 14; **229** 10
  Leistungsklage **194** 8
  materiell-rechtlicher Anspruchsbegriff
    Vorbem 194–202 53; **194** 3, 5
  mehrere Anspruchsgrundlagen **195** 30
  Nebenansprüche **194** 13; **195** 25
  obligatorischer Anspruch **194** 13
  öffentliches Recht **194** 12
  Primäranspruch **194** 13
  Primäransprüche **195** 11

Anspruch (Forts)
  prozessuales Begehren **194** 5
  quasivertraglicher Anspruch **194** 13
  Sachenrecht **194** 12 f; **195** 11
  Schuldner **194** 13
  Schuldrecht **194** 12 f; **195** 11
  Sekundäransprüche **194** 13; **195** 11 f
  Streitgegenstand **194** 5
  Terminologie **194** 14
  Titulierung **Vorbem 194–202** 11, 38; **194** 22
  Tun **194** 8
  Unterlassen **194** 8
  Unverjährbarkeit **Vorbem 194–202** 22; **194**
    12, 22, 28 f; **195** 53
    familienrechtliches Verhältnis **194** 28;
      195 53
    Gemeinschaft, Aufhebung **195** 53
    Grundbuchberichtigungsanspruch **195**53

    Grundstücksrechte, eingetragene **195** 53
    Herausgabe des Kindes **194** 28
    Herstellung der ehelichen
      Lebensgemeinschaft **194** 28
    künftiger Unterhalt **194** 28
    Lebenspartnerschaft **194** 28
    Leistung von Diensten **194** 28
    Luftfahrzeuge, Berichtigungsanspruch
      des Registers für Pfandrechte an
      Luftfahrzeugen **195** 53
    nachbarrechtliche Ansprüche **195** 53
    Schiffsregisterberichtigung **195** 53
    Verjährungsvereinbarung **202** 11
  unvollkommener Anspruch **214** 36
  verhaltener Anspruch **199** 12; **Anh 217** 5
  Verjährung **Vorbem 194–202** 5, 11; **194** 22 f;
    195 11, 29, 37, 41
  Verjährungsfähigkeit **Vorbem 194–202** 53
  vertraglicher Anspruch **194** 13
  Verwirkung **Vorbem 194–202** 19 f, 22
  wiederkehrende Leistungen **Vorbem 194–**
    202 22; **195** 12; **197** 39
  Zahlung **194** 8
  Zweierbeziehung **194** 6 f
Anspruchsentstehung
  Verjährungsbeginn **199** 1, 50; **200** 1 f
Anspruchshäufung, nachträgliche
  Hemmungswirkung **204** 37
Anspruchskonkurrenz
  Ansprüche, nebeneinander bestehende **194**
    4; **195** 32 ff
    vertraglicher Bereich **195** 35
  Forderungsabtretung **Vorbem 182–185** 35
  Verjährung **195** 33, 42
  Verjährungsvereinbarung **202** 8
Anspruchsnormenkonkurrenz
  Begriff **195** 32 f
Anwalt
  Erklärungsüberbringung **Vorbem 164 ff** 84
  Folgeauftrag **164** 2

Anwalt (Forts)
  Gutachteneinholung **164** 2
  Kundgabe der Bevollmächtigung **174** 11
  Pflichtverteidigung, Verjährungshemmung der Honorarvereinbarung **205** 25
  Regressansprüche des Mandanten **214** 28 ff
  Streitwert, Neufestsetzung **205** 25
  Unterbevollmächtigung, Verbot **167** 64
  Verjährungsbeginn, Kenntnis **199** 60
  Vermögensschaden **199** 35
  Wissenszurechnung **166** 4, 7
Anwaltsgebühren
  Bußgeldbescheid, Rücknahme des Einspruchs **187** 7; **193** 30
  Strafbefehl, Rücknahme des Einspruchs **187** 7; **193** 30
  zusätzliche Gebühr **187** 7
Anwaltshaftung
  Fahrlässigkeit des Mandanten, grobe **199** 37; **214** 29a
  Hinweispflicht **199** 37, 83
  drohende Verjährung **214** 28 ff
  Sekundärhaftung **199** 37
  Vermögensschäden **199** 35 ff
Anwaltsprozess
  Aussetzung des Prozesses **204** 123
Anwaltssozietät
  gemischte Sozietät **167** 86
  Handakten, Zurückbehaltungsrecht **175** 8
  Handeln in fremdem Namen **164** 2
  Scheinsozietät **167** 35, 86
  Vollmachtumfang **167** 86
Anwaltsvergleich
  Verjährungsbeginn **201** 3
  Vollstreckbarkeit **197** 57
Anwaltsvergütung
  Gebührentatbestand **199** 21
  Verjährungshemmung Vorbem **203–213** 4
Anwaltszwang
  Erklärungsüberbringung Vorbem **164 ff** 84
  notwendige Stellvertretung Vorbem **164 ff** 96
  Verwaltungsgerichtsverfahren Vorbem **164 ff** 96
Anwartschaftsrecht
  Verfügung eines Nichtberechtigten **185** 9
Anwesenheit, gleichzeitige
  Auflassung Vorbem **164 ff** 79
  Stellvertretung Vorbem **164 ff** 40
Arbeitnehmer
  Abmahnschreiben, Entfernung aus der Personalakte Vorbem **194–202** 23
  Gehaltsanspruch Vorbem **194–202** 23
  Kundgabe der Bevollmächtigung **174** 11
  Lohnanspruch Vorbem **194–202** 23
  Provisionen Vorbem **194–202** 23
  Rentenalter, Beginn **187** 12
  Schutzbedürftigkeit Vorbem **194–202** 23
  Umschulungskosten Vorbem **194–202** 23

Arbeitnehmer (Forts)
  Urlaubsanspruch **188** 20; Vorbem **194–202** 23
  Urlaubsentgelt Vorbem **194–202** 23
  Versorgungsanspruch Vorbem **194–202** 23
Arbeitsgerichtsverfahren
  Berufungsfrist **188** 23
  Klageerhebung, schikanöse **226** 41
Arbeitsrecht
  Ausschlussfristen **186** 16; Vorbem **194–202** 14
  Fristberechnung **186** 17
  Notwehr **227** 11
  Recht am Arbeitsplatz **227** 11
  Rechtsscheinsvollmacht **167** 36
Arbeitsverhältnis
  s Arbeitsvertrag
Arbeitsvertrag
  Auflösung **167** 27
  Auslandstätigkeit Vorbem **182–185** 27
  Bevollmächtigung, Kundgabe **174** 11
  Eingehung durch Minderjährige **182** 2a
  Fristberechnungen **187** 10
  mit GmbH Vorbem **182–185** 28
  mit KG Vorbem **182–185** 28
  Kündigung **185** 6; **193** 16
  durch Arbeitgeber Vorbem **182–185** 28
  behördliche Zustimmungen Vorbem **182–185** 57
  Bevollmächtigung zur Kündigung **174** 11
  Fristberechnung **187** 6
  Zustimmung der Tarifvertragsparteien Vorbem **182–185** 28
  Zustimmung des Betriebsrats Vorbem **182–185** 28, 57
  Kündigung, außerordentliche **180** 6
  Schikaneverbot **226** 31
  Versetzung **226** 31
Architekt
  Anscheinsvollmacht **167** 35
  Nachtragsaufträge **167** 35
  Pauschalpreisvereinbarung **167** 35
  Rechnungsprüfung **167** 35
  Handeln in fremdem Namen **164** 2
  Hinweispflicht, drohende Verjährung **214** 28 ff
  Hinweispflicht, Haftung **199** 83
  Mindestvollmacht **167** 86a
  Nebenpflichtverletzung **164** 15
  Rechtsscheinsvollmacht **167** 86a
  Sachwalterhaftung **164** 15
  Verjährungsbeginn, Kenntnis **199** 60, 80
  Vollmachtumfang **167** 86a
Arglist
  Kenntnis **166** 8, 26, 36
  Wissenszurechnung **166** 8
Arglisteinrede
  Missbrauch der Vertretungsmacht **167** 101
  verjährte Forderung **214** 39

Arglistige Täuschung
Anfechtungsberechtigung **166** 25
Anfechtungsfrist **186** 14
durch Dritte **Vorbem 182–185** 46
des Geschäftsgegners **166** 25
durch Dritten **166** 25
Kausalität **167** 82a
des Vertretenen **167** 82a
des Vertreters **166** 15
Vertreterverhalten **166** 26
Vollmachtsanfechtung **167** 80
Weisungserteilung **166** 17
Zustimmung **Vorbem 182–185** 46
Arrest
Ablaufhemmung **210** 9
dinglicher Arrest **229** 30; **230** 3, 5
obrigkeitliche Hilfe **229** 17
Sicherheitsarrest, persönlicher **229** 35; **230** 6
Sicherungsmittel **Vorbem 232 ff** 1
Verjährungshemmung **Vorbem 194–202** 13; **204** 4, 93 ff
Verjährungsneubeginn **212** 37
Arrestpfändung
Verjährung der gesicherten Forderung **216** 4
Artvollmacht
Generalvollmacht **167** 83
Arzthaftung
Verjährungsbeginn **199** 63
Atemalkoholmessgeräte
Eichgültigkeitsdauer **188** 20
Aufbewahrungsfristen
Handelsrecht **186** 24
Auferlegte Verwaltung
s Verwaltung, auferlegte
Aufgebotsverfahren
Beendigung **186** 14
Verjährungshemmung **204** 40
Aufklärungspflicht
Interessenwahrnehmung **214** 29a
Verjährung **214** 29a
Aufklärungspflicht, richterliche
Einrede der Verjährung **214** 15 ff
Auflassung
Anwesenheit, gleichzeitige **Vorbem 164 ff** 79
Bedingungsfeindlichkeit **177** 2
Belastung des aufgelassenen Grundstücks **183** 14, 16 f
Botenschaft **Vorbem 164 ff** 79
Einwilligung des Eigentümers **182** 27
Ermächtigung des Auflassungsempfängers, konkludente **182** 10
Ermächtigung eines Dritten **183** 5
Genehmigung, Adressat **182** 4
Genehmigung der vollmachtlosen Auflassung **177** 2

Auflassung (Forts)
Handeln unter fremdem Namen **Vorbem 164 ff** 89
Stellvertretung **Vorbem 164 ff** 40
Veräußerungsermächtigung **185** 42 f
Vertretung ohne Vertretungsmacht **177** 2
Weiterübereignung des aufgelassenen Grundstücks **183** 14, 16 f
Zustimmung, Form **182** 23
Auflassungsvollmacht
Auslegung **167** 84
Befreiung vom Verbot des Selbstkontrahierens **181** 52
Bestimmtheitsgrundsatz **167** 84
Formbedürftigkeit **167** 25
Warnfunktion **167** 25
Werkzeug des Käufers **167** 25
Innenverhältnis der Vollmacht **167** 3
Unwiderruflichkeit **168** 8
Aufopferung
Rechtsprechung, anspruchsfeindliche ständige **206** 8
Verjährung **195** 15
Verjährungshöchstfrist **199** 94
Aufrechnung
Abweisung der Klage als unzulässig **204** 67
Aktivforderung **215** 1
Verjährung **215** 5, 8 f
Anerkenntnis **212** 27
Aufrechnungserklärung **204** 71; **215** 6
Aufrechnungsverbot **204** 67; **215** 4
Ausschlussfristen **194** 18; **204** 74
Bezeichnung der Forderung **204** 72
Einredefreiheit der Forderung **204** 69
Erfolglosigkeit **204** 63, 66, 70
Erfüllbarkeit der Gegenforderung **204** 68
Fälligkeit der eigenen Forderung **204** 69
frühere Aufrechnungserklärung **204** 72
Gegenforderung, verjährte **215** 1
Gegenseitigkeit der Forderungen **204** 70
Gegenseitigkeitserfordernis **185** 5
Gestattung des Selbstkontrahierens **181** 62
Gleichartigkeit der Forderungen **204** 68
Hauptforderung **215** 4
hilfsweise Geltendmachung **204** 67, 72
Passivforderung **215** 4
Einreden **215** 4
Erfüllbarkeit **215** 4
Präklusion **215** 7
im Prozess **204** 65, 72 ff
Rechtskraft **215** 4
Rückwirkung **215** 2
Schriftsatz, Zustellung **204** 72
Verbot vollmachtlosen Handelns **180** 1
Verjährung **194** 18
Verjährungseintritt **214** 9a; **215** 1
Verjährungsfrist, laufende **204** 72
Verjährungshemmung **197** 55; **199** 3; **204** 2, 13, 40, 63 ff, 73

Aufrechnung (Forts)
  Verwirkung **194** 18
  Vollwirksamkeit der Forderung **204** 69
  Vorbehaltsurteil **204** 73; **215** 4
  Zustimmungserfordernis **Vorbem 182–185** 28
Aufrechnungsvertrag
  Verfügung eines Nichtberechtigten **185** 5
Aufsichtsrat
  Bestätigung vom Aufsichtsratsvorsitzenden abgeschlossener Verträge **Vorbem 182–185** 15, 18
  Minderjährigkeit **165** 7
  Stimmrechtsausübung **Vorbem 164 ff** 72
Aufsichtsrecht
  Zustimmung **Vorbem 182–185** 22
Aufspaltung
  Konvaleszenz **185** 62
Auftrag
  Abweichung von Weisungen des Auftraggebers, Billigung **Vorbem 182–185** 14
  Auskunftsanspruch **Anh 217** 1, 4, 6 ff
  Beendigung **169** 1
  Botenschaft **Vorbem 164 ff** 77
  Fortbestand **169** 1
  Innenverhältnis der Vollmacht **167** 3
  Insolvenz des Auftraggebers **169** 2
  Insolvenzeröffnung **183** 25
  Massebezogenheit **169** 2
  Widerruf **169** 1
Auktion
  Handeln für den, den es angeht **Vorbem 164 ff** 51
Auktionator
  Handeln für den, den es angeht **Vorbem 164 ff** 51
Auseinandersetzungsguthaben
  Verjährung **199** 14
Ausfüllungsermächtigung
  Blanketturkunde **Vorbem 164 ff** 72a
Ausgliederung
  Konvaleszenz **185** 62
Auskunftsanspruch
  allgemeiner Auskunftsanspruch **197** 19; **Anh 217** 1, 8, 10
  Subsidiarität **Anh 217** 10
  Anerkenntnis **Anh 217** 2
  Hauptanspruch, Verjährung **Anh 217** 2 ff
  Interesse an der Auskunft, Fortbestand **Anh 217** 4
  Herausgabeverlangen **Anh 217** 2
  Hilfsanspruch **194** 13; **195** 26
  Nebenanspruch **194** 13
  Schikaneverbot **226** 24, 27, 32
  Treu und Glauben **197** 19
  verhaltener Anspruch **Anh 217** 5
  Verjährung **195** 26; **197** 4, 18; **Anh 217** 2 f
  Verjährungsbeginn **Anh 217** 2, 5 f, 8
  Vertragsende **Anh 217** 6

Auskunftsanspruch (Forts)
  Verjährungshemmung **204** 15
  vorbereitende Auskunftsansprüche **197** 4; **Anh 217** 1 f
Auskunftsklage
  isolierte Auskunftsklage **199** 6
  Verjährungsbeginn **199** 83
Ausländerrecht
  Einreise, Zweitagesfrist **193** 56
Ausländersicherheit
  fehlende Ausländersicherheit **204** 27
Ausländisches Urteil
  Verjährungshemmung **204** 46
  Vollstreckbarkeit **204** 46
Auslagen
  Verjährung der Forderung **217** 6
Auslegung
  Buchstabenauslegung, Verbot **167** 84
  Empfängerhorizont **167** 84
  historische Auslegung **167** 85
  Vollmacht **167** 84 ff
Auslobung
  Verbot vollmachtlosen Handelns **180** 1
  Verjährungsvereinbarung **202** 10
Ausschlagung
  Formbedürftigkeit **182** 30
  Frist **186** 14, 24
  Nacherbschaft **181** 40
  Pflichtteilsanspruch, Verjährung **200** 7
  durch Pflichtteilsberechtigten **186** 14
  Verbot vollmachtlosen Handelns **180** 1
  Vollmacht, Formbedürftigkeit **167** 19
Ausschlussfristen
  Ablauf **193** 13
  Ablaufhemmung **210** 9 f; **211** 6
  Anerkenntnis **212** 34
  Anerkenntnis des Verpflichteten **Vorbem 203–213** 7
  Anfechtung **194** 18
  Anmeldung eines Anspruchs **Vorbem 203–213** 7
  Ansprüche **Vorbem 194–202** 14
  Arbeitsrecht **186** 16; **Vorbem 194–202** 14
  Aufrechnung **194** 18; **215** 15
  Aufrechnung im Prozess **204** 74
  Berücksichtigung von Amts wegen **Vorbem 194–202** 14
  Dauer **Vorbem 194–202** 14
  Ermessen einer Partei **Vorbem 194–202** 15
  unverzüglich **Vorbem 194–202** 15
  Erlöschen der Forderung **214** 36; **215** 15
  Fristbegriff **186** 8
  Fristwahrung **Vorbem 203–213** 7 ff
  gemischte Ausschlussfristen **Vorbem 194–202** 16
  Geschäftsunfähigkeit **210** 10
  gesetzliche Vertreter, Fehlen **210** 9 f

Ausschlussfristen (Forts)
  Gestaltungsrechte **Vorbem 194–202** 14; 218 12
  Hemmung **209** 6
  höhere Gewalt **206** 31
  Klageerhebung **Vorbem 203–213** 8
  Kündigung **194** 18
  Leistungsverweigerung **214** 41
  Leistungsverweigerungsrechte **205** 26
  Neubeginn **212** 34
  Nichtbetreiben des Verfahrens **204** 136
  Prozesskostenhilfeantrag **204** 117
  Rechtsklarheit **Vorbem 194–202** 14
  Rechtssicherheit **Vorbem 194–202** 14
  Rechtsverlust **Vorbem 194–202** 14 f
  Rückforderung des Geleisteten **214** 41
  Rücktritt **194** 18
  Tarifvertrag **186** 16
  Teilklage **204** 21
  Urheberrechte **Vorbem 194–202** 14
  Vereinbarung **Vorbem 194–202** 14
  Verfahrenskostenhilfeantrag **204** 117
  Verhandlungen **203** 21
  Verjährungsrecht, Anwendbarkeit **Vorbem 194–202** 16
  neben Verjährungsfristen **Vorbem 194–202** 15
  Versäumung **186** 8
  Wiedereinsetzung in den vorigen Stand **Vorbem 194–202** 17
  Zeitablauf **194** 25
  Zurückbehaltungsrechte **215** 15
Außengesellschaft bürgerlichen Rechts
  Bevollmächtigung **167** 7
  Rechtsfähigkeit **Vorbem 164 ff** 25
  Teilrechtsfähigkeit **167** 7
Außenvollmacht
  Abstraktionsprinzip **Vorbem 164 ff** 34
  Anfechtung **170** 2, 5
  Beseitigung **170** 2 f
  Beweislast **170** 10
  Bösgläubigkeit des Gegners **170** 10
  Erklärung gegenüber Dritten **170** 4
  Erlöschensanzeige **170** 3 f, 7 f, 10
    Ausübung der Vollmacht **170** 9
    geschäftsähnliche Handlung **170** 7
    Geschäftsfähigkeit **170** 7
    Verpflichtung zur Abgabe **170** 8
    Vertretungsmacht **170** 9
    Widerruf der Vollmacht **170** 9
    Willenserklärung **170** 7
  Erteilung, schlüssige **167** 13, 30
  Fortbestand **170** 2
  Inkraftbleiben **170** 9
  Insichgeschäft **170** 5
  Insolvenzeröffnung **170** 6
  Kenntnisnahme durch Dritte **170** 2
  Nichtanzeige des Erlöschens **170** 8
  Rechtsscheinsvollmacht **170** 2 f

Außenvollmacht (Forts)
  Umfang **167** 85
  Vertrauensschutz **170** 2, 4
  Vertretungsmacht, Erlöschen **170** 5
  Widerruf **167** 16; **170** 4; **171** 3
  Widerruf, externer **170** 4
  Wirkungsdauer **170** 2
Baden-Württemberg
  Allerheiligen **193** 37
  Erscheinung des Herrn **193** 37
  Fronleichnam **193** 37
  Hinterlegung **232** 3
  kirchliche Feiertage **193** 32
  Sicherheitsleistung **232** 5
Bäume
  Beseitigungsanspruch, Verjährungsbeginn **199** 115 f
  Schikaneverbot **226** 28
Bagatellbeträge
  Schikaneverbot **226** 41
Bagatellforderungen
  Selbsthilfe **229** 19
Bankbürgschaft
  ausländische Banken **239** 3
  Ergänzungspflicht **240** 1
  Sicherheitsleistung **232** 1
    Austausch **235** 1
  Sicherungsmittel **239** 3 f
Bankgeschäftstag
  Samstag **193** 5
  Werktag **193** 5
Bankvollmacht
  AGB-Kontrolle **167** 85
  Außenvollmacht **167** 3
  Formfreiheit **167** 3
  Gestattung des Selbstkontrahierens, konkludente **181** 52
  Innenvollmacht **167** 3
  Missbrauch der Vertretungsmacht **167** 99
  Vollmachtsumfang **167** 85
Bannrechte
  unvordenkliche Verjährung **Vorbem 194–202** 37
Bargeschäfte des Alltags
  Fremdwirkungswille **Vorbem 164 ff** 53
  Geschäft für den, den es angeht, verdecktes **Vorbem 164 ff** 54
  Handeln für den, den es angeht **Vorbem 164 ff** 53
  Rechtserwerb, dinglicher **Vorbem 164 ff** 54
  Stellvertretung, mittelbare **Vorbem 164 ff** 53
  Stellvertretung, unmittelbare **Vorbem 164 ff** 53
  Vertragsauslegung, ergänzende **Vorbem 164 ff** 53

Sachregister

Barverkauf
  Handeln unter falscher Namensangabe **Vorbem 164 ff** 92
Baubetreuer
  Handeln in fremdem Namen **164** 2
  mittelbare Stellvertretung **167** 86a
  Prospekthaftung **195** 58
  Vollmachtsumfang **167** 86a
Baugenehmigung
  Zustimmung des Nachbarn zum Bauvorhaben **Vorbem 182–185** 68
  Widerruf **Vorbem 182–185** 68
Bauhandwerkersicherung
  Sicherheitsleistung **Vorbem 232 ff** 2, 4
Bauherrenmodell
  Steuerberaterhaftung **199** 35
Bauleistungen
  Genehmigung, konkludente **182** 10
Bauleitplanung
  Bekanntmachungsfrist **187** 7
Baurecht
  Auslegungsfrist, baurechtliche **187** 10
Bauträger
  Anspruch auf die Gegenleistung **196** 11
  Handeln in fremdem Namen **164** 2
  Prospekthaftung **195** 58
  Vollmachtsumfang **167** 86a
  Bestimmtheitsgrundsatz **167** 86a
Bauträgermodell
  Bevollmächtigung, Nichtigkeit **167** 75a
Bauträgervertrag
  Anspruch des Erwerbers, Verjährung **196** 6
  Vollmachtserteilung, konkludente **167** 13
Bauwerk
  Mängelansprüche, Verjährungsfrist **186** 13
  Verjährungsfrist **202** 17
Bauwesen
  Aufklärungspflicht **214** 29a
Bayern
  Allerheiligen **193** 38
  bürgerliche Rechtsstreitigkeiten **204** 105
  Erscheinung des Herrn **193** 38
  Feiertage **193** 38
  Friedensfest **193** 38
  Fronleichnam **193** 38
  Hinterlegung **232** 2 f
  Mariä Himmelfahrt **193** 38
  Sicherheitsleistung **232** 5
Beamte
  Ansprüche, Verwirkung **Vorbem 194–202** 23
  Eintritt in den Ruhestand **187** 12
  Rechtmäßigkeit dienstlicher Handlungen **227** 41
  Schadensersatzansprüche des Diensthernn, Verjährung **195** 48; **200** 9
  Vormund, Beamter als **Vorbem 182–185** 11
Beamtenhaftung
  Gesetzeskonkurrenz **195** 31

Behördliche Zustimmungen

Bedingung
  Eintritt **193** 14
  Fristbestimmung **186** 16
  Zustimmungen, vereinbarte **Vorbem 182–185** 29
Beförderungsvertrag
  Verjährungsfrist **195** 46
Befreiung
  Selbstkontrahieren, Gestattung **181** 49 ff
Befreiung von einer Verbindlichkeit
  Sicherheitsleistung **Vorbem 232 ff** 2, 4
Begründetheit
  Klageerhebung, Hemmungswirkung **204** 23
Begründungskonkurrenz
  Ansprüche, mehrere **195** 32 f
Begutachtungsverfahren
  Verjährungshemmung **Vorbem 194–202** 13
Behörde
  Empfangszuständigkeit **164** 25
  Fristwahrung **188** 6
Behörden
  Organisationsmangel **199** 59
  Verjährungsbeginn, Kenntnis **199** 59
Behördenbedienstete
  Handeln in fremdem Namen **164** 11
Behördliche Zustimmungen
  Arbeitsverträge, Zustimmung zur Kündigung **Vorbem 182–185** 57
  Bedingung der Vertragsänderung **Vorbem 182–185** 56
  Bekanntgabe der Genehmigung **Vorbem 182–185** 61
  Bestandskraft **Vorbem 182–185** 63
  Bindungswirkung **Vorbem 182–185** 54
  Erteilung **Vorbem 182–185** 61
  Erziehungszeit **Vorbem 182–185** 57
  Genehmigungsversagung **Vorbem 182–185** 64
  Gesetzesänderung **Vorbem 182–185** 55; **184** 17
  Grundstücksverkehrsgesetz **Vorbem 182–185** 57, 59, 64
  Grundstücksverkehrsordnung **Vorbem 182–185** 57
  Kündigungsschutzgesetz **Vorbem 182–185** 57
  Mutterschutz **Vorbem 182–185** 57
  Negativattest **Vorbem 182–185** 59
  Preisklauselgesetz **Vorbem 182–185** 57
  Rechtsgeschäfte, private **Vorbem 182–185** 54 ff, 60
  Rücknahme **Vorbem 182–185** 63
  Rückwirkung **Vorbem 182–185** 62
  Schwebezustand **Vorbem 182–185** 64
  Schwerbehindertenrecht **Vorbem 182–185** 57
  Unbedenklichkeitsbescheinigung **Vorbem 182–185** 59

Behördliche Zustimmungen (Forts)
Ungenehmigte Durchführung des
Geschäfts **Vorbem 182–185** 65
Verwaltungsakte, privatrechtsmitgestaltende **Vorbem 182–185** 60
vorherige Zustimmung **Vorbem 182–185** 61
Wegfall des Genehmigungserfordernisses
Vorbem 182–185 55
Widerruf **Vorbem 182–185** 63
Wirtschaftsrecht **Vorbem 182–185** 57
Beigeordneter
Vertretungsmacht **164** 2
Beihilfe, staatliche
Rückforderungsbefugnis **Vorbem 194–202** 52a
Beistandschaft
Verjährungshemmung **197** 6; **207** 13
Beitrittsgebiet
s a DDR
Gemeinden, Verfügungsbefugnis **185** 76
Bekanntmachung, öffentliche
Vollmacht **167** 12, 84
Belgien
Samstag **193** 6
Benachteiligungsabsicht
Gläubigeranfechtung **166** 23
Wissenszurechnung **166** 23
Beratungsvertrag
Aufklärungspflichten **195** 16
Gehilfenschaft **Vorbem 164 ff** 93
Verjährung **195** 16
Berechtigungsausweis
Ersatzanspruch nach Sperrung, Verjährung **202** 9a
Leistungseinstellung, vorzeitige **202** 9b
Bereicherungsansprüche
s a Ungerechtfertigte Bereicherung
deliktischer Bereicherungsanspruch
Verjährungsfrist **186** 13
Entstehung **199** 26
Fristverlängerung **195** 17
Tilgung fremder Schulden **195** 17
verjährte Forderung **214** 37
Verjährung **195** 24; **199** 26
Verjährungshöchstfrist **199** 106
Bergschadenersatz
Verjährung **200** 9
Bergwerkseigentum
Grundeigentum **196** 5
Herausgabeanspruch, Verjährung **197** 9
Berlin
Feiertage **193** 35
Hinterlegung **232** 3
Sicherheitsleistung **Vorbem 232 ff** 7; **232** 5
Berufung
Einwilligung zur Zurücknahme **Vorbem 182–185** 19
Berufungsfrist
Fristende **188** 23

Beschlüsse
Insichgeschäft **181** 25
Ja-Stimme **Vorbem 182–185** 7
Beschränkte dingliche Rechte
Änderung, inhaltliche **196** 8
Ansprüche, Verjährung **196** 1 ff, 8 ff
gesetzliche Ansprüche **196** 9
vertragliche Ansprüche **196** 9
Begründung des Rechts **196** 8
beschränkte persönliche
Dienstbarkeit **196** 8
Dauerwohnungsrecht **196** 8
Erbbaurecht **196** 8
Grunddienstbarkeit **196** 8
Grundschuld **196** 8
Hypothek **196** 8
Landesrecht **196** 8
Nießbrauch **196** 8
Rang **184** 58
Reallast **196** 8
Rentenschuld **196** 8
Übertragung **196** 8
Vollmacht, Auslegung **167** 84
Vorkaufsrecht, dingliches **196** 8
Vormerkung **196** 8
Wohnungserbbaurecht **196** 8
Wohnungsrecht **196** 8
Zustimmung zur Aufhebung **Vorbem 182–185** 42
Zwischenverfügungen **184** 58
Beschränkte persönliche Dienstbarkeiten
Ansprüche, Verjährung **196** 8 ff
Genehmigung, behördliche **Vorbem 182–185** 57
Beseitigungsanspruch
Fortdauer der Störung **199** 116
Immissionen **199** 116
Inhaberwechsel des beeinträchtigten
Rechts **199** 115
Störung, wiederholte **199** 116
Störungsquelle, dauernde **199** 116
Verjährungsbeginn **199** 115
Verjährungsfrist **199** 116
Besitz
Anrechnung **198** 2 ff
mehrfacher Besitzwechsel **198** 5
Verfolgungsrecht, Sicherheitsleistung
Vorbem 232 ff 2, 4
Besitzansprüche, Erlöschen
Nichtbetreiben des Verfahrens **204** 136
Besitzdiener
Bösgläubigkeit **166** 9
Drittverhalten, zurechenbares **Vorbem 164 ff** 2
Gutgläubigkeit **166** 11
Wissenszurechnung **166** 11
Besitzentziehung
Wiedereinräumung des Besitzes **197** 9

Besitzerwerb
Fremdwirkung **Vorbem 164 ff** 38
Besitzkehr
Selbsthilfe **230** 4 f
Besitzkonstitut
antizipiertes Besitzkonstitut **Vorbem 164 ff** 45
Besitzmittler
Bösgläubigkeit **166** 9
Besitzschutz
Notwehrrecht **227** 18
Besitzstörung
Selbsthilferecht **229** 10, 21
Besitzwehr
Selbstverteidigung **227** 8
Besoldungsleistungen
wiederkehrende Leistungen **197** 84
Besorgnis der Befangenheit
Einrede der Verjährung **214** 15 ff
Bestätigung
Erbvertrag, anfechtbarer **Vorbem 164 ff** 40
Rechtsgeschäft, anfechtbares **Vorbem 164 ff** 36
Heilung des vernichtbaren Rechtsgeschäfts **Vorbem 182–185** 15
Vertretungswille **Vorbem 164 ff** 36
Bestallungsurkunde
Vollmachtsurkundeneigenschaft **172** 1
Vorlage **174** 6
Bestattungshandlungen
Schikaneverbot **226** 27
Bestattungskosten
Verjährungshöchstfrist **199** 101
Bestimmtheitsgrundsatz
Sachübergabe, Publizität **181** 66
Vollmachtsumfang **167** 84, 86a
Bestreiten mit Nichtwissen
Wissenszurechnung **166** 30
Betragsverfahren
Terminierung **204** 126
Betreuer
Ansprüche, unverjährbare **194** 28
Aufgabenkreis **210** 6
Bestallungsurkunde **174** 6
Einwilligungen **Vorbem 164 ff** 41
Gesamtvermögensgeschäfte geschäftsunfähiger Ehegatten **181** 41
Verjährungsbeginn, Kenntnis **199** 57
Verjährungshemmung **204** 9
Vertretung, gesetzliche **Vorbem 164 ff** 24
Vertretungsmacht **Vorbem 164 ff** 34
Weisungen des Betreuten **166** 31
Betreuter
Geschäftsfähigkeit **164** 10
Betreuung
Ablaufhemmung der Verjährung **210** 3, 6
s a Ablaufhemmung
Eingriffe, ärztliche **Vorbem 164 ff** 41

Betreuung (Forts)
Einwilligungsvorbehalt **Vorbem 182–185** 22; **210** 3
Genehmigung, betreuungsgerichtliche **Vorbem 164 ff** 41
Gesamtvertretung **167** 51
kollidierende Rechtsgeschäfte **164** 10
Subsidiarität **167** 86a
Verjährungshemmung **197** 6; **207** 1, 13
Ansprüche gegen die Staatskasse **207** 13
Vertretungsverbot **181** 18
Widerrufsrecht, einseitiges **184** 9
Zwangsbehandlung **Vorbem 164 ff** 41
Betreuungsgericht
Genehmigungsbegriff **Vorbem 182–185** 5
Betriebliche Altersversorgung
Verjährungsfristen **195** 52
Betriebsblockade
Notwehr **227** 11
Betriebskostenabrechnung
Mitteilung **193** 10
Zugang **188** 4
Betriebskostenvorauszahlungen
Rückzahlungsanspruch, Verjährung **199** 20a
Betriebsrat
Schikaneverbot **226** 24
Wahlvorschläge, Einreichungsfrist **188** 10
Zustimmung zur außerordentlichen Kündigung eines Betriebsratsmitglieds **Vorbem 182–185** 16, 57; **182** 46
Betriebsratsvorsitzender
Vertreter in der Erklärung **Vorbem 164 ff** 85
Betriebsübergang
Fristen **186** 24
Betriebsvereinbarung
Außerkrafttreten **188** 21
Betrug
Organe juristischer Personen, Vollmachtsüberschreitung **177** 25
Beurkundung, notarielle
Handeln unter falscher Namensangabe **Vorbem 164 ff** 92
Handeln unter fremdem Namen **Vorbem 164 ff** 89
Treuhandauflage **184** 6
Bevollmächtigte
Außen-GbR **167** 7
Geschäftsfähigkeit, beschränkte **167** 5
Geschäftsunfähigkeit **167** 5
Insolvenz **168** 22
juristische Personen **167** 6; **168** 20
Austauschbarkeit der Organwalter **167** 6
KG **167** 7
OHG **167** 7
Bevollmächtigung
s a Vollmachtserteilung
Allgemeine Geschäftsbedingungen **167** 13

Bevollmächtigung (Forts)
  Anfechtung **166** 18; **167** 12, 77 ff; **179** 10
    Anfechtungsgegner **167** 77, 79
    Anfechtungsgrund **167** 80
    – arglistige Täuschung **167** 80
    – Drohung **167** 80
    – Irrtum **167** 80
    betätigte Vollmacht **167** 77 ff
    – Innenvollmacht **167** 77 ff
    Einschränkung der Anfechtbarkeit **167** 77, 80
    ex tunc-Wirkung **167** 81
    Schadensersatzpflicht **167** 81 f
    unwiderrufliche Vollmacht **167** 77
  Annahmeerklärung **167** 10
  Auslegung **Vorbem 164 ff** 64; **167** 52; **168** 2
    ergänzende Auslegung **167** 88
  Außenvollmacht **167** 12, 16
  Bekanntmachung, öffentliche **167** 12, 14, 16; **171** 1 f, 8
    Anschläge **171** 8
    Gewerberegistereintragung **171** 8
    Handelsregistereintragung **171** 8
    Handzettel **171** 8
    Personenkreis, nicht begrenzter **171** 8
    Postwurfsendungen **171** 8
    Zeitungsveröffentlichungen **171** 8
  Einwilligung des gesetzlichen Vertreters **167** 75
  Ersatzbevollmächtigung **167** 4, 60
  externe Vollmacht **167** 12
    Widerruf durch interne Vollmacht **167** 16
  Formbedürftigkeit **Vorbem 164 ff** 32
  Genehmigungsfähigkeit **167** 11
  Geschäftsfähigkeit, beschränkte **167** 75
  Geschäftsunfähigkeit **167** 75
  Innenvollmacht **167** 12, 16
  interne Vollmacht **167** 12, 16
  Kenntnis vom Auftreten des nicht ausdrücklich Bevollmächtigten **167** 28 f
  Kundgabe **167** 29a; **174** 11
  mehrere Bevollmächtigungen derselben Person **167** 16
  Mentalreservation **167** 75
  Mitteilung **167** 14; **171** 1 f, 2, 4; **174** 11
    Bevollmächtigung eines anderen **171** 6
    Bevollmächtigung, unwirksame **171** 7
    Bevollmächtigung, vorausgegangene **171** 7
    einmalige Mitteilung **172** 5
    Form **171** 4; **174** 11
    geschäftsähnliche Handlung **167** 14; **171** 2
    Geschäftsfähigkeit des Absenders **171** 5
    Kenntnisnahme **171** 4
    Name des Bevollmächtigten **171** 6
    schlüssiges Verhalten **171** 4
    schriftliche Mitteilungen **171** 4

Bevollmächtigung (Forts)
  Vertretungsmacht, Umfang **171** 6
  Nachteiligkeit **167** 75
  Nichtigkeit **167** 75 ff
    Kennenmüssen des Dritten **167** 76
    Kenntnis des Dritten **167** 76
  Rechtsgeschäft, bestimmtes **166** 34
  Risikoübernahme **167** 12
  Scheinerklärung **167** 75
  Scherzvollmacht **167** 75
  schlüssiges Verhalten **167** 29 f
    Vollmachtsüberschreitung **167** 29
  stillschweigende Bevollmächtigung **167** 28 f
    Duldung stellvertretenden Handelns **167** 29 f
  Störung der Geistestätigkeit, vorübergehende **167** 75
  im Testament **167** 15
  Unwiderruflichkeit **182** 28
  Verhalten, schlüssiges **167** 13
  durch Vertreter ohne Vertretungsmacht **167** 11
  Vertretungsmacht, rechtsgeschäftliche Begründung **Vorbem 164 ff** 22
  Vorbehalt, geheimer **167** 75
  Willenserklärung, empfangsbedürftige **167** 12 f, 15
    ausdrückliche Erklärung **167** 13
    an den zu Bevollmächtigenden **167** 12
    schlüssige Erklärungsverlautbarung **167** 13, 29
    Vernehmung **167** 15
    Zugang **167** 15
  Willenserklärung, nicht empfangsbedürftige **167** 12
  Willensmängel des Geschäftsherrn **166** 18
Bevollmächtigungsgeschäft
  Stellvertretung **Vorbem 164 ff** 32
Bevollmächtigungsklausel
  Entwertung **175** 4
Beweisantritt
  Verjährungshemmung **204** 86
Beweisaufnahme
  Anordnung **204** 127
Beweisbeschaffung
  Notstand **227** 54
  Notwehr **227** 54
Beweislast
  anderweitiger Ersatz **199** 43
  Anerkenntnis **212** 33
  Anscheinsvollmacht **167** 17
  Außenvollmacht **170** 10
  Berechnungsweise, verlängernde **187** 9a
  Botenschaft **Vorbem 164 ff** 74; **177** 22
  Bürgenstellung **239** 5
  Duldungsvollmacht **167** 17
  Handeln in fremdem Namen **164** 26
  Insichgeschäft **181** 68

Beweislast (Forts)
  Kundgabe der Bevollmächtigung **171** 13
  Monat **192** 1
  Notstand **228** 49
  Notwehr **227** 81 ff
  Rechtsnachfolge **198** 8
  Rechtsscheinsvollmacht **167** 17
  Schikaneverbot **226** 42
  Selbsthilfe **229** 50; **230** 8; **231** 6
  Sicherheitsleistung **240** 7
  Stellvertretung **164** 18, 26; **167** 17
  Urkundenvorlegung **172** 11
  Verbot vollmachtlosen Handelns **180** 14
  Vertreter ohne Vertretungsmacht, Haftung **179** 7
  Vertretung ohne Vertretungsmacht **178** 8; **179** 7, 26 f; **180** 14
  Vertretungsmacht **164** 26; **179** 26
  Verwirkung **Vorbem 194–202** 35
  Vollmacht **171** 13
    Erlöschen **168** 36
    Erteilung **167** 17
    Fortbestand **169** 8
  Vollmachtsurkunde, Aushändigung **172** 11
  Vollmachtsurkunde, Vorlegung **172** 11
  Zurückweisung einseitiger Rechtsgeschäfte **174** 13
  Zustimmung **182** 49
Beweisschwierigkeiten
  Selbsthilfe **229** 22, 26
Beweissicherung
  s Selbständiges Beweisverfahren
Beweisverwertung
  Notwehrhandlung **227** 54
Bezugsrechtsausübung
  Vorlegung der Vollmachtsurkunde **174** 2
BGB-Gesellschaft
  s Gesellschaft bürgerlichen Rechts
Bienen
  Verfolgungsrecht des Bieneneigentümers **229** 8
Bierlieferungsvertrag
  Sittenwidrigkeit **202** 4b
Bilanz
  Anerkenntnis **212** 22
Billigkeit
  Verjährungsfrist **202** 9a
Billigung
  Abweichung von Weisungen des Auftraggebers **Vorbem 182–185** 14
  Kauf auf Probe **Vorbem 182–185** 14
Bindungsdauer
  kurzfristige Bindung **202** 4a, 4c
  langfristige Bindung **202** 4a f
Bindungsfrist
  Vertretung ohne Vertretungsmacht **177** 2
Binnenschifffahrt
  Schifffahrtrechtliches Verteilungsverfahren **204** 99

Binnenschifffahrt (Forts)
  Verjährung **195** 43, 46 f; **200** 8 f
Blanketterklärung
  Anfechtung **172** 8
Blankett urkunde
  Ausfüllung **172** 8; **177** 22
  Ausfüllung entgegen dem Willen des Ausstellers **172** 8
  Ausfüllungsermächtigung **Vorbem 164 ff** 72a; **185** 112
  Entwendung **177** 22
  Oberschrift **172** 8
  Vervollständigung **172** 8
  Vorlegung **172** 8
Blankobürgschaft
  Vollmacht zur Abgabe der Bürgschaftserklärung **167** 20a
Börsenverkehr
  Handeln für den, den es angeht **Vorbem 164 ff** 51
Bösgläubigkeit des Dritten
  Beweislast **173** 8
Bösgläubigkeit des Vertretenen
  Veranlassung zu Geschäften **166** 31
Botenschaft
  äußeres Auftreten des Boten **Vorbem 164 ff** 75 f
  Auftrag **Vorbem 164 ff** 77
  Ausschluss, rechtsgeschäftlicher **Vorbem 164 ff** 79, 82
  Beweislast **Vorbem 164 ff** 74; **177** 22
  Botenmacht **Vorbem 164 ff** 76
  Dolmetscher **Vorbem 164 ff** 75
  Eigenhaftung des Boten **177** 22
  Empfängerhorizont **Vorbem 164 ff** 74
  Empfangsboten **Vorbem 164 ff** 73, 77; **164** 25
  Entscheidungsmacht **Vorbem 164 ff** 75
  Erklärungstransport **Vorbem 164 ff** 75
  Gestaltung der Willenserklärung, stilistische **Vorbem 164 ff** 75
  Erklärungsboten **Vorbem 164 ff** 73, 81
  Ermächtigung, gesetzliche **Vorbem 164 ff** 77
  Fehler bei der Ausführung des Botenauftrags **Vorbem 164 ff** 81
  Gefälligkeit **Vorbem 164 ff** 77
  Gerichtsvollzieher **Vorbem 164 ff** 77
  Geschäftsbesorgungsvertrag **Vorbem 164 ff** 77
  Geschäftsfähigkeit **Vorbem 164 ff** 78
    beschränkte Geschäftsfähigkeit **Vorbem 164 ff** 78
  Geschäftsfähigkeit, beschränkte **165** 8
  Geschäftsführung ohne Auftrag **Vorbem 164 ff** 77
  höchstpersönliche Erklärungen **Vorbem 164 ff** 79
  hoheitliches Handeln **Vorbem 164 ff** 77

Botenschaft (Forts)
Innenverhältnis Bote/Hintermann **Vorbem 164 ff** 76 ff
Offenheitsprinzip **Vorbem 164 ff** 74
Pseudobote **177** 22
Repräsentationstheorie **Vorbem 164 ff** 73
Stellvertreter als Bote **166** 4a
Stilistik **Vorbem 164 ff** 75
Stimmboten **Vorbem 164 ff** 75
Transport abgegebener Erklärungen **Vorbem 164 ff** 73
Transportrisiko **166** 4a
Übermittlung fremder Willenserklärungen **Vorbem 164 ff** 74
natürliche Fähigkeit zur Übermittlung **Vorbem 164 ff** 78
Vertretungsmacht **Vorbem 164 ff** 79
Vertretungsverbot, gesetzliches **Vorbem 164 ff** 79
Vertretungsverbot, rechtsgeschäftliches **Vorbem 164 ff** 79
Weiterleitung empfangener Erklärungen, technische **Vorbem 164 ff** 73
Willenserklärungen, nicht verkörperte **Vorbem 164 ff** 75
Willenserklärungen, verkörperte **Vorbem 164 ff** 75
Wissenszurechnung **166** 4a
Brandenburg
Hinterlegung **232** 3
Reformationstag **193** 39
Bremen
Feiertage **193** 35
Hinterlegung **232** 3
Sicherheitsleistung **232** 5
Briefeinwurf
Zugang **188** 4
Bruchteilserwerb
Konvaleszenz **185** 63
Bruchteilsgemeinschaft
gesetzliche Vertretungsmacht **Vorbem 164 ff** 24
Buchforderungen
Schuldbuchforderungen s dort
gegen Städte **232** 5
Bürgenstellung
Bauwesen **232** 11; **239** 1
Beweislast **239** 5
Einkünfte, wiederkehrende **239** 2
Einrede der Vorausklage, Verzicht auf **239** 3 f
Formbedürftigkeit **239** 4
Gerichtsstand, allgemeiner inländischer **239** 3
Kreditinstitut **239** 3
Sicherheitsleistung **232** 11; **239** 1 ff
Subsidiarität **239** 1
Tauglichkeit des Bürgen **239** 2 f, 5; **240** 1

Bürgenstellung (Forts)
Vermögen, angemessenes **239** 2
Zwangsvollstreckung **232** 11
Bürgerliches Gesetzbuch
Stellvertretungsrecht **Vorbem 164 ff** 15
Bürgermeister
Vertretungsmacht **Vorbem 164 ff** 31
Bürgschaft
Anerkenntnis **212** 23
Anerkenntnis des Hauptschuldners **212** 16
Bankbürgschaft **232** 1; **235** 1
Blankobürgschaft **167** 20a
Bürgschaft auf erstes Anfordern **199** 22; **233** 7
Bürgschaftsschuld, Entstehung **199** 22
Einrede der Verjährung **214** 10; **216** 5
Einrede der Vorausklage **197** 48; **199** 22; **Vorbem 203–213** 4 f; **214** 10, 40
Einreden **Vorbem 203–213** 5
Erfüllungsbürgschaft **199** 22
Fälligkeit **199** 22
Genehmigung, konkludente **182** 10
Inanspruchnahme des Bürgen **199** 22
Insichgeschäft **181** 43
Kreditversicherer **235** 1
Prozessbürgschaft **226** 41
rechtskräftig festgestellter Anspruch **197** 48
Rückgriffsanspruch des Bürgen **199** 8
selbstschuldnerische Bürgschaft **199** 22; **239** 4
Sicherheitsleistung **Vorbem 232 ff** 2, 4
Verjährung der Hauptforderung **214** 40; **216** 5
Verjährungshemmung **Vorbem 203–213** 4 f; **204** 12; **209** 4
Verhandlungen **203** 6
Verjährungsneubeginn **Vorbem 203–213** 5
Vollmacht **167** 20a
Zustimmung des gesetzlichen Vertreters zur Bürgschaftserklärung des Minderjährigen **182** 23
Zustimmung zur Schuldübernahme **Vorbem 182–185** 18
Bundesfiskus
Vertretung **Vorbem 164 ff** 28
Maßnahmen außerhalb eines Ressorts **Vorbem 164 ff** 28
Übertragung der Vertretungsmacht auf nachgeordnete Behörden **Vorbem 164 ff** 28
Bundesminister
Vertretungsmacht, Übertragung auf nachgeordnete Behörden **Vorbem 164 ff** 28
Bundesschuldbuch
öffentlicher Glaube **232** 4
Verpfändungsvermerk **232** 4
Buß- und Bettag
Feiertag, gesetzlicher **193** 35, 44

Bußgeldverfahren
 Einspruch, Rücknahme **187** 7; **193** 30
CESL
 s Gemeinsames Europäisches Kaufrecht
Chartervertrag
 Handeln für den, den es angeht **Vorbem 164 ff** 51
Christi Himmelfahrt
 Feiertag, gesetzlicher **193** 34
CIM
 Aufrechnung mit verjährter Forderung **215** 9
 Verjährungshemmung **203** 20
CISG
 Annahmefrist **188** 8
  arbeitsfreie Tage **193** 7
  Feiertag **193** 7
  Sonntag **193** 7
 Frist, maßgebliches Recht **186** 4, 24
 Zinspflicht, Beginn **187** 10
CIV
 Aufrechnung mit verjährter Forderung **215** 9
CMR
 Verjährung **195** 39, 43
 Aufrechnung mit verjährter Forderung **215** 9
 Verjährungshemmung **Vorbem 203–213** 4; **203** 5, 20
Code civil
 Stellvertretung **Vorbem 164 ff** 8
condicio in praesens vel praeteritum collata
 Einwilligung **183** 22
contractus mohatrae
 Veräußerungsermächtigung **183** 16; **185** 32
culpa in contrahendo
 Anspruchsentstehung **199** 23
 Anspruchskonkurrenz **195** 34 f
 Aufklärungspflichten **164** 24
 Eigenhaftung des Vertreters **165** 2; **179** 20, 24
 Empfangsvertretung **164** 24
 Genehmigung des Vertreterhandelns, Verweigerung **177** 23
 Geschäftsfähigkeit, beschränkte **165** 2
 Geschäftsunfähigkeit **165** 3
 gesetzliche Vertretung **177** 25
 Handeln in fremdem Namen **164** 11
 Inanspruchnahme von Vertrauen **164** 15
 Missbrauch der Vertretungsmacht **167** 102
 Organe juristischer Personen **177** 25
 Verbot vollmachtlosen Handelns **180** 3
 Verjährungsfrist **195** 12, 24, 57
 Verjährungshöchstfrist **199** 94
 Vertreter **164** 15
 Vertretung ohne Vertretungsmacht **179** 20
culpa levissima
 höhere Gewalt **206** 26

Dachantenne
 Schikaneverbot **226** 24
Darlehensvermittlungsvertrag
 Vollmacht, Formbedürftigkeit **167** 26
Darlehensvertrag
 Fälligkeit **199** 21
 Genehmigung, konkludente **182** 16
 Konditionenänderung **182** 18
 Kündigungsfrist **187** 6
 Prolongationsvereinbarung **182** 10a
 Tilgungsleistungen **182** 10
 Verjährung der Forderung **217** 6
 Verzinsungspflicht **187** 6; **193** 54
 Wechselansprüche, verjährte **214** 39
 Zinsleistungen **182** 10
Datenschutz
 Verjährungsfrist **195** 13
Datumswechsel
 Kalendersystem **186** 4
Dauerdelikte
 Notwehr **227** 24
Dauerpflichten
 Verjährung **199** 20c
Dauerschuldverhältnis
 Verjährung **194** 15; **199** 20c; **217** 10
Dauerwohnungsrecht
 Ansprüche, Verjährung **196** 8 ff
DDR
 s a Beitrittsgebiet
 Rechtsverfolgung **206** 12
 Treuhandverwaltung **185** 73
 Verjährungsrecht **Vorbem 194–202** 52
Deichrecht
 unvordenkliche Verjährung **Vorbem 194–202** 37
Deliktsrecht
 s Unerlaubte Handlung
Depotgesetz
 Zustimmungen, Formbedürftigkeit **182** 26
Depotstimmrecht
 Ermächtigung zur Stimmrechtsausübung **Vorbem 164 ff** 72
Dereliktion
 s Eigentumsaufgabe
Deutsches Patent- und Markenamt
 Widerspruchseinlegung, **184** 33
Diebstahl
 Besitzkehr **227** 24
 Notwehr **227** 24, 65, 68
  Videoüberwachung **227** 54
 Putativnotwehr **227** 24
Dienstbarkeit
 Beseitigungsanspruch, Verjährung **Vorbem 194–202** 3
Dienstverhältnis
 Eingehung durch Minderjährige **182** 2a
Dienstvertrag
 Fälligkeit **199** 21
 Gebührentatbestand **199** 21

Dienstvertrag (Forts)
  Innenverhältnis der Vollmacht **167** 3
  Kündigung aus wichtigem Grund,
    fristlose **186** 24
  Kündigung, Bevollmächtigung zur **174** 11
dies ad quem
  Fristablauf **193** 6
Dingliche Ansprüche
  Begriff **198** 2
  Rechtsnachfolge **198** 1
Dingliche Einigung
  Insichgeschäft **181** 11
Dingliche Rechte
  Herausgabeansprüche, Verjährung **197** 9
    Auskunftsanspruch **197** 19
    dienende Ansprüche **197** 17 ff
  Verjährungsfrist **199** 114
Dingliche Sicherheiten
  Anerkenntnis **212** 23
Dingliche Surrogation
  Ersatzgegenstand, Erwerb kraft Gesetzes **Vorbem 164 ff** 95
  Offenheitsprinzip **Vorbem 164 ff** 95
  Verjährungsfrist **197** 11
  Verjährungsfrist, Anrechnung **198** 3
Dinglicher Herausgabeanspruch
  Auskunftsanspruch **197** 19
  dienende Ansprüche **197** 17 ff
  Sekundäransprüche **197** 10
  Verjährung **195** 41; **197** 9 ff, 14a
  Verjährungshemmung **209** 5
  Vindikationslage **197** 11
  Zubehör **195** 41
Dinglicher Vertrag
  Vertretung ohne Vertretungsmacht **177** 2
Disagio
  Verjährung **197** 76
Dissens
  offener Dissens **166** 14
  versteckter Dissens **166** 14
  Willensmängel **166** 14
  Wissenszurechnung **166** 14
Dolmetscher
  bewusst falsche Übersetzung **177** 22
  Botenschaft **Vorbem 164 ff** 75
Domains
  Domaingrabbing **226** 26
  Schikaneverbot **226** 26
Domizilanfrage
  Genehmigung, konkludente **182** 13
Doppelvertretung
  Gestattung des Selbstkontrahierens **181** 61
  Handeln in fremdem Namen **164** 1
Draft Common Frame of Reference
  Berechnungsweise, verlängernde **187** 9
  Besitzverletzungen **229** 55
  EG-Fristen-VO **186** 22
  Fristbegriff **186** 10
  Fristen

Draft Common Frame of Reference (Forts)
  Berechnungsweise, verlängernde **186** 22; **187** 9
  Fristende **186** 22; **188** 11
  rückwärtslaufende Fristen **193** 27 f
  Sonn- und Feiertagsschutz **193** 27 f
  Fristenberechnung **186** 22; **189** 4; **190** 5
  Fristende **188** 11
  good faith **226** 51
  Jahresfristen **187** 9
  Monat **191** 4
  Monatsfristen **187** 9; **188** 26
  Rechtsmissbrauch **226** 51
  Samstag **193** 6
  Selbsthilferecht **229** 55
  Stundenfristen **187** 9, 13; **188** 11, 28
  Tagesfristen **187** 9; **188** 11
  Treu und Glauben **226** 51
  Werktage **193** 6
  Wochenfristen **187** 9; **188** 18
  Zeitbestimmung **192** 6
  Zivilkomputation **187** 9
Dreißigster
  Verjährungshöchstfrist **199** 101
Dresdner Entwurf
  Verjährungshemmung **207** 1
Drittschadensliquidation
  Auskunft für einen Dritten **Vorbem 164 ff** 47
  mittelbare Stellvertretung **Vorbem 164 ff** 47
  Schadensverlagerung **Vorbem 164 ff** 47
Drittwiderspruchsklage
  Erneuerungswirkung **212** 42 ff
Drohung, widerrechtliche
  Anfechtungsfrist **186** 14
  Bedrohung des Vertreters **166** 15
  Kausalität **167** 82a
  Vertretener **167** 82a
  Vertretergeschäft, Anfechtung **166** 17; **167** 80
  Vollmachtsanfechtung **167** 80
  Weisungserteilung **166** 17
Druckzuschlag
  Verjährung der Forderung **215** 14
Duldungseinwilligung
  Verfügung über Haushaltsgegenstände **182** 21
Duldungsermächtigung
  Bindungswirkung **182** 21
Duldungsvollmacht
  Adressat der stillschweigenden Erklärung **167** 29b
  Anfechtbarkeit **167** 45
  Beweislast **167** 17
  Duldungsbewusstsein **167** 45
  elektronische Signatur **Vorbem 164 ff** 19
  Handeln, rechtsgeschäftliches **167** 30
  Handelnlassen, bewusstes **167** 29a

Duldungsvollmacht (Forts)
  juristische Personen des öffentlichen
    Rechts **167** 46 f
  Kenntnis des Geschäftspartners **167** 29b f
  Kenntnis des Handelnden **167** 29b
  Kenntnis des Vertretenen **167** 30
  Kenntnis des Vertreterverhaltens **167** 40
  konkludente Vollmachtserteilung **167** 45
  Konkludenzbewusstsein **167** 45
  Rechtsscheinsvollmacht **167** 29b f, 32
    s a dort
  Verschulden des Vertretenen **167** 40
  Nichthinderung **167** 40
  Nichtkenntnisnahme **167** 40
  Vollmacht, unwirksame **167** 35
  Vollmachtserteilung, konkludente **167** 13, 29a f
  Vollmachtserteilung, rechtsgeschäftliche **167** 29b

EG-Fristen-VO
  Fristbestimmung **186** 19 f, 22; **188** 3, 11
    Monatsfrist **191** 4
  Fristende **188** 15 f, 28
Ehe
  Ehestörung **227** 12
  Innenverhältnis der Vollmacht **167** 3
  Notwehr **227** 12
  räumlich-gegenständlicher Bereich **227** 12
  Verjährung **194** 15
Ehegatten
  allgemeines Persönlichkeitsrecht **227** 12
  Botenschaft, gesetzliche Ermächtigung
    Vorbem 164 ff 77
  Generalquittung **207** 4
  Gesamtschuldnerausgleich **194** 28
  Geschäftsfähigkeit, beschränkte **210** 8
  Gestattung des Selbstkontrahierens,
    konkludente **181** 52
  Getrenntleben **191** 3
  Handeln in fremdem Namen **164** 1
  Herstellung der ehelichen Lebensgemein-
    schaft **194** 28; **227** 12
  Notwehr **227** 62, 71
    Notwehrlage **227** 62
  Rechtsgeschäfte, einseitige **182** 47
  Verfahrensfähigkeit **210** 8
  Verfügung über Haushaltsgegenstände
    Vorbem 164 ff 41; **182** 21
  Verfügung über Vermögen im Ganzen
    Vorbem 164 ff 41
  Verfügungsbeschränkungen **185** 13
  Verjährungshemmung **197** 6; **202** 7; **207**
    1 f, 9
  vorehelich entstandene Ansprüche **207** 8
  Verträge, Genehmigung **Vorbem 164 ff** 41
  Widerrufsrecht, einseitiges **184** 9
  Vertretung des Steuerpflichtigen **Vorbem 164 ff** 99

Ehegatten (Forts)
  vollmachtloses Auftreten für den anderen
    Ehegatten **182** 11
  Wissenszurechnung **166** 4
  Zustimmungen, Formbedürftigkeit **182** 26
  Zustimmungserklärungen **Vorbem 164 ff** 41
Eheliche Lebensgemeinschaft
  Herstellungsanspruch,
    Unverjährbarkeit **194** 28
  Vollmacht **167** 86a
Ehelichkeitserklärung
  Einwilligung der Kindesmutter **Vorbem 182–185** 13
  Einwilligung des nichtehelichen Kindes
    Vorbem 182–185 13
Ehemäklerlohn
  Naturalobligation **194** 10
Ehescheidung
  Vollmacht, Erlöschen **168** 2
  Zustimmung **Vorbem 182–185** 13
Eheschließung
  Höchstpersönlichkeit **Vorbem 164 ff** 79
  Vertretungsverbot **Vorbem 164 ff** 40
Ehevertrag
  Genehmigung, Form **182** 27
  Genehmigung, Formfreiheit **182** 27
  Güterrechtsregister **182** 27
  Stellvertretung **Vorbem 164 ff** 40
  Vollmacht, Formbedürftigkeit **167** 26
Eichgültigkeitsdauer
  Monatsfrist **188** 20
Eidesleistung
  Stellvertretung, Ausschluss **Vorbem 164 ff** 96
Eidesstattliche Versicherung
  Abnahme der eidesstattlichen
    Versicherung **212** 45
  Anordnung der Haft **212** 45
  Erneuerungswirkung **212** 45
  gewillkürte Stellvertretung, Ausschluss
    Vorbem 164 ff 96
  Nacherbschaft **197** 19a
  Schikaneverbot **226** 41
  Terminsanberaumung **212** 45
  Verhaftung des Schuldners **212** 45
  Verjährung **Anh 217** 11
Eigentümer-Besitzer-Verhältnis
  Gesetzeskonkurrenz **195** 31
  Kenntnis **166** 31
  Schadensersatzansprüche **217** 7
  Verjährung **197** 10, 14a; **217** 7
  Verjährungsfrist **195** 12
  Verwendungsersatz, Genehmigung
    Vorbem 182–185 5, 14
  Wissensvertretung **Vorbem 164 ff** 87
Eigentum
  absolutes Recht **194** 19
  Ansprüche **194** 6
  Notwehr **227** 24

Eigentum (Forts)
Schadensersatzansprüche,
  Verjährung **197** 10
Störung des Eigentums, Verjährung **195** 12
Unverjährbarkeit **199** 109
Verjährung **194** 19
  Herausgabeansprüche **197** 10
  s a Dinglicher Herausgabeanspruch
Eigentumsaufgabe
Genehmigung **Vorbem 182–185** 17
Genehmigung zwischenzeitlicher
  Veräußerung **184** 61
Verbot vollmachtlosen Handelns **180** 1
Verfügung eines Nichtberechtigten **185** 5 f
Eigentumserwerb
Besitzdiener **166** 9
Besitzmittler **166** 9
Bösgläubigkeit des Vertretenen **166** 9
Gutglaubenserwerb **166** 9
  Wissenmüssen **166** 31
Stellvertretung **166** 9
Eigentumsstörung
Verjährung **197** 10
Verjährungsfrist **199** 114
Eigentumsverschaffungsanspruch
Verjährung **194** 19
Eigentumsvorbehalt
  einfacher Eigentumsvorbehalt **185** 40
  Geschäftsverkehr, ordnungsgemäßer **185**
    33 ff, 37
  Globalzession **185** 38
  Kontokorrent **185** 37
  Rücktritt **216** 7; **218** 11
  Sale-and-Lease-back-Verfahren **185** 36
  Sicherungsmittel **Vorbem 232 ff** 1; **240** 4
  Sicherungsübereignung der
    Vorbehaltsware **185** 34
  Verfügung eines Nichtberechtigten **185** 9
  Verjährung der Kaufpreisforderung **216** 7
  Verjährung des gesicherten
    Anspruchs **194** 19
  verlängerter Eigentumsvorbehalt **185**
    33 ff, 38
  Verlust der Sicherheit **240** 4
  Verpfändung der Kaufsache **182** 11
  Vorausabtretung der Kaufpreisforde-
    rungen **185** 33, 37
  Vorausabtretungsklausel **185** 33, 38
  Weiterveräußerungsermächtigung **183** 11,
    14, 26; **185** 33 f, 38
  Abtretungsverbot **185** 38
  Insolvenz des Käufers **185** 40
  Insolvenz des Verkäufers **185** 40
  Widerruf aus wichtigem Grund **185** 39
  Widerruflichkeit **185** 39
Zahlungsverzug **216** 7
Ein-Mann-GmbH
Befreiung vom Verbot des Selbstkontra-
  hierens **181** 31, 53

Ein-Mann-GmbH (Forts)
Handelsregistereintragung **181** 53
Gesellschafter-Geschäftsführer **164** 15
Gründung, Verbot vollmachtlosen
  Handelns **180** 11
Organhandeln des Alleingesellschafters
  181 6, 20, 31, 53
Umwandlung einer mehrgliedrigen
  GmbH **181** 53
Einbenennung
Einwilligung des anderen Elternteils
  Vorbem 182–185 3
Einbringungsvertrag
Gestattung des Selbstkontrahierens **181** 61
Einheiten- und Zeitgesetz
Zeitbestimmung **186** 5
Einlassung, rügelose
Heilung von Mängeln **204** 36
Einrede der Bereicherung
verjährte Forderung **214** 39
Einrede der Verjährung
s Verjährungseinrede
Einrede der Vorausklage
s Bürgschaft
Einrede des nichterfüllten Vertrages
verjährte Forderung **214** 39
Einreden
Berufung des Schuldners auf die Einrede
  194 20, 26
dilatorische Einreden **194** 20; **205** 4
Leistungsverweigerungsrechte **194** 20
peremptorische Einreden **Vorbem 194–202**
  4; **194** 20; **205** 4
Verjährung **194** 20
Verjährungshemmung **205** 3 ff
Einstellungsbehörden
Vertretungsmacht **Vorbem 164 ff** 28
Einstweilige Anordnung
Ablaufhemmung **210** 9
Unterhalt **204** 94
Verjährungshemmung **204** 93 ff
Einstweilige Verfügung
Ablaufhemmung **210** 9
Leistungsverfügung **230** 1
obrigkeitliche Hilfe **229** 17
rechtskräftig festgestellte
  Ansprüche **197** 10
Sicherungsmittel **Vorbem 232 ff** 1
Sicherungsverfügung **204** 94
Unterlassungsverfügung **204** 94, 96
Verjährungshemmung **202** 22; **204** 93 ff
Verjährungsneubeginn **212** 37
Wettbewerbsrecht **204** 94
Einstweiliger Rechtsschutz
Ablaufhemmung **210** 9
Beschluss **204** 95
Nichtbetreiben des Verfahrens **204** 139
Verjährungshemmung **Vorbem 194–202** 13;
  204 93 ff

Einstweiliger Rechtsschutz (Forts)
  Zustellung der stattgebenden
    Entscheidung **204** 95
  Zustellung des Antrags **204** 95 f
  Zustellungsfrist **204** 96
Eintragungsbewilligung
  Doppelnatur der
    Bewilligungserklärung **185** 101
  Konvaleszenz **185** 101
  Urkundenvorlegung **172** 7
  Verfügungserklärungen,
    verfahrensrechtliche **185** 101
Einwendung
  Berücksichtigung von Amts wegen **194** 20
  Verjährungshemmung **205** 4
Einwilligung
  Abstraktheit **183** 2, 16, 22
  Adoption **Vorbem 182–185** 13
  Adressat **185** 23
  ärztliche Eingriffe **Vorbem 164 ff** 41;
    Vorbem 182–185 10
  Anfechtung **Vorbem 182–185** 47
  Anscheinsvollmacht **182** 21
  Anspruch auf Einwilligungserteilung **183** 7
  Auslegung **Vorbem 182–185** 4; **183** 2
  Bedingung **Vorbem 182–185** 52; **183** 5, 22
    auflösende Bedingung **183** 19
    Bedingungsfeindlichkeit des
      Hauptgeschäfts **183** 5
  Befristung **Vorbem 182–185** 52; **183** 19
  condicio in praesens vel praeteritum
    collata **183** 22
  Deckungsgleichheit Einwilligung/Hauptgeschäft **182** 2a
  Duldungsvollmacht **182** 21
  einseitige Rechtsgeschäfte **182** 33, 46
  Erklärungsbewusstsein **182** 10, 17
  Erlöschen **183** 17, 19 f, 23 ff
    Veräußerungsverbot **183** 25
  Ermächtigung **Vorbem 182–185** 5
  Erwerbsgeschäft, selbständiger Betrieb
    182 2a
  externe Einwilligung **183** 9, 17
  Form **183** 3
  Formbedürftigkeit **182** 28, 33
  Formfreiheit **183** 2; **185** 23
  Geschäftsfähigkeit **227** 35
  Gestattung des Selbstkontrahierens **181** 50
  Grundrechtsverhältnis **Vorbem 182–185** 38;
    183 20, 23
    Beendigung **183** 20 f
    – Vertrauensschutz **183** 20
    Unwirksamkeit **183** 22
  Insolvenz des Einwilligenden **183** 25, 27
  Insolvenz des Ermächtigten **183** 24
  Körperverletzungen **227** 35
  Kondiktion **183** 22
  Kündigung **183** 10
  Legaldefinition **Vorbem 182–185** 3 f; **183** 1

Einwilligung (Forts)
  Mangel der Ernstlichkeit **Vorbem 182–185** 47
  Missbrauch der Einwilligung **183** 20
  Prozesshandlungen **183** 12
  Rechtfertigungsgrund **227** 35 f
  Rechtsgeschäfte **182** 2a
  Rechtsgutsverletzungen **Vorbem 182–185** 10; **183** 2
  Rechtsmacht **183** 13
  Rechtsnachfolge **183** 28
  Rechtsverletzungen **Vorbem 164 ff** 38;
    Vorbem 182–185 10
  Scheineinwilligung **182** 21
  schlüssiges Verhalten **183** 3
  Schweigen **183** 3
  Stellvertretung **183** 6
  Taschengeld **182** 2a
  Tod des Ermächtigten **183** 23
  Übereignung fremder Sachen **183** 11
  Übertragung der Rechtsmacht zur
    Vornahme des Hauptgeschäfts **183** 6
  Übung, tatsächliche **183** 3
  Unwiderruflichkeit **Vorbem 182–185** 50;
    183 14, 16, 22; **185** 26
    Zustimmungspflicht **Vorbem 182–185** 53;
      183 16
  zu einer Verfügung **Vorbem 182–185** 49
  Verfügungsmacht **Vorbem 182–185** 49
  Verfügung eines Nichtberechtigten **182** 20;
    185 23
  Verfügungsermächtigung **185** 24
    s a dort
  vertragswidriges Verhalten des Vertragspartners **Vorbem 182–185** 10
  Verweigerung **183** 4
  Verzicht **183** 19
  vorherige Zustimmung **183** 1; **185** 23
  Widerruf **Vorbem 182–185** 40, 47; **183** 9 ff,
    19, 22
    Adressat **183** 9
    Ausschluss **183** 14, 16
    Einwilligungserteilung nach
      Widerruf **183** 13
    Hauptgeschäft, Genehmigung **183** 13
    schlüssiges Verhalten **183** 9
    Widerruf aus wichtigem Grund **183** 14
    Widerrufsverbote, gesetzliche **183** 15
    Willenserklärung,
      empfangsbedürftige **183** 9
    Zugang **183** 9 f
    Zustellung durch
      Gerichtsvollzieher **183** 9
  Widerruflichkeit **183** 8
    Dauer **183** 10
    Verzicht **183** 14
  Willenserklärung, einseitige
    empfangsbedürftige **183** 2

Einwilligung (Forts)
Willenserklärung,
empfangsbedürftige **185** 23
Wirksamkeit des Rechtsgeschäfts **Vorbem 182–185** 18
Wirkungsdauer **183** 17, 25
Zugang **183** 16
Zustimmungsbefugnis **183** 28
Zwangsbehandlungen **Vorbem 164 ff** 41
Einwilligungsvorbehalt
Betreuung **Vorbem 182–185** 22
Einzelvertretung
Vertretungsberechtigung **167** 51
Einziehungsermächtigung
Abtretung an Factor **Vorbem 164 ff** 66
Einwilligungsprinzip **Vorbem 164 ff** 66
Forderungsgeltendmachung im eigenen Namen **Vorbem 164 ff** 66
Forderungstilgung **Vorbem 164 ff** 66
Gewohnheitsrecht **Vorbem 164 ff** 67
Gläubigerstellung, Verdopplung **Vorbem 164 ff** 67; **185** 112
Inkassozession **Vorbem 164 ff** 66
Interesse des Ermächtigten **Vorbem 164 ff** 67
Klageerhebung,
Hemmungswirkung **204** 10
Lastschriftverfahren **Vorbem 164 ff** 66; **185** 112
Offenheitsprinzip **Vorbem 164 ff** 65
Prozessstandschaft, gewillkürte **Vorbem 164 ff** 68
Rechtsfortbildung, richterliche **Vorbem 164 ff** 67
Schuldnerschutz **Vorbem 164 ff** 67
Sicherungszession, stille **183** 14
Treuhand, dinglich beschränkte **Vorbem 164 ff** 66
Überlassung zur Ausübung **Vorbem 164 ff** 67
Zulässigkeit **Vorbem 164 ff** 68
Elegante Jurisprudenz
Stellvertretung **Vorbem 164 ff** 9
Elektronische Signatur
Anscheinsvollmacht **Vorbem 164 ff** 19
Duldungsvollmacht **Vorbem 164 ff** 19
Signaturmissbrauch **167** 35
Vertretungsmacht, Umfang **172** 8
Elektronischer Geschäftsverkehr
Widerrufsfrist **186** 24
Elterliche Gewalt
s Elterliche Sorge
Elterliche Sorge
Genehmigungen, familiengerichtliche **Vorbem 182–185** 66
Gesamtvertretung **167** 51
Minderjährigkeit des Sorgeberechtigten **165** 7

Elterliche Sorge (Forts)
Vertretung in der Erklärung **Vorbem 164 ff** 85
Vertretungsmacht **Vorbem 164 ff** 34
Eltern
Erziehungsrecht **227** 37
Identität Schuldner/zur Verfolgung von Ansprüchen berufene Person **195** 9
Verjährungsbeginn, Kenntnis **199** 57
Verjährungshemmung **197** 6; **204** 9
Verkauf einer Sache an das minderjährige Kind **182** 10
Vertretung des Kindes, gesetzliche **Vorbem 164 ff** 24
Insichgeschäft **181** 18
Zustimmung **181** 62a
Eltern-Kind-Schenkung
Insichgeschäft **181** 32
Empfangsbevollmächtigter
Steuerrecht **Vorbem 164 ff** 99
Verwaltungsverfahren **Vorbem 164 ff** 98
Empfangsboten
Botenmacht **164** 25
gesetzliche Ermächtigung **164** 25
gewillkürte Ermächtigung **164** 25
Risikoübernahme **164** 25
Verkehrsanschauung **164** 25
Botenschaft **Vorbem 164 ff** 73; **164** 25
Briefkasten **164** 25
Empfangseinrichtung,
unselbständige **164** 25
Geschäftsbesorgungsvertrag, stillschweigender **Vorbem 164 ff** 77
Geschäftsunfähigkeit **164** 25
Handeln als Empfangsbote **Vorbem 164 ff** 19
Kennenmüssen **166** 39
Kenntnis **166** 39
Willenserklärung, Wirksamwerden **164** 25
Wissenszurechnung **164** 25
Empfangsvertretung
Ablehnung der Entgegennahme von Willenserklärungen **164** 22
Anfechtungssperre **164** 24
Aufklärungspflichten **164** 24
Auslegung der Willenserklärung **166** 14
Empfangsvollmacht, isolierte **164** 23
Entgegennahme von Willenserklärungen **164** 22
Entscheidungsmacht des Stellvertreters **164** 22
Fremdwirkung **164** 22
Gesamtvertretung **167** 56
Gutgläubigkeit des Dritten **173** 8
Kennenmüssen des Empfangsvertreters **166** 38
Kenntnis des Empfangsvertreters **166** 38
Offenheitsprinzip **164** 22

Empfangsvertretung (Forts)
　passive Stellvertretung **Vorbem 164 ff** 19; **164** 22
　Repräsentationsprinzip **164** 22
　unmittelbare Wirkung **164** 22
　Vertretungsmacht **164** 23
　　Beschränkung **164** 23
　　formularmäßige Einräumung **164** 23
　Vertretungswille **Vorbem 164 ff** 36
Empfangszuständigkeit
　Prozessvergleich **164** 25
　Willenserklärung **164** 25
EMRK
　Tötung eines Menschen **227** 69
　　dolus directus **227** 69
England
　agency **Vorbem 164 ff** 104
　　Bevollmächtigung, stillschweigende **Vorbem 164 ff** 104
　　Rechtsscheinstatbestände **Vorbem 164 ff** 104
　　undisclosed agency **Vorbem 164 ff** 104
　　vollmachtloses Handeln, Genehmigung **Vorbem 164 ff** 104
　Außenverhältnis **Vorbem 164 ff** 104
　authority **Vorbem 164 ff** 104
　　Unwiderruflichkeit **Vorbem 164 ff** 104
　　Widerruf **Vorbem 164 ff** 104
　Innenverhältnis **Vorbem 164 ff** 104
　Insichgeschäft **181** 19
　malice **226** 48
　necessity **228** 53
　Notstand **228** 53
　　Ersatzpflicht **228** 53
　Notwehr **227** 89
　　Angriff durch Sache **227** 89
　　Angriff durch Tier **227** 89
　　Verteidigung, angemessene **227** 89
　nuisance **226** 48
　Offenheitsprinzip **Vorbem 164 ff** 104
　private defence **227** 89
　Prozessführung, böswillige **226** 48
　Rechtsmissbrauch **226** 48, 52
　rei vindicatio, Unverjährbarkeit **197** 3
　Selbsthilfe **229** 54
　self-defence **227** 89
　self-help **229** 54
　Stellvertretung **Vorbem 164 ff** 104
　　gesetzliche Stellvertretung **Vorbem 164 ff** 104
　　mittelbare Stellvertretung **Vorbem 164 ff** 104
　　verdeckte Stellvertretung **Vorbem 164 ff** 104
　trust **Vorbem 164 ff** 104
　üble Nachrede **226** 48
Enteignung
　Verjährung **195** 15

Enteignungsgleicher Eingriff
　Verjährung **195** 15; **199** 38
Entnahmerecht
　Verjährung **199** 14
Entscheidungsgründe
　Fünfmonatsfrist **193** 57
Erbauseinandersetzung
　Insichgeschäft **181** 12
　Mehrvertretung
　　Pflegerbestellung **181** 57
　Vertretungsverbot **181** 18
Erbbaurecht
　Ansprüche, Verjährung **196** 8 ff
　Grundeigentum **196** 5
　Heimfallanspruch, Verjährung **195** 45; **200** 9
　Herausgabeanspruch, Verjährung **197** 9
　Vertragsstrafeanspruch, Verjährung **195** 45; **200** 9
　Zustimmung zur Veräußerung **183** 28
　Zustimmungsersetzung, gerichtliche **182** 43
Erbenbesitz
　Besitznachfolge **198** 1, 4
Erbengemeinschaft
　Auseinandersetzung **215** 14a
　　Ausschluss **186** 14
　Klage, Hemmungswirkung **204** 25
　Verjährungseintritt **215** 14a
　Verjährungshemmung **204** 7
Erbenhaftung
　Unbeschränkbarkeit **185** 83
Erbenhaftung, beschränkte
　Verjährung **194** 20
Erbfall
　Primäransprüche **199** 102
　Sekundäransprüche **199** 102
　Verjährungsbeginn **200** 10
　Verjährungshöchstfristen **199** 99 ff
Erbgang
　Konvaleszenz **185** 62
Erbrecht
　30-jährige Verjährung **Vorbem 194–202** 11
　Ansprüche **194** 12 f
　Schikaneverbot **226** 13
　Verjährungsvereinbarung **202** 10
Erbrechtliche Ansprüche
　Verjährung **197** 20 f
Erbschaftsanfechtung
　Vollmacht, Formbedürftigkeit **167** 19
Erbschaftsannahme
　Verbot vollmachtlosen Handelns **180** 1
Erbschaftsanspruch
　Besitzerlangung **197** 14
　Erbschaftsgegenstand **197** 14
　Forderungen **197** 14
　Gegenansprüche des Erbschaftsbesitzers **197** 13
　Gesamtanspruch **197** 13 ff
　Rechtsnachfolge **198** 10

Erbschaftsanspruch (Forts)
Verjährung **197** 12 ff; **199** 99
Auskunftsanspruch **197** 18 f
dienende Ansprüche **197** 17 ff
Nutzungen **197** 13 f
Schadensersatzansprüche **197** 13 f
Surrogationserwerb **197** 13
Verjährungsbeginn **197** 14
Erbschaftsbesitz
Vererbung **198** 10
Erbschaftsbesitzer
Aufwendungsersatzanspruch **197** 13
Verwendungsersatzanspruch **197** 13
Erbschaftskauf
Verjährungshöchstfrist **199** 103
Vollmacht, Formbedürftigkeit **167** 26
Erbschaftsteuer
Zehnjahresfrist **187** 10; **188** 21; **193** 57
Erbschaftsteuerrecht
Genehmigung, Rückwirkung **184** 38
Erbschein
Herausgabe des unrichtigen Erbscheins **197** 12, 16; **199** 99
dienende Ansprüche **197** 12, 17 ff
Erbscheinsverfahren
gewillkürte Stellvertretung, Ausschluss **Vorbem 164 ff** 96
Insichgeschäft **181** 28
Erbteil
Übertragung
Vollmacht, Formbedürftigkeit **167** 26
Weiterveräußerung
Vollmacht, Formbedürftigkeit **167** 26
Erbteil, gesetzlicher
s Vertrag unter künftigen gesetzlichen Erben über den gesetzlichen Erbteil
Erbvertrag
Anfechtungsfrist **186** 24
Aufhebung **Vorbem 164 ff** 40
Verfügungen, vertragsmäßige **183** 15
Zustimmungserklärung, Formbedürftigkeit **182** 26
Beeinträchtigung des Vertragserben durch Schenkung, Verjährungsfrist **195** 48
Bestätigung **Vorbem 164 ff**
Fristlauf, kenntnisgebundener **166** 9
Rücktritt **Vorbem 164 ff** 40
Schenkung, beeinträchtigende **186** 13
Erbverzicht
Vertretungsverbot **Vorbem 164 ff** 40
Erbverzichtsvertrag
Vollmacht, Formbedürftigkeit **167** 26
Erfolgsunrecht
Notwehr **227** 28 ff, 52
Erfüllung
Anerkenntnis **205** 2
Erfüllungsansprüche
Fälligkeit **199** 21
Verjährung **213** 7

Erfüllungsansprüche (Forts)
Verjährungsbeginn **199** 21
Verjährungsfrist **195** 12
Verjährungshöchstfrist **199** 106
Erfüllungsgehilfen
Drittverhalten, zurechenbares **Vorbem 164 ff** 2
Handeln in fremdem Namen **164** 11
Stellvertreter **164** 11
Verschuldenszurechnung **166** 8
Erfüllungsübernahme
mittelbare Stellvertretung **Vorbem 164 ff** 46
Ergänzungspfleger
Ansprüche, unverjährbare **194** 28
Wissenmüssen **166** 31
Ergänzungspflicht
s Sicherheitsleistung
Erkenntnisverfahren
obrigkeitliche Hilfe **229** 17
Erklärungsbewusstsein
Anerkenntnis **212** 11
Willenserklärungen **167** 29a; **182** 17 ff
Erklärungsbote
Berechtigungsverhältnis zum Erklärenden **174** 4
Botenschaft **Vorbem 164 ff** 73, 81
Fehler bei der Ausführung des Botenauftrags **Vorbem 164 ff** 81
Handeln als Erklärungsbote **Vorbem 164 ff** 19
Übermittlung einseitiger Willenserklärungen **174** 4
Erklärungsort
Feiertage, gesetzliche **193** 36
Erklärungsvertreter
Vertretungswille **Vorbem 164 ff** 36
Erlass
Gestattung des Selbstkontrahierens **181** 62
Erlaubnis
Unterleihvertrag **Vorbem 182–185** 11
Untermietvertrag **Vorbem 182–185** 11
Unterpachtvertrag **Vorbem 182–185** 11
Erledigung der Hauptsache
Verjährungseinrede, Erhebung **214** 14
Ermächtigung
Ausfüllungsermächtigung **Vorbem 164 ff** 72a
Auslegung **Vorbem 164 ff** 64
Außenwirkungsmoment **Vorbem 164 ff** 65
Ausübung fremder Rechte im eigenen Namen **Vorbem 164 ff** 63 f
Begriff **Vorbem 164 ff** 62
Einwilligung **Vorbem 164 ff** 65; **Vorbem 182–185** 5
Einziehungsermächtigung **Vorbem 164 ff** 65 ff
s a dort
Erwerbsermächtigung **Vorbem 164 ff** 65, 69
Gegenstandsbezogenheit **Vorbem 164 ff** 64

Ermächtigung (Forts)
  Handeln im eigenen Namen **166** 31
  mittelbare Stellvertretung **Vorbem 164 ff** 65
  Offenheitsprinzip **Vorbem 164 ff** 65
  Privatautonomie **Vorbem 164 ff** 65
  Prozessstandschaft, gewillkürte **Vorbem 164 ff** 68
  Stellvertretung, unmittelbare **Vorbem 164 ff** 64
  Stimmrechtsausübung **Vorbem 164 ff** 72; **185** 112
  Verfügung eines Nichtberechtigten **182** 20
  Verfügungsbefugnis des Rechtsinhabers **Vorbem 164 ff** 63
  Verfügungsermächtigung **Vorbem 164 ff** 62 ff
  Verfügungsgeschäfte **Vorbem 164 ff** 65
  Verpflichtungsermächtigung **Vorbem 164 ff** 65, 70 f
  Vertretungsmacht **Vorbem 164 ff** 64
  im weiteren Sinne **185** 111
  Widerruf **175** 7
  Widerruflichkeit **Vorbem 164 ff** 63
  Wissenmüssen **166** 31
  Zustimmung **Vorbem 164 ff** 65
Ermächtigungserklärung
  elektronische Form **182** 46
  Schriftform **182** 46
Ermächtigungstreuhand
  mittelbare Stellvertretung **Vorbem 164 ff** 48
  Verfügung eines Nichtberechtigten **185** 14
Ermächtigungsurkunden
  Auskunftseinholung **175** 7
  geschäftsähnliche Handlungen **175** 7
  Rückgabe **175** 7
  Widerruf der Ermächtigung **175** 7
Erneuerungsschein
  Hinterlegung **234** 3
Ersatz, anderweitiger
  s Anderweitiger Ersatz
Ersatzansprüche
  Verjährung **195** 24
Ersatzansprüche Dritter bei Tötung
  Verjährungshöchstfrist **199** 104
Ersatzbevollmächtigung
  Erteilung **167** 61
  Hauptvollmacht, Fortbestand **167** 60
  Untervollmacht **167** 60 f
Erscheinung des Herrn
  Feiertag, gesetzlicher **193** 37 f, 46
Erschließungskosten
  Regressanspruch, Verjährungsfrist **196** 12
Ersitzung
  Frist **186** 14
  Rechtserwerb **Vorbem 194–202** 1, 3
Erstattungsanspruch
  Fälligkeit **199** 8
  Verjährung **195** 48, 49

Ersteigerungsauftrag
  Gestattung des Selbstkontrahierens, konkludente **181** 52
Erwerbsermächtigung
  Offenheitsprinzip **Vorbem 164 ff** 65, 69; **185** 112
Erwerbsgeschäft
  Stellvertretung, mittelbare **Vorbem 164 ff** 44
Erwerbsgeschäft, selbständiger Betrieb
  Einwilligung **182** 2a
Erwirkung
  Erwerb vertraglicher Rechte **182** 22
EuGVÜ
  Gerichtsstand **239** 3
EuGVVO
  Gerichtsstand **239** 3
Europäische Menschenrechtskonvention
  s EMRK
Europäischer Gerichtshof, Verfahrensordnung
  Klagefrist **187** 5
Europäisches Mahnverfahren
  Anspruchsbezeichnung **204** 55
  Europäischer Zahlungsbefehl **204** 53
  Nichtbetreiben des Verfahrens **204** 138
  Rechtsmittel **204** 58
  Zulässigkeit des Antrags **204** 54
  Zurückweisung des Antrags **204** 58
  Zuständigkeit **204** 54
  Zustellung des Mahnbescheids **204** 56 f
Europäisches Übereinkommen über die Berechnung von Fristen
  Fristberechnung **186** 23
  Samstag **193** 6
Europarecht
  s Gemeinschaftsrecht
Evidenz
  Missbrauch der Vertretungsmacht **167** 97 f, 103; **173** 2
    Fahrlässigkeit **167** 98
    – grobe Fahrlässigkeit **167** 98
    Informationspflicht **167** 98
    Nichtberücksichtigung evidenten Missbrauchsverhaltens **167** 97
  Vollmacht, Erlöschen **173** 2 f
exceptio doli generalis
  Rechtsausübung **226** 6, 9, 20
Existenzvernichtungshaftung
  Verjährungsbeginn **199** 80

Fälligkeit
  Anspruch **194** 9
  Anspruchsanmeldung **199** 22
  Einreden des Schuldners **199** 9
  Fälligkeitsabreden **199** 21
  Feiertag **193** 52 ff
  Freihaltungsansprüche **199** 7
  Gestaltungsrechtsausübung **199** 11
  Kündigung **199** 21

Fälligkeit (Forts)
  Leistungstermin **199** 7
  nachgeholte Leistung **193** 54
  Rechnungserteilung **199** 11, 17
  Rückwirkung **199** 10
  Samstag **193** 52 ff
  Sonntag **193** 52 ff
  Stundung des Anspruchs **199** 9
  Vereinbarung späterer Fälligkeit **202** 4
  Verjährungsbeginn **199** 5, 7 ff, 50
  Verzug **193** 55
  Voluntativbedingung **199** 11
  Zeitpunkt **187** 7
Fälligkeitszinsen
  Fristverlängerung **193** 53
Fahrkarten
  Gültigkeit **187** 9a
falsa demonstratio
  Zustimmung **Vorbem 182–185** 43, 45
Falschangaben
  Stellvertretung **164** 13
Falschberatung
  Verjährung **195** 48
Falschbetankung
  Schuldanerkenntnis **164** 2
falsus procurator
  s Vertretung ohne Vertretungsmacht
Familiengericht
  Genehmigungen **Vorbem 182–185** 66 f
  s a Genehmigung, familiengerichtliche
  Genehmigungsbegriff **Vorbem 182–185** 5
Familiengerichtskostengesetz
  Verjährungsneubeginn **Vorbem 203–213** 3;
    212 2
Familienrecht
  Ansprüche **194** 12 f
  Schikaneverbot **226** 13, 16
Familienrechtliche Ansprüche
  Verjährung **197** 20, 22
Familienrechtliches Verhältnis
  Unverjährbarkeit **194** 28; **195** 53
Familiensachen
  Fristberechnung **186** 18
  Verfahrenskostenhilfe **204** 113
Faschingsdienstag
  Feiertag **193** 48
Feiertag
  Ablehnungsrecht **193** 51
  Buß- und Bettag **193** 35
  Erklärungsort **193** 36
  Fälligkeit **193** 52 ff
  Faschingsdienstag **193** 48
  Fristbeginn **187** 4; **193** 57
  Fristende **187** 4; **188** 2; **193** 3, 32
  Fristverlängerung **193** 49, 52 ff
  Gemeinschaftsrecht **193** 6
  geschäftsähnliche Handlungen **193** 10
  gesetzliche Feiertage **193** 32
  Handelsbrauch **193** 48

Feiertag (Forts)
  Heilig Abend **193** 48
  kirchliche Feiertage **193** 32, 34, 48
  Leistungserbringung **193** 9, 31
  Leistungspflicht **193** 49
  nicht bundeseinheitliche Feiertage **193** 32
  3. Oktober **193** 33
  Rechtshandlungen **193** 1 ff
  religiöse Feiertage **193** 48
  Rosenmontag **193** 48
  Silvester **193** 48
  Stichtagsregelungen **193** 57
  Termin **187** 4
  Willenserklärungen, Abgabe **193** 9 f
Feiertagsruhe
  Grundrechtsschutz **193** 3
  Leistungspflichten **193** 2 f
Fernabsatzvertrag
  Widerrufsfrist **186** 24; **187** 6
Fernlastfahrer
  Vollmachtsumfang **167** 86a
Fertigstellungsbescheinigung
  Abwehrbescheinigung der
    Nichtfertigstellung **204** 92
  Verjährungshemmung **204** 92
Festnahmerecht
  Abwehr von Straftaten **229** 37
  Duldungspflicht **229** 38
  Erlangung hoheitlicher Hilfe **230** 1
  Freilassung, sofortige **230** 6; **231** 3
  Körperverletzung, ernste **229** 37
  Personalien, Feststellung **229** 35; **230** 6
  Selbsthilfe **229** 6, 35 ff
  Sicherheitsarrest, persönlicher **229** 35;
    230 6
  Tötungsrecht **229** 36 f
  Vorführung, unverzügliche **230** 6
  vorläufige Festnahme **229** 37
  Widerstandsbeseitigung **229** 25, 36, 38 f
Feststellungsklage
  Feststellungsinteresse **199** 46; **204** 44
  künftige Schäden **199** 5, 46 f; **204** 44
  Leistungsklage, Nachschieben **197** 87
  Sicherungsmittel **Vorbem 232 ff** 1
  Verjährungshemmung **194** 8; **197** 37; **199** 3,
    34; **204** 20, 44
  Verjährungsregime **199** 3
  Vermögensgefährdung **199** 34
  Zwischenfeststellungsklage **204** 37
Feststellungsklage, negative
  Abweisungsantrag des Gläubigers **204** 39 f
  Anspruch, rechtskräftig festgesteller
    197 42 f
  Verjährungseintritt **214** 9a, 12
Feststellungsurteil
  Anspruch, rechtskräftig festgestellter **197**
    34, 37 f, 40, 50
  Verjährungsfrist **213** 13

Filialleiter
Vollmachtsumfang **167** 86a
Finanzgerichtsverfahren
Fristberechnung **186** 18
Fristverlängerung **190** 3
Finanzierungsgrundpfandrecht
Zustimmungsberechtigung **183** 28
Zustimmungspflicht **183** 16
Firma
Unverjährbarkeit **199** 109
Verwendung, unberechtigte **199** 28
Fischereirecht
Aneignungsrecht **228** 22
unvordenkliche Verjährung **Vorbem 194–202** 37
Fiskus
Nothilfe **227** 44
Vertretung **Vorbem 164 ff** 28 f
Folgesache
Einbeziehungsfrist **187** 7; **193** 30, 57
Forderung
Anspruch **194** 14
Eigentum **Vorbem 194–202** 8
Einrede im Prozess **204** 40
Forderungsabtretung
s Abtretung
Forderungseinziehung
Genehmigungsfähigkeit **184** 55
Forderungspfändung
Erneuerungswirkung **212** 42
Konvaleszenz **185** 73a
Formbedürftige Rechtsgeschäfte
Vollmacht **167** 18
Wissenszurechnung **166** 9
Formbedürftigkeit
Wissenszurechnung **166** 9
Formmangel
Haftung **179** 9, 24
Frachtgeschäft
gesetzliche Pfandrechte, Konvaleszenz **185** 90
internationales Frachtgeschäft s CMR
Pfandrecht **185** 93
Verjährung **195** 39, 45; **202** 15
Verjährungsbeginn **200** 10
Verjährungshemmung **Vorbem 203–213** 4; **203** 5, 20
Zurückweisung des Anspruchs **203** 20
Franchisenehmer
Handeln in fremdem Namen **164** 2
Vertretungsmacht, fehlende **164** 2
Franchising
Rechtsscheinsvollmacht **167** 35
Frankreich
Abstraktionsprinzip **Vorbem 164 ff** 102
abus de droit **226** 47
Auftragsvertrag **Vorbem 164 ff** 102
Botenschaft **Vorbem 164 ff** 102

Frankreich (Forts)
défense légitime **227** 88
Formerfordernisse **Vorbem 164 ff** 102
Gewaltmonopol des Staates **229** 53
messager **Vorbem 164 ff** 102
mittelbare Stellvertretung **Vorbem 164 ff** 102
Notstand **228** 52
Notwehr **227** 88
Angriff durch Sache **227** 88
procuration **Vorbem 164 ff** 102
Rechtsmissbrauch **226** 47
représentation **Vorbem 164 ff** 102
Samstag **193** 6
Schikaneverbot **226** 47
Selbsthilfe **229** 53
Schadensersatzanspruch **229** 53
Selbstkontrahieren **Vorbem 164 ff** 102
Stellvertretung **Vorbem 164 ff** 102
Verjährungshemmung **207** 1
Vertreter ohne Vertretungsmacht **Vorbem 164 ff** 102
Vertretungsmacht **Vorbem 164 ff** 102
Vollmacht **Vorbem 164 ff** 102
Vollmachterteilung **Vorbem 164 ff** 102
Freihaltungsanspruch
Verjährung **199** 7 f
Verjährungshemmung **199** 8
Freiheitsberaubung
Notwehr **227** 10, 24
Selbsthilfe **229** 21
Freiheitsverletzung
Verjährung **197** 8a ff
Freistellungsurteil
rechtskräftig festgestellter Anspruch **197** 41
Freiwillige Gerichtsbarkeit
Feiertag **193** 8
Fristberechnung **186** 18
Geschäftsfähigkeit, beschränkte **165** 10
Insichgeschäft **181** 28
Kraftloserklärung der Vollmachtsurkunde **176** 6, 8
nichtstreitige Angelegenheiten **181** 28
Samstag **193** 8
Sonntag **193** 8
Streitsachen **181** 28
Verfahrenskostenhilfe **204** 113
Verfahrensvollmacht **Vorbem 164 ff** 96
Vertretung ohne Vertretungsmacht **180** 13
Vollmacht, Formbedürftigkeit **167** 19
Friedensfest
Feiertag **193** 38
Frist
acht Tage **189** 1
Angemessenheit **186** 6
Auslegung **186** 24
Ausnutzung **186** 25; **188** 3; **226** 24

Frist (Forts)
- Mitwirkungshandlung der Gegenseite **188** 3, 25
- – Handelsgeschäfte **188** 3
- Rechtsmissbrauch **186** 25
- Verwirkung **186** 25
- Bedingung **186** 16
- Begriff **186** 6
- Bestimmbarkeit **186** 6
- Bestimmtheit **186** 6
- bis zu **188** 24
- Dauer **186** 6
- Einhaltung **186** 25
- Einredenentstehung **186** 12
- Empfangsbereitschaft **186** 25
- Fristende **188** 11
- Frühjahr **192** 4
- gesetzliche Fristen **186** 12 ff
- halber Monat **189** 1, 3
- halbes Jahr **188** 19; **189** 1
- Handlungsvornahme **186** 5
- Herbst **192** 4
- Jahr **188** 19
- Jahr und Tag **186** 24
- Kriegsende **192** 5
- Leistungsvornahme **186** 6
- Minuten **186** 24
- Mitwirkung des Gläubigers **186** 25
- Monatsfrist **188** 19 ff
  - s a dort
- Privatautonomie **186** 16, 26
- Privatrecht **186** 12 ff
- prozessuale Frist **188** 6; **190** 3
- within a reasonable time **186** 24
- Rechte, Begründung **186** 12
- Rechte, Erlöschen **186** 12
- rechtsgeschäftliche Frist **186** 12, 16
- Rechtssicherheit **186** 2, 24, 26
- richterliche Frist **186** 12, 15
- rückwärtslaufende Frist **186** 10, 22; **187** 6 f; **188** 23
  - Berechnung **187** 7
  - Sonn- und Feiertagsschutz **193** 25 ff, 28
- sechs Wochen **189** 2
- Sprachregelung **186** 2
- Stunden **186** 24
- 30 Tage **188** 20
- Unverzüglichkeit **186** 6
- vier Wochen **188** 20; **189** 2
- Vierteljahr **188** 19; **189** 1
- vierzehn Tage **189** 1
- Wirtschaftsrecht **186** 12
- Zeitbestimmung **186** 2
- Zeiträume, nicht zusammenhängende **186** 7; **191** 1 ff
- Zeitraum, abgegrenzter **186** 6

Fristbeginn
- Beginn eines Tages **187** 10; **188** 21
- Berechnungsweise, verlängernde **187** 5 f

Fristbeginn (Forts)
- Datum auf dem Schriftstück **187** 8
- Ereignis, auslösendes **188** 20
- Ereignis, fristauslösendes **187** 1 f, 5; **188** 12
- Feiertag **187** 4; **193** 57
- Fristberechnung **187** 1 ff
- Kalendertag **187** 4
- Samstag **193** 57
- Sonntag **193** 57
- Tagesfrist **187** 2
- Wochenende **187** 4

Fristberechnung
- Berechnungsweise, verlängernde **186** 22, 24; **187** 2 f, 7, 9 ff; **188** 24
  - Beweislast **187** 9a
  - Lebensalter **187** 12
  - Parteivereinbarung **187** 9a
  - Stundenfristen **187** 13
- Naturalkomputation **187** 1
- tageweise Berechnung **187** 4 ff
- Zivilkomputation **186** 22; **187** 1 ff, 5

Fristbestimmungen
- AGB-Kontrolle **186** 26
- Auslegungsregeln **186** 24, 26; **187** 9a
- Parteiwille **186** 24
- Subsidiarität **186** 24

Fristende
- Ausnutzung von Fristen **186** 25; **188** 3
- Feiertag **187** 4
- Fristbestimmung **186** 22
- Geschäftszeiten, übliche **188** 3
- Kalendertag **187** 4
- Monatsfrist **188** 20
- Stundenfrist **188** 11
- Tagesfrist **188** 2, 11
- Wochenende **187** 4
- Wochenfrist **188** 12
- Zivilkomputation **188** 1 ff

Fristsetzung
- Endtermin **190** 4
- Insichgeschäft **181** 14
- Mindestdauer, gesetzlich vorgeschriebene **188** 10
- Rechtsklarheit **186** 2
- Rechtssicherheit **186** 2
- Vertragstreue **186** 2
- Vorlegung der Vollmachtsurkunde **174** 2

Fristüberschreitung
- geringfügige Fristüberschreitung **186** 25
- Schikane **226** 24
- schuldlose Fristüberschreitung **186** 25

Fristverlängerung
- abgelaufene Frist **190** 1 f
- Auslegungsregel **190** 1
- behördliche Fristen **190** 3
- gesetzliche Fristen **190** 2
- laufende Frist **190** 1 f
  - Ersetzung durch neue Frist **190** 1
- Prozessfristen **190** 3

Fristverlängerung (Forts)
Verlängerungsbewilligung **190** 2
Fristwahrung
Eingang **188** 6
Telefax **188** 6
Fronleichnam
Feiertag, gesetzlicher **193** 36 ff, 40, 42, 45, 47
Fruchtziehung
Sicherheitsleistung **Vorbem 232 ff** 2
Frühjahr
Handelsverkehr **192** 4
Sprachgebrauch **192** 4
Fund
Anzeigepflicht **186** 14
Besitzerwerb, originärer **198** 6
Fußangeln
Notstandshandlung **227** 23
Notwehr **227** 23

Garantenstellung
Notwehr **227** 17
Garantie
Anerkenntnis **212** 23
Insichgeschäft **181** 43
Garten
Schikaneverbot **226** 28
Gastwirtspfandrecht
Selbsthilfe **229** 8
Gattungsvollmacht
Generalvollmacht **167** 83
Gebrauchsmuster
Nutzungsgestattung durch Nichtberechtigten **185** 107
Gebrauchtwagenhandel
Handeln in fremdem Namen **164** 2
Gebührenanspruch
Verjährungsfrist **186** 17
Gefälligkeit
Botenschaft **Vorbem 164 ff** 77
Gefährdungshaftung
Verjährungshöchstfrist **199** 94
Gegendarstellungsverlangen
Schikaneverbot **226** 33
Gegenvormund
Genehmigung des Gegenvormunds **Vorbem 182–185** 6, 42
Zustimmungen **Vorbem 182–185** 22
Zustimmungserklärung, dem Rechtsgeschäft vorangehende **Vorbem 182–185** 3
Gehilfenschaft
Drittverhalten, zurechenbares **Vorbem 164 ff** 2
Makler **Vorbem 164 ff** 93
Verhandlungsgehilfen **Vorbem 164 ff** 93
Vermittlungsvertreter **Vorbem 164 ff** 93
Gehörsrüge
Verjährungshemmung **204** 144

Geld
Fremdwährungen **232** 2
Hinterlegung **232** 2 f; **233** 1, 5
inländisches Geld **232** 2
Zahlungsmittel, gesetzliches **232** 2 f
Gemeindedirektor
Vertretungsmacht **Vorbem 164 ff** 31
Gemeinden
Verpflichtungserklärungen **182** 31
Vertretung **Vorbem 164 ff** 31
Vertretung ohne Vertretungsmacht **177** 3
Gemeines Recht
exceptio doli generalis **226** 6, 9
Fristberechnung **187** 2
Insichgeschäft **181** 2
Konvaleszenz **185** 1, 59
Sachnotstand, defensiver **228** 10
Streitverkündung, Hemmungswirkung **204** 75b
Vertreter ohne Vertretungsmacht, Haftung **179** 1
Gemeinsames Europäisches Kaufrecht
Ablaufhemmung **Vorbem 194–202** 57e
Geschäftsfähigkeit, fehlende **Vorbem 194–202** 57f
Aufrechnung **Vorbem 194–202** 57h
Kaufrecht **Vorbem 194–202** 57a
Nacherfüllung **Vorbem 194–202** 57i f
Nebenrechte **Vorbem 194–202** 57b, 57h
Nichterfüllung **Vorbem 194–202** 57b, 57i
Verjährung **Vorbem 194–202** 57a ff
Anspruch **Vorbem 194–202** 57b
– rechtskräftig festgestellter Anspruch **Vorbem 194–202** 57d
Dauerverpflichtung **Vorbem 194–202** 57c
Gestaltungsrechte **Vorbem 194–202** 57b
Leistungsverweigerungsrecht **Vorbem 194–202** 57h
Rückforderungsausschluss **Vorbem 194–202** 57h
Sekundärrechtsbehelfe **Vorbem 194–202** 57b
subjektives System **Vorbem 194–202** 57c, 57k
Vereinbarungen **Vorbem 194–202** 57l
Wirkung **Vorbem 194–202** 57b, 57h f
Zurückbehaltungsrecht **Vorbem 194–202** 57h
Verjährungsfrist **Vorbem 194–202** 57c
Fristbeginn **Vorbem 194–202** 57c
Höchstfristen **Vorbem 194–202** 57c
Verjährungshemmung durch Rechtsverfolgung **Vorbem 194–202** 57d
Verhandlungen **Vorbem 194–202** 57e
Verjährungsneubeginn
Anerkenntnis **Vorbem 194–202** 57g
Vollstreckungshandlungen **Vorbem 194–202** 57d

Gemeinsames Europäisches Kaufrecht (Forts)
  Verordnungsvorschlag **Vorbem 194–202** 57a
  Vertragsbeendigung, Recht auf **Vorbem 194–202** 57b
Gemeinschaft
  Aufhebungsanspruch, Unverjährbarkeit **195** 53
  Verjährungshemmung **204** 7
Gemeinschaftsrecht
  Arbeitstage **193** 6
  Beihilfenrecht **Vorbem 194–202** 52a
  Berechnungsweise, verlängernde **187** 9
  EG-Fristen-VO **186** 19 f; **187** 6, 13; **188** 11, 15; **189** 4; **190** 5; **191** 4; **192** 6; **193** 6, 27
  Feiertag **193** 6, 27
  Fristberechnung **186** 19
    Klageerhebung **187** 5
  Fristende **188** 11, 26
  Inkrafttreten von Rechtsakten **187** 11
  Jahresfristen **188** 26
  Monatsbruchteile **191** 4
  Monatsfristen **188** 26
  Rechtsmissbrauchsverbot **226** 50
    fraus legis **226** 50
  Samstag **193** 6, 27
  Sonntag **193** 6, 27
  Stundenfristen **187** 13; **188** 28
  Verjährung **Vorbem 194–202** 52a
  Werktage **193** 6
  Wochenfristen **188** 15
  Zeitbestimmung, nicht zusammenhängend verlaufende **191** 4
  Zivilkomputation **187** 9
Gemeinschuldner
  Verjährungshemmung **204** 8
Genehmigung
  Anfechtung **184** 14
  Aufforderung zur Erklärung über die Genehmigung **184** 18 f
    Zweiwochenfrist **184** 18
  ausdrückliche Genehmigung **184** 1
  Auslegung **Vorbem 182–185** 4
  Bedingungsfeindlichkeit **Vorbem 182–185** 52; **182** 2a; **184** 4 ff
  Begriff **184** 1
  behördliche Genehmigungen **184** 1
    s a Behördliche Zustimmungen
  Bindungswirkung **184** 15
  Einschränkungen **184** 12, 42
  Entscheidungsfreiheit des Zustimmungsberechtigten **184** 2
  ex nunc-Wirkung **184** 43
  familiengerichtliche Genehmigung
    s Genehmigung, familiengerichtliche
  Form, vereinbarte **182** 32; **184** 41
  formbedürftige Rechtsgeschäfte **182** 34
  Formbedürftigkeit **182** 7, 27
  Formfreiheit **184** 1

Genehmigung (Forts)
  Frist **184** 16
  Fristablauf **184** 20
  Genehmigungspflicht kraft Gesetzes **182** 42
  gerichtliche Genehmigungen **184** 1
    s a Behördliche Zustimmungen
  Gestattung des Selbstkontrahierens **181** 50
  gestreckter Tatbestand **184** 1
  Hauptgeschäft, Genehmigungsbedürftigkeit **184** 1, 7
    fristgebundene Hauptgeschäfte **184** 21
  Klage auf Genehmigung **184** 43
  Legaldefinition **Vorbem 182–185** 3 f; **184** 1
  nachträgliche Zustimmung **184** 1, 4
  nicht mehr Berechtigter **184** 29
  Prozesshandlung **Vorbem 182–185** 19
  Rechtsgeschäft, zustimmungsfähiges **184** 7 ff
    Anfechtung **184** 17
    falsa demonstratio **184** 13
    Vertragsaufhebung **184** 8, 15, 17
    Vertragsdurchführung **184** 8
    Widerrufsrecht einer Vertragspartei **184** 9
  Rechtsgeschäfte, einseitige **184** 32
  Rechtszuständigkeit **184** 23 ff
  Rückwirkung **184** 22, 27 f, 31 ff
    Annahmeverzug **184** 38
    Ausschluss, einseitiger **184** 42
    Ausschluss, rechtsgeschäftlicher **184** 39 ff
    – konkludente Vereinbarung **184** 41
    – Rechtsgeschäft, zustimmungsbedürftiges **184** 40
    Dispositivität **184** 39
    Fristsetzung zur Leistung **184** 38b
    Fristsetzung zur Nacherfüllung **184** 38b
    Genehmigungserfordernis, öffentlich-rechtliches **184** 36
    gesetzliches Verbot **184** 36
    Gestaltungserklärungen **184** 38a
    Rechtsebene **184** 37
    Schuldnerverzug **184** 38
    Tatsachen **184** 37
    Verjährung **184** 38
    Voraussetzungen der Genehmigung **184** 22, 36
    Zwischenverfügungen **184** 34, 45 ff
  schlüssiges Handeln **184** 1
  Schwebezustand **182** 38 f, 44 f, 49; **184** 4, 15 ff
    Dauer **184** 16
    Gesetzesänderung **184** 17
    Zeitablauf **184** 19
  Umdeutung der verspäteten Genehmigung **184** 20
  Unwiderruflichkeit **184** 4, 14
  Verfügung eines Nichtberechtigten **184** 4; **185** 46 ff

Genehmigung (Forts)
  Verfügungsbefugnis **184** 23 ff, 30
  Verpflichtung zur Erteilung **184** 3
  Verpflichtungsgeschäfte **184** 4
  Vertreterhandeln
    s Vertretung ohne Vertretungsmacht
  Verurteilung zur Genehmigung **184** 43
  Verweigerung **182** 35 ff, 49; **184** 2, 12, 17
    Anfechtbarkeit **182** 45; **184** 14
    Endgültigkeit **182** 36, 38 ff
    Erklärungsaufforderung des anderen
      Genehmigungsadressaten **182** 44
    Ersetzung durch familiengerichtliche
      Genehmigung **182** 43
    konkludentes Verhalten **182** 37
    Rechtsgeschäft **182** 45
    Unwiderruflichkeit **184** 14
    Verfügungen eines
      Nichtberechtigten **182** 41
    Wirkungen **182** 38 ff
    Zustimmungspflicht **182** 42
  Verwirkung **184** 16, 19
  Vollstreckungsmaßnahmen,
    Aufrechterhaltung **184** 45
  Willenserklärung,
    empfangsbedürftige **184** 1
  Willensmängel **184** 14
  Wirksamkeit des Rechtsgeschäfts **Vorbem 182–185** 18
  Zugang **182** 7
  Zuständigkeit **184** 22 ff, 45
  Zustimmungserfordernis, Wegfall **184** 7
Genehmigung, familiengerichtliche
  Eltern, Rechtsgeschäfte **Vorbem 182–185** 66 f
  Mitteilung **184** 35
  Rückwirkung **Vorbem 182–185** 67; **184** 35
    Zwischenverfügungen **184** 64
  Unabänderlichkeit **Vorbem 182–185** 67
  Verweigerung, endgültige **Vorbem 182–185** 67
  Vormund, Rechtsgeschäfte **Vorbem 182–185** 66 f
  Zustimmungsersetzung **182** 43
Genehmigungsverweigerung
  s Genehmigung
Generalvertreter
  Offenheitsprinzip **Vorbem 164 ff** 35
Generalvollmacht
  Artvollmacht **167** 83
  Auslegung **167** 83
  Befreiung vom Verbot des
    Selbstkontrahierens **181** 50
  Eigentumserwerb, gutgläubiger **166** 35
  Gattungsvollmacht **167** 83
  isolierte Vollmacht **167** 2; **168** 9, 17
  kausale Vollmacht **168** 9
  Kundgabe der Bevollmächtigung **174** 11
  postmortale Vollmacht **168** 35

Generalvollmacht (Forts)
  Privatautonomie **168** 9
  Prokura **167** 83
  transmortale Vollmacht **168** 28
  Umfang
    Treu und Glauben **167** 87
  Vertretungsmacht **174** 11
  Vollmachtsumfang **167** 83, 84
  Weisungen des Vollmachtgebers **166** 35
  Widerruflichkeit **168** 9, 17
Genossenschaft
  Einlageforderungen **195** 8
  Ergebnisrücklage **195** 47
  Gesamtvertretung **167** 51
  Geschäftsguthaben **195** 47
  Stimmrechtsverbote **181** 25
  Verjährungsfrist **195** 50
  Verjährungsfristen **195** 47
  Vorstand **Vorbem 164 ff** 25
    Organisationsbestimmungen **Vorbem 164 ff** 26
  Vorstandsmitglied, fristlose
    Kündigung **184** 38
Gentechnikgesetz
  Verjährungsfrist **195** 13
Gerichte
  dienstfreier Tag **193** 49
  Entlastung **Vorbem 194–202** 5
  Öffnungszeiten **188** 6
  Stillstand der Rechtspflege **206** 6
  Überlastung **206** 5
Gerichtsbarkeit
  Klageerhebung, Hemmungswirkung **204** 41 f
Gerichtsbarkeit, deutsche
  Klageerhebung,
    Hemmungswirkung **204** 24
Gerichtskosten
  Verjährung **195** 49; **200** 8
  Verjährungshemmung **Vorbem 203–213** 4
Gerichtsvollzieher
  Amtshandlungen **Vorbem 164 ff** 97
  Amtsstellung **Vorbem 164 ff** 97
  Amtstheorie **Vorbem 164 ff** 97
  Anbieten der Gegenleistung **Vorbem 164 ff** 97
  Beauftragung **212** 39
  Botenschaft **Vorbem 164 ff** 97
  Entgegennahme freiwilliger Leistungen
    des Schuldners **Vorbem 164 ff** 77, 97
  Fremdwirkung **Vorbem 164 ff** 97
  gesetzliche Vertretungsmacht **Vorbem 164 ff** 97
  hoheitliche Tätigkeit **Vorbem 164 ff** 97
    Verwahrungsverträge **Vorbem 164 ff** 97
    Werkverträge **Vorbem 164 ff** 97
  Justizfiskus **Vorbem 164 ff** 97
  obrigkeitliche Hilfe **229** 17, 39

Gerichtsvollzieher (Forts)
  Stellvertreter des Gläubigers **Vorbem 164 ff** 97
  Vollstreckungsauftrag **Vorbem 164 ff** 97; **212** 39
  Zug-um-Zug-Vollstreckung, Angebot der Gegenleistung **Vorbem 164 ff** 77
  Zustellung von Willenserklärungen **174** 5
  Zustellungsauftrag, Nachweis der Bevollmächtigung **174** 5
Germanisches Recht
  Testamentsvollstreckung **Vorbem 164 ff** 5
  Treuhand **Vorbem 164 ff** 5
Gesamtgläubigerschaft
  Ausgleichspflicht, Verjährungsfrist **195** 20
  Verjährung von Ansprüchen **199** 15
  Verjährungshemmung **204** 7
Gesamthandsgemeinschaft
  Konvaleszenz **185** 63
  Willensmängel **166** 3
Gesamthandsgesellschaft
  Wissen **166** 32
  Wissenmüssen **166** 32
Gesamtprokura
  Gesamtvertretung **Vorbem 164 ff** 20
  unechte Gesamtprokura **167** 51
Gesamtschuld
  Anerkenntnis eines Gesamtschuldners **Vorbem 203–213** 5
  Streitverkündung **204** 83
Gesamtschuldnerausgleich
  Ehegatten **194** 28
  Freihaltungsanspruch **213** 11
  Verjährung **199** 8, 16
  Verjährungsfrist **195** 12, 20
  Zahlungsanspruch **213** 11
Gesamtvertretung
  Aktiengesellschaft **Vorbem 164 ff** 20
  Arglist eines Gesamtvertreters **166** 24
  Ausübung **167** 53
  Begriff **Vorbem 164 ff** 20; **167** 51
  Begründung, rechtsgeschäftliche **Vorbem 164 ff** 20
  Betreuung **167** 51
  Bevollmächtigung zur Alleinvornahme **181** 17
  Einzelvertretungsmacht **167** 55
  elterliche Sorge **167** 51
  Entgegennahme von Willenserklärungen **167** 56
  Erklärungsabgabe, getrennte **167** 53
  Ermächtigung zur Alleinvornahme **174** 2; **181** 17
  gemeinsames Tätigwerden **167** 53 f
  gemischte Gesamtvertretung **167** 51
  Genehmigung des Vertreterhandelns **177** 14
  Genossenschaft **Vorbem 164 ff** 20
  Gesamtprokura **Vorbem 164 ff** 20

Gesamtvertretung (Forts)
  Gesamtvertreterermächtigung **167** 55
  Gesamtvollmacht **167** 51 ff
  Geschäftsunfähigkeit **177** 14
  Gesellschaft bürgerlichen Rechts **Vorbem 164 ff** 20
  gesetzliche Vertretung des Kindes **Vorbem 164 ff** 20
  GmbH **Vorbem 164 ff** 20
  halbseitige Gesamtvertretung **167** 51
  Handeln ohne Vertretungsmacht **177** 5
  Handlungsvollmacht **167** 52
  Hilfspersonen, eigenverantwortliche **166** 24
  Insichgeschäft **181** 16 f
    Umdeutung **181** 17
  juristische Personen **181** 16
  juristische Personen des öffentlichen Rechts **Vorbem 164 ff** 20
  KG **181** 16
  Kollektivvertretung **167** 51
  Kontrolle, gegenseitige **167** 53
  kraft Verfassung **Vorbem 164 ff** 20
  Nutzung der Kompetenz der Vertreter **167** 53
  OHG **Vorbem 164 ff** 20; **181** 16
  organschaftliche Vertretung **167** 51
  Passivvertretung **167** 56
  Personenhandelsgesellschaften **167** 52
  Pflegschaft **167** 51
  Prokura **167** 52
  Rechtsscheinsvollmacht **167** 34
  Scheckvorlegung **167** 57
  Selbstkontrahieren **167** 55
  Sicherung des Vertretenen **167** 53
  Spezialvollmacht **167** 55
  unechte Gesamtvertretung **167** 51
  Vertretungsmacht, persönlich beschränkte **Vorbem 164 ff** 20
  Vertretungswille **164** 4
  Vorlegung der Vollmachtsurkunde **174** 2
  Vormundschaft **167** 51
  Wechselprotest **167** 57
  Willensmängel **167** 58
  Wissenszurechnung **166** 24; **167** 59
  Zustimmung der übrigen Gesamtvertreter **Vorbem 182–185** 9
  Zustimmung, interne **167** 54
    schlüssiges Verhalten **167** 54
    Schriftformwahrung **167** 54
  Zweck **167** 53
Gesamtvollmacht
  Gesamtvertretung **167** 51 ff
  Umgehungsverbot **167** 65
Geschäft für den, den es angeht
  s a Handeln für den, den es angeht
  echtes Geschäft für den, den es angeht **Vorbem 164 ff** 52

Geschäft für den, den es angeht (Forts)
  Namhaftmachung des
    Geschäftsherrn **179** 22
  offenes Geschäft für den, den es angeht
    Vorbem 164 ff 51
  unechtes Geschäft für den, den es angeht
    Vorbem 164 ff 51
  unternehmensbezogene Geschäfte **Vorbem
    164 ff** 52
  verdecktes Geschäft für den, den es angeht
    Bargeschäfte des Alltags **Vorbem
      164 ff** 54
    Kreditgeschäfte **Vorbem 164 ff** 54
    Leistungsgegenstände, größere **Vorbem
      164 ff** 54
    Sparkonten **Vorbem 164 ff** 54
    Verpflichtungsgeschäfte **Vorbem
      164 ff** 54
  Vertreter ohne Vertretungsmacht,
    Haftung **179** 22
Geschäfte zur Deckung des Lebensbedarfs
  Mitberechtigung, gesetzliche **164** 9
  Mitverpflichtung, gesetzliche **164** 9
  Schlüsselgewalt **Vorbem 164 ff** 24
  Weisungen des Ehepartners **166** 31
Geschäftsähnliche Handlung
  Anerkenntnis **212** 8
  Einwilligungen in Rechtsverletzungen
    Vorbem 164 ff 38
  Feiertag **193** 10
  Samstag **193** 10
  Sonntag **193** 10
  Stellvertretung **Vorbem 164 ff** 38
    Geschäftsfähigkeit, beschränkte **165** 9
  Vorlegung der Vollmachtsurkunde **174** 2
  Vorstellungsäußerungen **Vorbem 164 ff** 38
    Wissenserklärungsvertreter **Vorbem
      164 ff** 86
  Willensäußerungen, adressatengerichtete
    Vorbem 164 ff 38
Geschäftsangestellte
  Handeln für den, den es angeht **Vorbem
    164 ff** 53
Geschäftsbesorgungsvertrag
  Ausführungsvollmacht **167** 75a
  Beendigung **169** 2
  Bevollmächtigung, Nichtigkeit **167** 75a
  Botenschaft **Vorbem 164 ff** 77
  Fortbestand **169** 2, 7
  Innenverhältnis der Vollmacht **167** 3
  Insolvenzeröffnung **183** 25
  Notbesorgungspflicht **183** 23
  Tod des Ermächtigten **183** 23
  Vergütungshöhe **199** 21
Geschäftsfähigkeit
  Boten **Vorbem 164 ff** 78
  Minderung zur beschränkten
    Geschäftsfähigkeit **168** 21
  Stellvertreter **Vorbem 164 ff** 78

Geschäftsfähigkeit (Forts)
  Verhandlungen **203** 8
Geschäftsfähigkeit, beschränkte
  Ablaufhemmung der Verjährung **210** 4
  Bevollmächtigte **167** 5, 75
  Boten **Vorbem 164 ff** 78; **165** 8
  culpa in contrahendo **165** 2
  freiwillige Gerichtsbarkeit **165** 10
  gesetzliche Vertretung **165** 6; **166** 16
  Innenverhältnis
    Vertretener/Vertreter **165** 4
  Interessen des Kontrahenten **165** 2
  Interessen des Vertretenen **165** 2
  Minderjährigkeit **165** 7
  mittelbare Stellvertretung **165** 8
  Prozessfähigkeit **210** 8
  Prozessvertretung **165** 10
  Rechtsscheinsvollmacht **167** 39
  Stellvertretung **Vorbem 164 ff** 78; **165** 1
    Ausschluss **165** 7
  Testamentsvollstrecker **165** 2
  verkehrswesentliche Eigenschaft **165** 5
  Vertreter ohne Vertretungsmacht **165** 2
  Vollmachtserteilung **167** 15
  Wissenmüssen **166** 31
  Zustimmung des Familiengerichts **Vorbem
    182–185** 22
  Zustimmung des Gegenvormunds **Vorbem
    182–185** 22
  Zustimmung des gesetzlichen Vertreters
    Vorbem 182–185 22
Geschäftsführung ohne Auftrag
  Aufwendungsersatzanspruch, Verzinsung
    Vorbem 182–185 14
  Botenschaft **Vorbem 164 ff** 77
  Genehmigung **Vorbem 182–185** 14
  Genehmigung des
    Vertreterhandelns **177** 17
  Nothelfer, Schadensersatzanspruch **227** 78
  Rechtfertigungsgrund **227** 36
  Selbsthilfe **229** 15
    Kostenerstattung **229** 49
  Verjährungsfrist **195** 12, 18 f, 24
  Verjährungshöchstfrist **199** 106
  Vertretung ohne Vertretungsmacht **177** 27
Geschäftsführungsmaßnahmen
  Zustimmung anderer Organe **Vorbem
    182–185** 8
Geschäftsherrentheorie
  Stellvertretung **Vorbem 164 ff** 11
Geschäftsraummietvertrag
  Barkaution **232** 14
  Genehmigung, konkludente **182** 23
  Konkurrenzschutzklausel **Vorbem 182–
    185** 10
  Sicherheitsleistung **232** 14
  Verlängerungsklausel **193** 24
Geschäftsunfähigkeit
  Ablaufhemmung der Verjährung **210** 4

Geschäftsunfähigkeit (Forts)
  Bevollmächtigte 167 5; 168 21
  Bevollmächtigung 167 75
  culpa in contrahendo 165 3
  gesetzliche Vertretung **Vorbem 164 ff** 87; 166 16
  Rechtsscheinhaftung 165 3
  Rechtsscheinsvollmacht 167 39
  Stellvertretung 165 3; 167 5
  Unterbrechung des Prozesses 204 123
  Vollmacht 168 21
  vorübergehende Geschäftsunfähigkeit 168 21
  Wegfall der Geschäftsunfähigkeit 167 5
Geschäftszeiten
  Leistungspflichten, Erfüllung 188 3
  Zugang 188 5 f
Geschmacksmuster
  Löschung 226 41
Geschwister
  Verjährungshemmung 207 12
Gesellschaft
  Fälligkeit 199 21
  Scheingesellschaft 167 35
  Verjährungshemmung durch 204 12
Gesellschaft bürgerlichen Rechts
  Abschichtungsbilanz 199 14
  Anerkenntnis des Gesellschafters 212 10
  Aufnahme Minderjähriger 181 22
  Auseinandersetzungsguthaben, Verjährung 199 14
  Außengesellschaft **Vorbem 164 ff** 25
  auf Dauer angelegte Gesellschaft 199 14
  Gelegenheitsgesellschaft 199 14
  Gesamtvertretung **Vorbem 164 ff** 20; 167 51
  Gewinnanteilsanspruch, Verjährung 199 14
  Gründung, Verbot des Selbstkontrahierens 181 22
  Rechtsfähigkeit 174 6
  Verjährungshemmung **Vorbem 203–213** 5; 204 7
  Verjährungsneubeginn **Vorbem 203–213** 5
  Vertretung, organschaftliche **Vorbem 164 ff** 25
  Widerruflichkeit, beschränkte **Vorbem 164 ff** 25
  Vertretungsmacht **Vorbem 164 ff** 25
  Vertretungsnachweis 174 6
  Zurechnungssubjekt **Vorbem 164 ff** 25
Gesellschafter
  Anerkenntnis 212 10
  Ausscheiden 195 50; 197 35
  Einzelvertretungsbefugnis 167 51
  Geschäftsunfähigkeit 165 3
  Gewinnansprüche, Verjährung 197 70
  Regressanspruch 199 8
  Regressanspruch, Fälligkeit 199 8
  Vertragsschluss 164 2

Gesellschafter (Forts)
  Wettbewerbsverstoß, Verjährungsfrist 195 39, 44
  Wissenszurechnung 166 32
Gesellschafter-Geschäftsführer
  Eigenhaftung 164 15
  Ein-Mann-GmbH 164 15
Gesellschafter, persönlich haftende
  Geschäftsfähigkeit, beschränkte 165 6
Gesellschafter, vertretungsberechtigte
  Organeigenschaft **Vorbem 164 ff** 25
  Vollmachtserteilung **Vorbem 164 ff** 25
Gesellschafterausscheiden
  Sicherheitsleistung **Vorbem 232 ff** 4
Gesellschafterbeschlüsse
  Insichgeschäft 181 25, 33
Gesellschafterversammlung
  Abstimmung 180 11
  Einberufungsfrist 186 10; 187 7
  Ladungsfrist 193 29
  Wissenszurechnung 166 32
Gesellschaftsverhältnis
  Innenverhältnis der Vollmacht 167 3
Gesellschaftsvertrag
  Abänderung 181 22
  Auflösung 169 1
  Befreiung vom Verbot des Selbstkontrahierens 181 50
  Fortbestand 169 1
  Minderjährige, Beteiligung 181 18
  Verbot des Selbstkontrahierens 181 22
  Vertretungsbefugnis, Beschränkungen 167 84
  Vertretungsnachweis 174 6
  Vertretungsverbot 181 18
  Vollmachtsurkunde 172 1
Gesetze
  Ausfertigung 187 11
  Inkrafttreten 187 11
  Tag der Ausgabe 187 11
Gesetzeskonkurrenz
  Anspruchsausschluss 195 31, 34
Gesetzesumgehung
  Rechtsmissbrauch 226 50
Gesetzesverstoß
  Haftung 179 9, 24
Gesetzliche Vertretung
  s Vertretung, gesetzliche
Geständnis, gerichtliches
  Weisungen der Partei 166 30
  Widerruf wegen Irrtums 166 30
Gestaltungsklagen
  Verjährungshemmung 204 48
Gestaltungsrechte
  Ausschlussfristen **Vorbem 194–202** 14; 218 12
  Begriff 194 18
  Verhandlungen 203 21
  Verjährung **Vorbem 194–202** 3; 194 18; 218 1

Gestaltungsurteil
  Kosten **197** 50
Gestattung zum Selbstkontrahieren
  s Selbstkontrahieren
Gesundheitsverletzung
  Verjährung **197** 8a ff
Getrenntleben
  Steuerveranlagung **226** 27
  Trennungsfrist **191** 3
Gewährleistung
  Anerkenntnis **203** 2
  Haltbarkeitsgarantien **202** 2
  selbständiges Beweisverfahren **204** 89
  Streitverkündung,
    Hemmungswirkung **204** 81
  Verhandlungen **203** 2, 5
  Verjährungsbeginn **199** 23 f, 117; **200** 5, 10; **213** 11
    Vorverlegung **200** 7
  Verjährungsfristen **195** 46 f, 49
    Mindestfristen **202** 17
  Verjährungshemmung **203** 5; **213** 1
  Verjährungsvereinbarung **202** 12, 17
  Wissenszurechnung **166** 21
  Wissenszusammenrechnung **166** 6
Gewährleistungsausschluss
  Kennenmüssen **166** 38
  Kenntnis **166** 38
Gewaltmonopol des Staates
  Notwehr **227** 6 f
  Polizei **227** 4
  Rechtsfrieden **227** 7
  Selbsthilfe **229** 1, 3, 27
Gewerberaummiete
  s Geschäftsraummietvertrag
Gewerberegistereintragung
  Vertretungsberechtigung, Eintragung **171** 8
Gewerblicher Rechtsschutz
  Schikaneverbot **226** 13
Gewinnansprüche von Gesellschaftern
  Anwachsung **197** 70
  Auszahlungsanspruch **197** 70
  Verjährung **197** 70
Gewinnanteilscheine
  Anspruch aus verlorenem Gewinnanteilsschein, Verjährungsfrist **186** 13; **195** 49
  Hinterlegung **234** 3
  Vorlegungsfrist **197** 81
Gläubigeranfechtung
  Benachteiligungsabsicht **166** 23
  Fristbeginn **184** 38
  Gläubigerbenachteiligungsabsicht **184** 38
  Zuwendungsgeschäft,
    Genehmigung **184** 38
Gläubigermehrheit
  Verjährung von Ansprüchen **199** 15
    Kenntnis **199** 54
  Verjährungsbeginn, Kenntnis **199** 57

Gläubigermehrheit (Forts)
  Verjährungshemmung **Vorbem 203–213** 6; **204** 7
  Verjährungsneubeginn **Vorbem 203–213** 6
Gleichheitssatz
  Prozesskostenhilfe **204** 113
Globalsicherheiten, revolvierende
  Sicherungswert **237** 1
Globalzession
  Eigentumsvorbehalt **185** 38
  Wertbegrenzung **234** 5
Glossatoren
  Institor **Vorbem 164 ff** 59
  officium **Vorbem 164 ff** 59
  procurator **Vorbem 164 ff** 6
  servus publicus **Vorbem 164 ff** 6
  Stellvertretung **Vorbem 164 ff** 6
  Verwalterhandeln **Vorbem 164 ff** 59
GmbH
  Alleingesellschafter, Organhandeln **181** 6, 20
  Anmeldeerklärung
    Vorlegung der Vollmachtsurkunde **174** 2
  Arbeitsverträge, Zustimmung zur Kündigung **Vorbem 182–185** 28
  Auflösungsbeschluss **181** 25
  Befreiung vom Verbot des Selbstkontrahierens **181** 31, 53
  Beitrittserklärung, Form **182** 27
  Beitrittserklärung,
    Genehmigungsbedürftigkeit **182** 10
  Einlageanspruch **195** 51
  Einlagenerstattung, Verjährungsfrist **195** 8
  Einlageschulden, Verjährungsfrist **195** 8
  Empfang verbotener Leistungen **195** 51
  Generalvollmacht **167** 83
    an Nichtorgan **167** 65
  Gesamtvertretung **167** 51
  Geschäftsanteile, Abtretung **Vorbem 182–185** 3
  Gesellschafterstimmrecht
    Vollmacht **167** 19
  Gesellschafterversammlung, Einberufungsfrist **186** 10; **187** 7
  Gesellschaftsvertrag
    Vollmacht, Formbedürftigkeit **167** 19
  Gesellschaftsvertrag, Abänderungsbeschluss **Vorbem 182–185** 7; **182** 27
  Gestattung des Selbstkontrahierens, konkludente **181** 52
  Handelndenhaftung **177** 20; **179** 23
  Identität Schuldner/zur Verfolgung von Ansprüchen berufene Person **195** 9
  Insichgeschäft **181** 6, 25, 37
  Mehrvertretung **181** 54
  Nachschusspflicht bei überbewerteter Sacheinlage, Verjährungsfrist **195** 8, 51
  Organisationsbestimmungen **Vorbem 164 ff** 26

GmbH (Forts)
  Prokuristen **181** 37
  Rechtsformzusatz, Weglassen **164** 1; **179** 23
  Rechtsscheinhaftung **164** 1; **179** 23
  Satzungsänderungen **181** 25
  Stimmrechtsverbote **181** 25
  Testamentsvollstreckung **181** 38
  Umwandlung in Ein-Mann-GmbH **181** 53
  Unterbevollmächtigungen **167** 65
  Untervollmacht **167** 65
  Verjährungsfristen **195** 50 f
GmbH & Co
  Befreiung vom Verbot des Selbstkontrahierens **181** 54
GmbH & Co KG
  Insichgeschäft **181** 19
  Selbstkontrahieren, Gestattung **181** 49
GmbH-Anteil
  Abtretung, Genehmigung **182** 27
  Kaufvertrag, Genehmigung **182** 27
  Übertragung, treuhänderische **182** 10
  Umlauffähigkeit **167** 27
  Vollmachten, Formbedürftigkeit **167** 27
    Blankovollmacht **167** 27
  Zustimmung zur Übertragung **Vorbem 182–185** 28
GmbH-Geschäftsführer
  Befreiung vom Verbot des Selbstkontrahierens **181** 53
  gesetzliche Vertretungsmacht **Vorbem 164 ff** 25
  Haftung **195** 50
  Minderjährigkeit **165** 7
  unerlaubte Handlung gegen die GmbH **195** 40
GmbH-Verbund
  Binnengeschäfte im faktischen GmbH-Verbund **181** 21
GOÄ
  Rechnungserteilung **199** 17
  Prüfungsfähigkeit der Rechnung **199** 17
Golfplatz
  Schikaneverbot **226** 28
Grabbesuch
  Schikane **226** 23
Grabgestaltungsrecht
  Totenfürsorgerecht **226** 23
Grauer Kapitalmarkt
  Prospekthaftung **195** 55
  Verjährungsfrist **195** 55
Gregorianischer Kalender
  DIN 1355 **186** 4
  Zeitberechnung **186** 3 f
Grenzabstand
  Schikaneverbot **226** 24, 28
Grenzüberbau
  Konvaleszenz **185** 98
  Schikaneverbot **226** 28

Große Haverei
  Notstand, rechtfertigender **228** 9, 47
Grundbuchamt
  Vollstreckungsantrag **212** 39
Grundbuchberichtigungsanspruch
  Unverjährbarkeit **Vorbem 194–202** 22; **195** 53; **196** 10
  Verwirkung **Vorbem 194–202** 22
Grundbucheintragung
  Antragsrecht des Notars **Vorbem 164 ff** 96
  Vollmachtsvermutung **Vorbem 164 ff** 96
Grundbuchverfahren
  Insichgeschäft **181** 28
  Vertretung ohne Vertretungsmacht **180** 13
  Vollmacht **172** 11
    öffentliche Beglaubigung **167** 19; **182** 26
Grunddienstbarkeit
  Ansprüche, Verjährung **196** 8 ff
  Beseitigung der Beeinträchtigung, Verjährungsfrist **186** 13
Grundeigentum
  Alleineigentum **196** 5
  Altenteil **196** 5
  Bergwerkseigentum **196** 5
  Erbbaurecht **196** 5
  Miteigentumsanteil **196** 5
  Nutzungsrechte, bestehende **196** 5
  Übertragung, Ansprüche auf **196** 6
    Auftrag **196** 6
    Bereicherungsanspruch **196** 6
    culpa in contrahendo **196** 6
    deliktische Ansprüche **196** 6
    Gesellschaftsvertrag **196** 6
    Kauf **196** 6
    Rückabwicklungsansprüche **196** 6
    Rücktritt **196** 6
    Schenkungsversprechen **196** 6
    Störung des Vertrages **196** 6
    vermachtes Grundstück **196** 6
  Wohnungseigentum **196** 5
Grunderwerbssteuer
  Genehmigung des Grundstückskaufvertrags **184** 38
Grundgeschäft
  Abstraktionsprinzip **Vorbem 164 ff** 34
  Fortbestehen trotz Widerruflichkeit der Vollmacht **Vorbem 164 ff** 34
  Geschäftseinheit Vollmacht/Grundgeschäft **Vorbem 164 ff** 34
Grundpfandkapital
  Kündigung
    Rückwirkung der Genehmigung, Ausschluss **184** 38
Grundschuld
  Ansprüche, Verjährung **196** 8 ff
  Löschungsanspruch **196** 2, 9
  Neubeginn der Verjährung **212** 46
  Sicherheitsleistung **238** 1, 3
  stehengelassene Grundschulden **196** 2 f

Grundschuld (Forts)
Verjährung der gesicherten
Forderung **216** 2
Verpfändung **232** 10
Zinsen **197** 80
Grundsteuer
Fünfjahresfrist **187** 7
Grundstücksausnutzung
Schikaneverbot **226** 24, 28
Grundstücksbelastung
Zustimmungsbedürftigkeit **184** 10
Grundstücksgeschäfte
Anspruch auf die Gegenleistung **196** 11
Gesellschafterstellung,
Einräumung **196** 11
Kaufpreis **196** 11
Rückgewähransprüche **196** 11
beschränkte dingliche Rechte **196** 8 ff
s a dort
Besitzüberlassung **196** 7
Schadensersatz statt der Leistung **196** 13
Übertragung von Grundeigentum **196** 5 f
Verjährung **196** 1 ff
Kosten der Rechtsänderung **196** 12
Sekundäransprüche **196** 13
Verzinsung der Gegenleistung **196** 12
Zehnjahresfrist **Vorbem 194–202** 12; **196** 1 ff
Zahlung Zug um Zug gegen
Grundstücksrückübertragung **196** 11
Zinsansprüche **197** 78
Grundstückskaufvertrag
Genehmigung **184** 38
Form **182** 23
Leibrente **197** 84
Spekulationsgeschäft **184** 38
Verjährung **196** 6
Grundstücksrechte
Eintritt der Verjährung **Vorbem 194–202** 3
Genehmigungserfordernisse **Vorbem 182–185** 57
Unverjährbarkeit **195** 53
Grundstücksübereignung
Genehmigung **184** 32
Zustimmungsbedürftigkeit **184** 10
Weiterübereignung des
Grundstücks **184** 11
Grundstücksveräußerung
Zustimmung, Reichweite **182** 2
Grundstücksverkehrsgesetz
Genehmigungserfordernisse **Vorbem 182–185** 57
Genehmigungsversagung **Vorbem 182–185** 64
Negativattest **Vorbem 182–185** 59
Grundstücksverkehrsordnung
Genehmigungserfordernisse **Vorbem 182–185** 57

Grundstücksverträge
Schutzbedürfnis des Vertretenen **167** 21
Verpflichtungsgeschäfte **167** 24
Vollmachten, Formbedürftigkeit **167** 20 ff
Abhängigkeit vom
Bevollmächtigten **167** 22
Befreiung vom Verbot des
Selbstkontrahierens **167** 22
Bindungen der Vollmacht **167** 22
Heilung **167** 24
Nachteile, drohende **167** 22
Teilnichtigkeit **167** 23
unwiderrufliche Vollmacht **167** 22
Weisungen des Erwerbers **167** 22
Grundurteil
Prozesshandlung des Gerichts **204** 129
rechtskräftig festgestellter Anspruch **197** 34, 50
Verfahrensabschluss **204** 143
Zurückverweisung **214** 13
Gütergemeinschaft
Aufforderung zur Genehmigung **Vorbem 182–185** 42
Widerrufsrecht, einseitiges **184** 9
Gütergemeinschaft, fortgesetzte
Ablehnung **167** 19
Stellvertretung **Vorbem 164 ff** 40
Zustimmung des anderen
Ehegatten **182** 26
Unwiderruflichkeit **183** 15
Güterrechtsregister
Eintragung, Formbedürftigkeit **182** 27
Güterstandsbeendigung
Verjährungsbeginn **200** 10
Gütestellen
Anerkennung durch die
Landesjustizverwaltung **204** 59
branchengebundene Gütestellen **204** 59, 61
Einigungsstelle,
wettbewerbsrechtliche **204** 59
Einrichtung durch die Landesjustizverwaltung **204** 59, 61
Einvernehmen über die Anrufung **204** 59
Handwerkskammer **204** 59
Industrie- und Handelskammer **204** 59
Innungen **204** 59
nichtstaatliche Grundlage **204** 59
Öffentliche Rechtsauskunfts- und
Vergleichsstelle **204** 59
private Gütestellen **204** 59
Verjährungshemmung **204** 59 ff, 107
Zuständigkeit **204** 61
Gutachterbeauftragung
Verjährungshemmung **Vorbem 194–202** 13
Gute Sitten
Rechtsmissbrauch **226** 12
Gutglaubenserwerb
Genehmigung, Rückwirkung **184** 38

Gutglaubenserwerb

Gutglaubenserwerb (Forts)
  Kennenmüssen **166** 9, 21
  Kenntnis **166** 9, 21
  Konvaleszenz **185** 62
  Stellvertretung **166** 9
Gutsverwalter
  Vollmachtsumfang **167** 86

Haftopferentschädigung
  Mindesthaftdauer **191** 1
Haftpflichtgesetz
  Verjährung **200** 9
  Verjährungsfrist **195** 13
Haftpflichtversicherung
  Anerkenntnis **212** 10
  Regulierungsvollmacht **212** 10
  Verhandlungsvollmacht **203** 9
Haltbarkeitsgarantie
  Bindung, langfristige **202** 4b
Hamburg
  Feiertage **193** 35
  Hinterlegung **232** 3
  Räumungsfrist **188** 24
  Sicherheitsleistung **232** 5
Handeln für den, den es angeht
  s a Geschäft für den, den es angeht
  Auktion **Vorbem 164 ff** 51
  Auktionator **Vorbem 164 ff** 51
  Bargeschäfte des Alltags **Vorbem 164 ff** 53
  Besitzdienerverhältnis **Vorbem 164 ff** 55
  Besitzmittlungsverhältnis **Vorbem 164 ff** 55
  Börsenverkehr **Vorbem 164 ff** 51
  Chartervertrag **Vorbem 164 ff** 51
  Geschäftsangestellte **Vorbem 164 ff** 53
  Hausangestellte **Vorbem 164 ff** 53
  Kraftfahrzeug-Haftpflichtversicherung **Vorbem 164 ff** 52
  Mobilien, Eigentumserwerb **Vorbem 164 ff** 55
    Durchgangserwerb **Vorbem 164 ff** 55
    Übergang, unmittelbarer **Vorbem 164 ff** 55
  Namhaftmachung des Geschäftsherrn **Vorbem 164 ff** 51
  offenes Geschäft für den, den es angeht **164** 19
  Selbsteintritt **Vorbem 164 ff** 51
  Stellvertretung, unmittelbare **Vorbem 164 ff** 51, 56
  Subjekt des Vertrages, Bestimmung **Vorbem 164 ff** 51
  verdecktes Geschäft für den, den es angeht **Vorbem 164 ff** 52; **164** 19
  Vertragsfreiheit **Vorbem 164 ff** 51
  Vertretung ohne Vertretungsmacht **177** 18
Handeln in fremdem Namen
  Beweislast **164** 26
  culpa in contrahendo **164** 11
  einseitige Rechtsgeschäfte **164** 5

Handeln in fremdem Namen (Forts)
  Erfüllungsgehilfenhaftung **164** 11
  Nebenpflichtverletzung **164** 11
  Stellvertretung **164** 1 ff
  Vertretungsmacht **164** 5
Handeln ohne Vertretungsmacht
  s Vertretung ohne Vertretungsmacht
Handeln unter falscher Namensangabe
  Allerweltsnamen **Vorbem 164 ff** 92
  Anfechtung **Vorbem 164 ff** 92
  Barverkauf **Vorbem 164 ff** 92
  Beurkundung, notarielle **Vorbem 164 ff** 92
  Eigenwirkung **Vorbem 164 ff** 92
  Hotelübernachtung **Vorbem 164 ff** 92
  Lottoschein **Vorbem 164 ff** 92
  Phantasienamen **Vorbem 164 ff** 92
  Preisausschreiben **Vorbem 164 ff** 92
Handeln unter fremdem Namen
  Auflassungserklärung **Vorbem 164 ff** 89
  Auslegung **Vorbem 164 ff** 90
  Beurkundung, notarielle **Vorbem 164 ff** 89
  Dissens **Vorbem 164 ff** 90
  Eigenhaftung **179** 25
  Eigenwirkung **Vorbem 164 ff** 90
  einseitiges Handeln unter fremdem Namen **174** 1
  elektronisch übermittelte Willenserklärungen **Vorbem 164 ff** 19
  Entgegennahme von Willenserklärungen **Vorbem 164 ff** 91
  frei erfundener Name **Vorbem 164 ff** 88
  Fremdwirkung **Vorbem 164 ff** 90 f
  Genehmigung **Vorbem 164 ff** 91
  häufig vorkommender Name **Vorbem 164 ff** 88
  Handeln ohne Vertretungsmacht **177** 5
  Handeln unter fremder Nummer **Vorbem 164 ff** 90
  höchstpersönliche Rechtsgeschäfte **Vorbem 164 ff** 89
  Identitätsirrtum **Vorbem 164 ff** 91; **177** 21; **179** 25
  Identitätstäuschung **Vorbem 164 ff** 88
  Internetnutzung **167** 35
  Namensträger **Vorbem 164 ff** 90
  Nichtigkeit der Erklärung **Vorbem 164 ff** 89
  Perplexität der Identität **Vorbem 164 ff** 90
  PIN **Vorbem 164 ff** 90
  Rechtsgeschäft, einseitiges **Vorbem 164 ff** 90
  Unterschrift mit fremdem Namen **Vorbem 164 ff** 89 f
  Unterschriftenfälschung **Vorbem 164 ff** 91; **177** 21
  Vertretung ohne Vertretungsmacht **Vorbem 164 ff** 91
  Zurückweisungsmöglichkeit **174** 1

Handelsgeschäft
Leistungspflichten, Erfüllung während Geschäftszeiten **188** 3
Nachhaftung, Verjährung **195** 50
Handelsrecht
Geschäftszeiten **193** 50
Leistungsannahme **193** 50
Schikaneverbot **226** 13
Stellvertretung, mittelbare **Vorbem 164 ff** 42
Wegbereiter für allgemeines Zivilrecht **Vorbem 164 ff** 7
Wettbewerbsverbot, Verjährung **200** 9
Zeitrechnung **186** 24
Handelsregisteranmeldung
Vollmachtsumfang **167** 84
Handelsregistereintragung
Bekanntmachung der Bevollmächtigung **171** 8
Formzwang **Vorbem 164 ff** 96
Vollmacht **Vorbem 164 ff** 96
Formbedürftigkeit **167** 19
Handelsverkehr
Vollmachtsumfang **167** 86a
Handelsvertreter
Vertretungsmacht **Vorbem 164 ff** 93
Handlungsgehilfen
Vertretungsmacht **Vorbem 164 ff** 93
Wettbewerbsverbot, vertragliches **199** 109
Wettbewerbsverstoß, Verjährungsfrist **195** 39, 44
Handlungsunrecht
Notwehr **227** 29 f, 39, 52
Selbsthilfe **229** 41
Handlungsvollmacht
Abstraktionsprinzip **Vorbem 164 ff** 34
Erlöschen **168** 2
Gesamtvertretung **167** 52
Insichgeschäft **181** 37
Kundgabe der Bevollmächtigung **174** 11
Publizitätsschutz, registerlicher **Vorbem 164 ff** 34
Unterbevollmächtigung, Verbot **167** 64
Vertretungsmacht **174** 11
Vollmachtsumfang **167** 83
Handwerkskammer
Gütestellen **204** 59
Hauptversammlung
s Aktiengesellschaft
Hauptvertreter
Haftung für Handlungen des Untervertreters **167** 71
Hausangestellte
Handeln für den, den es angeht **Vorbem 164 ff** 53
Hausarbeitstag
Verjährungshemmung **206** 8
Hausgeldvorauszahlungen
wiederkehrende Leistungen **197** 67

Haushaltsgegenstände
Verfügung über Haushaltsgegenstände **Vorbem 164 ff** 41; **182** 21
Hausrecht
Notwehr **227** 10, 24, 68
Haustürgeschäft
Stellvertretung **166** 9
Widerrufsrecht **166** 9
Hausverbot
Notwehrhandlung **227** 59
Hausverwalter
Handeln in fremdem Namen **164** 2
Anspruch der Eigentümergemeinschaft gegen einzelne Hauseigentümer **164** 2
Auftragsvergab **164** 2
Bestellung **164** 2
Vermietung **164** 2
Vertretungsnachweis **174** 6
Vollmachtsumfang **167** 86
Hecken
Schikaneverbot **226** 28
Heileingriff
Stellvertretung **Vorbem 164 ff** 38
Heilig Abend
Feiertag **193** 48
Heilung
s Konvaleszenz
Heilungskosten
künftig fällige Ansprüche **197** 40
Verjährung **217** 11
Herausgabeansprüche
dinglicher Herausgabeanspruch s dort
vertragliche Herausgabeansprüche **195** 41; **197** 9
Herbst
Handelsverkehr **192** 4
Sprachgebrauch **192** 4
hereditatis petitio
Verjährung **197** 13
Herstellung der ehelichen Lebensgemeinschaft
Unverjährbarkeit **194** 28
Hessen
Fronleichnam **193** 40
Hinterlegung **232** 3
Sicherheitsleistung **232** 5
Hinauskündigung
Schikaneverbot **226** 32
Hinterlegung
Berechtigter **232** 3
Erneuerungsscheine **234** 3
Geld **232** 2 f
Eigentum des Fiskus **232** 3; **233** 2
fremdes Geld **233** 5
Umtausch in Wertpapiere **235** 2
Verfügungsmacht **233** 5
Verwahrung **232** 3
Gestattung des Selbstkontrahierens **181** 62
Gewinnanteilsscheine **234** 3

Hinterlegung (Forts)
  Landesrecht 232 3
  beim Notar 233 4
  öffentlichrechtliches Hinterlegungsverhältnis 233 2, 5
  Pfandrecht 233 1 f, 5
    Forderung auf Rückerstattung 233 2
    Freigabeerklärung 233 3, 7
  Pfandrechtsbegründung 232 3
  Rentenscheine 234 3
  Rückerstattungsanspruch 233 3, 5
  Rückforderungsanspruch, Verjährungsbeginn 199 2, 12, 88
  Rückgabeanspruch 233 3
  Rückgabeanspruch, Verjährungsbeginn 200 10
  Rücknahmeanspruch, Verjährungsbeginn 199 2
  Rückzahlungsanspruch 232 3
  Schikaneverbot 226 24
  Umtauschrecht 235 2
  Verjährung der gesicherten Forderung 216 5
  Wertpapiere 232 2 f
    Ergänzungspapiere 234 3
    – Fälligkeit während Hinterlegungszeit 234 3
    fremde Wertpapiere 233 6
    Umtausch in Geld 235 2
    Verwahrung 232 3
    Wertbegrenzung 234 4
  Wirkung 232 3
  Zahlungsmittel 232 3
    gesetzliche Zahlungsmittel 232 3
  Zinsscheine 234 3
Hintermann
  Handeln für einen Hintermann 177 22
Hinweispflicht, richterliche
  Verjährung 213 6
HOAI
  Rechnung 199 11, 17
  Prüfungsfähigkeit 199 17
Höchstpersönlichkeit
  gewillkürte Höchstpersönlichkeit Vorbem 164 ff 41
Höhere Gewalt
  absolute Theorie 206 3
  agere non valenti non currit praescriptio 209 1
  amtliche Verzögerungen 206 13
  Ausschlussfristen 206 31
  Begriff 206 3 f
  Behinderungen im Zugang zu den Gerichten 206 14
  culpa levissima 206 26
  Fehler Dritter 206 15
  finanzielle Mittel, Fehlen 204 113
  Freiheitsverlust 206 16
  Handlungsfähigkeit, Mängel 206 24

Höhere Gewalt (Forts)
  Handlungsfähigkeit, prozessuale 206 18
  Inhaftierung 206 16
  Krankheit 206 17
  Kriegsgefangenschaft 206 16
  Leistungsfähigkeit, finanzielle 206 19 ff
  Nachfrist 206 30
  Nachtbriefkasten 206 14
  Postbeförderung, verzögerte 206 14
  relative Theorie 206 3
  Rosenmontag 206 14
  Sorgfalt, äußerste 206 26 ff
    Irrtümer des Gläubigers 206 29
  Verhaltensanforderungen 206 28
  Verjährungshemmung 204 113; 205 1, 7; 206 1 f
    Dauer 206 2
    Sechsmonatsfrist 206 2
  Verschulden, fehlendes 206 3, 26
  Verschuldenszurechnung 206 27
  vis maior 206 3
  Wiedereinsetzung in den vorigen Stand 206 14
  Zufall, unabwendbarer 206 4
Hofübergabevertrag
  Genehmigung des Landwirtschaftsgerichts 184 38; 185 73
Hoheitliches Handeln
  Botenschaft Vorbem 164 ff 77
  Rechtfertigung 227 4
  Selbstschutz, zivilrechtlicher 227 4
Hotelübernachtung
  Handeln unter falscher Namensangabe Vorbem 164 ff 92
Hunde
  s Tiere
Hypothek
  Ansprüche, Verjährung 196 8 ff
  Aufhebung 183 15
  Ausschluss unbekannter Gläubiger 186 24
  Konvaleszenz 185 2
  Mündelsicherheit 232 10
  Sicherheitsleistung 232 10; 238 1, 3
  Verjährung der gesicherten Forderung 216 2
  Verzicht 183 15
  Zinsen 197 80
  Zwischenverfügungen 184 63
Hypothekenvollmacht
  Befreiung vom Verbot des Selbstkontrahierens 181 52
Hypothekenzinsen
  Rückstände 198 2

Immissionsschutzrecht
  Genehmigung, Geltungsdauer 188 19
Industrie- und Handelskammer
  Gütestellen 204 59

Inhaberaktien
  Hinterlegungsfähigkeit **234** 1
Inhaberschuldverschreibung
  Hinterlegungsfähigkeit **234** 1
  Verjährung **195** 47, 49
  Verjährungshemmung **Vorbem 203–213** 4; **205** 1
  Zahlungssperre **205** 1
  Ablaufhemmung **210** 9
Inhaltskontrolle
  Bevollmächtigung **167** 13
Inkassozession
  Einziehungsermächtigung **Vorbem 164 ff** 66
  Verjährungshemmung **204** 10
Inkompetenznorm
  Unzuständigkeit aller Nichtberechtigten **227** 6
Inkrafttreten von Gesetzen
  Beginn des Tages **187** 11
  Grundgesetz **187** 11
  Verfassungsbeschwerde, Jahresfrist **188** 21
  Weimarer Reichsverfassung **187** 11
Innenvollmacht
  Anfechtbarkeit **167** 12
  Anfechtung **167** 81 f
  Erlöschen **167** 12
  Geschäftsführung mit notwendiger Außenberührung, Überlassung **167** 13
  Grundgeschäft, Unwirksamkeit **167** 75
  konkludente Vollmachtserteilung **167** 13
  Kundgabe der Vollmachtserteilung **171** 3
  Legitimationsmittel, Überlassung **167** 13
  Makler, Verkaufsberatung **167** 13
  Nichtigkeit **167** 75
  Teilnichtigkeit **Vorbem 164 ff** 33 f; **167** 2
  Vollmachtserteilung, konkludente **167** 13, 29
  Widerruf **167** 16
  Willenserklärung, an den zu Bevollmächtigenden gerichtete **167** 12
Innungen
  Gütestellen **204** 59
Insichgeschäft
  amtsempfangsbedürftige Willenserklärungen **181** 40
  Anfechtung **181** 13
  Beweislast **181** 68
  Bürgschaftsübernahme **181** 43
  dingliche Einigung **181** 11
  einseitige empfangsbedürftige Geschäfte **181** 9, 13
  Empfangsvertretung **181** 13
  Einzelvertretung **181** 16
  Erbauseinandersetzung **181** 12
  Erlassvertrag **181** 64
  Erlaubtheit **181** 49 ff
  Formzwang **181** 49
  Garantie **181** 43
  Gefährdung Dritter **181** 64

Insichgeschäft (Forts)
  Genehmigung **181** 46
    Pflicht zur Genehmigung **181** 48
    Rückforderung erbrachter Leistungen **181** 46
    schlüssiges Verhalten **181** 46
    Stellvertretung **181** 46
    Tod des Vertretenen **181** 46
    Verweigerung **181** 48
    Zeitablauf **181** 46
  Genehmigungsfähigkeit **181** 45
  Gesamtvertretung **181** 16 f
  Geschäfte, einseitige empfangsbedürftige **181** 1, 4
  gesetzliche Vertretung **181** 18, 47
  Gestattung **181** 13, 49 ff
    s a Selbstkontrahieren
    gesetzliche Gestattung **181** 60
    Publizität **181** 64 ff
    – Besitzmittlungsverhältnis **181** 66
    – formbedürftige Rechtsgeschäfte **181** 67
    – Sachübergabe **181** 66
    – Verfügungsgeschäfte **181** 65
    – Verpflichtungsgeschäfte **181** 67
  Gläubigerschutz **181** 6 f
  GmbH-Alleingesellschafter **181** 6, 20
  Insolvenzverwalter **181** 39
  Interessenkollision **181** 3, 6 ff, 15, 26, 29, 32 f, 34, 44
  Interzession **181** 43
  Kündigung **181** 13
  lediglich rechtlicher Vorteil **181** 5 f, 32
  Löschungsbewilligung **181** 13
  mehrere Adressaten einer einseitigen Erklärung **181** 41
  Mehrvertretung **181** 1, 9, 15
    s a dort
  Missbrauch der Vertretungsmacht **167** 93; **181** 61
  Nachlassverwalter **181** 39
  Neutralität des Rechtsgeschäfts **181** 32
  Nichtigkeitsfolge **181** 45
  Oberbegriff **181** 1
  öffentliches Recht **181** 9
  Ordnungsvorschrift **181** 5
  organschaftliche Vertretung **181** 47
  Personenidentität **181** 8 f, 11, 15 ff, 34, 36, 41, 44
  Pfandrecht **181** 43
  Prozesshandlungen **181** 9
  Realakt **181** 9
  Recht, anwendbares **181** 1
  Rechtsentwicklung **181** 2 f
  Rechtsgeschäft, einseitiges **181** 11
  Rechtsgeschäft, mehrseitiges **181** 11
  Rechtsgeschäft, zusammengesetztes **181** 12
  Rechtsgeschäft, zweiseitiges **181** 11

Insichgeschäft (Forts)
  Schenkung der Eltern an nicht geschäftsfähige Kinder **181** 32
  Schuldbeitritt **181** 43
  Schuldübernahme **181** 43
  schwebende Unwirksamkeit **181** 45 ff
  Selbstkontrahieren **181** 1, 9 f
    s a dort
  Sicherungsfunktion **181** 5 ff
  Stellvertretung, aktive **181** 1
  Stellvertretung, passive **181** 1
  Teilgeschäfte **181** 12
  teleologische Extension **181** 34
  teleologische Reduktion **181** 6 f, 15, 18, 20 f, 25 f, 30 f, 33, 36, 56, 64
    gesetzliche Gestattung **181** 63
  Testamentsanfechtung **181** 13
  Testamentsvollstrecker **181** 38
  Überweisung **181** 11, 44
  Untervertretung **181** 35 f
  Verkehrssicherheit **181** 4 f, 32
  Versicherungsvertrag **181** 44
  Vertrag **181** 1
    dinglicher Vertrag **181** 10
    erbrechtlicher Vertrag **181** 11
    familienrechtlicher Vertrag **181** 11
    obligatorischer Vertrag **181** 10 f
  Vertrag zugunsten Dritter auf den Todesfall **181** 32
  Vertragsangebot, Annahme nach Erlöschen der Vertretungsmacht **181** 42
  Vertretung ohne Vertretungsmacht **181** 1
  Vollmachtserteilung **181** 13
  Vorteilhaftigkeit **181** 5 f, 32
  Wechselausstellung **181** 11
  wechselrechtliche Geschäfte **181** 11
  Willenserklärungen, einseitige empfangsbedürftige **181** 1, 9
  Willenserklärungen, nicht empfangsbedürftige **181** 9
  Wohnungseigentumsverwalter **181** 39
  Zustimmung **181** 13
  Zwangsverwalter **181** 39
Insolvenzanfechtung
  Einrede **194** 21
  Fristberechnung **187** 7
  Fristwahrung **193** 11
  Verjährung **194** 21
  Verjährungseinrede **214** 35
  Verjährungseintritt **214** 37
Insolvenzantrag
  Genehmigung, Rückwirkung **184** 33
  Genehmigungsfähigkeit **184** 33
Insolvenzforderung
  Anmeldung **204** 97
  Verjährungshemmung **204** 98
Insolvenzplan
  Forderungsfeststellung **201** 5

Insolvenzplan (Forts)
  rechtskräftig festgestellter Anspruch **197** 60
Insolvenztabelle
  Feststellung zur Insolvenztabelle **197** 5, 60; **204** 99
Insolvenzverfahren
  Anfechtungsanspruch, Verjährungsfrist **187** 6
  Anmeldung der Forderung **204** 97
    Nichtbetreiben des Verfahrens **204** 140
  Aufhebung **185** 73
  Auftraggeber **169** 2
  Außenvollmacht **170** 6
  Beschwerdefrist **187** 10; **188** 14
  Bevollmächtigte **168** 22
  Erfüllungswahl, fiktive **179** 15
  Fälligkeit **199** 4
  Forderungsfeststellung **201** 4 f
  Fristberechnung **186** 18
  Genehmigung des Gläubigerausschusses **Vorbem 182–185** 3
  Genehmigung, Rückwirkung **184** 48
  Gläubigerbefriedigung **Vorbem 164 ff** 58
  Insichgeschäfte **181** 59
  Kündigung der Arbeitsverhältnisses **185** 6
  Masseramut **185** 73a
  Masseforderungen **204** 97
  Rückschlagsperre **185** 73a
  Sperrfrist **193** 57
  Strohmann **Vorbem 164 ff** 50
  Unterbrechung des Prozesses **204** 123
  Verfahrensaufhebung **201** 5
  Verfahrenseinstellung **201** 5
  Verfügungsobjekt, Freigabe **185** 73
  Verjährungshemmung **199** 3
  Vollmachten, Erlöschen **Vorbem 164 ff** 96; **168** 25; **179** 9
    Handlungsvollmacht **168** 25
    isolierte Vollmacht **168** 25
    Notgeschäftsführung **168** 25
    Prokura **168** 25
    Prozessvollmachten **168** 25
    Untervollmachten **168** 25
    vollmachtloser Vertreter **168** 25
  Vollmachtgeber **168** 25; **179** 9
Insolvenzverwalter
  Abberufung **Vorbem 164 ff** 58
  Bestallungsurkunde **174** 6
  Eigenhaftung **179** 25
  Genehmigung von Verfügungen **184** 28
  Identität Schuldner/zur Verfolgung von Ansprüchen berufene Person **195** 9
  Insichgeschäft **181** 37, 39
  Partei kraft Amtes **Vorbem 164 ff** 57
  schwacher Insolvenzverwalter **184** 28
  Selbstkontrahieren, Gestattung **181** 59
  Sonderverwalter **181** 59
  Unabhängigkeit **Vorbem 164 ff** 58

Insolvenzverwalter (Forts)
  Verfügungen, Konvaleszenz **185** 2
  Verfügungen vor Amtsbeginn **185** 75
  Verjährungsbeginn, Kenntnis **199** 57
  Verjährungshemmung **204** 9
  vorläufiger Insolvenzverwalter **184** 28
  Weisungsfreiheit **Vorbem 164 ff** 58
Instanzbevollmächtigter
  Erstvollmacht, Fortbestand **167** 60
Interessenwahrnehmung
  Aufklärungspflicht **214** 29a
  Auskunftsanspruch **Anh 217** 1, 4, 6 ff
Internationaler Strafgerichtshof
  Sachwerte, Verteidigung **227** 69
Internationales Privatrecht
  Insichgeschäft **181** 1
  Kalenderverschiedenheiten **186** 4
  Selbsthilfe **229** 56
  Verjährung **Vorbem 194–202** 53 ff
    Anknüpfung **Vorbem 194–202** 54 f
    Beginn der Verjährung **Vorbem 194–202** 53
    Hemmung der Verjährung **Vorbem 194–202** 53
    – Rechtsverfolgung im Ausland **Vorbem 194–202** 53
    – Streitverkündung **Vorbem 194–202** 53
    Neubeginn der Verjährung **Vorbem 194–202** 53
    ordre public **Vorbem 194–202** 55 f
    unerlaubte Handlungen **Vorbem 194–202** 54
  Verkehrsunfall **229** 56
  Vertretungsmacht **181** 1
  Zustimmung **Vorbem 182–185** 69
    Übereignungsgeschäft, im Ausland vorgenommenes **Vorbem 182–185** 69
Internet
  Domaingrabbing **226** 26
  Geheimzahl **172** 8
  Handeln unter fremdem Namen **Vorbem 164 ff** 91; **167** 35
  Identifizierungszeichen, personengebundenes **172** 8
  Passwort **172** 8
  qualifizierte elektronische Signatur **172** 8
  Rechtsscheinsvollmacht **167** 35
  Vertragsschluss **172** 8
  Vertretungsmacht, Umfang **172** 8
Internetdomainvergabe
  Handeln in fremdem Namen **164** 2
Intimsphäre
  Notwehr **227** 10
Inventarfrist
  Ablaufhemmung **210** 9
  richterliche Frist **186** 15
Investmentrecht
  Prospekthaftung, Verjährung **195** 55

Irrtumsanfechtung
  Anfechtungsfrist **186** 14
  Bevollmächtigung **167** 80
  Eigengeschäft des Vertreters **164** 17, 21
  Hilfspersonen **166** 13
  Irrtumstatbestände **166** 13
  Motivirrtum **166** 13
  Umfang des erteilten Auftrags **166** 13
  Vertretererklärung **166** 17
  Vertretungswille **Vorbem 164 ff** 36
  Willensmängel **166** 13
  Wissenszurechnung **166** 13
Islam
  islamische Zeitrechnung **186** 4
Italien
  Abstraktionsprinzip **Vorbem 164 ff** 103
  Bevollmächtigung **Vorbem 164 ff** 103
  Botenschaft **Vorbem 164 ff** 103
  falsus procurator **Vorbem 164 ff** 103
  Insichgeschäft **Vorbem 164 ff** 103
  Mahnung durch eingeschriebenen Brief **Vorbem 194–202** 53, 55
  mittelbare Stellvertretung **Vorbem 164 ff** 103
  Offenheitsprinzip **Vorbem 164 ff** 103
  rappresentanza **Vorbem 164 ff** 103
  Rechtsmissbrauch **226** 49
  Repräsentationstheorie **Vorbem 164 ff** 103
  Verjährung, Erneuerung **Vorbem 194–202** 53
  Verjährungshemmung **207** 1
  Vertretungsmacht **Vorbem 164 ff** 103
    Erteilung **Vorbem 164 ff** 103
    – Formbedürftigkeit **Vorbem 164 ff** 103
    – stillschweigende Bevollmächtigung **Vorbem 164 ff** 103

Ja-Stimme
  Beschluss **Vorbem 182–185** 7
Jagdrecht
  Aneignungsrecht **228** 22
  Hunde, wildernde **228** 13
  Notstand **228** 8
  Nutzungsgestattung durch Nichtberechtigten **185** 107
  Raubwild **228** 8
  Wilderei **228** 8
Jahr
  Zeitbestimmung **191** 2
Jahr und Tag
  Jahresfrist mit flexibler Zugabezeit **186** 24
Jahresfrist
  Fristberechnung **188** 19
Jahresschluss
  Verjährungsbeginn **199** 1, 11, 85 ff
Jahreswechsel
  Kalendersystem **186** 4

Jubiläumszuwendung
Betriebsvereinbarung,
  Außerkrafttreten **188** 21
Juden
Kalender **186** 4
Julianischer Kalender
Zeitberechnung **186** 3 f
Jurisprudenz
elegante Jurisprudenz **Vorbem 164 ff** 9
Juristische Personen
Beschlüsse **181** 23
Bevollmächtigung **167** 6; **168** 20
Erlöschen der Vollmacht **168** 20
Erlöschen der juristischen Person **168** 20, 27
Gesamtvertretung **181** 16
Gründung **177** 20; **179** 23
Liquidation **168** 20, 27
Notvorstand **210** 1
organschaftliche Vertretung
  Ausübung der Vollmacht **167** 6
  Bestallungsurkunden **174** 6
  Gesamtvertretung **167** 51
  Gleichstellungsargument **166** 32
  Insichgeschäft **181** 19, 45, 47
  Organstellung, Widerruflichkeit **168** 9
  Organtheorie **166** 32
  unwiderrufliche Vollmacht **168** 9
  Vertretungsbefugnis, Beschränkung im Außenverhältnis **181** 45
  Vertretungsmacht **167** 1; **168** 9
  Vollmachtsüberschreitung **177** 25
  Willensmängel **166** 3
  Wissen der Organe **166** 32
  Wissenmüssen der Organe **166** 32
  Wissensorganisationspflicht **166** 32
  – privates Wissen **166** 32
  Wissensvertretung **Vorbem 164 ff** 87
  Wissenszurechnung **166** 32
  – Organisation der Kommunikation im Unternehmen **166** 32
  – Struktureinheit **166** 32
Prozessunfähigkeit **206** 18
Rechtsscheinsvollmacht **167** 41
Satzungsänderungen **181** 22, 24
Stellvertretung **Vorbem 164 ff** 1
Umwandlung **168** 20
Verjährungsbeginn, Kenntnis **199** 59
Verschmelzung **168** 20
Vertretung ohne Vertretungsmacht **177** 20
Vertretung, organschaftliche **Vorbem 164 ff** 1, 25
  Gesamtvertretung **Vorbem 164 ff** 20
  Handlungen, Zurechnung **Vorbem 164 ff** 25
  Organtheorie **Vorbem 164 ff** 21, 25
  Vertretertheorie **Vorbem 164 ff** 21
  Willenserklärungen, Zurechnung **Vorbem 164 ff** 25

Juristische Personen (Forts)
Vertretungsmacht
  Bestellung **Vorbem 164 ff** 34
Vollmacht, Formbedürftigkeit **167** 18
Wissenszurechnung **166** 5
Juristische Personen des öffentlichen Rechts
Anscheinsvollmacht **167** 46 f
aufsichtsbehördliche Genehmigungen **Vorbem 182–185** 58
Bedienstete **166** 40
Duldungsvollmacht **167** 46 f
Entscheidungskompetenz, eigenverantwortliche **166** 40
Formwahrung **167** 49
Gesamtvertretung **Vorbem 164 ff** 20
Organisation der Kommunikation **166** 40
Organisationsnormen **Vorbem 164 ff** 27
organschaftliche Vertretung **166** 40
  Insichgeschäft **181** 19, 29
  privatrechtliche Rechtsgeschäfte **181** 19
  Vertretung ohne Vertretungsmacht **177** 3
Organvertreter, ausgeschiedene **166** 40
Prüfungskompetenz, eigenverantwortliche **166** 40
Rechtsgeschäfte, einseitige **180** 11
Rechtsscheinsvollmacht **Vorbem 164 ff** 27; **167** 46 ff
  Schutzbedürftigkeit des Kontrahenten **167** 50
Schadensersatzpflicht **167** 49
stillschweigende Bevollmächtigung **167** 46
Vertretungsregeln **167** 48
Wissenszurechnung **166** 40
  Behörden **166** 40
  Behördenabteilungen **166** 40
Justizfiskus
Gerichtsvollzieher **Vorbem 164 ff** 97
Justizvergütungs- und -entschädigungsgesetz
Verjährungshemmung **Vorbem 203–213** 4

Kalender
Kalenderverschiedenheiten, internationale **186** 4
Rechtsgrundlage **186** 4
Kalendertag
Fristbeginn **187** 4
Fristende **187** 4
ohne Jahresangabe **192** 2
Zeitangabe **187** 14
Kalenderwoche
erste Kalenderwoche **186** 4
53 Kalenderwochen **186** 4
Kanonisches Recht
Eheschließung durch Stellvertreter **Vorbem 164 ff** 82
Rechtsausübung, schädigende **226** 2
Stellvertretung **Vorbem 164 ff** 7
unvordenkliche Verjährung **Vorbem 194–202** 37

Kanonisches Recht (Forts)
  Verjährung **Vorbem 194–202** 2
  Vertreter in der Erklärung **Vorbem 164 ff** 82
Kapitalanleger-Musterverfahren
  Anspruchsanmeldung **204** 85d
    Anwaltszwang **204** 85d
    Schriftform **204** 85d
    Sechsmonatsfrist **204** 85d
    Zustellung **204** 85c
  Anspruchsbezeichnung **204** 85d
  Ausschlussfrist **204** 85f
  Bekanntmachung **204** 85d
  Feststellungsziele **204** 85a
  Klageerhebung **204** 85d, 85f
  Klagerücknahme **204** 85d
  Lebenssachverhalt **204** 85e
  Musterentscheid **204** 85a
  Musterverfahrensanträge **204** 85a
  Streitgegenstand **204** 85d
  Verfahrensaussetzung von Amts wegen **204** 85a, 85e
  Vergleich, gerichtlicher **204** 85a
  Verjährungshemmung **204** 85a f, 85f
  Vorgreiflichkeit **204** 85e
Kapitalgesellschaft
  Eintritt in Kapitalgesellschaft **181** 22
  Gesellschaftsvertrag **181** 22
  Sozialakte **181** 24
  Stimmrechtsausübung **181** 24
    Mehrvertretung **181** 24
    Selbstkontrahieren **181** 24
Karenzzeit
  Mietvertragskündigung **193** 18 ff
    Feiertag **193** 18 ff
    Samstag **193** 18 ff
    Sonntag **193** 18 ff
  Mietzahlung **193** 5
Karfreitag
  Feiertag, gesetzlicher **193** 34
Kasse gegen Dokumente
  Verjährungsbeginn **199** 21
Kassenarzt
  Handeln in fremdem Namen **164** 2
Kauf
  Verjährung **194** 15
Kauf auf Probe
  Billigung des gekauften Gegenstandes **Vorbem 182–185** 14
Kaufmannseigenschaft
  Wissenszurechnung **166** 9
Kaufpreisstundung
  Sicherheitsleistung **Vorbem 232 ff** 2
Kaufvertrag
  Abruf der Ware **199** 7
  Bauwerke, Sachmängelhaftung **195** 50
  Beratungspflichten **195** 16
  Entgegennahme des Kaufgegenstandes **194** 11

Kaufvertrag (Forts)
  Erfüllungsanspruch, Verjährung **199** 21
  Genehmigung **184** 32
    konkludente Genehmigung **182** 9 f
  Gewährleistungsansprüche, Verjährungsfristen **Vorbem 194–202** 38; **195** 47
    Verjährungsbeginn **199** 2 f
  GmbH-Anteil **182** 27
  Kaufpreiszahlungsanspruch, Verjährung **195** 11
  Mängelansprüche, Verjährungsfrist **186** 13
    deliktische Haftung **195** 41
    Verjährungsbeginn **199** 117; **200** 6
  Mängeleinrede **194** 21
  Mangelfolgeschäden **199** 23
  Minderung **218** 1, 8
  Nacherfüllung **218** 2
  Nachfristsetzung mit Ablehnungsandrohung **184** 38 f
  Nebenabrede
    Innenverhältnis der Vollmacht **167** 3
  Rücktritt **218** 1
    Verjährungsbeginn **213** 1
    Verjährungsfrist **187** 6
    Verjährungshemmung **213** 1
  Verkauf einer Sache an das minderjährige Kind **182** 10
  Wandlung **218** 1, 6
Kenntnis des Gläubigers
  Verjährungsbeginn
    s dort
KG
  s Kommanditgesellschaft
Kinder
  Botenschaft, gesetzliche Ermächtigung **Vorbem 164 ff** 77
  Identität Schuldner/zur Verfolgung von Ansprüchen berufene Person **195** 9
  Vertretung, gesetzliche
    s dort
Kindergeld
  Fristberechnung **188** 20
Kindertee
  Verjährung **199** 80 ff
Kindesherausgabe
  Unverjährbarkeit **194** 28
Kindesvermögensgefährdung
  Sicherheitsleistung **Vorbem 232 ff** 4
Kindschaftsverhältnis
  Verjährungshemmung **197** 6; **207** 1, 3, 11
    Adoption **207** 11
    nichteheliche Vaterschaft **207** 11
Kirche
  Vertretung **Vorbem 164 ff** 31
Kirchenaustrittserklärung
  Vertretung in der Erklärung **Vorbem 164 ff** 85

Kirchenbaulast
unvordenkliche Verjährung **Vorbem 194–202** 37
Kirchenrecht
Befreiung vom Verbot des Selbstkontrahierens **181** 60
Fristberechnung **186** 17
Kirchenstuhlrecht
unvordenkliche Verjährung **Vorbem 194–202** 37
Klaganspruch
Begehren, prozessuales **194** 5
Klage
Begründetheit **184** 38; **204** 23
Einlassung, rügelose **204** 36
Einreichung **199** 86
Gerichtsbarkeit, deutsche **204** 24, 41
Heilung von Mängeln **204** 36
Partei, existente **204** 25
Parteifähigkeit **204** 25
Prozessfähigkeit **204** 26
Prozessführungsbefugnis **204** 26
Rechtshängigkeit **204** 27
Rechtskraft **204** 27
Rechtsschutzbedürfnis **204** 27
Rechtsweg **204** 27, 31
Sachurteilsvoraussetzungen **204** 24
Schlüssigkeit **204** 16, 23
Zulässigkeit **204** 24 ff, 30, 104
Zuständigkeit des Gerichts **204** 25
Zustellung **204** 31 ff
Klage auf künftige Leistung
Sicherungsmittel **Vorbem 232 ff** 1
Klage auf vorzugsweise Befriedigung
Erneuerungswirkung **212** 42 ff
Klageänderung
Einwilligung **Vorbem 182–185** 19
Klageantrag
Substantiierung **Anh 217** 1
Verjährungshemmung **204** 15, 17 f
Klageerhebung
Anspruchsbezeichnung **204** 30
Ausländersicherheit, fehlende **204** 27
Einrede der Schiedsgerichtsbarkeit **204** 27
Einreichung **204** 34 f
Formalien **204** 29
Gericht, angerufenes **204** 28
Gerichtsbezeichnung **204** 28
Kostenerstattung, fehlende **204** 27
künftige Leistung **205** 3
Ladung des Beklagten **204** 29
mündliche Verhandlung **204** 31, 37
Parteibezeichnung **204** 28
Postulationsfähigkeit **204** 28
Prozesskostenvorschuss **204** 29
Schikaneverbot **226** 41
Schlüssigkeit **204** 16
Unterschrift **204** 28
Verhandlungen, laufende **203** 3; **204** 5

Klageerhebung (Forts)
vor Verjährungsbeginn **204** 38
Verjährungshemmung **184** 33; **185** 99; **Vorbem 203–213** 8; **204** 4, 23 ff, 28, 31
Anhängigkeit **204** 35
unbezifferte Klage **204** 19
Verjährungsunterbrechung **184** 33; **185** 99
Wirksamkeit **204** 27, 28
Zumutbarkeit **199** 1a, 62
Klageerweiterung
Hemmungswirkung **204** 37
Verjährungshemmung **204** 43
Klagerücknahme
Einwilligung **Vorbem 182–185** 19
Klagezustellung
Verzugszinsen **187** 6
Klassenfahrt
Handeln in fremdem Namen **164** 2
Körperschaften des öffentlichen Rechts
Verjährungsbeginn, Kenntnis **199** 59
Körperverletzung
künftige Schäden **199** 46
Verjährung **197** 8a ff
Kollektivvertretung
Gesamtvertretung **167** 51
s a dort
Kollusion
Missbrauch der Vertretungsmacht **166** 21; **167** 93, 96, 99, 100, 105
Scheingeschäft **166** 20; **167** 100
Simulation **166** 12
Strafvorschriften **167** 100
Zusammenwirken zum Nachteil des Vertretenen **167** 93
Kommanditanteil
Sicherungszession **183** 16
Kommanditgesellschaft
Arbeitsverträge, Zustimmung zur Kündigung **Vorbem 182–185** 28
Bevollmächtigung **167** 7
Gesamtvertretung **181** 16
Gesellschafter, vertretungsberechtigte **Vorbem 164 ff** 25
Gewinnfeststellung **199** 14
Jahresabschluss **199** 14
Kommanditist, Gewinnanteil **199** 14
Teilrechtsfähigkeit **167** 7
Vertretung, organschaftliche **Vorbem 164 ff** 25
Widerruflichkeit, beschränkte **Vorbem 164 ff** 25
Vertretungsmacht **Vorbem 164 ff** 25
Kommanditist
Auskunftsverlangen **226** 32
Gewinnanteilanspruch, Verjährung **199** 14
Haftung, persönliche **226** 32
Kommissionsagent
Agenturvertrag, Beendigung **183** 20

Kommissionsgeschäft
  Einkaufskommission **Vorbem 164 ff** 44
  Forderungserwerb des Kommissionärs
    Vorbem 164 ff 44
  Pfandrecht **185** 93
  Stellvertretung, mittelbare **Vorbem 164 ff**
    42, 44
  Versteigerungen **164** 2
Kommunalrecht
  Genehmigungserfordernisse **Vorbem 182–185** 54
Konkursordnung
  Genehmigung des Gläubigerausschusses
    Vorbem 182–185 3
Kontaktsperre
  Verjährungshemmung **Vorbem 203–213** 4
Kontokorrent
  Anspruch, Einstellung in
    Kontokorrent **205** 24
  Eigentumsvorbehalt, verlängerter **185** 37
  Verjährung **217** 10
Kontokorrentsaldo
  Anerkennung **195** 23
  Verjährung **195** 23; **217** 10
Kontoüberziehung
  Genehmigung, konkludente **182** 16
Kontovollmacht
  Formfreiheit **167** 3
  Pfändbarkeit **167** 4
Konvaleszenz
  anfängliche Konvaleszenz **185** 1
  Beerbung des Verfügenden **185** 77 ff
    Alleinerben **185** 80, 84
    Erbenhaftung, unbeschränkte **185** 77 ff, 81
    Miterben **185** 80, 84
    – neben dem Erwerber **185** 85
    Nachlassverwaltung **185** 82
    Rechtsgrundabhängigkeit **185** 79
  Erwerb eines Rechtsnachfolgers des
    Verfügungsbegünstigten **185** 67
  Genehmigungsverweigerung **185** 68
  Grenzüberbau **185** 98
  Pfändung schuldnerfremder
    Forderungen **185** 92
  Pfändungspfandrecht **185** 91
  Pfändung schuldnerfremder beweglicher
    Sachen **185** 91
  Rechtserwerb des Verfügenden **185** 59 ff
  Rechtsgrundabhängigkeit **185** 66
  rückwirkende Konvaleszenz **185** 1
  Verfügung eines Nichtberechtigten **185**
    1 ff, 59
  Verfügungsgeschäft **185** 2
  Zwangshypothek **185** 91
Konzern
  Leitungsmacht **166** 32
  Mehrvertretung **181** 21
  Wissenszurechnung **166** 32

Konzernunternehmen
  Einstandspflichten **232** 1
Koppelungsgeschäft
  Schikaneverbot **226** 31
Korrespondenz
  Deckungsgleichheit Zustimmung/Hauptgeschäft **Vorbem 182–185** 37; **182** 2a; **184** 12
  Einwilligung **182** 2a
Kosten
  Verjährung **197** 82
  Verjährung der Forderung **217** 6
Kostenerstattung
  fehlende Kostenerstattung **204** 27
Kostenrecht
  Verjährungsneubeginn **212** 2
Kraftfahrer
  Vollmachtsumfang **167** 86a
Kraftfahrzeug
  Abschleppen geparkter Fahrzeuge **229** 18
Kraftfahrzeug-Haftpflichtversicherung
  Entschädigungsfonds **203** 20
  Handeln für den, den es angeht **Vorbem 164 ff** 52
  Hemmungstatbestände **203** 20
Kraftfahrzeugbrief
  Aushändigung durch
    Vorbehaltsverkäufer **185** 45
  Einbehaltung **185** 33
  Überlassung an
    Gebrauchtwagenhändler **185** 44
Kraftfahrzeughändler
  Handeln in fremdem Namen **164** 2
Kraftfahrzeugreparatur
  Verkaufsvollmacht **167** 35
Kraftfahrzeugunfälle
  Ansprüche gegen den Entschädigungsfonds, Verjährung **195** 48
Kraftfahrzeugverkauf
  Weiterveräußerungsermächtigung **185** 33
Kraftloserklärung
  Vollmachtsurkunde
    s dort
Kreisausschuss
  Vertretung des Kreises **Vorbem 164 ff** 30
Kreise
  Vertretung **Vorbem 164 ff** 30
  Vertretungsmangel **Vorbem 164 ff** 30
Kriegsende
  Befristung **192** 5
  Herausgabeansprüche **198** 2
Kündigung
  Ausschlussfristen **194** 18
  Einwilligung **183** 10
  Fälligkeitsvoraussetzung **199** 21
  Fälligstellung des Anspruchs **199** 11
  Fristberechnung **187** 6
  Fristlauf **188** 9
  Insichgeschäft **181** 13

Kündigung (Forts)
　Tagesfrist **188** 9
　Verbot vollmachtlosen Handelns **180** 1
　Verjährung **194** 18
　Verwirkung **194** 18
　Vorlegung der Vollmachtsurkunde **174** 1
　Zustimmungspflichtigkeit **182** 46
Kündigungserklärung
　Feiertag **193** 15
　Kündigungsfrist **193** 15 f
　Samstag **193** 15
　Schutzfrist zugunsten des Adressaten **193** 15, 21, 23
　Sonntag **193** 15
Kündigungsfrist
　Fristberechnung **193** 15
Kündigungsschutz
　Schikaneverbot **226** 31
　Schutzfrist **193** 16
Kündigungsschutzklage
　Fristbeginn **188** 14
　Fristenende **188** 14
　Hemmungswirkung **205** 22
Kulanz
　Anerkenntnis **212** 12
　Gesprächsbereitschaft **203** 8
　Verhandlungen **203** 16
Kulturgut-Rückgewähr-Gesetz
　Verjährung de lege ferenda **197** 4
Kunstschätze
　Auskunftsanspruch, Verjährung **197** 4
　Herausgabeansprüche, Verjährung **197** 3

Ladenangestellte
　Rechtsscheinshaftung **167** 33
　Vertretungsmacht **Vorbem 164 ff** 93
Lagergeschäft
　Verjährung **195** 39, 46; **202** 15
Lagerhalle
　Schikaneverbot **226** 28
Landesfiskus
　Vertretungsmacht **Vorbem 164 ff** 29
Landesrecht
　Ansprüche, Verjährung **196** 8 ff
　Hinterlegung **232** 3
　Schuldbücher der Länder **232** 5
　unvordenkliche Verjährung **Vorbem 194–202** 37
　Verjährungsregelungen **Vorbem 194–202** 40, 42 f
Landpachtvertrag
　Fälligkeit **199** 21
　Verjährung **195** 45
　Verjährungsbeginn **199** 23
Landrat
　Vertretung des Kreises **Vorbem 164 ff** 30
Lastschriftverfahren
　Einziehungsermächtigung **Vorbem 164 ff** 66
　Einzugsermächtigung **185** 112

Leben, Verletzung
　Verjährung **197** 8a ff
Lebensalter
　Berechnung **187** 12
Lebensbedarfsdeckungsgeschäft
　Anerkenntnis **212** 8a
　Verhandlungen **203** 9
Lebenspartnerschaft
　Ansprüche, unverjährbare **194** 28
　Verjährungshemmung **197** 6; **207** 1, 10 f
　Vertretungsverbot **Vorbem 164 ff** 40
Lebensversicherungsvertrag
　Bezugsrecht, Sicherungsübertragung **185** 66
　Kündigungsrecht des Arbeitgebers, Sicherungsübertragung **185** 66
　Vertretungsverbot **181** 18
Legitimationszession
　Stimmrechtsausübung **Vorbem 164 ff** 72
Lehrer
　Handeln in fremdem Namen **164** 2
Leibrente
　Verjährung **194** 16; **217** 11
　Versorgungsleistungen **197** 84
　wiederkehrende Leistungen **197** 67
Leihe
　Ersatzansprüche, Verjährungsfrist **195** 39, 45
　Fälligkeit **199** 21
　Rückgabeanspruch, Verjährungsbeginn **199** 2, 12; **200** 10
　Verjährungsbeginn **199** 23, 88; **200** 6
Leistung an einen Dritten
　Ermächtigung **182** 4
Leistung zum Zwecke der Erfüllung
　Erwerb des Leistungsobjekts durch Putativgläubiger **185** 73b
Leistungsannahme
　angemessene Zeit **193** 50
　Empfangsvorkehrungen **193** 50
　Geschäftszeiten **193** 50
　Handelsgeschäfte **193** 50
　Treu und Glauben **193** 50
　Verkehrssitte **193** 50
Leistungsbestimmungsrecht
　Ersatzanspruch, Verjährung **202** 9a
　Rechnungserteilung **199** 17
　Verzögerung der Leistungsbestimmung **199** 17
Leistungsklage
　Anspruch **194** 8
　Erneuerung **197** 87
　Fälligkeit der Forderung **199** 4
　künftige Forderungen **199** 4
　Schadensersatzansprüche **199** 32
　Schadensposten **199** 52
　unbezifferte Leistungsklage **199** 6
　Verjährungshemmung **194** 8; **199** 3; **204** 20, 43

Leistungsklage (Forts)
Verjährungsregime **199** 3
Zahlungsanspruch auf
Kapitalisierungsbetrag **199** 51
Zustellung, öffentliche **199** 6
Leistungsort
Feiertage, gesetzliche **193** 36
Leistungsurteil
rechtskräftig festgestellte Ansprüche **197** 49 f
Leistungsverweigerung
Schikane **226** 27
Leistungsverweigerungsrecht
Person des Gläubigers **205** 23
Rechtsprechung, ständige **206** 8
Verjährungshemmung **205** 3, 19 ff
Letztwillige Verfügung
Vertretungsverbot **Vorbem 164 ff** 40
Zustimmung Dritter **Vorbem 182–185** 17
Liechtenstein
Europäisches Übereinkommen über die Berechnung von Fristen **186** 23
Liefervertrag
Fristbestimmung **186** 16
Liegenschaftsrechte
Konvaleszenz **185** 65
Limited
s Private Limited Company
Lizenznehmer
Auswechslung **182** 25
Löschungsbewilligung
Insichgeschäft **181** 13
Lotterie
Genehmigung, behördliche **Vorbem 182–185** 57
Lottoschein
Handeln unter falscher Namensangabe **Vorbem 164 ff** 92
Luftfahrzeuge, Registerpfandrecht
Berichtigungsanspruch des Registers für Pfandrechte an Luftfahrzeugen **195** 53
Sicherheitsleistung **232** 9
Verjährung der gesicherten Forderung **216** 2
Luftsicherheitsgesetz
Menschenwürde **228** 7
Notstand, rechtfertigender **228** 7
Rechtfertigungsgründe **228** 7
Luftverkehrsgesetz
Verjährung **200** 9
Verjährungsfrist **195** 13
Verjährungshemmung **Vorbem 203–213** 4
Luxemburg
Europäisches Übereinkommen über die Berechnung von Fristen **186** 23
Mängelbeseitigung
Mahnbescheid **204** 55

Magistrat
Vertretungsmacht **Vorbem 164 ff** 31
Mahnbescheid
Antrag des Gläubigers **204** 54
Anbringung **204** 57
Anspruchsbegründung **204** 55
Anspruchsbezeichnung **204** 55
– Nebenleistungen **204** 55
Einreichung **199** 86; **204** 57
Zulässigkeit **204** 54
Zurückweisung **204** 58
Beschwerdeverfahren **204** 58
demnächstige Zustellung **204** 54, 57
Europäischer Zahlungsbefehl **204** 53 ff
Fälligkeit der Forderung **199** 4
Forderungsbezeichnung **204** 55
Gesamtforderung, Zuordnung beantragter Beträge **204** 55
Rechnungsposten **204** 55
Sechsmonatsfrist **204** 148
Statthaftigkeit des Mahnverfahrens **204** 54
Verhandlungen, laufende **203** 3
Verjährungshemmung **184** 33; **199** 3; **204** 30, 53 ff; **206** 18
Dauer **204** 138
Verjährungsunterbrechung **184** 33
Verzugszinsen **187** 6
Wegfall der Wirkung **204** 148
Zustellung **204** 53 ff
Mahnung
Feiertag **193** 10
Insichgeschäft **181** 14
Konvaleszenz **185** 6
Samstag **193** 10
Sonntag **193** 10
Verbot vollmachtlosen Handelns **180** 12
Verzugszinsen **187** 6
Vorlegung der Vollmachtsurkunde **174** 2
Mahnverfahren
Nebenintervention **204** 84
Nichtbetreiben des Verfahrens **204** 138
Streitverkündung **204** 84
1. Mai
Feiertag, gesetzlicher **193** 34
Makler
Handeln in fremdem Namen **164** 2
Verkaufsberatung **167** 13
Wissenszurechnung **Vorbem 164 ff** 93
Mandatsvertrag
Insichgeschäft **181** 37
Mangel der Ernstlichkeit
Einwilligung **Vorbem 182–185** 47
Scherzvollmacht **167** 75
Stellvertretung **166** 12
Mangelfolgeschaden
Aufrechnung mit verjährter Forderung **215** 10
Verjährung **Vorbem 194–202** 9; **195** 41; **213** 7
Verjährungsbeginn **199** 23

Mangelschaden
  Verjährung **195** 41
Marinezulage
  Verwendungsdauer,
    zulageberechtigte **191** 2
Markenrecht
  Zustimmung **Vorbem 182–185** 3
Markise
  Schikaneverbot **226** 28
Marschroute
  Vertreter mit gebundener Marschroute
    Vorbem 164 ff 82, 84
Mecklenburg-Vorpommern
  Hinterlegung **232** 3
  Reformationstag **193** 41
Mehrheitsgesellschafter
  Interessenidentität **164** 15
Mehrvertretung
  Begriff **181** 15
  Genehmigung **181** 46, 47
    Pflegerbestellung **181** 47
  Gestattung
    Pflegerbestellung **181** 57
  GmbH **181** 54
  Insichgeschäft **181** 1, 9
    s a dort
  Interessenkollision **181** 4
  Konzern **181** 21
  Stimmrechtsausübung **181** 24
  Untervertretung **181** 35 f
  Verbot **181** 15
  Vertretung ohne Vertretungsmacht **181** 15
  vollmachtlose Mehrvertretung **181** 15, 33
Mentalreservation
  Bevollmächtigung **167** 75
  Stellvertretung **166** 12
Miete
  Fälligkeit **199** 7, 21
  Verjährung **194** 15; **197** 66; **217** 10
  s a Wiederkehrende Leistungen
Mieterhöhungsverlangen
  Verfügung eines Nichtberechtigten **185** 6
  Vorlegung der Vollmachtsurkunde **174** 2
  Zustimmung des Mieters **Vorbem 182–185** 12
Mieterwechsel
  Zustimmung des Vermieters, Anfechtung **Vorbem 182–185** 46
Mietkaution
  Anlegung **199** 20c; **232** 14
  Bereicherungsanspruch **214** 25a
  Eigentumswechsel **240** 1
  Insolvenz des Voreigentümers **240** 6
  Rückzahlungsanspruch **215** 8
  Wertpapiere **234** 1
Mietnebenkosten
  Verjährung der Forderung **217** 6
Mietvertrag
  Aufrechnung **215** 8

Mietvertrag (Forts)
  Auswechslung des Mieters, Form **182** 29
  Besitzeinräumung durch Nichtberechtigten **185** 102, 105
  Betriebskostenabrechnung, Zugang **188** 4
  Betriebskostenvorauszahlungen **199** 20a
  Durchfeuchtungsschäden **226** 25
  Eintrittsrecht bei Tod des Mieters,
    Ablaufhemmung **211** 6
  Elektrogeräte, Benutzung **226** 25
  Ersatzansprüche, Verjährungsfrist **195** 39, 45; **213** 11
    Verjährungsbeginn **199** 2; **209** 9
    Verjährungshemmung **203** 5; **213** 1
  Fahrräder, Abstellen **226** 25
  Fristbestimmung **186** 16
  Genehmigung, konkludente **182** 10
  Händlerbesuche, Verbot **226** 25
  Handeln in fremdem Namen **164** 2
  Heizkostennachzahlung **199** 17
  Karenzzeit **193** 5, 18 ff
    Feiertag **193** 18 ff
    Samstag **193** 18 ff
    Sonntag **193** 18 ff
  Kaution
    s Mietkaution
  Kinderwagen, Abstellen **226** 25
  Kleintierhaltung **226** 25
  Kraftfahrzeuge, Abstellen **226** 25
  Kündigung **185** 6
    Kündigungserklärung **193** 18 ff
    Kündigungsfrist **193** 18
    Schutzfrist **193** 17, 21
    Zurückweisung **185** 6
  Mängelansprüche, Verjährungsfrist
    Verjährungsbeginn **200** 6
  Mängelbeseitigungsanspruch **199** 20c
  Mietgarantie **197** 83
  Mietzins **193** 5; **197** 83
  Musizieren **226** 25
  Nebenkosten **Vorbem 194–202** 25
    Ausschlussfrist **199** 18
    Nachforderung **Vorbem 194–202** 25
  Parken **226** 25
  Schikaneverbot **226** 25
  Schönheitsreparaturen **226** 25
  Stromversorgung **229** 34
  Übergabe der Mietsache **193** 57
  Unterlassungsbegehren **226** 25
  Verjährungsbeginn **199** 23, 24, 117
  Verjährungsfristen **Vorbem 194–202** 25
  Verlängerung, stillschweigende **186** 24
  Vermieterwechsel, Zustimmung des Mieters **182** 29
  Vermietung fremder Sachen **185** 102
  Verschlechterung der Mietsache **215** 8
  Verwirkung **Vorbem 194–202** 25 f
    Miete **Vorbem 194–202** 25
  Wegnahmerecht des Mieters **200** 7

Mietvertrag (Forts)
  Weitervermietung durch gewerblichen Zwischenvermieter **185** 103
  Zugangsrecht zum Stromzähler **226** 25
Mietzinsforderungen
  Selbsthilfe **229** 20
  Sicherheitsleistung **232** 6
Minderjährigkeit
  Ablaufhemmung der Verjährung **210** 3
  s a Ablaufhemmung
  Aufforderung zur Genehmigung **Vorbem 182–185** 42
  Darlehensgewährung, Genehmigung **184** 38
  Einrede der Verjährung **214** 6
  Schenkung des gesetzlichen Vertreters **181** 62a
  Unterhalt Minderjähriger, Antrag auf Festsetzung **204** 49 ff
  Vermächtnis **181** 62a
  Vertreter ohne Vertretungsmacht, Haftung **179** 19
  Vertretungsverbot **181** 18
  Vollmachtserteilung **167** 11
  Wissenmüssen **166** 31
  Zwischenverfügungen, Aufrechterhaltung **184** 46
Minderung
  Rückabwicklung, Verjährungsfrist **195** 12
  Rückforderungsanspruch, verjährter **218** 8
  Rückzahlungsanspruch **218** 9
  Verjährung **218** 1
  Verspätung **218** 9
Missbrauch der Einwilligung
  Verfügungen, pflichtwidrige **183** 20
Missbrauch der Vertretungsmacht
  Abstraktionsprinzip **167** 103
  Anfechtung **167** 102
  Arglisteinrede **167** 101
  culpa in contrahendo **167** 102, 105
  Eigenhaftung des Vertreters **167** 103
  Einwand der unzulässigen Rechtsausübung **167** 101
  Erfüllungsanspruch **167** 104
  Evidenz des Vollmachtsmissbrauchs **167** 97 f, 103; **173** 2
  Fahrlässigkeit **167** 98
  Fahrlässigkeit, grobe **167** 98
  Informationspflicht **167** 98
  Nichtberücksichtigung evidenten Missbrauchsverhaltens **167** 97
  Geschäftsunfähigkeit des Vollmachtgebers **168** 23
  gesetzliche Vertretung **167** 99
  gesetzliche Vertretungsmacht **167** 92
  Handeln ohne Vertretungsmacht **167** 103; **177** 5
  Genehmigung **167** 103
  Handeln, pflichtwidriges **167** 95

Missbrauch der Vertretungsmacht (Forts)
  Handeln, treuwidriges **167** 95
  Handeln, zweckwidriges **167** 95
  Innenverhältnis **167** 105
  Insichgeschäft **167** 93; **181** 61
  isolierte Vollmacht **167** 2
  Kenntnis **167** 95, 99, 103
  Kenntnis des Kontrahenten **167** 96
  Kollusion **166** 21; **167** 93, 96, 99, 100, 105
  Missbrauchsrisiko **167** 91
  Mitverschulden **167** 104
  Nichtigkeitsfolge **167** 100
  objektiver Missbrauch **167** 95
  organschaftliche Vertretung **167** 99
  Prozesshandlungen **167** 99, 100
  Rechtsfolgenbestimmung **167** 100 ff
  Rechtsmissbrauch **167** 94
    Fahrlässigkeit **167** 94
    Nachteilszufügung **167** 94
    Pflichtwidrigkeit, objektive **167** 94
    Vorsatz **167** 94
  Rechtsscheinsvollmacht **167** 99
  Schadensersatzansprüche **167** 104
  Schutzbedürftigkeit des Geschäftsgegners **167** 95
  Sittenwidrigkeit **167** 93
  Unkenntnis, fahrlässige **167** 95
  Unverbindlichkeit der Willenserklärung **167** 101
  Vertreter ohne Vertretungsmacht, Haftung **179** 6
  Vertretungsmacht **Vorbem 164 ff** 34; **167** 91 ff
  Verselbständigung **167** 91 ff
  Vollmachtserteilung **Vorbem 164 ff** 34
Missbrauch/Misshandlung von Schutzbefohlenen
  Verjährungseinrede **214** 5
Miteigentum
  Belastung, Gestattung von Insichgeschäften **181** 60
Miteigentümergemeinschaft
  Verjährungshemmung **204** 7
Miterben
  Verjährungshemmung **Vorbem 203–213** 6
Miterbenanteil, Übertragung
  Vollmacht, Formbedürftigkeit **167** 26
Mitgliederbeschlüsse
  Insichgeschäft **181** 25, 33
Mitgliederversammlung
  Ladungsfrist **193** 29
Mittelbare Stellvertretung
  Begriff **Vorbem 164 ff** 42
  Bereicherungsrecht **Vorbem 164 ff** 47
  Drittschadensliquidation **Vorbem 164 ff** 47
  Durchgangserwerb **Vorbem 164 ff** 45
  Erfüllungsübernahme **Vorbem 164 ff** 46
  Ermächtigung **Vorbem 164 ff** 65

Mittelbare Stellvertretung (Forts)
  Erwerb beweglicher Sachen **Vorbem 164 ff** 45
  Erwerbsgeschäfte **Vorbem 164 ff** 44
    Risikofrist **Vorbem 164 ff** 44
  Forderungserwerb **Vorbem 164 ff** 44
    Vorausabtretung **Vorbem 164 ff** 45
  Geschäft für den, den es angeht **177** 18
  Geschäftsfähigkeit, beschränkte **165** 8
  Geschäftsherr **Vorbem 164 ff** 42
  Handeln für Rechnung eines anderen **164** 3
  Handeln im Interesse eines anderen **164** 3
  Handelsrecht **Vorbem 164 ff** 42
  Kennenmüssen **166** 31
  Kenntnis **166** 31
  Kommissionsgeschäft **Vorbem 164 ff** 42, 44
  Offenheitsprinzip, Durchbrechung **Vorbem 164 ff** 35, 42
  Rechtserwerb durch den Geschäftsherrn **Vorbem 164 ff** 44 ff
    Besitzkonstitut, antizipiertes **Vorbem 164 ff** 45
    Einigung, vorweggenommene **Vorbem 164 ff** 45
    Handeln für den, den es angeht **Vorbem 164 ff** 45
    Selbstkontrahieren **Vorbem 164 ff** 45
  Schadensliquidation im Drittinteresse
    s Drittschadensliquidation
  Speditionsgeschäft **Vorbem 164 ff** 42
  Strohmann **Vorbem 164 ff** 49
  Treuhandverhältnis **Vorbem 164 ff** 48
  Übergang erworbener Gegenstände **Vorbem 164 ff** 43
  Verfügungen über Gegenstände des Geschäftsherrn **Vorbem 164 ff** 44
  Verpflichtungsgeschäfte **Vorbem 164 ff** 46
  Vertretung ohne Vertretungsmacht **177** 18
  Wegfall der Bereicherung **Vorbem 164 ff** 47
  Willensmängel **166** 31
  Wissenszurechnung **166** 4a
Mitteleuropäische Zeit
  Zeit, gesetzliche **186** 5
Mitverschulden
  Wissenszurechnung **166** 22
Mobiliarvollstreckung
  Verfügung eines Nichtberechtigten **185** 91
Mohammedaner
  Kalender **186** 4
Monat
  30 Tage **191** 1
  Ablauf eines Monats **192** 1
  Beweislast **192** 1
  Einheitsmonat **191** 2
  Kalendereinteilung **186** 4
  Monatserster **192** 1
  Monatsletzter **192** 1
  Monatsmitte **192** 1
  Zeitbestimmung **191** 1 f

Monatsfrist
  Berechnung von Datum zu Datum **188** 19, 22 f; **189** 1
  Berechnungsweise, verlängernde **188** 24
  Eichordnung **188** 20
  Fristende **186** 22; **188** 20 f, 23
  halber Monat **189** 1, 3
  mehrere Monate **188** 19
    halbes Jahr **188** 19; **189** 1
    Jahr **188** 19
    Vierteljahr **188** 19
  Monatslänge, unterschiedliche **188** 22; **189** 1
  rückwärtslaufende Frist **188** 23
  Vierteljahr **189** 1
Moratorium
  Verjährungshemmung **205** 5, 20
Mündelsicherheit
  Sicherheitsgrenze **238** 3
    Grundstücke, EU-ausländische **238** 3
    Grundstücke, inländische **238** 3
    Landesrecht **238** 3
    Wohnsitz des Schuldners **238** 3
Musterprozessabrede
  Verjährungshemmung **199** 62; **202** 21; **203** 13; **204** 130; **205** 18; **209** 2
Musterverfahren
  s Kapitalanleger-Musterverfahren

Nachbarrecht
  unverjährbare Ansprüche **195** 53
Nacherbe
  Wegfall **185** 73
Nacherbfolge
  postmortale Vollmacht **168** 32a
Nacherbschaft
  Auskunftsanspruch **197** 19
  Ausschlagung **181** 40
  Duldung der Feststellung eines Sachverständigen **197** 19
  Herausgabeanspruch gegen den Vorerben **197** 15
  Auskunftsanspruch **197** 18
  dienende Ansprüche **197** 17 ff
  eidesstattliche Versicherung **197** 19a
  Verjährung **197** 12; **199** 99
  Rechenschaftsanspruch **197** 19
  Rechtsnachfolge **198** 10
  Unwirksamwerden **186** 14
  Verzeichnis der Erbschaftsgegenstände **197** 19
  Zustimmung des Nacherben zu einer Verfügung des Vorerben über den Nachlass **181** 41; **182** 4, 10, 26, 42; **185** 13
  Zustimmungspflicht **Vorbem 182–185** 53; **184** 3
Nacherfüllung
  Erlöschen des Nacherfüllungsanspruchs **218** 2

Nacherfüllung (Forts)
  Kostenzuschuss **218** 2
  Unzumutbarkeit **218** 2
  Verjährung **218** 2
Nachfristsetzung
  Schikaneverbot **226** 24
Nachkriegszeit
  Herausgabeansprüche **198** 2
Nachlassherausgabe
  Sicherheitsleistung **Vorbem 232 ff** 2, 4
Nachlassinsolvenzverfahren
  Ablaufhemmung **211** 5
Nachlasspflegschaft
  Fristbeginn **186** 24
  verstorbener Schuldner **199** 70
Nachlassverbindlichkeiten
  Erbenhaftung, unbeschränkte **185** 77 ff, 81
Nachlassverwalter
  Abberufung **Vorbem 164 ff** 58
  Genehmigung von Verfügungen **184** 28
  Gestattung des Selbstkontrahierens **181** 59
  Insichgeschäfte **181** 39
  Partei kraft Amtes **Vorbem 164 ff** 57
  postmortale Vollmacht, Widerrufsrecht **168** 34
  Unabhängigkeit **Vorbem 164 ff** 58
  Verfügungen, Konvaleszenz **185** 2
  Verfügungen vor Amtsbeginn **185** 75
  Verjährungshemmung **204** 9
  Weisungsfreiheit **Vorbem 164 ff** 58
Nachlassverwaltung
  Aufhebung **185** 73
  Gläubigerbefriedigung **Vorbem 164 ff** 58
  Haftungsbeschränkung **185** 82
Nachtportier
  Vollmachtsumfang **167** 86a
Nachvollmacht
  Vertretung des Vertreters **167** 62
Name
  Unverjährbarkeit **199** 109
Namensaktien
  Übertragung, Zustimmung der Gesellschaft **Vorbem 182–185** 28
Namenserteilung
  Einwilligung des anderen Elternteils **Vorbem 182–185** 3
Namensrecht
  Domainvergabe **226** 26
Naturalkomputation
  Fristberechnung **187** 1, 13
Naturalobligationen
  Klagbarkeit **194** 10
  Selbsthilfe **229** 14
  Verjährung **194** 15
  Verjährungseintritt **214** 36
Naturalrestitution
  Übergang zum Geldersatz **186** 16
Naturrecht
  alteri stipulari nemo potest **Vorbem 164 ff** 8

Naturrecht (Forts)
  institorio nomine **Vorbem 164 ff** 59
  Kodifikationen **Vorbem 164 ff** 8
  nomine domini **Vorbem 164 ff** 59
  proprio nomine **Vorbem 164 ff** 59
  Stellvertretung **Vorbem 164 ff** 8
  Vertrag zugunsten Dritter **Vorbem 164 ff** 8
Nebenansprüche
  Verjährung **195** 25
Nebengesetze, zivilrechtliche
  Verjährungsfrist **195** 13 f
Nebenintervention
  Anerkenntnis **204** 77
  Mahnverfahren **204** 84
  Streitverkündung **204** 76
Nebenleistungen
  Hauptforderung, bestehende **217** 8
  Hauptforderung, erloschene **217** 8
  Hauptforderung, Verjährung **213** 12; **217** 5, 7 ff
  Verjährung **217** 8
Nebenpflichtverletzung
  Angriff **227** 16
  Handeln in fremdem Namen **164** 11
  Verjährungsfrist **195** 12
  Vertreter **164** 15
Negativattest
  Erteilung, irrtümliche **Vorbem 182–185** 59
  Grundstücksverkehrsgesetz **Vorbem 182–185** 59
Neujahr
  Feiertag, gesetzlicher **193** 34
New Yorker Scheckrecht
  within a reasonable time **186** 24
Nichteheliche Lebensgemeinschaft
  Verjährungshemmung **207** 5, 7
Nichterfüllung zivilrechtlicher Forderungen
  Notwehrrecht **227** 16 f
  Selbsthilferecht **227** 16
Nichtgebrauch von Sachen
  Rechtsuntergang **Vorbem 194–202** 1, 3
Nichtzulassungsbeschwerde
  Verjährungshemmung **204** 144
Niedersachsen
  Feiertage **193** 35
  Hinterlegung **232** 3
  Sicherheitsleistung **232** 5
Nießbrauch
  Ansprüche, Verjährung **196** 8 ff
  belastetes Recht, Aufhebung **183** 15
  Ersatzansprüche, Verjährungsfrist **186** 13; **195** 39, 45
  Genehmigung, behördliche **Vorbem 182–185** 57
  Herausgabeanspruch, Verjährung **197** 9
  Sicherheitsleistung **Vorbem 232 ff** 2, 4
  Frist **186** 15
  Verfügungen Nichtberechtigter **185** 52

Nordisches Gesetz über Schuldurkunden
Samstag **193** 6
Nordrhein-Westfalen
Allerheiligen **193** 42
Feiertage **193** 36
Fronleichnam **193** 42
Hausarbeitstag **206** 8
Hinterlegung **232** 3
Sicherheitsleistung **Vorbem 232 ff** 7; **232** 5
Notar
Bevollmächtigung zur Entgegennahme von Zustimmungserklärungen **182** 4
Gebührenermäßigung **206** 9
Hinterlegung **233** 4
Kostenrechnung **197** 53; **205** 22
Vergütungshöhe **199** 21
Vollmachtsumfang **167** 86
    Auflassung an Dritte **167** 86
    Belastungsgeschäfte **167** 86
    Löschungsbewilligungen **167** 86
    Vertragsdurchführung **167** 86
Notarhaftung
Subsidiarität **199** 41 ff
Notbesorgungspflicht
Geschäftsbesorgungsvertrag **183** 23
Notgeschäftsführung
Ermächtigung, Wirkungsdauer **183** 25
Vertretungsmacht, gesetzliche **Vorbem 164 ff** 24; **177** 17
Nothilfe
Angriff, Rechtswidrigkeit **227** 43
Fiskus **227** 44
Organe **227** 44
Polizei **227** 4
Rechtsordnung, Bewahrung **227** 7, 43
Schadensersatzanspruch des Nothelfers **227** 78
Schlägerei **227** 43
Schutz der Rechtsgüter eines anderen **227** 43
    juristische Personen **227** 44
staatliche Rechtsgüter **227** 44
Störung der öffentlichen Ordnung **227** 44
Notstand
Affektionsinteresse **228** 31
aggressiver Notstand **227** 1; **228** 2 f
    Gefahr, gegenwärtige **228** 2
    unterlassene Hilfeleistung **227** 19
Beweislast **228** 49
Darlegungslast **228** 49
defensiver Notstand **228** 1, 7, 10
    Selbstverteidigung, erlaubte **227** 1
entschuldigender Notstand **227** 75; **228** 3, 5
Fluchtmöglichkeit **228** 25
Gefahr, drohende **227** 23; **228** 1 f, 12 ff
    Verantwortlichkeit Dritter **228** 43
Gefahrenquelle **228** 28
    Sachen **228** 1, 10 f, 16 ff
    – fremde Sachen **228** 22 f

Notstand (Forts)
– herrenlose Sachen **228** 22
– Zustand, gefährlicher **228** 16
Tiere **228** 1, 10, 13, 21 f, 29, 31
– herrenlose Tiere **228** 22
Güterabwägung **228** 2, 10 f
Hunde, wildernde **228** 13
Interesse, überwiegendes **228** 28 f
Jagdrecht **228** 8
Kausalität **228** 17 ff
    mittelbare Kausalität **228** 18 f
Luftsicherheitsgesetz **228** 7
Mangelware **228** 13, 18
Nothilfe **228** 15
Notstandsexzess, extensiver **228** 44
Notstandsexzess, intensiver **228** 44
Notstandshandlung **228** 23
    Beschädigung **228** 23, 35
    Erforderlichkeit **228** 19, 24, 26, 44
    Notwehr gegen die Notstandshandlung **228** 35
    verbotene Eigenmacht **228** 35
    Verhältnismäßigkeit **228** 44
    Zerstörung **228** 1, 23, 35
Notstandslage **228** 12 ff
Notstandsüberschreitung **228** 26, 44
polizeilicher Notstand **228** 6 f
Provokation **228** 36, 39
Putativnotstand **228** 37
rechtfertigender Notstand **227** 72 f; **228** 3
Rechtfertigung **227** 34
Rechtsgüter, persönlichkeitsgebundene **228** 29
Rettungswille **228** 32 ff, 36
Sachgefahren **228** 3
Sachgüter **228** 30
    Neuwert **228** 30
Schadensersatzpflicht **228** 1 f, 27, 34, 38 ff
    Ersatzpflichtiger **228** 2, 38
    Freistellung **228** 43
    Handeln in fremdem Interesse **228** 42
    Verjährung **228** 41
Schadenszufügung **228** 1
    Verhältnismäßigkeit **228** 27 ff
    – Wertverhältnis, vertretbares **228** 27 ff
Selbstaufopferung **228** 46 ff
Verhaltensunrecht **228** 33
Verschuldensfähigkeit **228** 40
verschuldeter Notstand **228** 34, 38 f
Verteidigungswille **228** 32 ff, 36
Widerrechtlichkeit der Notstandshandlung **228** 10
Notstandsprovokation
Rechtsmissbrauch **228** 36, 39
Nottestament
Gültigkeit **186** 14
Notvorstand
juristische Personen **210** 1

Notweg
  Widerstandsbeseitigung **229** 38
Notwegrecht
  Ansprüche, Verjährung **196** 9
Notwegrente
  wiederkehrende Leistungen **197** 83
Notwehr
  Amtshandlungen **227** 38, 41
  Angriff **227** 9 ff
    abgeschlossener Angriff **227** 25
    Angreifer **227** 15
    – Angetrunkene **227** 59, 67
    – Geisteskranke **227** 42, 67
    – Geschäftsunfähigkeit **227** 15
    – juristische Personen **227** 15
    – Kinder **227** 42, 59, 67
    – mehrere Angreifer **227** 25
    – schuldloses Handeln **227** 67
    – unbewaffnete Angreifer **227** 59
  Angriffsverhalten **227** 16 ff
  Angriffsziel **227** 10 f
    – allgemeines
      Persönlichkeitsrecht **227** 11
    – Ehe **227** 12
    – Eigentum **227** 24, 68
    – Freiheit **227** 10, 24
    – Gesundheit **227** 10 f
    – Hausrecht **227** 11, 24, 68
    – Intimsphäre **227** 10
    – Leben **227** 10
    – Recht am Arbeitsplatz **227** 11
    – Rechtsgüter, individuelle **227** 14
    Sachwerte **227** 69
    – Verlöbnis **227** 12
    – werdendes Leben **227** 10
  aufgegebener Angriff **227** 25
  Ausweichen **227** 66 ff
    – Ehegatten **227** 71
  Bagatellangriffe **227** 68
  Beeinträchtigungen, übliche **227** 13, 39
  Beginn **227** 21 f
  Duldung **227** 42, 66
  fehlgeschlagener Angriff **227** 25
  Flucht eines Täters **227** 16
  Fortdauer **227** 21, 24
  Gegenangriff **227** 50
  Gegenwärtigkeit **227** 9, 21 ff, 54, 58; **229** 1
    – Rechtsgutverletzung,
      bevorstehende **227** 22
    – Versuchsstadium,
      strafrechtliches **227** 22
  Heftigkeit **227** 57, 59
  künftige Angriffe **227** 23
  Nebenpflichtverletzungen **227** 16
  Nicht-Handeln **227** 16
  Nichterfüllung zivilrechtlicher Forderungen **227** 16 f
  Rechtswidrigkeit **227** 9, 26 ff
    – Duldungspflichten **227** 28

Notwehr (Forts)
  – Erfolg, Missbilligung **227** 28 ff
  Sachen **227** 15
  Tiere **227** 10, 15
  Unerheblichkeit **227** 68
  Unfug **227** 68
  Unterlassen **227** 16
  vermeintlicher Angriff **227** 20
  Verschulden **227** 15, 42
  vom Opfer verschuldeter Angriff **227** 49
  Waffen **227** 10; **228** 16
  Werkzeug, Sache als **228** 16, 20
  Beweisbeschaffung, eigenmächtige **227** 54
  Beweislast **227** 81 ff
  Dauerdelikte **227** 24
  Diebstahl **227** 24, 65, 68
  effektive Verteidigung **227** 6
  unter Ehegatten **227** 62, 71
  Einwilligung des Betroffenen **227** 35
    Geschäftsfähigkeit **227** 35
    höchstpersönliche Rechtsgüter **227** 35
    Körperverletzungen **227** 35
    mutmaßliche Einwilligung **227** 36
    Tötungshandlungen **227** 35
  Erfolgsunrecht **227** 28 ff, 52
  Flucht **227** 58, 63, 67 f
  Fußangeln **227** 23
  Garantenstellung **227** 17, 71
    Eltern **227** 71
    Mitschüler **227** 71
  Gegenangriff **227** 55, 57 f
  Generalprävention **227** 7
  Geschäftsführung ohne Auftrag,
    berechtigte **227** 36
  Gewaltmonopol des Staates **227** 6 f
  Güterabwägung **227** 66, 68
  Güterschutz **227** 7, 24
  Handlung **227** 46
  Hausverbot **227** 59
  Interesse, rechtlich geschütztes **227** 9
  Irrtum des Handelnden **227** 55
  Notstandshandlung **228** 35
  Notwehr gegen Notwehr **227** 34
  Notwehrexzess **227** 55, 75, 79, 82
    Bestrafung **227** 75
    Fahrlässigkeit **227** 79
  Notwehrhandlung **227** 9, 45 ff, 81
    s a Verteidigungshandlung
    Angriff **227** 73
    Sittenwidrigkeit **227** 74
    verbotene Eigenmacht **227** 73
    Zweckrichtung **227** 47 f
  Notwehrlage **227** 9 ff, 58, 81; **229** 1
    Genehmigung **227** 26
    Selbsthilfe **229** 42
  Notwehrüberschreitung
    s Notwehrexzess
  Polizei **227** 4
  Präventivnotwehr **227** 23

Notwehr (Forts)
Provokation
s Notwehrprovokation
Prügelei **227** 35
Putativnotwehr **227** 20, 55, 80, 83
Rechtfertigungsgrund **227** 3, 34 f, 72, 85
Rechtsbewährungsgebot **227** 58, 60
Rechtsbewährungsinteresse **227** 66 f, 71
Rechtsgutsverletzungen **227** 2, 22
Rechtsmissbrauch **227** 65 f, 68
Rechtsordnung, Bewahrung **227** 5, 7, 15, 69
Rechtswidrigkeit, objektive **227** 2
Schadensersatzpflichten **227** 76 f
   Mitverschulden **227** 78 f
   Schäden Dritter **227** 76 f
Schikaneverbot **226** 34
Schusswaffengebrauch **227** 61, 67, 72
Schutzwehr **227** 67
Selbsthilfe **229** 38
Selbstschussanlagen **227** 23
Selbstverteidigung, erlaubte **227** 1
Störung der öffentlichen Ordnung **227** 14
Strafrecht **227** 2
Straßenverkehr **227** 11, 60, 68, 75
subjektive Rechte, Schutz **227** 5 f
   Inkompetenznorm **227** 6
   Störungsverbote **227** 6
   subjektive öffentliche Rechte **227** 14
Trutzwehr **227** 55, 58
Unbeteiligte **227** 55, 72, 76
Unterlassen **227** 46
unterlassene Hilfeleistung **227** 19
Unterlassungsdelikte, echte **227** 19
Unterlassungshandlungen, unechte **227** 17 f
Untermaßverbot **227** 56
Verhaltensunrecht **227** 29, 52 f
Verhältnismäßigkeit **227** 66
Verteidigungshandlung **227** 9, 45 ff
   Dritte, hilfswillige **227** 63
   Erforderlichkeit **227** 7, 9, 45, 55 f, 55 ff
   – Abwehrerfolg **227** 60
   Folgen, unerwartete **227** 64
   Gebotenheit **227** 42, 45, 65
   – Rechtsmissbrauch **227** 49
   Geeignetheit **227** 55 f
   Mittel, mildestes **227** 55, 57, 60, 63 f
   objektive Verteidigungshandlung **227** 53
   Polizei **227** 63
   Rechtswidrigkeit, Wegfall **227** 2
   Verhältnismäßigkeit **227** 68
Verteidigungswille **227** 47 ff
   Vermutung **227** 50, 81
Notwehrprovokation
Absichtsprovokation **227** 40, 70
Ausweichen **227** 58
Beleidigung **227** 70
Beweislast **227** 84
Darlegungslast **227** 84

Notwehrprovokation (Forts)
Einwilligung **227** 40
Garantenstellung des Verteidigers **227** 71
Mittel, geringstes **227** 62
Notwehr **227** 40
Rechtsmissbrauch **227** 49
   Missbrauchsabsicht **227** 40, 70
   rechtswidrige Provokation **227** 71
Verteidigungshandlungen **227** 70
Verteidigungswille **227** 49
Vorverhalten **227** 70
Novation
Vereinbarung über die Verjährung,
   mittelbare 202 4
Verjährungsfrist **195** 23
Nürnberger Wechselnovelle
Monat **192** 1
Nutzung unkörperlicher Gegenstände
Gestattung durch
   Nichtberechtigten **185** 107
Nutzungsherausgabe
Verjährung des Hauptanspruchs **217** 6
Nutzungsrechte, lizenzvertragliche
Verfügung eines Nichtberechtigten **185** 6

Oberbürgermeister
Vertretungsmacht **Vorbem 164 ff** 31
Obergemeindedirektor
Vertretungsmacht **Vorbem 164 ff** 31
Oberkreisdirektor
Vertretung des Kreises **Vorbem 164 ff** 30
Obliegenheit
Gläubiger **194** 15
Nachteile, rechtliche **194** 11
Obligation
Anspruch **194** 14
Öffentlich-rechtlicher Vertrag
gesetzliche Vertreter, Fehlen **210** 11
Insichgeschäft **181** 29
Unwirksamkeit, partielle **Vorbem 182– 185** 68
Verhandlungen **203** 22
Zustimmung Dritter, schriftliche **Vorbem 182–185** 68
   nachträgliche Zustimmung **Vorbem 182–185** 68
   Rückwirkung **Vorbem 182–185** 68
   vorherige Zustimmung **Vorbem 182–185** 68
Öffentliche Hand
Rechnungshöfe **199** 77
Verjährungseinrede **214** 5
Öffentliche Rechtsauskunfts- und Vergleichsstelle
Gütestelle, anerkannte **204** 59
Öffentliches Recht
Ablaufhemmung **210** 11
Ansprüche **194** 12

Öffentliches Recht (Forts)
  Aufrechnung mit verjährter
    Forderung **215** 9
  behördliche Zustimmungen
    s dort
  Fristberechnung **186** 17
  Gebührenanspruch,
    Verjährungsfrist **186** 17
  gesetzliche Vertreter, Fehlen **210** 11
  Insichgeschäft **181** 9
  Schikaneverbot **226** 14
  Sicherheitsleistung **Vorbem 232 ff** 7
  Stellvertretung **Vorbem 164 ff** 96 ff
  Verhandlungen **203** 22
  Verjährung **Vorbem 194–202** 39 ff; **195** 15;
    214 42 ff
    Einrede der Verjährung **Vorbem 194–202**
      45; **214** 44
      Ermessensentscheidung **214** 44
    Gesetzgebungskompetenz **Vorbem 194–202** 40, 42
    Gewohnheitsrecht **Vorbem 194–202** 41 f
    Kenntnismöglichkeiten des Gläubigers **Vorbem 194–202** 45
    Rechtsverfolgung **Vorbem 194–202** 42
    Rückforderung des Geleisteten **214** 45
    Verhandlungen **Vorbem 194–202** 42
    Verjährungsfristen **Vorbem 194–202** 44
    – Beginn **Vorbem 194–202** 44 f
    Verjährungshemmung **204** 105, 121
    – Leistungsverweigerungsrechte **205** 27
  Verwirkung **Vorbem 194–202** 19
  Vorverfahren, behördliches **204** 105
  Wissenszurechnung **166** 6
ÖRA
  s Öffentliche Rechtsauskunfts- und Vergleichsstelle
Österreich
  Bevollmächtigungsvertrag **Vorbem 164 ff** 100
  Botenschaft **Vorbem 164 ff** 100
  Europäisches Übereinkommen über die Berechnung von Fristen **186** 23
  Genehmigung des Geschäfts **Vorbem 164 ff** 100
  Mandat **Vorbem 164 ff** 100
  Notstand **228** 50
  Notwehr **227** 86
  Samstag **193** 6
  Schikaneverbot **226** 44
  Selbsthilfe **229** 51
    Schadensersatzanspruch **229** 51
  Selbstkontrahieren **Vorbem 164 ff** 100
  sittenwidrige Schädigung **226** 44
  Stellvertretung **Vorbem 164 ff** 8, 100
    mittelbare Stellvertretung **Vorbem 164 ff** 100
    unmittelbare Stellvertretung **Vorbem 164 ff** 100

Österreich (Forts)
  Stellvertretungstheorie **Vorbem 164 ff** 100
  Treuhand **Vorbem 164 ff** 100
  Verjährungshemmung **207** 1
  Vertreter ohne Vertretungsmacht **Vorbem 164 ff** 100
  Vertretungsmacht **Vorbem 164 ff** 100
  Vollmacht, Aufkündbarkeit **Vorbem 164 ff** 100
  Vollmacht, Widerrufsverzicht **Vorbem 164 ff** 100
  Vollmachtserteilung **Vorbem 164 ff** 100
  Vollmachtsüberschreitung **Vorbem 164 ff** 100
Offenbarungsverfahren
  gewillkürte Stellvertretung, Ausschluss **Vorbem 164 ff** 96
Offene Handelsgesellschaft
  s OHG
Offenheitsprinzip
  Benennung des Vertretenen **Vorbem 164 ff** 35
  Botenschaft **Vorbem 164 ff** 74
  Empfangsvertretung **164** 22
  Ermächtigung **Vorbem 164 ff** 65
  Handeln in fremdem Namen **164** 1 ff
    Erkennbarkeit **164** 16, 20 f
  Handeln im Interesse eines anderen **164** 3
  Handeln für Rechnung eines anderen **164** 3
  Schutz des Rechtsverkehrs **Vorbem 164 ff** 35
  Schutz des Vertragsgegners **Vorbem 164 ff** 35
  Stellvertretung **Vorbem 164 ff** 35; **164** 1
  Vertretungsmacht **164** 5; **179** 5
Offenkundigkeitsprinzip
  s Offenheitsprinzip
Offenlegungsgrundsatz
  s Offenheitsprinzip
OHG
  Anerkenntnis, Drittwirkung **212** 16
  Bevollmächtigung **167** 7
  Einrede der Verjährung **214** 40
  Entnahmerecht **199** 14
  Gesamtvertretung **Vorbem 164 ff** 20; **181** 16
    Gestattung von Insichgeschäften **181** 60
  Gesellschafter, vertretungsberechtigte **Vorbem 164 ff** 25
  Gesellschafteraufnahme
    Rückwirkung der Genehmigung, Ausschluss **184** 38
  Gewinnanteil des Gesellschafters **199** 14
  Teilrechtsfähigkeit **167** 7
  Verjährungshemmung **Vorbem 203–213** 5
    Verhandlungen **203** 6
  Verjährungsneubeginn **Vorbem 203–213** 5
  Vertretung, organschaftliche **Vorbem 164 ff** 25

OHG

OHG (Forts)
    Widerruflichkeit, beschränkte **Vorbem 164 ff** 25
    Vertretungsmacht **Vorbem 164 ff** 25
OHG-Gesellschafter
    rechtskräftig festgestellter Anspruch gegenüber der OHG **197** 47
3. Oktober
    Feiertag, gesetzlicher **193** 33, 34
Online-Banking
    Legitimationsdaten, Missbrauch **Vorbem 164 ff** 91
Orderpapiere mit Blankoindossament
    Hinterlegungsfähigkeit **234** 2
Ordnungswidrigkeitenrecht
    Notstand, rechtfertigender **228** 4
    Notwehr **227** 3
ordre public
    Verjährung **Vorbem 194–202** 55 f
    Verjährungshemmung **204** 41
Organe
    Nothilfe **227** 44
    Notwehr gegen Organe **227** 15
Organhandeln
    s a Juristische Personen
    Anstellung **Vorbem 164 ff** 34
    juristische Personen des öffentlichen Rechts **Vorbem 164 ff** 27
    Organisationsbestimmungen **Vorbem 164 ff** 26
    Selbstkontrahieren, Gestattung **181** 53 f
Organisationsmangel
    Regressansprüche **199** 78
    Verjährungsbeginn **199** 77 f
Organschaftliche Vertretung
    s Organvertretung
    Insichgeschäft **181** 47
Organvertretung
    Abstraktionsprinzip **Vorbem 164 ff** 34
    Durchgangsvertretung **167** 62
    Gesamtvertretung **167** 51
    Insichgeschäft **181** 19
    juristische Personen **Vorbem 164 ff** 25
    Missbrauch der Vertretungsmacht **167** 99
    Vertrauensschutz **172** 1; **174** 6
    Vertretungsmacht **Vorbem 164 ff** 21, 25; **164** 8; **167** 1
      Umfang **Vorbem 164 ff** 25
    Vertretungsnachweis **172** 1; **174** 6
Organwaltung
    Vertretung ohne Vertretungsmacht **177** 3
    Vertretungsmacht, unbeschränkbare **167** 99
Ostermontag
    Feiertag, gesetzlicher **193** 34
Ostertermin
    Rechtsgrundlage **186** 4

Pachtvertrag
    Ablehnung der Verlängerung **193** 24
    Besitzeinräumung durch Nichtberechtigten **185** 102, 105
    Ersatzansprüche, Verjährungsfrist **195** 39, 45
    Kündigung, Ausübungsermächtigung **185** 6
    Pachtzinsen **197** 83
    Verjährungsbeginn **199** 23
    Verpachtung fremder Sachen **185** 102
pactum de non petendo
    Abtretung erfüllungshalber **199** 43
    Auslegung bestehender Vereinbarungen **205** 17
    Begrenzung, zeitliche **205** 18
    Dauer der Nichtgeltendmachung der Forderung **205** 16
    Klagemöglichkeit, Ausschluss **205** 15
    konkludente Vereinbarung **205** 17
    Leistungsverweigerungsrecht **205** 15
    Musterprozess, Ausgang **205** 18
    Ruhen des Verfahrens, Vereinbarung **205** 18
    Stundung, Abgrenzung **205** 15
    Teilungsabkommen Sozialversicherungsträger/Haftpflichtversicherer **205** 17
    unzulässige Rechtsausübung **205** 26
    Vereinbarung über die Verjährung, mittelbare **202** 4
    Verjährungshemmung **205** 14 ff
    Vertrag der Parteien **205** 15 f
    Voraussetzungen **205** 16
    weiterer Schuldner **205** 12
Pandektistik
    actio **194** 2
Parklücke
    Notwehr **227** 60, 68
Partei kraft Amtes
    Abberufung **Vorbem 164 ff** 58
    Amt, privates **Vorbem 164 ff** 61
    Geschäftsfähigkeit, beschränkte **165** 2
    Insolvenzverwalter **Vorbem 164 ff** 57
    Nachlassverwalter **Vorbem 164 ff** 57
    Testamentsvollstrecker **Vorbem 164 ff** 57
    Unabhängigkeit **Vorbem 164 ff** 58
    Verjährungsbeginn, Kenntnis **199** 55
    Verjährungshemmung **204** 9
    Verwaltung, auferlegte **Vorbem 164 ff** 21, 57 ff
      Staatsakt **Vorbem 164 ff** 58
      Verfügung des Erblassers **Vorbem 164 ff** 58
    Weisungsfreiheit **Vorbem 164 ff** 58
    Willensmängel **166** 3
    Zwangsverwalter **Vorbem 164 ff** 57
Parteiauswechslung
    Zustimmung, Formfreiheit **182** 25

Parteifähigkeit
Klageerhebung,
Hemmungswirkung **204** 25
Parteikonten, Kündigung
Schikaneverbot **226** 30
Partikularrechte
Zustimmung **Vorbem 182–185** 1
Passivvertretung
s Empfangsvertretung
Patent
Nutzungsgestattung durch
Nichtberechtigten **185** 107
Patentverletzung
Selbsthilfe **229** 45
Patentverwertungsvertrag
wiederkehrende Leistungen **197** 67
Patronatserklärung
Sicherungsmittel **232** 1
Perplexität
doppelter Vertragsschluss **164** 10
Handeln unter fremdem Namen **Vorbem 164 ff** 90
Personalabteilungsleiter
Kündigungserklärungen, Abgabe **174** 11
Personengesellschaften
Anteilsübertragung **Vorbem 182–185** 27
Beschlüsse **181** 23, 26
Einlageforderungen,
Verjährungsfrist **195** 8
Generalvollmacht **167** 83
Geschäftsführungsmaßnahmen **181** 26
Grundlagengeschäfte **181** 26
Gründung **177** 20; **179** 23
Hinauskündigung **226** 32
Insichgeschäft **181** 19, 26
Mitgliedschaft **Vorbem 164 ff** 34
Satzungsänderungen **181** 26
Sonderrechtsnachfolge **211** 2
Vertretung ohne Vertretungsmacht **177** 20
Vertretungsmacht **Vorbem 164 ff** 34
Personenhandelsgesellschaften
Aufnahme Minderjähriger **181** 22
Befreiung vom Verbot des
Selbstkontrahierens **181** 54
Gesamtvertretung **167** 52
Gründung, Verbot des
Selbstkontrahierens **181** 22
Satzungsänderung **181** 22
Vertretung, organschaftliche **Vorbem 164 ff** 25
Personenstandsrecht
Fristberechnung **186** 17
Pfändung
Erneuerungswirkung **212** 42
Pfändung schuldnerfremder beweglicher Sachen
Genehmigung **185** 91
Pfändungspfandrecht **185** 91
Verfügung eines Nichtberechtigten **185** 91

Pfändung schuldnerfremder Forderungen
Konvaleszenz **185** 92
Pfändung und Überweisung der Forderung
Verjährungshemmung **204** 8
Pfändungspfandrecht
Konvaleszenz **185** 91
Verjährung der gesicherten
Forderung **216** 4
Pfändungsschutz
Freiheitsinteresse des Schuldners **229** 4
Pfandrecht
absolutes Recht **194** 19
Aufhebung **183** 15
gesetzliche Pfandrechte **185** 93; **216** 3
Herausgabeanspruch, Verjährung **197** 9
Hinterlegung **232** 3; **233** 1
Insichgeschäft **181** 43
Notwehr **227** 68
Sicherheitsleistung **Vorbem 232 ff** 4
Sicherungsmittel **Vorbem 232 ff** 1
Verjährung **195** 45
Verjährung der gesicherten
Forderung **216** 2
Zustimmung zur Schuldübernahme
Vorbem 182–185 18
Pfandrecht an Rechten
Aufhebung **183** 15
Pfandverkauf
Genehmigung **185** 46
Zustimmung Dritter,
Unwiderruflichkeit **183** 15
Pfleger
Ansprüche, unverjährbare **194** 28
Bestallungsurkunde **174** 6
Minderjährigkeit **165** 7
Vertretung, gesetzliche **Vorbem 164 ff** 24
Pflegschaft
Gesamtvertretung **167** 51
Insichgeschäft, Genehmigung **181** 47
Verjährungshemmung **197** 6; **207** 1, 13
Ansprüche gegen die Staatskasse **207** 13
Pflicht
Anspruch **194** 14
Pflichtteil
s Vertrag unter künftigen gesetzlichen
Erben über den Pflichtteil
Pflichtteilsanspruch
Auskunftsanspruch **Anh 217** 1, 9
Sicherheitsleistung **Vorbem 232 ff** 2, 4
Verjährung **199** 2; **200** 7, 9
Verjährungsfrist **186** 13
Verjährungshöchstfrist **199** 101
Verjährungsvereinbarung **202** 10
Pflichtteilsergänzungsanspruch
Schenkungen **186** 14
Pflichtversicherung
Direktanspruch des Versicherers **203** 20

Pflichtverteidiger
  Honorarvereinbarung,
    Verjährungshemmung **205** 25
Phantasienamen
  Handeln unter falscher Namensangabe
    Vorbem 164 ff 92
Pietätsverhältnisse
  Dienstverhältnisse **207** 7
  familiäre Beziehungen **207** 1
  Verjährungshemmung **207** 1, 5
    Abtretung an Dritte **207** 6
    Ehebezug der Ansprüche **207** 8
    Kindschaftsbezug der Ansprüche **207** 8
    Pfändung durch Dritte **207** 6
    Rückerwerb **207** 6
    Straßenverkehrsunfälle **207** 8
PIN
  Handeln unter fremdem Namen **Vorbem 164 ff** 90
Plakatierung
  Selbsthilfe **229** 33
Planfeststellungsbeschluss
  Schikaneverbot **226** 18, 27
Plangenehmigung
  Einverständniserklärung, schriftliche
    Vorbem 182–185 68
  Widerruf **Vorbem 182–185** 68
Polizei
  Eilfallhilfe, staatliche **229** 18
  Gewaltmonopol des Staates **227** 4
  Güterabwägung **227** 66
  Nothilfe **227** 4
  Notstand, polizeilicher **228** 6 f
  Notwehrhandlungen **227** 4; **228** 7
Polizeirecht
  Anspruchsentstehung **Vorbem 194–202** 45
Portugal
  Samstag **193** 6
Positive Forderungsverletzung
  Verjährungshöchstfrist **199** 94
Postgesetz
  Vernichtung gefährlicher
    Gegenstände **228** 9
Postmortale Vollmacht
  Einverständnis der Erben **168** 32
  Form **168** 29
  Formzwang, erbrechtlicher **168** 29 f
  Generalvollmacht **168** 35
  Innenverhältnis **168** 32a
    Änderung durch Erben **168** 32a
  Missbrauch der Vertretungsmacht **168** 32a
  Nacherbfolge **168** 32a
  Nachlass **168** 31, 34
  Rechtsgeschäft unter Lebenden **168** 29 f
  Schenkung von Todes wegen **168** 30, 32a
  Testamentsvollstreckung **168** 32a
  Tod des Vollmachtgebers **168** 28, 31
  transmortale Vollmacht **168** 28
  Überlebensbedingung **168** 30

Postmortale Vollmacht (Forts)
  Umgehungsgeschäft **168** 29
  unentgeltliche Geschäfte **168** 30
  Vertretergeschäfte **168** 33
    Genehmigung, gerichtliche **168** 33
  Vertretung der Erben **168** 31 f, 34
  Vertretungsmacht **168** 31 f
  Vollmacht über den Tod hinaus **168** 28 ff
  Vollmachtsmissbrauch gegenüber den
    Erben **168** 32a
  Widerruf **168** 32, 34
  Widerruf aus wichtigem Grund **168** 35
  Widerrufsausschluss **168** 35
  Widerrufsrecht **168** 34
    Miterben **168** 34
    Nachlassverwalter **168** 34
    Testamentsvollstrecker **168** 34
  Wirkung vom Todeszeitpunkt des Vollmachtgebers an **168** 29
Präklusion
  Aufrechnung **215** 7
Präklusionsfrist
  Fristbegriff **186** 8
praescriptio acquisitiva
  Verjährung **Vorbem 194–202** 2
praescriptio extinctiva
  Verjährung **Vorbem 194–202** 2
  Actionenverjährung **Vorbem 194–202** 2
  Anspruchsverjährung **Vorbem 194–202** 2
Prätendentenstreit
  Hemmungswirkung **205** 22
Praxis
  Gemeinschaftspraxis, ärztliche **164** 2
Preisausschreiben
  Handeln unter falscher Namensangabe
    Vorbem 164 ff 92
Preisklauselgesetz
  Genehmigungserfordernisse **Vorbem 182–185** 57
Preußisches Allgemeines Landrecht
  Jahr und Tag **186** 24
  Notstand **228** 10
  Sonn- und Feiertagsregelung **193** 2
  Stellvertretung **Vorbem 164 ff** 8
  Verjährung **Vorbem 194–202** 5
  Verjährungshemmung **207** 1
Principles of European Contract Law
  Datum auf dem Schriftstück **187** 8
  Ereignis, fristauslösendes **187** 8 f
  Fristberechnung **186** 21; **187** 8 f
    Berechnungsweise, verlängernde **187** 9
  Fristende **188** 17
  Geschäftszeiten, übliche **188** 3
  Rechtsmissbrauch **226** 51
  Samstag **193** 6
  Stellvertretung **Vorbem 164 ff** 106
  Stundenfristen **188** 28
  Treu und Glauben **226** 51
  Zivilkomputation **187** 9

Privatautonomie
Ermächtigung **Vorbem 164 ff** 65
Fristbestimmung **186** 16, 26
Generalvollmacht **168** 9
Repräsentationsprinzip **Vorbem 164 ff** 32
Verpflichtungsermächtigung **Vorbem 164 ff** 71
Vollmachtserteilung **167** 10
Private Limited Company
Befreiung vom Verbot des Selbstkontrahierens, Eintragungsfähigkeit **181** 19
Privatpfändungsrecht
Schutz landwirtschaftlicher Erzeugnisse **229** 9
Privatrecht
Fristen **186** 12 ff
Probezeit
Fristberechnung **187** 9a f
Produkthaftung
Verjährung **200** 9
Verjährungshemmung **203** 17
Prokura
Abstraktionsprinzip **Vorbem 164 ff** 34
Erlöschen **168** 2
Erteilung, ausdrückliche **167** 13
Erteilung, persönliche **Vorbem 164 ff** 40
Generalvollmacht, kaufmännische **167** 83
Gesamtprokura, unechte **167** 51
Gesamtvertretung **167** 52
Insichgeschäft **181** 37
Kundgabe der Bevollmächtigung **174** 11
Publizitätsschutz, registerlicher **Vorbem 164 ff** 34
Tod des Vollmachtgebers **168** 26
Unübertragbarkeit **167** 4, 64
Vertretungsmacht **174** 11
Vertretungsmacht, unbeschränkbare **167** 99
Prolongationsvereinbarung
Darlehensvertrag **182** 10a
Prospekthaftung
culpa in contrahendo **195** 54
Devisengeschäfte **195** 56
eigentliche Prospekthaftung **195** 54 f
grauer Kapitalmarkt **195** 55
Inanspruchnahme besonderen persönlichen Vertrauens **195** 57
Investmentanteile, ausländische **195** 55
Investmentgesellschaftsanteile **195** 55
Kapitalgesellschaftsanteile **195** 55
uneigentliche Prospekthaftung **195** 54, 57
Verjährung **195** 54 ff
Verjährungshöchstfrist **195** 55
Versicherungsprodukte **195** 56
Warentermingeschäfte **195** 56
Wertpapierprospekte **195** 55
Prospektmangel
Verjährungsbeginn **199** 65

Provokation
s Notwehrprovokation
Prozessaufrechnung
Verjährungshemmung **204** 144
Prozessbevollmächtigter
Genehmigung des Auftretens, konkludente **182** 16
Geständnis, Abgabe nach Weisungen der Partei **166** 30
Irrtum **166** 30
Prozessbürgschaft
Schikaneverbot **226** 41
Sicherheitsleistung **239** 3
Prozessfähigkeit
Einwilligung des gesetzlichen Vertreters **210** 8
Geschäftsfähigkeit, beschränkte **210** 8
Klageerhebung, Hemmungswirkung **204** 26
Prozessfristen
Fristende **188** 6
Fristverlängerung **190** 3 f
Rückwirkung **190** 3 f
Prozessführungsbefugnis
Klageerhebung, Hemmungswirkung **204** 27
Prozessgericht
Vollstreckungsantrag **212** 39
Prozesshandlung
Anwalt, nicht postulationsfähiger **184** 33
Einwilligung **183** 12
Ermächtigung, nachträgliche **185** 99
Fristwahrung **193** 11
Genehmigung **Vorbem 182–185** 19
Fristablauf **Vorbem 182–185** 19
Rückwirkung **184** 33
Insichgeschäft **181** 9, 27
Insolvenzschuldner **185** 99
Missbrauch der Vertretungsmacht **167** 100
Prozessvollmacht **Vorbem 164 ff** 96
Prozessvollmacht, Erteilung **Vorbem 164 ff** 96
Stellvertretung **Vorbem 164 ff** 96
Unterwerfung unter die sofortige Zwangsvollstreckung **185** 100
Vertretung der Parteien, ordnungsgemäße **181** 27
Vertretung ohne Vertretungsmacht **180** 13
Zweiparteienprinzip **181** 27
Prozesskostenhilfe
Stundung **205** 21
Vergleich, vollstreckbarer **197** 56
Prozesskostenhilfeantrag
Verjährungshemmung **Vorbem 194–202** 13; **199** 1, 3, 6; **204** 4, 24, 113 ff; **212** 35
Antragsstellung **206** 20
– Begründung **206** 20
– Vollständigkeit **206** 20
wiederholter Antrag **206** 19 ff

Prozesskostenhilfeverfahren
Titel, vollstreckbare **201** 3
Prozesskostenvorschuss
Klageerhebung **204** 29
Zustellung, demnächstige **204** 35
Prozessordnungen
Sonn- und Feiertagsregelung **193** 1 f
Prozesspfleger
Bestellung durch Prozessgegner **210** 1
Prozessrecht
Rechtsmissbrauch **226** 40
Schikaneverbot **226** 40 f
Treu und Glauben **226** 41
Verwirkung **Vorbem 194–202** 19
Prozessstandschaft, gewillkürte
Einwilligung, Widerruf **183** 12
Einziehungsermächtigung **Vorbem 164 ff** 68
Ermächtigung **Vorbem 164 ff** 68
Gläubiger der Forderung, Zeugenvernehmung **Vorbem 164 ff** 68
Interesse des Prozessstandschafters, eigenes **Vorbem 164 ff** 68
Prozesskostenhilfe **Vorbem 164 ff** 68
Rechtsschutzinteresse **Vorbem 164 ff** 68
Zeugenposition **Vorbem 164 ff** 68
Zulässigkeit **Vorbem 164 ff** 68
Prozessübernahme durch Rechtsnachfolger
Zustimmung des Prozessgegners **Vorbem 182–185** 18
Prozessunfähigkeit
natürliche Personen **206** 18
Prozessvergleich
Empfangszuständigkeit **164** 25
Widerruf **204** 126
Prozessverhalten
Schikaneverbot **226** 40
Prozessvertreter
Geldempfangsvollmacht **167** 90
Missbrauch der Vertretungsmacht **167** 99
Prozessvertretung
Geschäftsfähigkeit, beschränkte **165** 10
Vertretung ohne Vertretungsmacht **177** 2
Prozessvollmacht
Erteilung **Vorbem 164 ff** 96; **167** 19
zu den Gerichtsakten gereichte **175** 7
Geschäftsunfähigkeit, Eintritt **168** 23
gewillkürte Stellvertretung **Vorbem 164 ff** 96
Instanzbevollmächtigter **167** 60
mehrere Prozessvertreter **167** 52
Nachweis **167** 19
notwendige Stellvertretung **Vorbem 164 ff** 96
Prozesshandlungen **Vorbem 164 ff** 96
Rechtsgeschäfte, zum Zwecke der Prozessführung erforderliche **Vorbem 164 ff** 96
Rechtsscheinsvollmacht **167** 33
Rückgabe **175** 7

Prozessvollmacht (Forts)
Schriftform **167** 19
Tod des Vollmachtgebers **168** 26
Umfang **167** 86
Verbraucherdarlehensvertrag **167** 19, 26
Vorlegung der Vollmachtsurkunde **174** 2
Prozesszinsen
Fristberechnung **187** 6
Pseudobote
Eigenhaftung **179** 25
Genehmigung des Handelns des Pseudoboten **177** 22
Putativnotstand
Erlaubnistatbestandsirrtum **228** 37
Schadensersatzpflicht **228** 44 f
unverschuldeter Putativnotstand **228** 45
Verbotsirrtum **228** 37
verschuldeter Putativnotstand **228** 44
Putativnotwehr
Beweislast **227** 83
Fahrlässigkeit **227** 80
Irrtum **227** 80, 83
Notwehrhandlung, Rechtfertigung **227** 20
Putativselbsthilfe
Irrtum über Selbsthilfelage **229** 46
Schadensersatzpflicht **229** 46; **231** 2

Rahmenvertrag
Verjährung **195** 27
Rangänderung
Zustimmung, Unwiderruflichkeit **183** 15
Rat
Vertretungsmacht **Vorbem 164 ff** 31
Ratenkreditvertrag
Aufrechnung **215** 8
Rauchen
Notwehr **227** 11
Raummiete
Räumungsfrist **188** 24
Realakte
Insichgeschäft **181** 9
Kennenmüssen **166** 21
Kenntnis **166** 21
Stellvertretungsregeln, Unanwendbarkeit **Vorbem 164 ff** 38; **164** 7
Willensmängel **166** 11
Wissenszurechnung **166** 11
Reallast
Ansprüche, Verjährung **196** 8 ff; **198** 2
Realsicherheiten
Verjährungseintritt **216** 6
Rechenschaftsanspruch
Verjährung **Anh 217** 5; **195** 26
Rechnung
Abrechnungsfehler **199** 19
Fälligkeitsvoraussetzung **199** 11, 17 ff
Überprüfung **199** 80
Unvollständigkeit **199** 19

Rechte
  Verfügung eines Nichtberechtigten **185** 6
Rechte an Grundstücken
  Änderung, Zustimmung zur **183** 15
  Aufhebung, Zustimmung zur **183** 15
Rechte, eingetragene
  Unverjährbarkeit **197** 10
Rechtfertigungsgründe
  Eingriffsrechte, gesetzliche **227** 37
  Einwilligung **227** 35 f
  Erziehungsrecht der Eltern **227** 37
  Geschäftsführung ohne Auftrag, berechtigte **227** 36
  Notwehr **227** 3, 34
  verkehrsrichtiges Verhalten **227** 39
  Vermieterpfandrecht **227** 37
Rechtliche Betreuung
  s Betreuung
Rechtsanwalt
  s Anwalt
Rechtsausübung, unzulässige
  Vollmacht, Unwirksamkeit **167** 75a
Rechtsbedingung
  Vertrag, durch falsus procurator abgeschlossener **Vorbem 182–185** 29
Rechtsberatungsgesetz aF
  Vollmacht, Unwirksamkeit **167** 35a, 75a; **171** 2; **173** 5; **177** 17
Rechtsbesitz
  Besitzschutz **229** 8
Rechtsschuldbefreiung
  Ansprüche, titulierte **Vorbem 194–202** 11
Rechtsdienstleistungsgesetz
  Vollmacht, Unwirksamkeit **167** 75a
Rechtsgeschäft, einseitiges
  amtsempfangsbedürftige Geschäfte **182** 47
  Ehegatten **182** 47
  Einwilligung **182** 47
  Genehmigung **182** 47
    Rückwirkung **184** 32
  Insichgeschäft **181** 1, 4, 9
    s a dort
  Minderjährige **182** 47
  Neuvornahme **174** 10; **180** 2
  Verbot vollmachtlosen Handelns **174** 1; **180** 1
  Vertretung ohne Vertretungsmacht **177** 1 f; **182** 47
  Vorlegung der Vollmachtsurkunde **174** 1 f, 13
  Vormund **182** 47
  Widerrufsrecht **178** 6
  Zurückweisung **174** 2, 7 ff; **180** 5 ff; **182** 46 f
    Ausschluss **174** 11
    – Anerkennung der Bevollmächtigung ohne Vorlage einer Vollmachtsurkunde **174** 12
    – Kundgabe der Bevollmächtigung **174** 11

Rechtsgeschäft, einseitiges (Forts)
  – Treu und Glauben **174** 12
  Beweislast **174** 13
  Genehmigung des Rechtsgeschäfts **174** 10
  Haftung des Vertreters **174** 10
  Heilung des Rechtsgeschäfts **174** 10
  Rechtsrat, Einholung **174** 9
  unverzügliche Zurückweisung **174** 7, 9
  Unwirksamkeit des Rechtsgeschäfts **174** 10
  Vollmachtsnachweis, fehlender **174** 8
  – konkludenter Hinweis **174** 8
  Willenserklärung, empfangsbedürftige **174** 7
Rechtsgeschäftsähnliche Handlungen
  Insichgeschäft **181** 14
  Kennenmüssen **166** 21
  Kenntnis **166** 21
  Stellvertretung **Vorbem 164 ff** 1; **164** 7
  Verbot vollmachtlosen Handelns **180** 1, 12
  Willensmängel **166** 10
  Wissenszurechnung **166** 10
Rechtsgeschäftstheorie
  Vollmachten, Beseitigung **170** 1
Rechtsgüter, elementare persönliche
  Anspruchsgrundlagen **197** 8c
  Rechtswidrigkeit **197** 8b
  Schadensersatz **197** 8e
  Stichtag **197** 8d
  Verjährung **197** 4a, 8a ff
  Verjährungsbeginn **197** 8e
  Verjährungshemmung **197** 1
  Vorsatz **197** 8b
Rechtsgutsverletzung
  Einwilligung **Vorbem 182–185** 10; **183** 2
Rechtshängigkeit
  Klageerhebung, Hemmungswirkung **204** 27
Rechtskraft
  Klageerhebung, Hemmungswirkung **204** 27
  Verjährungsbeginn **201** 2
  Verjährungshemmung **204** 144
Rechtsmängelhaftung
  Verjährung **197** 6
  Verjährungsfrist **195** 52
Rechtsmissbrauch
  gute Sitten **226** 12
  Missbrauch der Vertretungsmacht **167** 94
  Prozessrecht **226** 40
  Schikaneverbot **226** 12
  Sperrgrundstücke **226** 18, 27
  subjektive Rechte **226** 12
  Treu und Glauben **226** 12
Rechtsmittel
  Genehmigung, Rückwirkung **184** 33
Rechtsnachfolge
  accessio temporis **198** 2

Rechtsnachfolge (Forts)
  Aktivseite **198** 3
  Besitz, mittelbarer **198** 7
  Besitz, unmittelbarer **198** 7
  Besitzerwerb **198** 5 ff
  Besitznachfolge **198** 4
  Besitzzeit, Anrechnung **198** 9
  Beweislast **198** 8
  dingliche Ansprüche **198** 1 f
  Erbenbesitz **198** 1
  Erbgang **198** 4
  Passivseite **198** 2 f
  Rechtsmissbrauch **198** 9
  Singularsukzession **198** 1
  unfreiwillige Besitznachfolge **198** 6, 9
  Universalsukzession **198** 1
  verbotene Eigenmacht **198** 6
  Verjährung von Ansprüchen **198** 1
  Verjährungshemmung **198** 1, 9
  Verjährungsneubeginn **198** 9
  Verurteilung **198** 5
  Zwangsvollstreckung **198** 5
Rechtsscheinhaftung
  Geschäftsunfähigkeit **165** 3
  GmbH **164** 1; **179** 23
  unternehmensbezogene Geschäfte **164** 1; **179** 23
  Vollmachtserteilung, formunwirksame **167** 23
  Zustimmungsfiktion **182** 20 ff
Rechtsscheinstheorie
  Vollmacht **170** 1
Rechtsscheinsvollmacht
  Anfechtung **167** 29b, 45
  Anscheinsvollmacht **167** 32
    s a dort
  Arbeitsrecht **167** 36
  Außenverhältnis **167** 44
  Begründung **167** 32
  Bekanntgabe der Bevollmächtigung **171** 2
  Berufstätigkeit des Vertretenen **167** 33
  Beweislast **167** 17
  Disponibilität des Rechtsscheins **167** 44
  Duldungsvollmacht **167** 29b, 32
    s a dort
  Franchising **167** 35
  Geschäftsfähigkeit, beschränkte **167** 39
  Geschäftsunfähigkeit **167** 39
  Geschäftsvornahme **167** 38
  Gutgläubigkeit des Kontrahenten **167** 43
  Haftung **167** 44, 45a
    culpa in contrahendo **167** 45a
    Erfüllung **167** 45a
    Geschäftsführung ohne Auftrag **167** 45a
    Mitverschulden des Vertretenen **167** 45a
    Schadensersatz wegen Nichterfüllung **167** 45a
    unerlaubte Handlung **167** 45a
    Vertragsverletzung **167** 45a

Rechtsscheinsvollmacht (Forts)
  Haftung des Vertretenen **177** 26
  Haftung, kumulative **167** 44
  Innenverhältnis **167** 45a
  juristische Personen **167** 41
  juristische Personen des öffentlichen Rechts **Vorbem 164** ff 27; **167** 46 ff
  Kennenmüssen **167** 43
  Kenntnis **167** 43
  Missbrauch der Vertretungsmacht **167** 99
  Mitteilung der Bevollmächtigung **171** 2
  Prozessvollmacht **167** 33
  Rechtsberatungsgesetz **167** 35a, 75
  Scheingesellschaft **167** 35
  Scheinsozietät **167** 35
  Schutzwürdigkeit des Geschäftsgegners **167** 43, 50
  Schutzwürdigkeit des Geschäftsherrn **167** 43
  Treu und Glauben **167** 34
  Unkenntnis, fahrlässige **167** 43
  Unterlassung des Einschreitens gegen das Auftreten **167** 40
  Veranlassung des Rechtsscheins einer Bevollmächtigung **170** 1
  Verhinderung des Fortbestand des Rechtsscheins **167** 42
  Verschulden des Vertretenen **167** 40
  Verschulden Dritter **167** 41
  Vertragsbindung **177** 26
  Vertrauenshaftung **166** 8; **167** 32 f
    Aussagen des Vertreters **167** 36
    Ehe Vertreter/Vertretener **167** 36
    Gefährdung Dritter **167** 41
    Risikotragung **167** 41
    Treu und Glauben **167** 41
    Treuhandvertrag **167** 35a
    Unterlagen des Vertreters **167** 36
    Vertragsschluss **167** 35a
    Verwandtschaft Vertreter/Vertretener **167** 36
    Vollmachtsurkunde **167** 35a
  Vertrauenstatbestand **167** 33 f
    Architekt, bauleitender **167** 35
    Ausstattung des Handelnden **167** 35
    – digitaler Rechtsverkehr **167** 35
    – Firmenbögen **167** 35
    – Firmenbriefkopf **167** 35
    – Stempel **167** 35
    Gesamtvertretung **167** 34
    Internet **167** 35
    Signaturmissbrauch **167** 35
    Telefax **167** 35
    Telefon **167** 35
  Untervollmacht **167** 34
Vertreter ohne Vertretungsmacht, Haftung **179** 6
Vertretergeschäft **167** 37
  Aufwand **167** 43

Rechtsscheinsvollmacht (Forts)
  Eilbedürftigkeit **167** 37, 43
  ungewöhnliche Geschäfte **167** 43
  Vertreterhandeln, einmaliges **167** 37
  Vertreterhandeln, Zeitspanne **167** 37
  Vertreterhandeln, Zurechenbarkeit **167** 40 ff
  Vertretungswille **Vorbem 164 ff** 36; **167** 39
  Vollmachtsüberschreitung **167** 90
  Vollmachtsurkunde, Aushändigung **172** 8
  Wirkungen **167** 44
  Zeitpunkt **167** 38
  Zerstörung des Rechtsscheins **167** 42
  Zurechnung des Vertreterverhaltens **167** 34
Rechtsschutzbedürfnis
  Klageerhebung, Hemmungswirkung **204** 27
Rechtsschutzversicherung
  Leistungsverweigerung **226** 27
Rechtsstaatsprinzip
  Gewährleistung wirkungsvollen Rechtsschutzes **229** 1
Rechtsverfolgung
  Unzumutbarkeit **199** 1a
  Verjährungshemmung **Vorbem 194–202** 13, 44; **204** 1 ff
Rechtsvergleichung
  Rechtsmissbrauch **226** 43 ff
  Verjährung **Vorbem 194–202** 57
Rechtsverletzung
  Einwilligung **Vorbem 182–185** 10
Rechtsweg
  Klageerhebung, Hemmungswirkung **204** 27, 31
Referatsleiter in der Personalabteilung
  Kündigungserklärungen, Abgabe **174** 11
Reformationstag
  Feiertag, gesetzlicher **193** 39, 41, 45 ff
Regalienrecht
  unvordenkliche Verjährung **Vorbem 194–202** 37
Registerverfahren
  Insichgeschäft **181** 28
Regress
  Streitverkündung **204** 75a ff
Regressansprüche
  Entstehung **199** 8
  Fristbeginn **195** 10; **199** 8
  Fristwahrung **195** 10
  Organisationsmangel **199** 78
  Streitverkündung **202** 22
  Verjährungsfrist **195** 12
Regulierungsvollmacht
  Haftpflichtversicherung **212** 10
rei vindicatio
  Ersatzansprüche, Verjährungsfrist **195** 24
  Unverjährbarkeit **197** 3
  Verjährungsfrist **197** 3

Reisende
  Handeln in fremdem Namen **164** 2
Reiseunternehmen
  Reisevermittlung **164** 2
  Veranstalter **164** 2
Reisevertrag
  Gewährleistungsansprüche **174** 2
  Ausschlussfrist **186** 8; **187** 6
  Verjährungsbeginn **200** 10
  Verjährungsfrist **186** 13; **195** 47; **202** 14
  Mängelanzeige **202** 14
Religionsdiener
  Vormund **Vorbem 182–185** 11
Rentenscheine
  Anspruch aus verlorenem Rentenanteil, Verjährungsfrist **186** 13; **195** 49
  Hinterlegung **234** 3
  Vorlegungsfrist **197** 81
Rentenschuld
  Ansprüche, Verjährung **196** 8 ff
  Sicherheitsleistung **238** 1, 3
  Verjährung der gesicherten Forderung **216** 2
  Verpfändung **232** 10
Reparaturvertrag
  Erfüllungsansprüche, Verjährung **195** 29
  Gewährleistungsansprüche, Verjährung **195** 29
Repräsentationsprinzip
  Empfangsvertretung **164** 22
Repräsentationstheorie
  Privatautonomie **Vorbem 164 ff** 32
  Stellvertretung **Vorbem 164 ff** 11, 15, 32; **164** 9; **165** 1; **166** 1
  Willensmängel **166** 12
Restitutionsbescheid
  Verjährung **197** 54
Revisionsbegründungsfrist
  Fristberechnung **186** 18
Rheinland-Pfalz
  Allerheiligen **193** 43
  Fronleichnam **193** 43
  Hinterlegung **232** 3
  Sicherheitsleistung **232** 5
Richtlinienumsetzung
  Verjährung **195** 15
Römisches Recht
  accessio temporis **198** 2
  actio **194** 2
  actio venditi **194** 2
  actiones utiles **194** 2
  adjektizische Klagen **Vorbem 164 ff** 3
  aemulatio **226** 2
  alteri stipulari nemo potest **Vorbem 164 ff** 4
  Darlehen **194** 2
  Ermächtigung **Vorbem 164 ff** 4
  Fristberechnung **187** 2
  Hauskinder **Vorbem 164 ff** 3, 8
  juristische Personen **Vorbem 164 ff** 3

Römisches Recht (Forts)
Konvaleszenz **185** 59
per liberam personam ... nihil adquiri posse indubii iuris est **Vorbem 164 ff** 4
Rechtsausübung, schädigende **226** 2
Schadensersatzbegehren **194** 2
Sklaven **Vorbem 164 ff** 3, 8
Stellvertretung, mittelbare **Vorbem 164 ff** 4
Stellvertretung, rechtsgeschäftliche **Vorbem 164 ff** 3
Tageswechsel **188** 2
Verjährung **Vorbem 194–202** 2
Romanisten
Stellvertretung, gewillkürte **Vorbem 164 ff** 10
Rosenmontag
Feiertag **193** 48
Rückdatierung
Verträge **199** 10
Rückkaufsrecht
Bindung, langfristige **202** 4b
Rückstellungen, betriebliche
Sicherheitsleistung **232** 1
Rücktritt
Ausschlussfristen **194** 18
Frist **218** 3
Frist, angemessene **186** 16
Fristsetzung **187** 6
mangelbedingter Rücktritt **Vorbem 194–202** 47; **218** 2
Nacherfüllung, Unzumutbarkeit **218** 2
Rückabwicklung des Vertrages **218** 4
Rückabwicklung, Verjährungsfrist **195** 12
Rügeobliegenheiten **218** 2
Verbot vollmachtlosen Handelns **180** 1
Verjährung **194** 18; **218** 1 f, 5 ff, 10 ff
Einrede **218** 3
Verjährungsbeginn **199** 24
vertragliche Vereinbarung **218** 12
vertragliches Rücktrittsrecht **186** 16
Verwirkung **194** 18; **218** 3
Zurückweisung **218** 4 f
Rücktritt durch Bevollmächtigten
Vorlegung der Vollmachtsurkunde **174** 1
Rückwärtsversicherung
Kenntnis vom Eintritt des Versicherungsfalls **166** 7
Ruhen des Verfahrens
Antrag beider Parteien **204** 124
Nichtverhandeln beider Parteien **204** 124
Säumnis **204** 124
Stundung **205** 21
Vergleichsverhandlungen **204** 124
Verjährungshemmung **204** 122, 124

Saarland
Allerheiligen **193** 44
Fronleichnam **193** 44
Hinterlegung **232** 3

Saarland (Forts)
Sicherheitsleistung **232** 5
Sachbearbeiter in der Personalabteilung
Kündigungserklärungen, Abgabe **174** 11
Sachbeschädigung
Notstandshandlung **228** 23
Sachen
Gefahrenquelle **228** 1, 10 f, 16 ff
Verfügung eines Nichtberechtigten **185** 6
Werkzeug **227** 15
Sachen, bewegliche
Aufbewahrung, mit Schwierigkeiten verbundene **237** 2 f
Besitzkonstitut, antizipiertes **Vorbem 164 ff** 45
Einigung, vorweggenommene **Vorbem 164 ff** 45
Schätzwert **237** 1
Sicherheitsleistung **232** 7; **237** 1, 1 f
Sicherungswert **237** 1
Übergabe **187** 6
Verderb, zu besorgender **237** 2 f; **240** 2
Sachenrecht
Ansprüche **194** 12 f; **195** 11
Schikaneverbot **226** 13
Sachsen
Buß- und Bettag **193** 45
Fronleichnam **193** 45
Hinterlegung **232** 3
Reformationstag **193** 45
Sicherheitsleistung **Vorbem 232 ff** 7; **232** 5
Sachsen-Anhalt
Erscheinung des Herrn **193** 46
Hinterlegung **232** 3
Reformationstag **193** 46
Sicherheitsleistung **232** 5
Sachurteilsvoraussetzungen
Klageerhebung, Hemmungswirkung **204** 24
Sachvortrag
Auflagen, gerichtliche **204** 127
Sachwalterhaftung
Architekten **164** 15
Quasiverkäufer **164** 15
Time-Sharing **164** 15
Unternehmensberater **164** 15
Sächsisches BGB
Festnahme des Schuldners **229** 35
Notstand **228** 10
Zeiteinteilung **186** 1
Saisonschlussverkauf
Geschäftsgang, ordnungsgemäßer **185** 35
Saldoanspruch
s Kontokorrentsaldo
Sale-and-Lease-back-Verfahren
Veräußerungsermächtigung **185** 36
Sammelbestellung
Handeln in fremdem Namen **164** 2

Samstag
　Ablehnungsrecht **193** 51
　dies ad quem **193** 6
　Fälligkeit **193** 52 ff
　Fristbeginn **193** 57
　Fristende **188** 2
　Fristverlängerung **193** 49, 52 ff
　Fünf-Tage-Woche **193** 4, 28
　geschäftsähnliche Handlungen **193** 10
　Kalender **193** 32
　Leistungserbringung **193** 9, 31
　Sonn- und Feiertagsschutz **193** 4, 21
　Stichtagsregelungen **193** 57
　Werktag **193** 4 ff
　Willenserklärungen, Abgabe **193** 9 f
Satellitenanlage
　Schikaneverbot **226** 29
Satzung
　Befreiung vom Verbot des
　　Selbstkontrahierens **181** 50
　Vertretungsmacht **Vorbem 164 ff** 25
Schadenseinheit
　Grundsatz der Schadenseinheit **Vorbem 194–202** 10; **199** 5, 27, 34 ff, 44 ff, 96
　Feststellungsklage **199** 5, 46 f
　Kausalität **199** 47
　Schaden, künftiger **199** 5, 45 f
　Schaden, vorhersehbarer **199** 45
　Spätfolgen, unabsehbare **199** 45 f, 49
　Verjährungsbeginn **199** 50
　– Vorverlegung **200** 7
Schadensersatz statt der ganzen Leistung
　Verjährungsbeginn **199** 65
　Verjährungshemmung **204** 64
Schadensersatz statt der Leistung
　Anspruchsentstehung **199** 24
　Frist, angemessene **186** 16
　Fristablauf, fruchtloser **199** 24
　Fristsetzung **187** 6
　Verjährung der Forderung **214** 39; **217** 5
　Verjährung des Hauptanspruchs **217** 7
　Verjährungsbeginn **199** 24
　Verjährungsfrist **195** 12
Schadensersatzansprüche
　Fälligkeit **199** 31, 48
　Geldrente **Vorbem 232 ff** 2, 4
　Grundsatz der Schadenseinheit
　　s Schadenseinheit
　Kardinalpflichten **202** 17
　Kenntnis des Gläubigers **199** 48
　Schadenseintritt **199** 32, 34, 48
　　Handlung, pflichtwidrige **199** 36
　　Pflichtverletzung **199** 36
　　Vermögensgefährdung **199** 36
　　Vermögensschäden **199** 33
　　wirtschaftliche
　　　Betrachtungsweise **199** 36
　Sicherheitsleistung **Vorbem 232 ff** 2, 4
　Stammrecht **199** 52; **217** 11

Schadensersatzansprüche (Forts)
　Verjährung **199** 27 ff
　　Dauerhandlungen **199** 29
　　dauernde Beeinträchtigung **199** 30
　　fortgesetzte Handlung **199** 28 f
　　Vollstreckungstitel, Aufhebung **199** 31
　　wiederholte Schädigungen **199** 28
　Verjährungsbeginn, objektiver **202** 18
　Verjährungshöchstfristen **199** 93 ff
Schadensersatzforderung
　Schikaneverbot **226** 24
Schadensersatzklage
　Verjährungshemmung **204** 18
Schadensersatzrenten
　wiederkehrende Leistungen **197** 66
Schalttag
　Fristberechnung **188** 25
Scheck
　Anerkenntnis **212** 23
　erdichtete Person **179** 22
　Feiertag **193** 7
　Fristen **186** 24
　Handeln in fremdem Namen **164** 2
　Rückgriffsansprüche,
　　Verjährungsfrist **195** 45
　Samstag **193** 7
　Sonntag **193** 7
　Verjährung **197** 81
Scheckvorlegung
　Gesamtvertretung **167** 57
Scheidung
　s Ehescheidung
Scheidungsverbund
　Folgesachen, Einbeziehung **187** 7; **193** 30, 57
Scheingeschäft
　Bevollmächtigung **167** 75
　Kennenmüssen **166** 8
　Kenntnis **166** 8
　Kollusion **166** 12, 20; **167** 100
　Simulationsabrede **166** 12
　Stellvertretung **166** 12
　Strohmann **Vorbem 164 ff** 49
　Wissenszurechnung **166** 12
Scheingesellschaft
　Rechtsscheinhaftung **167** 35
Scheinsozietät
　Rechtsscheinsvollmacht **167** 35
Schenkkreise
　Kenntnis der die Nichtigkeit begründenden Tatsachen **199** 64
Schenkung
　Erklärung über die Annahme **186** 16
　Minderjährigenschutz **181** 62a
Schenkung auf den Todesfall
　Verjährungshöchstfrist **199** 104
Schenkung, beeinträchtigende
　Verjährungsfrist **186** 13

Schenkung von Todes wegen
Vollmacht, postmortale **168** 30, 32a
Schenkungssteuer
Genehmigung, Rückwirkung **184** 38
Zehnjahresfrist **188** 21; **193** 57
Schenkungsversprechen
Nebenabrede
Innenverhältnis der Vollmacht **167** 3
Vollmachtserteilung **167** 26
Schiedsgericht
Einrede der Schiedsgerichtsbarkeit **204** 27
Verjährungshemmung **204** 59
Schiedsgutachter
Verjährungshemmung **204** 59
Schiedsgutachterverfahren
Verjährungshemmung **204** 100
Schiedsrichterliches Verfahren
ausländisches Verfahren **204** 103
Parteibezeichnung **204** 101
Parteivereinbarungen **204** 101
Streitgegenstand **204** 101
Unzulässigkeit **204** 102
Verfahrensbeginn **204** 101
Verfahrensmängel **204** 102
Verjährungshemmung **204** 41, 100 ff
Nichtbetreiben des Verfahrens **204** 140
Schiedsspruch
ausländischer Schiedsspruch **197** 52
Anerkennungsfähigkeit im Inland **204** 103
rechtskräftig festgestellter Anspruch **197** 34, 49, 52
Verjährungsbeginn **201** 3
Verjährungshemmung **204** 47
Schiedsvergleich
Verjährungshemmung **204** 47
Schiedsvertrag
rechtskräftig festgestellter Anspruch **197** 34
Schiffe
Schiffshypothek **232** 8
Schifffahrtrechtliches Verteilungsverfahren
Binnenschifffahrt **204** 99
Forderungsanmeldung **197** 61
Verjährungsbeginn **201** 6
Verjährungshemmung **197** 61; **204** 99
Nichtbetreiben des Verfahrens **204** 140
Widerspruch **204** 140
Schiffsbauwerke
Schiffshypothek **232** 8
Schiffsgläubigerrechte
Verjährung der gesicherten Forderung **216** 3
Schiffshypothek
Bestellung **232** 8
Sicherheitsleistung **232** 8; **238** 5
Verjährung der gesicherten Forderung **216** 2
Wertgrenze **232** 8

Schiffsregister
Berichtigungsanspruch, Unverjährbarkeit **195** 53
Schikaneverbot
Aktienherausgabe **226** 24
Anfechtungsklage **226** 32
Arbeitsvertrag **226** 31
Auskunftsanspruch **226** 24, 27, 32
Bagatellbeträge **226** 41
Beseitigungsanspruch **226** 35
Bestattungshandlungen **226** 27
Besuchergruppen **226** 27
Betriebsrat **226** 24
Beweislast **226** 42
Dachantenne **226** 24
Domains **226** 26
Entstehungsgeschichte **226** 1 ff
Erbrecht **226** 13
exceptio doli generalis **226** 6, 9, 20
Familienrecht **226** 13, 16
Fristsetzung **226** 24
Gegendarstellungsverlangen **226** 33
Geltendmachung, gerichtliche **226** 38
gewerblicher Rechtsschutz **226** 13
Golfplatz **226** 28
Grabbesuch **226** 23
Grenzabstand **226** 24, 28
Grenzüberbau **226** 28
Grundstücksausnutzung **226** 24, 28
Handelsrecht **226** 13
Hecken **226** 28
Hinauskündigung **226** 32
Hinterlegung **226** 24
Kommanditist, persönliche Haftung **226** 32
Koppelungsgeschäft **226** 31
Kündigungsschutz **226** 31
Markise **226** 28
Mietverhältnis **226** 25
Nachfrist **226** 24
Notwehr **226** 34
öffentliches Recht **226** 14
Parteikonten, Kündigung **226** 30
Pfandstücke, Versteigerung **226** 27
Privatrecht **226** 13
Prozessrecht **226** 40 f
Prozessverhalten **226** 40
Rechte Dritter **226** 39
Rechtsausübung, schädigende **226** 1 ff, 10, 13, 21
berechtigtes Interesse **226** 18
Schädigungsabsicht **226** 20 f
Schädigungszweck **226** 15 ff, 24
– immaterieller Nachteil **226** 16
– Vermögensbeschädigung **226** 16
wirtschaftliche Unzweckmäßigkeit **226** 19
Rechtswidrigkeit gegen das Verbot verstoßender Handlungen **226** 34
Sachenrechte **226** 13

Schikaneverbot (Forts)
  Schadensersatzanspruch **226** 37
  Schadensersatzforderung **226** 24
  Schädigungszweck **226** 28, 32
  Schuldverhältnisse **226** 13, 18
  Schutzgesetz **226** 37
  Schutzgesetzcharakter **226** 37
  Sondernutzungsrechte **226** 29
  Sperrgrundstücke **226** 18, 27
  Steuerveranlagung **226** 27
  Treppenlift **226** 29
  Uferstreifen **226** 24
  Unterlassungsanspruch **226** 24 f, 36
  unzulässige Rechtsausübung **226** 9
  Versetzung von Arbeitnehmern **226** 31
  Verwirkung **226** 18
  Vollstreckbarkeit, vorläufige **226** 27
  vorsätzliche sittenwidrige
    Schädigung **226** 37
  Wegbenutzung **226** 24, 28
  Wertpapiergeschäft **226** 27
  Wohnungseigentum **226** 29
Schleswig-Holstein
  Feiertage **193** 35
  Hinterlegung **232** 3
  Sicherheitsleistung **232** 5
Schlichtungsabreden
  Verjährungshemmung **205** 18
Schlüsselgewalt
  Rechtsfolgenerstreckung, gesetzliche **Vorbem 164 ff** 24
  Rechtsmacht sui generis **Vorbem 164 ff** 24
  Vertretungsrecht **Vorbem 164 ff** 24
Schlüssigkeit
  Klageerhebung, Hemmungswirkung **204** 16, 23
Schlussverkauf
  Geschäftsgang, ordnungsgemäßer **185** 35
Schlusszahlung
  s VOB/B
Schmerzensgeldrente
  wiederkehrende Leistungen **197** 66
Schönheitsreparaturen
  Schikaneverbot **226** 25
Schriftsatz, vorbereitender
  Einreichungsfrist **187** 7; **193** 30
Schriftstück
  Eingang **188** 6
  Zugang, fristgerechter **188** 4 ff
Schuld
  Anspruch **194** 14
Schuldanerkenntnis
  Vertretungsmacht **164** 2
Schuldanerkenntnis, abstraktes
  Abgrenzung **212** 6
  Deckung, inkongruente **214** 38
  Form **214** 38
  Verjährung der gesicherten
    Forderung **216** 6

Schuldanerkenntnis, abstraktes (Forts)
  Verjährungseintritt **214** 38
  Verjährungsfrist **195** 23
Schuldanerkenntnis, deklaratorisches
  Verjährungsfrist, bisherige **195** 22
  Verzicht auf Verjährung **214** 38
Schuldbeitritt
  Anerkenntnis **212** 23
  antizipierter Schuldbeitritt **185** 109
  Eintritt der Verjährung **214** 40
  Insichgeschäft **181** 43
  Sicherungsmittel **232** 1
  Verjährungshemmung **Vorbem 203–213** 5
  Verjährungsneubeginn **Vorbem 203–213** 5
  Verpflichtungsermächtigung **Vorbem 164 ff** 70
  Vollmacht, Formbedürftigkeit **167** 26
Schuldbuchforderungen
  Verpfändung **232** 4; **236** 1
  Verpfändungsvermerk, Eintragung **232** 4
Schuldbücher
  Bundesschuldbuch **232** 4; **236** 1
  Schuldbücher der Länder **232** 5; **236** 1
Schuldenbereinigungsplan
  rechtskräftig festgestellter
    Anspruch **197** 57
  Verjährungsbeginn **201** 3
Schuldnermehrheit
  Verjährungshemmung **Vorbem 203–213** 5
  Verjährungsneubeginn **Vorbem 203–213** 5
Schuldnerverhalten
  höhere Gewalt **206** 12a f
  Verjährungsbeginn **199** 83
  Verwirkung **Vorbem 194–202** 32 f
Schuldnerverzug
  Genehmigung des Schuldvertrags **184** 38
Schuldrecht
  Ansprüche **194** 12 f; **195** 11
Schuldübernahme
  Aufhebung vor Genehmigung **184** 8
  Einwilligung, Widerruflichkeit **183** 16
  Genehmigung **184** 37
  Genehmigung, Rückwirkung **184** 41
  Insichgeschäft **181** 43
  privative Schuldübernahme **Vorbem 182–185** 31
    Genehmigung **182** 16
    Genehmigung durch den
      Gläubiger **182** 4
  Verjährungshemmung **Vorbem 203–213** 5
  Verjährungsneubeginn **Vorbem 203–213** 5
  Verpflichtungsermächtigung **Vorbem 164 ff** 70
  Zustimmung, Anfechtung wegen arglistiger Täuschung **Vorbem 182–185** 46
  Zustimmung des Bürgen **Vorbem 182–185** 18
  Zustimmung des Pfandeigentümers
    Vorbem 182–185 18

Schuldübernahme (Forts)
   Zustimmung, konkludente **182** 10
Schuldumschaffung
   Verjährungsfrist **195** 23
Schuldverhältnis
   Schikaneverbot **226** 13, 18
   Schuldverhältnis im engeren Sinne **194** 7
   Schuldverhältnis im weiteren Sinne **194** 7
   Verfügung eines Nichtberechtigten **185** 6
   Zweierbeziehung **194** 7
Schuldverschreibung
   Verjährungsbeginn **200** 10
   Verjährungsfrist **186** 13
Schuldversprechen
   Vollmacht, Formbedürftigkeit **167** 26
Schusswaffengebrauch
   Androhung **227** 61
   Notwehr **227** 61, 67, 72
   Schuss in die Beine **227** 61
   Verteidigungshandlung,
     Erforderlichkeit **227** 61
   Warnschuss **227** 61
Schwarzes Brett
   Bevollmächtigung, Kundgabe **174** 11
Schwarzfahren
   Selbsthilfe **229** 15, 21; **230** 6
Schweigen
   Anerkenntnis **212** 28
   Einwilligung **183** 3
   Zustimmung, konkludente **182** 11
Schweiz
   Arrest **229** 52
   Außenverhältnis **Vorbem 164 ff** 101
   Erfüllungshandlung **Vorbem 164 ff** 101
   Ermächtigung **Vorbem 164 ff** 101
   Europäisches Übereinkommen über die
     Berechnung von Fristen **186** 23
   Grundeigentum, Eingriff **228** 50
   Innenverhältnis **Vorbem 164 ff** 101
   Leibrente, Verjährung **217** 11
   Notstand **228** 50
   Notwehr **227** 87
   Rechtsmissbrauchsverbot **226** 45
   rei vindicatio, Unverjährbarkeit **197** 3
   Schikaneverbot
     Missbräuchlichkeit, objektive **226** 45
   Selbsteintritt **Vorbem 164 ff** 101
   Selbsthilfe **229** 52
   Stellvertretung **Vorbem 164 ff** 101
   Verjährungshemmung **207** 1
   Vertretung ohne Vertretungsmacht
     Vorbem 164 ff 101
   Vertretungsmacht, Erteilung **Vorbem
     164 ff** 101
   Vollmacht **Vorbem 164 ff** 101
     Innenverhältnis **Vorbem 164 ff** 101
     Widerruflichkeit **Vorbem 164 ff** 101
Seehandel
   Verjährung **195** 46 f; **200** 8

Seemannsgesetz
   Notstand, rechtfertigender **228** 9
Seeversicherung
   Verjährung **195** 50
Sekundäransprüche
   Entstehung **199** 23
   Nebenpflichtverletzungen **199** 23
   Verjährungsfrist **195** 24
Selbständiges Beweisverfahren
   Abwesenheit von Mängeln **204** 89
   Anspruch, Bezeichnung **204** 89
   Antrag **204** 87 f
     Zustellung **204** 87
     – demnächstige Zustellung **204** 87
   ausländisches Verfahren **204** 86
   Beweiserhebung **204** 90, 149
   Einlassung, rügelose **204** 87
   Gegner, Bezeichnung **204** 88
   Gewährleistung **204** 89
   durch Gläubiger **204** 89
   Gutachten **204** 90, 149
   Kostenvorschuss **204** 88
   Streitverkündung **Vorbem 194–202** 47; **204**
     75b, 84, 90
   Tatsachen, Bezeichnung **204** 88 f
   Verfahrensgegenstand, Erweiterung **204** 87
   Vergleiche, vollstreckbare **197** 56
   Verjährungshemmung **Vorbem 194–202** 13;
     204 4, 6, 86 ff, 90
     Beendigung **204** 90, 149
     Nichtbetreiben des Verfahrens **204** 139
   Zeugenvernehmung **204** 90
   Zulässigkeit **204** 88
   zuständiges Gericht **204** 88
Selbstaufopferung
   Ersatzanspruch **228** 46 ff
   Schonung fremder Sachen **228** 46 ff
   Straßenverkehr **228** 47
   Telegraphenkabel, unterseeische **228** 48
Selbstbestimmung, sexuelle
   Persönlichkeitsrechtverletzung **197** 8b
   Verjährung **197** 8b
   s a Sexueller Missbrauch
Selbsthilfe
   Abschleppen geparkter Fahrzeuge **229** 18
   Angriffshandlungen **229** 2
   Anspruch **229** 10, 45
     Anspruchsberechtigter **229** 15
     Anspruchsgegner **229** 16
     bedingter Anspruch **229** 13
     betagter Anspruch **229** 13
     Durchsetzbarkeit **229** 4, 12 ff
     Einreden **229** 14
     Einwendungen,
       rechtsvernichtende **229** 14
     Gefährdung, massive **229** 21
     rechtskräftig abgewiesener
       Anspruch **229** 14
     Verjährung **229** 14

Selbsthilfe (Forts)
  Anspruchsgefährdung **229** 21 f
  Anspruchsverwirklichung **229** 10, 25
    Erschwerung der Anspruchsverwirklichung **229** 21 ff
    – Beweisschwierigkeiten **229** 22, 26
    Sicherung, vorläufige **229** 2, 7, 28; **230** 1, 3
  Arrestgrund **229** 13
  Bagatellforderungen **229** 19
  Begriff **229** 1
  Beschädigung von Sachen **229** 29; **230** 4
  Besitzergreifungsrecht **229** 30
  Besitzkehr **227** 24; **230** 4 f
  Besitzlage **230** 3
  Beweislast **229** 50; **230** 8; **231** 6
  Bieneneigentümer, Verfolgungsrecht **229** 8
  dinglicher Arrest **230** 3
  Eilfall **229** 17 ff
  Erforderlichkeit **229** 2, 7, 50; **230** 1 f, 8; **231** 3
    mildestes Mittel **230** 1
  Erweiterung, rechtsgeschäftliche **229** 5, 27
  Festnahmerecht **229** 6, 25, 35 ff; **230** 1, 6 f
  Freilassungspflicht **230** 6; **231** 3
  Fremdhilfe **229** 15
  Gastwirtspfandrecht **229** 8
  Geschäftsführung ohne Auftrag **229** 15
  Gewaltanwendung gegen Sachen **229** 25, 29
  Gewaltmonopol des Staates **229** 1, 3, 27
  Güterabwägung **229** 19
  Handlungsunrecht **229** 41
  Hilfe eines Dritten **229** 15
  irrtümliche Selbsthilfe **229** 7; **231** 2 f
    schuldlos eingetretener Irrtum **231** 3
  Klagbarkeit **229** 4
  Kostenerstattung **229** 48
    Bereicherungsausgleich **229** 49
    Geschäftsführung ohne Auftrag **229** 49
    Kostenerstattungsanspruch, prozessualer **229** 49
    Verzögerungsschaden **229** 49
  Maßnahmen, zulässige **229** 25 ff, 42; **230** 1
  Mietzinsforderungen **229** 20
  Mittelabwägung **230** 1
  Naturalobligationen **229** 14
  Nichterfüllung zivilrechtlicher Forderungen **227** 16
  Notrecht **230** 4
  Notwehrlage **229** 38, 42
  obrigkeitliche Hilfe, Fehlen **229** 17 ff
    Arrest **229** 17
    einstweilige Verfügung **229** 17
    Erkenntnisverfahren **229** 17
    Gerichtsvollzieher **229** 17, 39
    polizeiliches Handeln **229** 17
    Vollstreckungsverfahren, ineffizientes **229** 20, 23
    Zwangsvollstreckung **229** 17

Selbsthilfe (Forts)
  obrigkeitliche Hilfe, Nachholung **230** 3 f
  polizeilicher Schutz **229** 43
  Putativselbsthilfe **229** 46; **231** 2
  Rechtsbesitz, Besitzschutz **229** 8
  Rechtsdurchsetzung **229** 1 ff
  Rechtsfertigungswirkung **229** 42
  Rechtsgrundlagen **229** 7 ff
  Rückgabeverpflichtung **231** 3
  Sachpfändung **230** 3
  Schadensersatz **231** 1
    Verjährung **231** 5
    Verschuldensunabhängigkeit **229** 7; **231** 2
  Selbsthilfeexzess **229** 47; **230** 2; **231** 1
  Selbsthilfehandlungen **229** 6, 40
  Selbsthilfelage **229** 6
    Verschulden **229** 48 f
  Selbsthilfeüberschreitung **229** 47; **231** 1
  Selbsthilfeverkauf **229** 28
  Selbsthilfewille **229** 6, 40 f
  Selbstverteidigung, erlaubte **227** 1
  Subsidiarität **229** 5, 11, 39
  Taschenkontrolle im Supermarkt **229** 11
  Treu und Glauben **230** 1; **231** 4
  Überhang **229** 8
  Unterlassungsanspruch **229** 10, 21
  verbotene Eigenmacht **229** 42
  verbotene Eigenmacht, Abwehr **229** 8, 21
  Vereinbarungen **229** 5, 27 f, 46; **231** 3
  Vereitelungsgefahr **229** 17, 21 ff
    Beweisschwierigkeiten **229** 22, 26
    Flucht ins Ausland **229** 21
    Sicherheiten **229** 24
    Vermögensverluste **229** 21
    Verschulden **229** 48
  Verfügungsgrund **229** 13
  Vergeltungsmaßnahmen **229** 26
  Verhältnismäßigkeit **230** 1
  Vermieterpfandrecht **229** 8
  Verpächterpfandrecht **229** 8
  Verschuldensfähigkeit **231** 4
  Vollstreckbarkeit **229** 4
  Vollstreckungshandlungen, Erwirkung **230** 3
  Vorführungspflicht **231** 3
  Wegbenutzung **229** 17
  Wegnahme **229** 29 ff; **230** 3 ff
    Vereinbarungen **229** 29
  widerrechtliche Selbsthilfe **231** 1
    schuldlos widerrechtliche Selbsthilfe **231** 2 ff
    – Gefährdungshaftung **231** 4
    – Risikozurechnung **231** 4
  Widerrechtlichkeit, strafrechtliche **229** 44
  Widerstandsbeseitigung **229** 25, 36, 38 f
  Zerstörung von Sachen **229** 29; **230** 4
  Zwangsvollstreckung, private **229** 2
  zwingendes Recht **229** 5

Selbsthilfeverkauf
Selbsthilfe **229** 28
Selbstkontrahieren
Befreiungsklausel **181** 50
Begriffsverwendung **181** 1
Dulden **181** 51
Gesamtvertretung **167** 55
Gestattung des Selbstkontrahierens **181** 49 ff
s a Insichgeschäft, Gestattung
AGB-Kontrolle **181** 49
Amtswalter **181** 58 f
Auslegung der Bevollmächtigungserklärung **181** 52
Doppelvertretung **181** 61
Einwilligung **181** 50
Erfüllung einer Verbindlichkeit **181** 61 ff
– Einredefreiheit der Verbindlichkeit **181** 61 f
Erfüllungssurrogate **181** 62
Falschbezeichnung, irrtümliche **181** 49
Form **181** 49
Genehmigung **181** 50
gesetzliche Gestattung **181** 60 ff
Gestattungserklärung **181** 49
– konkludentes Handeln **181** 51 f
– Unwirksamkeit **181** 50
grundbuchrechtliche Rechtsgeschäfte **181** 51
Insichgeschäft **181** 13
Missbrauch der Vertretungsmacht **181** 37
Organhandeln **181** 53 f
Untervertreter **181** 49
Untervertretung **181** 37
Verkehrssitte **181** 52
Vertretungsmacht, Erweiterung **181** 49
durch Vollmachtgeber **181** 49 ff
Insichgeschäft **181** 1, 9, 10
s a dort
Interessenkollision **181** 4
Stellvertretung, mittelbare **Vorbem 164 ff** 45
Stimmrechtsausübung **181** 24
Unterbevollmächtigung, Verbot **167** 64
Untervertretung **181** 35 ff
Vertragsabschluss **181** 10
Zustimmung der gesetzlichen Vertreter **181** 62a
Selbstmörder
Notwehrrecht **227** 31, 33
Selbstschussanlagen
Notstandshandlung **227** 23
Notwehr **227** 23
Selbstverteidigung
Besitzwehr **227** 8
hoheitliches Handeln **227** 4
Kosten **229** 48
Notstand, defensiver **227** 1

Selbstverteidigung (Forts)
Notwehr **227** 1
Rechtswidrigkeit, Ausschluss **227** 2
Selbsthilfe, erlaubte **227** 1
Strafrecht **227** 2
Sequesterbestellung
Ablaufhemmung der Verjährung **210** 4
Serienabmahnungen
Rechtsmissbrauch **226** 41
Sexuelle Selbstbestimmung, Verletzung
Alter des Opfers, geringes **208** 1, 4
Anstiftung **208** 3
berufliches Fortkommen **208** 3
Erlass **208** 7
Gehilfenschaft **208** 3
häusliche Gemeinschaft mit dem Täter **208** 1 f, 5 f
Heilungskosten **208** 3
Persönlichkeitsrecht, allgemeines **208** 3
Schaden, immaterieller **208** 3
Schutzgesetze, strafrechtliche **208** 3
Verfolgungsverjährung, strafrechtliche **208** 2
Verjährungshemmung **208** 1 ff
Abhängigkeitsverhältnisse **208** 2
Belästigung am Arbeitsplatz **208** 2
Entschließungsfreiheit **208** 2
Kenntnismöglichkeit des Opfers **208** 4
körperliche Gewalt **208** 2
Näheverhältnisse **208** 2
Opferschutz **208** 1
psychische Gewalt **208** 2
Versuch **208** 3
Wohnungswechsel, Kosten **208** 3
Sexueller Missbrauch
Selbstbestimmung, sexuelle **197** 8b
Verjährung **197** 8a f
Sicherheiten
akzessorische dingliche Sicherheiten **216** 6
nicht akzessorische Sicherheiten **216** 2, 6
Rückübertragung **216** 6
Verjährungseintritt **216** 1 ff
Verwertung **216** 1 ff
Sicherheitsdienst
Nothilfe **227** 44
Sicherheitsleistung
abgesonderte Befriedigung **233** 1
Allgemeine Geschäftsbedingungen **232** 12
Anerkenntnis **212** 22 f
Anordnung, richterliche **Vorbem 232 ff** 4
Bankbürgschaft **232** 1; **235** 1
Befriedigung, unmittelbare **Vorbem 232 ff** 2
Beweislast **232** 11; **240** 7
Buchforderungen gegen Städte **232** 5
Bürgenstellung **232** 11; **239** 1 ff
Deckung, inkongruente **214** 38
Deckungsgrenze **Vorbem 232 ff** 9
Ergänzungspflicht **232** 12; **234** 4; **240** 1 ff, 7
Fortfall **240** 6

Sicherheitsleistung (Forts)
  Wahlrecht des Sicherungsgebers **240** 3
  Erhöhung des zu sichernden
    Betrages **240** 1
  Erneuerungspflicht **240** 3, 5 f, 7
  Ersatzvornahme **Vorbem 232 ff** 2
  Forderungsverpfändung **232** 6
  Freigabeanspruch **Vorbem 232 ff** 9
  Fremdwährungen **232** 2
  Frist, angemessene **238** 6
  kraft Gesetzes **Vorbem 232 ff** 4
  Geld **232** 2 f; **233** 1
  Geldentwertung **240** 1
  Gläubigerschutz **Vorbem 232 ff** 2
  Grund **Vorbem 232 ff** 3
  Grundschuld **238** 1
    Mündelsicherheit **238** 3
    Verpfändung **232** 10
  Hinterlegung **232** 2; **233** 1
  Höhe **Vorbem 232 ff** 3, 8 f
  Hypothekenbestellung **232** 10
    inländische Grundstücke **232** 10; **238** 3
    Mündelsicherheit **238** 2 f
    Sicherungshypothek **232** 10
  Hypothekenforderung, Verpfändung **232** 10; **238** 1
  Insolvenzfestigkeit **232** 1
  Landesrecht **Vorbem 232 ff** 5
  Luftfahrzeuge, Registerpfandrecht **232** 9
  Nachteile, drohende **Vorbem 232 ff** 2
  öffentliches Recht **Vorbem 232 ff** 7
  prozessuale Sicherheitsleistung **Vorbem 232 ff** 6
    Austausch **235** 2
  Recht zur Sicherheitsleistung **Vorbem 232 ff** 4
  Rentenschuld **238** 1
    Mündelsicherheit **238** 3
    Verpfändung **232** 10
  Rückstellungen, betriebliche **232** 1
  Sachen, bewegliche **240** 1
    Verderb, zu besorgender **237** 2 f; **240** 2
  Schadensverhinderung **Vorbem 232 ff** 2
  Schiffshypothek **232** 8; **238** 5
    Wertgrenze **238** 5
  Schikaneverbot **226** 41
  Schuldbuchforderungen, Verpfändung **232** 4 f; **236** 1
    Kurswert **236** 2
    Tauglichkeitsgrenze **236** 1 f
  Schuldnerschutz **Vorbem 232 ff** 2
  Sicherungshypothek **232** 10; **238** 4
  Sicherungsmittel **Vorbem 232 ff** 1
    Austausch **235** 1
    – Zustimmung des Berechtigten **235** 1
    Auswahl **232** 12 f; **235** 1
    – Abwandlung **232** 12
    – Wahlschuldverhältnis **232** 13

Sicherheitsleistung (Forts)
  Sicherungswert, Vermutung **Vorbem 232 ff** 9
  Sicherungszweck **Vorbem 232 ff** 1 f
  Steuerrecht **Vorbem 232 ff** 7
  Tiere **237** 2
  Umsatzsteuer **Vorbem 232 ff** 9
  Unmöglichkeit **240** 6
  Untergang der Sicherheit **240** 1
  Untersicherungsgrenzen **Vorbem 232 ff** 9
  unzulängliche Sicherheit **240** 2
  Veränderungspflicht
    s Ergänzungspflicht
  Verbrauch der Sicherheit **240** 1
  Vereinbarung **Vorbem 232 ff** 4
  Verhaltenspflichten **Vorbem 232 ff** 3
  Verjährungseintritt **214** 38
  Verminderung der Sicherheit **240** 1
  Verpfändung beweglicher Sachen **232** 7; **237** 1
    Schätzwert **237** 1
    Wertgrenze **232** 7; **236** 2; **237** 1
    Zurückweisung **237** 2
    – Rechtsirrtum **237** 3
    – Unterlassen der Zurückweisung **237** 2
    – Verzicht auf
      Zurückweisungsrecht **237** 3
    Zustimmung, ausdrückliche **237** 3
    – Irrtumsanfechtung **237** 3
  Verpflichtung **Vorbem 232 ff** 4
  Verschulden des Berechtigten **240** 6 f
  Vertragsfreiheit **232** 1
  vorläufige Vollstreckbarkeit **239** 3
  Wertpapiere **232** 2 f; **233** 1
    Inhaberpapiere, mündelsichere **232** 2; **234** 1
    Orderpapiere mit Blankoindossament **232** 2; **233** 1; **234** 2
  Zwangsversteigerungsverfahren **Vorbem 232 ff** 6; **234** 4
  Zwangsvollstreckung **232** 13; **238** 6
Sicherungsabtretung
  Verjährung der gesicherten
    Forderung **216** 6
Sicherungsgrundschuld
  Bedingung, auflösende **216** 2
  Verjährung der gesicherten Forderung **216** 2, 6
  Verjährungshemmung **205** 24
Sicherungshypothek
  Erneuerungswirkung **212** 42
  Sicherheitsleistung **232** 10; **238** 4
  Verjährung der gesicherten
    Forderung **216** 2
Sicherungsübereignung
  Sicherungsmittel **Vorbem 232 ff** 1
  Untersicherungsgrenzen **Vorbem 232 ff** 9
  Verjährung der gesicherten
    Forderung **216** 6

Sicherungsübereignung (Forts)
  Warenlager **185** 41
  Weiterveräußerungsermächtigung **185** 41
  Wertbegrenzung **234** 5
Sicherungsvollstreckung
  Verjährung der gesicherten
    Forderung **216** 4
Sicherungszession
  Einziehungsermächtigung **183** 14; **185** 99
  Gläubigerstellung des Klägers **185** 99
  Kommanditanteil **183** 16
  Untersicherungsgrenzen **Vorbem 232 ff** 9
Sichtschutz
  Schikaneverbot **226** 28
Sielrecht
  unvordenkliche Verjährung **Vorbem 194–202** 37
Signatur, elektronische
  s Elektronische Signatur
Signaturmissbrauch
  Rechtsscheinsvollmacht **167** 35
Silvester
  Feiertag **193** 48
  Zugang **188** 4
Simulation
  s Scheingeschäft
Singularsukzession
  Verjährung von Ansprüchen **198** 1
Sittenwidrigkeit
  Bindungsdauer, vertragliche **202** 4b
  Haftung **179** 9, 24
  Kenntnis **166** 36
  Missbrauch der Vertretungsmacht **167** 93
  verdrängend-unwiderrufliche
    Vollmacht **168** 15
  Wissenszurechnung **166** 23
Solidarvertretung
  Solidarvollmacht **167** 52
  Vertretungsberechtigung **167** 51
Sommerzeit
  Dauer **186** 5
  Ermächtigungsgrundlage **186** 5
Sonnabend
  s Samstag
Sonntag
  Ablehnungsrecht **193** 51
  Fälligkeit **193** 52 ff
  Fristbeginn **193** 57
  Fristende **188** 2; **193** 3
  Fristverlängerung **193** 49, 52 ff
  Gemeinschaftsrecht **193** 6
  geschäftsähnliche Handlungen **193** 10
  Kalender **193** 32
  Leistungserbringung **193** 9, 31
  Leistungspflicht **193** 49
  Rechtshandlungen **193** 1 ff
  Sonntagsruhe **193** 52 ff
  Stichtagsregelungen **193** 57
  Willenserklärungen, Abgabe **193** 9 f

Sonntagsruhe
  Ablehnungsrecht **193** 51
  Grundrechtsschutz **193** 3
  Leistungspflichten **193** 2 f
Sorgeerklärungen
  Stellvertretung **Vorbem 164 ff** 40
Sozialgerichtsverfahren
  Feiertag **193** 8
  Fristberechnung **186** 18
  Fristverlängerung **190** 3
  Samstag **193** 8
  Sonntag **193** 8
Sozialhilfe
  Kostenerstattung, Dreimonatsfrist **188** 20
Sozialleistungen
  Erstattungsansprüche, Verjährung **195** 49
  Verjährung **195** 49; **200** 8
Sozialrecht
  Anspruchsübergang auf Sozialhilfeträger **199** 53, 78
  Anspruchsübergang auf
    Versicherungsträger **199** 53
  Herstellungsanspruch,
    sozialrechtlicher **199** 38
Sozialstaatsprinzip
  Prozesskostenhilfe **204** 113
Sozialtypisches Verhalten
  Stellvertretungsregeln, Unanwendbarkeit
    Vorbem 164 ff 38
Sozialversicherungsrecht
  Verjährung **214** 44
Sozialverwaltungsverfahren
  Feiertag **193** 8
  Samstag **193** 8
  Sonntag **193** 8
  Verjährungshemmung durch
    Verwaltungsakt **197** 54
Spanien
  Generalvollmachten **Vorbem 164 ff** 105
  Hypothekenvollmachten **Vorbem 164 ff** 105
  Prozessvertreter **Vorbem 164 ff** 105
  Prozessvollmachten **Vorbem 164 ff** 105
  Schikaneverbot **226** 46
  Stellvertretung **Vorbem 164 ff** 105
    gewillkürte Stellvertretung **Vorbem 164 ff** 105
  Vertretungsmacht **Vorbem 164 ff** 105
  Vollmacht, Formbedürftigkeit **Vorbem 164 ff** 105
Sparguthaben
  Auszahlungsanspruch, Verjährung **199** 13
  Zinsen **197** 75
  Zinsgutschrift **199** 13
Sparkonto
  Handeln in fremdem Namen **164** 2
  Sicherheitsleistung **232** 6
Spedition
  Pfandrecht **185** 93

Spedition (Forts)
Stellvertretung, mittelbare **Vorbem 164 ff** 42
Verjährung **195** 39, 46; **202** 15

Sperrgrundstücke
Rechtsmissbrauch **226** 18, 27
Schikane **226** 18
Schikaneverbot **226** 27

Spezialvollmacht
Gesamtvertretung **167** 55
isolierte Vollmacht **168** 17
transmortale Vollmacht **168** 28
Unmöglichkeit des Rechtsgeschäfts **168** 2
Unwiderruflichkeit **168** 8, 17
Vollmachtsumfang **167** 83

Spiel
Naturalobligation **194** 10

Sprungrevision
Einwilligung **Vorbem 182–185** 18

Staatsakt
gesetzliche Vertretung **Vorbem 164 ff** 24
Partei kraft Amtes **Vorbem 164 ff** 58
Vertretungsmacht **167** 1

Staatshaftung
Richtlinienumsetzung **195** 15
Subsidiarität **199** 41 ff

Städtebau
Genehmigungserfordernisse **Vorbem 182–185** 54

Stammrecht
Anerkenntnis **217** 11
Schadensersatzansprüche **217** 11
Verjährung **194** 16 f; **199** 52; **217** 11
Verwirkung einzelner Ansprüche **194** 17

Status
Dritthandeln, zurechenbares **Vorbem 164 ff** 3

Statutarrecht
Stellvertretung, rechtsgeschäftliche **Vorbem 164 ff** 7

Stellplatzmietvertrag, Kündigung
Schikaneverbot **226** 29

Stellvertretendes commodum
Verjährung des Hauptanspruchs **217** 7
Verjährungsbeginn **199** 15
Verjährungsfrist **195** 12

Stellvertretung
Abstraktionsprinzip **Vorbem 164 ff** 33 f; **164** 6; **165** 1
Adoptionsantrag **Vorbem 164 ff** 40
Adoptionsaufhebung **Vorbem 164 ff** 40
Adoptionseinwilligung **Vorbem 164 ff** 40
Adoptionsvertrag **Vorbem 164 ff** 83
aktive Stellvertretung **Vorbem 164 ff** 19; **165** 4
elektronisch übermittelte Willenserklärungen **Vorbem 164 ff** 19
Gutgläubigkeit des Dritten **173** 8
Alleinvertretung **167** 51

Stellvertretung (Forts)
alteri stipulari nemo potest **Vorbem 164 ff** 94
Anwesenheit, gleichzeitige **Vorbem 164 ff** 40
Auflassung **Vorbem 164 ff** 40
Auslegung **Vorbem 164 ff** 76
Ausschluss, rechtsgeschäftlicher **Vorbem 164 ff** 41, 79, 82
Außenverhältnis **Vorbem 164 ff** 33
Befreiung vom Verbot des Selbstkontrahierens **181** 52
Beschränkung, rechtsgeschäftliche **Vorbem 164 ff** 41
Bevollmächtigungsgeschäft **Vorbem 164 ff** 32
Beweislast **164** 18, 26; **167** 17
direkte Stellvertretung **Vorbem 164 ff** 35
Doppelvertreter **164** 1
Drittverhalten, zurechenbares **Vorbem 164 ff** 2
Durchgangserwerb **164** 9
Ehevertrag **Vorbem 164 ff** 40
eigene Willenserklärung **Vorbem 164 ff** 73
Eigenwirkung **164** 16 ff
Einzelvertretung **167** 51
Empfangsvertretung **164** 22
Erbvertrag **Vorbem 164 ff** 40
Bestätigung **Vorbem 164 ff** 40
Erkennen durch Erklärungsempfänger **164** 5
Erklärungsabgabe, persönliche **Vorbem 164 ff** 40
Fremdbezogenheit **Vorbem 164 ff** 96
Fremdwirkung **Vorbem 164 ff** 73; **164** 4 f
Gesamtvertretung **Vorbem 164 ff** 20
s a dort
geschäftsähnliche Handlung **Vorbem 164 ff** 38
Geschäftsfähigkeit **Vorbem 164 ff** 78
beschränkte Geschäftsfähigkeit **Vorbem 164 ff** 78; **165** 1
Geschäftsunfähigkeit **165** 3
gesetzliche Vertretung **Vorbem 164 ff** 1; **166** 3
s a Vertretung, gesetzliche
gewillkürte Stellvertretung **Vorbem 164 ff** 1, 96; **166** 3
Gütergemeinschaft, fortgesetzte **Vorbem 164 ff** 40
Handeln in fremdem Namen **164** 1
Ärzte **164** 2
ärztliche Gemeinschaftspraxis **164** 2
Anlagengeschäft **164** 2
Anlagevermittlung **164** 2
Anwalt **164** 2
Anwaltssozietät **164** 2
Architekt **164** 2
Baubetreuer **164** 2

Stellvertretung (Forts)
- Bauträger **164** 2
- Beigeordneter **164** 2
- Ehegatten **164** 1
- Erklärungen, frühere **164** 1
- Franchisenehmer **164** 2
- Gesellschafter **164** 2
- Hausverwalter **164** 2
- Internetdomainvergabe **164** 2
- Kraftfahrzeughändler **164** 2
- Lehrer **164** 2
- Makler **164** 2
- Mietvertrag **164** 2
- Reisende **164** 2
- Reiseunternehmen **164** 2
- Sammelbestellung **164** 2
- Scheckzeichnung **164** 2
- soziale Stellung der Handelnden **164** 1
- Umstände **164** 1 f
- unternehmensbezogene Geschäfte **164** 1
- Verlagsvertrag **164** 2
- Versteigerung **164** 2
- Wechselzeichnung **164** 2
- Werbeagentur **164** 2
- Wohnungseigentümer **164** 2
- Wohnungseigentumsverwalter **164** 2

indirekte Stellvertretung **Vorbem 164 ff** 42
Innenverhältnis **Vorbem 164 ff** 33; **164** 6
Motivirrtum **164** 6
Insichgeschäft **181** 1
Interessenwahrung, mehrseitige **164** 3
Kollektivvertretung **167** 51
kollidierende Rechtsgeschäfte **Vorbem 164 ff** 16
mittelbare Stellvertretung **Vorbem 164 ff** 13, 35, 42 ff
   s a dort
Natur des Rechtsgeschäfts **Vorbem 164 ff** 41
notwendige Stellvertretung **Vorbem 164 ff** 96
öffentliches Recht **Vorbem 164 ff** 96 ff
Offenheitsprinzip **Vorbem 164 ff** 35; **164** 1
passive Stellvertretung **Vorbem 164 ff** 19; **164** 22; **165** 4
- elektronisch übermittelte Willenserklärungen **Vorbem 164 ff** 19

Prozesshandlungen **Vorbem 164 ff** 96
Realakte **Vorbem 164 ff** 38; **164** 7
Rechtsgeschäfte **Vorbem 164 ff** 19; **164** 7
   kollidierende Rechtsgeschäfte **164** 10
rechtsgeschäftliche Stellvertretung **Vorbem 164 ff** 1
rechtsgeschäftliches Handeln **Vorbem 164 ff** 40
rechtsgeschäftsähnliche Handlungen **Vorbem 164 ff** 1; **164** 7
Repräsentationstheorie **Vorbem 164 ff** 11, 15, 32; **164** 9; **165** 1; **166** 1

Stellvertretung (Forts)
Solidarvertretung **167** 51
Sorgeerklärungen **Vorbem 164 ff** 40
sozialtypisches Verhalten **Vorbem 164 ff** 38
stille Stellvertretung **Vorbem 164 ff** 42
Teilnichtigkeit **Vorbem 164 ff** 33
Testament, gemeinschaftliches **Vorbem 164 ff** 40
Testament, Rücknahme aus der Verwahrung **Vorbem 164 ff** 40
Tod des Vertretenen **164** 5
unerlaubte Handlungen **Vorbem 164 ff** 39
unmittelbare Stellvertretung **Vorbem 164 ff** 13
Unmittelbarkeit der Stellvertretung **Vorbem 164 ff** 32
Unterschrift, eigenhändige **Vorbem 164 ff** 40
Vaterschaftsanerkennung **Vorbem 164 ff** 40
Vaterschaftsanfechtung **Vorbem 164 ff** 40
verdeckte Stellvertretung **Vorbem 164 ff** 42
Verfahrenshandlungen **Vorbem 164 ff** 96
Verfügungsgeschäfte **Vorbem 164 ff** 38
Verhalten, äußeres **Vorbem 164 ff** 76
Verpflichtungsgeschäfte **Vorbem 164 ff** 38
Vertragsverhandlungen **Vorbem 164 ff** 39
Vertrauensschutz **Vorbem 164 ff** 37; **164** 17
Vertretergeschäft **Vorbem 164 ff** 32
Vertretung in der Erklärung **Vorbem 164 ff** 84
Vertretungsmacht **Vorbem 164 ff** 16; **177** 1
Vertretungsverbote **Vorbem 164 ff** 40
Vertretungswille **Vorbem 164 ff** 36; **164** 4
Verwaltungsverfahren **Vorbem 164 ff** 98
Vollzug des Rechtsgeschäfts **Vorbem 164 ff** 76
Weisungen des Vollmachtgebers **Vorbem 164 ff** 82
Weisungsgebundenheit **Vorbem 164 ff** 84
Willenserklärungen **Vorbem 164 ff** 1, 16, 19, 38; **164** 7
Willensmängel **166** 1, 8, 12 ff
Wirkung für und gegen den Vertretenen **Vorbem 164 ff** 94
Wirkungen **164** 9
Wirkungsbereiche, Erweiterung **Vorbem 164 ff** 1
Zulässigkeit **Vorbem 164 ff** 38 ff, 65
Zustimmung **182** 3

Stellvertretung in der Erklärung
  s Vertreter in der Erklärung

Steuerberater
Gebührentatbestand **199** 21
Haftung **199** 33, 35 ff
   Fahrlässigkeit des Mandanten, grobe **199** 37
   Hinweispflicht **199** 37, 83
   – Verjährung, drohende **214** 28 ff
   Sekundärhaftung **199** 37

Steuerberater (Forts)
  Vermögensschaden **199** 33, 35
  Vollmachtsumfang **167** 86
Steuerbescheid
  Bekanntgabe **188** 6
  Einspruchsfrist **188** 20
  Kenntnisnahmemöglichkeit **188** 6
  Schadensmanifestation **199** 35
Steuerfestsetzung
  Verjährung **200** 8
Steuern
  Festsetzungsfrist **195** 49
    leichtfertig verkürzte Steuern **195** 50
Steuerrecht
  Aufrechnung mit verjährter
    Forderung **215** 9
  Dreitagesfrist **188** 6; **193** 56
  Empfangsbevollmächtigter **Vorbem 164 ff** 99
  Feiertag **193** 8
  Fristbeginn **187** 10
  Fristberechnung **186** 17; **188** 20
  Fristverlängerung **190** 3; **193** 56
  Rückwirkung der Genehmigung,
    Ausschluss **184** 38
  Samstag **193** 8
  Sicherheitsleistung **Vorbem 232 ff** 7
  Sonntag **193** 8
  Verjährung **214** 43
  Verjährungshemmung **Vorbem 203–213** 4
  Verjährungsneubeginn **212** 2
  Vertretung des Steuerpflichtigen **Vorbem 164 ff** 99
    Bevollmächtigung **Vorbem 164 ff** 99
    gesetzliche Vertretung **Vorbem 164 ff** 99
    Organe **Vorbem 164 ff** 99
  Zahlungsverjährung **214** 43
  Zugangsfiktion **188** 6; **193** 56
Steuerschuldverhältnis
  Zahlungsansprüche **195** 50
Steuervergütungen
  Festsetzungsfrist **195** 49
Steuerzahlungsansprüche
  Verjährung **200** 8
Stiefkindschaftsverhältnis
  Verjährungshemmung **207** 1
Stiftung
  Genehmigung, behördliche **Vorbem 182–185** 57
  Vertretung **Vorbem 164 ff** 25
  Vertretungsnachweis **172** 1
Stiftungsverzeichnis
  Vertretungsberechtigung, Eintragung **171** 8
Stille Gesellschaft
  Gewinnanteilsanspruch, Verjährung **199** 14
  Gewinnfeststellung **199** 14
  Jahresabschluss **199** 14

Stillhalteabkommen
  s pactum de non petendo
Stimmabgabe
  Vorlegung der Vollmachtsurkunde **174** 2
  Willenserklärung **181** 24
Stimmbote
  Entscheidungsfreiheit **Vorbem 164 ff** 75
Stimmrechtsausübung
  Ermächtigung **Vorbem 164 ff** 72; **185** 112
  Legitimationszession **Vorbem 164 ff** 72
Stimmrechtsvollmacht
  Textformerfordernis **182** 26
  verdrängend-unwiderrufliche
    Vollmacht **168** 15
Störung der Geistestätigkeit, vorübergehende
  Bevollmächtigung **167** 75
Störung der öffentlichen Ordnung
  Nothilfe **227** 44
  Notwehr **227** 14
Strafbefehl
  Einspruch, Rücknahme **187** 7; **193** 30
Strafprozess
  Feiertag **193** 8
  Samstag **193** 8
  Sonntag **193** 8
Strafprozessrecht
  Fristberechnung **186** 18
Strafrecht
  Altersgrenzen **187** 12
  entschuldigender Notstand **227** 75; **228** 3, 5
  Feiertag **193** 7
  Fristberechnung **186** 17
  Handlungsunrecht **227** 29, 39, 52
  Notwehr **227** 2 f
    Schuldausschließungsgrund **227** 2
    Versuch **227** 22
  Putativnotwehr **227** 20
  Rechtswidrigkeit **227** 3
  Rückwirkungsverbot **187** 11
  Samstag **193** 7
  Sonntag **193** 7
  übergesetzlicher entschuldigender
    Notstand **228** 5
  übergesetzlicher rechtfertigender
    Notstand **228** 3 f
  Verantwortlichkeit, strafrechtliche **187** 12
  Verhaltensunrecht **227** 29, 52 f
  Widerrechtlichkeit **229** 44
  Widerstand gegen
    Vollstreckungsbeamte **227** 41
Straßenverkehr
  Internationales Privatrecht **229** 56
  Notwehr **227** 11, 60, 68, 75
  Schadensersatzpflichten **227** 76
  Selbstaufopferung **228** 47
  Verjährung **200** 9
  Verjährungsfrist **195** 13
Streitgegenstand
  Antragsmodifikationen **204** 14

Streitgegenstand (Forts)
  Kapitalanleger-Musterverfahren **204** 85d
  Verjährungshemmung **204** 13 f, 22; **213** 3
Streitverkündung
  Ausgang des Erstprozesses,
    günstiger **204** 82
  Ausgang des Erstprozesses, ungünstiger
    s Präjudizialität des Vorprozesses
  ausländischer Prozess **204** 85
  Gesamtschuldner **204** 83
  durch Gläubiger des Anspruchs **204** 82
  Grund der Streitverkündung **204** 77
  Haftung, alternative **204** 75b, 81
  Instanz **204** 77
  Mahnverfahren **204** 84
  Missbrauch **204** 76
  Mitteilung an den Prozessgegner **204** 77
  Nebenintervention des Schuldners **204** 76
  an Notar **204** 76
  Partei des Rechtsstreits **204** 77
  Präjudizialität des Vorprozesses **204** 76,
    78 ff
    objektive Präjudizialität **204** 79
    Regressmöglichkeit **204** 81
    – Garantiezusage **204** 81
    – Gesamtschuldnerschaft **204** 81
    – Gewährleistung **204** 81
    – Schadensersatzansprüche **204** 81
    subjektive Präjudizialität **204** 82
  Rechtsverfolgung **Vorbem 194–202** 57d
  Regress **204** 75a ff
  Schriftsatz, Zustellung **204** 77
  selbständiges Beweisverfahren **204** 75b,
    84, 90
  Streitverkündungsempfänger **204** 77
  Verfahren **204** 84
  Verhandlungen, laufende **203** 3
  Verjährungshemmung **Vorbem 194–202** 47;
    195 9; **199** 43; **202** 22; **204** 75 ff, 83, 144
    Förderung der Durchsetzung des
      Anspruchs **204** 76
    mehrere Ansprüche **213** 2
    Nichtbetreiben des Verfahrens **204** 139
  Zulässigkeit **204** 76
Streitwert
  Neufestsetzung **205** 25
Strohmann
  Befreiungsanspruch, Pfändung **Vorbem
    164 ff** 50
  Begriff **Vorbem 164 ff** 49
  Duldung der Zwangsvollstreckung **Vorbem
    164 ff** 50
  Einwendungen **Vorbem 164 ff** 49
  Erstattungsanspruch, Pfändung **Vorbem
    164 ff** 50
  Erwerb aus Strohmanngeschäften **Vorbem
    164 ff** 50
  Gläubiger des Strohmanns **Vorbem
    164 ff** 50

Strohmann (Forts)
  Haftung, persönliche **Vorbem 164 ff** 50
  Hintermann **Vorbem 164 ff** 49 f
    Aussonderungsrecht **Vorbem 164 ff** 50
    Drittwiderspruchsrecht **Vorbem 164 ff** 50
    Insolvenz des Strohmanns **Vorbem 164 ff** 50
    Kenntnis des Geschäftspartners **Vorbem
      164 ff** 50
  mittelbare Stellvertretung **Vorbem 164 ff** 49
  Scheingeschäft **Vorbem 164 ff** 49
  Treuhandgeschäft, verdecktes **Vorbem
    164 ff** 50
  Treuhandschaft, geheime **Vorbem 164 ff** 49
  Umgehungsgeschäft **Vorbem 164 ff** 49
  Zwangsvollstreckung in Vermögen des
    Strohmanns **Vorbem 164 ff** 50
Stromabschaltung durch Vermieter
  Selbsthilfe **229** 34
  Zurückbehaltungsrecht **229** 34
Stufenklage
  Auskunft des Schuldners **199** 6
  Verjährungshemmung **204** 15, 43
    Nichtbetreiben des Verfahrens **204** 131
Stundenfrist
  Feiertag **193** 49
  Fristberechnung **187** 13
  Fristende **188** 11, 27
  Naturalkomputation **187** 2
  prozessuale Stundenfristen **187** 13; **193** 49
  Sonntag **193** 49
Stundung
  Abtretung der Forderung **205** 12
  Abtretung erfüllungshalber **199** 43
  Anerkenntnis **205** 6, 15; **212** 22
  Anfechtbarkeit **205** 11
  Auslegung **205** 10
  Bindungswille **205** 9
  Dauer **205** 10
  dilatorische Einrede **194** 20
    Verjährung **194** 20
  Drittwirkung **205** 12
  Gegenstand **205** 10
  konkludente Vereinbarung **205** 9
  Leistungsverweigerungsrecht **205** 15
  mehrere Gläubiger **205** 12
  mehrere Schuldner **205** 12
  pactum de non petendo,
    Abgrenzung **205** 15
  Prozesskostenhilfe **205** 21
  Rechtsnachfolge **205** 12
  Reichweite **205** 10
  Ruhen des Verfahrens **205** 21
  Ruhenlassen eines Prozesses **205** 13
  Vereinbarung über die Verjährung,
    mittelbare **202** 4
  Verfügungsbefugnis über die
    Forderung **205** 11
  Vergleichsverhandlungen **205** 13

Stundung (Forts)
Verjährungshemmung **Vorbem 194–202** 13;
194 20; **199** 9, 21; **205** 8
Vertrag **205** 8
Vertretungsmacht **205** 11
Vorteilhaftigkeit, lediglich
rechtliche **205** 11
weiterer Schuldner **205** 12
Subjektive Rechte
Außentheorie **226** 11
Ausübung **226** 10 f
gute Sitten **226** 12
Innentheorie **226** 11
Rechtsmissbrauch **226** 12
Schikaneverbot **226** 12
Sukzessivlieferungsvertrag
Verjährung **217** 10
Surrogationserwerb
Willensmängel **166** 8
Surrogationsprinzip
Dritthandeln, zurechenbares **Vorbem 164 ff** 2
Tag der deutschen Einheit
Feiertag, gesetzlicher **193** 33
Tagesfrist
Feiertag **193** 49
Fristbeginn **187** 2
Fristende **187** 2; **188** 2, 11
prozessuale Fristen **193** 49
Sonntag **193** 49
14-Tagesfrist **188** 13
Zivilkomputation **187** 13
Tankstelle
Vertretungsmacht **164** 2
Tarifliche Ausschlussfrist
Aufrechnung **215** 15
Vorlegung der Vollmachtsurkunde **174** 2
Zurückbehaltungsrechte **215** 15
Tarifliche Rechte
Verwirkung **Vorbem 194–202** 23
Tarifvertrag
Ausschlussfristen **186** 16
Zulagen **188** 21
Taschengeld
Einwilligung **182** 2a
Ermächtigungserteilung **182** 2a
Taschenkontrolle im Supermarkt
Selbsthilferecht **229** 11
vermeintliche Selbsthilfe **229** 11
Teilklage
Ausschlussfristen **204** 21
rechtskräftig festgestellter Anspruch **197** 36, 49
Verjährungshemmung **204** 16 ff, 21
Teilnichtigkeit
Stellvertretung **Vorbem 164 ff** 33 f
Teilübertragung
Konvaleszenz **185** 62

Teilungsabkommen
pactum de non petendo **205** 17
Teilurteil
rechtskräftig festgestellter
Anspruch **197** 36
Teilzahlungsvertrag
Fristbeginn **184** 38
Genehmigung, Rückwirkung **184** 38
Teilzeit-Wohnrechtevertrag
Fristbeginn **187** 6
Widerrufsrecht **186** 24
Teilzeitarbeit
Ankündigungsfrist **187** 7
Telefax
Fristwahrung **188** 6
Telefonkarte
Ersatzanspruch nach Sperrung, Verjährung **202** 9a
Telegraphenkabel, unterseeische
Selbstaufopferung **228** 48
Termin
Begriff **186** 11
Feiertag **187** 4; **193** 9
Kalendertag **187** 14
Privatautonomie **186** 16
Samstag **193** 9
Sonntag **193** 9
Wochenende **187** 4
Zeitbestimmung **186** 2
Termingeschäft
Wissenszurechnung **166** 9
Terminierung
Prozessförderungspflicht **204** 126
Verjährungshemmung **204** 126
Terminsbestimmung
Auslegungsregeln **186** 24; **187** 9a
Parteiwille **186** 24
Subsidiarität **186** 24
Testament
Bevollmächtigungserklärung **167** 15
Rücknahme aus der Verwahrung **Vorbem 164 ff** 40
Testament, gemeinschaftliches
Anfechtung **Vorbem 164 ff** 40
wechselbezügliche Verfügungen **Vorbem 164 ff** 40
Testamentsanfechtung
Ablaufhemmung **210** 9
Fristlauf, kenntnisgebundener **166** 9
Insichgeschäft **181** 13
Testamentsvollstrecker
Abberufung **Vorbem 164 ff** 58
Ablehnung des Amts **186** 24
Annahme des Amts **186** 24
Bevollmächtigung dritter Personen **179** 25
Eigenhaftung **179** 25
Festlegung der Person, Frist **186** 15
Genehmigung von Verfügungen **184** 28
Geschäftsfähigkeit, beschränkte **165** 2

Testamentsvollstrecker (Forts)
  Identität Schuldner/zur Verfolgung von
    Ansprüchen berufene Person **195** 9
  Insichgeschäfte **181** 38
    Gestattung durch den Erblasser **181** 38
  Nichtberechtigter **185** 13
  Partei kraft Amtes **Vorbem 164 ff** 57
  postmortale Vollmacht,
    Widerrufsrecht **168** 34
  Selbstkontrahieren, Gestattung **181** 58
  Unabhängigkeit **Vorbem 164 ff** 58
  Verfügungen, Konvaleszenz **185** 2
  Verfügungen vor Amtsbeginn **185** 75
  Verjährungsbeginn, Kenntnis **199** 57
  Verjährungshemmung **204** 9
  Vollmachtserteilung **168** 24
  Wechsel der Person des
    Testamentsvollstreckers **168** 24
  Weisungsfreiheit **Vorbem 164 ff** 58
Testamentsvollstreckung
  Amtstheorie **181** 38
  Aufhebung **185** 73
  Beendigung **168** 24
  Dauervollstreckung **186** 14
  Erblasser, Ziele **Vorbem 164 ff** 58
  GmbH-Anteilsrechte, Verwaltung **181** 38
  Lebensversicherungsleistungen **181** 38
  Sicherheitsleistung **Vorbem 232 ff** 2
  Verjährungshöchstfristen **199** 101
  Verjährungsvereinbarung **202** 10
  Vollmacht, Fortbestand **168** 24
  Vollmacht, postmortale **168** 32a
    Widerruf **168** 34
Textform
  Stimmrechtsvollmacht **182** 26
Thüringen
  Feiertage **193** 36
  Fronleichnam **193** 47
  Hinterlegung **232** 3
  Reformationstag **193** 47
Tiere
  Einfangen herrenloser Tiere **229** 34
  Einfangen wilder Tiere **229** 34
  Gefahrenquelle **228** 1, 10, 21 f
  Herrenlosigkeit **228** 22
  Notstandshandlung **228** 29, 31
  Notwehr gegen Tiere **227** 15
  Sicherheitsleistung **237** 2
  Werkzeug **227** 15
Tilgungsbestimmungen
  Kapital, Verjährung **197** 77
Tilgungsbeträge
  Verjährung des Anspruchs **216** 8
Time-Sharing
  Sachwalterhaftung **164** 15
Titulierung
  Beschluss **197** 49
  Bestandskraft **201** 1
  einstweilige Verfügung **197** 49

Titulierung (Forts)
  Feststellung zur Insolvenztabelle **197** 5, 60
  Feststellungsurteil **197** 34, 37 f, 40, 50
  Freistellungsurteil **197** 41
  Gerichtsbarkeit **197** 49
  Gestaltungsurteil, Kosten **197** 50
  Grundurteil **197** 34, 50
  Insolvenzplan **197** 60
    bestätigter Insolvenzplan **197** 60
  Kostenfestsetzungsbeschluss **197** 51
  Kostengrundentscheidung **197** 51
  Kostenrechnung des Notars **197** 53
  Leistungsurteil **197** 49 f
  negative Feststellungsklage, Abweisung
    197 42 f
  Parteivereinbarungen **197** 59
  Prozess **197** 5
  rechtskräftig festgestellte Ansprüche **197**
    32 ff
    abhängige Ansprüche **197** 36
    Ausgestaltung **197** 35
    Bürge **197** 48
    Entstehungsgrund **197** 35
    Firmenfortführung **197** 35
    hilfsweise geltendgemachte
      Ansprüche **197** 34
    inter partes **197** 44 ff
    künftig fällige Ansprüche **197** 40
    – Heilungskosten **197** 40
    Nachforderung **197** 36
    OHG-Gesellschafter **197** 47
    Rechtnachfolge **197** 45 f
    Rechtsnatur **197** 35
    vertraglich vereinbarte
      Verjährungsfrist **197** 35
  rechtskräftig festgestellter Anspruch **204** 2
  Rückstände **197** 64
  Rückzahlungsanspruch des
    Schuldners **201** 6
  Schiedsgerichtsbarkeit **197** 49
  Schiedsspruch **197** 34, 52
    ausländischer Schiedsspruch **197** 52
  Schuldenbereinigungsplan **197** 57
  Selbsttitulierung staatlicher
    Anspruche **197** 54
  Teilklage **197** 36, 49
  Teilurteil **197** 36
  Unterhaltsansprüche **197** 8
  Unterhaltsrente **197** 39
  Unterlassungsansprüche **199** 112
  Urkunden, vollstreckbare **197** 5, 58
  Urteil **197** 32
    ausländisches Urteil **197** 50
  Vereinbarung über die Verjährung,
    mittelbare **202** 4
  Verfahren, förmliches **197** 5
  Vergleich **197** 5
    gerichtlich bestätigte Vergleiche **197** 57
    vollstreckbare Vergleiche **197** 56 f

Titulierung (Forts)
  Verjährung, erneute **197** 87
  Verjährungsbeginn **200** 5; **201** 1 ff
  Verjährungsfrist **197** 5, 8
  Verjährungshemmung **212** 37
  Verjährungsneubeginn **Vorbem 203–213** 2; **212** 2
  Versäumnisurteil **197** 5
  Verwaltungsakte, unanfechtbare **197** 54
  Vollstreckbarkeitserklärung **197** 50, 52
  Vollstreckungsbescheid **197** 5, 51
  Vollstreckungsklausel, Erteilung **197** 50
  Vollstreckungskosten **201** 6
  Vollstreckungsurteil **197** 50
  Vorbehaltsurteil **197** 55
  Vorschussanspruch **197** 36
  wiederkehrende Leistungen **197** 8, 39, 64 f
    s a dort
  Zinsansprüche **197** 39, 75
Tod einer Partei
  Unterbrechung des Prozesses **204** 123
Totenfürsorgerecht
  Grabgestaltungsrecht **226** 23
Transmortale Vollmacht
  Generalvollmacht **168** 28
  Spezialvollmacht **168** 28
  Tod des Vollmachtgebers **168** 26
  Vollmacht über den Tod hinaus **168** 28
Transport, multimodaler
  Verjährung **195** 46
Transportrecht
  Verjährung **195** 39, 45 f
Transportvertrag
  Fristbestimmung **186** 16
Trennungsfrist
  Getrenntleben der Ehegatten **191** 3
Trennungstheorie
  Vollmachtserteilung **Vorbem 164 ff** 22, 33 f; **167** 10
    Formbedürftigkeit **167** 20
  Willensmängel **166** 17
Treppenlift
  Schikaneverbot **226** 29
  unzulässige Rechtsausübung **226** 29
Treu und Glauben
  Auskunftsanspruch **197** 19
  Prozessrecht **226** 41
  Rechtsmissbrauch **226** 12
  Rechtsscheinsvollmacht **167** 34
  Verwirkung **Vorbem 194–202** 18
Treuhänder
  Begriff **Vorbem 164 ff** 48
  Freihaltungsanspruch, Fälligkeit **199** 7
  Wissenszurechnung **166** 4
Treuhand
  Einziehungsermächtigung **Vorbem 164 ff** 66
  Ermächtigungstreuhand **Vorbem 164 ff** 48; **185** 14
  Treugut **Vorbem 164 ff** 48

Treuhand (Forts)
  Verwaltungstreuhand **Vorbem 164 ff** 48
  Vollmachtsmissbrauch **167** 99
  Vollmachtstreuhand **Vorbem 164 ff** 48
  Vollrechtstreuhand **Vorbem 164 ff** 48; **185** 14
Treuhandabrede
  Innenverhältnis der Vollmacht **167** 3
Treuhandauflage
  Beurkundung, notarielle **184** 6
Trödelvertrag
  Veräußerungsermächtigung **185** 32

Überhang
  Selbsthilfe **229** 8
Überbau
  Wissenszurechnung **166** 22
Überbaurente
  wiederkehrende Leistungen **197** 83
Überfahren
  Notwehr **227** 60, 68
Überlassung zur Ausübung
  Einziehungsermächtigung **Vorbem 164 ff** 67
  Rechte, Verpachtung **Vorbem 164 ff** 67
Überraschungskontrolle
  Bevollmächtigung **167** 13
Überweisung
  Insichgeschäft **181** 11, 44
Uferstreifen
  Schikaneverbot **226** 24
Ultimo-Verjährung
  Jahresschlussverjährung **199** 1, 11, 85 ff
Umgehungsgeschäft
  Strohmann **Vorbem 164 ff** 49
Umsatzsteuer
  Sicherheitsleistung **Vorbem 232 ff** 9
Umwandlungsrecht
  Fristen, rückwärtslaufende **187** 7
Umwelthaftungsrecht
  Verjährung **200** 9
  Verjährungsfrist **195** 13
UN-Kaufrecht
  s CISG
Unbedenklichkeitsbescheinigung
  Erteilung, irrtümliche **Vorbem 182–185** 59
Unerlaubte Handlung
  Anspruchskonkurrenz **195** 34
  Eigenhaftung des Vertreters **179** 24
  Einrede der unerlaubten Handlung **194** 21
  Forderung, verjährte **214** 39
  Gesetzeskonkurrenz **195** 31
  Schadensersatzansprüche, Verjährung **195** 12
  Stellvertretung **Vorbem 164 ff** 39; **164** 13
  Verbot vollmachtlosen Handelns **180** 3
  Verjährungsfristen **195** 36 ff
  Verwirkung **Vorbem 194–202** 22
  Wissensvertretung **Vorbem 164 ff** 87

Unfallversicherungsvertrag
Vertretungsverbot **181** 18
Ungerechtfertigte Bereicherung
s a Bereicherungsrecht
Einrede der ungerechtfertigten
Bereicherung **194** 21
Gesetzeskonkurrenz **195** 31
Kenntnis **166** 21, 31
Mangel des rechtlichen Grundes,
Wissenszurechnung **166** 21
Kenntnis des Anfechtungsgrunds **166** 21
Rechtsgrund **167** 17
Rechtsgrund der Vollmacht **167** 3
Rechtsscheinsvollmacht **167** 17
Verjährung **195** 11 f
Vertretung ohne Vertretungsmacht **177** 27
Wissensvertretung **Vorbem 164 ff** 87
Universalrechtsnachfolge
Konvaleszenz **185** 62
Verjährung von Ansprüchen **198** 1
Unlauterer Wettbewerb
s Wettbewerbsrecht
Unpfändbarkeitsbescheinigung
Vollstreckungsauftrag, Rücknahme **212** 46
Unsicherheitseinrede
Sicherheitsleistung **Vorbem 232 ff** 4
Unterbevollmächtigung
s a Untervertretung; s a Untervollmacht
Auslegung der
Hauptbevollmächtigung **167** 63
Substitutionsbefugnis **167** 63, 71
Verbot, gesetzliches **167** 63 f
Unterhalt, nachehelicher
Sicherheitsleistung **Vorbem 232 ff** 2, 4
Unterhaltsanspruch
Aufrechnung **215** 15
künftiger Unterhalt **194** 28
Unterhalt Minderjähriger, Antrag auf
Festsetzung **204** 49 ff, 138
s a Verjährungshemmung
Verjährung **197** 66
Verjährungshemmung **205** 23
Verjährungshöchstfrist **199** 106; **202** 20
Verwirkung **Vorbem 194–202** 22 f; **197** 64
Zurückbehaltungsrechte **215** 15
Unterhaltsleistungen
Anerkenntnis **212** 20, 26
Verjährung **217** 10
Unterhaltsrente
Kapitalisierung **197** 74
Unterhaltsrückstände
titulierte Ansprüche **197** 8
Verjährung **194** 28; **197** 64
Hemmung **194** 28
Verwirkung **Vorbem 194–202** 23; **197** 64
Unterlassen
dauerndes Unterlassen gebotener
Handlungen **199** 28

Unterlassene Hilfeleistung
Notstandshandlung **227** 19
Notwehrrecht **227** 19
Unterlassungsanspruch
absolut geschützte Rechtsgüter **199** 111
einmaliges Unterlassen **199** 107
negatorischer Unterlassungsanspruch **199** 104, 108
Schikaneverbot **226** 24 f
Selbsthilfe **229** 10, 21
Titulierung **199** 112
Tun, dauerndes positives **199** 113
Unverjährbarkeit **199** 107
Verjährung **199** 109 ff
Höchstfristen **199** 114
Verjährungsbeginn **194** 8; **199** 1, 108; **200** 3
Jahresschluss **199** 114; **200** 3; **201** 8
Kenntnis **199** 114; **200** 3; **201** 8 f
vertragliche Begründung **199** 110
Verwirkung **200** 4
Zuwiderhandlung **199** 1, 107 f, 112; **200** 3; **201** 8
Unterlassungshandlungen, unechte
Garantenstellung **227** 17
Herausgabe an mittelbaren Besitzer **227** 18
Notwehr **227** 17 f
Unterleihvertrag
Erlaubnis **Vorbem 182–185** 11
Untermietvertrag
Erlaubnis **Vorbem 182–185** 11
Unternehmen
Willensmängel **166** 17
Wissenszurechnung **166** 5
Unternehmensberater
Nebenpflichtverletzung **164** 15
Sachwalterhaftung **164** 15
Unternehmensbezogene Geschäfte
Beweiserleichterung **164** 26
Handeln für den, den es angeht **Vorbem 164 ff** 52
Handeln in fremdem Namen **164** 1
Rechtsscheinhaftung **164** 1; **167** 35; **179** 23
Unterpachtvertrag
Erlaubnis **Vorbem 182–185** 11
Unterschrift, eigenhändige
Stellvertretung **Vorbem 164 ff** 40
Unterschriftenfälschung
Handeln unter fremdem Namen **Vorbem 164 ff** 91
Untervertretung
s a Unterbevollmächtigung; s a Untervollmacht
Auswahlverschulden **167** 71
Haftung des Hauptvertreters **167** 71
Haftung des Untervertreters **167** 73 f
Hauptvertretungsmacht, fehlende **167** 73
Untervollmacht, fehlende **167** 74
– Genehmigung des
Hauptvertreters **167** 74

Untervertretung (Forts)
Innenverhältnis **167** 70 f
Geschäftsführung ohne Auftrag **167** 70
Kennenmüssen des Untervertreters **167** 72
Kenntnis des Untervertreters **167** 72
Mehrvertretung **181** 35 f
mittelbare Untervertretung **167** 62
Offenlegung **167** 73
Selbstkontrahieren **181** 35 ff
Befreiung vom Verbot des Selbstkontrahierens **181** 49
Gestattung **181** 49
Substitution, unbefugte **167** 63, 71
Vertretungsmacht des Hauptvertreters **167** 63
vollmachtloser Vertreter **167** 73
Willensmängel **167** 72
Wissen des Vertretenen **166** 29
Wissenmüssen des Vertretenen **166** 29
Zulässigkeit **167** 63

Untervollmacht
s a Unterbevollmächtigung; s a Untervertretung
Dauer **167** 67
Ersatzbevollmächtigung **167** 60
Erteilung **167** 61
gesetzliche Vertretung **167** 66
Haftung des Unterbevollmächtigten **179** 6
Hauptvollmacht, Fortbestand **167** 68
Hauptvollmacht, Wegfall **167** 34, 68
Kollisionen Handeln Hauptvertreter/Untervertreter **167** 67
Nachvollmacht **167** 62
Offenlegung des Vertreterhandelns **167** 61
Rechtsscheinsvollmacht **167** 34
Repräsentation des Hauptvertreters **167** 60 ff
Selbstkontrahieren **167** 61, 67
Umfang **167** 67
unwiderrufliche Untervollmacht **167** 67
Unwirksamkeit **167** 34
Vertretungsmacht, Weitergabe **167** 60 ff
Vertretungswirkung **167** 61
Vollmachtsurkunden **172** 4; **174** 3
Weisungen des Hauptvollmachtgebers **166** 35
Widerruf **167** 69; **168** 4

Unterwerfung unter die sofortige Zwangsvollstreckung
Bevollmächtigung, Nichtigkeit **167** 75a
Ermächtigung zur Erteilung einer vollstreckbaren Ausfertigung, Widerruf **183** 12
Insichgeschäft **181** 27
Neubeginn der Verjährung **212** 46
Prozesshandlung **185** 100
Vertretung ohne Vertretungsmacht **180** 13
Vollmacht **Vorbem 164 ff** 96; **168** 11
prozessuale Vollmacht **167** 19

Unterwerfung unter die sofortige Zwangsvollstreckung (Forts)
Rechtsscheinsvollmacht **167** 33
Zustellung, fehlende **185** 2

Untreue
Aufklärungspflicht **214** 29a

Unverjährbarkeit
s Anspruch

unverzüglich
Ausschlussfristen **Vorbem 194–202** 15
Frist, unbestimmte **186** 6

Unwiderruflichkeitsklausel
Kraftloserklärung der Vollmachtsurkunde **176** 6
Vollmachtserteilung **168** 10

Unzulässige Rechtausübung
Missbrauch der Vertretungsmacht **167** 101
Rechtsmissbrauch **226** 12
Schikaneverbot **226** 9, 12

Urheberrecht
Abänderungsansprüche, Verjährungsfrist **195** 47
absolutes Recht **194** 19
Verfügung eines Nichtberechtigten **185** 6

Urkunde, vollstreckbare
notarielle Urkunden **197** 58
Verjährung **197** 5, 58
Verjährungsbeginn **201** 3
Verjährungshemmung **204** 45
Zinsen **197** 80

Urkundenprozess
Statthaftigkeit der Klage **204** 27
Vorbehaltsurteil **197** 55; **201** 2; **204** 143

Urlaub
Zeitbestimmung **191** 1

Urlaubsanspruch
Tätigkeitsmonate **188** 20
Verwirkung **Vorbem 194–202** 23

Urteil
Entscheidungsgründe **193** 57
rechtskräftig festgestellter Anspruch **197** 32
Verjährungsbeginn **201** 2
Vorbehalt der Aufrechnung **201** 2

Urteilsverfassungsbeschwerde
Verjährungshemmung **204** 144

USA
Notwehr **227** 89
Verhältnismäßigkeitsgrundsatz **227** 89

Usus modernus pandectarum
Institor **Vorbem 164 ff** 59
Schikaneverbot **226** 2
Stellvertretung **Vorbem 164 ff** 9
Verwalterhandeln **Vorbem 164 ff** 59

Vaterschaftsanerkennung
Stellvertretung **Vorbem 164 ff** 40
Widerruf **Vorbem 164 ff** 40

Vaterschaftsanfechtung
Frist **186** 24
Zustimmungen **Vorbem 164 ff** 40
venire contra factum proprium
Einrede der Verjährung **214** 22
Konvaleszenz **185** 60
Zustimmung **182** 22
Veräußerungsermächtigung
Auflassung **185** 42 f
Eigentumsvorbehalt **185** 33 ff
Sale-and-Lease-back-Verfahren **185** 36
Sicherungsübereignung **185** 41
Widerruflichkeit **185** 39
Veräußerungsverbot
Zustimmung des Verbotsgeschützten **Vorbem 182–185** 25
Veräußerungsverbot, gerichtliches
Genehmigung verbotswidriger Verfügungen **185** 96
Verarbeitung
Fremdwirkung **Vorbem 164 ff** 38
Verbot vollmachtlosen Handelns
Rechtsgeschäfte, einseitige **180** 1 ff
Verbotene Eigenmacht
Abwehr durch Besitzdiener **229** 8
Abwehr durch Besitzer **229** 8
Abwehr durch Teilbesitzer **229** 8
Notstand, strafrechtlicher rechtfertigender **228** 4
Notstandshandlung **228** 35
Notwehr **227** 73
Notwehrrecht **227** 18
Rechtsnachfolge **198** 6
Selbsthilfe **229** 8, 21, 42
Verbotsgesetze
Wissenszurechnung **166** 23
Verbraucher
Einkauf, täglicher **Vorbem 194–202** 11
Wissenszurechnung **166** 9
Verbraucherdarlehensvertrag
Fristbeginn **184** 38
Genehmigung, Rückwirkung **184** 38
Prozessvollmacht **167** 19, 26
Unwirksamkeit, Heilung **182** 27
Genehmigung, formlose **182** 27
Verjährungshemmung **Vorbem 203–213** 4
Verzugszinsen **197** 81
Vollmacht **166** 9
Formbedürftigkeit **167** 19, 26
notariell beurkundete Vollmacht **167** 19, 26
– Mindestangaben **167** 26
– Pflichtangaben **167** 26
Verbraucherkreditvertrag
s Verbraucherdarlehensvertrag
Verbraucherschutz
Repräsentationsprinzip **166** 9
Verbrauchervertrag
Widerrufsbelehrung **187** 6

Verbrauchervertrag (Forts)
Widerrufsfrist **186** 24
Widerrufsrecht **186** 24
Fristberechnung **187** 6
Verwirkung **218** 12
Verbraucherwiderrufsrecht
Fristbestimmung **186** 14; **188** 13
Vollmacht **168** 5
Verbrauchsgüterkauf
Mängelanzeige binnen zwei Monaten **Vorbem 194–202** 11; **202** 14
Regressansprüche, Verjährung **195** 47
Unternehmerregress **202** 14
Verjährung **202** 14, 17
Verjährungsablaufhemmung **Vorbem 203–213** 4
Verjährungshemmung **Vorbem 203–213** 4
Verbrauchssteuern
Festsetzungsfrist **195** 46
Verbürgung der Gegenseitigkeit
Verjährungshemmung **204** 41
Verdienstausfall
Verjährung **217** 11
Verein
Befreiung vom Verbot des Selbstkontrahierens **181** 53
Sicherheitsleistung **Vorbem 232 ff** 2, 4
Sonderrechte eines Mitglieds **Vorbem 182–185** 7
Unterschreiten der Mitgliederzahl **186** 14
Vertretung **Vorbem 164 ff** 21
Verein, konzessionierter
Vertretungsnachweis **172** 1
Verein, rechtsfähiger
Insichgeschäft **181** 25
Verein, wirtschaftlicher
Genehmigung, behördliche **Vorbem 182–185** 57
Vereinbarung über die Verjährung
s Verjährungsvereinbarung
Vereinsauflösung
Sperrfrist für Auszahlung des Vermögens **186** 14
Vereinsvorstand
Geschäftsfähigkeit, beschränkte **165** 6
gesetzliche Vertretung des Vereins **Vorbem 164 ff** 25
Organ **Vorbem 164 ff** 25
Organisationsbestimmungen **Vorbem 164 ff** 26
Verfügungen vor Amtsbeginn **185** 75
Verfahrensfähigkeit
Ehegatten **210** 8
Verfahrenshandlungen
Insichgeschäft **181** 28
Stellvertretung **Vorbem 164 ff** 96
Vertretung ohne Vertretungsmacht **180** 13
Verfahrenskostenhilfe
Bekanntgabe des Antrags **204** 117

Verfahrenskostenhilfe (Forts)
  Familiensachen **204** 113
  Freiwillige Gerichtsbarkeit **204** 113
  Stellungnahme, Gelegenheit zur **204** 117
  Verjährungshemmung **204** 4, 113 ff
Verfahrensrecht
  Feiertag **193** 8
  Fristberechnung **186** 18
  Notwehrrecht **227** 38
  Samstag **193** 8
  Sonntag **193** 8
Verfallsfrist
  Fristbegriff **186** 8
Verfassungsbeschwerde
  Beschwerdefrist **186** 18; **188** 21
  Verjährungshemmung **204** 40, 144
Verfolgungsverjährung
  sexuelle Selbstbestimmung,
    Verletzung **208** 2
Verfügung
  Begriff **185** 4
  Einwilligung zu einer Verfügung **Vorbem 182–185** 49
    Verfügungsmacht **Vorbem 182–185** 49
  gerichtliche Verfügungen **186** 15
  Zustimmung zu einer Verfügung **Vorbem 182–185** 48
    Verfügungsmacht **Vorbem 182–185** 48
  Zustimmungsberechtigung **184** 23
Verfügung eines Nichtberechtigten
  Anfechtungsrecht **185** 6
  Aufrechnung **185** 6
  Beerbung des Verfügenden **185** 77 ff
  Berechtigter **185** 15 ff
    Zeitpunkt **185** 17, 21 f
  Dereliktion **185** 5 f
  einseitige Verfügungsgeschäfte **185** 5
  Einwilligung **182** 20; **185** 23 ff
    s a dort
  Einwilligungserklärung **185** 28 f
  erbrechtliche Rechtsverhältnisse **185** 5
  Erlösherausgabeanspruch **184** 25 f; **185** 7, 54 f
    Klage auf Erlösherausgabe **185** 54 f
    Wegfall der Bereicherung, partieller **185** 54a
  Ermächtigung **182** 20
  Ersitzung des Verfügungsobjekts **184** 26
  Erwerb durch den Verfügenden **185** 59 ff
    Bedingung, auflösende **185** 64
    Bedingung, aufschiebende **185** 64
    Bruchteilserwerb **185** 63
    Durchgangserwerb **185** 59
    Einzelrechtsnachfolge **185** 61
    Erbgang **185** 62
    Gesamthandsgemeinschaft **185** 63
    Gestaltungsrechte **185** 66
    Gutglaubenserwerb **185** 61
    Insolvenzeröffnung **185** 59

Verfügung eines Nichtberechtigten (Forts)
    Kausalverhältnis **185** 61, 66
    Liegenschaftsrechte **185** 65
    Umwandlungsvorgänge **185** 62
    Universalrechtsnachfolge **185** 62
    venire contra factum proprium **185** 60
  familiengerichtliche
    Rechtsverhältnisse **185** 5
  Fristsetzung zur Leistung **185** 6
  Fristsetzung zur Nacherfüllung **185** 6
  Gegenstand **185** 6
  Genehmigung **184** 25, 30; **185** 46 ff, 54
    bedingte Genehmigung **Vorbem 182–185** 52; **185** 54
    Bedingung, auflösende **184** 4 f
    Insolvenzschuldner **184** 30
    Verweigerung, definitive **185** 57, 68
  Genehmigungsverweigerung **182** 41
  Kettenverfügungen **185** 53
  kollidierende Verfügungen **185** 86 ff
    Einigung **185** 89
    Eintragungsantrag **185** 89
    frühere Verfügung **185** 89
    Grundstücke **185** 89
    Grundstücksrechte **185** 89
    Posterioritätsprinzip **185** 90
    Prioritätsprinzip **185** 86
  Konvaleszenz **185** 1 ff, 59
  Kündigungsrecht **185** 6
  Mahnung **185** 6
  mehrere Nichtberechtigte **185** 86
  mehrere Verfügungen von Nichtberechtigten **185** 50 ff, 86
  Nachfrist mit Kündigungsandrohung **185** 6
  im eigenen Namen **185** 2
  Nichtbeitreibbarkeit des Erlöses **184** 4
  Nichtberechtigter **185** 8 ff, 47
    auflösend bedingte
      Rechtsposition **185** 12
    belastetes Recht **185** 11
    Erbe **185** 13
    Gesamthänder **185** 10, 15
    Gesellschafter **185** 10
    Insolvenzschuldner **185** 13
    Miterben **185** 10
    Testamentsvollstrecker **185** 13
    Veräußerungsverbot, relatives **185** 13
    Verfügungsbefugnis, Entzug **185** 13, 15
    Verfügungsbeschränkungen **185** 13
    Vorbehaltskäufer **185** 9
    vormerkungswidrige Verfügung **185** 13
    Zeitpunkt **185** 17 ff
  Offenlegung der Nichtberechtigung **185** 2, 27, 49
  Personengesellschaftsanteile **185** 6
  Rechte **185** 6
  Rechtszuständigkeit **185** 17 f
  Rücktrittsrecht **185** 6
  Sachen **185** 6

Verfügung eines Nichtberechtigten (Forts)
sachenrechtliche Verfügungen **185** 5
schuldrechtliche Verfügungen **185** 5
Schuldverhältnis **185** 6
Schwebezustand **185** 48, 73
Untergang des Verfügungsobjekts **184** 25
Urheberrechte **185** 6
Verarbeitung des Verfügungsobjekts **184** 25
Verbindung des Verfügungsobjekts **184** 25
Verfügungsbefugnis **184** 23 f, 30; **185** 17 f
    Amtsantritt **185** 74 f
    Ermächtigung, nachträgliche **185** 74 f
    Wiedererlangung **185** 73, 74
Verfügungsbegriff **185** 4 f
Verfügungsermächtigung **185** 24
Verfügungsmacht, fehlende **185** 1, 70
    Kenntnis **185** 3
Verfügungsmacht, Rückerlangung **185** 58
Verfügungsmacht, Überschreitung **185** 14
Vernichtung des Verfügungsobjekts **184** 25
vertragliche Verfügungen **185** 5
Vorausverfügung **185** 71
vormerkungswidrige Verfügungen **185** 13, 95
Zeitpunkt **185** 17 ff
Zession **185** 5
Zustimmung **185** 7
Zustimmung des Berechtigten **185** 15 f
Zustimmung eines anderen Nichtberechtigten **185** 56, 72
Zustimmung eines Nichtberechtigten **182** 48; **185** 16a
Zustimmungsberechtigung **184** 23
Zustimmungserfordernis **Vorbem 182–185** 23; **185** 1
Zwangsverfügungen **185** 91 f
    Pfändung schuldnerfremder beweglicher Sachen **185** 91

Verfügung eines nur auflösend bedingt Berechtigten
Zustimmungserfordernis **Vorbem 182–185** 24

Verfügung über Haushaltsgegenstände
Vertretungsverbot **Vorbem 164 ff** 41

Verfügung über Vermögen im Ganzen
Aufforderung zur Genehmigung **Vorbem 182–185** 42
Vertretungsverbot **Vorbem 164 ff** 41

Verfügung von Todes wegen
Verfügungsbegriff **185** 4

Verfügung von Todes wegen, notwendige Kenntnis
Verjährungshöchstfristen **199** 105

Verfügungsermächtigung
Auslegung **185** 29
Ausübung fremder Rechte im eigenen Namen **Vorbem 164 ff** 63 f
Inhalt **185** 30

Verfügungsermächtigung (Forts)
kollidierende Verfügungen **Vorbem 164 ff** 63; **164** 10
Legitimation **Vorbem 164 ff** 63
rechtliches Dürfen **185** 30
rechtliches Können **185** 26
schlüssiges Verhalten **182** 21
Übertragbarkeit **185** 31
Unterermächtigung **185** 31
Verfügung eines Nichtberechtigten **185** 24
Verfügungsbefugnis des Rechtsinhabers **Vorbem 164 ff** 63
Verfügungsgeschäfte **Vorbem 164 ff** 65
Widerruflichkeit **Vorbem 164 ff** 63; **185** 26

Verfügungsgeschäft
Stellvertretung **Vorbem 164 ff** 38

Verfügungsvollmacht
Auslegung **185** 29
Erteilung durch Nichtberechtigten **167** 9

Vergabeverfahren
Angebotsfrist **193** 9

Vergleich
Verjährung **197** 5, 56 f; **204** 145

Vergleich, außergerichtlicher
Verjährungsfrist, bisherige **195** 22

Vergleich, gerichtlich bestätigter
rechtskräftig festgestellter Anspruch **197** 57

Vergleich, gerichtlicher
s a Prozessvergleich
Anerkenntnis **212** 29
Verjährungsbeginn **201** 3
Verjährungsfristen **195** 22
Vollmachtsurkunde **172** 1
Widerruf **193** 12

Vergleich, vollstreckbarer
Prozessbeendigung **197** 56
Prozesskostenhilfe **197** 56
rechtskräftig festgestellter Anspruch **197** 56 f
    Sekundäransprüche **197** 57
selbständiges Beweisverfahren **197** 56
Verjährungshemmung **204** 45

Vergleich im schiedsgerichtlichen Verfahren
Vollstreckbarkeit **197** 57

Verhaltensunrecht
Notstand **228** 33
Notwehr **227** 29 f, 52 f

Verhandlungen
Abbruch **203** 18
Abwarten bestimmter Ereignisse **203** 13
Anerkenntnis, Abgrenzung **203** 2; **212** 12
Anfechtung **203** 10
Anmeldung eines Anspruchs **203** 18, 20
Auslegung **203** 2
Ausschlussfristen **203** 21
außergerichtliche Geltendmachung von Forderungen **204** 40
Beendigung **203** 11, 19

Verhandlungen (Forts)
 Beginn **203** 9, 19
  Rückdatierung **203** 9
 Begutachtungsverfahren **203** 3; **204** 5
 Beweislast **203** 19
 Dauer **203** 11
 durch Dritte **203** 9
 Einigung der Parteien **203** 13
 Einleitung **203** 9; **204** 40
 Einrede der Verjährung **203** 1
 Einschlafen der Verhandlungen **203** 13, 18
 Einverständnis der Parteien **203** 9, 15
 Entgegenkommen **203** 8
 Erfolglosigkeit **203** 1
 Erfüllungsansprüche **203** 5
 Erfüllungsmaßnahmen **203** 16
 Freiwilligkeit **203** 8
 Gegenstand **203** 14 f
  Beschränkungen **203** 14
 Geschäftsfähigkeit **203** 8
 Gesprächsbereitschaft **203** 7
 Gestaltungsrechte **203** 21
 Gewährleistungsrecht **203** 3, 5
 Gläubigermehrheit **203** 6
 Gütestellen, Anrufung **204** 59
 Güteversuch, einverständlicher **203** 3; **204** 5
 Gutachteneinholung **203** 16
 Klageerhebung **203** 3; **204** 5
 Kompensation, anderweitige **203** 15
 Kulanz **203** 8, 16
 Kurzverhandlungen **203** 11
 Lebenssachverhalt **203** 14 f
 Mängelbeseitigung **203** 16
 Mahnbescheid **203** 3
 Mediationspflicht **203** 9, 18
 mehrfache Verhandlung **203** 12
 Meinungsaustausch der Parteien **203** 1, 7 ff
  Bereitschaft, Bekundung **203** 10
  Einlassung des Gegners **203** 9
 Minderung **203** 5
 Musterprozess, Ausgang **203** 13, 16
 Nacherfüllung **203** 16
 Nachfrist **203** 2, 17 f
 öffentliches Recht **203** 22
 Rechte, erfasste **203** 15
 Rechtsfragen **203** 16
 Rechtsverfolgung,
  Unzweckmäßigkeit **205** 2
 Rücktritt **203** 5
 Schadensbeseitigung **203** 16
 Schadensersatzansprüche **203** 5
 Schriftformklauseln **203** 18
 Schuldnermehrheit **203** 6, 9
 Strafverfahren, Ausgang **203** 13, 16
 Streitverkündung **203** 3
 Stundung **205** 13
 Tatsachen **203** 16
 Verhaltensweisen des Schuldners **203** 16
 Verhandlungspflicht **203** 9, 18

Verhandlungen (Forts)
 Verhandlungsvollmacht **203** 9
 Verjährungshemmung **Vorbem 194–202** 13, 38, 44, 47; **203** 1 ff; **205** 9, 13
  Allgemeine Geschäftsbedingungen **203** 18
  Dauer **204** 151
  Unabdingbarkeit **203** 18
 Verkehrsunfall **203** 15
 Vertretung ohne Vertretungsmacht **203** 9
 Vorteilhaftigkeit, lediglich rechtliche **203** 8
 wiederholte Verhandlungen **203** 12, 19
 Zurückweisung eines Anspruchs **203** 20
 Zwischenräume **203** 12, 19
Verhandlungsgehilfen
 Vertreter, vollmachtloser **177** 24
 Vertretungsmacht **Vorbem 164 ff** 93
 Wissenszurechnung **166** 9
Verhandlungsvollmacht
 Anerkenntnis **212** 10
 Haftpflichtversicherer **203** 9
 Umfang **167** 85
 Verhandlungen **203** 9
Verjährung
 Abschwächung der Forderung **214** 36; **216** 1
 Aktiengesellschaft **195** 48
 Analogiebildung **Vorbem 194–202** 46, 48
 Anfechtung **194** 18
 Anspruchserhaltung trotz Fristablauf **214** 1
 Anspruchsverjährung **Vorbem 194–202** 3, 8 f; **213** 1; **214** 3
 Ansprüche **194** 6 ff, 15, 22 f; **195** 11, 29; **218** 1
  außerhalb des BGB **Vorbem 194–202** 38
  begründete Ansprüche **Vorbem 194–202** 5
  betagte Ansprüche **194** 9
  gesicherte Ansprüche **216** 1 ff
  titulierte Ansprüche **Vorbem 194–202** 11, 38; **194** 22; **197** 5, 8; **199** 2; **202** 20
   s a Titulierung
  – erneute Klage **197** 87
  unbegründete Ansprüche **Vorbem 194–202** 5; **194** 4
  unbekannte Ansprüche **Vorbem 194–202** 5; **195** 48; **199** 1
  unvollkommene Ansprüche **214** 36
 Aufrechnung **194** 18
 ausländisches Recht **204** 35, 41
 Auslegung **Vorbem 194–202** 46 f
 Ausschluss **197** 8
 Begriff **Vorbem 194–202** 1
 Bereicherungsanspruch **214** 37
 Berufung des Schuldners auf die Verjährung **194** 26
 Beweiserhebung **214** 12
 Beweisersparungsfunktion **Vorbem 194–202** 5
 Beweisnot, Schutz vor **Vorbem 194–202** 5; **204** 1

Verjährung (Forts)
DDR **Vorbem 194–202** 49, 52
deliktische Haftung **195** 37 ff
Einrede **194** 6; **214** 41
s Verjährungseinrede
peremptorische Einrede **194** 20
Eintritt der Verjährung **204** 1; **214** 1 ff
Aufrechnung **214** 36
Gläubigermehrheit **214** 40
Grundstücksrechte **Vorbem 194–202** 3
Kenntnis des Schuldners **214** 37
Leistungen nach Eintritt der Verjährung **214** 36 ff
Anerkenntnis **214** 38
Aufrechnung **214** 38
– Freiwilligkeit **214** 37
Hinterlegung **214** 38
– Kondiktionsfestigkeit **214** 38
Leistungen an Erfüllungs Statt **214** 38
Leistungen erfüllungshalber **214** 38
Sicherheitsleistung **214** 38
– Zahlung zur Abwendung der Zwangsvollstreckung **214** 37
Rechtsgrund **214** 36
Rechtsnachfolge in die Forderung **214** 40
Schuldbeitritt **214** 40
Schuldnermehrheit **214** 40
Sicherheiten, akzessorische **216** 1 f
Sicherheiten, nicht akzessorische **216** 6
Sicherheitenverwertung **214** 36; **216** 1
Wirkungen **214** 36
Entwertung der Forderung **204** 1
Erledigung der Hauptsache **214** 14
Erleichterung **202** 1, 3 f, 9
Erneuerung **201** 10
Erschwerung **202** 1, 3 f, 9
Feststellungsklage, negative **214** 9a, 12
Forderungen, Geltendmachung **Vorbem 194–202** 6
Fürsorgepflicht des Gläubigers **199** 73
Genehmigung, Rückwirkung **184** 38
Gerichte, Entlastung **Vorbem 194–202** 7
Gestaltungsrechte **Vorbem 194–202** 3; **218** 1
Grundsatz der Schadenseinheit **Vorbem 194–202** 10; **199** 5, 27, 34 ff
Hauptforderung **217** 7 f
Hinweispflicht des Gläubigers **214** 20, 26 ff
Interessenausgleich **Vorbem 194–202** 12 f
Internationales Privatrecht **Vorbem 194–202** 53 ff
Intertemporales Recht **Vorbem 194–202** 49 ff
Kenntnis des Gläubigers
s Verjährungsbeginn
Kenntnismöglichkeit des Gläubigers
s Verjährungsbeginn
Klageabweisung **194** 4
Klageabweisung als unbegründet **214** 13

Verjährung (Forts)
Konkurrenz Verjährung/Verwirkung **Vorbem 194–202** 21
Kündigung **194** 18
Leistungsverweigerungsrecht **Vorbem 194–202** 14; **194** 23; **214** 1; **217** 1
materielles Recht **214** 11, 13
Naturalobligation **214** 36
Nebenleistungen **213** 12; **217** 6 ff
Neuregelung **Vorbem 194–202** 50
Nichtgebrauch von Sachen **Vorbem 194–202** 1, 3
öffentliches Interesse **Vorbem 194–202** 7
öffentliches Recht **Vorbem 194–202** 39 ff
Organisationspflichten **199** 77 f, 84
Rechtserwerb **Vorbem 194–202** 1
Rechtsfrieden **184** 38; **Vorbem 194–202** 7
Rechtslage, ungeklärte **199** 62
Rechtssicherheit **Vorbem 194–202** 7
Rechtsvergleichung **Vorbem 194–202** 57
regelmäßige Verjährung
s Verjährungsfrist
Rückforderung des Geleisteten **214** 37 f
Rücktritt **194** 18
Schadensersatzansprüche **194** 28
Schuldnerschutz **Vorbem 194–202** 14
Schuldrechtsreform **Vorbem 194–202** 50, 58 f; **195** 59; **199** 1, 117; **218** 1
Vorgängernormen **Vorbem 194–202** 60
Teilverjährung **198** 1
Überleitungsregelungen **Vorbem 194–202** 49 ff; **195** 59; **197** 20; **199** 76, 92
Unterbrechung **Vorbem 203–213** 2 f; **204** 2 f, 120; **212** 1
unvordenkliche Verjährung **Vorbem 194–202** 37
Vereinbarungen über die Verjährung **202** 29
Fristverlängerungen **202** 27
Verzicht auf die Einrede der Verjährung **214** 30 ff
Verkehrssicherheit **Vorbem 194–202** 7
vertragliche Haftung **195** 37 ff
Vertragsfreiheit **Vorbem 194–202** 13
Vollendung **214** 1
Wirkungsweise **Vorbem 194–202** 21
Wissensvertretung **Vorbem 164 ff** 87
Wissenszurechnung **166** 22
Wissenszusammenrechnung **166** 22
Zeitablauf **Vorbem 194–202** 1, 5, 20; **194** 25; **204** 1
Zurückverweisung **214** 13
Verjährungsablaufhemmung
s Ablaufhemmung
Verjährungsbeginn
Ablieferung des Schuldgegenstandes **200** 5, 10
Abnahme **200** 10
Anlaufhemmung **209** 9

Verjährungsbeginn (Forts)
Anspruchsentstehung **199** 1 ff, 5, 76; **200** 1 f; **209** 9
Beweislast **199** 84
Darlegungslast **199** 84
Fälligkeit des Anspruchs **199** 5, 7 ff
Fälligkeitsabreden **199** 21
Grundsatz der Schadenseinheit **199** 27, 50
 s a Schadenseinheit
Jahresschluss **199** 1, 11, 85 ff
 Klageeinreichung **199** 86
 Mahnantrag, Einreichung **199** 86
Kenntnis des Gläubigers **199** 1 f, 3, 53 ff, 71, 74 f, 88 f; **200** 9; **202** 24
 ad hoc bestellte Dritte **199** 60
 Amnesie **199** 71
 Anfechtung **199** 64
 Anspruch **199** 69
 Anspruchsinhaber **199** 53
 Anwalt **199** 60
 Architekt **199** 60
 Behörden **199** 59
 Bereicherungsanspruch **199** 64
 Betreuer **199** 57
 Beweismöglichkeiten **199** 68
 deliktisch Geschädigter **199** 53
 Dritte, Kenntniszurechnung **199** 60 f
 Einreden **199** 67
 Einwendungen **199** 67
 Eltern **199** 57
 Entlastungsmöglichkeiten **199** 63
 Erfüllungsansprüche, vertragliche **199** 64
 Ersatzmöglichkeit, fehlende anderweitige **199** 63
 Gesamtschuldnerausgleich **199** 65
 gesetzliche Vertretung **199** 56 f
 – juristische Personen **199** 58
 gewillkürt eingeschaltete Person **199** 60
 Gewissheit **199** 71
 Gläubigermehrheit **199** 54
 Inkassobefugnis **199** 55
 Körperschaften, öffentliche **199** 59
 Körperverletzung **199** 63
 Mitberechtigung **199** 55
 Organwechsel **199** 56
 Partei kraft Amtes **199** 55
 Person des Schuldners **199** 53
  Anschrift **199** 70
  Aufenthaltsort, unbekannter **199** 70
  mehrere Schuldner **199** 70
  Name **199** 70
  verstorbener Schuldner **199** 70
 Prozessstandschaft, gewillkürte **199** 55
 Rechtfertigungsgründe **199** 63
 Rechtslage, ungeklärte **199** 62
 Rechtsnachfolge kraft Gesetzes **199** 56
 Schlussrechnung **199** 64
 Tatsachen **199** 62 ff

Verjährungsbeginn (Forts)
 Umstände, anspruchsbegründende **199** 53, 62 ff, 69
 unerlaubte Handlung **199** 63
 Verfügungsbefugnis **199** 55
 Verlust, nachträglicher **199** 87
 Vertrag zugunsten Dritter **199** 54
 Vollständigkeit der Kenntnis **199** 66
 Vormund **199** 57
 Wohnungseigentumsverwalter **199** 58
 Zeitpunkt **199** 72
 Zession **199** 56
Kenntnismöglichkeit des Gläubigers **202** 25
 s Unkenntnis des Gläubigers
Klageerhebung vor Verjährungsbeginn **204** 38
Klageerhebung, Zumutbarkeit **199** 1a
Klagemöglichkeit **199** 6
langfristige Verjährung **197** 11
Mängelansprüche **200** 6
Mangelfolgeschäden **199** 23
Organisationsmangel **199** 77 f
Rechte an Grundstücken **196** 14
Rechtslage, unsichere **199** 1a
regelmäßige Verjährung **199** 2
Rückgabe des Vertragsgegenstands **200** 10
Rückgabe einer Sache **200** 5
Schadensersatzansprüche **199** 93 ff
Schuldverhältnis, Beendigung **200** 5, 10
subsidiäre Haftung **199** 16, 41
titulierte Ansprüche **199** 2; **200** 5
 s a Titulierung
Tun, positives **200** 2
Unkenntnis des Gläubigers **Vorbem 194–202** 10; **199** 1, 3, 53, 73 ff, 88 f; **202** 24
 Aufklärungskosten **199** 82
 Auskunftsklage **199** 83
 Ermittlungen **199** 80
 Fahrlässigkeit, grobe **Vorbem 194–202** 47; **199** 73, 75, 77, 82 f
 grobe Fahrlässigkeit **199** 84
 Hilfspersonen **199** 81 f
 Obliegenheit **199** 73
 Organisationspflichten **199** 77 f, 84
 Person des Schuldners **199** 73
 Schuldnerverhalten **199** 83
 Umstände, anspruchsbegründende **199** 73
 Verdachtsmomente **199** 79
 Verlust, nachträglicher **199** 87
 Vollständigkeit der Kenntnismöglichkeit **199** 66
Unterlassungsansprüche **199** 107 ff; **200** 3
verhaltener Anspruch **199** 12 ff; **Anh 217** 5
Verjährungsfrist **195** 13
Verjährungshöchstfristen **199** 93, 96, 98, 105, 115
Verjährungsvereinbarung **202** 23 ff

Verjährungsbeginn (Forts)
  Vorverlegung **200** 7
  wiederkehrende Leistungen **199** 21
  Zuwiderhandlung **199** 1, 107 f, 112; **200** 3; **201** 8
Verjährungseinrede
  Anspruch, Fortbestand **194** 9
  Arglist, Gegeneinwand **214** 18
  Aufklärungspflicht des Schuldners **214** 26 ff
  Aufklärungspflicht, richterliche **214** 15 f
  Aufrechnung mit der Aktivforderung **215** 5
  Besorgnis der Befangenheit **214** 15 f
  Bürge **214** 10
  Erhebung der Einrede **214** 5 ff, 14, 14 ff
    Auslegung der Erklärung des Schuldners **214** 8
    außerprozessuale Erhebung **214** 11
    Bedingungsfeindlichkeit **214** 9
    durch den Beklagten **214** 11
    Berufungsinstanz **214** 11
    Ermessen **214** 5
    Fortdauer **214** 9
    Gesamtschuldner **214** 10
    geschäftsähnliche Handlung **214** 6
    durch den Kläger **214** 11
    Leistungsverweigerung, endgültige **214** 8
    im Prozess **214** 11, 14
    Revisionsinstanz **214** 11
    Tatsacheninstanzen **214** 11
    vor Verjährungsbeginn **214** 7
    nach Verjährungseintritt **214** 7
    Vertretungsmacht **214** 6
    Verzögerung der Erledigung des Rechtsstreits **214** 19
    vorprozessuale Erhebung **214** 11, 14
  Erledigung der Hauptsache **214** 14
    Kostentragungspflicht **214** 14
  Fallenlassen im Prozess **214** 33
  Gestaltungswirkung **214** 9
  hilfsweise Geltendmachung **214** 12
  Hinweise, richterliche **214** 15 ff
  Irrtumsanfechtung **214** 6
  Klageabweisung **214** 12, 36
    Versäumnisurteil, unechtes **214** 11 f
  Klagestattgabe **214** 12
  Leistungsverweigerungsrecht **186** 8
  minderjähriger Schuldner **214** 6
  Missbrauch **203** 1
  Nichterhebung **Vorbem 194–202** 21
  öffentliche Hand **214** 5
  öffentliches Recht **Vorbem 194–202** 45
  peremptorische Einrede **Vorbem 194–202** 4; **194** 20
  Rückforderungsmöglichkeit, fehlende **Vorbem 194–202** 4
  Schadensersatzanspruch, sekundärer **214** 27
  unzulässige Rechtsausübung **Vorbem 194–202** 36; **204** 12; **212** 36; **214** 18 ff

Verjährungseinrede (Forts)
  Abhaltung von der Fristwahrung **214** 20, 22 f
  Fortfall der die Unzulässigkeit begründenden Umstände **214** 24
  – Frist, angemessene **214** 24 f
  Hinweispflicht des Gläubigers **214** 20, 26 ff
  Verzicht, einseitiger
    s dort
  venire contra factum proprium **214** 22
  Verjährung **194** 20
  Verjährungsvereinbarung **202** 29
  Vertragsstrafe **202** 29
  Verwirkung **Vorbem 194–202** 36
  Verzicht, einseitiger **202** 5; **Vorbem 203–213** 2; **203** 1; **212** 5 f; **214** 20, 30 ff, 36
    Anerkenntnis nach Ablauf der Verjährungsfrist **212** 32
    Auslegung **214** 32
    befristeter Verzicht **214** 35
    Endtermin **214** 21
    Formfreiheit **214** 31
    Insolvenzanfechtung **214** 35
    Prozessergebnis **214** 21, 23
    Teilverzicht **214** 34
    unbefristeter Verzicht **214** 35
    Verhandlungen **202** 5; **214** 20
    Verzichtswille **214** 32
    Widerruflichkeit **214** 20, 35
    Willenserklärung, einseitige empfangsbedürftige **214** 32
  Verzichtsvereinbarung **214** 31
  Verzug **217** 2 f
  vollmachtloser Vertreter **214** 6
  Widerruflichkeit **214** 6, 35
  Zugang **214** 6
Verjährungserleichterung
  AGB-Kontrolle **202** 15 ff
  Verjährungsvereinbarung **202** 1, 11 ff
Verjährungserschwerung
  Verjährungsvereinbarung **202** 1, 19 ff
  Vollmacht **202** 6
Verjährungsfrist
  Ablauf
    s Fristablauf
  Anspruchsentstehung **195** 21
  Ansprüche, konkurrierende **213** 13
  neben Ausschlussfristen **Vorbem 194–202** 15
  Beginn **213** 11
  Beseitigungsanspruch **199** 116
  besondere Verjährungsfristen **186** 13
  Billigkeit **202** 9a
  Dignität des Anspruchs **197** 3
  dingliche Rechte **199** 114
  Dreijahresfrist **195** 1, 3; **199** 1
  Eigentumsstörung **199** 114

Verjährungsfrist (Forts)
  Einrede, dauernde **186** 13
    s a Verjährungseinrede
  Ende **213** 12
  Fristablauf **193** 13; **209** 7; **214** 1 ff
    Ansprüche, einzelne **213** 1
    Berufung auf den Fristablauf **212** 34
  Fristberechnung **187** 6
  Fristenverbrauch **199** 8
  Gläubigerwechsel **195** 21
  Herausgabeansprüche, dingliche **186** 13; **197** 3 f
  Herausgabeansprüche, erbrechtliche **186** 13
  Höchstfristen **199** 1, 76, 89 ff; **202** 28
    Bereicherungsansprüche **199** 106
    Erbfall **199** 99 ff
      Sekundäransprüche **199** 102
    erbrechtliche Ansprüche **199** 99 ff
    Erfüllungsansprüche, vertragliche **199** 106
    familienrechtliche Ansprüche **199** 100
    Geschäftsführung ohne Auftrag **199** 106
    30-Jahres-Frist **199** 89
    Kenntnisunabhängigkeit **199** 1
    Rechtsgüter, nicht personenbezogene **199** 93, 97 f
    – Eigentum **199** 93, 97
    – eigentumsähnliche Rechte **199** 97
    – Vermögen **199** 93, 97
    Rechtsgüter, persönliche **199** 93 ff
    – allgemeines Persönlichkeitsrecht **199** 95
    – Freiheit **199** 93, 95
    – Gesundheit **199** 93, 95
    – Körper **199** 93, 95
    – Leben **199** 93, 95
    Schadensersatzansprüche **199** 93 ff
    Subsidiarität **199** 91
    Todesfall **199** 104
    Unterhaltsansprüche **199** 106
    Verfügung von Todes wegen, notwendige Kenntnis **199** 105
    Zehnjahresfrist **199** 89
  30 Jahre **195** 1, 52; **197** 1 ff; **199** 1
    Vereinbarung **197** 7
  Klagezustellung **204** 34 f
  langfristige Verjährung **197** 1 ff, 6, 9 ff
  Mängelansprüche, kaufrechtliche **186** 13
  Mängelansprüche, werkvertragliche **186** 13
  mehrere Ansprüche **195** 33
  mehrere Verjährungsfristen **195** 28 f
  nachträgliche Umstände **195** 21 f
  Neubeginn der Verjährung **Vorbem 203–213** 2
  Obliegenheit des Gläubigers **206** 27
  öffentliches Recht **195** 15
  Rechte an Grundstücken **186** 13

Verjährungsfrist (Forts)
  rechtskräftig festgestellte Ansprüche **197** 32 ff
    s a Titulierung
  Rechtsnachfolge **198** 1
  Rechtsprechung, Änderung **206** 10 f
  regelmäßige Verjährung **186** 13; **195** 1 ff, 11, 13 f; **199** 1, 88; **Vorbem 194–202** 10, 12, 58
    Auffangtatbestand **195** 1
    Leitbildfunktion **195** 4
  Schuldanerkenntnis **195** 22
  Schuldnerwechsel **195** 21
  Schuldrechtsreform **187** 10
  Schuldverschreibung **186** 13
  Stichtag **187** 10
  titulierte Ansprüche **186** 13
  übliche Verjährungsfrist **195** 2
  Unternehmer, Regressansprüche **186** 13
  Verbrauchsgüterkauf, gebrauchte Gegenstände **186** 13
  Vereinheitlichung **195** 5
  Verjährungshemmung **209** 7
    Zeitraum **186** 7
  Verjährungsvereinbarung **202** 14
  Verkürzung **206** 10 f
  Verlängerungen **202** 27
  Verleiher, Ersatzansprüche **186** 13
  Verlöbnis, Auflösung **186** 13
  Vermieter, Ersatzansprüche **186** 13
  Vermieter, Wegnahmerecht **186** 13
  Verpächter, Ersatzansprüche **186** 13
  Vertrauensschutz **206** 10 ff
  vollstreckbare Ansprüche **186** 13

Verjährungshemmung
  Ablaufhemmung **201** 10; **209** 8
    s a dort
  Adhäsionsverfahren **204** 43
  Adoption **207** 11
  agere non valenti non currit praescriptio **199** 76; **205** 1, 24; **209** 1
  Allgemeine Geschäftsbedingungen **202** 22
  Anerkenntnis **202** 22
  Anmeldung eines Anspruchs **202** 21
  Anspruchsgrundlagen **209** 3
  Anspruchshäufung, nachträgliche **204** 37
  Ansprüche, alternative **204** 22; **213** 1, 6
    Klageabweisung **213** 13
    Primäransprüche **213** 6, 11
    Sekundäransprüche **213** 6, 11, 13
  Ansprüche, einzelne **213** 1
  Ansprüche, Geltendmachung **204** 16 f, 23
  Ansprüche, mehrere **213** 1 ff
    Alternativität **213** 6
    Grund, Identität **213** 3
    Kumulierung **213** 7
    Lebenssachverhalt **213** 3
    Schuldneridentität **213** 2
    wirtschaftliches Interesse, Identität **213** 5
  Ansprüche, verfolgte **204** 13 f

Verjährungshemmung (Forts)
  Arrest **Vorbem 194–202** 13; **204** 4, 93 f; **210** 9
  Aufgebotsverfahren **204** 40
  Aufrechnung **197** 55; **204** 2, 13, 40, 63 ff, 142; **209** 1
    Abweisung der Klage als unzulässig **204** 67
    Aufrechnungsverbot **204** 67
    Einredefreiheit der Forderung **204** 69
    Erfolglosigkeit **204** 63, 66
    Erfüllbarkeit der Gegenforderung **204** 68
    Fälligkeit der eigenen Forderung **204** 69
    Gleichartigkeit der Forderungen **204** 68
    hilfsweise Geltendmachung **204** 67
    im Prozess **204** 65, 138
    Vollwirksamkeit der Forderung **204** 69
  ausländisches Urteil **204** 46
  Aussetzung des Prozesses **204** 123, 127
  Beginn **186** 7; **209** 7
  Begriff **Vorbem 203–213** 1; **205** 1
  Begutachtungsverfahren, vereinbartes **Vorbem 194–202** 13; **203** 3; **204** 5, 91
  Beistandschaft **197** 6; **207** 13
  Berechtigter **204** 6 ff
    Betreuer **204** 9
    Einziehungsermächtigung **204** 10
    Eltern **204** 9
    Erbengemeinschaft **204** 7
    fremde Forderungen **204** 9
    Gemeinschaft **204** 7
    Gemeinschuldner **204** 8
    Gesamtgläubigerschaft **204** 7
    Gesellschaft bürgerlichen Rechts **204** 7
    Gläubigermehrheit **204** 7
    Inkassozessionar **204** 10
    Insolvenzverwalter **204** 9
    Miteigentümergemeinschaft **204** 7
    Nachlassverwalter **204** 9
    Partei kraft Amtes **204** 9
    Pfändung und Überweisung der Forderung **204** 8
    Prozesseintritt **204** 11
    Prozessführung, Genehmigung **204** 11
    Testamentsvollstrecker **204** 9
    Verfügungsbeschränkungen **204** 8
    Vormund **204** 9
    Zedent **204** 10
    Zessionar **204** 10
  Betreuung **197** 6; **207** 1, 13
  Beweisantritt **204** 86
  Beweiserhebung **204** 149
  Beweislast **209** 7
  Beweismittel **206** 7
  Beweissicherung **204** 149
  Bürgschaft **209** 4
  Dauer **204** 151; **209** 7
  Ehe **202** 7
  Ehegatten **197** 6; **207** 1 f, 8 f

Verjährungshemmung (Forts)
  Auflösung der Ehe **207** 2
  Einrede im Prozess **204** 40
  Einrede der Vorausklage **199** 22
  Einreden **205** 3 ff
  einstweilige Anordnung **204** 93 ff; **210** 9
  einstweilige Verfügung **202** 22; **204** 4, 93 ff; **210** 9
  einstweiliger Rechtsschutz **Vorbem 194–202** 13; **204** 93 ff, 139, 142; **210** 9
  Eintritt der Verjährung **214** 15 f
  Einwendungen **205** 4
  elektive Konkurrenz **213** 1
  Eltern **197** 6
  Ende der Hemmung **204** 118 ff, 137 ff, 151
    Verfahrensabschluss **204** 141 ff
    – Erledigung der Hauptsache **204** 146
    – Grundurteil **204** 143
    – Klageabweisung als unzulässig **204** 142
    – Klageabweisung als zur Zeit unbegründet **204** 142
    – Klageänderung **204** 142
    – Klagerücknahme **204** 147
    – Mahnbescheid, Wegfall der Wirkung **204** 148
    – Prozessart, Unstatthaftigkeit **204** 142
    – Rechtskraft, formelle **204** 144
    – rechtskräftige Entscheidung **204** 142 ff
    – Verfahrensrücknahme **204** 147
    – Vergleich **204** 145
    – Vorbehaltsurteil **204** 143
    – Widerklage **204** 142
  Erfüllungsanspruch **199** 24
  Erwerb des Anspruchs durch den Kläger **204** 11
  familiäre Beziehungen **207** 1
  Fertigstellungsbescheinigung **204** 92
  Feststellungsklage **194** 8; **197** 37; **204** 20, 44
    negative Feststellungsklage **204** 39 f
  Fristablauf **194** 23
  Genehmigung **184** 38
  Gerichte, Überlastung **206** 5
  Gesamtgläubiger **209** 4
  Gesamtschuldner **209** 4
  Geschwister **207** 12
  Gestaltungsklagen **204** 48
  Güteantrag **203** 3; **204** 5, 59 ff, 100, 107, 150
    Anspruchsbezeichnung **204** 61
    Bekanntgabe **204** 60
    Gütestellen **204** 59
      s a dort
    – Zuständigkeit des Gerichts **204** 61
    obligatorischer Güteantrag **204** 104
  häusliche Gemeinschaft **207** 14
  Hemmungserstreckung **213** 1 ff
    s a Ansprüche, mehrere
  höhere Gewalt **204** 113; **205** 1, 7; **206** 1 ff; **209** 1

Verjährungshemmung (Forts)
  Individualabreden **202** 22
  Inhaberschaft an der Forderung **204** 7 f
  Insolvenzforderung **204** 98
  Insolvenzverfahren, Anmeldung der
    Forderung **204** 97, 140
    Höhe der Anmeldung **204** 98
    Masseforderungen **204** 97
  Kapitalanleger-Musterverfahren **204** 85a f
  Kindschaftsverhältnis **197** 6; **207** 1, 3, 11
  Klage, erneute **201** 10
  Klageantrag **204** 15, 17 f
  Klageentwurf **204** 24
  Klageerhebung **184** 33; **204** 4, 13 f, 22, 28 ff,
    39 ff, 107, 137; **205** 3; **209** 1; **213** 1, 11
    Anhängigkeit **204** 35
    ausländisches Gericht **204** 41
    ausländisches Recht **204** 41
    Begründetheit der Klage **204** 23
    Feiertag **193** 13
    künftige Leistung **204** 43
    Parteien **204** 23
    Samstag **193** 11
    Schlüssigkeit der Klage **204** 16, 23
    Sonntag **193** 13
    vor Verjährungsbeginn **204** 38
    Zulässigkeit der Klage **204** 24 ff, 30
    – Gerichtsbarkeit, deutsche **204** 24, 41
    – Gerichtsbarkeit, zuständige **204** 42
    – Parteifähigkeit **204** 25
    – Prozessfähigkeit **204** 26
    – Prozessführungsbefugnis **204** 27
    – Rechtshängigkeit,
      anderweitige **204** 27
    – Rechtskraft, anderweitige **204** 27
    – Rechtsschutzbedürfnis **204** 27
    – Rechtsweg **204** 27, 31
    – Zuständigkeit des Gerichts **204** 25, 41
  Klageerweiterung **204** 37, 43
  Klagezustellung **204** 31 ff
  Lebenspartnerschaft **197** 6; **207** 1, 10 f
  Leistungsklage **194** 8; **199** 3; **204** 20, 43
  Leistungsverweigerungsrechte **199** 43; **205**
    3, 19 ff
    Beweislast **205** 28
    Darlegungslast **205** 28
    Moratorium **205** 5, 20
    vereinbarte Leistungsverweigerungs-
      rechte **205** 5, 8
    vorübergehende
      Leistungsverweigerungsrechte **205** 4
  Mahnbescheid **184** 33; **204** 30, 138, 148; **206**
    18; **209** 1
    s a dort
  mehrere Ansprüche **213** 1 ff
  Moratorium **205** 5, 20
  Musterprozessabrede **199** 62; **202** 21; **203**
    13; **209** 2

Verjährungshemmung (Forts)
  Nachfrist **202** 21; **203** 17 f; **204** 3 f; **206** 30;
    209 5
  Nachlassverwaltung, Aufhebung **204** 11
  Neubeginn der Verjährung **205** 6; **209** 5
  Neubeginn während laufender
    Hemmung **203** 3
  Nichtbetreiben des Verfahrens **204** 118,
    124 ff, 130
    Beweislast **204** 135
    Prozessförderungspflicht **204** 125 ff
    Stufenklage **204** 131
    teilweises Nichtbetreiben **204** 134
    triftiger Grund **204** 130, 135
  Nichtehe **207** 9
  nichteheliche Lebensgemeinschaft **207** 5, 7
  pactum de non petendo **205** 14 ff
  Parteien **204** 6
  Parteivereinbarung **202** 21; **209** 2
  Personen **209** 4
  Pflegschaft **197** 6; **207** 1, 13
  Pietätsverhältnisse **207** 1, 5 ff
  Prozesshandlungen des Gerichts **204** 129
    Außenwirkung **204** 129
  Prozesshandlungen der Partei **204** 128
  Prozesskostenhilfeantrag **Vorbem 194–202**
    13; **199** 1; **204** 4, 24, 113 ff, 140; **212** 35
    Antrag **204** 116
    Bekanntgabe **204** 117
    – Absehen von Bekanntgabe **204** 116
    erstmaliger Antrag **204** 113
    für Prozesskostenhilfeverfahren **204** 115
    Missbrauch **204** 114
    Zwangsvollstreckung **204** 115
  Rechtsfortbildung **206** 9
  Rechtsnachfolge **198** 1; **209** 4
  Rechtsprechung, anspruchsfeindliche
    ständige **206** 8
  Rechtsverfolgung **Vorbem 194–202** 13;
    Vorbem 203–213 3; **204** 2
    Gläubiger **213** 8
    Hindernisse, rechtliche **205** 1, 7
    vorübergehende Hindernisse **205** 19
    Hindernisse, tatsächliche **205** 1; **206** 1
    öffentliches Recht **Vorbem 194–202** 42
    Unzumutbarkeit **205** 1
    Unzweckmäßigkeit **205** 2
  Rechtsverteidigung **204** 6
  Ruhen des Verfahrens **204** 122, 124
  Schadensersatz statt der ganzen
    Leistung **204** 64
  Schadensersatzklage **204** 18
  Schiedsgutachterverfahren **204** 100; **205** 9
  schiedsrichterliches Verfahren **204** 41,
    100 ff, 140
  Schiedsspruch **204** 47
  Schiedsvergleich **204** 47
  Schifffahrtrechtliches Verteilungsver-
    fahren **204** 99, 140

Verjährungshemmung (Forts)
Schuldner, richtiger **204** 12
Schuldnermehrheit **204** 12
Sechsmonatsfrist **204** 119, 128, 141
Sekundäranspruch **199** 24; **213** 6, 11, 13
selbständiges Beweisverfahren **Vorbem 194–202** 13, 47; **204** 4, 6, 86 ff, 139; **209** 1
sexuelle Selbstbestimmung, Verletzung **208** 1 ff
Stiefkindschaftsverhältnis **207** 1
Stillstand der Rechtspflege **206** 6
Streitgegenstand **204** 13 f, 22; **213** 1, 3
Streitverkündung **Vorbem 194–202** 47; **195** 9; **199** 43; **202** 22; **204** 75 ff, 139, 142; **209** 1; **213** 2
Stufenklage **204** 15, 43, 131
Stundung **Vorbem 194–202** 13; **205** 8 ff
Teilklage **204** 16 ff, 21
Terminierung **204** 126
Titulierung **212** 37
Titulierung des Anspruchs **204** 118 f
Übergang in streitiges Verfahren **204** 150
unbezifferte Klage **204** 19
Unkenntnis des Gläubigers Anschrift des Schuldners **199** 53
Unkenntnis des Gläubigers, entschuldbare **199** 76
Unterbrechung des Prozesses **204** 123, 127
Unterhalt Minderjähriger, Antrag auf Festsetzung **204** 49 ff, 137
  Antrag **204** 49 f
  – Mitteilung **204** 50 f
  – Unvollständigkeit **204** 50
  – Zustellung **204** 50 f
  Übergang in streitiges Verfahren **204** 52 f
  Unterhaltshöhe **204** 49
  Unterhaltszeitraum **204** 49
Urkunden, vollstreckbare **204** 45
Verbürgung der Gegenseitigkeit **204** 41
Verfahrenskostenhilfeantrag **204** 4, 113 ff
  s a Prozesskostenhilfeantrag
Verfahrensstillstand **204** 122 ff
Verfassungsbeschwerde **204** 40
Vergleich, vollstreckbarer **204** 45
Verhandlungen **Vorbem 194–202** 13, 38, 47; **199** 1; **202** 21 f; **203** 1; **205** 9
  öffentliches Recht **Vorbem 194–202** 44
Verjährungsvereinbarung **202** 21 f
  nachträgliche Vereinbarungen **202** 22
Verpflichteter **204** 6, 12
Versicherungsvertragsrecht **209** 2, 4
durch Verwaltungsakt **197** 54
Vollendung des 21. Lebensjahres **207** 14
Vollstreckungsabwehrklage **204** 45
Vollstreckungsklausel **204** 41, 45
Vollstreckungsurteil **204** 41, 46
Vormundschaft **197** 6; **207** 13
Vornahme einer Handlung, Antrag auf **204** 37

Verjährungshemmung (Forts)
Vorverfahren, behördliches **204** 104 ff; **210** 9
  Antrag **204** 106 f
  Dreimonatsfrist **204** 107, 151
  Güteantrag **204** 107
  Klageerhebung **204** 107 f
  Klagefristen **204** 107
  Landesrecht **204** 105
  Nichtbetreiben des Verfahrens **204** 140
  öffentliches Recht **204** 105
  Sachurteilsvoraussetzung **204** 105
  – Bundesleistungsgesetz **204** 105
  – Entschädigung für Strafverfolgungsmaßnahmen **204** 105
  – Nato-Truppenstatut **204** 105
  – Schutzbereichsgesetz **204** 105
  Vertragshilfeverfahren **204** 105
Wechsel **209** 2
Weiterbetreiben des Prozesses **204** 132
  Begründung der abgegebenen Sache **204** 133
  Prozessgebühr, Zahlung **204** 133
  teilweises Weiterbetreiben **204** 134
  Terminsantrag **204** 133
Widerklage **204** 37, 39, 43
Wirkung **209** 7
Zeitraum **186** 9
Zuständigkeitsbestimmung, gerichtliche **204** 109 ff
  Dreimonatsfrist **204** 111, 151
  Klageerhebung **204** 111
  Nichtbetreiben des Verfahrens **204** 140
Zustellung, Rückwirkung **204** 4
Zwischenfeststellungsklage **204** 37
Verjährungsneubeginn
Anerkenntnis **196** 1, 3; **Vorbem 203–213** 3; **203** 2; **212** 1, 3 ff; **213** 9
Begriff **Vorbem 203–213** 2; **212** 1
Erneuerungswirkung **212** 42 ff
Fristablauf **Vorbem 203–213** 2
Neubeginn **184** 38; **194** 23
Titulierung der Forderung **Vorbem 203–213** 2 f
Verjährungsbeginn **Vorbem 203–213** 2
Verjährungsfrist **Vorbem 203–213** 2
Verjährungshemmung **205** 6; **209** 5
Vollstreckungsantrag **193** 11; **212** 35, 37 f
  Adressat **212** 39
    Gerichtsvollzieher **212** 39
    Grundbuchamt **212** 39
    Prozessgericht **212** 39
    Schiffsregisterbehörde **212** 39
    Vollstreckungsgericht **212** 39
  Anregungen **212** 40
  Einleitung des Vollstreckungsverfahrens **212** 40
  Einstellung der Zwangsvollstreckung **212** 40

Verjährungsneubeginn (Forts)
  Fortsetzung des
    Vollstreckungsverfahrens **212** 40
  Gegenstand **212** 40
  Kenntnis des Schuldners **212** 38
  neuer Antrag **212** 49
  Unzulässigkeit **212** 38
  Zugang **212** 39
  Zurückweisung **212** 38
  Vollstreckungsauftrag, Rücknahme **212** 40, 47
  Vollstreckungsauftrag, Zurückweisung **212** 48, 50
  Vollstreckungsmaßnahmen **Vorbem 203–213** 3; **212** 1, 35 ff
  Arrest **212** 37
  Aufhebung der
    Vollstreckungshandlung **212** 37
  Beugemaßnahmen **212** 44
  Drittwiderspruchsklage **212** 45
  eidesstattliche Versicherung **212** 45
  Einstellung der Zwangsvollstreckung, Anträge **212** 36
  einstweilige Verfügung **212** 37
  Erinnerung **212** 45
  Erlösauskehr **212** 42
  Ermächtigungsbeschluss **212** 44
  Gegenanträge des Gläubigers **212** 36
  Klage auf vorzugsweise
    Befriedigung **212** 45
  Pfändung einer Sache **212** 42
  Pfändungs- und
    Überweisungsbeschluss **212** 42
  Rechtmäßigkeit **212** 41
  Sicherungshypothek **212** 42
  Sicherungsvollstreckung **212** 37
  sofortige Beschwerde **212** 45
  Titelumschreibung **212** 37
  Urteilszustellung **212** 37
  verfahrensbegründender Charakter **212** 40 ff
  verfahrensfördernder Charakter **212** 40 ff
  Verurteilung zu
    Ordnungsgeld/Ordnungshaft **212** 44
  – Androhung **212** 44
  Verurteilungsbeschluss **212** 44
  Verwertung einer Sache **212** 42
  Vollstreckungsabwehrklage **212** 36
  Vollstreckungshandlungen **212** 41
  Vollstreckungsklausel **212** 37
  Vollstreckungstitel **212** 37
  vorläufige Vollstreckbarkeit **212** 37
  Vorpfändung **212** 42
  Wegnahme einer Sache **212** 42
  Zahlung des Drittschuldners **212** 45
  Zwangsversteigerungsverfahren **212** 42
  Zwangsverwaltung **212** 42

Verjährungsunterbrechung
  Klageerhebung **184** 33
  Mahnbescheid **184** 33
Verjährungsvereinbarung
  AGB-Kontrolle **202** 2 f, 6, 9, 15 ff
    Gleichbehandlung der Parteien **202** 9
    Unangemessenheit **202** 9
  Anerkenntnis **202** 13, 19; **212** 21a
  Annahme **202** 6
  Anspruchskonkurrenz **202** 8
  Auslegung **202** 8
  Drittwirkung **202** 8
  Einredeerhebung **202** 29
  Formbedürftigkeit **202** 6
  Gerichtsstand **202** 13
  Gewährleistung **202** 2, 18
  GmbH-Geschäftsführer **202** 8
  Haftung für Vorsatz **202** 1, 12
  Haltbarkeitsgarantie **202** 2
  Individualabreden **202** 3, 6, 12 f
  Leistungsbestimmung, einseitige **202** 9a
  mittelbare Vereinbarungen **202** 4
  Nebenleistungen **202** 29
  Novation **202** 4
  Privatautonomie **202** 1, 3
  Rahmenvertrag **202** 6
  Rechtsgeschäft **202** 6
    einseitiges Rechtsgeschäft **202** 10
  Regelverjährung **202** 18
  Schadensersatzansprüche **202** 18
  Sittenwidrigkeit **202** 3
  Spareinlagen **197** 7
  Stellvertretung **202** 6
  Transparenzgebot **202** 23
  Treu und Glauben **202** 3
  Umdeutung **202** 5
  unmittelbare Vereinbarungen **202** 4
  unverjährbare Ansprüche **202** 11
  Verhandlungen **202** 13
  Verjährungsbeginn **202** 7, 16, 18, 23 ff
  Verjährungserleichterung **202** 1, 11 ff, 15 ff
  Verjährungserschwerung **202** 1, 18
  Verjährungsfrist **197** 7; **202** 4, 7
    Fristverkürzung **202** 14, 17
    Fristverlängerung **202** 27
  Verjährungshemmung **202** 7, 15, 21 f
  Verjährungshöchstfrist **202** 1, 28
  Verjährungsneubeginn **202** 7
  Verwirkung **202** 3
  Vorteilhaftigkeit, lediglich rechtliche **202** 6
  Zeitpunkt **202** 6
Verkaufskommission
  Veräußerungsermächtigung **185** 32
Verkehrsrichtiges Verhalten
  Erfolgsvermeidungspflicht **227** 39
  Gefahrvermeidungspflicht **227** 39
  Rechtfertigungsgründe **227** 39
Verkehrssitte
  Fristeinhaltung **188** 3

Verkehrssitte (Forts)
  Gestattung des Selbstkontrahierens **181** 52, 56
  Vollmachtsumfang **181** 52
Verkehrsunfall
  Internationales Privatrecht **229** 56
  Verhandlungen **203** 15
Verlässlichkeitsprüfung
  Wissenszurechnung **166** 5 f
Verlagsvertrag
  Handeln in fremdem Namen **164** 2
Verlöbnis
  Ansprüche aus Auflösung, Verjährungsfrist **186** 13; **195** 47
  Verjährungsbeginn **200** 10
  Notwehr **227** 12
  Vertretungsverbot **Vorbem 164 ff** 41
Vermächtnis
  Annahme **211** 4
  aufschiebend bedingtes Vermächtnis **186** 14
  Minderjährigenschutz **181** 62a
  Verjährung **197** 20
  Verjährungshöchstfrist **199** 101
  Verjährungsvereinbarung **202** 10
  Vermächtnisnehmer, Festlegung der Person, Frist **186** 15
Vermächtnisanspruch
  Verjährung **196** 9
Vermieterpfandrecht
  Konvaleszenz **185** 93 f
  Rechtfertigungsgrund **227** 37
  Selbsthilfe **229** 8
  Sicherheitsleistung, Abwendung durch **Vorbem 232 ff** 4
  Veräußerung von Mietersachen, freihändige **184** 28
Vermittlungstheorie
  Stellvertretung **Vorbem 164 ff** 11, 32
Vermittlungsvertreter
  Vertretungsmacht **Vorbem 164 ff** 93
Vermögen, gegenwärtiges
  s Vertrag über das gegenwärtige Vermögen
Vermögensschäden
  Schadenseintritt **199** 33 ff
  Vermögensgefährdung **199** 33, 36
Vermögensverwalter
  Vertretung ohne Vertretungsmacht **177** 19
  Vertretungsverbot **181** 18
  Vollmachterteilung an Vermögensinhaber **167** 66
Verpächterpfandrecht
  Konvaleszenz **185** 93 f
  Selbsthilfe **229** 8
Verpachtung
  Rechte **Vorbem 164 ff** 67
Verpfändung
  Ersatzansprüche, Verjährungsfrist **186** 13

Verpflichtung
  Anspruch **194** 14
Verpflichtungsermächtigung
  Begriff **185** 108
  Besitzüberlassung **Vorbem 164 ff** 71
  Gegenstände des Ermächtigenden **Vorbem 164 ff** 71
  Gläubigerschutz **Vorbem 164 ff** 70
  Mithaftung des Ermächtigenden **185** 109
  offengelegte Verpflichtungsermächtigung **185** 110
  Offenheitsprinzip **Vorbem 164 ff** 65, 70 f
  Privatautonomie **Vorbem 164 ff** 71
  Schuldbeitritt **Vorbem 164 ff** 70
  Schuldübernahme **Vorbem 164 ff** 70
  verdeckte Verpflichtungsermächtigung **185** 108 f
  Zurückweisungsrecht **185** 109
Verpflichtungsgeschäft
  kollidierende Rechtsgeschäfte **164** 10
  Stellvertretung **Vorbem 164 ff** 38
Verrechnung
  verjährte Forderung **215** 10
Verrichtungsgehilfen
  Drittverhalten, zurechenbares **Vorbem 164 ff** 2
Versäumnisurteil
  Einrede der Verjährung **214** 11
  unechtes Versäumnisurteil **214** 11
  Verjährung **197** 5
Versandhandel
  Sammelbestellung **164** 2
Verschweigungseinrede
  Frist **186** 14
Versicherungsberater
  Wissenszurechnung **166** 7
Versicherungsmakler
  Vollmachtsumfang **167** 86a
  Wissenszurechnung **166** 7
Versicherungsrecht
  Fristbestimmungen **186** 14
  Zahlungsfristen **187** 6
Versicherungsvertragsrecht
  Auge-und-Ohr-Rechtsprechung **166** 7
  Direktanspruch des Versicherers **Vorbem 203–213** 5; **203** 20
  Fristen **186** 24
  Führungsklausel **167** 86a
  Geldleistungen des Versicherers **199** 21
  Genehmigung, familiengerichtliche **182** 10
  Insichgeschäft **181** 44
  Klagefrist **193** 56
  Kündigungserklärung **193** 23
  Mitversicherung **167** 86a
  Obliegenheiten **194** 11
  Rückwärtsversicherung **166** 7
  Verjährungshemmung **Vorbem 203–213** 4 f; **205** 1; **209** 2, 4
  Versicherung für fremde Rechnung **166** 7

Versicherungsvertragsrecht (Forts)
  Vertretungsverbot **181** 18
  Wissenserklärungsvertreter **Vorbem 164 ff** 86; **166** 7, 10
  Wissensvertreter **Vorbem 164 ff** 86; **166** 7
  Wissenszurechnung **166** 7, 10
  Zustimmungen, Formbedürftigkeit **182** 26
Versicherungsvertreter
  Vertretungsmacht **Vorbem 164 ff** 93
  Vollmachtsumfang **167** 86a
  Wissensvertreter **166** 7
  Wissenszurechnung **166** 7
Versorgungsleistungen
  wiederkehrende Leistungen **197** 84
Versorgungszusage
  Unverfallbarkeitsfrist **186** 14
Versteigerung
  Gestattung des Selbstkontrahierens, konkludente **181** 52
  Handeln in fremdem Namen **164** 2
  Kommissionsgeschäft **164** 2
  Stellvertretung, mittelbare **164** 2
  Stellvertretung, unmittelbare **164** 2
Vertrag
  Bindungsdauer **202** 4a ff
  Genehmigung, konkludente **182** 9
  Rückdatierung **199** 10
Vertrag, dinglicher
  s Dinglicher Vertrag
Vertrag über das gegenwärtige Vermögen
  Vollmachten, Formbedürftigkeit **167** 22
Vertrag über den gesetzlichen Erbteil
  Verjährungshöchstfrist **199** 103
Vertrag über den Nachlass eines noch lebenden Dritten
  Verjährungshöchstfrist **199** 103
Vertrag über den Pflichtteil
  Verjährungshöchstfrist **199** 103
Vertrag zugunsten Dritter
  alteri stipulari nemo potest **Vorbem 164 ff** 94
  Drittwirkung **Vorbem 164 ff** 94
  Verjährung, Kenntnis des Gläubigers **199** 54
Vertrag zugunsten Dritter auf den Todesfall
  Selbstkontrahieren **181** 32
  Verjährungshöchstfrist **199** 104
Vertragliche Haftung
  Verjährung **195** 37 ff
Vertragsangebot
  Annahme, Vorlegung der Vollmachtsurkunde **174** 2
Vertragsaufhebung
  Genehmigungsmöglichkeit, Wegfall **184** 8
Vertragsfreiheit
  Handeln für den, den es angeht **Vorbem 164 ff** 51
  Verjährung **Vorbem 194–202** 13

Vertragskonzern
  Mehrvertretung **181** 21, 33
Vertragsofferte
  Annahme durch falsus procurator **184** 21
  Befristung **184** 21
Vertragsstrafe
  Erbbaurecht **195** 45
  Sicherungsmittel **Vorbem 232 ff** 1
  Verfall **193** 14
  Verjährung des Hauptanspruchs **217** 7
  Verjährungsbeginn **199** 15, 25
Vertragsübernahme
  Eintreten unter Zustimmung des Vertragspartners **Vorbem 182–185** 31 f
  Mitwirkung als Vertragspartei **Vorbem 182–185** 31
  Vertrag, dreiseitiger **Vorbem 182–185** 32; **182** 24
  Vertrag, zweiseitiger **Vorbem 182–185** 32; **182** 24
  Zerlegungstheorie **Vorbem 182–185** 32
  Zustimmung des Ausscheidenden **Vorbem 182–185** 32
  Zustimmung, Anfechtung **Vorbem 182–185** 45
  Zustimmung, Form **182** 24
  Zustimmung, konkludente **182** 10
Vertragsverhandlungen
  Abschlussvollmacht **164** 11
  Duldung des Drittverhaltens **Vorbem 164 ff** 39
  Eigenhaftung des Handelnden **Vorbem 164 ff** 39
  Erfüllungsgehilfenschaft **Vorbem 164 ff** 39
  Stellvertretung **Vorbem 164 ff** 39
  Verhandlungsvollmacht **164** 11
  Verjährung **202** 3
Vertragsverlängerung
  Schikane **226** 27
Vertrauensschutz
  Stellvertretung **Vorbem 164 ff** 37
Vertreter
  Abhängigkeit vom Vertretenen **Vorbem 164 ff** 58
  berufsmäßige Tätigkeit **164** 15
  Bestellung, rechtsgeschäftliche **Vorbem 164 ff** 58
  culpa in contrahendo **164** 12 ff
  Eigengeschäft **164** 16
    Anfechtung **164** 17, 21
  Eigenhaftung **164** 12 ff
  Eigeninteresse **164** 15
  Falschangaben **164** 13
  Nebenpflichtverletzung **164** 15
  Sachwalterhaftung **164** 15
    Architekten **164** 15
    Quasiverkäufer **164** 15
    Unternehmensberater **164** 15
  Stimmabgabe **174** 2

Vertreter

Vertreter (Forts)
  unerlaubte Handlung **164** 13
  Verpflichtung neben dem
    Vertretenen **164** 12
  Vertreter mit gebundener Marschroute
    Vorbem 164ff 82, 84
  Weisungsgebundenheit **Vorbem 164ff** 58
  Willensmängel **Vorbem 164ff** 32
  Zuständigkeit, sekundäre **Vorbem 164ff** 17
Vertreter in der Erklärung
  Adoptionsvertrag **Vorbem 164ff** 83, 85
  Betriebsratsvorsitzender **Vorbem 164ff** 85
  Botenschaft, Ausschluss **Vorbem 164ff** 82
  Erklärungsabgabe mit Drittwirkung
    Vorbem 164ff 84
  Kirchenaustrittserklärung **Vorbem 164ff** 85
  Stellvertretung, Ausschluss **Vorbem
    164ff** 82
Vertretererklärung
  Anfechtung **166** 19
Vertretergeschäft
  Anfechtung **167** 82a
  Anwesenheit des Vertretenen **166** 34
  Benennung des Vertretenen **164** 5
  Bestimmung des Vertreters **Vorbem
    164ff** 35
  Form **Vorbem 164ff** 78, 80
  Formbedürftigkeit **164** 2; **182** 28
  Formmangel **179** 9, 24
  Genehmigung **167** 24; **173** 1
  Geschäftsfähigkeit, beschränkte **165** 1
  geschäftsunfähige Person **Vorbem 164ff** 78
  Gesetzesverstoß **179** 9, 24
  Gutglaubensschutz **173** 8
  neutrales Geschäft **165** 1
  Nichtigkeit **179** 9, 24
  Rechtskreis des Vertretenen **167** 1
  Sittenwidrigkeit **179** 9, 24
  Stellvertretung **Vorbem 164ff** 32
  verfügendes Vertretergeschäft **167** 9
  Vertreterzusatz **164** 2
  Vertretung ohne Vertretungsmacht
    s dort
  Vertretungsmacht **164** 5
  Vollmachtserteilung **167** 11
  Wegfall der Geschäftsgrundlage **168** 2
  Widerspruch des Vertretenen **166** 34
Vertreterhandeln
  Doppelverpflichtung **164** 9
  Fremdwirkung **164** 4 f
  Handeln zugleich im eigenen Namen **164** 3, 9; **177** 6
  Kenntnis des Vertretenen **164** 5
  Mitverpflichtung **164** 9
  Offenkundigkeit **Vorbem 164ff** 13 f
    s a Offenheitsprinzip
  unmittelbare Wirkung **164** 9
  Vertretungswille **164** 4

Vertreterzusatz
  Vertretergeschäft **164** 2
Vertretung, gesetzliche
  Alter **Vorbem 164ff** 1
  Angehörige, nahe **Vorbem 164ff** 24
  Betreuer **Vorbem 164ff** 24
  culpa in contrahendo **177** 25
  Dritthandeln, zurechenbares **Vorbem
    164ff** 1
  Eltern **Vorbem 164ff** 24
  Familienrecht **Vorbem 164ff** 23
  Fürsorge **Vorbem 164ff** 58
  Gebrechen, geistige **Vorbem 164ff** 1
  Gebrechen, körperliche **Vorbem 164ff** 1
  Geschäftsfähigkeit, beschränkte **165** 6; **166** 16
  Geschäftsunfähigkeit **166** 16
  Handeln in fremdem Namen **164** 11
  Insichgeschäft **181** 18, 47
  des Kindes
    Gesamtvertretung **Vorbem 164ff** 20
  Mehrvertretung **181** 57
  Missbrauch der Vertretungsmacht **167** 99
  Pfleger **Vorbem 164ff** 24
  Selbstkontrahieren, Gestattung **181** 55 ff, 62a
    Pflegerbestellung **181** 47, 55, 57
    Verkehrsübung **181** 56
    – Sparkonto, Einzahlungen **181** 56
  Staatsakt **Vorbem 164ff** 24
  Testamentsanfechtung **181** 40
  Untervollmacht **167** 66
  Vereinsvorstand **Vorbem 164ff** 25
  Vertretung ohne Vertretungsmacht **177** 4
  Vertretungsverbot **181** 18
  Vollmachterteilung **168** 24
  Vormund **Vorbem 164ff** 24
  Weisungen **166** 31
  Willensmängel **166** 2, 16
Vertretung ohne Vertretungsmacht
  Anfechtung **180** 1
  Anfechtung der Bevollmächtigung **167** 81
  Anfechtungsrecht **178** 5
  Aufforderung zur Genehmigung
    s Genehmigung des Vertreterhandelns
  Auflassung **177** 2
  Aufrechnung **180** 1
  Auslobung **180** 1
  Bereicherungsanspruch **177** 27
  Beweislast **177** 28; **179** 26 f
  culpa in contrahendo **180** 3
  Eigenhaftung des Vertreters **179** 5 ff
    s a Haftung
  Eigenhaftung des vollmachtlosen
    Vertreters **177** 23
  Eigentumsaufgabe **180** 1
  Erbschaftsannahme **180** 1
  Erbschaftsausschlagung **180** 1
  Erfüllungsverlangen **185** 75

Vertretung ohne Vertretungsmacht (Forts)
  Fehlen der Vertretungsmacht **177** 5
  Garantenhaftung, gesetzliche **179** 2, 12, 17
  Gemeinden **177** 3
  Genehmigung des Vertreterhandelns
    Vorbem 164 ff 18; **166** 3; **167** 23, 89; **177** 8 f;
    179 6; **184** 2, 4
  Adressat **177** 10a
  Anfechtbarkeit **177** 10a
  Aufforderung zur Genehmigung **177** 13;
    178 3; **Vorbem 182–185** 42
  – Erklärungsfrist **177** 13
  ausdrückliche Genehmigung **177** 10
  Ausschlussfristen **177** 9
  Außenverhältnis **177** 11
  beredtes Schweigen **177** 11
  Einschränkungen **177** 15
  Form **177** 10
  Formfreiheit **167** 23
  Formnichtigkeit **177** 9
  Fristablauf **177** 9
  fristgebundene Rechtsgeschäfte **177** 9
  Genehmigungserklärung **177** 10 ff
  – schlüssiges Verhalten **177** 11
  Gesamtvertretung **177** 14
  Geschäftsfähigkeit, beschränkte **177** 16
  Geschäftsführung ohne Auftrag **177** 17
  Geschäftsunfähigkeit **177** 9
  Gesetzeswidrigkeit **177** 9
  gesetzliche Vertretung **177** 4
  Innenverhältnis **177** 11
  Kennenmüssen des Vertretenen **166** 29
  Kenntnis des Vertretenen **166** 29
  konkludente Genehmigung **177** 10
  notariell beurkundeter Vertrag **182** 7
  öffentlich-rechtliche
    Beschränkungen **177** 9
  Rückwirkung **177** 10
  schlüssiges Verhalten **167** 89
  Sittenwidrigkeit **177** 9
  Stillschweigen **177** 11
  Teilgenehmigung **177** 15
  über das abgeschlossene Rechtsgeschäft
    hinausgehende Genehmigung **177** 15
  Verfügungsgeschäft **177** 10
  Verjährungsfrist **177** 9
  Vertragsangebote, befristete **177** 9
  Verweigerung **177** 12, 17, 23; **179** 6, 8
  – Anfechtbarkeit **177** 12
  – culpa in contrahendo **177** 23
  – Unwiderruflichkeit **177** 12
  – Verwirkung **177** 12
  Verzugseintritt **177** 9
  Weisungen des Vollmachtgebers **166** 29
  Widerrufsrecht, einseitiges **184** 9
  Willensmängel **177** 9
  Wirksamkeitshindernisse **177** 9
  Wissenszurechnung **177** 9
  Zuständigkeit **177** 10a

Vertretung ohne Vertretungsmacht (Forts)
  Zustimmung eines Dritten **177** 16
  Geschäftsfähigkeit, beschränkte **165** 2
  Geschäftsführung ohne Auftrag **177** 27
  gesetzliche Vertretung **177** 4
  gewillkürte Stellvertretung **177** 3
  Haftung **167** 23; **179** 2, 9
    Abdingbarkeit **179** 3
    Allgemeine
      Geschäftsbedingungen **179** 3
    Anfechtbarkeit des Vertrages **179** 10
    Anfechtung der ausgeübten Innenvollmacht **167** 81 f; **179** 18
    Anfechtung der
      Bevollmächtigung **179** 10
    Ausschluss **179** 18 f
    Ausschlussfristen **179** 15
    Beweislast **179** 7
    culpa in contrahendo **179** 20
    Einstandspflicht,
      verschuldensunabhängige **179** 2
    erdichtete Personen **179** 22
    Erfüllungsanspruch **179** 12 ff
    – dingliche Verträge **179** 13
    – Gerichtsstand **179** 14
    – höchstpersönliche
      Vertragspflichten **179** 13
    – individuelle Geschäfte **179** 13
    – Schiedsklausel **179** 14
    – Sekundäransprüche **179** 14 f
    – Stückschulden **179** 13
    – Unmöglichkeit der Erfüllung **179** 13
    Verjährung **179** 15
    – Vertrag zugunsten Dritter **179** 14
    – des Vertreters **179** 14
    – Zahlungsunfähigkeit des
      Vertretenen **179** 15
    Fälligkeit **199** 8
    Formmangel des Vertrages **179** 9, 24
    Formpflichtigkeit der Vollmacht **167** 23
    Garantieversprechen, stillschweigendes **179** 2, 6
    Genehmigungsverweigerung **179** 6, 8
    gesamtschuldnerische Haftung **179** 4
    Geschäft für den, den es angeht **179** 22
    Geschäftsfähigkeit des Vertreters,
      beschränkte **179** 9, 19
    Geschäftsunfähigkeit des Vertretenen **179** 9, 21
    Geschäftsunfähigkeit des
      Vertreters **179** 9
    Gesetzesverstoß des Vertrages **179** 9, 24
    Inaussichtstellen der
      Fremdwirkung **179** 5
    Insolvenz des Vertretenen **179** 9, 20
    Kennenmüssen des Mangels der
      Vertretungsmacht **179** 19
    Kenntnis eines
      Anfechtungsgrunds **179** 11

Vertretung ohne Vertretungsmacht

Vertretung ohne Vertretungsmacht (Forts)
 Kenntnis des Mangels der Vertretungsmacht **179** 11, 19
 Liquidatorbestellung **179** 19
 Missbrauch der Vertretungsmacht **179** 6
 Mitverschulden **179** 20
 Nachforschungspflicht **179** 12, 19
 Nachreichung der Vollmacht **179** 19
 Nachweis der Vertretungsmacht **179** 7, 12
 Namhaftmachung des Geschäftsherrn **179** 22
 negatives Interesse **167** 23, 81; **179** 4, 17
 Nichterfüllungshaftung **179** 2
 nichtexistierende Personen **179** 22
 Nichtigkeit des Vertrages **179** 24
 Offenheitsprinzip **179** 5
 Rechtsscheinsvollmacht **179** 6
 Schadensersatz **179** 12 f
 – Erfüllungsinteresse ohne Naturalrestitution **179** 16
 – negatives Interesse **179** 16
 – Schadenersatz statt der Leistung **179** 16
 – Schadensberechnung **179** 16
  abstrakte Schadensberechnung **179** 18
 – Verjährung **179** 16
 – Vorprozess, erfolgloser **179** 16
 Schutzwürdigkeit, fehlende **179** 18
 Sittenwidrigkeit des Vertrages **179** 9, 24
 Unterbevollmächtigter **179** 6
 Verschulden **179** 11
 Vertrauen, erwecktes **179** 2, 18
 Vertrauensinteresse **179** 18
 Vertretener **177** 23 ff; **179** 4, 6, 20
 – Verfügungsmacht, fehlende **179** 9
 Vertreter **179** 4
 Wahlrecht des Vertragspartners **179** 12 f, 15
 Wahlschuldverhältnis **179** 13
 Widerrufsrecht bei Verbraucherverträgen **179** 10
Handeln ohne Vertretungsmacht **Vorbem 164 ff** 18; **177** 5 ff; **179** 6
 Erklärung zugleich im eigenen und im fremden Namen **177** 6
 Gesamtvertretung **177** 5
 Handeln unter fremdem Namen **177** 5
 höchstpersönliche Rechtsgeschäfte **177** 7
 Irrtum **177** 7
 Kennenmüssen **177** 7
 Kenntnis **177** 7
 Missbrauch der Vertretungsmacht **177** 5
 Nichtgebrauch der Vertretungsmacht **177** 6
 schwebende Unwirksamkeit geschlossener Verträge **177** 8
 Vertretungsverbote **177** 7
 Vollmachtsüberschreitung **177** 5

Vertretung ohne Vertretungsmacht (Forts)
 Innenverhältnis Vertretener/Vertreter **165** 4
 juristische Personen des öffentlichen Rechts **177** 3
 Kündigung **180** 1, 11
  Arbeitsverhältnis, außerordentliche Kündigung **180** 6
 Mehrvertretung **181** 15
 Organe juristischer Personen **177** 3
 Organwaltung **177** 3
 Prozessvertretung **177** 2
 Rechtsgeschäfte, einseitige **177** 1 f; **180** 1;
  Vorbem 182–185 14; **182** 47
  amtsempfangsbedürftige Willenserklärungen **180** 1, 11; **182** 47
 – Abgabe gegenüber Behörde **180** 11
 – Abgabe gegenüber Privatperson **180** 11
  empfangsbedürftige Willenserklärung **180** 1 f
 – Abstimmungen **180** 11
 – aktive Stellvertretung **180** 4 ff
 – Arbeitsverhältnis, außerordentliche Kündigung **180** 6
 – Beanstandung des Behauptens des Vertretungsmacht **180** 6 f
 – Behaupten der Vertretungsmacht **180** 6
 – Einverständnis des Adressaten **180** 4 f, 8 f
 – Genehmigung des Erklärungsempfangs **180** 8 ff; **Vorbem 182–185** 14
 – Kündigung **180** 11
 – passive Stellvertretung **180** 8 ff
  juristische Personen des öffentlichen Rechts **180** 11
  nichtempfangsbedürftige Willenserklärungen **180** 1 f
  Vollmachtserteilung, vollmachtslose **180** 1
 rechtsgeschäftsähnliche Handlungen **180** 1
 Rücktritt **180** 1
 Umgehungsgeschäft **177** 2
 unerlaubte Handlung **180** 3
 Untervertretung **167** 73
 Verbot vollmachtslosen Handelns **177** 1 f; **180** 1 ff
  Beweislast **180** 14
 Verfügungen **185** 75
 Verhandlungen **203** 9
 Verschulden **177** 23 f
 Vertrag **177** 1 f
  dinglicher Vertrag **177** 2
 Verwaltungsverfahren **Vorbem 164 ff** 98
 Vollmacht, Formnichtigkeit **167** 23
 Vollmachtsüberschreitung **167** 89
 Widerrufsrecht **178** 1 ff; **179** 6
  Änderungsvorschlag **178** 2

Vertretung ohne Vertretungsmacht (Forts)
Anfechtungsausschluss **178** 5
Beweislast **178** 8
einseitige Rechtsgeschäfte **178** 6
Kennenmüssen des Mangels der Vertretungsmacht **178** 4
Kenntnis des Mangels der Vertretungsmacht **178** 4
Vor-Kapitalgesellschaft **178** 7
Vor-Personengesellschaft **178** 7
Willenserklärung, einseitige empfangsbedürftige **178** 2
– konkludente Erklärung **178** 2
Willensbetätigungen, bloße **180** 1
Willensmängel **166** 3; **178** 5
Zustimmung **Vorbem 182–185** 21

Vertretung, organschaftliche
s Organvertretung

Vertretungsmacht
Abstraktionsprinzip **Vorbem 164 ff** 33 f
Amtsstellung **Vorbem 164 ff** 34
Aufgabenübertragung **167** 13
Beendigung
Rückgabe der Vollmachtsurkunde **175** 1
Begriff **Vorbem 164 ff** 16
einheitlicher Begriff **Vorbem 164 ff** 21, 25
Beschränkungen **170** 3; **171** 7; **173** 6
Bestellung **Vorbem 164 ff** 34
Beweislast **164** 26; **179** 26 f
Botenschaft trotz Vertretungsmacht **Vorbem 164 ff** 80; **164** 3
Eigengeschäfte des Vertretenen **164** 10
Empfangsvertretung **164** 23
Erlöschen **168** 6
Ermächtigung **Vorbem 164 ff** 64
Fähigkeit des Bevollmächtigten **Vorbem 164 ff** 16; **167** 9
Fähigkeit zum rechtsgeschäftlichen Handeln **164** 10
Gesetz **Vorbem 164 ff** 34; **177** 5
gesetzliche Begründung **Vorbem 164 ff** 21
gesetzliche Vertretungsmacht, Ende **168** 24
Gestaltungsrecht **Vorbem 164 ff** 16
Gutglaubensschutz **168** 6; **171** 1
Handeln in fremdem Namen **164** 3, 5
Handeln ohne Vertretungsmacht, Genehmigung **Vorbem 164 ff** 18
Irrtum **178** 5
kraft Gesetzes **164** 8; **167** 1
Kundgabe der Bevollmächtigung **171** 12
Legitimation **Vorbem 164 ff** 17, 21
Liquidatorbestellung **179** 19
Missbrauch der Vertretungsmacht **Vorbem 164 ff** 34; **167** 91 ff
s a dort
Nachforschungspflicht **179** 12, 19
Nachweis **179** 7, 12
Offenheitsprinzip **164** 5

Vertretungsmacht (Forts)
organschaftliche Vertretungsmacht **Vorbem 164 ff** 21, 25; **164** 8; **167** 1
Partei kraft Amtes **Vorbem 164 ff** 21
Personenmehrheit **167** 51
Recht, anwendbares **181** 1
Recht, subjektives **Vorbem 164 ff** 16 f
Rechtsgeschäft **177** 5
rechtsgeschäftliche Erteilung **Vorbem 164 ff** 21 f; **164** 8; **167** 1
Rechtsschein, anerkannter **177** 5
Satzung **Vorbem 164 ff** 25
Staatsakt **167** 1
Teilvertretungsmacht **167** 95
Übertragbarkeit **167** 4
Untervollmacht **167** 60 ff
s a dort
Verjährungseinrede **214** 6
Verpflichtungen des Bevollmächtigten **167** 8
Vertreter ohne Vertretungsmacht **Vorbem 164 ff** 18
Vertretergeschäft **164** 5
Vertreterhandeln **Vorbem 164 ff** 36
Verwaltung, auferlegte **Vorbem 164 ff** 21
Vollmacht **167** 1
Vollmachtserteilung **167** 8
Widerruf der Vollmacht **168** 6
Willenserklärungen, Abgabe **164** 8

Vertretungsverbote
Botenschaft **Vorbem 164 ff** 79
Eheschließung **Vorbem 164 ff** 40
Erbverzicht **Vorbem 164 ff** 40
Erklärungsabgabe, persönliche **Vorbem 164 ff** 40
Handeln ohne Vertretungsmacht **177** 7
Lebenspartnerschaft, Begründung **Vorbem 164 ff** 40
letztwillige Verfügungen **Vorbem 164 ff** 40

Vertretungswille
Annahme ohne Erklärung gegenüber dem Antragenden **Vorbem 164 ff** 36
Bekanntgabe **164** 4
Bestätigung des anfechtbaren Rechtsgeschäfts **Vorbem 164 ff** 36
Empfangsvertreter **Vorbem 164 ff** 36
Erklärungsvertreter **Vorbem 164 ff** 36
Gesamtvertretung **164** 4
Irrtumsanfechtung **Vorbem 164 ff** 36
Rechtsscheinsvollmacht **167** 39
Rückbeziehung **Vorbem 164 ff** 36
Umstände **164** 4
Vertreterhandeln **164** 4
vollmachtloser Vertreter **Vorbem 164 ff** 36

Verwahrung
Rückgabeanspruch, Verjährungsbeginn **199** 12
Rücknahmeanspruch, Verjährungsbeginn **199** 88; **200** 10

Verwalter kraft Amtes
  s Partei kraft Amtes
Verwalterhaftung
  Hinweispflicht **199** 83
Verwalterhandeln
  Abwehranspruch **Vorbem 164 ff** 61
  Amt, privates **Vorbem 164 ff** 61
  Amtstheorie **Vorbem 164 ff** 61
  Insichgeschäfte **181** 38
  Interessenwahrung, mehrseitige **Vorbem 164 ff** 61
  neuere Vertretungstheorie **Vorbem 164 ff** 60 f
  neutrales Handeln **Vorbem 164 ff** 58
  Organtheorie **Vorbem 164 ff** 61
  Partei kraft Amtes **Vorbem 164 ff** 61
    s a dort
  Repräsentationstheorie **Vorbem 164 ff** 60 f
  Schadensersatzpflicht **Vorbem 164 ff** 61
  Tod des Amtsinhabers **Vorbem 164 ff** 61
  Vertretung, gesetzliche **Vorbem 164 ff** 60 f
Verwaltung, auferlegte
  Partei kraft Amtes **Vorbem 164 ff** 21
Verwaltungsakt
  Anfechtung **209** 2
  Anfechtungsfrist **188** 14
  Anfechtungsklage **199** 38
  Bekanntgabezeitpunkt **186** 9; **187** 10; **188** 6
  Fristbeginn **187** 10
  Insichgeschäft **181** 29
  privatrechtsmitgestaltender Verwaltungsakt **Vorbem 182–185** 60
  Rückwirkung **Vorbem 182–185** 62
  Selbsttitulierung staatlicher Ansprüche **197** 54
Verwaltungsgerichtsverfahren
  Anwaltszwang **Vorbem 164 ff** 96
  Fristberechnung **186** 18
  Fristverlängerung **190** 3
  Fristwahrung **193** 11
  Klagerücknahme, Einwilligung des Beklagten **Vorbem 182–185** 18
  Klagezustellung **204** 31
  Untätigkeitsklage **204** 105
  Verjährungshemmung, Ende **204** 121
  Vollmachtserteilung **Vorbem 164 ff** 96
  Wiedereinsetzungsantrag **188** 14
Verwaltungskosten
  Erstattungsansprüche, Verjährung **195** 48
  Verjährungshemmung **Vorbem 203–213** 4
  Verjährungsneubeginn **212** 2
  Zahlungsansprüche, Verjährung **195** 48; **200** 8
Verwaltungsverfahren
  Empfangsbevollmächtigter **Vorbem 164 ff** 98
  Feiertag **193** 8
  Fristberechnung **186** 17
  Fristverlängerung **190** 3

Verwaltungsverfahren (Forts)
  Fristwahrung **188** 6
  Notwehrrecht **227** 38
  Samstag **193** 8
  Sonntag **193** 8
  Stellvertretung **Vorbem 164 ff** 98
  Verjährungshemmung durch Verwaltungsakt **197** 54
  Verjährungsregelungen **Vorbem 194–202** 39
  Verjährungshemmung, Ende **204** 121
  Vertreter ohne Vertretungsmacht **Vorbem 164 ff** 98
  Vertreterbestellung **Vorbem 164 ff** 98
Verwaltungsvollstreckung
  Schikaneverbot **226** 41
Verwandtschaft
  Wissenszurechnung **166** 9
Verwendungen
  Erklärung über die Genehmigung **186** 16
Verwirkung
  Anfechtung **194** 18
  Ansprüche **Vorbem 194–202** 19, 22
    Kenntnis des Gläubigers **Vorbem 194–202** 31
    kurze Verjährung **Vorbem 194–202** 22, 27
    langfristige Verjährung **Vorbem 194–202** 24
    unverjährbare Ansprüche **Vorbem 194–202** 22; **194** 29
    wiederkehrende Leistungen **Vorbem 194–202** 22
  Aufbewahrungsfristen für Unterlagen **Vorbem 194–202** 33, 35
  Aufrechnung **194** 18
  Ausübungshindernis, dauerndes **Vorbem 194–202** 34
  Bagatellcharakter der Forderung **Vorbem 194–202** 25
  Begriff **Vorbem 194–202** 18
  Berücksichtigung von Amts wegen **Vorbem 194–202** 21, 35
  Beweislast **Vorbem 194–202** 35
  Beweisposition, Verschlechterung **Vorbem 194–202** 33
  Darlegungslast **Vorbem 194–202** 35
  Dauerschuldverhältnis **Vorbem 194–202** 25 f
  Einrede der Verjährung **Vorbem 194–202** 36
  Erbschaftsanspruch **Vorbem 194–202** 27
  Fälligkeit der Forderung **Vorbem 194–202** 26
  Fristausnutzung **186** 25
  Fristen **Vorbem 194–202** 20
  Genehmigung **184** 16, 19
  Gewährleistungsansprüche **Vorbem 194–202** 22

Sachregister

Verwirkung (Forts)
  illoyale Rechtsausübung **Vorbem 194–202** 18, 31
  Konkurrenz Verjährung/Verwirkung **Vorbem 194–202** 21
  Kostenerstattungsansprüche, prozessuale **Vorbem 194–202** 27
  Kündigung **194** 18
  Leistungsverweigerung **Vorbem 194–202** 34
  Mietverhältnis **Vorbem 194–202** 25 f
  öffentliche Interessen **Vorbem 194–202** 22
  öffentliches Recht **Vorbem 194–202** 19
  Prozessrecht **Vorbem 194–202** 19
  Rechtsmissbrauch **226** 18
  Rückforderung des Geleisteten **214** 41
  Rücktritt **194** 18
  Schutzwürdigkeit des Berechtigten **Vorbem 194–202** 23
  Schutzwürdigkeit des Verpflichteten **Vorbem 194–202** 22, 25, 32
  subjektive Rechte **Vorbem 194–202** 19
  Treu und Glauben **Vorbem 194–202** 18
  Umstandsmoment **Vorbem 194–202** 20, 28 ff
    Gläubigerverhalten **Vorbem 194–202** 29 f
    Schuldnerverhalten **Vorbem 194–202** 32 f
  Unterhaltsansprüche **Vorbem 194–202** 22 f
  Unterhaltsrückstände **Vorbem 194–202** 23
  Unterlassungsansprüche **200** 4
  unverjährbare Ansprüche **Vorbem 194–202** 22
  unzulässige Rechtsausübung **Vorbem 194–202** 18
  Verjährungsersatz **Vorbem 194–202** 20; **195** 6
  Vertrauenstatbestand **Vorbem 194–202** 20, 28, 32 f
  Wegfall **Vorbem 194–202** 34
  widersprüchliches Verhalten **Vorbem 194–202** 18
  Wirkungsweise **Vorbem 194–202** 21
  Zeitablauf **Vorbem 194–202** 20, 28; **194** 25
  Zeitmoment **Vorbem 194–202** 26
  Zuwiderhandlung, Kenntnis **201** 9
Verzicht
  auf die Vollmacht **167** 4; **168** 4, 18
Verzug
  Dreißigtagefrist **193** 55
  Einrede der Verjährung **217** 2 f
  Fälligkeit **193** 55
  Fristberechnung **187** 6
  Fristbestimmung **186** 19
  Genehmigung des Schuldvertrags **184** 38
  Rechnungszugang **193** 55
  Verjährungseintritt **217** 1
  Verzugsfrist **193** 55
  Verzugszinsen **187** 6
Verzugsschadensersatz
  Verjährung der Forderung **217** 5

Vollmacht

Verzugsschadensersatz (Forts)
  wiederkehrende Leistungen **197** 73
Verzugszinsen
  Hauptforderung, Verjährung **217** 4
  Verbraucherdarlehensvertrag **197** 81
  Verjährung **197** 79; **217** 1, 3 ff
    Verjährungseinrede **217** 4
    weitergehende Zinsansprüche **217** 5
Videoüberwachung
  Notwehr **227** 54
vis maior
  s Höhere Gewalt
VOB/B
  Beseitigungsverlangen **204** 90
  Mängel, Verjährungsfrist **195** 46 f, 49 f; **202** 17
  Rechnung **199** 11, 17
    Aufstellung durch Auftraggeber **199** 18
    Prüfungsfähigkeit **199** 17
    Unvollständigkeit **199** 19
  Schlusszahlung **212** 26; **214** 41
    Annahme, vorbehaltlose **215** 11; **216** 10
  Sicherheitseinbehalt **205** 11
  Verjährungsbeginn **202** 7
  Verjährungshemmung **202** 21
  Verjährungsneubeginn **202** 7, 9, 21; **Vorbem 203–213** 3; **212** 2
  Vertragsstrafenverfall **193** 14
Volljährigkeit
  Eintritt der Volljährigkeit **187** 12
Vollmacht
  Abänderungen **173** 6
  Abstraktionsprinzip **Vorbem 164 ff** 22, 34; **167** 2 ff, 12, 18, 75; **168** 1
  Anfechtbarkeit **167** 12
  Anfechtung **168** 4; **171** 9
    Gutglaubensschutz **173** 5
  Artvollmacht **167** 83
  Auflassungsvollmacht **167** 3, 25
  Auslegung **167** 84 f; **168** 11
  Außenvollmacht **Vorbem 164 ff** 33 f; **167** 12, 84, 85; **170** 2 f; **171** 1
    Erlöschen **167** 12
    Erteilung, schlüssige **167** 13
  Bedingung, auflösende **168** 2, 11
  Beendigungszeitpunkt **Vorbem 164 ff** 33
  Befristung **168** 2, 11
  Bekanntmachung, öffentliche **167** 12, 84
  Beschränkungen **173** 6
  Beseitigung **167** 3; **171** 9 f
  Bevollmächtigte **167** 5 ff
    s a dort
  Beweislast **168** 36; **169** 8
  Duldungsvollmacht
    s dort
  Einschränkung **167** 16
  Empfangsvollmacht **164** 23
  erfüllungshalber erteilte Vollmacht **168** 11 f

1151

Vollmacht (Forts)
- Erlöschen **Vorbem 164 ff** 34; **167** 2, 12; **168** 1 ff, 18 f, 36; **173** 6
- bei Vornahme des Rechtsgeschäfts **173** 8
- Erlöschensbestimmung **168** 2 f
- Grundverhältnis, Beendigung **168** 3, 6
  - Abwicklungstätigkeiten **168** 3
  - Gesellschaftsvertrag **168** 22
- Gutglaubensschutz **173** 8
- Insolvenz des Vollmachtgebers **179** 9
- Kennenmüssen **173** 1 ff
  - Evidenz **173** 2
- Kenntnis **173** 1 ff
- Rückgabe der Vollmachtsurkunde **175** 1
- Verzicht auf die Vollmacht **167** 4; **168** 18
- Wissensmüssen **169** 3
- Erneuerung **167** 16
- Ersatzbevollmächtigung **167** 4, 60
- Erweiterung **167** 16
- externe Vollmacht **167** 12; **170** 2; **171** 1
- Form **167** 18
- formbedürftige Rechtsgeschäfte **167** 18; **182** 28
- Formbedürftigkeit **167** 18 ff
  - Abstraktionsprinzip **167** 20
  - Beglaubigung, öffentliche **167** 19
  - Beurkundung, notarielle **167** 19
  - Blanketterklärung **167** 20
  - Gesetzesumgehung **167** 20, 21, 25
  - Satzung **167** 18
  - Schriftform **167** 19
  - Schutzbedürfnis des Vertretenen **167** 20
  - Steuerungsmöglichkeit des Vollmachtgebers **167** 20
  - teleologische Reduktion **167** 20 f
  - Unmittelbarkeit der Beeinträchtigung, fehlende **167** 20
  - Vereinbarung Vollmachtgeber/Geschäftspartner **167** 18
  - Vereinbarung Vollmachtgeber/Vertreter **167** 18
  - Warnfunktion **167** 20 f, 25
- Formnichtigkeit **167** 23
- Gattungsvollmacht **167** 83
- Geldempfangsvollmacht **167** 90
- Generalvollmacht **167** 83
- Gesamtvollmacht **167** 52
- Geschäftseinheit Vollmacht/Grundgeschäft **Vorbem 164 ff** 34
- Geschäftsfähigkeit, Minderung **168** 21
- Geschäftsunfähigkeit **168** 21
- Geschäftsunfähigkeit des Vollmachtgebers **168** 23
- Grundverhältnis
  - s Innenverhältnis
- Innenverhältnis **167** 2 ff, 12, 85
  - Anfechtung ex nunc **168** 3
  - Auftrag **167** 3; **168** 3; **169** 1, 3

Vollmacht (Forts)
- Bedingung **168** 3
- bedingungsweise Verknüpfung Nichtbeachtung/Bevollmächtigung **167** 3
- Beendigung **167** 2
- Befristung **168** 3
- Dienstvertrag **167** 3
- Ehe **167** 3
- Erfüllung **168** 3
- Geschäftsbesorgungsvertrag **167** 3
- Geschäftsfähigkeit, beschränkte **167** 2
- Gesellschaftsverhältnis **167** 3
- Kündigung, fristlose **168** 3
- Kündigung, ordentliche **168** 3
- Mängel **167** 2
- Nebenabrede zu Kaufverträgen **167** 3
- Nebenabrede zu Schenkungsversprechen **167** 3
- Rechtsgrund, bereicherungsrechtlicher **167** 3
- Rechtsmacht des Vollmachtgebers **167** 9
- Rücktritt **168** 3
- Verpflichtungen des Bevollmächtigten **167** 8
- Vertrag **167** 10
- Vollmachtstreuhand **167** 3
- Werkvertrag **167** 3
- Widerruf **168** 3
- Innenvollmacht **Vorbem 164 ff** 33 f; **167** 12, 75, 84; **170** 2
  - s a dort
- interne Vollmacht **167** 12; **170** 2
- isolierte Vollmacht **Vorbem 164 ff** 33; **167** 2, 91; **168** 18 f, 23, 27; **169** 6
  - Erlöschen **168** 16 ff
    - Bedingung, auflösende **168** 16
    - Befristung **168** 16
  - Generalvollmacht **167** 2
  - Innenhaftung **167** 2
  - Missbrauch der Vertretungsmacht **167** 2
  - Widerruf **168** 16
  - Widerruf, Ausschluss **168** 17
  - Widerruflichkeit **168** 9, 11
  - Widerrufsausschluss **168** 9, 17
- kausale Vollmacht **167** 4, 63; **168** 17 ff, 22 f, 26
  - Auftrag **169** 7
  - bösgläubiger Dritter **169** 4 f
  - Erlöschen **169** 1
  - Fortbestand **169** 1 ff
  - Gesellschaftsvertrag **169** 7
  - Grundverhältnis, fehlendes **169** 6
- Kondiktion **167** 4
- Kontovollmacht **167** 4
- Kundgabe **171** 1
  - s a Bekanntmachung, öffentliche
  - Beweislast **171** 13
  - Kenntnisnahme **171** 12

Vollmacht (Forts)
    Vertretungsmacht **171** 12
    Willensmängel **171** 9
Nachreichung **179** 19
Nachvollmacht **167** 62
Natur, abgeleitete **Vorbem 164 ff** 25
Nichtbestehen **173** 7; **175** 1
Nichtgebrauchmachen **168** 18
Personenbezogenheit **Vorbem 164 ff** 64
Pfändbarkeit **167** 4
postmortale Vollmacht **168** 28 ff
    s a dort
Prokura
    s dort
Rechtsmacht des Vollmachtgebers **167** 9
Rechtsschein **167** 14
Rechtsscheinstheorie **170** 1
Scherzvollmacht **167** 75
Solidarvollmacht **167** 52
Spezialvollmacht **167** 83
Tod des Bevollmächtigten **168** 19
Tod des Vollmachtgebers **168** 26 f
über den Tod hinaus **168** 28
    s a Postmortale Vollmacht
transmortale Vollmacht **168** 26
Übertragbarkeit der
    Vollmachtgeberstellung **167** 4
Übertragbarkeit der
    Vollmachtnehmerstellung **167** 4
Umfang **167** 83 ff
    außergewöhnliche Geschäfte **167** 87
    Berufsgruppen **167** 86
    Treu und Glauben **167** 87
    Wille des Vertretenen **167** 84
    – Auslegung **167** 84
    – Verkehrssitte **167** 86
Untervertretung **166** 29
Untervollmacht
    s dort
Unterwerfungsvollmacht
    s Unterwerfung unter die sofortige
        Zwangsvollstreckung
Unwiderruflichkeit **167** 77; **168** 8; **176** 5
    Anspruch auf Vornahme des
        Vertretergeschäfts **168** 8
    Ausschluss **168** 8
    Interessen des Bevollmächtigten **168** 8
    Interessen des Vollmachtgebers **168** 8
    Interessen Dritter **168** 8
    nach Maßgabe des
        Grundverhältnisses **168** 12
    Umgehungsgeschäft **168** 15
    Unterwerfung unter die sofortige
        Zwangsvollstreckung **168** 11
    Vertrag **168** 11
Unwiderruflichkeitsklausel **168** 10; **176** 6
verdrängend-unwiderrufliche
    Vollmacht **168** 15
verdrängende Wirkung **167** 9

Vollmacht (Forts)
Verfügungsvollmacht **167** 9
Verhandlungsvollmacht **167** 85
Verkaufsvollmacht **167** 35
Vermutung **167** 17
Vertretergeschäft **167** 1
Vertretungsmacht, rechtsgeschäftlich
    erteilte **Vorbem 164 ff** 22; **166** 29; **167** 1
Verwirkung **168** 3
Verzicht auf die Vollmacht **167** 4; **168** 4, 18
Vollmachtsschutz **173** 1
Vorsorgevollmacht
    s dort
Weisungen des Vollmachtgebers **Vorbem**
    164 ff 82; **166** 1, 17, 26, 33
    Ausführungsanordnungen **166** 34
    bestimmte Weisungen **166** 33
    Drohung durch Geschäftsgegner **166** 17
    Hauptvollmachtgeber **166** 35
    Innenverhältnis **166** 34
    Irrtum **166** 17
    Kennenmüssen des Vertretenen **166** 27,
        33, 36
    Kennenmüssen des Vertreters **166** 37
    Kenntnis des Vertretenen **166** 27, 33, 36
    Kenntnis des Vertreters **166** 37
    künftiger Abschluss des
        Vertretergeschäfts **166** 34
    Rechtsgeschäft, bestimmtes **166** 34
    Rechtsgeschäfte, Arten **166** 34
    Täuschung durch
        Geschäftsgegners **166** 17
    Unkenntnis des Vertretenen,
        fahrlässige **166** 36
    Wissen des Vertretenen **166** 27
    Wissenmüssen des Vertretenen **166** 27
Widerruf **167** 3; **171** 3
    aus wichtigem Grund **168** 14; **176** 5
    Grundverhältnis, Beendigung **168** 5
    Kraftloserklärung der Vollmachtsur-
        kunde **176** 4, 6
    teilweiser Widerruf **167** 16; **168** 5, 7
Widerruflichkeit **Vorbem 164 ff** 34; **167** 77;
    168 4
    Verzicht, einseitiger **168** 11, 15
Widerrufsausschluss **168** 9 f
Widerrufserklärung **168** 5
    Adressat **168** 5
    ausdrückliche Erklärung **168** 5
    Bestellung eines neuen
        Bevollmächtigten **168** 5
    öffentliche Bekanntmachung **168** 5
    Rückforderung der
        Vollmachtsurkunde **168** 5
    schlüssiges Verhalten **168** 5
    Willenserklärung, einseitige **168** 5
Widerrufsrecht **172** 11
Widerrufssperre **168** 13
Zweck, erklärter **168** 11

Vollmachtgeber
  Geschäftsfähigkeitsverlust **168** 23
  Insolvenz **168** 25
  Tod des Vollmachtgebers **168** 26 f
Vollmachtloser Vertreter
  Einrede der Verjährung **214** 6
  Vertretungswille **Vorbem 164 ff** 36
Vollmachtserteilung
  s a Bevollmächtigung
  Anfechtung **171** 9
  Auslegung **Vorbem 164 ff** 37
  Bedingung **167** 15
  Bevollmächtigte **167** 5 ff
    s a dort
  Beweislast **167** 17
  Erklärung, einseitige **Vorbem 164 ff** 34; **167** 10 f, 78
  externe Vollmachtserteilung **166** 35
  Fähigkeit des Bevollmächtigten **Vorbem 164 ff** 16; **167** 9
  Formfreiheit **167** 18
  Formnichtigkeit **167** 23, 35a
  gegenüber beschränkt Geschäftsfähigen **167** 15
  Gesellschafter **Vorbem 164 ff** 25
  Insichgeschäft **181** 13
  konkludente Vollmachtserteilung **167** 13
  Lehre vom einheitlichen Gesamttatbestand **Vorbem 164 ff** 22, 32; **167** 78
  durch Minderjährige **167** 11
  Missbrauch der Vertretungsmacht **Vorbem 164 ff** 34
  Nichtigkeit **167** 35a
  Rechtsgeschäft, einseitiges **167** 10 f, 78; **180** 1
  Rechtsnatur **167** 10
  Rechtsscheinhaftung **167** 23
  Repräsentationsprinzip **Vorbem 164 ff** 22
  Trennungstheorie **Vorbem 164 ff** 22; **167** 10
  Verkehrsbezogenheit **Vorbem 164 ff** 37
  Vermögenswert **167** 4
  Vertrag **Vorbem 164 ff** 34; **167** 10
  Vertretergeschäft **Vorbem 164 ff** 22
  Vertretungsmacht, Begründung **167** 8
  vollmachlose Vollmachtserteilung **180** 1
  Widerruf **171** 10 f
    Bekanntmachung, öffentliche **171** 10
    Kundgabe **171** 10
  Willensmängel **166** 17; **167** 82a
  Zurückweisung **167** 10
Vollmachtsmissbrauch
  s Missbrauch der Vertretungsmacht
Vollmachtstreuhand
  Innenverhältnis der Vollmacht **167** 3
  Stellvertretung, unmittelbare **Vorbem 164 ff** 48
Vollmachtsüberschreitung
  Bevollmächtigung durch schlüssiges Verhalten **167** 29

Vollmachtsüberschreitung (Forts)
  Fortgeltung des in Wahrung der Vertretungsmacht vorgenommenen Geschäfts **167** 89
  Nichtigkeit des Gesamtgeschäfts **167** 89
  Rechtsscheinsvollmacht **167** 90
  teilbares Rechtsgeschäft **167** 89, 95
  unteilbares Rechtsgeschäft **167** 89
Vollmachtsurkunde
  Abschrift **175** 4
    beglaubigte Abschrift **172** 4; **174** 3
  bei den Akten befindliche Vollmacht **172** 3
  Aneignung, unbefugte **172** 2
  Anspruch auf Urkundenrückgabe **172** 9
  Ausfertigung **172** 4; **174** 3; **175** 4
  Aushändigung **167** 29a
    Anfechtung **172** 2
    Bevollmächtigung, konkludente **172** 2
    Beweislast **172** 11
    geschäftsähnliche Handlung **172** 2
    Nichtigkeit **172** 2
    Übergabe zum Zwecke des Gebrauchmachens, willentliche **172** 2
  Auslegung von Schriftstücken **172** 1
  Befreiung vom Verbot des Selbstkontrahierens **181** 50
  Besitz des Pseudovertreters **172** 7
  Bestallungsurkunde des gesetzlichen Vertreters **172** 1
  Beurkundung, notarielle **172** 1
  Bevollmächtigter, Bezeichnung **172** 1
  Bevollmächtigung, Anfechtung **172** 6
  Bevollmächtigung, Erlöschen **172** 6
  Bevollmächtigung, Unwirksamkeit **172** 6
  Blanketturkunde **172** 8
    s a dort
  E-Mail **174** 3
  Echtheit **172** 1; **174** 3
  Eigentum an der Urkunde **175** 3
  Einsichtnahme beim Grundbuchamt **172** 3
  Einsichtnahme beim Notar **172** 3
  elektronische Form **172** 1
  Formmangel der Vollmacht **172** 6
  Fortwirkung **173** 4
  Fotokopie **172** 4; **174** 3
  Geschäftsfähigkeit des Vollmachtgebers **172** 2
  Gesellschaftsvertrag **172** 1
  Gutglaubensschutz **172** 11
  Handzeichen des Vollmachtgebers **172** 1
  Hinterlegung **175** 2
  Kenntnisnahme **172** 3
  Kraftloserklärung **172** 9; **175** 5; **176** 1; **186** 14
    Antrag **176** 6
    – Begründung **176** 6
    – Glaubhaftmachung des Erlöschens der Vollmacht **176** 6
    Bekanntmachung, öffentliche **176** 2
    Beschluss **176** 8

Vollmachtsurkunde (Forts)
  Formalisierung **176** 2, 4
  freiwillige Gerichtsbarkeit **176** 6, 8
  Gestaltungsgeschäft, privates **176** 2
  Kosten **176** 10
  – Ersatz **176** 11
  Kostenerstattungsentscheidung **176** 11
  Ladung **176** 2
  Nachprüfung materieller
    Voraussetzungen **176** 7
  – Unwiderruflichkeitsklausel **176** 6
  öffentliche Zustellung **176** 2 f
  Rechtsmittel **176** 8
  Unmöglichkeit der Rückgabe der
    Vollmachtsurkunde **176** 10
  unwiderrufliche Vollmacht **176** 5
  Verfahren **176** 2 f, 6 ff
  Veröffentlichung **176** 8
  – Aushang an Gerichtstafel **176** 8 f
  – Bundesanzeiger **176** 8
  Verstoß gegen Verpflichtungen aus dem
    Grundverhältnis **176** 11
  Verzug des Bevollmächtigten bei Erfüllung des Rückgabeanspruchs **176** 10
  Widerrufserklärung **176** 4 ff
  Willenserklärung, empfangsbedürftige **176** 2 f
  Wirksamwerden **176** 9
  Wirkung **176** 4 f
  Zuständigkeit **176** 8
Legitimationswirkung **175** 5, 8
Lesen der Urkunde **172** 3
Mängel **173** 4
Missbrauchsgefahr **175** 1, 4 f; **176** 1
Namensunterschrift **172** 1
Neuausstellung **175** 4
Nichtrückgabe **176** 1
Oberschrift **172** 8
Rechtswirkungen **172** 6
Rückgabe **172** 9; **173** 4; **175** 1 ff, 9; **176** 1
  Abschrift der zurückzugebenden
    Urkunde **175** 4
  Abschriften **175** 4
  Anspruchsgegner **175** 5
  – Bevollmächtigter **175** 5
  – Dritte **175** 5
  Ausfertigungen **175** 4
  Benachrichtigung von der
    Rückgabe **175** 6
  an Dritte **172** 9
  Entwertung der
    Bevollmächtigungsklausel **175** 4
  Erfüllung der
    Rückgabeverpflichtung **175** 2
  Fotokopien **175** 4
  Original **175** 4
  Urschrift **175** 4
  Vertretungsmacht, Beendigung **175** 1
  Verweigerung **175** 2

Vollmachtsurkunde (Forts)
  Rückforderung **168** 5
  Schriftform, Ersetzung **172** 1
  Telefaxkopie **172** 4; **174** 3
  Übermittlung an das Grundbuchamt **172** 9
  Übermittlung an Notar **172** 9
  aus den Umständen zu entnehmende
    Bevollmächtigung **172** 1
  Unklarheit **174** 3
  Untervollmacht **172** 4; **174** 3
  Unvollständigkeit **174** 3
  Unwirksamkeit der Vollmacht **172** 6
  Urschrift **172** 4; **174** 3; **175** 4
  Vergleich, gerichtlicher **172** 1
  Vermerk über Erlöschen einer
    Vollmacht **175** 3
  Vertretungsbefugnis **172** 6
  Vertretungsmacht, Erlöschen **172** 5
  Vertretungsmacht, Umfang **172** 1
  Verwahrung, ungenügende **172** 7
  Vorlegung der Urkunde **172** 3 ff; **174** 3
    Anfechtungserklärung durch
      Bevollmächtigten **174** 1
    Angebot der Vorlegung **174** 3
    Beweislast **172** 11
    Bezugnahme **172** 5
    einmalige Vorlegung **172** 5
    einseitige Rechtsgeschäfte **174** 1 ff
    einseitige Willenserklärungen **172** 7
    erneute Vorlegung **172** 5
    Kündigung durch
      Bevollmächtigten **174** 1
    Rücktritt durch Bevollmächtigten **174** 1
    vertragliche Willenserklärungen **172** 7
  Widerruf des Vollmachtgebers **172** 10
  Willenserklärungen, einseitige
    empfangsbedürftige **174** 1
  Zurückbehaltungsrecht **175** 8
    Ausschluss **175** 9
Vollmachtswiderruf
  postmortale Vollmacht **168** 32
Vollrechtstreuhand
  Verfügung eines Nichtberechtigten **185** 14
Vollstreckbarkeit, vorläufige
  Schikaneverbot **226** 27
  Sicherheitsleistung **239** 3
  Verjährungsneubeginn **212** 37
Vollstreckungsabwehrklage
  Hemmungswirkung **204** 45
  Verjährung der gesicherten
    Forderung **216** 9
  Verjährungseintritt **214** 37
Vollstreckungsauftrag
  Rücknahme **212** 47
  Zurückweisung **212** 48, 50
Vollstreckungsbescheid
  Verjährung **197** 5
Vollstreckungsgericht
  Vollstreckungsantrag **212** 39

Vollstreckungsklausel
  Antrag auf Erteilung **204** 45
  Erinnerung **204** 45
  Urteil, Erteilung der
    Vollstreckungsklausel **197** 50
  Verjährungshemmung **204** 41, 45
  Verweigerung **204** 45
Vollstreckungskosten
  Titulierung **201** 6 f
  Verjährungszeitraum **201** 7
Vollstreckungsschutz
  Hemmungswirkung **205** 21
Vollstreckungsunterwerfung
  s Unterwerfung unter die sofortige
    Zwangsvollstreckung
Vollstreckungsurteil
  rechtskräftig festgestellter
    Anspruch **197** 50
  Verjährungshemmung **204** 41, 46
Vor-Kapitalgesellschaft
  Widerrufsrecht **178** 7
Vor-Personengesellschaft
  Widerrufsrecht **178** 7
Vor- und Nacherbschaft
  Ablaufhemmung **211** 4
Voraus
  Verjährungshöchstfrist **199** 101
Vorausabtretung
  Forderungserwerb durch mittelbaren
    Stellvertreter **Vorbem 164 ff** 45
  Rechte, künftige **185** 71
  Rechtsübergang, unmittelbarer **Vorbem 164 ff** 45
Vorausverfügung
  Rechte, künftige **185** 71
Vorauszahlungen
  Abrechnung **199** 20a f
  Erstattungsanspruch, Fälligkeit **199** 20a
  Fälligkeitsbestimmung **199** 20b
  Rückforderungsanspruch **199** 20a
  Verjährungsbeginn **199** 20b
Vorbehalt, geheimer
  Bevollmächtigung **167** 75
Vorbehaltseigentum
  s Eigentumsvorbehalt
Vorbehaltsurteil
  Aufrechnung **197** 55; **204** 143
  Aufrechnung, Hemmungswirkung **204** 73
  Nachverfahren **197** 55
  rechtskräftig festgestellter
    Anspruch **197** 55
  Urkundenprozess **197** 55; **204** 143
  Verjährungsbeginn **201** 2
Vorerbe
  Anerkenntnis des Pflichtteils **212** 10
  Hofvorerbe **185** 73
  Sicherheitsleistung **Vorbem 232 ff** 2
  Verfügungen des Vorerben **185** 73
  Verfügungsbeschränkungen **185** 13

Vorgesellschaft
  Vertretung ohne Vertretungsmacht **177** 20; **179** 23
  Widerrufsrecht **178** 7
Vorkaufsrecht
  Ausübung durch Miterben **186** 14
  Ausübungspflicht **186** 14
  Mitteilungspflicht **186** 14
Vorkaufsrecht, dingliches
  Ansprüche, Verjährung **196** 8 ff
Vorleistung
  Verjährung der Forderung **215** 13
Vormerkung
  Ansprüche, Verjährung **196** 8 ff
  Bewilligungserklärung,
    Konvaleszenz **185** 101
  Konvaleszenz **185** 73a
  Sicherungsmittel **Vorbem 232 ff** 1
  Verjährung der gesicherten
    Forderung **216** 4
  vormerkungswidrige Verfügung **Vorbem 182–185** 25
  vormerkungswidrige Verfügungen **185** 13, 95
Vormerkungsbewilligung
  Anerkenntnis **212** 23
Vormund
  Ansprüche, unverjährbare **194** 28
  Beamter **Vorbem 182–185** 11
  Bestallungsurkunde **174** 6
  Genehmigungen, familiengerichtliche
    Vorbem 182–185 66
  Minderjährigkeit **165** 7
  Rechtsgeschäfte, einseitige **182** 47
  Religionsdiener **Vorbem 182–185** 11
  Verjährungsbeginn, Kenntnis **199** 57
  Verjährungshemmung **204** 9
  Vertretung, gesetzliche **Vorbem 164 ff** 24
  Vertretungsmacht **Vorbem 164 ff** 34
  Missbrauch gesetzlicher
    Vertretungsmacht **167** 92
  Zustimmung kraft Aufsichtsrecht **182** 21
Vormundschaft
  Aufsicht über den Vormund **207** 13
  Genehmigung des Familiengerichts
    Vorbem 182–185 42
  Mitteilung durch den Vormund **Vorbem 182–185** 42
  Genehmigung des Gegenvormunds
    Vorbem 182–185 42
  Gesamtvertretung **167** 51
  Verjährungshemmung **197** 6; **207** 13
    Amtspflichtverletzung **207** 13
    Ansprüche gegen die Staatskasse **207** 13
    Gegenvormund **207** 13
  Vertretungsverbot **181** 18
  Widerrufsrecht des
    Geschäftspartners **184** 9

Vornahme einer Handlung, Antrag auf
  Hemmungswirkung **204** 37
Vorpfändung
  Erneuerungswirkung **212** 42
Vorsätzliche unerlaubte Handlung
  Anspruchsverjährung **194** 22
Vorsätzliche sittenwidrige Schädigung
  Schikane **226** 37
Vorschuss
  Rückforderungsanspruch **199** 20a
Vorsorgevollmacht
  Befreiung vom Verbot des Selbstkontrahierens **181** 50
  Beschränkungen **167** 15
  Eingriffe, ärztliche **Vorbem 164 ff** 41
  Geschäftsunfähigkeit, Eintritt **168** 23
  Personensorge **167** 86a
  Prozessführung **167** 86a
  Vermögenssorge **167** 86a
  Vollmachtserteilung, bedingte **167** 15
  Zwangsbehandlung **Vorbem 164 ff** 41
Vorverfahren, behördliches
  Ablaufhemmung **210** 9
  Verjährungshemmung **204** 104 ff
Vorvertrag
  Verjährung **195** 27
  Verpflichtung zur Abgabe der Genehmigung **184** 43

Wahlschuld
  Wahlrecht **186** 16
Wandlung
  Anspruch auf Wandlung **218** 5
  Anspruch aus Wandlung **218** 5
  Einverständniserklärung des Käufers **Vorbem 182–185** 14
Warenlager
  Sicherungsübereignung **185** 41
Warenlager, Angestellte
  Rechtsscheinshaftung **167** 33
Warenzeichen
  Nutzungsgestattung durch Nichtberechtigten **185** 107
Wasserrecht
  unvordenkliche Verjährung **Vorbem 194–202** 37
Wechsel
  Anerkenntnis **212** 23
  Domizilanfrage **182** 13
  erdichtete Person **179** 22
  Ermächtigung zur Ausfüllung **167** 27
  Feiertag **193** 7
  Fristen **186** 24
  Fristlänge **189** 1
  Genehmigung des Vertreterhandelns **177** 21
  Handeln in fremdem Namen **164** 2
  heute in acht Tagen **186** 24
  Insichgeschäft **181** 11

Wechsel (Forts)
  Monat **192** 1
  Samstag **193** 7
  Sonntag **193** 7
  Unterschriftenfälschung **177** 21
  Verjährungsfristen **195** 45 f, 48
  Verjährungshemmung **209** 2
  Vertreter ohne Vertretungsmacht, Haftung **179** 22
  Wechselerklärungen, Genehmigung **182** 23
  Zinsen, Verjährung **197** 81
Wechselbereicherungsansprüche
  Verjährung **195** 48
Wechselfälschung
  Genehmigung, konkludente **182** 13
Wechselprotest
  Gesamtvertretung **167** 57
Wechselprozess
  Vorbehaltsurteil **201** 2
Wegbenutzung
  Schikaneverbot **226** 24, 28
  Selbsthilfe **229** 17
Wegerecht, öffentliches
  unvordenkliche Verjährung **Vorbem 194–202** 37
Wegfall der Geschäftsgrundlage
  Vertretergeschäft **168** 2
  Zeitablauf **Vorbem 194–202** 28
Wegnahme
  Besitzrecht **229** 30; **230** 3
  dinglicher Arrest **229** 30; **230** 3
    Arrestgesuch, Verzögerung **229** 30; **230** 5, 7
    Arrestgesuch, Zurückweisung **230** 7
  einstweilige Verfügung **229** 31
  Erfüllung **230** 1
  Geldforderungen **229** 31
  Herausgabeanspruch **229** 31
  Pfandrecht **230** 3
  Räumung **229** 31
  Rückgabe der weggenommenen Sache **229** 30; **230** 5; **231** 3
  Sachen des Schuldners **229** 32
  Sachen Dritter **229** 32
  Selbsthilfe **229** 29 ff
  unpfändbare Sachen **229** 31
Wegnahmerecht
  Sicherheitsleistung **Vorbem 232 ff** 2, 4
Weihnachten
  Feiertag, gesetzlicher **193** 34
Weimarer Reichsverfassung
  Ermächtigungsgesetz **187** 11
  Inkrafttreten von Gesetzen **187** 11
  Inkrafttreten von Rechtsverordnungen **187** 11
Werbeagentur
  Anzeigeverträge **164** 2
Werbevertrag
  Kündigung, fristgerechte **193** 15

Werklohnanspruch
  Fälligkeit **204** 89
  Mahnbescheid **204** 55
  Verjährungshemmung **204** 89
Werktag
  Begriff **186** 22; **193** 4
  Samstag **193** 4 ff
Werkunternehmerpfandrecht
  Konvaleszenz **185** 93 f
Werkvertrag
  Bauwerke, Sachmängelhaftung **195** 50
  Beratungspflichten **195** 16
  Erfüllungsbürgschaft **199** 22
  Fälligkeit **199** 21
  Fälligkeit der Werkleistung **199** 7
  Gewährleistungsansprüche, Verjährungsfristen **Vorbem 194–202** 38; **195** 47
    Verjährungsbeginn **199** 2 f
  Innenverhältnis der Vollmacht **167** 3
  Mängelansprüche, Verjährungsfrist **186** 13
    deliktische Haftung **195** 41
    Verjährungsbeginn **199** 2; **200** 6
  Mängelbeseitigung, Druckzuschlag **215** 14
  Mängeleinrede **194** 21
  Mangelfolgeschäden **199** 23
  Minderung **218** 1, 8
  Nacherfüllung **218** 2
  Nachfrist mit Kündigungsandrohung, Genehmigung **184** 38b
  Obliegenheiten **194** 11
  Rücktritt **218** 1
  selbständiges Beweisverfahren **204** 89
  Verjährung **195** 40
  Verjährungsbeginn **199** 117; **213** 1
  Verjährungshemmung **213** 1
  Verjährungsneubeginn **213** 9
  Wandlung **218** 1, 6
Wertermittlungsverfahren
  Hemmungswirkung **205** 22
Wertpapierbereinigungsverfahren
  Verjährungshemmung **206** 8
Wertpapiere
  Abschlag **234** 4
  Hinterlegung **232** 2 f; **233** 1, 5
  Hinterlegungsfähigkeit **232** 2; **234** 1 f
  Inhaberpapiere, mündelsichere **234** 1
    Inhaberaktien **234** 1
    Inhaberschuldverschreibung **234** 1
  Kursrückgang **234** 4; **240** 1
  Kurssteigerungen **235** 2
  Kurswert **234** 1, 4
  Mündelsicherheit **234** 1, 4
  Umtauschrecht **235** 2
Wertpapiereinlösung
  Insichgeschäft **181** 11
Wertpapiergeschäft
  Schikaneverbot **226** 27
Wertpapierhandel
  Verjährung **195** 48

Wertpapierkommission
  Eigentumsübergang an den Wertpapieren **Vorbem 164 ff** 44
    Risikofrist **Vorbem 164 ff** 44
Wertpapierprospekt
  Verjährung **195** 55
Wettbewerbsrecht
  Domainvergabe **226** 26
  einstweilige Verfügung **204** 93 ff
  geschäftsschädigende Äußerungen **199** 28
  Schikaneverbot **226** 41
  Sittenverstoß **227** 74
  Unterlassungsverfügung **204** 94, 96
  Unterwerfungserklärung **212** 25
  Verjährung **195** 19, 34; **199** 28; **200** 9
  Verjährungsfristen **195** 45
  Verjährungshemmung **203** 5
Wette
  Naturalobligation **194** 10
Widerklage
  Hemmungswirkung **204** 37, 39
  Verjährungshemmung **204** 43
Widerrufsrecht
  s Verbrauchervertrag
Widerspruch
  Rechtswahrung **195** 53
  Sicherungsmittel **Vorbem 232 ff** 1
Widerspruchsverfahren
  Fristende **193** 56
Widerstand gegen Vollstreckungsbeamte
  Notwehr **227** 41
Wiedereinsetzung in den vorigen Stand
  Ausschlussfristen **Vorbem 194–202** 17
  höhere Gewalt **206** 14
  Zufall, unabwendbarer **206** 4
Wiedereinsetzungsantrag
  Fristbeginn **188** 14
Wiederkaufsrecht
  Verjährung **194** 18
Wiederkehrende Leistungen
  Anerkenntnis **212** 20, 26
  Ansprüche, Verwirkung **Vorbem 194–202** 22
  Aufopferungsanspruch **197** 66
  Begriff **197** 66 ff
  Besoldungsleistungen **197** 84
  Dividenden **197** 69
  Ersatzforderungen **197** 73
  Fernwärmeversorgung, Monatspauschalen **197** 67
  Freihaltung von Verbindlichkeiten **197** 71
  Gegenleistung **197** 67
  Geldzahlungen **197** 71, 85
  gesetzliche Grundlage **197** 72
  Gewinnansprüche von Gesellschaftern **197** 70
  Gewinnbeteiligungen **197** 69
  Gleichartigkeit der Leistungen **197** 69
  Gutschriften **197** 71

Wiederkehrende Leistungen (Forts)
Hausgeldvorauszahlungen 197 67
Höhe 197 69
Kapitalabfindung 197 66
Kapitalisierung 197 74
künftig fällig werdende Leistungen 197 63, 65, 83 f; 199 46; 202 20
Leibrente 197 67
Lizenzen, Vergütungsansprüche 197 83
Mietgarantie 197 83
Mietzinsen 197 66, 83
Naturalleistungen 197 71, 85
Notwegrente 197 83
Pachtzinsen 197 66, 83
Patentverwertungsvertrag 197 67
Periodizität 197 67, 69
Rechtsgrund, einheitlicher 197 68
Regelmäßigkeit 197 69
Rückstände 197 63 ff; 216 8
Sachleistungen 197 71, 85
Satzung 197 72
Schadensersatz wegen Nichterfüllung 197 73
Schadensersatzrenten 197 66
Schmerzensgeldrente 197 66
Sekundäransprüche 197 85
Summe, einheitliche 197 74
Überbaurente 197 83
Unterhaltsleistungen 197 86
Verjährung 195 12; 197 39, 63 ff; 202 20; 217 10
  Sicherheitenfreigabe 216 9
  titulierte Ansprüche 197 8
Verjährungsbeginn 199 21
Versorgungsleistungen 197 84
Vertrag 197 72
Verzugsschadensersatz 197 73
Zeitbezogenheit 197 67, 69
Zinsen 197 75 f
Zusatzforderungen 197 73
Wildschäden
Notstand 228 8
Willenserklärung
amtsempfangsbedürftige Willenserklärungen 180 1, 11; 181 40
  Genehmigung 184 32
Auslegung 166 8
Begriff 193 9
elektronische Willenserklärungen 188 6
Empfangsbotenschaft 164 25
Erklärungsbewusstsein 167 29a; 182 17 ff
Gutglaubenserwerb 166 8
Kennenmüssen 166 1, 8, 21, 28
  fahrlässige Unkenntnis 166 8
  grob fahrlässige Unkenntnis 166 8
Kenntnis 166 1, 8 f, 21, 28
Kenntnis des Vorbehalts 166 8
Rechtsgestaltung in Selbstbestimmung 167 29a

Willenserklärung (Forts)
Scheingeschäft 166 8
Stellvertretung **Vorbem 164 ff** 1
Zugang 188 6
Zugang unter Abwesenden 188 4, 7 f
Willensmängel
Anwendungsbereich, sachlicher 166 8
arglistige Täuschung 166 28
  s a dort
Drohung, widerrechtliche 166 28
  s a dort
Genehmigung des Vertreterhandelns 177 9
Gesamthandsgemeinschaft 166 3
Gesamtvertretung 167 58
Geschäftsherr 166 17; 167 82a
Kennenmüssen 166 28
Kenntnis 166 28
Kundgabe der Bevollmächtigung 171 9
Mangel der Ernstlichkeit 166 12
Mentalreservation 166 12
mittelbare Stellvertretung 166 31
Organe juristischer Personen 166 3
Prinzip der erweiterten persönlichen Anwendung 166 5
Realakte 166 11
Rechtsausübung, unzulässige 166 20
rechtsgeschäftsähnliche Handlungen 166 10
Repräsentationstheorie 166 12
Scheingeschäft 166 12
Simulation 166 12
Stellvertretung 166 1
  gewillkürte Stellvertretung 166 3
Trennungsprinzip 166 28
Unterveretretung 167 72
Verkehrsschutz 166 11
des Vertretenen 166 17; 167 82a
Vertreter **Vorbem 164 ff** 32
Vertretung, gesetzliche 166 2 f
Vollmachtserteilung 166 17; 167 82a
Zustimmung 166 31
Wirtschaftsrecht
behördliche Genehmigungen **Vorbem 182–185** 57
Fristen 186 12
Wissenserklärung
Anerkenntnis 212 8
Feiertag 193 10
Samstag 193 10
Sonntag 193 10
Stellvertretung 166 10
Wissenserklärungsvertreter
Anzeigepflichten **Vorbem 164 ff** 86
Auskunftspflichten **Vorbem 164 ff** 86
Versicherungsvertragsrecht 166 7, 10
Vorstellungsäußerungen **Vorbem 164 ff** 86
Wissensorganisationspflicht
Informationsaustausch im Unternehmen 166 6

Wissensorganisationspflicht (Forts)
  Organhandeln **166** 32
  Organisation, ordnungsgemäße **166** 6
  Organisationspflicht **166** 6
  Wissenmüssen **166** 6
  Wissensbegriff **166** 6
  Wissensspeicher, künstliche **166** 6
Wissensvertreter
  Bestellung **166** 4
  Tatsachenmitteilungen **Vorbem 164 ff** 86
    Risikoerhöhung **Vorbem 164 ff** 86
    Versicherungsfall **Vorbem 164 ff** 86
  Versicherungsvertragsrecht **166** 7
Wissenszurechnung
  Angelegenheiten, andere **166** 4
  Benachteiligungsabsicht **166** 23
  Beobachter **166** 4
  Berater, intern wirkende **166** 4
  Besitzdiener **166** 11
  Boten **166** 4a
  Dritte, selbständige **166** 4
  Ehepartner einer Vertragspartei **166** 4
  formbedürftige Rechtsgeschäfte **166** 9
  Genehmigung des Vertreterhandelns **177** 9
  Gesamthandsgesellschaften **166** 32
  Gesamtvertretung **166** 24; **167** 59
  Gleichstellungsargument **166** 32
  Gutglaubenserwerb **166** 21
  Hilfspersonen **166** 5 f
  juristische Personen **166** 5, 32
  Kaufmannseigenschaft **166** 9
  Kennenmüssen **Vorbem 164 ff** 37; **166** 4
  Kenntnis **Vorbem 164 ff** 37; **166** 4
  Konzern **166** 32
  Lieferanten eines Leasinggebers **166** 4
  Mangel des rechtlichen Grundes **166** 21
  Mitverschulden **166** 22
  Prinzip der erweiterten persönlichen
    Anwendung **166** 5
  Realakte **166** 11
  rechtsgeschäftsähnliche
    Handlungen **166** 10
  Sittenwidrigkeit **166** 23
  Stellvertretung **166** 2
    mittelbare Stellvertretung **166** 4a
  Struktureinheit **166** 32
  Treuhänder des Schuldners **166** 4
  Unternehmen **166** 5
  Untervertretung **167** 72
  Verantwortung für verfügbares
    Wissen **166** 3
  Verbotsgesetze **166** 23
  Verbrauchereigenschaft **166** 9
  Verjährung **166** 22
  Verlässlichkeitsprüfung **166** 5 f
  Versicherungsvertragsrecht **166** 7
  Vertrauensschutz **Vorbem 164 ff** 37
  Verwandtschaft **166** 9
  Vorbereitung eines Geschäfts **166** 4

Wissenszurechnung (Forts)
  Vorteilsschutz **Vorbem 164 ff** 37
  Vorverhandlungen **166** 4
  Wissensorganisationspflicht
    s dort
  Wissensvertreter **Vorbem 164 ff** 86 f
Wissenszusammenrechnung
  Personenmehrheit **166** 6
  Verjährung **166** 22
Woche
  Beginn der Woche **192** 3
  Ende der Woche **192** 3
    Arbeitstage **192** 3
  Kalendereinteilung **186** 4
Wochenende
  Fristbeginn **187** 4
  Fristende **187** 4
  Termin **187** 4
Wochenfrist
  acht Tage **186** 24; **188** 12, 15
  Berechnungsweise, verlängernde **186** 24
  Fristbeginn, EG-Fristen-VO **188** 15 f
  Fristbestimmung **188** 12
  Fristende **186** 22; **188** 12, 18
  vier/sechs Wochen **189** 2
  Zwei-Wochenfrist **188** 13
Wohlerworbene Rechte Dritter
  Genehmigung, Rückwirkung **184** 51 ff
  Zwischenverfügungen des Vertragspartners **184** 51 ff
Wohnungseigentümer
  Stimmabgabe **164** 2; **174** 2
Wohnungseigentümergemeinschaft
  Abstimmungen,
    Rechtsscheinsvollmacht **167** 35
  Anerkenntnis **212** 8a
  Prozessstandschaft **204** 7
  Rechtsfähigkeit **199** 58
  Verjährungshemmung durch Rechtsverfolgung **204** 7, 12
Wohnungseigentümerversammlung
  Abstimmung **180** 11
Wohnungseigentum
  bauliche Maßnahmen, Beseitigung **226** 29
  bauliche Veränderungen, Zustimmung
    Vorbem 182–185 10
  Einzelabrechnungen **226** 29
  Gewerbeausübung, Zustimmung des
    Verwalters **183** 18
  Grundeigentum **196** 5
  Hausgeldvorauszahlungen **197** 67
  Herausgabeanspruch, Verjährung **197** 9
  Jahresabrechnung **212** 8a
  Satellitenanlage **226** 29
  Schikaneverbot **226** 29
  Sondernutzungsflächen **226** 29
  Sondernutzungsrechte **226** 29
  Stimmrechtsausübung **Vorbem 164 ff** 72

Wohnungseigentum (Forts)
Veräußerungsbeschränkung, Zustimmungspflicht **Vorbem 182–185** 53
Verwaltung, ordnungsmäßige **199** 20c
Vorauszahlungen, Verjährungsbeginn **199** 20b
Zustimmung zur Übertragung eines Wohnungseigentumsrechts **183** 28
Zustimmung zur Veräußerung des Raumeigentums **Vorbem 182–185** 28

Wohnungseigentumsverwalter
Bestellung, Unwirksamkeit **179** 6
Handeln in fremdem Namen **164** 2
Insichgeschäft **181** 36
Insichgeschäfte **181** 39
Selbsthilfe **229** 10, 15
Vertretungsnachweis **174** 6

Wohnungserbbaurecht
Ansprüche, Verjährung **196** 8 ff

Wohnungsmiete
Anfangstermin **193** 57
Nutzungsbeginn **187** 10

Wohnungsräumung
Selbsthilfe, irrtümliche **231** 2

Wohnungsrecht
Ansprüche, Verjährung **196** 8 ff

Wohnungsvermittlung
Verjährung **195** 49

Zechprellerei
Selbsthilfe **229** 15

Zedent
Verjährungshemmung **204** 10

Zeit
Bürgerliches Gesetzbuch **186** 1
Rechtsgrundlage **186** 5
Sächsisches BGB **186** 1

Zeitbestimmung
Fristen **186** 2
Jahr **191** 2
Monat **191** 1 f
Termine **186** 2
Zeiträume, nicht zusammenhängende **186** 7; **191** 1 ff

Zession
s Abtretung

Zessionar
Verjährungshemmung **204** 10

Zinsen
Begriff **197** 76
Grundstücksgeschäfte **197** 78
der Hauptforderung zuzuschlagende Zinsen **197** 75
Rückforderung **197** 77
Spargutacthaben **197** 75
vereinbarte Zinsen **217** 6
Verjährung **195** 25; **197** 75 ff; **217** 6
künftig anfallende Zinsen **197** 75
rückständige Zinsen **197** 75; **216** 8

Zinsen (Forts)
Sicherheitenfreigabe **216** 9
titulierte Zinsen **197** 75
Verzugszinsen **197** 79
wiederkehrende Leistungen **197** 75

Zinsjahr
Zinstage, Berechnung **191** 2

Zinsschaden
Verjährung der Forderung **217** 5

Zinsscheine
Anspruch aus verlorenem Zinsanteil, Verjährungsfrist **186** 13; **195** 49
Hinterlegung **234** 3
Vorlegungsfrist **197** 81

Zinszahlung
Anerkenntnis **212** 22, 24
Anerkenntnis der Hauptforderung **212** 19
Wiederholung **212** 21b

Zivilkomputation
acht Tage **186** 24
Fristberechnung **186** 22; **187** 1 ff, 5
Fristende **188** 1 ff
Gemeinschaftsrecht **187** 9
Tagesfristen **187** 13

Zivilprozess
Feiertag **193** 8
Fristberechnung **186** 18
Fristverlängerung **190** 3 f
Samstag **193** 8
Sonntag **193** 8

Zollrecht
EG-Fristen-VO **186** 19 f
Festsetzungsfrist **195** 46

Zufall
unabwendbarer Zufall **206** 4

Zugang
Annahmefrist **188** 8
Behörden **188** 5 f
Briefkasten **188** 6
Briefkasten, Einwurf in den **188** 4
elektronische Willenserklärungen **188** 6
Gelangen in den Herrschaftsbereich des Empfängers **188** 4, 7
Gerichte, Öffnungszeiten **188** 6
Geschäftszeiten **188** 5 f
Kenntnisnahme, tatsächliche **188** 6
Kenntnisnahmemöglichkeit **188** 4, 6 f
Mitwirkungshandlungen, Bereithaltung zu **188** 5
Rechtzeitigkeit **188** 4 f
Urlaubsabwesenheit **188** 4

Zugewinnausgleichsforderung
Auskunftserteilung **212** 21
Sicherheitsleistung **Vorbem 232 ff** 2, 4
Verjährung **200** 9
Verjährungsfrist **186** 24
Ausgleichsforderung gegen Dritte **186** 13

Zulässigkeit
Klageerhebung, Hemmungswirkung **204** 24 ff
Zulage
Tätigkeit, vorübergehende höherwertige **188** 21
Zulassungsbescheinigung Teil II
s Kraftfahrzeugbrief
Zurückbehaltungsrecht
Ansprüche, unverjährte **194** 21
Sicherheitsleistung, Abwendung durch **Vorbem 232 ff** 4
Verjährung der Forderung **215** 3, 12 f
Zurückbehaltungsrecht, kaufmännisches
Verjährung der Forderung **216** 3
Zurückweisung
s Rechtsgeschäft, einseitiges
Zuständigkeit des Gerichts
Klageerhebung, Hemmungswirkung **204** 25, 41
Zuständigkeitsbestimmung, gerichtliche
funktionale Zuständigkeit **204** 109
internationale Zuständigkeit **204** 109
Notzuständigkeit **204** 109
örtliche Zuständigkeit **204** 109
sachliche Zuständigkeit **204** 109
Verjährungshemmung **204** 109 ff
Zustellung
nach Ablauf der Verjährungsfrist **204** 35
Bekanntgabewirkung **193** 56
demnächstige Zustellung **204** 35, 57
Heilung von Mängeln **204** 36
innerhalb der Verjährungsfrist **204** 34 f
Klageerhebung, Hemmungswirkung **204** 31 ff
Mahnbescheid **204** 56 f
Zustellung, öffentliche
Anschrift des Schuldners **199** 53, 70
Aufenthalt des Schuldners, unbekannter **199** 70
Fristwahrung **199** 6
Verjährungshemmung **204** 33
Zustimmung
Abgabe **182** 3
Abstraktheit **Vorbem 182–185** 38, 40
Adressat **Vorbem 182–185** 41 f; **182** 1, 4 ff, 9
Geschäftsgegner **182** 4
Passivvertreter **182** 4, 8
Anfechtung **Vorbem 182–185** 45
Anfechtungsgegner **Vorbem 182–185** 45
arglistige Täuschung durch Dritte **Vorbem 182–185** 46
Schadensersatzpflicht **Vorbem 182–185** 46
Aufsichtsrecht **Vorbem 182–185** 22; **182** 21; **184** 28
ausdrückliche Zustimmung **182** 18
Auslegung **Vorbem 182–185** 4, 43; **182** 2
Ausschlussfristen **Vorbem 203–213** 8

Zustimmung (Forts)
Bedingung des Rechtsgeschäfts **Vorbem 182–185** 29
auflösende Bedingung **Vorbem 182–185** 29
Rechtsbedingung **Vorbem 182–185** 29
Bedingungsfeindlichkeit **Vorbem 182–185** 52
behördliche Zustimmungen **Vorbem 182–185** 54 ff
s a dort
Beweislast **182** 49
Deckungsgleichheit **182** 2a
s a Korrespondenz Zustimmung/Hauptgeschäft
Dritte **Vorbem 182–185** 1
Ehescheidung **Vorbem 182–185** 13
Einverständniserklärung, behördliche **Vorbem 182–185** 2
Einverständniserklärung, gerichtliche **Vorbem 182–185** 2
Einverständniserklärung zu fremden Rechtsgeschäften **Vorbem 182–185** 1
Einwilligung **Vorbem 182–185** 3; **183** 1 ff
s a dort
Empfangsbedürftigkeit **Vorbem 182–185** 41
Entgeltlichkeit **Vorbem 182–185** 51
Erklärungslast **182** 11
externe Zustimmung **182** 4 f
falsa demonstratio **Vorbem 182–185** 43, 45
falsus procurator **Vorbem 182–185** 45; **182** 3
Fiktion **182** 20
Form **182** 1
Form des Hauptgeschäfts **182** 23
vereinbarte Form **182** 25
Formbedürftigkeit **182** 26 ff
teleologische Reduktion **182** 27
Warnfunktion der Formvorschrift **182** 27 f
Formfreiheit **182** 23, 25
Genehmigung **Vorbem 182–185** 3; **184** 1 ff
s a dort
Geschäftsumfang, geringerer **182** 2
Geschäftsumfang, größerer **182** 2
gestreckter Tatbestand **183** 1
gleichzeitige Vornahme des Rechtsgeschäfts **Vorbem 182–185** 3; **183** 1
GmbH-Anteile, Abtretung **Vorbem 182–185** 3
Grundrechtsverhältnis **Vorbem 182–185** 38
Hauptgeschäft **Vorbem 182–185** 37
bestimmtes Rechtsgeschäft **182** 2a
Parteiwille, hypothetischer **182** 2
Teilwirksamkeit **182** 2
Unentgeltlichkeit **Vorbem 182–185** 48
Zustimmung, nachfolgende **Vorbem 182–185** 3; **184** 1
Zustimmung, vorangehende **Vorbem 182–185** 3; **183** 1

Zustimmung (Forts)
  Hilfsgeschäft **Vorbem 182–185** 37, 48, 69
  Insichgeschäft **181** 13
  Interessenbeeinträchtigung, mittelbare **Vorbem 182–185** 20; **182** 21
  Internationales Privatrecht **Vorbem 182–185** 69
  interne Zustimmung **182** 4
  Ja-Stimme **Vorbem 182–185** 7
  Kennenmüssen des Handelnden **166** 31
  Kenntnis des Handelnden **166** 31
  Kondiktion **Vorbem 182–185** 40
  Korrespondenz Zustimmung/Hauptgeschäft **Vorbem 182–185** 37; **182** 2a; **184** 12
  mehrere Empfänger der Zustimmungserklärung **Vorbem 182–185** 43
  Mitteilung der Ablehnung der Zustimmung **182** 12
  Mitwirkung **Vorbem 182–185** 31
  Nichtigkeit **Vorbem 182–185** 45
  numerus clausus der Zustimmungstatbestände **Vorbem 182–185** 27
  Oberbegriff **Vorbem 182–185** 3
  Passivvertreter ohne Vertretungsmacht **Vorbem 182–185** 26
  Rechtsbedingung des Hauptrechtsgeschäfts **Vorbem 182–185** 37
  Rechtsbeteiligung, mittelbare **Vorbem 182–185** 20; **182** 21; **183** 28; **184** 23, 30, 34
  Konvaleszenz **185** 97
  Rechtsgeschäfte **Vorbem 182–185** 1
    einseitige empfangsbedürftige Rechtsgeschäfte **Vorbem 182–185** 16, 41; **182** 1
    – Formfreiheit **182** 46
    einseitige nichtempfangsbedürftige Rechtsgeschäfte **Vorbem 182–185** 17, 41
    ergänzende Rechtsgeschäfte **Vorbem 182–185** 37
    privatrechtliche Rechtsgeschäfte **Vorbem 182–185** 2, 54
  Rechtsnatur **Vorbem 182–185** 37 ff
  Rechtsscheinhaftung **182** 20 ff
  Rückwirkung, Vereinbarung **Vorbem 182–185** 29
  schlüssiges Verhalten **182** 9 ff
    Ablehnung der Einwilligung **182** 14
    Behandlung des Rechtsgeschäfts als gültig **182** 10
    Eindeutigkeit des Verhaltens **182** 10
    Erfüllungshandlungen **182** 10
    Erklärungsbewusstsein **182** 17 ff
    Folgevereinbarung **182** 10a
    Mitwirkung des Zustimmungsberechtigten als Partei **182** 10
    Schweigen **182** 11 f, 17
    Vertrauenshaftung **182** 12
    Vertrauensschaden **182** 19

Zustimmung (Forts)
  Verweigerung der Genehmigung **182** 14 ff
  Wechselfälschung **182** 13
  Schwebezustand **Vorbem 182–185** 54; **182** 49; **184** 4
  Sprachgebrauch **Vorbem 182–185** 3 ff
  Stellvertretung **182** 3
  unechte Zustimmung **Vorbem 182–185** 6 ff
  Unterlassungspflicht **Vorbem 182–185** 30
  venire contra factum proprium **182** 22
  vereinbarte Zustimmung **Vorbem 182–185** 28 f
  Verfügungscharakter **Vorbem 182–185** 48
  Verträge **Vorbem 182–185** 16, 41
  Vertragspartei, volljährig gewordene **Vorbem 182–185** 1, 15
  Vertragsschluss durch falsus procurator **Vorbem 182–185** 45
  Vertretung ohne Vertretungsmacht **Vorbem 182–185** 21
  Verweigerung **182** 35 ff
  vorherige Zustimmung **183** 1
  Weiterleitung **182** 4
  Willensmängel **166** 31; **Vorbem 182–185** 45
  Wirksamkeit des Rechtsgeschäfts **Vorbem 182–185** 18
  Zugang **Vorbem 182–185** 41
  Zuständigkeitsmangel **Vorbem 182–185** 26
  zustimmungsbedürftige Zustimmung **Vorbem 182–185** 44
  Zustimmungsbedürftigkeit **Vorbem 182–185** 19 ff; **182** 49
    kraft Gesetzes **Vorbem 182–185** 27
    kraft Rechtsgeschäfts **Vorbem 182–185** 28 f
    – künftige Rechtsgeschäfte **Vorbem 182–185** 29
  Zustimmungspflicht **Vorbem 182–185** 40, 53

Zuwiderhandlung
  Verjährungsbeginn **199** 1, 107 f, 112 s a dort

Zwangsbehandlung
  Einwilligung **Vorbem 164 ff** 41

Zwangshypothek
  Freigabe des Grundstücks **185** 73a
  Konvaleszenz **185** 91
  Rückschlagsperre **185** 73a

Zwangsrechte
  unvordenkliche Verjährung **Vorbem 194–202** 37

Zwangsverfügung
  Verfügung eines Nichtberechtigten **185** 91 f

Zwangsversteigerungsverfahren
  Anmeldung eines Rechts **212** 43
  Anordnung **212** 43
  Beitritt zum Verfahren **212** 43
  Erneuerungswirkung **212** 42 f

Zwangsversteigerungsverfahren (Forts)
  Feststellung des geringsten Gebots **212** 43
  Gebot, Vertretungsmacht **167** 19
  Meistbietender, Vertretungsmacht **167** 19
  Sicherheitsleistung **Vorbem 232 ff** 6; **234** 4
  Verkehrswert, Festsetzung **212** 43
  Versteigerungsbedingungen **212** 43
  Versteigerungstermin, Bestimmung **212** 43
  Versteigerungstermin, Durchführung **212** 43
  Verteilungsplan **212** 43
  Verteilungstermin, Bestimmung **212** 43
  Zuschlag, Entscheidung über **212** 43
  Zustimmungen, Formbedürftigkeit **182** 26
Zwangsverwalter
  Abberufung **Vorbem 164 ff** 58
  Anerkenntnis **212** 8a
  Genehmigung von Verfügungen **184** 28
  Gestattung des Selbstkontrahierens **181** 59
  Insichgeschäfte **181** 39
  Partei kraft Amtes **Vorbem 164 ff** 57
  Unabhängigkeit **Vorbem 164 ff** 58
  Verfügungen, Konvaleszenz **185** 2
  Verfügungen vor Amtsbeginn **185** 75
  Weisungsfreiheit **Vorbem 164 ff** 58
Zwangsverwaltung
  Erneuerungswirkung **212** 42
  Gläubigerbefriedigung **Vorbem 164 ff** 58
  konkludente Zustimmung zur Einziehung von Mietzinsforderungen **182** 11
Zwangsvollstreckung
  Anspruchsverjährung **194** 22
  Duldung **212** 44
  Einstellung der Zwangsvollstreckung **212** 36
  Erneuerungswirkung **212** 42 ff
  Interessengegensätze **229** 4
  Konvaleszenz **185** 73a
  Kosten der Zwangsvollstreckung **197** 62
  Notwehrrecht **227** 38
  obrigkeitliche Hilfe **229** 17
  Prozesskostenhilfe **204** 115
  Unterlassung **212** 44
  unvertretbare Handlungen **212** 44

Zwangsvollstreckung (Forts)
  Verfahrenskostenhilfe **204** 115
  Verjährungsneubeginn **212** 37 ff
  vertretbare Handlungen **212** 44
  Vollstreckungsantrag s Verjährungsneubeginn
  Vollstreckungshandlungen **212** 41
  Vollstreckungsmaßnahmen s Verjährungsneubeginn
  Zuständigkeit, gerichtliche Bestimmung **204** 109
Zwischenfeststellungsklage
  Hemmungswirkung **204** 37
Zwischenverfügungen
  Aufrechnung **184** 55
  Aufrechterhaltung **184** 45 ff, 58
  Begriff **184** 47
  Eigentumsaufgabe **184** 61
  Erlass **184** 55
  Genehmigung anderer Verfügungen **184** 47
  Genehmigung, Rückwirkung **184** 34, 45 ff, 59
  Gutgläubigkeit **184** 50
  Hypothek **184** 63
  Personengleichheit **184** 56
  Rang beschränkter dinglicher Rechte **184** 58
  Verfügungen des nunmehr Genehmigenden **184** 48
  Verurteilung zur Bewirkung einer Verfügung **184** 49
  Widerspruchseintragung **184** 60
  Zahlung an Putativgläubiger **184** 55
  zugunsten des Genehmigenden **184** 57
  Zwangsverfügungen **184** 48, 60
Zwischenvermietung, gewerbliche
  Besitzeinräumung durch Nichtberechtigten **185** 103 ff
  Gewerberäume **185** 103 f
  Kündigungsschutz **185** 103
  Offenlegung der Mieterstellung **185** 104
  Weitervermietung **185** 103
  Wohnräume **185** 103

J. von Staudingers
Kommentar zum Bürgerlichen Gesetzbuch
mit Einführungsgesetz und Nebengesetzen

Übersicht vom 1. 8. 2014
Die Übersicht informiert über die Erscheinungsjahre der Kommentierungen in der 13. Bearbeitung und deren Neubearbeitungen (= Gesamtwerk STAUDINGER). *Kursiv* geschrieben sind die geplanten Erscheinungsjahre.

Die Übersicht ist für die 13. Bearbeitung und für deren Neubearbeitungen zugleich ein Vorschlag für das Aufstellen des „Gesamtwerk STAUDINGER" (insbesondere für solche Bände, die nur eine Sachbezeichnung haben). Es wird empfohlen, die Austauschbände chronologisch neben den überholten Bänden einzusortieren, um bei Querverweisungen auf diese schnell Zugriff zu haben. Bei Platzmangel sollten die ausgetauschten Bände an anderem Ort in gleicher Reihenfolge verwahrt werden.

	13. Bearb.	Neubearbeitungen		
Buch 1. Allgemeiner Teil				
Einl BGB; §§ 1–12; VerschG	1995			
Einl BGB; §§ 1–14; VerschG		2004	2013	
§§ 21–89; 90–103 (1995)	1995			
§§ 21–79		2005		
§§ 80–89		2011		
§§ 90–103 (2004); 104–133; BeurkG	2004	2004		
§§ 90–124; 130–133			2012	
§§ 90–124; 130–133			2012	
§§ 134–163	1996	2003		
§§ 134–138			2011	
§§ 139–163			2010	
§§ 164–240	2001	2004	2009	2014
Buch 2. Recht der Schuldverhältnisse				
§§ 241–243	1995	2005	2009	
§§ 244–248	1997			
§§ 249–254	1998	2005		
§§ 255–292	1995			
§§ 293–327	1995			
§§ 255–314		2001		
§§ 255–304		2004	2009	2014
AGBG	1998			
§§ 305–310; UKlaG		2006		2013
§§ 311, 311a, 312, 312a–i			2005	2013
§§ 311b, 311c			2006	2012
§§ 313, 314	*2014*			
§§ 315–327		2001		
§§ 315–326			2004	2009
§§ 328–361	1995			
§§ 328–361b		2001		
§§ 328–359			2004	
§§ 328–345				2009
§§ 346–361				2012
§§ 362–396	1995	2000	2006	2011
§§ 397–432	1999	2005	2012	
§§ 433–534	1995			
§§ 433–487; Leasing		2004		
§§ 433–480			2013	
Wiener UN-Kaufrecht (CISG)	1994	1999	2005	2013
§§ 488–490; 607–609		2011		
VerbrKrG; HWiG; § 13a UWG	1998			
VerbrKrG; HWiG; § 13a UWG; TzWrG		2001		
§§ 491–507			2004	
§§ 491–512				2012
§§ 516–534		2005		2013
§§ 535–563 (Mietrecht 1)	1995			
§§ 564–580a (Mietrecht 2)	1997			
2. WKSchG; MÜG (Mietrecht 3)	1997			
§§ 535–562d (Mietrecht 1)		2003	2006	2011
§§ 563–580a (Mietrecht 2)		2003	2006	2011
§§ 535–555f (Mietrecht 1)				2014
§§ 556–561; HeizkostenV; BetrKV (Mietrecht 2)				2014
§§ 562–580a; Anh zum Mietrecht: AGG (Mietrecht 3)				2014
Leasing				2014
§§ 581–606	1996	2005	2013	
§§ 607–610 (siehe §§ 488–490; 607–609)	./.			
§§ 611–615	1999	2005		
§§ 611–613			2011	
§§ 613a–619a			2011	
§§ 616–619	1997			
§§ 616–630		2002		
§§ 620–630			2012	
§§ 631–651	2000	2003	2008	2013
§§ 651a–651l	2001			
§§ 651a–651m		2003	2011	
§§ 652–704	1995			
§§ 652–656		2003	2010	
§§ 657–704		2006		
§§ 675c–676c			2012	
§§ 677–704			2013	
§§ 705–740	2003			
§§ 741–764	1996	2002	2008	
§§ 765–778	1997	2013		
§§ 779–811	1997	2002	2009	
§§ 812–822	1994	1999	2007	
§§ 823–825	1999			
§§ 823 E–I, 824, 825		2009		
§§ 826–829; ProdHaftG	1998	2003	2009	2013
§§ 830–838	1997	2002	2008	2012
§§ 839, 839a	2002	2007	2013	
§§ 840–853	2002	2007		

	13. Bearb.	Neubearbeitungen		

Buch 3. Sachenrecht

	13. Bearb.		Neubearbeitungen	
§§ 854–882	1995	2000	2007	2012
§§ 883–902	1996	2002	2008	2013
§§ 903–924; UmweltHR	1996			
§§ 903–924		2002		
§§ 905–924			2009	
UmweltHR		2002	2010	
§§ 925–984; Anh §§ 929 ff	1995	2004	2011	
§§ 985–1011	1993	1999	2006	2013
ErbbVO; §§ 1018–1112	1994	2002		
ErbbauRG; §§ 1018–1112			2009	
§§ 1113–1203	1996	2002	2009	
§§ 1204–1296; §§ 1–84 SchiffsRG	1997	2002	2009	
§§ 1–64 WEG	2005			

Buch 4. Familienrecht

§§ 1297–1320; Anh §§ 1297 ff; §§ 1353–1362	2000	2007			
§§ 1297–1352			2012		
LPartG		2010			
§§ 1353–1362			2012		
§§ 1363–1563	1994	2000	2007		
§§ 1564–1568; §§ 1–27 HausratsVO	1999	2004			
§§ 1564–1568; §§ 1568 a+b			2010		
§§ 1569–1586b	2014				
§§ 1587–1588; VAHRG	1998	2004			
§§ 1589–1600o	1997				
§§ 1589–1600e		2000	2004		
§§ 1589–1600d				2011	
§§ 1601–1615o	1997	2000			
§§ 1616–1625	2000	2007			
§§ 1626–1633; §§ 1–11 RKEG	2002	2007			
§§ 1638–1683	2000	2004	2009		
§§ 1684–1717	2000	2006	2013		
§§ 1741–1772	2001	2007			
§§ 1773–1895; Anh §§ 1773–1895 (KJHG)	1999	2004			
§§ 1773–1895			2013		
§§ 1896–1921	1999	2006	2013		

Buch 5. Erbrecht

§§ 1922–1966	1994	2000	2008
§§ 1967–2086	1996		
§§ 1967–2063		2002	2010
§§ 2064–2196		2003	2013
§§ 2087–2196	1996		
§§ 2197–2264	1996	2003	
§§ 2197–2228			2012
§§ 2229–2264			2012
§§ 2265–2338a	1998		
§§ 2265–2338		2006	
§§ 2265–2302			2013
§§ 2339–2385	1997	2004	
§§ 2346–2385			2010

EGBGB

Einl EGBGB; Art 1, 2, 50–218	1998	2005	2013
Art 219–222, 230–236	1996		
Art 219–245		2003	

EGBGB/Internationales Privatrecht

Einl IPR; Art 3–6	1996	2003	
Einl IPR		2012	
Art 3–6			2013
Art 7, 9–12	2000		
Art 7, 9–12, 47		2007	
Art 7, 9–12, 47, 48			2013
IntGesR	1993	1998	
Art 13–18	1996		
Art 13–17b		2003	2011
Art 18; Vorbem A + B zu Art 19		2003	
Vorbem C–H zu Art 19		2009	
IntVerfREhe	1997	2005	
Kindschaftsrechtl Ü; Art 19	1994		
Art 19–24		2002	2008	2014
Art 20–24	1996		
Art 25, 26	1995	2000	2007
Art 27–37	2002		
Art 1–10 Rom I VO		2011	
Art 11–29 Rom I–VO, Art 46b, c		2011	
Art 38	1998		
Art 38–42		2001	
IntWirtschR	2000	2006	2010
IntSachenR	1996		

Eckpfeiler des Zivilrechts	2008	2011	2012	2014

Demnächst erscheinen

§§ 241–243	*2014*
§§ 1113–1203	*2014*

oHG Dr. Arthur L. Sellier & Co. KG – Walter de Gruyter GmbH, Berlin
Postfach 30 34 21, D-10728 Berlin, Telefon (030) 2 60 05-0, Fax (030) 2 60 05-222